KB083194

A dictionary of fables and phrases

고사성어 대사전

서울대 명예교수 장기근 / 감수

圖書出版 明文堂

책머리에

중국은 그 나라의 크기나 인구의 규모가 큰 것은 말할 것도 없지만, 유구한 역사와 문화를 가지고 있다.

중국의 역사는 전설시대라고 일컬어지는 삼황(三皇)과 오제(五帝)의 시대로부터 시작되어, 하(夏)·은(殷)·주(周) 삼대(三代)를 거쳐 춘추시대(春秋時代)와 전국시대(戰國時代), 그리고 진(秦)·한(漢) 시대, 위(魏)·오(吳)·촉(蜀)의 삼국시대를 거쳐, 진(晋)·남북조(南北朝)시대, 당(唐)·송(宋)에 이르기까지 수천 년을 이어오는 동안 수많은 왕조가 일어나고 스러져 갔다.

고사성어 그 원전(原典)에는 공자·맹자·노자·장자·손자…… 등등 중국 춘추전국시대(BC 8세기~BC 3세기)에 활약한 제자백가(諸子百家)로부터 한나라 때 《사기(史記)》를 집필한 사마천을 위시하여 송(宋)나라의 주희(朱熹), 명(明)나라의 왕양명(王陽明)에 이르기까지 대부분의 중국 역대 석학들이 모두 등장한다.

유구한 중국의 역사 속에서 오랜 세월 동안 많은 사건이 일어났으며, 그 사건에서 파생된 일화에서 생겨난 말이 세월이 가면서 숙어화된 것이 바로 고사성어라 할 수 있다. 따라서 우리는 이 고사성어를 대함으로써 중국의 역사와 그들의 생활·풍속·문화·철학·사상 등을 이해하는 데 크나큰 도움이 된다 하겠다.

고사성어는 한 개의 글자가 독립적으로 각기 의미를 지닌 표의문자(表意文字)로서의 한자(漢字)의 특질과 편리함으로부터 안성맞춤의 성어(成語)가 속속 탄생되고 있다. 그러나 그 중에서도 기나긴 역사의 발자취와 평가를 바탕으로 현대사회의 언어생활에 명맥으로 이어져 내려오는 불사조와 같은 활어(活語)가 있다. 그것들은 충분히 익숙해져 숙어화 되었고, 마침내는 만고불역(萬古不易)의 광채를 발하고 있다.

이 책은 그 많은 성어들 가운데 고사가 역사적으로 의의가 있고 재미가 있으며, 오늘날 사회적으로도 흔히 통용되는, 그리고 성인으로서 또는 학생으로서 동양사상을 이해하는 데 도움이 되도록 최대한 많은 성어를 수록하려고 노력했다. 따라서 이 책에 수록한 고사성어와 사자성어의 수는 4,000여 항이 넘을 정도로 국내에서 최고라고 감히 말할 수 있겠다.

특히 이 책에서는 이야기의 주인공이나 사건에 대한 1,600여 컷의 화보가 소개되는데, 이런 방대한 자료를 수집하는 데만도 참으로 오랜 시간 공을 들인 편집부에 경의를 표한다.

물론 이 책에서 소개되는 고사성어는 중국의 것만 실린 것은 아니다. 우리나라 고사성어도 수는 미미하지만 수록하려고 노력했다.

고사성어를 총망라하는 것은 불가능하겠지만, 최대한 많은 성어를 수록하려고 심혈을 기울였으나, 혹 꼭 실어야 할 것이 빠져 있다면 언제라도 수정·보완할 것을 독자 여러분께 약속드린다.

— 서울대학교 명예교수 장기근

고사성어대사전

차 례

다

마

아

자

차

파

하

출전약해 出典略解

【일러두기】

1. 이 책은 모두 1,414항의 고사성어와 따로 2,603항에 이르는 사자성어를 수록함으로써 국내에서 가장 방대한 《고사성어대사전》이라고 감히 말할 수 있겠다.
2. 중국의 책명이나 인명 · 지명은 모두 한자의 우리말 음으로 표기했다.
3. 이 책에 쓰인 약물기호는 아래와 같다.
   - 책명 : 《 》
   - 작품명 · 대화 · 인용구 · 강조 : 「 」
   - 참고하기 : ☞
4. 이 책의 「차례」에는 고사성어만을 열거했고, 뒤에 고사성어에 수록되지 않은 사자성어만을 따로 색인으로 열거해 놓았다. 그리고 본문 말미에 부록으로 이 책에 게재된 고사성어의 출전(出典)에 대한 소개로 「출전약해(出典略解)」를 수록했다.
5. 한자 표기는 정자(正字) 사용을 원칙으로 했다. 이 책은 새로운 한자교육 시책에 따라서 한글로만 표기하기에는 완전하지 않다고 생각되는 단어에는 될 수 있는 한 많은 단어에 괄호 안 한자를 병기함으로써 한자교육 활성화에 일조를 하고 있다.
6. 이 책은 국내 최대의 고사성어를 수록함으로써 고사성어의 대사전이라고 감히 말할 수 있겠다. 또한 국내 최초로 1,500여 점의 화보와 사진자료를 게재함으로써 한층 현장감 있고, 내용의 이해에 도움을 주었다.
7. 화보 가운데 같은 이름의 다른 화보가 자주 등장하는데(공자 · 노자 · 맹자 등), 이는 모두 같은 인물을 여러 화가들이 그린 작품이다.

고사성어대사전

가계야치　　기화
家鷄野雉 ➡ 奇貨

가계야치 家鷄野雉

집 家 닭 鷄 들 野 꿩 雉

《진중흥서(晉中興書)》

집 안의 닭은 천하게 여기고 들판의 꿩만 귀히 여긴다는 뜻으로, 자기 집의 것은 하찮게 여기고 남의 집 것만 좋게 여기는 것을 비유하는 말이다.

남조시대 송(宋)나라 때 하법성(何法盛)이 지은 동진(東晋) 때의 사적을 기록한 기천체 《진중흥서(晉中興書)》에 있는 이야기다.

진나라에 유익(庾翼)이라는 사람은 한때 왕희지(王羲之)와 함께 거론될 정도로 뛰어난 서예가였다. 그러나 정치와 군사활동에 바빠 글씨 쓰는 데 소홀하다 보니 필력이 퇴보할 수밖에 없었다.

반면 왕희지는 벼슬에는 뜻을 두지 않고 산천을 주유하며 비문에 새겨진 역대의 서법과 서체를 연구하는 등 노력을 게을리 하지 않았다.

이런 왕희지의 글씨는 온 세상에 명성이 자자했고, 양가의 자제는 물론 도성의 모든 젊은이들은 당시 유행하던 왕희지의 서법을 배우고 싶어 했다. 급기야는 유익의 아들이나 조카들까지도 가문 대대로 내려온 서법을 버리고 왕희지의 서법을 흉내 내기에 이르렀다. 이 때문에 심기가 매우 불편해진 유익은 그가 형주에 있을 때 친구에게 쓴 한 편지 속에,

「지금 내 자식과 조카들까지도 집안의 닭은 싫어하고 들판의 꿩만 좋아하네. 내가 장차 도성에 돌아가면 마땅히 그의 글씨에 견줄 수 있을 것이다」 하며 푸념을 토로했다고 한다.

가담항설 街談巷說

거리 街 말씀 談 거리 巷 말씀 說

《한서(漢書)》 예문지(藝文志)

「거리의 말이나 이야기」라는 뜻으로 가(街)는 도시의 번화가, 항(巷)은 골목을 나타낸다. 거리에 떠도는 뜬소문이라는 뜻의 「가담(街談)」과 항간에 떠도는 말이라는 뜻을 지닌 「항설(巷說)」을 반복하여 강조한 성어로 길거리나 일반 민중들 사이에 근거 없이 떠도는 소문을 말한다.

후한의 역사가 반고(班固)의 《한서(漢書)》 예문지(藝文志)에서 소설(小說)에 대한 다음과 같은 설명이 나온다.

「소설은 패관(稗官)으로부터 나왔으며, 가담항설과 도청도설로 만들어졌다(小說者流 蓋出於稗官 街談巷說 道聽塗說之所造也)」

패관이란 옛날 임금이 민간의 풍속이나 정사를 살피기 위해 가설항담을 모아 기록시키던 벼슬아치를 말한다. 패관소설은 임금이 하급관리인 패관에게 가담항설을 모아 기록하게 함으로써 생겨났다.

가담항설이나 도청도설을 모아 만들어진 소설은, 패관들이 소문과 풍설을 주제로 하여 자기 나름의 창의와 윤색을 덧붙여 설화문학(說話文學) 형태로 쓴 패관문학(稗官文學)이다.

여기서 「도청도설(道聽塗說)」이란 《논어》 양화편(陽貨篇)에 나오는 말로 「길에서 듣고 길에서 이야기하는 것은 덕을 버리는 짓이다(道聽而塗說 德之棄也)」에서 비롯되었다.

가도멸괵 假途滅虢

빌릴 假 길 道 멸망할 滅 나라이름 虢

《천자문(千字文)》

「길을 빌려 괵나라를 멸한다」는 뜻으로, 군사계획의 의도를 숨기기 위한 구체적 수단으로 쓰이는 계책을 이르는 말.

진헌공과 순식

괵(虢)나라는 주(周)나라 문왕의 아우인 괵중이 세운 제후국인데, 진(晉)나라의 침입으로 괵나라가 멸망함으로써 생겨난 이야기로 《천자문》에 실려 있는 성어이다. 춘추시대 이웃나라인 우(虞)나라와 괵나라는 진나라와 경계가 서로 맞닿아 있었다. 진나라의 헌공(獻公)이 괵나라로 쳐들어가려고 순식(荀息)에게 그 의견을 묻자, 순식이 말했다.

「괵나라로 가려면 우나라를 통과해야 하므로 우나라 왕에게 옥과 말을 보내 길을 빌려달라고 해야 합니다」

순식의 계략에 따라 헌공은 우나라로 옥과 말을 보냈는데, 욕심 많은 우나라 왕은 재상 궁지기(宮之奇)와 논의하였다.

우나라의 현인 궁지기는 헌공의 속셈을 알고 우왕에게 간언했다.

「괵나라와 우나라는 한 몸이나 다름없는 사이여서 괵나라가 망하면 우나라도 망할 것입니다. 옛 속담에도 수레에서 덧방나무와 바퀴는 서로 의지하고(輔車相依), 입술이 없어지면 이가 시리다(脣亡齒寒)고

순망치한

했습니다. 이는 바로 괵나라와 우나라의 관계를 말한 것입니다. 결코 길을 빌려주어서는 안 될 것입니다」

그러나 뇌물에 눈이 어두워진 우왕이 말했다.

「진과 우리는 동종(同宗)의 나라인데 어찌 우리를 해칠 리가 있겠소?」

진왕은 궁지기의 말을 듣지 않았다. 궁지기는 후환이 두려워, 「우리나라는 올해를 넘기지 못할 것이다」 라는 말을 남기고 가족과 함께 우나라를 떠났다.

진나라는 궁지기의 예견대로 12월에 괵나라를 정벌하고 돌아오는 길에 우나라도 정복하고 우왕을 사로잡았다.

일찍부터 괵나라와 우나라를 정복하려는 야심을 가졌던 진나라가 우나라에게 길을 빌려달라는 핑계로 괵나라를 무너뜨린 뒤 우나라까지 쳐들어가 멸망시켰다는 고사에서 유래한 말이다. 군사계획의 의도를 숨기기 위한 구체적 수단으로 쓰이는 계책이다.

여기서 또 「보거상의(輔車相依)」와 「순망치한(脣亡齒寒)」의 고사도 생겨났다.

가도사벽 家徒四壁

집 家 다만 徒 넉 四 벽 壁

《진중흥서(晉中興書)》

집안 형편이 어려워 집에는 네 벽밖에 없다는 말로, 가도벽립(家徒壁立)이라고도 한다.

「탁문군(卓文君)이 밤에 사마상여에게로 도망쳐 나오자 사마상여는 탁문군과 함께 말을 타고 달려 사천성(四川省) 성도(成都)로 돌아왔는데, 집안에는 아무것도 없이 네 벽만 세워져 있었다(家徒四壁立)」

전한(前漢)의 문인으로 시를 잘 지은 사마상여는 관직에서 물러나 임공(臨邛)에 있는 왕길의 집에 머무르는 동안 임공의 대부호 탁왕손(卓王孫)이 베푸는 연회에 초대를 받았다.

연회에서 사마상여의 거문고 타는 소리를 듣고 탁왕손의 딸 탁문군이 사마상여를 사모하게 되었다. 사마상여와 탁문군은 서로 사랑하였으나, 사마상여의 집안이 매우 가난하여 탁왕손은 두 사람의 결혼을 반대하였다.

탁문군은 사마상여를 따라 성도에 있는 그의 집으로 한밤중에 몰래 달아났다. 사마상여의 집이 찢어지게 가난해 살림살이가 없고 방안에는 네 벽뿐이었으므로 탁문군은 사마상여와 결혼하여 선술집을 차려 생활하였다.

그 뒤 한(漢)나라 무제(武帝)가 사마상여의 「자허부(子虛賦)」를 읽고 감동하여 그에게 벼슬을 내렸는데, 사마상여가 이름을 떨치자 그때부터 탁왕손의 집안에서도 사마상여를 우러러보게 되었다.

「자허부(子虛賦)」는 한대(漢代) 산문부의 전형적인 작품이다. 내용은 자허(子虛)가 초(楚)나라 왕을 위해 제(齊)나라 사신으로 가는 것을 가정하여, 초나라 운몽(雲夢)의 거대함과 군신(君臣)의 성대한 수렵의 모습, 초나라 풍물의 아름다움 등을 제나라 왕 앞에서 자랑한 것이다.

탁문군과 사마상여

이에 대하여 오유선생(烏有先生)은 제나라의 바닷가 맹저(孟諸)는 「운몽을 8, 9개 삼킨다 해도 마치 가시 하나를 삼킨 것과 같을 것이다」라고 하며 제나라 토지의 광활함과 산물의 풍부함을 이야기하여 자허를 반박하였다.

대부분의 내용이 제왕의 넓은 정원과 수렵의 성대함을 묘사하는 데 주력하여 풍자가 다소 있다 하더라도 결국은 당시 통치자가 좋아하는 향락적인 풍토에 부합하는 것으로 보인다.

규모가 크고 상상력이 풍부하며 기세가 웅장하다. 또한 옛 격식에 구애되지 않는 창조정신이 나타나 있다. 한 무제는 「자허부」를 읽고 매우 기뻐하여, 「나는 어찌 그 사람과 같은 시대에 살지 못하는가"?(朕獨不得與此人同時哉)」라며 한탄하였다고 한다.

가빈사양처 家貧思良妻

집 家 가난할 貧 생각할 思 좋을 良 아내 妻

《사기》 위세가(魏世家)

집안이 가난해지면 살림을 잘하는 어진 아내를 생각하게 된다는 뜻으로, 나라가 혼란하면 어진 재상을 생각하게 된다. 어려운 시기에는 유능하고 어진 인재가 필요하게 됨을 뜻하는 말이다. 《사기》 위세가(魏世家)에 있는 이야기다.

위나라 문후(文侯)가 재상 임명을 위해 이극(李克)에게 자문을 요청하면서 나눈 대화다. 위문후가 이극에게 말했다.

「선생께서 과인에게 말씀하시기를, 『집안이 가난하면 어진 아내를 그리게 되고, 나라가 혼란하면 훌륭한 재상을 그리게 된다(家貧思良妻 國亂思良相)』라고 하셨습니다. 제 동생인 성자(成子)와 적황(翟璜) 중 누가 재상에 적합하다고 생각하십니까?」

이에 이극은 문후에게 다음의 다섯 가지를 진언하였다.

「평소에 지낼 때는 그의 가까운 사람을 살피고, 부귀할 때에는 그와 왕래가 있는 사람을 살피고, 관직에 있을 때에는 그가 천거한 사람을 살피고, 곤궁할 때에는 그가 하지 않는 일을 살피고, 어려울 때에는 그가 취하지 않는 것을 살피십시오」

위나라 재상이 된 사람은 바로 성자(成子)였다. 비록 문후의 동생이었지만, 그는 자신의 소득 중 1할만을 생활에 쓰고, 나머지 9할은 어려운 사람들을 위해 사용하였다. (어진 아내로서의) 역할을 하였고, (어진 재상으로서도) 적임자였던 것이다. 「가빈사양처」는 어려운 시기에는 유능하고 어진 인재가 필요하게 된다는 것을 뜻한다.

가야물감야물 加也勿減也勿

더할 加 어조사 也 말 勿 덜 減

《열양세시기(洌陽歲時記)》

더하지도 덜하지도 말라는 뜻으로, 한가위의 풍성한 만족을 이르는 말.

순조 때(1819년) 김매순(金邁淳)이 지은 한양(漢陽)의 연중행사를 기록한 책 《열양세시기(洌陽歲時記)》에서 유래한 말이다.

《열양세시기》의 저술 동기는 중국 북송의 여시강(呂侍講)이 역양(歷陽)에 있을 때 절일(節日)이 되면 학생들을 쉬게 하고 둘러앉아 술을 마시면서 세시풍속의 일을 적던 것을 본받아 한양의 세시풍속을 생각나는 대로 적은 것이라고 한다.

「가야물감야물」은, 「더도 말고 덜도 말고 한가윗날만 같아라」라는 것을 말한다. 풍성한 오곡백과(五穀百果)로 조상의 은덕을 기리는 추석의 만족함을 가리킨다.

한국의 전통 명절(名節)인 설날과 한식(寒食), 추석, 동지(冬至)에는 산소에 가서 제사를 지낸다. 특히 추석은 일 년 가운데 가장 큰 명절로 가을걷이가 끝난 뒤 양식이 풍부하여 다양한 음식과 온갖 과일을 준비하여 조상의 산소에 성묘(省墓)를 한다.

천고마비(天高馬肥)의 좋은 절기에 여러 가지 햇곡식과 햇과일이 나와 만물이 풍성한 가윗날에는 인심도 후하고 농사일로 바빴던 일가친척들이 만나 즐겁게 보낸다. 그래서 더하지도 말고 그보다 덜하지도 않는 한가위 같은 날의 풍요로움을 나타낸 말이다.

가유호효 家喻戶曉

집 家 깨우칠 喩 집 戶 타이를 曉

《열녀전》

유 향

집집마다 깨우쳐 알려주어 알아듣게 한다는 뜻으로, 누구나 다 아는 것을 이르는 말. 전한(前漢) 말의 학자 유향(劉向)이 지은 《열녀전》에 있는 이야기다.

한 마을에 사는 양고자(梁故姊)의 집에 불이 났는데, 그때 집안에는 그녀의 아이와 그녀 오빠의 아이가 있었다. 그래서 양고자는 아이들을 구하려고 불길에 휩싸인 집안으로 뛰어 들어갔다. 먼저 오빠의 아이들부터 구해내려고 하였지만 어쩔 수 없이 자기 아이들만 집 밖으로 데리고 나왔다. 그리고는 양고자는 이렇게 말했다.

「내 자식만 생각한다는 누명을 쓰게 되었고, 이제 집집마다 서로 알려 사람들이 환히 알게 될 터이니(戶告人曉), 무슨 낯으로 마을 사람들을 만날 수 있을까?」

양고자는 오빠의 아이들을 구하려고 불이 난 집으로 다시 들어갔으나 아이들을 구하지 못하였다고 전해진다.

여기서 「호고인효(戶告人曉)」는 뒤에 「가지호효(家至戶曉)」「가유호효」 등으로 바뀌어 쓰이게 되었다.

가인박명 佳人薄命

아름다울 佳 사람 人 얇을 薄 목숨 命

소식(蘇軾) / 「박명가인」

중국 외교부가 공식 소개한 양귀비 초상

얼굴이 예쁜 사람은 운명이 가혹하다. 재주가 많고 출중한 사람의 운명이 평탄치 않을 때 쓰는 말이다. 보통 미인이 그 미모에 걸맞게 행복한 생애를 보내지 못하고 기구한 처지에 빠져 있을 때 흔히 사용한다.

가인(佳人)이란 말의 뜻 가운데는 임금과 같은 귀한 사람을 가리키는 경우도 있다. 그러나 보통 가인이라 하면 얼굴이 예쁜 여자를 가리켜 말하게 된다. 특히 「가인박명」 이니 「미인박명(美人薄命)」 이니 하고 「박명(薄命)」 이란 두 글자가 붙어 있을 경우는 더욱 그렇다.

「미인박명」 이란 말은 누가 언제 만들어 낸 것도 아닌데, 역사적 교훈이 사람들로 하여금 그런 말을 낳게 한 것 같다. 동서고금을 통해 세상을 놀라게 했던 무수한 미인들이 파란만장한 삶 끝에 결국은 비명에 죽어 갔다.

마외파에 있는 양귀비 묘

클레오파트라가 독사에 물려 마지못해 자살을 했는가 하면, 양귀비 같은 절세 미인도 안녹산(安祿山)의 난에 쫓겨 파촉(巴蜀)으로 가던 도중 마외(馬嵬)란 곳에서 반란군의 손에 넘어가 뭇 사내들의 진흙 발에 짓밟혀서 사지가 찢겨 죽는 비참한 최후를 마쳤다.

식부인(息夫人)은, 작은 나라이기는 하지만 그래도 일국의 후비로서 행복한 일생을 영위할 수 있었던 착한 부인이었는데도 강대한 초나라 성왕(成王)의 눈에 띄어 남편과 자신과 나라까지 송두리째 폭군의 희생이 되고 말았다.

마음씨 고운 그녀는 자살도 하지 못하고, 평생 웃음을 잃고 묻는 말에 대답하는 일 외에는 입을 열어 말하는 일이 없었다 한다. 사랑하는 남편을 따라 죽지 못하고 모진 목숨을 이어가며 살아야만 했던 그녀의 마음속은 얼마나 차가운 안개로 덮여 있었을까?

이렇게 하나하나 들기로 하면 끝이 없다. 여기 소식(蘇軾 : 자는 동파, 1036~1101)이 지은 「박명가인」이란 칠언율시를 소개해 보기로 하자.

두 뺨은 굳은 젖빛, 머리털은 옻칠을 한 듯한데,

눈빛은 발 사이로 들어와 구슬처럼 영롱하구나.
원래 흰 깁으로 선녀의 옷을 만들고
붉은 연지로 타고난 바탕을 더럽히지 못한다.
오나라 말소리는 귀엽고 부드러워 아직 어린데,
한없는 인간의 근심은 전연 알지 못한다.
예부터 가인은 흔히 박명하다 하지만,
문을 닫은 채 봄이 다하면 버들 꽃도 지고 말겠지.

雙頰凝酥髮抹漆 眼光入簾珠的皪
쌍협응소발말칠 안광입렴주적력
故將白練作仙衣 不許紅膏汗天質
고장백련작선의 불허홍고한천질
吳音嬌軟帶兒痴 無限間愁總未知
오음교연대아치 무한간수총미지
自古佳人多薄命 閉門春盡楊花落
자고가인다박명 폐문춘진양화락

이 시는 저자가 항주·양주의 지방 장관으로 부임했을 때 우연히 절간에서 나이 80이 이미 넘었다는 어여쁜 여승을 보고, 그녀의 아리따웠을 어린 소녀시절을 회상하며 미인의 박명함을 읊은 것이라고 한다.

소동파

가정맹어호 苛政猛於虎

가혹할 苛 정사 政 사나울 猛 어조사 於 호랑이 虎

《예기(禮記)》

정치가 잘못 되어 사람을 해치는 것은 호랑이가 사람을 잡아먹는 것보다 더욱 견디기 힘들다는 뜻으로, 그릇된 정치의 폐해를 지적하는 성구다. 《예기》에 나오는 공자의 말씀에 「가혹한 정치(苛政)는 범보다 무섭다」 고 한 말이 있다.

하루는 공자가 제자들과 함께 태산(泰山) 부근을 지나가고 있었다. 그곳은 사람들이 그리 많이 다니는 길 같지는 않았다. 그 때 어디선가 여인의 울음소리가 들려왔다. 이상하게 여긴 제자들이 울음소리를 따라가 보았다. 그곳에는 한 부인이 세 개의 무덤 앞에서 슬피 울고 있는 것이었다. 공자는 수레에 조용히 앉아 있다가 제자인 자로(子路)를 보내 연유를 물어 보라고 했다.

「부인의 울음소리를 가만히 들으니, 아무래도 여러 번 슬픈 일을 당한 것 같은데, 무슨 사연이라도 있습니까?」

부인은 울음을 그치고 대답했다.

「네, 이곳은 범의 피해가 아주 심한 곳입니다. 오래 전에는 제 시아버지께서 범에게 물려 돌아가셨고, 얼마 전에는 제 남편 또한 범에게 물려 죽었는데, 이번엔 제 자식이 또 범에게 물려 죽고 말았습니다」

공자는 부인의 말을 듣자,

「그러면 어째서 이 무서운 고장을 떠나지 못하는 거요?」

하고 반문했다. 그러자 부인이 대답했다.

「그래도 이 고장에는 가혹한 정사(政事)가 없기 때문이지요」

자 로

공자는 자못 느낀 바가 있어 제자들을 유심히 둘러본 뒤 말했다.

「너희들은 명심해 두어라. 가혹한 정치는 백성들이 범보다도 더 무서워한다는 것을」

가혹한 정치란, 백성들을 달달 볶아 못 견디게 하는 정치를 말한다.

「가렴주구(苛斂誅求)」란 바로 「가정(苛政)」의 구체적인 설명이라 하겠다. 낼 힘도 없는데 시도 때도 없이 거둬들이는 것이 「가렴」이고, 정당한 법적 근거도 없이 강제성을 띤 요구가 「주구」다.

범에게 물려 죽을 때는 죽더라도 우선 아침저녁으로 시달릴 걱정을 않게 되니 순진하고 선량한 백성들은 첫째 마음이 편한 것이다.

이 이야기의 배경은 춘추시대 말엽이다. 이때 노(魯)나라에서는 대부 계손씨(季孫氏)가 조정의 실권을 쥐고 흔들며 혹독한 정치를 하고 있었다. 이렇다 보니 자연 백성들은 덜 가혹한 지방을 찾아 이곳저곳으로 내몰리게 되고 말았다.

위정자를 잘못 만나면 도무지 피해나갈 구멍도 없이 수탈을 당하는 일이 예사였다. 범이야 조심하면 되지만 가렴주구는 조심해서 될 일이 아니기 때문이다.

이 같은 이야기의 당나라 판이라고도 할 문장이 있다. 그것은 당송팔대가의 한 사람인 유종원(柳宗元, 773~819)의 《포사자설(捕蛇者說)》이다. 이것은 사나운 뱀의 이야기로서 공자의 말을 인용하고 나서 「아아, 누가 가렴주구의 해독이 이 사나운 뱀보다 더 심하다는 것을 알랴!」하고 끝을 맺고 있다.

가중연성 價重連城

값 價 무거울 重 이어질 連 성 城

《사기》 염파인상여(廉頗藺相如)열전

값어치가 여러 성을 합할 만큼 중하다는 말이다.

전설의 화씨벽(?)

초나라 화씨(和氏)가 산 속에서 돌로밖에는 보이지 않는 옥돌 원석을 주워 와서 초나라 여왕(厲王)에게 바쳤다. 여왕이 옥공에게 감정을 시킨바, 옥이 아닌 돌이라고 했다. 왕은 임금을 속인 죄를 물어 왼쪽 다리를 자르게 했다. 여왕이 죽고 무왕(武王)이 즉위하자 화씨는 다시 그 원석을 바쳤다. 역시 옥공에게 감정시킨 결과 옥이 아닌 돌이라는 판정이 내려졌다. 이번에는 그의 오른발을 자르게 했다.

무왕이 죽고 문왕이 즉위했다. 그러자 화씨는 그 원석을 품에 안고 밤낮 사흘을 소리내어 울었다. 눈물이 마르자 피가 잇달아 흘렀다.

문왕은 이 소문을 듣고 사람을 시켜 그 까닭을 물었다.

「세상에 발을 잘린 죄인이 많은데, 그대만 유독 슬프게 우는 까닭은 무엇인가?」

그러자 화씨는, 「다리가 잘린 것이 슬퍼 우는 것이 아닙니다. 보배 구슬이 돌로 불리고, 곧은 선비가 속이는 사람이 된 것이 슬퍼 우는 까닭입니다」 하고 대답했다.

이리하여 문왕은 옥공에게 그 원석을 다듬고 갈게 하여, 천하에 다시없는 보물을 얻게 되었다. 그리고 그 구슬을 「화씨벽」이라 이름을 붙였다.

옥의 최대 산지 곤륜산

그런데 전국시대에 이르러 그 옥벽이 우여곡절 끝에 조나라 혜문왕의 손에 들어가게 되었는데 그 소식을 들은 진왕(秦王)이 욕심을 내기 시작했다. 그러나 억지로 빼앗지는 못하고 처음에는 15개 성의 영토와 바꾸자고 조나라에 제의하였다. 조왕은 이것을 내주기는 아까웠지만 진나라의 원한을 살까 두려워 안 줄 수도 없는 일이어서 매우 난처해하였다.

나중에 인상여라는 장수를 파견하며 진나라와 교섭을 하였는데 인상여의 재치 덕분에 다행히 옥벽을 빼앗기지 않고 무사히 지킬 수 있게 되었다.

이때부터 옥벽은 다시 조벽(趙璧)또는 연성지벽(連城之璧) 등으로 불리게 되었는데, 사람들은 귀중한 보물 또는 가치가 높은 물건을 가리켜 「연성지보(連城之寶)」 또는 「가중연성」이라 부르게 되었다.

한편 인상여에 관한 이야기는 「완벽(完璧)」이란 제목에서 자세히 언급되어 있다.

가화만사성 家和萬事成

집 家 화목할 和 온갖 萬 일 事 이룰 成

《대학(大學)》

집안이 화목하면 모든 일이 잘 풀린다.

우리의 입에 오르내리는 한자성어 중에는 한문시에서 유래한 것이 많다. 「소문만복래(笑門萬福來)」니 「가화만사성」이니 하는 것도 한문시 중의 한 구절이다.

「입은 화의 문(口是禍之門)이요, 혀는 몸을 베는 칼(舌是斬身刀)」이라고 하는 데서 「화는 입으로부터 나오고 병은 입으로부터 들어간다(禍自口出 病自口入)」라는 문자가 생겼다.

그런데 그 입에서 웃음이 나올 때는 모든 어려움은 웃음과 함께 사라지고 그 대신 기쁜 일이 찾아오게 된다. 그야말로 웃음은 화를 돌려 복을 만드는 전화위복의 좋은 약이라고 볼 수 있다. 「가화만사성」도 같은 내용을 달리 표현한 말이라고 할 수 있다. 가정이 화목하지 않고서는 어찌 그 집에 웃음꽃이 필 수 있겠는가? 가정이 화목함으로써 남편은 집 걱정을 하지 않고 자기 일에 열중할 수 있고, 아내는 남편을 믿고 즐거운 마음으로 집안일을 보살피고 아이들을 돌보게 된다.

몸을 닦아 집을 가지런히 한다(修身齊家)란 결국 집안을 평화롭게 하여 항상 웃음꽃이 집 밖까지 활짝 피게 하는 일일 것이다. 내 집이 화평하면 이웃과도 사이가 좋게 되고, 이웃도 내 집을 본받아 함께 화목해질 수 있다. 집을 가지런히 한 뒤에라야 나라도 다스리고 천하도 편하게 한다는 치국평천하(治國平天下)의 길도 결국 이 「가화만사성」 다섯 글자에 집약되어 있다 할 것이다.

각답실지 脚踏實地

다리 脚 밟을 踏 열매 實 땅 地

《자치통감(資治通鑑)》

발이 실제로 땅에 붙었다는 뜻으로 일처리 솜씨가 착실하다는 말.

북송(北宋)의 정치가·사학자인 사마광(司馬光)이 《자치통감(資治通鑑)》을 집필한 뒤에 그를 평가한 데서 나온 성어로 성실한 태도와 바른 품행으로 착실하게 일을 처리하는 사람을 말한다.

《자치통감》은 《통감(通鑑)》이라고도 한다. 주(周)나라 위열왕(威烈王)이 진(晉)나라 3경(卿 : 韓·魏·趙氏)을 제후로 인정한 BC 403년부터 5대(五代) 후주(後周)의 세종(世宗) 때인 960년에 이르기까지 1362년간의 역사를 1년씩 묶어서 편찬한 것이다.

밤낮으로 끊임없이 연구와 집필에 몰두한 사마광은 세밀하게 자료들을 수집 정리하여 연구하고 정확한 자료들로써 편년체(編年體)의 역사서 《자치통감》 294권을 편찬하였다.

역대의 역사적 사실을 밝혀 정치의 규범으로 삼기 위해 편찬되었으며, 북송의 제6대 황제인 신종(神宗 : 재위 1067~1085)이 책이름을 지어 주었다.

송(宋)나라의 학자 소옹(邵雍)은 사마광에 대하여 이렇게 그의 성실함을 칭찬하였다.

「실제의 사실을 확인하려고 발로 뛰어다니면서 답사한 사람(君實脚踏實地人也)」

일을 할 때 사실과 원리에 따라서 과장하지 않고 진지하고 성실해야 함을 가리킨다.

각득기소 各得其所

각각 各 얻을 得 그 其 바 所

《한서》 동방삭(東方朔)전

각자 그 능력이나 적성에 따라 적절히 배치되어 맡은 바를 다함.

모든 것이 그 있어야 할 곳에 있게 됨. 원래 사람들이 자기 분수에 맞게 하고 싶은 일을 해도 후에는 각자의 능력과 적성에 맞게 적절한 배치를 받게 되는 것을 이르는 말.

《한서》 동방삭전에 있는 이야기다.

전한(前漢)의 무제(武帝) 때 일이다. 무제의 여동생이 병으로 몸져 누웠을 때, 자기가 죽은 뒤에 아들 소평군(昭平君)이 만약 죄를 지어 사형당할 경우가 있을지라도 황제에게 돈을 바쳐 미리 그 죄를 갚게 해줄 것을 청원하였다. 황제는 그것을 받아들였고 얼마 뒤 여동생은 죽었다.

황제의 조카인 소평군은 황제의 딸과 결혼한 뒤 차츰 교만하고 횡포해지더니 술에 취해 관원을 때려죽이고 마침내는 체포되고 말았다. 재판관은 난처했다.

죄는 마땅히 사형감이지만 피의자(被疑者)는 황제의 조카요 게다가 사위가 아닌가. 결단을 내리지 못한 재판관은 무제에게 어떻게 할 것인지를 아뢰었다.

무제도 난처하기는 다를 바가 없었다. 법을 거스를 수도 없고, 죽은 여동생과의 약속 또한 지키지 않을 수도 없는 일이었다. 대신들은 한결같이 말했다.

｢이미 죄는 대속(代贖)되었으므로 사면하는 것이 옳은 줄로 아옵

니다」

무제가 말했다.

「비록 내 사위라 하지만 법을 어긴 자를 그대로 두면 백성들의 원성을 들을 것이다」

그러고 나서 무제는 법률에 따라 사형을 명했다. 그때 동방삭(東方朔)이 술잔을 바치며 말했다.

「상벌이 공정하니 이는 천하의 복입니다」

무제는 아무 말 없이 안으로 들어가 버렸다. 그날 저녁 황제는 동방삭을 불렀다.

「내 마음을 이해하지 못하다니, 그대는 정말 밉살스럽구려」

동방삭(南宋 화가 공원)

「신은 폐하의 공명정대함을 찬양하고 슬픔을 위로해 드리기 위해 술잔을 바쳤을 따름입니다」

재치 있는 동방삭의 말에 무제는 이전의 관직을 되돌려주고 비단 백 필을 내려 더욱 총애했다.

동방삭은 무제 때 태중대부, 중랑 등을 거친 전한의 학자·정치가로 널리 제자백가의 설에 달했으며, 무제를 가까이에서 모시면서 해학·변설·풍간(諷諫)으로 군주의 잘못을 고쳐나가게 했다.

속설에 태백성의 정기를 타고나 서왕모(西王母)의 천도복숭아를 먹어 장수하였다 하여 「삼천갑자(三遷甲子) 동방삭」이라 부른다.

각자위정 各自爲政

각각 各 스스로 自 할 爲 정사 政

《좌씨전(左氏傳)》 선공(宣公) 2년

여러 사람이 각자 제멋대로 행동하여 전체적인 조화를 생각하지 않는다는 말이다.

《좌씨전》 평전(評傳)에 있는 이야기다.

춘추시대 송(宋)나라와 진(晉)나라가 서로 협력하였기 때문에 송나라와 초(楚)나라는 사이가 벌어졌다. 이에 초나라 장왕(莊王)은 실력을 과시하기 위해 동맹국인 정(鄭)나라로 하여금 송나라를 치도록 하였다.

정나라 목공(穆公)은 즉시 출병했다. 정나라와의 결전을 하루 앞두고 송나라의 대장 화원(華元)은 군사들의 사기를 돋우기 위해 특별히 양고기를 장병들에게 준비하였다. 군사들은 모두 크게 기뻐하며 맛있게 먹었지만 화원의 마차를 모는 양짐(羊斟)만은 이 양고기를 먹지 못하였다. 한 부장(副將)이 그 까닭을 묻자 화원은 이렇게 대답하였다.

「마차를 모는 사람에게까지 양고기를 먹일 필요는 없네. 마차부는 전쟁과 아무런 관계가 없으니 말일세」

이튿날 양군의 접전이 시작되었다. 화원은 양짐이 모는 마차 위에서 지휘를 하였다. 송나라와 정나라의 군사가 모두 잘 싸워 쉽게 승패가 나지 않자 화원이 양짐에게 명령하였다.

「마차를 적의 병력이 허술한 오른쪽으로 돌려라」

그러나 양짐은 반대로 정나라 병력이 밀집해 있는 왼쪽으로 마차

를 몰았다. 당황한 화원이 방향을 바꾸라고 소리치자 양짐은 이렇게 대꾸했다.

「어제 저녁 양고기는 장군께서 다스린 것이고, 오늘 이 일은 제가 다스린 것입니다!(疇昔之羊子爲政 今日之事 我爲政)」

소인배 마차부 양짐

그리고는 곧바로 정나라 군사가 모여 있는 곳으로 마차를 몰았다. 화원은 결국 정나라 군사에게 붙잡히고 말았다.

대장이 포로가 된 것을 본 송나라 군사는 전의를 잃고 전열(戰列)이 무너졌다. 그 결과 250여 명의 군사가 사로잡히고 사공(司空 : 토지와 민사를 맡아보는 관원)까지 포로가 되었다. 정나라 군사는 모두 460량의 병거(兵車)를 포획하는 등 대승을 거두었다.

화원의 부하들에 대한 차별이나 양짐의 「사사로운 감정 때문에 나라를 패망하게 하고 백성들을 죽게 만든(以其私憾 敗國殄民)」 것이다. 송나라의 대패는 바로 화원과 양짐이 「각자위정」 했기 때문이다.

비단 군사행동에서 뿐만 아니라 국가나 사회의 경영에 있어 전체로서의 조화나 개개의 협력이 이루어지지 않으면 그 경영은 소기의 성과를 거둘 수 없다.

각주구검 刻舟求劍

새길 刻 배 舟 구할 求 칼 劍

《여씨춘추(呂氏春秋)》 찰금편(察今篇)

사람이 미련해서 융통성이 없음의 비유. 《여씨춘추》 찰금편에 있는 이야기로, 눈앞에 보이는 하나만을 알 뿐, 그 밖의 시세 변동 같은 것은 전연 모르는 고집불통인 처사를 비유해서 한 이야기다.

초(楚)나라 사람이 배를 타고 강을 건너게 되었는데, 들고 있던 칼을 그만 물 속에 빠뜨리고 말았다. 그러자 그는 얼른 칼을 빠뜨린 뱃전에다 표시를 해두고, 「내가 칼을 빠뜨린 곳은 바로 여기다」 하고 자못 영리한 체하며 주위 사람을 둘러보았다.

이윽고 배가 언덕에 와 닿자, 그는 아까 표시를 해 놓은 그 자리에서 물로 뛰어들었다. 그는 그 자리에 칼이 있을 거라고 믿었던 것이다. 배는 이미 그 동안에 칼을 빠뜨린 곳으로부터 멀어져 갔는데도 그걸 미처 깨닫지 못하고 그런 식으로 칼을 찾겠다니 얼마나 한심스런 이야기인가.

또 《한비자》에 「수주대토(守株待兎)」 라는 비슷한 이야기가 있다. 송나라 사람이 어느 때 부지런히 밭을 갈고 있었다. 밭 옆에 큰 나무 그루터기가 있었다.

그런데 그곳에 갑자기 뛰어나오던 토끼가 그 그루터기에 부딪쳐 목뼈가 부러져 죽었다. 덕택으로 농부는 힘 안 들이고 저녁 반찬을 얻었다. 그 후 사나이는 농사일을 집어치우고 날마다 밭 두둑에 앉아 토끼를 기다렸다. 그러나 토끼는 두 번 다시 그 곳에 나타나지 않았다.

각지불공 却之不恭

물리칠 却 갈 之 아닐 不 공손할 恭

《맹자》 만장하(萬章下)

주는 것을 거절하여 물리치는 일은 공손하지 못함. 남의 호의나 선물을 고맙게 받아들인다는 뜻을 나타낼 때 많이 쓰는 관용적 표현이다. 남을 높이고 자신을 낮추는 겸양의 표현이다.

맹 자

《맹자》 만장하편에 있는 말이다. 스승인 맹자가 제후들의 폐백(幣帛)을 모두 받아들이자, 만장은 스승의 그러한 행동을 못마땅하게 생각해서 제후들의 폐백을 받는 이유가 무엇인지 물었다. 맹자가 대답했다.

「공경하기 때문이다」

그러자 만장이 다시 물었다.

「그러한 것을 물리치는 것이 공경스럽지 못하다는 것은 무엇 때문입니까(却之爲不恭 何哉)?」

맹자가 대답했다.

「존귀한 사람이 내려주는데, 그것을 취하는 것이 옳은지 그른지를 따지고 난 뒤에 받는 것은 불공한 것이다. 그런 까닭에 물리치지 않은 것이다」

각·화·무·염 刻畵無鹽

새길 刻 그림 畵 없을 無 소금 鹽

《진서(晉書)》 주의전(周顗傳)

아무리 꾸며도 무염이란 뜻으로, 얼굴이 못생긴 여자가 아무리 화장을 해도 미인과 비교가 되지 않음을 이르는 말. 차이가 많이 나는 물건을 비교하거나 맞지 않는 비유를 이르는 말이다.

전국시대 제(齊)나라의 무염(無鹽)이라는 지방에 종리춘(鐘離春)이라는 못생긴 여자가 살았다. 그녀는 워낙 박색이라 나이가 마흔이 되도록 시집을 가지 못했다. 그러던 중 어느 날 종리춘은 제선왕(齊宣王)에게 제나라의 문제점들에 대한 해결책을 제시했다. 제 선왕은 그녀의 재능에 탄복해서 무염군에 봉하고 마침내 황후가 되었다.

그러나 사람들은 그녀가 왕후가 되었든 무염군이 되었든 간에 못생긴 여자를 일러, 춘추시대 월(越)나라의 미녀인 서시(西施)에 비유하여 못생긴 여자를 「무염(無鹽)」이라고 하였던 것이다. 그래서 무염은 고대 중국의 대표적 추녀(醜女)로 불리게 되었다.

《진서》 주의전에 의하면,

진나라 원제(元帝) 때 신하들이 주의(周顗)를 악광(樂廣)과 같이 고결한 사람이라고 하자, 주의는 스스로 악광과 비교될 수 없다면서 「어찌 무염에게 화장을 한다고 하여 갑자기 서시가 되겠는가(何乃刻畵無鹽 唐突西施也)」 라고 하면서 겸손함을 나타냈다고 한다.

얼굴이 못생긴 여자가 아무리 꾸며도 서시와 같은 미인이 될 수 없다는 뜻으로, 서로 비교할 수 없는 것을 비유할 때 쓰는 말이다.

간간악악 侃侃諤諤

온화할 侃 곧은말 할 諤

《논어》 향당(鄕黨)

전국시대 진(秦)나라는 위(魏)나라 사람인 상앙을 재상으로 삼아 냉혹한 변법을 시행함으로써 진나라가 후에 천하를 통일할 수 있는 기틀을 마련했다. 《사기》 상앙열전에 있는 말이다.

상앙(商鞅)은 당시 은자(隱者)이던 조량(趙亮)을 정치에 참여시키려고 찾아갔다. 그러나 조량은 상앙의 제의를 정중히 거절했다. 그리고 상앙이 의견을 묻자, 그의 냉혹한 정치가 야기한 폐해를 지적하면서 이렇게 말했다.

「천 마리 양의 가죽이 한 마리의 여우 겨드랑이 가죽만 같지 않고 천 명의 사람들이 의논하는 것이 한 사람의 선비가 숙고하느니만 못하지 않습니까? 무왕의 신하들은 서로 논쟁으로 들끓었는데 이로 인해 주(周)나라는 번창했으나 은나라 주(紂)왕은 침묵을 강요, 결국 망하고 만 것입니다(千羊之皮 不如一狐之掖 千人之諾諾 不如一士之諤諤 武王諤諤以昌 殷紂墨墨以亡)」

또한 《논어》 향당(鄕黨)편에는 공자의 태도를 이렇게 묘사하고 있다.

「조정에서 아랫사람들과 이야기할 때에는 온화하게 말했으며, 윗자리에 있는 대부들과 이야기할 때에는 조리 있고 단호한 태도였다(朝與下大夫言 侃侃如也 與上大夫言 誾誾如也)」

《사기》의 「악악(諤諤)」이라는 말과 《논어》에의 「간간여(侃侃如)」의 간간을 합친 말이다.

간경하사 干卿何事

방패 干 벼슬 卿 어찌 何 일(섬길) 事

《남당서(南唐書)》 풍연사전(馮延巳傳)

왕안석

쓸데없이 남의 일에 참견하는 사람. 《남당서》 풍연사전에 있는 이야기다.

중국의 오대십국(五代十國) 시대 강남에 위치한 남당(南唐)에서는 이름난 시인들이 몇 사람 배출되었다. 2대 황제 이경(李璟), 3대 황제 이욱(李煜), 재상 풍연사(馮延巳), 그리고 성언웅, 서현 등이 그 대표적인 인물이다.

이경의 사(詞)는 오늘날까지 전해 오는 작품이 다섯 수 있는데 「탄파완계사(攤破浣溪紗)」가 대표작이다. 이것은 깊은 밤, 먼 변방 싸움터에서 고생하는 남편을 그리는 여인의 심정을 읊은 시인데, 거기에 다음과 같은 구절이 나온다.

보슬비에 꿈을 깨니 닭 울음소리 아득하고
작은 누각에서 부는 옥피리 소리 차가워라

細雨夢回鷄塞遠 小樓吹徹玉笙寒 세우몽회계새원 소루취철옥생한

송나라 때의 학자인 왕안석(王安石)은 이 두 구절을 가리켜 강남사

황제 이경과 풍연사

(江南詞) 중 가장 훌륭한 글귀라고 칭찬했다고 한다.

풍연사의 작품은 전해져 내려오는 것이 비교적 많은 편이다. 그 중 알금문(謁金門)이라는 작품 역시 님 생각에 애끓는 여인의 심정을 그린 것이다. 작품에 「봄바람 문득 불어와 연못에 잔잔한 물결을 일으킨다」는 구절이 들어 있다.

이에 「탄파완계사」의 작자인 황제 이경이 풍연사를 보고 「연못에 잔물결이 이는 것이 경과 무슨 상관이란 말이오(吹皺一池春水 干卿何事)?」하고 농담을 건네자 풍연사도 「폐하께옵서도 『작은 누대에 울어 예는 옥피리 소리 차가워라(細雨夢回鷄塞遠 小樓吹徹玉笙寒)』라는 글귀를 짓지 않으셨습니까?」라며 농담으로 받아넘겼다고 한다.

이렇게 해서 「경과 무슨 상관인가?」 또는 「그대와 무슨 상관인가?」라는 뜻으로서의 간경하사가 나중에 성구로 되었다. 간경심사(干卿甚事)라고도 한다.

간담상조 肝膽相照

간 肝 쓸개 膽 서로 相 비출 照

「유자후묘지명(柳子厚墓誌銘)」

진심을 터놓는 허물없는 우정, 마음이 잘 맞는 절친한 사이.

「간담상조」는 간과 쓸개를 서로 꺼내 보인다는 말로서, 친구 사이의 진정한 우정을 비유하는 말이다. 이 말은 당송팔대가(唐宋八大家) 중 한 사람인 한유(韓愈, 자는 퇴지)가 그의 친구인 유종원(柳宗元 : 자는 자후)의 우정을 칭송해서 쓴 「유자후묘지명」에서 비롯된 말이다.

한유와 유종원은 당대(唐代)를 대표하는 대문장가이다. 이들은 모두 당시 유행하던 화려한 문장을 천시하고 고문(古文)을 부흥시키고자 노력했던 사람들로서, 오랜 세월 두터운 우정을 나눈 절친한 친구였다. 헌종(憲宗) 때 유종원은 정쟁에서 밀려나 두 번째로 유주자사(柳州刺史)로 좌천되었다가 죽고 말았다.

한유는 유종원을 위해서 묘지명을 썼는데, 그 가운데「간담상조」가 나오는 1절을 소개해 보자.

유종원이 조정의 부름을 받아 유주자사로 임명되었을 때 중산(中山) 사람인 유몽득(柳夢得 : 이름은 우석) 또한 파주(播州) 자사로 임명될 예정이었다. 그 말을 들은 유종원은 울면서 말했다.

「파주는 척박한 변방의 땅으로 도저히 몽득 같은 사람이 살 곳이 못 된다. 노령인 모친을 모시고 부임할 수도 없을 테고 또 그 사실을 어떻게 모친에게 알릴 수 있겠는가! 난처해 할 것을 차마 볼 수가 없다. 내가 몽득 대신 파주 행을 지원해야겠다. 물론 무거운 책망을 듣겠

한 유

지만 그것은 각오한 바이다」

한유는 이에 이어, 「사람이 어려운 지경에 처했을 때야 비로소 진정한 절의(節義)가 드러나는 법이다. 아무 걱정 없이 살아갈 때는 서로 아껴 주며 술자리나 잔치자리에 부르곤 한다. 때로는 농담도 하고 서로 사양하고 손을 맞잡기도 한다. 그뿐이겠는가. 죽어도 배신하지 말자고 『쓸개와 간을 서로 내보이며(肝膽相照)』 맹세한다. 하지만 조금이라도 이해관계가 엇갈리면 눈길을 돌리며 마치 모르는 사람 대하듯 한다. 함정에 빠진 사람을 구해 주기는커녕 오히려 구덩이 속으로 밀어 넣고 돌을 던지는 사람이 이 세상에는 널려 있다」

이렇게 본다면 「간담상조」라는 말도 그 발생의 근원에 있어 이미 허위나 배반의 요소를 내포하고 있는 것이 아닐까. 진정한 간담상조하는 우정이란 세상에 드문 일이니만큼 더욱 더 높은 가치를 갖는다고나 할까?

한유가 유종원의 우정을 참된 우정으로 높이 평가한 데는 유우석이 파주자사로 임명되었을 때, 파주는 변방인 데다 70 노경에 있는 어머니를 모시고 갈 일이 걱정이었다. 이런 사실을 안 유종원은 자기가 대신 파주로 가겠다고 자청해 나섰던 것이다.

이것이 참된 친구요 「간담상조」할 수 있는 우정이라고 한유는 묘지명에 썼던 것이다.

간담초월 肝膽楚越

간 肝 쓸개 膽 나라이름 楚 나라이름 越

《장자》 덕충부(德充符)

가까이 있어도 멀리 있는 것처럼 보임.

억지로 차별을 지어 보면 간과 쓸개와 같이 서로 가까운 사물도 보기에 따라서 초나라와 월나라만큼이나 먼 것처럼 보이기도 하고, 반대로 서로 다른 것도 동일하게 생각된다는 말.

간담(肝膽)은 간과 쓸개로, 관계가 매우 밀접하거나 가까운 것을 비유하는 말이며, 초월(楚越)은 고대 중국의 초나라와 월나라로 서로 멀리 떨어져 있어 소원한 관계를 말한다.

《회남자》 숙진훈에 있는 「간담호월(肝膽胡越)」과도 같은 뜻이다. 간(肝)과 담(膽)은 서로 가까이 붙어 있는 것이며, 「胡」는 북쪽에 있는 나라이고, 「越」은 남쪽에 있는 나라인 데서, 가깝고 먼 것으로써 서로 닮고 닮지 않음을 비유한 말이다. 그런데 초나라와 월나라는 모두 남쪽에 있는 나라이므로 「멀다」는 비유가 맞지 않으므로, 《회남자》에서는 《장자》에 있는 「楚」를 「胡」로 바꾸어 놓은 말이다.

《장자》 덕충부편에 실려 있는 공자의 말로서, 다음과 같은 구절이 있다.

「서로 뜻이 다른 입장에서 보면 간과 쓸개도 초나라와 월나라와 같고(肝膽楚越也), 같은 마음으로 보면 만물은 모두 하나다」

입장이나 견해가 다르면 가까운 관계도 멀게 느껴지고 서로 다른 것도 동일한 것으로 보인다는 말이다.

간어제초 間於齊楚

사이 間 어조사 於 제나라 齊 초나라 楚

《맹자》 등문공(滕文公)편

등문공

제나라와 초나라 사이에 끼어 있다는 뜻으로, 약자가 강자 틈에 끼여 괴로움을 당한다는 말이다.

전국시대에 강국이었던 제(齊)나라와 초(楚)나라 사이에 낀 등(鄧)나라는 두 강자의 틈바구니에서 오랫동안 모진 고초를 겪어야 했다.

맹자가 등나라를 방문했을 때, 등문공(滕文公)이 맹자에게 물었다.

「등나라는 작은 나라로서, 제나라와 초나라 사이에 있습니다. 제나라와 초나라 중 어떤 나라를 섬겨야 합니까?」

맹자가 대답했다. 「내가 해결 할 수 있는 문제가 아닙니다. 하지만 굳이 대답하라고 하신다면 한 가지 방법은 있습니다. 성 밑에 못을 깊게 파고 성을 높이 쌓은 후 백성과 함께 지키는 겁니다. 만일 백성들이 죽을 때까지 떠나지 않고 지킨다면 그에 따르십시오. 그렇지만 그렇지 않다면 빨리 이곳을 떠나야 합니다. 둘 중 하나를 택하십시오」

약자가 강자들 사이에서 괴로움을 받을 때 택할 수 있는 것은 당당하게 겨루거나, 아니면 미련을 버리고 떠나는 것 가운데 한 가지밖에 다른 수는 없다.

간장막야 干將莫耶

방패 干 장수 將 아닐 莫 어조사 耶

《오월춘추》 합려내전(闔閭內傳)

천하에 둘도 없는 명검.

간장과 막야

간장과 막야가 만든 칼이란 말로, 천하에 둘도 없는 명검이나 보검을 비유하여 이르는 말이다.

《오월춘추(吳越春秋)》 합려내전에 있는 이야기다.

오(吳)나라에는 유명한 대장장이 간장(干將)이 그의 아내 막야(莫耶)와 오순도순 살고 있었다. 그 당시 오나라 왕 합려(闔閭)는 간장을 불러 명검 두 자루를 만들도록 명령했다. 간장은 나라에서 제일가는 대장장이라는 것을 공식적으로 인정받아 최선을 다해 칼을 만들기로 했다.

간장은 정선된 청동만으로 칼을 주조하기 시작했는데, 이 청동이 3년이 지나도 녹지 않았다. 왕의 독촉은 하루가 멀게 계속되고, 청동은 녹을 생각조차 하지 않았으므로 그의 걱정은 이만저만이 아니었다.

간장은 어떻게 하면 이 청동을 하루속히 녹여 칼을 만들 수 있을까

월왕 구천의 자작용검

하는 걱정에 뜬눈으로 밤을 지새우는 날이 많았다.

그러던 중 그의 아내 막야가 청동을 녹일 방법을 알아냈다. 그것은 부부의 머리카락과 손톱을 잘라 용광로에 넣고 소녀 300명이 풀무질을 하는 것이었다.

막야의 말대로 하자 과연 청동은 서서히 녹기 시작했다. 그래서 칼도 명검으로서 손색이 없을 만큼 제 형체를 드러내기 시작했다. 간장은 칼이 완성되자, 한 자루에는 막야라는 이름을 새겼고, 또 다른 한 자루에는 간장이라고 새겨 넣었다.

이 칼은 그 어느 칼보다 단단하고 예리했으므로 높이 평가받게 되었고, 이로부터 「간장막야」는 명검을 가리키는 말이 되었다.

《순자(荀子)》 성악편(性惡篇)에 보면 사람의 성품이 악한 것을 논증하면서 이런 이야기를 하고 있다.

「중국 역대의 명검으로 제(齊)나라 환공(桓公)의 총(蔥), 강태공(姜太公)의 궐(闕), 주문왕의 녹(錄), 초장왕의 홀(忽), 그리고 오왕 합려의 간장과 막야, 거궐(鉅闕)과 벽려(辟閭)를 손꼽을 수 있다. 그러나 명검도 숫돌에 갈지 않으면 예리해지지 않으며, 사람의 힘이 가해지지 않으면 아무것도 자를 수 없다」

갈불음도천수 渴不飮盜泉水

목마를 渴 아니 不 마실 飮 훔칠 盜 샘 泉 물 水

《설원(說苑)》 설총편(說叢篇)

「목이 말라도 도천(盜泉)의 물은 마시지 않는다」 라는 뜻으로, 아무리 곤궁해도 불의(不義)의 재산은 탐내지 않는다는 말이다.

《설원》 설총편에 이런 이야기가 있다.

공 자

공자가 어느 날 승모(勝母)라는 마을에 갔을 때, 마침 날이 저물었으나 그 마을에서는 머물지를 않았다. 또 도천(盜泉)의 옆을 지나쳤을 때 목이 말랐으나 그곳의 샘물을 떠먹지 않았다.

그 까닭은 마을 이름이 「어미를 이긴다(勝母)」는 뜻으로, 이것은 자식으로서의 도에서 벗어난 일이며, 그와 같은 이름의 마을에 머문다는 그 자체가 이미 어머니에 대한 부도덕으로 여겼던 까닭이다. 또 도천이란 천한 이름을 가진 샘물을 마신다는 것은 고결한 마음을 다듬고 있는 선비에게 있어서는 매우 불명예스러운 수치로 여겼던 까닭이라고 말하고 있다.

도천은 산동성 사수현(泗水縣) 동북쪽에 있어 예부터 이러한 고사로 인해 이름이 알려져 있어 도천이라는 용어는 수치스러운 행위의 비유로도 쓰인다. 《문선(文選)》 에 있는 육사형(陸士衡)의 「맹호행

(猛虎行)」이란 시를 소개해 보기로 하자.

목이 말라도 도천의 물을 마시지 않고
더워도 악목의 그늘에 쉬지 않는다.
악목인들 나뭇가지가 없겠는가.
선비의 뜻을 품고 고심이 많도다.

渴不飮盜泉水　熱不息惡木陰　갈불음도천수　열불식악목음
惡木豈無枝　志士多苦心　악목개무지　지사다고심

아무리 목이 말라도 도천의 물은 마시지 않고, 아무리 더워도 악목의 그늘에서는 쉬지 않는다는 것은 올바른 정신을 관철하기 위해서인 것이다.

육사형의 이름은 기(機), 사형은 자다. 할아버지인 육손은 삼국의 오(吳)나라 손권에게 벼슬하여 용명을 떨쳤으며, 아버지 육항도 오의 명신이었다.

유학을 깊이 준봉하여 시문에도 뛰어나 오의 흥망을 논한 《변망론(辯亡論)》이나 《육평원집(陸平原集)》이 있다.

나중에 진(晋)에 벼슬하고자 아우인 육운과 낙양에 있었을 때 사람들로 하여금 「오를 정벌한 덕택에 이준(二俊)을 얻었다」는 칭송을 받기도 했다. 대장군 하북 대도독이 되었으나 모함에 빠져 「화정(華亭)의 학려(鶴唳) 어찌 듣겠는가」하는 말을 남기고 죽었다.

화정은 강소성 송강현의 서쪽 평원촌에 있고 할아버지 육손이 화정후에 책봉된 후부터 대대로 지내던 곳으로 감회 깊은 심정에 넘칠 것이다. 아우 육운도 이어 죽음을 당했다.

학려는 학의 울음소리를 말한다.

갈택이어 竭澤而漁

다할 竭 못 澤 말이을 而 고기잡을 漁

《여씨춘추(呂氏春秋)》

눈앞의 이익만을 추구하여 먼 장래를 생각하지 않음.

「연못의 물을 모두 퍼내 고기를 잡는다」라는 뜻으로, 눈앞의 이익만을 추구하여 먼 장래를 생각하지 않는 것을 이르는 말이다.

여불위 묘

전국시대 말기 진(秦)나라의 정치가 여불위(呂不韋)가 편찬한 《여씨춘추(呂氏春秋)》에 있는 이야기다.

춘추시대 진(晉)나라 문공(文公)은 성복(城濮)이라는 땅에서 초(楚)나라와 큰 전쟁을 벌이게 되었다. 그러나 초나라의 병력이 진나라 진영보다 훨씬 많을 뿐만 아니라, 무력 또한 막강하였으므로 도저히 이길 방법이 없었다.

그런 가운데 방법이 없을까 궁리하다 장수 호언(狐偃)에게 물었다.

「초나라의 병력은 많고 우리 병력은 적으니 이 싸움에서 승리할 방법이 없겠소?」

그러자 호언은 이렇게 대답했다.

「저는 예절을 중시하는 자는 번거로움을 두려워하지 않고, 싸움에 능한 자는 속임수를 쓰는 것을 싫어하지 않는다고 들었습니다. 속임수를 써 보십시오」

진문공

그리고 문공은 다시 군사(軍師) 이옹(李雍)의 생각을 물었다. 이옹은 호언의 속임수 전략에 동의하지 않았다. 그렇다고 해서 별 뾰족한 방법도 없었으므로 다만 이렇게 말했다.

「못 안의 물을 모두 퍼내어 물고기를 잡는다면 그야 잡지 못할 리 없지만, 그 훗날에는 잡을 물고기가 없게 될 것이고, 산에 있는 나무를 모두 불태워서 짐승들을 잡으면 잡지 못할 리 없겠지만, 뒷날에는 잡을 짐승이 없을 것입니다(竭澤而漁 豈不獲得 而明年無魚 焚藪而田 豈不獲得 而明年無獸). 지금 속임수를 써서 위기를 모면한다 해도 근본적인 해결책이 아닌 이상 임시방편의 방법일 뿐입니다」

이옹의 비유는 눈앞의 이익만을 위하는 것은 화를 초래한다고 본 것이다.

감당유애 甘棠遺愛

달 甘 팥배나무 棠 남을 遺 사랑 愛

《시경(詩經)》 소남편(召南篇)

청렴결백하거나 선정(善政)을 베푼 사람을 그리워하는 마음.

주(周)나라 성왕(成王) 때 주공과 소공(召公)은 왕의 숙부로서 어린 성왕을 도와 왕조의 기반을 확립하였다. 무왕의 동생인 주공과 소공은 무왕의 아들로서 어린 나이에 왕위에 오른 성왕을 보필하여 정치를 보살폈다. 《시경》 소남편에 「감당(甘棠)」이라는 시가 있다.

우거진 감당나무
치지도 말고 베지도 말라
소백이 쉬던 곳이니라

蔽芾甘棠 勿剪勿伐 召伯所茇 폐불감당 물전물벌 소백소발

어느 날, 소공은 남쪽을 순시하다가 한수(漢水) 상류의 한 마을을 방문하고, 백성들의 어려움을 해결하여 주었다. 그곳의 백성들은 매우 감동하여 자자손손 소공의 공을 잊지 못하였다고 한다. 주나라 역대 왕들의 치세가 점차 백성의 신망을 잃어갔는데, 특히 마지막 유왕(幽王)은 상나라의 주왕처럼 방탕과 폭정을 일삼는 사람으로서 백성들의 삶에는 전혀 관심이 없었다. 이로 인해 백성들은 조상 대대로 전해 내려오는 소공이라는 사람을 더욱 그리워하였던 것이다.

소공은 남쪽지방을 순시하면서 팥배나무 아래서 일을 처리하며 쉬기를 즐겼다. 그가 죽자 그 팥배나무는 소공수(召公樹)라 불리게 되었으며, 사람들이 나무 아래 모여 소공의 인정(仁政)을 기렸다.

감정선갈 甘井先竭

달 甘 우물 井 먼저 先 다할 竭

《장자(莊子)》 산목장(山木章)

「물맛이 좋은 우물은 빨리 마른다」는 뜻으로, 재능 있는 사람은 많이 쓰여 일찍 쇠퇴한다는 말이다.

《장자》 외편(外篇) 산목장(山木章)에는 저 유명한 「재여부재(材與不材)」(쓸모 있음과 쓸모없음)의 비유에 뒤이어 다음과 같은 우화가 실려 있다. 이 이야기는 공자(孔子)와 태공임(太公任) 간의 대화 형식이지만 실제로 있었던 일이라기보다 장자의 비유에 동원된 우화라고 보는 것이 옳을 것이다.

공자가 진(陳)나라와 채(蔡)나라 중간에서 사람들에게 갇혀 이레 동안이나 더운 음식을 먹지 못했다. 그 때 태공임이 찾아와서 공자를 위문하여 말했다.

「당신은 거의 죽게 되었구려」

공자가 답했다.

「그렇소」

태공임이 말했다.

「당신은 죽기를 싫어합니까?」

공자가 답했다.

「그렇소」

태공임이 말했다.

「내가 죽지 않는 법을 얘기해 주겠소. 동해에 새가 있는데 그 이름을 의태라 부르는데, 그 새는 본성이 느려서 아무 능력도 없는 듯

장 자

이 보이지요. 날 때는 다른 새들이 서로 이끌어 주어야 날고, 쉴 때는 다른 새들과 붙어 있지요. 나아갈 때는 감히 다른 새들의 앞에 서지 않고, 물러설 때는 다른 새들보다 뒤서지 않지요. 먹이를 먹을 때도 감히 다른 새들보다 앞서 맛보지 않고, 반드시 다른 새가 먹고 난 나머지를 먹지요. 그래서 그 새는 다른 새들 무리에게 배척당하는 일이 없고, 사람들에게도 해를 입지 않는 것입니다. 그래서 재난을 면하지요. 곧은 나무는 먼저 잘리고(直木先伐), 맛있는 우물은 먼저 말라 버리지요(甘井先竭). 당신을 보면 자신의 지식을 꾸며 어리석은 사람들을 놀라게 하고, 몸을 닦아 남의 허물을 들추어내고, 마치 해와 달을 내걸고 가듯이 훤하게 자신을 나타내려 하고 있어요. 그러하기에 환난을 면할 수 없지요. 전에 내가 위대한 덕을 이룬 사람에게서 들은 바에 의하면, 『스스로 뽐내는 자는 공을 잃게 되고, 공을 이루고 물러나지 않는 자는 실패하게 되며, 명성을 이루고 그대로 머물고자 하는 자는 욕을 보게 된다』 고 했습니다. 어느 누가 과연 공명을 마다하고 보통 사람들과 같이 처신하겠습니까? 그의 도가 널리 행하여져도 자기의 이름을 밝히지 않고, 그의 덕이 세상에 시행되어도 명성을 받아들이지 않으며, 마음을 순수하게 가지고, 언제나 한결같이 행동하여 마치 미치광이인 것처럼 무심하게 공적을 남기지 않고, 권세를 버리며 공명을 추구하지 않는 사람이어야 합니다. 그러면 남을 책잡을 일도 없고, 남에게 책잡힐 일도 없지요. 지인은 세속의 명예를 추구하지 않는 법이건만 당신은 어째서 공명을 좋아하십니까?」

공 자

이 말을 들은 공자는 곧 사람들과의 교유를 끊고 제자들을 보내고는 자신은 큰 늪가에 숨어 허름한 옷을 입고 도토리와 밤을 주워 먹으며 살았다.

그리하여 짐승들 사이로 들어가도 무리가 흩어지지 않았고, 새들 틈에 들어가도 그 행렬이 흐트러지지 않았다. 새와 짐승들도 그를 싫어하지 않았으니 하물며 사람들이야 어떠했겠는가!

감탄고토 甘呑苦吐

달 甘 삼킬 呑 쓸 苦 토할 吐

《동언해(東言解)》

사리(私利)를 채우려고 믿음과 의리를 저버림.

우리 속담에 「달면 삼키고 쓰면 뱉는다」 라는 말이 있는데 그 말의 한자 표현이다. 이해관계에 따라 이로우면 붙기도 하였다가 이롭지 않으면 돌아서기도 하여 서로 믿음이 없는 행위를 가리킨다. 사사로운 이익의 옳고 그름을 판단하지 않고 사리사욕(私利私慾)을 꾀하여 유리한 경우에는 함께하고 불리한 경우에는 배척하는 이기주의적 태도를 이르는 말이다.

「감탄고토」 에 얽힌 나무 이야기를 예로 들어본다.

나무의 친구로는 바람과 새, 달이 있는데 바람은 마음 내킬 때마다 찾아왔다가 때로는 살짝 스쳐 지나가거나 때로는 세차게 불어와 흔들고 가는 변덕스런 친구이다. 새도 마음 내킬 때 찾아와 둥지를 틀었다가도 어느새 날아가 버리는 믿음직스럽지 못한 친구이다.

달은 한결같이 때를 어기지 않고 찾아와 함께 지내는 의리 있는 친구이다. 그러나 나무는 달 · 바람 · 새를 모두 친구로 대한다.

나무에서 얻는 교훈과 같이 이로울 때만 가까이하고 필요하지 않으면 멀리하는 이기적인 사귐이 아니라 인륜의 실천덕목으로 오륜(五倫)의 하나인 붕우유신(朋友有信)처럼 어떤 친구든 벗과의 사귐에는 믿음이 밑바탕을 이루어야 한다.

달면 삼키고 쓰면 뱉듯이, 사리를 채우려고 믿음과 의리를 저버리는 각박한 세태를 일컫는 말이다.

강거목장 綱擧目張

벼리 綱 들 擧 눈 目 베풀 張

《시보(詩譜)》

대강(大綱)을 들면 세목(細目)은 저절로 환하여짐.

그물의 벼리를 집어 올리면, 그물의 작은 구멍은 자연히 열린다는 뜻으로, 사물의 핵심을 파악하면 그 밖의 것은 이에 따라 해결됨을 비유한 말로서, 대체적인 줄거리를 들면 세부적인 조목(條目)은 저절로 밝혀진다는 뜻으로, 하(下)는 상(上)을, 소(小)는 대(大)를 따름을 이르는 말.

후한(後漢) 말의 유학자 정현(鄭玄)은 《사기》의 연표(年表)와 공자의 《춘추(春秋)》 등을 근거로 하여, 《시경》 각 편에 수록된 시의 연대를 추정하여 차례대로 엮고, 내용에 반영된 각 시대의 사실(史實)을 정리하여 《시보(詩譜)》 3권을 편찬하였다. 정현은 《시보》 서(序)에서 이 책의 편찬의 배경을 이렇게 적고 있다.

정 현

「……그물은 하나의 벼리를 들면 만 개의 눈들이 벌어지며, 한 권을 펼쳐보면 모든 편들을 알게 되니(擧一綱而萬目張 解一卷而衆篇明), 노력이 덜 들게 되고 신경도 많이 쓰이지 않게 된다. 이러한 방법은 군자들에게 또한 즐거움이

주희 사당 앞에 있는 주희 조상(彫像)

될 것이다」

「강(綱)」은 그물의 벼리, 「목(目)」은 그물코를 가리키는데, 큰 벼리를 한 번만 들어 올리면 수많은 그물코가 저절로 펼쳐진다는 뜻으로, 일이나 글의 중심을 정확히 알고 나면 나머지는 저절로 이루어진다는 것을 말한다.

그물의 위쪽 코를 꿰어 오므렸다 폈다 하는 벼릿줄을 들어 올리면 그물의 작은 구멍이 자연히 열린다는 의미로, 사물의 요점을 정확히 파악하면 다른 것들은 이에 따라 자연히 명백해진다는 것을 비유한 말이다.

강(綱)과 목(目)의 관계는 경전을 읽을 때 쓰는 참고서적으로도 설명할 수 있다. 이런 참고 서적은 흔히 간단명료한 대의와 함께 상세한 설명이 달려있어 색인으로 쓰기에 편리한 점이 많다.

요컨대 송(宋)나라 때의 학자 주희(朱熹)가 편찬한 《자치통감강목(資治通鑑綱目)》, 명(明)나라 때의 학자 이시진(李時眞)이 편찬한 《본초강목(本草綱目)》 등이 그런 예다.

이와 같이 사람들은 어떠한 일에서 요점을 정확하게 아는 것을 가리켜 제강(提綱)이라고 하며 설령(挈領)이라고도 한다. 그래서 「제강설령(提綱挈領)」이라는 성어도 나왔는데, 역시 요점을 정확하게 안다는 뜻으로 쓰이고 있다.

강구연월 康衢煙月

편안할 康 네거리 衢 연기 煙 달 月

《열자(列子)》 중니(仲尼)편

태평성대의 평화로운 풍경

《열자(列子)》 중니(仲尼)편 「강구요(康衢謠)」에 있는 말이다.

「강구요」는 중국 요임금이 나라를 다스린 지 50년이 되어 민심을 살피려고 나온 길에 장바닥에서 놀고 있던 아이들이 불렀다는 노래로서, 그 가사는 이렇다.

우리 모두 잘 사는 것은
임금님의 지극함 아닌 것이 없네.
우리는 아무것도 모르지만
임금님의 법만 따를 뿐이라네.

立我蒸民 莫非爾極 입아증민 막비이극
不識不知 順帝之則 불식부지 순제지칙

요임금의 치세를 찬양하는 내용이다. 여기서 유래하여 「강구연월」은 태평성대의 평화로운 풍경을 비유하는 성어로 사용된다.

우리 모든 백성들이 안정된 생활을 해나가고 있는 것은, 어느 것 하나 임금님의 알뜰한 보살핌과 사랑 아닌 것이 없다. 임금님은 인간의 본성에 따라 우리를 도리에 벗어나지 않게 인도하기 때문에 우리는 법이니 정치니 하는 것을 염두에 두거나 배워 알거나 하지 않아도 자연 임금님의 가르침에 따르게 된다는 뜻이다. 아이들의 이 노래에 요임금은 자못 마음이 놓였다. 과연 그럴까 하고 가슴이 뿌듯하기도 했다.

강남일지춘 江南一枝春

강 江 남녘 南 한 一 가지 枝 봄 春

《삼국지(三國志)》 형주기(荊州記)

강남에서 매화나무 가지 하나에 봄을 담아 보낸다는 뜻으로 친구에게 선물이나 정표를 보내 우정을 전하는 것을 나타내는 말이다.

범엽에게 매화 한 가지 건네는 육개

중국 삼국시대 오(吳)나라 좌승상을 지낸 육개(陸凱)가 친구 범엽(范曄)에게 봄에 꽃이 핀 매화나무 한 가지를 보내며 우정을 나누었다는 이야기에서 유래한다.

《삼국지》 오서(吳書) 형주기(荊州記)에 있는 이야기다.

육개는 오나라의 국도였던 강소성(江蘇省) 소주(蘇州) 출신으로, 태조 손권시대에 여러 지방의 태수를 역임하며 남방 산월(山越) 토벌 등에 큰 공을 세운 인물이다. 그는 범엽과 친하게 지냈는데, 강남 태수로 있을 때 봄이 되자 꽃이 핀 매화 한 가지를 꺾다가 마침 지나가는 역사(驛使)를 만난 김에 매화 한 가지를 범엽에게 보내면서 시도 한 수 써서 함께 보냈다.

매화 꺾다가 역사(驛使)를 만나

농두(隴頭) 사람에게 부치노니
이곳 강남에는 가진 것 없어
애오라지 한 가지(一枝) 봄을 보내오

折梅逢驛使 寄與隴頭人　절매봉역사 기여농두인
江南無所有 聊贈一枝春　강남무소유 요증일지춘

강남일지춘(元 화가 王冕)

강남은 중국 장강(揚子江) 남쪽의 따뜻한 지방이다. 농두는 지금의 감숙성 일대를 가리키는 농(隴) 지방의 변두리로 강남에서 멀리 떨어진 북방을 뜻한다.

따뜻한 강남 지방에는 봄이 와서 매화꽃이 활짝 피었다. 봄꽃을 보자 아직 춥고 황량한 곳에 있는 친구 생각이 나서 매화 한 가지를 꺾어 봄을 담아 보낸다는 내용이다. 역사(驛使)는 공문서나 서신을 전달하는 사람을 말한다.

강노지말 强弩之末

강할 强 쇠노 弩 어조사 之 끝 末

《한서(漢書)》 한안국전(韓安國傳)

강한 것도 시간이 지나면 힘을 잃고 쇠해진다.

시위를 떠난 강한 화살도 먼 데까지 날아가다 보면 그 끝에 가서는 힘이 다해 떨어져 버리고 만다는 말이다. 즉 아무리 강한 것이라 할지라도 시간이 지나면 힘을 잃고 쇠약해진다는 뜻이다.

《한서》 한안국전에 있는 이야기다.

한(漢)의 고조 때 북쪽 흉노족이 변방을 침범하여 골머리를 앓고 있었다. 고조는 중원의 통일을 이루기는 했지만 아직 나라의 기반이 다져지지 않은 형편이라 오랑캐를 평정함으로써 그 기틀을 완전히 갖추려고 직접 대군을 인솔하고 흉노를 치러 출병했다.

그러나 흉노의 기병(騎兵)들이 워낙 강해서 오히려 고조는 그들로부터 포위를 당해 위급한 지경에 빠지고 말았다. 이때 군사(軍師)인 진평(陳平)이 흉노의 왕비에게 값진 보물을 보내 그들을 회유하고 고조는 간신히 포위망을 뚫고 도망칠 수 있었다.

혼이 난 고조는 힘으로써 흉노를 다스리려는 마음을 고쳐먹고 흉노와 화친정책을 펴면서 왕가의 처녀를 흉노의 왕에게 시집보내고 거기다 많은 예물까지 딸려 보냈다.

덕택에 한동안 한나라와 흉노 사이는 평화로웠다. 그러나 그 평화는 오래 지속되지 않았다. 흉노는 다시 변경을 시끄럽게 했다.

그러는 동안 무제(武帝)가 즉위하면서 한나라는 이전과는 비교할 수 없을 정도로 군사력이 강대해졌다.

무제의 흉노 정벌

무제는 강력한 힘을 바탕으로 골칫거리인 흉노를 정벌하기로 결심하고 중신회의를 열었다. 그러나 어사대부(御使大夫) 한안국이 나서서 반대했다.

「아무리 강한 화살이라도 멀리 날아가면 끝에 가서는 힘이 약해져 노나라의 얇은 비단폭도 뚫지 못합니다(強弩之末力不能入魯縞). 우리 군사들이 비록 강하다고 하지만, 멀리 북방까지 원정을 나간다면 그 결과는 장담할 수가 없습니다. 후일을 기약해서 도모하는 것이 옳을 줄로 아옵니다」

그러자 강경파인 왕회(王恢)가 나서서 말했다.

「그렇다면 역으로 흉노로 하여금 우리나라를 치게 만들어 우리가 맞아 싸우는 계책을 쓰는 것이 좋을 줄로 생각하옵니다」

무제는 왕회의 계책을 좇아 마읍(馬邑)이란 곳에 30만 대군을 몰래 숨겨 놓고 흉노의 10만 대군을 유인했으나 흉노의 맹장 선우는 이를 눈치 채고 퇴각해버림으로써 한나라의 계책은 실패로 돌아가고 말았다. 이 「강노지말」 은 《사기》 한장유열전에도 나와 있고, 《삼국지》 촉지 제갈량전에도 나온다.

강동보병 江東步兵

강 江 동녘 東 걸음 步 군사 兵

《진서(晉書)》 장한전(張翰傳)

동진(東晉) 때의 유명한 문인인 장한(張翰)을 일컫는 말. 보병(步兵)은 벼슬이름이다.

장한(張翰)은 오(吳) 나라 사람으로, 자는 계응(季鷹). 제왕 경(齊王冏)의 동조연(東曹椽) 벼슬을 살았다. 별칭이 강동보병(江東步兵, 보병은 晉의 완적의 별호)이다.

이 성어가 생긴 유래는 위진(魏晉)시대 죽림칠현(竹林七賢)의 한 사람인 완적(阮籍)에서 찾을 수 있다.

당시 산기상시(散騎常侍)였던 완적은 사마소에게 간청하여 외지의 벼슬, 즉 산동성(山東省) 동평(東平)의 태수로 나갔다. 그렇지만 얼마 되지 않아 사마소가 또한 종사중랑(從事中郞)으로 불렀고, 완적은 또한 보병교위(步兵校尉)로 나갈 것을 청했다. 보병교위를 청한 이유가 《진서》 완적전에 「완적은 보병(步兵)의 주방장이 술을 잘 빚고, 주방에는 술이 3백 곡(斛)이 있기에 보병교위를 원했다」 고 했다.

훗날 사람들은 이 때문에 완적을 「완보병(阮步兵)」이라고 불렀다. 완적 역시 세상의 속된 선비들을 백안시(白眼視)하면서 자부심이 대단한 인물이었다. 동진(東晉)은 강동에 도읍을 정한 나라였다. 때문에 장한을 완적과 비교해서 말할 때 이렇게 부르는 것이다.

당(唐)나라 때 출현한 두 사람의 두씨 성을 가진 시인에 대해 두보(杜甫)를 「노두(老杜)」라 부르고 두목(杜牧)을 「소두(少杜)」라고 부른 것과 비슷한 관습이다.

《진서》 장한전에 있는 이야기다.

제왕(齊王) 경(冏)은 장한을 불러 대사마 동조연(大司馬東曹椽)을 삼았는데, 장한이 하루는 가을바람이 일어나는 것을 보고 문득 오중(吳中)의 순채(蓴菜)와 노어(鱸魚)가 생각나서 말하기를, 「인생이란 제 마음에 맞는 대로 살아야지 무엇 때문에 고향을 떠나 천리 밖에 나와서 명작(名爵)에 얽매이겠느냐?」 하고서 바로 고향에 돌아갔다는 고사이다.

완 적

장한(張翰)이 방탕한 생활을 하고 있어서, 당시 사람들이 그를 강동보병(江東步兵)이라고 불렀다.

어떤 사람이 그에게 물었다.

「당신은 명성을 떨치기에 충분한 인물인데, 어찌하여 그런 생각은 조금도 하지 않는 것이오?」

이에 대해 장한은 이렇게 대답했다.

「내 장래에 있을 명성은 지금 이 자리에 있는 술보다 못한 것이오(使我有身後名不如卽時一杯酒)」

강류석부전 江流石不轉

강 江 흐를 流 돌 石 아닐 不 구를 轉

제갈량 / 「팔진도(八陣圖)」

제갈무후

강물은 흘러도 돌은 구르지 않는다는 뜻으로, 세태에 함부로 휩쓸리지 않음을 이르는 말이다.

두보의 나이 55세에 기주(夔州)에서 지은 제갈공명(諸葛孔明)의 「팔진도(八陣圖)」에 대해 지은 시 가운데서 나오는 말로서, 진중에서 함부로 움직이지 않는 것을 의미한다.

이는 곧 부화뇌동(附和雷同)하지 말고 시류에 따라서 흔들리지 말아야 한다는 뜻이기도 하다.

세운 공은 셋으로 나뉜 천하를 뒤덮었고,
그 명성 팔진도로 이루었네.
강물은 흘러도 그 돌들은 굴러 없어지지 않으니,
남은 한은 오를 치라는 말씀 따른 실책이어라.

功蓋三分國 名成八陣圖　공개삼분국 명성팔진도
江流石不轉 遺恨失呑吳　강류석부전 유한실탄오

개과자신 改過自新

고칠 改 허물 過 스스로 自 새로울 新

《사기》 편작창공열전(扁鵲倉公列傳)

허물을 고쳐 스스로 새로워지게 함.

허물을 고쳐 재기한다는 의지를 표현한 말로 「개과천선(改過遷善)」과 같은 말이다.

《사기》 편작창공열전(扁鵲倉公列傳)에 있는 이야기다.

순우의

한 무제 13년(기원전 167년), 한 세도가가 의술로 사람을 기만하고 생명을 경시했다는 이유로 명의 태창공(太倉公) 순우의(淳于意)를 고발했다. 지방 관리는 이를 유죄로 판결하고 순우의에게 육형(肉刑)을 선고했다.

서한 초기의 법령에 따르면, 관리가 육형을 선고 받으면 도성 장안으로 가서 형을 받아야 했다. 그래서 순우공은 장안으로 압송되었다.

황제의 명령은 이미 하달되어 사람이 와서 순우공을 장안으로 압송했다. 순우공은 아들 없이 딸만 다섯이었다. 순우공은 잡혀갈 당시 딸들에게 한탄하며 말했다.

「딸만 낳고 아들을 낳지 못한 채 이런 위기에 몰리니, 역시 쓸모

편작(진월인)의 흉상

있는 녀석이 하나도 없구나」

아버지의 한탄을 듣고 이제 겨우 열다섯 살인 어린 딸 제영이 아버지와 함께 장안을 향해 길을 나섰고, 그녀는 가는 내내 아버지의 뒷수발을 들었다. 임치는 장안에서 무려 2천 리나 떨어져 있어서 부녀는 가는 도중에 풍찬노숙(風餐露宿)하는 등 온갖 고생을 다했다.

천신만고 끝에 장안에 도착한 순우공은 곧바로 감옥으로 압송되었다. 그러자 제영은 아버지를 구하고자 용기를 내서 문제에게 글을 올렸다.

「소첩이 매우 비통한 것은 죽은 자는 다시 살아날 수 없고, 형죄를 받은 자는 다시 이전처럼 될 수 없다는 것입니다. 비록 허물을 고쳐 스스로 새롭게 하고자 하나 그렇게 할 방법이 없으니 끝내 기회를 얻을 수 없을 것입니다(妾切痛死者不可復生而刑者不可復續 雖欲改過自新 其道莫由 終不可得)」

아버지에게 과오를 시정할 수 있는 기회를 달라고 황제에게 사정하는 내용이었다. 그러면서 그녀는 아버지의 죄를 속죄하는 의미에서 자신이 노비가 되겠다고 했다. 제영의 효심에 감동한 문제는 그의 부친을 풀어주고 육형을 면해주었다.

개과천선 改過遷善

고칠 改 허물 過 옮길 遷 착할 善

《진서(晉書)》

지나간 허물은 고치고 착하게 됨.

지난날의 잘못이나 허물을 고쳐 올바르고 착하게 된다는 뜻으로, 잘못 들어선 길을 버리고 착한 사람으로 다시 태어나겠다는 결의를 실천하여 마침내 이룩함을 이르는 말.

《진서(晉書)》에 있는 이야기다.

진(晉)나라 혜제(惠帝) 때 양흠지방에 주처(周處)라는 사람이 있었는데, 태수 벼슬을 한 주처의 아버지 주방(周紡)이 그의 나이 열 살 때 세상을 떠났다.

아버지의 가르침과 보살핌을 받지 못한 그는 매일같이 방탕한 생활을 하며 지냈다. 게다가 남달리 강인한 몸에다 힘도 장사여서 걸핏하면 남을 두들겨 패는 포악한 성격이 되어 마을 사람들로부터 남산의 호랑이, 장교(長橋)의 교룡(蛟龍)과 더불어 삼해(三害)라는 달갑지 않은 평판을 듣게 되었다.

그랬던 주처가 점차 철이 들면서 마침내 자신의 허물을 깨닫고 지난 과오를 고쳐서 새 사람이 되겠다(痛改前非 重新做人)는 결심을 하였다. 하지만 마을 사람들이 그의 말을 믿지 않고 계속 피하기만 하자, 결국 마을 사람들에게 어떻게 하면 자기의 말을 믿어 주겠느냐며 하소연을 하게 되었다.

이에 마을 사람들은 그에게 이렇게 말했다.

「남산에 사는 사나운 호랑이와 장교(長橋) 밑에 사는 교룡(蛟龍)

용을 때려잡는 주처

을 죽여준다면 자네의 말을 믿겠네」

마을 사람들은 속으로는 눈엣가시 같은 주처가 호랑이와 교룡에게 잡아먹히기를 바라고 이런 제안을 한 것이다.

그런데 주처가 목숨을 건 사투 끝에 마침내 호랑이와 교룡을 죽이고 마을로 돌아왔다. 그런데 아무도 그를 반겨주는 사람이 없었다.

실망한 그는 마을을 떠나 동오(東吳)에 가서 학자 육기(陸機)를 만나 자초지종을 이야기하자, 육기는 이렇게 말했다.

「굳은 의지를 지니고 지난날의 과오를 고쳐서 새사람이 된다면(改過遷善) 자네의 앞길은 무한하네」

주처는 이에 용기를 얻어 이후 10여 년 동안 학문과 덕을 익혀 마침내 학자가 되었다.

「개과자신(改過自新)」과 같은 뜻이다.

공자 역시 「허물을 고치지 않는 것이 더 큰 허물이며, 허물을 알았으면 고치기를 꺼리지 말라」고 하였다.

개관사정 蓋棺事定

덮을 蓋 널 棺 일 事 정할 定

두보(杜甫) /「군불견(君不見)」

사람은 죽은 후에야 그 사람의 살아 있을 때의 가치를 알 수 있다.

사람의 일을 두고 흔히 하는 말이다. 오늘의 충신이 내일에는 역적 소리를 듣게도 되고, 어제까지 천덕꾸러기 노릇을 하며 이 집 저 집 얻어먹으며 다니던 사람이 하루아침에 벼락부자가 되고 벼락감투를 쓰게 된 예는 얼마든지 있다. 말하자면 관 뚜껑을 닫고 나서야 비로소 일은 정해진다는 말이다.

부귀와 성쇠(盛衰) 같은 것은 원래가 그런 것이기도 하지만, 세상이 다 변해도 그 사람만은 틀림이 없다고 철석같이 믿었던 사람이 시간이 흐르고 환경이 변하는 데 따라 전연 딴판으로 달라지는 수도 적지 않다.

하기야 관 뚜껑을 닫고 난 뒤에도, 죽은 사람이 살았을 때 저질렀던 일로 인해, 이른바 부관참시(剖棺斬屍 : 관을 깨뜨려 시체를 벰)의 추형(推刑)을 가하는 일도 때로는 있으므로 엄격한 의미에서는 「관 뚜껑을 닫은 뒤에도 알 수 없는 것이 사람의 일」이라 할 수 있다. 그러나 그것은 역사적인 인물이나 역사적인 사건에서나 있었던 일이므로 논외로 하고, 역시 사람은 숨을 거두면 그것으로 모든 게 끝난다고 보는 것이 정당할 것이다. 여기서 두보(杜甫)의 시 한 편을 소개해 보자.

그대는 보지 못했는가, 길가에 버려진 못을.

그대는 보지 못했는가, 앞서 꺾여 넘어진 오동나무를.

백 년 뒤, 죽은 나무가 거문고로 쓰이게 되고,

한 섬 오랜 물은 교룡(蛟龍)을 품기도 했다.

장부는 관을 덮어야 일이 비로소 결정된다.

그대는 다행히 아직 늙지 않았거늘,

어찌 원망하리요, 초췌히 산 속에 있는 것을.

심산궁곡은 살 곳이 못되는 곳.

벼락과 도깨비와 미친바람까지 겸했구나.

君不見道邊廢棄池 君不見前者摧折桐 군불견도변폐기지 군불견전자최절동

百年死樹中琴瑟 一斛舊水藏蛟龍 백년사수중금슬 일곡구수장교룡

丈夫蓋棺事始定 君今幸未成老翁 장부개관사시정 군금행미성로옹

何恨憔悴在山中 深山窮谷不可處 하한초췌재산중 심산궁곡불가처

霹靂魍魎兼狂風 벽력망량겸광풍

이 시는 두보가 사천성 동쪽 기주(夔州)의 깊은 산골로 낙백해 들어와 가난하게 살고 있을 때, 역시 거기에 와서 살며 실의에 찬 나날을 보내고 있는 친구의 아들 소계(蘇溪)에게 편지 대신 보내준 시다.

시 제목은 「군불견(君不見)」이라 하는데, 첫머리에 이 같은 가락을 넣는 것을 악부체(樂府體)라 한다. 시의 내용은 이렇다.

길가의 오래된 못도 옛날엔 그 속에 용이 살았고, 오래 전에 썩어 넘어진 오동나무도 백 년 뒤에 그것이 값비싼 거문고 재료로 쓰이게 되듯이, 사람은 죽어 땅에 묻힌 뒤가 아니면 어떻게 될지 아무도 알 수 없다. 다행히 아직 젊지 않은가. 굳이 이런 산중에서 초라하게 살며 세상을 원망할 거야 없지 않은가. 이런 심산궁곡은 사람이 살 곳이 못된다. 언제 벼락이 떨어질지 요귀가 나타날지 미친바람이 몰아칠지 모른다.

개권유익 開卷有益

열 開 책 卷 있을 有 더할 益

《승수연담록(繩水燕談錄)》

책을 읽으면 유익하다는 뜻으로, 독서를 권장하는 말.

책을 펼쳐보기만 해도 유익하다는 뜻으로, 책을 읽으면 유익하다는 뜻으로, 독서를 권장하는 말.

송(宋)나라 태종(太宗)은 독서를 무척 좋아하였다. 특히 역사책 읽기를 즐겨했다. 책들이 아주 많아 다 읽어낼 것 같지 않은데도 그는 전혀 개의치 않았다. 태종은 학자 이방(李昉) 등에게 사서(辭書)를 편찬하도록 명했다. 7년 가까이 사서 편찬에 몰두한 결과 1,000권, 먼저 간행된 유서(類書) 등에 의해 모은 인용서(引用書) 1,690종을 55개 부문으로 분류한, 학술적으로도 대단한 가치가 있는 분류백과전서(分類百科全書)가 완성되었다.

태평흥국(太平興國) 1년(976)에 시작하여 태평흥국 8년(983)까지 태평연간(太平年間)에 편찬되었으므로 그 연호를 따서《태평총류(太平總類)》라고 이름 붙였다.

태종은 크게 기뻐하며 매일을 하루같이 탐독하였다. 책 이름도《태평어람(太平御覽)》이라 고치고, 스스로 매일 세 권씩 읽도록 규칙을 정했다. 정무에 힘쓰다가 계획대로 읽지 못했을 때에는 틈틈이 이를 보충했다. 이를 본 신하들이 건강을 염려하자, 태종은 이렇게 말하였다.

「책을 펼치는 것만으로도 이로움이 있다(開卷有益). 나는 조금도 피로하지 않다」

개문이읍도 開門而揖盜

열 開 문 門 말이을 而 읍 揖 훔칠 盜

《삼국지》 오지(吳志)

「문을 열어 도둑이 들어오게 한다」는 뜻으로, 스스로 재난을 불러들이는 어리석음을 이르는 말. 《삼국지》 오지에 있는 이야기다.

후한(後漢)시대 오(吳)나라 군주 손책(孫策)은 젊은 나이로 큰 야망을 품고 세력을 점차 키워 나갔다 오군(吳郡) 태수 허공(許貢)은 손책이 장차 나라의 큰 걱정거리가 되지 않을까 염려하여, 황제에게 몰래 상소문을 올렸다. 적당한 벼슬로 손책을 도성에 불러올려 붙들어 두게 하려는 속셈이었다. 그런데, 상소문을 가지고 가던 사람이 공교롭게도 검문에 걸리는 바람에 상소문이 손책의 손에 들어가고 말았다. 상소문을 읽어본 손책은 머리끝까지 화가 났다.

「허공 이놈이 나와 무슨 원수가 졌다고 내 앞길을 막으려 한단 말인가!」

손책은 그런 일을 모른 척하고 허공을 집으로 초청했다. 아무것도 모르는 허공이 찾아오자, 크게 꾸짖으며 그를 단칼에 쳐 죽이고 말았다. 그뿐 아니라 허공의 가족들까지도 무참히 죽여 버렸다

이 때, 허공의 수하에서 식객으로 지내던 세 명의 무사가 백성들 속에 숨어 들어갔다. 이들은 손책을 죽여 허공의 원한을 풀어 주려고 이를 갈고 있었다.

어느 날 손책이 사냥을 나가자, 이들은 짐짓 몰이꾼으로 따라 나가서 적당한 곳에 숨어 기회를 노렸다. 말을 타고 사슴을 쫓던 손책이 마침내 자기들 쪽으로 달려오자, 세 사람은 비호처럼 뛰어나가 기습

손 권

공격했다.

「이 악독한 놈! 허태수의 원수를 갚으리라!」

손책은 깜짝 놀라 칼을 뽑으려 했으나, 너무 서두르는 바람에 칼은 칼집에서 나오지 않고 손잡이만 쑥 빠지고 말았다 당황한 손책은 활대를 무기삼아 휘두르며 필사적으로 대항했으나, 온몸에 상처를 입고 말았다 부하 장수들이 조금만 늦게 달려왔어도 손책은 그 자리에서 죽고 말았을 것이다.

손책은 겨우 목숨을 건져 성으로 돌아갔지만, 상처가 악화되었다. 자기 목숨이 다한 것을 직감한 손책은 아우 손권(孫權)을 불러 말했다

「인재를 찾아 쓰고 나라를 다스리는 일은 네가 나보다 나을 것이다. 지금 천하가 몹시 어지러우니, 기회를 틈타 큰일을 이루기 바란다」

곧 손책은 숨을 거두었고, 손권은 오나라 주인이 되었다. 그러나 손권은 비탄에 잠겨 눈물만 흘렸다.

이 때, 책사 장소(張昭)가 따끔하게 충고했다.

「주군, 언제까지 그렇게 슬퍼만 하실 겁니까? 그건 『문을 열고 절하여 도둑을 불러들이는 것(開門而揖盜)』과 같습니다.」

손권은 그 말을 듣고 크게 깨달았다. 그 후 오나라는 손권의 지휘 아래 단결하여 힘을 키워, 삼국정립의 시대를 맞게 되었다.

개원절류 開源節流

열 開 근원 源 절약할 節 흐를 流

《순자(筍子)》 부국(富國)편

재원(財源)을 늘리고 지출을 줄인다는 뜻으로, 부를 이루기 위하여 반드시 지켜야 할 원칙을 비유한 말이다.

순황(荀況)이 지은 《순자》 부국편 가운데 국가의 강약과 빈부에 대해 설명한 글에서 유래하였다.

만약 국가가 부강해지고자 한다면, 조정은 백성들을 사랑해야 하며, 백성들로 하여금 편안하게 생업에 종사할 수 있도록 해야 한다고 했다. 순황은 경제를 물에 비유하여 생산과 수입은 원천(源)으로, 비용과 지출은 흐름(流)으로 파악하였다. 그는 부국의 요체는 바로 원천을 늘리고(開源) 흐름을 줄이는(節流) 것으로 보았다.

「온 백성이 천시(天時)의 화기(和氣)를 얻고, 사업도 순서에 맞게 진행한다면 이는 재화의 원천이다. 세금을 거두어 국고에 저축한 것은 아무리 많다 하더라도 다 써버릴 수 있는 것이므로 이는 재화의 흐름이다. 그러므로 현명한 군주는 반드시 신중하게 그 화기를 길러 흐름을 절제하는 한편 재화의 원천을 개발해야 한다(故明主必謹養其和 節其流 開其源)」

이렇게 함으로써 백성들은 적극적으로 생산에 임하며, 그 축적된 것이 증가함에 따라 나라의 창고가 충실해지면 나라는 곧 부강하게 된다고 하였다. 그러나 반대로 조정에서 생산을 돌보지 않고 무거운 세금만 부과하며 물자를 아끼지 않는다면 백성들은 빈곤에 처해 생활이 어려워질 것이고, 이에 따라 나라는 가난하게 될 것이라고 했다.

개원지치 開元之治

열 開 으뜸 元 갈 之 다스릴 治

당 현종(玄宗)의 치세(治世)

당나라의 현종이 다스린 개원(開元) 연간의 치세 또는 그 시기에 이루어진 것과 같은 태평성대를 비유하는 말이다.

당 현종 이융기

당 현종이 다스렸던, 713년부터 741년까지 28년간을 가리켜 개원의 치(開元之治)라고 한다. 당 현종은 713년 연호를 개원(開元)으로 바꾸고, 정치에 본격적으로 착수했다. 그의 휘하에는 유능한 재상들이 많았는데, 요숭(姚崇), 한휴(韓休), 송경(宋璟), 장구령(張九齡), 소숭 등이었다. 이들 모두 각각의 능력이 출중하고 황제에 대한 충성심이 지극하였다 한다. 그중에도 요숭의 공이 가장 높아 당 현종 이융기(李隆基)는 그를 승상에 임명하기도 했다. 요숭은 그에게 치국의 열 가지 조건을 제시하였고 당 현종은 이것을 모두 수용하였다.

이 밖에 한휴는 언제나 당 현종에게 직언을 올렸다. 하지만 소숭은 이융기에게 언제나 순종적이고 아첨을 하였다고 한다. 잔소리가 심한 한휴에 대해 신하들이 왜 내치지 않느냐고 묻자 당 현종 또한 유명한 말을 남겼는데, 그것이 바로 「한휴 때문에 짐은 마르더라도 천하와 백성들이 살찌면 아무 여한이 없다」 라는 것이다.

당 태종 이세민

현종이 재위 초기에 얼마나 정치에 전력을 쏟았는지를 보여주는 대목이다. 당 현종은 중앙의 유능한 관리를 지방에 도독이나 자사로 파견하였고, 적성에 맞지 않는 관리는 모두 교체하였다고 한다.

현종은 사찰과 승려의 수를 줄이고, 권력가들을 제압하는 한편, 조정을 정비하여 상벌을 엄정히 나누어 주어서 중종 이후 혼란스러웠던 정치상황을 안정시켰다.

심지어 나라에 가뭄이 돌자 현종은 황궁의 쌀을 백성들에게 나누어주는 등 어진 정치를 행하였고, 환관과 인척을 정사에 관여하지 못하도록 했다.

이러한 정치를 하자 당의 국력은 강성해졌으며, 당 태종 이세민이 이룩한 태평성세에 버금가는 치세를 하여 후세 사람들은 이를 당시의 연호인 개원(開元)을 따 「개원의 치(治)」로 불렀다. 이러한 그의 치세도 745년 양옥환(梁玉環 : 양귀비)을 귀비로 맞으면서 서서히 끝자락을 달리게 된다.

개천벽지 開天闢地

열 開 하늘 天 열 闢 땅 地

《삼오력기(三五曆記)》

위대한 사건이나, 어려운 위기를 극복하고 창업에 성공함.

《삼오력기》에 있는 이야기다.

반고씨(盤古氏)

반고씨(盤古氏) 천지개벽 신화에서 나온 성구로서 그 신화의 내용은 대략 다음과 같다.

세상은 처음에 하늘과 땅의 분별이 없이 커다란 알과 같았는데 만물의 창조자인 반고(즉 반고씨)가 바로 그 속에서 태아처럼 성장하다가 약 1만 8천 년이 지난 뒤에 그 알을 깨고 나왔다. 그때 알 속에서 나온 가볍고 밝은 기체는 하늘이 되고, 무겁고 혼탁한 잡물은 땅이 되었다(天地混沌如鷄子 盤古生其中 萬八千歲 天地開闢 陽淸爲天 陰濁爲地 盤古在其中).

그런데 처음에는 하늘과 땅 사이가 너무 낮았기 때문에 반고는 허리도 펴지 못하였다.

그리하여 반고는 땅을 딛고 하늘을 쥐어져서 하늘과 땅이 맞붙지 못하게 했는데, 이때부터 날마다 하늘은 한 길씩 높아 가고 땅은 한 길씩 두터워져 반고의 키도 하루에 한 길씩 커갔다.

이렇게 또 1만 8천여 년이 지나자 하늘과 땅 사이는 9만 리가 되고 반고의 키도 마찬가지로 9만 리가 되었다. 이렇게 해서 하늘과 땅이 맞붙을 우려가 없어지자 천지개벽의 사명을 완수한 반고는 죽었다.

개천벽지 조상(彫像)

그때 그의 숨결은 바람과 구름이 되고 그가 남긴 소리는 우렛소리가 되었으며, 왼쪽 눈은 해가 되고 오른쪽 눈은 달이 되었다. 손발과 체구는 대지의 4극과 5방의 명산이 되고, 피는 강이 되고 근맥은 길이 되고, 살은 밭이 되고 뼈는 금속이 되고, 눈물과 침 따위는 전부 비나 감로수가 되었다는 것이다.

이상이 바로 반고씨의 천지개벽 신화인데 우주와 천지만물의 창조에 대해 옛사람들은 어떤 생각을 가졌는지를 이 신화를 통해 이해할 수 있다.

성구 개천벽지는 바로 이 신화에서 나온 것으로서 반고의 천지개벽과 같은 위대한 사건이나 어려운 위기를 극복하고 창업에 성공한 경우를 비유할 때 쓰이고 있다.

거경지신 巨卿之信

클 巨 벼슬 卿 어조사 之 믿을 信

《후한서》 독행열전(獨行列傳)

거경의 신의라는 뜻으로, 약속을 굳게 지키는 성실한 인품을 나타내는 말이다. 《후한서》 독행열전에 있는 이야기다.

후한(後漢) 때, 범식(范式)이라는 사람이 있었는데 자는 거경(巨卿)이고, 산양 금향 사람이다. 그는 어려서부터 태학(太學)에서 학문을 하는 유생(孺生)이 되었다. 그곳에서 여남 출신의 장소(張劭)라는 사람과 친구가 되었다. 장소의 자는 원백(元伯)이다.

어느 날, 두 사람은 함께 고향으로 돌아가기 위해 서로 이별을 하게 되었다. 범식이 장소에게 말했다.

「2년 후에 고향으로 돌아갈 때에는 먼저 자네 부모님께 절을 하겠네」

그리고는 기일을 약속하고 헤어졌다.

2년이 지나 그 약속한 날이 다가오자, 장소는 어머니에게 그를 위해 음식을 준비해 줄 것을 부탁했다. 이에 장소의 어머니는,

「2년 동안 천 리나 되는 먼 곳에 떨어져 있으면서 약속을 하였으니, 어찌 서로 약속을 지킬 수 있다고 하겠느냐?」 하고 말했다.

「거경은 신의 있는 선비(巨卿之信)입니다. 반드시 약속을 어기지 않을 것입니다」

이에 어머니는 「그렇다면 당연히 술을 준비해야지」 하고 말했다.

그날이 되자, 거경은 과연 도착하였는데, 먼저 당(堂)에 올라 원백

의 부모님께 절을 하고 나서 함께 술을 마시고 한껏 회포를 푼 뒤에 헤어졌다.

그로부터 얼마 뒤 장소가 갑자기 병이 들어 죽을 날만 기다리는 신세가 되고 말았다. 장소는 죽음에 임박해서 길게 한숨을 내쉬면서 말했다.

「범식을 다시 보지 못하고 죽는 것이 한스럽구나!」

그가 죽은 그날 밤에 범식은 꿈에서 장소를 보았다. 장소는 범식에게 자신은 이미 죽었으며, 곧 장례를 치르려고 하니 한번 다녀가라고 말하는 것이었다.

놀라 잠에서 깬 범식은 황급히 태수에게 휴가를 청해서 장소의 집으로 달려갔다. 한편 그가 친구의 상복을 입고 꿈에 장소가 말한 곳으로 달려가고 있을 때, 장지에서는 갑자기 관이 움직이지 않아 하관을 못하고 애쓰고 있던 중이었다. 이때 장소의 어머니는 흰 말이 끄는 흰 수레(素車白馬)가 급히 달려오는 것을 보고는 통곡을 하며 뛰어가 그를 맞았다. 그녀는 아들의 말을 들어 그가 범식이라는 것을 알았던 것이다.

범식이 장지에 도착하여 곡을 하고 나니 비로소 관이 움직여 장사를 지낼 수 있었다. 이를 본 사람들은 두 사람의 우정과 신의에 감탄하지 않는 이가 없었다.

여기서 「흰 수레와 흰 말」이라는 뜻의 「소거백마(素車白馬)」라는 성어도 생겨났다.

거기지엽 去其枝葉

갈 去 그 其 가지 枝 잎 葉

《국어(國語)》 진어(晉語)

사물의 가장 중추가 되는 부분을 제거함.

「가지와 잎을 제거한다」는 뜻으로, 사물의 원인이 되는 것을 없앤다는 말. 사물이나 현상의 원인이 되는 부분, 즉 가장 중추가 되는 부분을 제거하는 것을 의미한다.

춘추시대(春秋時代) 8국의 역사를 나라별로 서술한 《국어(國語)》 진어(晉語)에 나오는 말이다.

진(晉)나라 평공(平公)이 양필(陽畢)에게 전란을 피하려면 어떻게 해야 하는지 물었을 때 양필은 이렇게 말했다.

「사물의 현상의 발달은 우뚝 솟은 큰 나무와도 같습니다. 가지와 잎이 자라면 밑뿌리도 굵어지고 무성해집니다. 이렇게 해서는 세상의 혼란이 그치지 않습니다. 그런데 지금, 가령 큰 도끼로 가지와 잎을 쳐내고, 그 밑동을 잘라 버린다면 얼마 동안은 평화를 유지할 수 있을 것입니다(本根猶樹 枝葉益長 本根益茂 是以難已也 今若大其柯 去其枝葉 絶其本根 可以少閒)」

사물이나 현상의 발단이 되는 부분을 완전히 없애는 것을 말한다. 폐단의 근본 원인을 모두 제거한다는 뜻의 「발본색원(拔本塞源)」과 비슷한 말이다.

거세개탁 擧世皆濁

들 擧 세상 世 모두 皆 흐릴 濁

《초사(楚辭)》 어부사, 《맹자》 이루상

지위의 높고 낮음을 막론하고 모든 사람이 다 바르지 않음.

이 말은 《초사》 어부사(漁父辭)에도 나와 있고, 《맹자》 에도 인용되어 있는데 각각 쓰인 뜻이 다르다.

굴원집선도(屈原執扇圖, 淸 임태)

《초사》 에 있는 이야기다. 초나라 충신 굴원(屈原)이 간신의 모함을 받고 벼슬에서 쫓겨나 강가를 거닐며 초췌한 모습으로 시를 읊고 있는데, 고기잡이 영감이 배를 저어 지나다가 그가 굴원인 것을 알고, 어찌하여 이 꼴이 되었느냐면서 안타까워하며 그 까닭을 물었다. 굴원은 이렇게 대답했다.

「온 세상이 흐려 있는데 나만이 홀로 맑고(擧世皆濁我獨淸), 뭇 사람이 다 취해 있는데 나만이 홀로 깨어 있다(衆人皆醉 我獨醒). 그래서 쫓겨난 것이다」

그러자 어부가 말했다.

「세상이 다 흐리면 같이 따라 흐리고, 세상이 다 취해 있으면 같

멱라수의 굴원(日 화가 요코하마 다이칸)

이 따라 취하는 것이 성인이 세상을 사는 길이 아닙니까? 무엇 때문에 남다른 생각과 남다른 행동으로 이 꼴을 당하고 계십니까?」

굴원이 대답했다.

「새로 머리를 감은 사람은 반드시 갓을 털고(新沐者 必彈冠), 새로 몸을 씻은 사람은 반드시 옷을 턴다(新浴者 必振衣)고 했다」

그러면서 굴원은 차라리 강에 빠져 고깃배에 장사를 지내는 한이 있더라도 어떻게 깨끗한 몸으로 세상의 먼지를 쓸 수 있느냐고 했다. 그 말에 어부는 빙그레 웃고 다시 배를 저어 떠나가며 이렇게 노래를 불렀다는 것이다.

창랑의 물이 밝거든 내 갓끈을 씻고
창랑의 물이 흐리거든 내 발을 씻으리라.

滄浪之水淸兮 可以濯吾纓　창랑지수청혜 가이탁오영
滄浪之水濁兮 可以濯吾足　창랑지수탁혜 가이탁오족

어부가 부른 이 노래의 뜻은 세상이 밝으면 밝게 살고, 흐리면 흐리게 살라는 청탁자적(淸濁自適)의 그런 생활태도를 뜻하고 있다.

맹 자

다음은 《맹자》 이루상(離婁上)에서 맹자는 이 노래를 이런 뜻으로 인용하고 있다.

「……아이들이 노래를 불렀다. 『창랑의 물이 맑으면 내 갓끈을 씻고, 창랑의 물이 흐리면 내 발을 씻으리라』 그러자 공자는 제자들을 보고 『너희들은 잘 들어라. 맑으면 갓끈을 씻고, 흐리면 발을 씻는다(清斯濯纓 濁斯濯足). 모두 자기 스스로가 가져오는 것이다』 라고 하였다」

맹자는 이렇게 예를 든 다음, 다음과 같은 결론을 내리고 있다.

「대저 사람은 스스로 업신여긴 뒤에 남이 업신여기게 되고(人必自海然後 人侮之), 집은 스스로 허문 뒤에 남이 허물고, 나라는 스스로 친 뒤에 남이 치는 것이다」

어부의 경우와는 다른 뜻으로 쓰고 있다. 모든 것이 내가 하기에 달려 있으므로 몸을 깨끗이 지녀야 된다는 뜻으로 쓰고 있는 것이다.

공자가 말했다는 「청사탁영 탁사탁족(清斯濯纓 濁斯濯足)」 이란 말은 많이 쓰이고 있는데, 이 말 역시 두 경우에 다 통용될 수 있는 말이다. 다만 스스로 취한 것이다(自取之也)란 말이 자신이 가져온 것이란 뜻이기는 하나, 이것도 내가 마음대로 행할 수 있다는 뜻으로 풀이될 수 있다.

거세촉목 擧世矚目

들 擧 대 世 볼 矚 눈 目

《국어(國語)》 진어(晉語)

사물이나 사람이 눈에 띄어 사람들의 주의를 받음을 비유하여 이르는 말. 이 성어는 《국어(國語)》 진어에 나오는 진(晋)나라 장군 사섭(士燮)의 말에서 유래한다. 춘추시대 때의 일이다. 진나라는 대장 극극(郤克 : 郤獻子)을 원수로 삼고, 대부 사섭(士燮 : 范文子)을 선봉으로 삼아 제나라를 공격하여 대승을 거두었다.

두 사람은 군대를 거느리고 위세 등등하게 귀환을 했다.

이때 대부 사섭은 극극을 먼저 성에 입성하게 하고 자신은 뒤를 따랐다. 환영 나온 그의 아버지 사회(士會 : 范武子)는 서열상 자신의 아들이 먼저 입성해야 함에도 불구하고 뒤따르는 것을 이상하게 여겨 그 이유를 물었다. 사섭이 대답했다.

「이번 출병에서는 극극이 원수로서 승리를 거두었습니다. 당연히 그가 먼저 입성해야 한다고 생각합니다. 만약 제가 먼저 성에 들어오게 된다면 백성들의 시선은 곧 저에게 집중될 것입니다(則恐國人之矚目于我也)」

거수마룡 車水馬龍

수레 車 물 水 말 馬 용 龍

《후한서(後漢書)》 마후기(馬后記)

수레는 흐르는 물과 같고 말은 하늘로 오르는 용과 같다는 뜻으로, 많은 수레와 말들이 오가며 떠들썩하다는 말. 왕래가 잦음을 나타내는 것으로 사람의 행차가 장관을 이루는 모습을 말한다.

《후한서(後漢書)》 마후기(馬后記)에 있는 이야기다.

한(漢)나라 명제(明帝)의 비인 마후(馬后)는 후한(後漢)의 장군 마원(馬援)의 딸로서 명제의 아들인 장제 때 황태후가 되었다. 장제는 마후가 낳은 자식이 아니었으나 황태후를 존중하고 마후의 외삼촌들에게 관직을 주려고 하였는데, 간사한 신하들은 동의했으나 마후는 이를 거부하였다.

마후는 장제에게 말했다.

「친정에 가니 외삼촌들은 호화스러운 생활을 하였고 하인들도 내 마부에 비길 수 없이 화려한 옷차림이었습니다. 집에 찾아오는 손님은 얼마나 많은지 『수레는 물 흐르는 듯하였으며 말은 용이 헤엄치는 것과 같았습니다(車如流水馬如遊龍)』 그들의 사치함을 깨우쳐 주지는 못하고 어찌 관작을 내리려고 합니까?」

마후의 말에서 유래한 성어(成語)로, 많은 수레와 말들이 오가며 떠들썩하다는 말. 왕래가 잦음을 나타내는 것으로 사람의 행차가 장관을 이루는 모습을 말한다.

거안사위 居安思危

살 居 편안 安 생각할 思 위태할 危

《춘추좌씨전(春秋左氏傳)》

편안하게 있을 때 위태로움을 생각하다. 근심이나 걱정거리가 없을 때 장차 있을지 모를 위험에 미리 준비하고 대비하라는 말로서, 「유비무환(有備無患)」과 같은 말이다.

《춘추좌씨전(春秋左氏傳)》에 있는 이야기다.

춘추전국시대, 정(鄭)나라가 초(楚)나라의 침략을 받았을 때 당시 세력이 강하던 진(晉)나라는 11개국의 제후(諸侯)를 설득하여 초나라를 규탄하고 동맹을 맺어 응징하자고 앞장을 섰다.

결국 열두 나라는 정나라를 도와 승리를 거두었는데, 강화 후 정나라는 진나라의 은혜에 보답하여 전차(戰車)를 비롯한 많은 병기와 3명의 악사(樂師), 16명의 미인을 보냈다.

진나라 왕 도공(悼公)은 이 사례품의 반을 이번 싸움에 크게 공을 세운 충신 위강(魏絳)에게 하사하면서 그의 공을 치하하고 위로하였다.

위강은 굳이 사양하면서 왕에게 아뢰었다.

「폐하께서는 생활이 편안하면 위험을 생각하고, 생각하면 준비를 갖추어야 화를 면할 수 있다(居安思危 思則有備 有備無患)는 이치를 받아들이시기 바랍니다」

결국 위강은 세 번 사양한 뒤 그 하사품을 받았다.

거안제미 擧案齊眉

들 擧 책상, 밥상 案 가지런히 할 齊 눈썹 眉

《후한서(後漢書)》 양홍전(梁鴻傳)

거안제미(淸 화가 육회)

밥상을 눈썹과 가지런하도록 공손히 들어 남편 앞에 가지고 간다는 뜻으로, 곧 남편을 깍듯이 공경함을 이르는 말이다.

《후한서》 양홍전에 있는 이야기다.

동한(東漢)의 양홍(梁鴻)은 젊어서 집안 살림이 몹시 궁색했지만 열심히 학문에 매진해 나중에 유명한 학자가 되었다. 그러나 그는 벼슬에는 뜻이 없고 아내와 함께 손수 밭일과 집안일을 하며 검소한 생활을 영위하는 것을 낙으로 삼았다.

그의 아내 맹광(孟光)은 피부가 검고 살이 쪄 몸이 뚱뚱했으며, 처녀시절 그녀의 부모는 딸의 혼사로 골머리를 앓았다고 한다. 그것은 사윗감들이 맹광을 못생겼다고 나무라서가 아니라, 오히려 제 주제에 선을 본 신랑감들을 못마땅하게 생각했기 때문이었다.

그리하여 나이 서른이 되었는데도 양홍 같은 사람이 아니면 시집을 가지 않겠다고 완강하게 버티는 것이었다. 이에 맹광의 부모는 하는 수 없이 되지도 않을 줄 알면서도 혹시나 하고 양홍에게 청혼을 해보았다.

그런데 맹광의 성격을 잘 알고 있는 양홍은 두말 않고 선선히 응낙을 하는 것이었다, 그리하여 마침내 맹광과 양홍은 결혼식을 올리게 되었다.

거안제미(淸 화가 반진용)

두 사람이 결혼식을 올리는 날 맹광은 결혼 예복을 곱게 차려 입었다. 그런데 양홍은 도리어 그것을 못마땅하게 여겨 한 주일 동안이나 신부의 얼굴을 거들떠보지도 않았다고 한다. 여드레째 되는 날 신부가 예복을 벗고 무명옷으로 갈아입었다 그제야 양홍은 기뻐하면서,

「이제야말로 양홍의 아내답구려」

하고 말했다는 것이다.

이로부터 그들은 서로 돕고 아끼며 살았는데, 양홍이 일을 마치고 돌아오면 아내는 밥과 반찬을 차린 「밥상을 눈썹 높이까지 치켜들고 남편에게 바쳤다(擧案齊眉)」 고 한다.

거일반삼 擧一反三

들 擧 한 一 되돌릴 反 석 三

《논어》 술이(述而)편

원래는 한 귀퉁이를 가리키면 나머지 세 귀퉁이도 미루어 헤아릴 수 있다는 뜻으로, 한 가지를 가르치면 세 가지를 알 수 있을 정도로 영리하거나 지혜가 있음을 비유할 때 쓰는 말이다.

공자가 말했다.

「분발하지 않으면 열어 가르쳐주지 않고, 표현하고자 하나 제대로 표현하지 못해 더듬거릴 정도에 이르지 않으면 일으켜 주지 않는다. 한 귀퉁이를 들어 가르쳐 주었는데도 나머지 세 귀퉁이를 미루어 알지 못하면 되풀이하지 않는다(擧一隅 不以隅三 則不復也)」

이 글은 공자의 교육 방법을 제시한 것이라 할 수 있다. 공자는 학문을 좋아하여 마음속으로부터 분발하여 의욕을 나타내는 제자들에게 그 다음 단계를 열어서 보여주며, 하나라도 알고 싶어 애태우는 제자에게 해답을 가르쳐주고, 하나를 들어주어 세 가지를 이해할 만큼 무르익을 때까지는 또 다른 것을 가르쳐주지 않았다.

이러한 공자의 교육 방법은 지식의 일방적인 전달을 배제하고 제자들의 참여를 유도하는 것이다. 공자의 제자 가운데 안회(顔回)가 있었는데 특히 학문에 뛰어났다. 그는 하나를 들으면 열을 안다고 해서 「문일지십(聞一知十)」이라는 칭송을 공자로부터 들었다.

맹자도 「군자삼락(君子三樂)」에서 영재를 얻어 교육시키는 것을 즐거움으로 삼았으니, 어쨌든 빼어난 인재를 얻기란 힘들기도 하고 또 얻었을 때는 보람 있는 일이다.

거자불추 내자불거 去者不追來者不拒

갈 去 사람 者 아니 不 쫓을 追 올 來 막을 拒

《맹자(孟子)》 진심하(盡心下)

「가는 사람 붙들지 말고 오는 사람을 뿌리치지 말라」

이 말은 우리의 일상 교훈처럼 널리 쓰이고 있는 말이다. 또 이를 문자화해서 「거자불추 내자불거」 라고 말하기도 한다. 공자의 말에도 이와 비슷한 이야기가 있지만, 역시 《맹자》 에 있는 말이 쉬운 글자로 바뀌었다고 보아야 할 것 같다.

《맹자》 진심편 하에는 거(去) 대신 왕(往)으로 되어 있다. 이 「往」 에는 시간이 지나가버린 것을 말하는 예가 많기 때문에 「去」 로 바뀌어 통속화된 것 같다. 이런 예는 자주 볼 수 있다.

한편 《순자》 법행편(法行篇)에는 공자의 제자 자공이 「군자는 몸을 바르게 하여 기다릴 뿐이다. 오고 싶어 하는 사람은 거절하지 아니하고 가고 싶어 하는 사람은 붙들지 않는다(君子 正身以俟 欲來者不拒 欲去者不止)」 라고 했다.

《맹자》 에 있는 이야기의 유래를 소개해 보기로 하자.

맹자가 등(藤)나라로 가서 상궁(上宮)에 숙소를 정하고 있을 때 일이다. 등나라는 맹자가 태어난 추(鄒)나라와 가까운 나라로 등나라 임금 문공(文公)은 세자로 있을 때부터 맹자를 찾아가 가르침을 청한 일이 있었고, 그가 임금이 되었을 때는 맹자의 가르침에 따라 토지개혁을 단행한 일도 있었다.

맹자는 당시 가는 곳마다 환영이 대단했고, 언제나 수십 대의 수레에 수백 명의 수행원이 호송을 하고 다녔다 한다. 또 맹자가 가 있는 곳이면 많은 사람들이 찾아와 가르침을 청하기도 했고 의견을 묻기도 했다. 이때도 맹자가 있는 상궁에는 온통 사람들의 출입으로 몹시 혼잡했다. 그런데 공교롭게도 여관에서 일하는 사람이 미투리를 반쯤 삼다가 창문 위에 올려놓았다. 맹자의 일행이 각각 방을 차지하고, 따라왔던 사람들도 다 돌아가고 난 다음, 신을 마저 삼으려고 가 보았을 때는 신이 보이지 않았다.

다른 일 보는 사람이 보기가 흉해서 어디로 치웠는지도 모를 일이었지만, 신 임자는 누가 훔쳐간 걸로 단정을 했다. 조금만 더 손을 대면 완전한 신이 될 텐데, 이제까지 애쓴 보람도 없이 남의 좋은 일만 해준 것을 생각하니 그만 화가 치밀어 올랐다. 그는 자기도 모르게 어떤 놈이 남의 삼다 둔 미투리를 훔쳐갔다고 떠들어댔다.

사람들은 차츰 맹자를 따라왔던 사람들 중에 누가 한 짓일 거라는 생각을 하게 되었다. 똑똑한 체하는 사람은 어느 곳에나 있는 법이어서, 한 사람이 맹자를 찾아가 항의를 했다.

「세상에 이럴 수가 있습니까! 선생님을 따라다니는 사람이 신을 훔쳐가다니 말입니다」

맹자도 경솔한 그의 말투에 약간 노여운 생각이 들었을 것이다.

「그대는 나를 따라온 사람이 그 신을 훔치기 위해 여기에 왔다는 말인가?」 하는 맹자의 반문을 받고 난 그는 약간 당황할 수밖에 없었다. 그러나 그는,

「천만에 그럴 리가 있습니까. 선생님께서 사람들을 대하는 법은, 가는 사람을 붙들지도 않고(往者不追), 오는 사람을 물리치지도 않으며(來者不拒), 진실로 배우겠다는 마음을 가지고 이르면, 곧 받을 뿐이옵니다」 라고 대답했다.

거자일소 去者日疎

갈 去 사람 者 날 日 트일 疎

《문선(文選)》 잡시(雜詩)

한번 떠난 사람과는 시간이 지날수록 사이가 점점 멀어진다.

《문선》 잡시(雜詩)에 있는 고시(古詩) 19수 중 제14수 첫머리에 나오는 구절이다. 「한번 떠난 사람과는 시간이 지날수록 사이가 멀어지며, 이미 죽은 사람에 대한 기억도 세월이 흐르면 점차 잊혀진다」는 뜻이다.

떠나버린 사람과는 날로 뜨악해지고
산 사람과는 날로 친해진다.
곽문을 나서 바라보면
오직 보이는 것은 언덕과 무덤
옛 무덤은 갈아엎어져 논밭이 되고
소나무와 잣나무는 잘리어 땔감이 된다.
백양나무에는 구슬픈 바람이 일고
소연하게 내 마음을 죽이는구나.
옛 고향으로 돌아가고 싶어도
돌아갈 길 막막하니 어찌할거나.

去者日以疎　生者日以親　　거자일이소　생자일이친
出郭門直視　但見丘與墳　　출곽문직시　단견구여분
古墓犁爲田　松柏摧爲薪　　고묘리위전　송백최위신
白楊多悲風　蕭蕭愁殺人　　백양다비풍　소소수살인

思還故里閭　欲歸道無因　　사환고리려　욕귀도무인

죽은 사람은 잊혀 갈 뿐, 하지만 살아 있는 사람은 나날이 친해져 간다. 고을의 성문을 나서 교외로 눈을 돌리면 저편 언덕과 그 아래에는 옛 무덤이 보인다. 게다가 낡은 무덤은 경작되어 밭이 되고 무덤의 흔적도 남기지 않는다. 무덤 주위에 심어진 송백은 잘리어 땔나무가 되어 버렸겠지.

백양의 잎을 스쳐가는 구슬픈 바람소리는 옷깃을 여미게 하고 마음 속 깊이 파고든다. 그럴 때마다 고향으로 돌아가고 싶으나 정처없이 떠돌아다니고 영락한 몸이라 돌아갈 수가 없다.

고시 19수 중 남녀 간의 정을 노래한 것으로 보이는 12수를 제외한 나머지 6수는 전부 이와 같은 인생의 고통과 무상을 노래한 것이다. 다시 말해서,

「인생천지간에 홀연히 멀리 떠나가는 나그네와 같다」(제3수)

「인생 한 세상이란 홀연히 흩어지는 티끌과 같다」(제4수)

「인생은 금석(金石)이 아니다. 어찌 장수할 것을 기대하겠는가」(제11수)

「우주 천지간에 음양은 바뀌고 나이란 아침 이슬과 같다」(제13수)

「인생 백을 살지 못하면서 천 년 살 것을 걱정한다」(제15수) 등을 들 수 있다.

여기 보이는 것은 적구(摘句)에 지나지 않으나, 어느 것이나 감정의 발현(發現)이란 점에서 볼 때 다시없으리만큼 아름답다.

거재두량 車載斗量

수레 車 실을 載 말 斗 잴 量

《삼국지》 오지(吳志)

「수레에 싣고 말로 잰다」라는 뜻으로, 인재가 아주 많음을 비유하여 이르는 말이다.

《삼국지》 오지(吳志)에 있는 이야기다.

삼국시대 촉의 장수 관우(關羽)가 오나라 장수 여몽(呂蒙)의 술책에 빠져 전사하고 뒤이어 장비(張飛)마저 죽자 유비(劉備)는 70만 대군을 이끌고 수륙 양 방향에서 오나라를 공격하였다.

이에 손권은 대경실색(大驚失色)해서 중대부 조자(趙咨)를 위(魏)나라에 보내 원군을 청하게 되었다. 손권은 조자를 떠나보낼 때 원조를 청하기는 하지만 절대로 나라의 자존심이 손상당하는 일이 없도록 하라고 당부하였다.

조자가 위의 수도 허도에 가서 위문제를 알현하자, 과연 위문제 조비(曹丕)는 언사가 불손하기 그지없었고, 태도 역시 오만불손하기 이를 데 없었다.

그러나 조자는 예의를 깍듯이 하면서, 또한 조비의 모욕적인 언사에 대해서도 눈 하나 깜짝하지 않고 조목조목 논리정연하게 반박했다. 이에 조비는 속으로 감탄해 마지않으면서 태도를 바꾸어 공손한 어조로 물었다.

「오나라의 군주는 어떤 사람이오?」

「총명하고 자애롭습니다. 또한 재능이 뛰어나고 원대한 지략을 소유하고 있습니다」

위문제 조비

「과장이 심하시군」

조비가 비꼬듯 웃었다. 그러자 조자가 하나하나 실례를 들어가며 반론하였다. 조비가 또 물어보았다.

「만일 위나라가 오나라를 공격한다면?」

「대국에 무력이 있다면, 소국은 방위책이 있습니다」

「위나라가 두렵소?」

「오나라에는 100만의 용맹한 군사와 함께 지리적인 천험(天險)이 있습니다」

「그대 같은 인재가 오나라에는 얼마쯤 되오?」

「총명이 남다른 사람은 8, 90명쯤 되고, 나 같은 자는 수레에 싣고 말로 잴 정도(車載斗量)입니다」

조비가 탄복하여 말하였다.

「사신으로서 군주의 명을 욕되게 하지 않는다 함은 그대를 두고 하는 말일 것이오」

배석한 위나라의 신하들도 감동하였다. 조자의 활약으로 오나라와 위나라의 군사동맹이 성립되었다. 조자가 돌아오자, 손권은 상(賞)과 함께 기도위(騎都尉) 벼슬을 내렸다.

거주양난 去住兩難

갈 去 머무를 住 두 兩 어려울 難

《호가십팔박(胡茄十八拍)》

가야 할 것인지 가지 말아야 할 것인지 모두 결정을 내리기 어렵다는 것을 말한다.

채 옹

중국 악부의 하나로, 후한의 채염(蔡琰)이 전란으로 흉노에 잡혀가자, 그의 재능을 아낀 위나라 조조가 돈을 내 귀향하게 한 이야기를 열여덟 곡의 운문으로 읊었다는 《호가십팔박(胡茄十八拍)》에 있는 이야기다.

후한(後漢) 말 여류시인 채염(蔡琰 : 자는 文姬)은 학자・문인・서예가인 채옹(蔡邕)의 딸인데, 어려서부터 박학다식하여 변설에 능했고 음악적 재능도 갖추었다. 헌제(獻帝) 때 중원에 전란이 터지고 동탁(董卓)의 난이 일어났을 때 문희는 흉노족에게 납치되어 흉노 좌현왕(左賢王)에게 시집을 가서 좌현왕 사이에 아들 둘을 두는 등 12년 동안 살았다.

조조(曹操)가 평소 채옹과 절친한 사이였는데 채옹의 후손이 끊기

문희 귀한도(歸漢圖, 明 화가 진홍수)

는 것을 애석하게 여겨 좌현왕에게 금벽(金璧)을 주고 귀국시켜 동관(東觀) 근처 남전(藍田) 땅에 장원을 세우고 살도록 배려했다.

채옹이 밤에 거문고를 타다가 줄이 끊어지자, 옆에서 듣던 아홉 살 난 딸 문희가, 「거문고 둘째 현이 끊어졌네요」 하고 말했다. 어두운 곳에서도 거문고의 몇 번째 현이 끊어졌는지 알아맞히는 딸의 재주에 감탄한 채옹은 다시 불을 끄고 연주하다가 거문고의 현 하나를 일부러 끊었더니, 문희는 「네 번째 줄이 끊어졌어요」 하고 바로 말했다.

채옹은 불을 켜고 거문고 네 번째 줄이 끊어진 것을 보고 딸의 총명함에 새삼 감탄하였다. 문희가 마음을 달래며 지은 악곡 《호가십팔박》의 「가야 할지 머물러야 할지 두 마음을 함께 베풀기 어렵구나(去住兩情兮 難俱陳)」 라는 구절에서 따온 성어이다. 이러지도 저러지도 못하는 난처한 상황을 비유하는 말이다.

건곤일척 乾坤一擲

하늘 乾 땅 坤 한 一 던질 擲

한유(韓愈) / 「과홍구(過鴻溝)」

한 유

승패와 흥망을 걸고 단판걸이로 승부나 성패를 겨룸.

「건곤(乾坤)」은 하늘과 땅이란 뜻이고, 「일척(一擲)」은 한 번 던진다는 뜻이다. 다시 말해서, 이기면 하늘과 땅이 다 내 것이 되고, 지면 하늘과 땅을 다 잃게 되는 도박을 한다는 뜻이다.

당나라 때 문장으로 첫손을 꼽는 한유의 칠언절구에 「과홍구」라는 제목으로 다음과 같은 시가 있다.

용은 지치고 범도 고달파 강과 들을 나누었다.
억만창생의 목숨이 살아남게 되었네.
누가 임금을 권해 말머리를 돌리게 하여
참으로 한번 던져 하늘 땅을 걸게 만들었던고!

龍疲虎困割川原　億萬蒼生性命存　용피호곤할천원　억만창생성명존
誰勸君王回馬首　眞成一擲賭乾坤　수권군왕회마수　진성일척도건곤

한유가 홍구(鴻溝)라는 지방을 지나가다가 초・한(楚漢) 싸움 때의

홍 구

옛 일이 생각나 지은 시다. 진시황(秦始皇)이 죽자 폭력에 의한 독재체제는 모래성 무너지듯 무너지고, 몸을 피해서 숨어 칼을 갈고 있던 무수한 영웅호걸들은 벌떼처럼 들고 일어났다.

마침내 천하는 항우와 유방 두 세력에 의해 양분되었는데, 그 경계선이 바로 이 홍구였다. 홍구는 지금 가로하(賈魯河)로 불리며 하남성 개봉(開封) 서쪽을 흐르고 있다. 항우와 유방은 이 홍구를 경계로 해서 동쪽을 항우의 초나라로 하고, 서쪽을 유방의 한나라로 하기로 결정을 보았던 것이다. 이리하여 일단 싸움은 중단이 되고 억만창생들도 숨을 돌리게 되었는가 했는데, 유방의 부하들은 서쪽으로 돌아가려는 유방의 말머리를 돌려, 항우와 천하를 놓고 최후의 승부를 결정짓는 도박을 하게 되었던 것이다.

진나라 말 실정(失政) 때, 진섭(陳涉) 등이 기원 전 209년 먼저 반기를 들고 이에 호응하여 각지에서 거병하는 자가 꼬리를 물고 일어났으나, 그 중 풍운을 타고 가장 두각을 나타낸 사람이 항우였다.

3년간의 전쟁 끝에 마침내 진을 멸망시키고 스스로 서초(西楚)의 패왕이 되어 아홉 군을 점령했으며, 팽성(彭城)에 도읍을 정하고 유방을 비롯한 공이 많았던 사람들을 각각 왕후로 봉하여 한때 천하를 호령하는 듯싶었다. 그러나 어쨌든 명목상의 군주인 초의 의제(義帝)를 이듬해 시해한 것과 논공행상이 고르게 이루어지지 않았던 까닭으로 다시 천하는 혼란 속에 빠지고 말았다.

즉, 전영(田榮), 진여(陳余), 팽월(彭越) 등이 계속 제(齊)・조(趙)・양(梁)에서 반란을 일으키고 더구나 항우가 이들을 토벌하고 있는 틈에 한왕 유방이 군사를 일으켜 관중 땅을 병합해 버렸던 것이다.

항 우

무릇 항우가 가장 두려워하고 있던 것은 유방이고, 유방이 적으로 여기고 있던 것은 항우였다. 최초로 관중을 평정한 자가 관중의 왕이 된다는 의제의 공약이 무시되고, 관중에 누구보다 먼저 들어갔음에도 불구하고 항우에 의해 파촉(巴蜀)의 왕으로 봉해진 점이 항우에 대한 유방의 최대 원한이었으나, 바야흐로 관중을 수중에 넣은 유방은 우선 항우에게 다른 마음이 없음을 인식시켜 놓고 나서, 착착 힘을 길러 후일 관외로 진출할 기회를 노리고 있었다.

이듬해 봄, 항우는 제(齊)나라와 싸우고 있었으나, 아직 제를 항복시키지 못하고 있었다. 때는 바야흐로 지금이라고 생각한 유방은 초의 의제를 위해 상(喪)을 치르고 역적 항우를 토벌할 것을 제후들에게 알림과 동시에 66만의 군사를 이끌고 초나라로 공격해 들어가 도읍인 팽성을 함락시켰다.

항우는 이 소식을 듣고 재빨리 회군하여 팽성 주변에서 유방의 한나라 군사를 여지없이 평정해 버렸다. 유방은 간신히 목숨만 건져 영양(榮陽)까지 도망쳤으나 적군 수중에 그 아버지와 부인을 남겨

유 방

놓는 등 비참한 결과를 가져왔고, 영양에서 다소의 기세를 회복했으나, 재차 포위당해 거기서도 겨우 탈출하는 꼴이 되고 말았다.

그 후 유방은 한신(韓信)이 제(齊)나라를 손에 넣음에 이르러 겨우 세력을 증가시키고, 또 관중에서 병력을 보급받아 여러 차례 초나라 군사를 격파시켰으며, 팽월도 양(梁)에서 초군을 괴롭혀, 항우는 각지로 전전하게 되었고, 게다가 팽월에게 식량 보급로까지 끊겨 군사는 줄고 식량은 떨어져 진퇴양난의 궁지에 몰리자, 마침내 항우는 유방과 화평을 맺기에 이르고 천하를 양분해서 홍구에서 서쪽을 한(漢)으로, 동쪽을 초(楚)로 하기로 하고 유방의 아버지와 부인을 돌려보내기로 했다.

때는 한(漢)나라 4년, 기원 전 203년이었다. 항우는 약속이 되었으므로 군사를 이끌고 귀국했으며, 유방도 철수키로 하였으나 마침 그것을 본 장량(張良)과 진평(陳平)이 유방에게 진언했다.

「한나라는 천하의 태반을 차지하고 제후도 따르고 있으나, 초나라는 군사가 피로하고 식량도 부족합니다. 이것이야말로 하늘이 초를 멸망시키려는 것으로, 굶주리고 있을 때 쳐 없애버려야 합니다. 지금 공격하지 않으면 호랑이를 길러 후환을 남기는 결과가 됩니다」

그래서 유방은 결심을 하고 이듬해 한신과 팽월 등의 군과 함께

해하지전

초나라 군사를 추격하여 드디어 항우를 해하(垓下)에서 포위하기에 이르렀다. 한유는 이 장량과 진평이 한왕을 도왔던 공업을 홍구 땅에서 회상하며 이 싸움이야말로 천하를 건 큰 도박이라고 보았던 것이다.

일척(一擲)이란 모든 것을 한 번에 내던진다는 것으로 일척천금(一擲千金)이니 일척백만이니 하는 말들이 많이 쓰인다. 건곤(乾坤)은 천지(天地)로 「일척건곤을 건다」 다시 말해서 「건곤일척」은 천하를 얻느냐 잃느냐, 죽느냐 사느냐 하는 대 모험을 할 때 곧잘 쓰이는 말이다. 유방이 걸고 한 것은 사실 글자 그대로 하늘과 땅이었지만, 지금 우리들이 쓰고 있는 뜻은, 무엇이든 자기의 운명을 걸고 흥망간에 최후의 모험 같은 것을 하는 것을 「건곤일척」이라 한다.

또 원문은 하늘과 땅을 걸고 한 번 던진다는 뜻이었는데, 하늘과 땅을 직접 내던지는 것 같은 강한 뜻을 풍기기도 한다.

걸견폐요 桀犬吠堯

임금 桀 개 犬 짖을 吠 임금 堯

《사기(史記)》 회음후열전(淮陰侯列傳)

개는 선악을 불문하고 저마다 그 주인에게만 충성을 한다.

한 신

「걸(桀)의 개가 요(堯)임금을 보고도 짖는다」 즉 「걸견폐요」란 말은 후세에 와서 바뀌게 된 것으로, 《사기》 열전(列傳)에는 도척의 개가 요임금을 보고 짖는다(跖之狗吠堯)로 되어 있다. 결국 개는 주인만을 알고 그 이외의 사람에게는 사정을 두지 않는다는 뜻이다.

《사기》 회음후열전에 있는 이야기다. 책사 괴통(蒯通)이 한신에게 권유했다.

「지금 항우는 남쪽을 차지하고 유방은 서쪽을 차지하고 있습니다. 지금 동쪽인 제나라를 차지하고 있는 대왕이 어느 쪽에 가담하느냐에 따라 천하대세가 좌우됩니다. 한왕이 대왕을 제나라 왕으로 봉한 것은 남쪽으로 초나라 항우를 치기 위한 부득이한 조처로 실은 대왕을 속으로 몹시 꺼리고 있습니다. 항우가 망하게 되는 날 대왕의 신변은 위태롭게 됩니다. 지금 항우가 바라고 있듯이 이 기회에 천하를 셋으로 나누어 동쪽을 대왕이 차지하고 대세를 관망하는 것이 가장 현명한 길입니다」

괴 통

한신은 며칠을 두고 고민하던 끝에 결국은 괴통의 꾀를 받아들이지 못하고 말았다. 천하가 통일되자 유방은 괴통의 말대로 한신을 없애려는 생각으로 꽉 차 있었다. 초나라 왕으로 봉해졌던 한신은 역적의 누명을 쓰고 장안으로 잡혀오게 되었고, 이렇다 할 증거를 잡을 수 없자, 그를 초왕에서 회음후로 작을 깎았다.

그 뒤 정말 역적으로 몰려 여후(呂后)의 손에 죽게 되자 한신은, 「나는 괴통의 꾀를 듣지 않고 아녀자에게 속은 것을 후회한다. 어찌 운명이 아니었는가」 하는 말을 남겼다.

한신의 말을 전해들은 한고조 유방은 곧 괴통을 잡아들이게 했다.

「네가 회음후에게 반역하라고 시킨 일이 있느냐?」 고조의 물음에 괴통은 태연히 대답했다.

「그렇습니다. 신이 반역하라고 일러 주었습니다. 그 철부지가 신의 꾀를 쓰지 않았기 때문에 스스로 몸을 망치고 만 것입니다. 만일 그 철부지가 신의 계책을 썼던들 폐하께서 어떻게 그를 죽일 수 있었겠습니까?」

한고조 유방

화가 치민 고조는 괴통을 기름 가마에 넣으라고 명령했다.

「슬프고 원통하다! 내가 삶겨 죽다니!」

괴통은 하늘이 원망스럽다는 듯이 부르짖었다.

「네가 한신을 반하라 시켰다면서 뭐가 원통하단 말이냐?」

「진(秦)나라가 그 사슴(鹿 : 정권)을 잃은지라 온 천하가 다 함께 이를 쫓았습니다. 그 결과 솜씨가 뛰어나고 발이 빠른 사람이 먼저 얻게 된 것입니다. 도척 같은 도둑놈의 개도 요임금을 보면 짖습니다(跖之狗吠堯). 요임금이 어질지 않아서가 아니라, 개는 원래 그 주인이 아니면 짖기 때문입니다. 당시 신은 다만 한신을 알고 있을 뿐, 폐하는 알지 못했습니다. 또 천하에는 폐하가 한 것과 같은 일을 하고 싶어 하는 사람이 많지만, 힘이 모자라 못할 뿐입니다. 그들을 또 다 잡아 삶을 작정이십니까?」

화가 머리끝까지 치밀었던 고조도 괴통의 말이 과연 옳다 싶어 놓아주었다.

걸해골 乞骸骨

빌 乞 뼈 骸 뼈 骨

《사기》 항우본기(項羽本紀)

임금에게 신하가 사직을 주청함.

옛날 관료는 관직에 임명되면 자신의 몸을 임금에게 바친 것으로 여겼다. 때문에 사직을 원하거나 은퇴하고자 할 때 이를 주청하는 것을 일러 「해골을 돌려달라(乞骸骨)」 고 하여 늙은 관리가 사직을 원할 때 주로 쓰게 되었다.

《사기》 항우본기에 이런 이야기가 있다.

한왕 유방은 천하를 통일하는 데 많은 고초를 겪어야 했다. 뭐니 뭐니 해도 초의 항우는 강적이었다. 몇 차례나 궁지에 몰렸던 적이 있었다.

한나라 3년(BC 204년)의 일이었다. 한왕은 영양(滎陽)에 진을 치고 항우와 대항하고 있었다. 지난해에 북상하는 초나라 군대를 이곳에서 방어한 후 한왕은 지구전을 꾀하기로 했다. 그렇게 하기 위해서는 무엇보다도 중요한 식량을 확보해 두어야 한다. 그래서 수송로를 만드는 데 심혈을 기울여 우선 길 양쪽을 담으로 둘러쌓고 그 길을 황하로 잇게 하여 영양의 서북쪽 강기슭에 있는 쌀 창고에서 운반해 오도록 했다.

그러나 이 수송로는 항우의 공격 목표가 되어 한왕 3년에는 몇 번이나 습격을 당해 강탈되었다. 한군은 식량이 부족해서 중대한 위기에 빠져 한왕은 하는 수 없이 강화하기를 청하여 영양 서쪽을 한나라의 땅으로 인정해 주기를 원했다. 항우도 이 정도에서 화목하고 싶다고 생각하고, 그 뜻을 아부(亞父)로 모시고 있는 범증(范增)에게 의논했다. 그러나 범증은 반대했다.

범 증

「그건 안되오. 지금이야말로 한나라를 휘어잡을 때인데, 여기서 유방을 없애지 않으면 반드시 후회하게 될 거요」

반대에 부딪친 항우는 마음이 변해 갑자기 영양을 포위하고 말았다. 난처해진 것은 한왕이었다. 그러나 그 때 진평(陳平)이라는 인물이 계책을 냈다. 진평은 전에 항우의 신하였으나 유방에게로 온 사람으로 지략이 뛰어났다. 그는 항우의 급한 성미와 지레짐작을 잘하는 기질을 몸소 겪은 바 있기 때문에 항우와 범증 사이를 갈라놓으면 된다고 생각했다. 우선 부하를 보내 초나라 군사 속에서 「범증은 논공행상에 불만을 품고 항우 몰래 한나라와 내통하고 있다」는 소문을 퍼뜨렸다.

단순한 항우는 소문을 그대로 믿고 범증에게는 알리지도 않고 강화 사신을 한왕에게 보냈다. 진평은 장량(張良) 등 한의 수뇌와 함께 정중하게 사신을 맞이했다. 그리고 소·양·돼지 등 맛있는 음식을 내놓고 대접했다. 그리고는 슬며시,

「아부(亞父 ; 범증을 지칭)께선 안녕하십니까?」 하고 물었다.

사신은 먼저 범증에 대한 문안을 하므로 다소 기분이 언짢아서,

「나는 초패왕(項王)의 사신으로 온 것이오」 하고 쏘아붙였다. 그러자 진평은 일부러 짐짓 놀라는 표정을 지으며,

「한왕의 사신이라고? 난 아부의 사신인 줄로만 알았지」 하면서 극히 냉정한 태도로 돌변, 한번 내놓았던 음식마저 도로 물리고 대신 보잘것없는 식사로 바꾸어 놓고는 나가 버렸다.

장 량

이 말을 듣고 발끈한 항우는 그 화풀이를 범증에게로 돌려 한나라와 내통하고 있음이 틀림없다고 판단, 범증에게 주어졌던 권력을 모두 빼앗아버리고 말았다. 범증은 격노했다.

「천하의 대세는 이미 결정된 거나 다름없으니 왕께서 스스로 마무리를 지으시오. 나는 걸해골(乞骸骨)하여 초야에 묻히기로 하겠소」

범증은 팽성으로 돌아가는 길에 화가 지나쳤음인지 등에 종기가 생겨 75세를 일기로 세상을 떠났다.

검려기궁 黔驢技窮

검을 黔 나귀 驢 재주 技 궁할 窮

유종원 / 「귀주 나귀(黔驢)」

쥐꼬리만한 재주마저 바닥이 남.

당의 유명한 문장가인 유종원(柳宗元)은 일찍이 유명한 우화(寓話) 세 편을 지었는데 이를 「삼계(三戒)」 라고 부른다. 그 가운데 한 편인 「귀주 나귀(黔驢)」 의 내용을 소개한다.

옛날에 어떤 사람이 나귀가 나지 않는 귀주 지방에 나귀 한 마리를 배로 실어 갔다가 쓸모가 없어 산기슭에 그대로 방치해 두었다. 이때 호랑이 한 마리가 숲속에 숨어 있다가 처음 보는 그 나귀를 찬찬히 살펴보았다. 그 웅장한 체구에 기가 죽어 그저 멀리서 바라다보기만 하고 있었다. 그런데 갑자기 나귀가 큰 소리로 우는 바람에 호랑이는 어찌나 놀랐든지 넋이 달아날 지경이었다.

호랑이는 이튿날도, 또 그 다음날도 여전히 숲속에 숨어서 나귀를 찬찬히 관찰했다. 그렇게 며칠이 지나도 호랑이는 나귀에게서 별다르게 대단한 그 무엇을 발견하지 못했다. 그래서 마침내 호랑이는 나귀의 몸 가까이까지 다가가서 이리저리 건드려 보았다. 자기 몸을 건드리는 호랑이에게 약이 오른 나귀는 노하여 뒷발질을 해댔다. 이에 호랑이는 나귀의 재주가 고작 그것뿐일 줄 알고 졸지에 나귀를 덮쳐 잡아먹고 말았다. 이 이야기는 아무 능력도 없이 큰소리만 치다가는 그 결과가 참담하다는 것을 우리에게 말해주고 있다. 쥐꼬리만한 재주를 가리켜 「검려지기(黔驢之技)」 라고 하며, 그런 재주마저 바닥이 드러났음을 일컬어 「검려기궁」 이라고 한다.

게간이기 揭竿而起

들 揭 장대 竿 말이을 而 일어날 起

가의(賈誼) / 「과진론(過秦論)」

「장대를 높이 들고 일어난다」 라는 뜻으로, 민중 봉기를 비유하는 말이다.

한나라 때 가의(賈誼)가 쓴 「과진론(過秦論)」에 있는 말이다. 「과진론」은 진나라의 실정(失政)을 거울삼아 한나라 왕조의 통치 기반을 공고히 하기 위한 목적으로 저술한 글이다.

다음은 그 내용 중 일부다.

「진시황이 죽고 나서도 진나라의 마지막 위세가 풍속을 달리하는 곳에까지 진동하였다. 진승(陳勝)은 빈한한 집안에서 태어나 비천한 백성으로서 한갓 떠돌이였다. 그의 재능은 평범한 사람에도 미치지 못하였으며, 공자나 묵자와 같은 현명함도 없었고, 범려(范蠡)나 의돈(猗頓)처럼 부자도 아니었다.

그는 병사들의 행렬에 끼여 있다가 밭둑길에서 비천한 몸을 일으켜, 지치고 흩어진 병졸들을 이끌고 수백 명의 우두머리가 되어서는 몸을 되돌려 진나라를 공격하였다. 나무를 베어 무기로 삼고(斬木爲兵) 장대를 높이 들어 깃발로 삼으니(揭竿爲旗), 천하에서 사람들이 구름같이 모여 들어 호응하고, 식량을 짊어지고 그림자처럼 그를 따랐다. 산동의 호걸들도 마침내 함께 일어나 진나라 일족을 멸망시켰다」

진섭(陳涉)은 곧 진나라 말기에 오광(吳廣)과 함께 농민반란을 일으켜 장초(張楚)라는 나라를 세우고 스스로 왕이 된 진승(陳勝)으로, 섭은 그의 자이다.

격물치지 格物致知

궁구할 格 만물 物 이를 致 알 知

《대학(大學)》

사물의 이치를 연구하여 후천적인 지식을 명확히 함.

주 희

「사서삼경」하면, 옛날은 글공부하는 사람이면 당연히 읽어야 했고, 그 중에서도 「사서」 즉 《대학》, 《논어》, 《맹자》, 《중용》 네 경전 가운데서도 특히 《대학》은 유교의 교의를 간결하게 체계적으로 논술한 명저로서, 그 내용은 3강령(綱領), 8조목(條目)으로 요약되어 있다.

3강령이라 함은 「명명덕(明明德)·신민(新民)·지어지선(至於至善)」의 3항, 8조목이라 함은 「격물(格物)·치지(致知)」의 2항과 「성의(誠意)·정심(正心)·수신(修身)·제가(齊家)·치국(治國)·평천하(平天下)」의 6항을 합한 8항목으로, 이것들은 전체로서 유교사상의 체계를 교묘하게 논리적으로 풀어나가고 있다. 그러나 8조목 가운데서 6항목에 대해서는 《대학》에서 상세한 해설을 하고 있지만, 「격물·치지」 두 항에 대해서는 일언반구도 설명이 가해져 있지 않다.

「격물치지」를 모르면 단계를 밟아 엮여진 팔조목의 사상이 출발점부터 애매해진다. 그래서 송대(宋代) 이후 유학자 사이에 이 해석을 둘러싸고 이설(異說)이 백출하여 유교 철학의 근본문제로서 논쟁의 과녁이 되어 왔다. 그 중에서도 대표적인 학설을 부르짖은 것이 주자와 왕양명이다. 이른바 정주학파(程朱學派)와 육왕학파(陸王學派)가 그것이다.

왕양명

《대학》과 《중용》은 원래 오경 중의 하나인 《예기》 속의 한 편명이었는데, 이것을 따로 뽑아서 《논어》 《맹자》와 함께 「사서(四書)」라는 이름을 붙여 초학자가 꼭 읽어야 할 경전으로 만든 것이 주자(朱子, 1130~1200)였다. 주자는 격물치지를 다음과 같은 내용으로 풀이하고 있다.

「격물은 천하 만물의 이치를 끝까지 캐 들어가는 것이다. ……노력을 거듭한 끝에 하루아침에 훤히 통하면 사물의 이치를 다 알게 된다. 이것이 치지다」

주자는 격(格)을 이른다(至)는 뜻으로 풀이하여 모든 사물의 이치를 끝까지 파고 들어가는 것이라고 했다. 그러므로 앎을 가져온다는 치지(致知)는 우리가 말하는 지식의 획득을 뜻하게 된다.

그런데 주자의 견해와는 달리 격을 물리친다는 뜻으로 풀이하고

육상산

물을 물욕(物欲)의 외물(外物)로 주장한 학자에 주자와 같은 시대의 육상산(陸象山)이 있다. 그는 참다운 지혜(良知)를 얻기 위해서는 사람의 마음을 어둡게 하는 물욕을 먼저 물리쳐야만 한다고 주장했다. 육상산의 이 같은 학설을 이어받아 이를 대성한 것이 명(明)나라의 유명한 학자 왕양명(王陽明, 1472~1529)이다.

양명의 그 같은 견해는 그의 어록인 《전습록(傳習錄)》 가운데 도처에서 볼 수 있다. 그는 「격물치지」의 「격(格)」을 바르게 한다고 풀이했다. 이 경우 「물(物)」은 외부 세계의 사물이 아니라 사람의 마음이 향하고 있는 대상을 가리키게 되고, 「지(知)」는 지식이 아니라, 사람이 날 때부터 지니고 있는 자연스럽고 영묘한 마음의 기능, 즉 맹자가 말한 양지(良知)를 가리키게 된다.

주자의 「격물치지」가 지식 위주인 데 반해 양명은 도덕적 실천을 중하게 여기고 있다. 주자학을 이학(理學)이라고 부르고 양명학을 심학(心學)이라고 부르는 것은 이 때문이다.

격화소양 隔靴搔癢

사이 뜰 隔 신 靴 긁을 搔 가려울 癢

《시화총구(詩話總龜)》

애써 노력해 보지만 얻는 성과는 별로 없음. 일이 철저하지 못해 성에 차지 않는다는 말이다.

이 말은 불가(佛家)에서 주로 쓰이는 말이다.

《무문관(無門關)》 서문에 보면,

「몽둥이를 들어 달을 치고, 가죽신을 신고서 가려운 곳을 긁는다(捧棒打月 隔靴爬癢)」 라는 말이 있고,

《속전등록(續傳燈錄)》 에도,

「영릉(寧陵) 안복(安福)의 아들 등장(藤章)이 말하기를, 『당(堂)에 오르니 어떤 사람이 빗자루를 들고 상을 두드리니 정말 가죽신을 신고서 가려운 곳을 긁는 것과 같다(上堂更或拈帚鼓床 大似隔靴)』」 라는 구절도 있다.

또 《시화총구(詩話總龜)》 에는,

「시(詩)에 제목이 드러나지 않는 것은 가죽신을 신고 가려운 곳을 긁는 것과 다름이 없다(詩不著題 如隔靴搔癢)」 라는 말이 나온다. 모두 적절하지 못하게 대처하는 태도를 비유한 것이다.

「격화파양(隔靴爬癢)」 이라고도 한다.

견강부회 牽强附會

끌 牽 굳셀 强 붙을 附 모을 會

정초(鄭樵) / 「통지총서(通志總序)」

이치에 맞지 않는 말을 억지로 끌어 붙여 자기주장의 조건에 맞도록 함. 견강부회(牽强附會)는 본래 견합부회(牽合附會)라고 쓴 것이 유래로, 송(宋)나라 정초(鄭樵)의 「통지총서(通志總序)」에 나오는 말이다. 전혀 가당치도 않은 말이나 주장을 억지로 끌어다 붙여 조건이나 이치에 맞추려고 하는 것을 비유한 말이다. 자기합리화와 같은 말이다.

이와 유사한 표현에는 「수석침류(漱石枕流)」는 돌로 양치질을 하고 흐르는 물로 베개를 삼는다는 뜻이니, 가당치도 않게 억지를 부린다는 말이요, 「천착지학(穿鑿之學)」은, 말을 멋대로 끌어다가 억지로 이치에 맞도록 하는 학문. 즉 견강부회하는 학문을 일컫는 말이다.

「추주어륙(推舟於陸)」은 배를 밀어 육지에 댄다는 뜻이니, 역시 되지 않을 일에 억지를 쓴다는 말이다.

그밖에 「영서연설(郢書燕說)」이란 표현이 있는데, 이는 영 땅의 사람이 쓴 편지를 연나라 사람이 잘못 해석하고도 자신이 해석한 내용대로 연나라를 다스렸다는 고사에서 유래한다.

「채반이 용수가 되게 우긴다」는 우리 속담이 있으니, 가당치도 않은 의견을 끝까지 주장한다는 말이요, 「홍두깨로 소를 몬다」는 속담 역시 무리한 일을 억지로 한다는 뜻으로, 「견강부회」와 통한다. 그 밖에 「아전인수(我田引水)」 등이 이와 비슷한 말이다.

견란구계 見卵求鷄

볼見 알卵 구할求 닭鷄

《장자(莊子)》 제물론(齊物論)

달걀을 보고 닭이 되어 울기를 바란다는 뜻으로, 지나치게 성급함을 이르는 말이다.

일이 이루어지기 전에 결과를 보려는 성격이 매우 급한 사람을 비유하는 말로, 「우물가에 가서 숭늉 찾는다」, 「콩밭에 가서 두부 찾는다」 따위의 우리 속담과 비슷한 뜻이다.

《장자》 제물론에 이런 이야기가 있다.

구작자(瞿鵲子)가 스승인 장오자(長梧子)에게 물었다.

「공자(孔子)의 말을 들어보면, 성인(聖人)은 속된 세상일에 종사하지 않고 이로움을 추구하지 않으며, 말하지 않아도 말한 듯, 말해도 말하지 않은 것처럼 표현되며 속세를 떠나 노닌다고 하였습니다. 공자는 이 말이 터무니없지만 미묘한 도(道)를 실행하는 것이라 하였습니다. 선생님은 어떻게 생각하십니까?」

장오자는 이렇게 대답했다.

「이 말은 황제가 들었다고 해도 당황했을 텐데, 네가 어찌 그것을 알겠느냐? 너는 지나치게 서두르는구나. 달걀을 보고 닭울음소리로 새벽을 알리기를 바라거나, 탄알을 보고 새구이를 먹기 바라는 것과 같구나(見卵而求時夜 見彈以求鴞炙)」

「견탄구자(見彈求炙)」, 「견탄구효(見彈求鴞)」 라고도 한다.

견렵심희 見獵心喜

볼 見 사냥할 獵 마음 心 기쁠 喜

《이정전서(二程全書)》

정 호

어렸을 때를 그리워하는 마음.

《이정전서(二程全書)》에 있는 이야기다.

정호(程顥, 1032~1085)라는 사람이 있었다. 송나라 도학의 대표적인 학자의 한 사람이다. 성리학과 양명학 원류의 한 사람이다

그는 진사시험에 급제한 뒤 높은 벼슬을 하다가 중도에 그만두고 책을 쓰기 시작하였다.

그는 어렸을 때 사냥을 몹시 즐겼는데, 벼슬을 그만두고 낙향하는 길에 고향에 들르게 되었다.

고향의 눈에 익은 풍경을 보자, 사냥을 하며 즐거웠던 젊은 시절의 달콤한 정경들이 부지중에 머리에 떠올랐다.

특히 고향 사람들이 사냥하는 모습을 보고는 그들 속에 뛰어들어 함께 사냥하고 싶은 충동을 억제할 수 없었다(在田野間見狹獵者 不覺有喜心)고 한다.

이래서 나온 성구가 「견렵심희」인데 「사냥하는 모습을 보니 마음이 기쁘다」는 뜻으로, 자기가 어렸을 때 하던 일을 남이 하는 것을 보고 마음이 동하는 경우를 이르는 말이다.

견마지로 犬馬之勞

개 犬 말 馬 갈 之 힘쓸 勞

《사기(史記)》 소상국세가(蕭相國世家)

개나 말의 하찮은 힘이라는 뜻으로, 임금이나 나라에 충성을 다하는 노력, 윗사람에게 바치는 자기의 노력을 낮추어 말할 때 쓰는 말이다.

본래는 개나 말 같은 하찮은 것의 힘 또는 수고를 가리키는 말이었으나, 뒤에 임금이나 나라를 위해 바치는 자신의 노력을 겸손하게 이르거나, 또는 주인이나 나라를 위해 충성을 다하는 것을 비유하는 관용어로 굳어졌다.

「견마」는 신분이 낮거나 미천한 사람을 가리키는 용어로, 「개나 말 같은 비천한 것」을 가리켜 「견마지류(犬馬之類)」라고 한 데서도 알 수 있다.

유사한 표현으로, 《사기》 소상국세가에 「한마공로(汗馬功勞)」라는 말이 나오고, 《한비자》 오두편에는 「한마지로(汗馬之勞)」라는 말이 나온다.

모두 전쟁에서 세운 큰 공로나 탁월한 업적을 비유하는 말로, 나라를 위해 전장에서 땀을 흘리며 충성을 다한다는 뜻이다.

같은 뜻을 지닌 한자어로는 「견마지성(犬馬之誠)」, 「견마지심(犬馬之心)」이 있고,

비슷한 의미를 지닌 한자어로는 「진충갈력(盡忠竭力)」, 「분골쇄신(粉骨碎身)」, 「구마지심(狗馬之心)」 등이 있다.

견백동이 堅白同異

굳을 堅 흰 白 같을 同 다를 異

《사기》 맹자순경열전(孟子荀卿列傳)

단단한 흰 돌을 눈으로 보아서는 흰 것을 알 수 있으나 단단한지는 모른다는 뜻으로, 억지논리, 궤변을 이르는 말이다.

「견백동이지변(堅白同異之辯)」이라고 한다. 단단하고 흰 돌은 눈으로 보아서는 그것이 흰 것을 알 수 있으나 단단한지는 모르며, 손으로 만져 보았을 때에는 그것이 단단한 것인 줄 알 수 있을 뿐 빛깔은 흰지 모르므로, 단단하고 흰 돌은 동일한 물건이 아니라고 설명하는 억지 논리, 일종의 궤변이다.

《사기》 맹자순경열전에 있는 이야기다.

전국시대 조(趙)나라의 학자 공손룡(公孫龍)이 「견백동이(堅白同異)」라는 논리를 폈다.

「단단한 흰 돌을 눈으로 보아서는 흰 것을 알 수 있으나 단단한지는 모르며, 손으로 만져 보았을 때는 그 단단한 것을 알 뿐 빛이 흰지는 모르므로 단단한 돌과 흰 돌과는 같은 물건이 아니다」

공손룡은 장자와 같은 시대 사람으로, 당시 사상가들과 마찬가지로 봉건 제후들에게 조언을 하고 제자들에게 논리학적 훈련을 시키는 일을 하였는데, 어떤 삶을 살았는지는 상세한 기록을 볼 수 없다.

그의 저작으로는 《공손룡자(公孫龍子)》 한 권이 있다는 것만 알 수 있다. 공손룡의 대표적인 학설은 「견백론(堅白論)」과 「백마비마설(白馬非馬說)」이 있다. 공손룡은 구체적인 개념들이란 서로 범주가 다르기 때문에 하나로 통합될 수 없다는 논리를 내세웠다.

견벽청야 堅壁淸野

굳을 堅 벽 壁 맑을 淸 들 野

《삼국지(三國志)》 순욱전(荀彧傳)

성벽을 굳게 하고 들에 있는 것을 말끔히 치운다는 뜻으로, 적의 양식이나 물자의 조달을 차단하는 전술의 하나. 중국에서 고대로부터 근세에 이르기까지 널리 사용해온 방어전술의 하나이다. 해자(垓子)를 깊이 파고 성벽의 수비를 견고히 하는 한편, 들에 있는 모든 곡식을 모조리 성내로 거두어들여 공격해 오는 적의 군량미 조달에 타격을 입히는 전법으로, 이러한 전법은 우세한 적에 대한 수단으로 흔히 약자가 사용한다. 《삼국지》 순욱전에 있는 이야기다.

위(魏)의 조조(曹操)가 영주의 복양에 진을 치고 있는 여포(呂布)를 강하게 공격하였으나 여포는 무리한 싸움을 피하고 지구전으로 맞섰다. 이때 서주목사(徐州牧使) 도겸(陶謙)이 죽었다는 소식을 들은 조조는 서주를 빼앗기 위해 군사를 돌리려 하였다. 그러나 모사 순욱이 이 조조의 이러한 작전을 말렸다.

「도겸이 죽으면서 서주의 인심이 동요하고 있는 것은 사실이나 깔보는 것은 금물입니다. 지금은 보리를 거두어들일 때이므로 서주에서는 주민을 총동원해 보리를 성내로 거둬들이고 성벽을 다져 전쟁준비에 만전을 기할 것입니다. 이것이 바로 『견벽청야』 이므로 우리의 공격은 먹혀들지 않을 것이며, 만일 이때 여포가 이 틈을 노려 공격해 온다면 그때는 끝장입니다」

조조는 서주탈환 작전을 취소하고 여포공략에 힘을 쏟아 결국에는 성공을 거둘 수 있었다.

견불체문 見不逮聞

볼 見 아닐 不 미칠 逮 들을 聞

《당서(唐書)》

「눈으로 직접 보니 들었던 것보다 못하다」는 뜻으로, 헛된 명성(虛名)을 비유하는 데 사용되는 말이다.

《당서(唐書)》에 있는 이야기다.

당나라 때의 청주(靑州) 익도(益都) 사람 최신명(崔信明)은 시 짓기를 좋아하고, 자신의 작품에 대한 자부심이 높았다.

그가 지은 시 가운데 「단풍잎이 떨어지니 오강이 차갑구나(楓落吳江冷)」라는 구절이 있는데, 양주녹사참군(楊州錄事參軍) 벼슬에 있던 정세익(鄭世益)이 그 묘사가 빼어나다고 높이 평가하였다.

하루는 정세익이 장강(楊子江)에서 배를 타다가 우연히 최신명을 만났다. 두 사람은 시에 관해서 이야기하다가 정세익이 최신명에게 새 작품이 없느냐고 물었다.

최신명이 기쁨을 감추지 못하고 즉시 한 묶음의 작품들을 내어 놓았다. 몇 장을 들춰보던 정세익은 점차 흥미를 잃었는지, 「본 것이 듣던 바만 못하구나(所見不逮所聞)」라고 말하고는 그 작품들을 강물에 던져버린 뒤 뒤도 돌아보지 않고 떠나가 버렸다.

「견불여문(見不如聞)」과 같은 뜻이다.

견아상제 犬牙相制

개 犬 어금니 牙 서로 相 금할 制

《사기》 문제기(文帝紀)

개의 어금니처럼 들고 난 모양으로 서로를 견제함.

한(漢)나라 고조(高祖)는 건국 공신들을 각 지방의 왕으로 봉하고 영토를 나누어 주었는데, 그것이 화근이었다. 이 제후들이 서로 세력을 다투거나 공공연히 황실에 반기를 들곤 했기 때문이다.

「내 생각이 짧았구나!」

자기 실책을 깨달은 고조는 이들을 하나씩 쳐서 멸한 다음, 이번에는 자기 친족들을 그 자리에 앉혔다. 이것은 친족의 혈연으로 황실의 안녕과 융성을 꾀한다는 생각이었다.

새로운 제후들 역시 세월이 지남에 따라 전임자들과 똑같은 양상을 보여, 황실을 위하기보다는 세력 경쟁에만 몰두했다. 특히 경제(景帝) 3년에는 오왕(吳王)을 우두머리로 한 「오초(吳楚) 7국의 난」이 일어나 온 나라가 시끄러웠다. 놀란 조정에서는 태위(太衛) 주아부(周亞夫)를 대장으로 하여 대규모 진압군을 파견했다. 그리하여 겨우 난을 평정하긴 했으나, 그것으로 문제가 완전히 가라앉은 것은 아니었다. 반란군은 여전히 상당한 잔존세력으로 남아 있었고, 다른 제후들의 태도 또한 유동적이었기 때문이다.

그리하여 제후들의 영지를 축소하는 정책을 펴려고 했지만, 이 역시 안팎의 반대에 부딪혀 실효를 거두지 못하고 말았다. 다음 황제인 무제(武帝)는 좀 더 강압적인 방법으로 나갔다. 제후들의 죄상을 낱낱이 조사하여 그 결과에 따라 조치를 하겠다고 선언했다. 이렇게 되자 제후들

한무제

은 당황하지 않을 수 없었다.

「우리는 황실과 골육 같은 관계로 고조께서 『개의 어금니처럼 교착(犬牙相制)』 시켜 우리를 제후로 봉한 것은 서로 도와 황실을 지키도록 하심이었는데, 이제 와서 뚜렷한 이유도 없이 죄를 묻겠다는 것인가?」

이렇게 불만을 토로하던 제후들은 가만히 있으면 반역죄로 몰릴 것 같아 정면 돌파로 모면할 생각을 했다

특히 강경파로 지목되어 처지가 곤란하게 된 사람인 《삼국지》에 나오는 현덕(玄德) 유비(劉備)의 직계 조상인 중산정왕(中山靖王) 유승(劉勝)은 대왕(代王) 유등(劉登)과 함께 도성인 장안에 올라와 황제를 뵙고 눈물로 호소했다.

「폐하, 골육의 정을 가르려고 하는 참언을 귀담아 듣지 마십시오. 저희가 황실의 은혜를 입음이 태산 같은데, 어찌 딴 마음을 품겠습니까?」

무제가 가만히 생각해 보니 뚜렷한 죄상도 없을 뿐만 아니라, 그들을 처벌하는 것은 또 다른 부작용을 불러일으킬 불씨가 될 수 있었다. 그래서 좋은 말로 위로하고, 추은령(推恩令)이란 것을 발표했다. 이것은 제후들의 영토를 잘게 쪼개어 그 자제들한테 나누어 주도록 한 것이다.

견우미견양 見牛未見羊

볼 見 소 牛 아닐 未 볼 見 양 羊

《맹자(孟子)》 양혜왕장구상

맹자가 제(齊)나라 선왕(宣王)과 왕도(王道)에 대하여 이야기를 나누었다. 어느 날 제 선왕이 정사를 보고 있는데 저 아래쪽에 소를 끌고 지나가는 사람이 있어서 「소를 어디로 데려가는냐?」 하고 묻자, 소를 끌고 가던 사람이 대답하기를, 「새로 만든 종(鐘)의 틈새를 소피로 바르고자 죽이러 갑니다」 하고 말했다.

왕은 눈물을 흘리며 끌려가는 소의 모습이 너무 애처로워 소를 살려주라고 명령했다. 그러자 소를 몰고 가던 사람이 묻기를, 「그러시면 새로 만든 종에 피 바르는 의식을 폐할 수밖에 없습니다」 하였다.

제선왕이 대답하기를, 「소 대신 양으로 바꾸어 시행하라」 하였다는 이야기다.

소가 눈물을 흘리며 끌려가는 것을 차마 볼 수 없어하는 제선왕의 측은지심(惻隱之心)을 엿볼 수 있는 대목인데, 소나 양이나 똑같은 생명을 가진 동물인데, 양은 왜 죽어도 좋은지 하는 것이 문제가 되는 것이다.

이것을 설명하는 구절이 바로 「견우미견양」 이다. 즉 소는 직접 눈으로 보았기 때문에 측은한 마음이 들었지만, 양은 눈으로 보지 않았으므로 측은한 마음이 들지 않았기 때문이다.

실제 우리도 그런 것을 경험하게 된다. 항상 많은 사건으로 희생되는 사람이 있지만, 자기가 아는 사람이 그런 슬픈 일을 당하게 되는 것에 비하면 충격이 훨씬 적은 것과 같은 이치라 할 수 있겠다.

견위수명 見危授命

볼 見 위태할 危 줄 授 목숨 命

《논어(論語)》 헌문(憲問)

나라가 위태로울 때는 자신의 목숨까지도 바친다.

공자의 제자 자로(子路)가 공자에게 성인(成人)에 대해 묻자, 공자는 지혜와 청렴과 용기, 그리고 재예(才藝), 예악(禮樂)을 두루 갖춘 사람이 성인이라고 대답하면서 이렇게 덧붙였다.

「그러나 오늘의 성인이 어찌 반드시 그렇겠는가? 이로움을 보면 의(義)를 생각하고, 위태로움을 보면 목숨을 바치며, 오래 전의 약속을 평생의 말로 여겨 잊지 않는다면 또한 마땅히 성인이라 할 수 있다(今之成人者 何必然 見利思義 見危授命 久要 不忘平生之言 亦可以爲成人矣)」

공자는 여기서 지금의 성인은 옛날의 성인에는 미치지 못하지만, 위의 세 가지 요건만 갖추면 성인이라 할 만하다는 뜻으로 말한 것이다.

여기서 유래한 「견위수명」은 이후 나라를 위해서는 목숨도 아낌없이 바치는 충신을 일컫는 용어로 쓰였다.

여기서 「이로움을 보면 의(義)를 생각한다」는 「견리사의(見利思義)」와 「견위수명」은 뜻이 통하는 말이다. 나라나 대의를 위해 자신을 희생한다는 뜻의 성어는 이 밖에도 「선공후사(先公後私)」, 「대의멸친(大義滅親)」 등이 있다. 「견위치명(見危致命)」이라고도 한다.

견토지쟁 犬兎之爭

개 犬 토끼 兎 의 之 다툴 爭

《전국책(戰國策)》 제책(齊策)

개와 토끼의 다툼, 만만한 둘이 싸우다 지치는 바람에 제삼자가 이득을 보는 것을 말한다. 또는 쓸데없는 다툼을 비유하기도 한다. 「어부지리(漁父之利)」와 같은 말이다.

전국시대 제나라에 순우곤(淳于髡)이라는 사람이 있었다. 그는 해학이 남다르고 재치 있는 변론으로 유명했다. 그가 제나라 선왕에게 중용되었을 때의 이야기다. 제선왕이 위(魏)나라를 공격하려는 뜻을 비치자, 순우곤이 나서서 이런 이야기를 했다.

「옛날에 한자로(韓子盧)라는 날랜 사냥개와 동곽준(東郭逡)이라는 발 빠른 토끼가 있었습니다. 하루는 한자로가 동곽준을 잡으려고 뒤쫓았습니다. 두 놈은 수십 리 달리며 산자락을 세 바퀴나 돌았고, 높은 산을 다섯 번이나 오르내리면서 한 치의 양보도 없이 내달렸습니다. 그러더니 결국 두 놈 다 지칠 대로 지쳐 개도 토끼도 나자빠져 죽고 말았습니다. 때마침 그곳을 지나던 농부가 운 좋게 힘 안들이고 횡재를 하게 된 것입니다. 지금 제나라와 위나라는 오랜 동안 대치하고 있어서 그 세가 지칠 대로 지쳐 쇠약해져 있습니다. 그런데 만약 이런 형세에 위나라를 공격한다면 얼마 가지 않아 두 나라는 다 힘에 부쳐 나가떨어지고 말 것입니다. 그러면 저 서쪽의 진(秦)나라가 농부가 되지 않을까 심히 염려됩니다」

이 말을 들은 선왕은 그의 말이 옳다고 여기고 위나라 공격을 포기하고 부국강병에 힘을 쏟았다.

결초보은 結草報恩

맺을 結 풀 草 갚을 報 은혜 恩

《춘추좌씨전(春秋左氏傳)》

죽어 혼령이 되어도 은혜를 잊지 않고 갚음.

「결초보은」이란 말을 쓰는 노인들을 더러 보게 된다. 죽어서 은혜를 갚겠다는 뜻이다. 「결초보은」의 이야기에 나오는 장본인인 위과(魏顆)가 한 말이 「효자는 종치명(從治命)이요, 부종난명(不從亂命)이다」라는 것이었다.

《춘추좌씨전》에 있는 이야기다.

춘추시대 5패의 한 사람인 진문공의 부하 장군에 위무자(魏武子)라는 용사가 있었다. 그는 전장에 나갈 때면 위과(魏顆)와 위기(魏錡) 두 아들을 불러 놓고, 자기가 죽거든 자기가 사랑하는 첩 조희(祖姬)를 양반집 가문에서 좋은 사람을 골라 시집을 보내 주라고 유언을 하고 떠났다.

그런데 막상 병들어 죽을 임시에는 조희를 자기와 함께 묻어달라고 유언을 했다. 당시는 귀인이 죽으면 그의 사랑하던 첩들을 순장하는 관습이 있었기 때문이다.

그러나 위과는 아버지의 유언을 따르려 하지 않았다. 아우인 위기가 유언을 고집하자, 위과는 이렇게 말했다.

「아버지께서는 평상시에는 내가 죽고 나면 이 여자를 시집보내 주라고 유언을 했었다. 임종 때 말씀은 정신이 혼미해서 하신 것이다. 효자는 정신이 맑을 때 명령을 따르고 어지러울 때 명령을 따르지 않는다고 했다(孝子 從治命 不從亂命)」

위과는 장사를 마치자 그녀를 양가에 시집보내 주었다. 그리고 얼마 후, 두 형제는 두회(杜回)라는 진(秦)나라 대장을 맞아 싸우게 되었다. 두회는 하루에 호랑이를 주먹으로 쳐서 다섯 마리나 잡은 기록이 있고, 키가 열 자에 손에는 120근이나 되는 큰 도끼를 휘두르며 싸우는데, 온 몸의 피부가 구리처럼 단단해서 칼과 창이 잘 들어가지 않는 그런 용장이었다.

위무자

위과와 위기는 첫 싸움에 크게 패하고 그날 밤을 뜬눈으로 새우다시피 했다. 그런데 꿈인 듯 생시인 듯 위과의 귓전에서 「청초파(靑草坡)」라고 속삭이는 소리가 들렸다. 위기에게 물어도 위기는 아무 소리도 듣지 못했다고 했다. 그래서 청초파란 지명이 있다는 것을 알고 그리로 진지를 옮겨 싸우기로 했다.

이날 싸움에서 적장 두회는 여전히 용맹을 떨치고 있었다. 그런데 위과가 멀리서 바라보니 웬 노인이 풀을 잡아매어 두회가 탄 말의 발을 자꾸만 걸리게 만들었다. 말이 자꾸만 무릎을 꿇자, 두회는 말에서 내려와 싸웠다. 그러나 역시 발이 풀에 걸려 자꾸만 넘어지는 바람에 마침내는 사로잡혀 포로가 되고 말았다.

그날 밤, 꿈에 그 노인이 위과에게 나타나 말했다.

「나는 조희의 아비 되는 사람입니다. 장군이 선친의 치명(治命)을

위과와 두회가 싸운 청초파

따라 내 딸을 좋은 곳으로 시집보내 준 은혜를 갚기 위해 미약한 힘으로 잠시 장군을 도와드렸을 뿐입니다」 하고 낮에 있었던 일을 설명하고, 다시 장군의 그 같은 음덕(陰德)으로 훗날 자손이 왕이 될 것까지 일러주었다.

「결초함환(結草銜環)」이라는 성어가 있는데, 「결초(結草)」와 「함환(銜環)」 두 이야기에서 나온 성구로서, 「함환」에 관해서는 남북조시대 양(梁)나라의 오균(吳均)이 지은 《속제해기(續齊諧記)》에 다음과 같은 전설이 실려 있다.

후한 때 사람 양보(梁甫)가 아홉 살 때 산 아래서 올빼미에게 물려 다친 꾀꼬리를 발견하고 집으로 가져다 치료해 주었더니, 백여 일이 지나자 상처가 아물어 죽음을 면하게 되었다. 이에 양보가 즉시 꾀꼬리를 놓아주었더니 그날 밤 노란 옷을 입은 동자가 꿈에 나타나 옥환 네 개를 예물로 주면서 목숨을 구해준 은혜를 갚는다고 하고는 꾀꼬리로 변하여 날아갔다는 이야기다.

경광도협 傾筐倒篋

기울 傾 광주리 筐 엎을 倒 상자 篋

《세설신어(世說新語)》

광주리를 기울이고 상자를 엎는다는 뜻으로, 가진 것을 남김없이 다 내놓아 극진히 환대함을 이르는 말.

진(晉)나라의 태위(太尉) 치감(郗鑒)에게는 재색을 겸비한 딸이 있었다. 치감은 그 딸을 애지중지하며 훌륭한 배필을 구해 주려고 했다. 그는 백방으로 수소문한 결과 재상 왕도(王導)의 아들들이 이목구비가 뚜렷하고 총명하다는 사실을 알게 되었다. 그래서 그는 그의 문생(문하생)에게 왕도의 집으로 가서 아들들의 면모를 하나하나 꼼꼼히 살펴보고 오도록 하였다.

사 안

왕도의 자식들 또한 치감의 딸이 훌륭한 규수(閨秀)임을 익히 알고 있었다. 그녀의 집에서 사람이 온다는 소식을 듣자 모두들 최대한 잘 보여 사위로 뽑히고 싶어 긴장하였다.

단지 한 아들만은 이 일에 관심이 없다는 듯이 평소 하던 대로 행

왕희지

동하였다. 그는 문생이 와서 지켜보는데도 개의치 않고 침상에서 배를 드러내놓고 음식을 먹었다. 이들을 관찰한 후 돌아온 문생은 치감에게 이들의 면모를 구체적으로 보고했다. 그러자 치감이 말했다.

「바로 그 배를 드러내고 음식을 먹은 이가 내 사윗감일세」

그가 바로 후대에 서성(書聖)으로 이름을 떨친 왕희지(王羲之)였던 것이다. 치감의 딸은 왕희지와 혼례를 올렸다. 그 후 친정으로 놀러 왔다가 남동생에게 이렇게 말하였다.

「왕가(王家)의 사람들은 사안(謝安)과 사만(謝萬)이 오면 즉시 광주리와 상자 속에 있던(傾筐倒庋) 음식을 꺼내 극진히 대접하면서도, 너희들이 오면 평상시처럼 대접하니 다음부터 번거롭게 왕씨 댁에 내왕하지 않도록 해라」

여기서 사안은 일찍부터 왕희지와 풍류자적(風流自適)을 즐겼으며, 행서(行書)를 잘하였으며, 마흔이 넘어서 출사(出仕)하였는데, 재상의 자리까지 올랐다.

이 이야기에서 유래하여 자기가 가지고 있던 모든 것을 남김없이 다 내놓는다든가, 말을 숨기지 않고 다 하는 것을 일러 「경광도협(傾筐倒篋)」이라고 한다.

경국지색 傾國之色

기울 傾 나라 國 의 之 색 色

《한서(漢書)》 외척전(外戚傳)

「경국지색」은 글자 그대로 나라를 기울어지게 하는 미인이란 뜻이다. 여자의 미모에 반해 정치를 돌보지 않은 나머지 마침내 나라를 망하게 하거나 위태롭게 한 예는 너무도 많다.

춘추시대의 오왕 부차(夫差)는 월왕 구천(句踐)이 구해 보낸 서시(西施)라는 미인에게 빠져 마침내 나라를 잃고 몸을 망치는 결과를 가져왔고, 당명황(唐明皇) 같은 영웅도 양귀비로 인해 하마터면 나라를 망칠 뻔했다.

그러나 원래 경국이란 말을 처음 쓰게 된 것은 여자에 대한 표현이 아니었다. 《사기》 항우본기에 보면, 한왕 유방과 초패왕 항우가 서로 천하를 놓고 다툴 때, 어느 한 기간 한왕의 부모처자들이 항우에게 사로잡혀 있었다. 이때 후공(侯公)이라는 변사가 항우를 설득시켜 한왕과의 화의를 성립시키고, 항우가 인질로 잡고 있던 한왕의 부모처자들을 돌려보냈다. 이 소문을 들은 세상 사람들은 후공을 이렇게 평했다.

「그는 참으로 천하의 변사다. 그가 있는 곳이면 그의 변설로 인해 나라를 기울어지게 만든다(此天下辯士 所居傾國)」

이 말을 들은 유방은 후공의 공로를 포상하여 경국의 반대인 평국이란 글자를 따서 그에게 평국군(平國君)이란 칭호를 주었다고 한다. 즉 항우의 입장에서 보자면 나라를 위태롭게 한 경국(傾國)이 되지만, 유방의 입장에서 보자면 나라를 태평하게 만든 평국(平國)이 되기 때문이다.

그런데 그 뒤 경국이니, 경성(傾城)이니, 절세(絶世)니 하는 형용사들이 아름다운 여자에게 쓰이게 된 것은 《한서》 외척전에, 이연년(李延年)이 지은 다음의 시에서부터 시작된 것이라 한다.

북쪽에 어여쁜 사람이 있어
세상에 떨어져 홀로 서 있네.
한 번 돌아보면 남의 성을 기울이고
두 번 돌아보면 남의 나라를 기울인다.
어찌 경성과 경국을 모르리오
어여쁜 사람은 다시 얻기 어렵다.

北方有佳人 絶世而獨立　　북방유가인 절세이독립
一顧傾人城 再顧傾人國　　일고경인성 재고경인국
寧不知傾城與傾國 佳人難再得　　영부지경성여경국 가인난재득

이연년은 한무제(漢武帝, BC 141~86) 때 협률도위(協律都尉 : 음악을 맡은 벼슬)로 있던 사람으로 음악적인 재능이 풍부한 사람이었다. 그에게 한 누이동생이 있었는데 그야말로 절세미인이었다. 앞의 노래는 바로 그의 누이동생의 아름다움을 칭찬하여 무제 앞에서 부른 것이었다. 무제는 이때 이미 50 고개를 넘어 있었고, 사랑하는 여인도 없는 쓸쓸한 생활을 보내고 있던 중이었으므로 당장 그녀를 불러들이게 했다.

무제는 그녀의 아리따운 자태와 날아갈 듯이 춤추는 솜씨에 그만 반해 버리고 말았다. 이 이연년의 누이야말로 무제의 만년의 총애를 한 몸에 독차지하고 있던 바로 이부인(李夫人) 그 사람이었다.

경단급심 綆短汲深

두레박줄 綆 짧을 短 길을 汲 깊을 深

《장자(莊子)》 지락(至樂)편

짧은 두레박줄로는 깊은 곳의 물을 길을 수 없다는 뜻으로, 능력이 모자라 일을 감당하지 못한다는 말이다.

춘추시대 공자의 제자 안회(顔回)가 동으로 제(齊)나라로 가려 할 때에 공자는 걱정스러운 얼굴을 했다. 이를 지켜보던 자공(子貢)이 자리를 내려서서 물었다.

「저는 감히 묻습니다. 안회가 제나라로 가려하는데, 선생님께서 걱정스런 얼굴을 하심은 무슨 까닭입니까?"

「옛날 관자(管子)가 한 말 가운데 나는 이 말을 매우 좋아한다. 『주머니가 작으면 큰 물건을 담을 수 없고, 두레박줄이 짧으면 깊은 물을 길을 수 없다(褚小者不可以懷大 綆短者不可以汲深)』 대개 이 말은 천명은 정해진 바가 있고 형체에는 알맞은 바가 있어서 덜거나 더할 수가 없다는 뜻이다. 나는 두렵다. 안회가 제나라 왕에게 성왕(聖王 : 요·순)들의 도를 말하고 나아가 수인(燧人) 신농(神農)까지 이야기하게 된다면, 제나라 왕은 속으로 자기를 돌아보아 생각해 보아도 이해할 수가 없을 것이다. 이해할 수 없으면 곧 의심할 것이니, 그가 그 의심이 깊어져 결국 안회를 죽이지 않게 될까 하여 걱정하는 것이다」

「채찍이 짧아 미치지 못한다」는 「편장막급(鞭長莫及)」과 비슷한 말이다.

경원 敬遠

공경할 敬 멀리할 遠

《논어(論語)》 옹야편(雍也篇)

공 자

이 말은 여러 가지 의미로 쓰이고 있다. 존경은 하면서도 가까이하기를 꺼리는 그런 뜻으로도 쓰이고, 겉으로는 존경하는 체하면서 속으로는 못마땅해 하는 뜻으로도 쓰인다.

또 「그 사람은 경원해야 할 사람이야」 했을 경우, 그는 겉 다르고 속 다른 엉큼한 성격의 소유자라는 것을 암시하게 된다.

《논어》 옹야편에 있는 공자의 말이다.

공자의 제자 번지(樊遲)가 「지(知)」란 무엇인가고 묻자, 공자는,

「백성의 도리(義)를 힘쓰고, 귀신을 공경하고 멀리하면 지(知)라 말할 수 있다(務民之義 敬鬼神而遠之 可謂知矣)」 라고 대답했다.

백성의 도리란 곧 사람의 도리를 말하는 것이다. 공자는 똑같은 물음에 대해서도 상대방에 따라 각각 다른 대답을 하는 것이 보통이었는데, 대개는 상대방의 잘못을 시정하기 위한 처방과 같은 것이었다.

「지(知)」는 지혜도 될 수 있고, 지식도 될 수 있고, 지각도 될 수 있다. 그러나 여기서는 역시 우리말의 「앎」 즉 옳게 알고 옳게 깨달은 참다운 앎이란 어떤 것입니까? 하고 물은 것으로 생각된다.

번 지

그런데 세상에는 흔히 보통 사람들이 이해할 수 있는 올바른 지식보다는 잘 믿어지지 않는 미묘한 존재나 이치 같은 것을 앎의 대상으로 삼는 경우가 많다. 공자 당시에도 그런 폐단이 많았고, 번지 역시 그런 데 관심을 가지고 물은 질문이었을지 모른다.

그래서 공자는 「사람이 마땅히 해야 할 도리를 실천하는 데 힘을 기울이고 귀신의 힘을 빌려 복을 구하고 화를 물리치는 어리석은 짓은 하지 않는 것이 아는 사람의 올바른 삶의 자세다」 하고 대답했던 것이다.

어느 나라든 안정된 기반을 다지기 위해서는 반드시 정신적인 통일이 있어야만 한다. 그래서 나라마다 국교(國敎)라는 것을 정하게 되었다. 그러나 불교로 정신통일을 가져왔던 나라는 불교로 인해 망하고, 유교로 정신통일을 이룩한 시대는 유교로 인해 세상이 침체하게 되는 결과를 가져오곤 했다.

종교의 기반을 이루는 건전한 철학이나 사상이 차츰 그것과는 반대되는 교리나 행사로 변질되어 사람이 해야 할 도리는 하지 않고, 지나치게 신에 매달리려는 어리석은 인간으로 타락해 버리기 때문이

다.

자 로

《논어》 팔일편(八佾篇)에 보면, 공자는 조상의 제사를 지낼 때면 정말 조상이 앞에 있는 것처럼 했고, 조상 이외의 신에게 제사를 드릴 때는 정말 신이 있는 것처럼 했다고 했다.

그러나 공자는 감사의 제사는 드렸어도 복을 빌기 위한 제사는 드리지 않았다. 그것은 귀신을 공경하는 것이 아니라 보채는 것이 되기 때문이다. 귀신을 멀리하라는 것은 잘 되게 해달라고 빌지 말라는 것이다.

《논어》 술이편에 보면, 공자가 오랫동안 병으로 누워 있자, 제자 자로(子路)가 신명에게 기도를 드리고 싶다면서 허락해 줄 것을 간청했다. 그러자 공자는, 「내가 기도한 지 이미 오래다(丘之禱久矣)」라고 대답하며 이를 못하게 했다. 예수도 말했듯이, 하나님은 이미 우리가 기도하기 전에 우리가 바라는 것을 알고 계시기 때문에 새삼 중언부언 매달리는 것은 하나님을 인간이나 똑같이 대하는 불손한 행동이다.

사람의 할 일을 묵묵히 실천하면 하늘을 원망하지 않고 사람을 허물하지 않는 것이 가장 하나님을 기쁘게 하는 길인 것이다.

공자가 말한 기도한 지 오래란 뜻은, 성자의 일상생활 그 자체가 하나의 기도가 된다는 것을 말한 것이다.

경전서후 耕前鋤後

밭갈 耕 앞 前 김맬 鋤 뒤 後

《진서(晉書)》 도잠(陶潛)편.

도연명(陶淵明)은 마음이 청빈한 사람으로 한때 참군이니 현령이니 하는 작은 벼슬을 지냈다고 하는데, 그가 마지막으로 있던 벼슬은 팽택현 현령이었다.

연명취귀도(淵明醉歸圖, 淸 장사보)

도연명이 41세 되던 해의 일이었다. 어느 날 상급 고을에서 벼슬아치가 팽택현에 내려오게 되었는데, 그 앞에서 굽실거리며 맞아줄 생각이 전혀 없던 도연명은, 「내 어찌 다섯 말의 쌀 때문에 허리를 굽혀 향리의 어린아이에게 절할 수 있겠는가(我豈能爲五斗米 拜腰向鄕里小兒)」 라고 하면서 그대로 사직서를 내고 낙향했다 한다. 여기서, 하찮은 봉록에 연연하여 시골 관리에게 굽실거리며 살지 않겠다면서 벼슬을 집어던진 시인 도연명의 귀거래에 얽힌 「오두미배요(五斗未拜腰)」 라는 성어가 생겨난 것이다.

이때부터 그는 완전히 벼슬길에서 물러나 아내와 함께 농사를 지으며 살았다고 하는데, 당시 사람들은 그들을 가리켜 「남편은 앞에서 밭을 갈고 아내는 뒤에서 김을 맨다(夫耕于前 妻鋤于後)」 고 하였다.

경죽난서 磬竹難書

죄다 罄 대나무 竹 어려울 難 글 書

《구당서(舊唐書)》 이밀전

죄가 하도 많아 일일이 다 적을 수 없음.

중국에서는 종이가 발명되기 전인 한나라 때는 참대에 글을 썼다. 때문에 이 성구의 뜻은 죄가 하도 많기에 나라 안의 참대를 다 사용해도 이루 다 적을 수 없다는 뜻이다. 그런데 오랜 관례상 좋은 일에 대해서는 이 성구를 쓰지 않는다.

요컨대, 수나라 말년 농민군의 우두머리 이밀은 수양제의 죄악을 성토하는 격문에서 「그 죄악은 남산의 참대를 다 허비해도 기록할 수 없다(罄南山之竹 書罪無窮)」 라고 하였다.

그러나 경죽난서와 유사한 말은 이미 서한 한무제 때 나타났다. 당시 주세안이라는 협객이 승상 공손하의 모함으로 옥에 갇혔을 때 공손하의 죄악을 고발하면서,

「남산의 참대를 다 써도 내가 하고 싶은 말을 다 적을 수 없다(南山之竹 不足受我詞)」

라고 말한 적이 있다.

그리고 서한 말년 위효라는 사람이 왕망(王莽)을 성토하는 격문에서 또 이와 비슷한 말을 하였으며, 남조 양원제 때 하남왕 후경이 반란을 일으키자 양원제도 유사한 어구로 반란자를 성토하였다.

이와 같이 경죽난서라는 성구는 만들어진 지 오랜데, 뒤에 이밀의 격문에서 이 성구의 제한된 함의가 진일보하여 확정된 것이라 할 수 있다.

계견승천 鷄犬昇天

닭 鷄 개 犬 오를 昇 하늘 天

《신선전(神仙傳)》

다른 사람의 권세에 빌붙어 승진함.

《신선전(神仙傳)》에 있는 이야기다.

동진의 갈홍(葛洪, 283~343)이 찬한 《신선전》은 신선의 행적을 주요 내용으로 하고 장생불사를 중심 주제로 한 신선설화집이자 신선전기집이다. 한왕조 때 회남왕 유안(劉安)이 팔공이라는 신선한테서 선단 만드는 법을 배워 선단을 만들어 먹었더니 대낮에 하늘로 올라가고, 나머지 선단을 먹은 닭과 개도 죄다 하늘로 올라가 신선이 되었다는 이야기가 있다.

갈 홍

그리고 북위(北魏) 때의 지리학자 역도원(酈道元)이 저술한 중국의 하천지(河川誌)인 《수경주(水經注)》라는 책에도 어떤 사람이 단약(丹藥)을 먹고 닭이나 개, 짐승들과 함께 승천했다는 이야기가 있는데, 그 책에, 「닭은 하늘에서 울고 개는 구름 속에서 짖는다(鷄

회남왕 유안

鳴天上 狗吠雲中)」라는 말이 보이고 있다.

그 밖에 왕소지(王韶之)의 《태청기(太淸記)》에도 허진군이라는 이가 단약을 먹고 「온 집안사람들과 함께 승천했다(拔宅飛升)」는 이야기가 있다. 이와 같은 이야기들은 한낱 전설로 허황하기 짝이 없는 것이지만 새겨들을 만한 뜻도 있다.

회남왕 유안의 경우만 보아도 그는 죄를 짓고 자결한 사람이었다. 그런 그가 하늘로 올라갔다는 설이 어쩌다가 나오게 되었는지는 알 수 없다. 다만 그의 울분을 후세 사람들이 이런 식으로 미화했다고 볼 수도 있을 것이다.

한편 이러한 전설로부터 여러 가지 재미있는 성구들이 나오게 되었다. 고대 사회에서 갑자기 벼락출세를 하는 것을 가리켜 백일승천(白日升天) 또는 백일비승(白一飛升)이라고 하였으며, 한 사람이 출세해서 온 집안이 덕을 보게 되는 것을 발택비승(拔宅飛升) 또는 일인득도 계견승천(一人得道 鷄犬昇天)이라고 조소하기도 하였다. 그리고 권세에 아부하여 출세하는 자들을 가리켜 회남계견(淮南鷄犬)이라는 말로 비웃기도 하였다.

계구우후 鷄口牛後

닭 鷄 입 口 소 牛 뒤 後

《사기》 소진열전(蘇秦列傳)

큰 단체의 꼴찌가 되어 붙좇기보다는 작은 단체의 우두머리가 돼라. 「차라리 닭의 머리가 될지언정 소 엉덩이는 되지 말라」 하는 것이 「영위계구(寧爲鷄口)언정 무위우후(無爲牛後)하라」 는 말이다. 예부터 내려오는 속담을 소진(蘇秦)이 인용한 말로 《사기》 소진열전에 나와 있다.

주(周)의 연왕(燕王) 35년(BC 334), 소진은 6국이 연합해서 진나라에 대항해야 한다는 합종(合縱)의 외교정책을 들고 연나라와 조나라 임금을 설득시킨 다음, 조나라 숙후(肅侯)의 후원을 얻어 한나라로 가게 되었다. 소진은 한나라 선혜왕(宣惠王)을 먼저 이렇게 달랬다.

「한나라는 지형이 천연적인 요새로 되어 있고 훌륭한 무기들을 생산하고 있으며, 군사들은 용감하기로 이름나 있습니다. 이러한 유리한 조건과 대왕의 현명한 자질로써 공연히 진나라의 비위만 맞추려 한다면 천하의 웃음거리밖에 될 것이 없습니다」

선혜왕은 소진의 말에 다소 자신감이 생겼다. 그런 기미를 본 소진은 끝에 가서,

「대왕께서 서쪽으로 진나라를 섬기면 진나라는 한나라에 땅을 요구하게 될 것입니다. 금년에 요구를 들어 주면 명년에 또 요구를 하게 될 것입니다. 이렇게 주다 보면 나중에는 줄 땅이 없게 되고, 주지 않으면 지금까지 준 것이 아무 소용이 없이 화를 입게 될 것이 아닙니까? 또 대왕의 땅은 끝이 있지만, 진나라의 요구는 끝이 없습니다.

소진의 묘

끝이 있는 땅을 가지고 끝이 없는 요구를 들어 주지 못하면 이것이 이른바 『원한을 사서 화를 맺는다』는 것으로, 싸우기도 전에 땅부터 먼저 주게 되는 것입니다. 신이 듣건대, 속담에 이르기를 『차라리 닭의 주둥이가 될지언정 소 엉덩이는 되지 말라(寧爲鷄口 無爲牛後)』고 했습니다. 대왕의 현명하심으로 강한 한나라의 군사를 가지고 계시면서 소 엉덩이의 이름을 갖는다는 것은, 대왕을 위해 부끄러운 일이 아닐 수 없습니다」

이 말에 선혜왕은 소진이 예기했던 대로 분연히 안색을 변하며, 발끈 성이 나서 눈을 부릅뜨고 손을 뻗어 칼을 어루만지며 하늘을 우러러보고 탄식하여 말했다.

「과인이 아무리 못났지만 진나라를 섬기는 일은 하늘이 무너져도 있을 수 없다」

어쨌든 간에 이와 같이 하여 이해가 상반되는 6국을 일시적이나마 결합시킨 것은 소진의 꿈이라 아니할 수 없다. 그러나 이것이 도리어 진의 책동을 초래하여 「합종」 성립의 이듬해에 제나라와 위나라가 진나라의 사주를 받아 조를 쳐 파탄을 가져오게 했다.

「계구우후(鷄口牛後)」는 「닭의 머리는 작으나 존귀하고, 소의 꼬리는 크나 비천하다」 즉 「작은 것의 머리가 될지언정 큰 것의 꼬리가 되지 말라」라는 뜻이다.

계군일학 鷄群一鶴

닭 鷄 무리 群 한 一 학 鶴

《진서(晉書)》

「군계일학(群鷄一鶴)」이라고도 한다. 「학립계군(鶴立鷄群)」도 같은 뜻으로, 뭇사람보다 뛰어나 있는 것, 많은 범인 속에 한 사람의 뛰어난 인물이 섞여 있는 것을 비유하는 말이다.

《진서》에 있는 이야기다.

혜소(嵇紹, ?~304)의 자(字)는 연조(延祖)라 하고 죽림칠현의 한 사람으로서 유명한 위(魏)의 중산대부(中散大夫) 혜강(嵇康)의 아들이다. 소(紹)는 열 살 때, 아버지가 무고한 죄로 형장의 이슬로 사라진 이래, 어머니를 모시고 근신하고 있었으나, 망부(亡父)의 친우이며 칠현(七賢)의 한 사람인 산도(山濤, 혜강은 소에게 산도 아저씨가 계시니까 너는 고아가 아니라는 말을 하고 나서 죽었다)가 당시 이부(吏部)에 있을 때 무제에게,

「『강고(康誥 : 《서경》의 편명)』에 부자의 죄는 서로 미치지 않는다고 적혀 있습니다. 혜소는 혜강의 아들이기는 하나 그 영특함이 춘추시대의 진(晉)나라 대부 극결(郤缺)보다 더하면 더했지 못하지는 않습니다. 부디 부르셔서 비서랑을 시키십시오」 하고 상주를 했다

그러자 황제는,

「경이 추천하는 사람 같으면 승(丞)이라도 족하겠지. 반드시 낭(郎)이 아니라도 좋지 않겠는가」 하고 비서랑보다 한 등급 위인 비서승(秘書丞)이란 관직에 오르게 했다.

소(紹)가 처음으로 낙양에 들어갔을 무렵, 어떤 사람이 칠현(七賢)

죽림칠현도(淸 화가 전혜안)

의 한 사람인 왕융(王戎)에게,

「어제 많은 사람들 틈에서 처음으로 혜소를 보았는데, 의기도 높은 것이 아주 늠름하며 독립불기(獨立不羈)한 들학이 닭무리 속으로 내려앉은 것 같았네(昻昻然 野鶴如在鷄群)」 하고 말하자 왕융은,

「자넨 아직 그의 아버지를 본 적이 없어서야」 하고 대답했다. 여기서 「계군의 일학」 이라는 말이 나왔다. 그것은 어쨌든 이것으로 보더라도 역시 그 아버지만큼의 기량은 없었는지 모른다. 나중에 여음(汝陰)의 태수가 되었는데 상서좌복야(尙書左僕射)에 있던 배외(裴頠)도 크게 소를 아껴, 「연조를 이부상서(吏部尙書)로 삼는다면 천하에 버려질 영재는 없으련만」 하고 언제나 입에 올리곤 했었다.

소는 그 때문에 산기상시(散騎常侍)에서 시중(侍中)이 되고, 혜제(惠帝)의 곁에 있어 바른 말을 올리고 있었다.

제왕(齊王) 경(冏)이 위세를 떨치고 있을 때 소(紹)가 의론할 일이 있어 왕에게로 가자, 왕은 두세 명의 신하와 함께 술을 마시고 있었는데 그 중 한 사람이 혜시중(嵇侍中)은 사죽(糸竹 : 관현)에 능하다는 말을 했다. 그 말을 들은 왕은 거문고를 가지고 오게 해서 소에게 타 보라고 했다. 소는 왕에게,

「전하께서는 국가를 바로 잡아, 백성의 모범이 되셔야 할 분이 아니십니까. 소도 미숙하지만 전하의 곁에 있어 조복(朝服)을 입고 궁중에 드나드는 몸입니다. 사죽을 들고 영인(伶人 : 악공과 광대)의 흉내를 낼 수 있겠습니까. 평복을 입은 사적인 연석이라면 거절을 하지 않겠습니다」 라고 하여 왕을 멋쩍게 한 일도 있었다.

영흥(永興) 원년 팔왕(八王)의 난이 한창일 무렵, 황제는 하간왕 순(河間王順)을 토벌하기 위해 군사를 일으켰으나, 불리하게 되어 몽진(蒙塵 : 임금이 난을 피해 안전한 곳으로 옮아감)하고, 소가 명령을 받고 행재소(行在所)로 달려간 것은 황제의 군사가 탕음(蕩陰)에서 패했을 때였다.

소는 백관시위(百官侍衛)가 모조리 도망친 뒤 혼자 의관을 정제하고, 병인(兵刃)이 수레 앞에서 불꽃을 튀기는 속에서 몸소 황제를 지키다가, 마침내 우박같이 쏟아지는 화살을 맞고 쓰러졌으며 선혈이 황제의 옷을 물들게 했다. 황제는 크게 슬퍼하여 사건이 낙착된 후 근시(近侍)들이 옷을 빨려고 하자,

「이것은 혜시중의 충의의 선혈이다. 빨아서는 안된다」 하며 빨지 못하게 했다.

처음 혜소가 출발하려고 할 때, 같은 시중인 진준(秦準)이,

「이번 전쟁터로 가시는데 좋은 말이 있는가?」 하고 묻자, 소는 정색을 하며,

「폐하의 친정(親征)은 정(正)으로써 역(逆)을 치는 것이므로, 어디까지나 정(征)이지 전쟁이 아니다. 그 신변 경호에 실패를 한다면 신절(臣節)이 어디 있겠는가. 준마(駿馬)가 무슨 소용이 있는가」 하고 말했다.

그 말을 듣고 탄식하지 않는 자가 없었다.

계두지육 鷄頭之肉

닭 鷄 머리 頭 의 之 고기 肉

《천보유사(天寶遺事)》

여성의 젖가슴.

계두는 맨드라미의 별칭으로, 꽃줄기 윗부분의 주름진 모양이 수탉의 볏과 같다고 하여 붙여진 명칭이다. 또는 가시연밥(가시연꽃의 열매)의 생김새가 닭 머리와 같다고 하여 계두실(鷄頭實)이라고 하는데, 땅 속에서 자라는 뿌리는 식용하고 열매와 씨는 약용한다. 《천보유사(天寶遺事)》에 있는 이야기다.

현종(玄宗)의 사랑을 한몸에 받던 양귀비(楊貴妃)가 하루는 화청궁(華淸宮) 온천에서 목욕을 한 뒤에 화장을 하고 있었다. 그때 그녀의 몸을 감싸고 있던 수건이 떨어지면서 고혹스런 양귀비의 알몸이 고스란히 드러나게 되었다.

이때 그녀의 양쪽 젖가슴도 봉긋하게 드러났는데, 이를 본 현종이 감탄하면서 이렇게 말했다.

「부드럽고 따뜻해서 계두 열매의 과육(菓肉)을 막 벗겨 놓은 듯하구나(軟溫新剝鷄頭之肉)」

계두는 검(芡 : 가시연밥)이라 불리는 풀이다. 수련과에 속하는 일년생 수초로, 못이나 늪 주변에서 서식한다. 땅 아래에서 자라는 뿌리는 식용으로 쓰이며 열매와 씨는 약용으로 사용한다.

현종의 말은 양귀비의 봉긋한 젖가슴이 마치 이 가시연밥 열매를 까놓은 듯하다는 것이다. 일종의 육두문자(肉頭文字)라고 할 수 있다.

계륵 鷄肋

닭 鷄 갈빗대 肋

《후한서(後漢書)》 양수전(揚修傳)

그다지 가치는 없으나 버리기도 아까운 사물.

《삼국지연의》로서 유명한 삼국 정립시대가 나타나기 1년 전, 즉 후한 헌제(獻帝) 건안 24년의 일이다. 「비육지탄(髀肉之嘆)」을 노래삼은 보람이 있어 익주(益州)를 영유한 유비는, 한중(漢中)을 평정시킨 다음, 유비 토벌의 군을 일으킨 위(魏)의 조조를 맞아 역사적인 한중 쟁탈전을 시작하고 있었다.

유비는 익주를 근거지로 한중을 대충 평정하고 있었으므로 군대 배치도 이미 되어 있었던 데다 병참도 그런 대로 확보하고 있었다. 그러나 조조에게는 그만한 준비가 없었기 때문에 전투하는 데 많은 어려움이 있었다. 더 나아갈 수도 없고 지키고 있기도 어려운 상태였다.

조조가 앞일을 결정짓지 못하고 있는 동안, 진중에는 이미 보급이 달린다는 보고가 들어오고 있었다. 막료들도 조조의 의중을 몰라 갈팡질팡했다. 한 막료가 밤늦게 조조를 찾아와 내일 진군에 필요한 명령을 내려 달라고 요구하자, 조조는 마침 닭의 갈비를 뜯고 있던 참이었는데, 「계륵 계륵(鷄肋鷄肋)」할 뿐 아무 말이 없다.

얼마를 기다리던 막료는 그대로 돌아와 계륵이 무슨 뜻인지를 놓고 막료들끼리 의견이 설왕설래했다. 아무도 무슨 뜻인지를 몰랐는데, 주부(主簿) 벼슬에 있는 양수(楊修)만이 조조의 속마음을 알아차리고, 내일로 군대를 철수하게 될 테니 준비를 해두라는 것이었다.

그의 해석은, 「닭의 갈비는 먹을 만한 살은 없지만, 그래도 그대

조 조

로 버리기는 아까운 것이다. 이 말은 결국, 한중 땅은 버리기는 아깝지만 대단한 곳은 아니라는 뜻이니, 버리고 돌아가기로 결정을 내린 것이다」 라는 것이었다. 양수는 조조의 속마음을 간파하고 그 때마다 그것이 적중하곤 해서 조조의 주시를 받은 사람이었는데, 이번에도 역시 그것이 적중했다.

이튿날 조조가 정식 철수를 명령하기가 바쁘게 군대는 기다린 듯이 행동을 개시했다. 조조가 놀라 까닭을 물으니, 양수의 예언이 하도 잘 맞기에 미리 준비를 해두었다는 것이었다.

「계륵」 이란 「무미(無味)」 의 비유, 「그리 도움도 되지 못하나, 그렇다고 버리기는 아까운 사물」 에 비유한다. 송대(宋代)에도 이 뜻을 따서 「계륵편」 이란 서명(書名)에도 쓰이고 있다.

「계륵」 즉 「닭의 갈비」 란 말은 양수가 풀이한 그런 뜻으로 쓰이고 있지만, 이런 의미와는 달리 사람의 몸이 작고 비쩍 마른 것을 비유해서 쓴 예가 《진서》 유령전(劉伶傳)에 나온다.

이른바 「죽림칠현(竹林七賢)」 가운데 술로 유명한 유령이, 언젠가 술에 취해 세속 사람들과 시비가 붙게 되었다. 상대가 화가 나서 소매를 걷어붙이고 주먹을 휘두르려 하자, 유령은 조용히 말했다.

「나 같은 닭갈비가 어찌 귀하신 주먹을 모셔 들일 수 있겠습니까?」

상대도 그만 어이가 없어 껄껄 웃고는 돌아섰다고 한다.

계맹지간 季孟之間

스끌 季 맏 孟 갈 之 사이 間

《논어》 미자편(微子篇)

계씨와 맹씨 사이에 해당하는 대우를 하라는 뜻으로 알맞은 접대를 이르는 말. 상대편을 보아서 적절하게 접대하라는 것을 말한다.

노나라에는 계손(季孫)과 맹손(孟孫), 숙손(叔孫) 세 대 귀족이 있었는데 이 세 집안이 노국의 삼경(三卿)을 차지해서 권세가 대단하였다. 노문공 이후에 노선공부터 이 세 집안의 권세가 모두 왕보다 더 커져 버렸다. 특히 계손씨는 몇 대에 걸쳐 노나라의 정권을 좌지우지하였다.

공 자

공자가 35세일 때 노(魯) 소공(昭公)은 이 세 집안에게 크게 패하여 제(齊)나라로 도망을 갔고 이어서 노나라 안에서 내란이 발생하여서 공자도 제나라로 가게 되었다. 공자가 제나라에 있을 때 잠시 제나라의 대부 고소자(高昭子)의 집에 있었다. 그는 고소자와의 관계를 통해 제 경공(景公)에게 접근해서 초빙되기를 희망하였다.

5년 전 제경공은 노국을 방문한 일이 있었는데 그 때 공자와 이야

제 경공에게 공자의 등용을 막는 안영

기를 나눈 적이 있었다. 공자가 제국에 와서 제경공과 면담을 한 차례 이상 했고 제 경공은 공자를 만날 때마다 자문을 구했는데 그의 대답은 제경공의 흥미를 끌었다.

이로 인해 제 경공은 공자에게 봉직을 내릴 준비를 하였다. 그런데 당시 대부였던 안영(晏嬰)이 동의를 해주지 않았다. 안영의 생각에 공자의 사상은 현실과 맞지 않아 믿을 수 없다는 것이었다.

이 때문에 제 경공도 공자에게 더 이상 자문을 구하지 않게 된다. 그러나 제 경공은 공자에게 예의를 차리기 위해 다시 국빈으로 초대했다. 제 경공은 공자를 초대하는 사람에게 명령했다.

「공자를 계손과 비교한다면 조금 높고 맹손과 비교한다면 조금 낮으니 계손과 맹손 사이로 대우해서 모시도록 하라」

《논어》 미자편(微子篇)에 「제경공은 공자를 초대하며 말하기를, 『계씨와 같이는 내가 할 수 없으니 계손과 맹손 사이로 초대한다』」라는 말이 나온다.

이로부터 「계맹지간」의 성어가 생겨났다.

계명구도 鷄鳴狗盜

닭 鷄 울 鳴 개 狗 도적 盜

《사기》 맹상군열전(孟嘗君列傳)

맹상군 조상(彫像)

닭의 울음소리를 잘 내는 사람과 개의 흉내를 잘 내는 좀도둑이라는 뜻으로, 천한 재주를 가진 사람도 때로는 요긴하게 쓸모가 있음을 비유하여 이르는 말. 또는 야비하게 남을 속이는 꾀를 비유한 말.

《사기》 맹상군열전에 있는 이야기다.

전국시대 말에는 집도 절도 없이 떠돌아다니는 유랑객들이 판을 치던 시대이기도 하다. 그들은 그들대로의 조직과 의리라는 것을 가지고 있어서 모든 정보를 서로 알려 주는 한편, 한번 남의 신세를 지면 목숨도 아끼지 않는 의기를 보여 주곤 했다. 그들은 보통 식객(食客)이란 이름으로 세도 있고 돈 많은 귀족 집에 얹혀살고 있었는데, 당시 식객이 3천 명을 넘은 귀족이 넷이었다 해서 사군시대(四君時代)라 불리기까지 했다. 이 4군 중에서도 가장 유명한 사람이 맹상군(孟嘗君) 전문(田文)이었다. 맹상군은 비록 죄를 짓고 도망쳐온 사람이라도 그가 무엇이든 남다른 재주가 있기만 하면 반겨 식객으로 맞이했다. 말하자면 전과자들의 지상

복원된 함양성

낙원과도 같은 것이었다.

맹상군이 아버지의 뒤를 이어 제나라 재상으로 있을 때, 진(秦)나라 소왕(昭王)이 그를 국빈으로 초청한 일이 있었다. 소왕은 맹상군이 하도 훌륭하다니까 그를 재상으로 임명할 생각을 혼자 품고 있었다.

소왕의 초청을 받아들이느냐 거절하느냐 하는 문제로 조정은 조정대로 식객은 식객대로 설왕설래가 많았지만, 결국 남의 호의를 거절하기가 거북하다 해서 그대로 길을 떠나게 되었다.

맹상군이 진나라에 이르자, 진나라 서울 함양(咸陽) 성중이 발칵 뒤집히는 소동이 일어났다. 맹상군이 무슨 하늘나라 사람이라도 되는 줄로 알고 남녀노소 할 것 없이 사람들이 몽땅 거리로 쏟아져 나왔다. 그런데 실상 맹상군은 키도 작달막하고 얼굴도 남다를 게 없는 평범한 인물이었다. 사람들은 실망한 듯 지나가는 그의 모습을 바라보았다. 개중에는 가벼운 입을 놀려, 「저게 맹상군이야? 정말 볼품없군!」 하고 모욕에 가까운 말을 던지기도 했다.

이 날 낮 맹상군에게 더러운 입을 놀린 사람들은 그날 밤 쥐도 새도 모르게 목이 떨어져 달아났다. 그것은 구경꾼을 가장하고 맹상군을 호위하며 따라가던 식객들이 하나하나 그들의 뒤를 지키고 있다가 주인의 복수를 한 것이었다. 맹상군의 식객이 한 짓인 줄 짐작은 하고 있었지만, 감히 이를 밝힐 수 없는 것이 진나라의 입장이었다. 오히려 맹상군의 위대한 일면을 피부로 느끼는 그런 느낌이었다.

맹상군을 재상으로 임명할 생각이었던 진의 소왕은, 맹상군이 아무래도 진나라보다는 제나라를 먼저 생각하지 않겠느냐는 어느 사람의 말에 끌려, 이왕 내가 못 쓸 바엔 돌려보내지 않으리라 마음먹고, 맹상군 일행을 연금 상태에 두게 했다. 맹상군은 식객들과 상의 끝에 소왕의 총희(寵姬)에게 도움을 청하기로 했다. 그러자 총희는, 「나에게 호백구(狐白裘)를 주신다면 어떻게 힘써 보겠습니다」 라고 하는 것이었다.

맹상군은 진나라에 들어왔을 때 왕에게 선물로서 호백구 하나를 선사한 일이 있었다. 이 호백구는 여우의 겨드랑이 밑털로, 곱고 길고 부드럽고 흰, 사방 한 치 남짓한 곳을 끊어 이어 붙여서 만든 것으로 그 값이 천금에 해당한다고 한다. 왕은 그것을 입고 총희의 방에 들어가 한바탕 자랑을 했기 때문에 총희는 이 기회에 그것을 얻고 싶어 했던 것이다. 그러나 호백구는 진왕에게 준 그 하나밖에는 없었다. 어디서 어떻게 구해야 한단 말인가?

「누구 호백구를 구해 올 사람 없소?」 하고 식객들의 얼굴을 살폈으나 아무도 대답하는 사람이 없었다.

그러자 맨 아랫자리에 있던 한 사람이 「제가 호백구를 구해 올 수 있습니다」 하고 얼굴을 내밀었다. 그는 그 전부터 개 껍질을 쓰고 개 흉내를 내며 남의 집에 숨어 들어가 있다가 적당한 틈을 보아 물건을 훔쳐내 오기로 유명한 사람이었다.

그는 그날 밤 개로 둔갑을 한 다음 진나라 대궐 창고 속으로 들어가 드디어 호백구를 훔쳐내는 데 성공했다.

호백구를 받은 총희는 진왕의 앞에서 눈물을 흘리며 맹상군을 놓

함곡관

아 보내 줄 것을 호소했다. 천하에 어질기로 이름이 높은 맹상군을 임금의 이름으로 초청을 해놓고는 아무 이유 없이 그를 붙들어 두고 돌려보내지 않는다면, 앞으로 인재라는 인재는 다 진나라를 등지게 될 것이며, 진나라를 등진 그들이 힘을 합쳐 진나라에 적대해 온다면 장차 이 나라 운명이 어떻게 될지 아마 첩이 임금을 모실 날도 오래지 못할 것 같다면서 울먹였던 것이다.

듣고 보니 과연 그럴 것 같았다. 소왕은 그 날로 당장 맹상군 주위를 지키던 사람들을 모두 철수시켰다. 맹상군은 여권을 위조하여 성명을 고쳐 쓴 다음 부랴부랴 성문을 빠져 나갔다.

말을 채찍질해 전속력으로 함곡관(函谷關)까지 왔을 때는 마침 한밤중이었다. 함곡관을 빨리 벗어나야만 살아날 수 있었다. 뒤에는 곧 추병이 달려오는 것만 같았다. 그러나 관문이 열리려면 아직도 멀었다. 첫닭이 울기 전에는 관문은 굳게 닫혀져 있어 행인의 왕래가 철저히 금지되어 있었다. 그 때, 돌연 식객들 가운데서 닭의 울음소리가 낭랑하게 들려왔다. 닭울음소리를 흉내 내는 식객이 있었던 것이다. 그러자 주위에 있는 모든 닭들이 따라 울었다. 관문지기는 여권을 한 번 보고는 문을 활짝 열어 주었다.

소왕은 맹상군을 놓아 준 것을 곧 후회하고, 군대를 보내 그의 뒤

왕안석

를 쫓게 했다. 그러나 함곡관에 다다랐을 때는 닭이 아닌 사람의 소리에 의해 이미 문이 활짝 열린 뒤였다. 이미 멀리 갔을 거라는 관문지기의 말에 되돌아오고 말았다.

처음 맹상군이 이 개 도둑질하고 닭 울음 우는 사람을 식객으로 맞아들였을 때는, 다른 식객들은 그들 두 사람과 한자리에 있게 된 것을 몹시 수치스럽게 여겼다. 그러나 그들도 진나라에서의 어려운 고비를 이들 두 사람에 의해 벗어나게 되자, 비로소 맹상군의 혜안에 탄복하게 되었다. 이 「계명구도」란 말은 아무리 천한 재주라도 다 쓰일 데가 있다는 뜻으로 쓰이지만, 역시 천한 재주임에는 틀림이 없다.

맹상군이 진나라에서의 어려움을 벗어나게 된 것도 다 손님을 차별 없이 대우한 덕이라고 좋게 평가하고 있었는데, 이에 대해 송(宋)나라 왕안석(王安石)은 반대로 혹평을 내리고 있다.

3천 명이나 되는 식객 가운데 한 사람도 주인을 위험한 곳으로 들어가지 못하도록 말린 사람이 없고, 겨우 죽게 된 마당에 개 도둑질이나 하고 닭 울음이나 우는 그런 무리들에 의해 목숨을 건지게 되었으니 맹상군은 다만 「계명구도」의 영웅일 뿐이라는 것이다.

지금은 왕안석의 해석을 기발하고 옳은 평으로 보고 있다.

계찰계검 季札繫劍

끝 季 패 札 맬 繫 칼 劍

《사기》 오태백세가(吳太伯世家)

계찰 석상

마음속으로 작정한 약속을 끝까지 지킴.

《사기》 오태백세가에 있는 이야기다.

계찰(季札)은 오(吳)나라 왕 수몽(壽夢)의 네 아들 가운데 막내아들로서, 형제들 가운데 가장 영리하고 재능이 있어서 왕은 계찰에게 왕위를 물려주려 하였고, 백성들 역시 같은 마음이었다. 그러나 계찰은 왕위는 장자가 이어야 한다며 대궐을 나가 산촌에 은둔하며 밭을 갈며 살았다.

계찰의 세 형들 역시 막냇동생의 곧은 성품과 굳은 절개를 칭찬하며 차례로 왕위를 계승하여 왕위가 그에게까지 이르도록 하려고 하였다. 그러나 계찰은 자신이 왕위에 오를 순서가 되었지만, 이때도 받지 않자 왕은 계찰을 연릉(延陵)의 후(侯)로 봉했다. 그 후로부터 계찰을 연릉의 계자(季子)라 불렀다.

연릉후 계찰이 처음 사신으로 오(吳)나라로 가는 도중에 서(徐)나라에 들러 서왕(徐王)을 알현하게 되었다. 서왕은 평소 계찰의 보검

연릉계자(계찰) 묘

이 탐이 났으나 감히 말하지 않았다. 계찰 역시 속으로는 서왕이 자신의 보검을 원한다는 것을 알고 있었으나, 사신으로 여러 나라를 돌아다녀야 하였기 때문에 검을 바치지 않았다.

계찰이 여러 나라를 순방하고 돌아오는 길에 서(徐)나라를 다시 들르자 서왕은 이미 죽고 없었다. 이에 계찰은 보검을 끌러 서왕이 묻힌 무덤 옆 나무에 걸어놓고 떠났다(於是乃解其寶劍 繫之徐君塚樹而去).

그의 종자(從子)가 물었다.

「서왕은 이미 죽었는데 누구에게 주는 것입니까?」

그러자 계찰은 이렇게 대답했다.

「나는 처음부터 이미 마음속으로 이 칼을 그에게 주려고 결심하였는데, 그가 죽었다고 해서 어찌 나의 뜻을 바꿀 수 있겠는가?」

사마천(司馬遷)은 계찰의 인물됨을 평가하여, 「연릉계자(延陵季子)의 어질고 덕성스런 마음과 도의(道義)의 끝없는 경치를 앙모한다. 조그마한 흔적을 보면 곧 사물의 깨끗함과 혼탁함을 알 수 있는 것이다. 어찌 그를 견문이 넓고 학식이 풍부한 군자가 아니라고 하겠는가!」 라고 했다.

훗날 계찰은 자신에게 맡겨진 왕위(王位)마저 사양하였다.

계포일낙 季布一諾

끝 季 베 布 한 一 승낙 諾

《사기》 계포전(季布傳)

절대로 틀림없는 승낙. 《사기》 계포전에 있는 이야기다.

초(楚)나라 사람인 계포는 젊었을 적부터 협객(俠客)으로 알려져 한번 약속을 한 이상은 그 약속을 반드시 지켰다. 뒷날 서초(西楚)의 패왕 항우가 한(漢)나라의 유방과 천하를 걸고 싸웠을 때, 초나라 대장으로서 유방을 여러 차례에 걸쳐 괴롭혔으나, 항우가 망하고 유방이 천하를 통일하자 목에 천금의 현상금이 걸려 쫓기는 몸이 되었다.

그러나 그를 아는 자는 감히 그를 팔려고 하지 않았으며, 도리어 그를 고조(高祖 : 유방)에게 천거해 주었다. 덕택으로 사면이 되어 낭중(郎中 : 중앙관청의 과장급)의 벼슬에 있다가 이듬해 혜제(惠帝) 때에는 중랑장(中郎將 : 근위여단장)이 되었다. 권모술수가 소용돌이치는 궁중의 사람이어도 그는 시(是)를 시(是)라 하고 비(非)를 비(非)라 주장하는 성심(誠心)을 흐리게 하는 일이 없어, 더욱 더 사람들로부터 존중받았다. 그러한 그의 에피소드를 하나 소개하겠다.

흉노의 추장 선우(單于)가 권력을 한손에 쥐고 있던 여태후(呂太后)를 깔보는 불손하기 짝이 없는 편지를 조정에 보내온 적이 있었다.

「버릇없는 고약한 놈, 어떻게 처리를 해 줄까!」 하고 격노한 여후(呂后)는 곧 장군들을 불러 모아 어전회의를 소집했다. 먼저 나선 것은 상장군 번쾌(樊噲)였다.

「제가 10만 병력을 이끌고 나가 단숨에 무찔러 버리겠습니다」

여씨 일문(呂氏一門)이 아니면 숨도 크게 못 쉬는 시절이었지만, 번

쾌는 이 일문의 딸과 결혼까지 해서 여태후의 총애를 받고 있는 장군이었다. 여태후의 안색만을 살피고 있는 겁쟁이 무장들이 모두 한목소리로, 「그게 좋을 줄로 생각됩니다」 하고 맞장구를 친 것도 무리는 아니다. 그 때였다. 「번쾌의 목을 자르라!」 하고 대갈하는 자가 있었다. 모두가 돌아보니 계포였다.

계포일낙 동부조(銅浮彫)

「고조 황제께서도 40만이란 대군을 거느리시고서도, 평성(平城)에서 그들에게 포위당하신 적이 있지 않았는가. 그런데 지금 번쾌가 말하기를, 10만으로 요절을 내겠다고? 이거 정말 호언장담도 이만저만이 아니로구나. 모두들 눈먼 장님인 줄 아는가. 도대체 진(秦)이 망한 것은 오랑캐와 시비를 벌인 데서 진승(陳勝) 등이 그 허점을 노리고 일어섰기 때문이다. 그들에게서 입은 상처는 오늘까지도 아직 다 아물지 않고 있는데, 번쾌는 위에 아첨을 하여 천하의 동요를 초래하려 한다고 밖에는 볼 수 없다」

일동의 얼굴은 새파랗게 질렸다. 계포의 목숨도 이제 끝장났다고 생각했다. 허나 여태후는 화를 내지 않았다. 폐회를 명하자, 그 후 다시는 흉노 토벌을 입에 담지 않았다.

당시 초나라 사람으로 조구(曹丘)라는 자가 있었다. 대단히 아첨을 잘하는 사람이었는데, 권세욕과 금전욕이 강한 사나이로 조정에서 은연중 세력을 잡고 있는 내시 조담(趙談)과도 줄을 대고 또 경제(景帝)의 외가 쪽 숙부인 두장군(竇將軍)의 집에도 연신 드나들고 있었다. 이 말을 들은 계포는 두장군에게 편지를 써서, 「조구는 하찮은 인간이라고 듣고 있습니다. 교제를 끊으십시오」 하고 친절히 충고해 주었다.

때마침 조구는 타처에 나가 있었으나, 귀경하자 두장군에게 계포를 만나려고 하는데 소개장을 써 달라고 말했다. 두장군이,

「계장군은 자네를 좋아하지 않는 모양이야. 가지 않는 편이 좋지 않을까.」 라고 말했으나 그는 억지로 졸라 소개장을 얻은 다음 우선 편지로 찾아가 뵙겠다는 점을 알려 놓고 방문했다. 계포는 화가 잔뜩 나서 기다리고 있을 때, 찾아간 조구는 인사가 끝나자 입을 열었다.

「초(楚)나라 사람들은 『황금 백 근을 얻는 것은 계포의 일낙(一諾)을 얻는 것만 못하다』 고 떠들며, 그 말이 이미 전설처럼 되어 있는데, 도대체 어떻게 해서 그렇게 유명하게 되셨습니까. 어디 그것을 말씀해 주시지 않겠습니까. 원래 우리는 동향인이기도 하므로 제가 장군의 일을 천하에 선전하고 다니면 어떻게 될지 아십니까. 지금은 겨우 양(梁)과 초(楚)나라 정도밖에 알려지지 않고 있습니다만, 제가 한바퀴 돌면, 아마도 당신의 이름은 천하에 울려 퍼질 것입니다」

그렇듯 못된 사람으로 취급하던 계포도 아주 좋아서 조구를 빈객으로서 자기 집에 수개월 동안이나 머물게 하고 있는 힘을 다하여 극진히 대접을 했다. 이 조구의 혀로 인해 계포의 이름은 더욱 더 천하에 알려지게 되었다.

고곡주랑 顧曲周郞

돌아볼 顧 노래 曲 두루 周 사내 郞

《삼국지》 주유전(周瑜傳)

음악에 조예가 깊은 사람.

《삼국지》 주유전(周瑜傳)에 있는 이야기다.

「음악을 잘못 연주하면 주랑이 곧 알아차리고 돌아본다」는 뜻으로, 음악에 조예가 깊은 사람을 가리키는 말이다.

주 유

주랑(周郞)은 삼국지 적벽대전의 영웅 오나라의 명장 주유(周瑜)를 가리킨다.

주유는 젊었을 때부터 음악에 조예가 깊었다고 한다. 그는 술에 취해서도 악사들이 연주를 잘못하는 부분이 있으면 반드시 곧 알아차리고 악사 쪽을 돌아보았다. 그래서 그 무렵의 사람들 사이에서는 「연주가 틀리면 주랑이 돌아본다(曲有誤 周郞顧)」는 속요가 유행할 정도였다고 한다.

여기에서 유래하여 음악을 감상하는 것을 「고곡(顧曲)」이라 부르게 되었고, 「고곡주랑」은 음악에 조예가 깊은 사람을 비유하는 말로 사용된다.

고망언지 姑妄言之

시어미 姑 망령될 妄 말씀 言 이 之

《장자(莊子)》 제물론(齊物論)

아무렇게나 지껄여도 괜찮으니 이야기를 해 달라.

소동파

망령되이 되는 대로 말한다는 뜻으로, 어떤 이야기라도 들려달라는 것을 이르는 말. 지금은 자신의 이야기에 확실한 근거가 없거나, 다른 사람에게 너무 따지지 말고 말을 하도록 한다는 뜻을 나타낸다.

북송 때의 시인 소동파(蘇東坡 : 蘇軾)는 당송팔대가(唐宋八大家)의 한 사람이다. 예부상서(禮部尙書) 등의 벼슬을 지낸 뒤 담주로 좌천된 소동파는, 공무가 없어 한가하여 시를 짓거나 책을 읽기도 하며 친구들에게 이야기를 들려 달라고 하였다.

오랫동안 소동파에게 많은 이야기를 들려준 친구들은 이제 더 이상 들려줄 이야기가 없었다. 그러자 소동파는 「고망언지」라고 말하면서 이야기해달라며 간청하였다고 한다.

원래 이 말은 《장자(莊子)》 제물론(齊物論)에서 구작자(瞿鵲子)가 스승인 장오자(長梧子)와 문답을 하는 내용에서 유래한다.

구작자가 장오자에게 물었다.

「제가 공자에게 듣기를 『성인은 세상일을 일로 여기지 않아서 이익을 취하려 하지도 않고 해를 피하려고도 하지 않으며, 남이 찾아주는 것을 좋아하지도 않고, 도를 애써 따르려고도 하지 않으며, 말하지 않으면서 가르침이 있고, 말하면서도 말함이 없어서 멀리 티끌 밖에서 노닌다』라는 말은 맹랑한 말이라고 합니다. 하지만 저는 그것을 미묘한 도의 실천이라고 생각하는데, 선생님은 어떻게 생각하십니까?」

장 자

장오자가 대답했다.

「그 말은 황제 같은 이가 들어도 정신이 혼동될 터인데, 어찌 공자가 알겠나? 그리고 자네도 또한 너무 서둘렀네. 그는 마치 달걀을 보자 곧 새벽 닭소리를 찾고(見卵求鷄), 활을 보자 곧 올빼미 구이를 찾는 것과 마찬가지일세. 내 별 생각 없이 그대에게 말할 터이니, 그대 또한 별 생각 없이 들으시게(予嘗為女妄言之 女以妄聽之). 성인은 일월의 밝음을 짝하고 우주의 넓음을 곁에 끼고 만물을 하나로 보아 세상의 혼돈에 모르는 체 몸을 맡겨두고 귀하고 천함을 구별하지 않는다」

「고망언지」라는 표현은, 「별 생각 없이 하는 말이니, 별 생각 없이 들으라」는 표현에서 유래된 것이다.

고목후주 枯木朽株

마를 枯 나무 木 썩을 朽 그루터기 株

추양 / 「옥중상양왕서(獄中上梁王書)」

「마른 나무와 썩은 등걸」이라는 뜻으로, 쓰이지 못하는 사람이나 물건을 비유하는 말이다.

한나라 때의 학자 추양(鄒陽)이 쓴 「옥중상양왕서(獄中上梁王書)」에서 있는 이야기다.

한경제 때 오왕 유비(劉濞)의 수하에 추양(鄒陽)이라는 사람이 있었는데 유비가 반란을 꾀하려 하자 그는 양효왕(梁孝王) 유무(劉武)의 수하로 들어가게 되었다. 그러나 양효왕은 양승 등과 같은 간신들의 말을 듣고 추양을 옥에 가두고 말았다. 추양은 「옥중에서 양효왕에게 올리는 글(獄中上梁孝王書)」을 지어 자신의 무고함을 상소하였는데 이 글에 「고목후주」라는 말이 나온다.

추양은 이렇게 쓰고 있다.

「인연도 없는데 눈앞에 날아오면 아무리 훌륭한 수후주나 야광옥일지라도 원한만 사게 될 뿐, 덕으로 여기지 않게 되는 것입니다. 그러므로 누군가가 미리 알려준 바가 있다면 마른 나무나 썩은 등걸을 바치더라도 공로가 있다 하여 잊혀지지 않게 되는 것입니다(故無因至前 雖出隋侯之珠 夜光之璧 猶結怨而不見德 故有人先談 則以枯木朽株樹功而不忘)」

추양은 자신을 수후주나 야광옥에 비유하여 훌륭한 재목이라도 추천을 받지 못하면 인정받지 못하고, 마른 나무나 썩은 등걸 같은 재목이라도 추천을 받으면 중용되는 실태를 빗대어 말한 것이다.

사마상여

효왕은 이 글을 읽은 뒤 추양을 풀어주고 우대하였다

《사기》 노중련추양열전(魯仲連鄒陽列傳)에도 보인다.

수후주나 야광벽 같은 보물도 만약 캄캄한 밤중에 행인에게 던진다면 누구나 즉시 칼을 뽑아 들고 노한 눈길을 지을 것입니다. 왜냐하면 사전에 말도 없이 갑자기 당한 일이기 때문이다. 그러나 구불구불한 나무는 기괴하게 생겼지만 황상의 수레를 만드는 데 쓰이는데, 이것은 황상의 주위 사람들이 진작 보아두었기 때문이다. 이로부터 얻을 수 있는 교훈이 있으니 갑작스러운 것은 그것이 비록 주옥이라 할지라도 남의 의심을 받아 눈에 들지 못하지만, 만약 누군가가 추천을 한다면 그것이 고목후주라 할지라도 공로를 세울 수 있고 버림을 받지 않게 되는 것이다.

여기에서 추양은 자신을 명월주와 야광벽에 비기고 양승 같은 사람들을 고목후주에 비기면서 신세타령을 늘어놓은 것이다. 이 밖에 한무제 때의 문인 사마상여(司馬相如)가 한무제에게 올리는 「간렵소(諫獵疏)」라는 글에서 고목후주라는 말을 쓰고 있는데, 고주후목(枯株朽木)이라고도 한다.

고복격양 鼓腹擊壤

두드릴 鼓 배 腹 칠 擊 흙덩이 壤

《십팔사략(十八史略)》 제요편

백성들이 태평세월을 누리는 모습.

공자가 《서경(書經)》이란 역사책을 편찬할 때, 많은 전설의 임금들을 다 빼버리고 제일 첫머리에 제요(帝堯)를 두었다. 천황씨(天皇氏) · 지황씨(地皇氏) · 인황씨(人皇氏)는 물론 복희 · 신농 황제에 관한 전설적인 이야기는 전혀 비치지 않았다.

요임금이 순임금에게 천하를 전하고 순임금이 우(禹)에게 천하를 전해 준 것만을 크게 취급했다. 그리고 공자와 맹자는 이 요와 순 두 임금을 가장 이상적인 인물로 떠받들었다.

공자는 제자 자공(子貢)이, 「만일 널리 백성에게 베풀고 대중을 사랑하면 어질다고 말할 수 있겠습니까?」 하고 물었을 때,

「어찌 어질다 뿐이겠느냐. 요순도 오히려 그렇게 못한 것을 안타까워했느니라(何事於仁 堯舜 其猶病諸)」 라고 대답하여 요임금과 순임금처럼 백성에게 널리 베풀고 대중을 사랑한 사람이 없다는 것을 간접적으로 암시했다.

《십팔사략(十八史略)》 제요편에 있는 이야기다.

그 요임금이 천하를 다스린 지 50년이 되었을 때, 아직도 그는 천하가 과연 잘 다스려지고 있는지 자신이 없었다. 맹자가 말했듯이, 닭이 울면 잠이 깨어 착한 일 하는 데만 마음을 쓰고 있었던 만큼 만족할 줄을 몰랐을 것이다.

그래서 하루는 요임금이 아무도 모르게 평민 차림으로 거리에

나가 직접 민정을 살펴보기로 마음먹었다.

강구(康衢)라는 넓은 거리에 이르렀을 때, 한 젊은이가 노래를 부르며 놀고 있었다. 예나 지금이나 노래란 것은 마음속에 있는 감정을 그대로 표현하는 것이므로, 그때그때 유행하는 노래를 들어 보면 세상이 어떻게 돌아가고 정치를 어떻게 하는지 알 수 있는 것이다. 요임금은 걸음을 멈추고 젊은이가 부르는 노래를 유심히 들었다.

요임금

우리 뭇 백성들을 살게 하는 것은
그대의 지극함 아닌 것이 없다.
느끼지도 못하고 알지도 못하면서
임금의 법에 따르고 있다.

立我蒸民　莫非爾極　　입아증민　막비이극
不識不知　順帝之則　　불식부지　순제지칙

우리 모든 백성들이 안정된 생활을 해나가고 있는 것은, 어느 것 하나 임금님의 알뜰한 보살핌과 사랑 아닌 것이 없다. 임금님은 인간의 본성에 따라 우리를 도리에 벗어나지 않게 인도하기 때문에 우리는 법이니 정치니 하는 것을 염두에 두거나 배워 알거나 하지 않아도 자연 임금님의 가르침에 따르게 된다는 뜻이다. 아이들의 이 노래에 요임금은 자못 마음이 놓였다. 과연 그럴까 하고 가슴이 뿌듯하기도 했다.

요임금은 다시 발길을 옮겼다. 그러자 저쪽 길가에 한 노인이 두 다리를 쭉 뻗고, 한쪽 손으로는 배를 두드리며 한쪽 손으로는 흙덩이를 치며 장단에 맞추어 노래를 부르고 있었다.

배를 두드린다는 고복(鼓腹)과 흙덩이를 친다는 격양(擊壤)을 한데 붙여 태평을 즐기는 대명사로 쓰이기도 하고, 또 「강구동자(康衢童子)」니 「격양노인(擊壤老人)」이니 하여 함께 태평의 예로 들기도 한다. 그 노인이 부른 노래는 이런 것이었다.

격양가

해가 뜨면 일하고
해가 지면 쉬며
우물 파서 마시고
밭을 갈아먹으니
임금 덕이 내게 뭣
이 있으랴.

日出而作　日入而息　일출이작　일입이식
鑿井而飮　耕田而食　착정이음　경전이식
帝力何有於我　제력하유어아

시의 내용을 풀어 보면, 해가 뜨면 일하고 밤이 되면 편히 쉰다. 내 손으로 우물을 파서 물을 마시고 내 손으로 밭을 갈아 배불리 먹고 사는데, 임금이 내게 무슨 소용이 있으며, 정치가 다 무슨 필요가 있느냐는 뜻이다. 공기와 태양의 고마움을 모르는 농촌 사람이 사실은 더 행복한 것이다. 정치의 고마움을 알게 하는 정치보다는 그것을 느끼지 못하는 정치가 정말 위대한 정치인 것이다.

고분지통 叩盆之痛

두드릴 叩 동이 盆 갈 之 아플 痛

《장자》 지락편(至樂篇)

「물동이를 두드리며 서러워한다」는 뜻으로, 아내가 죽은 아픔을 말한다.

《장자》 지락편에 다음과 같은 이야기가 있다.

장자의 아내가 죽자 혜자(惠子)가 문상을 갔다. 몹시 슬퍼하고 있을 거라고 생각하고 한껏 슬픈 표정을 짓고 장자의 집을 방문해 보니, 장자는 동이를 두들기며 노래를 부르고 있었다(叩盆而歌).

혜자가 기가 막혀 놀라 물었다.

「자넨 부인과 살면서 자식도 낳고 함께 늙었지 않았는가. 아내가 죽어 곡을 하지 않는다는 것은 그럴 수도 있는 일이겠지만, 아니 동이를 두들기며 노래를 부르다니 좀 과한 게 아닌가?」

그러자 장자가 이렇게 말했다.

장자와 혜시(南宋 화가 이당)

장 자

「그렇지 않네. 아내가 죽었을 때 처음에는 나도 몹시 슬펐지. 하지만 아내가 태어나기 이전을 살펴보면 원래 생명이란 건 없었네. 생명이 없었을 뿐만 아니라 형체조차도 없었지. 형체는 고사하고 기(氣)마저도 없었네. 흐릿하고 아득한 사이에 섞여 있다가 변해서 기가 생기고, 또 기가 변해서 생명을 갖추었네. 그것이 지금 또 바뀌어 죽음으로 간 것일세. 이것은 봄 · 여름 · 가을 · 겨울이 번갈아 운행하는 것과도 같다네. 아내는 지금 천지 사이의 큰 방에서 편안히 자고 있을 걸세. 그런데 내가 큰 소리로 운다면 나 자신이 천명에 통하지 못하는 듯해서 울음을 그쳤다네」

혜자는 이마를 탁 치고는 집으로 돌아가고 말았다.

아내가 죽었을 때 동이를 두드리며 슬퍼한 장자의 고사(故事)에서 나온 말로 상처(喪妻)한 설움을 나타낸다.

버치를 두드리는 슬픔이라는 뜻으로 「고분지척(鼓盆之戚)」이라고도 한다. 아내를 여읜 한탄을 뜻하는 말은 「고분지탄(鼓盆之歎)」이라 하며, 남편을 잃은 아내의 슬픔을 나타내는 것을 「붕성지통(崩城之痛)」이라고 한다.

고삭희양 告朔餼羊

고할 告 초하루 朔 보낼 餼 양 羊

《논어(論語)》 팔일(八佾)편

매월 초하루를 고하는 제사에 드리는 희생양이라는 뜻으로, 의식이 실용적인 면을 상실하고 형식만으로 가치를 인정받는다는 말이다. 고삭(告朔)은 천자의 사자가 제후에게 정월 초하루를 알림을 이르는 말이다. 《논어》 팔일편에 있는 말이다.

자공이 매월 초하루를 고하는 제사에 드리는 희생양을 폐지하려 하였다. 그러자 공자가 말했다.

공자 동장(銅章)

「사(賜 : 자공)야, 너는 양을 애석하게 생각하지만, 나는 예(禮)를 애석하게 생각한다!(賜也爾愛其羊 我愛其禮)」

「고삭희양」이란 매년 음력 12월 천자(天子)가 이듬해 정월 초하루를 알려주고 책력(冊曆)을 제후들에게 나누어주었다. 제후들은 이를 선조의 종묘에 보관했다. 매달 초하루(朔)에 양을 희생(犧牲)으로 바치고 종묘에 고한 후 그 달의 책력을 시행하던 일을 가리킨다.

노나라 문공(文公) 때는 형식적으로 양만 바치던 습관이 남게 되었

자 공

다. 지금은 형식뿐인 예(禮)라도 없애는 것보다는 낫다는 의미와, 형식만 남은 허례허식이라는 두 가지 의미로 쓰인다. 「희양(餼羊)」은 제사 때 쓰는 희생이라는 설과 손님을 접대하는 음식이라는 두 가지설이 있다.

춘추 240년 간 오직 문공(文公)만이 4회 고삭을 하지 않았다고 한다. 책력이 귀하던 시대에 정월을 알리고 책력을 내리지 않는 것은 백성들의 생업과 관련된 중요한 천자의 의무였다.

자공(子貢)이 그 예는 없어지고 껍질만 남은 희양(餼羊)을 아쉬워하자 공자는 희양의 형식이라도 남겨두면 이에 근거해 다시 예법을 부활시킬 수 있지만, 그 형식마저 없애버리면 예법 자체가 없어지게 될 것이라고 한 것이다. 자공이 희양을 없애려 한 것은 아까워서가 아니라, 문공이 고삭을 하지 않음에 대한 항의의 표시였다는 설도 있다.

《논어역주》에는 이렇게 말하고 있다.

「매월 초하루를 고하는 제사에 드리는 희생양」은 고대의 제도이다. 매월 초하루가 되면 살아 있는 양을 한 마리 죽여 사당에 제사한 다음에 조정에 돌아와 정사를 들었다. 이렇게 사당에 제사하는 것을 「초하루를 고한다」라고 했고, 정사를 듣는 것을 「초하루를 본다」 또는 「초하루를 듣는다」고 했다. 자공의 때에 이르러 매월 초하루에 노나라 군주는 친히 사당에 가지 않을 뿐만 아니라 정사를 듣지도 않고, 단지 양만 한 마리 죽였다.

고성낙일 孤城落日

외로울 孤 성 城 떨어질 落 날 日

왕유(王維) / 「송위평사(送韋評事)」

여명이 얼마 남지 않아 대단히 외로운 정상을 비유한 말.

「고성낙일(孤城落日)」은 「외로운 성에 지는 해」라는 뜻으로, 구원군이 오지 않는 고립된 성과 기울어 떨어지는 저녁의 낙조, 기운도 떨어지고 재기할 힘도 없는데, 도와주는 사람도 없어 처량한 신세로 전락한 것을 비유하는 말이다.

왕유(王維)의 칠언절구 「송위평사(送韋評事)」에 있는 말이다.

장군을 좇아 우현을 잡고자
모래 마당에 말을 달려 거연으로 향한다.
멀리 아노라, 한나라 사신이 소관 밖에서
외로운 성, 지는 해 언저리를 수심으로 바라보리란 것을.

欲逐將軍取右賢 沙場走馬向居延　욕수장군취우현 사장주마향거연
遙知漢使蕭關外 愁見孤城落日邊　요지한사소관외 수견고성낙일변

왕유는 이백(李白), 두보(杜甫)와 나란히 중국의 대표적인 시인이다. 그는 동양화와 같은 고요한 맛과 그윽한 정을 풍기는 자연시를 많이 썼다. 여기서는 국경 밖의 땅을 배경으로 한 이국적인 정서가 시를 한층 재미있게 만들고 있다. 글 제목에 나오는 평사는 법을 맡아 죄인을 다스리는 벼슬 이름으로, 위평사가 장군을 따라 서북 국경 밖으로 떠나면서 심경을 적은 시다.

한(漢)대에 흉노에 좌현왕(左賢王)과 우현왕이 있었는데, 우현왕이

왕유 시의도(詩意圖)

한때 한나라 군대에 포위를 당해 간신히 도망쳐 달아난 일이 있었다. 첫 구절의 우현을 잡는다는 것은, 그 사실을 근거로 자신도 장군을 따라 변방으로 나가 적의 대장을 포로로 잡을 생각으로 사막을 힘차게 말을 달리게 되리라는 뜻이다.

여기에 나오는 거연이란 곳은 신강성 접경지대에 있는 주천(酒泉)을 말하는데, 남쪽에는 해발 6,455 미터의 기련산(祁連山)이 솟아 있고, 북쪽은 만리장성의 서쪽 끝을 넘어 사막지대가 계속된다.

소관(蕭關)은 진(秦)의 북관(北關)으로도 불리는 곳으로 외곽지대의 본토 방면으로 통하는 출입구였던 것 같다.

시의 뜻은, 지금은 우현왕을 사로잡으려는 꿈을 안고 의기도 양양하게 사막을 말을 달려 거연의 요새지로 향하게 되겠지만, 먼 저쪽 소관 밖으로 한나라 사신인 당신이 나가버리면 당신의 눈앞에는 어떤 광경이 벌어질 것인가. 아득히 백사장에 둘러싸인 외로운 성과 다시 그 저쪽에 기울어 가는 저녁 해, 그것을 당신은 수심에 잠긴 눈으로 바라보지 않으면 안될 것이다. 나는 몸은 비록 이곳에 있지만 당신이 장차 겪게 될 외롭고 쓸쓸한 심정을 알고도 남음이 있다는 뜻이다.

여기서는 한갓 쓸쓸한 풍경과 외로운 심경을 노래한 데 지나지 않지만, 「고성낙일」은 보통 멸망의 그날을 초조히 기다리는 그런 심정을 말한다.

고식지계 姑息之計

시어미 姑 숨쉴 息 갈 之 꾀 計

《예기》 단궁편(檀弓篇)

아녀자나 어린아이가 꾸미는 것 같은 계책, 곧 유치한 꾀.

생각이 단순하거나 당장에 편한 것만 찾는 미봉책(彌縫策)을 비유하여 이르는 말이다. 정현(鄭玄)은 이를 풀이해서 고(姑)는 차(且)이고, 식(息)은 휴(休)라고 해서 「구차하게 편안한 것만을 취하는 자세」라고 보았다. 우리 속담에 「언 발에 오줌 누기(凍足放尿)」와 비슷한 뜻이라 할 수 있다. 《예기》 단궁 상편에 있는 말이다.

「증자가 말하기를, 『군자가 사람을 사랑할 때는 덕으로 하고, 소인배가 사람을 사랑할 때는 고식으로 한다(君子之愛人也以德 細人之愛人也以姑息)』고 하였다」는 구절이 있다. 또 양자(楊子)는 「망령된 언동은 풍속을 해치고, 망령된 즐김은 원칙을 해치며, 눈앞의 이익밖에 모르는 계책은 덕을 해친다. 따라서 군자는 언동을 삼가고 즐김을 조심하며, 때가 오면 서둘러 한다」고 하였다.

노(魯)나라 시교(尸)가 지은 《시자(尸子)》에는 「은나라의 주(紂)는 노련한 사람의 말은 버리고 아녀자나 어린아이들의 말만 썼다(紂棄黎老之言而用姑息之語)」는 말이 있는데, 주석에서는 고(姑)는 부녀자이고 식(息)은 어린아이라고 하였다.

자기 눈앞에 떨어진 이익이나 손해밖에 볼 줄 모르는 사람의 말을 들으면 당장은 이로울 듯하지만 결국 큰 화를 불러오기 십상이다. 바둑에서 수를 읽듯이 몇 수 앞을 내다보는 안목이 있어야 무엇을 하든 성공할 수 있는 것이다.

고와동산 高臥東山

높을 高 누울 臥 동녘 東 뫼 山

《진서(晉書)》 사안(謝安)전

동산에 높이 누워 은둔하다는 뜻으로, 은둔하여 관직에 나가지 않음을 이르는 말이다.

《진서》 사안전에 있는 이야기다.

사 안

중국 위진(魏晉)시대 동진(東晉)의 장군 환온(桓溫)은 촉(蜀)의 수도인 성도(成都)를 쳐서 멸망시키는 등 여러 차례의 출전에서 승승장구하는 등 군공이 높아 진나라의 병권을 거머쥐고 있었다.

이렇게 되자 환온은 진(晉)을 무너뜨리고 스스로 제위에 오르려는 야심을 드러냈다. 그리하여 진나라의 정세는 날로 어지러워져 갔다.

당시 조정에서는 이러한 난국을 타개할 수 있는 인물로 사안(謝安 : 자는 安石)을 꼽았다.

정국의 혼란이 심하고 고통에 빠진 백성들의 신음소리가 더하자 그 동안 꿈쩍도 않던 그도 더 이상 수수방관하기 어렵다고 판단, 출사를 결심했고 얼마 뒤에 환온의 청으로 사마(司馬) 벼슬을 맡았다.

그가 출사하기로 하여 벌인 신정(新亭)이라는 정자에서의 전별연에는 조정의 관리들이 모두 나와서 축하를 했는데, 어사중승(御史中丞)인 고령(高靈)이 취중에 농담으로 말했다.

「그대는 여러 번 조정의 영이 있었음에도 이를 어기고 동산에 은둔해 있었소(卿 屢違朝旨 高臥東山). 백성들과 관리들은 말하기를 『안석이 출사하려고 하지 않으니 천하의 백성들은 어찌하면 좋을까(諸人每相與言 安石不肯出 將如蒼生何)?』 하고 외쳐대고 있었소. 그런데 드디어 출사했으니 이제 천하의 백성들은 그대를 어찌하면 좋겠소?」

사안 은거도

이 말에 사안은 그저 웃기만 할 뿐 대꾸하지 않았다. 사마를 거쳐 이부상서에 오른 사안은 황제를 탐하는 환온을 견제했다.

그럼에도 불구하고 환온이 효무제(孝武帝) 즉위 이듬해에 변방에서 돌아와 입조했을 때 조야는 모두 그의 전횡(專橫)을 근심했으나 이미 병들어 있던 환온이 임지로 떠난 후 병사하자 비로소 안도할 수 있게 되었다.

「동산재기(東山再起)」 라고도 한다.

고육지책 苦肉之策

괴로울 苦 고기 肉 의 之 꾀 策

《삼국지연의(三國志演義)》

자기 몸을 상해 가면서까지 꾸며내는 계책이라는 뜻으로, 어려운 상태를 벗어나기 위해 어쩔 수 없이 꾸미는 계책을 이르는 말.

후한(後漢) 말, 오(吳)나라의 손권과 형주(荊州)의 유비가 연합하여 위(魏)나라 조조의 대군을 맞아 싸우는 적벽전투가 벌어지기 직전의 일이었다. 조조의 백만 대군을 목전에 둔 연합군 총사령관 주유(周瑜)는 걱정이 태산 같았다. 누가 봐도 정상적인 방법으로는 당해낼 수가 없게 되어 있었다. 바야흐로 기상천외한 방책이 필요한 시점이었다.

그의 진영에는 채중(蔡中)·채화(蔡和) 형제가 있었다. 조조가 주유의 계략에 빠져 그들의 형 채모(蔡瑁)를 참살하고 크게 후회한 나머지 두 사람을 달래 거짓으로 항복시켜 오나라로 밀파한 자들이었다. 물론 주유가 그것을 모를 리 없었지만 역이용하기 위해 일부러 모른 척 하고 있었다. 자신이 거짓 정보를 조조의 군중에 전하기 위해서였다. 또 하나의 계략인 셈이다.

주유의 심복인 황개(黃蓋)가 찾아와 화공(火攻)을 건의했다. 사실 주유도 그것을 생각하고 있었지만 진중에는 조조의 첩자 채씨 형제가 있어 노련한 주유가 화공 같은 중요한 작전을 함부로 말할 수는 없는 노릇이었다. 그래서 나온 것이 먼저 고육계(苦肉計)다. 그것은 황개로 하여금 거짓 항복을 건의토록 한다는 내용이었다.

작전회의가 한창 열리고 있었다. 이때 황개가 말했다.

「누가 보아도 조조를 꺾는다는 것은 계란으로 바위를 치는 것이

적벽대전

나 다름없소. 이럴 바에야 차라리 항복하는 게 낫지 않겠……」

황개가 말을 마치기도 전에 주유의 벽력같은 질책이 떨어졌다. 즉시 황개는 끌려나와 형틀에 묶였다. 곧이어 곤장소리와 함께 비명소리가 들려왔다. 백여 대를 맞은 황개의 엉덩이는 살점이 떨어져 나가고 피가 낭자했다. 황개는 몇 번이나 까무러쳤다. 그날 밤 황개에게 심복인 감택이 와서 걱정스런 눈초리로 물었다. 황개는 사실을 말하고 감택을 시켜 밀사를 조조에게 보냈다. 물론 황개가 곤장을 맞았다는 사실은 채씨 형제에 의해 조조의 진영에 이미 알려져 있었다.

밀사를 만난 조조는 믿지 않았으나, 직접 현장을 목격한 간자 채씨 형제의 보고와 여러 경로를 거쳐 접수된 간자들의 정보가 일치한다는 것을 듣고 황개의 투항선(投降船)을 받아들이기로 약속했다. 그리고 약속한 그날 밤, 황개는 기름을 잔뜩 실은 투항선단을 이끌고 조조의 대선단 앞에 나타나 빠른 속도로 거대한 전투함의 선단을 들이받고 기름에 불을 붙여 조조의 대 함대를 모조리 불태워 버렸다.

황개의 투항선 앞에는 대못을 박아놓았으므로 부딪치기만 하면 못이 박혀 꼼짝달싹 못하고 같이 불에 타게끔 되었던 것이다. 이때를 노려 연합군의 수군들이 총공격하여 조조의 군사를 닥치는 대로 살육하여 적벽전투를 대승리로 이끌었다.

고장난명 孤掌難鳴

외로울 孤 손바닥 掌 어려울 難 울 鳴

《한비자》 공명(功名)

외손뼉, 즉 한 손으로는 소리가 나지 않는다는 말이다. 손뼉이 울리기 위해서는 두 손바닥이 마주쳐야만 한다는 뜻이다. 혼자서는 일을 이룰 수 없음을 비유하거나, 맞서는 사람이 없으면 싸움이 되지 않음을 비유할 때 쓴다.

어떤 일을 할 때 의견이 서로 맞지 않아 일이 성사되지 않을 경우, 「손바닥도 마주쳐야 소리가 나지」 라고 하는데, 고장난명을 우리말로 옮긴 것이다. 긍정적인 결과보다는 부정적인 결과가 생겼을 때, 주로 비방하는 투로 많이 쓴다. 독장난명(獨掌難鳴)과도 같다.

《한비자》 공명(功名)편에 이런 말이 있다.

「군주란 천하가 힘을 합쳐 함께 그를 높이므로 안정하고, 많은 사람이 마음을 합쳐 함께 그를 세우므로 존귀하며, 신하는 뛰어난 바를 지켜 능한 바를 다하므로 충성한다. 군주를 높여 충신을 다스리면 오래 즐거이 살아 공명이 이루어지고, 명분과 실리가 서로 견지하여 세워지므로 신하와 군주가 하고자 하는 바는 같으나 쓰임은 다르다. 군주의 걱정은 호응함이 없음에 있으므로 『한 손으로 홀로 쳐서는 아무리 빨리 해도 소리가 나지 않는다(一手獨拍 雖疾無聲)』 라고 한다」

여기서 「한 손으로 홀로 쳐서는 아무리 빨리 해도 소리가 없다(一手獨拍 雖疾無聲)」 라고 한 것을 후세에 「고장난명」 이라 하게 된 것이다.

고정무파 古井無波

옛 古 우물 井 없을 無 물결 波

맹교(孟郊) / 「열녀조(烈女操)」

오래 된 우물에는 물결이 일지 않는다는 뜻으로, 마음을 굳게 가져 정절을 지키는 여자를 비유하는 말. 「마음이 옛 우물과 같이 고요하다」 라는 뜻인 「심여고정(心如古井)」 과 같은 의미로 사용된다.

당나라 때의 시인 맹교의 시 「열녀조(烈女操)」 에 있는 말이다.

오동나무는 함께 늙기를 기다리고
원앙새는 모여 쌍쌍이 죽는다.
정결한 부인은 남편 따라 죽기를 소중히 여기니
목숨 버리기를 이와 같이 한다.
물결 일으키지 않을 것을 맹서하노니
제 마음 우물 안 조용한 물과 같아요.

梧桐相待老 鴛鴦會雙死　오동상대노 원앙회쌍사
貞婦貴殉夫 舍生亦如此　정부귀순부 사생역여차
波瀾誓不起 妾心井中水　파란서부기 첩심정중수

「물결 일으키지 않기를 맹서하노니, 여인의 마음 우물 안 고요한 물과 같구나(波瀾誓不起 妾心井中水)」 라는 시구에서 비롯되었다.

그런데 이 말은 여인들이 정조를 지키는 데만 쓰인 것이 아니라 의지가 꺾이거나 흔들리지 않아 쉽사리 감정적 충동을 느끼지 않는 경우를 비유하는 데 쓰이기도 한다.

고조불탄 古調不彈

옛 古 곡조 調 아닐 不 연주할 彈

유장경(劉長卿) / 「탄금」

「옛 곡조이어서 연주되지 않는다」라는 뜻으로, 지기(知己)를 만나기 어려움을 비유하는 말이다. 당나라 시인 유장경이 지은 「탄금(彈琴)」이라는 오언절구에서 유래했다.

거문고 고요한 소리 일곱 줄을 넘나드는데,
멀리 들려오는 솔바람 소리 추워라.
옛 곡조 내 비록 사랑하지만,
지금은 타는 사람 드물어 한이어라.

泠泠七絃上 靜聽松風寒 냉랭칠현상 정청송풍한
古調雖自愛 今人多不彈 고조수자애 금인다불탄

이 시에서 뒤에 두 문장의 둘째 행의 「古調」와 「不彈」이 합하여 이루어진 성어로, 옛날에 뜻을 이루지 못한 문인들은 「인심이 옛날만 못하다(人心不古)」는 것을 이런 말로 비유하면서, 지금 사람들이 옛사람들보다 고상하지 못하다고 개탄하였다.

유장경의 다른 오언시에서는 「나의 청아한 거문고로 옛 곡조를 탈 수는 있지만 누구를 위하여 탈 것인가(淸琴有古調 更向何人操)」라는 구절이 있다.

유장경은 이런 시로써 지기(知己)를 만남이 어려운 것을 개탄하였다.

고좌우이언타 顧左右而言他

돌아볼 顧 왼 左 오른쪽 右 말이을 而 말씀 言 다를 他

《맹자(孟子)》 양혜왕편(梁惠王篇)

묻는 말에 엉뚱하게 다른 대답을 함을 일컫는 말.

《맹자》 양혜왕편에 있는 이야기다.

맹자가 제선왕(齊宣王)을 찾아가 일러 말했다.

「왕의 신하가 그의 처자를 친구에게 맡기고 초나라로 놀러갔다 돌아와 보니, 그 친구가 처자를 굶주리고 추위에 떨게 만들었습니다. 왕께서는 그 사람을 어떻게 하시겠습니까?」

「믿고 맡긴 처자를 굶주리게 한 친구는 당장 절교해야 합니다」

「사사(士師 : 지금의 법무장관)가 그 부하를 제대로 거느리지 못하면 어떻게 하시겠습니까?」

「당장 그만두게 하겠습니다」

「그렇다면 사경(四境) 안이 제대로 다스려지지 않을 때는 어떻게 하시겠습니까?」

왕은 좌우를 돌아보며 다른 말을 했다(王顧左右而言他).

설마 맹자가 그런 유도 질문을 해올 줄 몰랐던 임금은, 미처 대답할 마음의 여유를 갖지 못하고 그만 우물쭈물 넘기고 만 것이다.

미리 알고 있었다면 「그것은 과인의 잘못이다」 하고 솔직한 대답을 할 수 있었던 제선왕이었지만, 먼저 한 대답이 「버리겠소」, 「그만두게 하겠소」 한 끝이라서 「내가 임금 자리를 그만두어야지요」 하고 대답하지 않으면 안되었던 것이다. 지금도 역시 이 제선왕과 같은 입장에서 솔직히 시인해야 할 일을 시인하지 못하고 엉뚱한 딴

제 선왕

이야기로 현장을 얼버무리는 그런 것을 가리켜 「고좌우이언타」 라고 한다.

이에 대해 우리나라 조선시대에 전해 오는 재미있는 이야기가 있다.

옛날 과거제도에 강급제(講及第)란 것이 있었는데, 이것은 시를 짓는 것이 아니라, 사서삼경을 외게 한 다음 그 뜻을 물어 틀리지 않으면 급제를 시키는 제도였다.

당시는 과거에 급제하는 것이 평생소원인 세상이었으므로 어지간한 선비면 사서삼경 정도는 원문은 물론이요, 주석까지 훼하니 외는 판이었다.

그러므로 거의가 만점의 합격 성적을 보여 주고 있었다. 그러나 급제에는 몇 명이란 정원이 있다. 어떻게 떨어뜨리느냐 하는 것이 시험관들의 큰 골칫거리가 아닐 수 없다. 그래서 가끔 대답할 수 없는 질문을 해서 모조리 떨어뜨리는 수법을 쓰곤 했다. 그 한 가지로 등장한 문제가 바로 이 「고좌우이언타」 였다.

「좌우를 돌아보며 다른 것을 말했다는데, 도대체 그 다른 말이 무엇이냐?」 하고 시험관이 구두시험을 하는 것이다.

그래서 백 명이고 2백 명이고 모조리 낙제를 시켜 내려가는데, 한 젊은 경상도 선비 차례가 되었다.

젊은 선비는 시험관의 질문은 들은 척도 않고,

「시생이 과거를 보러 서울로 올라오는데, 낙동강 나루에 닿았을 때 오리란 놈이 지나가며 강물 위에 알을 쑥 빠뜨리지 않겠습니까……」

어쩌고 하며 천연덕스럽게 딴청을 부렸다.

맹 자

시험관은 그만 짜증을 내며,

「아니, 묻는 말에는 대답하지 않고 무슨 엉뚱한 이야기냐?」

하고 쏘아붙였다.

그러자 그 선비는, 「『고좌우이언타』란 바로 이런 것입니다」 하고 정중히 대답을 했다.

시험관들은 그제야 그 선비의 수단에 넘어간 것을 알고 마주보며 껄껄 웃었다.

결과는 물론 합격이었다. 과거의 문이 너무 좁다 보니 이런 우스꽝스럽지만 재치 있는 현상까지 있었던 것이다.

고주일척 孤注一擲

외로울 孤 물댈 注 한 一 던질 擲

《송사(宋史)》

노름꾼이 계속하여 잃을 때 마지막으로 남은 돈을 한 번에 다 걸고 마지막 승패를 겨룬다는 뜻으로, 전력을 기울여 어떤 일에 모험을 거는 것을 비유한 말이다.

《송사(宋史)》에 있는 이야기다. 《송사》는 사서(史書)로 정사(正史)의 하나다. 원(元)나라 탈탈(脫脫) 등이 황제의 명으로 북송(北宋) 이래 각 황제마다 편찬하였던 국사나 실록 일력(日曆) 등을 기초로 편찬하였다.

북송(北宋) 진종(眞宗) 때의 일이다. 거란(契丹 : 遼)이 대규모 병력을 동원해서 송나라로 쳐들어왔다. 송나라는 이에 대항하여 힘껏 싸웠으나 계속해서 패배 소식만이 전해졌다. 거란 군이 송나라의 수도를 향해 점점 다가오자 진종은 대신들을 불러 모아놓고 긴급회의를 열었다.

재상 구준(寇準)이 말했다.

「폐하께서 직접 군사를 지휘하여 병사들의 사기를 진작시키면 전쟁에 이길 수 있을 것입니다」

황제는 구준의 의견대로 앞장서서 군사를 진두지휘했다. 그러자 잇단 패패로 사기가 땅에 떨어졌던 병사들은 용기백배하여 싸워 승리를 거두고 전연(澶淵)의 맹약을 맺어 장기간의 평화를 이끌어 냈다. 이 일로 인해 구준에 대한 황제의 신임은 남달랐다. 얼마 후 구준은 태자태부(太子太傅)가 되었다.

진종황제

이때 간신 왕흠약(王欽若)은 기회만 있으면 황제에게 구준을 헐뜯는 참언을 했다. 하루는 왕흠약이 진종과 함께 도박을 하게 되었다. 그는 절호의 기회라고 생각하고 이렇게 말했다.

「지금 폐하와 저는 도박을 하고 있습니다. 만일 계속해서 돈을 잃게 되면 가지고 있는 돈을 한 판에 다 거는 모험을 하게 되는데, 이것을 고주(孤注)라고 합니다. 지난번 거란과의 싸움에서 구준이 폐하께 직접 군사를 이끌고 진두지휘하시기를 청한 일을 기억하시는지요? 그것은 도박에서의 『고주일척』과 같은 것입니다」

진종은 구준이 자신에게 도박의 고주일척을 시킨 것으로 비유한 참언을 듣고 진노하여 구준을 재상에서 협주지부(陝州知府)로 좌천시켜버렸다. 결국 구준은 또 다른 유배지인 뇌주(雷州)에서 병사하고 말았다. 진종은 그 후 자신의 무덤에 쓸데없이 공을 많이 들였고 도교(道教)에 심취하여 국비를 낭비했다.

전쟁에서 침략군을 막기 위해서는 수단방법을 가리지 않고 이를 격퇴시켜야 하며 상황에 따라서는 친정(親征)의 결단을 내려야 함은 물론이다. 한 전쟁에서 제왕에게 위험한 작전을 지휘하게 한 것이, 그로 인해 승리를 이끌어 냈는데도 중상과 모략을 일삼는 간신의 참언을 받아들여 작전을 성공시킨 공신을 내치는 것은 제왕으로서의 자질이 모자라는 것이다.

고침이와 高枕而臥

높을 高 베개 枕 말 이을 而 누울 臥

《전국책(戰國策)》 위책(魏策)

베개를 높이 하고 편안히 지낸다는 뜻으로, 근심 없이 편히 잠을 잘 수 있을 만큼 평온한 상태라는 말. 「고침안면(高枕安眠)」이라고도 한다.

《전국책》 위책에 있는 이야기다.

소진동(蘇秦洞, 소진이 귀곡자에게 사사한 동굴)

소진(蘇秦)은 동주(東周)의 낙양(雒陽) 사람이다. 동쪽의 제(齊)나라로 가서 스승을 찾아 귀곡선생(鬼谷先生)에게 학습했다. 장의(張儀)는 위(魏)나라 사람이다. 일찍이 소진(蘇秦)과 함께 귀곡선생을 스승으로 모시고 유세술(遊說術)을 배웠는데 소진은 스스로 장의에 미치지 못한다고 여겼다.

소진은 장의와 더불어 전국시대 중엽 중국 전토를 세 치 혀(舌)와 두 다리를 가지고 뒤흔든 큰 책사이며, 권모술수(權謀術數)의 대가이다. 세치 혀의 능변(能辯)과 두 다리로 주름잡고 돌아다닌 나라가 소위 당시의 7국(연 · 제 · 조 · 한 · 위 · 초 · 진)에 걸친 것을 뜻한다.

소진과 장의는 종횡가(縱橫家)로서 유명한데, 소진은 합종책(合縱

귀곡자

策), 장의는 연횡책(連衡策)을 주장했다.

합종책이란 한(韓)·위(魏)·조(趙)·연(燕)·제(齊)·초(楚) 여섯 나라가 동맹하여 진(秦)나라에 대항하는 것이다.

이러한 소진의 합종책을 뒤집어 진나라로 하여금 유리한 위치에 서게 한 사람이 바로 장의였다. 장의의 연횡책이란 여섯 나라가 각각 진나라와 손잡는 것이지만 실은 진나라에 복종하는 것이었다.

장의는 본래 진나라 혜문왕(惠文王)의 신임을 받았다. 장의는 진나라의 무력을 배경으로 이웃나라를 압박했다. 진나라 혜문왕 10년(BC 328)에는 장의 자신이 진나라 군사를 이끌고 위나라를 침략했다. 그 후 위나라의 재상이 된 장의는 진나라를 위해 위나라 애왕(哀王)에게 합종을 탈퇴하고 연횡에 가담할 것을 권했으나 받아들여지지가 않았다.

그러자 진나라는 본보기로 한나라를 공격하고 8만에 이르는 군사를 죽였다. 이 소식을 전해들은 애왕은 잠을 이루지 못했다. 일이 이렇게 되자, 위의 애왕뿐만 아니라 다른 제후들도 위협을 느껴 불안에 떨었다. 이 기회를 포착한 장의는 애왕에게 말했다.

「위나라는 영토도 좁고, 병사도 적습니다. 그런데 사방으로 초나

장 의

라와 한나라 같은 강력한 제후들이 핍박하고 있습니다. 위나라는 열국의 통로가 될 가능성이 많습니다. 남은 초, 서는 한, 북은 조, 동은 제와 국경을 이웃해서 그 어떤 나라와 동맹을 맺어도 다른 나라의 원한을 삽니다. 또, 진이 위와 조의 길을 끊고 한나라를 설득해서 위를 공격한다면 어떻게 되겠습니까. 진나라를 섬기는 것이 최상입니다. 만일 진나라를 섬기게 되면 초나라나 한나라가 감히 공격하지 못할 것입니다. 초나라와 한나라로부터의 재앙만 없다면 대왕께서는 베개를 높이 하고 몸을 뉘어 편안히 잘 수가 있을 것이고 나라에도 근심이 없을 것입니다(然以事秦 則楚韓不敢動 無楚韓之患 則大王高枕而臥安眠 國必無憂矣)」

여기에다 진의 목적이 초에 있으므로 진과 위가 함께 초를 공격하여 초를 나누어 갖자는 미끼까지 던져 꾀었다. 결국 위나라 애왕은 합종에서 빠져나와 진나라와 우호동맹조약을 맺었다. 장의는 이 일을 시작으로 나머지 다섯 나라를 차례로 설득하여 마침내 주(周)나라 난왕(赧王) 4년(BC 311)에 연횡을 성립시켰다. 그러나 이는 6국을 진에 헌상하려는 장의의 계책에 불과할 뿐이었다.

고희 古稀

옛 古 드물 稀

두보(杜甫) / 「곡강이수(曲江二首)」

나이 일흔을 고희(古稀 또는 古希)라고 하는데, 그 유래는 두보의 「인생칠십고래희(人生七十古來稀)」라는 시구에서 비롯된 것으로 본다. 즉 사람이 일흔을 산 것은 예로부터 드물었기 때문이다.

두보의 이 구절이 나오는 「곡강이수」라는 제목의 둘째 시를 소개하면 이렇다.

조회에서 돌아와 날이면 날마다 봄옷을 전당잡히고
매일 강 머리에서 마냥 취해 돌아온다.
술값 빚은 보통으로 가는 곳마다 있지만
사람이 칠십을 산 것은 예부터 드물다.
꽃을 해치는 호랑나비는 깊숙이 나타나 보이고
물을 적시는 잠자리는 힘차게 날고 있다.
풍광에 전해 말하니 함께 흘러 구르면서
잠시 서로 즐기며 서로 떨어지지 말자꾸나.

朝回日日典春衣 每日江頭盡醉歸 조회일일전춘의 매일강두진취귀
酒債尋常行處有 人生七十古來稀 주채심상행처유 인생칠십고래희
穿花蛺蝶深深見 點水蜻蛉款款飛 천화협접심심견 점수청령관관비
傳語風光共流轉 暫時相賞莫相違 전어풍광공류전 잠시상상막상위

이 시는 두보가 마흔 일곱 살 때 지은 것이다. 그 무렵 그는 좌습유(左拾遺 : 諫官)란 벼슬자리에 있었으나, 조정 내부의 부패는 그를 너

곡강루도(曲江樓圖, 淸 화가 錢杜)

무도 실망시켰다. 그는 답답한 가슴을 달래기 위해 매일을 술이나 마시며 아름다운 자연을 상대로 세월을 보냈다.

곡강(曲江)은 장안(長安) 중심지에 있는 못 이름으로 풍광이 아름답기로 유명했으며, 특히 봄이면 꽃놀이하는 사람들로 붐볐다고 한다. 시를 풀어 보면 이렇다.

요즘은 조정에서 돌아오면 매일 곡강 가에 가서 옷을 잡히고 마냥 술에 취해 돌아오곤 한다. 술꾼이 술빚을 지는 것은 너무나 당연한 일로, 내가 가는 술집마다 외상값이 밀려 있다. 하지만 내가 살면 몇 해나 더 살겠는가.

예부터 말하기를, 사람은 70을 살기가 어렵다고 하지 않았던가. 꽃밭 사이를 깊숙이 누비며 날아다니는 호랑나비도 제 철을 만난 듯 즐겁게만 보이고, 날개를 물에 적시며 날아다니는 잠자리도 제 세상을 만난 듯 기운차 보이기만 한다. 나는 이 약동하는 대자연의 풍광과 소리 없는 대화를 주고받는다. 우리 함께 자연과 더불어 흘러가면서 잠시나마 서로 위로하며 즐겨 보자꾸나.

「인생칠십고래희」란 말은 항간에 전해 내려오는 말을 그대로 두보가 시에 옮긴 것이라고도 한다. 어쨌든 이 말은 두보의 시로 인해 깊은 의미를 지니게 되었다고 볼 수 있다.

곡고화과 曲高和寡

곡조 曲 높을 高 화답할 和 적을 寡

송옥(宋玉) / 「대초왕문(對楚王問)」

훌륭한 사람의 언행은 평범한 사람이 이해하기 어려움의 비유.

노래 곡조가 높을수록 화답하는 이가 적다는 뜻으로, 훌륭한 사람의 언행은 평범한 사람이 이해하기 어려움을 비유적으로 이르는 말.

송옥(宋玉)이 지은 「대초왕문」에 있는 이야기다.

전국시대 말기 초(楚)나라의 문인 송옥(宋玉)은 스승 굴원(屈原)과 더불어 당대의 문장가로 이름이 높았다. 다만 굴원에 비해 그의 문장은 난해하여 제대로 이해하기 어려웠으며, 그의 글을 칭찬하는 사람도 드물었다. 때문에 초의 양왕(襄王)은 송옥에게 그 연유를 물었다.

「어찌하여 경(卿)의 문장을 따르는 사람이 드문 것이오?」

송옥은 초왕의 의중을 알아차리고는 이렇게 대답했다.

「어떤 가객(歌客)이 사람들 앞에서 노래를 불렀습니다. 처음에

초양왕 부부묘

곡고화과

낮은 곡조로 노래를 부르자 주위에 있던 대부분의 사람들이 따라 불렀습니다. 이어서 조금 높은 곡조로 노래를 부르자 그를 따라 노래 부르는 사람이 훨씬 적어졌습니다. 다시 더 높은 곡조로 노래를 부르자, 불과 10여 명만이 따라 불렀습니다. 나중에는 높은 곡조와 낮은 곡조를 섞어 노래를 부르자 겨우 두세 명만이 따라할 뿐이었습니다. 곡조가 너무 높았기 때문입니다(是其曲彌高 其和彌寡)」

송옥이 말을 이었다.

「그러므로 봉황(鳳凰)은 푸른 하늘을 등에 지고 구름 위를 나는데, 동네 울타리를 날아다니는 참새가 어찌 하늘의 높음을 알겠으며, 곤(鯤)이라는 큰 물고기를 어항 속에 사는 작은 물고기가 어떻게 알겠습니까? 이는 새 가운데만 봉황이 있고, 물고기 중에만 곤이 있는 것이 아니고 선비 중에도 이런 경우가 있지 않겠습니까? 속된 사람들이 저를 욕하는 것도 어찌 보면 당연하다고 여겨집니다」

곤(鯤)은 《장자》 소요유편에 나오는 상상의 큰 물고기로, 「북양에 물고기가 사는데 그 이름을 곤이라 한다. 곤의 크기는 몇 천 리가 되는지 알 수가 없다(北溟有魚 其名爲鯤 鯤之大 不之幾千里)」라고 했다.

곡굉지락 曲肱之樂

굽을 曲 팔뚝 肱 의 之 즐거울 樂

《논어(論語)》 술이편(述而篇)

베개가 없어서 팔을 구부려 베고 잘 정도로 가난하지만 그러한 삶에 만족하는 즐거움. 즉 가난에 만족하여 그 속에서 즐거움을 찾는 간소한 생활을 비유한 말이다.

《논어》 술이편(述而篇)에 있는 공자의 말이다.

「나물 밥 먹고 물마시고 팔을 굽혀 베개 삼아도 즐거움이 그 속에 있으니, 옳지 못한 부귀는 나에게 한낱 뜬구름과 같다(飯疏食飲水 曲肱而枕之 樂亦在其中 不義而富且貴於我如浮雲)」

공 자

또한 공자가 이르기를, 「부자가 될 수 있다면 마부노릇도 마다하지 않겠다」 하여 그도 부귀에 대한 집착을 지니고 있음을 알 수 있다. 그러나 그가 부귀를 맹목적으로 추구한 것은 아니었다.

「부귀는 누구나 원하는 것이지만 부정한 방법으로 얻은 것이라면 가지지 말 것이며, 빈천(貧賤)은 누구나 싫어하지만 정당한 것이라면 피하지 말 것이다」 라고 했다.

요컨대 부귀는 정당한 방법으로 추구해야 할 것임을 강조한 것이

공자묘

다. 부귀를 얻고자 열심히 일해서 돈을 벌고 나아가서 높은 자리에 올라 남을 다스리고 이름을 날릴 수 있다면 인생 최대의 즐거움일 것이다. 이러한 소유욕(所有欲)이 인간의 기본적 본능이다. 정당한 소유욕이야말로 인류나 개인의 발전의 원동력이 된다.

인간이 얻으려는 성공이나 부귀에는 끝이 없고 한이 없다. 어느 정도에서 만족할 것인가 하고 자제하기가 어려운 것이다. 대성(大成)하고도 흡족해하지 못한다면 소성(小成)하고도 만족해하는 것만 못하다. 범인으로서는 보잘것없는 성취에서도, 그것이 가난한 삶일지라도 즐거움이 있는 법이다.

생각하기에 따라서는 패배자의 넋두리라고 할 수도 있으나, 가난하지만 부끄럼 없는 생활에서 느끼는 즐거움이 훨씬 값지다고 할 것이다.

곡돌사신 曲突徙薪

굽을 曲 굴뚝 突 옮길 徙 땔나무 薪

《설원(說苑)》 권모편(權謀篇)

굴뚝을 구불구불하게 만들고 굴뚝 옆의 땔나무를 옮기라는 말로, 화근을 미연에 방지하라는 말이다.

유향(劉向)이 편찬한 《설원》 권모편에 이런 이야기가 있다.

옛날에 어떤 사람이 자기 집 굴뚝을 곧게 세우고 굴뚝 옆에 땔나무까지 갈무리해 놓은 것을 보고 화제가 일어나기 쉬우니 굴뚝을 구부리고 섶단을 옮겨 놓으라고 충고했다. 그러나 집주인은 들은 척도 하지 않았다.

그런데 며칠 뒤 과연 그 집에 불이 난 것이다. 마을 사람들이 달려와 겨우 불을 끄긴 했지만 적지 않은 사람이 부상을 당하고 화상까지 입었다. 그래서 집주인은 마을 사람들에게 신세를 갚기 위해 술상을 차리고 소를 잡아 대접했다. 그런데 이 자리에서 처음에 굴뚝을 고치고 땔나무를 옮기라고 충고한 사람을 기억하는 사람은 아무도 없었다. 이에 한 사람이 시를 한 수 지었는데, 그 시에,

「굴뚝을 구부리고 땔나무를 옮기라고 충고한 사람의 은혜는 모르고 불에 덴 사람만 상빈 대접을 하는구나(曲突徙薪無恩澤 焦頭爛額是上賓)」 라는 두 구절이 들어 있었다.

이 말은 화재의 예방책을 말한 사람은 상을 받지 못하고 불난 뒤에 불을 끈 사람이 상을 받는다는 뜻으로, 본말이 전도되었음을 지적한 것이다. 이 이야기는 《한서(漢書)》 곽광전(霍光傳)에도 인용되고 있는데, 이야기의 초점은 일의 근본을 잊지 말라는 것이다.

곡수연 曲水宴

굽을 曲 물 水 잔치 宴

《진서(晋書)》 왕희지전(王羲之傳)

곡수유상(曲水流觴)이라 하여, 삼월 삼짇날, 굽이도는 물에 잔을 띄워 그 잔이 자기 앞에 오기 전에 시를 짓던 놀이를 말한다.

옛날 선비들이 음력 3월 삼짇날, 정원의 곡수(曲水)에 술잔을 띄우고 자기 앞으로 떠내려 올 때까지 시를 읊던 연회로서 「곡강연(曲江宴)」이라고도 한다. 《진서》 왕희지전(王羲之傳)에 있는 말이다.

진나라 영화(永和) 9년 봄에 왕희지가 문인들을 난정(蘭亭)에 불러 곡수연을 베풀었다고 적혀 있다. 이것이 궁중의 놀이가 된 것은 수·당(隋唐)의 시대로 보인다.

우리나라에서는 신라시대에 당나라를 모방하여 금성(경주)의 포석정에서 왕이 귀족·문사들과 함께 곡수연을 열었다.

난정곡수도(蘭亭曲水圖, 日 화가 山本若麟)

곡학아세 曲學阿世

굽힐 曲 배울 學 아부할 阿 세상 世

《사기》 유림열전(儒林列傳)

자기가 배운 것을 올바로 펴 볼 생각은 않고, 자기의 배움을 굽혀 가면서 세상의 비위에 맞추어 출세하려는 그런 태도나 행동.

《사기》 유림열전에 있는 이야기다.

한경제(漢景帝, BC 157～141) 때 학자로 《시경》에 능통해 박사(博士)가 된 원고(轅固)란 사람이 있었다. 원고는 성품이 강직한 사람으로, 옳다고 생각하면 목에 칼이 들어와도 두려워하지 않고 할 말을 했다. 경제의 어머니 두태후(竇太后)는 노자(老子)의 숭배자였다. 언젠가 원고가 박식이란 얘기를 전해들은 두태후는 그를 궁중으로 불러들여 《노자》의 내용에 대해 물었다.

「그댄 노자를 어떻게 생각하는가?」

「노자는 머슴이나 노예와 같은 보잘것없는 사나이입니다. 그러니까 그가 말하는 것은 다 멋대로 떠들어대는 말에 지나지 않습니다. 적어도 천하 국가를 논하는 인물이 문제시할 가치가 있는 자가 되지 못합니다」 하고 조금도 거리낌 없이 말했다. 과연 태후는 크게 노했다.

「이 발칙한 놈, 노자를 가짜 취급하다니, 이놈을 곧 하옥시켜라」

옥에 갇힌 원고는 벌로서 매일 돼지를 잡는 일을 하게 되었다. 태후로서는 90이 넘는 노인에게 돼지 잡기란 어려울 것이다, 못하면 못하는 대로 다시 다른 벌을 줄 구실이 된다, 라는 생각에서였다. 심술궂은 늙은이의 생각이란 이제나 옛날이나 변함이 없는 것 같다.

그런데 딱하다고 생각한 것은 황제였다. 예리한 칼을 옥중에 있는

한경제

원고에게 주어 돼지를 찌르게 했던 바, 단 한 번에 용하게도 돼지의 심장을 찔러 돼지는 쿵 하고 쓰러졌다. 이 말을 들은 태후는 원고의 울상도 보기가 민망한데다가 자기 아들이라고는 하나 황제가 그를 두둔하는 데는 더 이상 원고를 괴롭힐 수 없다고 마지못해 원고를 옥에서 풀어 주었다.

이 겁 없고, 권력을 두려워하지 않고 직언하는 태도에 탄복한 황제는 원고를 삼공(三公)의 하나인 청하왕(淸河王)의 태부(太傅)로 임명했다. 원고는 오랫동안 태부의 자리에 있다가 병으로 그 자리를 물러났다.

경제의 다음 황제인 무제(武帝, BC 147~87)가 즉위하자, 원고를 현량(賢良)으로 발탁하여 조정으로 불러올렸다.

그러나 아첨을 일삼는 무리들은 원고의 입바른 소리가 무서워 그를 어떻게든지 밀어내려 했다. 그때 원고의 나이 벌써 아흔이 넘어 있었기 때문에 그들은 일제히,

「원고는 이제 너무 늙어서 아무 일도 볼 수가 없습니다」 하며 맞장구를 쳐가며 그를 헐뜯었다. 무제는 그를 파면시켜 집으로 돌려보내고 말았다. 원고가 조정으로 불려 올라왔을 때, 음흉한 공손홍(公孫弘)도 함께 불려 올라오게 되었는데, 공손홍은 원고의 바른 말이 무서워 그를 몹시 꺼려했다. 그 공손홍을 보고 원고는 이렇게 말했다.

「……배운 것을 올바로 말하기를 힘쓰고, 배운 것을 굽혀 세상에 아부하는 일이 없도록 하게(務正學以言 無曲學以阿世)」

곤수유투 困獸猶鬪

괴로울 困 짐승 獸 오히려 猶 싸울 鬪

《좌씨전(左氏傳)》

난관에 처한 사람이 더욱 저항한다. 위급할 때는 짐승도 적과 싸우려고 덤빈다는 뜻으로, 궁지에 몰린 사람이 최후의 발악을 하는 것을 비유한 말이다.

《좌씨전》에 있는 이야기다.

중국 진(晉)나라의 경공(景公)이 초(楚)나라와의 싸움에서 크게 패하고 온 장수 순임보(荀林父)를 삭탈관직하고 참형에 처하려고 하자, 대부 사정자(士貞子)가 간언하였다.

「문공(文公) 때 우리 진나라가 성복에서 초나라와 싸워 크게 이겼으나 문공은 근심하였습니다. 신하들이 큰 승리를 거두었는데 걱정하는지 묻자, 문공은 『성복의 싸움을 지휘한 초나라의 재상 성득신(成得臣)이 살아 있는 한 근심하지 않을 수 없다. 곤경에 빠진 짐승도 힘껏 싸우는데, 한 나라의 재상은 말할 나위 있겠는가(困獸猶鬪 況國相乎)』라고 하였습니다. 성득신이 초나라 왕의 명령을 받고 죽었다는 소식을 듣고 문공은 자신을 해칠 사람이 없어 기뻐하였다고 합니다. 그 뒤부터 진나라는 초나라와의 싸움에서 모두 이겼으며 초나라는 점점 위력이 약해졌습니다. 순임보를 죽이는 것은 다시 초나라를 도와 승리하도록 하는 것이며 우리 진나라는 패하는 것입니다. 한번 패전한 것으로 충신 순임보를 죽게 할 수 없습니다」

사정자의 말을 들은 경공은 순임보의 죄를 면하고 관직도 되돌려 주었다.

골경지신 骨鯁之臣

뼈 骨 생선뼈 鯁 갈 之 신하 臣

《사기》 자객열전(刺客列傳), 《한서》

목구멍에 걸린 생선가시처럼, 임금이나 권력을 두려워하지 아니하며 바르게 말하고 행동하는 강직한 신하를 비유하는 말이다.

《사기》 자객열전(刺客列傳)에,

「바야흐로 지금 오나라는 밖으로는 초나라 때문에 곤경에 처해 있고, 안으로는 직언하는 골경지신이 없으니(方今吳外困于楚, 而內無骨경之臣)……」 라고 하였다.

《한서》 두주전(杜周傳)에도,

「조정에 골경지신이 없다(朝無骨鯁之臣)」 라는 구절이 있다.

「골경」 은 생선가시라는 뜻으로, 목구멍에 걸린 생선가시처럼 듣기에 괴로운 직언(直言)을 하는 강직한 신하가 없다는 말이다.

또 당나라 때 한유는 「쟁신론(爭臣論)」 에서,

「사방의 사람들과 후대 사람들로 하여금 조정에 직언하는 골경지신이 있고, 천자께서 상을 잘못 내리는 일이 없으며 신하의 간언에 물 흐르듯 따르는 아름다움이 있음을 알게 하여(使四方後代知朝廷有直言骨鯁之臣 天子有不僭賞從諫如流之美)……」 라고 하면서, 간의대부(諫議大夫) 양성(陽成)이 정치의 잘못에 대해 직언해야 할 직무를 다하지 않음을 비판하였다.

여기에서 유래하여 「골경지신」 은 임금이 듣기에 괴롭고 거북한 직언을 서슴지 않는 신하를 비유하는 말로 쓰인다.

골동 骨董

뼈 骨 깊숙이 간직할 董

《미암묵담(米菴墨談)》

오래되어 희귀한 세간이나 미술품.

오늘날에는 제작된 지 오래된 예술품에만 국한되어 쓰이지만, 원래 의미는 뼈를 푹 고아 나온 국물을 일컫는 말이었다. 여기에서 어떤 물건의 정수가 다 뽑혀 나왔다는 뜻에서 의미가 확대된 것이다.

「구지필기(九池筆記)」에 보면 「나부영로가 음식을 마구 섞어 끓인 뒤 만들어진 국물을 일러 골동갱(骨董羹)이라 했다」는 것이다.

《비설록(飛雪錄)》에는 「골동은 사투리로, 처음에는 정해진 글자가 없었는데 소동파가 맛을 보고는 골동갱이라 했다」고 했으며, 《회암선생어류(晦菴先生語類)》에는 단지 골동(骨董)으로 적혀 있다.

《미암묵담》에 다음과 같은 말이 있다.

골동에 대한 이야기는 여러 책에 나온다. 방이지(方以智)는 이렇게 말했다.

「오래된 그릇을 일러 홀동이라고 한다. 『설문』에 보면 홀은 옛날 그릇이라고 하였다. 호골절이다. 전에서 말하기를 오늘의 골동은 옛날 홀동의 변한 것이라고 하였다(古器謂之㘬董 說文 㘬古器也呼骨切 箋曰 今謂骨董 㘬蓋之訛也)」

이 밖에도 어육 따위를 밥에 섞어 만든 음식을 골동반(骨董飯)이라고 하는데, 오늘날의 비빔밥과 비슷한 음식이라고 한다.

공곡공음 空谷跫音

빌 空 골 谷 발자국소리 跫 소리 音

《장자》 서무귀(徐無鬼)편

「인적 없는 빈 골짜기에서 들려오는 사람의 발자국소리」라는 뜻으로, 적적할 때 사람이 찾아오는 것을 기뻐하는 마음을 나타내는 말이다. 《장자》 서무귀편에 있는 이야기다.

장 자

은자(隱者)인 서무귀(徐無鬼)는 위(魏)나라의 중신 여상(女商)과 이웃해 살았기 때문에 위나라 무후(武侯)를 배알하게 되었다. 한참 뒤 서무귀가 밖으로 나오자 여상이 물었다.

「선생은 우리 임금에게 무슨 말을 하셨습니까? 나는 지금까지 무후에게 시서예악(詩書禮樂)과 병법에 대하여 수없이 많은 말로 도움을 주었건만, 무후는 이제껏 이렇게 기쁘게 웃는 모습은 보지 못했소. 도대체 무슨 말을 했기에 저렇게 기뻐하신 겁니까?」

그러자 서무귀는 다음과 같이 대답했다.

「나는 개나 말을 감정한 이야기를 했을 뿐이네」

여상이 다시 물었다.

「그것뿐입니까?」

서무귀가 대답했다.

「그대는 저 월나라에 방랑하는 사람의 이야기를 듣지 못했는가? 자기 나라를 떠난 지 며칠 뒤에는 그 친구를 만나면 기뻐하고, 자기 나라를 떠난 지 몇 달이 되면 일찍 자기 나라에서 한 번쯤 본 사람을 만나도 기뻐했다는 것이다. 그래서 다시 몇 년쯤 지나면 자기 나라 사람과 비슷한 사람만 보아도 기뻐한다는 것이다. 저 인가에서 멀리 떨어진 빈 골짜기에 숨어 사는 사람이 잡초가 우거져, 족제비들이 겨우 다니는 소슬길마저 막힌 쓸쓸한 곳에서 헤맬 때면 사람의 발자국 소리를 듣기만 해도 몹시 기뻐하는 것이다(逃空谷者 聞人之足音跫然 而喜矣). 하물며 형제나 친척이 옆에서 말하고 웃고 하는 소리를 들으면 더욱 기쁠 것입니다. 무후께서는 진인(眞人)의 말을 오래도록 들어보지 못했기 때문에 내 이야기를 듣고 몹시 기뻐하신 거라네」

「진인」이란 「참다운 사람」이라는 뜻으로, 모든 것을 자연에 맡기고 무위(無爲)를 일삼고, 이해득실을 벗어나 도(道)에 통달한 사람을 말한다. 경전이나 병법보다 무위자연의 진리를 설파하는 진인의 진언이 더 필요하다는 것을 말한 것이다.

작은 지혜를 버리고 자연과 융화하면 마음의 안정을 얻을 수 있다는 것을 설명했던 것이다. 또 쓸쓸하게 지내고 있을 때 듣는 기쁜 소식, 고독하게 지내고 있을 때 동정자를 얻은 기쁨, 매우 진기한 일, 반가운 일 등을 비유하여 쓰기도 한다.

공명수죽백 功名垂竹帛

공 功 이름 名 드리울 垂 대나무 竹 비단 帛

《후한서》 등우전(鄧禹傳)

이름을 천추에 전함(名傳千秋).

죽 백

「죽백(竹帛)」은 대나무와 비단이란 뜻이지만, 옛날에는 기록을 대나무쪽이나 비단 폭에 해두었기 때문에 그것은 곧 기록이란 말이 된다. 그러므로 공명을 죽백에 드리운다는 말은 공을 세워 이름을 역사에 남긴다는 뜻이다.

《후한서》 등우전에 있는 이야기다.

등우는 후한 광무제(光武帝, 25~57)를 섬긴 어진 신하로서 그는 광무제가 후한 왕조를 다시 세우는 데 크게 이바지한 공신이었다. 등우는 소년 시절 장안으로 가서 공부를 했는데, 그 때 유수(劉秀 : 뒤의 광무)도 장안에 와서 공부하고 있었다.

등우는 아직 나이가 어려서 사람들과 상종하는 일도 별로 없었지만, 유수를 만나자 그가 비범한 사람이란 것을 알고 친교를 청했다. 이리하여 서로 다정하게 지내던 두 사람은 몇 년 후 각자 자기 고향으로 돌아갔다.

새로 신(新)이란 나라를 세운 왕망(王莽, BC 45~A.D. 23)의 폭정에 견디다 못한 백성들은 도처에서 반기를 들고 한나라 왕실을 다시 일으키려는 호걸들 밑으로 모여들었다. 이리하여 한나라 왕실의 후예로 반란군 대장에 추대된 유현(劉玄)이 왕망을 쳐서 죽이고, 갱시장군(更始將軍)에서 다시 황제로 추대되어 장안에 도읍을 정했다.

등 우

이 유현이 바로 갱시제(更始帝)였는데, 이때 많은 호걸들은 등우를 갱시제에게 천거했다. 그러나 등우는 끝내 사양하고 갱시제를 섬기지 않았다. 등우는 갱시제를 하찮은 인물로 보았기 때문이다.

그러나 그동안 유수가 황하(黃河) 이북 땅을 평정하러 떠났다는 말이 들려오자, 등우는 즉시 북으로 황하를 건너가 업(業)이란 곳에서 유수를 만났다. 유수는 뜻하지 않게 다시 만난 그를 몹시 반갑게는 대했지만, 속으로는 벼슬을 부탁하러 왔으려니 했다. 그러나 며칠이 지나도 그런 눈치가 전연 보이지 않았으므로, 유수는 등우에게 멀리 여기까지 자기를 만나러 온 까닭을 조용히 물었다. 등우는 분명히 말했다.

「다만 명공의 위덕이 사해에 더해지기를 바랄 뿐입니다. 나는 미력이나마 바쳐 공명을 죽백에 드리울 뿐입니다(但願明公威德加於四海 禹得效其尺寸 垂功名於竹帛矣)」

광무제

이 말을 듣자, 유수는 마음속으로 회심의 미소를 지었다. 그리고는 등우를 군영에 머무르게 하고 등장군이란 칭호를 주었다. 이때부터 두 사람의 뜻을 합친 새로운 경영이 시작된 것이다.

그 뒤 두 사람은 왕낭(王郞)의 군사를 토벌하기 시작, 먼저 낙양을 함락시켰다. 이때 유수는 지도를 펴 놓고 등우에게 보이며,

「천하에는 이렇게 많은 고을과 나라들이 있는데, 이제 나는 겨우 그 하나를 손에 넣었을 뿐이오」 하고 탄식을 했다. 그러자 등우는,

「지금 천하가 어지러워 사람들의 고생이 극도에 달한지라, 마치 어린아이가 사랑하는 어머니를 그리워하듯 명군(明君)의 출현을 바라고 있습니다. 예부터 천하를 손에 넣는 데는 덕(德)의 후박(厚薄)이 중요하지 영토의 크고 작음은 문제가 아니었습니다」

유수는 이 말에 크게 감동을 받았다. 등우는 언제나 옆에서 유수를 이렇게 격려했다. 또 많은 인재들을 추천했는데, 그가 사람을 보는 눈은 조금도 틀리는 데가 없었다. 그 뒤 오래지 않아 유수는 광무제로서 천자의 위에 올랐는데, 거기에는 등우의 힘이 컸다. 그의 말대로 광무제의 위덕은 사해에 널리 퍼지고, 등우의 공명은 죽백에 드리워졌다.

공석묵돌 孔席墨突

구멍 孔 자리 席 먹 墨 갑자기 突

반고(班固) / 「답빈희(答賓戲)」

「공자의 자리는 따뜻해질 틈이 없고, 묵자의 집 굴뚝에는 그을음이 낄 새가 없다」는 뜻으로, 여기저기 몹시 바쁘게 돌아다님을 비유하여 이르는 말. 《한서(漢書)》의 저자 반고(班固)의 「답빈희(答賓戲)」에 있는 말이다.

끊임없는 전쟁으로 사회가 몹시 불안한 춘추전국시대, 이에 따라 각종 사상이 생겨나고 자신의 이상과 견해를 전파하고자 각국으로 유세를 다니는 사람들이 많았다. 공자(孔子)와 묵자(墨子) 역시 이러한 사람들 가운데 하나였다.

공자는 자신의 학문과 이상을 실현키 위해 제자들을 데리고 많은 제후국들에서 유세하였다. 그리고 노(魯)나라 사람인 묵자는 본시 수공업자 출신으로 백성들의 어려운 삶을 깊게 이해하고 있었다. 그는 「겸애(兼愛)」를 주장하며, 힘만 믿고 약자에게 고통을 주는 전쟁을 반대하였다.

그는 검소하고 청빈한 생활을 하며 저술에 전념하였다. 그는 저서 《묵자(墨子)》 이외에 자연과학 분야에서도 귀중한 연구 결과를 정리하였다.

반고는 공자와 묵자의 이러한 유세활동을 「답빈희」에서 「공자의 자리는 따뜻해질 틈이 없고, 묵자 집의 굴뚝에는 그을음이 낄 새가 없다(孔席不暖 墨突不黔)」라고 표현하였다.

또 《회남자(淮南子)》 수무훈(脩務訓)편과 한유(韓愈)의 쟁신론(諍

臣論)에서도 같은 표현을 하고 있다. 또한 두보(杜甫)는 「발동곡현(發同谷縣)」이라는 시에서 이렇게 노래했다.

청년 묵자

현인은 굴뚝을 그을릴 때까지 있지 못하고
성인도 자리가 따뜻해질 틈 없었네.
하물며 나처럼 굶주리고 어리석은 사람이
어찌 편히 지낼 수 있겠는가?
비로소 이 산중에 들어오고 나서야
수레를 세워 놓는 궁벽함을 좋아했네.
사람이 의식에 내몰리는 것을 어쩌지 못하여
한 해 동안 사방을 떠다녔구나.
근심을 안고 이 아름다운 절경을 떠나니
아득히 먼 길을 걷고 또 걷는구나.

賢有不黔突 聖有不煖席　현유불검돌 성유불난석
況我飢愚人 焉能尙安宅　황아기우인 언능상안택
始來茲山中 休駕喜地僻　시래자산중 휴가희지벽
奈何迫物累 一歲四行役　내하추물누 일세사행역
忡忡去絶境 杳杳更遠適　충충거절경 묘묘경원적

현인과 성인은 묵자와 공자를 가리킨다. 「묵돌불검(墨突不黔)」, 「석불급난(席不及暖)」, 「석불가난(席不暇暖)」이라고도 한다.

공성계 空城計

빌 空 성 城 꾀 計

《삼국지》 촉지(蜀志)

성을 비워 적을 혼란에 빠뜨리는 계책.

《삼국지》 촉지 「제갈량전」에 있는 이야기다.

촉나라 승상 제갈량(諸葛亮)이 양평에 군사들을 주둔시키고 있을 때였다. 어느 날 그는 장수 위연 등을 파견해서 위나라를 공격하게 하고 소수의 군사들만 남겨 두어 성을 지키게 하였다. 이때 위나라 도독 사마의(司馬懿)가 급작스레 대군을 이끌고 쳐들어온다는 급보가 들어왔다. 이 소식을 듣고 성을 지키는 군사들 중 두려워 떨지 않는 이가 없었다.

사태는 아주 긴박하였다. 성을 지키며 싸우자니 싸울 병사의 수는 태부족이고 철수하자니 그럴 수도 없는 일이었다.

그래서 제갈량은 성문을 활짝 열어 놓고 사람들을 시켜 길까지 쓸게 하면서 사마의를 맞이하라고 명령을 내린 다음 자신은 성루에 올라가 단정히 앉아서 거문고를 타기 시작했다.

얼마 후, 사마의가 성 아래까지 쳐들어와 보니 제갈량의 모습이 태연자약한 데다 거문고 소리마저 은은하게 들리는 것이었다. 이에 사마의는 제갈량이 매복전술로 유인하는 줄로만 알고 황급히 물러가고 말았다는 것이다.

나중에 사람들은 제갈량의 그러한 계책을 「공성계」라고 부르게 되었는데, 겉으로는 기세가 당당하지만 실속은 텅 비어 있는 것을 비유하는 데 쓰인다.

공심위상 攻心爲上

칠 攻 마음 心 할 爲 위 上

《양양기(襄陽記)》

상대의 마음을 공략하는 것이 상책이다. 군사력보다 마음으로 싸워 적의 투지를 꺾는 것이 가장 중요하다는 말이다. 삼국시대 촉한(蜀漢)의 정치가이자 전략가인 제갈량(諸葛亮)이 225년에 남만을 정복하러 갈 때 마속(馬謖)은 제갈량에게 말했다.

마 속

「용병의 대원칙은 적의 마음을 치는 것이 상책이고 성을 공격하는 것은 하책이며, 마음으로 싸우는 심리전이 상책이고 군사로 싸우는 전투는 하책입니다(夫用兵之道 攻心爲上 攻城爲下 心戰爲上 兵戰爲下). 그러므로 마음을 정복하는 것이 옳을 듯합니다」

마속은 촉이 남쪽의 소수민족 지역을 정벌하는 데 무력으로 정복하지 않고 유화정책으로 굴복시켜야 한다고 생각하였다. 《손자병법(孫子兵法)》 모공편(謀攻篇)의 상병벌모기차벌교(上兵伐謀其次伐交)는 전략에 통달한 사람은 무기를 쓰지 않고도 적을 이기는데, 그 제일 책은 적의 모략을 타파하는 것, 다음은 적국과 타국과의 교제를 단절시키는 것으로, 싸우지 않고 마음을 공격하여 상대를 복종하게 하는 「공심위상」이 최고의 전략이다.

공옥이석 攻玉以石

칠 攻 구슬 玉 써 以 돌 石

《시경(詩經)》 소아편(小雅篇)

학명어구고(鶴鳴於九皐)

돌을 가지고 옥을 간다는 뜻으로, 하찮은 물건이라도 긴요하게 쓰인다는 것을 이르는 말이다. 쓸모없는 돌이라도 옥을 가는 데에 소용이 된다는 뜻으로, 다른 사람의 하찮은 언행일지라도 자신의 학덕을 연마하는 데에 도움이 된다는 「타산지석(他山之石)」과 통하는 말이다.

《시경》 소아편 학명(鶴鳴)에 이런 구절이 있다.

저기 먼 못가에 학이 우니
그 소리 하늘 높이 울려 퍼지네.
기슭에 나와서 노니는 물고기들
때로는 연못 깊이 숨기도 하네.
즐거우리 저기 저 동산 속에는
한 그루 박달나무 솟아 있어도
닥나무만 그 밑에 자라난다고.

다른 산의 못생긴 돌멩이라도
구슬을 갈 수 있음을.

鶴鳴於九皐 聲聞於天	학명어구고 성문어천
魚在於渚 或潛在淵	어재어저 혹잠재연
樂彼之園 爰有樹檀 其下維穀	악피지원 원유수단 기하유곡
它山之石 可以攻玉	타산지석 가이공옥

왕부기념관 내의 잠부정(潛夫亭)

후한(後漢) 말기의 유학자 왕부(王符)가 중국의 정치에 대하여 쓴 《잠부론(潛夫論)》에도 다음과 같은 내용이 기록되어 있다.

「돌로써 옥을 갈고, 소금으로 금을 닦는데, 물건에는 천한 것으로 귀중한 것을 다스리며, 더러운 것으로써 좋은 것을 만들기도 한다(且攻玉以石 洗金以鹽 物固有以賤理貴 以醜化好者矣)」

이와 같이 대수롭지 않은 물건도 중요한 일에 요긴하게 쓰일 수 있으며, 비록 하찮은 사람일지라도 언젠가 어려움에 처했을 때 꼭 필요할 수 있는 법이니 평소에도 남을 업신여기지 말아야 한다는 교훈이 담긴 성어다.

공자천주 孔子穿珠

구멍 孔 아들 子 뚫을 穿 구슬 珠

《조정사원(祖庭事苑)》

공자가 구슬을 꿴다는 말로, 자기보다 못한 사람에게 모르는 것을 묻는 것이 부끄러운 일이 아님을 말한 것이다. 곧 불치하문(不恥下問)과 같은 말이다.

공자가 진(陳)나라를 지나갈 때의 일이다. 공자는 어떤 사람에게 진귀한 구슬을 얻었는데, 그 구슬에 실을 꿰려고 했지만 아홉 구비나 구부러진 구멍 속으로는 도저히 실이 꿰어지지 않았다. 그래서 공자는 문득 아낙네라면 어렵지 않게 꿸 수 있으리라는 생각에 뽕을 따고 있던 한 아낙에게 그 방법을 물었다. 그러자 아낙은 이렇게 말했다.

「곰곰이 생각해 보십시오. 생각을 곰곰이 해보세요(密爾思之 思之密爾)」

공자는 그 말대로 조용히 차분하게 생각한 끝에 그 뜻을 깨닫고는 무릎을 탁 쳤다. 그리고는 나무 밑에서 분주히 왔다 갔다 하는 개미 한 마리를 붙잡아 그 허리에 실을 잡아맸다. 그런 다음 개미를 구슬 한쪽 구멍으로 밀어 넣고 반대편 구멍에는 꿀을 발라 놓았다. 개미는 꿀을 찾아 이쪽 구멍에서 저쪽 구멍으로 나왔다. 실이 꿰어진 것이다.

공자는 특히 배우는 일을 매우 중요시했으며, 배움에 있어서는 나이의 많고 적음이나 신분의 높고 낮음에 개의치 않았다. 상대가 누구든 가리지 않고 나의 생각과 행동을 다듬는 스승으로 삼은 것이다.

「세 사람이 길을 가면 반드시 나의 스승이 있다(三人行必有我師)」라는 유명한 말 역시 그의 학문 하는 태도를 잘 나타낸 말이다.

공중누각 空中樓閣

하늘 空 가운데 中 다락 樓 누각 閣

《몽계필담(夢溪筆談)》

내용이 없는 문장이나 쓸데없는 의론(議論), 진실성이나 현실성이 없는 일, 허무하게 사라지는 근거 없는 가공의 사물, 기초가 튼튼하지 못해 무너지는 것 등을 비유적으로 나타낸 말.

송대의 학자이며 정치가인 심괄(沈括)이 기이한 일들을 모아 지은 《몽계필담》 이란 책에 다음과 같은 기록이 있다.

등주(登州 : 산동성)는 삼면이 바다로 둘러싸여 있는데, 늦은 봄에서 여름에 걸쳐 멀리 수평선 위로 누각들이 줄을 이은 도시가 보인다. 지방 사람들은 이를 「해시(海市)」 라고 부른다. 그 뒤 청(淸)나라 적호(翟灝)는 그가 지은 《통속편》 속에 심괄의 이 글을 수록한 다음,

「지금 말과 행동이 허황된 사람을 가리켜 공중누각이라고 하는 것은 이것을 말하는 것이다(今稱言行虛構者曰空中樓閣 用此事)」

참된 무엇이 없거나 혹은 비현실적인 이야기나 문장을 「공중누각과 같다」 고 하는 말은 청나라 시대에 이미 있었음을 이 기록으로 알 수 있다. 물론 심괄이 말한 바다의 도시(海市)란 것은 수평선 멀리 나타나는 신기루(蜃氣樓)를 보고 한 말인데, 신기루에 대해서는 이미 오래전 기록에 나타나 있다. 《사기》 천관서(天官書)에, 「신기(蜃氣)는 누대(樓臺)의 모양을 하고 있는데, 넓은 들의 기운이 흡사 궁궐을 이룩하고 있다」 라고 적혀 있다. 「공중누각」 이란 이같이 자연현상을 두고 기록한 것인데, 이를 이해하지 못한 사람들이 실제로 있을 수 없는 일이라고 보고 실현 가능성 없는 일을 비유해 쓰이고 있다.

공휴일궤 功虧一簣

공 功 이지러질 虧 한 一 삼태기 簣

《서경(書經)》 여오편(旅獒篇)

「공이 한 삼태기로 허물어졌다」는 뜻으로, 거의 성취하여 가는 일을 그만 중단했기 때문에 모두 허사가 말았음을 이르는 말.

《서경》 여오편에 있는 이야기다.

「……아홉 길 산을 만드는 데 일(功)이 한 삼태기(簣)로 무너진다」라고 한 데서 비롯된다.

여오편은, 주(周)나라 무왕이 은(殷)나라 주왕(紂王)을 무찌르고 새 왕조를 열어, 그 위력이 사방의 이민족에게까지 미치게 되었을 때, 서쪽에 있는 여(旅)라는 오랑캐 나라에서 오(獒)라는 진기한 개를 선물로 보내 왔다.

오는 키가 넉 자나 되는 큰 개로 사람의 말을 잘 알아듣고, 또 사람이나 짐승을 잘 덮친다 해서 무왕은 몹시 기뻐하며 그 개를 아주 소중히 길렀다. 그래서 무왕의 아우인 소공(召公) 석(奭)이 무왕이 혹시 그런 진기한 것들에 마음이 끌려 정치를 등한히 하지나 않을까 하는 염려에서 일깨워 말한 것이다.

그 앞부분서부터 한 말을 소개하면,

「슬프다, 임금 된 사람은 아침부터 저녁까지 잠시라도 게으름을 피워서는 안된다. 아무리 사소한 일이라도 이를 조심하지 않으면 마침내 큰 덕(德)을 해치기에 이르게 된다. 예를 들어 흙을 가져다가 산을 만드는데, 이제 조금만 일을 계속하면 아홉 길 높이에 이르게 되었을 때, 이제는 다 되었다 하고 한 삼태기의 흙 운반하기를 게을리

주 무왕

하게 되면 지금까지의 애써 해 온 일이 모두 허사가 되어버리고 만다」라고 했다는 것이었다.

이와 비슷한 말은 공자도 하고 있다. 《논어》 자한편(子罕篇)에 보면,

「비유하자면 그것은 마치 산을 만드는 것과 같다. 비록 한 삼태기로 이루지 못했더라도 그만둔 것은 내가 그만둔 것이 아니겠는가」 라고 나와 있다.

그런데 아홉 길 산이 한 삼태기 흙으로 못 쓰게 된다는 비유는 적절하지 못하다는 평도 있다. 그것에 비해 맹자가 말한 아홉 길 우물의 비유는 훨씬 실감을 준다 하겠다.

《맹자》 진심편 상(盡心篇上)에서 맹자는 이렇게 말하고 있다.

「어떤 일을 하는 것은, 비유하면 우물을 파는 것과 같다. 우물을 아홉 길을 파 들어가다가 샘에까지 이르지 못하고 그만두면 그것은 우물을 버린 것과 같다」

한 삼태기의 흙만 더 파내면 샘이 솟아나게 되어 있다 하더라도, 거기까지 계속해 파내려가지 못하고 도중에 그만두어 버리면 아홉 길을 파 내려간 지금까지의 노력을 포기한 거나 다름이 없으니, 그야말로 「공휴일궤」가 아닐 수 없다. 무슨 일이든 끝을 내지 못하면 아무 소용이 없는 것이다.

과목불망 過目不忘

지날 過 눈 目 아닐 不 잊을 忘

《삼국지(三國志)》

눈에 스쳐 지나가면 잊지 않는다는 뜻으로, 한번 본 것은 잊어버리지 않는다는 말.

한중(漢中)의 장로(張魯)가 익주(益州)의 유장(劉璋)을 침략하려 할 때 익주 별가 장송(张松)이 조조(曹操)에게 구원을 청하러 갔다.

장송은 자는 영년이다. 그는 생김새가 괴상해서 이마는 툭 튀어나오고 머리는 뾰족 솟았으며 코는 납작하고 이는 뒤틀려 난데다가 키도 5척이 채 못 되었다. 그러나 목소리는 큰 종소리만큼 우렁찼다.

장송이 허도에 도착하여 조조를 만났으나, 조조가 장송이 이상하게 생긴 데다 말씨조차 불손하여 물리쳤다. 이때 조조 휘하의 양수(楊脩)가 장송을 만나 서로 말로써 상대를 제압하려고 했다. 양수는 조조의 병법과 학덕을 자랑하며 조조가 지은 《맹덕신서(孟德新書)》를 보여주었다. 장송이 책을 받아들고 첫 장부터 끝까지 훑어보니 모두 용병법에 관한 내용이었다. 장송이 물었다.

「그래 공은 이 책을 어떻게 보시오?」

양수가 비로소 득의양양하여 말했다.

「이 책은 승상께서 옛것을 참작하여 저술하신 것이오. 공은 우리 승상께 재주가 없다고 업신여겼으나 이만하면 후세에 전할 만한 책이 아닙니까?」

장송이 호탕하게 웃으며 대꾸했다.

「이 책은 우리 촉땅에서는 삼척동자도 다 외고 있는데, 새로 지은

조 조

책이라니 무슨 소리요? 이 책은 전국시대에 어느 무명씨가 지은 것이오. 조승상은 도적질에 능하니 그를 표절해서 자신이 지은 것처럼 그대를 속인 것이오」

양수는 도무지 믿을 수 없다는 표정으로 되물었다.

「그럴 리 없소. 이 책은 승상이 비장하고 세상에 내놓지 않았는데, 촉의 삼척동자도 다 외고 있다니, 어찌 그대가 승상을 이렇듯 업신여긴단 말이오?」

「내 말을 못 믿겠다면 내가 한 번 외워 보지요」

장송은 이렇게 말하고는 《맹덕신서》의 내용을 처음부터 끝까지 낭랑하게 읊었다. 거침없이 외는 그 소리를 들으니 일자일획도 틀리지 않는다. 양수는 놀라는 한편으로 장송에게 탄복하고 말았다.

「공은 눈으로 한번 본 것은 잊어버리지 않으니 정말로 천하의 뛰어난 재주를 지닌 사람이오!(公過目不忘 眞天下之奇才也)」

장송의 유창한 달변과 박학다식함에 놀란 양수는 조조에게 장송을 천거하면서 《맹덕신서》를 한 번 보고 암송하는 기억력이 매우 뛰어난 사람이라고 하였다. 그러나 조조는 자신의 약점을 낱낱이 말한 장송을 몽둥이로 때려서 내쫓았는데, 유비(劉備)를 찾아가 환대를 받은 장송은 유비에게 익주를 차지해 패권을 잡으라고 권하였다고 전해진다. 널리 듣고 보고 잘 기억한다는 뜻의 박문강기(博聞强記)와 같은 말이며, 한번 본 것은 평생 잊지 않을 만큼 기억력이 뛰어난 것을 말한다.

과문불입 過門不入

지날 過 문 門 아닐 不 들 入

《맹자》 이루편(離婁)

자기 집 문 앞을 지나면서도 문 안으로 발을 들여놓지 않고 그대로 지나친다는 뜻으로, 나라를 위하여 집안을 잊음 또는 공적인 일을 위하여 사사로운 일을 잊어버림을 비유한 말.

안 회

「우(禹)와 직(稷)이 태평한 세상을 만났으면서도 세 차례씩이나 자기 집 문 앞을 지나면서 들어가지 아니 하셨는데(三過其門而不入), 공자께서 어질게 여기셨다. 안회는 난세를 만나 누추한 골목에 살면서 한 대그릇의 밥과 한 표주박의 물(一簞食一瓢飮)로 연명하였다. 사람들은 그러한 근심을 견디지 못하지만, 안회는 그것을 즐거움으로 여겼으므로, 공자께서는 그를 현명하게 여기셨다」

「과문불입」은 이 글 가운데 「삼과기문이불입(三過其門而不入)」에서 나온 말이다. 이렇듯 우(禹)와 직(稷)은 태평성대임에도 불구하고 집안일도 잊은 채 공무(公務)에 힘쓰는 것을 일러 「과문불입」이라고 한다.

그리고 「한 대그릇의 밥과 한 표주박의 물(一簞食一瓢飮)로 연명하였다」라고 한 데서 「일단사일표음(一簞食一瓢飮)」 또는 「단사표음(簞食瓢飮)」이라는 성어가 생겨나게 된 것이다.

과·유불급 過猶不及

지나칠 過 오히려 猶 못할 不 미칠 及

《논어》 선진편(先進篇)

여러 가지 면에서 깊은 뜻이 있는 말이다. 경우에 따라서는 지나침이 미치지 못함만 못할 수도 있다. 배부름이 배고픔보다 물론 좋지만, 배가 너무 부르면 병이 나게 된다.

공 자

《논어》 옹야편에 나오는 이야기다.

어느 날, 제자 자장(子張)이 공자에게 이렇게 물었다.

「선비로서 어떻게 하면 『달(達)』이라고 말할 수 있습니까?」

그러자 공자는 반대로 자장에게 물었다.

「네가 말하는 『달』이란 것은 무엇을 말하는 것이냐?」

「제후를 섬겨도 반드시 그 이름이 나고, 경대부(卿大夫)의 사신(私臣)이 되어도 또한 그 이름이 나는 것을 말합니다」

「그것은 『문(聞)』이지 『달』은 아니다. 본성이 곧고 의(義)를 좋아하며, 말과 안색으로 상대편의 마음을 들여다보고 신중히 생각하여 타인에게 공손하며, 그 결과 제후를 섬기든, 경대부의 사신이 되든 그르치는 일이 없어야 『달』이라고 말할 수 있다. 그런데 인덕 있는 체하면서 도에 어긋나는 짓을 하고, 그리고서도 그에 만족하고 의심치 않는다면, 제후를 섬기든 경대부의 사신이 되든 군자라고까지 불리어진다. 이것을 『문』이라고 하는 것이다」

자 장

공자는 자장의 허영심을 꺾으려 했던 것이다. 그러자 이번에는 자공(子貢)이 공자에게 물었다.

「사(師 : 子張의 이름)와 상(商 : 子夏의 이름)은 누가 어집니까?」

「사는 지나치고 상은 미치지 못한다」 하고 공자가 대답했다.

「그럼 사가 낫단 말씀입니까?」 하고 반문하자, 공자는,

「지나침은 미치지 못함과 같다(過猶不及)」 고 말했다.

《논어》 선진편(先進篇)에 있는 말이다.

자장과 자하는 《논어》의 기록을 통해 볼 때 퍽 대조적인 인물이었다. 자장은 기상이 활달하고 생각이 진보적이었는 데 반해 자하는 만사에 조심을 하며 모든 일을 현실적으로만 생각했다.

친구를 사귀는 데 있어서도, 자장은 천하 사람이 다 형제라는 주의로 모든 사람을 동등하게 대했는데, 자하는 「나만 못한 사람을 친구로 삼지 말라」 고 제자들에게 가르쳤다.

그러나 공자가 말한 「과유불급」은, 굳이 두 사람에게 국한된 것

자 하

이 아니고 일반적인 원칙을 말한 것이다. 그러면 그 지나치다, 혹은 미치지 못한다 하는 표준은 어디에 두어야 할 것인가. 그것은 한 마디로 중용(中庸)인 것이다. 미치지 못하지도 않고 지나치지도 않은 중용이란 말은 다시 시중(時中)이란 말로 표현된다. 시중은 그때그때 맞게 한다는 뜻이다.

어제의 중용이 오늘에도 중용일 수는 없다. 이것이 꼭 옳다, 이렇게 하는 것이 영원불변의 진리다 하는 것은 있을 수 없는 것이다. 그것은 손으로 만져 쥐어 보일 수도 없는 것이다. 모든 것을 환히 통해 아는 성인이 아니고서는 이 시중을 행할 수 없는 것이다. 그러기에 공자는 말하기를, 천하도 바로잡을 수 있고, 벼슬도 사양할 수 있고, 칼날도 밟을 수 있지만, 중용만은 할 수 없다고 했다.

「과유불급」이란 말과 중용이란 말을 누구나 입으로 말하고 있지만, 공자의 이 참뜻을 안 사람은 드물다. 공자를 하늘처럼 받들어 온 선비란 사람들이 고루(古陋)한 형식주의와 전통주의에 빠져 시대를 그릇 인도하고 나라를 망치게 한 것도 이 과유불급과 중용의 참뜻을 이해하지 못한 때문이었다.

과전불납리 瓜田不納履

외 瓜 밭 田 아니 不 들일 納 신 履

《문선(文選)》「군자행(君子行)」

남에게 혹시라도 의심받을 만한 행동은 하지 않는 것이 좋다.

양(梁)나라의 소통(蕭統 : 昭明太子)이 진(秦)·한(漢)나라 이후 제(齊)·양나라의 대표적인 시문을 모아 엮은 책인 《문선》 악부 고사(古辭) 네 수 중의 「군자행」에 있는 말이다.

소통(소명태자)

악부는 시체(詩體)의 한 가지로, 원래는 한나라 때 있던, 음악을 보존하고 연주하는 관청의 이름이었는데, 나중에는 악부에서 취급하는 노래를 가리켜 말하게 되었고, 다시 나아가서 관청과는 상관없이 음악에 실려 불리는 가사를 그렇게 부르게 되었고, 혹은 원래 있던 제목을 빌어 새로운 가사를 짓기도 하고, 음악과는 직접 관계없는 시로써 창작되기도 했다. 그러나 그 제작 방법과 내용과 분위기에 어딘가 가곡적인 경향을 지니고 있는 것이 보통이다.

고사(古辭)란, 작자가 알려져 있지 않은 민간의 가곡을 말하는데, 여기에 나오는 「군자행」은 민간의 가곡으로서는 그 내용이 적당치 않은 것 같다. 아무튼 「군자행」은 군자가 세상을 살아가는 태도를 말한 노래다.

군자는 미연을 막아
혐의 사이에 처하지 않는다.
외밭에서 신을 고쳐 신지 않고
오얏나무 밑에서 갓을 바로잡지 않는다.
형수와 시아주버니는 손수 주고받지 않고
어른과 아이는 어깨를 나란히 하지 않는다.
공로에 겸손하여 그 바탕을 얻고
한데 어울리기는 심히 홀로 어렵다.
주공은 천한 집 사람에게도 몸을 낮추고
입에 든 것을 토해 내며 제대로 밥을 먹지 못했다.
한 번 머리 감을 때 세 번 머리를 감아쥐어
뒷세상이 성현이라 일컬었다.

君子防未然 不處嫌疑間 군자방미연 불처혐의간
瓜田不納履 李下不整冠 과전불납리 이하부정관
嫂叔不親授 長幼不比肩 수숙불친원 장유불비견
勞謙得其柄 和光甚獨難 노겸득기병 화광심독난
周公下白屋 吐哺不及餐 주공하백옥 토포불급찬
一沐三握髮 後世稱聖賢 일목삼악발 후세칭성현

시의 앞부분 반은 남의 혐의를 받을 만한 일을 하지 말라는 것을 말했고, 뒤의 반은 공로를 자랑하지 말고 세상 사람들을 겸허하게 대하라는 것을 말하고 있어 시의 내용이 통일되어 있지 않다. 시의 내용을 순서에 따라 설명하면,

군자는 사건이 생기기 전에 미리 이를 막아야 한다. 남이 의심할

만한 그런 상태에 몸을 두어서는 안된다. 참외 밭 가에서 신을 고쳐 신는 것은 참외를 따러 들어가려는 것으로 오인을 받기 쉽다.

또 오얏나무 밑에서 손을 올려 갓을 바로 쓰거나 하면 멀리서 보면 흡사 오얏을 따는 것으로 보이기 쉽다. 형수 제수와 시숙 사이에는 물건을 직접 주고 받고 하는 일이 없어야 하고, 어른과 손아래 사람이 어깨를 나란히 하고 걸어가면 예의를 모른다는 평을 듣게 된다.

주공 단

자기의 수고를 내세우지 말고, 항상 겸손한 태도를 취하는 것이 군자의 본바탕을 지키는 일이며, 가장 어려운 일은 자기의 지혜나 지식을 자랑하지 말고, 세속과 함께 하여 표 없이 지나는 일이다.

옛날 주공(周公)은 재상의 몸으로 아무 꾸밈이 없고 보잘것없는 집에 사는 천한 사람에게도 몸을 낮추었고, 밥을 먹을 때 손님이 찾아오면 입에 넣었던 밥을 얼른 뱉고 나아가 맞았으며, 머리를 감을 때 손님이 찾아와서 세 번이나 미처 머리를 다 감지 못하고 머리를 손으로 감아 쥔 채 손님을 맞은 일이 있었다. 그러기에 후세 사람들은 주공을 특히 성현으로 높이 우러러보게 된 것이다, 라는 뜻이 된다.

옛날 천자문을 다 떼고, 처음 시를 배울 때 읽는 책으로, 《천고당

유공권

음(天高唐音)》이란 것이 있었다. 첫머리에 「하늘이 높으니 해와 달이 밝고(天高日月明), 땅이 두터우니 풀과 나무가 난다(地厚草木生)」는 글귀가 나오기 때문에 붙은 이름이다.

이 책에는 「외밭에서 신을 고쳐 신지 않고」는 그대로인데, 「오얏나무 밑에서 갓을 바로잡지 않는다」는 글귀는 「않는다」 대신 「말 막(莫)」으로 되어 있다. 즉 부정관(不整冠)이 아닌 「막정관(莫整冠)」으로 되어 있는 것이다. 不를 나란히 쓰는 것을 피하기 위해서 그런 것 같다.

또 《당서(唐書)》 유공권전(柳公權傳)에 다음과 같은 이야기가 있다.

당나라 문종황제가 곽민이라는 사람을 빈영지방의 지방장관에 임명했다. 당시 적지 않은 사람들이 이것은 곽민이 딸 둘을 대궐에 들여보냈기 때문이라고 수군댔다. 이에 황제는 유공권에게,

「곽민의 두 딸은 태후를 뵙기 위해서 입궐한 것이지, 짐과는 아무런 상관도 없노라」라고 말했다. 그러자 유공권은,

「참외밭이나 오얏나무 밑에서의 혐의를 어찌 집집마다 다 알릴 수 있겠습니까(瓜李之嫌 何以戶曉)?」라고 대답했다.

과·즉물탄·개 過則勿憚改

허물 過 곧 則 말 勿 꺼릴 憚 고칠 改

《논어》 학이편(學而篇)

잘못이 있으면 즉시 고치기를 꺼리지 말라.

《논어》 학이편에 나오는 말로, 잘못을 고친다는 개과(改過)도 여기서 나온 것이다. 잘못을 저질렀다고 후회만 하지 말고 그것을 빨리 바로잡아야만 다시는 같은 잘못을 저지르지 않는다는 뜻이다. 남의 이목을 두려워해서 이것을 얼버무린다든가 감추려고 한다면 다시 과오를 저지르는 잘못을 범한다는 말이다.

공자는 군자의 수양에 대해 이렇게 말한 적이 있다.

「군자는 진중하지 않으면 위엄이 없고, 학문을 익혀도 견고하지 못하며, 오직 충성과 믿음으로 중심을 삼되 자기만 못한 사람은 사귀지 않으며, 허물이 있으면 이를 고치기를 주저하지 않는다(君子不重則不威 學則不固 主忠信 無友不如己者 過則勿憚改)」

과실에 대한 이러한 자기반성은 유교에서 「천선(遷善 : 선으로 옮겨감)」, 「진덕(進德 : 덕으로 나아감)」의 자기수양으로 중시되어 왔다. 자기의 잘못을 잘 아는 것도 어려운 일이지만, 그것을 곧 깨닫고 고쳐 나가는(改過) 과단과 솔직은 한층 더 어려운 일이다.

그러므로 공자는 허물 고치기를 꺼려하지 말라고 곳곳에서 강조하고 있는 것이다. 특히 왕수인(王守仁) 같은 유학자는,

「현자(賢者)라 하더라도 잘못이 없을 수 없지만, 그가 현자가 될 수 있는 까닭은 바로 능히 잘못을 고치는 데 있다」 라고까지 개과를 강조하고 있다.

관견 管見

대롱 管 볼 見

《장자(莊子)》 추수편(秋水篇)

좁은 소견, 넓지 못한 식견, 자기 소견의 겸사말.

「관견(管見)」은 붓대롱 속으로 내다본다는 뜻으로, 역시 바늘구멍 같은 좁은 소견을 말한다. 자기가 보는 것만을 전부인 줄로 알고 있는 사람을 가리켜 「우물 안 개구리」라고 하는데, 우물 안 개구리에 대해서는 「정중지와(井中之蛙)」에 가서 다시 설명하겠지만, 다 비슷한 의미로 쓰이는 말이다. 붓대롱 속으로 하늘을 내다보면 그 시야가 좁을 것은 말할 것도 없다. 그래서 흔히 겸사하는 말로 자신의 의견을 가리켜 「관견」이라 한다. 「나의 관견으로는」 하고 말하는 것이다.

《장자》 추수편에 나오는 위모(魏牟)와 공손룡(公孫龍)의 문답 가운데서,

「그는 아래로는 땅 속 깊이 발을 넣고, 위로는 허공에까지 높이 올라 있어 남·북쪽도 없이 사방 만물 속에 꽉 차 있다. 또 헤아릴 수 없이 넓고 큰 경지에 잠겨 있어, 동·서도 없이 현명(玄冥)에 비롯해서 대통(大通)에 이르러 있다. 그런데 그대는 허둥대며 좁은 지혜로 이를 찾으려 하고, 서툰 구변으로 이를 밝히려 한다. 이는 곧 붓대롱을 가지고 하늘을 바라보고, 송곳을 가지고 땅을 가리키는 것이니 또한 작다 아니하겠는가(是直用管窺天 用錐指地也 不亦小乎)」 하는 위모의 말이 있다.

여기에 나오는 「그」는 장자(莊子)를 말한다. 이 「용관규천(用管

왕헌지 서화작품

窺天)」 즉 붓대롱을 통해서 하늘을 바라본다는 말에서 「관견」 이란 말이 생겨난 것이다. 한 부분만을 보고 전체를 보지 못하는 좁은 시야와 지식 등을 말한 것이다.

또 「관중규표(管中窺豹)」 라는 말이 있다. 「대나무 대롱을 통해서 표범을 본다」 는 말이다.

진(晋)왕조 때의 유명한 서예가 왕희지(王羲之)의 아들 왕헌지(王獻之)가 아홉 살 나던 해의 일이었다.

어느 날, 왕희지의 제자들이 모여앉아 지금의 카드놀이와 비슷한 유희를 즐기고 있었다. 왕헌지는 그 유희에 대해서 잘 알지 못하면서도 곁에서 제법 훈수를 두는 것이었다. 이에 왕희지의 제자들은 「도련님이 참나무 대롱으로 표범을 보는 식으로 표범의 전신은 보지 못하고 하나의 반점만 본다(管中窺豹 時見一斑)」 고 말하면서 나무랐다고 한다.

여기서 성구 「관중규표(管中窺豹)」 는 두 가지 뜻으로 쓰인다.

하나는 식견이 좁다는 뜻으로, 또 다른 하나는 자기의 견해가 전반적이지 못하다는 것을 겸손하게 표시하는 말로 「관견(管見)」 이라고도 한다. 그리고 그 어떤 일반적인 사례를 통해 사람들로 하여금 다른 것을 추리하여 전체를 알게 하는 것을 가리켜 일반(一斑), 약견일반(略見一斑), 또는 가견일반(可見一斑)이라고도 한다.

관규려측 管窺蠡測

피리 管 엿볼 窺 표주박 蠡 잴 測

《한서(漢書)》 동방삭전(東方朔傳)

대롱으로 하늘을 보고 호리병박으로 바닷물의 양을 잰다는 뜻으로 사물에 대한 이해나 관찰이 매우 좁거나 단편적임을 비유한 말.

한무제 때 기인 동방삭(東方朔)은 자신의 재능에 자부심을 가지고 있었지만, 무제에게 중용되지 못하였다. 동방삭은 자신이 능력은 있으나 황제에게 크게 쓰이지 못한 삶에 대한 분개를 「답객난(答客難)」이라는 글에서 토로하였다. 「답객난」은 한 손님이 묻고 주인인 동방삭이 대답하는 형식으로 이루어진 한 편의 부(賦)이다. 어떤 손님이 찾아와 동방삭에게 물었다.

「소진이나 장의는 만승(萬乘)의 제후를 한 번 만나자마자 경상(卿相)의 자리를 거머쥐었고 그 은덕이 후세에까지 미쳤소이다. ……그대는 스스로 지혜와 능력이 해내(海內)에 짝할 이가 없다고 자부했으니 박학하고 구변 좋고 지혜롭다 이를 만하오. 그러나 온 힘을 다하고 충성을 바쳐 성스런 천자를 섬긴 지 수많은 세월이 지났음에도 불구하고 관직은 시랑(侍郎)을 벗어나지 못하고, 지위는 창을 잡고 경비 서는 기문(期門)을 넘지 못하니 혹시 잘못된 행실이라도 있는 것이 아니오? 친형제도 머물러 살 곳이 없으니 그 연고가 무엇이오?」

동방삭은 장탄식을 하고서 대답했다.

「그 속에 담긴 연유는 당신이 다 알 수 있는 것이 아니라네. 그때는 그때고 지금은 지금이니 어찌 똑같이 이야기할 수 있겠나? 대저 소진과 장의의 시대는 주(周)나라 왕실이 크게 붕괴되어 제후들이 죄

동방삭

회를 드리지 않고 힘으로 징벌하고 권력을 다투어 서로 무력으로 침략하여 12개 제후국으로 합병이 되어서 자웅을 가릴 수가 없었네. 이때는 인재를 얻은 자가 강성해지고 인재를 잃은 자는 망하는 때라 유세하는 선비가 횡행할 수밖에 없었네. 그래서 그들의 몸은 높은 지위를 누리고 진귀한 보물은 집 안에 가득 찼으며, 밖으로는 곡식창고가 있었으며, 그 은택이 후세에까지 미쳐 자손들이 오래도록 향유하게 되었네. 그러나 지금은 사정이 그와 같지 않다네. ……지금은 천하가 통일되어, 황제가 어루만지면 안정을 찾고, 뒤흔들면 괴로움을 겪고, 높이 올려주면 장군이 되고, 낮추어 놓으면 포로가 되며, 높이 천거하면 청운(青雲) 높이 올라앉게 되고, 억누르면 깊은 연못 밑으로 가라앉게 되네. 사람을 기용하면 범이 되고, 쓰지 아니하면 쥐가 되니, 비록 있는 힘을 다해 충성을 바치고자 하여도 어디에서 재주를 발휘하겠는가? ……만약 소진이나 장의가 나와 더불어 오늘날 함께 태어났다면 장고(掌故 : 낮은 관직 이름) 같은 벼슬도 못했을 텐데 어떻게 감히 시랑(侍郎)을 바라기나 하겠는가? 그렇기 때문에 때가 다르고 일이 다르다고 하는 것이라네. ……속어에, 『대롱으로 하늘을 엿보고, 표주박으로 바닷물을 헤아리고, 풀줄기로 종을 친다(以管窺天 以蠡測海 以竿撞鍾)고 하더니 그래 가지고야 어떻게 하늘의 조리를 관통하여 보고, 바다의 이치를 알아내며, 종소리를 낼 수가 있겠는가?」

관·규추지 管窺錐指

대롱 管 엿볼 窺 송곳 錐 가리킬 指

《장자(莊子)》 추수편(秋水篇)

공손룡

대롱으로 엿보고 송곳이 가리키는 곳을 살핀다는 뜻으로, 작은 소견이나 자기 견해를 겸손하게 말하는 경우를 비유하는 말이다. 《장자》 추수편에 있는 말이다.

전국시대 조(趙)나라의 사상가 공손룡(公孫龍)은 장자의 학설을 배우고 나서 위(魏)나라의 위모(魏牟)에게 장자의 학문에 감탄하였다고 말했다. 공손룡은 명가(名家)의 한 사람으로 손꼽히며, 또한 그의 논술을 궤변이라고 하지만, 단순한 궤변이 아니라 당시의 혼란한 사회를 질서 있는 사회로 돌이키려고 하는 의욕을 찾아볼 수 있다. 위모는 식견이 높은 장자에 비해 작은 소견을 지닌 공손룡을 일러, 「관을 통해 하늘을 보고 송곳으로 땅을 가리키며 하늘과 땅의 넓이를 살피는 것과 같다(用管窺天 用錐指地)」 라고 하였다.

보고 들어서 얻은 지식과 학문상의 식견이 좁거나 자신의 의견에 대하여 겸손하게 표현할 때 사용하는 말이다.

대롱으로 보고 소라껍데기로 바닷물의 양을 잰다는 뜻의 「관규려측(管窺蠡測)」 과 같은 의미다.

관·맹상제 寬猛相濟

너그러울 寬 사나울 猛 서로 相 건널 濟

《춘추좌씨전》

백성을 다스리는 데 있어서 너그럽기만 하면 백성의 마음이 해이해지고 너무 엄하게 다스리면 민심이 이반하므로 관용과 위엄을 병용해서, 치우쳐 생기는 폐단을 없앰. 너그러움과 엄격함이 서로 조화를 이루어야 한다는 것을 이르는 말.

춘추시대 정(鄭)나라의 혁신파 정치가인 공손교(公孫喬 : 정 자산)는 귀족들의 권력을 타파하고 토지제도와 군사제도를 개혁하여 나라의 기틀을 바로잡고 국력을 증강하였다.

자산(子産)이 병이 나자 공자 대숙에게 강경한 정책으로 백성을 억압하기는 쉽지만, 지나치게 관대한 정책으로 민심을 얻기는 어렵다고 말하고, 먼저 너그러운 정치를 한 뒤에 엄격해야 함을 강조하였다.

공손교가 죽자 그의 뒤를 이은 자태숙은 관대한 정치를 하였는데 사회의 혼란으로 백성들의 봉기가 일어나 엄하게 다스렸다. 이 소식을 들은 노(魯)나라의 공자가 말했다.

「정책이 관대하면 백성들이 경박해지고, 경박해지는 백성을 바로잡으려면 정책이 엄격해야 하며 너그러움과 엄격함의 결합이 적절한 정책이다(善哉 政寬則民慢 慢則糾之以猛 猛則民殘 殘則施之以寬 寬以濟猛 猛以濟寬 政是以和)」

관인대도 寬仁大度

너그러울 寬 어질 仁 클 大 법도 度

《사기》 고조본기(高祖本紀)

마음이 너그럽고 인자(仁慈)하며 도량이 넓음.

《사기》 고조본기에 있는 말이다.

「관대하고 어질며 남을 사랑하고 베풀기를 좋아하였으며 뜻이 넓게 트였다. 항상 큰 도량을 지니고 있어 집안사람들이 하는 생산 작업을 일삼지 않았다(寬仁而愛人喜施 意豁如也 常有大度 不事家人生產作業)」

《사기》 원문에는 「관」 자는 없다.

「물이 맑으면 큰 고기가 모이지 않는다(水至淸則無魚)」 라는 속담처럼 남을 수하에 거느리기 위해서는 위엄과 술수도 필요하지만 넉넉한 도량이 가장 좋다.

용서하고 이해하며 그들의 생각을 공감할 때 비로소 큰 인물들이 심복이 되어 들어오는 것이다.

《중용》 제17장에 보면 「때문에 큰 덕은 반드시 그 지위를 얻을 것이고 그 녹을 받을 것이며, 그 이름을 얻을 것이고, 그 목숨을 유지할 수 있을 것이다(故大德 必得其位 必得其祿 必得其名 必得其壽)」는 말이 나오는데, 바로 관인대도한 마음이 낳은 효과라고 할 것이다.

관포지교 管鮑之交

대롱 管 절인어물 鮑 의 之 사귈 交

《사기》 관안열전(管晏列傳)

친구 사이의 매우 다정하고 허물없는 교제.

「막역지우(莫逆之友)」란 말과도 같은데, 약간 다른 점이 있다. 「막역지우」를 참고로 비교해 보면 알 수 있다. 관포(管鮑)는 춘추시대 제나라의 관중(管中)과 포숙아(鮑叔牙) 두 사람의 성을 따서 한 말인데, 이 두 사람의 우정은 우리가 본받아야 할 위대한 점을 지니고 있다.

《사기》 관안열전에 있는 이야기다.

관중과 포숙아는 젊었을 때부터 친구였다. 처음에는 둘이서 장사를 했다. 포숙아는 자본을 대고, 관중은 경영을 담당했다. 포숙아는 모든 것을 관중에게 일임하고 일체 간섭하는 일이 없었다. 기말 결산에 이익 배당을 할 때면 관중은 언제나 훨씬 많은 액수를 자기 몫으로 차지하곤 했다. 포숙아는 많다 적다 한 마디 말하는 법이 없었다.

관 중

그 당시의 관례로서는 자본주가 더 많이 차지하거나, 아니면 똑같이 분배하는 것이 보통이었다. 그런데 관중은 월급은 월급대로 받고, 용돈은 용돈대로 써 가며 이익 배당은 자기 앞으로 더 큰 몫을 돌려놓는 것이었다. 밑에 일 보는 사람들이 속으로 불평을 하는 것도 당연했

관포분금도(管鮑分金圖, 淸, 孔昭明)

다. 그들은 포숙아의 너무도 무관심한 태도가 안타까웠다. 그래서 간부 몇 사람이 포숙아를 찾아가 관중의 처사가 틀렸다는 것을 흥분해 가며 늘어놓았다. 그러나 포숙아는 아무렇지도 않게,

「그 사람은 나보다 가족이 많다. 그리고 어머님이 계신다. 그만한 돈이 꼭 필요해서 그러는 것이 아니겠는가. 내가 일일이 신경을 써 가며 보살피기보다는 그가 필요한 대로 알아서 쓰는 것이 얼마나 서로 편리한 일인가. 그 사람이 만일 돈에 욕심이 있어서 그런다면 내가 트집을 잡으려고 해도 잡을 수 없게끔 얼마든지 돈을 가로챌 수 있을 것이다」

포숙아의 관중에 대한 이해와 아량도 놀라운 일이지만, 포숙아의 그 같은 속마음을 환히 들여다보며 이렇다 할 말 한 마디 없이 제 돈 쓰듯 하는 관중의 태도도 보통 사람으로서는 할 수 없는 일이다. 그 뒤 관중은 독립해서 여러 가지 일을 시작해 보았으나 번번이 실패를 거듭할 뿐이었다. 사람들은 관중의 무능함을 비웃었다. 그러나 그때마다 포숙아는 관중을 이렇게 변명해 주었다.

「그것은 관중이 지혜가 모자라서 그런 것이 아니다. 아직 운이 없어서 그런 것이다」

그 뒤 관중은 포숙아와 함께 벼슬길로 들어가게 되었다. 그러나 관중은 그때마다 사고를 저지르고 그 자리에서 물러나지 않으면 안

관포사(管鮑祠)

되었다. 사람들이 관중을 모자라는 사람으로 수군거리면 포숙아는 또 이렇게 변명을 해 주었다.

「관중이 무능해서 그런 사고를 저지르는 것이 아닐세. 아직도 때를 만나지 못한 때문이야」

그 뒤 관중은 포숙아와 함께 장수로서 전쟁터에 자주 나가곤 했다. 그런데 관중은 진격할 때면 언제나 뒤에 처지고, 패해 달아날 때면 누구보다 앞장서곤 했다. 사람들이 관중을 겁쟁이라고 손가락질을 하면 포숙아는 또 이렇게 그를 변명해 주었다.

「관중이 겁이 많아 그런 게 아닐세. 늙은 어머님이 계시기 때문이야」

그 뒤 제나라는, 양공(襄公)의 문란한 정치로 언제 무슨 일이 일어날지 알 수 없는 상태로 변해 갔다. 관중은 포숙아에게 「제나라에 변이 일어났을 때 뒤를 이어 임금이 될 만한 인물은 공자(公子) 규(糾)와 공자 소백(小白)뿐이다. 우리 각각 한 사람씩 맡아 외국으로 망명해 있으면서 기회를 기다리도록 하자」 하고 말했다.

이리하여 관중은 공자 규를 데리고 노나라로 피했고, 포숙아는 공

제환공과 관중

자 소백을 데리고 거(筥)나라로 가 피해 있었다. 그 뒤 제나라에 내란이 일어나 임금이 계속 둘이나 비명에 죽고, 그 뒤를 이을 마땅한 공자를 물색하게 되었다. 이리하여 관중과 포숙아는 각각 자기가 모시고 있는 공자를 데리고 제나라를 향해 앞 다투어 길을 재촉했다.

관중은 포숙아가 앞에 갔다는 말을 듣자, 단신 말을 달려 밤을 새워 추격을 했다. 포숙아 일행이 막 점심을 먹고 있는데, 관중이 단신 나타나 활로 공자 소백을 쏘았다. 가슴을 맞은 소백은 피를 흘리며 수레에서 넘어졌다. 소백이 피를 쏟으며 넘어지는 것을 본 관중은 유유히 돌아와 공자 규와 함께 마음 놓고 제나라로 향해 떠났다.

그러나 소백은 죽지 않았다. 천명으로 관중의 화살이 그의 띠갈구리에 와 맞는 순간, 관중의 다음 화살이 두려워 얼른 혀를 깨물어 피를 뿜어 보이며 죽은 듯이 넘어져 있었던 것이다. 먼저 들어가 임금이 된 소백은 곧 제나라 군대를 보내 관중 일행을 막았다. 관중은 싸움에 패해 노나라로 다시 도망을 쳤다가 거기서 포로가 되어 제나라로 끌려오게 되었다. 임금이 된 소백은 관중을 손수 목을 치려고 벼르고 있었다.

그러나 포숙아의 설득으로 관중의 죄를 용서하고 그를 스승으로 맞아들이는 한편 임금의 권한을 대행하는 재상으로 임명했다. 포숙아가 자기가 차지할 재상의 자리를 굳이 사양하고 관중에게 넘겨 준 것이다. 관중은 마침내 환공을 도와 천하의 패자가 되게 하고, 그의 품은 포부를 실천에 옮겨 위대한 정치가 · 경제가 · 외교가 · 군략가로서 역사에 이름을 남기게 되었다.

그 뒤 관중이 병으로 죽게 되었을 때 환공은 그의 후계자로 포숙아를 썼으면 하고 말했다. 그러나 관중은, 「포숙은 천성이 착한 사람을 좋아하고 악한 사람을 미워합니다. 착한 사람을 좋아하는 것은 좋은 일이지만, 악한 사람을 너무 미워하면 큰일을 하는 데 많은 방해를 받게 됩니다」 하고 대신 습붕(濕朋)을 추천했다.

이 내막을 아는 행신(幸臣)들이 포숙아에게 잘 보일 생각으로 관중의 배은망덕한 처사를 일러바쳤다. 그러나 포숙아는 섭섭해 하기는 커녕 오히려 당연한 것처럼, 「관중이 아니면 어찌 그런 말을 할 수 있겠느냐. 관중의 말대로 내가 재상이 되면 너희 같은 소인들부터 모조리 조정에서 몰아내고 말 것이다. 너희 같은 무리들이 그동안 부귀를 누린 것은 모두 관중의 너그러운 덕 때문인 줄 알아라」 하고 고자질하는 그들을 꾸짖었다.

그러기에 관중도 일찍이, 「나를 낳은 이는 부모지만, 나를 아는 이는 오직 포숙아다(生我者父母 知我者鮑子也)」 라고 말했다고 한다.

이 관포의 우정을 어찌 한낱 우정으로만 말할 수 있겠는가. 개인의 영달보다도 국가와 천하를 더 소중히 아는 대인군자가 아니고서는 한갓 우정만으로 이 같은 사귐을 가질 수는 없는 것이다.

괄목상대 刮目相對

비빌 刮 눈 目 서로 相 대할 對

《삼국지(三國志)》 오지(吳志)

눈을 비비고 다시 본다는 뜻으로, 곧 남의 학식이나 재주가 이전에 비하여 다른 사람으로 볼 만큼 부쩍 는 것을 일컫는 말이다.

오왕 손권

《삼국지》 오지(吳志)에 있는 이야기다. 삼국시대 초, 오왕(吳王) 손권(孫權)에게는 여몽(呂蒙)이라는 장수가 있었다. 그는 무식한 사람이었으나 전공을 쌓아 장군이 되었다.

어느 날, 여몽은 손권으로부터 공부하라는 충고를 받았다. 그래서 그는 전쟁터에서도 「손에서 책을 놓지 않고(手不釋卷)」 학문에 정진했다. 그 후 중신(重臣) 가운데 가장 유식한 재상 노숙(魯肅)이 전지 시찰 길에 오랜 친구인 여몽을 만났다. 그런데 노숙은 대화를 나누다가 여몽이 너무나 박식해진 데 그만 놀라고 말았다.

「아니, 여보게. 언제 그렇게 공부했나? 자네는 이제 『오나라에 있을 때의 그 여몽이 아닐세(非吳下阿蒙)』 그려」

그러자 여몽은 이렇게 대꾸했다.

「무릇 선비란 헤어진 지 사흘이 지나서 다시 만났을 땐 눈을 비비고 대면해야 하는 법이라네(士別三日 卽當刮目相對)」

광인기여여하 匡人其如予何

바로잡을 匡 그 其 같을 如 나 予 어찌 何

《논어》 자한편(子罕篇)

「광 지방 사람들이 나를 어찌할 수 있겠는가?」 라는 말로, 운명에 대한 자신감이나 맡은 사명에 대한 떳떳한 신념을 표현할 때 쓰는 말이다.

《논어》 자한편에 이런 이야기가 있다.

공 자

공자가 광이라는 지방을 지나가다가 봉변을 당한 적이 있었다. 전에 광 지방 사람들은 양호(陽虎)라는 관리로부터 가혹한 통치를 받은 적이 있는데, 우연찮게 공자가 그와 외모가 비슷했기 때문이었다. 원수를 자기 손으로 때려잡겠다며 광 지방 사람들은 공자를 찾아다녔다.

일이 이쯤 되자 공자의 제자들도 덜컥 겁이 났다. 힘으로 맞서 이길 수 있는 상대가 아니었기 때문이었다. 그러나 공자는 조용히 자세를 가다듬으며 제자들을 향해 말했다.

「걱정들 하지 마라. 문왕께서는 이미 세상을 떠나셨으니 문화

공자성적도(孔子聖蹟圖, 제례가 어지러워져 노나라를 떠나는 공자)

의 핵심은 모두 나에게 있는 셈이다. 하늘이 이 문화를 장차 없애고자 했다면 미래에 죽을 사람들이 이 문화를 얻지 못하게 될 것이다. 하늘이 장차 이 문화를 없애지 않을 것이라면 저 광 사람들이 나를 어찌할 수 있겠느냐(子畏於匡 曰 文王旣沒 文不在玆乎 天之將喪斯文也 後死者 不得與於斯文也 天之未喪斯文也 匡人其如予何)」

이렇게 공자는 자신에게 주어진 역사적 임무에 대해서 무거운 책임감을 느끼며 살았다. 그가 「책임은 막중한데 갈 길은 멀기만 하구나(任重而道遠)」(《논어》 태백편)라며 탄식 아닌 탄식을 했던 심정도 이해할 수 있을 듯하다.

송(宋)나라의 환퇴(桓魋)로부터 생명의 위협을 느낄 때에도 「하늘이 내게 덕을 낳게 하셨거늘 환퇴가 나를 어떻게 하겠느냐?」(《논어》 술이편)라며 끝까지 진리에 대한 믿음을 버리지 않았던 공자의 꿋꿋한 자세가 새삼 이 시대에 그리워진다.

광일미구 曠日彌久

밝을 曠 날 日 오랠 彌 오랠 久

《전국책(戰國策)》 조책(趙策)

헛되이 시일(時日)을 보내면서 오래 끈다는 뜻으로, 쓸데없는 소모전을 이르는 말.

전국시대 말(BC 265년) 연(燕)나라의 공격을 받은 조(趙)나라 혜문왕(惠文王) 은 제(齊)나라에 사신을 보내 제수(濟水) 동쪽에 위치한 3개 성읍(城邑)을 할양한다는 조건으로 제나라의 명장 안평군 전단(田單)을 지원군으로 요청하였다.

전단은 일찍이 연나라의 침략군을 「화우계(火牛計)」로 격파하여 연나라에 빼앗겼던 70여 개 성을 회복한 명장인데, 조나라의 요청에 따라 총사령관이 되었다.

그러자 혜문왕의 조치에 크게 반발한 조나라 장수 마복군(馬服君) 조사(趙奢)는 평원군(平原君) 조승(趙勝)에게 항의하고 나섰다.

「조나라에 이토록 인물이 없소! 군주는 안평군(전단)을 불러다가 지키게 할 생각으로 제동의 3개 성읍을 제나라에 떼어주려 하고 있소. 이 땅은 염파(廉頗 : 조나라 장군)가 적국과 싸워 공을 세우고 적국으로부터 떼어 받은 것이오. 그런데도 지금 군께서는 이를 제나라에 주고 안평군으로 하여금 이를 지키게 하려고 하니 조나라에는 그토록 인물이 없는 것이오? 제나라와 연나라는 원수지간이긴 합니다만, 전단은 타국인 조나라를 위해 싸우지 않을 것입니다. 우리 조나라가 더욱 강해지면 제나라의 패업(霸業)에 방해가 되기 때문이죠. 그래서 전단은 조나라 군사를 장악한 채 오랫동안 쓸데없이 헛되이

마복군 조사

세월만 보낼(曠日彌久數歲) 것입니다. 두 나라가 병력을 소모하여 피폐해지는 것을 기다릴 것입니다」

이에 평원군 조승이 말했다.

「내가 이미 군주에게 말해 동의를 얻어낸 일이오. 장군은 더 이상 말하지 마시오」

그러자 마복군 조사가 반박했다.

「만일 안평군이 현명하다면 무슨 이유로 조나라를 강하게 만들려 하겠소. 조나라가 강해지면 제나라는 두 번 다시 패자가 되기 어렵게 되오. 이제 안평군은 강력한 조나라의 군사를 이끌고 방어할 것이오. 그러나 수년 동안 시간을 끌면서 사대부와 종군하는 자들에게 도랑이나 보루를 쌓게 하여 힘을 소진케 하고, 전차와 갑주, 화살, 군기 등을 마모하여 훼손케 하고, 무기고와 식량창고를 텅 비게 만들고, 조·연 두 나라 군사가 교전으로 모두 지쳐 제나라를 두려워하게 된 뒤에야 철군할 것이오. 두 나라 군사를 모두 피폐케 만들 것이 틀림없는데도 이를 간파하는 사람이 없소」

그러나 조승은 조사의 의견을 묵살한 채 전단에게 조나라 군사를 맡겨 연나라 침공군과 대적케 했다. 결과는 조사가 예언한 대로 두 나라는 장기전에서 병력만 소모하고 말았다.

「광일지구(曠日持久)」라고도 한다.

광풍제월 光風霽月

빛 光 바람 風 갤 霽 달 月

《송서(宋書)》 주돈이편(周敦頤篇)

주돈이

「비가 갠 뒤의 맑은 바람과 달」이라는 뜻으로, 옛날 황정견(黃庭堅)이 주돈이(周敦頤)의 인품을 평한 말이다. 천성이 맑은 선비의 마음을 비유한 말로서, 마음이 넓어 사소한 일에 거리끼지 않고 쾌활하며 쇄락한 인품을 비유하여 이르는 말.

《송서》 주돈이편에, 북송의 시인이자 서가(書家)인 황정견이 주돈이를 존경하여 쓴 글이 있다.

「정견이 일컫기를, 그의 인품이 심히 고명하며 마음결이 시원하고 깨끗함이 마치 맑은 날의 바람과 비 갠 날의 달과 같도다(庭堅稱 基人品甚高 胸懷灑落 如光風霽月)」

주돈이는 고인(古人 : 옛사람)의 풍모가 있으며 정사(政事)의 도리를 다 밝힌 사람이라는 평가를 받았다. 북송의 유학자로, 송학(宋學)의 개조(開祖)로 불리며, 태극(太極)을 우주의 본체라 하고 《태극도설(太極圖說)》과 《통서(通書)》를 저술하여 종래의 인생관에 우주관을 통합하고 거기에 일관된 원리를 수립하였으며, 성리학(性理學)으로 발달하게 되는 계기를 만들었다.

「광풍제월」은 세상이 잘 다스려진 상태를 말하기도 한다.

괴여만리장성 壞汝萬里長城

무너질 壞 너 汝 일만 萬 마을里 길 長 성 城

《송서(宋書)》 단도제전(檀道濟傳)

「너의 만리장성을 무너뜨리는가?」 라는 뜻으로, 어리석은 사람의 어처구니없는 처사를 통탄할 때 쓰는 말이다.

《송서》 단도제전에 이런 이야기가 있다.

단도제

단도제가 살던 시기는 북위(北魏)와 남쪽의 송나라가 서로 대치하고 있던 무렵이었다. 위나라는 어떻게든 틈을 보아 송나라를 공격하려고 호시탐탐 송나라 진영을 엿보고 있었다. 그러나 단도제가 대장이 되어 방위를 굳건히 하고 있었기 때문에 감히 침략할 엄두를 내지 못했다.

그런데 송나라 조정에서는 이렇게 위세가 대단한 단도제를 시기해서 그를 제거하려는 무리들이 있었다. 그들은 자신들이 정권을 잡고 권력을 마음대로 휘두르기 위해 단도제를 제거할 여러 가지 방안을 강구하였다. 그러던 중 임금이 병든 틈을 타서 왕명이라는 구실로 단도제를 서울로 불러들였다.

만리장성

아무것도 모르던 그는 서울로 오자마자 거짓 왕명에 의한 조서에 의해 옥에 갇히고 말았다. 그제야 간신들의 협잡에 속은 줄 안 단도제는 불같이 화를 내면서 쓰고 있던 두건을 내팽개치며 외쳤다.

「너희들이 지금 만리장성을 무너뜨리려고 한단 말이냐(壞汝萬里長城)?」

결국 그는 외적과 내통하였다는 억울한 누명을 쓰고 감옥에서 분사(憤死)하고 말았다. 그러자 호시탐탐 기회만 엿보고 있던 북위는 단도제가 죽었다는 소식을 듣자마자 즉시 군사를 출동시켜 송나라로 물밀 듯 쳐들어왔다.

결국 송나라의 권신들은 그들의 안전을 지켜 주었던 사람을 스스로 죽여 위험을 자초했던 것이다. 이렇게 사소한 욕심에 눈이 멀어 어처구니없는 처사를 통탄할 때 「괴여만리장성」이라고 한다.

굉주교착 觥籌交錯

뿔잔 觥 산가지 籌 사귈 交 섞일 錯

《구양문충공집(歐陽文忠公集)》

구양수

벌로 먹이는 술의 술잔과 잔 수를 세는 산가지가 뒤섞인다는 뜻으로, 뿔로 만든 큰 술잔과 산가지가 흐트러져 있어 성대한 술자리가 파장에 이르렀다는 것을 비유하는 말이다. 송(宋)나라의 정치가이자 문인인 구양수가 저주의 태수일 때 취옹정이라는 정자를 세운 뒤에 지은 「취옹정기(醉翁亭記)」에서 유래한 말이다.

「잔치를 베풀어 술에 취한 태수가 즐거운 것은 현악기나 관악기의 풍악 때문이 아니다. 활을 쏘아 과녁을 맞히고 바둑을 두어 이기면서 술잔과 산가지가 뒤섞인 가운데(觥籌交錯) 자리에서 일어나 떠들썩한 것은 모인 손님들이 즐거워하는 모습이다. 푸른 얼굴에 백발로 그 사이에 쓰러진 사람은 술에 취한 태수이다」

활쏘기에서 상대편이 졌을 때 그 벌칙으로 먹이는 술잔의 수를 세는 산가지가 뒤섞인다는 의미로도 쓰이는데, 질펀한 술자리의 성대한 연회를 말한다. 술잔과 그릇이 어지럽게 흩어져 있다는 뜻으로, 흥겹게 술을 마시거나 술자리가 끝난 뒤의 난잡한 모습을 나타내는 「배반낭자(杯盤狼藉)」와 비슷한 말이다.

교룡득수 蛟龍得水

교룡 蛟 용 龍 얻을 得 물 水

《북사(北史)》, 《위서(魏書)》

교룡이 물을 얻고, 임금은 백성을 얻음으로써 비로소 그 권위가 서게 되고 영웅은 때를 얻는다.

교룡은 뱀과 같은 모양의 전설상의 용으로 「교룡(蛟龍)」이라고 쓸 때는 뜻을 이루지 못하는 영웅·호걸을 의미하지만 「교룡득수」라 하면 교룡이 물을 얻었으니 영웅이 때를 만난다는 뜻이다. 《북사(北史)》와 《위서(魏書)》 양대안전(梁大眼傳)에 있는 이야기다.

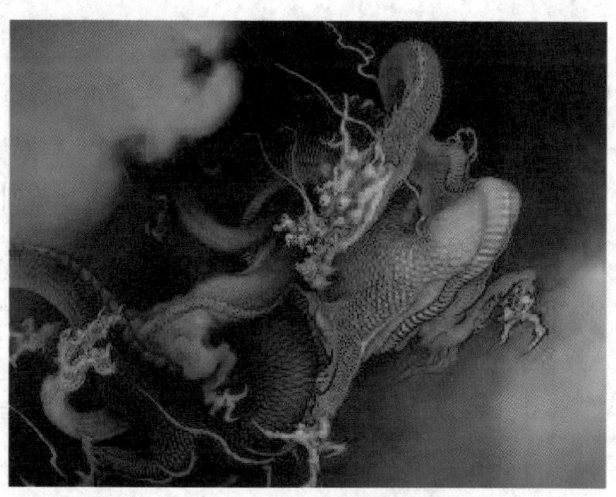

교룡득운우(蛟龍得雲雨)

남조(南朝) 양(梁)나라에서 남벌(南伐)할 군인을 선발하자 양대안이라는 사람이 자원하였다. 말보다도 빨리 달리는 재주가 있는 그는 군주(軍主)로 특진되었다. 그는 동료들에게 이렇게 말하며 득의만면하였다고 한다.

「나는 오늘 마치 교룡이 물을 얻은 것 같다. 앞으로는 너희들과 자리를 같이할 수도 없을 것이다」

교병필패 驕兵必敗

교만 驕 군사 兵 반드시 必 패할 敗

《한서(漢書)》 위상전(魏相傳)

강병을 자랑하는 군대나 싸움에 이기고 뽐내는 군사는 반드시 패한다는 말.

한나라 선제(宣帝) 때의 일이다. 조정에서 시랑(侍浪) 정길(鄭吉)과 교위(校尉) 사마희(司馬憙)에게 서북 오랑캐 차사국(車師國)을 치라는 명령을 내렸으므로, 두 사람은 가을 수확이 끝난 뒤 군사를 이끌고 출발했다. 차사왕은 다급한 나머지 이웃 흉노족에게 도움을 청했으나, 흉노가 시들하게 듣고 구원군을 보내지 않는 바람에 싸우기도 전에 한나라에 항복하고 말았다. 사태가 이처럼 전격적으로 끝나자, 흉노 진영에서는 그제야 소동이 일어났다.

「아니, 차사왕이 그처럼 간단히 항복해버릴 줄이야!」

「차사국 땅은 기름지고 우리 땅과 가까우므로 언제 침략을 당할지 모를 일입니다. 그러므로 이 위기국면을 벗어나려면 승리감에 도취해 군기가 해이해진 적의 허점을 노려 기습공격을 감행하는 것이 좋을 듯합니다」

이렇게 방침을 정한 흉노는 강병을 동원하여 차사국을 공격해 들어갔다. 이때, 한나라군은 둔전병(屯田兵) 7천 명만 남고 모두 돌아갔으므로 낭패가 아닐 수 없었다. 정길은 하는 수 없이 그 둔전병을 몽땅 동원하고, 거기에 차사군까지 더하여 흉노군에 맞섰다. 그러나 병력 부족에다 흉노가 원래 사납고 날랜 기병(騎兵)을 보유하고 있었기 때문에 처음부터 힘든 싸움이었다.

마침내 적에게 포위당할 위기에 처하자, 정길은 급히 조정에 파발을 띄워 구원군을 청했다. 조정에서는 구원군을 보내느냐 마느냐 하는 문제로 시끄러웠다. 후장군(後將軍) 조충국(趙充國) 등 주로 무관들은 출병을 주장하는 반면 문관들은 반대했다. 특히 승상인 위상(魏相)은 출병 반대론의 앞장에 서서 황제에게 간했다.

조충국 소상(塑像)

「큰 나라가 외국에 함부로 위무(威武)를 과시하는 것을 교병이라 하는데, 교병은 반드시 패하고 맙니다(驕兵必敗). 지금 군사를 움직이는 것은 시기적으로 불가합니다」

이에 깊이 깨달은 선제는 자신도 교만했음을 뉘우치고 즉시 증병 계획을 취소시켰다. 다른 대신들도 여기에 적극 동조함으로써 결국 증병 계획은 유보되었고, 정길과 그의 부하들은 할 수 없이 필사의 탈출을 감행해야 했다.

《한서(漢書)》 위상전(魏相傳)에도 같은 뜻으로 「군사에서 교만한 자는 멸한다」 라는 뜻의 「병교자멸(兵驕者滅)」 란 말이 씌어 있다.

교언영색 巧言令色

교묘할 巧 말씀 言 좋을 令 얼굴 色

《논어》 학이편, 양화편(陽貨篇)

남의 환심을 사려 아첨하는 교묘한 말과 보기 좋게 꾸미는 얼굴빛.

《논어》 학이편과 양화편에 똑같은 공자의 말이 거듭 나온다.

「공교로운 말과 좋은 얼굴을 하는 사람은 착한 사람이 적다(巧言令色 鮮矣仁)」

쉽게 말해서, 말을 그럴 듯하게 잘 꾸며대거나 남의 비위를 잘 맞추는 사람 쳐놓고 마음씨가 착하고 진실 된 사람이 적다는 말이다.

여기에 나오는 인(仁)에 대해서는 한 마디 말로 설명하기 어렵다. 공자처럼 이 인에 대해 많은 말을 한 사람이 없지만, 공자의 설명도 때에 따라 각각 다르다. 그러나 여기에 말한 인은 우리가 흔히 말하는 어질다는 뜻으로 알면 될 것 같다. 어질다는 말은 거짓이 없고 참되며, 남을 해칠 생각이 없는 고운 마음씨 정도로 풀이한다.

말을 잘한다는 것과 교묘하게 한다는 것과는 상당한 차이가 있다. 교묘하다는 것은 꾸며서 그럴 듯하게 만든다는 뜻이 있으므로, 자연 그의 말과 속마음이 일치될 리 없다. 말과 마음이 일치하지 않는다는 것은 곧 진실되지 않음을 말한다.

좋은 얼굴과 좋게 보이는 얼굴과는 비슷하면서도 거리가 멀다. 좋게 보이는 얼굴은 곧 좋게 보이려는 생각에서 오는 얼굴로, 겉에 나타난 표정이 자연 그대로일 수는 없다.

인격과 수양과 마음씨에서 오는 얼굴이 아닌, 억지로 꾸민 얼굴이 좋은 얼굴일 수는 없다. 결국 「교언(巧言)」과 「영색(令色)」은 꾸민 말과 꾸민 얼굴을 말한 것이 된다. 꾸미기를 좋아하는 사람의 마음이 참되고 어질 수는 없다. 적다고 한 말은 차마 박절하게 없다고 할 수가 없어서 한 말일 것이다.

공자와 제자들

우리 다 같이 한번 반성해 보자. 우리들이 매일같이 하고 듣고 하는 말이 「교언」이 아닌 것이 과연 얼마나 될는지? 우리들이 매일 남을 대할 때 서로 짓는 얼굴이 「영색」 아닌 것이 있을지? 그리고 우리의 일거일동이 어느 정도로 참되고 어진지를 돌이켜 보는 것이 어떨까?

《논어》 자로편에는 이를 반대편에서 한 말이 있다. 역시 공자의 말이다.

「강과 의와 목과 눌은 인에 가깝다(剛毅木訥近仁)」

「강(剛)」은 강직, 「의(毅)」는 과감, 「목(木)」은 순박, 「눌(訥)」은 어둔(語鈍)을 말한다. 강직하고 과감하고 순박하고 어둔한 사람은 자기 본심 그대로를 지니고 있는 사람이다. 꾸미거나 다듬거나 하는 것이 비위에 맞지 않는 안팎이 없는 사람이다. 그런 사람이 남을 속이거나 하는 일은 없다. 있어도 그것은 자기 본심에서가 아니다. 그러므로 그 자체가 「인(仁)」일 수는 없지만, 역시 「인(仁)」에 가깝다고 볼 수 있다.

교왕과정 矯枉過正

바로잡을 矯 굽을 枉 지날 過 바를 正

《후한서》 중장통전(仲長統傳)

굽은 것을 바로잡으려다가 지나쳐 오히려 반대로 굽게 되었다는 뜻으로, 착오나 오류를 바로잡으려다가 나쁜 결과를 가져와 절충이 지나친 것을 비유하는 말이다.

춘추시대 말기 오나라와 월나라가 패권을 다투던 사건을 주요 내용으로, 오월지방과 관련된 인물, 역사와 지리 등을 소개한 《월절서》는 중국 수많은 고전 중에서도 아주 드문 복수를 주제로 한 특이한 저술이다. 「월절(越絶)」이라는 책이름은 「월왕(越王) 구천(句踐)의 절대적 위엄」, 「악을 끊고 선으로 되돌림」, 「그처럼 위대한 월나라 역사에 대한 기록이 끊어짐」 등의 복합적 의미를 지니고 있다. 《월절서(越絶書)》에 이런 말이 있다.

「원수를 갚고 적을 무찌르는 것은 그 지성이 하늘에 통하지만, 잘못을 고치려다가 오히려 정도가 지나친다(子之復仇 臣之討賊 至誠感天 矯枉過直)」

또 《후한서》 중장통전에서 후한시대의 학자 중장통(仲長統)은 당시의 정치적 혼란의 원인과 후세 사람들이 이러한 혼란을 바로잡는 방법 등을 분석하였다.

그는 다음과 같이 주장하였다.

「제왕(帝王)들 가운데 어떤 이는 그다지 총명하지 못하여, 나라 안에 자신을 반대하는 사람이 없다고 생각하고 스스로 대단하다고 믿게 된다. 그리하여 나라 안의 모든 공적(功績)을 모두 자기의 공로로 돌리며 아무도 자신을 뒤엎지 못하리라 확신하게 된다. 그는 방종에 빠져 환락만을 추구하며, 신하들과 함께 못된 짓만 저지르게 된다. 그 결과 온 나라가 분란에 휘말리게 되고, 이민족들은 이 틈을 노려 침범해 오며, 마침내 나라는 와르르 무너지고 왕조는 멸망하게 되는 것이다」

중장통

그는 이어서 말했다.

「정치가 잘 이루어지는 시기가 되면, 사람들은 모두 부정(不正)한 기풍과 혼란을 바로잡기를 바라지만, 굽은 것을 바로 잡으면서 마땅한 정도를 지나치게 되기도 한다(復入于矯枉過正之檢). 이 때문에 효과를 얻으려다 도리어 예상한 목적에 이르지 못하는 수도 있다」

결점을 고치려다가 장점마저 없어져 오히려 나쁘게 되었을 때 쓰이는 말로서, 잘못을 바로잡는 데 있어 그 정도가 지나침을 이르는 말이다.

「교왕과직(矯枉過直)」이라고도 한다.

교외별전 教外別傳

가르칠 敎 밖 外 나눌 別 전할 傳

가르침 바깥에 있는 특별한 가르침.

선종(禪宗)에서 석가가 말이나 문자를 쓰지 않고, 따로 마음에서 마음으로 진리를 전하는 일. 스스로 체득한 깨달음은 언어나 문자에 의한 가르침으로 전달할 수 없으므로 따로 마음에서 마음으로 그 깨달음을 전한다는 뜻. 몸소 체득한 깨달음 그 자체와 그것에 대한 언표(言表)는 전혀 별개이므로 언어나 문자에 의한 가르침을 떠나 마음에서 마음으로 그 깨달음을 전할 수밖에 없다는 뜻.

선종조사 달마

달마(達磨)에 의해 중국에 전해진 조사선(祖師禪)에서는, 불교의 진수는 어떤 경전의 문구에도 의하지 않고, 마음에서 마음으로 직접 체험에 의해서만 전해진다고 말한다.

불교에는 교종과 선종이 있다. 그 가운데 선종(禪宗)의 요체를 뜻하는 말로, 책이나 스승의 가르침 대신 선을 통해 부처님의 가르침을 자신의 마음속에서 깨닫는 것을 가리키는 표현이다. 이는 불립문자(不立文字),

가섭존자(오른쪽)와 아난존자

직지인심(直指人心)과 함께 선의 입장을 나타내는 대표적인 말이다.

이렇게 글이나 말이 아니라 마음을 통해 깨달음에 닿을 수 있다는 것은 불교의 전통이기도 한데, 석가가 언어로써 가르침을 전하는 것이 교내(敎內)의 법이라면, 교외(敎外)의 법은 석가의 마음을 직접 다른 사람의 마음에 전하는 것을 말한다.

이는 표월지(標月指 : 달을 가리키는 손가락)의 비유에 잘 나타나 있다. 즉 진리를 달에 비유한다면 교(敎)는 달을 가리키는 손가락에 지나지 않으며, 이에 반해 선(禪)은 달을 직접 체험하는 것이다. 다른 종파가 모두 교내의 법을 가르침에 반하여, 선종에서만은 교외의 법을 주장하는 것이 가장 뚜렷한 특징이다.

어느 날, 세존께서 영산에 제자들을 모아 놓고 설교를 했다. 그때 세존은 연꽃을 손에 들고 꽃을 비틀어 보였다. 제자들은 그 뜻을 알 수 없어 잠자코 있었는데, 가섭존자만이 그 뜻을 깨닫고 활짝 미소를 지어 보였다. 그러자 세존은 이렇게 말했다.

「나는 정법안장(正法眼藏)·열반묘심(涅槃妙心)·실상무상(實相無相)·미묘법문(微妙法門)을 글로 기록하지 않고 가르침 밖에 따로 전하는 것이 있다. 그것을 가섭존자에게 전한다」 고 했다. 글로 기록하지 않고, 가르침 밖에 따로 전하는 「교외별전(敎外別傳)」 이것이 바로 이심전심인 것이다.

교주고슬 膠柱鼓瑟

아교 膠 기둥 柱 두드릴 鼓 큰거문고 瑟

《사기》 염파인상여(廉頗藺相如)열전

규칙에 얽매여 융통성이 없음.

고집불통인 사람을 보고 「교주고슬(膠柱鼓瑟)」이라고 한다. 거문고 줄을 가락에 맞추어 타려면 줄을 받치고 있는 기둥을 이리저리 옮겨야만 된다. 그런 것을 한 번 가락에 맞추었다 해서 아예 기둥을 아교풀로 꽉 붙여버리면 다시는 가락에 맞는 소리를 낼 수가 없다.

아무리 혼자 「틀림없이 가락에 맞추어 두었는데, 틀림없이 제대로 소리가 날 텐데?」하고 중얼거려 보았자, 제 소리가 날 리 만무다.

이와 같이 한번 무슨 일에 성공했다고 해서 언제나 그 방법이 성공하는 길인 줄 알고, 때와 장소에 따라 뜯어고칠 줄을 모르면 영영 다시는 성공의 가망이 없는 것이다. 그거야말로 기둥을 풀로 붙여 놓고 거문고를 타는 격이다. 고(鼓)는 북이란 뜻이 아니고 여기서는 탄다는 뜻이 된다.

《사기》 염파인상여열전에 있는 이야기다.

조나라 명장 조사(趙奢)의 아들에 괄(括)이 있었다. 그는 어릴 때부터 병서(兵書)에 밝아 가끔 아버지와 용병(用兵)에 관해 토론을 하면 아버지가 이론이 몰리곤 했다. 조사의 부인이 아들이 그같이 총명한 것을 보고 장군의 집에 장군이 났다면서 기뻐하자, 조사는 부인에게 이렇게 타일렀다.

「전쟁이란 죽고 사는 마당이다. 이론만으로 승부가 결정되는 것은 아니다. 그런 것을 철없이 이론만 가지고 가볍게 이러니저러니

하는 것은 장수로서 가장 삼가야 할 일이다. 앞으로 괄이 대장이 되는 날 조나라는 망하는 변을 당하게 될 것이다. 부디 대장이 되는 일이 없도록 하시오」

그 뒤 진나라가 조나라를 침략해 왔다. 명장 염파가 나아가 싸웠으나 자주 싸움이 불리했다. 염파는 힘이 모자라는 것을 알자 진지를 굳게 다지고 방어에만 힘을 썼다. 진나라는 어떻게 해볼 도리가 없어 간첩을 들여보내 헛소문을 퍼뜨렸다.

「진나라 사람은 조사의 아들 조괄이 조나라 대장이 되면 어쩌나 하고 겁을 먹고 있다. 염파는 이제 늙어서 싸움을 회피만 하고 있기 때문에 조금도 두렵지가 않다」

이 간첩의 헛소문에 귀가 솔깃해진 조나라 왕은 염파 대신 조괄을 대장에 임명하려 했다. 그때 인상여가 이렇게 반대했다.

「임금께서 이름만 듣고 조괄을 쓰려 하시는 것은 마치 기둥을 아교로 붙여 두고 거문고를 타는 것과 같습니다(王以名使括 若膠柱而鼓瑟耳). 괄은 한갓 그의 아비가 전해준 책을 읽었을 뿐 때에 맞추어 변통할 줄을 알지 못합니다」

그러나 임금은 인상여의 말을 듣지 않고 조괄을 대장에 임명했다.

조괄은 대장이 되는 그날로 자기가 배워 알고 있는 병서의 가르침에 따라서 전부터 내려오는 군령들을 모조리 뜯어고쳤다. 그리고 참모들이 말하는 작전 의견을 하나하나 병법을 들어 반박하고 자기주장대로 밀고 나갔다.

이리하여 실전 경험이 전혀 없는 조괄은 이론만의 작전을 감행한 끝에 40만이란 대군을 몽땅 죽여버리는 중국 역사상 최악의 참패를 가져오고 말았다. 학벌이나 지식을 뽐내는 애송이 상관을 모시는 실제 경험자들의 고충이 바로 이런 것일 게다.

교천언심 交淺言深

사귈 交 얕을 淺 말씀 言 깊을 深

《후한서(後漢書)》 조책(趙策)

사귄 지 얼마 되지 않는 사람에게 함부로 깊은 이야기나 충고를 한다는 뜻으로, 감정을 감추지 않고 드러내어 생각하는 바를 숨김없이 말함을 비유하는 말이다.

《후한서》 조책에 있는 이야기다.

전국시대 유세객 풍기(馮忌)가 조(趙)나라 효성왕(孝成王)을 만나 뵙기를 청해 성사되자 풍기는 왕 앞에서 고개를 숙인 채 무슨 말을 하고자 하면서도 감히 입을 열지 않았다. 조왕이 그 까닭을 묻자, 풍기가 대답했다.

「저의 빈객이 복자(服子 : 공자의 제자 자천)에게 사람을 소개한 적이 있었습니다. 뒤에 복자가 제게 말하기를, 『그대의 빈객은 세 가지 죄가 있소. 나를 바라보면서 웃었소. 이는 사람이 가볍게 친하겠다는 증거입니다. 그리고 나에게 가르침을 청하면서도 선생님이라 부르지도 않았소. 이는 장차 배신할 것이라는 증거입니다. 세 번째, 얼마 사귀지 않았는데도 깊은 말을 했소. 이는 분수에 맞지 않는 거요』 라고 했습니다. 그러자 저의 빈객이 반박하기를, 『그렇지 않습니다. 사람을 보고 웃는 것은 온화함을 표현한 것이었고, 가르침을 청하면서도 선생님이라 부르지 않았던 것은 서로 편한 대화를 하겠다는 뜻이며, 만난 지 얼마 되지 않아 깊은 말을 꺼낸 것은 충(忠)이 있다는 뜻이었습니다(交淺而言深 是忠也). 옛날 요임금은 거친 들에서 땅 위에 거적을 깔고 뽕나무 그늘에 숨어 있는 순임금을 보고도 시간이 흐르자 천하를 선양한 바 있소. 이윤(伊尹)은 솥과 도마를 등에 지고 가 탕왕을 섬기면서 그 이름이 아직 서책에 기록되기도 전에 이미 삼공이 되었소. 무릇 얼마 사귀지 않은 자는 깊은 말을 해서는 안 된다고 하면(使夫交淺者不可以深談) 곧 천하는 전해지지 않고 삼공의 자리 또한 적임자를 찾지 못했을 것이오』라고 했습니다」

이 윤

이에 조왕이 말했다.

「참으로 좋은 말이오」

그러자 풍기는 이렇게 물었다.

「지금 외신(外臣)인 제가 처음으로 배견하는 자리에서 깊은 얘기를 해도 되겠습니까(令外臣交淺而欲深談可)?」

조왕이 대답했다.

「가르침을 받고자 하오」

이리하여 풍기는 조왕에게 마음속 얘기를 털어놓을 수 있었다.

「교천언심」은 「교제한 지 얼마 안 되지만 서로 심중을 털어놓고 이야기하다」는 뜻이니, 서로 속이고 속는 세상에 이런 만남을 가질 수 있다면 정말 행복한 사람일 것이다.

교취호탈 巧取豪奪

교활할 巧 취할 取 굳셀 豪 빼앗을 奪

《청파잡지(淸波雜志)》

교묘한 수단으로 빼앗아 취한다는 뜻으로, 정당하지 않은 방법에 의해 남의 귀중한 물건을 가로채는 것을 이르는 말이다.

미불(米芾)의 산수화

북송(北宋)의 서화가(書畵家)이자 화가로 유명한 미불(米芾)이라는 사람이 있었다. 서(書)는 왕희지(王羲之)에게 배웠으며 산수화를 잘했다. 그에게는 미우인(米友仁, 1086~1165)이라는 아들이 있었는데, 아버지만큼이나 서화에 뛰어나 아버지에 비해 소미(小米)라 불렸다. 대표작 「운산도권(雲山圖卷)」이 있다.

그는 옛 선배 화가들의 작품을 좋아하여 닥치는 대로 모았다.

어느 날, 그가 배를 타고 가는데 어떤 사람이 왕희지의 진품 서첩을 가지고 있는 것을 보고 내심 쾌재를 불렀다. 그는 본래 남의 작품을 그대로 모사(模寫)할 수 있는 재주가 있었으므로 잠깐 동안이면

미우인(米友仁)의 「운산도권(雲山圖卷)」

진품과 모사품을 거의 구분할 수 없을 정도로 쉽게 그릴 수 있었다.

어떤 때는 서첩의 주인이 가지고 갈 때는 눈치를 채지 못하다가 얼마 후에 다시 찾아와 진품을 돌려달라고 항의하는 경우도 많았다.

한번은 미우인에게 어떤 사람이 당나라 화가 대고(戴高)의 목우도(木牛圖)를 그려 달라고 미우인에게 가져왔다. 미우인은 진품과 똑같이 그려 모사품은 돌려주고 진품은 자기가 가졌다.

며칠 후 그 사람이 진품을 돌려달라고 찾아왔다.

미우인이 능청스럽게 물었습니다.

「어떻게 진품이 아니라는 것을 알았습니까?」

「내 것은 소의 눈동자에 목동의 모습이 그려져 있습니다마는 당신이 준 그림에는 없었습니다」

미우인은 그 이후로는 진품과 모사품을 놓고는 골라 가라고 하였다. 그런데 대다수 그림의 주인들은 모사품을 가져감으로써 미우인은 교묘한 수단으로 진품을 가로챘다고 한다.

교칠지교 膠漆之交

아교 膠 옻 漆 의 之 사귈 交

백낙천(白樂天) /「고시(古詩)」

우리말에 「정이 찰떡같다」는 말이 있다. 서로 착 달라붙어 떨어질 줄 모른다는 뜻이다. 보통 부부의 정을 비유해서 말하는데, 친구의 경우에도 쓰인다. 교칠(膠漆)은 아교와 옻을 말하나, 아교로 붙이면 서로 떨어지지 않고, 옻으로 칠을 하면 벗겨지지를 않는다. 그렇게 서로 딱 붙어 떨어질 수 없는 그리운 마음을 교칠지심(膠漆之心)이라 하고, 그런 두 친구의 교분을 가리켜 「교칠지교」라 한다.

이 말은 당나라 시인 백낙천에게서 나온 말이다.

백낙천은 당 헌종 원화(元和) 12년(817 년) 봄, 좌찬선대부라는, 천자를 측근에서 모시는 벼슬에서 강주(江州) 사마(司馬)라는 한직으로 물러나 있던 때, 여가를 틈타 여산 향로봉 기슭에 조그만 암자를 세웠다. 이 때 백낙천은 실의에 차 있을 때였다. 재상을 암살한 도둑을 빨리 체포하라고 상소문을 올린 것이 화근이 되었다. 재상 무원형(武元衡)을 미워해 자객을 시켜 살해한 자들의 지탄을 받은 것이다.

처음에는 강주자사라는 지방장관으로 내려와 있다가 다시 부지사격인 사마라는 한직으로 내려앉게 되었으니 그의 답답한 심정이야 알고도 남을 것이다. 이 해 여름 낙천은 지기(知己)였던 원미지(元微之)에게 보낸 편지를 이 암자에서 썼다. 원미지도 그 때 통주(通州) 사마로 좌천되어 있을 때였다. 백낙천과 원미지는 일찍부터 친구였는데, 헌종 원화 원년, 천자가 직접 치르는 과거에 똑같이 장원급제하여, 낙천은 장안 근처의 위(尉 : 검찰관)에 임명되고, 미지는 문하성

(門下省)의 간관(諫官)인 좌습유(左拾遺)에 임명되었다.

백거이

이리하여 두 사람은 함께 나라와 백성을 건지겠다는 불타는 열의 속에 그 첫발을 내딛게 되었다. 이것만으로도 둘 사이가 얼마나 친밀했는지 알 수 있는 일이지만, 그 밖에 두 사람은 시문학(詩文學)의 혁신에도 뜻을 같이했다.

백낙천이 중심이 되어 완성한 새로운 시체(詩體)를 신악부(新樂府)라고 한다. 그것은 한대(漢代)의 민요를 바탕으로 만들어진 악부라는 가요 형식에 시폐(詩幣)에 대한 분노와 인민들의 고통과 번민을 응축시킨 것으로, 거기에는 유교적인 민본사상(民本思想)이 약동하고 있었다. 이리하여 두 사람은 시를 통해 뜻을 같이한 사이이기도 했다. 그들은 그러한 강경 사상이 화근이 되어 결국 미지는 원화 9년에 통주사마로 좌천되고, 낙천은 이듬해 강주사마로 내려앉게 되었다.

이해 4월 10일 밤, 백낙천이 원미지에게 보냈다는 편지에,

「미지여, 미지여, 그대의 얼굴을 보지 못한 지 벌써 3년이구나. 그대의 편지를 받지 못한 지도 2년이 가깝구나. 사람이 살면 얼마나 살기에 이토록 멀리 떨어져 있단 말인가. 더구나 교칠 같은 마음으로(況以膠漆之心) 몸을 호월(胡越)에 둔단 말인가. 나아가도 서로 만날 수 없고, 물러나도 서로 잊을 수가 없다. 서로 잡아끌리면서도 본의 아니게 떨어져 있어, 이대로 각각 백발이 되려 하고 있다. 어쩌면 좋은가, 어쩌면 좋은가. 하늘이 하는 일이니, 이를 어쩌면 좋단 말인가?」

교토삼굴 狡兎三窟

교활할 狡 토끼 兎 석 三 구멍 窟

《사기》 맹상군(孟嘗君)열전

영악한 토끼가 굴을 세 개나 파놓았기 때문에 위기를 면할 수 있었다는 뜻으로, 교묘한 지혜로 위기를 피하거나 재난이 발생하기 전에 미리 준비를 해야 한다는 말이다.

《사기》 맹상군열전에 있는 이야기다.

제(齊)나라의 재상(宰相) 맹상군의 식객(食客)으로 풍환(馮驩)이라는 사람이 있었다. 맹상군은 왕족인 정곽군(靖郭君) 전영(田嬰)의 아들로 이름은 전문(田文)이고, 상군은 그의 호이다.

풍환은 본디 떠돌아다니는 거지였는데 맹상군이 식객을 후대한다는 말에 짚신을 끌고 먼 길을 찾아왔던 것이다. 맹상군은 꼴에 장검(長劍)을 허리에 찬 그의 몰골이 하도 우스워 별 재주는 없어 보였지만 받아주었다.

그러나 그는 괴짜였다. 맹상군은 그를 3등 숙소에 배치했는데 고기반찬이 없다고 늘 투덜댔다. 그래서 2등 숙소로 옮겨 주었는데 이번에는 마차가 없다고 불평을 하는 것이 아닌가. 마지막으로 1등 숙소로 옮겨주자 처자도 없고 그럴 듯한 집이 없다며 투덜댔다.

당시 맹상군은 설(薛 : 현 山東省 동남지방)에 1만 호의 식읍을 가지고 있었다. 3천 명의 식객을 부양하기 위해 식읍 주민들에게 돈놀이를 하고 있었는데 도무지 갚을 생각을 하지 않았다. 누구를 보내 독촉할까 궁리하고 있는데 1년간 무위도식(無爲徒食)으로 일관했던 풍환이 자청했으므로 그를 보내기로 했다. 출발할 때 그는 물었다.

맹상군 영지 설(薛)의 관문

「빚을 받고 나면 무엇을 사올까요?」

맹상군이 말했다.

「무엇이든 좋소. 여기에 부족한 것을 부탁하오」

풍환은 설로 가서 맹상군의 돈을 빌린 사람들을 불러 이자 10만 전을 받았다. 풍환은 그 돈으로 술을 많이 빚고 살찐 소를 사놓은 다음, 채무자가 모두 모이도록 해놓고 이렇게 공고했다.

「이자를 낼 사람은 모두 오시오. 이자를 낼 수 없는 사람도 오시오」

모인 사람은 모두 차용증서를 손에 들고 일일이 꾸어 준 쪽의 문서와 대조해 보고 모두 다시 회합할 날을 정했다. 그 날은 소를 잡고 술을 걸러서 주연을 베풀었다.

술자리가 한창 벌어졌을 때, 증서를 내어 앞서와 마찬가지로 맞추어보고 이자를 낼 만한 사람과는 서로 의논하여 원리금 반제할 기한을 정하고, 가난해서 이자를 낼 수 없는 사람에게는 그 차용증서를 불태워 버린 다음 이렇게 말했다.

「맹상군이 자기 영토의 백성들에게 돈을 꾸어 주었던 것은 자금이 없는 사람에게 자금을 주어 본업(本業)을 경영하도록 하기 위함이었소. 또 이자를 받는 것은 빈객을 대접할 자금이 모자랐기 때문이오. 이제 여러분이 본 바와 같이 부유한 사람에게는 반제할 기한을 약속

차용증을 불태우는 풍환

받았고, 가난한 사람의 증서는 불태워 버렸소. 여러분, 실컷 마시고 먹도록 하시오. 이런 군주가 있는데 어찌 그 뜻을 저버릴 수 있겠소!」

앉아 있던 사람들이 모두 일어나서 재배(再拜)했다.

설에서 돌아온 풍환에게 맹상군이 물었다.

「선생은 무엇을 사오셨소?」

풍환이 말했다.

「당신에게 지금 부족한 것은 은혜와 의리입니다. 차용증서를 불살라 당신을 위해 돈 주고 사기 힘든 은혜와 의리를 사가지고 왔습니다(此時馮驩曰 君之不足則恩義也 以燒借書爲君賣恩義來)」

이 말을 들은 맹상군은 매우 마땅찮은 기색이었다.

1년 후, 맹상군이 제나라의 새로 즉위한 민왕(泯王)에게 미움을 사서 재상 직에서 물러나자, 3천 명의 식객들은 모두 뿔뿔이 떠나버렸다. 풍환은 그에게 잠시 설에 가서 살라고 권유했다. 맹상군이 실의에 찬 몸을 이끌고 설에 나타나자 주민들이 환호하며 맞이했다. 맹상군이 풍환에게 말했다.

「선생이 전에 은혜와 의리를 샀다고 한 말뜻을 이제야 겨우 깨달았소」

풍환이 말했다.

「교활한 토끼는 구멍을 세 개나 뚫지요(狡兎三窟). 지금 공께서는 한 개의 굴을 뚫었을 뿐입니다. 따라서 아직 베개를 높이 베고 근심 없이 잠을 잘(高枕無憂) 수는 없습니다. 공을 위해 나머지 두 개의 굴도 마저 뚫어드리지요.」

그래서 그는 위(魏)나라의 혜왕(惠王)을 설득하여 맹상군을 등용하면 부국강병(富國强兵)을 실현할 것이며, 동시에 제나라를 견제하는 힘도 될 수 있다고 역설했다. 마음이 동한 위의 혜왕이 금은보화를 준비하여 세 번이나 맹상군을 불렀지만, 그 때마다 풍환은 맹상군에게 응하지 말 것을 은밀히 권했다.

이 사실은 제나라의 민왕에게 알려지게 되었고, 아차 싶었던 민왕은 그제야 맹상군의 진가를 알아차리고 맹상군에게 사신을 보내 자신의 잘못을 사과하고 다시 재상의 직위를 복직시켜 주었다. 두 번째의 굴이 완성된 셈이다.

두 번째의 굴을 파는 데 성공한 풍환은 세 번째 굴을 파기 위해 제민왕을 설득, 설 땅에 제나라 선대의 종묘를 세우게 만들어 선왕(先王) 때부터 전승되어 온 제기(祭器)를 종묘에 바치도록 했다. 선대의 종묘가 맹상군의 영지에 있는 한 설혹 제왕의 마음이 변심한다 해도 맹상군을 함부로 대하지 못할 것이라는 계산에서였다.

「이것으로 세 개의 구멍이 되었습니다. 이제부터 주인님은 고침안면 하십시오」

이리하여 맹상군은 재상에 재임한 수십 년 동안 별다른 화를 입지 않았는데 이것은 모두 풍환이 맹상군을 위해 세 가지 보금자리를 마련한 덕이다. 이 고사는 불안한 미래를 위해 미리 준비를 해야 한다는 말로, 만반의 준비 뒤에는 뜻하지 않는 위기는 닥치지 않는다는 말이다.

교학상장 教學相長

가르칠 敎 배울 學 서로 相 나아갈 長

《예기(禮記)》 학기(學記)

가르치고 배우면서 서로 성장함. 중국에서 「예(禮)」의 본질과 의미에 대해서 상세하게 기록한 《예기》 학기편에 이런 내용이 있다.

「좋은 안주가 있더라도 먹어 보아야만 그 맛을 알 수 있다. 또한 지극한 진리가 있다 하더라도 배우지 않으면 그것이 왜 좋은지 알지 못한다. 따라서 배워 본 이후에 자기의 부족함을 알 수 있으며, 가르친 이후에야 비로소 어려움을 알게 된다. ……그러기에 가르치고 배우면서 성장한다(敎學相長)고 하는 것이다」

스승과 제자는 한쪽은 가르치기만 하고 다른 한쪽은 배우기만 하는 상하관계가 아니라, 스승은 제자에게 가르침으로써 성장하고 제자 역시 배움으로써 나아진다는 것이다.

벼는 익을수록 고개를 숙인다. 이 말은 배움이 깊을수록 겸손해진다는 뜻이다. 학문이 아무리 깊다고 해도 직접 가르쳐 보면 자신이 미처 알지 못하는 부분이 적지 않다는 것을 알 수 있다. 그렇게 되면 스승은 부족한 것을 더 공부하여 제자에게 익히게 하며, 제자는 스승의 가르침을 받아 훌륭한 인재로 성장한다.

공자는 일찍이 「후생가외(後生可畏)」라는 말을 했다. 곧 나중에 태어난 사람은 두려워할 만하다는 말로, 그만큼 젊은 사람들의 가능성은 무궁무진하다는 의미이다 공자의 이 말은 공자보다 서른 살이 아래인 안자(顔子)의 재주와 덕을 칭찬해서 한 말이라고도 한다. 그러나 역시 이것은 하나의 진리가 아닐 수 없다.

구강지화 口講指畵

입 口 익힐 講 손가락 指 그림 畵

「유자후묘지명(柳子厚墓誌銘)」

입으로 말하고 손으로 그린다는 뜻으로, 친절하게 교육한다는 말. 말로써 설명을 하고 손으로 그림을 그려서 매우 친절하게 가르치는 것을 말한다.

당(唐)나라의 문인이자 사상가인 한유(韓愈)의 「유자후묘지명(柳子厚墓誌銘)」에 있는 말이다.

「형주와 상주의 이남에서 진사가 된 사람들은 모두가 자후를 스승으로 하였다. 그들은 자후가 입으로는 말하고 손으로는 그림을 그리면서 가르치는 것을 경전으로 이어받아 문장을 지었다(衡湘以南爲進士者 悉以子厚爲師 其經承子厚口講指畵爲文詞者)」

유종원

자후(子厚)는 당나라의 시인 유종원(柳宗元)의 자인데, 한유와 송(宋)나라의 구양수(歐陽脩)·소동파(蘇東坡) 등과 함께 당송팔대가(唐宋八大家)의 한 사람이다. 고문(古文)의 대가로서 간곡하게 교육하는 그의 학문적 자세를 비유하여 나타낸 말이다.

구맹주산 狗猛酒酸

개 狗 사나울 猛 술 酒 실 酸

《한비자》 외저설(外儲說)편

개가 사나우면 술이 시다는 말로, 한 나라에 간신배가 설치면 현량한 선비가 국사에 참여하지 못해 나라가 쇠퇴해진다는 말이다.

한비자는 군주가 간신배에게 가림을 당하면 현량한 인물이 등용되지 못한다고 생각했다. 그는 그런 까닭을 그럴 듯한 비유를 들어 설명했다. 《한비자》 외저설편에 있는 말이다.

송나라 사람으로 술을 파는 사람이 있었다. 그는 파는 술의 양에 대해서 매우 양심적이었고, 손님을 공손하게 대했으며, 술을 만드는 재주도 매우 뛰어났다. 그러나 술을 판다는 깃발을 아주 높이 내걸었지만 왠지 술이 팔리지 않아 남은 술이 곧잘 시곤 했다. 그 이유를 이상히 여겨 평소 알고 지내던 마을의 어른인 양천(楊倩)에게 물었다.

「당신 집 개가 사납소?」

술집 주인이 말했다.

「개가 사납다고 해서 술이 팔리지 않는 것은 무슨 이유입니까?」

양천이 말했다.

「사람들이 무서워하기 때문이라네. 어떤 사람이 어린 자식을 시켜 돈을 가지고 호리병에 술을 받아오게 했다. 그런데 개가 달려나와 그 아이를 물었다네. 이것이 술이 팔리지 않아 시어지는 이유지」

한비자는 나라를 다스리는 방법을 알고 있는 선비가 책략을 군주에게 알려주려고 해도 사나운 개 같은 무리가 있으면 불가능함을 강조했다.

구미속초 狗尾續貂

개 狗 꼬리 尾 이을 續 담비 貂

《진서(晉書)》

개꼬리로 귀한 담비꼬리를 잇는다는 뜻으로, 쓸모없는 사람에게 관직을 함부로 주는 것을 이르는 말이다.

삼국시대 위(魏)나라 사마의(司馬懿)의 아들 사마윤(司馬倫)은 진(晉)나라 무제 사마염(司馬炎)의 숙부로 조왕(趙王)에 봉해졌다. 사마염이 죽은 뒤 그의 아들 사마충(司馬衷)이 혜제(惠帝)로 즉위하였으나, 사마윤이 곧 제위를 찬탈하였다.

사마윤은 정권을 장악한 뒤 권력을 남용하여 그의 친척과 친구들은 물론 노비와 시종들에게까지 관직을 주었다.

《진서(晉書)》 조왕 윤전(趙王倫傳)에서는 이를 두고 이렇게 기술하고 있다.

「조회가 열릴 때마다 담비꼬리가 속출하였다(每朝會 貂尾續)」

당시에는 관리들이 착용하는 관모(官帽)에 담비꼬리를 장식하였다. 그런데 갑자기 관리들이 늘어나게 되어 담비꼬리가 모자라자 비슷한 개꼬리로 이를 대체하였다. 이에 사람들이 이렇게 조롱하였다.

「담비가 모자라니 개꼬리로 잇는구나(貂不足 狗尾續)」

여기서 유래하여 「구미속초」라는 성구가 나왔는데, 즉 하잘것없는 개꼬리로 귀한 담비꼬리를 잇는 것과 마찬가지로, 어떤 일이 앞부분은 잘 되었으나 뒤가 잘못된 경우, 또는 인재를 제대로 등용하지 않고 쓸모없는 사람에게 관직을 맡기는 실태 등을 비유하는 말로 사용된다.

구밀복검 口蜜腹劍

입 口 꿀 蜜 배 腹 칼 劍

《십팔사략(十八史略)》

입으로는 꿀처럼 달콤한 말을 하면서 마음속에는 무서운 칼날을 품고 있다는 뜻이다. 세상을 뒤흔들고 나라를 어지럽게 만든 역사적 인물들 가운데는 이런 사람이 적지 않다.

세상물정을 모르는 어리석은 임금 밑에 사사건건 대의명분을 들고 나오던 고지식하기만 한 선비들이 떼죽음을 당하게 된 사화(士禍) 같은 것도 다 이런 구밀복검(口蜜腹劍)의 간신들의 음모에 의해 일어났던 것이다. 이 「구밀복검」 이란 말은 중국 역대의 간신 중에서도 이름 높던 이임보(李林甫)를 가리켜 한 말이다.

이임보는 당나라 현종(玄宗) 때, 현종황제가 사랑하고 있는 후궁에 잘 보임으로써 출세를 하기 시작, 개원 22년(734년)에 부총리격인 중서성문하(中書省門下)가 되고 2년 후에 재상인 중서령(中書令)이 된 다음, 천보 11년(752년) 그가 병으로 죽을 때까지 19년 동안 항상 현종 측근에 있으면서 인사권을 한 손에 쥐고 나라의 정치를 자기 마음대로 했다. 그 결과 흥왕했던 당나라를 한때 멸망의 위기로까지 몰고 갔던 안녹산(安祿山)의 난을 불러일으키게 되었었다.

그는 자기보다 잘난 사람을 가만히 두고 보지 못하는 질투의 화신 같은 그런 인간이었다. 혹시나 자기 자리를 그 사람에게 빼앗기지나 않을까, 혹시 그로 인해 자기의 하는 일이 방해나 받지 않을까 그저 그 생각뿐이었다. 이리하여 기회 있는 대로 교묘한 수법으로 그들을 하나하나 중앙에서 지방으로 멀리 몰아내곤 했다. 그런데도 자신은 표면에 나타나지 않고, 가장 충성과 의리에 불타고 있는 것 같은 얼굴로 천자에게 그를 추천하여 높은 자리에 오르게 해놓고는 적당한 구실을 만들어 넘어뜨리곤 했다. 한 가지 예를 들면 그가 재상으로 있던 천보 원년, 현종황제가 문득 생각난 듯이 이임보에게 이렇게 물었다.

안녹산

「엄정지(嚴挺之)는 지금 어디 있지? 그를 다시 썼으면 하는데」

엄정지는 강직한 인물로서, 이임보의 전임자였던 명재상으로 이름이 높던 장구령(張九齡)에게 발탁되어 요직에 있었으나 이임보가 집권한 뒤로 그의 시기를 받아 지방으로 쫓겨났었고, 이때는 강군(絳郡 : 산서성) 태수로 있었다. 엄정지는 물론 그것이 이임보에 의한 것인지 전연 모르고 있었다. 이임보는 엄정지가 중앙으로 다시 돌아오게 될까봐 겁이 났다. 그는 그날 집으로 돌아오자 서울에 있는 엄정지의 아우 손지(損之)를 불러들여 웃는 얼굴로 이렇게 말했다.

「폐하께서 당신 형님을 대단히 좋게 생각하고 계십니다. 그러니 한번 폐하를 배알할 기회를 만드는 것이 어떻겠소. 폐하께서 반드시 높은 벼슬을 내리실 것입니다. 그러니 우선 신병을 치료할 겸 서울로 돌아가고 싶다는 상소문을 올리는 것이 좋지 않을까 하는데……」

손지가 이임보의 호의에 감사하고, 그런 내막을 그의 형인 엄정지에게 연락했던 것은 물론이다. 엄정지는 즉시 이임보가 시킨 대로 휴양차 서울로 돌아갔으면 하는 상소문을 올렸다. 이것을 받아 든

이임보

이임보는 현종에게 말했다.

「앞서 폐하께서 물으신 바 있는 엄정지에게서 이 같은 상소문이 올라왔습니다. 아무래도 나이도 늙고 몸도 약하고 해서 직책을 수행하기가 힘이 드는 모양입니다. 서울로 불러 올려 한가한 직책을 맡기는 것이 좋을 줄로 아옵니다」

현종은 멋도 모르고,

「그래. 안됐지만 하는 수 없지」

엄정지는 이임보의 술책에 넘어가 태수의 직책마저 빼앗기고 서울로 올라와 있게 되었다. 그제야 이임보의 농간인 줄을 깨달은 엄정지는 쌓이고 쌓인 울분이 한꺼번에 치밀어 올라 그만 병이 들어 곧 죽고 말았다.

당나라 중흥 임금으로 이름 높던 현종이 사치와 오락에 빠져 정치를 돌볼 수 없게 된 것도 이임보의 이 같은 음험한 술책 때문인 걸로 평하고 있다. 우리말에 「나무에 오르라 해놓고 흔든다」는 말이 있다. 이것을 문자로 권상요목(勸上搖木)이라고 한다. 다 비슷한 성질의 말이다.

《십팔사략》에는 이임보를 평하여 이렇게 말하고 있다.

「어진 사람을 미워하고 재주 있는 사람을 시기하며, 자기보다 나은 사람을 밀어내고 내리눌렀다. 성질이 음험(陰險)해서 사람들이 말하기를 『입에는 꿀이 있고 배에는 칼이 있다(口有蜜腹有劍)』라고 했다」

이임보가 죽자, 양귀비(楊貴妃)의 오라비뻘 되는 양국충(楊國忠)이 재상이 되었다. 그도 이임보에게 갖은 고초를 겪어 왔기 때문에, 실권을 쥐게 되는 즉시 그의 지난날의 죄악을 낱낱이 들추어 현종황제에게 보여 주었다. 그래서 화가 난 현종의 어명에 의해 그의 생전의 모든 벼슬을 박탈하여 서인으로 내려앉히는 한편, 그의 무덤을 파헤치고 시체를 다시 평민들이 쓰는 허술한 널 속에 넣어 묻게 했다.

현 종

안녹산도 이임보가 있는 동안은 그를 무서워해서 난을 일으키지 못하고 있다가 그가 죽은 3년 뒤에야 난을 일으켰다고 한다.

治世之德 衰世之惡

치세지덕 쇠세지악

常與爵位自相副也

상여작위자상부야

세상을 다스리는 덕망과 세상을 쇠망시키는 악과는 언제나 그의 작위와 서로 부합된다.

— 《잠부론》 본정(本政)

구반문촉 扣盤捫燭

두드릴 扣 쟁반 盤 문지를 捫 촛대 燭

소동파(蘇東坡) / 「일유(日喩)」

「장님이 쟁반을 두드리고 초를 어루만진다」는 뜻으로, 만져보고 들어본 것만 가지고 태양에 대해 말한다는 말이다. 확실하지도 않은 것을 가지고 이렇다 저렇다 함부로 논하거나 말하지 말라는 것을 빗댄 한자성어이다.

옛날에 태어날 때부터 장님이었던 사람이 있었는데, 당연히 그는 해가 어떻게 생겼는지 몰랐다. 어느 날 어떤 사람이 그에게 해는 둥글게 생겼는데 쟁반과 같다고 하면서 쟁반을 두드려 보였다. 이에 장님은 알았다는 듯이 머리를 끄덕여 보였다. 며칠 후 먼 곳에서 둥 둥 둥 하는 소리가 들려오자 장님은 기뻐하면서 「해가 떴다」고 하는 것이었다. 이에 어떤 사람이 그것은 해가 아니라 종이라고 하면서, 해는 매우 밝아서 촛불보다도 더 빛난다고 일러주었다.

장님은 또 알았다는 듯이 고개를 끄덕이면서 그 사람이 쥐어 보이는 초 모양을 마음속 깊이 기억해 두었다. 며칠 후 장님은 우연히 피리를 만지고는 크게 놀라 「아, 이것이 해로구나!」하고 외쳤다는 것이다.

이로부터 「구반문촉」 또는 「종반촉약(鍾盤燭籥)」이라는 성구가 나오게 되었다. 전자는 잘못 이해해서 웃음거리를 빚어낸 것을 비유하는 말이고, 후자는 학식이 천박해서 오류를 빚어 낸 것을 비유하는 데 쓰인다. 섣부른 판단이나, 불확실한 일, 맹목적인 믿음 등이 모두 경계 대상에 포함된다.

구사일생 九死一生

아홉 九 죽을 死 한 一 날 生

《사기》 굴원가생열전(屈原賈生列傳)

멱라강의 굴원

여러 차례 죽을 고비를 가까스로 넘기고 살아남.

전국시대 초(楚)나라의 시인이자 정치가인 굴원은 학식과 재주가 뛰어났으나, 그만큼 주위의 모략 또한 만만치 않았다.

《사기》 굴원가생열전에 있는 구절이다.

「굴원은 임금이 신하의 말을 가려 분간하지 못하고, 참언과 아첨하는 말이 임금의 지혜를 가리고, 간사하고 왜곡된 언사가 임금의 공명정대함에 상처를 내서 행실이 방정한 선비들이 용납되지 못하는 것을 미워하였다. 그래서 그 근심스런 마음을 담아 『이소(離騷)』 한 편을 지었다」

이렇게 지어진 「이소」에 있는 구절이다.

「긴 한숨을 쉬며 눈물을 감춤이여, 백성들 힘든 삶이 서럽기 때문이지. 내 비록 고결하고 조심하려 했지만, 아침에 바른 말 하여 저녁에 쫓겨났네. 혜초(蕙草)를 둘렀다고 나를 버리셨는가. 나는 구리 띠까지 두르고 있었네. 그래도 내게는 아름다운 것이기에, 비록 아홉

굴원기념관의 굴원 조상

번 죽어도 후회하지 않으리라(雖九死其猶未悔)」

여기서 「구사(九死)」에 대해서 유양(劉良)은 다음과 같은 해설을 달고 있다.

「아홉은 수의 끝이다. 충성과 신의와 정숙과 고결함이 내 마음이 착하고자 하는 바이니, 이런 재앙을 만남으로써 아홉 번 죽어 한 번도 살아남지 못한다 해도 아직 후회하고 원한을 품기에 족한 것은 아니다」

「구사일생」은 「아홉 번 죽어 한 번도 살아남지 못한다」는 말에서 유래된 말로서, 지금은 유양의 해설과는 달리 「죽을 고비를 여러 차례 넘기고 간신히 살아난다」는 뜻으로 쓰이고 있다.

鬼神無常亨
귀신무상형
亨于克誠
형우극성

귀신은 어느 특정한 사람의 제사를 받는 것이 아니다.
정성을 들인 제사라면 누구의 제사라도 받아들인다.

—《시경》 태갑(太甲) 하

구상유취 口尙乳臭

입 口 아직 尙 젖 乳 냄새 臭

《사기》 고조본기(高祖本紀)

언어와 행동이 유치함을 이르는 말이다. 한고조가 반란을 일으킨 위(魏)의 장수 백직(柏直)을 가리켜 한 말인데, 흔히 하는 말을 한고조(漢高祖)가 말한 것이 기록으로 남은 것뿐이다. 그러나 상대를 얕보고 하는 말 치고는 어딘가 품위가 있고 애교가 느껴진다.

유방이 한신을 보내 위왕 표(豹)를 공격할 때였다. 한창 기세를 올리고 있던 한나라였지만, 신중을 기해 공격할 필요를 느낀 유방은 위나라 사정에 정통한 역이기(酈食其)를 불러 그쪽 사정이 어떤지 물어보았다.

「한(漢)의 군대를 지휘하고 있는 장군은 누군가?」

역이기가 대답했다.

「백직(柏直)이라는 자입니다」

이 말을 들은 유방은 근심스런 표정을 이내 거두면서 말했다.

「그래, 그자라면 나도 좀 알지. 입에서 아직 젖내가 나는(口尙乳臭) 애송이 아닌가? 위를 공격해서 차지하는 건 시간문제로군」

그리고 곧바로 한신을 시켜 위군을 공격하게 하였다.

이조시대 때 김삿갓(金笠)에 관한 이야기 가운데 다음과 같은 재미있는 이야기가 있다. 어느 더운 여름철, 한 곳을 지나노라니 젊은 선비들이 개를 잡아 놓고 술잔을 권커니 자커니 하며 시문을 짓는다고 저마다 떠들어대고 있었다. 술이라면 만사를 제쳐놓을 김삿갓인지라 회가 동하지 않을 수 없었다. 점잖게 말석에 자리를 잡고 앉아 한 순배 돌아오기를 기다리고 있는데, 행색이 초라해서인지 본 체도 않는 것이었다. 김삿갓은 슬그머니 아니꼬운 생각이 들어,

「구상유취로군!」 하고 벌떡 일어나 가버렸다.

「그 사람 지금 뭐라고 했지?」

「구상유취라고 하는 것 같더군」

「뭣이, 고연 놈 같으니!」

이리하여 김삿갓은 뒤쫓아 온 하인들에게 끌려 다시 선비들 앞으로 불려갔다.

「방금 뭐라고 그랬나? 양반이 글을 읊고 있는데, 감히 구상유취라니?」 하면서 매를 칠 기세를 보였다. 김삿갓은 태연히,

「내가 뭐 잘못 말했습니까?」 하고 반문했다.

「뭐라고, 무얼 잘못 말했냐고? 어른들을 보고 입에서 젖내가 난다니, 그런 불경한 말이 어디 또 있단 말이냐?」

「그건 오햅니다. 내가 말한 것은 입에서 젖내가 난다는 구상유취(口尙乳臭)가 아니라, 개 초상에 선비가 모였으니, 『구상유취(狗喪儒聚)』 가 아닙니까?」

한문의 묘미라고나 할까. 선비들은 그만 무릎을 치고 크게 웃으면서, 「우리가 선비를 몰라보았소. 자아, 이리로 와서 같이 술이나 들며 시라도 한 수 나눕시다」 하고 오히려 사과를 한 끝에 술을 권했다.

비슷한 이야기로 이런 것도 있다. 회갑잔치 집에 가서 푸대접을 받은 김삿갓이 축시(祝詩)라는 것을 이렇게 써 던지고 간 일이 있다.

시아버지 자리로 걸어가서
잔을 드리고 공손히 뵙는다.

步之舅席　納爵恭謁　　보지구석 납작공알

구시화지문 口是禍之門

입 口 이것 是 재화 禍 의 之 문 門

《전당시(全唐詩)》

화는 입으로부터 생기므로 말을 삼가야 한다.

우리말에 「화는 입으로부터 나오고 병은 입으로부터 들어간다(禍自口出 病自口入)」는 말이 있다. 이 말은 흔히 들을 수 있는 말이다. 그것이 진리인 만큼 특별나게 누가 한 말이라고 그 출전을 캔다는 것조차 무의미한 일일지도 모른다.

《태평어람》 인사편에 보면, 「병은 입을 좇아 들어가고(病從口入), 화는 입을 좇아 나온다(禍從口出)」는 말이 있고, 또 《석씨요람(釋氏要覽)》에는, 「모든 중생은 화가 입을 좇아 생긴다(一切衆生禍從口生)」고 했다. 모두 음식으로 인해 병이 생기고, 말로 인해 화를 입게 되니 입을 조심하라는 뜻이다.

또 《전당시(全唐詩)》에 수록되어 있는 풍도(馮道, 822~954)의 「설시(舌詩)」란 시에는 입과 혀를 두고 이렇게 말했다.

입은 이 화의 문이요　　口是禍之門　구시화지문
혀는 이 몸을 베는 칼이다　　舌是斬身刀　설시참신도
입을 닫고 혀를 깊이 간직하면　　閉口深藏舌　폐구심장설
몸 편안히 간 곳마다 튼튼하다　　安身處處牢　안신처처뢰

풍도는 당 말기에 태어난 사람으로 당나라가 망한 뒤에도, 진(晋)·글안(契丹)·후한(後漢)·후주(後周) 등 여러 왕조에 벼슬을 하며, 이 어지럽고 위험한 시기에 처해서도 73세라는 장수를 누린 사람이다.

풍 도

과연 이런 시를 지은 사람다운 처세를 실행에 옮겼구나 하는 느낌을 준다.

풍도와 진시황 때부터 전해진 전국옥새(傳國玉璽)에 대한 이야기다.

풍도는 후당, 후진, 후한, 후주와 요나라에서 고관을 지낸 대신이다. 자는 가도(可道)이며 영주 경성(지금의 하북성 창주) 사람이다. 당나라 말, 풍도는 유주자사 유수광의 참군을 지낸다. 유수광이 패배한 후, 풍도는 하동절도사 이극용을 모시며 장서기가 된다. 이존욱이 즉위하자 풍도는 한림학사가 된다. 명종 때는 재상이 된다. 풍도는 5개 왕조의 11명 황제를 모시면서, 장 · 상 · 삼공의 높은 직위에 있으면서, 일신을 보전했다. 말년에는 자칭 장락로(長樂老)라 한다.

후당의 이종가와 조태후, 유황후는 망국 때 현무루에 올라서 불을 질러 자살한다. 그때 풍도는 중신이었다. 당 폐제 이종가의 밑에서 풍도는 삼공의 하나인 사공을 지낸다. 이종가는 현무루에서 불에 타 죽었다. 그 후에 진시황 때부터 전해진 전국옥새가 행방불명되었는데, 전국옥새가 풍도의 묘에 묻혀 있을 것 같다는 추론이 제기되었으나 지금껏 옥새의 행방은 확인된 것이 없다. ☞ 전국옥새(傳國玉璽).

구약현하 口若懸河

말 口 같을 若 달릴 懸 물 河

《진서(晉書)》 곽상전(郭象傳)

곽 상

입이 거침없이 흐르는 물 같다. 입에서 나오는 말이 경사가 급하여 쏜살같이 흐르는 강과 같다는 말로, 말을 거침없이 청산유수처럼 유창하게 엮어 내려감을 비유한 말이다. 《진서(晉書)》 곽상전(郭象傳)에 있는 이야기다.

서진(西晉)의 학자 곽상은 하남 낙양 사람으로 자는 자현(子玄)이다. 일찍부터 노장사상(老莊思想)에 정통했고, 왕연(王衍) 등 청담지사(淸談之士)와 사귀었다. 변재(辯才)에 막힘이 없어 사람들이 위(魏)나라의 왕필(王弼)이 다시 태어났다고 칭송했다.

곽상은 어려서부터 재능이 탁월하여 주위 사람들의 칭송을 받았으며, 일상생활 속의 모든 현상에 대한 깊은 사색을 즐겼다. 그는 노장(老莊)의 학설을 좋아하여 그에 관한 연구와 집필을 계속하였다. 곽상은 그 당시 조정으로부터 관직을 맡아 줄 것을 부탁받은 적이 한두 번이 아니었지만 학문연구에 뜻을 두고 있었으므로 모두

왕 필

사양하였다. 그러나 한번은 더 이상 거절하지 못하고 황문시랑(黃門侍郎) 직책을 맡게 되었다.

그는 관직생활에 있어서도 매사를 이치에 맞게 분명하게 처리하였고, 다른 사람들과 어떤 문제에 대한 깊이 있는 토론을 좋아했다. 토론을 할 때마다 그의 말이 논리 정연하고 언변이 뛰어난 것을 지켜보던 왕연은 이렇게 칭찬의 말을 했다.

「곽상이 말하는 것을 들으면 마치 산 위에서 곧장 떨어지는 물줄기가 그치지 않음과 같다(聽象語 如懸河瀉水 注而不竭)」

여기서 「구약현하」라는 말이 나왔으며, 이 말은 「현하지변(懸河之辯)」과 비슷한 말이다. 말만 번지르르하게 하고 행동이 따르지 못하는 것을 두고 말할 때도 있다.

구오지분 九五之分

아홉 九 다섯 五 갈 之 나눌 分

《삼국지(三國志)》

천자(天子)의 자리를 이르는 말.

《주역(周易)》 64괘 중, 첫째 건괘(乾卦)이다. 그 건괘(乾卦)의 다섯 번째 효(爻)의 이름이 구오(九五)이다.

「구오는 나는 용(飛龍)이 하늘에 있으니 이로워 대인을 볼 것이다(九五 飛龍在天 利見大人)」 라고 해석하고 있다.

또 계사(繫辭) 상편에 「임금이 된 자는 구오의 부귀한 자리에 머문다(王者 居九五富貴之位)」 고 하였다. 그래서 구오(九五)는 천자의 자리를 의미한다고 한다.

진시황

《삼국지》 에 있는 이야기다.

후한 말기의 무장(武將) 동탁(董卓)이 수도를 낙양에서 장안으로 옮길 무렵, 손견(孫堅)은 소제(少帝) 때 십상시(十常侍)의 난으로 잃어버린 옥새

옥 새

를 우물에서 찾아냈다.

십상시는 한(漢)나라 영제(靈帝) 때의 환관(宦官) 장양(張讓)·조충(趙忠) 등 10인을 가리킨다.

장사태수 손견은 낙양을 공격하여 함락시킨다. 성 남쪽 견궁정(甄宮井)에서 궁녀의 시신을 끌어올리는데, 목에 걸린 비단주머니 속에 황금열쇠로 잠근 주홍색 작은 상자가 있었고, 그 안에는 옥새가 들어 있었다.

꺼내보니 옥새는 방원 4촌이고 위에는 오룡교뉴(五龍交紐)가 있고, 한쪽 귀퉁이가 부서져 있는데 황금으로 메워 놓았다. 거기에는 전문(篆文)으로 「수명어천 기수영창((受命於天 旣壽永昌)」이라는 글자가 새겨져 있었다. 이 글은 진시황 때의 승상 이사(李斯)가 썼다고 전해진다.

손견의 참모인 정보(程普)가 손견에게 말했다.

「지금 하늘이 옥새를 주공에게 주었으므로 반드시 황제(九五之位)로 등극한다는 것이니 이곳에 머무르지 말고 고향 강동으로 돌아가 큰일을 도모해야 합니다」

그러나 손견의 고향사람이 이 말을 엿듣고 원소(袁紹)에게 몰래 일러바쳤다.

조 조

전국옥새를 얻은 손견은 황건의 난 토벌에 공을 세우고 동탁 토벌에도 가담하였다. 형주목(荊州牧) 유표(劉表)의 공격에 나섰다가 현산(峴山)에서 전사하였다.

원술은 손견의 처 오씨가 손견의 시신을 고향으로 데려가려는 틈에 오씨를 붙잡아 옥새를 빼앗는다. 그러나 원술이 죽은 후 그의 처는 관을 여강에 던진다. 광릉태수는 원술의 선례에 따라 전국옥새를 빼앗아 조조에게 바친다. 삼국정립 때, 옥새는 위나라에 있었다.

진시황(秦始皇) 때 만든 옥새는 초·한의 싸움으로 한나라 초대황제 유방(劉邦)에게 돌아갔다가 왕망(王莽)이 세운 신(新)나라에서 후한의 광무제(光武帝), 다시 영제에게로 이어진 뒤 소제 때 잃어버렸는데 손견이 찾아낸 것이다. 이 옥새는 원술에게 넘어갔다가 조조(曹操)가 차지하였다.

또한 황제의 자리를 양보 받으러 장안성에 온 동탁에게 여포(呂布)가 인사를 하자, 동탁은 여포에게 말했다.

「내가 황제 자리에 오르면 너는 천하의 병권을 가지게 된다(吾登九五 汝當總督天下兵馬)」라고 말한 구절도 전해진다.

「구오지위(九五之位)」, 「구오지존(九五之尊)」이라고도 한다.

구우일모 九牛一毛

아홉 九 소 牛 한 一 터럭 毛

《문통(文通)》, 《한서(漢書)》

다수 속의 극소수.

사마천이 이능(李陵)을 변호했다는 일로 해서 궁형(宮刑 : 거세형)을 받게 된 데는 다음과 같은 사정이 있었다.

천한(天漢) 2년(BC 99), 이능은 이사장군(二師將軍) 이광리(李廣利)의 별동대가 되어 흉노를 정벌하게 되었다. 그는 변방 여러 나라에 이름을 날린 이광(李廣)의 손자다.

이능은 겨우 5천의 군사를 이끌고 게다가 기마(騎馬)는 무제(武帝)가 내주지 않았다. 그럼에도 불구하고 적의 주력과 맞붙어 몇 십 배가 되는 적군과 10여 일에 걸쳐 연전(連戰)했다. 이능으로부터 싸움에 이기고 있다는 사자가 오면 도읍에서는 천자를 비롯하여 모두들 축배를 들며 기뻐했다. 그러나 그가 패배했다는 소식은 천자나 대신들을 더 없이 슬프게 했다.

그 이듬해의 일이다. 죽은 줄 알았던 이능이 흉노에게 항복하고 두터운 대우를 받고 있다는 것이 뚜렷해졌다. 한무제는 이 소식을 듣자 노발대발 이능의 일족을 몰살하려고 했다. 군신(君臣)은 일신의 안전과 이익을 위해 무제의 안색을 살피며 아무도 이능을 위해 말하는 자가 없었다.

만년(晩年)의 무제의 조정에는 점차 암운이 드리우기 시작하고 있었다. 이 때 단 한 사람, 이능을 변호한 사람이 사마천이다. 사마천은 전부터 「이능이란 사나이는 생명을 돌보지 않고 국난과 맞서는 국

사마천 사당

사(國士)다」 라고 생각하고 있었다. 그는 역사가로서의 엄한 눈으로 일의 진상을 꿰뚫어 보고 대담하고 솔직하게 말하지 않고는 배기지 못하는 성격이었다.

「감히 말씀드리겠습니다. 이능은 얼마 안되는 군사로 억만의 적과 싸워 오랑캐의 왕을 떨게 했습니다. 그러나 원군은 오지 않고 아군에는 배반자가 나와 부득이했다고 생각합니다. 그렇지만 이능은 병졸들과 신고를 같이하고 인간으로서 극한의 힘을 발휘한 명장이라고 해도 과언은 아닙니다. 그가 흉노에게 항복한 것도 어쩌면 뒷날 한나라에 보답할 의도가 있었기 때문일 것입니다. 이때를 기해 이능의 공을 크게 천하에 나타내게 해 주십시오」

이 말을 들은 무제는 분연히 「천(遷)은 이광리의 공을 가로막고 이능을 위한다」 고 사추(邪推)하고 사마천을 투옥했을 뿐 아니라 나중에는 궁형에 처하고 말았다. 궁형이란 남자를 거세시켜 수염이 떨어지고 얼굴이 희멀개지며 성격까지 변한다는 형벌이다. 사마천 자신도 「최하등의 치욕」 이라고 말하고 있다.

또 그는 세인(世人)은 「내가 형을 받은 것쯤은 구우(九牛)가 일모(一毛)를 잃은 정도로밖에 느끼지 않을 것이다」 라고 말하고 있다.

그러나 사마천은 어째서 그 수모를 무릅쓰고 살아야 했을까? 하

사마천은 《사기》를 죽간(竹簡)에 기록했다

물며 노비라 해도 자해(自害)하는 수가 있는데, 어째서 목숨을 끊지 않았는가?

그것은 《사기》를 완성하기 위해서였다. 그의 아버지 사마담(司馬談)은 원수(元狩) 원년(BC 122) 태산에서 거행되는 봉선(封禪 : 천자가 하늘에 제사 지내는 의식)에 태사령이란 직책(제사를 관장함)에 있음에도 병으로 말미암아 참석하지 못한 것을 자책하여 죽었다고 하는데, 그때, 「통사(通史)를 기록하라」 하고 아들인 천(遷)에게 유언했다.

사마천으로서는 《사기》를 완성하지 않고서는 죽으려고 해도 죽지도 못했다. 아버지의 노여움과 아들의 노여움이 결합해서 사마천의 집념이 되었다. 그는 설사 세인의 조소 대상이 될지라도, 혹은 「하루에도 창자가 아홉 번씩 뒤틀리는」 것 같은 괴로움을 맛보면서도 쓰고 또 썼다. 속배(俗輩)들이 이해 못할 고즙(苦汁)을 맛보면서 《사기》 120권을 완성시켰던 것이다.

이상은 사마천의 「임안(任安)에게 보(報)하는 서(書)」(《문통》과 《한서》에 있다)에 의하나, 「구우일모(九牛一毛)」는 글자 그대로, 아홉 마리의 쇠털 중의 한 올로 「다수 속의 극소수」를 말한다. 또 같은 책에서 「죽음을 무겁게 보고 가벼이 죽을 수 없는 때도 있고 가볍게 보고 한 목숨을 버리는 때도 있다. 어떤 때 죽는가 하는 것이 문제다」 라고 말하고 있다.

구이지학 口耳之學

입 口 귀 耳 의 之 배울 學

《순자(荀子)》 권학(勸學)

제 것으로 만들지 못한 학문. 천박한 학문.

들은 것을 새기지 않고 그대로 남에게 전하기만 할 뿐 조금도 제 것으로 만들지 못한 학문을 말한다.

《순자(荀子)》 권학편(勸學篇)에 이런 말이 있다.

「『구이지학』은 소인의 학문이다. 귀로 들은 것이 입으로 나온다. 입과 귀 사이는 네 치일 뿐. 어찌 일곱 자의 몸에도 채우지 못하는가(小人之學也 入乎耳出乎口 口耳之間則四寸耳 曷足以美七尺軀哉)」

순 자

군자의 학문은 귀로 들으면 그대로 마음에 삭이고, 신체에 정착하여 인격을 높이고, 그것이 행동으로 나타난다. 그러한 과정을 거쳤기 때문에 사소한 말이나 동작도 많은 사람의 거울이 될 수 있다.

이에 반해 소인의 학문은 귀로 들어가면 곧바로 입으로 나온다. 즉, 들은 대로 즉시 타인에게 말하고, 조금도 자신을 수양하는 양식으로 두지 않는다. 귀와 입 사이는 겨우 네 치인데 그 사이 동안만

공자가 제자들을 가르친 행단(杏壇)

신체에 머물러 있었던 것으로 된다.

옛 사람은 자신의 몸을 갈고 닦고 덕을 쌓기 위해 학문을 했으나, 요즈음은 배운 것을 남에게 가르쳐서 생활의 수단으로 하기 위해 학문을 하고 있다.

군자의 학문은 자신의 학덕(學德)을 높이기 위한 것인 데 반해 소인의 학문은 생활의 도구로 하기 위한 것이다. 순자가 지적했듯이, 곧잘 다른 사람을 가르치고 싶어 하며, 모르는 바를 아는 체하는 것을 맹자(孟子)는 이렇게 경계하고 있다.

「사람들의 병폐는 자기가 다른 사람의 스승이 되는 것을 좋아하는 데 있다」

이 「구이지학」과 비슷한 뜻을 가진 말로 《논어》 양화(陽貨)편에 다음과 같은 공자의 말이 있다.

「길에서 들은 것을 그대로 되받아 옮기는 것은 덕을 버리는 것이다(道聽塗說 德之棄也)」

「도청도설(道聽塗說)」은 길에서 들은 좋은 말을 마음에 간직하여 자신의 수양의 양식으로 삼지 않고 다음 길에서 곧 남에게 말해 버린다. 결국 「구이지학」과 같은 것으로, 이것은 스스로 덕을 버리는 것과 같다. 좋은 말은 모름지기 마음에 간직하고 자신의 것으로 만들어 덕을 쌓아야 한다는 뜻이다.

구인득인 求仁得仁

구할 求 어질 仁 얻을 得

《논어》 술이편

「인을 구하여 인을 얻었다」는 뜻으로, 자신이 원하는 것을 얻었음을 이르는 말이다.

백이(伯夷)와 숙제(叔齊)는 고죽군(孤竹君)의 아들이었다. 고죽군은 세상을 떠나면서 큰아들 백이보다는 숙제가 더 통치능력이 있다고 여겨 왕위를 숙제에게 물려준다는 유언을 남기고 죽었다. 그러나 숙제는 형이 장남으로서 왕위를 물려받는 것이 당연하다고 하면서 이를 거절했고, 백이 역시 아버지의 유언을 어길 수 없다며 동생이 왕위를 계승할 것을 주장하였다.

끝내 해결이 안 되자 백이는 아무도 모르게 고죽군을 떠나 은둔하고 말았다. 동생인 숙제 역시 형이 자취를 감춘 것을 알고는 몸을 숨겨 나라를 떠나버렸다. 그러자 고죽군의 대신들은 할 수 없이 셋째를 왕으로 추대해서 임금으로 섬겼다.

이렇게 조국을 떠나 각자 생활하던 두 사람은 서백후 희창(姬昌 : 주나라 문왕)이 노인을 공경하는 덕망 있는 사람이라는 소문을 듣고 마치 약속이나 한 듯이 그를 찾아갔다. 그러나 그들이 도착했을 때는 문왕은 이미 세상을 떠나고 그의 아들인 무왕(武王)이 문왕의 뒤를 이어 왕위에 올라 있었다. 그는 선왕의 유언에 따라 상(商)나라의 주(紂)를 토벌하여 학정에 시달리는 백성들을 구하러 갈 참이었다.

이 소문을 들은 백이와 숙제는 부친이 돌아가신 뒤 아직 장례도 치르지 않은 채 무기를 들고 전쟁을 하러 나가는 것은 자식 된 도리가 아니라고 여겼다. 더구나 아직 주왕은 천자로서 그 권위가 있었는데, 천자를 공격한다는 것은 신하로서 마땅한 도리가 아니라고 판단하고 막 진군하려는 무왕의 말고삐를 잡고 만류하였다. 그러나 무왕은 오랜 동안 계획한 대업을 이제 와서 중단할 수 없다며 오히려 가로막는 그들을 죽이려고 하였다. 그러자 옆에 있던 강태공(姜太公)이 그들이 의로운 사람이라는 것을 알고 무왕을 막아서 간신히 목숨만은 건져 석방될 수 있었다.

무왕은 그 길로 출정해서 상나라를 멸망시켜 버렸다. 장기간 주왕의 폭정에 시달리던 백성들은 가뭄에 단비를 만난 듯 기뻐하며 주나라 무왕에게 귀의하였다.

그러나 백이와 숙제는 무왕의 행동이 옳지 못하다고 여겨 그를 섬기기를 거부하였고, 또 주나라 땅에서 나는 음식은 먹지 않겠다면서 수양산(首陽山)으로 들어가 고사리를 캐먹고 살았다. 그러자 어떤 사람들이 그들을 비웃으면서 말했다.

「주나라의 음식을 먹지 않겠다고 하면서 그들이 먹는 고사리는 주나라 영토에서 나는 것이 아니란 말인가?」

결국 이 두 사람은 수양산에서 굶어 죽었는데, 나중에 공자는 《논어》 술이편에서 이 두 사람을 이렇게 평가하였다.

「백이와 숙제는 다른 사람의 나쁜 점을 염두에 두지 않고 자기가 인을 구하고자 해서 인을 얻었으니 무슨 여한이 있겠는가?(求仁而得仁 又何怨)」

이 말에서 유래하여 공자가 말한 「구인득인」은 지조와 절개로 의리를 지키다 죽은 사람을 칭송하는 말로 쓰이게 되었다.

구중자황 口中雌黃

입 口 가운데 中 암컷 雌 누를 黃

《진서(晉書)》 왕연전(王衍傳)

입속에 자황이 있다는 뜻으로, 사실이나 진상을 따져 보지도 않고 함부로 말하거나 남의 글 등에 대하여 무책임하게 함부로 비평하는 것을 비유하는 말이다.

여기서 자황은 유황과 비소의 화합물인 결정체를 이용하여 만든 노란색의 채료(彩料)를 말한다. 고대 중국에서는 자황을 오늘날의 지우개처럼 이용하여, 종이에 글자를 잘못 썼을 때 이것을 칠해 지우고 다시 썼다고 한다. 여기서 유래하여 자황은 시문(詩文)을 첨삭하거나 시비를 가리는 일을 비유하는 말로 사용된다.

《진서》 왕연전에 있는 이야기다.

위진남북조(魏晉南北朝) 시대에는 「청담(淸談)」 풍조가 유행하였다. 왕연(王衍)은 현령 벼슬에서부터 시작하여 승상의 자리에 오른 인물로, 청담가로도 이름이 높았다.

그는 여러 사람들이 모인 자리에서 노장사상(老莊思想)에 대하여 강연하고는 하였는데, 앞뒤가 맞지 않는 일이 많았다. 사람들이 그 점을 지적하고 의문을 제기하여도 왕연은 아랑곳하지 않고 되는 대로 말을 바꾸어 강연을 계속하였다.

그래서 당시의 사람들은 왕연을 가리켜 「입안에 자황이 있다(口中雌黃)」 라고 하였다. 그러나 본래의 뜻과는 달리 후세 사람들은 근거 없이 입에서 나오는 대로 함부로 비평할 때 이 말을 쓴다.

「신구자황(信口雌黃)」 이라고도 한다.

구즉득지사즉실지 求則得之舍則失之

구할 求 법칙 則 얻을 得 이 之 버릴 舍(捨) 잃을 失

《맹자》 진심장

참된 본성대로 사는 데 힘쓸 일이지, 헛되이 부귀와 공명을 탐하지 말라.

「구하면 얻고 놓으면 잃는다」 라는 뜻으로, 자신의 분수에 맞게 구할 수 있는 것이면 구하되, 구할 수 없는 것이면 구하지 말라는 말이다.

맹자 고거(故居)

진실로 나에게 가치가 있고 반드시 필요한 것은 모두 내 안에 있다. 그러므로 이것은 구하려고 마음만 먹는다면 곧 얻을 수 있는 것인데, 이런 소중한 것은 등한시하고 있어서 반드시 이로운 것도 아닌 것에 눈이 멀어 진정한 재산을 잃고 마는 경우가 허다하다. 돈에 눈이 어두워 건강을 잃는다든가 이익 때문에 친구를 잃는 따위가 그런 것이다.

《맹자》 진심상편에 다음과 같은 맹자의 말이 있다.

「구하면 얻고 버리면 잃게 되니, 이 구하는 것은 얻음에 유익한 것이 있다. 왜냐하면 자신에게 있는 것을 구하기 때문이다. 구하는 데는 도(道)가 있고 얻는 데는 명(明)이란 것이 있으니, 이런 구하는 것은 얻어야 유익할 것이 없다. 왜냐하면 밖에 있는 것을 구하기 때문이다(孟子曰 求則得之 舍則失之 是求 有益於得也 求在我者也 求之有道 得之有命是求 無益於得也 求在外者也)」

주 희

이 말에 대해 주자는 이렇게 보충설명을 하고 있다.

「자신에게 있다는 말은 인의예지(仁義禮智)와 같은 사단(四端)이 모두 성(性)에 있다는 것을 말한다. 도가 있다는 것은 망령되이 구해서는 안 된다는 말이고, 명이 있다는 것은 노력한다고 해서 반드시 얻을 수는 없다는 말이다. 밖에 있다는 말은 부귀나 이익이나 사물에 통달하는 것을 말한다」

이렇게 진정으로 자신에게 있는 좋은 바탕을 갈고 닦을 생각은 않고 가식된 치장에만 정신이 팔려 있는 물질주의를 맹자는 경계하고 있는 것이다.

구화투신 救火投薪

구할 救 불 火 던질 投 섶나무 薪

《사기(史記)》 위세가(魏世家)

섶을 던져 불을 끈다는 뜻으로, 재난을 구하려다가 도리어 더 크게 하거나 자멸함을 비유하여 이르는 말.

《사기》 위세가에 있는 이야기다.

전국시대 말, 국력이 나날이 강대해진 진(秦)나라는 범수(范睢)가 주창한 「원교근공(遠交近攻)」 정책을 펴 가까운 나라를 끊임없이 침략해 영토를 확장해 갔다. 이 정책으로 인해 위(魏)나라도 진나라로부터 연거푸 침공당해 영토를 점령당했다.

이렇듯 진나라의 영토 침공이 계속되자, 위의 백성들은 진을 두려워해 저항조차 하지 않았다. 이때 위나라 장수 단간자(段干子)가 남양(南陽)을 할양(割讓)하고 강화를 맺을 것을 왕에게 건의했다. 그러자 전술가 소대(蘇代)가 왕에게 말했다.

「단간자의 본심은 왕위를 빼앗는 것이고, 진나라의 목적은 위나라를 병합하는 것이므로 화의를 맺어도 침공은 그치지 않을 것입니다. 그러므로 진나라에 땅을 할양하는 것은 『땔나무를 던져 불을 끄려는 것(救火投薪)』과 같아, 땔나무가 없어지지 않는 한 불은 꺼지지 않듯이, 땅을 할양하는 것도 이와 마찬가지입니다」

그러나 위 왕은 소대의 충고를 받아들이지 않고 남양을 진나라에 할양하고 화의를 제의하기로 했다. 그러나 진나라는 소대의 말대로, 화의를 맺고도 계속해서 위를 침공해 땅을 빼앗았다. 위는 마침내 저항할 힘을 잃고 BC 255년 진나라에 의해 멸망당했다.

국궁진췌 鞠躬盡瘁

공 鞠 몸 躬 다할 盡 병들 瘁

「후출사표(後出師表)」

몸을 굽혀 기력이 다할 때까지 노력을 한다는 뜻으로, 마음과 몸을 다하여 나라 일에 이바지함.

제갈량(諸葛亮)의 「후출사표(後出師表)」에 있는 말이다.

제갈량은 위(魏)나라를 정벌할 때 출진에 앞서 후주(後主) 유선(劉禪)에게 글을 올렸는데, 이를 출사표(出師表)라 하며, 출사표와 후출사표를 구분한다.

후출사표의 내용은 다음과 같다.

「선제께서는 한을 훔친 역적과는 함께 설 수 없고, 왕업은 천하의 한 모퉁이를 차지한 것에 만족해 주저앉아 있을 수 없다 여기시어 신에게 역적을 칠 일을 당부하셨습니다. 선제의 밝으심은 신의 재주를 헤아리시어, 신이 역적을 치는 데에 재주는 모자라고 적은 강함을 알고 계셨습니다. 그러나 역적을 치지 않으면 도리어 왕업이 망할 것이니 어찌 일어나 치지 않고 앉아서 망하기만을 기다릴 수 있겠습니까? 이에 그 일을 신에게 맡기시고 의심하지 않으셨습니다.

신은 그 같은 선제의 명을 받은 뒤로 잠자리에 누워도 편안하지 않고 음식을 먹어도 맛이 달지 아니했습니다. 북으로 위를 치려하면 먼저 남쪽을 평정해야 되겠기에 지난 5월에는 노수를 건넜습니다. 거친 땅 깊숙이 들어가 하루 한 끼를 먹으며 애쓴 것은 신이 자신을 아끼지 않아서가 아니었습니다. 왕업을 돌아보고, 성도에서 만족해 앉아 있을 수는 없다고 여겨, 위태로움과 어려움을 무릅쓰고 선제께서

돌에 새겨진 출사표

남기신 뜻을 받들고자 한 것입니다. 그러나 그때도 따지기 좋아하는 사람들은 그게 좋은 계책이 못된다고 말했습니다.

이제 적은 서쪽에서 지쳐 있고 동쪽에서도 오나라에게 힘을 다 쓴 끝입니다. 병법은 적이 수고로운 틈을 타라 했으니 지금이야말로 크게 밀고 나아갈 때입니다. 거기에 관해 삼가 아뢰면 아래와 같습니다.

고제께서는 그 밝으심이 해나 달과 같고 곁에서 꾀하는 신하는 그 슬기로움이 깊은 못과 같았으나, 험한 데를 지나고 다침을 입으시며 위태로움을 겪으신 뒤에야 비로소 평안하게 되시었습니다. 그런데 이제 폐하께서는 고제에 미치지 못하시고 곁에서 꾀하는 신하도 장량이나 진평만 못하시면서도 장기적인 계책으로 이기고자 하시며 편히 앉으신 채 천하를 평정하고자 하십니다. 이는 바로 신이 이해하지 못할 첫 번째 일입니다.

유요와 왕랑은 모두 일찍이 큰 고을을 차지하여, 평안함을 의논하고 계책을 말할 때는 걸핏하면 성인을 끌어들였으되, 걱정은 뱃속에 가득하고 이런저런 논의는 그 가슴만 꽉 메게 하였을 뿐입니다. 올해도 싸우지 아니하고 이듬해도 싸우러 가기를 망설이다가 마침내는 손권에게 자리에 앉은 채로 강동을 차지하게 하고 말았던 것입니다. 이는 바로 신이 풀지 못한 두 번째 일입니다.

제갈무후

조조는 지모와 계책이 남달리 뛰어나고 군사를 부림에는 손자·오자를 닮았으나, 남양에서 곤궁에 빠지고 오소에서 험한 꼴을 당하며, 기련에서 위태로움을 겪고, 여양에서 쫓기고, 북산에서 지고, 동관에서 죽을 고비를 넘긴 뒤에야 겨우 한때의 평정을 보게 되었습니다. 그런데 하물며 신하들이 재주도 없으면서 위태로움을 겪지 않고 천하를 평정하려 하니 그게 신이 알지 못할 세 번째 일입니다.

조조는 다섯 번 창패(昌覇)를 공격했으나 떨어뜨리지 못했고, 네 번 소호를 건넜으나 공을 이루지 못했습니다. 이복(李服)을 써보았으나 이복이 오히려 죽이려 들었고, 하후(夏侯)에게 맡겼으나 하후는 패망하고 말았던 것입니다. 선제께서는 매양 조조가 능력 있다고 추키셨으나 오히려 그 같은 실패가 있었는데 하물며 신같이 무디고 재주 없는 사람이 어떻게 반드시 이기기만을 바랄 수 있겠습니까? 이게 바로 신이 알 수 없는 네 번째 일입니다.

신이 한중에 온 지 아직 한 해가 다 차지 않았습니다. 그러나 조운·양군·마옥·염지·정립·백수·유합·동등과 그 아래 장수 일흔 남짓을 잃었습니다. 언제나 맨 앞장이던 빈수·청광이며 산기·무기를 잃은 것도 천 명이 넘는바 이는 모두 수십 년 동안 여러 지방에서 모아들인 인재요 한 고을에서 얻은 사람들이 아닙니다. 만약 다시 몇 년이 지난다면 이들 셋 중 둘은 줄어들 것이니 그때는 어떻게 적을 도모하겠습니까? 이것이 신이 알 수 없는 다섯 번째입니다.

지금 백성들은 궁핍하고 군사들은 지쳐 있습니다. 그러나 할 일을 그만둘 수는 없는 것이, (할 일을 그만둘 수 없음은 곧) 멈추어 있으나 움직여 나아가나 수고로움과 물자가 드는 것은 똑같기 때문입니다. 차라리 일찍 적을 도모함만 못합니다. 그런데도 한 고을의 땅에 의지해 적과 긴 싸움을 하려 하시니 이는 신이 알 수 없는 여섯 번째 일입니다.

무릇 함부로 잘라 말할 수 없는 게 세상일입니다. 지난날 선제께서 초 땅에서 (조조와의) 싸움에 지셨을 때 조조는 손뼉을 치며 말하기를 천하는 이미 평정되었다 했습니다. 그러나 뒤에 선제께서는 동으로 오월과 손을 잡고 서로는 파촉을 얻으신 뒤 군사를 이끌고 북으로 가시어 마침내는 하후연을 목 베게까지 되었던 것입니다. 이는 조조가 계책을 잘못 세워 우리 한이 설 수 있게 해준 것이라 할 수도 있습니다. 그러하되 뒤에 오가 맹약을 어기매 관우는 싸움에 져서 죽고 선제께서는 자귀에서 일을 그르치시어 조비는 다시 천자를 참칭할 수 있었습니다.

무릇 일이 이와 같아 미리 헤아려 살피기란 실로 어렵습니다. 신은 다만 엎드려 몸을 돌보지 않고 죽을 때까지 애쓸 뿐 그 이루고 못 이룸, 이롭고 해로움에 대해서는 신의 총명이 미리 예측할 수 있는 바가 아닙니다(凡事如是 難可逆見 臣 鞠躬盡瘁 死而後已 至於成敗利鈍 非臣之明 所能逆覩也)」

국사무쌍 國士無雙

나라 國 선비 士 없을 無 쌍 雙

《사기》 회음후열전(淮陰侯列傳)

한 나라에 둘도 없는 훌륭한 인물, 천하제일의 인물.

《사기》 회음후열전에 있는 이야기다.

「국사(國士)」란 나라의 선비, 즉 전국을 통한 훌륭한 인물을 말한다. 이 말은 소하(蕭何)가 한신을 가리켜 말한 데서 비롯된 것이다. 한신은 회음(淮陰 : 강소성) 사람으로 젊었을 때는 집이 몹시 가난한 데다가 농사일이나 글공부 같은 데는 별로 관심이 없이 하늘을 날고 싶은 큰 뜻만을 품고 다녔기 때문에 생활이 말이 아니었다.

한신의 표모반신(漂母飯信)

언젠가는 한신이 강가에서 낚시를 하고 있는데, 한신의 배고픈 기색을 본 한 빨래하는 노파가 자기가 먹으려고 싸가지고 온 점심을 그에게 주었다. 그 노파는 빨래를 하러 나올 때마다 수십여 일을 두고 매일같이 한신에게 점심밥을 나눠 주었다. 한신이 감격한 나머지, 「언젠가는 이 은혜를 후하게 갚을 날이 반드시 있을 겁니다」 라고 말하자, 노파는 성난 얼굴로, 「대장부가 스스로의 힘으로 밥을 먹지 못하는 것이 딱해서 그랬을 뿐, 뒷날

한신의 과하지욕(胯下之辱)

덕을 보려고 그런 것은 아니니, 아예 그런 말은 마시게」 하고 핀잔하듯 말했다.

언젠가는 또 한신이 회음 읍내를 거닐고 있는데, 읍내 푸줏간의 한 젊은이가 갑자기 그의 앞을 가로막으며 이렇게 말했다.

「이봐, 자넨 덩치도 크고 제법 칼까지 차고 다니지만, 실상은 겁이 많은 녀석일 게야. 죽는 게 두렵지 않거든, 어디 그 칼로 나를 찔러 봐. 만일 그럴 용기가 없거든 내 바짓가랑이 밑을 기어서 지나가야 해」

한신은 난처했다. 한참 바라보던 끝에 엎드려 철부지 녀석의 다리 밑으로 슬슬 기어 나갔다. 온 장바닥 사람들이 한신의 겁 많은 행동을 보고 크게 웃었다. 뒷날, 한신은 초나라 왕이 되어 돌아왔을 때, 빨래하던 노파에게는 천금을 주어 옛 정에 감사하고, 옛날의 그 젊은이에게는 중위(中尉)라는 수도경비관 벼슬을 내리고는, 여러 장수들을 보며 이렇게 말했다.

「이 사람은 장사(壯士)다. 그 때 나를 모욕했을 때, 내가 어찌 죽일 수 없었겠는가. 다만 죽일 만한 명분이 없었기 때문에 참고 따랐을 뿐이다」

이것은 한신이 지난 날 자기에게 설움을 준 사람들의 불안한 마음을 없애 주기 위한 하나의 계책일 수도 있었을 것이다. 또 일단은 무슨 조치가 있어야만 할 일이었기 때문에 이왕이면 자신의 아량을 보여 주는 길을 택했던 것이리라. 실상 천하를 상대하는 한신으로서는 그런 철부지 소년의 탈선행위가 깜찍스럽게도 보였을 것이다.

이것은 뒷날 이야기이고, 한신이 처음 벼슬을 한 것은 항우 밑에서였다. 기회 있을 때마다 항우에게 의견을 말해 보았으나, 전연 상대조차 하려 하지 않았다. 항우는 자기 힘만 믿고 인재를 구할 생각이 없었으며, 또 그만한 눈도 없었다.

한고조 유방(가운데)과 한신(오른쪽), 소하

한신은 항우 밑에서 도망쳐, 멀리 유방을 찾아 한나라로 들어갔다. 한나라 장군 하후영(夏侯嬰)에게 인정을 받아 군량을 관리하는 치속도위(治粟都尉)에 임명되었는데, 이 때 승상인 소하와 알게 되었다. 소하는 한신을 한고조 유방에게 여러 번 추천했으나 써 주지 않았다. 역시 사람 보는 눈이 없었던 것이다. 이윽고 항우의 세에 밀려 유방이 남정(南鄭)으로 떠나게 되자, 군대와 장수들이 실망 끝에 자꾸만 빠져 달아났다. 이에 한신도 더 바랄 것이 없어 그들 뒤를 따랐다.

승상 소하는 한신이 도망갔다는 말을 듣자, 한고조에게 미처 말할 사이도 없이 허둥지둥 한신의 뒤를 쫓았다. 소하까지 도망쳤다는 소

한신을 쫓는 소하

문이 한고조의 귀에 들어갔다. 고조는 두 팔을 잃은 기분으로 어쩔 줄 몰랐다. 소하를 누구보다도 신뢰하고 있었기 때문이다. 이틀 뒤 소하가 한신을 데리고 돌아왔다. 고조는 한편 반갑고 한편 노여웠다.

「어찌하여 도망을 했는가?」

「도망친 것이 아니라, 도망친 사람을 붙들러 갔던 겁니다」

「누구를 말인가?」

「한신입니다」

「거짓말. 수십 명의 장수가 달아나도 뒤쫓지 않던 그대가, 한신을 뒤쫓을 리가 있는가?」

그러자 소하는 이렇게 대답했다.

「다른 장수라면 얼마든지 보충할 수 있습니다. 그러나 한신만은 국사로서 둘도 없는 사람입니다(至如信者 國士無雙). 임금께서 한중(漢中)의 왕으로 영영 계실 생각이라면 한신 같은 사람은 필요가 없습니다. 그러나 천하를 놓고 겨룰 생각이시면 한신을 빼고는 상의할 사람이 없습니다」

이리하여 한신은 소하의 강력한 추천으로 대장군에 임명되어 마침내 항우를 무찌르고 천하를 통일하는 공을 세웠던 것이다.

국척 跼蹐

구부릴 跼 살살걸을 蹐

《시경(詩經)》 소아(小雅)

겁이 많아 몸 둘 바를 모름.

조심스러워 몸을 굽히고 걸음을 곱게 걸어가는 것을 「국척」 이라고 한다. 「국천척지(跼天蹐地)」 란 말에서 나온 것인데, 국천척지의 뜻은 「하늘이 비록 높다고 하지만 감히 머리를 숙이지 않을 수 없고, 땅이 비록 두텁다고 하지만 감히 발을 조심해 딛지 않을 수 없다」 는 말이다. 결국 너무도 두려워 몸 둘 곳을 몰라 하는 모습을 형용해서 하는 말이다.

《시경》 소아 정월편은 「정월에 심한 서리가 내려 내 마음이 걱정되고 아프다(正月繁霜我心憂傷)」 (여기 나오는 정월은 지금의 4월을 말한다)라는 말로 시작되는, 모진 정치를 원망해서 부른 시인데, 13절로 된 이 시의 제6절에 이렇게 말하고 있다.

하늘이 대개 높다고 하지만	謂天蓋高
감히 굽히지 않을 수 없고	不敢不跼
땅이 대개 두텁다고 하지만	謂地蓋厚
감히 조심해 걷지 않을 수 없다	不敢不蹐
이 말을 부르짖는 것은	維號斯言
도리도 있고 이치도 있다	有倫有脊
슬프다, 지금 사람은	哀今之人
어찌하여 독사요 도마뱀인가	胡爲虺蜴

이것을 쉽게 풀이하면,

「하늘이 아무리 높다지만 허리를 굽혀 걸어야만 하고, 땅이 아무리 두텁다지만 발을 조심해 디뎌야만 한다. 이런 말을 외치는 것은 도리에 벗어난 것도 이치에 어긋난 것도 아니다. 슬프다, 오늘의 정치하는 사람은 어찌하여 모두가 독사나 도마뱀처럼 독을 품고 있단 말인가. 어째서 이 넓으나 넓은 천지에 걸음마저 마음 놓고 걸을 수 없게 만든단 말인가?」 하는 뜻이 된다.

또 같은 정월편 제5장에 「수지오지자웅(誰知烏之雌雄)」 이라는 구가 나오는데, 딴 구가 《시경》의 통례인 4자로 되어 있는데, 이 구만은 6자로 되어 있다.

산을 내게 낮다고 하지 마라	謂山蓋卑
뫼가 되고 언덕이 된다	爲岡爲陵
백성의 거짓된 말을	民之訛言
어찌하여 막지 못하는가	寧莫之懲
저 옛날 늙은이를 불러	召彼故老
꿈을 점쳐 묻는다	訊之占夢
모두 내가 성인이라지만	具曰予聖
누가 까마귀의 암수를 알리	誰知烏之雌雄

국파산하재 國破山河在

나라 國 깨질 破 뫼 山 강 河 있을 在

두보(杜甫) / 「춘망(春望)」

인간사의 극심한 변화에도 아랑곳하지 않고 순리에 따라 존재하는 자연의 모습을 대비적으로 일컫는 말.

두보의 「춘망」이란 시에 나오는 유명한 글귀다.

「나라는 망했어도 산과 물은 그대로 있다」는 흔히 하는 말이기는 하지만 이 같은 말을 남기지 않을 수 없었던 두보의 처지를 이해함으로써 한결 이 말의 무게를 느끼게 된다. 당현종 천보(天寶) 15년(756년) 6월에 안녹산(安祿山)의 반란으로 현종황제는 멀리 파촉으로 난을 피해 떠나고 수도 장안은 반란군의 수중에 떨어졌다.

두보(712~770년)는 그 전 달 장안에서 고향인 봉선현(奉先縣)으로 돌아가서 가족들을 데리고 서북쪽에 있는 부주(鄜州)로 피난을 갔다. 그리고 거기서 태자 형(亨)이 7월에 영무(靈武 : 영하성)에서 즉위했다는 소식을 듣자, 혼자 새 황제 밑으로 달려가려 했다.

그때까지 10년 동안이나 벼슬길의 뜻을 이루지 못했던 그가 지위도 없는 몸으로, 만리장성이 눈앞에 보이는 변방까지 새 황제를 찾아가려 했던 것은 무슨 뜻에서였을까. 그는 자신과 처자를 포함한 겨레가 오랑캐의 말발굽에 짓밟히고 있는 민족문화의 앞날을, 새 천자가 있는 그곳에밖에 의탁할 곳이 없었기 때문이었을 것이다. 그러나 두보는 도중에 반란군에게 잡혀 다시 장안에 갇힌 포로의 몸이 되었다.

여기서 두보가 앞에 말한 시를 읊게 된 것은 이듬해 봄의 일이었다. 포로의 신세를 한탄한 그의 심정이 뼈에 사무치게 잘 묘사되어 있다.

나라는 깨지고 산과 물만 남았구나　國破山河在
성안은 봄이 되어 초목만 무성하고　城春草木深
때를 생각하니 꽃에도 눈물을 뿌리고　感時花濺淚
이별을 한하니 새도 마음을 놀래준다　恨別鳥驚心
봉화가 석 달을 계속하니　烽火連三月
집에서 온 편지가 만금 같구나　家書抵萬金
흰 머리를 긁으니 다시 짧아져서　白頭搔更短
온통 비녀를 이겨내지 못할 것 같다　渾欲不勝簪

두 보

「도성은 파괴되었어도 산과 강은 옛 모습 그대로다. 성안에는 봄은 여전히 찾아들어 거칠 대로 거칠어진 거리 거리에는 풀과 나무만이 무성해 있다. 시국을 생각하니 꽃도 한결 슬프게만 느껴져 눈물을 자아낼 뿐 처자와의 이별을 생각하니 새 울음소리도 가슴을 놀라게만 한다. 전세가 불리함을 알리는 봉화가 석 달을 계속 오르고 있으니 만금을 주더라도 집소식이 궁금하구나. 안타까이 흰 머리를 긁으니 머리털이 더욱 짧아진 것만 같다. 이 모양으로는 앞으로 갓을 쓰고 비녀를 꽂을 상투마저 제대로 틀지 못할 것 같다」는 뜻이다. 두보는 이 시를 읊고 나서 얼마 안된 4월에 장안을 탈출하여 봉상(鳳翔)까지 와 있는 숙종의 행궁으로 가게 되었고, 다음달 5월에는 좌습유라는 간관(諫官)의 벼슬에 오르게 되었다. 두보로서는 그렇게 원하던 벼슬길에 처음 오르게 된 것이다.

군맹상평 群盲象評

무리 群 소경 盲 코끼리 象 평론할 評

《불경(佛經)》

모든 사물을 자기 주관과 좁은 소견으로 그릇 판단함.

뭇 소경이 코끼리를 평한다는 말은 널리 알려진 이야기다. 전체를 보지 못하고 일부분만 아는 사람이 자기가 알고 있는 그 일부분을 전체라고 고집하는 어리석음을 가리켜 「뭇 소경의 코끼리 평하듯 한다」고 한다. 《불경》에 있는 이야기다.

어느 나라에 왕이 하루는 한 대신을 불러 이렇게 명했다.

「코끼를 끌어내어 소경들에게 보여주라」

대신은 많은 소경들을 모아 놓고 그들 앞에 코끼리를 끌어냈다. 소경들은 보이지 않는지라 각각 손으로 코끼리를 만져 보았다. 대신이 왕에게, 「임금님의 명령대로 코끼리를 소경들에게 보여주었습니다」 하고 보고하자, 왕은 그 소경들을 불러내어 물었다.

「그대들은 코끼리를 알았는가?」

소경들은 입을 모아, 「네, 알았습니다」 하고 대답했다. 왕은 다시 소경들에게 이렇게 물었다.

「코끼리는 무엇과 비슷하게 생겼다고 생각되는가?」

그러자 맨 먼저 코끼리 이빨을 만져 본 소경이 대답했다.

「코끼리는 큰 무처럼 생겼습니다」

다음에는 귀를 만져 본 소경이 대답했다.

「아닙니다, 코끼리는 키처럼 생겼습니다」

이번에는 머리를 만진 소경이 대답했다.

「아닙니다, 코끼리는 돌처럼 생겼습니다」

그러자 코를 만진 소경이 대답했다.

「아닙니다, 코끼리는 절구공이처럼 생겼습니다」

이번에는 다리를 만진 소경이 대답했다.

「아닙니다, 코끼리는 절구통처럼 생겼습니다」

다음에는 등을 만진 소경이 대답했다.

「아닙니다, 코끼리는 평상처럼 생겼습니다」

그러자 배를 만진 소경은, 「코끼리는 독처럼 생겼습니다」 하고 대답하고, 끝으로 꼬리를 만진 소경은, 「아닙니다, 코끼리는 꼭 밧줄처럼 생겼습니다」 하고 대답했다.

이렇게 예를 든 후, 다음과 같이 끝을 맺고 있다.

「선남자(善男子)들이여, 이 소경들은 코끼리의 몸뚱이를 제대로 말하고는 있지 않지만, 그렇다고 말하고 있지 않는 것도 아니다. 그들이 말하고 있는 코끼리는 아니지만, 이것을 떠나서 또 달리 코끼리가 있는 것도 아니다」

이 이야기에 나오는 코끼리는 불성(佛性)을 비유해서 말한 것으로, 소경은 모든 어리석은 중생을 비유해 말한 것이다. 그리고 이 이야기는 중생이 불성을 부분적으로 이해하고 있다는 점, 즉 모든 중생에게는 다 불성이 있다는 것을 보여 주고 있다.

「군맹상평」 혹은 「군맹평상」 이란 문자는 《불경》 에서 나온 말인데, 현재 쓰이고 있는 뜻과 불경의 원 뜻과는 상당한 거리가 있다. 「군맹무상(群盲撫象)」 이라고도 한다. 우리가 쓰고 있는 뜻은, 못나고 어리석은 범인들이 위대한 인물이나 사업을 비판한다 해도 그것은 한갓 일부분에 지나지 않는 평으로 전체에 대한 올바른 평이 될 수 없다는 뜻이다.

군명유소불수 君命有所不受

임금 君 목숨 命 있을 有 바 所 아닐 不 받을 受

《사기》 사마양저(司馬穰苴)열전

싸움터에 나선 장수는 군명(君命)보다 군명(軍命)을 우선한다.

《사기》 사마양저열전에 있는 이야기다.

춘추시대 제(齊)나라 경공(景公)은, 진(晋)나라와 연(燕)나라의 침략을 자주 받았다. 그 때마다 제나라는 번번이 패하여 위기에 빠졌다. 그때 안영(晏嬰)은 경공에게 전양저(田穰苴)를 공(公)으로 추천하면서 말했다.

「양저는 전씨 첩의 소생이지만, 글에 있어서는 뭇사람의 마음을 끌고 무(武)에 있어서는 적을 무찌를 수 있는 인물입니다. 원하건대 임금께서 친히 시험해 보십시오」

경공은 양저를 불러서 병사(兵事)에 대해 이야기했는데, 아주 마음에 들어 장군으로 등용했다. 군사를 이끌고 연나라와 진나라의 군사를 막으라고 하니, 양저가 말했다.

「저는 원래 신분이 낮습니다. 임금께서 이러한 저를 병졸들 중에서 뽑아내어 대부의 윗자리에 앉히셨지만, 아직 병졸들에게 신임을 받지 못하며 또 서민들에게도 신뢰를 받지 못하고 있습니다. 그러므로 인물에 무게가 없고 권위 또한 없습니다. 원하옵건대 임금의 총애도 받고 백성들에게도 존경을 받는 사람에게 군사를 감독하도록 하십시오」

경공은 이러한 청원을 허락하고 장고(莊賈)란 사람을 동행시키기로 했다. 양저는 경공에게 인사를 드린 다음 장고와 약속을 했다.

「내일 정오에 군영(軍營)에서 만나세」

이튿날, 양저는 우선 군영에 달려가서 해시계를 세우고 물시계를 장치해 놓은 다음 장고를 기다렸다. 장고는 평소 교만했는데, 이때도 장군이 군영에 있는 이상 감찰관인 자기는 서두를 필요가 없다면서 친척과 친지들의 송별을 받으며 머물러서 술을 마셨다. 정오가 되어도 장고가 오지 않자, 양저는 해시계를 엎어버리고 물시계도 쏟아버린 다음 군영을 순시하고 병사를 정돈시키며 군령을 시달했다.

군령도 모두 마친 저녁 무렵이 되어서야 장고가 나타났다. 양저가 물었다. 「어찌하여 시간에 늦었는가?」

장고가 말했다. 「죄송합니다. 대부와 친척들이 송별연을 해 주는 까닭에 늦었습니다」

양저가 말했다. 「장군 된 자는 출진명령을 받게 되면 그날부터 집을 잊어야 하고, 군에 임해서 군령을 내리게 되면 어버이를 잊어야 하며, 채를 들어 군고(軍鼓)를 급히 치게 되면 자신을 잊어야 하는 법이다. 지금 적이 깊이 침입하여 국내가 소란하고 사병들은 국경을 지키면서 몸을 풍우에 내던지고 있다. 임금은 잠자리에 누워서도 편한 잠을 못 이루고, 음식을 먹어도 그 맛을 모르며, 백성들의 목숨이 모두 임금의 한 몸에 매여 있는데, 이런 때에 송별연 따위가 무엇이란 말인가!」

양저는 곧 군정(軍正 : 군의 법무관)을 불러놓고 물었다. 「군법에 시간을 어겼을 때의 죄는 어떤 것인가?」

군정이 말했다. 「참형입니다」

장고는 두려워서 종자를 시켜 말을 타고 달려가 경공에게 고하여 구해달라고 청을 넣었다. 양저는 그 종자가 아직 돌아오기 전에 장고를 참하고, 이 사실을 널리 삼군(三軍)에게 알려 경계로 삼으니 사

졸들은 모두 무서워서 떨었다.

얼마 뒤에 경공은 사자를 보내 부절(符節)을 보이고 장고를 사면하려 했다. 사자가 말을 달려 군영 안으로 들어오자, 양저는 사자에게 말했다.

「장군 된 자는 진중에 있는 한 군명일지라도 듣지 않는 수가 있다(臣既已受命爲將 將在軍 君命有所不受)」

그리고 군정을 향하여 물었다.

사마양저

「군영 안에서 말을 달리는 것은 허락되어 있지 않다. 지금 사자는 군영 안에서 말을 달렸는데, 그 죄는 어떠한가?」

「참형에 해당합니다」

군정이 대답하자, 사자는 무서워 벌벌 떨었다. 그러나 양저는 이렇게 말했다. 「임금의 사자는 죽이는 법이 아니다」

그리고는 그 마부와 수레 왼쪽의 부(輔)와 왼쪽 부마(副馬)를 참하고 삼군에게 널리 알렸다. 한편, 경공에게는 사자를 보내서 보고하고 비로소 출동했다. 또 같은 무렵 오(吳)나라의 손무(孫武)는 비상시에 대비하여 궁녀들에게 군사훈련을 시키던 중, 두 대장으로 뽑힌 왕의 총희(寵姬)를 명령불복종으로 목을 베려 하였다. 왕 합려(闔閭)가 특사를 급파하여 용서를 청하였으나, 손무는 「신은 이미 명령을 받고 장군이 되었습니다. 장군은 진중에 있을 때 임금의 명령을 받지 않는 경우가 있습니다(臣既已受命爲將 將在軍 君命有所不受)」 하고 그 총희의 목을 베자 그때까지 왁자지껄 웃으며 장난하던 궁녀들은 얼굴이 흙빛이 되어 훈련에 열중하였다고 한다.

군욕신사 君辱臣死

임금 君 욕될 辱 신하 臣 죽을 死

《국어(國語)》 월어(越語)

임금과 신하는 고생을 함께 함. 군주가 치욕을 당했을 경우 신하는 목숨을 버리고 그 치욕을 씻어야 한다는 것으로, 신하는 군주와 생사고락을 함께해야 함을 이르는 말이다.

춘추시대(春秋時代) 8국의 역사를 기록한 《국어》 월어(越語)에 있는 이야기다.

춘추시대 월(越)나라의 왕 구천(勾踐)은 회계산(會稽山) 싸움에서 오(吳)나라 왕 부차(夫差)에게 패하였다가, 20여 년 뒤 충신 범려(范蠡)의 힘으로 오나라를 멸망시켰다. 범려는 월나라가 패했을 때 왕의 치욕을 씻으려고 죽지 않았으나, 오나라를 멸한 뒤 회계산에서 패하였을 때의 벌을 받아 물러나기를 바라면서 왕에게 이렇게 말했다.

「남의 신하인 사람은 임금이 근심하면 해결하기 위해 힘쓰고, 임금이 치욕을 당하면 목숨을 버리고 치욕을 씻어야 합니다(爲人臣者 君憂臣勞 君辱臣死)」

《한비자(韓非子)》에도 「군주가 치욕을 당하면 신하는 괴로워하니 상하가 서로 근심을 함께한 것이 오래되었다(主辱臣苦 上下相與同憂久矣)」 라는 말이 나온다.

임금과 신하가 이처럼 일심동체(一心同體)가 되어 일을 함께 할 때 마침내 바라던 과업이 이룩된다. 그런 일체감은 바로 믿음을 바탕으로 이루어지는 것이다. 이는 넓은 의미에서 보면 국가와 국민 사이의 일체감이 이루어질 때도 마찬가지로 적용될 수 있다.

군이부당 群而不黨

무리 群 어조사 而 아닐 不 무리 黨

《논어(論語)》 위령공(衛靈公)

무리를 이루지만 당파를 만들지는 않는다. 많은 사람들과 가까이 지내지만 사사로운 개인의 정으로 누구에게 편들거나 빌붙지 않음.

《논어》 위령공편에 있는 말이다.

「군자는 긍지를 갖되 싸우지 않고, 무리와 함께하되 편당(偏黨)을 짓지 않는다(君子矜而不爭 群而不黨)」

주희(朱熹)는 이 구절을 「자긍심을 가진 군자는 남에게 굴복하지 않되 싸우려 들지 않고, 여러 군중과 함께 어울리되 편협된 무리를 지어 개인의 영리를 구하지 않는다」 라고 해석했다.

무리를 지어 사익을 취하지 말라는 충고는 《논어》 에 자주 나온다. 위정(爲政)편에서는 「군자는 사람을 넓게 사귀되 패거리를 짓지 않고, 소인은 패거리를 지을 뿐 사람을 넓게 사귀지 않는다(君子周而不比 小人比而不周)」 라고 했다. 또 「군자는 인내할 줄 알아 사람과 싸우지 않고, 무리와 서로 화목하게 지내 사적 이익에 치우치지 않는다(君子善于忍耐而不與人爭鬪 與衆相和而不偏私)」 고도 했다.

자로(子路)편에서는 「군자는 화합하지만 부화뇌동하지 않고, 소인은 부화뇌동하지만 화합하지 않는다(君子和而不同 小人同而不和)」 고 했다. 「군이부당(群而不黨)」 「주이불비(周而不比)」 「화이부동(和而不同)」 이 모두 같은 맥락의 성어다.

춘추시대 역사서인 《여씨춘추(呂氏春秋)》 에는 선비의 바람직한 모습을 얘기하며 「불편부당(不偏不黨)」 을 강조했다.

군자삼계 君子三戒

임금 君 아들 子 석 三 삼갈 戒

《논어》 계씨편(季氏篇)

군자로서 경계해야 할 삶의 과정에서의 세 가지 계율.

군자가 훌륭한 인격을 갖춘 지성인일진대, 군자기 되기 위한 과정이 쉽지 않을 뿐더러 치러야 할 대가도 적지 않다.

《논어》 계씨편에서 공자는 군자로서 경계해야 할 점을 인생의 과정에 따라 세 가지를 들었다.

첫째는 청년기의 색욕(色慾)이다. 대체로 나이 15세에서 20세 정도의 청년기 남자는 혈기왕성하여 천하가 두렵지 않고 온 세상을 한 손에 쥐고 흔들 수 있을 것만 같이 생각한다. 힘도 넘쳐 눈에 겁나는 것이 없다. 이 시기의 혈기는 왕성하여 주체할 수 없기는 하지만, 아직도 불안정하여 자칫 감정에 치우치기 쉽다. 그래서 쉽게 유혹에 빠지곤 하는데 특히 여색의 유혹에 약하다. 이성적(理性的)인 판단이 부족한 탓이다. 그래서 여자문제 때문에 괴로워하는 젊은이가 많다. 이 시기에 경계해야 할 것은 여색뿐만 아니다. 흔히 여색은 술과 함께 온다 하여 주색(酒色)이라 하였다.

둘째는 장년기(壯年期)의 「다툼」이다. 나이 20~40세까지의 장년기가 되면 청년기보다는 혈기가 안정되었으나 아직도 왕성하며 의욕이 강하다. 즉 자신감이 넘치는 시기로 상대방과 싸워 이기는 데서 쾌감을 얻는다. 아직도 인생의 경험이 그다지 풍부하지 않고 판단력 또한 예민하지 못하지만, 자신감에 찬 나머지 안하무인(眼下無人)으로 흐르거나 걸핏하면 남과 겨뤄 이겨보고 싶다는 생각을 하기 쉽다. 그러다 보니 종종 완력을 행사하는 경우가 있는데 이처럼 자신감만으로 대들다가는 낭패(狼狽)보기 십상이다.

공자 천하주유 상(像)

셋째는 노년기이다. 이 시기는 「탐욕」을 경계해야 한다. 인생의 경험도 풍부하고 따라서 이성적인 판단도 가능하지만, 혈기가 쇠퇴하여 여색에는 관심이 없게 되며 또 자신감도 종전보다 못하여 남과 다투는 데에도 흥미가 별로 없다. 그뿐인가. 인생의 황혼기에서 느끼는 회한(悔恨)도 많다. 천하를 품을 듯한 포부는 사라지고 스스로 초라함을 느낀다. 그래서 이제는 여생을 어떻게 하면 편안하게 보낼 수 있을까 하는 생각만 하게 된다. 이 시기에 가장 중요한 것은 명예도 아니요 의리도 아니고 오로지 물질적인 욕구뿐이다. 소위 노욕(老慾)이 그것인데 때로 지나쳐 노추(老醜)를 보이기도 한다. 따라서 이 시기에 주로 생각하는 것은 눈앞의 이익이다.

이상 공자의 말씀을 정리해 보면 청년기에는 여색, 장년기에는 완력, 노년기에는 탐욕을 경계하라는 뜻이다. 그러나 이 세 가지가 군자에게만 국한되는 것이 아니고 인간이라면 누구나 마음속에 새겨 잠시도 잊지 말아야 할 계(戒)이다.

군자삼락 君子三樂

군 君 당신 子 석 三 즐길 樂

《맹자(孟子)》 진심편(盡心篇)

맹 자

군자의 세 가지 즐거움.

전국시대 철인(哲人)으로서 공자의 사상을 계승 발전시킨 맹자(孟子)의 말이다.

군자에게는 세 가지 즐거움이 있다(君子有三樂).

천하의 왕이 되는 것은 여기에 넣지 않다(而王天下不與存焉).

양친이 다 살아 계시고 형제가 무고한 것이 첫 번째 즐거움이요(父母俱存 兄弟無故 一樂也).

우러러 하늘에 부끄럽지 않고 굽어보아도 사람들에게 부끄럽지 않은 것이 두 번째 즐거움이요(仰不愧於天 俯不怍於人 二樂也).

천하의 영재를 얻어서 교육하는 것이 세 번째 즐거움이다(得天下英才 而敎育之 三樂也).

군자는 세 가지 즐거움이 있으나 천하를 통일하여 왕이 되는 것은 여기에 들어 있지 않다(君子有三樂 而王天下不與存焉).

맹자가 말한 세 가지 즐거움 중 첫 번째 즐거움은 하늘이 내려준 즐거움이다. 부모의 생존은 자식이 원한다고 하여 영원한 것이 아니므로 오랫동안 함께할 수 있다면 그 자체로써 즐겁다는 말이다.

두 번째 즐거움은 하늘과 땅에 한 점 부끄럼이 없는 삶을 강조한 것으로, 스스로의 인격수양을 통해서만 가능한 즐거움이다.

세 번째 즐거움은 자기가 가지고 있는 것을 다른 사람에게 베푸는 즐거움으로, 즐거움을 혼자만 영위할 것이 아니라 남과 공유하기를 바라는 것이다.

공 자

맹자는 세 가지 즐거움을 제시하면서 왕이 되는 것은 여기에 들어있지 않음을 두 차례나 언급하여 강조하고 있는데, 국가를 경영할 경륜도 없고 백성을 사랑하는 인자함도 없으면서, 왕도정치에는 귀도 기울이지 않고 오직 전쟁을 통해서, 백성들의 형편이야 어찌 되든 패자가 되려고만 했던 당시 군왕들에게, 왕 노릇보다 먼저 기본적인 사람이 되라는 맹자의 질책이었다.

공자(孔子)는 우리를 이익 되게 하는 세 가지 즐거움을 《논어(論語)》 계씨(季氏)편에서 말하고 있다. 「유익한 세 가지 즐거움(益者三樂)은, 예악을 절도에 맞게 행하는 것을 좋아하고(樂節禮樂), 남의 선을 말하기를 좋아하며(樂道人之善), 어진 벗을 많이 가지기를 좋아함(樂多賢友)이다」

공자는 또 계씨편에서 「손자삼요(損者三樂)」를 들고 있다. 「분에 넘치게 즐기는 것(樂驕樂), 일하지 아니하고 노는 것을 즐기는 것(樂逸樂), 주색을 좋아하는 것(樂宴樂)」을 이른다.

군자삼외 君子三畏

임금 君 아들 子 석 三 두려워할 畏

《예기》 잡기편, 《논어》 계씨(季氏)편

군자가 두려워해야 할 세 가지.

《예기》 잡기편(雜記篇)에 있는 말이다.

군자란 도덕을 갖춘 사람으로 소인(小人)과 상대되는 개념이다. 유가(儒家)에 유독 혼란한 시대에 군자의 자질에 관한 언급이 많았다. 춘추전국시대엔 더욱 그러하였다. 군자가 두려워해야 할 세 가지를 다음과 같이 지적하고 있다.

첫째, 들은 것이 없을 때는 그 듣지 못한 것을 두려워해야 하고,
둘째, 들었다면 들은 것을 익히지 못하는 것을 두려워해야 하며,
셋째, 익혔다면 그것을 실천하지 못하는 것을 두려워해야 한다.

이 세 가지 두려움은 이상적인 인간형인 군자뿐만 아니라 평생교육을 받아온 현대인들에게도 적용된다.

과거와 달리 정보의 홍수 속에 살고 있는 우리에게 다른 사람들보다 더 많은 양의 지식을 듣고 배우고 익히고, 그런 연후에 실천하는 일은 매우 중요하다. 이러한 것들을 통해서만 자아성취라든지 보다 나은 미래를 건설할 수 있다.

또 《논어》 계씨편에 군자가 두려워해야 할 세 가지를 다음과 같이 들고 있다.

첫째, 천명을 두려워해야 한다. 천명은 하늘이 인간에게 내린 사명(使命)이다. 군자는 넓은 학문으로 영재(英才)를 가르쳐야 하고, 후

공자의 고향 곡부에 있는 공자묘 대성전

진을 덕화(德化)해야 하고, 바른 행실로 남의 모범이 되어야 하는데, 그렇지 못하여 사회에 기여하지 못함을 두려워해야 한다.

둘째, 대인을 두려워해야 한다. 덕망이 높고 도량이 넓은 인격자인 대인을 숭앙(崇仰)하고서 이를 본받지 못함을 두려워해야 한다.

셋째, 성인의 가르침을 거울삼아 스스로 부족함을 깨닫고도 이를 고치려 하지 않음을 두려워해야 한다.

이 세 가지의 두려움은 지도자에게 주어진 사명으로서, 자신이 처해 있는 세계를 바르게 이끌어야 하고, 옳은 것을 본받고 성현의 가르침에서 벗어나지 않도록 실천해야 한다는 말들이다.

군자여소인 君子與小人

임금 君 어르신 子 더불 與 작을 小 사람 人

《논어》 이인편(里仁篇)

학식과 덕행이 높은 사람, 높은 벼슬에 있는 사람, 또는 아내가 남편을 가리킴. 소인은 군자와 정반대의 사람.

「군자」는 글자대로 하면 임금의 아들이란 뜻이므로, 상대를 높여서 부른 것이 그런 여러 가지 방면으로 쓰이게 된 것이리라. 상대방을 높여서 공자(公子)니 하는 말이 쓰인 것도 같은 성질의 것이라 말할 수 있다. 여기서는 학식과 덕행이 높은 사람을 가리켜 군자라 말한다. 적어도 마음가짐이 올바른 성실한 사람이 군자의 테두리 속에 들 수 있다.

「소인」은 군자와 정반대의 뜻으로 쓰인다고 보면 된다. 학식이 부족하고 덕이 없는 사람, 벼슬을 못한 천한 사람, 그리고 자신을 낮추어 말할 때 소인이란 말을 쓴다. 중국 사람들이 대인(大人)이라고 부르는 것도 소인의 반대인 군자란 말이 변한 것으로 볼 수 있다. 옛날 경전에는 군자와 소인이 자주 대조적으로 쓰이고 있다. 그래서 여기서는 흔히 쓰이는 군자와 소인에 대한 짤막한 말들을 추려 보았다. 모두 공자의 말이다.

《논어》 이인편(里仁篇)에는,

「군자는 덕을 생각하고, 소인은 땅을 생각하며, 군자는 형벌을 생각하고, 소인은 은혜를 생각한다」라고 했는데, 쉽게 풀어서 말하면,

「군자는 자기 인격과 수양에 힘쓰고, 소인은 편하게 살 수 있는 곳만을 찾으며, 군자는 혹시라도 법에 저촉되지나 않을까 조심을 하

는데, 소인은 누가 내게 특별한 호의를 보여주지나 않나 하고 기대를 한다」는 뜻이다. 같은 이인편에는,

「군자는 의리에 밝고, 소인은 이해에 밝다」고 했다. 군자와 소인의 차이는 결국 크게 나누어서 의리관계와 이해관계로 구별될 수 있다. 군자는 정의를 위해서는 목숨마저 아까워하지 않는다. 소인은 자기 개인의 영달을 위해서는 생명을 건 모험도 서슴지 않는다.

또 술이편(述而篇)에는, 「군자는 어느 경우나 태연자약한데, 소인은 언제나 근심 걱정으로 지낸다」고 했다.

군자는 자기 할 일만을 힘써 할 뿐 그 밖의 것은 자연과 운명에 맡기고 있기 때문에 어느 경우나 태연자약할 수밖에 없다. 그러나 소인은 한 가지 욕심을 이루면 또 다른 것을 탐내고, 애써 얻은 다음에는 혹시 잃을까 조바심을 하기 때문에 하루도 마음 편할 때가 없다.

안연편(顔淵篇)에는, 군자는 사람의 아름다운 것을 이룩해 주고, 반면 사람의 악한 것을 이룩하지 않으며, 소인은 이와 정반대다」라고 했다.

군자는 남의 좋은 일, 착한 일을 도와 성공하게 해주는 한편 착하지 못하고 바르지 못한 일은 이를 돕는 일이 없다. 그러나 소인은 정반대로, 남의 착한 일에는 협력 대신 방해를 하고, 남의 옳지 못한 일에는 지혜와 힘을 빌리려 하고 있다.

또 자로편(子路篇)에는,

「군자는 태연하고 교만하지 않으며, 소인은 교만하고 태연하지 못하다」고 했다. 태(泰)는 거만하다는 뜻도 된다. 비록 가난하게 살아도 부귀한 사람 앞에 기가 죽지 않는 의젓한 태도를 말한다. 그것은 인격에서 풍기는 자연스런 태도다. 교만은 까불거리는 것과 같은 의미를 가지고 있다. 철난 사람의 까부는 모습이 교만인 것이다. 부귀와

권세를 믿고 남을 얕잡아 보는 소인의 태도는 거만이 아니라 까불거리는 교만인 것이다. 권세와 부귀가 떨어지는 날, 그 교만은 아부와 방정맞은 태도로 바뀌게 된다. 또 위령공편(衛靈公篇)에는,

「군자는 자기에게 구하고, 소인은 남에게 구한다」 고 했다.

군자는 뜻대로 안되는 일을 모두 자기 탓으로 돌리고 스스로 반성과 노력을 거듭한다. 그런데 소인은 자기 실력과 노력보다는 남의 힘과 도움에 의해 자기의 목적을 달성하려고 노력한다. 그래서 자연 간교한 술책과 아첨과 원망과 조바심으로 밤낮을 보내게 된다. 또 같은 위령공편에 말하기를,

「군자는 작은 일은 알지 못해도 큰 것을 받을 수 있고, 소인은 큰 것을 받을 수 없어도 작은 일은 알 수 있다」 고 했다.

군자는 세부적인 것은 잘 알지 못한다. 그러므로 지엽적인 사무 같은 것에는 어둡다. 그러나 중대한 사명이나 전체적인 통솔 같은 어려운 일은 누구보다 잘 해낼 수 있다. 소인은 반대로 자잘한 일을 해내는 재주는 대부분 가지고 있다. 그러나 높은 자리나 책임 있는 일을 맡기면 이를 감당해 내지 못하고 공연한 마찰이나 알력(軋轢)만을 일으키게 된다는 것이다. 또 《중용》 14장에는,

「군자는 쉬운 것에 처하면서 명을 기다리고, 소인은 위험한 일을 행하며 요행을 바란다」 고 했다. 군자는 당연히 해야 할 일에 충실하면서 성공은 자연에 맡기고 있다. 소인은 반대로 권모술수 등 갖은 위험한 짓을 서슴지 않으면서 그것이 요행으로 성공하기만을 기다리고 있다. 대개 이런 정도로 군자와 소인의 질이 어떤 것인지를 알 수 있을 것이다.

군자원포주 君子遠庖廚

임금 君 아들 子 멀리할 遠 푸줏간 庖 부엌 廚

《맹자》 양혜왕(梁惠王)편

심성이 어질고 바르기 위해서는 무섭거나 잔인한 일은 해서도 안 되며 봐서도 안된다. 《맹자》 양혜왕편에 있는 말이다.

포주(庖廚)는 짐승을 잡는 도살장을 가리켜 말한 것이다. 짐승들의 비명소리를 차마 들을 수 없어 도살장을 가까이 두지 않는다는 뜻이다. 맹자가 제(齊) 선왕(宣王)을 만나 그의 착한 마음씨가 천하를 통일할 수 있음을 증명해 주려는 이야기 가운데 나오는 말이다. 맹자가 제선왕을 만났을 때 왕은, 「덕이 어떠해야만 왕도정치를 할 수 있습니까?」 하고 물었다. 여기서 말하는 왕은 천하를 통일하는 것을 말한다.

「백성을 보전하여 왕 노릇하면 아무도 막을 사람이 없습니다」

여기서 보전한다는 것은 사랑하고 보호한다는 뜻이다.

「과인도 백성을 보전할 수 있겠습니까?」

「있다 뿐이겠습니까?」

「어떻게 그것을 아십니까?」

「신이 호흘(胡齕)이란 왕의 신하에게서 들은 바에 의하면, 어느 날 왕께서 대청 위에 앉아 계시는데 그 아래로 소를 몰고 가는 사람이 있었습니다. 왕께서 어디로 가는 소냐고 물으시니, 장차 소를 잡아 그 피로써 새로 만든 종을 바르려 한다고 대답했습니다. 왕은 말하기를, 그만두어라. 죄 없이 죽으려 끌려가며 부들부들 떨고 있는 모습을 차마 볼 수 없다고 하셨습니다. 『그럼 종에 피 칠을 하는 것은 그만 두오리까?』 하고 물었을 때, 왕께서는 말하기를, 어찌 그만둘 수 있겠느냐, 양으로 대신하라고 하셨다는데, 그것이 사실입니까?」

「그런 일이 있었습니다」

「그런 마음이면 충분히 왕이 될 수 있습니다. 백성들은 왕께서 소가 아까워 그랬다지만, 신은 왕께서 차마 죽이지 못한 것을 알고 있습니다」

「제나라가 아무리 작지만 내가 소 한 마리를 아끼겠습니까. 실상 그 부들부들 떠는 모습이 죄 없이 죽으러 가는 것만 같은지라, 그래서 양과 바꾼 것입니다」

「왕께서는 백성들의 그 같은 평을 이상하게 생각지 마십시오. 작은 것으로 큰 것을 바꾸었으니 그들이 어찌 그 까닭을 알 수 있겠습니까. 그런데 왕께서 만일 죄 없이 죽는 것이 불쌍해서 그러셨다면 소와 양이 다를 것이 무엇입니까?」 왕은 어이가 없어 웃었다.

「정말 내가 무슨 생각으로 그랬을까요. 내가 재물을 아껴서 그런 것은 아니었지만, 백성들이 날 보고 소가 아까워서 그랬다고 말하는 것이 당연하다 하겠습니다」

맹자는 왕이 자신도 모르고 한 일을 분석해서 설명해 주었다.

「조금도 이상할 것이 없습니다. 그것이 어진 마음이란 것입니다. 소는 직접 부들부들 떨고 있는 것을 보셨고, 양은 직접 보시지 않았기 때문입니다. 군자는 짐승에 대해서, 그 사는 것을 보고 차마 그 죽는 것을 보지 못하며, 그 소리를 듣고 차마 그 고기를 먹지 못합니다. 이런 까닭에 군자는 포주를 멀리하는 것입니다」

왕은 맹자의 이 같은 설명에 기쁨을 감추지 못하면서, 「내가 행해 놓고도 내 마음을 알 수가 없었더니, 선생께서 말씀해 주시니 참으로 감격스럽습니다」 하며 맹자를 새삼 반가워했다. 맹자는 이렇게 사람의 마음을 착한 방향으로 유도하는 뛰어난 솜씨를 가지고 있었다.

군자이사이난열야 君子以事易難說也

임금 君 써 以 쉬울 易 어려울 難 기뻐할 說 어조사 也

《논어》 자로(子路)편

군자는 함부로 기뻐하거나 노여워하지 않으며, 사람에게 일을 시킬 때 그 사람이 마땅히 할 수 있는 알맞은 일을 하게 한다.

「군자를 섬기는 일은 쉽지만 기쁘게 하는 일은 어렵다」 라는 뜻으로, 학식과 덕행이 높은 군자는 원칙에 벗어나지 않으면 섬기는데 어려움이 없으며, 사람을 부릴 때 무슨 일이나 아무렇게 맡기지 않고 일할 재능을 지닌 사람에게 맡긴다.

《논어》 자로편에 있는 공자의 말이다.

「군자는 섬기기는 쉽지만 기쁘게 하기는 어렵다. 올바른 도가 아니면 기뻐하지 않기 때문이다. 그러나 군자가 사람을 부릴 때는 각자의 기량과 재능을 살펴 부린다. 그러나 소인인 경우에는 이와 반대다. 소인은 섬기기는 어렵지만 기쁘게 하기는 쉽다. 그를 기쁘게 하기 위해서 비록 올바른 도가 아닌 방법을 쓴다고 해도 마음에 흡족하면 기뻐하기 때문이다. 그러나 소인이 사람을 부릴 때는 뭐든지 자기가 원하는 대로 하기만 바랄 뿐 각자의 소질

자 로

공 자

은 거들떠보지도 않는다(君子易事而難說也 說之 不以道不說也 及其使人也 器之 小人難事而易說也 說之雖不以道 說也 及其使人也 求備焉)」

군자와 소인의 차이를 이렇게 정확하게 비교한 예는 다시 찾을 수 없을 것이다. 비위만 맞춰 주면 뭐든지 좋다고 하는 인간들이 이 세상에는 얼마나 많은가. 그러나 정작 그런 인간들은 조금이라도 자기 마음에 들지 않거나 불리해질 듯하면 가차 없이 사람을 버린다. 그야말로 달면 삼키고 쓰면 버리는 인간이 이런 소인배들이다.

그러나 덕을 갖춘 군자는 마음속에 절대 불변의 원칙이 자리하고 있기 때문에 무작정 기뻐하지도 않고 노여워하지도 않는다. 때문에 원칙에 어긋나지 않으면 섬기기에 아무런 장애도 없는 것이다. 또 그들은 사람을 부릴 때도 느닷없이 아무 일이나 마구 맡기지 않는다. 그가 할 수 있는 일을 시키고, 할 수 없는 일이라면 마땅한 사람을 찾아 시킨다. 때문에 무슨 일을 하든 힘들지 않고 즐겁기까지 하다.

겉으로는 군자연하지만 알고 보면 소인배만도 못한 인간을 우리는 하루하루 안 보고 지날 수 없는 그런 시대를 살고 있다. 참으로 안타까운 일이 아닐 수 없다.

군자지덕풍 君子之德風

임금 君 아들 子 의 之 큰 德 바람 風

《논어》 안연(顔淵)편

「군자의 덕은 바람과 같다」라는 뜻으로, 바람이 불면 풀이 그 방향으로 눕듯이 윗사람의 행동은 곧 아랫사람이 행동하는 데 표본이 된다는 말이다. 지도적인 위치에 서 있는 사람의 경거망동을 경계하는 뜻이 담겨 있다.

《논어》 안연편에 있는 말이다.

계강자(季康子)가 하루는 정치에 대해 공자에게 물었다.

「무도한 인간들을 죽이고 도가 있는 사람을 공직에 나아가게 한다면 어떻겠습니까?」

공자가 대답하였다.

「그대는 정치를 하겠다면서 어떻게 사람 죽이는 방법을 쓰겠다는 것이오? 그대가 먼저 착해지려고 노력하면 백성들도 절로 착해질 것입니다. 군자의 덕은 바람과 같은 것이고 소인의 덕은 풀과 같은 것입니다. 바람이 불면 풀은 필경 바람에 쓸려 따르게 마련이지요(子爲政焉用殺 子欲善而民善矣 君子之德風 小人之德草 草尙之風必偃)」

남을 지도하고 다스리는 입장에 서 있는 사람이라면 먼저 솔선수범해야 할 것이다. 자신은 온갖 부정한 짓을 도맡아 하면서 아랫사람에게 정도를 걸으라고 한다면 이 말을 들을 사람은 아무도 없을 것은 너무나 당연하다. 「윗물이 맑아야 아랫물이 맑다」는 우리 속담이 있는데, 바로 이 성구와 그 의미가 같다.

군자피삼단 君子避三端

임금 君 아들 子 피할 避 석 三 끝 端

《한시외전(韓詩外傳)》

군자는 세 가지 남과 다투는 단서(端緖)를 회피함으로써 몸을 지킨다는 말이다.

군자는 붓끝, 칼끝, 혀끝의 3가지 끝을 삼가야 한다는 것을 이르는 말로서, 무릇 군자는 글쟁이(文士)의 붓끝, 칼잡이(武士)의 칼끝, 말쟁이(辯士)의 혀끝을 피함으로써 필화(筆禍), 살화(殺禍), 설화(舌禍)를 당하지 않도록 조심해야 한다고 했다.

한(漢) 나라 때 한영(韓嬰)이 지은 《한시외전(韓詩外傳)》에 있는 말이다.

「아름다운 깃털과 굽은 부리를 가진 새를 새들 또한 두려워하고, 물고기 가운데 입이 크고 아랫배가 살찐 것을 물고기도 두려워하며, 사람들은 말솜씨가 좋고 말수가 많은 사람을 두려워한다. 그러므로 군자는 문필에 능한 사람의 붓끝과 무예에 뛰어난 사람의 칼끝, 말을 잘하는 사람의 혀끝을 피해야 한다(是以君子避三端 文士之筆端 武士之鋒端 辯士之舌端)」

군자는 문사의 문필과 무사의 무기, 변사의 구설, 이 세 가지의 날카로운 끝을 피하여 다른 사람과 다투지 않고 피해를 입힐 수 있는 사람들을 미리 조심하여 자신의 몸을 지켜야 한다는 것을 말한다.

군책군력 群策群力

무리 群 꾀 策 무리 群 힘 力

《양자법언(揚子法言)》 중려편(重黎篇)

여러 사람이 책략을 생각하고 힘을 모아 지혜와 능력을 쏟는 것을 말한다. 전한(前漢) 말의 학자이자 문인인 양웅(楊雄)이 지은 《양자법언(揚子法言)》 중려편(重黎篇)에 있는 말이다.

「초한(楚漢)전쟁에서 한나라는 많은 사람들이 책략을 짜내고 힘을 합쳤기 때문에 승리했다(漢屈群策 群策屈群力)」

양웅은 이 역사적 사건에 대하여 다음과 같은 관점을 기지고 있었다.

「한(漢)나라의 유방(劉邦)은 휘하에 소하(蕭何) · 장량(張良) · 한신(韓信) · 조참(曹參) 등의 도움으로 해하(垓下)의 결전에서 초(楚)나라의 항우(項羽)를 대파하여 여러 사람들의 계책과 힘으로 승리하였다.

항우는 자신의 용기만 믿고 부하들의 적극적인 건의를 받아들이지 않아 패배하였는데, 항우는 이것을 하늘이 자신을 버린 것이라고 하였다. 그러나 항우는 필부(匹夫)의 용기로써 부하들을 이용하여 적극적으로 그들의 의견을 받아들이지 않았으며, 유일한 모사(謀士) 범증의 충언마저도 받아들이지 않고 기회를 잃고 말았다. 그가 실패한 주요 원인은 하늘 때문이 아니라, 자신이 형세에 거슬러 일을 하였기 때문이다」

양웅의 이 말은, 지도자는 여러 신하들의 책략과 선비들의 힘을 모아야만 성공할 수 있다는 점을 강조한 이 말은 많은 사람이 함께 꾀와 힘을 쏟아야 한다는 뜻이다.

굴묘편시 掘墓鞭屍

팔 掘 무덤 墓 채찍 鞭 주검 屍

《사기》 오자서(伍子胥)열전

묘를 파헤쳐 시체에 매질을 한다는 뜻으로, 통쾌한 복수나 지나친 행동을 일컫는 말.

《사기》 오자서(伍子胥)열전에 있는 이야기다.

간신의 농간으로 충신을 역적으로 몰아 오자서의 아버지와 형을 죽인 초나라 평왕(平王)이 죽은 뒤 오자서에 의해 그의 무덤이 파헤쳐지고 시체가 채찍을 받게 되었다.

「굴묘편시」란 통쾌한 복수의 뜻으로도 쓰이지만, 좀 지나친 행동의 경우를 말할 때도 쓰인다. 아무튼 신하로서 임금의 무덤을 파서 그 시체에 매질을 했다는 것은 놀라운 사실이 아닐 수 없다.

오자서는 이름을 원(員)이라 했다. 자서는 그의 자(字)다. 오자서의 아버지 오사(伍奢)는 초평왕의 태자 건(建)의 태부로 충신이었는데, 같은 태자 건의 소부(少傅)였던 비무기의 음모에 의해 억울한 죽음을 당하게 되었다.

오사를 죽이는 데 성공한 비무기(費無忌)는 다시 평왕을 시켜 오사의 아들 오상(伍尙)과 자서를 죽일 음모를 꾸민다. 그러나 오상만이 아버지를 따라 죽고 자서는 그 음모를 미리 알아차리고 망명길을 떠나게 된다.

왕은 오자서를 잡기 위해 전국에 영을 내려 길목을 지키게 하고, 거리마다 오자서의 화상을 그려 붙이고 많은 현상금과 무시무시한 형벌로 아무도 오자서를 숨겨주지 못하게 했다. 오자서는 키가 열

자에 허리가 두 아름이나 되었고, 쟁반만한 얼굴에 두 눈은 샛별처럼 빛나고 있었기 때문에 변장으로 사람의 눈을 피할 수는 없었다. 그는 낮에는 산속에 숨고 밤에만 오솔길을 찾아 도망을 해야 했다.

오자서

이렇게 천신만고 끝에 오나라로 망명한 오자서는 마침내 뜻을 이루어 오나라의 강한 군사를 거느리고 초나라로 쳐들어가게 되었다. 초나라는 여지없이 패해 수도가 오나라 군사 손에 떨어지고, 평왕은 이미 죽고 그의 아들 소왕(昭王)은 태후와 왕비마저 버린 채 간신히 난을 피해 도망을 치게 된다.

소왕을 놓쳐버린 오자서는 평왕의 무덤을 찾았다. 그러나 평왕은 오자서의 복수가 두려워 그의 무덤을 깊은 못 속에 만들고, 일을 다 끝낸 뒤 일에 동원된 석공 5백 명을 모조리 물 속에 수장시켜 버렸다. 수십 리에 걸친 못에는 물만 출렁거릴 뿐 어느 곳에 묻혀 있는지 위치마저 짐작할 길이 없었다.

오자서는 죽은 아버지와 형, 그리고 자신이 망명해 나올 때 겪은 고초 등을 회상하며 땅이 꺼질 듯한 한숨을 내쉬며 몇몇 날을 두고 못 둑을 오르내렸다. 그렇게 애쓰며 전전긍긍하던 어느 날 저녁 무렵, 백발이 성성한 한 늙은이가 오자서의 앞으로 다가오며 이렇게 물었

다.

「장군은 선왕의 충신 오태부의 아들 자서가 아닙니까?」

「그렇습니다만, 노인은 누구시오?」

오자서 조상(彫像)

노인은 묻는 말에는 대답을 않고,

「장군은 지금 죽은 평왕의 시체가 묻힌 곳을 찾고 있지 않습니까?」 하고 물었다. 반가워서 다그쳐 묻는 자서의 말에 노인이 대답했다.

「시체가 묻힌 곳은 내가 알고 있습니다. 나는 무덤을 만들기 위해 징발되어 온 5백 명의 석공 중 한 사람입니다. 5백 명이 다 물 속에서 죽고 나만이 어떻게 살아남게 되었습니다. 장군의 복수도 복수지만, 나도 장군의 힘을 빌려 억울하게 죽은 내 동지들의 원수를 갚으려는 것입니다」

이리하여 이튿날, 노인의 지시에 따라 장롱 같은 돌로 만들어진 물속의 무덤을 하나하나 뜯어내기 시작했다. 못 바닥 몇 길 밑에 들어 있는 돌무덤을 열고 엄청나게 무거운 석곽을 들어올렸다. 그러나 그 속에서 평왕의 시체는 볼 수 없었다.

그것은 사람의 눈을 속이기 위한 가짜 널이었다. 다시 한 길을 파 내려가니 진짜 널이 나왔다. 수은으로 채워진 널 속에 들어 있는 평왕

의 시체는 살아 있을 때 모습 그대로였다. 순간 오자서의 복수심은 화약처럼 폭발했다. 왼손으로 평왕의 목을 조르고 무릎으로 그의 배를 누른 다음 오른 손가락으로 그의 눈을 잡아 뽑으며,

「충신과 간신을 구별 못하는 네놈의 눈을 뽑아 버리겠다……」 하고 욕을 했다. 그리고는 그의 아홉 마디 철장(鐵杖)으로 시체를 옆에 뉘어 놓고 3백 대를 쳤다. 뼈와 살이 흙과 함께 뒤범벅이 되었다.

오자서 묘원

《사기》 오자서열전에도, 「이에 초평왕의 무덤을 파고 그의 시체를 꺼내 3백 대를 내리친 뒤에야 그만두었다」 라고 했다.

오자서의 둘도 없는 친구 신포서(申包胥)는 이 소식을 듣자, 사람을 보내 오자서에게 이렇게 일렀다.

「그대의 그런 복수 방법은 너무 지나치지 않을까……」

그 말에 오자서도 할 말이 없었든지 이렇게 전해 보냈다.

「나는 날이 저물고 길이 멀어서, 그렇기 때문에 거꾸로 걸으며 거꾸로 일을 했다(吾日暮途遠 吾故倒行而逆施之)」

여기서 또 「일모도원(日暮途遠)」 이란 말과 「도행역시(倒行逆施)」 란 말이 생겨났다.

굴지견모 掘地見母

팔 掘 땅 地 볼 見 어미 母

《좌씨전(左氏傳)》

「땅속에 굴을 파고 어머니를 본다」 라는 뜻으로, 마구 지껄인 말 한 마디가 평생을 그르칠 수 있다는 경계의 말이다.

춘추전국시대 정(鄭)나라 무공(武公)은 신(申)이라는 나라에서 아내를 맞이하여 무강(武姜 : 무씨 집안에 시집온 姜氏)이라고 하였으며, 강씨는 장공(莊公)과 공숙단(共叔段)을 낳았다. 장남인 장공은 난산으로 태어나 어머니 강씨를 놀라게 해 이름을 오생(寤生)이라 불렀다.

강씨는 늘 이 사실을 불쾌하게 여겨 오생을 미워했다. 동생 공숙단은 미남에다 기운이 세고 활을 잘 쏘아 강씨의 사랑을 받았다.

강씨는 남편 무공에게 자주 찾아가 단의 유능함을 말하고 세자로 삼을 것을 건의했다. 무공은 허물없는 맏이 대신 둘째로 세자를 삼는 것은 질서를 문란시키는 일이라 하여 오생으로 세자를 삼고 단에게는 작은 읍인 공성(共城)을 식읍(食邑)으로 주었다.

무공이 죽고 오생이 위에 오르니 이 사람이 정 장공(鄭莊公)이다. 장공은 어머니 강씨의 강요에 거역을 못하고 단에게 경성(京城)을 식읍으로 주었다. 경성은 지역도 넓고 백성도 많아 정의 수도와 대등한 곳이다.

단은 강씨에게 인사하러 들어갔다. 강씨는 비밀히 단에게, 「네 형이 경성을 너에게 내어 것은 내가 강청했기 때문이다. 내주긴 했어도 마음에 맺혀 있을 것이다. 경성에 도착하면 병사를 모으고 힘을 길러 기회를 보도록 해라. 네가 공격해오면 내가 안에서 도울 것이다」 라고 일러 보냈다. 단은 경성에 도착하자 사냥을 핑계로 군대를 기르고 식량을 비축하며 기회를 엿보았다.

한편 장공은 동생 단의 행동을 익히 알면서도 제재를 가할 수가 없었다. 효(孝)와 제(悌)가 손상될 것을 우려한 것이다.

그러나 공자 여(呂 : 呂子封)는 장공에게 「단의 힘이 강해지면 쉽사리 제거하기 어렵습니다」 고 말하고 차라리 단에게 기습할 기회를 주어 그 행동을 관찰하자고 건의했다.

이런 소식이 강씨의 귀에 들어가자, 강씨는 곧 단에게 밀서를 보내어 5월 상순에 군사를 일으켜 정을 습격하도록 하였다. 이 기미를 안 공자 여는 군사를 풀어 밀서 가진 자를 붙들어 처단하고, 심복에게 강씨의 밀서를 주어 단에게 전하고 회신을 받아오게 했다. 회신의 내용은 5월 5일에 기병한다는 것이었다. 공자 여는 군대를 비밀리에 이끌고 경성 가까이에서 매복하고 기다렸다.

단은 이날 성을 비우다시피 군을 총동원하여 정을 습격하러 나섰다. 그러나 뜻하지 않게 복병의 기습을 받고 크게 패하여 공성(共城)으로 달아났다. 공성은 대군을 방어할 만한 곳이 못되었다. 단은 기가 막혔다. 「어머니가 나를 망쳤구나. 무슨 면목으로 형을 대하랴!」 하고 자결하고 말았다.

장공은 강씨의 밀서와 단의 회신을 제중에게 보내 강씨에게 전하도록 하고 홧김에 다짐하기를 「황천(黃泉)이 아니고는 만나지 않겠다」 하고 강씨를 영(潁) 지방으로 나가라고 하였다. 강씨는 무안하여 곧 궁을 떠나 영으로 갔다.

영에는 지방관리인 효심이 지극한 고숙(考叔)이 있었다. 고숙은 이 소식을 듣고 「어미가 어미노릇을 못하더라도 자식은 자식노릇을 해야 한다」 고 말하고 올빼미(梟) 두어 마리를 구하여 별미로 바친다는

정장공의 굴지견모(掘地見母)

핑계로 장공을 만났다.

장공이 새에 관하여 물으니 고숙은 「올빼미는 낮에는 태산(泰山)도 분간 못하지만, 밤에는 터럭 끝을 살핍니다. 사소한 일에는 밝으나 큰일에는 어둡습니다. 어려서는 어미의 먹이로 자라지만 커서는 어미를 쪼아 먹습니다. 그러므로 不孝鳥(不孝鳥)라 부릅니다」 라고 아뢰었다. 장공은 뜨끔했다.

마침 그때 염소구이가 들어왔다. 장공이 다리 하나를 베어 고숙에게 주라 이르니 고숙은 다리를 받아 싸서 소매 속에 넣었다. 장공이 의아해 물으니 고숙은 「신에게 노모가 있습니다. 집이 가난하여 고기 대접을 못합니다. 내려주신 고기를 어미께 드리려합니다」 했다.

장공은 길이 탄식하며 「너는 가난하면서도 자식 된 도리를 다하는데 나는 제후이면서 너와 같지 못하니 한스럽구나」 하고 강氏와 단의 사건, 황천의 다짐 등을 이야기했다.

고숙은 이때다 하고 말했다.

「단은 이미 죽었으나 강부인께서는 살아계시고, 강부인께는 오직 한 분 아들뿐이니 봉양하지 않으면 올빼미와 같습니다. 신에게 한 가지 방법이 있습니다. 황천은 저승만이 아니고 지하의 샘도 황천입니다. 땅을 깊이 파서 샘이 솟으면 방을 드려 그곳에 어머님을 모셔다 서로 만나면 될 것입니다」

장공은 고숙의 말에 크게 기뻐하여 곧 실행에 옮겼으며, 어머니를 궁으로 모시고 돌아갔다.

궁서설묘 窮鼠齧猫

다할 窮 쥐 鼠 물어뜯을 齧 고양이 猫

《염철론(鹽鐵論)》 조성편(詔聖篇)

사람이 위급해지면 평소에 못할 일도 하게 됨.

쥐가 궁지에 몰리면 고양이를 문다는 뜻으로, 곧 사지(死地)에 몰린 약자가 강적에게 필사적으로 반항함을 비유해 이르는 말.

전한(前漢)의 환관(桓寬)이 편찬한 《염철론(鹽鐵論)》 조성편(詔聖篇)에 있는 이야기다.

한무제(漢武帝) 때부터 실시한 소금을 비롯한 철·술·화폐의 주조 등을 국가 전매사업(專賣事業)으로 하였는데, 무제가 죽은 뒤에도 이런 정책들을 강화하려는 움직임에 반대하는 세력이 팽창하게 되었다.

그래서 기원전 81년, 소제(昭帝)는 여론을 파악하기 위해 전국에서 추천된 학자들을 불러 공무원과 이에 대해 논의해 보도록 자리를 마련했다.

유가사상(儒家思想)을 근거로 전매제도의 폐지를 주장하는 현량문학(賢良文學)의 선비들과 법가사상(法家思想)을 내세워 전매제도를 찬성하는 상홍양(桑弘羊)을 비롯한 관리들이 논쟁을 벌였다.

중국 최초의 공개 토론회는 이렇게 시작되었고, 이때의 토론을 대화형식으로 엮은 것이 서한(西漢) 환관(桓寬)이 편찬한 《염철론(鹽鐵論)》이다.

엄한 법으로 통치해야 한다는 상홍양 측에 대항한 학자들은 진(秦)나라 시황제(始皇帝) 때 엄격한 법 때문에 민생은 도탄에 빠지고

진승 오광의 농민반란 석각

법을 이기지 못한 백성들이 도처에서 궐기해 진승·오광의 난으로 진나라가 멸망했다고 주장하면서 반박하였다.

「궁지에 몰린 쥐가 살쾡이(고양이)를 물고, 평범한 사람도 만승의 군대를 칠 수 있으며, 신하도 활을 꺾을 수 있다. 진승과 오광이 바로 그들이다(窮鼠齧狸 匹夫奔萬乘 舍人折弓 陳勝吳廣是也). 이때를 당하여 천하의 사람들이 함께 봉기하여 사방에서 진(秦)나라를 공격하니, 한 해도 못가서 사직(社稷)은 폐허가 되고 말았다. 그러니 어찌 무리(법가 추종자들)들을 오래 거느리면서 그 나라를 길이 지킬 수 있겠는가?」

그들은 그것을 살쾡이와 쥐의 관계에 비유해 궁서설리(窮鼠囓狸)라 했는데, 지금은 궁서설묘(窮鼠齧猫)라고 한다. 쥐는 고양이만 보면 오금을 못 펴지만 막다른 골목에 처하면 고양이를 물 수도 있다는 것이다. 고양이뿐만 아닐 것이다.

권선징악 勸善懲惡

권할 勸 착할 善 징계할 懲 악할 惡

《춘추좌씨전(春秋左氏傳)》

글자 그대로 착한 일을 권장하고 악한 것을 징계한다는 말이다.

좌구명(左丘明)의 《춘추좌씨전》에 다음과 같은 글이 있다.

「춘추시대의 말은 알기 어려운 듯하면서도 알기 쉽고, 쉬운 듯하면서도 뜻이 깊고, 완곡하면서도 정돈되어 있고, 노골적인 표현을 쓰지만 품위가 없지 않으며, 악행을 징계하고 선행은 권한다. 성인이 아니고서야 누가 이렇게 지을 수 있겠는가(春秋之稱 微而顯 志而晦 婉而成章 盡而不汚 懲惡而勸善 非聖人誰能修之)」

좌구명

이 글의 「징악이권선(懲惡而勸善)」이라는 어구에서 「권선징악」이라는 말이 나온 것이다. 《춘추》는 오경(五經)의 하나로 주대(周代) 노(魯)나라를 중심으로 한 사서(史書)이다. 노나라의 12대 242년의 역사를 노나라의 사관(史官)이 편년체로 기록한 것을 공자가 윤리적 입장에서 필삭(筆削)하여 정사선악(正邪善惡)의 가치판단을 한 책으로 어느 경전보다 이른바 권선징악적 기술이 많다.

공자는 《춘추》를 자신의 분신처럼 알고 후세 사람들의 비판과

한 비

모범을 《춘추》로 받으려 했을 만큼 심혈을 기울여 적었으며, 후세에 당당하게 내놓을 만한 내용을 담은 책이다.

《춘추좌씨전》은 《춘추》의 주석서(註釋書)이며 좌구명(左丘明)의 저작으로 전해지고 있다.

중국 역사상 대부분의 왕들은 공자나 맹자의 왕도정치를 이상으로 알았고, 도덕적으로 권선징악을 해야 한다고 하면서 실행 면에서 한비(韓非)의 법가(法家)식 권선징악을 더 따랐던 것을 볼 수 있다.

한비는 춘추시대 말의 정치가・법률가로서, 이사(李斯)와 함께 순자(荀子)에게 법률을 배웠다. 나라가 날로 어지러워짐을 슬퍼하여 왕에게 새로운 개혁과 질서 확립을 건의하였으나 허락을 얻지 못하였다. 이에 법률제도를 밝혀 군주의 권력을 확립하고, 신하를 법률로써 다스려 부국강병(富國强兵)을 도모하였다.

너무 글을 읽는 데만 치우친 유교의 무기력한 교육을 배척하고, 순자의 성악설(性惡說), 노장(老莊)의 무위자연설(無爲自然說)을 받아들여 법가의 학설을 대성시켰다. 그의 학설은 당시의 현실정치를 직접 반영시킨 것으로 진왕이 실시하였으나 뒤에 질투심 많은 이사와 요가(姚賈)의 참소로 독살당했다. 형법의 여러 이론들을 설명하고 풀이한 《한비자(韓非子)》란 유명한 저서를 남겼다.

《한비자》는 한비 및 그 일파의 저술 55편을 수록한 것으로, 법치주의를 근본으로 한 사상을 전개하고 있으며 법률과 형벌로써 정치의 기초를 설명하고 있다.

권토중래 捲土重來

말 捲 땅 土 거듭 重 올 來

두목(杜牧) / 「오강정시(烏江亭詩)」

한 번 실패에 굴하지 않고 몇 번이고 다시 일어남. 패한 자가 세력을 되찾아 다시 쳐들어옴. 한번 싸움에 패하였다가 다시 힘을 길러 쳐들어오는 일, 또는 어떤 일에 실패한 뒤 다시 힘을 쌓아 그 일에 재차 착수하는 일을 비유하는 말이다. 만당(晩唐)의 대표적 시인이며, 두보에 대하여 소두(小杜)라고 불리던 두목(杜牧)의 칠언절구 「오강정시」에 있는 말이다.

승패는 병가도 기약할 수 없다.
부끄러움을 안고 참는 이것이 사나이.
강동의 자제는 호걸이 많다.
땅을 말아 거듭 오면 알 수도 없었을 것을.

勝敗兵家不可期　包羞忍恥是男兒　승패병가불가기 포수인치시남아
江東子弟多豪傑　捲土重來未可知　강동자제다호걸 권토중래미가지

오강은 지금의 안휘성 화현 동북쪽, 양자강 오른쪽 언덕에 있다. 이 시는 이 곳을 지나가던 두목이, 옛날 여기에서 스스로 목을 쳐 죽은 초패왕 항우를 생각하며 읊은 것이다. 항우를 모신 사당이 있어 「오강묘(烏江廟)의 시」라고도 한다.

항우는 해하(垓下)에서 한고조 유방과 최후의 접전에서 패해 이곳으로 혼자 도망쳐 왔다. 이때 오강을 지키던 정장(亭長)은 배를 기슭에 대놓고 항우가 오기를 기다려 이렇게 말했다. 정장은 파출소장과 비슷

항우 영웅개세(英雄蓋世)

한 소임이다.

「강동 땅이 비록 작기는 하지만, 그래도 수십만 인구가 살고 있으므로 충분히 나라를 이룰 수 있습니다. 어서 배를 타십시오. 소인이 모시고 건너겠습니다」

강동은 양자강 하류로 강남이라고도 하는데, 항우가 처음 군사를 일으킨 곳이기도 하다. 정장은 항우를 옛 고장으로 되돌아가도록 권한 것이다. 그러나 항우는, 「옛날 내가 강동의 8천 젊은이들을 데리고 강을 건너 서쪽으로 향했는데, 지금 한 사람도 남아 있지 않다. 내 무슨 면목으로 그들 부형을 대한단 말인가?」 했다.

항우는 타고 온 말에서 내리자, 그 말은 죽일 수 없다면서 이를 정장에게 주었다. 그리고는 뒤쫓아 온 한나라 군사를 맞아 잠시 그의 용맹을 보여준 뒤 스스로 목을 쳐 죽었다. 이때 항우의 나이 겨우 서른, 그가 처음 일어난 것이 스물넷이었으니까, 7년을 천하를 휩쓸고 다니던 그의 최후가 너무도 덧없고 비참했다. 두목은 그의 덧없이 죽어간 젊음과 비참한 최후가 안타까워 이 시를 읊었던 것이다.

「항우여, 그대가 비록 패하기는 했지만, 승패라는 것은 아무도 애기할 수 없는 것이다. 한때의 치욕을 참고 견디는 것, 그것이 사나이가 아니겠는가. 더구나 강동의 젊은이들에게는 호걸이 많다. 왜 이왕이면 강동으로 건너가 힘을 기른 다음 다시 한 번 땅을 휘말 듯한 기세로 유방을 반격하지 않았던가. 그랬으면 승패는 아직도 알 수 없었을 터인데……」 하는 뜻이다.

궤범 軌範

바퀴 사이 軌 한계 範

《중용(中庸)》 28장

법도, 규범.

궤(軌)는 수레의 왼쪽 바퀴와 오른쪽 바퀴 사이를 말한다. 고대에 그 너비는 8척이 기준이었다고 한다.

《중용》 제28장에 나오는 「지금 천하는 수레가 궤를 같이하고 글을 씀에 문장을 같이하게 되었다(今天下 車同軌 書同文)」는 말은 곧 천하가 하나로 통일되었다는 뜻이다.

범은 홍범(洪範)의 준말로, 원래 《서경》 주서(周書)에 있는 편명이다. 홍은 크다는 뜻이며, 범은 법 · 규범을 말한다. 상(商)나라 설화에 따르면 기자(箕子)가 주(周)나라 무왕(武王)에게 말한 「하늘과 땅 사이에서 지켜야 할 큰 법」이라고 전해지는데, 근래의 연구에 의하면 전국시대의 작품으로 보고 있다.

이 글의 내용은 임금이 백성을 통치할 때 지켜야 할 원칙을 9개 조목으로 나누어 설명하고 있다. 거북점과 점대(龜筮)로 일상생활의 길흉화복(吉凶禍福)을 점칠 수 있고, 국가의 흥망성쇠가 기후 변화에 영향을 미칠 수 있다는 생각이 반영되어 있다. 이런 사고는 한(漢)나라 때 유행한 천인감응설(天人感應說) 등에 이론적 근거를 제공하였다. 이 홍범구주(洪範九疇)가 줄어서 범주(範疇)란 말이 나왔다.

구주의 목록을 소개하면 다음과 같다.

1. 오행(五行) : 水 · 火 · 木 · 金 · 土

2. 오사(五事) : 貌・言・視・聽・事.

3. 팔정(八政) : 食・貨・祀・司空・司徒・司寇・賓・師

4. 오기(五紀) : 歲・月・日・星辰・曆數

5. 황극(皇極)

6. 삼덕(三德) : 正直・剛克・柔克

7. 계의(稽疑) : 雨・雲・蒙・驛・克・貞・悔

8. 서징(庶徵) : 雨・暘・寒・風・時

9. 오복(五福) : 壽・富・康寧・攸好德・考終命

육극(六極) : 凶短折・疾・憂・貧・惡・弱

공안국(孔安國)의 상서서(尙書序)에 보면「전모・훈고・서명 등의 문장 백여 편은 지극한 도를 회복하고 넓혀서 임금에게 궤범을 보여준다」고 하였다.

無偏無黨 王道蕩蕩
무편무당 왕도탕탕
無黨無偏 王道平平
무당무편 왕도평평
無反無側 王道正直
무반무측 왕도정직

편향이 없고 무리를 짓지 않으면 왕도의 길이 넓디넓고,
무리를 짓지 않고 편향이 없으면 왕도의 길이 거침없으며,
어긋나고 기울이 없으면 왕도의 길이 바르고 곧다.

—《상서》홍범(洪範)

귀거래사 歸去來辭

돌아갈 歸 갈 去 올 來 말 辭

《도연명전(陶淵明傳)》

도연명

벼슬을 버리고 고향으로 돌아가 자연과 더불어 사는 전원생활의 즐거움을 동경함.

「귀거래사」는 도연명이 41세 때 진나라 심양도 팽택 현령으로 재직하면서 상급 기관의 관리들에게 굽실거려야 하는 현실을 깨닫고 「내 어찌 살 다섯 말의 봉급을 위하여 그에게 허리를 굽힐쏘냐」 하고 사직하여 집으로 돌아오면서 지은 작품이다. 도연명은 이후 죽을 때까지 20여 년간 은둔생활에 들어갔다. 고향에 은거한 지 3년째 되는 해에 갑작스런 화재로 생가가 타버리자 그는 일가를 거느리고 고향을 떠나 주도인 심양의 남쪽 근교에 있는 남촌(南村)으로 이사해서 그곳에서 만년을 보냈다.

이사한 후 술을 좋아하던 그는 차츰 빈궁한 생활로 접어들었다. 그러나 그는 강주의 장관 왕홍(王弘)을 비롯해서 은경인(殷景仁)·안연지(顏延之) 등 많은 관료 지식인과 친교를 맺을 수 있었다. 그가 후세에 이름을 남길 수 있었던 것도 후에 남조 송의 내각과 문단의 지도자가 된 왕홍과 안연지를 친구로 두고 있었기 때문이었다.

이 작품은 4장으로 되어 있고 각 장마다 다른 각운(脚韻)을 밟고

도연명 귀거래도(元 화가 하징)

있다. 제1장은 관리생활을 그만두고 전원으로 돌아가는 심경을 정신 해방으로 간주하여 읊었고, 제2장은 그리운 고향집에 도착하여 자녀들의 영접을 받는 기쁨을 그렸으며, 제3장은 세속과의 절연선언(絶緣宣言)을 포함 전원생활의 즐거움을 담았으며, 제4장은 전원 속에서 자연의 섭리에 따라 목숨이 다할 때까지 살아가겠다는 뜻을 담고 있다.

작자는 이 작품을 쓰는 동기를 그 서문에서 밝혔는데, 거기에는 누이동생의 죽음을 슬퍼하여 관직을 버리고 고향으로 돌아간다고 했으나, 양(梁)의 소명태자(昭明太子) 소통(蕭統)의 《도연명전》에는, 감독관의 순시를 의관속대(衣冠束帶)하고 영접하지 않으면 안 되는 것을 알고 오두미(五斗米 : 5말의 쌀, 즉 적은 봉급)를 위해 향리의 소인에게 허리를 굽힐 수 없다고 하며, 그날로 사직하였다고 전한다.

이 작품은 도연명의 기개를 나타내는 이와 같은 일화와 함께 은둔을 선언한 일생의 한 절정을 장식한 작품이다.

도연명의 시문으로 현재 남아 있는 것은 4언시(四言詩) 9수, 5언시 115수, 산문 11편이다. 이중 저작연대가 명확한 것이나 대강 알 수 있는 것은 80수뿐이다. 그 밖의 것은 중년기 이후, 즉 그가 은둔생활을 보낸 약 20여 년간에 지어진 것으로 추측된다. 그 외의 작품으로는 「무릉도원」으로 유명한 「도화원기(桃花源記)」, 「오류선생전」, 「수신후기」 등이 있다.

귀마방우 歸馬放牛

돌아갈 歸 말 馬 놓을 放 소 牛

《상서(尙書)》 무성편(武成篇)

말을 돌려보내고 소를 풀어놓는다는 뜻으로, 전쟁에 동원됐던 말과 소들을 풀어놓는다는 것은 다시는 전쟁을 하지 않는다는 것으로, 전쟁이 끝난 뒤 평화로운 시대가 온 것을 비유하는 말이다.

주(周)나라의 무왕(武王)은 목야전투에서 주왕(紂王)의 대군을 쳐부수어 은(殷)나라를 멸망시켰다.

은나라를 정벌하고 돌아온 무왕이 전쟁에 사용한 말과 소를 놓아 주었다는 이야기에서 유래한다.

「그 해 4월, 달이 밝아지려 할 때 무왕은 상나라를 멸하고 풍에 이르렀다. 이곳에서 무왕은 무(武)를 버리고 문(文)을 닦은 후 말을 화산으로 돌려보내고, 소는 도림에 방목하여 군마를 다시 사용하지 않을 것을 천하에 선포했다(乃偃武修文 歸馬于華山之陽 放牛于桃林之野)」

무왕은 전쟁터에 나아가서도 그의 덕치(德治)를 잘 보여주고 있다.

정월 초하루 임진일(壬辰日)에 달빛은 찾아볼 수 없었다. 그 다음날 계사일 아침에 무왕은 주나라를 떠나 상나라 정벌에 올랐다.

무오일(戊午日)에 맹진나루를 건너 황하에 이르자, 강물은 잔잔하고 달빛은 대낮처럼 밝았다. 상나라 근교인 목야(牧野)에 진을 치고 전열을 정비한 후 천명을 기다렸다.

갑자일 새벽에 상왕이 대군을 이끌고 나타나 싸웠으나 우리 군사

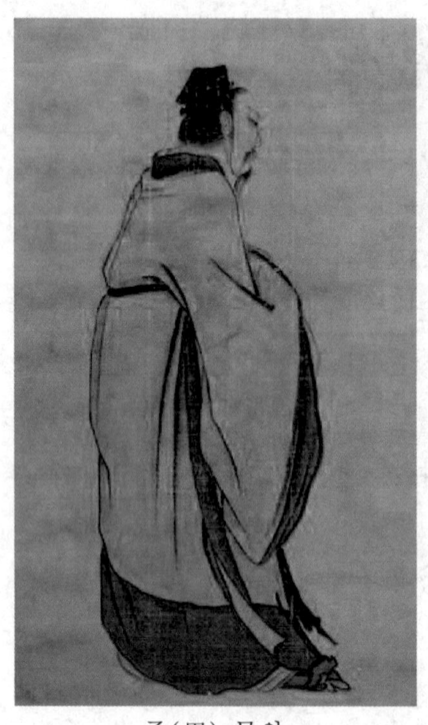
주(周) 무왕

들을 대적하지 못하였고, 적의 선봉대가 반기를 들어 자기편 군사를 쳐 혼란을 일으켜 패배하고 마니, 이 싸움에서 흘린 피는 냇물을 이루어 절굿공이가 떠다닐 정도였다. (이 부분을 맹자는 「진신서불여무서(盡信書不如無書)」라고 해서 《서경(書經)》중에도 틀린 곳이 있으니 다 믿어서는 안 된다고 했다. 즉 책을 읽더라도 비판의 안목을 가지지 않고 그대로를 믿는다면 이것은 책이 없는 것이나 같다는 말이다.)

한 번의 싸움으로 천하가 안정되니 무왕은 상나라 정치를 바로잡아 나갔다. 무고한 기자(箕子)를 풀어주고 비간(比干)의 무덤에 봉분을 만들어 넋을 위로하였다.

상의 도읍인 조가에서 녹대를 허물고 그곳의 금은재보와 거교에 쌓인 양곡을 백성들에게 나누어주어 은혜를 베푸니 만백성이 기꺼이 복종하였다.

작위는 다섯 등급으로, 땅은 세 등급으로 하여 분배하였고, 어진 사람을 등용하고, 능력자에게 일을 맡기고, 백성들은 오륜(五倫)과 먹고 장사지내고 제사 모시는 일을 중히 여기게 했고, 믿음을 두텁게 하고 의를 밝혀 덕 있는 사람은 벼슬을 높이고, 공이 있는 자는 상을 내리니 온 세상은 잘 다스려졌다.

귀모토각 龜毛兎角

거북 龜 터럭 毛 토끼 兎 뿔 角

《수신기(搜神記)》

거북의 털과 토끼의 뿔이라는 뜻으로, 사물(事物)의 있을 수 없음의 비유. 또 유명무실(有名無實)이나 명실상이(名實相異) 것 등의 비유로도 쓰인다.

인도의 철학, 논리학, 나아가 불교 논리학인 인명론(因明論)에서 사용되었다. 인식대상의 부재를 나타내며 형이상학적 실체관을 부정하는 것이다.

이와 유사한 비유로 공화(空華)가 있다. 안질에 걸린 사람이 환영(幻影)으로 인해 공중에 꽃이 있다고 믿는 것과 같이, 실체가 없는 것을 그릇된 관념에 의해 있다고 생각하는 것이다.

자신 속에 자아(自我)가 상주한다고 생각하며 존재자 중에 실체가 있다고 보는 것은 본래 없는 것을 있다고 하는 것으로, 이는 번뇌의 원인이 된다. 때문에 이를 경계하는 비유이다.

이 말은 동진(東晋)의 역사가 간보(干寶)가 편찬한 소설집 《수신기(搜神記)》에 있는 이야기로서,

《수신기》는 지괴(志怪 : 육조시대의 귀신괴이 · 신선오행에 관한 설화)의 보고(寶庫)로 여겨지는 가장 대표적인 설화집이다. 이 책은 후세에 많은 이야깃거리를 제공해 주었으며, 전기(傳奇) · 희곡 · 구어소설로 만든 이야기도 많다.

귀이천목 貴耳賤目

귀할 貴 귀 耳 천할 賤 눈 目

《진서(晉書)》

귀를 귀하게 여기고 눈을 천하게 여긴다는 뜻으로, 귀로 듣는 것은 소중하게 여기고 눈으로 보는 것은 천하게 여긴다는 뜻. 또한 먼 곳에 있는 것을 괜찮게 여기고, 가까운 것을 나쁘게 여기는 풍조를 비판하는 말. 듣기를 잘 하고, 함부로 보지 말라는 뜻.

본래 이 말은 복고주의적(復古主義的) 성향이 강한 중국인들에게 널리 알려진 것으로, 「귀고천금(貴古賤今)」과 같은 말로 쓰인다.

「환자신론(桓子新論)」에 이런 내용이 있다.

「세상 사람들은 먼 곳의 소문을 귀하게 여기고, 가까운 데서 제 눈으로 본 것을 천한 것으로 여긴다. 또 옛것을 귀하게 여기고, 지금 것을 비천하게 여긴다(貴古賤今)」

《진서(晉書)》 장형·동경부(張衡東京賦)에,

「세상에서 말하기를, 후학(後學)이 속뜻은 모르고 겉만 이어받아 전하며, 들은 것을 귀히 여기고 눈으로 본 것을 천하게 여긴다(所謂末學膚受 貴耳而賤目者也)」라고 한 글에서 나온 말이다.

이것은 분별 있는 사고(思考)에 의해 올바른 것을 파악하기보다는 현재를 부정하고 옛것만 좇는 세태를 꼬집은 말이다.

요즈음 일부 신세대의 세태가 서구 문물의 영향으로 국적불명의 경향이 있다. 무조건 서구 것은 좋고 우리 것은 별볼 게 없다는 자기부정(自己否定)의 논리는 단순히 우리 전통문화를 업신여기는 데 그치는 것이 아니라 사고마저도 잘못된 방향으로 나아가게 하고 있다.

귤화위지 橘化爲枳

귤 橘 화할 化 될 爲 탱자 枳

《안자춘추(晏子春秋)》

사람은 환경에 따라 변한다.

「남녘의 귤나무를 북녘으로 옮겨 심으면 탱자나무가 되듯이, 사람도 환경에 따라 변한다」는 것을 비유한 말이다.

《안자춘추》에 있는 이야기다.

옛날 제(齊)나라에 안영이란 유명한 재상이 있었는데, 어느 해 그가 사신으로 초(楚)나라에 가게 되었다. 초나라의 영왕(靈王)은 평소 그의 명성을 익히 들어 알고 있었는데, 그는 이번에, 온 세상 사람이 칭찬하는 안영을 시험해 보고 싶은 욕심이 생겼다. 안영은 탁월한 재능에 비해 외모는 볼품이 없었는데 영왕은 그를 비꼬아 이렇게 물었다.

「당신 같은 인물을 사신으로 보내는 걸 보면 제나라에는 인재가 별로 없는 모양이군요.」

그러자 안영은 태연하게 대답했다.

「우리 제나라의 외교는 본래 큰 나라에는 큰 사람을, 작은 나라에는 작은 사람을 보낸다는 원칙이 있는데, 저는 그 가운데서 가장 작기 때문에 여기 오게 된 것입니다」

말문이 막힌 영왕은 그 때 마침 죄수를 끌고 가던 포졸에게 그가 어느 나라 사람이냐고 물었다. 포졸이 그가 제나라 사람이며 절도죄를 지었다고 대답했다. 그러자 임금은 안영을 보고 말했다.

「제나라 사람은 원래 도둑질을 잘 하는 모양이군」

안 영

안영은 태연하게 대답했다.

「제가 듣기로는, 회남의 귤나무를 회북 땅에 옮겨 심으면 탱자가 되어버린다 합니다(嬰聞之 橘生淮南則爲橘 生于淮北爲枳). 잎은 서로 비슷하지만 그 과실의 맛은 다릅니다(葉徒相似 其實味不同). 그러한 까닭은 무엇이겠습니까? 물과 땅이 다르기 때문입니다(所以然者何 水土異也). 지금 백성들 중 제나라에서 나고 성장한 자는 도둑질을 하지 않습니다. 그런데 초나라로 들어오면 도둑질을 합니다. 초나라의 물과 땅이 백성들로 하여금 도둑질을 잘하게 하는 것입니다」

머쓱해진 왕은 웃으면서 말했다.

「성인(聖人)은 농담을 하지 않는다고 하오. 과인이 오히려 부끄럽군요」

제나라 출신의 죄수를 안영에게 보여줌으로써 안영의 명성을 눌러 보려던 초왕의 계획은 결국 실패로 끝나게 되었다.

극기복례 克己復禮

이길 克 자기 己 돌아갈 復 예의 禮

《논어》 안연편(顔淵篇)

과도한 욕망을 누르고 예절을 좇음. 「극기(克己)」는 이 「극기복례」에서 나온 말이다.

《논어》 안연편에 있는 말로, 공자가 가장 사랑하고 아끼며 자기의 도통(道統)을 이을 사람으로 믿고 있던 안연이 인(仁)에 대해 물었을 때 대답한 말이다.

「나를 이기고 『예(禮)』로 돌아가는 것이 『인(仁)』이다. 하루만 나를 이기고 『예』로 돌아가면 천하가 『인』으로 돌아온다. 『인』을 하는 것은 나에게 있다. 남에게 있는 것이 아니다」

이 「극기」와 「복례」에 대해서는 여러 가지 학설이 있다. 그러나 대개 자신을 이긴다는 것은 이성(理性)으로 인간의 육체적인 욕망을 극복하는 것으로 풀이될 수 있고, 「복례」의 「예」는 천지 만물의 자연을 말하는 것으로, 무아(無我)의 경지를 말한 것이라 볼 수 있다.

《대학》에 나오는 격물치지(格物致知)란 것도 결국 이 「극기복례」와 같은 뜻으로 풀이할 수 있다. 특히 뒤이어 하루만 극기복례를 하면 천하가 다 「인(仁)」으로 돌아온다고 한 말은, 육신으로 인한 모든 욕망이 완전히 사라지고 무아의 경지가 하루만 계속되게 되면 그 때는 천하의 모든 진리를 다 깨달아 알게 된다는 이른바 성도(成道)를 말한 것이라 볼 수 있다.

공자는 「인」이란 말을 「도(道)」란 말과 같은 뜻으로 사용해 왔

베이징에 있는 공자묘

다고 볼 수 있는데, 많은 제자들이 이 「인」에 대해 질문을 해 왔지만, 그 때마다 공자는 그들 각각의 정도에 따라 다른 대답을 했다. 안연에 대한 이 대답이 가장 「인」의 최고의 경지를 지적한 것으로 생각된다.

공자는 또 다른 곳에서 제자들을 놓고 이렇게 평했다.

「회(回 : 안연의 이름)는 석 달을 『인』에서 벗어나지 않았고, 그 나머지 사람들은 혹 하루에 한 번, 한 달에 한 번 잠시 인에 이를 뿐이다」

하루를 계속 무아의 경지에 있을 수 있는 사람이면 한 달도 석 달도 계속될 수 있는 일이다. 석 달을 계속 무아의 경지에 있은 안연이라면 그것은 아주 성도(成道)한 성자의 지위에 오른 것을 말한 것이라 볼 수 있다.

공자의 이와 같은 대답에 안연은 다시 그 구체적인 것을 말해 달라고 청했다. 여기서 공자는,

「『예(禮)』가 아니면 보지도 말고, 예가 아니면 듣지도 말고, 예가 아니면 말도 하지 말고, 예가 아니면 움직이지도 말라」고 했다.

불경에 있는 문자를 빌린다면 인간의 모든 감각인 육식(六識)을 떠남으로써 참다운 진리를 깨달을 수 있다는 말일 것이다.

안연의 성도(成道)의 경지를 말한 것으로 보이는 데에 이런 것이 있다. 자한편(子罕篇)에 보면 안연이 혼자 이렇게 탄식해 말하고 있다.

「바라볼수록 높고, 뚫을수록 여물다. 앞에 있는 것만 같던 것이 홀연 뒤에 가 있다. ……그만두려 해도 그만둘 수가 없어 내 있는 재주를 다한다. 무엇이 앞에 우뚝 솟아 있는 것만 같아 아무리 잡으려 해도 잡히지를 않는다」

안 회

이 말을 풀이한 주석에 이렇게 적혀 있다.

「극기복례의 공부를 시작한 뒤, 석 달을 『인』에 벗어나지 않던 그 때의 일이다」라고. 이 말은 보리수 밑에 가부좌를 틀고 앉은 석가모니의 성도(成道)의 과정도 바로 이런 것이 아니었던가 하는 생각이 든다.

그러나 오늘 우리가 쓰고 있는 「극기(克己)」는 극히 초보적이고 또 극히 넓은 의미로 쓰이고 있다.

극기봉공 克己奉公

이길 克 자기 己 받들 奉 공변될 公

《논어》 안연편, 《사기》 염파인상여열전

개인의 욕심을 버리고 사회를 위해 일함.

《논어》 안연편(顔淵篇)에 있는 말이다.

안연이 스승 공자에게 물었다.

「어떻게 하는 것이 인의(仁義)를 지켰다고 할 수 있습니까?」

공자가 대답했다.

「자기 욕심을 버리고 예의에 어긋나지 않는 것이 인이다(克己復禮爲仁)」

이 구절에서 극기(克己)라는 말이 나왔다.

《사기》 염파인상여열전(廉頗藺相如列傳)에 이런 이야기가 있다.

전국시대 조(趙)나라의 혜문왕(惠文王) 때 조사(趙奢)는 전답의 조세를 담당한 관리였는데, 그는 혜문왕의 동생인 평원군(平原君)이 세금을 내지 않아 평원군의 마름 9명을 징벌하였다. 이에 화가 난 평원군이 조사를 죽이려 하자, 조사는 이렇게 말했다.

「군께서 마름들을 부추겨 공사를 봉행하지(公事奉行) 않고 법을 지키지 않으면 나라가 쇠퇴하여 힘이 약해지고, 앞장서서 법을 지키면 나라도 강성해지고 군께서도 존경받을 것입니다」

조사의 말을 들은 평원군은 감동하여 오히려 왕에게 조사를 천거하였으며, 왕은 조사에게 전국의 조세 업무를 맡아보게 하였다.

「극기봉공」은 극기와 봉공이 결합하여 이루어진 성어로 자기의 욕망이나 감정을 억제하고 공공의 일에 봉사한다는 것을 말한다.

근묵자흑 近墨者黑

가까울 近 먹 墨 놈 者 검을 黑

《진중흥서(晉中興書)》

먹을 가까이 하다 보면 자신도 모르게 검어진다는 뜻으로, 사람도 주위 환경에 따라 변할 수 있다는 것을 비유한 말이다. 훌륭한 스승을 만나면 스승의 행실을 보고 배움으로써 자연스럽게 스승을 닮게 되고, 나쁜 무리와 어울리면 보고 듣는 것이 언제나 그릇된 것뿐이어서 자신도 모르게 그릇된 방향으로 나아가게 된다는 것을 일깨운 말이다. 서진(西晉) 때의 문신·학자인 부현(傅玄)의 《태자소부잠(太子少傅箴)》에 있는 말이다.

「무릇 쇠와 나무는 일정한 형상이 없어 겉틀에 따라 모나게도 되고 둥글게도 된다. 또 틀을 잡아 주는 도지개가 있어 도지개에 따라 습관과 성질이 길러진다. 이런 까닭으로 주사(朱砂)를 가까이 하면 붉게 되고, 먹을 가까이 하면 검게 된다(故近朱者赤 近墨者黑). 소리가 조화로우면 울림이 맑고, 형태가 곧으면 그림자 역시 곧다」

또한 고려의 충신 정몽주의 어머니 이씨 부인이 지은 시다. 아들이 혼탁한 조정에서 고통 받는 모습을 안타깝게 여겨 지은 것이다.

까마귀 싸우는 골에 백로야 가지 마라
성낸 까마귀 흰빛을 시기하니
창파에 깨끗이 씻은 몸을 더럽힐까 하노라

주변 환경의 중요성을 강조한 성어로 「귤화위지(橘化爲枳)」, 「맹모삼천지교(孟母三遷之敎)」 등이 있다.

근수누대 近水樓臺

가까울 近 물 水 다락 樓 돈대 臺

《청야록(淸夜錄)》

범중엄

권력을 가진 사람에게 접근하여 덕을 봄.

「근수누대(近水樓臺)」는 물가에 있는 누각이나 정자라는 뜻으로, 「근수누대선득월(近水樓臺先得月)」을 줄인 말이다. 즉 권력을 가진 사람에게 접근하여 덕을 보는 것을 비유한 말이다.

송(宋)나라 유문표(兪文豹)의 《청야록(淸夜錄)》에 있는 이야기다.

중국 북송(北宋) 때의 정치가이자 학자인 범중엄(范仲淹, 989~1052)이 항주(杭州) 인근 전당(錢塘)에서 지방관으로 근무할 때였다. 그는 인근 관리들 가운데 인재를 조정에 추천해 적재적소에 쓰일 수 있도록 도왔다. 어느 날 외지 순찰을 도느라 범중엄의 눈에 들지 못한 소린(蘇麟)이 시를 지어 보냈다

물 가까이 있는 누대는 먼저 달을 얻을 수 있고,
햇빛 향한 꽃나무는 쉽게 봄을 맞을 수 있네.

近水樓臺先得月 向陽花木易爲春　근수누대선득월 향양화목이위춘

배산임수(국립민속박물관)

소린의 시를 읽은 범중엄은 벼슬을 얻지 못한 그의 뜻을 알고 나서 소린을 추천하였다고 한다.

자신의 사람 보는 눈이 부족함을 깨달은 범중엄은 곧 그가 원하는 부서에 추천서를 써주었다. 그로부터 실력자의 눈에 들어야 출세할 수 있다는 뜻의 「근수누대」란 성어가 생겼다.

이 「근수누대」는 여러 가지 용례로 사용된다.

배산임수(背山臨水)의 뛰어난 지리적 요건, 또 정계나 기업 등에서의 인사, 즉 가까운 사람 등용하기 등으로 이 성어가 쓰인다.

근열원래 近悅遠來

가까울 近 기쁠 悅 멀 遠 올 來

《논어》 자로(子路)편

공 자

좋은 정치의 덕이 널리 미침.

가까운 주변 사람들이 기뻐하면 멀리 있는 사람들도 소식을 듣고 그 나라에 귀의하는 법이다. 《논어》 자로편에 있는 말이다.

춘추시대 공자가 위(衛)・조(曹)・송(宋)・정(鄭)・진(陣)・채(蔡) 등 여러 나라를 돌아보고 초(楚)나라에 들렀을 때였다. 어느 날, 초나라의 대부인 심저량(沈諸梁)이 공자에게 정치를 어떻게 하면 좋으냐고 물었다. 그러자 공자는, 「가까이 있는 사람들이 기뻐하면 먼 곳에 있는 사람들이 오게 되지요(近者悅 遠者來)」 라고 간단히 대답하였다. 「근열원래」 는 바로 공자가 말한 「근자열 원자래(近者悅 遠者來)가 줄어서 이루어진 말인데, 이 말의 뜻은 경내의 백성들을 이롭게 하여 그들이 기뻐하도록 하면 멀리 떨어진 경외의 사람들도 소문에 이끌리게 되어 찾아와 의지한다는 것이다.

나중에 사람들은 「근열원래」 라는 말로써 한 나라나 한 지방이 잘 다스려지는 것을 비유하게 되었다.

근장보졸 勤將補拙

부지런할 勤 행할 將 기울 補 옹졸할 拙

백거이(白居易)

서투른 것을 보충하는 데에는 부지런함이 으뜸이다.

백거이

《장한가(長恨歌)》, 《비파행(琵琶行)》 등의 작품으로 유명한 중당(中唐)의 낙천(樂天) 백거이는 이백과 쌍벽을 이루는 대시인으로 유명하거니와 정치역량 또한 상당해서 관운도 따랐다.

백거이는 충주(忠州) 자사와 항주(抗州) 자사를 거쳐 경종(敬宗) 2년에는 소주(蘇州) 자사로 임명되었는데, 소주는 당시만 해도 인구 50만 명이 웃도는, 동남지구에서 제일 큰 주(州)였다. 큰 지방이니 자연히 즐길 만한 것이 매우 많은 곳이다. 더구나 그의 고향이었으므로, 그가 자사로 부임하자 소주 백성들은 길을 깨끗이 치우고 환영했다.

「나에 대한 이곳 사람들의 기대가 크다. 그러므로 선정을 베풀지 않으면 안되고, 그러려면 우선 이 곳의 사정을 정확히 알아야 한다」

이렇게 생각한 백거이는 부임하자마자 정무에 몰두하는 한편 현황 파악에 들어갔다. 원래 백거이는 시인답게 술과 음악을 즐기고 풍류를 좋아했다. 그렇건만 소주에 도착하고부터 반달이 지나도록 술 한

소주자사 백거이

모금 입에 대지 않았고, 한 달이 지나도록 음악 한번 듣지 않았다. 소주는 명승고적이 많은 고장이건만 산천 구경 한번 나서지도 않았다.

그렇게 한동안 일에 몰두하여 소주의 사정을 제대로 꿰뚫고 나서 현실성에 입각한 개혁정치를 펴나갔다. 불합리한 제도를 개선하고, 세금을 대폭 감면하여 백성들의 조세 부담을 덜어 줌으로써 갈채를 받았다. 주위에서 너무 일에 무리하고 있지 않느냐고 걱정하자, 백거이는 이렇게 대답했다.

「고을을 다스리려면 사정을 제대로 알아야 하는데, 내가 여기 처음 와서 뭘 아는 게 있겠나. 『서툰 것을 보충하는 데는 부지런함이 으뜸(勤將補拙)』이라네」

이처럼 일에 몰두한 백거이는 건강을 해쳐 정무를 제대로 볼 수 없게 되었다. 그래서 낙향할 생각으로 조정에다 사직을 청원했고, 조정은 그 청원을 받아들였다. 이렇게 되자 선정을 베풀고 떠나는 대시인을 차마 그냥 떠나보낼 수가 없어 소주 백성들은 대대적인 환송 행사를 열어 주었다.

근주자적 近朱者赤

가까울 近 붉을 朱 사람 者 붉을 赤

《태자소부잠(太子少傅箴)》

「붉은색을 가까이하면 붉어진다」는 뜻으로, 성격이나 능력은 주변의 환경이나 친구에 의해 많이 좌우된다는 것을 이르는 말이다.

진(晋)나라 때의 문인이자 철학가였던 부현(傅玄)이 지은《태자소부잠》이라는 책에 있는 이야기다.

「주사를 가까이하는 사람은 붉은 물이 들게 되고, 먹을 가까이하는 사람은 검은 물이 들게 된다. 소리가 조화로우면 음향도 청아하며, 외모가 단정하면 그림자 역시 곧아진다(近朱者赤 近墨者黑 聲和則響淸 形正則影直)」는 말이 있다.

이 말은 사람이란 환경의 지배를 받게 된다는 것을 강조한 것으로 좋은 환경에서 생활하면 좋은 영향을 받게 되고 나쁜 환경에서 생활하면 나쁜 영향을 받게 된다는 뜻이다. 여기에서 첫 두 구절은 주사(朱砂)처럼 붉은 물건과 자주 접촉하게 되면 붉은색이 물들게 되고, 먹처럼 검은 물건과 자주 접촉하면 검은색이 물들게 된다는 것이고, 마지막 두 구절은 소리가 고르면 청아하게 울리고 형태가 바르면 그림자도 곧아진다는 것이다.

근주자적 근묵자흑(近朱者赤 近墨者黑)은 간략하게 줄여서 근주근묵(近朱近墨)이라고도 하는데, 남제(南齊) 사람 소자량이 편찬한 책에는「먹을 가까이하면 반드시 검어지고 주사를 가까이하면 반드시 붉어진다(近墨必緇 近朱必赤)」라고 되어 있다.

근화일조몽 槿花一朝夢

무궁화 槿 꽃 花 한 一 아침 朝 꿈 夢

백낙천 / 「방언(放言)」

인간의 덧없는 영화의 비유.

소무목양도

근화(槿花)는 무궁화를 말한다. 우리나라 국화인 무궁화(無窮花)란 이름은 꽃이 한번 피기 시작하면 초여름에서 늦가을까지 계속 끊임없이 핀다 해서 생겨난 이름이다. 그러나 나무 전체를 놓고 바라보면 그 꽃이 무궁으로 계속되고 있지만, 실상 그 꽃 하나를 놓고 보면, 꽃은 아침에 일찍 피었다가 저녁이면 그만 시들고 만다.

「근화일조몽」이란 말은 곧 이 무궁화의 겨우 하루아침만의 영화를 덧없는 인간의 영화에 비유해서 쓰는 말이다.

「인생이 아침 이슬과 같다(人生朝露)」고 한 말은 이능(李陵)이 소무(蘇武)를 두고 한 말인데, 이와 같은 뜻으로 쓰이고 있다.

이 말은 백낙천의 칠언율시 「방언(放言)」이란 제목의 다섯 수 중 한 수에 있는 말로 하루아침 꿈이 아닌 하루의 영화로 되어 있다. 즉 「근화일조몽」이 아니라 「근화일일영(槿花一日榮)」이었던 것이, 영화란 말보다는 꿈이란 말이 더 실감이 나서인지 꿈으로 변해

버린 것이다. 백낙천의 시를 소개하면 다음과 같다.

태산은 털끝만큼도 업신여기기를 필요로 않고
안자는 노팽을 부러워하는 마음이 없다.
소나무는 천 년이라도 끝내는 썩고 말고
무궁화는 하루라도 스스로 영화로 삼는다.
어찌 모름지기 세상을 그리워하며, 항상 죽음을 근심하리오.
또한 몸을 싫어하고 함부로 삶을 싫어하지 말라.
삶이 가고 죽음이 오는 것이 다 이것이 헛것이다.
헛된 사람의 슬퍼하고 즐겨하는 것에 무슨 정을 매리요.

泰山不要欺毫末 顔子無心羨老彭 태산불요기호말 안자무심선노팽
松樹千年終是朽 槿花一日自爲榮 송수천년종시후 근화일일자위영
何須戀世常憂死 亦莫厭身漫厭生 하수련세상우사 역막염신만염생
生去死來都是幻 幻人哀樂繫何情 생거사래도시환 환인애락계하정

이 시는 백낙천이 집권층의 미움을 받아 강주(江州) 사마(司馬)로 좌천되어 가던 도중 배 안에서 지은 것이라 한다. 그때 낙천의 나이 마흔 셋이었다. 글 뜻을 풀어 보면 다음과 같다.

백거이

태산이 아무리 크지만, 털끝같이 작은 것이라 해서 업신여길 까닭은 없다. 공자의 제자 안자는 겨우 서른두 살로 요절했지만, 그는 8백 년을 살았다는 팽조(彭祖)를 부러워하지 않았다.

소나무가 천 년을 산다 해도 결국에

백거이

가서는 썩고 말고, 무궁화는 하루밖에 피어 있지 못하지만, 오히려 스스로 영화로 알고 있다. 그런데 군이 세상일에 애착을 버리지 못하여 늘 죽음을 걱정할 필요가 무엇이겠는가. 그리고 또 육신을 미워하며 삶을 싫어할 이유도 없다. 태어나 사는 거나 다시 죽음이 오는 거나 모두가 헛것에 불과하다.

인생이란 바로 헛것이다. 그 헛된 인생의 슬픔이니 즐거움이니 하는 것에 무슨 애착을 가지려 한단 말인가.

백낙천은 원래 시를 누구나 알기 쉽게 쓰는 것을 원칙으로 하고 있었다지만, 그야말로 대단히 알기 쉽게 쓴 시다. 그러나 백낙천이 여기서 말한 무궁화의 하루 영화란, 영화의 덧없음을 한탄한 것이 아니고, 하루의 영화로 만족해하라는 뜻이다.

우리가 현재 쓰고 있는 하루아침 꿈이란 뜻과는 상당한 거리가 있는 말이다.

금구복명 金甌覆名

쇠 金 사발 甌 뒤집을 覆 이름 名

《신당서(新唐書)》

당현종

금칠을 한 사발로 이름을 가려 놓았다는 뜻으로, 새로 재상을 임명하는 일을 이르는 말이다. 이 말은 당(唐)나라의 현종(玄宗)이 재상을 임명하면서 한 행위에서 유래한다.

《신당서》 최림전(崔琳傳)에 이런 이야기가 있다.

현종이 재상을 임명하면서 최림 등의 이름을 써서 금사발로 덮어 놓았는데(覆以金甌), 마침 돌아온 태자에게 물었다.

「여기에 재상의 이름을 써놓았다. 너는 알 수 있겠느냐? 알아맞히면 술을 내리겠다」

태자가 대답했다.

「최림은 아니며, 노종원이 아닙니까(非崔琳 盧從願乎)?」

현종이 말했다.

「맞았다(然)」

현종은 태자에게 술을 내렸다.

금구명상(金甌命相)이라고도 한다.

금상첨화 錦上添花

비단 錦 위 上 더할 添 꽃 花

왕안석(王安石) / 「즉사(卽事)」

좋은 일에 좋은 일을 더함.

비단만 해도 아름다운데, 그 위에 꽃까지 얹어 놓았으니 더욱 아름다울 밖에. 당송팔대 문장의 한 사람인 왕안석(王安石)의 칠언율시 「즉사(卽事)」에 나오는 글귀다. 즉사란 즉흥시를 말한다.

강은 남원을 흘러 언덕 서쪽으로 기우는데
바람엔 맑은 빛이 있고 이슬에는 꽃이 있다.
문 앞의 버들은 옛사람 도령의 집이요
우물가의 오동은 전날 총지의 집이다.
좋은 모임에 잔속의 술을 비우려 하는데
고운 노래는 비단 위에 꽃을 더한다.
문득 무릉의 술과 안주를 즐기는 손이 되어
내 근원엔 응당 붉은 노을이 적지 않으리라.

河流南苑岸西斜　風有品光露有華　하류남원안서사 풍유품광로유화
門柳故人陶令宅　井桐前日總持家　문류고인도령댁 정동전일총지가
嘉招欲覆盃中淥　麗唱仍添錦上花　가초욕복배중록 여창잉첨금상화
便作武陵樽俎客　川源應未少紅霞　편작무릉준조객 천원응미소홍하

왕안석은 군비 조달을 위해 파탄에 이른 송나라 경제를 재건하기 위해 획기적인 신법(新法)을 실시한 대경제가인 동시에, 산문에 있어서는 한유(韓愈)와 더불어 당송팔대가의 한 사람으로, 또 시에 있어서

도 송의 대표 시인의 한 사람이었다.

왕안석

언덕을 따라 남원으로 흐르는 강물을 배를 타고 거슬러 올라가는 중, 아마 아침이었던 것 같다. 바람이 맑은 빛을 띠고 이슬이 꽃처럼 맺혀 있었으니, 멀리 문 앞에 버들이 있는 것을 보자, 그는 그것이 옛날 진나라 팽택령을 지낸 적이 있는 도연명의 집으로 생각되었다.

집 앞에는 큰 버드나무가 다섯 그루 심겨져 있어 오류선생(五柳先生)이란 별명을 가지고 있었다. 또 우물가 오동나무가 서 있는 곳도 옛날 세상을 피해 숨어 살던 사람의 집으로 생각되었다.

그는 도연명과 같은 은사들이 모인 곳에 초청을 받아 술을 실컷 마시고 싶은 상상을 한다. 그 자리에 고운 목소리로 노래까지 부른다면 그야말로 비단 위에 꽃을 더하는 격이다.

배는 자꾸 상류로 거슬러 올라간다. 이대로 가면 무릉도원이 분명히 나타날 것도 같다. 자신은 잠시 무릉도원을 찾아간 고기잡이가 되어 좋은 술과 안주로 극진한 대우를 받는다. 그리고 아직도 시냇물 저 위로 무수한 복숭아꽃이 흐드러지게 피어 붉은 노을을 이루고 있는 것을 상상한다.

시의 내용은 대충 이런 뜻이다. 붉은 노을은 석양을 말한 것으로 보기도 한다. 아직 시간이 있다는 뜻이다.

금석위개 金石爲開

쇠 金 돌 石 될 爲 열 開

《신서(新序)》

쇠나 돌도 열 수 있다는 말로, 굳센 뜻은 쇠나 돌도 당하지 못한다는 뜻이다. 《신서(新序)》라는 책에 사석음우(射石飮羽) 또는 사석몰우(射石沒羽)라 하여 다음과 같은 이야기가 실려 있다.

주(周)나라 때 초(楚)나라 사람으로 웅거자(熊渠子)라는 사람이 있었다. 어느 날 밤길을 걷다가 그는 바위를 호랑이로 잘못 보고 활에 시위를 먹여 힘껏 쏘았더니 화살이 어찌나 깊이 박혔는지 화살의 깃이 보이지 않을 지경이 되었다는 것이다.

이광사석도

이에 사람들은 웅거자가 힘이 센 것도 있겠지만 아마 온 정신을 가다듬어 필승의 정신으로 상대를 제압했기 때문이라고 하면서 「그 정성스런 마음을 보여서 금석도 꿰뚫었다」며 탄복했다는 것이다.

이 말의 속뜻은 「굳센 뜻은 쇠나 돌도 당하지 못한다」는 것이다. 그리고 「견기성심 이금석위지개」는 「정성이 이르는 곳에 금석마저도 열린다(精誠所至 金石爲開)」고도 하는데, 한시외전(韓詩外傳)이나 《사기》 이광전에도 모두 사석몰우에 관한 이야기가 실려 있다.

금성탕지 金城湯池

쇠 金 성 城 끓을 湯 못 池

《한서(漢書)》 괴통전(蒯通傳)

철벽의 수비를 자랑하는 성.

전국의 난세를 통일해서 공전의 대제국이 된 진(秦)도 시황제가 죽고 암우한 2세 황제가 즉위하자, 점차 토대가 흔들리기 시작하여 각지에 잠복하고 있던 전국시대의 여섯 강국의 종실 · 유신(遺臣)들이 하나 둘씩 고개를 들고 진 타도를 위해 일어섰다.

그리하여 제각기 왕을 자처하고 군사를 일으켜 군현(郡縣 : 진은 봉건제가 아니고 군현을 두는 중앙집권제를 택했다)의 장을 죽이고, 성시(城市)를 점령하고 기세를 올려 진실(秦室)의 위령(威令)은 완전히 땅에 떨어지고 말았다.

《한서》 괴통전에 있는 이야기다.

진나라 말기 농민군의 수령 진승(陳勝)의 수하에서 부장으로 있던 무신이란 사람이 조(趙)의 구 영지인 산서성을 평정해서 무신군(武信君)이라 칭하고 범양(范陽 : 하북성)을 위협하고 있을 때였다. 이때 구변이 좋아 변사라고 불리던 괴통(蒯通)이란 범양의 논객이 현령인 서공(徐公)을 찾아가 이런저런 변설로 회유해서 서공으로 하여금 아무런 항거도 하지 않고 범양을 내놓게 해서 그의 목숨을 건지게 한 일이 있었다.

괴통은 아군이 도착하기 전에 먼저 서공을 찾아가 말했다.

｢당신은 지금 극히 위험한 상태에 처해 있어 딱하기 짝이 없습니다. 그러나 내 말을 듣는다면 전화위복(轉禍爲福)이 될 것입니다. 아

금성탕지

주 경사스러운 일입니다」

「어째서 위험한가?」

「생각해보십시오. 당신이 현령이 된 지 10여 년, 그동안 진(秦)의 형벌이 지나치게 엄했던 관계로 아비를 살해당한 자, 다리를 잘린 자, 문신을 당한 자 등 많이 있습니다. 내심으로는 모두 진나라에 적대적이기보다는 오히려 당신을 원망하고 있으나, 누구도 감히 당신에게 위해를 가하려고는 하지 않았습니다. 그것은 진이 무서웠기 때문입니다. 그러나 지금은 천하가 어지러워 진의 위령은 시행되고 있지 않으므로 사람들은 이제야말로 당신을 죽여 원한을 풀고 이름을 날리려고 합니다. 정말 딱하기 그지없는 일입니다」

「그럼, 그대의 말을 들으면 어떻게 된다는 것인가.」

괴통은 앞으로 바짝 다가앉아 이렇게 말했다.

「저는 당신을 대신해서 무신군과 만나 이렇게 말을 하겠습니다.

『싸움에 승리를 얻어 땅을 빼앗고 공격해서 성을 함락시키는 것은 너무나도 희생이 크다. 나의 계략을 채택해서 싸우지 않고 땅과 성을 손에 넣는 방법을 취하면 어떻겠는가』 라고.

무신군은 틀림없이

『그건 어떤 방법인가?』 하고 물을 것입니다. 그때 나는 이렇게 대답합니다.

『만약 당신이 범양을 공격해서 현령이 힘이 다해 항복했을 경우,

현령을 푸대접한다면 죽음을 겁내고 부귀를 탐내고 있는 여러 곳의 현령들은 모처럼 항복을 했는데 저런 꼴을 당한다면 우리만 손해다 하고 더욱 더 군비를 충실하게 해서 펄펄 끓는 열탕의 못에 둘러싸인 강철의 성(金城湯池)과 같이 철벽의 수비를 굳혀 당신의 군대를 기다릴 것이다. 이래서는 일이 어려워진다. 나는 감히 충고한다. 부디 범양의 현령을 두텁게 맞아 각처로 사신을 보내시오. 각처의 현령은 그것을 보고, 범양의 현령은 재빨리 항복을 했기 때문에 살해되기는 커녕 도리어 저처럼 대접을 받고 있다. 그럼 어디 나도……하고 생각하게 되어 다들 싸우지 않고 항복할 것입니다. 이것이 천리나 되는 저쪽까지 손쉽게 평정하는 방법이다』

이렇게 말하면 무신군도 별 수 없이 들어줄 것입니다」

서공(徐公)은 기뻐했다. 곧 괴통을 무신군에게 보냈다. 무신군도 괴통의 말을 듣고 「그럴 듯하다」 고 탄복하고 범양의 현령을 따뜻하게 맞아서 각지로 사신을 보냈다.

범양의 백성들은 전화(戰禍)를 면하자 서공의 덕이라 칭송하고, 싸우지 않고 무신군에게 항복한 자가 화북에서만도 30여 성(城)이나 되었다고 한다.

또한 《사기》 에는 「시황제도 관중(關中)의 땅을 금성천리(金城千里)의 땅이라 생각했다」 는 말이 있다.

또 《한서》 에는 「석성십인(石城十仞 : 1仞은 한 발), 탕지백보(湯池百步)」 라는 말이 있고, 《후한서》 에도 「금탕(金湯)의 험(險)을 잃다」 라는 말이 나온다.

예부터 방어가 견고한 것을 일컫는 말로서 쓰여 왔다. 대포나 비행물체가 없었던 시대의 방비는 「금성탕지」 로 견뎠을 것이다.

금슬상화 琴瑟相和

거문고 琴 큰 거문고 瑟 서로 相 고를 和

《시경》 소아(小雅)

거문고 가락에 맞추어 타듯 부부의 정이 잘 어우러짐.

부부의 정이 좋은 것을 「금슬(琴瑟)」이 좋다고 한다. 금슬은 거문고를 말한다. 거문고가 어떻게 부부의 정이란 뜻이 되는가.

말의 유래는 모두 《시경》에서 비롯하고 있다. 소아 상체편(常棣篇)은 한 집안의 화합을 노래한 8장으로 된 시로, 이 시의 제8장에,

처자의 좋은 화합은
거문고를 타는 것과 같고
형제가 이미 합하여
화락하고 또 즐겁다.

妻子好合　如鼓瑟琴　　처자호합　여고슬금
兄弟歸翕　和樂且湛　　형제귀흡　화락차담

라고 했다. 여기서 「금슬」을 「슬금(瑟琴)」이라고 바꿔 놓은 것은 운(韻)을 맞추기 위한 때문이다. 슬(瑟)은 큰 거문고를 말하고, 금(琴)은 보통 거문고를 말한다. 큰 거문고와 보통 거문고를 가락에 맞추어 치듯, 아내와 뜻이 잘 맞는다는 것을 말한 것이다.

처자는 아내와 자식이란 뜻도 되고, 아내란 뜻도 된다.

이 상체편은 형제 일족을 모아놓고 먹고 마시는 광경을 읊은 것인데, 주(周) 무왕의 동생 주공단(周公旦)이 그 형제인 관숙선(管叔鮮)과 채숙도(蔡叔度)가 길을 잘못 들어, 주에 반기를 들다가 주살당한 것을

불쌍히 여겨 지은 시라고 한다.

또한 일설에는 주의 여왕(厲王) 때, 종족이 불화하였기 때문에 소목공(召穆公)이 일동을 모아놓고 그 때 지었다고도 하고, 그 자리에서 주공의 작(作)을 읊었다고도 한다.

관숙과 채숙은 주공의 형제로 은(殷)의 주왕(紂王)의 뒤를 이은 무경(武庚)의 대신이었다. 무왕이 죽은 후 주공이 어린 성왕(成王)의 섭정이 되었는데, 주공을 달갑게 보고 있지 않던 관숙과 채숙은 주공이 성왕에 대하여 역심을 품고 있다고 선전을 하여 주공을 왕으로부터 멀리하게 하였다.

그러나 또다시 주공이 소환되는 것을 보고 관숙과 채숙은 위구(危懼)하여 무경을 세워 반란을 일으켰으므로 왕명을 받든 주공에 의하여 무경과 관숙은 주살되고 채숙은 추방되었다. 또 같은 《시경》 국풍 관저편은 다섯 장으로 되어 있는데, 그 제4장에,

요조한 숙녀를
금슬로써 벗한다

窈窕淑女 琴瑟友之 요조숙녀 금슬우지

고 했다. 조용하고 얌전한 처녀를 아내로 맞아 거문고를 타며 서로 사이좋게 지낸다는 뜻이다. 여기서 부부간의 정을 금슬로써 표현하게 되었고, 부부간의 금슬이 좋은 것을 「금슬우지」 또는 「금슬상화(琴瑟相和)」란 문자로 표현하기도 한다.

「금슬」이 좋다는 말은 결국 가락이 잘 맞는다는 뜻으로, 듣기 싫은 부부싸움이 일지 않는다는 뜻으로 확대 해석할 수도 있다.

금시작비 今是昨非

이제 今 바를 是 어제 昨 아닐 非

도연명(陶淵明) / 「귀거래사(歸去來辭)」

귀거래도

「오늘은 옳고 어제는 그르다」라는 뜻으로, 과거의 잘못을 이제야 비로소 깨달음을 비유한 말.

「귀거래사」는 405년 도연명이 41세 때, 마지막 관직인 팽택현(彭澤縣) 지사(知事) 자리를 버리고 고향으로 돌아오는 심경을 읊은 시로서, 세속과의 결별 선언문이기도 하다. 이 작품은 4장으로 되어 있고 각 장마다 다른 각운을 밟고 있다. 제1장은 관리생활을 그만두고 전원으로 돌아가는 심경을 정신해방으로 간주하여 읊었고, 제2장은 그리운 고향집에 돌아와 자녀들의 영접을 받는 기쁨을 그렸으며, 제3장은 세속과의 절연 선언을 포함, 전원생활의 즐거움을 담았으며, 제4장은 전원 속에서 자연의 섭리에 따라 죽을 때까지 살아가겠다는 뜻을 담고 있다. 제1장 가운데 있는 말이다.

「돌아가자. 전원(田園)이 황폐해지려 하는데 어찌 돌아가지 않겠는가? 이미 마음으로 몸의 부림을 받게 하였으면서 어찌 홀로 상심(傷心)하고 슬퍼하는가? 이미 지나가버린 것은 돌이킬 수 없음을 깨닫고, 앞으로 다가올 것을 추구할 수 있음을 알게 된다(悟已往之不諫,知來者之可追). 사실 길을 잃은 것이 아직은 멀지 않으니, 지금이 옳고 지난날이 틀렸음을 깨닫는다(覺今是而昨非)」

금옥만당 金玉滿堂

쇠 金 구슬 玉 찰 滿 집 堂

《노자(老子)》 제9장

금옥관자(金玉貫子)가 집안에 가득하다는 뜻으로, 어진 신하가 조정에 가득함을 비유하여 이르는 말이다.

말 그대로 해석해서 금은보화가 가득한 부잣집을 나타낸다고 생각하면 잘못이다. 금옥(金玉)은 금과 옥이란 뜻이지만 금과 옥처럼 귀한 사물이나 사람이라는 뜻도 있다. 그래서 몸가짐이 바르고 훌륭한 인물을 가리켜 금옥군자(金玉君子)라고 한다.

《노자(老子)》 제9장에 있는 말이다.

「쥐고 있으면서도 더 채우는 것은 그만두는 것만 못하다. 두드려서 날카롭게 만들면 오래 가지 못한다. 금옥관자가 집안에 가득하더라도 그것을 지킬 수 없고, 부귀하여 교만해지면 스스로 허물을 남기게 된다. 공을 이루었으면 그만 물러나는 것이 하늘의 길이다(持而盈之 不如其已 揣而銳之 不可長保 金玉萬堂 莫之能守 富貴而驕 自遺其咎 功遂身退 天之道)」

금옥만당은 여기서 유래하였다. 금은보화가 집안에 가득하다는 말로, 여기서는 아무리 많은 재물도 온전히 지킬 수 없다는 뜻으로 쓰였다. 만(滿)은 영(盈)과, 당(堂)은 실(室)과 뜻이 같아 「금옥영실(金玉盈室)」로도 쓴다. 뒤에 어진 신하가 조정에 가득함을 비유하는 말로 뜻이 커졌다.

금의야행 錦衣夜行

비단 錦 옷 衣 밤 夜 다닐 行

《사기》 항우본기(項羽本紀)

아무리 내가 잘해도 남이 알아주지 않는다는 뜻.

원래는 「의금야행(衣錦夜行)」이었는데, 「금의환향(錦衣還鄕)」의 경우와 마찬가지로 「의금」이 「금의」로 변한 것이다. 이 말은 항우가 한 말로 정사(正史)에도 나와 있다. 《사기》 항우본기에 보면, 항우가 홍문(鴻門) 잔치에서 유방을 죽이려다 시기를 놓치고는, 며칠이 지나 서쪽으로 향해 진나라 수도 함양을 무찔렀다.

그러나 실은 유방이 이미 항복을 받은 뒤였으므로 단지 입성을 한데 불과했다. 젊은 패기만으로 모든 일을 처리하고 있던 항우는, 유방이 백성의 마음을 사기 위해 손도 대지 않고 고스란히 남겨 두었던 진나라의 궁전들을 모조리 불사르고, 이미 항복하고 연금 상태에 있

홍문연 유지(遺址)

는 진왕(秦王) 자영(子嬰)을 끌어내 죽였다.

유명한 아방궁은 불길이 석 달이 지나도록 계속되었고, 그 밖의 모든 볼 만한 집들도 모두 불에 타 없어졌다. 항우는 그의 할아버지 항연(項燕)이 옛날에 진시황에 의해 죽었다는 사실을 생각하고 복수의 일념에서 이 같은 도에 지나친 짓을 했던 것이다.

아방궁

항우는 진나라 창고에 쌓인 금은보화와 어여쁜 여인들을 모조리 싣고 불타버린 함양을 떠나 다시 동쪽으로 향했다.

이 때 한생(韓生)이란 사람이 항우에게,

「관중(關中 : 秦나라 땅)은 험한 산천이 사방을 막아 있고 땅이 비옥하기 때문에 여기에 도읍을 정하면 천하를 휘어잡을 수 있습니다」 하고 권했다. 그러나 항우의 눈에 비친 함양은 불타버린 궁전, 마구 파괴된 황량하고 을씨년스런 도시에 불과했다. 그보다는 하루 빨리 고향으로 돌아가 자기의 성공을 과시하고 싶었다. 항우는 동쪽 하늘을 바라보며 이렇게 말했다.

「부귀를 하고 고향에 돌아가지 않으면 비단옷을 입고 밤길을 가는 것과 같다. 누가 알아줄 사람이 있겠는가 (富貴不歸故鄕 如衣繡夜行 誰知之者)」

아무리 입신출세를 해도 고향으로 돌아가지 않으면 이 모양을 고

장 량

구(故舊)에게 알릴 수가 없다. 그렇게 생각하고 항우는 간언을 듣지 않았다. 한생은 항우의 면전에서 물러나자 사람들에게 말했다.

「초나라 사람은 원숭이로서 겨우 관을 썼을 뿐이라는 말이 있는데, 실로 틀림없는 말이다」(원숭이는 관이나 띠를 둘러도 오래 참지 못하는 점에서 초나라 사람의 성질이 광조(狂躁)하고 조포(粗暴)한 것에 비유하는 것)

이 말이 항우의 귀에 들어가 한생은 즉석에서 끓는 물에 삶겨 죽음을 당하고 말았다. 여기는 의수야행(衣繡夜行)으로 되어 있는데,《한서》에는 의금야행(衣錦夜行)으로 되어 있다.

항우가 얼마나 단순한 감정의 사나이였는가 하는 것을 알 수 있다. 스물네 살에 맨주먹으로 들고 일어난 그가 3년 만에 천하의 패권을 잡았으니 고향에 돌아가 한번 크게 뽐내 보고도 싶었을 것은 당연한 일이다. 그런데 야사(野史)에는 관중에 머물러 있는 항우를 멀리 동쪽으로 떠나보내기 위해, 장량(張良)이 이 같은 말을 동요로 만들어 항우의 귀에 들어가게 함으로써 항우의 마음을 흔들어 놓았다고 전해 내려온다.

금의환향 錦衣還鄕

비단 錦 옷 衣 돌아갈 還 고향 鄕

《사기》 항우본기(項羽本記)

「금의(錦衣)」는 화려하게 수놓은 비단옷이다. 옛날에는 왕이나 고관들이 입는 옷으로 출세의 상징이었다. 반면 평민들은 베옷을 입었는데, 이것은 「포의(布衣)」라 하였다. 즉, 비단옷을 입고 고향에 돌아간다는 뜻으로, 출세하여 고향을 찾음을 뜻한다.

《사기》 항우본기에 있는 이야기다.

항 우

초(楚)와 한(漢)이 천하를 놓고 싸움이 한창일 때의 이야기이다. 유방이 먼저 진(秦)나라의 도읍 함양(咸陽)을 차지하자, 화가 난 항우가 대군을 몰고 홍문(鴻門)까지 진격하였다. 이때 유방은 장량(張良)과 범증(范增)의 건의로 순순히 항우에게 함양을 양보하였다.

함양에 입성한 항우는 유방과는 대조적으로 아방궁을 불태우는가 하면 궁중의 금은보화를 마구 약탈하고 궁녀들을 겁탈했으며, 시황제의 묘까지 파헤쳤다. 항우는 스스로 망쳐 놓은 함양이 마음에 들지 않아 고향인 팽성(彭城)에 도읍을 정하려 하였다.

진시황릉 지궁(地宮)

신하들은 항우가 예로부터 패왕(覇王)의 땅이었던 함양을 버리고 보잘것없는 팽성으로 도읍을 옮기겠다고 하자 모두 할 말을 잃었다. 이때 간의대부(諫議大夫) 한생(韓生)이 간언했지만, 항우는 오히려 화를 내면서 이렇게 말했다.

「지금 길거리에서 『부귀하여 고향에 돌아가지 못하면 비단옷을 입고 밤길을 가는(錦衣夜行) 것과 무엇이 다르리!』 라는 노래가 떠돌고 있다고 하더군. 이건 바로 나를 두고 하는 말이야. 그러니 어서 길일(吉日)을 택하여 천도하도록 하라」

그래도 한생이 간언을 그치지 않자, 항우는 그를 끓는 기름 가마에 던져 넣어 죽이고 말았다. 하지만 이 노래는 항우가 천하의 요새인 함양에 있는 한 유방이 승리할 수 없으므로 항우를 함양에서 내쫓기 위해 장량이 퍼뜨린 것이었다.

그렇지 않아도 함양을 싫어했던 항우는 그 노래가 하늘의 뜻이라고 판단하여 마침내 팽성으로 천도하게 되었다.

결국 항우는 함양을 차지한 유방에게 해하(垓下)에서 크게 패함으로써 천하를 넘겨주고 만다.

「금의환향」으로 자신의 공덕을 고향사람들에게 널리 알리기는 하였지만 천하를 잃고 만 셈이다.

금조 金鳥

쇠金 새鳥

《회남자》 본경훈(本經訓)

쇠로 만든 새, 즉 해(太陽)를 뜻하는 말이다.

태고시대 요(堯)임금 때의 일이라고 한다. 어느 날 갑자기 하늘에 해가 열 개나 뜨게 되어 땅에는 강물이 마르고 초목이 시들며 사람들은 더워서 견딜 수 없게 되었다. 이에 요임금이 하늘을 향해 빌었더니 하느님은 명궁 예(羿 : 后羿)를 내려 보내 재앙을 없애게 하였다.

요임금

예는 상아 아가씨와 함께 내려와 하느님이 하사한 활로 해를 하나씩 쏘아나갔다. 얼마 뒤 천지가 진동하는 소리와 함께 시뻘건 물체가 화살에 맞아 떨어졌다. 사람들이 달려가 보니 그 물건의 정체는 발이 세 개인 까마귀였다. 이에 사람들이 목이 터질 듯 환성을 질렀고 신바람이 난 예는 연이어 활에 화살을 메겨 해를 쏘아 떨어뜨렸다.

이렇게 여덟 발을 더 쏴 떨어뜨리자 하늘에는 해가 하나밖에 남지 않았다. 그러나 흥에 겨운 예는 마지막 해마저도 쏴 떨어뜨리려고 하였다. 깜짝 놀란 요임금은 예의 전통에 남아 있는 화살들을 뽑

후예사일(后羿射日)

아서 던져버림으로써 간신히 해 하나를 남겨두게 되었다고 한다. 하마터면 세상이 암흑천지로 변할 뻔했다는 것이다.

유안(劉安)이 편찬한 《회남자》 본경훈에 실려 있는 신화로서 태양 속에 세 발 달린 금빛 까마귀가 있다고 해서 사람들은 태양을 「금조」 또는 「적조(赤鳥)」 라고 부르게 되었다는 것이다. 그리고 달에 대해서는 옥토끼 또는 백토끼라는 별칭이 있는데, 백거이의 시에 나오는 「달과 해가 앞서거니 뒤서거니 달린다」 는 구절이 바로 그 예다. 뿐만 아니라 옛사람들은 「오비토주(烏飛兎走)」 라는 말로써 세월의 빠름을 비유하기도 하였다.

급과이대 及瓜而代

미칠 及 오이 瓜 말이을 而 세대 代

《좌씨전(左氏傳)》 장공편(莊公篇)

「오이가 익으면 바꾼다」는 뜻으로, 임기가 끝나면 자리를 옮겨 줌을 이르는 말이다.

《춘추좌씨전》 장공편에 있는 이야기다.

주장왕

춘추시대 제(齊)나라 양공(襄公)이 송(宋)·노(魯)·진(陳)·채(蔡) 등 네 나라와 함께 위(衛)나라를 공격한 적이 있었다. 이때 주(周)의 장왕(莊王)은 군사를 파견하여 위나라를 도왔지만 그도 역시 패전하고 말았다. 이에 제(齊)의 양공은 주 장왕이 다시 공격하지 않을까 두려워 연칭(連稱)과 관지부(管至父)라는 장군을 각기 대장군과 부장군으로 임명해서 규구에 가 국경을 수비하게 하였다.

두 장군은 떠날 때 언제 교대를 해주느냐고 물었다. 그러자 때마침 오이를 먹고 있던 제 양공은 「오이가 익을 무렵이면 교대시켜 주겠다(及瓜而代)」고 간단히 대답하였다.

즉 금년에 오이가 익을 때 떠났으니 내년에 오이가 익을 때 사람을 보내 교대시켜 주겠다는 말이었다.

이듬해 여름 두 장군은 오이를 먹다가 제 양공의 말을 상기하고 탐문해 보았더니 제 양공은 곡성으로 간 지 한 달이나 지났다는 것이었다. 그래서 그들은 임금에게 오이를 선물하는 것으로 귀띔해 주기로 하였다.

그러나 오이를 본 제 양공은 노발대발하면서 「이듬해 오이가 익을 때 다시 보자」 고 하였다.

이에 두 장군은 신의를 지키지 않는 제 양공에게 큰 불만을 품고 군사를 일으켜 쳐들어가 그를 죽여 버리고 말았다는 것이다.

후세 사람들은 이 이야기에 근거하여 임기가 차서 교대시키는 것을 「과대(瓜代)」 또는 「급과이대」, 「과시이대(瓜時而代)」 라고 하게 되었다. 그리고 임기가 만료되는 것을 일러 「과만(瓜滿)」 이라고도 한다.

聞賢而不擧 殆
문현이불거 태
聞善而不索 殆
문선이불색 태
見能而不使 殆
견능이불사 태

현명한 것을 듣고 천거하지 않으면 위험하고
착한 것을 듣고 찾지 않는 것도 위험하며
재능 있는 자를 보고도 쓰지 않는 것 역시 위험하다

— 《관자》 법도를 따르다(法法)

긍경 肯綮

뼈에붙은 살 肯 힘줄붙은 곳(경), 창집(계) 綮

《장자》 양생주편(養生主篇)

사물의 급소를 찌름. 요점을 정확하게 포착함.

《장자》 양생주편에 있는 이야기다.

전국시대 때 양(梁)의 문혜군(文惠君 : 혜왕)의 집에 포정(庖丁)이라는 요리사(庖)가 있었다. 그는 소를 잡아 다루는 솜씨가 아주 능란해서 소의 몸에 왼손을 가볍게 대고, 왼쪽 어깨를 슬며시 갖다 댄다.

그 손을 대고 어깨를 대며 또 한 다리를 버티고 서 있는 품, 무릎을 굽힌 품에 이르기까지 아주 훌륭하기 짝이 없는데다가 칼을 움직이기 시작하면 뼈와 살이 멋지게 떨어져 잘려진 고깃덩이가 털썩 하고 땅에 떨어진다. 이어서 칼의 움직임에 따라 버걱버걱 소리를 내며 살이 벗겨진다. 모든 것이 아주 리드미컬해서, 옛날 무악(舞樂)이었던 「상림지무(桑林之舞)」나 「경수지회(經首之會)」를 생각할 정도였다.

그래서 문혜군도 감탄하며,

「정말 굉장하구나. 재주라고는 하지만 명인이 되면 이 정도까지 된단 말인가!」 했다.

그러자 포정은 칼을 곁에 놓고 한숨을 쉬면서 말했다.

「아닙니다. 제가 바라는 것은 도(道)이지 한낱 재주가 아닙니다. 물론 저도 처음 소를 잡을 때는 소에게 마음이 끌려 제대로 손도 대지 못했었습니다. 그러다가 3년쯤 지나는 동안 소 전체의 육중한 모양은 걱정하지 않게 되었습니다. 본능적인 감각을 움직여서 오관(五

포정해우

官 : 耳·目·口·鼻·形)의 기능이 정지되고, 정신력만 남게 되었습니다. 하면 할수록 소의 몸에 있는 자연의 이치에 따라 커다란 틈새에 칼을 넣고 커다란 구멍으로 칼을 이끌어 전혀 무리한 힘을 쓰지 않게 되는 것입니다. 그래서 이제까지 단 한 번도 칼날이 긍경(肯綮)에 닿은 적이 없었습니다. 더구나 커다란 뼈에 칼을 맞부딪친다는 것은 생각도 할 수 없는 일입니다」

긍경(肯綮)의 긍(肯)은 뼈에 붙은 살, 경(綮)은 심줄과 뼈가 한데 엉킨 곳, 그러니 「중긍경(中肯綮)」 하면 일의 급소 요소에 닿는다는 뜻으로 쓰인다.

포정(庖丁)의 경험담은 다시 계속된다.

「솜씨가 좋은 요리사쯤 되면 어쩌다 칼을 부러뜨리는 정도니까 일년에 칼 한 자루면 충분하지만, 서투른 요리사는 흔히 칼날을 단단한 뼈와 부딪혀 칼을 부러뜨리므로 한 달에 한 자루의 칼이 필요하게 됩니다. 그러나 저는 이 칼을 쓰기 시작하여 19년 동안 몇 천 마리의 소를 잡았는지 기억조차 없습니다. 보시는 바와 같이 칼날은 방금 세운 것같이 번쩍이고, 이도 하나 빠지지 않았습니다. 또한 소의 뼈마디에는 자연적인 틈이 있어 칼을 그 틈에 맞추어 넣으면 조금도 무리 없이 아주 편하게 칼을 쓸 수가 있습니다. 물론 저도 심줄과 뼈가 엉킨 곳에 손을 댈 때에는 이건 어렵구나 하는 생각이 들어 마음을 가다듬고 한참 들여다보다가 천천히 그리고 조심조심 칼을 움직이죠」

이 말을 듣자 문혜왕은 재삼 감탄하며 말했다.

「아아, 참으로 대단한 솜씨로다! 나는 지금 포정의 말을 듣고, 양생(養生)하는 길(道)을 깨달을 수가 있었다」

문혜왕이 깨달았다는「양생의 길」이란 무엇인가. 이것을 써서 전한 철인(哲人) 장자는 이 이야기의 서두에 다음과 같은 것을 쓰고 있다.

「우리들 인간의 생명에는 다함(涯)이 있으나, 그 지욕(知浴)에는 다함이 없다. 다함이 있는 몸으로써 다함이 없는 지식이나 욕망을 추구하는 것은 위험한 일이다, 라는 점을 알고 있으면서도 이에 이끌려가는 것은 더욱 더 위험하다. 그래서 선(善)을 행해도 명리(名利)에 가까이 하지 말고, 악(惡)을 행해도 형륙(刑戮)에 가까이하지 말고, 선(善)에 기울지 말고, 악에 기울지 않는 무심한 경지를 지켜, 자연 그대로를 생활의 기본원리로 삼으면 내 몸을 보존하고 천수를 다할 수가 있다는 것이다」

인지(人知)의 오만을 버리고, 무심으로 자연에 순응(順應)하는 것이「양생」의 근본적인 도리며, 포정의 체험담도 또한 이 자연 수순(隨順)을 시사하는 것이다.

기구지업 箕裘之業

키 箕 갖옷 裘 갈 之 업 業

《예기(禮記)》 학기편(學記篇)

키와 갑옷이라는 뜻으로, 선대로부터 내려오는 사업을 이르는 말로서, 선대의 업(業)을 완전히 이어받음.

《예기》 학기편에 있는 이야기다.

「솜씨 좋은 대장장이의 아들은 아버지가 쇠를 녹여 그릇을 만드는 것을 보고 짐승의 가죽을 기워 가죽옷 만드는 일을 배우고, 활을 잘 만드는 사람의 아들은 아버지가 뿔을 휘어 활을 만드는 것을 보고 버들가지로 키(箕) 만드는 일을 배운다(良冶之子必學爲裘 良弓之子必學爲箕)」 라고 하였다.

즉 가죽옷이나 키 만드는 일은 아버지가 하던 가업은 아니지만 그와 비슷한 일이어서 하기가 쉽다. 이처럼 하기 쉬운 일부터 하다 보면 나중에는 훌륭한 대장장이나 활쟁이(名弓名冶)가 되어 가업을 잇게 된다는 뜻이다.

筆頭生花

필두생화

붓끝에 꽃이 피다.

{문장이 아름다움을 가리켜 이르는 말. 당나라 이백(李白)은 어렸을 때 붓끝에 꽃이 핀 꿈을 꾼 다음부터 문재(文才)가 크게 좋아졌다고 한다.}

—《운선잡기(雲仙雜記)》

기기기닉 己饑己溺

자기 己 주릴 饑 빠질 溺

《맹자》 이루편

사명감이 투철한 정치가의 태도.

「기기기닉(己饑己溺)」은 「내가 굶주리고, 내가 물에 빠진 것이다」라는 말로, 사람들의 고통을 자기의 고통인 양 여기는 정치가의 태도를 비유하는 말이다. 전국시대 유가(儒家)의 대표적인 인물이었던 맹자는 《맹자》 이루 하편에서, 상고시대부터 농사(農師)로 불려온 직(稷)과, 13년 동안 홍수와 싸워 이긴 우(禹)임금을 두고 이렇게 칭송하였다.

우임금

「우임금은 자기가 사명을 제대로 완수하지 못했기 때문에 사람들이 물로 인해 고초를 겪고 있다고 생각했고, 직은 자기가 일을 잘하지 못했기 때문에 사람들이 굶주리고 있다고 생각했는데, 이와 같이 그들은 사람들의 곤경에 대해 책임을 다하지 못했다고 생각했기 때문에 스스로 그렇게 조급해 할 수 있었다(禹思天下有溺者 由己溺之也 稷思天下有饑者 由己饑之也 是以如是其急也)」

이러한 정신을 기려서 옛사람들은, 「남이 물에 빠진 것을 내가 빠진 듯이 여기고, 남이 굶주리는 것을 내가 굶주리는 듯이 여긴다(人溺己溺 人饑己饑)」는 말을 「기기기닉」이라고 하였는데, 무슨 일을 하든지 사명감이 투철한 것을 비유하는 말이다.

기기애애 期期艾艾

기약할 期 쑥 艾

《사기》 주창(周昌)전

말더듬이의 비유. 「기기(期期)」와 「애애(艾艾)」에 관련된 두 이야기에서 나온 말이다.

한나라 초기에 주창(周昌)이라는 장군이 있었는데 한고조 유방과 같은 고장 출신인 그는 진나라를 뒤엎고 한왕조를 세우는 데 공로가 커서 분음후로 봉해졌고, 유방이 황제가 된 뒤에는 벼슬이 어사대부에까지 오르게 되었다. 그런데 이 주창은 반벙어리로서 말할 때 몹시 떠듬거리는 사람이었다. 어느 날 한고조가 여후(呂后)의 소생인 태자 영(뒷날의 효혜제)을 폐하고 척부인의 소생인 여의를 세우려 하였다.

그러자 종사의 앞날을 걱정한 여러 대신들이 모두 반대하고 나섰다. 주창도 이에 반대하면서 한고조에게, 「폐하께서 태자를 폐하시려 하는데 신은 겨겨결코 어명을 따를 수 없습니다(陛下欲廢太子 臣期期不奉詔)」라고 말했다는 것이다.

반벙어리이기 때문에 그는 「기(期)」자를 연거푸 두세 번 되뇌었던 것이다. 이래서 기기라는 말이 생기게 되었다.

그 후 삼국시대 위나라에 또 등애(鄧艾)라는 명장이 있었다. 그는 촉나라와 싸워 전공을 많이 세우고 나중에는 촉의 도읍지인 성도에까지 쳐들어가 촉을 멸망시킨 사람이었다.

그런데 그 역시 심한 말더듬이로서 자기 이름을 말할 때면 애애(艾艾)하며 늘 서너 번 되뇌었다는 것이다. 이래서 「기기」와 「애애」가 합쳐져 말을 더듬는 것을 비유하는 성구가 되었다.

기린노열노마 麒麟老劣駑馬

기린 麒 기린 麟 늙을 老 못할 劣 둔할 駑 말 馬

《전국책(戰國策)》

「기린도 늙으면 느린 말보다 못하다」는 뜻으로, 영웅호걸도 늙으면 보통 사람만도 못하다는 말이다. 기린은 하루에 천리를 가지만, 노마도 열흘 걸리면 갈 수 있다는 뜻으로, 무릇 힘쓰라는 말. 《전국책》에 있는 이야기다.

기린(騏驎)이란 동물은 동물원에 있는 목이 긴 얼룩말(giraffe)이 아니다. 또한 성인이 나와 왕도가 행하여지면 나타난다는 상서로운 기린도 아니다. 하루에 천리를 달리는 명마이다. 즉 준마(駿馬)를 말하는 것이다.

전국시대 제(齊)나라 궁정에서 어느 날 있었던 일이다. 소진(蘇秦)이 민왕(閔王) 앞에서 능란한 변설(辯舌)을 토하려 하고 있었다. 소진은 유세가(遊說家)이다. 그는 혀(舌) 세 치로 강국을 자랑하는 진(秦)에 대항하여 제후의 연합전선을 이루어보려 하고 있었다.

그런 까닭에 각국의 궁정을 돌아다녔다. 이 날 말하려던 것은 「때(時)에 응함」에 대한 것이었다.

「저는 이렇게 듣고 있습니다. 군사를 동원하여 강자를 침으로써 천하의 패자가 되는 것을 좋아하는 자에게는 후환이 있다 합니다. 또한 동맹을 맺은 그 나라를 쳐서 원한을 사는 자에게는 반드시 고립이 따른다 합니다……」

천하의 중망(衆望)에 따라 일어설 것, 그리고 시기를 기다려야 한다는 것이 얼마나 중요한지를 그는 도도하게 말하기 시작하였다. 각국의 흥망성쇠를 설왕설래하는 것이었다. 대국은 남에게 앞서서 쓸데없는 일을 일으켜서는 안된다.

소국은 무사를 제일로 하고, 함부로 계책을 꾸며서는 안된다. 계략을 좋아하던 내(萊)·거(莒)의 국군(國君)이 어떻게 되었던가, 거짓을 좋아하던 진(陳)·채(蔡)의 국군은 초에게 망하지 않았던가……

민왕은 어느새 이야기에 끌려 들어갔다. 그 때 소진은 말했다.

「강대국이나 약소국이 초래하기 쉬운 화(禍)는 이와 같습니다. 옛날부터 다음과 같이 전해 내려오고 있습니다. 기린이 늙으면 노마(駑馬)만 못하고 맹분(孟賁 : 제나라의 역사力士)이 쇠하면 여자만 못하다고. 발이 느린 노마, 힘이 약한 부녀자가 체력이나 기력에 있어서 천리마보다 낫다는 것은 아닙니다. 옛날의 대역사 맹분보다 낫다는 것도 아닙니다. 오직 뒤늦게 일어나 시절에 맞추고 하늘의 힘을 빌린 때문입니다」

소진도 말하듯이 이 말은 옛날부터 민간에 널리 전해 내려온 것 같다. 연(燕)의 태자 단(丹)의 부탁을 받고 형가(荊軻)가 진(秦)의 시황제를 암살하려고 가는 저 「역수(易水)의 작별」이 있기 전이다.

태자 단은 처음에 자객으로서 전광(田光)을 택하였다. 그러나 전광은 자기는 늙어서 그런 엄청난 역할을 맡을 수 없다고 형가를 천거했다. 이 때에 전광은 이 비유를 들어 쓸쓸히 사양하고, 후에 스스로 목을 베어 형가를 격려하였다.

이 말이 풍기는 애감(哀感)은 성쇠(盛衰)가 격심했던 춘추전국(春秋戰國)시대 사람들의 가슴을 찌르는 무엇인가 있었으리라.

《순자》 수신편에는, 「기린은 하루에 천리를 가지만, 노마도 열흘 걸리면 갈 수 있다」 라고 했다.

곧 「무릇 힘쓸지어다」 라는 말이다.

기린아 麒麟兒

기린 麒 기린 麟 아이 兒

《예기》 예운편(禮運篇)

재주가 남달리 뛰어나고 총명해 촉망받는 젊은이를 가리킬 때 흔히 쓰는 말이다.

여기서 기린은 아프리카산 초원의 기린과는 전혀 관련이 없다. 기린은 신령한 짐승으로 일컬어지는 상상 속의 동물이다. 성군(聖君)이 나서 왕도(王道)가 행해지면 나타나며 풀을 밟지 않고 생물은 먹지 않는다고 한다. 모양은 전체적으로 사슴과 비슷한데 이마는 이리, 꼬리는 소, 발굽은 말과 같고 머리에는 뿔이 하나 있다고 한다. 수컷을 기(麒)라 하고 암컷을 린(麟)이라고 한다.

기린 상상도

《예기》 예운편에 보면, 「산에서는 그릇과 수레가 나오고 물에서는 마도가 나왔으며 봉황과 기린이 모두 교외 모퉁이에 있었다」

전한 무제가 기린을 얻었을 때 세운 기린각

는 말이 있고, 《공자가어》 집비편에는 「털 난 짐승 360가지 중에 기린이 가장 으뜸이다(毛蟲三百六十 而麟爲之長)」는 말도 있다. 이처럼 성스러운 짐승이기 때문에 두각을 나타내는 젊은 남자를 일컬어 「기린아」라고 하는 것이다. 두보(杜甫, 712~770)의 「견서경이자가(見徐卿二子歌)」에 나오는 구절이다.

서경의 두 아들은 태어날 때부터 빼어나서
좋은 꿈에 감응하여 서로 좇고 따랐네.
공자와 부처님이 친히 품어 보내시니
둘 모두 천하의 기린아일세.
徐卿二子生絶奇　서경이자생절기
感應吉夢相追隨　감응길몽상추수
孔子釋氏親抱送　공자석씨친포송
竝是天下麒麟兒　병시천하기린아

기린각(麒麟閣)이라고 하면 전한(前漢)의 무제가 기린을 얻었을 때 세운 누각인데, 선제(宣帝)가 공신 열한 사람의 상을 그려 이곳에 걸었다고 한다.

기복염거 驥服鹽車

천리마 驥 복종할 服 소금 鹽 수레 車

《전국책(戰國策)》

하루에 천리를 달리는 준마가 헛되이 소금 수레를 끈다는 뜻으로, 유능한 사람이 적합하지 일에 종사하는 것을 말한다.

중국 고대의 전설에는 천마(天馬)를 관장하는 백낙(伯樂)이라는 신(神)이 나온다.

백낙상마 조각상

진나라 목공 때, 좋은 말을 잘 골라내는 손양(孫陽)이라는 사람이 있었는데, 사람들은 모두 그를 백낙이라 불렀다. 어느 날, 그는 외출을 하였다가, 말 한 마리가 소금 수레를 끌고 언덕 위를 오르고 있는 것을 보았다. 늙은 말은 무거운 수레를 끌고 가파른 언덕을 오르다가 결국 길옆으로 넘어져 숨을 헐떡이고 있었다. 백낙이 다가오자 늙은 말은 더 큰 소리로 울며 백락의 주의를 끌었다.

「너에게 소금수레를 끌리다니!」 하며 말의 목을 잡고 함께 울었다. 말은 고개를 숙여 한숨을 짓고 다시 고개를 들어 울었다. 그 우렁차고

백낙상마도(伯樂相馬圖, 淸 화가 금농)

슬픈 소리는 하늘에까지 울렸다.

백낙은, 이 말이 전쟁터를 종횡으로 누볐을 좋은 말이었지만 너무 무거운 수레를 끌다가 이렇게 되었을 것이라고 생각하였다. 백낙은 자신의 옷으로 말의 눈물을 닦아주며 말의 등에 덮어 주었다. 그 말은 다시 일어나서 콧김을 몇 번 내뿜으며 눈물을 머금은 채 한참동안 백낙을 바라보았다. 하늘을 쳐다보며 길게 울부짖은 후 천천히 수레를 끌며 다시 언덕을 오르기 시작하였다.

《전국책》에 백낙(伯樂)에 관한 또 다른 이야기가 있다.

「어떤 사람이 백낙을 만나 말하기를 『제게 준마가 한 필 있어 지난번에 팔려고 했습니다. 그러나 사흘이나 저잣거리에 내놓았지만 누구 한 사람 거들떠보지도 않더군요. 청컨대 제 말을 한번 살펴보아 주십시오. 사례는 충분히 하겠습니다』 했습니다. 그래서 백낙이 가서 그 말을 한번 살펴보고는 돌아갔습니다. 그러자 말 값이 갑자기 열 배로 치솟으며 서로 사겠다고 아우성을 쳤다는 것입니다」

이 이야기에서 「백낙이 한번 돌아보았다(伯樂一顧)」는 성구가 나왔는데, 아무리 역량이 탁월한 사람도 뛰어난 사람의 인정을 받아야 그 가치가 드러난다는 뜻으로 사용되고 있다.

기사회생 起死回生

기동할 起 죽을 死 돌아올 回 살 生

《국어(國語)》 오어(吳語)

위기에 처한 상황에서 구원하여 사태를 호전시킨다.

죽을 목숨을 다시 살려낸다는 뜻으로, 위기에 처한 상황에서 구원하여 사태를 호전시킴을 이르는 말이다.

춘추시대 노(魯)나라 애공(哀公) 원년에, 오왕(吳王) 부차(夫差)는 3년 전 부왕(父王) 합려(闔閭)가 월왕(越王)에게 패하여 죽었던 원수를 갚다가 다리에 중상을 입었지만 월왕 구천(勾踐)과의 싸움에서 승리하였다.

노나라의 좌구명(左丘明)이 저술한 《국어(國語)》 오어(吳語)편에 다음과 같은 이야기가 실려 있다.

합려는 죽으면서 그가 아끼던 검 3천 자루를 함께 묻게 했다

월나라의 대부(大夫) 종(種)은 구천에게 오나라에 화약(和約)을 청하도록 했고, 구천은 이를 받아들여 대부 제계영(諸稽郢)에게 오나라로 가서 화평을 청하도록 했다. 그런데 부차가 이보다 앞서 오왕 합려를 죽게 하였음에도 월나라에게 은혜를 베풀어 용서를 하

부차가 아버지 합려의 무덤에 세운 호구탑

면서 이렇게 말하였다.

「죽은 사람을 일으켜 백골에 살을 붙임이로다(起死人而肉白骨也). 내 어찌 하늘의 재앙을 잊지 못하고, 감히 군왕의 은혜를 잊겠는가?」

오왕 부차는 월나라에 대하여 죽은 사람을 되살려 백골에 살을 붙인 것과 같은 큰 은혜를 베풀었던 것이다. 진(秦)나라 재상 여불위(呂不韋)가 시켜 편록(編錄)한 《여씨춘추(呂氏春秋)》 별류(別類)편에서 이렇게 말했다.

「노나라 사람 공손작이 『나는 죽은 사람을 살릴 수 있다(魯人公孫綽曰 我可活死人也)』 사람들이 방법을 물어보니, 『나는 반신불수를 고칠 수 있다(人問其方 我可治半身不隨). 반신불수를 고치는 약을 배로 늘리면 그것으로 죽은 사람을 살릴 것(治半身不隨之藥倍增 以是起死回生矣)』 이다」

여기서 「기사회생」 이라는 말이 유래되었으며, 이 말은 우리 주위에서도 자주 인용되고 있다.

기소불욕물시어인 己所不欲勿施於人

자기 己 바 所 하고자 할 欲 아닐 勿 베풀 施 어조사 於

《논어》 위령공편

자 공

자기가 하고 싶지 않은 일은 다른 사람에게도 시키지 말라.

「내가 하고자 하지 않는 바를 남에게 베풀지 말라」라는 뜻으로, 자기 스스로 하고 싶지 않은 일을 다른 사람에게도 시키지 말라는 말이다

《논어》 위령공편에 있는 말이다.

어느 날, 자공(子貢)이 공자에게 물었다.

「한마디 말로 제가 평생 동안 실천할 말이 있습니까?(有一言而可以終身行之者乎)」

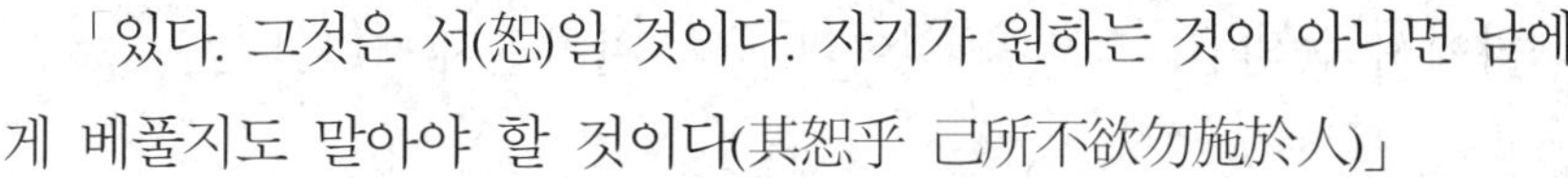

그러자 공자가 대답했다.

「있다. 그것은 서(恕)일 것이다. 자기가 원하는 것이 아니면 남에게 베풀지도 말아야 할 것이다(其恕乎 己所不欲勿施於人)」

서(恕)란 오늘날의 용서(容恕)와 같은 뜻이다. 서를 뜯어보면 그것은 여심(如心), 즉「마음을 같이한다」가 된다. 상대방의 마음과 나의 마음을 같이할 때 비로소 용서하는 마음이 일어나는 법이다. 내가 남에게 잘못을 저질렀을 때 내가 미안해하듯이 남 역시 잘못을

증 삼

저질렀을 때 당연히 미안하게 여기리라 생각하는 것, 이런 조건이어야만 이해가 있을 수 있고 용서할 마음이 일어나게 된다.

이런 정신을 확대하면 내가 하기 싫은 일이라면 남도 하기 싫으리라는 사실을 알게 되고, 따라서 서로의 입장이 용서가 된다. 즉 마음이 하나가 되는 것이다.

이렇게 남을 이해하고 용서할 수 있는 여유를 가질 때 인간은 참된 인격을 갖춘 존재로서 출발할 수 있다. 공자는 바로 이 점을 납득시키고자 자공에게 이런 금언을 남겼을 것이다.

이 말은 《논어》 안연편에도 나오며, 이인편에는 공자가 「나의 도는 하나로 꿰뚫어져 있다(吾道一以貫之)」 고 말하자 제자들이 무슨 뜻인지 묻는 말에 증자(曾子)가 「선생님의 도는 충과 서일 따름이다(夫子之道 忠恕而已矣)」 라고 대답한 장면이 나온다. 역시 같은 맥락에서 논의될 수 있을 것이다. {☞ 일이관지(一以貫之)}

기왕불구 既往不咎

이미 旣 갈 往 아니 不 허물 咎

《논어》 팔일편(八佾篇)

공 자

기왕 지난 일은 탓하지 아니함.

이미 지나간 일을 가지고 탓해 보았자 아무 소용이 없다는 뜻으로 쓰이는 말 가운데서 널리 알려져 있는 말이 「기왕불구」란 말이다. 기왕물구(旣往勿咎)라고도 한다. 탓하지 않는다는 것보다는 탓하지 말라는 것이 더 강한 느낌을 준다. 「불념구악(不念舊惡)」이라는 말이 있는데, 「지나간 잘못을 염두에 두지 않는다」는 것이다. 「기왕불구」와 일맥상통하는 점이 있기는 하나 뜻은 다르다.

《논어》 팔일편에에 있는 공자의 말이다.

노나라 애공(哀公)이 공자의 제자 재아(宰我 : 이름은 予)에게 사(社)에 대해서 물었다.

「사(社)」는 천자나 제후가 나라를 지켜주는 수호신을 제사지내는 제단을 말하는 것으로, 그 제단 주위에는 빙 둘러 나무를 심도록 되어 있었다. 재아는 노나라 임금의 물음에 대충 설명을 하고 나서 이렇게 끝을 맺었다.

「하후씨(夏后氏)는 사에다 소나무를 심고, 은(殷)나라 사람은 사

재 여

에다 잣나무를 심었는데, 주(周)나라 사람은 사에다 밤나무(栗)를 심었습니다. 그런데 주나라 사람이 밤나무를 심은 까닭은 백성들로 하여금 전율하게 하려는 뜻에서였습니다」

밤나무란 한자어 율(栗)이 전율(戰慄)이란 율과 통용되는 데서 재아가 자기 스스로 착상을 한 것인지, 원래의 뜻이 그러했는지는 알 수 없다. 이 말을 전해들은 공자는, 재아의 그 같은 말이 가뜩이나 백성을 사랑할 줄 모르는 임금에게 엉뚱한 공포정치를 하게 할 마음의 계기를 만들어 줄까 두려운 생각이 들었다. 그래서 공자는 재아를 보는 순간 이렇게 꾸짖어 말했다.

이 말에 앞서 다른 말이 있었을 것 같은데 그 말은 《논어》에 나와 있지 않다.

「이루어진 일이라 말하지 아니하고, 되어버린 일이라 간하지 않으며, 이미 지나간 일이라 허물하지 않는다(成事不說 遂事不諫 旣往不咎)」

이 세 가지가 다 비슷한 말인데, 가장 알기 쉬운 기왕불구란 말이 널리 쓰이고 있는 것 같다. 공자가 재아에게 한 이 말뜻은 실상 꾸중하는 이상의 꾸중을 뜻하는 말이다.

돌이킬 수 없는 큰 과오를 범했다는 뜻과, 그러기에 말이란 깊이 생각한 뒤에 해야 한다는 깊은 교훈의 뜻이 포함되어 있다. 그러나 현재는 가벼운 뜻으로 쓰이고 있다.

기우 杞憂

나라 杞 근심 憂

《열자(列子)》 천서편(天瑞篇)

기인지우(杞人之憂)의 준말이다. 《열자》 천서편에 나오는 말로 「기나라에 한 사람이 있었는데, 그는 하늘이 무너지고 땅이 꺼지면 몸둘 곳이 없음을 걱정한 나머지 침식을 전폐하였다(杞國有人 憂天地崩墜 身亡無所倚 廢寢食者)」 고 한 데서 유래한 말로서, 장래의 일에 대한 쓸데없는 군걱정을 이르는 말이다.

주대(周代)에 하남성 개봉 근처에 있던 기(杞)나라에 한 사람이 있었다. 그는 하늘이 무너지고 땅이 꺼지면 몸 붙일 곳이 없을 걱정을 한 나머지 침식을 폐하고 말았다. 여기에 또 그의 그 같은 쓸데없는 걱정을 하는 것을 걱정하는 사람이 있었다. 그가 침식을 폐하고 누워 있는 사람을 찾아가 이렇게 말했다.

「하늘은 기운이 쌓여서 된 것으로 기운이 없는 곳은 한 곳도 없다. 우리가 몸을 움츠렸다 폈다 하는 것도, 숨을 내쉬고 들이쉬는 것도 다 기운 속에서 하고 있다. 그런데 무슨 무너질 것이 있겠는가?」

그러자 그 사람은 또, 「하늘이 과연 기운으로 된 것이라면 하늘에 떠 있는 해와 달과 별들이 떨어질 수 있지 않겠는가?」 하고 물었다.

「해와 달과 별들 역시 기운이 쌓인 것으로 빛을 가지고 있는 것뿐이다. 설사 떨어진다 해도 그것이 사람을 상하게 하지는 못한다」

「그건 그렇다 치고 땅이 꺼지면 어떻게 할 것인가?」

「땅은 쌓이고 쌓인 덩어리로 되어 있다. 사방에 꽉 차 있어서 덩어리로 되어 있지 않은 곳이 없다. 사람이 걸어 다니고 뛰놀고 하는 것도 종일 땅 위에서 하고 있다. 그런데 어떻게 꺼질 수 있겠는가?」

이 말에 침식을 폐하고 누워 있던 사람은 꿈에서 깨어난 듯 기뻐 어쩔 줄을 몰랐다. 그의 그 같은 모습을 보고 깨우쳐 주러 간 사람도 따라서 크게 기뻐했다는 것이다. 이 이야기 다음에 열자는 다시 이들 두 사람의 이야기를 전해들은 장려자(長廬子)의 말을 덧붙이고 있다.

「하늘이 무너지고 땅이 꺼지지 않을까 우려하는 것은 지나친 걱정이라고 할 수 있다. 그러나 무너지지 않는다고 단언하는 것 또한 옳지 못하다. 파괴되느니 안되느니 하는 것은 우리들로서는 알 수 없는 곳에 있는 것이다. 허나 파괴된다고 하는 자에게도 하나의 도리가 있고 파괴되지 않는다고 말하는 자에게도 하나의 도리는 있다. 그러므로 생(生)은 사(死)를 모르고 사(死)는 생(生)을 모른다. 장래는 과거를 모르고, 과거는 장래를 모른다. 천지가 파괴되느니 안되느니 하는 것을 우리가 어떻게 마음에 넣어 고려하겠는가」

끝으로 열자는 이렇게 결론을 맺고 있다.

「하늘과 땅이 무너지든 무너지지 않든, 그런 것에 마음이 끌리지 않는 무심(無心)의 경지가 중요한 것이다」

「기우」니, 「기인우천」이니 하는 말은 「이것저것 쓸데없는 걱정을 한다」든가 「까닭 없는 걱정을 하는 것」을 비유해서 쓴다. 이백(李白)의 시에 「기국(杞國)은 무사했다. 하늘이 기우는 것을 걱정한다」라는 구가 있는데, 거기에는 위에서 말한 쓸데없는 걱정 같은 무미한 일에 비유하는 것과 비교해서 고대인의 진실함, 허심(虛心)함을 그대로 따뜻하게 긍정하려고 하는 이백의 인간성이 깃들어 있다.

열자(列子)의 이름은 어구(禦寇)라 하고, 전국시대의 정(鄭)나라 사람으로, 노자의 계통을 이어 받았다. 《열자》는 그의 저서라고 하나, 후인의 위작(僞作)이 많이 보태졌다는 것이 정설이다.

기호지세 騎虎之勢

말탈 騎 범 虎 의 之 기세 勢

《수서(隋書)》 후비전(后妃傳)

중도에 포기할 수 없는 형세.

위·오(吳)·촉(蜀)의 소위 삼국 대립은 위(魏)의 승리로 끝나고, 위는 국호를 진(晋 : 서진)이라 고치고 천하를 통치했으나 새외민족(塞外民族)의 침입으로 불과 50년으로 망하고, 새로이 남방 양자강 지대에 진(동진)이 전의 오나라의 도읍지였던 건업을 도읍으로 정했다.

서진의 옛 땅은 흉노(匈奴)·갈(羯)·선비(鮮卑)·저(氐)·강(羌)의 다섯 이민족, 즉 오호(五胡)에 의해 점령되어 한민족과 대립 항쟁을 계속 약 130년 동안에 16개의 나라가 생겼다가 망했다가 했다. 그 후 동진은 내란으로 망하고, 새로 송(宋 : 남조)이 생기고(420년), 이하 제(齊)·양(梁)·진(陳)이 뒤를 이어 일어나고(이상 남조), 한편 북쪽에서는 선비가 후위(後魏 : 북조)를 세운(440년) 이래, 동위·서위·북제(北齊)·북주(北周)로 계속되었다(이상 북조. 이 시대를 남북조시대라고 한다.

그런데 북조 최후의 왕조인 북주의 선제(宣帝)가 죽자, 외척인 한인 양견(楊堅)은 뒤처리를 하기 위해 궁중으로 들어갔다. 이 사람은 외척인 동시에 인물도 훌륭해서 재상으로서 정치를 총괄하고 있었으나, 언제나 자기 나라가 이민족에게 점령당하고 있는 것을 늘 원통하게 생각하고, 「기회만 있으면 다시 한인(漢人)의 천하로 만들겠다」고 은근히 생각하고 있었다.

그러던 차에 선제가 죽은 것이다. 그 아들은 아직 어리고 그리 영리하지도 못했으므로 잘 달래서 제위를 양도시켜 수(隋)나라를 세웠다(581년). 양견은 그로부터 8년 후에 남조의 진(陳)을 멸망시켜 천하를 통일했다. 이것이 수(隋)의 고조 문제다. 이 문제의 황후를 독고황후라고 한다. 전부터 남편에게서 그의 대망(大望)을 들어 알고 있었으므로 선제가 사망하고 남편이 마침내 북주(北周)의 천하를 빼앗기 위해 궁중으로 들어가 분주하게 획책하고 있을 때 사람을 보내 말을 전했다.

「큰일은 이미 『기호지세』의 형세가 되고 말았소. 이제 내려올 수는 없소. 최선을 다하시오(大事已然 騎虎之勢 不得下 勉之)」

양견이 용기를 북돋아 주는 처의 말에 격려된 것은 말할 나위도 없다. 황후 독고씨(獨孤氏)는 북주(北周)의 대사마 하내공(何內公) 신(信)의 일곱째 딸로, 그녀의 맏언니는 북주 명제(明帝)의 황후였다. 아버지 신이 양견을 크게 될 사람으로 보고 사위를 삼았을 때는 그녀의 나이 겨우 열네 살이었다. 그녀는 굉장히 영리한 여자로서, 남편이 수나라 황제가 된 뒤에도 내시를 통해서 남편의 정치에 일일이 간섭을 하곤 했기 때문에 당시 사람들은 조정에 두 성인(二聖)이 있다고 했다 한다. 두 성인은 두 천자를 뜻한다.

한편 그녀는 결혼 당초 남편에게 첩의 자식을 낳지 않겠다는 맹세를 받았다고 하는데, 어찌나 질투가 심한지 언제나 후궁에 대한 감시의 눈을 늦추지 않았고, 그녀가 쉰 살로 죽을 때까지 후궁의 자식이라곤 한 명도 태어나지 못했다고 한다.

단 한 번, 문제가 미모의 후궁을 건드렸는데, 이를 안 그녀는 문제가 조회에 나간 사이 후궁을 죽여버렸다. 화가 난 문제는 혼자 말을 타고 궁중을 뛰쳐나가 뒤쫓아 온 신하를 보고, 「나는 명색이 천자로서 내가 하고 싶은 일도 할 수 없단 말인가?」 하며 울먹이기까지 했다고 한다.

기화 奇貨

기이할 奇 재화 貨

《사기》 여불위전(呂不韋傳)

뜻밖의 이익을 얻을 수 있는 물건. 또는 그런 기회. 빌미.

「기화(奇貨)」란 기이한 보화란 뜻이다. 그러나 지금은 본래의 뜻과는 달리 흔히 죄를 범한 사람이 그 죄를 범할 수 있은 좋은 기회를 말한다.

검찰관이 피의자의 논고에 흔히 쓰는 말로 「이를 기화로 하여」란 말이 자주 나온다.

이 말의 유래는 《사기》 여불위전에서 찾아볼 수 있다.

여불위는 한(韓)나라 수도 양적(陽翟)의 큰 장사꾼이었다. 각국을 돌아다니며 물건을 싸게 사다가 비싼 값으로 넘겨 수천 금의 재산을 모았다.

진소왕(秦昭王) 40년에 소왕의 태자가 죽고, 42년에 소왕은 둘째아들 안국군(安國君)을 태자로 책봉했다.

안국군에게는 20여 명의 아들이 있었다. 또 그에게는 대단히 사랑하는 첩이 있어서 그녀를 정부인으로 세우고 화양부인(華陽夫人)이라 부르게 했는데, 그녀에게는 아들이 없었다.

안국군의 많은 아들 중에 자초(子楚)라는 아들이 있었는데, 그의 어머니 하희(夏姬)는 안국군의 사랑을 받지 못하고 있었다. 자초는 전국 말기에 흔히 있던 인질로 조나라에 가 있게 되었다. 인질이란 서로 침략하지 않겠다는 약속의 증거로 서로 교환되는 사람으로, 대개 왕자나 왕손들이 인질로 가 있었다.

《여씨춘추》를 편찬한 여불위

그런데 진나라가 약속과는 달리 자꾸만 조나라를 침략해 왔기 때문에 자초에 대한 조나라의 대우는 갈수록 나빠져만 갔다. 감시가 심해질 뿐만 아니라 일상생활마저 어려워져 가는 형편이었다.

그럴 무렵, 여불위가 조나라 수도 한단(邯鄲)으로 장사차 들어오게 되었다. 그는 우연히 자초가 있는 집 앞을 지나치다가 자초의 남다른 행색을 보고 주위 사람들에게 그 내력을 물었다.

얘기를 다 듣고 난 여불위는 매우 딱한 생각을 하며, 타고난 장사꾼의 기질로 문득 혼자 이런 말을 던졌다.

「진기한 보물이다. 차지해야 한다(此奇貨 可居)」

여기서 기화는 「기화가거(奇貨可居)」를 줄인 말이다.

이 때, 자초는 이인(異人)이란 이름을 쓰고 있었다.

이리하여 여불위는 자초를 만나 그를 갖은 방법으로 도와주고 위로하고 하여, 마침내는 그와 뒷날을 굳게 약속한 다음, 그를 화양부인의 아들로 입양을 시켜 안국군의 후사를 잇게 하는 데 성공했다.

그가 자초의 환심을 사고 화양부인을 달래기 위한 교제비로 천금의 돈을 물 쓰듯 했다. 그러나 여불위는 약속 외에 무서운 음모를 품고 있었다. 그것은 그가 한단에서 돈을 주고 산, 얼굴이 기막히게 예쁘고 춤과 노래에 뛰어난 조희(趙姬)란 여자를 자초의 아내로 보내

천하통일을 이룩한 진시황의 행렬

준 것이다.

그녀의 뱃속에는 이미 여불위의 자식의 씨가 들어 있었다. 그것이 요행히 사내아이일 경우 진나라를 자기 자식의 손으로 남모르게 넘겨주겠다는 음모였다.

과연 아들을 낳았고, 조희는 정부인이 되었다. 이 아들이 뒤에 진시황이 된 여정(呂政)이었는데, 결국 여불위는 자기 아들의 손에 의해 목숨을 잃게 된다.

그러나 한 장사꾼으로서 불행 속에 있는 자초를 기화로 삼아 일거에 진나라 승상이 되어 문신후(文信侯)란 이름으로 10만 호의 봉록에, 천하에 그의 이름과 세력을 떨쳤으니, 장사꾼의 출세로서는 그가 아마 첫손에 꼽히고도 남을 것이다.

가가대소(呵呵大笑)　　껄껄 웃을 呵 /클 大 /웃을 笑

소리를 내어 크게 웃음.

가가호호(家家戶戶)　　집 家 /지게 戶

각 집. 집집마다 또는 모든 집.

가경취숙(駕輕就熟)　　수레 駕 /가벼울 輕 /이를 就 /익을 熟

경쾌한 수레를 타고 낯익은 길을 달린다. 어떤 일에 숙련되어 있음. 경거숙로(輕車熟路). 한유(韓愈) 「송석처사서(送石處士序)」

가계야목(家鷄野鶩)　　집 家 /닭 鷄 /들 野 /집오리 鶩

집의 닭을 미워하고 들의 물오리를 사랑한다는 뜻으로, 일상 흔한 것을 피하고 새로운 것, 진기한 것을 존중함을 비유하는 말.

가고가하(可高可下)　　옳을 可 /높을 高 /아래 下

높아도 가(可)하고 낮아도 가(可)하다는 뜻으로, 인자(仁者)는 벼슬이 높아도 거만하지 않고 낮아도 두려워하지 않음으로써 직위의 고하를 가리지 않음.

가급인족(家給人足)　　집 家 /넉넉할 給 /사람 人 /발 足

집집마다 풍족하고 사람마다 넉넉하여 운세가 융성함. 《한서(漢書)》

가동주졸(街童走卒)　　거리 街 /아이 童 /달릴 走 / 졸 卒

길거리에서 노는 철없는 아이. 일정한 주견(主見)이 없는 길거

리를 떠돌아다니는 무식한 사람들.

가렴주구(苛斂誅求)　　매울 苛 /거둘 斂 /벨 誅 /구할 求

백성들로부터 가혹하게 세금을 거두어들이고 무리하게 재물을 빼앗음. ☞ 가정맹호(苛政猛虎)

가롱성진(假弄成眞)　　거짓 假 /희롱할 弄 /이룰 成 / 참 眞

농담이나 실없이 한 일이 나중에 진실로 한 것처럼 됨.

가릉빈가(迦陵頻伽)　　막을 迦 /큰 언덕 陵 /자주 頻 /절 伽

【불교】 불경에 나오는 상상상의 새 이름. 극락정토(極樂淨土)에 깃들이며, 인두조신(人頭鳥身)의 모습을 하고 있다. 소리가 아름다워 듣기에 싫증이 나지 않는다. 얼굴은 미인이라고 한다. 《정법염경(正法念經)》

가무담석(家無擔石)　　집 家 /없을 無 /멜 擔 /돌 石

석(石)은 한 항아리, 담(擔)은 두 항아리의 뜻으로, 집에 조금도 없다는 말로, 집에 재물의 여유가 조금도 없음.

가무이주(家無二主)　　집 家 /없을 無 / 두 二 / 주인 主

한 집안에 주인이 둘이 있을 수 없다는 뜻으로, 군신(君臣)의 다름을 이르는 말. 《예기》

가부지친(葭莩之親)　　갈대 葭 /갈대청 莩 /의 之 /친할 親

갈대청같이 아주 엷은 관계라는 뜻으로, 아주 먼 친척을 가리키는 말. 《한서》

가빈낙백(家貧落魄)　　집 家 /가난할 貧 /떨어질 落 /넋 魄

집안이 가난하여 혼백(魂魄)이 땅에 떨어진다는 뜻으로, 집안이 가난하여 뜻을 얻지 못하고 실의에 빠짐. ☞ 낙백(落魄).

가빈친로(家貧親老)　　집 家 /가난할 貧 /

집이 가난하고 부모가 늙었을 때는 마음에 들지 않은 벼슬자리라도 얻어서 어버이를 봉양해야 한다는 말.

가상다반(家常茶飯)　집 家 / 늘 常 /차 茶 /밥 飯

집에서 먹는 평소의 식사라는 뜻으로, 일상사(日常事)나 당연지사(當然之事)를 이르는 말.

가서만금(家書萬金)　집 家 /쓸 書 /일만 萬 /돈 金

고독한 여행지 이국(異國)에서의 생활에서 가족으로부터 온 편지는 정말로 만금(萬金)의 가치에 상당할 정도로 반갑다고 하는 것. 유명한 당나라 시인 두보(杜甫)는 안녹산(安祿山)의 난으로 붙잡혀서 이듬해(757년) 탈주했다. 수도 장안에 구속된 몸이 되었을 때, 전란으로 심하게 황폐해진 장안의 봄을 아파해서 만든 저 유명한 시 가운데 한 구절. 가서(家書)는 아내 혹은 가족으로부터의 편지. 두보 「춘망시(春望詩)」

가정맹호(苛政猛虎)　가혹할 苛 /정사 政 /사나울 猛 /범 虎

☞ 가정맹어호(苛政猛於虎).

가지호효(家至戶曉) ☞ 가유호효(家喩戶曉)

가친단기(軻親斷機)　굴대 軻 /친할 親 /끊을 斷 /틀 機

전국시대의 철인(哲人)인 맹자(孟子)가 학문을 중도에서 폐하고 돌아오자, 어머니가 짜던 베를 끊고, 「지금 네가 학문을 폐하는 것은 마치 짜던 베를 이처럼 끊어 버리는 것과 같다」고 훈계했다는 옛일. 「軻」는 맹자의 이름. 「단기지계(斷機之戒)」

가호위호(假虎威狐) ☞ 호가호위(狐假虎威).

각곡유목(刻鵠類鶩)　새길 刻 /따오기 鵠 /무리 類 /집오리 鶩

따오기를 그리려다가 잘못 그려도 집오리 비슷하게는 된다는 뜻으로, 근신하고 정직한 사람을 본받으려 하면 안돼도 선인은 될 수 있다는 말. ☞ 화호유구(畵虎類狗). 《후한서》

각곡유아(刻鵠類鵝)　　새길 刻 /따오기 鵠 /무리 類 /거위 鵝

고니를 새기려다 실패해도 거위와 비슷하게는 된다는 뜻으로, ① 성현(聖賢)의 글을 배움에 그것을 완전히 다 익히지는 못하더라도 최소한 선인(善人)은 될 수 있다는 말. ② 학업에 정진(精進)하여 어느 정도 성과가 있다는 말.

각골명심(刻骨銘心)　　새길 刻 /뼈 骨 /새길 銘 /마음 心

어떤 일을 뼈에 새길 정도로 마음속 깊이 새겨 두고 잊지 아니함.

각박성가(刻薄成家)　　새길 刻 /엷을 薄 /이룰 成 /집 家

각박(刻薄)하게 집을 이룬다는 뜻으로, 몰인정(沒人情)하도록 인색(吝嗇)한 행위로 부자(富者)가 됨을 이르는 말.

각자도생(各自圖生)　　각각 各 /스스로 自 /꾀할 圖 /살 生

각기 스스로 살 길을 도모함.

각자무치(角者無齒)　　뿔 角 /놈 者 /없을 無 /이 齒

뿔이 있는 자는 이가 없다는 뜻으로, 한 사람이 모든 덕을 겸하지 못함을 이름.

각촉부시(刻燭賦詩)　　새길 刻 /초 燭 /구실 賦 /시 詩

초에 금을 새겨 놓고, 그 부분이 다 타기까지를 시한으로 정하고 그 안에 시를 짓는 일. 《남사(南史)》

각하조고(脚下照顧)　　다리 脚 /아래 下 /비출 照 /돌아볼 顧

각하(脚下)는 발밑. 조고(照顧)는 비추어 돌이켜봄. 누구라도 자신에게는 후하다. 자기의 발밑을 다시 잘 보고 반성해 보는 것이 중요하다는 말.

간국지기(幹國之器)　　줄기 幹 /나라 國 /의 之 /그릇 器

국정을 담당할 수 있는 그릇이란 뜻으로, 나라를 다스리는 재능

을 가진 사람. 《후한서》

간뇌도지(肝腦塗地) 간 肝 /뇌 腦 /칠할 塗 /땅 地

참살을 당하여 간과 뇌가 땅바닥에 으깨어졌다는 뜻으로, 나라 일에 목숨을 돌보지 않고 힘을 다함을 이름. 제(齊)나라 유경(劉敬)이 한나라 고조(유방)에게 관중에 도읍해야 한다고 진언했다. 「폐하는 거병(擧兵) 이래로 큰 싸움을 70여 차례, 작은 싸움을 40여 차례나 하여 천하의 백성들의 간이나 뇌를 진흙땅에 으깨었으며, 그 부자의 뼈를 황야에 드러나게 한 것은 이루 헤아릴 수가 없습니다. 죽은 자를 서러워하는 곡소리는 아직도 그치지 않으며, 상처 입은 자는 아직도 일어서지 못하고 있습니다」 《사기》

간두지세(竿頭之勢) 장대 竿 /머리 頭 /의 之 /기세 勢

대나무 막대기의 맨 끝에 선 것 같다는 뜻으로, 이주 위태로운 형세를 형용하여 이르는 말. ☞ 백척간두(百尺竿頭).

간발이즐(簡髮而櫛) 대쪽 簡 /터럭 髮 /말이을 而 /빗 櫛

머리를 한 가닥씩 골라서 빗는다는 뜻으로, 본래의 목적에서 벗어나 자질구레한 일에 얽매이는 것을 비유하여 이르는 말. 또 힘은 많이 들고 효과는 적은 일에도 쓰인다. 《장자》

간불용발(間不容髮) 사이 間 /아니 不 /담을 容 /터럭 髮

머리카락 한 오라기도 넣을 틈이 없다는 뜻으로, 사태가 매우 급박함의 비유.

간신적자(奸臣賊子) 간사할 奸 /신하 臣 /도둑 賊 /아들 子

간사한 신하와 불효한 자식. 비 난신적자(亂臣賊子).

간운보월(看雲步月) 볼 看 /구름 雲 /걸음 步 /달 月

객지에서 집 생각을 하고 달밤에 멀리 구름을 바라보며 거닒. 《후한서》

간운폐일(干雲蔽日)　　방패 干 /구름 雲 /덮을 蔽 /해 日

구름을 침범하고 해를 가린다는 뜻으로, 나무가 하늘을 찌를 듯이 높이 솟아 있는 모양을 형용하여 이르는 말.

갈구이상(葛屨履霜)　　칡 葛 /신 屨 /신 履 /서리 霜

인색함을 이르는 말. 구두쇠. 갈구는 칡넝쿨로 삼은 신인데, 여름에 신는다. 그것을 추운 겨울에도 신는다는 데서, 지나치게 검약하여 단작스러움을 이르는 말. 《시경》 위풍.

갈이천정(渴而穿井)　　목마를 渴 /말이을 而 /뚫을 穿 /우물 井

목이 마른 뒤라야 우물을 판다는 뜻으로, 평소 아무 준비가 없다가 일이 벌어지고 나서야 부산을 떤들 무슨 소용이 있느냐는 뜻. 《설원》

감홍난자(酣紅爛紫)　　즐길 酣 /붉을 紅 /현란할 爛 /자줏빛 紫

울긋불긋한 가을 단풍이 한창인 모양.

갑남을녀(甲男乙女)　　첫째 甲 /사내 男 /둘째 乙 /계집 女

신분도 없고 이름도 알려지지 않은 평범한 사람들.

강랑재진(江郎才盡)　　강 江 /사나이 郎 /재주 才 /다할 盡

사람이 갑자기 무능해지거나 뛰어났던 재능이 차차 쇠퇴함을 이르는 말. 중국 남북조 시대의 강엄(江淹)은 가난한 집안에서 태어나 피눈물나는 노력 끝에 당대의 이름난 문장가가 되었고 광록대부(光祿大夫)까지 지냈는데, 말년에 가서 그의 글은 차차 퇴보하여 아무리 애써도 좋은 글이 나오지 않았다. 당시의 전설로는 그의 꿈에 곽박(郭璞)이란 자가 나타나 빌려갔던 붓을 달라고 하기에 순순히 오색이 찬란한 붓을 내주었는데 그 때부터 강엄의 문장이 시들기 시작하였다고 한다. 《강엄전(江淹傳)》

강려자용(剛戾自用)　　굳셀 剛 /어그러질 戾 /스스로 自 /쓸 用

완고해서 남의 의견을 듣지 않음. 고집불통, 완미(頑迷)함. 《사기》

강상죄인(綱常罪人)　　벼리 綱 /늘 常 /허물 罪 /사람 人

조선시대에 삼강(三綱)과 오상(五常)에 어긋난 죄를 지은 자. 자기의 부모 또는 남편을 죽인 자, 노비(奴婢)로 주인을 죽인 자, 관노(官奴)로서 관장(官長)을 죽인 자 등을 가리킨다. 당자는 사형되었고 처자는 노비가 되며 집은 부수어 그 자리에 연못을 팠다. 또 강상죄인이 생긴 고을은 강등되고 수령은 파면되었다.

강안여자(强顔女子)　　굳셀 强 /얼굴 顔 /계집 女 /아들 子

얼굴이 굳센(두꺼운) 여자라는 말로, 부끄러움을 모르는 여자라는 뜻이다. 강안(强顔)은 후안(厚顔), 철면피(鐵面皮)와 같은 말이다.

강의목눌(剛毅木訥)　　굳셀 剛 /굳셀 毅 /나무 木 /말더듬을 訥

강한 마음과 의연한 태도에, 게다가 꾸밈없는 목눌(木訥 : 순직하고 느리고 둔하여 말이 적음)한 인물이 진짜 훌륭하다고 하는 것. 《논어》 자로. 반 교언영색(巧言令色).

개과불인(改過不吝)　　고칠 改 /지날 過 /아니 不 /아낄 吝

허물을 고침에 인색하지 않는다는 뜻으로, 허물이 있으면 고치는 데 주저하지 않음을 이르는 말. 《서경》

개물성무(開物成務)　　열 開 /만물 物 /이룰 成 /일 務

만물의 뜻을 개통하여 천하의 사무(事務)를 성취함을 이르는 말. 점(占)으로써 길흉을 알고, 그에 의하여 사람에게 사업을 시키는 것. 물(物)은 사람, 무(務)는 사업의 뜻. 주역(周易)의 정의(定義)와 효용을 설명한 말이다. 《역경》

개원절류(開源節流)　　열 開 /근원 源 /마디 節 /흐를 流

자원을 개발해서 비용을 절약함. 《순자》

객반위주(客反爲主)　　손 客 /되돌릴 反 /할 爲 /주인 主

손이 도리어 주인노릇을 함. 일의 부차적인 것과 주가 되는 것의 뒤바뀜. 비 주객전도.

거가지락(居家之樂)　　있을 居 /집 家 /의 之 /즐거울 樂

속세(俗世)의 영화(榮華)에 마음을 두지 않고 시(詩)·서(書) 등으로 세월을 보내는 즐거움.

거관유독(去官留犢)　　갈 去 /벼슬 官 /머물 留 /송아지 犢

벼슬아치란 청렴결백해야 한다는 것. 청렴한 벼슬아치의 비유. 재임 중에 낳은 송아지조차도 물러날 때에는 가지고 돌아가지 않는다는 뜻. 《삼국지》

거두절미(去頭截尾)　　갈 去 /머리 頭 /끊을 截 /꼬리 尾

머리와 꼬리는 잘라 버린다는 뜻으로, 앞뒤의 사설(辭說)은 빼고 요점만 말함을 비유한 한자성어. 쓸데없는 군더더기는 빼고 핵심만 취한다는 뜻이다. 어떤 말을 하거나 일을 할 때 정작 중요한 요소는 빼 놓고, 이것저것 군더더기만 늘어놓다 보면 진짜 하고 싶었던 말이나 일은 놓쳐 버리는 수가 있다. 또 대화나 논의를 할 때 부연설명만 길게 늘어놓으면 듣는 사람들이 곧 싫증을 내고 만다. 따라서 말을 할 때 핵심이 되는 요소만 골라 짧고 정확하게 뜻을 전할 수 있다면, 그만큼 효과적인 말도 없을 것이다. 거두절미는 쓸데없는 것은 다 버리고 핵심만 말하겠다는 뜻으로 쓰는 말이다. 거두절미는 조금도 축내거나 버릴 것이 없는 요점만 취한다는 말이다. 같은 뜻을 가진 말로 단도직입(單刀直入)이 있다. 혼자서 칼을 휘두르며 곧장 적진으로 쳐들어간다는 뜻으로, 글을 쓰거나 말을 할 때 군말이나 허두를 빼고 요점으로 들어간다는 말이다.

이와 반대로 쓸데없는 말만 하면서 입술과 혀만 수고스럽게 하는 것을 「도비순설(徒費脣舌)」이라고 한다.

거재마전(車在馬前)　수레 車 /있을 在 /말 馬 /앞 前

말을 끌어 본 경험이 없는 말로 수레를 끌게 하려면, 먼저 다른 말이 끄는 수레 뒤에 매어 따라다니게 하여 길을 들여야 한다는 뜻으로, 사람도 초보적인 작은 일에서부터 훈련을 거듭한 뒤에 본업에 종사하도록 해야 함을 비유하여 이르는 말.

거저척시(遽篨戚施)　갑자기 遽 /대자리 篨 /겨레 戚 /베풀 施

엎드릴 수도 없고, 위를 쳐다볼 수도 없는 병이란 뜻으로, 이 악질 병이 있는 사람은 하나는 엎드릴 수 없으므로 오만한 태도가 있고, 또 하나는 위를 쳐다볼 수 없기 때문에 비굴하고 아첨하는 태도가 있다 하여, 오만하고 아첨하는 사람을 비유하여 이르는 말.

거철마적(車轍馬跡)　수레 車 /바퀴 轍 /말 馬 /자취 跡

수레바퀴 자국과 말 발자국, 곧 거마로 천하를 순유(巡遊)한 자취. 《춘추좌씨전》

거총사위(居寵思危) ☞ 거안사위.

거허박영(據虛搏影)　의거할 據 /빌 虛 /잡을 搏 /그림자 影

허공에 의지하여 그림자를 드리운다는 뜻으로, 적이 힘을 쓸 수 없도록 함을 비유하여 이르는 말. 《관자》

건곤감리(乾坤坎離)　하늘 乾 /땅 坤 /감괘 坎 /이괘 離

모두 《주역(周易)》에 나오는 8괘 중 네 괘의 이름이다.

건괵지증(巾幗之贈)　수건 巾 /머리장식 幗 /의 之 /보낼 贈

남자로서 체면이 말이 아님을 비유하는 말. 건괵은 여성의 머리장식. 촉(蜀)의 재상 제갈량은 위(魏)의 대장군 사마의에게 위수

(渭水)에서 결전을 도발하였다. 그러나 사마의는 제갈공명을 두려워하여 성문을 굳게 닫아걸고 나오지 않았다. 그래서 공명은 여자의 머리장식과 의복을 보내어 사마의가 겁먹은 것을 모욕했다는 고사에서 나온 말이다. 《십팔사략》

건령지세(建瓴之勢)　　세울 建 /동이 瓴 /의 之 /기세 勢

높은 곳에서 병의 물이 쏟아지는 기세란 뜻으로, 세차게 내려 쏟아지는 기세를 이르는 말. 《사기》

건목수생(乾木水生)　　마를 乾 /나무 木 /물 水 /날 生

마른 나무에서 물이 난다는 뜻으로, 없는 것을 무리하게 강요함을 비유하는 말. 또 이치에 맞지 않음의 비유로도 쓰인다.

건안칠자(建安七子)　　세울 建 /편안할 安 /일곱 七 /아들 子

건안은 후한의 마지막 임금인 헌제(獻帝) 때의 연호. 건안시대에 뛰어난 활약을 했던 일곱 사람의 문학가를 일컫는다. 중국 후한 말기, 헌제(獻帝) 건안 연간(196~220)에 위(魏)의 무제(武帝) 조조(曹操) 부자를 중심으로 모인 문학 동호인들이다. 조비(曹丕)의 《전론(典論)》에 의하면, 노국(魯國)의 공융(孔融), 광릉(廣陵)의 진림(陳琳), 산양(山陽)의 왕찬(王粲), 북해의 서간(徐幹), 진류(陳留)의 완우(阮瑀), 여남(汝南)의 응창(應瑒), 동평(東平)의 유정(劉楨) 등 7명이다. 이들은 조조가 권력을 잡은 업(鄴 : 하남성)에 모여, 조비·조식(曹植) 형제와 더불어 중국에서 가장 일찍 자각적인 문학 집단을 형성하였다. 종래의 부(賦) 대신 시(詩), 특히 오언시(五言詩)를 문학의 주류로 삼아, 뒤의 중국문학의 선구를 이룬 점, 민요라 할 수 있는 악부체(樂府體)의 시를 지식인의 서정시로 완성한 점, 종래의 유가적(儒家的) 취향을 벗어나 시문학에 강렬한 개성과 청신한 격조를 부여한 점 등은 그 성과이며 특징으로 꼽힌다. 7인

중에서 가장 뛰어난 사람은 왕찬과 유정이며, 진림과 서간이 다음을 이었다.

걸불병행(乞不竝行)　　빌 乞 /아니 不 /아우를 竝 /다닐 行

한꺼번에 요구하는 사람이 많으면 아무도 얻기가 어려움.

검려지기(黔驢之技) ☞ 검려기궁.

견갑이병(堅甲利兵)　　굳을 堅 /첫째 甲 /이로울 利 /군사 兵

튼튼한 갑옷과 정예한 병기란 뜻으로, 강한 병력을 이름. 《맹자》

견개지사(狷介之士) 굽히지 않을 狷 /단단한 껍질 介 /갈 之 /선비 士

완고하고 협조성이 적은 인물. 절대로 남과 서로 용납하지 않는 사람을 이르는 말. 《세설신어》

견마곡격(肩摩轂擊)　　어깨 肩 /갈 摩 /바퀴 轂 /부딪칠 擊

길가는 사람의 어깨와 어깨가 스치고 수레의 바퀴통이 서로 닿는다는 뜻으로, 곧 교통이 분잡한 모양. 《전국책》

견마지양(犬馬之養)　　개 犬 /말 馬 /갈 之 /기를 養

단지 부양만 할 뿐, 부모를 공경하는 마음이 결여된 효(孝)의 비유. 《논어》 위정편.

견마지치(犬馬之齒)　　개 犬 /말 馬 /의 之 /이 齒

개나 말처럼 보람 없이 헛되게 먹은 나이라는 뜻으로, 자기의 나이를 낮추어 이르는 말.

견문발검(見蚊拔劍)　　볼 見 /모기 蚊 /뺄 拔 /칼 劍

모기를 보고 칼을 빼다. 곧 사소한 일에 어울리지 않게 큰 대책을 세우는 것을 비유하여 이르는 말.

견양지질(犬羊之質)　　개 犬 /양 羊 /의 之 /바탕 質

재능이 없이 태어난 바탕.

견인불발(堅忍不拔)　　굳을 堅 /참을 忍 /아니 不 /뺄 拔

의지 · 절조(節操)가 굳고, 괴로움도 꿋꿋이 참고 견디며 마음을 움직이지 않는 것. 불발은 의지나 계획이 단단히 뭉쳐 있어서 변하지 않는 모양. 비 지조견고(志操堅固).

견토방구(見兎放狗)　　볼 見 /토끼 兎 /놓을 放 /개 狗

토끼를 발견하고 나서 사냥개를 놓아서 잡는다는 뜻으로, 사건이 일어난 후에 응해도 좋음을 이르는 말. 《신서(新序)》

견현사제(見賢思齊)　　볼 見 /어질 賢 /생각 思 /가지런할 齊

뛰어난 인물을 만나 자신도 그와 같이 되고 싶다고 생각하는 것. 현(賢)은 현자(賢者), 뛰어난 인물의 뜻. 제(齊)는 같다는 것. 《논어》 이인편.

결발부부(結髮夫婦)　　맺을 結 /터럭 髮 /지아비 夫 /며느리 婦

귀밑머리 풀어 상투를 틀고 쪽을 진 부부란 뜻으로, 총각과 처녀가 정식으로 혼인한 부부.

결승지치(結繩之治)　　맺을 結 /줄 繩 /갈 之 /다스릴 治

고대의 소박한 정치. 상고(上古)의 시대는 새끼를 매어, 그 매는 방식으로 뜻을 나타내어 의사소통을 꾀했다는 데서, 아직 문자가 없었던 무렵의 정치를 말한다. 《역경》 계사전.

결자해지(結者解之)　　맺을 結 /놈 者 /풀 解 /이 之

맺은 사람이 풀어야 한다는 뜻으로, 자기가 저지른 일에 대해서는 자기가 해결해야 된다는 말. 자신이 일을 해놓고 일이 힘들거나, 일을 끝마치더라도 자신에게 유리하지 않을 것을 예상하고 그만두거나 남에게 책임을 전가하는 책임감 없는 사람을 비유할 때 쓰는 말이다. 불교에서는 인과응보(因果應報)라 하여 나쁜 업을 쌓지 말라고 강조한다. 자신이 저지른 일을 자신이 해결하지 않으면, 그

업보가 다음 생으로 그대로 이어지기 때문이다. 「결자해지」는 이처럼 자기가 꼰 새끼로 자신을 묶어, 결국 자기 꾀에 자기가 빠지는 자승자박(自繩自縛)의 신세가 되지 말라고 경계하는 격언이다. 조선 인조(仁祖) 때의 학자 홍만종(洪萬宗)이 지은 문학평론집 《순오지(旬五志)》에도 「맺은 자가 그것을 풀고, 일을 시작한 자가 마땅히 끝까지 책임져야 한다(結者解之 其始者 當任其終)」는 말이 나온다.

결초함환(結草銜環)　　맺을 結 /풀 草 /재갈 銜 /고리 環

「결초(結草)」와 「함환(銜環)」 두 이야기에서 나온 성구로서, 「함환」에 관해서는 다음과 같은 전설이 실려 있다. 후한 때 사람 양보(梁甫)가 아홉 살 때 산 아래서 올빼미에게 물려 다친 꾀꼬리를 발견하고 집으로 가져다 치료해 주었더니, 백여 일이 지나자 상처가 아물어 죽음을 면하게 되었다. 이에 양보가 즉시 꾀꼬리를 놓아주었더니 그날 밤 노란 옷을 입은 동자가 꿈에 나타나 옥환 네 개를 예물로 주면서 목숨을 구해준 은혜를 갚는다고 하고는 꾀꼬리로 변하여 날아갔다는 이야기다. 《속제해기(續齊諧記)》 ☞ 결초보은

경개여고(傾蓋如故)　　기울 傾 /덮을 蓋 /같을 如 /옛 故

잠시 만났을 뿐인데도 오래된 친구처럼 스스럼없이 친해지는 것. 개(蓋)는 수레의 차양. 경개(傾蓋)는 길에서 수레의 차양을 기울이고 말을 주고받는 것. 《사기》

경거망동(輕擧妄動)　　가벼울 輕 /들 擧 /망령될 妄 /움직일 動

가볍게 움직이고 함부로 행동하는 것. 일의 시비(是非)도 깊이 생각하지 않고 우왕좌왕함의 비유. 《홍루몽》

경거숙로(輕車熟路)　　가벼울 輕 /수레 車 /익을 熟 /길 路

경쾌한 수레를 타고 낯익은 길을 간다는 뜻으로, 일에 숙달되어 조금도 막힘이 없음의 비유.

경구비마(輕裘肥馬)　　가벼울 輕 /갖옷 裘 /살찔 肥 /말 馬

가벼운 가죽옷과 살찐 말이라는 뜻으로, 중국에서 부유한 사람들이 외출할 때의 모습을 비유한 말이다. 《논어》 옹야편(雍也篇)에 「적이 제나라에 갈 때 살찐 말을 타고 가벼운 가죽옷을 입었다(赤之適齊也乘肥馬衣輕裘)」라는 구절이 있는데, 그 주석에 「비마(肥馬)를 타고 경구(輕裘)를 입는다는 것은 부(富)를 뜻한다」고 하였다. 가벼운 갖옷과 살찐 말의 뜻으로, 귀인이 출입할 때의 차림새를 이름. 구(裘)는 짐승의 모피 옷.

경당문노(耕當問奴)　　밭갈 耕 /당할 當 /물을 問 /종 奴

농사짓는 일은 머슴에게 물어야 한다는 뜻으로, 모르는 일은 잘 아는 사람에게 물어야 한다는 말. 《송서》

경락과신(輕諾寡信)　　가벼울 輕 /대답할 諾 /적을 寡 /믿을 信

무슨 일을 가볍게 승낙하는 사람은 믿을 수 없다는 것. 쉽게 생각하는 버릇이 있으면 그만큼 곤란도 많아지는 법이다. 《노자》

경부양반(耕夫讓畔)　　밭갈 耕 /지아비 夫 /양보할 讓 /두둑 畔

농부들이 서로 밭고랑을 양보한다는 뜻으로, 순임금의 덕이 백성에 미쳐 농부들까지도 예양(禮讓)을 알게 됨을 이르는 말.

경세제민(經世濟民)　　날 經 /대 世 /건널 濟 /백성 民

세상을 다스리고 백성의 생활을 조정하는 것.「경제(經濟)」의 어원. 경(經)에는 거두다, 관리하다의 의미도 있다.

경위지사(傾危之士)　　기울 傾 /위태할 危 /갈 之 /선비 士

궤변(詭辯)을 농하여 나라를 위태롭게 하는 인물. 장의(張儀)·소진(蘇秦)에 대한 사마천의 평으로,「장의는 소진보다도

악랄하다. 세상에서는 소진을 나쁘게 말하지만, 실은 소진이 죽은 후에 장의가 소진의 결점을 폭로하면서도 그 설을 교묘하게 수용하여 연횡(連衡)의 설을 만들어낸 데 지나지 않은 것이다」 어쨌든 이 두 사람의 유세가(遊說家)는 바로 궤변을 농하는 위험한 인물이다. 《사기》

경이원지(敬而遠之)　　공경할 敬 /말이을 而 /멀 遠 /이 之

☞ 경원(敬遠).

경조부박(耕佻浮薄)　　가벼울 輕 /방정맞을 佻 /뜰 浮 /엷을 薄

언어 행동이 경솔하고 진중하지 못함. 조(佻)는 경솔하고 들떠 있는 모양. 경박단소(輕薄短小)하다는 둥 거만하게 굴지만, 결국은 중후장대(重厚長大)에 기생하는 것이 실정이 아닐까?

경천동지(驚天動地)　　놀랄 驚 /하는 天 /움직일 動 /땅 地

하늘을 놀라게 하고 땅을 뒤흔든다는 뜻으로, 세상을 몹시 놀라게 함. 《주자가어》

경천애인(敬天愛人)　　공경할 敬 /하늘 天 /사랑할 愛 /사람 人

하늘을 공경하고 사람을 사랑한다. 「도(道)는 천지자연(天地自然) 자체라면, 강학(講學)의 도는『경천애인』을 목적으로 하고『수신극기(修身克己)』로써 시종(始終)한다」라는 유명한 말이다. 인간이 아무리 힘이 있다고 하더라도 자연의 섭리나 조화에는 따를 수 없다. 항상 하늘을 경외(敬畏)하고 사람을 쉽게 사랑하는 심경에 도달하는 것이 필요하다는 의미. 《남주유훈(南洲遺訓)》

계견상문(鷄犬相聞)　　닭 鷄 /개 犬 /서로 相 /물을 聞

닭이 울고 개가 짖는 소리가 여기저기에서 들린다는 뜻으로, 인가나 촌락이 잇대어 있음을 가리키는 말. 《노자》

계고지력(稽古之力)　　머무를 稽 /옛 古 /의 之 /힘 力

학문의 힘. 「계고(稽古)」는 옛일을 상고한다는 뜻으로, 옛날의 일을 배우고 익히는 것. 학문을 수학함으로써 영달하는 것을 「계고지력에 의한다」고 한다. 《후한서》

계림일지(桂林一枝)　　계수나무 桂 /수풀 林 /한 一 /가지 枝

「계림일지 곤산편옥(桂林一枝 崑山片玉)」에서 나온 말이다. 계수나무 숲에서 가지 하나를 얻고, 곤륜산에서 나는 옥 한 조각을 얻다 라는 뜻으로, 현상에 만족하지 않거나 자신의 관직을 대수롭지 않게 여기는 말. 과거에 급제한 것을 자랑하지 않고 겸손하게 말한 고사에서 나온 말이다. 진(晋)나라 때의 문신 극선(郤詵)이 당시 난관 중의 난관이던 관리등용 시험에 응시하여 뛰어난 성적으로 합격, 현량제일(賢良第一)로 천거되었을 때 황제가 그를 접견하고, 그의 탁월한 학식과 재능을 칭찬하자, 그는, 「이제 겨우 계수나무 숲(桂林)에서 가지 하나(一枝)를 얻은 셈이요, 곤륜산(崑崙山)에서 나는 옥 한 조각(片玉)을 얻었을 뿐입니다」라고 대답한 데서 비롯된 말이다. 《진서》 극선.

계옥지간(桂玉之艱)　　계수나무 桂 /구슬 玉 /갈 之 /어려울 艱

물가고에 의한 생활고의 비유. 타국에 있으면서, 향목(香木)인 계수나무보다도 비싼 장작, 옥보다도 비싼 식량으로 사는 고통. 또 전(轉)하여 물가가 높은 도시에서 고학하는 뜻으로도 쓰인다. 《전국책》 초책(楚策).

계피학발(鷄皮鶴髮)　　닭 鷄 /가죽 皮 /학 鶴 /머리털 髮

닭의 살갗같이 거칠고 머리털이 학의 날개처럼 희다는 뜻으로, 늙어서 주름이 잡히고 백발이 된 노인을 일컬음.

고굉지신(股肱之臣)　　넓적다리 股 /팔 肱 /의 之 /신하 臣

군주의 수족이 되어 일하는 가장 믿을 만한 신하. 고굉은 다리와 팔. 《서경》 비 고장지신(股掌之臣).

고군분투(孤軍奮鬪)　외로울 孤 /군사 軍 /떨칠 奮 /싸울 鬪

외로운 군사력으로 대적(大敵)을 맞아 싸움. 홀로 여럿을 상대하여 싸움.

고금무쌍(古今無雙)　옛 古 /이제 今 /없을 無 /쌍 雙

고금을 통하여 서로 견줄 만한 짝이 없을 정도로 뛰어남. 천하무쌍(天下無雙)과 같다. 비 국사무쌍(國士無雙).

고금지비(鼓琴之悲)　북 鼓 /거문고 琴 /갈 之 /슬플 悲

절친한 친구와 사별했을 때의 깊은 슬픔. 고금(鼓琴)은 거문고를 탄다는 뜻. 장계응(張季鷹)이 친구 고언선(顧彦先)이 죽자 문상을 갔는데, 복받치는 슬픔에 겨워, 고인의 영(靈)을 모신 대(臺) 위에 올라가서 거문고를 타기 시작했다. 몇 곡을 타고 나서 거문고를 쓰다듬으며「고언선이여, 즐겨 주었는가!」라고 하며 큰 소리로 통곡했다. 《세설신어》

고담준론(高談峻論)　높을 高 /이야기할 談 /높을 峻 /말할 論

고상하고 준엄한 언론. 자만하고 과장하는 언론.

고대광실(高臺廣室)　높을 高 /클 大 /넓을 廣 /집 室

굉장히 크고 좋은 집.

고두사은(叩頭謝恩)　두드릴 叩 /머리 頭 /사례할 謝 /은혜 恩

땅에 닿도록 머리를 구부리고 은혜에 사례한다는 뜻으로, 받은 은혜가 아주 클 때 쓰는 말이다. 머리가 땅에 닿도록 거듭 절한다는 뜻의 돈수백배(頓首百拜), 머리가 땅에 닿도록 두 번 절한다는 뜻의 돈수재배(頓首再拜) 등도 비슷한 말이다. 이중 돈수백배나 돈수재배 등은 편지 끝에 경의를 표하는 뜻으로 쓰기도 한다.

고량자제(膏粱子弟) 살찔 膏 /기장 粱 /아들 子 /아우 弟

부귀한 가문에서 태어난 사람. 부유한 가정의 어린아이. 미식(美食)하는 자제. 고(膏)는 기름진 고기. 량(粱)은 맛있는 밥. 곧 이 둘로 미식을 나타낸다. 변해서 부귀한 집, 재산가의 비유가 되었다. 비 난의포식(暖衣飽食)

고목사회(枯木死灰) 마를 枯 /나무 木 /죽을 死 /재 灰

외형은 마른 나무고 마음은 죽은 재와 같이 생기 없고 의욕이 없는 사람을 이르는 말. 《장자》

고목생화(枯木生花) 마를 枯 /나무 木 /날 生 /꽃 花

말라죽은 나무에서 꽃이 피듯이 곤궁한 사람이 행운을 만나서 잘된 것을 신기하게 여겨서 이르는 말. 《송남잡식》

고분지탄(叩盆之嘆) 두드릴 叩 /동이 盆 /갈 之 /탄식할 嘆

☞ 고분지통(叩盆之痛). 《장자》 지락편(至樂篇).

고산유수(高山流水) 높을 高 /뫼 山 /흐를 流 /물 水

절묘한 음악. ☞ 백아절현(伯牙絕絃).

고수생화(枯樹生花) 마를 枯 /나무 樹 /날 生 /될 化

마른 나무에 다시 꽃을 피운다는 뜻으로, 늙은 사람이 생기를 되찾는 것. 화(花)는 화(華)로도 쓰인다. 《속박물지》

고양생제(枯楊生稊) 마를 枯 /버들 楊 /날 生 /돌피 稊

고양(枯楊)은 말라가는 버드나무, 제(稊)는 나무 그루터기, 전하여 노인이 젊은 아내를 맞는 것을 일컬음. 《역경》

고어지사(枯魚之肆) 마를 枯 /물고기 魚 /어조사 之 /가게 肆

목마른 물고기의 어물전이라는 뜻으로, 매우 곤궁한 처지를 비유하여 일컫는 말. 《장자》

고옥건령(高屋建瓴) 높을 高 /집 屋 /세울 建 /동이 瓴

아래로 향하는 기세가 강함을 이르는 말. 건(建)은 뒤엎다, 건령(建瓴)은 가득 채운 동이의 물을 엎어버린다는 뜻.

고이언타(顧而言他) 돌아볼 顧 /말이을 而 /말씀 言 /다를 他

고좌우이언타(顧左右而言他). 《맹자》 양혜왕.

고장지신(股掌之臣) 넓적다리 股 /손바닥 掌 /의 之 /신하 臣

가장 믿을 수 있는 측근 신하. 《전국책》

고족대가(古族大家) 옛 古 /겨레 族 /큰 大 /집 家

대대로 자손이 번성(繁盛)하고 세력 있는 집안.

고진감래(苦盡甘來) 괴로울 苦 /다할 盡 /달 甘 /올 來

고생이 끝나면 즐거움이 온다. 「고진감래에 흥진비래(興盡悲來)」 라는 말이 있다. 「고생 끝에 낙이 오고, 즐거운 일이 다하면 슬픈 일이 닥쳐온다」 는 뜻으로, 좋은 일과 궂은일은 덧없이 돌고 돈다는 말.

고추부서(孤雛腐鼠) 외로울 孤 /병아리 雛 /썩을 腐 /쥐 鼠

외로운 병아리와 썩은 쥐. 곧 어려서부터 돌보아주는 사람이 없이 떠돌아다녀 그 인격이 천하다는 뜻으로, 남을 멸시하는 말. 《후한서》

고침무우(高枕無憂) ☞ 고침이와.

고태분요(刳胎焚夭) 가를 刳 /아이 밸 胎 불사를 焚 /어릴 夭

폭군이 임신부의 배를 갈라서 태아를 도려내어 영아를 태워 죽인다는 말로, 폭군의 포악한 행적의 비유. 학정이 자심함을 비유하여 이르는 말. 《전국책》

고향난망(故鄕難忘) 옛 故 /시골 鄕 /어려울 難 /잊을 忘

고향은 그리운 것이며, 언제까지나 잊을 수 없는 것이다. 왕찬(王讚)의 시에 「사람의 정이라는 것은 고향을 그리며 잊을

수 없는 것이며, 둥지를 떠난 새는 옛 보금자리가 있던 숲을 언제까지나 잊지 못하는 법이다」 라고 했다. 《사기》 고조본기

곡격견마(轂擊肩摩) 수레바퀴통 轂 /칠 擊 /어깨 肩 /부딪칠 摩

수레바퀴통이 부딪치고 어깨가 스친다는 뜻으로 번화가를 이르는 말. 수레바퀴통이 서로 부딪치고 사람의 어깨가 스칠 정도로 수레와 사람들의 왕래가 많은 거리의 번화한 모습을 말한다. 견마곡격, 거곡격 인견마(車轂擊 人肩摩) 또는 인마낙역(人馬絡繹)이라고도 한다. 전국시대 각 나라의 군주는 권력을 강화해 나갔으며 경제력을 넉넉하게 하고, 군사력을 튼튼히 하여 도시가 크게 번창하였다. 제나라의 도읍이었던 임치(臨淄)는 수십 만 명의 인구로 가장 번성하였는데, 임치의 번화한 거리를 표현한 데서 나온 말이다. 수레바퀴가 맞부딪치고 오고가는 행인들의 어깨가 서로 닿을 만큼 복잡하게 인파가 붐비는 시가(市街)를 말한다. 《전국책(戰國策)》 제책.

곡굉지락(曲肱之樂) 굽을 曲 /팔뚝 肱 /의 之 /즐거울 樂

팔을 베고 자는 즐거움이란 뜻으로, 물질을 추구하며 살기보다는 정신을 중시해서 사는 편이 낫다는 말. 곡굉(曲肱)은 팔을 베고 자는 것. 《논어》 술이편.

곡기읍련(哭岐泣練) 울 哭 /갈림길 岐 /울 泣 /표백한 실 練

전국시대의 학자 양자(楊子)가 갈림길을 보고 울고, 묵자(墨子)가 흰 실을 보고 울었다는 고사에서 나왔다. 갈림길은 어느 쪽으로 가느냐에 따라 큰 차이가 나고, 흰 실은 물들이기에 따라서 어떤 색으로도 물든다. 사람은 그 환경이나 습관에 크게 좌우된다는 것을 깨닫고 울었던 것이다. 《회남자》

곤외지임(閫外之任) 문지방 閫 /밖 外 /의 之 /맡길 任

문지방 밖의 직임이라는 뜻으로, 군대를 이끌고 경외(境外)로 출정하는 장군의 직임(職任)을 일컫는다. 《사기》

공문십철(孔門十哲) 구멍 孔 /문 門 /열 十 /밝을 哲

중국 고대의 성현인 공자(孔子)의 뛰어난 10명의 제자들. 흔히 사과(四科) 십철이라 한다. 《논어(論語)》 선진편(先進篇)에 공자가 진채(陳蔡)의 들판에서 위난을 당하였을 때 함께 있던 제자들 10명의 이름을 들었다. 그는 덕행(德行)에는 안연(顔淵)·민자건(閔子騫)·염백우(冉伯牛)·중궁(仲弓), 언어에는 재아(宰我)·자공(子貢), 정사(政事)에는 염유(冉有)·계로(季路), 문학에는 자유(子游)·자하(子夏)가 뛰어나다고 하였다. 또 여기에 나오는 덕행·언어·정사·문학을 사과(四科)라고 한다.

공성명수(功成名遂) 공 功 /이룰 成 /이름 名 /이룰 遂

성공하여 명성이 오르다. 성공해서 명성이 올라간 후, 스스로 쌓아올린 지위에 매달리는 일 없이 깨끗하게 물러나는 것은 자연의 도리에 맞는 처신이다. 《노자》

공전절후(空前絶後) 빌 空 /앞 前 /끊을 絶 /뒤 後

지금까지 없었고, 금후로도 절대 출현하지 않는다고 할 정도의 것으로, 아주 독특하고 희귀하여 비교할 만한 것이 없음. 비 파천황(破天荒)·전대미문(前代未聞).

공즉시색(空卽是色) 빌 空 /곧 卽 /옳을 是 /빛 色

우주 만물은 다 실체가 없는 공허한 것이기는 하나 인연의 상관관계에 의하여 그대로 별개의 존재로서 존재한다는 《반야심경(般若心經)》 속 말.

공평무사(公平無私) 공변될 公 /평평할 平 /없을 無 /사사로울 私

공평하고 사사로움이 없음. 정치가가 멸사봉공(滅私奉公)하

면 공평무사하다고 할 수 있듯이, 지금 국민이 무엇보다도 정치·행정에 바라는 것은 이 말이다. 《전국책》 진책.

과갈지친(瓜葛之親) 오이 瓜 /칡 葛 /의 之 /친할 親

오이와 칡은 모두 덩굴풀인 데서 친척·인척 등 가까운 사이를 말한다.《진서(晉書)》

과혁지시(裹革之屍) 쌀 裹 /가죽 革 / 갈 之 / 주검 屍

가죽에 싼 시체라는 뜻으로, 전쟁에서 싸우다 죽은 시체를 일컫는 말. ☞ 마혁과시(馬革裹屍).

관개상망(冠蓋相望) 갓 冠 / 덮을 蓋 / 서로 相 / 바라볼 望

수레가 서로 가까이 바라볼 수 있는 가까운 거리를 두고 잇달아 간다는 뜻으로, 사신의 왕래가 끊이지 않음을 이르는 말. 《전국책》

관과지인(觀過知仁) 볼 觀 / 지날 過 /알 知 / 어질 仁

어진 사람의 과실은 너무 후한 데 있고, 악한 사람의 과실은 너무 박(薄)한 데 있으므로, 사람의 과실을 보고 그의 어질고 어질지 않음을 알 수 있다는 말. 《논어》

관도지기(貫道之器) 꿸 貫 /길 道 / 의 之 /그릇 器

문장은 도를 담는 그릇이다. 문장은 도를 밝혀 기술하는 그릇.

관리도역(冠履倒易) 갓 冠 /신 履 /거꾸로 倒 /바꿀 易

본말이 전도되는 것을 말한다. 갓과 신발을 거꾸로 쓰고 신는다는 데서, 사물의 질서나 가치가 뒤바뀌어 거꾸로 되는 것. 지위·질서의 상하관계가 거꾸로 되는 것.《후한서》

관슬지기(貫蝨之技) 꿸 貫 /이 蝨 /의 之 /재주 技

궁술(弓術)의 묘기. 작은 이를 꿰뚫을 정도의 궁술의 신묘한 경지를 이르는 말. 《열자》 탕문편.

관저복통(官猪腹痛)　　벼슬 官 /돼지 猪 /배 腹 /아플 痛

관가 돼지의 배앓이란 뜻으로, 자기와 아무 관계가 없는 사람이 당하는 고통을 비유하여 이르는 말. 《순오지》

관중규표(管中窺豹)　　대롱 管 /속 中 /엿볼 窺 /표범 豹

대나무 대롱으로 표범을 본다는 뜻으로, 식견이 좁다는 뜻과 자기의 견해가 전반적이지 못하다는 것을 겸손하게 표시하는 말. 비 관견(管見), 관규추지. ☞ 용관규천(用管窺天).

관천망기(觀天望氣)　　볼 觀 /하늘 天 /바랄 望 /대기 氣

구름이나 대기 중의 여러 현상을 보고 일기예보를 행하는 일. 예부터 행해지던 것으로, 지금도 농어촌에서는 이 방법이 쓰이고도 있다. 즉 저녁놀이 지면 날이 갤 징조. 달무리가 지면 비올 징조 같은 말이 전해지고 있다.

괄구마광(刮垢磨光)　　깎을 刮 /때 垢 /갈 磨 /빛 光

때를 벗기고 빛이 나게 닦는다는 뜻으로, 사람의 결점을 고치고 장점을 발휘하게 함을 이름.

광세지도(曠世之度)　　밝을 曠 /세상 世 /의 之 /법도 度

세상을 내려다볼 정도의 뛰어난 재능·역량. 광세(曠世)는 세상에 다시없는 의 뜻. 《진서》

광언기어(狂言綺語)　　미칠 狂 /말씀 言 /비단 綺 /말씀 語

이치에 맞지 아니하는 말이나, 교묘하게 수식한 말. 또는 흥미본위로 가장한 문학적 표현이나 소설. 《백씨문집》

광음여전(光陰如箭)　　빛 光 /응달 陰 /같을 如 /화살 箭

세월의 흐름이 화살과 같이 빠르고 다시 돌아오지 않음. 광음은 세월의 뜻. 비 광음유수(光陰流水).

광음유수(光陰流水)　　빛 光 /응달 陰 /흐를 流 /물 水

세월의 흐름은 흘러가는 물과 같이 빠르다. 《안씨가훈(顔氏家訓)》 비 광음여전.

광피사표(光被四表)　　빛 光 /미칠 被 /넉 四 /겉 表

천자의 훌륭한 덕이 멀리 떨어진 땅에까지 미치는 것. 사표(四表)는 국외, 나라 사방의 밖. 광(光)의 넓은 범위, 또는 빛나다, 피(被)는 영향을 미치다 의 뜻. 《서경》

굉주교착(觥籌交錯)　　술잔 觥 /산가지 籌 /사귈 交 /섞일 錯

술잔과 술잔 수를 세는 산가지가 흐트러져 있다는 뜻으로, 술자리가 도도함을 지나쳐 파장에 이르렀음을 비유하는 말. 비 배반낭자(杯盤狼藉). 구양수 《취옹정기(醉翁亭記)》

교각살우(矯角殺牛)　　바로잡을 矯 /뿔 角 /죽일 殺 /소 牛

소뿔을 바로잡으려다 소를 죽인다. 곧 사소한 일에 지나치게 힘을 쓰려다가 큰일을 그르치는 것의 비유. 굽은 것을 바로잡으려다가 지나치게 곧게 하여 오히려 나쁘게 된다는 뜻의 「교왕과직(矯枉過直)」이나, 작은 것을 탐하다가 큰 손실을 입는다는 뜻의 「소탐대실(小貪大失)」과 비슷한 말이다. 또한 우리 속담의 「빈대 잡으려다 초가삼간(草家三間) 다 태운다」와도 같은 뜻이다. 중국에서는 예전에 종을 처음 만들 때 뿔이 곧게 나 있고 잘 생긴 소의 피를 종에 바르고 제사를 지내는 풍습이 있었다. 한 농부가 제사에 사용할 소의 뿔이 조금 삐뚤어져 있어 균형 있게 바로잡으려고 팽팽하게 뿔을 동여매었더니 뿔이 뿌리째 빠져서 소가 죽었다. 이 이야기에서 유래하였는데, 조그마한 결점을 고치려다가 수단이 지나쳐서 오히려 큰 손해를 입는 경우를 비유한 말이다. 비 교왕과직(矯枉過直).

교룡운우(蛟龍雲雨)　　교룡 蛟 /용 龍 /구름 雲 /비 雨

비구름을 얻은 교룡(蛟龍 : 전설상의 용)은 하늘로 비상한다고 하는 것. 곧 영웅·풍운아가 기회를 얻어 대활약함의 비유. 세(勢)를 타고 비약하는 모습. 《삼국지》 주유전.

교송지수(喬松之壽)　높을 喬 /소나무 松 /의 之 /목숨 壽

장수를 일컫는 말. 교(喬)는 주(周)나라 시대의 신선 왕자교(王子喬), 송(松)은 전설상의 황제 신농씨(神農氏) 무렵의 신선 적송자(赤松子). 모두 불로장수했다고 전해진다.《전국책》

교자채신(教子采薪)　가르칠 教 /아들 子 /캘 采 /땔나무 薪

자식에게 땔나무를 캐오는 법을 가르치라는 뜻으로, 무슨 일이든 장기적인 안목을 가지고 근본적인 처방에 힘쓰라는 말이다.

교족이대(翹足而待) 꼬리긴깃털 翹 /발 足 /말이을 而 /기다릴 待

발돋움을 하고 기다린다는 뜻으로, 기회가 얼마 가지 않아서 온다는 말. 《사기》

교지졸속(巧遲拙速)　공교할 巧 /늦을 遲 /졸할 拙 /빠를 速

교지는 졸속만 못하다고 해서, 뛰어난 사람으로 늦기보다는 못한 사람이라도 빠른 편이 낫다고 하는 것. 스피드와 능률주의의 현대에는 딱 들어맞는 성구일 것이다. 손자의 병법의 하나. 《손자》 작전편.

교취호탈(巧取豪奪)　공교할 巧 /취할 取 /호걸 豪 /빼앗을 奪

온갖 술책을 다하여 백성을 착취하고 약탈하다. 백성들의 재물을 약탈하는 데 여념이 없는 탐관오리의 포악한 행위를 규탄하는 말. 교투호탈(巧偸豪奪). 《청파잡지》

교토구팽(狡兎狗烹) ☞ 토사구팽.

구각춘풍(口角春風)　입 口 /뿔 角 /봄 春 /바람 風

수다스런 말로 남을 칭찬하여 즐겁게 해준다는 뜻으로, 남을 칭찬함을 이르는 말.

구강지화(口講指畵) 입 口 /풀이할 講 /갈 之 /그림 畵

말로 설명하고 그림을 그려 가르친다는 뜻으로, 간곡하게 교육하는 자세를 비유하는 말. 한유 「유자후묘지명(柳子厚墓誌銘)」

구거작소(鳩居鵲巢) 비둘기 鳩 /있을 居 /까치 鵲 /집 巢

비둘기가 스스로 자기의 집을 짓지 못하고 까치집에서 사는 데서, 아내가 남편의 집을 자기 집으로 삼는 것을 비유하여 이르는 말. 또 셋방살이를 이르는 말. 《시경》

구경부정(究竟不淨) 궁구할 究 /다할 竟 /아니 不 /깨끗할 淨

【불교】 사람이 죽어서 파묻히면 흙이 되고, 벌레가 먹으면 똥이 되고, 불에 타면 재가 되고 하여 신체의 마지막은 깨끗지 못함을 이르는 말.

구경열반(究竟涅槃) 궁구할 究 /다할 竟 /개흙 涅 /쟁반 槃

【불교】 가장 높은 경지에 이른 열반. 곧 불경계(佛境界)에 들어간 열반.

구곡간장(九曲肝腸) 아홉 九 /굽을 曲 /간 肝 /창자 腸

굽이굽이 깊이 든 마음속. 깊은 마음속.

구과불섬(救過不贍) 건질 救 /허물 過 /아니 不 /넉넉할 贍

자신의 과실이나 실패를 고치고 바로잡는 일조차 충분히 하지 못한다는 말. 불섬(不贍)은 부족하다, 충분치 않다 의 뜻. 《사기》

구도어맹(求道於盲) 구할 求 /길 道 /어조사 於 /소경 盲

길을 맹인에게 묻는다는 뜻으로, 방법이 잘못되어 있기 때문

에 아무런 효과도 없음을 비유하여 이르는 말. 한유 《답진생서(答陳生書)》

구두삼매(口頭三昧)　입 口 /머리 頭 /석 三 /새벽 昧

경문(經文)의 글귀만 읽고 참된 선리(禪理)를 닦음이 없는 수도(修道). 화두(話頭)만 주장하는 선(禪). 구두선(口頭禪).

구로지감(劬勞之感)　수고로울 劬 /일할 勞 /갈 之 /느낄 感

자기를 낳아 기르느라 애쓴 부모의 은덕을 생각하는 마음. 《시경》

구리지언(丘里之言)　언덕 丘 /마을 里 /의 之 /말씀 言

시골사람의 말. 상말. 근거 없는 헛말. 《장자》

구마지심(狗馬之心)　개 狗 /말 馬 /의 之 /마음 心

개나 말이 그 주인에게 하는 충성심이란 뜻으로, 자기의 진심을 겸손하게 이르는 말. 군주에 대한 충성심을 비유하는 말. 《한서》

구무완인(口無完人)　입 口 /없을 無 /완전할 完 /사람 人

늘 남의 허물을 찾아내어 헐뜯어서 성한 사람이 없다는 뜻으로, 그러한 사람을 욕하는 말.

구반상실(狗飯橡實)　개 狗 /밥 飯 /상수리나무 橡 /열매 實

개밥에 도토리라는 뜻으로, 혼자서 외롭게 고립됨을 비유하여 이르는 말. 《동언해(東言解)》

구복지계(口腹之計)　입 口 /배 腹 /갈 之 /꾀 計

구복(口腹)은 생명을 이어가기 위하여 음식물을 섭취하는 입과 배라는 뜻으로, 먹고 살아갈 방도. 「구복이 원수라」 하면 「목구멍이 포도청」 과 같은 말이다. 《송남잡식(松南雜識)》

구복지루(口腹之累)　입 口 /배 腹 /갈 之 /묶을 累

입과 배를 묶는다는 뜻으로, 먹고 사는 데 대한 걱정, 삶의 괴로움을 비유하여 이르는 말. 《송남잡식》

구세동거(九世同居) 아홉 九 /세상 世 /같을 同 /있을 居

아홉 대가 한집안에서 산다는 뜻으로, 집안이 화목함을 이르는 말. 《당서》

구십춘광(九十春光) 아홉 九 /열 十 /봄 春 /빛 光

봄의 석 달 90일 동안. 노인의 마음이 청년같이 젊음을 이름.

구육미냉(柩肉未冷) 널 柩 /고기 肉 /아직 未 /찰 冷

널 속의 시신이 아직 체온이 식지 않음, 곧 죽은 지 얼마 되지 않음을 이름.

구전문사(求田問舍) 구할 求 /밭 田 /물을 問 /집 舍

논밭과 집을 구하여 산다는 뜻으로, 자기 일신상의 이익에만 마음을 쓰고 국가의 대사를 돌보지 않음을 이름. 《위지(魏志)》

구전지훼(求全之毁) 구할 求 /온전할 全 /갈 之 /헐 毁

몸을 닦고 행실을 온전히 하고자 하다가 도리어 남에게서 듣는 비방. 《맹자》

구천용귀(屨賤踊貴) 신 屨 /천할 賤 /신 踊 /귀할 貴

보통 신의 값은 싸고 용(踊 : 죄를 지어 발을 잘린 사람이 신는 신)의 값은 비싸다는 뜻으로, 죄인이 많음을 비유하여 이르는 말. 《좌전》

구혈미건(口血未乾) 입 口 /피 血 /아직 未 /마를 乾

서로 피를 마시고 맹세할 때 입에 묻은 피가 아직 마르지 않았다는 뜻으로, 맹세한 지 얼마 되지 않음의 비유. 《춘추좌

씨전》

구화지문(口禍之門)　입 口 /화 禍 /의 之 /문 門

☞ 구시화지문(口是禍之門).

국보간난(國步艱難)　나라 國 /걸음 步 /어려울 艱 /어려울 難

국보(國步)는 나라의 발걸음, 곧 국운(國運)의 뜻. 즉 나라의 운명이 내우외환으로 어려운 처지에 직면함. 《시경》

국사진췌(國事盡悴)　나라 國 /일 事 /다할 盡 /파리할 悴

몸이 여윌 정도로 열심히 나라 일에 몰두하는 것. 《시경》

국천척지(跼天蹐地)　구부릴 跼 /하늘 天 /살금살금걸을 蹐 / 땅 地

머리가 하늘에 닿을까 허리를 굽히고, 땅이 꺼질까 발소리를 죽여 걷는다는 뜻으로, 황송하여 몸을 굽히고, 두려워 몸을 움츠림. 《시경》 ☞ 국척(跼蹐).

군경절축(群輕折軸)　무리 群 /가벼울 輕 /꺾을 折 /굴대 軸

아무리 가벼운 물건이라도 많이 모이면 차축(車軸)도 부러뜨린다는 뜻으로, 작은 힘도 합하면 큰 힘이 됨의 비유. 《사기》

군계일학(群鷄一鶴)　무리 群 /닭 鷄 /한 一 /학 鶴

많은 범인 속에 한 사람의 뛰어난 인물이 섞여 있음의 비유. 비 학립계군(鶴立鷄群). 《진서》 혜소전.

군맹무상(群盲撫象) ☞ 군맹상평(群盲象評).

군사신결(君射臣決)　임금 君 /쏠 射 /신하 臣 /터질 決

임금이 활쏘기를 좋아하면 신하는 깍지를 낀다는 뜻으로, 윗사람이 즐겨하는 것은 아랫사람이 반드시 본받음을 비유하여 이르는 말. 《순자》

군의부전(群蟻附羶)　무리 群 /개미 蟻 /붙을 附 /누린내 羶

많은 개미가 양고기에 달라붙는다는 뜻으로, 많은 사람들이 이익을 찾아 몰리는 것을 비유한 말. 《장자》

군자불기(君子不器)　　임금 君 /아들 子 /아니 不 /그릇 器

군자는 한낱 그릇으로 잴 수 없다는 뜻으로, 그릇이란 제각기 한 가지 소용에만 맞을 뿐이지만, 군자는 온갖 방면에 통달함을 이름. 《논어》 위정편.

군자표변(君子豹變)　　임금 君 /아들 子 /표범 豹 /변할 變

군자는 표범과 같이 변한다는 말로, 표범의 무늬가 선명하듯이, 군자는 개과천선(改過遷善)함에 있어 지극히 빠르고 현저함을 이르는 말. 《역경》 ☞ 표변(豹變).

군주신수(君舟臣水)　　임금 君 /배 舟 /신하 臣 /물 水

군주는 배와 같고 민중은 물과 같아서 물은 배를 띄우기도 하지만, 배를 전복시키기도 한다는 말. 《순자》

궁여일책(窮余一策)　　다할 窮 /남을 餘 /한 一 /책략 策

매우 궁박하여 어려운 끝에 짜낸 한 가지 꾀. 궁여지책(窮余之策).

궁조입회(窮鳥入懷)　　다할 窮 /새 鳥 /들 入 /품을 懷

쫓긴 새가 품안에 날아든다는 뜻으로, 궁한 사람이 와서 의지함의 비유. 궁조입회하면 사냥꾼도 이를 쏘지 않는다. 《안씨가훈》

권모술수(權謀術數)　　권세 權 /꾀할 謀 /꾀 術 /셀 數

목적을 위해서는 수단을 가리지 않고 인정이나 도덕도 없이 권세와 모략과 중상 등 온갖 수단과 방법을 쓰는 술책. 《순자》

권불십년(權不十年)　　권세 權 /아니 不 /열 十 /해 年

아무리 높은 권세도 10년을 가지 못한다는 뜻이다. 또는 세상이 무상하여 늘 변한다는 말. 비 화무십일홍(花無十日紅).

권상요목(勸上搖木) 권할 勸 /위 上 /흔들 搖 /나무 木

나무에 오르게 하고 흔들어 떨어뜨린다는 뜻으로, 남을 선동해 놓고 낭패 보도록 방해함을 이르는 말.

권재족하(權在足下) 권세 權 /있을 在 /발 足 /아래 下

권한은 오로지 당신의 발밑에 있다는 뜻으로, 남의 도움을 청할 때 쓰는 말.

귀곡천계(貴鵠賤鷄) 귀할 貴 /따오기 鵠 /천할 賤 /닭 鷄

따오기를 귀히 여기고 닭을 천하게 여긴다는 뜻으로, 먼 데 것을 귀히 여기고 가까운 데 것을 천하게 여김을 비유하여 이르는 말.

귀명정례(歸命頂禮) 돌아갈 歸 /목숨 命 /꼭대기 頂 /예절 禮

【불교】 귀명하여 자기 머리를 부처의 발밑에다 대고 하는 절. 또는 예불(禮佛)할 때에 부르는 말.

귀목술심(劌目鉥心) 상처 입힐 劌 /눈 目 /돗바늘 鉥 /마음 心

돗바늘로 눈과 마음을 찌른다는 뜻으로, 마음과 눈을 놀라게 함. 전(轉)하여 문장의 구상이 뛰어나서 사람의 생각을 벗어남을 이르는 말.

귀배괄모(龜背刮毛) 거북 龜 /등 背 /깎을 刮 /터럭 毛

거북의 등에서 털을 깎는다는 뜻으로, 될 수 없는 것을 무리하게 구함을 이르는 말.

규구준승(規矩準繩) 법 規 /곱자 矩 /수준기 準 /줄 繩

규구(規矩)는 컴퍼스와 자. 준승(準繩)은 수평을 재는 도구와 묵줄. 따라서 사물이나 행위의 표준·기준·법칙을 일컬음. 《맹자》

규합지신(閨閤之臣)　규방 閨 /쪽문 閤 /의 之 /신하 臣

근시(近侍). 곧 잠자리를 돌보아주는 신하. 규합(閨閤)이란 후궁(後宮), 내전(內殿), 궁중의 작은 문. 사마천 《보임소경서(報任少卿書)》

귤중지락(橘中之樂)　귤나무 橘 /가운데 中 /의 之 /즐거울 樂

중국 파공(巴邛) 사람이 뜰의 귤나무에 열린 귤을 따서 쪼개 본즉, 두 늙은이가 그 속에서 바둑을 두고 있더라는 고사에서 유래한 말로, 바둑을 두는 즐거움을 비유해서 하는 말.

극락정토(極樂淨土)　다할 極 /즐거울 樂 /깨끗할 淨 /흙 土

【불교】 안락정토(安樂淨土)와 같은 뜻. 아미타불이 살고 있는 정토. 이 세상에서 십만 억의 불토(佛土)를 지나서 가면 있는데, 모든 것이 완전히 갖추어져 있으며, 고환(苦患)이 없다는 안락한 세계. 염불을 한 사람이 죽어서 왕생하여 불과(佛果)를 얻는다고 함. 불교에서 말하는 내세(來世)의 이상국(理想國). 《불설무량수경(佛說無量壽經)》

극벌원욕(克伐怨慾)　이길 克 /칠 伐 /원망할 怨 /욕심 慾

이기고자 하며, 제 자랑하기 좋아하며, 원망하고 화를 내며, 탐욕하는 네 가지 나쁜 행위. 《논어》

극혈지신(隙穴之臣)　틈 隙 /구멍 穴 /의 之 /신하 臣

극혈(隙穴)은 틈새. 곧 군주를 해치려고 틈을 노리는 신하라는 뜻으로, 적과 은밀히 내통하는 신하. 《한비자》

금곤복거(禽困覆車)　날짐승 禽 /괴로울 困 /뒤집힐 覆 /수레 車

새도 위험한 지경에 이르면 수레도 뒤엎는다는 뜻으로, 약자도 극한 상황에 처하면 큰 힘을 낼 수 있음의 비유. 《사기》

금과옥조(金科玉條)　쇠 金 /과정 科 /구슬 玉 /가지 條

과조(科條)는 낱낱의 조목(箇條). 귀중한 법률, 규칙. 누구라도 범해서는 안되는 규정된 바. 《문선(文選)》

금구목설(金口木舌) 쇠 金 /입 口 /물 木 /혀 舌

교령(敎令)을 낼 때 흔들어서 주의를 환기시키는 종. 전하여 언설(言說)로써 사회를 지도하는 인물이란 뜻.

금구무결(金甌無缺) 쇠 金 /사발 甌 /없을 無 /흠 缺

금으로 만든 주발이 조금도 흠이 없다는 뜻으로, 사물이 완벽하게 갖추어져 있음의 비유. 《남사(南史)》

금구폐설(金口閉舌) 쇠 金 /입 口 /닫을 閉 /혀 舌

귀중한 말을 할 수 있는 입을 다물고 침묵을 지킨다는 말.

금낭가구(錦囊佳句) 비단 錦 /주머니 囊 /아름다울 佳 /글귀 句

묘한 시구를 이르는 말. 중당(中唐)의 유명한 시인 이하(李賀)에 대해 한 일화가 있다. 어려서부터 총명해서 남다른 시재(詩才)를 보여주었던 이하는 7세 때 벌써 시를 짓기 시작해서 당시의 유명한 문학가인 한유(韓愈)와 같은 대가들을 놀라게 했다고 한다. 몸이 몹시 허약했던 이하는 늘 서동(書童)을 데리고 여윈 말을 타고 교외에 나가 천천히 거닐면서 경치를 보고 시를 읊었다고 한다. 서동은 그가 좋은 시구를 읊을 때마다 얼른 받아써 가지고는 금낭에 집어넣곤 하였다. 이렇게 하루 종일 들판에서 시를 읊다가 저녁에 집에 돌아와서 이하는 금낭 속에 담긴 시구들을 다시 정리해서 완전한 작품으로 다듬었다는 것이다. 이하는 이렇게 매일 밤늦게까지 시 짓기에 몰두하다가 애석하게도 27세란 젊은 나이에 요절을 하고 말았던 것이다. 《당서(唐書)》 이하전.

금독지행(禽犢之行) 날짐승 禽 /송아지 犢 /의 之 /갈 行

짐승과 같은 짓이라는 뜻으로, 일가(一家)간에 생긴 음행(淫行).

금란지계(金蘭之契) 쇠 金 /난초 蘭 /의 之 /맺을 契

친구 사이의 굳은 우정을 이르는 말. 「두 사람의 마음이 같으니 그 예리함이 金石을 자를 수 있고, 같은 마음에서 나오는 말은 그 향기가 蘭과 같다(二人同心 其利斷金 同心之言 其臭如蘭)」이라 한 데서 나온 말이다. 금란지교 · 금석지교(金石之交) · 금석지계 · 단금지계(斷金之契) · 단금지교 등 여러 말이 있다. 《역경(易經)》 계사전(繫辭傳).

금란지교(金蘭之交) 쇠 金 /난초 蘭 /의 之 /사귈 交

쇠같이 단단하고 난초(蘭草)처럼 향기로운 사귐이란 뜻으로, 지극히 친한 사이. 《세설신어》

금석지감(今昔之感) 이제 今 /옛 昔 /의 之 /느낄 感

금석(今昔)은 지금과 지나간 옛날. 사람의 감회로서 지금이나 예나 다를 바가 없다는 뜻. 또는 현재의 상태에서 지나간 시절이나 처지의 변화를 그리는 감개(感慨)를 나타낼 때도 쓰인다.

금슬지락(琴瑟之樂) 거문고 琴 /큰거문고 瑟 /의 之 /즐거울 樂

부부 사이의 화목한 즐거움의 비유.

금심수구(錦心繡口) 비단 錦 /마음 心 /수 繡 /입 口

글을 짓는 재주가 뛰어난 사람을 칭찬하여 이르는 말.

금옥패서(金玉敗絮) 쇠 金 /구슬 玉 /깨뜨릴 敗 /솜 絮

겉은 금옥같이 화려하나 속은 헌 솜으로 차 있다는 뜻으로, 겉치레만 금옥같이 꾸미고 속은 추악함을 이르는 말.

금지옥엽(金枝玉葉) 쇠 金 /가지 枝 /구슬 玉 /잎 葉

금옥(金玉)은 천자. 지(枝)·엽(葉)은 자손의 뜻. 천자의 자손, 황족. 고귀한 신분. 귀여운 자손. 《고금주(古今注)》

기경정사(起景情思)　일어날 起 /볕 景 /뜻 情 /생각할 思

한시(漢詩)에 있어서 네 절(節)의 이름. 모두(冒頭)를 「기(起)」 그 모두의 뜻을 대받아 문을 아름답게 표현(表現)하는 것을 「경(景)」 셋째로 사색으로 들어가는 것을 「정(情)」 전편(全篇)을 거두어서 끝을 맺는 것을 「사(思)」라 함.

기려멱려(騎驢覓驢)　말탈 騎 /나귀 驢 /찾을 覓

나귀를 타고 나귀를 찾아다닌다는 뜻으로, 가까이에 있는 것을 도리어 먼 데서 구하는 어리석음을 비유해 이르는 말.

기로망양(岐路亡羊)　갈림길 岐 /길 路 /달아날 亡 /양 羊

달아난 양을 잡으려고 했지만, 갈림길이 많아서 찾지 못한다는 뜻으로, 진실을 추구하려고 해도 학문의 길이 많아서 쉽게 찾을 수 없음의 비유. 《열자》 설부편. ☞ 다기망양(多岐亡羊).

기문지학(記問之學)　기록할 記 /물을 問 /의 之 /배울 學

한갓 고서(古書)를 읽고 외기만 할 뿐 아무런 깨달음도 활용도 없는 무용의 학문.

기복출사(起復出仕)　일어날 起 /돌아올 復 /날 出 /벼슬할 仕

상중(喪中)에 벼슬에 나가던 일.

기불택식(飢不擇食)　주릴 飢 /아니 不 /가릴 擇 /밥 食

굶주린 사람은 먹을 것을 가리지 않는다는 뜻으로, 전(轉)하여 빈곤한 사람은 사소한 은혜에도 감격함을 비유하여 이르는 말.

기산지절(箕山之節)　키 箕 /뫼 山 /의 之 /마디 節

기산의 절개. 곧 굳은 절개나 신념에 충실한 것을 비유하는 말이다. 《한서》

기설지복(羈紲之僕)　　굴레 羈 /고삐 紲 /의 之 /종 僕

기설(羈紲)은 굴레와 고삐라는 뜻으로, 곧 임금의 행차에 말 고삐를 쥐고 모시는 사람. 《좌전》

기수지세(騎獸之勢)　　말탈 騎 /짐승 獸 /의 之 /기세 勢

짐승을 타고 달리는 기세(氣勢)라는 뜻으로, 도중(에서 그만 두거나 물러설 수 없는 형세를 이르는 말.

기승전결(起承轉結)　　일어날 起 / 받들 承 /구를 轉 /맺을 結

시작(詩作)에 있어, 특히 한시(漢詩)의 절구체(絶句體)에 있어서의 구성법. 기승전락(起承轉落) 또는 기승전합(起承轉合)이라고도 한다. 제1구를 기구(起句), 제2구를 승구(承句), 제3구를 전구(轉句), 제4구를 결구(結句)라 하며, 이 네 구의 교묘한 구성으로 한 편의 절구를 만드는 방법이다. 즉, 기구에서 시상(詩想)을 일으키고, 승구에서 그것을 이어받아 발전시키며, 전구에서는 장면과 사상을 새롭게 전환시키고, 결구는 전체를 묶어서 여운(餘韻)과 여정(餘情)이 깃들도록 끝맺는 것이다. 또한 문장 구성에 있어서의 4단계, 즉 서론(序論)·설명(說明)·증명(證明)·결론(結論)과 같은 4 단계의 구분도 기승전결의 전용(轉用)이다. 이는 소설이나 희곡에서 그 줄거리나 구성을 고안하는 데도 사용된다.

기운생동(氣韻生動)　　기운 氣 /운 韻 /날 生 /움직일 動

화법(畵法)의 비법에서 나온 말. 문장이나 서화(書畵)에 나타나 있는 기품, 정취가 생생하게 약동하고 있음의 비유. 《철경록(輟耕錄)》

기인우천(杞人憂天)　　나무이름 杞 /사람 人 /근심할 憂 /하늘 天

☞ 기우(杞憂). 《열자》 천서편.

기인지우(杞人之憂) ☞ 기인우천.

기전파목(起翦頗牧)　　일어날 起 /자를 翦 /자못 頗 /칠 牧

「기전파목은 용군최정이라(起翦頗牧 用軍最精)」는 《천자문》에 있는 말로, 백기와 왕전과 염파와 이목은, 용병술이 가장 빼어났다는 말이다. 춘추전국시대 중 특별히 전국시대 말기에 크게 이름을 떨친 명장(名將)들을 모아 놓은 것이다. 백기(白起)와 왕전(王翦)은 진(秦)나라 장수요, 염파(廉頗)와 이목(李牧)은 조(趙)나라 장수임. 백기, 왕전, 염파, 이목은 전국시대 말기를 풍미(風味)한 명장들이었지만, 한결같이 좋지 않은 최후를 맞이했다. 왕전은 비록 자신의 불운은 피할 수 있었지만, 자신의 손자에 이르러 멸문을 당하는 비극을 피하지 못했다. 「칼로 일어선 자 칼로 망하고, 피로 일어선 자 피로 망하는 것」일까? 《천자문(千字文)》

기치선명(旗幟鮮明)　　깃발 旗 /깃발 幟 /뚜렷할 鮮 /밝을 明

깃발의 색깔이 뚜렷한 것. 전(轉)해서 입장이나 주의 주장이 명료한 것을 이름. 기치는 표지, 군기(軍旗)의 뜻.

기혜천수(祁奚薦讎)　　성할 祁 /어찌 奚 /천거할 薦 /원수 讎

공평무사하여 사심이 없음의 비유. 원수라도 공정히 평가하여 추천한다는 뜻. 기혜는 춘추시대 진(晋)나라 때 중군위(中軍尉)로 있던 인물. 기혜가 중군위 벼슬을 물러날 때 군주인 도공(悼公)이 후임자를 누구로 할 것인지를 묻자, 기혜는 원수인 해호(解狐)를 천거했다는 고사에서 나왔다. 《춘추좌씨전》

기호난하(騎虎難下)　　말탈 騎 /범 虎 /어려울 難 /아래 下

이러지도 못하고 저러지도 못하는 딱한 형편. 진퇴양난. 본래는

기수난하(騎獸難下)라고 했는데, 당나라 때부터 기호난하로 바뀌었다. 《수서》 후비전. ☞ 기호지세.

기화가거(奇貨可居)　　기이할 奇 /재물 貨 /가할 可 /머물 居

☞ 기화(奇貨)

기회지형(棄灰之刑)　　버릴 棄 /재 灰 /의 之 /형벌 刑

너무 무거운 형벌의 비유. 재를 버리는 데 대해서 형벌을 과한다는 것은 너무 가혹하다. 그러나 큰 죄는 작은 죄로부터 비롯되는 것이다. 쉽게 지킬 수 있는 규칙을 제대로 지키는 것이야말로 나라를 평화롭게 다스리는 기본이라고 역설한다. 법가(法家)의 설의 기본. 《한비자》

팔준도(八俊圖, 淸 화가 낭세령)

고사성어대사전

羅雀掘鼠(나작굴서) ➡ **泥醉**(니취)

나작굴서 羅雀掘鼠

그물 羅 참새 雀 팔 掘 쥐 鼠

《신당서(新唐書)》 장순전(張巡傳)

그물로 참새를 잡고 땅을 파서 쥐를 잡는다는 뜻으로, 최악의 상태에 이르러 어찌할 방법이 없음을 비유하여 나타낸 말이다.

당나라 현종(玄宗)의 통치 말년에 장순(張巡)이라는 장수가 있었다. 그는 충직한 신하였을 뿐만 아니라 재주도 많고 무인답게 담력 또한 컸으며 대의(大義)가 분명한 인물이었다.

안녹산(安祿山)의 난으로 나라가 혼란스러웠을 때, 그는 허원일(許遠一)이라는 자와 함께 수양의 성을 수비하고 있었다.

안녹산의 아들 안경서(安慶緖)가 대장군 윤자기(尹子奇)를 보내 수양 성을 공격했다.

그러나 장순을 따라 성(城)을 지키고 있는 군사는 겨우 3천여 명에 불과하여, 10만 명이 넘는 반란군을 대적하기에는 역부족이었다. 장순은 비록 병사의 숫자 면에서는 열세를 면치 못하였지만, 죽음을 각오하고 성을 지키려고 하였다.

의기양양한 반란군들은 갖은 방법을 동원해 성을 공격하는가 하면, 온갖 회유로 항복을 겁박하였다. 그렇지만 장순은 끝까지 항복하지 않았다.

반란군에 포위된 지 며칠이 지나자, 성 안에 비축해 놓은 군량미는 바닥을 드러냈고, 군량미의 공급도 되지 않아 점점 굶주림에 허덕이게 되었다.

허기에 지친 병사들은 나무껍질을 벗겨 씹어 먹기도 하고, 그물을 쳐서 참새를 잡아먹기도 하였으며, 또 땅을 파서 쥐를 잡으며, 갑옷과 활에 붙어 있는 소가죽을 삶아서 굶주림을 달래려고 하였다(至羅雀掘鼠 煮鎧弩以食).

상구(商丘)에 있는 장순의 사당

장순은 지휘관으로서 자식과도 같은 병사들의 몸부림을 안타깝게 여겨 마침내 자기 아내를 죽여 국을 끓여서 병사들에게 먹이기까지 하였다.

그러나 상황은 시간이 흐를수록 더욱 악화되어 갔고, 더 이상 성을 고수한다는 것은 불가능하게 되었다. 그래서 결국 성으로 진격해 들어오는 반란군의 포로가 되었다.

그러나 장순이 항복을 한 것은 아니었다. 그는 항복을 요구하는 반란군들을 향하여 매서운 눈초리로 쏘아보고는 청천벽력 같은 소리로 한바탕 욕설을 퍼부었다. 그러자 반란군은 그 자리에서 그의 목을 베었다.

장순의 죽음을 지켜보고만 있을 수밖에 없었던 장순의 부하들은 눈물을 흘리지 않을 수 없었으며, 그의 죽음과 바꾼 충성심에 새삼 고개를 떨어뜨렸다.

최악의 조건 속에서도 자신의 뜻을 굽히지 않고 절개를 지킨 장순의 사람됨은 오래도록 칭송되었다.

낙백 落魄

떨어질 落 혼백 魄

《사기》 역생육고열전(酈生陸賈列傳)

「낙백(落魄)」은 글자 그대로 풀이하면 넋이 달아났다는 말이다. 그러나 흔히 쓰이기로는, 모든 일이 뜻대로 되지 않아 형편이 말이 아닌 그런 상태를 말한다. 일정한 직업도 생업도 없이 끼니가 간 데 없는 그런 상태를 말한다.

《사기》 역생육고열전(酈生陸賈列傳)에 있는 이야기다.

「역생(酈生) 이기(食其)란 사람은 진류 고양 사람으로 글 읽기를 좋아했으나, 집이 가난하고 낙백하여, 입고 먹기 위한 일을 하는 것이 없었다(家貧落魄 無以爲衣食業)」

이 글을 보더라도 집이 가난한 것이 「낙백」이요, 입고 먹을 벌이마저 할 수 없는 처지가 「낙백」인 것 같다. 그러나 역시 역이기(酈食其)의 경우는 낙백이란 말이 실의(失意)를 뜻해서, 입고 먹을 벌이를 못한 것이 아니라, 할 생각이 없었던 것 같다. 결국 돈 떨어진 건달의 행색을 낙백이라고 표현할 수 있을 것 같다. 영웅호걸 치고 어느 누가 낙백을 맛보지 않은 사람이 있겠는가.

이런 형편에서 역이기는 마을 문지기 노릇을 하고 있었다. 옛날에는 마을마다 담과 울타리 같은 것으로 마을로 들어가는 문이 있어서 이를 지키곤 했다. 그는 비록 감문(監門)이란 천한 일을 하고 있었지만, 말과 행동만은 그렇게 거만할 수가 없었다. 그래서 사람들은 그를 미치광이라고 불렀다.

그러던 그가 진시황이 죽고 천하가 다시 어지러워지자 출세의 부

역이기

푼 꿈이 다시 불붙기 시작했다. 호걸들이 의병을 일으켜 서북으로 진격해 올라가느라 고양을 지나게 되면, 혹시나 하고 역이기는 그들 장수들을 만나 보았다. 그러나 한 사람도 마음에 드는 사람이 없었다.

이 때, 뒷날 한고조가 된 패공(沛公) 유방이 땅을 점령해 진류로 들어온다는 소식이 들려왔다. 그런데 다행히도 패공 휘하에 있는 기사(騎士) 한 사람이 역이기와 같은 마을 사람이었는데, 그가 고양 가까이 온 기회에 집에 들르게 되었다. 전부터 패공의 소식을 잘 듣고 있던 역이기는 그 기사를 찾아가 이렇게 말했다.

「내가 듣기에 패공은 거만하고 사람을 업신여기며 뜻이 크다고 하는데, 이런 사람이야말로 내가 같이 한번 따라 일을 해보았으면 하는 사람이다. 그러나 나를 소개해 줄 사람이 없다. 그대가 패공을 보거든 이렇게 말을 해주게. 우리 마을에 역이기란 사람이 있는데, 나이는 60이 넘었고 키가 8척이나 되며, 사람들이 다 그를 미치광이라고 부르고 있지만, 그 자신은 미치광이가 아니라고 한다고 말일세」

「하지만 패공은 선비를 좋아하지 않기 때문에, 손님들 중에 선비의 갓을 쓰고 오는 사람이 있으면 그 갓을 벗겨 그 속에다 오줌을 누기까지 하며, 사람들과 말할 때면 항상 큰 소리로 꾸중을 하는 형편인 만큼 절대로 선비로서 패공을 설득시킬 수는 없을 것이오」

「그런 걱정은 말고 제발 만나게만 해주게」

이리하여 이 기사의 소개로 패공은 고양으로 들어왔을 때 사람을 보내 역이기를 불러들였다. 패공은 그때 막 평상에 걸터앉아 두 다리를 쭉 뻗고 두 여자에게 발을 씻기고 있었다. 패공은 발을 씻기며 그대로 역이기를 대했다. 역이기는 두 손을 모아 높이 들어 보일 뿐 절은 하지 않고 목소리를 가다듬어 입을 열었다.

「족하(足下)는 진나라를 도와 제후를 칠 생각이오, 아니면 제후를 거느리고 진나라를 칠 생각이오?」

패공은 큰 소리로 꾸짖어 대답했다.

「이 철부지 선비야, 천하가 다 같이 진나라에 시달린 지 오래다. 그래서 제후가 서로 힘을 합해 진나라를 치려는 것이 아니냐. 진나라를 도와 제후를 치다니, 무슨 뚱딴지같은 소리를 한단 말인가!」

「만일 군대를 모으고 의병을 합쳐 무도한 진나라를 칠 생각이면 그렇게 걸터앉아 늙은이를 대하지는 못할 거요」

이 말에 패공은 얼른 대야를 치우게 하고, 일어나 의관을 갖춘 다음 역생을 상좌로 모셔 올려 그의 의견을 들었다. 이리하여 60 평생을 낙백으로 보낸 역이기는 패공을 도와 동분서주하며 그의 인격과 뛰어난 말재주로 군사 하나 움직이지 않고 제후를 패공의 휘하로 돌아오게 하는 데 비상한 공을 세웠다.

그러나 한신(韓信)이 역이기의 재주를 시기하여, 이미 그가 말로써 항복을 받은 제나라를 무력으로 침공해 들어감으로써 역이기의 술책에 넘어간 줄로 오해를 한 제왕은 역이기를 기름 가마에 넣어 죽이고 말았다. 이때 제왕(齊王)은 역이기에게, 한신의 침략군을 고이 물러가게 하면 살려 준다는 조건을 내걸었으나, 역이기는 이미 일이 틀린 줄을 알고 큰 소리를 치며 태연히 기름 가마로 뛰어들었다.

낙양지귀 洛陽紙貴

서울이름 洛 볕 陽 종이 紙 귀할 貴

《진서(晋書)》 문원전(文苑傳)

책이 호평을 받아 낙양의 종이 값을 올림.

《진서》 문원전에 있는 이야기다.

「낙양지귀」는 어느 특정 서적이 대량으로 출판을 거듭하는 것을 표현하는 말이다. 그 책을 베끼느라 낙양에 종이가 달려 값이 뛰게 되었다는 뜻이니, 요즈음 우리가 흔히 말하는 「베스트셀러」 정도가 아닐 것이다. 낙양의 지가를 오르게 한 실례를 소개하면 다음과 같다.

진(晋)나라 좌사(左思)는 임치(臨淄) 사람으로, 아버지 좌옹(左雍)도 하급 관리에서 몸을 일으켜, 그의 학식으로 전중시어사(殿中侍御史 : 검찰총장)란 높은 벼슬에 오른 사람이다. 좌사는 젊었을 때 글과 음악을 배웠으나 도무지 늘지가 않았다. 그런데 어느 날 그의 아버지가 친구를 보고, 「내가 젊었을 때는 저렇지는 않았는데……」 하는 소리를 들은 뒤부터 나도 하면 된다는 결심을 하고 공부에 열중하기 시작했다.

그는 뛰어난 문장의 소질을 갖고 있었지만, 얼굴이 못생긴데다가 날 때부터 말더듬이었기 때문에 사람 대하기를 꺼려해 항상 집안에 들어박혀 창작에만 열중하고 있었다. 이리하여 1 년이 걸려, 일찍이 제나라 수도였던 임치의 모습을 운문으로 엮은 「제도부(齊都賦)」를 완성하고, 이에 삼국시대의 촉나라 수도였던 성도와 오나라 수도 건업과 위나라 수도 업(業)을 노래한 「삼도부(三都賦)」를 지을 생

황보밀

각을 했다.

이리하여 많은 참고 서적과 선배들을 찾아 기초 지식을 얻는 한편, 구상을 짜내는 데 10년이란 세월을 쏟았다. 그는 이동안 뜰은 물론이요 대문에서 담 밑에까지 곳곳에 붓과 종이를 준비해 두고, 좋은 글귀가 머리에 떠오르면 그 즉석에서 적어 나갔다. 그러는 동안 그는 자신의 지식이 모자라는 것을 절감한 나머지, 자진해서 비서랑(秘書郞)이란 직책을 얻어 많은 재료를 얻어 보기도 했었다.

이리하여 완성한 것이 「삼도부」였으나, 그에 대한 평이 그리 놀라운 것은 아니었다. 그러나 자신의 작품에 대해 크게 자신을 가진 그는, 당시 초야에서 저술에 종사하고 있던 황보밀(皇甫謐)을 찾아갔다.

황보밀은 그의 작품을 한번 읽어 보고는 「이건 굉장한 문장이다」 하고 즉석에서 서문을 써 주었다. 다시 여기에 저작랑(著作郞 : 국사편찬관)인 장재(張載)가 「위도부」에, 중서랑 유규(劉逵)가 「오도부」와 「촉도부」에 주석을 붙이고, 위관(衛瓘)이 약해(略解)를 짓는 등 당시 일류 명사들로부터 그 진가를 인정받게 되었다.

그러나 그의 이름을 단번에 결정적으로 유명하게 만든 것은 사공

(司空 : 치수와 토목을 맡은 재상) 장화(張華)의 절대적인 찬사 때문이었다.

「반고(班固)와 장형(張衡)에 맞먹는 작품이다. 읽는 사람으로 하여금 읽고 나서도 여운이 남고, 여러 날이 지나도 감명을 새롭게 한다」

이런 찬사가 한번 알려지자, 돈 많고 지위 높은 집 사람들이 앞 다투어 베껴 가는 바람에 낙양의 종이값이 오르게 되었다는 것이 반고·장형과 맞먹는다는 말은 반고의 「이도부(二都賦)」와 장형의 「이경부(二京賦)」에 견줄 만하다는 이야기다.

장 형

한편, 같은 시대의 육기(陸機)도 「삼도부」를 짓고 있었는데, 그가 좌사의 「삼도부」를 보자, 「나로서는 한 자도 더 보탤 것이 없다」하고 자기의 「삼도부」를 중도에 포기하고 말았다. 육기는 당대 제일가는 문호였을 뿐만 아니라, 후세에까지 손꼽히는 대문장가였다.

낙이사촉 樂而思蜀

즐거울 樂 말이을 而 생각 思 나라이름 蜀

《삼국지(三國志)》 촉지(蜀志)

눈앞의 즐거움에 빠져 근본을 망각함.

「지금의 생활이 즐거워 고향생각이 나지 않는다」는 뜻으로, 눈앞의 즐거움에 빠져 근본을 망각하는 잘못을 지적하는 말이다.

삼국시대 말 촉한의 유선(劉禪)은 아버지 유비(劉備)가 제갈양과 관우, 장비 등 충신들의 도움을 받아 뼈를 깎는 노력 끝에 가까스로 세운 나라를 하루아침에 말아먹은 무능한 임금이었다.

등애 조상(彫像)

대장군 등애(鄧艾)가 거느린 위나라 대군이 요해를 돌파하여 물밀듯이 쳐들어오자, 유선은 눈물을 머금고 스스로 몸을 묶어 나아가 항복하고 말았다.

성도에 입성한 등애는 유선에게 표기장군(驃騎將軍)이란 상징적인 직위를 부여하고 성안 백성들을 위무하여 안심시킨 다음, 유선을 대동하고 낙양으로 개선했다. 위나라의 실력자인 사마소는 유선을

촉한 후주 유선

꾸짖었다.

「그대는 한 나라의 주인 된 몸으로서 갖춰야 할 도리를 망각했을 뿐 아니라, 방탕하고 어리석고 음란하여 실로 그 죄가 크다. 그래서야 어찌 나라를 보전하랴. 마땅히 죽음으로써 죄 값음을 해야 하리라!」

유선은 기가 막히고 눈앞이 캄캄했다. 엎드려 진땀만 흘릴 뿐이었다. 보다 못한 위나라 대신들이 나서서 유선을 변호해 주었다.

「촉한 후주(後主) 유선이 비록 됨됨이가 옹졸하기 그지없으나, 일찍 항복하여 군사들의 피해를 덜어주고 백성들의 고난을 그나마 막아준 점은 인정해야 한다고 생각합니다. 천하의 대의를 위해서라도 선처해 주십시오.」

사마소는 유선을 용서하고 안락공이라는 봉호를 내렸다.

어느 날, 사마소는 유선을 불러 위로연을 열었다. 먼저 위나라 춤과 노래가 질탕하게 어우러졌다. 승리를 자축하는 듯한 그 춤사위와 가락에 유선의 옛 신하들은 망국의 슬픔에 눈물을 흘렸지만, 정작 유선은 고개를 끄덕이며 흥겨워했다.

사마소는 이번에는 촉나라 사람들로 하여금 그들의 복색으로 그들의 노래를 연주하게 했다. 촉의 관원들은 망향과 통한의 눈물을 흘렸으나 유선은 즐기고 있었다.

「공께서는 촉(獨)이 그립지 않으시오?」

사마소가 은근히 경멸 섞인 말투로 물었다. 그러자 유선은 서슴없이 대답했다.

「이곳의 생활이 즐겁다 보니 촉의 일은 조금도 생각나지 않습니다(樂而思蜀)」

기가 막힌 시종이 나중에 가만히 충고했다.

「다음번에 또 그런 질문을 받으시면, 매우 슬픈 표정으로『하룬들 촉을 생각하지 않는 날이 어디 있겠습니까』하고 대답하십시오. 어쩌면 돌아가도록 선처를 베풀어 줄지도 모르니까요」

귀가 솔깃해진 유선은 다음번 술자리에서 사마소로부터 똑같은 질문을 받자, 시종이 시킨 대로 했다. 그렇지만 그 표정은 진짜 슬픔을 나타냈다기보다 어릿광대의 희극적 표정이라고 할만 했다. 이미 유선의 일거수일투족을 낱낱이 알고 있는 사마소는 싱긋 웃고 말했다.

「어째 지금 그 말씀은 공의 시종이 시킨 데 따른 것이 아닌지요?」

보통사람 같으면 가슴이 철렁 내려앉을 노릇이건만, 유선은 히죽 웃으며 스스럼없이 대답했다.

「그걸 어찌 아셨습니까? 실은 그렇습니다」

낙정하석 落穽下石

떨어질 落 허방다리 穽 아래 下 돌 石

한유(韓愈) / 「유자후묘지명」

유종원

함정에 빠진 사람에게 돌을 떨어뜨린다는 뜻으로, 남의 환란(患亂)에 다시 위해(危害)를 준다는 말로서, 곤경에 빠진 사람을 구해주기는커녕 도리어 해롭게 함을 이르는 말.

당송팔대가(唐宋八大家)의 한 사람인 한유(韓愈)가 친구 유종원(柳宗元)의 죽음을 애도하며 지은 묘지명(墓誌銘)에 있는 이야기다.

유종원은 당송팔대가의 한 사람으로, 어린 시절부터 총명하고 문장을 잘 쓰기로 명성이 자자했으며, 조정에 나아가 감찰어사(監察御史)로 있었다. 그는 순종(順宗)이 즉위한 뒤 왕숙문(王叔文) 등이 주도하는 정치개혁에 가담하였다가 혁신정치가 실패하여 유주자사(柳州刺史)로 좌천되어 귀양살이를 하다가 47세에 세상을 떠났다.

한유는 유종원이 소인배들의 모함으로 기개를 펼치지 못하고 저승으로 먼저 간 것을 애도하는 마음에서 이 글을 지었다.

「아! 선비는 어려움에 처했을 때 비로소 그 지조(志操)를 알게 된다. 지금 어떤 사람들은 컴컴한 골목에 살면서 서로 사랑하고 술과

한 유

음식을 나누어 먹고 놀면서 즐겁게 웃으며, 자기의 심장이라도 꺼내 줄 것처럼 친구라고 칭하고, 하늘과 땅을 가리키며 죽음과 삶을 함께할 거라고 아주 간절하게 말한다. 그러나 일단 한 올의 머리카락만큼의 이해관계라도 생기면 눈을 부라리며 싸우거나 등을 돌리며 모른 척한다. 함정에 빠져도 구해주기는커녕 되레 돌을 들어 던지는 인간이 많다. 이는 짐승들이나 오랑캐들도 차마 하지 않는 바이나 사람들은 이를 태연히 저지르는 것이다. 그러다가 자후(유종원)의 풍격에 관해 듣는다면 조금은 부끄러워 할 것이다(落陷穽 不一引手救 反擠之又下石焉者 皆是也 此宜禽獸夷狄不忍爲 而其人自視以爲得計 聞子厚之風 亦可以 少愧也).」

만일 우물에 빠진 사람에게 튼튼한 밧줄을 내려주기는커녕 오히려 돌을 던진다면 어떻게 되겠는가? 우물에 빠진 사람은 생사(生死)의 기로(岐路)에 서 있는 절박한 처지에 놓여 있어 지푸라기라도 잡고 싶은 심정이다. 그렇지만 돌을 던진다면 죽음으로 떨어지고 말 것이다.

우리는 친구나 주위 사람들이 평온하고 안락한 생활을 할 때는 물론이고 어려운 처지에 놓이게 되었을 때, 더욱 구렁 속으로 밀어 넣는 행동을 결코 해서는 안 되며, 그 동안 쌓아 온 신뢰 속에서 온정의 손길을 뻗쳐야 한다.

낙화유수 落花流水

떨어질 落 꽃 花 흐를 流 물 水

고병(高騈) / 「방은자불우(訪隱者不遇)」

지는 꽃과 흐르는 물이라는 뜻으로, 가는 봄의 경치를 나타내거나 힘과 세력이 약해져 보잘것없이 쇠퇴해간다는 것을 비유하는 말이다. 또한 낙화는 물이 흐르는 대로 흘러가기를 바라고, 유수는 떨어진 꽃을 싣고 흐르기를 바란다는 뜻에서 남녀 간에 서로 그리워하는 애틋한 정에 비유하기도 한다.

당(唐)나라 말기의 절도사이며 시인인 고병이 지은 시 「방은자불우」에 있는 말이다.

떨어지는 꽃이 강물 위로 흐르는 데서 넓은 세상을 알고
술에 반쯤 취하여 한가하게 읊으며 혼자서 왔다
선옹이 어디로 갔는지 알지 못해 낙담해 있는데
뜰에 붉은 살구꽃 푸른 복사꽃 활짝 피었네

落花流水認天台 半醉閑吟獨自來　낙화유수인천태 반취한음독자래
惆愴仙翁何處去 滿庭紅杏碧桃開　추창선옹하처거 만정홍행벽도개

늦봄의 풍경을 묘사한 시로 쇠잔영락(衰殘零落)하며 흐르는 세월을 말한다. 떨어지는 꽃과 흐르는 물을 남자와 여자에 비유하여 남녀가 서로 생각하며 그리워하는 정을 지니고 있음을 나타내기도 한다.

난상가란 卵上加卵

알 卵 위 上 더할 加 알 卵

《성수패설(醒睡稗說)》

달걀 위에 달걀을 포갠다는 뜻으로 지극한 정성을 이르는 말.

정성이 지극하면 하늘도 감동한다는 뜻의 지성감천(至誠感天)과 비슷한 말이다.

1830년경 조선 말기에 지은 한문 소화집으로, 편자 미상인 《성수패설(醒睡稗說)》에 있는 이야기다.

옛날에 한 관리가 귀양을 가게 되자 그의 아내가 언제쯤 돌아오는지 물었다. 남편이 대답했다.

「달걀 위에 달걀을 포갤 수 있다면 돌아올 수 있을지 몰라도 아마 살아서 돌아오지 못할 것 같소」

그날부터 그의 아내는 매일 소반 위에 달걀을 놓고 포개지게 해달라고 기원하였다. 어느 날, 임금이 미행을 하다가 마침 달걀을 포개게 해달라는 부인의 축원소리를 듣고 정성에 감동하여 귀양 간 남편을 풀어주었다고 전해진다.

불가능한 일이지만 지극한 정성에 하늘이 감동함을 비유하는 말로, 이루어지기 어려운 일이라도 정성으로 최선을 다하면 좋은 결과를 맺을 수 있다는 말이다.

「지성감천(至誠感天)」과 같은 말이다.

난신적자 亂臣賊子

어지러울 亂 신하 臣 해칠 賊 아들 子

《맹자(孟子)》 등문공

우임금

나라를 어지럽히는 신하와 어버이를 해치는 자식. 세상을 살아가는 데 전혀 도움이 되지 않는 천하에 몹쓸 사람이나 역적의 무리를 가리키는 말이다.

맹자의 제자 공도자(公都子)가 맹자에게 물었다.

「사람들이 이르기를, 선생님께서는 논쟁을 좋아하신다고 하는데, 그 까닭을 알고 싶습니다」

맹자가 대답했다.

「나는 논쟁을 좋아하는 것이 아니라, 천하의 도가 땅에 떨어졌기 때문에 어쩔 수 없이 하는 것일 뿐이다」

그리고 맹자는 이어서 선대(先代)의 우(禹)임금과 주공(周公), 공자(孔子) 등 세 성인을 계승하는 것이 자신의 뜻임을 밝히고 다음과 같이 말했다.

공 자

「옛날에 우(禹)임금이 홍수를 막으니 천하가 태평해졌고, 주공(周公)이 오랑캐를 아우르고 맹수를 몰아내니 백성들이 편안해졌고, 공자께서 《춘추(春秋)》를 완성하니 나라를 어지럽히는 신하와 어버이를 해치는 자식들이 두려워하게 되었다(昔者禹抑洪水而天下平 周公兼夷狄驅猛獸而百姓寧 孔子成春秋而亂臣賊子懼)」

「난신적자」는 바로 「공자께서 《춘추(春秋)》를 완성하니 나라를 어지럽히는 신하와 어버이를 해치는 자식들이 두려워하게 되었다(孔子成春秋而亂臣賊子懼)」에서 나온 말이다.

공자가 살았던 춘추시대(春秋時代)는, 도의가 땅에 떨어지고 세상이 쇠해 온갖 사설(邪說)이 난무하고, 신하가 임금을 죽이며, 자식이 어버이를 해치는 일이 생겨났다.

공자가 이를 바로잡기 위해 천자(天子)의 일을 다룬 《춘추》를 완성함으로써 비로소 난신적자들이 두려워하게 되었다고 맹자는 말한 것이다. 이렇듯 나라를 어지럽히는 신하와 어버이를 해치는 자식을 가리켜 「난신적자」라 이른다.

난의포식 暖衣飽食

따뜻할 煖 옷 衣 배부를 飽 먹을 食

《맹자(孟子)》 등문공(滕文公)

옷을 따뜻이 입고 음식을 배부르게 먹는다는 뜻으로, 의식(衣食) 걱정이 없는 편한 생활을 이르는 말. 《맹자(孟子)》 등문공(滕文公) 편에 있는 이야기이다.

묵 자

맹자가 60세가 지나 등(滕)나라 문공(文公)에게 초대되어 갔을 때, 주(周)나라처럼 정전법(井田法)을 실시하여 등나라를 이상적인 사회로 만들도록 설득하였다.

이때 묵자(墨子)의 영향을 받은 중농주의(重農主義)자인 허행(許行)이 송(宋)나라로부터 등나라에 와서, 문공으로부터 살 집과 전토(田土)를 받고 스스로 짠 거친 옷을 입고 스스로 경작하여 지은 양식을 먹고 사는 자급자족주의의 생활을 실천하고 있었다.

유교의 생활방식을 버리고 허행과 같이 묵자주의 생활을 시작한 진상(陳相)이라는 사람이 맹자에게 물었다.

「등나라 임금도 백성들과 마찬가지로 손수 농사를 지어서 먹어야 하지 않겠습니까?」

후직의 전설

맹자는 허행이 사용하는 농기구와 질그릇이 자기가 지은 농산물과 물물교환한 것이라는 사실을 확인한 다음, 인간의 생활이란 분업을 하는 것이지 원시적 자급자족이란 불가능하다는 것을 말하고, 허행 자신도 농기구나 그릇 등을 물물교환하여 쓰고 있지 않느냐고 깨우쳐 주면서, 우(禹)임금 같은 분은 8년 동안 아홉 개의 큰 강을 막아 다스리느라고 세 차례나 자기의 집 문 앞을 지나면서도 못 들어갔다(過門不入)는 것을 예로 들었다. 그리하여 후직(后稷 : 순임금 때 농사일을 관장하던 관직)을 시켜 백성들에게 농사짓는 일을 가르치게 하였다. 이리하여 오곡이 익어 백성들이 잘 살게 되었다.

「사람에게 도(道)가 있으니 배불리 먹고 따뜻하게 입고 편안하게 살지라도 가르침이 없으면 금수에 가까워지게 된다(人之有道也 飽食煖衣逸居 而無教 則近於禽獸). 성인이 이것을 근심하여 설(契)로 하여금 사도(司徒)로 삼아 인륜으로써 가르치게 하니(聖人有憂之 使契爲司徒 教以人倫), 부자 사이에는 친함이 있고, 군신 사이에는 의가 있고, 부부 사이에는 구별이 있고, 연장자와 연소자 사이에는 차례가 있고, 벗 사이에는 믿음이 있다(父子有親 君臣有義 夫婦有別 長幼有序 朋友有信)」

난형난제 難兄難弟

어려울 難 맏이 兄 아우 弟

《세설신어(世說新語)》 숙혜편(夙惠篇)

두 사물의 낫고 못함을 분간하기 어려움. 형 노릇하기도 어렵고 동생 노릇하기도 어렵다는 뜻이다. 어느 편이 더 낫다고 말할 수 없는 경우를 가리켜 난형난제라고 한다. 원래는 좋은 의미로만 사용되었는데, 뒤에는 좋지 못한 경우에도 쓰이게 되었고, 요즘은 오히려 좋지 못한 경우에 더 많이 쓰이고 있는 것 같다.

「양상군자(梁上君子)」란 말로 유명한 후한 말기의 진식(陳寔, 140~187)은 태구(太丘)의 현령이란 말직에 있으면서도, 그의 아들 진기(陳紀 : 자는 원방), 진심(陳諶 : 자는 계방)과 함께 3군(君)이라고 불릴 정도로 덕망이 높았다.

언젠가 손이 진식의 집에서 묵게 되었다. 진식은 진기와 진심 두 형제에게 밥을 짓도록 시켜 놓고 손과 토론에 열중하고 있었다.

두 형제는 쌀을 일어 밥을 지으면서도, 아버지와 손님의 토론에 귀를 기울이는 사이 그만 자신들도 모르게 이야기에 열중하고 말았다. 얼마 후 진식은 아들에게,

「밥은 다 되었느냐?」 하고 물었다. 그제야 정신이 들어 솥뚜껑을 열고 보았지만, 솥에는 밥이 아닌 죽이 끓고 있었다. 채반을 놓고 그 위에 쌀을 올려 찌게 되어 있는데, 이야기에 정신이 팔려 채반을 놓지 않고 쌀을 그대로 물 속에 집어넣었기 때문이다.

두 아들은 무릎을 꿇고 사실대로 알린 다음 용서를 빌었다. 그러자 아버지는, 「그럼 너희들은 우리가 한 이야기를 알고 있겠구나」

진 식

하고 물었다.

「네, 대강은 알고 있습니다」

「그럼 어디 한번 이야기해 보려무나」

두 아들은 차근차근 조리 있게 대답을 했다. 놀랍게도 하나도 빠뜨리지 않고 요점을 다 알고 있는 것이었다.

「됐다. 그럼 죽이라도 상관없다. 용서는 빌지 않아도 된다」 하고 아버지는 미소를 지었다.

《세설신어》 숙혜편(夙惠篇)에 나오는 이야기인데, 역시 같은 책 방정편(方正篇)에도 진기의 일곱 살 때의 이야기가 다음과 같이 실려 있다.

진식이 친구와 같이 어딘가에 가자는 약속을 한 일이 있었다. 한낮으로 시간을 정해 두었는데, 시간이 지나도록 친구가 나타나지 않자 진식은 먼저 떠나고 말았다. 뒤늦게 찾아온 친구는 문 밖에서 놀고 있는 진기에게, 아버지가 집에 계시느냐고 물었다. 진기가,

「아버님은 손님 오실 때를 오래 기다리시다가 오시지 않자 먼저 떠나셨어요」 하고 대답하자, 친구는 화를 버럭 내며,

「돼먹지 않은 녀석 같으니라고. 약속을 해두고 혼자서 먼저 가버리다니, 세상에 그런 법이 있담!」 하고 욕을 했다.

그러자 진기가 이렇게 대꾸를 하는 것이었다.

「손님께서 아버지와 정오에 만나기로 약속하셨지요? 그런데 한

낮이 지나도록 오시지 않은 것은 손님께서 신의를 저버린 것이 아닐까요? 그리고 자식을 앞에 두고 그 아버지 욕을 한다는 것은 예의에 벗어난 일이 아닌가요?」

친구는 어린 것에게 책망을 당하는 순간, 깊이 자신의 잘못을 뉘우치고 얼른 수레에서 내려 사과하려 했다. 그러나 진기는 상대를 하지 않고 대문 안으로 들어가 버렸다.

「그 아버지에 그 아들」이란 말이 있듯이 이 진기의 아들 진군(陳群)도 또한 수재여서, 뒤에 위문제 조비(曹丕) 때 사공(司空)과 녹상서사(錄尙書事 : 재상)의 벼슬을 했고, 구품관인법(九品官人法)을 입안한 것으로 알려져 있다.

이 진군이 어렸을 때의 이야기다. 언젠가 진심의 아들 진충(陳忠)과 사촌끼리 서로 자기 아버지의 공적과 덕행을 자랑하여 서로 훌륭하다고 주장을 했으나 결말이 나지 않았다. 그래서 할아버지 진식에게 판정을 내려 줄 것을 요구했다. 그러자 진식은,

「원방도 형 되기가 어렵고, 계방도 동생 되기가 어렵다(元方難爲兄 季方難爲弟)」고 대답했다.

결국, 형도 그런 훌륭한 동생의 형 노릇하기가 어렵고, 동생도 그런 훌륭한 형의 동생 노릇하기가 어려운 형편이니, 누가 보다 훌륭하고, 누가 보다 못한지를 가릴 수 없다는 이야기다. 과연 진식다운 대답이었다.

남가일몽 南柯一夢

남녘 南 가지 柯 한 一 꿈 夢

《태평광기(太平廣記)》

꿈과 같이 헛된 한때의 부귀와 영화.

「남가일몽」은 남쪽으로 뻗은 나뭇가지 밑에서의 한 꿈이란 뜻이다. 사람의 덧없는 일생과 부귀 같은 것을 비유해 하는 말이다. 옛날 소설 따위를 보면 생시와 다름없는 역력한 꿈을 말할 때 이 남가일몽이란 문자를 쓰곤 했다. 생시와 다름없는 꿈이란 뜻일 것이다.

장자(莊子)의 나비꿈(胡蝶夢)의 이야기처럼 사람은 과연 생시 같은 꿈을 꾸고 있는 건지, 꿈같은 삶을 살고 있는 건지 모를 일이다.

남가일몽이란 문자의 유래는 다음과 같다. 당나라 덕종(德宗 : 재위 779~805) 때, 강남 양주(揚州) 땅에 순우분(淳于棼)이란 사람이 살고 있었다. 그의 집 남쪽에는 몇 아름이나 되는 큰 괴화나무가 넓게 그늘을 드리우고 있었는데, 여름철에는 친구들과 어울려 그 괴화나무 밑에서 술을 마시며 즐기곤 했다.

하루는 밖에서 술에 취한 순우분이 친구의 부축을 받으며 집으로 업혀 들어와서는 처마 밑에서 잠시 바람도 쐴 겸 누워 있었다. 잠이 어렴풋이 들었는가 했는데, 문득 바라보니 뜰 앞에 두 관원이 넙죽 엎드려 있었다. 그들은 머리를 들고, 「괴안국(槐安國) 국왕의 어명을 받잡고 모시러 왔습니다」 하는 것이었다.

순우분은 그들을 따라 문 밖에 대기하고 있는 네 마리 말이 끄는 마차에 올라탔다. 마차는 쏜살같이 달리더니 큰 괴화나무 뿌리 쪽에 있는 나무 굴로 들어갔다. 처음 보는 풍경 속을 수십 리를 지나 화려한 도성에 와 닿았다. 왕궁이 있는 성문에는 금으로 「대괴안국(大槐安國)」이라 씌어 있었다.

장주 몽접도(夢蝶圖)

국왕을 알현하자, 국왕은 그를 부마로 맞이할 뜻을 비쳤다. 그의 부친은 일찍이 북쪽 변방의 장수로 있었는데, 그가 어릴 때 간 곳을 알 수 없게 되었다. 괴안국 왕의 이야기로는 그의 아버지와 상의가 있어 이 혼사를 결정했다는 것이었다.

부마로 궁중에서 살게 된 그에게 세 명의 시종이 따르게 되었는데, 그 중 한 사람은 얼굴이 익은 전자화(田子華)란 사람이었다. 또 조회 때 신하들 속에 술친구였던 주변(周辯)을 발견하게 되었는데, 전자화의 말로는 지금은 출세를 해서 대신이 되어 있다고 했다.

이윽고 남가군(南柯郡)의 태수로 임명되어, 전자화와 주변을 보좌역으로 데리고 부임했다. 그로부터 20년 동안 두 사람의 보좌로 고을이 태평을 누리게 되고, 백성들은 그를 하늘처럼 우러러보았다. 그 사이 다섯 아들과 두 딸을 얻었는데, 아들들은 다 높은 벼슬에 오르고, 딸은 왕가에 시집을 가서, 그 위세와 영광을 덮을 가문이 없었다.

20년이 되던 해, 단라국(檀羅國) 군대가 남가군을 침략해 들어왔다. 주변이 3만의 군대를 이끌고 나가 맞아 싸웠으나 크게 패했다.

남가일몽

주변은 이내 등창을 앓다가 죽고, 뒤이어 순우분의 아내 역시 급병으로 세상을 떠나고 말았다. 그는 벼슬을 사임하고 서울로 돌아왔다. 그러나 그의 명성을 사모하여 찾아오는 귀족과 호걸들이 문턱이 닳도록 드나들었다.

그러자 그가 역적 음모를 꾸민다고 투서를 하는 사람이 있었다. 왕은 겁을 먹고 있던 참이라 그에게 근신을 명령했다. 그는 스스로 죄가 없는지라 심한 불행 속에 나날을 보냈다. 이것을 눈치챈 국왕 내외는 그에게,

「고향을 떠난 지 벌써 오래니, 한번 다녀오는 것이 어떻겠는가? 그동안 손자들은 내가 맡을 터이니 3년 후에 다시 만나기로 하지」 하고 권했다. 그가 놀라,

「제 집이 여긴데, 어디를 간단 말입니까?」 하고 반문하자,

「그대는 원래 속세 사람, 여기는 그대의 집이 아닐세」 하며 웃는 것이었다. 순우분은 그제야 옛날 생각이 되살아나 고향으로 돌아가기로 했다.

처음 그를 맞이하러 왔던 사람들에 의해 옛 집으로 돌아오자, 처마 밑에 자고 있는 자기 모습이 보였다. 깜짝 놀라 우뚝 서 있노라니 두 관리가 큰 소리로 그의 이름을 불렀다. 번쩍 눈을 뜨니, 밖은 그

가 처음 업혀 올 때와 변한 것이 없고, 하인은 뜰을 쓸고 있고, 두 친구는 발을 씻고 있었다.

그가 친구와 함께 괴화나무 굴로 들어가 살펴보니 성 모양을 한 개미집이 있는데, 머리가 붉은 큰 개미 주위를 수십 마리의 큰 개미가 지키고 있었다. 그것이 「대괴안국」의 왕궁이었다. 다시 구멍을 더듬어 남쪽으로 뻗은 가지(南柯)를 네 길쯤 올라가자 네모진 곳이 있고 성 모양의 개미집이 있었다. 그가 있던 남가군이었다. 그는 감개가 무량해서 그 구멍들을 본래대로 고쳐 두었는데, 그날 밤 폭풍우가 지나가고 아침에 다시 보니 개미들은 흔적마저 보이지 않았다.

남가군에서 만난 사람들과는 열흘 전에 만난 일이 있었다. 하인을 시켜 알아보니 주변은 급병으로 죽고, 전자화도 병으로 누워 있었다.

그는 이 남가의 한 꿈에 인생의 허무함을 깨닫고 술과 여자를 멀리하며 도술(道術)에 전념하게 되었다. 그런 지 3년 뒤에 집에서 죽었는데, 이것이 남가국에서 약속한 기한이 되는 해였다.

농서3李(李朝威、李公佐、李複言)

이것은 당나라 이공좌(李公佐)가 지은 이야기로 《이문집(異聞集)》이란 책에 실려 있던 것이 《태평광기(太平廣記)》에 다시 수록되어 지금까지 전해지고 있다.

남귤북지 南橘北枳

남녘 南 귤나무 橘 북녘 北 탱자나무 枳

《안자춘추(晏子春秋)》

「강 남쪽에 심은 귤을 강 북쪽에 옮겨 심으면 탱자가 된다」는 뜻으로, 사람은 그 처한 환경에 따라서 기질도 변함을 이르는 말이다. 같은 사람이라도 그가 살고 있는 주위 환경이 달라지면 생각과 행동이 달라지는 법이다.

춘추시대 말, 제(齊)나라에 유명한 안영(晏嬰)이란 재상이 있었다. 공자도 그를 형님처럼 대했다는 이 안영은 지혜와 정략이 뛰어난데다가 구변과 담력 또한 대단했고, 특히 키가 작은 것으로 더욱 이름이 알려져 있었다.

어느 해 초(楚)나라 영왕(靈王)이 안영을 자기 나라로 초청했다. 안영이 하도 유명하다니까 얼굴이라도 한번 보았으면 하는 호기심과 그토록 대단하다는 안영의 코를 납작하게 만들겠다는 심술 때문이었다. 영왕은 간단한 인사말을 끝내기가 바쁘게 이렇게 입을 열었다.

「제나라에는 그렇게 사람이 없소?」

「어찌 그런 말씀을 하십니까? 길가는 사람은 어깨를 마주 비비고 발꿈치를 서로 밟고 지나가는 형편입니다」

「그렇다면 하필 경 같은 사람을 사신으로 보낸 까닭은 뭐요?」

안영의 키 작음을 비웃어 하는 말이었다. 외국 사신에게 이런 실례되는 말이 없겠지만, 초왕은 당시 제나라를 대단치 않게 보았기 때문에 이런 농을 함부로 했다. 안영은 서슴지 않고 태연히 대답했다.

「그 까닭은 이렇습니다. 우리나라에서는 사신을 보낼 때 상대방

나라에 맞게 골라서 보내는 관례가 있습니다. 즉 작은 나라에는 작은 사람을, 큰 나라에는 큰 사람을 보내는데, 신은 그 중에서도 가장 작은 편에 속하기 때문에 뽑혀서 초나라로 오게 된 것입니다」

상대를 놀려주려다가 보기 좋게 한방 먹은 초왕은 얼굴이 화끈거렸다. 첫 번째 계획이 실패로 돌아가자 두 번째 계획으로, 궁궐 뜰 아래로 포리들이 죄인을 앞세우고 지나갔다. 왕은 포리를 불러 세웠다.

「여봐라! 죄인은 어느 나라 사람이냐?」

그러자 포리가 대답했다.

「제나라 사람이옵니다」

「죄명이 무엇이냐?」

「절도죄이옵니다」

그러자 초왕은 안영을 바라보며 말했다.

「제나라 사람은 원래 도둑질을 잘하오?」

계획 치고는 참으로 유치했으나, 당하는 안영에게는 이 이상의 모욕은 있을 수 없었다. 그러나 안영은 초연한 태도로 대답했다.

「강 남쪽에 귤이 있는데, 그것을 강 북쪽으로 옮겨 심으면 탱자가 되고 마는 것은 토질 때문입니다. 제나라 사람이 제나라에 있을 때는 원래 도둑질이 뭔지도 모르고 자랐는데, 그가 초나라로 와서 도둑질을 한 것을 보면 역시 초나라의 풍토 때문인 줄로 아옵니다」

며칠을 두고 세운 계획이 번번이 실패로 돌아가게 되자, 초왕은 그제야 그만 안영에게 항복을 하고 말았다.

「애당초 선생을 욕보일 생각이었는데, 결과는 과인이 도리어 욕을 당하는 꼴이 되었구려」 하고 크게 잔치를 벌여 안영을 환대하고, 다시는 제나라를 넘보지 않았다.

남비징청 攬轡澄淸

잡을 攬 고삐 轡 맑을 澄 맑을 淸

《후한서》 당고열전(黨錮列傳)

말의 고삐를 잡아당기면서 천하를 맑게 할 것을 다짐한다는 뜻으로, 공직을 맡아 어지러운 정치를 새롭게 바로잡아 보겠다는 의지를 비유하는 말이다.

《후한서》 당고열전(黨錮列傳)에 있는 이야기다.

후한(後漢) 환제(桓帝) 때 범방(范滂)이라는 사람이 있었다. 이응(李膺), 두밀(杜密)과 함께 당시 청렴한 선비로 꼽혔던 사람으로, 자는 맹박(孟博)이다. 어려서부터 청절(淸節)을 닦아 고을에서 탄복하고 효렴(孝廉)으로 천거했다. 일찍이 청조사(淸詔使)와 광록훈주사(光祿勳主事)를 지냈다.

하북성 기주(冀州) 지방에 기근이 들어 백성들이 고통을 겪고 있는 데다 탐관오리들의 부패와 가렴주구(苛斂誅求)로 굶주린 백성들이 사방에서 민란을 일으켰다.

그러자 조정에서는 범방에게 기주를 순행하며 백성들을 착취하는 무리들을 색출하고 백성들의 마음을 위로해 주라는 특별임무를 부여하여 파견하였다.

범방은 마차에 올라 출발하면서, 시국이 날로 어려워지는 것을 상기하고는 문득 비분강개를 느꼈다. 그리고는 자신이 나서서 간악한 무리들을 철저하게 가려내어 세상의 어지러움을 다스려 맑게 하겠다는 뜻을 굳게 다짐했다(登東攬轡 慨然有澄淸天下之志).

그는 태위 황경(黃瓊)의 집무실에서 자신의 임무를 수행하면서 각지의 관리 가운데 부패한 자들을 색출해 내어 탄원서를 올렸는데, 그 수가 무려 20여 명에 달했다.

그러나 그들 탐관오리의 뒤에는 조정의 고관이 뒤를 봐주고 있었다. 그래서 범방은 황제에게 조정의 고관들을 처벌할 것을 상소했으나 고관들이 오히려 황제에게 범방을 무고(誣告)하여 왕이 범방의 말을 듣지 않았다.

이렇게 되자 범방은 직인을 집무실에 걸어두고 고향으로 돌아갔다.

환제 연희(延熹) 9년(166) 범방은 환관당(宦官黨)의 부패를 기탄없이 공격하다가 당인(黨人)을 끌어 모은다는 죄목으로 파직되었다. 석방되었을 때 여남과 남양(南陽)의 사대부들이 마중 나와 수레만 수천 대였다고 한다. 그 뒤 영제(靈帝) 때 당인이 죽임을 당하자 범방은 스스로 옥(獄)에 나아갔다. 당시 현령 곽읍(郭揖)이 인수(印綬)를 풀고 함께 도망칠 것을 청했지만 듣지 않고 죽음의 길로 나갔다고 한다.

이때 어머니와 하직하며 「동생이 효성스러워 어머니를 충분히 봉양할 만하니, 저는 아버지를 따라 황천으로 돌아간다면 산 이와 죽은 이가 각기 제 장소를 얻을 것입니다. 오직 어머니께서는 사랑을 끊으시고 너무 슬퍼하지 마소서」 하고 말하니, 그의 어머니가 「너는 지금 이백(李白), 두보(杜甫)와 명성이 같으니 죽은들 무엇이 한이 되겠느냐. 이미 훌륭한 명성을 얻고 또 오래 살기까지 바란다면 그것을 겸해서 얻을 수 있겠느냐」 고 대답했다. 이때 범방의 나이 서른세 살이었다.

범방이 임지로 떠나면서 속으로 다짐한 결심 중 한 구절을 따 「남비징청(攬轡澄淸)」 이라는 성어가 생겨났다.

남산가이 南山可移

남녘 南 뫼 山 옳을 可 옮길 移

《구당서(舊唐書)》 이원굉전(李元紘傳)

이미 내린 결정은 절대로 고칠 수 없다.

남산은 옮길 수 있을지언정 이미 내려진 결정은 절대로 고칠 수 없다는 말이다. 한번 결심한 일은 결코 굽히지 않겠다는 의지를 나타낼 때 「남산가이(南山可移)」라고 한다.

당나라 때 옹주군(雍洲郡)에 호적을 관리하고 민사소송을 판결하는 사호참군(司戶參軍)이라는 벼슬을 하는 이원굉이라는 사람이 있었다. 《구당서》 이원굉전에 보면 이원굉은 사람됨이 정직하고 일을 처리함에 있어 아주 공명정대했다.

어느 날, 한 중이 찾아와 어떤 사람이 절의 돌말(石馬)을 강탈해갔다고 탄원을 했다. 그런데 강탈해간 자는 태평공주(太平公主)라는 자로서 조정의 권세를 등에 업고 갖은 악행을 저지르는 세도가였다. 하지만 이원굉은 조금도 개의치 않고 돌말을 절에 되돌려주라는 판결을 내렸다. 그러자 이원굉의 상관인 두회정(竇懷貞)은 태평공주가 두려워 이원굉에게 판결을 다시 내리라고 압력을 넣었다. 그러나 이원굉은 얼굴빛 하나 바꾸지 않고 판결문 말미에,

「남산은 옮길 수 있어도 판결은 흔들 수 없다(南山可移 判不可搖)」라는 여덟 글자를 덧붙였다. 남산은 장안성 남쪽에 있는 큰 산인데, 이원굉의 이 말은 원래 판결을 흔든다는(可搖) 것은 남산을 옮기기보다 어렵다는 뜻이었다. 여기서 절대로 변경할 수 없는 결정 따위를 비유해서 「남산가이」라고 한다.

남상 濫觴

넘칠 濫 담글(술잔) 觴

《순자(荀子)》 자도편(子道篇)

사물의 시초나 근원.

남(濫)은 물이 넘친다는 뜻도 되는데, 여기서는 물 위에 뜬다는 뜻이다. 상(觴)은 술잔을 말한다. 즉 「남상」은 술잔을 띄울 만한 조그만 물이란 뜻이다.

이것은《순자》자도편에도 거의 같은 글이 실려 있다. 큰 배를 띄우는 큰 강물도 그 첫 물줄기는 겨우 술잔을 띄울 만한 작은 물이란 뜻

장강(양자강)의 절경

에서, 모든 사물의 처음과 출발점을 말하여 남상이라 한다.

공자의 제자 자로(子路)가 화려한 차림을 하고 공자를 가 뵈었다. 공자는 자로의 그 같은 모습을 보고 말했다.

「유(由 : 자로의 이름)야, 너의 그 거창한 차림은 어찌된 일이냐?」

공자는 자로가 전과는 달리 그런 화려한 차림새를 하고 있는 것을 보자, 그가 혹시 사치와 교만에 빠져드는 것이 아닌가 싶어 걱정이 되었다. 그래서 양자강을 비유로 들어 이야기를 시작한다.

양자강은 민산(해발 5,600미터)에서 시작된다

「원래 양자강은 민산에서 시작되는데, 그것이 처음 시작할 때는 그 물이 겨우 술잔을 띄울 만했다(昔者 江出於岷山 其始出也 其源可以濫觴). 그러나 그것이 강나루에 이르렀을 때는 큰 배를 띄우고 바람을 피하지 않고는 건널 수 없다. 그것은 하류의 물이 많기 때문에 사람들이 겁이 나서 그러는 것이다. 지금 너는 화려한 옷을 입고 몹시 만족한 얼굴을 하고 있는데, 사람들이 너의 그 같은 태도를 보게 될 때 누가 너를 위해 좋은 충고를 해줄 사람이 있겠느냐」 하고 타일렀다.

항상 자기의 허물을 듣기를 좋아하고, 또 그 허물을 고치는 데 과감하기로 유명한 자로는 공자의 꾸중을 듣자 당장 옷을 바꾸어 입고 겸손한 태도로 다시 공자를 뵙게 된다. 공자는 다시 자로에게 긴 교훈의 말을 주게 되는데, 그것은 약하기로 한다.

「남상」을 잔을 담근다고 풀이하기도 한다. 잔을 띄우는 것이 큰 물 위에서도 가능하다고 본다면 잔을 물에 담가도 떠내려가지 않을 정도의 작은 물로 해석하는 것이 정확하다고 본다.

남선북마 南船北馬

남녘 南 배 船 북녘 北 말 馬

사방으로 늘 여행함. 바쁘게 돌아다님.

남쪽은 배, 북쪽은 말이란 뜻으로, 중국의 지세는 남쪽은 강이 많아서 주로 배를 타고, 북쪽은 평지가 많아서 주로 말을 탄다. 지금은 뜻이 바뀌어 항상 여행을 하거나 분주히 사방으로 돌아다님을 이르는 말이다.

고대 중국의 교통체계를 단적으로 나타낸 말이다.

화남(華南)지방은 양자강, 주장강을 비롯하여 수량이 많은 하천이 아주 많아 선박에 의한 사람의 왕래와 물품운송이 활발하였다. 이에 비해 화북지방은 산과 사막이 많은 데다가 강수량도 적어서 건기(乾期)에는 하천의 수량이 부족하여 선박의 항행이 불가능하였기 때문에 육로를 이용한 거마의 교통이 성황을 이루었다.

비슷한 뜻으로 「동분서주(東奔西走)」가 있다.

양자강

남우충수 濫竽充數

넘칠 濫 피리 竽 채울 充 헤아릴 數

《한비자(韓非子)》 내저설상(內儲說上)

「남아도는 악사가 머릿수를 채운다」는 뜻으로, 실력이 없는 자가 높은 자리를 차지함을 비유한 말이다.

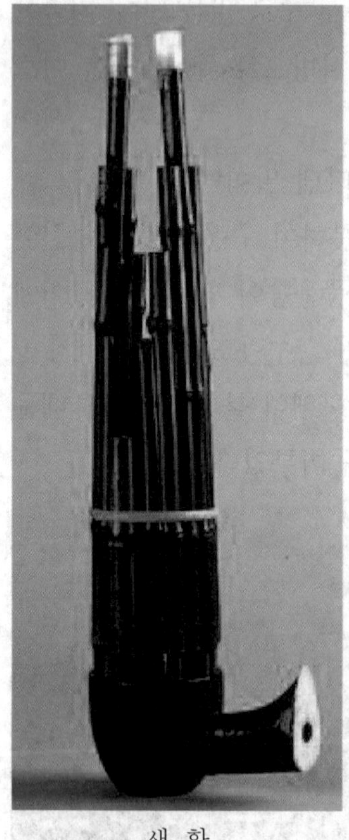
생 황

《한비자》 내저설상 칠술편(七術篇)에 있는 말이다. 여기에는 임금이 신하를 다스리는 일곱 가지 술법(術法)이 적혀 있는데, 그 내용은 이렇다.

「일곱 가지 술법이란, 첫째, 여러 가지 일의 발단을 참고하여 볼 것, 둘째 잘못된 일은 반드시 처벌하여 위엄을 밝힐 것. 셋째, 잘한 일은 상을 주어 능력을 다하게 할 것. 넷째 매일 신하들의 말을 들어 볼 것. 다섯째, 의심나는 명령을 내려보고 거짓으로 잘못을 시켜 볼 것. 여섯째, 아는 것을 감추고서 물어볼 것. 일곱째, 말을 거꾸로 하여 반대되는 일을 시켜 볼 것 등이다. 이 일곱 가지는 임금이 항상 염두에 두어야 할 것들이다」

전국시대 제(齊) 선왕은 생황(竽 : 악기의 일종) 듣기를 무척 좋아하였다. 그것도 독주보다 합주를 즐겨해서 매번 3백 명의 악사들로 하여금 연주를 하게 하였다.

남우충수 조상(彫像)

그런데 그 3백 명의 악사들 중에는 남곽(南郭)이라는 사람처럼 생황을 전혀 불 줄 모르는 이도 있었다. 그는 악사들 중에 섞여 번번이 흉내만 내면서 몇 해 동안 후한 대접을 받으며 지냈다.

그러던 중 제선왕이 세상을 떠나고 그의 아들이 제위에 올랐는데, 그가 바로 민왕이었다.

그런데 민왕도 생황 듣기를 좋아했지만 공교롭게도 그는 합주보다는 독주를 즐겨하였다. 그래서 그는 3백 명 악사들을 하나하나 불러 놓고 독주를 하게 하였다.

이리하여 우리의 남곽선생은 하는 수 없이 생황을 버리고 도망을 치는 수밖에 없었다.

이런 일로 인해서 사람들은 참된 재주가 없는 사람이 머릿수나 채우는 것을 가리켜 「남곽선생(南郭先生)」 또는 「남우충수」 라고 하게 되었다. 때로는 자기를 낮춰 겸손하게 나타낼 때도 「남곽(南郭」 또는 「남우(濫竽)」 라고 한다.

남원북철 南轅北轍

남녘 南 끌채 轅 북녘 北 바퀴자국 轍

《신악부(新樂府)》 입부기시(立部伎詩)

수레의 끌채는 남쪽으로 향하고 있는데 바퀴는 북쪽으로 굴러간다는 뜻으로, 마음과 행동이 일치하지 않음을 비유하는 말이다. 마음과 행위가 모순되고 있음을 비유한 말이다.

당(唐)나라 백거이(白居易 : 字 樂天)의 《신악부(新樂府)》 입부기시편(立部技詩篇)에 있는 이야기다.

전국시대 위(魏) 왕이 조(趙)나라의 도읍 한단(邯鄲)을 공격하려는 계획을 세웠다. 때마침 여행을 하고 있던 신하 계량(季梁)이 이 소식을 듣고 급히 돌아왔다. 그는 왕에게 이렇게 말했다.

「저는 여행에서 돌아오던 길에서 한 사람을 만났습니다. 그는 남쪽 초나라를 향해 가고 있다고 하면서 북쪽을 향해 마차를 몰고 있었습니다. 그래서 저는 『초나라로 간다면서 북쪽으로 가는 까닭이 무엇입니까?』라고 묻자, 그는 『이 말은 아주 잘 달립니다』라고 대답하였습니다. 그래서 저는 『말이 잘 달려도 이쪽은 초나라로 가는 길이 아닙니다』라고 하자, 그 사람은 『나는 돈을 넉넉히 가지고 있고, 마부가 마차를 모는 기술이 뛰어납니다』라고 엉뚱한 대답을 하였습니다. 왕께서도 생각해 보십시오. 그 사람의 행동은 초나라와 더욱 멀어지고 있는 것이 아니겠습니까? 왕께서는 항상 패왕(霸王)이 되어 천하가 복속하도록 하겠다는 말씀을 하셨습니다. 그렇지만 지금 왕께서는 나라가 좀 큰 것만을 믿고 한단을 공격하려고 하는데, 이렇게 하면 왕의 영토와 명성은 떨칠 수 있을지라도 왕께서 생각하는 목표로부터는 멀어지고 있는 것입니다. 이것은 제가 만난 사람처럼 마음은 초나라로 간다고 하면서 몸은 마차를 북쪽으로 몰고 가는 것과 같은 것입니다」

계량 소상(塑像)

결국 여기서 「남원북철」은 위 글의 대의를 나타낸 말로서, 계량은 무력이 아니고, 덕(德)으로 천하를 제패할 것을 진언한 것이다.

「북원적초(北轅適楚)」라고도 한다.

爲人君者 猶盂也 民猶水也
위인군자 유우야 민유수야
盂方水方 盂圓水圓
우방수방 우원수원
사람들의 임금노릇을 하는 자는 사발과 같고
백성은 물과 같다.
사발이 모나면 물도 모나고
사발이 둥글면 물도 둥글게 된다.

—《한비자》 외저설 좌하(外儲說左下)

남전생옥 藍田生玉

쪽 藍 밭 田 날 生 옥 玉

《삼국지》 촉지(蜀志)

남전(藍田)은 합서성(陜西省)에 있는 산 이름으로 옥의 명산지다. 남전이 예로부터 명옥(名玉)을 산출하듯, 명문가에서 훌륭한 인물이 나온다는 뜻이다.

제갈량(諸葛亮)은 촉(蜀)나라 유비를 섬겼지만 그의 형 근(瑾)은 오(吳)나라 손권의 신임을 받는 신하였다.

제갈근에게는 각(恪)이라는 총명한 아들이 있었는데 각이 여섯 살 때 어느 날 아버지를 따라 조정의 연회에 참석했다. 각의 비상한 재주를 들어서 잘 알고 있는 손권은 각에게 장난을 걸고 싶어졌다. 사람을 시켜 당나귀 한 마리를 끌어오게 하고는 그 얼굴에다 「제갈근」이라고 썼다. 제갈근이 당나귀를 닮았기 때문이었다.

모두 배꼽을 잡고 웃었지만, 각은 담담한 표정으로 손권의 붓을 빌리더니 「제갈근」이라고 쓴 당나귀 얼굴에다 「의 당나귀」라고 덧붙여 썼다. 「제갈근의 당나귀」가 되지 않았는가. 모두 그 기지에 감탄했고 손권은 당나귀를 각에게 주었다.

연회장에서의 일이다. 손권이 제갈각더러 중신들에게 술잔을 돌리라 했는데, 장소의 차례가 되자 장소가 「이는 어른을 모시는 예의가 아니다」라면서 술잔을 받으려 하지 않았다.

이때 손권은 싸움을 붙일 작정으로 제갈각에게 「장자포(장소의 자)가 술을 마시게 할 수 있겠느냐?」라고 물었다. 이에 제갈각이 「강태공은 나이 80이 되고도 최전방에 나가서 계책을 냈습니다. 그러나 그는 전혀 불평하지 않았습니다. 그런데 저희는 선생(장소)을 전쟁 중엔 뒤에 모시고, 술 마실 땐 앞에 모십니다. 이러한데 어찌 어른을 모시는 예의가 아니라 할 수 있겠습니까?」라고 하자, 결국 장소는 어쩔 수 없이 술을 마셨고, 좌중은 감탄했다. 또 어느 날 손권이 각에게 물었다.

손 권

「네 아버지와 삼촌 중 누가 더 현명하다고 생각하느냐?」

그러자 각이 대답했다.

「훌륭한 군주를 섬기는 아버지가 더 현명하다고 생각합니다」

이러니 손권의 입이 벌어질 수밖에.

또 한 번은 유비의 사자(使者)가 오나라에 왔을 때 손권이 사자에게 각이 승마를 좋아하니 말 한 필을 보내주도록 삼촌인 제갈량에게 전해달라고 하자, 그 말을 들은 각이 손권에게 고맙다고 말했다.

그러자 손권이 「좋아하기에는 너무 이르구나. 말이 언제 올지 모르는데?」 각이 대답했다. 「촉은 오나라의 마구간입니다. 전하의 명령인데, 반드시 명마를 보내줄 것입니다」

재치 있게 받아넘기는 각에게 감탄하면서 손권은 각의 아비 제갈근에게 「남전에서 옥이 난다는 말이 진실로 거짓이 아니로다(藍田生玉眞不虛也)」하고 말했다.

훌륭한 아버지에 훌륭한 아들이 난다는 말이다. 그러나 제갈근은 손권의 호감에도 불구하고 아들 각을 별로 탐탁찮게 여겼다고 한다.

남풍불경 南風不競

남녘 南 바람 風 아니 不 겨룰 競

《좌전》 양공편(襄公篇)

중국 남쪽의 음악(音樂 : 南風)은 음조(音調)가 미약하고 활기가 없다는 뜻으로, 대체로 세력이 크게 떨치지 못함을 이르는 말이다.

춘추시대 말엽, 노양공(魯襄公) 18년(BC 555)에 진(晋)을 중심으로 노나라 · 위(衛)나라 · 정(鄭)나라의 연합군이 제(齊)나라를 공격했다. 이때 정나라에서는 군대를 출정시키면서 자공(子孔)과 자전(子展) · 자장(子張) 등을 남겨 놓아 방비를 하도록 했다. 정(鄭)의 자공은 야심에 불타고 있었다. 그의 야심에 방해자가 되는 여러 대부들을 제거하고 정권을 장악하려고 꾀하고 있던 참이었다.

당시 제후는 진(晋)을 맹주로 삼고, 대두해온 제(齊)에 대한 토벌군을 일으켜 착착 그 포위진을 압축시키고 있었다. 그래서 그 틈을 타 자공은 진(晋)에 반기를 들고 남쪽의 명문인 초(楚)의 영윤(令尹) 자경(子庚)에게 보내 그 뜻을 알렸으나 자경은 들어주지 않았다. 그런데 초강왕(楚康王)이 그 소식을 듣고 자경에게 사람을 보내어,

「내가 사직(社稷)을 맡아서 지킨 지 5년이 되어 가지만, 아직 외국에 군대를 파견한 예가 없소. 국민들은 나를 가리켜 스스로 안일(安逸)에 젖어서 선군(先君)의 유업을 잊었다고 생각할는지 모릅니다. 영윤께서 다시 생각해 주기 바라오.」

오로지 국가의 이익만을 걱정하고 있는 자경은 그 말을 듣고 깊이 탄식했으나, 임금의 명령이고 보니 하는 수 없이 군대를 파견하기로 하는데 거기에 단서를 달았다.

「현재 여러 제후들은 진(晋)에게 쏠리고 있습니다만, 여하튼 한 번 부딪쳐 보기는 하겠습니다. 잘 된다면 주상께서도 나서 주십시오. 잘 되지 않을 때에는 군대를 회군하도록 하십시오. 그렇게 하면 손해도 없고 주상의 치욕이 되지도 않을 것입니다」

자경은 군대를 이끌고 정(鄭)으로 출격했다. 그러나 이미 자공의 야심을 눈치 챈 정나라의 자전과 자장이 수비를 강화해 두었기 때문에 목적을 달성할 수가 없었다. 자경의 군대는 각지를 전전해서 침략을 계속했으나 성하(城下)에는 겨우 이틀 동안 주둔했다가 철수해야 할 형편이었다. 어치산 기슭을 지날 무렵 큰 비를 만나고 추운 겨울이라 인마는 꽁꽁 얼어 군대는 거의 전멸 상태에 빠지고 말았다.

진(晋)나라에서도 초군이 출동했다는 소문은 퍼지고 있었다. 그러나 사광(師曠 : 진나라의 악관樂官)이 말하기를,

「뭐 대단한 일은 없을 것이다. 나는 전부터 남방의 노래, 북방의 노래를 연구했는데 남방의 음조는 미약해서 조금도 생기가 없다. 초군은 반드시 실패할 것이다(不害 吾驟歌北風 又歌南風 南風不競 多死聲 楚必無功)」라고 했다.

동숙(董叔 : 역수가)도, 「금년 운수 이 달의 운 역시 서북방에 유리하다. 남군은 때를 얻지 못하고 있다. 반드시 성공을 거두지 못할 것이다」

숙향(叔向 : 정치가)도, 「모든 것은 임금의 덕에 의하는 것이다」 세 사람이 다 같은 예언을 한 셈이다. 「남풍불경」은 남쪽나라의 세력이 떨치지 못한다는 뜻으로, 초나라는 국민의 기풍(氣風)이 저조한 데다 천기(天機)를 얻지 못하였으며, 왕의 자질 부족과 정황 판단의 나약성 등을 드러내고 있어 일반적으로 세력이 크게 떨치지 못할 때 잘 쓰는 말이다.

낭자야심 狼子野心

이리 狼 아들 子 들 野 마음 心

《춘추좌전(春秋左傳)》

이리 새끼는 들에 마음을 둔다는 뜻으로, 본성이 흉포하면 고치기 어렵고, 또는 흉포한 야심(野心)을 가진 사람을 비유한 말로서, 흉포한 마음과 모반하는 성질은 길들인다 해도 고치기 힘들다는 말이다.

춘추시대, 자문(子文)은 약오(若敖)씨의 후예로, 성은 투(鬪)이고 이름은 곡오토(穀於菟)다. 초(楚)나라에서는 젖을 곡(穀), 호랑이를 오토(於菟)라고 했으니 호랑이 젖을 먹고 자랐다는 뜻이다. 초의 명문가였던 투약오의 아들 투백비가 운(鄖)나라 공주와 사통하여 낳은 자식으로, 낳자마자 들판에 버려졌으나 호랑이가 물어다가 젖을 먹여 키웠다고 전한다.

나중에 그를 발견한 사람이 「이 아이에게는 복이 있다」며 데리고 갔다. 투자문은 뒤에 초나라의 재상이 되었다. 사람 됨됨이가 공정하며, 법 집행도 엄정 공명했다.

자문(子文)과 자량(子良) 형제는 모두 초(楚)나라에서 벼슬을 하였다. 자문은 영윤(令尹)을, 자량은 사마(司馬) 직위에 있었다. 어느 해, 사마 자량의 부인이 아들을 낳았는데, 그 이름을 월초(越椒)라 하였다. 자문은 월초를 보더니 동생 자량에게 말했다.

「반드시 이 아이를 죽여라. 이 아이는 곰과 범의 형상을 하고 승냥이와 이리의 소리를 내니 이 아이를 죽이지 않으면 우리 가문이 멸망할 것이다. 속담에 『이리 새끼는 마음이 늘 들판에 가있다(狼子野心)』라고 하지 않느냐. 이 아이가 이리인데 어떻게 기를 수 있겠느냐?」

그러나 자량은 자식을 차마 죽일 수 없어 형의 말을 듣지 않고 월초가 성인이 될 때까지 길렀다. 그러나 자문은 월초가 살아 있는 것이 매우 불길하다고 생각하였다. 세월이 흘러 자문이 임종(臨終)에 이르자, 온 가족을 모아놓고 유언을 하였다.

약 오

「장차 월초가 벼슬을 하게 되면 너희들은 모두 초나라를 떠나야만 화(禍)를 면하게 될 것이다」

그는 장래 월초가 일족을 수중에 넣고 전멸시킬 것을 염려했다. 그가 죽은 뒤에 아들 반(般)이 재상이 되고, 월초도 아버지를 대신하여 병부상서가 되었다.

기원전 626년, 성왕의 아들 상신(商臣)은 부왕을 시해하고 왕이 되어 목왕(穆王)이라 칭했다. 반은 알고 있었으나 발설하지 않았다. 월초는 이 기회에 재상 자리를 빼앗으려고 목왕에게 반을 중상했다. 목왕은 월초와 위가(蔿賈)의 말을 믿고 반을 죽이고 월초를 재상에, 위가를 병부상서에 각각 발탁했다.

월초는 20년간 재상 직을 보았다. 그 사이에 목왕은 죽고 장왕(莊王)이 즉위했다. 그는 장왕을 내심 경멸하면서도 왕이 위가를 중용하여 그의 권력을 삭감하려는 것을 원망하여 모반을 꾀하였다.

월초는 장왕이 외국으로 원정 나간 틈을 타 약오씨 일족을 이끌고 위가를 습격하여 그를 체포하여 죽여 버렸다. 그것을 안 장왕은 투씨의 역대 공적을 생각하여 월초에게 사죄시켜 사태를 수습하려고 월초의 아들을 인질로 내놓으라고 제의했으나 그는 거부했다.

양유기

이듬해, 월초와 장왕 양군이 교전하여 장왕은 약오씨의 일족을 몰살시켜 버렸다. 월초의 「낭자야심」은 마침내 여기까지 발전하여 투자문이 염려한 대로 약오씨에게 큰 재난을 가져다주었다.

《사기》 주기(周紀)에 있는 이야기다.

「초(楚)나라에 양유기(養由基)라는 사람이 있었는데, 활을 잘 쏘는 사람이었다. 버드나무 잎을 백 보 떨어진 곳에서 쏘면 백 번 쏘아 백 번 맞혔다(百發百中)……」

양유기는 활을 잘 쏘기만 하는 것이 아니라 막기도 잘하고 힘도 또한 세 화살이 소리보다 먼저 갔다고 한다. 투월초가 반란을 일으켰을 때 양유기는 이름 없는 하급 장교였다.

양유기가 나서서 단둘이 담판을 짓자고 제안하여 투월초와 양유기 둘이 승부를 결정짓게 되었을 때 먼저 투월초가 활을 쏘아 보냈다. 처음은 활로써 오는 화살을 막고 두 번째는 몸을 옆으로 기울여 화살을 피했다. 세 번째는 몸을 피하지 않고 이빨로 물어서 화살을 막았다. 여기서 「백발백중」 고사가 생겨났다.

초장왕

그 다음 양유기는 단 한 발을 쏘아 투월초를 죽였고 반란은 끝났다. 그러나 초나라 공왕(共王)은 그가 재주만 믿고 함부로 날뛴다 해서 항상 주의를 주며 활을 함부로 쏘지 못하게 했다. 그 뒤 양유기는 결국 화살에 맞아 죽고 말았다.

요즘은 이 말이 모든 일이 계획대로 들어맞거나 하는 일마다 족족 적합하고 득이 되는 일일 경우에 많이 쓴다.

투씨 성을 가진 사람으로서 살아남은 자는 투반의 아들 투극황(鬪克黃)뿐이었다. 투극황은 벼슬이 잠윤(箴尹)이었는데, 1년 전에 친선 사절로 제(齊)나라와 진(秦)나라에 가고 없었다.

사절의 임무를 마치고 돌아오는 도중 송(宋)나라에 당도했을 때 투월초가 반란을 일으켰다는 소문을 듣고 수행원이 망명할 것을 권했으나 거절하고 귀국했다. 초 장왕은 투자문의 공로를 생각해서 투극황에게 예전 벼슬을 주고 이름을 생(生 : 다시 태어나다)으로 고쳐 살게 했다.

낭중지추 囊中之錐

주머니 囊 가운데 中 의 之 송곳 錐

《동헌필록(東軒筆錄)》

재능이 뛰어난 사람은 숨어 있어도 사람에게 알려진다.

《동헌필록》에 있는 이야기다.

중국 장산(長山)이라는 동네에 점(占)을 잘 치는 사람이 있었다. 이 사람의 점은 신(神)을 불러내어 그 신으로부터 모든 것을 일러 받는 일이었다. 이 점에 나오는 신은 하선고(何仙姑)라는 이름으로 그 말하는 것이 조리에 들어맞고 학문에 대해서도 조예가 깊었으므로 모든 사람들한테 인기가 높았다.

그 시절에 장산에서 공부하고 있던 학생 중에 이(李)라는 사람이 있었는데 행실이 좋고 두뇌도 문장도 능했으므로 남한테 신망을 받아 왔었다. 허나 웬일인지 이 사람이 과거(科擧)만 보면 반드시 떨어지므로 친한 친구들이 걱정하여 하선고를 불러내어 물어보기로 하였다.

「내 친구 이(李)는 인물이 훌륭한 자로 문장도 능한데 시험만 보면 꼭 떨어지니 도대체 어찌 된 셈일까요?」

하고 묻자 하선고는 대답하였다.

「이상하군. 그럼 그 이군이 쓴 글을 좀 보여주게」

친구들이 이군이 쓴 글을 가져다 보였더니 하선고는 술술 내려 읽으며 말하는 것이었다.

「으음, 이 글은 훌륭한데. 그렇다면 장원급제는 틀림이 없겠는데, 참 이상도 한 노릇인 걸. 잠깐 조사해 보고 올 터이니 기다려 보게나」

하선고

얼마 있다가 하선고가 말했다.

「내가 지금 관에 가서 조사를 해보았더니 시험관 책임자는 관내의 사무가 바빠서 채점을 부하에게만 맡기고 있다더군. 그 부하들이라는 것이 누구 하나 똑똑한 자가 없어 아무리 이군이 좋은 글을 썼어도 그 뜻을 못 알아보는 것일세. 한두 사람 학문이 나은 사람이 있으나 답안은 여러 사람이 나누어 보고 있으므로 요행 그런 사람에게 걸리지를 않았네. 아마 이군은 이 다음 시험에도 떨어지게 될 걸세」

친구들은 돌아가 이군에게 이런 이야기를 하였더니 이군은 몹시 낙심을 하였다. 그렇다고 학문을 단념할 수는 없었다. 그래서 이 때 문장의 대가로서 유명한 손(孫)선생에게 가져다가 평을 받기로 하였다.

「이건 잘 됐는걸. 이런 훌륭한 글이 떨어진다는 것은 있을 수 없는 일이야. 군은 반드시 합격할 것이므로 점쟁이가 하는 말을 염려할 필요가 없네」

이 말을 듣고 난 이군도 다시 자신을 얻어 다음 시험을 치렀다.

허나 시험 결과가 발표된 것을 보니 하선고가 말한 대로 이군은 떨어져 버렸다. 이군의 실망은 말할 것도 없고, 손선생도 이 말을 듣고 당장 이군의 답안을 갖다 조사해 보았더니 이렇다 할 결점도 없고 언제나 다름없는 훌륭한 문장이었다.

「이것은 이상한데? 이런 훌륭한 문장을 쓰고서도 합격이 안되다니. 이는 반드시 시험관의 책임자가 바빠서 직접 답안을 조사하지 못하고 부하들에게 채점을 시키고 있는 까닭일 거야」

손선생의 말이 하선고가 말한 이야기와 같았으므로 이군은 또다시 하선고의 말이 옳았음에 감탄하여 다시 한 번 하선고를 불러내어 물었다.

「요전 시험 결과는 선생이 말씀하신 대로였습니다. 이 다음 시험에는 기필코 합격해야겠는데 무슨 좋은 도리는 없겠습니까?」

하고 묻자 하선고는 대답하였다.

「별도리는 없어, 단지 참다운 길 하나밖에는. 참다운 일은 반드시 나타난다. 마치 포대 속에 송곳을 넣어 두면 언젠가는 그 끝이 포대를 뚫고 나오듯이 훌륭한 사람은 아무리 운이 나빠서 밑바닥에 눌려 있어도 언젠가는 반드시 세상에 뛰어나는 법이다. 이군은 한두 번의 실패에 낙담 말고 이제부터도 쉬지 말고 학문을 닦아, 쓴 글을 여러 사람에게 보이도록 하게. 그 동안에는 반드시 시험관도 군의 진정한 가치를 알아주게 될 것이네」

이군은 하선고에게 들은 대로 그로부터도 열심히 공부하여 자기가 지은 문장을 계속해서 세상에 발표하였다. 그리하여 이군이 훌륭한 인물이라는 것이 논의가 되어 그 다음 시험에는 장원으로 합격하였던 것이다.

또 《사기》 모수전(毛遂傳)에 이런 이야기가 있다.

진나라가 조나라 서울 한단(邯鄲)을 포위하자 조나라는 평원군을

초나라로 보내 구원병을 청하게 했다. 평원군은 길을 떠날 때 문무를 겸한 문객 스무 명을 뽑아 데리고 가기로 하고, 인선에 들어갔으나 겨우 열아홉 명밖에 뽑지 못했다. 더 고를 만한 사람이 없었던 것이다. 이에 자청해서 나선 것이 모수였다.

모 수

평원군이 모수를 보고 이것저것 물어보니, 그는 식객으로 들어온 지도 3년이나 되었다고 하는데 그의 눈에 들지 않았다는 사실로 보아 별다른 재주가 있는 것 같지 않았다.

「어떤 사람에게 재주가 있다면 마치 주머니 속 송곳처럼 당장 비어져 나왔을 걸세(譬若錐地處囊中 其末立見). 그대는 3년 동안이나 내 집에 있었으면서도 아무런 재주도 보여주지 못했으니 안되겠네」

평원군이 못미덥다는 듯 이렇게 말하자, 모수는 벌떡 일어서며 말했다.

「제가 저를 스스로 천거하려는 것은 바로 군께서 지금 나를 주머니 속에 넣어 달라는 뜻입니다. 일찌감치 저를 주머니 속에 넣었더라면 벌써 비어져 나왔을 게 아니겠습니까?」

평원군은 모수의 말도 그렇겠다 싶어 마침내 그를 20번째 수행원으로 발탁해서 결국 모수의 큰 활약으로 목적을 달성할 수 있었다.

낭패 狼狽

승냥이 狼 이리 狽

이밀(李密) 「진정표(陳情表)」

옛날 사람들은 승냥이(狼)와 이리(狽)는 전설상의 동물로 인식하였다. 승냥이 앞다리가 길고 뒷다리가 짧은 모습을 하고 있고, 이리는 앞다리가 짧고 뒷다리가 긴 동물이다.

낭은 패가 없으면 서지 못하고, 패는 낭이 없으면 다니지 못하므로 반드시 함께 행동해야만 한다. 여기서 상황이 곤란하여 이러지도 저러지도 못하는 것을 「낭패불감(狼狽不堪)」이라고 한 것이다.

이밀은 본래 촉(蜀)의 관리였다. 촉이 멸망하자 진무제 사마염(司馬炎)은 그를 태자세마(太子洗馬)에 임명하려고 했으나 번번이 사양하였다. 그렇지만 나중에는 더 이상 사양할 방법이 없자 자신의 처지를 글로 써서 올리기로 했다. 그 가운데 일부만을 옮겨본다.

「저는 태어난 지 6개월 만에 자애로운 부친을 여의었고, 네 살 때 어머니는 외삼촌의 권유로 개가를 했습니다. 할머니께서는 저를 불쌍히 여겨 직접 기르셨습니다. 저희 집에는 다른 형제가 없으며 큰아버지나 작은아버지도 없어 의지할 곳이 없어 쓸쓸합니다. 저는 어렸을 때 할머니가 아니었다면 오늘날 있지 못했을 것입니다. 그런데 지금은 할머니께서 연로하니 제가 없으면 누가 할머니의 여생을 돌봐 드리겠습니까. 그렇지만 제가 관직을 받지 않으면 이 또한 폐하의 뜻을 어기는 것이 되니, 오늘 저의 처지는 정말로 낭패(狼狽)스럽습니다」

결국 이밀의 간곡한 상소는 받아들여졌다.

내우외환 內憂外患

안 內 근심 憂 바깥 外 환난 患

《국어(國語)》 진어(晉語)

「내부에서 일어나는 근심과 외부로부터 받는 근심」이란 뜻으로, 나라 안팎의 여러 가지 근심 걱정을 이르는 말이다.

춘추시대 중엽(BC 576년) 송나라는 서문 밖에서 진나라와 초나라를 설득하여 맹약을 체결했다. 서로 불가침의 규약을 지킴으로써 평화를 도모하고 한쪽이 이를 어길 때엔 나머지 두 나라가 연합하여 공격한다는 것이 골자였다. 그런데 이듬해 575년에는 진의 영공과 초의 공왕 사이에 마찰이 생겨 언릉(焉陵)에서 대치했다.

이 전투에서 초나라 공왕이 눈에 화살을 맞고 패주하더니 나라의 기세가 크게 꺾이는 비운을 맞이했다. 이러한 일이 있기 전 낙서(樂書)라는 이는 진나라에 항거하는 정나라를 치기 위해 동원령을 내렸다. 초나라와 일전불사를 외치자 범문자가 반대했다.

당시에 진나라 내부에서는 극씨(郤氏)·낙서(樂書)·범문자(范文子) 등의 대부들이 정치를 좌우할 만큼 큰 세력을 가지고 있었다.

범문자는, 「제후로 있는 사람이 반란하면 이것을 토벌하고, 공격을 당하면 이를 구원하여 나라는 이로써 혼란해진다. 따라서 제후는 어려움의 근본이다」라고 말했다. 그러나 낙서의 생각은 달랐다.

「오직 성인만이 안으로부터의 근심도, 밖으로부터의 재난도 능히 견디지만, 성인이 아닌 우리들에게는 밖으로부터의 재난이 없으면 반드시 안으로부터 일어나는 근심이 있다(唯聖人能外內無患 自非聖人 外寧必有內憂)」

내조지현 內助之賢

안 內 도울 助 의 之 착할 賢

《삼국지(三國志)》 위지(魏志)

현명한 아내의 내조.

내조(內助)란 내부에서 하는 원조라는 뜻으로, 아내가 집안일을 잘 다스려 남편을 돕는다는 말로 쓰이고 있으며, 내조지공(內助之功)이라고도 한다. 《삼국지(三國志)》에 있는 이야기다.

위문제 조비

위(魏)나라 문제(文帝) 조비(曹丕)의 황후(皇后) 곽씨(郭氏)는 군(郡)의 장관인 곽영(郭永)의 딸이다. 그녀는 어려서부터 남달리 똑똑하였으며 곽영이 「내 딸은 여자 중의 왕이다」라 말하여 「여왕」이라 불렀다고 한다.

조조(曹操)가 위나라 왕이 되고 나서 후계자로 장자(長子)인 조비를 정할 것인지, 똑똑하고 문장이 뛰어난 조식(曹植)으로 정할 것인지를 고민하다가 나이와 장자라는 명분으로 조비를 황태자로 정하였다. 그러나 뒤에 조비의 황후 곽씨가 책략을 썼다는 설도 있다.

조식 조상(彫像)

조비가 즉위하자 조예(曹叡 : 3대 明帝)를 낳은 견후(甄后)를 참소(讒訴)하여 죽였는데, 머리로 얼굴을 덮고 겨로 입을 틀어막은 채로 매장하였다고 한다. 이후 곽씨를 황후로 삼으려고 하자 중랑(中郞)인 잔잠(棧潛)이 다음과 같은 내용으로 상소하였다.

「옛날 제왕은 천하를 다스림에 있어(在昔帝王之治天下), 밖에서 돕지 않으면 안에서 돕는 것이 있었다(不惟外輔 亦有內助). 다스려지고 어지러움이 이로 말미암고, 성하고 쇠하고 이로 좇아 된다(治亂所由 盛衰終之)」

이어서 경계해야 할 전례(典例)로 《주역(周易)》이나 《춘추좌씨전(春秋左氏傳)》에 기록된 내용을 인용하면서, 견후 살해의 경위 등으로 보아 내조의 공을 세울 수 없는 위인(爲人)으로 보고서 신분이 천한 사람을 귀한 자리에 앉히는 위험을 말하였다. 그러나 문제는 그 말을 듣지 않고 곽씨를 황후로 삼았으며, 여기서 「내조지공」이라는 말이 유래되었다.

남편의 사회생활이나 출세에 미치는 아내의 도움을 내조의 공이라고 말하는데, 여성의 사회진출이 많아지면서 외조지공(外助之功)이라는 말도 요즘에는 자주 쓰인다.

노구능해 老嫗能解

늙을 老 할미 嫗 능할 能 풀 解

《구북시화(甌北詩話)》

나이 든 할머니도 글을 이해한다는 뜻에서 매우 쉽게 글을 쓰려고 힘쓰는 것을 말하며, 「노구도해(老嫗都解)」, 「노온능해(老媼能解)」라고도 한다.

당(唐)나라 때의 유명한 시인 백거이(白居易, 字는 樂天, 772 ~846)의 일화에서 전해진다. 백거이가 시를 지을 때마다, 노인들에게 읽어주어 이해를 하면 시를 썼다는 데서 유래하였다.

청나라 학자 조익(趙翼, 1727~1812)의 편저인 《구북시화(甌北詩話)》에 다음과 같은 일화가 전해진다.

「백낙천은 시를 지을 때마다 한 사람의 노파도 그것을 이해하도록 하였다. 『이해하지 못하시겠습니까?』라고 물어보아 『이해하겠습니다』라고 하면 그것을 기록하고, 『이해하지 못하겠습니다』라고 하면 다시 그것을 쉽게 고쳤다(白樂天每作詩 令一老嫗解之 問曰解否 曰解則錄之 不解則復易之)」

이런 일화는 시중에 떠돌던 이야기일 테지만, 백거이의 시가 이웃집 할머니도 이해할 만큼 쉬운 글은 아니지만, 다른 시인에 비해 알기 쉽게 쓰인 작품이라고 평한다. 그의 작품에는 《장한가(長恨歌)》, 《비파행(琵琶行)》, 《백씨문집(白氏文集)》 등이 있다.

작품을 알기 쉽게 쓴 백거이는 학식이나 식견이 없는 할머니들에게 시를 읽어주고 그들이 잘 알아듣지 못하는 경우에는 시의 구절을 고쳐지어서 시를 이해하기 쉽도록 썼다고 한다.

노노불휴 呶呶不休

지껄일 呶 아니 不 쉴 休

한유(韓愈) / 「언잠(言箴)」

수다스러움.

당나라 때의 저명한 문인이었던 한유는 덕종·현종 연간에 감찰어사·국자박사·고공낭중 등의 높은 벼슬을 역임했지만 사람됨이 정직하고 권세에 아부할 줄 몰랐기 때문에 여러 번 좌천을 당하기도 하였다. 여러 차례 곡절을 겪은 뒤 한유는 「언잠(言箴)」이라는 단문을 써서 자신을 경계하였는데, 그 전문은 다음과 같다.

「말을 알지 못하는 사람과 어찌 더불어 말하겠는가? 말을 아는 사람은 묵묵히 침묵을 지키지만 그의 뜻은 이미 전해졌다. 장막 안에서의 변론을 듣고 사람들은 오히려 네가 모반했다고 하며, 누대 위에서의 평가를 듣고 사람들은 오히려 네가 경도되었다고 말한다. 너는 어찌 이런 일들에서 교훈을 얻지 못하고 마구 떠들어 자신의 생명을 다치게 하는가(不知言之人 烏可與言 知言之人 默焉而其意已傳 幕中之辯 人反以汝爲叛 臺中之評 人反以汝爲傾 汝不懲邪而呶呶以害其生邪)」

52자밖에 안 되는 글에서 한유는 부패한 통치자 아래서 정직한 지식인이 겪어야 하는 침통한 심정을 생생하게 그려냈다.

마지막 두 구절의 뜻은 「그대는 아직도 교훈을 찾지 못하는가! 그래 수다스럽게 입을 놀려 생명을 잃고 싶단 말인가!」 하는 것이다. 바로 여기에서 「노노불휴」라는 성구가 나오게 되었는데 「첩첩불휴(喋喋不休)」라고도 한다.

노마십가 駑馬十駕

둔할 駑 말 馬 열 十 멍에 駕

《순자(荀子)》 수신편(修身篇)

느리고 둔한 말도 준마의 하룻길을 열흘에는 갈 수 있다는 뜻으로, 둔하고 재능이 모자라는 사람도 열심히 하면 훌륭한 사람이 될 수 있음을 비유적으로 이르는 말.

순 자

주(周)나라의 유학자(儒學者)인 순자(荀子)의 사상을 집록(輯錄)한 《순자》 수신편(修身篇)에 있는 말이다.

「천리마는 하루 만에 천 리를 달리는데, 둔한 말도 열흘 동안 달리면 이에 미칠 수 있다(夫驥一日而千里 駑馬十駕則亦及之矣)」

걸음이 느리고 둔한 노마는 능력이 없는 둔재(鈍才)에 비유하며, 말이 멍에를 지고 하루에 수레를 끌고 다닐 수 있는 거리를 일가(一駕)라고 하는데, 십가(十駕)는 열흘 동안 말이 달린 거리를 가리킨다.

능력이 부족한 사람도 게으르지 않고 노력하기를 힘쓰면 재능 있는 사람들과 어깨를 겨눌 수 있다는 말이다.

노마지지 老馬之智

늙을 老 말 馬 의 之 슬기 智

《한비자(韓非子)》 설림편(說林篇)

아무리 하찮은 인간도 나름대로의 장점과 특징을 가지고 있다.

「늙은 말이 지혜가 있다」는 뜻으로, 아무리 하찮은 인간이라도 사람은 각각 장점과 특징을 가지고 있다는 말이다.

관중(管仲)은 춘추시대 오패(五霸)의 한 사람인 제환공을 도운 명재상이었는데, 그 관중의 병이 무거워졌을 때, 자기의 후임으로 누가 좋은지 환공으로부터 하문받고 소위 「관포지교」를 맺은 포숙아(鮑叔牙)보다 도리어 적임이라고 추천한 인물은 습붕(隰朋)이었다.

환공이 이 관중, 습붕 들을 이끌고 소국인 고죽(孤竹)을 토벌하고자 군사를 일으켰을 때의 일이다. 공격을 시작했을 때는 봄이었으나 싸움이 끝나고 귀로에 오를 때는 계절도 어느덧 겨울이 되어 있었다. 살을 에는 찬바람과 악천후에서의 행군은 갈 때와는 전혀 달라 고생이 대단했다. 산을 넘고 계곡을 건너 진군시키던 중 환공의 군대는 어느새 길을 잃고 말았다. 지독한 추위 속에 덜덜 떨면서 대장(隊長)들은 저쪽인가, 아냐, 이쪽 늪(沼)을 건너야 하지 않나 우왕좌왕하고 있을 때, 관중이 단호하게 말했다.

「이런 때는 늙은 말이 본능적 감각으로 길을 찾아낼 수 있을 것이다(老馬之智 可用)」

그래서 짐말(荷馬) 중에서 한 마리의 노마(老馬)를 골라 수레에서 풀어 주었더니 말은 잠시 두리번거리며 길을 찾는 듯싶더니, 잠시 후 어느 방향으로 걷기 시작했다. 노마를 따라 길 없는 길을 가는 동안에

관중 기념관 앞 관중 조상(彫像)

군대는 마침내 제 길을 찾아 병사들은 무사히 행군을 계속할 수가 있었다. 또 험한 산속 길을 행군했을 때의 일이다. 병사들은 휴대하고 있던 물은 다 마셔버렸는데 가도 가도 샘물은커녕 냇가도 나타나지 않았다. 군사들은 목마름에 허덕여 더 이상 한 걸음도 전진할 수가 없게 되었다. 이때 습붕이 말했다.

「개미란 것은 겨울에는 산의 남쪽에 집을 짓고 여름에는 산의 북쪽에 집을 짓는 법인데, 한 치의 개미집이 있으면 그 아래 8척이 되는 곳에 물이 있는 법이다」

그래서 개미집을 찾아 그 지하를 몇 자 파 들어가자 콸콸 물이 용솟음쳐 나왔다고 한다. 《한비자》 설림편에서는 이 이야기를 들어, 지금 시대의 사람들은 명민한 머리도 갖고 있지 않으면서 뽐내고 있다고 하며 다음과 같은 결론을 내리고 있다.

「관중의 성(聖)과 습붕의 지(智)로써도 그 모르는 곳에 이르러서는 노마나 개미를 스승으로 삼는 것을 꺼려하지 않는다. 지금 사람은 그 어리석은 마음으로도 성인(聖人)의 지(智)를 스승으로 삼을 줄을 모른다. 이 역시 잘못이 아닌가」

「노마지지」란 뭐든지 안다고 제아무리 잘난 체해도 그 지혜가 노마나 개미만도 못한 때가 있는 법이다. 「경험을 쌓은 사람이 갖춘 지혜」란 뜻으로 사용된다.

노발충관 怒髮衝冠

성낼 怒 터럭 髮 찌를 衝 갓 冠

《사기》 염파인상여열전

노여움으로 격렬한 분노에 곤두선 머리털이 갓을 추켜올릴 만큼 몹시 성이 난 모습으로, 격노함을 이르는 말. 「노발충천(怒髮衝天)」이라고도 한다.

전국시대 때, 조나라 혜문왕(惠文王)은 당시 천하의 제일가는 보물로 알려져 있던 화씨벽(和氏璧)을 우연히 손에 넣게 되었다. 그러자 이 소문을 전해들은 진나라 소양왕(昭陽王)이 열다섯 개의 성(城)을 줄 테니 화씨벽과 맞바꾸자고 사신을 보내 청해 왔다.

진나라의 속셈은 뻔했다. 구슬을 먼저 손에 넣은 다음에는 성은 주지 않을 작정이었다. 그렇다고 그러나 조나라로서는 이를 거절하면 거절한다고 진나라에서 트집을 잡을 것이 또한 분명했다.

이럴 수도 저럴 수도 없어 중신회의에서도 결론을 내리지 못하고 있을 때, 환자령(宦者令) 유현이 그의 식객으로 있는 인상여(藺相如)를 추천했다. 혜문왕은 인상여를 불러 대책을 물었다. 그러자 그는,

「조나라가 거절하면 책임은 조나라에 있고, 진나라가 속이면 책임은 진나라에 있습니다. 이를 승낙하여 책임을 진나라에 지우는 것이 옳을 줄 아옵니다」 하고 대답했다.

「그럼 어떤 사람을 사신으로 보내면 좋을는지?」

「마땅한 사람이 없으면 신이 구슬을 가지고 가겠습니다. 성이 조나라로 들어오면 구슬을 진나라에 두고, 성이 들어오지 않으면 신은 구슬을 온전히 하여 조나라로 돌아올 것을 책임지고 말씀드리겠습

니다(……城不入 臣請完璧歸趙)」

이리하여 인상여는 화씨벽을 가지고 진나라로 가게 되었다.

소양왕은 구슬을 보고 크게 기뻐하며 좌우 시신들과 후궁의 미인들에게까지 돌려가며 구경을 시켰다. 인상여는 진왕이 성을 줄 생각이 없는 것을 눈치 채자 곧 앞으로 나아가,

벽(璧)이란 가운데가 뚫린 옥

「그 구슬에는 티가 있습니다. 신이 그것을 보여 드리겠습니다」 하고 속여, 구슬을 받아 드는 순간 뒤로 물러나 기둥을 의지하고 서서 왕에게 말했다.

「조나라에서는 진나라를 의심하고 구슬을 주지 않으려 했었습니다. 그런 것을 신이 굳이 진나라 같은 대국이 신의를 지키지 않을 리 없다고 말하여 구슬을 가져오게 된 것입니다. 구슬을 보내기에 앞서 우리 임금께선 닷새 동안 재계(齋戒)를 했는데, 그것은 대국을 존경하는 뜻에서였습니다. 그런데 대왕께선 신을 진나라 신하와 같이 대하며 모든 예절이 정중하지 못했을 뿐만 아니라, 구슬을 받아 미인에게까지 돌려가며 구경을 시키며 신을 희롱하셨습니다. 신이 생각하기에, 대왕께선 조나라에 성을 줄 생각이 없으신 것 같습니다. 그러므로 신은 다시 구슬을 가져가겠습니다. 대왕께서 굳이 구슬을 강요하신다면 신의 머리는 이 구슬과 함께 기둥에 부딪치고 말 것입니다」

완벽귀조 부조화(浮彫畵)

노해서 머리털이 관을 뚫어 올릴 듯이(怒髮上衝冠) 인상여는 구슬을 들어 기둥을 향해 던질 기세를 취했다. 구슬이 깨질까 겁이 난 소양왕은 급히 자신의 경솔했음을 사과하고 담당관을 불러 지도를 가리키며 여기서 여기까지 열다섯 성을 조나라에 넘겨주라고 지시했다.

그러나 모두가 연극이란 것을 알고 있는 인상여는 이번에는,

「대왕께서도 우리 임금과 같이 닷새 동안을 목욕재계한 다음 의식을 갖추어 천하의 보물을 받도록 하십시오. 그렇지 않으면 신은 감히 구슬을 올리지 못하겠습니다」

이리하여 진왕이 닷새를 기다리는 동안 인상여는 구슬을 심복 부하에게 주어 샛길로 조나라로 돌아가도록 했다.

감쪽같이 속은 진왕은 인상여를 죽이고도 싶었지만, 점점 나쁜 소문만 퍼질 것 같아 인상여를 후히 대접해 돌려보내고 말았다.

이리하여 인상여는 일약 대신의 지위에 오르게 되고, 마침내 조나라의 재상의 자리에까지 오르게 되었다.

아무튼 인상여는 그가 약속한 「완벽(完璧)」을 제대로 이용했고, 이로써 「완벽」이란 말은 그의 전기와 함께 길이 세상에 전해지게 되었다. 여기서 「완벽귀조(完璧歸趙)」라는 성어가 생겨났다.

노사불상왕래 老死不相往來

늙을 老 죽을 死 아니 不 서로 相 갈 往 올 來

《사기》 화식열전(貨殖列傳)

피차에 아무런 관계가 없음.

「늙어서 죽을 때까지 서로 가고오지 않는다」는 뜻으로, 사람들이 늙어 죽기까지 한 번도 왕래하지 않아 서로 관계가 없음을 비유하는 말이다.

전한(前漢)의 사가 사마천(司馬遷)이 저술한 《사기》 화식열전 가운데 도가(道家)의 창시자인 노자(老子)의 말을 인용한 다음 구절에서 나온 말이다.

「두 나라가 인접해 있으면서 서로 바라다보고 닭이나 개와 같은 짐승들의 소리마저 들리지만, 두 나라 백성들은 각기 자기 나라의 음식을 먹고 자기 나라의 아름다운 옷만 입고 자기의 생활 관습대로 살며 유쾌하게 자기의 할 일을 하면서 서로 죽을 때까지도 왕래하지 않을 수 있다(至老死不相往來)」

이처럼 사마천은 노자의 말을 첫머리에 인용하면서,

「노자의 이런 말은 지금에는 불가능한 일이다」라고 지적하였다. 그러나 이 성구는 여전히 의미심장하게 지금까지도 쓰인다.

그리고 계구지성상문도 나중에 성구가 되어「계구상문(鷄狗相聞)」이라고 한다.

이 말은 인구가 조밀하고 마을이 연이어진 것을 비유하는 데 쓰인다.

노사일음 勞思逸淫

힘쓸 勞 생각 思 한가할 逸 음탕할 淫

《열녀전(列女傳)》 모의전(母儀傳)

일을 하면 좋은 생각을 지니고 안일한 생활을 하면 방탕해진다.

「힘써 일해야 마음에 좋은 생각이 들고 편안하게 한가한 생활을 하면 방탕해진다」는 말로서, 일을 해야만 근검절약이 무엇인 줄 알지 안락만 추구하면 나쁜 마음만 일어난다는 말이다.

《열녀전》 모의전에 있는 이야기다.

춘추시대 때의 일이다. 노나라의 대부 공보문백(公父文伯)이 하루는 퇴궐한 뒤 집에 돌아와 보니 어머니가 삼을 삼고 있었다. 이에 그는 「우리 같은 집에서 어머님께서 삼을 삼으신다면 남들이 아들을 무능하다고 비웃지 않겠습니까?」라면서 만류하였다.

그러자 귀족 출신인 그의 어머니는 「너 같은 사람이 조정에서 벼슬을 하고 있으니 우리 노나라가 망하게 된 게 아니냐? 거기 안거라」 하고는 이렇게 타이르는 것이었다.

「일을 하면 좋은 생각이 들어 착한 마음이 일어나고, 늘 안일하게 생활하면 사람은 방탕해지고 타락하게 되어 나쁜 마음이 일게 되는 것이니라(勞則思 思則善心生 逸則淫 淫則忘善 忘善則惡心生)」

일을 해야만 착하고 좋은 생각이 들며 안일한 생활은 나쁜 마음을 가지게 한다는 것을 말한다.

이렇게 해서 「노사일음」 또는 「노사선생(勞思善生)」이라는 말이 나오게 되었는데, 오늘날에도 여전히 깊이 생각해볼 만한 말이다.

노생상담 老生常譚

늙을 老 날 生 항상 常 이야기 譚

《위서(魏書)》 관로전(管輅傳)

늙은 서생이 항상 하는 이야기라는 뜻으로, 새롭고 특별한 의견이 아니라 흔히 들어서 알고 있는 상투적인 말을 비유하여 이르는 말이다.

관 로

《위서》 관로전에 있는 이야기다.

삼국시대 위(魏)나라에 관로(管輅)라는 사람이 있었다. 그는 어려서부터 보통 아이들과는 달리 천문학에 남다른 관심을 보였다. 그래서 친구들과 놀 때도 땅에 일월성신(日月星辰)을 그리고 해설하는 일에 흥미를 가졌다. 관로는 어른이 되자 다른 사람의 점을 봐주는 데 뛰어난 영험을 보였다.

그 당시 이부상서 하안(何晏)이 관로에게 점을 부탁하러 왔다.

「내가 삼공(三公)이 될 수 있는지 좀 봐주십시오. 요즘 푸른색 파리 열 마리가 내 코에 붙어서 아무리 쫓으려 해도 떨어지지 않는 꿈을 꾸었는데, 이것이 무슨 꿈인지 해몽을 해주십시오」

관로가 대답했다.

주공 단

「단도직입적으로 말하겠습니다. 옛날 주성왕(周成王)을 보좌하던 주공은 직무에 충실하여 밤을 새는 일이 많았습니다. 그리하여 성왕은 나라를 일으킬 수 있었으며, 각국의 제후들도 그를 추앙하게 되었습니다. 이것은 하늘의 도리를 따르고 지켰기 때문이지 점을 치거나 액땜을 해서 된 것이 아닙니다. 지금 당신의 권세는 높지만 덕행이 부족하여 다른 사람에게 위세를 부리는 경우가 많은데 이것은 좋은 현상이 아닙니다. 《상서(尙書)》에 보면 코는 하늘 가운데 있습니다. 그런데 푸른색 파리가 얼굴에 달라붙는 것은 위험한 징조입니다. 앞으로 당신이 위로는 문왕을 좇고 아래로는 공자를 생각하면 삼공이 될 수 있으며, 청파리도 쫓을 수 있을 것입니다」

곁에서 이 말을 듣고 있던 등양(鄧颺)이 비웃듯이 이렇게 말했다.

「그런 말은 늙은 서생이 흔히 하는 얘기요(老生常譚). 나는 너무 많이 들어서 진력이 났소. 신기한 것이 뭐가 있소?」

그러자 관로는 아무 말도 못하고 묵묵히 앉아 있었다.

노안비슬 奴顏婢膝

종 奴 얼굴 顏 여자종 婢 무릎 膝

《포박자(抱朴子)》 외편(外篇)

남자 종의 아첨하는 얼굴과 여자 종의 무릎걸음이라는 뜻으로, 하인처럼 굽실거리는 얼굴로 비굴하게 알랑대는 태도를 비유적으로 이르는 말.

갈 홍

동진(東晉)의 학자이자 도사이며 《신선전(神仙傳)》의 저자이기도 한 갈홍(葛洪, 283~343?)이 지은 《포박자(抱朴子)》 외편(外篇) 「교제(交際)」에 있는 말이다.

「노비와 같이 비굴한 얼굴 표정과 무릎 꿇는 듯한 태도로 남을 대하는 사람은 세상을 잘 아는 사람이다(以奴顏婢膝者爲曉解當世).」

다른 사람과 사귈 때 환심을 사려고 남에게 빌붙어 종처럼 지나치게 굽실굽실하고 아부하면서 비굴한 태도를 취하는 것을 비유하는 말이다.

노어해시 魯魚亥豕

노나라 魯 물고기 魚 돼지 亥 돼지豕

《공자가어(孔子家語)》 자해편(子解篇)

비슷한 글자를 혼동하기 쉬움을 일을 이르는 말.

글자를 쓰거나 목판에 새길 때 저지르는 실수. 지금은 교정을 볼 때 생기는 오류를 뜻하는 말로 쓰인다.

공자의 제자 자하(子夏)가 진(晋)나라로 들어갈 때의 일이었다. 어느 날, 그는 위나라를 지나다가 누군가 역사책을 읽으면서 「진사벌진(晋師伐秦)하매 삼시섭하(三豕涉河)로다」 즉, 진(晋)나라 군사가 진(秦)나라를 칠 때 돼지 세 마리가 강을 건넜다는 뜻으로 읽는 것을 듣게 되었다. 이에 자하는 이렇게 말했다고 한다.

「아니, 진나라 군사 중에 돼지 세 마리가 강을 건넜다니, 어디 이치에 맞는 말입니까? 아마 삼시섭하가 아니라 기해섭하(己亥涉河 : 기해년에 강을 건너다)일 것이오」

그 뒤 진(晋)나라에 가서 다시 알아보니, 아니나 다를까 기해섭하(기해도하己亥渡河라고도 함)였다는 것이다.

여기에서 기해라는 것은 옛날 사람들이 60갑자로 날짜를 표시하는 것이다. 기해섭하는 「기해 날에 강을 건넜다」는 것인데, 기해(己亥)와 삼시(三豕)가 글자 모양이 비슷하기 때문에 읽는 사람이 틀리게 읽었던 것이다.

이 이야기는 《여씨춘추》에도 있다. 이같이 글자가 혼동되어 웃음거리가 되는 경우를 가리켜 「노어해시」라고 하게 되었다. 노(魯)와 어(魚)도 글자 모양이 비슷해 혼동하기 쉽다는 뜻으로 쓰인다.

노우지독 老牛舐犢

늙은이 老 소 牛 핥을 舐 송아지 犢

《후한서(後漢書)》 양표전(楊彪傳)

늙은 소가 송아지를 핥는다는 뜻으로, 어미 소가 어린 송아지를 핥아주듯 부모의 지극한 자녀 사랑을 이르는 말이다.

《후한서(後漢書)》 양표전(楊彪傳)에 있는 이야기다.

삼국시대 위(魏)나라의 조조(曹操) 휘하에서 주부(主簿)를 지낸 양수(楊修)는 재능이 뛰어나고 지혜로웠다. 조조는 촉한(蜀漢)의 유비(劉備)와 한중(漢中)을 놓고 싸움을 하였는데, 철수할지 진격해야 할지 곤경에 처하였다. 전투에서 불리해진 조조는 닭국을 먹으면서 닭갈비를 보고 먹기에는 살점도 별로 없고 그렇다고 버리기에는 아깝고 한 마치 한중 땅, 즉 닭갈비(鷄肋)를 그날의 군호를 묻는 부하에게 무심코 「계륵(鷄肋)」이라고 대답했다.

그러나 부하들은 조조의 철수 명령을 알아듣지 못하였다. 닭의 갈비뼈는 먹음직스런 살은 없으나 안 먹으면 아까운 것으로 버리기 아까운 한중 땅이지만 철수할 결정으로 암호를 계륵이라고 한 것이다. 이에 조조의 속마음을 알아차린 양수는 군사들과 함께 퇴각 준비를 하였다. 조조는 양수의 재능이 뛰어난데다가 원술(袁術)의 조카라는 사실 때문에 후환이 두려워 그를 죽여 버렸다. 양수가 죽자, 그의 부친 양표는 몹시 비통해 하였다. 어느 날, 조조가 양표에게 물었다.

「선생께서는 어찌 이렇게 야위셨소?」

양표가 대답하였다.

「저는 부끄럽게도 한무제의 신하였던 김일제와 같은 선견지명을 가지지 못하여 자식을 죽게 하였습니다만, 이제는 어미 소가 송아지를 핥아주는 마음을 가지고 있습니다(愧無日磾先見之明 猶懷老牛舐犢之愛)」

양표의 말에 조조의 안색이 바뀌었다. 김일제(金日磾)는 전한 흉노 사람으로, 흉노 휴도왕(休屠王)의 태자(太子)다. 무제(武帝) 원수(元狩) 연간에 혼사왕(渾邪王)을 따라 무리를 이끌고 한나라에 항복했다.

양수와 조조에 대해 또 이런 이야기가 있다.

조조가 장로를 치기 위해 한중의 포하 강가에 이르렀다. 그 때 강의 물살이 워낙 빠른데다 바위와 돌이 많아 눈처럼 흰 거품이 솟구쳐 올랐다. 그것을 보고 조조는 문득 흥이 일어 채찍에 물을 묻힌 다음 강가에 있는 큰 바위에 크게 「곤설(衮雪)」 이라는 두 글자를 썼다.

신기하게도 채찍이 돌을 새기는 끝이라도 되는 거처럼, 한 획 한 획이 바위에 깊게 새겨졌다. 조조가 흐뭇한 얼굴로 감상하고 있는데 갑자기 군사 하나가 이렇게 말했다.

「곤(衮)자에 삼수변이 빠졌습니다」 곤(衮)이 아니라 곤(滾)이 맞는다는 말이었다. 조조는 아차 싶었다. 자신이 실수했음을 깨달은 것이다. 하지만 여러 사람들이 보는 앞에서 삼수변을 붙이기도 민망했다. 그는 곧 채찍을 휘둘러 물을 향해 내리쳤다. 그러자 강물이 바위에 몇 방울 튀었다. 물방울로 삼수변을 붙인 셈이었다. 조조가 여러 사람들을 둘러보며 말했다. 「원래 강물에는 언제나 물방울이 있는게 아니냐? 내가 곤(衮)자에 삼수변을 붙인다면 사족이 될뿐이다」

그런데 양수만은 조조의 이런 깊은 생각을 알고 있었다. 글씨를 새긴 암벽 아래로 이니 물(水)이 흐르고 있으니 굳이 삼수변을 쓸 필요가 없고, 조조는 이미 천자가 되어 「곤룡포」를 입을 꿈을 꾸고 있었다는 것을.

노이무공 勞而無功

수고할 勞 말이을 而 없을 無 공 功

《장자(莊子)》 천운편(天運篇)

「노이무공」은 굳이 출전을 캘 것까지도 없는 쉬운 말이다. 애만 쓰고 애쓴 보람이 없다는 말이다.

《장자》 천운편에, 공자가 위(衛)나라로 갔을 때, 위나라 사금(師金)이란 사람이 공자의 제자 안연에게 공자를 이렇게 평했다.

「물 위를 가는 데는 배만한 게 없고, 육지를 가는 데는 수레만한 게 없다. 만일 물 위를 가는데, 배를 육지에서 밀고 가려 한다면 평생 걸려도 몇 발자국을 가지 못할 것이다. 옛날과 지금과는 물과 육지처럼 달라져 있고, 주나라와 노나라와는 배와 수레만큼 차이가 있다. 그런데 지금 주나라 때에 행해지던 도를 노나라에서 행하려 하니, 이것은 배를 육지에서 미는 것과 같다. 애쓰고 공이 없을 뿐만 아니라 몸에 반드시 화가 미치게 될 것이다. 공자는 아직 사물에 따라 막힘이 없는 무한한 변화를 가진 도가 있다는 것을 모르고 있다」

또 《순자》 정명편(正名篇)에도, 「어리석은 사람의 말은 막연해서 갈피를 잡을 수 없고, 번잡하고 통일이 없으며, 그리고 시끄럽게 떠들어대기만 한다. 또 명목에 이끌리고, 말에만 현혹되어 참뜻을 캐내지 못하고 있다. 그렇기 때문에 열심히 말은 하지만 요령이 없고, 몹시 애는 쓰지만 공이 없다」고 했다. 또한 《관자》 형세편에도, 「옳지 못한 것에 편들지 말라. 능하지 못한 것을 강제하지 말라. 알지 못하는 사람에게 이르지 말라. 이를 가리켜 수고롭기만 하고 공이 없다고 말한다」고 했다.

노익장 老益壯

늙을 老 더할 益 씩씩할 壯

《후한서》 마원전(馬援傳)

늙어서 더욱 왕성하다는 말로, 나이가 들었어도 결코 젊은이다운 패기가 변하지 않고 오히려 굳건함을 형용하는 말이다.

후한 광무제(光武帝) 때의 명장 마원은 어려서부터 큰 뜻을 품고 글을 배우고 예절을 익혔으며 무예에도 정통하여, 그의 맏형 마황(馬況)은 그를 대기만성할 것이라고 말했다. 그의 형이 젊은 나이로 죽자 마원은 장례를 정중히 치른 후 예를 다하여 형수를 받들었다.

그 뒤 마원이 부풍군(扶風郡) 독우관(督郵官 : 감찰관)이란 벼슬에 있을 때 명을 받들어 많은 죄수들을 압송하게 되었다. 그러나 도중에 죄수들이 고통에 못 이겨 애통하게 부르짖는 것을 보고는 동정심이 우러난 나머지 모두 풀어주어 제각기 제 살 길을 찾아가도록 하고 자신도 북방으로 달아났다.

마원은 북방으로 가서 소, 말, 양 등 가축을 방목하면서 지냈다. 부지런하고 수완이 좋은 그는 수년간 정성껏 가축을 길러 그 규모가 수천 두에까지 이르렀다. 생활이 윤택해지고 많은 돈을 벌게 되자, 가까운 친구나 이웃사람들에게 모은 재산을 나눠주었고, 자기는 오히려 해진 양가죽 옷을 걸치고 소박한 식사를 하는 등 근검한 생활을 했다. 그는 항시 친구들에게 말했다.

「대장부라는 자는 뜻을 품었으면 어려울수록 굳세어야 하며, 늙을수록 건장해야 한다(大丈夫爲者 窮當益堅 老當益壯)」

그리고 또 「가멸차더라도 사람에게 베풀지 않으면 수전노일 뿐이

복파장군 마원

다」라고 말했다. 세상이 혼란스럽게 되자, 마원은 평범한 삶을 버리고 농서(隴西)의 외효(隗囂) 밑으로 들어가 대장이 되었다. 외효는 공손술(公孫述)과 손을 잡기 위해 마원을 그곳으로 파견했다. 마원은 공손술의 오만한 행동에 크게 실망하고 의례적인 인사만을 하고는 곧장 돌아왔다. 그 뒤 마원은 광무제를 만나게 된다. 광무제는 마원을 만나자 예를 다해 대접하였으며, 각 부서를 안내하며 조언할 말이 있는지 물었다. 마원은 광무제의 후한 대접에 감동되어 외효에게 돌아가지 않고 그의 휘하에 있기로 결심하였다. 광무제는 마원을 복파장군(僕波將軍)에 임명하여 남방의 교지(交趾 : 지금의 베트남 북부) 평정에 성공한다. 얼마 뒤 동정호 일대의 만족(蠻族)이 반란을 일으키자, 광무제가 군대를 파견했으나 전멸했다. 이 소식을 들은 마원이 자신에게 군대를 달라고 청했다. 광무제는 그가 너무 늙었으므로 주저하자, 마원은 이렇게 말했다.

「소신의 나이 비록 예순두 살이나 갑옷을 입고 말도 탈 수 있으니 어찌 늙었다고 할 수 있습니까?」

그리고는 말에 안장을 채우고 훌쩍 뛰어올랐다. 광무제는 미소를 지으며, 「훌륭하도다!」 하며 출정을 허락하였다. 결국 마원은 군대를 이끌고 정벌 길에 올랐다. 그 뒤 대장군으로 임명되어 반란을 평정하고 흉노 토벌에 큰 공을 세움으로써 그의 형이 말한 대로 대기만성을 이루었다.

녹림 綠林

푸를 綠 수풀 林

《한서(漢書)》 왕망전(王莽傳)

도적의 소굴.

「녹림」은 푸른 숲이란 뜻인데, 이것이 녹림의 호걸(豪傑)이라든가, 녹림에 몸을 담는다든가 하면 의미가 달라진다. 녹림과 산림(山林)을 혼동해서 녹림처사(綠林處士)란 말을 쓰는 사람이 간혹 있는데, 새로운 문자로 쓴다면 모르되, 고사에 나오는 문자로 쓴다면 큰 실수로 볼 수밖에 없다.

옛날에는 벼슬도 세속도 마다하여 산 속에 파묻혀 글이나 읽고 지내는 사람을 산림처사라 불렀는데, 특히 이름난 학자에게는 나라에서 산림이란 칭호를 내리기도 했다.

산림과는 달리 녹림에는 처사가 있을 수 없고, 있다면 세상을 등진 호걸이 있을 수 있다. 녹림호걸의 가장 대표적인 작품을 든다면 아마 《수호지(水滸誌)》가 될 것이다.

결국 녹림호걸은 권력을 잡은 사람들이 볼 때는 적에 불과한 것이다. 따라서 녹림은 도적의 소굴을 뜻하게 된다.

《한서》 왕망전에 있는 이야기다.

전한 말 대사마 왕망(王莽)이 마침내 왕위를 찬탈하여 천자가 되고, 국호를 신(新)이라 고치고 나서, 새로운 정책이 눈코 뜰 새 없이 쏟아져 나왔다. 관직도 바뀌고 지명도 바뀌었다. 또 토지의 겸병(兼倂)을 없애고, 노비를 해방한다고 하며 「왕전제도(王田制度)」와 「노비제도」가 정해졌으나 결과는 도리어 반대였다.

양산박 108호걸

난해한 세칙에 걸려 도리어 토지를 잃고 노비가 되는 자가 꼬리를 물게 되었다. 화폐가 8년 동안에 네 차례나 바뀌고, 「오균(五均)」 기타 경제정책이 공포 실시됨에 따라 제도의 취지와는 반대로 일반의 생활은 더욱 더 궁핍해졌다. 많은 농민이나 상인이 생업을 잃고 농촌은 황폐해 갔다.

왕망은 당시 세력이 커진 지방 호족과 민중 쌍방으로부터 원한을 샀다. 이 혼란 속에서 천봉(天鳳) 2년(A.D 15) 변경의 농민이 폭동을 일으킨 것을 계기로 대규모 반란이 연달아 폭발했다.

천봉 4년 남방에서는 「녹림병」이 일어났다. 호북(湖北) 서부는 그 때까지 수년에 걸쳐 가뭄이 계속되어 굶주린 농민은 들풀을 캐기 위해 다투고 있었다.

이 다툼을 진정시켜 신망을 얻고 있던 것이 신시(新市)의 왕광·왕봉 두 사람이었다. 수백 명의 농민은 이 두 사람을 앞세우고 폭동을 일으켰다. 잠시 후에 마무·왕상·성단 등도 가담했다.

이들은 먹을 것을 찾아 헤매는 궁민(窮民)으로 관에 반항하여 수배된 자들이었다. 그들은 군도(群盜)가 되어 지주의 창고를 습격하고 관원을 공격하고, 나중에는 지금의 호북성에 있는 녹림산에 웅거했다. 동조자는 곧 7, 8천으로 불어 스스로 「녹림병」이라 칭했다.

광무제 유수

그 후 4년, 그들은 2만의 관군을 격파하고, 그 총세 5만이 녹림에 웅거하였다. 그래서 이 녹림군의 행동이 각지의 반란을 유도 궐기하게 했다. 녹림의 무리는 후에 산에서 내려와 하강병(下江兵)·신시병(新市兵)이 되는데, 뒷날 후한 광무제가 된 유수·유현이 일어나자 이들은 합세해서 반 왕망의 대군이 된다.

이 역사의 큰 흐름 속에 가담해서 녹림병들도 혹은 영달하고, 혹은 멸망했다. 후에 후한 중흥에 공이 있었던 28숙(宿)이 정해졌을 때, 앞서 말한 두목 중에서는 마무가 이름을 전하고 있다.

여기서 「녹림」이란 말이 생기고, 도적이란 뜻으로 쓰이게 되었다. 틀림없는 군도들이었다. 그러나 유서(由緖)로 보아도 민중에게는 도리어 가까웠던 것이어서, 그 때문인지 「녹림의 호객(豪客)」이란 이야기는 인기가 있는 것 같다.

녹사수수 鹿死誰手

사슴 鹿 죽을 死 누구 誰 손 手

《진서(晉書)》 석늑재기(石勒載記)

「사슴이 누구의 손에 죽는가?」 라는 뜻으로 승패를 결정하지 못하는 것을 이르는 말이다. 세력이 서로 비슷하여 승부를 가리지 못하는 경우에 쓰이는 말이다.

석 늑

오호십육국(五胡十六國)의 하나인 후조(後趙)의 제1대 황제 석늑(石勒, 재위 319~333)은 자부심이 강하고 유능한 통치자로서 신하인 서광(徐廣)에게 자신을 역사상 어느 왕에 비교할 수 있는지 물었다. 서광은 임금의 지혜가 한(漢)나라 고조 유방(劉邦)을 앞지른다고 대답했다.

석늑은 「내가 유방의 시대에 태어났다면 그의 부하로 지휘를 받았을 테지만, 후한의 초대 황제 광무제 유수(劉秀)를 만나 중원에서 그와 겨루었다면 『사슴이 누구 손에 죽었을지 알지 못한다(不知鹿死誰手)』」 고 말했다고 전해진다.

양쪽의 실력이 비슷해 누가 이길지 모를 정도로 미리 승부를 짐작하기 어렵다는 말이다. 지위나 정권을 사슴에 비유하였는데, 천하가 누구에게 돌아갈 것인가라는 뜻에서 제위의 다툼을 비유하는 「중원축록(中原逐鹿)」 이란 말이 있다.

논공행상 論功行賞

논할 論 공훈 功 행할 行 상줄 賞

《삼국지(三國志)》 오서(吳書)

공(功)이 있고 없음이나, 크고 작음을 따져 거기에 알맞은 상을 줌.

《삼국지》 오서 고담전(顧譚傳)에 「공을 따져 상을 주되 차이를 두다(論功行賞 各有差)」에서 비롯됐다.

삼국시대 오(吳)나라의 태상 고담(顧譚)은 명장 고옹(顧雍)의 손자로서, 어렸을 때부터 명민했다. 그는 모든 일을 막힘없이 처리하며, 사물을 보는 눈이 독창적이어서 사람들로부터 존경을 받고 있었다. 그는 꾸밈없는 인품으로 누구에게나 솔직하게 말하였다. 국왕인 손권(孫權)에게도 진언을 한 일이 있었다. 그 후부터 손권은 가끔 그를 불러 그의 의견을 들었다.

한번은 노(魯)나라 왕 손패(孫霸)가 오나라 태자 손화(孫和)와 같은 대우를 해주기를 손권에게 요구해 왔다. 고담은 역사상 형제간 싸움의 사례를 들어 손패의 요구를 듣지 말도록 손권에게 진언하였다. 이 일이 있은 후 손패는 고담을 원망하게 되었다.

그 무렵 위(衛)나라 장군 전종(全琮)의 아들 전기(全奇)가 고담과의 면담을 청하였다가 거절당한 일이 있었다. 그러자 이 일을 빌미로 해서 손패와 전기는 손을 잡고 고담을 실각시키기 위한 계략을 꾸미기 시작하였다.

얼마 후, 손권은 전종을 대장으로 삼아 위(魏)나라 회남으로 출병하여 위나라 장수 왕릉(王凌)과 작피에서 결전을 벌였다. 그러나 오나라 군사는 대패하여 진황(秦晃) 등 10여 명의 장수를 잃었다.

당시 고담의 아우 고승(顧承)과 장휴(張休)의 두 부장은 수춘(壽春)에서 작전 중이었는데, 작피의 패전 소식을 듣고 즉각 구원하러 가서 위나라 왕릉의 군사를 무찔렀다.

전종의 아들 전서(全緖)와 조카 전서(全瑞)도 오나라 군사의 부장으로서 종군하고 있었는데, 위나라 군사의 추격이 저지당하였다는 것을 알고는 반격으로 전환하였다. 마침내 위나라 군사는 반격에 견디지 못하고 패주하였다.

전투가 끝난 후, 오나라 수도 건업에서 공적을 조사하여 상을 내렸는데 각기 차이를 두었다(論功行賞 各有差). 위나라 군사를 저지한 공을 甲, 반격한 공을 乙로 하였다. 이에 따라 고승과 장휴에게는 정장군(正將軍)의 칭호를, 전종의 두 아들에게는 편장(偏將)의 칭호를 내렸다. 이 일로 전종·전기 부자의 고담 형제에 대한 원망은 더욱 가중되었다. 그들은 손패를 통하여 손권에게 상신하였다.

「고승과 장휴는 전군(典軍) 진순(陣恂)과의 친분에 의해 전공을 그릇 보고하여 주군을 기만했습니다」

조사를 해보지도 않고 이 말만을 믿은 손권은 장휴는 체포하고 고승의 처분은 보류시킨 채 고담에 대해서는 사죄를 받고 용서하기로 했다. 다음날 손권은 고담에게 물었다.

「계씨(季氏) 고승의 건은 어쩔 셈이오?」

손권의 추궁에 고담은 사죄는커녕 도리어 그릇된 상신을 믿는 손권을 책하였다. 손권은 노하여 고담·고승 형제를 변방으로 좌천시켰다. 이 일로 인한 고담의 비분의 정을 《신언(新言)》 20편으로 엮어 썼는데, 2년 뒤에 그 땅에서 죽었다.

논공행상이 공정하지 못함으로써 군신간의 신뢰가 깨지고 신료간에 암투를 싹트게 하여 마침내는 큰 분란을 초래한 것이다.

농단 壟斷

언덕 壟 자를 斷

《맹자》 공손추(公孫丑)

이익을 혼자 차지함. 독점함.

《맹자》 공손추에 있는 이야기인데, 원문은 용단(龍斷)으로 되어 있지만, 여기서는 「용(龍)」이 「농(壟)」의 뜻으로 쓰인다. 설(說)이 열(悅)로 쓰이는 것과 같은 이치다. 농(壟)은 언덕, 단(斷)은 낭떠러지, 즉 높직한 낭떠러지를 말한다. 다시 말해 앞과 좌우를 잘 살펴볼 수 있는 지형과 위치를 말하는데, 이곳에 서서 시장 상황을 종합적으로 판단한 뒤에 그 날의 물가 동향을 예측하고 나서 물건이 부족할 만한 것을 도중에서 모조리 사들여 폭리를 취하는 행동에서 생긴 말이다.

《맹자》에 있는 원문의 내용을 소개하면 이렇다. 맹자가 제나라 객경(客卿)의 자리를 사퇴하고 집에 물러나와 있게 되자, 맹자를 굳이 붙들고 싶었던 제선왕(齊宣王)은 시자(時子)라는 사람을 통해 자기 의사를 맹자에게 이렇게 전하게 했다.

「수도 중심지에 큰 저택을 제공하고 다시 만 종(鍾 : 1종은 8곡斛, 1곡은 10두斗)의 녹을 주어 제자들을 양성시킴으로써 모든 대신들과 국민들로 하여금 본보기가 되게 하고 싶다」

이야기를 진진(陳臻)이란 제자를 통해 전해들은 맹자는,

「시자는 그것이 옳지 못한 것인 줄을 알지 못할 것이다. 만 종의 녹으로 나를 붙들고 싶어 하지만, 내가 만일 녹을 탐낸다면 10만 종 녹을 받는 객경의 자리를 굳이 사양하고 만 종의 녹을 받겠느냐? 옛날 계손(季孫)이란 사람이 자숙의(子叔疑)를 이렇게 평했다. 자신이 뜻이

맹 자

맞지 않아 물러났으면 그만둘 일이지 또 그 제자들로 대신이 되게 하니 이상하지 않은가. 부귀를 마다할 사람이야 있겠는가. 하지만 부귀 속에 혼자 농단을 해서야 쓰겠는가(人亦孰不欲富貴　而獨於富貴之中有私壟斷焉)」

이렇게 계손의 말을 인용하고 나서 다시 농단에 대한 설명을 다음과 같이 했다.

「옛날 시장이란 것은 각자가 가지고 있는 것을 서로 바꾸는 곳이었는데, 시장은 그런 거래에서 흔히 일어나는 시비를 가려 주는 소임을 하고 있었다. 그런데 한 못난 사나이가 있어, 반드시 농단을 찾아 그 위로 올라가 좌우를 살핀 다음 시장의 이익을 그물질했다. 사람들이 이를 밉게 보아서 그에게 세금을 물리게 되었는데, 장사꾼에게 세금을 받는 일이 이 못난 사나이에서 비롯된 것이다」

아주 소박한 상행위의 성립과 이에 대한 세금의 징수 등 경제사적인 설명으로서 꽤 흥미 있는 이야기다. 그러나 맹자가 이 이야기를 하게 된 본래의 의도는, 「농단」 즉 이익의 독점행위가 정정당당한 일이 될 수 없는 것과 마찬가지로, 부귀를 독점할 생각은 조금도 없다는 것을 밝히려고 한 것뿐이다. 이와 같이 「농단(壟斷)」이란 원래는 우뚝 솟은 언덕을 말하였으나, 바뀌어서 「혼자 차지」 즉 「독점(獨占)」이란 뜻으로 쓰이게 된 것이다.

농병황지 弄兵潢池

희롱할 弄 병사 兵 웅덩이 潢 못 池

《한서(漢書)》 공수전(龔遂傳)

하는 일이 마치 아이들이 하는 장난과 같다는 말인데, 매우 시끄럽고 어수선하다는 뜻으로도 쓰인다.

백성들의 반란을 아이들의 장난에 비유한 공수(龔遂)는 민란을 무력보다는 회유책으로 진정시킨다는 뜻이다.

《한서》 공수전에 다음과 같은 이야기가 있다.

한선제

한 선제(漢宣帝) 때 발해군 일대(오늘날의 하북성 산동성 일대)의 백성들은 관리들의 압박과 착취로 인한 생활고를 이겨내지 못하고 곳곳에서 봉기하였다.

이에 한선제는 신하들의 추천에 따라 공수라는 사람을 발해태수로 임명해서 발해군의 민란을 평정하게 하였다. 그런데 공수는 그때 이미 70세를 넘긴 노인이었고 체구도 왜소한 사람이었기 때문에 한선제는 미덥게 여기지 못하고 그에게 무슨 방법으로 민란을 진정시킬 것인가 물어보았다.

그러자 공수는 백성들이 들고 일어나는 것은 생활이 곤궁한 탓으

공 수

로 생각해서 이렇게 대답했다.

「폐하의 무지한 아이들이 수렁에서 병장기를 휘두르며 장난하는 것과 같다(弄兵潢池)」

공수의 이 말은 무력으로 억누를 것이 아니라 회유책을 써야 한다는 것이었는데, 백성들의 항거를 아이들 장난에 비유한 것은 물론 지나친 비유이다.

그런데 공수의 이 한 마디에서 「농병황지」 또는 「황지농병」 이라는 말이 나오게 되었다.

오늘날에는 지나치게 소란스러운 사람들을 경멸하는 뜻으로 쓰이고 있다.

「무슨 큰일 났다고 그리 방정을 떠는가? 좀 무게 있게 처신하게. 『농병황지』 하는 아이처럼 들떠서야 일이 제대로 마쳐지겠는가」 하는 뜻으로 쓰인다.

上德不德 是以有德
상덕부덕 시이유덕

상덕(上德)은 덕이 아니다. 그 덕을 쌓고도 이를 의식하지 않는 것이 참된 덕이다.

{사소한 덕행(德行)을 하고 덕을 행하였다고 생각하는 것은 참된 덕이 아니다. 최상의 덕이란, 덕을 실행했어도 스스로는 그것을 의식하지 않는 것이 진정한 덕인 것이다.}

—《노자》 38장

농장지경 弄璋之慶

희롱할 弄 구슬 璋 의 之 경사 慶

《시경(詩經)》 소아(小雅)

예전에 중국에서 아들을 낳으면 규옥(圭玉)으로 된 구슬의 덕을 본받으라는 뜻으로 구슬을 장난감으로 주었다는 데서 유래한다. 아들을 낳으면 손에 구슬을 쥐어주는 즐거움이라는 말로, 축하인사로도 쓰고 있다. 《시경》 소아(小雅) 「사간(斯干)」이라는 시는 새 집을 지어 화목하게 살아가는 한 대가족의 이야기를 그리고 있다. 여기에 보면 태몽(胎夢)부터 시작하여 「아들을 낳으면 침상에 누이고 고까옷을 입혀 손에는 구슬을 쥐어 준다. 그 울음 우렁차기도 하다. 입신양명 붉은 술갑 휘황찬란하여, 집안 일으킬 군왕이로다(乃生男子 載寢之牀 載衣之裳 載弄之璋 其泣喤喤 朱芾斯皇 室家君王)」라는 이야기가 나온다. 물론 입신양명(立身揚名)하기를 바라는 마음에서, 그만큼 아들을 낳으면 온 집안이 떠들썩하게 잔치를 벌였던 것이다.

반면 「계집아이 낳으면 맨바닥에 재우고 포대기를 둘러 손에는 실패 장난감을 쥐어준다. 나쁘지도 좋지도 않아 술 데우고 밥 짓기 가리켜 부모 걱정거리 되지 않게 한다(乃生女子 載寢之地 載衣之裼 載弄之瓦 無非無儀 唯酒食是議 無父母詒罹)」고 하여 좋을 것도 나쁠 것도 없으며 평상시와 다름없이 보낸다. 그저 술이나 데우고 밥 짓기나 배우게 하여 부모 걱정이나 덜기를 바랐던 것이다.

「농장지희(弄璋之喜)」, 「농와지희(弄瓦之喜)」라고 해서 축하의 말로도 쓴다. 이것이 3천 년 전부터 중국에 내려온 사회상이며 오늘날 우리나라에까지 파급되어 남아선호 현상으로 뿌리가 남아 있다.

뇌란물계리 賴亂勿計利

의지할 賴 어지러울 亂 아닐 勿 꾀 計 이익 利

《춘추좌씨전》 선공 12년

「어지러움에 의지했을 때는 이익을 계산해서는 안 된다」 라는 말이다. 혼란을 틈타 자신의 이익을 구하게 되면 곧 자신에게도 해가 돌아온다는 밀이다.

《춘추좌씨전》 선공 12년에 있는 이야기다.

선공 12년 봄에 초자(楚子)가 정나라를 포위하였다. 정나라에서는 화친할 의향이 있어서 점을 쳤는데 점괘가 불길하게 나왔다. 다음에는 죽음을 각오하고 일전을 벌이는 것은 어떤지 점쳤더니 길하다는 것이었다.

이에 정나라는 조상의 묘당(廟堂)에 제사지낸 뒤 결사의 항전을 다짐하는 곡을 하였다. 이 소리를 들은 초나라 군대는 저들이 죽음을 무릅쓸 각오인 것을 알아차리고 일단 후퇴하였다.

그 뒤 일진일퇴를 거듭하다가 3개월 뒤에야 겨우 함락시킬 수 있었다. 그때 정백(鄭伯)이 나와 웃통을 벗고 말했다.

「나를 죽이든 노예로 만들든 상관하지 않겠습니다. 다만 우리를 멸망시키지 않고 다시 초나라를 섬기게 한다면 그 은혜는 죽어도 잊지 않을 것입니다.」

그러자 초나라 진영에서는 가부를 놓고 논란이 일어났는데, 왕이 일어나 정백이 백성들에게 신망을 얻었을 것이라고 하면서 포위를 풀고 물러났다. 그때 진나라에서 정나라를 돕고자 군대를 파견하였다.

그러나 오던 도중에 이미 두 나라 사이에 화해가 이루어졌다는 소식을 들었다.

그러자 진나라 진영에서도 의견이 갈려 선곡(先穀)이란 장군이 사회(士會)의 충고도 듣지 않고 초나라 군대와 겨루었다가 대패하고 말았다. 이때 초나라 장수 반당(潘黨)이 말했다.

「연거푸 싸워 모두 큰 승리를 거두었으니 적군의 시체를 모아 기념이 될 만한 진지(陣地)를 만드는 것이 좋겠습니다」

그러나 초자는 의리와 덕으로써 그를 꾸짖었다. 그리고는 황하의 신에게 제사지내고 조상의 궁을 지어 싸움의 결과만 알린 뒤 귀국해 버렸다.

한편 정나라에서 초자를 끌어들인 장본인은 바로 석제(石制)란 사람이었다. 그는 정나라 땅 반은 초나라에 넘기고 나머지 반은 공자 어신(魚臣)을 세워 자기 수중에 넣을 심산이었다. 이 사실이 발각되자 정나라는 석제와 어신을 처형시켜 버렸다.

이 사건에 대해 군자가 다음과 같은 평가를 내렸다.

「주(周)의 사일이, 『어지러움을 이용해 자신의 이익을 꾀하지 말라(賴亂勿計利)』고 했는데, 바로 이 사람에게 해당될 것이다. 《시경》 4월에도 『산에 아름다운 초목이 있으니, 밤나무와 매화나무로다. 나를 버리고 남을 해치는 이가 되었으니 누구의 허물인지 알 수 없네(山有嘉卉 侯栗侯梅 廢爲殘賊 莫知其尤)』라고 하였다. 재앙은 세상이 어지럽기를 기대하는 난을 이용해 자기 욕심을 채우려는 사람에게 돌아갈 것이다」

누란지위 累卵之危

포갤 累 알 卵 의 之 위태로울 危

《사기》 범수채택열전(范雎蔡澤列傳)

쌓아올린 새알처럼 몹시 아슬아슬한 위기.

「누란(累卵)」은 높이 쌓아올린 알이란 뜻이다. 조금만 건드리거나 흔들리거나 하면 와르르 무너지고 만다. 이보다 더 무너지기 쉬운 것은 없을 것이다. 그래서 아주 위험한 상태에 있는 것을 「누란지위」라고 한다.

이 말의 출전인 《사기》 범수채택열전에는, 「알을 쌓아올린 것보다 더 위험하다(危於累卵)」고 되어 있다.

「원교근공(遠交近攻)」의 대외정책으로 그 이름이 알려진 범수(范雎)는, 그의 조국 위(魏)나라에서 억울한 죄명으로 자칫 죽을 뻔한 끝에 용케 살아나 장록(張祿)이란 이름으로 행세하며, 마침 위나라를 다녀서 돌아가는 진나라 사신 왕계(王季)의 도움으로 진나라로 망명을 하게 된다.

이때 왕계는 진나라 왕에게 이렇게 보고했다.

「위나라에 장록이란 천하에 뛰어난 변사가 있습니다. 그가 말하기를 『진나라는 지금 알을 쌓아둔 것보다도 더 위험하다. 나를 얻으면 안전하게 될 수 있다. 그러나 이것을 글로는 전할 수 없다』고 하는 터라 신이 데리고 왔습니다(秦王之國 危於累卵 得臣則安 然不可以書傳也 臣故載來)」

그러나 범수가 진왕을 만나 실력을 발휘하게 된 것은 이로부터 다시 1년이 지난 뒤였다.

나

눌언민행 訥言敏行

말더듬을 訥 말씀 言 빠를 敏 행실 行

《논어》 이인(里仁)

말은 과묵하지만, 행동은 민첩하다.

「말은 더디지만 행동은 민첩하다」 라는 뜻으로, 언어에는 과묵하지만 자기개혁이나 선행에는 민첩하다는 말이다. 본래 유가(儒家)에서는 배우는 사람의 자세로서 「눌언민행」 해야만 스승의 가르침을 제대로 따를 수 있다는 것이다.

《논어》 이인편에서 공자는 이렇게 말했다.

「군자는 말하는 데는 둔하여도 실천하는 데는 민첩해야 한다(君子欲 訥於言 而敏行).」

이 말은 논어의 여러 곳에서 언급하고 있다.

공자는 자신의 수제자로 아끼던 안회(顔回)를 《논어》 위정(爲政)편에서 이렇게 말하고 있다.

「내가 안회와 종일토록 이야기를 하여도 어기지 않음이 바보 같다(吾與回言終日 不違如愚)」

안회가 겉보기는 그러하지만, 마음속으로는 내가 한 말을 충분히 터득하고 있을 터이다 하고 평가한 말의 한 구절이다.

배우는 사람은 스승과 논쟁하거나 자신의 주장을 내세워 스승의 가르침과 대립해서는 안 된다는 것이 과거 성현들의 가르침이었다. 여기서는 말만 번지르르하고 행동이 이에 따르지 못하는 그런 사람들에 대한 경계로 보아야 할 것이다.

능서불택필 能書不擇筆

능할 能 글 書 아니 不 고를 擇 붓 筆

《당서(唐書)》

글씨에 아주 능한 사람은 붓을 가리지 않는다.

우리 속담에 「서툰 무당이 장구 탓한다」는 말이 있다. 장구를 잘 치거나 춤을 잘 추는 사람은 장구를 가리지 않고 장단이 필요 없다는 것을 간접적으로 나타내는 말이다.

구양순

빌헬름 텔은 대가 굽은 화살로도 아들의 머리 위에 놓인 사과를 쏘아 맞혔다고 한다. 결국 명사수는 활을 가리지 않는다는 것을 말한 것이다.

당나라 초기 3대 명필인 구양순(歐陽詢)·우세남(虞世南)·저수량(褚遂良)은 해서(楷書)의 완성자로서 그 글씨는 오늘날도 후학들에게 최고의 규범이 되어 있다. 세 사람은 다 같이 천하 명필로 알려진 진나라 왕희지(王羲之)의 글씨를 배워, 구양순은 엄정(嚴整), 우세남은 온아(溫雅), 저수량은 완미(婉美). 이렇게 각각 그들 독자의 경지를 개척했고, 왕희지의 글씨를 지나칠 정도로 사랑한 당태종의 글씨를 가르치는 스승

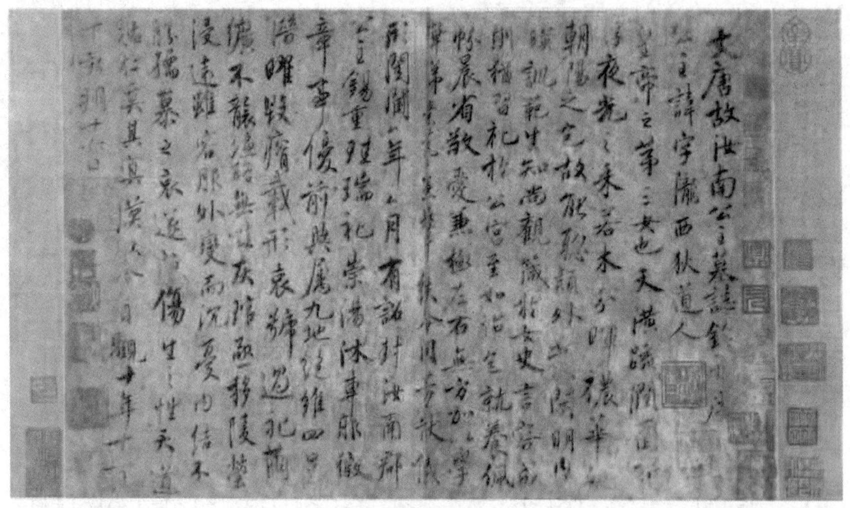

우세남의 글씨

이 되었다.

세 사람 중 가장 나이어린 저수량은 당태종의 건국 공신인 위징(魏徵)의 추천에 의해 우세남의 후계자가 된 사람이었는데, 그가 한 번은 선배인 우세남에게 글씨에 대해 물은 일이 있다.

「제 글씨는 지영(智英) 선생과 비교하면 어느 정도입니까?」

지영은 우세남이 글씨를 배운 적이 있는 중(僧)이다.

「지영 선생의 글씨는 글자 한 자에 5만 전을 주어도 좋다는 사람이 있었다고 한다. 너로서는 아직 지영 선생에 비교할 수가 없다」

「그럼 구양순 선생과 비교하면 어떻습니까?」

「내가 듣기에, 구양순은 종이와 붓을 가리지 않고, 어떤 종이에 어떤 붓을 가지고 쓰든 다 자기 뜻대로 되었다고 한다. 네가 어떻게 그럴 수 있겠느냐(吾聞 詢不擇之筆 皆得如志 君豈得此)」

「그럼, 어떻게 해야 합니까?」

「넌 아직 손과 붓이 굳어 있다. 그것만 없애면 크게 성공할 것이

저수량의 글씨

다」

요컨대 그림이나 글씨라도 진정한 달인은 종이나 붓 같은 재료나 도구에는 트집을 잡지 않는다. 그런 것에 구애되어서는 진짜라고 볼 수 없다. 구양순이 종이와 붓을 가리지 않았다는 불택지필(不擇紙筆)이란 말이 변해서 「능서불택필」이란 말이 생겨났다. 그런데 저수량은 너구리털로 심을 넣고 토끼털로 겉을 짠 붓끝에 상아나 코뿔소 뿔로 자루를 한 붓이 아니면 절대로 글씨를 쓰지 않았다. 저수량은 구양순과는 반대로, 글씨를 잘 쓰는 사람은 반드시 붓을 가린다(能書必擇筆)는 전통을 만든 것인지도 모른다.

한편 주현종(周顯宗)의 《논서(論書)》에는,

「글씨를 잘 쓰는 자는 붓을 택하지 않는다는 설이 있으나 이것은 통설이라고 볼 수는 없다. 행서(行書)나 초서(草書)를 쓰는 자에 대해서는 이렇게도 말할 수 있을 것이다. 그러나 해서(楷書)·전서(篆書)·예서(隸書)를 쓸 때는 붓에 따라 잘 써지고 못 써지므로 붓을 택하지 않을 수 없다」라고 씌어 있다.

붓을 가리지 않는다는 말은 능력을 자랑한 말일 뿐, 글씨를 쓰는 사람이 붓을 택하지 않을 리가 없다. 무장이 말과 칼을 고르지 않을 수 없는 것처럼.

니취 泥醉

진흙 泥 취할 醉

이백(李白) / 「양양가(襄陽歌)」

술에 몹시 취해 진흙처럼 흐느적거리다. 몸을 가눌 수 없을 정도로 취함.

이 백

두보(杜甫)와 함께 당(唐)나라 최고의 시인 중 한 사람인 이백(李白 : 字 太白)은 40대가 되어서야 장안(長安)의 궁정시인(宮廷詩人)이 되었다. 20대 후반부터 30대 대부분의 시기는 호북성(湖北省)을 중심으로 유람하며 세월을 보냈다. 그 무렵에 양양 부근의 명소 고적을 읊은 시 「양양가(襄陽歌)」에서 이렇게 노래하고 있다.

지는 해 현산 서쪽으로 지려 하는데
거꾸로 흰 모자 쓰고 꽃 아래 서성이네
양양의 아이들 모두 함께 손뼉을 치고
거리를 막고 다투어 백동제 노래 다투어 부르네
옆 사람들은 묻기를 무슨 일로 웃는가
산 늙은이 술에 취해 진흙같이 웃는다네

落日欲沒峴山西 倒著接羅花下迷 낙일욕몰현산서 도저접라화하미
襄陽小兒齊拍手 攔街爭唱白銅鞮 양양소아제박수 난가쟁창백동제
傍人借問笑何事 笑殺山公醉如泥 방인차문소하사 소살산공취여이

태백주취도(太白酒醉圖, 淸 화가 상관주)

「니취」란 《이물지(異物志)》에 보면, 남해(南海)에 사는 「니(泥)」라는 벌레는 뼈가 없어 물속에서는 활발히 움직이지만, 물이 없어지면 진흙과 같이 된다는 설에서 나온 말이라고 하나, 역시 술에 몹시 취하여 흐느적거리는 모양을 형용한 것이다.

이백이 장안에 있을 때, 이틀 동안이나 술에 취하여 자고 있었는데, 심향정(尋香亭)에서 모란을 구경하고 있던 현종(玄宗)과 양귀비(楊貴妃)에게 불려나와 술과 음악을 갖춘 시를 짓게 되었다. 이백은 불려나갈 때 「니취」해 있었기 때문에, 환관(宦官)인 고역사(高力士)의 눈앞에 다리를 내밀고 신발을 벗기게 하는 방약무인(傍若無人)한 행동을 하였다고 전해지고 있다.

이백의 술은 위(魏), 진(晉)의 죽림칠현이나, 도연명의 주도(酒道)와 통하는 바가 있다. 그래서 이 달관(達觀)한 이백을 주선(酒仙) 또는 시선(詩仙)이라 부르고 있다.

낙담상혼(落膽喪魂)　　떨어질 落 /쓸개 膽 /죽을 喪 /넋 魂

몹시 놀라 얼이 빠지고 정신없음.

낙락난합(落落難合)　　떨어질 落 /어려울 難 /합할 合

여기저기 흩어져 서로 모이기가 어려움. 《후한서》

낙락뇌뢰(落落磊磊)　　떨어질 落 /돌무더기 磊

돌이 반듯하게 포개져 쌓여 있는 모양. ② 성품이 너그럽고 신선(新鮮)하여 사소한 일에 거리끼지 않는 공명정대한 모양.

낙락장송(落落長松)　　떨어질 落 / 길 長 /소나무 松

가지가 아래로 축축 늘어진 키 큰 소나무.

낙모지신(落帽之辰)　　떨어질 落 /모자 帽 /갈 之 /날 辰

음력 9월 9일 중양절(重陽節)을 달리 부르는 말. 《진서》

낙목공산(落木空山)　　떨어질 落 /나무 木 /빌 空 /뫼 山

나뭇잎이 다 져서 비고 쓸쓸한 산. 비 무주공산(無主空山).

낙미지액(落眉之厄)　　떨어질 落 /눈썹 眉 /의 之 /액 厄

눈썹에 떨어진 재액(災厄)이라는 뜻으로, 눈앞에 닥친 재액을 이르는 말.

낙방거자(落榜擧子)　　떨어질 落 /매 榜 /들 擧 /아들 子

과거에 떨어진 선비. 또는 무슨 일에 성공하지 못한 사람. 《사기》

낙불사촉(樂不思蜀)　　즐거울 樂 /아니 不 /생각 思 /나라이름 蜀

즐거운 나머지 촉나라를 생각하지 않는다는 말로, 반어적인 의미가 담겨져 있는데, 본래 자신의 고국을 간절하게 그리워하면서 마냥 즐겁기만 하다는 말이다. 그런데 오늘날에는 그 의미가 변하여 타향을 떠도는 나그네가 산수 유람하면서 고향이나 집을 생각하지 않는 것을 가리키는 말로 쓰인다.

낙엽귀근(落葉歸根) 떨어질 落 /잎 葉 /돌아갈 歸 /뿌리 根

잎이 떨어져 뿌리로 돌아간다는 뜻으로, 모든 일은 처음으로 돌아감을 이르는 말.

낙엽표요(落葉飄颻) 떨어질 落 /잎 葉 /회오리바람 飄 /질풍 颻

가을이 오면 낙엽이 펄펄 날리며 떨어짐.

낙영빈분(落英繽粉) 떨어질 落 /꽃부리 英 /어지러울 繽 /가루 粉

낙화가 어지럽게 떨어지면서 흩어지는 모양.

낙월옥량(落月屋梁) 떨어질 落 /달 月 /지붕 屋 /들보 梁

벗의 꿈을 꾸고 깨어 보니, 지는 달이 지붕을 비추고 있더라는 두보의 시에서, 벗을 생각하는 심정이 간절함의 비유.

낙이망우(樂而忘憂) 즐거울 樂 /말이을 而 / 잊을 忘 /근심할 憂

도를 즐겨 근심을 잊음. 도를 행하기를 즐거워하여 가난 따위의 근심을 잊음. (《논어》 술이편). 공자가 말했다. 「《시경》의 관저 시는 물론 사랑의 즐거움을 노래하고 있기는 하지만, 즐거움의 도를 지나쳐서 흐트러지는 법이 없다. 또 슬픔을 노래하더라도 슬픔이 지나쳐 마음의 평정을 잃는 법은 없다」 《논어》 팔일편.

낙이불음(樂而不淫) 즐거울 樂 /말이을 而 /아니 不 /음란할 淫

즐기는 일을 하더라도 도를 지나치지 않는다.

낙지운연(落紙雲煙) 떨어질 落 /종이 紙 /구름 雲 /연기 煙

종이에 떨어뜨린 것이 구름이나 연기와 같다는 뜻으로, 초서(草書)의 필세가 웅혼(雄渾)함을 형용해 이르는 말.

낙탕방해(落湯螃蟹)　떨어질 落 /끓을 湯 /방게 螃 /게 蟹

끓는 물에 떨어진 방게가 허둥지둥한다는 뜻으로, 몹시 당황함을 형용하는 말.

낙필점승(落筆點蠅)　떨어질 落 /붓 筆 /점 點 /파리 蠅

오나라의 화가 조불흥(曹不興)이 오왕 손권의 명을 받아 병풍에다 그림을 그릴 때 잘못해서 떨어뜨린 붓의 흔적을 따라 교묘하게 파리로 바꾸어 그렸다는 고사에서, 화가의 훌륭한 솜씨를 이르는 말. 《오록(吳錄)》

난공불락(難攻不落)　어려울 難 /칠 攻 /아니 不 /떨어질 落

공격하기가 어려워 좀처럼 함락되지 않는다는 뜻으로, 방어가 견고하여 치기가 어려운 성을 두고 하는 말이다.

난사광불(難思光佛)　어려울 難 /생각 思 /빛 光 /부처 佛

【불교】 아미타불의 딴 이름인 열두 광불의 하나. 아미타불이 가지는 열둘의 빛의 덕상(德相) 가운데 부처가 아니고는 추량할 수 없는 빛의 덕이라는 데서 이름.

난애동분(蘭艾同焚)　난초 蘭 /쑥 艾 /같을 同 /불사를 焚

난애(蘭艾)는 난초와 쑥. 곧 난초와 쑥을 함께 태운다는 뜻으로, 군자와 소인의 구분 없이 함께 재액을 당함을 이르는 말. 비 옥석구분(玉石俱焚).

난약피금(爛若披錦)　찬란할 爛 /같을 若 /나눌 披 /비단 錦

찬란한 비단을 펼친 듯하다는 뜻으로, 문장의 문체가 빛나는 모양을 비유하여 이르는 말. 《세설신어》

난익지은(卵翼之恩)　알 卵 /날개 翼 /갈 之 /은혜 恩

애지중지 양육된 은혜를 이르는 말. 난익(卵翼)은 어미새가 날개로 알을 품고 부화시키듯이 자식을 애지중지 기르는 것. 《좌전》

난정순장(蘭亭殉葬) 난초 蘭 /정자 亭 /따라죽을 殉 /장사지낼 葬

당나라 태종이 왕희지가 쓴 《난정집서(蘭亭集序)》를 몹시 아껴 죽어서 그것을 함께 묻게 한 고사에서, 물건을 애호하는 마음이 두터움을 이름. 《상서고실(尙書故實)》

난지점수(蘭芷漸滫) 난초 蘭 /지초 芷 /점점 漸 /뜨물 滫

향초(香草)를 오줌에 담근다는 뜻으로, 착한 사람이 나쁜 일에 물듦을 비유하여 이르는 말. 《순자》

난최옥절(蘭摧玉折) 난초 蘭 /꺾을 摧 /구슬 玉 /쪼갤 折

난초가 꺾이고 옥(玉)이 부서진다는 뜻으로, 현인(賢人)이나 미인 등의 죽음을 비유하여 이르는 말. 《세설신어》

난해난입(難解難入) 어려울 難 /풀 解 /들 入

【불교】 가르치는 바가 이해하기 어렵고, 또 그 속에 들어가기가 힘들다는 뜻으로, 《법화경(法華經)》의 뜻이 심오하여 깨치기 어렵다는 말.

남기북두(南箕北斗) 남녘 南 /키 箕 /북녘 北 /말 斗

남쪽의 기성(箕星)은 쌀을 까불지 못하고, 북쪽의 북두성(北斗星)은 쌀을 되지 못한다는 뜻에서, 유명무실함을 이르는 말.

남곽남취(南郭濫吹) 남녘 南 /성곽 郭 /퍼질 濫 /불 吹

무능한 자가 재능이 있는 것처럼 가장하는 것. 또는 실력이 없는 자가 높은 지위에 앉아 있음을 말함. 《한비자》

남만격설(南蠻鴃舌) 남녘 南 /오랑캐 蠻 /때까치 鴃 /혀 舌

남방의 미개인이 쓰는 의미 불명의 말이란 뜻에서, 뜻이 통하지 않는 외국인의 말을 멸시한 표현. 《맹자》 등문공.

남방지강(南方之强)　　남녘 南 /모 方 /갈 之 /강할 强

인내의 힘으로 사람을 이겨낸다는 뜻이니, 곧 군자(君子)의 용기를 말함. 《중용》

남부여대(男負女戴)　　사나이 男 /질 負 /계집 女 /일 戴

남자는 짐을 지고 여자는 짐을 인다는 뜻으로, 가난한 사람들이나 재난을 당한 사람들이 마땅히 살 만한 곳이 없어 온갖 고생을 무릅쓰고 이리저리 거처할 곳을 찾아 안쓰럽게 돌아다니는 모습을 등에 지고 머리에 인다는 비유를 들어 표현한 말이다. 「남부여대」 보다 뜻이 약하기는 하지만, 아침에는 북쪽의 진(秦)나라에서, 저녁에는 남쪽의 초(楚)나라에서 지낸다는 뜻으로, 일정한 주소가 없이 유랑함. 또는 이편에 붙었다 저편에 붙었다 함을 비유적으로 이르는 뜻의 「조진모초(朝秦暮楚)」 도 비슷한 말이다. 바람 속에서 식사를 하고, 이슬을 맞으며 잠을 이룸. 즉 모진 고생을 비유한 「풍찬노숙(風餐露宿)」 도 어렵게 산다는 점에서는 남부여대와 통한다. 또 「동쪽 집에서 먹고 서쪽 집에서 잔다」 는 뜻으로, 먹을 곳, 잘 곳이 없어 떠돌아다니며 이집 저집에서 얻어먹고 지낸다는 「동가식서가숙(東家食西家宿)」 도 비슷한 의미의 말이다. 「동가식서가숙」 은 자기의 잇속을 차리기 위해 지조 없이 이리저리 빌붙음을 가리키는 말로도 쓰인다.

남산지수(南山之壽)　　남녘 南 /뫼 山 /갈 之 /목숨 壽

남산은 섬서성 서안(西安) 남쪽에 있는 종남산(終南山)을 가리킨다. 종남산이 무너지지 않듯이, 당신의 집안이 끊임없이 계승되어 갈 것이라고 축원하는 데 쓰는 말. 《시경》

남주북병(南酒北餠)　　남녘 南 /술 酒 /북녘 北 /떡 餠

옛날 서울의 남쪽 지역에서는 술을 잘 빚고 북쪽 지역에서는 떡을 잘 만들었음을 이르는 말. 그 예로 남쪽 지역의 공덕옹막(孔德甕幕)에는 1,000여 개의 삼해주(三亥酒) 독이 상비되어 있었다. 삼해주란 음력 정월의 상·중·하 해일(亥日)에 빚은 술로서, 상해일(上亥日)에 찹쌀가루로 죽을 쑤어 식힌 다음 누룩가루와 밀가루를 섞어서 독에 넣고, 중해일(中亥日)에는 찹쌀가루와 멥쌀가루를 쪄서 식힌 다음 독에 넣고, 하해일(下亥日)에도 또 찹쌀가루를 쪄서 식힌 다음 독에 넣어 익힌 술이다. 북쪽 지역에는 떡만 만들어 파는 전문 떡집들이 있었는데, 절편·개피떡·송편·콩인절미·팥인절미 등을 가지런히 괴어 놓고 팔았다.

낭다육소(狼多肉少)　　이리 狼 /많을 多 /고기 肉 /적을 少

이리는 많은데 고기는 적다는 뜻으로, 돈은 적은데 나누어 갖기를 원하는 사람은 많음을 이르는 말.

낭묘지기(廊廟之器)　　복도 廊 /사당 廟 /갈 之 /그릇 器

묘당(廟堂)에 앉아 천하의 정무(政務)를 보살필 만한 큰 인물이라는 뜻으로, 곧 재상(宰相)감을 일컬음. 《삼국지》 촉서.

낭중취물(囊中取物)　　주머니 囊 /가운데 中 /취할 取 /물건 物

주머니 속에 있는 것을 꺼내 가진다는 뜻으로, 손쉽게 얻을 수 있음의 비유.

낭청좌기(郎廳坐起)　　사나이 郎 /관청 廳 /앉을 坐 /일어날 起

벼슬이 낮은 낭청이 좌기(坐起 : 관청의 우두머리가 규정된 시간에 출근함)한다는 뜻으로, 아랫사람이 하는 처사가 윗사람보다 더 심하고 지독함을 이르는 말.

낭패불감(狼狽不堪)　　이리 狼 /이리 狽 /아니 不 /견딜 堪

☞ 낭패(狼狽).

낭패위간(狼狽爲奸) 이리 狼 /이리 狽 /될 爲 /범할 奸

흉악한 무리들이 모략을 꾸미는 것을 이르는 말. 「낭(狼)」과 「패(狽)」는 「이리」를 가리키는데, 낭은 앞다리가 길고 뒷다리가 짧은 동물이며, 패는 앞다리가 짧고 뒷다리가 긴 이리로 낭은 패가 없으면 서지 못하고, 패는 낭이 없으면 걷지 못하므로 늘 함께 다녀야 한다. 그런데 본래 이리의 앞다리와 뒷다리의 길이는 많이 차이나지 않고, 패는 실제로 존재하지 않는 동물로 추정된다. 동물인 낭과 패가 함께 어울려 다니는 것처럼 악한(惡漢)들이 모여서 나쁜 짓을 하려고 수단과 방법을 꾀하는 것을 비유하는 말이다. 난감한 처지에 있다는 뜻으로는 낭패, 「낭패불감(狼狽不堪)」이라는 말을 쓴다. 당(唐) 학자 단성식(段成式) 《유양잡조(酉陽雜俎)》

내무내문(乃武乃文) 이에 乃 /굳셀, 군인 武 /글월 文

문무를 함께 갖춘다는 뜻으로, 임금의 덕을 높이고 기림. 《서경》

내성외왕(內聖外王) 안 內 /성스러울 聖 /바깥 外 /임금 王

안으로는 성인(聖人)이며, 밖으로는 임금의 덕을 겸비한 사람. 《장자》

내심왕실(乃心王室) 이에 乃 /마음 心 /임금 王 /집 室

마음을 왕실에 둠. 곧 나라에 충성함. 《서경》

내유외강(內柔外剛) 안 內 /부드러울 柔 /바깥 外 /굳셀 剛

겉으로는 강하게 보이지만, 속은 부드럽다는 말. 외강내유로 바꾸어 쓰기도 한다. 그러나 원말은 외유내강(外柔內剛)으로, 겉으로는 순하고 부드럽게 보이지만, 마음속은 단단하고 굳세다는 뜻이다. 역시 내강외유로 바꾸어 쓸 수 있다. 내유외강은 안은 부드럽고 겉은 굳센 데 비해, 외유내강은 겉이 부드럽고 안이 굳세다는 점에서 언뜻 정반대의 뜻을 가진 것처럼 보인다. 그러나 내유외강이나 외유내강 모두 안팎이 어우러져 부드러움과 강직함을 두루 갖춘 사람을 비유할 때 쓴다. 내유외강은, 겉이 듬직하고 위엄이 있어 가까이하기 어려운 사람으로 보였는데, 알고 보니 속내는 참으로 부드럽고 다정다감해 겉모습과 전혀 다를 때 많이 쓴다. 한마디로 부드러움과 굳셈을 겸비한 사람을 가리킨다. 반면 외유내강은 겉으로는 부드럽고 다정해 속도 곰살궂으려니 생각했던 사람이 알고 보니 겉과는 전혀 다르게 듬직하고 위엄이 있어 옹골질 때 흔히 쓴다. 역시 부드러움과 굳셈을 겸비한 사람을 뜻한다. 《역경》

내자가추(來者可追)　　올 來 /놈 者 /가할 可 /쫓을 追

이미 지난 일은 어쩔 수 없으나 앞으로의 일은 조심하여 지금까지와 같은 과실을 범하지 않을 수 있음. 《논어》

내자불거(來者不拒)　　올 來 /놈 者 /아니 不 /막을 拒

우리가 일상 교훈처럼 널리 쓰고 있는 말이다. 「거자불추(去者不追) 내자불거(來者不拒)」의 준말이다. 「사람들을 대하는 법은, 가는 사람을 붙들지도 않고, 오는 사람을 물리치지도 않으며, 진실로 배우겠다는 마음을 가지고 이른다」 라고 《맹자》 에 있는 말이다.

내전보살(內殿菩薩)　　안 內 /큰 집 殿 /보리 菩 /보살 薩

알고도 모르는 체하고 가만히 있는 사람을 가리키는 말.

내조지공(內助之功)　　안 內 /도울 助 /갈 之 /공 功

아내가 집안을 잘 다스려 남편을 돕는 일을 비유하는 말. 《삼국지》 위서(魏書).

냉난자지(冷暖自知)　　찰 冷 /따뜻할 暖 /스스로 自 /알 知

물이 차가운지 따뜻한지는 그 물을 마신 자만이 안다는 뜻으로, 자기 일은 남이 말하기 전에 자기 스스로 안다는 말. 달마조사(達磨祖師)의 「혈맥론(血脈論)」에 「도는 본래 원만하게 이루어진 것이니, 닦거나 깨달아 얻을 것이 없다(道本圓成 不用修證). 도는 소리나 색깔이 아닌 것이고 미묘하여 볼 수도 없다(道非聲色 微妙難見). 마치 사람이 물을 마시듯 차갑고 따뜻한 것을 절로 아는 것이니 다른 사람에게 말로써 설명해 줄 수 없다(如人飮水 冷暖自知 不可向人說也)」는 구절이 있다. 《전등록(傳燈錄)》

노기복력(老驥伏櫪)　늙을 老 / 천리마 驥 / 엎드릴 伏 / 말구유 櫪

늙은 천리마가 헛간 널빤지 위에서 잠을 잔다는 뜻에서, 유위(有爲)한 인물이 나이를 먹어 뜻을 펴지 못하고 궁지에 빠짐을 비유하여 이르는 말. 《삼국지》 위서.

노당익장(老當益壯)　늙을 老 / 당할 當 / 더할 益 / 씩씩할 壯

늙었어도 더욱 기운이 씩씩한 사람. 또는 사람은 늙을수록 더욱 뜻을 굳게 해야 함. 노익장(老益壯). 《후한서》

노류장화(路柳墻花)　길 路 / 버들 柳 / 담장 墻 / 꽃 花

누구든지 꺾을 수 있는 길가의 버들과 담 밑의 꽃이라는 뜻으로, 창부(娼婦)를 가리키는 말.

노반지교(魯班之巧)　노둔할 魯 / 나눌 班 / 갈 之 / 재주 巧

손재주가 있어 무엇이든 잘 만드는 것을 비유하는 말. 《맹자》 이루.

노방생주(老蚌生珠)　늙을 老 / 민물조개 蚌 / 날 生 / 구슬 珠

늙은 조개가 진주를 낳았다는 뜻으로, 만년에 아들을 낳음을 이르는 말. 《서언고사(書言故事)》

노불습유(路不拾遺) ☞ 도불습유(道不拾遺).

노소부정(老少不定)　늙을 老 /적을 少 /아니 不 /정할 定

반드시 노인은 먼저 죽고, 젊은이는 오래 산다고 정해진 것이 아니라는 뜻. 인간의 수명이나 죽는 시기는 알 수 없는 것이어서 언제 죽음이 닥쳐올지 모른다는 말이다. 일본 승려 겐신(源信)이 쓴 《관심약요집(觀心略要集)》에 있는 말로, 인간의 수명은 노소부정한 것이어서 무상(無常)하기 이를 데 없으므로 부처님을 믿고 불경을 외우라고 권한 데서 비롯되었다. 제행무상(諸行無常)이라는 말 가운데 하나.

노승발검(怒蠅拔劍)　노할 怒 /파리 蠅 /뺄 拔 /칼 劍

파리에게 화가 나서 칼을 뺀다는 뜻으로, 사소한 일에 화를 내는 사람을 비웃는 말. 비 견문발검(見蚊拔劍).

노실색시(怒室色市)　노할 怒 /집 室 /얼굴빛 色 /저자 市

방안에서 노하고 저자거리에 나가서 노여움을 나타낸다는 뜻으로, 노여움을 다른 데 옮긴다는 말. 우리 속담에 「종로에서 뺨 맞고 한강에서 눈 흘긴다」는 말과 유사하다. 또는 때늦은 행동을 이르기도 한다.

노심초사(勞心焦思)　일할 勞 /마음 心 /애태울 焦 /생각 思

마음을 태우며 괴롭게 염려함. 이를테면 성적이 나쁜 자식을 생각하는 부모의 고뇌(苦惱).

노안비슬(奴顔婢膝)　사내종 奴 /얼굴 顔 /계집종 婢 /무릎 膝

사내종의 얼굴과 계집종의 무릎이란 뜻으로, 남에게 종처럼 지나치게 굽실거리는 더러운 태도. 《포박자》

노양지과(魯陽之戈)　노둔할 魯 /볕 陽 /갈 之 /창 戈

전국시대 초(楚)나라의 노양공(魯陽公)이 한(韓)나라와의 싸움 중에 날이 저물자, 창을 들어올려 해가 지는 것을 멈추게 했다

는 고사에서, 쇠한 것을 되살려냄의 비유. 《회남자》

노어지오(魯魚之誤) 노둔할 魯 /물고기 魚 /갈 之 /잘못 誤

글자 모양이 비슷한 문자를 잘못 베껴 쓰는 것. 책도 세 번 베껴 쓰면 어(魚) 자를 노(魯) 자로 잘못 쓰고, 허(虛) 자를 호(虎) 자로 잘못 쓴다는 데서, 문자를 잘못 베끼는 것을 이름. 비 노어해시(魯魚亥豕). 《포박자》

노어해시(魯魚亥豕) ☞ 노어지오.

노연분비(勞燕分飛) 일할 勞 /제비 燕 /나눌 分 /날 飛

때까치와 제비가 따로 헤어져 날아간다는 뜻으로, 사람의 이별을 비유하여 이르는 말.

노우지독(老牛舐犢) 늙을 老 /소 牛 /핥을 舐 /송아지 犢

어미 소가 송아지를 핥는다는 뜻으로, 자식에 대한 부모의 깊은 사랑을 비유하여 이르는 말. 《후한서》

노파심절(老婆心切) 늙을 老 /할미 婆 /마음 心 /끊을 切

남의 일을 지나치게 걱정하는 마음. 노파가 이것저것 장황하게 마음을 쓰는 친절심(親切心)을 말한다. 「노파심」이라는 말은 여기에서 온 것이다. 《전등록》

녹록지배(碌碌之輩) 용렬할 碌 /갈 之 /무리 輩

녹록(碌碌)은 흔해빠진 것을 말한다. 곧 특별히 두드러진 데도 없이 평범한 인물을 이르는 말. 《후한서》

녹림호걸(綠林豪傑) 푸를 綠 /수풀 林 /호걸 豪 /호걸 傑

녹림은 푸른 숲이란 뜻인데, 이것이 녹림의 호걸(豪傑)이라든가, 녹림에 몸을 담는다든가 하면 의미가 달라진다. 녹림과 산림(山林)을 혼동해서 녹림처사(綠林處士)란 말을 쓰는 사람이 간혹 있는데, 새로운 문자로 쓴다면 모르되, 고사에 나오는 문자로 쓴다면 큰 실수로 볼 수밖에 없다. 산림과는 달리 녹림에는 처사가 있을 수 없고, 있다면 세상을 등진 호걸이 있을 수 있다. 녹림호걸의 가장 대표적인 작품을 든다면 아마 《수호지》가 될 것이다. 결국 녹림 호걸은 권력을 잡은 사람들이 볼 때는 적에 불과한 것이다. 따라서 녹림은 도적의 소굴을 뜻하게 된다. 당나라 이섭(李涉)의 「우도시(遇盜詩)」 가운데, 도적들을 가리켜 「녹림의 호객(豪客)」이라 불렀기 때문에 그 뒤로 「녹림」이란 말이 도적이란 이름으로 쓰이게 되었다.

녹빈홍안(綠鬢紅顔)　　푸를 綠 /귀밑털 鬢 /붉을 紅 /얼굴 顔

윤이 나는 검은 머리와 붉은 얼굴이란 뜻으로, 곱고 젊은 여자의 얼굴.

녹엽성음(綠葉成陰)　　푸를 綠 /이파리 葉 /이룰 成 /응달 陰

푸른 잎이 무성하게 우거져 그늘이 짙게 드리운다는 뜻으로, 혼인한 여자가 슬하(膝下)에 많은 자녀를 둔 것을 비유하여 이르는 말.

녹음방초(綠陰芳草)　　푸를 綠 /응달 陰 /꽃다울 芳 /풀 草

우거진 나무 그늘과 꽃다운 풀이라는 뜻으로, 여름철을 가리키는 말.

녹의사자(綠衣使者)　　푸를 綠 /옷 衣 /하여금 使 /놈 者

푸른 옷을 입은 사자라는 뜻으로, 앵무새의 별칭.

녹의홍상(綠衣紅裳)　　푸를 綠 /옷 衣 /붉을 紅 /치마 裳

연두저고리에 다홍치마. 곧 젊은 여자의 곱게 치장한 복색.

농와지경(弄瓦之慶)　　희롱할 弄 /실패 瓦 /갈 之 /경사 慶

와(瓦)는 실패. 옛날 중국에서는 딸을 낳으면 장난감으로 길쌈할 때 쓰는 실패를 주었다는 데서, 딸을 낳은 기쁨을 이름. 《시

경》

농위정본(農爲政本)　농사 農 /할 爲 /다스릴 政 /근본 本

농사야말로 정치의 근본이고, 나라의 기반이 된다는 말. 《제범(帝範)》

농조연운(籠鳥戀雲)　대그릇 籠 /새 鳥 /사모할 戀 /구름 雲

새장에 갇힌 새가 구름을 그리워한다는 뜻으로, 속박 받는 몸이 자유를 희구하는 마음. 《할관자》

뇌봉전별(雷逢電別)　우레 雷 /만날 逢 /번개 電 /헤어질 別

우레같이 만났다가 번개같이 헤어진다는 뜻으로, 갑자기 잠깐 만났다가 곧 이별함을 이르는 말.

뇌성대명(雷聲大名)　우레 雷 /소리 聲 /클 大 /이름 名

세상에 높이 드러난 이름. 또는 남의 이름을 높여 하는 말.

누고지재(螻蛄之才)　땅강아지 螻 /땅강아지 蛄 /갈 之 /재주 才

땅강아지의 재주라는 뜻으로, 무엇이든 다루어 다재다능해 보이지만, 무엇을 하든, 무엇을 시키든 미숙하여 반거들충이(무엇을 배우다가 다 이루지 못한 사람)에 비유한다. 《고금주(古今注)》

누월재운(鏤月裁雲)　아로새길 鏤 /달 月 /마를 裁 /구름 雲

달을 아로새기고 구름을 마른다는 뜻에서, 세공(細工)의 공교(工巧)하고 아름다움의 비유.

누진취영(鏤塵吹影)　새길 鏤 /티끌 塵 /불 吹 /그림자 影

먼지에 새기고 그림자를 입으로 분다는 뜻으로, 헛수고의 비유. 《관윤자(關尹子)》

능간능수(能幹能手)　능할 能 /줄기 幹 /손 手

잘 해치우는 재간(才幹)과 익숙한 솜씨.

능견난사(能見難思)　능할 能 /볼 見 /어려울 難 /생각 思

【불교】 잘 살펴보고도 보통의 이치로는 추측할 수 없는 일. 쇠로 만든 그릇. 송광사(松廣寺)에 있는데, 원(元)나라에서 보조국사(普照國師)에게 내렸다는 전설이 있다. 전라남도 순천 송광사 성보박물관에 소장되어 있는 29점의 바리때(공양 그릇)로, 1972년 1월 29일 전라남도유형문화재 제19호로 지정되었다. 송광사 제6대 국사인 원감국사 충지(沖止 1226~1292년)가 원나라에 다녀오면서 가져왔다고 전해진다. 제작 기법이 특이하여 어느 순서로 포개어도 크기가 오묘하게 딱 들어맞는다고 한다. 조선시대 숙종이 장인(匠人)에게 그와 똑같이 만들어보도록 명하였으나 결국 실패하자 「보고도 못 만든다」는 의미로 왕이 친히 「능견난사(能見難思)」라는 이름을 지어주었다고 전해진다.

능곡지변(陵谷之變)　　언덕 陵 /골짜기 谷 /갈 之 /변할 變

언덕과 골짜기가 서로 뒤바뀌는 변화. 곧 세상일의 극심한 변천을 비유하여 이르는 말. 《진서》 비 상전벽해.

능마강소(凌摩絳霄)　　능가할 凌 /갈 摩 /진홍 絳 /하늘 霄

곤어(鯤魚)가 봉새로 변하여 한 번 날면 구천(九天)에 이르니, 사람의 운수(運數)를 말함.

능문능무(能文能武)　　능할 能 /글월 文 /굳셀 武

문무(文武)가 뛰어남, 또는 그러한 것을 갖춘 사람.

능불양공(能不兩工)　　능할 能 /아닐 不 /두 兩 /장인 工

인간의 능력은 모든 사물에 다 능할 수 없다는 뜻으로, 잘 할 수 있는 일이 있는가 하면 잘못하는 일도 있기 마련임을 이르는 말.

능사익모(能士匿謀)　　능할 能 /선비 士 /숨을 匿 / 꾀할 謀

재능이 있는 자는 계책을 숨기고 남에게 알리지 않음.

능소능대(能小能大)　능할 能 /작을 小 /클 大

① 큰 일이나 작은 일이나 임기응변(臨機應變)으로 잘 처리해 냄. ② 남들과 사귀는 수완이 능함.

능수능간(能手能幹)　능할 能 /손 手 /줄기 幹

잘 해치우는 재간(才幹)과 익숙한 솜씨.

능언앵무(能言鸚鵡)　능할 能 / 말씀 言 /앵무새 鸚 /앵무새 鵡

앵무새처럼 말을 잘한다는 뜻으로, 말은 잘하나 실제 학문은 없는 사람을 이르는 말.

능운지지(凌雲之志)　능가할 凌 /구름 雲 /의 之 /뜻 志

능운(凌雲, 陵雲)은 구름을 뚫고 하늘로 올라감. 높이 세상 밖에 초탈하려는 뜻. 속세를 떠나려는 마음. 선도(仙道)를 터득한 마음. 또는 높은 지위에 올라가고자 하는 뜻. 《한서》 ☞ 청운지지.

능자다로(能者多勞)　능할 能 /놈 者 /많을 多 /일할 勞

재능이 많은 사람은 고생이 많다는 뜻으로, 능력이 있어 일을 잘하므로 필요 이상의 수고를 하게 됨을 이르는 말. 《장자》

장판교에서 조조의 백만 대군에게 대갈일성하는 장비

고사성어대사전

다 기 망 양　　　　등 태 산 이 소 천 하
多岐亡羊 ➡ 登泰山而小天下

다기망양 多岐亡羊

많을 多 갈림길 岐 잃을 亡 양 羊

《열자(列子)》 설부편(說符篇)

학문의 길이 너무 다방면으로 갈리어 진리를 얻기 어려움.

「다기망양」은 갈림길이 많아서 양을 찾지 못하고 말았다는 이야기에서 나온 말이다. 학문이나 어떤 재주를 배우는 데 있어서도 그 배우는 방법이 지나치게 여러 가지가 있거나, 지엽적인 것에 구애를 받게 되면 얻으려던 것을 얻지 못하게 된다.

양자(楊子)의 이웃사람이 양을 한 마리 잃어버렸다. 그 집에서는 집 사람들은 물론 양자의 집 하인아이까지 빌어 찾아 나서게 했다.

「양 한 마리 달아났는데, 웬 사람이 그렇게 많이 찾아나서는 거지?」하고 양자가 묻자, 이웃 사람은 「갈림길이 많기 때문입니다」 하고 대답했다. 얼마 후 그들이 돌아왔기에, 「양은 찾았는가?」하고 물었더니, 「놓치고 말았습니다」하는 것이었다.

「왜 놓쳤지?」

「갈림길에 또 갈림길이 있어, 양이란 놈이 어디로 갔는지 도무지 알 수가 없어 그만 지쳐서 돌아오고 말았습니다」

이 말에 양자는 몹시 우울한 표정을 지으며 종일 웃는 일이 없었다. 제자들이 까닭을 물어도 대답을 하지 않았다. 그래서 맹손양(孟孫陽)이란 제자가 선배인 심도자(心都子)에게 가서 사실을 말했다.

심도자는 맹손양과 함께 양자를 찾아뵙고 이렇게 물었다.

「옛날 세 아들이 유학을 갔다 돌아오자, 그 아버지가 인의(仁義)에 대해 물었습니다. 그러자 큰아들은 『몸을 소중히 하고 이름을 뒤로 미루는 것입니다』라고 대답하고, 둘째아들은『내 몸을 죽여 이름을 남기는 것입니다』라고 했는데, 셋째아들은『몸과 마음을 다 온전히 하는 것입니다』라고 대답했습니다. 이 세 가지 방법은 각각 다르지만, 같은 선생 밑에서 같은 유학(儒學)을 배운 데서 나온 말입니다. 어느 것이 옳고 어느 것이 틀립니까?」그러자 양자는 이야기를 이렇게 돌렸다.

「어떤 사람이 황하 기슭에 살고 있었는데, 헤엄을 아주 잘 쳐서 배로 사람을 건네주고 많은 돈을 벌며 호화로운 생활을 했다. 그래서 그에게 헤엄치는 법을 배우러 오는 사람이 많았는데, 그 절반에 가까운 사람이 헤엄을 배우다가 물에 빠져 죽었다. 그들은 헤엄을 배우러 왔지 빠지는 것을 배우러 오지는 않았다. 하지만 돈을 버는 사람과 목숨을 잃는 사람과는 너무도 많은 차이가 있다. 그대는 어느 쪽이 좋고 어느 쪽이 나쁘다고 생각하는가?」

심도자도 잠자코 밖으로 나왔다. 그래서 맹손양은,

「당신의 질문은 너무나 간접적이고, 선생님의 대답은 분명치가 않다. 나는 뭐가 뭔지 도무지 알 수가 없다」하고 말했다.

심도자는「큰 도는 갈림길이 많기 때문에 양을 놓쳐 버리고, 학문하는 사람은 방법이 많기 때문에 본성을 잃어버린다(大道以多岐亡羊 學者以多方喪生). 학문이란 원래 근본이 하나였는데, 그 끝에 와서 이같이 달라지고 말았다. 그러므로 그 같고 하나인 근본으로 되돌아가기만 하면 얻을 것도 잃을 것도 없는 것이다. 선생님은 그 말씀을 하고 계신 거다」하고 말했다

너무도 많은 교파와 종파들이 똑같은 근본 문제는 제쳐놓고 하찮은 지엽말단(枝葉末端)의 형식을 놓고 왈가왈부하는 현상도 일종의「다기망양」이라고 할 수 있다.

다난흥방 多難興邦

많을 多 어려울 難 일어날 興 나라 邦

「권진표(勸進表)」

많은 어려운 일을 겪고서야 나라를 일으킨다는 뜻에서 어려움을 극복하고 여러모로 노력해야 큰일을 이룰 수 있다는 말이다.

진(晉)나라 무제(武帝)의 아들인 혜제(惠帝) 때 진나라는 「팔왕(八王)의 난」 등으로 혼란하였다. 이 시기를 틈타 진나라의 지배를 받은 북방민족들이 독립하여 나라를 세우고 쳐들어와 회제(懷帝)와 민제(愍帝)가 살해되고, 진나라는 중원에서 양자강 이남으로 나라를 옮겨 동진(東晉)이라고 불렀다.

동진 원제 사마예

동진시대 사람인 조적(祖逖)은 범양(范陽) 출신으로 성격이 활달하고 분방하여 예의에 초연했다. 일찍이 사공(司空)인 유곤(劉琨)과 함께 호걸로 이름이 자자해서 24세 때에는 유곤과 함께 사주주부(司州主簿)가 되었는데 이불을 함께 덮고 잘 정도였다.

낙양이 유총에게 함락되었을 때 그는 여남(汝南)태수로 있었는데 유민 수백 호를 거느리고 사수(泗水)로 갔다.

그는 자신이 흉노에게 점령된 중원을 회복하는 일을 사명으로 받았다고 생각하고 있었으므로 안동장군 사마예(司馬叡)에게 중원 회복의 계책인 「권진표」를 올려 이렇게 말했다.

조 적

「많은 재난이나 어려움은 우리에게 나라를 부흥시키고 공고히하도록 격려해주며, 깊은 근심은 황제로 하여금 정세를 정확하게 보고 새로운 결심을 하게 해준다(或多難以固邦國 或殷憂以啓聖明)」

그 뒤 사마예는 동진의 초대 황제인 원제(元帝)로 즉위하였으며 북벌을 결정하지 못하고 조적과 유곤을 의심하여 유곤을 살해하자, 조적은 그 울분으로 죽었다. 동진은 317년 건업(建業 : 南京)을 국도로 진왕조를 재건한 뒤 공제(恭帝) 때인 419년에 유유(劉裕)에게 멸망하였다. 이와 같이 수많은 고난이 사람들에게 나라를 부흥시킬 수 있도록 격려한다는 것을 말한다.

최근 사천성(四川省)에 큰 지진이 일어났을 때 중국에서 흔히 한 말이다. 초등학교 교실에서부터 신문, 베이징의 고급 관리에 이르기까지 자주 되뇌는 말이다. 그 고사성어가 바로 이 「다난흥방(多難興邦)」이다.

「많은 고난이 나라를 흥왕케 만들어준다」

이는 그들의 긴 역사를 통하여 요긴하게 배웠던 의미 깊은 표현이었다.

다다익선 多多益善

많을 多 더할 益 좋을 善

《사기》 회음후열전(淮陰侯列傳)

많으면 많을수록 좋다. 이 말은 아주 흔히 쓰이는 말이다. 이 말을 기록상 가장 먼저 한 사람은 한신(韓信)이다.

《사기》 회음후열전에 보면 한고조와 한신과의 사이에 이런 내용의 이야기가 나온다.

한신이 조왕(楚王)으로 있다가 잡혀와 회음후로 내려앉은 뒤의 이야기다. 어느 날, 조용한 틈을 타서 고조는 여러 장수들의 능력에 대해 한신과 의견을 교환하고 있었다.

이야기가 끝나갈 무렵 고조가 물었다.

「과인과 같으면 어느 정도의 군사를 거느릴 수 있다고 보는가?」

「아뢰옵기 황송하오나 폐하께서는 고작 10만쯤 거느릴 수 있는 장수에 불과합니다」

「그렇다면 그대는 어떠한가?」

「예, 신은 많으면 많을수록 더욱 좋습니다(臣多多而益善耳)」

그러자 한고조는 어이없다는 듯이 웃고 나서 이렇게 물었다.

「많으면 많을수록 좋다고? 그렇다면 그대는 어찌하여 10만의 장수감에 불과한 과인의 포로가 되었는가?」

한신은 이렇게 대답하였다.

「폐하께선 군사를 거느리는 데는 능하지 못하지만, 장수는 잘 거느리십니다. 이것이 신이 폐하에게 사로잡히게 된 까닭입니다. 그리

고 폐하의 경우는, 이른바 하늘이 주신 것으로, 사람의 힘은 아닙니다」

한고조 유방과 한신(오른쪽), 소하

이렇게 군사의 통솔 능력을 말하면서 만들어진 다다익선이라는 말이 오늘날에는 다방면에서 많을수록 좋다는 뜻으로 두루 쓰이고 있다. 다다익판(多多益辦)과 같은 의미이다.

한나라 고조(高祖) 유방(劉邦)은 천하를 통일한 후 왕실의 안정을 위해 개국 공신들을 차례로 숙청하였다.

초왕(楚王) 한신(韓信)은 천하 통일의 일등 공신으로 항우군의 토벌에 결정적 공헌을 하였지만, 통일이 완성된 한나라 왕실로서는 위험한 존재가 아닐 수 없었다.

그는 본래 항우의 수하에 있다가 유방이 촉으로 들어간 후 한나라에 귀순한 인물이었고, 제(齊)나라를 정복하였을 때는 스스로 제왕에 즉위하였으며, 초에 들어가서는 항우의 장수였던 종리매(鐘離眛)를 비호하기도 하였다.

그래서 고조는 계략을 써 그를 포박한 후 장안으로 압송하고는 회음후로 좌천시켰다. 후일 거록(鉅鹿) 태수 진희(陳豨)와 공모하여 난을 일으켰으나, 장안을 떠나지 못하고 여후(呂后)에 의해 처형되었다.

다사제제 多士濟濟

많을 多 선비 士 많고 성할 濟

《시경》 대아(大雅) 문왕편(文王篇)

여러 선비가 모두 다 뛰어남. 훌륭한 인재가 많음.

《시경》 대아 문왕편에 나오는 말이다. 이 시는 문왕의 덕을 찬양한 7장으로 된 시인데, 그 제3장에 이렇게 노래하고 있다.

문왕께서 위에 계셔, 하늘 밝게 빛나니
주(周)는 비록 오래된 나라이나, 그 명(命)은 오히려 새롭도다.
주가 아직 나타나지 않은 것은 때가 아직 이르지 않은 때문이나
문왕(文王)이 하늘에 오르내리니, 상제께서 좌우에 계시니라.
문왕이 매우 부지런하시어 칭송이 끊이지 않으니,
주나라에 많은 복 펴시어, 문왕의 자손들 이를 누리시다.
문왕 자손들이 백 대토록 번성하시며,
무릇 주나라의 선비들도 또한 대대로 드러나지 않으리라!
대대로 나타나지 않았던가 그 꾀하는 일은 조심스러웠다.
그리고 훌륭한 많은 선비들이 이 왕국에 났다.
왕국이 능히 낳았으니 이들이 주나라의 받침대다.
제제한 많은 선비여 문왕이 그들로써 편안하도다.

文王在上 於昭于天 　문왕재상 어소우천
周雖舊邦 其命維新 　주수구방 기명유신
有周不顯 帝命不時 　유주불현 제명불시
文王陟降 在帝左右 　문왕척항 재제좌우

亹亹文王 令聞不已　　미미문왕 영문불이
陳錫哉周 侯文王孫　　진석재주 후문왕손
文王孫子 本支百世　　문왕손자 본지백세
凡周之士 不顯亦世　　범주지사 불현역세
世之不顯 厥猶翼翼　　세지불현 궐유익익
思皇多士 生此王國　　사황다사 생차왕국
王國克生 維周之楨　　왕국극생 유주지정
濟濟多士 文王以寧　　제제다사 문왕이녕

주문왕 영대유지(靈臺遺址)

쉽게 풀이하면, 문왕의 거룩한 덕이 대대로 후세에까지 빛나고 있어, 그가 계획한 모든 일이 조심스럽게 지켜져 오고 있다. 훌륭한 많은 인재들이 이 왕국에 태어나서 그들이 이 왕국을 떠받드는 기둥이 되어 왔다. 이렇게 「제제(濟濟)」한 많은 인재들이 있기 때문에 문왕의 혼령도 편히 계시게 되었다는 뜻이다.

「제제」는 많고 성한 모양을 말하는 형용사다.

단기지교 斷機之敎

끊을 斷 베틀 機 之 가르칠 敎

《열녀전(烈女傳)》

맹자의 어머니가 베틀의 실을 끊었다는 말로, 학문을 중도에서 그만두면 아무 쓸모가 없다는 말. 전한(前漢) 말 유향(劉向)의 《열녀전》에 있는 이야기다.

전국시대 추(鄒)나라의 철학자 맹자는 성선설을 바탕으로 인의(仁義)를 중시하는 왕도정치를 주창하였으며, 공자의 사상을 발전시켜 유교를 후세에 전하는 데 큰 영향을 끼친 당대 최고의 유학자였다. 어려서 아버지를 여의고 어머니 밑에서 자랐는데, 그 어머니는 아들 교육에 남다른 관심을 가진 사람이었다. 이 고사도 맹자 어머니의 아들 교육에 관한 일화이다. 맹자는 학문에 전념할 나이가 되자 고향을 떠나 공부를 하였다. 그런데 어느 날, 기별도 없이 맹자가 집으로 돌아왔다. 마침 베틀에 앉아 베를 짜고 있던 어머니는 갑자기 찾아온 아들을 보고 기쁘기는 하였지만, 감정을 억누르고 아들에게 물었다.

「네 공부가 어느 정도 되었느냐?」

「아직 마치지는 못하였습니다」

어머니는 짜고 있던 베틀의 날실을 끊고는 아들을 꾸짖었다.

「네가 공부를 중도에 그만두고 돌아온 것은 지금 내가 짜고 있던 베의 날실을 끊어버린 것과 같다. 무엇을 이룰 수 있겠느냐?」

맹자는 어머니의 이 말에 크게 깨달은 바가 있어 다시 스승에게로 돌아가 더욱 열심히 공부하였다. 그리하여 훗날 공자에 버금가는 유학자가 되었을 뿐 아니라 아성(亞聖)으로도 추앙받게 되었다.

단두장군 斷頭將軍

끊을 斷 머리 頭 장수 將 군사 軍

《삼국지》 촉지(蜀志)

죽어도 항복할 줄 모르는 장수.

「머리가 달아난 장군」이라는 뜻으로, 죽음에 굴복하지 않고 군사를 지휘 통솔하는 장수를 말한다.

《삼국지》 촉지(蜀志) 장비전에 있는 이야기다.

삼국시대 유비는 제갈양의 계책에 따라 동쪽으로는 손권과 손을 잡고 북쪽으로는 조조와 맞서 싸우는 병법을 썼다. 그러나 당시 유비는 호북과 형주 일대에서 발전하기도 어려웠거니와 고수하기도 어려웠다. 이에 유비는 제갈양과 방통의 제의에 따라 서천(西川)으로 진군하여 지세가 험준하고 산물이 풍부한 그곳에서 촉나라의 기틀을 공고히 다져 보고자 하였다.

그런데 당시 서천을 지키고 있던 장수는 바로 유비의 먼 인척 아우인 유장이었다. 그러나 패권을 잡기에 혈안이 되어 있던 유비에게는 그런 것쯤은 상관할 겨를이 없었다.

유비의 부군사 방통이 대군을 이끌고 서천으로 진군할 때였다. 공교롭게도 방통이 중도에서 급사하자 군사 제갈양은 할 수 없이 관운장으로 하여금 형주를 지키게 하고 직접 서천으로 나가게 되었다. 제갈양은 우선 장비에게 만여 명의 군사를 주어 큰길을 따라 서진하게 하였다.

장비는 아무런 장애도 받지 않고 무난히 파군과 강주에 도착했다. 강주를 지키고 있던 사람은 당시 파군태수로 있던 노장 엄연이었는

장 비

데, 그는 성문을 굳게 걸어 잠그고는 좀처럼 항복하려 하지 않았다.

장비가 사람을 파견하여 엄연에게 빨리 항복하라고 했지만 그는 거들떠보지도 않았다. 시간을 끌어 장비의 군사들이 군량이 떨어져 스스로 물러가기를 기다리고 있었던 것이다.

다급해진 장비는 몇 차례 싸움을 걸었지만 엄연은 들은 체도 하지 않았다. 이에 장비는 어느 날 밤 계략을 써서 엄연을 성 밖으로 끌어내 사로잡은 다음에야 겨우 성을 빼앗을 수 있게 되었다. 장비는 단상에 높이 앉아 엄연을 끌어오게 했지만 그는 무릎을 꿇으려 하지 않았다. 장비가 큰 소리로 엄연을 꾸짖었다.

「우리 대군이 여기까지 왔는데 왜 미리 항복하지 않았는가?」

엄연은 낯빛도 흐리지 않고 도도하게 대답하였다.

「이곳에는 단두장군만 있을 뿐 항복하는 장군은 없다!」

화가 머리끝까지 오른 장비는 부하들에게 호통을 쳤다.

「당장 끌어내다가 참형에 처하라!」

그러자 엄연은 태연하게 서서 말하는 것이었다.

「머리를 자르려면 어서 자를 것이지, 굳이 성을 낼 건 또 무어냐!」

본래 호탕한 장수인 장비는 엄연의 굴하지 않는 굳센 기상에 탄복하여 급히 단상에서 내려와 사죄한 뒤 예의를 갖춰 그를 맞았다는 것이다.

단사호장 簞食壺漿

도시락(대광주리) 簞 밥 食 병 壺 미음 漿

《맹자(孟子)》 양혜왕하(梁惠王下)

대나무로 만든 밥그릇에 담은 밥과 병에 넣은 마실 것이라는 뜻으로, 넉넉하지 못한 사람의 거친 음식을 이르는 말. 또는 백성이 군대를 환영하기 위하여 갖춘 음식을 이르는 말이기도 하다.

《맹자(孟子)》 양혜왕하(梁惠王下)에 있는 말이다.

제(齊)나라가 연(燕)나라를 공격하여 이기자 연나라 백성들은 기뻐하며 군대를 환영하였는데, 맹자는 제나라 왕에게 이렇게 말했다.

「대그릇에 담은 밥과 호리병에 넣은 음료수를 가지고 나와 임금의 군사들을 맞이하는 것은(簞食壺漿以迎王師) 제나라가 그들을 구해주기를 바라기 때문입니다. 제나라가 어려움에 처한 백성들을 구하지 않는다면 연나라의 백성들은 임금의 군대를 환영하지 않을 것입니다」

맹 자

넉넉하지 못한 백성들이 도시락밥과 호리병에 담은 물 등의 간소한 음식물을 준비하여 군대를 환영하고 위로한다는 뜻이다. 대그릇에 담은 밥과 제기에 담은 국이라는 뜻으로 얼마 안되는 변변치 않은 음식을 가리키는 「단사두갱(簞食豆羹)」과 비슷한 말이다.

단장 斷腸

끊어질 斷 창자 腸

《세설신어(世說新語)》

몹시 슬픈 나머지 창자가 끊어지는 듯함. 애끊는 마음.

단장의 슬픔 등, 우리는 「단장(斷腸)」이란 말을 많이 쓴다. 단장은 창자가 끊어진다는 말이다. 우리말에 애가 탄다는 말이 있다. 이 「애」는 옛말로 창자를 뜻한다. 애가 탄다는 것은 물론 탈 것 같다는 말의 과장이다. 그러나 이 창자가 끊어진다는 것이 과장이 아닌 사실의 기록으로 전하고 있다.

삼 협

《세설신어》에 있는 이야기다.

오호십육국시대(五胡十六國時代) 동진(東晋)의 정치가이자 군인 환온(桓溫, ?~373)이 촉(蜀)나라로 가는 도중, 삼협(三峽)을 배로 오르고 있을 때, 부대에 있는 사람이 원숭이 새끼를 잡았다.

그러자 어미 원숭이는 새끼를 잃고 슬피 울며 언덕을 따라 백여 리를 뒤쫓아 온 뒤에 마침내는 배 안으로 뛰어들어 그 길로 숨이 끊어지고 말았다. 죽은 어미 원숭이의 배를 가르고 속을 들여다보았더니, 창자가 토막토막 끊어져 있었다. 아마 슬픔의 독소로 창자가 녹아내린 것이리라.

이 이야기를 전해 들은 환온은 크게 노하여 새끼를 잡은 사람을 부대

현종과 양귀비

에서 내쫓도록 명령했다. 모성애란 이렇게 무서운 것이다. 이 이야기로 보더라도 사람의 범죄 중에서도 가장 잔인한 행동이 어린아이를 유괴하는 일일 것이다.

원문에는 「그 배 속을 가르고 보았더니 창자가 다 마디마디 끊어져 있었다(破視其腹中 腸皆寸寸斷)」 라고 되어 있다.

또 당(唐)나라 시인 백거이(白居易)는 「장한가(長恨歌)」에서 양귀비를 그리워하는 현종(玄宗)의 심정을 읊고 있다.

촉의 강물 푸르고 촉의 산 빛마저 푸른데
천자는 아침저녁으로 양귀비 생각에 잠겨
행궁에서 보는 달에 마음 절로 상하고
밤비에 울리는 풍경소리는 애간장을 끊네

蜀江水碧蜀山靑　촉강수벽촉산청
聖主朝朝暮暮情　성주조조모모정
行宮見月傷心色　행궁견월상심색
夜雨聞鈴腸斷聲　야우문령장단성

이렇듯 단장은, 그것이 사람이든 짐승이든 간에 창자가 끊어질 정도로 슬픈 이별의 아픔을 나타낸다.

단장취의 斷章取義

끊을 斷 문장 章 취할 取 뜻 義

《좌전》 양공 10년

문장에서 필요한 부분만을 인용하거나 자기 본위로 해석하여 쓰는 것.

춘추시대 경대부(卿大夫)들은 회의나 연회석상 같은 교제 장소에서 자기의 의사를 표시하거나 태도를 암시하기 위해서 《시경》 중의 시구를 따다가 읊곤 하였다.

그때 인용되는 시 구절은 완전한 한 편의 작품은 아니고 시 중 일부분이었기 때문에 단장(斷章)이라 하였다. 그리고 그들이 선택한 구절은 모두 다 자신의 심정을 나타내기 위한 것이었기 때문에 이를 가리켜 「단장취의」 라고 하게 된 것이다.

《좌전》 양공 10년에 다음과 같은 이야기가 있다.

어느 날 진(晋)나라 · 노(魯)나라 등 10여 개 국가의 군대가 연합하여 진(秦)나라를 공격한 적이 있었다. 연합군이 경수(涇水)에 이르렀을 때 강을 건널 것인가 말 것인가를 두고 논의가 벌어졌다.

이때 진(晋)나라의 대부 숙향(叔向)이 노나라 경대부 숙손표(叔孫豹)를 찾아가서 그의 뜻을 물었더니 숙손표는 즉시 포유고엽(匏有苦葉)이라고 대답하였다. 이에 숙향은 그가 도강하는 쪽을 지지하는 줄 알아차리고 돌아와서 강을 건널 배를 준비했다고 한다.

여기에서 「포유고엽」 이라는 것은 《시경》 패풍에 나오는 일종의 연애시다. 작품의 내용은 한 여인이 물가에서 사랑하는 사람을 기다리는 정경을 묘사한 것이다.

이 시는 모두 4장으로 구성되어 있고 매 장은 4구절로 되어 있다. 첫 장의 4구는 다음과 같다.

박에는 마른 잎이 달려 있고
제수에는 깊은 나루가 있네.
깊으면 옷 입은 채 건너고
얕으면 옷을 걷고 건너야지.

匏有苦葉 濟有深涉　포유고엽 제유심섭
深則厲 淺則揭　심즉려　천즉게

뜻은 바로 물이 깊든 얕든 반드시 강을 건너오라는 것이었다. 숙손표는 바로 첫 장의 첫 구절을 인용함으로써 반드시 강을 건너야 한다는 자신의 입장을 은연중에 표시한 것이다.

포유고엽(匏有苦葉)

이상에서 보는 바와 같이 「단장취의」는 처음에는 완전히 좋은 뜻으로 씌어졌다. 그러나 나중에는 그 뜻이 변해서 한두 구절 따내다가 자의적으로 사용하는 것을 가리키게도 되었다.

담소자약 談笑自若

말씀 談 웃을 笑 스스로 自 같을 若

《삼국지》 오서(吳書) 감영전(甘寧傳)

위험에 처하였음에도 의연하게 대처하는 모습.

《삼국지》 감영전에 있는 이야기다.

삼국시대 오나라 장수로서 그 유명한 적벽(赤壁) 싸움에서 가장 큰 공을 세운 사람 중의 하나가 감영(甘寧)이다.

감영은 본래 장강(長江)의 해적 출신이다. 후한 말 군웅이 할거할 때 황조(黃祖) 밑에 들어갔다가 손권의 휘하가 되어 적벽대전 때부터 주유의 참모로서 공을 세웠다.

성정이 불같아 불의를 보면 참지 못하였지만, 지략과 용맹이 뛰어났다. 적벽대전에서 수상전(水上戰)에 서툰 조조 군을 기습하여 예봉을 꺾은 것도 감영이었다.

적벽대전에서 대패한 조조는 이후 합비(合肥)에 전선을 열고, 틈만 나면 강동을 넘보려 하였다. 오(吳) 나라에서는 정보(程普)를 중심으로 감영과 여몽(呂蒙) 등에게 군사를 나누어주어 조조 군과 대치하였다.

초기에 감영은 소수의 군사로 환성(皖城)을 공략하여 성공을 거두었으나, 오나라 군사는 소요진이라는 곳에서 조조 군에게 대패하여, 후퇴한 후 전열을 가다듬고 있었다.

한편 조조는 오나라가 소요진에서의 패배를 설욕하려 한다는 정보를 듣고 스스로 40만의 대군을 이끌고 합비로 나왔다. 조조의 대군이 진격해 온다는 소식을 들은 오나라 군중은 자연히 혼란에 빠졌다. 당

시 오나라의 군세는 10만에 불과하였기 때문이다. 그러나 감영은 태연자약하게 「평소와 다름없이 성내에서 담소를 즐길 뿐이었다(談笑自若)」

적벽대전

조마조마하다 못해 부장 하나가 위급한 사정을 호소하자, 감영은 여전히 태연한 얼굴로 말했다.

「당장 성벽이 허물어지는 것도 아닌데 뭐가 그리 야단이냐. 적이 쏘아 날린 화살이나 모두 거두어들이도록 하라!」

이렇게 명령한 감영은 솜씨 좋은 궁수들을 선발하여 성벽에 배치했다. 그리고는 그 화살을 되쏘도록 하되 화살 하나도 허실함이 없이 적을 명중시키도록 엄명을 내렸다.

그 결과는 놀라웠다. 자기들이 쏘아댄 화살이 되날아오는 족족 자기 편 병사를 죽이는 것을 보고 위나라 병사들은 혼비백산하여 언덕에서 도망쳐 내려가고 말았다. 그 후로도 위군은 병력의 우위를 십분 이용해 여러 차례 성을 공격했으나, 감영의 오군은 잘 버텨 내었다. 그럴 즈음 주유의 지원군이 도착했고, 따라서 양면 공격을 당하게 된 위군은 이릉성 탈환을 포기한 채 패주하고 말았다.

「담소자약」이란 말은 이와 같이 대군의 침공에도 전혀 동요하지 않고 침착하게 대응한 감영의 모습이 후세까지 이야기꺼리가 되면서 비롯된 말이다.

담하용이 談何容易

이야기할 談 어찌 何 안존할 容 쉬울 易

《한서(漢書)》 동방삭전(東邦朔傳)

말하는 것이야 어찌 어렵겠느냐는 말로, 무슨 일이든지 입으로 말하는 것은 쉽지만, 실제로 해보면 쉽지 않으므로 쉽게 입을 여는 짓은 삼가야 한다는 말.

《한서》 동방삭전(東邦朔傳)에 있는 이야기다.

동방삭(東邦朔)은 전한(前漢) 중엽 사람으로, 막힘이 없는 유창한 변설과 유머에 능해 무제(武帝)의 사랑을 받았다. 그러나 측근으로서 무제의 뜻을 받기만 한 것이 아니라 황실의 사치를 간하는 근엄함도 갖추었다.

무제가 장안 근처에 황실 전용 사냥터 상림원(上林苑)을 만들려 할 때 그는 국고를 비게 하고 백성의 삶의 터전을 빼앗는 것이라며 반대했지만 무제는 이를 듣지 않았다. 또 그가 부국강병책을 건의했지만 그것도 채택되지 않았다. 그러자 그는 「객난(客難)」, 「비유선생지론(非有先生之論)」 등을 써서 무제를 간하였다.

「담하용이」 란 말은 비유선생지론에 나오는 말이다. 이 작품은 비유선생과 오왕이라는 허구의 인물이 담화하는 형식으로 이루어졌다.

비유 선생은 오왕을 섬긴 지 3년이 되지만, 조금도 정견을 발표하지 않았다. 오왕이 어이가 없어서 「뭔가 말을 해주시오」 하고 요망했지만, 선생은 여전히 입을 다물었다. 오왕은 안달이 났다.

「말해 주시오. 뭐든 듣겠소」

「좋습니다. 입을 여는 것은 간단한 일입니다」

그리고 그는 간언하다 죽은 충신의 이름을 나열하고는 또 거듭 말했다.

「입을 열기가 어찌 그리 쉬운 일이오!(談何容易)」

그는 계속해서, 알랑거려 중용된 인물, 임금이 포악했기 때문에 세상을 피한 인물의 이름을 들어 충신을 멀리하고 소인을 등용한 어리석음을 말했다.

「입을 열기가 어찌 쉬운 일이오!」

선생은 또 현자가 명군을 만나 서로 도와가며 나라를 일으키고 융성케 한 사례도 들어 군주로서의 마음가짐을 말했다.

동방삭(南宋 화가 공원)

이 말을 들은 오왕은 감동하여 이후부터 선생의 간언을 받아들였다. 그리하여 정치를 개혁하고 오나라를 융성으로 이끌었다는 내용이다.

「담하용이」란 이와 같이 입으로야 어떤 말이라도 할 수 있다는 뜻으로, 스스로 말을 삼가고 행동을 근신하라는 의미가 담겨 있다.

당돌서시 唐突西施

당황할 唐 갑자기 突 서녘 西 베풀 施

《진서(晉書)》

꺼리거나 어려워함이 없이 올차고 다부진 서시, 곧 서시와 비교하지 말라는 뜻으로, 가당치 않은 사람과 비교됨을 이르는 말.

동진(東晉) 초 원제(元帝) 때 주의(周顗)라는 신하가 있었다. 한번은 친구인 유량(庾亮)이 주의의 집에 청담을 나누러 갔다. 주의가 「그대는 무슨 즐거운 일이 있기에 갑자기 살이 쪘나?」 라고 묻자, 「그대는 무슨 슬픈 일이 있기에 갑자기 야위었나?」 라고 되물었다.

주의는 이렇게 대답했다고 한다.

「나는 근심도 없이 정말로 깨끗하고 욕심 없이 세월을 보내다 보니 찌꺼기가 나날이 없어졌을 뿐이네」

참으로 멋스런 응수다.

주의가 예부상서(禮部尙書)에 있을 때, 유량(庾亮)이 주의에게 「사람들이 자네를 고결하기가 악광(樂廣)과 비교된다 하더군」 라고 말했다. 악광(樂廣)은 진나라의 현인으로 죽어서까지 사람들의 추앙을 받는 인물이었다. 이런 인물과 자신을 견준다는 말을 들은 주의는 얼굴이 붉어져 고개를 흔들며 말했다.

「무염(無鹽)은 추녀이고 서시(西施)는 천하절색의 미녀라는 사실은 갓난아이도 안다네. 사람들이 악광과 함께 나를 말한다면, 이것은 무염을 서시와 똑같은 미녀라고 하는 것과 같네. 어찌 무염에게 화장을 한다고 하여 갑자기 서시가 되겠는가(何乃刻畫無鹽 唐突西施也)?」

당동벌이 黨同伐異

무리 黨 한가지 同 칠 伐 다를 異

《후한서(後漢書)》 당동전(黨同傳)

다

자기가 속한 집단의 이익을 위해 대의적으로 옳고 그름을 떠나 다른 집단 또는 타 집단에 속한 사람들을 무조건 흠집 내 무너뜨리려는 행태를 이르는 말.

유유상종(類類相從)은 끼리끼리 어울린다는 뜻으로, 알고 보면 삼라만상(森羅萬象)에 유유상종하지 않는 것이 없으며, 그 가운데서도 특히 인간은 더 지능적이며 심하다고 볼 수 있다.

진시황(秦始皇)이 중국을 통일하고 강력한 중앙집권화를 이룩한 이래 중국의 권력은 오직 황제 한 사람에게 집중되었다. 자연히 황제를 둘러싼 친위 집단이 권력을 농단하게 되었는데, 그 중심을 이룬 것이 환관과 외척세력이었다. 또 한(漢)나라 때에는 유교를 국교로 하여 유학을 공부한 선비집단이 성장하였다. 그런데 왕망(王莽)이 제위를 찬탈하자 선비들은 초야로 피해 청의(淸議)를 일삼고, 자연스럽게 명망 있는 인물을 중심으로 뜻을 같이하는 무리들이 모였다. 이를 당인(黨人)이라 한다.

후한 때는 제4대 화제(和帝) 이후로 역대 황제가 모두 어린 나이에 즉위하여 황태후가 섭정이 되고, 그 일족인 외척이 권력을 손아귀에 넣었다. 그 외척에 대항하여 이를 타도하는 역할을 주로 한 것이 환관의 세력이었고, 후한 말기는 외척과 환관이 번갈아 권력을 장악하고 사복을 채우는 정치 상황이 일반이었다. 또한 초야로 숨어든 명망 있는 인물들을 중심으로 뜻을 같이해 모인 유학자 집단인 당인들이 외척

구양수

이나 환관의 정권 당에 대항했다. 서로 물고 물리는 권력다툼을 일삼다 환관당이 외척세력을 궤멸시키고, 지식인당에 대해서도 철저한 탄압을 가했다. 그 결과 정치를 해야 할 지식인 관료층이 완전히 황실을 저버리고 후한 왕조는 자멸의 길을 걷게 되었다.

이렇게 선비집단과 외척·환관 세력이 서로 물고 물리는 정권다툼을 벌이는 과정에서, 옳고 그름을 떠나 다른 집단을 무조건 배격하는 것은 예상되는 일이었다. 이를 가리켜 「당동벌이」라고 일컫는다. 좁게는 「당고(黨錮)의 옥(獄)」 이후 이응(李膺)을 중심으로 한 당인들이 유교적 지식계급 이외의 세력을 적대시하던 사실을 가리키기도 한다.

전한(前漢)은 외척에 의해 망쳐졌고, 후한은 환관이 망쳤다고 한다. 후한 말에 이르러 환관들은 외척과 선비집단을 철저히 탄압하고, 그 결과로 지식인 관료집단인 선비집단이 황실을 버림으로써 후한이 자멸하게 되었다.

송(宋)나라 인종(仁宗) 때에도 당쟁(黨爭)이 극에 달해 나라는 생각하지 않았고 집단의 이익만 고집한 나머지 모함과 질시가 판을 쳤다. 당시 위기를 느낀 구양수(歐陽修)가 올린 글 「붕당론(朋黨論)」에서 당쟁의 폐단이 망국으로까지 연결될 수 있음을 사례를 들어 강조하고 있다.

당랑거철 螳螂拒轍

사마귀 螳 사마귀 螂 막을 拒 바퀴자국 轍

《장자(莊子)》 천지편(天地篇) 外

사마귀가 앞발로 수레바퀴를 버티어 막는다는 뜻으로, 자기 기량도 모르고 강적에게 덤벼드는 무모함, 또는 어처구니없는 허세를 꼬집는 말이다. 《장자》 천지편에 있는 이야기다.

장여면(將閭勉)이라는 사람이 동료 계철(季徹)을 만나 말했다.

「노나라 왕이 내게 가르침을 받고 싶다고 하기에 몇 번 사양하다가 『반드시 공손히 행동하고 공정하며 곧은 사람을 발탁하여 사심이 없게 하면 백성은 자연히 유순해질 것입니다』라고 말하였습니다. 이 말이 과연 맞는 말이었는지 모르겠습니다」

장 자

계철은 껄껄 웃으며 이렇게 대답하였다.

「당신이 한 말은 제왕의 덕과 비교하면 마치 사마귀가 팔뚝을 휘둘러 수레에 맞서는 것 같아서(螳螂當車轍) 도저히 감당해 내지 못할 것입니다. 또 그런 짓을 하다가는 스스로를 위험에 빠뜨리게 되고 집안에 번거로운 일이 많

아지며, 장차 모여드는 자가 많아질 것입니다」

이것은 세속적인 충고는 제왕의 도를 오히려 그르칠 수 있다는 말이다.

다음은 《회남자》 인간훈편(人間訓篇)에 있는 이야기다.

춘추시대 제(齊)나라 장공(莊公) 때의 일이다. 어느 날 장공이 수레를 타고 사냥터로 가던 도중 웬 벌레 한 마리가 앞발을 도끼처럼 휘두르며 수레를 쳐부술 듯이 덤벼드는 것을 보았다. 마부를 불러 그 벌레에 대해 묻자, 마부가 이렇게 대답하였다.

「저것은 버마재비(螳螂)라는 벌레이옵니다. 이놈은 나아갈 줄만 알고 물러설 줄을 모르는데, 제 힘은 생각지도 않고 적을 가볍게 보는 버릇이 있습니다」

그러자 장공은 말머리를 돌려 버마재비를 피해 가면서 이렇게 말했다.

「한낱 미물에 지나지 않는 버마재비가 혼자서 당당하게 이 큰 수레와 맞서겠다니(螳螂拒轍), 사람이라면 반드시 천하에 용맹한 사나이가 될 것이다. 우리나라에는 왜 저런 장수가 없는가!」

그 밖에도 《한시외전(韓詩外傳)》, 《문선(文選)》 등 여러 문헌에 나온다. 「당랑지부(螳螂之斧)」 라고도 하는데 모두 같은 의미이다. 당랑지부는 사마귀가 앞발을 치켜 든 모습에서 비롯된 말이다.

당랑규선 螳螂窺蟬

사마귀 螳 사마귀 螂 엿볼 窺 매미 蟬

《설원(說苑)》 정간(正諫)

다

사마귀가 매미를 잡으려고 엿본다는 말로, 눈앞의 이익에 어두워 뒤에 따를 걱정거리를 생각하지 않는다는 말이다.

전한 때 유향(劉向)이 지은 《설원》 정간에 있는 이야기다.

오왕 부차(夫差)는 월(越)나라를 공격하여 성공하고 서시(西施)를 데리고 환락에 빠져 있었다. 상국(相國 : 재상) 오자서(伍自胥)의 충언을 듣지 않고 오히려 그를 죽였다. 부차가 하루는 아침에 태자 우(友)가 옷을 적신 채 활을 들고 있어 물었다.

「아침부터 무엇을 그리 허둥대느냐?」

우가 대답하였다.

「아침에 정원에 갔더니 높은 나뭇가지에 매미가 앉아서 울고 있었습니다. 그 뒤를 보니 사마귀 한 마리가 매미를 잡아먹으려고 노리고 있었습니다. 그 때 홀연 참새 한 마리가 날아와서 그 사마귀를 먹으려고 노리는데, 사마귀는 통 기미를 알아채지 못하고 있었습니다. 저는 참새를 향해 활시위를 당겼습니다. 그런데 그만 활 쏘는 데 정신이 팔려 웅덩이 속으로 빠져버렸습니다. 그래서 옷을 이렇게 적신 것입니다. 천하에는 이런 예가 부지기수입니다. 이를테면 제나라는 까닭 없이 노나라를 쳐서 그 땅을 손에 넣고 기뻐했지만, 우리 오나라에게 그 배후를 공격받고 대패했듯이 말입니다」

부차는 말을 듣자마자 얼굴을 붉히며 소리쳤다.

「너는 오자서가 못 다한 충고를 할 셈이냐? 이제 그런 소리는 신

당랑포선(清 화가 선정)

물이 나는구나!」

충심에서 우러난 간언을 듣지 않은 부차는 결국 월나라의 침입을 받아 멸망하고, 그 자신은 자결하고 말았다.

《장자》 산목편(山木篇)에도 다음과 같은 말이 나온다.

장주는 옷자락을 걷어 올리고 빠른 걸음으로 활을 잡았다가 멈췄다. 그때 매미 한 마리가 바야흐로 아름다운 그늘에서 자신을 잊고 있는데 사마귀가 앞발을 들어 올리고 이를 치려고 했다(螳螂執翳而搏之). 이득만 보고 그 외모를 잊어버렸고, 이상한 까치도 그 이익을 노려 이익을 보고 그 참모습을 잊어버린 것이다. 장주가 두려워하여 이르기를, 「아, 만물이란 진실로 서로 누를 끼치고 두 가지 종류(이익과 손해)는 서로를 부르고 있구나(噫 物固相累 二類相召也)!」 하고 한탄했다.

장자는 이 일화를 「모든 사물은 본래 서로 해를 끼치는 것이며, 이(利)와 해(害)는 서로가 서로를 불러들이는 것」이라는 비유로 사용하고 있다. 오늘날 소탐대실(小貪大失)과 같은 의미로 사용되고 있다. 《장자》에 있는 「당랑박선(螳螂搏蟬)」이나, 《한시외전(韓詩外傳)》에 나오는 「당랑재후(螳螂在後)」라는 말이 모두 같은 뜻이다. 눈앞의 욕심에만 눈이 어두워 장차 닥쳐올 큰 재앙을 모른다는 것이다. 「당랑포선(螳螂捕蟬)」이라고도 한다.

당랑지부 螳螂之斧

버마재비 螳 버마재비 螂 의 之 도끼 斧

《회남자(淮南子)》 인간훈편(人間訓篇)

제 분수도 모르고 강적에게 반항함.

「당랑(螳螂)」은 버마재비, 혹은 사마귀라고 하는 곤충이다. 「부(斧)」는 도끼로, 버마재비의 칼날처럼 넓적한 앞다리를 말한다. 「당랑지부」 즉 버마재비의 도끼란 말은, 강적 앞에 분수없이 날뜀을 비유하는 말이다. 구체적인 뜻으로는 「당랑거철(螳螂拒轍)」이란 말이 더 많이 쓰인다. 당랑이 수레바퀴 앞을 가로막는다는 말이다. 사실 버마재미는 피할 줄을 모르는 어리석다면 어리석고 용감하다면 용감한 그런 성질의 곤충이다.

《회남자》 인간훈편에 있는 이야기다.

제(齊)나라 장공(莊公)이 사냥을 나갔을 때, 벌레 하나가 장공이 타고 가는 수레바퀴를 발을 들어 치려했다. 장공은 수레를 모는 사람에게 물었다.

당랑 조소(彫塑)

「저게 무슨 벌레인가?」

「저놈이 이른바 당랑이란 놈입니다. 저놈은 원래 앞으로 나아갈 줄만 알고 뒤로 물러날 줄을 모르며, 제 힘도 헤아리지 않고 상대를 업신여기는 놈입니다」

「그래, 그놈이 만일 사람이라면 반드시 천하의 용사가 될 것이다」 하며 장공은 수레를 돌려 당랑을 피해 갔다는 것이다.

여기에는 당랑의 도끼란 말은 나오지 않는다. 그러나 발을 들어 그 수레바퀴를 치려했으니, 그 발이 곧 도끼 구실을 하고 있었음을 알 수 있고, 또 이른바 당랑이라고 했으니 벌써 당시부터 당랑의 성질에 대한 이야기와 당랑의 도끼란 말 등이 쓰이고 있었음을 알 수 있다.

다음에 《문선(文選)》에 실려 있는 진림(陳琳)의 원소(袁紹)를 위한 예주(豫州) 격문에는 「당랑지부」란 말이 씌어 있다.

「……그렇게 되면 조조의 군사는 겁을 먹고 도망쳐 마침내는 오창을 본거지로 하여 황하로 앞을 막고, 당랑의 도끼로 큰 수레가 가는 길을 막으려 할 것이다」

여기에서 우리는 자기 힘을 헤아리지 않고 강한 적과 맞서 싸우려는 것을 비유해서 「당랑지부」라고 한 것을 볼 수 있다.

또 《장자》 인간세편(人間世篇)에는,

「그대는 당랑을 알지 못하는가. 그 팔을 높이 들어 수레바퀴를 막으려 한다. 그것이 감당할 수 없는 것임을 모르기 때문이다」

《장자》의 천지편에도 똑같은 대목이 나오는데, 여기서 「당랑거철」이란 말이 생겨난 것 같다. 또 「당랑의 위(衛)」라는 말은 큰 적에 대항하는 미약한 병비(兵備)를 가리킨다. 아무튼 타고난 성질은 고치기 어렵다는 것을 당랑을 통해 우리는 배울 수 있을 것 같다. 뻔히 안될 줄 알면서 사나이의 의기를 앞세우는 어리석음을 어쩌지 못하는 것이 인간이니까 말이다.

당비당거 螳臂當車

사마귀 螳 팔 臂 당할 當 수레 車

《장자(莊子)》 인간세(人間世)편

다

사마귀가 팔을 들어 수레를 막는다는 뜻으로, 미약한 역량으로 강적에 대항하거나 상대가 되지 않음을 비유한 말.

《장자》 인간세편

노(魯)나라 현인 안합(顔闔)이 위(衛)나라 영공(靈公)의 태자를 가르치러 가게 되어 위(衛)나라 대부 거백옥(蘧伯玉)에게 물었다.

위 영공

「여기 어떤 이가 있는데, 그는 나면서부터 덕이 없는 사람입니다. 그와 더불어 사귐에 있어 방종에 맡겨 두면 나라를 위태롭게 할 것이요, 법도를 지키게 하면 내 몸을 위태롭게 할 것입니다. 그런데 그의 지혜는 용렬하게도 남의 잘못을 잘 알지만, 제 잘못은 도무지 알지 못합니다. 이런 사람을 나는 어떻게 해야 하겠습니까?」

거백옥은 경솔한 주장을 하지 말고 순응하는 태도를 지키라고 충고하면서 버마재비(螳螂)의 무모함과 호랑이 기르기의 수단 등을 비유로 들며 말했다.

「자넨 버마재비를 모르는가? 버마재비는 그 팔에 잔뜩 힘을 주

거백옥

고 수레바퀴를 버티려 들면서 제가 그것에 견뎌내지 못함을 알지 못하네(怒其臂以當車轍不知其不勝任也). 그렇게 하는 것이 자기 재능을 자랑한다고 생각한다네. 이를 보아서도 자넨 경계하고 삼가야 하네. 자네의 훌륭한 재능을 자주 자랑해서 그를 거역하려 들면 자네는 곧 위태롭게 될 것이네. 자넨 또 저 범을 기르는 사람을 알 테지? 그가 범에게 날고기를 그대로 주지 않는 것은 그놈의 물어 죽이는 버릇이 매우 사나워질까 경계함이요, 고기를 통째로 주지 않는 것은 그놈의 잡아 찢는 버릇이 매우 사나워질까 경계함이다. 그러므로 그 굶주리고 배부름을 잘 살펴 그 사나운 마음을 풀어 주기만 하면 비록 호랑이일지라도 저를 기르는 이에게 꼬리를 치게 된다. 호랑이가 사람을 죽이게 되는 것은 호랑이의 마음을 거스른 까닭인 것이다. 말을 사랑하는 이는 광주리로 똥을 받고 동이로 오줌을 받기까지 한다. 하지만, 마침 모기와 등에가 말 등에 엉겨 붙은 것을 보고 갑자기 채찍을 들어 그놈을 치면 말은 놀라서 재갈을 째고 머리를 찢고 가슴을 다치게 된다. 이렇게 되면 그 생각은 지극했지만 도리어 사랑은 잃어버리게 된 셈이니 어찌 삼가지 않을 수 있겠는가?」

안합은 거백옥의 가르침을 듣고, 영공의 제의를 사절하고 위나라를 떠났다. 훗날 영공의 태자는 분규 중에 죽고 말았다.

대간사충 大姦似忠

큰 大 간사할 姦 같을 似 충성 忠

《송사(宋史)》

「아주 간사한 사람과 충신은 흡사하다」는 뜻으로, 악한 본성을 숨기고 마치 가장 충실한 체하는 사람을 가리키는 말이다.

《송사(宋史)》에 있는 말이다.

송나라 제5대 황제 영종(英宗)은 고갈되어 가는 국고를 부흥시키고 국력을 키우기 위해 재정 개혁에 힘썼으나, 즉위 4년 만에 세상을 떠나고, 신종(神宗)이 19세의 나이로 뒤를 이어 즉위하였다.

송 신종

신종은 영종이 이루지 못한 개혁을 계속 진행시켰는데, 어린 신종을 도와 개혁을 추진한 인물이 바로 왕안석(王安石)이다.

왕안석은 신종의 신임 아래 기존 세력의 반대를 무릅쓰고 새로운 법을 공포하였다. 이른바 신법으로, 농민의 조세와 부역을 덜어주고, 상인의 독점으로 인한 물품의 품귀현상을 해소시키며, 병농일치(兵農一致)로써 국방을 강화하려는 당시로서는 꼭 필요한 개혁정책이었다.

그러나 이 법은 기득권을 가진 지주와 부호, 황실, 귀족 관료들의

왕안석

강력한 반대에 부딪혔다. 가진 자로부터 없는 자를 보호한다는 명목으로 권력의 재편을 노린다는 구실이었다.

그 맨 앞에 선 사람이 어사중승(御史中丞) 여회(呂誨)였다. 여회는 왕안석이 재상에 취임하는 것부터 반대했던 사람으로, 신법이 계속 만들어지자 마침내 신종에게 왕안석을 탄핵하는 상소를 올렸다.

「아주 간사한 사람은 충신과 비슷하고, 큰 속임수는 사람들로 하여금 믿게 만든다(大姦似忠 大詐似信)」

겉으로는 질박하게 보이면서도 가슴 속에는 간사한 음모가 있으며, 교만하고 음험하여 황실을 업신여기고 남을 해치려 하는 간특한 인간이라고 왕안석을 탄핵한 것이다.

「대간사충」은 여기서 나온 말로, 정말로 간사한 사람은 언사가 교묘하여 누구라도 충신이라고 믿게 만든다는 말이다.

그 후에도 신종은 왕안석에 대한 신임을 바꾸지 않고, 오히려 여회를 지방으로 좌천시키면서까지 개혁을 추진하려 하였다. 그러나 신종이 죽고 왕안석도 물러나 은퇴하자, 보수 반동세력이 다시 득세하여 개혁은 결국 수포로 돌아가고 말았다.

대기만성 大器晩成

큰 大 그릇 器 늦을 晩 이룰 成

《노자(老子)》

크게 될 사람은 늦게 이루어진다.

《노자》 제41장에 있는 말이다.

노자기우도

노자는 이 장에서 옛글을 인용해 도(道)를 이렇게 설명하고 있다.

「아주 밝은 도는 어두워 보이고, 앞으로 빠르게 나아가는 도는 뒤로 물러나는 것 같다. 가장 평탄한 도는 굽은 것 같고, 가장 높은 덕은 낮은 것 같다. 아주 흰 빛은 검은 것 같고, 아주 넓은 덕은 한쪽이 이지러진 것 같다. 아주 건실한 도는 빈약한 것 같고, 아주 질박한 도는 어리석은 것 같다」

또 이렇게 말한다.

「크게 모난 것은 귀가 없고(大方無隅), 큰 그릇은 늦게 이루어지며(大器晩成), 큰 소리는 울림이 잘 들리지 않고(大音希聲), 큰 모양은 형체가 없다(大象無形). 왜냐하면 도는 항상 사물의 배후에

노자 출관도

숨어 있는 것이므로 무엇이라고 긍정할 수도, 또 부정할 수도 없기 때문이다」

이것이 「대기만성」이란 말이 나오는 대목만을 딴 것인데, 이보다 앞에 나오는 말을 전부 소개하면 이렇다.

위대한 사람은 도를 들으면 이를 실천하고, 보통 사람은 도를 들으면 반신반의하게 된다. 그리고 가장 못난 사람은 도를 들으면 아예 믿으려 하지 않고 코웃음만 친다. 코웃음을 치지 않으면 참다운 도가 될 수 없다. 그러기에 옛사람의 말에도,

「밝은 길은 어두운 것처럼 보이고, 앞으로 나아가는 길은 뒤로 물러나는 길로 보이며, 평탄한 길은 험하게 보인다. 높은 덕은 낮게 보이고, 참으로 흰 것은 더러운 것으로 보이며, 넓은 덕은 좁은 것처럼 보이고, 견실한 덕은 약한 것처럼 보이며, 변하지 않는 덕은 변하는 것처럼 보인다……」

이 말 다음에 먼저 말한 부분이 계속되는데, 여기에 나와 있는 「대기만성」의 본래의 뜻은 「큰 그릇은 덜 된 것처럼 보인다」는 뜻이다.

노자 사상의 흐름으로 볼 때, 「큰 그릇은 늦게 이루어진다」는

「대기만성(大器晩成)」은 맞지 않는다. 진정한 큰 그릇이란 특정 크기나 모양으로 한정되어 있지 않고, 더 나은 모습에 도달하기 위하여 부단히 노력하는 과정의 연속이므로 궁극적 목적을 향해 한없이 가되 이루어짐은 없는 대기면성(大器免成)이라고 해야 할 것이다.

말하자면 원래 위대하고 훌륭한 것은, 보통 사람의 눈이나 생각으로는 어딘가 덜 된 것 같고, 그 반대인 것처럼 느껴진다는 것이다.

그런데 후일 이 말이 늦게 이룬다는 뜻으로 쓰이게 된 것은 다음과 같은 일화에서 비롯된 듯하다.

삼국시대 위(魏)나라에 최염(崔琰)이라는 이름난 장군이 있었다. 그에게는 최림(崔林)이라는 사촌동생이 있었는데, 외모도 빈약하고 출세가 늦어 친척들로부터 멸시를 당하였다. 하지만 최염만은 그의 재능을 꿰뚫어 보고 이렇게 말하였다.

「큰 종이나 큰 솥은 그렇게 쉽사리 만들어지는 것이 아니다. 그와 마찬가지로 큰 인물도 성공하기까지는 오랜 시간이 걸리는 법이다. 내가 보기에 너도 그처럼 대기만성 형이다. 좌절하지 말고 열심히 노력해라. 그러면 틀림없이 네가 큰 인물이 될 것이다」

과연 그의 말대로 최림은 후일 천자를 보좌하는 삼공(三公)에 이르게 되었다.

보통 「대기만성」은 글자 그대로 더디 이뤄진다는 뜻으로도 풀이되고 있어, 사업에 실패하거나 불운에 빠져 있는 사람을 위로해서 말할 때 흔히 이 「대기만성」이란 문자를 쓴다. 더 큰 성공을 위한 실패란 뜻일 것이다.

오늘날에는 나이 들어 성공한 사람을 가리키는 말로 흔히 사용되고 있다.

대도폐언유인의 大道廢焉有仁義

큰 大 길 道 폐할 廢 어찌 焉 있을 有 어질 仁 옳을 義

《노자(老子)》 18장

인위적인 도덕과 윤리에 얽매이면서부터 사람이 참된 진리를 잊었다.

큰 도가 무너지자 인의가 있다는 말로, 인위적인 도덕과 윤리에 얽매이면서부터 사람이 참된 진리를 잊었다는 뜻이다.

《노자》 18장에서 노자는 이렇게 말했다.

「무위자연(無爲自然)의 큰 도가 없어지자, 어질다느니 옳다느니 하는 인위적 분별이 생겼고, 거짓은 이른바 지혜라는 것이 나온 다음에 나타났다. 효도니 자애니 하는 것도 가족 사이에 자연스러운 화목이 깨진 다음에 생긴 것이고, 나라가 혼미한 후에야 충신이 나타난다(大道廢有仁義 智慧出有大僞 六親不和有孝慈 國家昏亂有忠臣)」

이것은 다시 말해 인간이 큰 도가 망했다고 생각하고 자신들의 관점에서 가치 기준을 만들어 세상을 재단하고자 하면서 인의라는 인위적 가치가 생긴 것이라는 말이다.

여기서의 큰 도는 자연의 원리나 자연 그대로를 가리키는 것이다. 인간도 자연 속의 한 현상에 지나지 않으므로 궁극적으로는 큰 도의 지배를 받고 있는 것이다. 가족이나 국가관계라는 것을 보아도 마찬가지다.

자연 상태에서는 애초에 육친이니 친척, 인척이라는 관계가 없는데, 효도니 우애니 자애니 하는 말이 있었을 리 없고, 좁게 보더라도,

나라가 평안해 국민생활이 안정된 사회에서는 충신이 따로 있을 리 없다.

청우노자도(靑牛老子圖, 宋 화가)

노자는 이렇게 인의니 자애니 충효니 하는 제도를 만들고 받드는 것 자체가 바로 인간 스스로 본래의 모습을 파괴하는 데 불과하다고 한다.

따라서 인간사회에 어느 정도 인의(仁義)가 필요한 것은 사실이지만, 그런 도덕적 판단에 절대적인 가치를 부여하는 것은 인간이 자신을 스스로 파괴하는 것이므로, 큰 도로 돌아가 넓은 안목으로 절대 진리를 찾고 따라야 한다고 한다.

「대도폐언유인의」라는 말은 이런 배경 속에서 나온 것으로, 사회적 가치 기준을 지나치게 강조하여 자연스런 개인의 사고나 행동을 제약해서는 안 된다는 뜻이다.

오늘날에 와서는 이 말이 지나치게 형식과 원칙에 얽매여 사고나 행동이 유연하지 못한 경우를 빗대어 사용하기도 한다.

대동소이 大同小異

클 大 같을 同 작을 小 다를 異

《장자(莊子)》 천하편(天下篇)

크게 같고 작게 다르다는 말로, 거의 같고 조금 다름. 비슷하다는 말. 장자는 천하편에서 묵가(墨家)와 법가(法家) 등이 주장하는 논점을 밝혀 비판하고 도가의 철학을 선양한 다음, 뒷부분에 친구인 혜시(惠施)의 논리학을 소개하고 이에 자기 의견을 덧붙였다. 「대동소이」라는 말도 혜시의 말 가운데 나온다. 장자는 이렇게 말했다.

「혜시의 저술은 다방면에 걸쳐 다섯 수레나 되는데, 그의 도는 복잡하고, 그가 말하는 바는 정곡(正鵠)을 잃었으며, 그의 생각은 만물에 걸쳐 있다. 그는 말하기를, 『지극히 커서 밖이 없는 것을 대일(大一)이라 하고, 지극히 작아서 속이 없는 것을 소일(小一)이라 한다. 두께가 없는 것은 쌓아올릴 수가 없지만, 그 크기는 천리나 된다. 하늘은 땅과 더불어 낮고, 산은 못(澤池)과 같이 평평하다. 해는 장차 중천에 뜨지만 장차 기울고, 만물은 장차 태어나지만 또한 장차 죽는다. 크게 보면 같다가도 작게 보면 다르니(大同而與小同異) 이것을 소동이(小同異)라 하고, 만물은 모두 같기도 하고 다르기도 하니(萬物畢同畢異) 이것을 대동이(大同異)라 한다. 남쪽은 끝이 없음과 동시에 끝이 있고, 오늘 남쪽의 월(越)나라로 간 것은 어제 월나라에서 온 것이다. 꿰어 있는 고리도 풀 수가 있다. 나는 천하의 중심을 알고 있다. 연(燕)나라의 북쪽이며 월나라의 남쪽이 그 곳이다. 만물을 넓게 차별 없이 사랑하면 천지(天地)도 하나가 된다』 혜시는 자기가 천하를 달관한 자라고 자부하여, 이로써 여러 사람을 가르쳤다」

혜시는 시간과 공간의 무한성, 만물이 필연적으로 가지고 있는 상대성을 논한 것이다. 따라서 여기에서의 대동소이란 상대적 관점에서 보이는 차이는 차이가 아니라는 말이다. 오늘날에는 거의 비슷하다든지, 그게 그것이라는 의미로 쓰이고 있다. 주자(朱子)도 중용장구(中庸章句)를 쓰면서 뜻은 대동소이하다는 표현을 쓰고 있다.

호량추수도(濠梁秋水圖, 장자와 혜시, 南宋 화가 李唐)

당나라의 노동(盧同)과 마이(馬異)가 사귐을 맺는 시에 「어제의 같음은 같음이 아니고 다름은 다름이 아니며 이것이 크게는 같고 작게는 다르다고 말한다」고 쓰고 있다. 오늘날에는 거의 비슷하다든지 그게 그것이라는 의미로 쓰이고 있다.

혜시는 명가(名家)에 속하는 학자로서 장자와 같은 시대의 사람이고, 공손룡(公孫龍)보다 약간 앞 시대의 사람이다. 양(梁)의 혜왕(惠王), 양왕(襄王)을 섬겨 재상이 되었으나 종횡가(縱橫家) 장의(張儀)에게 쫓겨 초(楚)나라로 갔다가 후에 고향으로 돌아와서 생애를 마쳤다. 박학(博學)한 사람으로 알려졌으며, 그의 저서는 수레로 다섯이나 되었다고 하나 현재까지 전하는 것은 없다. 그의 주장은 《장자》에서 가끔 찾아볼 수 있으며, 명가 중에서 궤변이 가장 뛰어났다고 하는데, 그것은 형식과 현실과의 관계를 명확하게 하고 치세(治世)의 이상상(理想像)을 설파한 것에 지나지 않는다.

대복편편 大腹便便

큰 大 배 腹 편할 便 편할 便

《후한서(後漢書)》 변소전(邊韶傳)

큰 배가 뚱뚱하다는 뜻으로, 배가 몹시 큰 것을 비유하는 말이다. 비아냥거리는 뜻도 있음. 《후한서》 변소전에 있는 이야기다.

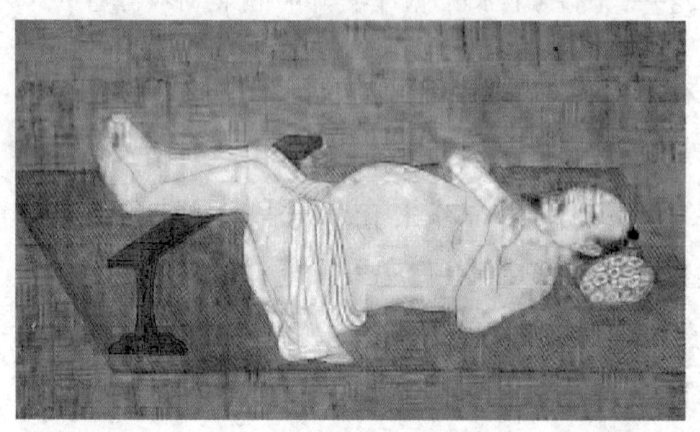

변 소

변소(邊韶)는 중국 후한 때의 학자로서 유학(儒學)을 공부하고 제자들에게 글을 가르쳤다. 변소의 자는 효선(孝先)이며, 나이가 들면서 배가 크고 몸이 뚱뚱해진 변소가 낮잠을 잤는데 제자들이 「변효선의 배는 불룩하고, 책읽기를 게을리 하며 잠만 자요(邊孝先 腹便便 懶讀書 但欲眠)」라는 노래를 지어 불렀다고 한다. 잠에서 깨어나 이 노래를 들은 변소는 다음 노래를 지어 제자들에게 들려주었다.

「성은 변씨이고 자는 효선인데, 배가 불룩한 것은 오경이 가득하기 때문이며 잠자면서도 경전의 일만 생각한다(姓邊氏 孝爲字 腹便便 五經笥 但欲眠 思經事)」

이 노래를 들은 제자들은 부끄러워하였고, 변소는 제자들을 열심히 가르치면서 낮잠을 자지 않았다고 한다. 배가 크게 살찐 모양을 빈정대면서 비유하는 말이다.

대불핍인 代不乏人

대신할 代 아닐 不 다할 乏 사람 人

《전국책(戰國策)》

어느 시대에나 그 시대에 적합한 인재가 있기 마련이라는 뜻으로, 직역하면 「어느 시대든 인재가 부족한 적은 없었다」는 뜻이다.

다시 말해 어느 시대를 막론하고 그 시대에 알맞은 훌륭한 인재들이 많이 있기는 하지만, 소인배들이 날뛰는 바람에 깨끗하고 유능한 인재를 제대로 뽑아 쓰지 못함을 비유적으로 표현한 말이다. 곧 합당한 인재를 발탁해 쓰는 것이 얼마나 어려운지를 비유하는 말이다.

전한(前漢) 유향(劉向)이 편찬한 《전국책》에 있는 이야기다.

기린 상상도

전국시대, 강대국인 진(秦)나라의 소양왕(昭襄王)이 약소국인 조(趙)나라의 사신 양의를 맞아 다음과 같이 명령하였다.

「그대의 나라 왕의 동생인 조표와 평원군(平原君)은 한때 나를

봉황 상상도

모욕했으니, 그들을 죽이시오. 그렇지 않으면 열국의 군대를 보내 조나라를 멸해버리겠소」

그러자 변사(辨士)인 양의는 이렇게 대답했다.

「우리 주군께서는 대왕의 분부를 들으면 그대로 시행하지 않을 수 없을 것입니다. 그러면 두 사람은 단지 왕의 동생이라는 이유로 죽임을 당하게 되는 것이니, 대왕의 동생인 섭양군과 경양군의 심정은 어떠하겠습니까. 원래 봉황은 『둥지를 짓밟고 알이 부서질(覆巢毁卵)』 염려가 있는 곳에는 가지 않고, 기린은 태를 가르고 어린 새끼를 구워 먹는 소인배의 옆에는 이르지 않는 법입니다」

이 말을 들은 진나라 왕은 스스로 내린 명령을 거두어들였다.

양의가 자신을 봉황과 기린에 비유하면서 관용을 베풀어 달라는 말에 기분이 좋아졌던 것이다.

이는 인재는 언제 어디에나 있는 법인데, 둥지를 짓밟고 알을 부수는(覆巢毁卵) 사냥꾼이나, 태를 가르고 어린 새끼를 구워 먹는 망나니 같은 소인배들이 득실거리기 때문에 인재를 구하기 어렵다는 뜻을 함축하고 있다.

여기에서 「복소훼란(覆巢毁卵)」의 성어도 생겨났다.

대역무도 大逆無道

클 大 거스를 逆 없을 無 길 道

《한서(漢書)》 곽해(郭解)전

임금이나 나라에 큰 죄를 지어 도리에 크게 어긋남. 또는 그런 짓을 이르는 말이다. 《한서》 곽해전에 있는 이야기다.

곽해(郭解)는 지(軹 : 하남성) 사람으로 자는 옹백(翁伯)이며, 관상의 명인이었던 허부(許負)의 외손자다. 곽해의 아버지는 협객이었던 까닭에 문제 때 죽임을 당했다. 그는 용맹하면서도 잔인하여 때로는 살인도 하고 도둑질도 했으나, 의리가 있어서 친구를 위해 복수도 해주고 망명자들을 숨겨주기도 했다. 그러나 그는 이러한 일에 대해 은공을 내세우거나 자랑하는 일도 없고, 겸손하고 책임감이 강해서 명성이 자자했으며, 젊은이들 사이에서 그의 행동은 선망의 대상이었다.

무제가 지방 호족과 부호들을 무릉(茂陵)으로 이주시킬 때 양계주(楊季主)라는 사람의 아들이, 해당되지도 않는 곽해를 포함시킨 일로 인해 곽해의 조카에게 살해되었다.

이 일로 인해 두 집안이 원수가 되어 그는 도망을 다니는 신세가 된 데다 그를 흠모하는 사람이 그를 위한답시고 관리를 죽인 관계로 그는 결국 체포되었다. 어사대부 공손홍(公孫弘)이 판결을 내려 말했다.

「곽해는 서민의 몸으로 협객 노릇을 하며, 권세를 펴고 사소한 원한 때문에 사람을 죽였다. 곽해 자신이 모른다고 할지라도 이 죄는 곽해 자신이 직접 죽인 것보다도 크다. 대역무도(大逆無道)의 죄에 해당된다」

이렇게 하여 곽해의 일족은 함께 몰살을 당했다.

대우탄금 對牛彈琴

대할 對 소 牛 퉁길 彈 거문고 琴

《홍명집(弘明集)》 이혹론(理惑論)

소를 마주 대하고 거문고를 탄다는 말로, 어리석은 사람에게는 참된 도리를 말해 주어도 이해하지 못한다는 뜻.

중국 양(梁)나라 때의 승려 우(祐)가 편찬한 《홍명집(弘明集)》에 나오는 이야기다.

후한 말 모융(牟融)이라는 학자가 있었다. 그는 불경에 밝아 많은 사람이 불경을 공부하러 그를 찾아왔다. 그런데 찾아온 사람이 유학자일 경우에는 불경을 설명하면서 늘 유학의 경서를 인용했다. 이에 대하여 유학자들이 이유를 묻자, 모융은 이렇게 대답하였다.

「당신들은 불경을 읽은 일이 없을 것이오. 그래서 나는 당신들이 잘 알고 있는 유교 경전을 인용하는 것이라오」

그러고는 송(宋)나라 때 목암(睦庵)이 지은 선집 《조정사원(祖庭事苑)》에 보이는 공명의(公明儀)의 일화를 이야기하였다.

「노(魯)나라의 공명의라고 하는 어진 사람이 하루는 소를 향해 거문고를 켜주었소. 그런데 소는 거들떠보지도 않고 계속 풀을 먹고 있었지. 소가 못 들은 것은 아니라오. 청각(淸角)이라는 고상한 곡조는 소귀에는 맞지 않기 때문이지. 그래서 이번에는 모기와 등애의 울음소리와 젖을 먹고 있는 송아지의 울음소리를 흉내 냈지. 그러자 소는 꼬리를 흔들면서 발굽소리를 내며 걸어 다니고, 귀를 세우고 그 소리를 다소곳이 들었네. 이는 소의 마음에 맞았기 때문이지. 이것은 내가 여러분들에게 《시경》을 인용하여 불경을 설명하는 것과 같은 것이오」

이 말을 들은 유학자들은 머리를 끄덕이며 모융의 말에 귀를 기울였다.

대우탄금은 이와 같이 아무리 좋은 말이라도 알아듣지 못하는 사람에게는 소용이 없다는 말로, 오늘날에는 우리말 속담에 「쇠귀에 경 읽기」 즉, 문자를 써서 「우이독경(牛耳讀經)」과 비슷한 의미로도 사용된다.

모융의 「이혹론(理惑論)」

모융은 후한 사람으로, 젊어 박학하여 음운학(音韻學)에도 정통하여 「대하후상서(大夏侯尙書)」를 가르쳤는데, 제자가 수백 명에 이르렀다. 명제(明帝) 때 무재(茂才)로 천거되어 풍령(豊令)이 되었는데, 다스리는 3년 동안 고을에 송사(訟事)가 없었다. 거듭 승진하여 사공(司空)이 되었는데, 거동이 방정하여 대신의 절조를 갖추었다. 장제(章帝)가 즉위하자 태위(太尉)에 오르고, 녹상서사(錄尙書事)에 참여했다.

대의멸친 大義滅親

클 大 옳을 義 멸할 滅 친할 親

《춘추좌씨전(春秋左氏傳)》

국가의 대의를 위해서는 부모 형제도 돌아보지 않음.

국가나 사회 전체에 미치는 대의명분을 위해서는 개인적인 친분은 고려되지 않는다는 것이 「대의멸친」 이다.

「춘추필법(春秋筆法)」 이란 말이 있다. 공자가 편찬했다는 《춘추(春秋)》 에 나오는 역사적 기록은, 그 글자 하나하나에 사회정의와 관련된 깊은 뜻이 들어 있다고 해서 생긴 말이다.

《춘추좌씨전》 에 있는 이야기다.

노나라 은공(隱公) 4년(BC 719)에 위(衛)나라 공자 주우(州吁)가 임금 환공(桓公)을 죽이고 스스로 임금 자리에 올랐다. 환공과 주우는 이복형제 사이로, 주우는 첩의 소생이었다. 그는 어릴 때부터 성질이 거칠고 행동이 방자했는데, 아버지 장공(莊公)은 그를 사랑한 나머지 그냥 눈감아주고 있었다. 석작(石碏)이란 대신이 앞일을 걱정하여, 「주우 공자를 태자로 세우실 생각이시면 일찍 결정을 내리십시오. 이대로 두면 큰 화를 불러일으키게 될 것입니다」 하고 간했으나 장공은 말이 없었다.

석작이 간한 까닭인즉, 장공의 정비인 장강(莊姜)이 주우를 미워하고 있었기 때문이다. 장강은 얼굴도 미인이고 마음씨도 착했으나 아들을 낳지 못했다. 그래서 다른 부인의 몸에서 난 아들을 자기 아들로 길러 뒤를 잇게 한 것이 환공이었다. 그런데 석작의 아들 석후(石厚)는 재주와 용맹이 뛰어났으나, 아버지의 반대를 무릅쓰고 끝내 주우와 한통속이 되어 어울려 다녔다.

석작이 염려한 대로 주우는 석후와 짜고 임금 환공을 죽이고 스스로 임금으로 올라앉았다. 석작은 전에 이미 벼슬에서 물러나 집에 들어박혀 있었으나 나라를 걱정하는 마음은 누구보다도 강했다. 주우는 자기 지위를 굳히기 위해 무력으로 이웃 나라를 침공하는 등 여러 가지 방법을 써 보았으나 백성들은 여전히 그를 따르지 않았다. 방법에 궁한 석후가 그의 아버지에게, 어떻게 하면 주우의 지위를 안전하게 할 수 있느냐고 물었다. 석작은 말했다.

「천자에게 문안을 드리는 것이 좋을 것이다」

「천자께서 받아들일 것 같지가 않습니다」

「진(陳)나라 임금은 천자의 신임을 받고 있다. 지금 진나라는 우리나라와 사이가 좋으니, 진나라를 통해서 가면 무난할 것이다」

이리하여 석후는 주우와 함께 진나라로 떠났다.

한편 석작은 급히 사신을 진나라로 보내 이렇게 전했다.

「우리나라는 힘이 없어 역적의 무리를 다스리지 못하고 있으니, 임금을 죽인 이들 두 사람을 귀국에서 처치해 주시기 바랍니다」

석작의 부탁을 받은 진나라에서는 주우와 석후를 잡아 가두고, 위나라에다 처형에 입회할 사람을 보내달라고 청했다. 이때 석작은, 혹시 자기 체면을 생각해서 자기 아들 석후를 살려 놓지나 않을까 하는 염려에서 심복 가신을 보내 직접 석후를 처형하도록 시켰다. 이상이 「대의멸친」과 관련된 사건의 줄거리인데, 《좌전(左傳)》에는 끝에 가서 군자의 말이라 하여 다음과 같은 평을 덧붙이고 있다.

「석작은 충성된 신하다. 주우를 미워하여 자식인 후까지 죽였다. 대의를 위해 육친의 정을 버린다는 것은 이를 두고 한 말일 것이다(大義滅親 其是之謂乎)」

대장부 大丈夫

큰 大 어른 丈 사내 夫

《맹자》 등문공하(藤文公下)

사내답고 씩씩한 남자.

장부(丈夫)는 남자라는 뜻이니, 「대장부」는 위대한 남자란 뜻이 된다. 흔히 「사내대장부」라고들 말하는데, 역 앞을 역전 앞이라고 하는 중복된 어감이 있다. 이 대장부란 말이 나오는 기록이 어느 것이 가장 오랜 것인지는 잘 알 수 없으나, 대장부란 말을 놓고 그 정의를 내린 것이 《맹자》에 나온다. 등문공하에 보면 경춘(景春)이란 사람이 맹자를 찾아와 이런 말을 했다.

「공손연(公孫衍)과 장의(張儀)는 어찌 참으로 대장부가 아니겠는가. 그들이 한번 성을 내면 제후들이 행여나 싶어 겁을 먹고, 그들이 조용히 있으면 온 천하가 다 조용하다」

공손연과 장의는 역사적으로 너무도 유명한 맹자시대의 변사들이다. 경춘의 말처럼 그들이 한번 반감을 가지면 상대는 잠을 편히 자지 못하고, 그들이 조용히 있으면 천하도 따라 조용한 형편이었다. 출세가 사나이의 전부라고 한다면 그들이야말로 사나이 중의 사나이라 할 수 있다. 그러나 맹자가 보는 눈은 달랐다.

「이들이 어떻게 대장부일 수 있겠는가. 그대는 예(禮)를 배우지 않았던가. 장부가 갓을 처음 쓰게 될 때는 아버지가 교훈을 주고, 여자가 시집을 가면 어머니가 교훈을 주는데, 어머니는 대문 앞에서 딸을 보내며 이렇게 말한다. 『너희 집에 가거든 공경하고 조심하여 남편에게 어기는 일이 없게 해라』 남에게 순종함으로써 정당함을 삼는 것은 첩이나 아내가 하는 길이다」

산동성 곡부의 맹자 고거(故居)

이것은 공손연과 장의가 집권층의 비위에 맞게 갖은 아부와 교묘한 말재주로 상대의 마음을 낚아 자기 목적을 달성하는 것이 마치 교활한 첩이나 영리한 아내가 남편에게 하는 그런 수법과 다를 것이 없다는 것을 통렬히 비난한 것이다. 그리고 맹자는 그가 생각하고 있는 대장부의 정의에 대해서 이렇게 말했다.

「천하의 넓은 곳에 몸을 두고, 천하의 바른 위치에 서 있으며, 천하의 큰 길을 걷는다. 뜻을 얻었을 때는 백성들과 함께 그 길을 가고, 뜻을 얻지 못했을 때는 혼자 그 길을 간다. 부귀를 가지고도 그의 마음을 어지럽게 만들 수 없고, 가난과 천대로 그의 마음을 바꿔 놓지는 못하며, 위세나 폭력으로도 그의 지조를 꺾지는 못한다. 이런 사람을 가리켜 대장부라고 한다」

범인이 보는 대장부와, 철인이 보는 대장부와는 이처럼 많은 차이가 있다. 과연 어느 쪽이 참다운 「대장부」이겠는가.

대장부당웅비 大丈夫當雄飛

어른 丈 지아비 夫 마땅할 當 수컷 雄 날 飛

《후한서(後漢書)》 조전전(趙典傳)

참다운 남자라면 힘차고 씩씩하게 뻗어 나아가야 한다.

사나이는 마땅히 수컷답게 날아야 한다. 남자다운 의기를 나타낼 때 즐겨 쓰이는 말이다. 간단히 줄여 웅비(雄飛)라고도 한다.

《후한서》 조전전에 있는 이야기다.

조전(趙典)은 후한 말기 때의 촉군(蜀郡) 성도(成都 : 사천성) 사람으로, 자는 중경(仲經)이고, 시호는 헌후(獻侯)다. 시중(侍中)에 올랐고, 작위를 세습하여 후(侯)가 되었다. 홍농태수(弘農太守)를 거쳐 장작대장(將作大匠)과 소부(少府)를 지냈으며, 대홍려(大鴻臚)로 옮겼다. 다시 태복(太僕)에 오르고, 태상(太常)이 되었다.

강경하게 간언하다 황제의 뜻을 거슬러 면직되었다. 이후 위위(衛尉)가 되었다. 공경들이 독학박문(篤學博聞)하다면서 국사(國師)로 임용해야 한다고 했지만, 마침 병사했다. 경학에 널리 통했는데, 하도낙서(河圖洛書) 등 역학(易學) 또한 정통했다.

그는 젊었을 때부터 강단 있는 행동으로 이름이 알려져 있었다. 아울러 경전에도 박식했기 때문에 각지에서 찾아온 제자들로 항상 북적거렸다. 그는 명성에 걸맞게 여러 관직을 역임했는데, 그때마다 강직하고 올곧은 충언으로 일관해서 의로운 기상을 떨쳤다.

한번은 환제(桓帝)가 궁궐 안에 화려한 연못을 만들려고 하자 시중(侍中)으로 있던 조전이 나서서 만류하였다.

「임금 된 사람은 검소하게 생활해서 백성들에게 이로움을 주어

야 합니다. 이같이 사치스런 연못은 마음을 어지럽힐 수 있습니다」

또 한 번은 그가 외홍로(外鴻臚 : 외국의 사신들을 접대하는 관리)로 있을 때 환제가 봉지(封地)를 하사하는데, 공로도 없는 사람들에게까지 혜택이 돌아가 조정의 불만이 컸었다. 이때도 그는 황제 앞으로 나아가 말했다.

「공로도 없는 사람에게 상을 주면 진정으로 나라를 위해 몸을 바치는 사람들이 의욕을 잃을 것입니다. 그러면 세상은 어지러워질 것이고 백성들에게도 이롭지 못한 결과를 낳을 것입니다」

이렇게 그는 어떤 자리에 있건 황제가 잘못된 일을 처결할 때마다 용감하게 나서서 간언을 올렸던 것이다. 이런 조전의 기질은 그의 조카였던 조온(趙溫)이 고스란히 물려받았다. 조온이 경조(京兆)의 승상으로 있을 때 정치가 원활하지 못한 것을 보고는,

「대장부가 마땅히 힘껏 날아올라 활약을 해야지 어찌 암컷처럼 웅크리고 있겠는가(大丈夫當雄飛 安能雌伏)?」 라면서 사직하고 말았다. 그는 또 기근이 심하게 들자 그 동안 저축해 두었던 식량을 모조리 풀어 1만 명이 넘는 사람들을 아사(餓死)하는 지경에서 구하기도 했다.

處大無患者恒多慢

처대무환자항다만

處小有憂者恒思善

처소유우자항사선

큰 나라로서 근심 없이 지내게 되면 흔히 해이해지게 되고,
작은 나라로서 근심이 있으면 항시 잘될 것을 생각하게 된다.

— 《삼국지》 촉서(蜀書)

대재소용 大材小用

큰 大 재목 材 작을 小 쓸 用

육유(陸游)의 시(詩)

큰 재목(材木)이 작게 쓰이고 있다는 뜻으로, 사람을 부리는 데 있어서 제 능력을 다 발휘할 수 있는 조건이 안됨. 역설적(逆說的)으로 큰 재목은 큰일에 쓰여야 한다는 말. 정부나 조직에서 사람을 쓰는 법이 잘못되었음을 가리키는 말이다.

남송(南宋)시대의 시인 육유(陸游)의 시에서 비롯된 말이다.

남송시대의 시인이자 정치가인 신기질(辛棄疾)은 본래 금(金)의 지배하에 있던 산동성 출신이었다. 그는 일찍이 경경(耿京)이 금나라에 대항하는 의용병을 일으키자 그에 가담하여 싸우다가 효종(孝宗) 때 인정을 받아 송을 섬기게 되었다.

그 후 호북, 호남, 강서(江西) 등 남송 각지의 안무사(按撫使)를 역임하며 금나라에 대항할 것을 주장하고, 상무의 시문을 지어 영토회복과 국가의 통일을 외쳤다. 그러나 이러한 그의 태도는 화평파의 미움을 초래하여 40대 초반에 탄핵을 받고 면직되었다.

낙향한 신기질은 가헌(稼軒)이라는 초당을 짓고, 당대의 애국시인(愛國詩人) 육유(陸游)와 교류하며 금나라 토벌의 꿈을 키워 갔다.

그 후 당시의 총신(寵臣) 한탁주(韓侂胄)가 자신의 정권을 유지하기 위해 명망이 있는 신기질을 절동(浙東) 안무사로 기용하였다. 그의 나이 60을 넘어선 때였다. 그리고 이듬해에는 영종(寧宗)이 그를 수도 임안(臨安)으로 불렀다. 금나라 토벌에 관한 이야기를 듣고 싶다는 것이었다.

가슴이 뛴 그는 이 사실을 육유에게 알렸고, 이때 이미 육유는 80세의 고령으로 소흥에 살고 있었다. 육유는 그를 격려하며 시 한 수를 지어 주었는데, 그 중에 「대재소용은 예부터 탄식하는 바(大材小用古所嘆)」라는 구절이 있다.

신기질 동상

임안으로 간 신기질은 북벌에 대한 의견을 적극적으로 개진했지만, 한탁주는 단지 그의 명성만 이용하고 싶었을 뿐 그의 의견에는 별로 관심이 없었다. 그러나 황제의 이름을 빌려 부른 체면 때문에 그를 진강부(鎭江府)의 부지사에 임명하였다.

지사로서 그는 북벌의 실질적인 군비를 갖추어 가고, 금나라에 밀정을 보내 적정을 파악하는 등 실지회복의 준비를 서둘렀지만, 한탁주는 큰소리만 칠 뿐 북벌을 한담의 꽃으로만 삼아 진실하게 대처하려고 하지 않았다. 그리고 마침내는 실질적인 북벌을 강조하는 신기질마저 면직시켜 버렸다.

그 후 한탁주는 1206년 북벌작전에서 대패의 쓴맛을 보게 되고, 다시 신기질을 찾았지만 그때는 이미 신기질이 병석에 누워 출사를 할 수 없었다.

마침내 이 애국 영웅은 나라의 앞날을 걱정하며 세상을 떠났다.

대증하약 對症下藥

대답할 對 증세 症 아래 下 약 藥

《삼국지》 위서(魏書)

증세(症勢)에 맞추어 약을 써야 한다는 뜻으로, 문제의 핵심을 바로 보고 대처해야 함을 비유한 말.

《삼국지》 위서(魏書) 방기전(方伎傳)에 있는 이야기다.

동한(東漢) 말, 화타(華佗, ?~208?)는 편작과 더불어 명의를 상징하는 인물로 꼽힌다. 그는 고명한 의술과 특별한 처방으로 신의(神醫)라는 칭송을 받았다. 한번은 고을의 벼슬아치인 예심(倪尋)과 이연(李延) 두 사람 모두 고열과 심한 두통으로 앓게 눕게 되었다. 다른 의원들이 와서 그들을 살펴보았으나 효과가 없었으므로 결국 화타를 모셔오는 수밖에 없었다. 화타는 두 사람의 상태를 살펴본 후, 예심에게는 사약(瀉藥)을, 이연에게는 발산약(發散藥)을 처방해 주었다.

증상이 똑같은 두 사람에게 화타가 각기 다른 약을 먹게 하였는지에 대하여 많은 사람들은 의아하게 생각하였다.

화타는 다음과 같이 설명하였다.

「예심은 신체 외부에 병은 없으나 잘못 먹어 내부에 배탈이 났으므로 사약(瀉藥)을 먹어야 하고, 이연은 신체 내부에 병은 없으나 외부의 영향으로 감기에 걸린 것이니 발산약(發散藥)을 먹어야 하는 것입니다」

두 사람은 즉시 약을 먹고 집으로 돌아와 하룻밤을 잤다. 이튿날 아침, 두 사람은 화타에게 달려와 자신들의 병이 다 낫다고 말하며, 그에게 감사했다.

대지여우 大智如愚

큰 大 슬기 智 같을 如 어리석을 愚

《노자(老子)》 45장

슬기로운 사람은 그 슬기를 함부로 드러내지 않으므로 언뜻 보기에는 어리석게 보인다는 말.

소식(蘇軾)의 「하구양소사치사계(賀歐陽少師致仕啓)」에 다음과 같은 내용이 있다.

「아주 용감한 사람은 두려워하는 듯하고, 아주 지혜로운 사람은 어리석은 듯하며, 아주 귀한 사람은 높은 자리에 있지 않더라도 번영하고, 아주 어진 사람은 도인(導引 : 도가의 양생법)을 하지 않더라도 장수한다(大勇若怯 大智如愚 至貴無軒冕而榮 至仁不導引而壽)」

또 《노자(老子)》 45장에 있는 말이다.

「크게 완성된 것은 마치 부족한 듯하지만 그 쓰임이 닳아 없어지지 않는다. 크게 가득 찬 것은 마치 비어 있는 듯하지만 그 쓰임이 끝이 없다. 크게 바른 것은 마치 굽은 듯하고, 크게 솜씨가 좋은 것은 마치 서툰 듯하며, 크게 말 잘하는 것은 마치 어눌한 듯하다. 고요함은 떠들썩함을 이기고, 차분함은 열기를 이긴다. 맑고 깨끗한 것은 천하의 바른 길이다(大成若缺 其用不弊 大盈若沖 其用不窮 大直若屈 大巧若拙 大辯若訥 靜勝躁 寒勝熱 淸靜爲天下正)」

소 식

덕불고필유린 德不孤必有隣

덕 德 외로울 孤 반드시 必 있을 有 이웃 隣

《논어》 이인(里仁)편

덕이 있으면 반드시 따르는 사람이 있으므로 외롭지 않다는 뜻으로, 훌륭한 사람은 한때는 고립되고 남의 질시를 받을 수는 있지만 결국에는 정성이 통해 이에 동참하는 사람이 나온다는 말이다.

《논어》 이인편에 있는 말이다.

공 자

「덕은 외롭지 않으며 반드시 이웃이 있다(德不孤必有隣)」

덕을 갖추거나 덕망이 있는 사람은 외롭지 않아 반드시 이웃이 있게 마련이라는 말이다.

《주역》 문언편에, 「군자는 공경으로써 마음을 바르게 하고 의로움으로써 외모를 반듯하게 한다. 공경과 의로움이 섰으니 덕은 외롭지 않다(君子敬以直內 義以方外 敬義立而德不孤)」는 말이 있다.

공자의 말은 이 《주역》에 나오는 논리를 보다 심화시킨 것이라고 할 수 있다. 즉 후자가 개인적인 덕성의 확립이라는 문제에 초점을 맞췄다면 공자는 대 사회적인 효용의 문제를 갈파한 것이다.

공자 탄신일 기념행사(중국)

물론 이때 말하는 이웃은 눈에 보이는 사람들이 아닐 수도 있다. 역사를 읽으면 항상 정의가 승리했던 것도 아니고, 의롭고 덕 있는 사람이 늘 동지들의 지지를 받지도 못했다. 그러나 그들의 삶이 비참했고 죽음 역시 비극적이었다고 해서 덕과 의리는 외롭고 보상되지 않는 도로(徒勞)라고 치부해서는 안 된다.

역사는 인간의 품성이나 행위에 대해 훨씬 긴 시간을 두고 포폄(褒貶)을 가하기 때문이다.

공자가 《춘추》를 짓자 세상의 난신적자(亂臣賊子)들이 비로소 두려움에 떨었다는 말도 바로 역사의 준엄성에 대한 한 반증이 될 것이다.

「덕필고필유린」은 같은 무리들이 함께 어울리는 「유유상종(類類相從)」처럼 덕을 갖춘 사람에게는 반드시 그와 비슷한 유덕(有德)한 사람들이 따른다는 것을 말한다.

덕유여모 德輶如毛

덕 德 가벼울 輶 같을 如 털 毛

《시경(詩經)》

순 자

도덕을 실행하는 것은 가벼운 털을 드는 것처럼 용이한 일이다.

《시(詩)》에 이르기를, 「덕은 터럭과 같이 가볍다」는 뜻으로, 도덕을 실행하는 것은 가벼운 털을 드는 것처럼 용이한 일이다.

얼핏 듣기에 덕이 깃털처럼 별로 중요하지 않은 것같이 이야기하고 있지만 그렇지가 않다. 깃털은 가벼워 날아가 버린다. 그래서 더욱 마음을 써서 소중히 간직할 필요가 있는 것이다.

순자(荀子)는 이에 대하여 「적미(積微)」라는 말을 사용했다. 적미는 날마다 깃털처럼 작은 덕을 하나하나 쌓아가는 것을 의미한다.

같은 《시경(詩經)》 대아(大雅) 에 있는 말이다.

「덕이 터럭같이 가벼우면 올바른 일을 하는 백성이 드물다(德輶如毛民鮮克擧)」

이것은 가벼운 입놀림을 경계한 것이다. 근신(勤愼)하면 입을 가볍게 놀리지 않게 된다. 맹자는 쉽게 대답하는 말은 믿을 수 없다고 했다.

도가도비상도 道可道非常道

길 道 옳을 可 아닐 非 항상 常

《노자(老子)》 제1장

도(진리)는 말로써 한정할 수 있는 성질의 것이 아니다.

「도를 도라고 말할 수 있으면 이미 영원한 도가 아니다」 이때 도는 진리나 길로 바꾸어도 무방하다. 말할 수 있는 도(道)는 늘 그러한 도가 아니라는 뜻으로, 도(진리)는 말로써 한정할 수 있는 성질의 것이 아님을 일컫는 노자 사상의 중심 개념이다. 노자가 한 말인데, 원래 노자의 의도는 언어에 대한 불신보다는 참된 도는 언어를 떠난 존재라는 자기 생각을 강조한 것으로 보인다.

《노자》 제1장에 있는 말이다.

「길을 길이라 말하면 늘 그러한 길이 아니다. 이름을 이름지우면 늘 그러한 이름이 아니다. 이름이 없는 것을 하늘과 땅의 처음이라 하고 이름이 있는 것을 온갖 것의 어미라 한다. 그러므로 늘 바람이 없으면 그 묘함을 보고, 늘 바람이 있으면 그 가장자리를 본다. 이 둘은 같은 것이다. 사람의 앎으로 나와서 이름을 달리했을 뿐이다. 그 같음을 현묘하다고 한다. 현묘하고 또 현묘하도다! 뭇 묘함이 모두 그 문에서 나오는도다(道可道 非常道 名可名 非常名 無名 天地之始 有名 萬物之母 故常無欲以觀其妙常有欲以觀其徼 此兩者同出而異名 同謂之玄 玄之又玄 衆妙之門)」

노자는 도의 본체는 말로 표현될 수 없다고 보았다. 때문에 도를 말할 수 있다면 그것은 참된 도가 아니라고 하였다. 이는 불가에서 말하는 참된 진리는 이심전심(以心傳心)과 일면 상통하는 측면이 많다.

도견상부 道見桑婦

길 道 볼 見 뽕나무 桑 지어미 婦

《열자(列子)》 설부(說符)

눈앞의 일시적인 이익을 좇다 기존에 가지고 있던 것까지 잃음.

「길에서 뽕을 따는 여자를 보고 말을 한다(사통)」 라는 뜻으로, 하고 싶은 대로 일시적인 이익을 구하려다가 결국에는 기존에 갖고 있던 것까지 모두 잃게 됨을 비유하는 말. 지나친 욕심을 경계하는 말이다.

춘추전국시대 진(晉)나라의 문공(文公)이 나라 밖으로 나가 제후들을 모아 위(衛)나라를 정벌하고자 하였다. 그 때 공자(公子) 서(鋤)가 하늘을 우러러보며 크게 웃었다.

이를 본 문공이 물었다.

「그대는 어찌하여 그렇게 웃는 것이오?」

공자 서가 말했다.

「신이 웃는 것은, 이웃사람 중에 그 아내가 사가(私家)로 가는 것을 배웅하다가 길가에서 뽕잎을 따는 여자를 보고 기쁘게 그녀와 더불어 이야기를 나누었습니다. 그러다가 뒤돌아서서 그의 아내를 보니 아내 역시 손짓하여 부르는 남자가 있었습니다. 신은 이 남자의 일을 생각하고 웃은 것입니다(臣笑隣之人有送其妻適私家者 道見桑婦 悅而與言 然顧視其妻 亦有招之者矣 臣竊笑此也)」

문공은 이 말을 듣고 깨달은 바가 있어 곧 위나라를 정벌하려던 계획을 포기하고 돌아왔다. 문공이 미처 국내로 돌아오지 못하였을 때 진나라의 북쪽 변방의 땅을 침범하는 나라가 있었다.

진문공

「도견상부」는 내가 할 수 있는 일은 남도 할 수 있다는 비유로, 내가 남의 땅을 넘보는 사이에 자기 나라가 공격의 대상이 될 수 있다는 이야기이다. 이와 같이 누구나 생각하고 행동할 수 있는 일을 가지고 자기만 한다는 착각에 빠져 작은 이익을 찾아 뛰어들었다가 기왕에 가지고 있던 것마저 잃게 된다는 뜻이다.

「욕심이 사람 죽인다」는 속담이 있다.

또 「달리는 노루를 돌아보면 잡았던 토끼를 놓친다(奔獐顧 放獲兎)」는 말도 있다. 인간의 끊임없는 욕심 때문에 벌어지는 사건들이 너무나도 많다. 남의 것을 탐낼 것이 아니라, 자신이 가진 것을 지키며 열심히 살 일이다.

도광양회 韜光養晦

감출 韜 빛 光 기를 養 그믐 晦

《삼국지연의(三國志演義)》

빛을 감추고 밖에 나타내지 아니한다는 뜻으로, 힘을 기르고 때를 기다린다는 말이다. 도광(韜光)이라고도 한다. 1980년대 중국의 대외 정책을 일컫는 용어다.

제갈량

약자가 모욕을 참고 견디면서 힘을 갈고 닦을 때 많이 인용된다.

나관중(羅貫中)의 소설 《삼국지연의(三國志演義)》에서 유비(劉備)가 조조(曹操)의 식객으로 있을 때 살아남기 위해 일부러 몸을 낮추고 어리석은 사람으로 보이도록 하여 경계심을 풀도록 만들었던 계책이다.

또 제갈량(諸葛亮)이 천하 삼분지계(三分之計)를 써서 유비로 하여금 촉(蜀)을 취한 다음 힘을 기르도록 하여 위(魏)·오(吳)와 균형을 꾀하게 한 전략 역시 도광양회 전략이다.

그러나 도광양회가 널리 알려진 것은 이러한 고사 때문이라고 하

기보다는 1980년대부터 중국이 취한 대외정책 때문이다.

등소평

1949년 중화인민공화국이 출범한 이후 중국은 「기미(羈縻)」 정책을 대외정책의 근간으로 삼아왔다. 기미란 굴레를 씌워 얽맨다는 뜻으로, 주변국을 중국의 세력 범위 안에 묶어두고 통제하는 것을 일컫는다. 그러나 중국은 그동안 초강대국인 미국의 그늘에 가려 국제사회에서 제대로 영향력을 행사하지 못하였다.

때문에 등소평(鄧小平 : 덩샤오핑)은 1980년대 개혁개방정책을 취하면서 도광양회를 기미정책을 달성하기 위한 대외정책의 뼈대로 삼았다. 이는 국제적으로 영향력을 행사할 수 있는 경제력이나 국력이 생길 때까지는 침묵을 지키면서 강대국들의 눈치를 살피고, 전술적으로도 협력하는 외교정책을 말한다.

이후 20여 년 간 도광양회는 중국의 대외정책을 대표하였다. 그러나 2002년 11월 후진타오(胡錦濤)를 중심으로 한 제4세대 지도부가 들어서면서 도광양회는 새로운 외교노선으로 대체되었다. 그래서 나타난 것이 화평굴기(和平崛起, 평화롭게 우뚝 선다) · 유소작위(有所作爲 : 적극적으로 참여해서 하고 싶은 대로 한다) · 부국강병(富國强兵) 등으로 이어지는 대외전략이다.

도궁비현 圖窮匕見

꾀할 圖 궁할 窮 비수 匕 드러날 見

《사기(史記)》 자객열전(刺客列傳)

일이 탄로 나다. 《사기》 자객열전에 있는 이야기다.

전국시대 연나라는 진(秦)나라의 침범을 자주 받곤 하였는데, 태자 단(丹)까지 인질로 진나라에 잡혀간 일조차 있었다. 단은 훗날 본국으로 돌아온 뒤 늘 복수를 꿈꾸면서 진왕 정(政 : 뒷날의 진시황)을 암살할 계획을 꾸미던 중에 형가(荊軻)라는 자객을 만나게 되었다. 형가는 원래 위(衛)나라 사람이었다. 나중에 연나라에 와서 고점리 등 협객들과 사귀면서 뜻을 키우고 있었다. 그때 태자 단은 원한을 갚을 마음이 간절했기 때문에 자신의 스승 국무를 통해 형가를 만나게 되었고, 세 사람이 함께 복수할 방도를 상의하게 되었다.

이리하여 형가는 그때 진왕에게 미움을 받아 연나라에 피신해 있던 진나라 장수 번오기(樊於期) 머리를 베어 가지고 연나라의 남부 지방인 독항(督亢)의 지도와 함께 칼날에 독을 바른 비수를 지도 안에 넣어 가지고 연나라의 사절로 진나라에 파견되었다.

연나라 사신들의 선물을 받은 진왕은 기뻐서 어쩔 줄을 몰라 했다. 진왕은 번오기의 머리를 한쪽에 밀어 놓고는 천천히 지도를 펼쳐 보았다. 돌돌 말린 지도가 풀리자 그때 시퍼런 비수가 뎅그렁 하고 땅에 떨어졌다(秦王發圖 圖窮而匕首見). 이때 형가는 재빨리 비수를 집어 들고 진왕에게 다가갔으나 성공하지 못하고 도리어 자신이 잡혀 살해되고 말았다. 이와 같이 「도궁비현」은 일의 진상이 모두 드러나 탄로 나면서 모략이 폭로되는 것을 말한다.

도남 圖南

꾀할 圖 남녘 南

《장자(莊子)》

어느 다른 지역으로 가서 큰 사업을 시작하려고 함.

이 「도남」 이란 말은 붕새(鵬)가 북쪽 바다에서 남쪽 바다로 옮겨 갈 때의 어마어마한 광경을 이야기한 《장자》 에서 나온 말이다. 이야기를 풀어서 소개하면 다음과 같다.

장 자

「북해에 곤(鯤)이라는 고기가 있다. 그 크기는 몇 천 리가 되는지 알 수 없다. 이 고기가 화해서 붕(鵬)이라는 새가 된다. 붕새의 등은 그 길이가 몇 천 리가 되는지 알 수 없다. 이 새가 한번 날아오르면 그 날개는 하늘을 덮은 구름처럼 보인다. 이 새는 바다에 물결이 일기 시작하면 남쪽 바다로 옮겨간다. 남쪽 바다는 천연의 못이다」

《제해(齊諧)》 라는 것은 이상한 것들을 기록한 책이다. 그 책에 이렇게 씌어 있다. 「붕새가 남해로 옮겨가려 할 때는 날개가 물 위를 치는 것이 3천 리에 미치고, 회오리바람을 일으키며 날아오르는 것이 9만 리에 이른다. 이렇게 여섯 달을 계속 난 다음에야 쉰다」 고 했다. 여기에서 「도남」 이니 「붕정만리(鵬程萬里)」 니 「붕익(鵬翼)」 이니 하는 말이 나오게 되었다.

도량 盜糧

홈칠 盜 양식 糧

《사기》 범수채택열전

수고는 혼자 하고 실속은 엉뚱한 사람이 차지하다.

위(魏)나라에서 달아나 진(秦)나라에 와서 소왕(昭王)을 만난 범수는 이렇다 할 직책도 없이 숙소에 머물면서 1년이라는 세월을 허송하였다. 이때의 진나라 정치는 소왕에게는 아무 실권도 없고, 권력은 선태후(宣太后)와 그녀의 동생 양공(穰公)의 손아귀에 쥐어 있었다. 생각다 못해 간절한 내용을 담은 상소문을 올려 간신히 소왕과의 알현을 허락받았다. 알현하는 날, 범수는 짐짓 궁궐의 다른 방으로 들어갔다. 이 꼴을 본 왕은 화가 나서 자리를 박차고 나가 버렸다. 그러자 범수가 말했다.

「진나라에 아직도 임금이 있는가? 태후와 양공이 있을 뿐이다」

이 말을 전해들은 소왕은 뜻한 바가 있어 범수를 은밀히 불렀다. 그 자리에서 범수는 그간 진나라가 썼던 「원공근교(遠攻近交)」의 외교술이 잘못되고 이를 「원교근공(遠交近攻)」으로 바꿔야 함을 극구 간언하였다. 즉 먼 곳을 공격해서 승리를 거둬봐야 직접 다스릴 수가 없어 주변 나라만 이롭게 만들었다는 것이다. 그러면서 옛날 제(齊)나라 민왕(湣王)의 이야기를 끄집어내 이렇게 결론지었다.

「그러므로 제나라가 크게 패배한 까닭은 초나라를 정벌해서 한나라와 위나라를 살찌게 했기 때문이었습니다. 이것은 이른바 적의 군대를 빌려 도둑에게 식량을 준 꼴이라고 하겠습니다(故齊所以大破者_以其伐楚而肥韓魏也 此所謂借敵兵齎盜量者也)」

도로무공 徒勞無功

무리 徒 일할 勞 없을 無 공 功

《장자(莊子)》 천운(天運)편

노력에도 불구하고 아무런 보람이나 이익이 없음.

《장자》 천운편에 있는 이야기다. 공자가 노(魯)나라에서 서쪽 위(衛)나라로 유세(遊說)를 떠났을 때에 제자 안연(顔淵)이 노나라 악사인 사금(師金)에게 공자의 유세에 대해 어떻게 생각하는지 물었다.

사금이 말하기를, 「애석하지만 아마도 당신 선생께서는 이번에 욕을 보실 것이오」

안연이 묻기를, 「왜입니까?」

사금이 말하기를, 「제사 때 쓰는 추구(芻狗)는 아직 제단을 차려놓기 전에는 대상자에 담겨 무늬가 있는 비단 수건으로 덮고, 시동(尸童)과 축관(祝官)은 재계(齋戒)하고 이것을 조심스럽게 바칠 것입니다. 그러나 제사가 끝나고 나면 길가에 버려져, 오가는 사람은 그 머리나 등덜미를 밟을 것이며, 풀 베는 아이들은 그것을 주워 아궁이에 불쏘시개로 때게 됩니다. 그렇지 않고 누군가 다시 그것을 가져다가 상자에 담고 무늬가 수놓인 보자기에 싸놓고 그 곁에서 자고 눕고 한다면, 그가 악몽을 꾸게 되거나 자주 가위에 눌리게 된다고 합니다.

지금 당신의 선생께서는 옛 임금들이 이미 사용한 추구를 가져다 제자들을 모아놓고 함께 그 곁에 지내면서 자고 눕고 하고 있습니다. 그러므로 송나라에서는 나무를 베어 넘기는 협박을 당했고, 위나라에서는 발자국까지 지우며 다녀야 할 정도로 쫓기며 두 나라에서 궁지에 몰렸었습니다. 이것이 악몽이 아니고 무엇이겠습니까? 진나라

공자와 노자 소상(塑像)

와 채나라 사이에서는 포위를 당하여 이레 동안이나 익힌 음식을 먹어보지도 못하고, 죽음과 삶 사이에서 지냈습니다. 이것이 가위눌리는 것이 아니고 무엇이겠습니까?」

이어서 사금은 배와 수레의 비유로써 말을 계속하였다.

「물길을 가기 위해서는 배(舟)만한 것이 없고, 육지를 가는 데에는 수레(車)만한 것이 없을 것입니다. 물길을 가야 할 배로써 육지에서 밀고 가려고 한다면 한평생이 걸려도 얼마 가지 못할 것입니다. 옛날과 지금의 차이는 물과 육지의 그것과 같으며, 주(周)나라와 노(魯)나라의 차이도 이러한데, 공자께서 주나라에서 이미 시행되었던 것을 노나라에서 시행하려는 것은 마치 배를 육지에서 미는 것과 같아 애만 쓰고 보람은 없을 것이며, 그 몸에는 반드시 재앙이 있을 것입니다(勞而无功 身必有殃). 당신의 선생께서는 물(物)을 따라 응해서 끝없이 변동하는 도를 모르고 있는 것입니다.

여기서 「추구」란 《노자(老子)》에 나오는 말로서, 제사에 쓰기 위해 짚으로 만든 개를 말하며, 추구는 제사가 끝나면 쓸모가 없기 때문에 버려지므로, 소용이 있을 때에는 사용되다가 소용이 없어지면 버려지는 물건, 또는 천한 물건에 비유된다.

「도로무익(徒勞無益)」과 같은 말이다.

도룡지기 屠龍之技

잡을 屠 용 龍 의 之 재능 技

《장자(莊子)》 열어구편(列禦寇篇)

용을 잡는 재주라는 뜻으로, 쓸데없는 재주를 이르는 말이다. 용은 상상의 동물이므로 용을 잡는 재주라는 것은 아무 쓸모가 없는 재주라는 말이다.

《장자》 열어구편에 있는 이야기다. 열어구(列禦寇)는 성(姓)이 열(列)이고 이름은 어구(禦寇)라고 불린 사람으로, 후세 사람들이 존중해서 열자(列子)라 불렀다. 열어구편은 인위적인 지(知)를 떠나 무위자연의 신지를 터득하는 것에 관한 내용으로 모두 열 편의 독립된 단장으로 구성되어 있다. 장자는 천지만물의 근원인 도는 인격적인 것으로 그것을 파악하기 위해서는 인위적인 지식을 떠나 도 그 자체에 몰입할 때 비로소 가능하다고 보았다. 장자는 지인과 소인의 차이를 이렇게 설명하고 있다.

｢도(道)를 알기는 쉽지만 이것을 말하지 않기는 어렵다. 도를 알고서도 말하지 않는 것은 하늘의 도에 가까이하는 것이고, 알고서 말하는 것은 세속의 사람과 가까이 하는 것이다. 옛날 사람은 하늘을 따르고 사람을 따르지 않았다. 주평만(朱泙漫)이란 자는 지리익(支離益)에게서 용을 잡아서 요리하는 기술을 배웠다. 천금이나 되는 가산을 탕진하여 3년 만에 그 재주를 이어받았지만 그 재주를 쓸 곳이 없었다(朱泙漫學屠龍於支離益 單千金之家 三年技成而无所用其巧). 성인은 필연적인 일에 임할 때에도 그것을 필연적인 것으로 생각하지 않으므로 마음속에 감정의 다툼이 없다. 그러나 범속한 사람들은 필

열어구(열자)

연적인 일이 아닌데도 필연적인 것으로 여기고 행동하므로 마음속에 감정의 다툼이 많고 그런 다툼을 그대로 행하니까 밖에서 찾는 데가 있게 된다. 마음속의 다툼을 믿고 행동하면 파멸로 이르게 마련이다」

장자는 천지만물의 근원인 도를 인간이 파악하기 위해서는 인위적인 지식을 떠나 도 그 자체에 몰입할 때 비로소 가능해진다고 보았다. 열어구편은 이런 인위적인 지(知)를 떠나 참된 하늘의 지식을 터득하는 것에 관한 내용으로, 독립된 일곱 개의 설화로 구성되어 있다.

위에서 주평만이나 지리익도 모두 장자가 만든 허구상의 인물이다. 주평만의 이야기를 통해 장자는 「지이불언(知而不言)」, 「천이불인(天而不人)」의 도를 깨달은 성인 본연의 자세를 설명하려 한 것이다. 즉 세속의 자질구레한 일에 얽매여서는 참된 도를 깨달을 수 없다는 비유이다.

여기서 주평만이 천금이나 되는 많은 돈을 주고 용을 죽이는 방법을 배웠지만 그 어느 곳에도 쓸 데가 없었다는 것은 소인(小人)은 세속적인 자질구레한 일에 구애되어 대도(大道)를 달관할 수 없음을 비유적으로 설명한 것으로 볼 수 있다. 이와 같이 「도룡지기」란 참된 도를 깨우치기 위해서는 인간사의 기준으로 사물을 가르지 말라는 비유였는데, 오늘날에는 「헛된 수고(徒勞)」를 가리키게 되었다.

도리불언 桃李不言

복숭아꽃 桃 오얏 李 아닐 不(불) 말씀 言

《한서(漢書)》

덕이 있는 사람은 자신을 드러내지 않아도 자연히 사람들이 흠모하여 모여듦.

「복숭아나무와 오얏나무는 사람을 부르지 않아도 절로 길이 생긴다」 즉 「도리불언하자성혜(桃李不言下自成蹊)」에서 나온 말이다.

한나라 경제(景帝) 때의 명장 이광(李廣)은 말타기와 활쏘기에 출중한 재능을 지닌 사람이었다. 당시 전한은 흉노(匈奴)의 끊임없는 공세를 저지하는데 이광의 전공이 매우 컸다. 한번은 흉노가 대대적으로 군사를 일으켜 상군(上郡)까지 쳐들어왔다.

경제는 총애하던 환관 중귀인(中貴人)에게 이광을 수행하여 흉노를 물리치라고 명을 내렸지만, 수십 명의 군사를 인솔한 중귀인은 흉노의 병사 세 명에게 거의 몰살되다시피 하였다.

그리하여 이광은 기병 백 명을 이끌고 적진으로 쳐들어가 흉노 병사 두 명을 죽이고, 한 명은 체포하였다. 이때 주위를 살펴보니 이미 포위된 것을 알았다. 정면 돌파가 불가능하다고 판단한 이광은 부하들에게 말했다.

「우리는 본대에서 이미 멀리 떨어져 있으므로 후퇴를 한다면 적들은 우리들의 뒤를 추격하여 전멸시킬 것이다. 그러나 그냥 이곳에 머물러 있으면 흉노는 우리를 유인병으로 생각하고 선불리 공격해 오지 못할 것이다」

그런 다음 적진으로 약간 전진하고 나서 이광은 부하들에게 명령

이 광

을 내렸다.

「침착하고 모두 말에서 내려 안장을 풀어라!」

이광 군사들의 대담한 행동에 놀란 흉노는 틀림없이 계략이 있을 것이라고 생각하고 엉거주춤하였다. 이 틈을 이용하여 이광은 기병 열 명을 이끌고 적진으로 기습하여 적장을 살해하자 흉노는 혼비백산 달아나 버렸다.

그는 흉노족 침입자들과 70여 차례나 싸워 여러 번 전공을 세운 용장이었지만, 조정에서는 그를 중용하지 않고 배척하고 있었다. 이광은 나이 60여 세 때 흉노족과 싸움을 치르던 중 대장군 위청의 핍박에 못 이겨 자살하고 말았다. 이에 군민들은 비통함을 금치 못하였다. 동한의 사학자 반고(班固)는 저서 《한서(漢書》에서 다음과 같이 말하고 있다.

「말없이 꾸준히 힘쓰고 정직한 이장군은 보통 사람들과 다름이 없었지만, 그가 죽었을 때 모든 사람들이 슬피 울었다. 여기서 우리는 탁상공론이나 아부를 일삼는 그런 사대부들에 비해 이장군이 얼마나 고상한 인품을 갖췄는지를 엿볼 수 있다. 그야말로 속담과 같이 『복숭아나무와 오얏나무는 사람을 부르지 않아도 그 아름다운 꽃과 맛좋은 열매 때문에 늘 사람들이 오고 가 나무 밑에는 절로 길이 생긴다(桃李不言下自成蹊)』는 사실을 몸으로 보여 준 사람이라고 할 수 있다」

도리상영 倒履相迎

거꾸로 倒 신 履 서로 相 맞이할 迎

《한서》 준불의전(雋不疑傳)

손님을 반갑게 맞이함.

가까운 친구나 반가운 손님이 찾아온다는 소식을 듣고 기쁜 나머지 신마저 거꾸로 신고 달려 나가 맞이함을 이르는 말이다.

《한서》 준불의전에 있는 이야기다.

한(漢)나라 때 발해(渤海, 지금의 하북성 창현 일대) 사람으로 준불의라는 사람이 있었다. 그는 《춘추(春秋)》를 깊이 연구해서 명망이 매우 높았다.

어느 날 포승지(暴勝之)가 발해로 왔을 때 준불의가 그의 숙소로 찾아간 적이 있었는데, 포승지는 「준불의의 용모가 근엄하고 의관이 위엄있는 것을 보고 신발을 거꾸로 끌고 황급히 나와 맞았다(望見不疑容貌莊嚴 衣冠甚偉躧履起迎)」고 하였다. 여기서 사리(躧履)는 신발을 바로 신지 못하고 급히 걷는 모양을 말한다.

후한의 문인 채옹(蔡邕, 132~192)은 벗들과 사귀기를 즐겨서 그의 집에는 언제나 손님이 그칠 새가 없었다. 어느 날 왕찬(王粲, 177~217)이라는 사람이 자기 집으로 온다는 소식을 듣고 그는 기뻐서 어쩔 줄을 몰랐다. 《삼국지》 위지 왕찬전에 따르면 「채옹은 왕찬이 자기 집으로 온다는 소식을 듣고 신을 거꾸로 신고 나가 맞이하였다(蔡邕聞粲在門 倒屣迎之)」고 한다.

「도리상영」은 이런 이야기들에서 나온 성구인데, 「도사상영(倒屣相迎)」 또는 「도사이영(倒屣而迎)」이라고도 한다.

도방고리 道傍苦李

길 道 곁 傍 쓸 苦 오얏 李

《세설신어(世說新語)》

길가에 있는 쓴 자두열매라는 뜻으로, 남에게 버림받음을 비유하는 말로서, 많은 사람이 무시하는 것은 반드시 그 이유가 있다는 말.

육조시대 송(宋)나라 유의경(劉義慶)이 지은 《세설신어(世說新語)》에 나오는 다음과 같은 이야기에서 비롯된 말이다.

왕융(王戎)은 동진(東晉)사람으로, 노장사상에 심취하여 예교(禮敎)를 방패로 권세를 잡으려는 세태에 저항하였다. 평생을 죽림에 묻혀 유유자적하며 청담(淸談)을 즐겨 완적(阮籍), 혜강(嵇康) 등과 함께 죽림칠현으로 불렸다.

왕융이 아직 어렸을 때의 일이다. 동네의 같은 또래 아이들과 어울려 놀고 있는데, 저쪽 길가에 자두나무 한 그루가 가지가 휘어질 만큼 많은 열매를 매단 채 서 있는 것이 보였다. 그것을 본 아이들은 그 열매를 따려고 앞을 다투어 달려갔다. 그런데 왕융 혼자만은 움직이려 들지 않았다. 그래서 지나가던 사람이 물었다.

「너는 왜 열매를 따러 달려가지 않느냐?」

그러자 왕융은 무덤덤하게 대답하였다.

「길가에 있는데, 아직도 저렇게 열매가 많이 매달려 있는 것은 틀림없이 써서 먹지 못할 열매이기 때문입니다」

아이들이 열매를 따 맛을 보니 왕융의 말대로 과연 먹을 수 없는 것이었다. 이 일로 사람들은 왕융의 영민함을 칭찬하면서도 일면 두려워하였다 한다.

도불습유 道不拾遺

길 道 아니 不 주울 拾 잃을 遺

《사기》 공자세가(孔子世家)

선정이 베풀어져 세상이 잘 다스려지고, 백성들의 도덕심이 높음.

「노불습유(路不拾遺)」라고도 한다. 나라가 태평하고 민심이 순박해서 남의 것을 탐내지 않는 사회가 된 것을 단적으로 표현한 말이다. 원래는 선정(善政)의 극치를 표현해서 한 말이었는데, 상앙(商鞅)의 경우와 같이 법이 너무 엄해서 겁을 먹고 길에 떨어진 것을 줍지 못하는 예도 있었다.

《사기》 공자세가에 있는 이야기다.

공자가 노나라 정승으로 석 달 동안 정치를 하게 되자, 송아지나 돼지를 팔러 가는 사람이 아침에 물을 먹이는 일이 없고, 길에 떨어진 것을 줍는 사람이 없었다고 전한다. 돼지나 소에게 물을 먹여 팔러 가지 않는다는 것은 오늘의 우리 도축업자들이 곱씹어 봐야 할 말이다.

또 정나라 재상 자산(子産)은 공자가 형처럼 대했다는 훌륭한 정치가였는데, 그는 정승이 되자 급변하는 정세를 잘 파악하여 국내의 낡은 제도를 개혁하는 한편, 계급의 구별 없이 인재를 뽑아 쓰고, 귀족에게 주었던 지나친 특권을 시정하여 위아래가 다 같이 호응할 수 있는 적당한 선에서 모든 정책을 이끌어 나갔기 때문에 나라가 태평을 이루어 도적이 자취를 감추고 백성들이 길에 떨어진 것을 줍지 않게 되었다고 한다.

《한비자》 외저설좌상편(外儲說左上篇)에 보면 자산의 정치 성과

자 산

에 대한 이야기가 나온다. 정나라 임금 간공(簡公)은 자기 스스로의 부족함을 자책하는 한편, 새로 재상에 임명된 자산에게 모든 정치를 바로잡는 책임을 지고 과감한 시책을 단행할 것을 당부했다.

그래서 자산은 물러나와 재상으로서 정치를 5년을 계속했는데, 나라에는 도적이 없고(國無盜賊), 길에는 떨어진 것을 줍지 않았으며(道不拾遺), 복숭아와 대추가 거리를 덮고 있어도 이를 따 가는 사람이 없었으며, 송곳이나 칼을 길에 떨어뜨렸을 때도 사흘 후에 가 보면 그 자리에 그대로 있었고, 3년을 흉년이 들어도 백성이 굶주리는 일이 없었다고 했다.

맹자는 말하기를, 「사람은 물과 불이 없으면 못 산다. 그런데 밤에 길 가던 사람이 물과 불을 청하면 안 줄 사람이 없는 것은 너무도 흔하기 때문이다. 만일 먹을 것이 물과 불처럼 흔하다면 어느 누가 착하지 않을 수 있겠는가」 라고 했다.

도적을 없애는 근본 문제도, 길에 떨어진 것을 줍지 않게 되는 까닭도 역시 그 바탕은 먹는 문제를 해결해 주는 데 있다. 같은 「도불습유」가 상앙의 준열 가혹한 법치정책과 공자의 온용덕화(溫容德化) 정책과 상반되는 두 개의 정치에서 나온 것이 재미있다. 이 이야기는 나라가 잘 다스려지고 있다는 대명사로 쓰이고 있다.

도역유도 盜亦有道

홈칠 盜 또한 亦 있을 有 도리 道

《장자》 거협(胠篋)

도둑에게도 도둑의 도리(道理)가 있다는 뜻으로, 모든 것에는 합당한 도리가 있음을 비유한 말. 춘추시대 유명한 도둑 무리의 두목 도척(盜跖)의 말에 따르면, 도둑에게도 도(道)가 있다는 말이다.

《장자》 거협(胠篋)편에 있는 이야기다.

「상자를 열고 부대자루를 뒤지고 궤짝을 들추는 도둑을 막으려면, 반드시 노끈으로 잡아매거나 빗장이나 자물쇠를 단단히 하면 된다. 이는 이른바 세상의 지혜라는 것이다. 큰 도둑이 오면 궤짝을 지고 상자를 들고 자루는 메고 달아나면서도 오히려 노끈이나 자물쇠가 튼튼하지 않을까를 걱정한다. 그렇다면 앞에서 말한바 지혜 있는 사람이란 오히려 큰 도둑을 위해 재물을 쌓아둔 사람이 아니겠는가?」

이 말은, 군자라는 사람들이 제후나 왕이라는 큰 도둑을 위해 일한다는 말이다. 도척(盜跖)의 무리들이 도척에게 물었다.

「도둑질에도 도(道)가 있습니까(盜亦有道乎)?」

도척이 대답했다.

「어딘들 도(道)가 없겠느냐? 무릇 사람의 집안에 간직되어 있는 물건을 미루어 알아맞히는 것이 성(聖)이요, 솔선해 앞장서 나서는 것은 용(勇)이요, 훔치고 나올 때 뒤를 맡는 것은 의(義)요, 목적을 달성할 수 있을지 어떨지를 아는 것은 지(知)요, 훔친 것을 공평하게 분배하는 것은 인(仁)이다. 이 다섯 가지 도리를 갖추지 못하고서 큰

장자 청동상

도둑이 된 일은 일찍이 천하에 없었다」

이로써 본다면 착한 사람이라도 성인의 도를 얻지 못하면 홀로 설 수 없고, 도척이라도 성인의 도를 얻지 못하면 행세하지 못함을 알 수 있다.

그런데 세상에는 착한 사람은 적고 착하지 않은 사람은 많으니 성인이 천하를 이롭게 하는 일은 적고 해롭게 하는 일은 많다. 그러므로 입술이 없으면 이가 시리고, 노나라의 술이 싱거우면 한단이 포위되고, 성인이 나타나면 큰 도둑이 일어나게 된다는 말이 있게 된 것이다.

성인을 배격하고 도둑들을 풀어줄 때 비로소 천하가 다스려진다. 무릇 냇물이 마르면 골짜기가 생겨나고, 언덕이 평탄해지면 연못이 메이는 법이다. 성인이 죽으면 큰 도둑이 일어나지 않아 천하가 평안해지고 아무 탈도 없게 될 것이다. 성인이 죽지 않으면 큰 도둑이

없어지지 않을 것이므로 비록 성인을 존중해 천하를 다스린다 하더라도 이는 곧 도척 같은 인간의 이득을 더욱 증대시키는 셈이 되는 것이다.

장주몽접(莊周夢蝶, 북경고궁박물원장)

천하는 언제나 혼란스러운 것인데 그 죄는 지혜를 좋아한데 있다. 그러므로 세상 사람은 모두 자신이 알지 못하는 것을 추구하고 있는 줄 알면서도 그가 이미 알고 있는 것을 추구할 줄 모른다. 모두가 자신이 좋지 않다고 생각하는 것은 비난할 줄 알아도, 그가 이미 좋다고 생각하는 것은 비난할 줄 모른다. 그래서 큰 혼란이 일어나게 된 것이다.

그러므로 위로는 해와 달의 빛을 흐리게 하고, 아래로는 산천의 정기를 녹이며, 가운데로는 사계절의 운행을 파괴하여, 꿈틀거리는 벌레로부터 날아다니는 새에 이르기까지 그 본성을 잃지 않은 것이 없다.

심하도다! 지혜를 좋아함으로 해서 천하가 이토록 어지러워지다니. 삼대 이후로 이러했으니, 순박한 백성들을 버리고 교활한 자들을 좋아하며, 담백 무욕한 생활을 버리고 수다스러운 말을 좋아하는데, 그렇듯 번다한 말들로 인해 세상이 이렇듯 혼란스러워진 것이다.

도원결의 桃園結義

복숭아 桃 뜰 園 맺을 結 맺을 義

《삼국지연의(三國志演義)》

의기투합해서 함께 사업이나 일을 추진함의 비유.

소설 치고 《삼국지연의》 처럼 많이 읽힌 책은 없을 것이다. 그 《삼국지연의》 맨 첫머리에 나오는 제목이 「도원결의」 다.

전한(前漢)은 외척에 의해 망했고, 후한은 환관에 의해 망했다고 한다. 그러나 후한의 직접적인 붕괴를 가져오게 한 것은 황건적의 봉기였다. 어지러워진 국정에 거듭되는 흉년으로 당장 먹을 것이 없어 굶주린 백성들은 태평도(太平道)의 교조 장각(張角)의 깃발 아래로 모여들어 누런 두건을 머리에 두르고 황건적이 되었다. 그래서 삽시간에 그 세력은 50만으로 불어났다. 이를 진압하기 위한 관군은 이들 난민들 앞에서는 너무도 무력했다. 당황한 정부에서는 각 지방 장관에게 용병을 모집해서 이를 진압하라는 지시를 내렸다.

유주(幽州) 탁현에 의용군 모집의 방이 높이 나붙었을 때의 이야기다. 맨 먼저 이 방 앞에 발길을 멈춘 청년은 바로 현덕 유비였다. 유비는 나라 일을 걱정하며 길게 한숨을 내쉬었다. 이때,

「왜 나라를 위해 싸울 생각은 않고 한숨만 쉬고 있는 거요?」

유비를 책망한 사람은 다름 아닌 익덕(翼德) 장비(張飛)였다. 두 사람은 서로 인사를 교환한 다음 함께 나라 일을 걱정했다. 가까운 술집으로 들어가 이야기를 하고 있는데, 한 거한이 들어왔다. 그가 바로 운장(雲長) 관우(關羽)였다. 이들 셋은 자리를 같이하고 술을 나누며 이야기하는 동안 서로 뜻이 맞아 함께 천하를 위해 손잡고 일하기로

결심을 했다. 이리하여 장비의 제안으로, 그의 집 후원 복숭아밭에서 세 사람이 형제의 의를 맺고, 힘을 합쳐 천하를 위해 일하기로 맹세를 했다. 이때에 맹세한 내용을 원문에 있는 그대로 옮기면 이렇다.

유비 · 관우 · 장비

「유비 · 관우 · 장비는 비록 성은 다르지만 이미 의를 맺어 형제가 되었으니, 곧 마음을 같이하고 힘을 합해 괴로운 것을 건지고, 위태로운 것을 붙들어 위로는 국가에 보답하고 아래로는 만백성을 편안케 하리라. 같은 해 같은 달 같은 날 나기를 구할 수는 없지만, 다만 같은 해 같은 달 같은 날 죽기를 원한다. 천지신명은 실로 이 마음을 굽어 살피소서. 의리를 저버리고 은혜를 잊는 일이 있으면 하늘과 사람이 함께 죽이리라」

이리하여 세 사람은 지방의 3백여 명 젊은이들을 이끌고 황건적 토벌에 가담하게 되었고, 뒤에 제갈공명을 유현덕이 삼고초려(三顧草廬)로 맞아들임으로써 조조(曹操) · 손권(孫權)과 함께 천하를 셋으로 나누어 삼국시대를 이루게 된 것은 너무도 잘 알려진 사실이다.

물론 위에 말한 도원결의는 작가의 머리로 만들어낸 이야기다. 그러나 이 소설이 끼친 영향은 너무도 커서, 중국 민중들 사이에는 이 도원결의가 의형제를 맺을 때의 서약의 모범으로 되고 있다.

도원낙토 桃園樂土

복숭아 桃 근원 源 즐거울 樂 흙 土

도연명 / 「도화원기(桃花源記)」

도연명 취귀도(醉歸圖)

극락세계, 속세를 떠난 이상향.

진(晋)나라 때의 유명한 문인 도연명은 자신의 글 「도화원기(桃花源記)」에서 다음과 같이 쓰고 있다.

어느 날, 한 어부가 흐르는 물을 따라 배를 몰고 가는데 홀연 앞에 꽃이 만발한 복숭아나무숲이 나타났다. 계속 나무숲을 지나가노라니 앞에 있는 산 아래의 자그마한 굴에서 물이 흘러나오고 있었다. 굴속을 들여다보니 불빛이 있기에 몇 발자국 들어가 보니 생전에 보지도 못하던 세상이 펼쳐져 있었다.

즐비하게 늘어선 집들, 기름진 땅…… 남녀노소 모두가 안락하게 살고 있었다. 그들은 어부를 마을에 청해 닭을 잡는다, 밥을 짓는다 하면서 푸짐하게 대접하였다. 그들은 자기들의 선조는 진(晋)나라 때 난세를 피하여 이 고장에서 자손대대 살아오고 있다는 것이었다.

그러다 보니 그들은 진나라가 언제 망했는지, 그 후 한나라가 언제 건국했다가 망했는지, 그리고 지금의 진(晋)왕조가 언제 세워졌는지 전혀 모르고 있었다.

무릉도원도(日 화가 富岡鉄斎)

며칠 묵으면서 융숭한 대접을 받은 어부가 떠날 때 그곳 사람들은 「돌아가면 우리가 여기 살고 있다는 것을 절대 입 밖에 내지 말라(不足爲外人道也)」 하고 당부했다.

마을 사람들의 환대를 받으며 며칠을 묵은 어부는 처음 왔던 길의 목표물을 기억해 가며 집으로 돌아오자, 곧 이 사실을 태수에게 고했다. 태수는 얘기를 듣고 사람을 보내 보았으나, 어부가 말한 그런 곳을 발견할 수가 없었다. 유자기(劉子驥)라는 고사(高士)가 이 소식을 듣고 찾아 나섰으나 뜻을 이루지 못하고 도중에 병으로 죽고 말았다.

그 뒤로 많은 사람들이 복숭아꽃 필 때를 기다려 찾아가 보았으나, 무릉도원 사람들이 속세의 사람들이 찾아오는 것을 막기 위해 다른 골짜기에까지 많은 복숭아나무를 심어 두었기 때문에 끝내 찾을 수가 없었다고 한다.

무릉도원은 조정의 간섭은 물론, 세금도 부역도 없는 별천지였다. 그래서 속세와 떨어져 있는 별천지(理想郷)란 뜻으로 「도원낙토」 또는 「무릉도원(武陵桃源)」 이란 말을 쓰게 되었다.

도외시 度外視

법도 度 바깥 外 볼 視

《후한서(後漢書)》 광무기(光武紀)

안중에 두지 않고 무시하거나 불문에 부침.

《후한서》 광무기에 있는 이야기다.

갱시제 유현

후한 광무제 유수(劉秀)는 고조 유방의 후손이다. 왕망(王莽)이 전한(前漢)을 멸하고 신(新)을 세우자 봉기하여 유현(劉玄)을 한나라 황제로 받들고 그 부장이 되어 왕망을 쳐부수었다.

이 시기 중국에는 장안을 점거한 적미적(赤眉賊)의 유분자(劉盆子)를 비롯하여, 감숙성(甘肅省) 농서(隴西)의 외효(隗囂), 사천성 촉(蜀)의 공손술(公孫述), 하남성 수양(睢陽)의 유영(劉永), 안휘성 노강(盧江)의 이헌(李憲), 산동성 임치(臨淄)의 장보(張步) 등이 할거하고 있었는데, 그 중 몇몇은 스스로 황제를 일컬을 정도로 세력이 컸다.

왕망이 죽은 후 유현이 장안에 도읍을 정하자, 유수는 주위의 권유로 낙양에서 제위에 올라 한을 재건하였다. 광무제는 즉위 후 지방에 할거하던 세력들을 하나씩 모두 토벌하고 농서와 촉만 아직 복속시키지 못하고 있었다. 그러자 중신들이 계속 이 두 곳의 토벌을 진언했다. 그러나 광무제는 이렇게 말하며 듣지 않았다.

후한 광무제 유수

「경들의 뜻은 잘 알겠으나, 이미 중원을 평정한 이상 그들은 『안중에 두지 않아도(度外視)』 괜찮을 듯싶소.」

이렇게 완곡한 뜻을 밝힌 광무제는 피로한 장수들과 병사들에게 상을 내리고 고향에 돌아가 쉬도록 해 주었다.

그 후 외효가 죽자 그의 아들이 자진해서 항복해 왔으므로, 광무제는 그 여세를 몰아 성도로 쳐들어가 공손술도 토멸해 버렸다. 그리하여 천하는 비로소 전쟁의 티끌이 가라앉아 조용해졌고, 후한은 새로운 부흥의 시대로 접어들게 되었다.

「도외시」란 이와 같이 어떤 대상이나 사물에 관심을 갖지 않는다는 뜻으로, 보는 주체가 주도적으로 선택하여 관심을 두지 않는다는 것이다.

도주지부 陶朱之富

질그릇 陶 붉을 朱 의 之 부할 富

《사기》 화식열전(貨殖列傳)

큰 부(富)를 일컬음.

구천 조상(雕像)

《사기》 화식열전에 있는 이야기다.

「와신상담(臥薪嘗膽)」에 나오는 월왕(越王) 구천(句踐)은 오(吳)나라의 포로에서 풀려나온 20년 뒤에, 마침내 오나라를 멸하고 남방의 패자가 되었다.

월왕 구천을 도와 이 날이 있게 한 것은 대부분이 범려(范蠡)의 공로였다. 오나라를 멸하고 상장군이 되어 돌아온 범려는 「나는 새가 죽으면 좋은 활은 광으로 들어가고, 날랜 토끼가 죽으면 사냥개는 삶아 먹힌다」는 옛말의 교훈도 교훈이려니와, 월왕 구천이란 사람이 고생은 같이할 수 있어도 낙은 같이할 수 없는 사람이라는 것을 알기 때문에 보물만을 싣고 월나라를 떠나 바다 건너 멀리 제나라로 갔다.

나라를 부강하게 만들 수 있었던 범려는, 그의 뛰어난 경제적 두뇌로 축재(蓄財)에 힘쓴 나머지 얼마 안 가서 수천만의 재산을 모았다. 그러자 제나라에서는 그가 비범한 사람인 것을 알고 그를 재상으로 맞아들였다. 이 때 범려는 치이자피(鴟夷子皮)라는 이름으로 행세를 했던 것이다. 그러나 범려는 사양하며 말했다.,

범 려

「집은 천금의 부를 이루고 벼슬은 재상에 올랐으니 이는 평민으로서는 극도에 달한 것이다. 오래 높은 이름을 누린다는 것은 상서롭지 못한 일이다」

범려는 재상의 자리에서 물러나, 있는 재산을 모조리 친구와 고을 사람들에게 나누어 준 다음 값비싼 보물만을 챙겨 가지고는 남몰래 도(陶 : 산동성 도현)란 곳으로 가 숨어 살며 주공(朱公)이란 이름으로 행세를 했다.

범려는 도란 곳이 천하의 중심에 위치하여, 길이 사방으로 통하고 물자의 유통이 원활한 것을 알고, 재산을 모아 무역에 종사함으로써 남에게 해를 끼치는 일 없이 19년 동안에 세 번이나 천금의 재산을 모을 수가 있었다. 이 중 두 번까지는 모은 재산을 가난한 친구와 먼 친척들에게 다 나누어 주었다. 범려야말로 잘 살게 되면 남에게 덕을 입히기를 좋아하는 사람이었다.

뒤에 그의 나이가 많아지자 모든 일을 자손들에게 맡기게 되었는데, 자손들 역시 그를 닮아 재산을 모으고 불리는 데 남다른 무언가

의돈의 묘

가 있어 억만금의 재산을 모으기에 이르렀다. 그러므로 재산을 부(富)에 대해서 말할 때면 온 세상 사람들이 다 도주공(陶朱公)을 일컫게 되었다.

이야기는 《사기》 식화열전에 나오는 것인데 이 밖에 월세가(越世家)에도 그에 관한 이야기가 나온다.

월세가에 나오는 범려에 관한 재미있는 이야기는 「천금지자 불사어시(千金之者 不死於市)」 항에서 다시 다루기로 한다.

춘추시대 때 노(魯)나라 의돈(猗頓)이란 사람이 있었다. 원래는 궁사(窮士)였으나 소금과 목축으로 부를 쌓아 의씨(猗氏 : 산서성 안택현)에 살며 왕공(王公)을 능가하는 생활을 했다. 그래서 의돈이라 했다. 이런 까닭으로 세상에서 부를 운운하는 자는 도주공을 말하고, 혹은 의돈의 이름을 말한다. 여기서 부자들을 가리켜 「도의(陶猗)」라 하고 그 부를 「도주의돈의 부(陶朱猗頓之富)」라는 말이 생겼다.

도증주인 盜憎主人

훔칠 盜 미워할 憎 주인 主 사람 人

《좌전(左傳)》 성공(成公) 15년

도둑은 주인이 자기를 제지하여 재물을 얻지 못하게 하므로 이를 미워한다는 뜻으로, 사람은 다만 자기 형편에 맞지 않으면 이를 싫어한다는 말. 또 간사한 사람은 정직한 사람을 미워한다는 뜻도 있다.

《좌전》 성공(成公) 15년조에 있는 이야기다.

춘추시대, 진(晉)나라에 삼극(三郤), 즉 극기(郤錡), 극지(郤至), 극주(郤犨) 3형제가 있었다. 그들은 조정을 장악하고 있으면서도 손백규(孫伯糾)의 아들이자 당시 대부(大夫)였던 백종(伯宗)을 항상 꺼렸다. 이 때문에 그들은 항상 군주 앞에서 백종을 나쁘게 말하고, 그의 모습을 깎아내리며 군주와의 사이를 벌여놓았다.

백주리 부인상(東晋 화가 고개지)

시간이 흐르자 진나라 군주도 백종의 충성과 재간에 대하여 의심을 품기 시작하였다.

백종(東晋 화가 고개지)

그러던 어느 날, 그는 백종의 작은 실수를 잡아 그에게 죄를 뒤집어씌우더니 결국 그를 죽였다. 이 사건은 진나라 대부 난불기(欒弗忌)에게까지 연루되어 그는 화를 당하였다. 그러자 손백종의 아들 백주리(伯州犁)는 초나라로 도망하였다.

그 당시 진나라에는 한헌자(韓獻子)라는 대부가 있었는데, 그는 이렇게 말했다.

「극씨 가문은 화를 면치 못할 것이다. 신인(善人)은 천지의 기강(紀綱)인데, 자주 그들을 죽였다. 그들이 망하지 않고서 무슨 좋은 결과가 있겠는가?」

그전부터 백종의 아내는 마음이 놓이지 않아서, 백종이 조정에 들어 갈 때마다 그에게 이렇게 말했다고 한다.

「도적은 집 주인을 미워하고, 백성들은 윗사람을 미워하는 법인데, 당신은 곧은 말 하기를 좋아하니 반드시 화를 당하게 될 것입니다(盜憎主人 民惡其上 子好直言 必及於難)」

백종의 최후는 그의 아내의 말 속에 있었다.

도지태아 倒持泰阿

넘어질 倒 가질 持 클 泰 언덕 阿

《한서》 매복전(梅福傳)

「태아(泰阿)를 거꾸로 쥐었다」는 뜻으로, 칼을 거꾸로 잡고 자루를 남에게 준다. 곧 남을 이롭게 해주고 오히려 자기가 해를 입음. 태아는 전설적인 명검이다. 명검을 거꾸로 잡아, 손잡이는 다른 사람이 잡게 한다는 뜻으로, 남에게 큰 권한을 주고 자신은 도리어 피해를 입음을 비유한 말. 《한서》 매복전에 있는 이야기다.

한(漢)나라 성제(成帝) 때 매복(梅福)이라는 사람은 젊은 시절 장안에서 공부를 해 경서(經書)에 밝았다. 그로 인하여 그는 구강군의 문학(文學 : 지방관아의 문화교육 담당자)이 되었다가 남창현의 현위(縣尉)가 되었으나 관직을 버리고 시골에서 살면서 황제에게 여러 번 상소했으나 받아들여지지 않았다.

당시 성제는 대장군 왕봉(王鳳)에게 모든 정사를 맡겼는데 왕봉의 전횡이 심했다. 이에 매복은 다시 상소를 올렸다.

「공자께서 이르시기를, 『일을 잘하는 장인(匠人)은 먼저 공구를 날카롭게 한다』라고 했습니다. 진(秦)나라에 이르러서는 그 말대로 하지 않고 비방의 그물(誹謗之罔)을 펼쳐서 한나라를 위하여 (현명한 선비를) 몰아다 주었고, 태아를 거꾸로 잡아(倒持泰阿) 초(楚)나라에 그 자루를 잡도록 했습니다. 만약 그 칼자루만 놓치지 않았다면 비록 천하에 순종하지 않는 무리가 있다고 하더라도 감히 그 칼날에 맞서려고 하지 못했을 것입니다. 이것이 바로 효무황제께서 영토를 확장하고 공훈을 세워서 한나라의 세종이 되신 까닭입니다」

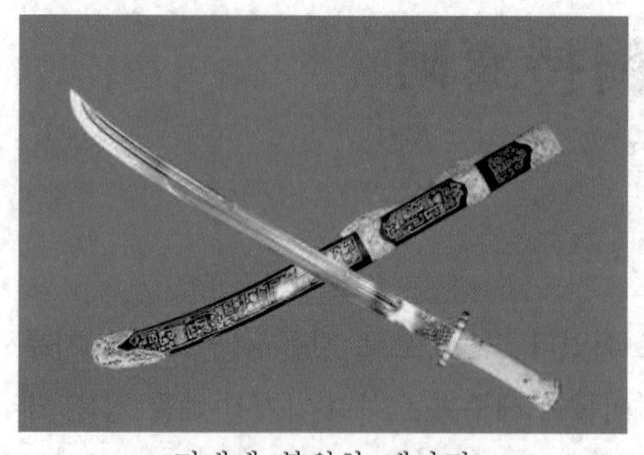
명대에 복원한 태아검

태아(泰阿)에 대해서는 다음과 같은 이야기가 있다. 진(晉)나라 초, 무제(武帝) 때, 어떤 사람이 춘추시대 오나라와 월나라의 경계가 있던 곳의 하늘, 즉 두성(斗星)과 우성(牛星)의 사이에서 보랏빛 기운이 자주 나타나는 것을 보았다. 당시 중서령으로 있던 장화(張華)는 천상(天象)을 잘 보는 뇌환(雷煥)이라는 사람에게 무슨 연고인지를 물었다. 뇌환은 이렇게 설명하였다.

「이것은 명검의 빛줄기입니다. 두성과 우성의 곧게 솟아오르는 빛을 보니, 그 보검은 평범한 것이 아닐 것입니다」

장화가 다시 물었다.

「그렇다면 그 명검은 어디에 있소?」

뇌환은 하늘을 자세히 살펴보더니 이렇게 말했다.

「아마 예장군(豫章郡) 풍성현(豊城縣 ; 지금의 강서성 남창 부근) 일 것입니다」

장화가 뇌환을 풍성 현령으로 천거하자, 그는 곧 임명을 받고 부임하였다. 뇌환은 풍성에 도착하여 보검의 행방을 찾기 시작하였다. 그는 한 감옥의 지하에서 검광(劍光)의 근원을 찾아냈다. 그는 곧 감옥으로 가서 땅을 파기 시작하였다. 네 장(丈) 쯤 파내려가자 돌상자가 나왔다. 열어보니 그 안에는 한 쌍의 검이 있었다. 검 위에는 용천과 태아라는 이름이 각각 새겨져 있었다. 그날 밤, 다시 별자리를 살펴보니 두성과 우성 사이에 있었던 보랏빛은 사라지고 없었다.

도청도설 道聽塗說

길 道 들을 聽 진흙 塗 말씀 說

《논어》 양화(陽貨)편

다

무슨 말을 들으면 그것을 깊이 생각지 않고 다시 옮기는 경박한 태도.

아무렇게나 듣고 아무렇게나 말하는 것을 가리켜 「도청도설」이라고 한다. 길에서 들은 것을 길에서 이야기한다는 뜻이다. 이것은 《논어》 양화편에 있는 공자의 말이다.

「길에서 듣고 길에서 이야기하는 것은 덕을 버리는 것이다(道聽而塗說 德之棄也)」라고 했다.

「앞의 길(道)에서 들은 좋은 말(道聽)을 마음에 간직해서 자기 수양의 길잡이로 하지 않고, 후의 길에서 바로 다른 사람에게 말해 버리는(塗說) 것은 스스로 그 덕을 버리는 것과 같은 것이다. 선언(善言)은 전부 마음에 잘 간직해서 자기 것으로 하지 않으면 덕을 쌓을 수 없다」

몸을 닦고(修身), 집안을 정제하고(齊家), 나라를 다스리고(治國), 천하를 평정해서(平天下) 천도(天道)를 지상에 펴는 것을 이상으로 한 공자는 그러기 위해서 사람들이 엄하게 자기를 규율하고, 인덕을 쌓아 실천해 갈 것을 가르쳤다. 그리하여 덕을 쌓기 위해서는 끊임없는 노력이 필요하다는 것을 《논어》에서 가르치고 있다.

후한의 반고(班固)가 지은 《한서》 예문지에는,

「무릇 소설(小說)의 시초는 군주가 일반 서민의 풍속을 알기 위해 하급 관리에게 명해서 서술시킨 데서부터 시작된다. 즉 세상 이야기나 거리의 소문은 도청도설하는 자들이 만들어낸 것이다」라고 씌어 있다.

소설이란 말은 이런 의미로서 원래는「패관(稗官 : 하급관리)소설」이라고 했으나 후에 그저 소설(小說)이라 부르게 되었다.

또 《순자》 권학편에는,

「소인의 학문은 귀에서 들어와 바로 입으로 빠지며 조금도 마음에 머무르게 하지 않는다. 입과 귀 사이는 약 네 치, 이 정도의 거리를 지나게 될 뿐으로서 어찌 7척의 신체를 미화할 수 있겠는가. 옛날, 학문을 하는 사람은 자기를 연마하기 위해 노력했으나, 지금 사람은 배운 것을 곧 남에게 알려 자기 것으로 하겠다는 생각이 없다. 군자의 학문은 자기 자신을 아름답게 하는 데 반해, 소인들의 학문은 인간을 못 쓰게 만들어 버린다. 그래서 묻지도 않은 말을 입 밖에 내고 만다. 이것을 듣기 싫다 하고, 하나를 묻는데 둘을 말하는 것을 수다라고 한다. 어느 것도 좋지 않다. 진정한 군자란 묻지 않으면 대답하지 않고 물으면 묻는 것만을 대답한다」라고 하여 다언(多言)을 경계하고 있다.

어느 세상이거나 오른쪽에서 들은 말을 왼쪽으로 전하는 수다쟁이와 정보통이 많다. 더구나 입에서 입으로 전해지는 동안에 점점 날개가 달리게 된다.

「이런 인간들은 세상에 도움이 되지 않는다」라고 공자·순자는 말하고 있다.

또 자기에게 학문이 있다는 것을 선전하는 자, 소위 현학적(衒學的) 행위도 삼가야 한다고 했다. 생각과 실천이 따르지 않는 공부는 곧 길에서 듣고 길에서 말하는 것과 별로 다를 것이 없는 것이다.

도탄지고 塗炭之苦

진흙 塗 숯불 炭 의 之 괴로울 苦

《서경(書經)》 중회지고(仲虺之誥)

다

극도로 곤궁한 고통.

심한 고통 속에 있는 것을 「도탄지고」 라고 한다.

「도탄지고에 빠졌다」 는 말이 있다. 이 도탄은 한 개인의 고통보다는 많은 대중들의 경우에 쓰인다. 「나는 도탄에 빠져 있다」 고 하면 좀 어색하지만, 「우리는 도탄에 빠져 있다」 고 하면 실감 있게 들린다. 원래가 이 도탄이란 말이 대중의 고통을 비유해서 한 말이었다.

도(塗)는 진흙이란 뜻이고, 탄(炭)은 숯불을 뜻한다. 몸이 자유롭게 움직일 수 없는 진흙 수렁에 빠져 있고, 이글이글 타오르는 숯불 속에 들어 있다면 그 고통이 얼마나 크겠는가.

《서경》 중회지고에, 「……유하의 어두운 덕으로 백성이 도탄에 빠졌다(民墜塗炭)」 고 한 구절이 나온다.

은(殷)나라 탕(湯)임금은 걸(桀)을 내쫓고 천자가 되자, 무력혁명에 의해 천하를 얻게 된 것을 부끄러워하며, 「나는 후세 사람이 내가 한 일을 가지고 구실을 삼을까 두렵다」 고 말했다.

그러자 좌상(左相) 중훼가 글을 지어 탕임금을 위로한 것이 곧 「중훼지고」 다. 글의 내용은 이렇다.

「슬프다, 하늘이 사람을 내었으나, 사람에게는 욕심이 있어 이를 이끌어 줄 지도자가 없으면 곧 혼란을 가져오게 된다. 그러므로 하늘은 총명한 임금을 낳아 이들을 올바로 이끌게 한다. 그런데 하(夏)나라

상나라 탕임금

걸임금은 어둡고 덕이 없어 백성들이 진흙과 숯불 속에 빠지게 되었다. 그래서 하늘은 임금에게 용기와 지혜를 주어, 모든 나라들을 법도로써 바로잡게 하고, 우(禹)임금의 옛 영토를 이어받게 했다. 지금은 우임금의 옛 제도를 따라 천명에 순종하는 것이 마땅할 뿐이다」

즉 중훼는 탕임금의 무력에 의한 혁명을 정당한 것으로 보고, 걸임금의 학정에 신음하는 백성들의 견딜 수 없는 고통을 덜어 주는 것이 위대한 덕을 가진 사람의 당연히 해야 할 책무라는 것을 강조하여 탕임금의 주저하는 마음을 격려했던 것이다.

국민이 도탄의 괴로움에 허덕인 것은 오직 걸왕 때만은 아니다. 은의 주왕이나 고래로 많은 제왕시대에도 그러했다. 극언하면 유사 이래 수천 년의 역사는 민중의 끊임없는 도탄의 괴로움의 반복이었다고 해도 과언이 아니다. 그래서 《서경》에 최초로 보이는 「도탄(塗炭)」이란 말은 그 후 중국의 사서(史書)뿐 아니라 우리나라 문헌에도 빈번하게 쓰였다.

도탄의 도(塗)는 진흙탕, 탄(炭)은 숯불이다. 도탄의 괴로움이란 마치 진흙탕이나 숯불 속에 떨어진 것 같은 수화(水火)의 괴로움이란 뜻이다. 또 도탄의 고(苦)를 도지(塗地)의 고라고도 한다. 도탄의 괴로움에서 해방을 갈망하는 사람들의 소원이 많은 문헌에 도탄이란 글자를 남겨 놓았다고 말할 수 있다.

도팽해아 倒綳孩兒

거꾸로 倒 포대기 綳 어린아이 孩 어린아이 兒

《권유록(倦游錄)》

늘 경계하고 부지런히 익혀야 한다.

「아이를 거꾸로 업다」라는 뜻으로, 평소에는 아주 익숙하게 처리하는 일도 급하거나 방심하고 있을 때는 실수할 수 있으므로 늘 경계하고 부지런히 익혀야 한다는 말이다. 이 말은 다른 뜻으로 남을 격려하거나 자신을 스스로 겸손하게 낮출 때도 사용한다.

장사정(張師正)의 《권유록》에 의하면, 유·불·도 삼교(三教)에 능통했던 중국 남조(南朝)의 양(梁)나라 학자 도홍경(陶弘景)과 당나라 송나라 이후의 이시진(李時珍)이 《본초강목(本草綱目)》에 인용한 저서에서 다음과 같은 이야기가 실려 있다.

도홍경

송(宋)나라 인종(仁宗) 때 묘진(苗振)이라는 선비가 있었다. 그는 처음으로 경고시(京考試)를 보았는데 운이 좋게도 4등으로 합격해서 관리생활을 몇 년 동안 하고 있었다.

그 뒤 그는 조정에서 관직(館職 : 한림의 벼슬) 시험을 치르자 그에 응시하려고 하였다.

이시진

그는 시험을 치르러 가기 전에 승상 안주(晏珠)를 만났는데, 안주가 그에게 말하였다.

「그대는 관직에 있은 지 벌써 여러 해가 되어 글 짓는 일이 다소 생소할 텐데, 이제 시험을 보게 되었으니 연습 좀 해야겠구먼」

자신을 격려하기 위해 한 말을 묘진은 업신여기는 말로 듣고는 화가 나서 조금도 개의치 않는다는 듯이 말하였다.

「뭐 그리 어려울 게 있겠습니까? 설마 30년을 유모 노릇 한 아낙네가 아이를 거꾸로 업겠습니까(倒綳孩兒)?」

그 뒤에 묘진이 시험을 보러 갔을 때 출제된 시제(詩題)는 「택궁선사부(澤宮選士賦 : 택궁은 궁궐 이름으로 옛날에 황제가 활 연습을 하던 장소이자 재능 있는 선비를 선발하던 곳이기도 하다)」였다.

그런데 묘진은 문장을 지으면서 실수로 「온 천하에 임금의 신하가 아닌 사람이 없도다(普天之下 莫非王土)」로 쓴다는 것을 그만 「온 천하에 왕이 아닌 사람이 없구나(普天之下 莫非王)」로 잘못 쓰고 말았다.

그래서 결국 그는 낙방의 고배를 마시고 말았다.

뒷날 안주가 우연히 묘진과 마주쳤을 때 안주가 그에게 말했다.

「여보게, 묘진. 자네는 아이를 거꾸로 업고(倒綳孩兒) 말았네그려」

부끄러움으로 얼굴도 들지 못하고 묘진은 대꾸 한 마디 못했다는 것이다.

「도팽해아」는 다른 사람을 격려하거나 스스로 자신을 겸손하게 낮출 때 주로 쓰인다. 우리 속담에 「바쁘다고 바늘허리 매어 쓰랴」라는 말이 있다. 또 「돌다리도 두드려보고 건너라」는 속담도 있고 바쁠수록 돌아가라는 말도 있듯이 매사에 신중하라는 뜻이 담겨 있다.

이시진 능원

사람들이 세상을 살아가는 동안에 항상 자기를 겸손히 하고 마음가짐을 침착하게 하여 주어진 본분에 충실하다면 주위 사람들이 그를 믿음직스럽게 생각하여 가깝게 지내기를 꺼리지 않을 것이다.

공부를 많이 하여 높은 지위에 있거나 많은 재물을 가지고 있는 사람이라고 다 훌륭한 사람은 아니다. 그들이 자만에 빠져 남들을 무시하거나 자기 주위 또는 인척들과 조직 구성원 관리에 정도를 벗어난 행위를 하면 무식한 사람보다 더 비난의 대상이 된다.

이 말은 다른 사람을 격려하거나 스스로 자신을 겸손하게 낮출 때 주로 쓰인다.

도행역시 倒行逆施

거꾸로 倒 행할 行 거스를 逆 베풀 施

《사기(史記)》 오자서(伍子胥)열전

일상 도리에 벗어난 일을 하거나 억지로 행함.

춘추시대의 정치가로 오자서(伍子胥)는 이름을 운(員)이라 했다. 자서는 그의 자(字)다. 오자서의 아버지 오사(伍奢)는 초평왕의 태자 건(建)의 태부로 충신이었는데, 같은 태자 건의 소부(少傅)였던 비무기의 음모에 의해 억울한 죽음을 당하게 되었다. 오사를 죽이는 데 성공한 비무기(費無忌)는 다시 평왕을 시켜 오사의 아들 오상(伍尙)과 자서를 죽일 음모를 꾸민다. 그러나 오상만이 아버지를 따라 죽고 자서는 그 음모를 미리 알아차리고 망명길을 떠나게 된다.

왕은 오자서를 잡기 위해 전국에 영을 내려 길목을 지키게 하고, 거리마다 오자서의 화상을 그려 붙이고 많은 현상금과 무시무시한 형벌로 아무도 오자서를 숨겨주지 못하게 했다. 오자서는 키가 열 자에 허리가 두 아름이나 되었고, 쟁반만한 얼굴에 두 눈은 샛별처럼 빛났기 때문에 변장으로 사람의 눈을 피할 수는 없었다. 그는 낮에는 산 속에 숨고 밤에만 오솔길을 찾아 도망을 해야 했다.

이렇게 천신만고 끝에 오나라로 망명한 오자서는 마침내 뜻을 이루어 오나라의 강한 군사를 거느리고 초나라로 쳐들어가게 되었다. 초나라는 여지없이 패해 수도가 오나라 군사 손에 떨어지고, 평왕은 이미 죽고 그의 아들 소왕(昭王)은 태후와 왕비마저 버린 채 간신히 난을 피해 도망을 치게 된다.

소왕을 놓쳐버린 오자서는 평왕의 무덤을 찾았다. 그러나 평왕은

오자서의 복수가 두려워 그의 무덤을 깊은 못 속에 만들고, 일을 다 끝낸 뒤 일에 동원된 석공 5백 명을 모조리 물속에 수장시켜 버렸다. 수십 리에 걸친 못에는 물만 출렁거릴 뿐 어느 곳에 묻혀 있는지 위치마저 짐작할 길이 없었다.

그러던 중 평왕의 무덤 공사에 동원되었던 한 노인의 안내로 마침내 평왕의 무덤을 찾을 수 있었다. 노인의 지시에 따라 장롱 같은 돌로 만들어진 물속의 무덤을 하나하나 뜯어내기 시작했다. 못 바닥 몇 길 밑에 들어 있는 돌무덤을 열고 엄청나게 무거운 석곽을 들어 올렸다. 그러나 그 속에서 평왕의 시체는 볼 수 없었다.

그것은 사람의 눈을 속이기 위한 가짜 널이었다. 다시 한 길을 파 내려가니 진짜 널이 나왔다. 수은으로 채워진 널 속에 들어 있는 평왕의 시체는 살아 있을 때 모습 그대로였다. 순간 오자서의 복수심은 화약처럼 폭발했다. 왼손으로 평왕의 목을 조르고 무릎으로 그의 배를 누른 다음 오른 손가락으로 그의 눈을 잡아 뽑으며 욕을 했다.

「충신과 간신을 구별 못하는 네놈의 눈을 뽑아버리겠다……」

그리고는 그의 아홉 마디 철장(鐵杖)으로 시체를 옆에 뉘어 놓고 3백 대를 쳤다. 뼈와 살이 흙과 함께 뒤범벅이 되었다.

오자서의 둘도 없는 친구 신포서(申包胥)는 이 소식을 듣자, 사람을 보내 오자서에게 이렇게 일렀다.

「그대의 그런 복수 방법은 너무 지나치지 않은가?」

그 말에 오자서도 할 말이 없었든지 이렇게 전해 보냈다.

「나는 날이 저물고 길이 멀어서, 그렇기 때문에 거꾸로 걸으며 거꾸로 일을 했다(吾日暮途遠 吾故倒行而逆施之)」

이 복수를 일러 「굴묘편시(掘墓鞭屍)」라고 한다. 여기서 또 「일모도원(日暮途遠)」 성어가 생겨났다.

독당일면 獨當一面

홀로 獨 마땅히 當 한 一 얼굴 面

《한서(漢書)》 장량전(張良傳)

혼자서 한 부분이나 한 방면을 담당한다.

후한(後漢)의 역사가 반고(班固)가 저술한 《한서》 장량전에 있는 이야기다.

장량(張良)은 유방의 유능한 보좌역으로서 유방과 항우가 천하를 다투었던 초나라와 한나라의 전쟁에서 많은 계책을 내놓은 사람이며 한왕조 개국공신의 한 사람이었다.

장 량

어느 날, 유방은 그의 본거지 관중으로부터 대군을 움직여서 동쪽으로 초패왕 항우를 공격하였다. 처음에는 한군의 군사행동이 순조롭게 진행되어 초나라의 도읍인 팽성까지 순식간에 점령하고 말았다.

그러나 항우가 즉시 반격을 가하는 바람에 한군은 여지없이 무너져 후퇴하게 되었다. 이 때문에 유방은 기세가 꺾여 의기소침해지게 되었다. 퇴군 도중 말에서 내려 휴식을 취할 때 그는 분개하며 장량에게 말했다.

「나의 한을 풀어주는 사람에게 함곡관 동쪽 지방을 떼어 주겠다.

이런 큰 공을 세울 수 있는 인재는 누구인가?」

장량이 대답했다.

「구강왕 경포는 아주 날랜 장수인 줄 아옵니다. 그는 초나라 장수이지만 줄곧 항우와 반목하고 있습니다. 그리고 만여 명의 군대를 거느리고 있는 팽월(彭越)은 제왕(齊王)으로 자처하고 있는 전영의 사주를 받아 양(梁)지방에서 초나라에 반기를 들고 일어났습니다. 그러니 구강과 양, 이 두 지방에 급히 사람을 띄워 연락을 하는 것이 좋겠습니다. 그리고 주공의 부하 장수들 중에서는 오직 한신(韓信)이 큰일을 맡아 한 방면의 중임을 책임질 수 있습니다(獨韓信可屬大事 當一面). 주공께서 만약 관동 땅을 공을 세운 사람에게 주려 한다면 이 세 사람이 마땅할 것입니다. 그들은 기필코 항우를 격파할 것입니다」

한 신

「독당일면」은 바로 장량의 말에서 처음 나온 것이다. 유방은 당시 장량의 제의를 받아들이고 즉시 경포와 팽월에게 연락을 취하는 동시에 한신을 중용하였다.

전하는 바에 따르면 유방이 항우를 꺾고 한왕조를 세우기까지는 이 세 사람의 공로가 가장 컸다고 한다.

「독당일면」은 장량이 한나라를 세우는 데 큰 공을 세운 한신에 대하여 한 말에서 유래한 성어로, 혼자서 중요한 일을 책임질 만큼 한 부분의 임무를 맡기에 충분한 재능이 있다는 말이다.

독서망양 讀書亡羊

읽을 讀 글 書 잃을 亡 양 羊

《장자(莊子)》 변무편(騈拇篇)

책을 읽다가 양을 잃었다는 뜻으로, 다른 일에 정신을 팔다가 중요한 일을 소홀히 한다는 말이다.

《장자》 변무편에 있는 이야기다.

「장(臧)과 곡(穀) 두 남녀 종이 함께 양을 지키고 있다가 둘 다 그만 양을 놓치고 말았다. 장에게 어찌된 일이냐고 물었더니, 『죽간을 끼고 책을 읽고 있었기 때문입니다』 라고 하였다. 곡은 『주사위를 가지고 놀다가 양을 잃었습니다』 라고 했다. 이 두 사람이 한 일은 같지 않지만, 양을 잃었다는 결과는 똑같다(臧與穀二人相與牧羊 而俱亡其羊 問臧奚事 則挾策讀書 問穀奚事 則博塞以遊 二人者事業不同 其於亡洋均也)」

학문을 중시하는 동양적 사고방식에서 본다면 책을 읽다가 양을 잃는 것은 대수롭지 않은 일이다. 그러나 윗글의 경우는 다르다.

종은 양을 돌보는 일이 바로 그의 본분이다. 그런데 가당치 않게 독서를 하다가 양을 잃었다. 여기서 「독서망양」 이 한눈을 팔다가 자기 본분을 잊는다는 뜻이 되는 것이다.

아직도 「독서망양」 은 큰일을 하다가 다른 일을 잊는다는 뜻으로도 쓰이고 있다. 그러나 이 편에서 장자가 정말 하고 싶은 이야기는 이것이 아니다.

그는 좋은 일을 하다가 양을 잃었건 나쁜 일을 하다가 양을 잃었건 그 결과는 같다는 데 초점을 두고, 결국은 군자니 소인이니 하는

구별이 무의미하다는 말을 하고 싶은 것이다.

윗글 아래 이어지는 다음 내용을 보면 장자의 의도가 확실하다.

송하독서도(松下讀書圖, 明 오휘)

백이(伯夷)는 그 명예 때문에 수양산(首陽山) 아래서 죽었고, 도척(盜跖)은 이익 때문에 동릉(東陵) 위에서 죽었다. 어째서 백이는 반드시 옳고 도척은 반드시 그르다고 하는 것일까.

인의를 따라 죽는다면 세상에서는 군자라 하고, 이익을 따라 죽는다면 세상에서는 소인이라 한다. 목숨을 해치고 천성을 버린 점에서는 백이나 도척이 다를 바 없는데, 어찌 군자와 소인이라는 차별을 그 사이에 둘 수 있겠는가.

「독서망양」은 또한 지엽말단에 매달려 실체를 잃는다는 뜻의 「다기망양(多岐亡羊)」과 같은 의미로 쓰이기도 한다.

독서백편의자현 讀書百遍義自見

읽을 讀 책 書 일백 百 두루 遍 뜻 義 스스로 自 알 見(현)

《삼국지》 위지(魏志)

무엇이든 하고 또 하고 하는 사이에 진리를 터득하게 된다.

위(魏)나라 동우(董遇)의 고사에 나오는 말이다. 동우는 후한 말기의 사람으로 당시는 모든 사람들이 자기가 가지고 있는 자그마한 재주를 유력자에게 팔아 바침으로써 출세를 하고 생활을 하고 하는 그런 시대였다. 그러나 동우는 그럴 생각은 조금도 없이 가난한 가운데서 몸소 일을 해 가면서 공부에 열중하고 있었다. 그는 잠시도 손에서 책을 놓는 일이 없었던 것으로 유명하다. 이른바 수불석권(手不釋卷)이란 것이다. 그 뒤 동우는 황문시랑의 벼슬에 올라 헌제의 글공부 상대가 되었는데, 승상이었던 조조의 의심을 받아 한직으로 쫓겨나게 되었다. 그 뒤 위나라 천하가 된 뒤에 시중, 대사농 등 대신의 벼슬에까지 올랐다. 그는 《노자》와 《춘추좌전(春秋左傳)》의 주석을 한 것으로 유명했으나, 지금은 그것이 보이지 않는다.

동우는 글을 배우겠다고 오는 사람이 있으면,

「내게서 배우기보다는 집에서 자네 혼자 읽고 또 읽어 보게. 그러면 자연 뜻을 알게 될 테니」 하고 거절했다.

이것을 《삼국지》 위지(魏志) 제13권에는 이렇게 표현하고 있다.

「……동우는 가르치기를 즐겨하지 아니하며 말하기를 『반드시 마땅히 먼저 백 번을 읽으라』 했고 『글을 백 번 읽으면 뜻이 절로 나타난다』 고 말했다」 백 번은 여러 번이란 뜻이다. 열 번도 괜찮고, 천 번도 필요할 때가 있을 것이다.

독서삼도 讀書三到

읽을 讀 글 書 석 三 이를 到

《훈학재규(訓學齋規)》

독서를 하는 세 가지 방법. 입으로 다른 말을 하지 않고 책을 읽는 구도(口到), 눈으로 다른 것을 보지 않고 책만 잘 보는 안도(眼到), 마음속에 깊이 새기는 심도(心到)를 이른다. 마음과 눈과 입을 함께 기울여 책을 읽으라는 것이다. 독서삼매라고도 한다.

송(宋)나라 학자 주희(朱熹)가 쓴 《훈학재규(訓學齋規)》에 있는 말이다.

본래 삼매(三昧)는 불교에 있어서의 수행법으로, 마음을 하나의 대상에 집중시켜 감각적 자극이나 그 자극에 대한 일상적 반응을 초월하는 상태를 유지하는 것이다. 인도의 요가, 불교 등에서 말하는 고요함 · 적멸(寂滅) · 적정(寂靜)의 명상 상태 또는 정신집중 상태를 말한다. 보통 독서삼매에 빠졌다고 할 때, 고도의 정신집중으로 매우 고요한 상태에 빠졌다는 의미이다. 깨어있는 상태로 고요한 것이지, 졸면서 고요한 상태를 말하는 것이 아

주 희

공 자

니다. 삼도(三到)도 그런 경지를 의미한다.

공자는 《논어(論語)》 첫머리에 「배우고 때로 익히면 이 또한 즐겁지 아니한가(學而時習之 不亦說乎)」 하였고, 맹자도 진심편(盡心篇)에서 군자에게는 세 가지의 즐거움이 있는데, 그 중 하나가 「천하의 영재를 얻어 그를 교육하는 것(得天下英才而教育之)」 이라고 하였다.

주희는 「권학문(勸學文)」 에서 학문하기가 얼마나 어려운지를 말하고 있다.

「소년은 금방 늙고 학문은 이루기 어려우니(少年易老學難成) 잠깐의 시간이라도 가벼이 하지 말라(一寸光陰不可輕). 못가의 풀들이 봄꿈에서 깨기도 전에(未覺池塘春草夢) 마당가의 오동나무 잎이 가을 소리를 낸다(階前梧葉已秋聲)」

중국에서는 관직에 나가는 것이 부와 명예를 한꺼번에 얻는 길이었다. 그리고 관직에 나가기 위해서는 과거를 거쳐야 했으므로, 자연히 교육과 학문을 중시하게 되었다. 책을 읽는, 즉 독서하는 마음가짐을 강조한 말이 이 독서삼도이다.

독서삼여 讀書三餘

읽을 讀 글 書 석 三 남을 餘

《삼국지(三國志)》 위지(魏志)

독서를 하기에 적당한 세 가지 여가. 독서를 하는 데 시간과 장소를 가릴 필요는 없지만, 더 좋은 세 가지 때를 가리키는 표현이다. 겨울, 밤 그리고 비 오는 때를 말한다.

후한 말 동우(董遇)라는 사람이 있었다. 집안이 가난하여 일을 해 가면서 책을 손에서 떼지 않고(手不釋卷) 부지런히 공부하여 황문시랑(黃門侍郞)이란 벼슬에 올라 임금님의 글공부 상대가 되었으나, 조조(曹操)의 의심을 받아 한직으로 쫓겨났다. 각처에서 동우의 학덕을 흠모하여 글공부를 하겠다는 사람들에게 이렇게 말했다. 「나에게 배우려 하기보다는 집에서 그대 혼자 책을 몇 번이고 자꾸 읽어 보게. 그러면 스스로 그 뜻을 알게 될 걸세」

부신독서도(負薪讀書圖, 조선 유운홍)

이에 그의 제자가 말했다. 「책을 읽고 싶어도 시간이 많이 나지 않습니다」

그러자 동우가 이렇게 대답했다. 「마땅히 삼여(三餘)로써 책을 읽어야 한다. 겨울은 한 해의 나머지요(冬者歲之餘, 밤은 하루의 나머지요(夜者日之餘), 비는 때의 나머지니라(陰雨者時之餘)」

독안룡 獨眼龍

홀로 獨 눈 眼 용 龍

《당서(唐書)》 이극용전(李克用傳)

출중하고 용감한 젊은 사람의 비유.

「외눈박이 용」이라는 뜻으로, 남달리 출중하고 용감한 젊은 사람을 비유하는 말로서, 이극용을 가리켜 한 말이다.

《당서》 이극용전에 있는 이야기다.

당나라 의종(懿宗) 말년(873) 산동 · 하남 지방은 대홍수를 만났으나 이듬해인 희종(僖宗)의 건부(乾符) 원년에는 같은 이 지방이 전년과는 딴판으로 큰 가뭄을 당하는 불행을 만났다. 그런데 주현(州縣)의 세금 징수는 가혹하기 짝이 없어 농민들은 부득이 그 아내를 팔고 자식을 팔아 겨우 가세(苛稅)를 감당하고 있었다. 「가렴주구(苛斂誅求)」가 극심했다. 그러나 그것도 한도가 있었다.

산동의 일각에서 불타오른 농민 봉기의 불길은 드디어 조주(曹州) 출신인 일대의 풍운아 황소(黃巢)를 궐기시켰다. 황소는 그보다 일찍 이미 난을 일으키고 있었다. 같은 산동의 왕선지(王仙之)와 손을 잡고 각지를 전략(轉掠)할 때마다 찾아와 투항하는 자들을 합쳐 급속히 그 병력을 증강시켜 갔다.

얼마 안되어 병력 수십만을 헤아리게 된 황소는 광명(廣明) 원년 11월, 낙양을 무찌르고 노도와 같이 진격을 계속, 드디어 당의 수도 장안을 함락시키고 백성이 환호하는 가운데 장안에 입성하여 스스로 제제(齊帝)라 칭하고서 대제국(大齊國)을 세웠다.

그러나 한편 흥원(興元)에서 성도로 난을 피해 있던 희종(僖宗) 측에서도 착착 반격태세를 굳히고 있었다. 즉 당군(唐軍)의 맹장 이극용(李克用)의 등장이다. 이극용은 6세기 경부터 중국 북부 몽고 고원으로부터 알타이 지방을 지배했던 돌궐(突厥)의 일파인 사타족(沙陀族) 출신이었다.

할아버지 때부터 당나라에 들어와 아버지가 방훈(龐勛)의 난에서 공을 세워 이국창(李國昌)이라는 이름을 하사받아 이후 성씨를 이씨로 하였다.

황소의 난은 일개 소금 밀매업자가 주동이 된 폭동이었지만, 순식간에 폭정과 극빈에 시달리던 농민들의 지지를 얻어 전후 10년간에 걸쳐 천하를 뒤흔들어 놓았다. 당시 세계 최고의 문화를 자랑하던 당나라도 이 반란의 여파에 휩쓸려 결국 망하고 말았던 것이다. 누구도 선불리 황소의 반군을 공격하지 못하고 있었는데 유독 이극용이 이끄는 달단족의 기마부대만 용감하게 그들과 맞붙어 전과를 올렸다. 황소의 반군들은 이들을 아아군(鴉兒軍 : 까마귀 부대)이라 하며 싸우지도 않고 달아났다고 한다. 《자치통감》에는 이극용의 모습을 다음과 같이 기술하고 있다.

「이극용의 나이 그때 28세로 여러 장군들 중에서 가장 나이가 어렸다. 그러나 황소를 격파하고 장안성을 회복하는 데 가장 큰 공을 세웠다. 때문에 당시 장군들은 모두 그를 두려워하였다. 이극용은 한쪽 눈이 아주 작았기 때문에 사람들은 그를 외눈박이 용이라고 불렀다(克用時年二十八 於諸將最少 而破黃巢 復長安功第一 兵勢最彊 諸將皆畏之 克用一目微眇 時人謂之獨眼龍)」

여기서 「독안룡」은 남달리 출중하고 용감한 젊은 사람을 비유할 때 쓰인다.

돈제일주 豚蹄一酒

돼지 豚 발굽 蹄 한 一 술 酒

《사기》 골계열전(滑稽列傳)

돼지발과 술 한 잔이라는 뜻으로, 작은 것으로 많은 것을 구하려고 함을 비유하여 이르는 말이다.

제 위왕 8년에 초나라에서 군사를 일으켜 제나라로 쳐들어왔다. 제나라 왕은 순우곤(淳于髡)에게 황금 100근, 사두마차 10대의 예물을 가지고 조나라에 구원군을 청하게 했다. 그러자 순우곤이 하늘을 우러러보며 크게 웃으니 갓끈이 모조리 끊어졌다. 왕이 놀라 물었다.

「선생은 이것이 적다고 생각하시오?」

「어찌 감히 그렇다고 하겠습니까」

「그럼 웃는 데는 그만한 이유가 있을 게 아니오?」

순우곤이 말했다.

「지금 저는 동쪽에서 오는 길에 길가에서 풍작을 비는 사람을 보았는데, 돼지의 발 하나와 술 한 잔을 손에 들고 이렇게 빌고 있었습니다. 『높은 밭에서는 광주리에 넘치고, 낮은 밭에서는 수레에 가득 차게 오곡이 풍성하게 익어 우리집에 넘쳐나게 해주십시오.』 저는 그가 손에 들고 있는 것은 그처럼 작으면서 원하는 것이 그처럼 큰 것을 보았기 때문에 그걸 생각하고 웃은 것입니다」

위왕은 황금 1,000일, 백벽(白璧) 10쌍, 사두마차 100대로 예물을 늘려 보냈다. 순우곤은 사신으로 조나라에 이르렀다. 조나라 왕은 그에게 정병(精兵) 10만과 전차 1,000대를 내주었다. 초나라는 이 소식을 듣고 밤을 틈타 병사를 철수시켜 돌아갔다.

돌돌괴사 咄咄怪事

꾸짖을 咄 기이할 일 事

《진서(晉書)》 은호전(殷浩傳)

참으로 괴이한 일이라는 뜻으로, 사람을 깜짝 놀라게 할 정도로 괴상망측한 일이 일어남을 비유하는 말이다. 돌돌(咄咄)은 뜻밖의 일에 놀라 지르는 소리. 진(晉)나라 사람 은호(殷浩)가 하루 종일 허공에 대고 이 넉 자(字)만을 썼다는 데서 유래하였다.

《진서》 은호전에 있는 이야기다.

은호(殷浩)는 동진(東晉) 장평(長平) 사람으로 자는 연원(淵源)인데, 당나라 사람들이 피휘(避諱)하여 심원(深源)이라 했다. 약관의 나이 때부터 명성이 있었다. 특히 현언(玄言)을 잘했다. 유량(庾亮)이 불러 기실참군(記室參軍)을 삼았는데, 나중에 여러 번 불렀지만 나가지 않았다.

당시 환온(桓溫)의 권력이 조정을 뒤덮고 있었다. 회계왕(會稽王) 사마욱(司馬昱)이 이를 시기했는데, 그가 명성이 높은 것을 흠모해 그에게 편지를 보내 비로소 벼슬에 나가 사마욱의 심복이 되어 조정의 일에 참여해 환온에 저항했다.

동진(東晉) 황제 간문제(簡文帝) 때의 일이다. 촉(蜀) 땅을 평정하고 돌아온 환온(桓溫)의 세력이 날로 커지자 간문제는 환온을 견제하기 위해 은호를 건무장군(建武將軍) 양주자사(揚州刺史)에 임명했다. 그는 환온의 어릴 때 친구로서 학식과 재능이 뛰어난 인재였다. 은호가 벼슬길에 나아가는 그날부터 두 사람은 정적이 되어 반목했다.

왕희지(王羲之)가 화해를 시켜보려고 했으나 은호는 듣지 않았다.

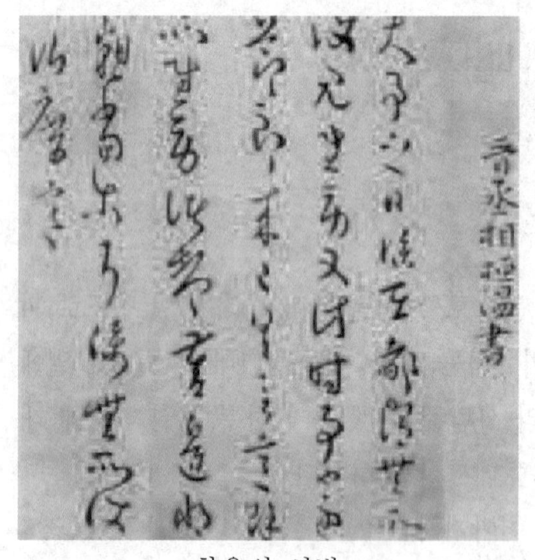

환온의 서법

그 무렵, 오호십육국(五胡十六國) 가운데 하나인 후조(後趙)의 왕 석호(石虎)가 죽고 호족(胡族) 사이에 내분이 일어나자 진나라에서는 이 기회에 중원 땅을 회복하기 위해 은호를 중원장군에 임명했다.

은호는 중군장군이 되어 양·예·서·연·청(揚豫徐兗靑) 다섯 개 주(州)의 군사 일을 감독하면서 군대를 이끌고 북벌(北伐)에 나섰지만 연전연패했다.

은호 또한 도중에 말에서 떨어지는 바람에 제대로 싸우지도 못하고 결국 대패하고 돌아왔다. 환온은 기다렸다는 듯이 은호를 규탄하는 상소(上疏)를 올려 그를 변방으로 귀양 보내고 말았다.

은호가 귀양을 간 것은 죽마지우(竹馬之友)인 환온의 무고에 따른 것인데, 그럼에도 은호는 원망하는 말을 전혀 입 밖에 내지 않았다.

다만 하루 종일 허공에 대고 손가락으로 오로지 넉 자만을 쓸 뿐이었는데, 이 넉 자가 바로 「돌돌괴사」다. 우리말로 하면 「아아, 괴이한 일이로다!」 정도의 표현이 되겠다. 뒤에 뜻이 커져 상식적으로 이해할 수 없는 아주 이상한 일, 또는 괴상망측한 뜻밖의 일을 일컫는 관용어로 굳어졌다.

은호가 허공에 글을 썼다는 뜻만을 취해 「서공(書空)」으로 줄여 쓰기도 한다.

동가식서가숙 東家食西家宿

동녘 東 집 家 먹을 食 서녘 西 잠잘 宿

《태평어람(太平御覽)》

동쪽 집에서 먹고 서쪽 집에서 잠잔다는 뜻으로, 본래는 욕심이 지나친 경우를 가리키는 것이었으나, 지금은 한곳에 정착하지 못하고 이곳저곳 떠돌아다니는 삶을 의미한다.

《태평어람》에 이런 이야기가 있다.

옛날 제나라에 혼기가 찬 한 처녀가 살고 있었다. 그녀에게 동쪽에 사는 집과 서쪽에 사는 집에서 동시에 청혼이 들어왔다.

그러나 동쪽 집 총각은 아주 추남인 반면 집안이 아주 부자였고, 서쪽 집 총각은 매우 가난했으나 출중한 외모를 갖추고 있었다.

이 처녀의 부모는 어느 집으로 딸을 시집보내는 것이 좋을지 결론을 내리지 못했다. 그래서 곰곰이 생각한 끝에 당사자인 딸의 의견에 따르기로 했다.

「두 집 가운데 어느 집으로 시집가기를 원하느냐? 만일 동쪽 집으로 시집을 가고 싶으면 왼쪽 어깨 옷을 내리고, 서쪽 집으로 시집을 가고 싶으면 오른쪽 어깨 옷을 내리도록 하거라」

딸 역시 쉽게 어느 한쪽을 결정짓지 못했다. 그녀는 골똘히 생각하더니, 갑자기 양쪽 어깨를 모두 벗는 것이었다. 부모는 딸의 행동에 깜짝 놀라 그 이유를 물었다. 그러자 딸은 이렇게 말했다.

「낮에는 동쪽 집에 가서 먹고 싶고, 밤에는 서쪽 집에 가서 자고 싶어요」

동가지구 東家之丘

동녘 東 집 家 갈 之 언덕 丘

《공자가어(孔子家語)》

다른 사람의 진가를 모르거나 가까이 있는 사람을 알아보지 못하는 것을 이르는 말.

《공자가어(孔子家語)》에 있는 이야기다.

동가(東家)는 동쪽에 있는 이웃집을 가리키고, 구(丘)는 공자(孔子)의 이름인데 「동쪽 이웃집에 사는 공자」라는 뜻이다. 공자의 이웃에 살았던 한 어리석은 사람이 공자가 성인(聖人)인 줄을 전혀 모르고 동쪽 집에 사는 사람으로 여기면서 늘 「동쪽 집의 구씨(東家丘)」라고 부른 데서 나온 말이다.

남의 진가를 알아보지 못하고 경멸하거나 자기가 살고 있는 곳에 현인이 있다는 사실을 모르는 경우 또는 사람을 볼 줄 아는 눈이 없는 것을 비유하는 말이다.

또 《삼국지(三國志)》 위서(魏書)에 있는 이야기로, 어려서부터 배우기를 좋아한 병원은 스승을 만나려고 여러 곳을 다녔는데, 어떤 사람이 병원의 집에서 가까운 곳에 고문(古文)과 금문(今文)에 정통한 정현(鄭玄) 선생이 있다고 알려주자 스승을 찾게 되었다. 병원은 스승으로 모신 정현에 관해 전혀 알지 못했으므로 사람들은 병원이 유명한 정현을 「동쪽의 이웃집에 살고 있는 구(東家之丘)」로 알았다고 한 것으로 전해진다.

공자의 옆집에 살면서 공자를 몰라본 것처럼 가까이 사는 유명한 사람을 알아보지 못하는 것을 말한다.

동가홍상 同價紅裳

한가지 同 값 價 붉을 紅 치마 裳

《송남잡지(松南雜識)》

「같은 값이면 붉은 치마」라는 뜻으로, 이왕이면 더 좋은 쪽을 택한다는 말이다.

조선 후기의 학자 조재삼(趙在三)이 지은 《송남잡지(松南雜識)》에 있는 말이다. 우리말 속담 「같은 값이면 다홍치마」, 「같은 값이면 과붓집 머슴살이」와 같은 뜻이다. 여러 개의 물건의 값이 모두 같다면 가장 좋은 쪽을 선택한다는 말이다.

홍상은 녹의홍상(綠衣紅裳)과 관련이 있다. 연두저고리와 다홍치마라는 뜻으로, 젊은 여인의 고운 옷차림을 비유한 말이다. 조복(朝服)의 아래옷으로, 붉은 바탕에 검은 선을 두른 옷을 가리키기도 하는데, 여기서는 붉은 치마를 입은 아름다운 처녀를 비유한다고 보는 이들도 있다. 즉 같은 값이면 청상(靑孀)인 과부 또는 청상(靑裳)의 기생보다는 처녀를 고른다는 뜻이다.

「청상(靑孀)」은 「젊은 나이의 과부」를 이르나, 푸를 청(靑)과 치마 상(裳)을 쓴 「청상(靑裳)」은 「푸른 치마를 입은 여자」로, 이는 「기생(妓生)」을 뜻한다.

이 청상(靑裳)에 대해 홍상(紅裳)인 「다홍치마」는 녹의홍상(綠衣紅裳) 을 입은 여자인 「처녀」를 의미한다. 「같은 값이면 다홍치마(同價紅裳)」란, 흔히 「같은 값이면 좋은 물건을 가진다」는 뜻으로 이해하고 있다. 그러나 「동가홍상」의 본래 뜻은 「같은 값이면 과부나 유부녀가 아닌 처녀를 취한다」는 뜻이다.

동견증결 洞見症結

골 洞 볼 見 증세 症 맺을 結

《사기》 편작창공(扁鵲倉公)열전

문제의 핵심을 간파함. 춘추시대, 진월인(秦越人)이라는 명의가 있었다. 사람들은 모두 전설적인 신의(神醫)인 편작(扁鵲)이라는 호칭으로 그를 불렀다. 그가 한 여관에서 일하고 있을 때, 당시의 의원이었던 장상군(長桑君)에 친절한 봉사를 하여 그의 호감을 사게 되었다. 장상군도 편작이 보통 사람이 아니라고 생각하였다. 10여 년이 지난 어느 날, 장상군은 편작을 부르더니 은밀하게 말했다.

「나는 비전(秘傳)의 의술을 알고 있는데, 이제 늙어 그대에게 전수하고 싶으니, 남에게 누설하지 말도록 하오」

편작이 말했다.

「삼가 그대로 따르겠습니다」

장상군은 주머니 속에서 약을 꺼내 편작에게 주며 말했다.

「이것을 먹는 데는 우로(雨露 : 비와 이슬, 즉 오염되지 않은 물)를 사용하도록 하오. 먹고 난 지 30일이 되면 사물을 꿰뚫어볼 수 있게 될 것이오」

그리고는 비전의 의서(醫書)를 모두 꺼내 편작에게 주고 나서는 홀연히 모습을 감추었다. 아마도 보통사람이라고는 말할 수 없을 정도였다. 편작은 그 말에 따라 약을 먹고 30일이 되자, 토벽 저쪽에 있는 사람이 눈에 보일 정도가 되었다. 이 시력으로 환자를 진찰하면 오장(五藏) 기혈(氣血)의 응고가 모두 투시되었다(以此視病 盡見五藏症結). 이로 인하여 편작은 곧 천하의 명성을 얻게 되었다.

동공이곡 同工異曲

같을 同 장인 工 다를 異 가락 曲

한유(韓愈) / 「진학해(進學解)」

재주나 솜씨는 같지만 표현된 내용이나 맛이 다름.

원래 이 「동공이곡(同工異曲)」은 상대를 칭찬해서 한 말이었는데, 지금은 오히려 경멸하는 뜻으로 쓰이는 경우가 많다. 즉 똑같은 내용의 사물을 다른 것처럼 보이려 하고 있는 경우를 꼬집어서 말할 때 흔히 쓰인다.

동공이곡이란 말은 한유의 「진학해(進學解)」란 글에 나오는 말이다. 해(解)는 남의 의심을 풀어 주는 글이란 뜻으로, 문장의 한 형태로 되어 있다.

한유는 천하의 문장이면서도 출세에는 뜻을 이루지 못하고, 늦게까지 사문박사(四門博士)라는 관직에 머물러 있었다. 그는 이 「진학해」란 글을 통해 스스로를 위로하고 또 타이르고 있다. 「진학해」를 간단히 소개하면 이런 내용이다.

국자(國子 : 대학) 선생인 한유가 대학에 나가 학생들을 가르치고 있었다. 비록 출세를 못했다 하더라도 나라의 처사에 불평을 하지 말고 자신의 학문이 부족한 것을 책하여 더욱 열심히 노력하라고 했다. 그러자 한 학생이 웃으며,

「선생님께선 모든 학문에 두루 능하시고, 문장에 있어서는 옛날의 대문장가에 필적하며, 인격에 있어서도 부족함이 없으신데, 어찌하여 공적으로는 세상의 신임을 얻지 못하고, 사적으로는 생활마저 하기가 어려운 형편이 아니십니까? 그러면서 왜 우리를 보고는 그런

사마상여

말씀을 하십니까?」 하고 따졌다.

그러자 한유는 이렇게 대답했다.

「공·맹 같은 성인도 세상에 뜻을 얻지 못하고 불행하게 생애를 마쳤다. 나 같은 삶은 그런 성인에 비교할 수조차 없지만, 그래도 죄를 범한 일 없이 나라의 녹을 먹으며 잘 살고 있지 않은가. 따라서 세상 사람들이 나를 비난하는 것이 조금도 이상할 게 없으며, 박사라는 한직에 있는 것도 당연한 일이 아니겠는가」

이것이 간단한 줄거리인데, 이것은 물론 한유가 학생의 입을 빌어 자문자답하고 있는 것이다.

이 「진학해」에서 학생은 한유의 문장을 칭찬하여 위로는 순임금과 우임금의 문장, 그리고 《시경》의 바르고 화려함, 아래로는 장자와 굴원(屈原), 사마천의 《사기》, 양웅(揚雄)과 사마상여(司馬相如)와 더불어 공(工)을 같이하고 곡(曲)을 달리한다고 말했다.

즉 한유는 문체만 다를 뿐 그 내용에 있어서는 옛날 위대한 문장의 글과 조금도 다를 것이 없다는 말이다. 문자란 이렇게 본래의 뜻과는 달라지는 경우가 많다.

동도주 東道主

동녘 東 길 道 주인 主

《좌씨전(左氏傳)》 희공(僖公) 30년

「동쪽으로 가는 길을 안내하는 사람」 이라는 뜻으로, 주인으로서 손님 접대를 하는 사람을 말한다. 《좌씨전》 에 있는 이야기다.

춘추시대 진(晉) 헌공(獻公)의 아들 중이(重耳)는 여러 나라를 떠돌아다니다가 정(鄭)나라에서 모욕적인 대접을 받은 뒤 훗날 중이가 진(晉)의 문공(文公)으로 왕위에 오르자 진(秦)나라 목공(穆公)과 연합하여 정나라를 쳐들어갔다. 두 나라가 연합하게 된 이유는 정나라가 진(晉)나라에 무례했고 초(楚)나라에 마음을 두는 두 마음을 품었기 때문이었다. 다급해진 정나라에서는 강화사절로 촉지무(燭之武)를 진(秦)나라에 파견했다. 촉지무는 진(秦) 목공에게 이렇게 말했다.

「우리 정나라는 동쪽에 있고 진(秦)나라는 서쪽에 있기 때문에 진(晉)과 진(秦)의 공격으로 정나라가 멸망하면 한가운데 위치한 진(晉)나라가 정나라의 영토를 차지해 점점 강대해지고 그에 따라 진(秦)나라의 국력은 약해지고 말 것입니다. 그런데 만약 정나라를 그대로 두고, 진(秦)나라가 동쪽으로 나아갈 때 정나라로 하여금 길안내를 하도록 하고(若舍鄭以爲東道主) 사신들이 왕래할 때 부족한 물자를 정나라로부터 공급토록 하면 진(秦)나라에도 손해가 되지 않을 것입니다」

결국 촉지무의 말에 따라 진(秦)나라 목공은 군대를 철수하였으며 진(晉)나라의 문공도 퇴각할 수밖에 없었다. 「동도주」 는 정나라가 진(秦)나라를 위해 동쪽의 길에서 안내하고 접대한다는 뜻으로, 일정한 곳으로 지나가는 길손을 집에서 묵게 하고 대접하는 주인을 말한다.

동류합오 同流合汚

같을 同 흐를 流 합할 合 더러울 汚

《맹자》 진심장구하(盡心章句下)

맹 자

사람이 악한들과 휩쓸려 나쁜 일만 저지른다는 뜻이다.

어느 날, 맹자는 그의 제자 만장(萬章)과 마주앉아 이런저런 대화를 나누고 있었다.

「일찍이 공자께서는 향원(鄕原)들을 가장 꺼려했는데 그들을 예의가 없는 놈들이라고 하셨다」

「모두 다 그런 사람들을 좋은 사람이라 하고 또 그들 스스로도 좋은 사람으로 자처하는데 왜 공자께서는 예의 없는 사람이라고 하셨습니까?」

「그런 사람들은 나쁜 습속에 휩쓸려 세상을 어지럽히는(同乎流俗 合乎汚世) 사람들로, 겉으로 보기에는 성실하고 청렴결백한 것처럼 보여 모든 사람들이 좋다고 하고, 또 그들 스스로도 그렇게 생각하지만, 실은 그런 사람들은 결코 좋은 일을 할 수 없기 때문에 공자께서는 그들을 가리켜 예의가 없는 사람이라고 말씀하신 것이다」

이상에서 보는 바와 같이 「동류합오」는 바로 「동호유속 합호오세(同乎流俗 合乎汚世)」에서 나온 말이다.

동병상련 同病相憐

같을 同 병 病 서로 相 불쌍히 여길 憐

《오월춘추(吳越春秋)》

어려운 처지에 있는 사람끼리 서로 동정하고 도움.

같이 앓고 있는 사람은 서로 동정한다. 그것이 「동병상련」 이란 말이다. 「과부의 설움은 과부가 안다」 는 우리 속담도 다 같은 이치에서 나온 말이다.

후한 조엽(趙曄)이 지은 《오월춘추》에 있는 말이다. 《오월춘추》는 춘추시대(春秋時代)의 오(吳)와 월(越) 두 나라의 분쟁의 전말을 기록한 사서(史書)이다.

오자서 묘

오자서(伍子胥)는 초나라 사람으로, 초나라 평왕(平王)의 태자부(太子府) 태부(太傅)인 오사(伍奢)의 아들인데, 태자부의 소부(小傅) 비무기(費無忌)의 모함으로 아버지와 형인 상(尙)이 죽음을 당하자 복수할 뜻을 품고 오나라로 망명하였다.

오자서는 오나라 공자 광(光)을 만나 마침내 초나라에 대한 복수

오왕 합려 석상

를 하게 된다. 이때 오자서를 공자 광에게 추천한 사람은 관상을 잘 보는 피리(被離)란 사람이었다. 피리는 오자서가 거지 행세를 하며 오나라 거리를 돌아다니고 있을 때 오자서가 천하 영웅임을 알아봤던 것이다. 공자 광은 결국 오자서의 힘으로 오나라의 왕이 될 수 있었는데, 이 공자 광은 왕이 된 뒤에 이름을 합려(闔閭)로 고쳤다.

오자서가 합려왕의 심복으로 오나라의 실권을 잡게 되었을 때 초나라에서 백주리(伯州犁)의 아들 백비(伯嚭)가 찾아왔다. 백주리도 오자서의 아버지를 죽게 만든 비무기(費無忌)란 간신에 의해 억울하게 죽었기 때문에, 백비는 오자서에게 몸을 의탁하기 위해 찾아온 것이다.

오자서는 원수를 같이하는 그를 동정하여 그를 합려 왕에게 천거해서 대부의 벼슬에 앉게 했다. 이때 오자서는 이미 대부의 벼슬에 오른 피리의 충고를 받게 된다. 피리는 이렇게 물었다.

「당신은 왜 백비를 겨우 한 번 만나보고 그토록 신임을 하시오?」

「그것은 나와 같은 원한을 품고 있기 때문이오. 강가 사람들이 부르는 노래를 듣지 못했소. 그 노래에 말하기를,

같은 병은 서로 불쌍히 여기고

같은 근심은 서로 구원한다.
놀라 나는 새는
서로 따라 날고
여울 아래 물은
따라 다시 함께 흐른다.

同病相憐 同憂相救 동병상련 동우상구
驚翔之鳥 相隨而飛 경상지조 상수이비
瀨下之水 因復俱流 뇌하지수 인복구류

오자서

고 했소. 호마(胡馬)는 북쪽 바람을 향해 서고, 월나라 제비는 햇빛을 찾아 노는 법이오. 육친을 사랑하고 슬퍼하지 않는 사람이 어디에 있겠소」

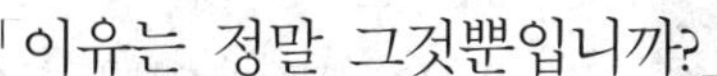

「이유는 정말 그것뿐입니까?」

「그것뿐입니다」

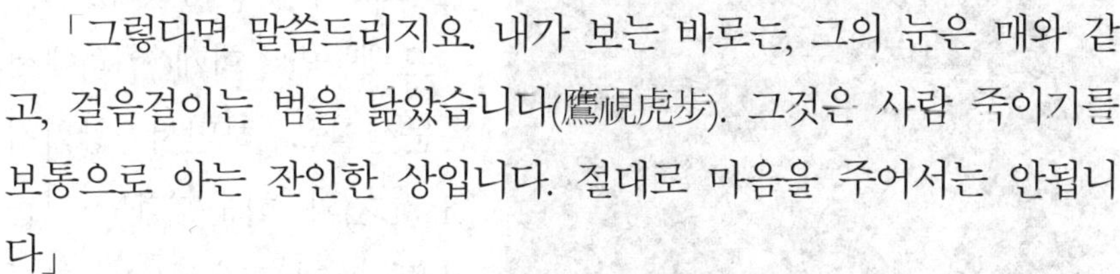

「그렇다면 말씀드리지요. 내가 보는 바로는, 그의 눈은 매와 같고, 걸음걸이는 범을 닮았습니다(鷹視虎步). 그것은 사람 죽이기를 보통으로 아는 잔인한 상입니다. 절대로 마음을 주어서는 안됩니다」

오자서는 피리의 충고를 받아들이지 않고 백비를 끝까지 밀어 태재(太宰)라는 벼슬에까지 오르게 했다. 그러나 백비는 그 뒤 적국인 월나라의 뇌물에 팔려 충신 오자서를 자살하게 만든다.

오자서는 「동병상련」으로 그를 이끌어 주었지만 백비는 그 은공을 원수로 갚고 말았다. 보편적인 원칙도 악한 사람에게는 적용이 되지 않는다는 것을 말해 주고 있다.

동산재기 東山再起

동녘 東 뫼 山 다시 再 일어날 起

《진서(晉書)》 사안전(謝安傳)

동산에서 다시 일어난다는 뜻으로, 은퇴한 사람이나 실패한 사람이 재기하여 다시 세상에 나옴.

《진서》 사안전에 있는 이야기다.

사 안

사안은 동진(東晉) 중기 진군(陳郡) 양하(陽夏) 사람으로, 자는 안석(安石)이다. 젊어서부터 명망이 높았고, 행서(行書)를 잘 썼다. 처음에는 세상에 뜻이 없어 발탁을 받고도 나가지 않았다.

오랫동안 회계(會稽)에서 은둔생활을 하면서 왕희지(王羲之)와 허순(許詢), 지둔(支遁) 등과 교유하면서 자연의 풍류를 즐겼다. 양주자사(揚州刺史) 유영(庾永)이 그의 평판을 듣고 몇 번이고 출사를 청하자 마지못해 한 달 남짓 관직에 있었지만 곧 사임하고 돌아와 버렸다.

주위 사람들이 서운하게 여기자 사안은, 「지금의 상황으로는 관직에 그대로 머무는 것이 신상에 해로울 것 같다」 고 답하며 들은 체도 하지 않았다. 국내에서는 문벌세력이 서로 다투고 북쪽에서는 전진(前秦)이 호시탐탐 기회를 노리고 있었던 것이다.

그러다가 나이 40에 이르러, 문벌세력을 제압한 정서대장군(征西大將軍) 환온(桓溫)이 청하자, 마침내 그의 휘하에 들어가 이부상서(吏部尙書)의 요직에까지 진급하였다. 그러나 환온이 제위를 넘보려 하자 이를 저지하고, 그 공으로 효무제(孝武帝)가 즉위한 후에는 재상이 되었다.

사 현

태원(太元) 8년(383) 전진(前秦) 왕 부견(苻堅)이 백만 대군을 이끌고 남하하여 비수(淝水)에 주둔했는데, 위세로 강동 일대가 진동했다. 정토대도독이 되어 동생 사석(謝石), 조카 사현(謝玄)과 함께 이들을 강력하게 방어하여 대승을 거두어 건창현공(建昌縣公)에 봉해졌다. 이어 사석 등에게 북정(北征)을 지시해 낙양과 청주, 연주 등을 수복하고, 양주와 강주, 형주 등 15주(州)의 군사(軍事)를 맡았다.

당시 회계왕(會稽王) 사마도자(司馬道子)가 정권을 잡고 있었는데, 배척을 당해 외직으로 나가 광릉을 지키다 얼마 뒤 병사했다.

「동산재기」는 이와 같이 사안이 동산에 은거하다가 관계에 나가 크게 성공한 것을 가리키던 말로, 오늘날에는 한번 실패했던 사람이 재기에 성공한 경우에까지 이 말을 사용하기도 한다.

동시효빈 東施效嚬

동녘 東 베풀 施 본받을 效 찡그릴 嚬

《장자》 천운편(天運篇)

동시(東施)가 서시의 눈썹 찡그림을 본받는다는 뜻으로, 시비선악의 판단 없이 굳이 남의 흉내를 냄을 비유하는 말이다.

서시(西施)

서시라는 미녀를 무조건 흉내 내었던 마을 여자들의 이야기에서 생겨난 말로서, 공연히 남의 흉내만 내는 일을 풍자한 것이다.

춘추시대 말 오(吳)·월(越) 양국의 다툼이 한창일 무렵, 월왕 구천이 오왕 부차의 방심을 유발하기 위해 헌상한 미희 50명 중에서 제일가는 서시(西施)라는 절색이 있었다. 이 이야기는 그 서시에 관해서 주변에 나돌았던 이야기로 되어 있으나, 말하는 사람이 우화의 명수인 장자이므로 그 주인공이 서시가 아니라도 좋을 것이다.

《장자》 천운편에 있는 이야기다.

서시가 어느 때 가슴앓이가 도져 고향으로 돌아갔다. 아픈 가슴을 한손으로 누르며 눈살을 찌푸리고 걸어도 역시 절세의 미인인지라, 다시 보기 드문 풍정(風情)으로 보는 사람들을 황홀케 했다.

서시를 기려 지은 저라정(苧羅亭)

그것을 본 것이 마을에서도 추녀로 으뜸가는 여자인데, 자기도 한손으로는 가슴을 누르고 눈살을 찌푸리며 마을길을 흔들흔들 걸어보았으나 마을 사람들은 멋있게 보아주기는커녕 그렇지 않아도 추한 여자의 징글맞은 광경을 보고 진저리가 나서 대문을 쾅 닫아버리고 밖으로 나오려는 사람도 없었다.

그런데 이 이야기로 장자는 공자의 제자인 안연(顔淵)과 도가적(道家的) 현자로서 등장시킨 사금(師金)이란 인물과의 대화 속에서 사금이 말하는 공자 비평의 말에 관련시키고 있다.

요컨대 춘추의 난세에 태어나서 노(魯)나 위(衛)나라에 일찍이 찬란했던 주(周)왕조의 이상정치를 재현시키려는 것은 마치 자기 분수도 모르고 서시의 찡그림을 흉내 내는 추녀 같은 것으로 남들로부터 놀림 받는 황당한 이야기라는 것이다.

「서시빈목(西施嚬目)」이라고도 한다.

동심동덕 同心同德

한가지 同 마음 心 덕 德

《서경(書經)》 태서편(泰誓篇)

주무왕

서로 같은 마음으로 덕을 같이하는 일치단결한 마음을 말한다.

《서경》 태서편에 있는 이야기다.

중국 주(周)나라 문왕(文王)의 아들 무왕(武王)은 포악한 은(殷 : 商)나라 주왕(紂王)을 정벌하려고 군대를 이끌고 황하를 건너 은나라의 도읍인 조가(朝歌)로 진격하였다.

그곳에서 무왕은 군사들의 사기를 높이려고 단결하여 싸움에서 공을 세우자는 「태서(泰誓)」를 발표하였다.

「상주왕에게는 군사들과 관리들이 많아도 합심이 되지 않아 오합지졸(烏合之卒)에 불과하지만, 우리는 다함께 일치단결하여 하나의 목표로 마음과 덕을 같이 하고 있다(同心同德)」

내용인즉 난국을 이겨내기 위해 「한마음 한뜻으로 목숨 걸고 싸워 큰 공을 세우자(一德一心 立定厥功)」는 것이었다.

일심일덕(一心一德)이라고도 하며, 마음을 합쳐 서로 돕는다는 뜻의 동심합력(同心合力), 동심동력(同心同力)과도 비슷한 뜻이다.

동일지일 冬日之日

겨울 冬 날 日 갈 之 해 日

《좌씨전(左氏傳)》 문공(文公) 7년

「겨울날의 해」라는 뜻으로, 온화하고 사랑스러움을 이르는 말이다. 공자의 《춘추(春秋)》를 노(魯)나라 좌구명(左丘明)이 해석한 책 《좌씨전(左氏傳)》 문공(文公) 7년조에 있는 이야기다.

춘추시대 진(晉)나라의 정치가 대부 조최(趙衰)는 헌공(獻公)의 아들 중이(重耳)가 왕위에 오르기 전에 여러 나라에서 19년간 망명생활을 하는 동안 호언(狐偃)과 함께 중이를 따라다니며 충성하였다.

중이가 오랜 방랑생활을 한 뒤 진나라의 문공으로 왕위에 오르자, 조최는 국정을 돌보면서 문공이 춘추오패(春秋五霸)가 되는 데 큰 역할을 하였다. 문공의 뒤를 이어 양공(襄公)이 즉위하고 나서도 조

망명을 떠나는 중이(진문공)

다

진문공

최는 진나라를 위해 충성하였다.

조최의 아들 조돈(趙盾)은 진나라 양공 때 재상을 지내며 공적을 쌓았는데, 양공이 죽은 뒤 나이 어린 영공(靈公)의 즉위를 반대하고 물러났다가 성공(成公)이 왕위에 오르게 하였다. 아버지 조최와 함께 조돈은 진나라의 공신이었는데, 성격은 서로 매우 달랐다고 한다.

호언의 아들 호역고(狐射姑)에게 조최와 조돈은 어떤 사람인지 물었더니, 호역고는, 「조최는 겨울날의 해와 같고, 조돈은 여름날의 해와 같다(趙衰 冬日之日也 趙盾 夏日之日也)」 라고 하였다고 전해진다. 여기서 하일(夏日)과 같은 뜻으로 추상(秋霜)이란 말도 많이 쓰이는데, 모두가 정직하고 인격이 높은 사람을 가리키는 말로서 「하일추상(夏日秋霜)」 이라고도 한다.

동 취 銅臭

구리 銅 냄새날 臭

《후한서(後漢書)》 최열(崔烈)전

동전 냄새라는 뜻으로, 돈으로 벼슬을 산 사람을 비웃는 말이다.

후한 말, 영제(靈帝) 때에 이르러 왕조 말기 증상이 여러 곳에서 나타나기 시작하였다. 신흥종교인 태평도가 비밀결사를 이루어 황건의 난을 일으키고, 조정에서는 환관이 득세하여 권력을 독점하고 매관매직으로 사복을 채우는 등 나라 안팎이 극도로 어지러웠다.

또 황제는 사치한 생활을 계속하여 국고를 탕진하였다. 나라에서는 고갈된 국고를 채우기 위해 급기야 홍도문(鴻都門)을 열고 관직과 작위를 공공연하게 매매하게 되었다. 이때 최열(崔烈)이라는 사람이 유모를 통해 5백만 전을 내고 사도(司徒)라는 관직을 샀다. 그리고는 주위의 반응을 보려고 아들에게 이렇게 물었다.

「내가 지금 삼공의 자리에 있게 되었는데, 논의하는 자들은 이를 어떻게 평가하고 있느냐?」

그러자 아들이 말하였다.

「아버님은 젊어서는 영민하다는 평가를 받았고, 대신(大臣)과 태수(太守)를 역임하기도 했습니다. 그래서 사람들은 아버님이 삼공이 되는 것은 당연하다고 했습니다. 그러나 이번에 아버님이 그 지위에 오르자 천하 사람들은 모두 실망했습니다」

최열이 그 이유를 묻자, 아들이 다시 대답하였다.

「논의하는 자들은 돈 냄새(銅臭)를 싫어합니다」

뇌물로 일을 성취하려는 행위나 인물을 가리키는 데 두루 쓰인다.

동호지필 董狐之筆

동독할 董 여우 狐 의 之 붓 筆

《춘추좌씨전(春秋左氏傳)》 선공(宣公)

「동호의 붓」 이라는 뜻으로, 기록을 담당한 자가 주위 사람들이나 권력을 의식하지 않고 곧이곧대로 바르게 써서 남기는 것, 즉 오류나 결함을 조금도 숨기지 않고 있는 그대로 공정하게 기록한다는 말이다. 특히 포폄(褒貶)이 분명한 춘추필법(春秋筆法) 같은 사필(史筆)을 비유할 때 흔히 쓰인다.

춘추시대 진(晋) 문공이 세상을 떠나고 양공이 즉위한 뒤 조돈(趙盾)이 재상으로 있으면서 많은 치적을 쌓았다. 당시 사람들은 조돈과 그의 아버지 조최를 진나라의 공신으로 칭찬을 아끼지 않았다. 그러나 두 부자의 성격은 판이하게 달랐다. 어떤 사람이 대부 호역고(狐射姑)에게 「조최와 조돈은 어떤 사람인가?」 하고 물었다.

호역고는, 「조최는 겨울날의 해와 같고, 조돈은 여름날의 해와 같다(趙衰 冬日之日也 趙盾 夏日之日也)」 라고 대답했다.

여기서 하일(夏日)과 같은 뜻으로 추상(秋霜)이란 말도 많이 쓰이는데, 모두가 정직하고 인격이 높은 사람을 가리키는 말로서 「하일추상(夏日秋霜)」 이라고도 한다.

양공이 죽은 뒤 어린 나이로 즉위한 진영공은 아주 어리석고 포학한 임금이었다. 예컨대 그는 높은 정자 위에서 지나가는 행인을 활로 쏘아 맞히는 놀이를 도락으로 삼았고, 요리사가 국을 맛이 없게 조리했다고 해서 죽여버리기까지 하는 위인이었다. 이에 재상 조돈이 여러 차례 간언했지만 왕은 듣지 않을 뿐만 아니라 세 번이나 조돈을 죽이려다가 실패하였다. 결국 신변의 위협을 느낀 조돈은 외지로 나가 잠시 피신을 하게 되었다.

영공이 개를 풀어 조돈을 위협하고 있다

그러던 중 조돈의 사촌형인 조천(趙穿)이 진영공이 도원에서 술에 만취한 틈을 타서 심복을 시켜 감쪽같이 시해하고 말았다. 이에 조돈은 즉시 도성으로 돌아와 진성공을 세우고 계속 재상 직을 맡아보게 되었다. 그 후 사관인 동호가 이 사실을 역사에 기록할 때 「조돈이 임금을 시해하였다」 고 써넣었다. 그 기록을 본 조돈은 깜짝 놀라 급히 동호를 찾아가 일이 그렇게 된 연유를 장황하게 늘어놓았다. 그러자 동호가 질책하는 어조로 조돈을 꾸짖었다.

「대인께서는 일개 재상의 몸으로 당시 달아나기는 했지만 국경을 넘어가지 않았으며, 또 돌아와서도 죄인들을 징벌하지 않았으니, 이 죄를 대인께서 지지 않으면 누가 책임져야 하겠습니까?」

《춘추좌씨전》 선공 2년조에서는 이 사실을 서술하면서 「동호는 옛날 훌륭한 사관으로 사건의 진실을 왜곡하지 않았다」 고 평한 공자의 말을 인용하고 있다. 동시에 공자는 조돈에 대해서도 「옛날 훌륭한 대부였던 조선자(즉 조돈)는 억울하게 죄명을 뒤집어쓰게 되었는데 안타까운 일이다. 만일 그가 본국을 떠났더라면 아무 책임도 없었을 것이다」 라고 말했다는 것이다. 이렇게 해서 나중에 공정한 사관을 칭송할 때면 동호라고 하게 된 것이다.

두각 頭角

머리 頭 뿔 角

한유 / 「유자후묘지명(柳子厚墓誌銘)」

뛰어난 학식 · 재능 · 기예.

한 유

가지고 있는 재주나 실력이 남보다 한층 뛰어나 보이는 것을 「두각(頭角)을 나타낸다」고 한다. 결국 머리끝을 쳐들고 우뚝 일어나 서 있게 되므로 사람들이 그 존재를 알게 된다는 뜻이다.

한유(韓愈)의 「유자후묘지명」에 나오는 말인데, 한유가 처음 만들어 낸 말이라고 볼 수는 없을 것 같다.

자후는 유종원의 자(字)다. 한유와 함께 당나라 양대 문장으로 손꼽히며, 한유와는 둘도 없는 지기(知己)인데, 한유가 다섯 살 위였다.

이 글은 유종원의 유언에 의해 쓰인 것이다. 묘지명은 고인의 유덕을 칭찬한 글을 돌에 새겨 널과 함께 땅에 묻는 것이다.

유종원은 스물한 살에 진사가 되고, 스물여섯 살 때 박사굉사과(博士宏詞科)에 급제했다.

한유는 이 시험을 세 번이나 치렀으나 합격이 되지 못했다. 이 사실은 「일거수일투족(一擧手一投足)」이란 항목에 자세히 나온다.

유종원

유종원은 서른세 살 때, 그가 속해 있는 봉당이 밀려남으로써 그도 영주(永州)라는 고을의 사마로 좌천이 된다. 그 뒤로 중앙에 다시 돌아오지 못하고 다시 유주(柳州) 자사로 가 있다가 거기서 마흔 일곱 살의 짧은 생애를 살고 마침내 세상을 마친다.

한유는 불교를 배척하는 상소문을 올린 것이 문제가 되어 조주(潮州)로 귀양을 갔다가 다시 풀려나 원주(袁州) 자사로 부임하는데, 부임 도중 유종원의 부고를 듣는다.

임지에 도착한 한유는 유자후의 제문을 짓고, 또 유종원의 유언에 따라 묘비명을 지었다. 그의 조상에서 시작해서 그의 부친의 공적을 기록한 다음 유종원에까지 미치고 있다.

이 묘지명에서 한유는,

「……그의 아버지 때에 이르러, 비록 나이 어리나 이미 스스로 성인이 되어 진사 시험에 능히 합격하고 높이 두각을 나타냈다」라고 썼다.

「두각」은 머리 뿔이 아니라, 머리끝을 가리켜 하는 말이다.

두구과족 杜口裹足

닫을 杜 입 口 쌀 裹 발 足

《사기》 범수채택(范睢蔡沢)열전

입을 다물고 발을 싸맨다는 뜻으로, 시류에 따라 바뀌는 세상 사람들의 각박한 마음을 일컫는 말. 마음속으로는 반감이 있으면서도 의견을 말하지 않고 무슨 일이든 함께 하려고도 하지 않는 태도를 비유하는 말이다.

전국시대 위(魏)나라 범수(範睢)가 진(秦) 소왕(昭王)을 만나니, 소왕이 세 번 무릎을 꿇고 가르침을 청하였다. 소왕이 네 번째로 무릎을 꿇고 청하자, 범수는 여러 가지 간언을 하면서 이렇게 말했다.

「만약 제가 기자(箕子)와 같은 행동을 해서라도 어진 군주에게 보탬이 된다면, 이는 저에게 더없는 영광입니다. 무엇을 부끄러워하겠습니까? 다만 제가 두려워하는 것은, 제가 죽은 뒤에 천하 사람들이 충성을 다하고도 죽임을 당하는 모습을 보고, 그로 인해서 입을 다물고 발을 싸맨 채(因以是杜口裹足) 아무도 진나라로 오려 하지 않을까 하는 것뿐입니다」

입을 막고 발을 싼다는 말은 발길을 끊는다는 뜻이다. 함부로 말하다가 화를 당할 수도 있는 까닭에 입 밖에 내기를 꺼리고, 자주 찾아가던 사이에도 발길을 뚝 끊어버리니, 세상인심이 이렇듯 각박하게 돌변하기도 한다.

권세가 있을 때는 찾아오는 사람들로 들끓었으나, 세력이 약해지자 방문객들의 발길이 뚝 끊어졌다는 「문전작라(門前雀羅)」라는 말과 뜻이 통한다.

두점방맹 杜漸防萌

막을 杜 차차 漸 막을 防 싹 萌

《후한서(後漢書)》

시초를 틀어막아 뒤탈이 없게 함.

《후한서(後漢書)》에 있는 이야기다.

후한(後漢)의 제4대 황제 화제(和帝)는 장제(章帝)의 넷째아들로 태어났다. 이름은 유조(劉肇)이다. 어머니인 양귀인(梁貴人)은 장제(章帝)의 황후 두씨(竇氏)에게 살해당했다. 이복형 유경(劉慶)을 대신하여 태자가 되었고 88년 9살 때 즉위하였다. 정식 시호는 효화황제(孝和皇帝)이다. 나이가 어려 두태후(竇太后)가 수렴청정을 하여 태후(太后)의 오빠인 두헌(竇憲)이 외척으로 정권을 장악하였다.

조정의 높은 자리는 두태후(竇太后)의 친정 식구들이 몽땅 차지하고 정치를 독점해버린 바람에 다른 대신들은 모두 꼭두각시요, 꿀 먹은 벙어리에 불과했다. 효문황후(孝文皇后) 두씨는 전한 문제의 황후이며 전한 경제의 어머니이다. 누구 하나 그 폐해를 모를 리 없지만, 혀를 잘못 놀렸다가는 언제 목이 달아날지 몰라 다들 입을 봉하고 있었다.

이때, 조정의 돌아가는 형편을 보다 못해 분연히 떨치고 일어선 사람이 있었다. 임금에게 직언하는 대관(臺官) 정홍(丁鴻)이 바로 그 사람으로서, 유창하고 논리 정연한 언변으로 잘 알려진 인물이었다.

정홍은 황실 외척들이 국정을 농단하는 사태를 더 이상 방치하다가는 나라가 위태로울 것으로 보고, 목숨을 던져서라도 시정해야겠다고 결심했다.

두점방맹

그래서 기회를 잡아 주위를 물리친 뒤 황제와 독대하여 단도직입적으로 진언했다.

「폐하, 그릇된 사물도 처음에 즉각 손을 써서 바로잡으면 용이하게 풀리지만, 뒤로 미루다 보면 점점 손댈 수 없게 되어 마침내 수습 불능의 지경에 이르고 맙니다. 황공하옵게도 지금의 조정이 바로 그런 형편이어서, 폐하의 외척들인 두씨 일족이 국정을 농단하고 갖은 비리를 다 저지르고 있습니다. 이제 폐하께서 과감히 『두점방맹』 하셔서 이를 시정하지 않으시면 장차 큰 후회를 하시게 될 것입니다. 통촉하소서!」

화제가 듣고 보니 정신이 번쩍 드는 소리였다.

「잘 알겠소. 짐이 어떻게 하면 되겠소?」

「두씨 일족을 삭탈관직 하여 조정에서 내치시고, 태후마마의 국정 간섭을 막아 폐하께서 친정(親政)을 시작하십시오. 그와 동시에 어질고 유능한 선비들을 발탁하여 각각 빈자리를 메우고 폐하를 보필하게 하시면 황실은 반석처럼 굳건해지고 천하는 안정될 것입니다」

「옳은 말이오. 내 일찍이 이처럼 속 시원한 말을 들어본 적이 없소」

화제는 정홍의 의견대로 즉시 개혁조치를 시행했다.

두주불사 斗酒不辭

말 斗 술 酒 아닐 不 사양할 辭

《사기(史記)》 항우본기(項羽本紀)

말술을 사양하지 않는다는 말로, 주량이 세다는 말.

《사기》 항우본기에 있는 이야기다.

진(秦)나라 말, 초왕(楚王) 항우(項羽)와 패공(沛公) 유방(劉邦)은 진의 수도 함양을 향해 각기 하북과 하남에서 진격하였다. 함양을 먼저 점령한 사람이 관중의 왕이 된다는 약속이 있었던 것이다. 함양을 먼저 점령한 것은 유방이었다. 그러나 군사력이 항우에 미치지 못하는 유방은 함양의 모든 재물과 궁궐을 그대로 둔 채 패상(霸上)으로 물러나 진을 쳤다.

한편 유방이 먼저 함양을 점령했다는 소식을 들은 항우는 노하여, 유방군이 지키는 함곡관을 깨뜨리고 들어와 신풍(新豊)의 홍문(鴻門) 산자락에 포진하였다. 이때 군사(軍師) 범증(范增) 항우에게 권했다.

「유방이 산동에 있을 때는 재물을 탐내고 계집을 좋아했습니다. 그러나 함곡관에 들어온 이후로는 재물을 취하지도 않고 여자도 가까이하지 않고 있습니다. 이는 그의 뜻이 결코 작지 않다는 증거입니다. 속히 공격하여 때를 놓치는 일이 없도록 하십시오」

항우의 숙부로, 일찍이 죄를 졌는데, 장량이 구해준 인연으로 유방의 휘하로 들어온 항백(項伯)을 통해 이러한 항우 군의 움직임을 알아챈 유방은 근위병만을 대동하고 항우에게 사과의 방문을 하였다.

이렇게 하여 열린 모임이 유명한 홍문연(鴻門宴)이다. 연회가 한창 무르익을 무렵, 미리 범증의 지시를 받은 항장(項莊)이 흥취를 돋운

홍문연

다는 구실로 검무를 추기 시작하자, 항백이 급히 칼을 뽑아들고 춤판에 끼어들었다. 이를 지켜보던 유방의 책사 장량(張良)은 급히 군문을 뛰쳐나와 번쾌(樊噲)를 찾았다.

「지금 항장이 칼을 빼서 춤을 추는데, 패공을 노리고 있다!」

이 말을 들은 번쾌는 제지하는 수위장교들을 한 팔로 밀어붙이고 장막을 들고 안으로 들어가 찢어진 눈으로 항우를 노려보았다. 항우는 칼을 잡고 벌떡 일어나 물었다.

「이 자는 누구인가?」

「패공을 시위하는 장수입니다」

하고 장량이 대답하자, 항우는 번쾌의 기상을 가상히 여겨 말했다.

「이 자는 장사로구나. 술을 한잔 주어라!」

큰 잔에 술을 부어주자, 번쾌는 감사의 예를 표한 후 단숨에 들이켰다. 그리고는 칼을 뽑아 익히지 않은 돼지다리를 썰어 그대로 먹어치웠다. 이를 본 항우가 말했다.

「장사로다. 더 마실 수 있겠는가?」 하고 묻자, 번쾌가 대답했다.

「죽음도 사양하지 않을진대 고작 술 한 잔쯤을 사양하리까(卮酒安足辭)」

「치주안족사(卮酒安足辭)」 라는 말에서 「두주불사」 란 말이 생겨난 것으로, 본래 장수들의 기개를 표현하던 것이었으나, 뜻이 변하여 주량이 센 사람을 가리키는 말로 쓰이게 되었다.

두찬 杜撰

막을 杜 지을 撰

《야객총서(夜客叢書)》

전거(典據)가 확실치 못한 저술이나, 틀린 곳이 많은 작품.

전거가 확실치 못한 것을 「두찬」이라고 하지만, 그 두찬이란 말 자체도 실상은 전거가 확실치 못한 점이 없지 않다. 그러나 그 중 송나라 왕무(王楙)가 지은 《야객총서》에 나오는 「두찬」에 관한 설명이 가장 널리 알려져 있다.

두묵(杜黙)은 송나라의 시인으로, 그의 시는 당시 구양수와 함께 인기가 있기는 했으나 「율(律)」이 잘 맞지 않았다. 그래서 무엇이고 격식에 맞지 않는 것을 가리켜 두찬이라고 했다는 것이다. 즉 두묵이 지은 글이란 뜻이다.

그 원문을 소개하면 다음과 같다.

「두묵은 시를 짓는 것이 율에 맞지 않는 것이 많았다. 그러므로 일이 격에 맞지 않는 것을 두찬이라 한다(杜黙爲詩 多不合律 故言事不合格者爲杜撰)」

두찬을 이렇게 설명한 왕무 자신도 자기의 설명이 「두찬」의 평을 면하기 어렵다는 것을 생각해서인지, 이 말이 두묵의 이야기 이전부터 쓰이고 있었던 예들을 들고 있다.

그는 먼저 「두(杜)」란 글자의 뜻부터 캐고 있다.

민간에서는 좋지 못한 밭이나 농장들을 「두전(杜田)」이니 「두원(杜園)」이니 하고 말한다. 즉 「杜」란 글자는 나쁘다거나, 덜 좋다는 뜻으로 쓰이는 것을 알 수 있다. 또 자기 집에서 빚은 맛없는

술을 두주(杜酒)라고 한다. 임시 대용품으로 때운다는 정도의 뜻이다. 말하자면 엉터리란 뜻이 들어 있는 것이다.

두보(杜甫)가 지은 시 가운데 「두주(杜酒)를 옆에 놓고 일에 골몰한다」는 구절이 있는데, 이것은 술의 별명인 두강(杜康)이란 것을 염두에 둔 것이겠지만, 그것이 좋지 못한 술을 뜻하는 「두주」와 우연 일치한 것으로 볼 수 있다는 것이다.

따라서 왕무의 이야기는 「두」란 글자가 이렇게 쓰여 온 걸로 보아 덜 된 문장이란 뜻으로 「두찬」이란 말을 써도 이상할 것이 없다는 것이다.

일반적으로 도교(道教)는 중국 고래의 신선설(神仙說)과 노자의 도를 융합한 것으로 알려지고 있는데, 한말(漢末)에 불교가 전해지고부터 이와 충돌, 이로정연하게 쓰인 불전에 대항하기 위해 그와 비슷한 경전을 만들고 유교로 윤색하여 불교의 대장경에 대하여 「도장(道藏)」이라고 이름 지었다.

송의 석문형(釋文瑩)이 북송의 잡사(雜事)에 대하여 쓴 《상산야록(湘山野錄)》에는 이 「도장」에 관하여 다음과 같이 쓰고 있다.

「도장 5천여 권은 《도덕경》 2권만이 진본이고, 나머지는 전부 촉의 학자 두광정(杜光庭 : 당 말부터 5대에 걸쳐 살았던 사람이며, 후에 천태산에 들어가 도사가 되었다)이 저술한 위작(僞作)이다. 그때부터 하찮은 위작을 『두찬』이라고 부르게 되었다」

「두찬」에 대해서는 이 밖에도 많은 의견들이 있지만, 설득력이 덜하다.

득과차과 得過且過

얻을 得 지날 過 또 且 지날 過

《철경록(輟耕錄)》

별로 하는 일 없이 한가하게 세월을 보냄.

「그럭저럭 지내면서 되는 대로 살아가자」 라는 뜻으로, 굳은 의지와 기력이 없이 그럭저럭 되어가는 대로 살아가는 것을 말한다.

「득과차과(得過且過)」 란, 뜻대로 되었을 때에는 온 천하에 자기를 따를 것이 없다고 하는 태도이나, 실의(失意)했을 때는 의기가 저하되어 동정을 구한다는 뜻이다.

원(元)나라 말, 명(明)나라 초의 학자인 도종의(陶宗儀)가 지은 《철경록(輟耕錄)》에 실려 있는 전설에서 나온 말이다.

산서성(山西省) 북동부에 있는 불교의 성산(聖山)인 오대산(五臺山)에 박쥐와 생김새가 비슷하고 네 개의 다리에 날개가 달린 동물이 살았는데 날지는 못했다.

봄과 여름에는 이 동물의 몸에서 아름다운 털이 났는데, 이때는 우쭐거리며 뽐내는 모양으로 「봉황새도 나만 못하다」 라는 것처럼 울음소리를 내었다고 한다.

가을이 지나고 겨울에는 이 동물의 털이 모두 빠져버려서 몹시 흉측한 모습이었는데, 이때가 되면 이 동물의 울음소리는 「그럭저럭 지내면서 되는 대로 살아가자(得過且過 得過且過)」 라고 말하는 듯이 들렸다고 한다. 그래서 이 동물을 한호조(寒號鳥)나 한호충(寒號蟲)이라고 불렀다고 전해진다.

한호충은 박쥐과에 딸린 짐승의 한 가지로, 박쥐보다 크고 머리는

넓으며 귀는 서로 분리하였으며, 털빛은 갈색인데 개체에 따라 누른 갈색인 것도 있다. 똥(糞)을 한방에서 「오령지(五靈脂)」라 하여 약재로 쓰인다.

한호조

이 이야기에 나오는 한호조(寒號鳥)가 옛날부터 원래 존재하였는지는 알 수 없으나, 이 동물의 울음소리에서 유래한 말이다. 모든 일에 싫증을 내면서 미래를 내다보지 않고 뚜렷하게 이렇다 할 만한 것 없이 하루하루를 한가하게 지내는 것을 비유하는 말이다.

사조제(謝肇淛)의 《오잡조(五雜組)》에 있는 이야기다.

「오령산(五靈山)에 벌레가 있는데 형상이 작은 닭과 같으나 네 발에 육시(肉翅)가 있으며, 여름에는 깃털이 오색(五色)이며 그 울음소리가 마치 『봉황은 나만 못해(鳳凰不如我)』라고 하는 듯하나 동지(冬至)에는 털이 빠지고 앙상하여 겨울의 추위를 참고 견디면서 괴로워하며 울기를, 『득과차과(得過且過)』라고 하는 듯하다. 그 똥은 쇠 모양으로 마치 기름기가 엉기는 것과 같이 항상 한 곳에 모인다. 의가(醫家)에서는 이것을 오령지(五靈脂)라고 부른다」

「득과차과」는 뜻대로 되었을 때에는 온 천하에 자기를 따를 것이 없다고 하는 태도이나, 실의(失意)했을 때는 의기가 저하되어 동정을 구한다는 뜻이다.

득롱망촉 得隴望蜀

얻을 得 땅이름 隴 바랄 望 땅이름 蜀

《후한서》 잠팽전(岑彭傳)

욕심이 끝이 없음.

만족할 줄 모르는 인간의 욕심을 비유해서 「득롱망촉」이라 한다. 이 득롱망촉에 대한 첫 이야기는 《후한서》 잠팽전에서 볼 수 있다. 건무 8년(32년), 잠팽은 군사를 거느리고 광무제를 따라 천수(天水)를 점령한 다음, 외효(隗囂)를 서성(西城)에서 포위했다. 이때 공손술(公孫述)은 외효를 구원하기 위해 부장 이육(李育)을 시켜 천수 서쪽 60리 떨어진 상규성을 지키게 했다. 그래서 광무제는 다시 군대를 나누어 이를 포위하게 했으나, 자신은 일단 낙양으로 돌아가기로 하고 떠날 때 잠팽에게 편지를 보내 자신의 감회를 말했다.

「두 성이 만일 함락되거든, 곧 군사를 거느리고 남쪽으로 촉나라 오랑캐를 쳐라. 사람은 만족할 줄을 모르기 때문에 고통스러운 것이다. 이미 농(隴 : 감숙성)을 평정했는데, 다시 촉(蜀)을 바라게 되는구나. 매양 군사를 출발시킬 때마다 그로 인해 머리털이 희어진다」

즉 장래를 위해 적군의 근거지를 완전히 정복해야겠다는 결심을 하고서도 그것이 인간의 만족할 줄 모르는 욕망 때문일지도 모른다는 자기반성을 하며, 그로 인해 많은 군사들의 고통은 물론 마침내는 생명까지 잃게 될 것을 생각하면 그때마다 머리털이 하나하나 희어지는 것만 같다는 절실한 심정을 말한 것이다. 여기서는 득롱망촉이 아닌 평롱망촉(平隴望蜀)으로 되어 있는데, 4년 후 건무 12년에는 성도(成都)의 공손술을 패해 죽게 함으로써 「망촉」을 실현하게 된다.

조 조

둘째, 이 말은 조조의 입에서 나온 것이다. 삼국의 대립이 뚜렷해진 헌제(獻帝) 건안 20년(215년)의 일이다. 촉의 유비와 오의 손권이 대립하고 있는 틈을 타서 위의 조조는 한중(漢中)으로 쳐들어갔다.

이때 조조의 부하 사마의가 조조에게, 「이 기회에 익주(益州 : 蜀)의 유비를 치면 틀림없이 우리가 승리를 거두게 될 것입니다」 하고 의견을 말했다. 그러나 조조는 머리를 가로 저으며, 「사람은 만족하는 일이 없기 때문에 괴로운 것이다. 나는 광무제가 아니다. 이미 농을 얻었는데, 다시 촉을 바랄 수야 있겠느냐」 하고는 그의 의견을 듣지 않았다.

그 후 위왕(魏王)이 된 조조는 헌제 23년, 한중에서 유비와 수개월에 걸친 치열한 싸움을 벌이게 된다. 이것은 《후한서》 헌제기에 나오는 이야기인데, 여기에는 득롱망촉으로 되어 있다. 물론 천하의 간웅 조조는 힘이 모자라 감행하지 못하는 것을 큰 도덕군자나 되는 것처럼 가면을 쓰고 말한 것임에 틀림없다. 우리는 여기서 성군인 광무제와 간웅(奸雄)인 조조의, 말과 본심과의 미묘한 상반된 현상을 엿볼 수 있다.

광무제의 웅심(雄心)은 인생이란 만족을 모른다. 「농을 얻고 또 촉을 탐낸다」 고 말하고, 삼국의 조조는 인간은 족함을 모른다. 「농을 얻고 또 촉을 바랄 필요는 없다」 고 말하고 있는 것은 재미있는 대조다. 이 말은 전(轉)하여 욕심은 끝이 없다는 뜻으로 쓰인다.

득어망전 得魚忘筌

언을 得 물고기 魚 잊을 忘 통발 筌

《장자》 외물편(外物篇)

다

「도랑 건너고 지팡이 버린다」는 말이 있다. 물살이 센 도랑을 지팡이 덕으로 간신히 건너가서는 그 지팡이의 고마움을 잊고 집어 던지는 인간의 공통된 본성을 예로서 말한 것이다.

우리가 흔히 비 올 때 우산을 받고 나왔다가 날이 개면 우산을 놓고 가는 것을 경험한다. 「득어망전(得魚忘筌)」도 인간의 그 같은 본성을 말한 것이다. 고기를 다 잡고 나면 고기를 잡는 데 절대 필요했던 통발(筌)은 잊고 그냥 돌아간다는 뜻이다.

어떤 목적을 달성하기 위해 남의 도움이 필요했노라고 말로도 하고 마음으로도 생각한다. 그러나 목적을 달성하고 성공을 거둔 뒤에는 내가 언제 그런 도움이 필요했더냐는 듯이 시치미를 떼거나 까맣게 잊고 만다.

배은망덕(背恩忘德)이란 말이 있다. 배은은 심한 경우이겠지만, 망덕은 누구나가 범하기 쉬운 인간 본연의 일면이 아닐까 싶다. 깊이 반성할 일이다.

이 「득어망전」은 《장자》 외물편(外物篇)에 있는 말이다.

「가리는 고기를 잡기 위한 것이다. 그러나 고기를 잡으면 가리는 잊고 만다(筌者所以在魚 得魚而忘筌). 덫은 토끼를 잡기 위한 것이다. 그러나 토끼를 잡으면 덫은 잊고 만다. 말은 뜻을 나타내기 위한 것이다. 그러나 뜻을 나타낸 뒤에는 말은 잊고 만다. 나는 어떻게 하면 말을 잊는 사람을 만나 함께 이야기할 수 있을까」하고 말을 잊

허난성 장주능원에 있는 장주 묘

은 사람과 이야기하기를 원하고 있다.

말을 잊는다는 것은, 말에 구애받지 않는다는 뜻이다. 시비와 선악 같은 것을 초월한 절대의 경지에 들어가 있는 사람을, 장자는 말을 잊은 사람으로 보는 것이다.

여기서는 「득어망전」이, 말을 잊은 것과 같은 자연스럽고 모든 것을 초월한 좋은 뜻으로 쓰이고 있다.

장자와 같이 반대의 입장에서 세상을 바라보는 사람으로서는 인간의 그러한 일면이 당연하고도 자연스런 것이 될 수도 있다. 그러나 장자가 보는 그 당연한 일면을, 속된 우리들은 인간의 기회주의적인 모순성을 드러내는 것으로 보는 것이다.

하여간 좋든 나쁘든, 인간이 「득어망전」의 공통성을 지니고 있는 것만은 사실이다.

득의망형 得意忘形

얻을 得 뜻 意 잊을 忘 형체 形

《진서(晉書)》 완적전(阮籍傳)

득의양양(得意揚揚)해 하다.

「뜻을 얻어 자신의 형체마저 잊어버리다」 라는 뜻으로, 득의양양(得意揚揚)해 우쭐거리면서 뽐내는 모양을 비유하기도 한다.

《진서(晉書)》 완적전에 있는 이야기다.

위(魏)나라와 진(晋)나라 왕조의 교체기에 활동한 시인 완적(阮籍)은 진 왕조 지배층에 대해 불만이 적지 않았던 사람이다. 그러나 그는 감히 말로는 표현하지 못하고 자신의 울적한 심정을 매일 술을 마시고 시를 쓰는 것으로 달랠 뿐이었다.

삼국시대 말기 위(魏)나라의 사마(司馬)씨와 조(曹)씨가 왕권을 다투던 시절, 완적은 조씨에 의지하여 관록(官祿)을 얻으려 하였다.

그러나 조씨들이 실패하자, 완적은 점차 현실에 불만을 품으며, 유가(儒家)의 도리(道理)로서 사마씨의 집권에 대하여 비난하기 시작했다.

현실에 대한 완적의 불만은 행동으로 표출되는데, 당시 많은 사람들이 완적의 행동을 이해하지 못하였다. 어떤 때, 완적은 몇 달 동안이고 집에만 틀어박혀 책만 읽었으며, 심지어는 대문 밖으로 한 발짝도 나오지 않았다.

또 어떤 때는 멀리 놀러 나갔다가 몇 날이고 집에 돌아오지 않았다.

완적에게는 친근한 벗이 많았는데 혜강(嵇康) · 산도(山濤) · 상수

(向秀)・유령(劉伶)・완함(阮咸)・왕융(王戎) 등과 함께 조카 완함을 포함해서 일곱 사람이 작은 모임을 만들어 항상 죽림 밑에 모여 한담하고 술을 마시며 시를 짓고 거문고를 타면서 세월을 보냈다. 이들이 바로 죽림칠현(竹林七賢)이다.

완 적

그런데 이 칠현 중에도 희로애락(喜怒哀樂)의 변화가 가장 심한 사람은 다름 아닌 완적이었다. 그는 술을 잘 마시고 휘파람을 길게 불면서 거문고를 잘 탔고, 「기쁠 때는 자신의 형체도 잊어버렸다(當其得意 忽忘形骸)」라고 전해진다.

때문에 그 당시 사람들은 울었다가 웃고, 웃다가 우는 완적을 일러 미친 사람이라 하였다

여기에서 나온 이른바 「당기득의 홀망형해」가 득의망형이라는 말의 유래가 되었다.

이 말은 본래 지나치게 기뻐해서 정상적인 상태를 벗어난다는 뜻이었지만, 지금은 득의양양해서 우쭐거리는 태도를 비유하는 말로도 쓰인다.

등고자비 登高自卑

오를 登 높을 高 부터 할 自 낮을 卑

《중용(中庸)》 제15장

높은 곳에 오르려면 낮은 곳에서부터 출발해야 한다는 뜻으로, 모든 일에는 순서가 있다는 말.

《중용》 제15장에 이런 글이 있다.

「군자의 도는 비유컨대 먼 곳을 감에는 반드시 가까운 곳에서 출발함과 같고, 높은 곳에 오름에는 반드시 낮은 곳에서 출발함과 같다. 《시경(詩經)》에 『처자의 어울림이 거문고를 타듯 하고, 형제는 뜻이 맞아 화합하며 즐겁구나. 너의 집안 화목케 하며, 너의 처자 즐거우리라』는 글이 있다. 공자는 이 시를 읽고서 『부모는 참 안락하시겠다』고 하였다(君子之道 辟如行遠必自邇 辟如登高必自卑 詩曰 妻子好合 如鼓瑟琴 兄弟旣翕 和樂且耽 宣爾室家 樂爾妻帑 子曰 父母其順矣乎)」

공자가 그 집 부모는 참 안락하시겠다고 한 것은 가족 간의 화목이 이루어져 집안의 근본이 되었기 때문이니, 바로 「행원자이(行遠自邇)」나 「등고자비」의 뜻에 맞는다는 말이다.

「등고자비」란 이와 같이 모든 일은 순서에 맞게 기본이 되는 것부터 이루어 나가야 한다는 뜻이다. 천릿길도 한 걸음부터라는 우리 속담과 뜻이 통한다고 하겠다.

《시경》에서는 「백 리를 가는 사람은 90리를 절반으로 여긴다(行百里者 半於九十)」고 했다. 이는 마무리의 어려움을 말한 것이다.

공자묘

《맹자(孟子)》 진심편(盡心篇)에서도 군자는 아래서부터 수양을 쌓아야 한다는 다음과 같은 내용이 있다.

「바닷물을 관찰하는 데는 방법이 있다. 반드시 그 움직이는 물결을 보아야 한다. 마치 해와 달을 관찰할 때 그 밝은 빛을 보아야 하는 것과 같다. 해와 달은 그 밝은 빛을 받아들일 수 있는 조그만 틈만 있어도 반드시 비추어 준다. 흐르는 물은 그 성질이 낮은 웅덩이를 먼저 채우지 않고서는 앞으로 흘러가지 않는다. 군자도 이와 같이 도에 뜻을 둘 때 아래서부터 수양을 쌓지 않고서는 높은 성인의 경지에 도달할 수 없다(流水之爲物也 不盈科不行 君子志於道也 不成章不達)」

또 《불경》에 보면, 어떤 사람이 남의 삼층 정자를 보고 샘이 나서 목수를 불러 정자를 짓게 하는데, 1층과 2층은 짓지 말고 아름다운 3층만 지으라고 했다는 일화가 있다.

좋은 업은 쌓으려 하지 않고 허황된 결과만 바란다는 이야기다. 학문이나 진리의 높은 경지를 아무리 이해한다 한들 자기가 아래서부터 시작하지 않고서는 그 경지의 참맛을 알 수 없는 것이다.

등도자 登徒子

오를 登 무리 徒 아들 蓬

「등도자호색부(登徒子好色賦)」

호색한.

여색(女色)을 밝히는 사람을 비유해서 이르는 말이다. 전하는 말에 따르면 전국시대 후기 초(楚)나라의 문학자 중 한 사람이었던 송옥(宋玉)은 글재주가 비상했을 뿐만 아니라 풍채도 남달랐다고 한다.

어느 날, 대부 등도자가 초양왕 앞에서 송옥을 가리켜 호색한(好色漢)이라고 비난하였다. 양왕은 그 말을 듣고 송옥에게 진짜 그러냐고 물었다. 이에 송옥이 대답하였다.

「전혀 그런 일이 없습니다. 호색한은 신이 아니라 바로 등도자 자신인 줄 알고 있습니다」

그러자 초양왕이 무슨 근거로 그렇게 말하느냐고 물었다. 송옥은 이렇게 말했다.

「천하의 미인이라 할지라도 우리나라의 처자들과는 비교할 수 없고 초나라의 아름다운 처자 중에서 우리 고향의 처녀들이 가장 아름답고 우리 고향의 처녀들 중에 가장 예쁜 여인은 신의 동쪽 이웃에 사는 한 처녀(東家之子)입니다. 그 처녀는 몸이 호리호리하고 키는 크지도 작지도 않으며 발그스름한 뺨은 연지를 바르지 않아도 보기 좋습니다. 눈썹 · 살결 · 허리 · 치아 또한 미운 곳이 전혀 없습니다. 그녀가 웃으면 아름다움은 형용할 말이 없을 정도이며 양성과 하채의 공자라 해도 그녀에게 반해 오금을 펴지 못한다고 들었습니다. 그러나 그 같은 처녀가 담장 위에 올라서서 신을 훔쳐본 지도

등도자 호색부

어느덧 만 3년이 되어 갑니다만 아직까지 소신은 그녀에게 눈길조차 주어 본 적이 없습니다」

이렇게 말한 뒤 송옥은 계속 말을 이었다.

「그러나 등도자는 신과는 전혀 다른 것으로 알고 있습니다. 그의 부인은 머리는 헝클어지고 귀는 비뚤어져 있으며 입술은 갈라 터지고 치아는 듬성듬성하며 길을 걸을 때면 허리를 꼬부리고 지팡이를 짚고 다닐 뿐만 아니라 온몸에는 옴이 돋아나서 얼굴에는 부스럼이 가득하다고 합니다. 하지만 등도자는 그런 그녀를 좋아해서 벌써 그녀의 몸에서 아이 다섯을 보았다고 합니다」

그런 뒤 마지막으로 송옥은 초양왕에게 말했다.

「보십시오. 과연 누가 더 여자를 밝히는 사람인지는 뻔 하지 않습니까?」

초양왕은 송옥의 말을 듣고 일리가 있다고 여겨서 그 말에 수긍했다는 것이다. 송옥이 초양왕 앞에서 한 말은 그가 쓴 「등도자호색부」라는 글에 나온다. 이 때문에 사람들은 등도자를 호색한의 전형으로 간주하게 되었으며, 따라서 색을 즐기는 사람을 말할 때 「등도자」라고 하게 되었던 것이다. 그리고 송옥이 말한 동가지자(또는 東家之女) 역시 후에 성구가 되어 미녀를 가리키는 말이 되었는데, 어떤 사람은 동린(東隣)이라고 하기도 한다.

등루거제 登樓去梯

오를 登 다락 樓 갈, 치울 去 사다리 梯

《송남잡지(宋南雜識)》

다락에 오르게 하고 사다리를 치운다는 뜻으로, 사람을 꾀어 어려운 처지에 빠지게 함을 비유적으로 이르는 말. 달콤한 말로 유혹한 후 상대방을 어려움 속에 내팽개치는 모습을 가리키는 표현이다.

순임금

《송남잡식》에 있는 이야기다.

천하의 명군으로 이름 높은 순(舜)임금이 아직 군주 자리에 오르기 전이었다. 그런데 순 임금의 어짊과는 반대로 그의 아버지와 아우는 순을 죽이지 못해 안달이었다.

어느 날, 아버지는 순에게 지붕 위에 올라가 지붕을 고치라고 명령했다. 착한 순은 사다리를 타고 지붕으로 올라갔다. 그런데 두 사람은 그 틈을 노려 사다리를 치우고 불을 질렀다.

그렇지만 지혜로운 순은 아버지와 아우가 살인자가 되지 않도록 올라갈 때 몰래 삿갓 두 개를 가지고 올랐고, 이를 낙하산처럼 이용해 아래로 피할 수 있었다. 이런 순의 사람됨이 세상 사람들에게 널리 퍼져 요(堯)임금이 순을 자신의 후계자로 삼았다.

이로써 역사상 가장 뛰어난 태평성대(太平聖代)를 이루었고 이 시대를 가리켜 요순시대라고 부르게 되었다.

등용문 登龍門

오를 登 용 龍 문 門

《후한서》 이응전(李膺傳)

입신출세(立身出世)에 연결되는 어려운 관문.

「등용문(登龍門)」이란 말은 쉽게 생각할 때, 용이 되어 하늘로 올라가는 문이란 뜻으로 풀이될 수도 있다. 또한 그런 뜻이 없는 것도 아니다.

이 등용문이란 말의 출전은 대개 이런 것이다.

후한(後漢)은 환관에 의해 망했다고들 한다. 이 환관과 맞서 싸운 정의파 관료의 영수로 지목되던 사람이 이응(李膺)이었는데, 그의 자(字)는 원례(元禮)였다. 혼자 퇴폐한 기강을 바로잡으려고 애쓰는 이응은 그의 몸가짐이 또한 고결했다. 이리하여 「천하의 모범은 이 원례」라고까지 칭찬을 받게 되었는데, 특히 청년 관료들은 그와 알게 되는 것을 등용문이라고 부르며 몹시 자랑으로 알고 있었다는 것이다.

《후한서》 이응전에 보면,

「선비들로 그의 용접(容接)을 받는 사람이 있으면 이름하여 등용문이라고 했다(士有被其容接者 名爲登龍門)」고 나와 있다.

여기 나오는 등용문은 「용문(龍門)에 오른다」는 뜻인데, 여기에 인용된 이응전의 주해에 따르면, 용문이란 것은 황하 상류에 있는 산골짜기 이름으로, 이 근처는 흐름이 가파르고 빨라서 보통 고기들은 올라갈 수가 없었다.

그래서 강과 바다의 큰 고기들이 이 용문 밑으로 모여드는 것이

수천 마리에 달했지만 도저히 올라가지를 못했다. 만일 오르기만 하면 그때는 용이 된다는 것이다.

원문을 소개하면 이렇다.

「하진은 일명 용문인데, 물이 험해 통하지 못한다. 물고기나 자라의 무리는 오를 수가 없었다. 강과 바다의 큰 물고기가 용문 밑으로 모이는 것이 수천이었지만, 오르지는 못한다. 오르면 용이 된다(河律一名龍門 水險不通 魚鱉之屬莫能上 江海大魚薄集龍門下數千不得上 上則爲龍也)」

이응의 문하에 모여드는 신진 관료들의 경우는 천하의 명류(名流)와 함께 정의정치에 몸을 바칠 수 있다는 순진한 동기의 감격이 이 말을 생기게 했음에 틀림이 없다. 그러나 좀 더 속되게 말하면 모든 출세 가도의 실마리를 잡는 것이 「등용문」이다. 중국에서는 특히 「진사(進士)」 시험에 합격하는 것이 입신출세의 첫걸음이라는 뜻에서 「등용문」이라 불리었다.

즉 등용문은 물고기가 난관을 돌파하고 용이 될 수 있는 기회를 얻게 되는 것으로, 이것을 이응의 지우(知遇)를 얻는 것에 비유해 쓴 것이 처음이었는데, 당대(唐代)에 와서는 오로지 과거에 급제하는 것을 가리켜 말하게 되었다.

그리고 「등용문」의 반대를 의미하는 말에 「점액(點額)」이란 것이 있다. 액(額)이란 이마, 점(點)이란 상처 입힌다는 뜻. 용문으로 올라가려고 급류에 덤벼든 물고기들이 물살에 휘말려 근처에 있는 바위에 이마를 부딪쳐 정신을 잃고 다시 하류로 전락하는 것, 즉 출세 경쟁의 패배자, 낙제한 자를 말하는 것이다.

오늘날 고등고시나 그 밖의 시험에 합격하는 것을 「등용문」이라고 하는 것도 역시 출세의 관문이란 뜻이다.

등태산이소천하 登泰山而小天下

오를 登 클 泰 뫼 山 말이을 而 작을 小 하늘 天 아래 下

《맹자》 진심상(盡心上)

「태산(泰山)에 올라가면 천하가 조그맣게 보인다」 고 하는 뜻으로, 사람은 그가 있는 위치에 따라 보는 눈이 달라진다는 말이다.

《맹자》 진심상에 있는 말로서, 원문을 소개하면 이런 내용이다.

「공자께서 노나라 동산(東山)에 올라가서는 노나라를 작게 여기시고, 태산에 올라가서는 천하를 작게 여기셨다. 그렇기 때문에 바다를 구경한 사람에게는 어지간한 큰 강물 따위는 물같이 보이지 않고, 성인(聖人)의 문에서 배운 사람에게는 어지간한 말들은 말같이 들리지가 않는 법이다……」

맹자는 이 말에 이어 물의 성질과 해와 달의 밝음과 진리에 뜻을

태 산

둔 사람의 걸어가야 할 길에 대해서 설명하고 있다.

노나라는 조그만 나라다. 그러나 도성이나 시골이나 앞이 막힌 평지에서는 노나라가 큰지 작은지를 볼 수도 알 수도 없다. 설사 간접적인 견문을 통해 노나라가 작은 나라인 것을 알고 있다 해도 그것을 실제로 느끼지 못한다.

맹 자

그러나 노나라가 어느 정도인 것을 환히 굽어보게 되므로 노나라가 과연 작은 나라로구나 하는 것을 알게 된다.

그러나 노나라가 조그맣게 보이는 동산(東山)에서는 천하가 어느 정도 넓다는 것을 모른다. 다만 넓은 천하에 비해 노나라가 작은 것만을 알 뿐이다. 하지만 높이 솟은 태산 위에 올라 보면 넓은 줄만 알았던 천하마저 조그맣게 보이는 것이다.

이와 마찬가지로, 바다를 구경한 사람은 크게 보이던 강물이 너무도 작게 생각되고, 성인과 같은 위대한 분에게 조석으로 가르침을 받은 사람은, 옛날 좋게 들리고 훌륭하게 느껴졌던 말들이 한갓 말재주나 부린 알맹이 없는 것으로 느껴질 뿐이라는 것이다.

이상이 맹자가 한 말의 본뜻이었는데, 지금은 이 「태산에 오르면 천하가 작게 보인다」는 말을 좋은 뜻에서보다 사람의 일관성 없는 태도를 비유해서 말하기도 하고, 「개구리가 올챙이 적 생각을 못한다」는 의미로 쓰이기도 한다.

다다익판(多多益辦)　　많을 多 /더할 益 /판별할 辦

많으면 많을수록 더욱더 잘 처리한다. 또는 처리할 수 있다. 또 많으면 많을수록 좋다는 뜻. 유 다다익선. 《한서》 한신전.

다언삭궁(多言數窮)　　많을 多 /말씀 言 /자주 數 /다할 窮

말이 많으면 자주 곤경에 빠짐. 삭(數)은 잦은 것을 뜻한다. 《노자(老子)》

다전선고(多錢善賈)　　많을 多 /돈 錢 /착할 善 /장사 賈

밑천이 많으면 마음대로 장사를 잘할 수 있다는 뜻으로, 자재(資材)가 많으면 일을 이루기가 쉬움을 이르는 말. 《한비자》

다정다한(多情多恨)　　많을 多 /정 情 /한할 恨

유난히 잘 느끼고, 또 원한도 잘 가짐. 애틋한 정도 많고 한스러운 일도 많음. 유 다정불심(多情佛心).

다정불심(多情佛心)　　많을 多 /정 情 /부처 佛 /마음 心

다정다감(多情多感)하고 착한 마음.

다천과귀(多賤寡貴)　　많을 多 /천할 賤 /적을 寡 /귀할 貴

많으면 천하고 적으면 귀하다는 말로, 모든 물건은 다과(多寡)에 의해서 그 가격의 높고 낮음이 정해짐을 이름. 《관자》

단금지계(斷金之契)　　자를 斷 /쇠 金 /갈 之 /맺을 契

쇠붙이를 자를 만큼 단단하다는 뜻으로, 매우 친밀한 우정이나 굳은 약속의 비유. 《역경》

단기지계(斷機之戒)　　자를 斷 /틀 機 /갈 之 /경계할 戒

맹자(孟子)가 공부를 하던 도중에 돌아왔을 때, 그의 어머니가 칼로 베틀의 실을 끊어서 훈계하였다는 고사에서, 학문을 중도에서 그만두는 것은 짜던 베의 날을 끊어버리는 것과 같음을 경계하여 이르는 말. ☞ 맹모단기(孟母斷機). 《후한서》

단도직입(單刀直入)　　홑 單 /칼 刀 /곧을 直 /들 入

혼자서 칼을 휘두르며 적진으로 곧장 쳐들어감. 또는 말을 하거나 글을 쓸 때, 군말이나 허두(虛頭)를 빼고 곧장 요지를 말함. 《전등록》

단란조보(斷爛朝報)　　자를 斷 /문드러질 爛 /아침 朝 /알릴 報

토막이 나고 일관성이 없는 관보(官報). 단편적인 기사밖에 실려 있지 않은 틀에 박힌 보도를 말한다. 《송사》

단문고증(單文孤證)　　홑 單 /글월 文 /외로울 孤 /증거 證

한 쪽의 문서, 한 개의 증거라는 뜻으로, 불충분한 증거를 말함. 물론 단문고증은 재판에서의 얘기만은 아니다. 학술연구의 논문, 학설이나 역사의 해석에도 들어맞는 말. 유 박인방증(博引旁證).

단사두갱(簞食豆羹)　　대광주리 簞 /밥 食(사) /콩 豆 /국 羹

대나무 그릇에 담긴 밥과 제기(祭器)에 담긴 국이란 뜻으로, 변변치 못한 음식, 얼마 안되는 음식. 《맹자》 비 단사호장(簞食壺漿).

단사표음(簞食瓢飮)　　대광주리 簞 /밥 食(사) /박 瓢 /마실 飮

☞ 일단사일표음(一簞食一瓢飮).

단순호치(丹脣皓齒)　　붉을 丹 /입술 脣 /빛날 皓 /이빨 齒

붉은 입술과 흰 이란 뜻으로, 여자의 아름다운 얼굴의 비유.

비 명모호치(明眸皓齒).

단애청벽(丹崖靑壁)　붉을 丹 /낭떠러지 厓 /푸를 靑 /벽 壁

붉은빛의 낭떠러지와 푸른빛의 석벽이 높고 아름답듯이, 인품이 고상함. 또는 보기 힘든 사람을 만남의 비유. 《서언고사(書言故事)》

단표누항(簞瓢陋巷)　대광주리 簞 /표주박 瓢 /누추할 陋 /거리 巷

도시락, 표주박과 누추한 마을. 곧 소박한 시골살림.

단항절황(斷港絶潢)　끊을 斷 /항구 港 /끊을 絶 /웅덩이 潢

막다른 지류(支流)와 이어진 곳이 없는 못이란 뜻으로, 연락이 끊어짐의 비유.

달인대관(達人大觀)　통달할 達 /사람 人 /클 大 /자세히 볼 觀

식견이 높고 사리에 통해 있는 사람은 사물을 높은 견지에서 관찰하여 공평한 판단을 함을 이르는 말.

담대어신(膽大於身)　쓸개 膽 /클 大 /어조사 於 /몸 身

쓸개가 몸뚱이보다 크다는 뜻으로, 담력이 아주 크다는 말. 《당서》

담석지저(儋石之儲)　두 섬 儋 /한 섬 石 /갈 之 /쌓을 儲

담은 두 섬, 석은 한 섬, 곧 분량의 단위로, 얼마 되지 않는 곡식. 또는 얼마 되지 않는 분량을 가리킨 데서, 얼마 되지 않는 저축을 이르는 말. 《한서》

담여두대(膽如斗大)　쓸개 膽 /같을 如 /말 斗 /클 大

배짱이 한 말들이 말처럼 크다는 뜻으로, 배짱이 두둑하여 웬만한 일에는 끄떡도 하지 않음의 비유. 《삼국지》 촉지.

담천조룡(談天彫龍)　말씀 談 /하늘 天 /새길 彫 /용 龍

전국시대 제(齊)나라의 추연(騶衍)과 추석(騶奭)의 고사에

서, 천상(天象)을 이야기하고 조각한다는 뜻으로, 변론이나 문장이 원대(遠大)하고 고상함의 비유. 《사기》

당랑박선(螳螂搏蟬) 사마귀 螳 /사마귀 螂 /잡을 搏 / 매미 蟬

사마귀가 매미를 잡는다는 말로. 이익을 탐하여 자신의 처지를 돌아보지 않는 어리석은 행동에 대한 경고의 의미다. 장주(莊周)가 조릉(雕陵)이라는 밤나무 밭 울타리 안을 거닐다가 문득 남쪽에서 이상하게 생긴 까치 한 마리가 날아오는 것을 보았다. 그 까치의 날개넓이는 일곱 자, 눈의 직경은 한 치나 되었다. 까치는 장주의 이마를 스치고는 밤나무 숲에 가서 앉았다. 장주는 혼잣말로 이렇게 말했다. 「저건 대체 무슨 새일까? 날개는 큰데 높이 날지 못하고, 눈은 크나 보지 못하다니!」 그리고는 아랫도리를 걷어 올리고 재빨리 다가가 활을 쥐고 그 새를 쏘려 했다 그러다 문득 보니, 매미 한 마리가 시원한 나무그늘에 앉아 제 몸을 잊은 듯 울고 있었고, 바로 곁에는 사마귀 한 마리가 나뭇잎 그늘에 숨어서 이 매미를 잡으려고 정신이 팔려 스스로의 몸을 잊고 있었다. 이상하게 생긴 까치는 이 기회에 사마귀를 노리면서 정신이 팔려 제 몸을 잊고 있었다. 장주는 이 꼴을 보고 깜짝 놀라서 이렇게 외쳤다. 「아, 모든 사물이란 본래 서로 해를 끼치고, 이(利)와 해(害)는 서로를 불러들이고 있구나!」 그리고는 활을 내버리고 도망치듯 나왔다. 그때 밤나무밭 지기가 쫓아와 장주가 밤을 훔친 줄로 알고 꾸짖었다. 장주는 집에 돌아온 뒤 석 달 동안 마음이 편하지 못했다. 제자 인저(藺且)가 물었다. 「선생님께서 요즘 언짢으신 까닭이 무엇입니까?」 장주는 대답했다. 「나는 외물(外物)에 사로잡혀 내 몸을 잊고 있었다. 흙탕물을 보느라고 맑은 못을 잊듯이, 외물에 사로잡혀 자연의 대도(大道)를 놓치고 있었다. 나는 또 선생님으로부터 『속세에 들어가면 그 속세를 따르라』는 말을 들었는데도, 이번에 조릉을 거닐며 내 몸을 잊었고, 이상한 까치는 내 이마에 닿았다가 밤나무 숲에서 노닐며 그 몸을 잊었으며, 나는 밤나무 밭지기로부터 꾸지람을 듣고 모욕을 당했다. 그래서 내가 이렇게 언짢은 것이다」《장자》

당랑재후(螳螂在後)　　사마귀 螳 /사마귀 螂 /있을 在 /뒤 後

사마귀가 뒤에 있다는 말로, 이익을 탐하여 자신의 처지를 돌아보지 않음을 이르는 말. 초장왕이 진(晋)나라를 공격하려고 하면서 이렇게 포고했다. 「감히 간언하는 자는 죽음이 있을 뿐 사면은 없다」 손숙오(孫叔敖)가 말했다. 「신은 채찍의 엄함을 두려워하여 아버지에게 감히 간언하지 못하는 자는 효자가 아니며. 부월(斧鉞)의 형벌을 두려워하여 감히 군주에게 간언하지 못하는 자는 충신이 아니라고 들었습니다」 그리고는 마침내 나아가 말했다. 「신의 정원에 느티나무가 있는데, 그 위에 매미가 있습니다. 매미는 막 날개를 펴고 슬피 울며 맑은 이슬을 마시려고 하면서 사마귀가 뒤에서 목을 굽혀 자기를 잡아먹으려 하고 있음을 알지 못합니다. 사마귀는 매미를 먹으려고 하면서 참새가 뒤에서 목을 들고 쪼아 먹으려고 하는 것을 모릅니다. 참새는 사마귀를 먹으려고 하면서 어린아이가 아래에서 탄환을 장전하여 쏘려고 하는 것을 모릅니다. 어린아이는 참새에게 탄환을 쏘려고 하면서 앞에는 깊은 웅덩이가 있고 뒤에는 굴이 있는 것을 모릅니다. 이것은 모두 앞의 이익 때문에 뒤의 해로움을 돌아보지 않는 것입니다 유독 곤충의 무리만이 이와 같은 것이 아닙니다. 사람 역시 그러합니다. 지금 왕께서는 저쪽의 땅을 탐하는 것이 병사들을 즐겁게 하는 일인 줄 알고 있지만, 나라가 게으르지 않고 진나라가 안정된 것은 저의 힘인 것입니다」 초장왕은 이 말을 듣고 느끼는 바가 있었다. 《한시외전》

당랑포선(螳螂捕蟬) 사마귀 螳 /사마귀 螂 /사로잡을 捕 /매미 蟬

사마귀가 매미를 잡으려는데, 참새는 그 뒤에서 사마귀를 노리고 있다는 성구(成句)에서, 눈앞의 이익에만 눈이 어두워 자신에게 당장 닥쳐올 재난은 생각지 못함의 비유. 《설원》

당의즉묘(當意卽妙) 당할 當 /뜻 意 /곧 卽 /묘할 妙

그 자리에 잘 적응하고, 재빠르게 재치를 발휘하는 모양을 가리킨다. 임기응변으로 말을 잘 골라 표현하는 것.

대갈일성(大喝一聲) 클 大 /성난소리 喝 /한 一 /소리 聲

분별이 없음을 주의하기 위해 큰 소리로 한방 꾸짖는 것. 불교에서 선종(禪宗)의 말로 사자(死者)를 인도할 때 크게 부르는 소리를 갈(喝)이라고 한다. 《수호전》 비 대공일성(大吼一聲).

대공무사(大公無私) 클 大 /공변될 公 /없을 無 /개인 私

공평무사함. 대의를 위해서 사소한 원한은 잊어버리고 일을 추진하거나 사람을 추천하는 일을 비유하는 말. 유 대의멸친(大義滅親).

대교약졸(大巧若拙) 클 大 /공교할 巧 /같을 若 /서투를 拙

아주 교묘한 재주를 가진 사람은 그 재주를 자랑하지 아니하므로 언뜻 보기에는 서투른 것 같다는 뜻. 《노자》

대기소용(大器小用) 클 大 /그릇 器 /작을 小 /쓸 用

대기는 훌륭한 재능, 도량을 가진 인재. 소용은 작은 일에 쓰인다는 뜻. 유능한 사람이 적재적소에 쓰이지 못함의 비유. 《후한서》 비 기복염거(驥服鹽車).

대담무쌍(大膽無雙)　　클 大 /쓸개 膽 /없을 無 /쌍 雙

배짱이 있어서 적을 조금도 두려워하지 않는 모양. 담이 차 있어 어떤 일에도 놀라지 않는 사람의 형용.

대동사회(大同社會)　　클 大 /같을 同 /단체 社 /모일 會

손문(孫文)이 삼민주의(三民主義)를 부르짖으며 신해혁명을 완수했을 때 대동사회란 말을 쓰면서부터 이 성구는 널리 알려지게 되었다. 「대동」은 크게 같다, 또는 완전하게 같다, 라는 의미다. 중국에서는 아주 오랜 옛날부터 즐겨 쓰였으며, 여러 문헌에서 보인다. 《장자》, 《열자》, 《서경》, 《공자가어(孔子家語)》 등등.

대변약눌(大辯若訥)　클 大 /말 잘할 辯 /같을 若 /말더듬을 訥

진정으로 웅변인 사람은 오히려 어눌(語訥)해 보인다는 말. 《노자》

대분망천(戴盆望天)　　일 戴 /쟁반 盆 /바랄 望 /하늘 天

머리에 쟁반을 이고 하늘을 바라볼 수 없듯이, 두 가지 일을 동시에 할 수 없다는 뜻. 《사기》

대성이왕(戴星而往)　　일 戴 /별 星 /말이을 而 /갈 往

별을 이고 간다는 뜻으로, 이른 아침에 일찍 일어나 간다는 말. 대성출(戴星出). 《여씨춘추》

대안지화(對岸之火)　　대할 對 /기슭 岸 /갈 之 /불 火

강 건너 불이라는 뜻으로, 자기에게 관계없는 일을 이르는 말.

대언장어(大言壯語)　　클 大 /말씀 言 /씩씩할 壯 /말씀 語

제 주제에 당치 않은 말을 희떱게 지껄임. 또 그러한 말을 일컫는다. 대언은 뽐내어 과장되게 말하는 것. 호언(豪言)과 같다. 유 호언장담.

대의명분(大義名分)　　클 大 /옳을 義 /이름 名 /나눌 分

국민으로서, 또는 인간으로서 지켜야 할 절의(節義)와 분수. 떳떳한 명목. 정당한 명분. 방침으로서 표면상 내건 목적이나 이유. 대의는 인간이 마땅히 행해야 할 중대한 의리. 명분은 도덕상 구별된 명의(名義)에 따라 반드시 지켜야 할 사람 된 행위의 한계.

대인호변(大人虎變)　　클 大 /사람 人 /호랑이 虎 /변할 變

호랑이털이 가을이 되어 새로 나서 그 무늬가 선명해지듯이 훌륭한 왕자(王者)가 개혁을 하면 명쾌한 변화를 이룰 수 있음을 이르는 말. 《역경》

대자대비(大慈大悲)　　클 大 /사랑할 慈 /슬플 悲

넓고 커서 가없는 자비. 부처의 광대무변한 자비. 자비는 불쌍히 여김. 측은지심(惻隱之心). 《법화경》

대하동량(大廈棟梁)　　클 大 /큰 집 廈 /용마루 棟 /들보 梁

큰 집을 지을 때 쓰이는 기둥과 대들보라는 말로, 나라의 중대한 임무를 맡을 뛰어난 인재를 이르는 말. 《회남자》 유 동량지신(棟樑之臣).

대한색구(大寒索裘)　　클 大 /찰 寒 /찾을 索 /갖옷 裘

대한(大寒)이 되어서야 갖옷을 찾는다는 뜻으로, 일이 터지고 나서 법석을 떤다는 말. 또는 일이 일어나고 나서 준비하면 늦음을 비유한 말. 《양자법언(揚子法言)》

대해일적(大海一滴)　　클 大 /바다 海 /한 一 /물방울 滴

큰 바다에 물방울 하나라는 뜻으로, 극히 미약한 것을 이르는 말. 비 창해일속(滄海一粟).

대화유사(大化有四)　　클 大 /될 化 /있을 有 /넉 四

대화(大化)는 인생에 있어 특별히 두드러진 성장의 단계, 변화의 뜻. 사람의 일생에 있어서의 변천에는 네 단계가 있다. 곧 아기의 시절, 젊고 혈기왕성한 시절, 늙은 시절, 그리고 죽음의 시절이 그것이다. 《열자》 천서(天瑞).

도견와계(陶犬瓦鷄) 질그릇 陶 /개 犬 /기와 瓦 /닭 鷄

도견(陶犬)은 도자기로 된 개. 와계(瓦鷄)는 질그릇 닭. 곧 형체만 있고 실용은 되지 않음의 비유. 《금루자(金樓子)》

도구과두(跣跔科頭) 뛸 跣 /곱을 跔 /과정 科 /머리 頭

도구(跣跔)는 맨발. 과두(科頭)는 갓이나 두건 등을 쓰지 않은 맨머리, 즉 맨발에 맨머리라는 뜻으로, 용기 있는 병사를 비유하는 말. 《사기》

도남붕익(圖南鵬翼) 도모할 圖 /남녘 南 /대붕새 鵬 /날개 翼

☞ 도남(圖南).

도량발호(跳梁跋扈) 뛸 跳 /들보 梁 /밟을 跋 /뒤따를 扈

악인이 거리낌 없이 날뛰는 행동이 만연하는 것. 악한 자들이 멋대로 세력을 떨치는 모양.

도로이목(道路以目) 길 道 /길 路 /써 以 /눈 目

길에서 만나는 사람끼리 서로 눈짓으로 뜻을 전달한다는 뜻으로, 감시가 두려워 백성들은 감히 말하지 못하고 눈짓으로 불만을 서로 통함을 이르는 말. 《국어(國語)》

도말시서(塗抹詩書) 바를 塗 /바를 抹 /시 詩 /책 書

도말은 처바르다, 매대기치다 의 뜻. 「시서(詩書)」는 유가(儒家)에서 가장 중시하는 경전인 《시경》과 《서경》을 말한다. 시서를 매대기친다는 뜻으로, 유아(乳兒)를 가리키는 말. 《노동시(盧仝詩)》

도모시용(道謨是用)　　길 道 /꾀 謨 /옳을 是 /쓸 用

길가에 집을 지으면서 행인들과 일일이 상의한다는 말로, 주관이 없이 남의 의견만을 좇는 사람은 성공할 수 없음의 비유. 《시경》

도문계살(屠門戒殺)　　잡을 屠 /문 門 /경계할 戒 /죽일 殺

푸줏간에서 죽이기를 경계한다는 뜻으로, 전혀 있을 수 없는 일을 비유하여 이르는 말. 《순오지》 ㊒ 도문담불(屠門談佛).

도문담불(屠門談佛)　　잡을 屠 /문 門 /이야기 談 /부처 佛

푸줏간에서 불도(佛道)를 논한다는 뜻으로, 언행이 주위 환경과 전혀 맞지 않음의 비유.

도비순설(徒費脣舌)　　무리 徒 /쓸 費 /입술 脣 /혀 舌

입술과 혀만 수고롭게 한다는 뜻으로, 부질없이 말만 많고 보람이 없음의 비유.

도원일모(道遠日暮) ☞ 일모도원(日暮途遠).

도주의돈(陶朱猗頓) ☞ 도주지부.

독불장군(獨不將軍)　　홀로 獨 /아니 不 /장수 將 /군사 軍

혼자서는 장군이 될 수 없다는 뜻으로, 남과 협조해야 한다는 말. 또는 따돌림을 받는 외로운 사람을 가리킴. 또 무슨 일이나 독단적으로 처리하는 사람을 이르기도 한다.

독서삼매(讀書三昧)　　읽을 讀 /책 書 /석 三 /새벽 昧

오로지 책읽기에만 골몰함을 이르는 말.

독서상우(讀書尙友)　　읽을 讀 /책 書 /오히려 尙 /벗 友

책을 읽음으로써 옛 현인(賢人)들과 벗이 될 수 있다는 뜻. 《맹자》

독수공방(獨守空房)　　홀로 獨 /지킬 守 /빌 空 /방 房

부부가 서로 별거하여 여자가 남편 없이 혼자 지냄. 독숙공방(獨宿空房).

독장난명(獨掌難鳴) ☞ 고장난명(孤掌難鳴).

돈오점수(頓悟漸修)　조아릴 頓 /깨달을 悟 /점점 漸 /닦을 修

갑자기 깨닫고 점진적으로 수행한다는 뜻으로, 선가(禪家)의 수행 방법의 하나로 부처가 되기 위해 먼저 진리를 깨친 뒤에 여러 겁(劫)을 통해 익혀온 습기(習氣)를 점차 제거해 가는 수행 방법을 말한다.

돈제우주(豚蹄盂酒)　돼지 豚 /발굽 蹄 /사발 盂 /술 酒

돼지발굽 하나와 한 잔의 술이란 뜻으로, 곧 약간의 술과 안주. 《사기》 ☞ 돈제일주(豚蹄一酒). ㊌ 단사표음(簞食瓢飮).

동공일체(同功一體)　같을 同 /공 功 /한 一 /몸 體

공훈(功勳)과 지위가 같음. 일의 공효(功效)가 같음. 《사기》

동기상구(同氣相求)　같을 同 /기운 氣 /서로 相 /구할 求

마음이 맞는 사람은 서로가 찾아서 모여든다는 말. 또는 서로 마음이 맞는 사람끼리라는 말. 《역경》

동량지신(棟梁之臣)　용마루 棟 /들보 梁 /의 之 /신하 臣

기둥과 들보가 될 신하라는 뜻으로, 나라의 국정 대사를 맡아 다스릴 만한 신하. 동량지재(棟梁之材).

동문서답(東問西答)　동녘 東 /물을 問 /서녘 西 /대답 答

어떤 물음에 당치도 않은 엉뚱한 대답을 함. 문동답서. 《송남잡식》

동방화촉(洞房華燭)　골 洞 /방 房 /화려할 華 /촛불 燭

혼례를 치른 뒤에 신랑이 신부 방에서 자는 일. 동방은 안방, 부인의 방, 규방(閨房). 화촉은 花燭이라고도 쓴다. 화려한 등

불, 혼례석상의 등불. 결혼의 뜻.

동분서주(東奔西走)　동녘 東 /분주할 奔 /서녘 西 /달릴 走

동으로 달려갔다가 서로 달려갔다가, 이리저리 뛰어다니는 것. 유 남선북마(南船北馬).

동산고와(東山高臥)　동녘 東 /뫼 山 /높을 高 /누울 臥

동산의 높은 곳에 누워 있다는 말로, 동산에 숨어 살며 자유로운 생활을 하는 것을 비유한다. 동산은 절강성 임안현 서쪽에 위치한 산 이름이며, 고와는 세상을 피해 산 속에 숨어 평화롭게 사는 것을 말한다. 《세설신어》

동상이몽(同床異夢)　같을 同 /상 床 /다를 異 /꿈 夢

두 사람이 같은 잠자리에 자면서 각기 다른 꿈을 꾼다. 즉 일을 함께 하면서 각자 생각이 다른 것. 《여주원회비서(與朱元晦秘書)》

동선하로(冬扇夏爐) ☞ 하로동선.

동섬서홀(東閃西忽)　동녘 東 /번쩍할 閃 /서녘 西 /돌연 忽

동에 번쩍 서에 번쩍 한다는 뜻으로, 이리저리 왔다 갔다 함을 일컬음.

동성상응(同聲相應)　같을 同 /소리 聲 /서로 相 /응할 應

같은 소리는 서로 응한다는 뜻으로, 같은 무리끼리 서로 통하여 응함. 《역경》 비 동기상구(同氣相求).

동성이속(同聲異俗)　같을 同 /소리 聲 /다를 異 /풍속 俗

성(聲)은 갓난아기의 첫 울음소리, 속(俗)은 습속(習俗)을 말한다. 곧 태어날 때의 첫 울음소리는 똑같지만, 성장해서 몸에 익혀진 습관은 제각기 다르다는 뜻으로, 사람은 환경이나 교육에 따라서 변화함을 비유한 말. 《순자》 권학.

동심동덕(同心同德) 같을 同 /마음 心 /덕 德

같은 목표를 위해서 다 같이 힘쓰고 노력함을 이르는 말. 《상서》 태서편,

동악상조(同惡相助) 같을 同 /악할 惡 /서로 相 /도울 助

나쁜 짓을 위해서는 악인이라도 서로 돕는다는 뜻으로, 악인끼리 서로 도와 나쁜 짓을 한다는 말. 《사기》

동업상구(同業相仇) 같을 同 /일 業 /서로 相 /원수 仇

동업자는 이해관계에 따라서는 서로 원수가 되기 쉽다는 말. 《소서(素書)》

동우각마(童牛角馬) 아이 童 /소 牛 /뿔 角 /말 馬

뿔이 없는 망아지와 뿔이 있는 말이란 뜻으로, 도리에 어긋남을 비유하는 말.

동이불화(同而不和) 같을 同 /말이을 而 /아니 不 /화할 和

동(同)은 임시로 그 자리에서만 사이좋게 지내는 것. 화(和)는 서로가 도우며 상대방의 일을 서로가 배려하는 그런 사귐. 곧 하찮은 소인(小人)의 사귐. 《논어》 자로. 반 화이부동(和而不同).

동장무간(同藏無間) 같을 同 /감출 藏 /없을 無 /사이 間

남녀의 옷을 한 옷장에 넣고 따로따로 두지 않는다는 뜻으로, 늙어서 서로가 스스럼이 없음을 이르는 말.

동절최붕(棟折榱崩) 용마루 棟 /꺾을 折 /서까래 榱 /무너질 崩

마룻대가 부러지면 서까래도 무너져버리고 만다는 뜻으로, 윗사람이 잘못 되면 아랫사람도 온전할 수 없음을 일컫는 말. 《좌전》 비 순망치한.

동족방뇨(凍足放尿) 얼 凍 /발 足 /놓을 放 /오줌 尿

언 발에 오줌 누기라는 뜻으로, 어떤 사물이 한때의 도움이 될 뿐 바로 효력이 없어짐을 일컫는 말. 《순오지》 비 미봉책.

동주상구(同舟相救)　　같을 同 /배 舟 /서로 相 /구할 救

같은 배를 탄 사람은 배가 전복될 때 서로 힘을 모아 구한다는 뜻으로, 이해를 함께하는 사람은 아는 사이건 모르는 사이건 서로 돕게 됨의 비유. 《손자》 비 오월동주.

동해양진(東海揚塵)　　동녘 東 /바다 海 /오를 揚 /티끌 塵

동해에 티끌이 오른다는 뜻으로, 바다가 육지로 변함을 이르는 말. 유 상전벽해(桑田碧海).

두동치활(頭童齒闊)　　머리 頭 /아이 童 /이 齒 /트일 闊

머리가 벗겨지고 이가 빠짐. 곧 늙음의 형용.

두발상지(頭髮上指)　　머리 頭 /터럭 髮 /윗 上 /손가락 指

노여움으로 머리털이 곤두선다는 뜻으로, 몹시 노하는 모습의 형용. 《사기》 항우.

두양소근(頭癢搔跟)　　머리 頭 /가려울 癢 /긁을 搔 /발뒤꿈치 跟

머리가 가려운데 발뒤꿈치를 긁는다는 뜻으로, 무익한 일을 함의 비유. 《역림(易林)》 비 격화소양(隔靴搔癢).

두절사행(斗折蛇行)　　말 斗 /꺾을 折 /뱀 蛇 /갈 行

두절은 북두칠성(北斗七星)의 구부러진 모양. 사행은 뱀처럼 구불구불 구부러져 있는 모양. 곧 물의 흐름이나 길 등이 구불구불 굽어 있는 모양. 유종원 「지소구서소석담기(至小邱西小石潭記)」

두한족열(頭寒足熱)　　머리 頭 /찰 寒 /발 足 /더울 熱

머리는 차게 두고 발은 덥게 하는 것. 예부터 전해지는 건강법의 하나.

득기소재(得其所哉)　　얻을 得 /그 其 /바, 장소 所 /어조사 哉

자신의 처지가 자신의 능력이나 뜻에 부합해서 만족스러운 상태에 놓여 있음을 비유하여 이르는 말. 《맹자》

득부상부(得斧喪斧)　　얻을 得 /도끼 斧 /잃을 喪

얻은 도끼나 잃은 도끼나 그게 그거라는 말로, 얻고 잃은 것이 없다는 뜻.

득일망십(得一忘十)　　얻을 得 /한 一 /잊을 忘 /열 十

하나를 알면 열을 잊어버린다는 뜻으로, 기억력이 좋지 못함을 이름. 반 문일지십(聞一知十).

득친순친(得親順親)　　얻을 得 /친할 親 /순할 順

부모 뜻에 들고 부모의 뜻에 순종한다는 뜻으로, 효자의 행실을 일컬음. 《맹자》

등고능부(登高能賦)　　오를 登 /높을 高 / 능할 能/ 부 賦

군자(君子)는 높은 산에 오르면 반드시 시를 지어 회포(懷抱)를 품.

등과외방(登科外方)　　오를 登 /과정 科 /바깥 外 /모 方

과거(科擧)에 급제(及第)하여 지방관(地方官)에 임명(任命)되는 일

등고이초(登高而招)　　오를 登 /높을 高 /말이을 而 /부를 招

높은 곳에 올라 사람을 부른다는 뜻으로, 수신(修身)을 하기 위해서는 배움에 의해야 함을 이르는 말. 또는 효과를 얻기 위해서는 사물을 잘 이용해야 한다는 말. 《순자》

등루거제(登樓去梯)　　오를 登 /다락 樓 /갈 去 /사다리 梯

다락에 오르게 하고 사다리를 치운다는 뜻으로, 사람을 꾀어서 어려움에 빠지게 함을 가리키는 말. 《송남잡식(宋南雜識)》

등산임수(登山臨水)　　오를 登 /산 山 /임할 臨 /물 水

산에 오르고 물가에 나아감을 이르는 말로, 명산대천(名山大川)의 명승지(名勝地)를 유람(遊覽)한다는 뜻

등태소천(登泰小天)　　오를 登 /클 泰 /작을 小 /하늘 天

태산(泰山)에 오르면 천하가 작게 보인다는 말로, 큰 도리(道理)를 익힌 사람은 사물에 얽매이지 않는다는 뜻.

등화가친(燈火可親)　　등 燈 /불 火 /옳을 可 /친할 親

가을밤은 등불을 가까이 하여 글 읽기에 심기(心氣)가 좋은 시절. 등화가친의 계절은 곧 가을을 일컫는다. 한유(韓愈)의 시.

등황귤록(橙黃橘綠)　　등자나무 橙 /누를 黃 /귤나무 橘 /푸를 綠

초겨울의 경치. 또는 초겨울의 비유로도 쓰인다. 등(橙)은 등자. 일설에 유자라고도 한다. 등자가 노랗게 물들고, 귤이 파랗게 열리기 시작했음을 이르는 말. 소식 「증유경문(贈劉景文)」

등황귤록도(淸 화가 양진)

고사성어대사전

마각노출 → 밀운불우

馬脚露出 ➡ 密雲不雨

마각노출 馬脚露出

말 馬 다리 脚 드러날 露 날 出

《원곡(元曲)》

감춰진 진상이 드러나다.

말 다리가 드러나 보인다는 뜻으로, 숨기고 있던 꾀가 밖으로 드러났다는 말이다.

중국 원나라 때 「진주조미(陳州糶米)」라는 민속놀이가 크게 유행하였다. 진주조미는 두 사람이 말 모양의 자루와 탈을 뒤집어쓰고 동작을 맞추어 춤을 추는 놀이이다. 우리나라의 사자놀이와 비슷하다.

어느 날, 진주조미 놀이패는 태수 앞에서 공연을 하게 되었다. 태수 앞에서 하는 공연이라서 놀이패는 많은 연습을 했지만 그만큼 긴장도 되었다.

요란한 북소리에 맞추어 말이 달려 나왔다.

두 사람이 말 모양의 가죽과 말의 탈을 뒤집어쓴 것이지만 진짜 살아 움직이는 말과 아주 똑 같았다.

그런데 태수 앞이라서 너무 긴장한 배우가 그만 발걸음이 흐트러지면서 그만 말의 다리가 찢어져서 사람의 다리가 드러나고 말았다.

이를 보던 태수가 「마각(말의 다리)이 드러나고(馬脚露出) 말았군!」하고 소리쳤다.

이 이야기에서 유래하여 「마각노출」이라는 말이 생겨났다.

오늘날에는 주로 「감춰진 진상이 드러나다」 또는 「숨기고 있던 정체가 드러나다」라는 뜻으로 널리 쓰인다.

마고소양 麻姑搔痒

삼 麻 시어미 姑 긁을 搔 가려울 痒

《신선전(神仙傳)》 마고(麻姑)편

마고라는 손톱이 긴 선녀가 가려운 곳을 긁어 준다는 말로, 일이 뜻대로 됨을 비유하는 말.

동진의 갈홍(葛洪)이 찬한 《신선전(神仙傳)》 마고(麻姑)편에 있는 이야기다. 《신선전》은 신선의 행적을 주요 내용으로 하고 장생불사를 중심 주제로 한 신선 설화집이자 신선 전기집이다.

한(漢)나라 환제(桓帝) 때 마고라는 선녀가 무리들과 함께 수도 장안(長安)에 들어와 채경(蔡經)이라는 관리의 집에 머물게 되었다.

마고의 손톱은 사람의 손톱과는 달리 길고 뾰족한 것이 마치 새의 발톱처럼 생겼다. 마고를 영접한 채경은 마고의 손톱을 보는 순간 마음속으로 이런 생각을 하였다.

「등이 가려울 때 저 손톱으로 긁는다면 얼마나 시원하겠는가!」

그런데 채경의 이런 불경한 생각은 바로 선녀들에게 읽히고 말았다. 방평(方平)이라는 선녀가 마음속으로 중얼거린 채경의 생각을 읽은 것이다. 방평은 곧 사람들을 불러 그를 끌어다 채찍질하고는, 「마고는 선녀이다. 너는 어찌하여 불경스럽게도 마고의 손톱으로 등을 긁을 수 있을 것이라는 생각을 하느냐」 하고 꾸짖었다.

「마고소양」은 힘이나 능력을 가진 사람의 도움으로 자기의 원하는 바를 뜻대로 이룸을 이르는 말이다. 오늘날에는 뜻이 확대되어 자기 일이 뜻대로 이루어짐을 비유하는 말로도 쓰인다. 「마고파양(麻姑爬痒)」과 같은 말이다.

마루 摩壘

갈 摩 진 壘

《좌전(左傳)》 선공(宣公) 12년

기량이나 지위가 상대와 백중함. 시문(詩文)의 기교가 옛사람이나 명인(名人)에게 필적함.

「적의 성루를 만질 수 있을 정도로 가까이 가다」 라는 뜻으로, 적진 가까이 쳐들어감. 기량이나 지위가 상대방과 거의 동등함. 원래는 능력이 비슷해서 호각(互角)의 역량에 육박하는 것을 뜻했는데, 나중에 의미가 다소 바뀌어 다른 사람의 작품이 옛날 대가의 그것을 필적할 때 칭찬하는 말로 쓰인다.

《좌전》 선공 12년에 있는 이야기다.

진(晋) · 초(楚)의 대립은 춘추의 천하를 근본적으로 흔들어 놓은 전쟁을 몇 번이나 일으켰는데 필(邲)의 싸움도 그 하나였다.

사건의 발단은 정(鄭)이다. 당시 중원의 약소국인 정은 남북의 위협을 함께 받아, 어느 때는 진(晋)에 붙고 어느 때는 초에 붙곤 하였다. 초의 장왕(莊王)은 이런 정나라의 변절을 미워하여 주(周)의 정왕(定王) 10년 정을 공격하여 항복시켰다.

이보다 먼저 진의 경공(景公)은 초가 정을 친다는 소문을 듣고 정을 구하기 위한 원군을 파견하였다. 순임보(筍林父)를 대장으로 하는 원군이 황하에 이르렀을 때, 정은 이미 초에게 항복하고 말았었다. 그래서 논의는 둘로 나누어졌다.

하나는 순임보와 사회(士會)의 주장인 돌아가자는 것으로서 차제에 귀국하는 것이 좋다는 의견과 또 하나는 선곡(先穀)을 선두로 하

는 강경론으로서, 여기까지 온 이상 일전불사의 의견이었다.

결국 선곡이 단독 행동으로 황하를 건너게 되니, 순임보도 내버려둘 수가 없어서 회전(會戰)의 방향으로 끌려 들어가고 말았다.

양군 접전 이전의 이와 같은 진의 내부적 약점은 최후까지 좋지 못한 결과를 가져왔다. 정의 사자가 진영에 와서 전쟁을 선동하였을 때도, 초의 사자가 빨리 물러나라고 권하러 왔을 때도 통일된 행동을 취할 수가 없었다. 필의 싸움에서 초의 장왕에게 이름을 떨치게 한 것도 우연한 일은 아니다. 필의 싸움은 많은 일화를 남기고 있는데, 여기 그 하나를 소개하겠다.

순임보

진·초 양군이 대치하고 있을 때의 일이다.

초의 허백(許伯)은 악백(樂伯)의 전차의 어자(御者 : 중앙에 탐)이고, 섭숙(攝叔)은 차우(車右 : 전차의 오른쪽에 탐)의 배승자였는데 이 세 사람은 상의하여 진군에 도전하기로 하였다. 세 사람은 각각 생각하는 바를 말했다. 먼저 허백이 말했다.

「내가 들은 바에 의하면 도전을 할 때는 어자는 기(旗)를 날릴 정도로 빨리 수레를 몰고 적의 진지에 육박하였다가 돌아온다더라(御靡旌 摩壘而還)」

이어 악백이 말했다.

「나는 이렇게 들었다. 도전할 때는 차좌(車左 : 전차의 왼쪽에 탐)의 전사는 활을 쏘고 나서, 어자에 대신하여 말고삐를 잡으며, 어자는 수레를 내려 말을 장식하고, 마구(馬具)를 정돈하여 돌아갈 만한 여유를 보여준다더라」

마지막으로 섭숙이 말했다.

「나는 도전할 때 전차 오른쪽에 탄 사람은 적의 성채에 쳐들어가 적을 죽여 귀를 베고, 포로도 잡아가지고 돌아간다고 듣고 있다」

이와 같이 하여 세 사람은 다 같이 제 각각 듣고 알고 있는 그대로를 실행하고 돌아가려 하였다. 그러나 진군은 이것을 추격하여 좌우에서 협공하려 하였다. 악백은 좌를 보고서는 말을 쏘고, 우를 보고서는 사람을 쏘았다.

그래서 진군(晋軍)도 나아갈 수가 없었다.

그러나 악백은 화살을 다 쏘고 겨우 한 개 만이 남았다. 이때 큰 사슴 한 마리가 앞으로 뛰어나왔다. 악백은 최후의 화살로 사슴의 급소를 맞혔다.

진의 포계(鮑癸)가 배후에서 육박하고 있었다. 악백은 순간적인 기지로 섭숙으로 하여금 사슴을 가져다가 포계에게 헌상하여 말하도록 하였다.

「아직 계절이 빨라 사슴의 공물(貢物)도 없을 것이오니, 변변치 않으나 종자(從者)들의 식탁에 올려주시옵기를……」

포계도 추격을 멈추고 말하였다.

「그 차좌(車左)의 인사는 활을 잘 쏘고, 차우(車右)의 인사는 말을 잘한다. 둘 다 군자이다」

이리하여 세 사람은 무사히 귀환하였다 한다.

「마루」는 세력이 백중(伯仲) 하다는 것을 말한다.

마부작침 磨斧作針

갈 磨 도끼 斧 지을 作 바늘 針

《방여승람(方與勝覽)》

도끼를 갈아 바늘을 만든다는 말로, 아무리 어려운 일이라도 꾸준히 노력하면 이룰 수 있다는 뜻. 남송 때 축목(祝穆)이 지은 지리서 《방여승람》과 《당서(唐書)》 문예전(文藝傳)에 보이는 말이다.

이 백

당나라 때 시선(詩仙)으로 불린 이백(李白)은 서역의 무역상이었던 아버지를 따라 어린 시절을 촉(蜀)에서 보냈다. 젊은 시절 도교(道敎)에 심취했던 이백은 유협(遊俠)의 무리들과 어울려 사천성 각지의 산을 떠돌기도 하였다. 이때 학문을 위해 상의산(象宜山)에 들어갔던 이백이 공부에 싫증이 나 산에서 내려와 돌아오는 길에 한 노파가 냇가에서 바위에 도끼를 갈고 있는 모습을 보게 되었다.

「할머니, 그걸 갈아 무엇 하시렵니까?」

그러자 그 노파가 대답했다.

「바늘을 만들려고 그러는 거라네」

노파의 말에 이백은 어이가 없어 웃으며 말했다.

「할머니, 그게 어디 될 법이나 한 일인가요? 괜히 헛수고 마세요」

그러자 노파는 정색을 하며 말했다.

시선 이백

「쉬지 않고 꾸준히 갈다 보면 왜 성공하지 못하겠는가」

노파의 말에 이백은 크게 깨달아 그 후부터 마음을 다잡아 공부를 열심히 했으며, 어려운 일에 부딪칠 때마다 그 노파의 말을 되새겨 보면서 꾸준히 노력하여 마침내 위대한 시인이 되었던 것이다.

「열 번 찍어 안 넘어가는 나무 없다」라는 「십벌지목(十伐之木)」과 비슷한 말이다. 즉 어떤 일이든지 꾸준히 노력하여 해나가면 언젠가는 반드시 성공한다는 말이다.

「무슨 일이든 꾸준히 노력하면 달성하게 된다」는 「우공이산(愚公移山)」이나, 「작은 물방울이 돌을 뚫는다는 뜻으로, 미미한 힘이라도 꾸준히 노력하면 큰일을 이룰 수 있다」는 「수적석천(水滴石穿)」과 같은 의미로, 아무리 어려운 일이라도 끈기를 가지고 계속 노력하면 마침내 이룰 수 있다는 뜻이다.

마상득지 馬上得之

말 馬 위 上 얻을 得 어조사 之

《사기》 역생육고(酈生陸賈)열전

말을 타고 싸우며 동분서주하여(전쟁을 하여) 천하를 얻었음을 이르는 말.

육고(陸賈)는 초나라 사람이다. 빈객으로서 고조를 따라 천하를 평정했다. 변설(辯舌)의 재주가 있는 선비로 널리 알려졌고, 고조의 측근에 있으면서 늘 제후들에게 사자로 나가곤 했다. 고조는 육고를 태중대부(太中大夫)에 임명했다.

한고조와 육고

육생(陸生 : 육고)은 어전에 나아가 강의할 때마다 《시경(詩經)》과 《서경(書經)》에 관한 것만 이야기했다. 이에 고조는 짜증을 내며 이렇게 말했다.

「나는 말 위에서 천하를 얻었던 것이오. 어찌하여 시서(詩書) 따위에 얽매이겠소」

그러자 육생이 말했다.

「말 위에서 천하를 얻었다 하여도 어찌 말 위에서 천하를 다스리실 수 있겠습니까(居馬上得之 寧可以馬上治乎)? 탕왕과 무왕은 역

한고조 유방

도(逆道)로 천하를 얻었지만, 지킬 때는 순도(順道)로 지켰습니다. 문무(文武)의 도를 겸용하는 것이야말로 천하를 길이 보존하는 길입니다. 옛날 오왕 부차(夫差)와 지백(智伯)은 무력을 지나치게 쓴 탓으로 필경은 멸망했고, 진나라는 형법만을 계속 믿어 온 탓으로 조씨(趙氏 : 秦나라를 가리킨다)는 필경 멸망하고 말았습니다. 만약 앞서 진나라가 천하를 통일한 다음 인의(仁義)를 행하여 옛 성인을 본받았던들 폐하께서 어떻게 천하를 차지할 수 있었겠습니까?」

고조는 못마땅했지만 부끄러운 표정을 지었다. 그러나 곧 육생에게 다시 말했다.

「시험 삼아 나를 위해 진나라가 천하를 잃고 내가 천하를 얻게 된 경위와 옛날 성공했거나 실패한 나라들에 대하여 글을 지어 올리시오」

그리하여 육생은 국가 존망의 징후를 약술하여 무려 12편의 글을 썼다. 한 편을 써 낼 때마다 육생은 고조에게 바쳤는데, 고조는 그때마다 칭찬했다. 좌우의 근신은 축하의 뜻을 표하고 만세를 부르며 그 책의 이름을 《신어(新語)》라 했다.

마수시첨 馬首是瞻

말 馬 머리 首 옳을 是 볼 瞻

《춘추좌전(春秋左傳)》 양공(襄公)

말 머리를 보고 따르라는 뜻으로, 지휘에 복종하거나 기꺼이 따름을 비유한 말.

《춘추좌전(春秋左傳)》 양공(襄公) 14년에 있는 이야기다.

춘추시대, 강국들은 패권을 차지하기 위하여 끊임없이 전쟁을 하였다. 진(晉)나라의 도공(悼公)이 정(鄭)나라로 쳐들어가자, 진(秦)나라의 경공(景公)은 정나라를 구원하기 위해 출병하여 역(酈) 땅에서 진(晉)나라를 크게 물리쳤다. 이에 두 나라는 깊은 원한을 품게 되었다.

3년 후인 기원전 559년, 진 도공은 당시의 패배를 설욕하기 위해 제(齊)·노(魯)·송(宋)·위(衛)·정(鄭) 등 12개 나라를 연합하여 진(秦)나라 정벌에 나섰다.

진(晉)나라의 장군 순언(荀偃)이 전군을 지휘하였다. 연합군은 비록 수는 많았지만, 여러 나라의 군사들로 이루어져 있어 산만할 수밖에 없었다. 진군 대열이 경수(涇水)에 이르자, 각국 군사들은 그저 바라만 볼 뿐 어느 누구도 먼저 강을 건너려 하지 않았다. 순언은 몹시 다급해졌다.

잠시 후, 거(莒)나라 군사들과 노(魯)나라 군사들이 먼저 강을 건너자, 다른 나라 군사들도 다투어 건너기 시작하였다.

진(秦)나라 경공은 연합군들이 경수 부근에 이른 것을 보고, 사람을 보내 경수의 상류에 독을 풀게 하였다. 연합군 군사들의 상당수

가 이 물을 마시고 죽어 나가자, 연합군들은 몹시 불안하여 함부로 행동을 할 수가 없었다.

정(鄭)나라 공자 교가 너무 오래 지체할 수 없어서 부대에 진군명령을 내리자, 다른 나라 군대도 이에 따랐다. 연합군은 진(秦)나라 영토인 역림(鄺林)에 당도하였다.

순언은 거대한 연합군의 위세를 보고 진(秦)나라 측에서 화평을 구해오리라 생각하였다. 그런데 진나라는 연합군의 사기가 낮고 대오가 정렬되어 있지 않음을 알고 화친은커녕 조금도 두려워하지 않았다.

작전대로 되지 않자, 분노한 순언은 즉각 명령을 내렸다.

「모든 군사는 내일 새벽닭이 울거든 전차에 말을 매고, 우물을 메우고 밥 짓는 부뚜막을 다 헐고서, 오직 내 말머리가 향하는 곳을 보고 행동해야 한다(唯余馬首是瞻)」

그런데 뜻밖에도 하군원수(下軍元帥) 난염(欒冉)이 이에 불만을 표시하였다.

「우리 진(晉)나라의 명령에 이런 것은 없었소. 나는 말의 머리를 동쪽으로 향하겠소!」

말을 마치자 그는 군대를 이끌고 진(晉)나라로 돌아가 버렸다.

순간 연합군 내에 큰 혼란이 일었다. 순언은 어찌할 수가 없어 그저 이렇게 탄식하였다.

「지나친 명령을 내린 것은 나의 잘못이었다. 이대로 싸웠다가는 진(秦)나라에 모두 포로가 되고 말 것이다」

그는 곧 다시 전군 철수명령을 내렸다.

순언은 연합군 내부의 상황은 고려하지 않고 실제 상황에 맞지 않는 명령을 내려 싸우지 않고 패배하는 결과를 초래하였던 것이다,

마이동풍 馬耳東風

말 馬 귀 耳 동녘 東 바람 風

이백(李白) / 「답왕십이 한야독작유회」

남의 비평이나 의견을 조금도 귀담아 듣지 아니하고 곧 흘려버림.

「마이동풍」은 「말의 귀에 동풍」이란 뜻이다. 우리말로는 「말 귀에 바람소리」라는 것이 나을 것도 같다. 우리 속담에 「쇠귀에 경 읽기」란 말이 있는데도, 이것을 우이독경(牛耳讀經)이라고 한문 문자로 쓰기도 한다. 마이동풍은 우이독경과 같은 말이다.

이 백

원래 이 말은 이백(李白)의 「답왕십이 한야독작유회(答王十二寒夜獨酌有懷)」라는 장편 시 가운데 나오는 말이다. 왕십이란 사람이 이백에게 「차가운 밤에 혼자 술을 마시며 느낀 바 있어서」라는 시를 보내온 데 대한 회답 시로 장 단구를 섞은 아주 긴 시다.

왕십이는 자기의 불우함을 이백에게 호소한 듯하다. 이백은 거기에 대해 달이 휘영청 밝고 추운 밤에 독작을 하고 있는 왕십이의 쓸쓸함을 생각하면서 이 시를 지은 것이다. 그리하여 이백은 술을 마셔 만고의 쓸쓸함을 씻어버릴 것을 권하고 또 그대처럼 고결하고 더구나 뛰어난 인물은 지금 세상에서는 쓰이지 못함이 당연하다고 위

이백의 「답왕십이 한야독작유회」

로하는 한편, 다시 강개(慷慨)하는 말투로 자기의 당세관(當世觀)을 엮어 간다.

지금 세상은 투계(鬪鷄)—당시 왕후 귀족 사이에서 즐겨 유행되었던 닭싸움—의 기술에 뛰어난 인간이 천자의 귀여움을 얻어 큰 길을 뽐내고 걷고 있거나, 그렇지 않으면 만적(蠻賊)의 침입을 막아 하찮은 공을 세운 인간이 최고의 충신이라는 듯 거드름을 피우고 있는 세상이다. 자네나 나는 그런 인간들의 흉내는 낼 수 없다.

우리는 북창(北窓)에 기대어 시를 읊거나 부(賦)를 짓는다. 그러나 어떤 걸작이 나오고 그것이 만방에 미치는 걸작이라도 지금 세상에서는 그런 것이 한 잔의 물만한 가치도 없다. 아니 그뿐 아니고 세인은 그것을 듣고 다 고개를 흔들며 동풍(東風)이 마이(馬耳)를 스치는 정도로밖에 생각지 않는다.

세상 사람은 내 말에 모두 머리를 내두른다.
마치 동풍이 말의 귀를 쏘는 것 같도다.

世人聞此皆掉頭 有如東風射馬耳　세인문차개도두　유여동풍사마이

우리들의 말, 우리들의 걸작(傑作)에는 고개를 흔들어 귀를 기울

이려고 하지 않는다. 그것은 동풍이 말의 귀를 스치는 것과 같다고 이백은 비분하고 있는 것이다.

원래 중국은 무(武)보다 문(文)을 중시하는 나라다. 문의 힘이 한 나라를 기울게도 하고, 한 나라를 흥하게도 한다. 그런 자랑스러움과 자신감이 전통적으로 시부(詩賦)를 짓는 자의 가슴 속에 있었다. 더구나 이백 같은 스스로를 자부하는 바가 컸던 시인에게는 그것이 더한층 강했다. 그러나 지금 세상은 시인의 말에 마이동풍이다. 그리하여 계속해서 노래한다.

이태백 주취도(淸 화가 소육붕)

물고기 눈이 또한 나를 비웃고,
밝은 달과 같아지기를 청한다.

魚目亦笑我 請與明月同
어목역소아 청여명월동

생선 눈깔과도 같은 어리석은 자들이 명월이나 주옥과 같은 우리들을 비웃고 명월의 주옥과 같은 귀한 지위를 대신 차지하려고 바라고 있다. 옥석혼효(玉石混淆)하고 현우전도(賢愚顚倒)되어 있는 것이 지금의 세상이다, 라고 이백은 말하고 있다. 그리고 물론 우리들 시인에게는 경상(卿相)의 자리는 없다. 청년 시절부터 우리는 산야를 고답(高踏)하는 것이 소원이 아니었던가, 하고 왕십이를 격려하며 힘을 북돋고 시를 끝맺는다.

마중지봉 麻中之蓬

삼 麻 가운데 中 어조사 之 쑥 蓬

《순자》 권학편

사람은 주위 환경에 따라 선악이 달라질 수 있다.

삼밭 속의 쑥이라는 뜻으로, 곧은 삼밭 속에서 자란 쑥은 곧게 자라게 되는 것처럼 선한 사람과 사귀면 그 감화를 받아 자연히 선해짐을 비유적으로 이르는 말.

「서쪽 지방에 나무가 있으니, 이름은 사간(射干)이다. 줄기 길이는 네 치밖에 되지 않으나 높은 산꼭대기에서 자라 백 길의 깊은 연못을 내려다본다. 이는 나무줄기가 길어서가 아니라 서 있는 자리가 높기 때문에 그런 것이다. 쑥이 삼밭에서 자라면 붙들어 주지 않아도 곧게 자라고, 흰 모래가 진흙 속에 있으면 함께 검어진다(蓬生麻中 不扶而直 白沙在涅 與之俱黑). ……이런 까닭에 군자는 거처를 정할 때 반드시 마을을 가리고(擇), 교유(交遊)할 때는 반드시 곧은 선비와 어울린다. 이는 사악함과 치우침을 막아서 중정(中正)에 가까이 가기 위함이다」

「마중지봉」은 앞글의 「봉생마중 불부이직(蓬生麻中 不扶而直)」에서 취한 것이다. 앞의 「봉생마중」을 그대로 쓰기도 한다.

쑥은 보통 곧게 자라지 않지만, 똑바로 자라는 삼과 함께 있으면 붙잡아주지 않더라도 스스로 삼을 닮아 가면서 곧게 자란다는 뜻이다. 하찮은 쑥도 삼과 함께 있으면 삼이 될 수 있다는 말이니, 사람도 어진 이와 함께 있으면 어질게 되고 악한 사람과 있으면 악하게 된다는 것을 비유한 것이다.

마혁과시 馬革裹屍

말 馬 가죽 革 쌀 裹 시체 尸

《후한서》 마원전(馬援傳)

말의 가죽으로 시체를 쌈. 곧 전사(戰死)함.

「마혁과시」는 전쟁터에 나가 적과 싸우다가 죽고 말겠다는 용장의 각오를 가리켜 한 말이다.

《후한서》 마원전에 있는 말이다.

마원은 후한 광무제 때 복파장군(伏波將軍)으로 지금의 월남인 교지(交趾)를 평정하고 돌아온 용맹과 인격이 뛰어난 명장이었다.

교지에서 돌아온 그는 신식후(新息侯)로 3천 호의 영지를 받았으나, 다시 계속해서 남부지방 일대를 평정하고, 건무 20년(44년) 가을 수도 낙양으로 개선해 돌아왔다.

이때 마원을 환영하기 위해 많은 사람들이 성 밖으로 멀리까지 나와 그를 맞이했는데, 그 가운데에는 지모가 뛰어나기로 유명했던 맹익(孟翼)도 있었다. 맹익은 많은 사람들 사이에 판에 박은 축하의 인사만을 건넸다.

그러자 마원은 맹익을 보고 이렇게 말했다.

「나는 그대가 가슴에 사무치는 충고의 말을 해줄 것으로 기대하고 있었다. 겨우 남과 똑같은 인사만을 한단 말인가. 옛날 복파장군 노박덕(路博德 : 한무제 때 사람)은 남월(南越)을 평정하여 일곱 군(郡)을 새로 만드는 큰 공을 세우고도 겨우 수백 호의 작은 영토를 받았다. 그런데 지금 나는 하잘것없는 공을 세우고도 큰 고을을 봉읍으로 받게 되었다. 공에 비해 은상이 너무 크다. 도저히 이대로 오

복파장군 마원

래 영광을 누릴 수는 없을 것 같다. 그대에게 무슨 좋은 생각은 없는가?」

맹익이 좋은 생각이 나지 않는다고 대답했다.

그러자 마원은 다시 말했다.

「지금 흉노와 오환(烏桓 : 東胡의 일종)이 북쪽 변경을 시끄럽게 하고 있다. 이들을 정벌할 것을 청하리라. 사나이는 마땅히 변경 싸움터에서 죽어야만 한다. 말가죽으로 시체를 싸서 돌아와 장사를 지낼 뿐이다(以馬革裹屍 還葬耳). 어찌 침대 위에 누워 여자의 시중을 받으며 죽을 수 있겠는가?」

마원이 남방에서 개선해 돌아온 지 한 달 남짓 되어, 때마침 흉노와 오환이 부풍군(扶風郡 : 섬서성)으로 쳐들어왔다. 마원은 기다린 듯이 나가 싸울 것을 청했다.

허락을 받은 그는 9월에 일단 낙양으로 돌아왔다가 3월에 다시 싸움터로 나가게 되었는데, 이때 광무제는 백관들에게 조서를 내려 마원을 다 같이 환송하도록 명했다고 한다. 이 뒤로 「말가죽에 싸여 돌아와 장사를 지낼 뿐이다」란 말이 싸움터에 나가는 장수의 참뜻을 가리키는 말이 되었다고 한다.

막고야산 邈姑射山

아득할 邈 시어미 姑 산이름 射(야) 뫼 山

《장자(莊子)》 소요유(逍遙遊)편

북해의 바다 속에 있다고 전하는 신선들이 사는 곳.

《장자》 소요유편에 있는 이야기다.

장자 소요고사(逍遙高士, 淸 장대천)

견오(肩吾)와 연숙(連叔)은 전설상의 신선이다. 어느 날, 견오가 연숙에게 이런 말을 하였다.

「내가 초나라의 은사(隱士) 접여(接輿)에게서 들은 말인데, 그게 도무지 크기만 했지 합당하지 않고, 앞으로 나아가기만 했지 돌아올 줄 모른다더군. 나는 그 이야기가 마치 은하수처럼 끝없이 이어져 두렵기까지 하였다네. 도대체 길과 뜰처럼 동떨어져 상식으로는 이해할 수 없었다네」

「그 말이 어떤 것이었는가?」

연숙이 묻자, 견오가 대답하였다.

「막고야산에는 신인이 살고 있는데 얼음과 눈같이 차고 희며 온화하고 부드럽기가 처녀 같다 합니다. 오곡은 먹지도 않고 바람을 마시고 이슬을 먹는데 구름을 타고 비룡을 몰고 다니며 사해 밖을 떠

막고야산의 선경(仙境)

돕니다. 그 정신이 응집하면 만물이 병들지 않게 하고 농사가 풍년이 든다 합니다. 나는 이 말이 너무 어이없어 믿지는 않습니다(藐姑射山 有神人居焉 肌膚若氷雪 淖約若處子 不食五穀 吸風飮露 乘雲氣 御飛龍 而遊乎四海之外 其神凝 使物不疵癘而年穀熟 吾以是狂而不信也)」

그러자 연숙이 말했다.

「그렇군. 장님은 그 때문에 색깔의 아름다움을 보지 못하고, 귀머거리는 그 때문에 종과 북소리를 듣지 못하네. 어찌 형체에만 장님과 귀머거리가 있겠는가. 지식에도 그와 같으니, 지금 자네 같은 사람을 두고 이르는 말일세. 신인의 덕은 만물을 섞어 하나로 만들려는 것이라네. 세상은 그가 천하를 다스릴 것을 바라고 있으나, 그가 무엇 때문에 마음과 몸을 피로하게 하며 그 일을 하겠는가. 이 사람은 외계의 어떤 사물로도 해칠 수 없으니, 홍수가 나서 물이 하늘까지 닿아도 빠져 죽지 않고, 큰 가뭄에 금석이 녹아내려도 뜨겁다고 하지 않는다네. 먼지나 때, 작은 겨자씨로도 능히 요·순을 만들 수 있는 사람인데, 무엇 때문에 그가 굳이 천하를 다스리려 하겠는가」

장자가 말하는 「막고야산」은 바로 무위의 도를 갖춘 자유인이 사는 곳을 가리키는 것이다.

막수유 莫須有

없을 莫 모름지기 須 있을 有

《송사(宋史)》 악비전(岳飛傳)

북송(北宋) 말엽, 여진족이 세운 금(金)나라 대군이 남쪽으로 밀고 내려와 송나라 수도 개봉을 함락시켰다. 정치보다는 그림에만 몰두해 있던 휘종(徽宗)은 금나라의 포로가 됐고, 휘종의 아들 고종은 강남으로 난을 피해 항주에 도읍하여 남송(南宋)을 세웠다.

악 비

남송 내부에는 금나라와의 주전론과 강화론을 두고 악비(岳飛)와 진회(秦檜)가 팽팽히 맞섰다. 특히 악비는, 「태산을 흔드는 것은 쉬워도 악비의 군대를 흔들기는 어렵다」며 금나라도 두려워하던 악가군(岳家軍)을 거느리고 있었다.

금나라와의 수많은 전쟁에서 승리했던 악비는 금나라에 내준 중원을 회복할 자신이 있었지만, 「악비를 제거하지 않으면 화친할 수 없다」는 금나라의 화친조건을 받아든 황제와 진회는 달랐다.

한세충

마침내 진회는 가짜 성지(聖旨)로 악비를 조정으로 불러들여 감옥에 넣은 뒤 자백을 강요했지만 악비는 끝내 입을 열지 않았고, 황제와 진회는 악비를 죽일 만한 물적 증거를 확보할 수 없었다.

끝내 증거를 잡지 못한 진회는 「혹시 있을지도 모른다」는 뜻의 「막수유(莫須有)」라는 죄목을 만들어 악비를 죽여 버리고 말았다. 악비의 나이 39세였다. 충분히 해볼 만한 싸움이었지만 남송은 소흥(紹興)에서 굴욕적인 화친을 맺고 금나라의 속국을 자청했다. 백성들은 악비의 억울한 죽음에 통곡하면서 진회를 비롯한 화친파의 파렴치한 작태에 치를 떨었다.

어느 날 대장 한세충(韓世忠)이 진회에게 따졌다.

「도대체 악비에게 무슨 죄가 있었소?」

진회는 조금도 부끄러워하지 않고 말했다.

「그럴 만한 일이 아마도 있었을 것이오(其事體莫須有)」

그러자 한세충이 일갈했다.

「아마도 있을 것(莫須有)이라는 세 글자로 어떻게 천하를 납득시키겠소(莫須有三字何以服天下)」라고 일갈했다.

막역지우 莫逆之友

말 莫 거스를 逆 의 之 벗 友

《장자》 대종사편(大宗師篇)

더할 나위 없이 친한 친구를 「막역지우」 라고 하고, 그러한 사이를 「막역한 사이」 니 「막역지간」 이니 또는 「막역간」 이니 하고 말한다. 막역은 「마음에 조금도 거슬리는 것이 없다」 는 뜻으로, 이 말이 나오게 된 《장자》 대종사편 원문에는 막역어심(莫逆於心)이라고 되어 있다. 똑같은 형태의 이야기가 한꺼번에 둘이 나와 있는데, 그것을 소개하면 다음과 같다.

하나는, 「자사(子祀) · 자여(子輿) · 자리(子犁) · 자래(子來) 네 사람이 서로 이야기를 했다. 『누가 능히 무(無)로써 머리를 삼고, 삶(生)으로써 등을 삼고, 죽음으로써 엉덩이를 삼겠는가. 누가 죽고 살고, 있고 없는 것이 하나(一體)라는 것을 알겠는가. 내가 그와 더불어 친구가 되리라』 이렇게 말하고는 네 사람이 서로 바라보며 웃었다. 마음에 거슬림이 없어 드디어 더불어 친구가 되었다」 라는 것이고,

또 하나는, 「자상호 · 맹자반 · 자금장 세 사람이 서로 이야기하며 말하기를, 『누가 능히 서로 사귀지 않는 속에서 사귀고, 서로 하는 일이 없는 가운데 행함이 있겠는가. 누가 능히 하늘에 올라 안개 속에 놀고, 무한한 우주 속을 돌아다니며 삶을 잊고 무한을 즐길 수 있겠는가?』 이렇게 말한 세 사람은 서로 바라보며 웃었다. 마음에 거슬림이 없는지라 드디어 서로 친구가 되었다」 라는 것이다. 비슷한 이야기에 똑같은 결론이다. 결국 막역은 서로가 거칠 것이 없는 한마음 한뜻이란 이야기다.

막제고 藐諸孤

아득할 藐 모두 諸 외로울 孤

《좌전(左傳)》 희공(僖公) 9년

진문공의 고굉지신 순식

「어리고 약한 고아」라는 뜻으로, 아비가 죽어 갈 곳이 없게 되어버린 자식을 이르는 말이다.

9월에 진헌공(晋獻公)이 세상을 떠났다. 이극(里克)과 비정(丕鄭)이 문공(文公)을 임금으로 세우려 하자 신생(申生)·중이(重耳)·이오(夷吾) 등 세 공자가 무리를 이끌고 반란을 일으켰다.

이에 앞서 헌공이 아직 살아 있을 때, 순식(荀息)을 임명하여 해제(奚帝)의 스승이 되게 하였는데, 헌공이 병들자 순식을 불러 말했다.

「이 어린 고아를 삼가 대부에게 맡기니, 대부는 장차 어떻게 보좌하겠소(以是藐諸孤 辱在大夫 其若之何)?」

순식은 머리를 조아려 대답했다. 「신은 고굉(股肱)의 힘을 다하고 충성을 다할 뿐입니다. 일이 성공한다면 이것은 지하에 계신 주군의 음덕이옵고, 만일 실패한다면 죽음으로써 뒤를 따를 것입니다」

그러나 결국 해제는 죽음을 당했고, 순식도 따라 죽으려 했지만 주위의 만류로 공자 탁(卓)을 세워 진헌공을 장사지냈다. 이렇듯 아비가 죽어 갈 곳이 없게 되어버린 자식을 일러 막제고라고 한다.

막천적지 寞天寂地

쓸쓸할 寞 하늘 天 고요할 寂 땅 地

《칠수유고(七修類稿)》

「천지가 몹시 쓸쓸하고 적적(寂寂)하다」 라는 뜻으로, 매우 쓸쓸하고 고요한 것을 이르는 말. 「적막강산(寂寞江山)」 이라고도 한다.

명(明)나라의 문인 낭영(郎瑛)이 지은 《칠수유고(七修類稿)》에 있는 이야기다.

「어사가 처음 임명을 받아 임지(任地)로 올 때에는 하늘이 놀라고 땅이 움직였는데, 몇 개월이 지나고 나면 천지가 어둡고 캄캄해지며 어사가 부임한 곳을 떠날 때에는 하늘과 땅이 쓸쓸하고 고요하다(御史初至 則日驚天動地 過幾月 則日昏天黑地 去時 則日寞天寂地)」

탐욕이 많고 행실이 깨끗하지 못한 벼슬아치들의 행패를 비판한 구절로, 관리가 처음 부임해온 뒤 얼마 지나면 암흑천지(暗黑天地)로 변해 임지를 떠날 때에는 적막강산이 된다는 것이다. 황폐하여 괴괴하고 쓸쓸한 곳을 비유하는 말이기도 하다.

幣美則沒禮
폐 미 즉 몰 례

폐물이 호화로우면 예(禮)를 잃는다.

(선물을 호화롭게 하면 오히려 충언을 따르기 위한 예의 본뜻을 잃게 된다.)

— 《의례(儀禮)》 빙례(聘禮)

만가 挽歌

수레 끌, 상여꾼 노래 挽 노래 歌

《몽구(蒙求)》

상여(喪輿)를 메고 갈 때 부르는 노래.

「만가」는 수레를 끌며 부르는 노래인데 그 수레는 바로 상여(喪輿)를 말한다. 그러나 만(挽 : 수레 끌 만, 상여꾼 노래 만, 輓이 원자)은 본래 수레를 앞으로 잡아당긴다는 뜻으로 장례식 때 영구차의 불(紼 : 관을 끄는 줄)을 잡는 자가 서로 화음을 맞추어가며 부르는 노래가 만가다. 그 유래도 비창한 이야기로 아로새겨져 있다.

전횡 조상(彫像)

한나라 유방이 초의 항우를 해하(垓下)에서 격파하고 즉위하여 한고조가 되었을 때의 일이다. 이보다 앞서 유방과 화목하였을 즈음, 한신에게 급습을 당해 화해사절로 온 세객(說客) 역이기(酈食其)를 끓는 물에 삶아 죽인 제왕(齊王) 전횡(田橫)은 고조가 즉위하자 주살(誅殺)을 겁내어 부하 5백 명과 함께 섬으로 피신했다.

고조는 전횡이 후일 반란을 일으킬까 겁내어 죄를 용서하고 그를 불렀다. 그러나 전횡은 낙양 못 미쳐 30리까지 왔을 때 포로가 되어

전횡오백사(田橫五百士, 淸 서비홍)

한왕을 섬기는 것을 수치스럽게 생각하고 스스로 목을 찔러 죽었다. 그 목을 고조에게 바친 두 사람의 사신도 뒤이어 전횡의 묘소에서 스스로 목을 베어 순사(殉死)했다. 섬에 남아 있던 5백여 명도 전횡의 높은 절개를 사모해서 모두 순사를 했다.

이렇게 해서 그들은 모두 다 죽고 말았다. 그 무렵 전횡의 문인(門人)이 해로(薤露)·호리(蒿里) 두 장(章)의 상가(喪歌)를 지었는데, 전횡이 자살하자 그 죽음을 애도한 노래다. 그 중의 하나인 해로의 노래,

부추 위에 내린 이슬 쉽게도 마르도다.
이슬은 말라도 내일 아침 또 다시 내린다.
사람은 죽어 한번 가면 언제 다시 돌아오나.

薤上朝露何易晞　　해상조로하이희
露晞明朝更復落　　노희명조갱복락
人死一去何時歸　　인사일거하시귀

이윽고 한조(漢朝)는 「상무(尙武)」「호문(好文)」의 명군(名君)으로 불린 무제의 시대가 된다. 무제는 악부라는 국립 음악원을 만들어 음악 가요의 연구 작성에 힘쓰고, 악인인 이연년(李延年)을 총재에 임명했다. 이연년은 전기 두 장을 나누어 두 곡으로 만들고 전자는 공경귀인(公卿貴人)을, 후자는 사부서인(士夫庶人)을 송장(送葬)하며 관을 끄는 자로 부르게 했다. 사람들은 그것을 보고서 만가라고 부르게 되었다. 죽음을 조상하는 말을 만(輓=挽)이라고 하는 것은 여기서 유래된다고 한다.

《진서》 예지(禮志)에 따르면 만가는 원래 무제 때 노동자가 부르던 노래였으나 가성(歌聲)이 애절해서 구구절절 가슴을 울리므로 마침내 사자(死者)를 운구하는 의식에 쓰이게 되었다고 한다.

그러나 만가의 기원은 전횡보다 더 오래라고 한다.

주경왕 36년(BC 484) 노애공(魯哀公)은 오왕 부차와 함께 제(齊)를 쳤다. 그 때 요격 준비를 갖춘 제군(齊軍)의 공손하가 종자양(宗子陽)과 여구명(閭丘明) 두 사람을 격려해서 말했다.

「필사적인 각오로 하라」

마침내 싸움이 시작되려고 할 때, 공손하는 부하에게 우빈(虞殯)을 노래하라고 명했다. 우빈이란 장송곡이란 뜻으로 지금의 만가다. 슬프게 가슴을 파고드는 우빈의 노랫가락은 병사들에게 필사 필승을 격려한 것이다.

이 뜻을 깨닫고 두 사람(종자양과 여구명)은 용기백배했을 것이다. 그러나 애능(艾陵)의 싸움에서 제나라 군대는 오·노 연합군에게 대패하고 공손하·여구명 등은 포로가 되어 애공에게 바쳐졌으며 우빈은 불길한 전조(前兆)가 되고 말았다.

만부지망 萬夫之望

일만 萬 사내 夫 갈 之 바랄 望

《주역(周易)》 계사하전(繫辭下傳)

공 자

천하의 사람이 우러러 사모함. 또는 그런 사람을 이르는 말이다.

「공자가 이르기를, 기미(낌새)를 알아차리는 것은 매우 신기하다. 군자는 윗사람과 사귀나 아첨하지 않고 아랫사람과 사귀나 더럽혀 지지 않는다. 기미(幾微)라고 하는 것은 사물의 움직임의 극히 미세한 징조로서 거기에는 이미 길흉(吉凶)의 단서가 먼저 드러나는 것이다. 군자는 미세한 징조를 보면 당장에 일어난다. 하루 종일을 기다리지도 않는 것이다. 주역에 『의지가 돌보다도 단단하다. 종일을 기다리지 않는다. 이 마음이 한결같으면 길하리라고 하였다. 마음이 돌같이 단단하다. 어찌 종일까지 기다릴 것인가. 그 과단성을 알 수 있다』 라고 하였다. 군자는 미세한 것도 알고 드러난 것도 알며 유순한 것도 알고 굳셈도 안다. 그러므로 모든 사람들이 받드는 것이다(君子知微知彰 知柔知剛 萬夫之望)」

일의 낌새를 알아차리는 데 대하여 군자와 소인의 차이를 나타낸 구절이다. 군자는 일의 작은 기미를 미리 알아서 판단하고 작정하여 스스로 적당한 조처를 취하는 능력을 가졌으므로 모든 사람들이 우러러 받든다는 말이다.

만사일생 萬死一生

일만 萬 죽을 死 한 一 살 生

《정관정요(貞觀政要)》

이 연

만 번의 죽을 고비에서 살아난다는 뜻으로, 수많은 난관을 극복하고 겨우 죽음을 모면한다는 말이다.

당나라 태종이 근신들과 정치적인 문제를 논한 것을 현종 때 오긍(吳兢)이 항목을 분류하여 엮은 책으로 치도(治道)의 요체를 말한 《정관정요(貞觀政要)》에 있는 말이다.

수(隋)나라는 건국 초부터 대토목공사를 일으켜 나라가 피폐했는데, 양제(煬帝) 때에 이르러서는 도가 심하여 각지에서 반란이 일어났다. 문제(文帝)의 먼 인척으로 총애를 받던 이연(李淵)은 관중의 치안을 맡고 있다가 내란진압의 특명을 받고 아들 이세민(李世民)과 함께 출정하였다.

이연은 본래 호탕하여 천하의 호걸들과 친분을 맺고 있었는데, 이 때문에 양제의 의심을 사서 황제의 감시를 받게 되었다.

그러자 이세민은 차제에 독립할 것을 아버지에게 권하였다. 7세기 초 내란이 격화되어 양제가 있는 강도(江都)가 고립되자, 이연은 태원(太原)을 거점으로 독립하고, 돌궐의 도움을 받아 장안을 점거한 후 이듬해 양제가 살해되자 스스로 제위에 올랐다.

이 과정에서 이세민의 활약이 뛰어나, 아버지로부터 「천하는 모두 네가 이룩하여 놓은 것」이라는 말을 들었다. 이세민이 아버지를 도와 천하를 통일할 수 있었던 것은 그와 생사를 같이한 많은 인재들의 도움이 있었기 때문이다. 장량(張亮)이나 이정(李靖), 이적(李勣)과 같은 명장, 왕규(王珪)・위징(魏徵)・방현령(房玄齡)・두여회(杜如晦)같이 현명한 재상들이 이세민을 도와 후일 정관의 치(貞觀之治)를 이룩할 수 있었다.

당태종 이세민

이세민은 현무문에서 형제 세력을 물리치고 태종으로 즉위하였으나 그 후 관료제로써 지방에 할거하던 군웅을 복속시키고, 학문을 장려하여 민심을 가라앉혔다. 그는 또 능연각(凌煙閣)을 설치하여 개국 때부터의 공신 20명의 초상화를 그려 걸어놓게 했으며, 사람들에게 항상 이렇게 말하였다 한다.

「옛날에 방현령은 나를 따라 나라를 평정하느라고 고생했는데, 만 번의 죽을 고비에서 살아나오기도 했다(萬死一生)」

흔히 사용하는 구사일생(九死一生)과 같은 뜻이다.

마

만사형통 萬事亨通

일만 萬 일 事 형통할 亨 통할 通

《주역(周易)》 건괘(乾卦)

모든 일들이 뜻하는 대로 두루두루 잘되어 가는 것을 말한다. 어떤 일을 해도 어긋남이 없이 뜻한 바대로 잘 이루어진다는 말이다.

《주역》은 유교의 경전 중 3경(三經)의 하나인 《역경(易經)》을 말한다. 이 책은 점복(占卜)을 위한 원전(原典)과도 같은 것이며, 동시에 어떻게 하면 조금이라도 흉운(凶運)을 물리치고 길운(吉運)을 잡느냐 하는 처세상의 지혜이며 나아가서는 우주론적 철학이기도 하다. 주역(周易)이란 글자 그대로 주(周)나라의 역(易)이란 말이며 역이란 말은 변역(變易), 즉 「바뀐다」「변한다」는 뜻이며 천지만물이 끊임없이 변화하는 자연현상의 원리를 설명하고 풀이한 것이다.

「만사(萬事)」는 여러 가지의 일로 모든 일을 말한다. 「형(亨)」은 《주역》 64괘 중 첫 번째 괘인 건괘(乾卦)에 나오는 자연의 네 가지 원리인 원(元)·형(亨)·이(利)·정(貞)의 사덕(四德) 가운데 하나로 만물을 성장시키는 힘이다.

그래서 「형통(亨通)」이라는 말은 무슨 일이든 뜻대로 잘되어 가는 것을 가리킨다.

그러나 많은 여러 가지 일은 한창 왕성한 그 순간부터 쇠잔하고 미약해지기 시작하는 것이 이치이므로 일이 순조롭게 진행되어도 마음을 다잡지 않고 놓아버리거나 자만하면 안 된다는 의미도 내포되어 있는 말이다. 온갖 일들이 거리낌 없이 잘되어 나가는 것을 비유하는 말이다.

만사휴의 萬事休矣

일만 萬 일 事 쉴 休 어조사 矣

《송사》 형남고씨세가(荊南高氏世家)

더 손쓸 수단도 없고 모든 것이 끝장이다. 일이 전혀 가망이 없다.

「만사(萬事)」는 모든 것이란 뜻이고, 「휴의(休矣)」란 「끝장이다」라는 뜻이다. 「이젠 끝장이다」라는 말을 흔히 듣는다. 다시 어떻게 해볼 방법도, 행여나 하는 희망도 전연 없게 된 절망과 체념의 뜻을 나타내는 말이다.

「만사휴의」란 문자가 바로 그런 경우에 쓰는 말이다. 어떠한 방책도 강구할 수가 없는 것으로 어떤 사태에 직면해서 그것에 대한 방책이 서지 않을 경우, 뜻하지 않은 실패를 해서 되돌릴 수가 없는 경우에 흔히 쓰인다.

비슷한 말에 「만 책이 다하다(萬策盡)」라는 것이 있으나 이것은 한번 이것저것 수단을 써 본 다음, 어떻게 할 수 없어서 손을 떼는 것이다. 「만사휴의」는 처음부터 어떻게도 할 수가 없어서 수단은 준비가 되어 있어도 소용이 없는 것이다. 「아차」라든가, 어떻게도 할 수 없을 때 입에 담는 말이다.

《송사》 형남고씨세가에 나오는 말이다.

10세기 전반, 당나라가 망하고 난 뒤, 군벌들에 의한 이른바 오대(五代)의 시대가 계속된다. 오대는 후오대(後五代) 혹은 오계(五季)라고도 하는데, 당과 송 사이 53년 동안에 양 · 당 · 진 · 한 · 주(梁唐晋漢周) 다섯 왕조가 번갈아 일어난다. 이들 나라에는 후(後)자를 붙여 구별하는 것이 보통이다. 이 동안 각 지방에는 당나라 때 절도사였

던 군벌의 후예들이 무시 못 할 세력을 유지하고, 중앙에 새로 등장한 제국에 추종을 하면서 독립된 왕국을 형성하고 있었다.

형남(荊南 : 호북성 남부)의 고씨집(高家)도 그 하나로, 시조인 고계흥(高季興)이 당나라 말기에 형남 절도사가 된 뒤로 그의 아들 종회(從誨), 종회의 맏아들 보융(保融), 열째아들 보욱(保勗), 보융의 아들 계중(繼仲), 이렇게 4대 다섯 임금이 57년에 걸쳐 이곳을 차지하고 있다가 송태조(宋太祖)에게 귀순하게 된다.

이 형남 고씨 집 4대째 임금인 보욱은 어릴 때부터 몸이 약했고, 자라난 뒤로는 몹시 음란한 짓을 좋아했는데, 매일같이 창녀들을 한 방에 모아 넣고, 군인들 속에서 몸이 건장한 사람을 뽑아 함께 난잡한 짓을 하게 만든 다음, 그 광경을 희첩들과 함께 발 뒤에 숨어 구경을 하며 즐기는 절시증(竊視症)의 변태성욕자이기도 했다.

이 고보욱이 아직 어릴 때 일이다. 그는 수많은 아들들 가운데서 아버지 종회의 사랑을 독차지하고 있었는데, 그래서 그가 미워 눈을 흘기며 노려보는 사람이 있어도 보욱은 자기가 귀여워서 그런 줄로 알고 벙글벙글 웃고만 있었다 한다. 이런 것을 보는 사람들은 모든 일은 끝났다(荊人目爲萬事休矣)고 했다는 것이다.

毋以己之長而形人之短
무이기지장이형인지단
毋因己之拙而忌人之能
무인기지굴이기인지능

자기의 장점만 내세워 남의 단점을 파내지 말고,
내가 모자란다고 해서 남의 장점을 시기하지 말라.

— 《채근담》

만성풍우 滿城風雨

찰 滿 성 城 바람 風 비 雨

《냉재야화(冷齋夜話)》

성내에 바람과 비가 가득하다는 뜻으로, 일이 여러 사람의 입에 오르내리고 의견이 분분함을 이르는 말.

남송(南宋) 때 석혜홍(釋惠洪)이 지은 《냉재야화(冷齋夜話)》에 있는 이야기다.

송(宋)나라의 시인 사무일(謝無逸)이 글을 짓는 문인 친구인 반대림(潘大臨)에게 최근에 새로 지은 시가 있는지 물어보았다. 반대림은 동생 반대관(潘大觀)과 함께 시명(詩名)을 떨쳤고, 소식(蘇軾)과 황정견(黃庭堅), 장뢰(張耒) 등과도 교유했으며 저서에 《가산집(柯山集)》이 있다.

사무일의 물음에 반대림은 이렇게 대답했다.

「가을 풍경이 너무 아름다워 한가로이 바람을 쐬면서 누워 있는데 숲속에서 들려오는 바람소리와 빗소리에 불현 듯 일어나 시를 지어서 벽에다가 『성 안에 비바람 소리가 가득하니 중양절(重陽節)이 가까웠구나(滿城風雨近重陽)』라는 시구(詩句)를 쓰고 있는데 갑자기 세금을 독촉하러 온 사람 때문에 그만 시흥(詩興)이 깨져 이 한 구절밖에 지을 수 없었다네」

중양절이 가까워 오면 비바람이 크게 불었는데 가을의 정취를 나타내기도 하며, 소문이 여러 사람의 입에 오르내려 떠들썩하다는 말이다.

만수무강 萬壽無疆

일만 萬 목숨 壽 없을 無 지경 疆

《시경(詩經)》 빈풍(豳風)

만년을 살아도 수명은 끝이 없다는 뜻으로, 목숨이 한없이 길다는 것을 말한다. 젊은 사람들이 덕담(德談)으로 어른들에게 장수하기를 빌 때 쓰는 말이다.

후 직

《시경(詩經)》 빈풍 「칠월」에 나오는 말이다.

「선달은 얼음을 탕탕 깨고(鑿氷沖沖), 3월에는 얼음 창고에 들여 넣고(納于凌陰), 4월에는 이른 아침에 염소를 바치고 부추로 제사를 지낸다. 9월에는 서리가 내리고(九月肅霜), 10월에는 마당을 깨끗하게 하며(十月滌場), 두 단지의 술로 잔치를 베풀어(朋酒斯饗), 염소와 양을 잡아 대접하고(曰殺羔羊) 공회당에 올라가 쇠뿔 잔의 술을 서로 권하며(稱彼兕觥), 임금의 만수무강을(萬壽無疆)」

중국 농민들의 세시풍속(歲時風俗)과 농촌의 정경을 읊은 서사시다.

주나라를 세운 문왕(文王)의 아들인 주공(周公)은 성왕(成王)의 섭

빈풍도(남송 화가 위화지)

정(攝政)이 되었는데, 주왕조의 전설적 시조인 후직(后稷)과 공유(公劉)가 농업진흥정책을 펴온 내력을 시로 엮어 노래하게 하였다.

백성들의 안락한 생활과 부강한 나라를 건설하려는 주공의 뜻이 담겨 있는 시이다.

知者不惑
지자불혹
勇者不懼
용자불구

지자(知者)는 미혹(迷惑)하지 않고,
용자(勇者)는 두려워하지 않는다.

{지혜가 있는 사람은 도리를 알고 사물을 꿰뚫어보는 힘이 있으므로 사물에 대하여 미혹하는 일이 없고, 용기 있는 사람은 과감하게 행동하므로 어떠한 사태에도 기가 죽지 않는다. 지덕(知德)·인덕(仁德)·용기 그 각각의 덕의 의의를 간명하게 서술한 말의 한 구절이다.}

— 《논어》 자한(子罕)

만승지국 萬乘之國

일만 萬 오를 乘 어조사 之 나라 國

《맹자》 양혜왕(梁惠王)

병거(兵車) 일만 채를 갖출 만한 힘이 있는 나라라는 뜻으로, 천자가 다스리는 나라를 이르는 말.

병거란 전차(戰車)를 말하는 것으로, 병거 한 대를 1승(乘)이라고 했는데 각 1승마다 갑병(甲兵 : 무장한 군사) 3인, 보병 72인, 치중병(輜重兵 : 군수품 보급병) 25인 등 100명의 군사가 따랐다고 한다.

따라서 병거 10, 000승이라면 100만 명의 군대가 되는 셈이며 지금으로 말하면 장갑차 몇 만 대에 해당한다고 할 수 있을 것이다.

따라서 「만승지국」 이라면 1만의 전차를 가진 나라라는 뜻으로, 그에 따르는 군사, 무기 등을 보유하고 동원할 수 있는 거대 군사력과 경제력을 지닌 나라(萬乘之國), 또는 그런 위치(萬乘之位)를 지칭하는 말이다.

옛날 전쟁은 기병과 병거가 좌우했다. 병거가 많으면 강대한 국가였다. 만승지국 즉 병거가 만 대에 이르는 나라는 오직 천자의 나라밖에 없다는 의미에서 이런 표현이 생겨났다. 천군만마의 만마(萬馬)가 가리키는 뜻이 만승(萬乘)이라고 할 수 있다.

춘추전국시대는 전쟁의 규모는 전쟁 당사자의 신분과 그 신분에 따라 동원할 수 있는 병력의 규모가 각각 달랐다. 일반적으로 천자(天子)의 나라를 만승지국(萬乘之國)이라고 부르는데 이것은 유사시 전쟁에 만 대의 전차를 동원할 수 있는 능력을 가졌다는 것을 의미한다. 그보다 한 단계 낮은 제후(諸侯)는 천승지국(千乘之國)이라 부르고 공

경대부(公卿大夫)는 백승지가(百乘之家)로 부른다.

이러한 대군을 동원할 수 있는 국가를 만승지국이라고 불렀는데 보통 천자가 거느린 군사의 수효에 해당했기 때문에 주나라 천자를 가리키는 말이 되었다. 그러나 전국시대가 되자 제후국 중에도 만승지국이 생겨났다. 결국 만승지국이라는 말은 대국이라는 말이 되고 만승지군(萬乘之君)이라면 이러한 대군을 거느리고 있는 강대국의 군주라는 말이 된 것이다.

맹자와 양혜왕

맹자가 양혜왕의 초청을 받아 처음 혜왕을 만났을 때다. 혜왕은 인사말 겸, 「천 리를 멀다 하지 않고 와 주셨으니 장차 우리나라를 이롭게 해주시겠습니까?」 하고 물었다.

그러자 맹자는, 「왕께서는 하필 이(利)를 말씀하십니까? 다만 인의가 있을 뿐입니다」 하고 전제한 다음, 「……만 승(乘)의 나라에서 그 임금을 죽이는 사람은 언제나 천 승의 녹을 받는 대신 집이요(萬乘之國弑其君者 必千乘之家), 천 승 나라에서 그 임금을 죽이는 사람은 언제나 백 승의 녹을 받는 대신 집입니다. 만에서 천을 받고, 천에서 백을 받는 것이 많지 않은 것이 아니지만, 참으로 의(義)를 뒤로 하고 이(利)를 먼저 하면 빼앗지 않고서는 만족하지 못하는 법입니다」

이익만을 추구해서는 나라가 올바로 될 수 없는 이치를 말한 것이다. 그리고 끝에 가서 다시 한 번, 「왕께서는 역시 인의를 말씀하셔야 할 터인데 하필 이를 말씀하십니까」 하고 거듭 강조하고 있다.

만전지책 萬全之策

일만 萬 온전할 全 갈 之 꾀 策

《후한서》 유표전(劉表傳)

여기서의 만(萬)은 숫자라기보다는 한 치의 실수도 허락지 않는 방안을 뜻한다.

《후한서》 유표전에 있는 이야기다.

건안(建安) 5년(201)에 원소(袁紹)와 조조(曹操)는 관도(官渡)에서 일대 격전을 치렀다. 이 싸움에서 조조의 군사는 10만 대 3만이라는 열세한 병력에도 불구하고 원소의 군대를 격파해서 적잖은 타격을 입혔다. 당시 형주목사였던 유표는 이들의 전투를 관망하면서 대세를 살피고 있는 중이었다. 그는 원소의 지원 요청에 응했지만 실제 병력은 움직이지도 않았을 뿐만 아니라 조조에 대해서도 적대행위는 삼가고 있었다.

휘하의 한숭(韓嵩)과 유선(劉先)이 유표를 보고 말했다.

「이렇게 사태추이를 관망하고만 있으면 후일 양쪽 모두로부터 원망을 사게 될 것입니다. 원소는 조조를 격파한 뒤 분명 우리를 공격할 것입니다. 그러니 조조를 도와 안전을 도모하는 것이 좋겠습니다. 조조는 분명 장군의 은혜를 잊지 않고 우리를 도울 것이니 이것이 가장 안전한 대책(萬全之策)이 될 것입니다」

그러나 우유부단한 유표는 결단을 내리지 못하고 있다가 훗날 큰 변을 당하고 만다. 여기에서 유래한 말이 「만전지책」으로 한 치의 실수도 허락지 않는 방안을 뜻한다.

만절필동 萬折必東

일만 萬 꺾을 折 반드시 必 동녘 東

《순자(荀子)》 유좌(宥坐)편

마

「강물이 일만 번을 꺾여 굽이쳐 흐르더라도 반드시 동쪽으로 흘러간다」는 뜻으로, 어떤 일이 곡절을 겪게 되더라도 결국은 원래 뜻대로 됨을 비유하거나, 충신의 절개를 꺾을 수 없음을 비유하는 성어로 사용된다.

동쪽으로 흐르는 황하(黃河)를 바라보고 있는 공자에게 제자인 자공(子貢)이 그 까닭을 물었다. 이에 공자는 물의 특성을 덕(德)·의(義)·도(道)·용(勇)·법(法)·정(正)·찰(察)·선(善)에 비유하고는 이렇게 말했다.

「일만 번이나 꺾여 흐르지만 반드시 동쪽으로 흘러가니 의지가 있는 것과 같다(化其萬折也必東 似志)」 그러면서 군자가 큰물을 볼 때 반드시 살펴야 할 점이라고 일렀다.

황하 모친 조상(彫像)

황하의 강줄기는 굴곡이 심하지만, 서고동저(西高東低)인 중국 지형의 특성상 반드시 동쪽(우리나라의 서해바다)으로 흘러가는 것을 군자의 의지나 절개로 풀이한 것이다.

만초유불가제 蔓草猶不可除

스끌 蔓 풀 草 오히려 猶 아닐 不 옳을 可 덜 除

《춘추좌씨전(春秋左氏傳)》

「풀도 너무 무성해지면 제거할 수 없다」는 뜻으로, 일은 초기에 처치하지 않으면, 훗날 어찌할 수 없는 지경에 이름을 비유함.

《좌씨전(左氏傳)》에 있는 이야기다.

춘추전국시대 정(鄭)나라 무공(武公)은 신(申)이라는 나라에서 아내를 맞이하여 무강(武姜 : 무씨 집안에 시집온 姜氏)이라고 하였으며, 강씨는 장공(莊公)과 공숙단(共叔段)을 낳았다. 장남인 장공은 난산으로 태어나 어머니 강씨를 놀라게 해 이름을 오생(寤生)이라 불렀다.

강씨는 장공을 미워하고 동생 공숙단을 사랑해서 대를 계승시키고자 자주 무공에게 요청했지만 무공은 허락하지 않았다. 마침내 장남 장공이 즉위하게 되자 어머니 강씨는 공숙단을 위해 제(制) 땅을 동생에게 주라고 요청했다. 어머니 강씨의 요청에 장공은 이렇게 말했다.

「제(制)는 요해지(要害地)로서, 옛날 괵숙(虢叔)이 거기서 죽었습니다. 다른 고을 같으면 고려해 보겠습니다」

그래서 경(京) 땅을 요청하여 그곳에 살게 하니 그를 「경성(京城)의 대숙(大叔)」이라고 불렀다. 대부 제중(祭仲)이 장공에게 말했다.

「지방의 도성이 백치(百雉 : 1치는 길이가 3丈)를 넘으면 나라의 해가 됩니다. 선왕의 제도에 지방의 큰 도성이라야 국토의 3분의 1이고, 중간이 5분의 1이며, 작은 것은 9분의 1입니다. 그런데 지금 경(京)은 너무 커서 옛 제도에 맞지 않습니다」

장공이 대답했다.

「어머니께서 원하신 것이니 어쩌겠소?」

제중이 말했다.

「강씨께서 어찌 이것으로 만족하시겠습니까. 일찍이 도모함만 못합니다. 풀이 뻗어나가게 하지 마십시오, 뻗어나간 풀은 제거하기 어렵습니다(蔓草猶不可除). 하물며 공께서 총애하는 동생이야 어쩌겠습니까?」

장공이 말했다.

「의롭지 못한 짓을 많이 행하면 반드시 스스로 망하는 법이니, 때가 올 때까지 가다려 봅시다」

기실 정장공은 동생을 제거할 생각이 없는 것이 아니라 시기를 기다리고 있을 뿐이었다.

그러던 중 공숙단이 도읍지를 공격할 날짜와 어머니 강씨가 내응하게 되어 있다는 확실한 정보를 입수하자, 정 장공은 지체 없이 대장 여자봉(呂子封)에게 대군을 이끌고 나가 공숙단을 멸하도록 했다.

이 소식이 전해지자 강씨는 곧 단에게 밀서를 보내 5월 상순에 군사를 일으켜 정(鄭)을 습격하도록 하였다. 이 기미를 안 여자봉은 군사를 풀어 밀서 가진 자를 붙들어 처단하고, 심복에게 강씨의 밀서를 주어 단에게 전하고 회신을 받아오게 했다. 회신의 내용은 5월 5일에 기병한다는 것이었다. 여자봉은 군대를 비밀리에 이끌고 경성 가까이에서 매복하고 기다렸다.

단은 이날 성을 비우다시피 군을 총동원하여 정을 습격하러 나섰다. 그러나 뜻하지 않게 복병의 기습을 받고 크게 패하여 공성(共城)으로 달아났다. 공성은 대군을 방어할 만한 곳이 못되었다. 단은 기가 막혔다. 「어머니가 나를 망쳤구나. 무슨 면목으로 형을 대하랴」 하고 자결하고 말았다.

망개삼면 網開三面

그물 網 열 開 석 三 쪽 面

《사기》 은본기(殷本紀)

탕 왕

사냥 그물의 3면을 열어 짐승들이 도망 갈 수 있게 한다는 뜻으로, 관대하게 대함을 비유하는 말. 은(殷)나라 탕왕(湯王)은 매우 인자한 군주였다. 어느 날, 탕왕은 교외로 나갔다가, 그물로 새를 잡는 사람을 보게 되었다. 그 사람은 밭의 사방에 그물을 쳐놓고 이렇게 외쳤다.

「하늘의 것이건 땅의 것이건 사면팔방 천하 모든 것이 내 그물로 들어와서 나가지 못하게 하소서」

이 소리를 들은 탕왕은 그에게 말을 했다.

「아니, 한꺼번에 다 잡겠다니(盡之矣)!」

그리고는 새 잡는 사람에게 세 면의 그물을 거두라고 하고는, 「왼쪽으로 가고 싶은 것이 있거든 왼쪽으로 가게 하고, 오른쪽으로 가고 싶은 것이 있거든 오른쪽으로 가게 하소서. 다만 저의 명을 따르지 않는 것만 저의 그물로 들어오게 하소서(欲左左 欲右右 不用命 乃入吾網)」 하고 축원했다(乃去其三面 祝曰).

이 일이 알려지자, 제후들을 비롯한 모든 사람들이 감탄하였다.

「탕왕의 덕은 지극하시어, 금수(禽獸)에게 까지 이르다니(湯德至矣 及禽獸)!」

망국지음 亡國之音

망할 亡 나라 國 갈 之 소리, 음악 音

《예기(禮記)》 악기(樂記)

나라를 망친 음악이라는 뜻으로, 음란하고 사치스러운 음악을 이르는 말. 《예기》 악기편에 있는 말이다.

「무릇 음악이라는 것은 사람의 마음에서 나오는 것이다. 정이 마음에서 울리면 이로 인해 소리로 형성된다. 이 소리가 문채를 갖추면 이를 바로 음악이라고 한다. 이런 이유로 해서 잘 다스려진 시대의 음악은 편안해서 즐거우며 그 정치도 조화를 이루고 있다. 반면에 어지러운 시대의 음악은 원망에 차 있고 노여움으로 떨리며 그 정치도 괴리가 심하다. 더욱이 망해 가는 나라의 음악은 슬프고 근심이 많으며 그 백성들은 피곤하다(治世之音 安以樂 其政和 亂世之音 怨以怒 其政乖 亡國之音 哀以思 其民困)」

위에서 볼 수 있듯이 《예기》는 한 시대의 음악을 크게 세 가지로 나누고 있다. 즉 치세 · 난세 · 망국의 음악이 그것이다. 사람의 생각이나 생활 역시 그들이 처한 여러 가지 상황에 따라 달라지기 때문에 음악도 이를 반영한다고 보는 것이다. 이런 분류는 반드시 정치적인 상황만을 가지고 구분지은 것은 아니어서 윤리나 도덕이 피폐한 시대라면 아무리 부강하고 화려한 태평성세가 이어진다 해도 긍정적인 평가를 받기는 어려울 것이다.

또 《한비자》 십과편(十過篇)에, 임금이 정치를 잘못해 나라를 망치는 열 가지 허물을 열거하고 있는데, 여기서도 「나라를 망칠 음악」이라 해서 이와 비슷한 내용을 실례를 들어 설명하고 있다. 「망

진평공 앞에서 연주하는 사광

국지성(亡國之聲)」이라고도 한다.

춘추시대 위(衛)나라 영공(靈公)이 진(晉)나라로 가는 도중 복수(濮水)라는 곳에서 이제까지 들어본 적이 없는 아름다운 음악 소리를 들었다. 영공은 자기도 모르게 멈추어 서서 그 소리를 듣다가 수행 중인 악사 사연(師涓)에게 악보를 베껴두라고 일렀다. 이윽고 진나라에 도착한 영공은 진나라 평공(平公) 앞에서, 이곳으로 오는 도중 들은 새로운 음악이라며 사연으로 하여금 그 곡을 연주하도록 하였다. 당시 진나라에는 사광(師曠)이라는 이름난 악사가 있었는데, 그가 음악을 연주하면 구름이 몰려들고 학이 춤을 춘다고 하였다.

사연의 음악을 듣던 사광은 황급히 사연의 손을 잡고 연주를 중단시키며 이렇게 말하였다. 「이것이 새로운 음악이라는 것입니까? 이것은 망국지음입니다. 연주해서는 안 됩니다」

깜짝 놀란 영공과 평공이 그 사연을 묻자, 사광은 다음과 같은 이야기를 하였다. 「옛날 은(殷)나라 주왕(紂王) 때 사연(師延)이라는 악사가 있었는데, 왕에게 신성백리(新聲百里)라는 음란하고 사치스러운 음악을 지어 바쳤습니다. 주왕은 이 음악에 빠져 주지육림(酒池肉林)을 즐기다가 주(周) 무왕(武王)에게 주살당하고 말았습니다. 그러자 사연은 악기를 안고 복수에 빠져 죽었는데, 지금도 복수를 지날 때는 누구나 이 음악을 들을 수 있다고 합니다. 그래서 사람들은 이 음악을 망국의 음악이라 하며 무서워하고 있습니다」

망극득모 亡戟得矛

잃을 亡 창 戟 얻을 得 창 矛

《여씨춘추(呂氏春秋)》 이속편(離俗篇)

극(戟)을 잃고 모(矛)를 얻는다는 뜻으로, 손해도 없고 이득도 없다는 것을 이르는 말. 또한 물건 따위를 얻거나 잃는 데에 있어 그 이해를 두 가지로 해석할 수 있음을 이르는 말이기도 하다.

전국시대(戰國時代) 말 진(秦)나라의 여불위(呂不韋)가 편찬한 《여씨춘추(呂氏春秋)》 이속편(離俗篇)에 있는 이야기다.

전국시대 진(晉)나라와 제(齊)나라가 싸움을 할 때 한 병사가 갈라진 창(戟)을 잃어버렸으나 자루가 긴 세모진 창(矛)을 하나 얻게 되었다. 병사는 길을 가는 사람에게 싸움에서 극을 잃었는데 대신 창을 얻어 부대에 가면 벌을 받을지를 물어보자, 병기를 잃은 대신 창을 얻었으니 부대로 가도 좋을 것이라고 하였다. 그러나 걱정스런 마음으로 다른 사람에게 다시 물어보았더니 극과 창이 똑같다고 할 수 없다고 말하자 병사는 갈등을 하였다. 손해와 이익이 서로 겹쳐서 결국은 손해를 입은 일도 없으며 이익을 얻는 일도 없는 경우에 쓰이는 말로서, 크게 손실을 보지 않았다는 것이다.

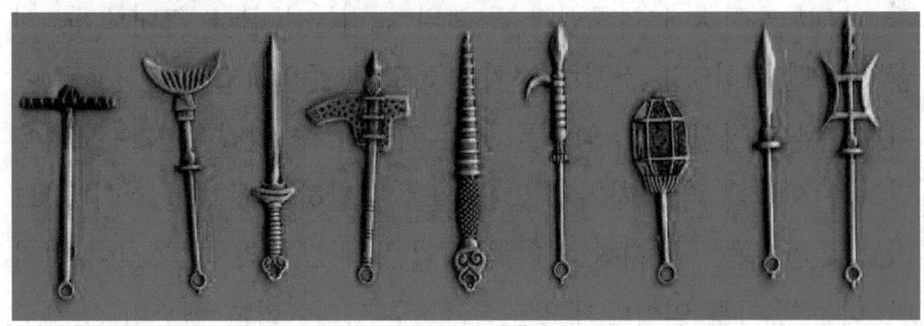

전국시대 각종 무기

망루탄주 網漏呑舟

그물 網 샐 漏 삼킬 呑 배 舟

《사기》 혹리열전(酷吏列傳)

큰 고기도 새어나갈 그물이란 뜻으로, 법령이 관후(寬厚)하여 큰 죄를 짓고도 능히 빠져나갈 수 있음을 비유하여 이르는 말.

탄주(呑舟)는 배를 삼킬 만한 고기이니, 매우 큰 물고기를 이름.

사마천

《사기》 혹리열전에서 사마천은 이렇게 말한다.

「진실로 옳은 말들이다! 법령이란 다스림의 한 방편일 뿐 백성들의 선악과 청탁을 다스리는 근본이 되지는 못한다. 옛날(秦나라 때)에는 천하의 법망이 치밀했으나, 간사함과 거짓이 싹이 터 마침내는 법에 저촉시키려는 관리들과, 법망을 빠져나가려는 백성들의 혼란은 구제할 수 없는 지경에 이르렀다. 당시의 관리들은 불을 그대로 둔 채 끓는 물만 식히려는 것처럼 정치를 하였다. 준엄하고 혹독한 사람이 아니고서는 어떻게 그 임무를 즐겨 감당할 수 있었겠는가? 도덕을 말하는 사람들 역시 자기가 맡은 일을 감당하지 못했던 것이다. 그러므로 공자는 『송사를 처리하는 일은 나도 남과 다를 것이 없지만, 나는 송사를 일어나지 않도록 할 수 있다』 라고 했으며, 노자도

한고조 유방의 대풍가(大風歌) 조상(彫像)

『못난 선비는 도를 듣고 크게 웃기만 할 뿐이다』라고 했는데, 이것은 허튼 소리가 아니다.

한나라가 흥성하자 모가 난 것을 둥글게 만들고(진나라의 가혹하고 엄하기만 한 형벌을 한고조의 「약법삼장(約法三章)」으로 쉽고 간편하게 만들었다는 뜻), 엄한 형벌들을 없애고 간편한 것을 따랐으며, 수식을 붙이지 않고 소박한 조각을 만들 듯이 기교와 거짓을 없애니, 그 법망은 배를 통째로 삼키는 고기라도 빠져나갈 만큼 너그러워졌다(網漏呑舟). 그런데도 불구하고 관리의 치적은 날로 올라갔고, 백성은 간악한 범행을 저지르는 일이 없어 나라는 평안했다. 그런 점으로 미루어 보아 백성을 다스리는 근본은 도덕에 있는 것이지 가혹한 법에 있는 것은 아니다」

망매지갈 望梅止渴

바랄 望 매화 梅 그칠 止 목마를 渴

《세설신어》 가귤편(假橘篇)

조 조

생각으로 마음의 위안을 얻는다.

매실(梅實), 즉 매화나무 열매는 맛이 매우 시기 때문에 그 소리만 듣고도 입에 침이 돌아 갈증이 덜어진다는 뜻이다. 공상을 통해 위안거리를 삼거나, 빈말로 남의 욕구를 충족시켜 남에게 희망을 줄 뿐 실제 문제는 해결하지 못한다는 뜻으로도 쓰인다.

이 성구는 「화중지병(畵中之餠 : 그림의 떡)」과도 뜻이 통하는데, 어떤 경우에는 두 성구를 연이어 쓰기도 한다.

조조(曹操)와 관련된 일화에서 나온 것으로 《세설신어(世說新語)》 가귤편에 보면 다음과 같은 이야기가 나온다.

어느 날, 조조가 군사들을 거느리고 행군하는데 날씨는 무덥고 식수는 바닥나 병졸들은 기진맥진하여 걸음조차 제대로 걷지 못할 지경에 이르렀다고 한다. 이때 조조는 문득 기발한 생각이 떠올라 군사들을 향해 이렇게 외쳤다.

「저 산 너머에 매실 밭이 있으니 우리 어서 가서 시큼하고 달콤한 매실 열매를 실컷 따먹고 갈증을 풀기로 하자!」

이에 병졸들은 매실이라는 소리에 자신도 모르게 입에서 침이 돌면서 정신을 차려 계속 진군했다는 것이다.

망양보뢰 亡羊補牢

달아날 亡 양 羊 기울 補 우리 牢

《전국책(戰國策)》 초책(楚策)

이미 일을 그르친 뒤에는 뉘우쳐도 소용이 없다.

양 잃고 우리를 고친다는 뜻으로, 이미 일을 그르친 뒤에는 뉘우쳐도 소용이 없음을 이르는 말이다.

중국 전한(前漢)의 학자 유향(劉向)이 편찬한 《전국책》 초책에 있는 말이다.

전국시대 초(楚)나라에 장신(莊辛)이라는 충신이 있었다. 하루는 초 양왕(襄王)에게 사치하고 음탕하여 국고를 낭비하는 신하들을 멀리하고, 왕 또한 사치한 생활을 그만두고 국사에 전념할 것을 간언하였다.

유 향

그러나 왕은 오히려 욕설을 퍼붓고 장신의 말을 듣지 않았다. 장신은 결국 조(趙)나라로 갔는데, 5개월 뒤 진나라가 초나라를 침공해, 양왕은 성양으로 몽진(蒙塵)을 하는 처지에 놓이게 되었다.

양왕은 이때야 비로소 장신의 말이 옳았음을 깨닫고 조나라에 사람을 보내 그를 불러들였다.

양왕이 장신에게 이제 어찌해야 하는지를 묻자, 장신은 다음과 같

주무왕

이 대답하였다.

「『토끼를 보고 나서 사냥개를 풀어도 늦지 않고, 양이 달아난 뒤에 우리를 고쳐도 늦지 않다(見兎而顧犬 未爲晩也 亡羊而補牢 未爲遲也)』고 하였습니다. 옛날 탕왕과 무왕은 백 리 땅에서 나라를 일으켰고, 걸왕과 주왕은 천하가 너무 넓어 끝내 멸망했습니다. 이제 초나라가 비록 작지만 긴 것을 잘라 짧은 것을 기우면 수천 리나 되니, 탕왕과 무왕의 백 리 땅과 견줄 바가 아닙니다」

여기서 「망양보뢰」는 이미 양을 잃은 뒤에 우리를 고쳐도 늦지 않다는 뜻으로 쓰였다. 다시 말해 실패 또는 실수를 해도 빨리 뉘우치고 수습하면 늦지 않다는 말이다. 따라서 부정적인 뜻보다는 긍정적인 뜻이 강하다.

하지만 뒤로 가면서 원래의 뜻과 달리, 일을 그르친 뒤에는 뉘우쳐도 이미 소용이 없다는 부정적인 의미로 바뀌었다. 우리나라에서도 전자보다는 후자의 뜻으로 쓰인다.

「망양지탄(亡羊之歎)」이나, 우리 속담 「사후약방문(死後藥方文)」도 비슷한 말이다. 그리고 한자 성구 「만시지탄(晩時之歎)」과도 뜻이 통하는 말이다.

망양지탄 亡羊之歎

잃을 亡 양 羊 어조사 之 한숨지을 歎

《열자(列子)》 설부(說符)편

여러 갈래 길에서 양을 잃는다는 말로 학문의 길이 여러 갈래라 진리를 찾기가 어렵다는 말. 《열자》 설부편에 있는 이야기다.

양자의 이웃집에서 양 한 마리가 도망을 갔다. 양 주인은 동네 사람들과 양을 찾으러 나섰다. 양자는 「단 한 마리의 양을 잃었는데 어찌 저렇게 많은 사람들이 법석인가?」 하고 물으니, 양이 도망간 쪽에는 갈림길이 많기 때문이라고 했다.

하지만 얼마 후 그들이 피곤한 몸으로 돌아와서 양을 찾지 못했다고 했다. 양자가 그 까닭을 묻자, 갈림길을 가면 또 갈림길이 있어서 양이 어디로 갔는지 모른다고 했다. 양자는 그 말을 듣고는 묵묵히 앉아 아무 말도 하지 않았다.

제자들은 기껏해야 양 한 마리를 잃은 것뿐인데 저렇게 침울해 있는 것은 이상하다 생각하여, 까닭을 물어도 대답이 없었다.

훗날 한 제자가 그 일에 대해서 묻자, 양자는 이렇게 말했다.

「단 한 마리의 양이라 할지라도, 갈림길에 또 갈림길이 있으니 결국 양을 잃어버린 것이다. 하물며 학문의 길은 어떻겠느냐? 목표를 잃고 무수한 학설들에 빠져 헤맨다면 아무리 노력한들 그 또한 무의미한 것 아니겠느냐?」

진리는 있지만 그 진리를 깨우치기란 어렵다는 말이다. 「다기망양(多岐亡羊)」과 같은 뜻으로, 방침이 많으면 도리어 갈 바를 모른다는 말이다.

망양지탄 望洋之嘆

바랄 望 바다 洋 어조사 之 감탄할 嘆

《장자(莊子)》 외편

넓은 바다를 바라보고 탄식한다는 말로, 다른 사람의 위대함을 보고 자신의 미흡함을 부끄러워한다는 말이다.

《장자》 외편 추수(秋水)에 있는 이야기다.

황하 맹진

옛날 황하(黃河) 맹진(孟津)에 하백(河伯)이라는 물의 신이 살고 있었다. 그는 늘 자기가 사는 강을 보면서 그 넓고 풍부함에 감탄을 하고 있었다.

어느 해 가을, 홍수로 인해 모든 개울물들이 황허로 흘러들자, 강의 너비는 하백으로도 믿기지 않을 정도가 되었다. 흐름이 너무나 커서 양쪽 기슭이나 언덕이 너무 멀리 떨어지는 바람에 소와 말을 분간할 수 없을 정도였다.

하백은 천하의 아름다움이 모두 자기에게 있다며 가슴이 벅차하였다. 그리고는 강의 끝을 보려고 동쪽으로 따라 내려갔다.

한참을 흘러 내려간 후 마침내 북해(北海)에 이르자 그곳의 신 약(若)이 반가이 맞아 주었다. 하백이 약의 안내로 주위를 돌아보니, 천하가 모두 물로 그 끝이 보이지 않았다. 맹진을 떠나본 적이 한 번도

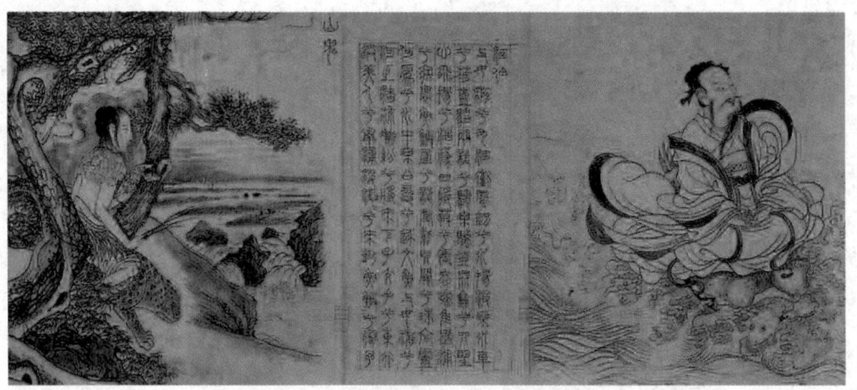

산귀(山鬼)와 하백(元 화가 장악)

없었던 하백은 그 너른 바다를 보고 감탄하며(望洋而嘆) 이렇게 말하였다.

「속담에 이르기를, 백 가지 도를 듣고서는 자기만한 자가 없는 줄 안다고 했는데, 이는 나를 두고 하는 말이었습니다. 아, 만일 내가 이곳을 보지 못하였다면 위태로울 뻔했습니다. 오래도록 내가 도를 아는 척 행세하여 웃음거리가 되었을 테니까 말입니다」

북해의 신 약은 웃으며 다음과 같이 말하였다.

「우물 안 개구리(井中之蛙)에게 바다에 대해 말해도 소용없음은 그가 사는 곳에 얽매어 있기 때문이고, 여름벌레에게 얼음에 대해 말해도 소용없음은 그가 시절에 묶여 있기 때문이오. 지금 그대는 벼랑가에서 나와 큰 바다를 보고 비로소 그대의 어리석음을 깨달았으니, 이제야말로 큰 이치를 말할 수 있게 된 것이 아니겠소?」

여기서 망양지탄은 가없는 진리의 길을 보고 스스로 자기가 이루었다고 생각했던 것을 부끄럽게 여긴다는 의미로 사용되었다. 오늘날에는 뜻을 넓게 해석하여 자기의 힘이 미치지 못함을 탄식한다는 의미로도 쓰인다.

망운지정 望雲之情

바랄 望 구름 雲 어조사 之 인정 情

《당서(唐書)》

구름을 바라보며 그리워한다는 뜻으로, 객지에 나온 자식이 고향의 부모를 그리는 정을 가리키는 말.

《당서(唐書)》에 있는 이야기다.

당(唐)나라 때 적인걸(狄仁傑)은 고종(高宗) 때 대리승(大理丞)이 되어 1년 동안 1만 7,000명을 올바르게 재판하였다.

측천무후

그 뒤 강남순무사(江南巡撫使)가 되어서는 음란하거나 민심을 미혹하는 사당 1,700개소를 없애고 예주자사(豫州刺使)로 있을 때에는 무고한 죄로 사형을 선고받은 사람 2,000명을 구제해 사람들로부터 칭송을 들었다.

그러나 후일 내준신(來俊臣)의 모함을 받아 측천무후(則天武后)에 의해 옥에 갇혔다가 석방된 후 지방으로 좌천되었다.

적인걸이 병주(幷州)의 법조참군(法曹參軍)으로 임명되어 부임하였을 때의 일이다. 그때 그의 부모는 하양(河陽)의 별장에 머물고 있었다.

어느 날, 적인걸이 태항산(太行山)에 올라 주위를 돌아보니 한 조각 흰 구름이 두둥실 떠 있었다. 그것을 본 그는 옆에 있는 사람을 돌아보며 말했다.

적인걸

「우리 부모님은 저 구름 아래 살고 계시겠지」

그리고는 흰 구름을 쳐다보면서 부모님을 생각하고(望雲之情) 비탄에 잠겼다.

망운지정이란 이렇게 타향에서 자신도 신고를 겪지만, 고향의 부모를 그리는 자식의 정을 이르는 것이다.

후일 그의 평판이 높다는 말을 들은 측천무후는 다시 그를 재상으로 등용하였고, 재상이 된 후 그는 장간지(張柬之), 요숭(姚乘) 등을 추천하여 부패한 정치를 바로잡아 측천무후의 신임을 얻었다.

어느 날, 측천무후가 상서랑(尙書郎)으로 합당한 인물을 추천하라고 하자, 서슴없이 아들 광사(光嗣)를 추천하는 등 일 처리에 사사로움이 없었다 한다.

「망운지회(望雲之懷)」 라고도 한다.

망자재배 芒刺在背

가시 芒 찌를 刺 있을 在 등 背

《한서(漢書)》 곽광전(霍光傳)

까끄라기와 가시를 등에 지고 있다는 뜻으로, 마음이 아주 조마조마하고 편하지 아니함을 이르는 말. 원래는 권세 있는 이를 두려워하는 뜻으로 쓰였으나, 오늘날에는 무슨 일을 도모함에 있어서 주위의 눈치를 살피지 않을 수 없는 모든 경우에 두루 쓰이고 있다.

후한의 반고(班固)가 편찬한 《한서》 곽광전에 있는 이야기다.

한(漢)의 선제가 보위에 오름으로써 이를 종묘사직에 고하기 위해 궁궐을 출발하게 되었다. 이때 대장군 곽광이 그 호위를 맡게 되었다. 곽광은 무제 때의 공신 표기장군 곽거병(霍去病)의 이복동생으로 일찍부터 무제를 섬겨 말년에는 대사마대장군 박육후(博陸侯)로서 후사를 위탁받았다. 그는 유조를 받들어 무제 사후 8세의 어린 소제(昭帝)를 세우고, 소제의 이복형 연왕(燕王) 단(丹)의 반란을 진압한 후 정사를 독점하였다. 소제가 죽은 후에는 그를 계승한 창읍왕을 행실이 음란하다는 이유로 폐위시키고 선제를 임금 자리에 세운 사람이다.

이렇듯 곽광의 권력이 하늘을 찌를 정도였으므로 선제는 내심 그를 두려워하고 있었다. 그래서 곽광과 함께 가는 것이 마치 가시를 등에 진 것과 같이 불편하였다. 당시 왕의 표정은 무엇엔가 위협을 받는 듯 불안해하며 굳어 있었다. 후일 거기장군(車騎將軍) 장안세가 곽광을 대신하여 선제를 모신 적이 있는데, 이때는 편안하고 조용한 모습을 하고 있었다고 한다. 곽광은 후일 자기 딸을 선제의 황후로 삼았지만, 곽광이 죽은 후 선제는 곽광의 일족을 모두 처형하였다.

망자존대 妄自尊大

망령될 妄 스스로 自 높을 尊 큰 大

《후한서(後漢書)》 마원전(馬援傳)

「망령되이 스스로를 높이고 크게 여긴다」 라는 뜻으로, 함부로 자신만 잘난 체하고 우쭐대며 다른 사람을 경시하는 것을 말한다.

유수(劉秀)는 후한 초대 황제인 광무제(光武帝, 재위 25~57)로 낙양(洛陽)에서 즉위하였으나 공손술(公孫述), 두융(竇融), 외효(隗囂) 등이 할거하여 전국의 통일을 이루지 못하였다. 후한 때의 군웅(群雄) 공손술은 성도(成都)에서 군사를 일으켜 촉(蜀) · 파(巴)를 평정한 뒤 황제가 되었다.

외효는 부하인 마원을 공손술에게 보냈는데, 마원은 자기와 고향이 같은 공손술이 반갑게 맞이해줄 것으로 여겼으나, 높은 자리에 앉아서 차갑게 대하였다. 마원은 외효에게 이렇게 말했다.

「공손술은 우물 안의 개구리처럼 터무니없이 스스로 잘난 체하고 남을 업신여깁니다(子陽井底蛙耳 而妄自尊大). 낙양의 광무제를 섬기는 것만 못합니다」

그래서 외효는 마원을 다시 낙양에 사신으로 보냈는데, 극진한 대접을 받고 광무제의 부하가 되어 돌아왔다. 외효는 광무제를 경계하였으며, 광무제는 외효와 공손술을 멸하고 나라를 통일하였다.

이치나 도리에 맞지 않는 망령된 생각으로 건방지게 스스로 잘났다고 뽐내며 자기를 높이고 남을 업신여기는 것을 비유하는 말이다.

비슷한 말로는 자기 분수를 모르고 위세 부린다는 「야랑자대(夜郎自大)」 가 있다.

망진막급 望塵莫及

바랄 望 티끌 塵 없을 莫 미칠 及

《남사(南史)》

먼지를 바라보고 미치지 못한다는 말로, 손에 넣지 못하는 것을 뜻함. 남조(南朝), 즉 남송(南宋)・제(齊)・양(梁)・진(陳) 왕조의 역사서로서, 당나라 이연수(李延壽)가 편찬한 《남사》에 있는 이야기다.

남송의 복양(濮陽)에 오경지(吳慶之)라는 사람이 살고 있었다. 그는 학문이 깊고 인격이 고매하여 주위 사람들로부터 많은 존경을 받고 있었다. 왕의공(王義恭)은 양주태수로 부임하면서 그의 명성을 듣자 그에게 자기의 일을 도와줄 것을 요청하였다. 이때 오경지는 태수가 자신의 능력을 인정해 주는 것이 기뻐 서슴없이 그 요청을 수락하였다. 그런데 후일 왕의공이 업무상의 과실로 인해 중앙 정부로부터 탄핵을 받고 처형되자, 오경지는 큰 충격을 받지 않을 수 없었다.

자신에게는 다른 사람을 보좌할 능력이 없다고 생각한 오경지는 관직을 떠나 초야에 묻히려 하였다. 그러던 차에, 이번에는 오흥태수로 임명된 왕곤(王梶)이라는 사람이 부임하면서 오경지에게 공조(工曹) 자리를 맡아달라는 요청을 했다. 오경지는 왕곤에게 이렇게 말했다.

「저는 일에 대해서는 아는 것이 없습니다. 지난번 왕의공 태수가 저를 존중해 주어 바쁘게 뛰어다녔지만 한 일이 없습니다. 이런 저에게 관직을 맡아달라고 하는 것은 물고기를 나무 위에서 기르고, 새를 물속에서 기르는 것과 같은 것입니다」

그리고는 인사도 없이 그 자리를 떠났다. 왕곤이 황급히 그를 뒤따라갔으나 흙먼지만 보일 뿐 따라갈 수가 없었다.

매검매독 賣劍買犢

팔 賣 칼 劍 살 買 송아지 犢

《한서(漢書)》 공수(龔遂)전

검(劍)을 팔아 소를 산다는 뜻으로, 전쟁을 그만두고 고향으로 돌아감을 비유한 말이다.

한나라 선제(宣帝) 때 발해군(渤海群) 일대에 기근이 들자, 끼니를 굶은 농민들이 들고 일어나기 시작했다. 그러나 그곳의 태수는 이를 다스릴 방법이 없었다.

선제는 일을 감당할 수 있는 사람을 고르려고 하자, 대신들은 모두 공수를 천거하였다. 당시 공수는 70세가 넘은 나이였다.

공수(龔遂)의 자는 소경(少卿), 산양 남평현 출신이다. 창읍(昌邑)의 낭중령(郎中令)을 지냈다. 창읍왕 유하(劉賀)의 행동이 올바르지 않자 간쟁을 하다가 눈물을 흘릴 정도로 강직하며 절개를 지킨 인물로 「순리열전(循吏列傳)」에 실려 있다. 전한 선제시대에 발해군 태수가 되어 기근을 다스렸다.

선제는 늙고 왜소한 공수를 보고 물었다.

「발해에 변고가 생겼는데, 짐은 걱정이 크오. 그대는 그곳에 가서 어떻게 도적들을 평정할 것이오?」

공수가 대답했다.

「그곳의 백성들은 추위와 굶주림으로 고통을 받고 있으나, 관리들이 오히려 그들을 보살피지 않고 있기 때문에 그들은 무기를 들고 나선 것입니다. 지금 폐하께서 저를 보내시는 것은 그들을 평정하라는 것입니까, 아니면 그들을 위로하라는 것입니까?」

선제는 그의 말을 듣고 매우 만족스럽게 말했다.

「유능한 사람을 골라 보내는 것은 당연히 위로하고자 하기 때문이오」

공수가 다시 말했다.

「소신이 듣건대, 혼란한 백성들을 다스리는 것은 마치 엉킨 실을 푸는 것과 같아서 서두르면 안 되고, 천천히 임하여야만 수습이 된다고 봅니다. 폐하께서 저를 보내주시기를 원합니다」

선제는 이를 수락하였다.

공수는 발해군에 도착하자, 각 현에 공문을 보내 농민봉기를 진압하던 관리들을 파면하였다. 공수는 그 공문에서, 농기구를 든 사람들은 모두 농민이므로 관리들은 그들을 해치지 말라고 지시하였다.

백성들이 봉기하였던 것은 본시 관리들의 핍박 때문이었다. 농민들은 공수의 명령을 알고, 모두 무기를 버리고 농기구를 들고 일을 시작하였다.

공수는 양곡창고를 열어 농민들을 구제하는 동시에, 일부 청렴한 관리들을 보내 백성들을 위로하게 하였다. 얼마 되지 않아 발해군은 평정을 되찾았다.

한편 공수는 이 지역의 사치풍조를 보고 직접 나서서 근검절약을 실천하며 백성들에게 농사일을 권하였다. 그는 각 농가에 나무와 채소를 심고, 두 마리의 돼지와 다섯 마리의 닭을 키우도록 했다.

그는 칼을 차고 다니는 사람들을 보면, 그에게 칼을 팔아 소를 사도록 권했다(民有帶持劍者 使賣劍買牛 賣刀買犢).

매독환주 買櫝還珠

살 買 함 櫝 돌아올 還 구슬 珠

《한비자(韓非子)》 외저설(外儲說)편

구슬을 포장하기 위해 만든 나무상자를 사서는 그 속의 구슬은 돌려준다는 뜻으로, 겉치레에 현혹되어 정말 중요한 것을 잃는다는 말이다.

《한비자》 외저설편에 있는 이야기다.

초(楚)나라 왕이 묵자(墨子)의 제자 전구(田鳩)에게 물었다.

「묵자는 학식이 넓다고 세상에 널리 알려진 인물이네. 그런데 품행은 단정하지만 언설을 보면 장황하기만 할 뿐 능변이 아닌데, 그 이유는 무엇인가?」

전구가 대답했다.

「옛 진(秦)나라 왕이 그 딸을 진(晉)나라 공자에게 시집보낼 때 온갖 장식을 다하고 아름답게 수놓은 옷을 입은 시녀 70명을 딸려 보냈다고 합니다. 그런데 공자는 오히려 그 시녀들을 사랑하고 딸을 학대하였습니다. 따라서 진나라 왕은 딸을 좋은 곳에 시집보낸 것이 아니라 시녀들을 좋은 곳에 시집보낸 꼴이 되었지요. 또 어느 초나라 사람은 자기가 가진 구슬을 팔러 정나라로 갔습니다. 그는 목란(木蘭), 계초(桂椒)와 같은 향기로운 나무로 짜고 물참새의 털로 장식한 상자를 만들어 그 안에 구슬을 넣어 내밀었습니다. 그런데 정나라 사람은 그 상자만 샀을 뿐 구슬은 되돌려주었다고 합니다(買櫝還珠). 오늘날 세간의 학자들도 이와 같아서 모두 능란한 변설로 꾸미기를 잘하며, 군주는 또 그 화려함에 현혹되어 실질을 판단하지 못

청년 묵자

하고 있습니다. 그러나 묵자의 언설은 성왕의 도를 전하고, 성인의 말씀을 논함으로써 세상 사람들을 감동시킵니다. 만약 언설을 꾸미게 되면 사람들은 단지 그 꾸민 말과 표현에만 주의하여 실질은 잊게 될 것이니 그것은 언설을 꾸미면 실질의 중요성이 묻히기 때문입니다. 그래서 묵자는 그 말만 장황할 뿐 능변은 아닌 것입니다」

이와 같이 「매독환주」란, 표현의 화려함에 현혹되어 내용의 중요성은 잊는다는 비유로, 본래는 「교언영색(巧言玲色)」과 같은 의미로 사용되었다. 오늘날에는 호화롭게 꾸민 겉포장에 현혹되어 정말 중요한 실체를 잃는다는 의미로 두루 사용되고 있다.

매사마골 買死馬骨

살 買 죽을 死 말 馬 뼈 骨

《전국책(戰國策)》 연책(燕策)

죽은 말의 뼈를 산다는 뜻으로, 귀중한 것을 손에 넣기 위해 먼저 공을 들여야 한다는 것을 가리키는 말.

전국시대 연(燕)나라의 소왕(昭王)은 제(齊)나라에 빼앗긴 영토를 되찾고 치욕을 앙갚음하기 위해 세상의 뛰어난 인재를 초빙하고자 하였다. 그래서 이 문제를 가까이에 있는 곽외(郭隗)와 상의하였다.

곽외가 말했다.

「옛날 어느 나라 왕이 궁중 하인에게 천금을 주면서 하루에 천리를 달리는 명마를 사오도록 명했다고 합니다(君有以千金使涓人求千里馬者). 그는 백방으로 수소문해 천리마가 있는 곳을 알았지만, 아쉽게도 그가 도착하기 전에 천리마는 죽어버리고 말았습니다. 그러나 그는 그 죽은 말의 뼈를 5백 냥을 주고 사가지고 왔습니다. 그러자 임금은 『죽은 말의 뼈를 5백 냥이나 주고 사오다니?』 하며 화를 냈습니다. 그러자 하인은 『생각해 보십시오. 죽은 천리마의 뼈를 5백 냥에 샀다면 산 말이야 이르겠느냐고 생각하지 않겠습니까? 조금만 기다리면 서로 팔겠다며 천리마를 가진 사람이 몰려들 것입니다』 하고 대답했습니다. 과

연소왕 황금대

천금매사마

연 얼마 되지 않아 천리마를 팔겠다는 사람이 셋이나 나타났다고 합니다. 마찬가지로 왕께서 천하의 영재를 얻고자 하신다면 먼저 가까이 있는 저부터 우대하십시오(今王誠欲致士 先從隗始). 그러면 저절로 천하의 영재들이 몰려들 것입니다」

이 말을 수긍한 소왕은 즉각 황금대(黃金臺)를 지어 곽외를 머물게 하고 사부(師父)로서 받들었다. 그러자 과연 얼마 안 가서 명장 악의(樂毅), 음양가의 비조(鼻祖) 추연(鄒衍), 대정치가 극신(劇辛) 등의 걸출한 인재들이 사방에서 연나라로 몰려들었다. 이들의 힘을 빌려 소왕은 제나라에 대한 원수도 갚고 나라를 부강하게 만들 수 있었다.

곽외의 이야기 중에서 「죽은 말을 사왔다」는 「매사마골(買死馬骨)」은 「별 볼일 없는 것을 사서 요긴한 것이 오기를 기다린다」 또는 「하잘 것 없는 것이라도 소중히 대접하면 긴요한 것은 그에 끌려 자연히 모여든다는 뜻으로 쓰이게 된 말이다.

「왕께서 천하의 영재를 얻고자 하신다면 먼저 가까이 있는 저부터 우대하십시오(今王誠欲致士 先從隗始). 그러면 저절로 천하의 영재들이 몰려들 것입니다」

여기서 「외(隗)부터 시작하라」는 「선시어외(先始於隗)」 고사가 생겨났다. 「손쉬운 나부터 시작하라」는 뜻에서 바뀌어 지금은 「말한 자부터 시작하라」는 뉘앙스로 쓰고 있다. 또 노인이 취업을 희망할 때 「사마(死馬)의 뼈를 사주시기 바랍니다」라는 말을 쓴다.

매황유하 每況愈下

매양 每 하물며 況 나을 愈 아래 下

《장자》 지북유(知北遊)편

형편이 날로 악화되다. 날이 갈수록 점점 더 나빠진다는 말이다. 이 말은 처음에는 「매하유황(每下愈況)」이라고 하였다.

《장자》 지북유편에 있는 이야기다.

어느 날, 동곽자(東郭子)라는 사람이 장자에게 물었다.

「도(道)라는 것은 어디에 있는가?」

장자는 처음에 개구리나 개미 같은 것에 있다고 대답했다.

동곽자가 그처럼 신성한 도가 어떻게 그토록 미천한 것에 있을 수 있겠느냐고 따졌더니, 장자는 다시 쌀이나 기왓장 또는 벽돌 같은 것에 있다고 대답하는 것이었다.

더욱 아리송해진 동곽자는 왜 점점 낮아지느냐고 물었더니, 장자는 정색을 하며 대꾸하였다.

「그대의 질문은 처음부터 본질에 미치지 못했다. 장터를 관장하는 획(獲)이라는 사람이 장터 관리인에게 돼지를 발로 밟아 보고 살찐 정도를 알아내는 방법에 대해 묻자, 『살이 찌지 않은 아래쪽(다리)으로 내려갈수록 살찐 정황을 더 잘 알 수 있다』고 대답했다(夫子之問也 固不及質 正獲之問于監市履狶也 每下愈況). 그러니 그대는 도가 어느 곳에 한정되어 있다고 하지 말라. 사물을 벗어난 도는 없으니, 지극한 도는 이와 같고, 큰 말(大言) 또한 마찬가지다. 주(周)·편(遍)·함(咸) 이 셋은 이름은 달라도 실질은 같아서, 그 가리키는 바는 한가지다」

장 자

매황유하는 윗글의 「매하유황(每下愈況)」에서 나왔다. 돼지는 몸통에서 다리 쪽으로 내려갈수록 살이 적은 법이다. 따라서 다리 쪽에 살이 많이 붙었다면, 그 돼지가 어느 정도 살이 오른 돼지인지 미루어 알 수 있다.

장터를 관리하는 사람도 이처럼 돼지를 위쪽에서 아래쪽으로 밟아 내려가면서 살찐 정도를 알아낸 것인데, 장자는 이 예를 들어 도가 어느 한 곳에 치우쳐 있지 않다는 것을 드러냈다.

이 「매하유황」이 뒤에 「매황유하(每況愈下)」로 잘못 쓰이면서 본래의 뜻과는 전혀 다르게 「갈수록 상황이 나빠지거나 악화되는 것」을 비유하는 말로 굳어졌다.

맥구읍인 麥丘邑人

보리 麥 언덕 丘 고을 邑 사람人

《신서(新序)》 잡사(雜事)

「맥구읍의 사람」 이란 뜻으로, 현명한 노인을 비유하여 이르는 말이다. 전한 말 유향(劉向)이 지은 《신서》 잡사에 있는 이야기다.

제(齊)나라 환공(桓公)이 어느 날 맥구(麥丘)라고 하는 산동지방의 한 시골로 사냥을 나갔다가 우연히 한 노인을 만났다. 노인의 풍채에 반한 환공이 노인에게 나이를 물으니 여든세 살이라고 하였다. 감탄한 환공이 말했다.

「그렇게 장수하시니 좋으시겠소. 노인장의 장수로써 나를 위해 기도해 주지 않겠소?」

그러자 노인은 이렇게 축원하였다.

「주군을 축원합니다. 주군께서 대단한 장수를 누리게 하소서. 돈이나 옥은 천한 것이고, 사람은 귀한 것입니다」

「좋은 말이오. 지극히 덕스러운 자는 외롭지 않소. 다시 한 말씀 해주시구려」

환공과 노인의 대화는 계속되었다.

「주군을 축원합니다. 주군으로 하여금 배우는 일을 부끄러워하지 않게 하고, 아래 사람들에게 묻는 것을 싫어하지 않게 해주십시오. 현명한 자는 항상 곁에 간언하는 사람을 있게 합니다」

「옳은 말이오. 지극히 덕스러운 자는 외롭지 않소. 한 말씀만 더 해 주시오」

「주군을 축원합니다. 주군이 신하들과 백성들에게 죄를 짓지 않

맥구삼축도

게 해주십시오」

지금까지는 흐뭇하던 환공은 이 말에 기분이 상해 안색을 바꾸었다.

「과인은 자식이 아비한테 죄짓고 신하가 군주한테 죄짓는다는 말은 들었어도, 군주가 아랫사람한테 죄짓는다는 애긴 금시초문이오」

그러자 노인도 정색을 하고 말했다.

「이 말은 앞의 두 말이 자란 것입니다. 자식이 아비에게 죄를 짓는 것은 주위의 친척 때문이고, 신하가 군주에게 죄를 짓는 것은 주위의 편벽된 신하 때문이니, 모두 오해를 풀어 사면해 줄 수 있습니다. 옛날 걸(桀)은 탕(湯)에게 죄를 지었고, 주(紂)는 무왕(武王)에게 죄를 지었습니다. 이것은 군주가 신하에게 죄를 지은 것으로 오늘날까지 사면되지 못했습니다」

그 말을 듣고서야 환공은 깊이 깨닫는 바가 있었다. 환공은 최대한 공경의 태도로 노인에게 예를 표한 다음, 그를 맥구의 장(長)에 임명하여 다스리도록 하고 귀로에 올랐다고 한다.

맥수지탄 麥秀之嘆

보리 麥 팰 秀 의 之 탄식할 嘆

기자(箕子) / 「맥수가(麥秀歌)」

고국의 멸망을 탄식함.

맥수(麥秀)는 보리가 무성하다는 뜻이다. 옛날에는 영화를 자랑하던 도읍의 궁궐터가 보리밭으로 변해 버린 것을 보고 흥망성쇠의 무상함이 감개무량해서 불렀다는 맥수의 노래에서 나온 말이다.

중국 고대사의 황금기를 대표하는 것이 「요순(堯舜)의 치(治)」라고 한다면 그 반대의 쇠망기의 상징이라고 할 수 있는 것이 「걸주(桀紂)의 폭(暴)」이다. 그 걸주, 즉 하왕조 최후의 폭군 걸왕, 은(殷)왕조 최후의 난왕(亂王) 주왕이 저지른 난폭음학에 대하여는 「주지육림」이나 「포락지형」의 항에서 자세히 설명하기로 하고, 주왕의 비행에 대해서 충간(忠諫)을 다한 사람에, 공자로 하여금 「은나라에 삼인(三仁)이 있다」라고 칭찬을 받은 미자(微子)·기자(箕子)·비간(比干) 셋이 그들이다. 기자의 동래설(東來說)을 놓고 우리나라 고대사에 많은 문제를 남기고 있는 기자는 은(殷)나라 마지막 임금인 주(紂)의 작은아버지뻘 되는 덕이 높은 분이었다.

주가 술과 여자에 빠져 정치를 돌보지 않고, 이를 간하는 충신들을 마구 죽이는 포학한 정치를 하고 있을 때, 기자도 가만히 보고만 앉아 있을 수 없어 주에게 간곡한 충고를 주었다. 그러나 주가 들을리 만무했다. 나라 일이 그릇되어 가고 임금의 하는 일이 장차 화가 미치리라고 생각된 기자는 몸을 멀리 피해 머리를 풀어 미치광이 행세를 하며, 남의 집 종이 되어 세상을 숨어 살았다.

주무왕

그 뒤 주(周)나라 무왕에 의해 주는 죽고 은나라는 망한다. 숨어 있던 기자는 무왕의 부름을 받아 무왕을 만나보고 그에게 정치에 대한 원칙을 말해 주기도 했다. 그 뒤 기자는 은나라 옛 도성을 지나게 되었다. 그렇게 번화하던 거리는 흔적마저 없고, 궁궐이 서 있던 자리에도 밭을 만들어 곡식들이 무성하게 자라고 있었다. 기자는 무상한 조국의 흥망에 감개를 이기지 못하여 눈물 대신 맥수지시(麥秀之詩)를 지어 읊었다.

옛 궁궐 자리에는 보리만이 무성해 있고
벼와 기장들도 잎이 기름져 있다.
화려하던 도성이 이 꼴로 변해 버린 것이
그 미친 녀석(紂)이
내 말을 듣지 않았기 때문이다.

麥秀漸漸兮 禾黍油油　맥수점점혜　화서유유
彼狡童兮 不與我好兮　피교동혜　불여아호혜

여기에서 망국지탄(亡國之嘆)을 「맥수지탄」이라 말하게 되었고, 고국의 멸망을 탄식한 노래를 맥수가니 맥수의 시니 하고 말하게 되었다. 견주어 《시경》 왕풍 「서리(黍離)」의 시는 주(周) 유왕(幽王)의 난 후의 고도(古都)의 황폐를 탄식하며 같은 취지를 노래하고 있다. 여기서 「서리지탄(黍離之嘆)」이라는 성구가 나왔는데, 다 세상의 영고성쇠가 무상한 것에 대해서 탄식하는 것을 뜻한다.

맹모삼천지교 孟母三遷之教

만 孟 어미 母 석 三 옮길 遷 의 之 가르칠 教

《후한서》 열녀전(烈女傳)

교육은 환경의 지배를 받는다.

현모양처라는 말이 있지만, 그 현모의 표본이 이 맹모이다. 맹모라 함은 맹자의 어머니, 맹자는 두 말 할 것도 없이 전국시대의 「유가(儒家)」의 중심인물이며, 「아성(亞聖)」이라고까지 일컬어지는 현철(賢哲), 추(鄒)의 맹가(孟軻, BC 371~289)를 말한다.

그 맹자는 어려서 아버지를 잃고 편모슬하에서 자랐다. 그의 어머니는 자기의 정열을 오직 아들 성장에만 걸고 있는 것이었다. 어떻게 해서든지 내 아들을 훌륭한 사람으로 만들어야지 하는 지성(至誠)이 이 「삼천지교」라든지 「단기지교」라는 훈화를 낳게 한 것이다.

「삼천지교」는 아동의 교육에는 환경의 영향이 심대하며, 교육은 환경의 지배를 받는다는 것을 시사하고 있다.

맹자의 어머니는 처음 공동묘지 근처에서 살고 있었는데, 맹자는 노는 데도 벗이 없어, 우물 파는 인부의 시늉을 하므로 이래서는 안 되겠다고 시장 근처로 이사하였더니, 이번에는 장사치의 시늉만 하는 것이었다. 마지막으로 글방 근처로 이사하였더니, 제사 때 쓰는 도구를 늘어놓고 예(禮)를 본받으므로 「이런 곳이야말로 아들을 기를 만한 곳이다」라고 기뻐하였다는 것이다.

확실히 아이들이 주위 환경의 영향을 받는다는 것은 하나의 인생행로를 밝게 되는 것이 아닐까! 어찌 되었든 맹자는 「제사 때 쓰는

맹모삼천도

도구를 늘어놓고 예를 본뜨는 것에서 아성(亞聖) 현철(賢哲)의 첫걸음을 내디뎠다.

그 맹자가 성장하여 어머니 곁을 떠나 유학을 하고 있을 때의 이야기다. 어느 날 맹자는 오래간만에 집에 돌아와 보니, 어머니는 베를 짜고 있었다. 어머니는 맹자를 반기기는커녕 얼굴에 노기를 띠고,

「네, 학문은 어느 정도 진척되었느냐」 하고 물었다.

「그저 그럴 정도입니다」 하고 맹자가 대답했다. 그 말을 들은 어머니는 갑작스레 옆에 있던 장도를 집어 들더니 짜고 있던 베를 뚝 끊어버리며,

「네가 중도에서 학문을 그만두는 것은 내가 짜고 있는 베를 도중에서 끊는 것과 같다」 하고 훈계하였다.

맹자는 그제야 깨닫고 송구스러워 그 때부터는 학문에 전력을 기울여 마침내 공자 다음가는 명유(名儒)로서 알려지게 되었다.

훌륭한 학자의 어머니쯤 되면 어딘지 남과 다른 데가 있는 법이다.

면리장침 綿裏藏針

솜 綿 속 裏 감출 藏 바늘 針

《발동파서(跋東坡書)》

솜 속에 바늘을 감추어 꽂는다는 뜻으로, 겉으로는 부드러운 체하나 속으로는 아주 흉악함을 이르는 말.

원(元)나라의 화가이며 서예가인 송설도인(松雪道人) 조맹부(趙孟頫)의 《발동파서(跋東坡書)》에 있는 말이다.

북송(北宋)의 시인 소식(蘇軾 : 東坡)은, 자신의 글씨가 「솜 안에 숨겨져 있는 쇠와 같다(綿裏鐵)」고 표현하였다.

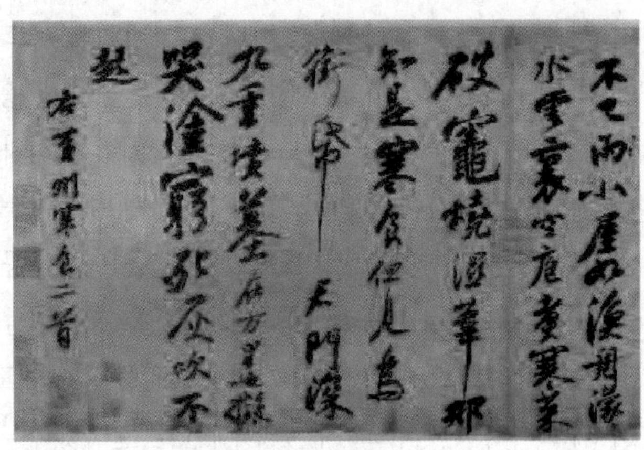

소식의 글씨

「면리철」은 겉으로 보기에는 부드러우나 마음속은 꿋꿋하고 굳세다는 뜻에서 외유내강(外柔內剛)을 나타낸다. 그러나 면리철은 「솜 안의 바늘」이라는 「면리침(綿裏針)」으로 쓰이면서 의미가 달라져 웃음 속에 칼이 숨겨져 있다는 「소리장도(笑裏藏刀)」와 비슷한 뜻으로 사용되었다.

겉보기에는 미소를 띠고 부드러운 척하지만 속으로는 몰래 칼을 갈 듯 사람을 칠 준비를 하고 있다는 뜻이다.

솜뭉치 속에 바늘을 감출 만큼 겉으로 보기에는 약하고 부드러워

보이는 듯하지만 속으로는 몹시 악한 마음을 숨기고 있는 것을 비유하는 말이다.

「면리장침」에 대한 또 다른 일화가 있다.

영국의 수상 대처와 등소평의 담판은 세계 외교가에서 지금도 회자되는 사건이다. 「철의 여인」 대처와 「면리장침(綿裏藏針)」(모택동이 등소평을 두고 한 말), 즉 외유내강의 전형인 등소평의 담판은 세계 외교사에 절묘한 일 막을 장식했다.

대처는 기세등등한 자세로 홍콩을 영국에 조차한 난징조약이 유효하다고 주장했다. 중화인민공화국은 청조를 계승했기 때문에 청조가 맺은 조약은 지금도 유효하다는 것이었다. 그러나 덩은 일언지하에 이를 거절했다. 홍콩은 엄연한 중국 땅이며, 홍콩 반환과 관련해 어떠한 협상의 여지도 없다고 못을 박았다. 그러자 대처는 주권을 관리권으로 바꾸자는 제안을 했다. 홍콩의 주권은 중국이 행사하지만 관리는 영국이 한다는 것이었다. 이에 등은 「홍콩의 번영은 중국 때문도 아니고 영국 때문도 아니다. 홍콩은 홍콩인들의 노력에 의해 번영을 구가하고 있다」며 「중국이 주권을 회수해도 홍콩은 홍콩인들이 다스려야 한다」고 대처의 제안을 일축했다.

한없이 부드러운 등소평이 강철보다 단단한 대처에게 판정승을 거두는 장면이었다. 연한 혀가 단단한 이보다 오래 간다는 중국 속담이 증명되는 순간이었다.

등소평의 말년 소원이 홍콩이 반환된 이후 홍콩 땅을 직접 밟아보는 것이었다. 늘그막에 그는 휠체어를 타고서라도 반환 후 홍콩을 꼭 가보고 싶다고 입버릇처럼 말했다고 한다. 그러나 그는 홍콩 반환을 눈앞에 둔 1997년 2월 19일 93세의 나이로 영면했다.(《철의 여인 대처와 담판》㈜ 살림출판사)

면벽구년 面壁九年

향할 面 벽 壁 아홉 九 해 年

《육조단경(六祖壇經)》

벽을 향하고 아홉 해라는 뜻으로, 오랫동안 홀로 좌선을 하는 것을 가리키는 말. 《육조단경》 등 여러 불경에 보이는 달마(達磨) 대사의 행적에서 나온 말이다.

달마(達磨, Bodhidharma, ?~528?)는 인도 브라만 계급 출신으로 포교를 위해 중국에 들어와 중국 선(禪)의 개조가 된 사람으로서, 남북조시대에 중국 선종(禪宗)을 창시한 인물이다. 당시의 불교와는 정반대인 좌선을 통하여 사상을 실천하는 새로운 불교를 강조했다.

처음 남중국에 들어와 양(梁)나라 무제(武帝)를 만났을 때 무제가 물었다.

「성스러운 말씀의 으뜸가는 요체는 무엇입니까?(如何是聖諦第一義)」

달마가 대답했다.

「허공처럼 텅 비어서 성스러울 것이 하나도 없습니다(廓然無聖)」

무제는 다시 물었다.

「내 앞에 있는 사람은 누구입니까?(對朕者誰)」

달마가 대답했다.

「알지 못합니다(不識)」

결국 무제는 달마를 받아들이지 않기로 했다. 달마는 쓸데없는 의론과 형식을 따지는 무제에게 실망하고 북중국으로 갔다. 위(魏)나라

혜가(北宋 화가 석각)

로 간 달마는 숭산(嵩山)에 자리 잡은 소림사(少林寺)에서 이른바 면벽 9년에 들어갔다. 마음이 본래 청정함을 깨달아야 한다는 관심(觀心)을 행한 것이다. 그는 그 후 도육(道育)과 혜가(慧可) 등 특출한 제자를 키웠는데, 면벽 관심(觀心)에 관한 혜가와의 다음과 같은 내용은 중국 선종이 어떻게 시작되었는지를 잘 보여준다.

혜가가 물었다.

「불도를 얻고자 하면 어떤 법을 수행하는 것이 가장 요긴합니까?」

달마가 대답했다.

「오직 관심법(觀心法 : 마음을 보는 법)이 모든 행(行)을 다 거두어들이는 것이니 이 법이 가장 간결하고 요긴하다」

다시 혜가가 물었다.

「어째서 관심법이 모든 행을 거두어들인다 하십니까?」

달마가 대답했다.

「마음이란 만법의 근본이므로 모든 현상은 오직 마음에서 일어난 것이다. 그러므로 마음을 깨달으면 만 가지 행을 다 갖추는 것이다」

「면벽구년」은 한 가지 일에 오랜 시일을 심혈을 기울여 매달린다는 것을 의미한다. 곧 자기 마음을 바로 보아 그 근본을 찾으려는 것이다.

면절정쟁 面折廷爭

낯 面 꺾을 折 조정 廷 다툴 爭

《사기》 여후기(呂后紀)

군주의 면전에서, 혹은 조정에서 군주의 덕행이나 정사(政事)에 관하여 논쟁을 함. 뜻이 바뀌어 강직한 신하를 이름.

한(漢) 고조는 만년에 이르러 척부인(戚夫人)을 총애했으며, 척부인의 아들 여의(如意)를 조왕(趙王)으로 책봉했다. 고조는 여후의 아들인 태자 유영(劉盈)이 유약해서 늘 근심하던 터였으며, 오히려 여의가 더 마음에 들었다. 그래서 그는 태자 유영을 폐하고 여의(如意)를 태자로 세우려고 했다.

그런데 대신들을 모아놓고 의논해 보니 다들 반대했으며, 심지어는 장량마저 동의하지 않았다. 뿐만 아니라 대신들은 당시 명망이 높았던 상산사호(商山四皓)를 하산시켜 태자를 보좌하도록 했다.

「상산사호」란 진(秦)나라 말기에 난리를 피하여 상산(商山)에 살던 동원공(東圓公), 하황공(夏黃公), 녹리선생(甪里先生), 기리계(綺里季)를 가리킨다. 이들이 모두 눈썹과 머리카락이 희었다는 데서 붙여진 명칭이다.

이렇게 되니 고조는 태자를 폐할 방법이 없었다. 고조는 병이 들어 살 날이 얼마 없다는 것을 알게 되자, 대신들을 불러놓고 백마 한 마리를 잡았다. 대신들과 함께 그 피를 마시면서 이렇게 맹세하게 했다.

「유씨 성이 아닌 사람을 왕으로 세우지 않고, 공로가 없는 자에게는 작위를 주지 않는다. 이 맹약을 위반하는 자는 모두들 힘을 합쳐 없앤다」

상산사호도(商山四浩圖, 淸 화가 황신)

이것이 「백마의 맹약(白馬之盟)」이다. 고조 유방이 세상을 떠나고 고조의 황후 여후(呂后)가 사실상 정권을 휘두르고 있었는데 백마의 맹세를 거스르고 본인의 친족 여씨들을 왕에 앉히려 하였다. 그러기 전에 신하들의 의견을 듣고자 먼저 우승상 왕릉에게 물었다. 왕릉은 당연히 안 된다고 간언하였는데, 이에 심기가 상한 여후는 진평(陳平)과 주발(周勃)을 불러 같은 질문을 했다.

그러자 그들은 된다고 하였다.

이 말을 듣고 크게 화가 난 왕릉은 그들 둘을 만나 힐문했다.

「태후께서 옳지 않은 길을 가려 하시는데 어찌하여 공들은 그걸 찬성했소? 맹세가 살아 있는데 나중에 구천에 들면 폐하를 어찌 뵈려 그러시오?」

그러자 진평은 이렇게 대답했다.

「지금 조정에서 면절정쟁하기는 내가 우승상만 못하지만 사직을 지키고 유씨 후손을 안정시키는 것은 우승상이 우리만 못할 것이오」

이 말을 듣고 왕릉은 크게 깨달은 것이 있어 태부로 물러앉은 뒤 칭병하여 낙향했다. 낙향한 뒤로는 조정에 나서지 않았으며 조용히 여생을 보내다 기원전 180년경에 세상을 떠났고 그의 작위는 아들이 이어받았다.

멸차조식 滅此朝食

멸할 滅 이 此 아침 朝 밥 食

《사기》 회음후열전(淮陰侯列傳)

눈앞의 적들을 섬멸한 다음 아침식사를 하겠다는 뜻으로, 원수를 멸하겠다는 절박한 심정과 결의를 비유해서 이르는 말.

《사기》 회음후열전에 있는 이야기다.

한(漢)나라의 무장 한신은 장이와 함께 병력 1만을 이끌고 동진하여 정형(井陘)으로 내려가서 조나라를 치려고 했다. 조나라 왕과 성안군(成安君) 진여(陳餘)는 한나라 군사가 쳐들어온다는 말을 듣자 곧바로 군사를 정형구(井陘口)로 집결하도록 했는데, 그 병력이 20만이라고 했다.

한신은 감연히 군사를 이끌고 정형의 좁은 길로 내려가 정형구에서 30리 못 미친 곳에 머물러 야영하고, 그날 밤에 군령을 전하여 가볍게 무장한 기병(奇兵) 2천 명을 뽑아 저마다 붉은 깃발을 들려 샛길로 가서 산에 숨어 있되 조나라 군영(軍營)을 바라보며 대기해 있으라고 했다. 출발할 때 이렇게 훈시했다.

「조나라는 우리 본대가 패주하는 것을 보면 틀림없이 성벽을 비워 두고 우리 군사를 추격할 것이다. 그 때에 그대들은 재빠르게 조나라 성벽으로 들어가 조나라 깃발을 빼내고 우리 한나라 붉은 깃발을 세우도록 하라」

한편 부장(副將)에게 명하여 가벼운 식사를 나누어주어 병졸들에게 먹인 다음 한신이 말했다.

「오늘은 조나라 군사를 깨뜨린 다음 모두 함께 아침식사를 하자

삼면이 깎아지른 조군의 성벽. 여기에 조나라 군기를 전부 빼버리고 한나라 군기를 꽂았다

(滅此朝食)!」

모든 장수는 누구도 이 말을 믿지 않았지만, 알겠다는 듯이 응답했다.

「예, 알겠습니다!」

한신은 다시 군리(軍吏)를 향하여 말했다.

「조나라 장수는 지형(地形)의 이점을 살려서 이미 누벽(壘壁)을 쌓고 있다. 게다가 그들은 우리 군사가 패주하더라도 우리 대장군의 깃발을 보기 전에는 우리의 선봉을 치려 들지 않을 것이다. 그것은 우리 군대가 좁고 험한 지점에까지 왔다가 중도에서 퇴각할지도 모르겠다고 생각하기 때문이다」

이리하여 한신은 군사 1만을 선발시켜 강을 뒤로 하고 진을 치게 했다. 이것이 유명한 「배수진(背水陣)」이다. 조나라 군사는 이를 바라보더니 그 어리석음을 비웃어 크게 웃었다. 그러나 마침내 한나라 군사는 조나라 군사를 협공하여 크게 깨뜨렸다.

모든 장수들은 적병의 목과 포로를 내놓으며 전승을 축하했다. 이때 한신에게 이렇게 물었다.

「병법에는 『산과 언덕을 오른쪽으로 하여 등지고 못과 강은 앞으로 하여 왼쪽에 두라』 고 되어 있습니다. 그런데 이번에 장군께서는 우리에게 명하시되, 이것과 정반대로 강을 등에 지고 포진케 했

으며 『조나라를 깨뜨린 다음 다 같이 아침을 먹자』고 말씀하셨습니다. 저희들은 마음속으로 받아들이지 않았습니다. 그러나 결국은 이겼습니다. 이것은 어떤 전법입니까?」

한 신

「이것도 병법에 있는 것인데 생각건대 여러 장군들이 보지 못했을 뿐이오. 『죽을 땅에 빠뜨린 뒤라야 살 길이 생긴다(陷之死地而後生), 망하게 된 처지에 선 다음에야 비로소 멸망하지 않게 된다』란 말이 병법에 있지 아니하오. 나는 평소부터 사대부들을 길들여 따르게 할 수 있었던 것이 아니고, 시장바닥에 있는 사람들을 내몰아서 싸움을 시키는 것과 같았소. 그러므로 그들을 죽을 자리에 놓아두어 나가서 싸움을 하게 한 것이오. 그들에게 살아날 수 있는 틈을 주었다면 모두 도망했을 것이오. 그렇게 되어 가지고는 무슨 일을 할 수 있겠소?」

모든 장수들이 탄복했다.

명강이쇄 名韁利鎖

이름 名 고삐 韁 날카로울 利 쇠사슬 鎖

《한서(漢書)》 동방삭(東方朔)

세상 명리(名利)에 꽁꽁 얽매어 있다는 뜻. 「명강(名韁)」은 「명예의 고삐」를, 「이쇄(利鎖)」는 「이익의 쇠사슬」을 뜻한다.

동방삭

《한서》 동방삭전 「여우인서(與友人書)」에 있는 이야기다.

당나라 덕종 연간에 노기(盧杞)라는 재상이 있었다. 그는 못생긴 외모에다 음흉한 마음씨를 가진 사람이었다. 뿐만 아니라 그는 명리를 몹시 탐하였기에, 사람들은 명리의 노예라는 뜻의 「명리노(名利奴)」라고 그를 불렀다.

노기가 재상이 되기 전의 일이었다. 하루는 길에서 가난한 선비 풍성(馮聲)을 만났다. 노기는 지금껏 그를 멸시해 온 터라, 그날은 그를 한번 망신 좀 시켜 볼까 생각하고, 은근슬쩍 풍성의 주머니에 무슨 좋은 물건이 들어있는지 보려고 하였다.

풍성은 노기의 행동에도 잠자코 있었다. 노기는 풍성의 주머니에서 한 조각의 먹(墨)을 꺼내더니 코웃음을 쳤다. 그러자 풍성이 점잖게 말했다.

「잠깐, 이번에는 제가 직접 재상의 짐 꾸러미를 한번 뒤져 볼까요?」

노 기

노기는 내키지 않았지만 거절할 명분이 없어서 풍성에게 그렇게 하도록 하였다. 이름이 적힌 작은 종이 삼백여 장이 나왔다. 작은 종이란 당시의 명함으로서, 고관대작을 방문하기 전에 내보여 주는 자신의 성명이 적힌 것이었다. 풍성은 웃으며 말했다.

「어찌 된 일입니까? 이렇게 삼백여 장의 명함을 가지고 다니는 명리의 노예인(名韁利鎖) 당신과 나를 비교해 본다면, 과연 더 나은 쪽은 누구이겠습니까?」

명경지수 明鏡止水

밝을 明 거울 鏡 그칠 止 물 水

《장자》 덕충부편(德充符篇)

맑은 거울과 조용한 물. 맑고 고요한 심경.

사람의 마음이 맑고 조용한 것을 비유해서 명경지수와 같다고 한다. 불경에 흔히 사념(邪念)이 없이 맑고 깨끗한 마음을 가리켜서 명경지수라 말한다. 그러나 실상 이 말은 《장자》 에서도 그 유래를 찾아볼 수 있다. 《장자》 덕충부에 다음과 같은 지어낸 이야기가 있다.

신도가(申徒嘉)는 발을 자르는 형을 받은 불구자였는데, 정나라 재상 자산(子産)과 함께 백혼무인(伯昏無人)을 스승으로 모시고 있었다. 하루는 자산이 신도가에게 말했다.

「내가 그대보다 먼저 선생님을 하직하고 나갈 때는 그대는 잠시 남아 있게. 그대가 먼저 나가게 되었을 때는 내가 잠시 남아 있을 테니」

이튿날 두 사람은 또 같은 방에 함께 있게 되었다. 자산은 또 어제와 똑같은 말을 하고는,

「지금 내가 먼저 나가려 하는데, 뒤에 남아 주겠지. 설마 그렇게 못하겠다고 말하지는 않겠지. 그대는 재상인 나를 보고도 조금도 어려워하는 기색이 없는데, 그대는 자신을 재상과 같다고 여기는가?」

그러자 신도가가 말했다.

「선생님 밑에 재상과 같은 것이 있을 수 있겠소. 당신은 자신이 재상이란 것을 자랑하여 남을 업신여기고 있는 거요. 나는 이런 말을 듣고 있소. 『거울이 밝으면 먼지가 앉지 못한다(鑑明則塵垢不

止). 먼지가 앉으면 거울은 밝지 못하다. 오래 어진 사람과 같이 있으면 허물이 없다』고 말이오. 그런데 지금 당신은 큰 도를 배우기 위해 선생님 밑에 다니면서 이 같은 세속적인 말을 하니 좀 잘못되지 않았소?」

여기에 나오는 밝은 거울은 어진 사람의 때 묻지 않은 마음을 비유하고 있다. 같은 「덕충부편」에는 또 역시 발이 잘린 왕태(王駘)라는 불구자의 이야기가 공자와 공자의 제자인 상계(常季)와의 문답 형식으로 나온다. 왕태의 문하에서 배우는 사람의 수는 공자의 문하에서 배우는 사람의 수만큼 많았다. 그래서 상계는 속으로 그것을 다소 불만스럽게 생각하고 공자에게 그 까닭을 물었다.

「왕태는 몸을 닦는 데 있어서, 자신의 지혜로써 자신의 마음을 알고, 그것에 의해 자신의 본심을 깨닫는다고 합니다. 이것은 어디까지나 자기 자신만을 위한 공부로서 남을 위하거나 세상을 위한 공부는 아닙니다. 그런데도 어떻게 그토록 많은 사람들이 그에게 모여드는지 알 수 없습니다」

공자는 이렇게 대답했다.

「사람은 흐르는 물을 거울로 삼는 일이 없이 멈추어 있는 물을 거울로 삼는다(人莫鑑於流水而鑑於止水). 왕태의 마음은 멈추어 있는 물처럼 조용하기 때문에 사람들은 그를 거울삼아 모여들고 있는 것이다」

여기서는 왕태의 고요한 마음이 멈추어 있는 물(止水)에 비유되고 있다. 이 「명경지수」란 말은 《장자》의 이 두 가지 이야기에서 나온 말인데, 송(宋)나라 때 선비들이 선가(禪家)의 영향을 받아 즐겨 이 말을 써 왔기 때문에, 뒤에는 이 말이 가진 허(虛)와 무(無)의 본뜻은 없어지고, 다만 고요하고 담담한 심정을 비유해서 쓰이게 되었다.

명고이공 鳴鼓而攻

울 鳴 북 鼓 말이을 而 칠 攻

《논어(論語)》 선진편(先進篇)

「북을 치며 공격하다」 라는 뜻으로, 남의 죄상(罪狀)을 공개적으로 성토함을 비유하는 말.

여러 사람 앞에서 상대편의 잘못을 따지며 공격하는 것을 말한다.

《논어》 선진편에 있는 공자의 말이다.

춘추시대 노(魯)나라의 귀족인 계씨(季氏)는 대대로 높은 관직에 올라 권세를 누렸는데, 노나라의 재상인 계강자(季康子) 때에는 그 재산이 늘어나 군주보다 많았다고 한다.

귀족제도가 무너져가고 봉건제도가 자리 잡아 갈 무렵에는 귀족 계급 안에서도 갈등이 일어났다. 계강자는 토지제도를 개혁하고 토지에 따라 조세를 받으려는 정책을 펴나가자 공자는 이에 반대하였다. 그러나 공자의 제자로서 계씨의 가신(家臣)인 염구(冉求)는 계강자의 정책에 적극 찬성하였다.

염구는 백성들에게 세금을 거두어들여 계강자에게 바침으로써 계강자의 재산이 점점 늘어났다. 크게 화가 난 공자는 제자들에게 말했다.

「염구는 이제 나의 제자가 아니니 너희들은 북을 울리며 그를 공격해도 좋다(求非吾徒也 小子鳴鼓而攻之可也)」

예전에는 전쟁을 할 경우 북을 치며 공격을 했는데, 위의 공자의 말은 여러 사람들이 남의 과오를 공개적으로 비판하고 규탄하는 것을 비유하는 말이 되었다.

명락손산 名落孫山

이름 名 떨어질 落 손자 孫 뫼 山

《과정록(過庭錄)》

낙방하다. 시험이나 시합에서 고배를 마시다.

남송(南宋) 범공칭(範公偁)이 지은 《과정록(過庭錄)》에 이런 이야기가 있다.

송나라 때 소주에 손산(孫山)이라는 선비가 있었다. 평소에 그와 시회(詩會)를 즐겼던 사람들은 그의 뛰어난 재주를 인정하여 손산(孫山)이란 이름보다 골계재자(滑稽才子 : 익살꾼)라는 별명으로 부르기를 좋아했다

어느 날, 손산은 고향 친구와 함께 향시(鄕試)에 응시하게 되었다. 그 결과 손산은 맨 마지막 한 사람으로 합격하고 고향 친구는 낙방하였다. 손산이 먼저 고향에 돌아오자 고향 사람들과 함께 그 친구의 부친까지 모두 손산을 축하하면서 같이 갔던 친구는 합격했느냐고 물었다.

그러자 손산은 익살스럽게 「방에 나붙은 명단(합격자)의 맨 마지막은 손산이요, 아드님은 손산 밖에 있습니다(解名盡處是孫山 賢郎更在孫山外)」라고 대답하였다.

즉 손산 자신은 간신히 합격했을 따름이고, 친구 부친의 자제분은 과거시험에 떨어졌다는 해학(諧謔)이다. 참으로 익살스런 답변이다.

여기서 해명(解名)이라는 것은 향시 합격자라는 말로서, 향시 일등을 해원(解元)이라고 하였기 때문에 향시를 해시(解試)라고도 하였다.

이 이야기에는 또 다른 설도 전한다. 손산과 같이 향시에 응시하러 간 고향 친구는 한 사람이 아니라 여럿이었다고 하는데 손산이 맨 마지막 사람으로 합격되었고, 나머지 선비들은 다 낙방된 것이다.

그래서 손산은,

「방에 나붙은 명단(합격자)의 맨 마지막은 손산이요, 그 밖의 사람은 손산 밖에 있다(解名盡處是孫山 餘人更在孫山外)」 라고 대답했다는 설도 있다.

「손산지외(孫山之外)」 라고도 한다.

以力服人者
이력복인자
非心服也
비심복야
力不贍也
역불섬야
以德服人者
이덕복인자
中心悅而誠服也
중심열이성복야

힘으로 남을 복종시키면
마음속으로 복종하는 것이 아니라
힘이 모자라서 복종할 뿐이며,
덕으로 남을 복종시키면
마음속으로 기뻐하며 진정으로 복종한다.

—《맹자》 공손추상(公孫丑上)

명렬전모 名列前茅

이름 名 벌일 列 앞 前 띠 茅

《좌씨전(左氏傳)》 선공(宣公) 12년

시험 또는 시합에서 성적이 좋아 앞머리에 섬.

이름이 앞에 놓인다는 뜻으로, 성적이 좋아서 앞자리에 선다는 말이다. 모(茅)는 초나라의 특산물인데, 초나라 군인들은 이러한 띠풀을 이용하여 신호를 주고받았다고 한다.

《좌씨전》 선공(宣公) 12년조에 있는 이야기다.

춘추시대 때 진(晉)나라와 초(楚)나라가 패권을 다투면서 대립하고 있는데, 초나라가 약소국인 정(鄭)나라를 침공했다. 그러자 진나라의 장군 순임보(荀林父)가 대군을 이끌고 정나라를 도우려고 가는데 황하 근처에 이르렀을 때, 이미 정나라가 초나라에 항복하였으며 초나라 군대는 물러갔다는 소식을 들었다.

순임보는 장수들과 대책을 논의하였는데, 초나라를 추격하자는 주장과 추격하지 말아야 한다는 주장이 분분하였다.

특히 장수 사회(士會)는 철군에 동의하며 전세(戰勢)를 이렇게 분석하였다.

「군사를 씀에는 틈을 보아 출동시키라고 하였습니다. 초나라의 우익군은 대장이 탄 전차를 끄는 말의 방향에 따라 진격하고, 좌익군은 풀을 모아 숙위(宿衛)할 준비를 하며, 띠(茅)로 깃발을 삼은 전군(前軍)은 적의 복병을 없애기 위해 진군하고, 중군은 싸움의 계략을 꾸미며, 후군은 정예부대로 후미를 단단히 지키고 있습니다(前茅慮無 中權後勁). 사정이 좋음을 보고 진격하고, 어렵다는 것을 알고

순임보

는 물러난다는 것은 용병의 바른 원칙이며(見可而進 知難而退 軍之善政也), 약한 자를 쳐서 빼앗고, 어지러운 자를 공격한다는 것은 전쟁의 좋은 원칙이니 장군께서는 잠시 우리 군사를 정비하여 무력의 충실을 꾀하시는 것이 어떻겠습니까?」

사회(士會)의 말에서 유래한 이 말은 이름이나 서열이 앞부분에 있음을 의미하는 말로서, 시험이나 경기 등에서 좋은 성적을 거둬 맨 앞자리에 서는 것을 말한다.

庖有肥肉 廐有肥馬
포유비육 구유비마
主義民有饑色 野有餓莩
주의민유기색 야유아부
此率獸而食人也
차솔수이식인야

주방에 살찐 고기가 있고 마구에 살찐 말이 있으나
백성들이 기근에 시달리고 들판에 굶어죽은 시체가 있다면
이는 야수를 풀어 사람을 잡아먹게 하는 것이나 다름없다.
—《맹자》 양혜왕상(梁惠王上)

명모호치 明眸皓齒

밝을 明 눈동자 眸 흴 皓 이빨 齒

두보 /「애강두(哀江頭)」

두보 초당

미인의 비유. 맑은 눈동자와 하얀 치아. 곧 미인을 이르는 말이다. 비슷한 말로 붉은 입술과 하얀 이라는 「단순호치(丹脣皓齒)」라는 성어가 있다. 당(唐)나라 말기의 대시인으로 시성이라고도 불린 두보(杜甫)의 시 「애강두(哀江頭)」에서 유래한 말이다.

맑은 눈동자 흰 치아 지금은 어디 있나
피땀으로 얼룩진 떠도는 넋은 돌아가지도 못하네.
맑은 위수는 동쪽으로 흐르고 검각은 깊은데
가고 머문 그대와 나는 서로 소식조차 없구나.
인생은 정든 눈물 가슴을 씻어내리고
강가에 핀 꽃 어찌 다함이 있으랴.
황혼녘 오랑캐 말발굽 풍진은 자욱한데

성남으로 가고자 성 북쪽을 바라보네.

明眸皓齒今何在 血汗遊魂歸不得 명모호치금하재 혈한유혼귀부득
清渭東流劍閣深 去住彼此無消息 청위동류검각심 거주피차무소식
人生有情淚霑臆 江水江花豈終極 인생유정루점억 강수강화개종극
黃昏胡騎塵滿城 欲往城南望城北 황혼호기진만성 욕왕성남망성북

곡강지의 현종과 양귀비 조상(彫像)

당나라 숙종 지덕(至德) 원년(756) 가을, 두보의 나이 마흔 다섯, 안녹산(安祿山)의 난으로 현종은 양귀비와 함께 달아나고 천자로 즉위한 태자가 있는 영무(靈武)로 가던 중 체포되어 장안에 억류되어 있을 때 쓴 것이다.

강두(江頭)는 곡강지(曲江池)로 당시 왕족과 귀족들이 모여 놀던 곳이다. 반란군의 수중에 떨어진 장안에서 봄을 맞은 두보는 이곳 곡강지에 찾아와 옛날의 번화했던 시절을 그리워하면서 이 시를 지었던 것이다.

첫 구절에 나오는 명모호치는 양귀비의 아리따운 자태를 묘사한 말인데, 지금은 보통 미인의 자태를 비유하는 말로 쓰인다.

명목장담 明目張膽

밝을 明 눈 目 베풀 張 쓸개 膽

《송서(宋書)》 유안세(劉安世)전

두려워하지 아니하고 용기를 내어 일을 함.

「눈을 크게 뜨고 담력을 크게 편다」 라는 뜻으로, 대담하게 배짱을 두둑이 가지고 용기를 내어 일하는 것을 말한다.

《송서》 유안세전에 있는 이야기다.

송나라 때 유안세(劉安世)라는 사람이 있었다. 그의 자(字)는 기지(器之)이고, 진사(進士)에 합격하였다. 학문이 깊고 넓어서 송나라 철종(哲宗)의 총애를 받았으며, 황제의 언행을 비평하는 중요한 직책인 간의대부(諫議大夫)에 임명되었다.

그의 어머니는 아들이 관직으로 인한 불의의 피해를 입지나 않을까 걱정했다. 그러자 유안세는 어머니에게 이렇게 말했다.

「황제 폐하께서는 재능이 없는 저를 간의대부에 임명하셨습니다. 제가 능력이 뛰어나지 않다는 것을 알지만 황제의 명을 바꿀 수는 없습니다. 관직을 맡게 되었으므로 『모름지기 눈을 크게 뜨고 담력을 펼쳐(須明目張膽)』 신하로서 책임을 다할 따름입니다. 이제부터 어머니를 모시는 일에 혹 소홀할지라도 용서해 주십시오」

강직한 성품을 지닌 유안세는 맡은 일을 수행할 때도 위의 눈치를 보지 않고 여러 차례 간언하며, 무능하고 탐욕스런 대신들을 탄핵하여 조정의 모든 문관과 무관들도 그를 두려워하였다고 한다.

원래 대담하고 과감하게 일하는 것을 뜻하는 이 말은, 조금도 거리낌 없이 노골적으로 나쁜 일을 하는 것을 비유하는 데 쓰인다.

명불허전 名不虛傳

이름 名 아닐 不 빌 虛 전할 傳

《사기》 맹상군(孟嘗君)열전

이름은 헛되이 전해지지 않는다는 뜻으로, 명성이 널리 알려진 데는 그럴 만한 까닭이 있음을 이르는 말.

전국시대에 이른바 「전국 사공자(戰國四公子)」 가운데 한 사람인 맹상군(孟嘗君) 전문(田文)은 인재들을 후하게 대접하여 수천의 식객(食客)을 거느린 것으로 이름이 높았다. 그는 제(齊)의 왕족으로 진(秦) · 제(齊) · 위(魏)의 재상을 역임한 실력자였지만, 식객을 대등하고 진솔하게 대우하여 다양한 재주를 지닌 사람들이 그의 영지인 설(薛, 지금의 산동성 등주) 지역으로 모여들었다.

《사기(史記)》 맹상군(孟嘗君)열전에는 맹상군이 얼마나 식객들을 잘 대우했는지를 보여주는 다양한 일화들이 기록되어 있다.

맹상군은 설(薛)에 있으면서 제후의 빈객을 초대했는데, 죄를 짓고 도망친 자까지 찾아왔다. 맹상군은 가산을 팔아가면서까지 따뜻하게 대우했기 때문에, 그에게 모여드는 사람들은 천하의 선비를 모두 옮겨놓은 것 같았다. 식객은 수천을 헤아릴 정도였는데, 귀천에 관계없이 모두 자기와 대등하게 대우했다.

맹상군이 방문객을 응대하면서 좌담할 때, 병풍 뒤에서는 항상 시사(侍史 : 기록을 담당한 사람)가 있어서 맹상군이 손님에게 그 친척의 주소를 물으면 기록했다. 그리고 손님이 가면 맹상군은 즉시로 사자를 보내 그 친척을 방문케 하고 예물을 보냈다.

어느 날, 맹상군이 손님을 접대하고 함께 야식을 먹으려 할 때, 누

군가 등불을 막아 방안이 어두웠다. 손님은 음식에 차별이 있기 때문이라고 의심하고 기분이 상해서 식사를 사양하고 돌아가려고 했다. 이때 맹상군은 자리에서 일어나 그 음식을 몸소 손에 들고 늘어놓아 보였다. 손님은 부끄러워하며 스스로 목을 찔러 자결했다. 이 일로 인해서 맹상군에게 복종하는 선비가 더욱 많아졌다.

맹상군의 영지 설 관문

맹상군은 손님을 가리지 않고 잘 대우하여 사람마다 모두 맹상군이 자기와 친하다고 여겼다고 한다. 때문에 그가 진(秦) 소왕(昭王)의 초빙을 받아 재상(宰相)이 되었다가 모함을 받아 진(秦)을 탈출하는 과정에서 비롯된 「계명구도(鷄鳴狗盜)」의 고사(古事)처럼, 그에게는 도둑질을 잘하는 사람과 닭 울음소리를 잘 내는 사람 등 온갖 재주를 가진 사람들이 모여들었다.

맹상군이 일찍이 설(薛) 땅을 지나는데 그 고장 풍속이 대체로 거친 사람이 많아 까닭을 물으니, 「맹상군이 천하의 협객과 간사한 자를 불러 모았으니 설 땅에 들어온 사람이 대략 6만여 가호(家戶)나 되었다」는 답변을 들었다고 적었다. 그리고 「세상에 전하기를 맹상군이 객을 좋아하고 스스로 즐거워하였다고 하니 그 이름이 헛된 것이 아니었다(世之傳孟嘗君好客自喜 名不虛矣)」고 덧붙였다.

여기에서 「이름은 헛되이 전(傳)해지지 않는다」는 뜻의 「명불허전(名不虛傳)」이라는 표현이 비롯되었으며, 명성이 널리 알려진 데는 그럴 만한 까닭이 있음을 나타내는 말로 오늘날에도 널리 쓰인다.

명주암투 明珠闇投

밝을 明 구슬 珠 어두울 暗 던질 投

《사기》 추양전(鄒陽傳)

귀한 보물도 예를 갖추어 전하지 않으면 도리어 반감을 산다.

「빛나는 구슬을 어두운 데 던진다」는 뜻으로, 귀한 보물도 남에게 예를 갖추어 전달하지 않으면 도리어 반감을 산다는 말이다.

전한(前漢) 경제(景帝)에게 효왕(孝王)이라는 배 다른 아우가 있었는데, 야심과 욕망의 화신 같은 인물이었다.

효왕은 태후의 사랑을 독차지하고 있음을 기화로 노골적으로 경제의 후계를 자처했다. 경제에게는 보위를 물려줄 만한 아들이 없어 아직 태자를 책봉하지 않고 있었기 때문이다. 따라서 형이 죽고 나면 여러 황족들 중에서도 자기가 승계할 수 있다고 생각하여 태후에게 영향력을 행사하도록 졸랐다.

「왕을 젖혀두고 누구로 대통을 잇게 하겠소?」

태후는 당연하다는 듯이 말했다.

또한 태후는 효왕의 앞길을 터주기 위한 원모심려로 효왕이 대궐에 들어올 때마다 막대한 금품을 주어, 그것을 자금으로 유명 인사들과 적극 사귀게 하는 등 여러 가지로 지원을 아끼지 않았다. 효왕은 자기 영지인 하남성으로 돌아가 궁궐을 증개축하고 추양(鄒陽)과 같은 명사들을 초청하여 성대한 연회를 여는 등 나름대로 기반을 닦아 나갔다. 그러나 그가 명사들을 우대하는 것은 세상의 평판을 얻기 위한 방편일 뿐이었고, 내심으로는 경멸하고 있었다.

그들에게 큰 기대를 걸기보다는 양승(羊勝) 같은 책사와 긴밀히

모의하여 대궐에 첩자를 침투시키는 등 중앙의 정보 염탐에 더 혈안이 되어 있었다.

「저래가지고야 원 될 일도 안 될 텐데」

염려한 추양은 기회 있을 때마다 효왕에게 자중해야 한다고 충고했으나 효왕은 귀를 기울이지 않았다. 그런 일이 반복되다 보니 추양은 효왕의 눈 밖에 나버렸고, 그를 눈엣가시처럼 여기는 양승의 무고에 걸려 투옥되고 말았다.

원앙각좌도(爰盎却坐圖)

옥에 갇힌 추양은 자기의 결백을 주장하는 장문의 글을 올렸는데, 그 글 속에서 「어둠 속에 던져진 밝은 구슬(明珠暗投)」 같은 자기 처지를 기막히게 표현했다. 그 글을 보고 효왕도 느끼는 바가 있어서 추양을 석방했다.

한편 조정의 사정은 효왕이 바라는 바와 전혀 다른 방향으로 흘러갔다. 원앙(爰盎) 같은 유력한 중신들의 적극적인 개입으로 다른 사람이 태자로 책봉되고 만 것이다.

「괘씸한 놈들, 나를 따돌리다니. 어디 두고 보자!」

효왕은 분노해 복수를 꾀했다. 마침내 원앙을 암살하기 위해 여러 명의 자객을 도성으로 올려 보냈다. 자객은 따로따로 출발했는데, 그 중의 하나는 그나마 사리분별이 있는 사람이었다. 그는 많은 사람들이 원앙의 인격을 칭찬하는 것을 보고는 마음이 바뀌어 그를 찾

아가 실토해버렸다.

「상공을 해치려는 놈들이 있으니 부디 조심하십시오」

원앙은 놀라 나름대로 그에 대한 대비를 했으나, 끝내 마수를 피하지 못하고 또 다른 자객에게 피살되고 말았다.

그런데 원앙이 살해되었다는 소식은 경제에게 충격으로 받아들여졌다.

「효왕이 꾸민 흉계가 틀림없다」

격노한 경제는 사문사(査問使)를 파견해 효왕을 엄중히 추궁하고 주모자의 목을 베어 올리라고 요구했다.

일이 커지자 효왕은 실로 난감했다. 양승을 궁궐 속에 깊이 감추고 어떻게든 변명해서 넘어가려고 했으나 황제의 분노를 가라앉힐 방법이 없자, 하는 수 없이 양승을 자결하도록 하여 그 시체를 사문사에게 보여 주었다. 그렇지만 사문사는 그 정도로 만족하지 않고 더욱 사건의 진상을 밝힐 것을 요구했다.

효왕은 「내가 추양의 고언에 귀를 기울이지 않는 바람에 오늘 이 핍박을 당하는구나!」 하고 한탄하며 추양을 불러 상객으로 대접하고, 이 난감한 처지를 모면할 수 있도록 지혜를 달라고 애원했다.

「주군께서 정 그렇게 말씀하시니, 이 늙은이가 도성에 한번 올라가 보겠습니다」

「제발 그리 해주시면 그 은혜는 실로 잊지 않겠소」

도성에 간 추양은 조정의 유력한 대신들을 만나 효왕을 변호하고, 경제가 총애하는 왕미인(王美人)을 구워삶았으며, 태후를 찾아가 효왕을 위해 적극 영향력을 행사해 달라고 요청했다. 추양의 이런 노력이 결실을 맺어 마침내 경제는 효왕에 대한 노여움을 풀고 사문사를 소환해 올림으로써 사건을 마무리 지었다.

명주애일빈일소 明主愛一嚬一笑

밝을 明 임금 主 사랑할 愛 한 一 찡그릴 嚬 웃을 笑

《한비자(韓非子)》 내저설(內儲說) 상편

「현명한 임금은 얼굴을 한번 찡그리거나 웃는 것도 아낀다」는 뜻으로, 지위가 높은 사람은 마음대로 감정이나 표정을 드러내서는 안 됨을 이르는 말이다.

《한비자》 내저설 상편에 있는 이야기다.

춘추시대에 문공(文公)에 의하여 오패(五覇)의 하나가 된 진(晋)은 그 후 한(韓)·위(魏)·조(趙)의 3국으로 갈리어 제각기 전국시대의 7대 강국의 하나로서 세력이 있었다.

그 가운데에서도 한(韓)은 소후(昭侯)의 대가 되어서는 정(鄭)나라 사람 신불해(申不害)를 써서 부국강병책을 강구하였다. 신불해는 황제(黃帝)와 노자(老子)의 사상을 받아 형명(刑名 : 일종의 법률학)을 주로 했다고 하나, 그 방법은 관직의 분한(分限)을 정하고, 군주의 주관(主觀)과 전통적 관습에 구애되지 않는 법치주의에 의한 통치였다. 이로 말미암아 내치(內治)가 잘 되어, 나라는 부(富)하고 군사는 강하였다.

게다가 이 소후가 어느 때 가신에게 명하여 낡아빠진 바지를 하나 장롱에 넣어두도록 하였다. 이것을 본 가신은 말하였다.

「황공하오나 어찌 주상께서는 낡아빠진 바지까지 가신에게 하사치 않고, 넣어두라 하시면 인덕이 없는 일이 아니오니까? 다른 신하들이 어떻게 생각할는지……」

소후는 대답하였다.

「아니, 아니, 그렇지 않다. 깊은 뜻이 있어서 하는 일이다. 나는 명군은 일빈 일소를 아낀다는 말을 듣고 있다. 얼굴을 찌푸리는 것도 웃는 것도 다 이유가 있어서 그러는 것이며, 군주 된 자 함부로 웃는다든지, 얼굴을 찌푸려서는 아니 되거늘 하물며 낡았다고는 하나 함부로 바지를 가신에게 내린다는 것은 삼가지 않으면 안 된다. 이 바지를 결코 신하에게 내리지 않는다는 것은 아니다. 내릴 만한 공을 세운 자가 있으면 당연히 내릴 것이다. 그러나 지금은 그러한 자가 없기에 당분간 맡겨 두는 것뿐이다」

가신은 송구스러워하며 물러났다 한다. 이 이야기는 후에 그 한(韓)나라의 왕족으로 태어나 신불해의 형명법술의 학을 연구한 한비(韓非)의 저서 《한비자》의 내저상편에 보이는 것이다.

소후가 말하고자 한 것은 다음과 같은 것이다.

군주라는 것은 어떠한 때를 막론하고 가신에 대하여 희로애락의 빛을 보여서는 안 된다. 만약 그것을 안색에 나타내면 가신은 반드시 그 안색을 읽고, 급기야는 그 뜻에 영합하기 위하여 아첨을 하거나, 혼이 나지 않도록 거짓말을 하게 된다. 이래서는 충의직간(忠義直諫)의 선비는 길러지지 않으며 한 걸음 더 나아가서는 정치가 혼란에 빠져버리고 만다.

일빈 일소(一嚬一笑)까지도 그러하거늘 하물며 가신에게 물건을 하사한다는 것은 더욱 신중을 기하지 않으면 아니 된다는 것이다. 옛날에 군주가 발(簾)을 내리고 가신을 대한 것은 위엄을 보일 필요뿐만 아니라 안색을 보지 못하도록 하기 때문이었다. 아첨하는 자가 많은 세상에 위에 선 자의 태도는 신중하지 않으면 안 된다.

명주탄작 明珠彈雀

밝을 明 구슬 珠 탄알 彈 참새 雀

《장자》 양왕(讓王)편

작은 것을 탐내다 큰 것을 잃음.

귀중한 구슬을 탄알로 하여 참새를 쏜다는 뜻으로, 작은 것을 탐내다 큰 것을 잃음을 비유한 말.

전국시대 노(魯)나라 애공(哀公)은 안합(安闔)이 도를 터득한 인물이라는 말을 듣고 그를 맞이하려고 사람을 시켜 예물을 가지고 먼저 그 뜻을 전하게 했다.

안합은 허술한 집에서 남루한 옷을 입고 소를 돌보고 있었다. 애공의 사자가 가니 안합 자신이 나와 맞았다. 사자는 물었다.

「여기가 안합 선생 댁입니까?」

「그렇습니다」

사자는 폐백을 드리고 온 뜻을 알렸다. 안합이 말했다.

「혹 잘못 들은 것이 아닙니까? 이것을 받아 당신에게 죄를 씌우지 않을까 걱정입니다. 좀 더 확실히 알아보는 것이 좋을 것입니다」

사자는 돌아가서 확실히 알아보고는 다시 돌아와 안합을 찾았다. 그러나 안합은 이미 없었다. 이로 미루어 안합과 같은 이는 진정으로 부귀를 싫어하는 사람이다.

장자는 이 일에 대하여 이렇게 말하고 있다.

「그러므로 옛말에도 『도의 순수한 것으로써 몸을 다스리고, 그 남은 부스러기로써 나라를 다스리며, 또 남은 찌꺼기로써 천하를 다

스린다』고 한 것이다. 이로써 본다면, 제왕이 천하를 다스리는 그 공도 성인에 있어서는 하나의 남은 일로써, 몸을 온전히 하고 삶을 기르는 까닭이 아니다. 그런데 지금 세속의 군자들은 많이 그 몸을 위태롭게 하고 그 삶을 버리면서 부귀를 추구하는데, 어찌 슬프지 않은가?

대개 성인의 행동은 그 마음이 나아가는 곳과 그 하는 바의 일을 잘 살펴보는 것이다.

예컨대 어떤 사람이 수후(隨侯)의 보석으로 천길 벼랑 위에 있는 참새를 쏘았다고 한다면 세상 사람들은 분명 그를 비웃을 것이다(以隨侯之珠彈千仞之雀 世必笑之). 무슨 까닭인가?

그것은 수단으로 쓰이는 물건은 귀중한 것인데, 그것으로 얻기를 바라는 목적물이 하찮은 것이기 때문이다. 그러니 사람의 목숨이야 어찌 수후의 보석의 소중함과 비교가 되겠는가?」

「수주탄작(隨株彈雀)」이라고도 한다. 수주(隨珠)는 수후의 구슬이라는 말로, 춘추전국시대의 수(隨)나라 제후가 큰 상처를 입은 뱀을 구해준 보답으로 받은 야광주(夜光珠)를 가리킨다.

「화씨지벽(和氏之璧)」과 함께 수주화벽(隨株和璧)이라 칭해지며, 천하제일의 보물로 비유된다.

先天下之憂而憂
선천하지우이우
後天下之樂而樂
후천하지낙이낙
먼저 천하를 근심하고,
후에 천하의 즐거움을 즐긴다.
— 범중엄(範仲淹) 〈악양루기〉

명찰추호 明察秋毫

밝을 明 살필 察 가을 秋 가는 털 毫

《맹자》 양혜왕상(梁惠王上)

사리가 분명해 극히 작은 일까지도 미루어 앎.

눈이 아주 밝고 예리해서 가을날 가늘어진 짐승의 털까지도 분별할 수 있다는 뜻으로, 사리가 분명해 극히 작은 일까지도 미루어 알 수 있다는 말이다. 「추호(秋毫)」는 가을이 되어 가늘어진 짐승의 털을 말하며, 아주 작은 것을 비유하는 말로 쓰인다.

맹자가 제(齊)나라 선왕(宣王)을 만나 어떻게 하면 제대로 왕 노릇을 할 수 있는지 예를 들어가며 설명하는 대목이다. 선왕이, 소를 양으로 대신해 희생하게 한 이유를 자신도 알 수 없다며 괴로워하자, 맹자는 그것이야말로 인(仁)을 실천하는 길이라고 하면서 군주가 죽은 짐승의 고기를 차마 먹지 못하고, 군주가 푸줏간을 멀리하는 마음이 왕 노릇을 하는 데 합당한 이유를 다음과 같이 말했다.

「『내 힘은 3천 근을 들기에는 족하나 작은 새의 깃털 하나 들기에는 부족하고, 눈은 가을날 가늘어진 짐승의 털끝을 살피기에는 족하나 수레에 실린 땔나무는 보이지 않는다(吾力足以擧百鈞 而不足以擧一羽 明足以察秋毫之末 而不見輿薪)』라고 왕께 말씀드리는 사람이 있다면 믿으시겠습니까?」

맹자는 계속해서 은혜가 금수에는 미치나 백성에게는 미치지 않는 이유를 왕이 왕 노릇을 하지 못하기 때문이 아니라 하지 않아서라고 설명하면서 자신의 왕도정치(王道政治)를 주장하였다. 「명찰추호」는 윗글 가운데 「명족이찰추호지말」에서 나온 말이다.

명철보신 明哲保身

밝을 明 밝을 哲 보전할 保 몸 身

《시경》 대아(大雅) 증민편(烝民篇)

총명하고 사리에 밝아 일을 잘 처리하여 몸을 보전함.

「명철보신」은, 세상일을 훤히 내다보는 처세를 잘함으로써 난세를 무사히 살아가게 되는 것을 말한다. 대개 부귀를 탐내지 않고 자기의 재주와 학식을 숨긴 채 평범한 인물로서 표 나지 않게 살아가는 것을 가리켜 말한다.

「성공자퇴(成功者退)」라는 고사에 나오는 채택(蔡澤) 같은 사람은 어느 의미에서 명철보신을 했다고도 볼 수 있다. 그러나 대개 숨어 사는 은일(隱逸)들을 가리켜 말한다. 이 말은 일찍부터 많은 사람의 입에 오르내린 오래된 말이다. 《시경》 대아 증민편에,

숙숙한 왕명을
중산보가 맡고 있다.
나라의 좋고 나쁜 것을
중산보가 밝힌다.
이미 밝고 또 통한지라
이로써 그 몸을 보전한다.
아침이나 밤이나 게으르지 않고
이로써 한 사람(王)을 섬긴다.

肅肅王命 仲山甫將之　숙숙왕명 중산보장지
邦國若否 仲山甫明之　방국약부 중산보명지

既明且哲 以保其身　기명차철 이보기신
夙夜匪解 以事一人　숙야비해 이사일인

라고 있다. 이 시는 중산보(仲山甫)란 대신이 주왕(周王)의 명령으로 멀리 성을 쌓으러 가는 것을 찬양하여 환송하는 시로, 위 내용은 그 중간 부분이다. 이것을 쉽게 풀면 이렇다.

「황공스런 왕명을 중산보가 받아 현지로 떠나려 한다. 그곳 나라들은 좋은 점과 나쁜 점이 반드시 있겠지만, 중산보는 이를 알아서 잘 처리할 것이다. 이치에 밝고 일에 통한 그는 이같이 함으로써 그의 몸을 무사히 보전할 것이다. 아침 일찍부터 밤늦게까지 잠시도 게으름을 피우는 일이 없이 오직 한 분인 왕을 위해 일한다」

중산보는 주나라 선왕(宣王) 때의 재상으로 그가 임금의 명을 받고 제나라에 가 성을 쌓을 때 윤길보(尹吉甫)가 이를 전송하면서 지은 것이라고 한다. 주자에 따르면 「명(明)」은 「이치에 밝은 것(明於理)」을 말하고 「철(哲)」은 「사물을 잘 살피는 것(察於事)」이다. 「보신(保身)」은 「이치에 순종해서 몸을 지키는 것이지, 이익을 좇고 재앙을 피해서 구차하게 몸을 온전히 하는 것은 아니다」라고 했다.

《시경》의 본 뜻에도 그런 내용이 전혀 없는 것은 아니지만, 뒤에 와서 쓰이는 이 「명철보신」이란 말 가운데는 자기 위주의 현명한 처세술을 의미하는 정도가 강하다.

이러한 명철보신하는 사람은 고래로 수많이 있었다. 적어도 문장에는 곧잘 이 말이 쓰여 왔다. 하지만 명철이 보신과 병칭되며, 지덕(知德)이 있는 사람이 난세에 즈음하여 몸을 보신하는 것을 겸했다고 해서 칭찬하는 이 말에는 동양적인 은일(隱逸)사상과 유교적인 처세술의 냄새가 풍겨져 낡은 사상이라고 보는 사람도 있을지 모른다.

모사재인성사재천 謀事在人成事在天

꾀할 謀 일 事 있을 在 사람 人 이룰 成 일 事 있을 在 하늘 天

《삼국지연의(三國志演義)》

일을 꾸미는 것은 사람인데, 그 일이 이루어지는 것은 하늘에 달려 있다는 말. 일을 해결하려고 꾀를 내는 것은 사람이지만, 일이 잘되고 못되는 것은 하늘이 정한 운수에 달렸다는 뜻이다. 인간이 노력하여 일을 이루어내는 데 도움을 얻지 못하여 이루지 못하는 일도 있다는 말이다.

사마의

원말·명초의 소설가 겸 극작가 나관중(羅貫中)이 지은 《삼국지연의(三國志演義)》에 있는 이야기다.

삼국시대 촉한(蜀漢)의 정치가이자 전략가인 제갈량(諸葛亮)의 말에서 유래한다.

제갈량은 오(吳)나라 손권과 연합하여 남하하는 위(魏)나라 조조의 대군을 적벽대전(赤壁大戰)에서 대파하였다. 촉한의 초대 황제 유비는 제갈량을 재상에 등용하였다.

유비가 죽은 뒤 제갈량은 다시 오나라와 손잡고 위나라와 항쟁하였는데, 위나라 사마의(司馬懿)의 군대를 호로곡(葫蘆谷)으로 유인하여 불을 질러 공격하는 화공(火攻)으로써 몰살할 수 있었으나 그 순간 하늘에서 소나기가 내려 계획을 이룰 수 없었다.

제갈량(元 화가 미상)

제갈량은 탄식하며 말했다.

「계략을 꾸미는 것은 사람이지만, 일이 이루어지는 것은 하늘에 달려 있어 억지 되지 않는구나!(謀事在人 成事在天 不可强也)」

사람이 힘써서 일을 꾀하는데, 성사여부는 오로지 하늘의 뜻에 달려 있음을 한탄하는 말이다.

모수자천 毛遂自薦

터럭 毛 수행할 遂 스스로 自 추천할 薦

《사기》 평원군열전(平原君列傳)

스스로 자신을 추천하다. 자진해서 나서다.

「모수가 스스로를 천거하다」 라는 뜻으로, 부끄러움 없이 자기를 내세우는 사람을 빗대어 이르는 말이다.

《사기》 평원군열전에 있는 이야기다.

평원군 조승

진나라가 조나라 서울 한단(邯鄲)을 포위하자 조나라는 평원군 조승(趙勝)을 초나라로 보내 구원병을 청하게 했다. 평원군은 길을 떠날 때 문무를 겸한 문객 스무 명을 뽑아 데리고 가기로 하고, 인선에 들어갔으나 겨우 열아홉 명밖에 뽑지 못했다. 더 고를 만한 사람이 없었던 것이다. 이에 자청해서 나선 것이 모수(毛遂)였다.

평원군이 모수를 보고 이것저것 물어보니 그는 식객으로 들어온 지도 3년이나 되었다고 하는데 그의 눈에 들지 않았다는 사실로 보아 별다른 재주가 있는 것 같지 않았다.

「어떤 사람에게 재주가 있다면 마치 주머니 속 송곳처럼 당장 비어져 나왔을 걸세(譬若錐地處囊中 其末立見). 그대는 3년 동안이나 내 집에 있었으면서도 아무런 재주도 보여주지 못했으니 안되겠네」

평원군이 미덥지 않은 듯 말하자, 모수는 벌떡 일어서며 말했다.

「제가 저를 스스로 천거하려는 것은 바로 군께서 지금 나를 주머니 속에 넣어 달라는 뜻입니다. 일찌감치 저를 주머니 속에 넣었더라면 벌써 비어져 나왔을 게 아니겠습니까?」

모수 부조(浮彫)

평원군은 모수의 말도 그렇겠다 싶어 마침내 그를 스무 번째 수행원으로 발탁했다. 평원군은 20명의 문객을 거느리고 초나라 왕과 초나라 궁정에서 회담을 갖게 되었다. 그러나 마음이 착하기만 한 평원군과 진나라가 두렵기만 한 초왕과의 회담은 아침부터 시작해서 대낮이 기울도록 결정을 못보고 있었다. 보다 못한 문객들은 모수를 보고 올라가라고 했다. 모수는 칼을 한 손으로 어루만지며 성큼성큼 계단을 올라가 평원군에게 말을 건넸다.

「구원병을 보내는 것이 좋으냐 아니냐 하는 것은 두 마디로 결정될 일인데 해가 뜰 때부터 시작된 이야기가 한낮이 되도록 결정을 보지 못하는 것은 무엇 때문입니까?」

그러자 초왕이 평원군을 보고 물었다.

무안군 백기

「저 손은 누구입니까?」

「이 사람은 신의 문객입니다」 그러자 초왕은 호통을 쳤다.

「어서 내려가지 못할까. 내가 너의 주인과 말하고 있는데, 네가 무슨 참견이란 말이냐?」 그러자 모수는 칼을 잡고 앞으로 나아갔다.

「왕께서 이 모수를 꾸짖으시는 것은 초나라 군대가 있기 때문입니다. 그러나 지금은 나와 열 걸음 안에 있으므로 초나라 군대가 아무 소용이 없습니다. 왕의 목숨은 이 모수의 손에 달려 있습니다. 우리 주인이 앞에 있는데 나를 꾸짖는 것은 무엇 때문입니까. 그리고 옛날 탕임금은 70리 땅으로 천하를 통일하고, 문왕은 백 리의 땅으로 제후들을 신하로 만들었습니다. …… 지금 초나라는 땅이 사방 5천 리에 무장한 군대가 백만에 이르고 있습니다. ……그런데 백기(白起)란 어린 것이 수만의 군대를 거느리고 초나라와 싸워, 한 번 싸움에 언영(鄢郢)을 함락시키고 두 번 싸움에 이릉(夷陵)을 불사르고 세 번 싸움에 왕의 선인(先人)을 욕되게 했습니다. 이 백 세의 원한을 조나라도 부끄러워하고 있는데, 왕께서는 미워할 줄을 모르고 계십니다. 두 나라의 연합은 실상 초나라를 위한 것이지 우리 조나라를 위한 것이 아닙니다. 우리 주인이 앞에 있는데 나를 꾸짖는 것은 무엇 때문입니까?」

초왕은 서슬이 시퍼런 모수의 기세에 겁을 먹고, 또 진나라 백기에 당한 지난 일을 생각하니 복수의 감정이 치받기도 했다.

모수 묘

「선생 말을 듣고 보니 과연 그렇소. 삼가 선생을 따르겠소」

「그럼 출병은 결정된 것이옵니까?」

「그렇소」

그러자 모수는 초왕의 좌우에 있는 사람들을 시켜 맹약에 쓸 피를 가져오게 하고, 피가 담긴 구리쟁반을 자기가 받아 든 다음, 무릎을 꿇고 초왕 앞에 들이밀며 말했다.

「대왕께서 마땅히 먼저 피를 마시고 맹약을 정하십시오. 그 다음은 저의 주인이요, 그 다음은 이 모수가 하겠습니다」

이렇게 궁전 위에서 맹약을 끝마치자, 모수는 왼손에 피 쟁반을 들고 오른손으로 열아홉 명을 손짓해 말했다.

「당신들은 함께 이 피를 대청 아래에서 받으시오. 당신들은 녹록한 사람들로 이른바 남으로 인해 일을 이룩하는 사람들입니다(公相與歃此血於堂下 公等錄錄 所謂因人成事者也)」

이리하여 초나라로부터 구원병을 얻는 데 성공한 평원군은 모수를 가리켜, 「모선생의 세 치 혀가 백만의 군사보다도 더 강하다(三寸之舌 强于百萬之師)」고 칭찬했다. {☞ 삼촌지설}

모순 矛盾

창 矛 방패 盾

《한비자》 난(難)

「모순(矛盾)」은 창과 방패란 말이다. 그런데 그것이 대립이란 뜻으로 쓰이지 않고, 앞뒤가 서로 맞지 않는 말이나 행동을 말한다. 즉 같은 시간에 양립될 수 없는 것을 모순이라고 한다.

《한비자》 난(難)편에 있는 이야기다.

초나라 사람으로 방패와 창을 같이 놓고 파는 장사꾼이 있었다. 그는 방패를 들고 사람들에게 선전할 때는, 「자아, 이 방패로 말할 것 같으면 아무리 날카로운 창으로도 뚫을 수 없는 견고한 것입니다」라고 말하고, 또 창을 들고 선전할 때는, 「자아, 이 창으로 말할 것 같으면, 제아무리 여물고 단단한 것이라도 단 한 번에 꿰뚫고 맙니다」하고 자랑을 했다.

그러자 가만히 듣고 있던 한 사람이 앞으로 나와,

「그럼 그 창으로 그 방패를 한번 찔러 보시오. 그러면 그 결과가 어떻게 되겠소?」

장사꾼은 대답에 궁했다. 절대로 무엇에도 뚫리지 않는 방패와 절대로 무엇이고 꿰뚫을 수 있는 창은 동시에 있을 수가 없는 것이다. 장사꾼의 말은 그야말로 후세 사람들이 말하는 그런 모순을 지니고 있는 것이다. 「모순」은 창과 방패가 서로 대립된 위치에 있는 것을 말하는 것이 아니고, 이 장사꾼이 말한 그런 상반된, 성립될 수 없는 내용을 말하는 것이다.

모야무지 暮夜無知

저녁 暮 밤 夜 없을 無 알 知

《후한서》 양진전(楊震傳)

뇌물이나 선물을 몰래 줌.

「어두운 밤이어서 아무도 알지 못한다」 라는 뜻으로, 깊은 밤중에 하는 일이라서 보고 듣는 사람이 없기 때문에 알 사람이 없다는 것을 말한다.

세상 사람들은 아무도 모르는 비밀이라고 흔히들 말한다. 그러나 당사자인 두 사람과 천지신명은 이를 알고 있을 것이다. 낮말은 새가 듣고 밤 말은 쥐가 듣는다는 것과 같은 의미의, 차원이 다른 생각이라 말할 수 있다.

양 진

《후한서》 양진전에 있는 이야기다.

후한 사람 양진(楊震)은 그의 해박한 지식과 청렴결백으로 관서공자(關西公子)라는 칭호를 들었다고 한다.

그가 동래 태수로 부임할 때의 일이다. 그는 부임 도중 창읍(昌邑)이란 곳에서 묵게 되었다.

이때 창읍 현령인 왕밀(王密)이 그를 찾아왔다. 그는 양진이 형주 자사로 있을 때 무재(茂才)로 추천한 사람이었다.

양진의 사지(四知)

밤이 되자 왕밀은 품속에 간직하고 있던 10금(金)을 양진에게 주었다. 양진이 이를 거절하면서 좋게 타일렀다.

「나는 당신을 정직한 사람으로 믿어 왔는데, 당신은 나를 이렇게 대한단 말인가」

그러자 왕밀이 말했다.

「지금은 밤중이라 아무도 아는 사람이 없습니다(暮夜無知者)」

왕밀은 양진이 소문날까 두려워하는 것으로 여겼다.

그러자 양진은 그를 나무랐다.

「아무도 모르다니, 하늘이 알고 땅이 알고 그대가 알고 내가 아는데, 어째서 아는 사람이 없다고 한단 말인가?(天知地知爾知我知怎說無知)」

이에 왕밀은 부끄러워 금을 가지고 돌아갔다. {☞ 사지(四知)}

모우남릉수사종 暮雨南陵水寺鐘

저물 暮 비 雨 남녘 南 언덕 陵 물 水 절 寺 쇠북 鐘

고계(高啓) / 「봉오수재부송귀강상」

오랜만에 만난 사람과 다시 헤어져야 하는 슬픈 심정.

「저물녘 비 오는 남쪽 언덕에는 수사(水寺)의 종소리가 아득하구나」라는 뜻으로, 오랜만에 만난 사람과 다시 헤어져야 하는 슬픈 심정을 이르는 말.

중국 원(元)나라 말에서 명(明)나라 초의 시인 고계(高啓)가 지은 시 「오수재를 만났다가 강가에서 다시 보내며(逢吳秀才復送歸江上)」에 나오는 다음 구절에서 유래한 말이다.

내란 일어나기 전 서로 헤어져 난리 뒤에 다시 만나
잠시 잡았다가 손을 놓는데
저물녘 비오는 남쪽 언덕 수사(水寺)의 종소리 아득하구나

亂前相別亂餘逢　난전상별난여봉
暫時握手還分手　잠시악수환분수
暮雨南陵水寺鐘　모우남릉수사종

고계는 소주(蘇州)에서 태어나 삶의 거의 전부를 원나라 말기 내란시대에 보냈으며, 자는 계적(季迪), 호는 청구자(靑邱子)이다. 명나라 태조 주원장(朱元璋)의 공신배제 정책으로 39세에 살해당했다.

이 시는 고계가 강가에서 친구인 오수재를 잠깐 동안 만나 서로 이별하면서 지은 시로, 오랜만에 만난 친구와 아쉬운 마음으로 헤어져야 하는 슬픔을 비유하는 말이다.

모우미성 毛羽未成

털 毛 깃 羽 아직 未 이룰 成

《사기》 소진열전(蘇秦列傳)

사람이 아직 어림.

어린 새가 아직 깃털이 다 나지 않아 날지 못한다는 뜻으로, 사람이 아직 어림을 이르는 말.

《사기》 소진열전에 있는 이야기다.

귀곡자

전국시대 소진(蘇秦)은 동주(東周)의 낙양(雒陽) 사람이다. 동쪽에 있는 제(齊)나라에 가서 스승을 찾아 귀곡(鬼谷)선생에게서 배웠다. 그는 장서를 꺼내 두루 훑어보다가 그 가운데서 《주서(周書)》의 음부(陰符 : 병서의 이름)를 찾아내어 책상에 머리를 파묻고 읽었다. 1년 만에 췌마술(揣馬術)을 터득한 그는 이렇게 말했다.

「이 술(術)만 가지고 있으면 당대의 군주를 설득시킬 수 있을 것이다」

그리고는 우선 주나라의 현왕(顯王)에게 설명하려고 했으나, 현왕의 측근들은 원래 소진을 잘 알고 있었던 까닭에 경멸하고 아무도 상대해 주지 않았다. 그래서 그는 서쪽에 있는 진(秦)나라로 갔다. 진나라의 효공은 이미 죽고 난 뒤여서 왕위를 이어받은 혜왕을 만나서 말했다.

「진은 사방이 험한 요새로 둘러싸인 나라로, 산으로 둘러싸이고 위수(渭水)가 막고 있으며, 동쪽으로는 관(關)·하(河)가 있고, 서쪽에는 한중, 남쪽에는 파·촉, 그리고 북쪽에는 대(代)·마(馬)가 있어 천부의 땅입니다. 이곳에 거하면 천하를 병합하고 제호(帝號)를 드날리게 될 것입니다」

소진 조상(彫像)

진왕이 대답했다.

「새라 하더라도 깃털이 자라기 전에는(毛羽未成) 높이 날 수가 없는 법이오. 내 나라의 문교(文敎)와 정치가 갖추어지기까지는 다른 나라의 병합 따위는 생각조차 할 수 없는 일이오」

진에서는 이때 상앙을 죽이고 세객(說客)들을 미워하고 있던 때인지라 소진을 등용하지 않았다. 그래서 그는 동쪽에 있는 조(趙)나라로 갔다. 이렇게 해서 소진은 6국을 유세하며 합종책을 설파하고 마침내 6국의 재상 자리에 오르게 된다.

모인 慕藺

사모할 慕 골풀 藺

《사기》 사마상여(司馬相如)열전

어질고 유능한 사람을 그리워하며 따름.

인상여를 사모한다는 말로, 어질고 유능한 사람을 그리워하며 따른다는 뜻. 인상여(藺相如)는 전국시대 말 조(趙) 혜문왕(惠文王)의 가신으로, 「완벽(完璧)」, 「문경지교(刎頸之交)」의 고사에서 영웅으로 알려져 있다. 사마천(司馬遷)의 《사기》에서 인상여는 문무와 지용(知勇)을 모두 갖춘 장수의 모습으로 그려진다.

사마상여(司馬相如)는 전한(前漢)의 문인으로 촉군(蜀郡) 성도(成都) 사람이다. 어릴 때 독서하기를 좋아하였고 검 쓰는 법을 배워 부모는 그를 견자(犬子)라 부르며 귀여워했다 한다. 부(賦)를 잘 지어 무제(武帝)의 사랑을 받았으며, 탁문군(卓文君)과의 연애 사건은 유명한 일화이다.

학업을 마친 후 인상여의 사람됨을 흠모하여 이름을 사마상여로 고쳤는데, 여기서 「모인(慕藺)」이라는 말이 비롯되었다. 사마상여가 흠모한 인상여는 전국시대 조(趙)나라의 상경(上卿)을 지낸 사람이다. 조나라 혜문왕 때, 진(秦)의 소왕(昭王)이 조나라에 화씨벽(和氏璧)이라는 진귀한 옥이 있다는 소문을 듣고, 이를 열다섯 성과 바꾸자는 제의를 해 왔다.

혜문왕으로서는 이 제의를 받아들일 수도 없고 거절할 수도 없어 고심하였다. 열다섯 성을 준다는 것은 거짓임이 분명할 테고, 거절하자니 강대한 진의 침략을 받을 것이 틀림없기 때문이다. 혜문왕은

이 일의 처리를 인상여에게 부탁했다. 인상여는 화씨벽을 가지고 진나라에 들어가 담대한 용기와 변설로 소왕을 설득하여 화씨벽을 온전하게 조나라로 가지고 돌아왔다(完璧歸趙).

부형청죄 부조(浮彫)

이후에도 왕을 수행하여 민지(澠地)에서 진나라 소왕과 만났을 때 대담하게 진왕을 공박하여 혜문왕이 치욕을 당하지 않게 하였다. 이 일로 인상여는 상경이 되었다. 조나라에는 여러 전쟁에서 나라를 구한 염파(廉頗)라는 장군이 있었는데, 인상여가 상경이 되어 자기보다 지위가 높아지자 분개하여 인상여를 욕보이려 하였다. 인상여는 늘 염파를 피해 다니다가 주위의 불평이 심해지자, 다음과 같이 말하였다.

「내가 위엄으로 진왕을 누른 사람인데, 하물며 염파 장군을 겁내겠느냐. 다만 염파 장군과 내가 다투면 적인 진나라를 이롭게 할 것이 걱정되기 때문이다」

이 말을 전해들은 염파는 회초리를 메고 인상여에게 찾아와 사죄했으며(負荊請罪), 둘은 이후 문경지교(刎頸之交)를 맺었다.

모피지부 毛皮之附

털 毛 가죽 皮 갈 之 붙을 附

《춘추좌씨전(春秋左氏傳)》 희공 14년

「가죽이 없는데 어찌 털이 붙을 수 있겠는가」라는 뜻으로, 중요한 일은 처리하지 않으면서 단편적인 것만 해결하려고 한다는 말이다. 《좌씨전》에 있는 이야기다.

춘추시대 진(晉)나라 공자 이오(夷吾)는 다른 나라에서 오랜 유랑 생활을 한 뒤 돌아와 진(秦)나라의 도움을 받아서 왕위를 차지할 경우 다섯 개의 성(城)을 진(秦)나라에 주겠다고 약속하고 혜공(惠公)으로 왕위에 올랐다.

성을 주겠다는 약속을 어긴 혜공은 진(晉)나라에 기근(饑饉)이 들자 쌀을 사러 진(秦)나라로 사신을 보냈는데, 진(秦)나라 왕은 진(晉)나라 백성들의 굶주림을 면해 주었다.

이듬해 반대로 진(秦)나라에 기근이 들자, 진나라가 진(晉)나라에 곡식을 부탁했다. 진(晉)나라 임금이 신하들과 상의하니, 괵석(虢射)이 진(秦)나라에 기근이 들었으니 이때 공격한다면 크게 승리를 거둘 수 있다고 말했다. 그러면서 진(秦)나라의 원조 요구를 거절했다.

그러자 진(秦)나라의 사신 경정(慶鄭)이 이렇게 말했다.

「은혜를 배반함은 친선관계를 버리는 것입니다. 남의 재앙을 다행스럽게 여기는 것은 어질지 못한 것입니다. 남의 사랑을 탐하는 것은 미움을 받는 원인이고, 이웃을 노하게 함은 의롭지 못한 것입니다. 이 네 가지 덕을 모두 잃고서 어찌 나라를 지킬 수 있겠습니까?」

이에 진(晉)의 신하 괵석은, 「예전에 다섯 곳의 성을 준다는 약속

도 지키지 않고 진(秦)나라에 식량을 빌려준다면, 가죽이 없는데 장차 털이 어찌 붙겠습니까(皮之不存 毛將焉附)」하고 식량을 빌려주어도 진(秦)나라는 만족하지 못할 것이라고 하였다.

「피지부존(皮之不存)」은 「본래부터 없다」는 뜻으로, 근본이 없는데 아무리 지엽적인 노력을 기울여도 별 효과가 없음을 못 박아 말하고 있다. 경정이 다시 말했다.

「신의를 버리고 이웃을 배반한다면 재앙이 있을 때 누가 이를 돕겠습니까? 신의가 없으면 근심이 생기게 마련이고, 후원을 잃으면 반드시 쓰러집니다. 진나라에 곡식을 주는 일이 바로 그와 같은 것입니다」

이에 괵석은 이렇게 말하며 거절의 뜻을 분명히 하였다.

「곡식을 준다고 해서 진나라의 원한이 줄어들 리 없고, 도리어 적의 힘을 길러주는 것뿐이니 주지 않는 것이 좋겠습니다」

이에 경정이 재차 도움을 청해 이렇게 말했다.

「은혜를 배반하고 남의 재앙을 다행스럽게 여기는 것은 백성에게 버림을 받는 길입니다. 가까운 내 백성마저도 미워하거늘 하물며 원한을 품은 그 적이야 어떠하겠습니까?」

그러나 진(晉)나라 조정에서는 끝내 경정의 말을 받아들이지 않았다. 여기서 「피지부존모장안부」라는 말이 나왔으며, 이 말은 인간관계를 비롯하여 국가 대 국가 간의 관계 맺음에서 평소 친분을 쌓는 것이 얼마나 중요한지를 일깨워준다.

진(晉)나라는 계획을 따라 곡식을 보내지 않고 병사를 일으켜 진(秦)나라를 공격했다. 두 나라가 전투를 벌였는데, 진(晉)나라는 대패했고, 혜공은 포로로 잡혔다. 결국 은공을 침략으로 갚으려다 임금마저 사로잡히는 꼴이 되고 만 것이다.

목경지환 木梗之患

나무 木 인형 梗 어조사 之 근심 患

《사기》 맹상군(孟嘗君)열전

나무인형의 근심이라는 뜻으로, 타향에서 죽어 고향으로 돌아가지 못하거나, 자기 본래의 모습으로 돌아가지 못함을 가리키는 말.

맹상군

전국시대 말엽 제(齊)나라의 맹상군은 제후와 빈객들을 모두 불러들여 귀천의 구분 없이 후하게 대접했다. 이 때문에 그의 식객은 수천 명이나 되었으며, 그가 어질다는 소문은 각지로 퍼져 나갔다.

진(秦)나라 소왕(昭王)이 맹상군(孟嘗君)이 어질다는 소문을 듣고 먼저 아우인 경양군(涇陽君)을 볼모로 하여 제나라에 보내면서 맹상군을 초청하였다. 맹상군은 초청에 응하여 진나라로 가려고 하였다. 식객들은 누구나 다 맹상군이 가는 것을 찬성하지 않고 위험하다고 간했으나 듣지 않았다.

이때 이곳에 와 있던 소대(蘇代 : 소진의 아우)가 말했다.

「오늘 아침에 내가 이곳으로 올 때, 목우인(木偶人 : 나무인형)과 토우인(土偶人 : 찰흙인형)이 이야기하는 것을 들었소. 목우인이 토우인을 보고 말하기를, 『비가 오면 너는 당장에 무너져 버릴 것이다』라고 하니, 토우인이 이렇게 말하였소. 『나는 원래 흙으로 만들어졌으니 무너지면 흙으로 돌아갈 뿐이지. 너는 이제 비가 와서 흘러 떠내려가면 어디까지 갈 것이냐?』 지금 진나라는 호랑지국(虎狼之國 : 범이나 이리와 같이 포학한 나라라는 뜻으로, 秦나라를 가리키는 말)인데, 군께서 그래도 진나라로 들어간다면 혹 나무인형의 화를 입게 되지 않을까 두렵습니다」

맹상군 영지 설(薛)의 관문

결국 맹상군은 진나라로 가는 것을 단념하였다.

「목경지환」은 나무인형이 화를 당하면 본래의 나무로 돌아갈 수 없듯이, 본래의 자기 모습을 잊고 함부로 행동해서는 돌이킬 수 없다는 뜻으로 쓰이는 말이다. 또 타향에서 죽어 고향으로 돌아오지 못하는 것을 말하기도 한다.

목우인(木偶人)과 토우인(土偶人)은 사람의 모습이며, 소대는 흙인형은 경양군을, 나무인형은 맹상군으로 비교하여 말했다. 책에 따라 소대를 소진으로 또는 현자로 표현하기도 했으나 《사기》에는 소대라고 나와 있다.

목계양도 木鷄養到

나무 木 닭 鷄 기를 養 이를 到

《장자(莊子)》 달생편(達生篇)

일이 훌륭하게 완성되었거나, 수양이 높고 매우 점잖은 사람의 비유.

장 자

《장자》 달생편에 있는 이야기다.

옛날 중국의 주(周)나라 선왕(宣王)이 닭싸움을 좋아하여 싸움닭을 잘 훈련시키기로 소문난 기성자란 사람을 불러 싸움닭을 훈련시키게 하였다.

기성자가 싸움닭을 훈련시킨 지 열흘이 지나 왕이 물었다.

「이제 되었는가?」

기성자가 대답했다.

「아직은 멀었습니다. 닭이 허장성세(虛張聲勢)가 심한 것이 싸움할 준비가 덜 되었습니다」

다시 시간이 흘러 열흘이 지난 후 왕이 또 물었다.

「이제 되었겠지?」

기성자가 다시 대답했다.

「아직 멀었습니다. 다른 닭의 울음소리나 그림자만 봐도 덮치려고 난리를 칩니다」

또 열흘이 지나 왕이 물었다.

그러나 기성자의 대답은,

「아직도 훈련이 덜 되었습니다. 적을 노려보기만 하는 데 지지 않으려 합니다」 하였다.

목계(木鷄)

다시 열흘이 지나자 기성자가 왕에게 말했다.

「이제 되었습니다. 이제는 상대 닭이 아무리 소리를 지르고 덤벼들어도 조금도 요동하지 않습니다. 멀리서 바라보면 흡사 나무로 만든 닭과 같습니다. 그래서 상대 닭이 살기를 번득이며 달려들다가도 마치 목계(木鷄)와 같이 의연하고 덕이 충만하므로 그 모습만 보아도 전의를 잃고 등을 돌려 도망을 칩니다」

싸움닭이 나무 닭처럼 훈련된다는 뜻으로, 일이 훌륭하게 완성되었음을 비유하는 말이다. 싸움닭을 훈련하는 것과 같이 사람도 수양을 쌓아야 완전한 덕(德)을 지니게 된다는 것을 말한다.

목광여거 目光如炬

눈 目 빛 光 같을 如 횃불 炬

《남사(南史)》 단도제전(檀道濟傳)

눈빛이 횃불과 같이 빛난다는 뜻으로, 노기를 띤 눈빛, 또는 사람을 노리고 쳐다봄을 이르는 말. 원래는 몹시 화를 냄을 비유하는 말이었는데, 지금은 눈빛이 횃불같이 밝음 또는 식견이 높고 원대함을 비유한 말로 쓰인다.

《남사》 단도제전에 있는 이야기다.

남북조시대, 남송(南宋)의 장군 단도제는 송나라 무제(武帝)의 북벌에 참가하여, 여러 차례 공을 세우고, 호군(護軍)장군에 봉하여졌다. 위명(威名)이 대단하여 위(魏)나라 사람들이 두려워했다. 조정에서 그를 의심하고 꺼려 피살당했다. 잡혔을 때 화를 내며 「너희들이 만리장성을 무너뜨리려느냐!(乃壞汝萬里長城)」 라고 고함을 친 일이 유명하다.

송나라 무제가 죽자, 그의 아들 유의륭(劉義隆)이 즉위하여 문제(文帝)라 했다. 문제는 단도제가 송나라 개국공신임을 인정하여, 그를 무릉군공(武陵郡公)에 봉하였다.

얼마 뒤, 송나라와 북위(北魏) 사이에 전쟁이 일어났다. 문제는 단도제를 도독(都督)으로 삼아, 북위와 30여 차례 싸워 결국 북위를 물리치고, 송나라 군대의 명성을 떨쳤다.

단도제의 공으로 그의 아들과 부하들이 군 내의 요직을 차지하게 되자, 문제는 일부 신하들이 단도제를 음해할 마음을 갖게 되지나 않을까 안심할 수 없었다.

435년, 문제는 중병을 앓게 되었다. 팽성왕(彭城王) 유의강(劉義康)은 장수 유담(劉湛)과 음모를 꾸며, 북위가 남침할 가능성이 있다는 명분으로 단도제를 입궁시켰다. 단도제는 건강(建康)에 도착하여 문제에게 문안을 드렸다. 문제는 이미 정신이 맑지 않는 상태였으므로 단도제는 곧 궁에서 물러나와 유의강을 만났다. 유의강은 단도제에게 북위가 침략할 것이라는 헛된 소문을 전하였다.

단도제

단도제는 건강에 계속 머물며 가끔 궁으로 문안을 갔다.

이듬해 봄, 문제의 병세가 조금 호전되자, 단도제는 문제에게 작별을 고하고, 심양으로 돌아오려고 하였다. 단도제가 출발하려는데, 갑자기 조정으로 들라는 명을 받았다. 단도제는 서둘러 입궁하였는데, 뜻밖에도 유의강은 그를 모반죄로 체포하였다.

단도제는 이처럼 졸지에 화를 당하자 몹시 분노하여 그 눈빛이 마치 횃불과 같았다(道濟見收 憤怒氣盛 目光如炬). 그는 자신의 관을 땅바닥에 내팽개치며 격앙된 목소리로 말했다

「너희들은 스스로 만리장성을 무너뜨리는구나(壞汝萬里長城)」

얼마 후, 위나라 군대는 단도제가 그의 아들과 부하들과 함께 죽었다는 소식을 듣고 조금도 꺼리지 않고 송나라를 공격하였다. 그들의 공격을 바라보던 문제는 몹시 근심스러워하며 이렇게 후회하였다.

「단도제가 살아있다면, 어찌 지금과 같은 상황이 있었겠는가?」

목불견첩 目不見睫

눈 目 아닐 不 볼 見 눈썹 睫

《한비자(韓非子) 유노(喩老)편

「눈으로 자기 눈썹을 보지 못한다」는 뜻으로, 자신의 허물을 잘 알지 못하고 남의 잘못은 잘 봄을 비유한 말이다.

춘추시대 제후국의 패자가 되겠다는 웅대한 포부를 지닌 초(楚)나라 장왕(莊王)이 월(越)나라의 내부 혼란을 틈타 월나라를 공격하려고 하였다.

그러자 장왕의 신하 두자(杜子)가 장왕이 월나라를 공격한다는 말을 듣고 반드시 이를 제지해야겠다고 마음먹었다. 겨우 나라가 안정을 되찾을 무렵 또다시 백성들을 전쟁의 고통 속으로 몰아넣는 것을 보고만 있을 수 없었기 때문이었다.

장왕을 알현한 자리에서 두자는 단도직입적으로 물었다.

「왕께서 월나라의 정복(征服)을 도모하신다고 들었습니다. 사실입니까?」

「그렇소. 월나라를 쳐 우리나라의 영토를 넓히고 부를 축적하고 병력을 늘이며, 게다가 과인이 전국(戰國)의 패자가 되기 위한 것이라면 못할 것도 없지 않겠소. 그대가 보기에 과인의 염원이 실현될 수 있을 것 같소?」

한참 생각하던 두자는 장왕에게 되물었다.

「왕께서는 이 싸움이 승산이 있다고 보시는지요?」

장왕이 자신 있게 대답했다.

「우리에게는 강대한 군사력과 넘쳐나는 양식이 있는데 그깟 월

초장왕

나라 하나쯤이야 식은 죽 먹기 아니겠소?」

두자가 다시 물었다.

「그럼 왕께서는 자신의 눈썹을 볼 수 있습니까?」

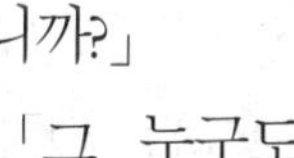

「그 누구도 자기의 눈썹은 보지 못하지 않소? 헌데 그것이 월나라를 공격하는 것과 무슨 상관이 있단 말이오?」

두자가 말했다.

「왕께서 잘못 생각하신 것입니다. 신은 어리석은 사람입니다만, 사람의 지혜라는 것은 눈과 같아서 능히 백 걸음 밖을 내다볼 수는 있으나, 자기의 눈썹은 보지 못한다고 알고 있습니다(臣愚患智之如目也 能見百步之外而不能自見其睫). 지금 왕의 군대는 진(晉)과 진(秦)나라에게 패하여 수백 리의 땅을 잃었는데, 이것은 병력이 강하지 못하다는 증거입니다. 또한 나라 안에는 장교(莊蹻)와 같은 도적들이 날뛰고 있는데도 이를 막지 못하고 있습니다. 그러므로 왕의 군대가 약하고 정치가 혼란한 것은 월나라 보다 더 심각한 것입니다. 이럼에도 불구하고 월나라를 정벌하시겠다고 하시는데, 이것은 눈이 눈썹을 보지 못함과 다를 바가 없습니다」

마침내 장왕은 월나라 공격을 포기하였다.

목불식정 目不識丁

눈 目 아닐 不 알 識 고무레 丁

《구당서(舊唐書)》

배운 사람이 무지한 행동을 함의 비유.

한자 중에서 쉬운 글자인 고무래 정자(丁)도 알아보지 못한다는 뜻으로, 한 글자도 읽을 수 없을 정도로 아는 것이 없음을 비유적으로 이르는 말이다.

고무래는 곡식이나 재를 긁어모으거나 펼칠 때 사용하는 「丁」자 모양의 기구이다. 매일 사용하는 기구가 「丁」자인 줄도 모르는 무식함을 비유한다.

우리 속담에 「낫 놓고 기역자도 모른다」는 말과 뜻이 통하는 말이다.

《구당서(舊唐書)》에 있는 이야기다.

당(唐)나라 때 지방에 절도사로 파견된 장홍정(張弘靖)이라는 사람이 있었다. 그는 음직(蔭職 : 과거를 거치지 않고 조상의 혜택으로 얻은 관직)으로 벼슬길에 올라 노룡절도사(盧龍節度使)가 되어 유주(幽州 : 지금의 북경)에 부임하였다. 그곳은 국경지역이기 때문에 대장과 사병들은 생사고락을 같이하면서 검소한 생활을 하였다.

그러나 홍정은 그런 풍토를 알지 못한 채 군대를 순찰할 때도 교자(轎子)를 탔고, 더욱이 그의 종사관들은 대장의 위세를 믿고 방약무인(傍若無人)한 행동은 건잡을 수 없었다.

보다 못한 주위 사람들이 이를 간하기라도 하면, 「글자도 모르는 목불식정(目不識丁)한 놈들 같으니라고!」하고 오히려 면박을 주기

일쑤였다. 마침내 참다못한 부하 관리들이 반란을 일으켜 장홍정을 잡아 가두었다. 이 소식을 들은 황제는 장홍정

목불식정

의 직책을 박탈하고 이렇게 말했다.

「그놈이야말로 목불식정이로구나!」

제대로 배우지 않아 아는 것이 없으면 그만큼 세상을 보는 눈이 좁아진다는 말이다. 그러나 배웠으면서도 무지한 행동을 하는 것은 한층 더 나쁘다. 「목불식정」은 배움이 없다는 뜻보다는 오히려 배운 사람이 무지한 행동을 하는 것을 가리켜 한 말이다.

上因天時
상인천시
下盡地財
하진지재
中用人力
중용인력
위로는 천시에 따르고
아래로는 땅의 힘을 다 발휘하고
중간으로는 사람의 힘을 이용한다.

—《회남자》 주술훈(主術訓)

목인석심 木人石心

나무 木 사람 人 돌 石 마음 心

《진서(晉書)》 하통전(夏統傳)

의지가 강해 세속에 휩쓸리지 않는 사람.

「나무로 만든 사람에 돌로 만든 마음」이라는 뜻으로, 나무나 돌처럼 마음이 굳다는 뜻이다. 의지가 강하여 세속에 휩쓸리지 않는 사람을 가리키는 말로 쓰인다. 《진서》 하통전에 있는 이야기다.

하통은 진나라 때 사람으로, 학식이 넓고 재주가 많으며 웅변을 잘했다. 그러나 명리에 있어서는 오히려 무척 담박하였다. 당시 많은 사람들이 그의 재주와 능력을 아껴 벼슬을 해보라고 권유를 했으나 극구 거절하곤 했다.

한 번은 그가 볼일로 서울에 올라간 길에 친구 가충을 찾아갔다. 가충은 태위라는 벼슬 직에 있는 사람으로 평소 하통을 깊이 흠앙해 왔던 차라 그가 찾아온 것을 보고 여간 기쁘지가 않았다. 그는 속으로 「내가 만일 그를 권하여 벼슬을 하게 되면 그의 재간과 학식으로 사인의 세력을 휘감아 잡을 수가 있으니 얼마나 좋은가」하고 생각하였다. 그리하여 하통에게 설복작전을 폈다. 하통은 결코 벼슬을 하지 않겠다고 결심이 선 지 이미 오래고, 권력을 다투고 이익을 빼앗는 일에 대해 흥미도 없었을 뿐더러 아니꼽기 짝이 없었으며 오늘 가충이 꾸미는 의도는 자기를 이용하는 데 불과한 것이라 생각한 나머지 한 마디로 거절해 버리고 말았다. 가충은 간사하여 권유로는 효과를 못 보겠기에 다른 방법을 써서 자기 뜻에 따르도록 꾀하였다.

그리하여 일반 군대와 완전무장한 군마를 소집하여 대열을 가지

런히 지어 놓고 웅장한 전고를 울리고 나팔을 우렁차게 불게 하더니 하통에게 열병을 하도록 권하면서 말을 꺼냈다.

「자네가 내 부탁을 들어 벼슬을 한다면 이 많은 군대는 모두 자네가 지휘하게 되는 거야. 어떤가, 위무가 당당하지 않은가?」

「그렇군. 군대가 사기가 있어 보이는군. 군마도 위풍이 있고, 한데 유감스럽게도 난 취미가 없어」

하통은 담담한 태도로 말했다. 가충이 그 말을 듣고 실망을 하면서도 끈질기게 또 속으로 아마도 권세에는 흥미가 없는 모양인데, 그렇다면 돈과 계집이야 싫어하지 않겠지? 생각하고는 다시 가희들을 불렀다. 그들을 하나하나 화장을 시키니 향기로운 냄새며 유연한 자태와 아름답기가 마치 선녀와 같았다. 어여쁜 의상에 금주 보옥의 장식을 한 요염한 가희들이 걸어 나와 나비가 꽃 위를 나르듯 춤을 추기 시작했다. 그러자 가충이 또 그를 타일렀다.

「보게나, 얼마나 아름다운 미인들인가? 이건 보통사람이 누릴 수 있는 게 아니야. 자네가 기꺼이 나서서 벼슬을 한다면 이들 미희들은 다 자네의 소유일세」

인간됨이 깨끗한 하통이 이런 음악과 여색에 유혹될 리가 없었다. 그의 의지는 눈앞에 있는 미녀가 보이지도 않는 듯 마음이 조금도 흔들리지 않았다. 그는 한사코 단정히 정좌한 채 무슨 여자나 춤 따위를 염두에 두지도 않았다. 또한 가충의 권고도 못 들은 체 상대하지도 않았다. 가충은 완전히 실망을 하고 말았다. 그리고 권세와 미색으로 그의 마음을 움직이지 못함을 느낀 그는 천하에 어리석은 녀석이라 분개하면서 다른 사람에게 이렇게 말했다.

「하통 그 녀석은 정말로 나무로 만든 사람에 돌로 만든 마음이야(木人石心)」 라고.

목탁 木鐸

나무 木 방울 鐸

《논어》 팔일편(八佾篇)

세상 사람을 가르쳐 바로 이끌 만한 사람이나 기관.

「목탁」 하면 얼른 생각나는 것이 절간이다. 숲 속에 조용히 자리 잡고 있는 절간은 목탁 소리로 한결 더 고요함을 느낀다. 목탁은 혀가 나무로 된 방울을 말한다. 쇠로 만든 것을 옛날에는 금탁(金鐸)이라고 했다. 지금은 방울이라면 곧 쇠로 만든 것을 떠올리게 된다. 금방울이니, 은방울이니, 말방울, 쥐방울 등 방울이란 말이 많이 쓰이고 있다.

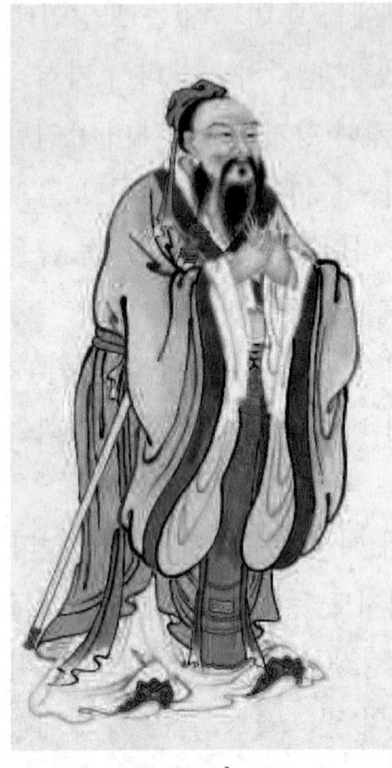

공 자

그러나 목탁은 독특한 뜻으로 쓰이는 경우가 있다. 예를 들어 「신문은 사회의 목탁이다」 할 때, 그것은 사회를 올바로 깨우쳐 주고 이끌어 주는 것이란 뜻을 갖게 된다.

이런 의미의 목탁은 오랜 옛날 제도에서 유래한다. 오늘과 같이 홍보수단이 발달하지 못했던 옛날에는 대중의 관심을 집중시키기 위한 방법으로 금탁과 목탁을 사용했다. 즉 관에서 군사(軍事)와 관련이 있는 일을 백성들에게 주지시킬 때는, 담당 관원이 금탁을 두들기며 관의 지시와 명령을 대중에게 전달했다. 또 군사가 아닌 일반 행정이나 문교(文敎)에 관한 사항을 전달할 때는 목탁을 두들기며 관원이 골목을 돌곤 했다.

공자가 제자들을 가르친 행단(杏壇)

즉 「신문은 문교에 관한 일을 사회와 대중에게 전달하는 매개체다」 하는 뜻으로 목탁이란 말을 쓰게 된 것이다.

그런데 이 목탁이란 말과 그것이 지니는 사회적 의의는 《논어》에서 비롯되었다. 팔일편(八佾篇)에 보면,

공자가 모국인 노나라를 떠나 위(衛)나라 국경 가까이에 있는 의(儀)라는 곳에 다다랐을 때, 이곳 관문을 지키는 봉인(封人)이 공자에게 면회를 청하며 제자들에게 이렇게 말했다.

「거룩하신 분들이 이곳으로 오시면, 나는 한 분도 빠짐없이 다 만나 뵈었습니다」

그래서 제자들은 그를 곧 안내해서 공자를 뵙게 해주었다.

그가 공자를 뵙고 어떤 이야기들을 주고받았는지는 알 수 없다. 그러나 그는 공자에게서 물러나오자 자못 정중한 태도로,

「여러분께서는 조금도 안타까워하실 필요가 없습니다. 천하가 어지러운 지 이미 오래인지라, 하늘이 장차 선생님으로 『목탁』을 삼으실 것입니다(二三子何患於喪乎 天下之無道也久矣 天將以夫子爲木鐸)」 하며 제자들을 위로했다는 것이다.

목후이관· 沐猴而冠

목욕 沐 원숭이 猴 어조사 而 갓 冠

《사기》 항우본기(項羽本紀)

목욕한 원숭이가 관을 썼다는 뜻으로, 의관은 그럴 듯하지만 생각과 행동이 사람답지 못하다는 말.

홍문연(鴻門宴)의 회합으로 유방으로부터 진(秦)의 수도 함양을 넘겨받은 항우는 약탈과 방화를 자행하여 함양을 폐허로 만들었다.

함양이 폐허로 변하자, 금의환향(錦衣還鄕)하여 자기의 성공을 고향에서 뽐내기도 할 겸 해서 초(楚)의 팽성(彭城)으로 천도를 서둘렀다.

「부귀한 뒤에 고향에 돌아가지 않는 것은 비단옷을 입고 밤길을 가는 것과 같다(衣錦夜行)」는 생각에서였다.

함양은 주(周)와 진(秦)이 일어났던 패업의 땅으로, 관중(關中)이라고도 불리는 천혜의 요지이다. 그럼에도 항우가 천도를 고집하자, 간의대부(諫議大夫) 한생(韓生)이 이를 간하였다.

홍문연 유적지

「관중은 예부터 천혜의 요지로 패업의 땅이었고, 토지 또한 비옥합니다. 여기에 도읍을 정하고 천하

의 왕이 되십시오. 지난번 범승상(范丞相 : 범증)께서 떠날 때도 결코 함양을 버리지 말라고 하지 않았습니까?」

하지만 이 말을 들은 항우는 화를 벌컥 내면서 한생의 말을 막았다. 한생은 크게 탄식하며 물러나서는 혼잣말로 중얼거렸다.

「목욕한 원숭이가 관을 쓴 꼴이군(沐猴而冠)」

항 우

그런데 이 말을 그만 항우가 듣고 말았다. 항우가 옆에 있던 진평에게 그 뜻을 묻자, 진평이 대답했다.

「폐하를 비방하는 말이온데, 세 가지 뜻이 있습니다. 원숭이는 관을 써도 사람이 되지 못한다는 것과, 원숭이는 꾸준하지 못해 관을 쓰면 조바심을 낸다는 것, 그리고 원숭이는 사람이 아니므로 만지작거리다가 의관을 찢고 만다는 뜻입니다」

이 말을 듣고 격분한 항우는 한생을 붙잡아 끓는 가마솥에 던져 죽였다. 한생이 죽으면서 말했다.

「나는 간언하다가 죽게 되었다. 그러나 두고 보아라. 백 일 이내에 한왕(漢王)이 그대를 멸하리라. 역시 초나라 사람들은 원숭이와 같아 관을 씌워도 소용이 없구나」

결국 천도(遷都)를 감행한 항우는 관중을 유방에게 빼앗기고 마침내는 해하(垓下)에서 「사면초가(四面楚歌)」 속에 목숨을 끊고 말았다.

묘서동처 猫鼠同處

고양이 猫 쥐 鼠 함께 同 살 處

《신당서(新唐書)》 서요(鼠妖)

당고종

쥐와 고양이가 함께 산다는 뜻으로, 도둑을 잡아야 할 사람이 도둑과 한패가 됨. 곧 위 아래가 부정하게 결탁하여 나쁜 짓을 함을 이르는 말로 쓰인다.

이 성어는 관리들이 결탁하여 부정을 저지르는 것을 말하고 있다.

《신당서》 서요(鼠妖)에 이런 얘기가 있다.

당(唐)나라 고종(高宗) 때 일이다. 낙주(洛州) 지방에 고양이와 쥐가 같이 살고 있는 요상한 일이 있었다. 쥐라고 하는 놈을 굴을 파고 들어와 곡식을 훔쳐 먹는 놈이고, 고양이는 이놈(쥐)을 잡는 것인데, 그 일을 하지 않고 쥐와 같이 살았다. 이것은 도둑놈을 잡는 일을 맡은 자가 그 직을 폐하고 같이 간사한 짓을 하는 것과 같다(龍朔元年十一月 洛州貓鼠同處 鼠隱伏象盜竊 貓職捕齧 而反與鼠同 象司盜者廢職容奸).

「묘서동면(猫鼠同眠)」이라고도 한다.

묘항현령 猫項懸鈴

고양이 猫 목 項 매달 懸 방울 鈴

《동언해(東言解)》 어면순(禦眠楯)

「고양이 목에 방울달기」 라는 뜻으로, 실행할 수 없는 공론을 이르는 말.

「묘두현령(猫頭懸鈴)」 이라고도 한다. 실행할 수 없는 일을 공공연하게 의논한다는 말이다. 실현성이 없는 헛된 이론이라는 「탁상공론(卓上空論)」 과 비슷한 뜻이다.

쥐떼들이 모여서 얘기하기를,

「노적가리를 뚫고 쌀광 속에 들어가 살면 살기가 나을 텐데, 다만 두려운 건 오로지 고양이뿐인데……」 라고 했다.

쥐들이 늘 고양이 때문에 위험을 느끼자, 쥐 한 마리가 고양이의 목에 방울을 매달아 두면 그 방울소리를 듣고 고양이가 오는 것을 미리 알 수 있어서 죽음을 면할 수 있을 것이라는 제안을 하였다.

쥐들은 모두 좋은 의견이라고 기뻐하였으나, 큰 쥐가 말했다.

「그런데 누가 고양이의 목에다 방울을 달아 놓을 수 있겠는가?」

그러자 아무도 대답하는 녀석이 없었다. 쥐들이 고양이가 오는 것을 미리 알려고 고양이의 목에 방울을 매다는 일을 의논하였지만, 아무도 방울을 달 수 없었다는 우화에서 나온 말이다.

현실적으로 이루어지기 어렵고 불가능한 일을 공연히 꾸미는 것을 비유하는 말로서, 실행하기 어려운 일은 처음부터 계획하지 말아야 한다는 뜻이 담겨 있다.

무가내하 無可奈何

없을 無 옳을 可 어찌 奈 어찌 何

《사기》 범수채택열전(范雎蔡澤列傳)

어찌할 수 없다.

「가히 어찌 할 수가 없다」는 뜻으로, 매우 고집을 부리거나 버티어서 어떻게 할 도리가 없다는 말이다.

《사기》 범수채택열전에 있는 이야기다.

범수가 진(秦)나라 재상이 되었을 때 왕계(王稽)라는 사람이 있었다. 그는 일찍이 범수를 도와준 적도 있고, 또 범수를 진나라에 데려온 사람이기도 했지만, 벼슬은 한 번도 승진을 하지 못해서 아직도 원래의 관직에 머물러 있었다.

이에 왕계는 범수에게 말하기를,

「알 수 없는 일이 세 가지가 있으며, 어찌할 수 없는 일도 세 가지가 있다(事有不可知者三 有不可奈何者亦三). 그 알 수 없는 일 중 하나는 임금이 어느 날 갑자기 붕어하는 것이고, 둘째는 혹시 재상께서 갑자기 세상을 떠나는 것이며, 셋째는 내가 어느 날 산골짜기에서 죽을지 알 수 없는 것이다. 그리고 세 가지 할 수 없는 일이란 임금이 붕어할 때 나를 원망해도 할 수 없고(君雖恨于臣 無可奈何), 재상께서 세상을 떠날 때 나를 원망해도 할 수 없으며, 내가 갑자기 죽게 되어 재상께서 나를 원망해도 그 역시 할 수 없는 일이지요」라고 말했다.

이 말을 듣고 범수는 매우 불쾌해서 진소왕 앞에 나가 왕계의 관직을 올려줄 것을 상주해 왕계는 그제야 비로소 하동수(河東守)로

진급되었다고 한다.

《사기(史記)》 혹리열전(酷吏列傳)에도 다음과 같은 이야기가 있다.

한(漢)나라 무제 때 전쟁으로 말미암아 농민들의 부담이 점점 늘어나 백성들의 생활이 궁핍해지자 여러 지방에서 농민들의 봉기가 일어났다. 조정에서는 관리들을 파견하고 군대를 보내 반란군을 탄압하고 학살하며 봉기를 진압해 나갔으나, 반란군은 「대규모로 험한 산천을 끼고 고을에 자리 잡고 굳게 막아 지키는 기세가 하늘을 찌를 듯하여 어찌 할 도리가 없었다(復聚黨而阻山川者 往往而郡居無可奈何)」

이 말은 《사기》 이전에 《장자》 인간세편에도 나온다.

공자가 말하기를,

「어찌할 수 없다는 것을 운명에 결정된 대로 편안히 행하는 것이 지극히 덕스런 품성이다(知其不可奈何而安之若命 德之至也)」 라고 했다.

「막가내하(莫可奈何)」 또는 「막무가내(莫無可奈)」 라고도 한다. 「무가여하(無可如何)」 「불가내하(不可奈何)」 도 같은 뜻이다.

공 자

무가무불가 無可無不可

없을 無 옳을 可 없을 無 아닐 不 옳을 可

《논어(論語)》 미자편(微子篇)

옳은 것도 없고 그를 것도 없다는 뜻으로, 사람의 언행(言行)이 다 중용(中庸)을 취(取)하여 과불급(過不及)이 없음을 이르는 말

《논어》 미자편에 있는 말이다. 공자는 백이(伯夷) · 숙제(叔齊) · 우중(虞仲) · 이일(夷逸) · 주장(朱張) · 유하혜(柳下惠) · 소연(少連) 등 덕이 높은데 벼슬하지 않고 세상에 나오지 않은 일곱 명의 은자(隱者)에 대하여 열거한 뒤 이렇게 말했다.

「나는 이 은자들과는 달라서 가한 것도 없고 불가한 것도 없다(我則異於是 無可無不可)」

공자는 벼슬해야 할 경우는 벼슬을 하고, 벼슬을 하지 말아야 할 때는 관직을 그만두고 행동에 중용을 지켜 어긋남이 없다는 것을 말한다. 또한 「옳을 것도 없고, 옳지 않을 것도 없다」 라는 뜻으로, 좋지도 나쁘지도 않다는 말로도 쓰인다.

《후한서(後漢書)》 마원전(馬援傳)에 따르면, 후한 초에 농서지방을 다스린 외효는 광무제 유수(劉秀)와 우호관계를 맺으려고 부하 마원을 보냈다. 마원이 돌아와 광무제를 칭찬하면서 「한나라 고조 유방(劉邦)은 『좋을 것도 없고 나쁠 것도 없으나(無可無不可)』 광무제는 정치에 열정적이고 절도 있게 행동합니다」

마원의 말을 듣고 나서 외효는 광무제와 우호를 맺기로 결정하였다. 하나의 입장을 주장하지 않고 중도(中道)의 입장을 지키거나 잘잘못을 따질 것 없이 옳고 그름이 없음을 말한다.

무계지언 無稽之言

없을 無 머무를 稽 어조사 之 말씀 言

《서경(書經)》 대우모(大禹謨)

믿을 수 없는 말, 근거가 없는 말, 터무니없는 말, 황당한 이야기를 이르는 말이다.

《서경》 대우모편에 있는 이야기다.

순임금이 우(禹)에게 말하였다.

「홍수가 나를 다급하게 하였으나, 믿음을 이루고 공을 이룰 수 있었던 것은 오직 그대가 현명하여, 나라에서는 부지런하고 집안에서는 검소하며, 스스로 만족하거나 뽐내지 않음 때문이었으니, 오직 그대는 지혜로울 뿐이오. ……사람의 마음은 위태롭기만 하고, 도(道)를 지키려는 마음은 극히 미미(微微)하니, 오직 정신을 하나로 하여 그 중심을 진실하게 잡아야 하오. 근거 없는 말은 듣지 말며, 상의하지 않은 계책은 쓰지 말아야 하오(無稽之言 勿聽 弗詢之謀 勿庸)……」

특히 유언비어를 듣고 허상을 믿어 행동에 옮기게 되면 그 피해가 얼마나 클지 아무도 모를 일이다.

하물며 한 나라를 다스리는 통치자가 그런 행동을 하게 되면 무수히 많은 신하들이 죄 없이 누명을 쓰고 죽어가게 된다.

고사를 통하여 우리의 삶에 비춰보는 거울로 삼아가되, 그 주인공이 바로 「나」라는 사실을 깨달을 때 참된 가치가 창출되리라 확신한다. 위 구절은 어진 신하가 선대 임금들의 행적을 근거로 당시 임금님께 바른 정치 하기를 간곡한 충언이었다.

무릉도원 武陵桃源

호반 武 언덕 陵 복숭아 桃 근원 源

도연명(陶淵明) / 「도화원기(桃花源記)」

이 세상과 따로 떨어진 별천지.

이것은 유명한 도연명(陶淵明, 365~427)의 「도화원기」에서 비롯된 말이다. 줄거리만을 소개하면 다음과 같다.

진(晋)나라 태원(太元, 376~396) 연간의 일이다. 무릉(武陵 : 호남성 상덕, 동정호 서쪽 원수沅水가 있는 곳)의 한 어부가 시냇물을 따라 무작정 올라가던 중, 문득 양쪽 언덕이 온통 복숭아 숲으로 덮여 있는 곳에 와 닿았다. 마침 복숭아꽃이 만발해 있을 때라 어부는 노를 저으며 정신없이 바라보고 있었다. 복숭아 숲은 가도 가도 끝이 없었다. 꽃잎은 푸른 잔디 위로 펄펄 날아 내렸다.

대체 여기가 어디란 말인가, 이 숲은 어디까지 계속되는 걸까? 이렇게 생각하며 노를 저어 가는 동안, 마침내 시냇물은 근원까지 오자 숲도 함께 끝나 있었다. 앞은 산이 가로막혀 있고, 산 밑으로 조그마한 바위굴이 하나 있었다. 그 굴속으로 뭔가가 빛나고 있는 것 같았다. 가만히 다가가서 보니, 겨우 사람이 통과할 수 있게 뚫린 굴이었다. 어부는 배를 버려둔 채 굴을 더듬어 안으로 들어갔다.

이윽고 앞이 탁 트인 들이 나타났다. 보기 좋게 줄을 지어 서 있는 집들, 잘 가꾸어진 기름진 논밭, 많은 남녀들이 즐거운 표정으로 들일에 바빴다. 이곳을 찾은 어부도, 그를 맞는 사람들도 서로 놀라며 어찌된 영문인지 까닭을 물었다. 마을 사람들은 옛날 진(秦)나라의 학정을 피해 처자를 데리고 이 속세와 멀리 떨어진 곳으로 도망쳐

온 사람들의 후손들이었다. 그들은 조상들이 이리로 찾아온 뒤로 밖에 나가 본 일이 없이 완전히 외부 세계와는 접촉이 중단되어 있었다. 지금은 도대체 어떤 세상이 되어 있느냐고 마을 사람들은 묻고 또 물었다.

유자기가 찾아 나섰던 무릉도원 상상도

마을 사람들의 환대를 받으며 며칠을 묵은 어부는 처음 왔던 길의 목표물을 기억해 가며 집으로 돌아오자, 곧 이 사실을 태수에게 고했다. 태수는 얘기를 듣고 사람을 보내 보았으나, 어부가 말한 그런 곳을 발견할 수가 없었다.

유자기(劉子驥)라는 고사(高士)가 이 소식을 듣고 찾아 나섰으나 뜻을 이루지 못하고 도중에 병으로 죽고 말았다. 그 뒤로 많은 사람들이 복숭아꽃 필 때를 기다려 찾아가 보았으나, 무릉도원 사람들이 속세의 사람들이 찾아오는 것을 막기 위해 다른 골짜기에까지 많은 복숭아나무를 심어 두었기 때문에 끝내 찾을 수가 없었다고 한다.

무릉도원은 조정의 간섭은 물론, 세금도 부역도 없는 별천지였다. 그래서 속세와 떨어져 있는 별천지란 뜻으로 무릉도원이란 말을 쓰게 되었다.

무병자구 無病自灸

없을 無 병 病 스스로 自 뜸 灸

《장자》 도척편(盜跖篇)

무익한 일을 고통스럽게 수행하다. 병도 없는데 스스로 뜸질을 한다는 뜻으로, 쓸데없는 일에 정력을 쏟아 화를 부른다는 뜻.

《장자》 도척편에 있는 이야기다.

공자의 친구 유하계(柳下季)에게는 도척이라는 동생이 있었다. 도척은 천하의 큰 도적으로 9천 명의 졸개를 거느리고 온갖 잔인하고 포악한 짓을 자행하여, 그가 지나가면 큰 나라에서는 성을 지키고, 작은 나라에서는 농성하여 난을 피하는 형편이었다.

공자는 천하에 도척이 있다는 것은 유하계의 수치일 뿐 아니라 인의와 도덕을 가르치는 자신에게도 큰 수치라고 생각하여 그를 설득하러 찾아갔다. 공자가 두 번 절하고 말하기를,

「장군은 용모와 지혜, 용기 등 세 가지 덕을 함께 갖추고 있습니다. 수백 리 사방으로 큰 성과 수십만 호의 읍(邑)을 만들어 장군을 제후로 삼게 하고자 합니다」 고 말했다.

공자가 제후로 삼아 큰 이득을 준다고 했는데 도척은 오히려 대로했다.

「지금 당신이 큰 성을 쌓게 한다느니 백성들을 모아 준다느니 하는데, 그것은 이익으로 나를 기망하는 것이다」

공자는 말문을 잃었고 도척의 훈계는 계속됐다.

「지금 당신은 헛된 말과 거짓 행동으로 천하의 임금들을 미혹시켜 부귀를 얻으려고 하고 있다. 도둑치고는 너 보다 더 큰 도둑이

없는데 세상 사람들은 어째서 당신을 도구(盜丘)라 부르지 않고 나를 도적이라고 부르는지 모르겠소」

공자는 도척의 기세에 눌려 한껏 도척을 칭찬하였지만, 오히려 도척은 그러한 공자의 비굴을 들어 칼자루를 만지며 공자를 꾸중하였다. 놀란 공자는 설득은커녕 오히려 목숨마저 위태롭게 되어 한달음에 그곳을 빠져나왔다.

그는 수레에 올랐지만 세 번이나 고삐를 잡으려다 놓치고, 눈은 멍하여 보이지도 않았으며, 얼굴은 잿빛이 되었다. 수레 앞의 가로막대에 엎드린 채 숨도 쉬지 못할 정도였다. 그 길로 돌아와 노(魯)나라 동문 밖에서 유하계를 만났다. 유하계가 물었다.

「요즘 볼 수가 없더군. 거마(車馬)를 보니 여행을 갔다 온 모양인데, 혹 도척을 만나고 온 것은 아닌가?』

공자는 하늘을 우러러 탄식하면서 그렇다고 하였다. 유하계가 다시 물었다.

「그래, 도척이 내가 전에 말한 바와 같지 않던가?」

공자가 대답했다.

「맞네. 나는 이른바 병도 없이 스스로 뜸질을 한 격이네(丘所謂無病而自灸也). 허겁지겁 달려가 호랑이 머리를 쓰다듬고 호랑이 수염을 가지고 놀다가 하마터면 호랑이 주둥이를 벗어나지 못할 뻔했네그려」

「긁어 부스럼」이란 말이 있다. 가만히 자기 본분만 지키면 될 것을 공연히 나서서 일을 망치는 경우에 쓰이는 말이다.

《장자》 도척편의 위 이야기는 장자가 도척의 말을 빌려 공자의 예교주의(禮教主義)를 통렬하게 공박한 픽션으로, 인물과 그 관계도 모두 우화화(寓話化)한 것이다.

무신불립 無信不立

없을 無 믿을 信 아닐 不 설 立

《논어(論語)》 안연편(顔淵篇)

믿음이 없으면 설 수 없다는 뜻으로, 사람에게 믿음이 없으면 살아갈 수 없다. 사람이 살아가는 데 가장 중요한 미덕은 역시 신뢰라는 말이다.

《논어》 안연편에 있는 말이다.

자 공

제자 자공(子貢)이 정치(政治)에 관해 스승 공자에게 묻자, 공자가 대답했다.

「식량을 풍족하게 하고(足食), 군대를 충분히 하고(足兵), 백성의 믿음을 얻는 일이다(民信)」

자공이 다시 물었다.

「어쩔 수 없이 한 가지를 포기해야 한다면 무엇을 먼저 해야 합니까?」

공자는 군대를 포기해야 한다고 답했다. 자공이 다시 나머지 두 가지 가운데 또 하나를 포기해야 한다면 무엇을 포기해야 하는지 묻자 공자는 식량을 포기해야 한다며 이렇게 말했다.

「예로부터 사람은 누구나 죽음을 피할 수 없지만, 백성의 믿음이

없이는 (나라가) 서지 못한다(自古皆有死　民無信不立)」

촉주 유비

여기에서 정치나 개인의 관계에서 믿음의 중요성을 강조하는 말로 「무신불립(無信不立)」이라는 표현이 쓰이기 시작하였다.

《삼국지(三國志)》에도 「무신불립」에 대한 이야기가 전해진다.

후한(後漢) 말 학자이며 정치가인 북해태수 공융(孔融)은 조조의 공격을 받은 서주자사 도겸(陶謙)을 구하기 위해 유비에게 공손찬(公孫瓚)의 군사를 빌려 도겸을 도와주게 하였다. 공융은 군사를 가지면 유비의 마음이 변할지도 모른다는 생각에 유비에게 신의를 잃지 말도록 당부하였다.

그러자 유비는 이렇게 대답했다.

「성인은 『예부터 내려오면서 누구든지 죽지만 사람은 믿음이 없으면 살아갈 수 없다(自古皆有死 民無信不立)』고 하였습니다. 저는 군대를 빌릴지라도 이곳으로 꼭 돌아올 것입니다」

이렇듯 「무신불립」은 믿음이 없으면 개인이나 국가가 존립하기 어려우므로 신의를 지켜 서로 믿고 의지할 수 있어야 한다는 뜻을 나타낸다.

무안 無顔

없을 無 얼굴 顔

백낙천(白樂天) / 「장한가(長恨歌)」

양귀비

볼 낯이 없음. 면목이 없음.

상대를 대할 면목이 없다는 말이다. 무면목(無面目)이란 말은 항우가 마지막 싸움에서 패한 뒤 고향으로 돌아갈 면목이 없다고 한 데서 비롯된 말이었고, 이 무안이란 말은 백낙천의 유명한 「장한가(長恨歌)」에서 비롯된 말이다.

「장한가」는 백낙천이 36세 때 지은 작품으로 안녹산의 난으로 당 현종이 양귀비를 잃고 만 극적인 사건을 소재로 한 낙천의 대표적 작품이다. 당시(唐詩) 가운데 걸작의 하나로 손꼽히는 이 작품은 120구(句), 840자로 된 장편인데, 양귀비의 아리따운 모습 앞에 궁녀들이 얼굴값을 못하는 대목만을 소개한다.

한황이 여색을 중히 여겨 경국(傾國)의 미인을 사모했으나
천자로 있는 여러 해 동안 구해도 얻지 못했다.
양씨 집에 딸이 있어 이제 겨우 장성했으나
깊은 안방에 들어 있어 아는 사람이 없었다.

하늘이 고운 바탕을 낳았으니, 스스로 버리기 어려운지라
하루아침에 뽑혀 임금의 곁에 있게 되었다.
눈동자를 돌려 한 번 웃으면 백 가지 사랑스러움이 생겨서
육궁의 분 바르고 눈썹 그린 궁녀들이 얼굴빛이 없다.

漢皇重色思傾國 御宇多年求不得 한황중색사경국 어자다년구부득
楊家有女初長成 養在深閨人未識 양가유녀초장성 양재심규인미식
天生麗質難自棄 一朝選在郡王側 천생려질난자기 일조선재군왕측
廻眸一笑百媚生 六宮粉黛無顔色 회모일소백미생 육궁분대무안색

육궁(六宮)은 여섯 궁전이란 말이고, 분대(粉黛)는 분 바르고 눈썹 그린 것을 말해서, 곱게 화장한 얼굴이란 뜻이다.

마외파에 있는 양귀비 묘

여기에 나오는 얼굴빛이 없다는 것은, 양귀비 앞에서는 궁녀들의 고운 얼굴이 무색하게 된다는 뜻으로, 그녀들이 얼굴을 감히 들 생각을 못한다는 심리적인 뜻을 가지고 있는 것은 아니다.

현재도 무색하다는 의미로 무안색(無顔色)이란 말은 쓸 수 있다. 그러나 심리적인 경우는 「무안(無顔)」을, 객관적인 판단에서 오는 경우는 「무색(無色)」을 각각 분리해 쓰고 있다. 무안과 무색이 백낙천의 이 시에서 비롯했다고 하는 것은 너무 기록에만 치우친 생각일지도 모른다. 기록 이전부터 이미 말은 있었던 법이니까.

무용지용 無用之用

없을 無 쓸 用 의 之

《장자》 인간세편(人間世篇)

언뜻 쓸모없는 것으로 간주되고 있는 것이 오히려 큰 구실을 함.

「무용지물(無用之物)」이란 말이 있다. 아무 짝에도 쓸모없는 물건을 말한다. 그런데 아무 쓸모없는 것처럼 보이는 것이 실제로는 쓸모 있는 것이 되는 것이 「무용지용」이다. 세속 사람들이 생각하고 있는 그 반대편에 항상 진리가 있다고 주장하는 도가(道家)의 생각에서 나온 말이다.

대체 유용(有用)—소용이 된다는 것은 중요한 일임에는 틀림이 없다. 그러나 천박한 인간의 지혜로 요량하는 유용은 진정한 유용인지 어쩐지 모른다. 더 한층 높은 「도(道)」의 입장에서 보면, 범속(凡俗)한 인간들이 말하는 유용이란 아무런 쓸모도 없는 잔꾀, 아니 어리석음에 지나지 않고, 무용으로 보이는 것에 도리어 대용(大用)—참다운 용이 있다고도 말할 수 있지 않은가, 하고 철학자 장자는 무용의 용을 강조하고 있다. 그런 의미에서 장자의 책 중에는 「무용지용」을 많이 쓰고 있는데, 그 가장 대표적인 예의 하나로 《장자》 인간세편(人間世篇)에 이런 말이 씌어 있다.

「산의 나무는 제 스스로를 해치고 있다. 기름불의 기름은 제 스스로 태우고 있다. 계피는 먹을 수 있는 것이기 때문에 사람들이 그 나무를 베게 된다. 옻은 칠로 쓰기 때문에 사람들이 칼로 쪼갠다. 사람은 모두 쓸모 있는 것의 쓸모만을 알고, 쓸모없는 것의 쓸모를 알지 못한다(人皆知有用之用 而莫知無用之用也)」

이것은 공자가 초나라에 갔을 때, 초나라 은자 광접여(狂接輿)가 공자가 묵고 있는 집 문앞에서 한 말로 되어 있는 마지막 부분이다.

즉 산의 나무는, 그것이 인간의 소용에 닿기 때문에 결국 사람의 손에 의해 베여지게 되고, 등잔불의 기름으로 쓰이는 기름은 그것이 불을 켜면 환하게 밝아지는 기능 때문에 자신이 뜨거운 불에 타게 된다. 계피는 맛이 좋기 때문에 베임을 당하고, 옻나무는 옻칠을 하는 데 쓰이기 때문에 가지를 찢기고 살을 찢기게 된다. 사람은 모두 이렇게 쓸모 있는 것의 용도만을 알고 있을 뿐, 쓸모없는 것의 용도란 것을 모르고 있다는 것이다.

외물편(外物篇)에는 또 이런 이야기가 실려 있다. 혜자(惠子)가 장자에게 말했다.

「당신의 말은 아무 데도 소용이 닿지 않는 것뿐이다」

그러자 장자는 말했다.

「쓸모가 없는 것을 아는 사람이라야 무엇이 참으로 쓸모가 있는 것인지를 말할 수 있다. 땅이 넓지만 사람이 서는 데는 발을 둘 곳만 있으면 된다. 하지만 발을 둘 곳만을 남기고 그 주위를 깊숙이 파 버린다면 사람이 서 있을 수 있겠는가?」

「서 있을 수 없다」

「그렇다면 쓸모없는 것이 쓸모 있는 것이 되는 것 또한 알 수 있지 않는가」

장자는 이 이야기에 계속해서, 무위자연(無爲自然)의 도에 살아야 한다는 것을 말하고 있다. 잘나고 못나고, 쓸모가 있고 없고 하는 것을 초월해야만 하늘(自然)을 온전히 할 수 있다고 말한다. 그러므로 「무용의 용」은 유용에 사로잡힌 세속 사람들에 대한 훈계의 말인 동시에 무위자연을 설명하기 위한 한 단계인 것이다.

무위이화 無爲而化

없을 無 할 爲 어조사 而 될 化

《노자(老子)》 제57장

아무것도 하지 않음으로써 교화한다는 뜻으로, 억지로 꾸밈이 없어야 백성들이 진심으로 따르게 된다는 말.

도(道)는 스스로 순박한 자연을 따른다는 무위자연(無爲自然)을 주장한 노자의 말로, 백성을 교화함에 있어서 잔꾀를 부리면 안 된다는 뜻이다.

《노자》 제57장 순풍(淳風)에 다음과 같은 내용이 있다.

나라는 바른 도리로써 다스리고, 용병은 기발한 전술로 해야 하지만, 천하를 다스림에 있어서는 무위로써 해야 한다. 그러므로 성인은 다음과 같이 말했다.

「내가 아무것도 하지 않으니 백성들이 스스로 감화되고(我無爲 而民自化), 내가 고요하니 백성들이 스스로 바르게 되며(我好靜 而民自正), 내가 일을 만들지 않으니 백성들이 스스로 부유해지고(我無事 而民自富), 내가 욕심 부리지 않으니 백성들이 스스로 소박해진다(我無欲 而民自樸)」

인간의 욕심이 문화를 낳고, 바로 그 문화가 인간의 본심을 잃게 만들었다고 주장하는 노자는 「무위이화(無爲而化)」 사상을 통해 자연 상태 그대로의 인간 심성을 강조한다.

곰곰이 생각해 보면, 무위(無爲)는 이것저것 다 포기한 채 아무것도 안하는 것이 아니라, 이것저것 다 할 수 있으면서도 참고 삭이면서 마음속 「발효」를 통해 성숙을 기하는 과정이라는 생각할 수 있

다. 대외적으로만 무위(無爲)일 뿐, 내면에서는 성숙의 시간이 활성화되는 셈이다. 이런 연장선상에서 「침묵은 어떤 웅변보다 더 웅변적이다」라는 말이 이해가 될 법도 하다. 가끔은 무언가를 해야 한다는 강압에서 벗어나 그냥 그대로 내버려두는 미덕도 발휘할 만한 것 같다.

노자기우도(老子騎牛圖, 明 화가 장로)

한편 《논어》 위령공(衛靈公)편에도 다음과 같이 무위에 관한 내용이 보인다. 이곳에서는 무위를 덕치(德治)로 해석하여, 덕으로 다스리면 백성들이 마음으로 따른다고 하였다.

「공자가 말하기를, 애쓰지 않고도 잘 다스린 이는 순임금이로다. 대저 어찌함인가 하면, 몸을 공손히 바르게 하고 남면하여 임금 자리에 앉아 있을 따름이니라(子曰 無爲而治者 其舜也與 夫何爲哉 恭己正南面而已矣)」

「무위이화」란 이와 같이 법과 제도로써 다스리려 하는 법가 사상과 대치되는 생각이지만, 유가에서는 덕을 중시하고, 도가에서는 인이나 예마저도 인위적인 것이라고 하여 배척한다. 자연 상태 그대로의 인간 심성과 자연의 큰 법칙에 따르는 통치가 바로 「무위이화」이다.

무자식상팔자 無子息上八字

없을 無 아들 子 숨쉴 息 여덟 八 글자 字

《장자》 천지(天地)편

「자식 없는 팔자가 가장 좋다」는 말로, 자식이 없으면 걱정거리가 없다는 말.

《장자(莊子)》 천지편에 있는 이야기다.

요(堯)임금이 먼 곳을 여행할 때였다. 화(華)라고 하는 곳에 갔을 때, 국경 수비장이 그를 알아보고 몹시 반기며 축복했다.

「오오, 성인이신 요임금이 아니십니까? 소인이 성인을 축복하는 영광을 베풀어 주시기 바랍니다. 원컨대 성인께서는 부디 오래오래 수(壽)를 누리십시오」

그러나 요임금은 고개를 저었다.

「고맙지만 사양하겠네」

「성인께서는 부디 세상의 가장 큰 부(富)를 누리시기 바랍니다」

「그것도 받아들이고 싶지 않네」

「그럼 건강하고 훌륭한 아드님을 많이 두시기 바랍니다.」

「그건 더더욱 사양하고 싶다네」

국경 수비장이 이상하다는 듯이 말했다

「임금께서는 참 이상하십니다. 세상사람 누구나 바라는 바를 어째서 임금께서는 마다하시는 것입니까」

「자식이 많으면 걱정거리가 끊이지 않고, 부자가 되면 그 때문에 골치가 아프며, 장수하게 되면 욕된 꼴을 많이 겪게 되는 법이라네. 요컨대 그 세 가지는 무위(無爲)의 참된 덕에 이르는 데 장애가 되

거든. 내가 그대의 축원을 사양하는 것은 그 때문일세」

요임금의 말에 국경 수비장은 냉랭한 표정을 지었다.

「매우 외람된 말입니다만, 소인은 여태까지 임금님을 성인인 줄 알았으나 실제로 뵈오니 군자 정도밖에 안 된다는 사실을 알았습니다. 하늘이 사람을 태어나게 하는 것은 그 사람에게 반드시 직무를 부여하기 때문입니다. 자식이 많더라도 각자 직무를 타고나 그것으로 먹고 살게 되는데 무슨 쓸데없는 걱정이십니까? 또, 부자가 되더라도 먹고 남는 것을 만민에게 나누어 주면 됩니다. 그게 뭐 그리 귀찮고 골치 아픈 일이란 말입니까? 요컨대 성인은 거처가 일정하지 않으며 자취도 남기지 않는다고 알고 있습니다. 도가 베풀어지는 세상에서는 만물과 함께 번영하고, 도가 베풀어지지 않는 세상에서는 자기 혼자만의 덕을 닦으며 조용히 산다고 하지요. 그렇게 천 년을 살다가 세상이 싫어지면 속세를 버려 선경(仙境)에 올라가고, 흰 구름을 타고서 하느님의 이상향(理想鄕)에 이른다고 합니다. 이렇듯 장수와 부유함과 자식 많음이 전혀 수고스럽지 않고 몸에 아무런 해가 되지도 않는데 무슨 걱정에다 골칫거리고 욕이 된다는 것입니까? 참으로 실망스럽습니다」

요임금

이 말을 듣고 요임금은 크게 깨달았다. {☞ 수즉다욕(壽卽多辱)}

무항산무항심 無恒產無恒心

없을 無 항상 恒 낳을 產 마음 心

《맹자》 양혜왕 · 등문공편

「항산이 없으면 항심이 없다」는 뜻으로, 생활이 안정되지 않으면 바른 마음을 견지하기 어렵다는 말이다.

《맹자》 양혜왕편에 있는 말이다. 맹자는 성선설(性善說)을 바탕으로 인(仁)에 의한 덕치(德治)를 주장한 유가의 대표적인 학자이다.

주(周)의 난왕(赧王) 8년(BC 307) 경, 맹자는 그 이념인 왕도정치를 위하여 여러 나라를 유세하며 돌아다녔으나, 어느 나라에서도 그 의견이 용납되지 않아 고향인 추(鄒 : 산동성)로 되돌아왔다. 그 무렵 등(滕 : 산동성)이라는 소국에서는 정공(定公)이 죽고 그 아들 문공(文公)이 즉위하였다. 문공은 전부터 맹자에게 사숙하고 있던 까닭에 맹자를 초빙하여 정치의 고문을 삼았다.

문공은 나라를 어떻게 다스리면 좋으냐고 물었다. 맹자도 문공의 정열에 감격하여 당당하게 자기 견해를 말하였는데, 이것이 유명한 정전설(井田說)이다. 그 요지는 이렇다.

《시경》 가운데, 「봄에는 파종으로 바쁘니, 겨울 동안에 가옥의 수리를 서둘러라」 하고 경계한 시가 있는데, 국정도 우선 민중의 경제생활의 안정으로부터 시작된다. 항산(恒產), 즉 일정한 생업과 항심(恒心), 즉 변치 않는 절조와의 관계는, 「항산이 있는 자는 항심이 있고, 항산이 없는 자는 항심이 없다」라고 말할 수 있다.

항심이 없으면 어떠한 나쁜 짓이라도 하게 된다. 민중이 죄를 범한 후에 처벌하는 것은 법망을 쳐 놓는 것과 마찬가지다. 옛날 하(夏)

는 1인당 50무(畝), 은(殷)은 일인당 70무, 주(周)는 백 무의 밭을 주어, 그 10분의 1을 조세로 받아들였다.

하의 법은 공법(貢法)이라 하여, 수년간의 평균 수입을 잡아 가지고, 일정액을 납부시켰기 때문에 풍년이 들면 남아돌아가고, 흉년 들어 부족하여도 납부시키는 결점이 있었다. 은의 법은 조법(助法)이라 하여, 사전(私田)과 공전(公田)으로 나누어 공전에서의 수확을 납부시켰다. 주의 법은 철법(撤法)이라 하지만, 조법을 이어받고 있는 점을 고려한다면, 조법이야말로 모범이라 할 수 있겠다.

이리하여 맹자는 「항산」을 구체화한 후, 다음으로 「항심」을 기르는 방법으로서 학교에 있어서의 도덕 교육을 강조하고 있다. 이어 문공은 신하인 필전(畢戰)에게 정전법(井田法)에 대하여 질문토록 한 일이 있는데, 여기서 맹자는 조법을 더욱 명확하게 말하고 있다.

국가는 군자(君子 : 치자)와 야인(野人 : 피치자)으로 성립되는데, 그 체제를 유지하자면 먼저 군자의 녹위(祿位)를 세습제로 하여야 한다. 야인은 조법에 의한 9분의 1의 세를 납부토록 한다.

그러기 위하여, 10리 사방의 토지를 우물 정(井)자 형으로 구분하여, 9백 무는 여덟 집이 각각 백 무씩 사유토록 한다. 공전(公田)의 공동작업이 끝난 후 각자의 밭일을 한다. 민중은 상호 부조의 체제가 이루어지기 때문에 토지를 떠나려 하지 않게 된다.

이상에 의하여 분명해진 바와 같이 이 정전법은 원시 공산적인 것이었으리라는 것이다. 그러나 그 전제로 치자(治者)와 피치자(被治者)를 구별하는 주장은 후세의 지배계급에 의하여 맹자가 존경을 받게 된 최대의 이유가 되었다. 《맹자》 등문공편에도 나온다.

「창고가 찬 연후에 예절을 안다(倉廩實則知禮節)」와 같이 공·맹의 주장이 단순한 수신(修身)만이 아니었던 것을 말해 준다.

묵돌불검 墨突不黔

먹 墨 굴뚝 突 아닐 不 검을 黔

반고 /《답빈희(答賓戲)》

묵자(墨子)의 굴뚝은 그을음으로 검어질 틈이 없었다는 뜻으로, 몹시 바쁘게 다니는 것을 말한다. 앉은 자리가 따뜻해질 겨를이 없다는 뜻에서 바쁘게 활동한다는 의미의 「석불가난(席不暇暖)」과 비슷한 말이다.

묵자(墨子)는 전국시대 노나라(일설에는 송나라) 사람으로 고대 중국의 유명한 사상가 중 한 사람이다. 이름은 적(翟)이라 하는 그는 겸애(兼愛)와 비공(非攻)을 주장하면서 묵가의 학설을 전파하기 위해 동분서주 늘 바쁘게 보냈다.

그래서 묵자는 한곳에 오래 머물러 있지 못했는데 후한(後漢)시대 역사가 반고(班固)는 《답빈희(答賓戲)》에서 「공자의 집 돗자리는 따뜻해질 틈이 없고, 묵자의 집 굴뚝은 검어질 시간이 없다(孔席不暖 墨突不黔)」는 말을 쓰고 있고, 당나라 작가 한유(韓愈)도 「쟁신론(爭臣論)」에서 같은 말을 하고 있다.

유가의 창시자인 공자도 그토록 분망하게 떠돌았고 묵가의 창시자인 묵자 역시 바쁘게 다녀 분주했다는 말이다.

「공석불난」과 「묵돌불검」은 다 같이 바쁜 것을 비유하는 성어이기 때문에 두 성어를 합쳐 「공석묵돌(孔席墨突)」이라고도 한다. 그리고 어떤 경우에는 공자와 묵자의 이름을 들지 않고 그저 「석불급난(席不暖及)」 또는 「석불가난(席不暇暖)」이라고도 쓴다.

묵수성규 墨守成規

먹 墨 지킬 守 이룰 成 규율 規

《묵자》 공수편(公輸篇)

잘 지켜 조금도 굴하지 않음, 낡은 규칙을 끝까지 고수함, 낡은 틀에 얽매여 있음.

묵자(墨子)는 《사기》에 의하면 이름은 적(翟)이라 하고, 송(宋)의 대부로 방전술(妨電術)에 능하며, 경제의 절약을 역설하였는데, 공자와 같은 시대의 사람인지 그 후의 사람인지 불명하다고 씌어 있다. 오늘날 남아 있는 《묵자》는 그의 생각을 기술한 것으로 「겸애설(兼愛說)」을 주창하여 자타(自他)의 구별을 세우지 않고 자기를 사랑하는 마음으로 남을 대하라고 주장한다. 분명히 하층계급을 위해 논한 곳이 있으며, 그 사상은 현실적이고 비판적이다.

그런데 그 묵자가 제(齊)나라에서 급히 초(楚)나라로 떠나 밤낮으로 열흘을 걸려 초나라의 수도인 영(郢 : 호북성 강릉현)에 도착했다. 그것은 공수반(公輸盤)이 초나라를 위해 운제계(雲梯械 : 사다리를 성벽에 기대어 높이 올라가는 기구)를 만들어 송나라를 공격하려고 한다는 소리를 들었기 때문이다.

묵자는 공수반을 방문했다.

「북방에 나를 경멸하는 자가 있어 당신의 힘으로 죽여주시기를 바라오만……」

공수반은 불쾌한 낯으로 대답했다.

「나는 의(義)를 생각하는 마음에서 사람을 죽일 수는 없소이다」

묵자는 공손히 절을 하면서 말했다.

묵 자

「초나라는 땅이 넓은 데 반해서 사람이 모자랄 정도입니다. 그런데 영지가 부족한 송나라를 공격해도 좋습니까? 더구나 아무 죄도 없는 송나라를 말입니다. 한 사람을 죽이지 않는 것이 의(義)라면 송나라의 많은 사람을 죽이는 것이 의라 할 수 있을까요?」

공수반은 묵자에게 공박을 당하자 묵자의 청을 들어 초왕에게 안내했다. 묵자는 다시 예를 들어 말했다.

「아주 화려하게 꾸민 수레의 주인이 옆에 있는 하찮은 수레를 훔치려고 하거나, 비단옷을 입은 사람이 옆집의 누더기 옷을 훔치려고 하거나, 진수성찬을 먹는 사람이 옆집의 술지게미를 훔치려고 든다면, 그것을 어떻게 생각하십니까?」

「아마도 도벽이 있는 사람이겠지」

「그럼 5천 리 사방이나 되고 수어(獸魚)가 풍부하고 큰 수목이 많은 초나라가 5백 리 사방밖에 되지 않고 식량이 부족하고 큰 나무도 없는 송나라를 공격하는 것은 이와 같지 않습니까?」

초왕이 이 질문에 궁한 대답을 했다.

「아니, 나보다 공수반의 재주를 살려 볼까 해서 그랬지」

그래서 공수반이 얼마나 머리가 좋은지를 보아야겠다고, 초왕의 면전에서 아주 기묘한 승부를 하게 되었다. 묵자는 허리띠를 풀어

성책(城柵)같이 하고 작은 나뭇조각을 방패 대용의 기계로 만들었다. 공수반은 아홉 번에 걸쳐 임기응변의 장치를 만들어 공격했으나, 묵자는 아홉 번을 다 굳게 지켰다. 공수반의 공격무기는 바닥이 났으나 묵자의 수비에는 아직도 여유가 있었다.

중국 고대의 운제

마침내 공수반은 손을 들고 말았다. 이것이 유명한 「묵수(墨守)」 또는 「묵적지수(墨翟之守)」다.

묵자는 초왕에게 고했다.

「공수반은 나를 죽이려 했고, 나를 죽이면 송을 공격할 수 있다고 생각했을는지 모릅니다. 그러나 내 제자들은 내가 수비했던 기계를 가지고 송으로 가서 초의 침입을 기다리고 있습니다. 나를 죽여도 항복시킬 수는 없습니다」

묵자가 선수를 치는 바람에 초왕은 결국 송을 공격하지 않겠다고 약속했다. 이렇게 해서 묵자는 미연에 초의 침략을 막았던 것이다.

이 이야기는 《묵자》 공수편(公輸篇)에 있고 「묵수(墨守)」란 「잘 지켜 조금도 굴하지 않는 것」 「자설(自說)을 지켜 쉽게 굽히지 않는 것」을 말한다.

《전국책》 「제하(齊下)·양왕(襄王)」에는 연나라 군사가 요성(聊城)에서 제나라의 전단(田單)을 막은 것을 「묵적지수」라고 말하고 있다.

묵자비염 墨子悲染

먹 墨 아들 子 슬플 悲 물들일 染

《묵자(墨子)》 소염(所染)편

「묵자가 물들이는 것을 슬퍼한다」는 말로, 사람들은 평소의 습관에 따라 그 성품과 인생의 성공 여부가 결정된다는 뜻.

묵자(墨子)는 「똑같이 사랑하고 서로 위하자」는 겸애설(兼愛說)과 비전평화론(非戰平和論)을 주창한 춘추시대의 박애사상가로 유명하다.

묵자비염

《묵자》 소염편에 있는 말이다.

묵자가 어느 날 거리를 지나가다가 염색가게 앞에서 걸음을 멈추었다. 형형색색의 아름다운 물이 들여져 널려 있는 옷감들을 구경하던 그는 문득 이런 생각을 했다.

「빨간 물을 들이면 빨간색, 파란 물을 들이면 파란색, 노란 물을 들이면 노란색……저렇듯 물감의 차이에 따라 빛깔이 결정되고 그것은 돌이킬 수가 없으니, 염색하는 일은 참으로 조심하지 않으면 안 되겠구나.」

허유소부도(許由巢父圖, 日 화가 미상)

집에 돌아온 묵자는 제자들에게 염색가게 앞에서 느낀 바를 이야기한 다음, 이렇게 덧붙였다.

「무릇 세상 모든 일이 다 그와 마찬가지며, 나라도 물들이는 방법에 따라 흥하기도 하고 망하기도 하느니라. 옛 일을 보더라도 어진 신하에게 물이 든 임금은 인의를 실현하며 천하를 태평하게 다스렸고, 사악한 신하에게 물이 든 임금은 나라를 그르쳤을 뿐 아니라 자기 일신도 망치고 말았다. 그러니 평소에 어떤 습관을 가지고 있고 어떤 것에 물드느냐에 따라 성패가 갈리게 된다」

옛날 순(舜)임금은 어진 신하 허유(許由)와 백양(伯陽)의 착함에 물들어 천하를 태평하게 다스렸고, 우(禹)임금은 고요(皐燿)와 백익(伯益)의 가르침, 은(殷)의 탕왕(湯王)은 이윤(伊尹)과 중훼(仲虺)의 가르침, 주(周)의 무왕(武王)은 태공망(太公望)과 주공단(周公旦)의 가르침에 물들어 천하의 제왕이 되었으며 그 공명이 천지를 뒤덮었다.

이 윤

그리하여 후세 사람들이 천하에서 인의를 행한 임금을 꼽으라면 반드시 이들을 들어 말한다.

그러나 하(夏)의 걸왕(桀王)은 간신 추치(推哆)의 사악함에 물들어 폭군이 되었고, 은나라의 주왕(紂王)은 숭후(崇侯), 오래(惡來)의 사악함, 주나라 여왕(厲王)은 괵공장보(長父)와 영이종(榮夷終)의 사악함, 유왕(幽王)은 부공이(傅公夷)와 채공곡(蔡公穀)의 사악함에 물들어 음탕하고 잔학무도한 짓을 하다가 결국은 나라를 잃고 자기 목숨마저 끊는 치욕을 당하였다. 그리하여 천하에 불의를 행하여 가장 악명 높은 임금을 꼽으라면 반드시 이들을 들어 말한다.

평소에 사소하다고 생각되는 일일지라도 그것이 계속되면 습관화하여 생각과 태도가 길들여지는 것이므로 나쁜 습관이 들지 않도록 경계하는 말이다.

묵적지수 墨翟之守

먹 墨 꿩 翟 의 之 지킬 守

《전국책(戰國策)》

잘 지켜 조금도 굴하지 않음, 낡은 규칙을 끝까지 고수함, 낡은 틀에 얽매여 있음.

묵자(墨子)는 이름은 적(翟)이라 하고, 송(宋)의 대부로 방전술(妨電術)에 능하며, 경제의 절약을 역설하였는데, 공자와 같은 시대의 사람인지 그 후의 사람인지 불명하다고 씌어 있다. 오늘날 남아 있는 《묵자》는 그의 생각을 기술한 것으로 「겸애설(兼愛說)」을 주창하여 자타(自他)의 구별을 세우지 않고 자기를 사랑하는 마음으로 남을 대하라고 주장한다. 분명히 하층계급을 위해 논한 곳이 있으며, 그 사상은 현실적이고 비판적이다.

그런데 그 묵자가 제(齊)나라에서 급히 초(楚)나라로 떠나 밤낮으로 열흘을 걸려 초나라의 수도인 영(郢 : 호북성 강릉현)에 도착했다. 그것은 공수반(公輸盤)이 초나라를 위해 운제계(雲梯械 : 사다리를 성벽에 기대어 높이 올라가는 기구)를 만들어 송나라를 공격하려고 한다는 소리를 들었기 때문이다. 묵자는 공수반을 방문했다.

「북방에 나를 경멸하는 자가 있어 당신의 힘으로 죽여주시기를 바라오만……」

공수반은 불쾌한 낯으로 대답했다.

「나는 의(義)를 생각하는 마음에서 사람을 죽일 수는 없소이다」

묵자는 공손히 절을 하면서 말했다.

「초나라는 땅이 넓은 데 반해서 사람이 모자랄 정도입니다. 그런

공수반 조상(彫像)

데 영지가 부족한 송나라를 공격해도 좋습니까? 더구나 아무 죄도 없는 송나라를 말입니다. 한 사람을 죽이지 않는 것이 의(義)라면 송나라의 많은 사람을 죽이는 것이 의라 할 수 있을까요?」

공수반은 묵자에게 공박을 당하자, 묵자의 청을 들어 초왕에게 안내했다. 묵자는 다시 예를 들어 말했다.

「아주 화려하게 꾸민 수레의 주인이 옆에 있는 하찮은 수레를 훔치려고 하거나, 비단옷을 입은 사람이 옆집의 누더기 옷을 훔치려고 하거나, 진수성찬을 먹는 사람이 옆집의 술지게미를 훔치려고 든다면, 그것을 어떻게 생각하십니까?」

「아마도 도벽이 있는 사람이겠지요」

「그럼 5천 리 사방이나 되고 수어(獸魚)가 풍부하고 큰 수목이 많은 초나라가 5백 리 사방밖에 되지 않고 식량이 부족하고 큰 나무도 없는 송나라를 공격하는 것은 이와 같지 않습니까?」

초왕이 이 질문에 궁한 대답을 했다.

「아니, 나보다 공수반의 재주를 살려 볼까 해서 그랬소」

그래서 공수반이 얼마나 머리가 좋은지 초왕의 면전에서 아주 기묘한 승부를 하게 되었다. 묵자는 허리띠를 풀어 성책(城柵)같이 하고, 작은 나뭇조각을 방패 대용의 기계로 만들었다. 공수반은 아홉 번에 걸쳐 임기응변의 장치를 만들어 공격했으나, 묵자는 아홉 번을 다 굳게 지켰다. 공수반의 공격무기는 바닥이 났으나 묵자의 수비에는 아직도 여유가 있었다. 마침내 공수반은 손을 들고 말았다.

문경지교 刎頸之交

목벨 刎 목 頸 의 之 사귈 交

《사기》 염파인상여(廉頗藺相如)열전

생사를 같이하여 목이 떨어져도 두려워 않을 만큼 친한 사이.

문경(刎頸)은 목을 벤다는 뜻이다. 「문경지교」는 곧 서로 죽음을 같이할 수 있는 의기가 상통하는 사이를 말한다.

《사기》 염파인상여전에 있는 이야기다.

조나라 혜문왕(惠文王)이 화씨벽(和氏壁)이란 구슬을 얻게 되자, 진나라 소왕(昭王)이 그 화씨벽과 진나라 열다섯 성(城)을 서로 교환하자고 제의해 왔다. 진나라의 청을 거절할 수는 없다. 그러나 진나라가 구슬을 차지한 뒤에 성을 줄 것 같지가 않았다. 결국 제 것 주고 바보 되는 그런 꼴이 될까 걱정이 되었다.

대신들을 모아 놓고 상의를 해 보았으나 모두 얼굴만 마주 볼 뿐이었다. 이때 환자령(宦者令) 무현(繆賢)이 인상여를 천거했다.

인상여는 화씨벽을 가지고 진나라로 갔으나, 진나라 왕은 구슬만 받아 들고 성을 줄 눈치는 보이지도 않았다. 인상여는 진나라에 속은 것을 알고 교묘한 말과 재치 있는 행동으로 구슬을 도로 받아낸 다음, 진나라 왕과 다시 만나기로 약속한 날이 미처 오기 전에 구슬을 사람을 시켜 조나라로 되돌려 보내는 데 성공했다. 진왕은 인상여를 죽여 보았자 자기에게 욕밖에 돌아올 것이 없는 것을 알고 그를 후히 대접해 돌려보냈다.

인상여가 돌아오자 조왕은 그를 상대부(上大夫 : 대신급)에 임명했다. 벼락출세를 한 것이다. 진나라는 그 뒤 조나라를 여러 차례 친

인상여

끝에 사신을 보내 조나라와 화친을 맺고 싶다면서 양국 국경 가까이 있는 면지에서 만나자고 통고를 해 왔다. 조왕은 어떤 불행이 기다리고 있을 것만 같은 생각에 이를 거절하려 했다. 그러나 장군 염파와 인상여는,

「왕께서 가시지 않으면 조나라가 약하다는 것을 보여 주게 됩니다」 하고 가기를 권했다.

이리하여 인상여가 조왕을 수행하고 염파가 나라를 지키기로 한 다음 염파는 왕을 국경까지 호송하고 작별에 앞서,

「왕복 한 달이면 돌아오실 수 있습니다. 그때까지 돌아오시지 않을 때는 태자를 왕위에 올려 진나라의 야심을 사전에 막았으면 합니다」

왕은 승낙했다. 모두 최악의 사태를 각오하고 떠나는 길이었다. 면지에서 회견이 끝나고 술자리가 베풀어졌을 때, 진왕은 조왕에게 거문고를 한 곡 켜 달라고 청했다. 조왕이 마지못해 한 곡을 마치자, 진나라 어사가 앞으로 나와, 「아무 해, 아무 달, 아무 날 진왕이 조왕과 만나 술을 마시며 조왕에게 거문고를 타게 했다」 라고 기록했다. 조왕에게 모욕을 주려는 계획된 행동이었다.

그러자 인상여가 앞으로 나아가, 「서로 주고받는 것이 예의이니,

이번에는 진왕께서 우리 임금을 위해 진나라 음악을 한번 들려주십시오」 하고 부(缶 : 질그릇 악기)를 진왕에게로 내밀었다.

진왕은 얼굴에 노기를 띠고 응하지 않았다. 인상여는 다시 부를 진왕의 코앞에 바짝 들이밀고 청했다. 진왕은 여전히 부를 칠 뜻이 없었다. 인상여는 말했다.

인상여의 완벽귀조도

「지금 대왕과 나 사이는 불과 다섯 걸음밖에 안됩니다. 나는 내 목의 피로 대왕의 옷을 물들일까 합니다. 어서 치십시오」

내 손에 죽을 수도 있다는 위협이었다. 진왕을 모시고 있던 시신들이 인상여를 칼로 치려했다. 인상여는 눈을 부릅뜨고 소리쳐 꾸짖었다. 그들은 겁에 질려 옆으로 피했다. 진왕도 기가 꺾여 마지못해 부를 치며 한 곡을 치는 둥 마는 둥 끝냈다. 인상여는 조나라 어사를 불러, 「아무 해, 아무 달, 아무 날, 진왕이 조왕을 위해 부를 쳤다」 고 기록하게 했다. 진나라 신하들은 멋쩍은 태도로, 「조나라에 열다섯 성을 바치고 진왕의 장수를 베십시오」 하고 말했다. 그러자 인상여는 얼른, 「진나라 함양(咸陽 : 수도)을 바치고 조왕의 장수를 베십시오」 하고 받아넘겼다.

진왕은 끝내 조나라를 누를 수가 없었다. 무력으로 어떻게 해볼까도 생각했으나, 조나라에서 이미 만일에 대비한 모든 준비가 되어 있는 것을 알자 감히 손을 대지 못했다.

귀국하자 조왕은 인상여가 너무도 고맙고 훌륭하게 보여서 그를 상경(上卿)에 임명했다. 그렇게 되자 염파보다 지위가 위가 되었다. 염파는 화가 치밀었다.

「나는 조나라 장군으로서 성을 치고 들에서 싸운 큰 공이 있는 사람이다. 인상여는 한갓 입과 혀를 놀림으로써 나보다 윗자리에 오르다니 이는 용납할 수 없는 일이다」 하고 다시,

「상여를 만나면 반드시 모욕을 주고 말겠다」 라고 선언했다.

이 소문을 들은 인상여는 될 수 있으면 염파를 만나지 않으려 했다. 조회 때가 되면 항상 병을 핑계하고 염파와 자리다툼하는 것을 피했다. 언젠가 인상여가 밖으로 나가다가 멀리 염파가 오는 것을 보자 옆 골목으로 피해 달아나기까지 했다.

이런 광경을 본 인상여의 부하들은 인상여의 태도가 비위에 거슬렸다. 그들은 상의 끝에 인상여를 보고 말했다.

「우리들이 이리로 온 것은 대감의 높으신 의기를 사모해서였습니다. 그런데 염장군이 무서워 피해 숨는다는 것은 못난 사람들도 수치로 아는 일입니다. 저희들은 이만 물러가겠습니다」

인상여는 그들을 달랬다.

「공들은 염장군과 진왕 중 어느 쪽이 더 대단하다고 생각하는가?」

「그야 진왕과 어떻게 비교가 되겠습니까?」

「그 진왕의 위력 앞에서도 이 인상여는 그를 만조백관이 보는 앞에서 꾸짖었소. 아무리 내가 우둔하기로 염장군을 무서워할 리가 있소. 진나라가 우리 조나라를 함부로 넘보지 못하는 것은 염장군과

부형청죄 소상(塑像)

내가 있기 때문이오. 두 호랑이가 맞서 싸우면 하나는 반드시 죽고 마는 법이오. 내가 달아나 숨는 것은 나라 일을 소중히 알고, 사사로운 원한 같은 것은 뒤로 돌려버리기 때문이오」

그 뒤 이 소식을 전해들은 염파는 자신의 못남을 뼈아프게 느꼈다. 웃옷을 벗어 매를 등에 지고 사람을 사이에 넣어 인상여의 집을 찾아가 무릎을 꿇고 사죄했다. {☞ 부형청죄(負荊請罪)}

「못난 사람이 장군께서 그토록 관대하신 줄을 미처 몰랐습니다」

이리하여 두 사람은 다시 친한 사이가 되어 죽음을 함께 해도 마음이 변하지 않는 그런 사이가 되었다(卒相與驩 爲刎頸之交)」

인상여도 위대하지만, 자기의 잘못을 뉘우치고 순식간에 새로운 기분으로 돌아가 깨끗이 사과를 하는 염파의 과감하고 솔직한 태도야말로 길이 우리의 모범이 아닐 수 없다.

문계기무 聞鷄起舞

들을 聞 닭 鷄 일어날 起 춤출 舞

《진서(晉書)》 조적전(祖逖傳)

닭소리를 들으면 일어나 춤을 춘다(무술)는 뜻으로, 뜻을 가진 인재가 때를 맞추어 각고의 노력을 하는 것을 묘사하는 말이다.

서진(西晉)시대, 조정이 부패하고 국력이 쇠퇴하기 시작하자 북방의 소수민족들은 빈번히 중원을 침입하였다.

당시 큰 뜻을 가지고 어지러운 사회를 바라보며 우려와 비분에 차 있던 조적과 유곤(劉琨)이라는 젊은이가 있었다. 조적과 유곤은 같은 침상에 누워서 잠을 잤으나, 조적은 잠을 이루지 못하고 나라를 지킬 방도를 궁리하였다. 그런데 한 밤중에, 조적은 닭이 우는 소리를 듣고 문득 깨달은 바가 있었다. 그는 유곤을 흔들어 깨우며, 「남들은 밤에 닭 우는 소리를 들으면 불길하다고 하는데, 이건 나쁜 소리가 아닐세」 라고 말했다. 유곤도 흔쾌히 일어나 뒤뜰로 나가 함께 무술을 연마하였다(中夜聞荒鷄鳴 蹴琨覺曰 此非惡聲也 因起舞).

조적은 손에 장검을 쥐고, 유곤은 대도(大刀)를 들고, 달빛 아래서 무술을 연마하였다. 이때부터, 그들은 추운 겨울이나 더운 여름을 가리지 않고 닭이 울면 곧바로 일어나 무술을 연마하였다. 열심히 연마한 덕분에 그들의 무술은 매우 높은 경지에 달하였다.

훗날, 조적은 비위장군(備威將軍)이 되어 부대를 통솔하며 밤낮 없이 훈련하였다. 전투를 하는 동안에도 그는 군기(軍紀)를 엄정하게 유지하여 많은 승리 거두었으며, 백성들의 존경을 받았다. 한편 유곤은 대관(大官)이 되어 많은 공을 쌓았다.

문과즉희 聞過則喜

들을 聞 지날, 허물 過 곧 則 기쁠 喜

《맹자》 공손추상

마

잘못을 저질렀을 때 비판을 기꺼이 받아들이다.

맹자는 제자들과 함께 남의 비판을 달갑게 받아들이는 문제에 대해 토론하면서 세 사람, 즉 자로(子路)와 우(禹)임금, 순(舜)임금을 그 전형적인 실례로 들었다. 자로는 춘추시대 노나라 사람으로 이름은 중유(中由)다. 공자의 제자들 중에서 가장 성실하고 강직하며 실천적인 인물, 우임금은 하(夏)나라를 개국한 사람으로 일찍이 홍수라는 재난을 다스렸으며, 요임금, 순임금과 함께 사람들에게 널리 칭송받는 군왕, 그리고 순임금은 대순(大舜)이라고도 불리어지는데, 우임금은 순임금에게서 왕위를 물려받았다.

《맹자》 공손추 상편에서 맹자는 이렇게 말하고 있다.

「자로는 남이 자기의 결함을 지적해 주면 기뻐하고(人告之以有過則喜), 우임금은 남이 자기에게 좋은 말로 충고해 주면 매우 감격해 하였다. 순임금은 더했는데, 그는 자신의 치적을 여러 사람들의 공로로 간주했으며, 자신의 결함은 고치고 남의 장점을 본받고자 노력하였다. 순임금은 일찍이 농사일도 하고 도자기도 굽고, 어부 노릇도 하였으며, 나중에는 임금에까지 올랐는데, 그의 장점은 어느 하나라도 남에게 배우지 않는 것이 없다. 남의 장점을 따라 배워 자기를 제고함으로써 여러 사람들에게 보다 많고 좋은 일을 하게 하는 것, 그것이 바로 남이 잘 되도록 도와주는 것이다」

문군사마 文君司馬

무늬 文 임금 君 맡을 司 말 馬

《사기》 사마상여(司馬相如)열전

사랑하는 부부나 연인(戀人)을 비유한 말.

《사기》 사마상여열전에 있는 이야기다.

탁문군과 사마상여

서한(西漢) 때, 임공(臨邛)이라는 곳에 탁왕손(卓王孫)이라는 부유한 상인이 있었는데, 그에게는 일찍 남편과 사별(死別)하고 혼자 지내는 탁문군(卓文君)이라는 딸이 있었다. 유능한 사마상여는 우연히 연회에 참석한 기회에 탁문군을 한번 보고 반하여 마침내 자신의 마음을 전하기에 이르렀다.

그날 밤, 탁문군은 잠을 이룰 수 없었다. 그녀는 몰래 집을 빠져나와 사마상여의 집으로 달려가서 그와 부부의 연을 맺게 되었다.

그녀의 아버지 탁왕손은 딸의 이러한 행동을 수치스럽게 생각하고 문을 닫아걸고 바깥출입을 하지 않았다.

그러나 그들의 어려운 생활을 더 이상 볼 수가 없어서 그들의 결혼을 인정하고 많은 재물을 주었다.

이렇듯 사마상여와 탁문군은 자신들의 진실한 마음과 행동으로 행복한 애정을 얻을 수 있었던 것이다.

문인상경 文人相輕

글월 文 사람 人 서로 相 가벼울 輕

《문선(文選)》 전론

「문인들은 서로 경멸한다」는 뜻으로, 문필가들은 자기 문장을 과신하여 서로의 글 솜씨를 과소평가하는 경향이 있다는 말.

전한의 통사(通史) 《한서》는 후한의 역사가 반표(班彪)와 그 장남 반고(班固) 및 딸 반소(班昭)가 지은 것이다. 그 무렵 부의(傅毅)라는 학자가 있었다. 명제(明帝)는 반고와 부의에게 명해 여러 가지 서적의 비교·검토·정정을 시켰다.

그러나 두 사람 사이는 그다지 좋지 않았다. 양(梁)나라 때(6세기)에 이루어진 《문선》 중의 「전론(典論)」에는 다음과 같은 문장이 실려 있다

「문필가라는 것은 모두가 자기야말로 제일인자라고 자부하고 있으며, 따라서 문필가끼리는 서로 상대를 경멸하고 있다(文人相輕)고 하는데, 이 풍조는 어제 오늘 시작된 것이 아니다. 이를테면 반고와 부의의 사이가 그러하다. 이 두 사람의 실력은 서로 백중(伯仲)함에도 불구하고, 반고는 부의를 『대단한 사람이 아니다』

반 초

라고 하여 아우 반초(班超)에게 다음과 같은 편지를 써서 보냈다.

〈부의는 문장을 쓴다 하여 난대령사(蘭臺令史)에 임명되었는데, 바빠서 쉴 사이도 없다 함은 가엾은 일이다. 무릇 사람이라는 것은 자기야말로 훌륭하다고 자부하는 것이다. 그 사람의 인격과 쓰는 문장이 일체가 되지 않으면 진짜라고 할 수 없다. 부의의 경우, 쓰는 것은 그저 그렇지만, 중요한 인격 쪽은 아직 멀었으니, 정말로 훌륭하다고는 할 수 없다〉」

반 고

이 편지를 보더라도 「문인상경」의 풍조가 일찍부터 퍼져 있었음을 알 수 있다. 또 《문선》보다 나중에 나온 《문심조룡(文心雕龍)》에도 그것을 말하고 있다.

「반고와 부의는 문장이 서로 백중했는데, 반고는 부의를 얕보았다고 한다. 그러므로 《문선》에서 『문인상경』이라고 말한 것도 무리가 아니다」

아무튼 문필가가 자기 문장을 천하무쌍이라고 생각하여 다른 동료를 멸시하는 경향은 이제나 예나 다를 게 없는 것 같다.

문일지십 聞一知十

들을 聞 한 一 알 知 열 十

《논어》 공야장편(公冶長篇)

하나를 듣고 열을 미루어 앎. 곧 지극히 총명함.

공자가 자공(子貢)을 불러 물었다.

「너와 안회(顔回) 둘 가운데 누가 낫다고 생각하느냐?」

공자의 제자가 3천 명이나 되었고, 후세에 이름을 남긴 제자가 72명이나 되지만, 당시 재주로는 자공을 첫손에 꼽고 있었다. 실상 안회는 자공보다 월등 나은 편이었지만, 그는 공자가 말했듯이 통 아는 기색을 하지 않는 바보 같은 사람이기도 했다. 공자는 안회와 자공을 다 같이 사랑했지만, 안회를 나무란 일은 한 번도 없었다. 항상 꾸중을 듣는 자공이 실상 속으로는 안회를 시기하고 있었을 것으로 보는 사람들도 있다. 그래서 공자는 스스로 재주를 자부하고 있는 자공이 안회를 어떻게 보고 있는가가 궁금하기도 했다. 자공은 서슴지 않고 이렇게 대답했다.

「사(賜 : 자공의 이름)가 어찌 감히 회(안회)를 바랄 수 있습니까. 회는 하나를 들으면 열을 알고, 사는 하나를 들으면 둘을 알 뿐입니다(賜也何敢望回 回也聞一以知十 賜也聞一以知二)」

하나를 들으면 열을 안다는 것은, 한 부분만 들으면 전체를 다 안다는 뜻으로 풀이하고 있다. 하나를 들으면 둘을 안다는 것은 반쯤 들으면 결론을 얻게 되는 그런 정도라고나 할까. 공자는 자공의 대답에 만족했다. 역시 자공은 알고 있구나 하는 생각이 들었다. 그래서 「네가 안회만은 못하다. 나도 네 말을 시인한다」 고 말했다.

문장도리 門墻桃李

문 門 담 墻 복숭아나무 桃 오얏 李

《논어》 자장편, 《설원》 복원편

문장(門墻)은 스승의 문하를 가리키는 것이고, 도리(桃李)는 스승이 양성해 낸 뛰어난 제자를 말한다. 스승이 길러 낸 제자들과 그의 문하생들을 남들 앞에서 「문장도리」라고 한다.

자 공

천하에 도리가 가득하다는 뜻에서 뛰어난 문하생이 도처에 자리 잡고 있는 것을 「도리만천하(桃李滿天下)」라고 하는데, 스승이 육성한 제자들과 인재들이 도처에 흩어져 있는 것을 가리켜 「도리문전(桃李門前)」 또는 「도리만문(桃李滿門)」이라고 한다.

문장은 궁장(宮墻)이라고도 하는데 《논어》 자장편에 기록된 춘추시대(春秋時代) 위(衛)나라의 유학자인 자공의 말에서 유래한 것이다.

도리라는 말은 전한(前漢) 말기의 학자 유향이라는 사람이 편찬한 《설원(說苑)》 복원편에 실려 있는 이야기에서 유래한 말이다.

문전성시 門前成市

문 門 앞 前 이룰 成 저자 市

《한서》 정숭전(鄭崇傳)

권세 있는 사람의 집 앞이 방문객들로 시장처럼 붐비는 것을 이르는 말이다.

한나라는 애제(哀帝) 때는 이미 멸망 직전에 있었다. 애제는 스무 살에 천자가 되었는데, 정치적 실권은 외척들의 손아귀에 들어 있고, 그는 다만 황제의 빈 자리만을 지키고 있을 뿐이었다. 그는 7년 만에 갑자기 죽고 말았다. 이 애제를 받들고 정치를 바로잡아 보려고 애쓴 신하 가운데 정숭(鄭崇)이 있었다. 정숭은 명문가 출신으로 그의 집은 대대로 왕가와 인척관계에 있었다. 처음 정숭은 애제에게 발탁되어 상서복야(尙書僕射 : 지금의 국무차관급)에 있었는데, 그 무렵 외척들의 전횡은 그 도가 지나쳐서 눈을 뜨고 볼 수 없을 정도였다.

보다 못한 정숭은 기회 있을 때마다 애제에게 대책을 건의했다. 애제도 정숭의 말에 귀를 기울이기는 했지만, 결국 외척 세력을 이겨내지 못하고 차츰 정숭을 멀리하게 되었다.

그 뒤 애제는 점점 자포자기가 되어 나라 일은 일체 돌보려 하지 않았다. 정숭은 계속 애제에게 간언을 하다가 나중에는 애제로부터 견책까지 받고 몸에 병을 얻기까지 했으나 참고 견뎠다. 이렇게 곤경에 빠져 있는 정숭을 보자, 그를 미워하고 있던 상서령 조창(趙昌)이 애제에게 모함을 넣었다.

“정숭은 왕실의 여러 사람들과 내왕이 빈번한 것으로 보아 아마도 무슨 음모를 꾸미고 있는 것 같습니다. 그를 취조해 보시기 바랍

니다」

애제는 조창의 말을 그대로 믿고 정숭을 불러 문책했다.

「그대 집 앞은 사람이 시장바닥 같다는데, 무슨 일로 나를 괴롭히려 하는가?」

그러자 정숭이 대답했다.

「신의 문전은 시장바닥 같아도, 신의 마음은 물처럼 맑습니다」

이 말을 듣자, 애제는 성을 내며 그를 옥에 가두고 철저히 취조토록 명했다. 정숭은 끝내 옥중에서 죽고 말았다.

이 이야기는 《한서》 정숭전에 나온다. 「문전성시(門前成市)」란 말은 「신의 문전은 시장바닥 같습니다(臣門如市)」라고 한 데서 생긴 말로 출입하는 사람이 많다는 뜻으로 쓰인다.

우리말에 「세도 문 열었다」는 말이 있다. 세도를 부리는 집에는 언제나 찾아와서 청을 넣는 사람이 많기 때문에 생긴 말인데, 그것은 문전성시를 뜻하는 말이기도 하다. 문정약시(門庭若市)란 말도 있는데, 이것은 간하는 신하들의 많음을 표현한 《전국책》에 있는 말이다.

같은 뜻을 가진 말에 「문정여시(門庭如市)」가 있다. 《전국책》에 「군신(君臣)이 간(諫)을 일삼아 문정이 저자(市) 같다」라는 말이 있다. 역시 간언과 인연이 있는 셈이다. 「문정여시」도 물론 면회객이 많다는 말이지만, 실인즉, 이 말이 또 뒤에, 높은 자리에 있어 아첨하러 오는 자를 불러들이는 것을 비방하는 데 쓰이고, 전술한 「그대의 문앞은 저자와 같다」와 같이 쓰이게 되었다고 한다.

「문정여시」의 반대가 「문전작라(門前雀羅)」다. 방문객도 없이 대문 앞에 참새를 잡는 그물이 쳐 있을 정도로 쓸쓸한 모양이란 말이다.

문전작라 門前雀羅

문 門 앞 前 참새 雀 새그물 羅

《사기》 평진후·주보열전, 급·정열전

방문객도 없이 대문 앞에 참새를 잡는 그물이 쳐 있을 정도로 쓸쓸한 모양. 권세가 약해지면 방문객이 끊어진다는 말.

전한(前漢) 무제 때 급암(汲黯)과 정당시(鄭當時)라는 두 어진 신하가 있었다. 그들은 학문을 좋아하고 의협심이 강해 한때 구경(九卿)의 지위에까지 오른 적도 있지만, 지조가 강하고 직언하기를 좋아하여 매번 무제와 대신들을 무안하게 하였다. 다른 대신들이 그들을 책망하면 이렇게 말하였다.

「천자께서는 삼공과 구경을 두어 보필하는 신하로 삼았는데, 어찌 신하된 자로서 아첨하여 천자의 뜻만 좇아 천자로 하여금 옳지 못한 곳으로 빠지게 하겠소. 또 그런 지위에 있는 이상 자기 한 몸을 희생시키는 한이 있더라도 조정을 욕되게 해서야 되겠소?」

이 때문에 급암은 좌천과 면직을 거듭하다가 벼슬을 마쳤지만, 이들은 각기 협객을 자칭하며 찾아오는 손님은 지위고하를 막론하고 문 앞에서 기다리는 일이 없게 하고, 봉록 따위를 빈객과 잘 나누었다. 그래서 현직에 있을 때는 방문객이 들끓었다. 그러나 이들이 관직에서 물러나고 집안형편이 나빠지자 방문객의 발길이 뚝 끊겼다.

사마천(司馬遷)은 「열전」의 말미에 다음과 같이 평을 달았는데, 여기서 「문전작라(門前雀羅)」라는 말이 비롯되었다.

「급암·정당시와 같은 현인이건만 세력이 있으면 빈객이 열 배로 늘어나고, 세력이 없어지면 빈객들은 뿔뿔이 흩어져 갔다. 하물

「세태도(世態圖)」(明 화가 왕원)

며 보통사람이야 오죽하겠는가? 하규(下邽) 사람 적공(翟公)은 이렇게 말했다. 『처음 내가 정위가 되었을 때는 빈객이 문 앞에 가득 찼지만(門前成市), 파면되자 문 밖에 참새 잡는 그물을 쳐도 될 정도였다(門前雀羅). 내가 다시 정위가 되자 빈객이 또 다시 밀려들었다. 그리하여 나는 문에다 크게 써서 붙여두었다.

한 번 죽고 한 번 사는데 곧 사귀는 정을 알게 되고,
한 번 가난하고 한 번 부하여 교제하는 참 모습을 알게 되며,
한 번 귀해지고 한 번 천해지므로 사귀는 진정을 곧 알게 된다.

一死一生 卽知交情　일사일생 즉지교정
一貧一富 卽知交態　일빈일부 즉지교태
一貴一賤 卽知交情　일귀일천 즉지교정』이라고.

급암과 정당시에 대해서도 똑같은 말을 할 수 있겠는데, 이 얼마나 슬픈 일이란 말인가?」

권력의 부침에 따라 변하는 인심을 나타내는 말로, 우리 속담에 「정승집 개가 죽으면 문상객이 문전성시를 이루지만 정승이 죽으면 문상객이 문전작라가 된다」는 말과 통한다.

문정지대소경중 問鼎之大小輕重

물을 問 솥발 鼎 의 之 클 大 가벼울 輕 무거울 重

《춘추좌씨전(春秋左氏傳)》

천하를 차지하려는 야욕.

「솥의 크기와 무게를 묻는다」라는 뜻으로, 천하를 차지하려는 야욕을 비유하는 말이다.

정(鼎)이란 세 다리와 두 귀가 달린 금속으로 된 솥을 말하며, 고대 중국에서는 요리는 물론 표창할 때, 또는 삶아 죽일 때 쓰는 형구(形具) 등으로 쓰였었다.

이야기는 멀리 거슬러 올라가 주(周)의 정왕 원년(BC 606)의 일이다. 초(楚)의 장왕(莊王)은 춘추 오패의 한 사람으로 천하에 대한 야망을 품고 있었다. 이 해 봄 장왕은 육혼(陸渾)의 오랑캐를 토벌하고, 낙수 근처로 나왔다. 낙수의 북쪽에는 주나라의 서울 낙양이 있다. 장왕은 국경에 대군을 배치해 놓고 주왕의 태도 여하에 따라서는 공격도 사양치 않으려는 태세를 보였다. 정왕은 초의 위세에 놀라 대부 왕손만(王孫滿)을 보내 장왕의 노고를 위로케 하였다.

우임금

그런데다 장왕은, 역대의 왕조에 계승되며, 지금은 주 왕실 대대로 전해오는 정(鼎)이란 어떠한 것인지 알고 싶어 하였기 때

문에, 이때야말로 좋은 기회라 생각하고, 그 정의 대소경중을 물었던 것이다.

이 질문을 받고, 왕손만은 솥의 유래부터 말하기 시작하였다.

그 설명에 의하면, 애당초 솥은 하(夏)왕조의 시조 우(禹)가 구주(九州 : 옛날 중국을 9분하였다)의 장에 명하여 동(銅 : 원문에서는 金)을 헌상해 이것으로 주조시킨 것이다.

구 정

솥의 표면에는 만물의 형상이 새겨져 있다. 그런데 이것은 하(夏)의 걸(桀)왕 때, 은(殷)으로 옮겨졌고, 은의 주(紂)왕 때 주(周)로 옮겨졌다. 주의 2대 성왕은 솥을 교욕(郟鄏 : 낙양)에 놓고 여기를 왕도로 정하였다. 이후 정왕에 이르기까지 30대 7백 년간 계승되어 왔던 것이다. 최후로 왕손만은 강조하였다.

「솥의 무게가 문제가 아닙니다. 덕이 있느냐 없느냐가 문제입니다. 지금 주는 비록 쇠퇴하였다고는 하지만, 오늘날까지 솥이 전해 내려온 것은 하늘이 명하는 바로 천명(天命)이 이미 바뀌었다고는 생각되지 않습니다. 따라서 솥의 무게를 물을 필요는 없다고 생각합니다」

춘추시대는 아직 주왕의 체면을 유지할 수 있던 시대였다. 장왕도

초장왕

힘만 가지고는 주를 칠 수가 없어서 할 수 없이 철수하고 말았다.

이 이야기는 《춘추좌씨전》에 의하였지만 「문정지경중(問鼎之輕重)」은 제위를 노리는 불손한 마음이 있는 것을 의미한다.

그러나 이것이 전하여 오늘날은 상대편의 실력이나 속마음을 살펴 그 약점을 파고드는 뜻으로 쓰이게 되었다. 여담이지만 《전국책》 동주편에 구정(九鼎)을 달라는 진(秦)의 요구에, 주왕이 신 안솔(顔率)의 변설로 제왕의 힘을 빌려 진을 쫓았다 라고 씌어 있다. 그러나 반대로 제왕(齊王)이 구정을 달라 했을 때, 안솔은 「옛날 주는 은을 멸하고 구정을 얻었는데, 솥 하나를 만 명이 끌고 왔습니다. 구정을 옮기자면 81만 명이라는 손이 필요합니다」(솥이 아홉이었는지, 하나였는지 불명)라고 말하여 제왕을 홀려버렸다고 한다.

여하튼 그 행방은 주의 멸망(BC 249) 때 진에 운반 도중 사수(泗水)에 빠뜨려 버렸다고 하나 확실한 것은 알 수 없다.

문하 門下

문 門 아래 下

《당서(唐書)》

문 밑이라는 뜻으로, 가르침을 받으려고 스승의 집에 드나드는 사람을 이르는 말.

《당서(唐書)》에 있는 이야기다.

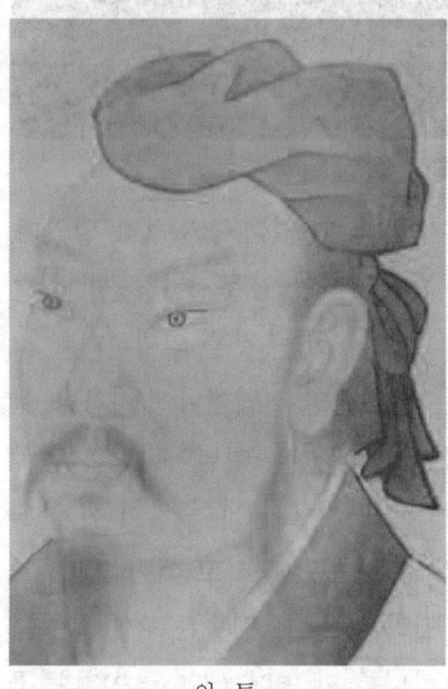

왕 통

왕통(王通)은 수(隋)나라 때의 하남(河南) 출신 사상가로 시(詩)·서(書)·예(禮)·악(樂)에 두루 능통하였다. 일찍이 문제(文帝)에게 「태평십책(太平十策)」이라는 개혁안을 올렸으나 채택되지 않자, 스스로 유학자임을 자부하여 벼슬길에 나아갈 생각을 거두고 물러나 하수(河水)와 분수(汾水) 사이에서 살았다.

문제가 죽자, 양제(煬帝)는 그에게 출사를 거듭 요청했는데, 그는 이에도 응하지 않은 채 오히려 재야에서 후진의 양성에 더욱 힘을 쏟았다. 그러자 그의 문하에 많은 사람들이 모여들기 시작했다. 그가 하분(河汾)이라는 곳에 집을 마련하고 자리를 잡은 후에는 멀리서까지 사람들이 찾아와 제자가 되기를 청하였다.

그리하여 당시 사람들 치고 왕통의 문하에 들어가려 하지 않는 사람이 없을 정도였다. 당시의 이름난 문인들이 모두 왕통의 제자 되기를 원해 모여들자, 왕통이 하수(河水)와 분수(汾水) 사이에서 살았던 데서 사람들은 그들을 「하분문하(河汾門下)」라고 불렀다. 그가 죽은 뒤에는 문인들이 문중자(文中子)라고 사시(私謚)를 올렸다.

방현령

그 중에는 후일 당(唐)나라 태종(太宗) 연간에 「정관(貞觀)의 치(治)」라는 태평성대를 여는 데 크게 기여한 방현령(房玄齡) · 두여회(杜如晦) · 위징(魏徵) · 정원(程元) 등도 포함되어 있었다. 그러나 이러한 문하생 제도는 또한 강력한 학맥을 만드는 계기가 되어, 학맥을 중심으로 파당이 형성되면서 자유로운 학문의 발전을 저해하고, 한(漢)나라 말기에 이르러 「당인(黨人)의 의(議)」가 일어나고 「당고(黨錮)이 옥(獄)」이 일어난 먼 원인이 되었다.

이렇듯 문하란 본래 학문적인 사제관계를 일컫는 말이었는데, 오늘날에는 권세나 부귀를 따라 드나드는 사람까지도 가리키게 되었다. 문하생(門下生), 또는 문생(門生)이라고도 한다.

물극필반 物極必反

사물 物 다할 極 반드시 必 거꾸로 反

《당서(唐書)》

「사물의 전개가 극에 달하면 반드시 반전한다」는 뜻으로, 흥망성쇠는 반복하는 것이므로, 어떤 일을 할 때 지나치게 욕심을 부려서는 안 된다는 말이다.

무조(武曌)는 문수(汶水) 사람으로 태종의 후궁 중 하나였다. 그녀는 또한 중국 역사상 유일하게 황후 자리에도 오르고 여황제가 되기도 한 인물인데, 그녀가 바로 유명한 측천무후(測天武后)다.

흔히 그녀가 여황제가 되기까지 온갖 악독한 일을 눈 하나 깜짝 않고 저질렀기 때문에 그녀에 대한 대부분의 전해지는 이야기는 악행에 관한 것들만 널리 알려져 있다. 그러나 일부 사람들은 그녀가 뛰어난 정치가였음을 높이 평가하기도 한다.

태종의 후궁이었던 그녀는 태종이 죽자 후사가 없는 다른 후궁들과 함께 감업사(感業寺)에 들어가 비구니가 되었다. 그런데 태종의 뒤를 이어 황제가 된 고종이 후궁을 총애하고 황후를 돌보지 않자 황후는 무조의 미모를 이용해서 고종과 후궁 사이를 벌어지게 하였다.

그러자 평생 비구니로 꽃다운 청춘을 썩히게 되리라 여겼던 무조는 새롭게 기회를 얻어 고종과 황후에게 온갖 정성을 다했고, 고종도 더 이상 다른 후궁은 거들떠보지도 않고 그녀를 후궁으로 삼았다.

이렇게 고종의 총애를 독점한 무조는 마침내 자기에게 새 삶의 기회를 주었던 황후까지 몰아내고 황후가 되었다. 그녀는 병약한 고종을 대신해서 차츰 정치에 개입하기 시작하더니 고종이 죽고 중종이

즉위하자 섭정을 하였다. 그러나 섭정만으로는 성에 차지 않았던 그녀는 마침내 중종을 폐위시키고 스스로 황제의 자리에 올랐다. 또한 그녀는 나라 이름도 주(周)로 바꾸고 스스로 신성황제(神聖皇帝), 또는 측천황제라고 칭하였다.

측천무후

이 사건으로 황실은 무씨(武氏)의 천하가 되었다. 측천무후는 처음 중종의 나이가 어려 국정을 처리하지 못한다 해서 섭정을 했지만 중종이 이미 정치를 할 수 있는 나이가 되었을 때도 여전히 섭정의 자리에서 물러나지 않으려고 하였다. 그때 대신 소안환(蘇安桓)이 그녀에게 상소를 올려 간언하였다.

「태자의 나이가 이미 성년에 이르러 사리를 분별할 줄 알고, 재주와 덕망 역시 훌륭하신데 아직 보좌를 탐하는 것은 모자의 정분을 잊은 처사라 하겠습니다. 제가 생각하기에 하늘의 뜻과 백성들의 마음은 모두 이씨에게 향하고 있습니다. 황후께서는 아직까지는 편안하게 왕위에 있지만 모든 사물이나 상황은 극에 달하면 반드시 반전하고(物極必反), 그릇도 가득 차면 넘치는 것(器滿則傾)을 아실 것입니다. 제가 생명의 위협을 무릅쓰고 이렇게 간언을 올리는 것은 모두 이 나라의 종묘사직을 위해서입니다」

여기에서 유래한 「물극필반」 이라는 성구는 사람들이 일을 할 때 너무 지나치게 욕심을 부리지 말라는 뜻이 담겨 있다. 아울러 이 말에는 상대방의 발전을 시기하고 질투하는 의미도 가미되어 있으니, 사용할 때 주의해야 할 것이다.

물부충생 物腐蟲生

만물 物 썩을 腐 벌레 蟲 날 生

소식 / 「범증론(范增論)」

「생물은 썩으면 벌레가 생긴다」 라는 뜻으로, 사람을 의심하고 나서 헛소문을 믿는 것을 말한다. 내부에서 부패하여 약점이 생기면 외부의 침입이 있다는 것을 비유하는 말이다.

중국 북송(北宋) 의 시인 소식(蘇軾, 호는 동파)이 지은 《범증론》 에 있는 이야기다.

범 증

소동파는 초나라 항우(項羽)로부터 버림받은 범증을 이렇게 묘사하였다.

「생물은 반드시 먼저 썩은 뒤에 벌레가 생기고(物必先腐也而後 蟲生之), 사람도 반드시 먼저 의심을 하게 된 뒤에 남의 모함을 듣는다(人必先疑也而後 讒入之)」

진(秦)나라 말, 범증은 항우의 숙부 항량(項梁)의 모사(謀士)로 진나라의 포악한 정치에 항거한 항량이 죽은 뒤 진나라에 대항한 항우를 도왔다.

용감한 항우는 슬기로운 계략에는 뛰어나지 못하여 늘 범증이 세우는 계책을 따랐다.

홍문연 유지(遺址)

범증은 한나라 유방(劉邦)의 세력이 점점 강해지는 것을 보고 경계하여 항우에게 유방을 제거해야 한다고 주장하였다.

범증은 홍문(鴻門)에서 열린 연회에 유방을 초대하여 죽이려고 계략을 꾸몄으나 뜻을 이루지 못하였다.

유방은 범증이 항우를 도와주는 동안은 항우와 마주 겨루기 어렵다는 것을 알고 범증을 비방하는 소문을 퍼뜨려 범증과 항우를 이간하였다.

유방의 계략에 말려들어간 항우는 범증의 헛소문을 믿고 범증을 의심하면서 멀리하자, 범증은 항우의 곁을 떠나가 죽고 항우도 유방에게 패했다.

물의 物議

일 物 의논할 議

《남사(南史)》 사기경전(謝幾卿傳)

세상 사람들의 평판이나 뒷소문. 「물의를 일으키다」 라는 식으로 쓰인다.

사기경(謝幾卿)은 사령운(謝靈運, 385~433)의 증손으로 남조(南朝) 때 제나라와 양나라에서 관리로 있었다. 그는 어릴 때부터 영민해서 물에 빠진 아버지를 구하는 등 남다른 재주를 보였다.

그가 살았던 시대는 왕조의 몰락이 극심하고 사회적으로 혼란이 극에 달한 때였다. 때문에 그는 진작부터 정치에 뜻을 잃고 그저 술을 마시면서 세상 시름을 잊고 사는 쪽으로 나아갔다.

결국 술로 인해 불미한 일이 자주 벌어지자, 양무제(梁武帝) 때 면직당하고 귀향하였다. 그러나 여전히 교제하기 좋아하는 관리들이 술을 들고 찾아왔기 때문에 집안은 늘 떠들썩했다.

사기경은 특히 유중용(庾仲容)과 친했다. 두 사람은 뜻이 서로 맞아 의기투합하면 기분대로 자유롭게 행동했으며, 때로는 덮개가 없는 수레를 타고 교외 들판을 노닐면서 세상 사람들의 평판에는 조금도 개의치 않았다(二人意相得 竝肆情誕縱 或乘露車 歷游郊野 不屑物議).

이런 고사에서 「물의」 라는 성구가 나왔는데, 오늘날에는 부정적인 의미로 더 많이 쓰인다. 이를테면 사람들에게 많이 알려진 사람이 음주운전을 했다든지 해서 신문이나 방송으로 알려지게 되면 「공인으로서 물의를 빚어 죄송하다」 하는 식으로 사과하기도 한다.

물이유취 物以類聚

만물 物 써 以 같을 類 모일 聚

《주역》 계사(繫辭)편

물이유취

사람은 무리지어 나뉜다. 유유상종과 같은 뜻으로, 끼리끼리 모인다와 같은 표현이다. 오늘날에는 좋은 의미로 사용되기보다는 주로 좋지 않은 사람들이 한 부류로 모인 것을 비유하는 말로 사용된다.

《주역》 계사(繫辭)편의 「삼라만상은 같은 종류끼리 모이고, 만물은 무리를 지어 나누어지니, 이로부터 길함과 흉함이 생긴다(方以類聚 物以群分 吉凶生矣)」라는 구절에서 유래되었다.

또 《전국책》 제책(齊策)에 따르면, 전국시대 제나라의 순우곤(淳于髡)은 왕이 인재를 구한다는 말을 듣고는 하루에 일곱 명이나 천거하였다. 왕이 순우곤에게 인재는 구하기 어려운 법인데 하루에 일곱 명이나 천거한 것은 너무 많지 않느냐고 말했다.

이에 순우곤은 물건은 각기 비슷한 부류가 있으며(物各有疇), 자신도 인재의 부류에 속하기 때문에 얼마든지 인재를 추천할 수 있다고 말하였다.

미능면속 未能免俗

아닐 未 능할 能 면할 免 풍속 俗

《세설신어(世說新語)》 임탄(任誕)

아직도 속된 습관을 버리지 못하였다는 뜻으로, 한번 물든 속물근성(俗物根性)은 버리기 어렵다는 말. 《세설신어》 임탄편에 있는 이야기다. 「임탄편」은 세속에 구애되지 않고 자기 소신대로 살아간 사람들의 이야기를 모아놓은 이야기집이다.

위진남북조(魏晉南北朝)시대 때, 진나라 사람 완함은 숙부인 완적(阮籍)과 더불어 죽림칠현(竹林七賢)의 한 사람이다. 완함과 완적은 남쪽에 이웃하여 살았고, 다른 완씨 일가는 북쪽에 이웃하여 살았다.

사람들은 완함과 완적이 남쪽에 산다 하여 남완(南阮)이라 부르고, 북쪽의 완씨 일가는 북완(北阮)이라 불렀다. 권력과 부를 비웃으며 전원에 묻혀 살던 완함과 완적은 가난하였고 북완은 부유하였다.

당시에는 7월 7일이 되면 겨울옷을 꺼내 햇볕에 말리는 풍습이 있었다. 북완은 당연히 화려한 옷을 내다 말렸는데, 그 모습이 마치 서로 잘 사는 티를 내려고 경쟁하는 것 같아 보였다.

가난한 남완은 내다 말릴 만한 변변한 옷이 없었다. 어느 해 7월 7일이 되자 북완은 경쟁하듯 화려한 옷을 내다 말렸다. 항상 북완을 경멸해 오던 완함은 장대 위에 굵은 베로 짠 초라한 짧은 바지를 걸어놓고 햇볕에 말렸다. 이를 이상하게 여긴 사람이 그 까닭을 묻자, 완함은 웃으며 말했다.

「속된 습속을 버리지 못하여 이렇게라도 하는 것이라오(未能免俗 聊復爾耳)」

미망인 未亡人

아닐 未 잃을 亡 사람 人

《춘추좌씨전》 장공(莊公)

미망인은 죽지 못한 사람이란 뜻이다. 남편을 따라 죽어야 마땅할 사람이 죽지 못하고 살아 있다는 뜻이니, 따지고 보면 「미망인」이라는 호칭은 실례가 되는 말 같기도 하다.

그러나 말은 말 자체가 가지고 있는 뜻보다는 일반 사회에서 받아들이는 뜻이 더 중요하기 때문에, 이 실례가 될 것 같은 말이 홀로 된 부인을 가리키는 품위 있는 말로 쓰이고 있는 것이다.

《춘추좌씨전》 장공(莊公) 28년에 있는 이야기다.

초나라 영윤(令尹 : 재상) 자원(子元)이 죽은 문왕(文王)의 부인 문부인(文夫人)을 유혹할 계획으로 부인이 있는 궁전 옆에 자기 관사를 짓고, 거기에서 은(殷)나라 탕(湯)임금이 처음 만들었다는 만(萬)이란 춤을 추게 하며 음악을 울렸다. 부인은 음악소리를 듣자 눈물을 흘리며 말했다.

「선군께서는 이 음악을 군대를 조련할 때에 쓰시곤 했다. 그런데 지금 영윤은 이것을 원수들을 치기 위해 쓰지 않고 이 미망인 옆에서 하고 있으니 또한 이상하지 않은가」 하고 불쾌한 표정을 지었다.

자원의 야심을 이미 눈치 채고 한 말이었다. 자원은 즉시 춤과 음악을 걷어치웠다. 그녀를 유혹해서 획책하고 있는 반역 음모에 도움을 받으려 했던 것인데, 오히려 역효과를 낼 것만 같은 생각이 들었기 때문이다. 여기서는 분명 과부 된 여자가 자신을 낮추어서, 죽지 못하고 살아 있는 몸이란 뜻으로 쓰고 있다.

미봉책 彌縫策

기울 彌 기울 縫 꾀 策

《춘추좌씨전》 환공(桓公)

「미봉(彌縫)」은 타진 곳을 임시로 기워 잇는다는 뜻이다. 이 말에서 임시로 꾸며대어 눈가림만 하는 계책을 「미봉책」이라 하게 되었다. 그러나 이 말의 유래는 꽤 오래다.

주(周)나라 환왕(桓王) 13년(BC 707), 왕은 정나라를 치기로 결정한다. 이보다 앞서 왕은 정나라 장공(莊公)으로부터 왕실의 경사(卿士)란 직책을 거두어들였고, 이를 못마땅하게 생각한 정장공은 왕실에 대한 조공을 일체 중지해 버렸다. 환왕은 이 기회에 정나라를 쳐서 주나라 왕실의 위신을 회복할 생각이었다. 한왕은 괵·채·진·위 네 나라 군대도 함께 거느리고 위세 당당하게 정나라로 향했다. 이렇게 되자 정장공은, 「내란이 생겨 진(晋)나라 군사는 싸울 경황이 없을 테니, 먼저 이를 치면 곧 달아나게 될 것입니다. 그렇게 되면 다른 나라들도 지탱을 못할 것입니다. 그런 다음 왕이 지휘하는 군사를 집중 공격하면 승리는 우리의 것이 될 것입니다」 하는 의견을 받아들여 작전을 짰다. 만백이 우익, 채중족이 좌익이 되어, 원번과 고거미가 중군을 이끌고 장공을 호위하여 어려진(魚麗陣)을 쳤다. 즉 전차부대를 앞세우고 보병을 그 뒤에 세워 전차의 틈 사이를 보병으로 미봉하게 했다. 사람으로 전차 사이사이를 이어 그물처럼 진을 친 것을 미봉이라 했다. 전차가 헝겊조각이라면 사람은 실이 된 셈이다. 미봉은 곧 기워 붙인다는 뜻이다. 여기에서 실패나 결점을 일시 얼버무려 나가는 것을 가리키는 「미봉책」이란 말이 생겨났다.

미생지신 尾生之信

꼬리 尾 날 生 갈 之 믿을 信

《사기》 소진열전(蘇秦列傳)

너무 고지식하기만 한 것을 가리켜 「미생지신」이라고 한다. 미생이란 사람의 옛이야기에서 생긴 말이다.

《사기》 소진열전에 보면, 소진(蘇秦)이 연(燕)나라 왕의 의심을 풀기 위해 하는 이야기 가운데 이런 것이 나온다.

소진은 연왕을 보고 말했다.

「왕께서 나를 믿지 않는 것은 필시 누가 중상하는 사람이 있기 때문일 것입니다. 실상 나는 증삼(曾參) 같은 효도도 없고, 백이 같은 청렴도 없고, 미생(尾生) 같은 신의도 없습니다. 그러나 왕께선 증삼 같은 효도와 백이 같은 청렴과 미생 같은 신의가 있는 사람을 얻어 왕을 섬기도록 하면 어떻겠습니까?」

「만족합니다」

「그렇지 않습니다. 효도가 증삼 같으면 하룻밤도 부모를 떠나 밖에 자지 않을 텐데, 왕께서 어떻게 그를 걸어서 천릿길을 오게 할 수 있겠습니까? 백이는 무왕의 신하가 되는 것이 싫어 수양산에서 굶어죽고 말았는데 어떻게 그런 사람을 천 리의 제나라 길을 달려가게 할 수 있겠습니까. 신의가 미생 같다면, 그가 여자와 다리 밑에서 만나기로 약속을 해두고 기다렸으나, 여자는 오지 않고 물이 불어 오르는지라 다리 기둥을 안고 죽었으니, 이런 사람을 왕께서 천 리를 달려가 제나라의 강한 군사를 물리치게 할 수 있겠습니까? 나를 불효하고 청렴하지 못하고 신의가 없다고 중상하는 사람이 있지만,

미생의 다리

그렇기 때문에 나는 부모를 버리고 여기까지 와서 약한 연나라를 도와 제나라를 달래서 빼앗긴 성을 다시 바치게 한 것이 아니겠습니까?」

대충 이런 내용으로 연왕의 의심을 풀고 다시 후대를 받게 되었다는 이야기인데, 미생이란 사람은 다리 밑에서 만나기로 약속한 그것만을 지키느라 물이 불어 오르는데도 그대로 자리를 지키다가 죽었으니 얼마나 고지식하고 변통을 모르는 바보 같은 사람인가.

다리 밑이면 어떻고 다리 위면 무슨 상관이 있겠는가. 결국 「미생지신」은 하나만 알고 둘은 모르는 바보 같은 신의를 말한다.

《전국책(戰國策)》에서는 미생과 같은 신의는 단지 사람을 속이지 않는 데 불과할 따름이라고 하고, 《회남자(淮南子)》에서도 미생의 신의는 차라리 상대방을 속여 순간의 위험을 피하고 후일을 기하는 것만 같지 못하다고 하였다.

「송양지인(宋襄之仁)」과도 일맥상통하는 말로, 겉으로 꾸밈이 많은 오늘날 미생과 같은 행동은 참다운 삶의 도리를 알고 인간 본성으로 돌아가기에는 너무 고지식하고 융통성이 없는 행동이라고 할 수 있다.

미성재구 美成在久

아름다울 美 이룰 成 있을 在 오랠 久

《장자(莊子)》 인간세(人間世)

좋은 것은 오랜 시간이 걸려야 완성할 수 있음을 이르는 말.

초(楚)나라의 섭공자고(葉公子高)가 제(齊)나라에 사신으로 가게 되어 공자(孔子)에게 사신으로서 해야 할 일을 물었고, 이에 공자가 대답하는 과정에서 나왔다. 그 내용의 일부는 다음과 같다.

「……말이란 바람 따라 일어나는 물결과 같고 행동에는 득실이 있습니다. 풍파는 요동하기 쉽고 득실은 위태롭기 십상입니다. 따라서 화가 나는 것은 다름이 아니라 교묘한 언사와 왜곡된 말 때문입니다. 짐승이 죽음에 이를 경우 아무렇게나 악을 쓰게 되고 호흡은 거칠어집니다. 이에 마음이 병이 생기는 것입니다. 남을 지나치게 비난하면 상대도 사납게 대응하게 되지만, 왜 그런지 까닭을 모르게 됩니다. 참으로 그 이유도 알지 못하는데 누가 그 다툼의 종말을 알겠습니까! 그러므로 속담에 말했습니다. 『왕의 명령을 고치지도 말고 무리하게 명령을 수행하지도 말라』 고 일렀습니다. 지나친 것은 불필요함을 덧붙이는 격입니다. 왕의 명령을 바꾸거나 무리한 임무를 수행하는 것은 위험을 자초합니다. 좋은 일은 이루어지는 데 오랜 시간이 소요되지만(美成在久), 한번 저지른 나쁜 일은 고칠 수 없으므로(惡成不及改) 어떻게 삼가지 않을 수 있겠습니까! 그저 사물의 움직임에 마음을 싣고 어쩔 수 없는 자연의 흐름에 따라 중도를 지키는 것이 최상입니다. 어찌 조작해 왕에게 보고하겠습니까. 사실 그대로 전하는 것이 제일이지만 이것은 참으로 어렵습니다」

미주신계 米珠薪桂

쌀 米 구슬 珠 땔나무 薪 계수나무 桂

《전국책(戰國策)》 초책(楚策)

쌀은 옥구슬보다 비싸고, 땔감은 계수나무보다 비싸다는 뜻으로, 물가가 치솟아 생활하기 어려움을 이르는 말.

《전국책》 초책에 있는 이야기다.

소 진

전국시대, 종횡가(縱橫家)로 유명했던 소진(蘇秦)은 각국으로 유세를 다녔다. 그는 남북의 초(楚)·한(韓)·위(魏)·조(趙)·연(燕)·제(齊) 등 여섯 나라가 연합하여 서쪽의 진(秦)나라에 대항하여야 한다는 이른바 합종책(合從策)을 주장하였다.

그가 초나라의 회왕(懷王)에게 합종책을 실행하도록 유세하기 위하여 초나라에 갔을 때였다. 그는 사흘을 기다린 끝에 겨우 초회왕을 알현할 수 있었다. 소진은 초회왕이 자신을 소홀하게 대한다는 생각이 들어 불쾌하였다. 초회왕이 나타나자, 소진은 일부러 당장 떠나겠다고 작별인사를 하였다.

초회왕은 의아하게 생각하여 곧 그에게 물었다.

소진 묘

「과인은 선생의 말씀을 듣는 것이 성현에게 듣는 듯한데, 선생은 천리를 멀지 않다고 나를 만나러 초나라까지 오셨는데, 어찌 이렇게 일찍 가시려는 것이오? 말씀을 들려주시오」

왕의 말을 듣고 난 소진은 이렇게 대답했다.

「초나라의 식량은 주옥(珠玉)보다 비싸고, 땔감은 계수나무보다 비쌉니다(楚國之食貴于玉 薪貴于桂). 제가 주옥같이 비싼 양식을 먹고, 계수나무처럼 비싼 땔감을 불태우면서 어찌 오래 머물러 있을 수 있겠습니까?」

초회왕은 곧 소진의 의도를 깨닫고 그를 관사에 묵게 하고 그에게 가르침을 청하였다.

값지고 귀한 구슬과 옥보다 쌀이 더 비싸고, 땔감이 고급 계수나무보다 비싼 것은 생활필수품들의 물가가 치솟아 올라 힘든 생활을 비유하는 말이다.

「식옥취계(食玉炊桂)」라고도 한다.

미증유 未曾有

아닐 未 일찍 曾 있을 有

《능엄경(楞嚴經)》

「지금까지 한 번도 있어 본 적이 없음. 일찍이 있지 않았던 일」이라는 뜻으로, 처음 벌어진 일이라 유례를 찾을 수 없는 놀라운 사건이나 일을 묘사하는 데 사용되는 말이다. 미상유(未嘗有)라고도 한다.

「천지가 아직 열리지 않은 혼돈의 상태인 천황을 깨고 새로운 세상을 만든다」는 「파천황(破天荒)」이나 「지금까지 들어본 적이 없음」이라는 「전대미문(前代未聞)」 등과 같은 뜻이다.

《능엄경(楞嚴經)》에 있는 말이다.

「부처의 설법을 듣기 위하여 모인 승려들이 미증유함을 얻었다(法筵淸衆 得未曾有)」

또 《중아함경》에는 수장자(手長者)가 지켜야 할 여덟 가지 미증유의 법에 대한 설명이 있다. 불경에는 「미증유」라는 말이 자주 보이는데, 부처의 공덕을 찬탄하거나 신비하고 불가사의한 일을 말할 때 사용된다.

그때 부처님께서는 수장자에 대하여 비구(比丘)들에게, 「수장자에게는 여덟 가지 미증유(未曾有)의 법이 있느니라. 수장자는 욕심이 적고, 믿음이 굳건하고, 양심의 부끄러움을 알고, 남에게 미안함을 알며, 선행을 부지런히 하고, 항상 법을 깊이 생각하고, 마음이 산란하지 않고, 지혜가 밝은 사람을 말한다」라고 말씀하셨던 데서 시작된 말이다. 이로부터 유래하여 이전에는 한 번도 일어나지 않았던 매우 놀라운 사건이나 일을 묘사하는 데 사용된다.

민귀군경 民貴君輕

백성 民 귀할 貴 임금 君 가벼울 輕

《맹자》 진심장(盡心章)

백성은 귀하고 임금은 가볍다는 뜻으로, 백성이 나라의 근본임을 강조하는 말이다. 맹자는 도덕을 바탕으로 한 왕도정치(王道政治)와 백성을 근본으로 하는 민본정치(民本政治)를 주장하여 《맹자》 진심장구 하편에서 이렇게 말했다.

「백성이 귀하고, 사직은 그 다음이고, 임금은 가볍다(民爲貴 社稷次之 君爲輕)」

주자(朱子)는 이 구절에 대한 주석에서 이렇게 설명하였다.

주 자

「대개 나라는 백성으로 근본을 삼는 것이니, 사직도 또한 백성을 위하여 세운 것이며, 임금이 존귀한 것도 백성과 사직의 존망에 달려 있는 것이므로 그 경중이 이와 같다」

국민이 나라의 근본임을 강조하는 이 말은 우리나라에서 2011년도 새해를 맞아 《교수신문(教授新聞)》이 선정한 「희망의 사자성어」이기도 하다. 선정 이유에는 나라의 근본인 국민을 존중하는 정치, 국민과 소통하는 정치, 국민을 위한 정치가 시행되기를 바라는 염원이 담겨 있기 때문이다.

민이식위천 民以食爲天

백성 民 써 以 밥 食 할 爲 하늘 天

《사기》 역생육고(酈生陸賈) 열전

백성은 음식을 하늘로 여긴다. 곧 임금 된 자는 백성을 하늘같이 섬기되 백성들에게 제일 중요한 것은 먹고사는 것임을 알아야 한다.

진(秦)나라 말기, 유방(劉邦)은 패현(沛縣)에서 군대를 일으켜 진류(陳留) 현의 교외에 주둔하였다. 당시 진류현의 고양이라는 시골에는 역이기(酈食其)라는 한 가난한 사람이 있었다. 그는 책 읽기를 좋아하였으나 집안이 몰락해서 의식(衣食)을 해결할 생업을 갖지 못했다. 현 안에서는 아무도 그를 쓰지 않으려 했고, 마을 사람들은 그를 「광생(狂生)」이라 불렀다.

역생(酈生 : 역이기)은 유방의 휘하로 들어가고자 했는데, 유방이 유생(儒生)들을 싫어하여 그들이 찾아오면 관(冠)을 벗겨 거기에 오줌을 누고 욕을 퍼붓는다는 말을 들었다. 역생은 심사숙고 끝에 유방을 만나러 갔다. 역생은 유방의 진영 앞에서 시위(侍衛)에게 말했다.

「고양에 사는 천민 역이기가 천하대사를 도모하고자 유방을 만나러 왔소」

시위가 이 사실을 황급히 유방에게 보고하자, 유방이 물었다.

「찾아온 자의 행색이 어떠했느냐?」

시위가 대답하였다.

「유생의 모자를 쓰고 유생의 옷을 입은 자였습니다」

유방은 노하여 말했다.

「유생 따위는 만날 시간이 없다고 전해라」

시위의 말을 전해들은 역이기는 짐짓 칼을 쥐고 시위를 노려보며 소리쳤다.

「나는 고양 땅의 술꾼이지 유생이 아니니, 어서 가서 그대로 아뢰시오」

시위는 곧 다시 유방에게 아뢰었다. 이때 마침 발을 씻고 있던 유방은 그가 주객이라는 말을 듣고 맨발로 나가 역이기를 맞았다. 그 후 역이기는 모사(謀士)로서 유방을 돕게 되었다.

한번은 유방이 초패왕(楚霸王) 항우(項羽)의 공격을 받게 되자, 유방은 성고의 동쪽 지역을 항우에게 내주려고 하였다. 이때 역이기는 나서서 식량창고인 오창(敖倉)이 있는 지역을 지킬 것을 주장하며 다음과 말했다.

「『하늘을 하늘로 아는 자는 왕업을 성취할 수 있고, 하늘을 하늘로 알지 못하는 자는 왕업을 성취할 수 없다. 왕자(王者)는 백성을 하늘로 알고, 백성은 먹을 것을 하늘로 안다(王者以民人爲天 而民人以食爲天)』란 말이 있습니다. 지금이야말로 초나라를 깨뜨릴 적기이거늘, 한나라가 오히려 퇴각함으로써 기회를 스스로 포기하는 것은 신이 가만히 생각해 보아도 잘못된 일입니다. 두 영웅은 양립할 수 없는 것입니다(兩雄不俱立). 한나라와 초나라가 서로 대치만 할 뿐 결전을 하지 않는다면 백성은 안정을 찾지 못하고 천하는 동요할 것이며 백상들은 큰 혼란에 빠질 것입니다」

패공은 그 계략을 따르기로 하고 아울러 오창도 지키기로 했다. 그리고 역생을 보내 제나라 왕을 설득케 했다.

춘추시대 관중도 같은 말을 했다.

「창고가 가득 차야 예절을 알고, 의식이 족해야 영욕을 안다(倉廩實而知禮節 衣食足而知榮辱)」라고.

밀운불우 密雲不雨

빽빽할 密 구름 雲 아닐 不 비 雨

《주역(周易)》 소축괘(小畜卦)

「구름은 가득 끼었지만 비는 오지 않는다」는 뜻으로, 일의 징조만 있고 일은 이루어지지 않음을 이르는 말이다. 《주역》 소축괘에 다음과 같은 말이 있다.

주 문왕

「먹구름은 잔뜩 끼어 있지만 비가 오지 않으니 나 스스로 서쪽 교외로 나간다(密雲不雨 自我西郊)」

「단전(彖傳)」에서는 이 뜻을 풀이해 「『밀운불우』는 아직도 가고 있다는 뜻이다. 『자아서교』는 베풂이 아직 시행되지 않았다는 뜻이다」라고 하였다. 또 소과괘(小過卦)의 육오(六五)에서는 「먹구름은 가득 끼었지만 아직 비가 오지 않으니 나 스스로 서쪽 교외로 나간다. 공께서 줄을 맨 화살로 굴속에 있는 그를 취한다」라고 하였다.

이 이야기는 주(周)나라 문왕(文王)이 주(紂)의 폭정을 간하다가 오히려 박해를 받은 뒤에 임금이 나라를 바로 다스리지 못하면 나부터라도 솔선수범해서 백성을 위하겠다는 의지를 표명한 것이다.

덕치를 베풀 수 있는 모든 조건을 문왕 자신은 갖추고 있지만 자신이 임금이 아니기 때문에 참람(僭濫)하지만 덕치로써 자임하겠다는 말이다.

마가오상(馬家五常)　　말 馬 /집 家 /다섯 五 /늘 常

마씨 5형제(兄弟)가 모두 재주가 뛰어나고 이름자에 常(상)자가 들어 있는 것에서 연유(緣由)한 말로, 형제가 모두 명망이 높음을 이르는 말. 《삼국지》 촉지.

마권찰장(摩拳擦掌)　　갈 摩 /주먹 拳 /비빌 擦 /손바닥 掌

주먹과 손바닥을 비빈다는 뜻으로, 기운을 모아서 용진할 태세를 갖추고 기회를 엿본다는 뜻.

마두출령(馬頭出令)　　말 馬 /머리 頭 /날 出 /영 令

갑자기 내리는 명령.

마부정제(馬不停蹄)　　말 馬 /아닐 不 /머물 停 /굽 蹄

달리는 말은 말굽을 멈추지 않는다는 뜻으로, 지난 성과에 안주(安住)하지 말고 더욱 발전하고 정진(精進)하자는 뜻.

마상봉도(馬上奉導)　　말 馬 /위 上 /받들 奉 /이끌 導

옛날 임금이 능행 때에 말에 오르면, 일산을 우긋하게 잘 받쳐 들리고 편히 모시라고 외치는 소리. 봉도별감(奉導別監)이 먼저 「일산 우버 시위」 라 부르면 여러 별감(別監)이 「일산 훠 우버 시위라 견마부 안가 뫼라」 고 자꾸 외침.

마우금거(馬牛襟裾)　　말 馬 /소 牛 /옷깃 襟 /옷자락 裾

금거(襟裾)는 깃과 옷자락으로 의복의 뜻. 곧 말이나 소가 단지 의복을 걸쳤음에 지나지 않음의 비유. 또는 예절을 모르는 사

람의 비유.

마저작침(磨杵作針)　　갈 磨 /공이 杵 /만들 作 /바늘 針

쇠공이를 갈아서 바늘을 만든다는 뜻으로, 한번 일을 시작했으면 불요불굴(不撓不屈)의 정신으로 끝까지 노력해야 성공할 수 있음을 이르는 말. ☞ 철저마침. 《잠확유서(潛確類書)》

마정방종(摩頂放踵)　　갈 摩 /정수리 頂 /놓을 放 /발꿈치 踵

머리끝에서 발뒤꿈치에 이르기까지 온몸이 닳도록 뛰어다닌다는 뜻으로, 천하를 위하여 노고를 아끼지 않고 동분서주함을 이르는 말. 《맹자》 진심.

마호체승(馬好替乘)　　말 馬 /좋을 好 /바꿀 替 /탈 乘

말도 갈아타면 좋다는 뜻으로, 새것으로 바꾸어 보는 것도 즐거움이 있음을 이르는 말. 《동언해(東言解)》

막무가내(莫無可奈)　　없을 莫 /없을 無 /옳을 可 /어찌 奈

어쩔 도리가 없음. 무가내하(無可奈何).

막지동서(莫知東西)　　없을 莫 /알 知 /동녘 東 /서녘 西

동서를 분간하지 못한다는 뜻으로, 사리를 분별하지 못하고 어리석음의 비유.

막천석지(幕天席地)　　막 幕 /하늘 天 /자리 席 /땅 地

하늘을 장막으로 삼고 땅을 자리로 삼는다는 뜻으로, 호방(豪放)하여 천지를 자기의 거소(居所)로 하는 활달한 의기가 있음을 이르는 말. 또는 정처 없이 떠돌아다니는 신세를 일컬음. 「하늘을 지붕 삼다」 유령(劉伶) 「주덕송(酒德頌)」

막천적야(寞天寂也)　　고요할 寞 /하늘 天 /고요할 寂 /이끼 也

적막강산(寂寞江山). 쓸쓸하고 적막함을 이르는 말. 《칠수유고》

만경창파(萬頃蒼波) 일만 萬 /밭넓이 단위 頃 /푸를 蒼 /물결 波

한없이 넓고 넓은 바다. 만경창파에 일엽편주(一葉片舟).

만고불역(萬古不易) 일만 萬 /옛 古 /아니 不 /바꿀 易

오랜 세월을 두고 바뀌지 아니함. 또는 영원한 가치가 있는 것. 유 만고불변.

만구성비(萬口成碑) 일만 萬 /입 口 /이룰 成 /돌기둥 碑

많은 사람이 칭찬하는 것은 송덕비(頌德碑)를 세움과 같다는 뜻.

만리동풍(萬里同風) 일만 萬 /마을 里 /같을 同 /바람 風

만 리나 되는 먼 곳까지도 같은 바람이 분다는 뜻으로, 천하가 통일되어 어디나 풍속이 같아짐을 이르는 말. 또는 천하가 통일되어 태평함을 이름. 《한서》

만리지망(萬里之望) 일만 萬 /마을 里 /갈 之 /바랄 望

먼 곳에 다다르려고 하는 희망이라는 뜻으로, 입신출세의 욕망.

만맥지방(蠻貊之邦) 오랑캐 蠻 /오랑캐 貊 /갈 之 /나라 邦

만과 맥은 중국 남쪽과 북쪽의 오랑캐. 만맥이 사는 곳이란 뜻으로, 개명(開明)하지 못한 미개한 나라를 이름. 《논어》

만사무석(萬死無惜) 일만 萬 /죽을 死 /없을 無 /아까울 惜

만 번 죽어도 아깝지 않을 정도로 죄가 무거움.

만신창이(滿身瘡痍) 찰 滿 /몸 身 /상처 瘡 /상처 痍

온 몸이 상처투성이가 됨. 어떤 사물이 엉망진창이 됨을 이름.

만우난회(萬牛難回) 일만 萬 /소 牛 /어려울 難 /돌 回

만 필이나 되는 소가 끌어도 돌리기가 어렵다는 뜻으로, 고집이 너무 심함을 이르는 말.

만장회도(慢藏誨盜)　　게으를 慢 /감출 藏 /가르칠 誨 /훔칠 盜

창고의 문단속을 게을리 하는 것은 곧 도둑질을 부추기는 격이 됨을 이르는 말. 《성호사설(星湖僿說)》에 이런 말이 있다. 「임금은 안일한 데서 생장하기 때문에 초야의 질고에 대해서는 지극히 총명한 이가 아니면 자세히 알 수가 없는 것인데, 백성이 굶주리고 얼어서 죽는 것을 내버려두니 어찌 유사의 죄가 아니겠는가? 허술하게 간직함은 도둑을 가르치는 것이고, 얼굴을 예쁘게 단장함은 음란을 가르치는 것이며,… (人主生長安逸 草莽間疾苦 非至明有不能詳者 任民飢凍而死 豈非有司之罪耶 謾藏誨盜 治容誨淫…)」 《역경(易經)》

만조백관(滿朝百官)　　찰 滿 /아침 朝 /일백 百 /벼슬 官

조정의 모든 벼슬아치를 통틀어 이르는 말. 만정제신(滿廷諸臣).

만첩청산(萬疊靑山)　　일만 萬 /겹쳐질 疊 /푸를 靑 /뫼 山

사방이 첩첩이 둘린 푸른 산.

만초한연(蔓草寒烟)　　덩굴 蔓 /풀 草 /찰 寒 /연기 烟

무성한 덩굴과 쓸쓸한 연기라는 뜻으로, 성터의 황량한 정경을 이름. 오융(吳融)「추색시(秋色詩)」

만촉지쟁(蠻觸之爭) ☞ 와우각상(蝸牛角上).

말대필절(末大必折)　　끝 末 /클 大 /반드시 必 /꺾을 折

가지가 너무 커지면 줄기가 부러진다는 뜻으로, 지족(支族)이 강대해지면 종가가 쓰러짐을 비유하여 이르는 말. 《좌전》

말마이병(秣馬利兵)　　꼴 秣 /말 馬 /날카로울 利 /군사 兵

말에 먹이를 먹이고 칼을 날카롭게 간다는 뜻으로, 출병 준비를 이르는 말. 《좌전》

망개삼면(網開三面)　　그늘 網 /열 開 /석 三 /낯 面

빙 둘러친 그물의 삼면을 열어 금수(禽獸)가 자유롭게 도망칠 수 있게 했다는 탕왕(湯王)의 고사에서, 은덕(隱德)이 금수에까지 미침을 비유하여 이르는 말.

망년지우(忘年之友)　　잊을 忘 /나이 年 /의 之 /벗 友

나이를 잊고 사귄 친구란 뜻으로, 오직 재덕(才德)을 존경하여 사귀는 벗을 일컬음. 《한서》 망년교(忘年交).

망목불소(網目不疎)　　그물 網 /눈 目 /아닐 不 /트일 疎

그물코가 촘촘한 것과 같이 법률이 세밀함을 이름. 《세설신어》

망문생의(望文生義)　　바랄 望 /글월 文 /날 生 /옳을 義

그 자구(字句)의 본래의 의미를 잘 검토하지 않고 문자를 한번 쳐다보고 그 자리에서 그럴듯하게 해석을 하는 것. 《어학통경(語學通經)》

망신망가(忘身忘家)　　잊을 忘 /몸 身 /집 家

몸과 가솔(家率)을 마음속에서 잊는다는 뜻으로, 사(私)를 돌보지 않고 오직 나라와 공(公)을 위해 헌신함을 이르는 말. 《한서》

망양흥탄(望洋興嘆) 바라볼 望 /큰바다 洋 /흥겨울 興 /탄식할 嘆

큰 바다를 보자 절로 탄식이 나오다. 원래는 남의 훌륭한 점을 보아야 자신이 보잘것없다는 사실을 안다는 뜻이었는데, 나중에는 일을 처리하는 데 힘이 부족하고 조건이 결핍되어 할 수 없는 경우를 빗대어 일컫는 말이 되었다. 《장자》 추수편.

망유택언(罔有擇言)　　그물 罔 /있을 有 /가릴 擇 /말씀 言

말이 모두 법에 맞아 골라 빼낼 것이 없음을 이름. 《서경》

망지일목(網之一目)　　그물 網 /의 之 /한 一 /눈 目

새는 그물의 한 코에 걸려 잡히지만, 새 그물을 한 코만 만들어 치면 잡히지 않는다는 말. 《회남자》

망풍이미(望風而靡)　　바랄 望 /바람 風 /말이을 而 /쓰러질 靡

성망(聲望)을 듣고 우러러 복종함. 또는 풍문을 듣고 놀라 맞서려고도 하지 않고 뿔뿔이 흩어져 도망감을 비유하여 이르는 말.

매검매우(賣劍買牛)　　팔 賣 /칼 劍 /살 買 /소 牛

칼을 팔아 소를 산다는 뜻으로, 병사(兵事)를 그만두고 농사를 짓게 되었음을 이르는 말. 《한서》

매리잡언(罵詈雜言)　　욕할 罵 /꾸짖을 詈 /섞일 雜 /말씀 言

욕을 늘어놓으며 상대를 매도하는 것. 또는 그런 문구(文句)나 말.

매림지갈(梅林之渴) ☞ 망매지갈.

매염봉우(賣鹽逢雨)　　팔 賣 /소금 鹽 /만날 逢 /비 雨

소금을 팔다가 비를 맞는다는 뜻으로, 일에 마(魔)가 끼었음을 일컫는 말. 《송남잡식》

매처학자(梅妻鶴子)　　매화나무 梅 /아내 妻 /학 鶴 /아들 子

송나라에 임포(林逋)라는 사람이 살았다. 임포는 평생 동안 장가도 들지 않고 고요한 가운데 고달픈 삶을 살아간 시인이다. 그는 영리를 구하지 않는 성격을 흠모하여 그의 시 또한 청고하면서 유정한 풍모를 드러내고 있다. 그는 시명으로 평가되는 것을 꺼려서 지은 시를 많이 버렸고, 자신의 시가 후세에 전해질 것을 두려워한 나머지 기록하지도 않았다. 임포는 서호(西湖) 근처의 고산에서 은둔생활을 했는데, 자주 호수에 조각배를 띄워 근처 절에 가서 노닐었으며, 동자는 학이 나는 것을 보고 객이 온다는 것을 알았다고 한다. 임포는 아내와 자식이 없는 대신 자신이 머물고 있는 곳에 수많은 매화나무를 심어 놓고 학을 기르며 즐겁게 살았다. 그래서 사람들은 임포는 매화 아내에 학 아들을 가지고 있다고 했다. 이 이후로 후세 사람들은 「매처학자」라는 말로써 풍류 생활을 하는 것을 비유하게 되었다. 《시화총구(詩話總龜)》

맹귀부목(盲龜浮木)　　소경 盲 /거북 龜 /뜰 浮 /나무 木

큰 바다에 사는 눈먼 거북이가 3백 년마다 물속에서 머리를 내고 숨을 쉬는데, 파도를 타고 흘러온 나무의 구멍 속으로 거북이의 머리가 쑥 들어간다는 말. 즉 매우 희박한 확률의 우연성을 나타내는 비유. 인간으로 태어나는 것도, 불법(佛法)을 만나는 것도 매우 어렵다는 것을 비유하는 말이다. 맹귀우목(盲龜遇木)이라고도 한다. 《아함경(阿含經)》 유 천재일우(千載一遇).

맹모단기(孟母斷機) ☞ 단기지계(斷機之戒).

맹모삼천(孟母三遷)　　맏 孟 /어미 母 /석 三 /옮길 遷

어린이의 교육에는 기르는 환경도 중요하다고 하는 것. 맹모는 맹자의 어머니. 자식을 위해 세 번이나 이사를 했다는 현모(賢母)의 본보기. 맹자는 공자를 계승한 유교의 성인. 맹가(孟軻)라고 한다. 기원 전 3세기에 활약했다. 어린 시절 아버지를 여의고 어머니 손에 키워졌다. 맹자의 어머니는 묘지 근처에 살았는데, 맹자가 묘 파는 인부의 흉내를 내는 것을 보고 다시 시장 근처로 이사를 했다. 하지만 여기서도 장사꾼 흉내를 내는 게 아닌가. 그래서 마지막으로 학교 근처로 이사를 하자 공부하는 흉내를 내며 놀게 되었기 때문에, 「내 아들을 위해 어울리는 곳」이라며 기뻐했다고 하는 고사. 《열녀전》 모의(母儀). ☞ 맹모삼천지교(孟母三遷之教).

맹인모상(盲人摸象) 소경 盲 /사람 人 /더듬어 만질 摸 /코끼리 象

장님이 코끼리 만지듯 한다는 뜻으로, 문제를 단편적으로만 봄을 이르는 말. 《불경(佛經)》에 나오는 말이다. ☞ 군맹상평(群盲象評).

맹인식장(盲人食醬) 소경 盲 /사람 人 /먹을 食 /젓갈 醬

소경 장 떠먹듯 한다는 뜻으로, 대중이 없음을 이르는 말. 소경은 눈이 어두워서 장을 적당하게 뜨지 못하고, 많이 떴다 적게 떴다 하므로 생긴 말. 《동언해(東言解)》

맹인할마(盲人瞎馬) 소경 盲 /사람 人 /애꾸눈 瞎 /말 馬

장님이 외눈박이 말을 탄다는 뜻으로, 매우 위험함을 비유하는 말.

맹자실장(盲者失杖) 소경 盲 /사람 者 / 잃을 失 /지팡이 杖

장님이 지팡이를 잃었다는 뜻으로, 믿고 의지할 바를 잃음의 비유. 《진동포집(陳同甫集)》

맹호복초(猛虎伏草) 사나울 猛 /범 虎 /엎드릴 伏 /풀 草

풀숲에 웅크리고 있는 사나운 호랑이란 뜻으로, 영웅은 한때는 숨어 있지만 언젠가는 반드시 세상에 드러나게 마련임을 비유하여 이르는 말. 이백(李白).

맹호위서(猛虎爲鼠) 사나울 猛 /범 虎 /할 爲 /쥐 鼠

동물의 왕자인 범도 위엄을 잃게 되면 쥐와 같다는 뜻으로, 군주도 권위를 잃게 되면 신하에게 제압당함을 비유하여 이르는 말. 이백(李白).

면벽공심(面壁攻深) 얼굴, 바라볼 面 벽 壁 칠 攻 깊을 深

중국 선종(禪宗)의 창시자인 달마(達磨)가 숭산(嵩山) 소림사(少林寺)에서 9년간 면벽좌선(面壁坐禪)하면서 높은 경지에 올랐다는

고사에서 유래한 성어(成語)다. 목표를 세우고 오랫동안 갈고 닦으면 높고 깊은 경지에 이를 수 있음을 비유한 말이다. 달마는 오로지 벽을 마주한 채 좌선에 전념하면서 종일토록 한 마디 말도 하지 않았다. 그렇게 9년을 변함없이 면벽좌선하고 나서 깨달은 선법(禪法)을 제자 혜가(慧可)에게 전수한 뒤 죽었다.

면시염거(麵市鹽車)　　밀가루 麵 /저자 市 /소금 鹽 /수레 車

밀가루를 뿌린 장거리와 소금을 실은 수레라는 뜻으로, 눈이 많이 쌓임의 형용. 이의산(李義山)의 「영설(詠雪)」이라는 시에, 「사람들은 장터에 밀가루를 뿌렸는가 의심하고, 말은 소금수레 끄는 듯 곤혹해 하네(人疑迷麵市 馬似困鹽車)」라는 구절에서 나온 말이다.

면이무치(免而無恥)　면할 免 /말이을 而 /없을 無 /부끄러울 恥

「면(免)」은 벌(罰)이나 형(形)·화(禍)에서 요행히 벗어나는 것. 「무치」는 책임감을 상실함을 뜻하는 것으로, 법률로 규제하고, 그 규제에서 벗어난 자에게 형벌로써 임한다면 백성은 어떡하든 법망을 피할 궁리만 하고, 용케 법망을 피하면 쾌재를 부르며, 법을 어긴 데 대하여는 죄의식도 없거니와 반성하려고 하는 마음도 갖지 않는다. 이에 반해 도덕에 의해 백성을 교화하고 문화적으로 이끌어 나가면, 부끄러워해야 할 것을 치욕으로 생각하는 마음, 죄에 해당한 것을 죄악이라고 생각하는 마음이 생겨 옳은 길을 가게 될 것이다. 《논어》

면종복배(面從腹背)　　낯 面 /좇을 從 /배 腹 /등 背

겉으로는 복종하는 체하면서 속으로는 배반함.

명견만리(明見萬里)　　밝을 明 /볼 見 /일만 萬 /거리 里

현명함이 만 리 밖을 내다본다는 뜻으로, 매우 총명함을 비유

하여 이르는 말. 《후한서》

명기누골(銘肌鏤骨)　　새길 銘 / 살 肌 / 새길 鏤 / 뼈 骨

살과 뼈에 새긴다는 뜻으로, 깊이 마음에 새겨 넣어 결코 잊지 않음을 이르는 말. 《안씨가훈》

명뢰상실(銘誄尙實)　　새길 銘 / 제문 誄 / 오히려 尙 / 열매 實

비명(碑銘)과 제문(祭文)은 내용이 같아야 함을 이르는 말.

명심누골(銘心鏤骨)　　새길 銘 / 마음 心 / 새길 鏤 / 뼈 骨

마음에 간직하고 뼈에 새긴다는 뜻으로, 은덕(隱德)을 입은 것을 잊지 않음을 이르는 말. 《서언고사(書言故事)》

명연의경(命緣義輕)　　목숨 命 / 가장자리 緣 / 옳을 義 / 가벼울 輕

목숨도 의(義)와 비교해서는 가볍다는 뜻으로, 의를 위해서는 생명을 아끼지 않음을 이르는 말. 《후한서》

명존실무(名存實無)　　이름 名 / 있을 存 / 열매 實 / 없을 無

이름만 있고 실상은 없는 것. 즉 공연히 유명하기만 하였지 아무 실속 없음을 이름. 㗊 명실상부(名實相符).

명창정궤(明窓淨几)　　밝을 明 / 창 窓 / 깨끗할 淨 / 안석 几

밝은 창과 정결한 책상이란 뜻으로, 깨끗이 정돈된 서재의 모양.

모릉양가(摸稜兩可)　　더듬을 摸 / 모서리 稜 / 짝 兩 / 옳을 可

어중간하다. 이래도 좋고 저래도 좋다. 태도가 애매하다.

모우전구(冒雨翦韭)　　무릅쓸 冒 / 비 雨 / 솎을 翦 / 부추 韭

우중(雨中)을 불구하고 부추를 솎아 손님을 대접한다는 뜻으로, 우정의 두터움을 비유하여 이르는 말. 《곽림종별전(郭林宗別傳)》

목광여거(目光如炬)　　눈 目 / 빛 光 / 같을 如 / 횃불 炬

안광(眼光)이 횃불과 같다는 뜻으로, 노기 띤 눈을 형용한 말. 사람을 노리고 쳐다보는 것. 《남사단도제전(南史檀道濟傳)》

목무전우(目無全牛)　　눈 目 /없을 無 /온전할 全 /소 牛

눈앞에 온전한 소가 남아 있지 않다는 뜻으로, 일의 솜씨가 신의 경지에 이른 것을 형용하는 말. 《장자》 ☞ 포정해우(庖丁解牛).

목본수원(木本水源)　　나무 木 /근본 本 /물 水 /근원 源

자식 되는 사람은 자신의 근본을 생각하여야 한다는 말. 양친은 나무의 근본이며, 물의 근원과 같다는 뜻. 《좌전》

목석불부(木石不傅)　　나무 木 /돌 石 /아니 不 /붙일 傅

나무에도 돌에도 붙을 데가 없다는 뜻으로, 가난하고 외로워 아무 데도 의지할 곳이 없는 처지를 이르는 말. 목석난부(木石難傅).

목식이시(目食耳視)　　눈 目 /먹을 食 /귀 耳 /볼 視

눈으로 먹고 귀로 본다는 뜻으로, 음식물을 보기 좋게 차려서 눈만 위하고 맛이 있고 없음은 묻지 않으며, 옷을 보기 좋게 차려서 남들이 칭찬하는 말을 들어 귀를 위하고 몸에 맞지 않음은 묻지 않는다 함이니, 의식(衣食)의 실속보다는 겉치레만을 취하여 생활이 헛된 사치에 흐름을 한탄하여 이르는 말. 사마광(司馬光) 《우서(迂書)》

목왕지절(木旺之節)　　나무 木 /성할 旺 /의 之 /마디 節

오행(五行)의 목기(木氣)가 성하는 때, 곧 봄철을 달리 이르는 말.

목우유마(木牛流馬)　　나무 木 /소 牛 /흐를 流 /말 馬

우마(牛馬)를 본떠서 기계장치로 운행하는 일종의 군용 수송

차. 중국 삼국시대 때 촉한(蜀漢)의 제갈양이 만들었다고 한다.

목우인의(木偶人衣)　　나무 木 /인형 偶 /사람 人 /옷 衣

나무로 만든 사람(木偶人)에게 옷을 입혔다는 뜻으로, 아무 소용도 없는 일을 함을 비유하여 이르는 말. 《사기》

목우즐풍(沐雨櫛風)　　머리감을 沐 /비 雨 /빗 櫛 /바람 風

비로 목욕하고 바람으로 머리를 빗는다는 뜻으로, 비와 바람을 무릅쓰고 간난신고(艱難辛苦)를 겪음을 이르는 말. 《북제서(北齊書)》

목지기사(木指氣使)　　나무 木 /가리킬 指 /기운 氣 /하여금 使

눈짓으로 지시하고 기색(氣色)으로 부린다는 뜻으로, 사람을 경멸하여 부림. 《한서》

목첩지간(目睫之間)　　눈 目 /속눈썹 睫 /의 之 /사이 間

눈과 속눈썹 사이라는 뜻으로, 시간이나 거리가 지극히 가까운 것을 이르는 말. 또는 지나치게 사물에 빠져들면 객관적 판단을 할 수 없다는 비유. 《후한서》

몽망착어(蒙網捉魚)　　씌울 蒙 /그물 網 /잡을 捉 /물고기 魚

그물을 머리에 쓰고 고기를 잡는다는 뜻으로, 고기를 잡으려면 그물을 물에 던져야 하는데도, 그물을 머리에 쓰고서도 고기가 잡힌 것은 우연히 운이 좋음을 비유하여 이르는 말. 《순오지》

몽위호접(夢爲胡蝶) ☞ 호접몽(胡蝶夢).

몽중상심(夢中相尋)　　꿈 夢 /가운데 中 /서로 相 /찾을 尋

꿈속에서 서로 친구를 찾는다는 뜻으로, 친밀함을 비유하여 이르는 말. 《서언고사(書言故事)》

몽중점몽(夢中占夢)　　꿈 夢 /가운데 中 /점칠 占

꿈속에서 꿈 풀이를 한다는 말로, 인생이 꿈 그 자체라고 하듯,

인생의 덧없음을 이름. 《장자》

몽환포영(夢幻泡影)　　꿈 夢 /미혹할 幻 /거품 泡 /그림자 影

이 세상 일체 사물이 덧없음을 비유한 말. 《금강경(金剛經)》

묘두현령(猫頭縣鈴) ☞ 묘항현령(猫項懸鈴).

묘목이공(墓木已拱)　　무덤 墓 /나무 木 /이미 已 /아름드리 拱

무덤가에 심은 나무가 아름드리로 커졌다는 뜻으로, 사람이 죽어서 이미 오랜 세월이 흘렀음을 비유하여 이르는 말. 《좌전》.

묘시파리(眇視跛履)　　애꾸눈 眇 /볼 視 /절름발이 跛 /신 履

애꾸눈이 잘 보려 하고, 절름발이가 먼 곳을 가려 한다는 뜻으로, 역량이 부족한 사람이 억지로 일을 하려 하다가는 오히려 화를 자초하게 됨을 이르는 말. 《역경》

묘이불수(苗而不秀)　　모 苗 /말이을 而 /아니 不 /높이 솟을 秀

모(벼의 싹)의 상태인 채 이삭을 패지 못하고 말라버린다는 뜻으로, 젊어서 죽는 것. 요절(夭折). 전하여 학문에 뜻을 두면서 성취하지 못하고 끝나고 마는 것을 이름. 《논어》

무간지옥(無間地獄)　　없을 無 /사이 間 /땅 地 /옥 獄

불교에서 말하는 팔열지옥(八熱地獄)의 하나로, 사바세계(娑婆世界) 아래, 2만 유순(由旬)되는 곳에 있고 몹시 괴롭다는 지옥. 아비지옥(阿鼻地獄) 또는 무구지옥(無救地獄)이라고도 한다. 사람이 죽은 뒤 그 영혼이 이곳에 떨어지면 그 당하는 괴로움이 끊임없기(無間) 때문에 이 이름이 붙었다. 오역죄(五逆罪)를 범하거나, 사탑(寺塔)을 파괴하거나 성중(聖衆)을 비방하고 시주한 재물을 함부로 허비하는 이가 그곳에 간다고 한다. 옥졸이 죄인의 가죽을 벗기고 그 벗겨낸 가죽으로 죄인의 몸을 묶어 불수레에 실어 훨훨 타는 불 속에 죄인을 집어넣어 몸을 태우며, 야차들이 큰 쇠창을 달구어 죄인의 몸을 꿰거나 입, 코, 배, 등을 꿰어 공중에 던진다고 한다.

무고지민(無告之民)　　없을 無 /고할 告 /의 之 /백성 民

어디다 호소할 데가 없는 어려운 백성. 의지할 데가 없는 늙은이나 어린아이를 이르는 말. 《맹자》 양혜왕.

무궁무진(無窮無盡)　　없을 無 /다할 窮 /없을 無 /다할 盡

끝이 없고 다함이 없음을 형용(形容)해 이르는 말.

무념무상(無念無想)　　없을 無 /생각할 念 /생각할 想

무아(無我)의 경지에 들어가 아무것도 생각하지 않는 것. 또는 그 심경. 반 천사만고(千思萬考).

무루지인(無累之人)　　없을 無 /묶을 累 /의 之 /사람 人

무슨 일에도 관련을 갖지 않으며, 온갖 물욕에서 초월한 사람을 이르는 말. 《회남자》

무마지재(舞馬之災)　　춤출 舞 /말 馬 /갈 之 /화재 災

말이 춤추는 꿈을 꾸면 불이 난다는 데서, 화재(火災)를 달리 이르는 말. 마무지재(馬舞之災). 《전국책》

무망지복(毋望之福)　　말 毋 /바랄 望 /갈 之 /복 福

무망(毋望)은 바라지도 않는데 갑자기, 또는 반드시 일어난다는 뜻으로, 뜻하지 않은 행복이나 이익. 《전국책》

무망지인(毋望之人)　　말 毋 /바랄 望 /갈 之 /사람 人

곤란한 처지에 처했을 때 뜻하지 않게 달려와 주는 사람. 절박한 상황에 처했을 때 생각지도 않게 구해 주는 사람을 이른다. 《전국책》

무부무군(無父無君)　　없을 無 /아비 父 /임금 君

어버이와 임금에게 거역하여 불효하고 불충함. 어버이와 임금

도 안중에 없이 행동이 막됨. 비 난신적자(亂臣賊子).

무사무편(無私無偏)　　없을 無 /사사로울 私 /치우칠 偏

사심이 없고 치우치지 않는다는 뜻으로, 공평무사함. 《문중자(文中子)》

무산지몽(巫山之夢)　☞ 운우지락(雲雨之樂).

무상전변(無常轉變)　☞ 회자정리(會者定離)

무소불능(無所不能)　　없을 無 /바 所 /아닐 不 /능할 能

능통(能通)하지 않은 것이 없음.

무소불위(無所不爲)　　없을 無 /바 所 /아닐 不 /할 爲

못 할 일이 없음. 하지 못하는 일이 없음.

무수지수(貿首之讐)　　바꿀 貿 /머리 首 /갈 之 /원수 讐

목을 바꾸어 벨 원수라는 뜻으로, 세상에 함께 살 수 없는 원수. 곧 사생결단(死生決斷)을 내야 할 원수를 일컬음. 《전국책》 비 불공대천지수(不共戴天之讎).

무언거사(無言居士)　　없을 無 /말씀 言 /있을 居 /선비 士

수양(修養)을 쌓아 수다스럽지 않은 사람을 좋게 이르는 말. 말주변이 없는 사람을 비꼬아 빈정거리는 말.

무염지욕(無厭之慾)　　없을 無 /싫을 厭 /갈 之 /욕심 慾

싫증이 나지 않는 욕심, 즉 만족할 줄 모르는 끝없는 욕심.

무예불치(蕪穢不治) 거칠어질 蕪 /더러울 穢 /아니 不 /다스릴 治

전원(田園)이 거칠고 어지러운데 조금도 손질을 하지 않았다는 뜻으로, 사물이 정리가 되지 않고 흐트러진 상태나, 사물이 어수선하고 순서가 없음을 비유하여 이르는 말.

무위도식(無爲徒食)　　없을 無 /할 爲 /무리 徒 /먹을 食

아무 하는 일 없이 먹기만 함. 놀고먹음.

무위이치(無爲而治)　없을 無 /할 爲 / 말이을 而 / 다스릴 治

인덕(人德)이 있는 위정자라면 특별한 정치적 수완을 발휘하지 않더라도 유능한 인재를 얻어 저절로 세상이 평화롭게 다스려진다는 뜻. 이 말은 노자(老子)의 「무위이화(無爲而化)」와는 달리 적재(適材)를 적소(適所)에 두어 그 능력을 발휘시킨다면 임금 자신은 특별히 작위(作爲)를 농(弄)할 것 없다는 것이다. 《논어》

무위자연(無爲自然)　없을 無 /할 爲 / 스스로 自 /그러할 然

인위(人爲)를 부정하는 사상 중에서 특히 노장(老莊) 사상의 기본적 개념을 이름. 유교의 인의(仁義)나 형식주의에 대하여 주장된 것으로, 자연 그대로의 이상경(理想境)임. 《노자》의 무(無)를 천지만물의 근간이라고 하는 사상에 따른다면 무위자연은 만물의 본체가 됨.

무이무삼(無二無三)　없을 無 /두 二 /석 三

부처가 되는 길은 단 하나로, 그 밖에는 길이 없다고 하는 것. 그로부터 한눈팔지 않고 외곬으로 나아감의 뜻. 《법화경》 비 차이무이(遮二無二).

무인지경(無人之境)　없을 無 /사람 人 /의 之 /지경 境

사람이라고는 전혀 없는 곳이라는 말로, 아무 거칠 것이 없는 판.

무장공자(無腸公子)　없을 無 /창자 腸 /공변될 公 /아들 子

창자가 없다는 뜻으로, 담력이나 기개가 없는 사람을 비웃어 이르는 말. 또는 게를 일컫기도 한다. 《포박자》

무주공산(無主空山)　없을 無 /주인 主 /빌 空 /뫼 山

인가도 인기척도 전혀 없는 쓸쓸한 산. 임자 없는 산.

무하저처(無下箸處)　　없을 無 /아래 下 /젓가락 箸 /둘 處

젓가락 갈 곳이 없다는 뜻으로, 먹을 만한 반찬이 없음을 이르는 말. 《진서》

문념무희(文恬武嬉)　　글월 文 /편안할 恬 /구인 武 /즐길 嬉

문무관(文武官)이 모두 안일하게 놀고만 지냄. 곧 세상이 태평함을 이르는 말. 또는 문무관이 편히 놀기만 일삼음. 곧 관리들이 자기의 직분을 지키지 않아 정치가 퇴폐한다는 뜻. 한유 「평회서비(平淮西碑)」

문도어맹(問道於盲)　　물을 問 /길 道 /어조사 於 /소경 盲

맹인에게 길을 묻는다는 뜻으로, 알지도 못하는 사람에게 물건의 행방이나 사태의 추이에 대해 묻는 어리석은 태도를 비유해 이르는 말. 한유 「답진생서(答陳生書)」

문맹지로(蚊虻之勞)　　모기 蚊 /등에 虻 /의 之 /일할 勞

모기와 등에의 노고란 뜻으로, 아무런 쓸모가 없음의 비유. 하찮은 구실을 말한다. 《장자》

문불가점(文不加點)　　글월 文 /아니 不 /더할 加 /점 點

문장이 썩 잘 되어서 점 하나 더 찍을 만한 흠도 없다는 뜻으로, 흠 잡을 곳이 없이 아름다움을 이르는 말. 《북사》

문안시선(問安視膳)　　물을 問 /편안할 安 /볼 視 /반찬 膳

웃어른에게 문안을 드리고 차려드릴 음식을 살핀다는 뜻으로, 어른을 잘 모시고 받드는 모양을 비유하는 말.

문예부산(蚊蚋負山)　　모기 蚊 /파리 蚋 /질 負 /뫼 山

모기가 산을 등에 졌다는 뜻으로, 역량이나 능력이 부족한 사람이 중차대한 책무를 감당할 수 없음을 비유하여 이르는 말. 《장자》

문일득삼(問一得三)　　물을 問 /한 一 /얻을 得 /석 三

물어본 것은 적지만, 얻은 대답은 많다는 뜻으로, 적은 노력으로 많은 이득을 얻었을 때 쓰는 말. 《논어》

문전옥답(門前沃畓)　　문 門 /앞 前 /물 댈 沃 /논 畓

집의 문 앞에 있는 기름진 논. 곧 알토란같은 재산을 일컫는 말.

문정약시(門庭若市) ☞ 문전성시.

문질빈빈(文質彬彬)　　글월 文 /바탕 質 /빛날 彬

외관의 훌륭함과 내면의 실질(實質)이 알맞게 조화를 이루고 있는 형용. 또는 사물이 과부족이 없이 갖추어져 조화가 이루어져 있음의 형용. 《논어》

문필도적(文筆盜賊)　　글월 文 /붓 筆 /훔칠 盜 /도둑 賊

남의 원고나 저술물을 훔쳐 베껴 마치 자기가 지은 것처럼 써먹는 사람. 유 슬갑도적(膝甲盜賊).

물각유주(物各有主)　　만물 物 /각각 各 /있을 有 /주인 主

무엇이나 그 주인이 있다는 뜻으로, 무슨 물건이나 그것을 가질 주인은 따로 있다는 말.

물구즉신(物久則神)　　만물 物 /오랠 久 /곧 則 /귀신 神

물건이 오래 묵으면 반드시 변괴(變怪)가 생긴다는 말. 곧 민속적으로 잉어가 오래 묵으면 용이 된다든지, 개를 오래 먹이지 않는 등의 사상은 이에서 온 것임.

물색비류(物色比類)　　만물 物 /빛 色 /견줄 比 /무리 類

같은 것을 비교해서 목적한 것을 찾아 구하는 것. 물색(物色)은 희생(犧牲) 동물의 털 색깔. 거기에서 「물색(物色)하다」 라고 하는 의미가 되었다. 유(類)는 같은 부류, 한패, 동류의 뜻. 비류(比

類)는 많은 같은 물건을 비교해 보는 것. 《예기》 월령(月令).

물정소연(物情騷然)　　만물 物 /뜻 情 /떠들 騷 /그러할 然

세상의 형편이 어수선함. 물정은 사물의 정상(情狀), 세상의 형편, 세상 사람의 인심이나 심정(心情). 소연은 어수선한 것. 반 평온무사.

미관말직(微官末職)　　작을 微 /벼슬 官 /끝 末 /벼슬 職

지위가 아주 낮은 벼슬.

미대난도(尾大難掉)　　꼬리 尾 /클 大 /어려울 難 /흔들 掉

꼬리가 커서 흔들기가 어렵다는 뜻으로, 일의 끝이 크게 벌어져서 처리하기가 힘듦의 비유. 미대부도(尾大不掉). 《좌전》

미도지반(迷途知返)　　미혹할 迷 /길 途 /알 知 /돌아올 返

길을 잘못 들어섰음을 알고 돌아선다는 뜻으로, 잘못된 길에 빠졌다가 뉘우치고 돌아서는 것을 비유한 말. 《양서(梁書)》

미래영겁(未來永劫)　　아직 未 /올 來 /길 永 /지극히 오랜 시간 劫

앞으로 닥쳐오는 영원한 세상. 영겁은 무한히 오랜 세월. 겁(劫)은 위협하다, 위태롭게 하다의 뜻이지만, 불교에서는 지극히 오랜 시간을 말한다. 인도에서는 범천(梵天)의 하루, 인간의 4억 3천 2백만 년을 일겁(一劫)이라고 한다.

미록성정(麋鹿性情)　　큰 사슴 麋 /사슴 鹿 /성품 性 /뜻 情

미록은 사슴과 고라니. 곧 사슴과 고라니의 성격이란 뜻으로, 시골에서 배우지 못하여 함부로 행동하는 성격을 비유하여 이르는 말.

미목수려(眉目秀麗)　　눈썹 眉 /눈 目 /빼어날 秀 /고울 麗

미목은 눈썹과 눈. 얼굴 생김새가 우아하고 아름다운 것. 대부분의 경우 미남자를 가리켜 말한다. 물론 여성에 대해서도 사용

된다.

미봉만환(彌縫漫患)　　두루 彌 /꿰맬 縫 /질펀할 漫 /근심 患

의류 등의 떨어진 데를 꿰매고 기운 것이 흩어지고 엉키었다는 뜻으로, 그때그때 겨우 발라 맞춰 나가던 일이 어떻게 할 수 없을 만큼 얽히고설킨 것을 이르는 말. 《좌전》 ☞ 미봉책.

미사여구(美辭麗句)　　아름다울 美 /말 辭 /고울 麗 /글귀 句

아름다운 말로 꾸민 듣기 좋은 글귀. 외관만을 꾸민 성의 없는 말의 의미.

미성일궤(未成一簣)　　아직 未 /이룰 成 /한 一 /삼태기 簣

산을 만드는데 마지막 한 삼태기 흙을 올리지 않아 산이 완성되지 못하였다는 뜻으로, 최후의 노력을 게을리 함으로써 그 일의 완성을 보지 못함을 비유하여 이르는 말. 《논어》 ☞ 공휴일궤(功虧一簣).

미안추파(媚眼秋波)　　아양 부릴 媚 /눈 眼 /가을 秋 /물결 波

미안은 눈매. 추파는, 가을의 잔잔한 맑은 물결에서 미인의 맑은 눈매가 되어, 지금은 은근한 정을 나타내는 눈짓이 되었다.

미여관옥(美如冠玉)　　아름다울 美 /같을 如 /갓 冠 /구슬 玉

용모의 아름다움이 관에 달린 옥과 같다는 뜻으로, 겉만 번지르르하고 알맹이가 없음을 비유해 이르는 말.

미의연년(美意延年)　　아름다울 美 /뜻 意 /끌 延 /해 年

즐거운 마음으로 있으면 오래 살 수 있음을 이르는 말. 미의는 즐거운 마음, 즐겁게 하는 것. 연년은 오래 사는 것, 수명을 연장하는 것. 《순자》

미주가과(美酒佳果)　　아름다울 美 /술 酒 /아름다울 佳 /실과 果

좋은 술과 좋은 과일.

민간질고(民間疾苦)　　백성 民 /사이 間 /병 疾 /쓸 苦

정치의 부패나 변동 따위로 말미암아 받는 백성의 괴로움.

민고민지(民膏民脂)　　백성 民 /살찔 膏 /기름 脂

백성의 피와 땀이란 뜻으로, 백성에게서 조세로 받아 거둔 돈이나 곡식을 일컬음.

민궁재갈(民窮財渴)　　백성 民 /궁할 窮 /재물 財 /목마를 渴

백성은 구차(苟且)하고 나라의 재물은 다 말라 없어짐.

민력휴양(民力休養)　　백성 民 /힘 力 /쉴 休 /기를 養

부담을 가볍게 하여 백성의 힘을 펴게 함.

민보어신(民保於信)　　백성 民 /지킬 保 /어조사 於 /믿을 信

백성은 신의(信義)가 있을 때에 안정된다는 뜻으로, 백성은 신의에 의해서만 잘 다스려진다는 말.

민생어삼(民生於三)　　백성 民 /날 生 /어조사 於 /석 三

사람이 이 세상에서 살아 있을 수 있는 것은 아버지와 스승과 군주의 덕이다. 삼(三)은 부(父)·사(師)·군주(君主). 이 삼자 덕으로 생존할 수 있는 것이므로, 이 삼자에게 봉사해야만 한다는 뜻도 있다. 《국어》

민심무상(民心無常)　　백성 民 /마음 心 /없을 無 /항상 常

백성의 마음은 일정하지 않다는 뜻으로, 정치의 득실에 따라 착하게도 되고 악하게도 됨을 이르는 말. 《서경》

민아무간(民我無間)　　백성 民 /나 我 /없을 無 /사이 間

민족과 자신을 똑같이 생각함.

여산폭포(겸재 정선)

고사성어대사전

박면피 剝面皮 ➡ 빙탄간 氷炭間

박면피 剝面皮

벗길 剝 낯 面 가죽 皮

《배씨어림(裵氏語林)》, 《삼국연의》.

얼굴 가죽(面皮)을 벗긴다는 뜻으로, 원래 뜻은 잔혹한 고문이나 형벌을 가리켰는데, 뜻이 바뀌어 파렴치한 사람의 본색을 다 드러내 망신을 준다는 말.

《배씨어림》에 있는 이야기다.

포악한 정치를 한 삼국시대 오(吳)나라의 왕 손호(孫皓)는 자기 마음에 들지 않는 사람의 얼굴 가죽을 벗기는 일을 서슴지 않았으며, 신하들이 간언하면 신체를 찢는 거열형(車裂刑)에 처하기도 하고 뜻을 거역하는 궁녀의 목을 베어서 흐르는 물에 던져버리는 등 백성을 괴롭히는 정치를 일삼았다.

오나라를 정복한 왕준은 군사를 거느리고 돌아오면서 오주 손호를 낙양으로 데려와 진 황제 사마염(司馬炎)을 뵙게 했다. 손호는 대전에 올라 머리를 조아리며 황제를 배알했다. 사마염이 앉을 자리를 내어주며 말했다.

「짐이 이 자리를 마련하고 경을 기다린 지 오래로다」

손호가 대답했다.

「신 또한 이런 자리를 남방에 마련해 놓고 폐하를 기다렸습니다」

진제가 껄껄 웃었다. 가충(賈充)이 손호에게 물었다.

「듣건대 그대가 남방에 있을 때 늘 사람의 눈알을 도리고 얼굴 가죽을 벗겼다는데, 그건 어떤 형벌이오?」

손호가 말했다.

「신하로서 임금을 시해하려는 자와 간사하고 불충스런 자에게만 이런 벌을 내렸습니다」

이에 가충은 말을 못하고 심히 부끄러워했다.

손 호

낯가죽을 벗긴다는 것은 파렴치한 사람의 면모를 밝혀 창피를 주어서 체면이나 명예를 손상시키는 것을 말한다. 얼굴 가죽이 두꺼워 뻔뻔스럽고 부끄러움을 모르는 후안무치(厚顔無恥)한 사람을 욕하는 말이다.

또 《삼국연의(三國演義)》에도 이런 이야기가 있다.

삼국시대 오(吳)나라 왕 손호(孫皓)의 포악한 행동에서 유래한다.

손호(孫皓)의 자는 원종으로, 대제 손권의 태자 손화(孫和)의 아들이다. 손호는 자기 마음에 들지 않는 사람의 얼굴 가죽을 벗기는 일을 서슴지 않았으며, 신하들이 간언하면 신체를 찢는 거열형(車裂刑)에 처하기도 하고, 뜻을 거역하는 궁녀의 목을 베어서 흐르는 물에 던져버리는 등 백성을 괴롭히는 정치를 일삼았다.

손호의 포악한 정치로 인해 진(晉)나라가 천하통일을 이루어냈다고 할 정도로 손호는 난폭하고 잔인하다고 널리 알려졌다.

후에 진에 투항하면서 보여준 낯짝 두꺼운 행동으로 손호는 면피후(面皮侯)라는 호칭을 얻었다.

박문약례 博文約禮

넓을 博 글월 文 요약할 約 예도 禮

《논어(論語)》 옹야(雍也)

「지식은 넓게 가지고 행동은 예의에 맞게 하라」는 공자의 말에서, 널리 학문을 닦고 사리를 깨달아 예절을 잘 지킴을 이르는 말이다.

안 회

공자는 《논어》 옹야편에서 이렇게 말했다.

「군자는 글을 널리 배우되 예로써 그것을 조이고 단속해야 한다. 그래야 비로소 도에 어긋나지 않을 것이다(君子 博學於文 約之以禮 亦可以弗畔矣夫)」

이 말은, 지식은 넓을수록 좋지만, 그것이 단지 지식으로만 그치고 행위와는 무관하게 되지 않기를 경계한 것이다. 이때의 예는 도덕적 행위규범을 말한다.

공자는 넓은 지식의 추구와 예의에 맞는 행동을 아울러 강조하였다. 즉, 학문과 지식을 폭넓게 습득하되, 일관된 도리로 통괄하고 동시에 예의범절에 맞게 행동해야 그 학식이 나라에 유익하게 쓰인다는 것이다.

공자행단강학도(孔子杏壇講學圖)

한편, 자한(子罕)편에는, 공자를 칭송한 안회의 말에,

「공부자께서는 사람을 친근하게도 잘 이끄시어 문으로써 나의 지식을 넓혀주셨고 예로써 나의 행동을 요약하게 해주셨다(夫子 循循然善誘人 博我以文 約我以禮)」라고 한 말이 있는데, 주석에 따르면 「학문을 먼저 가르치고 예로써 요약하게 하여 주는 것」이 공자의 교육 순서라고 한다.

오늘날 일부 몰지각한 지식층이 자신의 지식을 악용하여 저지르는 비행은 때때로 엄청난 사회적 물의를 빚는 경우가 많다.

학문을 널리 습득하되, 사회적 책무에 비추어 어긋나지 않게 행동해야 한다는 공자의 가르침이 새삼 부각되는 까닭이 여기에 있다.

현대사회에서 공자의 가르침은 결코 고리타분한 탁상공론이 아니라 살아있는 사회규범으로 손색이 없는 것이다.

「박문약례」는 현대사회를 관통하는 훌륭한 행동양식이라 할 수 있다.

박삭미리 撲朔迷離

엎드러질 撲 초하루 朔 미혹할 迷 헤어질 離

「목란사(木蘭辭)」

사물이나 상황이 마구 뒤섞여 있어 갈피를 잡을 수 없다.

남녀 구별이 어렵거나 일이 서로 복잡하게 얽혀 구분하기 힘든 경우를 이르는 말. 수토끼는 주로 앞발을 비비고(撲朔) 암토끼는 눈을 감고(迷離) 쉬는데, 보통 때는 암컷과 수컷을 구분할 수 있지만 토끼가 함께 달릴 경우에는 구별하기 힘들다는 말이다.

목란종군도(清 화가 예묵경)

「목란종군(木蘭從軍)」은 중국 사람들 사이에 수천 년 동안을 널리 전해 내려오는 이야기다.

고시 「목란사(木蘭辭)」에 의하면 목란은 그녀의 늙은 아버지를 대신해서 싸움터에 나가 12년간이나 외적과 싸우면서 숱한 전공을 세웠다. 그러나 싸움이 끝나자 그녀는 상도 받지 않고 의연히 고향으로 돌아왔다고 한다.

그런데 그녀가 고향에 돌아와 다시 여복으로 갈아입을 때까지 그녀의 동료들조차 그녀가 여자인 줄 몰랐다는 것이다.

나라를 사랑하고 부모에게 효도를 다한 이 영웅이 어느 때 사람이며, 성이 무엇인가 하는 등에 대해서는 이론이 많지만, 그에 대해서는 차치하고 여기에서는 「박삭미리」라는 말이 나오게 된 배경만 살펴보기로 한다.

공작동남비

「목란사」의 끝부분에는 남장을 한 목란이 12년 동안이나 동료들의 눈을 속일 수 있은 데 대해 이렇게 쓰고 있다.

「수토끼는 앞발을 잘 비비고 암토끼는 눈을 잘 감지만, 둘이 함께 달려갈 때는 암수를 분별하기 어렵다(雄兎脚撲朔 雌兎眼迷離 兩兎傍地走 安能辨我是雌雄)」

전하는 말에 따르면 수토끼는 조용할 때는 앞발을 마구 비벼대는 것(撲朔)이 특징이고 암토끼는 틈만 나면 눈을 감고(迷離) 휴식을 취한다는 것이다. 때문에 평상시에는 이것으로 암수를 가릴 수 있지만, 그들이 달려갈 때는 암수를 분별하기 어렵다는 말이다.

이래서 남녀를 구별하기 어려울 경우를 가리켜 「박삭미리」라 하게 되었고, 나아가서는 어떤 일이나 사물이 막 뒤섞여 진상을 분별하기 어려울 경우에도 이런 말로 비유하게 되었다.

「목란사」는 「공작동남비(孔雀東南飛)」(육조시대에 제작된 장편 서사시)와 함께 고대 민간의 장편 서사시로 쌍벽을 이루는 작품이다.

반간계 反間計

돌이킬 反 사이 間 꾀 計

《삼국지연의(三國志演義)》

적의 첩자가 아군에 잠입해 정탐을 하다가 발각된 뒤에 그를 역이용해서 반대로 아군을 위해 일하게 하는 계책을 「반간계」라고 한다. 말하자면 이중간첩인 셈이다.

일찍이 《손자병법》에서도, 「반간이란 적의 첩자를 역이용하는 것이다(反間者 因其敵間而用之)」라고 나와 있다.

《삼국지연의》에 있는 이야기다.

동오(東吳)의 도독 주유(周瑜)는 조조를 공격하려 했지만 조조 군중에 유능한 수군 장령들인 채모와 장윤이 장강 북안을 지키고 있기 때문에 승산이 없었다. 이때 마침 조조의 휘하에 있는 장간(蔣干)이 주유를 만나러 오군 진중에 왔다. 그는 지난날 주유와 교제가 두터웠다는 것을 이용해서 동오의 군사 기밀을 탐지하려는 속셈에서였다.

주유는 장간이 찾아온 속셈을 눈치 채고 채모와 장윤의 이름을 빌려 가짜 항복문을 위조해 놓았다. 그 편지에 「미구에 조조의 목을 베어 바치겠다」는 말이 들어 있었다. 장간은 한밤중에 주유가 잠든 틈을 타서 이 항복문서를 발견하고는 즉시 그 편지를 품속에 품고 부랴부랴 돌아가서 조조에게 바쳤다.

이에 크게 노한 조조는 깊이 생각지도 않고 채모와 장윤을 죽여 버리고 말았다. 이렇게 해서 주유의 반간계는 성공을 거두었고, 오나라 군사들은 나중의 전투에서 조조 군을 대파하게 되었다.

반갱주낭 飯坑酒囊

밥 飯 구덩이 坑 술 酒 주머니 囊

《논형(論衡)》 별통편(別通篇)

밥 구덩이와 술 자루라는 뜻으로, 먹고 마실 줄만 알지 일할 줄을 모르는 쓸모없는 사람.

동한(東漢) 왕충(王充)의 《논형》 별통편(別通篇)에 있는 말이다.

고금(古今)의 해박한 지식을 가지고 나라를 다스리며 세속을 풍자할 수 있는 능력을 가진 사람과 그렇지 못한 사람에 관한 왕충(王充)의 견해가 실려 있다.

특히 무위도식(無爲徒食)하는 사람을 묘사한 다음과 같은 대목이 있다.

「사람은 태어날 때 오상(五常)의 본성을 받게 되어 도술과 학문을 좋아하고 즐기므로 다른 동물과 차별이 된다. 그렇지만 오늘날은 그렇지 않다. 『배불리 먹고 마시며, 생각이 깊어지면 잠을 자고 싶어하며, 배는 밥구덩이가 되고, 창자는 술 자루가 되니 이는 곧 짐승이다(飽食快飮 盧深求臥 腹爲飯坑 腸爲酒囊 是則物也)』 깃털이나 비늘이 없는 짐승은 모두 3백 종인데 그 중 사람이 으뜸이다. 천지간의 생명체 중에서 사람이 가장 귀한데, 그 귀함은 지식을 추구하기 때문이다. 오늘날은 지혜가 없고 어리석어서 좋아하며 바라는 것이 없다면 3백 종의 깃털이나 비늘 없는 짐승과 무엇이 다르겠으며, 무엇이 존귀하다 할 수가 있겠는가?」

비슷한 말로, 「주낭반대(酒囊飯袋)」, 「살아있는 송장이요, 걸어다니는 고깃덩이」라는 뜻의 「행시주육(行屍走肉)」이 있다.

반골 反骨

거꾸로 反 뼈 骨

《삼국지》 촉서(蜀書) 위연전(魏延傳)

뼈가 거꾸로 솟아 있다는 뜻으로, 권세나 권위에 타협하지 않고 저항하는 기골을 이르는 말. 《삼국지》 촉서 위연전에 있는 이야기다.

삼국시대 촉(蜀)나라에 용감하고 지략이 뛰어난 위연(魏延, ?~234)이란 장수가 있었다. 유비(劉備)가 익주를 공략할 때 종군하여 공을 세우고 아문장군(牙門將軍)이 되었다. 유비가 한중 왕을 칭하며, 위연을 진원장군으로 임명하고 한중태수를 겸직케 했다. 주위에서는 연륜 있는 장비(張飛)가 한중을 맡을 것으로 예상하였는데, 유비는 위연에게, 「그대가 지금 맡은 중임을 어떻게 해낼 것이오?」 하고 묻자, 위연은, 「조조(曹操)가 천하를 들어 쳐들어온다면 왕을 위해 그를 막을 것이고, 부장이 인솔하는 10만 명을 이르게 한다면 왕을 위해 그들을 섬멸할 것입니다」 라고 하였다.

위연은 용맹하고 사졸을 잘 양성했다. 그러나 자부심이 강하고 오만하여 사람들의 꺼림을 받았으며, 다만 양의(楊儀)만이 위연을 용납하지 않아 서로 불과 물같이 불화했다.

제갈량(諸葛亮)이 한중에 주둔하면서 그를 독전부로 삼고 승상사마, 양주자사로 임명했다. 230년, 오의(吳懿)와 함께 위의 후장군 비요(費曜), 옹주자사 곽회(郭淮)와 양계에서 싸워 대파해, 전군사·정서대장군에 임명되고 남정후로 봉해졌다.

그런데 위연은 제갈량을 겁쟁이라고 말하며 그가 자신의 능력을 펼치지 못하게 한다며 늘 불만을 토로했다. 제갈량의 북벌 당시, 하후

무(夏候楙)가 장안을 수비하고 있었는데, 위연은 이 사람이 겁이 많고 지략이 없다며 자오곡(子午谷)을 통해 장안을 침공하자는 계책을 내었으나 제갈량은 이를 위험하다고 여겨 사용하지 않았다.

유 비

병중에 있던 제갈량이 위독해지자, 양의, 비의(費禕), 강유(姜維)를 불러 자신이 죽은 뒤 철수할 것을 명하고, 위연은 그 뒤를 끊게 하며, 혹시 위연이 따르지 않아도 출발하도록 명했다. 과연 제갈량이 죽고 군대가 철수하게 되어 비의의 방문을 받자, 위연은 양의를 따르지 않겠다며 철수를 거부했다.

하지만 군대는 그대로 철수했고, 홀로 남겨진 위연은 대노하여 자신이 이끌던 병사들을 이끌고 남쪽으로 강행군하여 본 세력을 앞지른 후 길을 불태워 본진이 지나지 못하게 함으로써 촉군 본대를 타지에서 전멸시킬 뻔한 만행을 저질렀다. 게다가 위연은 양의가 모반을 일으켰다는 내용의 상소까지 올렸다. 그러자 이어서 양의도 반박하는 상소를 올렸다.

마침내 촉의 조정은 왕평(王平)으로 하여금 위연을 토벌하러 나섰으며 간신히 길을 만든 촉군 본대와 합류한다.

왕평은 위연과 마주치자 위연의 군사들을 향해 「승상(제갈량)께서 세상을 떠나신 지 얼마 안 돼 아직 그 육신에 온기가 남아 있는데 너희들은 이 무슨 망령된 짓이냐!」며 꾸짖자 위연의 부하들은 깨닫고 뿔뿔이 흩어져버려 위연은 졸지에 혼자가 되고 자식들과 달아나다 마

제갈량

대(馬岱)에 의해 잡히자, 「내가 진정 반란을 일으키려 한다면 이렇게 최후를 맞이하지 않을 것이다」 라고 말하며 참수를 당한다.

그런데 위연은 유비를 섬긴 모든 이들 중 유일하게 《삼국지연의》에 의한 피해자이며 그를 반골(反骨) 상의 장수로 만들어놓았다. 처음엔 형주목 유표(劉表) 휘하에 있었고, 유표 사후 형주를 물려받은 유종(劉琮)이 조조에게 항복하려 하자 이에 반발하여 대장 문빙(文聘)과 크게 싸우고 장사태수 한현(韓玄)에게 간다.

유비와의 전투에서 돌아온 황충(黃忠)이 관우(關羽)를 살려주었다는 이유로 역모를 꾀한다며 한현이 황충을 죽이려 하자, 이에 분노한 위연이 한현을 베어 죽이고 유비에게 귀순한다.

이때, 제갈량은 유비에게, 「위연은 반골의 상입니다. 게다가 자신이 모시던 군주를 죽이고 왔으니 중용하지 마십시오」 라고 진언하였으나 유비는 위연을 받아들인다. 이후 손권(孫權)이 촉의 사신에게, 「위연은 용맹하긴 하나 반골의 상이오. 후에 반드시 큰일을 저지를 것이오」 라고 하는 등 정사에 나오지 않는 「반골의 상」 에 관한 내용이 첨가되어 있다. 「반골의 상」 이 《삼국지연의》 에서 창작된 내용이나 이것은 위연의 오만하고 남들이 기피하는 성격과 훗날의 반란에 대한 복선이며 그가 세웠다는 공들도 대부분 창작이다.

반구저기 反求諸己

돌이킬 反 구할 求 어조사 諸(저) 몸 己

《맹자》 이루(離婁) 상

남 탓 하지 않고 잘못의 원인을 자신에게서 찾는다.

「행유부득반구저기(行有不得反求諸己)」에서 온 말이다. 즉 행동을 해서 원하는 결과가 얻어지지 않더라도 자기 자신을 돌아보고 원인을 찾아야 한다는 말이다.

「반궁자문(反躬自問)」 또는 「반궁자성(反躬自省)」이라고도 한다.

《맹자》 이루 상편에, 「행하여도 얻지 못하거든 자기 자신에게서 잘못을 구할 것이니(行有不得者皆反求諸己), 자신의 몸이 바르면 천하가 돌아올 것이다」 라는 구절이 있다.

유사한 표현으로 《논어》 위령공편에, 「군자는 허물을 자신에게서 구하고, 소인은 허물을 남에게서 구한다(君子求諸己 小人求諸人)」 라는 구절이 있다.

우임금의 아들 백계(伯啓)로부터 유래된 말이다.

우임금이 하나라를 다스릴 때, 제후인 유호씨(有扈氏)가 군사를 일으켜 쳐들어왔다. 우임금은 아들 백계로 하여금 군대를 이끌고 가서 싸우게 하였으나 참패하였다.

백계의 부하들은 패배를 인정하지 못하여 다시 한 번 싸우자고 하였다. 그러나 백계는 이렇게 말했다.

「나는 유호씨에 비하여 병력이 적지 않고 근거지가 적지 않거늘 결국 패배하고 말았다. 이는 나의 덕행이 그보다 못하고, 부하를 가

우임금

르치는 방법이 그보다 못하기 때문이다. 그러므로 나는 먼저 나 자신에게서 잘못을 찾아 고쳐 나가도록 하겠다」

이후 백계는 더욱 분발하여 날마다 일찍 일어나 일을 하고 검소하게 생활하며, 백성을 아끼고 품덕이 있는 사람을 존중하였다. 이렇게 1년이 지나자 유호씨도 그 사정을 알고 감히 침범하지 못하였을 뿐 아니라 결국에는 백계에게 감복하여 귀순하였다.

이로부터 「반구저기」는 어떤 일이 잘못 되었을 때 그 잘못의 원인을 자기 자신에게서 찾는 말로 사용되었다.

이 말은 우리말의 「내 탓이요」와 의미가 통하며, 「잘 되면 제 탓, 안 되면 조상 탓」이라는 속담과는 상반된 뜻이다.

반근착절 盤根錯節

밑받침 盤 뿌리 根 섞일 錯 마디 節

《후한서》 우후전(虞詡傳)

세력이 단단히 뿌리박혀 흔들리지 아니함.

「반근착절」은 뿌리가 많이 내리고 마디가 이리저리 서로 얽혀 있다는 뜻이다. 세력이 뿌리깊이 박혀 있고 당파가 잘 단결이 되어 있어 이를 제거하기가 어려울 때 쓰는 말이다.

이것은《후한서》우후전에 나오는 우후의 말이다.

후한의 황실에는 특히 눈을 끄는 대목이 있다. 열네 명의 황제 중 열두 명까지가 20세도 채 되지 않아 즉위했다. 이 사실은 어머니인 태후(太后)가 정치를 하여 측근의 폐해가 강해지는 것을 뜻한다.

이것도 그 무렵의 이야기다. 출생 후 백여 일만에 즉위한 상제(殤帝)가 재위 8개월 만에 죽자, 열세 살인 안제(安帝)가 위에 올랐다. 물론 어머니인 태후가 정사를 맡고 태후의 오빠 등즐(鄧騭)이 대장군이 되었다.

그 무렵 서북 변경에서는 이민족의 세력이 강성하여 병주(幷州)와 양주(凉州)는 때때로 침략당하고 있었다. 등즐은 국비 부족을 염려해서 양주를 포기하고 병주에 주력을 쏟으려고 했다. 이 때 이를 반대한 자가 있었다. 낭중(郎中)직에 있는 우후(虞詡)라는 사람이었다.

「함곡관의 서쪽에서는 장군이 나오고, 동쪽에서는 재상이 나온다고 합니다. 예부터 열사무인(烈士武人)으로서 관서의 양주 출신이 많지 않습니까. 이러한 땅을 강(羌 : 오랑캐)에게 맡긴다는 것은 결코 안될 말입니다」

좌중은 모두 우후의 의견에 찬성했다. 등즐은 이 사건으로 우후를 심히 미워했다. 때마침 그 해 조가현(朝歌縣)에 수천의 도적떼가 일어나 고을의 장관과 수비병을 살해했다.

그러자 등즐은 우후를 조가 현 장관에 임명했다. 자기 의견에 반대했다는 앙심 때문이었다. 친구들은 그의 불행을 위로하러 모였다. 그러나 우후는 웃으며 이렇게 말했다.

「생각은 쉬운 것을 찾지 않고, 일은 어려운 것을 피하지 않는 것이 신하된 사람의 직분이다. 구부러진 뿌리가 엉클어진 마디(節)에 부딪치지 않으면 날카로운 칼날의 진가도 알 도리가 없지 않은가」

우후는 자진하여 고난 속에 뛰어들어 거기서 자기의 힘을 시험해 보려고 한 것이다. 여기서, 「반근착절을 만나 이기(利器)를 안다」 라는 말이 즐겨 쓰이게 되었다. 평화로울 때는 사람의 능력을 알 수 없다. 곤란한 경우를 당해야 비로소 알 수 있다는 것이었다. 「반근착절(盤根錯節)」이란 말로 곤란을 상징하는 경우도 있다.

우후는 사실 반근착절에 견디어냈다. 그는 조가현에 도착하자 곧 행동을 개시했다. 전과자들을 불러 모아 적 속에 잠입시켰으며 그 힘으로 적을 꼬여내서 죽이거나 여러 가지 기책(奇策)을 써서 마침내 적을 사방으로 흩어지게 만들었다고 전해진다. 후에 이민족들과 싸웠을 때도 종횡으로 그 기지(奇智)를 떨쳤다.

그는 그 후에도 여러 차례 공을 세워 높은 벼슬에 오르기는 했으나, 타고난 강직함은 절대로 굽히지 않았다. 그 때문에 궁정의 측근이나 환관들에게 미움을 받아 여러 번 형(刑)을 받았으나, 끝까지 굽히지 않고 권위에 맞서다가 죽었다. 최후까지 「반근착절」에 도전을 계속했던 것이다. 반근(盤根)은 반근(槃根)으로도 쓴다.

반·로·환·동 返老還童

돌이킬 返 노인 老 돌아올 還 아이 童

《신선전(神仙傳)》

늙은이가 어린아이로 변하였다는 뜻으로, 노인네가 건강이 아주 좋은 것을 비유함. 젊어짐, 다시 젊어지게 함.

전한(前漢) 때의 학자 유안(劉安)은 회남왕(淮南王)이 되어 수춘(壽春)에 도읍하였으며, 문학애호가로서 《회남자(淮南子)》를 저술하였다. 회남왕은 선학도(仙學道)를 즐겨하며 오래 살고 늙지 않는 장생불로(長生不老)의 술법을 얻으려고 힘썼다.

회남왕 유안

한때 노인들이 찾아와서 늙는 것을 물리치는 기술을 회남왕에게 알려주겠다고 하자, 회남왕은 노인들도 늙은 몸인데 어떻게 각로지술(却老之術)을 가졌는지 알 수 없어 자신을 속이려고 수단을 부리는 줄로 여기고 믿고 싶어 하지 않았다. 나이가 많은 여덟 명의 노인들은 「우리들의 늙은 모습을 보고 왕께서 싫어하시는 듯한데 아직은 젊습니다」 라고 말한 뒤 노인들이 모두 어린아이로 변하였다고 전해진다.

늙은 모습에서 아이의 몸으로 되돌아간다는 것으로, 나이가 든 사람이 아이들처럼 건강하고 젊은 모습을 말한다.

반면교사 反面教師

거꾸로 反 얼굴 面 가르칠 敎 스승 師

모택동(毛澤東)

다른 사람이나 사물의 부정적인 측면에서 가르침을 얻는다는 뜻. 타산지석(他山之石)과 비슷한 뜻을 가지나, 그보다 의미가 더욱 직설적이다. 1960년대 중국 문화대혁명 때 모택동(毛澤東)이 처음 사용한 것으로 전해진다.

모택동은 부정적인 것을 보고 긍정적으로 개선할 때, 그 부정적인 것을 「반면교사(反面教師)」라고 하였다. 즉, 이는 혁명에 위협은 되지만 그러한 반면 사람들에게 교훈이 되는 집단이나 개인을 일컫는 말이었다. 요즘은 보통 다른 사람이나 사물이 잘못된 것을 보고 가르침을 얻는 것을 말한다.

천안문에 걸린 모택동 초상

반면지교 半面之交

절반 半 얼굴 面 어조사 之 사귈 交

《후한서(後漢書)》 응봉전(應奉傳)

친분이 돈독하지 않은 사이.

잠깐 만난 일이 있었을 뿐인데도 그 얼굴을 기억하고 있다는 뜻으로, 친분이 그렇게 돈독하지 않은 사이를 이르는 말.

《후한서》 응봉전에 있는 이야기다.

하남성(河南省)의 유명한 학자 응봉(應奉)은 기억이 매우 비상하여 한번 보거나 기억해 두거나 경험한 것은 절대로 잊어버리지 않는다고 한다.

응봉이 20세 되던 어느 날, 팽성(彭城)에 있는 원하(袁賀)를 찾아갔는데 외출 중이라 되돌아가려고 하였다. 이때 하인이 나와 대문을 반쯤 얼굴을 내밀고는(內開扇出半面) 매정하게 몇 마디 하고는 대문을 닫아버렸다.

그리고 수십 년이 흐른 어느 날, 응봉은 우연히 길 위에서 손수레를 만들고 있는 목수를 만났다. 응봉은 그가 전날 원하의 집에서 자신을 쌀쌀맞게 대한 그 사람임을 알아차리고 아는 체하였다. 그러나 그는 응봉이 어째서 자기를 알고 있는지 전혀 알 수가 없어 그저 어리둥절할 뿐이었다. 그래서 응봉은 자기가 왜 기억하고 있는지 자초지종을 설명해 주니 그제야 알아차렸다.

이 이야기는 특출한 기억력을 말하는 것이 아니라, 인간관계는 자주 만나야 친분관계가 두터워지는 것이므로 별로 친하지 않은 사이라는 뜻이다.

반문농부 班門弄斧

나눌 班 문 門 희롱할 弄 도끼 斧

매지환(梅之渙) / 「제이백묘(題李白墓)」

재주가 뛰어난 사람 앞에서 함부로 재간을 부림.

「노반(魯班)의 집 문 앞에서 도끼질을 한다」라는 뜻으로, 재주꾼 앞에서 잘난 체하며 자기 재주를 자랑하는 것을 말한다.

춘추시대 노나라에 한 목수가 있었는데 성은 공수(公輸)이고 이름은 반(盤)이며 기술이 뛰어나 인기가 대단했다.

노국 사람이기 때문에 어떤 사람은 노반이라 불렀다.

그는 대들보나 기둥을 만드는 데도 꽃을 새기고 문자를 파는 등 못하는 재주가 없었다. 따라서 도끼 씀이 귀신같고 기교가 신이 민망할 정도로 뛰어났다.

한 자루의 보통 도끼라도 그의 손에서 움직이면 나무가 정교하고 곱게 하나의 기구로 다듬어져 누구도 그를 따를 자가 없어 일대 교장(巧匠 : 교묘한 목수)으로 명성을 떨쳤다. 그 당시 젊은 목수가 하나 있었는데 조그만 솜씨를 갓 배웠음에도 안하무인격으로 항상 도끼와 수예작품을 들고 다니며 허풍을 떨었다.

어느 날 그는 노반의 집 앞에 나타나서 큰 소리를 치며 자랑했다. 그의 수공예 작품을 꺼내들고 지나는 사람들 앞에서 자신의 재주를 자랑했다. 그의 기술이 정교함이 여차여차하고 이런 작품들은 공전의 걸작이라고 자화자찬하면서 도끼를 꺼내어 현장에서 솜씨를 보이기도 했다.

이를 구경하던 그 지방 사람들이 그의 작품을 한번 훑어보고는

다시 머리를 들어 그의 등 뒤에 있는 노반의 집 대문을 쳐다보고는 모두들 냉소를 지었다. 그 중 한 사람이 더 참을 길이 없었던지 그 젊은 목수에게 말을 꺼냈다.

「젊은 친구, 등 뒤에 있는 집이 뉘 집인지 아오?」

「내가 어떻게 압니까?」

그는 까닭도 모른 채 대답을 했다.

「그 집이 바로 당대에 명성이 쟁쟁한 목수 노반의 집이오. 그의 수예품이야 말로 천하의 걸작이오. 젊은 친구 한번 들어가서 구경을 해보구려」

청년 목수는 그 집 안으로 들어가 구경을 한 뒤 노반의 기교에 대해 탄복한 나머지 머리를 떨어뜨렸다. 자기보다 더 훌륭한 솜씨에 의하여 만들어진 작품인지라 그는 자기로서는 도저히 따라갈 수 없는 비범한 걸작에 부끄러움을 감추지 못하고 자기의 기구를 챙겨 가지고 자리를 뜨고 말았다.

명(明)나라 때 시인 매지환(梅之澳)은 시선(詩仙) 이백(李白)의 무덤에 들렀을 때, 그를 추모하여 문필가들이 묘비에 써두고 간 시들이 마음에 들지 않아 비웃으며 「제이백묘(題李白墓)」라는 시를 지었다.

채석 강변에 한 무더기의 흙이여,
이백의 이름이 천고에 드높도다.
오가는 사람마다 시 한수를 남기노니
노반 문전에서 큰 도끼를 자랑하누나.

采石江邊一堆土 李白之名高千古　채석강변일퇴토 이백지명고천고
來來往往一首詩 魯班門前弄大斧　내래왕왕일수시 노반문전농대부

반부논어 半部論語

반 半 구분할 部 논할 論 말씀 語

《학림옥로(鶴林玉露)》

「반부논어치천하(半部論語治天下)」라고 한다. 반 권의 《논어》로 천하를 다스린다는 뜻이다. 자신의 지식을 겸손하게 이르거나 학습의 중요함을 비유적으로 표현한 말이다. 송(宋)나라 나대경(羅大經)이 쓴 《학림옥로(鶴林玉露)》에 있는 이야기다.

송(宋) 태조 조광윤(趙光胤)을 도와 천하를 통일하는 데 큰 공을 세운 사람 가운데 조보(趙普)라는 사람이 있었다. 그는 어릴 때부터 전쟁터에 나가 글공부 할 틈이 없어 학문에 어두웠으므로 늘 이 점을 염려하여 퇴근한 뒤에는 두문불출하며 글을 읽어 마침내 많은 학식을 갖추게 되었다. 태조가 죽고 태종이 즉위한 뒤에도 승상으로 임용되어 국정을 잘 살폈는데, 시기하는 사람들이 그를 몰아내기 위해 「그는 겨우 《논어》밖에 읽지 못해서 중책을 맡기기 어렵다」는 소문을 퍼뜨렸다. 태종이 조보를 불러 묻자 그는 이렇게 대답했다.

「신(臣)이 평생에 아는 바는 진실로 《논어》를 넘지 못합니다. 그러나 그 반 권의 지식으로 태조께서 천하를 평정하시는 것을 보필하였고, 지금은 그 나머지 반으로써 폐하께서 태평성대를 이룩하시는 데 도움이 되고자 합니다(臣平生所知 誠不出此 昔以其半輔太祖定天下 今欲以其半輔陛下治太平)」

조보가 죽은 뒤 가족이 유품을 정리하다가 그의 책상자를 열어보니, 정말 《논어》밖에 들어 있지 않았다고 한다. 모름지기 학문을 하는 사람은 자신의 지식을 겸손해 할 줄 알아야 함을 이른 말이다.

반식재상 伴食宰相

의지할 伴 먹을 食 우두머리 宰 서로 相

《십팔사략》, 《당서》

무위도식으로 자리만 차지하고 있는 무능한 대신.

당나라 현종(玄宗)은 즉위한 이듬해(713년) 연호를 개원(開元)이라고 고치고 태평공주 일파의 음모를 제거하자, 다음 개원 2년에는 백관의 주옥금수(珠玉錦繡)를 궁전 안마당에 쌓아 놓고 불을 질렀으며, 백관에서 궁녀에 이르기까지 각각 그 직분에 걸맞은 의복을 규정하고 사치에 흐르는 것을 경계했다.

국가의 치란흥망(治亂興亡)의 자취를 더듬어 보면, 군주의 사치와 후궁의 문란이 쇠망의 지름길이라는 것을 통감한 현종의 정치에 대한 굳은 결의가 엿보인다. 그 결의로서 현종은 현상(賢相)을 잘 쓰고 나아가서는 그 간언을 들어 정사에 정려했고, 또한 문학과 예술을 장려해서 「개원(開元)의 치(治)」라는 당나라의 최성기를 이루었다.

현종을 도와 「개원의 치(治)」의 기초를 닦은 재상은 요숭(姚崇)이었다. 현종이 주옥금수를 불태워 사치를 훈계한 것도, 또 형벌을 바로잡고 부역과 조세를 감해서 민중의 부담을 가볍게 하는 한편 병농일치(兵農一致)의 개병(皆兵)제도를 고쳐 모병(募兵)제도로 한 것도 다 이 요숭의 건의에 의한 것이었다.

요숭은 백성을 위해서 꾀하는 것이 나라를 번영시키는 길이라는 원칙을 일관시키는 데 힘쓰고, 적어도 사사(私事)를 위해서는 감정을 겉으로 나타내는 법이 없었으며, 정치의 재결이 신속 정확한 것에 있어서는 그 어떤 재상도 미치는 자가 없었다고 한다. 그 일례로

요 숭

서「반식재상」이라는 말이 생겼다.

언젠가 요숭은 일이 생겨 정무를 볼 수가 없어 황문감(黃門監)인 노회신(盧懷愼)이 대신 일을 보게 되었다. 노회신은 청렴결백하고 신변을 꾸미는 일이 없이 정무에 노력하는 사람으로서 요숭의 마음에 드는 국상(國相)이었으나, 요숭의 직무를 대행한 10여 년 동안 아무리 노력을 해도 요숭처럼 재결해 갈 수가 없어 정무를 크게 지체시켰다.

노회신은 자기가 요숭에게 미치지 못함을 피부로 느껴 알고, 그 후부터는 만사에 요숭을 추천하며 사사건건 요숭과 상의하게 되었다. 그 때문에 당시 사람들은 노회신을 상반대신(相伴大臣)이란 뜻으로 「반식재상」이라 불렀다.

이 말은 무능한 대신을 혹평하는 말로서 지금도 쓰이고 있으나, 당시의 사람들 마음으로서는 노회신을 냉소한다기보다 요숭에 대한 경의(敬意)에서 시작한 것이었다.

요숭 다음에는 송경(宋璟), 한휴(韓休) 등 현상(賢相)이 계속하여 「개원의 치」를 발전시켰으나, 현종은 이 치세 후반에 총희인 무혜비(武惠妃)를 잃고 양귀비를 얻음으로써 정무에 권태를 느끼기 시작한다. 직언하는 자를 물리치고 간신들의 감언을 좋아하며 주색에 빠졌는데, 정무를 후궁의 환락으로 바꾸어 나라를 쇠망으로 이끈 종래의 군주와 같은 길을 걸었다.

반포지효 反哺之孝

돌이킬 反 먹일 哺 어조사 之 효도 孝

이밀 / 「진정표(陳情表)」

까마귀가 다 자란 뒤에는 늙은 어미 새에게 먹을 것을 물어다 준다는 뜻으로, 자식이 커서 어버이의 은혜에 보답하는 효성. 어버이의 은혜에 대한 자식의 지극한 효도를 이르는 말이다.

이밀은 진(晉) 무제(武帝)가 자신에게 높은 관직을 내리지만 연로한 할머니를 봉양하기 위해 관직을 사양한다. 무제는 이밀의 관직 사양을 불사이군(不事二君)의 심정이라고 크게 화내면서 서릿발 같은 명령을 내린다. 그러자 이밀은 자신을 까마귀에 비유하면서 이런 글을 무제에게 올렸다.

「까마귀가 어미 새의 은혜에 보답하려는 마음으로 할머니가 돌아가시는 날까지만 봉양하게 해주십시오(烏鳥私情 願乞終養)」

까치나 까마귀에 대한 인식은 중국이나 우리나라나 거의 같다. 보통 까마귀는 불길(不吉)의 대명사로 인식하고 있지만, 인간이 반드시 본받아야 할 간과할 수 없는 습성도 있다.

명(明)나라 말기 박물학자 이시진(李時珍)의 《본초강목》에 까마귀의 습성에 대한 다음과 같은 내용이 실려 있다.

까마귀는 부화한 지 60일 동안은 어미가 새끼에게 먹이를 물어다 주지만 이후 새끼가 다 자라면 먹이사냥에 힘이 부친 어미를 먹여 살린다고 한다. 그리하여 이 까마귀를 자오(慈烏 : 인자한 까마귀) 또는 반포조(反哺鳥)라고 한다. 곧 까마귀가 어미를 되먹이는 습성을 반포(反哺)라고 하는데, 이는 극진한 효도를 의미하기도 한다. 이런 연유로 「반포지효」는 어버이의 은혜에 대한 자식의 지극한 효도를 뜻한다.

여기서 「까마귀의 사사로운 정이라는 뜻으로, 까마귀가 자라서 길러준 늙은 어미에게 먹이를 물어다 먹여 은혜를 갚는 것과 마찬가지로 부모를 섬기는 자식의 지극한 효심을 비유하는 성어인 「오조사정(烏鳥私情)」이 생겨났다. 「진정표」 전문을 소개해 보자.

「신 밀은 죄가 많아 어린 나이에 불행하게도 일찍이 부모를 여의고 생후 여섯 달 만에 아버지를 여의였고, 네 살 되던 해에는 외삼촌이 수절하려는 어머니를 개가시키시고, 할머니 유씨(劉氏)는 의지할 곳 없는 저를 가엽게 여겨 몸소 키워주셨습니다.

저는 어려서부터 자주 병을 앓았고, 아홉 살이 되어도 걷지 못했으며, 외롭고 쓸쓸히 홀로 고생하며 성인이 되었으나, 저에게는 숙부나 백부도 없고 형제 또한 없습니다.

가운이 쇠약하고 박복해서 늦어서야 자식을 두었으나, 밖으로 기복(朞服)이나 공복(功服) 등 상복(喪服)을 나누어 입을 만한 가까운 친척도 없고 안으로는 문 앞에서 손님을 응대할 어린 시동 하나 없습니다. 의지할 곳 없는 이 한 몸이 오직 제 몸과 그림자만이 서로를 위로할 따름이었건만, 할머니 유씨 또한 일찍이 병에 걸려 늘 자리에 누워 계시니, 저는 늘 탕약을 달여 올리며 한시도 곁을 떠난 적이 없었습니다.

촉(蜀)이 망하고 성조(聖朝)를 받들게 되면서 온 몸에 많은 교화를 입고, 전의 태수인 가규(賈逵)는 저를 효렴(孝廉)으로 발탁하였고, 뒤에 자사인 고영(顧榮)은 저를 수재(秀才)로 천거해 주셨습니다.

하지만 저는 조모의 공양을 맡아줄 사람이 없어서 사양하고 나아가지 않았는데, 마침 조서가 특별히 내려져서 저를 낭중(郎中)으로 봉

이밀의 「진정표」 전각(篆刻)

하시었고, 얼마 되지 않아 나라의 은혜를 입어, 신에게 세마(洗馬)의 벼슬에 제수되어 외람되게도 미천한 몸으로 동궁을 모시게 되니, 신이 목숨을 바친다 해도 그 은혜를 어찌 다 보답할 수 없을 것입니다.

신은 그간의 사정을 자세히 적은 표(表)를 올려 사양하여 관직을 받지 않았으나, 다시 조서를 내리시어 절실하고도 준엄하게 제가 책임을 회피하고 태만함을 책망하고, 군과 현에서는 다그쳐서 벼슬길에 나아가라고 재촉하고, 주(州)의 높은 관리들도 문앞까지 와서는 재촉함이 성화(星火) 같았습니다.

신도 조서를 받들고 임지로 빨리 달려가고 싶지만 조모 유씨의 병환이 날로 위독하여, 구차히 개인의 사정을 따르고자 하여 하소연해도 들어주지 않으니 제가 벼슬길에 나아가야 하는지 물러나야 하는지 참으로 낭패입니다.

엎드려 생각하건대 지금의 성조(聖朝)는 효로써 천하를 다스리니, 모든 노인들이 동정을 받아 부양되고 있습니다. 하물며 저는 홀로 고생하는 것이 남보다 심함에 더 말할 것이 있겠사옵니까. 또한 신

은 위조(僞朝) 촉한(蜀漢)을 섬겨 낭서 땅에서 일하였으니, 본래 출세를 바라거나 명예와 절개를 자랑삼지 않았습니다.

이제 신은 망국 촉한의 천한 포로로 지극히 미천하고 지극히 비루한데도 과분하게 발탁하니 총애와 황명이 두텁고 중하온데 어찌 감히 주저하여 달리 바라는 바가 있겠습니까. 다만 할머니 유씨가 마치 해가 서산에 지려는 것처럼 숨이 끊어지려고 하니 그 목숨이 너무나 희미하여 아침에 저녁의 일을 생각할 수도 없습니다.

신은 할머니가 안 계셨다면 오늘에 이를 수 없었을 것이고, 할머니께서는 신 없이는 여생을 마칠 수 없을 터이니, 할머니와 손자 둘이서 더욱 서로 목숨을 의지하고 있는 것입니다.

이런 까닭으로 더욱 주저가 되어 능히 그만두고 멀리할 수 없습니다. 신 밀은 금년에 나이 마흔 넷이고 할머니 유씨는 이제 아흔 여섯이니, 이제 신이 폐하께 충성을 다할 날은 길고, 할머니 유씨에게 봉양할 날은 짧을 것입니다. 까마귀 새끼가 자라서 늙은 어미에게 먹이를 물어다 주듯, 노모를 봉양하려는 신의 마음도 그와 같습니다.

어미새의 은혜를 보답하려는 사사로운 마음으로 할머니가 돌아가시는 날까지 봉양하게 해주시기 간청하오니(烏鳥私情 願乞終養), 신의 괴로움은 촉의 인사들만이 아니라 양주와 익주 두 주의 장관들도 훤히 아는 바이며 천지신명께서도 보고 계시니 청컨대 폐하께서는 어리석은 정성을 가엾게 여기시어 신의 작은 뜻을 들어 주십시오.

신이 바라는 것은 할머니 유씨가 요행히 여생을 보전하실 수 있다면 신이 살아서는 목숨을 바쳐 충성을 다하고 죽어서는 결초보은하려 합니다.

신은 두려운 마음을 이기지 못해 삼가 대궐을 향하여 돈수재배하고 표를 올려 아뢰나이다」

반형도고 班荊道故

나눌 班 모형나무 荊 길 道 옛 故

《좌씨전(左氏傳)》 양공(襄公) 26년

옛 친구를 우연히 만나서 지난 일을 이야기하며 옛 정을 나누는 것을 비유하는 말이다.

《좌씨전》 양공 26년조에 있는 이야기다.

춘추시대(春秋時代) 초나라의 오씨(伍氏) 집안은 채(蔡)나라의 공손(公孫) 집안과 양 대에 걸친 교분을 유지하고 있었다.

아버지인 오참(伍參)과 공손자조(公孫子朝), 그리고 아들인 오거(伍擧)와 공손귀생(公孫貴生)은 모두 절친한 사이였다. 오거는 초거(椒擧)라고도 불렀는데, 그는 초나라의 대부였고, 그의 아내는 왕자모(王子牟)의 딸이었다.

왕자모는 신(申 : 지금의 하남성 양현 북쪽) 땅을 봉읍으로 받았으므로 사람들은 그를 신공(申公)이라 불렀다. 그런데 신공이 죄를 짓고 도망하게 되자, 초나라 사람들은 유언비어를 퍼뜨렸다.

「왕자모가 죄를 짓고 도망친 것은, 그의 사위인 오거가 빼돌린 것이다」

이 소문이 퍼지자, 오거는 불안함을 느끼고 가까운 정(鄭)나라로 몸을 피할 수밖에 없었다.

정나라로 몸을 피하긴 하였지만 오거는 여전히 마음을 놓을 수 없었으므로 다시 진(晉)나라로 도망하고자 하였다.

그런데 오거의 친구인 채(蔡)나라 대부 성자(聲子 : 본명은 공손귀생)가 때마침 진(晉)나라로 가는 길에 정나라의 도읍 부근에서 우연

히 오거를 만나게 되었다.

「성자와 오거는 풀밭에서 음식을 서로 나누어 먹으면서 지나간 옛 이야기를 하였다(班荊相與食 而言復故)」

오거는 자신이 초나라를 떠나야 했던 이유를 성자에게 들려주었고, 성자는 그를 도와주겠다고 약속하였다. 얼마 후 오거는 성자의 도움으로 다시 초나라로 돌아올 수 있었다.

「반형상여식 이언부고(班荊相與食 而言復故)」에서 「반형도고」의 고사가 생겨났다.

「반형도구(班荊道舊)」라고도 한다.

爲人君者 猶盂也
위인군자 유우야
民猶水也
민유수야
盂方水方
우방수방
盂圓水圓
우원수원
사람들의 임금노릇을 하는 자는 사발과 같고
백성은 물과 같다.
사발이 모나면 물도 모나고
사발이 둥글면 물도 둥글게 된다.

—《한비자》 외저설 좌하(外儲說左下)

발본색원 拔本塞源

뽑을 拔 근본 本 막을 塞(색) 근원 源

《춘추좌씨전》 소공(昭公) 9년

「발본색원」은 뿌리를 뽑고 근원을 막는다는 뜻이다. 뿌리를 뽑아 버림으로써 다시 자라나는 것을 막을 수 있고, 근원을 막아버림으로써 다시 넘쳐흐르는 일이 없게 할 수 있다. 무슨 일을 다시금 후환이 생기지 않도록 완전히 처치해 버리는 것을 말한다.

이 말은《춘추좌씨전》 소공(昭公) 9년에 나오는 주(周)나라 왕이 한 말이다.

「나는 백부(伯父)에게 있어서, 마치 옷에 갓이 있고, 나무와 물에 뿌리와 근원이 있고, 백성들에게 집 주인이 있어야 하는 것과 같다. 백부가 만일 갓을 찢어버리고, 뿌리를 뽑고 근원을 막으며, 집 주인을 아주 버린다면, 비록 저 오랑캐들이라도 나 한 사람을 우습게 볼 것이다(伯父若裂冠毁冕 拔本塞源 專棄謀主 雖戒狄其何有余一人)」

이「발본색원」은 나중에 왕양명(王陽明)의 제자들이 엮은《전습록(傳習錄)》가운데 있는「발본색원론」이란 장편의 논문에 의해 더욱 유명해졌다. 왕양명의 나이 55세 때 씌어진 이 글은 그의 정치철학을 보여주는 글로서 중시되어 왔다.

이 글의 서두에 이런 말이 있다.

「이 발본색원하는 논의가 천하에 밝혀지지 않는다면 천하에서 성인을 배우는 사람들이 장차 날로 번거로워지고 날로 어렵게 될 것이다. 이 사람들이 금수나 오랑캐와 같은 지경에 빠지고서도 스스로는 성인의 학문을 한다고 여기게 될 것이다」

발분도강 發憤圖强

펼 發 결낼 憤 도모할 圖 굳셀 强

《논어》 술이, 《송사》 소순전(蘇洵傳)

「강해지기 위하여 분발하다」 라는 뜻으로, 개인이나 국가를 부강하게 만들기 위하여 분발함을 이르는 말이다. 청나라 때 변법자강(變法自疆)운동을 주도한 강유위(康有爲)가 처음으로 사용하였다.

발분(發憤)은 분발(奮發)과 같은 뜻으로, 스스로 부족함을 느끼고 그 부족함을 메우기 위하여 힘쓴다는 말이다. 발분이라는 말은 일반적으로 옛사람들이 분발하여 열심히 학업에 정진한다는 표현으로 많이 사용되었다.

《논어》 술이편에서, 공자는 자신이 「발분하여 끼니마저 잊고 힘쓰며(發憤忘食), 이를 즐거워하여 근심을 잊고 장차 늙음이 닥쳐오리라는 것도 모르는」 사람으로 평해지기를 바랐다.

또 《송사》 소순전(蘇洵傳)에 따르면, 소식(蘇軾 : 소동파)과 소철(蘇轍)의 아버지인 소순은 비교적 늦게 학문에 정진하여 「27세가 되어서야 비로소 발분하여 공부에 힘쓰기 시작하였다(年二十七始發憤爲學)」 고 한다. 이와 같이 「발분망식」 이나 「발분위학」 등으로 사용되다가 「발분도강」 이라는 표현을 처음 사용한 사람은 청나라 때의 강유위라고 한다.

강유위는 구미 열강의 침략에 맞서기 위하여 변법자강운동을 펼쳤는데, 광서제에게 올리는 상소에서 적극적으로 정치를 개혁하여 발분도강하여야 한다고 주장하였다. 이로부터 개인이나 나라를 강성하게 만들기 위하여 힘쓰는 것을 이르는 말로 사용되게 되었다.

발분망식 發憤忘食

일어날 發 분낼 憤 잊을 忘 밥 食

《논어(論語)》 술이편(述而篇)

「끼니를 잊을 정도로 마음과 힘을 다하여 떨쳐 일어난다」는 뜻으로, 학문에 몰두한다는 말이다. 《논어》 술이편에 있는 이야기다.

어느 날, 초(楚)나라 섭현(葉縣)의 장관 심저량(沈諸梁)이 공자의 제자 자로(子路)에게 물었다. 「자네의 스승은 도대체 어떤 인물인가?」

공 자

자로는 심저량의 물음에 스승의 인품이 일반인과는 매우 다른 탁월한 인물이기 때문에 어떻게 대답해야 할지 언뜻 적당한 말이 떠오르지 않아 결국 대답하지 못하였다. 그 뒤 공자가 이 사실을 알고 나서 자로에게 이르기를, 「왜 학문에 발분하면 끼니도 잊고, 도를 즐길 때는 근심과 걱정을 잊을 정도로 심취해서 나이가 들어 장차 늙어가는 것조차 알지 못하는 사람(發憤忘食 樂以忘憂 不知老之將至)이라고 대답하지 않았느냐」라고 하였다.

이는 문제를 발견하면 그것을 해결하는 데 열중하는 것을 말한다. 발분망식은 끼니를 잊을 정도로 학문에 몰두하는 것을 뜻하는데, 한 가지 일에 온 정신이 쏠려 있다는 뜻이기도 하다.

발산개세 拔山蓋世

뽑을 拔 뫼 山 덮을 蓋 세상 世

《사기(史記)》 항우본기(項羽本紀)

힘이 산이라도 뽑아 던질 만하고 세상을 덮을 정도로 기력이 웅대함. 이 말은 용력과 패기를 말한 항우의 자기 자랑이었지만, 그 뒤로 이 「발산개세(拔山蓋世)」란 말은 항우를 상징하는 대명사처럼 되었고, 또 힘과 용맹을 표현하는 말로 흔히 인용되곤 한다. 이를테면 「제아무리 발산개세하는 놈이라도……」 하는 식으로 말이다.

항 우

초(楚)나라를 일으킨 항우(項羽)와 한(漢)나라를 일으킨 유방(劉邦)은 중원을 두고 다투던 당대 최고의 장수들이었다. 초나라와 한나라의 전세가 엎치락뒤치락하다가 마침내 해하(垓下)에서 최후의 결전을 맞게 되었다.

이때 항우는 군사도 적고 식량도 부족했을 뿐 아니라 한나라 병사들이 사방에서 초나라 노래까지 부르자(四面楚歌), 항수에 젖은 초나라 병사들 대부분은 전의를 잃고 도망을 갔다.

자신의 운명이 다했다고 판단한 항우는 최후의 만찬을 벌였다. 술 몇 잔을 단숨에 들이켠 항우는 초라해진 자신을 바라보며 비분한 심

정으로 다음과 같이 노래하였다.

힘은 산을 뽑고 기상은 세상을 덮었는데
때가 불리하니 추마저 가지 않누나.
추마저 가지 않으니 난들 어찌하리.
우(虞)야, 우야, 너를 어찌하리.

力拔山兮氣蓋世 時不利兮騅不逝　역발산혜기개세 시불리혜추불서
騅不逝兮可奈何 虞兮虞兮奈若何　추불서혜가나하 우혜우혜나약하

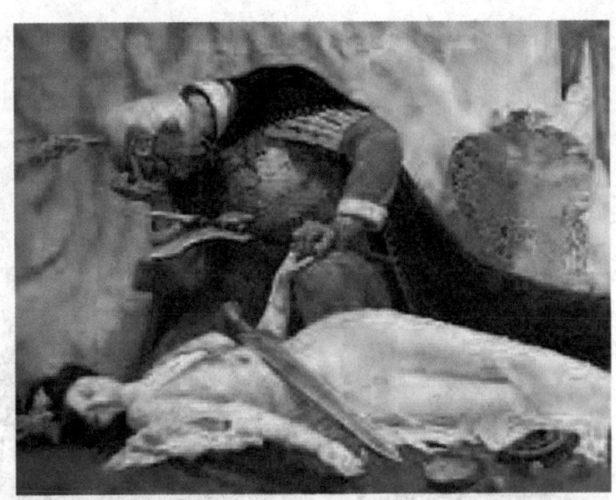
영화 《십면매복(十面埋伏)》의 항우와 우미인

항우가 노래를 부르고 나자 우미인은 화답을 했다. 항우의 눈에서는 눈물이 끝없이 넘쳐흘렀다. 좌우에 있는 사람들은 그의 슬퍼하는 모습을 바로 쳐다보지 못했다. 노래를 마치고 항우는 우미인을 혼자 남아 있으라고 이렇게 위로하며 권했다.

「너는 얼굴이 아름다우니 패공의 사랑을 받아 목숨을 부지할 수가 있을 것이다」

그러나 우미인은 항우를 따라가겠다면서 단검을 받아 들고는 자결하고 만다. 남편의 짐이 되지 않기 위해서였다. 이 노래는 「발산기개세지가」 라고도 하고, 「우혜가(虞兮歌)」 라고도 한다. 「발산개세」 는 보통 「역발산기개세(力拔山氣蓋世)」 라고 한다.

발산거정 拔山擧鼎

뽑을 拔 뫼 山 들 擧 솥 鼎

《사기(史記)》 항우본기(項羽本紀)

산을 뽑을 만하고 솥을 들어 올린다는 뜻으로, 용기와 힘이 남보다 월등하게 뛰어남. 《사기》 항우본기(項羽本紀)에 있는 이야기다.

항우는 진(秦)나라 말기에 진승(陳勝)과 오광(吳廣)의 난이 일어나자 숙부 항량(項梁)과 함께 봉기하여 회계군(會稽郡) 태수를 참살하고 진나라 군사들을 도처에서 무찌르며 진나라의 폭정에 대항하였다.

개세영웅(蓋世英雄, 오추마를 탄 항우)

숙부와 함께 오중(吳中)에 머물러 있을 때, 항우는 체구가 크고 용감하여 무거운 솥도 거뜬히 들어올려서 「거정(擧鼎)」이라고 불렸다고 한다.

항우가 한패공(漢沛公) 유방을 맞이하여 해하(垓下)에서 최후의 결전을 하던 날 밤이었다. 군대는 적고 먹을 것마저 없는데, 적은 겹겹이 둘러싸고 있다. 게다가 항우를 더욱 놀라게 한 것은 포위하고

있는 적군들이 사방에서 초나라 노래를 부르고 있는 것이었다. {☞ 사면초가(四面楚歌)}

술양의 우희공원

「이제는 다 틀렸다. 적은 이미 초나라 땅을 다 차지하고 만 모양이다. 그렇지 않고서야 초나라 사람들이 이토록 많이 적에 가담할 수가 없지 않은가」

최후의 결심을 한 항우는 장수들과 함께 결별의 술자리를 베풀었다. 그 자리에는 항우가 항상 진중에 함께 데리고 다니던 사랑하는 우미인(虞美人)도 함께 했다. 항우에게는 우미인처럼 늘 그와 운명을 같이 하다시피 한 오추마(烏騅馬)로 불리는 천리마가 있었다. 오추마를 추(騅)라고 불렀다. 술이 한잔 들어가자 항우는 감개가 더욱 무량했다. 슬픔과 울분이 한꺼번에 치밀어 올라 노래라도 한 수 읊지 않고는 도저히 견딜 수가 없었다. 그 노래가 바로 앞의 항목 「발산개세」에 있는 「발산기개세지가」다.

노래 속의 「발산(拔山)」과 함께 장사(壯士)처럼 힘이 센 항우에게 붙여진 「거정(擧鼎)」이 합쳐져 「발산거정」의 성어가 생겨난 것이다.

발호 跋扈

밟을 跋 뒤따를 扈

《후한서》 양기전(梁冀傳)

함부로 날뛰다.

발(跋)은 뛰어넘는다는 뜻이고, 호(扈)는 대나무로 만든 통발을 말한다. 통발을 물에 넣으면 작은 물고기들은 힘이 없어서 그대로 남지만 큰 물고기들은 이를 뛰어넘어 달아난다는 데서 나온 말이다.

「발호(跋扈)」는 아랫사람 또는 신하가 윗사람 또는 임금을 우습게보고 권한을 침범하는 경우에 쓰는 말이다.

《후한서》 양기전에 있는 이야기다.

후한의 양기는 외모가 아주 특이한 사람이었다. 어깨는 성이라도 난 듯이 늘 들썩거렸고, 눈은 날카롭기 짝이 없었다. 또 눈동자는 남을 꿰뚫을 듯 섬광이 번뜩였고, 말투는 더듬거려 분명하게 알아들을 수가 없었다.

순제(順帝) 때 그는 대장군에 임명되었다. 그러나 그 기질은 그대로여서 포악함은 극에 달했다. 순제가 죽자 그는 두 살 난 충제(沖帝)를 왕위에 올렸으며, 이듬해 충제가 죽자 이번에는 여덟 살짜리 질제(質帝)를 황제에 등극시켰다.

질제는 어리지만 총명해서 양기의 교만하고 방자한 성질을 잘 알고 있었다. 일찍이 조회가 있을 때 양기를 평하면서 신하들에게 이렇게 말했다.

「그는 발호장군이다. 도무지 제멋대로란 말이야」

이 말을 들은 양기는 황제를 몹시 미워하게 되고 급기야는 임금

을 독살해 버리고 말았다. 그런 다음 다시 환제를 세우고, 이고(李固)와 두교(杜喬)는 죄를 뒤집어씌워 살해해 버렸다.

나라 안은 이런 일련의 일들로 해서 탄식과 두려움으로 가득 차게 되었고 민심 또한 극도로 흉흉해졌다.

그의 권력이 얼마나 대단했는지는, 세시(歲時) 때가 되어 헌상한 물품들이 도성에 도착하면 최상급품은 먼저 양기의 집으로 옮겨졌고, 천자에게는 한 등급 아래의 물품이 보내졌다는 것만 보고도 잘 알 수 있었다.

이후 그의 가문은 크게 번성해서 일곱 명의 제후(諸侯)와 세 명의 황후를 배출했으며, 여섯 명의 귀인(貴人)과 장군도 둘이 나왔다. 그가 재직한 20년 남짓한 세월에 영화는 극에 달했고, 권세는 조정의 안팎에 넘쳐나 모든 관리들이 두려움에 떨며 감히 그의 명령에 거역할 사람이 없었다.

천자는 몸을 삼가고 정치를 아예 그에게 맡겨버려 천자가 직접 정치에 간섭하는 일도 드물게 되었다. 천자는 오래 전부터 이것을 몹시 불만스럽게 여기고 있었다. 그러다가 마침내 견디다 못해 계략을 꾸며 양기를 제거하고 조정의 안팎에 널리 깔려 있는 그의 일족과 친척들을 남녀노소를 가리지 않고 모두 도륙하고 그 시체를 시장 바닥에 내걸었다.

그 밖에도 양기에게 빌붙던 벼슬아치와 교위, 자사, 군수 등 처형된 사람이 부지기수였다. 양기가 임명한 관리들 중 면직된 사람만도 3백여 명에 이르러서 조정은 삽시간에 텅 비어버렸다.

천자는 또 양기의 재산 30여만 석을 몰수하여 천자의 창고에 두고 그것을 재정에 충당하자 백성들의 세금이 반으로 줄었다고 한다. 그만큼 양기는 엄청난 권력과 부를 누렸던 것이다.

방기곡경 旁岐曲逕

결 旁 갈림길 岐 굽을 曲 좁은 길 逕

《동호문답(東湖問答)》

율곡 이이

바른 길을 좇아 정당하게 일하지 않고 그릇된 수단을 써서 억지로 하는 일.

사람이 많이 다니지 않는 「샛길과 굽은 길」 이라는 뜻으로, 바른 길을 좇아 정당하게 일하지 않고 그릇된 수단을 써서 억지로 하는 일을 비유하는 말이다.

조선 중기의 유학자 율곡 이이(李珥)가 《동호문답》 에서 군자와 소인을 가려내는 방법을 설명하면서 「제왕이 사리사욕을 채우고 도학을 싫어하거나, 직언하는 사람을 좋아하지 않고 구태를 묵수하며 망령되게 시도하여 복을 구하려 한다면 소인배들이 그 틈을 타 갖가지 방기곡경(旁岐曲逕)의 행태를 자행한다」 고 한 데서 비롯되었다. 이로부터 바른 길을 좇아 정당하게 일하지 않고 그릇된 수단을 써서 억지로 하는 일을 비유하는 말로 사용된다. 반계곡경(盤溪曲徑)과 같은 의미이다.

이 사자성어는 2009년을 보내면서 《교수신문(教授新聞)》 이 선정한 「올해의 사자성어」 이기도 하다.

선정 이유에는 여러 가지 정치적 갈등을 안고 있는 문제를 정당한 방법을 거치지 않고 독단적으로 처리해온 정부의 행태에 대한 비판과 정치가 올바르고 큰길로 복귀하기를 바라는 소망이 담겨 있다.

방민지구심우방천 防民之口甚于防川

막을 防 백성 民 갈 之 입 口 심할 甚 어조사 于 막을 防 내 川

《사기》 주본기(周本紀)

「백성의 입을 막는 것은 냇물을 막는 것보다 어렵다」는 뜻으로, 백성에게 언론의 자유를 주어 자기 생각을 마음대로 표현할 수 있도록 해야 한다는 말이다.

서주의 여왕(厲王)은 폭정이 극심해 백성들의 원망을 샀다. 소목공(召穆公)이 여왕에게 여러 차례 간언하였으나 듣지 않았다. 여왕은 폭정을 그만두기는커녕 위(衛)나라에서 무당을 불러다 점을 쳐서 불만을 품은 자들을 색출하게 하여 처단하였다.

백성들은 공포에 눌려 아무 저항도 하지 못하였다. 여왕은 이를 두고 태평성대라고 하면서 자신에 대해 나쁘게 말하는 사람이 하나도 없다고 득의양양하였다.

이에 소목공이 간했다.

「지금은 진정한 태평성대라고 할 수 없습니다. 백성의 뭇 입을 막는 것은 냇물을 막는 것보다 어려운 일입니다(防民之口甚于防川). 냇물을 둑으로 막았다가 무너지면 상하는 사람이 많아질 것이니 백성도 이와 마찬가지입니다. 그러므로 냇물을 지키는 자는 물이 잘 흐르도록 물길을 터주고, 백성을 위하는 자는 자유롭게 말할 수 있도록 해주어야 합니다」

그러나 여왕은 말을 듣지 않고 폭정을 계속하였다. 결국 견디다 못한 백성들이 민란을 일으켜 여왕을 왕위에서 쫓아내고 체(彘)라는 땅으로 귀향을 보냈다.

방약무인 傍若無人

곁 傍 같을 若 없을 無 사람 人

《사기》 자객전열(刺客列傳)

남의 입장을 생각지 않고 거리낌 없이 함부로 행동함.

《사기》 자객열전에 있는 이야기다.

역수 가의 형가(겸재 정선, 국립중앙박물관)

전국시대도 거의 진(秦)의 통일로 돌아가 시황제의 권위가 군성(群星)을 눌렀을 때의 일이다. 위(衛)나라 사람으로 형가(荊軻)라는 자가 있었다. 선조는 제(齊)나라 사람이었으나, 그는 위(衛)로 옮겨 살며, 거기서 경경(慶卿)이라 불리었다.

책을 읽는 것과 칼을 쓰는 것을 즐겨했다. 국사에도 마음을 쓰고 있었으므로 위의 원군(元君)에게 정치에 대한 의견을 말했으나 채택되지 않았고, 그 후로는 제국을 표박(漂迫)하며 돌아다닌 듯하다. 사람 됨됨이 침착하여 각지에서 현인, 호걸과 사귀었다. 그 유력(遊歷)하는 동안의 이야기로서 다음과 같은 것이 전해진다.

산서(山西)의 북부를 지날 때, 개섭(蓋聶)이라는 자와 칼에 대해 논했다. 개섭이 화를 내고 노려보자, 형가는 곧 일어나 떠나버렸다. 어떤 이가 개섭에게 형가하고 다시 한번 논하면 어떻겠느냐고 하자,

「아니야, 여관에 가 보게나, 벌써 떠나고 없을 테니까」

그래서 사람을 시켜 여관에 가 보니 과연 형가는 떠나버린 뒤였다. 이 말을 들은 개섭이 말했다.

진왕을 암살하려는 형가

「물론 그렇겠지. 방금 내가 노려보아 위협을 주었으니까」

또 형가가 한단(邯鄲)에 갔을 때다 노구천(魯句踐)이란 자와 쌍륙(雙六) 놀이를 하여 승부를 다투었다. 노구천이 화를 내며 소리치자 형가는 말없이 도망쳐 다시는 돌아오지 않았다고 한다.

그는 연(燕)나라로 갔다. 거기서 사귄 것이 전광(田光)과 축(筑)의 명수인 고점리(高漸離)였다. 축은 거문고와 비슷한 악기로서 대나무로 만든 현을 퉁겨서 소리를 낸다. 이 두 사람과 형가는 날마다 큰 길거리로 나가 술을 마셨다. 취기가 돌면 고점리는 축을 퉁기고 형가는 거기에 맞추어 노래하며 함께 즐겼다. 감상이 극에 달하면 함께 울기도 했다. 마치 곁에 아무도 없는 것 같았다(傍若無人).

「방약무인」이란 말은 《사기》 자객열전에 나오는 것이 처음이다. 곁에 아무도 없는 것같이 남의 눈도 생각하지 않고 제멋대로 행

하북성 이현 역수 가에 세워진 형가탑

동하는 것이다. 그 때의 사람들은 대개가 형가의 이 행동을 그렇게 생각하고 있었겠지만, 「방약무인」 하면 제 고집만을 주장하는 무례함을 가리키는 수가 많다. 열심히 골몰해서 「방약무인」 한 것과 그저 품성에 따라 그런 것과 사람에 따라 각각 다르다.

형가는 나중에 연나라 태자 단(丹)의 부탁을 받고 진왕(秦王)을 쓰러뜨리기 위해 죽음을 다짐한 길을 떠난다. 배웅하는 사람들 틈에 고점리도 있었는데, 그들은 마침내 역수(易水) 가에서 작별하게 되었다. 이때 고점리는 축을 퉁기고 형가는 화답해서 저 「풍소소혜역수한(風蕭蕭兮易水寒)……」의 노래를 불렀다.

이 두 사람, 형가는 끝내 성사시키지 못한 채 죽고, 고점리는 뒤에 장님이 되면서도 친구의 원수를 갚으려고 진왕을 노리다가 역시 실패하여 형가의 뒤를 따라가게 된다. 그리하여 앞서 말한 노구천은 형가에 대한 자기의 불명(不明)을 부끄럽게 생각했다고 한다. 그러나 이 역수에서 이별할 때, 두 사람은 그와 같은 일을 알 턱이 없었다. 한 사람은 축을 퉁기고 한 사람은 노래하며 마치 곁에 아무도 없는 듯했었을 것이다.

방예원조 方枘圓鑿

모 方 장부 枘 둥글 圓 구멍 鑿

《초사(楚辭)》 구변(九辯)

양쪽 의견이 일치하지 않아 서로 어울리지 않음.

「네모난 장부를 둥근 구멍에 넣으면 서로 맞지 않는다」는 뜻으로, 충신과 간신이 서로 의견일치가 이루어지지 않는 것을 말한다. 네모난 바닥에 둥근 뚜껑이라는 의미로 사물이 서로 맞지 않는다는 「방저원개(方底圓蓋)」와 비슷한 말이다.

전국시대 진(秦)나라는 천하통일을 꾀해 초(楚)나라를 위협하였다. 당시 초나라는 제(齊)나라, 진나라 3국이 대립하였던 때였다. 초나라 회왕(懷王)의 좌도(左徒 : 左相) 굴원은 제나라와 동맹하여 강국인 진나라에 대항해야 한다는 합종설(合縱說)을 주장하였으나, 초나라 회왕과 중신들은 연횡설(連衡說)을 주장한 진나라의 장의(張儀)의 전략에 속아 오히려 굴원이 실각하고 말았다. 초나라는 연횡설에 따라 제나라와 단교하였다가 진나라에 기만당하였다는 사실을 알게 되었고, 출병하여 진나라와 전쟁을 벌였지만 고전만 거듭하다 패하였다.

굴원의 제자인 초나라의 궁정시인 송옥(宋玉)은 스승 굴원에 대한 동정심과 왕에 대한 억울한 마음을 《초사》 구변에서 나타냈다.

이 시에 나오는 「둥근 구멍과 네모난 장부는 예로부터 서로 맞지 않음을 안다(圓鑿而方枘兮 我固知其而難入)」라는 구절에서 유래한 말이다. 둥근 구멍에는 네모난 장부보다 둥근 장부를 끼워야 들어맞는데, 굴원의 충성스런 정치적 식견과 간사한 신하들의 의견이 본질적으로 서로 맞지 않아 화합할 수 없음을 비유하는 말이다.

방촌이란 方寸已亂

모 方 마디 寸 이미 已 어지러울 亂

《삼국지》 촉지(蜀志) 제갈량전

마음가짐이 이미 혼란스러워졌다는 뜻으로, 마음이 흔들린 상태에서는 아무 일도 할 수 없다는 것을 이르는 말. 「방촌(方寸)」은 본시 사방 한 치의 크기를 뜻하며 심장 또는 마음을 비유한 말이다.

삼국시대 때, 유비 현덕이 제갈양을 얻기 전까지는 당시 영천(潁川) 출신으로 뛰어난 지략으로 유명한 인물로서 자(字)를 원직(元直)이라 하는 서서(徐庶)가 있었다.

서서는 다방면의 병법서를 독파하여 탁월한 군사전략가로 유비(劉備)의 일급 군사 참모였다. 유비와 적대적인 관계인 조조(曹操)는 서서의 비상한 재주를 탐내어 그를 자기편으로 끌어들인다면 유비와의 전쟁에서 승리할 수 있다고 장담하였다. 그리하여 조조는 서서를 자기 사람으로 만들기 위해 사람을 보내 보았지만 거절당했다.

그러자 조조의 모사꾼 정욱(程昱)은 교묘한 꾀를 내었다. 서서가 천하가 다 아는 효자라는 것을 알고 서서의 어머니를 속여 허창(許昌)으로 데려와 연금하여 놓고, 서서 어머니의 필체를 모방하여 서서에게 편지를 보내 그를 되도록 빨리 허창으로 오라고 하였다. 그러나 위부인은 학식이 높고 명필인 데다가 의리가 확고한 여장부였기 때문에 아들을 불러들이기는커녕 오히려 어머니 생각은 말고 끝까지 한 임금을 섬기라고 격려를 하는 형편이었다.

조조는 이에 단념하지 않고 서서 어머니의 필적을 모사하여 서서에게 보냈다. 그 편지가 어머니가 보낸 편지라고 생각한 서서는 유

비에게 충성을 다짐한 것에 대해 마음의 동요가 일어났다. 서서가 유비에게 말했다.

「본래 장군과 더불어 왕패지업을 도모하려 한 것이 제 작은 마음(方寸之地)이었습니다. 이제 이미 늙으신 어머니를 잃었기에 마음이 혼란스러워(今已失老母 方寸亂矣) 더 이상 장군을 섬기더라도 도움이 되지 못할 것이니 청컨대 여기서 작별을 고하고자 합니다」

유 비

떠나기 전, 서서는 유비에게 자신보다 더 뛰어난 재능을 가진 제갈량을 추천했다. 훗날 서서는 조조의 군영으로 들어가기는 했으나 조조를 위해서 계책을 내기를 원치 않았다. 지조를 지키고 충성을 다하려고 다짐한 서서도 어머니에게 닥친 일에 마음이 혼란스러워져 유비를 위해 일하지 못하겠다고 이야기한 것이다. 어떤 일이든 마음을 기울여 열중하면 안 되는 일이 없지만, 마음이 번뇌로 가득 차 혼란스러워지면 뜻대로 일을 처리하지 못하는 경우가 대부분이다.

어머니의 가짜 편지를 받고 집으로 돌아온 아들을 보자 위부인은 영문을 몰라 어리둥절했다. 이야기를 듣고 비로소 그것이 자기 글씨를 모방한 위조 편지 때문이란 것을 안 위부인은,

「도시 여자가 글자를 안다는 것부터가 걱정을 낳게 한 근본 원인이다(女子識字憂患)」 하고 자식의 앞길을 망치게 된 운명의 장난을 스스로 책하는 이 한 마디로 체념하고 말았다는 것이다. 여기서 유명한 「식자우환(識字憂患)」 고사가 생겨난 것이다.

방촌지지 方寸之地

모 方 마디 寸 의 之 땅 地

《열자》 중니(仲尼)편, 《삼국지》 촉지

사방 한 치의 땅이라는 뜻으로, 얼마 되지 않는 땅을 이르며, 또한 사람의 마음(심장)을 이름. 줄여서 「방촌(方寸)」이라고도 한다. 방촌은 원래 「사방 한 치의 좁은 땅」을 뜻하는데, 마음이 사방 한 치의 심장에 깃들어 있다는 뜻에서 사람의 마음 또는 심장을 의미하게 되었다.

용숙(龍叔)이라는 사람이 명의로 이름난 문지(文摯)에게 말했다.

「당신의 의술은 뛰어납니다. 나의 병을 고칠 수 있습니까?」

문지가 말했다.

「먼저 증세를 말씀해 주십시오」

용숙이 말했다.

「나는 동네사람들이 다 나를 칭찬해도 그것을 영광으로 생각지 않고, 온 나라 사람들이 나를 욕해도 그것을 치욕으로 생각지 않습니다. 어떤 이득을 얻어도 기뻐하지 않고, 그것을 잃어도 걱정하지 않습니다. 내가 살아 있는 것을 죽은 것같이 보고, 부귀한 생활을 빈천한 생활로 보고, 사람 보기를 돼지를 보듯 합니다. 집에 있는 것을 여관에 있는 것으로 생각하며, 고향을 오랑캐 나라같이 봅니다. 이런 증세들은 누가 벼슬자리나 상금을 주면서 착한 일을 하라 권해도 그 증세를 떨어버릴 수 없으며, 누가 나에게 형벌을 주면서 그 증세를 떼어버리라고 위협하여도 소용이 없으며, 세상의 이해득실로도 할 수 없으며, 슬픔과 즐거움을 가지고도 이를 옮길 수 없습니다. 나는 나라의 임금을 섬긴다든가, 친구를 사귄다든가, 처자를 거느린다든가, 노예를 부리는 일들은 하지 못합니다. 이런 증세는 무슨 병입니까? 어떻게 해야 이런 증세를 고칠 수 있습니까?」

이 말을 듣고 문지는 용숙을 밝은 쪽을 등지고 서 있게 하고서, 문지 자신은 뒤에서 밝은 쪽을 향하여 그를 바라보고 있었다. 그러더니 잠시 후 문지가 말했다.

「아! 나는 당신의 마음을 보았습니다. 당신의 마음은 텅 비어 있습니다. 거의 성인에 가깝습니다(吾見子之心矣 方寸之地虛矣 幾聖人也)! 당신의 마음은 일곱 구멍 가운데 여섯 구멍이 트여 있으나 한 구멍은 있지 않습니다. 지금 당신이 당신의 성스럽고 슬기로운 것을 도리어 병으로 생각하는 것은 아마도 이 한 구멍이 트여 있지 않기 때문일 것입니다. 이런 증세는 나의 얕은 의술로 고칠 수가 없습니다」

또 《삼국지》 촉지 제갈량전에는 이런 내용이 기록되어 있다.

유비가 신야(新野)에 주둔하고 있을 때 서서(徐庶)는 유비의 군사(軍師)로 활약하였다. 유비와 대적하던 조조는 그의 뛰어난 지략을 탐내 자기 사람으로 만들고자 그의 어머니를 허창으로 데려와 볼모로 삼았다. 그리고는 그 어머니의 필적을 흉내 내어 서서에게 허창으로 빨리 오라는 편지를 보냈다. 효성이 지극한 서서는 유비에게 하직 인사를 올리며 말했다.

「본래 장군과 더불어 왕패지업을 도모하려 한 것이 제 방촌지지(方寸之地 : 마음)였습니다. 이제 이미 늙으신 어머니를 잃었기에 방촌이 혼란스러워(今已失老母 方寸亂矣) 더 이상 장군을 섬기더라도 도움이 되지 못할 것이니 청컨대 여기서 작별을 고하고자 합니다」

「마음속으로 품은 작은 뜻」의 「촌심(寸心)」이나, 「작은 성의」를 뜻하는 「촌지(寸志)」라는 말도 모두 여기에서 비롯되었다.

방환미연 防患未然

둑 防 근신 患 아닐 未 그러할 然

《악부시집(樂府詩集)》 군자행(君子行)

사고나 재해를 미연에 방지함.

북송(北宋) 신종(神宗 : 1067~1085) 때 곽무천(郭茂倩)이 편찬한 《악부시집(樂府詩集)》 군자행(君子行)에 있는 이야기다.

어떤 사람이 남의 집에 손님으로 갔다가 그 주인집의 굴뚝이 너무 곧게 세워져 있고, 그 굴뚝에서 빨려 나가는 불길이 너무 세고, 게다가 굴뚝 바로 가까이 섶나무가 쌓여 있는 것을 보고는 매우 위험하다고 느낀 나머지 그 집주인에게 관심을 가지고 알려주면서 건의를 했다.

「댁의 굴뚝을 굽히고 그 옆에 쌓아둔 섶나무를 빨리 다른 곳으로 옮기시오. 그렇지 않으면 화재가 생길 우려가 있소이다」

그러나 주인은 그 손님의 말을 들은 체 만 체 했다.

얼마 안 가서 과연 그 집에서 불이 났다. 이를 발견한 이웃사람들이 재빨리 달려와 불을 껐다. 다행히 손발이 빠른 이웃사람들의 도움으로 불은 곧 꺼져 큰 피해는 없었다.

주인은 불행 중 다행이라 생각하고 소를 잡아 푸짐한 음식을 마련하고 이웃사람들을 초청해서 고마움을 전하는 뜻으로 잔치를 벌였다. 그는 손님들의 자리를 불 끌 당시 공로가 제일 많은 사람부터 상좌로 배정했다.

피부에 화상을 입은 사람은 제일 앞좌석에 앉히는 등 좌석을 배열했건만, 며칠 전 굴뚝을 굽혀 화재를 사전 방지하라고 권유한 사

람은 초청도 하지 않고 한 마디 말도 꺼내지 않았다.

그러자 좌중에 있던 한 사람이 일어나더니, 「여보 주인, 며칠 전 당신에게 화재를 조심하라고 건의한 그 사람의 말을 들었던들 오늘 같은 화재는 면했을 것이오. 그리고 또 오늘같이 소를 잡느니 술을 장만하느니 하여 이렇게 많은 돈을 안 썼을 것이오. 당신은 불을 끌 때에 끼쳤던 공로의 크고 작음을 가지고 우리를 이렇게 앉혀 우리들에게 그 고마움을 베푸는데, 하물며 그날 굴뚝을 구부리고 섶나무를 옮기라고 말해 준 그 사람의 고마운 마음은 왜 몰라주시오?」 하고 말했다.

주인은 그 말을 듣고 얼굴이 뜨거워져 어쩔 줄을 모르고 한참을 머뭇거리다가 문을 박차고 뛰어나갔다. 한참 만에 주인은 그 손님을 모시고 와 제일 상좌에 앉혔다.

亂條猶未變初黃
난조유미변초황
倚得東風勢更狂
의득동풍세경광
解把飛花蒙日月
해파비화몽일월
不知天地有清霜
부지천지유청상

방금 돋아 노름한 버들개지
동풍타고 그 기세 더욱 사납네.
꽃을 흩날려 일월 가릴 줄이나 알 뿐
천지간에 끼는 서리는 알지도 못하누나.

— 증공(曾鞏) 〈버들을 읊노라(詠柳)〉

* 버들개지 : 소인배들을 비유함.

배난해분 排難解紛

밀칠 排 어려울 難 풀 解 어지러울 紛

《전국책(戰國策)》 조책(趙策)

어려움을 물리치고 분규를 해결해줌을 이르는 말.

전한(前漢) 유향(劉向)이 편찬한 《전국책》 조책에 있는 이야기다.

전국시대 진(秦)나라 소왕(昭王)이 조(趙)나라를 쳐 수도 한단을 포위하자, 조나라의 효성왕(孝成王)은 위(魏)나라에 구원을 요청하였다. 위나라에서는 장군 진비(晉鄙)를 비롯해 군사를 파견하였으나 군대가 전진하지 않자 위나라는 조나라에 신원연(辛垣衍)을 사신으로 보내 진나라에 굴복하게 하였다. 당시 조나라를 방문 중이던 제(齊)나라의 노중련(魯仲連)은 신원연에게 진나라에 굴복하지 말아야 한다고 주장하였다.

신원연이 타협안을 포기하고 진나라 군사들이 뒤로 물러나자 위나라의 신릉군(信陵君)은 진비를 죽이고 군사를 이끌고 와서 한단의 포위를 풀어주어 진나라 군대를 물리쳤다.

조나라가 위험에서 벗어나게 되자, 조나라의 재상 평원군(平原君)은 노중련에게 호의에 대한 감사의 뜻으로 봉토를 주려고 하였으나, 노중련은 그것을 거절하며 이렇게 말했다.

「다른 사람을 위해 어려움이나 분쟁을 해결하고 나서 그 대가를 받지 않아야 고매한 선비입니다(排患釋難 解紛亂 而絕不接受別人一點報酬)」

노중련의 말에서 나온 고사성어로, 서로의 주장이나 의견 대립으로 일어난 남의 어려운 일을 풀어주는 것을 가리킨다.

배반낭자 杯盤狼藉

잔 杯 쟁반 盤 어지러울 狼 자리 藉

《사기》 골계열전(滑稽列傳)

술 마신 자리의 어지러운 모습.

「배반이 낭자하다」는 말은 널리 쓰이는 말이다. 술잔과 안주 접시가 질서 없이 뒤섞여 있다는 뜻으로, 술을 진탕 마시며 정신없이 놀고 난 자리의 어지러운 모습을 말한다.

《사기》 골계열전에 있는 이야기다.

전국시대 초기, 제(齊) 위왕(威王) 때 순우곤(淳于髡)이란 키가 작고 익살스런 사람이 있었다. 때마침 제(齊)가 초(楚)의 공격을 받고 있었기 때문에 조(趙)로 원병을 청하게 되었다. 그 때 순우곤이 제의 사신으로 조나라에 가서 보기 좋게 10만 정병을 얻는 데 성공, 때문에 초는 손을 뗄 수밖에 없게 되었다. 그래서 바야흐로 제나라의 후궁에서는 축하연이 한창이었다.

위왕은 그 자리의 주인공 순우곤에게 물었다.

「선생은 어느 정도 마시면 취하는지?」

「한 말로도 취하고 한 섬으로도 취합니다」

곤은 수수께끼를 좋아하는 제왕에게 수수께끼 같은 대답을 하였다. 그러자 제왕은 그 설명을 재촉했다.

「한 말로 취하는 사람이 한 섬을 마실 수야 없지 않겠소. 어떻게 하는 말씀이신지?」

순우곤은 점잔을 빼면서, 술이란 마시는 사람의 기분에 따라 취하는 양이 달라지는 예를 차례로 들어 말하며, 끝으로 한 섬을 마시게

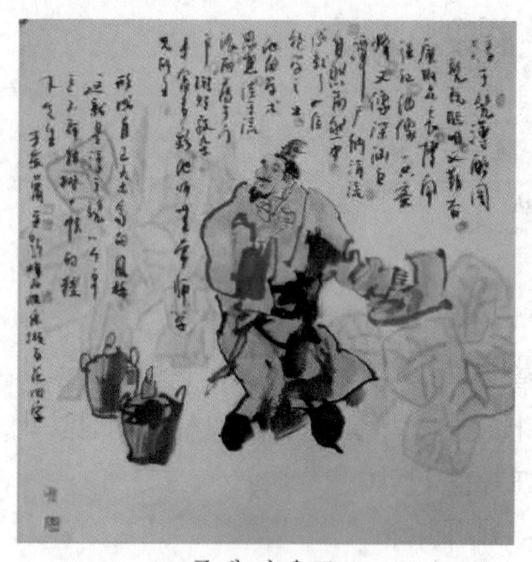

주백 순우곤

되는 경우를 말했다.

「날이 저물어 술이 얼근해졌을 때, 술통을 한데 모으고 무릎을 맞대며 남자와 여자가 한자리에 앉아, 신발이 서로 엇갈리고, 술잔과 안주 접시가 어지럽게 흩어져 있는데 방에 촛불이 꺼지며(……杯盤狼藉 堂上燭滅), 주인이 나만을 붙들어 두고 다른 손들을 보냅니다. 어둠 속에 더듬어 보면 비단 속옷의 옷깃이 풀어진 채 은은히 향수 냄새가 풍기고 있습니다. 이런 때에는 내 마음이 아주 즐거워서 능히 한 섬 술이라도 마실 수 있습니다. 그러기에 말하기를, 술이 극도에 달하면 어지러워지고, 즐거움이 극도에 달하면 슬퍼진다고 합니다. 술뿐이 아니고 모든 일이 다 그렇습니다」

이것은 순우곤이 위왕을 간하기 위해 꾸며낸 이야기다. 그 뒤로 제 위왕은 밤 깊도록 술을 마시는 일을 중지하고 곤을 제후의 주객으로서 연회시에는 반드시 자기 곁에 두었다고 한다.

「골계전」의 골계(滑稽)는 익살이란 뜻이다.

순우곤은 웃기는 가운데 뜻이 있는 말로써 상대의 마음을 돌려놓는 그런 익살꾼이었다.

「배반낭자」는 소식(蘇軾 : 자는 동파)의 명문 「전적벽부」에도 나온다. 소식이 친구와 마시고 이야기하며 「효핵(肴核 : 술안주)이 이미 떨어져 배반낭자하다」라고 말하고 있다.

배성차일 背城借一

등 背 성 城 빌릴 借 한 一

《춘추좌씨전》 성공(成公) 2년

「성을 등지고 한 차례의 기회로 삼는다」는 뜻으로, 목숨을 바쳐 결사적으로 끝까지 싸우겠다는 굳은 결심을 말한다.

좌구명

공자(孔子)의 《춘추(春秋)》를 노(魯)나라 좌구명(左丘明)이 해석한 책 《좌씨전(左氏傳)》 성공 2년조에 있는 이야기다.

춘추시대 때, 자만에 빠져 있던 제(齊)나라는 진(晉)·노(魯)·위(衛)나라 연합군의 공격으로 크게 패했다. 진나라 장수 극극(郤克)이 다시 제나라로 쳐들어갔다.

다급해진 제나라 경공(景公)은 기(紀)나라에서 가져온 옥기(玉器)와 토지를 주고 강화를 청하기로 했다. 제 경공은 빈미인(賓媚人)을 보내, 강화를 하거나, 진나라가 거부하면 맞서 싸워 절대 굴욕을 당하지 말라고 명했다.

빈미인이 예물과 토지문서를 가지고 진나라 군영으로 가서 화의를 제안하자, 극극은 이렇게 말했다.

「소(蕭)나라 군주 동숙(同叔)의 따님을 인질로 삼고, 제나라 땅에

서 논밭의 길은 모두 동쪽으로 나도록 하여 진나라 병사들이 제나라를 편안하게 지나다닐 수 있게 해주시오」

이것들은 매우 힘든 조건이었다. 극극의 무리한 요구를 받아들이지 않고 빈미인은 이렇게 말했다.

「우리는 귀국이 우리나라를 없앨 생각이 아니라면, 과거 우리들이 빼앗아갔던 노나라와 위나라 영토를 돌려주고, 귀한 옥기까지 바치겠지만, 쳐들어오면 『죽지 않고 남아 있는 병사들을 모아 성을 등지고 한바탕의 싸움을 해서(請收合餘燼 背城借一)』 굴복하지 않겠소」

노나라와 위나라의 왕들도 극극에게 제나라의 요구에 동의하기를 권유하여 마침내 화의가 이루어졌다.

배성일전(背城一戰)이라고도 한다. 「성을 등지고 한 차례의 기회로 삼는다」는 뜻으로, 목숨을 바쳐 결사적으로 끝까지 싸우겠다는 굳은 결심을 말한다. 비슷한 뜻으로는 「배수진(背水陣)」과 「파부침주(破釜沈舟)」 등이 있다.

死時不動心 須生時事物看得破
사시부동심　수생시사물간득파

죽을 때 마음이 동요되지 않으려면 마땅히 생시에 사물을 잘 간파(看破)하도록 하라.

(죽음에 임했을 때 마음이 동요되지 않기를 바란다면 평소부터 사물의 진리와 진상을 잘 간파하여 부동의 마음을 지니도록 힘써야 한다.)

—《채근담》

배수거신 杯水車薪

잔 杯 물 水 수레 車 섶나무 薪

《맹자(孟子)》 고자상(告子上)

힘이나 능력이 미미하여 일을 감당하기 어려움.

한 잔의 물로 수레에 가득 실린 땔나무에 붙은 불을 끄려 한다는 뜻으로, 능력이 도저히 미치지 않아 불가능함에도 불구하고 어리석은 짓을 한다는 말이다.

맹자가 말하였다.

「어진 것(仁)이 어질지 않은 것(不仁)을 이기는 것은 물이 불을 이기는 것과 같다. 오늘날 어진 것을 행하는 사람은 한 잔의 물로써 한 수레 가득 실린 땔나무에 붙은 불을 끄려는 것과 같다(猶以一杯水 救一車薪之火). 꺼지지 않으면 물이 불을 이기지 못한다고 하니, 이것은 불인(不仁)이 심한 것이다. 이래서는 마침내 그 인(仁)마저 잃어버리고 말게 될 것이다」

「배수거신」은 「한 잔의 물로써 한 수레 가득 실린 땔나무에 붙은 불을 끄려는 것과 같다(猶以一杯水 救一車薪之火)」에서 나온 말이다.

여기서 수레를 뜻하는 「車」는 「차」로 읽지 않고 「거」로 읽는다. 자신의 능력은 생각지도 않고 미치지 못하는 것에 무모하게 덤벼들어 낭패를 본 뒤에도, 능력이 모자라서가 아니라 물이 불을 이기지 못해서 그렇다고 핑계를 대니 참으로 어리석은 짓이 아닐 수 없다.

「배수구거(杯水救車)」, 「배수여신(杯水輿薪)」이라고도 쓴다.

배수진 背水陣

등 背 물 水 진 陣

《사기》 회음후열전(淮陰侯列傳)

「배수진」은 물을 뒤에 등지고 친 진을 말한다. 「배수진을 쳤다」 하는 말은, 죽을 각오로 마지막 승부에 임하는 것을 말한다.

임진왜란 때 신립(申砬) 장군이 문경 새재(鳥嶺)로 넘어오는 적을 새재에서 막을 생각을 않고 충주에서 배수진을 치고 있다가 여지없이 패해 전사한 이야기는 너무도 유명하다.

이 배수진을 쳐서 최초로 성공한 사람은 한신(韓信)이다. 이때부터 배수진이란 말이 전해지게 되었다. 한신이 조나라를 칠 때 이야기다. 한신은 작전을 짜 놓고 부하 장수들에게,

「우리 주력부대는 퇴각을 한다. 그것을 보면 적은 진지를 비우고 우리를 추격해 올 것이다. 그러면 제군들은 재빨리 조나라 진지로 들어가 조나라 기를 뽑아 버리고 한나라의 붉은 기를 세워라」 하고 이른 다음, 부관들에게 가벼운 식사를 시키고 나서는 또, 「오늘 아침은 조나라를 이기고 난 다음 모여서 잘 먹기로 하자」 하고 모든 장수들에게 전하게 했다.

장수들은 알았다고 대답만 할 뿐 속으로는 코웃음을 쳤다. 한신은 군리(軍吏)들에게 이렇게 말했다.

「조나라 군사는 유리한 곳을 점령하여 진을 치고 있기 때문에 싸움을 서두르지 않을 것이다. 그리고 적은 우리 쪽 대장기를 보기 전에는 나와 싸우려 하지 않을 것이다」

이리하여 한신은 1만의 군사를 먼저 가게 하여 물을 등지고 이른

바 배수진을 치게 했다. 조나라 군사들은 이것을 바라보며 병법을 모르는 놈들이라고 크게 웃었다. 날이 밝자, 한신은 대장기를 세우고 산길을 빠져나갔다. 조나라 군사는 진문을 열고 나와 맞아 싸웠다. 잠시 격전을 계속한 끝에 한신은 거짓 패한 척하며 기를 버리고 강 근처에 배수진을 치고 있는 군사와 합류했다.

조나라 군사는 이를 보는 순간, 과연 진지를 텅 비워 두고 앞다투어 한신의 군사를 쫓았다. 그러나 한신의 군사는 결사적인 반격으로 적을 물리쳤다. 이 사이에 한신이 산속에 매복시켜 놓았던 기마부대가 조나라 진지로 달려가 조나라 기를 뽑고 한나라 기를 세워 두었다.

한신을 추격해서 이기지 못하고 돌아오던 조나라 군사는 붉은 기를 바라보는 순간 이미 진지가 적의 수중에 든 줄 알고 당황하기 시작했다. 여기에 한신의 군사가 뒤를 다시 덮치고 들자 앞뒤로 적을 맞은 조나라 군사는 싸울 용기를 잃고 뿔뿔이 흩어져 버렸다. 그리하여 대장은 죽고 왕은 포로가 되었다.

승리를 축하하는 술자리에서 모든 장수들은 한신에게 물었다.

「병법에는 산을 등지고 물을 앞으로 진을 치라고 했는데, 장군께선 물을 등지고 진을 쳐서 이겼습니다. 그리고 조나라를 이기고 나서 아침을 먹자고 하시더니 과연 말대로 되었습니다. 이것은 무슨 전법입니까?」

그러자 한신은 대답했다.

「이것은 병법에 있는 것이다. 제군들이 미처 몰랐을 뿐이다. 병법에 『죽을 땅에 빠뜨려 두어야 사는 길이 있다』고 하지 않았는가. 그리고 우리 군사는 아직 오합지졸이다. 이들을 결사적으로 싸우게 하려면 죽을 곳을 뒤에 두지 않으면 안된다」

모든 장수들은 탄복했다.

배중사영 杯中蛇影

잔 杯 가운데 中 뱀 蛇 그림자 影

《풍속통(風俗通)》

쓸데없는 일을 의심하여 근심을 만듦.

「노루가 제 방귀에 놀란다」는 속담이 있다. 말뚝에 제 옷자락이 박혀 「이놈아 놓아라, 이놈아 놓아라!」 하며 밤을 새웠다는 옛이야기도 있다.

마음이 약한 사람이 엉뚱한 것을 보고 귀신이나 괴물인 줄로 잘못 아는 것을 가리켜 「배중사영(杯中蛇影)」이라고 한다. 「잔속에 비친 뱀의 그림자」란 뜻이다.

벽에 걸린 활이 뱀의 그림자처럼 잔 속에 비치는 바람에 그 술을 마시고 병이 들었다는 이야기에서 나온 말이다.

후한 말기의 학자 응소(應劭)가 지은 《풍속통》에 이런 웃지 못할 얘기가 있다.

「세상에는 이상한 것을 보고 놀라 스스로 병이 되는 사람이 많다. ……우리 할아버지 응빈(應彬)이 급현(汲懸)의 원이 되었을 때의 일이다. 하짓날 문안을 온 주부(主簿 : 수석 사무관) 두선(杜宣)에게 술을 대접했다. 마침 북쪽 벽에 빨간 칠을 한 활이 하나 걸려 있었는데, 그것이 잔에 든 술에 흡사 뱀처럼 비쳤다. 두선은 오싹 놀랐으나 상관의 앞이라서 그냥 아무 말도 못하고 억지로 마셨다.

그런데 그날로 가슴과 배가 몹시 아프기 시작, 음식을 먹지 못하고 설사만 계속했다. 그 후로도 아무리 해도 낫지 않았다. 그 뒤 할아버지께서 볼 일도 있고 해서 두선의 집으로 문병을 가서 병이 나게 된 까닭을 물었더니, 두선은 사실대로 이야기했다.

집으로 돌아온 할아버지는 두선에게서 들은 이야기를 놓고 여러 모로 생각한 끝에 벽에 걸린 활을 돌아보더니, 『저것이 틀림없다』 하고, 사람을 보내 두선을 가마에 태워 곱게 데려오게 했다. 그리고는 술자리를 마련하고 자리를 전과 똑같은 위치에 차리고 술을 따라 전과 같이 뱀의 그림자가 비치게 한 다음 그에게 말하기를, 『보게, 이건 벽에 걸린 활의 그림자가 술에 비친 걸세. 괴물이 무슨 괴물이란 말인가』 하고 일러주었다. 그러자 두선은 갑자기 새 정신이 들며 모든 아픈 증세가 다 없어졌다」

이 응빈의 옛이야기에서 공연한 헛것을 보고 놀라 속을 썩이는 것을 가리켜 후세 사람들이 「배중사영」이라고 한다.

의심을 품으면 아무것도 아닌 것에도 신경을 쓴다는 것으로 이 말이 쓰이게 되었다. 「배중(杯中)의 사영(蛇影)일 뿐」 하면 별로 걱정할 것이 못된다는 말이 된다. 「의심이 암귀를 낳는다(疑心生暗鬼)」라는 말과 일맥상통되는 말이다. 굳이 요새말로 하면 노이로제라고 할 수 있을 것이다. {☞ 의심생암귀}

응빈은 차분하고 눈이 밝은 사람이었던 모양이다. 또 현 관청에 나타난다는 도깨비를 여우라고 간파한 이야기도 있다. 후에 좌복야(左僕射)까지 올랐으나, 우연히 뜻하지 않은 일에 연좌되어 불행하게 세상을 떠났다.

백구과극 白駒過隙

흴 白 말 駒 지날 過 틈 隙

《장자》 지북유편(知北遊篇)

「백구과극」은 흰 말이 문틈으로 휙 달려 지나간다는 말이다. 즉 세월이 빨리 흐르는 것을 비유하는 말이다.

《장자》 지북유편에 있는 말이다.

「사람이 천지 사이에서 사는 것은 흰 말이 빈 틈새를 달려 지나가는 것과 같이 순간일 뿐이다(人生天地之間 若白駒之過隙). 모든 것들은 물이 솟아나듯 문득 생겨났다가 물이 흘러가듯이 아득하게 사라져 간다. 일단 변화해서 생겨났다가 다시 변화해서 죽는 것이다(忽然而已. 注然勃然 莫不出焉 油然流然 莫不入焉 已化而生 又化而生)」

또 《사기》 유후세가(留侯世家)에도 이런 말이 있다.

「인생의 한 세상은 마치 흰 말이 달려가는 것을 문틈으로 보는 것처럼 순식간이다. 어찌 스스로 괴로워하는 것이 이와 같음에 이르겠는가(人生一世間 如白駒過隙 何至自苦如此乎)」

생물은 이를 슬퍼하고 사람들도 애달파한다. 죽음이란 화살이 활통을 빠져나가고 칼이 칼집에서 빠져나가는 것처럼 분주하고 완연하니 혼백이 장차 가려고 하면 몸도 이를 따르는 법이다.

이 얼마나 거대한 돌아감인가!

비슷한 말로 「광음여류(光陰如流)」, 「광음여시(光陰如矢)」, 「일촌광음(一寸光陰)」이 있다.

백낙일고 伯樂一顧

맏이 伯 음악, 즐거울 樂 한 一 돌아볼 顧

《전국책(戰國策)》

자기의 재능을 남이 알아주어 인정을 받는 것을 비유하여 이르는 말.

백낙(伯樂)은 원래 별 이름이다. 이 별은 하늘에서 말을 다스리는 일을 맡고 있기 때문에 남의 말의 좋고 나쁜 것을 잘 아는 사람을 「백낙」이라고 부르게 되었다.

하루 천 리를 달릴 수 있는 말도 이를 알아주는 사람이 없으면 짐수레를 끌며 늙고 만다는 뜻이다. 즉 아무리 재주가 뛰어난 사람도 이를 알아주는 사람이 없으면 출세를 하지 못함을 이르는 말이다.

진목공

춘추시대 진목공(秦穆公 : 재위 BC 660～621) 때 손양(孫陽)이란 사람이 말을 잘 알아보았기 때문에 세상 사람들은 그를 백낙이라 불렀다. 언젠가 손양이 천리마가 다른 짐말과 함께 소금수레를 끌고 고갯길을 올라오는 것을 마주치게 되었다. 말은 고갯길로 접어들자 발길을 멈추고 멍에를 맨 채 땅에 무릎을 꿇었다. 그리고는 손양을 쳐다보며 큰 소리로

울었다. 손양은 수레에서 내려,

「너에게 소금수레를 끌리다니!」 하며 말의 목을 잡고 함께 울었다. 말은 고개를 숙여 한숨을 짓고 다시 고개를 들어 울었다. 그 우렁차고 슬픈 소리는 하늘에까지 울렸다.

백낙상마도(伯樂相馬圖, 미상)

백낙과 천리마 이야기는 꽤 오랜 옛날부터 전해오고 있는데, 가장 널리 알려진 것은 한유(韓愈)의 《잡설(雜說)》에 나와 있다. 잡설은 수필과 비슷한 뜻이다.

「세상에 백낙이 있은 뒤에라야 천리마가 있는 법이다. 천리마는 항상 있지만, 백낙은 항상 있지 못하다……(世有伯樂然後有千里馬 千里馬常有而伯樂不常有……)」

이것은 유명한 말이다. 세상에 인재는 늘 있는 법이다. 다만 그 인재를 알아주는 인물이 없다는 것을 힘주어 말한 데 특색이 있다. 또 천리마는 때로는 한 끼에 곡식 한 섬을 먹는데, 말을 먹이는 사람은 그것이 천리마인 줄을 모르고 먹이는 터라 말은 배가 고파 힘을 낼 수 없어 그 능력을 보여줄 수 없게 된다고 했다.

아무리 재능이 있는 사람일지라도 그 재능을 발휘할 수 있는 여

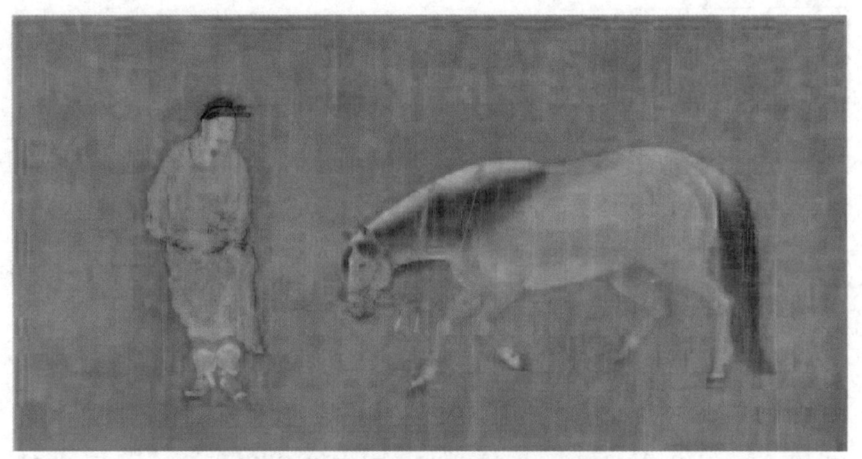

백낙상마도(伯樂相馬圖, 淸 화가 전풍)

건이 이루어지지 못하면 보통 사람보다 오히려 더 못해 보일 경우도 있다는 것을 비유해 말한 것이다. 한신 같은 재주도 장량(張良)과 소하(蕭何)만이 알았고, 범증 같은 모사도 항우 밑에서는 아무 소용이 없었다.

《전국책》에 이런 이야기가 있다.

「어떤 사람이 백낙을 만나 말하기를 『제게 준마가 한 필 있어 지난번에 팔려고 했습니다. 그러나 사흘이나 저잣거리에 내놓았지만 누구 한 사람 거들떠보지도 않더군요. 청컨대 제 말을 한번 살펴보아 주십시오. 사례는 충분히 하겠습니다』 했습니다. 그래서 백낙이 가서 그 말을 한번 살펴보고는 돌아갔습니다. 그러자 말 값이 갑자기 열 배로 치솟으며 서로 사겠다고 아우성을 쳤다는 것입니다」

이 이야기에서 「백낙이 한번 돌아보았다(伯樂一顧)」는 성구가 나왔는데, 아무리 역량이 탁월한 사람도 뛰어난 사람의 인정을 받아야 그 가치가 드러난다는 뜻으로 사용되고 있다.

백낙자 伯樂子

맏 伯 즐거울 樂 아들 子

「낭야대취편(琅邪代醉編)」

백낙의 아들이라는 말로 어리석은 사람을 이르는 말.

「낭야대취편」에 있는 이야기다.

주(周)나라 때 말에 대한 지식이 뛰어나 말 감정을 잘 하는 백낙(伯樂)이라는 사람이 있었다. 백낙에게는 말 감정법을 배우는 아들이 있었다. 어느 날 백낙은 아들에게 말을 보는 방법에 대해 가르쳐주었다.

「좋은 말은 이마는 불쑥 나와야 하고, 눈은 툭 튀어 나와야 하며, 말발굽은 누룩을 쌓아 놓은 것처럼 생겨야 한다」

아들은 아버지가 가르쳐준 감정법을 손에 적어 좋은 말을 구하려고 이곳저곳을 돌아다녔다. 어느 날 아들은 두꺼비를 잡아가지고 와서 「명마를 구했습니다. 아버님께서 말씀하신 명마의 외모와 같습니다」라고 하였다. 백낙은 두꺼비를 명마라고 하는 아들의 어리석음에 기가 막혀 할 말을 잃었다. 백낙은 화가 치미는 것을 겨우 참으면서 「이 말은 잘 뛰겠지만 수레는 끌지 못하겠구나」라고 대답하였다.

백낙의 아들은, 말의 본래의 모습은 전혀 생각하지 않고 백낙이 이야기한 것만을 염두에 두고 명마를 찾으려고 하였기 때문에 이처럼 어처구니없는 어리석은 짓을 저지른 것이었다. 정작 말의 참뜻은 제쳐두고 얼토당토않은 것에 초점을 맞추어 행동하는 어리석은 행동을 의미하는 말이다.

백년하청 百年河清

일백 百 해 年 강 河 맑을 清

《춘추좌씨전(春秋左氏傳)》

아무리 오래 되어도 사물이 이루어지기 어려움.

「백년하청」이란 말은, 아무리 기다려도 소용이 없다는 뜻으로 쓰인다. 중국의 황하(黃河)는 항상 물이 누렇게 흐려 있기 때문에 백년에 한 번 물이 맑아질 때가 있거나 한다는 말에서 생겨난 말이다. 원래는 백년하청을 기다린다고 하던 것이, 기다린다는 말 없이 백년하청만으로 같은 뜻을 나타내고 있다.

《춘추좌씨전》에 이런 이야기가 있다.

초(楚)나라가 정(鄭)나라로 쳐들어오자, 정나라에서는 항복을 하자는 측과 진(晋)나라의 구원을 기다려 저항을 해야 한다는 측이 맞서 의견의 일치를 보지 못했다. 이때 항복을 주장하는 측의 자사(子駟)가 말했다.

「주나라 시에 말하기를 『하수(河水)가 맑기를 기다리고 있으면 사람은 늙어 죽고 만다. 여러 가지를 놓고 점을 치면 그물에 얽힌 듯 갈피를 못 잡는다』고 했다. 우선 급한 대로 초나라 군사를 맞아 그들의 말을 따르기로 하고, 진나라 군사가 오면 또 진나라를 좇으면 그만이다. 우리는 그들을 맞이할 선물이나 준비해 두고 기다리는 것이 마땅하다」

결국 어느 세월에 진나라 구원병 오기를 기다릴 수 있겠느냐 하는 뜻으로, 황하가 맑기를 기다리는 부질없음을 예로 든 것이다.

「부지하세월(不知何歲月)」과 비슷한 말이다.

백년해로 百年偕老

일백 百 해 年 함께 偕 늙을 老

《시경(詩經)》 격고(擊鼓)

부부의 인연을 맺어 평생을 같이 즐겁게 지낸다는 말.

《시경(詩經)》 격고(擊鼓)에 나오는 이야기이다. 「격고」는 고향을 떠나 멀리 떨어진 전장에서 아내를 그리워하는 한 병사가 읊은 애달픈 심정을 노래한 시다.

죽거나 살거나 함께 고생하자던
그대와 굳게 언약하였지
섬섬옥수 고운 손 힘주어 잡고
단둘이 오순도순 백년해로하자고

死生契闊 與子成說　사생계활 여자성설
執子之手 與子偕老　집자지수 여자해로

언제 죽을지 모르고 고향에 돌아갈 날만 손꼽아 기다리는 병사의 심정을 그대로 그린 시다. 전장에서 처량한 신세를 한탄하면서 하염없이 남편이 오기만을 기다리는 아내를 생각하니 억장이 무너지며, 생이별을 참고 견디어야 하는 병사의 심정이다.

우리 속담에 「검은 머리가 파뿌리가 되도록」이라는 말이 있듯이, 부부가 한번 인연을 맺으면 죽을 때까지 같이 사는 것을 행복한 삶으로 간주한다.

백년해로에 대해서는 또 다른 표현도 있다.

《시경》 왕풍(王風) 「대거(大車)」란 시는 이루기 어려운 사랑 속에

서 여자가 진정을 맹세하는 노래로 보아서 좋은 시다. 3장으로 된 마지막 장에 「동혈」이란 말이 나온다.

살아서는 방을 같이 쓰고
죽어서는 무덤을 같이 쓰네
나를 참되지 않다지만
저 해를 두고 맹세하리

生則同室 死則同穴　생즉동실 사즉동혈
謂予不信 有如皦日　위여불신 유여교일

「유여교일(有如皦日)」은 자기 마음이 맑은 해처럼 분명하다고 해석되는데, 해를 두고 맹세할 때도 흔히 쓰는 말로, 만일 거짓이 있으면 저 해처럼 없어지고 만다는 뜻으로 풀이되기도 한다. 하여간 거짓이 없다는 뜻임에는 틀림이 없다.

民之歸仁也
민지귀인야
猶水之就下
유수지취하
獸之走壙也
수지주광야
백성이 어진 것을 따르는 것은
마치 물이 낮은 데로 모이고
짐승이 넓은 들로 달아나는 것과도 같다.

— 《맹자》 이루 상

백두여신 白頭如新

흰 白 머리 頭 같을 如 새로울 新

《사기》 노중련추양열전

머리가 파뿌리처럼 되기까지 교제하더라도 서로 마음이 안 통하면 새로 사귀기 시작한 사람과 같다는 뜻으로 사람을 알아보는 일이 어려움을 이르는 말이다.

《사기》 노중련추양열전(魯仲連鄒陽列傳)에 있는 이야기다.

전한(前漢) 초기에 추양(鄒陽)이라는 사람이 있었다. 그는 양(梁)나라에서 무고하게 사형선고를 받았다.

옥중에서 양나라의 왕에게 자신의 억울함을 호소하는 글을 올렸다. 주된 요지는 여러 예를 들면서 사람이 사람을 아는 것이 쉽지 않다는 것이었다.

「형가(荊軻)는 연(燕)나라 태자 단(丹)의 의협심을 존경하여, 그를 위해 진(秦)나라 시황제를 암살하러 갔었다. 그러나 태자 단도 형가를 겁쟁이라고 의심한 일이 한 번 있었다. 또 변화(卞和)는 보옥(寶玉 : 화씨벽)의 원석을 발견하여 초나라 왕에게 바쳤는데, 왕이 신용하지 않았다. 오히려 임금을 기만하는 자라 하여 옥에 가두었을 뿐만 아니라 발을 베는 형에 처했다. 이사(李斯)는 전력을 기울여 진나라 시황제를 위해 활동하고 진나라를 부강하게 했으나 마지막에 2세 황제로부터 극형에 처해졌다. 아무리 오랫동안 교제하더라도 서로 이해하지 못함은 새로 사귄 벗과 같다(白頭如新 傾蓋如故)」

양나라 왕은 이 글을 읽고 감동하여 그를 석방했을 뿐만 아니라, 상객으로 맞이해 후히 대접했다.

백룡어복 白龍魚服

흴 白 용 龍 물고기 魚 입을, 옷 服

《설원(說苑)》

「흰 용이 물고기의 옷을 입는다」는 뜻으로, 신분이 높은 사람이 서민의 옷을 입고 미행(微行)하는 것을 비유하는 말.

한나라 유향(劉向)이 편찬한 《설원》에 이런 이야기가 있다.

어느 날 백룡(白龍) 한 마리가 물고기로 변해서 인간 세상에 내려와 놀았다. 백룡이 한창 맑은 강물에서 재미있게 놀고 있을 때였다. 갑자기 어부인 예차(豫且)가 이 거대한 물고기를 발견하고는 곧 활을 쏘았다. 화살에 정통으로 왼쪽 눈을 맞은 백룡은 황급히 하늘로 날라 올라가서 이 일을 천제(天帝)에게 고해바치면서 예차를 징벌해 달라고 하였다. 자초지종(自初至終)을 다 듣고 난 천제가 말하기를,

「어부는 본래 고기잡이를 업으로 하는 사람이니만큼 예차가 쏜 것은 백룡인 네가 아니라 물고기였는데, 그에게 무슨 죄를 물을 수 있겠느냐. 누가 너더러 물고기로 변신을 하라고 했더냐?」하였다.

후한(後漢) 사람 장형(張衡, 78~139)이 쓴 《동경부(東京賦)》에 보면, 「백룡이 물고기로 변해서 예차의 손에 의해 곤욕을 치렀다(白龍魚服 見困豫且)」라는 구절이 있는데, 「백룡어복」이라는 말은 여기에서 유래한 것이다.

옛사람들은 귀인이 천민 행색을 차리고 민간으로 출행(出行)하는 것을 이 성구를 빌려 비유했다.

우리나라의 조선시대 숙종 임금이 가끔 평민 복장을 하고 궁궐을 나와 민정을 시찰하곤 했는데, 이 또한 「백룡어복」이라 하겠다.

백리부미 百里負米

일백 百 마을 里 짐질 負 쌀 米

《공자가어(孔子家語)》 치사(致思)

백 리나 되는 먼 곳으로 쌀을 진다는 말로, 비록 가난하게 살지만 부모를 잘 봉양한다는 말이다. 춘추시대 공자의 제자 자로(子路)는 소문난 효자였다. 하루는 자로가 공자에게 이렇게 말했다.

자 로

「집이 가난하여 부모님을 봉양할 때 녹봉이 많고 적음을 따지지 않고 관리가 됩니다. 옛날 부모님에게 나쁜 음식을 대접하여 백 리 밖에서 직접 쌀을 져 왔습니다(百里負米). 부모님이 돌아가신 뒤 초(楚)나라에서 관리가 되었을 때는 수레가 백 대나 되었고, 창고에는 쌀이 수 만석이 쌓여 있었습니다. 부모님의 수명은 마치 말이 달려가는 것을 문틈으로 바라보는(白駒過隙) 것처럼 순간일 뿐입니다」

이에 공자가 대답했다.

「부모님에 대한 자로의 효성은, 살아계실 때는 정성을 다해 섬기고, 돌아가신 이후에는 한없이 그리워하는구나」

효에 대한 성어로는 「반포지효(反哺之孝)」, 「반의지희(斑衣之戱)」, 「오조사정(烏鳥私情)」 등이 있다. 효에 대한 의식이 퇴색되어 가고 이기적인 현대사회에서 자로의 효성은 현대인에게 효를 다시 한 번 생각하게 한다.

백면서생 白面書生

흴 白 얼굴 面 글 書 선비, 날 生

《송서》 심경지전(沈慶之傳)

글만 읽고 세상일에 경험이 없는 사람.

남북조시대 송(宋)나라 장수로서 무명(武名)을 떨친 심경지가 임금을 설득할 때 인용한 말이다. 《송서》 심경지전에 나오는 말이다.

심경지는 어릴 때부터 무예를 닦아 그 기량이 빼어났는데, 불과 10세의 나이로 반란군 진압에 공을 세웠을 정도다.

남북조시대 북위(北魏)의 태무제는 원가(元嘉) 26년(449년)에 군사를 일으켜 유연(柔然)을 공격했다. 이 틈을 이용해서 송나라의 문제가 북위를 공격하고자 하였다.

그래서 권신들에게 이 문제를 논의하기 위해 회의를 소집했는데, 문신(文臣)들은 모두 출병에 찬성했다.

이때 교위(校尉)로 있던 심경지가 나서서 문제에게 충고했다.

「밭을 가는 일을 알려면 종들에게 물어보고, 베 짜는 일을 알려면 하녀에게 물어보아야 하는 법입니다. 지금 폐하께서는 적국인 북위를 공격하려고 하시는데, 저따위 얼굴이 하얀 샌님들에게 물어 일을 도모하신다면 어떻게 성공하신단 말입니까?」

원래 무가(武家)에서 자란 문제는 이 말을 듣고 문약(文弱)에 빠진 권신들과 서슬이 시퍼런 심경지의 강직함이 묘한 대조를 이루자 웃음을 참지 못하고 가가대소(呵呵大笑)했다고 한다.

그러나 이 같은 심경지의 충고에도 불구하고 문제는 문신들의 건의대로 출병했다가 대패하고 말았다.

백문불여일견 百聞不如一見

일백 百 들을 聞 아니 不 같을 如 한 一 볼 見

《한서》 조충국전(趙充國傳)

무엇이든지 실제로 경험해야 확실히 안다.

글자 그대로 백 번 듣는 것이 한 번 보는 것만 못하다는 말이다. 우리 속담에 「귀 장사 말고 눈 장사하라」는 말이 있다. 소문만 듣고 쫓아다니지 말고 눈으로 직접 보고 나서 행동하라는 뜻이다.

한나라 선제 신작 원년에 강(羌)이라는 티벳 계통의 유목민족이 반란을 일으켰다. 선제는 어사대부 병길을 후장군 조충국에게 보내, 누가 장군으로 적임자인가를 물었다. 그러자 조충국은, 「내 비록 늙었지만, 나보다 나은 사람은 없습니다」 하고 대답했다.

그는 한무제 당시 흉노와 싸워 많은 공을 세운 장수였다. 그 해 이미 그의 나이 벌써 70이 넘었지만 아직 원기 왕성했다. 선제는 병길의 보고를 듣고는 곧 조충국을 불러들여 물었다.

「반란군 진압에 장군은 어떤 군략을 쓸 것인가, 또 병력은 어느 정도 필요하고?」 그러자 조충국은 대답했다.

「백 번 듣는 것이 한 번 보는 것만 같지 못합니다. 군사 일이란 멀리 떨어져 있어서는 계획을 짜기 어렵습니다. 신은 급히 금성(金城)으로 달려가 현지 도면을 놓고 방안을 짜기를 바라고 있습니다」

선제는 웃으며 승낙했다. 이리하여 조충국은 금성으로 달려가 현지답사로 정세를 파악한 뒤 둔전책(屯田策)을 세웠다. 보병 약 만 명을 각지에 배치시켜 농사일을 해가면서 군무에 종사케 했다. 그 자신도 그곳에서 1년을 함께 있으며 마침내 반란을 진압하게 되었다.

백미 白眉

힐 白 눈썹 眉

《삼국지》 촉지(蜀志) 마량전(馬良傳)

여럿 가운데 가장 뛰어난 사람이나 물건.

「백미(白眉)」는 흰 눈썹이란 뜻이다. 그런데 그 흰 눈썹이란 것이 여럿 가운데서 가장 뛰어난 것을 의미하게 된다. 이런 말은 정말 그 유래를 알지 못하면 참뜻을 이해하기 어렵다.

《삼국지》 촉지 마량전에 있는 이야기다.

제갈량과도 남달리 두터운 친교를 맺은 바 있는 마량은 형제가 다섯이었다. 다섯 형제는 자(字)에 모두 상(常)이란 글자가 붙어 있었기 때문에 세상 사람들은 그들 형제를 가리켜 「마씨오상(馬氏五常)」이라 불렀다. 다섯 사람이 다 재주로 이름이 높았으나, 그 중에서도 마량이 가장 뛰어나, 그 고을 사람들은,

「마씨 집 5상은 모두 뛰어나지만, 그 중에서도 흰 눈썹이 가장 훌륭하다(馬氏五常白眉最良)」고 했다.

마량은 어릴 적부터 눈썹에 흰 털이 섞여 있었기 때문에 이렇게 불렀다는 것이다.

이로부터 같은 형제뿐만 아니라, 같은 또래 같은 계통의 많은 사람 가운데 가장 뛰어난 사람을 「백미」라 부르게 되었다. 지금은 사람만이 아니고 어떤 작품 같은 것을 말할 때도 이 백미란 말을 쓰는 경우가 흔히 있는 것 같다.

말이란 그렇게 변질되어 가는 특색을 지니고 있다.

「읍참마속(泣斬馬謖)」의 마속은 마량의 아우다.

백발백중 百發百中

일백 百 쏠 發 맞을 中

《사기》 주기(周紀)

총 · 활 같은 것이 겨눈 곳에 꼭꼭 맞음. 앞서 생각한 일들이 꼭꼭 들어맞음. 백 번 쏘아 백 번 맞히는 것이 「백발백중」이다. 또 모든 일이 계산대로 다 맞아 들어가는 것을 가리켜 백발백중이라 한다. 이 말은 신전(神箭)이란 별명을 듣고 있던 양유기(養由基)에서 나온 말이다.

《사기》 주기(周紀)에 이런 기록이 있다.

「초나라에 양유기라는 사람이 있었는데, 활을 잘 쏘는 사람이었다. 버드나무 잎을 백 보 떨어진 곳에서 쏘면 백 번 쏘아 백번 맞혔다……」

다른 기록에 보면, 양유기는 활을 잘 쏠 뿐만 아니라 막기도 또한 잘했으며, 힘도 또한 세어 화살이 소리보다 먼저 갔다고 한다.

투월초(鬪越椒)란 초나라 재상이 반란을 일으켰을 때 일이다. 외국으로 초장왕(楚莊王)이 출정나간 틈을 타서 반란을 일으킨 투월초는 장왕이 돌아오는 길을 막았다.

이리하여 양쪽은 강을 끼고 대처하게 되었다. 관군이 가장 무서워하는 것은 투월초의 뛰어난 활솜씨였다. 이때 양유기는 이름 없는 하급 장교였다. 투월초가 강 저쪽에서 활을 높이 들고, 나를 대항할 놈이 누구냐고 외쳤을 때 양유기가 나타났다.

양유기는, 많은 군사를 괴롭히지 말고 단 둘이서 활로 승부를 짓자고 제안했다. 투월초는 약간 겁이 났다. 그러나 먼저 큰소리를 친

끝이라 거절을 못하고, 각각 세 번씩 활을 쏘아 승부를 결정하는데, 자기가 먼저 쏘겠다고 했다.

먼저 쏘아 죽여 버리면 제아무리 명사수라도 무슨 소용이 있겠느냐는 생각에서였다. 그래서 먼저 투월초가 양유기를 향해 활을 쏘았다. 양유기는 처음은 활로써 오는 화살을 쳐서 떨어뜨리고, 두 번째는 몸을 옆으로 기울여 화살을 피했다. 투월초는 당황해서,

백발백중 양유기

「대장부가 몸을 피하다니, 비겁하지 않으냐」 하고 억지를 부렸다. 그러자 양유기는, 「좋습니다. 그럼 이번은 몸을 피하지 않겠소」 하고 오는 화살 끝을 두 이빨로 물어 보였다. 그리고는 투월초에게 큰 소리로 외쳤다.

「세 번으로 약속이 되어 있지만, 나는 단 한 번만으로 승부를 결정하겠소」 하고 먼저 빈 줄을 튕겨 소리를 보냈다. 투월초는 줄이 우는 소리에 화살이 오는 줄 알고 몸을 옆으로 기울였다. 그 순간 기울이고 있는 그의 머리를 향해 총알보다 빠른 화살을 쏘아 보냈다. 이리하여 투월초는 죽고 반란은 싱겁게 끝나고 말았다.

그러나 초나라 공왕(共王)은 그가 재주만 믿고 함부로 날뛴다 해서 항상 주의를 주며 활을 함부로 쏘지 못하게 했다. 그 뒤 양유기는 결국 화살에 맞아 죽고 말았다. 나무에 잘 오르는 사람은 나무에서 떨어져 죽는다는 속담처럼.

백발삼천장 白髮三千丈

흴 白 터럭 髮 석 三 일천 千 길이 丈

이백(李白) / 「추포가(秋浦歌)」

표현이 지나치게 과장됨. 근심 걱정이나 비탄이 쌓여 가는 모양.

흰 머리털이 3천 길이나 된다는 뜻이다. 이것은 수심으로 덧없이 늙어 가는 것을 한탄하는 뜻으로도 쓰이지만, 흔히 표현이 지나치게 과장된 예로 들기도 한다. 이백(李白)의 시에는 이런 과장된 표현이 많은 것이 한 특성으로 되어 있지만, 이것은 단순한 과장이기보다는 그의 호탕한 성격의 느낌을 그대로 표현한 데서 오는 결과일 것이다.

이 말은 이백의 「추포가」 열일곱 수 가운데 열다섯째 수의 첫 글귀에 나오는 말이다. 「추포가」는 이백의 시로서는 보기 드물게 고독과 늙어 가는 슬픔을 조용히 읊고 있는데, 이 열다섯째 수만은 그의 낙천적인 익살이 약간 엿보이고 있다.

흰 머리털이 삼천길
수심으로 이토록 길었나.
알지 못하겠도다 거울 속
어디서 가을 서리를 얻었던고.

白髮三千丈 緣愁社箇丈　백발삼천장 녹수사개장
不知明鏡裏 何處得秋霜　부지명경리 하처득추상

이 「추포가」는 이백의 가장 만년(晩年)의 시로, 실의에 가득 차 있을 당시의 작이다. 백발삼천장은 머리털을 표현한 것이기보다는 한이 없는 근심과 슬픔을 말한 것이리라.

백아절현 伯牙絶絃

만이 伯 어금니 牙 끊을 絶 악기줄 絃

《열자(列子)》 탕문편(湯問篇)

자기를 알아주는 절친한 친구의 죽음. 또는 그 죽음을 슬퍼함.

《열자》 탕문편(湯問篇)에 있는 이야기다.

백아와 종자기

춘추시대 백아(伯牙)라는 거문고의 명수가 있었다. 그런데 그에게는 그의 연주를 누구보다도 잘 이해해 주는 종자기(種子期)라는 친구가 있었다. 종자기는 백아가 연주를 하면 백아가 그리고 있는 악상을 그대로 이해해내는 친구였다. 백아가 높은 산을 주제로 연주를 하면 곁에서 귀를 기울이고 있던 종자기는 탄성을 질러 말했다.

「아, 마치 높이 치솟은 태산(泰山) 같구나!」

또 백아가 흐르는 강을 주제로 연주를 하면,

「참으로 훌륭하도다! 도도하게 흐르는 황하(黃河)와도 같구나!」

이런 식이라 백아가 마음속으로 생각하고 거문고에 의탁하는 기분을 종자기는 정확하게 들어 판단해서 틀리는 법이 없었다.

어느 때의 일이다. 두 사람은 함께 태산 깊숙이 들어간 일이 있었

지음도(知音圖, 작자 미상)

다. 그 도중에서 갑자기 큰 비를 만나 두 사람은 바위 밑에 은신했는데, 아무리 시간이 흘러도 비는 그치지 않고 물에 씻겨 흐르는 토사 소리는 요란했다. 겁에 질려 덜덜 떨면서도 역시 거문고의 명수인 백아는 거문고를 집어 들고 서서히 타기 시작했다. 처음에는 임우지곡(霖雨之曲), 다음에는 붕산지곡(崩山之曲), 한 곡을 끝낼 때마다 여전히 종자기는 정확하게 그 곡의 취지를 알아맞히고는 칭찬해 주었다.

그것은 언제나의 일이었으나, 그 때는 때가 때인 만큼, 백아는 울음을 터뜨릴 정도의 감격을 느끼고 느닷없이 거문고를 내려놓더니 감탄하며 말했다.

「아아, 이건 굉장하구나! 자네의 듣는 귀는 정말 굉장하군. 자네 그 마음의 깊이는 내 맘 그대로 아닌가. 자네 앞에서는 거문고 소리를 속일 수가 없네!」

그러나 그 후 얼마 지나지 않아 불행하게도 종자기는 병을 얻어 죽고 말았다. 그러자 백아는 그토록 거문고에 정혼(精魂)을 기울여 일세의 명인으로 불리어졌음에도 불구하고 그 애용하던 거문고의 줄을 끊어버리고 죽을 때까지 두 번 다시 거문고를 손에 들지 않았다. 그것은 종자기라는 얻기 어려운 친구, 다시 말해서 자기 거문고 소리를 틀림없이 들어주는 친구를 잃은 비탄에서였다고 한다.

이 이야기는 참된 예술의 정신이라고 할 만한 것을 시사해 준다. 그러나 예술의 세계만은 아니다. 어느 시대에도 또 어떤 사회에서도 내가 하는 일, 아니 그 일을 지탱해 나가고 있는 나의 기분을 남김없이 이해해 주는 참된 우인지기(友人知己)를 갖는다는 것은 무상의 행복이고, 또 그런 우인지기를 잃는 것은 보상받을 수 없는 불행인 것이다.

우인 지기의 죽음을 슬퍼할 때 곧잘 사람들은 이 「백아절현」을 말하며 유감의 뜻을 표명하곤 한다. 진실로 백아와 종자기 같은 교정을 맺고 있는 우인 지기는 그리 많을 수가 없다. 또 지기(知己)를 「지음(知音)」이라고 하는 것도 이 고사에서 나왔다.

지음도(知音圖, 작자 미상)

백안시 白眼視

흴 白 눈 眼 볼 視

《진서(晉書)》 완적전(阮籍傳)

사람을 업신여기거나 무시하는 태도. 눈을 하얗게 뜨고 바라본다는 말로, 사람을 무시해서 흘겨보거나 냉정한 눈길을 말한다.

《진서》 완적전에 있는 이야기다.

완 적

삼국시대 이후 위(魏) · 진(晉)의 시대는 왕보다 세력이 강한 제후들의 권력투쟁으로 극도로 혼란스러웠다. 그렇다 보니 백성들의 생활은 피폐했고, 현실초월주의를 근간으로 한 노장사상(老莊思想)이 성했으며, 지식인들은 세상을 등지고 자연 속으로 숨어버렸다.

그들 가운데 유명한 죽림칠현이 있었는데, 일곱 선비 역시 세상을 등지고 고담준론(高談峻論)과 술로 일생을 보냈다. 그 중에서도 완적은 좋고 싫음이 분명한 성격이어서 마땅찮은 사람은 상대도 하지 않았고, 특히 예절에 얽매이는 지식인을 속물이라고 몹시 싫어했다. 그는 당시의 세도 문벌인 사마씨(司馬氏)에 대해서 감정의 골이 깊었지만, 아버지 완우(阮瑀)가 조조 밑에서 벼슬살이를 한 데 수치를 느껴 세상을 외면한 채 술과 방종으로 자신을 학대했다.

그 역시 처음에는 관료로 진출했지만, 가평(嘉平) 원년(249년)에 사마중달이 반란을 일으켜 위(魏)나라 황실의 조상(曹爽) 등을 죽이고 정권을 잡자 그만 환멸을 느껴 벼슬을 그만두고 산야에 묻혀 살았다.

죽림칠현도(淸 화가 전혜안)

그는 어머니의 장례 때도 슬픈 기색은커녕 머리를 풀어헤치고 주위의 손가락질을 당하기도 했다. 뿐만 아니라 완적은 예교(禮敎)에 얽매이지 않고 능히 눈동자를 흘겨 하얗게 하거나 푸르게 할 수 있었다.

세속적인 예절에 젖은 선비를 만나거나 하면 흰 눈자위를 드러내며 대했는데, 어느 날 혜강(嵇康)의 아우 혜희(嵇喜)가 찾아오자 그를 보고 흰자위를 드러냈다. 기분이 상한 혜희는 그만 자리를 박차고 나갔다.

혜강이 이 말을 듣고 술을 사서 거문고를 둘러메고 완적을 찾았다. 그러자 완적은 반색을 하며 맞이하여 푸른 눈자위를 보였다고 한다. 당시 이름난 명사 중에는 그의 눈 밖에 나서 망신을 당한 사람이 한둘이 아니었다.

백어입주 白魚入舟

흴 白 물고기 魚 들 入 배 舟

《사기》 사마상여열전

적이 항복함의 비유.

주(周)나라의 무왕(武王)이 은(殷)나라의 주왕(紂王)을 치려고 강을 건널 때 백어가 배 안으로 뛰어들어 은나라가 항복할 조짐을 보였다는 고사에서 나온 말이다. 백(白)은 은조(殷朝)의 빛깔, 곧 적이 항복함을 이르는 말이다.

사마상여

한의 무제 때 사마상여(司馬相如)는 이미 병이 들어 벼슬을 그만두고 무릉(茂陵)의 집에서 살고 있었다. 천자가 말했다.

｢사마상여의 병이 중한 모양인데, 가서 그에게 청하여 그의 책을 모두 가져오는 것이 좋겠다. 만일 그렇게 하지 않으면 뒤에 그것을 잃고 말 것이다｣

천자는 소충(所忠)에게 가도록 하였다. 그런데 상여는 이미 죽고 집에는 책이 없었다. 그의 아내에게 물으니, 이렇게 대답했다.

｢장경(사마상여)은 본래부터 가지고 있는 책이 없었습니다. 때때

로 글을 지어도 사람들이 가져가 집에는 책이 남아 있지 않습니다. 장경이 죽기 전에 책을 한 권을 지었는데, 『혹시라도 천자의 사자가 와서 책을 찾거든 이것을 올리시오』 라고 하였을 뿐 그 밖의 다른 책은 없습니다」

주무왕

그가 남겨놓은 서찰 형태의 글은 봉선(封禪)에 관한 것이었다. 상여의 아내는 소충에게 그것을 주었고, 소충이 천자에게 바치니, 천자는 그 글을 소중하게 여겼다. 그 글은 다음과 같았다.

「……대체로 주나라에서는 무왕이 주왕(紂王)을 칠 때, 백어(白魚)가 배 안으로 뛰어올라(白魚入舟) 떨어진 것을 두고 상서로운 조짐이라고 하여 구워서 하늘에 제사 지냈습니다. 이와 같은 작은 일을 징험이라고 하여 태산에 올라가 봉선하였으니, 또한 부끄럽지 않습니까? 주나라의 지나침과 한나라의 겸양의 도리가 어찌 이렇게 다릅니까?」

백왕·흑귀 白往黑歸

흰 白 갈 往 검을 黑 돌아올 歸

《한비자(韓非子)》 설림하(說林下)편

나갈 때는 희었는데 돌아올 때는 검다는 뜻으로, 겉모양이 변한 것을 보고 속까지 변한 것으로 잘못 아는 것을 비유한 말이다.

한비자(韓非子)가 설림하편에 등장시킨 양주(楊朱)라는 사람은 전국시대 중엽의 사상가인 묵자(墨子)와 대조적인 사상을 주창했다. 묵자가 겸애(謙愛)를 주장한 반면 양주는 극단적인 위아주의(爲我主義)를 내세웠다.

맹 자

위아주의란 사회의 모든 제도와 문화를 인위적인 허식이라고 치부하고 자신의 생명을 완전하게 지키며 사는 것을 인생에서 가장 중요한 것으로 생각했다. 그러므로 철저한 개인주의와 상호불간섭주의를 천명했다.

맹자(孟子)는 말했다.

「양주란 자는 부모도 없고 오직 나뿐이다. 그리고 묵자는 모든 이를 똑같이 사랑하니 군주가 없다. 아비가 없고 군주가 없으니 이는 들짐승이나 길짐승과 무엇이 다를 것인가?」

맹자의 혹평대로 세상 사람들은 양주를 지독한 낙천주의자로 생각

했다. 그것은 도가(道家)의 사상이 「무위이화(無爲而化)」에 있기 때문이었다. 바로 이 점 때문에 한비자는 「양포의 개(楊布之狗)」를 우화적으로 등장시킨 것이다.

양 주

어느 날, 양주의 동생 양포(楊布)는 흰옷을 입고 외출하였다. 집으로 돌아올 때 갑자기 비가 오자 흰옷이 더럽혀지는 것을 염려하여 흰옷을 벗고 검은 옷으로 갈아입었다. 그러자 집에서 기르던 개가 양포를 몰라보고 마구 짖어대어 양포가 개를 때리려고 하자 형 양주는 이렇게 말했다.

「때리지 말게나. 만약 이 개가 나갈 때는 희었는데 돌아올 때는 검게 되었을 때 자넨들 수상히 여기지 않겠는가?」

겉과 속이 다른 것도 문제이지만, 겉모양은 변하였지만 본질은 변하지 않았다는 뜻이다. 겉으로 보기에 사회적인 지위가 바뀌었다고 하루아침에 태도가 돌변하는 사람이 많다. 사회적인 지위에 걸맞은 소양을 갖추지 못하였을 때는 비난의 대상이 된다.

겉이 변한 것을 보고 속까지 변했을 거라고 오판하는 것으로서, 「양포지구(楊布之狗)」라고도 한다.

백운창구 白雲蒼狗

흴 白 구름 雲 검푸를 蒼 개 狗

두보(杜甫) / 「가탄(可嘆)」

「흰 구름이 한 순간에 푸른 개로 변한다」 라는 뜻으로, 세상의 일이 급하게 잘 변하는 것을 말한다.

당나라의 시인 두보(杜甫)는 일찍이 「가탄(可嘆)」 이라는 칠언시(七言時)를 쓴 적이 있는데, 그 시는 당시의 시인이었던 왕계우(王季友)를 위해 쓴 것이었다.

왕계우는 비록 집안이 곤궁했지만 독서를 부지런히 하고 성품이 참되고 품행이 단정한 사람이었다. 그러나 그의 아내는 그를 싫어해 결국 이혼하고 말았다. 당시 어떤 사람들은 자세한 내막도 모르면서 이 일을 두고 이러쿵저러쿵하면서 왕계우를 비난하였다.

두보의 「가탄」 은 바로 이러한 잘못된 세평에 맞서 쓴 작품이다. 즉 두보는 왕계우처럼 품행이 단정한 사람이 갑자기 이렇듯 형편없는 인간으로 몰리는 세태를 개탄하였다.

시인은 「가탄」 의 첫머리에서 「저 하늘에 뜬구름 흰 옷 같더니, 갑자기 검푸른 개 모양으로 변하였다. 세상일이란 옛날이나 지금이나 이와 같거늘, 인생만사에 무슨 일인들 없겠는가(天上浮雲似自衣斯須改幻爲蒼狗. 法往今來共一時 人生萬事無不有)」 라며 개탄하였다.

후세 사람들은 두보의 이 시에서 「백의창구」 를 빌려와 세상만사가 의외로 갑자기 변하는 것을 비유하였는데, 지금은 보통 「백운창구」 라고 많이 쓴다.

백운친사 白雲親舍

흴 白 구름 雲 친할 親 집 舍

《당서(唐書)》 적인걸(狄仁傑)전

객지에 나온 자식이 부모에 대한 그리움.

적인걸(狄仁傑)은 당나라의 측천무후(則天武后)가 세운 무주(武周) 시대의 재상(宰相)으로, 중종(中宗)을 다시 태자로 세우도록 하여 당(唐) 왕조의 부활에 공을 세웠으며, 수많은 인재들을 천거하여 당(唐)의 중흥에도 크게 기여하였다.

적인걸은 고종(高宗) 때 대리승(大理丞)이 되어 1년 동안 1만 7천 명을 올바르게 재판하였다. 그 뒤 강남순무사(江南巡撫使)가 되어서는 음란하거나 민심을 미혹하는 사당 천 7백여 개를 없애고 예주자사(豫州刺使)로 있을 때에는 무고한 죄로 사형을 선고받은 사람 2천 명을 구제해 백성들로부터 칭송을 들었다.

그러나 후일 내준신(來俊臣)의 모함으로 측천무후에 의해 투옥되었다가 지방으로 좌천되었다. 그가 병주(幷州)의 법조참군(法曹參軍)으로 임명되어 부임하였을 때의 일이다.

그 때 그의 부모는 하양(河陽)의 별장에 머물고 있었다. 어느 날, 적인걸이 태행산(太行山)에 올라 주위를 돌아보니 한 조각 흰 구름이 두둥실 떠 있었다. 그것을 본 그는 옆에 있는 사람을 돌아보며 말했다.

「우리 부모님은 저 구름 아래 살고 계시겠지(白雲親舍)」

그리고는 흰 구름을 쳐다보면서 부모님을 생각하고(望雲之情) 비탄에 잠겼다. 여기서 「망운지정(望雲之情)」 고사도 생겨났다.

백절불요 百折不撓

일백 百 꺾일 折 아닐 不 휠 撓

채옹(蔡邕) / 「태위교현비(太尉喬玄碑)」

「백 번 꺾일지언정 휘어지지 않는다」 라는 뜻으로, 어떠한 어려움에도 굽히지 않는 정신과 자세를 가리킬 때 사용되는 말이다.

후한(後漢) 때, 교현(橋玄)이라는 사람은 청렴하고 강직하며, 악을 원수처럼 미워하였다. 관직에 있을 때 부하가 법을 어기자 즉각 사형에 처하였다. 또 태중대부 개승(蓋升)이 황제와 가깝다는 것을 믿고 백성들을 착취한 사실을 적발하여 처벌하도록 상소하였으나 받아들여지지 않자 병을 핑계로 사직하였다. 나중에 황제가 태위(太尉) 벼슬을 내렸으나 응하지 않았다.

어느 날, 교현의 어린 아들이 강도들에게 붙잡혀 가자, 양구(陽球)라는 장수가 즉시 관병을 데리고 구출하러 갔다. 그러나 관병은 교현의 아들이 다칠까봐 강도들을 포위하고만 있을 뿐 감히 더 이상 손을 쓰지 못하였다. 이 사실을 안 교현은, 「강도는 법을 무시하고 날뛰는 무리들인데, 어찌 내 아들을 위하느라 그들을 놓아준다는 말인가」 라고 하며 몹시 화를 내면서 빨리 강도들을 잡으라고 관병을 다그쳤다. 결국 강도들은 모두 붙잡혔으나, 교현의 어린 아들은 강도들에게 살해되고 말았다. 사람들은 이와 같이 몸을 던져 악에 대항하는 교현을 존경하였다. 나중에 채옹이 교현을 위하여 「태위교현비」 라는 비문을 지어 칭송했다.

「백 번 꺾일지언정 휘어지지 않았고, 큰 절개에 임하여서는 빼앗을 수 없는 풍모를 지녔다(有百折不撓, 臨大節而不可奪之風)」

백주지조 栢舟之操

잣나무 栢 배 舟 의 之 절개 操

《시경(詩經)》 용풍(鄘風)

잣나무 배의 굳은 지조라는 뜻으로, 과부가 정절을 지켜 재가하지 않는다는 말이다.

서주(西周)도 말기에 들어서자 세상은 이미 음풍(淫風)이 성행하고, 정풍(正風)은 점차 그 모습을 감추기 시작하고 있었다. 따라서 올바른 예의의 전통을 전하고 의(義)를 지키는 풍습은 온데간데없는 때였으나, 그런 세태 속에서 홀로 정절을 지킨 공강(共姜)이라는 여성이 있었다.

주 여왕(周厲王) 때 위국(衛國) 희후(僖侯)에게 여(余)라는 세자가 있었다. 여의 처를 강이라 하며 두 사람 사이는 지극히 화목했으나, 여가 불행하게도 일찍 세상을 떠나버렸다.

젊어서 미망인이 된 강은 평생에 남편이라 부를 사람은 단 한 사람, 이제는 죽고 없는 남편 여(余)에 대한 정절을 다하고자 굳게 결심했다. 여는 공백(共伯)이란 시호를 받았으므로 강도 남편의 시호를 따라 공강이라고 부르게 했다.

공강은 남편의 명복을 빌면서 혼자 조용히 여생을 보내려고 했으나, 어느 세상이고 남의 일에 공연히 참견하는 사람이 많아 주위에서 그냥 내버려두지 않았다. 강의 어머니는 무슨 일이 있든지 딸을 다시 한 번 재가시키려고 연방 말을 걸어 왔다.

「너를 처로 삼겠다는 사람이 많은데, 네 맘에 드는 사람은 과연 누구일까?」

「제 남편은 공백님 단 한 분이십니다」

공강은 한결같이 이렇게 대답을 했으나 어머니는 그렇다고 그냥 물러서지 않았다.

「아니, 네 남편이 어디서 금방이라도 돌아온다는 말이냐. 여자는 젊었을 때가 꽃이다. 지금 때를 놓치면 어느 누가 네 뒷바라지를 해 준다더냐. 이제 고집 그만 부리고 내 말을 좀 들어 봐라」

어머니는 딸의 앞날을 걱정하며 현실적으로 나가고자 했지만 젊은 강에게는 그런 현실적 득실(得失)을 애정이나 정절과 바꾸려는 것은 도저히 용서할 수가 없었다.

그러나 이 문제에 대한 어머니의 집념은 끈질겼다. 그래서 스스로의 맹세를 써서 보이는 것이었다.

잣나무 배는 하중에 떠 있고
오직 한 사람 그이만이 내 짝이요
죽어도 다른 사람 없는 것을
길러준 어머니의 은혜는 하늘과도 같지만
어찌하여 내 마음을 몰라줄까.

汎彼栢舟　在彼中河　　범피백주　재피중하
髧彼兩髦　實維我儀　　담피양모　실유아의
之死矢靡它　　　　　　지사시미타
母也天只　不諒人只　　모야천지 불량인지

이 시는 《시경》의 용풍에 있는 「백주(栢舟)」라는 시의 일장인데, 「백주지조」는 남편을 잃은 처가 정절을 지켜 재혼하지 않는 것을 말한다.

백중지세 伯仲之勢

맏이 伯 버금 仲 의 之 형세 勢

조비(曹丕) / 「전론(典論)」

좀처럼 우열을 가릴 수 없는 형세.

맏이를 백씨(伯氏)라 부르고, 둘째를 중씨(仲氏), 끝을 계씨(季氏)라고 부르는 것은 지금도 행해지고 있는 호칭이다. 다만 중씨의 경우 맏형이 아니면 둘째나 셋째나 넷째나 다 중씨로 통하고, 맨 끝이 아니라도 손아래 형제를 계씨라고 하는 것은 관습상 인정되고 있는 실정이다.

따라서 백중(伯仲)은 곧 형과 아우라는 뜻이다. 순서로는 「백(伯)」이 위고 「중(仲)」이 아래지만, 그것은 오로지 나이 순서일 뿐 거기에 무슨 큰 차이가 있을 수는 없다. 또 나이 순서를 놓고 말하더라도, 한 해만 먼저 나면 형이요, 한날한시에 난 쌍둥이도 먼저 나면 형이다.

위 문제 조비

그래서 좀처럼 우열을 가릴 수 없는 양쪽을 가리켜 「백중지세」니 「백중지간(伯仲之間)」이니 하고 말한다. 또 「힘이 백중하다」는 식으로 형용동사로도 쓰인다.

이 「백중」이란 말을 최초로 쓴 사람은 위(魏)나라 초대 황제인

제갈무후

문제 조비(曹丕)다. 그는 「전론(典論)」이란 논문 첫머리에서 한(漢)나라의 대문장가인 부의와 반고 두 사람의 문장 실력에 대해 우열을 가릴 수 없다는 뜻으로 이렇게 쓰고 있다.

「글 쓰는 사람끼리 서로 상대를 업신여기는 일은 예부터 그러했다. 이를테면, 부의(傅毅)와 반고(班固)는 그 역량에 있어 서로 백중한 사이였다(文人相輕 自古而然 傅儀之於班固 伯仲之間耳)」

이 말에서 우열을 가릴 수 없다는 뜻의 백중지간이 유래하였다.

또 두보의 시에도, 제갈량을 칭찬하여, 은나라 탕(湯)임금을 도와 천하를 얻게 한 이윤(伊尹)과 주나라 문왕 무왕을 도와 새 왕조를 창건한 여상(呂尙)이 맞먹는다고 하는 것을 백중지간이란 말로 표현한 곳이 있다. 결국 「난형난제」란 말을 약한 듯한 것이 「백중」이란 말이다.

원래는 「백중지간」이었는데 「백중지세」라는 동의어가 훨씬 많이 사용되어 보통 백중지세라고 부르게 되었다. 줄여서 「백중(伯仲)」이라고도 한다.

비슷한 말로는 「난형난제(難兄難弟)」, 「봄의 난초와 가을 국화 가운데 어느 것이 더 좋다고 할 수 없다」는 뜻의 「춘란추국(春蘭秋菊)」, 「막상막하(莫上莫下)」가 있다.

백척간두진일보 百尺竿頭進一步

일백 百 자 尺 대줄기 竿 머리 頭 나아갈 進 한 一 걸음 步

《경덕전등록(景德傳燈錄)》

백 자나 되는 높은 장대 위에 다다라 또 한 걸음 더 나아간다는 뜻으로, 이미 할 수 있는 일을 다 한 것인데 또 한 걸음 나아간다 함은 더욱 노력하여 위로 향한다는 말이다. 어떤 목적이나 경지에 도달하였어도 거기서 멈추지 않고 더욱 노력함을 뜻하거나, 충분히 언사(言辭)를 다하였어도 더 나아가서 정묘(精妙)한 말을 추가함을 말한다. 자신의 나태함을 극복하기 위하여 스스로 극한상태에 올려놓고 정신의 긴장을 늦추지 말라는 뜻이다.

당나라 때 고승(高僧) 장사(長沙) 스님의 말이다. 1척은 대략 30.3센티미터이므로 백 척이면 300미터 높이다. 이 높은 대나무 장대 끝에 서 있는 사람이 앞으로 한 걸음을 내디디면 새로운 세계가 보일 것이라는 의미다.

조선시대 거상으로 알려진 임상옥이 중국에 갔을 때 그가 팔려고 가져간 조선 인삼을 헐값에 사려고 상인들이 서로 담합해 구입하지 않고 간만 보고만 있는 상황이 초래되었다.

난처해진 임상옥은 함께 갔던 추사 김정희(金正喜)에게 이 상황을 어떻게 극복하면 좋을지 의견을 물었다. 그러자 추사는 붓으로 「백척간두진일보(百尺竿頭進一步)」라는 일곱 자만 썼다. 여기에서 큰 깨달음을 얻은 임상옥은 중국 상인들이 보는 앞에서 인삼을 쌓아놓고 불을 질렀다. 이에 놀란 중국 상인들이 임상옥 앞에 엎드려 싹싹 빌어 결국 모두 제 값을 받고 팔 수 있었다는 고사로도 유명한 말이다.

법지불행자상정지 法之不行自上征之

법 法 의 之 아니 不 갈 行 스스로 自 위 上 칠 征 이 之

《사기》 상군열전(商君列傳)

상앙 흉상

「법이 행하여지지 않는 이유는 위에서 그것을 지키지 않기 때문이다」 라는 뜻으로, 솔선수범하여 법을 지켜야 할 윗사람들이 법을 어기기 때문에 아랫사람들도 법을 지키지 않는다는 말이다.

《사기》 상군열전에 있는 이야기다.

법가(法家)의 대표적인 철학자 가운데 한 사람인 상앙(商鞅)이 한 말에서 나왔다. 상앙은 진(秦)나라 효공(孝公) 때 재상으로 있으면서 여러 가지 강력한 법령을 시행하였다. 부국강병의 일환으로 시행하긴 했지만 워낙 위반했을 때 받는 형벌이 엄격했기 때문에 사람들 사이에서 법령에 대한 원성이 날로 높아 갔다.

그러던 어느 날, 태자가 새로 시행한 법령을 어기는 일이 발생했다. 상앙은 좋은 기회다 싶어 즉시 태자를 형벌에 처하려고 하였다.

「법령이 제대로 시행되지 않는 것은 위에 있는 사람들부터 이를

어기기 때문이다. 태자라 해서 면책이 있을 수 없다」

거열형(車裂刑)

그러나 대통을 이어갈 태자에게 형벌을 가할 수는 없었기 때문에 대신 태자의 스승인 공자(公子) 건(虔)에게 책임을 물어 처형하고 공손고(公孫賈)에게는 묵형(墨刑)에 처했다.

묵형이란 죄목을 이마에 먹물로 새겨 넣는 형벌이다. 이렇게 되자 백성들 중에서 감히 법령을 어기려는 사람이 없게 되었고 10년이 지나자 진나라에는 좀도둑 하나 나오지 않았다.

또 상앙은 법령에 대해 좋다 나쁘다 말하는 사람은 모두 변방 요새로 내쫓아 버렸기 때문에 그야말로 법령에 맹종하는 사람 이외에는 아무도 없게 되었다.

이런 상앙의 정책에 힘입어 진나라는 일약 천하의 강국으로 발돋움할 수 있었다. 그러나 효공이 죽고 태자가 왕위에 오르자 평소 그의 정책에 대해 반감을 가지고 있었던 태자는 그를 체포해 거열형(車裂刑)에 처하고 말았다. 거열형은 팔다리를 말에 묶어 잡아당겨 찢어 죽이는 형벌이다.

별개생면 別開生面

다른 別 열 開 날 生 낯 面

두보(杜甫) / 「단청인증조장군패」

따로 새로운 분야를 개척함, 남달리 기예가 뛰어남.

「다른 새로운 얼굴을 나타낸다」는 뜻으로, 새로운 형식을 만들어 내어 독특한 것을 말한다. 당나라의 시인 두보(杜甫)의 시 「단청인증조장군패(丹青引贈曹將軍霸)」에서 유래한 말이다.

당나라의 유명한 화가인 조패(曹霸)는 인물과 말을 아주 잘 그렸다. 그의 명성이 장안(長安)에까지 알려지면서 황제 현종(玄宗)의 귀에 들어갔다. 현종은 수시로 조패를 궁중 안으로 불러들여 그림을 그리게 하고 항상 푸짐한 상을 내렸다. 조패가 현종의 총애를 받자, 장안에 사는 왕족, 귀족, 벼슬아치들은 조패의 그림을 가지고 있는 것을 영광으로 여기게 되었다. 그래서 그의 그림이 아주 비싼 값에 거래되어도 돈 아까운 줄 모르고 사들였다.

장안성 북쪽의 태극궁(太極宮)에 능연각(凌煙閣)이라는 누각이 있었다. 이 누각의 네 벽면에는 당나라의 개국공신 24명의 초상이 그려져 있었는데, 이 초상화는 그로부터 70년 전 염지본(閻之本)이라는 화가가 그린 것이었다. 이미 70년이 지나면서, 이들 초상화는 원래의 생생한 모습이 퇴색되어 어떤 것들은 잘 알아보지 못할 정도가 되어 있었다. 현종은 조패를 불러 그 초상화를 다시 손보게 했다. 마침내 24명 공신의 초상들은 아주 새로운 모습으로 사람들 앞에 나타났다. 조패는 이렇게 인물을 잘 그렸을 뿐만 아니라 말의 모습도 잘 그렸다.

어느 날, 현종은 조패를 궁으로 불러 자신의 애마인 옥화총을 데

려와 그림을 그리게 했다. 조패는 우선 아주 큰 비단 한 장을 갖다달라고 한 뒤 말을 한참 동안 관찰한 후 몸을 돌려 순식간에 그 말을 화폭에 담았다. 현종은 기뻐하며 조패에게 금은 보화를 상으로 내리고 좌무위(左武衛) 장군에 봉했

제자 한간(韓幹)이 그린 조패장군

다. 그러나 이러한 호시절도 오래가지 못했다. 현종이 이임보(李林甫)와 양국충(楊國忠) 등의 권신을 등용한 후 음주가무와 사치황음에 빠져 정사를 멀리하게 되자 조패를 부르는 횟수도 크게 줄어들었다. 그러던 중 조패는 사소한 잘못을 저질러 관직을 박탈당하고 평민이 되어 장안을 떠나게 되었다.

755년, 안녹산과 사사명(史思明)이 반란을 일으키자, 현종은 사천(四川)으로 몽진(蒙塵)하였다. 이때 조패도 사천성 성도(成都)까지 피난 와 지나는 사람들의 초상화를 그려주며 겨우 연명하고 있었다.

이때 시인 두보가 성도에 오게 되었는데, 친구의 집에서 조패가 그린 「구마도(九馬圖)」를 보게 되었다. 두보는 당대의 화가 조패의 그림을 금방 알아보고, 조패가 성도에 있다는 것을 알게 되어 여기저기 수소문한 끝에 길가에서 그림을 그리고 있는 조패를 발견했다.

두보는 여기서 조패의 신세와 역경을 알아차리게 되자 안타까워하며 시 한 수를 지어 그에게 바쳤다. 그 시 가운데 나오는 구절이다.

「능연각 공신들의 얼굴빛이 희미하게 바래졌는데(凌煙功臣少顏色), 조패 장군의 붓끝에서 새로운 얼굴이 보인다(將軍筆下開生面)」

별무장물 別無長物

나눌 別 없을 無 긴 長 만물 物

《진서(晉書)》 왕공전(王恭傳)

오래 된 물건이 따로 없다는 뜻으로, 귀한 물건을 가진 것이 없다는 의미다. 즉, 검소한 생활을 말한다.

당태종

당(唐) 태종(太宗)의 지시로 644년에 편찬한 《진서》 왕공전에 있는 이야기다.

동진(東晉)시대에 회계(會稽 : 절강성)에 청렴결백하고 지조가 있는 인격자 왕공(王恭)이라는 사람이 있었다. 사람들은 그의 청렴결백에 대해 반드시 큰 인물이 될 것이라고 칭송하였다.

그렇지만 옛날이나 지금이나 사람됨이 바르다고 해서 꼭 큰 인물로 출세하는 것은 아니며, 왕공도 그런 경우였다. 주위의 평판과 상관없이 생활은 그저 그렇고 관직에 오를 길도 보이지 않았다. 그러다가 고향을 떠나 수도인 건강(健康)으로 이사를 갔는데, 왕공은 화려한 도시의 모습에 전혀 동요하지 않고 그의 질박하고 검소한 생활은 건강에서도 변함이 없었다.

하루는 친척인 왕침(王枕)이 왕공의 집을 방문했다. 두 사람은 대

나무 돗자리에 앉아서 정담을 나누었다. 그런데 왕침은 대나무 돗자리가 탐이 났다. 왕공은

돗자리를 왕침에게 기꺼이 주는 왕공

그 돗자리가 대나무의 명산지인 회계에서 가져왔을 것이므로 몇 개 더 있겠지 하는 생각에 돗자리가 매우 마음에 든다고 하였다. 그러자 왕공은 주저하지 않고 깔고 앉아 있던 돗자리를 왕침에게 그냥 주어 버렸다. 그리고는 자신은 들에 널려 있는 하찮은 풀로 엮은 자리를 깔고 생활하였다.

뒷날 이 소식을 들은 왕침은 놀라고 미안한 나머지 다시 돌려주려고 하였다.

그러자 왕공이 말했다.

「나에게 그 돗자리는 별무장물(別無長物)이네」

왕침은 왕공의 검소한 생활에 새삼 경의를 표시하고 우의를 더욱 돈독히 하였다.

별무장물은 자신에게 불필요한 물건은 취하지 않는다는 뜻이다. 실제 생활에서 물질도 필요하지만 더 중요한 것은 자신의 마음가짐이라는 교훈이다.

별유천지비인간 別有天地非人間

헤어질 別 있을 有 하늘 天 땅 地 아닐 非 사람 人 사이 間

이백(李白) / 「산중문답(山中問答)」

「따로 세상이 있지만 인간세상은 아니다」라는 말로, 경험해 보지 못한 새로운 세상을 체험하거나 그런 세상이 왔을 때 쓰는 표현이다.

이백의 「산중문답」에 나오는 구절이다.

왜 푸른 산에 사느냐고 묻는다면
그저 웃을 뿐 대답은 안해도 마음은 절로 한가롭네.
복숭아꽃이 물 따라 두둥실 떠가는 곳
따로 세상이 있지만 인간세상은 아니로세.

問余何事栖碧山　문여하사서벽산
笑而不答心自閑　소이부답심자한
桃花流水杳然去　도화유수답연거
別有天地非人間　별유천지비인간

이 작품은 원래 자연에 묻혀 사는 즐거움에 대해 노래한 소박한 자연시다. 그런데 작품이 담고 있는 시상(詩想)이나 심상(心想)이 대단히 선취(仙趣)가 넘쳐흐르면서 도가적(道家的) 풍류가 스며 있어 오랜 기간 음유되어 왔다. 유언(有言)의 물음에 대해 무언(無言)의 대답을 함으로써 마음속에 깃들여 있는 운치를 다 토로하는 것이다. 특히 셋째, 넷째 구절에서 보여주는 독특한 정취는 무릉도원의 신비로운 경관을 그대로 재연한 부분으로 색다른 정취를 느끼게 한다.

병귀신속 兵貴神速

전술 兵 귀할 貴 귀신 神 빠를 速

《삼국지》 위서(魏書) 곽가전(郭嘉傳)

용병(用兵)은 한 순간도 머뭇거리지 말고 신속하게 행동하는 것이 중요하다는 뜻.

《삼국지(三國志)》 위서(魏書)에 있는 이야기다.

후한 말 황실과 조정의 권위가 땅바닥에 떨어지고 각처에서 군웅이 할거할 무렵, 명문 출신인 원소(袁昭)는 기주(冀州), 청주(靑州), 유주(幽州), 병주(幷州) 등 하북(河北) 지역 4개 주를 손아귀에 넣고 호령함으로써 제후들 가운데 세력이 가장 막강했다.

이때 원소의 통치 지역 북쪽에는 오환(烏丸 : 소수 민족의 취락)이 있었는데, 그 중에서도 요서(遼西)에 있는 선우(單于)의 세력이 가장 컸다. 원소는 선우를 만만치 않다고 판단하여 그를 화친정책으로 회유하여 후방지역의 군사적 보루로 삼았다.

그런 원소의 최대 경쟁자가 조조(曹操)였다. 한때는 동지요 친구 사이였으나, 이제는 어느 쪽이든 한 사람은 살고 한 사람은 죽어야 할 적이 된 것이다.

그런데 원소는 조조와 화북 지역을 양분하여 상호 견제하던 중 조조로부터 불의의 습격을 받고 대패하였으며, 분한 마음을 참지 못하고 피를 토하고 죽었다.

원소가 죽자 세 아들 가운데 원소가 총애하던 막내인 원상(袁尙)이 아버지의 뒤를 이어 기주의 장관이 되었는데, 이것이 장남 원담(袁譚)과 대립하게 된 원인이 되었다.

조 조

조조는 형제간의 불화를 절호의 기회라고 여겨 두 형제를 공격하였다. 두 형제는 할 수 없이 화해하였지만, 오래 가지 못하고 원담이 원상을 공격하여 영토를 차지하였다. 만형에게 영토를 빼앗긴 원상은 둘째 형 원희(袁熙)에게 피신하였다. 조조는 형제로부터 고립된 원담을 멸망시켰다.

또한 원희의 세력 내에서도 초촉(焦觸)과 장남(張南)이 반란을 일으키자 원희와 원상 두 형제는 북쪽에서 강대한 세력을 형성하는 선우에게 의지하였다.

조조의 세력이 날로 확장되자 선우는 변경지역에서 군대를 일으켜 조조를 괴롭혔다.

마침내 조조는 선우의 빈번한 침략을 좌시하지 않고 괴멸하기로 작정하였으나, 문제는 병사, 말, 식량, 물의 더딘 수송이었다. 그래서 조조가 책사 곽가에게 방책을 물으니 곽가는 이렇게 말했다.

「용병은 귀신같이 빠름이 중요합니다(兵貴神速). 먼저 경기병(輕騎兵)만을 보내십시오」

조조는 곽가의 전술을 받아들여 경기병을 이끌고 진격하였다. 비록 선우가 진두지휘한 병력은 규모에 있어서 큰 차이가 있었으나, 조조군은 신속하게 움직일 수 있는 경기병의 특성을 적절히 사용하여 순식간에 선우의 군대를 전멸시켰다.

「병귀신속」은 병사들의 특성을 상황에 따라 잘 살려 유효적절하고 신속하게 이용한다는 뜻이다.

병불염사 兵不厭詐

군사 兵 아닐 不 싫어할 厭 거짓 詐

《한비자》, 《후한서》

전쟁에서는 적을 속이는 것도 꺼리지 않는다.

《한비자(韓非子)》에 있는 이야기다.

진(晉)나라 문공(文公)이 초(楚)나라와 전쟁을 하고자 구범(舅犯)에게 견해를 물었다.

「초나라는 수가 많고 우리는 적으니, 이 일을 성취하려면 어찌해야 되겠는가?」

진 문공의 물음에 구범은 이렇게 대답한다.

「제가 듣건대, 군자는 번다한 예의를 지키는 데 충성과 신의를 다하지만, 전쟁에 임해서는 속임수를 꺼리지 않는다고 합니다(戰陣之間 不厭詐僞). 그러니 주군께서는 적을 속이는 술책을 써야 할 것입니다」

진 문공은 구범의 계책에 따라 초나라의 가장 약한 우익(右翼)을 선택하였다. 우세한 병력을 집중하여 신속하게 그곳을 공격함과 동시에 주력부대는 후퇴하는 것으로 위장하여 초나라 군대의 좌익(左翼)을 유인해냈다. 진 문공은 곧 좌우에서 협공하여 초나라 군대를 쳐부술 수 있었다.

또한 《후한서(後漢書)》에도 이런 이야기가 있다.

후한 안제(安帝) 때 서북 변방에 사는 티베트 계통의 강족(羌族)이 기습하였다. 안제는 무도(武都)의 태수 우후에게 강족(羌族)을 섬멸하라는 명령을 내렸다. 우후는 군사 수천 명을 이끌고 진격하였는데

우 후

이 사실을 안 강족은 물러나지 않고 결전을 치르려고 하였다. 강족보다 병력이 약한 우후는 황제에게 지원군을 요청하였다는 헛소문을 퍼뜨리자 강족은 진짜인 줄 알고 후퇴하였다.

그래서 우후는 강족의 뒤를 추격해 하루에 백리 길을 가는 강행군을 하였으며, 행군하면서 솥의 수를 늘려갔다. 솥의 수를 늘려가는 것을 의아하게 생각한 부하에게 우후는 이렇게 말했다.

「솥의 수를 늘리는 이유는 행군할수록 병력이 늘어나고 있음을 보여주기 위한 것이다. 손빈(孫臏 : 제나라의 병법가)의 병법에는 약하게 보여서 적을 속이지만, 나는 강하게 보여서 적을 속이는 것이다. 병법은 상황에 따라 달리 적용해야 하는 것이다」

또한 강족과 대치하고 있을 때 우후는 강한 활 말고 약한 활을 쏘라고 지시하였다. 이 사실을 안 강족은 우후의 군사를 얕보고 접근해왔다. 우후는 이 기회를 놓치지 않고 즉시 강한 활로 일제히 쏘기 시작하여 강족에게 큰 타격을 입혔다.

변경의 근심을 해결한 우후는 무너진 성채를 수축하고 흩어진 백성들을 불러들여 안정시켰고, 나라로부터 큰 상을 받았다.

일단 상대국과 전쟁을 치러야만 한다면 반드시 승리해야만 한다. 패배하면 모든 것을 잃게 되므로 승리하기 위해서는 수단과 방법을 가리지 않는다. 따라서 「병불염사」는 가장 중요한 전략 가운데 하나이다.

병사지야 兵死地也

군사 兵 죽을 死 땅 地 어조사 也

《사기》 염파인상여전(廉頗藺相如傳)

바

전쟁은 죽느냐 사느냐가 걸린 곳이다.

병(兵)은 여러 가지 뜻이 있다. 군대란 뜻과 무기란 뜻, 전쟁이란 뜻도 있다. 여기서는 전쟁이란 뜻이 강하다. 그러나 전부를 합친 것으로 보는 것도 좋을 것 같다. 그것이 한자의 특색이다. 즉 군대니 전쟁이니 하는 것은 죽느냐 사느냐 하는 문제가 걸려 있는 곳이란 뜻이다.

전국시대 말기 조(趙)나라에 조사(趙奢)라는 명장이 있었다. 조사는 원래 세무관리였다. 식객을 3천이나 거느린 유명한 사군(四君) 중의 한 사람인 평원군(平原君)이 세금을 내지 않았다. 조사가 독촉을 했으나 아랫사람이 평원군의 세도를 믿고 이를 거부했다. 조사는 법으로 그들을 다스렸다. 국법을 어기고 조세를 횡령했다는 죄목으로 아홉 사람을 처형했다. 왕의 친동생이었고 또 재상이었던 평원군은 조사의 방약무인한 태도에 분노를 참을 수가 없어 당장 조사를 잡아다가 물고를 내려고 했다.

평원군 조승

조사는 성난 평원군에게 태연한 모습으로 이렇게 말했다.

마복군 조사

「조나라의 공자이신 군께서 나라의 법을 시행치 않는다면 법은 곧 그 권위를 잃게 됩니다. 법이 권위를 잃으면 나라는 곧 약해지고 맙니다. 나라가 약해지면 제후들이 곧 침략해 올 테니 그때는 조나라는 없어져버립니다. 그때 군께서는 오늘의 부귀를 어떻게 누릴 수 있겠습니까?」

원래 도량이 넓기로 유명한 평원군은 곧 잘못을 사과하고, 그를 나라의 세금을 맡아 다스리는 장관으로 추천했다. 조사가 장관이 되는 그 날로 권문세가의 탈세행태가 일소되고, 가난한 백성들에 대한 세금이 훨씬 가벼워지며 국고 수입은 훨씬 늘게 되었다.

그 뒤 진나라가 한나라를 치기 위해 조나라 알여(閼與)로 침입해 왔다. 조왕은 염파를 비롯하여 많은 대장 대신들을 모아놓고 차례로 알여를 구원할 수 있느냐고 물었다. 모두 길이 멀고 좁고 험해서 구원하기 어렵다고 대답했다. 그러나 조사만은 이렇게 대답했다.

「길이 멀고 좁고 험하다는 것은 비유하면 두 쥐가 구멍 안에서 싸우는 것과 같은 것으로 용맹한 쪽이 이기기 마련입니다」

그래서 왕은 조사를 대장으로 임명하여 알여를 구원하게 했다. 조사는 여기에서 강한 진나라 군사를 맞아 크게 승리를 거둠으로써 일약 천하에 명성을 떨치게 되었고, 돌아와 재상과 동급인 지위에 오르게 되었다.

조나라 40만 대군이 생매장된 장평대전

그런데 조사에게는 조괄(趙括)이라는 아들이 있었다. 어릴 때부터 병서를 좋아해서 아버지 조사와 병법을 놓고 토론을 하면 조사가 항상 이론에 밀리곤 했다. 그러나 한번도 아들을 칭찬하는 일이 없었다. 그 부인이 까닭을 묻자 조사는 이렇게 말했다.

「전쟁은 죽는 곳이다. 그런데 괄은 그것을 쉽게 말하고 있다(兵死地也 而括易言之). 조나라로 하여금 괄을 대장으로 임명하지 않도록 하면 다행이거니와, 만일 기어코 대장으로 임명한다면 조나라 군사를 패하게 만들 사람은 괄이 될 것이다」

조사가 죽고 진나라가 다시 침략해 왔을 때, 조나라 왕은 조괄의 어머니의 반대 호소를 듣지 않고 그를 대장으로 임명했다. 과연 괄은 조사의 예언대로 크게 패했다. 조나라 군사 40만이 떼죽음을 당하고 조나라는 멸망의 길을 재촉하게 되었다. 책에서 배운 지식을 가지고 아는 체하는 사람 치고 실질적인 사업 면에 어둡지 않은 사람이 없는 것도 이런 이치에서일 것이다.

병입고황 病入膏肓

병 病 들 入 명치끝 膏 명치끝 肓

《춘추좌씨전》 성공(成公) 10년

질병이 깊어 더 이상 치료할 수 없게 됨.

「병입고황」은 병이 이미 고황(膏肓)에까지 미쳤다는 말이다. 고(膏)는 가슴 밑의 작은 비게, 황(肓)은 가슴 위의 얇은 막으로서 병이 그 속에 들어가면 낫기 어렵다는 부분이다. 결국 병이 깊어 치유할 수 없는 상태를 비유하여 이르는 말이다. 그런데 나중에는 넓은 의미에서 나쁜 사상이나 습관 또는 작풍(作風)이 몸에 배어 도저히 고칠 수 없는 것을 비유하는 말로도 쓰이고 있다.

춘추시대 때 진경공(晋景公)이 하루는 자다가 꿈을 꾸었는데, 머리를 풀어헤친 귀신이 달려들었다.

「네가 내 자손을 모두 죽였으니, 나도 너를 죽여 버리겠다」

경공은 소스라치게 놀라 허둥지둥 도망을 쳤으나 귀신은 계속 쫓아왔다. 이 방 저 방으로 쫓겨 다니던 경공은 마침내 귀신에게 붙들리고 말았다. 귀신은 경공에게 달려들어 목을 조르기 시작했다. 비명을 지르고 식은땀을 흘리며 잠자리에서 일어난 경공은 곰곰이 생각해 보았다. 10여 년 전 도안고(屠岸賈)라는 자의 무고(誣告)로 몰살당한 조씨 일족의 일이 머리에 떠올랐다. 경공은 무당을 불러 해몽을 해보라고 했다.

「폐하께서는 올봄 햇보리로 지은 밥을 드시지 못할 것이옵니다」

「내가 죽는다는 말인가?」

진 경공

낙심한 경공은 그만 병이 나고 말았다. 그래서 사방에 수소문하여 명의를 찾았는데, 진(秦)나라의 고완(高緩)이란 의원이 용하다는 것을 알게 되었다. 그래서 급히 사람을 파견해서 명의를 초빙해 오게 하였다. 한편 병상에 누워 있는 진경공은 또 꿈을 꾸었다. 이번에는 귀신이 아닌 두 아이를 만났는데, 그 중 한 아이가 말했다.

「고완은 유능한 의원이야. 이제 우리는 어디로 달아나야 하지?」

그러자 다른 한 아이가 대답했다.

「걱정할 것 없어. 명치 끝 아래 숨어 있자. 그러면 고완인들 우릴 어쩌지 못할 거야」

경공이 꿈에서 깨어나 곰곰 생각해 보니 그 두 아이가 자기 몸속의 병마일 거라고 생각했다. 명의 고완이 도착해서 경공을 진찰했다. 경공은 의원에게 꿈 이야기를 했다. 진맥을 마친 고완은 놀랍다는 듯이 말했다.

「병이 이미 고황에 들었습니다. 약으로는 치료할 수 없겠습니다」

마침내 경공은 체념하고 말았다. 후하게 사례를 하고 고완을 돌려

명의 고완

보낸 다음 경공은 혼자서 가만히 생각했다.

「내 운명이 그렇다면 어쩔 도리가 없는 일이 아니겠는가. 의연하게 죽음을 맞이하리라」

마음을 다잡고 나니 마음은 한결 가벼워졌다. 죽음에 대해서 초연해지니 병도 차츰 낫는 것 같았다. 그리하여 마침내 햇보리를 거둘 무렵이 되었는데 전과 다름없이 건강했다. 햇보리를 수확했을 때 경공은 그것으로 밥을 짓게 하고는 그 무당을 잡아들여 물고를 내도록 명령했다.

「네 이놈, 공연한 헛소리로 짐을 우롱하다니! 햇보리 밥을 먹지 못한다고? 이놈을 당장 끌어내다 물고를 내거라!」

경공은 무당이 죽으며 지르는 단말마의 비명소리를 들으며 수저를 들었다. 바로 그 순간 경공은 갑자기 배를 잡고 뒹굴기 시작하더니 그대로 쓰러져 죽고 말았다. 결국 햇보리 밥은 먹어 보지도 못한 것이다.

보원이덕 報怨以德

갚을 報 원망할 怨 써 以 덕 德

《노자(老子)》 63장

원한을 은덕으로 갚는다.

「보원이덕」은 설명이 필요 없는 말이다. 그리스도의 「오른쪽 뺨을 때리거든 왼쪽 뺨도 내놓으라」 하는 교훈 역시 이 말처럼 원한에 대해 대처해야 할 인간의 태도를 말한 것이라고 생각되지만, 노자(老子) 쪽이 상대에게 덕을 베풀라고 말한 점에서 보다 적극적이다. 또 그리스도의 경우는 인인애(隣人愛)에 대한 비장한 헌신을 느끼는 데 반해 노자의 경우는 그 무언지 흐뭇한 느낌이 든다.

그리스도는 맞아도 채여도 십자가에 매달려도 상대를 미워하지 않고 상대가 하는 대로 내버려두며 죽어간다는 비장한 상태를 상기시켜 주지만, 노자는 집안에 침입한 도둑에게 술대접을 하는 부잣집 영감을 상상케 한다.

《노자》 63장에, 「무위하고, 무사를 일삼고, 무미를 맛본다. 소(小)를 대(大)로 하고, 적음을 많다고 한다. 원한을 갚는 데 덕으로써 한다(爲無爲 事無事 味無味 大小多少 報怨以德)」라고 되어 있다.

「무미」란 「무위」나 무(無)를 상징적으로 표현한 말이다. 「무위」도 「무(無)」도 최고의 덕이다. 「도(道)」의 상태나 속성을 나타낸 말로 동이어(同異語)라고 생각해도 좋다.

「도(道)」나 「무(無)」는 무한한 맛을 가지고 있을 것이다. 그렇지 않으면 「도」라고 할 수가 없고 「무」라고도 할 수 없을 것이다. 위스키 맛이나 불고기 맛 같은 것은 아무리 미묘하고 복잡한 맛

노자기우도(老子騎牛圖)

을 지녔다고 해도, 위스키 이상이 아니고 불고기 이상도 아니다. 단지 한정되어 있는 맛인 것이다.

「소(小)를 대(大)로 하고, 소(少)를 다(多)로 한다」란 노자 일류의 역설적인 표현이다. 「남(他)을 다(多)로 하고 자기(自)를 소(少)로 해서 남을 살피고 남에게서 빼앗으려는 마음을 버리라」라는 뜻일 것이다. 원래 노자 류로 말한다면 대니 소니 하는 판단은 절대적인 입장에 설 수가 없는 것이다. 인간의 판단은 상대적인 것으로, 물(物)에는 소도 대도 없다는 것이 노자의 생각이다. 그러므로 남(他)을 다(多)로 하는 생각은 어리석은 생각이라고 할 수 있다. 이 항을 알기 쉽게 말하면, 「자진해서 무엇을 하려고 하지 말고, 남과 다투지 말고, 남에게서 빼앗지 말고, 무한한 맛을 알고, 자기에게 싸움을 걸고, 자기에게서 빼앗으려고 하는 자에게는 은애(恩愛)를 베풀라」는 처세상의 교훈이다.

노자의 말, 특히 처세에 관한 말은 그 대개가 위정자에게 말하고 있다. 이 말도 그렇다. 그리하여 이것을 실행한 인간은 최고의 위정자이고, 성인이다. 성인이란 이상적인 대군주다. 그래서 은애를 베푸는 상대는 국민이나 또는 정복한 타국의 왕이다. 그리스도교의 「오른쪽 뺨을 맞거든 왼쪽 뺨도 내놓으라」는 것 역시 피치자(被治者)에게 하는 말이 아닌가 본다.

복거지계 覆車之戒

엎어질 覆 수레 車 어조사 之 삼갈 戒

《후한서》 두무전, 《한서》 가의전

앞의 수레가 엎어진 것을 보고 뒤에 오는 수레가 경계로 삼다는 뜻으로, 앞사람의 실패를 보고 뒷사람은 교훈으로 삼아 스스로를 경계한다는 말이다.

《후한서》 두무전(竇武傳)에 있는 이야기다.

후한 환제(桓帝) 때 행실이 바르고 귀족의 속물적인 악습에 물들지 않은 두무의 딸이 황후가 되자, 두무는 장관이 되었다.

이때 환관의 세력이 강해 그들의 횡포는 날로 극심해져 갔다. 그러자 사례교위(司隷校尉) 이응(李膺)과 상서령(尙書令) 두밀(杜密) 및 태학생(太學生)들은 환관들의 횡포를 엄히 다스려야 한다고 주장하였다.

이 응

그러자 환관들은 자기들을 모함하였다는 죄로 그들을 체포한 「당고(黨錮)의 금(禁)」 사건(사대부와 호족이 환관의 독재 권력에 반대하다가 종신금고에 처해진 일)을 일으켰다.

두무는 이 사건을 환제에게 진언하였다.

가 의

「만일 환관의 전횡을 이대로 방치해 두면 진나라 때의 실패를 반복하는 것이며, 엎어진 수레의 바퀴자국을 다시 밟게 될 것입니다(覆車之戒)」

환제는 결국 체포된 관리 전원을 풀어 주었다.

또 《한서》 가의전(賈誼傳)에 있는 이야기다.

전한의 효문제(孝文帝)는 제후로서 황제가 된 사람이다. 그러자 세력이 강성한 제후들은 효문제를 우습게 여겼다. 이를 염려한 효문제는 가의(賈誼), 주발(周勃) 등의 현명한 신하를 등용하여 국정을 쇄신하고자 하였다.

가의가 황제에게 소를 올렸다.

「엎어진 앞 수레의 바퀴자국은 뒤 수레의 경계가 됩니다(前車覆後車戒). 하(夏) · 은(殷) · 주(周)시대는 태평성대를 누린 나라입니다. 이를 본받지 않는 나라는 오래 버틸 수 없습니다. 우리는 이것을 경계해야 합니다」

이렇듯 「복거지계」는 이전에 실패한 전철을 다시는 되풀이하지 않겠다는 뜻이며, 역으로 생각하면 이전의 좋고 훌륭한 점을 귀감으로 삼는다는 뜻도 포함되어 있다.

복룡봉추 伏龍鳳雛

엎드릴 伏 용 龍 봉황새 鳳 병아리 雛

《삼국지》 촉지(蜀志) 제갈량전

엎드려 있는 용과 봉황의 새끼라는 뜻으로, 초야에 숨어 있는 훌륭한 인재를 이르는 말이다.

《삼국지》 촉지 제갈량(諸葛亮)전에 있는 이야기다.

제갈량(181~234)은 어려서 부모를 여의고 난세 속에 숙부를 따라 형주(荊州)의 양양(襄陽 : 지금의 하북성 양양현)으로 피난왔는데 숙부가 죽자 양양 서쪽에 있는 융중(隆中)에서 은둔하였다. 그는 난세를 피해 이곳에서 은거하면서 독서로 세월을 보냈다.

방통의 묘

이 무렵, 유비는 황건적의 난 때 별 큰 성과를 거두지 못하고 형주(荊州)의 유표(劉表)에게 있다가 유표의 처남 채모의 음모를 피해 단계를 건너 피신하고 있었다. 자신의 한계를 돌아보면서 인재의 필요성을 절실히 깨달은 유비는 사마휘(司馬徽)의 집에 하루 머물면서 인재에 관하여 대화를 나누게 되었다.

「어딜 가야 인재를 얻을 수 있나요?」

삼고초려도(明 화가 대진)

「천하의 인재는 이곳에 다 모여 있습니다. 공은 직접 나가셔서 인재를 찾으시면 됩니다」

「누구를 찾으란 말이신지?」

「복룡(伏龍)과 봉추(鳳雛) 두 사람 가운데 한 사람만 얻을 수 있다면 천하를 도모할 수 있습니다」

「복룡과 봉추는 어떤 사람들인가요?」

「봉추는 방통(龐統)의 도호인데, 양양 출신이며 제갈량의 친구이기도 하지요. 복룡은 제갈량을 말하는데 숙부를 따라 양양으로 와서 현재는 양양 서쪽 융중(隆中)에 정착하고 있습니다」

결국 유비는 제갈량을 얻기 위해 삼고초려(三顧草廬)를 했고, 그래서 얻은 제갈량으로 천하통일의 꿈을 이룬다. 지략에서 제갈량과 견주는 봉추는 외모에서 사람들에게 호감을 얻지 못하였으므로 손권이나 조조에게 의탁하지 못하고 나중에는 유비에게 흘러들어 왔다.

「복룡봉추」는 겉으로 드러나지 않는, 재주와 지혜가 탁월한 사람을 말한다. 보통 제갈량을 가리켜 와룡선생(臥龍先生)이라고도 한다. 「와룡봉추(臥龍鳳雛)」라고도 한다.

복마전 伏魔殿

엎드릴 伏 마귀 魔 전각 殿

《수호지(水滸誌)》

마귀가 숨어 있는 전각(殿閣)이라는 뜻으로, 나쁜 일이나 음모가 끊임없이 행해지고 있는 악의 근거지, 곧 비리(非理)의 온상(溫床)이라는 말이다.

《수호지》에 있는 이야기다. 《수호지》는 원말 명초(元末明初)의 시내암(施耐庵)이 쓰고, 나관중(羅貫中)이 손질한 것으로 4대 기서(奇書) 중의 하나다. 수령인 송강(宋江)을 중심으로 108명의 유협(遊俠)들이 양산(梁山 : 산동성 수장현 남동) 산록 호숫가에 산채를 만들어 양산박(梁山泊)이라 일컬었으며, 조정의 부패를 통탄하고 관료의 비행에 반항하여 민중의 갈채를 받는 이야기다.

시내암

북송(北宋) 인종(仁宗) 때 나라 안에 전염병이 돌자 인종은 신주(信州)의 용호산(龍虎山)에서 수도하고 있는 장진인(張眞人)에게 전염병을 퇴치하기 위해 기도를 드리도록 당부하기 위해 태위 홍신(洪信)을 그에게 보냈다.

복마지전

홍신이 용호산에 도착하자 마침 장진인이 외출하고 없기에 도관(道觀 : 도교의 절과 같은 곳) 여기저기를 구경하던 중 한 건물 앞에 멈춰 섰다. 그곳 문 위에 「복마지전(伏魔之殿)」 이라는 현판이 걸려 있고, 문에는 커다란 자물쇠가 걸려 있었으며, 문짝의 틈새에는 10여장의 봉함지가 붙어 있었다. 홍태위가 이상히 여겨 물어보았다.

「이건 무슨 신전이오?」

안내를 하던 도사가 말했다.

「그 옛날에 노조천사(老祖天師)님이 마왕을 진압하신 신전입니다. 함부로 열어서 마왕을 달아나게 하면 큰일 나니 결코 열면 안 된다고 금지되어 오늘에까지 이르고 있습니다」

홍태위는 호기심이 생겨 도사를 위협해 억지로 문을 열게 했다. 들어가 보니 안은 텅 비어 있고, 한복판에 돌비가 있었다. 그리고 그 돌비 뒷면에 「드디어 홍이 문을 열었구나」 라는 글이 새겨져 있었다. 홍태위는 그것을 보고 웃었다.

「보라, 몇 백 년 전부터 내가 여기 와서 이걸 연다는 것이 정해져 있었다. 생각건대 마왕은 이 돌에 있는 모양이다. 어서 마왕을 파내라」

도사는 할 수 없이 잔뜩 겁을 집어먹고 돌을 파냈다. 1미터쯤 팠을

무렵 2미터 사방쯤의 돌 뚜껑이 눈에 띄었다. 홍태위의 재촉에 못 이겨 마지못해 그 뚜껑을 열자 굉음과 함께 검은 연기가 치솟다가 금빛으로 변하면서 사방팔방으로 흩어져버렸다. 이에 홍신과 안내인은 넋이 빠졌다. 그때 장진인이 돌아왔다. 그는 넋 나간 사람처럼 멍청하게 홍태위에게 말했다.

「당치않은 짓을 하셨군요. 거기에는 36의 천강성(天罡星), 72의 지살성(地煞星), 도합 108의 마왕을 가두어 둔 것입니다. 이것을 풀어 놓았으니, 마왕들은 머지않아 천하에 소란을 일으킬 것이 틀림없습니다」

홍태위는 겁에 질려 허둥지둥 도성으로 돌아왔으나, 마왕을 풀어 놓은 일은 단단히 입막음해 놓았다. 그로부터 약 50년 후 철종(哲宗) 때에 장진인이 염려했던 대로 108의 마왕은 송강(宋江) 등 108명의 사나이로 환생하여, 운명의 실에 의해 양산박(梁山泊)으로 끌어들여져 《수호전》의 이야기가 시작되는 것이다.

양산박 108호걸

복수난수 覆水難收

얽어질 覆 물 水 어려울 難 거둘 收

《한서(漢書)》 주매신전(朱買臣傳)

엎지른 물은 다시 담을 수 없다는 말로, 한 번 저지른 일은 어찌할 수 없다는 뜻. 우리 속담에 「엎질러진 물이요, 쏜 화살」이라는 말이 있다.

《한서》 주매신전에 있는 이야기다.

주매신(日 화가 狩野常)

한 무제(武帝) 때 승상장사(丞相長史)를 지낸 주매신(朱買臣)은 젊어서 매우 가난하여 제때 끼니도 잇지 못하였지만 독서를 좋아하여 집안일은 거의 돌보지 않았다. 가장 노릇을 다하지 못하는 남편의 처사에 아내는 불만으로 가득 차 있었다. 그런 남편을 아내는 더 이상 보지 못하겠다고 하며 이혼을 요구하였다. 그러자 주매신은 아내를 달래면서 머지않아 충분히 보상해 주겠으니 조금만 더 참고 마음을 돌이키라고 하였다.

「쉰 살만 되면 틀림없이 고관이 될 거요. 지금 내 나이 마흔넷, 얼마 남지 않았소, 조금만 참으시오」 그러나 아내는 독기를 머금은

주매신의 부신독서도(負薪讀書圖, 조선 유운홍)

채 쏘아 댔다. 「아니 뭐라고요? 당신 같은 건달이 고관이 된다구? 흥! 굶어죽어 시궁창에 처박히지 않은 것이 다행인 줄이나 아세요」 하고는 미련 없이 떠나버리고 말았다.

후에 정말 주매신은 회계(會稽) 태수가 되었다. 부임 도중 오현을 지나게 되었는데 관리들이 그를 영접하기 위해 주민을 동원하여 길을 쓸도록 하였다. 주매신의 옛 아내도 그 속에 끼어 있었다.

아내는 행렬 앞으로 다가가 자신의 죄를 용서해 달라고 애원하였다. 주매신은 「엎지른 물은 다시 담을 수 없네(覆水難收)」 라고 하였다. 결국 주매신의 아내는 목을 매 자살하였다.

복수불반분 覆水不返盆

엎어질 覆 물 水 아니 不 돌이킬 返 동이 盆

《습유기(拾遺記)》

한번 엎지른 물은 다시 동이에 담을 수 없다는 뜻으로, 돌이킬 수 없이 저질러진 일을 이르는 말이다. 우리 속담에 「엎질러진 물」이란 말은 바로 여기에서 나온 말이다. 민간 설화로 우리나라에도 상당히 보급되어 있는 강태공(姜太公)의 이야기에 있는 말이다.

위빈수조도(渭濱垂釣圖, 강태공과 주무왕의 만남. 淸 대진)

강태공에 대한 설화는 우리의 일상용어에 상당한 영향을 미치고 있다. 낚시꾼을 「강태공」이니 「태공망」이니 하는 것도 강태공이 출세하기 전 매일 위수(渭水)에서 고기만 잡고 있었다는 전설에서 생긴 말이다. 이 밖에도 「전팔십 후팔십」이란 말이, 나이 늙도록 뜻을 이루지 못한 정치인들의 자신을 위로하는 뜻으로 쓰이고 있고 「강태공의 곧은 낚시」란 말이 옛날 우리 노래 속에 자주 나오곤 한다. 아무튼 늙도록 고생만 하던 끝에 벼락출세로 천하를 뒤흔들게 된 강태공의 이야기들이, 가난과 천대 속에 일생을 보내고 있는 많은 사람들의 한 가닥 위로의 끄나풀이 될 수 있었는지도 모를 일이다.

강태공 묘

《습유기》는 강태공의 출세 전후에 관한 이야기들을 싣고 있다. 「복수불반분」이란 말은 이 《습유기》에 나오는 말이다. 태공의 첫 아내 마씨(馬氏)는 태공이 공부만 하고 살림을 전연 돌보지 않는 터라 남편을 버리고 친정으로 가버린다. 그 뒤 태공이 제나라 임금이 되어 돌아가자, 마씨는 다시 만나 살았으면 하고 태공 앞에 나타난다. 태공은 동이에 물을 한가득 길어오라 해서 그것을 땅에 들어붓게 한 다음 마씨를 바라보며 그 물을 다시 동이에 담으라고 했다. 마씨는 열심히 엎질러진 물을 동이에 담으려 했으나 진흙만이 손에 잡힐 뿐이었다. 그것을 보고 태공은 말했다.

「그대는 떨어졌다 다시 합칠 수 있다고 생각하겠지만, 이미 엎질러진 물이라 담을 수가 없는 것이다(若能離更合 覆水定難收)」

「복수불반분」이란 말은 원래는 한번 헤어진 부부가 다시 만나 살 수 없다는 것을 말한 것이었지만, 그 뒤로 무엇이고 일단 해버린 것은 다시 원상복구를 한다거나 다시 시작해 볼 수 없다는 뜻으로 쓰이게 되었다. 지금 우리가 쓰고 있는 「엎질러진 물」이란 뜻으로 쓰이고 있다. 우리 속담에도 「깨진 그릇 맞추기」란 것이 있고, 영어에도, "It is no use crying over spilt milk." 라는 속담이 있다.

복주복야: 卜晝卜夜

점 卜 낮 晝 밤 夜

《좌씨전(左氏傳)》 장공(莊公) 22년조

절제하지 못하고 밤낮 놀기만 하는 사람을 비유하는 말이다.

《좌전》 장공 22년에 다음과 같은 이야기가 있다.

춘추시대 진(陳)나라에 경중(敬中)이라는 사람이 있었는데, 그는 진선공과 형제간이었다. 진선공이 총희(寵姬)의 몸에서 나온 아들을 태자로 삼기 위해 처음 태자로 봉했던 큰아들 어구(御寇)를 살해하자, 어구의 편에 서 있던 경중은 진나라에 있을 수가 없어 제(齊)나라로 도망치고 말았다. 이때 제환공은 경중을 따뜻하게 대해 주면서 그에게 경(卿)이라는 벼슬까지 내렸다. 그러나 그가 받지 않자 다시 공정(工正)이라는 벼슬을 내리게 되었다.

어느 날, 제환공이 경중의 집으로 놀러오자 경중은 왕에게 술을 대접했는데, 술을 마시는 제환공은 어찌나 기뻤던지 날이 어두워져도 계속 마시려는 것이었다. 이에 경중은 다음과 같은 말로 돌아가기를 권고했다고 한다.

「신은 낮에 대왕을 모시고 놀 것을 준비했을 따름으로, 밤에까지 계속 놀리라고는 생각하지 못했습니다. 신이 감히 대왕을 만류하지 못함을 용서해 주십시오(臣卜其晝 未卜其夜 不敢)」

「복주복야」는 밤낮으로 계속 술을 마시고 노는 것을 가리키는 말로, 낮과 밤의 운수나 길흉을 점친다는 뜻도 내포하고 있다.

본연지성 本然之性

근본 本 그럴 然 갈 之 본성 性

《주자어류(朱子語類)》

「사람이 본래부터 지니고 있는 심성」이라는 뜻으로, 착하고 사리사욕이 전혀 없는 천부자연의 심성을 이르는 말이다. 성리학의 심성론에서 유래되었다.

주자학(朱子學)에서 주장하는 학설의 하나. 사람에게는 두 가지 형태의 성(性)이 있는데, 그것은 본연지성과 기질지성(氣質之性)이라는 것이다. 본연지성은 순연(純然)하게 하늘로부터 부여받은 성이고, 기질지성은 혈기나 기질과 뒤엉켜진 뒤에 생긴 성이라고 한다.

《주자어류》에 있는 말이다.

「천지지성이 있고 기질지성이 있다. 천지지성은 태극의 본연한 오묘함을 지니고 있어 겉으로 보면 만 가지로 다르지만 근본은 하나에 있다. 기질지성은 두 가지 기운이 뒤섞여 움직여서 생겨나는 것으로, 겉보기에는 근본이 하나인 듯하지만 만 가지로 서로 다르다(有天地之性 有氣質之性 天地之性則太極本然之妙 萬殊而一本也 氣質之性則二氣交運而生 一本而萬殊也)」

주희가 말한 천지지성(天地之性)은 본연지성과 같은 뜻이다. 본연지성과 기질지성의 차이는 곧 이(理)와 기(氣)의 문제와도 연관이 있다. 즉 이는 하늘의 이치로서 하늘의 섭리는 바름(正)을 바탕으로 하기 때문에 이가 간섭해서 이루어진 성은 순진무구하다. 때문에 그것은 인간에게 있어서는 선(善)으로 나타나며 이런 이유로 해서 유가(儒家)는 인성(人性)을 선하다고 보는 성선설(性善說)을 옹호하는 것

주 희

이다.

그런데 이 선한 본연지성은 외부 상황과 부딪칠 때 그대로 발현되지 못하게 된다. 즉 기의 간섭을 받게 되는 것이다. 기에는 청탁(淸濁)의 변별(辨別)이 있어서 청의 성분을 받으면 선한 본성이 유지되지만 탁의 성분에 영향을 받으면 불선(不善)에 빠질 여지가 있다. 그러므로 기질지성은 항상 선할 수만은 없게 된다. 그래서 유가에서는 선한 본연지성을 기질지성에도 그대로 발현되게 하기 위해서는 교육이 절대적으로 필요하다고 보는 것이다.

官達者 才未必當其位
관달자 재미필당기위
譽美者 實未必副其名
예미자 실미필부기명

벼슬이 높은 자라 해서 재능이 꼭 그 자리에 합당한 것이 아니며 명성이 훌륭한 자라 해도 실제가 꼭 그 명성에 부합되는 것은 아니다.

— 갈홍(葛洪) 《포박자(抱朴子)》

봉복대소 捧腹大笑

받들 捧 배 腹 큰 大 웃을 笑

《사기》 일자열전(日者列傳)

배를 부여잡고 몹시 웃는 모습의 형용.

서한(西漢) 시대, 장안의 동쪽 저자에는 점치는 일을 생업으로 삼은 사람들이 많았는데, 그 가운데 사마계주(司馬季主)라고 하는 사람이 가장 유명하였다.

당시 중대부(中大夫) 송충(宋忠)과 박사 가의(賈誼)가 닷새 만에 하루 받는 휴가를 같은 날 받게 되었다. 두 사람은 《주역》이 선왕과 성인의 도술(道術)로서, 인정(人情)의 기미(機微)를 정하고 있는 점에 대하여 서로 의논도 하고 경문(經文)을 외기도 하면서 당시 세태의 인정이 옛날과 다르다고 하면서 서로 바라보며 탄식하였다.

가의가 말했다.

「옛 성인은 조정에 있지 않으면 반드시 점쟁이나 의원 가운데에 있었다고 하오. 나는 삼공과 구경을 위시하여 조정의 사대부에 대해서 생각해 보았으나 거기에는 성현이 없소. 그래서 오늘은 점쟁이 가운데 성현다운 사람이 있지나 않을까 하여 찾아보려고 하오」

그러자 송충이 대답했다.

「내가 듣기로 그곳에 있는 사마계주라는 사람이 점을 쳐서 미래를 예언한다는데, 함께 가봅시다」

두 사람은 그 즉시로 한 대의 수레에 동승하고 저잣거리로 나가 점쟁이들이 모여 있는 가게 안으로 들어갔다. 비가 왔기에 통행인들은 드물었다. 사마계주는 한가롭게 자리에 앉아서 서너 명의 제자들

가 의

을 옆에 앉히고 천지의 도, 일월의 운행, 음양, 길흉의 근본을 논하고 있는 중이었다. 사마계주는 찾아온 두 사람의 풍채와 용모를 보니 학식이 있는 사람일 것으로 판단되어 바로 답례를 하고 제자에게 명하여 두 사람을 맞아들여 앉도록 했다.

송충과 가의는 관의 띠를 고쳐 매고 정좌를 하며 사마계주에게 말했다.

「저희들이 선생을 뵙고 선생의 말씀을 들으니, 일찍이 선생님 같은 분을 뵌 적이 없음을 깨달았습니다. 그런데 어찌 이런 낮은 자리에 계시면서 천한 일을 하고 계십니까?」

사마계주는 배를 움켜쥐고 크게 웃으면서(司馬季主捧腹大笑) 말했다.

「당신들은 학문이 있을 것으로 보았는데, 이 또 무슨 고루하고 천박한 말씀이오. 지금 당신들이 어질다고 하는 것은 대체 어떤 것이며, 고상하다고 여기는 사람은 누구를 가리키는 것이오? 또 무엇으로 나를 낮고 천하다고 하는 것이오?」

송충과 가의는 말했다.

「벼슬을 하는 것이 고귀한 일입니다. 재능이 있는 사람으로서 누가 고관대작이 되는 것을 마다하겠습니까? 선생은 인재(人才)이면서도 이런 일을 하시는데, 점치는 일은 허황된 말로 사람들을 속여 그들의 돈이나 재산을 차지하는 것입니다. 이런 점 때문에 우리들이 당신을 비천하다고 말하는 것입니다」

그러자 사마계주는 이렇게 말했다.

「벼슬을 하려면 반드시 백성들을 위해야 합니다. 그렇지 않다면 벼슬을 하거나 국록(國祿)을 받아서는 안 됩니다. 두 분께서는 벼슬하는 것이 고귀하다고 하셨는데, 오늘날 벼슬을 하는 사람들은 또 어떤 사람들입니까? 그들은 서로 결탁하여 자신들의 이익만을 생각하고, 국법(國法)을 이용하여 위로는 왕을 속이고 아래로는 백성들을 속이고 억압하며, 먹고 마시고 놀면서 백성들의 원성을 불러일으킵니다. 뿐만 아니라 굶어 죽은 사람들은 사방에 널려 있으니, 칼을 들지 않고 사람을 죽이는 것과 강도가 무슨 차이가 있겠습니까? 두 분께서는 무엇을 근거로 하여 벼슬하는 사람들이 고귀하다고 말씀하시는 것입니까?」

사마계주 조상(彫像)

송충과 가의는 사마계주의 말에 더 이상 말대꾸를 하지 못하였다.

부귀여부운 富貴如浮雲

널널할 富 귀할 貴 같을 如 뜰 浮 구름 雲

《논어》 술이편(述而篇)

부귀는 한갓 덧없는 인생이나 세상과 같다. 부(富)니 귀(貴)니 하는 것은 떠가는 구름이나 다를 바가 없다는 것이 「부귀여부운」이다. 이 말은 원래 공자가 한 말에서 비롯된다. 《논어》 술이편에 보면 이런 얘기가 나온다.

공 자

「나물밥(疏食소사) 먹고 맹물 마시며 팔 베고 자도 즐거움이 또한 그 속에 있다. 옳지 못한 부나 귀는 내게 있어서 뜬구름과 같다」

소사(疏食)는 거친 밥이란 뜻으로 풀이된다. 거친 밥 중에는 아마 나물에 쌀알 몇 개씩 넣은 것이 가장 거친 밥일 수 있을 것이다. 그러나 소(疏)는 채소라는 소(蔬)로도 통할 수 있다. 그래서 그런지 우리나라 노랫가락 속에도 이런 것이 있다.

나물 먹고 물마시고 팔 베고 누웠으니
대장부 살림살이 이만하면 족하구나.

공자문도어노자(孔子聞道於老子)

아무튼 진리와 학문을 즐기며 가난을 잊고 자연을 사랑하는 초연한 심정이 약간 낭만적으로 표현된 멋있는 구절이라 아니할 수 없다. 다만 주의할 일은 불의(不義)라는 두 글자가 붙어 있는 점이다. 세상을 건지고 도를 전하려면 역시 비용이 필요하고 권세가 필요하다. 그러나 그것은 어디까지나 정당한 방법으로 얻어진 것이 아니면 안된다. 단순히 부만을 위한 부나, 귀만을 위한 귀는 올바르게 살려는 사람에게는 아무런 의미도 없다. 그야말로 떠가는 구름과 같은 것이다.

불의라는 두 글자 속에는 공자의 세상을 차마 버리지 못하는 구세(救世)의 안타까움이 깃들어 있다.

사실 「부귀여부운」 이란 단순한 말 가운데는 세상과는 전연 관련이 없는 은자(隱者)의 심정 같은 것이 풍기고 있다.

부기미 付驥尾

붙을 付 천리마 驥 꼬리 尾

《사기》 백이열전(伯夷列傳)

백 이

큰 인물에게 인정을 받은 뒤에야 비로소 참된 가치가 드러남. 큰 인물의 힘을 빌려 출세하거나 능력을 발휘함.

기(驥)는 기(騏) · 화(驊) · 유(騮)와 같이 어느 것이나 하루에 천리를 달린다는 명마(名馬)를 말한다. 따라서 명마의 꼬리에 붙는다는 것이 「부기미」다.

《사기》 백이열전에 있는 이야기다.

「백이 · 숙제가 현인이었다고는 하나 공자에게 찬양받았으므로 그 이름이 더욱더 오르고, 안연(顔淵)은 참된 사람으로 학문을 열심히 닦았다고는 하나 공자의 기미(驥尾)에 붙었었기 때문에 그 행위가 더욱더 뚜렷해진 것이다」

대저 어떠한 인물이라도 대인물이 뒤를 받쳐 주지 않으면 후세에 남지 못한다고 말하고 있다.

그래서 후세 사람은 저자인 사마천 자신이 이 《사기》의 가치를 알고 그것을 찬양해 줄 인물을 후세에 기대하고 있는 것이라고 생각하는가 하면, 또 백이를 열전의 처음에 앉힌 것은 백이를 빌미로 삼아 역사적 인물, 나아가서는 인간의 운명이라는 것을 암시하고 싶었던 것이 아닌가 하고 보는 사람도 있다. 그러나 잘 생각해 보면 사마천 자신이 「기미(驥尾)」에 붙고 싶었던 것이 아닌가 하고도 말할 수 있을 것 같다.

수양산 백이숙제

이와같이 《사기》에서는 「부기미」란 성어가 대인물에게 인정되어 참된 가치가 비로소 세상에 밝혀진다는 뜻으로 쓰였으나, 지금은 도리어 다음의 고사(故事)에서 오는 연상(連想)이 더 살아 있다.

《후한서》에 있는 이야기다.

전한 말의 사람으로 장창(張敞)이 그 편지에,

「파리는 열 걸음(十步) 거리밖에 날지 못하나 기(騏)나 기(驥)와 같은 발이 빠른 말꼬리에 붙으면 천릿길도 쉽게 갈 수 있다. 그러면서도 말에는 조금도 폐를 끼치지 않고 파리는 다른 것들을 훨씬 멀리 떼어 놓을 수가 있다」고 했다.

여기서 그저 세상에 알려진다는 뜻 이외에 대인물의 힘을 빌려 출세한다, 또는 능력을 발휘한다, 라는 뜻이 생겨 「기미(驥尾)에 탁(託)한다」고도 한다. 그래서 「대선배의 기미에 붙어 저도 열심히 노력하겠습니다」라고 입사(入社) 인사에 쓰면 선배를 칭찬하고 자기도 노력하겠다는 장한 마음씨를 나타내게 된다.

부동심 不動心

아니 不 움직일 動 마음 心

《맹자》 공손추상(公孫丑上)

마음이 외계의 충동을 받아도 흔들리거나 움직이지 아니함.

「부동심」 은 마음을 움직이지 않는다는 말이다. 마음이 어떤 일이나 외부의 충격으로 인해 동요되는 일이 없는 것을 뜻한다.

맹 자

《맹자》 공손추 상에 보면 제자 공손추와 맹자의 일문일답에 이런 내용이 나온다. 공손추가 물었다.

「선생님께서 제나라의 재상이 되어 도를 행하시게 되면, 패(覇)나 왕(王)을 이루시어도 이상할 것은 없습니다. 그러나 그렇게 되면 마음을 움직이게 되십니까, 그렇지 않습니까?」

맹자가 대답했다.

「그렇지 않다. 나는 마흔에 마음을 움직이지 않게 되었다(否 我四十不動心)」

마흔 살 때부터 어떤 것에도 마음이 동요되는 일이 없었다는 말이다. 공자가 「마흔에 의혹을 하지 않았다(四十不惑)」 는 말과 같은 내용으로 사람들은 풀이하고 있다. 의혹이 없으면 자연 동요하는 일이 없기 때문이다.

공손추는 다시 물었다.

「그럼 선생님께선 맹분(孟賁)과는 거리가 머시겠습니다」

맹 분

맹분은 한 손으로 황소의 뿔을 잡아 뽑아 죽게 만들었다는 그 당시의 이름난 장사였다.

「맹분과 같은 그런 부동심은 어려운 것이 아니다. 고자(告子) 같은 사람도 나보다 먼저 부동심이 되었다」

「부동심에도 도(道)가 있습니까?」

이렇게 묻는 말에 맹자는 있다고 대답하고 몇 가지 예를 들어 설명한다. 그리고 끝으로 부동심을 위한 근본적인 수양 방법으로 공자의 말씀을 인용하여 이렇게 말했다.

「옛날 증자(曾子)께서 자양(子襄)을 보고 말씀하셨다. 그대는 용병을 좋아하는가. 내 일찍이 공자로부터 큰 용기에 대해 들었다. 『스스로 돌이켜보아 옳지 못하면 비록 천한 사람일지라도 내가 양보를 한다. 스스로 돌이켜보아 옳으면 비록 천만 명일지라도 밀고 나간다』 고 하셨다」

즉 양심의 명령에 따라 행동을 하는 곳에 참다운 용기가 생기고, 이러한 용기가 「부동심」의 밑거름이 된다는 이야기다.

부마 駙馬

겯말 駙 말 馬

《수신기(搜神記)》

임금의 사위를 「부마」 혹은 부마도위(駙馬都尉)라고 한다.

이 부마도위란 한무제 때 처음 생긴 벼슬 이름이었다. 부마는 원래 천자가 타는 부거(副車 : 예비 수레)에 딸린 말로, 그것을 맡은 벼슬이 부마도위다.

부마도위의 계급과 봉록은 비이천석(比二千石 : 실질 연봉 천 삼백 석)으로 대신과 같은 급이었다. 한무제는 흉노의 왕자로 한나라에 항복해 온 김일선(金日禪)에게 이 벼슬을 처음으로 주었었다.

부마도위는 일정한 정원이 없이 천자가 자기 마음에 드는 사람에게 이 벼슬을 주곤 했었다. 그것이 위진(魏晋) 이후로 공주의 남편되는 사람에 한해 이 벼슬을 줌으로써 임금의 사위를 부마라고 부르게 되었다. 그런데 진(晋)나라 때 간보(干寶)가 지은 《수신기》란 책 속에는 이 부마의 유래에 관해 다음과 같은 이야기가 실려 있다.

농서의 신도도(辛道度)란 사람이 유학길에 올라 옹(雍)이란 도시의 근처까지 왔을 때 일이다. 옹은 춘추시대 진(秦)나라의 수도였던 곳이다. 큰 집 앞을 지나는데 마침 시녀가 대문 밖에 나타나자, 요기를 시켜 달라고 졸랐다. 시녀는 잠시 들어갔다 다시 나타나 들어오라고 청했다. 안에서 아리따운 여인이 나와 인사를 마친 다음 곧 만반진수를 차려 내왔다. 상을 물린 다음 여자가 말했다.

「저는 진나라 민왕(閔王)의 딸로 조(曹)나라로 시집을 가기로 되어 있었는데, 미처 시집도 가기 전에 죽고 말았습니다. 그 뒤 23년을

여기서 혼자 지내게 되었는데, 오늘 뜻밖에 도련님을 뵈니 모두가 인연인 줄 압니다. 사흘만 저와 부부가 되어 이곳에 묵어가십시오」

그리고 사흘이 지난 날 그녀는,

「당신은 살아 있는 사람, 나는 죽은 몸, 비록 전생의 연분으로 사흘 밤을 함께 지내기는 했지만, 더 이상 오래 있을 수는 없습니다. 그럼 작별의 선물을 드리겠습니다」

하고 시녀를 시켜 침대 밑에 있는 상자를 열게 하고 그 속에서 황금 베개를 꺼내 신도도에게 주었다. 신도도가 작별을 하고 돌아서서 조금 오다가 돌아보니 집은 간데없고 무덤이 하나 있을 뿐이었다. 정신없이 얼마를 달려온 신도도는 꿈인가 하고 품속에 있는 황금 베개를 더듬어 보았다. 베개는 틀림없이 있었다.

그 뒤 옹으로 들어온 신도도는 황금 베개를 팔기 위해 길가에 베개를 놓고 소리 높이 살 사람을 찾았다. 마침 지나가던 왕비가 그것을 사서 들고 이상한 생각이 들어 베개의 내력을 캐물었다.

신도도에게 사실 이야기를 들은 왕비는 슬픔에 잠기지 않을 수 없었다. 한편 그가 거짓말을 하는 것이 아닌가 싶어 사람을 보내 무덤을 열어 보았다. 모든 것은 처음대로 있는데 황금 베개만이 없었다. 옷을 풀어 몸을 살펴보니 정을 나눈 흔적이 완연했다. 왕비는 비로소 신도도의 말을 믿게 되었다.

「죽은 지 스물세 해만에 산 사람과 정을 나누었으니, 내 딸은 분명 신선이 된 것이다. 그대야말로 정말 내 사위다」 하고 그를 부마도위로 봉한 다음, 돈과 비단과 수레와 말을 주어 고향으로 돌아가게 했다.

그 뒤로 후세 사람들은 사위를 가리켜 부마라고 했다. 지금은 나라의 사위도 또한 「부마」라고 한다. 이것은 물론 지어낸 이야기다.

부앙불괴 俯仰不愧

구부릴 俯 우러를 仰 아니 不 부끄러울 愧

《맹자》 진심상(盡心上)

하늘을 우러러보나 세상을 굽어보나 양심에 부끄러움이 없음.

「부앙불괴」란 말은 글자 그대로 풀면 「굽어보나 우러러보나 부끄럽지 않다」는 뜻이다.

맹 자

이 말은 《맹자》의 「우러러 하늘에 부끄럽지 않고, 굽어 사람에게 부끄럽지 않다(仰不愧於天 俯下怍於人)」라고 한 데서 나온 말이다. 마음가짐에 있어서나, 행동에 있어서나 양심에 아무 부끄러울 것이 없는 대장부의 공명정대한 심경을 비유해서 한 말이다.

《맹자》 진심 상에 있는 원문을 소개하면 다음과 같다.

군자에게는 세 가지 즐거움이 있다. 천하의 왕 노릇하는 것은 이 세 가지 가운데 들어 있지 않다(君子有三樂 而王天下不與存焉).

부모가 함께 살아 계시고, 형제가 무고한 것이 첫째 즐거운 일이다(父母俱存 兄弟無故 一樂也).

「우러러 하늘에 부끄럽지 않고, 굽어 사람에게 부끄럽지 않은

것」이 두 번째 즐거움이요(仰不愧於天 俯不怍於人 二樂也).

천하의 영재(英才)를 얻어 가르쳐 기르는 것이 세 번째 즐거움이다(得天下英才 而敎育之 三樂也).

군자에게는 세 가지 즐거움이 있지만, 이 가운데 천하에 왕노릇하는 것은 들어 있지 않다(君子有三樂 而王天下不與存焉).

맹자 고거(古居)

맹자가 말한 세 가지 즐거움 중에서 첫 번째 즐거움은 하늘이 내려준 즐거움이다. 부모의 생존은 자식이 원한다고 하여 영원한 것이 아니므로 오랫동안 함께할 수 있다면 그 자체로써 즐겁다는 말이다. 두 번째 즐거움은 「하늘과 땅에 한 점 부끄러움이 없는 삶」을 강조한 것으로, 스스로의 인격수양을 통해서만 가능한 즐거움이다. 세 번째 즐거움은 자기가 가지고 있는 것을 다른 사람에게 베푸는 즐거움으로, 즐거움을 혼자만 영위할 것이 아니라 남과 공유하기를 바라는 것이다.

옳은 사람에게는 부귀라는 것이 사실상 즐거움이 될 수 없다는 것을 강조한 데 특색이 있다. 가정의 행복이 첫째, 그리고 마음의 편안함이 둘째, 끝으로 후배의 양성이 셋째일 뿐, 그 밖의 것은 사람을 즐겁게 하는 것이 될 수 없다는 것이다.

부인시용 婦言是用

아내 婦 말씀 言 옳을 是 쓸 用

《서경(書經)》 주서편(周書篇)

「부녀자의 말이 옳다고 쓴다」 라는 뜻으로, 여성의 말을 무조건 옳다고 여겨서 잘 듣는 것을 말한다. 곧 줏대 없이 여자의 말을 잘 듣는다는 말이다.

은(殷)나라의 주왕(紂王)은 중국 역사상 음란하고 잔인한 대표적인 독부(毒婦)인 달기(妲己)와 함께 황음무도한 짓을 일삼은 폭군이었는데, 달기의 말은 무엇이든 다 들어주었다. 그는 날마다 술잔치를 열어 연못 사방에는 비단을 감은 나뭇가지에 고기를 매달아두고 「육림(肉林)」 이라 하였다. 이른 바 「주지육림(酒池肉林)」 의 고사가 바로 여기에서 나왔다.

주왕과 달기는 많은 시종들과 함께 「주지(酒池)」 에서 배를 타고 다니면서 즐겁게 노닐다가 손 가는대로 술을 퍼 마시고 「육림(肉林)」 에서 고기를 마음껏 따 먹었다. 여기에 소요되는 막대한 비용을 지불하기 위해서 그는 백성들을 혹독하게 착취하였다.

그리고 달기의 환심을 사기 위해서 길가는 사람의 목을 베거나 다리를 자르고 심지어는 배를 갈라 태아를 꺼내는 등 그 잔인함이 극에 달했다. 간언하는 어진 신하들을 가까이하지 않고 백성들에게는 무거운 세금을 부과하여 원성이 높았다. 따라서 백성들의 생활은 점점 궁핍해지고 사회가 어지러워져 여러 지역에서 반란이 일어났다.

주왕의 포악한 정치에 시달리는 은나라 백성들을 구제하려고 주(周)나라의 무왕(武王)은 군사를 일으켜 은나라를 쳤다.

주무왕

이때 주왕은 달기와 녹대(鹿台)에서 한창 술을 마시고 있다가 그 소식을 접하고 황급히 병사 70만을 편성하여 전선으로 달려가 무왕의 군대를 맞이하였다. 양군은 목야(牧野)에서 마주쳤다. 무왕의 군대가 용감하게 돌격하자 주왕의 군대는 무기를 버리고 뿔뿔이 흩어졌다. 주왕은 급히 조가성(朝歌城)으로 도망갔으나 명이 다한 것을 알고 자살을 결심하였다. 그는 또 죽은 후에 백성들이 자기의 시체를 꺼내 분풀이할 것이 두려워 궁중의 모든 패옥을 가지고 20미터 높이의 녹대로 올라가 온몸에 패옥을 걸치고 녹대 아래 마른풀을 쌓아 불을 지르게 하였다. 잠시 후 불길이 하늘로 치솟자 주왕은 불에 타 죽었다. 은나라를 무찌른 무왕은 군사들에게 이렇게 말했다.

「옛사람의 말에 따르면, 암탉은 새벽에 울지 않으며, 암탉이 새벽에 울면 집안이 망한다(古人有言曰 牝鷄無晨 牝鷄之晨 惟家之索). 이제 상(商 : 은)나라의 왕 수(受 : 주왕)는 오직 부녀자의 말만 옳다고 여겨서 따른다(今商王受 惟婦言是用)」

여기에 나오는 암탉과 부녀자는 주왕의 애첩 달기를 가리키는데, 주왕은 어질고 현명한 신하의 말을 듣지 않고 달기의 말만 들었다. 「부언시용」은 줏대 없이 여자의 말을 잘 듣는 것을 비유하는 말이다. 여기서 또 「빈계지신(牝鷄之晨)」의 성어가 생겨났다.

부정 斧正

도끼 斧 바를 正

《장자(莊子)》 서무귀편(徐無鬼篇)

작품을 윤색하는 사람의 뛰어난 수준을 칭찬하는 말.

초(楚)나라의 도읍지 영도(郢都)에 아주 용감하고 침착한 사람이 있었다. 이름은 전해지지 않지만 사람들은 그를 영인(郢人)이라고 불렀다. 그리고 이 영인에게는 손재간이 비상한 공장이 친구가 한 사람 있었는데, 사람들은 모두 그를 장석(匠石)이라고 불렀다.

영인과 장석은 보기 드문 한 쌍의 재주꾼으로서 그들에게는 사람들을 놀라게 하는 묘기가 있었다. 영인이 코끝에 파리날개처럼 밀가루를 한 층 바른 것을 장석이 도끼로 찍어 깎아 내는 재주였다고 한다.

말하자면 장석의 손에서 도끼가 울리면서 영인의 코를 내리치면 코 위의 밀가루는 말끔히 사라져 버리지만 영인의 코는 조금도 상하지 않았다는 것이다. 그리고 매번 그럴 때마다 영인은 낯빛도 흐리지 않고 태연자약하게 서 있었다는 것이다.

그 소문을 들은 송나라 송원군이 그들의 묘기를 구경하고자 장석을 청해 오게 하였더니 뜻밖에도 그는 이렇게 말했다는 것이다.

「안됐습니다만, 이젠 재주를 부릴 방법이 없게 되었습니다. 소인의 훌륭한 친구 영인은 이미 세상을 뜨고 말았습니다. 그러니 소인은 재주를 부릴 수 있는 유일한 동반자를 잃은 셈입니다」

말하자면 작품을 수정하는 것이 마치 장석이 큰 도끼로 영인의 코끝에 바른 밀가루를 깎아내듯 깨끗하고 시원스럽다는 뜻으로, 작품을 윤색하는 사람의 뛰어난 수준을 칭찬하는 말이다.

부족현치아 不足懸齒牙

아니 不 족할 足 매달 懸 이빨 齒 어금니 牙

《사기》 숙손통전(叔孫通傳)

특별히 말할 정도의 것이 못된다.

진(秦)의 2세 황제 원년(BC 209) 기현(蘄縣 : 안휘성)의 대택향(大澤鄕)에서 진승(陳勝) · 오광(吳廣) 등이 반기를 들어 농민군을 이끌고 서진하여 순식간에 진(陳 : 하남성)에 입성해 국호를 장초(張楚)라 하고 진승은 왕을 칭했다.

그 소식을 들은 2세 황제는 박사들을 모아 대책을 꾀했다. 박사 30여 명은 한결같이 진승을 반역자로 규정하고, 곧 출병해서 이를 토벌해야 한다고 주장했다.

그러자 2세 황제는 얼굴에 불쾌한 기색을 나타냈다. 농민병의 봉기를 자기에 대한 반역이라고 한 말이 2세 황제의 자존심을 상하게 한 것이다. 그 때 숙손통이 앞으로 나와 말했다. 숙손통은 설(薛 : 산동성) 사람인데 문학으로 진(秦)나라에 임용되어 박사들 틈에 끼어 황제의 자문(諮問)에 응하고 있었던 것이다.

「박사들의 말은 잘못입니다. 지금은 천하가 통일되어 군현은 다 병비(兵備)를 폐하고 있습니다. 더구나 위로 영명하신 폐하 밑에 법령이 아래로 골고루 포고되어 사람들은 다 편안히 직업에 종사하면서 진(秦)을 섬기고 있습니다. 반역하는 자가 나타날 리가 없습니다. 그들은 한낱 도적의 무리로서 문제삼을 필요가 없습니다(不足懸齒牙). 곧 군(郡)에서 붙잡아 처단할 것입니다. 걱정하실 게 못됩니다」

2세 황제는 그 말에 만족하여 숙손통에게 비단 20필, 옷 한 벌을

진승 · 오광이 이끄는 농민반란

하사하고 박사로 승격시켰다. 그리하여 진승을 반역자라고 말하는 사람들은 모두 처벌했다.

그러나 농민군은 도적떼가 아니고 분명히 진나라에 반기를 든 자들이었다. 숙손통이 감히 이것을 도적이라고 말한 것은 2세 황제에게 영합하기 위해서가 아니고, 무사히 진에서 도망치기 위한 계략이었다. 그는 이미 진의 멸망을 내다보고 있었던 것이다. 곧 그는 고향인 설로 도망쳤다. 설은 이미 초의 항양(項梁)에게 항복했고, 숙손통은 항양을 섬기게 되었다.

그 후 항양의 조카 항우가 한의 유방과 천하를 다투었으며 한(漢)의 5년, 유방이 마침내 항우를 멸망시키고 천하를 통일하여 즉위해서 한고조가 되었다.

숙손통은 이보다 앞서 유방이 초(楚)의 도읍 팽성(彭城)에 입성했을 때(B.C 199), 유방에게 항복하여 훗날 고조의 유신(儒臣)으로서 한의 모든 제도의 제정에 힘을 다했다.

「부족현치아」란, 「치아」는 치(齒)와 아(牙), 즉 말의 끝, 입의 끝이란 뜻이다. 따라서 「치아 사이에 둔다」 또는 「치아에 건다(懸)」는, 일을 논하는 것, 그 반대인「치아 사이에 두기는 부족하다」 또는「치아에 걸기에는 부족하다(不足懸齒牙)」하면 「특별히 말할 정도의 것이 못된다」라는 뜻이 된다.

부족회선 不足回旋

아니 不 족할 足 돌릴 回 돌릴 旋

《한서(漢書)》

바

「빙빙 돌거나 돌릴 여지가 없다」는 뜻으로, 처지가 어려워 몸을 돌리기가 힘들다는 말이다. 돌이킬 여지가 없음을 이르는 말.

후한(後漢)의 역사가 반고(班固)가 저술한 《한서》에 있는 이야기다.

전한(前漢)의 경제(景帝)는 어느 날, 각지에 분봉 받은 왕들을 불러들여 황제를 알현케 하였다. 경제는 성대한 잔치를 베풀어 초대하면서 여러 왕들로 하여금 춤추고 축수하면서 마음껏 즐기게 하였다.

이에 여러 왕들은 모두 덩실덩실 춤을 추면서 즐겁게 노는데, 유독 장사(長沙)에 분봉된 정왕(定王)만은 손발도 제대로 놀리지 못하는 것이었다. 이에 여러 왕들은 모두 그가 춤도 출 줄 모른다고 쑥덕거렸으며 황제도 이상하게 생각해서 그 까닭을 물었다. 그러자 정왕이 대답했다.

「신은 나라가 작고 지방이 협소해서 몸 돌리기도 어렵사옵니다(國小地窄 不足回旋)」

그러자 경제는 그의 뜻을 알아차리고 즉시 무릉(武陵), 영릉(零陵), 규양 등 세 지방을 정왕에게 임시로 분봉해서 그의 영토를 넓혀 주었다고 한다.

이렇게 해서 지방이 협소해서 몸 돌리기도 어려운 것을 가리켜 「부족회선」이라고 하게 되었는데, 이와 반대로 지반이 넓어 몸 돌릴 여지가 많은 것을 「회선여지(回旋餘地)」라고 한다.

부형청죄 負荊請罪

질 負 가시나무 荊 청할 請 죄 罪

《사기》 염파인상여(廉頗藺相如)열전

「가시나무를 등에 지고 죄를 청한다」 라는 뜻으로, 자신의 잘못을 인정하고 처벌해줄 것을 자청한다는 말이다.

《사기》 염파인상여열전에 있는 이야기다.

전국시대 조나라 혜문왕은 당시 천하의 제일가는 보물로 알려져 있던 화씨벽(和氏璧)을 우연히 손에 넣게 되었다. 그러자 이 소문을 전해들은 진나라 소양왕(昭陽王)이 열다섯 개의 성(城)을 줄 테니 화씨벽과 맞바꾸자고 사신을 보내 청해 왔다. {☞ 화씨벽}

진나라의 속셈은 뻔했다. 구슬을 먼저 받아 쥐고는 성은 주지 않을 작정이었다. 그러나 조나라로서는 그렇다고 이를 거절하면 거절한다고 진나라에서 트집을 잡을 것이 또한 분명했다.

이럴 수도 저럴 수도 없어 중신회의에서도 결론을 내리지 못하고 있을 때, 환자령(宦者令) 유현이 그의 식객으로 있는 인상여(藺相如)를 추천했다. 혜문왕은 인상여를 불러 대책을 물었다. 그러자 그는,

「조나라가 거절하면 책임은 조나라에 있고, 진나라가 속이면 책임은 진나라에 있습니다. 이를 승낙하여 책임을 진나라에 지우는 것이 옳을 줄 아옵니다」 하고 대답했다.

「그럼 어떤 사람을 사신으로 보내면 좋을는지?」

「마땅한 사람이 없으면 신이 구슬을 가지고 가겠습니다. 성이 조나라로 들어오면 구슬을 진나라에 두고, 성이 들어오지 않으면 신은 구슬을 온전히 하여 조나라로 돌아올 것을 책임지고 말씀드리겠습

니다(……城不入 臣請完璧歸趙)」

이리하여 인상여는 화씨벽을 가지고 진나라로 가게 되었다.

소양왕은 구슬을 보고 크게 기뻐하며 좌우 시신들과 후궁의 미인들에게까지 돌려가며 구경을 시켰다. 인상여는 진왕이 성을 줄 생각이 없는 것을 눈치 채자 곧 앞으로 나아가, 「그 구슬에는 티가 있습니다. 신이 그것을 보여 드리겠습니다」 하고 속여, 구슬을 받아 드는 순간 뒤로 물러나 기둥을 의지하고 서서 왕에게 말했다.

「조나라에서는 진나라를 의심하고 구슬을 주지 않으려 했었습니다. 그런 것을 신이 굳이 진나라 같은 대국이 신의를 지키지 않을 리 없다고 말하여 구슬을 가져오게 된 것입니다. 구슬을 보내기에 앞서 우리 임금께선 닷새를 재계(齋戒)를 했는데, 그것은 대국을 존경하는 뜻에서였습니다. 그런데 대왕께선 신을 진나라 신하와 같이 대하며 모든 예절이 정중하지 못했을 뿐만 아니라, 구슬을 받아 미인에게까지 보내 구경을 시키며 신을 희롱하셨습니다. 신이 생각하기에, 대왕께선 조나라에 성을 주실 생각이 없으신 것 같습니다. 그러므로 신은 다시 구슬을 가져가겠습니다. 대왕께서 굳이 구슬을 강요하신다면 신의 머리는 이 구슬과 함께 기둥에 부딪치고 말 것입니다」

머리털이 거꾸로 하늘을 가리키며 인상여는 구슬을 들어 기둥을 향해 던질 기세를 취했다. 구슬이 깨어질까 겁이 난 소양왕은 급히 자신의 경솔했음을 사과하고 담당관을 불러 지도를 가리키며 여기서 여기까지 열다섯 성을 조나라에 넘겨주라고 지시했다.

그러나 모두가 연극이란 것을 알고 있는 인상여가 말했다.

「대왕께서도 우리 임금과 같이 닷새 동안을 목욕재계한 다음 의식을 갖추어 천하의 보물을 받도록 하십시오. 그렇지 않으면 신은 감히 구슬을 올리지 못하겠습니다」

이리하여 진왕이 닷새를 기다리는 동안 인상여는 구슬을 심복 부하에게 주어 샛길로 조나라로 돌아가도록 했다. 감쪽같이 속은 진왕은 인상여를 죽이고도 싶었지만, 점점 나쁜 소문만 퍼질 것 같아 인상여를 후히 대접해 돌려보내고 말았다. 귀국하자 조왕은 인상여가 너무도 고맙고 훌륭하게 보여서 그를 상경(上卿)에 임명했다. 그렇게 되자 염파보다 지위가 위가 되었다. 염파는 화가 치밀었다.

「나는 조나라 장군으로서 성을 치고 들에서 싸운 큰 공이 있는 사람이다. 인상여는 한갓 입과 혀를 놀림으로써 나보다 윗자리에 오르다니 이는 용납할 수 없는 일이다. 상여를 만나면 반드시 모욕을 주고 말겠다」

이 소문을 들은 인상여는 될 수 있으면 염파를 만나지 않으려 했다. 조회 때가 되면 항상 병을 핑계하고 염파와 자리다툼하는 것을 피했다. 언젠가 인상여가 밖으로 나가다가 멀리 염파가 오는 것을 보자 옆 골목으로 피해 달아나기까지 했다.

이런 광경을 본 인상여의 부하들은 인상여의 태도가 비위에 거슬렸다. 그들은 상의 끝에 인상여를 보고 말했다.

「우리들이 이리로 온 것은 대감의 높으신 의기를 사모해서였습니다. 그런데 염장군이 무서워 피해 숨는다는 것은 못난 사람들도 수치로 아는 일입니다. 저희들은 이만 물러가겠습니다」

인상여는 그들을 달랬다.

「공들은 염장군과 진왕 중 누가 더 대단하다고 생각하는가?」

「그야 진왕과 어떻게 비교가 되겠습니까?」

「그 진왕의 위력 앞에서도 이 인상여는 그를 만조백관이 보는 앞에서 꾸짖었소. 아무리 내가 우둔하기로 염장군을 무서워할 리가 있소. 진나라가 우리 조나라를 함부로 넘보지 못하는 것은 염장군과

부형청죄 부조(浮彫)

내가 있기 때문이오. 두 호랑이가 맞서 싸우면 하나는 반드시 죽고 마는 법이오. 내가 달아나 숨는 것은 나라 일을 소중히 알고, 사사로운 원한 같은 것은 뒤로 돌려버리기 때문이오」

그 뒤 이 소식을 전해들은 염파는 자신의 못남을 뼈아프게 느꼈다. 웃옷을 벗어 매를 등에 지고 사람을 사이에 넣어 인상여의 집을 찾아가 무릎을 꿇고 사죄했다.

「못난 사람이 장군께서 그토록 관대하신 줄 미처 몰랐습니다」

이리하여 두 사람은 다시 친한 사이가 되어 죽음을 함께 해도 마음이 변하지 않는 그런 사이가 되었다(卒相與驩 爲刎頸之交).

인상여도 위대하지만, 자기의 잘못을 뉘우치고 순식간에 새로운 기분으로 돌아가 깨끗이 사과를 하는 염파의 과감하고 솔직한 태도야말로 길이 우리의 모범이 아닐 수 없다.

이 이야기가 서술되는 마지막 부분에서 「염파는 웃옷을 벗어 매를 등에 지고 인상여의 집을 찾아가서 사죄하였다. 이에 장군과 국상은 화해하고 문경지교를 맺게 되었다(廉頗肉祖負荊 至藺相如門謝罪 卒相與歡 爲刎頸之交)」라고 쓰고 있다.

「육단부형(肉祖負荊)」이라고도 한다. 그리고 생사를 같이할 수 있는 친구 사이를 가리켜 「문경지교(刎頸之交)」라고도 한다.

부화뇌동 附和雷同

붙을 附 응할 和 우레 雷 같이할 同

《예기(禮記)》 곡례편(曲禮篇)

우레 소리에 맞추어 천지 만물이 함께 울린다는 뜻으로, 자기 생각이나 주장 없이 덮어놓고 남의 의견에 동조한다는 말이다.

《예기》 곡례편에 있는 말이다.

「다른 사람의 의견을 자신의 의견인 것처럼 생각하지 말고, 다른 사람의 의견에 동조하지 말라. 옛 성현들의 행동을 모범으로 삼고, 선왕의 가르침에 따라 행동해야 한다」

또 《논어》 자로편(子路篇)에 있는 말이다.

「공자가 이르기를, 군자는 화이부동하고 소인은 동이불화한다(子曰 君子和而不同 小人同而不和)」 곧 「군자는 화합하지만 부화뇌동하지 않고, 소인은 부화뇌동하지만 화합하지 않는다」는 말이다.

이 말은, 군자는 의를 숭상하고 남을 자신처럼 생각하여 화합하지만, 소인은 이익만 따지므로 이해관계가 맞는 사람끼리 행동하여 사람들과 화합하지 못한다는 뜻이다.

「부화뇌동」에서 원래 뇌동(雷同)이란 우레가 울리면 만물도 이에 따라 울린다는 뜻으로, 다른 사람의 말에 대해 옳고 그름을 판단하지도 않고 부화하는 것을 비유하는 말이며, 부화(附和)는 이후 첨가된 말이다. 「부화뇌동」은 줄여서 「뇌동」이라고도 한다.

자신의 주체적인 의견과 객관적 기준을 도외시한 채 물질적 이해관계 또는 남의 주장이나 의견을 맹목적으로 추종하는 것을 경고하는 말로서, 소인배들의 행동이다.

분서갱유 焚書坑儒

불사를 焚 책 書 구덩이 坑 선비 儒

《사기》 진시황본기(秦始皇本記)

책을 불사르고 유생(儒生)들을 산 채로 구덩이에 묻어 죽임. 상황을 고려하지 않고 발본색원하는 폭정을 비유하여 일컬음.

진시황

진시황 34년 시황은 함양궁에서 술자리를 베풀었다. 이때 군현제도를 찬양하는 복야(僕射) 주청신(周靑臣)과 봉건제도의 부활을 주장하는 박사 순우월(淳于越)이 시황 앞에서 대립된 의견을 놓고 싸웠다. 시황은 이 문제를 신하들에게 토의하게 했다. 승상 이사(李斯)는 순우월의 의견을 몹시 못마땅하게 생각했다. 진시황의 독재 뒤에는 이사의 이기적인 칼날이 언제나 빛나고 있었다. 이사는 선비들의 그런 태도는 임금의 권위를 떨어뜨리고 당파를 조성하는 결과를 가져오므로 일절 금해야 한다고 주장하고, 구체적으로 이 같은 안을 제시했다.

「사관(史官)이 맡고 있는 진나라 기록 이외의 것은 모두 태워 없앤다. 박사가 직무상 취급하고 있는 것 이외에 감히 시서(詩書)나 백

이 사

가어(百家語) 들을 가지고 있는 사람은 모두 고을 수령에게 바쳐 태워 없앤다. 감히 시서를 말하는 사람이 있으면 모두 시장바닥에 끌어내다 죽인다. 옛것을 가지고 지금 것을 비난하는 사람은 일족을 모두 처형시킨다. 관리로서 이를 알고도 검거하지 않는 사람도 같은 죄로 다스린다. 금령이 내린 30일 이내에 태워 없애지 않는 사람은 이마에 먹물을 넣고 징역형에 처한다. 태워 없애지 않는 것은 의약(醫藥)·복서(卜筮)·농사(種樹)에 관한 책들이다. 만일 법령을 배우고자 할 때는 관리에게 배워야 한다」

시황은 이사의 말을 채택하여 실시케 했다. 이것이 「분서(焚書)」다. 당시의 책은 오늘날과 같이 종이에 인쇄하여 대량으로 생산하는 것이 아니고, 대쪽(竹片)에 붓으로 써 놓은 것이며 한번 잃으면 또다시 복원할 수 없는 것도 많았다. 여하튼 인간의 문화에 대한 반역으로서 단연코 용서할 수 없는 일이다.

이듬해인 35년에는, 진시황이 불로장생을 원한 나머지 신선술을 가진 방사(方士)들을 불러 모았다. 그 중에서도 특히 우대를 한 것이 후생(侯生)과 노생(盧生)이었다. 그런데 그들은 진시황의 처사에 불안을 느꼈는지 시황을 비난하고 자취를 감추어 버렸다. 격노한 시황에게 정부를 비난하는 수상한 학자가 있다는 보고가 들어왔다. 시황

분서갱유도(파리국립도서관)

은 어사를 시켜 학자들을 모조리 잡아다가 심문했다. 사실상 학자들은 비난한 일이 없지도 않은 터라, 서로 책임전가를 하며 자기만 빠지려 했다.

그 결과 법에 저촉된 사람이 460여 명이나 되었다. 이들은 모두 함양 성 안에 구덩이를 파고 묻게 했다. 널리 천하에 알려 다시는 임금이나 정부가 하는 일을 비판하는 일이 없도록 하기 위해서였다. 이것이 「갱유(坑儒)」다. 왕정의 기초를 공고히 하려는 시황제의 가법혹정(苛法酷政)은 「분서」나 「갱유」같은 사상 드물게 보는 폭거를 저지른 것이다.

그러나 이 「분서갱유」를 대단치 않은 사건으로 보는 학자도 있다. 죽은 사람은 460명뿐이었고, 책들은 사실상 참고를 위해 몇 벌씩 정부 서고에 보관되어 있었다. 그것을 불살라 버린 것은 실상 항우였다.

불가구약 不可救藥

아닐 不 옳을 可 구할 救 약 藥

《시경(詩經)》 대아(大雅)

치료약을 구할 수 없다는 뜻으로, 일이 만회할 수 없을 지경에 이른 것을 이르는 말. 또 어떤 사람의 나쁜 습관을 고치거나 악한 사람을 구제할 길이 전혀 없음을 비유하는 말이다.

《시경》 대아 「판(板)」이라는 시에 나오는 말인데, 주(周)나라 때 범백(凡伯)이 지은 시라고 전해진다. 주나라 여왕(厲王)이 백성을 탄압하자, 대신들은 불만에 가득 찼으며, 백성들은 왕을 저주했다. 그래서 범백은 여왕에게 어진 정치를 베풀도록 간언했으나 간신들은 그를 비웃었다. 이에 화가 난 범백은 시를 지어 안타까운 심정을 나타냈다.

하늘이 재앙을 내리니 그렇게 희희낙락할 수만 있으랴.
늙은이 진정으로 말하는데도 소인배들은 교만하여 들으려 않네.
내가 망령 부린 말도 하지 않았는데 그대들 농으로만 여기다니.
장차 많은 악행을 일삼으면 치료할 약도 없으리라.

天之方虐 無然謔謔 천지방학 무연학학
老夫灌灌 小子蹻蹻 노부관관 소자교교
匪我言耄 爾用憂謔 비아언모 이용우학
多將熇熇 不可救藥 다장혹혹 불가구약

마침내 핍박에 견디지 못한 주나라 백성들이 폭동을 일으킴으로써 여왕의 포악한 정치도 끝나고 말았다.

불공대천지수 不共戴天之讎

아니 不 함께 共 일 戴 하늘 天 의 之 원수 讎

《예기(禮記)》 곡례편(曲禮篇)

「불공대천지수」는 글자대로 새기면 「함께 하늘을 이지 못할 원수」란 말이다. 「하늘을 인다」는 것은 「서서 걸어다닌다」는 뜻이다. 죽지 않고서는 한 하늘을 이고 다니지 않을 수 없다. 즉 함께 세상에 살아 있을 수 없는 원수, 상대를 죽이든가 아니면 내가 죽든가 해야 할 원수. 다시 말해 누가 죽든 결판을 내고 말아야 할 원수가 불공대천지수다. 혹 「불공대천지원수」라고 말하는 사람도 있다.

이 말은 《예기》 곡례편에 나오는 꽤 오래된 말이다.

「아비의 원수는 더불어 하늘을 이지 않는다. 형제의 원수는 칼을 돌이키지 않는다. 사귀어온 사람의 원수는 나라를 함께 하지 않는다」

부모와 형제와 친구의 원수를 어떻게 대하느냐 하는 윤리관을 말한 예가 되겠다. 부모를 죽인 원수는 내가 죽는 한이 있더라도 기어이 갚고 말아야 한다는 것을, 함께 하늘을 이지 않는다고 표현한 데 문장의 묘미가 있는 것도 같다.

칼을 돌이키지 않는다는 말은 좀 애매한 데가 없지 않아 해석들이 구구한데, 일단 원수를 만나게 되면 다음날로 미루지 말라는 뜻인 것 같다. 부모의 원수는 찾아다녀서라도 기어이 갚아야 하지만, 형제의 원수는 마주치게 되었을 때 갚는 것에 차이점을 둔 것 같다. 친구의 원수와 나라를 같이하지 않는다는 것은, 죽일 것까지는 없지만 같은 조정에 벼슬을 한다거나, 한마을에서 조석으로 상종할 수 없다는 정도의 이야기인 것 같다.

불념구악 不念舊惡

아닐 不 생각할 念 예 舊 악할 惡

《논어》 공야장편(公冶長篇)

지나간 잘못을 염두에 두지 않는다는 것이 「불념구악」이다. 지나간 일을 탓하지 않는 것을 「기왕불구(旣往不咎)」라고 한다. 이 말과 약간 일맥상통하는 점이 있기는 하나 뜻은 다르다.

백이·숙제가 지나치게 결백한 나머지 불의로 천하를 얻은 주나라의 곡식마저 먹을 수 없다 하여 수양산에 들어가 고사리를 캐먹다가 굶주려 죽었다는 이야기는 너무나 유명하다.

그 백이에 대해 맹자가 이런 구체적인 사례를 들고 있다. 즉 《맹자》 공손추 상에서 맹자는 이렇게 말하고 있다.

「백이는 그 임금이 아니면 섬기지 않고, 그 벗이 아니면 사귀지 않았으며, 악한 사람의 조정에 서지도 않고, 악한 사람과는 함께 말도 하지 않았다. 악한 사람의 조정에 서거나, 악한 사람과 함께 말하는 것은, 마치 예복을 입고 예모를 쓴 채 시궁창이나 숯검정 위에 앉는 것과 다를 바 없이 여겼다. 이러한 악한 것을 미워하는 마음을 확대시켜 시골 사람들과 같이 섰을 때, 그 사람의 갓이 비뚤어졌으면 뒤도 돌아보지 않고 가버렸다. 마치 더러운 것이라도 묻은 것처럼 생각했다. 그러니 제후들 중에 좋은 말로 그를 모시러 오는 사람이 있어도 백이는 이를 모두 거절했다」

이것으로 보아, 백이가 얼마나 결백하고 남을 포용하는 마음이 좁았는가를 알 수 있다. 그러나 맹자는 그를 성인이라고 했다. 다만 성인 가운데 깨끗한 사람(淸者)이라고 했다. 그런데 그 백이에게도 반

백이숙제도(日 화가 가노 나오노부)

대의 일면이 있었던 것이다. 그것이 바로 여기에 나오는 「불념구악」이다.

《논어》 공야장편에 보면 공자는 이렇게 말하고 있다.

「백이와 숙제는 옛 악을 생각지 않았다. 그래서 원망이 적었다(伯夷叔齊 不念舊惡 怨是用希)」

그토록 결백하고 까다로운 백이와 숙제도 지나간 날의 잘못을 염두에 두지 않았기 때문에 사람들은 그의 지나친 결백을 그다지 원망스럽게 생각지 않았다는 뜻이다. 어제 아무리 보기 흉한 짓을 한 사람이라도 오늘 좋은 모습으로 나타나면 반갑게 맞아주는 백이 숙제였기 때문에 사람들은 그들을 어려워는 했을망정 미워할 필요는 없었던 것이다.

「기왕불구」가 의식적인 노력에서 나오는 아량이라면, 이 「불념구악」은 그야말로 「명경지수(明鏡止水)」와 같은 성자의 초연한 심정에서일 것이다.

지나간 일을 놓고 콩이야 팥이야 따지는 태도도 삼가야겠지만, 한 번 밉게 본 사람을 언제나 같은 눈으로 대하는 것은 더욱 삼가야 할 일이다. {☞ 기왕불구(旣往不咎)}

불두착분 佛頭着糞

부처 佛 머리 頭 묻을, 입을 着 똥 糞

《경덕전등록(景德傳燈錄)》

깨끗한 것을 더럽히거나, 어진 사람이 모욕을 당함의 비유.

「부처의 머리에 똥을 묻힌다」는 뜻으로, 훌륭한 물건에 보잘것 없는 것을 덧붙이거나 깨끗하고 성스러운 것을 더럽힐 때 비유하는 말이다.

송나라 때의 승려 도원(道原)이 편찬한 《경덕전등록》에 있는 이야기다.

왕안석

어느 날 최상공이라는 사람이 절간의 뜰을 거닐다가 부처님의 머리 위에 새똥이 떨어져 있는 것을 보고 짐짓 성난 체하면서 중에게 물었다.

「그래, 이놈의 새들에게는 불성(佛性)이라고는 조금도 없단 말입니까?」

중이 얼른 대답했다.

「물론 있지요」

그러자 최상공이 다시 물었다.

「그렇다면 저것들이 어찌해서 부처님의 머리 위에 똥을 싼단(佛

頭着糞) 말입니까?」

중이 말했다.

「그렇다면 그것들이 왜 소리개의 머리 위에는 똥을 싸지 않습니까?」

구양수

새들이 부처님의 머리 위에는 똥을 쌀 수 있을망정 소리개의 머리 위에는 감히 그럴 수 없다는 이 유머러스한 대답에서 「불두착분」이라는 말이 나오게 되었다. 성스럽고 결백한 것에 오물이 묻거나 착한 사람이 수모를 당하는 경우에도 불두착분이라고 한다. 또한 훌륭한 물건 위에 불순물이 첨가된 경우에도 불두착분이라고 한다.

중국 송(宋)나라의 문인이자 정치가인 구양수(歐陽脩)가 저술한 《신오대사(新五代史)》가 설거정(薛居正) 등이 편찬한 《구오대사(舊五代史)》보다 내용이 훌륭하다고 칭찬하는 머리말을 사람들은 책 앞쪽에 써넣었다.

그러자 송나라의 개혁정치가 왕안석(王安石)은 구양수의 뛰어난 작품에다가 함부로 머리말을 붙였다고 비웃으며 이렇게 말했다고 한다.

「부처님의 머리 위에 똥을 묻히는가(佛頭上 豈可着糞)」

불문곡직 不問曲直

아니 不 물을 問 굽을 曲 곧을 直

《사기》 한비이사열전(韓非李斯列傳)

「굽고 곧음을 묻지 않는다」는 뜻으로, 옳고 그름을 가리지 않고 마구 처리함을 이르는 말. 잘잘못을 따지지 않고 다짜고짜 행동함.

이사(李斯)는 초(楚)나라 상채(上蔡 : 하남 상채) 사람으로, 진나라에서 벼슬을 하고 있었다. 어느 날 종실 사람들과 대신들이 진나라 사람을 제외한 다른 제후국의 신하들은 믿을 수가 없으니 쫓아내야 한다는 「축객(逐客)」의 상소를 진시황에게 올렸다. 이사는 자신도 그 명단에 포함된 사실을 알고 진시황에게 「상진황축객서(上秦皇逐客書)」라는 상소문을 올렸다.

「지금 폐하께서는 곤륜산의 명옥(明玉)을 손에 넣고, 수후(隨侯)의 구슬과 화씨벽을 소유하셨으며, 명월주(明月珠)를 몸에 장식하고 명검 태아(太阿)를 차시고 명마 섬리(纖離)를 타셨으며, 취봉(翠鳳)의 기(旗)를 세워 영타(靈鼉)의 북을 설치해 놓으셨는데, 이 여러 가지 보물은 하나같이 진나라의 산

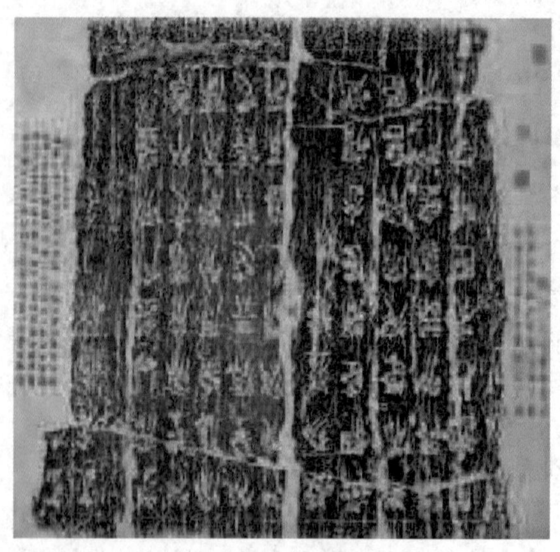

이사의 「간축객서(諫逐客書)」

물이 아닌데도 폐하께서는 이것들을 모두 진귀하게 생각하시는 것은 어인 일이옵니까?

만약, 진나라의 산물만을 쓰신다고 한다면 야광벽은 조정에 장식할 수 없고, 서각(犀角)·상아로 만든 그릇은 보고 즐기실 수 없으며, 정(鄭)·위(衛)나라의 미녀는 후궁으로 맞을 수 없고, 결제(駃騠)의 준마도 마구간에 넘칠 수 없으며, 강동(江東)의 금과 주석도 쓰일 수 없고, 서촉의 단청(丹靑)도 쓸 수가 없습니다. 후궁을 장식하고 궁내의 쓰임새를 충당하며 마음을 즐겁게 해주고 이목(耳目)을 기쁘게 해주는 것도 진나라 산물이 아니면 쓰지 않는다고 한다면, 완(宛)의 구슬비녀·구슬 귀걸이·아호(阿縞)의 의복·금수(錦繡)의 장식은 폐하 앞에 올릴 수 없고, 풍속에 따라 아취를 더한 조(趙)나라 미인 역시 지금처럼 폐하를 모실 수 없을 것입니다. 수옹(水甕)을 치고 와기(瓦器)를 두드리며 쟁(箏)을 타고 넓적다리를 치면서 노래를 불러 귀를 즐겁게 하는 것이 진나라의 진짜 음악이며, 정(鄭)·위(衛)·상간(桑間)·소(昭)·우(虞)·무(武)·상(象)은 이국(異國)의 음악입니다. 그런데도 지금 진나라에서는 옹을 치고 와기를 두드리는 것을 그치고, 정·위의 음악(淫樂)을 취하며, 쟁을 타는 것을 그치고 소·우의 정악(正樂)을 취하고 있는데, 그것은 어찌된 일입니까? 그것은 곧 마음을 즐겁게 해주고 눈으로 보기에 재미가 있기 때문입니다.

그런데 이제 사람을 뽑아 쓰는 데 있어서는 이것과 다르게 논설의 가부와 행위의 곡직을 말하지 않고(不問可否 不論曲直), 진나라 사람이 아니면 제외하여 외국 사람을 추방하려고 합니다. 그러고 보면 진나라가 존중하는 것은 여색(女色)과 음악뿐이며 인물은 경멸하는 것이 됩니다. 이렇게 해서는 천하에 군림하여 제후를 제압할 수 없습니다」

불변숙맥 不辨菽麥

아니 不 구별할 辨 콩 菽 보리 麥

《좌씨전(左氏傳)》 성공(成公) 18년

콩과 보리도 구별하지 못한다는 말로, 너무나 아둔해서 상식적인 일마저도 모르는 사람을 일컫는 말이다.

《좌전》 성공(成公) 18년에 있는 이야기다.

춘추시대 진(晉)나라 귀족들 사이에는 권력 쟁탈전이 치열하게 전개되고 있었다. 진려공(晉厲公)이 서동(胥童)을 편애해서 국권을 그에게 일임하자 난서(欒書), 중행언(中行偃) 등은 우선 서동을 잡아 죽인 다음 진려공마저 죽여 버렸다.

그러고 나서 진양공의 증손인 주자(周子)를 임금으로 내세우고 실권은 자신들이 장악하였다. 그리하여 이제 겨우 열네 살밖에 안된 주자는 명색이 임금이었지 사실은 허수아비에 지나지 않았다.

그럼에도 불구하고 난서와 일부 귀족 대부들은 주자가 특별히 총명하고 재질이 출중하다고 떠벌이는 한편 주자의 형은 아둔해서 임금이 될 수 없다고 소문을 냈다.

《좌전》에는 이에 대해서 「주자에게는 형이 있었지만, 지혜가 없어 콩과 보리도 구분하지 못해 임금으로 세울 수 없었다(周子有兄而無慧 不辨菽麥 故不可立)」라고 쓰고 있는데, 불변숙맥이라는 말은 여기에서 유래한 것이다.

불비불명 不飛不鳴

아닐 不 날 飛(蜚) 아닐 不 울 鳴

《사기(史記)》 골계열전(滑稽列傳)

「날지도 않고 울지도 않는다」라는 뜻으로, 큰일을 하기 위해 조용히 때를 기다림을 비유하는 말이다.

《사기(史記)》 골계열전(滑稽列傳)에 있는 이야기다.

전국시대 제(齊)나라 위왕(威王)은 날마다 음주가무뿐 아니라 음란한 놀이도 서슴지 않고 즐기며 정사는 중신들에게 맡겼다. 이에 정사가 문란해지고 신하들 사이에도 질서가 잡히지 않았으나 누구도 함부로 나서서 위왕에게 간언하지 못하였다.

이때 익살과 다변(多辯)으로 유명한 제나라의 학자 순우곤(淳于髡)이 위왕에게 「3년 동안 날지도 않고 울지도 않은(三年不蜚不鳴) 새」가 무슨 새인지 물었다.

위왕은 「한번 날면 하늘에 오르며, 한번 울면 사람을 놀라게 할 것」이라고 대답하였다. 순우곤의 의도를 알아챈 위왕은 비로소 정사를 정상적으로 돌보았다고 한다.

《여씨춘추(呂氏春秋)》 중언편(重言篇)에도 비슷한 이야기가 있다.

초(楚)나라 장왕(莊王)은 거의 3년 동안 날마다 주색에 여념이 없었고, 이를 간언하는 신하는 사형에 처한다고(敢諫者死) 하였다.

이를 보다 못한 성공가(成公賈)가 좋은 꾀를 생각해냈다.

성공가가 들어오는 태도를 바라보고 있던 장왕은 「간하는 사람은 죽는다는 현판을 보지 못했는가? 아니면 술을 마시고 싶어 들어왔는가, 음악이 듣고 싶어 들어왔는가?」하고 선수를 쳤다.

초장왕

「신은 간하러 온 것이 아니라 수수께끼를 하나 들려드리러 왔습니다」

「그래 어디 말해 보게」

「남쪽 언덕에 새가 한 마리 날아와 앉았는데 3년이 되도록 꼼짝도 하지 않으며, 나는 일도 없으며, 우는 일도 없으니 이 새가 대관절 무슨 새이겠습니까?」

「3년을 움직이지 않는 것은 뜻을 굳히기 위해서다. 날지 않는 것은 날개가 완전히 여물어지기를 기다리고 있는 것이다. 울지 않는 것은 백성들이 어떻게 하는지를 지켜보기 위한 것이다. 이 새가 한 번 날면 하늘에 닿을 것이요, 한번 울면 사람을 놀라게 할 것이다. 알았으면 물러가 있게. 그건 나도 알고 있으니까」

장왕은 그 동안 누가 간신이고 누가 충신인지를 다 알고 있었고, 정치를 어떻게 해야만 되리라는 것도 다 알고 있었다. 그가 자리를 박차고 일어나 숙청을 단행하고 선정을 베풀자 모든 착한 신하와 백성들은 놀라며 기뻐했다. 이리하여 그의 말대로 하늘을 나는 기세로 천하를 횡행하여 세상을 놀라게 하는 패업을 이룩했던 것이다.

불비불명은 재능이 있는 자가 재능을 발휘할 때를 기다린다는 뜻으로, 일단 뜻을 펼치면 큰일을 한다는 긍정적인 말이다.

불수진 拂鬚塵

떨 拂 수염 鬚 티끌 塵

《송사(宋史)》 구준전(寇準傳)

수염의 먼지를 털어 준다는 뜻으로, 윗사람의 환심을 사려고 아첨하거나 윗사람에 대한 비굴한 태도를 가리켜서 말할 때 쓰이는 말이다.

《송사》 구준전에 있는 이야기다.

송나라 진종(眞宗, 997~1022) 때 재상이었던 구준(寇準)은 정의파로 이름이 알려진 사람이다.

구준은 열아홉에 진사에 급제해서 비교적 이른 나이에 출세를 하게 되었는데, 어느 해 심한 가뭄이 있어 태종(太宗)이 그 대책을 여러 신하들에게 물은 적이 있다.

이때 신하들은 모두 임금이 듣기 좋은 소리만을 했다. 그러나 구준은 「폐하께서 형벌을 내리시는 것이 공평하지 못하기 때문에 하늘이 이를 깨우쳐 주려고 재난을 내린 것입니다」 하고 대답했다.

태종은 노여운 얼굴로 안으로 들어가 버렸으나 조금 뒤 그를 불러 구체적인 이유를 물었다. 그러자 그는 이렇게 말했다.

「조길(祖吉)과 왕회(王淮)는 다 같이 법을 어기고 뇌물을 받은 죄를 범하고 있습니다. 그런데 약간의 뇌물을 받은 조길은 사형에 처하고, 거액의 뇌물을 받은 왕회는 견책조차도 받지 않고 무사했습니다」

왕회는 부총리 격인 참정(參政) 왕면(王沔)의 아우였던 것이다. 태종은 즉시 왕면을 불러 사실을 알아본 결과 그것이 사실이었으므로

즉시 왕면 형제를 파면시켰다.

그 뒤로 태종은 구준을 중하게 여기고 그를 요직에 두게 되었다. 당시 사람들은 이렇게 말했다.

「구준이 황제를 배알할 때마다 백관들이 떤다」

그가 요직에 오르자 많은 인재를 기용했는데, 그 중에는 문제의 인물인 정위(丁謂)도 있었다. 구준은 재상에서 한때 쫓겨났다가 다시 재상이 되자 정위를 참정으로 기용했다. 정위는 구준이 너무도 고마운지라 있는 청성을 다해 구준을 받들었다.

어느 날 중서성(中書省)에서 회식이 있었을 때, 구준의 수염에 국 찌꺼기가 붙어 있었다.

구준의 일거일동에 주의를 보내고 있던 정위는 그것을 보자 자리에서 벌떡 일어나 구준의 옆으로 다가가서 그 묻은 것을 털어 주었다.

구준은 그 같은 태도가 약간 못마땅했다.

「참정이라면 일국의 중신인데 그런 사람이 상관의 수염을 털어 줄(拂鬚塵) 것까지야 없지 않은가」

구준은 그의 아부하는 태도를 냉정하게 일깨워 주었다.

정성을 다한다고 한 일이 아부로 지적받게 되자 정위는 얼굴이 붉어질 수밖에 없었다.

이것이 계기가 되어 정위는 그 뒤로 구준을 밀어낼 궁리만을 했다. 그러다가 진종 임금이 병이 위독한 틈을 타서 왕후에게 구준을 모함해서 그를 재상의 자리에서 쫓아내고 자기가 그 자리에 올랐다.

아부라는 것도 삼가야 할 일이지만 남에게 면박을 주는 일도 더욱 삼가지 않으면 안 된다는 것을 우리에게 보여주고 있다.

불요불굴 不撓不屈

아닐 不 흔들 撓 아닐 不 굽힐 屈

《한서(漢書)》

「흔들리지도 않고 꺾이지도 않는다」는 뜻으로, 뜻이나 결심이 꺾이거나 휘어지지 않는다는 말.

후한(後漢)의 역사가 반고(班固)가 지은 기년체 역사서 《한서》에 나오는 말로, 반고가 왕상(王商)에 대해 한 말에서 유래한다.

「왕상의 사람 됨됨이는 질박(質朴)하고 성격은 불요불굴(不撓不屈)하였기 때문에 오히려 주위 사람들로부터 원한을 사게 되었다」

전한(前漢) 성제(成帝) 때 장안(長安)에 홍수가 날 것이라는 소문이 삽시간에 퍼져 대혼란이 일어났다.

성제는 대책을 세우기 위해 중신들을 소집하여 의견을 물었다.

성제의 장인 왕봉(王鳳)은 소문의 확인 조사도 해보지 않고 성급히 피신할 것을 주장하였다. 그러나 왕상만은 헛소문이라고 왕봉의 의견에 조금도 굽히거나 꺾이지 않고 끝까지 반대하였다.

이후 왕상의 의견이 정확하다는 것이 사실로 판명되었다. 이에 성제는 왕상을 신임하게 되었고, 왕봉을 불신하게 되었는데 왕봉은 왕상을 눈엣가시처럼 여겼다.

또 왕봉의 일족인 양융이 실정(失政)하여 백성에게 큰 고통을 주었다. 이를 문제 삼아 왕봉의 선처에도 불구하고 왕상은 그를 처벌해야 한다는 뜻을 굽히지 않아 양융은 파면되었다.

객관적이고 공명정대한 뜻을 절대로 굽히지 않는 왕상의 성품을 말한 데서 「불요불굴」이라는 성어가 유래하였다.

불원천리 不遠千里

아닐 不 멀 遠 일천 千 마을 里

《맹자(孟子)》 양혜왕상(梁惠王上)

천 리가 멀다고 여기지 않는다는 뜻으로, 먼 길을 오는 수고도 마다하지 않는 정성. 천 리는 옛날부터 먼 거리의 대명사처럼 쓰였다. 그래서 「천릿길도 한 걸음부터」 라는 속담도 있다. 그렇게 먼 거리를 멀게 여기지 않는다는 말이니, 마음이나 의지, 염원이나 그리움이 강할 때 쓰는 표현이다. 가까운 벗이나 친한 사람을 만나는 데는 먼 거리도 문제가 되지 않는다는 뜻이다.

《맹자(孟子)》 양혜왕상(梁惠王上)에 있는 말이다.

맹자가 양혜왕을 만났을 때, 왕이 말하였다.

「노인께서 천릿길도 마다하지 않고 오셨으니, 우리나라에 장차 이로운 일이 생기겠습니까?(叟不遠千里而來 亦將有以利吾國乎)」

맹자가 대답했다.

「왕께서는 하필이면 이로운 일을 말씀하십니까? 역시 인의(仁義)만이 있을 뿐입니다(王亦曰仁義而已矣 何必曰利). 만약 한 나라의 왕이 『어떻게 하면 내 나라를 이롭게 할 수 있을까』 만 생각한다면, 대부는 『어떻게 하면 내 집안을 이롭게 할 수 있을까』 를 생각하고, 선비와 서민들은 『어떻게 하면 내 한 몸 이롭게 할 수 있을까』 만 생각하게 됩니다. 이처럼 위아래가 다투어 자신의 이익을 취하려 하면 나라는 위태로워질 것입니다. 만승의 부유함을 지닌 나라(萬乘之國)에서 그 임금을 시해하려는 자는 반드시 천승의 가문(千乘之家)에서 나오고, 천 승의 나라(千乘之國)에서 그 임금을 시해하려는 자는 반드시 백 승의 나라(百乘之家)에서 나오기 마련입니다. 만승의 나라에서 천승을 녹으로 받거나, 천승의 나라에서 백승을 녹으로 받는다면 결코 적은 것이 아닙니다. 만약 의를 뒤로

맹자와 양혜왕

하고 이익만을 앞세운다면 더 많은 것을 빼앗지 않고서는 만족하지 않을 것입니다. 사람됨이 어진데도 자기 어버이를 버리거나, 의로운데도 자기 임금을 경시하는 자는 없습니다. 왕께서는 인의(仁義)만을 말씀하셔야지 어찌 이익을 말씀하십니까(何必曰利)?」

맹자가 천릿길도 마다하지 않고 양혜왕을 만난 것은 인의를 말하기 위한 것인데, 하필이면 이익을 말하느냐고 질책하는 대목이다. 불원천리는 위의 글 중 「노인께서 천릿길도 마다하지 않고 오셨으니(叟不遠千里而來)」에서 나온 말이다.

《논어》 학이(學而)편 첫머리에도 「벗이 먼 곳에서 찾아오니 또한 즐겁지 아니한가(有朋自遠方來 不亦樂乎)」라는 말이 나오는데, 이는 나의 학문을 알아주는 벗이 있어 멀리서 찾아와 함께 학문을 논하니, 이 또한 즐겁지 않겠느냐는 뜻이다.

「불원천리」 역시 《논어》의 구절처럼 긍정적이고 적극적인 뜻을 담고 있다. 만나고 싶은 사람을 만나는데, 거리가 무슨 문제가 되겠느냐는 말이다.

불위농시 不違農時

아니 不 어길 違 농사 農 때 時

《맹자》 양혜왕(梁惠王)

불위농시

「농사철을 어기지 않는다」는 뜻으로, 철을 놓치지 않고 알맞은 시기에 농사를 짓는 것을 말한다.

《맹자》 양혜왕(梁惠王) 상편에 있는 맹자의 말이다.

전국시대 유가의 대사상가였던 맹자는 인의(仁義)를 시행하고 왕도(王道)를 실현할 것을 주장한 사람이었다. 어느 날, 양혜왕이 그에게 어떻게 하면 국력을 강화해서 나라를 부유하게 하고 백성이 편안하게 살 수 있을지에 대해 물었을 때 맹자는 이렇게 대답했다.

「농사철을 놓치지 않으면 곡식을 이루 다 먹지 못할 것이고(不違農時 穀不可勝食也), 촘촘한 그물을 못에 넣지 않는다면 물고기를 이루 다 먹지 못할 것이며, 도끼를 들고 산에 올라가도 때에 맞춰 실시한다면 목재를 이루 다 쓰지 못할 것입니다. 식량과 물고기를 이루 다 먹지 못하고 목재를 이루 다 쓰지 못한다면 백성들은 생계나 상사(喪事)에 근심 걱정이 없을 것입니다. 이렇게 백성들이 생계와 상사에 근심 걱정이 없으면 이것이 바로 왕도가 시작되는 것이라고 할 수 있습니다」

불입호혈부득호자 不入虎穴不得虎子

아니 不 들 入 범 虎 굴 穴 얻을 得 아들 子

《후한서》 반초전(班超傳)

큰 결과를 얻기 위해서는 위험을 무릅써야 한다.

「호랑이 굴에 들어가야 호랑이 새끼를 잡는다」는 말이 바로 「불입호혈(不入虎穴)이면 부득호자(不得虎子)」다. 큰 공을 세우려면 모험을 해야만 된다는 뜻이다.

이 말은 《후한서》 반초전에 나와 있는 반초(班超)의 말이다. 반초가 36명의 장사들을 이끌고 선선국(鄯善國)에 사신으로 갔을 때의 일이다. 국왕인 광(廣)은 반초를 극진히 대우했다. 그러나 며칠이 가지 않아 갑자기 대우가 달라졌다. 흉노의 사신이 온 때문이었다.

선선은 천산(天山) 남쪽 길과 북쪽 길이 갈라지는 분기점에 있는 교통의 요지였으므로 흉노도 많은 관심을 가지고 자기 지배 하에 두려 했다. 광왕은 흉노를 한나라 이상으로 무서워하고 있었다.

정세의 변동을 재빨리 알아차린 반초는 광왕의 시종 한 사람을 불러내어,

「흉노의 사신이 온 지 며칠 된 것 같은데, 그들은 지금 어디에 있는가?」 하고 유도심문을 했다.

시종이 겁을 먹고 사실을 말하자, 반초는 곧 그를 골방에 가둬 두고 부하들을 모아 잔치를 벌였다. 술이 얼근해 올 무렵, 반초는 그들을 격분시키는 어조로 말했다.

「……지금 흉노의 사신이 여기에 와 있다. 이곳 왕은 우리를 냉대하기 시작했다. 우리를 흉노에게 넘겨줄지도 모른다. 그렇게 되면

반초출사서역 동소상(銅塑像)

우리는 만리타국에서 승냥이 밥이 되고 말 것이다. 좋은 방법이 없겠는가?」

부하들은 다 같이 입을 모아, 「무조건 장군의 명령에 따르겠습니다」 했다.

그러자 반초가 말했다.

「호랑이 굴에 들어가지 않으면 호랑이 새끼를 얻지 못한다(不入虎穴 不得虎子)고 했다. 지금 우리로서는 밤에 불로 놈들을 공격하는 길밖에 없다……」 하고, 36명의 장사를 거느리고 흉노의 사신이 묵고 있는 숙소에 불을 지르는 한편, 급히 습격해 들어가 정신없이 허둥대는 몇 배나 되는 적을 모조리 죽여 버렸다.

물론 선선왕은 한나라에 항복했다. 반초는 《한서》의 저자인 반고(班固)의 아우다.

불척척어빈천불급급어부귀 不戚戚於貧賤不汲汲於富貴

슬퍼할 戚 어조사 於 가난할 貧 천할 賤 물길을 汲 넉넉할 富 귀할 貴

《오류선생전(五柳先生傳)》

「빈천함을 근심하지 않고, 부귀에 급급하지 않는다」 라는 말로, 가난과 부귀에 초연한 마음 자세를 가리킨다.

전국시대 유향(劉向)이 지은 《열녀전(烈女傳)》에 있는 이야기다.

검루(黔婁)는 전국시대 말기의 노(魯)나라의 은사(隱士)였다. 그가 죽었다는 소식을 듣고 공자의 제자인 증자(曾子)가 문상을 갔다.

증자가 가서 보니, 남루한 천으로 시신을 덮었는데 그마저도 짧아서 머리를 가리면 발이 드러나고 발을 가리면 머리가 드러나는 형국이었다. 이에 증자가 천을 비스듬히 기울여 시신을 다 가리려고 하였다. 그러자 검루의 아내는 증자를 보고 이렇게 말했다.

「비스듬히 하여 남는 것보다는 똑바로 하여 모자라는 것이 낫습니다. 남편은 살아서도 비스듬히 하지 않았는데, 죽어서 비스듬히 하는 것은 그의 뜻이 아닙니다」

증자가 선뜻 응대하지 못하고 곡을 하고 나서 시호를 무엇으로 하면 좋겠느냐고 물으니, 검루의 아내는 「강(康 : 편안함)」 이라고 하자고 대답하였다.

증자가 「선생께서는 생전에 먹고 입는 것이 충분치 않고 영화를 누리지도 못하였는데 어찌하여 강이라고 하시려는 것입니까」 라고 물었다.

검루의 아내는, 「선생께서는 벼슬을 마다하고 군주가 내린 많은 곡식도 마다했습니다. 빈천함을 근심하지 않고, 부귀함을 부러워하

김홍도의 「오류선생 귀장도(歸庄圖)」

지 않으셨습니다. 인(仁)을 구하여 인을 얻고, 의(義)를 구하여 의를 얻으셨으니 시호를 강이라 하는 것이 마땅하지 않겠는지요」 라고 대답했다.

증자는 그 남편에 그 부인이라 하며 탄복하였다.

위진남북조시대의 도연명은 자신의 삶을 비유하여 지은 《오류선생전》에서 이를 인용하여,

「검루가 말하기를 빈천함을 근심하지 않고, 부귀에 급급하지 않는다(不戚戚於貧賤　不汲汲於富貴)고 하였으니, 오류선생이 바로 그 사람의 짝이로다. 술잔을 즐겨하고 시를 지으며 자기의 뜻을 즐겼다. 그는 무회씨(無懷氏)의 백성이었던가. 갈천씨(葛天氏)의 백성이었던가?」 라고 읊었다.

《열녀전》에는 흔흔(忻忻)으로 되어 있는데 여기에는 급급(汲汲)으로 되어 있다. 뜻은 같은 뜻이다. 무회씨와 갈천씨는 전설에 나오는 상고(上古)의 제왕들로, 무위자연을 통치의 바탕으로 한 도가(道家)에서 말하는 성왕(聖王)들이다.

여기서 유래하여 「불척척어빈천 불급급어부귀」 는 가난과 부귀에 연연하지 않으며, 초연하게 자신에게 주어진 삶을 자족하며 살아가는 자세를 비유하는 말로 사용된다.

불초 不肖

아닐 不 닮을 肖

《맹자(孟子)》 만장편(萬章篇)

닮지 않았다는 뜻으로, 매우 어리석은 사람을 말하거나 자식이 부모에게 낮출 때 쓰는 말.

《맹자》 만장편(萬章篇)에 있는 말이다.

「요(堯)임금의 아들 단주(丹舟)는 불초하고, 순(舜)임금의 아들 역시 불초하며, 순임금이 요임금을 도운 것과 우임금이 순임금을 도운 것은 오래되었으며, 요와 순임금이 백성들에게 오랫동안 은혜를 베푸셨다(丹舟之不肖 舜之子亦不肖 舜之相堯 禹之相舜也 歷年多 施澤於民久)」

요임금

요임금은 자기 아들이 천하의 주인이 되기에는 부족한 그릇이라고 판단해서 사위인 순에게 자리를 물려주려고 생각했다.

「순에게 제위를 물려주면 천하의 백성들에게 유익하고 다만 단주 한 사람에게만 불리하지만, 단주에게 제위를 물려주면 천하의 백성들에게는 불리한 반면 단주 한 사람에게만 유익하다. 그러니 어찌 내 자식만 생각하여 천하의 일을 그르치랴」

순임금

요임금이 세상을 떠나자, 사람들은 전 임금의 유지(遺旨)를 받들어 순에게 제위를 계승하라고 종용했다. 그러나 순은 고개를 저었다.

「내가 태자를 제치고 어찌 그 자리에 나갈 수 있겠는가. 그것은 있을 수 없는 일이다」

이렇게 거절한 순은 평양성(平陽城)을 나와 남하(南河)의 남쪽으로 가버렸고, 자연히 제위는 단주에게 돌아갔다. 그러나 그것으로 문제가 일단락된 것은 아니었다. 당시 각 지역의 제후들은 일 년 중 봄과 가을 한 차례씩 천자를 알현하는 조근(朝覲) 의식을 가졌는데, 제후들은 단주에게 가는 것이 아니라 순을 찾아갔다. 뿐만 아니라 소송을 하는 사람도 단주가 아닌 순을 찾아가서 판결을 요망했다. 이렇게 되자, 순은, 「이것은 사람의 뜻에 따른 것이 아니라 하늘의 뜻이로다!」 하고 탄식한 순은 마지못해 도성에 돌아가 임금의 자리에 올랐다.

요임금과 순임금이 각각 아들이 똑똑하지 못해 왕위를 물려주지 않았다는 데서 유래한다. 요임금은 아들 단주가 현명하지 못함을 알았기 때문에 단주에게 왕위를 물려주지 않고, 비록 단주는 억울할지 몰라도 백성들에게 이익이 되므로 순에게 물려준 것이다. 이는 백성을 위한 일이라면 단지 친자식이라는 이유 하나만으로 왕위를 물려주지 않았다는 요와 순임금의 성군(聖君)다운 깊은 뜻이 담아 있는 말이다.

황하 유역에서는 큰 홍수가 자주 나서 순임금은 숭(崇) 부락의 수령 곤(鯀)에게 명해 물을 다스리게 했다. 그러나 9년 동안 애를 썼지만 황하를 다스리지 못했고, 오히려 수해가 더 커지기만 했다. 홍수만 나면 제방이 터지고 피해가 더 심했다. 그 다음 수령인 순임금은 물을 다스리지 못한 책임을 물어 곤을 죽이고 그의 아들 우(禹)에게 명하여 수재 방지를 하게 했다.

우순효행감천(禹舜孝行感天)

우는 아버지의 실패로부터 교훈을 얻어 물길을 트고 큰물을 다른 곳으로 소통시키는 방법을 택했다. 백성들을 거느리고 물길을 파서 황하 물을 여러 갈래로 나누어 소통시켰으며, 수리 시설을 많이 축조하여 황하의 물을 끌어다 논에 댔다.

순임금도 연로해지자 요임금과 마찬가지로 수령 자리를 계승할 사람을 물색했는데, 물을 다스리는 데 공이 컸던 우를 후계자로 정했다. 순임금이 사망하자 우가 부락연맹의 수령이 되었는데, 선정을 베풀어 모든 부락이 화목하게 지냈고, 사람들은 평화롭고 안정된 생활을 하게 되었다.

부모를 닮지 않았다는 뜻의 불초가 현재는 자기를 낮추는 또는 불효자라는 의미로 사용된다.

불치하문 不恥下問

아니 不 부끄러울 恥 아래 下 물을 問

《논어》 술이(述而)편

「아랫사람에게 묻는 것을 결코 부끄럽게 여기지 않는다」라는 뜻으로, 아무리 지위가 낮거나 못난 사람이라 할지라도 자기가 모르는 것을 알고 있을 수 있으니, 자신이 모르는 것을 묻는 것은 신분이나 지위가 높고 낮음을 가리지 않고 부끄러울 것이 없다는 뜻이다.

자 공

옛날 통치자들은 유가 학설의 창시자인 공자를 가리켜 천성적으로 가장 학문이 있는 성인으로 높이 받들었다. 그러나 공자 자신은 《논어》 술이편에서 이렇게 말했다.

「나는 태어나면서부터 학문이 있었던 것은 아니다. 옛것을 좋아해서 민첩하게 이를 구하려는 사람이다」

어느 날 공자는 태묘(太廟)에 가서 노나라 임금이 조상에게 제사를 지내는 의식에 참가한 적이 있는데, 매사에 모르는 것이 있으면 사람들에게 물어본 뒤 시행했다는 것이다. 이에 어떤 사람들은 그가 의례(儀禮)를 너무 모른다고 비난했다. 그 말을 들은 공자는 이렇게 대답했다고 한다.

「내가 모르는 일에 매사 묻는 것이 바로 내가 의례를 알려고 하는 것이 아닌가?」라고.

그 무렵 위나라에는 공어(孔圉)라고 하는 대부가 있었는데, 죽은 뒤에 시호를 문(文)이라 하였다. 때문에 사람들은 그를 공문자(孔文子)라고 불렀다. 이 일을 두고 공자의 제자인 자공(子貢)이 어느 날 공자에게 이렇게 물었다.

「공문자는 왜 시호를 문이라고 했습니까?」

그러자 공자가 대답했다.

공 자

「그는 명민하면서도 배우는 것을 좋아하여 아랫사람에게 묻는 것도 부끄러워하지 않았다. 이 때문에 문(文)이라고 한 것이다(敏而好學 不恥下問 是以謂文也)」

「불치하문」은 바로 공자의 이 말에서 유래한 것으로, 오늘날에는 겸허하고 부끄럼 없이 배우기를 즐기고 진심으로 남의 가르침을 받는 태도를 말한다.

비슷한 의미로, 「함께 길을 가는 세 사람 가운데 반드시 나의 스승이 될 만한 사람이 있다」는 뜻의 「삼인행필유아사(三人行必有我師)」라는 말이 있다. 이 말은 누구에게라도 배울 점이 있다는 말이다.

또 「공자천주(孔子穿珠)」라는 말이 있는데, 이는 공자가 실에 구슬 꿰는 방법을 몰라 바느질하는 아낙네에게 물어 개미허리에 실을 매고 구슬 구멍 반대편에 꿀을 발라 개미가 꿀 냄새를 맡고 바늘을 통과해 구슬을 꿰었다는 말인데, 역시 자기보다 못한 사람에게 묻는 것을 부끄럽게 여기지 않는다는 뜻이다.

불혹지년 不惑之年

아니 不 미혹할 惑 의 之 해 年

《논어》 위정편(爲政篇)

마흔 살을 이르는 말. 공자가 말하기를, 「나는 15세에 학문에 뜻을 두고(志學), 30에 확고히 서고(而立), 40에 의심하지 않고(不惑), 50에 천명을 알고(知天命), 60에 귀가 순하고(耳順), 70에 마음에 하고 싶은 바를 좇아 행해도(從心所欲) 법에 벗어나지 않았다」 라고 했다.

이것은 공자가 자기 일생을 회고하며 정신적인 성장 과정을 말한 것인데, 여기에 나와 있는 말이 그대로 나이를 가리키는 말로 쓰인다.

15세에 학문에 뜻을 둔다 해서 열다섯 살을 지학지년(志學之年)이라 하고, 30에 확고히 섰다 해서 서른 살을 입년(立年)이라 하며, 마흔 살을 불혹지년(不惑之年), 쉰 살을 명년(命年), 예순 살을 이순지년(耳順之年)이라 하는데, 일흔 살만은 불유지년(不踰之年)이라 말하지 않는다. 지년(之年)이란 말이 붙은 것은 이를 떼어내고, 지학·불혹·이순만을 쓰기도 한다.

또 31세에서 39까지를 입일(立一), 입구(立九)하는 식으로 쓰기도 하고, 51세에서 59까지를 명일(命一), 명구(命九) 하는 식으로 쓰기도 한다. 이와 마찬가지로 스무 살을 약관(弱冠)이라고 한다. 「약(弱)」은 아직 어리다는 뜻이고, 「관(冠)」은 20세면 옛날에는 성인식이라고 할 수 있는 관례(冠禮)라는 의식을 통해 어른이 쓰는 갓을 썼기 때문에 약관이란 말로 20세를 나타내게 된다. {☞ 약관(弱冠)}

또 여자는 옛날 15세만 되면 쪽을 올리고 비녀를 꽂았다. 그래서 계년(笄年)이라면 여자의 나이 15세를 가리키게 된다.

불환과이환불균 不患寡而患不均

아닐 不 근심 患 적을 寡 어조사 而 고를 均

《논어》 계씨편(季氏篇)

적은 것을 걱정하지 않고 고르지 못한 것을 걱정한다.

이 말은 《논어》 계씨편에 있는 공자의 말이다.

노나라의 실권자인 계씨(季氏)가 노나라의 속국인 전유(顓臾)를 쳐서 자기 영지로 만들려 했다. 계씨의 가신으로 있는 염유(冉有: 이름 求)와 자로(子路)가 공자에게 이 사실을 보고하자, 공자는 특히 염유를 지적하여 이렇게 꾸짖었다.

「네가 조종하는 일이 아니냐. 전유는 노나라에 속해 있는 나라인데 이것을 칠 이유가 무엇이란 말이냐?」

그러자 그들은 계씨의 단독 의사로 자기들은 찬성한 일이 없다고 발뺌을 했다. 공자가 다시 그들을 나무라며, 남의 녹을 먹고 그 사람의 잘못을 바로잡지 못한다면 그것이 누구의 허물이겠느냐고 꾸중을 하자, 염유는 이렇게 이유를 말했다.

「전유는 비(費)에 가까이 있고 또 견고한 성이므로 만일 지금 점령하지 않으면 뒷날 반드시 자손들에게 걱정을 끼치게 될 것입니다」

결국 자기도 그 일에 찬성했다는 변명이 되고 만 셈이다.

공자가 특히 염유만을 꾸짖는 데에는 그만한 이유가 있었다. 자로는 옳지 못한 일에 협력할 사람이 아니란 것을 잘 알고 있었고, 염유는 계씨의 하는 일에 무조건 협력하는 출세 위주의 인물이었기 때문이다.

염 유

염유는 계씨를 위해 백성들에게 세금을 더 부과한 일도 있어서, 이때 공자는「너는 나의 제자가 아니다」하고 제자들에게 북을 울려 그의 죄를 성토하라고 한 일까지 있었다.

공자는 염유의 이 말에,

「그러기에 군자는 솔직히 탐이 난다고 말하지 않고, 뭔가 구실을 붙여 자기의 행동을 정당화시키려는 사람을 미워한다」고 꾸짖고, 다시 덧붙여 이렇게 말했다.

「내가 들으니, 나라를 가지고 집을 가진 사람은 적은 것을 걱정하지 않고 고르지 못한 것을 걱정하며, 가난한 것을 걱정하지 않고 편안하지 못한 것을 걱정한다고 했다. 대개 고르면 가난한 사람이 없고, 서로 사이가 좋으면 적은 일이 없으며, 편안하면 서로 넘어지는 일이 없기 때문이다(丘也聞 有國有家者 不患寡而患不均 不患貧而患不安 蓋均 無貧 和 無寡 安 無傾 夫如是故 遠人不服 則修文德以來之 旣來之 則安之)」

그리고 공자는 끝으로,

「나는 두려워하건대, 계씨의 근심은 전유에 있지 않고 담벼락 안에 있을까 한다」하고 밖으로 욕심을 부리는 사람은 반드시 내부로부터 변란이 생기게 된다는 것을 지적했다.

「불환빈 환불균(不患貧 患不均)」이라고도 한다.

붕정만리 鵬程萬里

붕새 鵬 한도 程 일만 萬 마을 里

《장자》 소요유편(逍遙游篇)

앞길이 매우 멀고도 큼.

붕(鵬)이란 사전적 의미는 큰 새, 상상상의 큰 새 이름이라고 되어 있다. 말하자면 고대 중국인의 소박한 공상의 소산으로 동물학상 조류의 무슨 과에 속하는 새인지 캘 필요는 없다. 어쨌든 엄청나게 큰 새라고 생각하면 된다. 그 붕에 관해 기록된 가장 대표적인 문장은 《장자》 소요유편 처음에 있는 일절로 거기에는,

「북해(北海) 끝에 곤(鯤)이라는 이름의 고기가 있다. 곤의 크기는 몇 천 리인지 모른다. 곤이 변해서 붕(鵬)이란 이름의 새가 된다. 붕의 등허리도 몇 천리인지 모른다. 이 새가 한번 힘을 내서 날면 그 날개는 하늘 전체를 뒤덮는 구름이 아닌가 생각되고, 해면이 한꺼번에 뒤집힐 듯한 대풍이 불면 그 바람을 타고 북해 끝에서 남해 끝까지 날려고 한다」 라고 씌어 있다.

제해(齊諧)는 괴이한 일을 잘 안다. 제해가 이렇게 이야기 한다.

「붕이 남해로 날아 옮기자면 바닷물에 날갯짓을 3천 리, 회오리 바람을 타고 오르기 9만 리, 6개월 동안 계속 난 다음 비로소 그 날개를 쉰다고 한다」 라고 씌어 있다.

장자는 이 붕을 빌어 세속의 상식을 초월한 무한히 큰 것, 그 아무것에도 사로잡히지 않는 정신의 자유세계에 소요하는 위대한 자의 존재를 시사하려고 했으나, 그래도 곤{鯤 : 사전에는 물고기의 알(魚卵)이라고 씌어 있다}이란 지미지소(至微至小)한 것을 큰 물고기의

이름으로 하고, 그 곤이 새로 변한 것이 붕(鵬)이라고 하니 아주 기발한 착상이다. 그것은 어쨌든 앞의 《장자》의 문장으로 하여 여러 가지 숙어가 생겨났다.

우선 「붕곤(鵬鯤)」 또는 「곤붕」이라 하면 상상을 초월한 지대한 사물을 비유한 것이고, 「붕배(鵬背)」, 「붕익(鵬翼)」하면 거대한 것의 비유로 쓰이며, 특히 붕익은 콩코드나 보잉 747 같은 거대한 항공기 등의 형용에 흔히 쓰인다.

그것에 준하면 「붕박(鵬搏 : 붕의 날갯짓)」, 「붕비(鵬飛)」, 「붕거(鵬擧)는 크게 분발해서 일을 하려고 함의 비유이고, 「붕도(鵬圖)」, 「붕정(鵬程)」은 범인으로서는 생각도 미치지 않는 원대한 사업·계획을 비유하는 말이란 점도 절로 납득이 갈 것이다.

마지막으로 장자는 이 9만 리를 나는 대붕(大鵬)—속박되는 일이 없는 위대한 존재자와의 대비(對比)로써 상식의 세계에 만족하고 얕은 지혜를 농(弄)하며 스스로 족하다 생각하는 비소(卑小)한 범속배의 천박함을 척안(斥鷃 : 작은 물새)에 비유하여 이렇게 풍자한다.

「9만 리를 나는 대붕을 보고, 척안은 도리어 그것을 비웃으며 『저것 봐라, 저 붕이란 녀석은 도대체 어디로 가려고 하는 거지. 우리들은 힘껏 뛰어올라도 기껏해야 5, 6간으로 내려와서는 쑥이 무성한 위를 날 뿐이지만, 그래도 충분히 나는 재미는 있거든. 그런데 녀석은 도대체 어디까지 날아갈 작정이지?』하고 빈정거린다. 결국 왜소(矮小)한 것은 위대한 것의 마음이나 행동을 알 턱이 없다. 대와 소의 차이점이다」

여기서 「붕안(鵬鷃)」이란 말도 쓰인다. 대소의 차가 현격함의 비유로 쓰인다. 「연작안지 홍곡지지(燕雀安知 鴻鵠之志)」도 이와 다소 비슷한 뜻을 지닌 말이다.

비견계종 比肩繼踵

가지런할 比 어깨 肩 이을 繼 발꿈치 踵

《안자춘추(晏子春秋)》

「어깨가 서로 닿고 다리가 부딪친다」는 뜻으로, 많은 사람으로 북적거리거나 잇따라 끊어지지 않는 것을 이르는 말.

《안자춘추(晏子春秋)》에 있는 이야기다.

춘추전국시대 제(齊)나라의 재상 안영은 제나라를 위해 헌신적으로 일해 백성의 신망을 한 몸에 받았다. 안영(晏嬰 : 안자)이 초(楚)나라에 사신으로 갔을 때의 일이다. 초나라 영왕(靈王)은 나라가 강대하다는 이유로 매우 교만했다. 영왕의 교만함은 안영이 사신으로 갔을 때도 발동되었다. 영왕은 안영을 우습게 알고 모욕을 줄 계략을 세웠다.

마침내 안영이 탄 수레가 초나라 서울 동문 가까이 이르렀을 때, 수문장이 갑자기 성문을 닫아 버렸다. 물론 영왕의 명에 따른 조치였다. 성문 앞에 다다른 안영은 성루에 서 있는 파수병을 쳐다보며 큰 소리로 외쳤다.

「성문을 열라! 먼 나라에서 사신이 찾아왔거늘 이 무슨 짓인가!」

그러자 큰문 옆 백성들이 드나드는 작은 문이 열렸다. 멀쩡히 열려 있던 큰문을 닫고 작은 문으로 들어오라는 수작을 간파한 안영은 시치미를 떼고 외쳤다.

「아니, 이 문은 개가 드나드는 개구멍이 아닌가. 그러고 보면 초나라에는 사람은 없고 개만 있는가 보군. 그러니 군자(君子)의 나라에서 온 내가 개구멍으로 들어갈 수는 없지 않겠는가?」

초영왕

이 사실을 보고받은 영왕은 흠칫 놀라면서 만만찮은 자라고 생각하였다. 영왕은 얼른 사람을 보내 성문을 열고 정중하게 맞아들이도록 했다. 영빈관에서 하룻밤을 잔 안영은 이튿날 입궐하여 초나라 영왕을 비롯하여 대신들과 상견례를 하게 되었다. 안영이 예의를 다하여 인사를 하자, 영왕은 짐짓 혀를 차며 안됐다는 듯이 말했다.

「그대와 같은 사람이 사신으로 오는 것을 보니 제나라에는 인물이 없는 것 같군요」

안영이 대답했다.

「그렇지 않습니다. 어깨가 서로 닿고 다리가 부딪칠 정도로(比肩繼踵) 사람이 많은 큰 나라입니다」

영왕은 속으로 말 한 번 잘했다고 하면서 이렇게 말했다.

「그렇다면 어째서 그대와 같은 작은 사람(小人)을 우리나라와 같은 큰 나라(大國)에 사신으로 보낸 것이오?」

그러자 안영이 되받았다.

「우리 제나라에는 사신으로 보내는 인물의 기준이 있습니다. 큰 인물은 현명한 군주가 통치하는 나라에, 소 인물은 어리석은 군주가 통치하는 나라에 보내지요」

영왕은 안영을 다시 보게 되었고, 융숭하게 대접하였다.

비룡승운 飛龍乘運

날 飛 용 龍 탈 乘 구름 雲

《한비자(韓非子)》 난세(難勢)편

용이 구름을 타고 하늘을 난다는 뜻으로, 영웅이 때를 만나 득세함을 이르는 말이다. 용(龍)은 상상의 동물로 신비한 힘을 가지고 깊은 물속에서 살다가 구름을 타고 승천한다. 거대한 뱀의 모습을 하고 있고 단단한 비늘로 덮여 있으며, 뿔과 귀가 있고 눈도 크며 날카로운 발톱을 지닌 상서로운 동물이다.

《한비자》 난세편에 있는 이야기다. 신자(愼子)가 말했다.

「용은 구름을 타고 하늘을 날고(飛龍乘雲), 승천하는 뱀은 안개 속에 노닌다(騰蛇遊霧). 구름 개고 안개 걷히면(雲罷霧霽) 용도 뱀도(而龍蛇與) 지렁이나 개미와 같다(螾螘同矣). 그 탈것을 잃었기 때문이다(則失其所乘也). 따라서 현자이면서도 우매한 자에게 굴복하는 것은 현자의 권세가 가볍고 지위가 낮기 때문이며, 우매하면서도 현자를 굴복시킬 수 있는 것은 우매한 자의 권세가 무겁고 지위가 높기 때문이다. 만일 성인인 요(堯)임금이 보통사람이었다면 세 사람도 다스리지 못했을 것이며, 우매한 걸(桀)은 천자였기 때문에 천하를 혼란하게 할 수 있었던 것이다. 그러므로 권세와 지위는 믿을 만한 것이며, 덕이나 지혜는 별로 쓸모가 없다고 할 수 있는 것이다. 원래 큰 활의 힘은 대단한 것이 아니지만, 화살이 공중에 높이 나는 것은 바람에 힘입은 바 있기 때문이다. 그 사람됨이 우매한데 그 명령이 행해지고 있는 것은 민중의 협조를 받기 때문이다. 요(堯)임금이 사람한테 부림을 당하던 천한 신분이었을 때는 사람을 가르쳐도 아무도

요임금

요(堯)의 말을 들어주는 자가 없었지만, 군주로 군림하면서부터는 그가 명령하면 실시되었고, 금지하면 멈추었다. 따라서 덕이나 지혜는 그것으로 민중을 따르게 할 힘이 없지만, 권세나 지위를 갖게 되면 그것으로 현자도 굴복시킬 수가 있는 것이다」

어떤 사람이 신자가 한 말에 대해 이렇게 말했다.

「하늘을 나는 용은 구름을 타고, 공중에 오르는 뱀은 안개에 떠서 하늘을 노닌다고 한다. 나는 용이나 뱀이 구름이나 안개의 힘에 의존하지 않는다고 생각하지는 않는다. 그러나 현명한 재능을 버리고 오직 권세에만 의탁하고 있으면 나라를 잘 다스릴 수가 있을까? 나는 그런 예를 본 적이 없다. 구름이나 안개의 힘에 의해서 그것을 타고 하늘을 날 수 있는 것은 용이나 뱀의 재질이 탁월하기 때문이다. 그러나 구름이 힘차게 일어난다고 하더라도 지렁이는 이용하지 못할 것이며, 안개가 아무리 짙어도 개미는 그것을 이용하지 못할 것이다. 요컨대 뭉게뭉게 일어나는 구름이나 짙은 안개라는 힘이 있다 하더라도 그것을 타거나 이용하여 하늘을 날 수 없는 것은 지렁이나 개미의 재능이 모자라기 때문인 것이다. 지금 걸왕이나 주왕이 천하의 왕이 되어 천자의 위광을 구름이나 안개의 힘에 의해서 정치를 한다 하더라도 천하가 혼란해질 수밖에 없는 것은 걸왕이나 주왕의 재질이 빈약하기 때문인 것이다」

비류직하삼천척 飛流直下三千尺

날 飛 흐를 流 곧을 直 아래 下 석 三 일천 千 자 尺

이백 / 「망여산폭포(望廬山瀑布)」

시원하게 떨어져 내리는 폭포수의 웅장함.

「나는 듯 떨어져 흘러내리니 그 길이가 삼천 척」이라는 뜻으로, 시원하게 떨어져 내리는 폭포수를 비유하는 말로 사용된다. 웅장하고 멋진 폭포의 모습을 이르는 말이다.

여산폭포

당나라의 시선(詩仙) 이백(李白)의 시구에서 유래되었다.

이백은 강소성(江蘇省)에 있는 여산폭포를 바라보며 「망여산폭포(望廬山瀑布)」라는 시를 지었다. 중국의 절경 중 하나인 여산 폭포의 장관을 묘사한 칠언절구(七言絶句) 이전의 근체시 형식의 작품으로, 시선이라 불리던 이백의 감각적이면서도 낙천적이고 호방한 기상을 엿볼 수 있다.

자연에 동화(同化)되는 물아일체(物我一體)의 경지를 보임으로써 탈속(脫俗)의 낭만적 동경의 시정(詩情)을 담고 있다. 4구로 된 이 시의 제3, 4구를 소개해 보자.

향로봉에 햇빛 비쳐 안개 피어나고
멀리 보이는 폭포는 긴 강을 매단 듯하네.
물줄기 내리쏟아 길이 삼천 자
하늘에서 은하수 쏟아지는 듯하네.

日照香爐生紫煙 遙看瀑布掛長川　일조향로생자연 요간폭포괘장천
飛流直下三千尺 疑是銀河落九天　비류직하삼천척 의시은하락구천

겸재 정선의 여산폭포도

이 시구는 이백의 또 다른 시 「추포가(秋浦歌)」의 한 구절인 「백발삼천장(白髮三千丈)」과 더불어 중국 시인들이 흔히 사용한 과장법의 전형적인 예로 꼽힌다.

여기서 유래하여 시원하게 쏟아져 내리는 폭포수 줄기를 형용하거나 폭포의 웅장한 기세를 비유하는 상투어처럼 사용된다.

비방지목 誹謗之木

헐뜯을 誹 헐뜯을 謗 의 之 나무 木

《회남자(淮南子)》

훌륭한 정치의 표본이 되는 물건이나 사건.

요(堯)와 순(舜) 두 임금은 고대 중국인의 소박한 이념 속에서 태어난 이상적인 성천자(聖天子)다. 물론 그것은 몇 천 년이나 거슬러 올라간 전설시대의 인물이므로, 그 역사적 실재성을 의심하기로 하면 한이 없다. 요순 말살론은 이미 역사학의 상식이라 해도 과언이 아니다. 그럼에도 불구하고 고전(古傳)이나 고서를 통해서 요순의 존재는 중국인의 가슴속에서 오히려 뚜렷하게 이어오고 있다. 이것 역시 그러한 요순의 이상정치의 일단을 말하는 전설의 하나다.

《회남자(淮南子)》에 있는 이야기다.

제요 도당씨(帝堯陶唐氏)는 성이 이기(伊祁), 이름은 방훈(放勛), 제곡(帝嚳)의 아들로 그 인(仁)은 하늘(天)과 같고, 그 지(知)도 신(神)과 같고, 자비심이 지극한 총명한 천자로서, 하늘을 공경하고 사람을 사랑하는 이상정치를 펴서 천하 사람들로부터 추모받고 있었다.

그의 거처는 갈대 지붕이고 세 층의 흙계단이 딸린 조촐한 집으로, 부유해도 남에게 뽐내지 않고 귀(貴)해도 남을 깔보지 않으며, 오로지 정치가 올바르게 되는 것만을 염두에 두고 있었다.

그는 자기의 정사가 자기 혼자만의 생각이면 혹 잘못이 있지 않을까 하는 생각에서 궁문 입구에 커다란 북을 매달아 놓고 다리 앞에 네 개의 나무로 엮은 기둥을 세웠다.

북은 「감간지고(敢諫之鼓)」라 이름하여 누구라도 요임금의 정

요임금

치에 불비한 점을 발견한 자는 그 북을 쳐서 거리낌 없이 자기의 의견을 말하도록 하고, 기둥은 「비방지목」이라 이름하여 누구라도 요의 정치에 불만이 있는 자는 그 기둥에 불평이나 불만을 써 붙여서 자기의 희망을 주장하도록 하기 위해서였다.

「감간(敢諫)」은 감히 간한다, 즉 반대 의견의 상신이고, 「비방(誹謗)」은 「남을 헐뜯어 책망하는 것」이다. 요는 이런 것에 의해 한층 정확하게 민의의 소재와 동향을 알고, 자기반성의 자료로도 삼아 민의를 반영한 정치에 힘썼다는 것이리라.

일설에는 「감간의 북」은 요임금이, 「비방의 나무」는 순임금의 일이라고 하는 얘기도 있다. 또 다른 일설에는 요가 「진선의 깃발(進善之旌)」과 「비방의 나무」를 세웠다고도 한다.

「진선의 깃발」은 큰길가에 세워 선언(善言)—정치에 대한 좋은 의견—이 있는 자로 하여금 그 깃발 밑에서 자유롭게 의견을 발표시켰다고 한다.

아무튼 이것은 국민에 의한 민주주의 단계와는 아주 먼 고대 제왕의 전제정치이기는 하나, 민의에 정치의 근본을 두겠다는 이념을 나타내는 것, 혹은 또 정치에 우리들의 의견도 참작해 달라는 백성들의 의사나 원망을 나타내는 것으로서 흥미롭다.

비아부화 飛蛾赴火

날 飛 나방 蛾 나아갈 赴 불 火

《양서(梁書)》 도개전(到漑傳)

스스로 위험 속으로 뛰어 들어가 멸망을 초래함.

「나방이 불로 날아든다」는 뜻으로, 스스로 위험한 곳으로 들어간다는 말이다. 당(唐)나라의 요사렴(姚思廉)이 지은 《양서》 도개전에 있는 이야기다.

남조(南朝) 양(梁)나라의 초대 황제인 무제(武帝)는 훌륭한 문장력을 지닌 정치가 도개를 등용하여 나라의 정사를 논의하였다. 도개의 아들 도경(到鏡)은 일찍 죽고 손자 도신(到藎)이 할아버지 도개를 이어 무제에게 등용되었으며, 도신은 문장이 뛰어나고 총명하였다.

도개는 손자 도신과 함께 무제를 수행하여 경구(京口, 지금의 강소성 鎭江)의 북고루(北顧樓)에 올라가 경치를 구경하였다. 무제가 도신에게 시를 지어보라고 하자, 도신은 누대에서 시 한 수를 지었다. 도신의 시를 읽고 난 무제는 도개에게 물었다.

「도신은 뛰어난 재능을 가졌구려. 그런데 경이 쓴 문장이 손자가 지은 것은 아닌가?」

그리고 무제는 다시 도개에게 이런 글을 지어 주었다.

「벼루에 먹을 갈아 글을 짓고, 붓은 털을 날려 편지를 쓰지만, 나방이 날아서 불 속으로 달려가는 듯하니 몸을 불사르는 것을 어찌 멈추겠는가?(如飛蛾之赴火 豈焚身之可吝)」

나이 든 도개가 지은 글이 손자에게 비할 수 없어 그 명예를 손자 도신에게 물려주라는 뜻이다. 「비아투화(飛蛾投火)」라고도 한다.

비육지탄 髀肉之嘆

넓적다리 髀 살 肉 의 之 탄식할 嘆

《삼국지(三國志)》 촉지(蜀志)

성공하지 못하고 한갓 세월만 보내는 일을 탄식함.

건안 원년(196), 조조는 천도한 허창으로 헌제(獻帝)를 맞이하여 스스로 대장군이라 칭하고 조정의 실권을 장악했다. 그 무렵, 유비는 점차 다크호스로 주목되고 있었으나, 조조의 사주를 받은 여포와 원술의 협격을 받아 조조에게 몸을 의탁하게 되었다.

스스로 한실의 후예라 하여 한실의 부흥에 뜻을 두고 있는 그는 거기장군(車騎將軍)인 동승(董承)과 결탁, 암암리에 조조를 죽이려던 계획이 탄로가 나자 구사일생으로 탈출하여 기주(冀州)로, 이어 여남(汝南)으로 전전했다. 그 동안 6년이란 세월이 흘러갔다. 그 무렵 조조와 나란히 차츰 진출하기 시작한 것은 강동 땅에 웅거한 손씨(孫氏)였다.

오주 손권

유비는 조조에게 쫓겨 다시 형주에 있는 유표(劉

表)에게 의탁하게 되었다. 유비가 유랑하고 있는 사이에 조조는 원술·여포·원소(袁紹)를 격파하고 하북을 제압하고 있었다. 이에 대항하는 것은 손견(孫堅)의 뒤를 이은 오(吳)의 손권 정도였고, 유비가 몸을 의탁하고 있는 유표는 영지를 지킬 뿐, 천하를 도모할 만한 그릇이 못되었으므로 유비는 그저 유표의 객장(客將)으로서 신야(新野)라는 작은 성을 지키는 데 지나지 않았다. 나이는 이미 50줄에 들어서고 있었다. 관우·장비 같은 호걸은 있으나, 아직 일정한 지반도 실력도 없었다. 언제 가서야 말을 달리며 천하의 패(覇)를 부르짖고, 한실을 부흥시킬 수 있단 말인가!

촉주 유비

유비(劉備)는 자신이 한심스럽기 짝이 없었다. 그래서 그날도 유표와 함께 술을 마시고 있었는데 잠시 소피를 보러 간 그는 자기 허벅지에 살이 더부룩하게 붙어 있는 것을 알았다. 말 위에서 천하를 손아귀에 넣으려고 하는 몸이……. 술자리로 돌아온 그는 개연히 눈물을 흘렸다. 신장 7척 5촌, 팔을 내리면 무릎 아래까지 닿는 거구인 그가 한탄하고 있는 것을 보고 유표가 이상히 여겨 물었다.

「도대체 어떻게 된 일이요?」

「아니올시다. 여직까지 말안장에서 떠난 일이 없어 비육(髀肉 :

조 조

넓적다리 살)이 쓸려서 하나도 없었는데, 지금은 말을 타지 않아 허벅지에 살이 붙어버렸습니다. 헛된 세월을 보내 이미 노년이 되려고 하는데 도대체 어느 때가 되어야 공업(功業)을 세울 수 있을지 그걸 생각하니 슬퍼져서 눈물이 나오는군요.」 하고 유비가 대답했다.

「비육지탄」은 그 후에도 수년 동안 계속되었으나, 헌제 13년, 그는 적벽(赤壁)의 싸움에서 일약 용명을 날려 형주를 영유했으며, 이어 15년 양자강 중류의 요충인 강능에 진출했을 때에는 위(魏)의 조조, 오(吳)의 손권과 어깨를 나란히 할 수 있는 촉(蜀)의 유비로서의 소지를 닦아 놓았다.

그가 강릉으로 진출했다는 소식을 듣고 조조는 아연 실색, 마침 글씨를 쓰고 있다가 자기도 모르게 들고 있던 붓을 떨어뜨렸다고 한다. 이어 촉으로 진출한 유비는 촉한제국을 세워 삼국의 하나로서 확고한 지위를 확보했다. 형주에서 「비육지탄」을 말한 십 수년 후의 일이다. 실로 실력을 기르면서 고난에 찬 10년의 세월이었다.

비익연리 比翼連理

견줄 比 날개 翼 이을 連 통할 理

《진중흥서(晉中興書)》

중국 전설에 나오는 비익조(比翼鳥)와 연리지(連理枝)의 뜻으로, 부부의 사이가 매우 화락함을 비유하는 말이다.

비익조는 상상(想像)의 새 이름으로, 암컷·수컷의 눈과 날개가 하나씩이어서 두 마리가 나란히 합쳐야 비로소 두 날개가 되어 날 수가 있다고 한다. 연리지는 두 나무의 가지가 맞닿아서 결이 서로 통한 것이라는 뜻에서 화목한 부부나 깊은 남녀관계를 가리킨다.

백거이(白居易)는 「장한가(長恨歌)」에서 현종(玄宗)과 양귀비(楊貴妃)의 비련을 그려 「하늘에서는 비익의 새가 되고 땅에서는 연리의 가지가 되리라」고 노래하였다.

떠날 무렵 은근히 거듭 전하노니	臨別慇懃重寄詞
거기에 둘만이 아는 맹세 담겼네	詞中有誓兩心知
칠월 칠석에 장생전에서	七月七夕長生殿
아무도 없는 한밤에 속삭였네	夜半無人私語時
하늘에 있어서는 원컨대 비익의 새가 되고	在天願作比翼鳥
땅에 있어서는 원컨대 연리의 가지가 되겠다	在地願爲連理枝
장구한 천지도 끊길 때가 있겠지만	天長地久有時盡
이 슬픔은 면면히 그칠 날이 없겠구나	此恨綿綿無盡期

비익총(比翼塚)은 정사(情死)한 남녀를 한구덩이에 묻은 무덤이다.

비황등달 飛黃騰達

날 飛 누를 黃 오를 騰 이를 達

한유 / 「부독서성남(符讀書城南)」

「비황이 위로 올라가다」라는 뜻으로, 지위나 직위가 급상승하거나 갑자기 부귀와 권력을 얻게 되는 일을 비유하는 말이다.

당(唐)나라 때의 유명한 문인 한유(韓愈)가 아들에게 학문에 힘쓰도록 권하기 위하여 지은 시 「부독서성남(符讀書城南)」에서 유래되었다. 한유는 당나라의 문장가 · 정치가 · 사상가이다. 당송팔대가의 한 사람으로 자는 퇴지(退之), 호는 창려(昌黎)이며 시호(諡號)는 한문공(韓文公)이다.

「비황(飛黃)」은 전설 속의 신마(神馬)인 승황(乘黃)를 가리키고, 「등달(騰達)」은 「위로 올라가다」라는 뜻으로 입신출세를 의미한다.

《산해경(山海經)》 해외서경(海外西經)편에 온몸이 흰색인 사람들이 사는 백민국(白民國)에 승황이라는 짐승이 있다고 하였다. 그 모습은 여우처럼 생기고 등에는 뿔이 돋아 있으며, 이 짐승을 한 번 타기만 하면 2천 살까지 살 수 있다고 하였다.

한유의 시 「부독서성남」 시 가운데 이런 내용이 있다.

……

두 집에서 각기 아들을 낳아도,
둘 다 어린 시절에는 별 차이가 없고,
조금 자라 같이 모여 놀 때는,

같은 무리의 물고기와 다르지 않다네.
나이가 열 두세 살이 되면,
머리 골격이 조금 달라지네.
스무 살이 되면 그 차이가 점점 더 벌어져,
맑은 냇물이 도랑물에 비치는 듯하네.
서른 살, 골격이 굳어질 나이가 되면,
하나는 용이 되고 하나는 돼지가 된다.
비황은 뛰어 달리지만,
두꺼비 따위는 돌아보지도 않는다네.
하나는 말고삐를 잡는 시종이 되어,
채찍 맞은 등에서 구더기가 생기는데,
다른 하나는 삼공 재상이 되어,
고래 등 같은 집에 산다네.

兩家各生子 提孩巧相如 양가각생자 제해교상여
少長取嬉戱 不殊同隊魚 소장취희희 불수동대어
年至十二三 頭角秒相疎 연지십이삼 두각초상소
二十漸乖張 淸溝映迂渠 이십점괴장 청구영우거
三十骨骼成 乃一龍一豬 삼십골격성 내일룡일저
飛黃騰踏去 不能顧蟾蜍 비황등답거 불능고섬서
一爲馬前卒 鞭背生蟲蛆 일위마전졸 편배생충저
一爲公與相 潭潭府中居 일위공여상 담담부중거

이 시에서 비황은 학문을 이루어 입신양명하는 사람을 비유하고, 두꺼비는 학문을 이루지 못하여 비천한 삶을 살게 되는 사람을 비유한다.

빈계지신 牝鷄之晨

암컷 牝 닭 鷄 의 之 새벽 晨

《서경(書經)》 목서편(牧誓篇)

여자가 분별없이 설쳐댐.

「빈계지신」은 글자 그대로 해석하면 암탉의 새벽이라는 뜻이다. 곧 암탉의 새벽 울음이라는 말이다. 이는 「암탉이 울면 집안이 망한다」는 말에서 온 것으로, 여자가 설쳐대는 것을 비유한 말이다.

이 오랜 속설은 《서경》 목서편에, 「암탉은 새벽에 울지 않기 때문에, 암탉이 새벽에 울면 집안이 망한다」는 데서 나온 말이다.

주(周)의 무왕(武王)이 은(殷)의 무도한 주(紂)왕을 치기 위해 목야(牧野)에서 군사를 모아 놓고 맹세한 데서 나온 말이다. 주나라의 서백(西伯 : 文王)이 죽자 그의 아들 발(發 : 武王)이 대를 이었다. 이때 은나라의 주왕은 달기(妲己)에게 정신이 나가 주색으로 세월을 보내거나 그의 환심을 사기 위해 호화로운 궁궐을 지어 백성들의 원망이 하늘을 찔렀다. 무왕은 주왕의 폭정이 날이 갈수록 더해지자 제후들의 강력한 요청과 은나라의 백성들을 구제한다는 명분을 들어 주왕을 토벌할 결심을 했다.

무왕은 병사 3천을 이끌고 은나라의 목야(牧野) 지역까지 진출하였다. 이곳에서 그는 병사들에게 주왕의 죄상을 알리는 가운데 이렇게 말했다.

「옛 사람이 말하기를 암탉은 새벽에 울지 않는다. 암탉이 울면 집안이 망하는 법이다(古人有言曰 牝鷄無晨 牝鷄之晨 惟家之索). 지금 주왕은 여인의 색향에 빠져 백성을 학대하고 나라를 어지럽혔다」

신하인 주 무왕이 천자인 주왕을 정벌하기 위한 명백한 대의명분을 말한 것이다. 암탉은 주왕 곁에서 잔인하고 요사스러운 짓을 저지른 주의 비(妃) 달기(妲己)를 지칭하는 것이다. 여자가 지나치게 설쳐대는 바람에 나라꼴을 망쳐 놓은 적이 종종 있었기 때문에 이런 말이 나오게 된 것이다.

당태종 황후 장손씨

이 「빈계지신」의 모범적인 경계의 예가 당태종의 황후 장손씨(張孫氏)다. 그녀는 목소리를 낮추고 훌륭하게 내조한 비로 꼽힌다. 태종도 그녀의 인품과 지혜를 잘 알고 있어 신하들의 상벌문제가 생기면 그녀의 의견을 묻곤 했는데, 그때마다 그녀는 「암탉이 울면 집안이 망한다고 합니다. 아녀자인 제가 정치에 참견할 수는 없는 일입니다」 라고 하며 입을 다물었다고 한다.

또 태종이 그녀의 오빠 장손무기(張孫無忌)를 재상에 임명하려 하자 그녀는 외척의 전횡을 우려해 극력 반대했다고 한다. 그녀가 서른여섯의 이른 나이로 죽었을 때 태종은 「안으로 훌륭한 보좌관 하나를 잃었구나」 하고 통곡했다고 한다.

빈모여황 牝牡驪黃

암컷 牝 수컷 牡 검을 驪 누를 黃

《열자(列子)》 설부편(說符篇)

「암수와 검고 누름」이라는 뜻으로, 사물의 본질을 외면하고 외형에만 치중하는 것에 대한 경계의 말로서, 사물을 인식하기 위해서는 실질적인 면을 파악해야 한다는 것을 이르는 말.

백낙상마(伯樂相馬) 조상(彫像)

춘추전국시대 진(秦)나라 목공(穆公)이 백낙(伯樂)에게 말을 잘 고르는 사람을 추천해달라고 하자, 백낙은 그의 자식들은 좋은 말을 고를 수 있으나 명마(名馬)를 고를 수 있는 재주가 없다고 하면서 친구 구방고(九方皐)를 데려왔다.

목공은 구방고에게 훌륭한 말을 구해 오라고 하였다. 석 달이 지난 뒤에 돌아온 구방고는 「사구(沙丘)에 있으며, 누런색의 암말(牝而黃)」이라고 보고하였다. 목공은 다른 사람에게 그 말을 끌고 오게 하였는데, 수말이고 검은색이었다(牡而驪).

목공이 백낙에게 따져 물었다.

구방고(淸 화가 서비홍)

「말의 털 색깔은 물론이고, 암수조차 구별하지 못하는 사람을 추천하다니!」

질책을 받은 백낙의 반응이 뜻밖이었다. 「구방고의 감식안이 이 정도 경지에 이르렀구나!」 하며 감탄했다.

백낙의 생각인즉 이렇다. 털과 가죽은 거들떠보지 않지만 그 능력을 잡아내는 것, 본질은 바로 직시하되 외재적인 형상은 보지 않는 수준, 즉 봐야 할 것은 꼭 보되 보지 않아도 될 것은 보지 않는 것이 최고의 경지라는 생각에서였다.

백낙이 목공에게 말했다.

「구방고는 속의 내용을 살피고 겉모습은 잊어버리며, 보아야 할 것만 보고 살피지 않아도 될 것은 보지 않았습니다. 그는 그 말의 중요한 특징을 찾아내어 말을 구별하였습니다」

그 뒤 구방고가 고른 말을 데려왔는데, 온 세상에 이름난 매우 훌륭한 말이었다고 전해진다.

사물을 인식하려면 실질을 잘 이해하여 확실히 알아야 한다는 것을 비유하는 말로, 인재를 고를 때도 겉만 보지 않고 실상의 본바탕을 파악하여 사람을 기용해야 한다는 뜻도 들어 있다.

빈자일등 貧者一燈

가난할 貧 사람 者 한 一 등불 燈

《현우경(賢愚經)》 빈녀난타품

물질의 많고 적음보다 정성이 소중함을 일컬음.

《현우경》 빈녀난타품(貧女難陀品)에 있는 이야기다.

석가세존께서 사위국(舍衛國)의 어느 정사(精舍)에 계실 때의 일이다. 사위국에 난타(難陀)라는 한 가난한 여인이 있었는데, 몸을 의지할 곳이 없이 얻어먹으며 다녔다. 그녀는 국왕을 비롯해 많은 사람들이 각각 신분에 맞는 공양을 석가와 그 제자들에게 하고 있는 것을 보자, 스스로 한탄하며 이렇게 말했다.

「나는 전생에 범한 죄 때문에 가난하고 천한 몸으로 태어나, 모처럼 고마우신 스님을 뵙게 되었는데도 아무 공양도 할 수가 없다」

이렇게 슬퍼한 나머지, 온종일 거리를 돌아다니며 구걸한 끝에 겨우 돈 한 푼을 얻게 되었다.

그녀는 그 돈 한 푼을 가지고 기름집으로 갔다. 기름을 사서 등불을 만들려는 것이었다. 그러나 기름집 주인은,

「아니 겨우 한 푼어치 기름을 사다가 어디에 쓰려는 것인지 모르지만……」 하고 기름을 주려고 하지 않았다.

난타는 마음속에 있는 말을 다 이야기했다. 그러자 기름집 주인은 딱한 생각에 돈 한 푼을 받고 몇 배나 되는 기름을 주었다. 난타는 기뻐 어쩔 줄을 모르며 등을 하나 만들어 석가가 계신 정사로 달려갔다. 이를 석가에게 바치고 불을 밝혀 불단 앞에 있는 무수한 등불 속에 놓아두었다.

그런데 이상하게도 난타가 바친 등불만이 새벽까지 홀로 밝게 타고 있었다. 손을 저어 바람을 보내도, 옷을 흔들어 바람을 보내도 꺼지지를 않았다. 뒤에 석가가 난타의 정성을 알고 그녀를 비구니(比丘尼)로 받아들였다는 것이다.

빈자일등

이 이야기는 《현우경》의 빈녀난타품에 나오는 이야기다. 여기에서 「빈자일등」이란 말이 생겼고 「부자의 만 등보다 빈자의 한 등이 낫다」는 말이 생겼다.

그리스도교 성경에도 예수님의 똑같은 내용의 말씀이 나온다. 신명은 정신을 받아들이지 물질을 받아들이지는 않는 것이다.

道民之門 在上之所先
도민지문 재상지소선
召民之路 在上之所好惡
소민지로 재상지소호악
백성을 인도하는 방법은 윗사람이 앞장서는 데 있고
백성을 호소하는 길은 윗사람이 좋아하고 싫어하는 데 있다.
—《관자》 목민(牧民)

빈지여귀 賓至如歸

손 賓 이를 至 같을 如 돌아갈 歸

《춘추좌씨전》 양공 31년

「손님으로 온 것이 제 집에 돌아온 것과 같다」는 뜻으로, 손님이 자기 집에 돌아온 것처럼 조금의 불편도 없이 편안하게 대접받는다는 말이다.

춘추시대, 진(晉)나라는 문공(文公)의 선정(善政)으로 강대국인 초(楚)나라를 누르고 제후들의 맹주가 되었으며, 해마다 많은 제후국들이 찾아와 공물을 바쳤으므로, 진나라는 특별히 외국 사신들이 머물 많은 여관을 지었다.

문공이 죽은 뒤 평공(平公)이 왕위에 올랐는데, 이 때 정(鄭)나라의 군주인 간공(簡公)의 명으로 재상 자산(子產)이 진나라를 방문하게 되었다. 그런데 때마침 노(魯)나라 양공(襄公)이 세상을 떠났다.

진 평공은 노나라의 국상(國喪)을 핑계로 자산 등을 접견하지 않았다. 자산은 수행원들을 시켜 진나라 여관의 담장을 부수고 수레를 들어가게 하였다. 이 소식을 들은 진나라 대부 사문백(士文伯)은 깜짝 놀라 여관으로 달려와 정중하게 자산을 책망하며 말했다.

「우리 진나라는 도둑을 막고, 제후국에서 온 빈객(賓客)들의 안전을 위해 여관을 지어 담을 쌓았는데 허물어버리면 외국 사신들을 어찌 안전하게 모시겠습니까? 진나라는 제후의 맹주국으로 여러 제후국에서 귀한 손님들이 많이 찾아옵니다」

그러자 자산이 대답하였다.

「우리나라는 작은 나라로서 큰 나라들 사이에 끼여 있어 수시로

공물을 요구받고 있습니다. 우리가 진나라에 도착하여 귀국의 군주를 뵙지도 못하고, 또 언제 뵙게 될지도 모르므로 가져온 것을 드릴 수도 없습니다. 저희들은 공물을 귀국의 부고(府庫)에 함부로 들여놓을 수도 없고, 그렇다고 노천에 방치할 수도 없습니다. 그러다가 뜻밖에 비라도 맞게 되거나 말라버리게 된다면 결국 우리나라의 죄는 중하게 됩니다. 앞서 문공(文公)께서 맹주가 되셨을 때에는 이렇게 빈객들을 무례히 맞이하지 않고 방문한 제후들을 위해 큰 영빈관을 지었으며 제후들의 걱정거리를 들어주고 즐거움을 나누었습니다. 그래서 진나라에 오면 손님 접대를 잘해주어 빈객들은 자기 집에 돌아온 것 같아서 근심이 없었습니다(賓至如歸 無寧災患). 지금 귀국의 영빈관은 하인들의 집에 비교됩니다. 지금 귀국의 군주께서 노나라의 국상(國喪)에 예를 지키고 계시듯이, 노나라의 국상은 우리나라의 근심이기도 합니다. 만일 가지고 온 물건들을 드리고, 허물어진 담을 수리하고 돌아가라 하신다면, 귀국 군주님의 은혜가 될 터인데, 어찌 꺼리겠습니까?」

자산(淸 화가 금농회)

사문백이 정나라 자산의 말을 진나라의 평공에게 전하자, 평공은 자산에게 잘못을 빌고 영빈관도 고쳐지었다고 전해진다.

손님이 오면 제 집에 온 것처럼 느끼도록 마음 편하게 잘 접대하는 것을 비유하는 말이다.

빈천지교 貧賤之交

곤궁할 貧 천할 賤 의 之 사귈 交

《십팔사략》, 《후한서》 송홍전

조강지처불하당

한자 뜻만 보면 어렵고 가난할 때의 사귐, 또는 그럴 때 사귄 친구란 의미이다.

「가난하고 천할 때(힘들 때) 사귄 친구는 잊어서는 안되며, 어려울 때 고락을 함께 한 아내는 집에서 내쫓아선 안된다(貧賤之交不可忘 糟糠之妻不下堂)」에서 나온 말이다.

이는 후한(後漢)의 시조 광무제(光武帝) 때 송홍(宋弘)이란 대신이 황제에게 한 말로, 옛 벗이나 고락을 함께 했던 아내는 잊거나 버려선 안 된다는 얘기다. 본시 송홍은 신분이 미천한 사람이었다.

그러나 송홍은 탁월한 식견과 위엄 있는 풍채로 광무제의 신임을 얻어 마침내 대위라는 대신 자리에 오르게 된 입지전적인 인물이다.

그는 청렴결백할 뿐 아니라 유능하여 황제의 신임이 두터웠다. 그 무렵 광무제의 딸인 호양공주가 남편을 잃고 홀로 되었다. 이에 광무제는 자신이 늘 보아왔던 송홍의 인물됨에 이끌려 그를 사위로 삼으려는 뜻을 품었다. 물론 공주 또한 그를 마음속에 두고 있었다. 이에 광무제와 호양공주은 송홍의 의사를 확인하기로 했다. 광무제는 공주를 병풍 뒤에 숨게 한 후 송홍을 불러들여 이렇게 물었다.

「옛 말에 이르기를, 사람이 높아지고 부유해지면 남과 사귀기 쉽고, 부유한 여자는 누구든 데려가려 한다는데, 그대는 어떻게 생각하는가?」

후한 광무제

이에 송홍은 이렇게 대답했다.

「예부터 가난할 때 사귄 친구를 잊어서는 안 되며, 고생을 함께 한 아내를 버려선 안 된다고 했습니다. 제가 이제 벼슬이 올라 부귀를 누린다고 해서 술지게미와 쌀겨를 함께 씹어 먹던 아내를 내칠 수가 있겠습니까(貧賤之交不可忘 糟糠之妻不下堂)?」

이 대답을 들은 황제는 송홍이 부인을 버리고 공주를 택할 리가 없음을 깨닫고 공주에게도 송홍을 포기하라고 타일렀다.

송홍은 광무제의 두터운 신임으로 태중대부(太中大夫)에 올랐다. 건무(建武) 2년(26) 대사공(大司空)으로 옮기고, 선평후(宣平侯)에 봉해졌다. 받은 봉록을 구족(九族)들에게 나눠주어 집에 가산을 남겨두지 않아 청렴으로 명성을 떨쳤다. 천거한 인재들이 30여 명인데, 모두 나중에 공경(公卿)을 지냈다.

빙공착영 憑空捉影

기댈 憑 빌 空 잡을 捉 그림자 影

《한서(漢書)》 교사지(郊祀志)

후한(後漢)의 역사가 반고(班固)가 지은 《한서》 교사지에 나오는 「포풍착영(捕風捉影)」의 고사에서 유래한 것이다. 바람을 잡고 그림자를 붙든다는 뜻으로, 허망한 언행이나 이루어질 가능성이 없는 것을 말한다.

구한말의 소설가 열재(悅齋) 이해조(李海朝, 1869~1927)의 신소설 《화(花)의 혈(血)》 후기에 「빙공착영」이란 말이 나온다. 이해조는 소설을 「허공에 의지해 그림자를 잡는 허구적인 것(憑空捉影)」이면서도 「사실에 기초한 거울과도 같은 것」으로 비유하였다. 이 때문에 「빙공착영」은 소설의 허구성을 가리키는 비유로도 쓰인다.

이와 비슷한 말로는 거북의 털과 토끼의 뿔이라는 뜻의 「귀모토각(龜毛兎角)」과, 먼지에 글을 새기고 그림자를 입으로 분다는 뜻의 「누진취영(鏤塵吹影)」이 있다. 모두 도저히 있을 수 없거나 이루어질 수 없는 일, 또는 쓸데없는 노력을 가리킨다.

將軍誇寶劍
장군과보검
功在殺人多
공재살인다
장군의 자랑거리 보검 한 자루
공로가 살인을 많이 한 데 있다네.

— 유상(劉商) 〈군영에서 느낀 바 있어(行營卽事)〉

빙탄간 氷炭間

얼음 氷 숯불 炭 사이 間

《초사(楚辭)》 칠간(七諫)

동방삭

서로 조화될 수 없는 사이.

성질이 정반대여서 도저히 서로 융합될 수 없는 사이를 「빙탄간」 이라고 한다. 《초사》 칠간의 자비(自悲)에 있는 말이다.

「칠간」은 한무제 당시의 문장과 해학으로 유명한 동방삭(東方朔)이 초나라 충신 굴원(屈原)을 추모해서 지은 것이다. 《초사》는 굴원의 작품과 뒷사람들의 굴원을 위해 지은 작품들이 수록되어 있는 책이다. 이 빙탄(氷炭)이란 말이 나와 있는 부분의 문장을 소개하면 다음과 같다.

얼음과 숯이 같이할 수 없음이여
내 처음부터 목숨이 길지 못한 것을 알았노라.
홀로 고생하다 죽어 낙이 없음이여
내 나이를 다하지 못함을 안타까워하노라.

氷炭不可以相並兮　吾固知乎命之不長
哀獨苦死之無樂兮　惜予年之未央

굴원(明 화가 두근)

우리가 말하는 「빙탄불상용(氷炭不相容)」이란 말은 이 글에는 상병(相並)으로 되어 있다. 서로 같이 있을 수 없다는 말이 무생물의 자연법칙을 말하고 있는 데 반해, 서로 용납하지 않는다는 불상용(不相容)은, 얼음과 숯을 의인화시켜 의식적인 대립을 강조한 느낌이 없지 않다. 그래서 「불상병」이란 말이 불상용으로 바뀌게 된 것인지도 모른다. 그것이 인간관계를 표현하는 말인 이상 역시 그래야만 실감이 나는 게 아닐까. 그런데 이 글을 구체적으로 풀이하면 다음과 같은 내용이다.

굴원은 간신들의 모함을 받아, 나라와 임금을 섬긴 일편단심을 안은 채 멀리 고향을 떠나 귀양살이 신세가 되었다. 자신을 모함하는 간신들과 나라를 사랑하는 자신은 성질상 얼음과 숯이 함께 있을 수 없는 그런 운명을 지니고 있다. 나는 내 목숨이 날 때부터 길게 타고나지 않은 것을 알고 있다. 그러나 그 길지 않은 일생이나마 낙이란 것을 모르고 고생만 하던 끝에 결국은 그 길지 않은 나이마저 다 살지 못하고 객지에서 죽어갈 것을 생각하면 그저 안타깝기만 하다.

이상과 같은 내용을 읊은 것인데, 이 글 다음에 고향을 그리는 정을 다시 읊은 대목에서는 또 「호사수구(狐死首丘)」란 말을 낳게 된다. 이 말은 여우가 죽을 때는 머리를 제가 살던 굴이 있는 언덕으로 돌린다는 뜻으로, 곧 죽을 때에도 근본을 잊지 않는다는 말이다.

바라밀다(波羅蜜多)　　물결 波 /새그물 羅 /꿀 蜜 /많을 多

【불교】 「현실의 생사(生死)의 차안(此岸)으로부터 열반(涅槃)의 피안으로 건너다」 라는 뜻으로, 보살(菩薩)의 수행을 이르는 말. 육바라밀(六波羅蜜) · 십바라밀 등이 있음. 바라밀.

박람강기(博覽强記)　　넓을 博 /볼 覽 /강할 强 /기록할 記

동서고금의 책을 널리 읽고 사물을 잘 기억함. 박식해서 무엇이나 알고 있는 것의 비유. 비 박문강기(博聞强紀).

박빙여림(薄氷如臨)　　엷을 薄 /얼음 氷 /같을 如 /임할 臨

살얼음을 밟는다는 뜻으로, 대단히 위태로운 상태를 이르는 말. ☞ 여리박빙(如履薄氷).

박옥혼금(璞玉渾金)　　옥돌 璞 /구슬 玉 /흐릴 渾 /쇠 金

아직 쪼지 않은 옥과 아직 불리지 않은 금이라는 뜻으로, 바탕은 좋으나 꾸미지 않은 것을 이르는 말. 《진서》

박이부정(博而不精)　　넓을 博 /말이을 而 /아니 不 /자세할 精

여러 방면으로 많이 알되 정통하지 못함.

박인방증(博引旁證)　　넓을 博 /끌 引 /두루 旁 /증거 證

여러 가지 서책에서 많은 용례를 끌어내어 그것으로 사물을 설명하는 일. 반 단문고증(單文孤證).

반계곡경(盤溪曲徑)　　소반 盤 /시내 溪 /굽을 曲 /지름길 徑

일을 순리대로 하지 않고 옳지 않은 방법을 써서 억지로 함을 이르는 말. 방기곡경(旁岐曲徑).

반룡부봉(攀龍附鳳)　붙잡고 오를 攀 /용 龍 /붙을 附 /봉황새 鳳

용을 끌어 잡고 봉황에 붙는다는 뜻으로, 세력 있는 사람을 좇아서 공명(功名)을 이룸. 《후한서》

반면지분(半面之分)　반 半 /얼굴 面 /의 之 /나눌 分

일면지분(一面之分)도 못되는 교분. 얼굴을 반만 아는 사이라는 뜻으로, 서로 알아보기는 하지만 친하게 지내지는 않는 사이. 극히 얕은 교분. 《후한서》 반면지식(半面之識).

반복소인(反覆小人)　되돌릴 反 /뒤집힐 覆 /작을 小 /사람 人

언행을 늘 이랬다 저랬다 하여 그 마음을 헤아릴 수가 없는 옹졸한 사람을 이르는 말.

반상반하(半上半下)　반 半 /위 上 /아래 下

어느 쪽에도 붙지 않고 태도나 성질이 모호함을 이르는 말.

반생반사(半生半死)　반 半 /날 生 /죽을 死

거의 죽게 되어서 죽을는지 살는지 알 수 없는 지경에 이름.

반생반숙(半生半熟)　반 半 /날 生 /익을 熟

반쯤은 설고 반쯤은 익었다는 뜻으로, 기예(技藝)가 아직 숙달되지 못함의 비유. 《부장록(拊掌錄)》

반수반성(半睡半醒)　반 半 /잘 睡 /깰 醒

반은 깨고 반은 잔다는 뜻으로, 자는 둥 마는 둥 하게 아주 얕은 잠을 잠. 반수(半睡).

반승반속(半僧半俗)　반 半 /중 僧 /속될 俗

반은 중이고 반은 속인이라는 뜻으로, 사물이 이것도 아니고 저것도 아니어서 뚜렷한 명목(名目)을 붙이기 어려울 때 쓰는 말. 반승(半僧). 비승비속(非僧非俗).

반식대관(伴食大官) ☞ 반식재상(伴食宰相).

반신반의(半信半疑) 반 半 /믿을 信 /의심할 疑

거짓인지 참인지 갈피를 잡지 못하다. 믿음과 의심이 반반이어서 진위(眞僞)를 결정하지 못하는 것.

반액지구(反掖之寇) 되돌릴 反 /겨드랑이 掖 /의 之 /도둑 寇

겨드랑이 밑에서 모반(謀反)하는 적이란 뜻으로, 내란을 일컫는 말.

반원와철(攀轅臥轍) 매달릴 攀 /수레바퀴 轅 /누울 臥 /바퀴자국 轍

끌채에 매달리고 수레바퀴에 드러눕는다는 뜻으로, 수령(守領)의 유임을 원하는 정이 간절함을 이르는 말. 《한서》

반의지희(斑衣之戱) 얼룩 斑 /옷 衣 /의 之 /희롱할 戱

중국 노래자(老萊子)의 고사에서, 늙은 부모를 위로해 드리기 위하여 색동저고리를 입고 기어가 보임. 늙어서까지 끊임없이 부모에게 효도함을 이르는 말. 《고사전(高士傳)》

반자불성(半字不成) 반 半 /글자 字 /아니 不 /이룰 成

글자를 쓰다가 다 쓰지 못하고 그만둔다는 뜻으로, 일을 중도에서 그치고 이루지 못함을 이름.

반자지명(半子之名) 반 半 /아들 子 /갈 之 /이름 名

사위를 거의 아들과 같다는 뜻으로 이르는 말.

반재강중(半在江中) 반 半 /있을 在 /강 江 /가운데 中

몸의 반은 강에 있다는 뜻으로, 지독히도 재수 없는 상황이나 매우 위험스런 상황을 완전히 벗어나지 못한 상태를 비유하여 이르는 말.

반후지종(飯後之鐘) 밥 飯 /뒤 後 /의 之 /종 鐘

당(唐)나라 때 왕파(王播)가 양주(揚州) 혜소사(惠昭寺)에 식객으로 있을 때, 중이 그를 미워하여 식사를 알리는 종을 늦게 쳐서 왕파에게는 시간이 지났다고 밥을 주지 않았다는 고사에서, 식후(食後)에 종을 친다는 뜻으로, 기한이 지나서 옴을 이르는 말.

발군출류(拔群出類)　　뺄 拔 /무리 群 /날 出 /무리 類

다른 사람들보다도 두드러지게 총명한 것. 거기에서, 매사에 특히 뛰어나 있음에도 말한다. 보통 발군(拔群)이라고 쓴다.《안씨가훈》

발단심장(髮短心長)　　터럭 髮 /짧을 短 /마음 心 /길 長

머리털은 빠져 짧으나 마음은 길다는 뜻으로, 나이는 먹었지만 슬기는 많음을 일컬음. 《춘추좌씨전(春秋左氏傳)》

발란반정(撥亂反正)　　다스릴 撥 /어지러울 亂 /되돌릴 反 /바를 正

난을 평정해 평화로운 세상으로 바꾸는 것.《춘추공양전》

방모두단(房謀杜斷)　　방 房 /꾀할 謀 /막을 杜 /끊을 斷

방현령(房玄齡)의 꾀와 두여해(杜如海)의 결단이란 뜻으로, 각자가 특색이 있고 장점이 있어 조화를 이루어 일이 원만하게 해결됨을 비유하여 이르는 말.《구당서》

방반유철(放飯流歠)　　놓을 放 /밥 飯 /흐를 流 /마실 歠

밥을 많이 뜨고 국을 흘리면서 마구 먹는다는 뜻이니, 곧 음식을 마음껏 먹고 절약할 줄 모른다는 말.《맹자》

방장부절(方長不折)　　모 方 /길 長 /아니 不 /꺾을 折

한창 자라나는 초목은 꺾지 않는다는 뜻으로, 전도가 양양한 사람이나 사업에 대해서 헤살을 놓지 아니함.

방저원개(方底圓蓋)　　모 方 /바닥 底 /둥글 圓 /덮을 蓋

네모진 밑바닥에 둥근 뚜껑이란 뜻으로, 사물이 서로 맞지 않

음의 비유. 《안씨가훈》 비 방예원착(方枘圓鑿).

방휼지세(蚌鷸之勢)　　방합 蚌 /도요새 鷸 /의 之 /기세 勢

도요새가 방합을 먹으려고 껍질 안에 주둥이를 넣는 순간, 방합이 껍질을 닫는 바람에 도리어 물려 서로 다툰다는 뜻으로, 서로 적대하여 버티고 양보하지 않음을 이르는 말. ☞ 어부지리(漁父之利).

방휼지쟁(蚌鷸之爭) ☞ 어부지리(漁父之利).

배궁사영(杯弓蛇影)　　잔 杯 /활 弓 /뱀 蛇 /그림자 影

「술잔 속에 비친 활 그림자를 뱀으로 착각하다」라는 뜻으로, 쓸데없는 의심을 품고 지나치게 근심하는 것을 비유하는 고사성어다. 《진서》 악광전(樂廣傳), 《풍속통의》 ☞ 배중사영(杯中蛇影).

배사간금(排沙簡金)　　밀칠 排 /모래 沙 /대쪽 簡 /쇠 金

모래를 헤치면 햇빛을 받아 금빛이 난다는 뜻으로, 문장의 좋은 구절을 평할 때 쓰는 말. 《세설신어》

배산압란(排山壓卵)　　밀칠 排 /뫼 山 /누를 壓 /알 卵

산을 밀어붙여 알을 누른다는 뜻으로, 매우 하기 쉬움을 비유하여 이르는 말.

배칭지식(倍稱之息)　　곱 倍 /일컬을 稱 /갈 之 /숨쉴 息

이자가 본전의 갑절이나 된다는 뜻으로, 비싼 이자를 이름. 《한서》

백가쟁명(百家爭鳴)　　일백 百 /집 家 /다툴 爭 /울 鳴

문화·예술·학문상의 의견을 학자나 문화인이 제각기 다투어 발표하는 모양. 유 의론백출(議論百出).

백골난망(白骨難忘)　　흴 白 /뼈 骨 /어려울 難 /잊을 忘

죽어 백골이 되어도 깊은 은덕을 잊을 수 없다는 뜻으로, 남에게 큰 은혜를 입었을 때 잊지 않겠다고 이르는 말.

백공천창(百孔千瘡)　일백 百 /구멍 孔 /일천 千 /부스럼 瘡

백의 구멍과 천의 상처란 뜻으로, 여러 가지 폐단으로 엉망진창이 됨. 천창만공(千瘡萬孔).

백귀야행(百鬼夜行)　일백 百 /귀신 鬼 /밤 夜 /다닐 行

온갖 잡귀(雜鬼)가 밤에 웅성거린다는 말로, 모양이나 하는 짓이 극히 흉악한 것들이 덤벙거리는 일을 이름. 유 신출귀몰(神出鬼沒).

백금지사(百金之士)　일백 百 /돈 金 /의 之 /선비 士

백금과 맞먹는 선비라는 뜻으로, 어진 선비(良士)를 이르는 말.

백년지객(百年之客)　일백 百 /해 年 /의 之 /손 客

아무리 스스럼이 없어져도 예의를 지켜 한 평생을 두고 늘 어려운 손님으로 맞아야 한다는 뜻으로, 사위를 가리키는 말.

백년해락(百年偕樂)　일백 百 /해 年 /함께 偕 /즐거울 樂

부부가 함께 평생토록 화락하게 보냄.

백년행락(百年行樂)　일백 百 /해 年 /다닐 行 /즐거울 樂

백 년 동안 즐거이 지낸다는 뜻으로, 한 평생을 잘 놀고 즐겁게 지냄.

백리지명(百里之命)　일백 百 /거리 里 /의 之 /목숨 命

백 리는 중국 주(周)대 제후(諸侯)의 나라의 면적. 명(命)은 백성의 운명. 곧 일국의 정치를 일컬음.

백리지재(百里之才)　일백 百 /거리 里 /의 之 /재주 才

백 리쯤 되는 땅을 맡아 다스릴 만한 재주. 백리(百里)는 백 리

사방의 땅을 말하는데, 대략 한 고을에 상당한다. 즉 한 고을을 다스릴 정도의 재능이란 뜻이다. 사람됨이 크기는 하나 그다지 출중하지는 못한 사람을 이르는 말. 《삼국지》

백마벌기(百馬伐驥)　　일백 百 /말 馬 /칠 伐 /천리마 驥

백 마리의 보통 말이 한 마리의 천리마를 공격한다는 뜻으로, 한 사람의 현신(賢臣)을 많은 신하들이 공격함의 비유. 《관자》

백무소성(百無所成)　　일백 百 /없을 無 /바 所 /이룰 成

일마다 하나도 성취되지 아니함.

백무일실(百無一失)　　일백 百 /없을 無 /한 一 /잃을 失

백에 하나도 잃은 것이 없다는 뜻으로, 일마다 하나도 실패가 없음. 《논형(論衡)》

백무일취(百無一取)　　일백 百 /없을 無 /한 一 /취할 取

백에 하나도 취할 것이 없다는 뜻으로, 많은 말과 행실 가운데 하나도 쓸 만한 것이 없음.

백무일행(百無一幸)　　일백 百 /없을 無 /한 一 /다행 幸

조그마한 요행도 없음.

백반총탕(白飯葱湯)　　흴 白 /밥 飯 /파 葱 /국 湯

흰밥과 팟국. 곧 반찬이 없는 검소한 음식.

백벽미하(白璧微瑕)　　흴 白 /구슬 璧 /작을 微 /티 瑕

흰 구슬에 있는 작은 티란 뜻으로, 거의 완전하나 약간 흠이 있음.

백보천양(百步穿楊)　　일백 百 /걸음 步 /뚫을 穿 /버드나무 楊

활을 썩 잘 쏨을 이르는 말. 초(楚)나라의 양유기(養由基)가 백 걸음 떨어진 곳에서 버드나무 잎을 활로 맞힌 고사에서 유래. ☞ 백발백중(百發百中).

백불실일(百不失一)　일백 百 /아니 不 /잃을 失 /한 一

백 중에서 하나도 잃어버리지 않는다는 뜻으로, 결코 목적한 바를 잊지 않음을 이르는 말. 《논형》

백사청송(白沙青松)　흴 白 /모래 沙 /푸를 靑 /소나무 松

흰 모래와 푸른 소나무. 강변, 바닷가의 아름다운 경치를 이름.

백세지후(百歲之後)　일백 百 /해 歲 /갈 之 /뒤 後

사후(死後)를 말한다. 또 완곡하게 죽음을 기(忌)하여 하는 말. 인생 백 년을 사는 일이 드문 데서 이르는 말. 《시경》 당풍(唐風).

백수건달(白手乾達)　흴 白 /손 手 /하늘 乾 /통달할 達

아무것도 없는 멀쩡한 건달. ☞ 건달.

백수북면(白首北面)　흴 白 /머리 首 /북녘 北 /얼굴 面

재덕(才德)이 없는 사람은 늙어서도 북쪽을 향하여 스승의 가르침을 빈다는 말. 《문중자(文中子)》

백수솔무(百獸率舞)　일백 百 /짐승 獸 /이끌 率 /춤출 舞

많은 짐승이 함께 춤을 춘다는 뜻으로, 음악의 미묘함을 형용하여 이르는 말. 《서경》

백수습복(百獸慴伏)　일백 百 /짐승 獸 /두려워할 慴 /엎드릴 伏

온갖 짐승들이 두려워 엎드림.

백수진인(白水眞人)　흴 白 /물 水 /참 眞 /사람 人

후한(後漢)의 흥기(興起)를 예언했던 참어(讖語). 왕망(王莽) 때 엽전(葉錢)에 「금도(金刀)」라는 글자가 씌어 있었는데, 두 글자를 합치면 「유(劉)」 자가 되므로 유씨의 흥기를 꺼려 글자를 고쳐 「화천(貨泉)」이라 일렀음. 그러나 천(泉)자를 나누면 백·수(白水) 두 자가 되고, 화(貨)자를 나누면 진·인(眞人) 두

자가 되어 이 또한 광무제(光武帝)가 백수향(白水鄕)에서 일어나는 전조가 되었음. 또는 전(轉)하여 「돈」의 이칭(異稱).

백승지가(百乘之家)　　일백 百 /탈 乘 /의 之 /집 家

전시(戰時)에 수레 백 대를 출동시킬 수 있다 하여 경대부의 집안을 일컫는 말.

백약지장(百藥之長)　☞ 주내백약지장(酒乃百藥之長).

백옥무하(白玉無瑕)　　흴 白 /구슬 玉 /없을 無 /티 瑕

아무런 흠이 없는 사람의 비유.

백옥부조(白玉不彫)　　흴 白 /구슬 玉 /아니 不 /새길 彫

아무런 장식도 하지 않은 있는 그대로의 아름다움을 말한다. 「백옥」은 희고 아름다운 보옥(寶玉). 아름다운 옥은 아무 장식을 하지 않아도 아름다움을 일컬음. 《설원》

백운고비(白雲孤飛)　　흴 白 /구름 雲 /외로울 孤 /날 飛

흰 구름이 외롭게 떠다닌다는 뜻으로, 멀리 떠나온 자식이 어버이를 그리워함의 비유. 《당서》

백의사자(白衣使者)　　흴 白 /옷 衣 /하여금 使 /사람 者

진(晋)나라의 도연명이 중양절 날 마침 술이 떨어졌던 판에 강주자사 왕홍(王弘)이 흰 옷을 입은 심부름꾼을 보내 술을 선물한 고사에서, 술을 들고 온 심부름꾼을 일컬음.

백의재상(白衣宰相)　　흴 白 /옷 衣 /재상 宰 /서로 相

유생(儒生)으로서 단번에 의정(議政) 벼슬에 오른 사람. 백의정승(白衣政丞). 《남사》

백의종군(白衣從軍)　　흴 白 /옷 衣 /좇을 從 /군사 軍

벼슬이 없는 사람으로서 군대를 따라 전장으로 감.

백이숙제(伯夷叔齊)　맏 伯 /오랑캐 夷 /아재비 叔 /가지런할 齊

주(周)나라 말기의 사람인 형 백이와 아우 숙제의 병칭. 역성(易姓)혁명에 반대하는 사상을 투영한 전설상의 인물.

백인가도(白刃可蹈)　　흴 白 /칼날 刃 /옳을 可 /밟을 蹈

용기를 가지고 하면 곤란한 일도 가능하다는 말. 칼날도 밟을 수 있을 정도의 용기를 말한다. 백인(白刃)은 칼집에서 뽑은 시퍼런 칼날이라는 뜻. 《중용》 ☞ 중용지도.

백인유아(伯仁由我)　　맏 伯 /어질 仁 /말미암을 由 /나 我

직접 사람을 죽이지는 않았지만, 죽은 사람에 대해 자신이 일정한 책임이 있기 때문에 안타까워함을 비유해서 이르는 말.

백일승천(白日昇天)　　흴 白 /날 日 /오를 昇 /하늘 天

도(道)를 극진히 닦아서 육신(肉身)을 가진 채 신선이 되어 대낮에 하늘로 올라감.

백전백승(百戰百勝)　　일백 百 /싸울 戰 /이길 勝

백 번 싸워 백 번 이긴다는 뜻으로, 싸울 때마다 승리함.

백절불굴(百折不屈)　　일백 百 /꺾을 折 /아니 不 /굽힐 屈

아무리 꺾어도 굽히지 않는다는 뜻으로, 절조(節操), 신념이 강함의 비유. 《손자》

백족지충(百足之蟲)　　일 百 /발 足 /갈 之 /벌레 蟲

발이 많은 그리마·노래기·지네 같은 벌레의 총칭으로, 겨레붙이나, 아는 이들의 떼가 많은 사람을 비유한 말. 《공자가어》

백중지간(伯仲之間) ☞ 백중지세(伯仲之勢).

백척간두(百尺竿頭)　　일백 百 /자 尺 /장대 竿 /머리 頭

높은 장대 끝에 섰다는 말로, 막다른 위험에 빠진 것을 일컫는 말. 「백척간두 진일보(百尺竿頭 進一步)」 라고 해서 백 척이나 되는 긴 장대 위에 있어서 다시 한 걸음 더 나아간다는 뜻으로,

이미 충분히 향상하였는데 다시 더욱 분발하여 향상하거나, 충분히 설명하였는데 다시 정채(精彩) 있는 말을 추가함을 이름. 《무문관(無門關)》

백팔번뇌(百八煩惱) 일백 百 /여덟 八 /괴로워할 煩 /괴로워할 惱

백여덟 가지 번뇌. 인간의 과거 · 현재 · 미래에 걸친 모든 미혹(迷惑)한 것. 육근(六根 ; 눈 · 귀 · 코 · 혀 · 몸 · 뜻)이 각기 호(好) · 악(惡) · 평(平)의 3종의 틀림을 낳고, 18종의 번뇌가 되며, 거기다 정(淨) · 염(染) 의 2종으로 나뉘어 계 36종. 그것이 과거 · 미래 · 현재로 배치되어 합계 108종이 된다. 제야(除夜)의 종은 이 미혹에서 인간을 깨우치기 위해 108회 종을 친다.

백홍관일(白虹貫日) 흴 白 /무지개 虹 /꿸 貫 /날 日

백홍은 흰 무지개로 병란(兵亂). 일(日)은 임금을 상징함. 흰 무지개가 해를 관통한다는 뜻으로, 임금의 신상에 위해가 닥칠 조짐. 《전국책》

백화요란(百花燎亂) 일백 百 /꽃 花 /화톳불 燎 /어지러울 亂

갖가지 꽃이 불타오르듯이 아름답게 피어 어지러운 모습. 미인이 많아 꽃처럼 아름다운 자태를 겨루는 모양의 비유.

번간걸여(墦間乞餘) 무덤 墦 /사이 間 /빌 乞 /남을 餘

무덤가에서 남은 음식을 구걸한다는 뜻으로, 부귀영화만을 추구하는 비속한 사람들의 행실을 비유하여 이르는 말. 《맹자》

번리지안(藩籬之鷃) 우거질 蕃 /울타리 籬 /의 之 /메추라기 鷃

울타리에 앉아 있는 메추라기라는 뜻으로, 식견이 좁고 옹졸한 사람을 가리킴.

번문욕례(繁文縟禮) 많을 繁 /글월 文 /무늬 縟 /예도 禮

번잡한 규칙이나 허례에 가까운 예의작법(禮儀作法). 수속 등의 번거롭고 형식적인 것의 비유. 번문은 자질구레한 꾸밈, 또는 번거로운 규칙. 욕(縟)은 아주 짙은 모양, 복잡하게 얽힌 모양. 욕례는 복잡하게 얽힌 의식이나 예법. 《청국행정법범론》

벌목지계(伐木之契)　칠 伐 /나무 木 /갈 之 /맺을 契

매우 친밀한 우정. 친애(親愛)하는 정에 비유한다. 「벌목」은 나무를 자르는 것인데, 그 소리가 울리는 속에서 새가 서로 벗을 찾아 운다는 데서, 가까운 친구 사이의 비유. 《시경》

벌성지부(伐性之斧)　칠 伐 /성품 性 /갈 之 /도끼 斧

여색(女色)에 빠지면 사람의 성명(性命)에 해롭다는 말. 벌(伐)은 치다, 베다의 뜻. 사람의 본성을 상하게 하는 도끼. 남자의 마음을 녹이고, 혼란시키는 여색을 도끼에 비유한 말. 《여씨춘추》 본성.

벌제위명(伐齊爲名)　칠 伐 /가지런할 齊 /할 爲 /이름 名

전국시대 때 연(燕)나라의 장수 악의(樂毅)가 제(齊)나라를 치는 것을 보고 제의 장수 전단(田單)이 반간(反間)하기를 「악의가 제를 친(伐齊) 후 제의 왕이 되려고 한다」 고 연나라에 퍼뜨려 연왕이 듣고 악의를 불렀다는 데서 나온 말로, 어떤 일을 하는 체하고 딴 짓을 함을 가리키는 말. 또는 유명무실함을 이르는 말.

법가필사(法家拂士)　법 法 /집 家 /도울 拂(필 불) /선비 士

법도(法度)로써 임금을 바로잡는 세신(世臣)과 이해득실(利害得失)로써 임금을 보필(輔弼)하는 현사(賢士). 拂은 여기서는 弼(도울 필)로 읽는다. 《맹자》

법원권근(法遠拳近)　법 法 /멀 遠 /주먹 拳 /가까울 近

법은 멀고 주먹은 가깝다는 뜻으로서, 일이 급할 때는 이치보다도 완력에 호소하게 되기 쉽다는 말.

변사여륙(騈四儷六)　　나란히 할 騈 /넉 四 /짝 儷 /여섯 六

네 자와 여섯 자의 대구(對句)를 이어 놓은 화려한 문장. 변(騈)은 두 마리가 나란히 있는 말. 여(儷)도 나란히 있는 한 쌍. 사륙변려체(四六騈儷體)의 문장을 말한다. 유종원 「걸교문(乞巧文)」

병가상사(兵家常事)　　군사 兵 /집 家 /늘 常 /일 事

병가(兵家)에는 항상 있는 일이란 뜻으로, 흔히 있는 일. 또는 실패는 흔히 있는 일이니 낙심할 것 없다는 뜻. 또 전쟁에서 이기고 지는 일은 흔한 일이므로, 지더라도 낙담하지 말라는 말. 《당서(唐書)》 배도전(裵度傳).

병무상세(兵無常勢)　　군사 兵 /없을 無 /항상 常 /기세 勢

싸움에는 필승의 태세 같은 일정한 형(型) 같은 것은 없고 정황을 잘 판단해서 대처해야 한다는 말. 《손자》

병문졸속(兵聞拙速)　　군사 兵 /들을 聞 /서투를 拙 /빠를 速

용병(用兵)은 졸렬해도 빠른 것이 낫다는 말. 졸속(拙速)으로 줄여 쓴다. 《손자》

병불혈인(兵不血刃)　　군사 兵 /아니 不 /피 血 /칼날 刃

병장기에 피를 묻히지 않았다는 뜻으로, 군사상의 작전이 순조롭게 진행되어 피를 흘리지 않고 승리를 거두었음을 비유하는 말. 《순자》

병종구입(病從口入)　　병 病 /좇을 從 /입 口 /들 入

입을 조심하라는 경계. 병도 재앙도 모두 입을 거친다는 뜻. ☞ 구시화지문(口是禍之門).

병주지정(幷州之情)　　어우를 幷 /고을 州 /의 之 /뜻 情

오래 살던 고장을 떠나게 되어 그곳을 고향처럼 그리는 심정.

당나라 때 시인 가도(賈島)가 병주에 오래 살다가 떠나면서 한 말. 가도 《도상건(渡桑乾)》

병촉야유(秉燭夜遊) 잡을 秉 /촛불 燭 /밤 夜 /놀 遊

촉(燭)은 손에 들고 다니는 등불. 병촉은 촛불을 켬. 인생의 덧없음을 알고 낮뿐만 아니라 밤까지 놀며 즐기는 것. 또는 때를 맞추어서 즐기는 것. 《문선》

병풍상서(病風傷暑) 병 病 /바람 風 /상처 傷 /더울 暑

바람에 병들고 더위에 상함. 곧 세상살이에 쪼들림.

병풍상성(病風喪性) 병 病 /바람 風 /죽을 喪 /성품 性

병으로 본성을 잃어버림.

보거상의(輔車相依) 덧방나무 輔 /수레 車 /서로 相 /의지할 依

수레의 덧방나무(輔)와 바퀴(車)가 서로 떠날 수 없듯이, 서로 도와 의지함. 《좌전》 ☞ 순망치한(脣亡齒寒).

보과습유(補過拾遺) 기울 補 /허물 過 /주울 拾 /끼칠 遺

군주의 덕이 모자란 점을 보완하는 것이 신하의 의무임을 이름. 《한서》

보본반시(報本反始) 갚을 報 /밑 本 /되돌릴 反 /처음 始

본(本)은 천지(天地). 시(始)는 선조(先祖). 근본으로 되돌아가 그 은혜에 보답하다. 천지나 선조의 은혜에 감사하는 것. 《예기》

보시구난(輔時求難) 덧방나무 輔 /때 時 /구할 求 /어려울 難

시대를 도와서 환난(患難)을 구한다는 뜻으로, 잘못된 곳을 바로잡고 미치지 못하는 곳을 보필함을 이르는 말. 《삼국유사》

보우지차(鴇羽之嗟) 너새 鴇 /깃 羽 /의 之 /탄식할 嗟

전역(戰役)에 종사하느라 본래 있어야 할 가정에 있으며 부모를 봉양하지 못하는 한탄. 보(鴇)는 들기러기. 「보우의 시(詩)」는 본래는 물가에 있어야 할 들기러기가 제 자리를 얻지 못하고 나무 우듬지에 있는 모습에서, 제 자리에 있지 못하고 부모를 봉양할 수 없는 한탄이 표현되어 있다. 《시경》

바

보우지탄(鴇羽之嘆) 너새 鴇 /깃 羽 /의 之 /탄식할 嘆

너새 깃의 탄식이라는 말로, 신하나 백성이 전역(戰役)에 종사하여 부모님을 보살피지 못하는 것을 탄식함을 비유하는 말. 《시경》 보우.

보이국사(報以國士) 갚을 報 /써 以 /나라 國 /선비 士

남을 국사(國士)로 대우하면 자기 또한 국사로 대접받는다는 뜻으로, 지기(知己)의 은혜에 감동함을 이르는 말. 《사기》

보천솔토(普天率土) 널리 普 /하늘 天 /거느릴 率 /흙 土

하늘을 두루 덮고 있는 땅. 온 천하.

보천욕일(補天浴日) 기울 補 /하늘 天 /목욕할 浴 /해 日

하늘을 깁고 해를 목욕시킨다는 뜻으로, 나라에 큰 공이 있음.

복경호우(福輕乎羽) 복 福 /가벼울 輕 /보다 乎 /깃 羽

복(福)이란 새털보다 가볍다, 라는 뜻으로, 자기 마음먹기에 따라 행복하게 됨을 이르는 말. 《장자》

복고여산(腹高如山) 배 腹 /높을 高 /같을 如 /뫼 山

배가 산같이 높다는 뜻으로, 아이 밴 여자의 부른 배를 형용하는 말. 또는 부자의 교만함을 비유하는 말.

복배지모(腹背之毛) 배 腹 /등 背 /의 之 /터럭 毛

배와 등에 난 털이란 뜻으로, 쓸데없음을 비유. 있으나 마나의 뜻.

복배지수(覆盃之水) 뒤집힐 覆 /잔 盃 /갈 之 /물 水

엎질러진 물이라는 뜻으로 다시 수습하기 곤란할 때 쓰는 말. 《송남잡식》 ☞ 복수난수(覆水難收).

복소파란(覆巢破卵)　　엎지를 覆 /둥지 巢 /깰 破 /알 卵

둥지를 뒤엎고 알을 깬다는 뜻으로, 부모의 재난이 자식에게까지 미침. 또는 근원이 망하면 지엽말절(枝葉末節)도 따라 망함의 비유.

복수난수(覆水難收)　　엎지를 覆 /물 水 /어려울 難 /거둘 收

☞ 복수불반분(覆水不返盆).

복심지질(腹心之疾)　　배 腹 /마음 心 /갈 之 /병 疾

배나 가슴을 앓는 고치기 어려운 병. 또는 덜어버릴 수 없는 근심 걱정의 비유. 《사기》

본래면목(本來面目)　　밑 本 /올 來 /얼굴 面 /눈 目

타고난, 인위(人爲)가 가해지지 않은, 있는 그대로의 마음을 말하는 불교어. 본성(本性). 본래는 처음부터, 원래의 뜻. 《전습록(傳習錄)》

본말전도(本末顚倒)　　밑 本 /끝 末 /꼭대기 顚 /넘어질 倒

중요한 것과 그렇지 않은 것을 혼동해 버리는 것. 근본과 말단(末端)이 뒤집혀진 모양. 비 주객전도(主客顚倒).

본비아물(本非我物)　　밑 本 /아니 非 /나 我 /만물 物

본래 내 것이 아니므로 뜻밖에 얻은 물건을 잃어버려도 과히 섭섭할 것이 없다는 말. 본비아토(本非我土).

본연지성(本然之性)　　근본 本 /그럴 然 /의 之 /본성 性

사람에게는 두 가지 형태의 성(性)이 있는데, 그것은 본연지성과 기질지성(氣質之性)이라는 것이다. 본연지성은 순연(純然)하게 하늘로부터 부여받은 성이고, 기질지성은 혈기나 기질이 뒤엉

커진 뒤에 생기는 성이라고 한다. 주자학에서 주장하는 학설의 하나이다. 《주자어류(朱子語類)》

본제입납(本第入納)　　밑 本 /차례 第 /들 入 /바칠 納

객지에 나와 있는 자녀가 고향의 부모님께 편지를 보낼 때, 부모님의 함자를 쓰기 어렵기 때문에 과거에는 본인 이름 뒤에 「본가입납, 본제입납」이라고 써서 보냈다.

봉격지희(奉檄之喜)　　받들 奉 /격문 檄 /의 之 /기쁠 喜

부모가 살아 있는 사람이 고을의 원이 되는 기쁨.

봉두구면(蓬頭垢面)　　쑥 蓬 /머리 頭 /때 垢 /얼굴 面

쑥처럼 더부룩한 머리에 때가 낀 얼굴이란 뜻으로, 외양을 꾸미지 않아 주제꼴이 사나운 모양. 또는 성질이 털털하여 외양에 개의치 않음을 이르는 말. 《위서(魏書)》

봉래약수(蓬萊弱水)　　쑥 蓬 /명아주 萊 /약할 弱 /물 水

「봉래약수의 차이」라고 한다. 아주 큰 차이가 있음의 비유. 봉래는 동쪽 바다에 떠있는 불노불사(不老不死)의 섬. 약수는 서쪽 대륙을 휘도는 강. 이 사이가 30만 리 떨어져 있다고 하는 전설에서 나온 말. 《태평광기》 반 일의대수(一衣帶水).

봉린지란(鳳麟芝蘭)　　봉새 鳳 /기린 麟 /지초 芝 /난초 蘭

봉황·기린과 같이 잘난 남자와 지초(芝草)·난초와 같이 어여쁜 여자라는 뜻으로, 젊은 남녀의 아름다움을 형용하여 이르는 말.

봉명조양(鳳鳴朝陽)　　봉새 鳳 /울 鳴 /아침 朝 /볕 陽

봉새가 산의 동쪽에서 운다는 뜻으로, 천하가 태평할 길조. 또는 뛰어난 행위를 칭찬하는 말. 《시경》

봉모인각(鳳毛麟角)　　봉새 鳳 /터럭 毛 /기린 麟 /뿔 角

봉황의 털과 기린의 뿔이라는 뜻으로, 아주 뛰어난 인재를 비유하는 말. 《남사》

봉목시성(蜂目豺聲)　　벌 蜂 /눈 目 /승냥이 豺 /소리 聲

벌과 같은 눈매에 늑대 같은 소리란 뜻으로, 흉포(凶暴)한 인생을 비유하여 이르는 말.

봉복절도(蜂腹絶倒)　　벌 蜂 /배 腹 /끊을 絶 /넘어질 倒

몹시 우스워서 배를 안고 몸을 가누지 못할 만큼 웃는 모양. 포복절도(抱腹絶倒)라고도 쓴다. 절도는 우스운 나머지 기절해서 쓰러지는 것. 《사기》

봉시장사(封豕長蛇)　　봉할 封 /돼지 豕 /길 長 /뱀 蛇

봉시(封豕)는 큰 돼지. 장사(長蛇)는 긴 뱀. 돼지같이 탐욕하고 뱀같이 잔인한 인간의 비유. 《좌전》

봉호옹유(蓬戶甕牖)　　쑥 蓬 /지게문 戶 /독 甕 /창 牖

쑥으로 엮어 만든 문과 깨진 항아리로 만든 창문이란 뜻으로, 가난한 사람이 사는 집을 형용하는 말. 《예기》

부급종사(負笈從師)　　질 負 /책궤 笈 /좇을 從 /스승 師

책궤를 지고 스승을 좇는다는 뜻으로, 공부하기 위하여 다른 고장으로 감. 유학(遊學). 《포박자(抱朴子)》

부귀부운(富貴浮雲)　　부할 富 /귀할 貴 /뜰 浮 /구름 雲

「부귀는 부운과 같다」라고 읽는다. 부와 명예, 지위는 영구히 지속되는 것이 아니다. 또는 부정한 수단으로 손에 넣은 지위나 재산은 한낱 뜬구름과 같은 것이다, 라고 하는 것. 《논어》 술이.

부득요령(不得要領) ☞ 요령부득.

부마도위(駙馬都尉)　　곁마 駙 /말 馬 /도읍 都 /벼슬 尉

☞ 부마(駙馬).

부미백리(負米百里)　질 負 /쌀 米 /일백 百 /거리 里

쌀을 지고 백 리를 간다는 말로, 변변치 못한 가난한 생활을 하고 있어도 부모에게는 효도를 다함을 이르는 말. 《공자가어》

부복장주(剖腹藏珠)　가를 剖 /배 腹 /감출 藏 /구슬 珠

배를 가르고 보물을 감춘다는 뜻으로, 재물에 눈이 어두워 자신에게 해가 되는 일도 서슴지 않고 자행함의 비유. 《자치통감》

부부자자(父父子子)　아비 父/ 기를 父 /자식 子

아비가 아비로서 할 일을 한다면 자식은 자식답게 되는 법이라는 것. 《논어》

부생약몽(浮生若夢)　뜰 浮 /날 生 /같을 若 /꿈 夢

인생은 꿈처럼 덧없는 것이라는 말. 이백 「춘야연종제도화원서」

부석부하(負石赴河)　질 負 /돌 石 /나아갈 赴 /황하 河

돌을 짊어지고 황하(黃河)에 뛰어든다는 뜻으로, 무모한 짓. 자살행위. 《한시외전》

부석침목(浮石沈木)　뜰 浮 /돌 石 /가라앉을 枕 /나무 木

돌이 떠내려가고 나뭇잎이 가라앉는다는 뜻으로, 선악이 전도(轉倒)되고 사물이 거꾸로 되는 모양의 비유. 《신어(新語)》

부수지소(膚受之愬)　피부 膚 /받을 受 /의 之 /하소연할 愬

겉으로만 꾸민 비통한 호소. 또는 되풀이하는 동안 어느 사이엔가 상대를 믿게 만드는 호소. 《논어》 ☞ 침윤지참(沈潤之譖).

부신지우(負薪之憂)　질 負 /땔나무 薪 /갈 之 /근심 憂

땔나무를 지어 생긴 병이란 뜻으로, 자신의 병이 별 게 아니라

는 것을 비유하여 이르는 말. 《예기》

부여응지(膚如凝脂)　살갗 膚 /같을 如 /엉길 凝 /기름 脂

미인을 말하는 형용. 굳은 기름처럼 매끄러운 살갗의 아름다운 여성을 비유하여 이르는 말. 《시경》

부염기한(附炎棄寒)　붙을 附 /불탈 炎 /버릴 棄 /찰 寒

권세가 떨칠 때는 붙좇다가 권세가 쇠할 때는 떠난다는 뜻으로, 인정의 경박함을 이르는 말.

부용출수(芙蓉出水)　부용 芙 /연꽃 蓉 /날 出 /물 水

연꽃이 수면에 피는 모습을 형용하는 말로, 문장이 청아(淸雅)하고 수려함을 비유하여 이르는 말.

부운조로(浮雲朝露)　뜰 浮 /구름 雲 /아침 朝 /이슬 露

뜬구름과 아침이슬. 곧 인생의 덧없음을 비유하여 이르는 말.

부운지지(浮雲之志)　뜰 浮 /구름 雲 /의 之 /뜻 志

뜬구름과 같은 일시적인 불의(不義)의 부귀를 바라는 마음.

부월당전(斧鉞當前)　도끼 斧 /도끼 鉞 /당할 當 /앞 前

중형(重刑)으로 죽음이 앞에 닥침을 가정하는 말.

부월지하(斧鉞之下)　도끼 斧 /도끼 鉞 /의 之 /아래 下

부월, 즉 도끼는 옛날 중국의 권력의 상징이었다. 곧 임금의 위엄을 가리키는 말.

부유지명(蜉蝣之命)　하루살이 蜉 /하루살이 蝣 /의 之 /목숨 命

하루살이의 목숨이라는 뜻으로, 짧고 덧없는 인생의 비유. 소식(蘇軾)「전적벽부」

부인지인(婦人之仁)　여자 婦 /사람 人 /의 之 /어질 仁

부녀자의 어짊이란 뜻으로, 소견이 좁은 정. 하찮은 일에는 시시콜콜 동정하면서도 진짜 중요한 대목에서는 배려가 결여됨의

비유. 《사기》

부재지족(富在之足)　　부할 富 /있을 在 /갈 之 /발 足

부는 족한 것을 아는 데 있다는 뜻으로, 분수를 알아야 함을 이르는 말.

부정모혈(父精母血)　　아비 父 /자세할 精 /어미 母 /피 血

아버지의 정수(精髓)와 어머니의 피. 곧 자식은 부모의 뼈와 피를 물려받음을 가리킴.

부중생어(釜中生魚)　　가마 釜 /가운데 中 /날 生 /물고기 魚

오래 밥을 하지 못해 솥 안에 고기가 생겨났다는 뜻으로, 매우 가난함의 비유.

부중지어(釜中之魚)　　가마 釜 /가운데 中 /의 之 /물고기 魚

가마솥 속의 물고기가 곧 삶겨 죽을 줄도 모르고 헤엄치고 있다는 뜻으로, 눈앞에 닥칠 위험을 이르는 말. 《자치통감》

부지감고(不知甘苦)　　아니 不 /알 知 /달 甘 /쓸 苦

단지 쓴지를 모른다는 뜻으로, 사리에 어두운 사람의 비유. 또는 극히 쉬운 이치도 알지 못하는 사람의 비유. 《묵자》

부지경중(不知輕重)　　아니 不 /알 知 /가벼울 輕 / 무거울 重

사물의 경중을 구분하지 못한다는 뜻으로, 판단을 그르침의 비유.

부지단예(不知端倪)　　아니 不 /알 知 /실마리 端 /끝 倪

단예는 일의 본말시종(本末始終). 곧 일의 본말과 시종을 알 수 없음을 이르는 말. 《장자》

부지육미(不知肉味)　　아니 不 /알 知 /고기 肉 /맛 味

고기를 먹고 있으면서 고기 맛을 모른다는 뜻으로, 일에 몰두하여 다른 일은 건성으로 함을 비유한 말. 《논어》

부창부수(夫唱婦隨)　지아비 夫 /노래 唱 /아내 婦 /따를 隨

남편이 부르는 노래를 아내가 따라 부른다는 뜻으로, 남편 주장에 아내가 따르는 것이 부부 화합의 도(道)라는 뜻. 《관윤자(關尹子)》 유 금슬상화(琴瑟相和).

부탕도화(赴湯蹈火)　나아갈 赴 /넘어질 湯 /밟을 蹈 /불 火

끓는 물과 타는 불에 뛰어든다는 뜻으로, 물불을 가리지 않고 어려운 일에 몸을 던짐의 비유. 《한서》

부평전봉(浮萍轉蓬)　뜰 浮 /부평초 萍 /구를 轉 /쑥 蓬

부평초처럼 바람 부는 대로 굴러다니는 쑥과 같다는 뜻으로, 살 도리 없이 정처 없이 떠다니는 낙오된 신세를 비유하는 말.

북망산천(北邙山川)　북녘 北 /산이름 邙 /뫼 山 /내 川

묘지가 있는 곳. 사람이 죽어서 가는 곳을 일컫는 말. 북망은 낙양(洛陽)의 북쪽에 있는 망산(邙山)을 가리키는데, 이곳에는 한(漢)나라 시대 이래의 왕후귀족의 묘가 많이 있다. 북망(北芒)이라고도 쓴다.

북문쇄약(北門鎖鑰)　북녘 北 /문 門 /자물쇠 鎖 /자물쇠 鑰

북방 요지의 수비. 쇄약(鎖鑰)은 자물쇠와 열쇠의 뜻으로, 성(城)의 북문 단속에서, 전(轉)하여 나라의 북방의 방위를 일컫는다. 《공씨담원(孔氏談苑)》

북문지탄(北門之歎)　북녘 北 /문 門 /의 之 /탄식할 歎

벼슬자리에 나아가기는 했으나 뜻과 같이 성공하지 못하고 살림이 곤궁함을 한탄하는 말. 「북문」은 《시경》 패풍 속의 시제(詩題)인데, 그 서(序)에 「『북문』의 시는 군주에게 충성을 다해도 알아주지 않아 불우한 처지에 있는 것을 한탄하여 읊는 것이다」라고 되어 있다.

북방지강(北方之强)　북녘 北 /방향 方 /갈 之 /굳셀 强

용맹 과감하고 죽음조차 두려워 않는 강함. 중국의 북방은 기후 풍토도 가혹하고 남방 사람에 비하여 소박하고 강건(剛健)한 기풍이 강하다. 《중용》

북산지감(北山之感)　북녘 北 /뫼 山 /의 之 /느낄 感

북산의 감개라는 뜻으로, 나랏일로 인해 부모를 제대로 공양하지 못함을 비유하는 말.

북원적초(北轅適楚)　북녘 北 /수레 轅 /갈 適 /초나라 楚

수레의 머리를 북쪽으로 향하게 하고 남쪽인 초(楚)나라로 가려 한다는 뜻으로, 뜻하는 바와 행하는 바가 서로 어긋남을 비유하는 말.

북창삼우(北窓三友)　북녘 北 /창 窓 /석 三 /친구 友

거문고 · 시(詩) · 술의 세 가지를 말한다. 중당(中唐)의 시인 백낙천(백거이)의 시구에서 나온 말. 백거이 「북창삼우」

분골쇄신(粉骨碎身)　가루 粉 /뼈 骨 /부술 碎 /몸 身

뼈가 가루가 되고 몸이 깨어지도록 노력함. 곧 희생적 노력을 이름. 또 목숨을 내놓고 있는 힘을 다하여 싸움. 부처의 은혜에는 몸이 가루가 되도록 보답해 마땅하다고 하는 데서 나온 말. 《선림유찬》

분도양표(分道揚鑣)　나눌 分 /길 道 /오를 揚 /재갈 鑣

뜻과 취미가 서로 다르고 목적이 달라 피차 가는 길이 같지 않음을 비유해서 일컫는 말. 《북사》

분묘지지(墳墓之地)　무덤 墳 /무덤 墓 /갈 之 /땅 地

무덤이 있는 땅. 조상의 무덤이 있는 땅. 곧 고향을 이르는 말.

분방자재(奔放自在)　달릴 奔 /놓을 放 /스스로 自 /있을 在

분방은 힘차게 달린다는 뜻. 상규(常規)에 따르지 않고 제멋대로 함.

분백대흑(粉白黛黑)　　가루 粉 / 흴 白 / 눈썹먹 黛 / 검을 黑

얼굴에 흰 분을 바르고 눈썹을 검푸르게 칠한다는 뜻으로, 여인의 고운 화장. 또 곱게 화장한 미인. 분백대록(粉白黛綠).

분수상별(分袖相別)　　나눌 分 / 소매 袖 / 서로 相 / 나눌 別

서로 소매를 나누고 헤어진다는 뜻으로, 이별을 이르는 말.

불가사야(弗可赦也)　　아닐 弗 / 옳을 可 / 용서할 赦 / 어조사 也

용서할 수 없다는 뜻으로, 천벌(天罰)을 받음을 이르는 말. 《좌전》

불가사의(不可思議)　　아니 不 / 옳을 可 / 생각 思 / 의논할 議

사람의 생각으로 미루어 헤아릴 수 없이 이상하고 야릇함. 나유타(那由陀)의 억 배. 무량수(無量數)의 억분(億分)의 1의 수.

불각기양(不覺技痒)　　아니 不 / 깨달을 覺 / 재주 技 / 가려울 痒

자신이 가지고 있는 재주를 보이고 싶어 안달하는 것을 비유하여 이르는 말. 기양(技痒)은 가려움을 견딜 수 없는 것처럼 힘든 것을 이르는 말. 《풍속통의(風俗通義)》

불간지서(不刊之書)　　아니 不 / 펴낼 刊 / 갈 之 / 책 書

닳아 없어지지 않을 책이란 뜻으로, 오래도록 세상에 전해져서 영원히 없어지지 않을 양서(良書).

불계지주(不繫之舟)　　아니 不 / 맬 繫 / 갈 之 / 배 舟

매어 놓지 않은 배라는 뜻으로, 속세를 초월한 허심탄회한 마음. 또 정처 없이 방랑하는 몸을 비유하는 말. 《장자》

불괴옥루(不愧屋漏)　　아니 不 / 부끄러워할 愧 / 집 屋 / 구멍 漏

집에 구멍이 나도 부끄러워하지 않는다는 말로, 사람이 보지

않는 곳에 있어도 행동을 신중히 하고 경계하므로 귀신에게도 부끄럽지 아니함을 일컫는 말.

불교이주(不敎而誅) 아니 不 /가르칠 敎 /말이을 而 /죽일 誅

평소에는 가르치지도 않고, 일단 일을 저지르면 경솔하게 사람을 죽인다는 뜻으로, 교육의 중요성을 강조한 말. 불교이살(不敎而殺). 《논어》

불구심해(不求甚解) 아니 不 /구할 求 /심할 甚 /풀 解

깊이 이해하기를 구하지 않는다는 뜻으로, 책을 읽으면서 깊이 이해하려고 하지 않는 여유작작한 태도를 비유한 말. 도연명《오류선생전》

불능수습(不能收拾) 아니 不 /능할 能 /거둘 收 /주울 拾

큰 실수를 저질러 수습이 되지 않는 상태를 이르는 말. 《후한서》

불립문자(不立文字) 아니 不 /설 立 /글월 文 /글자 字

【불교】 문자에 의해서 교(敎)를 세우는 것이 아니라는 뜻으로, 「이심전심(以心傳心)」과 함께 선종(禪宗)의 입장을 나타내는 표어. 오도(悟道)는 문자나 말로써 전하는 것이 아니라 마음으로 전해진다는 뜻. 교가(敎家)의 사람들이 경론(經論)의 문자와 교설만을 주로 하고 불교의 참 정신은 잃고 있다고 보고, 선가(禪家)에서는 참된 불법으로서의 정법(正法)은 마음에서 마음으로 전해지는 것(以心傳心)이라 하고, 체험을 중요시하여 불립문자·교외별전(敎外別傳) 또는 직지인심(直指人心)이라 하였다. 이러한 정신은 선종을 중국에 전한 달마(達磨)에서 이미 나타났었다. 그러나 특별히 강조되었던 것은 당나라 때로서 선종 제6조 혜능(慧能) 아래의 남종선(南宗禪)에서였다. 《전등록》

불면도분(佛面塗糞) ☞ 불두착분(佛頭着糞).

불모지지(不毛之地)　아니 不 / 초목 毛 / 의 之 / 땅 地

지미(地味)가 척박하기 때문에 초목이나 오곡이 생육하지 않는 땅. 모(毛)는 초목·곡식 등 땅에 나 있는 것의 총칭. 《춘추공양전》

불비지혜(不費之惠)　아니 不 / 쓸 費 / 갈 之 / 은혜 惠

자기에게는 해될 것이 없고, 남에게는 이익이 되게끔 베풀어주는 은혜.

불생불멸(不生不滅)　아니 不 / 날 生 / 없어질 滅

【불교】 생겨나지도 않고 또한 없어지지도 않고 상주(常住)인 것. 곧 진여실상(眞如實相)의 존재. 열반(涅槃)의 경계. 또는 불생불사.

불석신명(不惜身命)　아니 不 / 아낄 惜 / 몸 身 / 목숨 命

【불교】 불도수행·교화(教化)·보시(布施) 등을 위해서는 몸이나 생명을 아끼지 않고 바침. 《법화경》

불선불후(不先不後)　아니 不 / 앞 先 / 뒤 後

앞도 없고 뒤도 없다는 뜻으로, 공교롭게도 꼭 좋지 않은 때를 당함.

불성취일(不成就日)　아니 不 / 이룰 成 / 이룰 就 / 날 日

음양가(陰陽家)에서, 일체의 일이 성취되지 않는다고 해서 기피하는 날. 부정일(不淨日).

불소지신(不召之臣)　아니 不 / 부를 召 / 갈 之 / 신하 臣

부르지 못하는 신하라는 뜻으로, 예의를 갖추어 모셔 와야 할 어진 신하. 앉아서 불러들이기가 송구스런 어진 신하. 《맹자》

불식지무(不識之無) ☞ 목불식정(目不識丁).

불심천자(佛心天子)　　부처 佛 /마음 心 /하늘 天 /아들 子

양(梁)나라 무제(武帝)의 딴 이름. 무제가 가사(袈裟)를 입고 불교의 경전을 강(講)했다는 데서 나온 말.

불역유행(不易流行)　　아니 不 /바꿀 易 /흐를 流 /다닐 行

불역(不易)은 시적(詩的) 생명인 기본적 영원성을 가진 체(體). 유행(流行)은 시에 있어서의 유전(流轉)의 모양으로 그 시대의 새로운 풍의 체. 평이하게 말하면, 「불변의 것과 변하는 것. 이 두 가지 체는 모두 풍아한 정성에서 나오는 것이므로 근본에 있어서는 하나로 돌아가야만 하는 것이다」 라고 하는 사고방식.

불요불급(不要不急)　　아니 不 /필요 要 /급할 急

필요하지도 급하지도 아니함.

불욕군명(不辱君命)　　아니 不 /욕될 辱 /임금 君 /명령 命

외국에 사신으로 가서 임금의 명을 욕되게 하지 않음. 곧 사명을 훌륭히 완수함을 이르는 말. 《논어》

불유여력(不遺餘力)　　아니 不 /끼칠 遺 /남을 餘 /힘 力

힘을 남기지 않고 전력투구(全力投球)함. 《전국책》

불익이비(不翼而飛)　　아니 不 /날개 翼 /말 이을 而 /날 飛

날개가 없이도 난다는 뜻으로, 의식적으로 알리지 않아도 신속하게 전파되다. 또는 어떤 물건이 감쪽같이 없어지다.

불인인열(不因人熱)　　아니 不 /인할 因 /사람 人 /열 熱

사람의 열로써 밥을 짓지 않는다는 뜻으로, 남에게 은혜 입음을 떳떳치 않게 여김을 이름. 《세설신어》

불자량력(不自量力)　　아니 不 /스스로 自 /헤아릴 量 /힘 力

자신의 힘은 고려하지 않고 선부르게 행동함을 이르는 말. 《좌전》

불즉불리(不卽不離)　아니 不 /곧 卽 /떼놓을 離

붙지도 않고 떨어져 있지도 않음. 곧 어중간함의 뜻. 너무 밀착해 있지도 않고 너무 떨어져 있지도 않은 관계를 유지하는 것. 인간관계로 말하면, 군자의 교제와 같은 담박(淡泊)하고 호감이 가는 관계. 《원각경(圓覺經)》

불지지호(不脂之戶)　아니 不 /기름 脂 /갈 之 /문 戶

기름을 바르지 않은 문짝은 여닫이가 잘 되지 않듯이, 말이 걸려서 잘 나오지 않는다는 뜻으로, 말수가 적음의 비유. 《회남자》

불치인류(不齒人類)　아니 不 /이빨 齒 /사람 人 /무리 類

사람 축에 들지 못함. 《예기》

불통수화(不通水火)　아니 不 /통할 通 /물 水 /불 火

물과 불이 통하지 않는다는 뜻으로, 이웃과 사귀지 않고 서로 내왕이 없는 것을 비유하여 이르는 말. 《한서》

불편부당(不偏不黨)　아니 不 /치우칠 偏 /무리 黨

어느 편으로나 치우치지 않음. 공정하고 파벌을 만들지 않는 것. 《서경》 홍범(洪範).

불하일장(不下一杖)　아니 不 /아래 下 /한 一 /지팡이 杖

죄인이 채 매 한 대도 맞기 전에 미리 자백함.

불학무술(不學無術)　아니 不 /배울 學 /없을 無 /꾀 術

배우지 않아서 재주가 없다. 곧 지식이 부족하고 재주 없음을 일컫는 말. 《한서》

불한이율(不寒而慄)　아니 不 /찰 寒 /말이을 而 /벌벌 떨 慄

춥지도 않은데 공포에 떨다. 곧 폭정이 하도 심해서 춥지도 않은데 저절로 몸이 떨린다는 말. 《사기》

불해의대(不解衣帶)　　아니 不 /풀 解 /옷 衣 /띠 帶

옷띠를 풀지 않는다는 뜻으로, 쉬지도 않고 잠도 자지 않으며 일에 힘씀의 비유. 《한서》

불협화음(不協和音)　　아니 不 /화합할 協 /화할 和 /소리 音

어울리지 않는 음(音)의 한자어. dissonance.

바

붕우책선(朋友責善)　　벗 朋 / 벗 友 / 꾸짖을 責 /착할 善

친구는 서로 착한 일을 권한다는 뜻으로, 참다운 친구라면 서로 나쁜 짓을 못하도록 권하고 좋은 길로 이끌어야 함.

비견접종(比肩接踵)　　견줄 比 /어깨 肩 /사귈 接 /발꿈치 踵

사람들의 어깨가 서로 닿고 발 뒷굽이 서로 맞닿는다는 뜻으로, 사람이 많은 것을 비유해서 이르는 말. 《전국책》

비궁지절(匪躬之節)　　대상자 匪 /몸 躬 /의 之 /마디 節

제 몸을 돌보지 않고 임금에게 충성을 다하는 신하의 도리. 《역경》

비기윤가(肥己潤家)　　살찔 肥 / 자기 己 / 젖을 潤 집 家

자기 몸과 자기 집만 이롭게 함.

비려비마(非驢非馬)　　아닐 非 /나귀 驢 /말 馬

나귀도 아니고 말도 아니다. 곧 그 무엇과도 같지 않음을 비유해서 이르는 말. 《한서》

비례지례(非禮之禮)　　아닐 非 /예도 禮 /의 之

예의에 맞지 않는 예의. 얼핏 예의바른 것 같지만 그 실은 예(禮)와 의(義)에 어긋나 있는 것. 허례(虛禮). 《맹자》

비리곡직(非理曲直)　　아닐 非 /도리 理 /굽을 曲 /곧을 直

옳고, 그르고, 굽고, 곧음. 도리에 맞는 것과 어긋난 것. 올바른 것과 그른 것. 시비곡직(是非曲直).

비부감수(蚍蜉撼樹)　　왕개미 蚍 /왕개미 蜉 /흔들 撼 /나무 樹

왕개미가 나무를 흔들어 보려 한다는 뜻으로, 자기의 능력이나 분수도 모르고 지나치게 과대평가함을 비웃는 말.

비불외곡(臂不外曲)　　팔 臂 /아니 不 /바깥 外 /굽을 曲

팔이 밖으로 내굽지 않는다는 뜻으로, 자기와 가까운 사람에게 인정이 더 쏠리거나, 자기에게 이익이 되도록 처리함이 인지상정임을 비유하는 말. 《벽암록(碧巖錄)》

비석지심(匪石之心)　　아닐 匪 /돌 石 /의 之 /마음 心

확고하게 동요하지 않는 마음. 비(匪)는 비(非)와 같다. 곧 마음은 돌이 아니므로 돌멩이처럼 마음대로 할 수 없음을 이르는 말. 《서경》

비아부화(飛蛾赴火)　　날 飛 /나방 蛾 /나아갈 赴 /불 火

불을 향해 날아드는 나방. 스스로 자멸의 길로 들어가거나 재앙 속으로 몸을 던지는 것을 말한다. 《양서(梁書)》

비양발호(飛揚跋扈)　　날 飛 /오를 揚 /밟을 跋 /뒤따를 扈

비양(飛揚)은 잘난 체하며 까부는 것. 안하무인으로 거리낌 없이 횡행함을 이름. 《북사》

비옥가봉(比屋可封)　　견줄 比 /집 屋 /옳을 可 /봉할 封

요·순(舜堯) 때 사람이 다 착하여 집집마다 표창할 만했다는 일.

비위난정(脾胃難定)　　비장 脾 /밥통 胃 /어려울 難 /정할 定

비위가 뒤집혀 가라앉지 아니함. 또는 밉살스러운 꼴을 보고 마음이 아니꼬움을 이르는 말.

비유비무(非有非無)　　아닐 非 /있을 有 /없을 無

【불교】 모든 법의 실상은 있지도 없지도 아니함. 유(有)와 무

(無)의 중도(中道)임. 비유비공(非有非空).

비육부생(髀肉復生)　　넓적다리 髀 /살 肉 /다시 復 /생길 生

넓적다리에 다시 살이 오른다는 뜻으로, 무료하게 허송세월하면서 아무 성취도 없는 것을 일컫는 말. ☞ 비육지탄(髀肉之嘆).

비육불포(非肉不飽)　　아닐 非 /고기 肉 /아니 不 /배부를 飽

고기를 먹지 않으면 배가 부르지 아니함. 곧 노인의 쇠약해진 때를 이름. 《맹자》

비이소사(匪夷所思)　　아닐 匪 /평평할 夷 /바 所 /생각 思

보통사람의 생각이 미치는 바가 아님. 이(夷)는 등(等)·상(常)과 같아 보통사람. 비(匪)는 비(非)와 같다. 《역경》

비이장목(飛耳長目)　　날 飛 /귀 耳 /길 長 /눈 目

정보 수집에 뛰어나고, 사물의 관찰이 예리하며, 세정(世情)에 정통한 것. 비이는 멀리 것을 나는 듯이 빨리 듣는 귀. 장목은 먼 곳까지 내다볼 수 있는 눈. 또는 전(轉)해서 책의 의미. 《관자》

비잠동치(飛潛同置)　　날 飛 /자맥질할 潛 /같을 同 /둘 置

날고 잠기는 표현이 같은 작품에 놓여 있다. 옛날 한시(漢詩)를 지을 때 좋은 작품을 얻기 위한 기본적인 수사법을 말함.

비장수기(飛將數奇)　　날 飛 /장차 將 /셀 數 /기이할 奇

재주 있는 사람일수록 불행한 처지에 놓이게 됨을 비유해서 이르는 말. 《한서》

비장즉답(轡長則踏)　　고삐 轡 /길 長 /곧 則 /밟을 踏

고삐가 길면 다친다는 뜻으로, 나쁜 짓을 오래 계속하면 반드시 탄로가 난다는 말. 「꼬리가 길면 밟힌다」는 우리 속담과 같다. 《동언해》

비전불행(非錢不行)　　아닐 非 /돈 錢 /아니 不 /갈 行

돈을 쓰지 않고는 되는 일이 없다는 뜻으로, 관기(官紀)가 문란함을 비유하여 이르는 말.

비전지죄(非戰之罪)　　아닐 非 /싸울 戰 /갈 之 /허물 罪

싸우지 못한 죄라는 뜻으로, 항우가 해하(垓下)의 싸움에 패하고 탄식한 말. 힘은 다 했으나 운수가 글러서 성공 못함을 탄식한 말.

비조경사(飛鳥驚蛇)　　날 飛 /새 鳥 /놀랄 驚 /뱀 蛇

새가 날고 뱀이 놀란다는 뜻으로, 활달하고 생동감 넘치는 서체를 비유하여 이르는 말. 《법서원(法書院)》

비조불입(飛鳥不入)　　날 飛 /새 鳥 /아니 不 /들 入

성(城) 또는 진지의 방비가 튼튼하여 나는 새도 들어갈 수 없다는 뜻.

비조즉석(非朝卽夕)　　아닐 非 /아침 朝 /곧 卽 /저녁 夕

아침이 아니면 저녁이라는 뜻으로, 시기가 임박하였음을 이르는 말.

비풍참우(悲風慘雨)　　슬플 悲 /바람 風 /참혹할 慘 /비 雨

인생・생활이 비참함을 일컫는 말.

비하정사(鼻下政事)　　코 鼻 /아래 下 /정사 政 /일 事

코 밑에 있는 입에 관한 정사란 뜻으로, 겨우 먹고 살아가는 일. 비하공사(卑下公事).

빈마지정(牝馬之貞)　　암컷 牝 /말 馬 /의 之 /곧을 貞

암말의 절개란 뜻으로, 힘든 일을 잘 참아내서 성공함의 비유. 《역경》

빙공영사(憑公營私)　　기댈 憑 /공변될 公 / 경영할 營 / 사사 私

관청이나 공공의 일을 이용하여 개인의 이익을 꾀함. 공적인 것

을 빙자하여 사적인 이득을 꾀함.

빙기옥골(氷肌玉骨)　　얼음 氷 /살 肌 /옥 玉 /뼈 骨

매화의 곱고 깨끗함을 형용한 말. 또는 살결이 곱고 깨끗한 미인의 형용. 《장자》

빙정옥결(氷貞玉潔)　　얼음 氷 /곧을 貞 /옥 玉 /깨끗할 潔

절개가 깨끗하고 조금도 흠이 없음의 비유.

빙탄상애(氷炭相愛)　　얼음 氷 /숯 炭 /서로 相 /사랑 愛

얼음과 숯이 서로 사랑한다는 뜻으로, 세상에 그 예가 도저히 있을 수 없음의 비유. 또는 얼음과 숯이 서로 그 본질을 보전한다는 뜻으로, 친구끼리 서로 훈계함을 비유하여 이르는 말. 《회남자》

빙호지심(氷壺之心)　　얼음 氷 /병 壺 /의 之 /마음 心

맑고 투명한 마음. 청렴결백한 마음. 호(壺)는 백옥으로 만든 항아리. 백옥으로 만든 항아리에 한 조각의 얼음을 넣은 것처럼 깨끗하고 맑은 마음이라는 뜻. 포조(鮑照) 「대백두음(代白頭吟)」

빙호추월(氷壺秋月)　　얼음 氷 /병 壺 /가을 秋 /달 月

얼음을 넣은 옥항아리와 가을의 밝은 달이란 뜻으로, 청렴결백한 마음을 비유하여 이르는 말.

죽림칠현도(淸 화가 전혜안)

고사성어대사전

사가망처　　　　쌍관제하
徙家忘妻 ➡ 雙管齊下

사가망처 徙家忘妻

옮길 徙 집 家 잊을 忘 아내 妻

《공자가어(孔子家語)》 현군편(賢君篇)

「사가망처(徙家忘妻)」는 이사를 가면서 아내를 잊어버리고 간다는 뜻으로, 정말 중요한 것이 무엇인지 놓쳐버리는 얼빠진 사람을 비유하여 이르는 말이다.

공 자

《공자가어》 현군편(賢君篇)에 있는 이야기다.

춘추시대(春秋時代) 노(魯)나라의 왕 애공(哀公)은 공자가 말한 것처럼 그렇게 얼빠진 사람이 어찌 있을 수 있겠느냐 하면서 공자에게 물어본 적이 있다고 한다. 그랬더니 공자가 하는 말이, 이사할 때 자기 아내마저도 잊는 사람도 있다는 것이었다. 이에 노애공이 한층 더 아리송해하자 다음과 같은 내용의 이야기를 들려주었다고 한다.

「하왕조(夏王朝)의 마지막 왕인 걸왕(桀王)과 은(殷)나라 최후의 왕인 주왕(紂王)은 포악한 정치를 한 임금의 전형으로 황음무치(荒淫無恥)하고 부화타락(附和墮落)하여 나라일은 전혀 돌보지 않고 민생을 돌보지 않았을 뿐 아니라, 권세에 아부하고 남을 비방하기 좋아하는 간사한 무리들을 사주해서 더 많은 악행을 저지르게 하였습니다. 이리하여 충성스럽고 정직한 사람들은 추방을 당하게 되었거나 군주에게 간할 기회마저 잃게 되었지요. 그 결과 걸주(桀紂) 같은 폭군들은 나라를 망치고 자신의 운명마저 담보하지 못했으니 그들은 나라와 백성을 망각했을 뿐 아니라 자기 자신마저 깡그리 잊어버리게 되었던 것입니다」

황음무도한 걸주(桀紂)

「사택망처(徙宅忘妻)」 라고도 한다.

居天下之廣居
거천하지광거
立天下之正位
입천하지정위
行天下之大道
행천하지대도

인(仁)이라는 넓은 집에 살고,
예(禮)라는 가장 바른 자리에 서고,
의(義)라는 가장 큰 길을 당당하게 걷는다.
이것이야말로 대장부가 살아가는 길이다.

—《맹자》 등문공 하

사공견관 司空見慣

맡을 司 빌 空 볼 見 익숙할 慣

유우석(劉禹錫)

유우석 조상(彫像)

「사공은 익숙히 보았다」는 뜻으로, 흔히 보는 사물이라 진귀해 보이지 않음을 이르는 말. 중당(中唐)의 시인 유우석(劉禹錫)은 소주(蘇州) 자사(刺史)로 근무할 때 토목 건축공사를 맡은 사공(司空) 관직에 있었던 이신(李紳)과 서로 왕래하며 우정을 나누었다. 이신은 강소성(江蘇省) 출신으로 재상을 지냈으며, 작품으로 「추석유시(追昔游詩)」가 전한다.

이신이 연회를 베풀면서 유우석을 초청하고는 무희들에게 노래와 춤을 추게 하였다. 술에 만취한 유우석이 기분이 좋아 즉석에서 칠언시 한 수를 지었는데, 그 시에 사공견관(司空見慣)이라는 말이 나온다.

높은 상투 하얀 머리 궁녀처럼 예쁘게 꾸몄는데
봄바람 한 자락에 어여쁜 두위랑일세.
사공이야 흔히 보아 심드렁한 일이겠지만 (司空見慣渾閑事)
소주 자사의 마음은 다 끊어질 듯 뛴다네(斷盡江南刺史心).

「사공견관」은 자주 보았으므로 예사롭다는 것을 뜻하는데, 아주 평범함을 이르는 말이다.

사공명주생중달 死孔明走生仲達

죽을 死 구멍 孔 밝을 明 달아날 走 버금 仲 도달할 達

《삼국지(三國志)》

헛소문만 듣고 지레 겁을 집어먹음의 비유.

공명은 촉나라의 군사(軍師) 제갈량의 자, 중달은 위나라의 장군 사마의(司馬懿)의 자(字). 다 같이 《삼국지》에 나오는 지모(智謀)의 제일인자로서 빼놓을 수 없는 인물이나, 적어도 다음과 같은 점에서는 두 사람이 결정적으로 다른 역사적인 평가를 받는다.

죽은 제갈량이 살아 있는 사마의를 도망치게 한 사실을 놓고, 그 당시 사람들이 만들어 냈다고 전해 오는 말이다. 원문에는 「사공명(死孔明)」이 아니고 「사제갈(死諸葛)」로 되어 있다. 그것을 다음에 있는 「중달」과 맞추기 위해서인지 「사공명」이란 말을 쓰기도 한다. 이 말은 실제와 다른 헛소문만 듣고 미리 겁을 집어먹는 경우를 비유해서 말한다.

건흥(建興) 12년(234)의 일이다. 제갈공명이 목우유마(木牛流馬)라는 자동 운반차를 고안하여, 촉나라 10만의 대군을 이끌고 나가 사곡구(斜谷口)를 거쳐 오장원(五丈原)에 진을 치는 한편, 군사를 나눠 위수 지역에 둔전(屯田)을 하게 했다. 위나라를 쳐부수기 위한 작전이었다. 위는 사마중달을 대장군으로 하여 촉나라 군사를 맞이하게 했다.

공명은 빨리 승리를 결정지으려 했지만, 중달은 공명과 여러 차례 싸우다가 혼이 난 일이 있는 터라, 수비 위주로 멀리 나와 있는 촉나라 군사의 지칠 때만을 기다리고 있었다. 공명은 여자가 쓰는 두건

사마의

(頭巾)과 목걸이와 옷 등을 보내 그의 사내답지 못한 태도를 조롱했지만, 중달은 분노와 모욕을 꾹 참으며 끝내 싸움에 응하지 않았다.

이렇게 대치하고 있던 중 공명은 병마에 시달리게 되어 마침내 진중에서 죽고 말았다. 촉나라 군사는 하는 수 없이 철수를 단행했다. 이 소식을 들은 중달이 가만있을 리 없었다. 그는 재빨리 군사를 거느리고 촉나라 군사를 추격했다. 이때 공명의 신임이 가장 두텁던 강유(姜維)가 공명의 죽기 전 지시에 따라 군기의 방향을 전환시키고 북을 크게 울려 반격으로 나오는 자세를 취했다.

항상 공명에게 속아만 온 중달은 공명이 죽었다는 소문과 철수작전이 모두 자기를 유인해 내기 위한 술책이었다는 것을 직감하게 되었다. 잘못하다가는 앞뒤로 협공을 당할 염려마저 없지 않았으므로 중달은 허둥지둥 달아나기 바빴다.

이 사실을 안 백성들은 「죽은 제갈이 산 중달을 달아나게 했다(死諸葛走生仲達)」고 말했다.

이 말을 전해들은 중달은 멋쩍은 웃음을 웃으며, 「산 사람이 하는 일이야 알 수 있지만, 죽은 사람의 하는 일이야 어떻게 알 수가 있어야지」 했다는 것이다. 또한 중달은 공명이 만들어 놓은 오장원의 진지를 보고 그 교묘함에 감탄했다고 전해지고 있다. 공명이 죽은 후 촉은 위에게 망하고 말았다(263년).

사기종인 舍己從人

버릴 舍 자기 己 좇을 從 남(타인) 人

《서경》 대우모(大禹謨), 《맹자》 공손추

남의 언행을 거울삼아 나의 언행을 바로잡음. 《서경(書經)》 대우모에 있는 말이다. 우(禹)가 순(荀)임금에게 말했다.

「임금의 위(位)에 서는 사람은 그 임금 됨을 어렵게 여기지 않으면 안 되며, 신하 된 자는 그 신하 됨을 어렵게 생각지 않으면 안 되리라 생각하옵니다. 그렇게 되면 정사는 잘 다스려지고 백성들은 덕을 숭상하기에 힘쓸 것입니다」

우순효행감천(禹舜孝行感天)

그러자 순임금이 말했다.

「그렇다. 진실로 그렇게 하면 좋은 말이 숨겨질 리가 없고, 어진 이가 초야에 묻혀 지내지 않게 되어 온 나라가 다 평안하게 될 것이다. 여러 사람에게 의논하여 『나를 버리고 남을 좇으며(舍己從人)』 의지할 곳 없는 이를 학대하지 않고 곤궁한 이들을 내버려두지 않는 일들은 오직 임금 된 사람만이 할 일이라 할 것이다」

또 《맹자》 공손추상에 있는 맹자의 말이다.

이 황

「자로(子路)는 사람들이 그에게 잘못이 있다고 일러주면 기뻐하였고, 우임금은 옳은 말을 들으면 절을 하셨다. 위대한 순임금께서는 더 훌륭하셨으니, 선(善)을 남과 더불어 하셨다. 『자기를 버리고 남을 따르시며(舍己從人)』 남에게서 취하여 선을 행하기를 즐기셨다. 농사짓고, 질그릇을 굽고, 고기 잡는 이에서부터 임금이 되기까지 남에게서 취하지 않은 것이 없다. 남에게서 취하여 선을 행하는 것—이것이 남이 선을 행하도록 돕는 것이다. 그러므로 군자는 사람들이 선을 행하는 것을 도와주는 것보다 더 중대한 일은 없다」

조선 중기의 학자이자 문신인 이황(李滉)의 《퇴계집(退溪集)》에 다음과 같은 구절이 있다.

「자기를 버리고 다른 사람을 따를 줄 모르는 것은 배우는 사람의 큰 병이다(不能舍己從人 學者之大病). 천하의 의리는 그 끝 간 데가 없는데, 어떻게 자기 자신만이 옳고 남은 옳지 않다고 할 수 있는가(天下之義理無窮 豈可是己而非人). 사람이 질문을 하면, 곧 얕고 가까운 말이라도 반드시 마음에 담아두고 잠깐 뒤에 대답하며, 선불리 질문에 응하여 답하지 말라(人有質問 則淺近說 必留意 少間而答之 未嘗應聲而對)」

「나를 버리고 남을 좇는다(舍己從人)」는 말은, 자기 자신의 생각이나 의견만을 내세우지 않고 다른 사람의 뜻을 좇는다는 뜻인데, 타인의 말과 행동을 본받아 자신의 언행(言行)을 바로잡는다는 말이다.

사단 四端

녁 四 끝 端

《맹자》 공손추상(公孫丑上)

사람의 본성에서 우러나는 네 가지 마음씨.

곧 인의 실마리인 측은해 하는 마음(惻隱之心),

의의 실마리인 부끄러워하는 마음(羞惡之心),

예의 실마리인 사양하는 마음(辭讓之心),

지의 실마리인 옳고 그르다 하는 마음(是非之心).

「사단(四端)」은 《맹자》에서 나온 말이다. 단(端)은 끝이란 뜻인데, 그것은 처음 시작되는 끝을 말한다.

우리가 어떤 사건을 해결하는 단서를 찾았다고 할 때의 단서와 같은 뜻이다. 우리말의 실마리에 해당한다. 보통 사단이라면 인·의·예·지(仁義禮智) 네 가지를 말한다. 맹자의 이 「사단론(四端論)」은 성선설에 바탕을 둔 정치 이론에서 출발한다.

《맹자》 공손추상에서 맹자는 이렇게 말하고 있다.

「사람은 누구나 남에게 차마 못하는 마음을 가지고 있다. 옛 성왕(聖王)들은 남에게 차마 못하는 마음을 가지고 남에게 차마 못하는 정치를 했다. 남에게 차마 못하는 마음으로 남에게 차마 못하는 정치를 행하면 천하를 다스리는 것은 손바닥 위에 올려놓고 놀리는 것과 같다.

이른바 사람이 다 남에게 차마 못하는 마음을 가졌다는 것은, 지금 사람들이 어린아이가 우물에 빠진 것을 보면, 그 순간 누구나가 놀라며 슬퍼하고 아파하는 마음을 갖게 된다. 그것은 어린아이 부모

맹 자

에게 잘 보이려는 것도 아니요, 이웃 친구들의 칭찬을 듣기 위해서도 아니며, 흉보는 소리가 싫어서 그런 것도 아니다.

이것을 놓고 보면, 측은해 하는 마음이 없는 것도 사람이 아니며, 부끄러워하는 마음이 없는 것도 사람이 아니며, 사양하는 마음이 없는 것도 사람이 아니며, 옳다 그르다 하는 마음이 없는 것도 사람이 아니다.

측은해 하는 마음은 『인(仁)』의 실마리요, 부끄러워하는 마음은 『의(義)』의 실마리요, 사양하는 마음은 『예(禮)』의 실마리요, 옳다 그르다 하는 마음은 『智』의 실마리다」

「사람이 이 사단을 가진 것은 그가 사체(四體 : 四端)를 가지고 있는 것과 같다. 이 사단을 가지고 있으면서 스스로 못한다고 하는 사람은 자기 자신을 해치는 사람이요, 임금을 보고 못한다고 하는 사람은 임금을 해치는 사람이다. 무릇 사단(四端)이 나에게 있는 것을 모두 키워나가 이를 충실하게 할 줄을 알면, 그것은 불이 처음 타기 시작하는 것과 같고, 샘물이 처음 솟아나는 것과 같다. 참으로 계속 키워 나가게 되면 천하도 능히 다스릴 수 있고, 참으로 키워 나가지 못한다면 부모도 제대로 섬길 수 없다」

이상이 「사단론」의 전부다. 조리 정연한 이론으로 설명이 필요치 않다. 이것은 사람의 성품은 누구나 착하다는 성선설을 바탕으로 하고 있는 것을 알 수 있다.

사마소지심 司馬昭之心

맡을 司 말 馬 밝을 昭 갈 之 마음 心

《삼국지(三國志)》 위서(魏書)

사

사마소의 마음이라는 뜻으로, 권력을 빼앗으려는 야심을 비유하거나 그러한 야심이 빤히 드러나 보인다는 뜻으로 사용되는 성어다.

《삼국지》 에 있는 이야기다.

사마소는 위나라의 권신 사마의(司馬懿)의 아들이다. 사마의가 죽은 뒤에 위나라의 실권은 아들 사마사(司馬師)에게 이어졌다. 사마사가 죽은 뒤에 그의 동생인 사마소가 권력을 장악하였는데, 그는 황제인 조모의 권위를 무시하였다.

한번은 황제 조모가 사마소를 진공(晋公)에 봉하고 구석(九錫 : 한나라 때 천자가 공이 큰 신하나 황족에게 준 9가지 특전)을 하사하였으나 사마소는 이를 비웃으며 받지 않았다. 이를 거절한 것은 곧 황제를 인정하지 않은 것이요, 그가 황제의 자리를 노리고 있음을 드러낸 것이었다. 분노한 조모는 3명의 근신(近臣)들에게 말했다.

「사마소의 마음은 길을 가는 사람들도 다 안다(司馬昭之心 路人皆知). 내 더 이상 참을 수 없으니 사마소를 쳐야겠다」

그런데 근신들 가운데 두 명이 곧바로 이 사실을 사마소에게 고해바쳤다. 조모는 위병들을 이끌고 사마소의 거소로 쳐들어갔으나, 오히려 사마소의 손에 죽고 말았다.

이후 사마소는 조환(曹奐)을 허수아비 황제로 내세웠고, 사마소의 아들 사마염(司馬炎)은 조환을 몰아낸 뒤 국호를 진(晋)이라 바꾸고 황제가 되었다.

사면초가 四面楚歌

넉 四 쪽 面 초나라 楚 노래 歌

《사기》 항우본기(項羽本紀)

적에게 둘러싸인 상태나, 누구의 도움도 받을 수 없는 고립 상태에 빠짐.

초한전(楚漢戰) 당시 항우의 고사에서 나오는 너무도 유명한 말이다. 「사면초가」는 사방이 완전히 적으로 둘러싸여 있다는 뜻인데, 그 속에는 내 편이었던 사람까지 적에 가담하고 있는 비참한 처지란 뜻이 포함되어 있다. 초·한의 7년 풍진도 이제는 조용해지는가 했더니, 한왕 유방이 약속을 어기고 항우를 해하(垓下)에서 포위했다.

해하에 진을 친 항우는 군사도 적고 식량도 다 떨어져 가고 있었

해하의 초한전

항우 영웅개세(英雄蓋世) 조상(彫像)

다. 겹겹이 둘러싸고 있는 한나라 군사는, 장량(張良)의 꾀로 초나라 출신 장병들을 항우 진영 가까이에다 배치하고 밤에 초나라 노래를 부르게 했다. 《사기》 항우본기에 보면,

「밤에 한나라 군사가 사면에서 모두 초나라 노래를 부르는 것을 듣자, 초왕은 이에 크게 놀라 말하기를 『한나라가 이미 초나라를 다 얻었단 말인가. 어째서 초나라 사람이 이다지도 많지?』 했다(夜聞漢軍四面而皆楚歌　項王及大驚曰　漢皆旣得楚乎　是何楚人之多也)」 고 나와 있다.

여기에서 외톨이가 되고 만 것을 가리켜 「사면초가」 라 부르게 되었다. 이 마지막 장면을 계기로 해서 항우는 무수한 말들을 뒷사람들에게 남겨 주고 있다. 「역발산기개세(力拔山氣蓋世)」 니, 「무면도강동(無面渡江東)」 이니, 「권토중래(卷土重來)」 니 하는 등등.

사문난적 斯文亂賊

이 斯 글월 文 어지러울 亂 도둑 賊

《논어》

유교(儒敎)를 어지럽히는 도적이라는 뜻으로, 교리에 어긋나는 언동으로 유교를 어지럽히는 사람을 이르는 말. 유가(儒家)의 입장에서 이단(異端)의 학문 총칭.

박세당

조선 후기의 학자 박세당(朴世堂)이 《대학》, 《중용》, 《논어》, 《맹자》, 《상서》, 《시경》을 주해한 《사변록(思辨錄)》이란 책이 있는데, 이 중에서 가장 주력한 것은 사서(四書)에 관한 주석이다. 특히, 《대학》과 《중용》에 더욱 역점을 두었다. 그는 당시 사서의 주석으로 종래의 권위를 가지고 정통으로 여겼던 주자의 설을 비판하는 동시에 독자적인 주석을 통해 해석을 가한 것이 많다.

이렇듯 주자의 경의(經義)에 반기를 들고 자기 식의 해석을 했기 때문에 당시 정계, 학계에 큰 물의를 일으켜 「사문난적(斯文亂賊)」이라는 낙인이 찍히기도 하였다

「사문난적(斯文亂賊)」이란 말은 원래 유교 반대자를 비난하는 말이었으나, 조선 중엽 이후 당쟁이 격렬해지면서부터 그 뜻이 매우

배타적이 되어 유교의 교리 자체를 반대하지 않더라도 그 교리의 해석을 주자(朱子)의 방법에 따르지 않는 사람들까지도 「사문난적」으로 몰았다. 당시 중국에서 성행하던 육상산(陸象山), 왕양명(王陽明)의 심학(心學) 같은 것도 조선시대에는 용납되지 않았으며 주자가 경전을 해석한 것은 절대적인 권위를 지녔다.

윤 휴

숙종(肅宗) 때의 대학자인 윤휴(尹鑴)가 유교 경전(經典)을 주자의 해석에 의하지 않고 독자적으로 해석했다 하여 송시열에 의해 사문난적이라는 비난을 받았다. 송시열은 「주자가 모든 학문의 이치를 이미 밝혀놓았는데, 윤휴가 감히 자기 의견을 내세워 억지를 부리니 진실로 사문난적이다」라고 평했다.

당시 윤휴는 북벌론을 주장하며 개혁적인 성향의 남인이었는데, 서인과 정치싸움에서 패배하여 유배지에서 사사되었다.

《논어》에 있는 이야기다. 공자가 광(匡) 지방에서 위태로운 처지에 빠졌을 때 말했다.

「문왕은 이미 세상을 떠나셨지만 그가 남긴 문화는 나에게 있지 않은가. 하늘이 장차 이 문화(斯文)를 없애신다면 후세 사람들이 이 문화를 향유하지 못할 것이다. 하늘이 장차 이 문화를 없애려 하지 않는다면 광 지방 사람들이 나를 어떻게 하겠느냐?」

이처럼 사문(斯文)에는 「이 문화」라는 의미가 담겨 있다. 공자

공자성적도(公子聖蹟圖 : 夾谷會齊 ; 공자가 협곡에서 제나라 임금을 만남)

가 말한 문화란 유가(儒家)의 이념 아래 계승된 경험의 종화를 가리킨 것이다. 따라서 사문 하면 곧 유가 자체를 일컫는 말이 된다. 그런 문화를 어지럽히고 해친다는 말은 곧 유가에 대한 도전을 뜻하며, 유가의 이념을 수용하지 않으려는 모든 세력이 여기에 해당된다. 그러므로 「사문난적」이라 하면 이단이란 말과 일치한다.

그런데 「사문난적」은 꼭 이단에만 국한되는 것은 아니고 같은 유가 내에서도 통용된다. 공자의 적통을 이어받지 않은 유가 학설을 주장하는 것도 곧 이단과 동일한 취급을 했기 때문이다. 이 문제는 유가 사상사와 맞물려 대단히 복잡하게 전개된 상황이기 때문에 여기서 길게 논의할 수는 없지만, 한 가지 예를 들어 대신하기로 한다.

조선 중기 때 학자인 윤휴(尹鑴, 1617~1680)는 경학자로서 유가 경전에 해박한 지식을 가진 사람이었다. 그는 《논어》를 읽다가 이상한 구절을 발견하게 되었다. 그것은 향당편에 나오는 한 구절이었다.

마구간에 불이 났다. 공자께서 조정에서 돌아오셔서 묻기를 「사

람이 다쳤느냐?」 하시고 말에 대해서는 묻지 않으셨다.

구분 자퇴조 왈상인호 불문마
廏焚 子退朝 **曰傷人乎 不問馬**.

이를 정통 유학자들은 공자의 인본주의(人本主義) 정신이 드러난 구절이라고 해석하였다. 그러나 윤휴의 입장에서 생각할 때 사랑방도 아닌 마구간에 불이 났는데 말의 안위에 대해서 묻지 않았다는 것을 인(仁)을 주장한 공자로서 지닐 태도가 아니라고 판단하였다. 말도 하나의 생명체인데 어찌 말에 대해서 그렇게 냉담할 수 있을 것인가? 그 결과 윤휴는 원문의 구두가 잘못되었다는 결론에 다다랐다.

마구간에 불이 났다. 공자께서 조정에서 돌아오셔서 묻기를 「사람이 다쳤느냐, 아니냐?」 하시고 다음에 말에 대해서 물으셨다.

구분 자퇴조 왈상인호불 문마
廏焚 子退朝 **曰傷人乎不 問馬**.

이렇게 한 글자를 달리 끊어 읽자 인명을 중시하면서 동시에 인의정신이 미물인 말에까지 미친 공자의 덕성이 요연하게 드러났던 것이다.

그러나 이런 해석은 경전을 신성시해서 함부로 변경하지 않았던 고루한 유학자들로부터 큰 물의를 일으켜 한때 그는 사문난적이라는 비난을 듣게 되었던 것이다.

뒷날 윤휴는 사사(賜死)되었는데, 꼭 이 일 때문은 아니었지만 유학의 정통에 도전하는 일을 얼마나 큰 죄악으로 여겼는지를 보여주는 단적인 예라고 할 것이다.

사반공배 事半功倍

일 事 반 半 공 功 곱(더)할 倍

《맹자(孟子)》 공손추상(公孫丑上)

작은 힘을 기울이고도 얻는 성과가 큼.

「일은 반밖에 하지 않았지만, 공은 배나 된다」는 뜻으로, 노력을 조금밖에 하지 않았는데도 얻는 성과는 아주 큼을 비유하여 이르는 말이다.

《맹자》 공손추상에 있는 이야기다.

관 중

제(齊)나라 출신의 제자 공손추가 춘추시대 제나라의 재상 관중(管仲)과 안자(晏嬰)의 공적을 치켜세우며, 맹자 역시 제나라의 요직을 맡는다면, 그런 공적을 이룰 수 있는지를 맹자에게 물었다.

맹자는, 천리가 넘는 땅을 차지하고 있는 제나라에서는 어진 정치를 펴는 것이 손바닥 뒤집는 것처럼 쉬운 일임에도 관중과 안자는 그렇게 하지 못하였으니, 어찌 자신과 비교할 수 있느냐고 꾸짖고 다음과 같이 말하였다.

「지금과 같은 때를 맞아 만 승의 나라에서 어진 정치를 행한다

면, 백성들은 그것을 기뻐할 것이니, 마치 거꾸로 매달렸다가 풀려난 것과 같을 것이다. 일은 옛 사람이 한 것의 반만 하고도 공은 결국 곱절이 될 것이니, 오로지 지금만이 그렇게 할 수 있는 때다(當今之時 萬乘之國 行仁政 民之悅之 猶解倒懸也 故事半古之人 功必倍之 惟此時爲然)」

맹 자

만 승(萬乘)은 1만 채의 수레를 갖춘 천자의 나라를 뜻한다. 「사반공배」는 위의 「고사반고지인 공필배지(故事半古之人 功必倍之)」에서 나온 말이다.

맹자는, 제나라가 만 승의 나라로서 어진 정치만 편다면 옛날 문왕이 이룩하였던 패업을 손쉽게 이룩할 수 있으니, 이를 일러 수고는 옛 사람이 한 것의 반만 하더라도 그 공은 곱절이 될 것이라고 말한 것이다.

사반공배의 반대말로는 「사배공반(事倍功半)」이란 말이 있다.

사분오열 四分五裂

녁 四 나눌 分 다섯 五 찢어질 裂

《전국책(戰國策)》 위책(魏策)

넷으로 나눠고 다섯으로 분열된다는 뜻으로, 여러 갈래로 갈기갈기 찢어지거나 세력이 여러 갈래로 흩어져 약화됨을 이르는 말.

소 진

이 말은 일찍이 《육도》나 《전국책》 같은 고서들에도 많이 나타나고 있다. 《육도》 기병편에 「넷으로 나눠고 다섯으로 찢긴 것은 원을 치고 네모를 부수었기 때문이다(四分五裂者 所以擊圓破方也)」라는 말이 있고, 《사기》 장의전에는 「천하가 사분오열되었다(天下四分五裂)」고 했으며, 《위지》 사마량전에는 「바로 사분오열이 전쟁을 하는 방식이다(乃四分五裂戰爭之地)」라 했고, 《북사》 주법상전에는 「마침내 방비가 없어졌으니 사분오열하게 되었다(卒有不虞 四分五裂)」는 말이 있다.

《전국책》 위책(魏策)에 있는 이야기다.

춘추전국시대 중기에 진(秦)나라의 동진(東進)에 대비하기 위해

위(魏)나라와 여섯 나라는 상호 간에 외교적인 동맹관계를 맺으려고 하였다. 이때 소진(蘇秦)은 위나라의 애왕(哀王)에게 합종책을 다음과 같은 이유로 주장하였다.

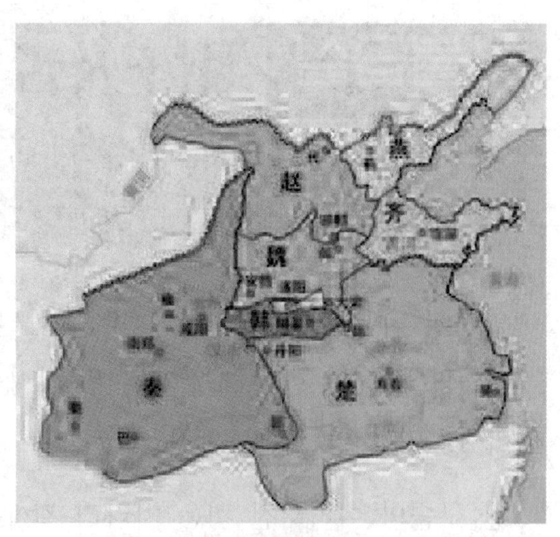

전국칠웅도

「위나라는 그다지 넓지도 않고, 병사도 30만밖에 되지 않습니다. 또한 지세도 편편하여 사방에서 제후들이 쳐들어오면 이를 막을 만한 산이나 요새도 없는, 원래 전쟁터라 할 수 있습니다. 게다가 동쪽에는 제(齊)나라, 남쪽에는 초(楚)나라, 북쪽에는 조(趙)나라, 서쪽에는 한(韓)나라가 각각 있어 노리고 있습니다. 그래서 제나라와 연합하지 않으면 제가 동쪽을, 초나라와 연합하지 않으면 초가 남쪽을, 조나라와 연합하지 않으면 조가 북쪽을, 한나라와 연합하지 않으면 한이 서쪽을 각각 공격할 것입니다. 이것을 『사분오열의 도(四分五裂之道)』라고 합니다」

전국시대 일곱 개 나라가 자웅을 겨루고 있을 때 그 중에서도 가장 강한 나라인 진나라는 연횡(連衡)책으로 기타 6국의 합종(合縱)책에 대처하면서 천하의 통일을 노렸다.

《전국책》에, 「사분오열이란 둥근 것은 치고 모난 것은 파한다(四分五裂者 所以擊圓破方也)」라고 뜻을 밝혔다. 현재는 세력이 각각 찢어져 힘을 발휘하지 못하는 상태를 말한다.

사불급설 駟不及舌

네 마리 말 駟 아니 不 미칠 及 혀 舌

《논어》 안연편(顔淵篇)

입에서 나온 말은 삽시간에 퍼진다. 말을 조심하라

말을 조심해야 한다는 경계의 말은 예부터 많이 전해지고 있다. 《시경》 대아 억편(抑篇)에 나오는,

흰 구슬의 이지러진 것은 차라리 갈(磨) 수 있지만
이 말의 이지러진 것은 어찌할 수 없다.

白圭之玷尙可磨也　斯言之玷不可爲也
백규지점상가마야　사언지점불가위야

풍 도

라고 한 것도 한 예다. 공자의 제자 남용(南容)은 이 시를 읽으며, 그 뜻의 깊음에 감탄한 나머지 세 번을 거듭 되풀이했고, 공자는 그것을 보고, 「남용은 나라에 도가 있으면 출세를 할 것이요, 나라에 도가 없어도 욕을 당하지 않을 것이다」 하고 그를 조카사위로 삼았다는 이야기가 《논어》에 나온다.

당나라 명재상 풍도(馮道)는 그의 「설시(舌詩)」에서, 「입은 화의

문이요, 혀는 몸을 베는 칼이다(口是禍之門 舌是斬自刀)」라고 했다.

네 마리 말(駟馬)이 끄는 어가

우리가 흔히 쓰는 「화자구출(禍自口出)이요, 병자구입(病自口入)」이란 문자도 다 같은 뜻에서 나온 것이다. 여기에 나오는 「사불급설」도 말을 조심해야 한다는 비유로 한 말이다. 사(駟)는 네 마리의 말이 끄는 빠른 수레를 말한다. 아무리 빠른 수레로도 한번 해버린 말을 붙들지는 못한다는 뜻이다. 즉 「네 마리 말도 혀에는 미치지 못한다」는 뜻이다.

이것은 《논어》 안연편에 나오는 자공(子貢)의 말이다.

극자성(棘子成)이란 사람이 자공을 보고 말했다.

「군자는 질(質)만 있으면 그만이다. 문(文)이 무엇 때문에 필요하겠는가?」 그러자 자공은,

「안타깝도다, 사(駟 : 네 마리 말이 끄는 마차)도 혀를 미치지 못한다. 문이 질과 같고, 질이 문과 같다면 호랑이나 표범의 가죽이 개나 양의 가죽과 같단 말인가」라고 그의 경솔한 말을 반박했다.

「질(質)」은 소박한 인간의 본성을 말하고, 「문(文)」은 인간만이 가지고 있는 예의범절 등 외면치레를 극자성은 말하고 있는 것 같다. 실상 그로서는 호랑이 가죽이나 개 가죽을 같이 보았는지도 모른다.

사불여죽죽불여육 絲不如竹竹不如肉

실 絲 아닐 不 같을 如 대나무 竹 고기 肉

《세설신어(世說新語)》 식감(識鑒)편

「현악기는 관악기만 못하고, 관악기는 사람의 육성만 못하다」라는 뜻으로, 기악보다는 성악이 낫다는 뜻이다. 환온(桓溫)과 맹가(孟嘉)의 고사에서 유래되었다.

환온은 동진(東晉)의 장수로서 촉(蜀) 지방을 정벌하는 등의 공을 세워 정서대장군(征西大將軍)이 되었고, 이후 점점 세력을 확대하여 권력을 장악한 뒤 꼭두각시 황제를 내세워 국정을 좌지우지한 인물이다. 맹가는 환온을 보좌하는 막료들의 우두머리로, 전원시인(田園詩人)으로 유명한 도연명(陶淵明)의 외조부이다.

어느 날, 환온이 맹가에게 「음악을 연주하는 소리를 들어보면, 사는 죽만 못하고, 죽은 육성만 못한데, 어째서 그런 것인가(聽伎 絲不如竹 竹不如肉 何也)?」라고 물었다. 여기서 사(絲)는 거문고나 가야금 같은 현악기를 뜻하고, 죽(竹)은 피리 같은 관악기를 뜻하며, 육(肉)은 사람의 육성으로 내는 성악을 뜻한다.

이에 대하여 맹가는 「점점 자연에 가까워지기 때문입니다(漸近自然)」라고 대답하였다.

아름다운 소리를 내지만 가녀리고 기교가 밴 현악기보다는 웅장하고 씩씩한 소리를 내는 관악기가, 그리고 관악기보다는 사람의 목소리로 내는 성악이 더 자연스러운 소리라는 말이다.

사람의 목소리는 자연이 준 최고의 악기라는 표현이 있는데, 이와 의미가 일맥상통한다.

사시지서 四時之序

넉四 때時 갈之 차례序

《사기》 범수채택(范睢蔡澤)열전

공을 이루고 명성을 얻은 자는 춘하추동의 계절이 차례로 바뀌어 가듯이, 깨끗이 그 자리를 후진에게 물려주어야 한다는 말.

「사시지서 성공자거(四時之序 成功者去)」에서 나온 말로서, 춘하추동이 변함없이 돌고 도는 것을 말한다. 봄은 제 할 일 다 하고 나면 여름에게 넘겨준다. 여름도 제 역할을 다 하면 가을에게 양보한다. 가을과 겨울도 그 주역의 자리를 그렇게 하고 사라진다. 자연의 순환이요 우주의 섭리이다.

《사기》 범수·채택열전에 있는 이야기다.

진나라 시황제가 등장하기 얼마 전 이야기이다. 진나라 재상 범수(范睢)는 내정(內政)과 외교에 업적이 컸다. 왕의 신임도 돈독해서 절정에 있으니 득의만만할 때였다.

이때 연(燕)나라 사람으로 변설이 뛰어나고 지략이 풍부해 제후들에게 다니면서 유세를 하고 다니던 채택(蔡澤)이 진나라의 함양에 가서 범수의 뒤를 이어 채택이 재상에 오를 것이라는 소문을 퍼뜨렸다. 그래서 범수는 채택을 만나 진나라 재상의 자리에 오르려고 하는 이유를 물어보았다.

채택이 말했다.

「공은 어찌 그것을 아직도 모르신단 말입니까. 네 계절이 바뀌는 것처럼 공로를 이룬 사람은 차례로 교체되는 법입니다(凡夫四時之序 成功者去). 무릇 사람이 태어나서 오체(五體)가 건강하고 수족이

말을 잘 들으며, 눈귀가 밝고, 마음이 성스럽고 지혜로운 것이 선비된 사람의 소원이 아니겠습니까?」

범수가 말했다.

「옳은 말씀이오. 나도 『욕심을 부리며 그칠 줄 모르면 그 욕심 부린 것을 잃고, 가지고도 만족할 줄 모르면 그 가진 것도 잃는다』란 말을 들었는데, 다행히도 나는 선생으로부터 가르침을 받았으니 삼가 그 말에 따르리다」

그 후 범수는 초야에 묻혀 편안한 노후를 보냈다. 자신의 역할을 다 했으면 과감하게 그 무대에서 물러나는 지혜로움이 유구한 역사에 회자되고 있는 전설 같은 이야기이다.

우리들 세인들은 어떠한가? 잇속이 생기는 자리에 앉으면 대를 이으려고 한다. 그놈의 욕심이 무지하고 무지하다. 공을 이루면 4계절이 돌고 돌 듯이 미련 없이 떠나야 지혜로운 사람이라 선인은 일러준다.

一兎走衢 萬人逐之
일토주구 만인축지

一人獲之 貪者悉止
일인획지 탐자실지

토끼 한 마리가 네거리에서 달려가면 만 사람이 쫓아가지만, 한 사람이 그걸 붙잡으면 욕심내던 사람들은 모두 그만둔다.

— 《삼국지》 위서(魏書) 원소전(袁紹傳)

*나라를 다스리는 도리를 비유한 말로서, 명분과 직분이 확정되면 다른 사람이 더는 그 자리를 탐내지 않는다는 뜻.

사위지기자사 士爲知己者死

선비 士 할 爲 알 知 자기 己 놈 者 죽을 死

《사기(史記)》 자객열전(刺客列傳)

사

「선비는 자신을 알아주는 사람을 위해서 목숨을 바치고(士爲知己者死), 여인은 자신을 사랑해주는 사람을 위해서 얼굴을 고친다(女爲說己者容)」 라고 한 데서 유래한 말이다.

《사기》 자객열전에 있는 이야기다.

예양(豫讓)은 진(晋)나라 사람이다. 일찍이 범씨(范氏) 및 중항씨(中行氏)를 섬겼으나, 명성이 오르지 않자 떠나서 지백(智伯)을 섬겼다. 지백은 그를 매우 존경하고 사랑했는데, 지백이 조양자(趙襄子)를 치자 조양자는 한(韓)·위(魏) 두 나라가 공모하여 지백을 멸망시키고 그 자손을 죽인 다음 땅을 셋으로 쪼갰다. 이 때 셋으로 나뉘어 독립한 나라들이 바로 조나라·한나라·위나라이다. 이를 삼진(三晋)이라고 한다. 조양자는 지백을 심히 미워하여 지백의 두개골에 옻칠을 하여 요강으로 사용했다.

예양은 산속으로 도망쳐 스스로 다짐했다.

「아아, 『사나이는 나를 알아주는 이를 위해 죽고, 아녀자는 자신을 기쁘게 해주는 이를 위해 모양을 낸다(士為知己者死 女為說己者容)』 고 했던가. 지백은 진실로 나를 아는 지기(知己)였지. 나는 무슨 일이 있더라도 지백을 위해 원수를 갚고, 죽어서 이를 지백에게 알려준다면 내 혼백도 부끄러울 것이 없으리라」

예양은 상대가 자기를 알아보지 못하도록 하기 위해서 몸에 옻칠을 하여 문둥이가 되고 숯을 삼켜 벙어리가 되었는데(몸에 옻칠을

예 양

하면 옻이 올라 문둥병환자처럼 되고 숯을 삼키면 목소리가 나오지 않아 벙어리같이 된다), 거리에서 구걸을 하며 상대의 동정을 살피고 있었다. 그의 처까지도 그 모습을 알아차리지 못했다고 한다.

그리고 이름을 바꾸고 죄인의 무리에 몸을 숨겨 궁중으로 들어가서 변소의 벽을 칠하면서 양자(襄子)를 찔러 죽일 기회만 엿보았다. 양자가 변소에 가는데 어쩐지 가슴이 두근거렸다. 그래서 변소 벽을 바르는 죄수를 잡아다 심문하니 그가 바로 예양이었다.

예양은 암살을 실패하고 심문 과정에서 여러 사람을 모셨던 예양이 왜 이번에 모셨던 지백이라는 사람만을 위해 이토록 집요하게 원수를 갚고자 하는지 묻자, 예양은 이렇게 대답하였다.

「전에 모시던 사람들은 나를 일반 신하 중에 한 사람으로 대하였기에 나도 그들을 많은 주군 중에 하나로 대하였지만. 지백이라는 주군은 나를 특별한 국사(國士)로 대우하였기에 나도 국사(國士)로서 목숨을 걸고 그 은혜에 보답하려는 것이다!」

상대방이 나를 알아달라고 하기 전에 내가 먼저 그를 알아주는 것이 진정 충성을 얻는 방법이라 《논어》의 구절이 있다.

나를 알아주는 사람을 위하여 목숨을 걸듯이 내가 상대방에게 먼저 잘 대해주면 상대방 역시 나에게 최선을 다할 것이다.

사이비 似而非

같을 似 말 이을 而 아닐 非

《맹자》 진심하(盡心下)

겉으로 보면 같은데, 실상은 그것이 아닌 것이 「사이비(似而非)」다. 비슷한데 아니란 말이다.

「사이비란, 사람은 위선자(僞善者)요 사기꾼이다. 사이비란, 물건은 가짜요 모조품이다. 사이비란, 행동은 위선이요 가면이요 술책이다. 유사 종교니 유사품이니 하는 것도 다 사이비를 말한다. 이 세상을 어지럽게 만드는 것 중에 사이비가 차지하는 비중이 가장 클 것이다」

이것은 맹자의 말이다. 맹자는 제자 만장(萬章)과 이런 문답을 한다. 만장이 물었다.

「온 고을이 다 그를 원인(原人 : 점잖은 사람)이라고 하면, 어디를 가나 원인일 터인데, 공자께서 덕(德)의 도적이라고 하신 것은 무슨 까닭입니까?」

「비난을 하려 해도 비난할 것이 없고, 공격을 하려 해도 공격할 것이 없다. 시대의 흐름에 함께 휩쓸리며 더러운 세상과 호흡을 같이하여, 그의 태도는 충실하고 신의 있는 것 같으며, 그의 행동은 청렴하고 결백한 것 같다. 모든 사람들도 다 그를 좋아하고, 그 자신도 스스로 옳다고 생각하고 있다. 그러나 그와는 함께 참다운 성현의 길로는 들어갈 수가 없다. 그래서 덕의 도적이라고 말하는 것이다.

공자는 말씀하시기를,

『나는 같고도 아닌 것을 미워한다(惡似而非者)』 고 하였다.

공자 묘

가라지를 미워하는 것은 그것이 곡식을 어지럽게 할까 두려워함이요…… 향원(鄕原)을 미워하는 것은 그것이 덕을 어지럽게 할까 두려워함이다. 군자란 도덕의 근본 이치를 반복 실천할 따름이다. 세상에 아첨하는 법은 없다. 올바른 길을 행하면 민중들도 따라온다. 그렇게 되면 세상의 사악도 없어질 것이다」

이상의 문답은 《맹자》 진심편 하(下)에 기록되어 있다. 도덕교육을 주장하는 높으신 분이나 선생님들 가운데 「사이비한 자」가 없으면 다행이겠다.

가짜가 횡행하게 되면 세상에는 진짜가 행세를 할 수 없게 된다. 가짜는 진짜의 적인 것이다.

《성경》에는 예수께서 가라지의 비유를 말씀하셨고, 예수도 가장 미워한 것이 거짓 예언자였다. 동서고금을 막론하고 이 사이비가 항상 말썽이다. 「사이비」를 분간할 수 있는 것은 오직 성자뿐이다.

사이후이 死而後已

죽을 死 어조사 而 나중 後 이미 已

제갈량 / 「후출사표」

살아 있는 한 그만두지 않음.

죽은 뒤에야 일을 그만둔다는 뜻으로, 살아 있는 한 그만두지 않는다는 말. 제갈량이 위(魏)나라를 공격하기 전에 한 말에서 유래한다. 제갈량은 촉한의 소열제(昭烈帝) 유비의 삼고초려(三顧草廬)에 감명을 받고 그의 천하 경략을 돕기 위해 온 힘을 쏟기로 결심하였다. 이런 결심은 유비가 죽고 그의 아들 유선(劉禪)에게도 마찬가지로 충의를 다하였다. 「후출사표」는 촉한(蜀漢)의 승상(丞相)이었던 제갈량이 후주(後主) 유선에게 북벌을 하기 위해 올린 상소문. 흔히 출사표라 하면 전출사표를 말하는 것이고, 후세 사람들이 이 글을 보고 울지 않으면 충신이 아니라고 전해진다.

출사표

「후출사표」에서 제갈량은 이렇게 말했다.

「한(漢)나라의 위업은 익주(益州) 같은 변경에 안주할 수가 없습니다. 반드시 위나라를 멸망시켜 천하를 통일하고 왕업을 중원에 확립해야 합니다. 신은 이 소원을 성취하기 위해 전심전력하고 죽고

삼고초려도(明 화가 대진)

나서야 그만둔다는(死而後已) 각오로 출정하옵니다」

「사이후이」는 제갈량이 왕업을 이룩하기 위해서는 목숨이 붙어 있는 한 전심전력한다는 데서 유래하듯이 어떤 일을 할 때 최선을 다한다는 뜻도 들어 있다.

《논어》 태백편(泰伯篇)에도 있는 말이다.

효성이 지극하고 노(魯)나라에서 후학 양성에 주력한 증자(曾子)는 선비 본연의 참모습을 이렇게 말했다.

「선비는 인(仁)을 자기의 본연의 임무로 삼아야 하는데, 이것이 어찌 무겁지 않겠는가. 죽은 뒤에야 끝나는 일이니(死而後已) 머나먼 길이다」

비슷한 말로 「죽을 때까지 그치지 않고 힘쓴다」는 「폐이후이(斃而後已)」가 있다.

사인사질 斯人斯疾

이 斯 사람 人 병 疾

《논어》 옹야편(雍也篇)

「이 사람이 이런 병에 걸렸다」라는 뜻으로, 사람이 병들어 죽게 되었다는 것을 이르는 말이다.

《논어》 옹야편에 있는 이야기다.

춘추시대, 덕행(德行)에 매우 뛰어난 염백우(冉伯牛)는 고고한 품성으로도 유명하였다. 염백우는 공자의 72명 제자들 가운데서도 공문십철(孔門十哲 : 덕행과 문학, 언어에 각각 우수한 10명의 공자의 제자) 중 한 사람이다. 공자가 몹쓸 병에 걸린 염백우를 찾아가서 병문안하고 위로하며 이렇게 말했다.

염백우

「이렇게 훌륭한 사람이 이런 병이 걸리다니(斯人也 而有斯疾也)!」

공자는 얼마나 안타까운지 두 번이나 되풀이 말했다고 한다.

공자의 이 말에서 나온 「사인사질」은 큰 병에 걸려 죽음에 이르렀거나 죽었다는 것으로, 조문(弔問)할 경우에 주로 쓰는 말이다.

사인선사마 射人先射馬

쏠 射 사람 人 먼저 先 말 馬

두보(杜甫) / 「전출새(前出塞)」

「상대를 쏘아 떨어뜨리자면, 먼저 그가 타고 있는 말을 쏘라」는 것이 말의 뜻이다. 그러면 말은 놀라서 뛰어올라 주인을 떨어뜨리거나 또는 말이 움직이지 못하거나 해서 간단히 그 사람을 잡을 수가 있다는 뜻이다. 상대를 제압하려면 먼저 그 사람이 의지하고 있는 것부터 제거해야 한다.

두보의 「전출새(前出塞)」라는 시에 나오는 말이다. 아홉 수로 된 이 시의 여섯째 수에 이렇게 말하고 있다.

활을 당기려거든 마땅히 센 것을 당기라
화살을 쓰려면 마땅히 긴 것을 써라.
사람을 쏘려거든 먼저 말을 쏘고
적을 사로잡으려거든 먼저 왕을 사로잡으라.
사람을 죽이는 데도 한이 있고
나라를 세우면 저절로 국경이 있다.
진실로 능히 침능을 제압할 수 있다면
어찌 마구 죽일 필요가 있으리오.

挽弓當挽强　用箭當用長　만궁당만강 용전당용장
射人先射馬　擒敵先擒王　사인선사마 금적선금왕
殺人亦有限　立國自有疆　살인역유한 입국자유강
苟能制侵陵　豈在多殺傷　구능제침능 개재다살상

사인선사마(日 화가)

황제 현종이 부질없이 영토 확장을 꾀하며 서쪽 변경으로 군대를 파견한 것을 요새에서 나와 무용한 싸움에 피를 흘린 병사의 입장에서 비판한 연작 아홉 수 중의 하나다. 천보(天寶) 말년의 작품이라고 하며 전반은 옛 민요나 속담일 것이라고 한다.

이 시는 별로 설명이 필요 없는 쉬운 시다. 이 시의 주제는 마지막 두 구절에 집약되어 있다. 적의 침략을 막고 제지할 수만 있다면 그것으로 목적은 이미 다 이룬 것이다. 구태여 많은 생명을 희생시킬 필요가 무엇인가.

강한 활, 긴 화살, 무기는 우수한 것을 써야 한다. 사람을 겨누기보다는 사람을 태우고 달리는 말을 쏘는 것이 효과가 빠르고, 또한 적을 다 잡으려 하지 말고 적의 우두머리를 사로잡으면 일은 간단히 끝나는 것이다. 아무리 사람을 죽여도 다 죽일 수는 없는 일이요, 아무리 영토를 확장시켜도 국경은 항상 있는 법이다. 목적은 적의 침략을 막아 평화로운 세상을 만드는 데 있다. 사람을 많이 죽이는 것이 전쟁의 목적일 수는 없다.

사자후 獅子吼

사자 獅 아들 子 울 吼

《전등록(傳燈錄)》

크게 부르짖어 열변을 토함.

사자의 부르짖음이 「사자후」 다. 사자가 한번 소리를 지르면 그 우렁찬 소리에 짐승이란 짐승은 모두 놀라 피해 숨는다고 한다.

《본초강목》 에는, 「사자는 서역 여러 나라에서 사는데, 눈빛이 번개 같고, 부르짖는 소리가 우레 같아, 매양 한번 부르짖으면 모든 짐승이 피해 숨는다」 고 했다.

이것을 불가에서는 석가모니의 설법의 뜻으로 적용했다. 석가모니는 처음 나자마자, 한 손으로는 하늘을 가리키고, 한 손으로는 땅을 가리키며 일곱 걸음을 옮겨 돈 다음, 사방을 둘러보고 「하늘 위 하늘 아래 오직 나만이 홀로 높다(天上天下 唯我獨尊)」 고 했다는 이야기가 《전등록》 에 나오는데, 이 「천상천하 유아독존」 이란 말을 「사자후」 로 풀이하여 「석가모니 부처께서 도솔천(兜率天 : 미륵보살이 있는 곳)에 태어나 손을 나눠 하늘과 땅을 가리키며 사자후 소리를 질렀다」 라고 했다.

석가의 설법이 사자후와 같다고 한 말이 다시 일반에게 전용되어 열변을 토하며 정당한 의론으로 남을 설복한다는, 다시 말해 웅변이란 뜻으로 쓰이게 되었다. 그런데 이 사자후란 말을 아내의 불호령이란 뜻으로 쓴 예가 있다. 즉 소동파가 친구인 오덕인(吳德仁)에게 보낸 시 가운데서, 같은 친구인 진계상(陳季常)의 아내가 남편에게 퍼붓는 욕설을 「사자후」 라고 표현하고 있다.

편지로 된 이 장시에 다음과 같은 대목이 있다. 시 속에 나오는 용구거사는 진계상을 말한다.

용구거사는 역시 가련하다
공(空)과 유(有)를 말하면 밤에도 자지 않는데
문득 하동의 사자후를 듣자
주장(지팡이)이 손에서 떨어지며 마음이 아찔해진다.

龍丘居士亦可憐　談空說有夜不眠　용구거사역가련 담공설유야불면
忽聞河東獅子吼　拄丈落手心茫然　홀문하동사자후 주장낙수심망연

도솔천궁

진계상은 열렬한 불교도로 항상 참선을 하고, 또 친구들을 모아 불법을 논하며 밤을 새기도 했다. 그의 아내는 하동 유(柳)씨인데, 질투가 어찌나 심한지 손님과 노는 자리에 나타나 남편에게 발악하기를 예사로 했다. 동파는 《불경》 문자인 「사자후」를 인용하여 불교도인 진계상을 야유한 것이다.

이 시에서, 질투심이 강한 아내가 남편에게 불미스러운 욕설을 퍼붓는 것을 「하동 사자후」라고 부르게 되었다. 「사자후」란 말은 과거에는 위에 말한 여러 가지 뜻으로 사용되었는데, 지금은 웅변과 열변을 토한다는 뜻에만 주로 쓰이고 있다.

사제사초 事齊事楚

섬길 事 나라 이름 齊 섬길 事 초나라 楚

《맹자(孟子)》 양혜왕

제(齊)나라도 섬겨야 하고 초(楚)나라도 섬겨야 한다는 뜻으로, 양쪽 사이에서 이러지도 저러지도 못하여 난감한 상황을 이르는 말이다.

춘추전국시대에 등(滕)나라는 나라가 매우 작았으나, 주위에 있는 제나라와 초나라는 큰 나라였다. 두 강대국 사이에서 등나라는 제나라를 섬길 수도 없고 초나라와 가까이하기도 어려웠다.

제나라와 초나라 가운데 한쪽과 친하게 지내면 서로 트집을 잡았기 때문에 등나라는 이럴 수도 없고 저럴 수도 없는 딱한 처지였다.

맹자(孟子)가 등(滕)나라에 갔을 때, 등나라 왕 문공(文公)이 맹자를 찾았다. 문공이 맹자에게 물었다.

「제나라와 초나라의 사이에 위치한 작은 나라인 우리 등나라는 제나라와 초나라 중 어느 나라를 섬겨야 합니까(滕小國也 間於齊楚 事齊乎 事楚乎)?」

맹자가 대답했다.

「그런 계책은 내가 어떻다고 말할 것들이 아닙니다. 굳이 말해야 한다면 한 가지가 있으니, 이 나라의 못(池)을 파고, 이 나라의 성벽을 쌓아서 백성들과 더불어 나라를 지켜 죽는 한이 있더라도 백성들이 떠나지 않게 하기는 해봄직 합니다」

맹자는 등문공에게 두 나라의 눈치를 보며 조바심하기보다는 왕도정치를 베풀면 백성들이 죽음으로써 지켜줄 것이라고 했던 것이다.

사족 蛇足

뱀 蛇 발 足

《전국책》 제책(齊策)

쓸데없는 군일을 하다가 도리어 실패함.

「사족」은 뱀의 발이란 말이다. 그릴 필요가 없는 뱀의 발을 그리다가 내기에 지고 말았다는 고사에서, 필요 없는 공연한 것을 가리켜 「사족」이라고 말한다.

《전국책》 제책(齊策)에 있는 이야기다.

초나라 회왕(懷王) 6년(BC 323)의 일이다. 초나라는 영윤(令尹 : 초나라의 관직명으로 재상)인 소양(昭陽)에게 군사를 주어 위(魏)를 치게 했다. 소양은 위를 격파하고 다시 군사를 이동시켜 제(齊)를 공격하려고 했다. 제의 민왕(閔王 : 湣王)은 이것을 우려하여 마침 진(秦)의 사신으로서 내조(來朝)하고 있던 진진(陳軫)에게 어떻게 하면 좋은가 하고 의논했다.

「걱정하실 필요는 없습니다. 제가 가서 초(楚)에게 싸움을 중지시키겠습니다」

진진은 곧 초군으로 달려가 진중에서 소양과 회견하며 말했다.

「초나라에선 전쟁에 크게 승리하면 어떤 벼슬을 줍니까?」

「벼슬은 상주국(上柱國), 작(爵)은 상집규(上執珪)가 되겠지요」

「그보다 더 높은 지위는 무엇입니까?」

「영윤이 있을 뿐입니다」

「그럼 영윤이 된 사람에게는 관작을 높일 수가 없지 않습니까. 제가 장군을 위해 비유 이야기를 하나 하겠습니다」 하고 다음과 같

은 이야기를 했다.

여러 사람이 술 한 대접을 놓고 혼자 다 마실 내기를 했다. 내기는 땅바닥에 뱀을 먼저 그리는 것이었다.

한 사람이 뱀을 제일 먼저 그렸다. 그는 술은 내 것이다, 하고 왼쪽 손으로 술잔을 들고 오른손으로는 계속 뱀의 발을 그리면서 「나는 발까지 그릴 수 있다」고 뽐냈다.

그러나 그가 미처 발을 다 그리지 않아서 다른 사람이 뱀 그리기를 마치고 술잔을 빼앗아 들더니,

「뱀은 원래 발이 없다. 그런데 자네는 발까지 그렸으니, 발을 그린 뱀은 뱀이 아니다」하고 술을 쭉 들이켜고 말았다.

이야기를 마친 진진은 이렇게 결론을 내렸다.

「장군은 초나라 영윤으로서 위나라를 쳐서 전쟁에 이기고 장군을 죽이고, 성을 여덟을 점령한 다음 다시 제나라를 치려하고 계십니다. 제나라에서는 장군을 무서워하고 있습니다. 이제 장군의 명성은 더 바랄 것이 없게 되었습니다. 그러나 그로 인해 장군에게 더 돌아갈 것이 무엇이겠습니까. 만일 제나라와의 싸움에서 만에 하나 실수라도 한다면 뱀의 발을 그리려다 전부를 잃게 되는 꼴이 되지 않는다고 누가 장담하겠습니까」

소양은 과연 그렇겠다 싶어 군대를 거두어 철수하고 말았다.

이 이야기에서 아무 도움도 되지 않는 공연한 것을 가리켜 「사족」이라고 하게 되었다.

「화사첨족(畵蛇添足)」의 준말이다.

사중우어 沙中偶語

모래 沙 가운데 中 짝 偶 말씀 語

《사기(史記)》 유후세가(留侯世家)

신하들이 비밀리에 모반(謀反)을 논의함.

「모래벌판 한가운데에서 무리지어 마주보며 이야기한다」 라는 뜻으로, 사중(沙中)은 모래톱, 우어(偶語)는 마주보며 수군거림을 말한다. 신하들이 남모르게 나라나 임금을 배반하여 군사를 일으키려고 논의하는 것을 말한다.

한고조 유방이 공신들에게 벼슬을 나누어주자, 벼슬을 받지 못한 여러 장수들이 사지(沙地)에 모여 역모를 논의하였다는 데서 나온 말이다.

한(漢)나라 고조 유방(劉邦)이 해하(垓下)의 결전에서 초(楚)나라의 항우(項羽)를 대파하고 천하통일을 이룬 뒤 공신 20여 명에게 큰 벼슬을 내렸다.

고조가 공로를 조사하여 상을 주었으나, 관직을 받지 못한 다른 장수들이 「모래 위에 무리지어 앉아서 반역을 꾀하고 의논하였다(沙中偶語)」 라고 한 데서 나온 말이다.

고조가 낙양(洛陽)의 남궁(南宮)에서 여러 장수들이 모여 수군거리는 것을 보고 장량(張良)에게 물었다.

「군신들이 무슨 일에 대하여 이야기하는가?」

「반역을 모의하고 있습니다」

그러자 고조는 가장 미워하였던 옹치(雍齒)를 제후(諸侯)로 삼아 장수들의 불만을 누그러뜨렸다고 전해진다.

사지 四知

넉 四 알 知

《십팔사략(十八史略)》

세상에 비밀은 없다. 「하늘이 알고, 땅이 알고, 그대가 알고, 내가 안다(天知地知子知我知)」 고 한 데서 생긴 말이다. 낮말은 새가 듣고 밤말은 쥐가 듣는다는 것과 같은 의미의 차원이 다른 생각이라 말할 수 있다.

후한의 양진(楊震)은 그의 해박한 지식과 청렴결백으로 관서공자(關西公子)라는 칭호를 들었다고 한다. 그가 동래태수로 부임할 때의 일이다. 그는 부임 도중 창읍(昌邑)이란 곳에서 묵게 되었다. 이때 창읍 현령인 왕밀(王密)이 그를 찾아왔다. 그는 양진이 형주자사로 있을 때 무재(茂才)로 추천한 사람이었다. 밤이 되자 왕밀은 품속에 간직하고 있던 10금(金)을 양진에게 주었다. 양진이 이를 거절하면서, 「나는 당신을 정직한 사람으로 믿어 왔는데, 당신은 나를 이렇게 대한단 말인가」 하고 좋게 타일렀다. 그러자 왕밀은, 「지금은 밤중이라 아무도 아는 사람이 없습니다(暮夜無知者)」 하고 마치 양진이 소문날까 두려워하는 식으로 말했다. 양진은 그의 말을 받아 이렇게 나무랐다.

「아무도 모르다니, 하늘이 알고 땅이 알고 그대가 알고 내가 아는데, 어째서 아는 사람이 없다고 한단 말인가?」

여기에서 「사지」 란 말이 생겨났다. 이 이야기는 《후한서》 양진전에도 나오는데, 여기에는 「땅이 안다」 가 「신(神)이 안다」 로 되어 있다. {☞ 모야무지(暮夜無知)}

사체불근오곡불분 四體不勤五穀不分

넉 四 몸 體 아닐 不 부지런할 勤 다섯 五 곡식 穀 구별할 分

《논어》 미자(微子)편

어디라도 자신이 본받을 만한 것은 있다.

「사지를 부지런히 움직이지 않고, 오곡을 구분할 줄도 모른다」라는 뜻으로, 글만 읽는 선비들을 조롱하는 쓰인 말이다. 어떤 농부가 공자의 제자인 자로에게 한 말이라고 한다.

《논어》 미자(微子)편에 있는 이야기다.

춘추시대 공자는 60세를 넘긴 뒤에도 제후의 초빙을 받아 볼까 해서 여러 나라를 돌아다녔지만 일은 뜻대로 되지 않았다.

어느 날, 공자는 여느 때와 마찬가지로 몇몇 제자들과 함께 어려운 길을 걷고 있었는데, 제자 자로(子路)는 뒤처져 떨어지게 되었다.

이때 뒤쳐진 자로가 밭에서 김을 매는 농부를 보고 물었다.

「저의 스승님을 보지 못했습니까?」

그 농부는 이렇게 대답했다다.

「사지를 놀리기 싫어하고 오곡도 분간하지 못하는 사람을 어찌 스승이라 할 수 있소(四體不勤 五穀不分 孰爲夫子)」

자로가 무안해서 머리를 숙이고 공손히 서 있자 그 농부는 자로가 예절 있는 사람임을 알고 집에 데려가 푸짐하게 음식을 대접하였다. 이튿날, 자로는 일행을 뒤쫓아 가 공자에게 그 농부와 만난 일에 대하여 이야기하였다. 공자는 「그 사람은 은자(隱者)이다」 라고 말하고는 자로에게 되돌아가서 그를 다시 만나보도록 하였으나, 그 농부는 온데간데없었다고 한다.

사해형제 四海兄弟

넉 四 바다 海 형 兄 아우 弟

《논어》 안연편(顔淵篇)

뜻을 같이하고 마음이 일치한다면 누구라도 형제와 같이 지낼 수 있다. 사해동포라고도 한다. 공자의 제자로 사마우(司馬牛)라는 사람이 있었다. 이 사마우에게는 환퇴라는 대악당인 형이 있었다. 환퇴는 공자를 죽이려고까지 한 적도 있었다.

공자 행교도(行敎圖, 明 화가 대진)

사마우는 아주 슬퍼하며, 「남에게는 다 형제가 있으나 나만이 형제를 잃고 독신입니다」 라고 말했다. 공자의 고제자로 보좌 격이었던 자하는 그것을 위로해서 다음과 같이 말했다.

「『죽고 사는 것이 다 천명이고, 부귀 역시 천운에 의한다』 라는 말을 들었다. 군자는 공경해서 잃지 않고 남에게 공손히 해서 예가 있으면 사해(四海) 중 다 형제다. 그러므로 군자라면 형제가 없는 것을 걱정하지 않아도 좋은 것이 아닌가」 라고.

공자성적도(孔子聖蹟圖 : 宋人伐木 ; 환퇴가 큰 나무를 베어 공자를 해치려 함)

또 어느 때, 사마우가 「군자란 어떤 인간입니까?」 하고 선생에게 물었다.

공자가 대답하기를 「군자는 걱정 근심을 하거나 겁을 내거나 하지 않는 것이다」 하자,

사마우는 다시, 「걱정하지 않고 겁내지 않으면 군자라고 할 수 있습니까?」 하고 물었다.

공자는 「안으로 반성을 해서 떳떳하다면 무엇을 걱정하고 무엇을 겁내겠는가」 하고 대답했다.

「내성불구(內省不疚)」는 많이 쓰이는 말이다. 크게 떳떳치 못하면서도, 얼굴도 잘난 체 자랑하고 그것을 호언(豪言)하는 사람도 있다. 사마우에 대한 논어의 이야기는 환퇴라는 포악무도한 형이 있었다는 것을 모르면 뚜렷해지지 않는다.

사회부연 死灰復燃

죽을 死 재 灰 다시 復 사를 燃

《사기》 한장유열전(韓長孺列傳)

세력을 잃었던 사람이 다시 세력을 잡음.

서한(西漢)시대, 한 문제(文帝)의 둘째아들인 양(梁) 효왕(孝王)의 수하에는 한안국(韓安國)이라는 관리가 있었다. 그의 자는 장유(長孺)이며 성안(成安) 사람이었다. 그는 일찍이 한비자와 잡가(雜家)의 학설을 추(騶)지방의 전생(田生)에게서 배우고, 양나라 효왕을 섬겨 중대부(中大夫)가 되었던 인물이었다.

양나라 효왕은 효경제와 어머니가 같은 형제였으므로, 그 어머니인 두태후는 효왕을 사랑하여 몸소 천자에게 청하여, 양나라에 재상과 2천 석을 받는 고관을 둘 수 있게 해주었다. 그런데 효왕은 왕의 신분을 넘어 천자의 격식에 준하여 행동하였다. 효경제는 이 말을 듣고 마땅치 않게 여겼다. 태후도 천자가 마음속으로 못마땅해 하는 것을 알고 노하여 양나라의 사신을 만나지도 않고, 서신을 통해 왕의 행위를 꾸짖었다. 한안국은 양나라의 사신이 되어 효경제의 맏누이인 대장공주(大長公主)를 알현하고 울면서 말했다.

「양왕은 아들로서 효도를 다하고 신하로서 충성을 다했는데 어찌 태후께서 그것을 알아주지 않으십니까? 지금 태후께서 사소한 예절을 가지고 양왕을 책망하고 계십니다. 지금 사신이 올 때마다 서면으로 문책하시니 양왕은 두려워서 밤낮으로 눈물을 흘리며 태후와 황제를 사모할 뿐, 어찌할 바를 모르고 있습니다」

대장공주가 이 말을 자세하게 태후에게 보고하자, 태후는 기뻐하

며 말했다.

「이 말을 천자에게 알려라」

대장공주가 천자에게 아뢰자, 천자도 마음을 풀고 태후에게 사과하여 말했다.

「형제가 화목하게 지내지 못해 태후께 걱정을 끼쳐드렸습니다」

그리하여 양나라의 사신들을 모두 만나고 후하게 금품을 하사하였다. 태후와 대장공주는 교대로 한안국에게 선물을 보냈으며, 한안국도 이 일로 유명하게 되고 한나라 조정과도 인연을 맺게 되었다.

그 후, 한안국은 법을 어기는 일을 하게 되어 몽현(蒙縣)의 감옥에 갇히게 되었다. 그런데 감옥의 관리인 전갑(田甲)이 늘 한안국을 모욕하였다. 한번은, 전갑이 한안국을 모욕하는 소리를 하자 한안국은 속으로 몹시 화가 났으나 조용히 말했다.

「불이 다 꺼진 재일지라도 다시 타오르는 일이 절대로 없지는 않을 것이다(死灰獨不復燃乎)」

그러자 전갑은 비웃듯이 대꾸했다.

「다시 탄다면 내가 오줌을 누어 꺼버리겠다」

그 후 한안국의 형기가 끝날 무렵, 양나라 효왕(孝王)이 관할하는 지역의 내사(內史)에 결원이 생기자, 효왕은 사람을 보내 한안국을 양나라의 내사로 임명하도록 지시했다. 한안국은 감옥에서 나와 2천 석의 봉록을 받는 고관이 되었다.

한편, 이 소식을 전해들은 전갑이 놀라 도망치자, 한안국은 전갑이 관직에 복귀하지 않으면 일족을 몰살하겠다고 포고하였다. 전갑이 웃옷을 벗고 어깨를 드러낸 채 죄를 빌자, 한안국은 웃으며 말했다.

「오줌을 누어 보거라. 너희 같은 놈들은 문책할 가치조차 없다」

그러면서 전갑을 풀어주었다.

산음승흥 山陰乘興

뫼 山 음지 陰 탈 乘 흥할 興

《세설신어(世說新語)》 임탄(任誕)편

산음 땅에서 흥이 일었다는 뜻으로, 친구를 만나러 감.

서성(書聖) 왕희지(王羲之)의 아들 왕휘지(王徽之)의 일화에서 유래한다.

《세설신어》 임탄(任誕)편에 있는 이야기다.

왕희지(王羲之)의 아들 왕휘지(王徽之)가 산음현(山陰縣 : 지금의 紹興)에 살았는데, 어느 날 저녁 큰 눈이 왔다. 문득 잠에서 깨어나 문을 열고 술상을 가지고 오라고 하고서 사방천지를 둘러보니 너무나도 밝고 깨끗하였다.

일어나 이리저리 거닐며 좌사(左思)의 초은시(招隱詩)를 읊었다.

문득 친구 대규(戴逵 : 자는 安道)가 생각났다. 마침 대규는 섬(剡) 땅에 있었기에 즉시 작은 배를 빌려 타고 친구를 찾아갔다. 날이 샐 때쯤 친구의 집 앞에 도착했는데, 그 집 문 앞에서 발길을 돌렸다. 사람들이 그 까닭을 물으니 왕휘지는 이렇게 말했다.

「내가 본래 흥이 나서 갔는데 문전에 가서는 흥이 딱 떨어져서 돌아온 것이니 어찌 반드시 그 사람을 보아야만 하는가?(吾本乘興而行 興盡而返 何必見戴)」

이것은 일시적인 기쁨은 오래 가지 않는다는 뜻으로, 기분에 따라 행동하는 것을 뜻하기도 한다. 이때부터 산음승흥(山陰乘興)은 「친구를 방문(訪問)하는 것」을 뜻하게 되었다. 다른 말로 산음야설(山陰夜雪)이라고도 한다. 참으로 멋진 풍류다.

산중재상 山中宰相

뫼 山 가운데 中 재상 宰 재상 相

《남사(南史)》

산중에 은거하며 나라에 중대한 일이 있을 때만 나와 일을 보는 사람.

이 말은 유·불·도 삼교(三敎)에 능통했던 중국 남조(南朝)의 양(梁)나라 학자 도홍경(陶弘景)이 양 무제(武帝)의 신임이 두터웠으며, 국가의 길흉·정토(征討) 등 대사에 자문역할을 하여 산중재상(山中宰相)이라고 불리었던 데서 유래한다.

도홍경

《남사(南史)》에 있는 이야기다.

도홍경의 다른 이름은 화양진인(華陽眞人)이다. 도홍경의 아버지가 첩(妾)에 의하여 죽임을 당하는 것을 직접 눈으로 목격한 도홍경은 죽을 때까지 결혼하지 않고 독신생활을 하였다.

도홍경은 총명하였고 갈홍의 저서에 큰 영향을 받았다. 도술을 닦기 좋아했으며 책 만 권을 읽었으며 경사자집을 통독하였으며 거문고와 장기, 바둑, 그림, 붓글씨에도 조예가 깊었다.

도홍경 흉상

도홍경의 키는 7척 7촌 이며 풍채가 수려하였다. 눈동자가 맑고 시원스럽게 생겼으며 눈썹이 가지런했다. 이마는 넓고 두 귀는 높이 치솟았으며 귀마다 70개의 털이 밖으로 2촌 쯤 길게 나와 있고 오른쪽 무릎에 수십 개의 검은 점이 있는데 칠성문(七星文)을 이루고 있었다. 도홍경의 귓속은 긴 털로 꽉 차 있었기 때문에 사람들은 도홍경의 귀를 쳐다볼 때마다 괴인이라고 생각했다.

도홍경이 20세 때 이미 명성이 대단한 학자로 소문이 나 있었다. 그래서 남조(南朝) 제(齊)나라의 조정으로 초청받고 약관의 나이에도 불구하고 왕들에게 경학(經學)을 가르치는 스승이 되었다. 남제(南齊)의 초대왕 고제(高帝)와 2대 왕 무제(武帝)의 스승이었다. 조정으로 불려 들어간 후 바깥세상과 접촉이 없었다. 그래서 도홍경은 시간 있을 때마다 글을 읽었다.

도홍경의 가세는 매우 빈곤하였다. 그래서 조정에서 도홍경을 지방 군수로 임명하였다. 그러나 도홍경은 응답이 없었다. 도홍경은 고집을 부리고 영명(永明) 10년 서기 492년에 조복(朝服)을 벗어버리기로 마음먹었다. 도홍경은 신무문(神武門) 위에 관복을 걸어놓고 관직을 사임하고 고향으로 돌아가겠다고 임금에게 아뢰었다. 그리고 고향 부근에 있는 모산(茅山) 속으로 들어갔다.

양무제(梁武帝)는 도홍경을 매우 존경하였다. 양무제와는 어렸을 때부터 친구였기 때문에 친분이 있었으므로 양무제는 도홍경을 자주 만나 담소하였다.

남조 양무제

무제는 도홍경에게 여러 차례 조정으로 들어오면 벼슬을 주겠다고 약속했다. 그러나 도홍경은 완강히 양무제의 권고를 사절했다.

도홍경은 그림을 한 폭 그려서 자신의 심정을 잘 표현했다. 도홍경이 그린 그림은 화폭 위에 소 두 마리가 있었다. 그 중 한 마리는 풀밭에서 풀을 뜯어먹고 있는 유유자적한 그림이었고 또 한 마리의 소는 황금(黃金)으로 만든 소의 굴레가 매어져 있었다. 주인이 고삐를 잡아끌려가고 있었다. 주인은 채찍을 들어 소를 때리려고 하는 그림이었다.

무제는 도홍경이 보낸 그림을 본 후 「도홍경은 장자와 비슷한 사람이군. 아마도 벼슬하고 싶은 마음이 없는가 보군!」 하고 말했다.

그러나 무제는 국가의 대사를 결정하기 어려울 때는 도홍경에게 신하를 보내거나 친히 도홍경이 거처하는 산중 속으로 찾아가서 그의 고견(高見)을 듣고 국사를 논하였다. 그래서 사람들은 도홍경을 산중재상(山中宰相)이라고 불렀다.

살신성인 殺身成仁

죽일 殺 몸 身 이룰 成 어질 仁

《논어》 위령공편(衛靈公篇)

공자는 말하기를, 「지사(志士)와 인인(仁人)은 삶을 찾아 인(仁)을 해치는 일이 없고, 몸을 죽여 인을 이룩하는 일은 있다(志士仁人 無求生以害仁 有殺身成仁)」라고 했다. 「살신성인」은 쉽게 말해서 올바른 일을 위해서는 몸도 희생한다는 뜻이다. 《맹자》에는 공자의 말이라 하여 지사와 용사를 대립시켜 말한 곳이 있다. 그래서 뒷사람들은 이 지사를 의(義)를 지키는 의사의 뜻으로 풀이했다. 우리가 말하는 안중근 의사니 윤봉길 의사니 하는 것도 실상 그분들이 나라와 겨레를 위해 몸을 희생시킨 것이 공자가 말한 「살신성인」에 해당하기 때문에 붙인 이름이다.

때로는 단순한 뜻을 가진 사람을 지사라고도 부르기 때문에 지사라는 이름 대신 살신성인의 「의사」라는 이름을 붙인 것이다.

또 이 지사(志士)를 지사(知士)로 풀이한 사람도 있다. 도의를 지키는 사람이든 지혜로운 사람이든 그것은 그리 문제될 것이 없다. 어떻든 그가 가지고 있는 신념을 살리기 위해서는 하나밖에 없는 생명도 달게 버릴 수 있다는 것을 강조한 말이다.

그러나 그것은 어디까지나 양자택일을 할 마당에서의 이야기다. 덮어놓고 목숨을 바치는 것을 「살신성인」으로 오인한다면 그것은 고작 좋게 보아서 만용(蠻勇)밖에 될 것이 없다. 차원은 다르지만, 「아침에 도를 들으면 저녁에 죽어도 좋다(朝聞道 夕死可矣)」라고 한 달관을 얻은 사람이 아니면 역시 「살신성인」은 어려운 일이다.

살인부잡안 殺人不眨眼

죽일 殺 사람 人 아닐 不 눈깜짝일 眨 눈 眼

《오등회원(五燈會元)》

사

살인을 하면서 눈도 깜짝하지 않는다는 뜻으로, 극악무도한 성격이나 그런 사람을 비유하는 말.

송(宋)나라 태조 때, 대장군 조한(曹翰)이 강남을 토벌하고 나서 군대를 이끌고 여산(廬山)의 원통사(圓通寺)에 들렀다. 이때 원통사의 승려들은 성격이 거칠고 잔인한 장수가 군사들을 이끌고 쳐들어온다는 소식을 듣고는 모두 혼비백산해서 숨어버렸다. 조한이 법당 안으로 들어왔을 때 연덕선사(緣德禪師)는 단좌한 채 조한을 맞이하였다. 조한이 절에 들어서자 연덕선사는 인사커녕 일어서지도 않고 태연자약하게 앉아 있었다. 잔뜩 화가 난 조한이 윽박지르듯 외쳤다.

조한이 화가 나서 「그대는 눈도 깜짝거리지 않고 사람을 죽이는 장수가 있다는 말을 들어보지 못하였는가(長老不聞殺人不眨眼將軍乎)」라고 소리쳤다. 그러나 연덕선사는 「그대가 생사를 두려워하지 않는 화상이 있다는 것을 어찌 알겠는가(汝安知有不懼生死和尙耶)」라고 말했다. 조한이 범상치 않은 선사의 태도에 공경하는 기색을 비치며 승려들이 모두 어디로 갔느냐고 묻자, 연덕선사는 북을 두드리면 돌아올 것이라고 대답하였다. 조한이 북을 두드렸는데도 아무도 나타나지 않자 그 까닭을 물으니, 연덕선사는 「북소리에 살기가 서려 있기 때문이다」라고 말했다. 그리고는 연덕선사가 북을 두드리니 승려들이 곧 모여들었다. 조한이 감복하여 절을 하며 전쟁에서 이기는 방책을 가르쳐 달라고 하자, 연덕선사는 「모른다」라고 대답했다.

살처구장 殺妻求將

죽일 殺 아내 妻 구할 求 장수 將

《사기》 손자오기열전(孫子吳起列傳)

아내를 죽여 장군이 된다는 뜻으로, 명성이나 이익을 얻기 위하여 흉악하고 잔인한 수단을 망설이지 않고 사용함을 비유한 말.

오기(吳起)가 제나라의 침략을 막아낼 노나라 장군으로 천거될 때 그의 아내가 제나라 사람이란 것이 문제되자 아내를 죽이고 장수가 된 데서 유래. 즉, 명리(名利)나 권세를 얻기 위하여 반인륜적인 흉악 잔인한 방법을 쓰는 것을 비유함.

증 삼

《사기》 손자오기열전에 있는 이야기다.

전국시대, 병법에 뛰어난 오기(吳起, BC 440~BC 381)라는 사람이 있었다. 그는 위(衛)나라 사람으로서 부유한 가정의 출신이었다. 그는 젊었을 적 공명(功名)을 얻기 위하여 여러 곳을 돌아다녔으나 결국 아무것도 이루지 못하였다.

고향 사람들이 자신을 비웃자, 오기는 자신을 조롱한 사람 30여 명을 죽이고 밤을 틈타 위나라를 도망쳐 나왔다. 그는 어머니와 이별하면서 대부나 재상이 되어 돌아오겠다고 말하면서, 자신의 팔뚝을 물어뜯었다.

그 길로 그는 노(魯)나라로 향했다. 노나라에서는 공자의 제자인 증자(曾子 : 曾參)의 제자가 되어 열심히 공부하고 증자의 아들인 증신(曾申)과 절친하여 그의 천거를 받았으며, 제(齊)나라의 대부 전거(田居)가 노나라를 방문했을 때 이웃집에 있는 오기의 열성적인 학문 태도를 보고 증신의 소개로 만나게 되었다.

오 기

대화를 통해 오기가 비범한 인재임을 알아본 전거는 어질고 미인인 자신의 딸을 주어 사위로 삼았다. 그야말로 최고의 혼인이었으므로 둘은 매우 행복하게 살았다. 그러나 고향 위나라에서 모친의 사망 소식이 왔을 때 그는 대부나 재상이 되어서야 돌아오겠다고 한 자신의 맹세를 지켜 달려가 상을 치르지 않아 스승 증자로부터 절연당했다.

얼마 후, 제나라가 노나라를 침략하게 되자 노나라 목공(穆公)은 오기를 장군으로 임명하려 하였으나, 그가 제나라 대부 전거의 사위라는 점 때문에 결정을 내릴 수가 없었다. 이런 사실을 알아차린 오기는 공명을 얻고자 하는 마음에서 조금도 망설이지 않고 자신의 아내를 죽임으로써 제나라와 아무런 관계가 없음을 증명해 보였다(吳起于是欲就名 遂殺其妻 以明不與齊也).

그러나 목공은 오기가 너무 잔인하다고 생각하여 그를 해임하고 말았다. 이에 오기는 위(魏)나라로 향하게 된다.

삼고초려 三顧草廬

석 三 돌아볼 顧 풀 草 오두막집 廬

제갈량(諸葛亮) / 「출사표(出師表)」

신분이나 지위가 높은 사람이 남들이 대단치 않게 보는 사람을 자기 사람으로 만들기 위해 간곡하게 청하는 것. 「삼고초려」는 세 번이나 보잘것없는 초막으로 찾아갔다는 뜻이다.

삼국시대 때의 유현덕이 와룡강(臥籠崗)에 은둔해 사는 제갈공명을 불러내기 위해 세 번이나 그를 찾아가 있는 정성을 다해 보임으로써 마침내 공명의 마음을 감동시켜 그를 세상 밖으로 끌어낼 수 있었던 것은 유명한 이야기다.

그래서 이 「삼고초려」는 신분이나 지위가 높은 사람이 세상 사람들이 대단치 않게 보는 사람을 끌어내어 자기 사람으로 만들려는 겸손한 태도와 간곡한 성의를 뜻하는 말로 쓰이게 되었다.

그런데 이 삼고초려란 말이 《삼국지》 제갈량전에는, 「세 번 가서 이에 보게 되었다(三往乃見)」고 나와 있을 뿐이다. 실제 이 말이 나온 것은 제갈량의 유명한 「출사표(出師表)」 속에서다. 여기서 제갈량은 자기가 세상에 나오게 된 경위를 이렇게 말하고 있다.

「신은 본래 포의(布衣 : 평민)로서 몸소 남양(南陽)에서 밭갈이하며 구차히 어지러운 세상에 목숨을 보존하려 했을 뿐, 제후들 사이에 이름이 알리기를 바라지는 않았습니다. 선제(先帝 : 유현덕)께서 신의 천한 몸을 천하다 생각지 않으시고, 황공하게도 스스로 몸을 굽히시어 세 번이나 신을 초막으로 찾아오셔서(三顧臣於草廬之中) 당면한 세상일을 신에게 물으시는지라, 이로 인해 감격하여 선제를 위해 쫓아다닐 것을 결심하게 되었던 것입니다」

《삼국지연의》에는 제갈량이 유비 현덕이 두 번째까지의 방문 때는 고의로 만나주지 않다가 유비의 정성이 워낙 간곡했기 때문에 세 번째는 만나서 유비를 돕기로 확답을 했다고 되어 있다.

마침내 제갈량은 유비의 군사(軍師)가 되어 수많은 계책을 내고 승전하게 함으로써 촉나라의 기틀을 잡아놓게 되었는데, 유비가 황제의 위에 오르자 그는 승상이 되었다.

유비가 현자를 구하기 위해 그토록 열성적이었다는 데서, 어떤 사람을 여러번 성심성의껏 청하는 것을「삼고초려」라고 하게 되었다. 동시에 유비가 제갈량을 청하는 일이 그토록 쉽지 않았다는 데서 여러 번 청해도 응하지 않는 것을 또한 그렇게 말하기도 한다.

「삼고모려(三顧茅廬)」라고도 한다.

융중삼고도(淸 화가 서조)

삼년불비우불명 三年不飛又不鳴

석 三 해 年 아닐 不 날 飛 또 又 아닐 不 울 鳴

《여씨춘추(呂氏春秋)》 심응람(審應覽)

큰 뜻을 펼칠 날을 기다림.

「3년 동안 날지도 않고 울지도 않는다」 라는 뜻으로, 큰 뜻을 펼칠 날을 기다리는 것을 비유한 말. 또한 활동해야 할 사람이 활동을 하지 않는 것을 가리켜 말하게 된다.

《여씨춘추(呂氏春秋)》 에 있는 이야기다.

오패(五覇)의 한 사람인 초장왕(楚壯王)은 왕이 된 지 3년이 되도록 정치에는 관심이 없고 술과 여자와 춤과 노래만을 즐기고 있었다. 이를 말리는 신하들의 간섭이 귀찮아진 장왕은 그가 있는 방 앞에 「감히 간하는 사람이 있으면 죽음을 당하리라(敢諫者死)」 는 현판까지 걸어두었다.

이를 보다 못한 성공가(成公賈)가 좋은 꾀를 생각해냈다.

성공가가 들어오는 태도를 바라보고 있던 장왕은 「간하는 사람은 죽는다는 현판을 보지 못했는가? 아니면 술을 마시고 싶어 들어왔는가, 음악이 듣고 싶어 들어왔는가?」 하고 선수를 쳤다.

「신은 간하러 온 것이 아니라 수수께끼를 하나 들려드리러 왔습니다」

「그래 어디 말해 보게」

「남쪽 언덕에 새가 한 마리 날아와 앉았는데 3년이 되도록 꼼짝도 하지 않으며, 나는 일도 없으며, 우는 일도 없으니 이 새가 대관절 무슨 새이겠습니까?」

초장왕

「3년을 움직이지 않는 것은 뜻을 굳히기 위해서다. 날지 않는 것은 날개가 완전히 여물어지기를 기다리고 있는 것이다. 울지 않는 것은 백성들이 어떻게 하는지를 지켜보기 위한 것이다. 이 새가 한번 날면 하늘에 닿을 것이요, 한번 울면 사람을 놀라게 할 것이다. 알았으면 물러가 있게. 그건 나도 알고 있으니까」

장왕은 그 동안 누가 간신이고 누가 충신인지를 다 알고 있었고, 정치를 어떻게 해야만 되리라는 것도 다 알고 있었다. 그가 자리를 박차고 일어나 숙청을 단행하고 선정을 베풀자 모든 착한 신하와 백성들은 놀라며 기뻐했다. 이리하여 그의 말대로 하늘을 나는 기세로 천하를 횡행하여 세상을 놀라게 하는 패업을 이룩했던 것이다.

《사기(史記)》 골계열전(滑稽列傳)에 있는 이야기다.

제나라 위왕(威王) 때의 일이다. 위왕은 수수께끼 풀기를 좋아했고, 음탕하게 놀며 밤새도록 술 마시기를 즐겼다. 술에 빠져 나랏일

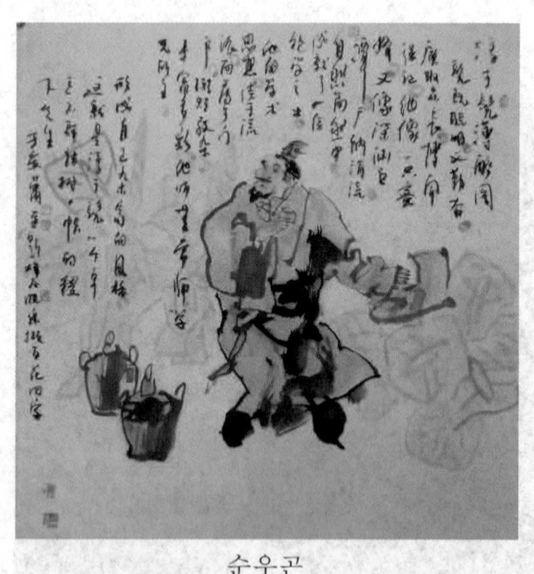

순우곤

을 돌보지 않고 정치를 경과 대부들에게 맡겼다. 문무백관들의 질서는 문란해졌고, 제후들이 한꺼번에 침략하여 나라의 존망이 조석에 놓이게 되었다. 그런데도 주위 신하들 가운데 감히 간언하는 자가 없었다.

이때 순우곤이 왕에게 수수께끼로 빗대어 이렇게 말했다.

「나라 안에 큰 새가 있는데, 대궐 뜰에 앉아서 3년 동안이나 날지도 않고 울지도 않고 있습니다. 대왕께서는 이 새가 무슨 새인지 아십니까?(三年不飛又不鳴 王知此鳥何也)」

왕이 대답했다.

「이 새는 날지 않으면 몰라도 한번 날면 하늘에 치솟아 오르고, 울지 않으면 몰라도 한번 울면 사람들을 놀래게 만든다(不飛則已 一飛沖天 不鳴則已 一鳴驚人)」

그래서 위왕은 각 현의 현령과 현장(縣長) 72명을 조정으로 불러들여, 그 중에서 한 사람을 상주고 한 사람을 사형에 처했다. 그런 뒤에 군사를 일으켜 출정했다. 제후들은 크게 놀라 그 동안 침략해서 차지했던 제나라의 땅을 모두 돌려주었다. 그 뒤로 제나라의 위엄이 36년간이나 떨쳐졌다.

삼령오신 三令五申

석 三 명령할 令 다섯 五 말할 申

《사기》 손자오기(孫子吳起)열전

사

세 번 호령하고 다섯 번을 거듭 말함. 곧 군대에서 되풀이하여 자세히 명령함. 완벽을 기하기 위해 몇 번이고 고치거나 바꿈.

춘추전국시대 오(吳)나라의 제24대 왕 합려(闔閭)는 손무(孫武)의 《손자병법(孫子兵法)》을 읽고 나서 아낌없는 찬사를 보냈다. 그래서 합려는 손무에게 한번 시범을 보여 달라고 요청하였다.

손자는 궁녀 180명을 모아놓고 두 편으로 나누고, 궁녀들 가운데 합려가 가장 총애하는 두 명을 각각 대장에 임명하였다. 손무는 군령을 펴고 형벌용 부월(斧鉞)을 준비한 뒤 세 번 군령을 내리고 다섯 번 거듭 말했다(三令五申). 그리고 북을 치며 구령을 내렸다.

「우로!」

그러자 부인들은 크게 웃었다. 손무가 말했다.

「군령이 명료하지 못하고 구령이 철저하지 못한 것은 장군 된 자의 죄이다」

그는 다시 세 번 군령을 내리고 다섯 번 이를 설명했다. 그리고 북을 치면서 구령을 내렸다.

「좌로!」

그러자 부인들은 또 크게 웃었다. 손무가 말했다.

「군령이 명료하지 못하고 구령이 철저하지 못한 것은 장군 된 자의 죄이다. 그러나 군령이 이미 명료한데도 규정대로 되지 않는 것은 대장(隊長)의 죄이다」

손 무

그리고는 좌우 두 사람의 대장을 참하려고 했다. 오왕은 대(臺) 위에서 보고 있다가, 손자가 당장에 자기의 총희를 참하려 들자 놀라서 즉시 전령을 보내 뜻을 전했다.

「나는 장군이 용병에 뛰어난 사람임을 벌써 알았소. 나에게는 이 두 부인이 없으면 무엇을 먹어도 맛있을 것 같지가 않구려. 참하는 것만은 참아주시오」 그러나 손무는 단호하게 말했다.

「신은 이미 명령을 받은 장군입니다. 장군 된 자는 진중(陣中)에 있는 한 군명(君命)이라 할지라도 듣지 않는 수가 있습니다」

마침내 두 명의 대장을 베어 모두에게 본보기로 보인 다음, 임금이 그 다음으로 사랑하는 두 부인을 세워 대장을 삼았다. 그리고 또 북을 치자, 부인들은 왼쪽이건 오른쪽이건, 앞이건 뒤건, 꿇어앉는 것이건 서는 것이건 모두 규정된 법대로 하였고, 목소리 하나 들리지 않았다. 그러자 손무는 전령을 시켜 왕에게 보고했다.

「이미 군사의 훈련은 끝났습니다. 왕께서는 시험 삼아 대(臺) 아래로 내려오셔서 보시도록 하십시오. 왕께서 보내고 싶다고 생각만 하신다면 그곳이 비록 물속이건 불 속이건 따르지 않는 자가 없을 것입니다」

「삼령오신」은 중요한 일일수록 반복해서 말할 필요가 있으며, 기강이 해이해져서는 절대 안 되는 군대에 어울리는 말이다.

삼마태수 三馬太守

석 三 말 馬 클 太 지킬 守

《경국대전(經國大典)》

청백리(淸白吏)를 가리키는 말. 한 고을의 수령이 다른 부임지로 떠날 때나 임기가 끝났을 때 감사의 표시로 고을에서 좋은 말 여덟 마리를 바치는 것이 관례였다. 그런데 조선 중종(中宗) 때 송흠(宋欽)은 새로 부임해 갈 때마다 세 마리의 말만 받았다. 한 마리는 본인, 나머지는 어머니와 아내가 탈 말이었다. 그래서 당시 사람들이 그를 삼마태수라 불렀다.

《경국대전》에 있는 이야기다.

송흠(宋欽)은 성종(成宗) 때인 1492년 식년과(式年科)에 급제하여 승문원(承文院)에서 근무하다가 연산군(燕山君)의 폭정을 비판하여 관직에서 물러났다. 그러나 중종의 반정(反正) 뒤인 1516년에 복직하여 홍문관(弘文館) 박사(博士), 사헌부(司憲府) 지평(持平) 등의 관직에 올랐다. 특히 그는 1528년 담양부사(潭陽府使)가 된 뒤, 장흥부사(長興府使), 전주부윤(全州府尹), 전라도 관찰사 등 지방의 외직을 오랜 기간 역임하였다.

당시 조선에서는 지방관이 사용할 수 있는 역마(驛馬)의 수를 관직에 따라 법으로 정해 놓고 있었다. 《경국대전(經國大典)》에 따르면 부사(府使)의 경우에는 부임이나 전임을 할 때 짐을 운반하는 태마(駄馬) 1필을 포함하여 3필의 말을 쓸 수 있고, 수행하는 사람을 위해 4필의 말을 쓸 수 있도록 되어 있었다. 때문에 대부분의 지방관은 7, 8필 이상의 말을 타고 떠들썩하게 부임하기 일쑤였다. 하지만 송흠은

늘 세 필의 말만 사용하여 검소하게 행차했으며 짐도 단출하였다. 이로써 그는 재물을 탐하지 않는 청렴한 관리로 백성들에게 존경을 받았으며 「삼마태수(三馬太守)」라고 불렸다. 송흠이 지극한 효성과 청렴함으로 이름이 높아지면서 「삼마태수」는 청백리를 뜻하는 말로 쓰이게 되었다.

한편, 《고려사(高麗史)》에는 이와 비슷한 팔마비(八馬碑)의 고사가 전해진다. 고려 충렬왕(忠烈王, 재위 1274~1308) 때 승평부(昇平府, 지금의 순천)의 부사(府使)로 있던 최석(崔碩)이 비서랑(秘書郞)이 되어 그곳을 떠나게 되었다. 당시 승평부에서는 지방수령이 전임을 하게 되면, 태수에게는 8필, 부사에게는 7필, 법조(法曹)에게는 6필의 말을 주되 마음껏 고르게 하였다.

최석이 떠날 때에도 마을사람들은 말을 바치며 마음에 드는 것을 고르도록 청했다. 하지만 최석은 말은 경도(京都)에만 이를 수 있으면 될 것을 골라서 무엇 하겠느냐며 웃어넘겼으며, 집에 돌아간 뒤에는 말을 되돌려보냈다. 마을 사람들이 말을 받지 않자, 최석은 「그대들의 고을로 가서 말이 낳은 망아지를 데리고 온 것도 나의 탐욕이다. 그대들이 지금 말을 되돌려 받지 않으려 하는 것은 내가 탐을 내면서도 겉으로만 사양한다고 생각하기 때문이지 않겠는가」하며 그 망아지까지 모두 돌려주었다. 이로써 말을 바치는 폐단이 없어졌으며, 승평부(昇平府)의 사람들은 최석의 덕을 칭송하여 비석을 세우고 팔마비(八馬碑)라 하였다.

1308년(충렬왕 34년)에 세워진 팔마비는 1597년(선조 30년) 정유재란 때 불에 타 훼손되었으나, 1616년(광해군 8년)에 승주부사(昇州府使)로 부임해 온 이수광(李睟光, 1563~1628)이 복원하여 지금까지 전해진다.

삼복백규 三復白圭

석 三 반복할 復 흰 白 홀 圭

《논어(論語)》 선진편(先秦篇)

백규를 세 번 반복한다는 뜻으로, 말을 깊이 삼가라는 말.

「남용(南容)이 항상 백규(白圭 : 백옥의 티) 시를 하루에 세 번 반복하여 외우니 공자께서 자신의 형님의 딸을 그의 아내로 삼도록 했다(南容三復白圭 孔子以其兄之子)」

남 용

여기서 남용은 공자의 제자이며, 그가 반복한 시는 《시경(詩經)》 대아(大雅)편 「억(抑)」이라는 시에 남용이 하루에 여러 차례 이 말을 반복하였다.

흰 옥으로 만든 홀의 흠은 갈아버릴 수 있지만,
말의 흠은 어찌할 수 없네.

白圭之玷 尙可磨也 백규지점 상가마야
斯言之玷 不可爲也 사언지점 불가위야

남용이 이 내용을 하루 세 번 반복할 정도이니, 그가 얼마나 말을 신중하게 생활화했는지를 알 수 있다. 우리나라 속담에 말 한 마디에 천 냥 빚을 갚는다는 것도 있지만, 반면에 말 한 번 잘못하였다가 서로 원수가 되거나 신세를 망친 사람도 있다.

삼불후 三不朽

석 三 아닐 不 썩을 朽

《좌씨전(左氏傳)》 양공(襄公) 24년조

「썩지 않는 세 가지」 라는 뜻으로, 입덕(立德) · 입공(立功) · 입언(立言)을 말한다. 이 세상에서 덕(德)과 공(功), 말(言)을 세우는 일의 세 가지는 언제까지나 없어지지 않는다는 것을 이르는 말이다.

사람의 몸은 죽음으로 썩어져서 없어지지만 그 정신(이름)만은 세월이 흐르더라도 영원히 전하여진다는 것이다 .

춘추시대(春秋時代) 노(魯)나라의 학자 좌구명(左丘明)이 공자(孔子)의 《춘추(春秋)》를 해석한 《좌씨전》 양공(襄公) 24년조에 있는 말이다.

「가장 뛰어난 것은 덕을 세우는 일이고(太上有立德), 그 바로 뒤에 공을 이루며(其次有立功), 그 다음으로는 말을 세우는 것이다(其次有立言). 비록 오래되어도 없어지지 않아 이것을 썩지 않는다고 말한다(雖久不廢 此之謂不朽)」

영원히 없어지지 않는 세 가지 가운데서 가장 훌륭한 일은 덕을 세우는 것이고, 그 바로 다음에 공을 세우고 말을 세우는 일이다. 인간은 언젠가 죽음에 이르지만, 나라를 위해 도덕과 공을 세우고 뛰어난 작품으로 말을 세워서 이루어 놓은 업적은 썩지 않고 끝없이 남아서 이름을 남기게 된다. 도덕과 공, 후세에 교훈을 주는 말은 언제까지나 계속 남아 있는 중요한 세 가지이다.

삼사이행 三思而行

석 三 생각 思 말이을 而 행할 行

《논어(論語)》 공야장(公冶長)편

세 번 생각한 뒤에 행동한다는 뜻으로, 무슨 일이든 성급하게 행하면 실패하기 쉬우니, 깊이 생각하고 난 뒤에 행동으로 옮겨야 한다는 말이다. 그러나 지나치게 생각에 얽매다 보면 행해야 할 때를 놓쳐 낭패를 볼 수도 있으므로 지나친 생각 역시 경계해야 함을 이른 말이다. 《논어》 공야장편에 있는 말이다.

사

「계문자는 세 번 생각한 뒤에야 행동으로 옮겼다. 공자께서 이 말을 들으시고 『생각은 두 번이면 족하다』 고 하였다(季文子 三思而後行 子聞之 曰再斯可矣)」

계문자(季文子)는 춘추시대 노(魯)나라 사람으로, 문공(文公)과 양공(襄公) 때 대부(大夫)를 지냈다. 그의 집에는 비단옷을 입은 첩(妾)이 없고, 마구간에는 곡식을 먹는 말이 없었으며, 창고에는 금옥중기(金玉重器)가 없어 사람들이 청렴하고 충직한 사람이라 칭송했다고 한다.

또한 재능과 지혜를 겸비한 사람으로, 생각이 치밀하고 용의주도해 빈틈이 없었다고 한다. 공자는, 행동으로 옮기기 전에 깊이 생각해 보는 것은 당연한 일이지만, 너무 깊이 생각하다 보면 오히려 마음에 의심이 생겨 올바른 판단을 하지 못하게 되므로, 두 번만 생각하면 그로써 충분하다고 말한 것이다.

이처럼 깊이 생각하고 행동한다는 뜻의 「삼사이행」과 비슷한 표현으로 「심사숙고(深思熟考)」 등이 있다.

삼생유행 三生有幸

석 三 날 生 있을 有 행복할 幸

《불경(佛經)》

세 번 태어나는 행운이 있다는 뜻으로, 서로 간에 남다른 인연이 있음을 비유한 말. 《불경(佛經)》에 있는 말이다.

옛날 중국에 원택(圓澤)이라는 화상(和尙)이 있었다. 그는 불학(佛學)에 조예가 깊었고 남다른 우정을 나누는 이원선(李源善)이라는 친구가 있었다. 어느 날, 두 사람이 함께 여행을 하게 되었는데, 어느 곳을 지나가다 만삭이 된 여인이 물 긷는 것을 보게 되었다. 원택은 그 부인을 가리키면서 이원선에게 말했다.

「저 부인은 임신한 지 3년이나 지났는데, 그녀는 지금까지 내가

항주 천축사

환생하여 자기의 아들이 되기를 바라고 있네. 나는 그 동안 환생을 피해 왔는데 오늘 그녀를 만났으니 더 이상 피할 수가 없을 것 같네. 사흘 후에 그녀는 아들을 낳을 터인데, 그가 바로 나네. 그리고 13년 후 중추

삼생유행

절 밤에 항주(杭州)에 있는 천축사(天竺寺)에서 다시 만나세」

이원선은 친구의 말을 듣고 그냥 웃기만 하였다. 정확히 사흘 후 이원선은 친구 원택이 입적하였다는 소식을 듣고 전에 원택이 한 말을 상기하여 그 부인의 집에 가 보니 막 태어난 아들이 자신을 보고 웃는 것이었다. 이후 13년이 지나서 이원선은 천축사에 갔다. 막 절문 안으로 들어가려고 하자 소를 탄 어린아이가 자신을 바라보면서 시 한 수를 읊었다.

「삼생의 인연으로 맺어진 영혼인데 정든 사람이 멀리서 찾아왔구나」

「삼생유행」은 아주 특별하고 끊어지지 않는 인연을 비유하는 말이며, 때로는 다른 사람으로부터 도움을 받았을 때 이 말로 고마움을 표시한다. 불교에서 삼생은 태어나기 이전의 세상인 전생(前生), 지금 살고 있는 세상인 금생(今生), 죽은 이후의 세상인 후생(後生)을 말한다.

삼성오신 三省五身

석 三 살필 省 나 吾 몸 身

《논어(論語)》 학이편(學而篇)

증 자

참된 선비의 몸가짐, 마음가짐.

「날마다 세 번 내 몸을 살핀다」라는 뜻으로, 하루에 세 번씩 자신의 몸가짐을 살피고 반성한다는 의미로, 참된 선비의 몸가짐, 마음가짐을 이르는 표현이다.

춘추시대에 공자의 제자 증자(曾子)는 항상 자신이 한 일에 대하여 잘못한 점이 있는지를 반성하였다.

《논어》 학이편에서 증자는 이렇게 말했다.

「나는 매일 내 몸을 세 번 살핀다(吾日三省吾身). 다른 사람을 위해 일을 도모하는 데 충실하지 않았는지(爲人謀而不忠乎), 벗과 함께 사귀는 데 신의를 잃지 않았는지(與朋友交而不信乎), 스승에게 배운 것을 익히지 못하지는 않았는지(傳不習乎)」

증자의 말에서 나온 「삼성오신」은, 날마다 자기 스스로 행한 일 가운데서 남의 일을 정성을 다하여 도와주었는지, 친구에게 믿음이 가지 않은 행동을 하지는 않았는지, 스승의 가르침을 잘 따랐는지 등 의 세 가지를 반성한다는 말이다.

「일일삼성(一日三省)」과 같은 뜻이다.

삼시도하 三豕渡河

석 三 돼지 豕 건널 渡 강 이름 河

《공자가어(孔子家語)》

세 마리 돼지가 강을 건넜다는 뜻으로, 글자를 오독(誤讀)하거나 오용(誤用)함을 이르는 말. 「己亥渡河(기해도하)」를 「三豕渡河(삼시도하)」라고 읽었다는 옛 말에서 온 말이다.

《공자가어(孔子家語)》에 있는 이야기다.

자하(子夏)는 공자의 제자로 원래 이름은 복상(蔔商)이다. 그는 위(衛)나라 사람인데 그리 존경을 받지 못했다. 그러다가 공자를 떠나 일찍이 고국인 위(衛)에 돌아와서 위나라 역사를 읽다가 「진사벌진 삼시도하(晉師伐秦 三豕渡河)」라는 구절을 보고, 「이게 아니다. 삼시(三豕)는 기해(己亥 : 60갑자의 36째일)를 잘못 쓴 것이다」라고 말했다.

자 하

그 후 역사를 기록하는 사람이 진(晉)나라의 역사를 살펴보니 자하(子夏)의 말이 맞았다. 이후 위나라 사람들은 자하를 성인이라 부르며 존경했다.

《논어(論語)》 자장(子張)편에 있는 말이다.

자하(子夏)가 말했다.

「날마다 모르는 것을 알고자 노력하고, 달마다 할 수 있는 것을

위문후 예현하사도(禮賢下士圖)

잊지 않는다면 마땅히 학문을 좋아한다고 말할 수 있다」

「널리 배우고, 뜻을 확고하게 하며, 모르는 것은 간절하게 묻고, 가까운 곳에서부터 생각하면 진리(仁)는 그곳에 있다」

「모든 공인(工人)은 작업하는 곳에서 그 일을 이루고, 군자는 학문에서 그 도(道)에 이르는 것이다」

자하는 공자가 자유(子游)와 함께 문학(文學 : 詩·書·禮·樂)에서 가장 뛰어난 재주와 능력을 지니고 있다고 칭찬한 제자이다. 그는 공자와 더불어 시(詩)를 논할 수 있는 제자였다. 시(詩) 이외에도 자하는 문자와 문장에 관한 정확한 해석으로 크게 명성을 떨쳤다.

공자가 사망한 후, 자하는 서하(西河 : 황하의 서쪽 지역)에 살면서 제자들을 가르쳤다. 자하의 문하에서는 뛰어난 제자들이 많이 나왔다.

또한 자하(子夏)는 위(魏) 문후(文侯)의 스승이자 국정자문 역할을 하기도 했다. 당시 수많은 제후(諸侯)들 중 문후는 유일하게 학문을 숭상한 사람이었다. 이렇듯 자하는 공자가 사망한 후에도 후학들을 가르치고 제후들을 깨우쳐 스승의 가르침을 널리 전파하는 역할을 했다.

삼십육계 三十六計

석 三 열 十 여섯 六 책 計

《자치통감(資治通鑑)》 제141권

불리할 때는 주저하지 말고 도망가는 것이 상책이다.

「삼십육계」는 「삼십육계 주위상책(三十六計 走爲上策)」에서 나온 말이다. 36가지나 되는 많은 꾀 가운데서 도망치는 것이 제일 좋은 꾀가 된다는 말이다.

「삼십육」이란 많다는 것의 표현에 불과하다. 이 말은 남북조시대에 남조인 송(宋)나라 명장 단도제(檀道濟)가 북위(北魏)와 싸울 때, 자신 없는 접전을 회피하여 툭하면 달아나곤 했기 때문에, 당시 사람들이, 「단공의 서른여섯 가지 꾀 중에서는 달아나는 것이 최상의 것이 된다(檀公三十六計 走爲上策)」고 한 데서 나온 말이라 한다.

사마광의 《자치통감》 제 141권에 다음과 같은 이야기가 나온다.

송나라의 뒤를 이어 남조의 제(齊)나라를 세운 고조(高祖) 소도성

36계 죽간(竹簡)

사마광

(蕭道成)은 자손들에게, 자기 손에 비참하게 망해 간 송나라의 전철을 밟지 말도록 유언을 하고 죽었지만, 제나라 역시 겨우 30년으로 망하고 만다. 고조의 조카인 명제(明帝) 소란(蕭鸞)은 갖은 음모와 포학으로 황제의 위를 강탈한 다음 반란과 보복이 두려워 자기를 반대해 온 형제와 조카들을 두 달 동안 14명이나 죽였다.

그런 피바다 위에 용상을 차지한 소란은 황제가 된 지 3년 남짓해서 우연히 병을 얻어 자리에 눕게 되었다. 병상에 있는 그는 아직 살아 있는 고조 소도성의 혈통을 받은 10명의 왕족들이 마음에 걸렸다. 그래서 그는 후환을 없애기 위해 심복을 시켜 그들을 한꺼번에 죽여 없앴다.

이때 고조 소도성의 건국 공신인 왕경칙(王敬則)이, 자기를 제거하기 위해 장괴(張瓌)를 평동장군에 임명하여 자기가 태수로 있는 회계(會稽)와 경계를 맞대고 있는 오군(吳郡)으로 파견한 것을 알자 즉시 반기를 들고 일어섰다. 겨우 만여 명밖에 안되는 군사였지만, 행군 도중 몽둥이와 괭이를 든 농민들이 가담해서 얼마 안 가서 10만으로 불어났다. 회계를 출발한 반란군은 10여 일 사이에 벌써 무진(武進)을 넘어 흥성(興盛)에 육박했다. 수도 건강(建康 : 남경)까지의 3분의 2를 지난 것이다.

소도성

왕경칙의 반란군 소식을 들은 조정은 큰 공포에 휩싸여 있었다. 태자 보권(寶卷)은 정신을 못 차리고 측근을 누대 위로 올려 보내 동정을 살피게 하는 형편이었다. 때마침 도성 북쪽에 있는 정로정(征虜亭)이 화재로 연기를 뿜고 있자 구경차 갔던 사람이 달려와서 황급히, 「왕경칙이 벌써 정로정까지 쳐들어왔습니다」 하고 보고를 했다.

보권은 어디로 달아나야 할지를 몰라 허둥대는 추태를 벌였다. 이 소문을 전해들은 왕경칙은 만족한 듯이 웃으며, 「단공의 서른여섯 가지 꾀 중에는 달아나는 것이 상책이 된다고 했다. 짐작에 너희 부자도 다만 달아나는 길만이 있을 뿐이리라」 라고 말했다는 것이다.

그러나 왕경칙은 흥성을 포위했을 때 관군으로부터 기습을 받는 순간, 무기다운 무기를 갖지 못한 농민군이 혼란에 빠짐으로써 패해 죽고 말았다. 우리말에 「삼십육계 줄행랑」 이란 말도 이 「삼십육계 주위상책」 에서 생겨난 말이다. 줄행랑은 주행(走行)의 음이 변한 것이다. 뺑소니를 친다는 말.

삼인성호 三人成虎

석 三 사람 人 이룰 成 범 虎

《전국책》 위지(魏志)

근거 없는 말이라도 여러 사람이 말하면 곧이듣는다.

「삼인성호」는 세 사람이 똑같은 말을 하면 없는 호랑이도 있는 것으로 알게 된다는 뜻이다. 경우는 좀 다르지만, 우리말에 「열 번 찍어 안 넘어가는 나무 없다」는 말이 있다. 이것을 문자로 「십벌지목(十伐之木)」이라 한다.

《전국책》 위지에 나오는 방총의 말이다. 방총(龐葱)은 위나라 태자와 함께 인질로 조나라 수도 한단으로 가게 되었다. 방총은 떠나기에 앞서 혜왕(惠王)에게 말했다.

「지금 누가 『장마당에 호랑이가 나타났다』고 하면 믿으시겠습니까?」

「믿을 수 없지」

「그런데 또 다른 사람이 와서 똑같은 말을 하면 믿으시겠습니까?」

「반신반의하게 되겠지」

「세 번째로 또 다른 사람이 똑같은 말을 하면 어떻겠습니까?」

「그때는 믿게 되겠지」

「대체로 장마당에 호랑이가 나타나지 않는다는 것은 누구나 알고 있는 사실입니다. 그런데도 세 사람이 똑같이 호랑이가 나타났다고 하면 그런 것이 되고 맙니다. 지금 한단은 대량(大梁 : 위魏의 수도)과 멀리 떨어져 있기가 장마당보다 더하고, 신을 모함하는 사람

은 세 사람 정도가 아닙니다. 바라건대 왕께선 굽어 살피소서」

「알았소. 누가 무슨 소리를 하든 내가 직접 확인하도록 하겠소」

이리하여 왕을 하직하고 한단으로 떠났으나, 방총이 미처 한단에 도착하기도 전에 벌써 그를 모함하는 사람이 나타나기 시작했다. 뒤에 태자가 인질에서 풀려 위나라로 돌아왔을 때, 그는 예상한 대로 간신들의 모함으로 왕을 뵐 수가 없었다.

증 삼

이와 비슷한 이야기는 호랑이 대신 증자(曾子)를 예로 든 것이 있다. 증자는 효도로, 또 마음씨 착하기로 세상이 다 아는 터였다. 그런데 증자와 똑같은 이름의 증삼(曾參)이란 자가 사람을 죽였다. 이 소문을 들은 마을 사람이 증자의 어머니를 찾아가 소식을 전했다.

베를 짜고 있던 증자의 어머니는,

「내 자식이 사람을 죽일 리가 없다」 하고 베만 계속 짜고 있었다. 조금 뒤 또 한 사람이 달려와 같은 말을 했다. 증자의 어머니는 여전히 베만 짜고 있었다. 그러나 세 번째 사람이 달려와 똑같은 말을 전하자, 그제야 어머니도 베틀에서 일어나 숨었다는 것이다.

착한 아들을 믿는 어머니의 마음도 여러 사람의 말 앞에는 흔들리지 않을 수 없었다는 이야기다. 과연 모함이란 무서운 것, 그것에 속지 않기란 참으로 어려운 것이다.

삼인행필유아사 三人行必有我師

석 三 사람 人 갈 行 반드시 必 있을 有 나 我 스승 師

《논어》 술이편(述而篇)

어디라도 자신이 본받을 만한 것은 있다.

《논어》 술이편(述而篇)에 있는 말이다.

공 자

「세 사람이 같이 길을 걸어가면 반드시 내 스승이 있다. 좋은 것은 본받고 나쁜 것은 살펴 스스로 고쳐야 한다(三人行必有我師焉 擇其善者而從之 其不善者而改之)」

「삼인행필유아사」는 좋은 것은 좇고 나쁜 것은 고치니, 좋은 것도 나의 스승이 될 수 있고, 나쁜 것도 나의 스승이 될 수 있다는 뜻으로, 어디라도 자신이 본받을 만한 것이 있다는 말이다.

공자의 다음 글을 보더라도 공자 자신도 나면서부터 아는 사람이 아니라고 하였다.

「내가 나면서부터 저절로 도를 아는 것이 아니라 옛 것을 좋아하여 부지런히 찾아 배워 알게 되었을 뿐이다(我非生而知之者 好古敏以求之者也)」

이 말은 어디를 갈 때만이 아니라 행동할 때도 반드시 나의 스승이 있다는 뜻이며, 하찮은 것에서도 배울 것이 있다는 뜻도 포함되어 있다.

공자와 제자들

《논어》 이인편)에, 「착한 것을 보면 같기를 생각하고, 착하지 못한 것을 보면 안으로 스스로 살핀다(見賢思齋焉 見不賢而內自省也)」 고 한 말이 바로 이 말의 바탕이 되는 말이다.

남의 착한 행실은 따를 만하고, 남의 악한 행실은 반면교사(反面敎師)로 삼을 일이다. 「타산지석(他山之石)」 이라는 말도 이와 비슷한 말이다.

또, 송(宋)나라 선향(善鄕)이 엮은 《조정사원(祖庭事苑)》 이란 책에 「공자천주(孔子穿珠)」 라는 말이 있는데, 이는 공자가 실에 구슬 꿰는 방법을 몰라 바느질하는 아낙네에게 물어 개미허리에 실을 매고 구슬 구멍 반대편에 꿀을 발라 개미가 꿀 냄새를 맡고 바늘을 통과해 구슬을 꿰었다는 이야기인데, 자기보다 못한 사람에게 묻는 것을 부끄럽게 여기지 않는다는 뜻으로, 누구라도 스승이 될 수 있다는 좋은 예이다.

삼자옥 三字獄

석 三 글자 字 옥 獄

《송사(宋史)》 악비전(岳飛傳)

북송(北宋) 말엽, 여진족이 세운 금(金)나라 대군이 남쪽으로 밀고 내려왔다. 남송 내부에서는 금나라와의 주전론과 강화론을 두고 악비(岳飛)와 진회(秦檜)가 팽팽히 맞섰다.

금나라와의 수많은 전쟁에서 승리했던 악비는 금나라에 내준 중원을 회복할 자신이 있었지만, 「악비를 제거하지 않으면 화친할 수 없다」는 금나라의 화친조건을 받아든 황제와 진회는 생각이 달랐다.

마침내 진회는 가짜 성지(聖旨)로 악비를 조정으로 불러들여 죽여 버리고 말았다. 악비의 나이 39세였다. 충분히 해볼 만한 싸움이었지만 남송은 소흥(紹興)에서 굴욕적인 화친을 맺고 금나라의 속국을 자청했다. 백성들은 악비의 억울한 죽음에 통곡하면서 진회를 비롯한 화친파의 파렴치한 작태에 치를 떨었다.

어느 날 대장 한세충(韓世忠)이 진회에게 따졌다.

「도대체 악비에게 무슨 죄가 있었소?」

진회는 조금도 부끄러워하지 않고 말했다.

「그럴 만한 일이 아마도 있었을 것이오(其事體莫須有)」

그러자 한세충이 일갈했다.

「아마도 있을 것(莫須有)이라는 세 글자로 어떻게 천하를 납득시키겠소(莫須有三字何以服天下)」라고 일갈했다.

여기서 「세 글자로 옥사를 일으킨다」는 「삼자옥(三字獄)」이라는 성어가 생겨난 것이다.

삼종지도 三從之道

석 三 따를 從 의 之 도리 道

《예기(禮記)》

봉건시대에 여자가 지켜야 할 세 가지 예의 도덕.

어렸을 때는 어버이를 좇고, 시집가서는 남편을 좇고,

남편이 죽은 뒤에는 아들을 좇음.

봉건사회에 있어서 남녀의 불평등 가운데 가장 말썽이 되어 온 것이 「삼종지도」와 칠거지악(七去之惡)이다.

「삼종지도」는 여자가 평생을 통해 남편을 좇아야 되는 세 가지 길이란 뜻이다. 같은 뜻의 말로 「삼종지덕(三從之德)」, 「삼종지의(三從之義)」, 「삼종지례(三從之禮)」 등 여럿이 있다.

《예기》에, 「여자는 세 가지 좇는 길이 있으니, 집에서는 아비를 좇고, 시집가서는 남편을 좇고, 남편이 죽으면 아들을 좇는다(女子有三從之道 在家從父 適人從夫 夫死從子)」라고 되어 있다.

즉 여자는 시집을 가기 전 집에 있을 때는 아버지의 명령과 지시에 따라야 하고, 남의 집으로 시집을 가게 되면 남편의 의사와 처리에 순종해야 하고, 남편이 죽은 뒤에는 아들에게 모든 것을 맡겨야 한다는 뜻이다. 결국 여자는 평생 자기 뜻을 고집해서는 안된다는 이야기다.

우리 호적법(戶籍法)을 보면 짐작할 수 있듯이, 말로는 남녀평등을 부르짖고 있지만, 여전히 이 삼종지도의 전통이 뿌리깊이 남아 있다고 볼 수 있다. 「칠거지악」은 「삼종지도」보다 여자에게는 더 가혹한 것이었는데 그 항목에서 설명하기로 한다.

삼지무려 三紙無驢

석 三 종이 紙 없을 無 당나귀 驢

《안씨가훈(顔氏家訓)》 면학편(勉學篇)

「세 장의 종이를 썼으나 나귀 려(驢)자 하나 못 쓴다」 라는 뜻으로, 재주도 없으면서 허세를 부리는 것을 비유하는 말이다.

옛날에 어떤 선비가 살고 있었다. 그는 재주는 전혀 없으면서도 늘 붓을 들고 어깨에 힘을 주면서 재주를 자랑하고 다녔다. 이 때문에 사람들은 겉으로는 그를 공경하는 척하면서 박사라고 놀려대곤 하였다. 그래도 멍청한 선비는 몹시 기뻐할 뿐 자신을 비아냥거리는 속내에는 관심도 두지 않았다.

그러던 어느 날, 박사네 집에서 나귀를 한 마리 사게 되었다. 당시 관습에 따르자면 물건을 사는 쪽에서 파는 사람에게 매매계약서를 써주게 되어 있었다.

글을 모르는 사람이라면 남에게 대필을 시켜서라도 계약서를 써주어야 했다. 그래서 박사는 직접 계약서를 쓰게 되었는데, 종이를 펼쳐 놓고 석 장이나 썼지만 글을 마무리할 구절이 떠오르지 않았다. 나귀를 판 사람이 하도 갑갑해서 빨리 써달라고 재촉하자, 박사는 「무식한 사람 같으니라고. 뭐가 그리 급한가! 지금 막 나귀 려(驢)자를 쓰려는 중인데」 하며 되레 화를 벌컥 냈다.

이 이야기는 종이를 석 장이나 허비했음에도 불구하고 그때까지 나귀 려자도 못 썼다는 것이다. 여기에서 연유하여 글을 쓰거나 말을 할 때 전혀 요령이 없어 허튼 소리나 늘어놓는 것을 가리켜 「삼지무려」 또는 「박사매려(博士賣驢)」 라고 하게 되었다.

삼천갑자동방삭 三千甲子東方朔

석 三 일천 千 첫째 甲 아들 子 동녘 東 모 方 초하루 朔

《한서》 동방삭전(東方朔傳)

장수자(長壽者)의 대명사.

1,700년 전 전한의 무제(武帝)는 씩씩하고 성격이 괄괄한 전형적인 고대 제국의 전제군주였는데, 그 궁정에 유난히 색다른 인물이 섞여 있었다. 그 이름을 동방삭(東方朔)이라 했다.

《한서》 동방삭전에 있는 이야기다.

무제는 즉위하자, 널리 천하에서 유능한 인사를 등용하려 했다. 그 때 제(齊 : 산동) 사람으로 동방삭이라는 자가 자천(自薦)하기 위하여 상서(上書)를 올렸다. 한 짐 잔뜩 관청에 운반해 온 것은 물경 3천 장의 간독(簡牘 : 대나무에 쓴 글)이었다.

무제는 한 장 한 장 읽었다. 글은 당당하고 안하무인격이었다. 두 달을 걸려 겨우 읽어치운 무제는 동방삭을 낭(朗)에 임명했다. 이제부터는 삭(朔)은 무제를 가까이에서 섬기고, 간혹 부름을 받아

동방삭 견황미옹도(見黃眉翁圖)

동방삭

이야기를 서로 주고받았는데, 그 입에서 튀어나오는 말은 기발하여 무제를 몹시 흐뭇하게 하였다. 행실 또한 그러했다.

때때로 무제의 앞에서 음식물의 하사가 있으면 먹다 남은 고기를 거리낌 없이 품안에 넣어가지고 돌아가기 때문에 의복은 온통 음식물로 지저분해졌다. 그래서 합사비단(縑帛)을 하사하면 그것을 어깨에 걸치고 돌아가곤 했다. 이런 삭을 정신(廷臣)들은 반미치광이로 취급하였다.

한 여름 삼복에는 무제가 정신들에게 고기를 내리는 것이 상례였는데, 그 날 고기의 준비는 다 되었어도 분배해 주는 관원이 오지를 않았다. 그러자 삭은 칼을 빼어 고기를 베어서는 품안에 넣고 「먼저 실례합니다」 하고 나가 버렸다. 물론 이 일은 무제에게 알려져 동방삭은 무제 앞에 불려가 그 이유를 심문 받았다. 삭은 관을 벗고 절만을 할 뿐, 무제가 다시 묻자 삭은 대답했다.

「정말 상명(上命)을 기다리지 않고 마음대로 고기를 베어가다니, 참으로 무례하기 이를 데 없습니다. 그러나 칼을 빼어 고기를 베다니 참으로 장렬(壯烈)하지 않습니까. 벤 고기는 한 조각에 지나지 않으니 얼마나 염직(廉直)합니까. 게다가 가지고 돌아간 고기는 처에게 주니 얼마나 정다운 일입니까?」

무제는 크게 웃고 술 한 섬과 고기 백 근을 또 내려「부인에게 갖다 주게나」했다고 한다.

서왕모도(西王母圖)

동방삭은 단지 익살맞은 사람만은 아니었다. 그는 널리 책을 읽었으며, 무제가 못마땅한 일을 하면 서슴지 않고 간하였다. 무제가 엄청난 백성을 동원하여 상림원(上林苑)을 지으려고 했을 때에도 서슴지 않고 반대했다. 그는 공경(公卿)이라 할지라도 꺼리지 않았을 뿐만 아니라 오히려 이것을 번롱(翻弄)하였다. 술에 취하면,

「나는 궁중에서 세상을 피한다. 세상을 피하는 것은 비단 심산(深山)의 초가집뿐 만은 아니다」라고 노래했다고 한다.

이런 동방삭을 서인(庶人)들도 사랑했던 모양이다. 그래서인지 여러 가지 전설이 만들어진 것 같다. 서왕모(西王母)의 복숭아를 세 개 훔쳐 먹었기 때문에 삼천갑자(三千甲子 : 3,000×60)나 장수하였다는 이야기다.

삼촌지설 三寸之舌

석 三 마디 寸 의 之 혀 舌

《사기》 평원군열전(平原君列傳)

세 치 짧은 혀지만 그 위력은 실로 대단하다.

「세 치의 혀가 백만 명의 군대보다 더 강하다」는 말을 「삼촌지설(三寸之舌)이 강어백만지사(疆於百萬之師)」라고 한다. 백만 군대의 위력으로도 되지 않을 일을 말로써 상대를 설복시켜 뜻을 이룬다는 뜻이다. 《사기》 평원군열전에 있는 이야기다.

평원군 조승 묘

전국 말기, 조나라가 진나라의 침략을 받아 거의 멸망의 위기를 만나게 되었다. 이때 조나라의 공자요 재상인 평원군(平原君)이 초나라로 구원병을 청하러 가게 된다.

평원군은 맹상군(孟嘗君)과 함께 식객(食客)을 3천 명이나 거느리고 있는 당대의 어진 공자로, 이른바 사군(四君) 중의 한 사람이었다.

그는 초나라로 떠나기에 앞서 함께 갈 사람 20명을 식객 중에서 고르기로 했다. 조건은 문무를 겸한 사람이었는데, 말하자면 언변과 지식과 담략(膽略)이 있는 그런 인물을 고르려 한 것이리라. 그런데 19명까지는 그럭저럭 뽑았으나 나머지 한 사람을 선발하기가 힘들었다. 이때 모수(毛遂)라는 사람이 자진해 나와 평원군에게 청했다.

모 수

「나를 그 20명 속에 넣어 주시지 않겠습니까?」

평원군은 그의 얼굴조차 처음 보는 것 같았다.

「선생께선 내 집에 와 계신 지 몇 해나 되셨습니까?」

「3년쯤 되었습니다」

「대체로 훌륭한 선비가 세상을 살아가는 것은 송곳이 주머니 속에 들어 있는 것과 같아서 반드시 그 끝이 밖으로 나타나기 마련입니다. 그런데 선생은 3년이나 내 집에 있는 동안 이렇다 할 소문 하나 들려 준 일이 없으니, 특별히 남다른 재주를 갖고 있지 않다는 증거가 아니겠습니까. 선생은 좀 무리일 것 같습니다」

그러자 모수가 말했다.

「그러니까 저를 오늘 주머니에 넣어 주십사 하는 겁니다. 저를 일찍 주머니 속에 넣어 주셨으면 끝은 고사하고 자루까지 밖으로 내밀어 보였을 것입니다」

모수자천 모첨비(冒尖碑)

여기서 「모수자천(毛遂自薦)」이란 말이 생겼는데, 재주를 품고 있으면서도 남이 추천해 주는 사람이 없어 기다리다 못해 스스로 자청해 나서는 경우를 말한다. 그러나 지금은 다소 염치없이 자기를 내세우는 사람을 비웃어 쓰는 경우가 많다.

아무튼 이리하여 모수를 스무 명 속에 넣어 함께 초나라로 가게 되었다. 그러나 평원군의 끈덕진 설득에도 불구하고 초나라 왕은 속으로 진나라가 겁이 나 구원병 파견에 대해 얼른 결정을 짓지 못하고 있었다. 아침 일찍부터 시작한 회담이 낮이 기울도록 늘 제자리걸음만 하고 있었다. 이때 단하에 있던 모수가 단상으로 올라가 평원군에게 그 까닭을 물었다. 그러자 초왕은 평원군에게,

「이 자는 누구요?」 하고 물었다. 평원군이,

「제가 데리고 온 사람입니다」 하고 대답하자, 왕은 소리를 높여,

「과인이 그대 주인과 이야기를 하고 있는데, 무슨 참견인가. 어서 물러가지 못하겠는가!」 하고 꾸짖었다.

이때 모수는 차고 있던 칼자루에 손을 올려놓은 채 앞으로 나아가 말했다.

「대왕께서 신을 꾸짖는 것은 초나라 군사가 많은 것을 믿기 때

문입니다. 그러나 지금 대왕과 신과의 거리는 열 걸음밖에 되지 않습니다. ……지금 초나라는 땅이 넓고 군사가 강한데도 두 번 세 번 진나라에 패해 어쩔 줄을 모르고 있는 실정입니다. ……이런 것을 볼 때 조나라와 초나라가 동맹을 맺는 것은 조나라를 위함이 아니라 초나라를 위한 것입니다」

이렇게 해서 결국 초왕은 모수의 위엄과 설득에 굴복하여 조나라에 구원병을 보낸다는 맹세까지 하게 되었다. 이 맹세를 위한 의식 절차로 짐승의 피를 서로 마시게 되는데, 모수는 초왕에게 먼저 피를 빨게 하고, 다음에 평원군, 그리고 자기가 피를 빨았다. 그리고는 단하에 있는 19명을 손짓해 부르며,

「……제군들은 이른바 남으로 인해 일을 이룩하는 사람들이니까……」 하고 그들에게 함께 피를 빨도록 시켰다.

그야말로 객(客)이 주인 노릇을 하고 하인이 상전 노릇을 하는 격이었다. 이때 모수가 말한 「남으로 인해 일을 이룬다」는 「인인성사(因人成事)」란 말이 또한 문자로서 쓰이게 된다. {☞ 인인성사}

이렇게 용케 성공을 거두고 조나라로 돌아온 평원군이 말했다.

「나는 앞으로 사람을 평하지 않으리라. 지금까지 수백 명의 선비를 보아 온 나는 아직껏 사람을 잘못 보았다는 생각을 해본 적이 없었다. 그런데 이번은 모선생을 몰라보았다. ……모선생은 세 치 혀로써 백만의 군사보다 더 강한 일을 했다(毛先生 以三寸之舌 疆於百萬之師……)」

평원군 일행이 떠난 즉시 초왕은 20만 대군을 보내 초나라를 구원하고, 진나라는 초나라의 구원병이 온다는 말을 듣자, 미리 군사를 거두어 돌아가 버렸다. 과연 사람을 알기란 어렵다. 그러나 그 사람이 때를 얻기란 더욱 어렵다. {☞ 모수자천}

삼호망진 三戶亡秦

석 三 지게 戶 망할 진나라 秦

《사기》 항우본기(項羽本紀)

「세 가구의 집이 진(秦)나라를 멸망시킨다」는 뜻으로, 잠시 역경에 처해 있어도 결국에는 반드시 승리한다는 말로, 작은 일도 중첩되면 결국 견고한 물건이나 터전도 무너진다는 말이다.

《사기》 항우본기에 있는 이야기다.

진(秦)나라 말년 진승(陳勝)과 오광(吳廣)의 민란이 일어나자, 항량(項梁)과 그의 조카 항우(項羽)도 강동에서 장정 8천여 명을 모아 봉기한 다음 서쪽으로 진군하려 하였다.

이때 진승의 부대는 진나라 군대에 의해 막 격퇴당하고 그의 부하 소평이라는 사람은 진승의 명령을 빙자하여 항량을 상주국(上柱國)에 임명한 다음 곧 서진할 것을 재촉하였다.

이에 항량은 서진 길에서 진영, 경포, 진가 등의 여러 부대들을 포섭하여 강대한 세력으로 군림하게 되었다. 얼마 후 진승이 희생되었

진승 오광의 봉기 석각

다는 확실한 소식이 들어오자, 항량은 봉기군 장수들을 모아 놓고 대사를 논의하게 되었다. 이때 범증(范增)이라는 70여 세나 먹은 늙은 사람이 항량에게 말했다.

「진나라가 전국칠웅(戰國七雄)을 섬멸하는 중에 가장 억울했던 것은 초나라였다. 초 회왕은 진나라에 들어갔다가 억류되어 거기서 죽었는데, 초나라 사람들은 지금도 초회왕(楚懷王)을 그리워하고 있다 그래서 초의 남공은 『초나라에 세 가구의 인가만 남는 한이 있더라도 초나라는 기필코 진나라를 멸망시키고 말 것이다(楚雖三戶 亡秦必楚也)』라고 한 것이다. 진승이 실패한 것은 바로 초왕의 후예를 왕으로 세우지 않았기 때문인즉 장군은 반드시 초왕의 후예로 왕을 세워야 한다」

범 증

항량은 범증의 권고대로 초회왕의 손자 심을 세워 왕으로 삼고 여전히 초회왕이라 부르면서 이를 빌미로 여러 반란군 장병들과 백성들의 지지를 받게 되었다고 한다.

「삼호망진」은 바로 이 범증의 이야기에서 유래한 것이다.

상가지구 喪家之狗

초상 喪 집 家 의 之 개 狗

《사기》 공자세가(孔子世家)

우리말에 「초상집 개」란 말이 있다. 그것이 바로 「상가지구(喪家之狗)」다. 초상집 개는 주인이 슬픔에 잠겨 미처 개를 돌볼 정신이 없어 배가 고파도 먹지를 못한 채 주인의 얼굴을 찾아 기웃거리기만 한다. 그래서 뜻을 얻지 못하고 이리저리 돌아다니는 정치인이나 사업가들의 실의에 찬 모습을 가리켜 「상가지구」, 즉 「초상집 개」 같다는 말을 하게 된다.

이것은 공자를 보고 어떤 은사(隱士)가 한 말이었는데, 뒤에 그 이야기를 전해들은 공자가 웃으며 「그것만은 올바로 본 표현」이라고 했다는 데서 시작된 말이다.

노(魯)의 정공(定公) 14년, 공자는 노나라에서 선정을 펴고 있었으나 왕족인 삼환씨(三桓氏)와 의견이 맞지 않아, 마침내 노나라를 떠났다. 이리하여 그때부터 공자는 10여 년 동안 위(衛) · 조(曹) · 송(宋) · 정(鄭) · 채(蔡) 등 널리 제국 편력에 나날을 보내고 그의 이상을 실현할 곳을 찾았다.

이 이야기는 《사기》 「공자세가(孔子世家)」와 《공자가어》에 나온다. 간단히 줄거리만을 소개하면 이렇다.

공자가 정(鄭)나라로 갔을 때의 일이다. 제자들과 길이 어긋난 공자는 혼자 성곽 동문에 멀거니 서서 제자들이 찾으러 오기를 기다리고 있었으나, 그때 그 모습을 본 어느 정나라 사람이 스승을 찾고 있는 제자들과 만나 자공(子貢)에게 말했다.

「동문 곁에 서 있는 사람은, 그 이마는 요(堯)임금과 비슷하고, 그 목은 고요(皐陶 : 순임금과 우임금을 섬기던 현상賢相)와 같고 그 어깨는 자산(子産 : 공자보다 좀 앞선 시대의 정나라 현상)처럼 전부가 옛날 성현이라 불리던 사람들과 꼭 비슷합니다. 그러나 허리에서 아래는 우(禹)에 미치지 못하기를 세치, 그 피로하고 뜻(志)을 얻지 못하고 두리번거리는 모양이 흡사 초상난 집 개 같습디다」

공자(南宋 화가 마원)

결국 공자가 위대한 성인의 덕과 정치인의 자질을 가지고는 있지만, 때를 얻지 못해 처량한 신세를 면치 못한다는 것을 진담 반 농담 반 한 말일 것이다. 자공이 사실대로 공자에게 이 말을 전하자, 공자는 흔연히 웃으며 이렇게 말했다는 것이다.

「형상은 그렇지 못하지만, 초상집 개 같다는 것은 과연 그렇다(形狀未也 而似喪家之狗 然哉然哉)」

「초상집 개」란 여기서 유래하나, 공자는 그 편력하는 동안에 자기를 쓰려는 군주를 만나지 못해, 그 품고 있는 사상을 살리지 못하고 아픈 마음을 안고서 마치 초상집 개 모양 심신이 지칠 대로 지쳐 노나라로 돌아갔다.

상경백유 相驚伯有

서로 相 놀랄 驚 맏 伯 있을 有

《좌씨전(左氏傳)》 소공7년

일어나지도 않은 일에 놀라서 무서워함.

「백유(伯有)라는 말에 서로 놀란다」는 뜻으로, 일어나지도 않은 일에 놀라서 무서워하는 것을 이르는 말.

전하는 말에 따르면 춘추시대의 정(鄭)나라 사람들은 백유(伯有)라고만 해도 벌벌 떨었고, 백유가 온다는 말만 들어도 정신없이 달아났다고 한다(鄭人相驚以伯有 曰伯有至矣).

백유의 본명은 양소(良霄)이고, 백유는 그의 자(字)이다. 양소는 천성이 포악하고 방탕한 사람으로 당시의 사대부들인 공손단(公孫段) 자석(子皙)과 서로 맞서서 대립하였는데, 자석의 조카인 사대(駟帶)가 백유를 공격하여 죽였다.

그러자 백유를 두려워한 사람들은 백유가 죽어 귀신이 되어서도 보복할 것으로 여겼다.

이 때문에 사람들은 백유라는 이름만 들어도 공포에 떨었다. 누군가 꿈에서 백유가 아무 달 아무 날에 사대를 죽이고 아무 달 아무 날에 공손단을 죽일 것이라는 말을 들었다는 소문마저 퍼졌다. 그런데 공교롭게도 그날에 일치하여 사대와 공손단이 죽고 말았다.

그래서 사람들의 공포심은 더욱 극에 달했다. 물론 귀신의 조화라는 것은 황당한 말로 이것은 사람들이 나중에 억지로 붙인 가담항설(街談巷說)이겠지만, 백유의 사나운 행동 때문에 사람들은 백유라는 이름만 들어도 놀라 무서워하였다는 이야기다.

상경여빈 相敬如賓

서로 相 공경 敬 같을 如 손 賓

《동주열국지(東周列國志)》

부부는 가장 가까운 사이지만, 늘 공경하기를 마치 손님 대하듯 함.

진(晉)나라 문공(文公)이 자신을 보필하던 충신들이 죽어가자 상심할 때 신하 서신(胥臣)이 나와 아뢰었다.

「주공께서는 과도히 상심 마옵소서. 비록 호모(狐毛)와 호언(狐偃)은 죽었으나 신이 주공을 위해서 한 사람을 천거하겠습니다」

문공이 말했다. 「그대는 나에게 어떤 사람을 천거하려 하오?」

서신이 말했다.

「지난날 신이 사신으로 길을 가다가 기(冀)라는 들판에서 잠시 휴식한 일이 있었습니다. 그 때 한 사람이 가래로 밭을 갈고 있었는데 때마침 그 아내가 점심밥을 가지고 나왔습니다. 그 아내는 점심밥과 반찬을 일일이 두 손으로 들어서 남편에게 공손히 바쳤습니다. 남편은 옷깃을 여미고 조용히 음식을 받아서는 기도를 드린 후에 먹었습니다. 아내는 남편이 식사를 마칠 때까지 그 곁에서 모시고 서 있었습니다. 그리고 남편은 집으로 돌아가는 아내가 안 보일 때까지 바라본 후에야 다시 밭을 갈기 시작했습니다. 그들의 태도는 시종여일하였습니다. 부부간에도 서로 대하는 기품이 꼭 귀한 손님을 대하는 것 같았으니 다른 사람을 대하는 태도인들 어떻겠습니까(夫妻之間 相敬如賓 況他人乎)? 신이 듣건대 공경할 줄 아는 사람이라야 반드시 덕이 있다고 합니다. 신은 그 사람에게 가서 이름을 물었습니다. 알고 보니 바로 극예(郤芮)의 아들 극결(郤缺)이었습니다」

상궁지조 傷弓之鳥

상처 傷 활 弓 의 之 새 鳥

《전국책》 초책(楚策)

한번 놀란 사람이 조그만 일에도 겁을 내어 위축됨.

「화살에 맞아서 다친 새」 라는 뜻으로, 활에 상처를 입은 새는 굽은 나무만 보아도 놀란다는 말이다. 한번 놀란 사람이 조그만 일에도 겁을 내어 위축됨을 비유해 이르는 말. 또 어떤 일에 봉변을 당한 뒤에는 뒷일을 경계함을 비유하는 말로 쓰인다.

전한(前漢) 때 유향(劉向)이 편찬한 《전국책》 초책(楚策)에 있는 이야기다.

전국시대 초(楚)·조(趙)·연(燕)·제(齊)·한(韓)·위(魏) 여섯 나라는 합종책(合縱策)으로 최강국인 진(秦)나라에 대항하려고 공수동맹을 맺었다.

조(趙)나라에서는 위가(魏加)를 초나라에 보내 초나라의 승상 춘신군(春申君)과 군사동맹에 대하여 논의하게 하였다.

춘신군을 만난 위가가 물었다.

「귀국에는 쓸 만한 장군이 있습니까?」

춘신군이 대답했다.

「있고말고요. 우리는 임무군(臨武君)을 총지휘관으로 내정하고 있습니다」

위가는 춘신군의 말을 듣고 합당하지 않다고 여겼다. 진나라와의 싸움에서 패한 적이 있는 임무군은 늘 진나라를 두려워한다는 소식을 들었기 때문이다.

위가는 춘신군에게 이렇게 말했다.

「옛날 위나라에 경영(更羸)이라는 명궁(名弓)이 있었는데, 왕과 함께 산책을 하고 있을 때 날아가는 기러기를 보고 활시위에 화살을 재지 않고 당겼다가 놓았는데 맨 뒤에서 날아가던 기러기가 놀라 땅에 떨어졌습니다. 왕이 그 까닭을 물었더니 명궁은, 『이 기러기는 지난날 제가 쏜 화살에 맞아 다친 적이 있는 기러기입니다. 아직 상처가 아물지 않아 맨 뒤에서 겨우 날아가며 슬프게 우는 소리를 듣고 알아보았습니다. 활의 시위만 당겼는데 그 소리에 놀라 높이 날아가려고 하다가 땅에 떨어지고 말았습니다』 라고 대답하였습니다. 그래서 진나라와 싸워서 패했던 임무군을 장군으로 임명하는 일은 적절치 않다고 생각합니다」

춘신군

활시위 튕기는 소리에 놀라 땅에 떨어진 기러기를 진나라에 패배한 임무군에 비유한 것이다. 화살에 맞아서 상처가 난 새는 구부러진 나무(弓)를 보기만 해도 놀란다는 뜻이다.

상분지도 嘗糞之徒

맛볼 嘗 똥 糞 어조사 之 무리 徒

《사기》 월세가(越世家)

변을 맛보는 무리라는 뜻으로, 남에게 아첨하여 부끄러운 짓도 서슴없이 하는 사람들을 비유한 말. 목적을 이루기 위해서는 상대편의 변까지도 맛보아 아부하는 사람.

춘추전국시대 월(越)나라의 왕 구천(勾踐)은 오(吳)나라의 부차(夫差)에게 패하였는데, 항복한 것처럼 위장하였다. 이후 오나라에 끌려가 온갖 수모를 겪었을 때 그의 옆에는 충신 범려(范蠡)가 있어 늘 지극한 정성으로 받들어 모셨다.

어느 날 부차가 구천을 죽이기 위해 그를 불렀다. 이때 부차는 병으로 자리에 누워 있었다. 이런 위기를 모면하기 위해 범려는 지혜를 발휘하였다.

범려는 원래 점쟁이였기 때문에 부차의 쾌차 날짜를 예견할 수 있었다. 범려는 구천에게 부차의 쾌차 예정일을 알려주었고, 또한 구천에게 부차 문병 시 부차의 변을 맛보고 나서 그의 쾌차 예정일을 이야기하라고 권하였다. 비록 붙잡혀 온 상태이지만 변을 맛보라는 것은 심한 모욕일 수밖에 없었다. 그러나 이것은 순간적인 치욕이라 생각하고 범려의 의견에 따르기로 하였다.

범려의 주문대로 실행하자 예정일에 부차는 씻은 듯이 나았다. 이후 부차는 고마움을 표시하는 뜻으로 구천을 풀어주었다. 구천은 돌아온 다음 부차에게 복수할 그 날만을 와신상담(臥薪嘗膽)하면서 기다렸고, 결국 소기의 목적을 달성하였다.

상사병 相思病

서로 相 생각 思 병 病

《수신기(搜神記)》

연정(戀情)에 사로잡혀 생기는 병.

남녀 사이에 서로 그리워하며 뜻을 이루지 못해 생긴 병을 「상사병」 이라고 한다. 글자 그대로 서로 생각하는 병인 것이다.

춘추시대의 큰 나라였던 송(宋)은 전국시대 말기 강왕(康王)의 학정으로 인해 망하고 만다. 강왕은 뛰어난 용병으로 한때 이웃나라를 침략해서 영토를 확장하는 등 대단한 위세를 떨쳤다.

여기에 그는 천하에 무서울 것이 없다는 자신을 가지고 분수에 벗어난 짓을 마구 하게 되었다. 심지어는 가죽부대에 피를 담아 공중 높이 달아매고 화살로 이를 쏘아 피가 흐르면, 「내가 하늘과 싸워 이겼다」 라고 하면서 미치광이 같은 호기를 부리기도 했다고 한다.

강왕은 술로 밤을 지새우고, 여자를 많이 거느리는 것을 한 자랑으로 삼았으며, 이를 간하는 신하가 있으면 모조리 사형에 처했다.

이 포악하고 음란하기 비길 데 없는 강왕의 시종으로 한빙(韓憑)이라는 사람이 있었다. 그런데 그의 아내 하씨(河氏)가 절세미인이었다. 우연히 그녀를 본 강왕은 하씨를 강제로 데려와 후궁을 삼고 말았다.

한빙이 왕을 원망하지 않을 리 없었다. 강왕은 한빙에게 없는 죄를 씌워 「성단(城旦)」의 형에 처했다. 변방으로 가서 낮에는 도적을 지키는 군사가 되고 밤에는 성을 쌓는 인부가 되는 고된 형벌이다. 이때 아내 하씨가 강왕 몰래 남편 한빙에게 짤막한 편지를 전했다.

「비는 그칠 줄 모르고, 강은 크고 물은 깊으니 해가 나오면 마음에 맞겠다(其雨淫淫 河大水深 日出當心)」

그러나 염려한 대로 이 편지는 강왕의 손에 들어갔다. 강왕이 시신들에게 물었지만, 뜻을 아는 사람이 없었다. 그러자 소하(蘇賀)란 자가 있다가, 「당신을 그리는 마음을 어찌할 길 없으나, 방해물이 많아 만날 수가 없으니, 죽고 말 것을 하늘에 맹세한다는 뜻입니다」 하고 그럴 듯한 풀이를 했다.

얼마 후, 한빙이 자살했다는 보고가 들어왔다. 그러자 하씨는 자기 입는 옷을 썩게 만들었다가, 성 위를 구경하던 중 몸을 던졌다. 수행한 사람들이 급히 옷소매를 잡았으나 소매만 끊어지고 사람은 아래로 떨어졌다. 죽은 그녀의 옷 띠에는 유언이 적혀 있었다.

「임금은 사는 것을 다행으로 여기지만, 나는 죽는 것을 다행으로 압니다. 바라건대 시체와 뼈를 한빙과 합장하여 주옵소서」

노한 강왕은 고의로 무덤을 서로 떨어진 곳에 만들게 하고는,

「죽어서도 서로 사랑하겠다는 거냐. 정 그렇다면 두 무덤을 하나로 합쳐 보아라. 나도 그것까지는 방해하지 않겠다」 라고 했다.

그러자 밤사이에 두 그루의 나무가 각각 두 무덤 끝에 나더니, 열흘이 채 못 가서 큰 아름드리나무가 되었다. 그리하여 위로는 가지가 서로 얽히고 아래로는 부리가 서로 맞닿았다. 그리고 나무 위에는 한 쌍의 원앙새가 앉아 서로 목을 안고 슬피 울며 듣는 사람을 애처롭게 만들었다. 사람들은 이 새를 한빙 부부의 넋이라 했다.

송나라 사람들은 이를 슬피 여겨, 그 나무를 상사수(相思樹)라고 했는데, 「상사」 란 이름이 여기에서 시작되었다.

이것은 진(晋)나라 간보(干寶)가 지은 《수신기》 에 나오는 이야기인데, 「상사병」 이란 이름이 여기에서 나왔다고 설명하고 있다.

상산사세 常山蛇勢

항상 常 뫼 山 뱀 蛇 기세 勢

《손자(孫子)》 구지편(九地篇)

좌우가 서로 합하고 응하여 빈틈이 없다는 뜻. 앞과 끝이 잘 맺어진 완벽한 문장.

회계(會稽)의 상산(常山)에 솔연(率然)이라는 머리가 두 개 달린 뱀이 있어서 머리를 치면 꼬리가 덤비고, 꼬리를 건드리면 머리가 덤비고, 허리를 찌르면 머리와 꼬리가 함께 덤빈다는 《손자》 구지편(九地篇)에 나오는 고사에서 나온 말로, 이 뱀과 같이 좌우전후가 상응하여 쳐들어올 기회를 주지 않는 진법(陣法)을 이른다.

또 문장(文章)의 수미(首尾)가 서로 조응(照應)함을 이르는 말이다.

《손자》 구지편에서 손자는 다음과 같은 병법을 이야기하였다.

「병사를 쓰는 데 아홉 가지 방법이 있다. 그 중 가장 마지막 방법을 사지(死地)라 한다. 이는 주저하지 않고 일어나서 싸우면 반드시 살 길이 있으나, 기가 꺾이어 우물쭈물하면 패하고 마는 필사(必死)의 땅이다. 진퇴양난의 필사적인 상황에서는 병사들이 한 마음 한 뜻으로 싸울 수 있기 때문이다. 이때 지혜롭고 유능한 장군의 용병술은 상산에 사는 솔연(率然)이란 머리가 둘인 큰 뱀처럼 행동해야 한다. 솔연은 머리를 치면 꼬리가 덤비고, 꼬리를 치면 머리가 덤비고, 몸통을 치면 머리와 꼬리가 한꺼번에 덤벼드는 뱀이다」

「상산사세」는 상산에 사는 뱀 솔연처럼 적이 습격하면 모두가 서로 원호하는 진법을 사용하는 것을 비유한, 또는 앞과 끝이 잘 맺어진 완벽한 문장을 비유한 말이다.

상저옥배 象箸玉杯

코끼리 象 젓가락 箸 구슬 玉 잔 杯

《한비자》 유로편(喩老篇)

상아(象牙)로 만든 젓가락과 옥으로 만든 술잔이란 뜻으로, 사치스럽고 방탕한 생활을 상징한다. 하찮은 낭비가 나라를 망치는 사치로 이어질 수 있으니 경계하라는 뜻을 담고 있는 말이다.

《한비자》 유로편에 있는 이야기다.

중국 상(商)나라의 마지막 임금인 주왕(紂王)은 상아로 젓가락을 만들게 하였는데, 주왕(紂王)의 작은아버지 기자(箕子)가 이를 두고 「상아 젓가락이 나라를 망친다」 고 걱정했다는 이야기다.

상(商)의 마지막 임금인 주왕(紂王)은 총명하고 용맹했지만, 자신의 재능을 지나치게 자신하여 신하의 간언(諫言)을 귀찮게 여겼다. 그는 술과 음악을 즐겼으며 여자를 좋아하였다.

어느 날 주왕이 상아로 젓가락을 만들게 하자, 기자가 걱정하며 말했다.

「상아 젓가락으로 식사를 하면 그 때까지 사용하던 질그릇이 성에 차지 않아 뿔과 옥으로 그릇을 만들게 하고, 상아 젓가락과 옥 술잔을 쓰게 되면 평범한 음식으로는 성에 차지 않아 반드시 진귀한 음식을 찾게 될 것이며, 그런 음식을 먹으면 평범한 옷이나 집으로는 만족하지 못해 비단옷과 화려한 고대광실(高臺廣室)을 찾게 될 것이다. 그러니 나는 상아 젓가락이 두렵기 그지없다」

《사기》 은본기(殷本紀)에 「주왕(紂王)은 술을 좋아하고 여자도 좋아하였다. 특히 달기(妲己)라는 여자를 사랑하여 그녀의 말은 무

엇이나 들어 주었다. ……그는 사구(沙丘)에 큰 놀이터와 별궁을 지어 두고 많은 들짐승과 새들을 거기에 놓아 길렀다. ……술로 못을

녹대(鹿臺)

만들고 고기를 달아 숲을 만든 다음(以酒爲池懸肉爲林) 남녀가 벌거벗고 그 사이에서 밤낮없이 술을 퍼마시며 즐겼다」고 하였다.

기자의 걱정처럼 5년이 되지 않아 주왕은 세금을 무겁게 부과하여 「녹대(鹿臺)」라는 화려한 궁궐을 짓고, 연못을 술로 가득 채우고, 술통으로 동산을 만들어 올라갈 수 있게 하였으며, 고기를 숲처럼 매달아 놓고 즐겼던 것이다. 이것이 바로 「주지육림(酒池肉林)」이다.

기자와 비간(比干) 등의 거듭된 간언에도 「주지육림」의 사치스럽고 방탕한 생활을 멈추지 않은 주왕은 결국 상(商)을 멸망의 길로 이끌었다.

이러한 주왕의 이야기에서 비롯되어 상저와 옥배는 각기 사치스럽고 방탕한 생활을 상징하는 말들로 자리를 잡게 되었다. 그리고 기자가 「상아 젓가락이 나라를 망친다」고 두려워했던 것처럼 「상저옥배」는 하찮은 낭비가 나라를 망치는 사치로 이어질 수 있으므로 작은 일도 밝게 헤아리고 경계해야 한다는 뜻으로 쓰이게 되었다.

상전벽해 桑田碧海

뽕나무 桑 밭 田 푸를 碧 바다 海

유정지 / 「대비백두옹(代悲白頭翁)」

「창상지변(滄桑之變)」은 푸른 바다가 뽕나무밭으로 변했다가, 그 뽕나무밭이 다시 푸른 바다로 변한다는 뜻이다. 덧없이 변해 가는 세상 모습을 가리켜 하는 말이다. 우리나라에선 「상전벽해」란 말이 더 많이 쓰이고 있다.

이 말은 당나라 시인 유정지(劉廷芝, 651~608)의 「대비백두옹(代悲白頭翁)」 즉, 백발을 슬퍼하는 노인을 대신해서 읊은 장시에서 나온 말이다. 이 말이 나와 있는 부분을 소개하면 다음과 같다.

낙양성 동쪽의 복숭아 오얏꽃은
날아오고 날아가며 뉘 집에 지는고.
낙양의 계집아이는 얼굴빛을 아끼며
가다가 떨어지는 꽃을 만나 길게 탄식한다.
금년에 꽃이 지자 얼굴빛이 바뀌었는데
명년에 꽃이 피면 다시 누가 있을까?
이미 송백이 부러져 땔감 되는 것을 보았는데
다시 뽕밭이 변해 바다가 되는 것을 듣는다.

洛陽城東桃李花 飛來飛去落誰家 낙양성동도리화 비래비거낙수가
洛陽女兒惜顔色 行逢落花長嘆息 낙양여아석안색 행봉낙화장탄식
今年花落顔色改 明年花開復誰在 금년화락안색개 명년화개복수재
已見松柏摧爲薪 更聞桑田變成海 이견송백최위신 갱문상전변성해

마지막 절의 뽕밭이 변해 바다가 된다는 말을 「상전이 벽해가 된다」 고도 하고, 또 「벽해가 상전이 된다」 고도 하며, 또 「벽해가 상전이 되고 상전이 벽해가 된다」 고도 한다.

또 《신선전》에 있는 마고선녀(痲姑仙女)의 이야기에서 유래된 것으로, 옛날 마고라는 겨우 나이 열여덟쯤 되어 보이는 아름다운 선녀가 있었다. 그녀는 도를 통한 왕방평(王方平)에게 물었다.

마고선녀(淸 화가 주서웅)

「제가 옆에 모신 뒤로 벌써 동해바다가 세 번이나 뽕나무밭으로 변하는 것을 보았습니다. 이번에 봉래(蓬來)로 오는 도중 바다가 또 얕아지기 시작해서 전에 비해 반밖에 되지 않았습니다. 또 육지가 되는 것일까요?」

「성인들이 다들 말하고 있다. 바다 녀석들이 먼지를 일으키고 있다고」

이 대화에서 이런 문자가 생겨난 것이다.

상중 桑中

뽕나무 桑 가운데 中

《시경》「상중(桑中)」

남녀 간의 불의(不義)의 낙(樂).

우리말에 「임도 보고 뽕도 딴다」는 말이 있다.

남녀유별이 철칙으로 되어 있고, 문 밖 출입이 자유롭지 못했던 옛날에는 남녀가 서로 만날 수 있는 기회가 주로 뽕을 따는 사이에 이루어졌던 것은 당연한 일이다.

그래서 역사적 기록이나 남녀의 애정관계를 논하는 이야기들에 항상 등장하는 것이 이 뽕나무, 뽕밭, 뽕따는 일이다.

이들 이야기 중 가장 오랜 기록이 아마 《시경》 용풍에 나오는 「상중(桑中)」이란 시일 것이다.

이 시는 3장으로 되어 있는데, 그 첫 장을 소개하면 다음과 같다.

여기에 풀(唐)을 뜯는다.
매(沬)란 마을에서
누구를 생각하는가.
아름다운 맹강이로다.
나와 뽕밭 속에서 약속하고
나를 다락(上宮)으로 맞아들여
나를 강물 위에서 보내 준다.

采采唐矣 沬之鄕矣 채채당의 매지향의
云誰之思 美孟姜矣 운수지사 미맹강의

期我乎桑中 要我乎上宮　기아호상중 요아호상궁
送我淇之上矣　송아기지상의

맹강녀 조상(彫像)

둘째 장과 셋째 장도 풀이름과 장소, 사람 이름만 틀릴 뿐 똑같은 말로 되어 있다.

풀을 베러 어느 마을 근처로 한 남자가 간다. 그는 풀을 베러 간 것이 아니라, 아름다운 어느 남의 아내를 생각하고 있는 것이다. 그녀는 그를 뽕나무밭에서 만나기로 약속을 했던 것이다. 거기서 사내를 만난 그녀는 그를 데리고 높은 집(上宮 : 다락)으로 맞아들인 다음, 그를 기(淇)라는 냇가에까지 바래다준다는 이야기다.

혹자는 이 시에 나오는 뽕밭과 다락집과 강물을 성애(性愛)의 과정을 암시한다고 의미심장하게 풀이하기도 한다.

아무튼 이 시에서, 남녀 사이의 불륜의 관계, 밀통, 밀약 등을 가리켜 「상중(桑中)」이니, 「상중지약(桑中之約)」이니, 「상중지희(桑中之喜)」니 하고 말한다.

시에 나오는 맹강(孟姜)은 진의 시황제를 위해 만리장성을 쌓는데 징발된 남편을 찾아갔지만, 남편은 이미 장성을 축조하는 데 제물로 바쳐진 희생이 되었다고 하는 슬픈 이야기의 주인공이다.

사

상하기수 上下其手

위 上 아래 下 그 其 손 手

《좌씨전(左氏傳)》 양공 26년

「위와 아래로 손을 들어 신호한다」는 뜻으로, 권세를 이용하여 시비(是非)를 뒤바뀌게 만든다는 말.

춘추시대 기원전 547년 초(楚)나라는 진(秦)나라의 도움을 받아 오(吳)나라를 쳤으나 아무런 소득이 없었다. 이에 본국으로 돌아가던 초군(楚軍)은 정(鄭)나라가 초나라를 배반하고 오랫동안 진(晉)을 받들고 있다는 것을 이유로 정나라를 쳤다.

양군이 싸우다가 초나라 대부 천봉술(穿封戌)이 정나라 장수 황힐(黃頡)을 사로잡았다. 그러자 초 강왕의 동생 공자(公子) 위(圍)가 그것을 보고 포로를 빼앗아 자기의 전공으로 삼으려고 했다. 그러나 천봉술은 공자 위에게 정나라 포로를 넘겨주지 않았다. 공자 위는 오히려 강왕(康王)을 찾아가 호소했다.

「제가 황힐을 사로잡았는데 천봉술이 빼앗아 갔습니다」

그러자 얼마 있지 않아 천봉술이 황힐을 묶어서 데려와 강왕에게 바치면서 그도 역시 공자 위가 자기의 공을 가로채려 했다고 고했다. 강왕은 두 사람 사이의 분쟁을 해결하지 못하고 태재(太宰) 백주리(伯州犁)에게 판결을 맡겼다. 백주리가 말했다.

「이번 잡힌 적장 황힐은 정나라의 대부입니다. 그러니 이 일은 적장 황힐에게 직접 물어보는 것이 좋을 줄로 생각합니다」

이에 백주리가 황힐을 뜰 안으로 데려와 단 아래 세우고 자기는 그의 오른쪽에 서고 공자 위와 천봉술은 그 왼쪽에 서게 하였다. 백주리가 두 손을 들어 위(上)를 가리키면서 황힐을 보며 말했다.

「이쪽에 계시는 분은 공자 위(圍)이니 우리 대왕의 친동생 되는 분이시다」

다시 두 손을 들어 아래(下) 쪽을 가리키면서 말했다.

「여기에 계시는 또 한 분은 천봉술이라 하는데, 곧 우리의 방성(方城) 교외의 현을 다스리는 수장이다. 누구에게 사로잡힌 것인가? 솔직하게 대답하기 바란다」

황힐은 백주리가 말할 때 공자 위를 가리킬 때는 손을 위를 향하고, 천봉술을 가리킬 때는 손을 아래로 향한 것을 보고 백주리가 공자 위의 편을 들어주고 싶어 한다는 것을 알았다. 황힐이 눈을 크게 뜨더니 공자 위를 쳐다보며 소리쳤다.

「나는 이 공자를 만나 싸우다가 이기지 못하여 이렇게 포로가 된 것입니다」

천봉술은 옆에 서 있다가 듣고 대노하여 뜰 옆에 무기를 걸어놓기 위해 만들어 놓은 선반에서 창(戈)을 꺼내 들고 공자 위를 찔러 죽이려고 달려들었다.

공자 위가 놀라 달아나자 천봉술은 계속해서 그 뒤를 쫓아갔으나 잡지 못했다. 백주리가 다시 그들의 뒤를 따라가서 두 사람을 달래 다시 뜰 안으로 데려왔다. 강왕에게 그 사연을 고하고는 그 공을 둘로 나누어 두 사람에게 주고 다시 술자리를 마련하여 서로 화해를 하도록 하였다.

이 이야기에서, 백주리가 공자 위를 가리킬 때는 손을 위로 하고 천봉술을 가리킬 때는 손을 아래로 하여 「사사로운 정에 얽매어 사람의 잘못을 왜곡하여 비호한다(徇私曲庇)」는 뜻의 「상하기수(上下其手)」라는 말의 유래가 되었다.

상하구부 上下俱富

위 上 아래 下 갖출 俱 부유할 富

《순자(荀子)》 국부편(富國篇)

위아래 구분 없이 백성을 고루 잘살게 한다는 말이다.

순 자

순자(荀子)가 백성들을 잘 살게 하려면 군주(지도자)가 어떻게 해야 되는지를 말하는 가운데서 나온 것이다. 그 내용의 일부는 다음과 같다.

「그러므로 아래에 일을 맡겨 명예를 얻는 것도 잘못된 것이고, 공을 이루어 백성을 잊어버리는 것도 역시 잘못된 일이다. 모두가 간사한 도인 것이다. 그러므로 옛 현명한 군주들은 그렇게 하지 않았다. 백성을 부릴 때는, 여름이면 더위를 먹게 하지 않고(使民夏不宛暍), 겨울이면 동상에 걸리지 않게 하며(冬不凍寒), 급하게 일을 시켜 힘을 상하지 않게 하며(急不傷力), 농사철을 놓치지 않게 하였고(緩不後時), 일이 이루어지고 공이 세워지게 하는 것은(事成功立) 온 백성이 함께 잘 살게 하는 것이다(上下俱富). 이로써 백성들이 모두 그 군주를 사랑하며 사람들이 그런 군주에게 모여드는 것은 물이 흐르는 것과 같고, 친하기를 부모와 같이 기뻐하며, 죽음의 곳으로 나가 죽는 것을 기뻐하는 것은 다른 것이 아니고, 충성과 믿음과 다 같이 조화로움을 분별하였기 때문이다」

새옹지마 塞翁之馬

변방 塞 늙은이 翁 의 之 말 馬

《회남자》 인간훈(人間訓)

사

인생의 길·흉·화·복이란 항시 바뀌어 예측할 수 없는 것.

어느 것이 참다운 복이 되고 화가 되는지 알 수 없는 세상일을 가리켜 「새옹지마」라고 말한다. 새옹은 북쪽 변방에 사는 늙은이란 뜻이다.

《회남자》의 인간훈(人間訓)에 나오는 이 유명한 이야기의 대략의 줄거리를 여기 인용해 보자.

북방 국경 가까이에 점을 잘 치는 사람이 살고 있었다. 하루는 말이 아무 까닭도 없이 도망쳐 오랑캐들이 사는 국경 너머로 들어가 버렸다. 마을 사람들이 찾아와 동정을 하며 위로를 하자, 이 집 주인 늙은이는,

회남자

「이것이 어찌 복이 될 줄 알겠소」하고 조금도 걱정하는 기색이 없었다.

그럭저럭 몇 달이 지났는데, 하루는 뜻밖에 도망했던 말이 오랑캐

의 좋은 말을 한 필 끌고 돌아왔다. 마을 사람들은 모두 몰려와서 횡재를 했다면서 축하를 했다. 그러자 그 영감은 또,

「그게 화가 될지 누가 알겠소」 하고 조금도 기뻐하는 기색을 보이지 않았다.

그런데 집에 좋은 말이 하나 더 생기자, 전부터 말 타기를 좋아하던 주인의 아들이 데리고 온 호마를 타고 들판으로 마구 돌아다니다 그만 말에서 떨어져 넓적다리를 다치고 말았다. 사람들은 또 몰려와서 아들이 병신이 된 데 대해 안타까워하는 인사를 했다. 그러자 영감은,

「그것이 복이 될지 누가 알겠소」 하고 담담한 표정이었다.

그럭저럭 1년이 되자, 오랑캐들이 국경을 넘어 대규모로 침략해 들어왔다. 장정들은 일제히 활을 들고 나가 적과 싸웠다. 그리하여 국경 근처의 사람들이 열에 아홉은 전쟁에 나가 모두 죽었는데, 유독 이 영감의 아들만은 다리병신이라서 부자가 함께 무사할 수 있었다.

그러므로 복이 화가 되고, 화가 복이 되어, 변화가 끝이 없고, 그 깊이를 헤아릴 수가 없다고 회남자는 결론을 맺고 있었다.

여기에서 예측할 수 없는 길흉화복을 비유해서, 또 눈앞의 이해득실에 웃었다 울었다 할 필요가 없다는 뜻으로 「새옹지마」 란 말을 쓰게 되었다.

또 이것을 가리켜 「인간만사 새옹마」 라고 하는데, 이것은 원(元)나라의 중 희회기(熙晦機)의 시에, 「인간의 모든 일은 새옹의 말이다(人間萬事塞翁馬). 추침헌 가운데 빗소리를 들으며 누워 있다(推枕軒中聽雨眠)」 고 한 데서 나온 말이다.

색즉시공 色卽是空

빛 色 곧 卽 옳을 是 빌 空

《반야심경(般若心經)》

사

세상에 존재하는 모든 형체(色)는 공(空)이라는 말. 곧 형상은 일시적인 모습일 뿐이라는 말이다.

「색이 공과 다르지 않고 공이 색과 다르지 않으며, 색이 곧 공이요 공이 곧 색이다(色不異空 空不異色 色卽是空 空卽是色)」

「색즉시공 공즉시색」은 《반야심경》의 중심사상이다. 색(色)이란 형태가 있는 것, 대상을 형성하는 물질적인 것, 넓게는 대상 전반을 가리킨다. 「색즉시공」은 색이란 모두 공(空)에 불과하다 하였고, 대상을 우리들은 어느 특정한 대상으로 생각하고 있으나 실은 그것은 광범한 연계(連繫) 위에서 그때그때 대상으로서 나타나는 것일 뿐이며, 그 테두리를 벗어나면 이미 그것은 대상이 아닌 다른 것으로 변하는 것이므로 그 대상에 언제까지나 집착할 필요는 없다는 것이다.

「공즉시색(空卽是色)」은 그와 같이 원래부터 집착할 수 없는 것을 우리들은 헛되이 대상으로 삼지만, 그것은 공이며 그 공은 확고함이 없는 것인데, 바로 여기에 인간의 현실(존재)이 있다고 설한다.

이것은 일체의 것, 즉 불교에서 말하는 오온{五蘊 : 불교의 근본사상의 하나로, 세계를 창조 · 구성하고 있는 요소를 다섯 가지로 분류한 것. 색(色) · 수(受) · 상(想) · 행(行) · 식(識) 5요소의 결합으로, 색은 육체, 수는 감각, 상은 상상, 행은 마음의 작용, 식은 의식} 모두에 미치며, 대상(對象 : 色)뿐만 아니라 주관의 여러 작용에 대하여도 마찬가지라고 말할 수 있다.

생기사귀 生寄死歸

날 生 부칠 寄 죽을 死 돌아갈 歸

《십팔사략(十八史略)》

사람이 세상에 사는 것은 잠깐 머무는 것이고, 죽는 것은 원래의 집으로 돌아가는 것.

중국 하(夏)왕조의 시조인 우(禹)임금이 제후들과 함께 연회를 마치고 배에 올라 강을 건너려는 순간 홀연 황룡이 배를 등으로 지고 물 위에 올리니 배에 타고 있던 사람들이 모두 두려워하였다.

그러자 우임금이 하늘을 우러러 탄식하면서 말했다.

「나는 하늘로부터 명을 받아 백성들을 위해 온 힘을 바쳤다. 삶은 부쳐 사는 것이며, 죽음은 돌아가는 것이라 하였으니 하늘의 뜻에 따를 것이니라(禹仰天嘆曰 吾受命於天 竭力以勞萬民 生寄也死歸也)」

우임금이 두려워하지도 않고 태연하며 흔들림이 없이 또한 위엄있게 대응하자 황룡은 기가 꺾여 고개를 숙인 채 다시 하늘로 올라가 버렸다. 「생기사귀」는 우임금이 황룡에게 한 말에서 유래하며, 인간의 삶은 나그네처럼 죽으면 원래의 자기 자리로 돌아가는 것이다.

시선(詩仙) 이백(李白)도 「춘야연도리원서(春夜宴桃李園序)」에서 「하늘과 땅은 만물이 와서 묵어가는 여인숙과 같고, 세월은 끝없이 뒤를 이어 지나가는 나그네와 같은 존재다(天地者萬物之逆旅 光陰者百代之過客)」라고 하였다.

역려(逆旅)는 나그네를 맞이한다는 뜻으로 여인숙을 말한다. 하늘과 땅은 공간을 말한다. 따라서 공간 속에서 만물이 생겼다가 사라지는 것이니 이는 나그네가 잠깐 와서 묵어가는 것과 같다는 것이다.

생살여탈 生殺與奪

살 生 죽일 殺 줄 與 빼앗을 奪

《한비자(韓非子)》 삼수편(三守篇)

사

살리기도 하고 죽이기도 하고, 주기도 하고 빼앗기도 한다는 뜻으로, 남의 목숨이나 재물을 마음대로 한다는 말.

춘추전국시대 말 한(韓)나라의 공자로 순자(荀子)에게 배운 사상가이자 법가 학파를 대표하는 인물인 한비자의 말이다.

「신하를 감독하는 수고를 꺼려 신하를 죽이기도 하고 살리기도 하는 기회나, 관직을 주거나 빼앗는 권리(生殺與奪權)를 중신에게 위임하는 군주는 결국 지배자의 지위를 빼앗기게 된다」

흔히 「생사여탈권(生死與奪權)」이라고 쓰는 수가 있는데 잘못된 표현이다.

생살여탈은 한비자가 독재적인 군주제를 주창한 말에서 유래하며, 한비자는 군주가 전횡적인 권리를 휘둘러야 한다고 주장한 것이다. 한비자는 진(秦)나라의 시황제에게 큰 영향을 끼친 법가 사상가인데, 눌변인 반면 두뇌가 명석하여 이사(李斯)가 도저히 따라갈 수 없었다.

이사는 시황제가 한비자를 보자 기뻐하는 것을 알고 이를 못마땅하게 여겨 시황제에게 참언하여 한비를 옥에 가두게 하였다. 이후 한비자는 자살하였다. 한비자의 법가 사상은 인정을 무시하는 냉혹하고 잔인한 술책이라는 비난을 받았다.

한비자를 한 번만이라도 볼 수 있으면 죽어도 여한이 없다고 했던 진시황과 동문수학한 이사는 한비를 죽였지만 그의 사상은 고스란히 접수하여 날로 커져가는 그들의 제국을 통치하는 데 한껏 활용했다.

생이지지 生而知之

날 生 어조사 而 알 知 갈 之

《중용(中庸)》 20장

나면서부터 안다는 것이 「생이지지」 다. 곧 태어나면서부터 배우지 않고도 스스로 깨우쳐 안다는 성인(聖人)의 경지를 일컫는 말이다. 《중용》 20장에 이런 말이 있다.

「혹은 태어나면서부터 이것(道)을 알고(或生而知之), 혹은 배워서 이것을 알고, 혹은 곤궁하여 이것을 아는데, 그 앎이라는 것에 미쳐서는 똑같다. 혹은 편안히 이것을 행하고, 혹은 이롭게 여겨 이것을 행하고, 혹은 억지로 힘써 이것을 행하지만, 그 성공하는 데 미쳐서는 똑같다」

이 말은 지(知)와 행(行)에 있어서 인물의 차등이 있다는 것을 말한다. 즉 사람에게는 태어나면서부터 세상의 이치를 꿰고 나온 사람이 있기도 하고, 배워서 알게 되는 사람이 있기도 하고, 어렵게 힘쓴 뒤에야 비로소 아는 사람이 있기도 하다는 것이다. 그러나 그 깨달음이라는 것에 도달하고 나면 그때는 다 똑같은 것이다. 각각 다른 도리, 다른 이치를 깨달은 것이 아니라, 모두 한가지로 깨달은 것이다.

《논어》 술이편에서 공자는 이렇게 말했다.

「나는 나면서부터 안 자가 아니라, 옛것을 좋아하여 부지런히 그것을 구한 사람이다(我非生而知之者 好古敏以求之者也)」

공자는 「생이지지」 의 성인으로 추앙받는다. 그럼에도 그가 이렇게 말한 것은, 학문의 완성은 자질만으로 되는 것이 아니라 부지런히 배움으로써 이루어진다는 것을 강조하기 위함에서이다.

생탄활박 生呑活剝

날 生 삼킬 呑 살 活 벗길 剝

《당시기사(唐詩紀事)》

사

이의부

산 채로 삼키고 산 채로 껍질을 벗긴다는 뜻으로, 남의 시문(詩文)을 송두리째 인용함을 이르는 말이다.

당(唐)나라의 시인 1,151명에 관한 일화 평론 등을 수록한 책 《당시기사(唐詩紀事)》 이의부(李義府)편에 있는 이야기에서 유래하였다.

당나라 때 조강(棗强) 현의 현감이었던 장회경(張懷慶)은 글을 짓는 재주가 별로 없었으나, 문인(文人)들의 작품을 허락 없이 몰래 따다 베껴 쓰는 데 뛰어났다. 당시의 대신(大臣) 이의부가 어느 날 시 한 수를 지었다.

달을 쪼아 노래 부채를 만들고
구름을 말아 춤추는 옷을 만들었다.
고운 자태 되돌린 것 안타까워
즐겨 낙천으로 되돌아가네.

縷月爲歌扇 裁雲作舞衣　누월위가선 재운작무의

自憐回雪態 好取洛川歸　자련회설태 호취낙천귀

그러자 장회경은 이의부가 지은 이 시의 각 구절 앞에다 두 글자씩 덧붙여 오언시(五言詩)를 칠언시(七言詩)로 자기의 작품처럼 이렇게 썼다

生情縷月爲歌扇　생정누월위가선

出性裁雲作舞衣　출성재운작무의

照鏡自憐回雪態　조경자련회설태

來時好取洛川歸　내시호취낙천귀

왕창령

그 때 당나라의 문장가로는 왕창령(王昌齡)과 곽정일(郭正一)이 매우 유명하였다. 그래서 장회경의 시를 읽은 사람들은 「왕창령을 산 채로 껍질을 벗겨내고 곽정일을 살아 있는 통째로 삼켰다(活剝王昌齡 生呑郭正一)」라고 하며 그를 비웃었다고 전해진다.

이와 같이 남의 문장을 송두리째 도용하는 것을 비유하는 말이다.

「활박생탄(活剝生呑)」이라고도 한다.

서리지탄 黍離之嘆

기장 黍 떠날 離 의 之 탄식할 嘆

《시경》「서리(黍離)」

세상의 영고성쇠(榮枯盛衰)가 무상함을 한탄함.

나라가 망하고 옛 도성의 궁궐터가 밭으로 변해 버린 것을 한탄하는 것을 「서리지탄」이라고 한다. 「흥망이 유수하니 만월대(滿月臺)도 추초(秋草)로다」 하는 고려의 유신들이 읊은 망국탄과도 같다고 할까. 이 서리지탄이란 문자가 생겨나게 된 「서리(黍離)」란 말은 《시경》 왕풍(王風)에 나오는 시의 제목이다. 이 시는 3장으로 되어 있는데, 그 첫장만을 소개하면 다음과 같다.

저 기장의 무성함이여
저 피(稷)의 싹이여
가는 걸음의 더딤이여
속마음이 어지럽도다.
나를 아는 사람은
나를 일러 마음이 아프다 하는데
나를 모르는 사람은
나를 일러 무엇을 찾는가 한다.
아득한 푸른 하늘이여
이것이 누구의 탓입니까?

被黍離離 被稷之苗　피서이리 피직지묘
行邁靡靡 中心搖搖　행매미미 중심요요

知我者　謂我心憂　지아자　위아심우
不知我者 謂我何求　불지아자　위아하구
悠悠蒼天 此何人哉　유유창천　차하인재

이 시에 대한 《모시(毛詩 : 시전詩傳)》의 서(序)에 따르면, 이 시는 주(周)나라 대부가 원래 주나라의 종묘와 궁궐이 서 있던 자리에 기장과 피가 무성하게 자라나 있는 것을 보고, 주나라의 쇠망을 슬퍼하며 차마 그 앞을 그대로 지나치지 못하고 서성거리며 지은 시라고 한다. 「서리」의 「리(離)」는 「이리(離離)」가 약해진 것으로, 무성하다는 뜻이다.

여기에 견주어, 은(殷)의 폭군 주왕(紂王)의 학정을 간하다 쫓겨나 숨어 살다가, 주(周) 무왕이 은을 멸망시키고 무왕의 부름을 받은 기자가 은나라 옛 도성을 지나게 되었다, 그렇게 번화하던 거리는 흔적마저 없고, 궁궐이 서 있던 자리에도 밭을 만들어 곡식들이 무성하게 자라고 있었다. 기자는 무상한 조국의 흥망에 감개를 이기지 못하여 눈물 대신 맥수지시(麥秀之詩)를 지어 읊었다.

옛 궁궐 자리에는 보리만이 무성해 있고
벼와 기장들도 잎이 기름져 있다.
화려하던 도성이 이 꼴로 변해 버린 것이 그 미친 녀석(紂)이
내 말을 듣지 않았기 때문이다.

麥秀漸漸兮 禾黍油油　맥수점점혜 화서유유
彼狡童兮 不與我好兮　피교동혜 불여아호혜

여기에서 망국지탄을 「맥수지탄」이라 말하게 되었고, 고국의 멸망을 탄식한 노래를 「맥수가」니 맥수의 시니 하고 말하게 되었다.

서사불이 誓死不二

맹세할 誓 죽을 死 아닐 不 두 二

《사기》 혹리열전(酷吏列傳)

죽어도 결심을 바꾸지 않음.

《사기》 혹리열전에 있는 이야기다.

춘추시대 진(晉)나라 문공(文公) 때, 이리(李離)라는 옥관(獄官)이 있었다. 그는 매우 정직하고, 공정하여 규정에 따라 형량을 정하였으므로 선량한 사람들에게 누명을 씌워 억울한 옥살이를 하게 한 적이 없었고, 반면 악한 사람을 그냥 놓아준 적도 없었다.

그는 조정의 고관이거나 보통 백성이거나 간에 법 앞에서는 모두 똑같이 대하였으며, 항상 법에 의거하여 죄를 따지고 벌을 주었다.

어느 날, 우연히 그는 자신이 서명한 사건기록을 살펴보다가 자신이 판결을 잘못 내려 무고한 사람을 사형에 처하게 한 사실을 발견하고는 몹시 놀랐다.

당시 법률에 따르면 잘못된 판결로 무고한 사람을 사형하게 되면, 이 역시 사형 죄에 해당되었다. 이리는 자신의 잘못이 곧 죽을죄에 해당한다는 것을 알고 자신이 죽어 마땅하다고 주장하였다.

그는 부하들에게 자기를 포박하여 왕에게 데려갈 것을 명하였다. 그는 문공에게 사실대로 말하고 자신에게 사형을 내려줄 것을 청하였다. 그러자 문공은 이렇게 말했다.

「관에는 상하의 구별이 있고, 벌에는 경중이 있소. 하급관리에게 잘못이 있다고 하여 그것이 그대의 죄는 아니오」

이리가 말했다.

진문공복국도(晉文公復國圖)

「저는 관직의 장(長)으로 있은 지 오래 되었습니다만, 부하 관리에게 자리를 양보한 일도 없고, 또 많은 봉록을 받았지만 부하 관리에게 그 이익을 나누어 주지도 않았습니다. 그런데 지금 판결을 잘못 내려 사람을 죽이고, 그 죄를 부하 관리에게 떠넘긴다는 것은 일찍이 들어본 적이 없습니다」

이리는 사퇴하고 문공의 명령을 듣지 않았다. 문공이 말했다.

「그대는 스스로 죄가 있다고 하는데, 그렇다면 나에게도 죄가 있는 것이 아니겠소?」

이리가 말했다.

「옥관에게는 옥관으로서의 지켜야 할 법이 있습니다. 형벌을 잘못 내렸으면 스스로 형벌을 받아야 하며, 형을 잘못 내렸으면 스스로 처형을 받아야 합니다. 군공(君公)께서는 제가 능히 미묘한 것까지 심리하여 의혹을 풀 수 있을 것으로 여겼기 때문에 법관으로 임명하셨던 것입니다. 지금 무고로 인해 사람을 죽였으니 그 죄는 죽어 마땅합니다」

이리는 결국 문공의 명령을 듣지 않고 칼에 엎드려 죽었다.

서시빈목 西施矉目

서녘 西 베풀 施 찡그릴 矉 눈 目

《장자》 천운편(天運篇)

공연히 남의 흉내를 내어 세상 사람의 웃음거리가 됨을 이름.

「서시빈목」은 서시가 눈살을 찌푸린다는 말이다. 서시라는 미녀를 무조건 흉내 내었던 마을 여자들의 이야기에서 생겨난 말로서, 공연히 남의 흉내만 내는 일을 풍자한 것이다.

서시 조상(彫像)

춘추시대 말 오(吳)·월(越) 양국의 다툼이 한창일 무렵, 월왕 구천이 오왕 부차의 방심을 유발하기 위해 헌상한 미희 50명 중에서 제일가는 서시(西施)라는 절색(絶色)이 있었다.

이 이야기는 그 서시에 관해서 주변에 나돌았던 이야기로 되어 있으나, 말하는 사람이 우화의 명수인 장자이므로 그 주인공이 서시가 아니라도 좋을 것이다.

《장자》 천운편에 있는 이야기다.

서시가 어느 때 가슴앓이가 도져 고향으로 돌아갔다. 아픈 가슴을 한손으로 누르며 눈살을 찌푸리고 걸어도 역시 절세의 미인인지라, 다시 보기 드문 풍정(風情)으로 보는 사람들을 황홀케 했다.

그것을 본 것이 마을에서도 추녀로 으뜸가는 여자인데, 자기도 한 손으로는 가슴을 누르고 눈살을 찌푸리며 마을길을 흔들흔들 걸어 보았으나 마을 사람들은 멋있게 보아주기는커녕 그렇지 않아도 추한 여자의 징글맞은 광경을 보고 진저리가 나서 대문을 쾅 닫아버리고 밖으로 나오려는 사람도 없었다.

안 연

그런데 이 이야기로 장자는 공자의 제자인 안연(顔淵 : 안회)과 도가적(道家的) 현자로서 등장시킨 사금(師金)이란 인물과의 대화 속에서 사금이 말하는 공자 비평의 말에 관련시키고 있다.

요컨대 춘추의 난세에 태어나서 노(魯)나 위(衛)나라에 일찍이 찬란했던 주(周)왕조의 이상정치를 재현시키려는 것은 마치 자기 분수도 모르고 서시의 찡그림을 흉내 내는 추녀 같은 것으로, 남들로부터 놀림 받는 황당한 이야기라는 것이다.

「효빈(效顰)」이라고도 한다.

서제막급 噬臍莫及

씹을(물) 噬 배꼽 臍 아닐 莫 미칠 及

《춘추좌씨전》 장공(莊公)

「서제막급」은 배꼽을 물려고 해도 입이 미치지 못한다는 뜻으로, 일이 지난 후에는 후회해도 아무 소용이 없음을 비유하는 말이다.

《좌전》 장공(莊公)에 있는 이야기다.

주장왕(周莊王) 때의 일이다. 초나라 문왕이 신(申)나라를 치기 위하여 신나라와 가까이 있는 등(鄧)나라를 지나가게 되었다. 등나라 임금 기후(祁侯)는 조카인 문왕을 반갑게 맞이하고 환대했다. 그 때 추생, 담생, 양생 세 현인이 기후에게 말했다.

「지금 문왕은 약소국 신나라를 치기 위해 가는 길입니다. 우리 역시 약소국인데 저들이 신나라를 친 다음에는 우리나라를 그냥 둘 리가 없지 않습니까? 무슨 대비를 하지 않으면 나중에 아무리 후회해도 때는 늦을 것입니다(噬臍莫及)」

그러나 기후는 펄쩍 뛰면서 귀담아 듣지 않았다. 문왕은 기후의 도움으로 무사히 신나라를 정벌하고 귀국하였다. 그러고 나서 10년이 지난 뒤 초나라는 다시 군사를 일으켜 등나라를 쳐들어왔다. 전혀 대비가 없던 등나라는 순식간에 초나라의 군대에 점령되고 말았다.

일설에는, 사람에게 붙잡힌 궁노루가 자기의 배꼽 향내 때문에 잡힌 줄 알고 제 배꼽을 물어뜯으려고 해도 때는 이미 늦었다는 데서 생긴 말이라고도 한다.

「후회막급(後悔莫及)」과 의미가 비슷하다.

서족이기성명 書足以記姓名

글 書 족할 足 써 以 쓸 記 성 姓 이름 名

《사기》 항우본기(項羽本紀)

항우가 어릴 때 했다는 말로 「지식보다는 행동이다」 라는 뜻으로 쓰인다. 학식만을 내세움을 비웃음.

《사기》 항우본기 첫머리에 이렇게 나와 있다.

오추마를 탄 항우

「항적(項籍)이란 사람은 하상(下相) 사람으로 자(字)를 우(羽)라고 했다. 처음 일어났을 때 나이 스물넷이었다. 그의 작은 아버지는 항양(項梁)인데, 양의 아버지는 바로 초나라 장군 항연(項燕)으로, 진나라 장군 왕전(王剪)에게 죽임을 당한 사람이다……」

항적은 어릴 때 글을 배우다가 이루지 못하고 그만두었는데, 칼을 배우다가 또 이루지 못했다. 항양이 화를 내며 그를 꾸짖자, 항적은 이렇게 말했다.

「글은 성명만 기록하면 족하고, 칼은 한 사람을 대적하는 것이니 배울 만한 것이 못됩니다. 만 사람을 대적하는 것을 배우겠습니다(書

足以記姓名而已 劍一人敵 不足學 學萬人敵)」

오 강

그래서 항양은 그에게 병법을 가르쳤다. 항적은 대단히 기뻐했으나 대강 그 뜻을 알고는 역시 끝까지 배우려 하지 않았다.

이상이 항우본기의 서두에 나와 있는 기록이다. 항우는 어느 의미에서 「돌대가리」였던 것 같다. 그가 천하를 한때 휩쓸고 뒤흔들게 된 것은 단순히 그의 백절불굴의 투지와 힘과 용맹 때문이었다. 그에게는 글이 사실상 필요 없었고, 칼도 특별한 기술이 필요치 않았다. 병법도 남을 속이는 교묘한 작전 같은 것은 그에게 필요치 않았다.

그는 자기가 한 말처럼 산을 뽑을 만한 힘을 지니고 있었다. 그는 보통 사람이 하나만 입어도 귀찮은 갑옷을 일곱 겹이나 껴입었고, 다른 장수들이 고작 30근 철퇴를 드는 정도였는데, 그는 3백 근 철퇴를 나무 지팡이 휘두르듯 했다.

천리마를 타고 달리는 그의 철퇴에서는 칼도 창도 아무 소용이 없었고, 그의 7층 갑옷에는 아무리 강한 화살도 쓸모가 없었다. 그는 마치 탱크와도 같은 인간이었다. 그러나 그런 그도 결국에 가서는 해하(垓下)에서 패하고 오강(烏江)에서 자살을 함으로써 31세라는 꽃다운 청춘을 장렬하고 처참한 비극으로 끝내고 만다. 역시 글을 읽지 못하고 병법을 배우지 못한 탓이 아니었을는지.

석권 席卷

자리 席 말 卷

《사기》 위표팽월열전(魏豹彭越列傳)

어느 부분을 자신의 손아귀에 넣어 좌지우지함.

자리를 만다는 말이 「석권」이다. 자리를 말 듯이 한쪽에서부터 토지를 공격해 전체를 차지하는 것을 말한다.

《사기》 위표팽월열전에 있는 이야기다.

초나라의 항우와 한나라 유방이 천하를 두고 다투고 있을 무렵 위표(魏豹)와 팽월(彭越)이라는 사람이 있었다. 위표는 처음에는 항우에게서 위왕(魏王)으로 봉해졌는데, 나중에 항우를 배신하고 유방에게 붙어 팽성(彭城)을 함락시켰다. 그러나 유방이 패배하자 다시 배신을 했는데 화가 난 유방은 한신에게 토벌케 하여 포로로 잡았다가 주가(周苛)에게 명령을 내려 죽이게 하였다.

팽월은 원래 유방의 부하였는데, 유방이 진희(陳豨)의 반란을 평정하기 위해 출병을 마무리했지만 머뭇거리다가 반란의 혐의가 씌워져 오히려 체포를 당하고 말았다. 그 뒤 그도 역시 여후(呂后)의 건의로 죽음을 당했다. 이를 두고 사마천은 이렇게 말했다.

「위표와 팽월은 비천한 집안 출신으로 천리의 땅을 석권(席卷)한 인물이다……그 명성이 날로 높아졌지만, 반란을 도모하다가 패하자 스스로 목숨을 끊지 않고 포로가 되어 죽음을 당한 것은 무슨 까닭인가? 그것은 두 사람이 모두 지략이 뛰어나 몸만 무사하면 후일 다시 큰일을 도모할 기회가 올 것이라고 기대해서 포로가 되는 것도 마다하지 않았기 때문이다」

석파천경 石破天驚

돌 石 깨트릴 破 하늘 天 놀랄 驚

이하(李賀) / 「이빙공후인(李憑箜篌引)」

「돌을 깨뜨려서 하늘을 놀라게 한다」 라는 뜻인데, 생각 밖의 일로 놀란 경우를 말한다. 당나라 때의 시인 이하(李賀)가 공후(箜篌)의 명인인 이빙(李憑)의 연주를 듣고 환상적인 음률에 감탄하여 쓴 「이빙공후인」에 나오는 다음 구절에서 유래한 말이다. 공후는 고대 중국, 한국 등지에서 사용되던 현악기로서, 하프와 유사하다.

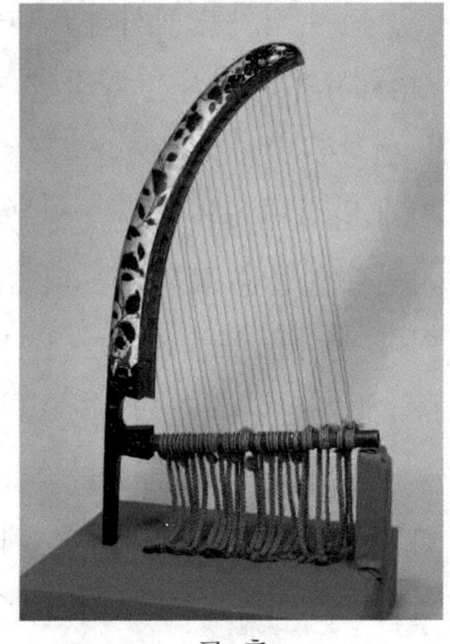
공 후

여왜가 돌을 녹여 하늘을 메운 자리에서
돌이 깨져 하늘도 놀란 듯 가을비도 멎었다
꿈속에 곤륜산에서 신구를 가르치고
큰 물고기 뛰어올라 물결 일으키니 춤추던 용이 숨는다

女媧鍊石補天處 石破天驚逗秋雨 여왜련석보천처 석파천경두추우
夢入坤山教神嫗 老魚跳波廋蛟舞 몽입곤산교신구 노어도파수교무

돌을 깨뜨려 하늘을 놀라게 할 정도로 아름다운 음악에 비유하기도 한다. 전혀 예상 밖으로 형용할 수 없다는 것으로, 착상이 기발하다는 뜻으로도 쓰인다.

선경후사 先景後事

먼저 先 경치 景 뒤 後 일 事

「송원이사안서(送元二使安西)」

「먼저 경치를 묘사하고 나중에 일을 묘사한다」라는 뜻으로, 한시(漢詩)의 전형적인 창작 기법을 가리킨다.

선경후서(先景後敍)라고도 쓴다. 한시를 창작할 때 쓰이는 시상의 전개 방식 중 하나다. 즉 앞부분에서는 먼저 서경(敍景)을 중심으로 자연과 사물을 묘사하는 데 주력하고 뒷부분에서 시인 자신의 감정이나 생각을 표출한다는 말이다. 이것은 시경육의(詩經六義) 중 흥(興)에 해당한다고 할 수 있다.

동양의 문학 전통은 작품의 첫머리부터 작가 자신이 제시하고자 하는 주제를 먼저 내세우는 태도를 달갑게 여기지 않았다. 차츰차츰 독자의 정서와 감각을 자극하여 마침내 주제를 인지하도록 하는 것이 훌륭한 문학이고 문인이 지녀야 할 태도라고 본 것이다. 이것이 바로 풍자(諷刺)의 정신이기도 하다.

그렇기 때문에 대개의 한시는 몇몇 예외를 제외한다면 하나같이 서경적 묘사가 앞서고 뒤이어 작가의 감정이 서술되는 형식을 갖췄던 것이다. 두보의 시 절구(絶句)를 예로 들어보자.

강물 푸르니 새는 더욱 희고
산 푸르니 꽃은 불타는 듯하구나
올봄도 보는 가운데 또 지나가니
어느 해에나 고향에 돌아갈고

江碧鳥逾白　강벽조유백
山靑花欲然　산청화욕연
今春看又過　금춘간우과
何日是歸年　하일시귀년

두보 초당

전반부의 2구에서는 시인이 바라본 봄의 경관을 읊고, 후반부의 2구에서는 그러한 경관을 바라보면서 고향에 돌아가고 싶지만 돌아갈 날을 기약할 수 없는 애절한 마음을 토로한 것이다.

이와 같은 시상의 전개방식은 한시에서 시작되어 현대시에까지 이어지고 있다.

전형적인 선경후사의 방식이다. 그러나 선경후사는 무작정 서경과 술회가 이어진다고 완결되는 것은 아니다.

서경 부분에 나오는 강이나 산은 즐겨 등장하는 관념적인 상징이다. 때문에 서경이지만 그 가운데 새와 꽃을 등장시킴으로써 다음에 이어질 술회의 시상을 준비하는 장치로서 기능을 다하는 것이다. 새와 꽃이 매개체가 되어 이 작품은 단조로운 감상을 엮은 작품 이상의 의미와 함축이 담긴 작품으로 자리 잡게 되었다.

선시어외 先始於隗

먼저 先 처음 始 어조사 於 험할 隗

《전국책》 연책(燕策)

너부터 시작하라.

「먼저 외(隗)부터 시작하라」는 뜻으로, 가까이 있는 사람이나 말한 사람부터 시작하라는 말이다. 여기서 외는 곽외(郭隗)를 가리킨다.

《전국책》 연책에 있는 이야기다.

전국시대 연(燕)나라의 소왕은 제(齊)나라에 빼앗긴 영토를 되찾고 치욕을 앙갚음하기 위해 세상의 뛰어난 인재를 초빙하고자 하였다. 그래서 이 문제를 가까이에 있는 곽외와 상의하였다. 곽외가 말했다.

「이런 옛이야기가 있습니다. 어떤 임금이 천리마를 구하려고 천 냥의 돈을 걸고 기다렸습니다. 그러나 3년이 지나도 천리마는 오지 않았습니다.

그러자 궁중의 하인 한 사람이 자신이 구해 오겠다며 나섰습니다. 그는 백방으로 수소문해 천리마가 있는 곳을 알았지만, 아쉽게도 그가 도착하기 전에 천리마는 죽어버리고 말았습니다.

그러나 그는 그 죽은 말의 뼈를 5백 냥을 주고 사가지고 왔습니다(買死馬骨). 그러자 임금은 『죽은 말의 뼈를 5백 냥이나 주고 사오다니?』하며 화를 냈습니다.

그러자 하인은 『생각해 보십시오. 죽은 천리마의 뼈를 5백 냥에 샀다면 산 말이야 이르겠느냐고 생각하지 않겠습니까? 조금만 기다

리면 서로 팔겠다며 천리마를 가진 사람이 몰려들 것입니다』

과연 얼마 되지 않아 천리마를 팔겠다는 사람이 셋이나 나타났다고 합니다. 마찬가지로 왕께서 천하의 영재를 얻고자 하신다면 먼저 가까이 있는 저부터 우대하십시오. 그러면 저절로 천하의 영재들이 몰려들 것입니다」

악 의

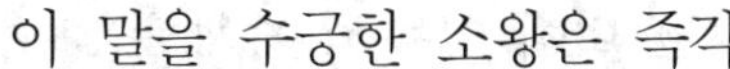
이 말을 수긍한 소왕은 즉각 황금대(黃金臺)를 지어 곽외를 머물게 하고 사부(師父)로서 받들었다. 그러자 과연 얼마 안 가서 명장 악의(樂毅), 음양가의 비조(鼻祖) 추연(鄒衍), 대정치가 극신(劇辛) 등의 걸출한 인재들이 사방에서 연나라로 몰려들었다.

이들의 힘을 빌려 소왕은 제나라에 대한 원수도 갚고 나라를 부강하게 만들 수 있었다.

곽외의 이야기 중에서 「죽은 말을 사왔다」는 「매사마골(買死馬骨)」은 「별 볼일 없는 것을 사서 요긴한 것이 오기를 기다린다」 또는 「하잘 것 없는 것이라도 소중히 대접하면 긴요한 것은 그에 끌려 자연히 모여든다는 뜻으로 쓰이게 된 말이다.

이것이 「외(隗)부터 시작하라(先始於隗)」의 고사이나, 「손쉬운 나부터 시작하라」는 뜻에서 바뀌어 지금은 「말한 자부터 시작하라」는 뉘앙스로 쓰고 있는 듯하다. 또 노인이 취업을 희망할 때 「사마(死馬)의 뼈를 사주시기 바랍니다」라는 말을 쓴다.

「선종외시(先從隗始)」라고도 한다.

선양방벌 禪讓放伐

선위(사양)할 禪 양보할 讓 내칠 放 칠 伐

「중국인의 역세혁명관(易世革命觀)」

요임금

중국 역대 왕조의 역성혁명(易姓革命)의 규범적인 두 가지 방식.

물려줌과 내침이라는 뜻으로, 고대 중국에서 임금의 자리를 세습하지 않고 덕이 있는 이에게 물려주는 일과, 악정(惡政)을 행하는 제왕을 몰아내어 토벌(討伐)한 일을 이르는 말이다. 「선양」은 왕위를 유덕(有德)한 타성(他姓)에게 물려주는 일이고, 「방벌」은 무도(無道)한 임금을 추방 토벌하는 일이다.

중국 역대 왕조의 역성혁명(易姓革命)의 규범적인 두 가지 방식을 이르는 말이다.

유가(儒家)에서 전승한 고대사에 의하면, 요(堯)임금은 민간의 효자 순(舜)을 사위로 삼고, 불초한 아들인 단주(丹朱)를 제쳐놓고 유덕하며 천명을 받아야 할 순에게 자발적으로 양위하였다. 순임금도 마찬가지로 우(禹)에게 천하를 물려주었으나, 우의 아들 계(啓)는 하왕조(夏王朝)를 세습제로 만들었다.

그러나 걸(桀)에 이르자, 탕(湯)은 무도한 군주인 그를 무력으로 방벌하여 은(殷)왕조를 일으켰다. 은의 주왕(紂王)도 역시 폭군이어서 주(周)의 무왕은 아버지인 문왕의 업(業)을 이어 은을 멸망시키는 것은 천명에 의한 것이라 하였다.

우임금

맹자는 탕무(湯武)의 무력혁명인 방벌과 요순의 선양을 시인하였다. 그 후 역사상의 혁명은 야심과 실력으로 수행되었으나, 한족(漢族) 또는 한화(漢化)한 북적(北狄)간의 왕조 교체는 선양의 형식으로 위(魏)의 조비(曹丕)에서 송(宋)의 태조까지 중세에 10여 회 행하여졌다.

선양의 관념은 멀리는 왕망(王莽)의 찬탈에 있었고, 가까이는 청(淸)의 선통제(宣統帝) 퇴위조(退位詔)인 「천하위공(天下爲公)」이란 말에도 있다. 번거로운 의식과 신비적인 이론의 뒷받침이 따르게 마련이지만, 송 이후의 종족간의 흥망과는 달리 민중까지 휘말리는 대규모 유혈을 피할 수 있었다.

중국의 봉건시대에는 선양이 정권교체의 이상적인 형태라고 생각했으므로 실력자가 혁명으로 황제의 자리를 빼앗을 때는 선양의 형식을 취해 새 왕조를 열었다.

중국 역사에는 선양의 형식도 보이나, 대부분의 왕조 교체는 농민반란을 배경으로 하는 무력혁명, 즉 방벌이었다고 할 수 있다.

선우후락 先憂後樂

먼저 先 근심 憂 나중 後 즐거울 樂

범중엄(范仲淹) / 「악양루기(岳陽樓記)」

지사(志士), 인인(仁人)의 마음씨.

「선천하지우 이후천하지락(先天下之憂 而後天下之樂)」에서 나온 말이다. 천하의 모든 사람이 근심하기에 앞서서 먼저 근심하고, 천하의 모든 사람이 다 즐거워한 뒤에 마지막으로 즐거워한다. 학문하는 사람으로서 또는 관료로서 가져야 할 자세를 말한다.

범중엄

이것은 송나라 명재상 범중엄(范仲淹 : 문정공)이 한 말이다.

범중엄은 가난한 집에 태어나 재상까지 된 훌륭한 인물이었는데, 그는 이 세상에 불행한 사람을 건지는 것이 어릴 때부터의 소원이었다. 그가 어느 사당(祠堂) 앞을 지나다가, 사람들이 소원을 빌면 뜻대로 된다고 하는지라, 그는 들어가 이렇게 빌었다.

「저는 훌륭한 재상 되기를 원치 않고 훌륭한 의원 되기를 원합니다」

병든 사람을 구해 주는 것이 더욱 어렵고 훌륭하게 느껴졌던 것이다.

범중엄이 지은 과정(瓜亭)

그가 한번은 혼자 공부를 하고 있는데, 참외장수가 참외를 한 짐 지고 장으로 팔러 가는 것이 바라다 보였다. 배도 고프고 날씨도 더운 판에 참외 하나만 먹었으면 원이 없을 것만 같았다. 사먹을 돈이 없는 그는 속으로 하나만 굴러 떨어졌으면 하고 바랐다. 귀신이 감동했는지, 참외 장수가 몸을 추스르자 참외 하나가 지게에서 굴러 길 아래로 떨어졌다. 참외장수는 지게를 받쳐 놓고 참외를 가지러 내려갈까 망설이더니, 귀찮은 듯이 그대로 가버렸다. 물론 범중엄은 반갑게 주워 먹었다.

그 뒤 재상이 된 범중엄은 그때 생각을 잊을 수 없어 참외가 떨어졌던 곳에 큰 과정(瓜亭)을 짓고 많은 참외를 심어 지나가는 돈 없는 나그네에게 그냥 주게 했다 한다. 주자(朱子)가 편찬한 《명신언행록》에는 그가 좋아하는 글귀라 해서 기록하고 있는데, 실은 범중엄이 지은 「악양루기(岳陽樓記)」에 있는 말이다. 이 글 끝에 이렇게 말하고 있다.

「슬프다, 내가 일찍이 옛날 어진 사람의 마음을 찾아보건대, 부처와 노자(老子)가 다른 점이 무엇이겠는가. 물건으로 기뻐하지 않

악양루

고 자기로써 슬퍼하지 않는다. 조정에 있어서는 백성을 걱정하고, 강호에 있어서는 임금을 걱정한다. 이것은 나아가도 걱정이요, 물러나도 걱정이다. 그러면 어느 때 즐거워하는가. 그것은 필시 천하의 근심을 먼저 근심하고 천하의 낙을 뒤에 즐긴다고 말할 수 있지 않을까(先天下之憂而憂 後天下之樂而樂乎). 슬프다, 이 사람이 아니면 내가 누구와 함께 할 것인가」

이 글은 그가 부총리격인 참지정사(參知政事)로 있던 경력 6년(1046년) 9월 15일에 지은 것으로 되어 있으므로, 천하를 다스리는 유신(儒臣)으로서의 자부심이 높았을 때였다.

글의 내용은, 관료는 어디에 있든 늘 국가와 백성을 위해 봉사해야 한다는 엄중한 선언을 담고 있다. 백성이 근심하기 전에 먼저 문제점을 발견해서 정정함으로써 백성의 걱정을 덜고, 모든 백성이 다 안락한 생활을 향유할 때 비로소 즐거워하는 태도야말로 가장 이상적인 정치인의 자세라고 할 것이다. 위 문장이 너무 길어서인지 「선우후락」이란 간단한 말로 대신하기도 한다.

선입지어 先入之語

먼저 先 들 入 갈 之 말씀 語

《한서(漢書)》 식부궁전(息夫躬傳)

「먼저 들어온 말」이라는 뜻으로, 미리 들은 말 때문에 머릿속에 고정된 생각이나 견해로 나중에 들은 이야기를 거부한다는 말이다. 선입견(先入見)과 같은 뜻이다.

먼저 들은 이야기는 이미 그 사람의 마음을 흔들어 놓기 때문에 공정한 평가를 하는 데 방해가 된다는 말이다.

《한서》 식부궁전에 있는 이야기다.

식부궁(息夫躬)은 한나라 애제(哀帝) 때의 정치가다. 그는 애제의 장인 되는 공향후 부안(傅晏)과 같은 고을 출신으로 이를 빌미로 해서 넓은 교제 범위를 가지고 있었다.

어느 날, 그가 애제에게 나가 이렇게 말했다.

백리혜 상

「제가 알아보니, 지금 흉노족들이 한나라를 공격할 만반의 준비를 갖춰 놓고 있다고 합니다. 빨리 변방으로 군사를 이동시키지 않는다면 큰 화를 부르게 될 것입니다」

이 말을 옳다고 여긴 애제는 당시 승상이었던 왕가(王嘉)를 불러 군사를 이동시키는 문제에 대해 상의하였다.

진목공 상

애제의 이야기를 듣고 있던 왕가는 이를 반대하면서 이렇게 말했다.

「식부궁의 말은 아무 근거도 없는 낭설일 뿐입니다. 옛날 진목공(秦穆公)도 백리해(百里奚)와 건숙(蹇叔)의 말을 듣지 않다가 결국 크게 낭패를 본 뒤에야 뉘우치지 않았습니까? 젊은 혈기로 함부로 떠드는 말에 귀 기울이지 마시고 노련한 신하의 말을 경청하셔야 합니다. 그러니 폐하께서도 옛사람의 경계를 보고 살피셔서 거듭 참고하시어 먼저 귀에 들어온 말(先入之語)이라고 무턱대고 믿는 어리석음을 범하시지 않기 바랍니다」

그러나 애제는 왕가의 충고를 받아들이지 않았는데 얼마 뒤에 식부궁의 말이 거짓이라는 것을 알게 되었다. 이리하여 식부궁은 옥사(獄死)를 당하게 되었다.

선자위모 善自爲謀

착할 善 스스로 自 할 爲 꾀할 謀

《남제서(南齊書)》 왕승건전(王僧虔傳)

제 속셈을 잘 차리는 사람.

「자신을 위한 일을 잘 꾸민다」 라는 뜻으로, 제 속셈을 잘 차리는 사람을 비유하여 이르는 말이다.

《남제서》 왕승건전에 있는 이야기다.

남제 사람 왕승건(王僧虔)은 예서(隸書)를 아주 잘 쓰기로 유명한 사람이다. 아울러 그가 세상을 살아가는 처세술 역시 유명하였다. 그의 친구가 이를 묘사해서 「계익수만 굴기자용(戒益守滿 屈己自容)」 이라고 하였다.

그 뜻은, 일을 하면서 너무 자기의 이익을 챙기는 것을 경계하고, 다른 사람에게 한 발 양보하라는 것이다. 다른 사람이 좋고 나쁘고 간에 자기와 이해관계가 없다면 무엇 하려고 자기 고집을 피우겠는가? 어떤 때는 번거로움을 피하기 위해서라도 자신을 조금 낮추는 것이 무방하다는 것이다.

좀 더 쉽게 풀이한다면 왕승건은 「칼로 두부를 자르듯이 양면이 매끄러운(刀切豆腐兩面光)」 사람이라고 할 수 있다.

당시의 황제였던 제나라 태조는 서예를 아주 좋아하였다. 태조는 자신의 서법에 대해 평소 자부심을 가지고 있던 터라 서법으로 유명한 왕승건과 우열을 가리고 싶어 했다.

왕승건은 그 진퇴에 항상 여유를 둔 사람이지만, 글을 쓰는 데 열중하면 자신도 모르게 한 자 한 자 특별한 공을 들여 다 쓰고 나서야 흡족해 하는 사람이었다.

왕승건이 흐뭇한 표정으로 자기의 작품을 보고 있는데, 태조가 자기의 작품과 그의 작품을 놓고 우열을 가리라고 명령하였다. 이 말을 들은 왕승건은 잠시 난감해져서 이리저리 궁리하기 시작하였다.

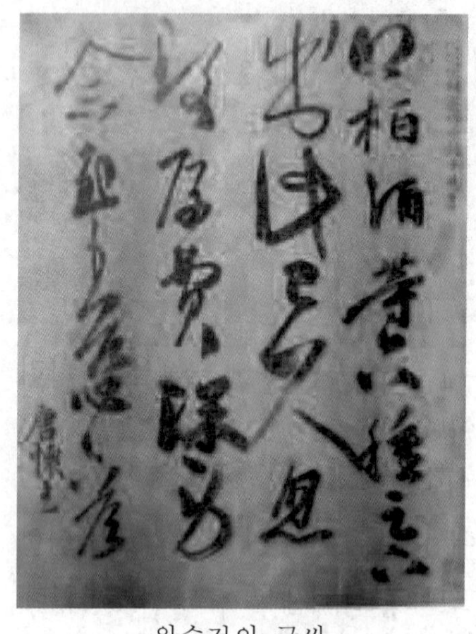

왕승건의 글씨

만약 자기 작품이 제일이라고 한다면, 황제의 면전에서 황제의 작품이 부족하다고 말하는 꼴이 되는 것이다. 그런 말을 해서 황제의 노여움을 사 도움이 좋을 게 없었다.

그러나 반대로 황제의 작품이 낫다고 한다면, 이 역시 얼마 안 가 들통이 나고 말 것이다. 그러면 이 또한 황제를 속인 결과가 되어 뒤탈이 생길 수도 있는 일이었다.

오랫동안 고민하다가 결국 한 가지 방법을 생각해 냈다. 그는 이리저리 고개를 갸우뚱거리면서 조심스럽게 대답하였다.

「제가 보기엔 제가 쓴 것이 더 낫다고 하겠습니다. 하지만 폐하께서 쓰신 글도 저와 마찬가지로 제일이라고 할 수 있습니다」

이 말을 들은 태조는 얼굴이 붉어지도록 폭소를 터뜨리며 말했다.

「경은 말 그대로 똑똑하고 빈틈이 없는 사람이구려. 경은 과연 제 속셈을 잘 차린다고 할 만하구려(卿可謂善自爲謀)」

선즉제인 先則制人

먼저 先 곧 則 마를 制 사람 人

《사기》 항우본기(項羽本紀)

선수를 치면 남을 누를 수 있게 된다는 것이 「선즉제인」 이다. 《사기》 항우본기에 있는 이야기다.

진시황이 죽고 무능한 2세가 천자로 들어앉자, 진승(陳勝)이 맨 먼저 반기를 들고 일어났고, 뒤이어 각지에서 유명무명의 영웅호걸들이 앞 다투어 반란을 일으켰다. 이때 항우의 작은 아버지인 항양(項梁)은 항우와 함께 회계(會稽)에 와 있었는데, 회계태수로 와 있던 은통(殷通)이 항양을 보고 이렇게 말했다.

「이제 강서(江西)가 온통 반기를 들고 일어섰으니 이것은 아마 하늘이 진나라를 망하게 할 시기인 것 같습니다. 내가 들으니 『먼저 하면 곧 남을 누르고 뒤에 하면 남의 눌리는 바가 된다(先卽制人 後卽爲人所制)』 고 했는데, 나도 군사를 일으켜 공과 환초(桓楚)로 장군을 삼을까 합니다」

은통은 시기를 놓치지 않기 위하여 초의 귀족이며, 병법에도 능한 실력자인 항양을 이용하려는 속셈이었다. 그러나 그렇게 쉽게는 되지 않았다. 이때 환초는 도망쳐 다른 곳에 가 있었다. 항양은 딴 생각을 품고 은통에게,

「환초가 숨어 있는 곳을 아는 사람은 적(籍 : 항우의 이름)밖에 없습니다」

이렇게 말한 다음 일어나 밖으로 나가 항우에게 귓속말로 무어라 타이르고 칼을 준비하여 밖에서 기다리게 했다.

은 통

다시 들어온 항양은 태수와 마주앉아,

「적(籍)을 불러 태수의 명령을 받아 환초를 불러오도록 하시지요」 하고 청했다. 태수가 그러라고 하자 항양은 항우를 데리고 들어왔다. 잠시 후 항양은 항우에게 눈짓을 하며,

「그렇게 해라」 하고 일렀다.

순간 항우는 칼을 빼들고 은통의 목을 쳤다.

이리하여 항양은 자신이 스스로 회계태수가 되고 항우를 비장(裨將)으로 하여 정병(精兵) 8천을 뽑아 강을 건너 진나라로 향하게 되었던 것이다. 결국 선수를 써야만 남을 누른다고 가르쳐 준 은통의 말을 실제로 실천한 사람은 은통이 아니라, 항양과 항우였던 것이다.

바둑 격언에 돌을 버리고 선수를 다투라(棄子爭先)라는 말이 있는데, 전쟁이고 사업이고 간에 경쟁자가 있을 때는 선수를 쓰는 것이 결정적인 승패의 계기가 될 수 있다.

이것은 《사기》 항우본기에 실려 있는데, 《한서》 항적전에는 「선발(先發)하면 사람을 제압하고, 후발하면 사람에게 제압당한다」 라고 나와 있으며, 이것은 은통의 말이 아니라 항양의 말이라고 기록되어 있다.

《수서(隋書)》 이밀전(李密傳)에는 「선발하면 사람을 제압한다. 이 기회를 놓쳐서는 안된다」 라는 구절이 있다.

선착편 先着鞭

먼저 先 입을 着 채찍 鞭

《진서(晉書)》 유곤전(劉琨傳)

다른 사람보다 먼저 일을 착수하거나 먼저 공을 세움.

먼저 채찍을 치다. 보통 「선편(先鞭)을 잡았다」는 말로 많이 쓰인다. 원뜻은 먼저 말에 채찍질을 가해 남보다 먼저 도착한다는 것이었는데, 오늘날에는 어떤 일을 남보다 먼저 시작한다는 것으로 바뀌었다.

《진서》 유곤전에 있는 이야기다.

유곤(劉琨)은 한나라 중산정왕(中山靖王) 유승(劉勝)의 후손으로, 문무를 겸비하여 젊었을 때부터 영웅호걸로 알려졌다. 그가 살았던 동진(東晉) 시대는 북방의 이민족들의 침략에 시달리던 시기였다. 유곤은 뜻을 같이하는 젊은이들과 천하의 대사를 논하며 나라를 위하여 큰일을 하게 될 날을 위하여 심신을 단련하였다.

조 적

유곤은 특히 당시 민족의 영웅 조적(祖逖)과 각별한 사이였는데, 어느 날 조적이 중

조왕 석늑

원 회복을 위하여 외적과 싸우고 있다는 소식을 접하였다. 유곤(劉琨)은 병주자사로서 북쪽의 흉노족과 해마다 전쟁을 벌이며 동진(東晋)을 위해 노고를 아끼지 않았다. 그러나 중앙 정부에서는 이렇다 할 지원도 하지 않아 그는 늘 고립된 상태에 머물 수밖에 없었다. 이를 견디다 못한 유곤은 흉노의 두령인 단필제(段匹磾)와 동맹을 맺고 5호 16국 때 최고로 강성한 후조(後趙)의 고조 석늑(石勒)과 맞서 싸울 준비를 갖추었다. 그러나 단필제의 꾐에 속아 그만 그의 손에 죽음을 당하고 말았다.

그는 젊은 시절에 조적(祖逖)과 친하게 지냈다. 그러던 어느 날, 조적이 장군에 임명되었다는 소식을 접하고 친구에게 축하의 편지를 올렸다. 그 편지의 한 구절에 이런 말이 있었다.

「나는 창을 베고 아침을 기다리면서 뜻은 반역의 오랑캐들을 죽여 효수에 처하는 데 있었고, 항상 두려워하기는 그대가 나보다 먼저 채찍을 휘두르지나 않을까에 있었다(吾枕戈待旦 志梟逆虜 常恐祖生先吾着鞭)」

유곤의 이 말에서 「선착편」이 나왔다. 그리고 이 말에서 「침과대단(枕戈待旦)」이란 성구도 나왔다.

설니홍조 雪泥鴻爪

눈 雪 진흙 泥 기러기 鴻 손톱(발자국) 爪

《소동파(蘇東坡) 시집》

눈 내린 들녘에 새겨진 기러기 발자국, 눈이 녹고 나면 흔적도 없이 사라진다. 우리네 인생도 그런 것이 아닐까? 덧없고 무상한 인생을 비유한 말이다. 《소동파(蘇東坡) 시집》 권3 「화자유민지회구(和子由澠池懷舊)」에 있는 구절이다.

소동파

인생 이르는 곳마다 그 무엇과 같을꼬?
응당 눈 위에 발자국 남긴 기러기 같으리
눈 진창에 우연히 발자국 남겼지만
기러기 날아간 뒤 어찌 동서를 다시 알리오

人生到處知何似　인생도처지하사
應似飛鴻踏雪泥　응사비홍답설니
泥上偶然留指爪　이상우연류지조
鴻飛那復計東西　홍비나부계동서

이 시는 동생 소철(蘇轍)의 「민지회구(澠池懷舊)」 시에 화답하여 쓴 것이다.

설상가상 雪上加霜

눈 雪 위 上 더할 加 서리 霜

《경덕전등록(景德傳燈錄)》

눈 위에 서리가 내린다는 뜻으로, 불행한 일이 거듭됨을 비유하는 말. 불서(佛書) 《경덕전등록》에 있는 이야기다.

마조(馬祖) 도일선사(道一禪師)의 법사 중에 대양화상(大陽和尙)이라는 스님이 있었다. 이(伊)선사라는 중이 인사하러 온 적이 있었는데, 대양선사가 말했다.

「그대는 앞만 볼 줄 알고 뒤를 돌아볼 줄은 모르는구나」

이선사가 말했다.

「눈 위에 다시 서리를 더하는 말씀입니다(雪上更加霜)」

대양선사가 말했다.

「피차 마땅치 못하도다(彼此無便宜)」

또, 여산(廬山) 서현(栖賢) 회우선사(懷佑禪師) 조에는 이런 일화가 실려 있다.

어떤 중이 물었다.

「멀리서 왔으니, 스님께서 깨우쳐 주십시오(自遠而來 請師激發)」

「때에 맞지 않는구나(也不憑時)」

「스님께서 때에 맞추어 주십시오(請師憑時)」

「나는 바뀐 적이 없다(我亦不換)」

「어떤 것이 이러한 법에 법이라는 차별마저 없는 것입니까(問如何是法法無差)?」

「눈 위에다 서리를 더하는구나(雪上更加霜)」

「설상가상」은 내린 눈 위에 다시 서리가 내려 쌓인다는 뜻으로, 불행한 일이 거듭해 일어남을 비유한 말이다. 흔히 「엎친 데 덮친다」는 등으로 풀어 쓴다. 계속해서 좋지 않은 일이 일어날 때 많이 쓰는 표현으로, 속담 가운데 「재수 없는 놈은 (뒤로) 자빠져도 코가 깨진다」와도 의미가 통한다.

같은 뜻의 한자 성어로는 「병을 앓는 동안에 또 다른 병이 겹쳐 생긴다」는 뜻의 「병상첨병(病上添病)」이 있다. 「비단 위에 꽃을 더한다」는 「금상첨화(錦上添花)」와는 반대의 뜻을 가지고 있다.

君王城上垂降旗
군왕성상수강기
妾在深宮哪得知
첩재심궁나득지
十四萬人同解甲
십사만인동해갑
更無一人是男兒
경무일인시남아

군왕의 성 위에 흰 기 내걸린 줄
궁궐 속의 소첩이야 어이 알았으리까.
십사만 사람 함께 갑옷 벗을 제
그 속엔 사나이가 한 사람도 없었네.

— 화예부인(花蕊夫人) 〈망국을 기록한 시(述亡國詩)〉

*화예부인(花蕊夫人) : 후촉 맹창(孟昶)의 아내. 나라가 망하자 송태조 앞에서 이 시를 읊었다.

섭공호룡 葉公好龍

나뭇잎 葉(섭) 공변될 公 좋아할 好 용 龍

《신서(新序)》 잡사(雜事)

겉으로만 좋아할 뿐 사실은 전혀 좋아하지 않는 빈말.

「섭공이 용을 좋아한다」 라는 뜻으로, 겉으로만 좋아할 뿐 사실은 전혀 좋아하지 않는 빈말을 이르는 말이다.

전한(前漢)의 학자 유향(劉向)의 《신서》 잡사(雜事)에 있는 이야기다.

섭공 심저량의 능묘(陵墓)

춘추시대 초나라에 섭공(葉公)이라는 사람이 있었다. 그의 본명은 심저량(沈諸梁)이라 하고 자는 자고라 하였는데, 섭이라는 곳에 있는 부친의 봉토를 계승하면서부터 섭공이라 불리게 되었다. 그런데 이 섭공은 특별히 용을 좋아하여 가정의 물건이나 실내의 모든 설비 같은 것이 거의 전부 용과 인연이 없는 것이 없었다.

이에 하늘의 용마저 섭공이 용을 좋아한다는 소문을 듣고 어느 날 특별히 인간 세상에 내려와 섭공을 방문하게 되었다. 그러나 용을 좋아한다던 섭공은 창문으로 용의 머리가 들어오고 용의 몸체가

건넌방에서 꿈틀거리자 그만 놀라서 소리치며 도망쳐 버렸다는 것이다. 그러니 섭공이 용을 좋아한다는 것도 한낱 빈말일 뿐이었다.

풍자적 의미가 다분한 이 이야기는 실은 하나의 우화라고 할 수 있는데, 이야기의 주인공 섭공은 역사상 실존한 인물이지만, 이야기는 허구인 것이 분명하다. 그러나 「섭공호룡」 이라는 말은 성구가 되었다.

앞에서 말한 《신서》 에는 또 이런 이야기도 있다. 공자의 제자인 자장(子張)이 어느 날 노애공이 현자들을 부르고 있다는 소문을 듣고 찾아갔지만 7일간이나 기다려도 만나 주지 않았다. 이에 화가 난 자장은 「노애공이 현자를 좋아한다는 것은 섭공이 용을 좋아하는 것과 같다」 라고 말했다는 것이다.

자 장

여기에서 용은 현자에 비유되고, 노애공처럼 겉으로는 인재를 아낀다고 하면서도 실제는 인재를 배척하는 사람을 섭공에 비유한 것이다.

성공자퇴 成功者退

이룰 成 공 功 사람 者 물러날 退

《사기》 범수채택열전(范雎蔡澤列傳)

공을 이룬 사람은 때를 알고 물러나야 걱정이 없다.

공을 이룬 사람은 물러나야 한다는 것이 「성공자퇴」 다. 보다 구체적인 표현이 「공성신퇴(功成身退)」 다. 그러나 이 말의 원 말은 「성공자거(成功者去)」 다. 사람만이 아니고 모든 사물은 일단 목적을 달성한 뒤에는 다음 오는 것에게 그 자리를 물려주고 가버린다는 뜻이다.

《사기》 범수채택열전에 있는 채택의 말이다.

수고(須賈)의 모함을 받아 거의 죽을 뻔한 범수는 나중에 이름도 장록(張祿)으로 고쳐 진(秦)나라에 가서 신임을 얻어 재상이 되었다. 그는 정치를 훌륭하게 하여 마침내 진나라를 강국으로 만들었다.

그러나 진나라 승상이 된 범수(范雎)도 차츰 실수를 저지르기 시작했다. 게다가 진소왕(秦昭王)의 신임마저 날로 엷어져 가고 있었다. 이 소문을 들은 채택(蔡澤)이 그의 뒤를 물려받을 생각으로 진나라로 향하게 된다. 그는 진나라에 도달하기 전 도중에 도둑을 만나 가지고 있던 여행 도구까지 다 빼앗기고 말았다.

함양에 도착한 채택은 소문을 퍼뜨려 범수의 귀에 들어가게 한다.

「연나라 사람 채택은 천하의 호걸이요 변사다. 그가 한번 진왕을 뵙게 되면 왕은 재상의 자리를 앗아 채택에게 주게 될 것이다」

범수는 채택을 불러들여 불쾌한 태도로 물었다.

「당신이 날 대신해 진나라 승상이 된다고 했다는데, 그게 사실이

오?」

「그렇습니다」

「어디 그 이야기를 한번 들어 봅시다」

이리하여 채택은,

「어쩌면 그렇게도 보는 것이 더디십니까. 대저 사시(四時)의 순서는 공을 이룬 것은 가는 법입니다(凡夫四時之序成功者去……)」 하고 이론을 전개하기 시작, 마침내 범수를 설득시켜 그로 하여금 그 자리를 물러나야 되겠다는 것을 느끼게 했다.

이리하여 범수의 추천으로 진나라의 재상이 된 채택은 몇 달이 다 가지 않아 자기를 모략하는 사람이 있자, 자기가 범수에게 권했듯이 곧 병을 핑계로 자리를 내놓는다. 그리하여 진나라에서 편안히 여생을 보내며, 가끔 사신으로 외국에 다녀오곤 했다.

享天下之利者
향천하지리자
任天下之患
임천하지환
居天下之樂者
거천하지악자
同天下之憂
동천하지우

천하의 이득을 향수하는 자는
천하의 환난을 떠메고
천하의 즐거움을 가진 자는
천하의 근심을 같이한다.

— 소식(蘇軾)

성동격서 聲東擊西

소리 聲 동녘 東 칠 擊 서녘 西

《통전(通典)》 병전(兵典)

상대편에게 그럴듯한 속임수를 써서 공격함.

「동쪽에서 소리를 지르고 서쪽을 친다」는 뜻으로, 동쪽을 쳐들어갈 듯 상대를 교란시켜 실제로는 서쪽을 공격하는 것을 말한다.

당나라 두우(杜佑)가 찬(撰)한 《통전》 병전에 있는 이야기다.

그 내용은 「소리 내어 동쪽을 공격하지만, 사실은 서쪽을 공격한다(聲言擊東 其實擊西)」라는 것이다.

한나라의 유방과 초(楚)나라의 항우가 서로 싸우던 중 위(魏)나라의 왕 표(豹)가 항우에게 항복하였다. 유방은, 항우와 표가 양쪽에서 쳐들어오는 위험에 처하자 한신(韓信)에게 적을 공격하게 하였다.

위나라의 왕 표는 백직(柏直)을 대장으로 하여 황하(黃河) 동쪽 포판(蒲坂)에 진을 치고 한나라 군대가 강을 건너오지 못하게 하였다. 한신은 포판을 쳐들어가기가 쉽지 않을 것으로 여겨졌으나, 병사들에게 낮에는 큰 소리로 훈련하도록 하고 밤에는 불을 밝혀 적극적으로 공격하는 표시를 나타내게 하였다.

백직은 이러한 한나라 군대의 작전을 보고 어리석다며 비웃었다. 한신은 비밀리에 한나라 군대를 이끌고 하양에 다다라 뗏목으로 황하를 건너서 매우 빠르게 전진하여 위나라 왕 표의 후방 본거지인 안읍(安邑)를 점령하고 표를 사로잡았다. 이 「성동격서」의 계책은 중국의 역대 병법가들이 매우 중요시했던 계책이었고, 손자병법과 많은 병법서에도 등장하고 있다. 그만큼 유용하고 자주 사용된 계책이다.

성명낭자 聲名狼藉

소리 聲 이름 名 이리 狼 깔개 藉

《사기》 몽염열전(蒙恬列傳)

나쁜 평판으로 명성(名聲)이 무너짐.

명성이 이리들의 깔개와 같다는 뜻으로, 명예가 이미 무너져 버림. 또는 많은 죄악을 저질러 평판이 매우 나쁨을 비유한 말이다.

성명(聲名)은 명예(名譽)를 뜻하며, 낭자(狼藉)는 이리들이 굴속에서 깔고 생활하는 마른 풀을 뜻한다. 이리들은 자리에서 일어날 때 본능적으로 아래에 깔았던 풀을 흐트러뜨려버림으로써 자신들의 흔적을 없앤다고 한다.

진(秦)나라 때 전공을 세워 시황제(始皇帝)의 신임을 얻은 장군 몽염(蒙恬)과 몽의(蒙毅) 형제는, 진시황이 죽은 뒤 그의 아들 호해(胡亥)가 2세 황제로 즉위하자 승상 이사(李斯)와 조고(趙高)의 흉계로 호해의 명령에 따라 자살하였다.

몽 염

죽기 전에 몽의는 이렇게 말했다.

「옛날 진나라 목공(穆公)은 충신이었던 침호(針虎)와 엄식(奄息)

진시황의 명에 의해 몽염은 만리장성 축조에 큰 공을 세웠다

등을 죽이고, 백리해(百里奚)를 중죄로 다스리더니 결국 실패하고 말았소. 소양왕(昭襄王)은 백기(白起)를 죽였고, 초(楚)나라의 평왕(平王)은 오사(伍奢)를 죽였으며, 오(吳)나라 왕 부차(夫差)는 오자서(伍子胥)를 죽여 실패하였던 것이오. 이 군주들은 어질고 착한 신하들을 죽여서 비난을 받아 명성이 사라졌으므로 왕에게 죄 없는 신하들을 죽이지 말라고 전해주십시오」

그러나 몽의의 말을 따르지 않은 호해는 몽의와 몽염이 자결하게 하였는데, 이에 관하여 《사기》 색은(索隱)에는 「나쁜 평판이 이리들이 깔던 풀과 같이 여러 나라에 널리 퍼져나갔다(惡聲狼藉 布于諸國)」 라고 기록하고 있다.

성야소하패야소하 成也蕭何敗也蕭何

이룰 成 어조사 也 쑥 蕭 어찌 何 질 敗

《사기》 회음후(淮陰侯)열전

「성공하는 것도 소하에 달려 있고, 실패하는 것도 소하에 달려 있다」라는 뜻으로, 한 사람의 손에 성패가 모두 달려 있음을 비유하는 말이다.

《사기》 회음후열전에 다음과 같은 이야기가 있다.

소 하

한신(韓信)은 젊어서 생활이 구차하여 갖은 수모를 겪었지만, 뒤에 유명한 장군이 되어 중원을 통일하는 데 이바지한 사람이다.

진(秦)나라 말기 각지에서 진시황의 폭정에 항거하는 반란이 일어나자 한신은 처음에는 항우의 수하에 들어갔다. 그러나 항우가 그를 인정해 주지 않았기 때문에 그곳을 떠나 유방(劉邦) 아래서 일하게 되었다. 그렇지만 유방도 그의 재능을 의심해서 그를 잘 써주지 않고 군량을 관리하는 자그마한 직무만 맡아보게 하였다.

그러던 어느 날, 유방의 참모 소하(蕭何)가 그와 이야기를 나누다가 그에게 탁월한 군사적 재능이 있음을 발견하게 되었다. 당시 유방은 한왕(漢王)에 봉해져서 한중 일대를 다스리고 있었는데, 그의

여 후

부하들 중에는 고향 생각이 나서 달아나는 자들이 속출하고 있었다. 이때 한신도 유방이 자신을 등용하지 않자 도망치고 말았다. 이에 놀란 소하는 그를 뒤쫓아 가서 몸소 한신을 설득해 유방에게 소개하였다. 소하는 극구 그를 천거하였다.

「천하를 얻으려면 이 사람을 대장군으로 삼아야 합니다」

유방은 그의 말대로 날짜를 정해 한신을 대장군으로 삼고, 그와 이야기를 나누어 본 결과 과연 소하의 말대로 국사적(國士的) 재능이 비상한 사람임을 확인하였다.

그리하여 유방은 한신으로 하여금 군사를 지휘해서 동진케 하여 위나라와 조나라를 무찌르고 연나라를 항복시킨 뒤 제나라를 정복한 다음 마지막으로 초패왕 항우를 격파하고 한나라를 세우기에 이르렀다.

이에 천하를 통일한 유방은 한나라의 개국 황제(즉 漢高祖)가 되고 소하는 승상이 되었다. 그러나 유방은 일단 황제가 되자 재주가 남다른 한신이 걱정이 되어 잠을 이룰 수가 없었다. 그리하여 유방은 먼저 한신의 군사 지휘권을 박탈하고 초왕에 봉했다가 다시 회음후에 봉하더니, 마침내는 황후인 여후(呂后)와 승상인 소하 등과 짜고 한신을 입궐케 한 뒤 죽여 버리고 말았다.

이와 같이 한신이 한때 잘된 것도 소하 때문이었고, 나중에 목숨을 잃게 된 것도 소하 때문이었다. 그래서 「성야소하패야소하」라는 말이 나오게 된 것이다.

성윤성공 成允成功

이룰 成 진실로 允 이룰 成 공 功

《상서(尚書)》 대우모(大禹謨)

사

진실을 다해 목표했던 일들을 끝까지 완수함.

순(舜)임금이 큰 홍수를 최선을 다해 막은 우(禹)를 크게 치하한 데서 나온 말로 그 내용의 일부는 다음과 같다.

진실을 다해 목표했던 일들을 끝까지 완수한다는 뜻으로, 순(舜)임금이 우(禹)를 칭찬한 말이다.

순임금께서 말씀하시기를,

「오라, 우(禹)여! 홍수가 나를 불안하게 하였으되, 그대가 진실을 다해 물을 다스리고 공을 이루었으니(成允成功) 오직 그대가 현명하기 때문이요, 나라에는 부지런하고 집안에서는 검약하며 스스로 만족하거나 뽐내지 않았으니 오직 그대가 현명하기 때문이오.

순임금

그대는 자랑하지 않아도 천하에는 그대와 재능을 다툴 자가 없으며, 그대가 공명을 내세우지 않아도 천하에는 그대와 공을 겨룰 자가 없소.

우임금

나는 그대의 덕이 큼을 알며 그대의 큰 공을 기리고 있소. 하늘의 돌아가는 운수가 그대 몸에 있으니 그대는 마침내 임금이 될 것이오.

사람의 마음은 위태롭기만 하고 도를 지키려는 마음은 극히 희미한 것이니 정신 차리고 오직 하나로 모아 그 중정을 진실로 잡아야 하오.

근거 없는 말은 듣지 말 것이며 상의하지 않은 계책은 쓰지 말아야 하오.

사랑할 만한 것이 임금이 아니겠소. 두려워할 만한 것은 백성이 아니겠소. 백성은 임금이 아니면 누구를 떠받들겠소. 임금은 백성이 아니면 나라를 지켜줄 사람이 없을 것이오. 공경하오. 그대의 자리를 삼가서 그들이 바랄만 한 일을 삼가 닦으시오. 온 세상이 곤궁해지면 하늘이 내린 벼슬도 영영 끝장이 난 것이오. 입에서는 좋은 말도 나오지만 전쟁도 일으키는 것이니 나는 더 말을 하지 않겠소」

성중형외 誠中形外

정성 誠 가운데 中 모양 形 바깥 外

《대학(大學)》 성의장(誠意章)

사

속마음에 들어 있는 참된 것은 숨기려 해도 자연히 밖에 나타나게 된다. 《대학》 성의장(誠意章)에 나오는 말인데, 이 장에는 우리들의 일상생활에 쓰이는 문자들이 많기 때문에 전체를 설명해야 할 필요가 있을 것 같다.

「이른바 그 뜻을 정성되게 한다는 것은, 스스로 속이지 않는 것이다(毋自欺), 나쁜 냄새를 싫어하듯 하며 좋은 색(色)을 좋아하듯 하는 것이 스스로 마음 편하게 하는 것이다(自謙). 그러므로 군자는 반드시 그 홀로 있을 때를 조심한다.

이것이 첫 대문인데, 여기에 나오는 스스로 속이지 않는다는 「무자기(毋自欺)」와, 스스로 마음이 편하다는 「자겸(自謙)」과, 홀로 있을 때를 조심한다는 「신독(愼獨)」이란 말들이 다 잘 쓰이는 말들이다. 또 「나쁜 냄새를 싫어하듯 하며, 좋은 색을 좋아하듯 한다」고 한 「여오악취여호호색(如惡惡臭如好好色)」이란 긴 문자도 인용구로 잘 쓰이는 말이다.

「무자기」는 양심에 조금도 거리낌이 없는 것을 말하고, 「자겸」은 그로 인해 얻어지는 마음의 평화와 자기만족을 뜻하며, 「신독」은 남이 보고 있을 때보다 홀로 있을 때의 마음가짐과 행동을 더욱 조심한다는 뜻으로 성의(誠意)란 바로 이것을 말하는 것이다.

우리가 흔히 말하는 「남의 성의를 몰라준다」는 성의는 여기에 나오는 성의와는 약간 어감이 다르긴 하지만, 거짓이 없는 참뜻이란

점에서는 같은 말이다. 다음 대문에는 이렇게 말하고 있다.

「소인(小人)이 한가하게 있을 때면 착하지 못한 일을 하는 것이, 이르지 않는 바가 없다(無所不至). 그러다가 군자(君子)를 보면 씻은 듯이 그의 착하지 못한 것을 감추고 그의 착한 것을 나타내려 한다. 그러나 남이 날 보기를 자기 속 들여다보듯 하는데 무슨 소용이 있겠는가. 이것을 일러 속에 참된 것이 있으면 밖에 나타난다고 한다(此謂誠於中形於外). 그러므로 군자는 반드시 그 홀로 있을 때를 조심한다」

마음가짐과 행동이 남이 보는 앞에서의 그의 말과 태도와 전연 배치되는 것이 소인이다. 이들 소인은 한가한 때면 남이 상상조차 할 수 없는 갖은 악한 짓을 거리낌 없이 하게 된다. 이것이 「무소부지(無所不至)」다. 우리가 「무소부지」라고 하면 악한 경우만을 뜻하게 되는 것도, 그 말이 소인의 하는 것을 가리킨 데서 나왔기 때문이다.

그런 소인이 덕이 있는 군자가 보는 앞에서는 그의 착하지 못한 마음을 씻은 듯한 태도로 숨기고, 애써 착하게 보이려 한다. 하지만 사람들은 그것을 자기 속 들여다보듯 하고 있으므로 숨겨도 아무 소용이 없다. 이런 것을 일러, 마음속에 들어 있는 진실은 아무리 숨겨도 밖에 나타나게 된다고 한다. 이것이 이른바 「성중형외」란 것이다.

그러므로 수양을 쌓는 군자는 언제나 남이 보지 않는 한가한 장소와 한가한 때를 더욱 조심하게 된다. 해서 「신독」을 거듭 강조하고 있다.

다음 대문에 「열 눈이 보고 열 손이 가리킨다」는 증자(曾子)의 말이 나오는데 그 「십목소시」란 항목에서 설명하기로 한다.

성하지맹 城下之盟

성 城 아래 下 의 之 맹세 盟

《춘추좌씨전》 환공(桓公)

핍박에 못 이겨 굴욕적으로 맺은 조약. 성 아래에서의 맹세가 「성하지맹」이다. 적에게 성을 포위당한 끝에 견디다 못해 나가 항복하는 것이 성하지맹이다. 《춘추좌씨전》 환공(桓公) 12년(BC 700)의 기록에 다음과 같은 말이 있다.

「그 계책을 따르니 교(絞) 사람들은 초나라 인부 30명을 사로잡았다. 이튿날에는 교 사람들이 서로 앞 다투어 나서서 초나라 인부들을 쫓아 산 속으로 달려갔다. 초나라 군사들이 그 북문을 지키고 산 아래 숨어 있었으므로 교 사람들은 대패하여 성 아래서 맹세하고 돌아갔다(楚人坐其北門 而覆諸山下 大敗之 爲城下之盟而還)」

초(楚)나라가 교로 쳐들어갔을 때의 일을 보여주는 것이다.

초나라가 교(絞)를 쳐들어가 성 남문에 진을 쳤다. 막오(莫敖)라는 벼슬에 있는 굴하(屈瑕)가 계책을 말했다.

「교 땅의 사람들은 도량이 좁고 경솔합니다. 사람이 경솔하면 또한 생각하고 염려하는 것이 부족합니다. 땔나무를 하는 인부들을 호위병을 딸리지 않은 채 내보내서 이것을 미끼로 삼아 그들을 치는 것이 어떻겠습니까?」

그래서 굴하의 꾀에 따라 나무하는 인부들을 호위병 없이 내보냈다. 교 땅 사람들은 예상한 대로 북문을 열고 나와 산 속에 있는 초나라 인부를 30명이나 잡아갔다.

이튿날은 더 많은 인부를 내보냈다. 교 땅 사람들은 어제 있었던

굴 하

일에 재미를 붙여, 성문을 열고 서로 앞을 다투어 산 속의 인부를 쫓기에 바빴다. 초나라 군사는 이 틈에 북문을 점령하고, 산기슭에 숨겨두었던 복병이 일어나 성 밖으로 나온 군사를 습격함으로써 크게 승리를 거두고 성 아래에서의 맹세를 하고 돌아왔다는 것이다.

성 아래에서의 맹세는 압도적인 승리와 패배를 뜻하므로 「성하지맹」을 당하는 쪽의 굴욕은 견디기 어려운 것이 아닐 수 없다. 이를 증명해 주는 예가 선공(宣公) 15년의 기록에 나온다.

초나라가 송나라 성을 포위했을 때 송나라가 끝내 버티고 항복을 하지 않는지라, 초나라는 신숙시(申叔時)의 꾀를 써서 숙사를 짓고 밭을 가는 등 장기전 태세를 보였다.

과연 송나라는 겁을 먹고 사신을 보내 화평을 청해 왔다.

「성 아래에서의 맹세는 나라가 망하는 한이 있어도 맺을 수가 없습니다. 그러니 군대를 30리만 후퇴시켜 주십시오. 그러면 어떤 조건이라도 받아들이겠습니다」

「성하지맹」은 교 사람들이 성 아래까지 진격해 들어온 초나라에게 항복할 것을 맹세하는, 즉 초나라에게는 압도적인 승리요, 교에게는 굴욕적인 패배를 비유한 말이다. 제대로 반격해 보지도 못하고 항복하여 치욕적인 강화를 하는 것을 말한다.

이것을 볼 때 「성하지맹」이 얼마나 당하는 쪽에는 견딜 수 없는 굴욕인지를 알 수 있다.

성호사서 城狐社鼠

성 城 여우 狐 묘당 社 쥐 鼠

《진서(晋書)》 사곤전(謝鯤傳)

성벽에 숨어 사는 여우나 묘당에 기어든 쥐새끼라는 뜻으로, 탐욕스럽고 흉포한 벼슬아치를 비유하여 이르는 말이다.

《진서》 사곤전에 있는 이야기다

동진 때 대장군 왕돈(王敦)이나 대신인 조부 왕남(王覽), 숙부 왕상(王祥) 등은 모두 힘깨나 쓴다 하는 세력가들이었는데, 그 당시 산동 왕씨는 유명한 귀족들이었다.

동진이 중국 북부에 대한 통치권을 잃고 강남으로 밀려나 건강(建康)으로 서울을 옮겼을 때의 이야기다.

왕씨 집안도 남하해서 여전히 동진의 정권을 좌지우지하였다. 이때 진원제 사마예(司馬睿)의 승상이었던 왕도(王導)는 바로 왕돈의 사촌형이었고, 왕돈의 처는 바로 사마염의 딸 양성공주였다. 그래서 당시 사람들은 「왕씨와 사마씨가 함께 천하를 휘두르고 있다(王與馬 共天下)」 고 말했다.

진원제 사마예

그러나 당시 사마씨와 왕씨 간의 알력 또한 만만치 않았다. 원제가 등극한 뒤 왕돈은 통수(統帥)로 임명되어 나중에 강주·양주·형주·양주·광주 등 다섯 곳의 군사들을 총지휘하고 강주자사까지 겸하면서 무창(武昌)에 주둔하고 있었다.

이리하여 왕돈은 장강 상류를 장악하고 장강 하류의 도읍지인 건강을 위협할 정도가 되었다. 이에 진원제는 유외와 대연을 진북장군에 임명하여 각기 군사 1만 명을 이끌고 왕돈을 견제하게 했다.

이때 왕돈은 진원제의 속셈을 알아차리고 군사를 움직일 채비를 차렸다. 그러나 만일 군사를 움직여 건강을 공격하게 되면 실제로 반란이 되기 때문에 가볍게 움직일 수도 없었다.

이에 왕돈은,

「유외는 나라를 망치는 간사한 무리니, 나는 임금 신변에 빌붙어 사는 그와 같은 간신을 제거하겠다」 라는 명분을 내세워 군사를 일으키게 되었다.

이런 술책은 한나라 초기 오왕 유비(劉濞)의 청군측(淸君側)에서 배워 온 것이다.

이때 왕돈의 휘하에서 장사(長史)로 있던 사곤(謝鯤)은 왕돈에게,

「유외는 간신이지만 성벽에 숨어 사는 여우이며, 묘당에 기어든 쥐새끼(城狐社鼠)입니다」 라고 말했다.

여우나 쥐는 사람마다 모두 잡아 죽이려고 하지만, 궁성에 숨어 있고 묘당 안에 도사리고 있기 때문에 궁성이나 묘당을 훼손할까 걱정이 되어 잡아 없애기 어렵다는 말로, 임금의 신변에 있는 탐욕스런 관리들이 바로 그렇다는 말이다.

「직호사서(稷狐社鼠)」 라고도 한다.

세월부대인 歲月不待人

해 歲 달 月 아니 不 기다릴 待 사람 人

도연명(陶淵明) / 「잡시(雜詩)」

세월은 사람을 기다려 주지 않는다는 뜻으로, 세월은 한 번 지나가면 다시 돌아오지 않으니 시간을 소중하게 아껴 쓰라는 뜻.

도연명(陶淵明)은 동진(東晋) 말기부터 남조(南朝)의 송대(宋代) 초기에 걸친 중국의 대표적 시인이다. 기교를 부리지 않고, 평담(平淡)한 시풍이었기 때문에 당시의 사람들로부터는 경시를 받았지만, 당대 이후는 육조(六朝) 최고의 시인으로서 그 이름이 높았다.

그의 시풍은 당대(唐代)의 맹호연(孟浩然), 왕유(王維) 등 많은 시인들에게 영향을 주었다. 「세월부대인」은 그의 시 「잡시(雜詩)」에 나오는 말이며, 시의 내용은 다음과 같다.

인생은 뿌리도 꼭지도 없어
길 위에 흩날리는 먼지와 같네
바람 따라 이리저리 뒤집히나니
이에 인생이 무상함을 알겠네
세상에 나와 형 아우하는 것이
어찌 반드시 골육만이 육친인가
기쁜 일은 마땅히 서로 즐기고
말술 이웃과 함께 모여 마셔라
젊은 시절은 거듭 오지 않으며(盛年不重來)
하루에 아침 두 번 맞지 못한다(一日難再晨)

때를 놓치지 말고 마땅히 힘쓸 일(及時當勉勵)

세월은 사람을 기다려 주지 않는다(歲月不待人)

인생을 살면서 젊은 날이 계속될 것 같지만 어느덧 중년의 나이에 접어들게 되고, 그 뒤엔 시간의 속도는 더욱 빨라져 어느덧 인생의 황혼기를 맞이하게 된다. 그러니 내일이 있다고 미루지 말고 지금 이 순간이야말로 내 인생에 가장 아름다운 시간이라고 생각하고 최선을 다해 그 시간을 사용하는 것이 현명한 군자의 모습이다.

도연명 취주도(醉酒圖, 미상)

도연명의 가문은 그리 대단치는 않았으나 사족(士族)에 들어갔다. 그의 학식이 보수적인 문인 층에 속하였으므로 신흥세력과 어울리지 못하여 전원생활과 음주의 낙을 즐겨 읊었다. 손수 농사도 지었으므로 인간미가 흘렀고, 백성들의 생활 자체를 노래한 문학이었다. 때로는 인간의 내면을 그린 철학적인 시도 적지 않다. 청결한 일생으로 「정절선생(靖節先生)」이라는 시호가 내려졌다.

「세월부대인」은 언제 지나갔는지도 모르게 빨리 흘러가는 것이 인생이니 매사에 부지런히 힘써야 한다는 것을 일깨워 주는 성어이다. 위의 「잡시」에는 세월부대인 이외에 일일난재신(一日難再晨), 「성년부중래(盛年不重來)」 등의 성어가 유래한다.

세이공청 洗耳恭聽

씻을 洗 귀 耳 공손할 恭 들을 聽

《고사전(高士傳)》

「귀를 씻고 공손하게 듣는다」는 뜻으로, 남의 말을 매우 공경하는 마음으로 듣는 것을 말한다.

진(晉)나라의 황보밀(皇甫謐)이 쓴 《고사전》에 있는 이야기다.

「고사(高士)」는 「품행이 고상한 선비」 또는 「재야의 은군자(隱君子)」를 뜻하는 말로 「은사(隱士)」와 같은 의미로 쓰인다. 일반적으로 중국 고대(특히 전국시대 이후)의 「사(士)」는 주로 문인 사대부를 지칭하는데, 이는 「사」와 「은사」의 두 부류로 나누어 볼 수 있다. 조정이나 지방의 관리로서 국록(國祿)을 먹고 생활하는 부류를 「사」라 하며, 이와는 반대로 청렴결백한 절조를 지니고 성명(性命)을 보전하면서 부귀영달을 하찮게 여기는 부류를 「은사」라 한다. 이러한 은사 또는 고사의 부류는 처사(處士)·일사(逸士)·유인(幽人)·고인(高人)·처인(處人)·일민(逸民)·유민(遺民)·은자(隱者)·은군자 등으로도 불린다.

허유(許由)는 은자(隱者)로서, 사람됨이 의리를 지키고 행동이 바르며 옳지 않은 자리에는 앉지도 않고, 부정한 음식은 입에 대지도 않으며 살았다.

전설상의 성천자(聖天子) 요(堯)임금은 허유(許由)에게 왕위를 물려주려고 했으나 허유가 이를 받아들이지 않고 기산으로 들어가 버리자, 다시 그에게 구주(九州)의 장(長)을 맡아달라고 하였다. 이 말을 전해들은 뒤 허유는 산 아래에 있는 영수강(潁水江)에서 귀를 씻었다.

고사세이도(高士洗耳圖, 淸 화가 예전)

그때, 허유의 친구 소부(巢父)가 강가로 송아지에게 물을 먹이러 왔는데, 허유에게 왜 귀를 씻고 있는지 물었다. 허유는 친구 소부에게 왕위와 벼슬을 거절한 과정을 처음부터 끝까지 설명하며 이렇게 말했다.

「깨끗하지 않은 말을 듣고 어찌 귀를 씻지 않겠는가?」

이 말을 듣자 소부는 크게 웃으며 말했다.

「그대가 깊은 계곡에 산다면 사람 다니는 길이 통하지 않을 텐데 누가 자네를 볼 수 있단 말인가. 자네가 일부러 떠돌며 알려지기 바래 명예를 구해 그렇게 된 것이 아닌가?」

그리고 소부는 송아지에게 귀 씻은 더러운 물을 먹일 수 없다며 거슬러 올라가 송아지에게 물을 먹였다.

그리고 소부는 이렇게 중얼거렸다.

「나 본시 가난해 소 한 마리 있어 밭 갈고 산골짜기에 한가히 놓아두었다가 소타고 돌아올 적에 인적이 드믄 곳으로 오니 그때 귀 씻은 물을 소가 마실까 두렵네

「세이공청」은 다른 사람의 말을 비웃을 경우에 쓰이기도 한다. 「영천세이(潁川洗耳)」라고도 한다.

소거백마 素車白馬

흴 素 수레 車 흰 白 말 馬

《후한서(後漢書)》 독행전(獨行傳)

적에게 항복할 때나 장례 때에 쓰는 흰 말과 흰 수레.

「흰 수레와 흰 말」이라는 뜻으로, 고대 중국에서 흉사(凶事)나 상사(喪事)를 당하였을 때 사용하던 거마를 말한다. 문상이나 장송(葬送) 또는 친구의 죽음을 애도하는 마음을 비유하는 성어이다. 한(漢)나라 때 범식과 장소의 고사에서 유래되었다.

범식(范式)의 자는 거경(巨卿)이고, 산양(山陽) 금향(金鄕) 사람이다. 그는 어려서부터 태학(太學 : 최고학부)에서 학문을 하는 유생(孺生)의 한 사람이 되었다. 그곳에서 여남 출신의 장소(張劭)와 친구가 되었다. 장소의 자는 원백(元伯)이다.

어느 날 두 사람은 함께 고향으로 돌아가는 이야기를 하게 되었다. 범식이 장소에게 말했다.

「2년 후에 고향으로 돌아갈 때에는 먼저 자네 양친에게 절하고서 자네를 보겠네」

그리고는 기일을 약속하고 헤어졌다.

2년이 지나 그 약속한 날이 다가오자 장소는 어머니에게 그를 위해 음식을 준비해 줄 것을 부탁했다. 이에 장소의 어머니가 물었다.

「2년간 천 리나 되는 먼 곳에 떨어져 있으면서 약속을 하였으니, 어찌 서로 약속을 지킬 수 있다고 하겠느냐?」

장소가 말했다.

「거경은 신의가 있는 선비입니다. 반드시 약속을 어기지 않을 것

입니다」

「그렇다면 당연히 술을 준비해야지」 하고 어머니가 말했다.

그날이 되자, 거경은 과연 도착하였는데, 먼저 당(堂)에 올라 원백의 양친에게 절을 하고 나와 함께 술을 마시고, 한껏 회포를 푼 후에 헤어졌다.

그로부터 얼마 뒤 장소가 갑자기 병이 들어 죽을 날만 기다리는 신세가 되고 말았다. 장소는 죽음에 임박해서 길게 한숨을 내쉬면서 말했다.

「범식을 다시 보지 못하고 죽는 것이 한스럽구나!」

그가 죽은 그날 밤에 범식은 꿈에서 장소를 보았다. 장소는 범식에게 자신은 이미 죽었으며, 곧 장례를 치르려고 하니 한번 다녀가라고 말하는 것이었다.

깜짝 놀라 꿈에서 깨어난 범식은 황급히 태수에게 휴가를 청해서 장소의 집으로 달려갔다.

한편 그가 상복을 입고 꿈에 장소가 말한 곳으로 달려가고 있을 때, 장지에서는 갑자기 관이 움직이지 않아 하관을 못해 쩔쩔매던 중이었다.

장소의 어머니가 관을 어루만지며 「아직 바라는 것이 있느냐?」 라고 말하고는 그대로 놓아두게 하였다. 잠시 후에 흰 수레에 흰말을 타고 곡을 하며 달려오는 사람이 보였다(移時 乃見素車白馬 號哭而來). 장소의 어머니는 이를 바라보고는 「거경(범식의 자)이 틀림없다」 라고 말했다.

범식이 장지에 도착하여 애도를 하고 나자 비로소 관이 움직여 그를 땅에 묻을 수 있었다. 이를 본 사람들은 두 사람의 우정과 신의에 감탄하지 않는 이가 없었다.

소국과민 小國寡民

작을 小 나라 國 적을 寡 백성 民

《노자(老子)》 제80장

가장 평화롭고 이상적인 사회.

나라도 작고 백성도 적은 것이 「소국과민」이다. 이른바 약소국가를 가리킨 말 같은데, 실은 그것이 아니고 가장 평화롭고 이상적인 사회를 가리켜 한 말이다. 이것은 노자가 그린 이상사회다.

「나라는 작고 백성은 적으며 여러 가지 기구가 있어도 쓰지 않게 된다. 백성들은 생명이 중한 것을 알아 멀리 떠나가는 일도 없고, 배며 수레가 있어도 타고 갈 곳이 없으며, 무기가 있어도 쓸 곳이 없다. 백성들도 다시 옛날로 돌아가 글자 대신 노끈을 맺어 쓰게 하고, 그들의 먹는 것을 달게 여기고, 그들의 입는 것을 아름답게 여기며, 그들의 삶을 편안히 여기고, 그들의 관습을 즐기게 한다. 이웃 나라끼리 서로 바라보며 닭울음과 개 짖는 소리가 서로 들리지만, 백성들은 늙어 죽도록 서로 가고 오는 일이 없다」

부드럽고 약한 것을 소중히 여기고 무위(無爲)와 무욕(無慾)을 강조하고 있는 노자가, 그의 이상사회를 그려 본 것이 이 「소국과민」이다. 노자의 사상을 많이 띠고 있는 도연명의 《도화원기(桃花源記)》에 나오는 「무릉도원」도 이 노자의 「소국과민」 사상에서 나온 것으로 볼 수 있다. 제1차 세계대전 후로 대두되고 있는 다원적 국가관도 이 「소국과민」의 사상이 다소 깃들어 있다고 보아야 할 것이다. 또 오늘날 중립을 지키며 평화롭게 살아가는 작은 나라들을 볼 때 「소국과민」 주의가 세계평화를 가져올 수 있는 유일한 길인 것도 같다.

소리장도 笑裏藏刀

웃을 笑 속 裏 감출 藏 칼 刀

《삼국지연의(三國志演義)》

겉으로는 웃는 낯으로 대하지만 마음속으로는 상대를 해칠 뜻을 품고 있음의 비유.

「웃음 속에 칼을 감추고 있다」 라는 뜻으로, 겉으로는 웃는 낯으로 대하지만 마음속으로는 상대방을 해칠 뜻을 품고 있음을 비유하는 말이다. 고대 중국의 병법인 삼십육계 가운데 10번째 계책이기도 하다. 병법에서는 상대방으로 하여금 자신을 믿게 하여 안심시킨 뒤에 허를 찔러 공격하는 계책이다.

《삼국지연의》 에 있는 말이다.

유비가 한중왕(漢中王)에 오르자, 위(魏)의 조조는 오(吳)의 손권과 손을 잡고 형주를 치려고 하였다. 유비는 관우를 보내 형주를 지키게 하면서 위의 번성을 치도록 하였다.

육구에 주둔한 오나라의 여몽(呂蒙)은 관우가 마음을 놓도록 하기 위하여 병이 든 것처럼 속여 물러갔고, 무명의 애송이 육손(陸遜)이 그를 대신하였다.

육손은 육구에 부임하여 관우의 무용을 칭송하는 겸손한 내용의 편지를 보냈다. 관우는 노련한 여몽은 경계하였지만, 젊고 무명인 육손에 대해서는 애송이라 여기고, 형주 병력의 태반을 거두어 번성을 공격하는 데 투입하였다. 여몽은 형주의 병력이 취약한 틈을 타서 공격하여 함락시켰다. 관우는 여몽과 육손의 「소리장도」 계책에 넘어간 것이다.

일반적인 의미로는 겉으로는 상냥하게 남을 위하는 척하지만 마음속으로는 해칠 생각을 가지고 있는 것을 말한다. 그 대표적 인물이 당나라 고종 때 중서시랑을 지낸 이의부(李義府)이다.

관 우

《구당서(舊唐書)》 이의부전에도 비슷한 이야기가 있다.

이의부는 겉으로는 온화하고 공손한 태도를 보이며 다른 사람과 이야기할 때는 반드시 미소를 지으며 선량한 얼굴을 하였다. 그러나 마음속은 각박하고 간사하여 음험한 계책으로 다른 사람들을 해쳤다. 그래서 사람들은 이렇게 말했다.

「이의부의 웃음 속에는 칼이 숨겨져 있다(義府笑中有刀)」

당나라 현종 때의 간신 이임보(李林甫)의 고사에서 유래된 이야기로, 「입에는 꿀을 바르고 뱃속에는 칼을 품고 있다」는 말로, 겉으로는 꿀맛같이 절친한 척하지만 내심으로는 음해할 생각을 하거나, 돌아서서 헐뜯는 것을 비유한 「구밀복검(口蜜腹劍)」도 같은 뜻이다.

소시료료 小時了了

작을 小 때 時 마칠 了

《세설신어(世說新語)》

「어릴 때부터 똑똑하다」 라는 뜻으로, 본래는 어릴 때부터 총명하여 아는 것이 많음을 칭찬하는 말이었으나, 나중에는 어릴 때 총명하다고 해서 자라서 반드시 잘 되는 것은 아니라는 의미로 쓰이게 되었다.

후한 말년 북해지방에 아주 박식한 사람이 살고 있었는데, 이름을 공융(孔融, 153~208)이라고 하였다. 그는 공자의 20세손이었다. 그는 어려서부터 아주 총명하였고, 더욱이 손님을 응대하는 말에 능해 어린 나이에도 이미 사람들 사이에서 이름을 떨치고 있었다.

공융이 열 살 되던 해, 그는 아버지와 함께 낙양에 간 적이 있었다. 당시 낙양의 하남태수는 유명한 이원례(李元禮)였다. 그의 남다른 명성 때문에 태수부를 드나드는 사람들은 그의 친척을 제외하고는 대부분이 저명한 인물들이었다. 때문에 문지기도 찾아온 사람이 명사가 아니면 기별을 전하지도 않았다. 그런데 이제 겨우 열 살인 공융은 대담하게도 태수를 방문하기로 하고 태수부의 문전에 가서 문지기에게 말하였다.

「우리 가문과 태수님의 가문은 세교(世交)가 있는 사이이니 어서 기별을 전하게나」

다소 어처구니가 없었지만 워낙 공융의 태도가 당당했는지라 문지기도 별 수 없이 안에 기별을 전했다. 들어오라는 통보를 받은 공융은 태수의 방으로 들어가 공손하게 절을 한 뒤 좌정하였다. 공융

을 만난 태수는 그가 어떤 가문의 자손인지 생각이 나지 않아 물었다.

「그대는 우리 가문과 대대로 교제한 집안 자손이라고 하던데, 그래 부친의 함자가 어떻게 되는가?」

공융이 공손하게 대답했다.

「옛날에 저의 선조 중니(仲尼 : 공자의 자)와 태수님 집안의 선조이신 백양(伯陽 : 노자의 자)께서는 사제지간이었으니, 저와 태수께서는 대대로 교분이 있는 사이가 아니겠습니까?」

공 융

당시 방안에는 많은 손님들이 있었는데, 태수와 좌중에 있던 손님들은 공융의 총명함에 무릎을 치며 감탄하였다. 그때 중대부 진위(陳煒)가 태수를 방문했다가 많은 사람들이 어린아이를 칭찬하는 소리를 듣고 영문을 몰라 다른 사람에게 까닭을 물었다.

자초지종을 들은 진위는 별일 아니라는 듯 코웃음을 치며 말했다.

「어려서 똑똑한 아이가 커서도 반드시 똑똑한 것은 아닙니다(小時了了 大未必佳)」

공융이 이 말을 듣더니 진위에게 공손하게 말했다.

「제 생각에, 진대부께서도 어렸을 때는 총명했으리라 여겨집니다」

진위는 공융의 이 말에 말문이 막혀 한 마디도 대꾸하지 못했다

공융양리(孔融讓梨 : 공융이 배를 양보함) 소상(塑像)

고 한다. 후세 사람들은 이 이야기에서 「소시료료」를 어린아이가 어릴 때부터 총명해서 많은 일에 박식한 것에 비유하였다. 그러나 이어진 문장인 「대미필가(大未必佳)」 때문에 이 말의 뜻이 변해서 어려서 총명한 아이가 커서도 꼭 좋은 재목이 되지는 못한다는 말로 변했다. 비록 칭찬의 말 같지만 속뜻에는 남을 조롱하고 경멸하는 의미가 있다.

소심익익 小心翼翼

작을 小 마음 心 날개 翼

《시경》 대아 증민(蒸民)

마음을 세심하게 써서 행동을 조심함.

「소심익익」은 《시경》에 나오는 시로, 이 시는 주선왕(周宣王)이 대부인 중산보(仲山甫)에게 명하여 제(齊)나라 도성을 쌓게 했을 때, 역시 같은 주조(周朝)의 명신 윤길보(尹吉甫)가 그 행사를 빛내기 위해 지어서 보낸 것이라고 한다.

제(齊)의 도성을 쌓을 때, 윤길보가 보냈다고 전해지는 그 사실은 차치하고, 이 시의 전편(全篇)은 재상의 경력을 가진 중산보의 덕을 찬양한 것이다.

시조(詩祖) 윤길보

사마천의 《사기》에 의하면 선왕은 그 29년(BC 789년)에 강씨(姜氏)라는 이민족과 천무(千畝)에서 싸워 남방에서 징집한 군을 잃고 말았으므로, 태원(太原)지방의 백성을 호별 점검하여 새로 병사를 징집하고자 했다.

그러자 중산보가 「민(民)을 요(料)하지 마십시오(덮어놓고 징집해서는 안됩니다)」 하고 간했으나, 왕은 듣지 않았다는 기사가 보인다. 이것은 선왕이 만년이 되어 점차 폭군화한 사실의 하나를 일례

로 삼아 기록한 것이다. 그만큼 선왕을 모시고 공론을 계속 주장한 중산보에게는 자연히 인망(人望)이 모였을 것이다.

「증민(蒸民)」은 주조(周朝)의 정치를 돕기 위해 하늘이 중산보를 낳게 한 것이라 칭송하고 그 중산보의 덕을 이렇게 노래하고 있다.

중산보

중산보의 덕이야말로
훌륭하고 법도가 있어
위의와 용모가 아름답구나.
만사를 조심하여 처리하고
옛 가르침을 본받아
위의를 갖추기에도 힘을 썼네.
천자의 어지를 받들어
밝은 명령을 천하에 널리 폈네.

仲山甫之德 柔嘉維則
중산보지덕 유가유칙
令儀令色 小心翼翼
영의영색 소심익익
古訓是式 威儀是力 고훈시식 위의시력
天子是若 明命使賦 천자시약 명명사부

「소심익익」은 따라서 「세심하게 마음을 써서 삼간다」라는 뜻이다. 오늘날에는 바뀌어 소담(小膽), 즉 담력이 적음, 용기가 없음을 형용하는 말로 쓰인다.

소인한거위불선 小人閑居爲不善

작을 小 사람 人 한가할 閑 머물 居 할 爲 아니 不 착할 善

《대학(大學)》

사

소인배는 한가롭게 있을 때는 좋지 못한 일을 한다.

소인(小人)이란 글자 그대로 작은 사람이란 뜻도 있다. 《걸리버 여행기》에 나오는 소인국의 경우가 그 보기다. 또 어린아이라든지 젊은 사람이란 뜻으로 쓰이는 경우도 있다. 어른(大人)에 대한 소인(小人)이란 경우가 그것이다.

그러나 가장 많이 쓰이는 것은 사려가 없는 인간이라든가, 근성이 뒤틀린 소인물을 가리켜 말한 경우다. 예를 들어 「여자와 소인은 기르기 어렵다」 등으로 불릴 때의 소인은 자제심이 없어 어떻게도 처치 곤란한 인간을 가리켜 한 말이다.

하기야 이 말은 남녀평등인 오늘날에는 여성들의 맹렬한 반대를 받겠지만, 남존여비 시대에는 이 말이 《논어》에 있는 공자의 말로서 무게가 있는 명언이었다. 《논어》에는 그 밖에 소인을 군자와 대비시켜 폄하하는 말이 빈번하게 나온다. 이를테면 「군자는 의(義)를 깨우치고 소인은 이(利)에 깨우친다」 라든가, 「군자는 화(和)해서 동(同)하지 않고, 소인은 동(同)해서 화(和)하지 않는다」 라든가 부지기수다. 《논어》 뿐만 아니라 다른 중국의 경전에도 똑같이 군자와 대비시켜 소인의 어리석음을 비판하는 말이 심심치 않게 나온다.

《대학》에 있는 말이다.

「소인한거위불선(小人閑居爲不善)」은 남이 보지 않는 곳, 혹은 남이 모르게 하는 경우 소인은 그 본성을 나타내어 좋지 않은 짓을

공 자

한다는 말이다. 언행에 표리(表裏)가 있고, 남의 앞에서 좋은 말을 하며, 좋은 사람처럼 행세하고 싶은 자는 왕왕 뒤에서 무슨 짓을 할지 모른다.

「공교로운 말과 좋은 얼굴을 하는 사람은 착한 사람이 적다(巧言令色 鮮矣仁)」라든가, 「소인의 과실은 반드시 꾸민다」라든가 하는 공자의 말은 참으로 요점을 찌르고 있다.

「꾸미는」 자는 꾸밀 필요가 없을 때, 「한거(閑居)」했을 때, 꾸밈을 버리고 꾸미지 않은 본성을 나타낸다. 따라서 한거했을 때와 남의 앞에 나아갔을 때 표리를 두지 않는 것, 꾸밈을 버리고 언제나 있는 그대로의 자기일 것이 중요하게 된다.

또 그러니만큼 독거(獨居)했을 때야말로 자기에 대해 엄하게 하지 않으면 안된다. 소인이 한거해서 불선을 하는 데 대해 《대학》에서 「군자는 반드시 그 홀로 있음을 삼간다」고 한 것은 그 때문이다. 한거하고 홀로 있을 때, 소인과 군자의 차이가 확실해진다는 이 말에는 인간의 본성에 대한 날카로운 통찰을 엿볼 수가 있다.

하기야 개중에는 《논어》나 《대학》 시대의 군자란 신분이 높은 귀족을 가리키고 소인이란 신분이 천한 평민을 말한 것으로 이런 문구에는 서민을 천시하는 봉건적인 냄새가 짙다고 비판하는 사람도 있으나, 그런 비판을 넘어서 이런 말에 흐르고 있는 인간관의 깊이가 그것을 오늘날까지 사람들의 입에 전하고 있다고 볼 수 있다.

소탐대실 小貪大失

작을 小 탐할 貪 큰 大 잃을 失

《신론(新論)》

작은 것을 탐하다가 큰 손실을 입는다는 말.

북제(北齊) 유주(劉晝)의 《신론(新論)》에 있는 이야기다.

전국시대 촉(蜀)나라 왕은 금은보화와 미인들을 늘 더 많이 갖고자 하는 욕심 많은 사람이었다. 이웃한 진(秦)나라의 혜왕(惠王)은 일찍부터 부유한 촉나라를 점령하고자 하였으나 가는 길이 험난하여 쉽게 출병할 수가 없었다.

혜왕은 어느 날, 촉나라를 차지하기 위한 좋은 계략을 떠올렸다. 바로 욕심이 많은 촉왕을 이용하는 것이었다. 진나라 혜왕은 신하들로 하여금 커다란 황소를 조각하게 하여 화려하게 치장하고 힘센 장정들로 하여금 촉나라로 가는 큰 길에서 밀고 가게 했다. 그리고 그 소가 지나간 길가에 황금 덩어리를 떨어뜨려 「황금 똥을 누는 소」라는 소문이 퍼지게 하였다. 또한 촉나라에는 사신을 보내, 나라 간의 오고갈 길을 뚫는다면 이 「황금 똥을 누는 소」를 촉왕에게 보내겠다고 하였다.

소문을 들은 촉왕은 매우 기뻐했다. 분별력이 있는 늙은 신하들 중에는 진나라 임금의 야심을 꿰뚫어보고 경계해야 될 일이라고 간언하는 사람이 없지 않았지만, 물욕이 대단한 촉왕은 그 충언을 한 귀로 듣고 한 귀로 흘려버렸다. 마침 그때 진나라의 사신이 도착했다.

촉후는 신하들의 간언을 듣지 않고 진나라 사신을 접견키로 했다. 진의 사신이 올린 헌상품의 목록을 본 촉후는 눈이 어두워져 백성들

을 징발하여 보석의 소(玉牛)를 맞을 길을 만들겠다고 했다.

진나라 사신은 백배사은(百拜謝恩)하고 돌아갔다. 그 날 곧바로 총동원령이 내려졌고, 촉의 백성들은 노역에 끌려 나가 길을 넓히고 만드는 데 죽을힘을 쏟아야 했다. 그러자니 백성들의 원망이 대단할 수밖에 없었고, 조정 안에서도 그 대공사의 무모함을 지적하는 소리가 없지 않았지만, 이미 「눈앞에 어른거리는 옥우」에 정신이 팔린 촉왕의 귀에는 아무 소리도 들어오지 않았다.

드디어 길이 완성되자, 혜왕은 거창한 예물 행렬을 촉을 향해 출발시켰다. 특별히 제작한 대형 수레에 옥우와 다른 예물들을 잔뜩 실었고, 그 예물을 도중의 약탈 위험으로부터 보호한다는 구실로 중무장한 정병 수만 명이 앞뒤에 붙었다. 이윽고 예물수레가 국경에 도달하자, 촉의 파수병들은 호위대의 어마어마한 위용에 놀라 대궐로 급보를 띄웠다. 그 바람에 여러 사람들의 낯빛이 변했으나, 우매한 촉왕은 일축해버렸다.

촉후는 문무백관을 거느리고 도성 교외까지 몸소 나와서 이를 맞이했다. 그런데 갑자기 진나라 병사들은 숨겨 두었던 무기를 꺼내 촉을 공격하였고, 촉후는 사로잡히고 말았다. 이로써 촉은 망하고 보석의 소는 촉의 치욕의 상징으로 남았다. 촉후의 소탐대실이 나라를 잃게 만든 것이다. 이처럼 작은 것에 눈이 어두워져 큰 것을 잃는다는 뜻으로 쓰이는 말이다.

소향무적 所向無敵

바 所 향할 向 없을 無 원수 敵

《삼국지》 오서(吳書) 주유전(周瑜傳)

「나아가는 곳마다 맞서 싸울 적이 없다」는 뜻으로, 군대가 가는 곳마다 겨룰 사람이 없을 정도로 세력이 매우 강한 것을 말한다.

동한(東漢) 말기, 삼국시대에 화북(華北)을 거의 평정한 조조(曹操)는 원소(袁紹)를 쳐부순 후 북방을 통일하고 점차 그 세력을 키워 갔다. 서기 202년, 조조는 오나라 손권에게 서신을 보내 손권의 아들을 자신에게 인질로 보낼 것을 요구하였다.

오주 손권

손권은 이 일을 의논하기 위하여 문무백관들을 소집하였다. 문관 장소(張昭) 등 여러 사람들은, 조조의 공격과 손권의 문책이 모두 두려웠으므로 묘책을 내지 못하고 있었다.

그런데 무장(武將) 주유(周瑜)는 이를 적극 반대하였는데, 이는 손권의 생각과 일치하였다. 손권은 주유를 불러 자신의 모친과 함께 대책을 논의하였다.

주유가 말했다.

적벽에 있는 주유의 석상

「지금 장군께서는 부친과 형님의 영토를 계승하시어 강동 여섯 고을의 백성들을 다스리며, 군대의 장병들은 용맹하고 양식은 풍족하고, 부하들은 명령에 잘 따르고 있습니다. 이처럼 나라가 부강하고, 민심은 안정되어 있으며, 교통은 편리하여 배를 타고 나가면 아침에 출발하여 저녁에 돌아올 수 있으니, 우리들의 군대는 강하고 용맹하여 가는 곳마다 적이 없을 것입니다(士風勁勇 所向無敵). 이때 남의 강권에 못 이겨 구태여 공자를 볼모로 보낼 까닭이 어디에 있습니까? 한번 공자를 볼모로 보내고 나면 부득불 조조와 화친해야 할 것이고, 또한 그들이 부르면 어쩔 수 없이 가야만 하니, 이렇게 되면 늘 압제를 받을 수밖에 없습니다. 지위라야 고작 후(侯)에 봉해질 것이고, 수레 한 대에 말 한 필, 종자 십여 인에 지나지 않을 것입니다. 그러니 무슨 수로 남면(南面)하시어 천하를 내려다보시겠습니까? 그러니 일단 거절의 뜻을 전한 뒤 서서히 동정을 살피다가 좋은 계책을 써서 방어하는 것이 나을 줄로 생각됩니다」

결국 손권은 그의 아들을 조조에게 인질로 보내지 않기로 하였다.

소훼난파 巢毁卵破

새집 巢 헐 毁 알 卵 깨뜨릴 破

《삼국지(三國志)》

새집이 부서지면 알도 깨진다는 뜻으로, 국가나 사회 또는 조직이나 집단이 무너지면 그 구성원들도 피해를 입게 됨을 이르는 말.

《삼국지》에 있는 이야기다.

후한 말, 중국 후한 말기의 학자. 공자의 20대 손으로, 문필에 능하고 건안칠자(建安七子)의 한 사람인 공융(孔融)은 당대 최고의 문인 중 한 사람이다. 어려서부터 총명하여 어른들을 놀라게 한 일화가 많은 그는 헌제 때 북해태수를 역임하고, 조정에 들어온 후로는 망해가는 황실을 바로 세우기 위해서 진력한 충신이다.

공 융

공융은 동탁(董卓)에 이어 조조(曹操)가 권력을 장악한 후에도 그와 사사건건 맞서며 선비의 기개를 한껏 떨쳤다. 그러자 뛰어난 인재에게는 비교적 관대한 조조도 더 이상 참지 못하고 그의 일가족을 모두 잡아 죽이라는 명령을 내리기에 이른다.

당시 공융에게는 아홉 살 난 큰 아들과 여덟 살 난 둘째가 있었다.

건안칠자

그의 어린 두 아들은 아버지가 잡혀가는 것을 보면서도 아무 일 없는 듯 태연하게 마주앉아 장기를 두고 있었다. 가족들은 아이들이 아직 나이가 어려서 큰 화가 닥친 것을 모를 것이라 생각하고 그들에게 빨리 피신하라고 재촉했지만, 두 아이는 태연하게 이렇게 말했다.

「둥지가 허물어지는 판인데 어찌 알이 깨지지 않고 배기겠습니까(安有巢毁而卵不破者乎)?」

그러면서 두 아들은 당당하게 아버지와 함께 잡혀가 처형을 당했다. 이를 구경하던 사람들은 눈물을 흘리지 않는 이가 없었다고 한다.

「소훼난파(巢毁卵破)」는 새집이 부서지면 알도 깨진다는 뜻으로, 국가나 사회 또는 조직이나 집단이 무너지면 그 구성원들도 피해를 입게 됨을 이르는 말로서, 「수신제가(修身齊家)」 또는 「가화만사성(家和萬事成)」과도 뜻이 통하는 말인 것 같다. 언제나 가정과 직장, 내가 속해 있는 모든 곳에서 조직과 집단의 화목과 안정을 위해 힘써야 할 것이다.

손방투지 孫龐鬪智

손자 孫 어지러울 龐 싸울 鬪 지혜 智

《사기》 손자오기(孫子吳起)열전

「손빈과 방연(龐涓)이 지혜를 다투다」 라는 뜻으로, 대등한 재능을 지닌 사람들이 지모를 다하여 경쟁하는 것을 비유하는 말이다.

전국시대 중기 탁월한 전공을 세웠던 제나라의 군사(軍師) 손빈(孫臏)은 걸출한 군사 전문가로 훗날 「병성(兵聖)」 또는 「무성(武聖)」으로 추앙받은 손무의 후손으로 알려져 있다. 주로 제나라 위왕과 선왕 재위 기간에 해당하는 기원전 356년에서 기원전 319년 무렵에 활동했다. 청년시절에는 방연(龐涓)과 함께 귀곡자(鬼谷子)의 문하에서 병법을 배웠는데, 학업 성적이 늘 방연을 앞질러 그의 시기와 질투 대상이 되었다. 학업을 마친 뒤 방연은 위(魏)나라에 가서 벼슬을 하다가 혜왕(惠王)에 의해 장수에 임명되었다. 당시 제나라와 위나라는 중원의 패권을 놓고 격렬하게 싸우고 있었다.

방연은 자신이 손빈만 못하다는 사실을 너무 잘 알고 있었다. 따라서 제나라에서 손빈을 기용하면 어떡하나 몹시 꺼려했다. 그래서 비밀리에 손빈을 자신이 몸담고 있는 위나라로 초빙했다. 손빈이 위나라로 오자 이번에는 혜왕이 뛰어난 손빈을 발탁하지 않을까 그것이 걱정되어 음모를 꾸며 손빈을 해쳤다.

사악한 방연은 손빈의 선조 손무가 남긴 병서를 손에 넣기 위해 손빈을 죽이지 않고 무릎 아래를 잘라내는 형벌인 빈형(臏刑)을 가해서 앉은뱅이로 만들었다. 여기에 손빈의 얼굴에다 죄인임을 나타내는 경형(黥刑)의 흔적까지 남겼다. 물론 방연은 자신의 정체와 의

손 빈

도를 철저하게 숨긴 채 손빈에게 마치 은혜를 베푸는 것처럼 꾸몄다.

손빈은 겨우 목숨만을 부지한 채 제나라로 도망 와 있다가 장군 전기(田忌)가 그의 기재(奇才)를 간파하여 위왕(威王)에게 천거하여 군사(軍師)에 임명되었다.

위나라가 조(趙)나라를 공격하자, 조나라는 제나라에 도움을 청했다. 위왕은 전기를 대장, 손빈을 군사로 삼아 군대를 파견하였다. 손빈은 조나라를 공격하는 데 병력을 투입하여 방비가 허술해진 위나라의 수도 대량(大梁)을 공격하였다. 그리고는 방연이 조나라 공격을 중단하고 철수하는 길목을 지키고 있다가 공격하여 대승했다.

이것이 바로 「위위구조(圍魏救趙)」(위나라를 포위하여 조나라를 구하다)라는 계책으로, 아군을 구할 때 직접적인 방법보다 적의 약점을 찔러 아군 스스로 돌파하도록 함을 말한다.

13년 뒤 위는 조나라와 연합하여 다시 한(韓)나라를 침공했다. 제나라 선왕(宣王)은 한나라의 구원요청을 받고 전기와 손빈을 파견했다. 손빈은 이번에도 한나라를 구하지 않고 위를 공격하였다. 위가 대군을 보냈을 때 제나라 군대는 이미 물러간 뒤였다.

방연이 제나라 군대가 머물렀던 곳을 살펴보니 병사들이 솥에 밥을 지어 먹은 흔적이 족히 10만 명은 되는 것 같았다. 그런데 이튿날에는 솥의 숫자가 5만 명으로 줄어 있었고, 그 다음날에는 2만 명으로 줄어 있었다.

방연은 제나라 병사들이 탈영하여 줄어든 것이라 믿고, 이 틈에 제나라를 섬멸하기 위하여 군대를 이끌고 추격하였다. 그래서 보병을 따로 떼어놓고 가볍게 장비한 정예 기병만 을 이끌고 이틀 가야 할 거리를 하루에 달려 제나라 군사를 바짝 뒤따랐다.

방연 묘

손빈은 방연의 행정(行程)을 계산해 보고 바로 저녁때쯤에는 마릉(馬陵)에 도착할 것으로 추정했다. 마릉은 길이 좁고 양쪽에는 험한 산이 많아서 복병을 두기에 안성맞춤인 곳이었다. 손빈은 큰 나무를 골라서 그 껍질을 벗긴 다음 흰 부분에 이렇게 써놓았다.

「방연은 이 나무 아래서 죽을 것이다」

방연은 즉시 후퇴하려 하였으나 사방에서 제나라 군대가 공격해 왔다. 제나라 군대의 솥 숫자가 줄어든 것은 방연이 경계심을 풀고 공격해 오도록 유도한 손빈의 책략이었던 것이다. 방연은 퇴로가 끊기자 자결하였다.

죽음에 임하여 방연은 이렇게 술회했다.

「기어코 그 녀석(손빈)의 이름을 떨치게 만들었구나!」

제나라 군사는 승세를 몰아 위나라 군사를 전멸시키고 위나라 태자 신(申)을 사로잡아 가지고 돌아왔다. 손빈의 이름은 이 일로 인하여 천하에 드러났고 그 병법은 세상에 전해졌다.

송양지인 宋襄之仁

송나라 宋 오를 襄 의 之 어질 仁

《십팔사략(十八史略)》

덮어놓고 착하기만 할 뿐, 실질적으로 아무런 의미가 없는 대의명분을 가리켜 「송양지인」이라고 한다. 말하자면 어리석은 사람의 잠꼬대 같은 명분론을 비웃어 하는 말이다.

춘추시대는 오패(五霸)의 시대이기도 하다. 오패의 첫 패자가 제 환공(齊桓公)이다. 송 양공(宋襄公)은 제환공의 비밀 부탁을 받아 제환공이 죽은 뒤 그의 아들 공자소(公子昭)를 제나라 임금으로 세우는 데 공을 세운다. 이것이 계기가 되어 송양공은 환공의 뒤를 이어 자기가 패자가 될 꿈을 버리지 않는다. 그러나 제환공도 그랬듯이, 중원을 넘보는 초나라를 꺾지 않고는 천하를 호령할 수 없었다. 그래서 송양공은 마침내 신하들의 반대를 물리치고 초나라와의 결전을 감행한다.

양왕이 인솔하는 송군은 초군과 홍수(泓水) 근처에서 마주쳤다. 송나라가 먼저 강 건너편에 진을 치고 있었고, 초나라가 뒤에 강을 건너 송나라와의 결전을 하게 되었다. 이때 송의 장군 중에 한 사람이, 「적이 강을 반쯤 건널 때를 틈타 공격을 가하면 적은 수로 많은 적을 이길 수 있습니다」하고 권했다. 그러나 양공은, 「그건 정정당당한 싸움이 될 수 없다. 정정당당하게 싸워 이기지 못한다면 어떻게 참다운 패자가 될 수 있겠는가」하며 듣지 않았다.

강을 다 건너온 초나라 군사가 진을 벌이고 있을 때,

「적이 진을 미처 다 벌이기 전에 이를 치면 적을 혼란에 빠뜨릴 수가 있습니다」하고 권했으나, 이때도 양공은, 「군자는 사람이 어

송양지인

려운 때 괴롭히지 않는다」 하고 말을 듣지 않았다.

그러나 2년 후 여름, 홍수 싸움에 입은 상처가 원인이 되어 양공은 덧없이 세상을 떠나고 말았다.

어쨌든 그 결과 초나라에 크게 패하고 마는데, 이 일을 가리켜 세상 사람들은 「송양의 인」 이라면서 웃었다는 것이 《십팔사략》 에 나와 있다. 차원이 다른 중국식 돈키호테와도 같은 느낌을 주는 것이 이 송양공이다. 다음은 태사공(太史公) 사마천의 평이다.

「양공은 홍수 싸움에서 패했으나 그럼에도 불구하고 식자(識者)들 사이에서는 양공을 찬양하는 견해가 있다. 그 까닭은 예의가 무너져 가는 현상을 걱정하기 때문이다. 그런 견해로 보면 양공의 예의심은 찬양받을 가치가 있다」

「송양지인」 하면 일반적으로 「무익한 정」 을 뜻한다. 공리적(公利的)인 생활에 길든 눈에는 송양공은 어리석은 사람으로 비친다. 그러나 사마천의 양공에 대한 평론은 의외로 높다. 그것 없이는 인간 존재의 뜻이 없어져버리는 「근원의 것」 그것을 사마천은 지적하고 있는 것이 아닌지.

수도호손산 樹倒猢猻散

나무 樹 넘어질 倒 원숭이 猢 원숭이 猻 흩을 散

도종의(陶宗儀) / 《설부(說郛)》

나무가 넘어지면 그 나무에서 살던 원숭이들이 흩어진다는 뜻으로, 우두머리가 망하면 그 수하들도 덩달아 낭패를 보게 된다는 말이다.

도종의 서(書)

명나라 때 도종의(陶宗儀)가 편찬한 《설부》에 있는 이야기다.

송(宋)나라 때의 세도가 조영(曺詠)과 여덕신(厲德新)의 고사에서 유래되었다. 호손(猢猻)은 중국 호북성에 있는 원숭이다.

송나라 고종 때 조영(曺詠)은 간신 진회(秦檜)의 환심을 사서 잇달아 승진하여 시랑(侍郞)의 벼슬까지 올랐다. 고위 관리가 된 뒤로 많은 사람들이 그와 관계를 맺고 잘 보이려고 하자 조영은 매우 거만해졌다. 그런데 조영의 손위 처남인 여덕신만은 조영의 벼슬이 높아진

뒤에도 그를 대하는 태도가 전과 다름없었다.

여덕신은 조영이 진회에게 아부하여 승진한 것을 알고 있기에 그 결말이 좋지 못할 것이라 생각해서 더불어 어울리지 않았다. 조영은 고을 관리에 불과한 여덕신이 자신에게 머리를 조아리지 않는 데 앙심을 품고 그의 잘못을 들춰내려고 하였다. 그러나 여덕신의 처신이 흠 잡을 데가 없으므로 손 쓸 도리가 없었다.

그러다가 진회가 죽자 그를 추종하던 무리들은 모두 실각하였고, 조영도 신주(新州)로 좌천되었다. 여덕신은 「수도호손산」이라는 제목의 부(賦)를 지어 조영에게 보냈다. 내용은 진회를 큰 나무에 비유하고, 조영과 그 밖에 추종하는 무리를 나무에 기생해 사는 원숭이들에 비유하여, 권세를 믿고 백성을 괴롭히는 악행을 폭로하였다. 큰 나무가 쓰러져서 원숭이들도 사방으로 흩어져버리니 온 나라가 기뻐할 일이라고 하였다.

또한 명(明)나라 때의 문인 낭영(郎瑛)이 쓴 《칠수유고(七修類藁)》에 따르면, 진회(秦檜)는 벼슬길에 나서기 전에 일찍이 사숙의 훈장을 지낸 적이 있는데, 그때 그는 이런 시를 지은 적이 있다.

「나에게 만약 다닐 만한 길이 있다면 이처럼 원숭이 나라의 왕 노릇(사숙 훈장)은 하지 않겠다(我如有道路 不做猢猻王)」

원래 이 시는 「만약 내게 땅 삼백 평이 있다면, 이따위 원숭이 나라 왕 노릇을 하지 않으리라(若有水田三百畝 這番不做猢猻王)」로 되어 있는데, 배우는 학생들을 원숭이에 비유한 말이다.

때문에 여덕신이 그에게 붙어살던 자들을 원숭이에 비유한 것은 근거가 있을 뿐 아니라 풍자적 의미도 담겨 있는 것이다.

수두상기 垂頭喪氣

드리울 垂 머리 頭 잃을 喪 기운 氣

《신당서(新唐書)》 환관열전(宦官列傳)

「머리를 숙이고 기운을 잃다」 라는 뜻으로, 의기소침한 모습을 비유하여 이르는 말이다.

《신당서》 환관열전에 있는 이야기다.

당(唐)나라 말년에 정치가 부패해서 각지의 번진(藩鎭)들은 조정의 명령에는 아랑곳 않고 제멋대로 행동하는 군벌 할거의 국면이 전개되었다.

주전충

당시 북방에서 가장 큰 번진은 오늘날의 섬서성 일대에 할거하고 있던 이무정(李茂貞)과 하남성 일대에 진을 친 주전충(朱全忠, 후량後梁의 태조)이었다. 뿐만 아니라 이무정과 주전충이 허수아비 황제 소종(昭宗)의 황위를 빼앗기 위해 싸우고 있을 때 경성 장안 신하들도 두 파로 갈려 있었다. 그 한 파는 환관 한전회(韓全誨)를 위시한 이무정의 편에 서 있는 무리였고, 다른 한 파는 재상 최윤(崔胤)을 위시한 주전충의 편에 서 있는 무리였다.

이무정과 주전충의 치열한 싸움은 처음에는 이무정에게 대단히 유리하게 전개되었다. 그는 장안과 비교적 가까운 봉상에 본거지를 두고 환관 한전회를 통해 조정의 대권을 조정하였다. 그러나 주전충은 승상 최윤의 내응에 힘입어 장안성으로 대거 진격하였다.

한 유

다급해진 한전회가 소종을 협박해서 이무정의 본거지 봉상으로 달아나자 주전충은 다시 군사를 움직여서 봉상을 공격하게 되었다. 이무정은 성문을 닫아걸고 맞섰지만 결국 군량이 떨어져 더 이상 버틸 여력이 없어지자 부득이 주전충에게 화의할 것을 요청하였다. 일이 이쯤 되자 누구보다도 풀이 죽은 것은 환관 한전회였는데, 《신당서》에서 이에 대해 다음과 같이 쓰고 있다.

한전회는 「대세가 이미 기운 것을 보고 계책도 더 이상 소용없는지라 고개를 떨어뜨리고 기가 죽었다(自見勢已去 計無所用 垂頭喪氣)」고 하였다.

뿐만 아니라 이무정은 주전충의 요구에 따라 소종을 내놓고 한전회 등 20여 명의 목까지 베어야 했다. 주전충은 그제야 봉성의 포위를 풀고 소종과 함께 장안으로 돌아가 버렸다. 「수두상기」는 바로 이 이야기에서 유래한 것인데, 유명한 문인인 한유(韓愈)의 「송궁문(送窮文)」에도 같은 대목이 나온다.

수락석출 水落石出

물 水 떨어질 落 돌 石 날 出

소식(蘇軾) / 「후적벽부(後赤壁賦)」

소동파

일의 진상이 드러나다.

「물이 빠지고 나니 돌이 드러난다」라는 뜻으로, 어떤 일의 흑막(黑幕)이 걷히고 진상이 드러남을 비유하는 말이다.

소식(蘇軾)의 자는 자담이고 호는 동파거사(東坡居士)며, 송나라 사천미산 사람으로 명문 학자 소순의 큰아들이었으며 인종(仁宗) 가우 때 중진사를 지냈다.

신종(神宗)이 왕으로 있을 때 왕안석이 변법정책을 쓴 일이 있었다. 이 때 소식이 새로운 법을 반대하고 나서 왕안석과 어지간히 논쟁을 펼쳤다. 당시 왕안석(王安石)이 신종의 총애를 받고 있는 터라 소식이 그 세력에 눌려 호북 황주로 좌천당해 단련부사의 직책을 가졌다. 그가 동파 지방에서 조그만 집을 짓고 살았기 때문에 소동파라 불렸고 스스로 동파거사로 자처하였다.

소동파는 산수의 경치를 좋아해서 항상 자연 속에 한가로이 시간을 보냈다. 적벽(赤壁)은 삼국시대에 동오와 촉한 연합군이 조조를 함락시켰던 곳이다. 그러나 적벽은 호북에 세 군데나 된다. 한 곳은 한수 옆 경릉의 동쪽이고, 한 곳은 제안 아래에 있는 황주이며, 또 한 곳은 강하 서남방 백 리 떨어진 곳으로 오늘의 한양 현을 말한다. 이 강하 서남방 백 리에 있는 적벽은 조조가 패전을 한 곳이고, 동파가 즐겨 놀던 적벽은 황주 한천 문 밖에 있는 곳으로, 조조가 유비와 주유의 연합군에 패한 곳이 아니다.

적벽도

동파가 전・후 두 편의 적벽부를 지었는데 그것은 이름만 빌린 것인 즉 이름은 같되 다른 곳이었다. 그러나 그의 넘친 재능과 유창한 문필로 다재다능하게 이곳의 경치를 묘사하여 후세의 사람들에게 이곳에 가보고 싶은 마냥 그리운 심정을 불러일으키게 했다.

늦가을이 되어 다시 찾은 적벽의 경관은 이전과는 또 달랐다. 그리하여 소동파는 이렇게 묘사하였다.

「흐르는 강물 소리, 깎아지른 천 길 절벽. 우뚝 솟은 산과 작은 달, 물이 빠져 드러난 바위. 해와 달이 몇 번이나 바뀌었다고 이리도 강산을 알아볼 수 없단 말인가(江流有聲 斷岸千尺 山高月小 水落石出 曾日月之幾何 而江山不可復識矣)」

「수락석출」은 소동파가 적벽부 속의 늦가을 풍경을 가리킨 말이었으나 후세 사람들이 진상이 드러나 의혹을 푼다는 뜻으로 어떤 사연을 똑똑히 안 다음 그 진상을 밝히는 것을 「수락석출」이라고 한다.

수불석권 手不釋卷

손 手 아닐 不 놓을 釋 책 卷

《삼국지》 오지(吳志)

항상 손에서 책을 놓지 않고 글을 읽으면서 부지런히 독서함을 이르는 말이다. 어려운 환경에서도 배우기를 좋아하는 사람이 항상 책을 곁에 두고 공부하는 것을 가리킨다.

《삼국지》 오지(吳志) 여몽전에 있는 말이다. 후한(後漢)이 멸망한 뒤 위(魏)·오(吳)·촉(蜀) 세 나라가 정립한 삼국시대에 오나라의 초대황제 손권의 장수 여몽(呂蒙)은 전쟁에서 세운 공로로 장군이 되었다. 손권은 학식이 부족한 여몽에게 공부를 하라고 권하였다.

독서를 하지 않는 여몽에게 손권은 자신이 젊었을 때 글을 읽었던 경험과 역사와 병법에 관한 책을 계속 읽고 있다고 하면서 이렇게 말했다.

「후한의 광무제(光武帝)는 변방 일로 바쁜 가운데서도 손에서 책을 놓지 않았으며(手不釋卷), 위(魏)의 조조(曹操)는 늙어서도 배우기를 좋아하였다」

손권의 권유를 들은 여몽은 싸움터에서도 학문에 정진하였다. 그 뒤 손권의 부하 노숙(魯肅)이 옛 친구 여몽을 찾아가 대화를 나누다가 박식해진 여몽을 보고 놀랐다. 노숙이 여몽에게 언제 그만큼 많은 공부를 했는지 묻자, 여몽은 이렇게 말했다.

「선비가 만나고 헤어졌다가 사흘이 지난 뒤 다시 만날 때는 눈을 비비고 다시 볼 정도로 달라져야 한다(士別三日 卽當刮目相對)」

여기서 「괄목상대」의 유명한 고사가 생겨났다.

수서양단 首鼠兩端

머리 首 쥐 鼠 두 兩 끝 端

《사기》 위기무안열전(魏其武安列傳)

머뭇거리며 진퇴·거취를 결정짓지 못하고 관망함.

「수서(首鼠)」는 머리를 구멍으로 내밀고 있는 쥐를 말한다. 양단(兩端)은 반대되는 두 끝을 말한다. 쥐가 구멍에서 머리를 내밀고 밖으로 나올까 안으로 들어갈까 형편을 살피고 있는 것이 「수서양단」이다. 이와 마찬가지로 사람이 양다리를 걸친 채 정세를 살피고 있는 애매한 태도를 가리켜 수서양단이라고 한다.

《사기》 위기무안열전에 나오는 무안후 전분의 말이다.

전한 제4대 효경제부터 제5대 무제에 걸쳐, 서로 호적수가 되어 티격태격하던 위기후 두영(竇嬰)과 무안후 전분(田蚡) 두 사람이 있었다. 위기후는 제3대 효문제의 당질이고, 무안후는 효경제의 처남, 다 같이 한실과는 관계가 깊은 사이였다. 같은 외척인 두영과 전분과의 사이에 세도를 둘러싼 힘겨루기가 오래 계속되던 끝에, 두영의 배경이던 두태후(竇太后)가 죽고 전분의 배경인 왕태후(王太后)가 득세하자, 위기후는 자연 몰락할 수밖에 없었다.

과거에 위기후의 신세를 지던 사람들까지 모두 무안후 쪽으로 붙어 위기후를 찾는 사람이 거의 없는 형편에까지 이르렀다. 그런데 장군인 관부(灌夫)만은 옛 정을 잊지 않고 끝까지 위기후를 감싸고 있었다. 그러던 터에 무안후가 새 장가를 들고 축하의 잔치가 벌어진 자리에서, 무안후와 위기후에 대한 내빈들의 차별 대우에 분개한 관부가 술김에 행패를 부리게 되었다.

위기후 두영

전분은 관부를 옥에 가두고 그에게 불경죄와 또 다른 죄를 씌워 관부를 사형에 처하고 가족까지 몰살을 시키려 했다. 그러자 위기후는 관부를 두둔해서 무제에게 상소를 함으로써 이 문제를 조신(朝臣)들의 공론에 붙이게 되었다.

이때 어사대부 한안국(韓安國)은, 위기와 무안의 주장에는 각각 그럴 만한 이유가 있으므로, 이 일은 천자의 밝으신 재단(裁斷)으로 처리하는 것이 마땅하다고 중립적인 의견을 말했다.

무제는 신하들의 애매한 태도에 토론을 중단하고 말았다. 조정에서 물러나온 승상 무안은 어사대부 한안국을 자기 수레에 태우고 돌아오며 이렇게 꾸짖었다.

「그대와 함께 대머리 늙은이를 해치우려 했는데, 어째서 수서양단의 태도를 취한단 말인가(與長孺共一老禿翁 何爲首鼠兩端)」

장유(長孺)는 한안국의 자다.

한안국의 태도를 무안은 「수서양단」으로 보았던 것이다. 이 뒤로 형세는 위기에게 불리하게 되어, 관부는 일족을 멸하는 형을 받고, 위기는 사형에 처해졌다. 그러나 이듬해에 무안도 병을 얻어 위기와 관부에게 용서를 비는 헛소리를 하다가는 곧 죽고 만다. 위기와 관부의 원혼이 그를 괴롭혀 죽게 했다고 한다.

수석침류 漱石枕流

양치질할 漱 돌 石 벨 枕 개울 流

《세설신어(世說新語)》

사

말을 잘못해 놓고 그럴 듯하게 꾸며대는 것, 또는 이기려고 하는 고집이 셈.

진(晉)나라 초기 손초(孫楚)라는 사나이가 있었다. 자는 자형(子荊)이라 하며 문재(文才)가 뛰어났다. 아버지도 조부도 상당한 고관에 이른 집안에 태어났으나 향리에서는 도무지 시원치가 못했다.

언젠가 인재 등용관이었던 대중정(大中正)이 손초의 친구인 왕제(王濟)에게 손초의 인물에 관해 물어본 일이 있다. 그러자 왕제는 이렇게 대답했다.

「그 사나이는 당신께서 직접 보신다 해도 알아보실 수 없는 인물입니다. 제가 보는 점에서 말한다면 손초란 사나이는 천재영박(天才英博)해서 타인과는 함께 볼 수 없는 인물입니다」

당시에는 노장학(老莊學)이 성해서 은일(隱逸)을 구하는 경향이 강했고 세속적인 도덕명분을 경시하여 노장의 철리를 논하는 것이 중시되었으며, 이것을 「청담(淸談)」이라 칭하면서 사대부 간에 유행되었는데, 그 첨단에 완적(阮籍) · 혜강(嵇康) 등 소위 죽림칠현이란 그룹이 있었다.

손초도 젊었을 때 그런 풍조를 따라 산림에 은신하려고 했지만 40이 넘어 석포(石苞) 밑에서 참군(參軍) 노릇을 하며 석포를 위해 오(吳)나라 왕 손호(孫皓)에게 보내는 투항권고문 등을 작성했다. 후에 풍익(馮翊)의 태수가 되어 원강(元康) 3년에 죽었다고 하므로 60세가

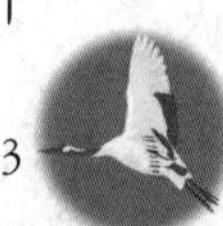

손초와 왕제

되었음직하다.

그 손초가 젊었을 때 일이다. 속세를 떠나 산림 속으로 은신하기를 생각하고 친구인 왕제에게 흉중을 털어놓았다. 그 때「돌을 베개 삼고 흐르는 물에 양치한다」즉 돌을 베개 삼아 벌렁 눕고 골짜기에서 흐르는 물로 양치질하는 생활을 하고 싶다는 것을 잘못 알아 「돌로 양치질하고, 흐르는 물을 베개 삼는다」라고 해버렸다. 왕제는 그 말을 듣고 따졌다.

「흐르는 물을 베개로 벨 수 있는가, 그리고 돌로 어떻게 양치질을 한단 말인가?」하고 말하며 웃었다.

그러자 손초는 곧 대답했다.

「흐르는 물을 베개로 한다는 것은 자네 옛날의 은자인 허유(許由)와 같이, 쓸데없는 소리를 들었을 때 귀를 씻으려고 하는 것이고, 돌로 양치질한다는 것은 이를 연마하려는 것일세」

이 이야기는《세설신어》에 나와 있는데, 남에게 지기 싫은 마음이 강함을 비유하거나, 또는 잘못된 주장을 억지로 꿰어 맞추려는 태도를 비꼬는 말로도 쓰인다.

수식변폭 修飾邊幅

닦을 修 꾸밀 飾 가 邊 폭 幅

《후한서》 마원전(馬援傳)

「수식변폭」은 옷깃을 꾸민다는 뜻이다. 곧 속이 빈 사람이 겉만 화려하게 꾸민다는 말이다.

《후한서》 마원전에 있는 이야기다.

건무 4년 10월, 마원(馬援)은 서주상장군(西州上將軍) 외효(隗囂)의 사신으로서 촉(蜀)의 수도 성도로 갔다. 이 무렵, 신(新)의 왕망(王莽) 말년부터 시작된 동란은 점차 큰 세력에 흡수되고 있었다. 각지에서 일어난 농민의 대폭동이나 호족(豪族)들의 군대가 혹은 합체되고 혹은 망해서 흩어진 가닥들이 지금 커다란 동아줄로 꼬아지고 있었다.

그리하여 중첩한 산악 너머 중원(中原)과 멀리 떨어진 촉에서는 공손술(公孫述)이 황제를 칭하고 있었다. 그는 처음 촉도(蜀都)의 일개 병사였었으나, 유현군(劉玄軍)의 횡포를 분개하는 사람들과 함께 군사를 일으켜 이를 격파하고 파촉(巴蜀)지방을 통일했다. 파촉은 상공업이 성하고 운남, 관동과의 무역도 있어 부(富)는 천하제일이라는 곳이다. 공손술은 여기에 웅거하여 점차 세력을 더해가는 낙양의 유수(劉秀)와 농서(隴西)에 웅거하는 외효가 병립하고 있었다.

그리하여 외효는 유수, 공손술 중 누구와 연합을 해야 할 것인지를 탐색하기 위해 마원을 보낸 것이다.

마원은 원래 공손술과는 동향이고 게다가 오랜 친구 사이였다. 그로서는 공손술이 기꺼이 맞이해서 손을 마주 잡고 이야기할 것을 기

대하고 있었다. 그런데 실상은 전혀 달랐다. 공손술은 황제라 칭한 후 이미 4년이 지나 있었다.

면회를 신청 받은 공손술은 곧 만나주지 않았다. 먼저 좌석을 화려하게 꾸미게 하고 백관을 좌우에 벌려 세우고 나서 마원을 안내시켰다. 한참 만에 공손술은 어가를 타고 난기(鸞旗)를 휘날리면서 화려한 군사(軍士)의 호위 아래 등장했다.

공손술은 층계 앞에서 어가를 내리자 점잖게 높은 좌석에 앉았다. 그리고 말했다.

「자네가 내 부하가 된다면 후(侯)로 봉해 대장군의 자리를 주겠네」

마원은 아무 대답도 하지 않고 자리에서 일어났다. 그리하여 자기를 붙잡고 만류하려는 사람들에게 내뱉듯 말했다.

「지금 천하의 자웅은 아직 결정되지 않았다. 만약 천하를 취하려거든 선비를 두텁게 대우해야 한다. 먹던 밥을 토해내고 감던 머리카락을 걷어 올리지는 못할망정 소용도 없는 옷깃이나 꾸민다면(修飾邊幅) 이래서야 어찌 천하의 현사들을 머물게 할 수 있겠는가?」

변폭이란 포백(布帛)의 가장자리다. 별것도 아닌 포(布)의 가장자리를 꾸민다는 말로 공손술의 외식(外飾)과 내용이 일치하지 않는 것을 꾸짖었던 것이다. 여기서 불필요한 허식을 이 말로 나타낸다.

마원은 그 후 유수를 만나고 그 태도에 감탄, 그에게 시신(侍臣)했다. 그리고 그 후 9년 공손술은 유수가 보낸 대군의 공격을 받아 성도에서 멸망한다.

때에 관계없이 인재를 쓰는 데는 유수 편이 낫다. 그러나 일개 병사에서 황제가 된 공손술이 위의를 갖추어 거드름을 피운 것도 어딘가 손가락질만 할 일은 아니라는 느낌도 든다.

수어지교 水魚之交

물 水 물고기 魚 의 之 사귈 交

《삼국지》 촉지(蜀志)

사

물과 고기는 불가분의 관계에 있다. 그렇게 잠시도 떨어져 살 수 없는 친밀한 사이를 「수어지교」니 「어수지친(魚水之親)」이니 하고 말한다. 「어수지락(魚水之樂)」이라고 했을 때는 부부나 남녀 사이의 사랑을 뜻한다. 이 말은 삼국시대 촉한의 유현덕이 제갈량과의 사이를 비유해서 말한 것이 그 시초인 것으로 알려져 있다. 그러나 이 같은 비유는 누구나 할 수 있는 당연한 비유로, 인류 역사와 함께 있었을 것으로 생각된다.

유비와 공명의 수어지교

《삼국지》 촉지 제갈량전에 보면, 「삼고초려」의 정성을 다해 제갈량을 자기 사람으로 만든 유현덕은 날이 갈수록 제갈량과의 사이가 친밀해지기만 했다. 이것을 바라보고 있는 관우와 장비 등 무장들은 현덕의 제갈량에 대한 그 같은 태도가 몹시 마음에 불쾌했다. 그들의 불평을 짐작하고 있던 현덕이 장비 등 제장을 조용히 불러 이렇게 타일렀다.

「내가 공명을 가졌다는 것은 고기가 물을 가진 것과 같다(孤之有孔明 猶魚之有水也). 제군들은 다시는 아무 말도 하지 말아 주게」

그 뒤로는 관우와 장비도 다시는 불평을 하지 않았다는 것이다.

수여쾌오 羞與噲伍

부끄러울 羞 더불 與 목구멍 噲 대오 伍

《한서(漢書)》 한신전(韓信傳)

「쾌와 대오를 함께하는 것을 부끄러워하다」라는 뜻으로, 용렬한 사람과 같은 위치에 있는 것을 수치스러워한다는 말이다.

《한서》 한신전에 있는 이야기다.

어느 날, 한신이 우연찮게 번쾌(樊噲)의 문 앞을 지나가게 되었는데, 그때 번쾌가 뛰어나와 전날 대장군을 대하던 것처럼 깍듯이 인사를 차리고 집으로 모셨다. 한신은 본래 들어갈 의사는 조금도 없었지만, 굳이 물리칠 수도 없고 해서 잠깐 들어가서 몇 마디 한담을 나누다가 곧 떠나버렸다. 이때 한신은 자기도 그리 대단한 집안 출신은 아니었지만 번쾌를 깔보고 「내가 번쾌와 같은 신세가 되었구나(我乃與噲等爲伍)」라며 개탄을 했다는 것이다.

번 쾌

바로 한신의 이 말에서 두 개의 성구가 나왔는데 하나는 「여쾌위오(與噲爲伍)」이고, 다른 하나는 「수여쾌오」다. 전자는 용렬한 사람과 한패거리가 되었다는 뜻이고, 후자는 용속한 사람과 한패거리가 된 것을 부끄럽게 생각한다는 뜻이다.

번쾌는 유방(劉邦)과 같은 고향인 패현(沛縣) 사람이었다. 집안 형편이 어려워서 개백정을 업으로 삼고 있던 그는 유방이 진나라에 항거하여 군사를 일으키자 곧 반진(反秦)의 대오에 참여하게 되었다. 번쾌는 천성이 강직하고 용감한 사람으로 유방에 대해 끝없이 충성하였는데 그는 유방의 신변을 한시도 떠나지 않고 지키면서 여러 번 큰 공로를 세웠다.

홍문연 유지

일찍이 항우가 홍문(오늘의 섬서성 임동현 동쪽)에서 연회를 베풀고 유방을 만났을 때 항우의 부하 범증(范增) 등이 즉석에서 유방을 해치려 하자 번쾌는 장검을 뽑아 들고 연회 자리에 뛰어 들어가 유방을 구한 일도 있었고, 유방이 진의 도읍지 함양(咸陽)을 공략한 후 화려한 궁궐에 마음이 동하자 그를 설복하여 군대를 성 밖에 주둔시키게 함으로써 백성들의 지지를 받게 한 일도 있었다.

이러한 번쾌였던 때문에 유방이 한나라를 세우고 황제가 되자 무양후에 봉해졌던 것이다. 그러나 대장이었던 한신은 반대로 병권을 삭탈당하고 초왕에 봉해졌다가 얼마 후 회음후로 내려앉게 되었다. 이래서 전날의 대장군 한신은 두 번 강등되어 번쾌와 동급이 되었던 것이다. {☞ 토사구팽(兎死狗烹)}

수욕정이풍부지 樹欲靜而風不止

나무 樹 하고자 할 欲 고요할 靜 어조사 而 바람 風 그칠 止

《한씨외전(韓氏外傳)》

나무가 조용히 있고자 하나 바람이 그치지 않는다는 뜻으로, 자식이 부모님을 공양하고 싶어도 부모님이 돌아가시고 세상에 계시지 않음을 비유해 이르는 말. 「풍수지탄(風樹之嘆)」과 같은 뜻으로 쓰인다. 《한씨외전》에 있는 이야기다.

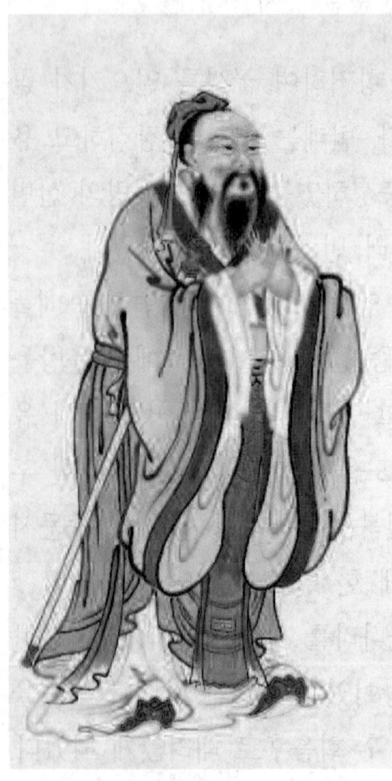
공 자

공자가 자기의 뜻을 펴기 위해 이 나라 저 나라로 떠돌고 있을 때였다. 그날도 발걸음을 재촉하고 있는데, 어디선가 몹시 슬피 우는 소리가 공자의 귀에 들려왔다. 공자가 수레에서 내려 물었다.

「그대는 누구인가?」

「저는 고어(皐魚)라 합니다」

「그래, 무슨 까닭으로 그리 슬피 우는가?」

고어는 자신이 우는 까닭을 이렇게 말했다.

「저에게는 세 가지 한(恨)이 되는 일이 있습니다. 그 첫째는 젊어서 공부를 한다고 세상을 두루 돌아다니다가 집에 돌아와 보니 부모님이 이미 세상을 떠나신 것이요,

공부(孔府 : 산동성 곡부에 공자의 직계 장자와 장손이 사는 저택)

둘째는 섬기던 군주(齊나라 임금)가 사치를 좋아하고 충언을 듣지 않아 그에게서 도망쳐온 것이요, 셋째는 평생 교제를 하던 친구가 떠나간 것입니다. 무릇 나무는 조용히 있고자 하나 바람 잘 날이 없고(樹欲靜而風不止), 자식이 부모를 모시고자 하나 부모는 이미 안 계십니다(子欲養而親不待). 돌아가시고 나면 다시는 뵙지 못하는 것이 부모입니다. 저는 이제 이대 서서 말라 죽으려고 합니다」

이 말을 마치고 그는 마른 나무에 기대어 죽고 말았다. 그러므로 효도를 다하지 못한 채 부모를 잃은 자식의 슬픔을 가리키는 말로 부모가 살아계실 때 효도를 다하라는 뜻으로 쓰이는 말이다.

공자가 제자들에게 말했다.

「고어의 말이야말로 경계로 삼을 만하지 않은가!」

이리하여 깊은 감명을 받은 공자의 제자 가운데 공자의 곁을 떠나 부모를 공양하러 떠난 제자가 열셋이나 되었다.

사

수자부족여모 豎子不足與謀

아이 豎 아들 子 아니 不 족할 足 더불 與 도모할 謀

《사기》 항우본기(項羽本紀)

사람됨이 모자란 자와는 의논할 일이 아니다.

수자(豎子)는 어린아이를 말한다. 부족여모(不足與謀)는 함께 일을 할 수 없다는 뜻이다. 나이가 어리고 경험이 부족한 사람과는 함께 큰일을 할 수 없다는 것이 「수자부족여모」다.

이것은 화가 난 범증(范增)이 항우를 보고 한 소리였는데, 같이 일을 하다가 상대가 시킨 대로 하지 않고 제 주장만 내세워 일을 망치거나 했을 때 흔히 쓰는 문자다. 예를 들어 고참 중역이 창설자의 뒤를 이은 애송이 경영주를 보고 할 수 있는 소리다.

함곡관

《사기》 항우본기에 나오는 이야기로 항우와 패공(沛公) 유방은 각각 다른 길로 진나라로 쳐들어가서 패공이 먼저 진나라 수도 함양을 점령하고, 항우는 한 달 뒤에 제후들의 군사를 거느리고 함곡관에 이르게 되었다. 패공이 먼저 진나라를 평정했다는 말을 듣자 항우는 함곡관을 깨뜨리고 들어가 홍문(鴻門)에 진을 치게 된다. 이때 항우의 군사는 40만이었고 패상(覇上)에 진을 친 패공의 군사는 10만이었다. 항우는 먼저 진나라를 평정한 패공을 시기한 나머지 그를 쳐 없앨 생각이었다.

홍문연

이 소식을 전해들은 패공의 모사 장량(張良)이 소식을 전해 준 항우의 숙부 항백(項伯)을 통해 패공과 항우와의 사이를 좋게 만들려 했다. 단순한 항우는 항백의 권고에 의해 곧 이를 승낙하고 패공은 홍문으로 찾아가 사과를 하게 된다. 항우는 패공을 맞아 술자리를 베풀게 되는데, 이것이 중국의 연극 같은 데 곧잘 나오는 홍문연(鴻門宴) 잔치라는 것이다.

전날 범증은 항우에게, 패공을 죽여 없애지 않는 한 천하는 누구의 것이 될지 모른다고 그를 죽이도록 권고해 두었다.

이 날 술자리에서도 범증은 패공을 죽이라고 허리에 차고 있는 구슬을 들어 세 번이나 신호를 보냈다. 항우는 패공이 겸손하게 사과를 해오는 바람에 죽일 생각은 조금도 없었다. 그는 범증이 신호를 보낼 때마다 눈을 내리감고 못 본 체했다. 조급해진 범증은 항장(項莊)을 시켜 칼춤을 추다가 패공을 쳐 죽이라고 시킨다. 그러나

범 증

같이 칼춤을 추는 항백이 항장을 가로막아 뜻을 이루지 못하게 된다. 이때 번쾌(樊噲)가 장량의 부탁을 받고 달려 들어와 항우와 극적인 대화를 주고받게 되고, 그 틈에 패공은 짐짓 소피를 보러 가는 척하며 도망치고 말았다.

패공은 술을 이기지 못해 도중에 자리를 뜨게 된 것을 장량을 통해 항우에게 사과를 하고 구슬 한 쌍을 항우에게 선물로 바치고, 옥으로 만든 술잔 한 쌍을 범증에게 선물로 주었다. 항우는 구슬을 받아 자리에 놓았다. 그러나 범증은 잔을 받아 땅에 놓더니 칼을 뽑아 쳐 깨뜨리며,

「에잇, 어린 것과는 일을 같이 할 수 없다. 항왕의 천하를 앗을 사람은 반드시 패공이다. 우리 무리들은 이제 그의 포로가 되고 말 것이다(唉 豎子不足與謀 奪項王天下者 必沛公也 吾屬今爲之虜矣)」라고 말하며 한탄했다.

「수자부족여모」는 항우를 나무랐다는 설과 항장을 나무랐다는 두 가지 설이 있으나, 여기서는 따지지 않기로 하겠다.

수주대토 守株待兎

지킬 守 그루 株 기다릴 待 토끼 兎

《한비자(韓非子)》 오두편(五蠹篇)

사

주(株)는 나무를 베고 남은 그루터기를 말한다. 그루터기를 지키며 토끼 나오기만을 기다리는 것이 「수주대토」다. 어떤 착각에 사로잡혀서 안 될 일을 고집하고 있는 어리석음을 비유해서 하는 말이다.

《한비자》 오두편에 있는 이야기다.

한비(韓非)는 요순을 이상으로 하는 왕도정치를 시대에 뒤떨어진 생각이라 주장한다. 그는 시대의 변천은 돌고 도는 것이 아니라 진화하는 것이라 보고 복고주의(復古主義)를 진화에 역행하는 어리석은 착각이라고 주장한다.

그는 이러한 주장 끝에, 그의 주장에 반대하는 사람들을 다음과 같은 이야기로 비유하고 있다.

송(宋)나라에 한 농부가 있었다. 하루는 밭을 가는데, 토끼가 한 마리 달려가더니 밭 가운데 있는 그루터기에 머리를 들이받고 목이 부러져 죽었다. 그것을 본 농부는 토끼가 또 그렇게 달려와 죽을 줄 알고 쟁기를 놓아둔 채 그루터기만을 지켜보고 있었다.

그러나 토끼는 다시 나오지 않았다. 결국 온 나라 사람들에게 웃음거리만 되고 말았다.

이 우화에서 낡은 관습을 지키며 새로운 시대에 순응할 줄 모르는 것을 가리켜 「수주(守株)」니 「수주대토」니 하고 말한다.

수주탄작 隨珠炭雀

따를 隨 구슬 珠 쏠 彈 참새 雀

《장자》 양왕(讓王)편

「수후의 구슬로 참새를 쏜다」라는 뜻으로, 작은 것을 얻기 위하여 귀한 것을 버리는 일을 비유하는 말이다.

수주(隨珠)는 수후(隨侯)의 구슬이라는 말로, 춘추전국시대의 수(隨)나라 제후가 큰 상처를 입은 뱀을 구해준 보답으로 받은 야광주(夜光珠)를 이른다. 「화씨벽(和氏璧)」과 함께 수주화벽(隨株和璧)이라 칭해지며, 천하제일의 보물로 비유된다.

「대체로 성인은 행동을 하되 반드시 무엇을 할 것인지와 어떻게 할 것인지를 미리 살피고 시작한다. 만약 어떤 사람이 진귀한 수후의 구슬로 참새를 쏜다면 그를 바보라고 비웃을 것이다. 왜냐하면 잃는 것이 얻는 것보다도 더 귀중하기 때문이다. 그렇다면 왜 목숨은 진주보다도 더 귀중한데 목숨과 부귀를 바꾸려 하는가?」

노(魯)나라 군주가 안합(顔闔)이 도를 터득한 사람이라는 말을 듣고, 사람을 시켜 후한 예물을 보내 모셔오게 하였다. 안합은 누추한 집에서 삼베옷을 입고 소에게 여물을 먹이고 있었다.

사신이 안합의 집에 이르자 안합이 몸소 맞이하였다. 사신이 예물을 바치자, 안합은 사람을 잘못 찾아온 것인지도 모르니 돌아가서 다시 한 번 확인해 보라고 말했다. 사신이 돌아가 확인한 다음 다시 와서 안합을 찾았으나 그는 이미 어디론가 사라진 뒤였다.

안합 같은 사람은 굴러오는 복도 받으려 하지 않지만, 어떤 사람들은 부귀공명을 위해 목숨까지 걸고 나선다는 이야기다.

수즉다욕 壽卽多辱

목숨 壽 곧 卽 많을 多 욕스러울 辱

《장자》 천지편(天地篇)

사람이 오래 살다 보면 별의별 욕을 다 겪게 된다.

장자는 전국시대의 가장 특이한 사상가 가운데 한 사람이다. 그는 공자를 시조로 하는 유가(儒家)의 사람들이 강조하는 인의도덕(仁義道德)을 잔꾀가 많은 인간의 작위라 하여 배척하고, 있는 그대로 있는 것—「자연」을 사랑하고 그 어떤 것에도 사로잡히지 않는 정신적 자유 경지—「도(道)」의 세계에 동경을 보냈다. 더구나 그는 그 사상을 그의 특이한 풍자와 비웃음과 우화를 빌어 표현했다.

그의 저서 《장자》 천지편에 나오는 이 이야기도 그러한 우화의 하나로서 지어낸 이야기다.

그 옛날 성천자로서 유명했던 요(堯)가 화라는 지방을 순회했을 때의 일이다. 그 곳의 수비관원이 공손히 요임금 앞으로 나와 인사를 드렸다.

「오, 성인이시여, 삼가 임금님의 장래를 축수하겠습니다. 우선은 임금님께서는 만수무강하시기를」

그러자 요는 손을 내저으며 말했다.

「아니야, 나는 오래 살기를 바라지 않네」

「그러시다면 임금님의 부가 더욱더 풍부해지시기를」

「아니야, 나는 부를 더하고 싶은 생각은 꿈에도 하지 않네」

「그러시다면 임금님의 자손이 번창하시도록」

「아닐세. 그것도 나는 바라지 않는 일이야」

요임금

이쯤 되자 관원은 이상하다는 듯 요임금의 얼굴을 바라보며 되물었다.

「수(壽)와 부(富)와 자손의 번창은 누구나가 바라는 일인데, 임금님께서는 그것을 바라시지 않는다니 어찌된 일입니까?」

「요컨대 자식이 많으면 그 중에는 못난 놈도 생겨서 도리어 걱정거리가 된다네. 부해지면 혹여 잃지나 않을까 걱정해야 하며, 오래 살면 욕된 일 또한 많지 않겠는가(多男子卽多懼 富卽多事 壽則多辱). 이 세 가지는 어느 것이나 다 내 몸의 덕을 기르는 데 무용지물이라고 볼 수밖에 없네」

요임금의 말에 관원은 어처구니없다는 표정을 지으며 중얼거렸다.

「체, 싱겁기 짝이 없군. 요임금은 성인이라고 들었는데, 지금 말하는 것으로 미루어 보아 기껏해야 군자 정도밖에는 되지 못하겠구나. 아이들이 많더라도 각기 분에 맞는 적당한 직업을 맡기면 아무 걱정도 없을 것이고, 돈이 많아지면 그만큼 남에게 나누어주면 아무 걱정도 없을 텐데. 진정한 성인이란 메추리같이 둥지를 고르지 않고, 병아리처럼 무심하게 먹고, 새가 날아 뒤 흔적이 없는 것같이 자유자재여야 한다. 세상이 올바르면 모든 사람들과 함께 그 번성함을 즐기는 것이 좋고, 올바르지 않으면 몸에 덕을 닦아 은둔하는 것도 좋고, 천 년이나 오래 살아 세상이 싫증이 나면, 그 때는 신선이 되어져 흰 구름을 타고 옥황상제의 나라로 가서 노는 것도 좋다. 병(病)·노(老)·사(死)의 3환(患)을 걱정할 필요도 없고 몸이 언제나 재앙이 없다면 오래 산다고 해서 아무런 욕될 것이 없잖은가」

장 자

이런 소리를 하고 수비관원은 발길을 돌렸다. 보기 좋게 허점을 찔린 꼴이 된 요임금은 순간 정신이 퍼뜩 들어 뒤를 쫓아가, 「기다리게! 조금 더 그대의 말을 듣고 싶네」 하고 소리쳤으나 그 사람은 뒤도 돌아보지 않고 어디론지 사라지고 말았다.

그러므로 「수즉다욕」이란 나이가 들면 들수록 욕심이 많이 생기게 되므로 자신의 행동을 조심하여 분수를 지키라는 뜻이다.

그러나 이 고사에서는 유가(儒家)에서 강조하는 인의 덕을 배척하고, 도가의 정신적 자유 경지를 표현하고 있다. 즉, 「수즉다욕」의 충고보다는 이를 넓게 포용할 수 있는 도의 정신을 강조한 것이다.

장자는 이 우화로써 유가적 성인인 요(堯)와 대비시켜 가며 「도(道)」의 세계에서 사는 자유자재인(自由自在人)—도가적 성인의 모습을 시사하려고 했던 것이다.

수지오지자웅 誰知烏之雌雄

누구 誰 알 知 까마귀 烏 의 之 암컷 雌 수컷 雄

《시경(詩經)》 소아(小雅) 정월(正月)

그게 그것 같아 구별할 수가 없음. 시비를 가리기가 힘듦.

꿩과 닭을 비롯해서 대부분의 새들은 수컷과 암컷을 구별할 수가 있다. 그러나 까마귀란 놈만은 꼭 같이 새카맣기 때문에 어느 놈이 수컷이고 암컷인지 알 수가 없다. 「수지오지자웅」은 누가 까마귀의 암수를 알 수 있으랴 하는 뜻이다.

결국 서로 잘났다고 하고 서로 잘했다고 하며, 남을 헐뜯고 자기를 내세우는 그러한 사람들을 가리켜 「그놈이 그놈이니 어느 놈이 잘한지 못한지 누가 알 게 뭐야」 하는 정도의 뜻이라고 볼 수 있다.

《시경》 소아 정월(正月)편 제5장에,

산을 내게 낮다고 하지 마라
뫼가 되고 언덕이 된다.
백성의 거짓된 말을
어찌하여 막지 못하는가.
저 옛날 늙은이를 불러
꿈을 점쳐 묻는다.
모두 내가 성인이라지만
누가 까마귀의 암수를 알리.

謂山蓋卑 爲岡爲陵 위산개비 위강위릉
民之訛言 寧莫之懲 민지와언 영막지징

召彼故老 訊之占夢　　소피고노 신지점몽
具曰予聖 誰知烏之雌雄　구왈여성 수지오지자웅

라고 나와 있다. 못된 정치를 원망한 시의 한 대목인데, 그 뜻을 풀이하면 대개 이런 것이다.

「산을 보고 낮다고 억지소리를 하는 사람이 있지만, 뫼와 언덕이 평지보다 높은 것만은 변함이 없는 사실이다. 지금 모든 사람들이 이런 거짓된 말들을 하고 있는데, 그것으로 어째서 못하게 막을 생각을 하지 않는가. 나이 많은 안다는 늙은이들을 불러다가 꿈을 점치게 하며, 서로 제가 위대하다고 자랑을 하고 있지만, 까마귀의 수컷 암컷을 알 수 없듯이 누가 위대한지 알 사람이 누구이겠는가」 하는 뜻이다.

유왕의 봉화대

여기에서, 그게 그것 같아 구별할 수 없는 것을 가리켜 「까마귀의 암수」라고 말하게 되었다. 소인배들이 정권을 잡고 올바르고 정직한 사람들에게 해를 가하는 혼란한 정치를 탄식한 작품이다. 《모시(毛詩 : 시전詩傳)》 서(序)에 보면 어떤 벼슬아치가 유왕(幽王)의 포악한 정치를 규탄한 시라고 하였다. 그러나 신빙성은 덜하다. 맨 끝 구절에서 유래하여 옳고 그름을 분명하게 가릴 수 없는 난제에 봉착했을 때 이런 표현을 쓰게 되었다.

수지청즉무어 水至淸則無魚

물 水 이를 至 맑을 淸 곧 則 없을 無 물고기 魚

《공자가어(孔子家語)》 입관편(入官篇)

사람이 너무 엄격하면 따르는 사람이 없다.

우리말에 「물이 맑으면 고기가 놀지 않는다」는 말이 있다. 그것이 바로 「수지청무어」란 말이다. 다만 지극하다는 지(至)가 하나 더 있는 것뿐이다. 이것은 청렴결백이 좋기는 하지만, 그것이 도에 지나치면 사람이 따르지 않는다는 것을 비유해 하는 말이다.

자 장

옛말에 「탐관(貪官) 밑에서는 살 수 있어도 청관(淸官) 밑에서는 살지 못한다」는 말이 있다. 역시 같은 이치에서 나온 말일 것이다.

《공자가어》 입관편에, 자장(子張)의 물음에 대답한 공자의 긴 말 가운데, 「물이 지나치게 맑으면 고기가 없고, 사람이 지나치게 맑으면 따르는 사람이 없다」고 하는 말이 나오고, 백성이 작은 허물이 있으면 그의 착한 점을 찾아내어 그의 허물을 용서하라고 했다.

이 말과 비슷한 내용이 《한서》 동방삭전에도 나온다. 그러나

반초 석조상

《공자가어》를 후세 사람의 위작(僞作)이라고 하는 학설도 있으므로 동방삭이 공자가어에서 배워 온 것인지, 《공자가어》를 지었다고 지목되는 위(魏)의 왕숙(王肅)이 동방삭의 문장을 따 온 것인지는 알 수 없는 일이다.

또 《후한서》 반초전에는 서역도호(西域都護)로 있던 반초가 그의 후임으로 온 임상(任尙)을 훈계한 말이라 하여, 「그대는 성질이 엄하고 급하다. 물이 맑으면 큰 고기가 없는 법이니 마땅히 탕일하고 간이하게 하라」고 적혀 있다.

과연 반초가 염려한 대로 임상은 성격대로 너무 자세하고 까다로운 정치를 한 탓에 통치에 실패했다고 한다.

수총약경 受寵若驚

받을 受 사랑할 寵 만약 若 놀랄 驚

《노자》 13장

총애를 받으면 어쩔 줄 모름.

「총애를 받는 것을 놀란 것같이 한다」 라는 뜻으로, 누군가로부터 뜻밖의 총애를 받게 되어 기뻐 놀라워하면서도 마음 한 구석으로는 불안을 느낀다는 말이다.

《노자》 에 있는 말이다.

「총애를 받거나 굴욕을 받거나 늘 놀란 것같이 하고, 큰 걱정을 귀하게 여기기를 내 몸과 같이 하라. 총애를 받거나 굴욕을 받는 것을 놀란 것 같이 한다는 것은 무엇을 말하는가. 총애는 위에 있는 것이고, 굴욕은 아래에 있는 것이니, 그것을 얻게 되어도 놀란 듯이 하고, 그것을 잃게 되어도 놀란 듯이 하는 것을 총욕약경이라고 이른다(寵辱若驚 貴大患若身 何謂寵辱若驚 寵爲上 辱爲下 得之若驚 失之若驚 是謂寵辱若驚)」

《당서》 노승경전(盧承慶傳)에도 나오는 말이다.

당나라 초기에 고공원외랑(考功員外郞)의 벼슬에 있는 노승경이라는 사람이 있었다.

고공(考功)이라는 것은 관리들의 언행을 살펴서 고과점수를 내는 것이 임무였는데, 노승경은 그의 직무에 충실하여 비교적 공정하게 일을 처리했다고 한다.

한번은 식량을 수송하는 관헌이 식량을 실은 배를 침몰시킨 사고가 발생하였다. 이에 노승경은 그를 중하(中下)로 평정하고 본인의 뜻을 물었더니 본인은 아무런 이의도 없다고 하였다.

그러나 다시 생각해 보니 배가 침몰된 것은 그 한 사람만의 책임도 아니고 또한 사람의 힘으로 만회할 수도 없는 일이기에 그 관헌을 다시 중중(中中)으로 평정하고 본인의 뜻을 물었다. 그래도 그는 여전히 아무런 이의도 없다는 것이었다. 이에 노승경은 그를 찬양하여 총욕불경(寵辱不驚)이라고 하였다.

노자 송하기우도(松下騎牛圖)

이렇게 해서 총애를 받거나 수모를 당해도 대수롭게 여기지 않는 것을 가리켜 총욕불경이라고 하는 한편 그와 반대되는 것을 「총욕약경(寵辱若驚)」이라고 하게 된 것이다.

여기에서 「피총약경(被寵若驚)」이라는 성구가 나와 「수총약경」으로 되었다.

총애를 받거나 찬양의 말을 들었을 때 좋아서 어쩔 줄 모르는 모습을 비아냥거리는 말로 쓰이기도 한다.

숙능생교 熟能生巧

익을 熟 능할 能 날 生 공교할 巧

《구양문충공집》 귀전록(歸田錄)

「능숙해지면 기교가 생긴다」는 뜻으로, 오랜 기간의 수련을 거쳐야 뛰어난 기교를 발휘할 수 있게 된다는 말이다.

송나라의 정치가 겸 문인으로, 당송팔대가(唐宋八大家)의 한 사람인 구양수(歐陽脩)의 시문을 모은 《구양문충공집(歐陽文忠公集)》 귀전록에 있는 이야기다.

진요자(陳堯咨)는 자를 가모라 하며 송나라 때 사천 사람이었다. 그는 활솜씨가 비상하여 백 보 밖에서도 목표물을 겨냥하여 쏘면 백발백중이다. 그리하여 당대의 제일인자라고 자처하면서 득의에 차고 교만하기 짝이 없었다.

어느 날, 그는 자기 집 채소밭에서 활을 쏘고 있는데 마침 그 앞을 지나던 기름장수 할아버지가 등에 멘 기름통을 내려놓고 곁눈으로 활솜씨를 지켜보았다.

한참 동안 발을 멈추고 그가 쏘는 화살이 십중팔구 적중하는 것을 보면서 그 할아버지는 가볍게 머리를 끄덕였다.

진요자가 자기의 활 쏘는 것을 쳐다보는 기름장수 할아버지의 꼴을 보고는 언짢은 표정으로 그 노인에게 말문을 열었다.

「당신도 활을 쏠 줄 아시오? 내 활솜씨는 신에 가까운 것이오.」

그 노인이 받아넘겼다.

「별 게 아니지요. 그저 몸에 배어 손에 익었을 뿐이니까요」

진요자가 이 말을 듣고는 기름장수 할아버지가 자기를 고의적으

로 깔보는 줄 알고 화가 치밀어 큰 소리로 떠들었다.

「당신이 감히 내 활 솜씨를 멸시했겠다!」

「내 자신이 기름 따르는 경험을 통해서는 활 쏘는 이치를 알고 있소.」

진요자와 기름장수

기름장수 할아버지는 이렇게 말하면서 병을 꺼내어 땅에 놓고 구멍이 뚫린 동전 한 닢을 그 병 입에 덮고는 오목하게 파진 나무주걱에 기름을 가득 퍼서는 그 동전 구멍에 따로 넣는데 어찌 정확했든지 동전에 기름방울 하나 안 묻을 정도였다.

그러면서 기름장수 할아버지는 다시 말을 이었다.

「나도 별것 아니오, 그저 오랜 시일을 거치면서 익숙해진 것뿐이지요.」

진요자는 비로소 자신의 오만한 태도가 어리석었음을 깨닫게 되었다. 여기서 유래하여 「숙능생교」는 오랜 기간의 수련을 거쳐야 뛰어난 기교를 발휘할 수 있음을 비유하거나, 어떤 일이든지 오랜 기간의 수련을 거치면 뛰어난 기교를 이룰 수 있음을 비유하는 말로 사용된다.

순망치한 脣亡齒寒

입술 脣 망할 亡 이빨 齒 차가울 寒

《좌전》 희공(僖公)

가까운 사이의 한편이 망하면 다른 한편도 온전하기 어렵다.

진(晋) 헌공 하면 후처 여희(驪姬)와 사랑에 빠진 나머지 이복 태자 신생(申生)을 죽이고 중이(重耳 : 뒷날 문공)를 망명케 한 이야기로 유명하지만, 역사적으로 생각하면 패자인 진문공(晋文公 : 중이)을 위한 기초를 쌓아준 사람이라고도 할 수 있다.

《좌전》 희공 5년에 있는 이야기다.

진헌공(晋獻公)이 괵(虢)을 치기 위해 우(虞)나라에 길을 빌려 달라고 청을 넣었다. 우나라를 거쳐야만 괵으로 갈 수 있었기 때문이다. 진헌공은 순식(荀息)을 보내 천하에 이름이 알려져 있는 명마(名馬)와 구슬을 우나라 임금에게 뇌물로 바치고, 진나라와 우나라와의 형제의 우의를 거짓 약속하며 청을 받아 줄 것을 간청하게 했다. 주혜왕(周惠王) 32년(BC 655)의 일이다.

우나라 임금은 뇌물이 탐이 나는 데다 진나라의 제의 또한 솔깃해서 순순히 청을 받아들이려 했다. 그러나 진나라의 속셈을 빤히 들여다보고 있는 궁지기(宮之奇)란 신하가 이를 말렸다.

「괵나라는 우나라의 울타리입니다. 괵이 망하면 우도 반드시 따라 망하게 됩니다. 진나라를 끌어들여서는 안됩니다. 침략자와 행동을 같이해서는 안됩니다. 전에도 한 번 그런 실수를 했는데, 똑같은 실수를 두 번 다시 되풀이해서 되겠습니까. 속담에 이른바 『덧방나무(輔)와 수레는 서로가 의지하고, 입술이 없어지면 이가 시리다(輔

車相依 脣亡齒寒)』고 한 말이 바로 우와 괵을 두고 한 말입니다」

「아니오, 진(晉)은 우리의 종국(宗國)이니 해를 가할 리 없소」

우공이 태평스런 소리를 하자 궁지기는 다시 설득했다.

「가계(家系)를 말씀하신다면 괵도 역시 동종(同宗)입니다. 그런데 어떻게 우하고만 친하겠습니까. 거기다 진은 종조(從祖) 형제가 되는 환공(桓公), 장공(莊公)의 일족을 죽이지 않았습니까. 아무리 친하다 해도 이처럼 믿을 수가 없습니다」

「그러나 나는 신(神)을 모시는데, 언제나 훌륭한 희생을 바쳐, 깨끗하게 살고자 애를 쓰고 있으므로 신이 날 보호해 주실 거요」

「신(神)은 아무나 친애하지는 않습니다. 그 사람의 덕을 보아 친애합니다. 덕이 없으면 백성이 편안하지도 못하고, 신도 제사를 받아들이지 않습니다. 신만을 믿어서는 안됩니다」

그러나 우공은 순식의 달콤한 소리와 뇌물에 마음이 팔려 궁지기의 말이 들리지 않았다. 궁지기는 나라가 망할 것을 알고 후환이 두려워 가족을 데리고 다른 나라로 떠나버렸다. 그때 그는 말하기를,

「우나라는 한 해를 넘기지 못할 것이다」라고 했다.

과연 그 해 8월에 진나라는 괵으로 쳐들어가 이를 자기의 땅으로 만들어 버리고 돌아오는 길에 우나라마저 기습해서 자기 것을 만들고 말았다. 미끼로 던져 주었던 명마와 구슬도 땅과 함께 도로 진나라로 돌아갔다.

여기에 나오는 두 나라 관계와 같은 경우를 가리켜 「순망치한」이라 한다. 또 「보거상의(輔車相依)」란 말도 쓰고, 둘을 합친 「순치보거(脣齒輔車)」란 말을 쓰기도 한다.

또 「가도멸괵(假道滅虢)」즉 「길을 빌려서 괵을 멸하다」라는 말도 나왔다.

술이부작 述而不作

말할 述 어조사 而 아니 不 지을 作

《논어》 술이편(述而篇)

선인의 업적을 이어 이를 설명하고 서술할 뿐 아무것도 지어내지 않음.

술(述)은 저술이란 뜻이고, 작(作)은 창작이란 뜻이다. 저술은 예부터 내려오는 사상과 문화를 바탕으로 이것을 다시 정리하거나 서술하는 것을 말하고, 창작은 지금까지 일찍이 없었던 새로운 사상과 학설을 처음으로 만들어내는 것을 말한다.

씨족제 봉건사회의 한 사람이었던 공자는 「태초에 길(道)이 있고, 길은 하늘과 더불어 있었다」 라고 생각하였다. 따라서 공자는 만약 태초에 있었던 「길」 을 그대로 현실사회에 부활할 수가 있다면 이 세상은 바로 「황금시대」 가 된다고 확신하여 이 「길」 의 모습을 알고자 하는 데 전심하였던 것이다. 태초의 일이었기 때문에 「길」 은 당연히 옛날에서 찾지 않으면 안 된다.

《논어》 술이편에, 「공자가 말하기를, 나는 태어나면서부터 이것을 알고 있는 것은 아니다. 옛 것을 좋아하여 열심히 구하였던 것이다」 라는 말이 그간의 소식을 말해 준다고 할 수 있을 것이다.

또 위정편에, 「공자가 말하기를, 옛 것을 배우고 거기에서 새로운 가치를 발견하는(溫故知新) 사람 같으면 선생으로 섬겨도 좋다」 라고 있어, 공자가 여하히 태초에 있던 「길」 을 중심으로 추구하였던지가 상상된다.

공자는 이 성과를 제자들에게 강술하였을 뿐 아니라, 《시경》 이

나 《서경》을 오늘의 형태로 정리하고 《춘추》를 편찬하였으며, 「예(禮)」나 「악(樂)」을 제정하여 후세에 전했다고 되어 있지만, 태초에 있었을 「길」을 있는 그대로 현실사회에 실현하는 것이 목적이었기 때문에 거기에는 공자 자신의 개인적인 자의(恣意)는 가해지지 않았다. 공자는 어떤 경우일지라도 오직 자기 자신이 「일찍이 실재하였다」라고 믿었던 그대로를 조술(祖述)하고 있는 것이다.

《논어》 술이편 첫머리에, 「공자는 말하기를, 전해 말하고 새것을 만들지 않으며, 믿어 옛것을 좋아하는 것을 가만히 우리 노팽(老彭)에게 비교해 본다」고 했다.

여기 나오는 노팽이란 사람은 은(殷)나라의 어진 대신이라고 하는데, 「술이부작」이란 말 자체도 어디까지나 자신을 겸손하게 낮추어서 한 말이었는데, 그것을 다시 노팽이란 사람에게 비교해 본다는 것은 남을 배운다는 똑같은 겸손한 태도에서 나온 말이다.

사실상 공자가 이 같은 말을 한 것은 창작을 부정하려는 뜻에서가 아니다. 옛것을 제대로 음미도 못한 채, 옛것의 테두리를 벗어나지도 못한 것을 마치 자기가 새로 창안해낸 것 같은 착각에 빠져 있는 그런 젊은 후배들을 깨우쳐 주기 위해 한 말일 것이다.

「온고지신(溫故知新)」이란 공자의 말만 보더라도 알 수 있다. 옛것을 완전히 내 것을 만듦으로써 새로운 것을 알게 되는 것이 「온고지신」인 것이다. 거기까지 미치지 않은 사람은 남의 스승이 될 수 없다고 공자는 덧붙여 말하고 있는 것이다.

참다운 창작은 억지로 되는 것이 아니다. 옛것과 남의 것을 거름으로 해서 자연히 피어난 꽃과 맺어진 열매가 창작인 것이다.

습인아혜 拾人牙慧

주울 拾 사람 人 어금니 牙 슬기로울 慧

《세설신어(世說新語)》

「남의 입에서 흘러나온 지혜를 줍는다」는 말로, 남의 말이나 글 또는 주장을 그대로 답습하는 것을 비유하는 말이다.

《세설신어(世說新語)》에 있는 이야기다.

아혜(牙慧)는 「음식물을 씹고 나서 입에서 흘러나온 찌꺼기」를 말한다. 진(晉)나라 때 은호(殷浩)라는 사람이 있었는데, 중군(中軍) 벼슬을 지낸 적이 있어 사람들이 그를 은중군(殷中軍)이라고 불렀다. 그는 《도덕경》과 《주역》 등의 서적을 즐겨 읽었고, 당시에 청담(淸談)으로 명성이 높았다. 은호에게는 한강백(韓康伯)이라는 외조카가 있었는데, 그 역시 총명하여 언변이 뛰어났다.

어느 날, 은호는 한강백이 다른 사람과 이야기하고 있는 모습을 보았다. 은호가 한강백의 말을 자세히 들어보니 그가 말하는 것은 모두 자신의 말을 그대로 흉내 낸 것이었다. 이에 은호는 「한강백은 내 이빨 뒤에 붙은 찌꺼기도 얻지 못하였구나(韓康伯未得牙後慧)」라고 평하였다. 은호가 듣기에 한강백의 말 속에는 독창적인 생각이 전혀 담겨 있지 않고, 남의 말을 그대로 옮길 뿐이었다. 그러면서도 자신이 박식한 양 뽐내는 조카의 모습을 보고 탄식하며 나무란 것이다.

「습인아혜」는 다른 사람의 말이나 글 또는 주장을 그대로 모방하거나 답습하는 것을 비유하는 성어로 쓰인다.

「남이 흘린 눈물과 침을 줍는다」라는 뜻의 「습인체타(拾人涕唾)라고도 한다.

승거목단·수적석천 繩鋸木斷水滴石穿

노끈 繩 톱 鋸 나무 木 끊을 斷 물 水 물방울 滴 돌 石 뚫을 穿

《학림옥로(鶴林玉露)》

「노끈으로 톱질하여도 나무를 자를 수 있고, 물방울이 떨어져 돌에 구멍을 낸다」라는 뜻으로, 꾸준히 노력하면 아무리 어려운 일이라도 결국 성공할 수 있음을 비유하는 말이다.

송(宋)나라 때 나대경(羅大經)이 지은 《학림옥로》에 이런 이야기가 있다.

장괴애(張乖崖)라는 사람이 숭양현의 현령을 지낼 때, 관아의 창고지기가 돈 한 푼을 훔친 사실이 발각되었다.

현령 장괴애가 창고지기를 장형(杖刑)에 처하자 창고지기가 불복하였다. 장괴애는 이렇게 말하고는 그를 처벌하였다.

「비록 하루에 돈 한 푼일지라도 천 일이 되면 천 푼이 된다. 이는 마치 노끈으로도 오래 톱질하면 나무를 벨 수 있고, 물방울이 돌 위에 계속 떨어져 마침내 돌을 뚫는 것과 같다(一日一錢 千日一千 繩鋸木斷 水滴石穿)」

춘추시대의 시교(尸校)가 지은 《시자(尸子)》에도 이런 말이 있다.

「물은 돌을 뚫을 수 없지만, 물방울은 돌을 뚫을 수 있고, 노끈으로는 나무를 벨 수 없지만 쉼 없이 계속 켜면 나무를 자를 수 있다(水非石之鑽 繩非木之鋸)」

또 명(明)의 홍자성(洪自誠)이 지은 《채근담(菜根譚)》에도,

「노끈으로 켜도 나무가 잘라지고, 물방울이 떨어져 돌을 뚫는다. 도를 배우는 자는 모름지기 힘써 구하라(繩鋸木斷 水滴石穿 學道者

중국의 그랜드캐년 태항산

須加力索)」라는 구절이 있다.

여기서 유래하여 「승거목단 수적석천」은 「바늘도둑이 소도둑 된다」라는 의미도 담고 있지만, 그보다는 꾸준히 힘써 노력하면 아무리 어려운 일이라도 결국에는 성공할 수 있음을 비유하는 말로 사용된다.

도끼를 갈아 바늘을 만든다는 「마부작침(磨斧作針)」이야기나, 태항산(太行山)·왕옥산(王屋山)은 둘레가 7백 리나 되며 기주(冀州) 남쪽과 하양(河陽) 북쪽에 있는 산이다. 두 산 사이 북산(北山)이라는 곳에 살고 있던 우공(愚公)이란 사람은 나이가 이미 90세에 가까운데 이 두 산이 가로막혀 돌아다녀야 하는 불편을 덜고자 자식들과 의논하여 산을 옮기기로 하였다는 「우공이산(愚公移山)」이나 다 같은 의미로, 아무리 어려운 일이라도 끈기를 가지고 계속 노력하면 마침내 이룰 수 있다는 뜻이다.

승당입실 升堂入室

오를 升 집 堂 들 入 방 室

《논어》 선진편(先進篇)

마루에 올라 방으로 들어온다는 뜻으로, 어떤 일에나 그 차례가 있음을 이르는 말. 또 학문이 점점 깊어짐을 비유하는 말이다.

공자의 제자 가운데 한 사람인 자로(子路)는 좀 특이한 인물이었다. 성격이 쾌활하고 무예를 좋아하는 품이 한마디로 말해 호걸풍이었으며, 음악에도 조예가 상당히 깊었다.

어느 날, 자로는 혼자 흥에 겨워서 비파(琵)를 탄주하고 있었는데, 비파 줄에서 울려 나오는 소리는 그의 성격 그대로 웅장하고 호탕하여 듣는 이의 마음을 숙연하게 하는 힘이 있었다. 밖에 나갔다가 들어와서 그 음악을 들은 공자는 얼굴을 찌푸리며 나무랐다.

「음률을 어찌 그렇게 내느냐. 그러고도 네가 내 제자라고 할 수 있느냐?」

뜻밖의 꾸중에 자로 본인은 물론이고 곁에 있던 다른 제자들도 어리둥절해지고 말았다. 어진 도덕군자인 스승이 그토록 심하게 나무라는 것을 본 적이 없었기 때문이다. 자로가 머쓱해서 물었다.

「선생님, 제 음악이 어떻다는 말씀입니까? 저는 우둔해서 알아듣기 어렵습니다」

「내가 항상 너희들에게 가르치는 것이 무엇이더냐. 인(仁)과 예(禮)와 중용(中庸)이 아니더냐? 그런데 방금 네가 탄주한 음악은 그것을 몽땅 거스르고 있어서 하는 말이다」

자로는 적극적이고 쾌활한 성격에다 지도력까지 있었기 때문에

자 로

그때까지만 해도 다른 제자들은 모두 그를 어려워하며 따르는 분위기였다. 그런데 스승에게 호되게 꾸지람을 듣는 광경을 본 제자들은 「자로도 별거 아니었구나」 라든지, 「내가 괜히 그를 높이 사고 있었구나」 하는 생각을 가지게 되었다.

그리하여 어느덧 자로를 은근히 따돌리기 시작했다. 나중에야 그런 분위기를 알아차린 공자는 이번에는 다른 제자들을 모두 불러놓고 나무랐다.

「너희들은 내가 자로를 꾸짖은 이유의 본질을 모르고 있구나. 그의 재주는 이미 절정의 경지에 거의 다다라 있느니라. 유(由)는 대청에는 올라섰지만, 아직 방안에는 들어오지 못한 것이다(由也 升堂矣 未入於室也)」

스승에게 꾸중을 들은 제자들은 그제야 자기들이 경솔했음을 깨닫고 자로를 다시 바라보게 되었다. 자로는 성질이 강직해서 그가 타는 비파소리는 썩 조화를 이루지 못했다. 이에 대해 스승의 지적을 받은 자로는 스스로 뉘우치며 이레 동안이나 음식을 들지 않았다고 한다. 공자는 이 일로 제자들이 자로를 공경하지 않는 것을 보고, 자로가 최고의 경지에는 아직 못 미치지만 이미 상당한 수준에까지 도달하였음을 말하며, 그들의 옳지 않은 태도를 꾸짖었던 것이다.

「승당입실」 이란 학문이나 예술을 익힘에 있어 점차 높은 경지에 이른다는 뜻과, 어떤 일에나 그 차례가 있음을 뜻하기도 한다.

승패병가상사 勝敗兵家常事

이길 勝 질 敗 병사 兵 집 家 항상 常 일 事

《당서(唐書)》 배도전(裴度傳)

이기고 지는 것에 크게 개의치 말고 최선을 다하는 것이 중요하다.

상대가 없는 싸움은 없다. 하나가 이기면 하나가 지기 마련이다. 승패는 동시에 성립된다. 승패가 없이 비긴다는 것은 드문 일이요, 또 정상이 되지 못한다. 전쟁을 직업처럼 알고 있는 병가(兵家)로서는 이기고 지고 하는 것을 당연한 일로 알고 있어야 한다.

전쟁이나 경쟁이나 경기나 그 밖의 모든 사회활동에 있어서 성공과 실패는 언제나 따라다니기 마련이다. 그러므로 승리나 성공을 거두었다고 해서 과히 기뻐할 것도 없는 일이며, 또 패배나 실패를 맛보았다고 해서 절망하거나 낙심할 필요도 없는 것이다. 특히 전쟁에 패하고 낙심한 임금이나 장군들을 위로하기 위해 항상 인용되곤 하는 먼 옛날부터 전해진 말인 것 같다.

《당서》 배도전(裴度傳)에 있는 말이다.

당 황제가 싸움에 지고 온 배도에게 한 말이다.

「한 번 이기고 한 번 지는 것은 병가에서 늘 있는 일이다(一勝一敗 兵家常事)」

전쟁에 패하여 낙심하고 있는 임금이나 장군을 위로하기 위해 고전 역사서에 자주 인용되는 말이다.

이 말은 결국 싸움에 있어서 승패 자체가 중요하지만, 그 싸움에 임하는 자세와 승패 후에 오는 마음가짐이 더 중요하다는 뜻으로 쓰

배 도

인다.

패배나 실패를 염두에 두지 않는 싸움처럼 무모한 싸움은 없다. 꼭 이긴다, 꼭 성공한다 하고 일을 시작하는 사람처럼 어리석은 사람은 없다. 성공했을 때와 실패했을 때를 똑같이 염두에 두고 그 다음의 대책을 강구해 두지 않는 사람은 비록 성공을 해도 그 성공을 성공으로 끝맺기가 어려운 법이다.

그러나 두 경우를 다 염두에 두고 만일의 경우에 대비한 사람이라면 비록 실패를 했더라도 그 실패는 성공의 밑거름이 되는 것이다. 결국 승패 자체가 문제가 아니라, 그 승패에 임하는 자세와 승패를 맛본 뒤의 마음가짐이 더욱 중요한 것이다. 따라서 「승패병가상사」는 위로와 훈계와 격려와 분발을 모두 포함하는 말이다.

승풍파랑 乘風破浪

탈 乘 바람 風 깰 破 물결 浪

《송서(宋書)》

「바람을 타고 물결을 헤쳐 나간다」라는 뜻으로, 먼 곳까지 불어가는 바람을 타고 끝없는 바다의 파도를 헤치고 배를 달린다는 뜻으로, 원대한 뜻이 있음을 이르는 말. 《송서(宋書)》에 있는 이야기다.

남북조시대 송(宋)나라 사람 종각(宗慤)은 어려서부터 무예가 출중하였다. 종각이 14세 때, 그의 형 종필(宗泌)이 혼례를 치렀는데, 그날 밤 그의 집에 떼강도가 들었다. 종각은 강도들과 맞서 싸웠고, 10여 명의 강도들은 어린 종각을 당해 내지 못하고 낭패하여 도망쳤다.

나중에 종각은 임읍(林邑 : 지금의 베트남)을 정벌하기 위한 원정길에 부관으로 수행하였다. 임읍의 왕은 코끼리떼를 앞세워 공격하였는데, 송나라 군대는 이를 당해내지 못하여 곤경에 처하였다. 이때 종각이 묘책을 내어, 병사들을 사자처럼 꾸며 코끼리떼 앞에서 춤을 추게 하였다. 그러자 코끼리 떼는 놀라 달아났고, 송나라 군대는 그 틈을 놓치지 않고 임읍을 공격하였다.

이렇듯 종각은 지용(智勇)을 겸비한 인물이었다. 종각이 어릴 때, 그의 숙부가 장차 무엇이 되고 싶으냐고 물었다. 그러자 종각은, 「거센 바람을 타고 만 리의 거센 물결을 헤쳐 나가고 싶습니다(願乘長風破萬里浪)」라고 대답하여 숙부를 탄복하게 만들었다.

여기서 유래하여 「승풍파랑」은 원대한 포부를 비유하거나 뜻한 바를 이루기 위하여 온갖 난관을 극복하고 나아감을 비유하는 고사성어로 사용된다. 장풍파랑(長風破浪)이라고도 한다.

승흥이래흥진이반 乘興而來興盡而反

오를 乘 기뻐할 興 말이을 而 올 來 다할 盡 되돌릴 反

《초학기(初學記)》

꾸준히 노력하면 아무리 어려운 일이라도 해낼 수 있다.

「흥겨움을 따라왔다가, 흥이 다하여 돌아간다」는 뜻으로, 외물(外物)에 마음이 속박되지 않는 참된 쾌락을 이르는 말이다.

《초학기(初學記)》에 있는 이야기다. 《초학기》 유서(類書 : 일종의 백과사전)로서 당나라의 서견(徐堅) 등이 편찬했다.

동진(東晋)의 왕휘지(王徽之)는 유명한 서예가 왕희지(王羲之)의 아들이다. 아버지가 서성(書聖)으로 추앙받는 만큼 그도 명문의 후광을 업고 있는 신분이건만, 크게 출세하고 싶은 욕망이 없어 자연을 벗 삼아 유유자적 살아가고 있었다. 그러던 중 어쩌다 관청에 떼밀려 들어가 역인(役人) 노릇을 하게 되었는데, 직무는 뒷전이고 말을 타고 산야를 주유하는 것이 일상사였다.

한번은 그 날도 말에 올라타고 경치를 구경하러 나갔다가 잠시 말에서 내려 쉬기로 했다. 말도 지루한지 무릎을 꿇고 풀밭에 엎드렸고, 그 역시 비스듬히 드러누워 맑은 하늘을 쳐다보며 시구를 흥얼거렸다. 바로 그 때, 이웃 고을의 제법 높은 관리가 지나가다가 그 꼴을 보고 물었다.

「차림새를 보아하니 고을 관원인 듯한데, 직무가 뭔가?」

그러자 왕휘지는 시치미를 뚝 떼고 대답했다.

「예, 저는 관마(官馬)에게 바깥구경을 시켜주는 일을 하고 있습니다」

마침내 왕휘지는 깊은 산 속 강가에 집을 지어 세상을 등지고 숨어버렸다. 그리고는 자연과 짐승들을 벗 삼아 신선처럼 살았다.

그러던 어느 겨울밤이었다. 온 산이 눈에 덮여 은세계를 이룬 가운데 보름달이 떠서 푸른 달빛 휘장을 드리우니 그 정취가 그만이었다. 왕휘지는 그 황홀한 설경에 취해 혼자 술을 마시고 덩실덩실 춤을 추었다. 그러다 문득 친구인 대규(戴逵)가 생각났다. 대규는 거문고의 명수에다 왕휘지처럼 출세에는 무관심한 한량이어서 두 사람은 누구보다 서로 죽이 맞는 친구였다. 왕휘지는 하인에게 말했다.

「어서 배를 준비해라!」 눈이 휘둥그레진 하인이 물었다.

「아니, 이 밤에 어딜 가시려고요?」

「대군네 집으로 빨리 가자!」

왕휘지는 친구가 기다리기라도 하는 듯 서둘렀다. 곧 배는 강기슭을 벗어나 물결 따라 내려가기 시작했고, 왕휘지는 오랜만에 친구를 만나 함께 즐거워할 일을 상상하느라 마음이 한껏 부풀었다.

「흠, 날 어지간히 반가워하겠지. 눈밭에 책상을 내놓고 밝은 달빛 아래서 거문고 타고 퉁소 불고 시를 짓는다면……아아, 그야말로 신선의 풍류가 아니겠는가!」

그러나 시간이 지날수록 차츰 감흥이 식기 시작해서, 이윽고 대규의 집이 저만치 바라보였을 때는 완전히 딴 기분이 되고 말았다. 그래서 하인더러 즉시 배를 돌리게 했다.

오랜 뒤에 왕휘지로부터 이야기를 들은 대규는 어이가 없었다.

「이 사람아, 근처까지 왔다 그냥 돌아가는 법이 어디 있나?」

그러자 왕휘지는 껄껄 웃으며 이렇게 대답하는 것이었다.

「아, 『흥이 나서 자네를 만나러 왔는데, 그 흥이 죄 깨져 버린(乘興而來興盡而反)』 다음에 만나면 무슨 재미가 있겠는가」

시내일신 時乃日新

때 時 이어 乃 날 日 새 新

《상서(尙書)》 함유일덕(咸有一德)

날로날로 새롭게 발전한다.

이 성어는 성공적인 치수(治水)로 임금에 오른 우(禹)왕의 하(夏)나라를 이은 상(商 : 殷)나라 재상 이윤(李尹)이 4대 태갑(太宗)왕에게 탕(湯)왕의 도덕정치를 계승발전하면 날로 새로워진다는 훈고(訓告 : 알아듣도록 타이름)의 내용으로 그 내용의 일부는 다음과 같다.

「지금 임금님께서는 새로이 하늘의 명(통치)을 행하시게 되셨으니, 오로지 왕의 덕을 새로이 하시어, 처음부터 끝이 오직 한결같아야 날로 새로워지실 것입니다(終始惟一時乃日新). 관리를 임용하실 때는 오직 어질고 재능 있는 사람만을 등용하시며, 왕의 좌우 대신들은 그런 사람만을 두어야 합니다. 신하는 윗사람을 대신하여 덕을 행하고, 아래로 백성들을 위하여야 하며, 이런 일은 어렵고 조심해야 하는 것이니, 서로 화합하며 오직 덕을 한결같이 하소서. 덕에는 일정한 스승이 없으니 선행을 중요하게 여김을 선생으로 삼으며, 선에는 일정한 기준이 없으니 화합하며 한결같이 하여야 합니다……」

이윤은 탕왕을 도와 은나라를 세운 정치가이다. 본래 하나라 걸왕의 요리사였으나, 이윤의 현명함을 알아본 탕왕에게 중용되었다. 탕왕과 함께 걸왕을 토벌한 후, 은나라를 개국하고 왕도정치를 펼쳐 중국 역사상 가장 유명한 명재상이 되었다.

시도지교 市道之交

저자 市 길 道 어조사 之 사귈 交

《사기》 염파인상여(廉頗藺相如)열전

사

상업상의 교제, 단지 이익을 위하여 맺은 교제.

시도(市道)는 시장에서 거래하는 장사치의 도리라는 뜻으로, 이해득실에 따라 변하는 진실치 못한 사귐을 시도지교라 한다.

전국시대 조(趙)나라의 명장 염파(廉頗)에게는 식객(食客)이 많았다. 싸움에 나갔다 하면 이기고 돌아오곤 하여 왕으로부터 하사받은 땅과 재물이 넉넉하여 곧잘 식객들에게 술자리를 베풀고 어울려 놀았다. 왕의 절대적인 신임을 받던 그가 진(秦)나라와의 일전(一戰) 때 왕의 오해를 사게 되어 벼슬에서 쫓겨났다. 그러자 그의 식객들이 염파를 떠나버렸다.

조나라는 염파를 위문(尉文 : 읍명)에 봉하고 신평군(信平君)이란 호를 내리고 임시 재상에 임명했다. 앞서 염파가 장평에서 소환되어 세력을 잃었을 때 그전부터 있던 식객들은 모두 가버렸는데, 이제 임용되어 다시 장군이 되자 식객들은 또다시 모여들었다. 그리고 전처럼 염파에게 아첨을 하며 구차스러운 짓을 하는 것이었다(阿諛苟容).

염파가 식객들을 보고 모두 가라고 하자, 그 중 한 사람이 말했다.

「상공은 아직도 이 이치를 깨닫지 못하셨습니까? 원래 천하 사람들은 모두 장삿속으로 교제하고 있는 것입니다(**市道之交**). 상공에게 세력이 있으면 상공을 따르고, 상공에게 세력이 없으면 상공에게서 떠나는 것이 당연한 이치가 아니겠습니까. 떠났다 하여 원망할 것이 무엇이 있겠습니까?」

시랑당로 豺狼當路

승냥이 豺 이리 狼 당할 當 요처 路

《후한서(後漢書)》 장강전(張綱傳)

승냥이와 이리에 비길 만한 간악(奸惡)한 자가 세력을 얻어 정권을 좌우함을 비유해 이르는 말.

《후한서》 장강전에 있는 이야기다.

동한(東漢) 순제(順帝) 때, 대장군 양기와 환관 조절, 조승 등은 서로 결탁하여 불법을 자행하며 천하를 어지럽게 하였다. 이에 따라 백성들의 생활도 도탄에 빠지고, 곳곳에서는 반항과 봉기가 일어났다.

순제는 환관들의 세력을 누르기 위해 외척의 힘을 빌리려고 황후의 아버지 양상(梁商)을 대장으로 임명했다.

순제는 양상이 죽자 그 아들 양기(梁冀)를 대장군으로 삼고, 그 아우 불의(不疑)를 수도인 하남군의 장관으로 임명했다. 이 두 사람이 국정을 좌지우지하게 되자 환관과 관료의 투쟁이 본격화되었다. 황제는 조서(詔書)를 발표하여 대사면을 실시하는 한편, 주거, 두교(杜喬), 장강(張綱) 등 여덟 명의 신하를 파견하여 각 지역을 감찰하게 하였다.

주거와 두교 등은 어명을 받고 먼저 출발하였는데, 이들 여덟 사람 중, 무양(武陽) 사람으로 가장 나이가 어린 장강은 다른 사람들과는 다른 면을 가지고 있었다.

장강은 어사대부로서 성격이 매우 곧아서 부정이나 부패를 발견하면 즉각 처리하였다. 그는 정치를 바로잡기 위해서 맨 처음 해야 할 일이 법을 어기는 조정 내부의 고관들을 처벌하는 것이라 생각하였다.

그는 조정의 고관들이 처벌을 받게 된다면 지방의 관리는 함부로 법을 어기지 못할 것이라 생각하였다. 장강은 낙양 부근의 한 역참에 이르자, 자신의 수레를 부수어 수레바퀴는 땅에 묻어버리고, 지방으로 떠나지 않았다.

다른 사람들이 놀라 묻자, 장강은 대답했다.

「승냥이와 이리들이 길을 막고 있는데, 어떻게 여우와 살쾡이 따위를 심문하겠소(豺狼當路 安問狐狸)?」

장강은 양씨 형제가 황제를 없애려는 야심을 품고 있다고 상주했으나 황제는 이를 채택할 수 없었다. 순제는 양황후를 총애하고 있는 터라, 양씨 집안 자제들과 친인척들이 조정의 요직에 있었다.

순제는 장강이 정직하여 많은 대신들로부터 지지를 얻고 있다는 것을 알고 장강을 문책하지는 않았다.

그들은 장강을 욕하며 내심 보복을 꾀하고 있었다. 양씨 형제는 크게 노해 장강을 광릉태수로 좌천시켰다가 10여 년 동안이나 반란세력이 평정되지 않고 있는 양주와 서주 지방의 태수로 임명했다.

장강은 혼자서 적장을 찾아가 항복을 받아내는 등 치적을 세웠으나 부임한 지 1년 만에 죽고 말았다. 잔혹한 사람이 정치의 권좌에 앉아 권세를 휘두르고 있음을 나타내는 말이다.

시비지심 是非之心

옳을 是 그를 非 의 之 마음 心

《맹자》 공손추편(公孫丑篇)

옳고 그름을 가릴 줄 아는 마음. 선을 옳게 여기고 악을 그르게 여기는 마음.

맹자의 사단설(四端說) 가운데 나오는 말이다.

「불쌍히 여기는 마음이 없으면(無惻隱之心) 사람이 아니고(非人也), 부끄러운 마음이 없으면(無羞惡之心) 사람이 아니며, 사양하는 마음이 없으면(無辭讓之心) 사람이 아니고, 옳고 그름을 아는 마음이 없으면(無是非之心) 사람이 아니다. 불쌍히 여기는 마음(惻隱之心)은 어짊의 극치이고, 부끄러움을 아는 마음(羞惡之心)은 옳음의 극치이고, 사양하는 마음(辭讓之心)은 예절의 극치이고, 옳고 그름을 아는 마음(是非之心)은 지혜의 극치이다」

이 말은 맹자가 독창적으로 주창한 인성론으로서 「사단설」 또는 「성선설(性善說)」 이라고도 한다. 성선설이란 사람의 본성은 「선(善)」 이라고 보는 학설이다.

맹자에 따르면 사람의 본성은 의지적인 확충작용에 의해 덕성으로 높일 수 있는 단서를 천부적으로 가지고 있다. 측은(惻隱) · 수오(羞惡) · 사양(辭讓) · 시비(是非)의 마음이 4단(四端)이며, 그것은 각각 인(仁) · 의(義) · 예(禮) · 지(智)의 근원을 이룬다.

맹자의 정치사상의 핵심은 왕도정치인데, 이 왕도정치가 가능한 것은 사람의 본성이 선하기 때문에 가능하다는 것이다. 곧 사람의 본성은 착하다고 보고 그 마음을 확대하여 나가면 「인 · 의 · 예 ·

지」 라는 네 가지 덕을 완성하게 되고, 다시 이 덕행으로 천하의 백성들을 교화시킴으로써

왕도정치가 실현된다고 보았다. 맹자는 왕도정치의 정신을 다음과 같이 말하고 있다.

「사람은 다 사람에게 차마 못하는 마음이 있다. 왕이 먼저 백성에게 차마 못하는 마음이 있으면, 백성에게 차마 못하는 정치가 있다. 백성에게 차마 못하는 정치를 행하면 천하 다스리기를 손바닥 안에서 움직일 수 있다」

여기서 사람에게 차마 못하는 마음이란, 사람에게 해를 가하는 것을 차마 하지 못하여 사람의 불행을 앉아서 차마 보지 못하는 마음을 말하는데, 이 마음으로 천하를 다스린다면 마치 손바닥 위에서 물건을 굴리는 것과 같이 아주 쉽게 공을 거둘 수 있다는 말이다. 맹자는 사람에게 차마 못하는 마음은 사람에게 본래 있는 것이라며 성선설을 입증하고 있다.

「사람들은 다 사람에게 차마 못하는 마음이 있다고 하는 까닭은 이러하다. 이제 사람들이 어린아이가 막 우물에 빠지는 것을 보면 다 놀라고 불쌍한 마음을 가진다. 이는 그 어린아이의 부모와 사귀려 함도 아니며, 마을 사람들과 벗들에게 칭찬을 받기 위하여 그러는 까닭도 아니며, 그 원성을 듣기 싫어서 그렇게 하는 것도 아니다. 단지 옳고 그름을 아는 마음(是非之心)이 있기 때문인 것이다」

맹자는 사람들은 다 차마 못하는 마음을 지니고 있다는 것을 앞의 이야기로 설명하고 있다. 곧, 어린아이가 위험에 처했을 때 사람들은 누구나 두려워 근심하고 불쌍히 여기는 마음이 들어 반드시 달려가 구하려고 하는데, 이는 사람에게 차마 못하는 근본 마음이 본능적으로 행동하게 할 뿐이라는 것이다.

시위소찬 尸位素餐

시동 尸 자리 位 한갓 素 먹을 餐

《한서》 주운전(朱雲傳)

분수에 걸맞지 않는 높은 자리에 앉아 하는 일 없이 공으로 녹만 받아먹음. 시위의 시(尸)는 시동(尸童)을 말한다. 옛날 중국에서는 조상의 제사를 지낼 때, 조상의 혈통을 이은 어린아이를 조상의 신위(神位)에 앉혀 놓고 제사를 지냈다는데, 그때 신위에 앉아 있는 아이가 시동이다.

영혼이 아무것도 모르는 어린아이에게 접신(接神)하여 그 아이의 입을 통해 먹고 싶은 것도 먹고 마시고 싶은 것을 마시게 하려는 원시적인 신앙에서 생겨난 관습이었던 것 같다.

「시위」는 그 시동이 앉아 있는 자리다. 그러므로 아무것도 모르면서, 아무 실력도 없으면서 남이 만들어 놓은 높은 자리에 우두커니 앉아 있는 것을 가리켜 「시위」라고 한다. 「소찬」의 소(素)는 맹탕이란 뜻이다. 「소찬(素饌)」이라고 쓰면 고기나 생선 같은 맛있는 반찬이 없는 것을 뜻하고, 「소찬(素餐)」이라고 쓰면 공으로 먹는다는 뜻이 된다.

그러므로 「시위소찬」이라고 하면 분수에 걸맞지 않는 높은 자리에 앉아 아무 하는 일 없이 공으로 녹(祿)만 받아먹는 것을 이르는 말이다. 국가나 단체나, 한 세력이 오랜 기간 계속해서 주권을 장악하게 되면 자연 이 시위소찬의 현상이 나타나기 마련이다. 이것이 부패의 요인이 되고 멸망의 계기가 된다. 이른바 능률화의 운동은 이 「시위소찬」의 요소를 몰아내는 운동이라 할 수 있다.

시유사리 詩有四離

시 詩 있을 有 넉 四 떠날 離

《시식(詩式)》

「시에는 거리를 두어야 할 네 가지가 있다」 라는 뜻으로, 시를 지을 때 벗어나야 할 네 가지 사항을 말한다.

《시식(詩式)》 은 당(唐)나라 때의 승려시인 교연(皎然)이 지은 시에 관한 이론서이다. 여기서 교연은 시를 지을 때 멀리해야 할 네 가지 사항에 대하여 이렇게 말하고 있다.

「비록 도의 정취를 기약한다고 해도 편벽된 경우는 과감하게 벗어나야 하고, 비록 경전과 사서를 인용한다고 하더라도 서생 같은 차원은 벗어나야 하고, 비록 고아하고 은일한 것을 숭상한다고 하더라도 우원(迂遠)함에서 벗어나야 하고, 비록 날고뛰고자 해도 경박함에서 벗어나야 한다(雖期道情 而離深僻 雖用經史 而離書生 雖尙高逸 而離迂遠 雖欲飛動 而離輕浮)」

이 말은 시를 지을 격조(格調)의 문제를 논한 것이다. 아무리 원칙이 옳다고 해도 이를 무분별하게 활용할 경우 생기는 폐단을 염두에 두면서 시를 써야 한다는 지적이 담겨 있다.

편벽되게 도를 설파하거나, 글방 서생처럼 경사자전(經史子傳)을 인용하거나, 실생활에서 지나치게 동떨어지거나, 발랄함이 지나쳐 경박해 보이는 것 등은 모두 시의 품격을 떨어뜨리는 것이므로 거리를 두고 멀리하여야 한다고 강조한 것이다.

「시유사심(詩有四深)」, 「시유사불(詩有四不)」 도 《시식》 에 함께 실려 있다.

시작용자 始作俑者

비로소 始 만들 作 허수아비 俑 사람 者

《맹자(孟子) 양혜왕(梁惠王)

장본인. 어떤 죄악의 근원을 만들어 낸 사람.

「처음으로 나무인형을 만든 사람」이라는 뜻으로, 좋지 않은 전례를 만든 사람이나 그러한 경우를 비유하는 말이다.

맹 자

전국시대에 맹자는 여러 나라를 돌아다니며 제후들에게 왕도정치(王道政治)에 대하여 설파하였다. 맹자가 양혜왕을 만났다.

양혜왕(梁惠王)이 말했다.

「과인이 편안한 마음으로 가르침을 받고자 합니다」

맹자가 대답했다.

「사람을 죽이는 데 있어서 몽둥이나 칼을 사용하는 것에 다를 게 있습니까?」

「다를 게 없습니다」

「칼이나 정치로써 하는 것에 다름이 있습니까?」

「다름이 없습니다」

「부엌에 살진 고기가 있고, 마구간에 살진 말이 있으면서도 백성들의 얼굴에 굶주린 빛이 있고, 들에 굶주려 죽은 시체들이 있다면 이것은 짐승을 몰아다가 사람을 잡아먹이는 것입니다. 짐승들끼리 서로 잡아먹는 것조차 사람들은 미워하는데, 백성의 부모가 되어 정(政)을 행하기를 짐승을 몰아다가 사람을 잡아 먹이는 것을 면치 못하면 어디에 그 백성의 부모 됨이 있습니까? 공자께서, 『처음 나무인형(俑)을 만든 자는 그 자손이 없을 것이다(始作俑者其無後乎)』라고 말씀하셨으니, 이는 사람의 형상을 만들어서 장례에 썼기 때문입니다. 어찌하여 살아 있는 백성들을 굶주려서 죽게 한단 말입니까?」

맹자와 양혜왕

용(俑)은 목우(木偶), 곧 나무로 사람의 형상을 본떠 만든 인형으로서 죽은 사람을 매장할 때 함께 묻는 부장품(副葬品)으로 사용되었다. 공자는 그 나무인형을 땅 속에 묻는 것조차 그 행위가 어질지 못하다고 미워하여 그것을 만든 사람은 대가 끊어질 것이라고 말하였다.

맹자는 공자의 말을 빌려 생명이 없는 나무인형을 장사지내는 일에 대하여도 그러할진대 하물며 살아 있는 백성들이 굶주려 죽게 만드는 것은 백성들의 부모라고 할 수 있는 군주의 도리가 아니라고 말한 것이다.

시종불투 始終不渝

처음 始 끝날 終 아닐 不 달라질 渝

《시경(詩經)》

시종일관하다. 처음부터 마지막까지 변함이 없다는 뜻으로 절개나 정조, 맹세 같은 것이 변치 않음을 일컫는 말이다.

불투(不渝)는 변치 않는다는 뜻으로 《시경》에 있는 말이다. 「정풍(鄭風)」과 「고구(羔裘)」첫 구절에 보면, 「염소가죽 옷은 윤기가 나니 참으로 부드럽고 아름답구나. 저기 저 우리 님이여, 명령을 받음에 변함이 없구나(羔裘如濡洵直 且侯彼其之子 舍命不渝)」라는 표현이 나온다.

《진서(晉書)》 사안전(謝安傳)에도 이런 말이 있다.

동진 때 사안(謝安)이라는 사람이 있었다. 젊은 시절부터 이미 이름이 알려진 터라, 양주자사(揚州刺使) 유빙(庾騁)이 그를 찾아가 한사코 관직에 나와 줄 것을 청하였다. 사안은 하는 수 없이 부임은 하였지만, 한 달 만에 사직하고 집으로 돌아와 버렸다.

조정에서는 계속하여 그에게 관직을 주었지만, 그는 모두 사양하고 벼슬에 나서지 않고 회계(會稽)의 동산에 은거하면서 늘 왕희지와 함께 자연을 즐기며 시를 짓고 정사에는 전혀 관심이 없었다.

그러나 당시 명제(明帝) 사마소(司馬紹)의 사위 남군공(南郡公) 환온(桓溫)이 사마라는 관직을 맡아줄 것을 요청하자, 사안은 거절하지 못하였다.

사안은 몸이 비록 조정에서 관직에 있었지만, 동산에 은거하였던 그의 뜻은 여전히 변함이 없었다(然東山之志 始終不渝).

시화연풍 時和年豊

때 時 화할 和 해 年 풍성할 豊

《모시정의(毛詩正義)》 소아(小雅)편

사

「시절이 평화롭고 해마다 풍년이 든다」라는 뜻으로, 나라가 태평하고 풍년이 들어 시절이 좋다는 말이다.

《모시정의(毛詩正義)》 소아(小雅)편에 나오는 「만물이 성다(盛多)하고 인민들이 충효하니 시화연풍에 도달한다(萬物盛多 人民忠孝 則時和年豊)」라는 구절에서 유래한 말이다.

또 《진서》 식화지(食貨志)와 《송서》 공림지열전(孔琳之列傳)에는 「천하가 무사하고 시화연풍하니 백성들이 즐겁게 생업에 종사한다(天下無事 時和年豊 百姓樂業)」라는 구절이 있다.

이 말은 《조선왕조실록(朝鮮王朝實錄)》에도 여러 차례 언급된다. 〈세종실록〉 30년 조(條)에 「변경의 성식과 군정의 긴급한 일 외에는 무릇 흥작이 있는 것을 일체 모두 정치하여 천견에 답하고, 시화세풍(時和歲豐)한 것을 기다려서 거행하소서」라는 대목이 있고,

〈중종실록〉 17년 조에는 「……조정에 잘못이 없고 백성에 원한이 없으면 자연 시화세풍하여 재변이 저절로 사라질 것」이라고 하였다.

이와 같이 「시화연풍」은 나라가 평안하고 경제가 풍요로운 태평성대를 언급할 때 사용된다.

「시화세풍(時和歲豐)」과 같은 뜻이다.

식객삼천 食客三千

밥 食 손님 客 석 三 일천 千

《사기》 맹상군(孟嘗君)열전

식객이 삼천 명이라는 뜻으로, 함께 하는 사람이 대단히 많음을 이르는 말이다. 식객은 권세 있는 대가(大家)의 집에 들러붙어 얻어먹고 있으면서 문객(門客) 노릇을 하던 사람이나, 아무것도 하는 일 없이 남의 집에 얹혀서 밥만 얻어먹고 지내는 사람을 이르는 말이다.

정곽군 전영 묘

맹상군은 이름을 문(文)이라 했고, 성은 전씨(田氏)다. 문의 아버지는 정곽군(靖郭君) 전영(田嬰)이라 했다. 전영은 제나라 위왕(威王)의 막내아들로, 제나라 선왕(宣王)의 배다른 동생이다.

선왕 9년, 전영은 제나라 재상이 되었다. 전영이 제나라 재상이 된 지 11년 만에 선왕이 죽고 민왕(湣王)이 즉위했다. 즉위한 지 3년 후 전영은 설(薛 : 산동 슬현의 서남쪽)에 봉해졌다.

전영에게는 아들이 40여 명 있었다. 신분이 천한 첩과의 사이에 문(文)이라는 아들이 있었는데, 그는 5월 5일에 태어났다. 처음에 전영은 첩에게 키워서는 안 된다고 말했건만, 문의 어머니는 비밀리에 문을 키웠다. 성장한 다음 문은 형제들의 주선으로 아버지 전영을 만나게 되었다. 전영은 문의 어머니에게 노하여 말했다.

「이 아이를 버리라 했는데, 숨겨서까지 키운 건 무슨 까닭인가?」

곁에 있던 문이 머리를 조아리며 말했다.

「아버님께서 5월에 태어난 아이를 키우지 말라고 하신 것은 무슨 이유에서입니까?」

「5월에 태어난 아이는 그 키가 지게문에 닿을 만하면 어버이를 죽인다고 하기 때문이다」

맹상군

사

「인명(人命)은 하늘에서 받는 것입니까, 지게문으로부터 받는 것입니까?」

전영은 묵묵히 대답이 없었다. 전문이 말했다.

「인명을 하늘에서 받은 것이라면, 아버님께서는 걱정하실 필요가 없습니다. 그리고 인명을 지게문에서 받는 것이라면, 지게문을 높게 만들면 누구도 그 높이까지 클 사람은 없을 것입니다」

「이제 그 이야기는 하지 마라」

그 후 얼마 안 되어 전문은 아버지가 한가한 틈을 엿보아 물었다.

「아들의 아들은 무엇입니까?」

「손자다」

「그러면 손자의 손자는 무엇입니까?」

「현손(玄孫)이다」

「현손의 손자는 무엇입니까?」

「모르겠다」

그러자 전문이 말했다.

「아버님께서는 정치에 관여해서 제나라 재상으로 오늘날까지 세 왕을 모셨는데, 그 사이에 영토는 훨씬 넓어지고, 아버님의 집안도 만금의 부(富)를 쌓았건만, 문하에는 한 사람의 현인(賢人)도 보이지 않습니다. 『장군의 문하에는 반드시 장군이 있고, 재상의 문하에는 반드시 재상이 있다』는 말을 들었습니다. 지금 아버님의 후궁들은 찬란한 비단옷을 입고 치맛자락을 끌고 다니는데, 나라의 선비는 조잡한 옷도 걸치지 못하며, 첩들은 좋은 쌀밥과 고기가 남아도는데, 나라의 선비들은 겨조차 먹지 못하고 있습니다. 지금 아버님께서는 이 위에 저축을 더하고 더욱 저장하여 그것을 알지도 못하는 자손들에게 주시기 위하여, 나라가 나날이 손해를 보고 있는 것을 잊고 계십니다. 저는 마음속으로 기괴하여 참을 수가 없습니다」

이 말을 듣자 전영은 아들 전문을 예우하고, 가사를 떠맡겨 빈객(식객)을 접대시켰다. 빈객은 날로 더 모여들었으며, 그 명성이 제후들에게 떨쳤다. 제후는 모두 사자를 보내 문(文)을 후사(後嗣)로 세우도록 설후(薛侯) 전영에게 청했는데, 전영은 이를 승낙했다. 전영이 죽자 정곽군의 시호가 내려졌다. 그리고 전문이 설(薛)의 영주가 되었다. 이 사람이 맹상군이다.

맹상군은 설(薛)에 있으면서 제후의 빈객을 초대했는데, 죄를 짓고 도망친 자까지 찾아왔다. 맹상군은 가산을 팔아가면서까지 따뜻하게 대우했기 때문에, 그에게 모여드는 사람들은 천하의 선비를 모두 옮겨놓은 것 같았다. 식객은 수천을 헤아릴 정도였는데, 귀천에 관계없이 모두 자기와 대등하게 대우했다.

식마육불음주상인 食馬肉不飮酒傷人

먹을 食 말 馬 고기 肉 아니 不 마실 飮 술 酒 상할 傷 사람 人

《사기》 진목공(秦穆公)

사

「말고기를 먹고 술을 마시지 않으면 건강을 해치게 된다」 라는 뜻으로, 덕으로써 다른 사람에게 너그럽게 대하는 것을 비유하는 말이다.

말고기에는 약간의 독이 있다. 그 독을 풀기 위해서는 술을 마셔야 한다. 고기만 먹고 술을 마시지 않으면 식중독에 걸리게 된다는 뜻이다. 그것은 지금도 그렇게 알고 있는 일이다.

그런데 이 말은 이미 3천 년 가까운 옛날의 기록에 나와 있고, 그리고 이 말과 더불어 후세 사람들을 감탄케 하는 색다른 재미있는 이야기가 곁들여 있다.

오패(五覇)의 한 사람인 진 목공(秦穆公)은 마음이 착하고 너그럽고 도량이 크기로 이름 있는 임금이었다. 그는 이웃하고 있는 진 혜공(晋惠公)에게 보통 사람이 하기 어려운 호의를 베풀어 그를 임금 자리에 오를 수 있도록 군대를 후원해 주었고, 흉년이 든 해에는 식량을 빌려주어 기근을 면하게 해주었다.

그런데 그 뒤 진(秦)나라에 흉년이 들어 빌려간 식량을 보내주었으면 하고 청을 하자, 식량을 갚아주기는커녕 흉년이 든 것을 기회로 삼아 군사를 일으켜 진(秦)나라를 치려했다. 화가 난 진 목공은 군대를 이끌고 몸소 나가 진 혜공과 한원(韓原)에서 결전을 벌이게 되었다.

양군이 다 같이 격전을 벌이는 가운데 서로 상대방 임금을 포위

진목공

하게 되었다. 진 혜공이 포로가 되는가 하면 진 목공도 곧 포로가 되는 순간에 처해 있었다. 목공은 하늘을 우러러보며,

「아아, 하늘도 무심하구나!」 하고 마지막 순간만을 기다리고 있는데, 뜻밖에 산비탈로 머리를 풀어헤친 반나체의 수백 명의 사람들이 칼을 휘두르며 포위해 있는 적군의 옆을 바람처럼 밀고 들어가는 게 아닌가?

이리하여 위기일발에 기적처럼 탈출할 수 있었던 진목공은, 적국의 임금을 포로로 하는 대승리를 거두게 되자, 그들을 불러 크게 상을 주고 원하는 사람에겐 벼슬까지 주겠다고 했다. 그러나 그들은 이를 거절하며,

「저희들은 이미 은상(恩賞)을 받은 지 오래입니다. 다시 또 무엇

을 바라겠습니까」 하는 것이었다.

「이미 은상을 받다니? 과인은 그대들을 처음 대하는 것 같은데……」 하고 목공이 의아해 하자, 그들은 일제히 소리를 높여,

「저희들은 옛날 임금의 말을 훔쳐서 잡아먹고 죽을죄를 지은 몸이었는데 임금께서 처형은커녕 좋은 술까지 하사해 주신 도둑놈들이올시다」 하는 것이었다.

사

이야기는 오래 전에 있었던 일이었다. 목공이 기산(岐山)으로 사냥을 나갔을 때 어느 날 밤 마구간에 매어둔 말이 여러 마리가 없어졌다. 발자국을 밟아 산속으로 찾아 들어가자, 수백 명의 야인(野人)들이 말을 잡아 고기를 먹고 있었다.

그들은 산속에서 원시생활을 하고 있는 야만인들이었다. 군대를 풀어 모조리 잡아들이니 3백 명이 훨씬 넘었다. 군관들은 그들을 법에 의해 모두 사형에 처할 생각으로 임금에게 재가를 올렸다. 그러자 목공은,

「군자는 짐승 때문에 사람을 해치지 않는 법이다. 내가 들으니 말고기를 먹고 술을 마시지 않으면 사람을 상한다고 하더라(君子不以畜産害人 吾聞食善馬肉 不飮酒傷人)」 하고 그들에게 모두 술을 나누어주게 한 다음 곱게 돌려보내 주었다.

이때의 은혜를 잊지 못해 하던 그들은 두 나라가 싸운다는 소문을 듣고 은혜를 갚을 생각으로 급히 달려온 것이 용케도 좋은 시기에 와 닿았던 것이다.

식소사번 食少事煩

먹을 食 적을 少 일 事 번거로울 煩

《진서(晉書)》 선제기(宣帝紀)

자신의 몸은 돌보지 않고 일에 몰두함을 비유하여 이르는 말.

흔히 생기는 것도 없이 분주하게 뛰어다녀야만 하는 직업이나 생활을 가리켜 가벼운 뜻으로 하는 말이다. 그러나 이 말은 남을 두고 하면 실례가 되고 자신을 두고 말하면 불길한 뜻이 되는 말이다. 하지만 말이란 반드시 유래를 알고 하는 것이 아니므로 쓰이는 그대로 알면 그만이다.

《진서》 선제기에 있는 이야기로, 사마의(司馬懿)가 제갈량을 두고 한 말이다.

제갈량

제갈량이 두 번째 「출사표(出師表)」를 내고 비장한 각오로 힘겨운 위(魏)나라 공략을 시작했을 때의 이야기다. 제갈량은 사마의를 끌어내어 빨리 승패를 결정지으려 했으나, 사마의는 지구전으로 제갈량이 지

칠 때만을 기다리고 있었다.

이렇게 서로 대치해 있는 가운데 사자들은 자주 오고 갔다. 그러던 중 사마의가 제갈량이 보낸 사자에게 물었다.

「공명은 하루 식사를 어떻게 하며, 일 처리를 어떻게 하시오?」

그러자 사자는 음식은 아주 적게 들고, 일은 새벽부터 밤중까지 손수 처리한다고 했다. 그러자 사마의는, 「먹는 것은 적고 일은 번거로우니(食少事煩) 어떻게 오래 지탱할 수 있겠소」 하고 말했다.

사마의

사자가 돌아오자 제갈량은, 「사마의가 무슨 말을 하던가?」 하고 물었다. 사자가 들은 그대로 전하자 제갈량도, 「중달(仲達)의 말이 맞다. 나는 아무래도 오래 살 것 같지가 않다」 고 말했다는 것이다.

그리하여 결국 그 길로 병이 들어 세상을 떠났으니, 「식소사번」이 그 자체의 뜻이나 유래가 다 좋은 말은 못되는 것 같다.

식언 食言

먹을 食 말씀 言

《서경(書經)》 탕서(湯誓)

앞서 한 말이나 약속과 다르게 말함.

「식언(食言)」이란 말은 흔히 쓰는 말이다. 사람이 신용을 지키지 않고 흰소리만 계속 지껄이는 비유해서 이르는 말이다. 말이란 일단 입 밖에 나오면 도로 담아 넣을 수 없다. 그것은 곧 실천에 옮겨야만 되는 것이다.

실천한다는 천(踐)은 밟는다는 뜻이다. 또 실행한다는 행(行)은 걸어간다는 뜻이다. 자기가 한 말을 그대로 밟고 걸어가는 것이 실천이요, 실행이다. 그런데 밟고 걸어가야 할 말을 다시 먹어버렸으니, 자연 밟고 걸어가는 실천과 실행은 있을 수 없게 된다.

말을 입 밖에 내는 것을 토한다고 한다. 말을 먹는 음식에 비유해서 쓰는 데 소박미와 묘미가 있다. 토해 버린 음식을 다시 주워 먹는다는 것을 상상해 보라. 그 얼마나 모욕적인 표현인가.

제 입으로 뱉어 낸 말을 다시 삼키고 마는 거짓말쟁이도 그에 못지않게 더러운 인간임을 느끼게 한다.

아무튼 간에 이 식언이란 말이 나오는 가장 오래된 기록은 《서경》 탕서(湯誓)다. 「탕서」는 은(殷)나라 탕임금이 하(夏)나라 걸왕(桀王)을 치기 위해 군사를 일으켰을 때 모든 사람들에게 맹세한 말이다. 그 끝 부분에서 신상필벌의 군규(軍規)를 강조하고,

「너희들은 내 말을 믿으라. 나는 말을 먹지 않는다(爾無不信 朕不食言)……」 라고 말하고 있다.

이 식언이란 말은 《춘추좌씨전》에도 몇 군데 나온다. 이 중에서 재미있는 것은, 애공(哀公) 25년(BC 470)에 보면 다음과 같은 기록이 있다.

노나라 애공이 월(越)나라에서 돌아왔을 때, 계강자(季康子)와 맹무백(孟武伯) 두 세도 대신이 오오(五悟)란 곳까지 마중을 나와 거기서 축하연을 베풀게 된다.

이에 앞서 애공의 어자(御者)인 곽중(郭重)은 두 대신이 임금의 험담을 하고 있다는 것을 일러바친다. 술자리에서 맹무백이 곽중을 놀리며, 「꽤나 몸이 뚱뚱하군」 하자, 애공은 맹무백의 말을 받아, 「이 사람은 말을 많이 먹으니까 살이 찔 수밖에 없지」 하고 농담을 던졌다. 실은 두 대신들을 꼬집어 하는 말이다.

은나라 탕왕

결국 이것이 계기가 되어 술자리는 흥이 완전히 깨어지고, 두 대신은 임금을 속으로 더욱 못마땅하게 여기게 되었다는 것이다.

아무튼 살이 많이 찐 사람을 보고 「식언」을 많이 해서 그렇다고 표현한 것은 재미있는 농담이라고 볼 수도 있겠다.

그리고 절대 약속을 지키는 것을 가리켜 「결불식언(決不食言)」이라고 한다.

또 어리석을 정도로 요령 없이 약속에 충실한 것을 말할 때 「미생지신(尾生之信)」이라고도 한다. 그리고 요즘 세상에도 뚱뚱한 사람들이 식언을 잘하는 경향이 있다. 어쩌면 그들은 「식언」을 배짱이 두둑한 때문이라고 자부하고 있는지도 모른다.

식우지기 食牛之氣

먹을 食 소 牛 갈 之 기운 氣

《시자(尸子)》

소라도 삼킬 만한 기개라는 뜻으로, 나이는 어리나 큰 기개가 있음을 이르는 말.

시 교

《시자(尸子)》는 춘추시대 진(晋)나라 사람 시교(尸校)가 지은 책으로, 20편 가운데 2권이 전해진다. 시교는 진(秦)나라 승상이었던 상앙(商鞅)까지도 가르침을 받기를 바란 적이 있을 정도로 학식이 상당히 높은 사람으로 알려져 있다.

《시자》에 있는 말이다.

「호랑이나 표범의 새끼는 털에 무늬가 생기기도 전에 소를 잡아먹을 만한 기상이 있고(虎豹之駒 未成文 而有食牛之氣), 큰 기러기와 고니의 새끼는 날개가 다 자라기도 전에 사해를 날아다닐 마음이 있으니, 현자의 삶 또한 그러하다」

또 당(唐)나라의 시인 두보(杜甫)가 지은 「서경이자가(徐卿二子歌 : 서경의 두 아들을 노래하다)」라는 시에 있는 구절이다.

그대는 보지 못했는가, 서경의 두 아들이 뛰어난 것을

길한 꿈에 감응하여 연이어 태어났다네.

……

다섯 살 어린아이 소를 삼킬 듯한 기상 있어,

자리 가득 메운 손님들 모두 고개 돌려 바라보네

……

대장부 아들 낳아 이 두 자식 같다면야

명성과 지위가 어찌 낮고 미천하다고 그칠 수 있겠는가.

君不見徐卿二子生絶奇 感應吉夢相追隨

군불견서경이자생절기 감응길몽상추수

小兒五歲氣呑牛 滿堂貴客皆回頭

소아오세기탄우 만당귀객개회두

丈夫生兒有如此二雛者 名位豈肯卑微休

장부생아유여차이추자 명위기긍비미휴

여기서 유래하여 식우지기 또는 탄우지기는 기백이 넘쳐흐르는 모습이나 어려서부터 크게 될 기개를 지닌 재목을 비유하는 성어로 사용된다.

두보 초당 뜰

「탄우지기(呑牛之氣)」라고도 한다.

식자우환 識字憂患

알 識 글자 字 근심 憂 근심 患

《삼국지(三國志)》

서툰 지식이 오히려 근심을 사게 됨.

글자를 아는 것이 우환이란 말이다. 아는 것이 근심거리의 시발점이다. 우리 속담에 「아는 것이 병이고 모르는 것이 약이다」와 같은 말이다. 《삼국지》에 보면 서서(徐庶)의 어머니 위부인(衛夫人)이 조조(曹操)의 위조 편지에 속고 한 말에 「여자식자우환(女子識字憂患)」이란 말이 있다.

유현덕이 제갈량을 얻기 전에는 서서가 제갈량 노릇을 하며 조조를 괴롭혔다. 조조는 서서가 효자라는 것을 알고 그의 어머니 손을 빌어 그를 불러들이려 했다. 그러나 위부인은 학식이 높고 명필인데다가 의리가 확고한 여장부였기 때문에, 아들을 불러들이기는커녕 오히려 어머니 생각은 말고 끝까지 한 임금을 섬기라고 격려를 하는 형편이었다.

그래서 하는 수 없이 조조는 사람을 중간에 넣어 교묘한 수법으로 위부인의 편지 답장을 받아낸 다음, 그 글씨를 모방해서 서서에게 어머니의 위조 편지를 전하게 했다. 어머니의 편지를 받고 집에 돌아온 아들을 보자 위부인은 영문을 몰라 어리둥절했다.

이야기를 듣고 비로소 그것이 자기 글씨를 모방한 위조 편지 때문이란 것을 안 위부인은, 「도시 여자가 글자를 안다는 것부터가 걱정을 낳게 한 근본 원인이다」하고 자식의 앞길을 망치게 된 운명의 장난을 스스로 책하는 이 한 마디로 체념하고 말았다는 것이다. 그래서 여자를 차별대우하던 옛날에는 위부인의 이 「여자식자우환」 이란 말이 여자의 설치는 것을 비웃는 문자로 자주 인용되곤 했다.

여자의 경우만이 아니고, 우리는 이른바 필화(筆禍)란 것을 기록을 통해 많이 보게 된다. 이것이 모두 「식자우환」 이 아니고 무엇이겠는가. 여하간 때로 아는 것으로 인해 일을 망치고 재앙을 당하는 경우는 빈번하게 있었던 것이다.

서서귀조(徐庶歸曹) 고사

소동파(소식)의 「석창서취묵당시(石蒼舒醉墨堂詩)」 에 이런 말이 있다.

인생은 글자를 알 때부터 우환이 시작된다.
성명만 대충 쓸 줄 알면 그만둘 일이다.

人生識字憂患始 姓名粗記可以休 인생식자우환시 성명조기가이휴

얕은 지식으로 말미암아 겪는 어려움을 토로하고 있다.

무릇 글자뿐이겠는가. 인간이 만들어낸 이기(利器)들이 어느 것 하나 우환의 시초가 아닌 것이 없다. 헤엄을 잘 치는 사람은 물에 빠져 죽기 쉽고, 나무에 잘 오르는 사람은 나무에서 떨어져 죽기 쉬운 법이다.

식전방장 食前方丈

밥 食 앞 前 모 方 열자 丈

《맹자(孟子)》 진심장하(盡心章下)

사방 열 자의 상에 잘 차린 음식이란 뜻으로, 호화롭게 많이 차린 음식을 이르는 말.

《맹자》 진심장(盡心章)에 있는 말이다.

맹자가 말했다.

「대인(大人)에게 유세할 때는 그를 멀리 다루고, 그의 위세를 보지 말라. 집 높이가 여러 길이 되고 서까래가 여러 척(尺)이나 되는 집은 내가 뜻을 이루어도 짓지 않을 것이다. 음식을 사방 10자 되는 상에 차려놓고 수백 명의 시첩을 두는 일은, 내가 뜻을 이루어도 하지 않을 것이다(食前方丈 侍妾數百人 我得志弗爲也)」

맹자가 스스로 떳떳한데 무엇 때문에 제후들이나 높은 사람들에게 위축될 것인가에 대해 말하는 대목으로, 여기서 「식전방장」은 제후들이 수백 명의 시첩을 주위에 거느리고 갖가지 진기한 음식으로 가득 찬 식사를 한다는 뜻이다. 맹자는 사치와 낭비를 아주 싫어하여 이러한 짓은 뜻을 이룬 뒤에도 결코 해서는 안 된다고 한 것이다.

맹자는 제자들에게 사치와 낭비를 멀리하고 뜻을 이룬 뒤에도 검소한 생활을 하라고 가르쳤다.

같은 표현으로 진수성찬(珍羞盛饌)이 있다.

식지동 食指動

먹을 食 손가락 指 움직일 動

《춘추좌씨전》 선공(宣公) 4년

구미가 당긴다, 야심을 품다.

식지(食指)는 둘째손가락을 말한다. 음식을 그 손가락으로 집어먹는다고 해서 먹는 손가락이란 이름이 붙게 된 것이다.

「식지동」 이란 식지가 동(動)한다는 말로서, 먹을 생각이 간절해서 손가락이 절로 음식이 있는 쪽으로 움직이게 된다는 뜻으로 풀이해서 무방하다. 그러나 이 식지가 움직인다는 말은 다음과 같은 역사적 기록에서 비롯된 것인지도 모른다.

《춘추좌씨전》 에 있는 이야기다.

선공(宣公) 4년(BC 605)에 초나라 사람이 정영공(鄭靈公)에게 큰 자라를 바쳤다. 영공은 그 자라로 죽을 끓여 조신들에게 나누어 줄 생각이었다. 그날 아침, 공자 송(宋)이 공자 자가(子家)와 조회에 들어가려는데 공자 송의 둘째손가락이 갑자기 움직이기 시작했다. 공자 송은 그것을 자가에게 보이며,

「오늘은 반드시 뭔가 별미를 먹게 될 거야. 전에도 이 둘째손가락이 공연히 움직이게 되면 그 날은 반드시 별미를 먹게 되었거든」 하는 것이었다.

조회에 들어간 두 사람은 한쪽 모퉁이에 요리사가 죽을 끓이고 있는 것을 보자 서로 마주보며 웃었다. 손가락이 움직이던 생각이 났기 때문이다. 못난 임금은 그들에게 웃는 까닭을 캐물었다. 까닭을 듣고 나자 영공은,

「아무리 손가락이 움직여도 과인이 주지 않으면 먹지 못할 것 아닌가」 하고 장난기어린 말을 던졌다.

영공은 요리사에게 가만히 타일러 죽 한 그릇이 모자라도록 만들었다. 그런 다음 공자 송에게 맨 나중에 돌리게 하고 결국 한 그릇이 모자라 차지를 못하고 말았다. 영공은 조신들을 바라보며,

「공자 송의 손가락이 맞지 않는군 그래」 하고 놀리는 투로 말을 보냈다.

평소부터 임금을 대단치 않게 보아온 공자 송은 많은 사람 앞에서 모욕을 당하게 되자 자리에서 벌떡 일어나 국솥으로 달려가서 솥가에 붙은 고기를 건져 먹고 나서,

「이렇게 먹었는데 왜 맞지 않는단 말입니까?」 하고 밖으로 휑하니 나가버렸다.

그의 방자한 태도에 격한 영공은 말은 하지 않아도 공자 송을 죽일 기색을 내비쳤다. 임금의 그 같은 속마음을 짐작한 공자 송은 자기가 먼저 선수를 쳐서 임금을 갈아치울 결심을 했다.

이리하여 공자 자가를 위협해서 둘이 함께 영공을 죽이고 만다. 음식 차별처럼 상대에게 깊은 원한을 주는 것도 드문 모양이다.

식지가 동한다는 말은, 구미가 당긴다, 야심을 품는다 하는 뜻으로 많이 쓰인다.

신구개하 信口開河

믿을 信 입 口 열 開 강 河

《노재랑(魯齋郞)》

생각 없이 마음대로 지껄임.

「입에서 나오는 대로 함부로 말하다」라는 뜻으로, 생각 없이 마음대로 지껄이는 것을 이르는 말이다

원래는 신구개합(信口開合)이었으나, 나중에 합(合)이 하(河)로 변하였다고 한다. 「개하(開河)」는 말이 강물처럼 흘러나온다는 뜻이다.

이 말은 원(元)나라 때의 희곡에서 자주 사용되었다. 신구개합이 사용된 예는 관한경(關漢卿)이 지은 잡극 《노재랑(魯齋郞)》에 「입에서 나오는 대로 지껄여(只管信口開合) 쓸데없는 잔소리를 늘어놓지 마라」라는 대화의 한 구절이다.

《진서》 왕연전(王衍傳)에도 같은 의미의 이야기가 실려 있다.

진(晋)나라 때의 이름난 재담가인 왕연은 일찍이 원성현령으로 있을 때부터 매일같이 공무는 보지 않고 밑도 끝도 없이 공담(空談)만 일삼아 왔지만 별다른 과오는 저지르지 않았다고 한다. 그는 줄곧 승진을 거듭해서 벼슬이 태자사인과 상서랑에 이어 재상에까지 오르게 되었다.

벼슬이 오를수록 그는 공담에도 흥미가 늘어 갔다. 왕연은 노자(老子)와 장자(莊子)의 학설을 즐겼기 때문에 입만 열면 노자와 장자의 미묘한 이치를 늘어놓았는데, 당시에는 이 같은 공담 풍이 성행한 때문에 어떤 사람은 그를 우러러보기도 했으며, 또 왕연 자신은

왕 연

공담가의 우두머리 가운데 한 사람으로 인정받기도 하였다.

그러나 왕연의 공담은 앞뒤가 잘 맞지 않아 실수할 때도 적지 않았다. 이에 듣는 사람들은 간혹 오류를 지적해 주고 의문을 제기하기도 했지만 그는 아랑곳하지 않고 계속 공담을 늘어놓았다. 그리하여 사람들은 그를 「입 속의 자황(信口雌黃)」이라고 부르게 되었다.

자황(즉 계관석)이라는 것은 웅황류(雄黃類)에 속하는 광물로 당시 사람들은 노란 종이에 글을 쓰다가 틀린 곳이 나오면 아주 누런 자황으로 지워서 고쳐 쓰곤 하였는데, 왕연 역시 말할 때마다 이랬다저랬다 했기 때문에 입 속에 자황이 들어 있다고 불리게 된 것이다.

그런데 자황이라는 두 글자는 그 뒤 남의 글을 고치거나 평론한다는 의미로도 쓰이게 되었으며, 무책임하게 함부로 떠들어대는 것을 가리킬 때는 「신구자황」이라고 한다.

입에서 나오는 대로 함부로 말한다는 점에서 「신구개하」는 「신구자황(信口雌黃)」과 그 의미가 유사하다. 그러나 굳이 그 차이점을 구분하자면, 「신구개하」는 종작없이 입에서 나오는 대로 함부로 지껄이는 경우에 해당되고, 「신구자황」은 남의 글이나 말 등에 대하여 무책임하게 비평하는 경우에 해당된다고 할 수 있다.

신서단단 信誓旦旦

믿을 信 맹세할 誓 아침 旦

《시경》 위풍(衛風)

굳은 맹세.

《시경》 위풍의 「맹(氓)」이란 시의 한 구절에 있는 말이다.

이 시는 위(衛)나라의 한 여성이 남편의 학대에 시달리다가 버림을 받은 뒤 자신의 한스럽고 억울한 사정을 하소연하는 내용으로 이루어져 있다.

신서단단

시의 앞부분 제 1·2장에서 그녀의 남편이 처음에는 성실한 체하고 청혼하던 일을 서술하고, 뒤이어 출가하던 때를 회고하였으며, 제3장에서는 자신이 경솔했음을 후회하는 대목이 나온다.

제 4·5장에서는 불행한 가정생활에 대한 서술과 함께 버림을 받은 그녀의 분노를 호소하고, 마지막 부분에 이런 말이 나온다.

「믿음으로 맹세할 때는 성실했는데, 이렇게 배반할 줄은 몰랐었네. 바뀌리라고 생각도 하지 않았지만, 이제는 모두 끝이구나(信誓旦旦 不思其反 反是不思 亦已焉哉)」

처음에는 신의를 지키겠다고 굳게 맹세하던 남편의 행동에 한이 서린 말이다.

신언서판 身言書判

몸 身 말씀 言 글 書 판단할 判

《당서(唐書)》 선거지(選擧志)

인물을 선택하는 데 표준으로 삼는 네 가지 조건. 곧 신수·말씨·글씨·판단력의 네 가지를 이르는 말.

《당서(唐書)》 선거지(選擧志)에 의하면, 신(身)은 풍채가 늠름하게 생겨야 하고, 언(言)은 말을 정직하게 해야 하며, 서(書)는 글씨를 잘 써야 하고, 판(判)은 문리가 익숙해야 한다고 했다.

《당서》는 당 고조(唐高祖)의 건국(618)에서부터 애제(哀帝)의 망국(907)까지 21제(帝) 290년 동안의 당나라 역사의 기록이다. 처음에는 단지 《당서》로 이룩하였지만, 송나라 때 내용을 고쳐 《신당서》로 편찬하였다. 그래서 《구당서(舊唐書)》와 《신당서(新唐書)》로 나누어졌다.

또 조선 후기 이익(李瀷)이 쓴 《성호사설(星湖僿說)》에 이런 말이 있다.

「당나라 때 『신·언·서·판』으로서 자격을 따지고 공로를 헤아려서 벼슬에 의망했다. 여럿을 모아놓고 그 서·판을 시험해보고, 서·판 시험이 끝나면 그 신·언을 전형한다(至唐之選法 以身言書判 計資量勞而擬官 集衆而試觀其書判 已試而銓察其身言)」

신(身)이란 사람의 풍채와 용모를 말한다. 사람을 처음 대했을 때 첫째 평가기준이 되는 것으로, 아무리 신분이 높고 재주가 뛰어난 사람이라도 첫눈에 풍채와 용모가 볼품이 없을 경우 정당한 평가를 받지 못하기 쉽다.

언(言)이란 사람의 언변(言辯)을 이르는 말이다. 이 역시 사람을 처음 대했을 때 아무리 뜻이 깊고 아는 것이 많더라도 말에 조리가 없고, 말이 분명하지 못할 경우 정당한 평가를 받지 못하기 쉽다.

이 익

서(書)는 글씨(筆跡)를 가리키는 말이다. 예로부터 글씨는 그 사람의 됨됨이를 말해 주는 것이라 하여 매우 중요시하였다. 그래서 인물을 평가하는 데 글씨는 매우 큰 비중을 차지하였으며, 글씨에 능하지 못한 사람은 그만큼 평가도 받지 못한다.

판(判)이란 사람의 문리(文理), 곧 사물의 이치를 깨달아 아는 판단력을 뜻하는 말이다. 사람이 아무리 용모가 뛰어나고, 말을 잘하고, 글씨에 능해도 사물의 이치를 깨달아 아는 능력이 없으면 그 인물됨이 출중할 수 없다 하였다.

이상 네 가지 조건을 신언서판이라 하여 당(唐)나라에서는 이를 모두 갖춘 사람을 으뜸으로 덕행 · 재능 · 노효(勞效)의 실적을 감안한 연후에 등용하였다.

신종추원 愼終追遠

삼갈 愼 마칠 終 따를 追 멀 遠

《논어》 학이(學而)편

부모의 장례를 엄숙히 하고 조상의 제사를 정성스레 올린다는 뜻이다. 《논어》 에서 가장 중요한 구절 중의 하나로 유가사상을 대변하는 구절이다.

《논어》 학이편에 있는 말이다.

증자(曾子)가 말했다.

「상례를 정성껏 하고, 제사를 정성껏 지내면 백성의 덕이 두터워질 것이다(愼終追遠, 民德歸厚矣)」

「신종(愼終)」 이란 마지막 가는 분에게 삼가 조의를 표하는 예를 말하는 것이고, 「추원(追远)」 이란 이미 떠나신 분을 추억하여 표하는 예를 말한다. 즉, 초상과 제사에 정성을 다하는 것을 의미한다.

증자는 계모 밑에서 구박을 받으며 자랐지만 효성이 지극하였다. 아내가 부모의 밥상에 나물을 덜 익힌 채로 올리자 아내를 내쫓고 평생 혼자 살았다.

아들이 재혼을 권유하자, 그는 말했다.

「고종(高宗)은 후처 때문에 효기(孝己)를 죽였고, 윤길보도 후처 때문에 백기를 내쳤다. 나는 위로는 고종에게 못 미치고 길보에게도 비교할 수 없는데, 그들이 겪은 이런 일들이 내게도 닥치지 않는다고 장담할 수 있겠느냐?」

이런 그이니 평소에 효와 제사를 강조했다. 그러므로 유교에서 효의 연장선상인 장례와 제례를 강조하는 말이다.

신체발부수지부모 身體髮膚受之父母

몸 身 몸 體 터럭 髮 살갗 膚 받을 受 갈 之 아비 父 어미 母

《효경(孝經)》

「몸과 터럭과 살갗은 부모에게서 받은 것이다」 라는 뜻으로, 부모에게서 받은 몸을 소중히 여기는 것이 효도의 시작이라는 말이다.

《효경》 첫 장 개종명의(開宗明義)장에 있는 공자의 말이다.

공자가 집에 있을 때, 증자가 시중을 들고 있었다. 공자가 증자에게 물었다.

「선왕께서 지극한 덕과 요령으로 천하의 백성들을 따르게 하고 화목하게 살도록 하여 위아래가 원망하는 일이 없도록 하였는데, 네가 그것을 알고 있느냐?」

증자는 공손한 태도로 자리에서 일어서며 대답했다.

「불민한 제가 어찌 그것을 알겠습니까」

그러자 공자가 말했다.

「무릇 효란 덕의 근본이요, 가르침은 여기에서 비롯된다. 사람의 몸과 터럭과 살갗은 부모로부터 받은 것이니, 이를 손상시키지 않는 것이 효의 시작이다(身體髮膚受之父母 不敢毁傷 孝之始也). 몸을 세워 도를 행하고 후세에 이름을 높임으로써 부모를 드러내는 것이 효의 끝이다. 무릇 효는 부모를 섬기는 데서 시작하여 임금을 섬기는 과정을 거쳐 몸을 세우는 데서 끝나는 것이다」

뒷 구절 「불감훼상 효지시야(不敢毁傷 孝之始也)」 와 연결되어, 부모에게서 받은 몸을 소중히 여겨 함부로 손상시키지 않는 것이 바로 효도의 시작이라는 뜻으로 통한다.

실부의린 失斧疑隣

잃을 失 도끼 斧 의심할 疑 이웃 隣

《열자(列子)》 설부(說符)편

「도끼를 잃어버리자 이웃을 의심한다」 라는 뜻으로, 한번 의심하는 마음이 생기면 평소에는 아무렇지도 않은 일마저 의심이 생긴다는 말로서, 주관적인 추측으로 단정하여 함부로 남을 의심하는 것을 비유하는 말이다.

《열자(列子)》 설부(說符)편에 있는 이야기다.

어떤 사람이 도끼 한 자루가 보이지 않자 집안 곳곳을 샅샅이 살펴보았으나 결국 찾지 못하였다. 그러자 그는 이웃집 아들이 도끼를 훔쳐갔을 것이라는 생각이 들기 시작하였다. 그리하여 이웃집 아들을 유심히 살펴보니, 걸음걸이나 안색이나 말이나 태도 등이 모두 의심스럽기 그지없었다. 결국 그는 이웃집 아들이 자기 도끼를 훔쳐간 것이 틀림없다고 단정하기에 이르렀다.

그런데 이튿날 그는 산에 나무를 하러 갔다가 어느 나무 곁에 자신이 잃어버렸던 도끼를 발견하였다. 그는 그제야 자신이 전날에 나무를 하다가 도끼를 그냥 놓아둔 채 집으로 돌아갔던 일이 생각났다. 그는 이웃집 아들을 의심한 일을 뉘우쳤다. 그가 집으로 돌아와 다시 이웃집 아들을 유심히 살펴보니, 행동거지가 조금도 의심스러운 데가 없었다. 혹시 나의 잘못된 의심이 만들어 낸 억울한 「실부의린」 은 없는지 생각해 봐야 할 것이다.

의심이 생기면 여러 가지 망상이 생겨 판단이 흐려진다는 뜻의 「의심생암귀(疑心生暗鬼)」 라는 성어도 이 이야기에서 비롯되었다.

실사구시 實事求是

사실 實 일 事 구할 求 옳을 是

《한서》 하간헌왕덕전(河間獻王德傳)

사실에 토대하여 진리를 탐구하는 일.

실사(實事)는 진실된 사실을 말한다. 구시(求是)는 올바른 것을 찾는다는 뜻이다. 즉 눈으로 보고 귀로 듣고, 손으로 만져보는 것과 같은 실험과 연구를 거쳐, 누구도 부정하거나 부인할 수 없는 객관적 사실을 통해 정확한 판단, 정확한 해답을 얻는 것이 「실사구시」다.

이것은 《한서》 하간헌왕덕전에 나오는 「학문을 닦아 옛것을 좋아하며, 일을 실상되게 하여 옳은 것을 찾는다(修學好古 實事求是)」는 말의 뒷부분을 따다 새로운 의미를 담은 학문하는 태도로 삼은 것이 실사구시 운동이다.

이 실사구시 운동은 청조(淸朝) 전기의 고증학을 표방하는 학자들에 의해 시작되었고, 그 중심인물은 대진(戴震)이었다. 대진은 말하기를, 「학자는 마땅히 남의 것으로 자신을 가리지 말고, 내 것으로 남을 가리지 말아야 한다」 고 했고, 같은 계통의 학자인 능정감(凌廷堪)은 또 말하기를, 「진실된 사실 앞에서는, 내가 옳다고 말하는 것을 남이 억지말로 이를 그르다고 할 수 없고, 내가 옳지 않다고 하는 것을 남이 억지소리로 이를 옳다고 하지 못한다」 고 했다.

쉽게 말해서 「실사구시」는 과학적인 학문 태도를 말하는 것이다. 이리하여 이론보다 사실을, 우리의 생활과 거리가 먼 공리공론을 떠나 우리의 실생활을 유익하게 하는 실학(實學)이란 학파를 낳게 된 것이다.

실언·실인 失言·失人

잃을 失 말씀 言 사람 人

《논어》 위령공편(衛靈公篇)

공자 탄신일 행사(중국)

함께 말할 만하지 못한데 함께 말을 하면 그것은 말을 잃는 것이고, 함께 말한 만한데 함께 말하지 않으면 그것은 사람을 잃는 것이다.

「실언(失言)」이란 말은 우리가 흔하게 쓰는 말이다. 무심결에 하지 않을 말을 한 것도 실언이고, 상대가 누구인지도 모르고 실례되는 말을 한 것도 실언이다. 결국 말을 안해야 할 것을 해버린 것이 실언이다.

그러나 이 실언에는 사람에 따라서 그 표준과 정도가 각각 다르다고 볼 수 있다. 우리가 스스로 실언이라고 생각지 않는 것도 남이 볼 때는 실언이 될 수 있고, 우리가 실언이라고 생각되는 것도 남은 실언인 줄 모르기도 한다. 각 개인의 개성과 생활관과 인생관에 따라 천차만별(千差萬別)일 수 있다.

그러면 이 「실언」이란 말의 성격을 규정했다고도 볼 수 있는 공자의 견해가 어떤 것이었던가를 보기로 하자.

《논어》 위령공편에서 공자는 이렇게 말했다.

베이징에 있는 공자묘 대성전

「함께 말할 만한데 함께 말하지 않으면 그것은 사람을 잃는 것이다. 함께 말할 만하지 못한데 함께 말을 하면 그것은 말을 잃는 것이다. 지자(知者)는 사람을 잃지도 않고, 또 말을 잃지도 않는다(可與言而不與之言 失人 不可與言而與之言失言. 知者不失人 亦不失言)」

얼마나 말이 중요하고도 어려운가를 알 수 있다. 말을 하지 않음으로써 아까운 사람을 놓치게 되고, 말을 함으로써 공연한 헛소리를 한 결과가 되는 일이 없어야만 지혜로운 사람이 된다는 말이다.

「실인(失人)」을 하지 않기는 어려운 일이다. 그러나 「실언」만은 조심하면 어느 정도 피할 수 있을 것 같다.

옛 사람의 시조에,

말하기를 좋다 하고 남의 말을 말 것이
남의 말 내가 하면 남도 내 말 하는 것이
말로써 말이 많으니 말 많을까 하노라.

이것이 아마 실언을 예방하는 유일한 길일 것 같다.

심복지질 心腹之疾

마음 心 배 腹 갈 之지 근심 患

《사기》 오자서(伍子胥)열전

쉽게 치료하기 어려운 질병 또는 없애기 어려운 근심이나 병폐.

「가슴과 배에 생긴 병」이라는 뜻으로, 쉽게 치료하기 어려운 질병, 또는 없애기 어려운 근심이나 병폐를 비유하는 말이다.

춘추시대 오(吳)나라 왕 합려(闔閭)는 월(越)나라 왕 구천(勾踐)과 싸우다 상처를 입어 죽었다. 합려의 아들 부차(夫差)는 군사력을 키워 월나라를 정벌함으로써 아버지의 원한을 갚았다. 부차가 제(齊)나라를 공격하려 할 때, 구천이 신하들을 이끌고 와서 부차와 대신들에게 재물을 바쳤으므로 오나라 대신들이 모두 기뻐하였다.

그러나 오자서(伍子胥)만은 월나라의 그러한 행동이 오나라의 경계심을 늦추게 하려는 속셈임을 간파하였다.

오자서는 부차에게 간언했다.

「제나라는 우리에게 쓸모없는 자갈밭과 마찬가지이니 공격하는 것이 아무런 의미가 없습니다. 그러나 월나라는 우리에게 가슴이나 배에 생긴 질병과 같은 존재입니다(越在我 心腹之疾也). 월나라가 지금은 겉으로 복종하는 척하지만, 실제로는 우리나라를 집어삼킬 계책을 도모하고 있을 것입니다. 왕께서 빨리 월나라를 멸하여 후환을 없애지 않고, 도리어 제나라를 공격하려는 것은 참으로 지혜로운 일이 아닙니다」

그러나 부차는 이 말을 듣지 않았고, 결국 오나라는 나중에 월나라에게 멸망당했다.

심부재언시이불견 心不在焉視而不見

마음 心 아닌가 不 있을 在 어찌 焉 볼 視 말이을 而 아닐 不 볼 見

《대학(大學)》 정심장(正心章)

「마음에 있지 않으면 보아도 보이지 않는다」라는 뜻으로, 하고자 하는 마음이 없으면 어떤 일을 행하여도 제대로 성과를 거둘 수 없다는 말이다.

《대학》 정심장편에 있는 말이다.

공 자

「이른바 수신(修身)은 그 마음을 바르게 하는 데 있다고 하는 이유는, 몸에 분노가 있으면 그 바름을 얻지 못하고, 두려움이 있으면 그 바름을 얻지 못하고, 좋아하고 즐거워함이 있으면 그 바름을 얻지 못하고, 근심이 있으면 그 바름을 얻지 못하기 때문이다. 마음에 있지 않으면 보아도 보이지 않고, 들어도 들리지 않고, 먹어도 그 맛을 모른다. 이것을 일러 수신은 그 마음을 바르게 하는 데 달려 있다고 하는 것이다(所謂修身在正其心者　身有所忿則不得其正　有所恐懼則不得其正　有所好樂則不得其正　有所憂患則不得其正　心不在焉　視而不見　聽而不聞　食而不知其味　此謂修身在正其心)」

「심부재언」은 하고자 하는 마음, 즉 관심이 없다는 뜻이다. 그

공자가 소(韶)라는 음악을 듣고 3개월 동안이나 고기 맛을 모르고 밥을 먹었다고 한다.

런 상태에서는 무엇을 보더라도 건성으로 보게 되어 그 실상을 제대로 보지 못하고, 무엇을 듣더라도 그 참된 의미를 파악하지 못하고, 무엇을 먹더라도 그 참맛을 느끼지 못하게 된다는 말이다.

《논어》 술이(述而)편에,

「공자께서 제나라에서 소(韶)라는 음악을 듣고 3개월 동안이나 고기 맛을 모르고 밥을 먹었다(子在齊聞韶 三月不知肉味)」 라고 하였는데, 이 경우는 음악에 심취하여 먹어도 그 맛을 모르는 예라고 할 수 있다. 이로부터 유래하여 「심부재언, 시이불견」 은 하고자 하는 마음이 없으면 제대로 성과를 거둘 수 없음을 비유하는 말로 쓰인다.

治世之德 衰世之惡
치세지덕　쇠세지악
常與爵位自相副也
상여작위자상부야

세상을 다스리는 덕망과 세상을 쇠망시키는 악과는
언제나 그의 작위와 서로 부합된다.

— 왕부(王府) 《잠부론》 본정(本政)

심원의마 心猿意馬

마음 心 원숭이 猿 뜻 意 말 馬

《참동계(參同契)》

번뇌로 인해 잠시도 마음과 생각을 가라앉히지 못함.

「심원의마」는 마음은 원숭이 같고 생각은 말 같다는 말이다.

원숭이는 잠시도 가만히 있지 못하는 성질이다. 마음이 조용히 가라앉지 못하고 이랬다저랬다 하는 것이 심원(心猿)이다. 말은 달리는 성질을 가지고 있다. 생각이 가만히 한 곳에 있지 못하고 먼 곳으로 달아나버리는 것이 의마(意馬)다.

이 「심원의마」란 말은 불교 경전에서 나온 말이다. 사람이 번뇌로 인해 잠시도 마음과 생각을 가라앉히지 못하는 것을 원숭이와 말에 비유한 것이다. 당나라 석두대사(石頭大師)는 선(禪)의 이치를 말한 《참동계》 주석에서 말하기를,

「마음의 원숭이는 가만히 있지 못하고, 생각의 말은 사방으로 달리며, 신기(神氣)는 밖으로 어지럽게 흩어진다(心猿不定 意馬四馳 神氣散亂於外)」라고 했다.

이것이 뒤에는 불교 관계만이 아니고, 일반적으로 마음과 생각이 흩어져 안정되어 있지 않은 것을 가리켜 쓰이게 되었다. 왕양명(王陽明, 1472~1528)은 「심원의마」에 대해서 이렇게 쓰고 있다.

「처음 배울 때는 마음이 원숭이 같고 생각이 말과 같아 붙들어 매어 안정시킬 수가 없다……(初學時 心猿意馬 全縛不定……)」

왕양명은 학문의 첫 목적이 지식에 있지 않고 마음의 안정에 있다는 것을 강조하여 이와 같이 말하고 있는 것이다.

심허 心許

마음 心 허락할 許

《사기》 오태백세가(吳太伯世家)

「마음속으로 허락하다」 라는 뜻으로, 말로 약속하지는 않았더라도 마음속으로 허락한 일은 꼭 지키는 것을 비유하는 말이다.

춘추시대 오왕 수몽(壽夢)에게 아들이 넷 있었는데 그 중 막내아들 계찰(季札)이 가장 총명하고 영특하여 여러 번 외국에 사신으로 갔다고 한다. 어느 날, 계찰은 북방 여러 나라로 사신을 가던 중 서(徐)나라(오늘의 안휘성 사현 이북)에 들른 적이 있었다. 그때 서나라 임금은 계찰을 접대하다가 그가 지니고 있는 보검을 보고 부러워하는 표정을 감추지 못하는 것이었다. 그러나 계찰은 아직 여러 나라들을 방문해야겠기에 즉각 선사할 수 없는지라 돌아올 때 선사해도 늦지 않을 것이라고 생각하였다.

그런데 계찰이 북방의 여러 나라들을 방문하고 귀로에 다시 서나라에 들렀을 때 서나라 임금은 이미 세상을 떠난 뒤였다. 이에 계찰은 서나라 임금의 묘소를 찾아 절을 하고는 그 곁에 서 있는 나무에 보검을 걸어놓고 돌아왔다. 「계찰이 보검을 걸어 놓아 신의를 지키다」 라는 뜻의 「계찰계검(季札繫劍)」 이라는 성어는 여기서 유래된 것이다. 이쯤 되자 계찰의 시종들은 사람이 이미 죽었는데 하필 보검을 선물할 것이 무엇이냐고 물었고, 계찰은 이렇게 대답했다.

「이미 선물하겠다고 대답한 이상 어찌 신용을 저버릴 수 있겠는가? 비록 입으로 대답한 적은 없지만 마음속으로는 확실히 대답했다(不然 始吾心已許之 豈以死倍吾心哉)」

심효진상 甚囂塵上

심할 甚 왁자지껄할 囂 먼지 塵 위 上

《좌전》 성공 16년

「몹시 시끄럽고 먼지가 부옇게 일어나다」 라는 뜻으로, 원래는 전투준비에 바쁜 병영의 모습을 묘사한 말이었는데, 나중에는 의논이 분분하거나 여론이 떠들썩한 것을 비유하는 말로 쓰이게 되었다. 지금은 보통 극우적인 언론이 기승을 부리거나 여론을 호도하는 방송 잡지가 판을 치는 상황을 가리킨다.

《춘추좌씨전》 성공 16년에 다음과 같은 이야기가 실려 있다.

춘추시대 초나라와 진(晋)나라가 언릉(오늘의 하남성 일대)에서 싸울 때의 일이다. 싸움을 시작하기 전에 초공왕(楚共王)과 태제 백주리(伯州犁)가 전차에 올라 진나라 진영을 바라보면서 서로 이야기를 주고받았다.

「진나라 진영에서 말을 타고 왔다 갔다 하는 건 누구고 무엇을 하고 있는 것인가?」

「장수들을 불러 모으는 것이 아니겠습니까?」

「장수들이 꽤 많이 모였군」

「지금 작전을 상의하고 있는 것 같습니다」

「장막은 왜 치는 것인가?」

「조상에게 제사를 지내 승전을 기구하는 줄 알고 있습니다」

「장막은 왜 거두는 것이오?」

「곧 전투명령을 내릴 듯합니다」

「큰 소리로 떠들고 먼지가 뽀얗게 이는 것(甚囂且塵上矣)은 무엇

때문인가?」

「지금 막 진을 치려고 하는 것 같습니다」

이렇게 초공왕과 백주리가 보았던 것과 같이 진나라 군대는 질서가 정연하고 사기가 높았던 것이다. 아니나 다를까 싸움이 시작되자 진나라 군대는 노도와 같이 밀려들어 초나라 군대를 여지없이 격파하고 말았다. 이런 이야기 중에 나온 「심효차진상」이라는 말이 나중에 줄어서 「심효진상」이 되었다.

居視其所親
거시기소친
富視其所與
부시기소여
達視其所擧
달시기소거
窮視其所不爲
궁시기소불위
貧視其所不取
빈시기소불취

평소에 어떤 사람과 친하게 지냈는지를 보고,
부유할 때 어떤 사람과 교분을 맺었는지를 보고,
현달하여 높은 관직에 올랐을 때 어떤 사람들을 천거하였는지를 보고,
뜻을 얻지 못하여 불우하게 되었을 때 하지 않은 일이 무엇인지를 보고,
가난으로 인해 곤궁하게 되었을 때 취하지 않은 것이 무엇인지를 보면 될 것이다.

— 《십팔사략》 이극(李克)의 〈인물관찰의 다섯 가지 조건〉

십년마일검 十年磨一劍

열 十 해 年 갈 磨 한 一 칼 劍

가도(賈島) / 「검객(劍客)」

사

「십년마일검」은 10년을 두고 칼 한 자루를 간다는 뜻으로, 원래는 불의를 무찔러 없애기 위한 원대한 계획과 결심을 뜻하는 말로 쓰이고 있었는데, 지금은 어떤 목적을 위해 때를 기다리며 준비를 게을리 하지 않는다는 뜻으로 널리 쓰이고 있다.

예를 들어 어떤 사람이,

「무슨 계획이라도 있는가?」하고 대수롭지 않게 물었을 때,

「10년을 칼을 갈고 있는 중일세」하고 대답하면, 계획 정도가 아니라 시기가 오기만을 고대하고 있는 중이란 뜻이 된다. 이 문자는 중당(中唐)의 시인 가도(賈島)의 오언고시 「검객」에 나오는 말이다.

〈10년을 두고 한 칼을 갈아 서릿발 칼날을 일찍이 시험하지 못했다. 오늘 가져다 그대에게 보이노니, 누군가 불평의 일이 있는가.〉

즉 정의를 위해 칼을 한번 옳게 써보겠다는 큰 뜻을 갖는 검객을 대변해 하는 말이다. 나는 10년 동안이나 칼 한 자루를 남몰래 갈고 또 갈아 왔다. 그러나 이 서릿발처럼 번쩍이는 칼날을 아직 한 번도 써보지 못한 채 그대로 간직하고 있다. 지금 비로소 자네에게 이 칼을 보여주는 것이니 어느 놈이고 좋지 못한 일을 꾀하는 놈은 없는가. 내가 당장 이 칼로 그놈을 한 칼에 베고 말 것이다 하는 뜻이다.

「백두산 돌을 칼을 갈아 없앤다(白頭山石磨刀盡)」고 한 남이(南怡)장군의 기개도 아마 이런 것이었으리라.

십목소시 十目所視

열 十 눈 目 바 所 볼 視

《대학》 성의장(誠意章)

세상 사람을 속일 수 없음.

십목(十目)은 열 눈이란 말이다. 그러나 열은 많다는 것을 나타내는 말로 많은 사람의 눈이란 뜻이다. 즉 무수한 사람들이 지켜보고 있는 것이 「십목소시」고, 여러 사람이 손가락질하고 있는 것이 「십수소지(十手所指)」다. 《대학》 성의장에 있는 증자의 말이다.

「성중형외(誠中形外)」라는 제목에서 설명한 바 있듯이, 마음속에 있는 것은 자연 밖으로 나타나기 마련이다.

맹자는 말하기를, 「그 눈동자를 보면 사람이 어떻게 속일 수 있으리오(觀其眸者 人焉廋哉 人焉廋哉)」라고 했다. 양심의 거울은 악한 사람의 가슴 속에서도 그의 눈동자를 통해 밖으로 비치기 마련이다.

성의장에는 말하기를, 「악한 소인들이 남이 보지 않는 곳에서는 갖은 못된 짓을 하면서, 착한 사람 앞에서는 악한 것을 숨기고 착한 것을 내보이려 하고 있다. 그러나 사람들이 자기를 보는 것이 자기 마음속 들여다보듯 하고 있는데 무슨 소용이 있겠느냐」라고 했다.

사람이 남의 속을 들여다보기를 자기 마음속 들여다보듯 한다고 한 말에는 많은 의문점이 있다. 그러나 이것은 전체 사람을 말하는 것은 아니다. 크게는 성인이요, 적게는 군자(君子)를 두고 하는 말이다.

그런데 이 성의장에는 신독(愼獨)이란 말이 두 번이나 거듭 나오고 있다. 여러 사람이 있는 앞에서보다 혼자 있을 때를 더 조심하는 것이 「신독」이다. 그것이 군자의 마음가짐이라는 것이다.

이 신독이란 말 다음에 증자의 말을 인용하고 있다. 즉 증자는 말하기를,

「열 눈이 보는 바요, 열 손가락이 가리키는 바니, 참으로 무서운 일이구나(十目所視 十手所指 其嚴乎)」라고 했다.

이것을 보통 우리가 흔히 말하는, 남이 지켜보고 손가락질한다는 뜻으로 풀이해 온 것이 지금까지의 실정이다. 그러나 살았으면 아직 일흔이 다 되지 못했을 신동 강희장(江希張, 1907?~1930?)은 그가 아홉 살 때 지은 《사서백화(四書白話)》에서 증자의 이 말을 다음과 같이 풀이하고 있다.

십목은 열 눈이 아닌 십방(十方)의 모든 시선을 말한다. 사람이 무심중에 하는 동작은 주위에 영향을 미치지 않는다. 그러나 마음에서 일어나는 파동(波動)은 하느님을 비롯한 모든 천지신명과 도를 통한 사람에게 그대로 전달된다.

이것을 불교에서는 심통(心通)이라고 말한다. 그러므로 홀로 있을 때의 생각처럼 가장 널리 알려지게 되는 것은 없다. 증자가 한 말은 근거가 있어 한 말이다. 공연히 무섭게 하기 위해 한 말이 아니다.

이 진리를 깨달은 사람이라면 남이 안 본다고 같은 나쁜 짓을 하며 나쁜 생각을 할 수 있겠는가. 천지신명이 항상 지켜보고 있다. 우리가 하는 일을 하나하나 지적하고 있다.

오늘날 심령과학자들은 이렇게 말하고 있다. 사람의 생각은 영파(靈波)로 움직인다. 그것은 전파의 속도와 같다. 그것을 통해 삽시간에 신명은 누가 무슨 생각을 하고 있는지를 알게 된다고.

십보방초 十步芳草

열 十 걸음 步 꽃다울 芳 풀 草

《설원(說苑)》 담총(談叢)

열 걸음도 안 되는 거리에 아름다운 꽃과 풀이 있다는 뜻으로, 도처에 인재(人才)가 있다는 말. 곧 인재는 도처에 있으나 세상이 알지 못한다는 뜻이다.

고대 중국의 제후나 선현들의 일화와 우화 등을 수록한 교훈적인 설화집 《설원》 담총에 있는 말이다.

「열 걸음도 안 되는 작은 연못일지라도 반드시 향기로운 풀이 있고, 열 채밖에 안 되는 작은 마을이라도 반드시 충성스러운 선비가 있다(十步之澤 必有芳草 十室之邑 必有忠士)」

또한 후한(後漢) 말의 사상가 왕부(王符)가 지은 《잠부론(潛夫論)》 실공(實貢)편에 있는 말이다.

「무릇 열 걸음의 짧은 거리에도 반드시 풀이 무성하고, 열 채밖에 안 되는 작은 마을이라도 반드시 준수한 선비가 있다(夫十步之間, 必有茂草, 十室之邑, 必有俊士)」

또 《수서(隋書)》 양제기(煬帝紀)편에도,

「이제 우주가 하나로 통일되고, 문장과 궤범도 통일되었으니, 열 걸음 안에 반드시 향기로운 풀이 있는 것과 마찬가지로 어찌 세상에 빼어난 인재가 없으리오(方今宇宙平一 文軌攸同 十步之內 必有芳草 四海之中 豈無奇秀)」라고 하였다.

쌍관제하 雙管齊下

쌍 雙 대롱 管 가지런할 齊 아래 下

《도화견문지고사습유(圖畵見聞志故事拾遺)》

하나의 목적에 도달하기 위하여 두 가지 일을 동시에 진행하거나 두 가지 방법을 병행함.

「두 자루의 붓으로 가지런하게 그림을 그린다」라는 뜻으로 두 가지 일을 동시에 진행하거나 두 가지 방법을 병행하는 것을 비유하는 말이다. 관(管)은 붓을 가리키며, 쌍관은 두 자루의 붓을 말한다.

송(宋)나라 때 곽약허(郭若虛)가 지은 《도화견문지고사습유》에 있는 이야기다.

당(唐)나라 때의 화가 장조(張璪)는 강소성 오군(吳郡) 사람으로 자는 문통(文通)이다. 검교사부원외랑(檢校司部員外郞)과 염철판관(鹽鐵判官)을 지냈다. 산수화와 송석화(松石畵)를 잘 그렸다.

그에게는 남다른 장점이 있었는데, 두 개의 붓을 쥐고 동시에 그림을 그렸는데, 한쪽 붓으로는 파릇파릇한 새 가지를 그리고, 다른 한쪽 붓으로는 마른 가지를 그렸다. 양손을 사용하여 그렸는데도 어느 것 할 것 없이 모두 생동감이 넘쳐 뛰어났으므로, 사람들이 그의 그림에 대하여 「신품(神品)」이라고 칭찬하였다.

또한 손가락에 먹물을 찍어 그리는 지화(指畵)를 창시했다. 작품에 「산당금회도(山堂琴會圖)」와 「쌍송도(雙松圖)」가 있고, 회화 이론서 《회경(繪境)》을 지었다.

두 개의 붓을 쥐고 동시에 그림을 그린 장조의 고사에서 「쌍관제하」란 성어가 나온 것이다.

사가기욕(捨家棄欲)　버릴 捨 /집 家 /버릴 棄 /하고자 할 欲

집이나 세속적인 욕망을 버리고 불문(佛門)에 들어감.

사고무친(四顧無親)　넉 四 /돌아볼 顧 /없을 無 /가까울 親

친한 사람이라곤 도무지 없음. 의지할 데가 도무지 없음.

사고팔고(四苦八苦)　넉 四 /괴로울 苦 /여덟 八

【불교】 온갖 고통. 매우 심한 고통. 생(生)·노(老)·병(病)·사(死)의 사고(四苦)와 애별리고(愛別離苦)·원증회고(怨憎會苦)·구불득고(求不得苦)·오음성고(五陰盛苦)의 사고(四苦)를 더한 여덟 가지 고통. 즉 잉태(孕胎)하여 태어날 때까지의 생고(生苦), 출생 후 죽을 때까지의 쇠변(衰變)하는 노고(老苦), 병들었을 때 몸과 마음에 받는 병고(病苦), 목숨이 다할 때의 사고(死苦)이다. 여기에 다시 사랑하는 자와 이별하는 고통(愛別離苦), 원망스럽고 미운 것을 만나야 하는 고통(怨憎會苦), 구해도 얻지 못하는 고통(求不得苦), 오음이 성하는 고통(五陰盛苦)의 넷을 더하여 팔고라고 한다.

사공중곡(射空中鵠)　쏠 射 /빌 空 /가운데 中 /과녁 鵠

무턱대고 쏜 것이 과녁을 맞혔다는 뜻으로, 멋모르고 한 일이 우연히 들어맞아 성공하였음의 비유. 《순오지》

사광지총(師曠之聰)　스승 師 /밝을 曠 /갈 之 /귀 밝을 聰

소리를 알아듣는 능력이 뛰어남. 예민한 청력을 가진 사람의

비유. 사광(師曠)은 맹인이었으나 음조(音調)를 듣고 길흉을 알아맞혔다. 총(聰)은 예민한 청력. 《맹자》

사근취원(捨近取遠)　　버릴 捨 /가까울 近 /취할 取 /멀 遠

가까운 것을 버리고 먼 데 것을 취한다는 말로, 일의 순서를 뒤바꾸어 함을 비유하여 이르는 말.

사기포서(使驥捕鼠)　　하여금 使 /천리마 驥 /사로잡을 捕 /쥐 鼠

천리마(千里馬)에게 쥐를 잡게 한다는 뜻으로, 사람을 잘못 쓰면 유능한 사람도 무능해짐을 이르는 말. 자기 능력에 따라 용도가 다름의 비유. 《장자》

사단취장(舍短取長)　　버릴 舍 /짧을 短 /취할 取 /길 長

결점 · 단점은 버리고 미점 · 장점은 받아들이는 것. 옳고 그름을 잘 판단하여 뛰어난 점을 받아들여 제 것으로 만드는 것. 《한서》

사단칠정(四端七情)　　넉 四 /실마리 端 /일곱 七 /정 情

성리학(性理學)의 철학적 개념 가운데 하나. 사단(四端)은 인간의 본성에서 우러나오는 마음씨, 즉 선천적이며 도덕적 능력을 말하며, 칠정(七情)은 인간의 본성이 사물을 접하면서 표현되는 인간의 자연적인 감정을 말한다. 사단은 《맹자(孟子)》의 공손추(公孫丑) 상편에 나오는 말로 실천도덕의 근거로 삼았다. 남을 불쌍히 여기는 타고난 착한 마음의 「측은지심(惻隱之心)」, 자신의 옳지 못함을 부끄러워하고 남의 옳지 못함을 미워하는 마음 「수오지심(羞惡之心)」, 겸손하여 남에게 양보하는 마음 「사양지심(辭讓之心)」, 잘잘못을 분별하여 가리는 마음 「시비지심(是非之心)」, 사단은 이 네 가지 도덕적 감정을 말한다. 그리고 칠정은 《예기(禮記)》 예운(禮運)과 《중용(中庸)》에 나오는 말로, 기쁨

(喜)·노여움(怒)·슬픔(哀)·두려움(懼)·사랑(愛)·미움(惡)·욕망(欲)의 일곱 가지 인간의 자연적 감정을 가리킨다. 《맹자》 공손추상.

사대육신(四大六身)　　넉 四 /큰 大 /여섯 六 /몸 身

두 팔, 두 다리, 머리, 몸통을 이르는 말로서, 온몸을 이름

사량침주(捨糧沈舟)　　버릴 捨 /양식 糧 /가라앉을 沈 /배 舟

식량을 버리고 배를 침몰시킨다는 뜻으로, 싸움에서 승리하기 전에는 돌아오지 않겠다는 결의를 이름. 《사기》

사려분별(思慮分別)　　생각 思 /생각할 慮 /나눌 分 /나눌 別

사려는 여러 가지로 생각을 짜내고 신중하게 판단하는 것. 어른의 생각. 분별은 불교에서 나온 말로, 사물의 선악을 판별하는 것. 유 숙려단행(熟慮斷行). 반 경거망동.

사륙변려(四六騈儷) ☞ 변사여륙(騈四儷六).

사면춘풍(四面春風)　　넉 四 /대할 面 /봄 春 /바람 風

항상 좋은 얼굴로 남을 대하여 누구에게든지 호감을 사는 것을 가리키는 말. 또는 모든 것이 무사태평하고 순조로움을 가리키는 말. 두루춘풍. 《동언해》

사목지신(徙木之信)　　옮길 徙 /나무 木 /갈 之 /믿을 信

나무를 옮겨 신용을 얻었다는 뜻으로, 위정자가 백성을 속이지 아니함을 이름. 진(秦)나라 때 상앙(商鞅)이 법률을 변경하여 국가의 부강을 도모하려 하나 백성이 자기를 믿지 않을까 염려하여 한 꾀를 써서 세 길 되는 나무를 국도(國都) 남문에 세우고 이것을 옮기면 오십 금을 상 준다고 하였는데 백성이 괴상히 여기고 실행하는 사람이 없으므로 다시 포고하기를 오십금을 상준다고 하니 어떤 사람이 옮기므로 곧 오십금을 주어 거짓이 아닌 것을 보인 고

사에서 나온 말. ☞ 이목지신(移木之信). 《사기》 상군열전.

사무량심(四無量心) 넉 四 /없을 無 /헤아릴 量 /마음 心

【불교】 무한한 자애(慈愛)인 자무량심(慈無量心), 일체의 괴로움에서 벗어나는 비무량심(悲), 만인의 기쁨을 자기 기쁨으로 하는 희무량심(喜), 모든 원한을 버리는 사무량심(捨)의 총칭.

사민이시(使民以時) 하여금 使 /백성 民 /써 以 /때 時

나라의 노역(勞役)에 백성을 쓰는 데에는 농한기(農閑期)를 택해서 한다는 말. 나라를 다스리는 데에 근본적인 태도를 말하는데, 임금이 백성의 형편을 잘 헤아리는 것을 이르는 말. 《논어》

사반공배(事半功倍) 일 事 /반 半 /공 功 /곱 倍

일은 반만 하고 공은 두 배라는 뜻으로, 작은 힘을 기울이고도 얻는 성과는 클 때 쓰는 말이다. 《맹자》

사발농사(沙鉢農事) 모래 沙 /바리때 鉢 /농사 農 /일 事

사발로 농사를 짓는다는 뜻으로, 밥을 빌어먹는 일을 비유하여 이르는 말.

사발통문(沙鉢通文) 모래 沙 /바리때 鉢 /통할 通 /글월 文

주모자를 숨기기 위해 관계자의 성명을 사발 모양으로 둥글게 빙 둘러 적은 통문.

사방지지(四方之志) 넉 四 /방향 方 /갈 之 /뜻 志

천하의 여러 나라를 돌며 사업을 성취시키려는 뜻. 사방(四方)은 천하의 여러 나라. 《좌전》

사백사병(四百四病) 넉 四 /일백 百 /병 病

인간이 걸리는 일체의 병을 말한다. 인간의 몸은 지(地)·수(水)·화(火)·풍(風)의 네 가지가 조화해서 구성되어 있다는 설

이 있어 그 네 가지 원소(元素)의 부조(不調)로 인해 각기 하나의 원소에 백병(百病)을 일으켜 본래와 합쳐서 사백사(四百四)라고 세는 것. 또 「사백사병」 이외의 병으로 「사랑의 병」이 있다. 《왕생요집(往生要集)》

사불범정(邪不犯正)　바르지 못할 邪 /아니 不 /범할 犯 /바를 正

바르지 못한 것이 바른 것을 감히 범하지 못함.

사비위빈(仕非爲貧)　벼슬할 仕 /아니 非 /할 爲 /가난할 貧

관리는 빈한하여 녹을 타 먹기 위해 일하는 게 아니라는 뜻으로, 관리는 모름지기 덕을 천하에 시행해야 함을 이르는 말. 《맹자》

사상누각(砂上樓閣)　모래 砂 /위 上 /다락 樓 /문설주 閣

모래 위에 세운 다락집. 곧 기초가 약하여 자빠질 염려가 있거나 오래 유지 못할 일. 또 실현 불가능한 일을 비유한 말. 비 공중누각.

사생유명(死生有命)　죽을 死 /살 生 /있을 有 /목숨 命

사람의 생사는 천명(天命)에 달려 있어 사람의 힘으로는 어찌할 수 없음. 또는 의리를 위하여 죽음을 회피하지 않음. 《논어》

사석위호(射石爲虎)　쏠 射 /돌 石 /할 爲 /범 虎

돌을 범으로 잘못 보고 활을 쏘았다는 뜻으로, 일념을 가지고 하면 어떤 일이든 성취할 수 있다는 말. 《사기》 ☞ 중석몰족.

사승습장(死僧習杖)　죽을 死 /중 僧 /친압할 習 /지팡이 杖

죽은 중의 볼기를 친다는 뜻으로, 저항할 힘이 없는 사람에게 폭행을 가하거나 위엄을 부리는 일의 비유.

사시산색(四時山色)　넉 四 /때 時 /뫼 山 /빛 色

계절에 따라 변화하는 산의 풍경을 이름.

사시이비(似是而非)　　같을 似 /옳을 是 /말이을 而 /아니 非

옳은 것처럼 보이면서 실은 잘못인 것. 얼핏 비슷하지만, 자세히 보니 다름. 보통 사이비(似而非)라고 한다. 《논형(論衡)》

사시장춘(四時長春)　　넉 四 /때 時 /길 長 /봄 春

사철의 어느 때나 늘 봄과 같음. 늘 잘 지냄을 비유하여 일컫는 말.

사시춘풍(四時春風)　　넉 四 /때 時 /봄 春 /바람 風

누구에게나 늘 좋은 낯으로 대하며, 무사태평(無事太平)한 사람을 일컬음. 두루춘풍(春風).

사심불구(蛇心佛口)　　뱀 蛇 /마음 心 /부처 佛 /입 口

뱀의 마음에 부처의 입이라는 뜻으로, 마음은 간악하되 입으로는 착한 말을 꾸미는 일. 또 그러한 사람.

사십초말(四十初襪)　　넉 四 /열 十 /처음 初 /버선 襪

갓 마흔에 첫 버선이라는 뜻으로, 뒤늦게 비로소 일을 해 봄

사양장랑(使羊將狼)　　하여금 使 /양 羊 /장수 將 /이리 狼

양으로 이리의 장수를 삼는다는 뜻으로, 힘이 약한 사람에게 강자를 통솔하게 함의 비유. 《사기》

사양지심(辭讓之心)　　말 辭 /사양할 讓 /갈 之 /마음 心

겸허한 태도로 남에게 양보하는 마음. 곧 예의 싹틈이다. 《맹자》 ☞ 사단(四端).

사유종시(事有終始)　　일 事 /있을 有 /끝날 終 /처음 始

무슨 일에도 처음이 있으면 반드시 끝이 있다는 말. 또 무슨 일을 이루는 데에는 그 중요도에 따른 순서를 분간해야 한다는 뜻. 《대학》

사이무회(死而無悔)　　죽을 死 /말이을 而 /없을 無 /뉘우칠 悔

죽어도 후회하지 않는다는 뜻으로, 무모함의 비유. 분별없음. 무턱대고 덤비는 것의 비유. 《논어》

사이불망(死而不亡) 죽을 死 /말이을 而 /아니 不 /망할 亡

육체가 멸하더라도 후세에 길이 덕(德)을 남기는 것이야말로 진정한 장수(長壽)라는 것. 《노자》

사이불후(死而不朽) 죽을 死 /말이을 而 /아니 不 /썩을 朽

명성(名聲)은 죽은 후에도 남는다. 설사 육체는 멸하더라도 그 사람이 이룬 덕행(德行)은 영원히 남는 법이라는 것. 《좌전》

사이지차(事已至此) 일 事 /이미 已 /이를 至 /이 此

일이 이미 이와 같이 되어버렸다는 뜻으로, 후회해도 이제는 소용이 없음을 비유하여 이르는 말.

사인사질(斯人斯疾) 이 斯 /사람 人 /병, 빠를 疾

아까운 사람이 몹쓸 병에 걸려 죽게 되었거나, 죽었다는 뜻으로, 문상할 때 흔히 쓰는 말이다. 《논어》 옹야.

사자분신(獅子奮迅) 사자 獅 /아들 子 /성낼 奮 /빠를 迅

사자가 성낸 듯 그 기세가 거세고 날램. 부처가 위대한 힘으로 번뇌를 부수고 홀연 도의 깨우침을 나타낸다고 하는 의미. 《법화경》

사주팔자(四柱八字) 넉 四 /기둥 柱 /여덟 八 /글자 字

① 사주(四柱)의 간지(干支)로 되는 여덟 글자. ② 피치 못할 타고난 운수(運數).

사지문지(使之聞之) 하여금 使 /갈 之 /들을 聞

자기의 뜻을 제삼자를 통해서 간접적으로 전함.

사직위허(社稷爲墟) 모일 社 /기장 稷 /할 爲 /빌 墟

사직이 폐허가 됨. 곧 나라가 망함을 가리키는 말. 《회남자》

사직지신(社稷之臣)　토지의 신 社 /기장 稷 /의 之 /신하 臣

나라의 중신. 나라의 중요한 임무를 관장하는 대신. 사직(社稷)은 토지신(土地神)과 오곡(五穀)의 신을 말하는데, 국가의 수호신. 여기서는 국가 그 자체를 가리킨다.

사차불후(死且不朽)　죽을 死 /또 且 /아니 不 /썩을 朽

죽더라도 썩지 아니함. 곧 몸은 죽어 없어져도 명성만은 후세에 길이 전함.

사택망처(徙宅忘妻) ☞ 사가망처.

사통팔달(四通八達)　넉 四 /통할 通 /여덟 八 /통달할 達

도로가 사방팔방으로 통해 있어 교통이 편리한 것. 도로나 지하철 등 교통망의 발달 모습을 말한다. 또는 여러 방면의 지식이 풍부해서 무엇이든지 막힘이 없는 사람.

사필귀정(事必歸正)　일 事 /반드시 必 /돌아갈 歸 /바를 正

만사(萬事)는 반드시 정리(正理)로 돌아감. 올바르지 못한 것이 임시로 기승을 부리는 것 같지만 결국 오래가지 못하고, 마침내 올바른 것이 이기게 되어 있음을 가리키는 말이다. 「사(事)」는 「이 세상의 모든 일」을 뜻하고, 「정(正)」은 「이 세상의 올바른 법칙」을 뜻한다. 처음에는 옳고 그름을 가리지 못하여 올바르지 못한 일이 일시적으로 통용되거나 득세할 수는 있지만 오래가지 못하고, 모든 일은 결국에는 반드시 바른 길로 돌아가게 되어 있음을 비유하는 말이다. 비슷한 의미의 사자성어로는 사불범정(邪不犯正 : 바르지 못하고 요사스러운 것이 바른 것을 범하지 못한다), 인과응보(因果應報 : 원인과 결과는 서로 물고 물린다), 종두득두(種豆得豆 : 콩을 심으면 반드시 콩이 나온다) 등이 있다.

사해동포(四海同胞)　넉 四 /바다 海 /한 가지 同 /친형제 胞

온 천하의 사람들. 세계 모든 사람들이 모두 형제와 같이 친밀하다는 말. ☞ 사해형제.

사해위가(四海爲家)　　넉 四 /바다 海 /할 爲 /집 家

천하의 도처를 자기 집처럼 여기는 것. 제왕(帝王)의 사업이 활발함의 비유. 사해(四海)는 동서남북 사방의 바다. 곧 천하를 이르는 말. 《사기》

사회부연(死灰復燃)　　죽을 死 /재 灰 /다시 復 /사를 燃

사그라진 재에서 다시 불길이 되살아나다. 곧 세력을 잃었던 사람이 다시 세력을 잡는 것을 이르는 말. 《사기》

삭족적리(削足適履)　　깎을 削 /발 足 /갈 適 /신 履

「발을 깎아 신발을 맞춘다」는 뜻으로 합리성을 무시하고 억지로 적용하는 것을 비유한다. 원칙 부재의 우리 사회를 가장 잘 반영하고 있다.

삭탈관직(削奪官職)　　깎을 削 /빼앗을 奪 /벼슬 官 /벼슬 職

죄지은 자의 벼슬과 품계를 빼앗고 사판(仕版 : 벼슬아치의 명부)에서 깎아 버림.

산계야목(山鷄野鶩)　　뫼 山 /닭 鷄 /들 野 /집오리 鶩

산꿩과 들오리라는 뜻에서, 성질이 사납고 거칠어서 길들이기 어려운 사람을 가리키는 말.

산고수장(山高水長)　　뫼 山 /높을 高 /물 水 /길 長

인물이나 성격 재능이 청렴 고결하여 그 유풍(遺風)이 후세에까지 전할 정도임을 비유하여 이르는 말. 송나라의 범중엄(范仲淹)이 후한의 엄광(嚴光)의 인덕을 찬양한 말.

산류석천(山溜石穿)　　뫼 山 /머물 留 /돌 石 /뚫을 穿

방울져 떨어지는 물이 바위를 뚫는다는 뜻으로, 무슨 일이든

열심히 계속하면 성취할 수 있음의 비유. 《설원(說苑)》

산명곡응(山鳴谷應)　뫼 山 /울 鳴 /골짜기 谷 /응할 應

산이 울면 골짜기가 응함. 곧 소리가 산과 골짜기에 울림.

산무유책(算無遺策)　셀 算 /없을 無 /끼칠 遺 /꾀 策

책략에 빈틈이 없음. 《진서》

산자수명(山紫水明)　뫼 山 /자줏빛 紫 /물 水 /밝을 明

산은 자줏빛으로 물들고, 개울물은 맑고 푸르다. 곧 산수(山水)의 맑고 아름다운 경관을 말한다.

산저귀저(山底貴杵)　뫼 山 /밑 底 /귀할 貴 /공이 杵

산 밑에 절구공이가 귀하다는 뜻으로, 물건이 산지에서 더 귀함을 이르는 말. 《순오지》

산전수전(山戰水戰)　뫼 山 /싸울 戰 /물 水

산과 물에서 싸웠다는 말로, 온갖 고생과 시련을 겪어 경험이 많다는 뜻. 산전은 산에서 싸우는 것이고, 수전은 물에서 싸우는 것으로, 육지에서 싸우는 것보다 강력한 체력과 고도의 전술이 필요하며 피해와 희생 또한 만만치 않은 만큼 훨씬 어렵다. 따라서 강도 높은 훈련을 받지 않거나 경험이 많지 않은 평범한 병사를 이끌고 산전수전을 치르면 실패하기 쉽다. 산전수전을 겪었다는 것은 군사적인 면으로는 백전노장 또는 역전의 용사를 말한다. 일반적인 의미로는 모진 풍파를 다 겪어 정신적 및 육체적으로 강인한 사람을 뜻하며, 어지간한 시련에는 조금도 동요하지 않는 사람을 말한다. 《손자(孫子)》 모공편(謀攻篇)

산진수궁(山盡水窮)　뫼 山 /다할 盡 /물 水 /다할 窮

첩첩산중에서 더 갈 길이 없이 된 곳. 또는 막다른 길에 이르러 나갈 길이 궁박한 경우의 비유.

삼강오상(三綱五常) 석 三 /벼리 綱 /다섯 五 /항상 常

3강은 유교의 도덕에 있어서 기본 되는 세 가지 도리를 말한다. 곧 임금과 신하, 부모와 자식, 남편과 아내 사이에 지켜야 할 도리로서, 곧 군위신강(君爲臣綱)·부위자강(父爲子綱)·부위부강(夫爲婦綱). 5상은 인·의·예·지·신(仁義禮智信)의 도를 말한다. 비 삼강오륜.

삼계팔고(三界八苦) 석 三 /지경 界 /여덟 八 /괴로울 苦

【불교】 삼계의 중생이 받는 여덟 가지 고통. ☞ 사고팔고(四苦八苦).

삼계화택(三界火宅) 석 三 /지경 界 /불 火 /집 宅

【불교】 고뇌가 그칠 사이가 없는 인간계(人間界)는 화염이 타고 있는 집과 같다는 뜻. 《법화경》

삼고모려(三顧茅廬) ☞ 삼고초려.

삼고지례(三顧之禮) 석 三 /돌아볼 顧 /갈 之 /예도 禮

예의를 다해서 현인(賢人)을 모셔 감을 이르는 말. 제갈양「전출사표(前出師表)」 ☞ 삼고초려.

삼도득신(三度得伸) 석 三 /법도 度 /얻을 得 /펼 伸

신(伸)은 굴(屈)에 상대되는 뜻의 글자로, 바로잡음을 일컫고, 득신은 바로잡힌 것, 즉 원억(冤抑)을 풂을 말함이니 소송(訴訟)에 이긴 것, 곧 득송(得訟)을 뜻함. ① 초심, 재심, 삼심 세 번을 계속해서 이김. ② 법률적 의미에서 접소(接訴) 삼도에 세 번까지 승소할 필요는 없다.

삼두육비(三頭六臂) 석 三 /머리 頭 /여섯 六 /팔 臂

머리가 셋, 팔이 여섯이란 뜻으로, 힘이 매우 센 사람을 이르는 말.

삼라만상(森羅萬象) 나무 빽빽할 森 /새그물 羅 /일만 萬 /모양 象

삼라(森羅)는 무성한 숲과 같이 많은 나무가 빽빽이 늘어선 모양. 만상(萬象)은 모든 현상, 형상. 천지 모든, 온갖 사물, 현상의 비유. 유 천상천하.

삼령오신(三令五申) 석 三 /호령할 令 /다섯 五 /거듭할 申

세 번 호령하고 다섯 번을 거듭 말함. 곧 군대에서 되풀이하여 자세히 명령함. 《사기》

삼면육비(三面六臂) 석 三 /얼굴 面 /여섯 六 /팔 臂

세 개의 얼굴과 여섯 개의 팔로, 한 사람이 여러 사람 몫의 일을 할 때에 이르는 말.

삼배지치(三北之恥) 석 三 /달아날 北(배) /갈 之 /부끄러워할 恥

세 번 싸워서 세 번 당하는 패배(敗北)의 부끄럼. 곧 번번이 싸움에 지는 수치.

삼복백규(三復白圭) 석 三 /다시 復 /흴 白 /홀 圭

백규를 세 번 반복한다는 말로, 말이 신중한 것을 뜻한다. 비 삼사이행(三思而行).

삼부지양(三釜之養) 석 三 /가마 釜 /의 之 /기를 養

박한 녹이지만 부모가 살아 계시다면 효도할 수 있는 낙(樂)이 있다는 것. 삼부(三釜)는 얼마 안되는 봉록(俸祿). 《장자》

삼사이행(三思而行) 석 三 /생각 思 /말이을 而 /행할 行

세 번 생각한 후에 행동한다는 뜻으로, 심사숙고 후 실천에 옮김. 《논어》

삼삼오오(三三五五) 석 三 /다섯 五

사람이나 집 등이 여기저기 산재하는 형용. 이백 「채련곡(採蓮曲)」

삼상지탄(參商之歎)　　별이름 參 /별이름 商 /의 之 /탄식할 歎

삼성(參星)과 상성(商星)이 멀리 떨어져 있는 것과 같이, 두 사람이 서로 떨어져 있어 서로 만나기 어려움을 한탄하는 말.

삼생연분(三生緣分)　　석 三 /날 生 /인연 緣 /나눌 分

【불교】 삼생(三生)에 걸쳐 끊을 수 없는 가장 깊은 연분. 곧 부부간의 인연.

삼생유행(三生有幸)　　석 三 /날 生 /있을 有 /다행 幸

삼생의 행운이 있다는 말로, 매우 얻기 어려운 기회를 얻음.

삼일천하(三日天下)　　석 三 /날 生 /하늘 天 /아래 下

사흘간의 천하라는 뜻으로, ① 권세의 허무를 일컫는 말. 극히 짧은 동안 정권을 잡았다가 실권(失權)함의 비유. ②발탁되어 어떤 지위에 기용되었다가 며칠 못 가서 떨어지는 일의 비유. ③ 갑신정변(甲申政變)이 3일 만에 실패했으므로 이를 달리 일컫는 말 조선 인조 때, 이괄이 평안병사로 있다가 영변에서 군을 일으켜 조정에 모반하고 서울을 함락한 다음 선조의 왕자 홍안군으로 왕위에 올라 그 경축으로 과거까지 보았음. 그러나 이괄의 군사가 정충신에게 패함으로써 사흘 만에 잡혀 대역무도라는 죄명으로 죽으니, 그 때 사람들이 그 사흘 동안 정권 잡았던 것을 조롱하여 이르게 된 말.

삼척동자(三尺童子)　　석 三 /자 尺 /아이 童 /아들 子

「키가 석 자밖에 되지 않는 어린아이」라는 뜻으로, 키가 작은 철부지 어린아이를 말한다. 호전(胡銓)이 지은 《상고종봉사(上高宗封事)》에 나오는 다음 구절에서 유래하였다. 「키가 석 자밖에 안 되는 어린 아이는 어리석은데(夫三尺童子至無知也), 그에게 개와 돼지를 가리키며 절을 하도록 시키면 바로 발끈 성을 냅니다

(指犬豕而使之拜 則怫然怒). 지금 추노가 곧 개나 돼지와 같은 것입니다(今醜虜則犬豕也)」 일의 이치를 판단하는 능력이 부족한 철부지 어린아이를 가리키는 말로서, 보고 들어서 얻은 지식이 적은 사람을 비유하는 말이다. 「오척지동(五尺之童)」과 비슷한 의미다. 「오척지동」은 어린아이를 가리키는 말로, 어른의 신장을 1장(丈)이라 하여 장부(丈夫)라 하고, 그 반인 5척(尺)을 동자(童子)라 해서 그렇게 부른다.

삼천세계(三千世界) 석 三 /일천 千 /세상 世 /지경 界

【불교】 불법에서 말하는 우주관. 수미산(須彌山) 주위에 칠산팔해(七山八海)가 있고, 그 바깥을 대철위산(大鐵圍山)이 둘러싸고 있는 것을 일소세계(一小世界)라고 한다. 이것을 천 배 해서 일소천세계(一小千世界), 소천세계가 천 개 모여서 일중천세계(一中千世界), 중천세계를 천 배 해서 일대천세계(一大千世界), 그것이 삼천으로 삼천대세계라고 한다. 넓고 끝없는 세계를 일컫는 말. 삼천대천세계.

삼천지교(三遷之敎) 석 三 /옮길 遷 /의 之 /가르칠 敎

세 번 거처를 옮긴 가르침. 어머니가 자식을 훌륭하게 가르치기 위해 노력하는 것을 비유하는 말. ☞ 맹모삼천(孟母三遷).

삼촌지할(三寸之轄) 석 三 /마디 寸 /의 之 /비녀장 轄

사물의 요점. 가장 중요한 곳. 할(轄)은 바퀴를 굴대에 고정하기 위한 짧은 못. 《회남자》

삼취정계(三聚淨戒) 석 三 /모일 聚 /깨끗할 淨 /경계할 戒

【불교】 모든 악을 끊어버리는 섭율의계(攝律儀戒)와 모든 선을 닦는 섭선법계(攝善法戒)와 모든 사람에게 이익을 주는 섭중생계(攝衆生戒).

상간복상(桑間濮上)　　뽕나무 桑 /사이 間 /강이름 濮 /위 上

나라를 망칠만 한 음탕한 음악. 상간은 위(衛)나라에 있는 복수(濮水)라는 강가의 지명. 여기에서 천하를 잃은 은(殷)나라 주왕(紂王)이 남긴 음탕한 음악이 유행한 데서 망국의 음악(亡國之音)을 말한다. ☞ 망국지음.

상경백유(相驚伯有)　　서로 相 /놀랄 驚 /맏 伯 /있을 有

있지도 않은 일에 놀라서 두려워하며 어쩔 줄 모르는 것. 《좌전》

상기석의(賞奇析疑)　　상줄 賞 /기이할 奇 /가를 析 /의심할 疑

기이한 문장을 감상하고 의심스러움을 풀어나감. 도연명「이거이수(移居二首)」

상덕부덕(上德不德)　　위 上 /덕 德 /아니 不

최상의 덕은 덕같이 여겨지지 않는다. 곧 진심에서 우러나오는 참된 덕성은 자랑하지 않아도 저절로 밖으로 드러나 사람들의 인정을 받는다는 뜻이다. 《노자》

상두주무(桑杜綢繆)　　뽕나무 桑 /막을 杜 /얽을 綢 /얽을 繆

비가 오기 전에 새가 뽕나무를 물어다가 둥지의 구멍을 막아서 비가 들이치지 못하게 한다는 뜻으로, 환란(患亂)을 미연에 방지함을 이르는 말. 《시경》

상락아정(常樂我淨)　　항상 常 /즐거울 樂 /나 我 /깨끗할 淨

【불교】 열반의 사덕(四德). 곧 상주불변(常住不變)인 상(常)과, 괴로움을 떠나서 안락한 것을 뜻하는 낙(樂)과, 자재무애(自在無礙)인 아(我)와, 청정(淸淨)한 것을 뜻하는 정(淨)의 네 가지.

상루하습(上漏下濕)　　위 上 /샐 漏 /아래 下 /축축할 濕

위에서는 비가 새고 아래서는 습기가 오른다는 뜻으로, 가난한 집을 비유하여 이르는 말. 《장자》

상린범개(常鱗凡介) 항상 常 /비늘 鱗 /무릇 凡 /끼일 介

흔한 물고기와 조개라는 뜻으로, 평범한 사람을 비유하여 이르는 말.

상마지교(桑麻之交) 뽕나무 桑 /마 麻 /의 之 /사귈 交

뽕나무와 마의 사귐이라는 뜻으로, 소박한 사귐. 전부(佃夫), 야인(野人)의 텁텁한 사귐. 두보「기설삼랑중거」

상명지통(喪明之痛) 죽을 喪 /밝을 明 /갈 之 /아플 痛

눈이 멀 정도로 슬프다는 뜻으로, 공자의 제자 자하(子夏)가 아들을 잃고 슬피 울다가 눈이 멀었다는 데서 아들을 잃은 슬픔의 비유.

상봉지지(桑蓬之志) 뽕나무 桑 /쑥 蓬 /의 之 /뜻 志

남자가 천하에 웅비함을 말한다. 상봉은 상호봉시(桑弧蓬矢)의 약(略). 고대 중국에서는 아들이 태어나면 뽕나무로 만든 활로 쑥대 화살을 천지사방에 쏘아서 축하했던 데서 나온 말. 《예기》

상수발제(上樹拔梯) 위 上 /나무 樹 /뺄 拔 /사다리 梯

나무에 오르게 해놓고는 사다리를 치워버린다는 뜻으로, 사람을 끌어들여 궁지에 몰아넣음을 비유하여 이르는 말.

상의의국(上醫醫國) 위 上 /의원 醫 /나라 國

가장 뛰어난 의사는 나라의 전란(戰亂)이나 나쁜 풍습 등의 병을 고치고 제거하는 것이며, 사람의 병을 고치는 것은 그 다음의 일이라는 것. 《국어》

상적광토(常寂光土) 항상 常 /고요할 寂 /빛 光 /흙 土

【불교】 항상 변하지 않는 광명세계라는 뜻으로, 부처의 거처나 빛나는 마음의 세계를 이르는 말.

상중지기(桑中之期) ☞ 상중지희.

상중지희(桑中之喜)　뽕나무 桑 /가운데 中 /의 之 /기쁠 喜

☞ 상중(桑中).

상치분신(象齒焚身)　코끼리 象 /이 齒 /불사를 焚 /몸 身

코끼리는 상아 때문에 몸이 태워진다는 뜻으로, 재산이 많은 사람은 화(禍)를 입기 쉬움의 비유.

상하탱석(上下撑石)　위 上 /아래 下 /버틸 撑 /돌 石

윗돌을 빼서 아랫돌에 괴고, 아랫돌을 빼서 윗돌에 괸다는 뜻으로, 몹시 꼬이는 일을 당하여 임시방편으로 이리저리 견디어 가는 일.

상호봉시(桑弧蓬矢)　뽕나무 桑 /활 弧 /쑥 蓬 /화살 矢

뽕나무로 만든 활과 쑥대로 만든 살. 옛날 중국에서 사내아이가 나면 이것으로 천지사방에 쏘아 큰 뜻을 이루기를 빌던 풍속이 있었음. 전(轉)하여 남자가 뜻을 세움. 상봉지지(桑蓬之志).

상화하택(上火下澤)　위 上 /불 火 /아래 下 /못 澤

주역(周易)의 64괘 중 38번째 괘로, 불은 위로 오르려 하고, 못은 아래로 처지려는 성향을 가진 것처럼 서로 이반(離反)하고 분열한다는 의미다.

새신만명(賽神萬明)　굿할 賽 /귀신 神 /일만 萬 /밝을 明

굿하는 무당. 경솔하고 방정맞은 사람을 일컫는 말.

새옹득실(塞翁得失)　변방 塞 /늙은이 翁 /얻을 得 /잃을 失

한때의 이(利)가 장래의 해(害)가 되기도 하고, 한때의 화(禍)가 장래 복(福)을 가져오기도 한다는 말. ☞ 새옹지마(塞翁之

馬).

생면대책(生面大責)　날 生 /얼굴 面 /클 大 /꾸짖을 責

일의 내용을 알지도 못하고 관계없는 사람을 무턱대고 나무라는 일.

생면부지(生面不知)　날 生 /얼굴 面 /아니 不 /알 知

한 번도 본 일이 없어 도무지 모르는 사람.

사

생멸멸이(生滅滅已)　날 生 /멸망할 滅 /이미 已

생멸은 생사(生死), 또는 항상 변화해서 끝이 없는 것. 멸이는 멸망해서 없어지다, 멸망해서 끝나는 것. 생(生)과 멸(滅)이 없어지고, 불교에서 말하는 현세를 초월해서 불과(佛果)를 얻는 것. 《열반경》

생무살인(生巫殺人)　날 생 /무당 巫 /죽일 殺 /사람 人

「선무당이 사람 잡는다」와 같은 말로, 곧 미숙한 사람이 잘하는 체하다가 일을 그르쳐 놓는다는 뜻. 《동언해》

생사육골(生死肉骨)　날 生 /죽을 死 /고기 肉 /뼈 骨

죽은 사람을 살리고, 뼈에 살을 붙인다는 뜻으로, 궁지에 처한 사람을 구함의 비유. 또는 남의 은혜에 깊이 감사할 때 쓰는 말. 《좌전》

생자필멸(生者必滅)　날 生 /사람 者 /반드시 必 /멸망할 滅

【불교】 생명이 있는 것은 반드시 죽는다. 이것은 어쩔 수 없는 사실. 그것만으로 고귀한 생명을 어떻게 사는가가 문제. 비 성자필쇠.

생지안행(生知安行)　날 生 /알 知 /편안할 安 /행할 行

사람이 실천해야 할 도리를 선천적으로 숙지하여 힘들이지 않고 실천할 수 있는 것. 유가(儒家)의 성인의 경지를 말한 것. 《중

용》

서간충비(鼠肝蟲臂)　　쥐 鼠 /간 肝 /벌레 蟲 /팔 臂

쥐의 간이나 벌레의 발처럼 아주 쓸모없는 물건. 또 아주 미천하여 취할 바가 못 되는 사람.

서시봉심(西施捧心)　　서녘 西 /베풀 施 /받들 捧 /마음 心

무턱대고 남의 흉내를 내서 실소(失笑)를 사다. 흉내를 내서 실패함의 비유. 또는 상대를 치켜세우고 자기도 「당신의 흉내를 내고 싶다」 고 겸손하는 것. 춘추시대 말 월왕(越王) 구천이 오왕(吳王) 부차에게 절세의 미녀 서시(西施)를 바쳤다. 어느 날, 서시가 몸에 탈이 나서 고향집으로 돌아가 몸조리를 하게 되고, 가슴이 아파서 살짝 손을 얹고 눈썹을 찡그리고 걸었다. 그러자 과연 천하의 미인인 그 자태에 마을 사람도 그저 넋을 잃을 정도였다. 이것을 본 시골 처녀들은 자기도 저렇게 걸으면 아름답게 보일 것이라 생각하고 다투어 흉내를 냈다. 그런데 마을에서도 추녀라고 평판이 난 여자들까지 얼굴을 찡그리고 돌아다녔다는 고사. 《장자》 천운(天運). ☞ 서시빈목.

서절구투(鼠竊狗偸)　　쥐 鼠 /훔칠 竊 /개 狗 /훔칠 偸

좀도둑을, 쥐나 개처럼 몰래 물건을 훔친다는 뜻으로 비유하는 말. 《사기》

석계등천(釋階登天)　　내버릴 釋 /사닥다리 階 /오를 登 /하늘 天

실행 불가능한 일을 하려고 함의 비유. 밟아야 할 과정을 생략하는 것. 계(階)는 사다리. 고대 중국의 무속신앙에서는 천계(天界)와 지상과는 신성한 사다리를 통하여 왕래한다고 생각하고 있었다. 석(釋)은 두고 간다는 뜻. 《초사(楚辭)》

석과불식(碩果不食)　　클 碩 /과실 果 /아니 不 /먹을 食

큰 과실을 다 먹지 않고 남긴다는 뜻으로, 곧 자기만의 욕심을 버리고 자손에게 복을 끼쳐 준다는 뜻. 《역경》

석근관지(釋根灌枝) 내버릴 釋 /뿌리 根 /물 댈 灌 /가지 枝

근본에 착안하지 않고 지엽말절(枝葉末節)에만 눈이 가는 것. 본질을 궁구하지 않고 현상(現象)에만 얽매이는 것. 석(釋)은 사(捨)와 통해서 버리다 의 뜻. 《회남자》

석불가난(席不暇暖) 자리 席 /아니 不 /겨를 暇 /따뜻할 暖

자꾸 드나들어 앉은 자리가 따뜻해질 겨를이 없다는 뜻으로, 자리나 주소를 자꾸 옮김을 이르는 말.

석안유심(釋眼儒心) 석가 釋 /눈 眼 /공자 儒 /마음 心

석가의 눈과 공자의 마음. 곧 자비스럽고 인애(仁愛) 깊은 일.

석학홍유(碩學鴻儒) 클 碩 /배울 學 /큰기러기 鴻 /선비 儒

학문이 깊고 넓은 대학자. 석(碩)도 홍(鴻)도 크다는 뜻으로, 위대한 유학자(儒學者)를 말한다. 《진서》

석화광음(石火光陰) 돌 石 /불 火 /빛 光 /응달 陰

돌이 마주칠 때에 불빛이 한번 번쩍였다가 곧 없어지는 것처럼 빠른 세월을 비유하는 말.

선건전곤(旋乾轉坤) 돌 旋 /하늘 乾 /구를 轉 /땅 坤

천하의 난을 평정함. 또 나라의 폐풍(弊風)을 크게 고침.

선공무덕(善供無德) 착할 善 /이바지할 供 /없을 無 /덕 德

부처님께 공양을 잘 드려도 아무 공덕이 없다는 뜻으로, 남을 위해 힘써도 별 소득이 없음을 이르는 말.

선남선녀(善男善女) 착할 善 /사내 男 /계집 女

【불교】 불법을 믿고 따르는 남녀. 또는 나한(羅漢)과 보살(菩薩). 일반 대중.

선병자의(先病者醫)　　먼저 先 /병 病 /사람 者 /의원 醫

먼저 병을 알아본 경험이 있는 사람이 경험이 있어 뒤에 앓는 이의 병을 고칠 수 있다는 뜻으로, 경험 있는 사람이 남을 인도할 수 있다는 뜻.

선로명주(仙露明珠)　　신선 仙 /이슬 露 /밝을 明 /구슬 珠

선인(仙人)이 내려주는 이슬과 아름다운 구슬. 곧 서법(書法)의 원활함을 이르는 말.

선어무망(羨魚無網)　　부러워할 羨 /물고기 魚 /없을 無 /그물 網

얻을 수단이 없으면서 무엇을 갖고 싶어 함의 비유. 또 그 수단이 없으면서 무엇을 갖고 싶어 하면 안된다는 경계로도 쓰인다. 《포박자》

선의순지(先意順旨)　　먼저 先 /뜻 意 /순할 順 /뜻 旨

그 사람이 생각하기 전에 눈치 빠르게 의중을 알아채고 뜻을 좇는다. 곧 다른 사람이 원하는 것을 미리 알아 비위를 맞추는 아부를 말한다.

선의후리(先義後利)　　먼저 先 /옳을 義 /뒤 後 /이익 利

먼저 사리와 도리를 잘 생각하고, 이해타산은 그 뒤에 한다. 상업도덕, 기업윤리의 기본 이념. 의(義)는 대의(大義)로 통하는 사물의 절차. 이(利)는 이익. 장사는 이윤 추구가 목적이지만, 어떻게 해서라도 돈을 벌면 된다는 것이 아니라, 그 행위와 수단이 상업도덕에 반하지 않는지 어떤지를 잘 생각하지 않으면 안된다. 그러므로 이해득실을 따지는 방법을 뜻하는 것. 《맹자》 유 선우후락.

선입위주(先入爲主)　　먼저 先 /들 入 /할 爲 /주인 主

먼저 보거나 듣거나 배우거나 한 것이 자신의 생각이나 판단의

기준이 되기 쉽다는 말. 선입관·고정관념에 사로잡히는 것.《한서》

선자옥질(仙姿玉質)　신선 仙 /맵시 姿 /옥 玉 /바탕 質

신선의 자태에 옥의 바탕이라는 뜻으로, 기품이 높은 미인을 형용하여 이르는 말. 《고금시화》

선종외시(先從隗始) ☞ 선시어외(先始於隗).

선침온석(扇枕溫席)　부채 扇 /베개 枕 /따뜻할 溫 /자리 席

부모에게 효도를 다함의 비유. 여름에는 부모의 베갯머리에서 부채질을 하여 시원하게 하고, 겨울에는 자신의 체온으로 부모의 이부자리를 따뜻하게 한다는 뜻. 《동관한기(東觀漢記)》

선화후과(先花後果)　먼저 先 /꽃 花 /뒤 後 /열매 果

먼저 꽃이 피고 나중에 열매를 맺는다는 뜻으로, 먼저 딸을 낳고 나중에 아들을 낳음을 일컫는 말.

설니홍조(雪泥鴻爪)　눈 雪 /진흙 泥 /기러기 鴻 /손톱 爪

눈 위의 기러기 발자취가 눈이 녹으면 없어지듯, 인생의 자취가 흔적이 없음을 비유하는 말.

설병지지(挈缾之知)　손에 들 挈 /두레박 缾 /의 之 /알 知

아주 작은 지혜의 비유. 설(挈)은 손에 들다 의 뜻, 병(缾)은 병(甁)과 마찬가지로 물을 담는 그릇. 《좌전》

설망어검(舌芒於劍)　혀 舌 /날카로울 芒 /어조사 於 /칼 劍

혀는 칼보다 날카롭다는 뜻으로, 「세 치 혀가 백만 명의 군사보다 더 강하다(三寸之舌 彊於百萬之師)」는 「삼촌지설(三寸之舌)」의 고사와 같은 뜻이다. 백만 군사의 위력으로도 되지 않을 일을 말로써 상대를 설복시켜 뜻을 이룬다는 뜻이다. 영어에도 "The pen is mightier than the sword."이란 유명한 말이 있다. 다 같은 뜻이다.

설부화용(雪膚花容) 눈 雪 /살결 膚 /꽃 花 /얼굴 容

눈같이 흰 살결과 아름다운 얼굴.

설중송백(雪中松柏) 눈 雪 /가운데 中 /소나무 松 /잣나무 柏

절개와 지조가 굳음의 비유. 송백(松柏)은 모두 상록수로, 아무리 혹독한 추위 속에서도 결코 색이 변하지 않는다. 역경에 처해서도 절개와 지조를 바꾸지 않음의 비유.

설중송탄(雪中送炭) 눈 雪 /가운데 中 /보낼 送 /숯 炭

눈 속에 있는 사람에게 탄을 보내 주다. 고생하는 사람을 구해 줌.

섭우춘빙(涉于春氷) 건널 涉 /어조사 于 /봄 春 /얼음 氷

매우 위험함의 비유. 또 마음이 놓이지 않고 불안함의 비유. 춘빙(春氷)은 봄의 녹기 쉬운 얼음의 뜻. 《서경》

섭족부이(躡足附耳) 밟을 躡 /발 足 /붙일 附 /귀 耳

남몰래 상대방에게 주의·충고를 주는 것. 남이 알아차리지 않도록 상대방의 발을 밟아서 주의를 끈 뒤 귀에 입을 대고 살짝 귀띔한다는 뜻. 《사기》

성공무덕(聖供無德) 성스러울 聖 /이바지할 供 /없을 無 /덕 德

부처에게 공양하였으나 아무 공덕이 없다는 뜻이니, 곧 남을 위하여 노력하나 아무 소득이 없음을 뜻함. 선공무덕(善供無德).

성명낭자(聲名狼藉) 소리 聲 /이름 名 /이리 狼 /깔개 藉

명성이 사방에 자자하다. 그러나 그 명성은 악명을 말하는 것이니, 결국 명성이 땅에 떨어지거나 훼손되어 버린 것을 뜻한다. 《사기》

성문과정(聲聞過情) 소리 聲 /들을 聞 /지날 過 /실정 情

세상의 평판이 실제보다도 높은 것. 성문(聲聞)은 명성 · 평판. 정(情)은 실정. 《맹자》

성사부설(成事不說)　이룰 成 /일 事 /아니 不 /말씀 說

이미 저지른 일에 대해서는 왈가왈부하지 않는다는 것. 《논어》

성수불루(盛水不漏)　담을 盛 /물 水 /아니 不 /샐 漏

가득 찬 물이 조금도 새지 않는다는 뜻으로, 사물이 빈틈없이 꽉 짜여 있거나, 또는 지극히 정밀(精密)함을 이르는 말.

성자필쇠(盛者必衰)　담을 盛 /사람 者 /반드시 必 /쇠할 衰

세상은 무상하여 아무리 성(盛)한 자라도 반드시 쇠(衰)할 때가 있다는 뜻. 《인왕경(仁王經)》 ㊌ 회자정리 · 생자필멸.

성화요원(星火燎原)　별 星 /불 火 /화톳불 燎 /들판 原

하찮은 나쁜 짓을 내버려두면 차츰 커져서 걷잡을 수 없게 됨의 비유. 또 불이 들판을 태워버리듯이 나쁜 짓이 대단한 기세로 퍼져 손을 쓸 수 없음의 비유. 성화(星火)는 작은 불, 요원(燎原)은 들판을 불태우는 것. 《서경》 ☞ 요원지화(燎原之火).

세가소탈(勢家所奪)　기세 勢 /집 家 /바 所 /빼앗을 奪

권세(權勢) 있는 사람에게 빼앗김.

세단의장(世短意長)　세상 世 /짧을 短 /뜻 意 /길 長

사람의 일생은 짧고, 마음에 고민하는 일은 지극히 많음을 이르는 말. 《학림옥로(鶴林玉露)》

세답족백(洗踏足白)　씻을 洗 /밟을 踏 /발 足 /흴 白

상전(上典)의 빨래에 종의 발꿈치가 희게 된다는 말로, 남의 일을 하여 주면 그만한 소득이 있다는 뜻. 《순오지》

세속오계(世俗五戒)　대 世 /풍속 俗 /다섯 五 /경계할 戒

신라 진평왕 때 승려 원광(圓光)이 화랑에게 일러 준 다섯 가지 계율. 원광이 수(隋)나라에서 구법(求法)하고 귀국한 후, 화랑 귀산(貴山)과 추항(箒項)이 찾아가 일생을 두고 경계할 금언을 청하자, 원광이 이 오계를 주었다고 한다. 즉, 사군이충(事君以忠 : 충성으로써 임금을 섬긴다) · 사친이효(事親以孝 : 효도로써 어버이를 섬긴다) · 교우이신(交友以信 : 믿음으로써 벗을 사귄다) · 임전무퇴(臨戰無退 : 싸움에 임해서는 물러남이 없다) · 살생유택(殺生有擇 : 산 것을 죽임에는 가림이 있다)이다. 이는 뒤에 화랑도의 신조가 되어 화랑도가 크게 발전하고 삼국통일의 기초를 이룩하게 하는 데 크게 기여하였다.

세태염량(世態炎凉)　　세상 世 /모양 態 /불탈 炎 /서늘할 凉

세정(世情)의 성쇠(盛衰). 인정의 반복. 염량세태(炎凉世態).

세한삼우(歲寒三友)　　해 歲 /찰 寒 /석 三 /벗 友

세한(歲寒)은 1년 중 추운 계절인 겨울. 또는 고통스런 시대나 난세(亂世)의 뜻도 있다. 겨울철 관상용의 세 가지 나무인 송죽매(松竹梅), 곧 소나무 · 대나무 · 매화나무. 흔히 동양화의 화제(畵題)가 됨. 난세의 세 친구에 산수(山水) · 송죽(松竹) · 금주(琴酒)가 있다.

소견다괴(少見多怪)　　적을 少 /볼 見 /많을 多 /괴이할 怪

본 것이 적으면 괴이한 일이 많다는 뜻으로, 견문이 좁은 것을 비웃어 이르는 말. 《포박자》

소규조수(蕭規曹隨)　　퉁소 蕭 /법 規 /마을 曹 /따를 隨

소하(蕭何)가 정한 것을 조참(曹參)이 좇다. 옛날의 법도를 그대로 물려 쓰는 것을 말한다.

소극침주(小隙沈舟)　　작을 小 /틈 隙 /가라앉을 沈 /배 舟

작은 틈으로 물이 새어들어 배가 가라앉는다는 뜻으로, 작은 일을 게을리 하면 큰 재앙이 닥치게 됨을 비유하여 이르는 말. 《열자》

소림일지(巢林一枝) 둥지 巢 /수풀 林 /한 一 /가지 枝

「새가 숲에 둥지를 트는 데는 가지 하나면 되고, 두더지가 황하의 물을 마신다 해도 배를 채우는데 그친다(巢林一枝 飮河滿腹)」는 뜻으로, 요임금이 천하를 통일한 후에 허유에게 말한다. 「해와 달이 밝은 세상인데 횃불이 무슨 의미가 있으며, 비가 오는데 물을 댄다면 그 또한 무슨 의미가 있겠습니까? 허유 선생께서 요나라를 다스리면 천하가 태평성대할 것입니다. 제 스스로 부족함을 느끼니 이 나라를 다스려 주시오」 그러자 허유가 대답한다. 「나라에 임금이 이미 천하를 다스리고 있습니다. 내가 대신한다면 그것은 명예일 겁니다. 명예란 덧없는 것입니다. 새가 둥지를 틀 때는 숲 속의 많은 나무 중에서 단 한 가지에 지나지 않고(巢林一枝). 두더지가 황하의 물을 마신다 해도 배를 채우는데 그칩니다(飮河滿腹). 그러니 돌아가십시오. 제가 천하를 맡는다 해도 소용없는 일입니다」 신분에 어울리는 것에 납득하는 것. 작은 집, 작은 집에서 소시민이 만족하고 사는 것이 이 성어의 의미. 《장자》 소요유(消遙遊)편 비 지족안분(知足安分).

소미지급(燒眉之急) ☞ 초미지급(焦眉之急).

소비하청(笑比河淸) 웃을 笑 /견줄 比 /황하 河 /맑을 淸

근엄해서 여간해서 웃지 않는 것. 하(河)는 황하를 가리킨다. 황하는 「백년하청(百年河淸 ☞)을 기다린다」고 할 정도로 그 탁한 물이 맑아지는 법이 없다. 포증(包拯)이 언제나 위엄있는 얼굴을 하고 웃는 법이 없음을, 황하가 맑아지는 법이 없음에 비유

한 것이다.《송사》

소상팔경(瀟湘八景)　　강 이름 瀟 /강 이름 湘 /여덟 八 /경치 景

소수(瀟水)와 상수(湘水) 일대에 펼쳐진 여덟 군데의 아름다운 경치. 일반적으로 소상팔경 하면 세상에서 가장 아름다운 경관을 가진 곳의 대명사로 쓰인다. 소수와 상수는 모두 양자강의 지류로 강 중류에 있는 동정호로 흘러든다. 《몽계필담》

소양지판(霄壤之判)　　하는 霄 /땅 壤 /의 之 /구별할 判

하늘과 땅의 차. 곧 사물이 엄청나게 다름을 일컫는 말. 소양지차(霄壤之差), 천양지차(天壤之差).

소의간식(宵衣旰食)　　밤 宵 /옷 衣 /해 질 旰 /먹을 食

해가 뜨기 전에 일어나 의관을 갖춰 입고, 해가 진 후에 저녁밥을 먹는다는 뜻으로, 임금이 정사(政事)에 여념이 없음을 비유하여 이르는 말. 《당서》

소인묵객(騷人墨客)　　떠들 騷 /사람 人 /먹 墨 /손 客

시문(詩文)과 서화(書畵) 등의 풍류를 일삼는 사람. 현대풍으로 말하면, 작가·가수·시인·화가·서가(書家) 등을 말한다. 소인(騷人)은 초(楚)나라의 굴원(屈原)이 지은 《이소부(離騷賦)》에서 유래한 말로 서정적인 시부(詩賦) 및 글을 쓰는 사람, 풍류를 즐겨 노래하고 읊는 사람, 문인 또는 시인을 일컫는다. 《선화화보(宣和畵譜)》 비 문인묵객(文人墨客).

소인지용(小人之勇)　　작을 小 /사람 人 /의 之 /용기 勇

사려가 얕은 자의 어리석은 용기. 《순자》 ☞ 필부지용(匹夫之勇).

소일지탄(小一之嘆)　　작을 小 /한 一 /의 之 /탄식할 嘆

기쁜 일이 있을 때의 사소한 근심 걱정.

소중유도(笑中有刀)　　웃을 笑 /가운데 中 /있을 有 /칼 刀

겉으로는 웃음을 띠고 온화하지만, 속으로는 음험하고 악랄함을 이르는 말. 《구당서》 비 구밀복검.

속수지례(束脩之禮)　　묶을 束 /육포 脩 /의 之 /예도 禮

묶은 육포의 예절이라는 말로, 스승을 처음 만나 가르침을 청할 때 예절을 갖추는 것을 이르는 말. 《논어》 술이.

속전속결(速戰速決)　　빠를 速 /싸울 戰 /정할 決

지구적(持久的) 장기전을 피하고 속전으로써 전국(戰局)을 빨리 판가름 내는 것. 반 숙려단행(熟慮斷行).

속지고각(束之高閣)　　묶을 束 /갈 之 /높을 高 /문설주 閣

내버려두고 쓰지 않다. 한쪽으로 밀어 놓고 관심을 두지 않는다는 말. 고각(高閣)은 벽에 매달아 놓은 서가(書架). 《진서》

손여지언(巽與之言)　　손괘 巽 /따를 與 /갈 之 /말씀 言

남을 거스르지 않고, 자신을 낮추며, 조심스럽게 완곡하게 하는 말. 손(巽)은 자신을 낮춤. 여(與)는 거스르지 않고 따름. 《논어》

솔토지빈(率土之濱)　　거느릴 率 /땅 土 /의 之 /물가 濱

바다에 이르는 땅의 끝. 곧 온 나라의 지경(地境) 안.

송무백열(松茂栢悅)　　소나무 松 /우거질 茂 /잣나무 栢 /기쁠 悅

소나무가 빽빽하면 잣나무가 좋아한다는 뜻으로, 남이 잘되는 것을 기뻐함의 비유. 유 혜분난비(蕙焚蘭悲).

수각황망(手脚慌忙)　　손 手 /다리 脚 /당황할 慌 /조급할 忙

급작스러운 일에 당황하여 어찌할 바를 모르고 쩔쩔 맴.

수간두옥(數間斗屋)　　셀 數 /사이 間 /말 斗 /집 屋

간수가 몇 간 되지 않는 매우 작은 집.

수갈불완(裋褐不完)　해진 옷 裋 /베옷 褐 /아니 不 /완전할 完

빈천해 의복이 해져 있는 것. 수갈은 허술한 삼베 짧은 옷. 《한서》

수경무사(水鏡無私)　물 水 /거울 鏡 /없을 無 /사사 私

공명정대. 사심이 없고 공평함의 비유. 수경(水鏡)은 물과 거울. 물과 거울은 모두 현실을 있는 그대로 비춰 내는 것으로 생각되고 있었다. 《삼국지》

수경지인(水鏡之人)　물 水 /거울 鏡 /의 之 /사람 人

모범이 될 만한 사람, 총명한 사람의 비유. 수경(水鏡)은 물거울. 또는 물과 거울. 흐린 데가 없이 맑고 밝게 사람을 비춘다는 비유로 쓰인다. 《진서》

수구여병(守口如甁)　지킬 守 /입 口 /같을 如 /병 甁

비밀을 잘 지켜서 남에게 알리지 아니함을 일컫는 말. 《조씨객어(晁氏客語)》

수궁즉설(獸窮則齧)　짐승 獸 /궁할 窮 /곧 則 /물 齧

짐승은 궁지에 몰리면 문다는 뜻으로, 사람은 궁하면 거짓말을 함의 비유.

수도거성(水到渠成)　물 水 /이를 到 /도랑 渠 /이룰 成

조건이 갖추어지면 사물은 저절로 성사됨의 비유. 물이 흐르면 저절로 흙이 깎여서 도랑이 생긴다는 뜻.

수두상기(垂頭喪氣)　드리울 垂 /머리 頭 /잃을 喪 /기운 氣

고개를 떨어뜨리고 기를 잃는다는 말로, 풀이 죽다, 기세가 꺾인다는 뜻. 《신당서》

수렴청정(垂簾聽政)　드리울 垂 /발 簾 /들을 聽 /정사 政

왕대비(王大妃)가 군신(群臣)을 접견할 때 내외하기 위해 그 앞에 발을 쳤던 데서, 임금이 나이 어려 등극했을 때 왕대비가 이를 도와서 정사를 돌보는 것. 좋은 취지에서 시작되었지만, 후에는 임금이 어리다는 이유로 외척을 끌어들여 제멋대로 권력을 휘두르는 폐해를 낳게 되었다. 우리나라 역대 왕조의 수렴청정은 고구려에서 1회, 신라에서 2회, 고려시대는 4회, 조선시대는 8회 임금이 즉위 초에 나라의 정사를 모후나 대비에게 맡겨 외척의 정치 참여를 가져왔고, 특히 순조 이후 철종 때까지 60년간의 척신(戚臣) 안동김씨의 세도정치는 조정의 문란, 부정부패, 매관매직의 성행 등을 초래하였다. 또한 탐관오리의 득세로 민생은 도탄에 빠졌고, 민심이 흉흉하여 홍경래(洪景來)의 난(亂)이 일어나는 등 나라가 어지러웠다. 《구당서》

수망상조(守望相助)　지킬 守 /멀리 내다볼 望 /서로 相 /도울 助

서로 힘을 합쳐서 도둑 등을 감시하고 막음. 《맹자》

수사심복(輸寫心腹)　나를 輸 /베낄 寫 /마음 心 /배 腹

숨기는 일 없이 마음에 있는 것을 모두 털어 놓음. 심복지우(心腹之友)라고 하면, 서로 마음을 털어놓을 수 있는 절친한 친구. 《한서》

수삽석남(首揷石枏)　머리 首 /꽂을 揷 /돌 石 /녹나무 枏

머리에 꽂힌 석남꽃이란 말로, 생사를 초월한 간절한 사랑을 비유하는 말. 《대동운부군옥》

수설불통(水泄不通)　물 水 /샐 泄 /아니 不 /통할 通

물샐 틈이 없다는 뜻으로, 경비가 아주 엄해 비밀이 새어나가지 못함을 이르는 말.

수수방관(袖手傍觀)　소매 袖 /손 手 /곁 傍 /볼 觀

팔짱을 끼고 보고만 있다는 뜻으로, 직접 손을 내밀어 관여하지 않고 그대로 내버려둠을 이르는 말.

수신제가(修身齊家)　　닦을 修 /몸 身 /가지런할 齊 /집 家

유교의 목표는「수신제가 치국평천하(治國平天下)」에 있다. 천하 국가를 다스리는 기본은, 먼저 개인의 몸의 수양에서 시작되는 것. 자기의 행동을 훌륭하게 하고(修身), 자기 가족·가정을 잘 절제하고(齊家), 자기들의 나라를 잘 다스리며(治國), 천하를 평화롭게 한다(平天下)라고 하는 의미로, 정치 본연의 자세를 나타내는 말. 《대학》

수심화열(水深火熱)　　물 水 /깊을 深 /불 火 /더울 熱

물은 깊고 불길은 뜨겁다는 뜻으로, 백성들의 어려운 처지를 비유하여 일컫는 말이다. 《맹자》

수오지심(羞惡之心)　　부끄러워할 羞 /미워할 惡 /갈 之 /마음 心

자신의 불의(不義)·부정(不正)을 부끄러워하고 미워하는 마음은 의(義)의 싹틈이다. 《맹자》

수원수구(誰怨誰咎)　　누구 誰 /원망할 怨 /허물 咎

남을 원망하거나 책망할 것이 없음을 이르는 말.

수이부실(秀而不實)　　빼어날 秀 /말이을 而 /아니 不 /열매 實

학문에 뜻을 두고 노력·연찬(硏鑽)을 하더라도 성과를 올리지 못하고 끝나고 마는 것. 또는 요절(夭折)을 애석히 여김. 수(秀)는 자라서 크는 것. 벼의 꽃이 피고 이삭이 자라는 것. 《논어》

수잡지수(數雜之壽)　　셀 數 /섞일 雜 /갈 之 /수명 壽

6, 70세를 말한다. 잡(雜)은 조(帀), 잡(匝)이라고도 한다. 십이지(十二支)의 자(子)부터 해(亥)까지 한 바퀴 도는 것을 일조(一帀), 또는 일잡(一匝)이라고 하는데, 수잡은 12년을 몇 번 거

듭한다는 뜻.

수적성천(水積成川)　물 水 /모일 積 /이룰 成 /내 川

적은 물도 모이고 또 모이면 큰 냇물을 이루듯이, 작은 일도 차츰 쌓이면 큰 성과를 거둘 수 있음을 비유하여 이르는 말. 《설원》

수적천석(水滴穿石)　물 水 /물방울 滴 /뚫을 穿 /돌 石

물방울이 돌을 뚫는다는 말로, 작은 노력이라도 끈기있게 계속하면 큰일을 이룰 수 있음을 비유하여 이르는 말. 《학림옥로》

수제조적(獸蹄鳥跡)　짐승 獸 /굽 蹄 /새 鳥 /자취 跡

짐승의 굽과 새의 발자취란 뜻으로, 세상이 매우 어지러워 금수가 설치고 다님을 이름. 《맹자》

수주화벽(隋珠和璧)　수나라 隋 /구슬 珠 /화할 和 /옥 璧

귀중한 것의 비유. 주(珠)와 벽(璧)은 모두 옥(玉)의 일종. 수주는 수후(隋侯)의 구슬. 화벽은 화씨(和氏)의 구슬을 말한다. 《회남자》 ☞ 화씨지벽.

수하석상(樹下石上)　나무 樹 /아래 下 /돌 石 /위 上

【불교】 불도를 닦음. 나무 밑과 돌 위라는 뜻으로, 산야(山野)나 길가에서 숙식하는 출가자(出家者)의 생활을 이르는 말. 수하는 십이두타행(十二頭陀行)의 하나.

수행병하(數行竝下)　셀 數 /글줄 行 /아우를 竝 /아래 下

책을 읽는 능력이 뛰어난 것. 독해력이 뛰어남의 비유. 책을 읽는 데 몇 행을 한꺼번에 읽어 내려간다는 뜻. 또 눈물이 여러 줄기가 흘러내림의 형용. 《양서》

수화불통(水火不通)　물 水 /불 火 /아니 不 /통할 通

물과 불이 서로 통하지 않는 것처럼 친교를 끊음.

수화빙탄(水火氷炭)　　물 水 /불 火 /얼음 氷 /숯 炭

서로 상극이 됨. 사이가 매우 나쁨.

수화지재(隋和之材)　　수나라 隋 /화할 和 /의 之 /재목 材

수는 수주(隋珠), 즉 수후(隋侯)의 구슬. 화는 화벽(和璧), 즉 화씨벽(和氏璧). 모두 천하의 보물이란 뜻으로, 뛰어난 인재의 비유. ☞ 수주화벽.

숙독완미(熟讀玩味)　　익을 熟 /읽을 讀 /익숙할 玩 /맛 味

문장을 잘 읽고 내용을 충분히 음미함. 일독(一讀)만으로 맛을 느낄 수가 없으며, 일지반해(一知半解)의 원인이 된다.

숙려단행(熟慮斷行)　　익을 熟 /생각할 慮 /끊을 斷 /행할 行

잘 생각하고 충분히 검토한 뒤에 결심해서 실행하는 것. 반 수수방관(袖手傍觀).

숙맥불변(菽麥不辨)　　콩 菽 /보리 麥 /아니 不 /분변할 辨

춘추시대 진(晉)의 도공(悼公)에게 형이 있었는데 우둔하여 아무 일도 맡길 수 없었다. 그래서 관직이 없이 지낼 수밖에 없었다. 사람들은 그를 두고 콩과 보리도 구별 못 한다 하여 "숙맥불변'이라 표현했다. 《좌전》 ☞ 불변숙맥.

숙불환생(熟不還生)　　익을 熟 /아니 不 /돌아올 還 /날 生

한번 익힌 음식은 날것으로 되돌아갈 수 없어 그대로 두면 소용없다는 뜻으로, 남에게 권할 때 쓰는 말.

숙살지기(肅殺之氣)　　엄숙할 肅 /죽일 殺 /갈 之 /기운 氣

가을의 쌀쌀하고 매서운 기운.

숙속지문(菽粟之文)　　콩 菽 /조 粟 /갈 之 /글월 文

콩과 조 같은 문장이라는 뜻으로, 세상에 널리 통하는 아주 쉬운 글.

숙수지환(菽水之歡)　콩 菽 /물 水 /의 之 /기뻐할 歡

콩을 먹고 물을 마시는 가난한 생활 속에서 부모에게 효도를 다하여 그 마음을 기쁘게 하는 것. 《예기》

숙습난당(熟習難當)　익을 熟 /익힐 習 /어려울 難 /당할 當

만사에 숙달한 사람을 당해내기 어렵다는 뜻으로, 무슨 일을 잘하려면 손에 익어야 함을 이르는 말.

숙시숙비(熟是熟非)　익을 熟 /옳을 是 /아닐 非

시비(是非)가 분명하지 않음.

숙시주의(熟柿主義)　익을 熟 /감나무 柿 /주인 主 /옳을 義

감이 익어서 저절로 떨어지듯, 호기(好機)가 오기를 앉아서 기다리는 주의. 비 수주대토(守株待兎).

숙야비해(夙夜匪解)　일찍 夙 /밤 夜 /아닐 匪 /풀 解

아침 일찍부터 밤늦게까지 계속 일하는 것. 《시경》

숙호충비(宿虎衝鼻)　묵을 宿 /범 虎 /찌를 衝 /코 鼻

자는 범의 코를 찌른다는 뜻으로, 스스로가 불리(不利)를 자초함을 비유하여 이르는 말. 《송남잡식》

숙흥야매(夙興夜寐)　일찍 夙 /일어날 興 /밤 夜 /잠잘 寐

아침 일찍 일어나고 밤늦게 잠자리에 들다. 곧 자신이 맡은 역할과 책임을 다하기 위해 애쓰고 노력하는 모습을 비유하는 말. 《시경》

순우추요(詢于芻蕘)　물을 詢 /어조사 于 /꼴 芻 /나무꾼 蕘

추(芻)는 풀 베는 사람. 요(蕘)는 나무하는 사람. 곧 풀 베는 사람과 나무하는 사람과 의논한다는 뜻으로, 손아랫사람의 의견이나 비판으로 옳은 것은 순수하게 받아들이고, 부끄럽게 여기지 않는 것. 《시경》

순치보거(脣齒輔車) 입술 脣 /이 齒 /덧방나무 輔 /수레 車

순(脣)은 입술, 치(齒)는 이, 보(輔)는 수레 덧방나무, 거(車)는 수레바퀴. 곧 이들의 관계처럼 극히 밀접함을 이르는 말. 《좌전》 ☞ 순망치한.

순치지국(脣齒之國) 입술 脣 /이 齒 /의 之 /나라 國

순치(脣齒)의 사이인 나라. 곧 이해관계가 밀접한 두 나라. 《좌전》

순풍이호(順風而呼) 순할 順 /바람 風 /말이을 而 /부를 呼

바람이 부는 쪽으로 소리를 지르면 그 소리가 멀리까지 똑똑히 들린다는 뜻으로, 시세(時勢)에 편승하면 일을 하기 쉬움을 비유하여 이르는 말. 《순자》

술자지능(述者之能) 지을 述 /사람 者 /의 之 /능할 能

문장(文章)의 잘되고 못됨은 쓴 사람의 글재주에 달렸다는 말. 또 일의 잘되고 못됨은 그 사람의 수단에 달렸다는 말.

슬갑도적(膝甲盜賊) 무릎 膝 /껍질 甲 /훔칠 盜 /도둑 賊

남의 시문의 글귀를 따다가 고쳐서 글을 짓는 사람을 이르는 말. 유 문필도적(文筆盜賊). 표절(剽竊). 반 환골탈태.

슬양소배(膝癢搔背) 무릎 膝 /가려울 癢 /긁을 搔 /등 背

무릎이 가려운데 등을 긁는다는 뜻으로, 토의(討議) 같은 것이 이치에 닿지 아니함의 비유. 《염철론(鹽鐵論)》

습여성성(習與性成) 익힐 習 /같을 與 /성정 性 /이룰 成

습관을 되풀이하면 마침내 그 사람이 타고난 성질과 똑같아진다는 것. 습관이 제2의 천성(天性)이 된다는 말이다. 《서경》

습인아혜(拾人牙慧) 주울 拾 /사람 人 /어금니 牙 /슬기 慧

남의 말이나 글을 반성 없이 그대로 본뜨는 것. 《세설신어》

습인체타(拾人涕唾)　　주울 拾 /사람 人 /눈물 涕 /침 唾

시문(詩文) 등을 짓는 데 있어서 선인(先人)의 모방을 하는 것. 남의 설(說)을 자신의 견해로서 서술하는 것. 체(涕)는 눈물, 타(唾)는 침. 체타는 남이 내놓은 것으로, 다른 사람의 견해나 작품에 비유한다. 《창랑시화(滄浪詩話)》

습잠악촉(拾蠶握蠋)　　주울 拾 /누에 蠶 /쥘 握 /나비 애벌레 蠋

굼벵이를 닮은 누에와 뱀을 닮은 붕장어를 만지는 것은 모두 자기의 이익을 위해서라는 뜻.

승두지리(升斗之利)　　되 升 /말 斗 /의 之 /이익 利

한 되 한 말의 이익이라는 뜻으로, 대수롭잖은 이익을 이르는 말.

승망풍지(乘望風旨)　　탈 乘 /바랄 望 /바랄 風 /뜻 旨

윗사람의 비위를 잘 맞추어 줌.

승상접하(承上接下)　　받들 承 /위 上 /사귈 接 /아래 下

윗사람을 받들고 아랫사람을 거느리어 그 사이를 잘 주선함을 이르는 말.

승선입시(乘船入市)　　탈 乘 /배 船 /들 入 /저자 市

배를 타고 장에 간다, 곧 장마가 져서 비가 많이 옴을 이르는 말.

승영구구(蠅營狗苟)　　파리 蠅 /경영할 營 /개 狗 /비굴할 苟

파리가 분주함과 개의 비굴함이라는 뜻으로, 아둔한 임금과 간신들을 풍자한 것으로, 파렴치한 인간을 비유해서 일컫는 말. 《시경》

시교수축(豕交獸畜)　　돼지 豕 /사귈 交 /짐승 獸 /기를 畜

돼지처럼 대하고 짐승처럼 기른다는 뜻으로, 사람을 예로써 대

우하지 않고 짐승과 같이 취급함을 일컫는 말. 《맹자》

시근종태(始勤終怠)　처음 始 /부지런할 勤 /끝날 終 /게으를 怠

처음에는 부지런하고 나중에는 게으름을 이르는 말.

시덕자창(恃德者昌)　의지할 恃 /덕 德 /사람 者 /창성할 昌

덕에 의지하는 사람은 더욱 더 번영한다는 뜻.

시랑당도(豺狼當道)　승냥이 豺 /이리 狼 /대적할 當 /길 道

승냥이와 이리가 길을 막는다는 뜻으로, 사악한 인간들이 권력을 잡고 횡포를 부리는 것을 비유하여 이르는 말. 《후한서》

시례지훈(詩禮之訓)　시경 詩 /예기 禮 /의 之 /가르침 訓

백어(伯魚)가 아버지 공자로부터 시(詩經)와 예(禮記)를 배워야 하는 까닭을 들었다는 데서, 아들에게 주는 아버지의 교훈.

시민여자(視民如子)　볼 視 /백성 民 /같을 如 /아들 子

백성을 자식같이 생각한다는 뜻으로, 임금이 백성을 지극히 사랑함을 이르는 말. 《신서(新書)》

시불가실(時不可失)　때 時 /아닐 不 /옳을 可 /잃을 失

때는 한번 가면 다시 오지 않는다는 뜻으로, 기회를 놓치지 말라는 말. 《서경》

시사약귀(視死若歸)　볼 視 /죽을 死 /같을 若 /돌아갈 歸

죽음을 마치 집에 돌아가는 것같이 대수롭게 여기지 않는다는 말. 《한비자》

시사여생(視死如生)　볼 視 /죽을 死 /같을 如 /날 生

죽음을 삶과 같이 여긴다는 뜻으로, 죽음을 두려워하지 않음. 《장자》

시산혈해(屍山血海)　주검 屍 /뫼 山 /피 血 /바다 海

시체로 산을 이루고 피가 흘러 바다를 이룬다는 뜻으로, 전장

(戰場)의 처참함을 이르는 말.

시시비비(是是非非)　　옳을 是 /아닐 非

여러 가지의 잘잘못. 여러 가지로 서로 옳고 그름을 따지며 다투는 일. 《순자》 [유] 비리곡직(理非曲直).

시야비야(是也非也)　　옳을 是 /어조사 也 /아닐 非

옳고 그름. 시야비야(是耶非耶).

시약초월(視若楚越)　　볼 視 /같을 若 /초나라 楚 /월나라 越

초(楚)나라와 월(越)나라가 서로 보듯 한다는 뜻으로, 서로 멀리하고 돌아보지 않음.

시어다골(鰣魚多骨)　　준치 鰣 /물고기 魚 /많을 多 /뼈 骨

맛이 좋은 준치에 잔가시가 많다는 뜻으로, 좋은 일의 한편에는 방해가 있음을 이르는 말. [비] 호사다마(好事多魔).

시옹지정(時雍之政)　　때 時 /누그러질 雍 /갈 之 /정사 政

세상을 화평하게 다스리는 정치.

시우지화(時雨之化)　　때 時 /비 雨 /의 之 /될 化

때맞춰 비가 내리면 초목들이 무성하게 자라는 것처럼, 모든 백성들에게 고루 미치는 은혜로운 교화(敎化)를 말한다. 《맹자》 진심.

시유사불(詩有四不)　　시 詩 /있을 有 /넉 四 /아니 不

시를 지을 때 범해서는 안될 네 가지 규칙을 말한다. 《시식(詩式)》에 다음과 같은 말이 있다.

기세는 높다고 해도 격노해서는 안되니, 격노하면 속된 풍습에 휩쓸리게 된다. 힘은 굳세도 드러나서는 안되니, 드러나게 되면 도끼질당해 다치게 된다. 정서는 다감하다 해도 암울해서는 안되니, 암울해지면 졸렬하고 노둔한 곳에 미끄러진다. 재주가 그득하다 해도 소루해서는 안되니, 소루해지면 맥락을 잃게 된다.

감정과 기상의 적절한 조절을 주장하는 글이다. 자기에게 주어진 재주에만 의지하지 말고 끝없는 수련과 자기 단련을 통해 시의 깊이를 더해야 한다는 작자의 논조가 특히 강조되어 있다.

시유사심(詩有四深)　　시 詩 /있을 有 /넉 四 /깊을 深

시를 지을 때 드러나는 한계를 극복하기 위한 네 가지 심오한 수련을 말한다. 《시식(詩式)》에 다음과 같은 말이 있다. 기상이 작품 속에 가득 깔리는 것은 체세(體勢)를 깊게 하는 데서 이루어지며, 의도가 넓게 펼쳐지려면 그 작품을 깊이 하는 데서 이루어진다. 운율을 쓰는 것이 막히지 않고자 한다면 성률에 대한 활용에 공을 들여야 하며, 사상을 사용하는 데 너무 직선적이지 않고자 한다면 의미의 유형을 살피는 태도가 깊어져야 한다. 작품의 내적 심도를 제고하기 위해 필요한 몇 가지 주의점이 기술되어 있다. 동양의 시론이 구체적인 사실을 논증적으로 서술하지 않고 축약해서 표현하기 때문에, 여기에서 논의된 문제들이 구체적으로 어떻게 극복될 수 있는가 하는 점은 보다 깊은 사고를 요한다. 그러나 함축된 문장 속에 담긴 깊은 뜻을 이해하게 되면 문학을 대하는 시야가 한층 넓어질 것은 분명할 것이다.

시이불견(視而不見)　　볼 視 /말이을 而 /아닐 不 /볼 見

보기는 하나 보이지 않음. 곧 보고 있지만 마음은 다른 데 있어 보고 있어도 알지 못함을 이르는 말. 《예기》

시이불공(恃而不恐)　　믿을 恃 /말이을 而 /아닐 不 /두려울 恐

믿는 구석이 있어 두려워하지 않음.

시이사왕(時移事往)　　때 時 /옮길 移 /일 事 /갈 往

세월이 흐르고 사물이 변함.

시일불현(視日不眩)　　볼 視 /날 日 /아닐 不 /아찔할 眩

해를 보고도 눈이 부시지 않는다는 뜻으로, 안광(眼光)이 번뜩임을 이르는 말.

시정지도(市井之徒)　　저자 市 /우물 井 /의 之 /무리 徒

일반 대중, 시민·서민, 또는 거리의 불량배·무뢰한을 말한다. 《구당서》

시호삼전(市虎三傳)　　저자 市 /범 虎 /석 三 /전할 傳

사실이 아닌 것이라도 많은 사람이 말하면 듣는 자도 언젠가는 믿게 된다. 근거도 없는 거짓말도 마침내는 신용(信用)된다는 것의 비유. 호랑이는 보통 산에 있지 마을에는 없다. 하지만 세 사람이 「거리에 호랑이가 있다」 라고 말하면 「설마?」 하고 생각하면서도 믿게 된다. 《한비자》 ☞ 삼인성호(三人成虎).

식불이미(食不二味)　　밥 食 /아닐 不 /두 二 /맛 味

한 끼 밥상에 반찬을 두 가지 이상 올려놓지 않는다는 뜻으로, 검약함을 이르는 말.

식송망정(植松望亭)　　심을 植 /소나무 松 /바랄 望 /정자 亭

소나무를 심어 정자를 바라본다는 뜻으로, 작은 일을 하더라도 큰일을 바라보고 한다는 말.

식어무반(食魚無反)　　밥 食 /물고기 魚 /없을 無 /되돌릴 反

생선을 먹을 때에 한쪽만 먹고, 다른 쪽은 남겨둔다는 뜻으로, 민력(民力)을 여축하는 일을 이르는 말.

식언이비(食言而肥)　　먹을 食 /말씀 言 /말이을 而 /살찔 肥

헛소리로 살이 쪘다는 뜻으로, 사람이 신용을 지키지 않고 흰소리만 계속 늘어놓는 것을 비유해서 이르는 말. 보통 식언(食言)이라고 쓴다. 애공(哀公) 25년(B.C 470)의 다음과 같은 기록이다.

노나라 애공이 월나라에서 돌아왔을 때, 계강자와 맹무백두 세도 대신이 오오(五悟)란 곳까지 마중을 나와 거기서 축하연을 베풀게 된다. 이에 앞서 애공의 어자(御者)인 곽중은 두 대신이 임금의 험담을 하고 있다는 것을 일러바친다. 술자리에서 맹무백이 곽중을 놀리며, 「꽤나 몸이 뚱뚱하군」 하자, 애공은 맹무백의 말을 받아, 「이 사람은 말을 많이 먹으니까 살이 찔 수밖에 없지」 하고 농담을 던졌다. 실은 두 대신들을 꼬집어 하는 말이다. 결국 이것이 계기가 되어 술자리는 흥이 완전히 깨지고, 두 대신은 임금을 속으로 더욱 못마땅하게 여기게 되었다는 것이다. 아무튼 살이 많이 찐 사람을 보고 「식언」을 많이 해서 그렇다고 표현한 것은 재미있는 농담이라고 볼 수도 있겠다. 그리고 요즘 세상에도 뚱뚱한 사람들이 식언을 잘하는 경향이 있다. 어쩌면 그들은 「식언」을 배짱이 두둑한 때문이라고 자부하고 있는지도 모른다. 《춘추좌씨전》

식옥신계(食玉薪桂) 먹을 食 /옥 玉 /땔나무 薪 /계수나무 桂

옥(玉)보다도 음식값이 비싸고, 계수나무보다 땔감의 값이 비싸다는 뜻으로, 물가가 비쌈을 일컬음. 《전국책》

식우지기(食牛之氣) 먹을 食 /소 牛 /갈 之 /기운 氣

소를 삼킬 만한 기개(氣槪)라는 뜻으로, 어려서부터 기개가 뛰어남을 비유하여 이르는 말.

식이위천(食以爲天) 먹을 食 /써 以 /할 爲 /하늘 天

먹는 것으로 하늘을 삼는다는 뜻으로, 사람이 살아가는 데 먹는 것이 가장 중요하다는 말.

식자순군(食子徇君) 먹을 食 /아들 子 /주창할 徇 /임금 君

자기 자식을 삶아서 고기를 임금에게 바치는 것으로, 윗사람에

게 아부하는 불인(不仁)의 행위를 이름.

신공귀부(神工鬼斧)　　귀신 神 /장인 工 /귀신 鬼 /도끼 斧

귀신이 만들기라도 한 것처럼 정교하고도 영묘한 솜씨의 비유. 신공(神工)과 귀부(鬼斧)는 모두 귀신의 솜씨를 이른다.

신급돈어(信及豚魚)　　믿을 信 /미칠 及 /돼지 豚 /물고기 魚

돼지와 물고기같이 무심한 생물조차 믿어 의심치 않는다는 뜻으로, 신의가 지극함을 이르는 말. 《역경》

신기묘산(神機妙算)　　귀신 神 /기략 機 /묘할 妙 /셀 算

귀신같이 신묘한 계략. 명 참모가 세운 명 전략. 승산이 큰 전술이나 작전의 비유.

신량등화(新凉燈火)　　새로울 新 /서늘할 凉 /등잔 燈 /불 火

초가을의 서늘한 기운이 처음 생길 무렵에 등화 밑에서 글 읽기가 좋다는 뜻.

신상필벌(信賞必罰)　　믿을 信 /상줄 賞 /반드시 必 /죄 罰

공로자에게는 상을 주어 신용을 보지하고, 나쁜 일을 한 자는 반드시 벌해서 용서함이 없는 것. 말하고 보면 간단하고 당연한 것 같지만, 인정에 얽매여 때때로 정확히 실행되지 않는다.《한서》 ㊒ 일벌백계.

신성낙락(晨星落落)　　새벽 晨 /별 星 /떨어질 落

새벽하늘에 몇 개의 별만이 드문드문 남아 있는 것과 같이 친구들이 차차 적어짐을 이름. 낙락(落落)은 드문드문 있는 모양.

신수지로(薪水之勞)　　땔나무 薪 /물 水 /의 之 /일할 勞

땔나무를 하고 물을 긷는 수고. 곧 취사(炊事)를 이름. 또는 널리 일상의 잡사(雜事)를 이름.

신언불미(信言不美)　　믿을 信 /말씀 言 /아닐 不 /아름다울 美

믿을 만한 말은 외면을 꾸미지 않는다는 말.

신외무물(身外無物)　몸 身 /바깥 外 /없을 無 /만물 物

몸 외에 다른 것이 없다는 뜻으로, 다른 어떤 것보다도 몸이 가장 귀하다는 말.

신진기예(新進氣銳)　새 新 /나아갈 進 /기운 氣 /날카로울 銳

새로 두각을 나타낸 신인(新人)으로서 의기(意氣)가 날카로움. 신인을 칭찬할 때 사용한다. 나이를 먹으면 노기(老驥 : 늙은 준마(駿馬), 노년의 준걸(俊傑)의 비유)가 된다.

신진대사(新陳代謝)　새 新 /묵을, 오랠 陳 /대신할 代 /물러날 謝

묵은 것이 없어지고 새것이 대신 생기거나 들어서는 일. 「생물학」 시간에 배운 사람이 많을 것이다. 그러나 생물학의 전문용어는 아니다. 진(陳)은 진부(陳腐)의 뜻으로, 낡은 것. 사(謝)는 사라지는 것. 낡은(옛) 것이 사라지고 대신 새로운 것이 오는 것. 《회남자》

신진화멸(薪盡火滅)　땔나무 薪 /다할 盡 /불 火 /꺼질 滅

장작이 다하여 불이 꺼진다는 뜻으로, 기연(機緣)이 다하여 사물이 멸망함. 《법화경》

신출귀몰(神出鬼沒)　귀신 神 /날 出 /귀신 鬼 /사라질 沒

귀신과 같이 홀연히 나타났다가 홀연히 사라짐. 자유자재로 출몰하여 그 변화를 헤아릴 수 없는 일. 《회남자》 유 백귀야행(百鬼夜行).

신친당지(身親當之)　몸 身 /친할 親 /맡을 當 /이 之

몸소 일을 맡음을 이르는 말.

신호지세(晨虎之勢)　새벽 晨 /범 虎 /의 之 /기세 勢

굶주린 새벽 호랑이와 같은 맹렬한 기세.

신후지간(身後之諫)　　몸 身 /뒤 後 /의 之 /간할 諫

자신의 몸이 죽은 뒤에도 임금의 잘못을 바로잡기 위하여 임금에게 충간을 올리는 것. 죽어서도 백성과 임금을 염려하는 지극한 자세를 비유하여 이르는 말. 《공자가어》

신후지지(身後之地)　　몸 身 /뒤 後 /의 之 /땅 地

살아 있을 때 미리 정해두는 자기가 묻힐 묏자리.

실어공중(失於空中)　　잃을 失 /어조사 於 /빌 空 /가운데 中

공중에서 잃었다는 뜻으로, 물건을 아무렇게나 써버림.

실천궁행(實踐躬行)　　사실 實 /밟을 踐 /몸 躬 /행할 行

말로 하지 않고 실천하며 남에게 시키지만 않고 몸소 행함.

심근고저(深根固柢)　　깊을 深 /뿌리 根 /굳을 固 /뿌리 柢

뿌리가 깊고 단단하게 박혀서 움직이지 않는다는 뜻으로, 토대가 튼튼한 것. 또는 사물의 근본이 뚜렷함을 이르는 말. 《노자》

심기일전(心機一轉)　　마음 心 /기회 機 /한 一 /구를 轉

어떠한 동기에 의하여 이제까지 먹었던 마음을 뒤집듯이 홱 바꿈. 심기일전(心氣一轉)이라고 써서는 안된다.

심두멸각(心頭滅却)　　마음 心 /머리 頭 /없어질 滅 /물리칠 却

심두는 마음, 심중(心中). 멸각은 없애버리다. 「심두를 멸각하면 불 또한 시원하다」는 뜻으로, 기분 상으로 어떤 고난도 참고 견디어 내는 마음가짐. 잡념을 떨쳐버리고 무념무상(無念無想)의 경지에 도달하면 뜨거운 불 속에 있어도 뜨거움을 느끼지 않고 오히려 시원함을 느끼는 것이다. 《두순학(杜荀鶴)》

심모원려(深謀遠慮)　　깊을 深 /꾀할 謀 /멀 遠 /걱정할 慮

깊이 계략을 짜내고, 먼 장래를 염려하고 생각하는 것. 또는 그런 계획.

사

심복지환(心腹之患)　　마음 心 /배 腹 /의 之 /고통 患

심장병과 위장병으로 받는 고통. 이 말은 내부의 알력(軋轢)이나 싸움 때문에 생기는 병폐나 걱정거리를 뜻한다. 또는 치명적인 타격이나 환란을 의미하기도 한다.

심사묵고(沈思默考) 깊을 深 /생각 思 /묵묵할 黙 /곰곰이 생각할 考

고요히 깊이 생각함. 침묵해서 차분히 생각하는 모양. 심사숙고.

십년일일(十年一日)　　열 十 /해 年 /한 一 /날 日

긴 세월 작은 변화도 없이 똑같은 상태로 있는 것. 느릿느릿해서 유유자적한 모양. 㥯 구태의연(舊態依然).

십년한창(十年寒窓)　　열 十 /해 年 /찰 寒 /창 窓

십년 동안 사람이 찾아오지 않아 쓸쓸한 창문(窓門)이란 뜻으로, 외부와 접촉을 끊고 학문에 정진(精進)함을 비유하는 말.

십맹일장(十盲一杖)　　열 十 /장님 盲 /한 一 /지팡이 杖

장님 열 사람에 지팡이 하나라는 뜻으로, 사물이 여러 곳에 다 같이 요긴하게 쓰임을 이르는 말.

십목십수(十目十手)　　열 十 /눈 目 /손 手

보는 사람과 손가락질을 하는 사람이 많음.

십벌지목(十伐之木)　　열 十 /벨 伐 /갈 之 /나무 木

열 번 찍어 안 넘어가는 나무 없다는 뜻으로, 어떤 어려운 일이라도 여러 번 계속하여 끊임없이 노력하면 기어이 이루어 내고야 만다는 뜻. 아무리 굳은 마음이라도 여러 번 달래고 유혹하면 넘어가게 된다는 뜻.

십불선업(十不善業)　　열 十 /아닐 不 /착할 善 /업 業

몸·입·뜻의 세 가지에서 나는 열 가지의 악업(惡業). 곧 살생

(殺生)·투도(偸盜)·사음(邪淫) 따위의 신업(身業)과 망어(妄語)·기어(綺語)·양설(兩舌)·악구(惡口) 따위의 구업(口業)과 탐욕(貪慾)·진에(嗔恚)·우치(愚癡) 따위.

십선만승(十善萬乘) 열 十 /착할 善 /일만 萬 /탈 乘

천자(天子)의 자리.

십습이장(十襲而藏) 열 十 /엄습할 襲 /말이을 而 /감출 藏

열 번이나 묶은 뒤에 갈무리하다. 곧 아주 소중하게 간직함을 이르는 말. 《감자(闞子)》

십승지지(十勝之地) 열 十 /이길 勝 /의 之 /땅 地

① 나라 안의 열 군데의 명승지(名勝地). ② 나라 안에서 피란(避亂)하기 좋다고 전하는 열 군데의 지방. 영풍군 풍기읍의 금계촌, 봉화군(奉化郡)의 춘양면, 보은군의 속리산, 남원시(南原市)의 두류산(智異山), 예천군 용문면의 금당실, 공주군(公州郡) 유구면과 사곡면, 영월군(寧越郡)의 정동 상류(上流)(상동읍), 무주군의 무풍면, 부안군 산내면의 변산, 성주군의 만수동.

십시일반(十匙一飯) 열 十 /숟가락 匙 /한 一 /밥 飯

열 사람이 한 술씩 보태면 한 사람 먹을 분량이 된다는 뜻으로, 여럿이 힘을 합하면 한 사람을 돕기 쉽다는 비유.

십실구공(十室九空) 열 十 /방 室 /아홉 九 /빌 空

열 개의 방에 아홉이 비어 있다는 뜻으로, 환란으로 인하여 많은 사람이 뿔뿔이 흩어지거나 죽어 없어지는 일.

십악대죄(十惡大罪) 열 十 /악할 惡 /큰 大 /허물 罪

조선(朝鮮) 때 적용시킨, 대명률(大明律)에 정한 열 가지의 큰 죄(罪). 곧 모반(謀反)·모대역(謨大逆)·모반(謀叛)·악역(惡逆)·부도(不道)·대불경·불효(不孝)·불목(不睦)·불의(不義)·내란

(內亂).

십양구목(十羊九牧)　　열 十 /양 羊 /아홉 九 /칠 牧

양 열 마리에 양치기가 아홉. 곧 백성의 수에 비해 관리(官吏)가 너무 많음의 비유.

십이인연(十二因緣)　　열 十 /두 二 /인할 因 /가선 緣

과거에 지은 업(業)을 따라서 현재의 과보(果報)를 받으며, 현재의 업을 따라 미래의 고통을 받는 열두 인연. 곧 무명(無明)・행(行)・식(識)・명색(名色)・육입(六入)・촉(觸)・수(受)・애(愛)・취(取)・유(有)・생(生)・노사(老死).

십인십색(十人十色)　　열 十 /사람 人 /열 十 /빛 色

사람이 즐겨함과 생각함이 저마다 다름을 이르는 말. 각인각색.

십일지국(十日之菊)　　열 十 /날 日 /의 之 /국화 菊

국화의 명절인 구월 구일 다음날인 십일 날의 국화는 벌써 때가 늦은 것이라는 뜻으로, 어떤 것이나 이미 때가 늦은 것을 말함.

십전구도(十顚九倒)　　열 十 /구를 顚 /아홉 九 /넘어질 倒

열 번 구르고 아홉 번 넘어진다는 뜻으로, 많은 실패를 거듭하면서 갖은 고생을 겪음을 이르는 말. 칠전팔도(七顚八倒).

십중팔구(十中八九)　　열 十 /가운데 中 /여덟 八 /아홉 九

「열에 여덟아홉」이란 뜻으로, 거의 다 됨을 가리키는 말. ② 거의 예외 없이 그러할 것이라는 추측을 나타내는 말.

십지부동(十指不動)　　열 十 /손가락 指 /아닐 不 /움직일 動

열 손가락을 꼼짝하지 않는다는 뜻으로, 게을러서 아무 일도 하지 않는다는 말.

십풍오우(十風五雨)　　열 十 /바람 風 /다섯 五 /비 雨

열흘에 한 번 바람이 불고 닷새에 한 번 비가 온다는 뜻으로, 순조로운 날씨를 이름.

십한일폭(十寒一曝)　　열 十 /찰 寒 /한 一 /쬘 曝

열흘 동안 춥다가 하루 볕이 쬔다는 뜻으로, 일이 꾸준하게 진행되지 못하고 중간에 자주 끊김을 이르는 말.

호계삼소도(虎溪三笑圖, 淸 화가 고양)

고사성어대사전

아도물 입향순속
阿賭物 → 入鄕循俗

아도물 阿賭物

언덕 阿 걸 賭 사물 物

《진서》 왕연전(王衍傳)

돈.

「아도물」은 원래는 「이 물건」이라는 말이다. 중국의 옛사람들은 돈이라는 말을 입 밖에 내어 말하는 것을 비천한 일로 꺼려 왔다. 그것은 자신의 청렴함과 당당함을 나타내기 위해 돈을 가리켜 아도물이라고 이르게 되었다.

《진서》 왕연전에 있는 이야기다.

왕 연

왕연(王衍)은 죽림칠현의 한 사람인 왕융(王戎)의 종제로서 명문가 출신이었다. 그런데 그는 요직을 두루 거치면서도 정무를 돌보는 일은 뒷전으로 미룬 채 오로지 「청담(淸談)」으로 세월을 보냈는데, 그래도 정무는 순조롭게 돌아갔다고 한다. 그는 세속적인 것들을 혐오했는데, 특히 돈이란 말은 입에 담기조차 꺼려했다. 그래서 아내 곽씨는 온갖 방법을 써서 그의 입에서 돈이라는 말이 나오게 하려고 했지만 한 번도 성공하지 못했다.

어느 날 저녁, 곽씨는 왕연이 깊이 잠든 사이에 하녀에게 시켜 동전을 침상 주변에 가득 쌓아 놓게 했다. 왕연이 깨어 침대에서 내려올 수 없게 되면 반드시 돈이라는 말을 하리라고 생각했던 것이다.

청담(어초문답도, 겸재 정선, 간송미술관)

이튿날 아침, 왕연이 잠이 깨어 침상 주변에 빼곡히 들어차 있는 동전들을 가리키면서 「이것들을 집어치워라!(擧却阿賭物)」 라고 했다.

그래서 「아도물」은 본래 이것이라는 말이었는데 이때부터 돈의 별칭이 되었다고 한다.

옛사람들은 「돈이라는 말을 입에 담지 않는다(口不言錢)」는 경구로 자신의 청렴결백을 표시하기도 했는데, 그것은 우리 조선시대 양반들 역시 마찬가지였다.

人衆則食狼
인중즉식랑
狼衆則食人
낭중즉식인

사람이 많으면 승냥이도 잡아먹고
승냥이가 많으면 사람을 잡아먹는다.

— 《회남자(淮南子)》 설산훈(雪山訓)

아비규환 阿鼻叫喚

언덕 阿 코 鼻 울부짖을 때 부를 喚

불교 용어

아비(阿鼻) 지옥(地獄)과 규환(叫喚) 지옥이라는 뜻으로, 여러 사람이 비참(悲慘)한 지경에 처하여 그 고통에서 헤어나려고 비명을 지르며 몸부림침을 형용해 이르는 말.

「아비(阿鼻)」는 범어 Avici의 음역으로 「아」는 무(無), 「비」는 구(救)로서 「전혀 구제받을 수 없다」는 뜻이다.

불교에서 중생들이 자기가 지은 죄업으로 말미암아 가게 되는 지옥 가운데 뜨거운 불길로 고통받는 여덟 가지 종류의 큰 지옥을 팔대지옥(八大地獄 : 八熱地獄)이라고 부른다.

① 등활지옥(等活地獄) : 뜨거운 열로 고통을 받아 죽었다가 찬 바람이 불어와서 살아나면 다시 뜨거운 고통을 받는 지옥. ② 흑승지옥(黑繩地獄) : 뜨거운 쇠사슬로 몸과 팔다리를 묶어 놓고 큰 톱으로 자르는 지옥. ③ 중합지옥(衆合地獄) : 여러 가지 고통의 요건들이 한꺼번에 들이닥쳐 몸을 괴롭히는 지옥. ④ 규환지옥(叫喚地獄) : 고통을 못 견디어 원망과 슬픈 고함이 절로 나오는 지옥. ⑤ 대규환지옥(大叫喚地獄) : 지독한 고통에 못 견디어 절규하며 통곡을 터뜨리게 되는 지옥. ⑥ 초열지옥(焦熱地獄) : 뜨거운 불길에 둘러싸여서 그 뜨거움을 견디기 어려운 지옥. ⑦ 대초열지옥(大焦熱地獄) : 뜨거운 고통이 초열지옥보다 더욱 심한 지옥. ⑧ 무간지옥(無間地獄) : 아비(阿鼻) 지옥이라고도 하는, 계속 고통을 받는 지옥 등이다.

아비지옥은 팔열지옥(八熱地獄) 중 가장 아래에 있는 지옥으로

무간지옥

「잠시도 고통이 쉴 날이 없다」 하여 무간지옥(無間地獄)이라고도 한다. 이곳은 오역죄(五逆罪)를 범한 자들이 떨어지는 곳이다. 즉 부모를 살해한 자, 부처님 몸에 피를 낸 자, 삼보(보물·법물·승보)를 훼방한 자, 사찰의 물건을 훔친 자, 비구니를 범한 자 등이다.

이곳에 떨어지면 옥졸이 죄인의 살가죽을 벗기고 그 가죽으로 죄인을 묶어 불 수레의 훨훨 타는 불 속에 던져 태우기도 한다. 야차(夜叉)들이 큰 쇠창을 달구어 입·코·배 등을 꿰어 던지기도 한다. 이곳에서는 하루에 수천 번씩 죽고 되살아나는 고통을 받으며 잠시도 평온을 누릴 수 없다. 고통은 죄의 대가를 다 치른 후에야 끝난다.

「규환(叫喚)」은 범어 raurava에서 유래한 말로 8대 지옥 중 4번째 지옥이다. 「누갈」이라 음역하며 고통에 울부짖는다 하여 「규환」으로 의역한다. 이곳에는 전생에 살생·질투·절도·음탕·음주를 일삼은 자들이 떨어지게 된다. 이들은 물이 펄펄 끓는 가마솥에 빠지거나 불이 훨훨 타오르는 쇠로 된 방에 들어가 뜨거운 열기의 고통을 받게 된다. 너무 고통스러워 울부짖으므로 「규환지옥」이라고도 한다. 아비지옥과 규환지옥은 너무나 고통스러워 울부짖는 곳이다. 그러므로 이 지옥에서처럼 차마 눈뜨고 보지 못할 참상을 가리키는 말이다.

아수라장 阿修羅場

언덕 阿 닦을 修 비단 羅 마당 場

「마하바라타」

끔찍하게 흐트러진 현장.

「아수라(阿修羅)」는 산스크리트 「ASUR」의 음역(音譯)이다. 아소라(阿素羅)·아소락(阿素洛)·아수륜(阿素倫) 등으로 음역되며 수라(修羅)라고 약칭하기도 하는데 「추악하다」라는 뜻이다. 아수라는 본래 육도 팔부중(八部衆)의 하나로서 고대 인도신화에 나오는 선신(善神)이었는데 후에 하늘과 싸우면서 악신(惡神)이 되었다고 한다.

아수라는 얼굴이 셋이고 팔이 여섯인 흉측하고 거대한 모습을 하고 있다. 그는 증오심이 가득하여 싸우기를 좋아하므로 전신(戰神)이라고도 한다. 그가 하늘과 싸울 때 하늘이 이기면 풍요와 평화가 오고, 아수라가 이기면 빈곤과 재앙이 온다고 한다.

인간이 선을 행하면 하늘의 힘이 강해져 이기게 되고, 악을 행하면 불의가 만연하여 아수라의 힘이 강해진다. 아수라를 물리치는 것은 결국 인간의 노력 여하에 달려있다. 인간이 선행을 하고 정의로운 사회를 이룰 때 악의 상징인 아수라는 발을 못 붙이게 될 것이고 그렇게 되면 자연히 피비린내 나는 아수라장도 자취를 감추게 될 것이다.

인도의 서사시 「마하바라타」에는 비슈누신의 원반에 맞아 피를 흘린 아수라들이 다시 공격을 당하여 시체가 산처럼 겹겹이 쌓여 있는 모습을 그리고 있다. 피비린내 나는 전쟁터를 아수라장이라 부르는 것도 여기에서 유래되었다. 그러므로 눈뜨고 볼 수 없는 끔찍하게 흐트러진 현장을 가리키는 말이다.

아심여칭 我心如秤

나 我 마음 心 같을 如 저울 秤

《잡언(雜言)》

「내 마음은 저울과 같다」 라는 뜻으로, 저울처럼 어느 한쪽으로 치우침이 없이 공평무사(公平無私)한 것을 비유하는 말이다.

제갈량(諸葛亮)이 지은 《잡언(雜言)》에 있는 말이다.

제갈량이 말했다.

「내 마음은 저울과 같아서 사람들의 옳고 그름이나 공과(功過)에 대하여 가볍지도 또한 무겁지도 않도록 공정하게 처리한다(我心如秤 不能爲人作輕重)」

제갈량은 뛰어난 지략가로도 유명하지만, 역사적으로 상벌을 공정하게 시행한 것으로도 높이 평가받는다. 제갈량이 저울처럼 공평무사하게 상벌을 처리한 예 가운데 하나로, 이엄(李嚴)을 징벌한 일을 들 수 있다.

이엄은 유비가 죽을 때, 제갈량과 함께 아들 유선(劉禪)을 잘 보좌해 달라고 당부할 정도로 신임이 두터운 인물이었다. 제갈량은 북벌(北伐)에 나서면서 이엄에게 후방에서 군량을 보급하는 중책을 맡겼으나, 이엄은 이를 소홀히 하여 제갈량으로 하여금 철군하게 만들었다.

제갈량은 진상을 알고 나서 신임했던 이엄이지만 그 죄를 엄하게 물어 관직을 박탈하고 평민으로 강등시켰다. 그러나 역시 조정의 관직에 있던 그의 아들 이풍(李豊)에게는 아버지의 죄를 연루시켜 대하지 않았을 뿐 아니라, 오히려 이풍에게 편지를 써서 위로하는 한편 아버지의 잘못을 거울로 삼으라고 격려하였다.

아유구용 阿諛苟容

언덕 阿 아첨할 諛 구차히 苟 얼굴 容

《사기》 염파인상여(廉頗藺相如)열전

힘 있는 사람에게 잘 보이려고 구차하게 아부하다.

전국시대 조(趙)나라의 명장 염파()에게는 식객(食客)이 많았다. 싸움에 나갔다 하면 이기고 돌아오곤 하여 왕으로부터 하사받은 땅과 재물이 넉넉하여 곧잘 식객들에게 술자리를 베풀고 어울려 놀았다.

왕의 절대적인 신임을 받던 그가 진(秦)나라와의 일전(一戰)때 왕의 오해를 사게 되어 벼슬에서 쫓겨났다. 그러자 그의 식객들이 염파를 떠나버렸다.

얼마 후 조나라는 염파를 위문(尉文)에 봉하고 신평군(信平君) 호를 내리고 임시 재상에 임명했다. 앞서 염파가 장평에서 소환되어 세력을 잃었을 때 그전부터 있던 식객들은 모두 가버렸는데, 이제 임용되어 다시 장군이 되자 식객들은 또다시 모여들었다. 그리고 전처럼 염파에게 아첨을 하며 구차스러운 짓을 하는 것이었다(阿諛苟容).

염파는 역겨운 생각이 들어 식객들을 쫓아내려 하였다. 이때 식객 가운데 한 사람이 빙그레 웃으며 말하였다.

「그렇게 화내실 일이 아닙니다. 무릇 사람들은 자신에게 이익이 되는 곳에 붙게 되어 있습니다. 군주에게 권세가 있을 때는 군주를 따르고, 권세가 떨어지면 군주를 떠나는 것이 당연한 이치가 아니겠습니까. 떠났다 하여 원망할 것이 무엇이 있겠습니까?

이 말을 들은 염파는 탄식하며 말했다.

「이것이 바로 시도지교(市道之交)가 아니고 무엇이겠는가」

아장동사 我將東徙

나 我 장차 將 동녘 東 옮길 徙

《설원(說苑)》 담총(談叢)편

「나는 장차 동쪽으로 이사 가려 한다」 라는 뜻으로, 자신의 잘못이나 허물을 고치려 하지는 않고 남의 탓만 하는 것을 비유하는 말이다.

한(漢)나라 유향(劉向)이 편찬한 《설원(說苑)》 담총(談叢)편 실린 우언고사(寓言故事)에 있는 이야기다.

비둘기(鳩)가 올빼미(梟)를 만나 어디로 가는지 물었다. 올빼미는 「나는 동쪽으로 이사를 가려고 한다(我將東徙)」 라고 대답하였다.

비둘기가 왜 이사를 가려 하는지 물었더니, 올빼미는 마을 사람들이 모두 자신의 울음소리를 싫어하기 때문이라고 대답하였다. 그러자 비둘기는 올빼미에게 너의 울음소리를 고칠 수 있다면 이사를 가도 되겠지만, 울음소리를 고칠 수 없다면 동쪽으로 이사를 가더라도 그곳 사람들은 여전히 너의 울음소리를 싫어할 것이라고 말했다.

올빼미가 그 특유의 울음소리를 고치지 않고서는 어디를 가더라도 사람들이 싫어할 터인데, 올빼미는 자신의 허물을 고치려고 하지는 않고 자신의 울음소리를 싫어하는 사람들만 탓하면서 단지 사는 곳을 옮김으로써 문제를 해결하려 한 것이다.

이 우화에는 「자기 자신을 아는 사람은 남을 원망하지 않는다」 또는 「문제를 해결하기 위해서는 근본에서부터 착수하여야 한다」 라는 교훈도 담겨 있다.

「효장동사(梟將東徙)」 라고도 한다.

아향 阿香

이름다울 阿 향기 香

《법원주림(法苑珠林)》

뇌신(雷神)을 이르는 말.

당(唐) 고종(高宗) 연간(666~668년) 승려 도세(道世)에 의해 편찬된 불교 유서(類書) 《법원주림(法苑珠林)》에 있는 이야기다. 유서란 오늘날의 백과전서(百科全書)에 해당하는 것이다.

진(晋)나라 목제(穆帝) 때 의흥(義興) 출신인 주(周) 아무개란 사람이 있었다. 어느 날 먼 길을 떠나게 되어 성문을 나서 하루 종일 부지런히 걸어 저녁 무렵이 되었을 때는 황량한 들길을 걷고 있었다. 날은 이미 어둑어둑해지는데 근처에는 마을이 보이지 않아 속으로 걱정을 하며 발걸음을 재촉했다.

그러다 야산 산모퉁이를 막 지나자, 천만다행히도 저만치 외딴 집 한 채가 보였다.

갑자기 기운이 난 그는 그 집으로 달려가서 문을 두드렸다. 그러자 열 예닐곱 살쯤 되어 보이는 여자가 문을 열고 얼굴을 내밀었다. 얼굴이 예쁘긴 했으나 어딘지 모르게 괴기스러운 분위기를 풍기고 있었다. 어쩐지 섬뜩한 느낌이 들었지만, 지금 그의 처지로는 찬밥 더운밥 가릴 때가 아닌 터라 간곡히 부탁했다.

「날은 저물고 갈 길은 멀어서…… 죄송하지만 하룻밤 재워 줄 수 없겠습니까?」

「아, 그러시죠……」

곤란하긴 하지만 거절할 수도 없었든지, 여자는 그렇게 말하고 맞아들인 다음 그를 위해 불을 피우고 음식도 대접해 주었다.

뇌신(雷神)

주 아무개가 막 저녁식사를 하고 났을 때, 문득 문 밖에서 아이 목소리가 들렸다.

「아향 아씨! 아향 아씨!」

여자가 대꾸했다.

「무슨 일이냐?」

「나리께서 오시랍니다. 와서 뇌차(雷車)를 밀어 달랍니다」

「그래, 알았다」

대답하고 나서 여자는 주 아무개를 보고 말했다.

「저는 볼일이 있어서 나가봐야 하니, 손님께서는 그냥 주무시도록 하세요」

주 아무개는 하는 수 없이 주인도 없는 집에서 혼자 잠자리에 들었는데, 한밤중이 되자 번쩍 하는 번개와 함께 천둥이 울리면서 장대비가 쏟아졌다.

거의 뜬눈으로 밤을 지새운 그는 새벽녘이 되어 비가 그치자마자 서둘러 출발하기로 했다. 그리하여 문을 나서자마자 뒤를 돌아봤더니 집은 온데간데없고 새로 만들어진 무덤 하나가 덩그러니 거기 있었다.

아호지혜 餓虎之蹊

주릴 餓 범 虎 갈 之 지름길 蹊

《사기》 자객열전(刺客列傳)

굶주린 호랑이가 다니는 길이란 뜻으로, 아주 위험한 곳을 이르는 말이다.

진(秦)나라에 인질로 가 있던 연나라 태자 단(丹)이 연나라로 도망해 온 사건이 일어났다. 태자 단은 일찍이 조(趙)나라에 인질로 갔던 일이 있었는데, 조나라에서 태어난 진(秦)나라 왕 정(政)은 어려서부터 태자 단과 사이가 좋았다.

태자 단

정이 즉위하여 진나라 왕이 되었을 때 단은 다시 진나라에 인질로 갔다. 그런데 진나라 왕이 연나라 태자 단에 대한 대우가 좋지 않았다. 그래서 단은 이를 원망하고 도망쳐 돌아왔다.

연나라로 돌아온 단은 누군가 진나라 왕에게 보복해줄 사람을 찾았으나, 나라가 작아서 힘이 미치지 못했다.

이때 마침 진나라 장군 번오기(樊於期)가 진나라 왕에게 죄를 짓고 연나라로 도망해 오자, 태자는 번오기를 받아들여서 관사에 머무르도록 했다.

번오기는 본래 진(秦)나라의 장군으로서, 가족들이 모두 사형을 당하자 연(燕)나라로 달아나 연나라 태자 단(丹)에게 투항했다. 진나라 왕이 현상금으로 금 천 근과 읍(邑) 만 가(家)를 걸고 그 목을 구했다. 그러자 국무가 말했다.

역수(易水) 가에 세워진 형가탑

「그것은 좋지 않습니다. 그렇지 않아도 포학한 진나라 왕은 갖가지 노여움을 연나라에 품고 있어 한심한 지경인데, 그 위에 번장군이 연나라에 있다는 사실을 들으면 어떤 일이 벌어질지 모를 일입니다. 마치 굶주린 호랑이가 다니는 길(餓虎之蹊)에 고기를 두는 것과 마찬가지니, 화를 부르게 될 것은 뻔한 일입니다」

그러자 단이 말했다.

「번장군은 천하에 몸을 둘 곳이 없어 궁한 나머지 내게로 몸을 의지하러 온 것이오. 아무리 강한 진나라가 위협을 해 오더라도 애련한 정을 버리고 그를 내줄 수는 없소」

그러다 자객 형가(荊軻)가 진왕(秦王)을 죽이러 떠날 때 그의 목을 바치면서 기회를 노리겠다고 하자, 번오기는 자신과 가족의 원통함을 풀기 위해서라면 목숨까지 내놓겠다고 하면서 스스로 목을 찔러 죽었다. 번오기의 목을 가지고 진왕을 암살하려고 떠난 형가는 진왕 암살에 실패하고 만다.

악관만영 惡貫滿盈

악할 惡 꿸 貫 찰 滿 찰 盈

《상서(尚書)》 태서편(太誓篇)

죄가 너무 많아서 이루 다 헤아릴 수 없음을 비유하는 말이다.

「상나라의 죄가 너무 많았기 때문에 하늘이 명하여 그들을 죽였다(商罪貫盈 天命誅之)」는 말이 나오는데, 상나라 주임금의 죄악은 이루 헤아릴 수 없는 것으로 그 결과가 나라를 멸망시킨다는 뜻이다.

중국 은(殷)나라의 주왕(紂王)은 원래 총명한 인물이었으나, 애첩 달기의 미색에 빠진 뒤로는 「주지육림(酒池肉林)」을 일삼아 국정을 돌보지 않음으로써 백성들의 삶이 황폐해졌다. 이에 희발(姬發)이 군사를 일으켜 주왕을 벌하고 새로 주(周)나라를 세웠으니, 그가 바로 무왕(武王)이다.

은나라 정벌에 나선 무왕은 승리를 눈앞에 둔 상황에서 군사들을 모아놓고 자신의 정당성을 훈시하였는데, 그 내용이 《상서》 태서 상편에 기록되어 있다. 무왕은,

「상나라(은나라)의 죄가 이루 헤아릴 수 없이 많아 하늘의 명에 따라 그들을 죽이노라. 내가 하늘의 뜻에 순종하지 않는다면 그 죄가 클 것이다(商罪貫盈 天命誅之 予弗順天 厥罪惟鈞)」라고 하면서,

「때가 되었으니 놓쳐서는 안 된다(時哉弗可失)」라고 군사들을 독려하였다. 여기서 유래하여 「악관만영」은 이루 헤아릴 수 없이 많은 죄 또는 크나큰 죄악을 비유하는 말로 사용된다.

한편, 이 이야기에서 「시불가실(時不可失)」이라는 말도 유래했다.

악목불음 惡木不蔭

악할 惡 나무 木 아닐 不 그늘 蔭

《관자(管子)》

관 중

나쁜 나무에는 그늘이 생기지 않는다는 말로, 덕망이 있는 사람 주변에 따르는 무리들이 많다는 말.

법가(法家)인 관중(管仲)의 《관자(管子)》에 있는 말이다.

《관자》는 춘추시대 제(齊)나라의 재상이던 관중의 저작으로 믿어졌으나 현재로는 전국시대 제나라에 모인 사상가들의 언행을 전국시대부터 전한(前漢) 때까지 현재의 형태로 편찬한 것이라고 여겨진다.

「선비는 덕망이 있고 큰마음을 가져야 한다. 나쁜 나무에는 그늘이 생기지 않는 법이다. 나쁜 나무도 이것을 수치스러워하는데 하물며 악인들과 함께 있는 경우에는 어떠하겠는가?」

《순자(荀子)》에는 「수음조식(樹陰鳥息)」이란 말이 나온다. 나무에 잔가지도 없어 햇빛을 가릴 만한 공간이 없다면 누가 그 아래에서 쉴 수 있겠는가? 그것은 덕이 부족한 것이므로 남을 탓하기에 앞서 자신을 스스로 반성해야 한다.

중국 남북조시대에 남조(南朝) 양(梁)나라의 소명태자(昭明太子)가 편찬한 시문선집(詩文選集) 《문선(文選)》에 있는 육사형(陸士

衡)의 「맹호행(猛虎行)」이란 시를 소개해 보기로 하자.

목이 말라도 도천의 물을 마시지 않고
더워도 악목의 그늘에 쉬지 않는다.
악목인들 나뭇가지가 없겠는가.
선비의 뜻을 품고 고심이 많도다.
……

渴不飮盜泉水　熱不息惡木陰　　갈불음도천수　열불식악목음
惡木豈無枝　　志士多苦心　　　악목개무지　　지사다고심
……

산동성 사수에 있는 도천(盜泉)

아무리 목이 말라도 도천(盜泉)의 물은 마시지 않고, 아무리 더워도 악목(惡木)의 그늘에서는 쉬지 않는다는 것은 올바른 정신을 관철하기 위해서인 것이다.

육사형의 이름은 기(機), 사형은 자다. 할아버지인 육손은 삼국의 오(吳)나라 손권에게 벼슬하여 용명을 떨쳤으며, 아버지 육항도 오의 명신이었다.

악사천리 惡事千里

악할 惡 일 事 일천 千 거리 里

《수호지(水滸誌)》

아

나쁜 일은 빨리 세상에 퍼진다.

스물 전후의 아름다운 하녀 반금련(潘今蓮)은 돈 많은 주인이 유혹을 했지만 허락하지 않고 남들이 추남이라 싫어하는 무태랑에게 시집을 가게 되었다. 추남에다 몸집도 왜소한 무대가 항상 불만인 반금련은 호랑이를 주먹으로 때려잡은 시동생 무송(武松)에게 마음을 빼앗기고 있었다. 6척 장신에 우람한 체구는 반금련의 호감을 살 만 했다. 반금련의 은근한 유혹에 착실한 무송은 말없이 집을 나갔다. 집을 나서면서 무송은 형 무대에게 형수에 대한 충고를 하고 출발했다. 반금련은 무송이 집에 없는 틈을 타서 약방을 하는 서문경과 찻집에서 밀회를 즐겼다.

반 달이 채 안돼서 「호사불출문 악사주천리(好事不出門 惡事走千里)」라는 옛말과 같이 동네에 널리 알려지고, 모르는 것은 남편 무대뿐이었다. 이것은 《수호지》에 있는 이야기다.

그런데 이 옛말이 멀리는 송대의 시인 손광헌(孫光憲)이 기록한 《북몽쇄언(北夢瑣言)》에는 옛말로서 인용되고, 또 거의 같은 시대의 선(善)의 수행을 위한 어록집 《전등록》에도 보이는데, 다 같이 주(走)를 행(行)으로 쓰고 있다.

결국 「좋은 일은 좀처럼 남에게 알려지지 않으나」라는 전반을 생략하고 「나쁜 일을 하면 곧 멀리까지 알려진다」라는 후반의 말을 「나쁜 짓을 하지 말라」 하고 훈계할 때 흔히 쓰인다.

안거낙업 安居樂業

편안할 安 머물 居 즐거울 樂 업 業

《노자(老子)》, 《장자(莊子)》

생활에 만족하면서 즐거운 마음으로 일함.

「편안히 살고 즐겁게 일한다」라는 뜻으로, 지금의 생활에 만족하면서 즐거운 마음으로 일하는 것을 비유하는 말이다.

노자기우도(老子騎牛圖, 明 장로)

이 말은 오늘날 널리 쓰이고 있는 말이다. 춘추시대 노자(老子)가 말한 「그 풍속에 맞춰 편안하게 지내고 자신의 생업에 즐거워한다(安其俗 樂其業)」는 말에서 유래한 것이다. 노자의 이 말은 노자의 다른 판본에서는 「그 거처를 편안히 여기고 그 일을 즐거워한다(安其居 樂其業)」로 되어 있다.

《장자》에는 「그 풍속을 즐거워하고 그 거처를 편안히 여긴다(樂其俗 安其居)」로 되어 있는데, 모두 다 안거낙업의 초기 형태라고 할 수 있다.

그런데 당시 노자 등의 이러한 논조는 여러 고장의 백성들이 자급자족할 수 있다면 서로 교류하지 않아도 무방하다는 의미가 내포된 것이었는데, 오늘날의 입장에서 본다면 이런 폐쇄적인 경제관은 재고의 여지가 있다고 할 것이다.

장 자

그렇기 때문에 한(漢)나라 때의 역사가 사마천은 그의 저서 《사기》 화식열전에서 노자의 이러한 견해에 찬성하지 않았던 것이다.

그러나 같은 한나라 때의 역사가인 반고(班固)는 그의 저서 《한서》 화식전에서 노자의 논리를 인용해서 「그 거처를 편안히 여기고 그 일을 즐거워한다(安其居而樂其業)」 고 했는데, 이것은 안거낙업과 매우 유사한 논리라고 할 수 있다.

그 밖에도 《한서》 곡영전(谷永傳)에는 안가낙업(安家樂業)이라는 말이 나오고 있으며, 《삼국지》 위지 가후전에는 안토낙업(安土樂業)이라는 말도 쓰이고 있는데, 모두 다 안거낙업과 같은 뜻이다.

이 말이 처음 정식으로 출현하게 된 것은 후한(後漢) 때 사람인 중장통(仲長統)이 자신의 글에서 「편안히 거처하면서 생업에 만족하여 길이 자손들을 먹여 살리면 천하가 편안해질 것이다(安居樂業 長養子孫 天下晏然)」 라고 한 때부터로 생각된다.

안도색기 按圖索驥

누를 按 그림 圖 찾을 索 천리마 驥

《상마경(相馬經)》

원리원칙만 따지고 변통이 없는 사람.

「그림에 그려진 대로 말을 찾는다」 라는 뜻으로, 원리원칙만 따지고 변통이 없는 사람을 일컫는 말인데, 교본에 따라 필요한 사항을 찾는다는 뜻으로도 쓰인다.

춘추시대 진(秦)나라에 말에 대해 조예가 깊었던 백낙(伯樂)이라는 사람이 있었다. 원래 이름은 손양(孫陽)이다. 그에 대하여는 「백낙이 있은 뒤에 천리마가 있으니, 천리마는 항상 있지만 백낙은 항상 있는 것이 아니라」 라는 말이 있을 정도로 명마를 알아보는 안목이 뛰어났다. 그는 말에 대한 자신의 지식과 경험을 정리하여 《상마경(相馬經)》 이라는 저술까지 남겼다고 한다.

백낙상마도(伯樂相馬圖)

팔준도(八駿圖, 清 화가 낭세령)

그런 백낙에게는 조금 모자라는 아들이 있었다. 아들은 어느 날 《상마경》에 씌어 있는 대로 말을 한 필 사왔지만 형편없이 비루먹은 말을 사왔다고 한다.

또 한 번은 길가에서 두꺼비를 보고 「아버지, 보십시오. 좋은 말인데요. 이마와 눈이 아버님께서 말씀하신 것과 꼭 같습니다. 다만 발굽이 좀 다를 뿐이군요」 라고 말했다는 이야기도 있다. 이런 일화에서 「안도색기」 라는 말이 나왔다고 한다.

그런데 왜 안경색기(按經索騎)라 하지 않고 안도색기라고 하게 되었는가? 다시 말하면 왜 「《상마경》에 따라서 말을 찾는다」 고 하지 않고 「그림에 따라서 말을 찾는다」 고 하게 되었는가?

전설에 따르면 일찍이 주목왕(周穆王)에게는 여덟 마리의 신기한 천리마가 있었는데, 한 필의 말마다 걸맞은 이름을 지어 줌과 동시에 「팔준도(八駿圖)」 라는 그림까지 그려 말의 특징을 수록했다고 한다. 그래서 처음에는 안도색준(按圖索駿)이라고 하다가 준과 기가 다 같이 좋은 말을 가리키기 때문에 나중에 「안도색기」 라 하게 되었다는 것이다.

오늘날은 서적이나 색인 · 목록 같은 것에 의해 필요한 부분을 찾는 일도 「안도색기」 라고 한다.

안보당거 安步當車

편안할 安 걸음 步 마땅할 當 수레 車

《전국책(戰國策)》 제책(齊策)

「걸어 다니는 것이 수레를 타고 다니는 것보다 편하다」 라는 뜻으로, 벼슬자리를 부러워하지 않는 청렴한 생활을 비유하는 말이다.

《전국책》 제책(齊策)에 있는 이야기다.

전국시대 제(齊)나라에 안촉(安蠋)이라는 재주가 많은 사람이 살고 있었는데, 벼슬에는 별 뜻이 없어 은둔생활을 하고 있었다.

안촉이 하루는 제선왕(齊宣王)의 부름을 받고 하는 수 없이 터덜터덜 입궐했다. 그런데 왕은 오만무례하게도 난데없이,

「촉, 자네 이리 오게!」 하고 호령하는 것이었다.

뜻밖에 호령을 들은 안촉은 그 자리에 우뚝 선 채 눈 한번 깜빡하지도 않고, 「왕, 그대 이리 오너라!」 하고 소리쳤다.

그러자 질겁한 만조백관들이 일시에 일어서서 힐책하였다.

「한 나라의 임금 앞에서 이름도 없는 일개 선비가 어찌 그럴 수 있느냐? 무엄하기 짝이 없구나!」

그러나 안촉은 눈도 꿈쩍 않고 대답했다.

「바로 그렇기 때문에 내가 그런 것이오. 들어 보시오. 내가 만약 걸어 나가면 임금에게 굽실거리는 것이 되고, 임금이 걸어오면 선비를 존중하는 것이 될 게 아닙니까?」

이 말을 들은 제선왕이 화를 벌컥 내며 물었다.

「도대체 선비가 고귀한가, 아니면 임금이 고귀한가?」

안촉은 선비가 고귀하다고 하면서 이렇게 설명을 덧붙였다.

유하혜

「전에 진(晉)나라가 제나라를 치려고 노(魯)나라를 지날 때 선비 유하혜(柳下惠)의 무덤을 보호하기 위해 주변 50보 안에서 풀잎 하나 나뭇가지 하나라도 꺾는 자는 참수형에 처한다고 하였습니다. 그런데 진나라 군대가 제나라에 진격해 들어간 뒤에는 제나라 임금의 머리를 베어 오는 자에게 만호후(萬戶侯)의 벼슬을 내리고 더해서 상금 2만 5천 냥까지 준다고 하였지요. 이로 보건대 살아 있는 임금의 머리가 죽은 선비의 무덤보다 못한 줄 압니다」

제선왕은 안촉이 녹록한 인물이 아님을 알고 높은 벼슬과 부귀영화를 약속하며 그를 유혹해 보았지만, 안촉은 고개를 가로저으면서 이렇게 대답했다.

「식사를 늦추어 출출하면 고기를 먹듯 맛날 것이고, 편히 조심해 걸으면 수레를 탄 듯 할 것이며, 나쁜 짓을 하지 않고 죄를 짓지 않는다면 귀한 것이 될 것이고, 청렴결백하게 살아가면 스스로 즐거울 것입니다(晩食以當肉 安步以當車 無罪以當貴 淸淨正以自誤)」

이렇게 해서 나온 말이 「안보당거」인데, 처음에는 청렴한 생활을 한다는 뜻으로 쓰이다가 나중에는 벼슬아치들이 벼슬자리에서 밀려났을 때 이런 말을 해서 자신을 위로하였다. 그러나 지금은 단순하게 보행을 비유하는 말로도 사용한다.

안서 雁書

기러기 雁 글 書

《한서》 소무전(蘇武傳)

기러기가 전해다 준 편지란 뜻에서 먼 곳에서 전해 온 반가운 편지를 가리켜 말하게 되었고, 뒤에는 반가운 편지 또는 편지의 뜻으로 쓰이게 되었다.

소무목양도(蘇武牧羊圖, 淸 화가 황신)

소무(蘇武)는 한(漢)의 중랑장(中郞將)이었다. 무제의 천한(天漢) 원년(BC 100), 그는 사절로서 북쪽 흉노의 나라에 왔다. 포로 교환을 위해서였다. 그러나 흉노의 내분에 휩쓸려 사절단이 모두 붙잡혀 흉노에게 항복을 하거나 그렇지 않으면 처형을 당하거나 하는 위협을 받았다. 그러나 소무만은 끝까지 항복을 하지 않았다. 그래서 그를 산 속 동굴에 감금하고 음식도 주지 않았다. 그는 바위 이끼를 씹고 눈을 녹여 마시며 주림을 견디어 냈다.

소무가 며칠이 지나도 죽지 않는 것을 본 흉노는 이것이 신(神)이 아닌가 하고 겁을 집어먹고, 마침내는 북해(北海 : 바이칼호) 기슭, 사람이 살지 않는 곳으로 보내어 양을 치게 했다. 그러나 그에게 주어진 양은 전부 수놈뿐이었다. 그리고 이렇게 말을 했다.

「이 수놈이 새끼를 낳으면 고국으로 돌려 보내주겠다」

그곳에 있는 것은 하늘, 숲, 물 그리고 매서운 추위와 굶주림뿐이었다. 그런데 도적이 양을 다 훔쳐 가고 말았다. 그는 들쥐를 잡아 배고픔을 이겨냈다. 그래도 그는 흉노에게 항복을 하려고 하지 않았다. 언젠가는 조국 한(漢)나라로 돌아가리라는 기대에서가 아니다. 그저 항복하기가 죽기보다 싫었던 것이다.

소무목양도(清 화가 소육붕)

이 황량한 땅 끝으로 유배되어 이미 몇 년이란 세월이 지났는지 그것조차 희미했다. 가혹하고 단조로운 나날. 그러나 넓고 넓은 하늘을 가르는 기러기는 소무에게 고향 생각을 간절하게 했다.

그러는 동안 무제는 죽고 소제(昭帝)가 즉위했다. 소제가 즉위한 몇 해 뒤 한나라와 흉노는 다시 화친을 맺게 되었다. 이때 흉노로 갔던 한나라 사신이 소무를 돌려보내 줄 것을 요구했다.

흉노는 소무는 이미 죽은 지 오래라고 거짓말을 했다. 그런데 마침 과거 소무와 함께 흉노로 가서 그곳에 그대로 머물러 있는 상혜

안서(雁書, 소무에게 보내온 편지)

(常惠)란 자가 밤에 찾아와 사신에게 지혜를 알려 주었다. 그래서 사신은 상혜가 시킨 대로 흉노에게 이렇게 말했다.

「우리 천자께서 상림원(上林苑)에서 사냥을 하시다가 기러기를 쏘아 잡았습니다. 그런데 발목에 비단에다 쓴 편지가 매어져 있었는데, 내용인 즉 소무 일행이 어느 늪 속에 있다는 것이었습니다」

깜짝 놀란 흉노 왕은 사신들의 얼굴을 바라보더니 잘못을 사과하고 소무 일행이 살아 있다는 것을 솔직히 시인했다.

이리하여 소무는 19년 만에 고국으로 돌아올 수가 있었다. 그러나 40살에 떠난 당시의 씩씩하던 모습은 볼 수 없고 머리털이 하얗게 센 늙은이가 되어 있었다 한다. 이리하여 편지를 가리켜 안서 · 안백(雁帛) · 안찰(雁札) · 안신(雁信) · 안편(雁便) 등 문자로 말하게 된 것이다.

안석불출여창생하　安石不出如蒼生何

편안할 安 돌 石 아닐 不 날 出 같을 如 푸를 蒼 날 生 어찌 何

《세설신어(世設新語)》 배조편(排調篇)

어지러운 세상에 현명한 사람이 나와야 백성을 구할 수 있다.

「편안한 돌(安石)이 나오지 않으면 백성들은 어찌하랴」 라는 말로, 「사안(謝安)이 세상에 나오지 않으면 어떻게 고통스러운 이 백성을 구원할 수 있을까」 라는 뜻이다. 여기서 사안의 이름이 안석(安石), 즉 편안한 돌이라는 뜻에서 나온 말이다.

사안은 동진의 정치가·서예가로서, 자는 안석(安石)이다. 사관에 연연하지 않고 회계의 동산(東山)에 살면서 풍류를 즐겼으나 40세 이후에는 정치에 참여했다. 전진(前奏)의 부견(符堅)이 침입했을 때 정토대도독이 되어 격퇴하고, 그 공에 의하여 태보(太保)로 승진, 도독십오주 군사(軍事)가 되었다. 사후에 태부(太傅)로 추증되고, 문정(文靖)이라 시호되었다.

사 안

《세설신어》 배조편에 있는 말이다.

동진(東晉)의 환온(桓溫)이 진나라를 무너뜨리고 제위에 오르려고 하여 정세가 무척 어지러웠다. 당시의 정치가 사안은 세상을 등지고 은둔하면서 왕희지 등과 함께 청담(淸談)을 일삼고 있었다.

사안 동산은거도

조정에서 사안에게 다시 나올 것을 여러 번 권하였으나 그는 응하지 않았다. 그러나 정세가 더욱 어지러워지고 백성들의 삶이 도탄에 빠지는 것을 보고 그는 40세가 넘어서야 정가에 나가기로 결심했다.

사안이 벼슬을 하고 진의 수도 신정(新亭)을 출발할 때 고령(高靈)이란 사람이 술을 마셔 취한 척하고는 말했다.

「그대가 은거할 때 백성들이 이르기를, 사안이 출사하지 않으면 누가 이 백성들을 구할 것인가라고 했습니다. 이제 그대가 나왔으니 백성들은 어떻게 당신을 구할 수 있을까요?」

그러자 사안은 웃으면서 대답하지 않았다. 그 후 사안은 환온의 야망을 저지하고 명재상으로 칭송되었다. 이 고사에서 유래된 말로 어지러운 세상에 현명한 사람이 나와야 백성을 구할 수 있다는 뜻으로 쓰인다.

안심입명 安心立命

편안할 安 마음 心 설 立 목숨 命

《금강경(金剛經)》, 《맹자》 진심장

모든 의혹과 번뇌를 버려 마음이 안정되고 하늘의 뜻에 맡김. 모든 일에 최선을 다한 후 그 결과는 운명에 맡긴다는 뜻이다. 천명(天命)을 깨닫고 생사·이해를 초월하여 마음의 평안을 얻음. 또한 생사의 도리를 깨달아 내세(來世)의 안심(安心)을 꾀함을 이르는 말.

선원(禪院)에서 자신의 불성(佛性)을 깨닫고 죽음을 초월함으로써 마음의 편안함을 얻는 것을 이르는 말이다.

사람들의 마음이 불안한 것은 분별심(分別心) 때문이다. 분별심은 실체가 없다. 실체가 없는 사실에 얽매여 집착을 하다 보니 마음이 항상 불안한 것이다. 그래서 「마땅히 머무는 바 없이 마음이 난다(應無所住以生其心)」라고 《금강경》은 말하고 있다. 그 어디에도 집착 없는 마음으로 살아가라는 것이다. 집착이 바로 불안과 고통의 뿌리이기 때문이다.

유일·절대의 최고신을 내세우지 않는 불교나 유교, 또는 그리스 로마의 사상가들이 궁극의 경지를 추구한 결과, 아무것에 의해서도 흐트러지지 않는 완전히 평정(平定)한 편안함에 달한 마음의 상태.

안심(安心)은 불교용어이고, 입명(立命)은 《맹자(孟子)》의 진심장(盡心章)에서 온 말인데, 후세에 선종(禪宗)에서 이 말을 받아들여 선수행을 통하여 견성(見性)의 경지에 다다른 것을 가리키는 말로 쓰고 있다. 그리스어로는 아파테이아(apatheia)라 하고, 불교에서는 니르바나(涅槃 : 열반, Nirvana)라고 한다.

안여태산 安如泰山

편안할 安 같을 如 클 泰 뫼 山

《한서》 매승전(枚乘傳)

태산과 같이 편안하다는 뜻으로, 태산처럼 든든하고 믿음직함을 비유하는 말. 한나라 때 매승(枚乘)이 쓴 「상서간오왕(上書諫吳王)」이라는 상소문에서 유래되었다. 《한서》 매승전에 있는 이야기다.

매승은 한나라 경제(京帝) 때의 문학가로, 제후인 오왕(吳王) 유비(劉濞)의 밑에서 낭중 벼슬을 지냈다. 유비는 야심이 큰 인물이어서 중앙정부에 저항하여 반란을 일으킬 마음을 품고 있었다. 그 무렵 경제는 조조(晁錯)를 어사대부로 기용하였다. 조조는 제후들의 영지를 삭감하여 중앙정권을 공고히 할 것을 주장하였다. 유비는 다른 제후들의 영지가 삭감되는 것을 보고 자신도 이를 피할 수 없음을 깨달았다. 그리하여 초왕(楚王)·조왕(趙王)과 결탁하여 반란을 일으킬 계획을 세웠다. 이때 매승은 유비에게 「상서간오왕」이라는 글을 올렸다. 이 글에서 매승은 유비로 하여금 반란 계획을 중단하도록 권고했다.

「충신의 말을 들을 수 있다면 모든 화를 피할 수 있을 것입니다. 만일 반드시 자기 생각대로만 하려고 한다면 그것은 계란을 쌓아 놓은 것처럼 위험한 일이며, 하늘에 오르는 것보다 험난한 일이 될 것입니다. 그러나 되도록 빨리 원래의 생각을 바꾼다면, 이는 손바닥을 뒤집는 것보다 쉬운 일이며, 지위도 태산처럼 든든해질 수 있을 것입니다(變所欲爲 易于反掌 安于泰山)」

그러나 유비는 이 간언을 무시하였으므로, 매승은 오왕을 떠나 양효왕(梁孝王)을 찾아가 빈객이 되었다.

안자지어 晏子之御

늦을 晏 아들 子 의 之 마부 御

《사기》 관안열전(管安列傳)

도량이 작은 사람.

「안자의 마부」란 뜻으로, 하찮은 지위에 만족하여 뻐기는 사람의 비유로서, 윗사람의 위세만 믿고 우쭐대는 사람을 이르는 말이다. 제(齊)나라의 명재상 안영(晏嬰)의 어자(御者 : 마부)가 야망 없이 현실에 만족하고, 너무 뻐기는 데 실망한 아내로부터 이혼 요구를 받았다. 그래서 어자는 분발하여 마침내 대부에까지 출세했다는 옛일에서 온 말이다. 안영(晏嬰)은 춘추시대 제(齊)나라의 명신으로 영공(靈公), 장공(莊公)을 섬기고 경공(景公) 때는 재상이 되었다.

제경공에게 공자의 등용을 막은 안영

재능이 뛰어나도 겸손한 안영은 제나라를 천하의 강국으로 만들 만큼 치세(治世)의 능력도 있었다. 그의 언행은 공자(孔子)에게도 영향을 미칠 정도여서 안자(晏子)라는 경칭이 붙여졌다.

어느 날, 안영이 외출을 하게 되어 마차를 탔다.

네 마리의 말이 끄는 마차를 부리는 어자(御者, 마부)는 마차가 지나가면 사람들이 경외(敬畏)의 눈빛으로 길을 비키

안 영

거나 엎드리곤 해서 마치 자기가 위대해진 듯 착각하여 우쭐거리며 마차를 몰았다.

그 날도 마부는 목을 뻣뻣이 하고는 득의만면(得意滿面)한 표정으로 말채찍을 휘어잡고 마차를 몰고 있었다. 마차가 집 앞을 지나간다는 소식을 들은 마부의 아내가 문틈으로 살며시 내다보았다.

재상 안영은 다소곳이 앉아 있는데 마부 주제인 남편의 모습은 너무나 역겨웠다.

그날 저녁 남편이 집에 돌아오자 아내가 느닷없이 이혼하고 싶다고 했다. 어안이 벙벙해진 남편이 그 이유를 물었다.

「안자(晏子)께서는 키가 6척도 안되지만 재상이 되셨고 그 명성도 자자합니다. 그런데도 의연하고 겸허했습니다. 그런데 당신은 8척의 거구로 남의 마부가 되어 우쭐대고 있으니 그런 당신과는 더 이상 살고 싶지 않습니다」

아내로부터 크게 무안을 당한 마부는 그 후부터 사람이 싹 달라졌는데 그 까닭을 알게 된 안영은 가상히 여겨 마부에게 벼슬을 천거했다. 그래서 마부는 분발하여 마침내 대부에까지 출세했다는 이야기다. 이 고사에서 「안자지어(晏子之御)」는 하찮은 지위에 만족하여 뻐기는 사람의 비유로서, 윗사람의 위세만 믿고 우쭐대는 사람을 이르는 말이다.

안중지정 眼中之釘

눈 眼 가운데 中 의 之 못 釘

《오대사보(五代史補)》

「안중지정」은 「눈 속의 못」이란 말이다. 우리말의 「눈엣가시」란 말과 똑같이 쓰이는 말이다. 나무못이 가시요, 쇠로 된 가시가 못이니 결국 같은 내용의 표현이라 볼 수 있다.

이 말이 기록에 나온 것은 《오대사보》에 있는 조재례(趙在禮)의 이야기에서부터다.

당나라 말엽은 혼란스럽기 그지없는 시대였다. 조재례는 여룡(廬龍) 절도사로 하북지방에서 용맹을 날린 유인공(劉仁恭)의 부하 장교로서 그 시절 대표적인 탐관오리였다.

그는 백성으로부터 긁어모은 돈으로 권력자들을 매수하여 후양(後梁)・후당(後唐)・후진(後晋) 3대에 걸쳐 각지의 절도사를 역임한 간악하고 약삭빠른 사람이었다.

그는 송주(宋州) 절도사로 있을 때, 주민들을 총동원하여 깃발을 휘두르고 밭으로 나와 일제히 피리를 불고 북을 울림으로써 남쪽에서부터 휩쓸고 올라오던 황충을 송주로부터 몰아낸 지혜를 보여주기도 했었다. 그는 이 송주에서 실컷 긁을 대로 긁어낸 다음 영흥(永興) 절도사로 옮겨가게 되었다. 이 소문을 듣고 기뻐한 것은 송주 백성들이었다. 그들은,

「놈이 우리 송주를 떠난다니 마치 눈에 박힌 못을 뺀 것처럼 시원하구나」하고 서로 위로들을 했다.

그러나 화는 입으로부터 나온다고(口是禍之門), 이들 송주 백성들

은 미리 좋아한 이 한 마디 때문에 큰 환난을 치러야만 했다. {☞ 구시화지문}

백성들의 이 같은 소문을 들은 조재례는 욕먹은 앙갚음을 할 생각으로 1년간만 송주에 더 있게 해달라고 조정에 청을 올렸다. 조정은 중신들의 독무대였고, 중신들은 조재례의 뇌물에 놀아나고 있었기 때문에 이를 승낙했다.

조재례는 즉시 소임들을 시켜 관내 주민들에게 집집마다 1년 안에 돈 1천 전(錢)을 바치게 하고 이를 발정전(拔釘錢)이라 불렀다.

「눈에 박힌 못을 빼려거든 1천 전을 내라. 그러면 내가 깨끗이 떠나 주마」라는 노골적인 행동이었다.

그렇게 지독한 가렴주구(苛斂誅求)를 일삼던 그는 이 1년 동안에 백만 관(貫 : 1관은 천 전)의 돈을 거둬들였다는 것이다.

「안중지정」은 「안중정(眼中釘)」이라고도 하며, 원래는 눈에 박힌 못처럼 자신을 괴롭히는 존재를 말한 것이었는데, 지금은 「눈엣가시 같은 놈」이라고 할 때와 마찬가지로 보기 싫은 사람을 가리켜 말하기도 한다.

敵國相觀 不觀於其山川之
적국상관 불관어기산천지
士馬之衆 相觀於人耳已
사마지중 상관어인이이
적국끼리 서로 살피는 것은 그 산천의 험요함이나
군사, 군마의 많고 적음이 아니라 사람을 살필 따름이다.
— 소순(蘇軾) 〈황제에게 올리는 글(上皇帝書)〉

안토중천 安土重遷

편안할 安 흙 土 무거울 重 옮길 遷

《한서(漢書)》 원제기(元帝紀)

「고향을 편안히 여겨 다른 곳으로 떠나기를 꺼려한다」 라는 뜻으로, 하던 일에 익숙해지면 다른 일을 하지 않으려는 것을 비유하는 말이다.

아

《한서》 원제기에 따르면, 원제가 내린 조서(詔書)에 이르기를,

「고향을 편히 여겨 다른 곳으로 떠나기를 꺼림은 백성들의 일반적인 성향이며, 피를 나눈 혈육끼리 서로 모여 의지하고 사는 것은 사람들이 바라는 바이다(安土重遷 黎民之性 骨肉相附 人情所願也). 요사이 벼슬하는 자들과 조정 신하들 논의가 원과 능(종묘)에 제사를 받들게 하기 위해서, 백성들이 고을과 나라(제후국)를 옮긴다고 하니, 이는 백성들로 하여금 선조의 묘와 봉분을 멀리 버려두고 직업을 잃고 생산을 하지 못하게 하며, 친척들과 이별하여 백성들이 사모하는 마음을 품게끔 하였으니, 가문에는 편하지 않은 마음이 있는 것이다. 이는 근본적인 해결책이 될 수 없는 폐해이며 관내에 무료한 백성들이 있음은 항구적이며 오래 갈 수 있는 대책은 아니다」

과거의 농경사회에서 일반 백성들은 평생을 자신이 태어난 곳에서 떠나지 않고 살다가 죽는 것이 대부분이었으며, 이는 중국인의 전통적인 삶이기도 하였다. 여기서 유래하여 「안토중천」 은 한 가지 일에 익숙해지면 다른 일은 하기 어려워지거나 하지 않으려는 경향을 비유하는 성어로 사용된다.

암도진창 暗渡陳倉

어두울 暗 건널 渡 펼칠 陳 창고 倉

《사기》 고조본기(高祖本紀)

정면 공격을 위장하여 방비가 허술한 후방을 기습함.

「몰래 진창으로 건너다」 라는 뜻으로, 정면으로 공격할 것처럼 위장하여 적이 병력을 그쪽으로 집결시키도록 한 뒤에 방비가 허술한 후방을 공격하여 기습에 성공함을 비유하는 말이다.

《사기》 고조본기에 있는 이야기다.

유방 함양 입성도

진(秦)나라가 멸망한 직후 항우(項羽)는 장차 천하를 독차지할 야심을 품고 있었지만, 겉으로는 진나라의 옛 영토를 쪼개서 유방(劉邦) 등 반진(反秦) 장군들에게 영지로 나누어주고 왕의 봉호를 내리는 척하였다. 그런데 당시 항우는 다른 장수들에 대해서는 별로 염려하지 않았지만, 유방에 대해서는 은근히 우려하는 마음이 있었다. 훗날 자기와 천하를 다툴 사람은 유방밖에 없다는 생각 때문이었다.

일찍이 진나라가 멸망하기 전이었다. 반진 장군들은 진의 도읍지 함양을 먼저 함락시키는 사람으로 관중왕(關中王)을 삼는다는 약속을 한 일이 있었다. 우여곡절 끝에 함양에 제일 먼저 당도한 사람은 다름 아닌 유방이었다.

한 신

관중은 오늘날의 섬서성 일대로, 진나라에서 오랜 세월 개발한 결과 물산이 풍부한 고장이었으며, 군사적으로도 견고한 요새를 구축한 고장이었다. 이에 항우는 고의로 파촉(巴蜀, 지금의 사천성)과 한중(漢中, 지금의 섬서성) 일대를 유방에게 주어 그를 한왕(漢王)에 봉하고는 관중 지방을 셋으로 나누어 진나라의 항장(降將)들인 장한·사마흔·동의 세 사람에게 떼어주어 유방을 견제하게 하였다. 그리고 항우 자신은 스스로 서초패왕(西楚霸王)이 되어 장강(長江, 양자강) 중하류와 회하(淮河) 유역의 비옥한 토지를 차지하고는 팽성을 도읍지로 삼았다.

한편 유방 또한 천하를 독차지할 야심이 있었던지라 항우의 이러한 조처에 불만이 대단했지만, 그의 위세에 눌려 부득이 남정(南鄭) 일대로 들어가게 되었다.

이때 유방은 장양(張良)의 계책대로 높은 벼랑에 나무로 가설해 놓은 잔도(棧道)를 모조리 불살라 버렸는데, 그것은 방어의 목적도 있었지만 주로 항우를 속이기 위한 방편이었다.

한중에 도착한 유방은 재능 있는 전략가 한신(韓信)을 대장군으로 삼고 장차 천하를 차지할 계획을 추진하였다. 한신은 우선 관중 지방을 빼앗아 항우를 꺾어버릴 근거지로 삼을 계획을 세웠다. 그는

잔 도

우선 수백 명의 군사를 파견해서 잔도를 중수하는 척하였다.

이때 관중 서부를 지키고 있던 장한은 그 소식을 듣고 「수백 명의 군사로는 어림도 없지」 하면서 코웃음을 쳤다. 그런데 얼마 안 가서 유방의 대군이 관중으로 쳐들어와 진창을 점령하고 말았다. 이에 장한은 자살하고 사마흔과 동의는 항복하고 말았다.

한신이 군사를 보내 잔도를 수리하게 한 것은 사실 속임수로 그때 그는 유방과 함께 대군을 거느리고 쥐도 새도 모르게 진창을 쳐서 빼앗았던 것이다. 그리하여 「겉으로는 잔도를 수리하면서 남몰래 진창을 건넜다(明修棧道 暗渡陳倉)」 는 말이 나오게 되었는데, 흔히 암도진창 또는 진창암도라고도 한다.

그리고 한신은 장양이 잔도를 불태워 버리자고 제의할 때 벌써 이런 계획을 유방에게 올렸다고 한다. 그래서 「영웅들이 보는 바는 대체로 동일하다(英雄所見 畢竟略同)」 는 말도 나오게 되었는데, 나중에 성구 「영웅소견약동(英雄所見略同)」 이 되었다.

암전상인 暗箭傷人

어두울 暗 화살촉 箭 해칠 傷 사람 人

《좌씨전》 은공(隱公) 11년

「몰래 활을 쏘아 사람을 해친다」라는 뜻으로, 남몰래 흉계를 꾸며 남을 해치는 일을 비유하는 고사성어이다

암전난방(暗箭難防)이라고도 하는데, 남몰래 꾸민 계략은 예방하기 어렵다는 뜻이다.

《좌전》 은공(隱公) 11년에 있는 이야기다.

춘추시대 정(鄭)나라에서 허(許)나라를 공격하던 해의 일이었다.

어느 날, 정장공(鄭莊公)이 군사들을 사열할 때 노장군 영고숙(潁考叔)과 청년장군 공손자도(公孫子都) 사이에 서로 병거(兵車)를 차지하겠다고 옥신각신하면서 다투던 중 결국 영고숙이 이를 빼앗고 말았다. 이 일로 말미암아 공손자도는 영고숙에게 앙심을 품게 되었다.

그 해 여름, 정나라 군사들은 왕명을 받들어 허나라의 도읍으로 쳐들어갔다. 백전노장 영고숙은 군대의 선봉에 서서 용감하게 싸워 마침내 대군을 이끌고 성벽을 기어오르기 시작하였다. 이때 공손자도는 영고숙이 전공을 독차지할까 싶어 뒤에서 화살을 날려 그를 쏘아 죽이고 말았다.

이렇게 해서 이때부터 사람들은 비열한 수단으로 사람을 해치거나 뒤에서 남을 헐뜯는 행위를 가리켜 「암전상인」이라고 일컫게 되었다.

암중모색 暗中摸索

어두울 暗 가운데 中 더듬을 摸 찾을 索

유속(劉餗)《수당가화(隋唐嘉話)》

사태를 파악할 수 없는 상황에서 대충 어림으로 추측하다.

「어둠 속에서 손으로 더듬어 찾는다」는 뜻으로, 어림짐작으로 추측하거나, 당장은 해결점이 보이지 않는 막연한 상태에서 해법을 찾는 것을 이르는 말이다.

당(唐)나라 측천무후(則天武后)는 여걸이었다. 열네 살에 대궐에 뽑혀 들어가 2대 황제 태종(太宗)의 후궁이 되었는데, 태종이 죽자 절에 들어가 중이 되었다. 그러나 3대로 제위에 오른 고종(高宗)은 그녀를 환속시켜 후궁으로 불러들였다.

한 여자가 부자간 2대와 관계를 맺는 기막힌 경우가 생긴 것이다. 이 사실만 보더라도 상당한 미모였음을 알 수 있다.

그녀는 아름답기만 한 것이 아니라 두뇌가 명석하고 기력 또한 드세며 행동력이 뛰어나 황후를 밀어내고 자신이 그 자리를 차지했다. 그 후 고종이 병들어 눕자 스스로 천후(天后)라 일컫고 정치 일선에 나서서 거슬리는 대신들과 전 황후 소생인 태자를 무참히 죽이는 공포정치로 모두를 꼼짝 못하게 만들었다.

그러다가 고종이 죽자 자신의 친아들로 4대 중종(中宗)과 5대 예종(睿宗)을 형식적으로 세웠지만 곧 폐하고 마침내 스스로 제위에 올라 국호를 주(周)로 고쳤다.

이때 그녀의 나이 67살이었고, 중국 역사상 전무후무한 여황이 탄생한 것이다. 그러고서 15년간 황제 노릇을 했고, 고종이 죽고부터 실권을 장악한 것을 감안하면 무려 26년간이나 중국 천하를 호령했으니 참으로 놀라운 여자가 아닐 수 없다.

이 측천무후 시대의 당나라에 허경종(許敬宗)이란 학자가 있었는데, 학문은 어쨌든 간에 심한 건망증으로 더 이름이 알려져 있었다. 어찌나 건망증이 심한지 조금 전에 만났던 사람조차 기억 못할 정도였다.

「저런 기억력으로 글은 대체 어떻게 읽었을까?」

측천무후

그를 아는 사람들은 이렇게 말하며 비웃곤 했다.

어느 날 한 친구가 허경종이 사람을 특히 잘 기억하지 못하는 것을 보고 이렇게 비꼬았다.

「자넨 이름 없는 사람이야 기억할 수 없겠지만 만약 하안(何晏)이나 유정(劉楨)·심약(沈約)·사령운(謝靈運) 같은 유명인을 만난다면 훗날 『암중모색』을 해서라도 알 수 있을 것이네」

허경종(許敬宗)은 고종이 황후 왕(王)씨를 폐하고 무씨(武氏, 측천무후)를 황후로 맞이할 때 이 무씨를 옹립한 인물이었으며, 당 태종의 18학사(學士)의 한 사람으로 유명하다.

그는 문장의 대가였으나 성격이 매우 경솔한 데다 건망증이 심해 방금 만났던 사람조차 곧 잊어버리곤 했다.

앙급지어 殃及池魚

재앙 殃 미칠 及 못 池 물고기 魚

《여씨춘추》 필기편(必己篇)

뜻하지 않은 곳에 재앙이 미침.

《여씨춘추》 필기편에 있는 이야기다.

춘추시대 송나라 때, 사마환(司馬桓)이라는 사람이 훌륭한 보물 구슬을 가지고 있었다. 그런데 이 사마환이 죄를 짓게 되자 그 보물 구슬을 가지고 도망을 쳐버렸다.

사마환이 보물 구슬을 가지고 있다는 말을 진작부터 듣고 있던 왕은 어떻게 하든 그것을 손에 넣으려고 마음먹었다.

그래서 사람들을 풀어 간신히 사마환을 찾아 보물 구슬 숨긴 곳을 말하게 했다. 사마환은 냉정하게 대답했다.

「아, 그 구슬 말인가? 그건 내가 도망을 칠 때 연못 속에 던져버렸다네」

무슨 수단을 쓰든지 보물 구슬을 손에 넣고 싶었던 왕은 곧 신하들에게 명령해서 연못 속을 샅샅이 찾게 했다.

물이 있는 연못 속을 아무리 더듬어 보았지만 없는 구슬이 나올리 없었다.

마침내 왕은 많은 사람들을 동원하여 연못의 물을 모두 퍼내게 했으나 끝내 구슬은 찾을 수가 없었다.

결국 연못의 물을 잃은 물고기들에게 재앙이 닥쳐 모조리 죽어버리고 말게 된 것이다.

「지어지앙(池魚之殃)」이라고도 한다.

앙인비식 仰人鼻息

우러를 仰 사람 人 코 鼻 숨쉴 息

《후한서》 원소전(袁紹傳)

「남이 숨 쉬는 것만 바라본다」 라는 뜻으로, 주체성 없이 남의 눈치만 살피거나 남의 비위를 맞추는 것을 비유하는 말이다.

《후한서》 원소전(袁紹傳)에 있는 이야기다.

후한 말기는 한나라 왕조의 권위가 쇠락하여 군웅이 할거할 시기였다. 발해태수 원소도 그 가운데 한 사람이었다. 원소는 참모인 봉기(逢紀)의 계책을 받아들여 한복(韓馥)이 다스리는 기주(冀州)를 차지하고자 하였다.

원소는 한편으로는 북평(北平) 자사 공손찬(公孫瓚)을 부추겨 군대를 이끌고 남하하여 기주를 공격하도록 하고, 다른 한편으로는 순심(荀諶)과 고간(高干)을 한복에게 보내 공손찬의 공격이 임박하였으니 원소에게 기주를 내주도록 회유하였다. 무능하고 겁 많은 한복은 그 말을 따라 기주를 원소에게 바치려고 하였다. 그러나 한복의 부하인 경무(耿武)와 민순(閔純)이 반대하고 나섰다.

「기주는 100만이나 되는 백성이 있고, 10년을 버틸 수 있는 식량이 있습니다. 원소는 의지할 곳 없는 곤궁한 신세라 우리들의 콧숨만 바라보는 처지입니다(袁紹孤客窮軍, 仰我鼻息). 비유하자면 품속의 갓난아기와 같아서 젖을 주지 않으면 곧 굶어 죽을 처지에 있는데, 어찌하여 기주 땅을 내주려 하십니까?」

그러나 한복은 부하들의 권고를 듣지 않고 원소에게 귀순함으로써 결국 유명무실한 존재로 전락하고 말았다.

애급옥오 愛及屋烏

사랑할 愛 미칠 及 집 屋 까마귀 烏

《설원(說苑)》 귀덕편(貴德篇)

사람을 사랑하면 그 집 지붕의 까마귀까지 사랑한다.

《설원》 귀덕편에 있는 이야기다.

상(商)나라의 마지막 군주 주왕(紂王)은 사치스럽고 욕심이 많으며, 포학무도한 군주였다. 당시 서부 제후들의 우두머리였던 서백후(西伯侯) 희창(姬昌)은, 주(周) 문왕(文王)에 즉위하기 전에, 걸왕의 행위에 대하여 정면으로 반대하였다는 이유 때문에 구금되어 갖은 고초를 겪고 석방되었다.

희창은 자신의 지역인 기산(岐山)으로 돌아와 상나라를 멸하겠다고 결심하였지만, 얼마 있지 않아 세상을 떠났다.

희창이 죽자, 그의 아들 희발(姬發)이 왕위를 계승하니, 그가 곧 주나라 무왕(武王)이었다. 희발은 부친의 유지를 받들어, 강상(姜尙, 강태공)을 군사로 임명하고, 다른 두 동생들의 도움으로 각 제후들을 규합하여 걸왕 정벌을 정식으로 선포하였다.

무왕은 대군을 이끌고 맹진(盟津)에서 황하를 건너 동북쪽으로 진군하여, 곧장 상나라의 도읍인 조가(朝歌)를 압박해 들어갔다. 상왕은 이미 인심을 잃은 터라 군인들도 그를 위해 목숨을 바치기를 원하지 않았으므로 모두 도망하거나 투항하였으며, 일부는 조정에 반기를 들고 일어났다. 상왕조의 멸망이 눈앞에 다가왔다.

주 무왕은 상을 멸한 후 강태공에게 상나라의 권신 귀족들을 어떻게 처리할 것인가에 대해 물었다.

강태공은 말했다.

「신이 듣기로는, 사람을 사랑한다면 그의 집 지붕 위에 있는 까마귀까지도 사랑하며(臣聞愛其人者兼愛及屋上之烏), 사람을 미워하면 그의 집 종들까지도 미워한다고 합니다. 적대적인 사람들은 모조리 제거하였으면 하는데, 왕의 생각은 어떠하신지요?」

강태공 조어도(釣魚圖)

주무왕은 강태공의 말에 깨달은 바가 있어, 상나라의 백성들에 대하여 그들을 위로하는 정책을 펼쳤다.

《상서대전》에는 이 말이 주공의 말이라고 되어 있는데, 누구의 말인지는 분명하지 않다.

이렇게 해서 「애옥급오」라는 성구가 나오게 되었는데, 당(唐)나라 때의 대시인 두보(杜甫, 712~770)도 그의 시에서 이 이야기를 다룬 적이 있다. 까마귀는 본래 사람들이 싫어하는 흉조지만 어떤 사람을 사랑하게 되면 그 집 지붕 위에 앉아 있는 까마귀조차도 사랑스럽게 보인다는 것이다.

「아내가 고우면 처갓집 말뚝에 절한다」는 우리 속담과 비슷하다. 「옥오지애(屋烏之愛)」라고도 한다.

애리증식 哀梨蒸食

슬플 哀 배 梨 삶을 蒸 먹을 食

《세설신어(世說新語)》

「애씨네 배처럼 맛있는 배를 삶아 먹는다」 라는 뜻으로, 사물의 좋고 나쁨을 분별할 줄 모르는 어리석은 사람이나 그러한 행태를 비유하는 말이다. 애리(哀梨)는 「애씨 집에 열린 배」 라는 뜻이다.

《세설신어(世說新語)》 에 있는 이야기다.

오호십육국시대(五胡十六國時代) 동진(東晋)의 대사마(大司馬)를 지낸 환온(桓溫)은 사람들에게 화가 나면 「애씨네 배도 삶아 먹을 놈(君得哀家梨 當複不蒸食不)」 이라고 욕을 퍼부었다고 한다.

애가리(哀家梨)

「애씨네 배」 는 한나라 때 말릉(秣陵)이라는 곳에 살던 애중(哀仲)의 집에 심겨져 있던 배나무에서 열린 배는 유난히 크고 맛이 좋기로 유명하였다. 그래서 당시 돈 많은 사람들은 재력을 과시하여 귀한 배를 구해서는 맛있게 먹는 방법을 궁리한 끝에 삶아 먹기도 하였다고 한다. 배는 원래 신선한 상태로 먹어야 제 맛을 느낄 수 있는 것이거늘, 하물며 애씨네 배처럼 유별나게 맛있는 과일을 삶아먹는 행위는 어리석기 그지없는 일이다. 여기서 유래하여 「애리증식」 은 좋고 나쁨을 가리지 못하는 어리석은 사람들이나 그러한 행태를 비유하는 성어로 사용된다.

애자필보 睚眦必報

눈초리 睚 흘길 眦 반드시 必 보답할 報

《사기》 범수채택(范睢蔡澤)열전

「눈흘김도 반드시 갚는다」 라는 뜻으로, 도량이 극히 좁은 것을 비유하는 말이다

아

《사기》 범수채택열전에 있는 이야기다.

범수(范睢)는 위나라 사람으로 자(字)를 숙(叔)이라 했다. 제후들을 유세(遊說)하고 싶었으나 집이 가난한 탓으로 여비가 없어 길을 떠나지 못하고, 위나라 왕을 섬길 생각이었으나 그마저 통할 길이 없어 우선 중대부(中大夫) 수가(須賈)의 밑에서 일을 보고 있었다.

어느 해, 수가가 위나라 소왕(昭王)의 명령으로 제나라에 사신으로 가는 길에 범수도 함께 따라가게 되었다.

제왕과 회담하는 자리에서 수가가 미처 대답을 못해 당황하면 범수가 대신 대답을 하곤 했다. 제왕은 범수의 재주를 아껴 그를 제나라에 머물러 있게 하고 싶었으나 사신으로 따라온 사람이라 그럴 수도 없고, 뒷날을 약속하는 고기와 술과 금 열 근을 보내왔다. 범수는 금은 사양하고 술과 고기만을 받았다.

이 사실을 안 수가는 귀국하자 위제(魏齊)에게 범수가 수상하다고 일러바쳤다. 성질이 급한 위제는 당장 범수를 잡아들였다. 무슨 비밀을 제나라에 일러주었느냐고 문초하기 시작했다.

범수는 맞아 이가 부러지고 갈비뼈가 부러졌다. 범수가 죽은 시늉을 하고 있자 거적에 싸서 헛간에 놓아두고 술 취한 손들을 시켜 범수의 시체 위에 오줌을 누게 했다. 범수는 자기를 지키고 있는 사

람을 매수해서, 위제의 승낙을 얻어 들판에 갖다 버리게 한 다음, 친구 정안평(鄭安平)의 집으로 가 숨어 있었다.

얼마 후 진나라 사신으로 온 왕계(王稽)의 도움으로 몰래 진나라로 들어온 다음, 마침내 진소왕(秦昭王)을 만나 당면한 문제와 원교근공의 외교정책 등을 말함으로써 일약 현임 재상을 밀어내고 진나라의 재상이 된다. {☞ 원교근공(遠交近攻)}

범수는 재상이 된 뒤 진소왕에게 위나라를 치도록 권하였다. 이에 당황한 위나라에서는 수가를 진나라에 파견하여 군사를 거두어 줄 것을 교섭하게 하였다. 이때 범수는 거지 모양을 해가지고 수가가 투숙한 빈관으로 찾아갔다. 범수를 알아본 수가는 그를 불쌍히 여겨 비단옷 한 벌을 선사하였다.

얼마 후 범수가 다름 아닌 진나라 승상이라는 것을 알게 된 수가는 웃통을 벗은 채 꿇어앉아 사죄하였다. 그러나 범수는 그 자리에서 수가에게 성대한 연회를 베풀어 놓고 각국 사신들 앞에서 수가의 죄악을 일일이 따져 물었다. 동시에 위나라의 재상 위제의 머리를 베어 오지 않는다면 위나라의 국토마저 짓밟아 버리겠다고 위협하였다. 이에 위제는 여러 나라로 피신했으나 아무도 그를 받아주는 곳이 없자 할 수 없이 자결하고 말았다는 것이다.

이처럼 범수는 개인의 이득을 위해 조국을 배신한 사람이었지만, 당시 사람들은 그를 가리켜 「사랑과 증오가 분명한 사람」 이라고 칭찬하였다.

그리고 범수는 「밥 한 술 얻어먹은 자그마한 은혜도 잊지 않고 반드시 갚으며 남이 눈 한 번 흘긴 자그마한 원수도 잊지 않고 반드시 갚는다(一飯之德必償 睚眦之怨必報)」 고 하였다.

여기에서 나온 성구가 「일반지은(一飯之恩)」 과 「애자필보」 다.

애홍편야 哀鴻遍野

슬플 哀 큰기러기 鴻 두루 遍 들 野

《시경》 소아(小雅)편

「슬피 우는 기러기가 들판에 가득하다」 라는 뜻으로, 도처에 재난을 당한 백성들이 가득함을 비유하는 말이다.

《시경》 소아편에 실려 있는 「홍안(鴻雁)」 은 모두 3장으로 이루어져 있는데, 제1장은 다음과 같다.

기러기 하늘을 날며
푸드득 날갯짓 하네
그대들 집 떠나서
들판에서 고생하였으니
가엾어라 저 백성
불쌍한 홀아비와 과부들

鴻雁于飛 肅肅其羽 홍안우비 숙숙기우
之子于征 劬勞于野 지자우정 구로우야
爰及矜人 哀此鰥寡 원급긍인 애차환과

홍(鴻)은 큰 기러기, 안(雁)은 작은 기러기를 가리킨다. 정현(鄭玄)의 주석에 따르면, 이 시는 재난을 당한 백성들이 이리저리 떠돌 때 그들의 삶이 안정되도록 힘쓴 주(周)나라 선왕(宣王)의 공덕을 찬미하여 지은 것이라고 한다. 「환(鰥)」 은 늙어서 아내가 없는 남자를 말하고, 「과(寡)」 는 남편이 없는 여자로, 다 처량하고 슬픈 존재다.

애홍편지(哀鴻遍地)라고도 한다.

야도화쟁발 野渡花爭發

들 野 건널 渡 꽃 花 다툴 爭 필 發

「송왕목왕길주알왕사군숙」

「들판의 나루터에 꽃들이 다투어 핀다」 라는 뜻으로, 여건이 무르익어 일이 흥성하는 것을 비유하는 말이다.

당(唐)나라 때 시인 이가우(李嘉佑)가 지은 「송왕목왕길주알왕사군숙(送王牧往吉州謁王使君叔)」 이라는 시의 한 구절이다.

이가우는 자가 종일(從一)이며, 현종(玄宗) 때 진사시험에 급제한 뒤 숙종(肅宗)과 대종(代宗) 대에 걸쳐 벼슬을 하였다. 주로 자연경물을 노래한 시를 지었는데, 개중에는 안녹산(安祿山)의 난으로 인한 강남지방의 사회적 동란을 절실하게 묘사한 시들도 있다. 유장경(劉長卿), 선승(禪僧) 교연(皎然) 등과 교유하였으며, 대력십재자(大曆十才子)의 한 사람으로 꼽히기도 한다.

「송왕목왕길주알왕사군숙」 은 이가우가 왕목(王牧)이라는 사람을 전송하면서 지은 시다. 그 가운데 「들판 나루터에 꽃은 다투어 피고, 봄 연못가 물은 어지러이 흐른다(野渡花爭發 春塘水亂流)」 라는 구절이 있는데, 이에 대하여 고중무(高仲武)는 《중흥간기집(中興間氣集)》 에서 「문장의 면류관(文章之冠冕)」 이라고 칭찬하였다.

이 구절에서 유래하여 「야도화쟁발」 은 봄을 맞아 나루터에 꽃들이 흐르러지게 피듯이 여건이 무르익어 일이 흥성함을 비유하는 말로 사용된다.

야랑자대 夜郎自大

밤 夜 사내 郎 스스로 自 큰 大

《사기》 서남이(西南夷)열전

자기 역량을 모르고 위세를 부림.

한대(漢代)에 서남이(西南夷) 중에서 야랑국(夜郎國 : 귀주성 서부)이 가장 세력이 강했는데, 한제국의 강대함을 전혀 알지 못하고 자기의 힘을 과대하게 믿고 오만하였다고 하는 고사에서, 범용(凡庸)하거나 우매한 무리 중에서 세력이 있어 잘난 체하고 뽐냄을 비유하여 이르는 말이다.

전국시대에 중국 서남부의 소수민족 중에 야랑이라는 비교적 큰 부족국이 있었다. 전국시대 후기 초나라가 진나라를 공략하여 영지 탈환에 성공하자, 야랑 등의 부족연맹은 항복하여 초나라의 신하국이 되었다. 시황제가 진나라를 통일하자, 야랑국은 정식으로 진나라의 판도로 들어갔다.

진나라가 망한 후 한나라가 흉노 대책에 쫓겨 서남지방을 돌볼 틈이 없는 것을 기회로 야랑 등의 소수민족은 각각 왕을 칭하고 자립했다. 당시 야랑의 수령 다동(多同)은 야랑후(夜郎侯)를 자칭하고 있었는데, 그는 야랑이 천하의 대국이라고 생각하고 있었다.

어느 날, 다동이 영내를 순시하다가 부하에게 물었다.

「이 세상에서 어느 나라가 제일 큰가?」

「야랑이 제일 크옵니다」

다동이 앞에 있는 높은 산을 가리키며 물었다.

「천하에 이보다 더 높은 산이 있느냐?」

아

「이보다 더 높은 산은 없사옵니다」

강가에 이른 다동이 또 물었다.

「이 강이 세상에서 가장 긴 강이겠지?」

「물론이옵니다」

야랑후는 자신이 세상에서 가장 위대하다고 생각하게 되었다. 한 무제의 사자가 인도로 가던 중 야랑을 통과하게 되었다. 야랑후는 사자에게 물었다.

「한과 야랑 중 어느 나라가 큰가?」

한나라의 사자는 어이없어 하며 대답했다.

「한나라는 수십 개의 군을 가지고 있고, 야랑은 그 한 군만도 못 합니다」

기가 질린 다동은 벌린 입을 다물지 못했다. 이 이야기에서 자기 분수를 모르고 위세부리는 것을 가리키는 것을 「야랑자대」라고 한다. 비슷한 말로 「당랑지부(螳螂之斧)」라는 고사가 있다.

以銅爲鏡 可以正衣冠
이동위경 가이정의관
以古爲鏡 可以知興替
이고위경 가이지흥체
以人爲鏡 可以明得失
이인위경 가이명득실

구리로 거울을 만들면 의관을 바로잡을 수 있고
옛일을 거울로 삼으면 흥망성쇠를 알 수 있으며
사람을 거울로 삼으면 득실을 명백히 할 수 있다.

— 오긍(吳兢) 《정관정요》

야불폐호 夜不閉戶

밤 夜 아닐 不 닫을 閉 집 戶

《예기(禮記)》 예운(禮運)편

「밤에도 문을 닫지 않는다」는 뜻으로, 밤에 문을 닫지 않아도 도둑이 들 염려가 없는 이상적인 사회를 비유하는 말이다.

유가(儒家)에서 이상으로 삼는 대동세계에 관하여 설명한 《예기》 예운편에 있는 말이다.

대도(大道)가 행하여지는 세상에서는 천하가 모두 만인의 것이며, 현명하고 능력 있는 사람을 뽑아 정치를 맡김으로써 신뢰와 화목을 두텁게 한다. 사람들은 자신의 부모만 부모로 섬기지 않고, 자기 자식만 자식으로 여기지 않는다. 노인들은 편안하게 여생을 보낼 곳이 있고, 장성한 사람들에게는 일자리가 있으며, 어린이들에게는 잘 자랄 수 있는 여건이 갖추어져 있다.

홀아비나 과부, 고아나 자식이 없는 부모, 폐인이나 병에 걸린 사람들이 모두 보호와 양육을 받는다. 남자는 모두 자기 직분이 있고, 여자는 모두 자기 가정이 있다. 땅에서 나는 재화를 방치하는 것을 미워하되 반드시 자기만 독점하려 하지 않으며, 힘이 자기로부터 나오지 않음을 부끄러워하되 자기만을 위하여 힘을 쓰지는 않는다. 「그러므로 음모가 일어나지 않고, 도둑이 생기거나 전쟁이 일어나지 않으며, 그래서 사람들은 바깥문을 잠그지 않으니, 이런 세상을 대동이라고 한다(是故謀閉而不興 盜竊亂賊而不作 故外戶而不閉 是謂大同)」

또 《사기》 순리열전(循吏列傳)에도 이런 이야기가 있다.

자 산

자산(子産)은 정나라 대부 가운데 한 사람이다. 정나라 소군(昭君) 때 총애하던 서지(徐摯)를 재상으로 삼았으나, 나라가 어지러워져 윗사람과 아랫사람이 친하지 못하고, 아버지와 아들이 화합하지 못했다. 대궁자기(大宮子期 : 정 소공의 아들)가 이 사실을 소군에게 보고하여 자산을 재상으로 삼았다.

자산이 재상이 된 첫해에, 소인배들이 경박한 소행을 행하지 않게 하였고, 반백의 노인들은 무거운 짐을 나르지 않게 하였으며, 어린아이들은 밭을 갈지 않게 하였다. 그 다음해에는, 시장에서 값을 이중으로 매기는 일이 없어졌고, 3년이 지나자, 밤에 문을 잠그는 일이 없어졌고, 길에 떨어진 물건을 줍는 사람이 없었다(門不夜關 道不拾遺). 4년이 지나자, 밭갈이하는 농기구를 논밭에 둔 채 가지고 다니지 않아도 되었고, 5년이 지나자, 척적(尺籍)이 쓸모없게 되었고, 상복을 입는 기간은 명령을 내리지 않아도 잘 지켜졌다. 자산이 정나라를 다스린 지 26년 만에 죽으니, 장정들은 소리 내어 울고 노인들은 어린아이처럼 울면서 말했다.

「자산이 우리를 버리고 죽다니, 백성들은 장차 누구를 따르고 산단 말인가!」

여기서 유래하여 「야불폐호」는 「도불습유」와 더불어 밤에 문을 잠그지 않아도 도둑 걱정이 없는 태평성대, 길에 떨어진 남의 물건을 욕심내지 않는 순박한 인심의 이상적인 사회를 비유하는 성어로 사용된다.

야서혼 野鼠婚

들 野 쥐 鼠 혼인할 婚

《순오지(旬五志)》

「두더지의 혼인」이라는 뜻으로, 제 자신의 알지 못하고 엉뚱한 희망을 가진다는 뜻과, 세상에는 절대적인 존재는 없고 모두가 상대적이라는 뜻도 있다.

조선시대 효종(孝宗) 때 홍만종(洪萬宗)이 지은 《순오지(旬五志)》에 있는 이야기다.

《순오지》는 문학평론집(文學評論集)으로, 정철(鄭澈)·송순(宋純) 등의 시가(詩歌)와 중국의 《서유기(西遊記)》에 대한 평론이 있으며, 부록으로 130여종의 속담(俗談)이 실려 있다. 1867(고종 4)년의 등초본(騰抄本)에 있는 저자의 서문에 의하면 1647(인조 25)년 한강(漢江)에서 병으로 누워있을 때 15일간 걸려 완성했기 때문에 《순오지》라 이름 지었다 한다.

야서(野鼠)는 두더지를 가리킨다. 어떤 두더지가 자기 아들을 장가들이려고 좋은 혼처(婚處)를 구하려고 했다.

두더지는 처음에 하늘이 으뜸이라 여기고는 하늘에게 가서 통혼(通婚)을 청하자, 하늘은 「내가 비록 만물을 두루 포함하고 있기는 하지만 해와 달이 아니면 나의 덕을 드러낼 수 없다」라고 말하였다.

이에 두더지가 해와 달을 찾아가니, 해와 달은 「우리가 비록 세상을 널리 비추고는 있으나 구름이 우리를 가리니, 구름이 우리보다 높다」라고 말했다.

다시 두더지가 구름을 찾아가니, 구름은 「내가 비록 해와 달의 빛을 잃게 만들기는 하지만 바람이 불면 흩어지니, 바람이 나보다 높다」 라고 말했다.

그래서 이번에는 두더지가 다시 바람을 찾아가니, 바람은 「내가 비록 구름을 흩어지게 할 수는 있지만, 밭 가운데 서 있는 돌부처는 넘어뜨릴 수 없으니, 돌부처가 나보다 높다」 라고 말했다.

그래서 두더지가 돌부처를 찾아가니, 돌부처는 「내가 비록 바람을 두려워하지는 않지만 두더지가 내 발밑을 뚫으면 넘어지니 두더지가 나보다 높다」 라고 말했다.

두더지는 이 말을 듣고는 곧 거만해져서 「천하에 존귀한 것이 나만한 것이 없구나」 라고 말하고는 마침내 자식을 두더지와 혼인시켰다.

여기서 유래하여 「야서혼」 은 제 분수에 넘치는 허영심 또는 동류는 동류끼리 가장 잘 어울림을 비유하는 성어로 사용된다. 또 세상에 절대적인 것은 없으며 모두 상대적이라는 의미로도 사용된다.

有一樂境界
유일락경계
就有一不樂的相對待
취유일불락적상대대

하나의 낙경(樂境)이 있으면
다른 하나의 불락(不樂)이 반드시 기다리고 있는 법이다.

(한쪽에 즐거운 면이 있으면 반드시 이에 상대되는 불쾌한 일이 기다리고 있다. 인생은 모두 상대적인 것으로서 즐거움만 있는 것도 아니고 괴로운 일만 있는 것도 아니다.)

— 《논어》 학이편 증자(曾子)의 세 번 반성한 말에서

야이계일 夜以繼日

밤 夜 써 以 이을 繼 날 日

《맹자(孟子)》 이루하(離婁下)

밤을 지새우면서 그 다음날까지 계속해서 일을 한다는 뜻으로, 아주 열심히 일하는 것을 비유하는 말이다.

《맹자》 이루하(離婁下) 「주공사겸삼왕장(周公思兼三王章)」에 있는 말이다.

맹자가 말했다. 「우(禹)임금은 좋은 술을 싫어하고, 선한 말을 좋아하였다. 탕왕(湯王)은 중도를 지키고 어진 사람을 등용하는 데에는 출신을 따지지 않았다. 문왕(文王)은 백성을 보기를 다친 사람 대하듯 하였고, 도(道)를 보기를 아직 보지 못한 듯이 하였다. 무왕(武王)은 가까운 사람을 특별히 친숙하게 대하지 않고, 멀리 있는 사람을 잊지 않았다. 주공은 위 세 왕의 좋은 점을 모두 갖추어 네 가지 일에 베풀려고 하였다. 그 가운데 현실과 부합하지 않는 점이 있으면 세 왕들을 우러러 생각함에 밤을 새워 하였다(其有不合者 仰而思之 夜以繼日). 다행히도 그 이치를 터득하게 되면 가만히 앉아서 날이 새기를 기다렸다」

주공이 선대 세 왕의 장점을 취해 그것을 현실정치에 적용하고자 밤을 새워가면서까지 생각하고 또 생각하였다는 것을 이른 대목이다. 이처럼 밤잠도 자지 않을 정도로 한 가지 일에 몰두하는 것을 일러 「야이계일」이라고 한다. 일이계야(日以繼夜)로도 쓰며, 아무리 어려운 일이라도 부단히 노력하면 이룰 수 있다는 뜻의 한자성어 「마부작침(磨斧爲針)」과도 통한다.

약관 弱冠

어릴 弱 갓 冠

《예기(禮記)》 곡례편(曲禮篇)

스무 살을 「약관」이라고 한다. 약년(弱年)이니 약령(弱齡)이니 하는 것도 모두 스무 살을 말한다.

약(弱)은 부드럽다는 뜻인데, 기골이 완전히 성숙하지는 않았지만, 사람 구실을 할 수 있게 되었다는 의미다. 관(冠)은 성년이 되면 관례(冠禮)를 올려 한 사람의 성인으로 대우하는 의식을 갖추었다. 이 두 말이 합쳐서 성구가 된 것이다.

이 말은 오경의 하나인 《예기》 곡례편에 있는 말이다.

사람이 나서 10년을 말하여 유(幼)라 한다. 이때부터 글을 배운다.

스물을 말하여 약(弱)이라 한다. 갓을 쓴다.

서른을 말하여 장(壯)이라 한다. 집(室 : 妻)을 갖는다.

마흔을 말하여 강(强)이라 한다. 벼슬을 한다.

쉰을 말하여 애(艾)라 한다. 관정(官政)을 맡는다.

예순을 말하여 기(耆)라 한다. 가리켜 시킨다.

일흔을 말하여 노(老)라 한다. 전한다(자식에게).

여든, 아흔 살을 말하여 모(耄)라 하고, 일곱 살을 도(悼)라 하는데, 도와 모는 죄가 있어도 형벌을 더하지 않는다.

백 살을 말하여 기(期)라 한다. 기른다.

「약관」이란 말은 약과 관을 합쳐서 된 말인데, 여기에 나오는 표현들은 상당히 과학적인 근거를 가진 느낌을 준다. 즉 열 살은 어리다고 부르는데, 이때부터 공부를 시작하게 된다. 스무 살은 아직

약한 편이지만, 다 자랐으므로 어른으로서 갓을 쓰게 한다.

서른 살은 완전히 여물 대로 여문 장정이 된 나이므로 이때는 아내를 맞아 집을 가지고 자식을 낳게 한다. 마흔 살은 뜻이 굳세어지는 나이다. 올바른 판단을 할 수 있으므로 벼슬을 하게 된다.

쉰 살은 쑥처럼 머리가 희끗해지는 반백의 노인이 되는 시기다. 이때는 많은 경험과 함께 마음이 가라앉는 시기이므로 나라의 큰일을 맡게 된다.

예순 살은 기(耆)라 하여 늙은이의 문턱에 들어서는 나이므로 자기가 할 일을 앉아서 시켜도 된다.

일흔 살은 완전히 늙었으므로 살림은 자식들에게 맡기고 벼슬은 후배들에게 물려준 다음 자신은 은퇴하게 된다. 이 기와 노를 합쳐서 「기로(耆老)」라고도 한다.

여든 · 아흔이 되면 기력이 완전히 소모되고 있기 때문에 모(耄)라 한다.

그리고 일곱 살까지를 가엾다 해서 도(悼)라고 하는데, 여든이 넘은 늙은이와 일곱 살까지의 어린아이는 죄를 범해도 벌을 주지 않는다.

백 살을 기(期 · 紀)라고 하는데, 남의 부축을 받아가며 먹고 입고 움직이게 된다 하는 내용이다.

태어나서 죽을 때까지의 삶의 주기를 10년 단위로 나누어 이름을 붙여 놓았다. 신체와 정신의 발육 정도와 경험의 축적 정도에 따라서 할 수 있는 일의 범주를 구분한 것이다.

반드시 모든 사람이 여기에 적용될 수 있는 것은 아니겠지만, 한 번 되새겨 볼 만한 구분이라고 하겠다.

약금한선 若噤寒蟬

같을 若 입 다물 噤 찰 寒 매미 蟬

《후한서》 두밀전(杜密傳)

자기 속내를 드러내지 않으려고 침묵으로 일관한다.

후한 환제(桓帝) 때 두밀(杜密)이라는 사람이 있었다. 양성(陽城) 출신의 선비로서 성품이 온화하고 행동거지가 소박하여 사람들의 호감을 샀으며, 사도(司徒) 호광(胡廣)에게 인정받아 그의 추천으로 벼슬길에 들어서게 되었다. 북해태수 등 주로 지방관을 역임했는데, 법 적용을 엄격히 하고 백성들의 억울한 사정을 잘 어루만져 칭송을 받았으며, 유능한 인재를 보면 적극적으로 길을 열어 주었다.

어느 해 봄, 관내 고밀현에 순시를 나갔다가 그곳 하급관리 한 사람이 아주 영리하다는 것을 알게 되었다. 두밀은 현령을 불러 넌지시 물었다.

「젊은이가 일처리하는 모양이 아주 시원시원하군. 이름이 뭐요?」

「정현(鄭玄)이라고 합니다.」

「어떤 사람이오?」

「학문을 좋아하여 한시도 책에서 손을 떼지 않는다고 합니다. 유망한 청년입니다.」

두밀은 정현을 곧바로 군의 고위직으로 불러올리는 한편 태학(太學)에 입학시켰다. 이에 감읍한 정현은 열심히 공부했고, 나중에는 학자와 교육자로 명성을 떨쳤다. 이윽고 두밀은 벼슬에서 물러나 고향 양성으로 낙향했지만, 정치에 대한 관심은 여전해서 무능한 관리나 부패한 탐관오리, 그리고 어질지 못한 선비를 자주 비판하곤 했다.

이때 촉군 태수를 지낸 유승(劉勝)이란 사람도 나이 들어 은퇴하여 고향에 내려와 있었는데, 그는 두밀과 대조적으로 세상 돌아가는 일에는 아무 관심도 없이 오로지 말년의 편안한 생활에 빠져 있었다.

어느 날, 두밀이 양성태수와 만난 자리에서 다시금 정치 이야기를 꺼내자 듣기 싫어진 태수가 말머리를 슬쩍 돌렸다.

「촉군의 유공은 참으로 인격자더군요. 도무지 남을 비판하는 것을 본 적이 없습니다. 그래서 모두들 그분을 칭찬하지요」

완곡한 표현이긴 하지만, 유승은 세상 비판이나 타인에 관한 험담을 전혀 하지 않기 때문에 인격이 더욱 빛나고, 두밀은 그 반대여서 손해를 보는 쪽이라는 뜻이 담겨 있었다.

그 말을 들은 두밀은 정색을 하며 말했다.

「무릇 선비는 눈을 똑바로 뜨고 모든 사물을 바라봐야 하고, 정(正)과 사(邪), 선(善)과 악(惡)을 구분하여 세상이 바르게 굴러갈 수 있도록 사명감을 가지고 노력해야 하오. 이 사람이 그 동안 착하고 유능한 사람을 적극 추천하고 악하고 무능한 사람을 배제하는 일에 사정을 두지 않은 것은 오로지 나라를 걱정하기 때문이었소. 방금 태수께서 유공에 대해 말씀하셨는데, 그 사람은 『춥다고 입 다물고 있는 매미(若噤寒蟬)』와 같은 사람이지요. 자기의 무사안일만 소중히 생각하고 벼슬살이를 한 공인(公人)의 책임에 대해서는 모른다고 한다면 그것이 죄가 되지 않으면 뭐가 죄가 된다는 말씀이오? 그런 태도가 선비로서의 역할을 다하는 것이라고 말할 수 있겠소?」

온화한 목소리로 관리의 도리, 선비의 자세를 설파하는 두밀 앞에서 태수는 자기가 얕은 소견으로 실수했음을 인정하지 않을 수 없었다. 부끄러움을 느낀 그는 즉시 두밀에게 사과하고, 그 때부터 진정으로 두밀을 존경하게 되었다.

약롱중물 藥籠中物

약 藥 농 籠 가운데 中 만물 物

《당서(唐書)》 적인걸전(狄仁傑傳)

약장 속의 약이란 뜻으로, 없어서는 안 될 필요한 인물을 이르는 말.

《당서(唐書)》 적인걸전(狄仁傑傳)에 있는 이야기다.

적인걸(狄仁傑)은 당나라 측천무후 시대의 청렴강직한 명재상으로서 무후 일족의 황태자 책봉계획을 저지시키는 등 불의를 보면 지나치지 않고 즉시 간언을 하여 어지러웠던 정치를 바로잡고 민생을 안정시켰다. 식견이 높은 그에 대해서는 우호적이었고, 그가 추천하는 선비는 두말없이 발탁하여 무겁게 썼다.

이렇게 되자 사람들은 모두 적인걸을 존경했고 그의 문하에는 다재다능한 인물들이 수없이 모여 들었는데, 원행충(元行沖)이란 선비도 그 가운데의 한 사람이었다.

하루는 원행충이 적인걸에게 말했다.

「큰 집에는 맛있는 음식이 많아 배탈 나기 쉽습니다. 그러니 저 같은 쓴 약도 곁에 놔 두십시오」

이 말은 공자의 「좋은 약은 쓰지만 병에 이롭고, 충성된 말은 귀에 거슬리지만 행실에 이롭다(良藥苦口忠言逆耳)」라는 말을 인용하여 자신을 입에는 쓰나 이로운 존재임을 비유한 것이다. 그러자 적인걸이 웃으며 말했다.

「자네야말로 내 약장 속의 약과 같은 존재이네. 하루라도 없어서는 안되지」

약법삼장 約法三章

간략할 約 법 法 석 三 나타낼 章

《사기》 고조본기(高祖本紀)

법률은 간략함을 존중한다.

약법(約法)은 약속한 법이란 뜻이다. 그러나 간단한 법이란 어감을 동시에 주는 말이다. 「약법삼장」은 약속한 법이 겨우 세 가지란 뜻으로, 원래는 진(秦)나라 서울 함양을 점령한 패공(沛公) 유방이 진나라 부로들에게 한 약속을 가리킨 것이다. 지금은 법이 복잡하지 않고 간편해야 한다는 뜻으로 쓰이고 있다.

《사기》 고조본기에 다음과 같은 이야기가 있다.

한(漢) 원년(BC 206) 10월, 유방은 진나라 군사를 쳐서 이기고 수도 함양 동쪽에 있는 패상(覇上)으로 진군했다. 이때 진왕(秦王) 자영(子嬰)은 유방을 멀리 나와 맞으며 황제의 인수와 부절(符節)을 상자에 넣어 올리고 항복을 했다.

한고조 유방

장수들 중에는 자영을 죽이자는 사람들이 많았지만 유방은 듣지 않고 다만 감시만을 하게 했다.

다시 진군하여 함양에 입성한 유방은 궁궐의 화려한 모습과 아리따운 후궁의 여자들을 보는 순간 조금도 그곳을 뜨고 싶은 생각이 없었다. 그러나 번쾌와 장양(張良)

한고조 유방 함양 입성도

의 권고로 다시 패상으로 돌아왔다.

패상으로 돌아온 유방은 진나라의 많은 호걸들과 부로들을 불러 모아 놓고 이렇게 말했다.

「여러분들은 진나라의 까다로운 법에 고통을 받은 지 오래다. 진나라 법을 비방하는 사람은 가족까지 죽이고 짝을 지어 이야기만 해도 사형에 처했다. 나는 제후들과 약속하기를, 먼저 관중(關中)에 들어가는 사람이 왕이 되기로 했다. 그러므로 내가 관중의 왕이 될 것이다. 나는 여러분들과 약속한다. 법은 3장뿐이다. 즉,

1. 사람을 죽인 사람은 죽는다 (殺人者死).
2. 사람을 상케 한 사람과 도둑질한 사람은 죄를 받는다 (傷人反盜抵罪).
3. 나머지 진나라의 법은 모두 없애버린다 (餘悉除去秦法).

모든 관리들과 사람들은 다 전과 다름없이 편안히 살기 바란다. 내가 온 것은 여러분을 위해 해독을 제거하려는 것이다. 괴롭히러 온 것은 아니니 조금도 두려워 말라……」

이리하여 사람들은 기뻐하며 유방이 진나라 왕이 되기를 바랐다고 한다. 진나라 궁궐을 불사르고 후궁의 여자와 보화들을 가지고 돌아간 항우와는 대조적이다.

양고심장 良賈深藏

어질 良 상인 賈 깊을 深 감출 藏

《사기》 노자한비열전(老子韓非列傳)

「장사를 잘하는 사람은 좋은 물건을 밖에 너저분하게 벌여 놓지 않고 깊이 간직한다」라는 뜻으로, 지혜로운 사람은 학덕을 자랑하지 않는다는 뜻이다.

노자는 공자가 말하는 인(仁)이나 예에 대해 회의적인 입장으로, 무위자연(無爲自然) 속에 침잠해 있었다. 공자는 고서 등을 인용하며 자기 생각을 피력하고 예(禮)에 대하여 노자의 의견을 물었다. 그러자 노자는 이렇게 말했다.

공자와 노자

「당신이 흠모하는 옛날의 성인도 그 몸은커녕 뼈까지 썩어빠져서 지금은 다만 덧없이 그 말만이 남아 있을 뿐이오. 아무튼 군자란 때를 만나게 되면 수레를 타는 귀한 몸이 되지만, 때를 만나지 못하면 하잘것없는 몸이 되오. 『훌륭한 장사치는 물건을 깊이 간직하여 밖에서 보기에는 아무것도 없는 것 같고(良賈深藏若虛), 군자는 훌륭한 덕(德)을 몸 속 깊이 간직하여 외모는 어리석은 것처럼 보인다(君子盛德容貌若愚)』는 말을 들었소이다. 당신의 고만(高慢)함과

공자문도어노자(孔子問道於老子)

다욕(多欲)함과 산만한 생각은 모두 버리시오. 그것들은 당신에게 아무런 이익도 없는 것이오. 내가 당신에게 말하고 싶은 것은 단지 이것뿐이오」

공자는 돌아가서 제자들에게 말했다.

「새라면 잘 날고, 물고기라면 잘 헤엄치며, 짐승이라면 잘 달린다는 것은 나도 잘 알고 있다. 달리는 것은 그물을 쳐서 잡고, 헤엄치는 것은 실을 담가 낚고, 나는 것은 주살을 가지고 맞춰서 떨어뜨릴 수가 있다. 그러나 용(龍)에 이르러서는 바람과 구름을 타고 하늘에 오른다고 하니 나로서는 그 실체를 알 길이 없다. 나는 오늘 노자를 만났는데, 마치 용 같다고나 할까, 전혀 잡히는 바가 없더라」

이처럼 「양고심장」은 학덕이 깊으면서도 겉으로 드러내지 않음을 비유한 말이다.

양금택목 良禽擇木

좋을 良 새 禽 가릴 擇 나무 木

《춘추좌씨전》 애공(哀公) 11년

좋은 새는 좋은 나무를 가려서 둥지를 튼다는 뜻으로, 현명한 사람은 자기 재능을 알아주고 잘 지원해 줄 사람을 후원자로 선택해야 한다는 의미다. 《춘추좌씨전》 애공 11년에 있는 말이다.

공자가 천하를 돌아다니며 치국의 도를 유세하기 위해 위(衛)나라에 갔을 때의 일이다. 어느 날, 위나라 대부 공어(孔圉 : 孔文子)가 대숙질(大叔疾)을 공격하기 위해 공자에게 상의했다. 이에 공자는 이렇게 대답했다.

「제사(祭祀) 지내는 일에 대해서라면 배운 일이 있습니다만, 전쟁에 대해서는 아는 바가 없습니다」

그 자리를 물러나온 공자는 제자에게 서둘러 수레에 말을 매라고 일렀다. 제자가 그 까닭을 묻자, 공자는 이렇게 대답했다.

「좋은 새는 나무를 가려서 둥지를 튼다고 했다(良禽擇木). 현명한 신하는 훌륭한 군주를 섬겨야 하느니라」

이 말을 전해들은 공문자가 급히 달려와 만류했다.

「결코 다른 뜻이 있어서 여쭌 것이 아니오. 단지 위나라의 대사에 대해 알고 싶었을 뿐이니 언짢게 생각 말고 좀 더 머무르시오」

공자는 노령의 몸으로 고향생각도 간절하여 그냥 노나라로 돌아갔다. 이 이야기에서 「양금택목」은 현명한 사람이 자기 재능을 알아주는 훌륭한 사람을 잘 택하여 섬긴다는 뜻으로 쓰이는 말이 되었다.

양두구육 羊頭狗肉

양 羊 머리 頭 개 狗 고기 肉

《항언록(恒言錄)》

양의 머리를 걸어 놓고는 개고기를 판다는 「현양두매구육(懸羊頭賣狗肉)」이란 말이 약해져서 「양두구육」이 되었다. 값싼 개고기를 비싼 양고기로 속여서 판다는 이야기다.

그래서 좋은 물건을 간판으로 내걸어 두고 나쁜 물건을 판다거나, 겉으로 보기에는 훌륭한데 내용이 그만 못한 것을 가리켜 「양두구육」이라고 부르게 되었다.

이 말은 《항언록》에 있는 말인데, 이 밖에도 이와 비슷한 말들이 여러 기록에 나온다. 「양의 머리를 걸어놓고 말고기를 판다」고 한 데도 있고, 말고기가 아닌 말 포(脯)로 말한 곳도 있다.

《안자춘추(晏子春秋)》에는 「소머리를 문에 걸어 놓고 말고기를 안에서 판다」고 나와 있고, 《설원(說苑)》에는 소의 머리가 아닌 소의 뼈로 되어 있다.

다 같은 내용의 말인데, 현재는 「양두구육」이란 말만이 통용되고 있다. 그런데 위에 말한 여러 예 가운데 《안자춘추》에 나오는 이야기가 재미있으므로 그것을 소개하기로 한다.

춘추시대의 제영공(齊靈公)은 어여쁜 여자에게 남자의 옷을 입혀 놓고 즐기는 별난 취미를 가지고 있었다. 궁중의 이 같은 풍습은 곧 민간에게까지 번져 나가, 제나라에는 남장미인의 수가 날로 늘어가고 있었다.

이 말을 전해들은 영공은 천한 것들이 임금의 흉내를 낸다고 해

서 이를 금하라는 영을 내렸다. 그러나 좀처럼 그런 풍조가 없어지지를 않았다.

그 까닭을 이해할 수 없었던 영공은 안자에게 그 이유를 물었다. 그러자 안자는 이렇게 말했다.

「임금께서는 궁중에서는 여자에게 남장을 하게 하시면서 밖으로 백성들에게만 남장을 못하도록 금하고 계십니다. 이것은 소머리를 문에다 걸고 말고기를 안에서 파는 것과 같습니다. 임금께선 어째서 궁중에도 같은 금령을 실시하지 않으십니까. 그러면 밖에서도 감히 남장하는 여자가 없게 될 것입니다」

남장 미인

영공은 곧 궁중에서의 남장을 금했다. 그랬더니 한 달이 채 못돼서 제나라 전체에 남장한 여자가 없어지게 되었다는 것이다.

물은 아래로 흐른다. 윗사람이 즐겨하면 아랫사람들도 따라 즐겨하게 마련인 것이다.

양상군자 梁上君子

대들보 梁 위 上 임금 君 아들 子

《후한서(後漢書)》 진식전(陳寔傳)

들보 위의 군자란 뜻이다. 도둑을 가리켜 하는 말로 아주 재미있는 말이다. 도둑을 일컫는 말. 또는 천정의 쥐를 재미있게 표현한 말로도 쓰인다. 어째서 도둑을 들보 위의 군자라고 했을까?

후한 말, 진식(陳寔)이란 사람은 학식이 풍부하고 성질이 온화한 데다가, 청렴하고 결백해서 모든 사람들로부터 존경을 받았다. 그가 태구현(太丘懸)의 장관으로 있을 때 일이다. 그의 어질고 청렴한 정치로 고을 사람들은 편한 생활을 즐기고 있었다.

그런데 어느 해는 흉년이 들어 많은 사람들이 먹을 것이 없어 고통을 겪고 있었다. 그러던 어느 날 밤, 도둑이 진식의 방으로 들어와 천정 들보 위에 웅크리고 앉아 기회를 엿보고 있었다. 그것을 가만히 보고 있던 진식은 곧 의관을 바로잡고 아들과 손자들을 불러들여 그들을 이렇게 훈계했다.

「대저 사람이란 자기 스스로 노력하지 않으면 안된다. 착하지 못한 일을 하는 사람도 반드시 처음부터 악한 사람은 아니었다. 평소의 잘못된 버릇이 그만 성격으로 변해 나쁜 일을 하게 되는 것이다. 저 들보 위의 군자(梁上君子)가 바로 그러하다」

도둑은 이 말에 깜짝 놀라 얼른 뛰어내려와 이마를 조아리며 죽여 달라고 사죄를 했다. 진식은 조용히 이렇게 타일렀다.

「내 그대의 얼굴을 보아하니, 나쁜 사람 같지는 않아 보인다. 깊이 반성하여 자기 마음을 이겨내면 착한 사람이 될 것이다. 그러나 이것이 다 가난한 탓일 것이다」

그리고는 그 도둑에게 비단 두 필까지 주고 죄를 용서해 돌려보냈다. 이 일이 널리 알려지자, 고을 안에 도둑질하는 사람이 한 사람도 없게 되었다고 한다. 우리가 지금 들어도 감격하지 않을 수 없는 일이다.

그런데 그 후로 어느 짓궂은 사람이 쥐를 가리켜서 「양상군자」라 하게 되었다. 그리고 군자(君子)라는 표현도 다소 풍자적이어서 오히려 그것이 맘에 들었는지 후세에 곧잘 쓰이게 되었다. 진식은 진심으로 말하였는지도 모르지만.

그는 사람의 사정을 잘 이해해주는 사람이었다. 젊어서부터 현(縣)의 관리가 되어 잡역을 하면서도 언제나 책을 손에서 놓지 않았다. 그것을 인정받아 태학(太學)에서의 수학을 허락받았다. 한때는 살인 혐의를 받아 구금당한 적도 있다. 물론 죄가 없어 석방은 되었으나, 그가 나중에 순찰관(巡察官)이 되었을 때 자기를 체포했던 자를 찾아 오히려 그를 채용했다고 한다.

그 무렵은 궁중의 환관이 전횡하여 유교를 신봉하는 관료와 심하게 다투어 이것을 탄압한 소위 「당고(黨錮)의 금(禁)」이 있었던 때였다. 진식도 그 탄압으로 체포되었다. 소식을 듣고 다른 사람들은 다 도망쳤으나, 그는「나까지 도망치면 백성들은 누구를 믿고 살겠는가」하며 기꺼이 포박되었다고 한다. 후에 당고가 풀렸을 때 대사마(大司馬)인 하진(何進) 등이 중앙에 나와 벼슬하기를 권했으나 끝까지 거절했다.

84세로 그가 죽었을 때 온 나라 안에서 그를 제사지내는 자가 3만이 넘었다고 한다.

양약고구 良藥苦口

좋을 良 약 藥 쓸 苦 입 口

《공자가어(孔子家語)》, 《사기》

우리가 격언으로 또는 속담으로 자주 쓰는 말에 「좋은 약은 입에 쓰고 바른 말은 귀에 거슬린다」는 말이 있다. 이것이 바로 「양약고구 충언역이(良藥苦口 忠言逆耳)」를 우리말로 옮겨 놓은 것이다.

탕임금

《공자가어》 육본편에 있는 말이다.

「좋은 약은 입에 써도 병에 이롭고, 충성된 말은 귀에 거슬려도 행하는 데 이롭다. 탕(湯)임금과 무왕(武王)은 곧은 말 하는 사람으로 일어나고, 걸(桀)과 주(紂)는 순종하는 사람들로 망했다. 임금으로 말리는 신하가 없고, 아비로 말리는 아들이 없고, 형으로 말리는 아우가 없고, 선비로 말리는 친구가 없으면 과오를 범하지 않는 사람이 없다」

원래는 여기 나와 있는 대로 「좋은 약은 입에 써도 병에 이롭다」고 해오던 것을, 뒷부분은 약해버리고 앞부분만 쓰게 된 것이다. 「바른 말이 귀에 거슬린다」는 말도 역시 마찬가지다. 그것이 다시 보편화되어 지금은 「좋은 약은 입에 쓰다」는 말만으로 「바

아방궁도(淸 화가 원강)

른 말이 귀에 거슬린다」는 말까지를 포함한 뜻으로 통용되고 있다.

또 같은 내용의 말이 《사기》 유후세가(留侯世家)에도 있다.

천하를 통일하고 포악한 철권통치로 백성들을 옴짝달싹 못하게 하고 숨통을 조이던 시황제가 죽고 나자, 진(秦)나라는 금방 혼란에 빠지고 말았다. 긴장이 풀린 후의 심각한 이완현상이라고 할 수 있다. 학정에 시달려 온 백성들은 곳곳에서 봉기했고, 그 민중의 에너지를 기반으로 삼은 군웅들이 국토를 분할하여 세력 경쟁을 벌였다.

그 가운데서도 대표적인 인물이 항우와 유방(劉邦)인데, 2세 황제 원년인 기원전 209년에 무관(武關)을 돌파하여 진(秦)의 근거지인 중원에 제일 먼저 들어간 유방은 패상(霸上)에서 진의 자영(子嬰)이 바친 제왕의 인수(印綬)를 받고, 다시 수도 함양으로 들어갔다. 기원전 26년의 일이다. 유방은 아직 천하를 통일하지 못했지만 이것이 한(漢)의 원년이 되었다.

3세 황제 자영(子嬰)에게서 항복을 받아낸 유방이 대궐에 들어가 보니 방마다 호화찬란한 재보가 가득 가득 쌓여 있을 뿐 아니라 꽃 같은 궁녀들이 헤아릴 수도 없이 많았다. 유방은 원래 술과 여자를

장 량

좋아했으므로 대궐에 그대로 머물 생각을 했다.

그러자 부하 대장인 번쾌(樊噲)가 고언(苦言)을 했다.

「아직 싸움이 끝나지 않았고, 천하가 진정한 영웅을 기다리고 있는데, 여기서 주저앉아 한때의 쾌락을 즐기려 하십니까? 모든 것을 봉인(封印)하고 교외의 군진으로 돌아가야 합니다」

그러나 유방은 듣지 않았다. 참모인 장량(張良)은 궁전을 보인 것이 잘못이라고 생각하면서 유방에게 말했다.

「애당초 진(秦)이 도리에 어긋나는 짓만 해서 인심이 떠났기 때문에 주군께서 이렇듯 진의 영지를 점령할 수가 있게 된 것입니다. 천하를 위해서 적을 제거한다면 검소한 생활을 해야 합니다. 지금 진의 땅으로 들어오자마자 환락에 젖는다면 그야말로 『저 호화로웠던 하(夏)의 걸왕(桀王)을 도와 잔혹한 짓을 한다』 라는 결과가 됩니다. 게다가 『충언은 귀에 거슬리나 행실에는 이(利)가 되고, 독한 약이 입에는 쓰나 병에는 잘 듣는다(忠言逆耳利於行 毒藥苦口利於病)』 고 합니다. 부디 번쾌의 말을 들어주십시오」

그제야 자기의 잘못을 깨달은 유방은 대궐에서 나와 군진이 있는 패상(覇上)으로 돌아갔다.

여기에서 말한 독한 약이란 물론 약효가 강하다는 뜻이다.

양웅불구립 兩雄不俱立

두 兩 영웅 雄 아닐 不 함께 俱 설 立

《사기》 역생육고열전(酈生陸賈列傳)

「두 영웅이 함께 설 수 없다」는 뜻으로, 나라에 두 왕이 있을 수 없으므로 한쪽을 반드시 멸해야 된다는 뜻으로 쓰인 말이다.

전한(前漢)의 유방이 아직 패공(沛公)이라 불릴 무렵, 진류현 사람 역이기(酈生)가 유방을 찾아왔다.

패공은 마침 평상에 걸터앉아 두 여자에게 발을 씻기고 있었는데, 그 자세로 역생을 인견했다. 역생은 방으로 들어가서 양손은 읍을 할 뿐 절도 하지 않고 말했다.

「족하께서는 진(秦)나라를 도와 제후들을 치려는 겁니까, 아니면 그 제후들을 이끌고 진나라를 치려는 겁니까?」

패공은 큰 소리로 꾸짖으며 말했다.

「이 글이나 파먹는 선비 놈아! 천하 사람들이 오랫동안 진나라 놈들에게 고통을 받아왔기 때문에 제후가 연합해서 진나라를 치는 판인데, 어찌하여 진나라를 도와 제후를 친다는 둥 지껄이는 거냐!」

역생이 말했다.

「도당을 모으고 의병을 합쳐서 무도한 진나라를 꼭 쳐부수겠다면 다리를 내밀고 걸터앉아서 연장자를 맞는 일은 없어야 할 거요.」

이 말을 듣자, 패공은 발 씻기를 그치고 일어서서 의관을 갖추고 역생을 상좌에 앉힌 다음 사과했다. 역이기가 말했다.

역이기

「『하늘을 하늘로 아는 자는 왕업을 성취할 수 있고, 하늘을 하늘로 알지 못하는 자는 왕업을 성취할 수 없다. 왕자(王者)는 백성을 하늘로 알고, 백성은 먹을 것을 하늘로 안다(王者以民人爲天 而民人以食爲天)』란 말이 있습니다. 오창(敖倉 : 진나라 때 오산에 세운 큰 식량창고)에는 여러 해에 걸쳐 여러 나라로부터 곡물을 운송하여 그 산혈(山穴)에 저장한 곡식이 굉장히 많이 있다고 들었습니다. 초나라가 형양을 함락시키면서도 오창을 굳게 지키지 않고, 또 별안간 군사를 이끌고 동쪽으로 나오고, 단지 죄를 지어 변방으로 쫓겨난 병사들로 성고를 지키도록 한 것은 정말로 하늘이 한나라를 도운 것이라 하겠습니다. 지금이야말로 초나라를 깨뜨릴 적기이거늘, 한나라가 오히려 퇴각함으로써 기회를 스스로 포기하는 것은 신이 가만히 생각해 보아도 잘못된 일입니다. 두 영웅은 양립할 수 없는 것입니다(兩雄不俱立). 한나라와 초나라가 서로 대치만 할 뿐 결전을 하지 않는다면 백성은 안정을 찾지 못하고 천하는 동요할 것입니다」

유방은 역생의 고언(苦言)을 받아들여 초나라를 토멸하기로 계획을 바꿨다. 그리하여 「양웅불구립」은 나라에 두 왕이 있을 수 없으므로 한쪽을 반드시 멸해야 된다는 뜻으로 쓰이고 있다.

양자력 量自力

헤아릴 量 스스로 自 힘 力

《사기》 맹상군(孟嘗君)열전

자신의 능력을 똑바로 알고 거기에 맞게 행동한다.

전국시대 제(齊)나라의 맹상군 전문(田文)은 지금의 산동성(山東省) 일부인 설(薛)지방을 나라에서 하사받아 보유하고 있었는데, 갑자기 남쪽 초(楚)나라군의 침공을 받게 되었다. 설은 비록 한 제후의 영지이긴 해도 인구의 번창함이나 물산의 풍부함에서 웬만한 작은 나라에 손색이 없을 정도였으므로 초나라가 욕심을 낸 것이다.

다급해진 맹상군은 휘하에 거느리고 있는 병력을 총동원하여 초나라 군에 맞설 준비를 서두르는 한편, 제나라 조정에 사자를 급파하여 구원을 요청했다. 그런 긴박한 상황에서 뜻밖의 보고가 들어왔다. 대부(大夫) 순우곤(淳于髡)이 지금 성 밖에 도착해 있다는 것이다. 순우곤은 익살과 다변(多辯)에 뛰어난 제나라 학자이다.

귀가 번쩍 뜨인 맹상군은 몸소 한달음에 달려 나가 순우곤의 손을 잡으며 반겨 맞았다.

「대부께서 먼 길을 마다 않고 누추한 곳까지 찾아 주시니 이보다 기쁜 일이 어디 있겠소.」

「전하의 명을 받들어 초나라에 사신으로 갔다가 돌아오는 길에 공을 뵙고자 잠시 들렀습니다. 어려움을 당하신 터라 경황이 없으실 텐데 폐가 되지나 않을는지요?」

「무슨 섭섭한 말씀을! 좌우지간 어서 들어가십시다」

맹상군은 순우곤을 데리고 들어와 융숭하게 대접했다. 그리고는

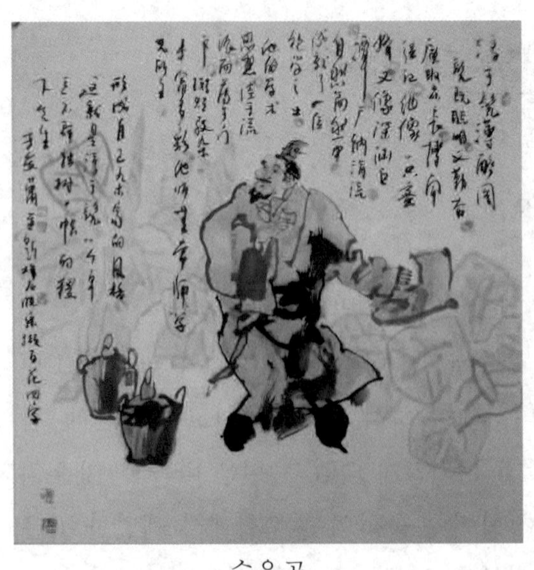
순우곤

슬픈 얼굴로 간곡하게 말했다.

「별안간 초나라군의 침공을 받게 되니 어찌 해야 좋을지 모르겠습니다. 자체 군사를 동원하여 막으려 하고 있으나, 아무래도 중과부적이라 오래 지탱할 수 없을 것입니다. 부디 명공께서 발 벗고 나서서 어려움을 덜어 주시지 않는다면, 소생이 다시금 공의 얼굴을 뵐 수 있는 기회는 없을 것입니다. 부디 소생을 살려 주십시오」

「잘 알겠습니다. 너무 걱정하지 마십시오. 궁에 도착하는 대로 전하께 여쭈어 구원군을 파견하도록 손을 쓰겠습니다. 사정이 급하니 한시바삐 떠나야겠습니다」

순우곤은 그렇게 말하고 서둘러 출발했다

이윽고 수도 임치에 도착한 순우곤은 선왕(宣王)에게 귀국 보고를 했다. 초나라 임금과 대신들을 만나 양국 간의 외교적 관심사를 이러저러하게 논의하고 여차여차하게 결정했다고 설명하자, 선왕이 물었다.

「그런데 지금 초나라 군이 설을 침공한 것은 어떻게 된 것이오?」

「신이 그렇게 설명했어도 초나라 사람들은 우리 실정을 아직 잘 모르고 있습니다. 그들은 다만 설이 맹상군의 영지이므로 그 곳을

점령해도 우리 조정이 수수방관할 것으로 오판한 것 같습니다」

「맹상군은 어떻게 대비하고 있소?」

「맹상군 역시 『자신의 역량을 똑바로 알고(量自力)』 있는 것 같지 않았습니다. 전하께 구원군을 청했다고 들었습니다만, 스스로의 힘으로 초나라 군을 막아 낼 수 있을 것으로 자신하고 있더군요. 그러나 신이 보기에 그것은 한낱 만용에 지나지 않다고 판단됩니다. 설에는 역대 임금의 종묘(宗廟)가 있는데, 만약 초나라 군이 그 곳을 점령해 버리면 종묘는 보존되기 어려울 것입니다」

그 때까지만 해도 지원군 파견에 소극적인 생각을 가지고 있던 선왕은 그 말을 듣자 벌떡 일어나며 외쳤다.

「그렇소! 그곳에 종묘가 있다는 사실을 내가 깜박 잊고 있었구려!」

그리고는 즉각 전군 동원령을 내렸다. 제나라 군이 설을 구원하기 위해 달려온다는 정보를 입수한 초나라 군은 서둘러 철수하고 말았다. 순우곤의 재치 덕분에 맹상군과 설은 위기를 모면할 수 있었다.

순우곤은 성이 순우(淳于) 이름 곤(髡). 익살과 다변(多辯)으로 유명했다. 천한 신분 출신으로, 몸도 작고 학문도 잡학(雜學)에 지나지 않았으나 기지가 넘치는 변설로 제후를 섬겨 사명을 다하고, 군주를 풍간(諷諫)하기도 했다. 초(楚)나라가 제나라로 쳐들어 왔을 때 조(趙)나라의 병사를 이끌고 이를 구했다고도 한다.

그의 변론은 《전국책(戰國策)》과 《사기(史記)》 골계열전(滑稽列傳)에 기록되어 있으며, 《맹자》 이루장구상(離婁章句上)에도 맹자와의 논전이 수록되어 있다.

양주지학 楊洲之鶴

날릴 揚 고을 州 어조사 之 두루미 鶴

은운(殷芸)

모든 세속적인 욕망을 한 몸에 다 모으려는 행동.

학을 타고 양주로 간다는 뜻으로, 모든 세속적인 즐거움과 많은 욕망을 다 채우고자 탐냄을 비유적으로 이르는 말. 전(轉)하여 실행하기 어려운 망상(妄想)의 비유.

남조 때 양(梁)나라 은운(殷芸)의 소설에 이런 얘기가 나온다.

옛날에, 여러 사람들이 모여 각자의 소원을 이야기했다.

어떤 사람은 「양주자사(揚州刺史)가 되고 싶다」 고 했고,

어떤 사람은 「많은 재물을 얻겠다」 하고,

어떤 사람은 「학을 타고 하늘에 오르고 싶다」 고 했는데,

맨 마지막 사람은 이렇게 말했다.

「나는 허리에 십만 관(貫)의 돈을 차고 또한 학을 타고 양주(揚州)로 날아가고 싶네. 그 세 가지를 모두 겸하고 싶다네(願腰纏十萬貫騎鶴上揚州 欲兼三者)」

이 고사의 뜻은 권력과 재물 그리고 영생을 동시에 바라는 것을 비유한 것으로, 사람의 끝없는 욕심을 표현한 것이다.

양질호피 羊質虎皮

양 羊 바탕 質 범 虎 가죽 皮

《법언(法言)》 오자(吾子)

본바탕은 양인데 껍데기는 호랑이무늬라는 말로, 사람의 본질을 갖추지 않고 겉만 그럴싸하게 꾸민다는 의미.

이 말은 한(漢)나라 때 양웅(揚雄)이 지은 《법언(法言)》 오자(吾子)편에서 유래했다. 《법언》은 《논어(論語)》의 문체를 모방한 일종의 수상록이다.

어떤 사람이 말했다.

「여기 제 입으로 성이 공(孔)씨이고 자는 중니(仲尼)라는 사람이 있다 칩시다. 그 문에 들어가고 그 집 마루에 올라 그 책상에 앉아 그의 옷을 입는다면 중니라 할 수 있겠습니까?」

「겉만 그렇지 바탕(質)은 아니다」

「바탕이란 무엇을 말하는지요?」

양 웅

「양은 그 몸에 호랑이 가죽을 씌워놓아도 풀을 보면 좋아서 뜯어먹고, 승냥이를 만나면 두려워 떨며 자신이 호랑이 가죽을 뒤집어쓴 사실을 잊어버린다(羊質而虎皮 見草而說 見豺而戰 忘其皮之虎矣)」

중니를 자로 쓰고 성이 공씨라 해서 다 공자가 아니다. 보통 때는

공 자

겉만 보고 대단하게 여겼다. 막상 하는 짓을 보니 고작 승냥이 앞에서 두려워 납작 엎드리고 풀만 보면 침을 흘리며 달려가더란 얘기다. 그 모습을 보고도 여전히 벌벌 떨며 그 앞에서 꼼짝 못하는 여우 토끼도 딱하기는 한가지다.

양이 호랑이 가죽을 뒤집어써서 겉으로는 호랑이처럼 보일지라도 호랑이의 바탕(본질)까지 갖추지는 못한다는 말이다. 따라서 호랑이 가죽을 쓰고서도 예전처럼 풀을 뜯어먹으며 다른 짐승의 눈에는 자신이 호랑이로 보인다는 사실을 잊어버린 채 승냥이를 만나면 예전처럼 무서워하며 벌벌 떤다는 것이다.

우리 속담의 「빛 좋은 개살구」와 그 의미가 통한다. 또 양의 본질을 바꾸지 못한 채 호랑이 가죽을 뒤집어쓴다고 해서 호랑이가 될 수 없듯이, 본질이 바뀌지 않는 한 변화하지 않음을 비유하는 말로도 사용된다.

양체재의 量體裁衣

헤아릴 量 몸 體 마를 裁 옷 衣

《남제서(南齊書)》 장융전(張融傳)

「몸에 맞도록 옷을 짓는다」 라는 뜻으로, 일을 형편에 딱 맞게 처리하여야 함을 비유하는 말로서, 구체적인 상황에 근거하여 문제를 해결하거나 일을 처리함을 비유한 말이다.

남북조시대 남제(南齊)의 태조(太祖)와 그의 신하인 장융(張融)의 고사(故事)에서 유래되었다.

장융은 자가 사광(思光)으로, 소도성(蕭道成 : 훗날 남제의 태조)의 막하로 들어가 벼슬이 사도우장사(司徒右長史)에 이르렀다. 장융은 고위 관직을 지내면서도 검소한 생활을 하여, 항상 낡은 의복을 입고 다녔다. 어느 날, 태조는 장융에게 자신이 입던 옷을 하사하면서 다음과 같은 글을 적어 보냈다.

「과인은 경의 옷차림을 보고 경의 생활이 매우 검소하다는 것을 알 수 있었소. 그런데 경과 같은 고관이 낡고 해진 옷을 입는 것은 조정의 체면에 영향을 미칠 수가 있으며, 백성들로부터 과인이 경을 천하게 대우한다는 오해를 받을 수도 있소. 지금 옷을 함께 보내니, 좀 낡긴 했지만 새 옷을 입는 것보다 더 잘 맞을 것이오. 왜냐하면 이 옷들은 과인이 특별히 사람을 시켜 경의 몸에 맞게 고치도록 하였기 때문이오(是吾所著, 已令裁減稱卿之體)」

옷과 왕의 친서를 받아 본 장융은 크게 감격하여 황제에게 더욱 충성하였다

「칭체재의(稱體裁衣)」 라고도 한다.

양출제입 量出制入

헤아릴 量 날 出 지을 制 들 入

《신당서(新唐書)》 양염전(楊炎傳)

「나가는 것을 헤아려 들어오는 것을 정한다」 라는 뜻으로, 필요한 지출은 헤아려서 수입 계획을 세운다는 말이다.

「무릇 많은 노역에 드는 비용과 한 푼이라도 거두어들이는 것들은 먼저 그 수를 헤아려 백성들에게 부과하고, 지출을 헤아려서 수입계획을 세운다(凡百役之費 一錢之斂 先度其數而賦於人 量出制入)」

당나라 덕종(德宗) 때 양염(楊炎)은 재상으로 발탁되어 세제(稅制)를 전면적으로 개혁하는 양세법(兩稅法)을 건의하였고, 안녹산(安祿山)의 난 이후 국가재정의 회복을 꾀하던 덕종이 이를 받아들여 시행하였다.

양세법의 특징 가운데 하나가 「양출제입」 이다. 이는 곧 나라살림의 지출 총액을 계산하여 과세액을 산출하는 것이다. 종전의 중국 국가재정의 전통적인 원칙은 양출제입과는 상반된 개념의 「양입제출(量入制出)」 이었다. 곧 수입을 헤아려 지출계획을 세우는 방식을 취하여 왔다.

오늘날에도 국가재정에 대하여는 양출제입의 원칙, 곧 필요한 경비액을 먼저 결정한 뒤에 이를 충당할 수 있도록 과세액 등의 수입액을 책정하는 원칙이 적용된다.

이에 대하여 수입이 일정한 가계(家計)나 민간경제에서는 수입의 정도에 맞추어 지출을 결정하는 양입제출의 원칙이 적용된다.

양탕지비 揚湯止沸

오를 揚 끓일 湯 그칠 止 끓을 沸

《여씨춘추(呂氏春秋)》, 《삼국지)》

끓는 물을 끼얹어 비등하는 것을 막으려 하기보다는 불을 끄는 것이 옳다는 뜻으로, 일을 지엽에서 다스리기보다는 근본에서 다스려야 함을 비유한 말이다.

《여씨춘추》 계춘기(季春紀)에 있는 말이다.

「요즘 세상은 점술과 복을 비는 일을 숭상하므로 질병이 더욱 심하다. 화살을 쏘는 일에 비유한다면, 화살을 과녁에 명중시키지 못하였다고 과녁을 수리한다고 해서 명중시키는 일에 무슨 도움이 되겠는가? 무릇 끓는 물로써 물이 끓는 것을 그치게 하려 한다면 물은 더욱 세차게 끓게 될 것이니, 물이 끓지 않게 하려면 그 불을 꺼야 할 것이다(夫以湯止沸 沸愈不止 去其火則止矣)」

이 글은 양생(養生)에 관한 내용으로, 질병의 치료를 의술에 의존하지 않고 점술과 기도에만 의존함으로써 병세를 더욱 악화시키는 세태를 경계하고, 근본적인 치료를 강조하였다. 여기서 언급된 이탕지비(以湯止沸)가 변하여 양탕지비가 되었다.

또 《삼국지(三國志)》 위서(魏書) 유이전에 있는 이야기다.

삼국시대, 남양 안중(安衆)에 유이(劉廙)라는 사람이 있었다. 그는 자신의 형인 형주자사 유표(劉表)가 죽은 후 조조(曹操)에게 귀순하여 그들의 후한 대우를 받았다.

당시, 조조 휘하의 위풍(魏諷)이라는 자가 반란을 모의하다 발각되어 고발을 당하였다. 조조는 즉시 위풍을 잡아 처형하였는데, 유

아

이의 동생 유위(劉偉) 역시 위풍과 같은 무리였으므로 함께 처형되었다. 그런데 당시의 법률에 따르면 유이도 동생의 범죄에 연루되어 사형을 당했어야 했다.

조 조

그러나 조조는 인재를 아낄 뿐만 아니라 유이의 사람됨을 잘 알고 그가 동생과는 근본적으로 다른 인물이라 판단하였다. 이에 조조가 유이를 무죄로 판결하자, 유이는 이를 감격해 하며, 공손하게 한 통의 서신을 써서 자신을 구하여 준 것에 감사했다.

「신의 죄는 일족이 멸하여도 마땅하건만 천운으로 폐하의 큰 은혜를 입었으니, 끓는 물을 퍼냈다가 다시 부어 펄펄 끓지 못하게 한 격이며(揚湯止沸), 식어버린 재에서 연기가 피어오르고 말라 죽은 나무에서 꽃이 핀 것과 같습니다」

여기서의 「양탕지비」는 화급한 상황을 다소 늦춘다는 의미를 띠는데, 나중에는 일시적으로는 곤경에서 벗어나지만 근본적인 해결책은 되지 못함을 비유하는 뜻으로 굳어졌다.

양포지구 楊布之狗

버들 楊 베 布 의 之 개 狗

《한비자》 설림편(說林篇)

겉이 달라졌다고 해서 속까지 바뀐 걸로 아는 사람을 가리키는 말.

「양포지구」는 겉이 달라졌다고 해서 속까지 달라진 걸로 알고 있는 사람을 가리켜 하는 말이다. 「양포의 집 개」라는 뜻이다.

양주(楊朱)의 아우 양포가 아침에 흰 옷을 입고 나갔는데 돌아올 때는 비가 와 검정 옷으로 갈아입고 들어왔다. 그러자 집에서 기르는 개가 낯선 사람으로 알고 마구 짖어댔다. 양포가 화가 나서 지팡이로 개를 때리려 하자 형 양주가 그것을 보고 양포를 이렇게 타일렀다.

「개를 탓하지 마라. 너도 마찬가질 게다. 만일 네 흰 개가 나갔다가 까맣게 해가지고 들어오면 너는 이상하게 생각지 않겠느냐?」

양 주

양주는 전국시대 중엽의 사상가로 묵자(墨子)와 대조적인 사상을 주장하고 있었다. 묵자는 온 천하 사람을 친부모 친형제처럼 사랑하라고 외친 데 대해 양주는 남을 위하여 그런 부질없는 짓은 그만두고 저마다 저 하나만을 위해 옳게 살아가면 천하는 자

묵 자

연 무사태평한 법이라고 주장했다. 그래서 맹자는 말하기를,

「양자는 나만을 위하니 아비가 없고, 묵자는 똑같이 사랑하니 임금이 없다. 아비가 없고 임금이 없으면 이는 곧 새 짐승과 다를 것이 없다」고 했다.

양주는 인간의 본능을 전면적으로 긍정하는 낙천주의자로 보고 있으나, 그의 근본 사상은 도가의 「무위자연(無爲自然)」에 있다. 그는 모든 것을 있는 그대로 보려 했기 때문에 「양포의 개」를 긍정적으로 너그럽게 볼 수 있었던 것이다.

膽欲大而心欲小
담욕대이심욕소

담은 크기를 바라고, 마음은 자상하기를 바란다.

{대담함과 동시에 세심하기를 바란다. 만일 담이 크지 않으면 간난(艱難)에 조우(遭遇)하거나, 뜻밖의 재화를 입었을 경우에 곧 좌절되고 만다. 그러나 세심하지 않으면 무슨 일에나 주의가 고루 미치지 못하고 실패하는 일이 많다.}

— 《근사록》 위학류 —

양호이환 養虎貽患

기를 養 범 虎 부릅떠볼 貽 근심 患

《사기》 유후세가(留侯世家)

호랑이를 길러서 근심을 키운다.

「내 밥 먹은 개가 내 뒤축을 문다」, 「삼년 먹여 기른 개가 주인 발등 문다」, 「믿는 도끼에 발등 찍힌다」는 속담들이 바로 이 성어의 뜻이다. 두 말 할 것 없이 제게서 도움을 받은 자가 후에 도리어 자기를 해롭게 하고 손해를 끼친다는 말이다.

진(秦)나라 말기에 유방과 항우가 각기 대군을 거느리고 진나라를 공격할 때 유방이 먼저 진나라의 수도 함양을 공략했다. 항우는 이에 불복하여 유방을 공격하려 했다.

서초패왕 항우

그때 유방은 당시 자기의 병력이 적어서 항우의 큰 세력을 당해낼 수가 없자 감히 응전도 못하고 한중(漢中) 일대 지방으로 물러났다.

뒷날 유방의 세력이 점차 강대해지고 항우는 날로 고립상태로 빠져 아무런 협력을 못 받게 되었다. 유방은 사신을 보내 홍구(鴻構)를 경계로 하여 화약(和約)을 맺자고 항우에게 제의했다.

항우가 유방에 패해 자결한 오강

항우는 현재의 자기 힘으로는 유방을 격퇴시킬 수가 없음을 잘 알고는 하는 수 없이 유방의 제의를 받아들였다. 그리하여 토지를 분할하여 홍구의 서쪽 지구를 유방이, 동쪽 지구를 항우가 각각 차지하여 서로 불가침 조약을 맺었다.

담판이 성공된 뒤 항우는 병력을 이끌고 동쪽으로 갔고, 유방도 만족한 마음으로 서쪽으로 철수하려 했다. 그러나 장량(張良)과 진평(陳平) 등이 유방에게 말했다.

「현재 유공께서 이미 천하 영토의 3분의 2를 차지하고 있고, 제후들도 모두 유공을 따르고 있습니다. 항우의 군대는 지칠 대로 지치고 군량마저 떨어져 지금 가장 그 세력이 쇠약할 때입니다. 만일 이 기회에 그를 괴멸시키지 않으면 정말로 호랑이를 길러 그에게 도리어 해를 입는 격이 될 것입니다(養虎貽患)」

유방은 그들의 의견을 받아들여 약속을 어기고 군대를 몰아 항우를 추격했고, 한신・팽월로 하여금 군대를 거느리고 협공을 하게 하니 항우는 대패하여 결국 오강(烏江)에서 자결하고 말았다.

어부지리 漁夫之利

고기잡을 漁 지아비 夫 의 之 이로울 利

《전국책》 연책(燕策)

쌍방이 싸우는 틈을 타서 제삼자가 애쓰지 않고 가로챈 이득.

「어부지리」란 말의 유래만큼 널리 알려져 있는 이야기도 드물 것이다. 이야기가 통속적이고 비유가 아주 적절하기 때문일 것이다.

전국시대의 연(燕)나라는 중국 북동부에 위치하여, 서쪽은 조(趙)에, 남쪽은 제(齊)와 접하고 있었으므로 끊임없이 이 두 나라의 위협을 받고 있었다. 연의 소왕(昭王)이라 하면 악의(樂毅)를 장군으로 제나라를 공격한 이야기로 유명하지만, 조나라에 대해서는 경계를 게을리 하지 않았다.

어느 때인가 조나라가 연나라의 기근을 기화로 호시탐탐 침략하려고 노리고 있었다. 소왕은 많은 병력을 제나라로 보내 놓은 터라, 조나라와 일을 벌이고 싶지 않았다. 그래서 소대(蘇代)에게 부탁해 조왕을 설득해 보기로 했다.

소대는 합종책으로 유명한 소진(蘇秦)의 동생으로 형이 죽은 후, 그 종횡가(縱橫家)로서의 사업을 잇기 위해 연왕 쾌(噲 : 소왕의 아버지)에게 교묘히 접근해서 소왕의 세상이 된 후까지도 제(齊)에 머물러 있으면서 여러 모로 연(燕)을 위해 힘을 쓴 사나이다. 그는 소진만큼 큰일은 하지 못했으나 그 동생답게 세 치 혀를 놀려 갖은 책략을 꾸며냈다. 이 때도 조나라 혜문왕(惠文王, 재위 BC 299~266)을 찾아가 왕을 달래서 이렇게 말했다.

「이번에 제가 이리로 올 때 역수(易水)를 건너오게 되었습니다.

방휼상쟁(蚌鷸相爭)

때마침 민물조개(蚌)가 물가로 나와 입을 벌리고 햇볕을 쬐고 있는데, 물새(鷸)란 놈이 지나가다가 조개를 보고 쪼아먹으려 하지 않았겠습니까. 조개란 놈이 깜짝 놀라 입을 오므리자, 물새는 그만 주둥이를 꽉 물리고 말았습니다. 그러자 물새가 말했습니다. 『오늘도 내일도 비만 오지 않으면 그때는 바짝 말라죽은 조개를 보게 될 것이다』 조개는 조개대로 또, 『오늘도 열어 주지 않고, 내일도 열어 주지 않으면 그때는 죽은 물새를 보게 될 것이다』 하며 서로 버티고 있었습니다. 그때 마침 지나가던 어부가 이 광경을 보고 새와 조개를 함께 잡아넣고 말았습니다. 지금 조나라가 연나라를 치려하고 있는데, 연나라와 조나라가 서로 오래 버티며 백성들을 지치게 만들면, 저는 강한 진나라가 어부가 될 것을 염려하지 않을 수 없습니다. 그러므로 대왕께서 깊이 생각하신 뒤에 일을 결정하시기 바랍니다」

소대의 비유를 들은 혜문왕은,

「과연 그렇겠소」 하고 고개를 끄덕이고는 곧 연나라를 칠 계획을 그만두고 말았다.

여기에서 두 사람이 맞붙어 싸우는 바람에 엉뚱한 제삼자가 덕을 보는 경우를 「어부지리」라 하고, 서로 맞붙어 버티며 양보하기 어려운 형편에 있는 것을 가리켜 「방휼지세(蚌鷸之勢)」라 한다.

언과기실 言過其實

말씀 言 지나칠 過 그 其 열매 實

《삼국지》 촉지(蜀志)

「말이 실제보다 지나치다」 라는 뜻으로, 말만 지나치게 크게 내놓고 실행이 부족함을 이르는 말이다.

《삼국지》 촉지(蜀志) 마량전에 있는 이야기다.

관 우

제갈량과도 남달리 두터운 친교를 맺은 바 있는 마속은 형제가 다섯이었다. 다섯 형제는 자(字)에 모두 상(常)이란 글자가 붙어 있었기 때문에 세상 사람들은 그들 형제를 가리켜 「마씨오상(馬氏五常)」 이라 불렀다.

다섯 사람이 다 재주로 이름이 높았으나 그 중에서도 형 마량이 가장 뛰어나, 그 고을 사람들은 마량을 가리켜,

「마씨 집 5상은 모두 뛰어나지만, 그 중에서도 흰 눈썹이 가장 훌륭하다(馬氏五常白眉最良)」 고 했다.

그래서 「백미(白眉)」 라는 성어가 생겨났다.

그러나 유비(劉備)는 마속을 탐탁지 않게 여겼다. 유비는 관우(關

읍참마속 벽화

羽)의 원수를 갚으려다 뜻을 이루지 못하자 화병이 도져 쓰러졌다. 죽음을 앞둔 유비는 제갈량에게 뒷일을 부탁하면서 당부했다.

「마속은 말이 실제보다 지나치니, 크게 쓰지 말도록 하고, 군사께서 잘 살펴주시오(馬謖言過其實 不可大用 君其察之)」

유비가 죽은 뒤, 위(魏)의 사마의(司馬懿)가 촉의 가정(街亭)을 공격하였다. 마속이 가서 가정을 방어하겠다고 자청하자, 제갈량은 그를 보내면서 수비만 하고 공격해서는 안 된다는 명령을 내렸다. 그러나 마속은 적의 꼬임에 넘어가 공격에 나섰다가 역습을 당하여 패주하였다.

제갈량은 마속을 총애하였지만, 군령을 어긴 죄를 물어 참형에 처하였다.

「울며 마속을 베다」라는 뜻의 「읍참마속(泣斬馬謖)」의 성어가 여기서 유래되었다.

여기서 유래하여 말만 부풀려서 번드르르하게 하고는 제대로 실행에 옮기지는 않는 경우를 비유하는 성어로 쓰인다.

언소자약 言笑自若

말씀 言 웃을 笑 스스로 自 같을 若

《삼국지》 촉지(蜀志)

말하고 웃는 것이 태연하다는 뜻으로, 놀라거나 근심이 있어도 평소의 태도를 잃지 않고 침착함을 이르는 말.

삼국시대, 조조(曹操)와의 전투에서 오른쪽 어깨에 화살을 맞은 관우(關羽)는 진영으로 돌아와 화살을 뽑아냈다. 그러나 화살에 묻은 독이 이미 뼛속 깊숙이 스며들어 오른쪽 어깨는 퍼렇게 부어올랐으며 움직일 수가 없게 되었다.

여러 장수들은 서둘러 관우를 형주(荊州)로 옮겨 치료받게 하려고 하였다. 이에 관우는 크게 화를 내며 말했다.

「지금 우리 군대가 파죽지세로서 번성(樊城)을 점령하려고 하고 있다. 번성만 수중에 들어온다면 허창(許昌)까지 쉽게 진출하여 조조를 물리칠 수 있는데, 나의 작은 일로 어떻게 나라의 중요한 일을 그르칠 수 있겠느냐?」

그러던 어느 날, 막사 안에 있던 관우는 오른쪽 어깨에 통증을 느꼈으나 소리를 지를 수 없었다. 그는 군사들의 동요를 염려하여 아픔을 내색하지 않고 마량(馬良)과 바둑을 두고 있었다. 그때 명의 화타(華陀)가 찾아와 막사 안으로 들어왔다. 그는 관우에게 웃옷을 벗고 오른쪽 어깨를 자신에게 보여주기를 청하였다.

화타가 관우에게 말했다.

「독화살에 의해 이미 뼈까지 손상을 입어 오른팔을 못 쓰게 되실 지도 모르겠습니다」

화타가 독화살 상처를 치료하는 동안 관우는 태연하게 마랑과 바둑을 두고 있다

관우가 물었다.

「선생께서는 어떤 방법으로 치료하실 겁니까?」

「제가 이제껏 써온 방법은 장군께서 두려워하실 것 같습니다」

관우가 웃으며 말했다.

「나는 죽음도 두려워하지 않는데, 무얼 두려워하겠소?」

「그렇다면 좋습니다. 조용한 곳에 큰 기둥을 하나 세우고, 그 위에 큰 쇠고리를 하나 달아야 합니다. 장군께서는 오른쪽 팔을 그 고리 안에 넣으시고 천으로 잘 묶으십시오. 그리고 이불로 장군의 머리를 싸주시기 바랍니다. 저는 날카로운 칼로 살갗을 베어내고 뼈에 있는 독화살을 깎아 내겠습니다. 그러고 나서 거기에 약을 바르고 봉하면 다 끝나게 됩니다」

관우는 담담하게 웃더니, 이렇게 말했다.

「기둥과 고리는 필요치 않소. 내가 바둑을 두는 동안 치료를 해주시오」

관우는 명을 내려 즉각 술자리를 마련하고 화타를 대접하였다. 관우는 술을 몇 잔 마시고, 계속하여 마량과 바둑을 두면서 태연하게 오른팔을 내밀었다.

화타는 날카로운 칼을 들고, 하급관리에게는 대야를 들고 관우의 어깨에서 흘러나오는 피를 받아내도록 하며, 관우에게 다시 당부하였다.

「장군, 이제 칼을 대겠으니, 놀라지 마십시오」

「선생에게 치료를 맡기겠소. 내 어찌 속인(俗人)들과 함께 아프다는 소리를 할 수 있겠소?」

화타가 칼을 대고 관우의 오른팔 살을 가르자, 관우의 뼈가 드러났다. 뼈는 이미 푸른색으로 변해 있었다. 화타는 힘을 다해 뼈를 깎아냈다. 막사 안의 모든 사람들은 이 모습을 보고 너무 놀란 나머지 얼굴이 하얗게 질려 있었다.

화 타

아

얼마 후, 어깨에서 흘러내린 피가 대야에 가득 찼다. 그러나 관우는 여전히 술을 마시며 이야기하고 웃는 것이 너무 태연하여(羽割炙引酒 言笑自若) 전혀 아픔을 느끼지 않는 것처럼 보였다. 화타는 뼈 위의 독을 깎아내고 약을 바른 후 상처 입구를 봉하였다. 관우는 크게 웃으며 일어나 오른팔을 움직여 보며 사람들에게 말했다.

「팔을 움직이는 게 마음대로 되는 걸 보니, 마치 다친 적이 없는 것 같소. 선생은 과연 신의(神醫)이시군요」

화타가 대답하였다.

「제가 평생 의원노릇을 하고 있지만, 이렇게 잘 참아내시는 분은 본 적이 없습니다. 장군이야말로 천신(天神)입니다」

「담소자약(談笑自若)」과 같은 말이다.

언어도단 言語道斷

말씀 言 말씀 語 길 道 끊을 斷

《영락경(瓔珞經)》

말할 길이 끊어졌다는 뜻으로, 어이가 없어서 말하려 해도 말할 수 없음을 이르는 말. 「말이 안 됨」으로 순화.

《영락경》에 있는 말이다.

「언어도단」은 불교에서 말하는 「언어도단심행처멸(言語道斷心行處滅)」의 줄임말로서, 「말의 길이 끊어지고 마음 가는 곳이 없어진다」는 말이다. 곧 절대의 깨달음의 세계를 표현하는 데 쓰이는 말로, 언어에 의해서 표현할 수도, 사고로 생각하여 짐작할 수도 없다는 의미이다. 「심행처멸(心行處滅)」은 마음의 작용이 미치지 못하는 절대경계의 본체심(本體心), 곧 「사량분별(思量分別)」이 끊어진 경계를 말한다.

선(禪)의 특징이 언어를 넘어서는 데 있다. 불가에서는 「이심전심」이나 불립문자(不立文字 : 불도의 깨달음은 마음에서 마음으로 전하는 것이므로 말이나 글에 의지하지 않는다는 말)를 통해 언어로는 사물의 있는 그대로의 모습인 진여(眞如)의 묘체를 전할 수 없다고 한다. 이때 전한다는 것은 대상이 이해할 수 있는 방식으로, 즉 언어로 옮겨준다는 의미이다.

「도를 도라고 말하면 그것은 늘 그러한 도가 아니다(道可道非常道)」 그러므로 궁극적인 깨달음은 언어에 얽매이지 않고 스스로 깨쳐야 한다고 주장한다.

언유재이 言猶在耳

말씀 言 오히려 猶 있을 在 귀 耳

《춘추좌전(春秋左傳)》 문공(文公) 7년

백성과 동고동락하는 통치자의 자세.

춘추전국시대 진(晉)나라 문공이 죽자, 양공(襄公)이 뒤를 이었으며, 대부 조최(趙衰) 또한 한결같이 충성을 다하며 일생을 진나라를 위해 바쳤다. 조최의 아들 조돈(趙盾)은 자기의 능력에 의지하여 양공의 국상(國相)이 되어 국정을 잘 이끌어 나갔다.

BC 620년, 양공이 죽자, 대신 조돈 등은 태자가 아직 어리다는 이유로 진(秦)나라에서 벼슬을 하던 공자(公子) 옹(雍)을 왕으로 옹립하고자 하였다. 이에 진(秦)나라는 예전에 진문공(晉文公)이 진나라로 들어갈 때 호위군사가 없어 난리가 일어난 것이라며 호위하는 군사를 많이 배치했다.

진문공 복국도(復國圖)

그런데 진(晉) 양공의 부인이자 태자 이고(夷皐)의 어머니인 목영은 공자 옹을 왕으로 옹립하려 한다는 말을 듣고는, 태자를 안은 채 조정에 들어와 통곡하면서 말했다.

조돈 석상

「붕어하신 왕에게 무슨 죄가 있으며, 그 아들에게 또 무슨 죄가 있기에, 적자(嫡子)를 버리고 타국에서 왕을 맞이하려 하는가. 장차 이 아들을 어떻게 처리하려는 것인가?」

조정을 나온 목영은 태자를 안고 조돈의 집에 찾아와 머리를 조아리며 말했다.

「붕어하신 왕께서는 이 아들을 안고 그대에게 부탁하며 말씀하시기를, 『이 아들을 임금의 재목으로 키워 준다면 나는 그대의 은혜를 받은 것으로 여기겠지만, 그런 재목으로 키우지 못한다면 나는 그대를 원망할 것이다』 라고 하셨습니다. 이제 왕은 세상을 떠났지만, 그 때 하신 말씀은 아직도 생생하게 귓가에 남아 있는데(今君雖終 言猶在耳), 이 아이를 버리려 하니, 장차 이 아이를 어찌하려는 것이오」

조돈과 여러 대부는 모두 양공의 부인 목영을 걱정하고 무슨 일이라도 낼까 두렵기도 하여 생각을 바꾸어 이고를 왕위에 옹립하기로 하였다. 그리고 공자 옹을 호위해 오는 진(秦)군을 성문에서 막았다. 이렇게 하여 왕위에 오르게 된 이가 바로 진(晉) 영공(靈公)이다.

엄이도령 掩耳盜鈴

가릴 掩 귀 耳 훔칠 盜 방울 鈴

《여씨춘추(呂氏春秋)》 자지편(自知篇)

남들은 모두 자기 잘못을 아는데 그것을 숨기고 남을 속이고자 함.

「엄이도령」은 귀를 가리고 방울을 훔친다는 뜻이다. 저만 듣지 않으면 남도 듣지 않는 줄 아는 어리석은 행동을 빗대서 하는 말이다. 「눈 가리고 아웅」과 같은 말이다. 원래는 귀를 가리고 종을 훔친다는 「엄이도종(掩耳盜鍾)」이었는데, 뒤에 종 대신에 방울이란 글자를 쓰게 되었다.

《여씨춘추》 불구론(不苟論)의 자지편에 있는 이야기다.

진(晋)나라 육경(六卿)의 한 사람인 범씨(范氏)는 다른 네 사람에 의해 중행씨(中行氏)와 함께 망하게 된다. 이 범씨가 망하자, 혼란한 틈을 타서 범씨 집 종을 훔친 사람이 있었다. 그러나 종이 지고 가기에는 너무 커서 하는 수 없이 망치로 깨뜨렸다. 그러자 꽝! 하는 요란한 소리가 났다. 도둑은 혹시 딴 사람이 듣고 와서 자기가 훔친 것을 앗아갈까 하는 생각에 얼른 손으로 자기 귀를 가렸다는 것이다.

이 이야기는 임금이 바른말하는 신하를 소중히 여겨야 한다는 비유로 들고 있다. 자기의 잘못을 자기가 듣지 않는다고 남도 모르는 줄 아는 것은 귀를 가리고 종을 깨뜨리는 도둑과 똑같은 어리석은 짓이란 것을 말하기 위해서였다.

남이 들을까 겁이 나면 자기가 먼저 듣고 그 소리가 나지 않게

하는 것이 현명한 일이다. 바른말하는 신하는 임금의 가린 귀를 열어 주는 사람이므로 소중히 해야 한다.

《여씨춘추》에는 또 위문후(魏文侯)의 이야기를 예로 들고 있다.

위문후가 신하들과 술을 마시는 자리에서 자기에 대한 견해를 기탄없이 들려 달라며 차례로 물어 나갔다. 그러자 한결같이 임금의 잘한 점만을 들어 칭찬을 했다. 그러나 임좌(任座)의 차례가 되자, 그는 임금의 약점을 들어 이렇게 말했다.

위문후와 임좌

「임금께서는 중산(中山)을 멸한 뒤에 아우를 그곳에 봉하지 않고 태자를 그곳에 봉하셨습니다. 그러므로 어두운 임금인 줄로 아옵니다」

문후는 무심중 얼굴을 붉히며 불쾌한 표정을 지었다. 그러자 임좌는 급히 밖으로 나가버렸다. 다음에 유명한 적황(翟黃)이 말할 차례가 되었다.

「우리 임금은 밝으신 임금입니다. 옛 말에 임금이 어질어야 신하가 바른말을 할 수 있다 했습니다. 방금 임좌가 바른말하는 것을 보아 임금께서 밝으신 것을 알 수 있습니다」

문후는 곧 자기 태도를 반성하고 급히 임좌를 부른 다음 몸소 뜰 아래까지 나가 그를 맞아 상좌에 앉게 했다 한다.

여도지죄 餘桃之罪

남을 餘 복숭아 桃 의 之 죄 罪

《한비자(韓非子)》 세난편(說難篇)

사랑하는 마음이 식음에 따라 본래는 가상히 여겼던 일이 거꾸로 죄가 되어버림.

「여도지죄」란 「먹다 남은 복숭아를 준 죄」라는 뜻으로, 총애를 받을 때는 용서되던 일이 사랑이 식고 나면 죄가 되는 경우의 비유를 말한다. 《한비자》 세난편에 있는 이야기다.

위(魏)나라에 미자하(彌子瑕)라는 미소년이 있었다. 아름다운 용모 때문에 임금으로부터 각별한 총애를 받았다.

어느 날, 어머니가 아프다는 소식을 들은 미자하는 급한 김에 임금의 수레를 타고 어머니 병문안을 다녀왔다. 당시 임금의 수레를 무단으로 쓰게 되면 발을 잘리는 형벌을 받아야 했다. 그러나 임금은 죄를 용서해 주며 이렇게 칭찬했다.

「훌륭하다, 미자하여! 어머니가 걱정되어서 발을 잘리는 형벌도 잊었구나!」

그러다가 세월이 흘러 미자하도 늙어 옛날처럼 고운 자태를 갖지 못하게 되자 임금의 사랑도 식어 갔다. 어느 날 임금이 미자하를 보더니 소리쳤다.

「네 이놈, 너는 전날 내 수레를 함부로 훔쳐 탔고, 먹다 남은 복숭아를 내게 주었지. 고연 놈이로구나!」

세상의 일이란 워낙 다양하게 바뀌는 것이어서 대처하기가 참으로 어렵다. 그 한 측면을 보여주는 이야기라고 할 것이다.

여명견폐 驢鳴犬吠

당나귀 驢 울 鳴 개 犬 짖을 吠

《세설신어(世說新語)》

「당나귀가 울고 개가 짖는다」는 뜻으로, 다른 사람의 문장이나 논리가 졸렬하여 들을 가치가 없음을 이르는 말이다..

《세설신어(世說新語)》에 있는 이야기다.

남북조시대 북위(北魏)에 온자승(溫子昇)이란 사람이 있었다. 그는 산동성 제음(濟陰) 출신으로, 총명한 데다 어려서부터 공부를 열심히 한 덕분에 젊은 나이에 학문에 통달하고 식견이 높았다. 그렇지만 이끌어 주는 사람이 없어서 광양왕(廣陽王) 왕연(王淵)의 집에 들어가 식객 노릇을 하고 있었다. 왕연이 온자승에게 말했다.

「자네 글 좀 읽은 모양이니, 우리 집 하인 자식들에게 글이나 좀 가르쳐 주지 않겠나」

왕연은 신분만 귀할 뿐 사람 보는 눈은 형편없었다. 그러나 온자승은 마다하지 않고 하인의 자식들을 모아놓고 글을 가르쳤다. 한번은 당대의 저명한 문인인 상경(常景)이 왕연의 집에 왔다가 우연히 온자승이 쓴 문장을 보게 되었다.

「이 글을 누가 썼나요?」

「내 집 식객으로 있는 온자승이란 젊은이랍니다. 왜 그러시오?」

「일찍이 이런 탁월한 문장을 본 적이 없소. 참으로 대단한 문장입니다」

놀란 왕연은 비로소 온자승을 새로운 눈으로 바라보게 되어, 그때부터 그를 우대하기 시작했다

이즈음 북위의 효명제(孝明帝)는 동평왕(東平王) 원광(元匡)에게 명하여 전국의 어질고 유능한 선비를 널리 뽑아 올려 등용하도록 했다. 이 특별전형의 결과 8백여 명의 참가자 가운데 23명이 등용의 영광을 차지했는데, 그 중에서 가장 탁월한 인재로 꼽힌 인물이 바로 온자승이었다.

선발에서 탈락한 사람들은 자존심이 상해 하나같이 결과를 승복할 수 없다고 아우성이었다. 그들은 나름대로 공부를 많이 했다고 자부하고 있었기 때문이다.

일이 난처해진 원광은 온자승을 불러 물었다

「그대가 저 사람들을 어떻게 좀 납득시켜 볼 수 있겠는가?」

온자승은 조금도 주저하지 않고 불만 가득한 낙천자들 앞에 나아갔다. 그리고는 탁월한 학식과 유창한 언변으로 그들의 질문에 하나하나 성심성의껏 답하는 한편, 위로하기도 하고 달래기도 했다. 그 결과 모두들 자신의 재주가 온자승에게 미치지 못함을 솔직히 인정하고는 얼굴이 붉어져서 뿔뿔이 흩어졌다.

그 일로 온자승의 명성은 온 조정에 알려졌고, 불과 22살의 나이로 어사가 되었다 그로부터 점점 벼슬이 높아가며 황제의 신임도 두터워져 조정에서 작성하는 공식문서라든지 칙서(勅書)는 거의 대부분 온자승의 손에 의해 작성될 정도였다

온자승이 37살이던 531년, 발해왕(渤海王) 고환(高歡)이 정변을 일으켜 원랑(元朗)을 새 황제로 옹립하니 그가 곧 경제(敬帝)다. 정권을 장악한 고환은 스스로 대승상이 되어 조정을 한손아귀에 넣었다.

「이런 대역무도한 놈 같으니, 용서할 수 없다!」

조정에서 일어난 정변에 누구보다 노발대발한 것은 병주(幷州)자사 주조(朱兆)였다. 그는 즉시 정병 20만을 동원하여 고환을 치기 위

해 출병했다

이 때 고환의 휘하에는 겨우 3만 병력밖에 없었으므로, 상식적인 관점에서는 누가 보더라도 중과부적이었다. 그러나 고환은 하남성의 한능산(韓陵山)을 의지하여 둥글게 진을 치고 필사불퇴의 각오로 맞섰다. 주장(主將)의 이런 태도는 병사들의 사기를 드높였고, 싸움의 결과 병주군을 보기 좋게 깨뜨렸다.

재기불능의 참패를 당한 주조는 약간의 패잔병을 이끌고 자기 근거지인 병주를 향해 줄행랑을 놓았으나, 고환이 한숨 돌릴 틈도 주지 않고 맹렬히 추격하자 하늘을 우러러 탄식하고는 스스로 목숨을 끊고 말았다.

마침내 병란의 티끌이 가라앉고 평화가 오자, 경제는 승전과 아울러 고환의 공적을 기리는 의미로 한능산에 정국사(定國寺)라는 절을 건립하고 기념비를 세우기로 했다. 그 기념비의 비문을 당대의 문장가로 알려진 온자승이 쓰게 되었음은 물론이다.

그 후 남조(南朝)인 양(梁)나라의 유명한 문인 유신(庾信)이 북위에 볼일이 있어서 갔다가 정국사에 들렀다. 평소에 북방사람들을 무식하고 야만적인 자들이라고 경멸해 온 유신이었으나, 빗돌에 새겨진 온자승의 비문을 보고는 깜짝 놀라고 말았다.

「아니, 북위에도 이처럼 탁월한 문장가가 있었단 말인가!」

몹시 감탄한 유신은 그 비문을 그대로 베껴 썼다. 그런 다음 양나라로 돌아간 유신은 친구들이 북위에 글을 제대로 아는 선비가 있더냐고 묻자 이렇게 대답했다

「딱 한 사람 온자승이 있었네. 그가 쓴 한능산 비문은 혀를 내두를 정도의 명문이었어. 그렇지만 다른 작자들의 목소리는 모두 『당나귀 울음소리와 개 짖는 소리(驢鳴犬吠)』에 지나지 않더군」

여민동락 與民同樂

더불 與 백성 民 같을 同 즐거울 樂

《맹자(孟子)》 양혜왕(梁惠王)

아

「임금과 백성이 함께 즐긴다」 라는 뜻으로, 백성과 동고동락하는 통치자의 자세를 비유하는 말이다.

임금이 백성을 잘 다스려 백성과 더불어 즐기는 것이야말로 태평성대의 참된 모습이다. 임금은 좋은 옷에 좋은 음식을 즐기는데 백성들은 헐벗고 굶주린다면 이는 폭정이라고 할 수 있다.

여(與)는 「준다, 베푼다, 함께」 와 같은 뜻을 갖는데, 베푼다는 뜻에서 권력을 잡은 사람을 가리키기도 한다. 정권을 잡은 정당을 가리켜 여당(與黨)이라고 하는 것도 같은 이치다.

맹자는 인의(人義)와 덕(德)으로써 다스리는 왕도정치(王道政治)를 주창하였는데, 그 바탕에는 백성을 정치적 행위의 주체로 보는 민본사상(民本思想)이 깔려 있다.

맹자가 양혜왕(梁惠王)에게 말했다.

「지금 임금께서 음악을 연주하시는데, 백성들이 종과 북, 피리소리를 듣고는 골머리를 앓고 이맛살을 찌푸리며 『우리 임금은 음악을 즐기면서 어찌하여 우리를 이런 지경에까지 이르게 하여 부자(父子)가 만나지 못하고, 형제와 처자가 뿔뿔이 흩어지게 하는가』 라고 불평하며, 또 임금께서 사냥을 하시는데 백성들이 그 행차하는 거마(車馬) 소리와 화려한 깃발을 보고는 골머리를 앓고 이맛살을 찌푸리며 『우리 임금은 사냥을 즐기면서 어찌하여 우리를 이런 지경에까지 이르게 하여 부자가 만나지 못하고, 형제와 처자가 뿔뿔이 흩

맹자의 고거(古居)

어지게 하는가』라고 원망한다면, 이는 다른 이유가 아니라 백성들과 즐거움을 함께하지 않기 때문입니다(此無他, 不與民同樂也).

지금 임금께서 음악을 연주하시는데 백성들이 종과 북, 피리소리를 듣고는 모두들 기뻐하는 빛을 띠며 『우리 임금께서 질병 없이 건강하신가 보다, 어찌 저리 북을 잘 치실까』라고 하며, 임금께서 사냥을 하시는데 백성들이 거마소리와 화려한 깃발을 보고 모두들 기뻐하는 빛을 띠며 『우리 임금께서 질병 없이 건강하신가 보다, 어찌 저리 사냥을 잘 하실까』라고 한다면, 이는 다른 이유가 아니라 백성들과 즐거움을 함께하기 때문입니다(此無他, 與民同樂也)」

곧, 왕이 백성들에게는 고통을 주면서 자기만 즐긴다면 백성들이 반발하겠지만, 백성들과 즐거움을 함께한다면 왕이 즐기는 것을 함께 기뻐할 것이라는 말이다.

「여민동락」은 항상 백성을 중심으로 하는 통치자의 이상적인 자세를 비유하는 말로 사용된다.

「여민해락(與民偕樂)」도 같은 뜻이다.

여병말마 厲兵秣馬

숫돌 厲 병장기 兵 꼴 秣 말 馬

《좌씨전(左氏傳)》 희공(僖公) 33년

「병장기를 날카롭게 갈고 말을 먹여 살찌우다」 라는 뜻으로, 전쟁 준비를 다 갖추었음을 비유하는 말이다.

춘추시대 진(秦)나라 목공(穆公)은 중원의 패권을 차지하기 위해서 일련의 사회개혁을 단행하고 세력을 점차 증강시켰으며, 약소국들을 병합하여 영토를 넓힘으로써 춘추 오패(五覇)의 하나가 되었다.

진(秦)나라 목공(穆公)은 진(晉)나라 문공(文公)과 연합하여 정(鄭)나라를 공격하였다. 정나라 문공(文公)은 대부 촉지무(燭之武)를 파견하여 진목공을 설득하였고, 이에 진나라는 대부 기자(杞子)를 비롯한 일부만 정나라에 남겨두고 철수하였다.

그로부터 2년 후, 정나라 보호 임무를 띠고 정나라에 남아있던 진(秦)나라 대부 기자(杞子)는 진나라 목공에게 밀서를 보내 정나라의 상황을 보고하였다. 정나라의 방비가 허술하며 자신들이 북쪽 성문을 장악하였으니 기습공격을 펼친다면 정나라를 정복할 수 있을 것이라고 알렸다. 진목공은 절호의 기회라 여기며 군대를 이끌고 정나라로 진군하였다. 진나라 군대는 장거리 행군을 거치며 정나라 주변에 이르렀다. 그런데 때마침 현고(弦高)라는 정나라 상인이 이곳을 지나고 있었다.

그는 완전무장을 한 진나라 군대를 보고 그들의 속셈을 곧 알게 되었다. 그는 자기의 집이 침략을 당하게 될까 걱정이 되었지만, 혼자서

진목공

는 어떻게 해볼 도리가 없었다. 그는 한참 동안 궁리하다가 마침내 방법을 생각해 냈다.

현고는 서둘러 아랫사람을 보내 정나라 군주에게 이 사실을 보고하는 한편, 정나라 사신으로 변장하고 소떼를 몰아 진나라 진영으로 향했다. 진나라 군주와 장군들은 정나라에서 사신을 보내 온 것으로 보고 정나라가 이미 모든 준비를 하고 있으리라고 생각하여 선불리 정나라 쪽으로 진군할 수 없었다.

정나라 군주는 진나라 군대가 도읍을 공격하러 왔다는 보고를 받고, 사실인지 아닌지 알 수가 없었다. 정나라 목공은 대부 황무자(皇武子)를 시켜 진나라의 대부들이 머물고 있는 숙소를 살펴보게 하였는데, 그들은 수레에 실을 짐을 묶어놓고, 무기를 손질하고 말에 꼴을 먹이고 있었다(鄭穆公使視客館 則束載厲兵秣馬矣).

이에 정목공은 황무자를 기자에게 보내 정나라에서 진나라의 기습계획을 이미 알고 대비한 것처럼 꾸미게 하였다. 기자 등은 이에 속아 넘어가 계획이 탄로 났다고 여기고는 정나라에서 도망쳤다. 진나라 군대는 공격을 포기하고 회군하던 도중 진(晉)나라 군대의 기습공격을 받고 전군이 궤멸 당했다.

여기서 유래하여 「여병말마」는 전쟁준비 태세를 다 갖추었음을 비유하는 성어로 사용된다.

여산진면목 廬山眞面目

오두막집 廬 뫼 山 참 眞 얼굴 面 눈 目

소식(蘇軾) / 「제서림벽(題西林壁)」

「여산의 참모습」이라는 뜻으로, 너무도 깊고 유원하여 그 참모습을 파악하기 어려움을 비유하는 말이다.

송나라 때 문인 소식(蘇軾)이 여산(廬山)을 소재로 해서 쓴 작품에 나온다. 그는 「제서림벽」에서 이렇게 쓰고 있다.

「제서림벽」 시의도(詩意圖, 淸 곽희)

가로 보면 뻗어 간 고개요 옆으로 보면 솟은 봉우리라
멀리 가까이서 높이 낮은 곳에서 보기에 따라 각기 다르구나.
여산의 참다운 모습을 우리가 알 수 없는 것은
이 몸이 이 산중에 있기 때문이겠지.

橫看成嶺側成峰 遠近高低各不同	횡간성령측성봉 원근고저각부동
不識廬山眞面目 只緣身在此山中	불식여산진면목 지연신재차산중

이 시는 소동파가 신종황제 원풍(元豊) 7년에 여산을 유람할 때

여산진면목

서림사(西林寺) 벽에 써놓은 것이다.

여기에서 특히 마지막 두 구절은 사람들이 대대로 내려오면서 칭찬해 마지않는 명구이다.

무릇 사물의 정체를 알아차리기 힘들거나, 어떤 사람의 태도가 그다지 명확하지 않음을 가리켜 「불식여산진면목」이라고 하게 되었으며, 자신이 복잡한 갈등 속에 빠져 객관적으로 명석하게 문제를 분석할 수 없는 경우를 가리켜 이 구절로 비유하기도 하였다. 그리고 어렴풋한 가운데 정체가 차츰 드러나는 것을 가리켜 「여산진면목」이라고 한다.

여호모피 與虎謀皮

더불 與 범 虎 꾀할 謀 가죽 皮

《태평어람(太平御覽)》

「호랑이와 함께 호랑이 가죽을 구할 일을 도모하다」 라는 뜻으로, 요구하는 일이 상대방의 이해와 상충하여 이루어질 수 없음을 비유하는 말이다. 원래는 「여호모피(與狐謀皮)」 였으나, 나중에 여우(狐)가 호랑이(虎)로 바뀌었다.

춘추시대 노(魯)나라 정공(定公)이 공구(孔丘 : 공자)를 사도(司徒) 벼슬에 앉히려고 하였다. 그래서 정공은 그 전에 좌구명(左丘明)을 불러, 삼환(三桓)과 그 일에 대하여 논의하려고 하는데 어찌 생각하느냐고 물었다.

좌구명

삼환은 환공(桓公)의 손자인 계손씨(季孫氏)와 숙손씨(叔孫氏), 맹손씨(孟孫氏) 세 사람을 일컫는데, 이들은 춘추시대 말기에 노나라의 권세를 쥐어, 임금 자리도 좌지우지할 정도로 그 세력이 막강했다. 이들은 공자와는 정치적으로 대립하였다. 좌구명은 삼환은 공자와 정치적 이해가 상충하므로 반대할 것이라면서 다음과 같은 우화를 예로 들어 설명하였다.

「갖옷(가죽 옷)과 맛난 음식을 좋아하는 주(周)나라 사람이 천금

공자성적도(退修詩書 : 공자가 관직에서 물러나 시와 서를 다듬다)

의 값어치가 있는 갖옷을 만들기 위하여 여우들에게 찾아가서는 그 가죽을 달라고 하고, 맛난 음식을 먹기 위하여 양들을 찾아가 그 고기를 달라고 하였습니다. 그의 말이 끝나기도 전에 여우들은 줄줄이 깊은 산 속으로 도망가 버렸고, 양들은 울창한 숲 속으로 숨어버렸습니다. 그래서 그 주나라 사람은 10년 동안 갖옷을 한 벌도 만들지 못하고 5년 동안 양고기를 구경도 하지 못하였습니다. 왜 그런 것이겠습니까? 그가 의논할 대상을 잘못 찾았기 때문입니다. 지금 군주께서 공구(孔丘 : 공자)를 사도로 삼으려 하시면서 삼환을 불러 그 일에 대하여 의논하는 것은 여우와 그 가죽을 얻을 일을 의논하고 양과 그 고기를 얻을 일을 의논하는 것과 마찬가지입니다」

정공은 좌구명의 말을 듣고는 삼환을 불러 의논하지 않고 공자를 사도로 임명하였다.

호랑이에게 제 가죽을 달라고 하는 것과 마찬가지로 요구하는 일이 상대방의 이해와 상충하여 이루어질 수 없음, 또는 이해가 상충하는 상대방이 도와줄 리가 없음을 비유하는 성어로 사용된다.

역린 逆鱗

거스를 逆 비늘 鱗

《한비자》 세난편(說難篇)

임금의 노여움. 용(龍)은 불가사의한 힘을 가지고 있는 것으로 알고 있으나, 상상상의 동물이다. 봉(鳳)·인(麟)·구(龜)와 합쳐 사령(四靈)이라고 한다. 비늘이 있는 것의 장(長)으로 능히 구름을 일으키고 비를 부른다고 한다. 그리하여 중국에서는 곧잘 군주를 높여 용에 비유한다. 용안(龍顔)이란 말도 그 하나다. 따라서 용에 관한 격언이나 말도 많은데 이것도 그 하나다.

한비(韓非)는 전국시대의 사람이다. 그리고 현실주의적인 「법가(法家)」의 대표자이기도 했다. 누가 누구하고 결탁해서 누구하고 싸우는지 뚜렷하지 않은 혼란된 전국시대의 모습, 임금과 신하가 서로 의심하고 기회만 있으면 서로 쓰러뜨리는 사회, 그는 그것을 날카로운 눈으로 보고 있었다. 그래서 이와 같은 정세 속에서 국가의 백년대계를 세우는 방법을 생각하고 있었다. 그는 진(秦)에 억류되어 있는 동안에 동문이었던 이사(李斯)의 꾀에 빠져 독을 마시고 자결했다고 하는데, 이 세상에 《한비자》라는 책을 남겼다. 그 글에서는 그와 같은 전국시대의 숨결이 흘러넘치고 있다.

거슬러 난 비늘이 「역린」이다. 용(龍)의 턱밑에 있는 이 비늘을 건드리기만 하면 사람을 죽이기 때문에 임금의 노염을 사는 것을 「역린에 부산 친다」고 했다.

《한비자》 세난편에 있는 말이다. 세난(說難)은 남을 설득시키기가 어렵다는 뜻으로 한비자는 이 편에서 다음과 같은 말을 하고 있다.

한 비

「상대가 좋은 이름과 높은 지조를 동경하고 있는데, 이익이 크다는 것으로 그를 달래려 하면, 상대는 자기를 비루하고 지조가 없는 사람으로 대한다 하여 멀리할 것이 틀림없다. 반대로 상대가 큰 이익을 원하고 있는데, 명예가 어떻고, 지조가 어떻고 하는 말로 이를 달래려 하면, 이쪽을 세상 물정에 어두운 사람이라 하여 상대를 해주지 않을 것이 뻔하다. 상대가 속으로는 큰 이익을 바라고 있으면서 겉으로만 명예와 지조를 대단해 하는 척할 때, 그를 명예와 지조를 가지고 설득하려 하면 겉으로는 이쪽을 대우하는 척하지만 속으로는 멀리하게 될 것이며, 그렇다고 해서 이익을 가지고 이를 달래면 속으로는 이쪽 말만 받아들이고, 겉으로는 나를 버리고 말 것이다……」

한비자는 이렇게 남을 설득시키기 어려운 점을 말하고 나서 맨 끝에 가서 이렇게 말하고 있다.

「용이란 짐승은 잘 친하기만 하면 올라탈 수도 있다. 그러나 그의 목 아래에 붙어 있는 직경 한 자쯤 되는 『역린』을 사람이 건드리기만 하면 반드시 사람을 죽이고 만다. 임금도 또한 역린이 있다. 말하는 사람이 임금의 역린만 능히 건드리지 않을 수 있다면 목적을 달성할 수 있을 것이다」

여기서 임금의 노여움을 「역린」이라 하게 되었는데, 임금이 아닌 경우라도 절대 권한을 가진 사람이면 이 말을 쓸 수 있을 것이다.

역자이식 易子而食

바꿀 易 아들 子 말이을 而 먹을 食

《춘추좌씨전》 선공(宣公) 15년

자식을 바꾸어서 먹는다는 말로, 대기근으로 인한 심한 굶주림.

중국같이 평야가 끝없이 계속되는 지방에는 한번 큰 흉년이 밀어닥치면 수만 명의 굶주린 백성들이 초근목피를 찾아 헤매다가 급기야는 어린 자식을 서로 바꾸어 어른의 생명을 유지하려는 상상조차 하기 어려운 사태에까지 이른다고 한다.

그런 현상이 흉년이 아닌 전쟁으로 인해서도 가끔 일어나곤 했다.

《춘추좌씨전》 선공(宣公) 15년의 기록에, 송(宋)나라가 초(楚)나라의 포위를 당해 다섯 달을 계속 버티던 끝에 나중에는 먹을 것도 없고 밥 지을 땔감도 없어서 「자식을 바꿔서 먹고 뼈를 쪼개서 밥을 지었다(易子而食 析骸而爨)」는 사실이 적혀 있다.

또 같은 내용을 《사기》 송세가(宋世家)에는 「뼈를 쪼개어 밥을 짓고, 자식을 바꾸어 먹었다(析骸而炊 易子而食)」고 기록하고 있다.

《동주열국지(東周列國志)》에 보면 이때의 사정을 이렇게 말하고 있다.

「……우사(右師) 화원(華元)은 마지막 수단으로 술책을 써서 밤에 초나라 대장 공자 측(側)이 자는 방으로 들어가 칼을 겨누며 포위를 풀어줄 것을 요구했다.

이때 공자 측이 송나라 성중의 상황을 물었을 때, 화원은 이렇게 대답했다.

『자식을 바꾸어서 먹고 뼈를 주워서 밥을 짓고 있습니다……(易

子而食 拾骨而爨……)』

그러자 공자 측은 놀라 물었다.

『병법에, 허하면 실한 체하고 실하면 허한 체한다 했는데 당신은 어째서 실정대로 말하십니까?』

『군자는 남의 위태로운 것을 불쌍히 여기고, 소인은 남의 불행을 다행으로 안다고 했습니다. 원수께서 군자이신 줄 알기 때문에 감히 숨기지 않았습니다』

그러자 공자 측은, 초나라 역시 7일 먹을 양식(《사기》에는 사흘)밖에 없다는 것을 말하고 이튿날 포위를 풀어 30리 후퇴할 것을 약속한다. 두 사람은 이것을 계기로 결의형제를 맺고 약속대로 이튿날 초나라 군사가 30리를 후퇴한다. 다음 두 나라는 강화를 하게 된다」

人之性如水焉

인지성여수언

置之貿則貿

치지하칙하

置之方則方

치지방칙방

사람의 본성은 물과 같아서
둥근 데 놓아두면 둥글어지고
모난 데 놓아두면 모가 난다.

—《의림(意林)》에 인용된 〈물리론(物理論)〉

역지사지 易地思之

바꿀 易 땅 地 생각할 思 갈 之

《맹자(孟子)》 이루편(離婁編)

다른 사람의 처지에서 생각하라는 뜻이다.

《맹자》 이루편에 있는 「역지즉개연(易地則皆然)」이라는 말에서 나온 말이다.

우임금

우(禹)는 중국 하(夏)나라의 시조로 치수(治水)에 성공한 임금으로 알려진 인물이다. 후직(后稷)은 신농(神農)과 더불어 중국에서 농업의 신으로 숭배되는 인물로, 순(舜)이 나라를 다스릴 때 농업을 관장했다고 전해진다.

맹자는 우임금과 후직은 태평성대에 세 번 자기 집 문 앞을 지나면서도 들어가지 못해(過門不入) 공자가 그들을 어질게 여겼으며, 공자의 제자 안회(顔回)는 난세에 누추한 골목에서 한 그릇의 밥과 한 바가지의 물로(一簞食一瓢飮) 다른 사람들은 견뎌내지 못할 정도로 가난하게 살면서도 안빈낙도(安貧樂道)의 태도를 잃지 않아 공자가 그를

후 직

어질게 여겼다고 하였다.

그러면서 맹자는 「우와 후직, 안회는 모두 같은 길을 가는 사람으로(禹稷顔回同道), 우임금은 천하에 물에 빠지는 이가 있으면 자기가 치수를 잘못해서 그가 물에 빠졌다고 생각했고, 후직은 천하에 굶주리는 자가 있으면 자기의 잘못으로 그가 굶주린다고 생각해서 이처럼 (백성 구제를) 급하게 여겼다(禹思天下有溺者 由己溺之也 稷思天下有飢者 由己飢之也 是以如是其急也). 우와 후직, 안회가 서로의 처지가 바뀌었더라도 모두 같게 행동했을 것(禹稷顔子易地則皆然)」이라고 평하였다.

여기에서 「다른 사람의 고통을 자기의 고통으로 생각한다」는 뜻의 「인익기익(人溺己溺)」, 「인기기기(人飢己飢)」라는 말이 나왔는데, 그와 유사한 의미를 「역지즉개연」이라는 표현을 변형하여 「다른 사람의 처지에서 헤아려 보아야 한다」는 뜻의 「역지사지(易地思之)」라는 말로 나타낸 것으로 추정된다.

맹자는 안회도 태평성대에 살았다면 우임금이나 후직처럼 행동했을 것이며, 우임금과 후직도 난세에 살았다면 안회처럼 행동했을 것이라며 「처지가 바뀌면 모두 그러했을 것」이라는 뜻으로 「역지즉개연(易地則皆然)」이라는 표현을 사용한 것이다.

이렇듯 「역지즉개연」이라는 표현은 오늘날 쓰이는 「역지사지(易地思之)」의 의미와는 다르게 태평한 세상과 어지러운 세상을 살아가는 삶의 태도를 나타내는 의미로 쓰였다.

같은 이루편에는 「예를 다해도 답례가 없으면 자신의 공경하는 태도를 돌아보고, 사랑해도 가까워지지 않으면 스스로 어진지 돌아보고, 다스려도 따르지 않으면 스스로 지혜로운지 돌아보라(禮人不答反基敬 愛人不親反基仁 治人不治反基智)」는 말도 나온다.

후직의 전설

이 말도 자기중심의 시각이 아니라 상대의 시각에서 헤아려보라는 삶의 지혜를 나타낸다.

그러나 우리 사회는 「역지사지」보다 「아전인수(我田引水)」의 사례가 더 많은 것 같다. 우리가 행하고 겪게 되는 일상의 일들은 「역지사지」와는 거리가 멀어도 너무 먼 것 같다. 「역지사지」를 통해 우리 모두가 세상을 살아가는 태도와 시각을 달리하면 우임금과 후직이 살았던 태평성대를 한번 누려볼 수도 있지 않을까.

연년세세화상사 年年歲歲花相似

해 年 해 歲 꽃 花 서로 相 같을 似

유정지(劉廷芝) / 「대비백두옹(代悲白頭翁)」

「해마다 꽃은 비슷하다」 라는 뜻으로, 자연의 변함없는 모습을 비유하는 가운데 인생의 무상함에 대한 탄식이 담겨 있는 말이다.

당(唐)나라 때 유정지(劉廷芝)가 지은 시 「대비백두옹(代悲白頭翁)」에 있는 구절이다.

올해에도 꽃이 지며 얼굴색도 고쳐지니
내년에 꽃이 피면 누가 다시 보려는지
이미 소나무 잣나무 부러져 땔감 되는 것을 보았고
뽕밭도 바뀌고 변하여 바다를 이룬다고 들었다오
옛 사람은 낙양성 동쪽으로 돌아오는 이 없고
지금 사람만 돌아와 떨어지는 꽃잎을 마주하네
매년 꽃들은 서로 비슷하지만
해마다 사람들은 같지가 않구나

今年花落顔色改　금년화락안색개
明年花開復誰在　명년화개부수재
已見松栢摧爲薪　이견송백최위신
更聞桑田變成海　경문상전변성해
古人無復洛城東　고인무복낙성동
今人還對落花風　금인환대낙화풍
年年歲歲花相似　연년세세화상사

歲歲年年人不同　세세년년인부동

유정지

꽃은 올해도 내년에도, 또 많은 세월이 지난 뒤에도 여전히 아름답게 필 테지만, 그것을 보는 사람은 세월이 지난 만큼 늙어 있을 것이니, 그 세월과 인생의 무상함을 탄식한 것이다.

여기서 유래하여 「연년세세화상사」는 뒷구절의 「세세연년인부동(歲歲年年人不同)」과 함께 변함없는 자연과 유한한 삶의 무상함을 대비하여 묘사하는 말로 사용된다.

유정지는 당나라 초기의 시인으로, 「흰머리를 슬퍼하는 늙은이를 대신하여」라는 제목의 「대비백두옹(代悲白頭翁)」은 칠언고시(七言古詩) 형식의 26행으로 이루어져 있는데, 인생의 무상함을 잘 묘사하여 오늘날에도 인구에 회자하는 명시로 꼽힌다.

한편, 당나라 초기의 시인이며 유정지의 외삼촌인 송지문(宋之問)이 이 구절을 보고는 절창(絶唱)이라 탄복하며 자신에게 달라고 요구하였다. 유정지는 처음에는 허락하였다가 결국 거절하였는데, 화가 난 송지문이 하인을 시켜 흙주머니로 압살하였으니, 이때 유정지는 30세도 안 되었다고 한다.

연리지 連理枝

이을 連 이치 理 가지 枝

《후한서》 채옹전(蔡邕傳)

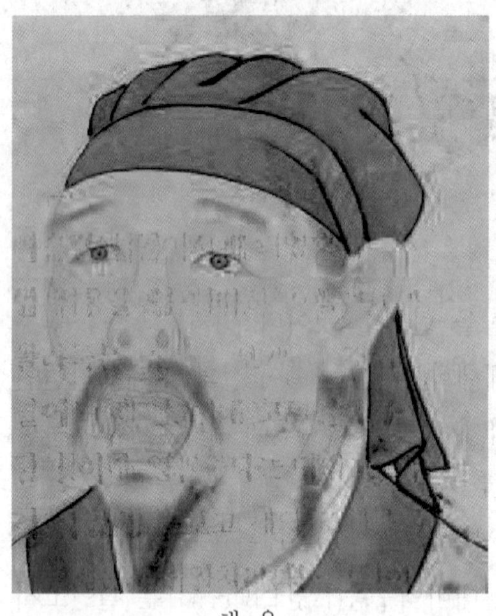
채 옹

화목한 부부. 또는 남녀 사이를 이름.

후한 말의 문인 채옹(蔡邕)은 경전의 문자 통일을 꾀하고 비(碑)에 써서 태학문(太學門) 밖에 세운 것으로 알려졌지만, 그 밖에 효자로서도 유명한 사람이었다.

그의 어머니는 병든 몸으로 만년에는 줄곧 병상에 누워 있었다. 옹(邕)은 병간호에 정신을 쏟아 3년 동안 옷을 벗고 편안하게 잠을 자 본 적이 없었다. 특히 어머니의 병이 위중해진 후 백 일 동안은 잠자리에도 들지 않았다. 어머니가 돌아가시자 그는 무덤 곁에 초막을 짓고 거기서 복상(服喪)을 하며, 형식만이 아니라 시종여일하게 예법에 정해진 그대로 실행을 했다.

후에 옹의 방 앞에 두 그루의 나무가 났다. 그것은 차츰 서로 붙어 나뭇결까지 하나가 되고 말았다. 세상 사람들은 그것을 기이하게 생각하여 옹의 효도가 이 진기한 현상을 가져왔다고 떠들며 원근

사람들이 많이 이 나무 구경을 왔다고 한다.

이상은 《후한서》 채옹전에 기록되어 있는 이야기로, 여기서는 가지(枝)에 대해서는 아무런 기재된 것이 없고 그저 「나무가 나서 나뭇결이 이어졌다」고만 있을 뿐이고, 또한 연리(連理)를 효(孝)와 결부시켜 말하고 있다.

백거이

그러나 이 이야기는 나중에 뜻이 바뀌어 우애가 두터운 부부를 상징하는 말이 되었다. 특히 포학했던 전국시대 송나라 강왕(康王)에게 굴하지 않고 항거했던 한빙(韓憑)과 그의 처 하씨(何氏)의 부부애의 이야기로 탈바꿈되어 금슬 좋은 부부애를 표현하는 말로 굳어지게 되었다.

백거이의 「장한가(長恨歌)」에 보면 현종황제와 양귀비가 서로의 사랑을 확인하는 구절에 이 말이 나온다. 작품의 맨 마지막 여덟 행을 소개하기로 한다.

떠날 무렵 은근히 거듭 전하노니
거기에 둘만이 아는 맹세 담겼네.
칠월 칠석에 장생전에서
아무도 없는 한밤에 속삭였네.
하늘에 있어서는 원컨대 비익의 새가 되고

땅에 있어서는 원컨대 연리의 가지가 되겠다.

장구한 천지도 끊길 때가 있겠지만

이 슬픔은 면면히 그칠 날이 없겠구나.

臨別慇懃重寄詞 詞中有誓兩心知 임별은근중기사 사중유서양심지

七月七夕長生殿 夜半無人私語時 칠월칠석장생전 야반무인사어시

在天願作比翼鳥 在地願爲連理枝 재천원작비익조 재지원위연리지

天長地久有時盡 此恨綿綿無盡期 천장지구유시진 차한면면무진기

현종과 양귀비(日 화가 가노 산라쿠)

비익조(比翼鳥)는 날개가 하나밖에 없는 새로, 두 마리가 나란히 합쳐야 비로소 두 날개가 되어 날 수가 있다고 한다.

여기서 「비익조」와 「연리지」 두 성구가 나왔는데, 둘 다 부부의 깊은 맹세를 비유한 말로 쓰이고 있다.

연목구어 緣木求魚

가장자리 緣 나무 木 구할 求 물고기 魚

《맹자》 양혜왕(梁惠王)

도저히 불가능한 일을 굳이 하려 함.

「연목구어」는 나무에 올라가서 고기를 잡으려 한다는 뜻이다. 고기를 잡으려면 물로 가야 한다. 엉뚱하게도 나무 위에 올라간다면 그것은 목적과는 반대되는 행동이다. 즉 전연 성공할 가능성이 없는 것을 비유해서 하는 말이다. 《맹자》 양혜왕 상에 있는 맹자와 제선왕(齊宣王)의 문답에 나오는 말이다.

주(周)나라 신정왕(愼靚王) 3년(BC 318), 맹자는 양(梁)나라를 떠나 제(齊)나라로 갔다. 이미 50 고개를 넘었을 때였다. 동방의 제(齊)는 서방의 진(秦), 남방의 초(楚)와 더불어 전국 제후 중에서도 대국이었다. 선왕도 도량이 넓은 보통내기가 아니었다. 맹자는 그 점에 매력을 느끼고 있었다. 그러나 시대의 요구는 맹자가 말하는 왕도정치가 아니고 부국강병이었으며 외교상의 책모도 원교근공책(遠交近攻策)이나 합종책 또는 연횡책 등이었다.

맹 자

제선왕

선왕은 맹자에게 춘추시대의 패자였던 제의 환공(桓公), 진(晋)의 문공(文公)의 패업을 듣고 싶다고 했다. 선왕은 중국의 통일이 관심사였다. 맹자가 물었다.

「도대체 왕께서는 전쟁을 일으켜 신하의 생명을 위태롭게 하고, 이웃나라와 원수를 맺는 것을 좋아하십니까?」

「아니오, 좋아하지는 않소. 그걸 부득이 하는 것은 내게 대망(大望)이 있어서지요」

「그럼 왕의 그 대망이란 것이 무엇인지 말씀해 주십시오」

인의(仁義)에 바탕을 둔 왕도정치를 말하는 맹자를 앞에 놓고 선왕은 다소 얼굴이 무색해졌다. 웃음으로 넘겨버릴 뿐 좀처럼 입을 열려고 하지 않았다. 맹자는 유인책을 썼다.

「전쟁의 목적은 의식(衣食)에 있습니까, 인생의 안락에 있습니까?」

「아니오, 나의 욕망은 그런 것이 아니오」

선왕은 맹자의 교묘한 변론에 말려들었다. 맹자는 맹렬히 추궁했다.

「그렇다면 잘 알겠습니다. 영토를 확장하여 진(晋)이나 초(楚) 같은 대국으로 하여금 조공을 바치게 한 다음, 중국에 군림하여 사방 오랑캐들을 어루만지는 것입니다. 그러나 그런 방법(일방적인 무력)으로 그 같은 소원을 이루려 한다면, 그것은 나무에 올라가 고기를

연목구어

잡으려는 것과 같습니다(猶緣木而求魚也)」

천하통일을 무력으로 꾀하려는 것은 「나무에서 물고기를 구하는」 것과 같은 것으로 「목적과 수단이 맞지 않으므로 불가능하다」는 말을 듣고 선왕은 놀라며 의외로 생각했다.

「그토록 무리한 일입니까?」

「그보다 더 무리한 일입니다. 나무에서 물고기를 구하는 것은 물고기를 구하지 못할 뿐 뒤따르는 재난은 없습니다. 그러나 왕과 같은 방법(일방적인 무력사용)으로 대망(영토 확장)을 달성하려고 하시면, 심신(心身)을 다하되 결국은 백성을 잃고 나라를 망하게 하는 대재난이 닥칠 뿐, 좋은 결과는 오지 않습니다」

「뒤에 재난이 있게 되는 까닭을 가르쳐 주지 않겠소?」 하고 선왕은 무릎을 내밀며 바짝 다가앉았다.

이렇게 해서 맹자는 교묘하게 대화의 주도권을 쥐고 인의(仁義)를 바탕으로 하는 왕도정치론을 당당히 설파했다.

연작안지홍곡지지 燕雀安知鴻鵠之志

제비 燕 참새 雀 어찌 安 알 知 큰기러기 鴻 백조 鵠 뜻 志

《사기》 진섭세가(陳涉世家)

「제비와 참새 같은 것이 어찌 하늘 높이 날려는 기러기의 마음을 알 수 있겠느냐?」 라는 뜻으로, 소인들은 큰 인물의 원대한 이상을 알지 못한다는 말이다.

멀리 하늘을 날아오를 포부를 가지고 있는 영웅호걸의 큰 뜻을 평범한 사람들이 어떻게 이해할 수 있겠느냐 하는 비유다.

군웅이 할거해서 해마다 수십만의 생명을 전쟁으로 죽게 한 긴 전국시대가 종막을 고하자 통일천하의 위대한 업적을 이룩한 진시황(秦始皇)은 전쟁을 영원히 없애기 위해 무기라는 무기를 다 거두어 불에 녹여 없애는 한편 사상과 이론을 통일할 목적으로 반체제적인 서적을 불사르고 사람들을 구덩이에 묻어 죽이는 이른바 「분서갱유(焚書坑儒)」를 감행했다.

그리고는 북쪽에 있는 이민족들의 침입을 막기 위해 만리장성을 쌓고, 자기 자손이 천만 대나 계속 황제노릇을 하게 된다는 전제 아래, 자기가 첫 황제, 즉 시황제가 되고 그 다음부터는 2세, 3세로 부르게 하는 새 제도를 창립했다.

그러나 시황의 그런 꿈은 그가 죽는 그 순간에 무너지고 겨우 2세 황제로서 진나라 제국은 멸망하고 만다. 이 진나라 제국을 멸망으로 몰고 가는 첫 봉화를 올린 것이 진승(陳勝)이었다. 「연작이 안지홍곡지지아」 하고 탄식을 한 것은 바로 이 진승이다.

《사기》 진섭세가(陳涉世家)에는 그 첫머리에 이렇게 씌어 있다.

진승은 양성(陽城) 사람으로 자를 섭(涉)이라 했다.……진섭은 젊었을 때 사람들과 함께 남의 집 농사일을 도와주고 품삯을 받아 생활을 했다. 어느 날, 동료들끼리 밭을 매고 있을 때, 진승은 갑작스레 괭이를 내던지고 언덕으로 올라가 잠시 동안 창연히 하늘을 우러러보았다. 그의 가슴은 진(秦)의 압정에 대한 분통과 자기들의 비참한 환경에 대한 원한으로 가득 차 있었다. 그러나 그의 가슴은 또한 장래에 대한 야망에 불타고 있었던 것이다. 잠시 후, 그는 동료들을 돌아보며 말했다.

진승오광의 봉기 석각(石刻)

「우리 다 같이 이 뒷날 부귀를 하게 되거든 오늘의 이 정리를 잊지 않기로 합시다」 하고 말했다.

그러자 주인이 웃으며 대답했다.

「품팔이하는 신세에 대체 부귀가 무슨 놈의 부귀인가?」

말한 본전도 못 찾게 된 진섭은 크게 한숨을 내쉬며 말했다.

「제비와 참새가 어찌 기러기의 마음을 알겠는가?(燕雀安知鴻鵠之志)」

《사기》의 같은 편에, 「임금과 장군과 재상이 어찌 씨가 따로 있겠는가(王侯將相 寧有種乎)」 하고 말한 것도 이 진승이다.

연저지인 吮疽之仁

빨 吮 등창 疽 의 之 어질 仁

《사기》 손자오기(孫子吳起)열전

순수한 의도에서 우러나온 선행이 아니라, 뭔가 목적을 달성하기 위한 가면적인 선행.

연저(吮疽)는 종기를 입으로 빠는 것을 말한다. 「연저지인」은 남의 종기를 입으로 빠는 것 같은 비정상적인 착한 행동을 말하는 것으로, 그것이 정상적인 성의에 의한 것이 아니고 어떤 목적을 달성하기 위한 가면적인 것을 뜻한다.

증 자

《사기》 손자오기열전에 있는 오기(吳起)의 이야기에서 나온 말이다. 오기는 공자의 제자 증자에게 배운 일이 있다. 그러나 그의 어머니가 죽었다는 소식을 듣고도 집에 돌아가지 않자 증자는 그를 쫓아버렸다.

그 뒤로 그는 병법을 공부했다. 그가 노나라에서 벼슬을 하고 있을 때 제나라가 노나라를 침략해 들어왔다. 노나라 대신들 중에는 오기를 대장으로 추천한 사람도 있었으나 그의 아내가 제나라 귀족의 딸이란 점에서 반대하는 편이 더 많았다.

그러자 오기는 자기 손으로 아내의 목을 베어 두 마음이 없다는 것을 보였다. 이리하여 노나라 대장이 된 오기는 제나라와 싸워 교묘한 수법으로 한번 싸움에 큰 승리를 거두었다.

그러나 그를 모함하는 사람에 의해 노나라를 탈출해야만 했던 그는 다시 위나라 문후(文侯)에게로 가서 벼슬을 하게 되었다.

오 기

위나라 장군이 된 오기는, 신분이 가장 낮은 졸병들과 함께 생활을 했다. 말을 타는 일도 없고 양식을 몸소 메고 갔다. 병졸 가운데 종기를 앓는 사람이 있자 오기는 입으로 종기의 고름을 빨아낸 다음 손수 약을 발라 주곤 했다. 그러자 이 소문을 들은 그 병졸의 어머니가 통곡을 하는 것이었다. 사람들이,

「아드님은 병졸에 불과합니다. 장군께서 몸소 종기를 빨아 주었으니 얼마나 영광된 일입니까. 그런데 왜 우십니까?」 하고 묻자, 그 어머니는 이렇게 대답했다.

「그런 게 아닙니다. 지나간 해에도 오장군이 그 애 아버지의 종기를 빤 일이 있었는데, 그 애 아버지는 싸움터에서 돌아오지 못하고 마침내 적에게 죽고 말았습니다. 오장군이 이번에 또 그 자식을 빨았으니 나는 그 애가 언제 어디서 죽게 될지 알 수가 없습니다. 그래서 우는 것입니다」

결국 종기를 빨아 준 「연저지인」에 감격한 나머지 병졸들은 목숨을 아끼지 않고 장군을 위해 싸워 죽었다는 이야기다.

염량세태 炎涼世態

더울 炎 서늘할 凉 세상 世 태도 態

《사기(史記)》 맹상군(孟嘗君)열전

권세가 있으면 아첨하고, 몰락하면 냉대하는 세상의 인심.

우리 속담에 「달면 삼키고 쓰면 뱉는다」와 비슷한 뜻으로, 이익이 되면 따라붙고 불리하면 냉정하게 배척하며 믿음과 의리나 지조(志操)가 없이 단지 이익만을 꾀함을 이르는 말이다.

맹상군 능원

「더웠다가 서늘하여지는 세태」라는 뜻으로, 무상한 변화의 세상형편을 말한다. 권세가 있을 경우에는 아부하고, 권세가 쇠락하면 등을 돌리는 인정의 두터움과 야박함이 무상한 세속의 형편을 비유한 말이다.

인생이나 사물의 성하고 쇠함이 서로 바뀐다는 영고성쇠(榮枯盛衰)가 무상한 세태를 말한다.

전국시대 제(齊)나라 맹상군(孟嘗君)은 권력을 잡고 세도를 부렸으나 동시에 뜻을 이루지 못한 선비와 기거할 곳 없는 지사, 재주 있는 자들을 모두 식객으로 받아들였다. 그들을 위해서 거금을 들여 집도 짓고 신분에 개의치 않고 접대도 했다.

제나라 왕은 그의 위세가 날로 커져가는 것에 불안을 느껴 그를 파직시키고 국외로 추방해버렸다. 그러자 그동안 대접을 받던 식객들도 모두 떠나가 버렸다.

맹상군 공덕비

그 후 제나라 왕이 다시 맹상군을 복직시키자 떠났던 식객들이 다시 몰려들었다. 맹상군이 황당하여 말했다.

「아니, 이 자들이 무슨 염치로 다시 나를 찾아오는 것인가?」

그러면서 받아들이지 않으려 했다. 그러자 곁에 있던 맹상군의 수하가 이렇게 말했다.

「사람들이 아침이면 시장으로 모이고 저녁이면 뒤도 돌아보지 않고 흩어지는 것은 사람들이 아침시장을 특별히 편애하고 저녁시장을 유달리 미워해서가 아닙니다. 저녁시장에는 필요한 물건이 이미 다 팔리고 없는지라 떠나갈 뿐입니다. 주군이 권세를 잃자 떠나간 것이고 다시 되찾자 모여들 뿐이니 이는 자연스러운 이치입니다. 속으로 원망은 되겠으나 저들을 물리치지 마십시오. 모두 주군의 힘이 될 것입니다」

이에 맹상군은 참고 웃는 얼굴로 그들을 받아들였다고 한다.

염리예토 厭離穢土

싫을 厭 떠날 離 더러울 穢 땅 土

《왕생요집(往生要集)》

더러운 땅을 싫증내며 떠난다는 뜻으로, 온갖 더러움이 쌓인 이 속세를 싫어하여 떠난다는 말이다. 본래 불가(佛家)에서 사바세계의 고통을 싫어해 떠난다는 것에서 유래함.

극락정토

극락정토(極樂淨土)에 다시 태어나기를 간절히 원한다는 「흔구정토(欣求淨土)」와 짝을 이룬다.

곧 더럽혀진 세상이 싫어서 속세를 떠나 이상적인 극락세계에 갈 것을 갈망함을 이르는 말이다. 예토는 더럽혀진 국토로 예국(穢國), 예악국(穢惡國), 부정토(不淨土)라고도 하며, 윤회가 계속되는 삼계 육도, 즉 현실을 의미한다. 불도를 닦아 고뇌에 찬 사바세계를 벗어나자는 뜻이다.

염화미소 拈華微笑

집을 拈 꽃 華 작을 微 웃을 笑

《대범천왕문불결의경》

말을 하지 않고도 마음과 마음이 통하여 깨달음을 얻게 됨.

「꽃을 잡고 미소를 짓다」 라는 뜻으로, 석가가 연꽃을 들어 대중에게 보였을 때 가섭(迦葉)만이 그 뜻을 깨달아 미소를 지었다. 그래서 석가가 그에게 불교의 진리를 전수하였다는 고사다. 불교의 대표적인 화두 가운데 하나로서, 염화시중(拈花示衆)이라고도 한다.

선종에서 선(禪)의 기원을 설명하기 위해 전하는 이야기로서, 《대범천왕문불결의경(大梵天王問佛決疑經)》 에 기록되어 있는 말이다.

영산(靈山)에서 범왕(梵王)이 석가에게 설법을 청하며 연꽃을 바치자, 석가가 연꽃을 들어 대중들에게 보였다.

사람들은 그것이 무슨 뜻인지 깨닫지 못하였으나, 가섭만은 참뜻을 깨닫고 미소를 지었고, 이에 석가는 가섭에게 정법안장(正法眼藏 : 사람이 본래 갖추고 있는 마음의 묘한 덕)과 열반묘심(涅槃妙心 : 번뇌와 미망에서 벗어나 진리를 깨닫는 마음), 실상무상(實相無相 : 생멸계를 떠난 불변의 진리), 미묘법문(微妙法門 : 진리를 깨닫는 마음) 등의 불교 진리를 전해 주었다.

즉 말을 하지 않고도 마음과 마음이 통하여 깨달음을 얻게 된다는 뜻으로, 이심전심(以心傳心)의 묘처(妙處)를 이름. 선(禪) 수행의 근거와 방향을 제시하는 중요한 화두이다.

비슷한 말로, 「이심전심(以心傳心)」, 「교외별전(教外別傳)」, 「염화시중(拈華示衆)」 등이 있다.

영계기삼락 榮啓期三樂

영광될 榮 열 啓 때 期 석 三 즐거울 樂

《공자가어(孔子家語)》

「영계기의 세 가지 즐거움」이라는 뜻으로, 자족(自足)하며 살아가는 인생의 즐거움을 비유하는 말이다.

어느 날, 공자가 태산(泰山)에 가서 산천을 유람하였다. 산모퉁이를 돌고 있는데 한 은자를 만났다. 그의 이름은 영성기(榮聲期 : 榮啓期)로, 세상의 영고성쇠(榮苦盛衰)를 잊어버리고 산야에 묻혀 사는 사람이었다. 그는 사슴 가죽으로 만든 옷에 새끼줄로 몸을 묶고 있었다. 그 모습이 보기 측은해 보였던 공자가 물었다.

「선생은 무슨 즐거움으로 세상을 살아가십니까?」

영성기가 대답하였다.

「하늘이 만물을 만들 때 오직 사람이 가장 귀하다. 그런데 나는 사람으로 태어났으니 이것이 첫 번째 즐거움이요, 남자는 존귀하고 여자는 비천한데 나는 남자로 태어났으니 이것이 두 번째 즐거움이요, 사람 중에는 태어나서 강보에 싸여 벗어나지도 못한 채 죽는 수도 있는데 나는 지금 95세로 장수하고 있으니 이것이 세 번째 즐거움이다(天生萬物 惟人爲貴 吾得爲人一樂也 男尊女卑 吾得爲男二樂也 人生有不免襁褓者 吾行年九十五矣 三樂也)」

이 말을 들은 공자는 한동안 가만있더니 고개를 끄덕거리고는 다시 갈 길을 떠났다. 남녀 차별이 사라진 이 시대에 이런 즐거움이 꼭 타당한 것은 아니지만 자기에게 주어진 삶을 긍정하면서 분수를 알고 살아가는 자세는 여전히 미덕이라고 할 수 있다.

영불리신 影不離身

그림자 影 아닐 不 떠날 離 몸 身

《장자》 어부(漁父)편

그림자가 몸을 떠나지 않는다는 뜻으로, 사람이 아무리 빨리 뛰어도 그림자는 그대로 따라오는 것처럼, 자신의 허물이나 어떤 사안에 대한 근본적인 해결책을 강구하지 못하는 어리석음을 비유하는 말이다.

《장자》 어부(漁父)편에 의하면, 공자(孔子)가 제자들과 숲에서 놀며 거문고를 타면서 시를 읊었다. 이때 어떤 어부가 공자의 제자에게 공자가 누구냐고 물었다. 그러자 자공(子貢)이 대답했다.

「저 공씨는 마음으로는 충언을 생각하고, 몸으로는 인의를 행하며, 예악을 닦아 갖추고 인륜을 정하며, 위로는 임금에게 충성하고 아래로는 백성을 교화해서 장차 천하를 이롭게 하려고 합니다. 이것이 공자가 다스리는 도입니다」

이에 어부는 돌아섰다. 그리고 걸어가면서 중얼거렸다.

「어질기는 어질다. 그러나 그 몸의 화는 면하지 못할 것이다. 함부로 마음을 괴롭히고 몸을 기쁘게 해서 그 참된 성품을 위태롭게 하는 것이다. 아아, 도를 멀리도 떠났구나!」

자공이 돌아와 공자에게 말하니, 성인인가 보다 하면서 그 어부를 찾아가 두 번 절하고 배움을 청했다.

어부가 공자에게 말했다.

「이제 당신은 위로는 제후나 재상의 권세도 없고, 아래로는 대신(大臣)이나 어떤 벼슬도 없으면서, 마음대로 예의와 음악을 꾸미고, 인

자로문진도(子路聞津圖)

륜을 정하여 백성을 교화하려 하고 있으니, 너무 많은 일을 하는 것이 아닌지?」

이어서 어부는 사람들이 지니기 쉬운 팔자{八疵 : 자기가 하지 않아도 되는 일을 하는 외람됨(總) 등의 여덟 가지 허물}와 사환(四患 : 큰 일을 해내려고 기존의 것들을 변경하여 공명을 이루려고 애쓰는 것 등의 네 가지 환난)을 들어 공자의 허물을 암시하였다. 그래도 공자가 깨닫지 못하고 자신이 여러 가지 곤경을 겪은 까닭을 모르겠다고 하자 어부는 이렇게 말하였다.

「어떤 사람이 자기 그림자가 두렵고 자기 발자국이 싫어서 이것들을 떠나 달아나려 하였는데, 발을 자주 놀릴수록 발자국은 더욱 많아졌고, 빨리 뛰면 뛸수록 그림자는 그의 몸을 떠나지 않았습니다(走愈疾而影不離身). 그는 자기가 더디게 뛰기 때문이라 생각하고는 쉬지 않고 질주하다가 결국 기력이 다하여 죽어 버리고 말았습니다. 그는 그늘 속에 쉬면 그림자가 없어지고, 가만히 있으면 발자국도 그친다는 사실을 몰랐던 것이니 심히 어리석다고 할 것입니다」

그러면서 어부는 공자에게 자신의 진실함을 지키고 명예 같은 외물(外物)에 끌리지 않도록 하라고 충고하였다.

「외영오적(畏影惡跡)」(그림자를 두려워하고 발자국을 싫어하다) 도 이와 비슷한 의미로 사용된다.

영정고고 零丁孤苦

비 내릴 零 외로울 丁 외로울 孤 쓸 苦

이밀(李密) / 「진정표(陳情表)」

가난해지고 세력이 꺾여 도와주는 사람도 없어, 혼자서 괴로움을 당하는 어려운 처지를 이르는 말.

이밀(李密, 224-287)은 건위 무양(武陽) 사람으로 자는 영백(令伯)이며, 어려서 아버지를 잃고 어머니 하(何)씨가 개가하자, 할머니 유(劉)씨의 손에서 자랐으며 효심이 매우 두터웠다. 그는 진(晉) 무제(武帝) 때 태자세마(太子洗馬)에 임명되었으나, 할머니 봉양을 이유로 황제에게 「진정표」를 올리고 관직을 사양하였다.

예부터 제갈량의 「출사표(出師表)」를 읽고 눈물을 흘리지 않으면 충신이 아니고, 이밀의 「진정표(陳情表)」를 읽고 눈물을 흘리지 않으면 효자가 아니며 한유의 「제십이랑문(祭十二郎文)」을 읽고 눈물을 흘리지 않으면 우애를 모르는 자라고 했다.

「영정고고」는 「진정표」에 있는 말이다.

「신 이밀이 아뢰니다. 저는 불행하게도 일찍이 부모를 잃어 생후 6개월 된 갓난아이 때 아버님과 사별하고 네 살 때 외삼촌이 어머니의 수절하려는 뜻을 빼앗았습니다. 조모 유씨가 제가 외롭고 약한 것을 불쌍히 여겨 몸소 키워주셨습니다. 저는 어릴 적에 병이 많았고 아홉 살이 되어도 걷지 못했고 외롭고 쓸쓸하게 홀로 고생하며 성인이 되었습니다(臣密言 臣以險釁 夙遭愍凶 生孩六月 慈父見背 行年四歲 舅奪母志 祖母劉閔臣孤弱 躬親撫養 臣少多疾病 九歲不幸 零丁孤苦 至于成立)」

예미도중 曳尾塗中

끌 曳 꼬리 尾 진흙 塗 가운데 中

《장자》 추수편(秋水篇)

「예미도중」은 꼬리를 진흙 속에 끌고 다닌다는 뜻이다. 부귀로 인해 속박받기보다는 차라리 가난을 즐기며 자유롭게 사는 편이 낫다는 것을 비유해서 쓰는 문자다.

《장자》 추수편에, 장자가 복수(濮水) 가에서 낚시질을 하고 있었다. 그러자 초(楚)나라 위왕이 두 대신을 보내, 「선생님께 나라의 정치를 맡기고 싶습니다」라는 뜻을 전하게 했다.

장자는 낚싯대를 잡은 채 돌아보지도 않고 말했다.

「들으니 초나라에는 신구(神龜)라는 3천 년 묵은 죽은 거북을 왕이 비단상자에 넣어 묘당(廟堂) 안에 간직하고 있다더군요. 그 거북이 살았을 때, 죽어서 그같이 소중하게 여기는 뼈가 되기를 원했겠소, 아니면 그보다 살아서 꼬리를 진흙 속에 끌고 다니기를 바랐겠소?」

「그야 물론 살아서 진흙 속에 꼬리를 끌고 다니기를 바랐겠지요」

「그렇다면 그만 돌아가 주시오. 나는 진흙 속에 꼬리를 끌겠으니」

《장자》 열어구(列禦寇)편에도 같은 뜻을 가진 이야기가 나온다.

어느 임금이 장자를 초빙했다. 장자는 사신에게 이렇게 말했다.

「당신들은 제사에 쓰는 소를 보았겠지요. 비단옷을 입히고 풀과 콩을 먹이지만, 끌려 태묘(太廟)에 들어가게 되었을 때 그 소가 외로운 송아지가 되기를 바란들 무슨 소용이 있겠소」

권력투쟁의 제물이 되는 것보다는 차라리 평민의 몸으로 평생을 아무 일 없이 보내고 싶다는 장자의 생각이다.

오두미배요 五斗米拜腰

다섯 五 말 되 斗 쌀 米 절 拜 허리 腰

《진서(晉書)》 은일전(隱逸傳)

다섯 말의 쌀 때문에 허리를 굽힐 수 없다는 말. 하찮은 봉록에 연연하여 시골 관리에게 굽실거리며 살지 않겠다면서 벼슬을 집어던진 시인 도연명의 귀거래에 얽힌 고사에서 유래한다.

아

진(晉)의 시인 도연명(陶淵明, 이름은 潛)의 「귀거래사(歸去來辭)」는, 그가 이 오두미로 인해 허리를 꺾을 수가 없어 벼슬을 버리고 집으로 돌아올 때 지은 글이다.

「귀거래사」는 그 서문에서, 누이동생의 죽음을 슬퍼하여 관직을 버리고 고향으로 돌아간다고 했으나, 양(梁)의 소명태자(昭明太子) 소통(蕭統)의 《도연명전》에는, 감독관의 순시를 의관속대(衣冠束帶)하고 영접하지 않으면 안 되는 것을 알고 오두미(五斗米 : 다섯 말의 쌀, 즉 적은 봉급)를 위해 향리의 소인에게 허리를 굽힐 수 없다고 하며, 그날로 사직하였다고 전한다.

이 작품은 도연명의 기개를 나타내는 이와 같은 일화와 함께 은둔을 선언한 일생의 한 절정을 장식한 작품이다.

도연명은 동진(東晉) 말년의 어지러운 세상에 태어나서 출세에는 별로 뜻이 없고 자연과 술과 글을 즐기며 평생을 보낸 위대한 시인이다.

《진서》 은일전과 《송서》에는 도연명에 대한 이런 이야기를 싣고 있다. 그는 처음 강주(江州)의 좨주(祭酒)가 되었으나 관리로서의 번거로운 일들이 싫어서 곧 그만두고 고향으로 돌아오고 말았다.

오원 장승업의 「귀거래도」

그 뒤 손수 농사일을 하며 생활해 가는 동안 친구들에게 「고을 원이라도 되어 궁함을 좀 면해 볼까 하는데 어떨까?」 라고 말한 것이 계기가 되어 팽택(彭澤) 현원을 맡게 되었다.

고을 원이 된 도연명은 그 수확으로 자기 봉록을 삼는 고을 공전(公田)에다가 전부 찹쌀 농사를 짓도록 명령했다.

「나는 늘 술에 취해 있으면 그것으로 충분하다」는 것이었다.

그러나 식구들이 조르는 바람에 경(頃) 50묘(苗)에는 찰벼를 심게 하고 나머지 50묘에는 벼를 심게 했다는 것이다.

그러던 어느 날, 주지사가 순찰관을 팽택현으로 보냈다. 고을 아전들이 말했다.

「예복을 입고 맞이하지 않으면 안 됩니다」

가뜩이나 벼슬에 뜻이 없던 도연명은 한숨을 쉬며 말했다.

「내 어찌 닷 말 쌀 때문에 허리를 꺾고 시골 어린아이를 대할 수 있겠는가(我豈能爲五斗米拜腰向鄕里小兒)」 하고 그날로 직인을 풀어 놓고 떠나가 버렸다는 것이다.

이 이야기는 「귀거래사」 라는 문장으로 인해 더욱 유명해지기도 했지만. 살기 위해 싫은 말단벼슬을 하는 많은 문사들의 심정을 대변하는 말이라서 더욱 생명을 갖게 되었는지도 모른다.

「귀거래사」 앞 몇 구절만 음미해 보자.

자, 이제 돌아가자.
고향 산천이 황폐해지는데 어찌 돌아가지 않겠는가
지금까지 정신을 육체의 노예로 삼아온 것을
어찌 슬퍼하고 서러워만 할 것인가.
이미 지난 일은 후회해도 소용이 없음을 알았고
앞으로는 바른 길을 가는 것이 옳다는 것을 깨달았다.
인생길을 잘못 들어 헤맨 것은 사실이나 아직은 그리 멀지 않으니
이제야 오늘의 생각이 맞고 지난날의 행동이 잘못임을 알았다.
……

歸去來兮　　귀거래혜
田園將蕪胡不歸　　전원장무호불귀
旣自以心爲形役　　기자이심위형역
奚惆悵而獨悲　　해추창이독비
悟已往之不諫　　오이왕지불간
知來者之可追　　지래자지가추
實迷塗其未遠　　실미도기미원
覺今是而昨非　　각금시이작비
……

아

오두백마생각 烏頭白馬生角

까마귀 烏 머리 頭 흴 白 말 馬 날 生 뿔 角

《사기》 색은(索隱)

까마귀 머리가 희어지고 말에 뿔이 난다는 뜻으로, 있을 수 없는 일의 비유. 또 있을 수 없는 일을 실현함의 비유.

전국시대 연(燕)나라의 태자 단(丹)이 조(趙)나라에 인질로 가 있었는데, 그 때 그곳에서 출생한 진왕(秦王) 정(政 : 후일 진시황)과 가깝게 지냈다. 그 후 단은 정이 진나라 왕으로 즉위하면서 이번에는 진나라에 인질로 가게 되었다.

당시는 강력한 진을 필두로 전국 7웅이 합종(合縱)과 연횡(連衡)을 번갈아 하면서 힘의 균형을 유지하려 했기 때문에 태자가 인질로 가는 경우가 흔했다.

단은 진으로 가면서, 조나라에서 같이 어린 시절을 보낸 진왕 정을 믿었는데, 진왕은 단을 좋게 대우해 주지 않았다. 진왕의 무례에 화가 난 단은 분개하여 본국으로 돌려보내 줄 것을 강력히 요구했다. 그러자 진왕은 이렇게 말했다.

「까마귀 머리가 희어지고 말머리에 뿔이 나거든(烏頭白馬生角) 돌려보내 주지」

태자 단은 하늘을 우러러 탄식했다.

그러나 훗날 단은 진을 탈출하여 연나라로 돌아와 자객 형가(荊軻)를 보내 진왕을 암살하려 했으나 실패로 돌아가고 단(丹) 자신도 죽음에 이르게 된다.

오리무중 五里霧中

다섯 五 이수 里 안개 霧 가운데 中

《후한서》 장해전(張楷傳)

짙은 안개 속에서 길을 찾기 어렵듯 무슨 일에 대해서 알 길이 없음. 「오리무중」이란 말은 너무 흔하게 쓰이는 말이다. 5리나 안개가 끼어 있는 속이니 방향과 위치를 알 까닭이 없다. 그래서 범인의 행방이나 단서를 잡지 못하는 것을 흔히 오리무중이란 말로 표현한다. 《후한서》 장해전에 있는 말이다.

장해는 후한 중엽 사람으로 이름 있는 학자였다. 제자도 많고 귀인과 학자들 중에 친구도 많았지만, 벼슬하는 것이 싫어서 산 속에 숨어 살고 있었다. 장해가 산 속에 숨어 산 뒤에 새로 즉위한 순제(順帝)가 그의 덕행과 지조를 높이 평가하여 하남태수로 부임하라는 칙서를 보냈으나 장해는 병을 핑계로 끝내 벼슬에 오르지 않았다.

장해는 또한 천성이 도술을 좋아해서 능히 오리안개를 일으킬 수 있었다. 그런데 그때 배우(裵優)란 자가 있어서, 그 역시 삼리안개를 일으킬 수가 있었다. 그러나 아무리 해도 장해의 오리무에는 미치지 못하는지라 장해의 제자가 되기를 청했다. 그러나 장해는 자취를 감추고 그를 만나 주지 않았다.

그 뒤 배우는 안개를 일으키며 나쁜 짓을 하고 돌아다니다가 관에 붙들려 취조를 받게 되었다. 이때 배우는 장해가 자기를 만나 주지 않은 데 앙심을 품고, 안개를 일으키는 재주를 장해에게 배웠다고 진술했다. 이로 인해 장해도 감옥에 들어가게 되었는데, 곧 사실무근임이 밝혀져 무사히 풀려나와 일흔 살까지 살다 죽었다고 한다.

오매불망 寤寐不忘

깰 寤 잘 寐 아니 不 잊을 忘

《시경》 관저(關雎)

글자 그대로 「자나 깨나 잊지 못한다」는 것이 「오매불망」이다. 보통 사랑하는 연인이 그리워서 잊지 못하는 경우에 많이 쓴다. 《시경》 국풍(國風) 맨 첫편인 관저(關雎)에 나오는 말이다.

주 문왕

꽉꽉 우는 물새는
모래톱에 있네.
요조한 숙녀는
군자의 좋은 짝이로다.
들쭉날쭉한 마름 풀을
이리저리 찾는구나.
요조한 숙녀를
자나 깨나 구한다.
구해도 얻을 수 없으니
자나 깨나 생각한다.
생각하고 생각하며
이리 뒤척 저리 뒤척 하네.

關關雎鳩　在河之洲　관관저구 재하지주
窈窕淑女　君子好逑　요조숙녀 군자호구
參差荇菜　左右流之　참차행채 좌우유지
窈窕淑女　寤寐求之　요조숙녀 오매구지

求之不得　寤寐思服　　구지부득 오매사복
悠哉悠哉　輾轉反側　　유재유재　전전반측

문왕의 아내 태사

여기서 군자는 문왕(文王)을 가리키고 숙녀는 문왕의 아내인 태사(太姒)를 가리킨다. 이 시에서 얌전하고 조용한 여자라는 뜻의 「요조숙녀(窈窕淑女)」란 말과 자나 깨나 구한다는 「오매구지」, 자나 깨나 생각한다는 「오매사복」이란 성구가 나오고, 또한 「전전반측(輾轉反側)」이란 말도 나오는데, 오매불망과 비슷한 뜻이다.

공자는 후에 이 시의 아름다움을 극찬하여, 《논어》 팔일편에서, 「즐거워하되 지나치지 않고, 슬퍼하되 몸을 해치는 데에는 이르지 않는 것이다(樂而不淫 哀而不傷)」라고 하였다.

오설상재 吾舌尙在

나 吾 혀 舌 아직 尙 있을 在

《동주열국지(東周列國志)》, 《사기》

「내 혀가 아직 살아 있소?」 라는 뜻으로 비록 몸이 망가졌어도 혀만 살아 있으면 뜻을 펼 수 있다는 말.

전국시대 위나라의 모사 장의(張儀)가 출세하기 전의 일이다. 장의가 도둑 혐의를 입고 매를 맞아 반쯤 죽어서 돌아왔을 때 그의 아내를 보고 「내 혀가 아직 있느냐?」 고 물은 데서 비롯된 말이다. 혀만 성하면 그까짓 팔다리쯤 병신이 되어도 그리 걱정될 건 없다는 뜻이다. 그래서 사업에 실패했을 때, 자기가 가장 소중히 아는 한 가지만이라도 남아 있으면 그것에 자기의 희망을 걸고 스스로 위로하는 뜻으로 쓰이곤 한다.

전국(戰國)의 세상도 한창인 기원 전 4세기 말의 일이다. 위(魏)나라에 장의라는 가난한 사람이 있었다. 비록 가난하기는 했으나 남보다 뛰어난 재능과 수완과 완력을 가진 사람이었다. 그 당시는 지혜 있는 사람이면 누구나 출세할 수 있는 기회가 얼마든지 있었다.

그것은 어느 나라고 뛰어난 인물을 등용하여 나라를 부강케 하고 타국을 꺾어버리려 하고 있었기 때문에 이 가난뱅이 장의도 입신출세의 야망을 품고 있었다. 그런 까닭에 귀곡(鬼谷)이라는 권모술수에 능한 선생에게 글을 배웠는데, 장의의 영민함은 다른 제자들의 혀를 말 정도로 뛰어났다.

그의 라이벌 소진(蘇秦)이 막 득세를 했을 당시, 그는 아직 뜻을 얻지 못하고 초나라 재상 소양(昭陽)의 집에서 문객노릇을 하며 지내고 있었다.

그때 소양은 위나라와 싸워 크게 이긴 공로로 위왕(威王)으로부터 유명한 화씨벽(和氏璧)을 하사받았었는데 그는 그 구슬을 언제나 가지고 다녔다.

어느 날, 소양이 적산(赤山) 밑에 있는 연못가의 누대에서 사방에서 찾아온 귀한 손님들과 수행원 등 백 명 가까운 사람을 데리고 술자리를 베푼 일이 있었다. 이때 손님들은 소양에게 화씨벽을 구경시켜 달라고 청했다.

소양은 흥이 한창 나 있는 참이라 구슬상자를 가져오게 해서 구경을 시켰다. 한창 구경들을 하며 칭찬을 하고 있는데, 못에서 큰 고기가 물 위로 높이 뛰어올랐다. 소양과 뭇사람들의 시선이 그리로 쏠리고 있는 순간 어느 누구의 짓인지 구슬이 온데간데없이 사라지고 말았다. 그래서 결국 가장 옷이 허름하고 평소에 남과 잘 어울리지 않는 장의가 누명을 쓰고 죽도록 매를 맞게 되었다.

장의가 거의 죽게 되자, 그제야 하는 수 없이 집으로 돌려보내 주었다. 옷이 피투성이가 되어 업혀 돌아온 장의를 아랫목에 눕힌 아내는 눈물을 흘리며 이렇게 말했다.

「당신이 글을 읽고 유세만 하지 않았던들 이런 욕을 당했겠소?」

그러자 장의는 아내를 보고 말했다.

「내 혀를 보오. 아직 그대로 있는가?(視吾舌 尙在下)」

아내가 어이가 없어 웃으며, 「혀야 있지요」 했더니 장의는, 「그럼 됐소」 했다는 것이다.

이 이야기의 앞부분은 《동주열국지》 에서 옮긴 것이고, 아내와의 대화는 《사기》 장의열전에 있는 것을 그대로 옮긴 것이다.

이것을 마지막 고비로 장의는 비로소 혀의 위력을 발휘하게 된다.

오손공주 烏孫公主

까마귀 烏 손자 孫 귀인 公 주인 主

《한서(漢書)》 서역전(西域傳)

정략결혼의 희생양이 된 슬픈 운명의 여인을 가리키는 말. 무제의 딸로 위장하여 오손에 시집 간 강도왕(江都王)의 딸 세군(細君)을 일컫는 말이다.

《한서(漢書)》 서역전(西域傳)에 있는 이야기다.

장건출사서역도(張騫出使西域圖)

오손은 전한 때의 서역지방에 할거하던 투르크(터키)계의 유목민족인데 한때 그 세력이 강대하여 천산(天山)산맥 북쪽 이르츠그 호수로부터 일리 강 유역의 분지를 포함하였고, 수도는 적곡성(赤谷成)에 있었다.

그러나 당시 북방 몽골에 자리 잡고 있었던 흉노는 오손보다 훨씬 더 강대했었고 자주 한나라를 침범했기 때문에 무제는 흉노를 막기 위해 오손에 장건을 사신으로 보내 동맹을 맺었다. 그리고 10년 후 동맹을 더욱 강화하기 위해 무제의 형 강도왕의 딸 세군(細君)을 무제의 딸이라 속여 늙은 오손의 왕에게 시집보냈다.

세군공주출새도(細君公主出塞圖)

그 결과 흉노는 한나라와 오손의 협공을 견디다 못해 서역은 물론 한나라의 변경으로부터 북방 멀리 쫓겨 가고 말았다. 그러자 그때까지 흉노의 지배하에 있던 서역 50여 국이 한나라를 상국으로 섬기게 되었고, 한나라는 이민족의 이반을 막기 위해 구자(龜玆 : 쿠차)에 감독 사찰 기관으로서 서역도호부(西域都護府)를 두게 되었다.

건국 이후 백여 년 이상 시달려 온 흉노의 침략으로부터 벗어난 것이다. 그러나 흉노의 위협으로 벗어나게 한 일등공신이 된 세군은 말도 통하지 않는 이역의 땅에서 망향의 노래를 부르며 슬프게 살다가 젊은 나이에 죽었다고 한다.

오십보백보 五十步百步

다섯 五 열 十 걸음 步 일백 百

《맹자》 양혜왕(梁惠王)

피차의 차이는 있으나 본질적으로는 같다.

그거나 이거나 별게 없다든가, 마찬가지란 뜻으로 「오십보백보」란 말을 쓴다. 백 보면 50보의 배가 되는데 어떻게 마찬가지일 수 있을까?

원래는 오십보소백보(五十步笑百步)였다. 즉 50보를 도망친 사람이 백 보 도망친 사람을 보고 겁쟁이라고 비웃는다는 비유에서 생겨난 말이다. 결국 도망친 건 마찬가지니까 50보 백 보를 따질 것이 없다는 이야기다.

맹자와 양혜왕

《맹자》 양혜왕 상에 있는 양혜왕과 맹자와의 대화에서 나오는 말이다. 맹자는 기원 전 371년에 탄생했다는 설이 있으나 확실치 않다. 기원 전 5세기에서 3세기에 걸쳐 계속된 전국시대의 극성기, 즉 4세기 중엽에 살고 있던 사람이다.

그 난마와 같이 얽힌 세상에서 인도주의적인 공자의 가르침을 펴

고, 인의(仁義)의 도를 역설하며 다니던 맹자는 당시 사람들 눈에는 매우 기이한 존재로 비쳤을 것이다. 더구나 맹자는 철저한 이상주의자로 남에게 자기의 학설을 말할 때의 그의 입과 혀는 대사자후(大獅子吼) 그대로였다. 또 그만큼 기백이 담긴 날카로운 변설을 전개했다.

맹자의 고거(古居)

당시의 사상가나 책략가, 지혜자들은 여러 나라 왕을 상대로 유세하고 다녔는데 맹자도 역시 많은 왕과 만나 유세를 했다. 위(魏)나라의 혜왕(惠王)에게 초청을 받았을 때의 이야기다.

양혜왕은 맹자에게 자기 자랑과 함께 이런 질문을 한다.

「과인은 나라 일에 정성을 다하고 있습니다. 하내(河內)가 흉년이 들면 그곳 백성들을 하동(河東)으로 옮기고, 하동의 곡식을 하내로 옮깁니다. 그리고 하동이 흉년이 들었을 때도 마찬가지로 백성들과 곡식을 서로 옮기곤 합니다. 이웃나라의 정치를 살펴볼 때 과인처럼 마음을 쓰는 사람이 없습니다. 그런데도 이웃나라 백성이 더 줄지도 않고, 과인의 백성이 더 많아지지도 않으니 어찌된 일입니까?」

맹 자

맹자는 이렇게 대답했다.

「왕께선 전쟁을 좋아하시니 싸움으로 비유를 하겠습니다. 북을 크게 울려 양쪽 군사가 서로 접전을 한 끝에 갑옷을 버리고 창을 끌며 달아난다고 가정합시다. 이때 혹은 백 보쯤 가서 걸음을 멈추고 혹은 50보쯤 가서 걸음을 멈추는데, 50보에서 걸음을 멈춘 사람이 백 보를 달아난 사람을 보고 웃는다면 이를 어떻게 보시겠습니까?」

「그야 있을 수 없는 일이지요. 비록 백 보는 아니더라도 달아난 것은 역시 달아난 것이니까요」

「왕께서 만일 50보로 백 보를 웃는 것이 옳지 못한 줄 아신다면, 백성이 다른 나라보다 많아지기를 바라지 마십시오」

그런 다음 맹자는 근본적인 정치 개혁안을 구체적으로 제시한다.

결국 근본적인 문제 해결을 꾀하지 않고 지엽말단의 임시방편 같은 것으로 효과를 바란다는 것은 50보가 백 보를 웃는 어리석은 짓이라는 것이다. 인간은 거의가 이런 과오를 범하고 있는 것이 아닐까?

오우천월 吳牛喘月

오나라 吳 소 牛 숨찰 喘 달 月

《세설신어》 언어편(言語篇)

간이 작아 공연한 일에 미리 겁부터 집어먹고 허둥거림을 비웃는 말.

「오나라 소가 달을 보고 헐떡거린다」는 뜻으로, 어떤 일에 한 번 혼이 나면 비슷한 것만 보아도 미리 겁을 집어 먹는다는 말이다.

진무제

오나라 같은 남쪽 더운 지방의 소들은 해만 뜨면 더위를 못 이겨 숨을 헐떡거린다. 해가 뜨는 것이 지겹게만 여겨진 이 지방 소들은 해가 아닌 달이 뜨는 것만 보아도 미리 숨이 헐떡거려진다는 이야기다.

우리 속담에 「자라보고 놀란 가슴 솥뚜껑 보고도 놀란다」는 것과 같은 의미이다.

진(晋)의 2대 황제인 혜제 때 상서령을 지낸 적이 있는 만분(滿奮)이, 그보다 앞서 무제 때 있었던 일이다. 무제는 전부터 이미 발명되어 있던 유리를 창문에 이용하고 있었다. 오늘과는 달리 유리는 그 당시는 보석과 같은 귀한 물건이었다.

오우천월

만분이 편전에서 무제와 마주앉게 되었을 때, 무제가 앉은 뒷 창문이 유리로 되어 있는 것을 그는 휑하니 뚫려 있는 것으로 착각을 했다. 유리 창문을 일찍이 본 일이 없는 그로서는 당연한 일이 아닐 수 없다.

만분은 기질이 약해 평소 바람을 무서워했다. 바람을 조금이라도 쏘인 뒤면 반드시 감기로 며칠을 앓아야만 했던 모양이다. 북쪽 창이 휑하니 뚫린 것을 본 그는 미리 겁을 집어먹고 난처한 표정을 지었다. 무제는 그가 바람을 싫어하는 것을 잘 알고 있었기 때문에 바람이 통하지 않는 유리창이란 것을 설명하며 크게 웃었다. 그러자 만분은 황공한 듯이 말했다.

「오나라 소가 달을 보고 헐떡인다는 말은 바로 신을 두고 한 말 같습니다(臣猶吳牛 見月而喘)」

평생 유리창을 본 적이 없는 그가 휑하니 뚫린 북쪽 창을 보고 겁을 먹는 것을 보고 내막을 아는 왕이 그것을 보고 웃자, 황공해진 만분이 왕에게 자신을 오나라의 소에게 비유한 것이다.

오나라는 남쪽에 위치한 까닭에 무더위가 무척 심해 소들이 해만 뜨면 더위에 숨을 헐떡였는데, 저녁에 달이 떠도 해로 잘못 알고 숨을 헐떡거렸다고 한다.

오월동주 吳越同舟

오나라 吳 월나라 越 같을 同 배 舟

《손자(孫子)》 구지편(九地篇)

서로 적의를 품은 자들이 같은 처지나 한자리에 놓임.

「와신상담(臥薪嘗膽)」의 이야기에 나와 있듯이, 오나라와 월나라는 오랜 원수 사이였다. 만나기만 하면 누가 죽든 싸워야 하는 원수사이라도 한배에 타고 있는 한 목적지에 도착할 때까지는 서로 운명을 같이하고 협력하게 된다는 뜻으로 이 「오월동주(吳越同舟)」란 말이 쓰인다. 혹 「원수는 외나무다리에서 만난다」는 뜻으로 쓰기도 하는데, 해석 여하에 따라 쓸 수 있는 것 같다.

《손자》는 중국의 유명한 병법서로서 춘추시대 오(吳)나라의 손무(孫武)가 쓴 것으로 되어 있다. 손무는 오왕 합려(闔閭)를 섬겨 서로는 초(楚)의 수도를 함락시키고, 북으로는 제(齊)와 진(晋)을 격파했다는 명장이다. 그러나 전국시대 제나라의 손빈(孫臏)이 저자라는 설도 있다. 형을 받아 절름발이가 되고 기구한 운명을 극복하고 마침내는 대장군이 된 유명한 병법가이다.

그러나 그것은 어쨌든 《손자》가 대병법서임에는 틀림이 없다. 그 내용은 명쾌하고 문장이 간결하고 엄해서 서릿발 같은 느낌이 있다. 「그를 알고 나를 알면 백전이 위태롭지 않다(知彼知己 百戰不殆)」는 등 많은 병법 구절이 이 책에서 나왔다. 이 「오월동주」도 그 하나다. 「오월동주」는 《손자》의 병법에 나오는 말이다.

《손자》는 12편으로 되어 있는데, 이 중 제10편과 제11편은 지형편(地形篇)과 구지편(九地篇)으로 되어 있다. 구지(九地)는 아홉 가지

손 무

상황을 말하는데, 아홉 가지 중 맨 마지막에 나오는 것이 사지(死地)다. 사지는 적과 싸워 이기지 못하는 한 후퇴도 방어도 불가능한 막다른 골목을 말한다.

이른바 「죽을 땅에 빠뜨린 뒤라야 살 길이 생긴다(陷之死地而後生)」는 그 「사지(死地)」다.

한신의 배수진(背水陣)도 이 사지의 원리를 이용한 것임을 한신 자신이 말하고 있다.

《손자》에서는 이렇게 말하고 있다.

「용병을 잘하는 장군은 이를테면 솔연(率然)과 같다. 솔연이란 회계(會稽) 상산(常山)에 있는 큰 뱀이다. 그 머리를 치면 꼬리가 날아오고, 꼬리를 치면 머리가 덤벼든다. 허리를 치면 머리와 꼬리가 함께 덤벼든다. 이처럼 기운을 하나로 뭉치는 것이 필요하다. 대저 오나라 사람들과 월나라 사람은 서로 미워한다. 그러나 그들이 같은 배를 타고 가다가 바람을 만나게 되면 서로 돕기를 좌우의 손이 함께 협력하듯 한다(夫吳人與越人相惡也 當其同舟而濟遇風 其相救也如左右手)」

그러므로 용기 있는 사람과 겁이 많은 사람, 그 밖의 가지각색의 병사들을 일치 협력해서 싸우게 하는 것은 그때그때의 상황에 의한다. 대개 이런 내용인데, 사이가 좋지 못한 사람들이 같이 있게 된 것을 가리켜 「오월동주」라고 하는 것은 여기에서 비롯된 말이다.

오장군 烏將軍

까마귀 烏 장수 將 군사 軍

《유괴록(幽怪錄)》

「까마귀처럼 검은 장수」라는 뜻으로, 돼지를 가리키는 말이다.

《유괴록(幽怪錄)》에 있는 이야기다.

당나라 현종 때 곽원진(郭元振)이란 사람이 있었다. 어느 해 과거 시험에 응시했다가 낙방하고 실망해 고향으로 돌아가게 되었는데, 날은 저물고 인가는 보이지 않자 산속을 헤매다가 마침 헐어빠진 사당 한 채를 발견했다.

다행이다 생각하며 사당으로 다가가자, 난데없는 여자의 울음소리가 들렸다. 깜짝 놀라 뛰어 들어가 보니 신부 옷차림을 한 젊은 여자가 한구석에서 울고 있었다.

하도 이상해서 곽원진이 곡절을 묻자, 여자가 입을 열었다.

「이 마을에는 해마다 나타나는 괴물이 살고 있는데, 새까맣고 흉측하게 생겨서 사람들은 『오장군(烏將軍)』이라고 부른답니다. 마을에서는 그 괴물의 등살에 견디다 못해 아름다운 처녀를 한 사람 뽑아 괴물한테 시집을 보내서 달래기로 했습니다. 그런데 불행히도 제가 뽑히지 않았겠습니까. 그래서 슬프기도 하고 두렵기도 해서 울고 있습니다」

곽원진은 끓어오르는 의분을 참을 수 없었다.

「걱정 마시오. 내가 아가씨를 구해 드리겠습니다. 그런데 그 괴물은 언제 나타납니까?」

「한밤중 자정에 나타난다고 합니다」

오장군 묘(廟)

곽원진은 여자의 신부복을 자기가 입고 여자는 숨어 있도록 한 다음 괴물이 나타나기를 기다렸다.

자정 무렵이 되자 과연 괴물이 바람처럼 나타났다. 괴물은 신부 쪽으로 성큼성큼 다가와 손을 내밀었다. 순간, 곽원진은 숨기고 있던 칼로 괴물의 팔목을 내리쳤다. 깜짝 놀란 괴물은 소름끼치는 비명을 지르며 달아나 버렸다.

마침내 날이 밝자 마을 사람들이 몰려왔다. 그들은 처녀가 무사한 것을 보고 모두 기뻐했는데, 구석 쪽에 떨어져 있는 괴물의 한쪽 팔을 보고는 눈이 휘둥그레지고 말았다. 그것은 커다란 돼지 앞발이었기 때문이었다.

마을 사람들은 손에 낫과 곡괭이 등 닥치는 대로 무기를 들고 핏자국을 따라 괴물을 추적했다. 그러다 보니 깊은 산 속에 있는 낡은 사당(廟)에 다다르게 되었다. 조심조심 안으로 들어가 봤더니, 앞다리 하나가 없는 커다란 돼지가 죽어 있었다.

오조사정 烏鳥私情

까마귀 烏 새 鳥 사사로울 私 뜻 情

이밀(李密) /「진정표(陳情表)」

「까마귀의 사사로운 정」이라는 뜻으로, 까마귀가 자라서 길러준 늙은 어미에게 먹이를 물어다 먹여 은혜를 갚는 것과 마찬가지로 부모를 섬기는 자식의 지극한 효심을 비유하는 성어이다.

오조지정(烏鳥之情)이라고도 한다.

진(晉)나라 사람 이밀은 태어난 지 6개월 만에 아버지를 여의고 네 살 때 어머니도 개가하여 조모인 유씨(劉氏) 손에 자랐으므로 조모에 대한 효심이 지극하였다.

진(晉) 무제(武帝 : 사마염)가 이밀을 태자세마(太子洗馬)에 임명하였을 때 조모 유씨는 90세가 넘어 병석에 있었다. 이밀은 조모를 봉양해야 하므로 명을 따를 수 없는 사정을 글로 옮겨 무제에게 올렸는데, 이것이 「진정표(陳情表)」이다.

이밀은 글의 말미에 다음과 같이 간곡하게 말하였다.

「신(臣) 밀은 올해 44세이고 조모 유씨는 96세이니, 신이 폐하께 절의(節義)를 다할 날은 길고, 유씨를 봉양할 날은 짧습니다. 까마귀가 먹이를 물어다 늙은 어미에게 먹여 은혜를 갚듯이, 조모가 돌아가시는 날까지 봉양하게 해주시기를 바라옵니다(烏鳥私情 願乞終養). 신의 고충은 촉(蜀) 땅의 인사들뿐 아니라 양주와 익주의 장관들까지 잘 알고 있습니다. 바라건대 폐하께서는 어리석은 정성을 가엾게 여겨 신의 작은 뜻을 들어주십시오. 유씨가 요행히 여생을 끝까지 보존하게 된다면 신은 살아서는 마땅히 목숨을 바쳐 폐하를

이밀의 「진정표」 전각(篆刻)

섬기고, 죽어서도 결초보은(結草報恩)할 것입니다. 신이 두려운 마음을 이기지 못하여 삼가 절하며 표(表)를 올려 아뢰나이다」

무제는 이 글을 읽고 이밀의 효심에 감동하여 관직에 임명하려던 뜻을 거둔 것은 물론 이밀로 하여금 조모를 잘 봉양할 수 있도록 노비와 식량까지 하사하였다.

중국문학에서 서정문(抒情文)을 대표하는 작품 중 하나로, 제갈량(諸葛亮)의 「출사표(出師表)」 한유(韓愈)의 「제십이랑문(祭十二郞文)」과 더불어 중국 3대 명문에 속한다.

예로부터 「『출사표』를 읽고서도 눈물을 흘리지 않는 자는 충신이 아니고, 『진정표』를 읽고 눈물을 흘리지 않으면 효자가 아니다」라는 말이 있다.

진정표를 쓴 이밀(李密, 224-287)은 진(晉)나라 무양(武陽) 사람으로, 태어나서 6개월 만에 아버지를 잃고, 네 살 때 어머니가 개가(改嫁)하여 조모(祖母) 유(劉)씨의 손에서 자랐다.

오하아몽 吳下阿蒙

오나라 吳 아래 下 언덕 阿 어릴 蒙

《삼국지》 오지(吳志) 여몽전(呂蒙傳)

몇 해가 지나도 진취함이 없이 그냥 그 모양으로 있는 사람.

삼국시대에 오나라 손권(孫權)의 부하에 여몽(呂蒙)이란 장수가 있었다. 그는 무용은 뛰어났으나 학식은 별로 없었다. 그 여몽이 장군으로 승진이 되었을 때, 손권은 그에게 무인(武人)도 학문이 필요하다는 것을 말했다. 그 뒤로 여몽은 열심히 학문에 힘썼다. 한동안 지난 뒤에 여몽이 노숙(魯肅)을 만났다. 노숙은 손권의 부하 중 가장 학식이 뛰어난 사람으로 여몽과는 오랜 친구 사이였다. 서로 이야기하는 동안 노숙은 여몽의 학식에 놀랐다. 노숙은 한편 놀랍고 한편 반가워 여몽의 등을 어루만지며,

「나는 그대를 무략(武略)만 있는 줄 알았더니, 이제 보니 학식이 어찌나 대단한지 옛날 오나라 시골에 있을 때의 그 여몽은 아니로군(非復吳下阿蒙)」 하고 말했다. 그러자 여몽 역시 이렇게 대답했다.

「선비란 것은 헤어진 지 사흘만 되면 곧 다시 눈을 비비고 서로 대할 정도의 진보를 하는 법이거든(士別三日 卽更刮目相待)」

여기에서 잠시 만나지 못한 사이에 놀라운 발전을 한 것을 보고 「오하아몽이 아니다」 라고 하고, 반대로 언제 만나도 늘 그 모양인 것을 가리켜 「오하아몽」 이라고 한다. 「아몽」 의 아(阿)는 중국 사람들이 흔히 이름 앞에 붙여 부르는 애칭이다. 또 여몽의 그와 같은 말에서 몰라볼 정도의 발전을 한 것을 보고 「괄목상대(刮目相待 : 括目相對)」 할 정도라고 말한다.

오합지중 烏合之衆

까마귀 烏 모일 合 의 之 무리 衆

《사기》 역생육고열전(酈生陸賈列傳)

갑자기 모인 훈련 없는 군사. 규칙도 없고 통일성도 없는 군중. 「오합지중」은 까마귀 떼처럼 모인 통제 없는 무리란 뜻이다. 중(衆)은 군대를 뜻하기 때문에 「졸(卒)」이라고 말하기도 한다.

《사기》 역생육고열전에는 역이기가 한패공 유방이 진나라로 쳐들어가려 했을 때 한 말 가운데 이런 것이 있다.

「귀하께서 규합한 무리들을 일으키고, 흩어진 군사들을 거두어도 만 명이 차지 못하는데, 그것으로 강한 진나라로 곧장 들어가려고 한다면, 이것이야말로 호랑이의 입을 더듬는 것입니다(足下起糾合之衆 收散亂之兵 不滿萬人 欲以徑入强秦 此所謂探虎口者也)」

이 「규합지중(糾合之衆)」은 어떤 책에는 「오합지중」으로 나와 있고, 어떤 책에는 「와합지중(瓦合之衆)」으로 나와 있다. 결국 오합이든 규합이든 와합이든 마찬가지 뜻으로 통제가 되지 않는 마구잡이로 끌어 모은 그런 사람이나 군대를 말한 것이다.

분명하게 「오합지중」이라고 씌어 있는 것은 《후한서》 경엄전(耿弇傳)에 나온다. 경엄이 군대를 이끌고 유수(劉秀 : 후한 광무제)에게 달려가고 있을 때, 그의 부하 가운데, 유수의 밑으로 가지 말고 왕랑(王郞)의 밑으로 가자고 권하는 사람이 있었다.

그러자 경엄은 그들을 꾸짖는 가운데 이런 말을 했다.

「우리 돌격대로써 왕랑의 오합지중을 짓밟기란 마른 나뭇가지 꺾는 거나 다를 것이 없다(發突騎以轔烏合之衆 如摧枯析腐耳)」

옥상가옥 屋上架屋

집 屋 윗 上 시렁 架

《세설신어(世說新語)》 문학편(文學篇)

있는 위에 무익하게 거듭함.

「옥상가옥」은 지붕 위에 또 지붕을 얹는다는 말이다. 즉 필요 없는 것을 이중으로 한다는 뜻이다.

동진 유중초(庾仲初)가 수도 건강의 아름다움을 묘사한 「양도부(揚都賦)」를 지었을 때, 그는 먼저 이 글을 친척인 세도재상 유양(庾亮)에게 보였다. 유양은 정의를 생각해서 과장된 평을 해주었다.

「그의 『양도부』는 좌태충(左太沖)이 지은 삼도부(三都賦)에 비해 조금도 손색이 없다」

그러자 사람들은 서로 다투어 유중초의 양도부를 베껴 가는 바람에 장안의 종이 값이 오르는 형편이었다. 그러나 이와 같은 경박한 풍조에 대해 태부(太傅) 사안석(謝安石)은 이렇게 나무라는 말을 했다.

「그건 안될 소리다. 이것은 지붕 밑에 지붕을 걸쳤을 뿐이다」

결국 남의 것을 모방해서 만든 서투른 문장이란 뜻이다.

훨씬 내려온 남북조시대 북제(北齊)의 안지추(顔之推)가 자손을 위해 써둔 《안씨가훈》에서는 이렇게 말하고 있다.

「위진(魏晋) 이후에 쓰인 모든 책들은 이론과 내용이 중복되고 서로 남의 흉내만을 내고 있어 그야말로 지붕 밑에 지붕을 만들고 평상 위에 평상을 만든 것과 같다(猶屋下架屋 牀上施牀爾)」

「옥하가옥(屋下架屋)」이란 말이 뒤에 와서 「옥상가옥」으로 바뀌었다. 지붕 밑보다는 위가 이해하기 쉬운 때문일지도 모른다.

옥석구분 玉石俱焚

구슬 玉 돌 石 함께 俱 불사를 焚

《서경》 윤정편(胤征篇)

선한 사람이나 악한 사람이 다 같이 재앙을 당함.

옥과 돌이 함께 타는 것이 「옥석구분」이다. 착한 사람과 악한 사람이 함께 난을 만나는 것을 말한다.

《서경》 하서(夏書) 윤정편에 나오는 말이다.

「불이 곤륜산에 붙으면 옥과 돌이 다 함께 타고 만다. 천리(天吏 : 하늘이 명하신 관리란 뜻)가 그 덕을 잃게 되면 그 해독은 사나운 불보다도 무섭다. 그 괴수는 죽일지라도, 마지못해 따라 한 사람은 죄 주지 않는다. 오래 물든 더러운 습성을 버리고 다 함께 새로운 사람이 되어라(火炎崑崙 玉石俱焚 天吏逸德 烈于猛火 殲厥渠魁 脅從罔治 舊染汚俗 咸與維新)」

「윤정(胤征)」은 윤후(胤侯)가 하왕(夏王)의 명령으로 희화(羲和)를 치러 갈 때 한 선언으로, 희화를 치게 된 이유를 설명한 다음, 위에 나온 말이 계속 된다. 결국 지도자 한 사람의 잘못된 행동 때문에 많은 선량한 사람과 백성들까지 다 그 화를 입게 되는 것을 막기 위해 희화를 일찌감치 쳐 없앤다는 것을 강조하고, 위협에 못 이겨 끌려서 한 사람은 이를 벌하지 않을 터이니, 구습을 버리고 새로운 마음으로 새 사람이 되라는 내용이다. 여기에서 착한 사람과 악한 사람이 함께 화를 입는 것을 「옥석구분」이라 하게 되었다.

우리말의 「모진 놈 옆에 있다가 벼락 맞는다」는 것과 같은 뜻이다.

옥석혼효 玉石混淆

구슬 玉 돌 石 섞일 混 어지러울 淆

《포박자(抱朴子)》 상박편(尙博篇)

착한 것과 악한 것이 한데 뒤섞여 있어 좋고 나쁨을 분간할 수 없음. 옥과 돌이 한데 뒤섞여 있는 것이 「옥석혼효」다. 좋은 것과 나쁜 것이 한곳에 같이 있어서, 어느 것이 좋고 어느 것이 나쁜지를 분간할 수 없는 것을 가리켜 하는 말이다.

《포박자》는 동진(東晉)의 갈홍(葛洪)의 저술로, 고래의 도교사상(道敎思想)이 체계적으로 논술되어 있고, 사회의 이해득실이 논술되어 있다. 도(道)는 우주의 본체로서 이를 닦으면 장수를 누릴 수 있고, 신선이 되려면 선(善)을 쌓고 행실을 바르게 가지며, 정기(精氣)를 보존하여 체내에 흐르게 하고, 상약(上藥 : 목숨을 보존하기 위한 약)을 복용하며, 태식(胎息 : 복식호흡)을 행하고, 방중술(房中術)을 실천해야 한다고 설파하였다.

《포박자》 외편 상박편(尙博篇)에 세상 사람들이 천박한 시나 글을 사랑하고, 뜻이 깊은 옛날 책들을 업신여기며, 자신을 위해 좋은 교훈이 되는 말을 싫어하고, 속이 텅 빈 겉치레뿐인 말들을 좋아하는 풍조를 개탄하여 포박자는 이렇게 말한다.

「참과 거짓이 뒤집히고 옥과 돌이 섞여 있다. 좋은 음악을 천한 음악과 같이 취급하고, 아름다운 옷을 들옷과 같이 보는 것이다(眞僞顚倒 玉石混淆 同廣樂於桑同 鈞龍章於卉服)」 가짜가 진짜 행세를 하고 설쳐대면, 진짜는 어이가 없어 눈을 돌리고 마는 것이 세상이다. 옥은 적고 돌은 많으니 무슨 재주로 가려낼 것인가.

옥하 玉瑕

구슬 玉 티 瑕

《회남자》 설림훈편(說林訓篇)

옥에도 티가 있다. 훌륭한 사람이나 물건에도 흠이 있다.

「옥에 티」란 말은 「옥하(玉瑕)」란 한문 문자에서 나온 말인데, 「옥하」란 말은 잘 쓰지 않는다.

「옥에도 티가 있다」는 말이 약해져서 「옥에 티」가 된 것인데, 아무리 훌륭한 사람도 결점은 있기 마련이고, 아무리 좋은 물건도 한 가지 흠쯤은 있는 법이란 뜻으로 쓰는 말이다.

《회남자》 설림훈편에 다음과 같은 말이 실려 있다.

「쥐구멍을 고치다가 마을 문을 부수기도 하고 작은 여드름을 짜다가 큰 종기를 만드는 것은, 진주에 주근깨가 있고, 옥에 티가 있는 것을, 그대로 두면 온전할 것을 그것을 없애려다가 깨어버리는 것과 같다(……若珠之有纇 玉之有瑕 置之則全 去之則虧)」

또 같은 편에,

「표범의 가죽옷에 얼룩무늬가 있는 것은 여우의 가죽옷이 순수한 것만 못하다. 흰 구슬에 흠이 있으면 보물이 되기 어렵다. 이것은 완전무결하기가 어려운 것을 말해 주는 것이다(……白璧有考 不得爲寶 言至純之難也)」라고 한 곳이 있다.

조그만 결점은 있는 법이니, 그것을 굳이 없애려 하지 말라는 뜻으로 쓰일 때는 앞의 경우가 되고, 아무리 훌륭한 사람과, 아무리 좋은 물건도 결점과 흠이 있는 법이니, 이 세상에 완전무결이란 있을 수 없다는 뜻으로 쓰일 때는 뒤의 경우가 된다.

온고지신 溫故知新

익힐 溫 오래될 故 알 知 새로울 新

《논어》 위정편(爲政篇)

옛것을 연구하여 거기서 새로운 지식이나 도리를 발견함.

「온고지신」은 옛 것을 익히고 새 것을 안다는 말이다. 다시 부연해서 말한다면, 옛 것을 앎으로써 그것을 통해 새로운 것을 발견하게 된다는 뜻이다.

《논어》 위정편에 있는 공자의 말로서, 「옛 것을 익혀 새 것을 알면 남의 스승이 될 수 있다(溫故而知新 可以爲師矣)」라고 실려 있다.

똑같은 「온고이지신(溫故而知新)」이란 다섯 글자가 《중용》 27장에도 나오는데, 이 「온고이지신」의 「온(溫)」에 대해서는 여러 가지 해석들이 나오고 있다.

정현(鄭玄)은 심온(燖溫)을 온(溫)과 같다고 했는데, 심(燖)은 고기를 뜨거운 물속에 넣어 따뜻하게 하는 것을 말한다. 즉 옛 것을 배워 가슴속에 따뜻하게 품고 있는 것을 말한다. 주자(朱子) 주에는 심역(尋繹)하는 것이라고 했다. 찾아 연구한다는 말이다.

결국 「온고이지신」은 옛 것과 새 것이 불가분의 관계에 있음을 말해 주고 있다. 옛 것에 대한 올바른 지식이 없이는 오늘의 새로운 사태를 정확히 파악할 수 없고, 새로운 사태를 정확히 인식하지 못한다면 장차 올 사태에 대한 올바른 판단이 설 수 없다.

과거와 현재와 그리고 미래에 대한 인과(因果) 법칙적인 원리를 터득하지 못한 사람은 후진들을 올바르게 이끌어 줄 자격이 없음을 말한 것이다.

와신상담 臥薪嘗膽

누울 臥 섶 薪 맛볼 嘗 쓸개 膽

《십팔사략》, 《사기》 월세가(越世家)

섶에 누워 쓸개를 맛본다는 말이다. 원수를 갚을 생각을 잠시도 잊지 않고 괴롭고 어려움을 참고 견딘다는 말이다. 「와신상담」은 붙은문자이긴 하지만, 한 사람의 일이 아니고 각각 다른 두 사람의 이야기가 합쳐져서 생긴 말이다.

주(周)의 경왕(敬王) 24년 오왕 합려(闔閭)는 월왕 구천(勾踐)과 추리의 싸움에서 월의 군략에 걸려 패했다. 합려는 적의 화살에 손가락에 상처를 입었는데, 패주하는 바람에 충분한 치료를 하지 못한 채 겨우 경이라는 곳까지 도망쳤을 때, 갑자기 그 상처가 악화되어 죽었다. 임종 때 그는 반드시 월에 복수를 하여 자기의 분함을 풀어 주도록 태자인 부차(夫差)를 불러 유명(遺命)을 했다.

부차의 와신(臥薪)

아버지의 뒤를 이어 오왕이 된 부차의 귀에는 언제나 그 아버지의 유명이 들렸다. 눈에는 언제나 분해 하던 임종시의 아버지 형상이 보였다. 그는 무슨 일이 있어도 아버지의 원한을 풀어 드려야겠다는 굳은 결의로 밤마다 장작 위에 누워(臥薪), 아버지의 유언을 새롭게 하며 복수심을 갈고 갈았다. 뿐더러 그는 자기 방 앞에 사람을 세워 두고 나고 들 때마다 아버지의 유명을 소리쳐 말하게 했다. 「부차야, 아비 죽인 원수를 잊었느냐!」

「결코 잊지 않겠습니다. 3년 내에 반드시 원수를 갚겠습니다!」

구천의 상담(嘗膽)

부차는 그럴 때마다 이렇게 대답했다. 그것은 임종 때 그가 아버지에게 대답한 말과 똑같은 말이었다. 이리하여 그는 낮이고 밤이고 복수를 맹세하고, 오로지 군사를 훈련해서 때가 이르기를 기다렸다. 부차의 이 같은 소식을 들은 월왕 구천은 선수를 써서 오나라를 먼저 쳐들어갔으나 패하고 만다. 싸움에 크게 패한 구천은 겨우 5천 명 남은 군사를 거느리고 회계산에서 농성을 하지만 결국은 견디지 못하고 오나라에 항복을 하고 만다. 구천은 내외가 함께 오나라의 포로가 되어 범려(范蠡)와 함께 갖은 고역과 모욕을 겪은 끝에 영원히 오나라의 속국이 되기를 맹세하고 무사히 귀국하게 된다.

구천은 자기 나라로 돌아오자 일부러 몸과 마음을 괴롭히며, 자리 옆에는 항상 쓸개를 달아매어 두고, 앉을 때나 누울 때나 이 쓸개를 씹으며 쓴맛을 되씹었다. 또 음식을 먹을 때도 먼저 쓸개를 씹고 나서, 「너는 회계의 치욕을 잊었느냐」 하고 자신에게 타이르곤 했다.

월왕 구천이 오나라를 쳐서 이기고 오왕 부차로 하여금 자살하게 만든 것은 이로부터 20년 가까운 뒷날의 일이었다. 「와신상담」이란 문자는 부차의 「와신」과 구천의 「상담」이 합쳐져 된 말이다.

와우각상쟁 蝸牛角上爭

달팽이 蝸 소 牛 뿔 角 윗 上 다툴 爭

《장자》 측양편(則陽篇)

좁은 세상에서 하찮은 일로 싸우는 일의 비유.

「와우각상쟁(蝸牛角上爭)」은 달팽이 뿔 위의 싸움이란 말이다. 우주의 광대한 이치에서 지구상의 전쟁을 굽어보았을 때의 비유라고 할 수 있다.

《장자》에 나오는 이야기로, 위혜왕(魏惠王)과 제위왕(齊威王)은 서로 침략을 않기로 맹약을 했는데, 위왕이 먼저 배신을 하자 혜왕은 자객을 보내 위왕을 죽이려 했다.

그러자 혜왕의 신하 공손연은 정정당당하게 군사를 일으켜 제나라를 칠 것을 주장했다.

그러나 계자(季子)라는 신하는 무고한 백성들만 괴롭히게 될 것이라고 이를 말렸다. 혜왕이 어느 쪽 말을 들어야 할지 몰라 망설이고 있는데, 재상 혜자(惠子)가 대진인(戴晋人)이란 사람을 시켜 혜왕을 만나게 했다.

대진인이 혜왕을 보고 말했다.

「왕께서는 달팽이란 것을 알고 계십니까?」

「알고 있소」

「그 달팽이의 왼쪽 뿔에는 촉(觸)씨라는 사람이, 그리고 오른쪽 뿔에는 만(蠻)씨라는 사람이 나라를 세우고 있는데, 언젠가 서로 영토를 놓고 싸워 죽은 사람이 만 명에 달했고, 달아나는 적을 보름이나 추격한 끝에 돌아온 일이 있습니다」

「무슨 그런 거짓말을?」

「그럼, 그 거짓말을 참말로 만들어 보이겠습니다. 왕은 이 우주가 사방과 위 아래로 끝이 있다고 생각하십니까?」

「그야 끝이 없지」

「그러시면 마음을 그 끝없는 세계에 놀게 하시고 사람이 실제로 오고 갈 수 있는 나라들을 생각해 보십시오. 아마 그것이 있는 듯 없는 듯 작게 보일 것입니다」

「그야 그렇겠지」

「그들 나라 가운데 위라는 나라가 있고, 위나라 안에 대량(大梁)이란 도성이 있고, 그 도성 안에 임금님이 계십니다. 우주의 끝없는 것에 비교해 볼 때, 임금과 달팽이 뿔 위의 만씨와 서로 다른 것이 있겠습니까?」

「다른 것이 없지」

대진인이 물러가자 혜왕은 넋을 잃고 앉아 있었다. 뒤이어 혜자가 들어오자 혜왕은, 「그 손은 정말 위대하다. 성인이라도 그에게는 미치지 못하리라」 하고 감탄했다는 것이다.

이 우화에서 「와우각상(蝸牛角上)」 이니 「와각지쟁(蝸角之爭)」 이니 하는 말이 나오게 된 것인데, 이 「와우각상쟁」 이란 말이 그대로 나와 있는 것은 백낙천의 시 「대주(對酒)」 에서다. 즉,

달팽이 뿔 위에서 무슨 일을 다투리오.
석화 빛 가운데 이 몸을 붙이노라.

蝸牛角上爭何事　와우각상쟁하사
石火光中寄此身　석화광중기차신

하고 읊은 데서 처음 이 말을 보게 된다.

완낭수삽 阮囊羞澁

관이름 阮 주머니 囊 부끄러울 羞 떫을 澁

《운부군옥(韻府郡玉)》

「완씨의 주머니가 부끄러워하다」라는 뜻으로, 살림이 매우 궁색함을 비유하는 말이다.

《운부군옥》에 이런 이야기가 있다.

완 부

동진시대 완부(阮孚)라는 사람이 있었는데, 그의 부친은 바로 죽림칠현의 한 사람인 완함(阮咸)이었다. 완부 역시 그의 부친처럼 안목이 높고 방탕한 사람으로 권세를 초개와 같이 여겼지만, 지배층들과 대립하지는 않고 다만 소극적인 태도를 취하고 있었다. 그리고 물욕이 없어 재산도 모으지 않아 살림은 몹시 구차하였다.

진 원제 때와 명제 때 모두 벼슬을 내렸지만 그는 이름만 걸어 놓은 채 늘 술로 소일하였다.

어느 날, 그가 회계(會稽)라는 고장을 유람했는데, 손에 검은 가방을 들고 다녔다. 이것을 본 어떤 사람이 무엇인가 묻자 완부는

「내 돈지갑인데 빈 것입니다. 한 푼도 없으니 돈지갑이 부끄러워할 것 같아 돈 한 푼 넣었지요(但有一錢守囊 恐其羞澁)」라고 대답했다고 한다.

그런데 《야항시화(夜航詩話)》에 보면 남송 때 정앙(鄭昻)이라는 사람이 소식(蘇軾)의 이름을 빌려 《노두사실(老杜事實)》이라는 책을 만들었다고 한다.

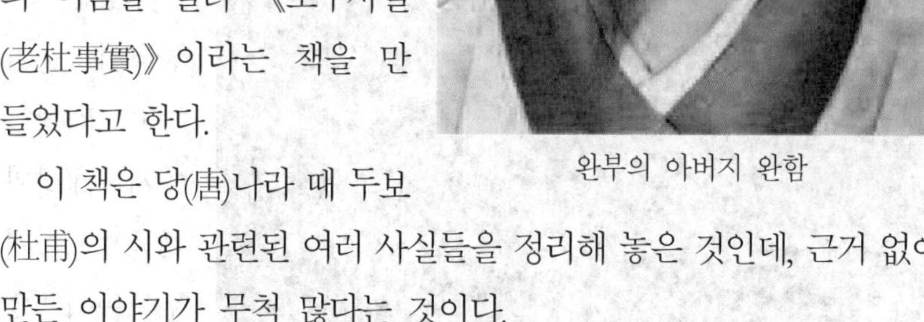

완부의 아버지 완함

이 책은 당(唐)나라 때 두보(杜甫)의 시와 관련된 여러 사실들을 정리해 놓은 것인데, 근거 없이 만든 이야기가 무척 많다는 것이다.

두보가 지은 빈 주머니란 뜻의 「공낭(空囊)」이라는 시에도 「주머니가 비면 부끄러울까봐 한 푼을 넣어 본다네(囊空恐羞澁 留得一錢看)」라는 구절이 있다.

이 작품을 풀이하면서 내놓은 전거가 바로 완부의 이야기였다. 때문에 완부의 일화 역시 사실과는 다른 허구일 가능성이 높다.

여기서 유래하여 「완낭수삽」은 경제적으로 매우 궁색한 상태를 비유하는 말로 사용된다.

완물상지 玩物喪志

희롱할 玩 만물 物 잃을 喪 뜻 志

《서경(書經)》 여오(旅獒)

하찮은 물건에 대한 집착으로 큰 뜻을 잃음.

은(殷)나라의 마지막 왕 주(紂)는 하(夏)의 걸왕(桀王)과 함께 걸주(桀紂)로 병칭되는 악덕천자(惡德天子)의 대표적 존재이다. 주(紂)는 무도한 군주에게 주어진 시호이다.

주문왕과 여상

주(紂)는 성격이 포악하고 백성들에게 재화와 보물들을 거두어들여 호화로운 궁전을 짓고 유흥에 빠져 백성들의 원망이 높았다. 조세와 형벌을 가혹하게 하여 백성들은 도탄에 빠졌고, 민심과 제후들의 마음은 상(商) 왕조를 이탈하여 당시 선정을 베풀어 한창 융성하고 있던 주(周)의 문왕(文王)에게로 쏠렸다.

주(周)나라의 서백(西伯) 창(昌)은 겉으로는 주를 섬겼으나 머지않아 은이 망할 것을 예견하고 주를 칠 준비를 하고 있었다. 문왕 창이 죽고 아들 무왕(武王)이 뒤를 이어 기원전 1051년 드디어 은의 수도를 목표로 군사를 일으켰다.

이 보고를 받은 폭군 주는 감옥에 가득 찬 죄인들을 풀어 70만 대군을 편성하여 주의 군사를 목야(牧野)에서 맞아 결전을 치르기로 하였으나, 이미 민심을 잃은 그에게 충성을 바치는 군사는 없었다.

소 공

순식간에 대오가 무너지고 쫓기던 주왕은 궁전에 스스로 불을 지르고 죽었다. 주나라를 세운 무왕은 건국의 공신들에게 각지에 제후로 봉하고 더불어 먼 나라에도 사신을 보내어 자기의 문덕과 무공을 전하고 신하로서 자신을 왕으로 섬길 것을 요구하였다.

어느 날 서방의 먼 곳에 자리 잡은 여(旅)나라의 사신이 와서 큰 개 한 마리를 헌상했다. 무왕은 이 진기한 선물을 기쁘게 받고 사자에게 큰 선물을 내렸다. 이것을 본 태보(太保) 소공(召公)이 글을 올려 다음과 같이 간언했다.

「사람을 가지고 놀면 덕을 잃고(玩人喪德), 물건을 가지고 놀면 뜻을 잃습니다(玩物喪志)」

이 말을 듣고 무왕은 은나라의 멸망을 교훈삼아 큰 개는 물론 헌상품을 모조리 제후와 공신들에게 나누어주고 정치에 전념했다.

완 벽 完璧

온전할 完 구슬 璧

《사기》 인상여(藺相如)열전

「완벽」의 벽(璧)은 고리 모양으로 다듬어 낸 질이 좋은 옥(玉), 따라서 「완벽」이란 티끌만한 흠도 없는 훌륭한 옥의 상태이며, 「벽(璧)을 온전히 함」이라는 뜻으로, 훌륭한 것을 그대로 무사히 보전한다는 뜻이기도 하다. 나아가서 결점이 없는 훌륭한 것을 말하기도 하고 완전무결하다는 형용사로도 쓰인다.

이 완벽이란 말을 처음으로 쓴 사람은 전국시대 말기 조(趙)나라의 인상여(藺相如)란 사람이었다.

《사기》 인상여열전에 있는 이야기다.

조나라 혜문왕은 당시 천하의 제일가는 보물로 알려져 있던 화씨벽(和氏璧)을 우연히 손에 넣게 되었다. 그러자 이 소문을 전해들은 진나라 소양왕(昭陽王)이 열다섯 개의 성(城)을 줄 테니 화씨벽과 맞바꾸자고 사신을 보내 청해 왔다. {☞ 화씨벽}

진나라의 속셈은 뻔했다. 구슬을 먼저 받아 쥐고는 성은 주지 않을 작정이었다. 그러나 조나라로서는 그렇다고 이를 거절하면 거절한다고 진나라에서 트집을 잡을 것이 또한 분명했다.

이럴 수도 저럴 수도 없어 중신회의에서도 결론을 내리지 못하고 있을 때, 환자령(宦者令) 유현이 그의 식객으로 있는 인상여를 추천했다. 혜문왕은 인상여를 불러 대책을 물었다. 그러자 그는,

「조나라가 거절하면 책임은 조나라에 있고, 진나라가 속이면 책임은 진나라에 있습니다. 이를 승낙하여 책임을 진나라에 지우는 것

이 옳을 줄 아옵니다」 하고 대답했다.

「그럼 어떤 사람을 사신으로 보내면 좋을는지?」

「마땅한 사람이 없으면 신이 구슬을 가지고 가겠습니다. 성이 조나라로 들어오면 구슬을 진나라에 두고, 성이 들어오지 않으면 신은 구슬을 온전히 하여 조나라로 돌아올 것을 책임지고 말씀드리겠습니다(……城不入 臣請完璧歸趙)」

가운데가 뚫린 옥이 벽(璧)

이리하여 상여는 화씨벽을 가지고 진나라로 가게 되었다.

소양왕은 구슬을 보고 크게 기뻐하며 좌우 시신들과 후궁의 미인들에게까지 돌려가며 구경을 시켰다. 인상여는 진왕이 성을 줄 생각이 없는 것을 눈치 채자 곧 앞으로 나아가,

「그 구슬에는 티가 있습니다. 신이 그것을 보여 드리겠습니다」 하고 속여, 구슬을 받아 드는 순간 뒤로 물러나 기둥을 의지하고 서서 왕에게 말했다.

「조나라에서는 진나라를 의심하고 구슬을 주지 않으려 했었습니다. 그런 것을 신이 굳이 진나라 같은 대국이 신의를 지키지 않을 리 없다고 말하여 구슬을 가져오게 된 것입니다. 구슬을 보내기에 앞서 우리 임금께선 닷새를 재계(齋戒)를 했는데, 그것은 대국을 존경하는 뜻에서였습니다. 그런데 대왕께선 신을 진나라 신하와 같이 대하며 모든 예절이 정중하지 못했을 뿐만 아니라, 구슬을 받아 미인에게까지 보내 구경을 시키며 신을 희롱하셨습니다. 신이 생각하

완벽귀조 부조(浮彫)

기에, 대왕께선 조나라에 성을 주실 생각이 없으신 것 같습니다. 그러므로 신은 다시 구슬을 가져가겠습니다. 대왕께서 굳이 구슬을 강요하신다면 신의 머리는 이 구슬과 함께 기둥에 부딪치고 말 것입니다」

머리털이 거꾸로 하늘을 가리키며 인상여는 구슬을 들어 기둥을 향해 던질 기세를 취했다. 구슬이 깨어질까 겁이 난 소양왕은 급히 자신의 경솔했음을 사과하고 담당관을 불러 지도를 가리키며 여기서 여기까지 열다섯 성을 조나라에 넘겨주라고 지시했다.

그러나 모두가 연극이란 것을 알고 있는 인상여는 이번에는,

「대왕께서도 우리 임금과 같이 닷새 동안을 목욕재계한 다음 의식을 갖추어 천하의 보물을 받도록 하십시오. 그렇지 않으면 신은 감히 구슬을 올리지 못하겠습니다」

이리하여 진왕이 닷새를 기다리는 동안 인상여는 구슬을 심복 부하에게 주어 샛길로 조나라로 돌아가도록 했다.

감쪽같이 속은 진왕은 인상여를 죽이고도 싶었지만, 점점 나쁜 소문만 퍼질 것 같아 인상여를 후히 대접해 돌려보내고 말았다.

이리하여 인상여는 일약 대신의 지위에 오르게 되고, 뒤이어 조나라의 재상이 된다.

왕척직심 枉尺直尋

굽을 枉 자 尺 곧을 直 찾을 尋

《맹자》 등문공(滕文公)하

「한 자를 굽혀서 여덟 자를 곧게 편다」는 말로서, 한 가지를 손해 보더라도 여덟 가지 이익을 보는 것이 낫다는 뜻을 담고 있는 말이다. 이 말은 맹자의 제자인 진대가 스승에게 한 말이다. 왕도정치를 실현하기 위해서는 마음에 들지 않더라도 제후들을 만나 설득해야 하지 않느냐는 뜻으로 말한 것이다.

이 말에 대해 맹자는 옳고 그름을 이렇게 설명했다.

「옛날에 왕량이라는 수레몰이꾼이 왕이 아끼는 신하가 사냥을 나가게 되어 신하의 수레를 몰게 되었는데, 법도에 맞게 수레를 몰았지만, 왕의 신하는 한 마리의 새도 잡지 못했다. 그러자 그 신하는 왕량을 형편없는 몰이꾼이라고 왕에게 말했다. 왕량은 다시 한 번 수레를 몰도록 해달라고 청했다. 이번에는 신하의 비위를 맞춰가며 수레를 몰았더니 새를 열 마리나 잡을 수 있었다. 이에 왕이 왕량을 정식 수레몰이꾼으로 삼으려고 하자, 왕량은 사양하며 이렇게 말했다. 『법도대로 수레를 몰았더니 하루 종일 새 한 마리도 잡지 못했습니다. 그러나 그 법도를 따르지 않고 다시 수레를 몰았더니 열 마리나 잡을 수 있었습니다. 저는 법도를 따르지 못했으니 수레를 모는 재주가 없는 사람입니다』라고 말했다. 수레를 모는 사람도 이렇거늘 도를 말하는 사람이 도를 굽히면서까지 제후를 따라다닌다면 무슨 꼴이 되겠느냐」

맹자는 옳지 않은 방법으로 뜻을 이루려는 것을 경계한 것이다.

왕후장상영유종호 王侯將相寧有種乎

임금 王 제후 侯 장수 將 서로 相 어찌 寧 있을 有 씨앗 種 어조사 乎

《사기》 진승전(陳勝傳)

「왕후장상이 영유종호아!(王侯將相 寧有種乎)」 하는 문자는 위인전기의 선전 광고 같은 데 흔히 쓰이는 문자다. 「왕이나 제후, 장수나 재상이 어찌 씨가 따로 있을 것인가」 하는 뜻이다. 결국 부귀영화는 실력만 있으면 누구나 차지할 수 있다는 이야기다.

「제비와 참새가 어찌 기러기의 마음을 알겠느냐(燕雀安知鴻鵠之志)」 고 한 진승(陳勝)의 말을 같은 제목에서 약간 비친 바 있지만, 그 다음 이야기에 진승의 이 같은 말을 우리는 또 보게 된다.

진시황이 죽고 2세가 천자가 된 것을 알자, 도처에서 반란이 요원의 불길(燎原之火)처럼 번져 가고 있었는데, 그 불을 처음 지른 것이 진승이었다. 2세가 등극을 한 첫 해, 진승은 오광(吳廣)과 함께 징발을 당해 모두 9백 명의 장정이 수비병으로 북쪽으로 끌려가게 되었다. 그러나 마침 장마철을 만나 길이 끊기는 바람에 기한 내에 지정된 장소까지 갈 수 없게 되었다. 날짜를 어기면 진나라 법에는 무조건 사형을 당하게 되어 있다.

진승은 오광과 상의하여 반란을 일으키기로 하고 먼저 인솔 책임자인 두 장교를 죽였다. 그리고 9백 명의 장정들을 한자리로 모은 다음 진승은 한바탕 열변을 토했다.

「여러분은 나와 함께 비를 만나 날짜에 대어 갈 수 없게 되었다. 시기를 놓치면 죽는 것은 누구나가 아는 사실이다 설혹 사형을 면한다 해도 변방을 수비하는 사람들은 열이면 일곱은 죽기 마련이다.

또 장부가 죽지 않으면 모르되, 이왕 죽을 바엔 대의명분을 위해 죽어야 할 것이 아닌가. 여러분! 왕후와 장상이 어떻게 씨가 따로 있을 수 있겠는가?(王侯將相 寧有種乎)」

하남성 상구 시에 있는 진승의 묘

그러자 사람들은 일제히 「옳소, 옳소!」 하는 소리를 외치며 시키는 대로 할 것을 맹세했다. 이리하여 진승의 목숨을 건 모험은 성공을 보게 되었다. 가는 곳마다 성과 도시를 쳐서 이를 손아귀에 넣고, 군사를 점점 불려 진(陳)에 도달했을 때는 수레가 6, 7백 대나 되었고, 말이 천 필에 보병이 수만을 헤아리게 되었다.

진을 함락시킨 진승은 여기에 근거를 정하고 그 자신 왕위에 올라 나라 이름을 장초(張楚)라 불렀다. 마침내 그의 말대로 씨가 따로 없어 왕이 되어 부귀를 얻게 된 것이다.

진승이 성공했다는 소문이 한번 전해지는 순간, 각지의 호걸들은 진나라 관리들을 죽이고 군사를 일으켜 진승에 호응했다.

그러나 복잡한 정세 속에 남을 의심한 진승은 사람을 올바로 쓰지 못하고 결국 남의 손에 죽고 만다. 그러나 그가 던진 씨는 마침내 진나라를 멸망시키는 결과로 나타났다.

외불피구내불피친 外不避仇內不避親

바깥 外 아닐 不 피할 避 원수 仇 안 內 가까울 親

《사기》 진세가(晋世家)

「밖으로는 원수를 피하지 않고, 안으로는 친족을 피하지 않는다」 라는 뜻으로, 인재를 등용할 때 사사로움에 치우치지 않고 공명정대한 태도를 비유하는 말이다.

《사기》 진세가(晋世家)에 이런 이야기가 있다.

진도공

춘추시대 진나라에 기해(祁傒)라는 공명정대한 대부가 있었는데 나이가 많아지자 진도공(晉悼公) 앞으로 나아가 벼슬을 그만두게 해달라고 청원하였다. 이에 진도공은 기해의 간청을 순순히 들어주는 동시에 그에게 재능 있는 사람을 후임으로 천거해 달라고 하였다.

「해호(解狐)가 적합한 줄 압니다」

기해가 이렇게 말하자 진도공은 의아해 하며 물었다.

「해호는 경과 원수지간이 아닙니까?」

그러자 기해가 대답했다.

「대왕께서는 신더러 인재를 천거하라고 하지 않았습니까? 신에게 해호와 원수지간인지 아닌지를 물어보신 것은 아니었습니다」

이래서 진도공은 마침내 해호를 기해의 후임으로 쓰기로 결정하였다. 그런데 공교롭게도 해호는 부임 전에 그만 죽고 말았다. 진도공은 할 수 없이 다시 기해에게 다른 사람을 천거해 보라고 하였다.

공 자

「기오(祁午)가 적당한 줄 압니다」

기해는 즉석에서 기오를 천거하였다. 그러자 진도공은

「아니, 기오는 경의 아들이 아닙니까?」

이번에도 놀라는 것이었다. 그러자 기해가 대답했다.

「대왕께서는 신에게 인재를 천거하라고 하지 않았습니까? 신은 기오가 신의 아들인지 아닌지에 대해서는 생각해보지 않았습니다」

이렇게 해서 진도공은 기오를 기해의 후임으로 삼았다는 이야기이다. 공자(孔子)는 이 일을 두고 이렇게 말했다.

「밖으로 인재를 천거함에 원수라 하여 피하지 않았고, 안으로 인재를 천거함에 친족이라 하여 피하지 않았으니(外擧不避仇 內擧不避親), 기해야말로 진정으로 공평무사한 사람이다」

이와 같이 인재를 뽑아 씀에 있어서 원수지간이든 친자식이든 가리지 않고 공정하게 뽑아 쓰는 것을 이런 말로 비유하게 되었는데, 「친구불피(親仇不避)」 라고도 한다.

외수외미 畏首畏尾

두려워할 畏 머리 首 꼬리 尾

《좌씨전》 문공(文公) 17년

「머리가 어찌 될까 두려워하고, 꼬리가 어찌 될까 두려워한다」라는 뜻으로, 지나치게 겁이 많은 것을 비유하는 말이다.

《좌전》 문공 17년에 이런 이야기가 있다.

춘추시대에 진(晉)나라와 초(楚)나라는 서로 패권을 다투면서 주변의 소국들을 위협하였다. 진나라 영공(靈公)이 소국들을 소집하였는데, 유독 정(鄭)나라는 이웃한 초나라의 눈치를 보느라 참석하지 못하였다.

조돈 묘

이에 진나라는 정나라가 남방대국인 초나라 편에 설 것이라 판단하고 정나라를 공격할 준비를 하였다.

이 소식을 접한 정나라의 공자(公子) 가(家)는 진나라의 대신 조돈(趙盾)에게 편지를 보냈다.

「약소한 우리나라는 귀국에 태만하지 않고 줄곧 섬겨왔음에도 불구하고 오히려 귀국은 우리를 의심해서 공격하려 하고 있습니다. 그렇다면

조돈부(趙盾府)

우리는 멸망하더라도 그 모욕을 더는 참을 수 없습니다. 옛사람들이 이른 바와 같이 『머리도 두려워하고 꼬리도 두려워한다면 온몸에 두려워하지 않을 곳이 어디 있을 것인가(畏首畏尾 身其餘幾)?』 하였고, 『사슴도 목숨이 위험할 때면 피신할 자리를 고를 겨를이 없다(鹿死不擇蔭)』 고 하였으니 우리 정나라가 비록 약소국이기는 하지만 위태롭게 되면 사슴과 마찬가지로 아무 곳으로나 피신할 수밖에 없는데, 부득이 초나라에 의탁하지 않을 수 없습니다」

정나라는 지금까지 진나라를 잘 섬겨왔지만 지나치게 핍박당하면 하는 수 없이 초나라에 의탁하여 진나라에 맞설 수밖에 없다는 뜻이었다. 이에 진나라는 정나라를 공격하려던 계획을 철회하고 예전처럼 우호관계를 유지하였다.

여기서 유래하여 「외수외미」는 지나치게 겁이 많음 또는 지나치게 몸을 사려 일을 실행하지 못하는 것을 비유하는 말로 사용된다.

외유내강 外柔內剛

밖 外 부드러울 柔 안 內 굳셀 剛

《당서(唐書)》 노탄전(盧坦傳)

겉으로는 부드럽고 순하게 보이나 속은 곧고 굳셈. 내강외유(內剛外柔)라고도 한다. 굳셈과 부드러움을 모두 지니고 있다는 뜻의 강유겸전(剛柔兼全)과 비슷한 말이다.

《당서》 노탄전에 있는 이야기다.

노탄은 당나라 하남성(河南省) 출신으로 관직에 올랐을 때 상관인 두황상(杜黃裳)이 노탄에게 물었다.

「어느 집안 자식이 주색에 빠져 재산을 탕진하는데도 왜 보살피지 않는가?」

노탄이 대답했다.

「재물에 대한 욕심이 없는 청렴한 관리라면 축재 같은 건 하지 않을 텐데 재물을 많이 가진 것은 곧 다른 사람을 착취해 얻은 것이다. 방탕한 생활로 재물을 다 써 잃는다면 다른 사람을 착취해 거둔 재물을 다시 그들에게 되돌려주는 일입니다」

황제가 절도사 이복(李復)의 후임으로 요남중(姚南仲)을 임명하자 군감독관 설영진(薛盈珍)은 요남중이 서생(書生)이었다고 하며 반대하였다. 이에 대해 노탄은 이렇게 말했다.

「요남중은 외유중강(外柔中剛)이고, 설영진이 요남중의 인사에 동의하지 않는다면 이에 따르지 않겠다」 고 말하면서 설영진을 비판하였다. 노탄의 말에 나오는 외유중강의 「중강(中剛)」 이라는 말은 「내강(內剛)」 과 같은 뜻이다.

요동지시 遼東之豕

땅이름 遼 동녘 東 의 之 돼지 豕

《문선(文選)》 주부서(朱浮書)

요동지방의 돼지라는 뜻으로, 견문이 좁고 오만한 탓에 하찮은 공을 득의양양하여 자랑함.

《문선(文選)》 주부서에 있는 이야기다.

후한의 세조 광무제가 위에 오르고 낙양에 도읍한 뒤의 얼마 되지 않아서(AD 25) 천하는 아직 전화(戰火)의 잔재가 사그라지지 않고 각지에서 제위(帝位)를 참칭하는 자가 할거하고 있을 때다.

대장군 유주(幽州 : 봉천 서북지방)의 목(牧 : 장관)인 주부(朱浮)가 여러 지방에 있는 많은 곡창을 개방해 현사를 모으고 천하를 안정시키고자 한 일이 있다.

그 때 어양(漁陽 : 북경 동쪽 천진 이북)의 태수 팽총(彭寵)은 「천하가 아직 안정치 못하니 군량을 확보하기 위해서」 라는 이유로 곡창을 함부로 개방하는 것을 금했다. 그러나 광무제를 도와 공을 세워 교만해질 대로 교만해진 팽총은 은근히 자립해서 난(亂)을 일으키려 하고 있었다. 주부는 총의 금령에 크게 불만을 품고 금령을 무시하며 도리어 총의 불온한 동정을 낙양에 보고했다. 이를 안 총은 크게 노하여 군사를 일으켜 주부를 치고자 했다. 그러자 주부는 총의 그릇됨을 책하는 편지를 보냈다.

「백통(伯通 : 팽총의 자), 그대는 태수의 지위에 있으면서 오로지 군량만을 아끼고 있으나, 나는 조적토멸(朝敵討滅)의 대임을 맡고 있으므로 현사를 필요로 하고 있으며 이것은 바로 국가의 대업이다.

내가 그대를 참언(讒言)했다고 의심하거든 그대가 직접 천자께 주상해 보면 될 것이다. 그대가 경황(耿況 : 상곡태수)과 함께 천자를 도와 다 같이 국은(國恩)을 입고 있거늘 그대만이 자랑을 일삼고 그 공이 천하에 높다고 생각하고 있는가. 그대는 혹시 이런 이야기를 아는가? 옛날 요동지방에서 흰 머리의 돼지새끼가 나와 희귀한 돼지니 임금께 바치려고 생각한 사람이 있었는데, 그 돼지를 가지고 강동까지 갔을 때, 그곳의 돼지는 모두 머리가 흰 돼지인지라 크게 부끄러워 그냥 돌아갔다고 한다. 만약 그대의 공적을 조당(朝堂)에서 논한다면 그대보다 못지않은 공을 세운 군신(群臣) 속에서 그대는 그야말로 요동시(遼東豕)에 지나지 않는다는 것을 알게 될 것이다」

그리고 다시 조정에 반기를 드는 어리석음을 논하며,

「지금 천하는 몇 리이고, 열군(列郡)은 몇 성인가? 어찌 구구한 어양(漁陽)으로써 천자와 척을 질 것인가」 했다.

그러나 교만한 팽총은 스스로 연왕(燕王)이라 칭하며 조정에 반기를 들었다. 그러나 2년 뒤 토벌당하고 말았다. 「요동의 돼지」는 팽총처럼 남이 본다면 별로 이상하거나 대단치도 않은 것을 가지고 자랑하는 어리석음을 가리켜 비웃을 때 쓰이게 되었다.

性也者 與生俱生也
성야자 여생구생야
情也者 接於物而生也
정야자 접어물이생야

성질이란 태어나면서 함께 생기고
정이란 물건을 접촉하는 데서 생긴다

— 한유(韓愈) 〈원성(原性)〉

요량삼일 繞梁三日

두를 繞 대들보 梁 석 三 날 日

《열자(列子)》 탕문편(湯問篇)

「노랫소리가 3일이나 사라지지 않고 대들보를 두르고 있다」라는 뜻으로, 매우 아름다운 노랫소리를 비유하는 말이다.

한(韓)나라 사람으로 유명한 성악가 한아(韓娥)라는 여인이 있었다. 어느 날, 제(齊)나라를 지나가던 한아는 여비가 떨어지자 제나라 도읍지 임치의 성문 앞에서 노래를 불러 여비를 보태게 되었는데, 한아의 꾀꼬리 같은 노랫소리는 제나라 사람들의 절찬을 받았다.

그런데 한아가 투숙한 여인숙 주인은 그녀에게 무례하게 대하였다. 이에 한아는 통곡하면서 임치를 떠나고 말았다. 제나라 사람들은 한아가 떠났다는 소식을 듣고 급히 뒤쫓아 가서 한 번만 더 노래를 불러 줄 것을 간청하였다. 한아는 제나라 사람들의 간곡한 청을 물리칠 수 없어 다시 돌아와 노래를 불렀는데 그 목소리가 어찌나 고왔던지 사흘 동안이나 집집의 대들보에 노랫소리가 울리는 듯했다고 한다(餘音繞梁 三日不絶).

이래서 그 후부터 노래를 잘 부르거나 음악이 훌륭한 것을 가리켜 「요량삼일」이라고 하게 되었다고 한다. 진(晋)나라 때 편찬된 《박물지》라는 책에도 기록되어 있는데 내용상 약간 차이는 있다.

요령부득 要領不得

종요로울 要 옷깃 領 아니 不 얻을 得

《사기》 대원전(大宛傳)

말이나 글이, 목적과 줄거리가 뚜렷하지 못해 무엇을 나타내려는 것인지를 알 수 없을 때 이런 말을 쓴다. 「요령(要領)」은 요긴한 줄거리란 정도의 뜻을 가지고 있다.

그런데 옛날에는 이 「요령부득」이 두 가지 다른 뜻으로 쓰였다. 하나는 「요령(要領)」의 「요(要)」가 허리의 요(腰)와 같은 뜻으로 쓰이는 경우인데, 이때의 「요령부득」은 제 명에 죽지 못함을 말한다. 옛날에는 죄인을 사형에 처할 때, 무거운 죄를 지은 자는 허리를 베고 가벼운 죄를 지은 자는 목을 베었다. 「요」는 허리를 말하고 「령」은 목을 뜻한다. 그러므로 「요령부득」은 허리와 목을 온전히 보존하지 못한다는 뜻이다.

그러나 오늘날 우리가 쓰는 「요령」이란 말은 옷의 허리띠와 깃을 말한다. 옷을 들 때는 반드시 허리띠 있는 곳과 깃이 있는 곳을 들어야만 옷을 얌전히 제대로 들 수 있다. 여기에서 허리띠와 깃이 요긴한 곳을 가리키는 말로 변하게 되었다.

「요령이 좋지 못하다」든가, 「요령을 모른다」든가 하는 뜻의 「요령부득」이란 말이 처음 나온 곳은 《사기》 대원전이다. 한무제(漢武帝)는 흉노를 치기 위해 장건(張騫)을 대월지국으로 보낸 일이 있다. 그러나 월지국은 흉노 땅을 거쳐야만 되기 때문에 장건은 백여 명의 수행원과 함께 곧 흉노의 포로가 된다. 거기서 10년 남짓 억류생활을 하며 흉노의 여자를 아내로 얻어 자식까지 낳는다. 그러

나 장건은 흉노가 안심하고 있는 기회를 틈타 대원(大宛)으로 간다. 대원국은 한나라와 무역을 원했기 때문

장건 출사서역도

에 장건을 대월지국까지 안내자를 딸려 보낸다. 그때 월지의 왕이 흉노에 의해 죽었기 때문에 태자가 새로 왕으로 앉아 있었다.

신왕은 대하국(大夏國)을 정복하여 그곳에 살고 있었는데, 땅도 비옥하고 이민족의 침략도 적은 곳이었기 때문에 편안한 생활을 즐기고 있었다. 그래서 흉노에 대한 복수심도 점점 식어지고, 한나라와는 거리가 먼 관계로 새삼 친교를 맺을 생각이 없었다. 그리하여 장건은 월지에서 대하까지 가긴 했으나, 끝내 월지왕의 참뜻이 무엇인지를 모르고 1년 남짓 있다가 돌아오고 말았다.

그러나 돌아오는 길에 다시 흉노에게 붙들려 1년 남짓 억류되어 있다가, 때마침 흉노 왕이 죽고 왕끼리 권력다툼을 하는 혼란한 시기를 틈타 탈출에 성공 무사히 조국 땅으로 돌아올 수 있었다. 한나라 수도 장안을 떠난 지 13년 만에 겨우 흉노에서 장가든 아내와 안내역으로 같이 갔던 감부(甘父)와 셋이서 돌아왔다.

그러나 요령을 얻지 못하고 돌아온 장건은 서역 문명의 소개자로 역사에 남게 되었다.

동서의 교통이 여기서 열린 것이다. 서방 국가로부터는 포도와 명마(名馬)·보석·석류·수박, 악기인 비파 등등. 그리고 한(漢)에서는 금과 비단 등이 운반되었다. 소위 「실크로드(Silk Road)」다.

아

요산요수 樂山樂水

좋아할 樂(요) 뫼 산 山 좋아할 樂(요) 물 水

《논어》 옹야(雍也)편

「산을 좋아하고 물을 좋아하다」 라는 뜻으로, 산수(山水)의 경치를 좋아하는 것을 비유하는 말이다. 「樂」 은 음악이라는 명사일 때는 「악」 으로 읽고, 즐겁다는 형용사일 때에는 「낙」 이라 읽고, 좋아한다는 동사일 때는 「요」 라 읽는다.

《논어(論語)》 옹야편에 있는 공자의 말이다

공 자

「지혜로운 사람은 물을 좋아하고, 어진 사람은 산을 좋아한다(智者樂水 仁者樂山). 지혜로운 자는 움직이고, 어진 사람은 고요하다(知者動 仁者靜). 지혜로운 이는 즐겁고, 어진 이는 장수한다(知者樂 仁者壽)」

지혜로운 사람의 부류에 속하는 이들과 어진 사람의 부류에 속하는 이들의 일반적인 성격과 행동 경향을 설명한 것이다. 지혜로운 사람은 변화에 대해 민감한 사람이다. 만물을 변화하는 측면에서 관찰하는 것이 지자의 태도다.

마음이 어진 사람은 언제나 한 마음 그대로를 간직하고 있다. 만물을 변하지 않는 측면에서 생각하는 것이 인자의 태도다.

공자(왼쪽)와 노자

물처럼 시시각각으로 변화하는 모습을 나타내는 것은 없다. 그러므로 변화를 좋아하는 사람은 물을 좋아하게 된다.

산처럼 언제 보아도 그 모습 그대로 보이는 것은 없다. 그러므로 변하지 않는 것을 좋아하는 사람은 산을 좋아하게 된다.

즉 물은 움직이고 산은 고요하다. 그것이 지자(知者)와 인자(仁者)의 대조적인 상태다. 물의 흐름은 즐겁고 산의 위치는 영원불변 그대로다. 이것이 지자와 인자의 생활 태도란 뜻이다.

공자는 냇가에 서서 탄식한 일이 있다.

「가는 것이 이 같구나. 낮과 밤은 쉬지 않는도다!」

공자는 냇물의 흐름을 보고 우주의 쉬지 않는 운행을 피부로 느끼게 되었던 것이다. 그것이 지자가 물을 좋아하는 모습이었으리라. 그래서 공자는 지혜 있는 사람은 물처럼 움직이기 때문에 즐겁게 살고, 어진 사람은 산처럼 조용하기 때문에 장수한다고 하였다.

요원지화 燎原之火

탈 燎 벌판 原 의 之 불 火

《서경》 반경(盤庚)

세력이 대단해서 막을 수 없음.

무서운 기세로 확대되어 가고 있는 것을 가리켜 「요원의 불길」이니 「요원지화」니 하고 말한다.

「요원(燎原)」을 요원(遼原)으로 알고 있는 사람도 있다. 즉 불타는 벌판이 아닌, 멀리 끝없이 계속되는 넓은 벌판이란 뜻으로 알고 있는 것이다.

《서경》 반경에 있는 말이다.

「너희들은 어찌 내게 알리지도 않고, 서로 어울려 뜬소문을 퍼뜨리며, 민중들을 공포 속으로 몰아넣고 있느냐. 불이 벌판에 타게 되면 가까이 향해 갈 수도 없는데, 어떻게 그것을 꺼 없앨 수 있겠느냐(若火之燎于原 不可嚮邇 其猶可撲滅). 곧 너희 무리가 스스로 불안을 만들어 낸 것으로 내게 허물이 있는 것은 아니다」

이 대목은 은나라 탕임금의 10세 손인 반경(盤庚)이 황하의 수해를 피하기 위해 수도를 옮기며 미리 관직에 있는 사람들을 타이르기 위해 쓴 글인 「반경」 상편에 있는 말이다.

「요원의 불」이란 말이 위에서 본 「불이 벌판을 태운다」는 말에서 나온 것임을 알 수 있다. 따라서 「요원의 불」은 벌판에 타오르는 불길을 가리켜 하는 말이다.

요조숙녀군자호구 窈窕淑女君子好逑

얌전할 窈 정숙할 窕 맑을 淑 계집 女 임금 君 좋을 好 짝 逑

《시경》 주남(周南)편 관저장(關雎章)

행실과 품행이 고운 여인은 군자의 좋은 배필이 된다.

《시경》 주남편의 제일 첫 시는 이렇게 시작한다.

짝짝거리며 우는 물새는
모래톱에 있네
요조숙녀(窈窕淑女)는
군자의 좋은 짝이로다(君子好逑)

문왕의 부인 태사

이 시는 맨 첫 구절을 따서 관저장이라고 한다. 옛 주석에 의하면 여기서의 군자는 주나라의 문왕을 가리킨다. 또 요조숙녀는 문왕의 비가 된 태사(太姒)를 가리킨다고 한다. 문왕이 태사를 얻어 배필로 삼았을 때 궁중 사람들이 태사가 그윽하고 조용하며 곧고 고요한 덕이 있음을 보고 이 시를 지어 두 사람의 어울림을 노래했다는 것이다. 뒤에 와서 이 시는 단지 문왕과 태사의 어울림을 형용하는 데 그치지 않고 서로 화락(和樂)하면서도 절도를 잃지 않고 공경하는 남녀의 아름다운 모습을 표현하는 말로 일반적으로 사용되었다.

욕속부달 欲速不達

하고자 할 欲 빠를 速 아니 不 도달할 達

《논어》 자로편(子路篇)

「욕속부달」 이니 「욕교반졸(欲巧反拙)」 이니 하는 말은 흔히 쓰이는 말이다. 너무 서두르면 도리어 일이 진척되지 않는 것이 「욕속부달」 이고, 너무 좋게 만들려다가 오히려 그대로 둔 것만 못한 결과를 가져오게 되는 것이 「욕교반졸」 이다.

「욕속부달」 이란 말은 《논어》 자로편에 나오는 공자의 말이다. 제자 자하(子夏)가 거보(莒父)라는 고을의 장관이 되자, 공자를 찾아와 정치하는 방법을 물었다. 그러자 공자는 이렇게 말했다.

「빨리 하려 하지 말고 작은 이익을 보지 말라. 빨리 하려 하면 일이 잘 되지 않고, 작은 이익을 보면 큰 일이 이루어지지 않는다(無欲速 無見小利 欲速則不達 見小利則大事不成)」

큰일이든 작은 일이든 마음이 조급하면 제대로 되지 않는다. 「욕속(欲速)」 은 빨리 하는 행동을 말하는 것이 아니고, 얼른 성과를 올리려는 성급한 마음을 말한 것이다.

마음은 천근처럼 늘어지고 행동은 빨라야만 좋은 성과를 올릴 수 있다. 특히 정치는 근본 문제를 장기적으로 다뤄야 하기 때문에 단순한 명령이나 법률로써 효과를 보려 하면 혼란만 초래하게 된다.

더디더라도 서서히 한 가지씩 올바르게 고쳐 나가야만 비로소 바라는 성과를 얻게 되는 것이다. 큰일을 하는 사람이 눈앞에 보이는 작은 이익에 눈을 돌리면 큰일을 할 수 없게 된다.

정치하는 사람은 원대한 포부를 가지고 장기적인 투자를 하지 않는 한 좋은 꽃과 열매를 얻지 못한다.

공자는, 자하가 눈앞에 보이는 빠른 효과와 작은 이익에 집착하는 성격을 가지고 있기 때문에 이같이 말하게 된 것인데, 사람은 대부분 이 같은 결점을 지니고 있다.

자 하

또 청나라 때 마시방이 쓴 《박려자(朴麗子)》라는 책에는 「욕속부달」과 관련된 재미난 이야기가 있다.

어느 날 해질 무렵, 귤 장수 한 사람이 귤을 한 짐 지고 성안으로 바쁜 걸음을 옮기고 있었다. 귤 장수는 성문이 닫히기 전에 성에 닿을 수 없을까봐 몹시 서둘렀다. 그는 너무나 마음이 다급해서 지나가던 행인에게 물었다.

「이보시오, 성문이 닫히기 전에 내가 성안에 들어갈 수 있겠소?」

그러자 행인이 말하기를, 「좀 천천히 걸으면 성안에 들어갈 수 있지요」 하고 대답하는 것이었다.

그는 행인이 일부러 자기를 조롱하는 줄 알고 화가 나서 더욱 빨리 걷다가 그만 발을 잘못 디뎌서 넘어지고 말았다. 그 바람에 귤이 땅바닥에 쏟아져 여기저기로 굴러가 버렸다.

그래서 그는 땅거미가 지는 한길에서 귤을 하나하나 줍느라고 결국 성문이 닫히기 전에 성에 닿지 못했다는 것이다.

행인은 귤 장수가 너무 허둥대는 것을 보고 안쓰러워 「욕속부달」을 염려했던 것이다.

용관규천 用管窺天

쓸 用 대롱 管 엿볼 窺 하늘 天

《사기》 편작창공열전(扁鵲倉公列傳)

대롱의 구멍으로 하늘을 엿본다는 뜻으로, 좁은 식견으로는 광대한 사물의 진면목을 제대로 파악할 수 없음을 이르는 말.

《사기》 편작창공열전에 있는 이야기이다.

춘추시대 말 편작(扁鵲)이라는 명의가 있었다. 그가 괵(虢)나라를 방문했을 때였다. 그런데 마침 괵나라 태자가 죽었다고 했다. 편작이 중서자(中庶子 : 제후의 보좌역)를 만나 태자의 병에 대해서 물었다.

「태자는 무슨 병이었습니까? 나라에서 병을 쫓는 기도가 대단했던 것으로 압니다만……」

「태자의 병은 혈기 운행이 불순했던 것이 원인이었습니다. 혈기가 착란하여 발산하지 못하고, 이것이 폭발하여 내부의 장해를 일으키고 정기(精氣)가 사기(邪氣)를 제지하지 못함으로써 사기가 축적되고 발산되지 않아 정기가 공허했던 까닭에 양기는 완만해졌으며, 사기가 충실했기 때문에 음기(陰氣)가 긴장되어 별안간 위로 치솟아 죽게 된 것입니다.」

「죽은 것은 언제쯤입니까?」

「닭이 울 때(날이 밝을 때)쯤에서 조금 전까지 사이입니다」

「입관(入棺)을 했습니까?」

「아직 입관을 하지 않았습니다. 죽은 지 한 나절도 안 된 걸요」

「나는 제나라 발해의 진월인(秦越人)이란 사람입니다. 집은 정(鄭)에 있습니다. 지금까지 태자를 곁에서 모실 기회를 얻지 못했습니다.

불행히도 태자는 돌아가신 모양인데, 나는 태자를 다시 살릴 수가 있습니다」

「무책임한 말은 하지 마시오, 갓난아기일지라도 그런 말은 곧이듣지 않을 것이오」

장시간 이야기를 한 끝에 편작은 하늘을 우러러보며 말했다.

편 작

「당신의 의술은 대통을 가지고 하늘을 엿보며(用管窺天), 좁은 틈새로 상황을 살피는 것과 같이 도저히 전체를 간파한다고 할 수 없습니다. 그런 점에서 나의 의술은 맥을 짚고 안색을 살필 것도 없이 다만 병의 상황을 듣는 것만으로도 병을 진단할 수 있습니다. 만일 내 말이 믿기지 않는다면 다시 한 번 태자를 진단해 보십시오. 귀가 울고 코가 벌름거리는 소리가 들릴 것입니다. 그리고 양쪽 허벅다리를 쓰다듬어 가다가 음부에 닿으면 아직 그곳이 따뜻할 겁니다」

반신반의하며 다시 한 번 살펴보니 과연 편작의 말대로였다. 중서자는 놀라 눈이 캄캄해지고 말도 나오지 않았다. 편작이 침을 놓자 태자가 숨을 되돌리며 살아났다. 20여 일 치료 끝에 태자가 일어나서 거동할 수 있게 되었다. 이 일로 편작이 죽은 이도 살려낸다는 소문이 사람들 입에 오르내리자 편작은 이렇게 말했다.

「내가 죽은 사람을 다시 살려낸 것이 아니라 나는 다만 당연히 살아날 수 있는 사람을 일으켰을 뿐이다」

용두사미 龍頭蛇尾

용 龍 머리 頭 뱀 蛇 꼬리 尾

《벽암집(碧巖集)》

시작할 때는 그럴 듯하게 보였는데, 끝이 시원치 못한 것을 가리켜 「용두사미」라고 한다. 이것은 용과 뱀의 생김새가 비슷한 데서 나온 말로 오랜 옛날부터 있었을 법한 말이다. 그러나 이 말이 기록에 나와 있는 것은 《벽암집》에 있는 진존자(陳尊者)의 이야기에서다.

진존자는 목주 사람으로 그 곳에 있는 용흥사(龍興寺)란 절에 살고 있었다. 그러나 뒤에 절에서 나와 각지로 돌아다니며, 짚신을 삼아서 길가는 나그네들이 주워 신도록 길바닥에 던져주곤 했다고 한다.

그 진존자가 늙었을 때의 일이다. 어느 중을 만나 서로 말을 주고받는데, 갑자기 상대가 「에잇!」하고 호령을 하는 것이었다. 그래서, 「허허, 이거 야단맞았군」하고 상대를 바라보자, 그 중은 또 한 번 「에잇!」하고 꾸중을 하는 것이었다. 그 중의 재치 빠른 태도와 말재간은 제법 도를 닦은 도승처럼 보이기도 했다.

그러나 진존자는 속으로, 「이 중이 얼핏 그럴듯하기는 한데, 역시 참으로 도를 깨치지는 못한 것 같다. 모르긴 하지만 한갓 용의 머리에 뱀의 꼬리이기 십상이다」

진존자가 중에게 물었다.

「그대는 『에잇! 에잇!』하고 위세는 좋은데, 세 번 네 번 에잇 소리를 외친 뒤에는 무엇으로 어떻게 마무리를 지을 생각인가?」

그러자 중은 그만 자기 속셈이 드러난 것을 알고 뱀의 꼬리를 내보이고 말았다는 것이다.

용반호거 龍蟠虎踞

입용 龍 서릴 蟠 호랑이 虎 웅크릴 踞

《육조사적편류(六朝事跡編類)》

용이 서리고 범이 걸터앉은 듯한 웅장한 산세. 험준하여 적을 막아내기 용이한 지형을 이름.

아

중국 강소성(江蘇省)의 금릉(金陵)을 묘사한 말에서 유래되었다.

금릉은 지금의 남경(南京)으로, 옛날에는 건업(建業), 건강(建康), 백하(白下) 등으로 불렸다. 송(宋)나라 때 간행된 역사지리서 《육조사적편류(六朝事跡編類)》에서는 금릉의 지세를 묘사하면서 제갈량(諸葛亮)의 말을 인용하여 「종부는 용이 서린 듯한 모습이고, 석성은 호랑이가 걸터앉아 있는 형상이다(鐘阜龍盤 石城虎踞)」라고 하였다.

금릉 석두성

종부는 남경 동쪽에 있는 종산(鐘山)으로, 종부용반은 종산에서 시작되는 산맥이 마치 용이 서린 것처럼 동쪽에 포진해 있음을 묘사한 것이다. 석성은 석두성(石頭城)을 말한다. 여기서 유래하여 용반호거는 용과 호랑이의 모습을 빗대어 웅장한 산세를 비유하거나, 산세가 험준하여 적을 막아내기 쉬운 지형을 비유하는 성어로 사용된다.

용산낙모 龍山落帽

용 龍 뫼 山 떨어질 落 모자 帽

《진서(晉書)》 맹가(孟嘉)전

용산에서 모자가 떨어졌다는 뜻으로, 작은 예법(禮法)이나 형식에 얽매이지 않는 문인(文人)의 호방한 기품과 깨끗하고 맑은 성품을 비유하는 말. 또한 음력 9월 9일 중양절(重陽節)을 이르는 말이기도 하다.

《진서(晉書)》 맹가전에 있는 이야기다.

맹가(孟嘉 : 도연명의 외할아버지)가 진나라 정서대장군(征西大將軍) 환온(桓溫)의 참군(參軍 : 보좌관)으로 있을 때 일이다. 환온이 중양절(9월 9일)에 용산(龍山)에서 모든 막료가 참가하는 큰 잔치를 열었다. 술잔이 오가고, 시흥(詩興)이 무르익어 좌중은 시를 짓고 읊는 시회(詩會)가 한창이었다.

그때 부관들은 모두 군복을 입고 있었는데, 이때 갑자기 한바탕 거센 바람이 일어 맹가의 관모가 땅에 떨어졌다. 그런데도 맹가는 관모(冠帽)가 떨어진 것도 모르고 계속 흥취에 젖어 있었다. 옛날 중국에서는 「군자는 죽을지언정 관모를 벗지 않는다」 고 하여 관모가 벗겨지는 것을 수치로 여겼다. 그러니 맹가가 좌중의 조롱을 받는 것도 당연한 일이었다.

환온은 이 모습을 보고 당대의 문호 손성(孫盛)에게 맹가를 조롱하는 글을 짓게 하여 맹가의 관모와 함께 맹가의 자리에 놓아두었다. 맹가는 돌아와서 그 글을 보고 즉시 답하는 글을 지었다. 그 글이 훌륭하였기 때문에 자리에 있던 사람들이 탄복하지 않는 이가 없었다.

맹가는 원래 애주가로 술을 많이 마셔도 쉽게 취하지 않았다.

환온이 물었다.

「술의 어떤 점이 좋아서 자네는 그렇게 마시는가?」

맹가가 대답했다.

「공께서는 아직 술을 마시고 얼큰하게 취했을 때의 즐거움을 모르시기에 그렇게 묻는 것입니다」

환온이 또 물었다.

「노래 부르는 기생의 음악을 듣는데, 가야금과 같은 현악기는 피리와 같은 관악기에 미치지 못하고, 관악기는 또 육성으로 노래하는 것에 미치지 못하는 것 같은데 이는 무슨 이유인가?」

맹가는 즉시 대답했다.

용산낙모도(清 화가 岸駒)

「그것은 조금씩 몸에 가까워져서입니다. 즉 자연에 가까워지기 때문에 듣는 사람의 마음이 흡족해 지는 것입니다」

「낙모지신(落帽之辰)」과 같은 뜻이다.

아

우각괘서 牛角掛書

소 牛 뿔 角 걸 掛 글 書

《신당서(新唐書)》 이밀전(李密傳)

수양제

「소뿔에 책을 걸어 놓다」 라는 뜻으로, 소를 타고 독서한다는 말로, 시간을 아껴 오로지 공부하는 데 힘쓰는 태도를 비유하는 말.

수(隋) · 당(唐)나라 때 이밀(李密)의 고사에서 유래되었다.

이밀은 명문가 출신으로, 소년시절에 조상의 음덕으로 수나라 양제(煬帝)의 궁정에서 시위가 되었다. 양제는 이밀이 범상치 않은 인물임을 알아보고 우문술(宇文述)에게 명하여 시위를 그만두게 하였다.

우문술은 이밀을 불러 재능과 학문으로 현달하도록 하라고 격려하였다. 이에 이밀은 집으로 돌아가 학문에 더욱 힘썼다.

우각괘서

평소 존경하던 학문이 높은 포개(包愷)가 구산(緱山)에 있음을 알고는 그를 찾아갔다. 이밀은 먼 길을 가면서 책을 읽을 방법을 강구하여, 부들로 안장을 엮어 소 등에 얹고 그 위에 앉아 소의 양 뿔에 《한서(漢書)》 한 질을 걸었다(以蒲韉乘牛 掛漢書一帙角上 行且讀).

이렇게 소를 타고 책을 읽으며 가는 모습을 조정의 대신 양소(楊素)가 보았다. 양소는 소를 타고 가며 책을 읽는 기이한 모습에 그 뒤를 따라가 무슨 책을 그렇게 열심히 읽느냐고 물었다.

이밀은 양소를 알아보고 예를 갖추고는 《항우전(項羽傳)》을 읽고 있다고 대답하였다. 양소는 그와 대화를 나누어보고는 범상치 않은 인물이라고 느꼈다. 양소가 집에 돌아와 아들 양현감(楊玄感)에게 이야기하니, 양현감이 마음을 기울여 이밀과 교유하였다. 나중에 양현감과 이밀은 양제의 통치가 문란해지자 합심하여 반란을 일으켰다.

우공이산 愚公移山

어리석을 愚 어른 公 옮길 移 뫼 山

《열자(列子)》 탕문편(湯問篇)

어리석은 일 같지만 끝까지 밀고 나가면 목적을 달성한다.

「우공이산」은 어리석은 영감이 산을 옮겨 놓는다는 말로 남 보기에 미련한 것같이 보이지만, 한 가지 일을 계속 물고 늘어지면 언젠가는 목적을 달성하게 된다는 비유의 이야기다.

태항산(太行山)은 사방 둘레가 7백 리나 되고, 높이가 만 길이나 되는데, 원래는 기주(冀州 : 하북성) 남쪽, 하양(河陽 : 하남성) 북쪽에 있었다.

그런데 북산(北山)의 우공이란 사람이 나이는 벌써 아흔이 가까운데, 이 두 산을 앞에 놓고 살고 있었기 때문에 산 북쪽이 길을 막

태항산

고 있어 드나들 때마다 멀리 돌아서 다녀야만 했다. 영감은 그것이 몹시 불편하게 생각되어 하루는 가족들을 모아 놓고 상의를 했다.

우공이산 부조(浮彫)

「나는 너희들과 함께 힘을 다해 높은 산을 평평하게 만들고 예주(豫州 : 하남성) 남쪽으로 길을 내 한수(漢水) 남쪽까지 갈 수 있게 할까 하는데, 너희들 생각은 어떠냐?」

모두가 찬성을 했다. 그러나 우공의 아내만은 이렇게 반대했다.

「당신 힘으로는 작은 언덕도 허물 수가 없을 텐데, 그런 큰 산을 어떻게 한단 말입니까. 그리고 그 흙과 돌은 어디로 다 치운단 말입니까?」

「발해(勃海) 구석이나 은토(隱土) 북쪽에라도 버리면 되겠지」

모두 이렇게 우공을 두둔하고 나섰다. 그래서 우공은 아들 손자들을 거느리고 산을 허물기 시작했다. 짐을 지는 사람은 세 사람, 돌을 깨고 흙을 파서 그것을 삼태기와 거적에 담아 발해로 운반했다.

우공의 이웃에 사는 경성씨(京城氏) 집 과부에게 이제 겨우 7, 8세밖에 안되는 아들이 하나 있었는데, 이 아이가 또 열심히 우공의 산 파는 일을 도왔다. 그러나 1년에 두 차례 겨우 흙과 돌을 버리고 돌아오는 정도였다. 그러자 하곡(河曲)에 있는 지수(智叟)란 영감이 이 광경을 보고 웃으며 이렇게 말렸다.

우공이산 조소(彫塑)

「이 사람아, 어쩌면 그리도 어리석은가. 다 죽어가는 자네 힘으로는 풀 한 포기 제대로 뜯지 못할 텐데, 그 흙과 돌을 어떻게 할 작정인가?(甚矣汝之不惠 以殘年餘力曾不能毁山之一毛 其如土石何)」

그러자 우공은 한숨을 내쉬며 이렇게 말했다.

「자네의 그 좁은 소견에는 정말 놀라지 않을 수 없네. 자넨 저 과부의 어린아이 지혜만도 못하지 않은가. 내가 죽더라도 자식이 있지 않은가. 그 자식에 손자가 또 생기고, 그 손자에 또 자식이 생기지 않겠는가. 이렇게 사람은 자자손손 대를 이어 한이 없지만, 산은 불어나는 일이 없지 않은가. 그러니 언젠가는 평평해질 날이 있지 않겠나?」

지수는 말문이 막혀 잠자코 있었다. 두 손에 뱀을 들고 있다는 산신령이 이 말을 듣자, 산을 허무는 인간의 노력이 끝없이 계속될까 겁이 났다. 그래서 옥황상제에게 이를 말려 주도록 호소했다.

그러나 옥황상제는 우공의 정성에 감동하여 힘이 세기로 유명한 과아씨(夸娥氏)의 아들을 시켜 두 산을 들어 옮겨, 하나는 삭동(朔東 : 삭북 동쪽)에 두고 하나는 옹남(雍南 : 옹주 남쪽)에 두게 했다. 이리하여 기주 남쪽에서 한수 남쪽에 이르기까지는 산이 없게 되었다.

우맹의관 優孟衣冠

뛰어날 優 맏 孟 옷 衣 갓 冠

《사기》 골계열전(滑稽列傳)

「우맹이 의관을 차려 입다」 라는 뜻으로, 사람의 외형만 같고 그 실은 다름을 비유하는 말. 곧 사이비한 것을 이르는 말. 또는 문학작품에 예술성이 전혀 없음을 이르는 말이다. 「우맹의관」 은 우맹(優孟)이 손숙오(孫叔敖)의 의관을 입었다는 뜻이다.

춘추시대 초(楚)나라의 악인(樂人) 우맹의 고사에서 유래되었다. 우맹은 풍자하는 말로써 사람들을 잘 웃겼다. 초나라 재상 손숙오(孫叔敖)는 우맹의 현명함을 잘 알고 있어 그를 후대했다. 손숙오가 병에 걸려 죽게 되었을 때, 아들에게 이렇게 유언했다.

「내가 죽고 나면 너는 틀림없이 가난하게 될 것이다. 그때에는 우맹을 찾아가서 『저는 손숙오의 아들입니다』 라고 말하거라」

몇 해가 지나자 손숙오의 아들은 과연 가난해져서 나무를 짊어지고 다니며 팔아서 생활을 하지 않으면 안 되게 되었다. 그래서 그는 우맹을 찾아갔다.

「저는 손숙오의 아들입니다. 아버지가 돌아가시기 전 저를 보고 가난해지거든 선생님을 찾아뵈라는 말씀을 남기셨습니다」

우맹은 이때부터 손숙오처럼 의관을 갖추고 몸짓과 말투를 흉내내기 시작하여 1년쯤 지나자 손숙오와 똑같이 행동할 수 있었다.

우맹은 장왕이 베푼 주연에 참석하여 만수무강을 축원하였다. 장왕은 크게 놀라며 손숙오가 다시 살아온 것으로 여기고 그를 재상으로 삼으려고 하였다. 그러자 우맹이 말했다.

손숙오

「바라건대 집에 돌아가서 처와 의논하고 나서 사흘 뒤에 재상이 되도록 해주십시오」

장왕이 그렇게 하라고 허락하자, 사흘 뒤에 우맹이 다시 어전에 나타났다. 장왕이 물었다. 「그대의 처는 무엇이라고 말하던고?」

우맹이 말했다. 「처는 저에게 『신중히 생각하여 재상 자리를 맡지 않는 편이 좋을 것입니다. 손숙오 같은 분도 초나라 재상으로서 충성을 다 하시고 또 청렴결백하게 초나라를 다스렸습니다. 그 때문에 대왕께서는 패자(霸者)가 되실 수 있었습니다. 그러나 손숙오 공께서 돌아가시니 그분의 아드님은 송곳을 꽂을 만한 땅도 없고(立錐之地), 곤궁에 빠져 나무장사를 해서 생활을 하고 있습니다. 만약 손숙오 공처럼 되어야만 하는 것이라면 스스로 목숨을 끊는 편이 낫습니다』 라고 말했습니다」

그래서 장왕은 우맹에게 사과하고 손숙오의 아들을 불러들여 침구(寢丘)의 땅 4백 호에 봉하고 아버지의 제사를 받들게 했는데, 그로부터 10대 동안 자손이 끊이지 않았다. 이것은 우맹이 말할 시기를 잘 알고 있었던 까닭이다. 그럴 듯하게 꾸며서 진짜인 것처럼 행세하는 경우 또는 예술 작품에서 남의 것을 모방하여 독창성과 예술성이라고는 전혀 없는 경우, 배우가 등장하여 어떤 일을 풍자하는 경우 등을 비유하는 성어로 사용된다.

우사생풍 遇事生風

만날 遇 일 事 일 生 바람 風

《한서(漢書)》 조광한전(趙廣漢傳)

일을 보면 바람이 인다는 말로, 젊은 사람들이 눈치 보지 않고 기개 있게 일을 처리함을 이르는 말이었으나, 지금은 사사건건 문제를 일으킨다는 뜻으로도 쓰인다.

한(漢)나라 때 탁군(涿郡) 사람인 조광한은 말단 관리로 출발했지만 성실하고 청렴한 일처리로 능력을 인정받아 수도를 관리하는 행정장관인 경조윤(京兆尹)까지 오를 수 있었다.

그가 경조윤에 있을 때였다. 마침 소제(昭帝)가 세상을 떠나 경성 근교 풍현에 경조관 두건(杜建)이 소제의 능원을 관리했는데 그는 직위를 남용하여 비위를 저질러 백성들의 원성을 사고 있었다.

조광한은 두건의 비리를 알고는 두건에게 비위를 그만둘 것을 경고했지만, 그는 들은 척도 하지 않았다. 조광한이 노하여 그를 감옥에 가두었다. 그러자 경성의 세도가들이 두건을 풀어주라는 압력을 가해 왔다. 그러나 조광한은 두건을 참형시켜 버렸다.

이 일로 인해 경성의 관리들은 모두 그를 두려워하게 되었다. 조광한은 강직한 성품을 지녔으므로 그가 관리를 임용할 때는 대대로 벼슬하는 집안의 젊은 자제들을 등용했다. 이들은 일을 처리함에 있어 추진력이 있고 사리사욕을 채우기 위해 비리를 저지르는 자들을 경멸하고 정의를 위해서는 목숨을 아끼지 않는 정열이 있었기 때문이다. 이것을 《한서》에서는 이렇게 표현하고 있다.

「일을 보면 바람이 일어 회피하는 바가 없다(見事風生 無所回避)」

우익이성 羽翼已成

깃 羽 날개 翼 이미 已 이룰 成

《사기》 유후세가(留侯世家)

「깃과 날개가 이미 자랐다」는 뜻으로, 성숙해졌다는 말이다.

《사기》 유후세가(留侯世家)에 있는 이야기다.

한(漢)나라 고조(高祖)는 정실 자식 영(盈)을 태자로 이미 책봉했음에도 불구하고 이를 폐하고 총애하는 척(戚)부인과의 사이에서 태어난 여의(如意)를 세자로 만들고 싶어 했다. 그러자 대신들이 들고 일어나 반대하는 바람에 쉽사리 결단을 내리지 못하고 날짜만 끌고 있었다.

자칫하다가는 측실 자식한테 보위를 빼앗길지도 모른다는 생각에 애가 탄 태자의 어머니 여후(呂后)는 조바심이 나서 유후(留侯)를 불러 하소연했다. 유후는, 유방이 한(漢)나라를 세우고 장량(張良)에게 유현(留縣)을 봉읍으로 주었다고 해서 유후라고 하였다.

유후는 황제가 존경하는 현자인 동원공(東園共), 하황공(夏黃公), 녹리 선생(甪里先生), 기리계(綺里季) 네 사람이 수시로 태자를 따르게 하면서 가르치게 하는 모습을 황제가 보게 된다면 큰 도움이 될 것이라고 말했다.

「이 네 현인은 황제께서 불러도 사양하고 멀리 숨어버릴 만큼 고집이 세고 고결한 선비들입니다. 이들로 하여금 이따금 태자마마를 모시고 조회에 들어가게 한다면 태자마마에 대한 폐하의 인식도 달라지실 게 틀림없습니다」

여후는 유후의 말을 듣고 네 선생을 정성을 다해 모셨다. 한나라

12년 황제는 전쟁을 끝낸 뒤 자신의 병이 깊어지자 태자를 바꾸려는 생각이 더욱 강해졌다.

어느 날, 대궐에서 큰 잔치가 열렸다. 특히 이 날은 태자가 황제를 모시도록 되어 있었으므로, 이미 태자의 사람이 되어 있는 하황공 등 네 현인은 태자 뒤를 따라 연회장에 들어갔다. 고조는 태자 뒤에 들어오는 사람들을 보고 눈이 휘둥그레졌다. 황제인 자기가 불러도 불응한 인물들이 아닌가.

「그대들은 짐이 불러도 싫다고 은둔해버린 사람들이 아니오. 그런데 오늘은 어찌하여 태자를 따라 대궐에 들어오셨소?」

그들로부터 처음으로 하례를 받은 고조가 이렇게 묻자, 네 현인은 입을 모아 대답했다.

「폐하께서는 선비를 업신여기고 자주 꾸짖으시므로 신들의 이름이 욕보지나 않을까 하여 두려운 나머지 도망하여 숨었습니다. 그러나 삼가 듣건대, 태자께서는 인품이 어질 뿐 아니라 효성이 지극하고 사람을 공경하고 선비를 사랑하시므로 천하에 태자를 위해 목숨을 내놓지 않은 이가 없다고 하여 신들도 찾아온 것입니다」

「아무쪼록 태자를 잘 보필해 주구려」

네 사람이 물러가자, 고조는 서둘러 척부인을 불렀다. 그리고는 네 현인의 뒷모습을 가리키며 말했다

「짐이 태자를 바꾸고자 했으나, 저들 네 현인이 보좌하여 『태자의 날개와 깃이 이미 이루어졌으니(羽翼已成)』 짐으로서도 어쩔 수 없구려」

결국 태자 유영이 고조의 뒤를 이어 2세 황제가 되니, 그가 곧 혜제(惠帝)다. 자칫 밀려날 뻔했던 그가 위기를 모면한 것은 유후가 네 현인을 동원한 것이 결정적 계기였다.

우정팽계 牛鼎烹鷄

소 牛 솥 鼎 삶을 烹 닭 鷄

《후한서(後漢書)》 문원열전(文苑列傳)

「소를 삶는 큰 솥에 닭을 삶는다」 라는 뜻으로, 큰 재목(材木)을 알맞은 곳에 쓰지 못하고 소소한 일을 맡기는 경우를 비유하는 말이다.

《후한서》 문원열전에 있는 이야기다.

후한(後漢)시대의 진류(陳留) 지방에 변양(邊讓)이라는 사람이 변설에 능하고 재능이 많았다. 대장군 하진(何進)이 변양에게 자신을 보좌하도록 하고 싶었으나 듣지 않을까 염려되었다. 그리하여 징병을 명분으로 변양을 불러들여 사령(史令)에 임명하였다.

채옹(蔡邕)은 변양이 더 큰 일에 쓰일 재목임을 알아보고 하진에게 이렇게 말했다.

「변양은 뛰어난 인재로서 예(禮)가 아니면 움직이지 않고, 법도에 맞지 않으면 말하지 않습니다. 전하는 말에 『소를 삶는 솥에 닭을 삶아 국물을 많이 부으면 묽어져서 맛이 없고, 국물을 적게 부으면 익지 않아서 먹을 수가 없다(函牛之鼎以烹鷄 多汁則淡而不可食 少汁則熬而不可熟)』 고 하였습니다. 이는 큰 그릇의 용도에 맞지 않게 작은 일에 사용하는 것은 옳지 않다고 말한 것입니다. 이제 소를 삶는 큰 솥을 소를 삶는 데 쓰지 않을 것이 염려스러우니 장군께서 잘 살피시어 변양으로 하여금 재능을 펼칠 기회를 한번 주십시오」

하진은 채옹의 말을 듣고 일리가 있다고 생각하여, 변양을 조정의 대관(大官)으로 천거하였다.

우화등선 羽化登仙

깃 羽 화할 化 오를 登 신선 仙

소식(蘇軾) /「전적벽부(前赤壁賦)」

「우화(羽化)」는 번데기가 날개 있는 벌레로 변하는 것을 말한다. 그래서 알몸뚱이 사람이 날개가 돋쳐 신선이 되어 하늘로 올라가는 것을 「우화등선」이라고 한다.

이 말은 유명한 소동파(소식)의 「전적벽부」에 있는 말이다. 「전적벽부」는 22세라는 젊은 나이에 구양수(歐陽修, 1007~1112)에 의해 과거에 급제하고 동생 소철(蘇轍), 아버지 소순(蘇洵)과 함께 삼소(三蘇)로 불렸던 소식의 문재(文才)가 유감없이 과시된 작품이다.

적 벽

송나라 신종(神宗) 원풍(元豊) 5년 7월에 동파는 양자강의 명승지인 적벽에서 놀았다. 그는 3년 전에 천자를 비방했다는 죄로 귀양을 가게 되었는데, 그가 귀양 온 곳이 바로 이 적벽 근처였다.

송대(宋代)는 불교의 사상, 특히 선(禪)의 영향이 컸던 시대다. 동파도 귀양살이를 하는 동안 불교와 도교의 학설을 좋아하게 되었다.

「전적벽부」가 사람들의 절찬을 받고 있는 것은 이 글 속에 불

삼소(소순, 소식, 소철)

교와 도교의 사상적인 깊이가 깃들어 있기 때문이기도 하다.

이 글의 부분 부분을 소개하면 이런 것들을 들 수 있다.

「임술년 가을 7월 16일, 소자(蘇子 : 소동파 자신을 말한다)는 손과 함께 배를 띄워 적벽 아래서 놀게 되었다. 맑은 바람이 조용히 불어와서 물결마저 일지 않았다. 술을 들어 손을 권하며 명월(明月)의 시를 읊고, 요조(窈窕)의 글을 노래 불렀다. 조금 있으니 달이 동산 위에 떠올라 별 사이를 거쳐 가고 있었다. 흰 이슬이 강에 내린 듯 물빛은 하늘에 닿아 있었다. 갈대 같은 작은 배에 내맡겨 만 이랑 아득한 물 위를 거침없이 떠간다. 훨훨 허공에 떠 바람을 타고 그칠 바를 모르듯, 훌쩍 세상을 버리고 홀몸이 되어 날개를 달고 신선이 되어 하늘로 오르는 것만 같다(飄飄乎如遺世獨立 羽化而登仙). ……소자가 말했다. 『손님도 저 물과 달을 아시지요. 이렇게 흐르고 있지만 언제나 그대로요. 저렇게 둥글었다 이지러졌다 하지만 끝내 그대로가 아닙니까. 변하는 측면에서 보면 하늘과 땅도 한 순간을 그대로 있지 않고, 변하지 않는 측면에서 보면 만물이나 나나 다할 날이 없는 겁니다. 세상에 부러울 것이 무엇입니까』 ……손이 기뻐 웃으며 잔을 씻어 다시 술을 권했다. 안주와 과일이 이미 없어

차를 마시는 소식

지자 술잔과 접시들이 마구 흐트러진 채 서로가 서로를 베고 배 안에서 잠이 들어 동쪽 하늘이 훤히 밝아 오는 것도 모르고 있었다」

한 시대를 호령했던 영웅호걸도 결국 죽고 나면 덧없이 사라지는 것을 슬퍼하는 객에게 다함이 없는 자연을 벗 삼아 살아가면 그 즐거움이 어떻겠느냐는 주장을 담고 있는 것이 이 작품의 줄거리다. 인생은 유한하지만 무한한 자연과 일심동체가 된다면 그것이 진정한 기쁨이라고 소식은 다짐하는 것이다. 그가 물아일체(物我一體)의 황홀경 속에서 날아 신선이 된다고 생각하여 적은 글귀가 성구 우화등선으로 남게 되었다.

이 글은 《고문진보》 후집에 나오는데, 이 글 속에 나오는 무수한 문자들이 모두 다 즐겨 사람의 입에 오르내리는 것들이다.

운용지묘존호일심 運用之妙存乎一心

돌 運 쓸 用 의 之 묘할 妙 있을 存 인가 乎 한 一 마음 心

《송사(宋史)》 악비전(岳飛傳)

「운용의 묘는 오로지 마음에 달려 있다」는 뜻으로, 법식(法式)은 사물이므로 이것을 활용하는 묘술은 오로지 마음속에 있음. 곧, 전략은 활용하는 것이 중함을 이르는 말이다.

악 비

한(漢)민족은 예로부터 북방의 여러 민족과 다투어 왔다. 그리고 송(宋)대에 이르러 이 북방으로부터의 큰 파도는 중국 전토를 삼켜버릴 만한 큰 힘으로 밀려들었다. 글안(契丹)의 요(遼)에 이어, 송화강 유역에서 일어난 여진족의 금(金)이 차츰 강대해져 가고 있었다.

마침내 1127년, 금의 대군은 남하하여 송의 수도 변경(汴京, 개봉)을 함락시켰다. 휘종과 흠종 두 황제도, 황후나 대신들도 모두 포로가 되어 북방으로 끌려갔다. 남은 사람들은 휘종의 동생을 세워 고종이라 하고 남쪽으로 옮겨 갔다. 이 때 개봉에 유수(留守)로 남아 금군(金軍)과 제일선에서 대치하고 있던 것이 종택(宗澤)이었다. 이 종택의 밑에 악비(岳飛)라는 젊은 장교가 있었다. 농민 출신이었으나 그 힘은 능히 3백 근의 활을 당겼고, 과감한 행동으로 여러 차례 공을 세웠다. 그러나 종택은 이 청년의 힘을 더욱 기르려 생각하였다. 어느 날, 그는 악비를 불러 말했다.

악비 기마상

「그대의 용기와 재능은 옛날 명장도 견줄 수 없을 정도다. 그러나 하나만 조심하여라. 그대는 즐겨 야전(野戰)을 하고 있는데, 이래서는 만전의 계략이라고 할 수는 없다」

그렇게 말하고 나서 악비에게 보여준 것이 군진(軍陣)을 펴는 방식을 논한 진도(陣圖)였다. 이때 젊은 악비는 얼굴을 들어 서슴지 않고 말했다.

「진을 펴고, 그 뒤에 싸운다는 것은 전술에 있어서 상식입니다. 그러나 운용(運用)의 묘는 일심(一心)에 있다고 생각합니다」

전술은 방식이다. 그 형태만으로는 소용이 없다. 이것을 활용하고 못하는 것은 그 사람의 마음 하나에 달려 있다. 활용치 않는다면 형

악비 묘 앞에 꿇어앉은 진회 부부

태에는 아무런 가치도 없는 것이다…… 이렇게 말하는 악비의 눈에서 종택은 심상치 않은 섬광(閃光)을 보았다. 그는 빙그레 웃었다.

「좋다!」

종택은 그 후 황제 측근의 움직임을 통분하면서 죽었다. 그러나 그의 눈은 틀림이 없었다. 악비는 차츰 두각을 나타내어 남송(南宋)의 명장이 되고 금의 세력을 견제하면서 싸웠다.

이것으로 말미암아 금과의 화의(和議)를 부르짖는 진회(秦檜)에게 모살되어, 그 죽음을 아끼는 사람들에 의하여 신으로 추앙받는 저 유명한 악비 그 사람이다.

운우지락 雲雨之樂

구름 雲 비 雨 의 之 즐거울 樂

《문선(文選)》

남녀가 육체적으로 어울리는 즐거움.

「운우지락」은 글자대로 풀이하면, 구름과 비의 즐거움이란 말이다. 구름과 비의 즐거움이란 도대체 어떤 즐거움일까?

이 말은 《문선》에 수록되어 있는 송옥(宋玉)의 「고당부」 서문에 있는 말이다. 송옥은 전국 말기 초나라 대부로 굴원의 제자다. 그는 《초사》에 있는 구변(九辯)과 초혼(招魂)의 작자로, 이 「고당부」의 서문은 초회왕(楚懷王)이 운몽에 있는 고당으로 갔을 때 꿈에 무산신녀(神女)와 만나 즐겼다는 옛 이야기를 말한 것이다. 내용을 소개하면 다음과 같다.

무산신녀도

전국시대 초(楚)의 양왕이 송옥을 데리고 운몽(雲夢)에서 놀고 고당관에 간 적이 있었다. 관(館) 위를 쳐다보니 이상한 구름이 끼고 그것이 뭉게뭉게 피어오르는가 했더니 홀연 여러 가지 모양으로 변화한다. 양왕이 송옥에게, 「이것은 무슨 구름인가?」 하고 묻

무산의 신녀봉(神女峰)

자, 송옥은 「이것은 조운(朝雲)이라고 합니다」 라고 대답한 뒤 이런 이야기를 했다.

옛날 선왕(先王 : 회왕)이 고당에서 노닐 때였다. 향연이 끝나 다소 피로해서 잠시 누워 낮잠을 잤다. 어렴풋이 잠이 들었을 때 비몽사몽간에 요염하게 단장을 한 한 여인이 나타났다.

「아니, 이건 대체 누구일까!」 하고 생각하고 있을 때, 그 여인은, 「저는 무산(巫山 : 사천성 몽주부에 있는 산)에서 사는 여자입니다만, 고당에 와 보니 당신께서도 이곳에 계시다는 말을 듣고 이렇게 찾아뵈려고 왔습니다. 부디 모시고 잘 수 있게 해주십시오」 하고 왕의 곁으로 다가왔다. 왕은 꿈속에서나마 잠시 동침을 하며 그 여인을 애무했으나, 얼마 후 이별할 때가 되자 그녀는,

「저는 무산 남쪽 험준한 곳에 삽니다만, 아침에는 구름이 되어 산에 걸리고 저녁에는 비가 되어 산을 내려와 아침저녁으로 양대(陽臺) 기슭에 있사옵니다」 하고 말을 한 후 어디론가 사라져 버렸다.

이상한 꿈에서 깬 왕이 이튿날 아침 일찍이 무산 쪽을 바라보니 꿈속의 선녀가 말한 대로 무산에는 아름다운 빛을 받은 아침 구름이 두둥실 떠 있었다. 왕은 그 선녀를 생각하고 사당을 세워 「조운

(朝雲)」이라고 이름 지었다.

이 고사에서 남녀의 밀회나 정교를 「무산지몽(巫山之夢)」「운우지락」이라고 하게 되었다. 또 유정지(劉廷之)의 「공자행(公子行)」에 「경국경성(傾國傾城)하는 한무제, 구름이 되고 비가 되는 초양왕」이란 구절이 있고, 또 이백이 현종황제의 주석에 초대되어 동석한 양귀비의 아름다움을 찬양한 시에,

한 가지가 무르익게 고와서 이슬엔 향기가 어렸는데,
운남 무산에서 부질없이 창자를 끊노라.

一枝濃艶露凝香　일지농염노응향
雲南巫山枉斷腸　운남무산왕단장

이란 구가 있다. 다 앞에서 말한 고사를 말한 것이다.

장강 삼협 중 가장 아름다운 무산

운주유악 運籌帷幄

놀릴 運 산가지 籌 휘장 帷 휘장 幄

《사기》 고조본기(高祖本紀)

가만히 들어앉아서 계책을 꾸밈

운주(運籌)는 산가지를 놀린다는 뜻이고 유악(帷幄)은 장막이란 뜻이다. 「운주유악」은 장막 안에서 산가지를 놀린다는 뜻이니, 곧 가만히 들어앉아서 계획을 꾸민다는 말이다.

한고조 유방

《사기》 고조본기에 있는 이야기다.

항우는 이미 망하고, 천하가 마침내 한왕 유방의 손에 넘어갔고, 통일천하를 끝낸 한고조 유방은 어느 날 낙양 남궁(南宮)에서 잔치를 베풀었다. 그 자리에서 고조는 말했다.

「경들은 숨김없이 말해 보라. 내가 천하를 얻은 까닭과 항우가 천하를 잃은 까닭이 무엇인가를?」

그러자 고기(高起)와 왕릉(王陵)이 이렇게 대답했다.

「……폐하께선 성을 치고 공략하게 되면 공을 세운 사람에게 그 땅을 주어 천하 사람들과 이익을 함께하셨습니다. 그러나 항우는 의심과 질투가 많아 싸움에 이겨도 성을 주지 않고 땅을 얻어도 나누어 주는 일이 없었습니다. 이것이 폐하께서 천하를 얻고 항우가 천하를 잃은 까닭인 줄 아옵니다」

한고조 유방

그러자 고조는 말했다.

「그대는 하나만 알고 둘은 모른다. 대체로 산가지를 장막 안에서 움직여 천 리 밖에 승리를 얻게 하는 것은 내가 자방(子房 : 장량의 자)만 못하고(夫運籌策帷帳之中 決勝於千里之外 吾不如子房), 나라를 편안히 하고 백성을 어루만져 주며, 군대의 보급을 끊어지지 않게 하는 것은 내가 소하(蕭何)만 못하며, 백만의 군사를 거느리고 싸우면 반드시 이기고, 치면 반드시 빼앗는 것은 내가 한신만 못하다. 이 세 사람은 모두 뛰어난 인걸들이다. 나는 그들을 제대로 쓸 수가 있었던 것이 바로 내가 천하를 차지할 수 있었던 이유다. 항우는 범증(范增) 한 사람 있을 뿐이었는데, 그 하나도 제대로 쓰지 못했다. 이것이 나에게 패한 이유다」

이상이 《사기》의 내용인데, 《한서》에 나와 있는 것과는 이

강후 주발

대목의 글자가 몇 자 틀린다. 《한서》에는 「운주유악지중 결승천리지외(運籌帷幄之中 決勝千里之外)」로 되어 있는데, 《사기》에는 주(籌)가 주책(籌策)으로 되어 있고, 유악이 유장(帷帳)으로 되어 있고, 천리(千里) 위에 어(於) 한 자가 더 들어가 있다. 똑같은 뜻인데 보통 《한서》의 것을 쓰고 있다.

유방이 말한 바와 같이 그가 일개 군도(群盜)의 두목에서 몸을 일으켜 천하를 손에 쥔 것은 사람을 잘 썼기 때문이다. 항우의 경우는 혈연적인 결합이 강한 데 대하여 유방의 집단은 군사집단이기는 하나 오히려 당시의 신흥 세력이었던 호족(豪族)의 생활집단과 같은 형태를 취하고 있었다. 혈연이 아닌 것도 널리 사람을 흡수할 수 있는 조건이 되는 것이다. 소하는 원래 소관리(小官吏), 한신은 시정(市井)의 무뢰한, 주발(周勃)은 돗자리 짜는 사람, 번쾌는 개백정이었다. 유방은 이런 사람들을 잘 써서 일을 꾸몄던 것이다. 낡은 형태의 항우군보다 확실히 진보적이어서 이길 만하였기에 이긴 것이라고 말할 수 있다.

웅장여어 熊掌與魚

곰 熊 손바닥 掌 더불 與 물고기 魚

《맹자》 고자장구(告子章句)

「곰발바닥과 물고기」 라는 뜻으로, 두 가지를 겸할 수 없는 경우나 두 가지 가운데 하나를 취사선택하기 어려운 경우를 비유하는 말이다.

맹자가 말했다.

「나는 생선도 먹고 싶고 곰발바닥도 먹고 싶지만, 둘 다 먹을 수 없을 경우에는 생선을 버리고 곰발바닥을 취할 것이다(魚我所欲也 熊掌亦我所欲也 二者不可得兼 舍魚而取熊掌者也). 나는 삶(生)도 살고 싶고, 의(義)로움도 행하고 싶지만, 둘 다 겸할 수 없을 때에는 삶을 버리고 의로움을 취할 것이다」

맹 자

생선과 곰발바닥은 모두 맛난 음식이지만 곰발바닥이 상대적으로 더 맛이 좋다. 따라서 둘 중 하나를 취사선택할 경우에는 생선을 버리고 곰발바닥을 취한다는 말이다.

사람이 바라는 바에 삶(生)보다 더한 것이 없다면 무릇 삶(生)을

아성(亞聖) 맹자 묘

얻기 위해서 무슨 방법인들 쓰지 못하겠는가. 만약 사람이 싫어하는 바가 죽음보다 더 심한 것이 없다면 무릇 죽음의 환난(患難)을 피하기 위하여 무엇을 하지 않겠는가.

이를 말미암으면 사는데도 (그 방법을) 쓰지 않음이 있다. 이를 말미암으면 죽음의 환난을 피할 수 있는데도 (그 짓을) 하지 않음이 있다. 그러므로 사람에게는 삶보다 더 원하는 것이 있고, 죽음보다 더 싫어하는 것이 있다.

현량(賢良)한 사람만이 이 마음을 가지고 있는 것이 아니고, 사람이면 모두가 가지고 있는데, 현량한 사람은 그런 마음을 잃지 않을 뿐이다.

한 대나무 그릇의 밥과 한 나무그릇의 국을 얻으면 살고, 얻지 못하면 죽을지라도 욕설을 퍼부으면서 주면, 길을 가는 사람도 받지 않으며, 발길로 질러주면 거지도 달갑게 여기지 않는다.

마찬가지로 삶과 의로움은 모두 중요하지만, 두 가지를 겸할 수 없을 때에는 삶 대신 의로움을 택한다는 것이다.

원교근공 遠交近攻

멀 遠 사귈 交 가까울 近 칠 攻

《사기》 범수채택열전(范睢蔡澤列傳)

먼 나라와 친교를 맺고 가까운 나라를 공격함.

「원교근공」은, 멀리 떨어진 나라와는 친하게 지내고, 가까이 이웃하고 있는 나라는 이를 침략해 들어가는 외교정책을 말한다. 이것은 범수(范睢)가 진나라를 위해 창안한 외교정책이었는데 강대국들이 흔히 사용하는 정책이다.

《사기》 범수채택전에 나와 있는 줄거리를 추려서 이야기하면 대개 이렇다. 범수는 위나라 사람으로 자(字)를 숙(叔)이라 했다. 제후들을 유세(遊說)하고 싶었으나 집이 가난한 탓으로 여비가 없어 길을 떠나지 못하고, 위나라 왕을 섬길 생각이었으나 그마저 통할 길이 없어 우선 중대부(中大夫) 수고(須賈)의 밑에서 일을 보고 있었다.

어느 해, 수고가 위나라 소왕(昭王)의 명령으로 제나라에 사신으로 가는 길에 범수도 함께 따라가게 되었다.

제왕과 회담하는 자리에서 수고가 미처 대답을 못해 당황하면 범수가 대신 대답을 하곤 했다. 제왕은 범수의 재주를 아껴 그를 제나라에 머물러 있게 하고 싶었으나 사신으로 따라온 사람이라 그럴 수도 없고, 뒷날을 약속하는 고기와 술과 금 열 근을 보내 왔다. 범수는 금은 사양하고 술과 고기만을 받았다.

이 사실을 안 수고는 귀국하자 위제(魏齊)에게 범수가 수상하다고 일러바쳤다. 성질이 급한 위제는 당장 범수를 잡아들였다. 무슨

진나라로 달아나는 범수

비밀을 제나라에 일러주었느냐고 문초하기 시작했다.

범수는 맞아 이가 부러지고 갈비뼈가 부러졌다. 범수가 죽은 시늉을 하고 있자 거적에 싸서 헛간에 놓아두고 술 취한 손들을 시켜 범수의 시체 위에 오줌을 누게 했다. 범수는 자기를 지키고 있는 사람을 매수해서, 위제의 승낙을 얻어 들판에 갖다 버리게 한 다음, 친구 정안평(鄭安平)의 집으로 가 숨어 있었다. 얼마 후 진나라 사신으로 온 왕계(王稽)의 도움으로 몰래 진나라로 들어온 다음, 마침내 진소왕(秦昭王)을 만나 당면한 문제와 원교근공의 외교정책 등을 말함으로써 일약 현임 재상을 밀어내고 진나라의 재상이 된다.

범수가 「원교근공」을 말한 대목을 소개하면 이렇다.

「……왕께선 멀리 사귀고 가까이 치는 것보다 좋은 방법은 없습니다. 한 치를 얻어도 왕의 한 치 땅이 되고, 한 자를 얻어도 왕의 한 자 땅이 됩니다. 이제 이를 버리고 멀리 공략을 한다면 어찌 틀린 일이 아니겠습니까(……王不如遠郊而近攻 得寸則王之寸也 得尺亦王之尺也. 今釋此而遠攻 不亦繆乎)」

원수는 외나무다리에서 만난다고, 얼마 후 범수는 수고를 만나게 되었는데, 그 이야기가 또 유명하다.

범수는 장록(張祿)이란 가명을 쓰고 있었다. 진나라가 위나라를 치려 한다는 소문을 전해들은 위나라에서는 수고를 사신으로 보내

범수와 수고

새로 등장한 장록 재상의 호감을 사도록 술책을 썼다. 범수는 다 떨어진 옷을 입고 수고가 묶고 있는 객관으로 찾아갔다. 수고는 깜짝 놀라 물었다.

「범숙(范叔)이 이제 보니 무사했구려!」

「천명으로 무사했습니다」

「진나라로 유세를 온 건가?」

「천만에요. 도망쳐 온 몸이 유세가 뭡니까?」

「그래 지금 뭘 하고 있지?」

「남의 집 고용살이를 하고 있습니다」

「범숙이 이토록 고생을 하고 있다니!」

수고는 음식을 함께 나눈 뒤 비단옷 한 벌을 내주었다. 그리고는 이야기 끝에,

「혹시 진나라 새 재상 장록을 아는지? 이번 일은 그에게 달려 있는데……」 하고 물었다.

「우리 집 주인 영감이 잘 알고 지내기 때문에 가끔 뵙기는 합니다. 그럼 제가 대감을 모시고 장재상을 가 뵙도록 하지요」

「고맙네. 그런데 나는 말이 병들고 수레가 부서져 나갈 수가 없는데, 어떻게 하지?」

「제가 주인 집 큰 수레와 말을 빌려 오겠습니다」

범수가 큰 수레를 몰고 돌아오자, 수고는 그와 함께 상부(相府)로 들어갔다. 바라보니 부중 사람들이 모두 피해 숨곤 했다. 수고는 이상하다 싶었으나, 외국 사신에 대해 경의를 표하는 줄로 적당히 생각하고 말았다. 그런데 어찌된 일인지 먼저 알리고 나오겠다던 범수가 아무리 기다려도 나타나지를 않았다.

나중에야 속은 줄 안 수고는 웃옷을 벗고 무릎으로 기어들어가 사람을 통해 사죄를 했다. 그리하여 온갖 곤욕을 다 치른 끝에 겨우 목숨을 건진 수고는, 위나라 재상 위제의 목을 베어 바치겠다는 약속을 하고 돌아온다.

위제는 겁이 나 조나라로 도망을 쳤으나, 「위제를 보호하고 있는 나라는 곧 나의 원수다」 하는 범수의 위협에 못이겨 위제는 조나라에서 다시 쫓겨났다가 결국은 길거리에서 자살하고 만다. 세도만 믿고 사람의 목숨을 파리 목숨처럼 여긴 그도 자기 목숨이 아까운 것만은 절실하게 느꼈으리라.

「누란지위(累卵之危)」 란 말도 범수에게서 나왔다.

狐裘雖敝 不可補以黃狗之皮
호구수폐 불가보이황구지피

여우가죽의 옷이 해졌더라도

그것을 깁는 데 개가죽을 써서는 안된다.

(여우 가죽으로 만든 옷은 아무리 해졌더라도 개 가죽으로 대신 기울 수는 없다. 곧 군자가 지금은 비록 아무리 힘을 못 쓰게 되었더라도 소인으로 그를 대신할 수는 없는 것이다.)

— 《사기》 전경중완세가(田敬仲完世家)

원수불구근화 遠水不救近火

멀 遠 물 水 아니 不 구할 救 가까울 近 불 火

《한비자》 설림상(說林上)

먼 데 있으면 급할 때 아무 소용이 없다.

노(魯)나라 목공은 제(齊)나라의 침략을 막는 한 방법으로, 제나라의 득세를 싫어하고 있는 초나라와 한·위·조(韓魏趙) 세 나라에 공자를 보내 그들 나라를 섬기게 했다. 그러자 이서(犁鉏)란 사람이 이렇게 간했다.

「멀리 있는 월(越)나라 사람을 불러다가 물에 빠진 아이를 구하려 한다면, 월나라 사람이 아무리 헤엄을 잘 친다 해도 아이는 살지 못할 것입니다. 불이 난 것을 바닷물로 끄려 한다면 바닷물이 아무리 많아도 불을 끌 수는 없을 것입니다. 먼 물은 가까운 불을 구하지 못합니다(遠水不救近火也). 지금 삼진(三晋)과 초나라가 비록 강하다고 해도 제나라가 그들 나라보다 가까이 있기 때문에 노나라의 위급함을 구해 줄 수는 없습니다」

《한비자》 설림상(說林上)에 있는 우화 가운데 하나다.

먼 물은 가까운 불을 구하지 못한다는 「원수불구근화」는 「너희 집에 있는 금송아지가 무슨 소용이 있느냐?」 하는 우리말과 같다고 볼 수 있다.

「구슬이 서 말이라도 꿰어야 보배다」

강물이 많으면 무슨 소용이 있고 바닷물이 아무리 많으면 무슨 소용이 있겠는가?

《장자》 에 나오는 「철부지급(轍鮒之急)」 도 같은 뜻이다.

원앙지계 鴛鴦之契

원앙 鴛 원앙 鴦 의 之 맺을 契

《수신기(搜神記)》

「원앙새와 같이 금실이 좋은 맺음」이라는 뜻으로, 부부 사이에 금실(금슬)이 좋음을 비유하는 말이다.

동진(東晋 : 4세기경)의 역사가 간보(干寶)가 편찬한 소설집으로, 지괴(志怪 : 육조시대의 귀신괴이·신선오행에 관한 설화)의 보고(寶庫)로 여겨지는 가장 대표적인 설화집인 《수신기(搜神記)》 한빙부부(韓憑夫婦)에 있는 이야기다.

춘추시대의 큰 나라인 송(宋)나라는 전국 전대 말기의 강왕(康王) 때, 제(齊)나라와 위(魏)나라와 초(楚)나라 등 3대국의 공격을 받고 멸망하여 세 나라에 분할되었다.

이 송나라 강왕의 시종(侍從)에 한빙(韓憑)이라는 사람이 있었다. 그는 몇 집에서 아내를 맞이하였지만, 이 하씨(何氏)가 세상에서 뛰어난 미모임을 눈여겨 본 강왕은, 그에게서 하씨를 취하여 첩으로 삼았다. 그는 언제나 왕이 하는 처사에 대하여 원한을 품었다. 왕은 화가 나서 그를 사실이 아닌 죄에 빠뜨려 성단(城旦)에서 형벌에 처했다.

성단의 형벌이란 것은 낮에는 변경의 수비를 하고, 밤에는 변경의 방비에 만리장성을 쌓는 인부로 근무하게 하는 무거운 형벌이다. 아내 하씨는 남편에게 은근히 편지를 보냈다. 일이 잘못 되어 강왕의 손에 들어갈지도 모르기 때문에 남편만이 알 수 있는 말로 썼다.

송나라의 강왕은 이 편지를 손에 넣고, 측근자들에게 보였지만 아무도 해명하지 못하였다. 그러자 소하(蘇賀)라는 사람이 나서서 말했다.

「비가 많이 내린다는 것은 당신을 잊지 못하여 언제나 근심하고 있다는 뜻이고, 강은 크고 물은 깊다는 말은 당신에게 갈 수 없다는 뜻이며, 해가 나와서 마음을 비춘다는 것은 살지 못함을 태양에 맹세한다는 뜻입니다」

이때 한빙이 자살했다는 보고가 들어왔다. 이 말을 들은 하씨는 자기의 의복을 썩혀 놓고서, 강왕과 함께 성벽에 올라갔을 때 거기에서 몸을 던졌다. 측근이 당황하여 옷소매를 잡았지만, 옷소매만이 손에 남고서 하씨는 떨어져 죽었다. 하씨의 띠에는 유언이 씌어 있었다.

「왕께서는 살아 있는 저의 몸을 자유로이 하셨지만. 제가 죽더라도 제 몸을 자유롭게 해주십시오. 제발 저의 시신을 남편과 함께 묻어 주십시오」

그러나 약이 잔뜩 오른 강왕은 이 소원을 무시하고 사람을 시켜 두 사람의 무덤을 마주 보이는 산언덕에다가 만들게 하였다.

그런데 하룻밤 사이에 아주 커다란 나무가 두 묘 끝에서 자라나더니 열흘 만에 우거지고, 몸체가 서로를 향해 굽더니 뿌리가 서로 엉겨 붙고 위에서는 나뭇가지들이 서로 얽혔다. 또 암수 원앙 한 쌍이 각각 나무 위에 집을 짓고 아침저녁으로 그 자리에서 구슬피 울어 듣는 이의 가슴을 저리게 했다. 이를 보고 송나라 사람들은 원앙이 한빙 부부의 영혼이라고 했고 그 나무를 가리켜 상사수(相思樹)라고 불렀다. 남녀의 애타는 사랑을 「상사」라고 하는 것도 여기서 나온 말이다.

아

원입골수 怨入骨髓

원한 怨 들 入 뼈 骨 골수 髓

《사기》 진본기(秦本紀)

「원입골수」는 글자 그대로 원한이 뼈 속까지 들어가 있다는 뜻으로 곧 뼈에 사무친 원한을 말한다.

춘추시대 오패(五覇)의 한 사람인 진목공은 그가 도와 패천하(覇天下)까지 하게 만들었던 진문공이 죽자, 그 기회를 틈타 멀리 정(鄭)나라를 치게 된다. 노 재상인 백리해(百里奚)와 건숙(蹇叔)의 반대를 물리치고 진(晋)나라 국경을 거쳐 감행된 일대 모험이었다.

이 소식을 전해들은 진양공은, 자기를 무시한 행동이라 하여 상복차림으로 군대를 보내 진목공의 군사가 돌아오는 길을 앞뒤로 차단하고, 이에 공격을 가함으로써 적의 군사를 한 사람도 남기지 않고 다 무찌른 다음, 적의 대장 맹명시(孟明視)와 백을병(白乙丙), 서걸술(西乞術) 등 이른바 진나라 삼수(三帥)를 사로잡아 돌아온다.

그리고 이 싸움의 총지휘자는 중군원수 선진(先軫)이었는데, 이런 큰 전과를 올리게 된 것도 다 그의 용의주도한 계획에서였다. 그런데 진문공의 부인 문영(文嬴)은 진목공의 딸로 진양공에 대해서는 어머니뻘이 되는 현철한 여자였다. 문영은 아버지 진목공의 배경에 의해 진문공의 정부인으로 시집을 오기는 했으나, 문공에게 과거에 장가든 아내와 거기서 난 자식이 있다는 것을 알자, 굳이 먼저 아내에게 자리를 양보하는 한편 그 아들까지 태자로 세우게 했다.

그렇게 해서 문공의 뒤를 이어 임금이 된 것이 바로 진양공이었다. 그러므로 양공으로서는 문영이 더없이 고마운 존재였고, 또 그만큼 우러러보는 처지이기도 했다.

이 문영은 이번 사건으로 마음이 착잡했다. 친정과 시집의 싸움 틈바구니에 낀 자신이 할 일은 뒷날의 원수를 더 깊게 하지 않는 것뿐이었다. 그래서 그녀는 포로로 잡혀 온 세 장군을 어떻게든지 돌려보내고 싶었다. 그리하여 양공에게 이렇게 청했다.

「진(秦)나라 임금은 이 세 사람을 뼛속에 사무치도록 원망하고 있을 터이니, 이 세 사람을 돌려보내 우리 아버지로 하여금 직접 이들을 기름가마에 넣어 한을 풀게 해 주세요」

진양공은 지난날의 정의를 생각해 볼 때 그런 정도의 아량은 베풀어 보이는 것이 당연할 것만 같았다. 양공은 곧 이들 세 장수를 풀어 본국으로 돌아가게 했다. 그러나 소식을 전해들은 선진은 먹던 밥을 뱉어내고 양공에게로 달려가 사실을 확인하자, 침을 탁 뱉고 격한 나머지 임금을 철이 없다고 꾸중을 했다.

늙은 자신이 천신만고로 이룬 공을 여자의 말 한 마디로 망쳐 버린 것이 너무도 분하고 원망스러웠던 것이다. 양공은 용상에서 급히 내려와 선진에게 사과를 하고 곧 사람을 보내 그들을 다시 잡아오게 했다. 그러나 그들은 이미 대기하고 있던 자기 나라 배를 타고 강 한복판에 떠 있는 뒤였다.

선진이 예측한 대로, 진목공은 이들 세 장수를 성 밖까지 나와 환영을 하고 그들을 본래의 지위에 다시 두어 더욱 후대를 함으로써 마침내는 패자가 될 수 있었다. 진목공은 이 세 사람에 대한 원한이 아니라 자기 자신의 잘못에 대한 후회가 뼈에 사무치도록 깊었기 때문에 마침내 큰 뜻을 이루게 된 것이다.

이 「원입골수」는 《사기》 진본기(秦本紀)에 있는 「목공이 이 세 사람을 원망함이 골수에 들어 있다」는 말에서 나온 것이다.

원형이정 元亨利貞

으뜸 元 형통할 亨 이로울 利 곧을 貞

《주역》 문언전(文言傳)

하늘이 갖추고 있는 네 가지 덕 또는 사물의 근본 원리.

《주역(周易)》에서 말하는 건(乾)의 네 가지 원리. 곧 사물의 근본원리라는 말인데, 원(元)은 만물의 시(始)로 봄(春)에 속하고 인(仁)이며, 형(亨)은 만물의 장(長)으로 여름(夏)에 속하고 예(禮)이며, 이(利)는 만물의 수(遂)로 가을(秋)에 속하고 의(義)이며, 정(貞)은 만물의 성(成)으로 겨울(冬)에 속하고 지(智)가 된다.

만물이 처음 생겨나서 자라고 삶을 이루고 완성함. 또는 인(仁)·의(義)·예(禮)·지(智)를 이르는 말이다.

《주역》 건괘(乾卦) 문언전(文言傳)에 있는 말이다.

「元은 착함이 자라는 것이요, 亨은 아름다움이 모인 것이요, 利는 의로움이 조화를 이룬 것이요, 貞은 사물의 근간이다. 군자는 인(仁)을 체득하여 사람을 자라게 할 수 있고, 아름다움을 모아 예에 합치시킬 수 있고, 사물을 이롭게 하여 의로움과 조화를 이루게 할 수 있고, 곧음을 굳건히 하여 사물의 근간이 되게 할 수 있다. 군자는 이 네 가지 덕을 행하는 고로 건(乾)은 원형이정이라고 하는 것이다(元者 善之長也 亨者 嘉之會也 利者 義之和也 貞者 事之幹也 君子體仁足以長人 嘉會足以合禮 利物足以和義 貞固足以幹事 君子行此四德 故曰 乾 元亨利貞)」

또한 「원형이정」은 각각 인·의·예·지(仁義禮智)를 뜻하기도 한다.

월단평 月旦評

달 月 아침 旦 평론할 評

《후한서》 허소전(許劭傳)

인물 평.

《후한서》 허소전에 있는 이야기다.

후한(後漢, 25~220)도 전한처럼 황후의 일족(外戚)과 환관의 세력에 골머리를 앓았다. 제10대 환제 때, 그 환관들이 결속하여 기개와 절조가 있는 선비 2백여 명을 금고(禁錮)에 처한 「전당고(前黨錮)의 화(禍)」(166)가 일어났으며, 다음 영제 때도 마찬가지로 7백여 명이 살해되고 다시 그 문하생에서 지인, 친척까지 유형이나 투옥을 당한 「후당고(後黨錮)의 화」(176)가 일어났다.

이런 일련의 사건으로 정치는 어지러워지고 한실의 위광(威光)도 쇠퇴하여 천하는 소연해졌다. 그런데 이에 박차를 가하는 사태가 발생했다. 그것은 「태평도(太平道)」라는 사교의 유행이었다.

「태평도」는 하북(河北)의 장각(張角)이라는 사나이가 시작한 당시의 신흥종교로, 황제(黃帝 : 삼황오제의 하나로 전설상의 인물)나 노자의 학설에 엉터리 이론을 붙인 것으로 정치가 올바르지 못하면 민중이 이런 것에서까지 구원을 찾게 되는 것은 인지상정이다. 어쨌든 천하가 소연해진 틈을 타 순식간에 수십만의 신도를 모으게 되었다.

이렇게 세력을 얻은 장각은, 이번에는 천하를 자기의 소유물로 만들려는 야망을 품고 영제 17년(184), 종도(宗徒)를 이끌고 군사를 일으켰다. 그 세력이 왕성해서 순식간에 전국으로 퍼졌다. 반란군은

장각(張角)・장보(張寶)・장량(張梁) 삼형제

표지(標識)로서 황색 건을 두르고 있었으므로 「황건적(黃巾賊)」이라 부르고, 이 난을 「황건적의 난」이라고 불렀다.

이렇게 되고 보니 궁정 안에서는, 권모술수로 남을 해치는 재주밖에 없는 환관들로서는 속수무책이었다. 당고의 화로 감금했던 선비들을 허겁지겁 풀어주어 토벌케 함과 동시에 전국의 유력자들에게 수하를 막론하고 토벌을 명했다. 무슨 일이라도 일어났으면 하고 목을 길게 빼고 기다리고 있던 야심만만한 호걸들은 다투어 군사를 일으켰으며, 그 중에서도 지모가 출중한 조조(曹操)는 반란군을 크게 격파하고 천하에 이름을 떨쳤다.

그 밖의 사람들도 용전하여 각지에서 반란군은 각지에서 참패를 당했으며, 수령 장각도 병사하여 그토록 기세를 올리던 대란(大亂)도 거의 진정되었다. 그러나 수그러들지 않는 것은 군사를 일으켰던 호걸들, 추켜올렸던 주먹을 그냥 내려놓을 수는 없었다. 그래서 거병의 명목을 「횡포한 환관을 응징한다」로 변경하고 군사를 풀지 않고 기회를 노리고 있었다.

영제가 재위 20년에 죽자(188) 원소(袁紹)라는 장군이 먼저 일어나 군사를 이끌고 궁중으로 난입하여 환관이라고 이름이 붙은 자 2천여 명을 모조리 죽였으며, 다시 동탁(董卓)이라는 장군도 다음에 즉위한 유제(幼帝)를 쿠데타로 폐위시켜 후한 왕조에 종지부를 찍고 마침내 삼국지 이야기의 발단이 된다.

조 조

한편, 황건적을 토벌하여 큰 공을 세운 조조는 젊었을 때부터 가업은 돌보지 않고 호걸들과의 교제를 즐겼다. 그 무렵 하남성 여남(汝南)에 허소(許劭)와 사촌형 허정(許靖)이라는 두 명사가 살고 있었다. 이 두 사람은 매달 초하루에 향당의 인물을 골라서는 비평을 하고 있었다. 그 비평인 매우 적절했기 때문에 「여남의 월단평(月旦平)」이라고 항간에서 평판이 파다해서 그 평을 들으러 가는 사람이 많았다. 이 인물평이 너무나도 유명했으므로 그로부터 인물 비평을 「월단평」 약해서 「월단」이라고 하게 되었다. 즉 「매달 초하루의 평」이란 말인데, 그것은 곧 인물평이란 말로 통하게 되었다는 이야기다.

허소의 이 같은 인물평이 당시는 상당히 높이 평가되고 있었으므로 《삼국지》의 영웅 조조(曹操)가 그를 찾아가 상평을 청한 것은 유명한 이야기로 전해지고 있다. 허소는 조조에게 상평해 줄 것을 거부했다. 그러자 조조는 평을 해주지 않으면 죽이겠다고 위협을 했다. 허소는 조조를 좋지 못한 인간으로 보았기 때문에 평을 거부한 것이었는데, 막상 위협을 받고 보니 뭐라고 말을 하지 않을 수가 없었다.

「그대는 올바르고 태평스런 세상에서는 간사한 도적이 될 것이요, 어지러운 세상에서는 영웅이 될 것이다(君淸平之姦賊 亂世之英雄)」 라고 했다.

이 말은 《후한서》 허소전에 나오는데, 조조는 허소의 이같은 평에 몹시 만족해하며 돌아갔다고 한다. 그러나 《십팔사략》 에는 허소가, 「그대는 잘 다스려진 세상에서는 능력 있는 신하가 될 것이요, 어지러운 세상에서는 간사한 영웅이 될 것이다(子治世之能臣 亂世之姦雄)」 라고 말한 것으로 되어 있다.

이성계

아무튼 조조가 기뻐한 것은 「난세의 영웅」 이란 말이었던 것 같은데, 보통 《십팔사략》 의 말이 널리 알려지고 있다.

「월단평」 은 월조평(月朝評)이라고도 한다. 이조시대에는 단(旦)이 태조 이성계(李成桂)의 임금이 된 뒤의 이름이었기 때문에 글자를 본래대로 읽지 않고 조(朝)와 같은 글자로 읽었기 때문이다. 원단(元旦)을 「원조」 라고 읽은 것도 역시 같은 이유에서였다. 이른바 촉휘(觸諱)라는 것으로, 임금의 이름을 함부로 부르지 못하는 제도 때문이었다.

월명성희 月明星稀

달 月 밝을 明 별 星 드물 稀

《문선(文選)》「단가행(短歌行)」

달빛이 밝으니 별도 드물다는 뜻으로, 어진 사람이 나오면 소인(小人)들은 숨어버린다는 말, 곧 큰 영웅이 나타나면 군웅의 존재가 희미해진다는 말.

삼국시대 위무제(魏武帝) 조조의 시 「단가행(短歌行)」 끝 부분에 나오는 「달이 밝으니 별빛은 희미한데 까마귀와 까치들은 남쪽으로 날아가네(月明星稀 烏鵲南飛)」라는 시구에서 나온 말이다.

시에서 달은 자신, 별은 다른 영웅을 의미한다. 곧 큰 영웅이 나타나면 군웅의 존재가 희미해짐을 비유한다. 조조는 촉(蜀)의 선주(先主)가 도망간 것을 비꼬면서 자신의 기개를 드러낸 말이다.

208년 조조가 오(吳)의 손권과 촉(蜀)의 유비의 연합군과 적벽(赤壁)에서 전투를 벌일 무렵, 달빛이 밝은 장강(양자강)의 밤경치를 바라보는데, 새들이 울며 남쪽으로 날아가는 것을 보고 뱃전에 서서 취중에 지어 부른 노래가 「단가행」이다.

조조는 적벽대전(赤壁大戰)에서 패하였으나 정치가로서 뿐만 아니라 문인으로서도 재능이 뛰어났다. 시의 일부를 음미해 보자.

달은 밝고 별은 드문데, 까막까치 남으로 날아가네.
나무를 세 번 둘러봐도, 의지할 가지 하나 없구나.
산은 높음을 싫어하지 않고, 물은 깊음을 싫어하지 않으리
주공은 입에 문 것을 뱉어가며, 천하의 마음을 얻기에 힘썼네.

주무왕

月明星稀 烏鵲南飛　월명성희 오작남비
繞樹三匝 河枝可依　요수삼잡 하지가의
山不厭高 海不厭深　산불염고 해불염심
周公吐哺 天下歸心　주공토포 천하귀심

이 시는 위왕 조조가 문인으로 호탕한 기상과 천하를 다루던 정치가로서의 포부와 야망이 함께 어우러진 작품이라고 한다. 특히 마지막 구절에 나오는 「주공토포(周公吐哺)」는 옛날 주공(周公)의 「토포악발(吐哺握髮)」고사를 인용한 구절인데, 인재를 얻으려고 동분서주한 주공의 일화를 읊은 것으로 조조의 영웅적인 모습을 잘 보여주고 있다. 이 노래를 마친 조조는 회심의 미소를 지으며 크게 웃었고, 모두가 흥이 나서 유쾌하게 즐겼는데, 오직 유복(劉福)이란 장수만 「달빛이 밝으니 별은 희미해지고, 까마귀 까치들은 남녘으로 날아간다. 나뭇가지를 거듭 돌아보지만, 어느 가지에 기댈 수 있을까?」라는 구절은 불길한 징조라고 걱정스레 말했다.

이 말에 흥이 깨진 조조는 창으로 유복을 찔러 죽이고 말았는데, 다음날 술이 깬 뒤 후회했다고 전하고 있다. 물론 이것은 《삼국지연의》에 있는 이야기일 뿐이고 실제 유복이 어떻게 죽었는지 정사 《삼국지》에는 설명이 없다. 시 가운데 「月明星稀 烏鵲南飛」라는 구절은 북송의 시인 소식이 지은 「적벽부」에도 인용되었다.

월조대포 越俎代庖

넘을 越 제기 俎 대신할 代 부엌 庖

《장자(莊子)》 소요유편(逍遙遊篇)

도마를 넘어가서 제사(祭祀)를 담당하는 사람이 음식 만드는 일을 한다는 뜻으로, 자신의 직분을 벗어나 남의 직분이나 권한 따위를 침범하는 일을 이르는 말. 즉 주제넘은 참견을 말함.

《장자》 소요유편에 있는 이야기다.

허유가 살던 시대에는 요풍순우(堯風舜雨)로 성군의 덕이 이르지 않는 곳이 없으니 백성들은 오히려 정치가 있는지 없는지조차도 모르고 살았다. 권력으로부터 시달림을 받는 일도 억울함을 당하는 일도 없었다. 오직 제 할 일만 열심이 하고 살면 그만이었다.

요임금

요(堯)임금 시절, 허유(許由)라는 덕이 높은 은자가 있었다. 요임금이 그 소문을 듣고 왕위를 물려주고자 했다. 요임금이 허유에게 말했다.

「해와 달이 돋아 밝은데 관솔불을 계속 태우다니 그 빛은 헛되지 않습니까. 때맞추어 비 내리는데 여전히 물을 대고 있으니 그 물은 소용없지 않습니까? 선생께서 임금이 되시면 천하가 잘 다스려질 터인데 내가 여전히 천하를 맡고 있습니다. 돌이켜보건대, 나는 도저히 부족합니다. 부디 천하를 맡아 주시오」

허유세이도(許由洗耳圖, 清 예전)

「임금께서 천하를 다스려 이미 잘 다스려지고 있습니다. 그런데 제가 임금을 대신하다니 천자라는 명목을 얻기 위해 대신한단 말이오. 명목이란 실질의 손에 지나지 않습니다. 나더러 그런 손이 되란 말인가요? 뱁새가 깊은 숲속에 둥지를 짓는다 해도 불과 나뭇가지 하나면 족하고, 두더지가 강물을 마신다 해도 그 작은 배를 채우는 데 불과합니다. 임금께서는 돌아가 쉬십시오. 내게도 천하란 아무 소용도 없습니다. 요리사가 요리를 잘못한다고 시동이나 신주가 술단지와 고기그릇을 들고 그를 대신할 수는 없는 것입니다(庖人雖不治庖 尸祝不越樽俎而代之矣)」

이렇게 말하고 허유는 기산(箕山)에 들어가 숨어 살았다.

이 이야기는 노자의 사상을 철학으로서 완성시킨 장자의 사상의 일면을 잘 드러내고 있다. 세상의 권력을 탐하는 사람들에게 최고 권력이란 지상의 모든 것을 가질 수 있는 수단이지만 이것이 단박에 거절할 수 있는 사람은 흔치 않다. 은자의 말은 세상에는 다 자신에 맞는 직분이 있으며 지혜로운 사람이라고 해서 모두 왕이 되기를 원하지는 않음을 보여주고 있다.

월하노인 月下老人

달 月 아래 下 늙을 老 사람 人

《태평광기(太平廣記)》

남녀의 인연을 맺어 주는 사람. 중매쟁이.

「월하노인」은 달 아래 늙은이란 말이다. 그러나 이 말은 달빛을 구경하는 노인의 뜻이 아니라, 인간 세계의 부부의 인연을 맺어 주는 저승(冥界)의 노인을 말한다. 그래서 중매를 서는 사람을 「월하노인」이라 부르기도 하고, 이를 약해서 「월노(月老)」라고도 한다. 이 밖에 월하노인의 전설과 「얼음 밑에 있는 사람(氷下人)」의 전설이 합쳐진 「월하빙인(月下氷人)」이란 말도 같은 뜻으로 쓰이고 있다.

「월하노인」은 《태평광기》에 수록된 정혼점(定婚店) 전설에서 나온 문자다. 「정혼점」 전설은 다음과 같다.

장안 근처 두릉(杜陵)이란 곳에 사는 위고(韋固)가 송성(宋城) 남쪽 마을에 묵고 있을 때 일이다. 어떤 사람이 혼담을 청해 와서, 이튿날 새벽 마을 뒤쪽에 있는 용흥사(龍興寺) 문 앞에서 만나 상의하기로 했다. 일찍이 양친을 잃고 장가를 들고 싶어도 말해 주는 사람이 없어 따분했던 위고는 날이 밝기도 전에 미리 절 앞으로 나갔다.

문 앞에 이르자, 약속한 사람은 아직 와 있지 않고 웬 노인이 돌계단에서 베자루(巾囊)에 기대고 앉아 달빛을 빌어 책을 읽고 있었다.

「무슨 책입니까?」하고 묻자 노인은 웃으며,

「이건 이 세상 책이 아니야」하고 대답했다.

월하노인 조상(彫像)

「그럼 저 세상 책인가요?」

「그렇지」

「그럼 노인장께서는 저 세상 분이신가요? 그렇다면 어떻게 여기를……」

「저 세상에서 소임을 맡고 있는 사람은 모두 이 세상을 다스려야만 하거든. 그러려면 자연 이 세상으로 나와야 하지 않겠나. 지금 이 시각에 나다니는 사람은 거의 저 세상 사람들이지. 다만 이 세상 사람들이 알아보지 못하는 것뿐이지」

「그럼 노인장께서 맡으신 일은 무엇이온지?」

「나는 이 세상 사람들의 남녀 간에 인연을 맺어 주는 사람일세」

「그럼 마침 잘 됐군요. 실은 제가 이리로 나오게 된 것도 혼담 때문인데, 그 일이 잘 될는지요?」

「자네 아내 될 사람은 이제 세 살이니, 아직 15년은 있어야 장가를 들 수 있어」

「네? 그런데, 그 자루 속에 든 것은 무엇인가요?」

「붉은 끈일세. 부부가 될 사람의 발을 서로 붙들어 매기 위한 거지. 사람이 태어나면 이 실로 매어 두는 걸세. 그러면 아무리 상대가

원수지간이든, 신분의 차이가 있든, 몇 천 리를 떨어져 있든 반드시 만나 살게 되는 걸세. 자네도 그 세 살 먹은 여아와 맺어져 있으므로 다른 여자와 결혼을 하려 해도 다 소용이 없는 일일세」

「그럼 그 아이는 지금 어디에?」

「마을 북쪽에서 채소 장사를 하고 있는 진(陳)이란 노파의 딸일세」

「만나 볼 수 있을까요?」

「늘 시장에 안고 나와 있으니까 만나 볼 수 있지. 소원이라면 따라오게. 내가 가르쳐 줄 테니」

그럭저럭 날이 밝았는데, 약속한 사람은 나타나지 않았다. 노인은 자루를 메고 일어나 가려 했다. 급히 노인을 따라가 보았더니, 노인은 한쪽 눈이 먼 늙은 여자 품에 안겨 있는 계집아이를 가리키며 말했다.

「이 애가 자네 배필일세」

「저걸 언제 키워서! 차라리 죽여 없애버리리라」

위고는 무심중 말해 버렸다.

「죽이다니! 그 아이는 장차 아들 덕에 봉록까지 받게 되어 있는데」

노인은 이 말을 남기고는 홀연히 모습을 감추어 버리고 말았다.

「기가 차군. 누가 저런 거지 딸에게 장가를 든담」

위고는 하인에게 비수와 상금을 주고는 그 어린애를 죽이고 오라고 시켰다. 그러나 하인은 가슴을 찌른다는 것이 칼이 빗나가 두 눈썹 사이를 찌르고 말았다고 돌아와 고했다. 그로부터 14년이 지나 위고는 상주(相州)의 관리가 되었다. 영리한 그는 주장관의 신임을 얻어 그의 딸을 아내로 맞게 되었다. 그녀는 열일곱 한창 피어나는

월하노인

고운 얼굴이었는데, 꽃 모양의 종이를 두 눈썹 사이에 붙이고 있었다.

1 년이 훨씬 지난 어느 날, 위고는 문득 옛날 일이 기억에 되살아났다. 혹시나 하고 다그쳐 까닭을 물었더니, 아내는 울며 사실을 말했다.

「저는 실은 장관의 친딸이 아니고 수양딸이었습니다. 제 친아버지는 송성현 원으로 있을 때 돌아가시고, 그 뒤 어머니도 오빠도 죽고 없어 진(陳)이란 노파 손에서 자라났습니다. 제 나이 세 살 때 시장에서 괴한의 칼을 맞았는데, 그때의 상처가 남아 이렇게 가리고 있는 것입니다」

「그 진 노파는 한쪽 눈이 멀지 않았던가?」

「그렇습니다. 그걸 어떻게……」

「그대를 찌르게 한 것은 바로 나였소」 하고 그는 지난 일을 자세히 이야기해 주었다.

그 뒤로 두 부부는 한결 정답게 살게 되었는데, 그들 사이에 태어난 아들이 뒤에 안문군(雁門郡) 태수가 되고, 어머니는 태원군 태부인이란 작호를 받았다. 그래서 이 이야기를 들은 송성현 현령이 그 마을을 「정혼점」이라고 고쳐 부르게 했다는 것이다.

위급존망지추 危急存亡之秋

위험할 危 급할 急 있을 存 망할 亡 의 之 때 秋

제갈량 / 「출사표(出師表)」

사느냐 죽느냐 하는 위급한 시기. 추(秋)는 가을이란 뜻도 되지만, 시기라는 뜻으로도 쓰인다. 곧 국가의 운명에 관한 중요한 시기라는 말이다. 제갈량의 「출사표(出師表)」에 있는 말이다.

아

유현덕의 삼고초려의 정성에 감동되어 스물일곱 살 젊은 나이로 세상에 떨치고 나온 제갈량은 현덕을 도와 촉한의 기반을 다지고, 통일천하의 사명감에 있는 힘과 지혜를 다 기울였으나, 촉한은 삼국 중에서도 오히려 열세에 놓인 채 현덕이 일찍 죽고 만다.

제갈무후

이리하여 제갈량은 내정과 더불어 서남방을 평정하여 후방의 염려를 없앤 다음 조조의 위(魏)나라와 결전을 감행하게 된다.

출정에 앞서 용렬한 후주(後主) 유선(劉禪)에게 출정의 동기와 목적을 밝힌 표문이 바로 이 「출사표」다. 그러나 첫번째 출정은 뜻을 이루지 못하고 돌아왔다.

그리하여 이듬해 다시 출정을 하게 되는데, 이때 바친 것이 이른바 「후출사표」다. 그러나 이 출정에서도 제갈량은 목적을 이루지

후출사표 탁본

못하고 병으로 진중에서 죽게 된다.

이「출사표」첫머리에 이「위급존망지추」란 말이 나온다.

「선제께서 한실(漢室) 부흥의 사업을 시작하시고, 아직 그 반도 이루지 못한 채 도중에 세상을 떠나시고, 지금 천하가 셋으로 나뉘어져 있는데, 그 중에서도 촉한의 익주 백성이 가장 지쳐 있으니, 지금이야말로 살아남느냐 망하느냐 하는 위급한 때입니다……」

출사표는 전·후 둘이 있기 때문에 「전출사표」「후출사표」로 구분해 부르게 되고, 둘을 합쳐 「출사이표(出師二表)」라고도 한다.

《삼국지》 촉지 제갈량전에는 물론이고, 《문선》《문장궤범》《고문진보 후집》 등에 수록되어 있다.

촉한으로 정통을 주장하는 학파가 후세에 한동안 우세했던 이면에는, 제갈량의 이 「출사표」에 감명을 받은 학자들 때문이라고 할 정도로 이 「출사표」의 내용과 문장은 감명적이다.

위무불굴 威武不屈

위엄 威 굳셀 武 아닐 不 굽을 屈

《맹자(孟子)》 등문공하

어떠한 위엄이나 무력에도 굴복하거나 꺾이지 않을 정도로 위풍당당함을 뜻하는 말이다.

전국시대 맹자는 공자 다음으로 명성이 높은 유가의 대표 인물로서 아성(亞聖)으로 불리고 있다. 그의 문장은 그 기세가 웅장하여 마치 장강(長江)의 흐름처럼 거침이 없다. 그는 유가학설을 계승하여 「인의(仁義)」로 천하를 다스리고 사람들의 일상행위를 규범화할 것을 주장했으며 「인의」를 완전무결한 도덕규범으로 추앙했다.

하루는 종횡가(縱橫家)의 학자인 경춘(景春)이 맹자를 찾아와 공손연(公孫衍)과 장의(張儀)의 위세를 예로 들어 그들이 진정한 대장부(大丈夫)라고 하며 이렇게 말했다.

「공손연과 장의는 참으로 대장부가 아니겠습니까. 그들이 한번 노하면 제후들이 행여나 싶어 겁을 집어먹고, 그들이 조용히 있으면 온 천하가 다 조용합니다」

공손연과 장의는 역사적으로 너무도 유명한 맹자시대의 변사들이다. 경춘의 말처럼 그들이 한번 반감을 가지면 상대는 잠을 편히 자지 못하고, 그들이 조용히 있으면 천하도 따라 조용한 형편이었다. 출세가 사나이의 전부라고 한다면 그들이야말로 사나이 중의 사나이라 할 수 있다. 그러나 맹자가 보는 눈은 달랐다.

「그들이 어떻게 대장부일 수 있겠는가. 그대는 예(禮)를 배우지 않았던가. 장부가 갓을 처음 쓰게 될 때는 아버지가 교훈을 주고, 여

자가 시집을 가면 어머니가 교훈을 주는데, 어머니는 대문 앞에서 딸을 보내며 이렇게 말한다. 『너희 집에 가거든 공경하고 조심하여 남편에게 어기는 일이 없게 해라』 남에게 순종함으로써 정당함을 삼는 것은 첩이나 아내가 하는 길이다」

이것은 공손연과 장의가 집권층의 비위에 맞게 갖은 아부와 교묘한 말재주로 상대의 마음을 낚아 자기 목적을 달성하는 것이 마치 교활한 첩이나 영리한 아내가 남편에게 하는 그런 수법과 다를 것이 없다는 것을 통렬히 비난한 것이다. 그리고 맹자는 그가 생각하고 있는 대장부의 정의에 대해서 이렇게 말했다.

「천하의 넓은 집에 살면서, 천하의 올바른 자리에 서고, 천하의 대도(大道)를 행한다. 뜻을 얻으면 백성과 더불어 하고, 뜻을 얻지 못하면 홀로 그 도를 행한다. 부귀도 그 마음을 흩뜨리지 못하고, 빈천도 그 마음을 변화시키지 못한다. 위력이나 무력도 그를 굽히게 하지 못하니, 이런 사람을 일러 대장부라고 하는 것이다(威武不能屈此之謂大丈夫)」

범인이 보는 대장부와, 철인이 보는 대장부와는 이처럼 많은 차이가 있다. 과연 어느 쪽이 참다운 「대장부」이겠는가. 「위무불굴」은 좁게는 어떤 위엄이나 무력에도 굴하지 않는다는 뜻이지만, 넓게는 부귀공명이나 빈천, 위협 등에도 전혀 흔들림이 없는 대장부의 크고 떳떳한 기상을 이르는 말이다. 같은 표현으로 「불요불굴(不撓不屈)」, 「백절불굴(百折不屈)」, 「견인불발(堅忍不拔)」 등이 있다.

위방불입 危邦不入

위태할 危 나라 邦 아닐 不 들 入

《논어》 태백편(泰伯篇)

「위태로운 나라에는 들어가지 않는다」 라는 뜻으로, 멸망할 나라에는 들어가지 않으며, 정치와 풍속이 어지러운 나라에는 머무르지 않음을 이르는 말이다. 또 부끄러운 곳에 가지 않는다는 뜻도 있다.

공자가 말했다.

「독실하게 믿으면서 배우기를 좋아하며, 죽음으로 도를 지키면서 도를 잘 행한다. 위험한 나라에는 들어가지 않고 어지러운 나라에는 살지 않는다(危邦不入 亂邦不居). 천하가 태평하면 나와서 일하고 천하가 태평하지 않으면 숨는다. 나라가 태평하면 가난하고 천한 것이 부끄럽고, 나라가 태평하지 않은데 부유하고 귀하면 이것 역시 부끄러운 노릇이다」

군자는 위태로움을 보면 목숨을 바치는지라, 위태로운 나라에서 벼슬하고 있는 사람은 떠날 수 있는 명분이 없지만, 나라 바깥에 있을 경우 들어가지 않아도 된다.

혼란한 나라는 아직 위태로워지지는 않았지만 제도와 기강이 문란해진 상태이기 때문에, 선비는 깨끗한 처신을 위해 떠나는 것이다. 천하는 온 세상을 들어 말한 것이다. 도가 없으면 그 몸을 숨겨 드러나지 않는다. 이는 오직 독실하게 믿어 배움을 좋아하고 죽음으로써 지켜 도를 찬미하는 사람이라야 가능하다. 태평성세에 행할 만한 도가 없고, 난세에 지킬 만한 절개가 없다면 변변찮은 평범한 사람이니 선비라 하기에는 족하지 않으니 심히 부끄러워할 만하다.

위약조로 危若朝露

위태할 危 같을 若 아침 朝 이슬 露

《사기》 상군열전(商君列傳)

위태롭기가 마치 해가 뜨면 곧 말라 없어질 아침이슬과도 같음. 인생의 무상을 비유하여 이르는 말.

전국시대 위(衛)나라 왕의 소실(小室)에게서 태어난 공손앙(公孫鞅)이라는 유명한 정치가가 있었는데, 사람들은 그를 위앙(衛鞅)이라 불렀다.

그는 진(秦) 효공(孝公)에 의해 상국(相國)에 임명되었다. 그는 10년 동안 재임하면서 신법(新法)을 추진하여 진나라의 세력을 크게 강화시켰다. 공손앙의 업적을 표창하기 위해 진효공은 상(商)지방의 땅 15읍을 그에게 하사하고, 그를 상군(商君)으로 칭하였다. 이 때문에 그를 상앙(商鞅)이라 부르기도 한다.

상군이 진나라 재상에 오른 지 10년이 되었다. 왕실의 일족이나 외척 중에는 상군을 원망하는 자가 많았다. 이 무렵 조양(趙良)이라는 사람이 상군을 찾아왔다. 상군이 그에게 말을 꺼냈다.

「나는 당신과 교제하기를 원하는데 어떠하오?」

조양이 대답하였다.

「저는 굳이 원치 않습니다. 저는 불초하여 재상께 폐만 끼칠 게 걱정이옵니다」

「그렇다면 그대는 나의 진(秦)나라 통치를 마땅치 않게 생각하는 거요?」

조양은 요순(堯舜)의 도(道)와 주나라 무왕의 경우를 예로 들면서

상군에게 충고를 하였다.

「《시경》에도 『인심을 얻는 자는 흥하되 인심을 잃는 자는 망한다』라는 구절이 있습니다만, 상군께서 저지른 몇 가지 사건은 아무래도 인심을 얻을 수 없습니다. 상군은 외출을 할 때 후차(後車) 수십 대, 종차(從車)에는 갑옷 입은 병사를 태우고 그 위에 힘센 종자들을 함께 태우며, 창을 들고 극(戟)을 든 자의 호위 속에 달리십니다. 이 가운데 한 가지라도 갖추어지지 않으면 상군께서는 절대로 외출을 하지 않으려고 하십니다. 《서경(書經)》에 『덕을 의지하는 자는 번영하되, 힘을 의지하는 자는 멸망한다』는 구절이 있습니다만, 상군의 목숨은 정말로 아침이슬과 같이 위험합니다(朝露之危). 그렇지만 더 살고 천수를 다하고 싶으시다면 오(於)・상(商)의 15읍을 반납하고 시골에 묻혀 은거하며 전원(田園)에서 물을 대는 생활을 하지 않으시렵니까?」

자신이 만든 신법을 펼쳐놓고 고민하는 상앙 석상

그러나 상군은 조양의 충고를 듣지 않았다. 결국 상앙은 일족이 멸족당하는 화를 입고, 자기가 만든 신법(新法)에 스스로 걸려들어(作法自斃) 마침내 거열형(車裂刑)에 처해지고 만다.

위위구조 圍魏救趙

둘러쌀 圍 나라 魏 구원할 救 나라 趙

《논어》 태백편(泰伯篇)

「위나라의 포위 속에서 조나라를 구한다」는 뜻으로, 적의 포위망 속에 든 아군을 구할 때 직접적인 방법보다 적의 약점을 찔러 아군 스스로 돌파하도록 함을 이르는 말이다.

전국시대 때, 위(魏)나라의 대장 방연(龐涓)이 지휘하는 대군이 질풍 같은 기세로 조(趙)나라를 침공하여 수도 한단(邯鄲)을 포위했다. 놀란 조나라 임금은 제(齊)나라에 구원을 요청하기로 결정하고 사신을 급파했다. 적의 포위망을 뚫고 달아나 제나라 수도 임치에 도착한 조나라 사신은 위왕(威王)을 배알하여 자국의 어려운 사정을 호소하고 도움을 청했다. 위왕은 군사(軍師) 손빈(孫臏)을 대장으로 하여 구원군을 출병시키려고 서둘렀다. 이 손빈이란 인물은 손자병법으로 유명한 손무(孫武)의 손자로서 그 역시 상당한 병법가였는데, 그와 적장 방연 사이에는 숙명적인 인연이 있었다.

두 사람은 원래 귀곡선생(鬼谷先生) 밑에서 같이 공부한 친구였다. 그러다가 방연이 먼저 위나라 혜왕(惠王)을 섬기게 되었고, 손빈 역시 뒤따라 혜왕의 신하가 되었는데, 방연은 자기 재능이 도저히 손빈을 따르지 못함을 알고는 그에게 죄를 씌워 발목을 자르는 족참(足斬)에다 이마에 먹글씨를 새기는 형을 받게 했다. 그 후 제나라 사신이 위나라를 예방했을 때, 사신은 몰래 손빈을 자기 수레에 태워 제나라로 데려갔다. 그로부터 손빈은 제나라 신하가 되었고, 방연에 대해서는 철천지원한(徹天之怨恨)을 품어 복수의 기회를 노렸던 것이다.

임금으로부터 출전 명령을 받은 손빈은 이렇게 말했다.

「불구인 신이 어떻게 대장의 막중한 임무를 맡을 수 있겠습니까. 신은 그저 참모로 참전하여 대장을 보필하는 것으로 족하다고 생각합니다」

손 빈

그것은 자기 존재를 가능한 한 숨겨 방연에게 경각심을 불러일으키지 않겠다는 계산이 깔려 있는 말이었다. 그래서 제나라군 대장은 전기(田忌)가 맡았고, 손빈은 몰래 참모로서 참전하게 되었다.

수도를 출발하자마자 전기는 곧바로 한단으로 직행하여 위나라군과 격돌하려고 서둘렀으나, 손빈이 침착하게 만류했다.

「그것은 현명한 방책이 아닙니다. 헝클어진 실타래는 실마리를 찾아 잡아당겨야 끝까지 잘 풀리는 법이지요. 지금 위나라의 군세는 몽땅 조나라에 투입되어 있기 때문에 국내에는 노약한 병사들밖에 남아 있지 않습니다. 따라서 우리가 위나라 서울 대량(大梁)을 공격하는 척하면 방연은 조나라를 함락시키는 것보다 자기 나라를 구하는 게 급하므로 허겁지겁 철수할 테지요. 그걸 노려 중간에서 급습하면 승리는 장군의 호주머니에 이미 들어와 있는 것이나 다름없습니다」

전기는 기막힌 작전이라며 기뻐했다.

승리를 눈앞에 두고 한단성 공략에 박차를 가하던 방연은 제나라

위위구조도(圍魏救趙圖)

군이 급작스럽게 위나라를 침공한다는 보고를 받고 깜짝 놀랐다. 그래서 급히 군대를 수습하여 귀국길에 올랐다.

이때 조금 앞서서 위나라로 진격해 들어가던 손빈은 원수 방연을 패망시키기 위한 계략을 구사했다. 첫날에는 10만 명분의 솥을 걸어서 밥을 지은 자리를 남겨놓고 진군하고, 다음날은 5만 명 분, 그리고 사흘째는 2만 명 분 하는 식으로 솥을 걸었던 자리의 숫자를 점점 줄여 간 것이다 이것을 본 방연은 크게 기뻐했다.

「제나라 군병들이 오합지졸들이란 것은 알고 있었지만 정말 형편없는 놈들이로군. 우리나라에 쳐들어와서 이제 겨우 사흘인데, 도망한 군사가 절반이 훨씬 넘었으니」

그는 자신만만해서 밤낮없이 제나라 군을 뒤쫓았다. 적군의 행군속도를 계산해 본 손빈은 그 날 해질 무렵이면 그들이 마릉(馬陵)에 도착하리라 짐작했다 그곳은 험한 두 산 사이의 협곡이어서 복병을 숨기기에 알맞은 곳이었다. 손빈은 길 옆 큰 나무의 껍질을 벗기고 거기에 「방연, 이 나무 아래에서 죽다」 라고 써 놓았다. 그런 다음 병사들을 길 양쪽에 매복시키고 이렇게 명령했다.

「해질 녘에 불빛이 보이면 화살을 퍼부어라!」

아니나 다를까, 방연이 거느린 위나라 군은 해질 녘에 마릉에 이

르렀다. 그런데 큰 나무 밑을 지나가다 보니 뭔가 씌어져 있으므로, 방연은 불을 밝히고 말 위에서 목을 쭉 빼고 그것을 쳐다보았다. 그 순간, 불빛을 본 제나라군은 손빈의 명령대로 일제히 활을 쏘았다. 그 바람에 위나라군은 금방 대오가 흐트러져 아비규환을 연출하고 말았다.

방연의 묘

「아, 내 기어코 그 더벅머리 아이놈에게 이름을 얻게 했구나!」

이렇게 탄식한 방연은 이게 마지막이구나 생각하고 스스로 목을 찔러 죽었다. 손빈이 위나라 군을 격퇴하고 개선하자, 위왕은 몹시 기뻐하며 손빈을 크게 치하하고 높은 벼슬을 주려 했다. 그러나 손빈은 정중히 사양하고 이렇게 말했다.

「신은 보시다시피 걷지도 못하고, 얼굴은 온통 글자를 떠서 보기 흉한 폐인입니다. 그렇건만 그 동안 전하의 은덕으로 분에 넘치는 높은 벼슬자리를 누렸습니다. 이제 전하의 은혜를 갚았고 신의 원수도 갚았으니 더 무엇을 바라겠습니까. 그러니 산야에 숨어 글이나 읽고 쓰는 생활을 할 수 있도록 선처해 주시면 고맙겠습니다.」

위왕은 몇 번 말리다가 안 되자 하는 수 없이 손빈의 청을 받아들였다. 그리하여 시골의 산 하나를 얻은 손빈은 은거하여 비전(秘傳)으로 《손자병법》 13편을 집대성해 위왕에게 바쳤다.

아

위인설항 爲人說項

위할 爲 사람 人 말씀 說 목덜미 項

《당시기사(唐詩紀事)》 항사(項斯)편

남을 칭찬하거나 남을 위해 부탁함의 비유.

《당시기사》 항사편에 다음과 같은 이야기가 있다.

당나라 때 강남땅에 시문에 능하고 인품과 풍채가 당당한 항사(項斯)라는 사람이 살고 있었는데, 처음에는 그를 잘 알아주는 사람이 별로 없었다. 항사는 자가 자천(子遷)이고 강동 사람이다. 일찍이 자기가 쓴 시를 가지고 당시 지위가 있는 문관 양경지(楊敬之)를 찾아가 지도해 줄 것을 부탁한 적이 있다. 이미 항사의 일부 시를 읽어 보고 높이 평가한 바 있던 양경지는 이 만남을 통해 인상이 더욱 깊어져 즉석에서 그를 칭찬하는 시 한 수를 항사에게 써주었다고 한다.

여러 번 읊어 본 그대의 시 구절구절 모두 아름답고
오늘 처음 보는 그대의 인품 시보다도 더 고상하도다.
남의 미덕 찬양하는 일 내 잘 모르지만
가는 곳 어디서나 그대 위해 노래하리라.

幾度見詩詩盡好 及觀標格過於詩　기도견시시진호 급관표격과어시
平生不解藏人說 到處逢人說項斯　평생불해장인설 도처봉인설항사

이렇게 해서 그 후 양경지의 추천과 소개로 항사의 시는 도성 안에 널리 전파되기 시작했으며, 그의 이름도 널리 알려지게 되었다.

이와 같이 양경지가 이르는 곳마다 항사의 자랑을 하게 됨으로써 「위인설항」 이라는 말이 나오게 되었다.

위편삼절 韋編三絶

가죽 韋 책끈 編 석 三 끊을 絶

《사기》 공자세가(孔子世家)

가죽으로 맨 책의 끈이 닳아 끊어질 정도로 독서에 힘씀.

《사기》 공자세가(孔子世家)에 있는 말로, 공자가 만년에 《주역》을 좋아해서 어찌나 여러 번 읽고 또 읽고 했든지, 대쪽을 엮은 가죽 끈이 세 번이나 끊어졌다고 한 데서 나온 말이다. 즉, 「공자가 늦게 《역(易)》을 좋아하여……역을 읽어 가죽 끈이 세 번 끊어졌다」고 했다. 그래서 공자 같은 성인으로서도 학문 연구를 위해서는 피나는 노력을 해야만 했다는 한 예로서 이 말이 인용되기도 하고, 또 후인들의 학문에 대한 열의를 나타내는 말로도 인용되곤 한다.

서양의 명언에도 "There is no royal road to learning."(학문에 왕도란 없다)라고 했다. 또 "Genius is one percent inspiration and ninety-nine percent perspiration."{천재는 99퍼센트가 땀(노력)이고 1 퍼센트만이 영감이다}라는 에디슨의 명언과 같이 공자의 위대한 문화적 업적 가운데는 이 「위편삼절」과 같은 노력이 숨어 있었다는 것을 알 수 있다. 공자는 스스로를 평하기를,

「나는 발분(發憤)하여 밥 먹는 것도 잊고, 즐거움으로 근심마저 잊은 채, 세월이 흘러 몸이 늙어가는 것조차 모른다」고 했다.

공자는 또 음악을 좋아했는데, 제나라로 가서 소(韶)라는 음악을 들었을 때는 석 달 동안 고기 맛을 모를 정도로 열중한 끝에,

「내가 음악을 이렇게까지 좋아하게 될 줄은 미처 몰랐다」고 했다.

위호작창 爲虎作倀

할 爲 범 虎 지을 作 창귀 倀

중국의 전설

「호랑이를 위하여 창귀가 되다」 라는 뜻으로, 나쁜 사람의 앞잡이를 비유하는 말이다. 호랑이한테 물려 죽은 사람이 귀신이 되어 호랑이를 도와 나쁜 짓을 한다는 뜻으로, 남의 앞잡이가 되어 나쁜 짓을 일삼음을 이르는 말이다.

중국의 전설에 따르면 호랑이에게 잡아먹힌 사람은 죽어서 창귀가 되어, 호랑이가 먹이를 구하러 갈 때 길을 인도하는 앞잡이 노릇을 한다고 한다. 명(明)나라 때 장자열(張自烈)이 지은 《정자통(正字通)》에 있는 이야기다.

「세상에 전하는 말에 호랑이에게 물려 죽은 사람은 혼이 떠나지 못하고 호랑이의 노예가 되어 섬긴다고 하는데, 이를 창귀라고 부른다. 호랑이가 먹이를 구하러 갈 때 창귀도 반드시 함께 가서 호랑이를 위하여 길을 안내한다」

또 《청우기담(聽雨記談)》에 따르면, 「사람이 호랑이와 마주치면 옷을 스스로 벗어 땅에 내려놓는다. 호랑이는 그 사람이 알몸이 된 뒤에 잡아먹는데, 죽은 사람들은 모두 창귀가 된다」 라고 하였다. 이 밖에 《태평광기(太平廣記)》에도 창귀에 관한 일화가 실려 있다.

이러한 전설에서 유래하여 「위호작창」 은 자기를 잡아먹은 호랑이를 돕는 창귀와 마찬가지로 나쁜 놈의 앞잡이 노릇을 하는 것을 비유하는 성어로 사용된다. 폭군인 주왕(紂王)을 도와 포학한 짓을 저지른다는 뜻의 「조주위학(助紂爲虐)」 과 같은 뜻이다.

유공유문 唯恐有聞

오직 唯 두려울 恐 있을 有 들을 聞

《논어》 공야장(公冶長)편

혹시나 또 무슨 말을 듣게 될까 겁을 냄.

《논어》 공야장편에 나오는 자로(子路)의 이야기다.

자로는 한번 옳다고 생각되면 잠시도 지체하지 못하는 거칠고 급하며 과감한 성격을 지니고 있었다. 그래서 공자는 그의 그런 점을 때로 늘 칭찬도 했지만 염려를 하는 편이 더 강했다.

공자는 언젠가 자로를 이렇게 평했다.

「도가 행해지지 않는지라 뗏목을 타고 바다에 뜰까 하는데, 아마 나를 따라 나설 사람은 자로밖에 없을 것이다」

이 말은 전해 듣고 자로가 기뻐하자, 공자는 또 그를 가리켜 이렇게 말했다.

공자 성적도(聖蹟圖 : 子路聞津)

「유(由)는 용감한 것은 나보다도 앞서 있지만, 그 밖에 취할 만한 것이 없다」

자 로

자로의 소박하면서도 우쭐하는 생각을 꺾으려 한 것이다.

공자는 또 이렇게 말한 적도 있다.

「다 낡은 누더기 옷을 입고, 천하에 제일가는 여우나 담비의 가죽옷을 입은 사람과 나란히 같이 서서, 조금도 부끄러운 생각을 갖지 않을 사람은 유(由, 자로)밖에 없다」

자로는 이같이 성질이 활달하고 속기(俗氣)를 벗은 일면을 선천적으로 지니고 있었다. 그러므로 공자는 또 그의 그 같은 대쪽 같은 성질을 가리켜 한 마디 말로 시비를 판단해 줄 사람은 자로밖에 없다고도 했다.

자로가 옳다면 세상 사람들은 다 옳은 줄로 믿고, 그가 잘못했다고 하면 무조건 잘못된 걸로 인정하고 있었기 때문에 그의 말에 이의를 제기할 사람이 없었다는 것이다.

또 자로는 남과 약속한 일을 뒤로 미루거나 이행하지 않거나 한 일이 없다고 한다. 이것을 가리켜 「무숙낙(無宿諾)」이라고 했다. 허락한 것을 잠재우는 일이 없다는 뜻이다. 그 자로의 특성 중 하나가 여기 말한 「유공유문」이다.

유교무류 有教無類

있을 有 가르칠 教 없을 無 무리 類

《논어》 위령공편(衛靈公篇)

「유교무류」는 모든 사람을 가르쳐 이끌어 줄 뿐, 가르치는 상대에게 차별을 두는 일이 없음을 말한다.

이 말은 《논어》 위령공편에 있는 공자의 말이다.

좋은 예로, 공자는 호향(互鄕)이란 마을에 사는 아이가 찾아왔을 때, 제자들은 그 아이를 대문 밖에서 돌려보내려 했으나 공자는 그 아이를 들어오라 해서 반갑게 맞아 주고 또 그가 묻는 말에 일일이 대답해 준 일이 있다. 호향이 어떤 곳이었는지는 구체적으로 언급되어 있지 않았으나, 그 지방 사람과는 말도 함께 할 수 없다고 한 것으로 미루어보아 어느 특정 지역에 사는 천한 계급이나 천한 직업에 종사하고 있는 사람들이었던 것 같다.

아무튼 제자들이 그 아이를 만나준 데 대해 공자의 처사를 의심할 정도였는데, 공자는 이 때 제자들을 이렇게 타일렀던 것이다.

「사람이 깨끗한 마음으로 찾아오면 그 깨끗한 마음을 받아들일 뿐 그가 과거에 어떤 일을 한 것까지 따질 것이야 있겠느냐. 그의 과거를 따지는 그런 심한 차별을 할 것까지는 없지 않느냐?」 하고 오히려 제자들의 차별의식을 안타까워했다.

석가나 예수나 공자나 인류를 똑같이 사랑으로 대한 데서 우리는 인간의 존엄성과 함께 자기 수양과 회개에 더욱 용감할 필요가 있다고 본다.

유능제강 柔能制剛

부드러울 柔 능할 能 억제할 制 굳셀 剛

《황석공소서(黃石公素書)》

부드러운 것이 능히 강한 것을 제압한다. 이 말은 《황석공소서》라는 병서에 나오는, 「부드러운 것이 능히 단단한 것을 이기고, 약한 것이 능히 강한 것을 이긴다」고 한 말에서 나온 말이다. 이 두 말을 합친 말로 《노자》 36장에는 이미, 「부드럽고 약한 것이 능히 단단하고 억센 것을 이긴다(柔弱勝剛强)」고 나와 있다.

부드러운 것이 강한 것을 이긴다는 말은 얼핏 생각하면 맞지 않는 말 같지만, 큰 안목과 먼 안목으로 볼 때 강한 것은 역시 부드러운 것에 의해서만 제압될 수 있는 것이다. 사나이의 거친 성질을 꺾을 수 있는 것은 여자의 부드러운 사랑뿐이다. 우는 어린아이를 달래는 방법은 무서운 호랑이보다도 달콤한 곶감이라고 하지 않는가.

인간의 억센 감정을 억센 것으로 누른다는 것은 일시적이요 표면적인 것일 뿐 영구적이고 근본적인 것은 못된다. 손으로 비비면 깨지고 마는 한 알의 씨앗이 무거운 바위와 단단한 땅을 뚫고 싹을 내밀지 않는가. 정치도 마찬가지다. 무서운 법으로 탄압한다고 사람들이 순종하는 것은 아니다. 강철은 강한 줄로는 갈리지 않지만, 무른 숫돌에는 갈아진다.

가위는 한쪽 쇠가 물러야만 잘 드는 법이다. 무른 것을 끊을 수 있는 것은 강한 것이지만, 강한 것의 강포함을 막는 것 역시 무른 것이다. 정쟁(政爭)에 외교가 필요한 것도, 매수니 미인계니 하는 것도 다 「유능제강」의 원리에서 나온 행동의 일면이라고 볼 수 있다.

유무상생 有無相生

있을 有 없을 無 서로 相 날 生

《노자(老子)》 제2장

「있고 없음은 서로 상대하기 때문에 생겨난 것」이란 뜻으로, 세상만물의 이치를 상대적인 관점에서 볼 것을 이르는 말이다.

이와 비슷한 말에, 「유무상통(有無相通)」이라는 것이 있지만, 이 두 말은 서로 관계가 없을 뿐만 아니라, 또한 의미도 다르다. 「유무상통」은 《사기》에서 나온 말로서, 그 의미는 서로 있는 것과 없는 것을 교환하며, 유통해 주고받는 것을 말한다.

《노자》 제2장에 있는 말이다. 또한 「유생어무(有生於無 : 유는 무에서 생긴다)」라는 같은 의미의 말이 제40장에 보인다.

제2장에는,

「천하의 사람들은 모두 이것이 미(美)라고 인지(認知)하지만, 동시에 타면(他面)에 악이 있다는 것을 알아야 한다. 선과 불선과의 관계도 또한 그렇다. 이와 같이 하나의 존재는 그와 대립하는 다른 존재를 인정함으로써 존재한다. 유는 무가 있음으로 해서 존재하고, 난(難)은 이(易)에 의하여, 장(長)은 단(短)에 의하여 존재한다……(天下皆知 美之爲美 斯惡已 皆知善之爲善 斯不善已 故有無相生 難易相成 長短相較……)」라고 있다.

이 세상은 모두 관계로 인하여 존재한다. 존재는 모두 상대적이며, 모든 가치도 또한 상대적이라는 것을 말한 것이다. 이러한 사고방식은 노자의 인식론(認識論)의 기본을 이루고 있으며, 또한 우주 구성의 원리이기도 하다.

청우노자도(青牛老子圖, 宋 미상)

상식의 세계에 있어서 무라는 존재는 없다. 존재하는 것은 유이다. 그러나 노자 식으로 말한다면 무 없이 유는 존재할 수 없다. 무와 유의 이 관계를 방과 창은, 공간 즉 무가 있음으로 해서 방이라든가 창으로서 존재한다는 비유로 나타낸다. 또한 「천지 사이는 그것이 마치 탁약(橐籥 : 풀무) 같은 것일까. 속이 비어 있기 때문에 굽히지 않고, 움직이면 얼마든지 바람을 낸다」라는 비유로 나타낸다. 풀무는 무(無)가 있음으로 해서 비로소 풀무로서 존재한다.

이 비유에는 또 하나의 다른 의미를 느낄 수 있다. 풀무는 존재하지만, 활동함에 따라 시시각각으로 모양을 바꾼다. 형태로서 존재하는 것은, 따라서 변화하는 것이다. 생성소멸의 상태를 통하여 계속하는 것이다.

존재가 활동한다는 것은 그러한 것이며, 그 활동을 가능케 하는 것이 무인 것이다. 무는 무한한 힘을 가지고 유를 낳는다. 풀무는 어디까지나 비유이기 때문에, 무와 유는 관계를 완전히 설명할 수는 없다 할지라도 대단히 적절한 비유인 것이다.

제40장에서는 이렇게 말하고 있다.

노 자

도(眞理)에서 본다면, 움직인다는 운동은 되돌아간다는 운동이다. 어디론가로 움직이고 있다는 것은 되돌아가고 있다는 것이다. 사물이 어떠한 형태로 되어 가고 있다는 것은, 아무것도 아닌 것으로 되어가고 있다는 것이다. 또한 강한 상태—무엇인가를 이루고자 하는 상태—는 운동이 멎은 약한 상태, 의지가 없어진 정(靜)의 상태로 돌아가고 있는 것으로, 그것이 도(道)의 작용인 것이다. 유는 무에서 생겨 무로 돌아간다. 존재한다는 것은 없어지는 것이다.

이상이 이 장의 의미이다. 「그 근원으로 복귀한다」 라든가, 「무극(無極)에 복귀한다」 라든가 하고 노자가 말하는 것도 이런 의미이다.

《노자》 모두(冒頭)의 유명한 말로서, 「무명천지시 유명만물지모(無名天地始 有名萬物之母)」 라고 말하는 것도 유무의 관계를 풀이해 주는 것으로 보아도 좋다. 무가 유인 천지를 낳고, 더욱 발전하여 만물을 낳는다. 무가 있은 다음에 유가 있다는 것은 시간적으로 무

노자기우도(老子騎牛圖, 明 장로)

가 먼저 존재한다는 것은 아니다. 유와 더불어 무가, 무와 더불어 유가 존재한다고 보아야 될 것이다.

따라서 유명의 것도, 무명의 것도 실은 하나라고 말해도 좋다. 절대의 세계에 서면, 유도 무도 하나인 것이다. 이 하나를 체득하는 것을 노자는 「포일(抱一)」이라든가, 「포박(抱朴)」이라든가 하는 말로 나타냈다. 하나를 품은 인간은 조화를 이룬 통일을 얻을 수가 있다. 하나(一)라고 하는 것은 또한 노자가 말하는 현묘한 도이며, 자연이며, 실재(實在)이다.

있다는 것은 없다는 것을 전제로 했을 때에만 드러나는 것이다. 이 말은 모든 세상 사물과 자연의 이치가 상대적인 비교에서만 파악할 수 있다는 것으로 불교의 「색즉시공 공즉시색(色卽是空空卽是色)」이라는 말과도 통한다.

유방백세 流芳百世

흐를 流 향내 날 芳 일백 百 세대 世

《진서(晉書)》 환온전(桓溫傳)

향기가 백세에 흐른다는 뜻으로, 훌륭한 명성이나 공적이 후세에 길이 전함을 비유하는 말이다. 방(芳)은 향기, 꽃다운 나이란 뜻이다.

동진(東晉)의 장군 환온(桓溫)의 고사에서 유래하였다.

환온은 동진 명제(明帝)의 사위로서, 여러 차례에 걸쳐 북방 이민족을 평정하는 데 공을 세워 동진의 실권자가 되었다.

환온은 권력을 장악하자, 마침내는 스스로 황제가 되고자 하는 욕심이 피어나기 시작했다. 환온은 잠자리에 들면서 탄식했다.

「꽃다운 이름을 후세에 전할 수 없다면, 더러운 이름인들 만세에 남길 수 있겠는가(不能流芳後世 不足復遺臭萬載邪)?」

환온은 왕돈의 무덤가를 지나가면서 이렇게 중얼거린 적이 있다.

「본받을 만한 사람이야(可人)!」

왕돈(王敦)은 명문세가 출신으로 동진 원제(元帝 : 사마예) 때 반란을 일으킨 인물이니, 환온의 야심을 엿볼 수 있는 대목이다.

나중에 환온은 제위에 있던 사마혁(司馬奕)을 폐위시켜 동해왕(東海王)으로 삼고, 사마욱(司馬昱)을 간문제(簡文帝)로 옹립하였다. 그리고 스스로 황제가 되려는 야심을 감추지 않았으나 사안(謝安)의 저지로 뜻을 이루지 못하다가 끝내 병사하고 말았다.

한편, 더러운 이름이 후세에 오래도록 남아 있음을 비유하는 「유취만년(遺臭萬年)」이라는 성어도 여기서 유래되었다.

유붕자원방래 有朋自遠方來

있을 有 벗 朋 스스로 自 멀 遠 모 方 올 來

《논어》 학이(學而)편

「벗이 먼 곳에서 찾아오다」 라는 뜻으로, 원래는 선(善) 또는 수양과 덕행이 먼 곳에까지 미쳐 믿고 따르는 사람이 많음을 의미하지만 오늘날에는 보통 멀리 있는 친구가 찾아오는 경우에 사용되는 말이다.

붕(朋)은 뜻을 같이하는 친구를 말한다. 뜻을 같이 하는 친구가 먼 곳에서 찾아오는 것이 「유붕자원방래」 다.

이것은 《논어》 맨 첫 장에 나오는 공자의 말이다. 공자는 이렇게 말하고 있다.

「배우고 때로 익히면 또한 기쁘지 아니한가(學而時習之 不亦說乎). 벗이 있어 먼 곳으로부터 오면 또한 즐겁지 아니한가(有朋自遠方來 不亦樂乎). 사람이 알지 못해도 노엽게 생각지 않으면 또한 군자가 아닌가(人不知而不慍 不亦君子乎)」

이 말은 《논어》 맨 처음에 나와 있는 말인 만큼 거의가 다 알고 있는 말이요, 또 널리 쓰이고 있는 말이기도 하다.

배우고 때로 익히는 가운데 기쁨을 느끼는 것이 학문하는 사람만이 가지는 기쁨이다. 또 이 같은 기쁨이 없이는 참다운 학문을 할 수 없게 된다.

그리고 공자가 배우고 익힌다는 것은 오늘날 우리가 말하는 지식이 연 구 같은 그런 학문을 반드시 말하는 것은 아니다. 지식 이외의 옳은 행동 같은 것을 스스로 깨닫는 것도 학문이요, 스승으로부터 얻어 듣는 것도 학문이다. 학은 배워서 아는 것과 깨우치는 것을 말하고 익히는 것은 그것을 실천에 옮기고 실생활에 적응시키는 것이다.

공 자

이렇게 그의 지식과 수양과 덕행이 점점 향상되고 확고해짐으로써 그와 뜻을 같이하는 사람이 그를 찾아오게 되고, 그의 인격과 지식과 덕행을 사모하는 사람이 그의 문에서 배우러 오게 된다.

이렇게 뜻을 같이하는 친구와 후배들이 찾아오는 데 보람을 느끼고 즐거움을 얻는 것은 뜻있는 사람이면 누구나 갖는 공통된 심리일 것이다.

그러나 때로는 세상 사람이 몰라주는 경우도 없지 않다. 평생을 고독 속에 보내는 고고한 선비도 세상에는 얼마든지 있다. 또 오해를 받아 박해를 받을 수도 있다.

공자 자신도 여러 번 그런 변을 당한 일이 있다. 그럴 때는 세상을 원망하거나 사람을 미워하지 않는 것이 수양을 쌓은 완전한 인격자, 즉 군자일 수 있는 것이다.

이 학이편(學而篇) 학이장이야말로 공자의 인생관을 집약시킨 것이라 말할 수 있다. 이리하여 「학이시습」이란 말과 「인부지이불온(人不知而不慍)」이란 말과 함께 이 「유붕자원방래」란 말이 때로는 쉬운 말로, 때로는 어려운 뜻으로 두루 쓰이게 된 것이다.

유비무환 有備無患

있을 有 준비할 備 없을 無 근심 患

《서경》 열명(說命)

준비가 되어 있으면 뒷걱정이 없는 것이 「유비무환」이다.

너무도 당연한 일이요, 평범한 진리다. 그러나 이치는 당연하고 말은 쉬운데도 실천하기란 쉬운 일이 아니다. 쉽지 않기 때문에 이 말의 귀중함을 다시금 절실히 느끼게 된다.

《서경》 열명에 있는 말이다.

「열명」은 은나라 고종(高宗)이 부열(傅說)이란 어진 재상을 얻게 된 경위와, 그로 하여금 어진 정사에 대한 의견을 말하게 하고, 이를 실천하게 하는 내용을 기록한 글인데, 이 「유비무환」이란 말은 그가 고종 임금에게 올린 글 가운데 있는 말이다. 그 첫 부분을 소개하면, 「생각이 옳으면 이를 행동으로 옮기되 시기에 맞게 하십시오. 스스로 그것이 옳다는 생각을 가지고 있으면 그 옳은 것을 잃게 되고, 스스로 그 능한 것을 자랑하게 되면 그 공을 잃게 됩니다. 오직 모든 일은 다 그 갖춘 것이 있는 법이니, 갖춘 것이 있어야만 근심이 없게 될 것입니다(惟事事 乃其有備 有備無患)」

즉 모든 일에는 그것이 갖추고 있어야만 되는 여러 가지 조건이 있으므로, 그 조건이 다 구비되어 있어야만 다른 염려가 없다는 것이다. 농사를 지으려면 먼저 농토가 있어야 하고, 거기에 필요한 연장과 씨앗, 그리고 농사짓는 방법과 비료와 약품과 필요한 경비와 그 밖의 필요한 지식과 준비들을 완전히 갖춘 뒤라야 농사를 아무런 염려 없이 제대로 옳게 지을 수 있는 것이다.

유 신 維 新

발어사 維 새로울 新

《시경》 대아(大雅) 문왕편

모든 것을 고쳐 새롭게 함. 묵은 제도를 아주 새롭게 고침.

유(維)는 발어사(發語辭)라고 해서 별 뜻이 없다. 「유신」은 결국 새롭다는 뜻이다. 그러나 이것이 뒤로 전해 오며 「유신」이란 말만이 갖는 독특한 의미를 갖게 되었다.

이 「유신」이란 말이 독특한 뜻을 처음 갖게 된 것은 《시경》 대아(大雅) 문왕편에 의해서다.

대아는 소아와 함께 국풍(國風)과는 달리 자연 발생적인 것이 아니고, 궁중 악사에 의해 만들어진 의식적이고 창작적인 성격을 띤 아악(雅樂)의 가사다.

소아(小雅)는 손님들이 모인 연회석에 쓰이는 아악으로 그 가사 안에는 성격상 민간의 것이 많이 포함되어 있지만, 대아는 회조(會朝)에 쓰이던 아악으로 공식적인 성격을 띠어 장중한 맛이 있다.

문왕편(文王篇)은 문왕의 덕을 추모하고 찬양한 시로서, 전부 7장으로 되어 있는데, 이 「유신」이란 말이 들어 있는 첫 장을 소개하면 다음과 같다.

문왕이 위에 계시니
아아, 하늘에 빛나시도다.
주나라가 비록 옛 나라이나
그 명이 새롭다.

주나라가 빛나지 않으리오
상제의 명이 때가 아니리오.
문왕이 오르내리시며
상제의 좌우에 계시도다.

文王在上 於昭于天　문왕재상 어소우천
周雖舊邦 其命維新　주수구방 기명유신
有周不顯 帝命不時　유주불현 제명불시
文王陟降 在帝左右　문왕척강 재제좌우

주문왕 영대(靈臺) 유지(遺地)

문왕의 덕이 높고 또 높아 해처럼 온 하늘에 빛나고 있다. 주나라가 천 년이나 전통을 지닌 오랜 제후의 나라였지만, 우리 문왕의 높고 높은 덕으로 말미암아, 하느님께서 통일천하의 새로운 사명을 내리셨다. 주나라가 어찌 찬란하게 일어나지 않을 수 있겠는가. 하느님의 명령이 어찌 때에 맞게 내리지 않을 리 있겠는가. 문왕의 혼령은 임의로 하늘과 땅을 오르내리시며 늘 상제의 옆에 계신다는 뜻이다.

우리가 현재 쓰고 있는 「유신」이란 말 가운데는 「주나라가 비록 오랜 나라이나 그 명이 새롭다」고 한 「혁신(革新)」의 뜻이 보다 강하게 들어 있다. 즉 국가적인 차원에서 그것도 근본적인 개혁

을 뜻하게 된다.

주 문왕

이 「유신」이란 말이 보다 먼저 쓰인 것은 《서경》 하서(夏書) 윤정편(胤征篇)에서였다. 이 글은 윤후(胤侯)가 하왕(夏王)의 명령으로 희화(羲和)를 치러 갈 때의 선언으로, 희화를 치게 된 까닭을 설명하고 그곳 관리들과 백성들을 안심시키기 위해 만들어진 것이다.

목적은 괴수인 희화 한 사람을 제거함으로써 무고한 백성이 화를 입지 않도록 하기 위한 것이므로 그의 위협에 못 이겨 본의 아닌 과오를 범한 사람은 일체 죄를 묻지 않는다고 선언한 다음, 오래 물들어 있는 더러운 습성을 모두가 함께 씻어내어 새롭게 하자고 당부했다. 즉 「다 함께 새롭게 하자」는 말을 「함여유신(咸與維新)」이라고 썼다. 「유신」이란 말이 널리 알려지게 된 것은 《대학》 신민장(新民章)에,

「시에 말하기를 『주나라가 비록 옛 나라이나, 그 명이 새롭다』고 했다(詩曰 周雖舊邦 其命維新)」고 인용되어 있기 때문이다.

결국 「유신」은 혁명이 아닌 자체의 발전적인 과감한 개혁을 말하는 것이다. 「유신」은 우리나라의 정치에도 도입되고 있다. 제3공화국이 1972년 11월 21일 「유신헌법」을 국민투표로 제4공화국 헌법으로 확정했다. 여기에는 조국의 평화적인 통일과 한국적 민주주의 토착화를 목적으로 한다고 되어 있다.

유약무실약허 有若無實若虛

있을 有 같을 若 없을 無 찰 實 빌 虛

《논어》 태백편(泰伯篇)

있어도 없는 것 같은 것이 「유약무(有若無)」이고, 차 있어도 텅 빈 것같이 보이는 것이 「실약허(實若虛)」다. 이 말은 《논어》 태백편에 있는 말로, 증자가 죽은 안자의 옛 모습을 회상하며 한 말 가운데 나오는 말이다. 그 전문을 소개하면 다음과 같다.

「능한 것으로 능하지 못한 것에 묻고, 많은 것으로 적은 것에 묻고, 있어도 없는 것 같고, 차도 빈 것 같으며(以能問於不能 以多問於寡 有若無 實若虛), 상대가 나를 침범해 와도 그것을 탓하지 않는 것을 옛날 내 친구가 이렇게 했었다」

여기에는 옛날 내 친구라고만 나와 있지만, 이것은 공자보다 먼저 죽은 안자를 가리켜 말한 것이 틀림없다. 뒷사람들은 여기 나와 있는 것들이 모두 무아(無我)의 경지에 이른 성인이 아니고서는 도저히 될 수 없는 일이므로, 그것은 안자가 틀림없다는 데 의견의 일치를 보고 있다.

안자는 「극기복례(克己復禮)」에서 이미 소개가 되어 있지만, 그가 만일 공자만큼 오래 살았으면 공자 이상의 위대한 업적을 남겼으리라는 평들을 하고 있다. 그러기에 그가 죽었을 때 공자는, 「하늘이 나를 망쳤다, 하늘이 나를 망쳤다」 하고 통곡을 금치 못했다. 그러자 제자들이 위로를 하자, 「내가 너무 슬퍼하느냐? 내가 이 사람을 슬퍼하지 않고 누구를 슬퍼하겠느냐」 고까지 말했다.

공자는 자기가 못 다한 일을 안자가 해줄 것으로 믿고 있었다.

유언비어 流言蜚語

흐를 流 말씀 言 벌레 蜚 말씀 語

《사기》 위기무안후(魏其武安侯)열전

근거 없이 이리저리 떠도는 헛된 소문. 유언(流言)은 글자 그대로 「흘러 다니는 말」 사전적 의미로는 「근거 없는 풍설」을 말한다. 그런데 유언비어가 무서운 까닭은 시간이 지날수록 점점 부풀려진다는 점이다. 《사기》 위기무안후열전에 있는 이야기다.

한나라 경제(景帝) 때 사람 두영(竇嬰)은 효문제의 황후(두태후)의 사촌오빠의 아들이자 대장군 지위에 있는 실력자로서 각지의 반란을 진압한 공으로 위기후(魏其侯)의 관작까지 받아 조정 대신들이 모두 그의 앞에서 굽실거렸다. 이때 전분(田粉)은 미미한 출신으로서 처음에는 두영의 집에 드나들면서 아첨을 일삼았으나, 아름다운 누이가 황후가 되는 바람에 벼락출세를 하여 태중대부(太中大夫)의 벼슬을 얻었다. 더구나 경제가 죽고 무제(武帝)가 즉위한 후에는 무안후(武安侯)에 봉해지고 마침내는 승상의 자리에 올랐다. 그 권세는 두영을 능가하게 되었다. 따라서 예전에는 두영에게 얼씬거리던 그 많은 조정 대신들이 이번에는 전분한테 몰려들어 갖은 아첨을 떨었다.

강직하고 호걸풍인 장군 관부(灌夫)는 그런 꼴이 몹시 눈에 거슬렸다. 그는 권세를 잃은 두영과 여전히 친하게 지내며 같이 술잔을 나누고 세상일을 한탄하곤 했다. 어느 날 승상 전분이 연(燕)나라 왕 유가(劉嘉)의 딸을 첩실로 들이게 되어 그의 집에서 성대한 잔치가 벌어졌다. 두영과 관부 역시 승상의 잔치에 예의상 참석하지 않을 수 없었는데, 그 자리에서 그만 불상사가 일어나고 말았다. 전분이 잔을 들며 술을 권했을 때는 참석자들이 모두 엎드려 축하와 감사를 표하면서 각자 자기 잔을 들었으나, 두영이 손님의 입장에서 전분을 축하하는 의미로 건배를 제의했을 때는 대부분 들은 척도 하지 않았던 것이다.

이미 심사가 뒤틀려 있던 관부는 잔을 들고 전분 앞에 걸어가 직접 건배를 제의했다. 무안후는 자리에 무릎을 붙인 채 말했다.

「술잔이 차면 마실 수가 없는데……」

관부는 마음속으로 괘씸했지만, 억지웃음을 지으며 잔을 권했다.

「장군은 귀인이시니 넘치게 드셔야지요」

하지만 무안후는 끝내 술을 마시지 않았다. 무안을 당한 관부는 술잔의 순서에 따라 임여후(臨汝侯 : 관영의 손자 관현)에게 갔다. 임여후는 마침 정불식(程不識)과 귓속말을 나누고 있었는데, 그 역시 자리에서 꿈쩍도 않았다. 관부는 분을 못 참고 임여후에게 욕을 퍼부었다.

「어찌 이렇게 무례할 수가 있단 말이냐!」

그 바람에 잔치는 엉망이 되었고, 사람들은 슬금슬금 자리에서 일어났다. 두영은 관부를 달래어 돌아가도록 했으나, 분노한 전분이 관부를 붙잡아 투옥해 버렸다. 두영은 집에 돌아가자마자 황제에게 상소를 올렸다.

「관부는 나라를 위해 세운 공이 큰 장군입니다. 무안후의 집에서 있었던 소란은 예에 어긋난 사람들에게 발단의 책임이 있다고 사료됩니다. 그런데도 무안후는 개인감정으로 관부를 포박했습니다」

무제는 다음날 조회 자리에서 그 문제를 들어 잘잘못을 가리려고 했다. 그러나 두영과 전분이 각각 자기주장만 내세울 뿐 아니라 바른 증언을 해야 할 대소 신료들도 어정쩡한 태도를 보였으므로 무제는 화를 버럭 내며 들어가 버렸다. 이 일이 왕태후의 귀에 들어가자, 그녀는 발끈해서 아들인 무제를 찾아가 따졌다.

「가당찮은 놈들이 이 어미와 내 집안을 욕보이려고 하는데, 성상께서는 뒷짐 지고 구경만 하겠다는 것이오?」

난처해진 무제는 하는 수 없이 형식적인 탄핵절차를 밟아 두영을 「주군기망죄(主君欺罔罪)」로 투옥해버렸다. 다급해진 두영은 생전의 경제로부터 「만약 공에게 불리하고 불편한 일이 생길 경우에는 언제나 황제에게 주상하라」 하는 유조(遺詔)를 받고 있었다. 그래서 두영은 조카에게 유조의 내용을 황제에게 아뢰게 하여 다시 한 번 알현할 기회를 달라고 청했다.

글이 올라오자, 황제는 상서(尙書 : 문서 관리를 함)로 하여금 조사해 보도록 했으나, 선제가 그와 같은 유조를 두영에게 주었다는 확실한 증거가 없었다. 그 유조는 두영의 집에만 간직되어 있었고 가승(家丞)이 봉인해 두고 있었다. 그래서 두영은 선제(先帝)의 조서를 위조하였으므로 그 죄는 기시(棄市)에 해당한다는 탄핵을 받게 되었다.

더구나 자기를 알아주던 유일한 친구인 관부와 그 가족이 처형되었다. 그 후 한참 뒤 그 소식이 두영의 귀에 들어가자 두영은 노하여 풍병(風病 : 중풍)을 앓게 되었다. 음식도 끊고 죽으려 하였다. 그러나 황제가 두영을 죽일 생각이 없다는 말을 듣자 다시 식사를 했고 병도 치료했다. 조정에서는 그를 죽이지 않는다는 데로 결정되었다. 그러자 두영을 비방하는 근거도 없는 유언비어가 떠돌아 그 말이 주상의 귀에까지 들어갔다. 그 때문에 죄의 판결을 받아 위성(渭城 : 섬서 함양의 동북쪽)에서 기시(棄市 : 사형을 집행한 다음 죄수의 머리를 효수하는 것)되었다. 이듬해 봄, 무안후 전분이 병상에 눕게 되었는데 헛소리로, 「내가 나빴어!」 하며 자신의 죄를 사과했다. 귀신을 보는 무당에게 보였더니, 두영과 관부가 그를 지키고 서서 죽이려는 것이 보인다고 했는데 그는 마침내 죽었다.

유용이무의위란 有勇而無義爲亂

있을 有 날쌜 勇 마이을 而 없을 無 옳을 義 될 爲 어지러울 亂

《논어》 양화편(陽貨篇)

자 로

용기만 있고 의가 없으면 세상을 어지럽히게 된다는 말.

공자의 제자 중에 자로(子路)는 가장 용력(勇力)이 뛰어난 사람이었다. 공자가 이렇게 말한 적이 있다.

「유(由 : 자로의 이름)가 내 문에 들어온 뒤로 사람들이 우리를 업신여기는 일이 없어졌다」

그러나 공자는 자로의 용기 때문에 늘 걱정을 했다. 그래서 자로가 용기에 대한 말만 하면 항상 그 기회를 이용해 일깨워주곤 했다.

자로가 물었다.

「군자도 용기를 숭상합니까?」

공자는 또 용기냐 싶어 이렇게 대답했다.

「군자는 의(義)를 위로하고 있다. 군자가 용기만 있고 의가 없으면 반란을 일으키게 되고, 소인이 용기만 있고 의가 없으면 도둑질을 하게 된다」

후에 자로는 위나라에 내란이 일어났을 때 자진해서 뛰어 들어가 이를 바로잡으려다가 죽고 말았다. 공자는 내란이 일어났을 때 이미 자로가 죽을 것을 예언했었다.

유일이불원 遺佚而不怨

버릴 遺 편안할 佚 말이을 而 원망할 怨

《맹자》 공손추상(公孫丑上)

세상이 나를 버려도 세태를 원망하지 않음.

유(遺)는 버린다는 뜻이고 일(佚)은 잘못해서 빠뜨린다는 뜻이다.

이 말은 《맹자》 공손추상(公孫丑上)에 나오는 유하혜(柳下惠)를 평한 맹자의 말이다.

「유하혜는 더러운 임금을 섬기는 것도 부끄럽게 생각지 않고, 작은 벼슬도 낮다고 생각지 않았다. 세상에 나아가게 되면 재주를 숨기지 않고 반드시 최선을 다해 일했고, 버려두어도 원망하지 않고, 곤궁하게 살아도 걱정하지 않았다(遺佚而不怨 阨窮而不憫). 그러므로 말하기를 『너는 너요, 나는 나다. 네가 비록 내 옆에서 팔을 걷어 올리고 몸을 드러낸다 해도 나를 더럽힐 수는 없다』고 했다」

백 이

맹자는 유하혜에 앞서, 유하혜와는 정반대의 지나친 결백성을 지닌 백이(伯夷)에 대해 구체적인 설명을 하고 난 다음 유하혜에 대해서 언급하고 있다.

그리고 끝으로 이렇게 결론을 내린다.

화성(和聖) 유하혜의 조각상

「백이는 너무 편협하고, 유하혜는 너무 소탈하다. 편협과 소탈은 다 군자가 걸어갈 중용의 길이 아니다」

그러나 맹자는 다른 곳에서 유하혜를 「성지화자(聖之和者)」 라고 평했다. 마음이 너그러운 성인이란 뜻이다.

또 유하혜는 세 번 벼슬에서 쫓겨나도 원망하는 기색이 없었고, 세 번 벼슬에 올라도 기뻐하는 일이 없었다. 어떤 사람이 그를 보고, 「자네 같은 재주로써 어디를 간들 출세를 못하겠는가」 하고 다른 나라로 가서 벼슬하기를 권했다.

그러자 유하혜는, 「올바른 도리로 임금을 섬기면 어디로 간들 쫓겨나지 않겠는가. 이왕 쫓겨날 바엔 부모의 나라를 버릴 까닭이 없지 않은가」 하며, 모든 것을 자연스럽게 보고 자연스럽게 생각했다.

또 폭풍우가 몰아친 어느 날 밤, 있을 곳을 잃은 옆집 젊은 과부가, 혼자 있는 유하혜의 방문을 두드리며 재워달라고 사정을 했다. 그러자 유하혜는 서슴지 않고 맞아들여 한 방에서 밤을 새웠다. 그러나 세상에 누구 한 사람 유하혜와 그 과부와의 관계를 의심하는 사람은 없었다 한다.

이것이 바로 「비록 내 옆에서 옷을 벗은들 어떻게 나를 더럽힐 수 있겠느냐」 고 하는 얘기라 하겠다.

유자가교 孺子可教

젖먹이 孺 아들 子 옳을 可 가르칠 教

《십팔사략(十八史略)》 장량(張良)편

열심히 공부하는 아이를 칭찬할 때 이르는 말.

「젖먹이는 가르칠 만하다」는 뜻으로, 열심히 공부하는 아이를 칭찬할 때 이르는 말이다. 유방(劉邦)을 도와 한(漢)나라를 개국한 책사 장량(張良)에 얽힌 이야기다. 《십팔사략(十八史略)》 장량편에 있는 이야기다.

장량 배사도(拜師圖)

장량은 본래 한나라 사람이다. 박랑사(博浪沙)에서 시황제(始皇帝)를 암살하려다 실패하고 쫓기는 몸이 되었다.

하비로 피신한 장량은, 어느 날 산보를 나갔다가 하비교에서 이상한 노인을 만났다.

맞은편에서 걸어오던 노인이 일부러 신발 한 짝을 다리 밑으로 떨어뜨리고는 장량에게 주워달라고 부탁했다. 장량이 신발을 주워오자, 노인은 자기 발에다 신을 신기라고 하는 것이었다. 장량은 묵묵히 무릎을 꿇고 노인에게 신을 신겨 주었다. 이 모습을 내려다보던 노인은 빙그레 웃고는 아무 말도 없이 가버렸다.

황석공 장량 호계삼소도(虎溪三笑圖, 日 화가 狩野山楽)

얼마를 가던 노인이 우두커니 서 있는 장량에게로 다시 돌아와서는, 「젊은이는 가르칠 만하다(孺子可敎)」하고 말하더니, 닷새 후 아침에 다리 위에서 자신을 기다리라고 하는 것이었다. 닷새 후 장량은 날이 밝자마자 다리 위로 나왔다. 그런데 거기에는 이미 노인이 먼저 와 있었다. 노인은 화를 내면서 내일 다시 나오라고 하고는 가버렸다.

이튿날, 장량이 새벽에 다리로 나왔지만, 이번에도 노인이 먼저 나와 있었다. 사흘째도 마찬가지였다. 노인은 장량에게 약속시간을 지키지 않는다고 욕을 하면서 닷새 후에 다시 나오라고 하였다.

노인과 약속한 날, 캄캄한 새벽에 장량은 다리 위로 나갔다. 노인은 아직 오지 않았다. 한참을 기다리자 노인이 어둠 속에서 나타났다. 그제야 노인은 기뻐하며 장량에게 책 한 권을 주면서 10년 후에 제북(濟北)의 곡성산(穀城山) 아래에서 자기를 찾으라고 하였다.

그가 준 책은 《태공병법서》였으며, 노인은 황석공(黃石公)이라는 기인이었다. 그는 진(秦)나라 말의 은사(隱士)로 뛰어난 병법가(兵法家)였다.

그 책을 연구한 장량은 유방의 책사로서, 마침내 한나라의 개국공신이 되었다.

유종유전 謬種流傳

그릇될 謬 씨앗 種 흐를 流 전할 傳

《송사(宋史)》

옳지 못한 관행이 널리 퍼진다는 뜻으로, 잘못된 것을 후세에 전파한다는 말이다. 시험을 통하여 관리를 선발하는 과거제도는 송(宋)나라 이종(理宗) 때에 이르러 극단적으로 부패하게 되었다.

과거제도는 응시생 개인의 자의적인 견해를 인정하지 않고, 반드시 정해진 격식에 따라 유가(儒家)의 경전에 근거한 답안 작성을 요구하였다. 이러한 과거제도가 장기간 시행되자, 사람들은 죽은 학문에만 매달리게 되었고, 그들의 사상은 경직되었으며, 결국은 온갖 폐단을 낳게 되었다. 이에 대하여 양식 있는 많은 지식인들은 끊임없이 비평을 가했다. 이러한 지식인들 중에서 하담(何澹)은 직접 황제에게 글을 올려 조정에서 엄격하게 과거제도를 관리해 줄 것을 청하며 상소를 올렸다. 「만일 과거제도가 엄격하지 않다면, 선발된 사람들의 학식도 우수하지 못할 것입니다. 몇 년 후 다시 그들에게 과거를 관장하게 한다면 이것은 시비(是非)가 뒤바뀐 일이 되고, 어리석은 자와 현명한 자가 뒤바뀌는 일이 되어, 그 상황은 더욱 심각해질 것이며, 이는 커다란 과오의 발단이 되어 자자손손 전해 내려가게 될 것입니다(是非顚倒逾甚 時謂之謬種流傳)」

당시의 이른바 선거는 지금처럼 투표로 하는 것이 아니라 시험을 쳐서 인재를 뽑아 쓰는 것이었다. 하담의 말은 「선발한 선비들의 질이 높지 못한데 몇 년 뒤에는 또 그들이 시험관이 되어 인재를 뽑게 되니 시비가 전도되고 옳지 못한 관행이 유전된다」는 것이었다.

유지자사경성 有志者事竟成

있을 有 뜻 志 놈 者 일 事 다할 竟 이룰 成

《후한서(後漢書)》 경엄전(耿弇傳)

「뜻이 있는 사람은 결국 이룬다」 라는 뜻으로, 이루고자 하는 뜻이 있는 사람은 반드시 성공한다는 것을 비유하는 말이다.

《후한서》 경엄전에 있는 이야기다.

동한(東漢) 때 경엄(耿弇)이라고 하는 글 읽는 선비가 있었다. 하루는 고을의 무사가 군마(軍馬)를 훈련시키는 것을 보고는 일사불란하게 정연하고 위무가 당당해 마음속으로 대단히 흠모하였다. 마침내 그는 장차 말을 타고 싸움터를 달리는 군사가 될 뜻을 세웠다.

그리고 그 기회가 마침내 찾아왔다. 그 때 유수(劉秀)가 북방에서 군사를 모집하고 있었는데 경엄이 이 소식을 듣고 문필을 버리고 무예에 종사하게 되었다. 그리고 유수를 위해 혁혁한 전승을 기록했고 적잖은 전공을 세웠다.

한번은 그가 명을 받들어 장보(張步)를 치러 갔다. 당시 장보의 병력이 힘이 세 강대한 적수였다. 장보가 경엄이 병력을 이끌고 자기를 치러 온다는 말을 듣고 몇 개의 중요한 고갯길과 지세가 험한 요새에 미리 투병하여 진을 쳐 놓고 이에 맞아 싸울 준비를 철저히 해 놓았다.

그러나 뜻밖에도 경엄은 진두지휘하는 용맹스런 장수라 그의 부하 병력들이 성난 용호와도 같이 용감히 앞으로 나서서 분전을 하니 일로 파죽지세로 몇 개의 성이 여지없이 함락되어 장보의 군졸들은 갑옷을 벗어버리고 병기를 질질 끌면서 기진맥진하여 달아나고 말았다.

장보는 패전의 소식을 전해 듣고는 놀라지 않을 수 없었다. 그리하여 친히 정예부대를 이끌고 경엄에게 맞섰다. 쌍방의 대군은 임치 동성 밖에서 싸움이 벌어졌다.

이 싸움에서 경엄은 사방에서 날아드는 화살에 다리를 맞아 피가 비 오듯 흘렀다. 그러나 자신의 상처는 탓하지 않고 기백을 살려 조금도 두려움 없이 부하를 이끌고 용감히 싸웠다. 유수는 장보가 대군을 이끌고 경엄을 치고 있다는 소식을 듣고 적은 병력으로 싸우는 경엄이 실의에 차 있을까 염려되어 친히 병력을 거느리고 증원하러 갔다. 그 때 경엄의 부하가 건의를 했다.

「장군, 장보의 군력이 많고 강하여 사기가 무지개같이 떨쳐 있으니 잠시 후퇴하여 장군의 상처를 치료하고 국왕 폐하의 구원병이 온 다음에 다시 출병하여 싸우심이 어떠하리오!」

그러자 경엄이 상기된 표정으로,

「우리가 마땅히 소를 잡고 술을 차려놓고 국왕 폐하를 성대하게 맞이해야 할 텐데 어찌 다 섬멸치 못한 적을 남겨 두겠나?」 하고 호통을 쳤다.

그리하여 다시 군사를 이끌고 나아가 장보와 결전을 치른 결과 장보는 크게 패하여 달아나고 말았다.

얼마 안 가서 유수가 임치에 도착하여 음식과 술과 재물로 공을 세운 군사들을 치하하고 위로하여 경엄에게 찬사를 아끼지 않았다.

「옛날에는 한신(韓信)이 역하(歷下)를 함락시켜 한 나라의 기초를 이룩하더니, 오늘은 그대가 축아(祝阿)를 공략하여 천하의 일을 평정하였으니 그대야말로 『뜻있는 사람은 끝내 성공을 할 수 있다(有志者事竟成)』는 말의 귀감이 되었구려」

유치인무치법 有治人無治法

있을 有 다스릴 治 사람 人 없을 無 법 法

《순자(荀子)》 군도편(君道篇)

「다스리는 사람이 있을 뿐, 다스리는 법은 없다」는 뜻으로, 세상을 잘 다스리는 것은 사람에 달려 있지 법에 달려 있는 것이 아니라는 말이다.

세상이 잘 다스려지는 것은 정치를 하는 사람의 착한 마음씨와 올바른 지혜와 끊임없는 노력에 의한 것으로, 사람의 행동을 제한하는 법에 의해 이루어지는 것은 아니다. 사람에 의해 법이 통용되는 것으로, 법에 의해 사람이 움직이는 것은 아니라고 했다.

「나라를 어지럽히는 군주는 있어도 어지러운 나라는 없으며, 다스리는 사람은 있어도 다스리는 법은 없다(有亂君 無亂國 有治人 無治法). 예(활의 명인)의 활 쏘는 법은 사라지지 않았지만 예는 이미 없고, 우(禹)임금의 법은 아직도 남아 있지만 그가 세운 하(夏)나라는 대대로 전해지지 못하였다. 그 까닭은 법은 홀로 존재할 수 없고, 유례는 스스로 행하여질 수 없는 것이기 때문이니, 사람을 얻으면 존속되고 사람을 얻지 못하면 사라지게 마련인 것이다. 법이란 다스림의 끝이요, 군자(君子)는 법의 근원이다. 따라서 군자가 있으면 법이 비록 미비하더라도 두루 미치기에 충분하지만, 군자가 없으면 법이 비록 갖추어져 있다 하더라도 그 시행이 잘못되고 일의 변화에 대응하지 못하여 나라가 어지러워지기 십상이다」

대표적인 법가(法家)의 한 사람인 전국시대 진(秦)나라의 정치가 상앙(商鞅)은 강력한 법치(法治)를 실시하여 진나라를 강국으로 만들었지만, 그 과정에서 많은 사람들로부터 원한을 사게 되어 실각하였으며, 결국에는 자신이 만든 법에 자신이 죽게 되었다고 한탄하는 지경에까지 이르렀다. 유가(儒家)에서는 이 같은 법치의 한계를 인식하고 인(仁)과 덕(德)을 강조하였다.

법 제도가 아무리 잘 갖추어져 있다 한들 그것을 실행하는 사람들이 올바르지 않다면 제대로 운용될 수 없는 것이니, 「유치인무치법」은 결국 올바른 정치는 잘 구비된 법보다는 그것을 운용하는 사람에게 달려 있다는 말이다.

《중용》 20장에도 같은 내용의 말이 있다. 애공(哀公)이 공자에게 정치에 대해 물었다. 공자는 이렇게 대답했다.

「문왕(文王)과 무왕(武王)의 어진 정치가 책에 다 그대로 실려 있습니다. 그 사람이 있으면 그 정치가 행해지지만, 그 사람이 없으면 그 정치는 없어지게 됩니다. 그러므로 정치를 하는 것은 사람에 있고, 사람을 택하는 것은 임금에게 있습니다」

진시황은 이사(李斯)의 법률 만능주의에 의해 그가 죽는 그날로 천하가 뒤흔들리고 말았지만, 한패공은 「약법삼장(約法三章)」의 정신으로 위대한 한문화(漢文化)를 대변하는 대제국을 건설하고 그 자손이 수백 년 왕업을 계승할 수가 있었던 것이다.

남의 나라의 자랑스러운 법조문을 빌어다가 아무리 민주적인 좋은 헌법을 만들어도 주권을 행사하는 국민 자체가 그 법정신을 살릴 만한 애국심과 판단력이 없는 한 부질없는 혼란만 따를 뿐이다.

좋은 법을 만들기에 앞서 먼저 좋은 인간을 만들어야 한다.

윤형피면 尹邢避面

미쁠 尹 나라이름 邢 피할 避 얼굴 面

《사기》 외척세가(外戚世家)

「윤씨(尹氏)와 형씨(邢氏)가 얼굴을 피하다」 라는 뜻으로, 서로 질투하거나 반목하여 만나기를 꺼려하는 것을 비유하는 말이다.

《사기》 외척세가에 이런 이야기가 있다.

한무제에게는 총애하는 부인이 둘 있었는데, 한 사람은 윤씨이고 다른 사람은 형씨였다.

두 여인은 절색의 미인이었다고 하는데, 한무제는 두 여자 사이의 질투를 막기 위해서 서로 만나지 못하게 하였으며, 다른 사람들에게도 두 여인이 만날 기회가 생기지 않도록 엄명을 내렸다고 한다.

어느 날, 윤부인은 형부인을 만나게 해달라고 한무제를 졸랐다. 한무제는 할 수 없이 다른 미녀를 형부인으로 위장시킨 다음 시녀들의 호위 아래 만나게 하였더니, 윤부인은 한눈에 그가 가짜임을 알아보았다고 한다. 한무제가 의아해서 어떻게 알았느냐고 물었더니, 윤부인이 대답했다.

「그의 외모라든가 풍도로 보아 폐하의 총애를 받을 사람이 아닙니다」

한무제가 다음에는 형부인으로 하여금 초라한 옷차림으로 치장도 않게 한 뒤 만나게 했더니 윤부인은 멀리서 벌써 알아보고 「이 사람이야말로 형부인이다. 실로 내가 그녀보다 못하다」 라고 말하면서 고개를 떨어뜨리고는 울었다는 것이다.

융중용안 隆準龍顔

높을 隆 콧마루 準 용 龍 얼굴 顔

《사기》 고조본기(高祖本紀)

우뚝한 코와 용의 얼굴. 한고조 유방의 얼굴을 일컬음.

「융준용안」은 한고조 유방의 얼굴 특색을 말한 것으로, 보통 융준(隆準)은 콧대가 우뚝 솟은 것을 말하고, 용안(龍顔)은 얼굴 생김새가 용처럼 생겼다는 뜻으로 풀이하고 있다. 그러나 용처럼 이란 말은 좀 막연하다.

그래서 「융준용안」의 해석에는 다른 의견들이 있다.

이 말이 실려 있는 《사기》 고조본기의 주해를 보면 배인(裵駰)이 편찬한 집해(集解)에는 응소(應劭)의 말을 인용하여,

한고조 유방

「융(隆)은 높다는 뜻이다. 준(準)은 빰이 반듯하고 평편한 것을 말한다. 안(顔)은 이마다. 제나라 사람은 상(顙)이라 하고, 여남(汝南), 회사(淮泗) 사이에서는 이마를 안(顔)이라고 한다」하고, 또 동시에 문영(文穎)의 말이라 하여 준(準)은 코(鼻)다」라고 했다.

그런데 코라고 할 때는 음이 준(準)이 아니고 절(準)로 읽게 되어 있다. 즉 「융절용안」이라고 해야 할 것을 보통 쓰이는 법(法)과 평(平)의 뜻을 말할 때와 같은 「준」이란 음으로 그대로 읽고 있는 것이다.

진시황

또 사마정(司馬貞)이 지은《색은(索隱)》이란 책에는 이렇게 말하고 있다.

「진시황은 봉목장준(蜂目長準)이었다고 한다. 대개 코가 높이 솟은 것을 말한다. 문영의 말인즉, 고조는 용(龍)을 느끼고 태어났기 때문에 그 얼굴 모양이 용 같아서 목은 길고 코가 높다는 것이다」

용을 느꼈다는 이 「융준용안」이란 말 앞에 나와 있는 한고조의 태생 전설을 말한 것이다. 고조본기의 첫머리를 소개하면 다음과 같다.

「고조는 패풍읍 중양리 사람으로 성은 유씨(劉氏)고 자(字)는 계(季)다. 아버지는 태공(太公)이라 불렀고, 어머니는 유온(劉媼)이라 했다. 유온이 언젠가 큰 못 가 언덕에서 자고 있는데, 꿈에 귀신과 같이 만나게 되었다. 그때 천둥 번개가 요란하고 천지가 캄캄했다. 태공이 가서 자세히 보니 그 위에 교룡(蛟龍)이 나타나 있었다. 그런 다음 태기가 있어 드디어 고조를 낳았다. 고조는 사람 된 것이 융준에 용안이었고, 수염이 아름다우며 왼쪽 다리에 72개의 검은 점이 있었다」

지금도 관상가들은 용안의 안(顔)을 얼굴이 아닌 이마로 보고 있고 용의 특색은 이마가 높은 데 있다는 것이다. 즉 코도 높고 이마도 높은 것이 「융준용안」이라는 것이다. 그런데 지금은 이 말이 얼굴이 남자답게 잘 생겼다는 뜻으로 쓰이기도 한다. 또 용의 눈(龍眼)으로 풀이하는 사람도 있다.

은감불원 殷鑑不遠

은나라 殷 거울 鑑 아니 不 멀 遠

《시경》 대아(大雅) 탕편

본받을 만한 좋은 전례(前例)는 굳이 멀리 찾지 않아도 가까운 곳에 있다.

「역사는 되풀이된다」 라고 말하지만, 「삼대(三代)」 로서 알려진 중국 고대의 3왕조, 즉 하(夏) · 은(殷) · 주(周)의 흥망의 역사도 또한 그 「되풀이」 의 일례이다.

은감(殷鑑)은 은나라의 거울이란 뜻이다. 즉 은나라가 거울삼아 볼 수 있는 것을 말한다. 하(夏)나라가 망함으로써 은나라가 일어났다가 어떻게 해서 망했는가 하는 것을 거울삼아 은나라는 그런 일을 되풀이하지 말아야 할 것이다. 그 하나라가 망한 전례가 지금으로부터 머지않은 과거에 있다. 그것을 은나라의 거울로 삼았다 하는 뜻이 「은감불원」 이다.

하나라가 걸왕(桀王)의 포학과 방탕으로 망하고, 탕왕(湯王)이 은나라를 새로 세웠다. 약 6백 년을 내려온 은나라는 28대 왕인 주(紂) 대에 망한다. 주는 유소(有蘇)의 나라를 치고 그곳의 미녀 달기(妲己)라는 여자를 사랑하게 되자 「주지육림」 의 놀이를 즐기며, 불평과 원망을 하는 사람이 있으면 「포락지형(炮烙之刑)」 에 처하는 등 음락(淫樂)과 포학을 자행했다.

이때 서백(西伯) 주왕(周王) 창(昌 : 뒤의 문왕)이 주를 간한 말이라 하여 이 「은감불원」 이란 말이 《시경》 대아(大雅) 탕편 제8장에 나와 있다.

문왕이 말하기를 슬프다
슬프다 너 은상아
사람이 또한 말이 있다
넘어지는 일이 일어나면
가지와 잎은 해가 없어도
뿌리는 실상 먼저 끊어진다고
은나라 거울이 멀지 않다
하후의 시대에 있다.

文王曰咨 咨汝殷商	문왕왈자 자여은상
人亦有言 顚沛之揭	인역유언 전패지게
枝葉未有害 本實先撥	지엽미유해 본실선발
不殷鑑遠 在夏后之世	불은감원 재하후지세

글 뜻은 어려울 것이 없다. 은상(殷商)은 주(紂)를 가리킨다. 나무가 넘어질 때는 가지와 잎은 비록 그대로 있다 해도 뿌리는 벌써 끊어지고 없다는 것은 나라의 형태는 아직 갖춰져 있지만 나라의 뿌리인 조정의 기강(紀綱)은 이미 끊어졌음을 말한다.

그러나 실상 이 시는, 주나라 10대 왕인 여왕(厲王)의 포학함을 한탄한 소목공(召穆公)이 여왕을 간할 목적으로 자기가 하고 싶은 말을 문왕이 주에게 한 말로 꾸며서 지은 것이라 한다.

지금은 이 말이 실패한 전례가 바로 얼마 전에 있었다는 뜻으로 널리 쓰이고 있다. 또 「은감을 삼는다」 하면 「직접 실패한 것을 보고 교훈을 삼는다」 는 뜻이 된다.

은거방언 隱居放言

숨을 隱 살 居 방자할 放 말씀 言

《논어》 미자편(微子篇)

은거하여 살면서 자기의 생각을 모두 토파(吐破)함.

은거(隱居)는 세상에 나아가 활동을 하지 않고 조용히 집에서 사는 것을 말한다. 꼭 숨어서 사는 것이 은거는 아니다. 방언(放言)은 말을 함부로 한다는 뜻이다. 이 말은 《논어》 미자편(微子篇)에 있는 말이다. 그 전문을 소개하면 다음과 같다.

일민(逸民 : 출세를 못한 사람)에 백이 · 숙제 · 우중(虞仲) · 이일(夷逸) · 주장(朱張) · 유하혜(柳下惠) · 소련(少連) 등이 있었다.

공자는 말씀하셨다.

「그 뜻을 굽히지 않고, 그 몸을 욕되지 않게 한 것은 백이와 숙제다」

또 유하혜와 소련에 대해서는 이렇게 말씀하셨다.

「뜻을 굽히고 몸을 욕되게 했으나, 하는 말이 도리에 맞고 하는 행동이 이치에 맞았다. 그것뿐이다」

또 우중과 이일을 놓고 이렇게 말씀하셨다.

「숨어 살며 말을 함부로 했으나, 몸을 깨끗이 지녔고 버린 것이 권도(權道)에 맞았다(隱居放言 身中淸廢中權)」

공자는 끝으로 말하기를, 「나는 이들과는 다르다. 나는 꼭 옳다는 것도 없고, 옳지 않다는 것도 없다(我則異於是 無可無不可)」

백이와 유하혜에 대해서는 각각 「불념구악(不念舊惡)」이란 제목에서 소개한 바 있으므로 우중에 대한 설명만을 하기로 한다. 우

중 옹

중은 주 문왕(周文王)의 중부(仲父)로 아우인 왕계(王季)에게 태자의 자리를 물려주기 위해, 맏형인 태백(泰伯)과 함께 병들어 누운 아버지 대왕의 약을 구하러 간다면서 멀리 남쪽 바닷가로 피해버린 사람이다. 즉 중옹(仲雍)을 말한다.

그것은 태백의 뜻을 따라 왕계에게 태자의 자리를 물려줌으로써 문왕으로 하여금 임금이 되게 하려는 나라와 천하를 위한 자기희생이었다. 이조시대의 양녕대군(讓寧大君)과 효령대군(孝寧大君)의 이야기를 연상케 하는 일을 한 것이다.

그들은 오(吳)나라로 가서 머리를 짧게 자르고 몸에 먹물로 그림을 그려 토인들과 같은 생활을 즐겼다고 한다. 「버린 것이 권도에 맞았다(廢中權)」는 것은 바로 그들의 그런 자기희생이 대의를 위한 부득이한 처사였다는 이야기다. 그러나 우중과는 달리 장자 같은 사람이나 그 계통의 이른바 죽림칠현(竹林七賢), 도연명 같은 사람들도 「은거방언」의 대표적인 사람으로 들 수 있을 것 같다.

공자가 말한 「옳다는 것도 옳지 않다는 것도 없다」는 것은 이른바 시중(時中)을 말하는 것이다. 어떤 행동의 기준이나 철칙 같은 것이 없고 그 때와 장소에 따라 맞게 하는 것을 말한다. 또 모든 것을 포용하는 하늘과 같은 심경을 말한 것으로도 볼 수 있다.

은수분명 恩讎分明

은혜 恩 원수 讎 구별할 分 밝을 明

《사기》 범수채택(范雎蔡澤)열전

훌륭한 명성이나 공적이 후세에 길이 전함. 사소한 원한이나 은혜에 대해 반드시 앙갚음함을 이르는 말.

범수가 진나라의 재상이 되자, 범수를 진왕에게 천거한 왕계가 범수에게 말했다

「일에는 장래를 예측할 수 없는 것이 세 가지 있으며, 어찌할 수 없는 것도 세 가지 있습니다(事有不可知者三 有不可奈何者亦三). 임금이 언제 돌아가실지 모르는 것이 예측할 수 없는 한 가지입니다. 상공이 갑자기 관사를 버리고 세상을 뜰지 모르는 것이 곧 예측할 수 없는 두 번째의 일입니다. 그리고 내가 언제 돌연히 구렁텅이에 빠져서 죽을지 모르는 것이 예측하기 어려운 세 번째의 일입니다. 임금이 돌아가신 다음에는 공이 나를 임금에게 추천하지 못한 것을 후회해도 어찌할 수 없는 일입니다(君雖恨于臣 無可奈何). 또 공이 갑자기 세상을 뜬 다음에는 나에게 대한 후회를 해 보아도 이미 어찌할 수가 없습니다. 그리고 내가 갑자기 죽은 후에도 내게 대한 똑같은 후회를 해도 역시 어찌할 수 없는 일입니다」

범수는 이 말을 듣고 불쾌했지만, 궁중에 들어가서 왕에게 말했다.

「만약 왕계의 충성이 없었더라면 저는 함곡관 안에 들어오지 못했을 것입니다. 또 만약 대왕의 현성(賢聖)이 없었더라면 저는 존귀한 자리에 오를 수 없었을 것입니다. 지금 저의 벼슬은 재상이며, 저의

함곡관은 전국시대 진(秦)에서 산동(山東) 6국으로 통하던 관문으로서, 근대에 와서 복원되었다.

작(爵)은 열후인데, 왕계의 벼슬은 아직도 알자(謁者)에 머물러 있습니다. 이것은 왕계가 저를 진나라에 데려온 본의가 아닐 것입니다」

소왕은 왕계를 불러서 하동(河東)의 태수에 임명했다. 그러나 3년이 되어도 행정에 관한 보고서를 제출하지 않았다. 범수가 또 정안평(鄭安平)을 추천하자, 소왕은 정안평을 장군에 임명했다.

범수는 다시 자기 집 재산을 뿌려서 일찍이 곤궁했을 때에 진 신세를 갚았다. 그 때 단 한 끼의 밥을 대접받았더라도 반드시 이를 갚았고, 눈 한 번 흘긴 원한도 반드시 앙갚음을 했다(一飯之德必償 睚眦之怨必報).

범수(范雎)가 「한 끼 밥을 신세진 정도의 작은 은혜도 반드시 갚고, 눈을 흘긴 정도의 사소한 원한도 반드시 보복하였다(一飯之德必償 睚眦之怨必報)」는 데서 이 고사가 나왔다.

음덕양보 陰德陽報

응달 陰 덕 德 볕 陽 갚을 報

《일기고사(日記故事)》

남이 모르게 덕행을 쌓은 사람은 훗날 그 보답을 버젓이 받는다는 뜻.

춘추전국시대 초(楚)나라의 장왕(莊王) 때의 재상이던 손숙오(孫叔敖)의 고사에서 유래되었다.

손숙오가 어렸을 때의 일이다. 어느 날 밖에서 놀다가 머리가 둘 달린 뱀을 보고 죽여서 묻어버렸다. 그런 다음 집으로 돌아와 끼니를 거르면서 고민하였다. 이를 이상히 여긴 어머니가 그 까닭을 물었다. 손숙오가 울면서 말했다.

「머리 둘 달린 뱀을 본 사람은 죽는다고 들었습니다. 아까 그걸 보았습니다. 머지않아 나는 죽어 어머니 곁을 떠날 것입니다. 그것이 걱정됩니다」

어머니가 물었다.

「그 뱀은 어디 있느냐?」

손숙오가 대답했다.

「또 다른 사람이 볼까봐 죽여서 묻어 버렸습니다」

말을 다 들은 어머니가 말했다.

「남모르게 덕행을 쌓은 사람은 그 보답을 받는다(陰德陽報)고 들었다. 네가 그런 마음으로 뱀을 죽인 것은 음덕이니, 그 보답으로 너는 죽지 않을 것이다」

어머니의 말대로 장성한 손숙오는 재상의 자리에까지 나아갔다.

읍참마속 泣斬馬謖

울 泣 벨 斬 말 馬 뛰어날 謖

《삼국지》 마속전(馬謖傳)

제갈량이 눈물을 흘리며 마속을 사형에 처했다는 기록에서 생겨난 말로, 대중을 이끌어 나가고 법을 집행하는 사람은 사사로운 인정을 떠나 공정한 법 운용을 해야 한다는 말로 흔히 인용되는 말이다.

제갈무후

제갈량이 제1차 북벌(北伐)을 했을 때다. 제갈량은 대군을 이끌고 기산(祁山)으로 출격을 하여, 적의 작전을 혼란시키기 위해 장안 서쪽에 있는 미(郿)를 친다고 선언하고 조운(趙雲 : 자룡)과 등지(鄧芝) 두 장수를 기곡에다 진을 치게 했다.

한편 위(魏)의 명제는 남방의 오(吳)나라와의 국경선에 진치고 있던 장합을 불러올려 급히 기산으로 향하게 했다. 장합은 위수(渭水) 북쪽에 있는 요충지인 가정(街亭)에서 촉나라 선봉과 충돌, 이를 단번에 격파하고 말았다. 이 가정의 지휘 책임자가 바로 마속이었다. 그는 제갈량의 지시를 어기고 자기의 얕은 생각으로 임의로 행동했기 때문에 패한 것이다. 제갈량의 작전은 이 가정이 무너짐으로써 완전 실패로 돌아가고 부득이 전면 철수를 해야만 했다.

「한중으로 돌아온 제갈량은 마속을 옥에 가두고 군법에 의해 그를 사형에 처했다. 제갈량은 그를 위해 눈물을 흘렸다. 마속의 나이 그때 서른아홉이었다」 고 《촉지》 마속전에 나와 있다.

또 《촉지》 제갈량전에는 다음과 같이 기록되어 있다.

「마속은 제갈량의 지시를 어기고 자기 멋대로 행동했기 때문에 장합에게 크게 패했다. 제갈량은 한중으로 돌아오자 마속을 죽이고 장병에게 사과를 했다」

읍참마속 벽화

한편 촉나라 서울 성도에서 한중으로 온 장완(蔣琬)이 제갈량을 보고 말했다.

「앞으로 천하를 평정하려 하는 이때에 그런 유능한 인재를 없앴다는 것은 참으로 아까운 일입니다」

그러자 제갈량은 눈물을 흘리며 말했다.

「손무(孫武)가 항상 싸워 이길 수 있었던 것은 군율을 분명히 했기 때문이다. 이 같은 어지러운 세상에 전쟁을 시작한 처음부터 군율을 무시하게 되면 어떻게 적을 평정할 수 있겠는가」

이 사건을 《삼국지연의》 에서는 보다 재미나게 꾸미면서 한 편 제 96회의 사건 제목을 「공명휘루참마속(孔明揮淚斬馬謖)」 이라고 했다. 눈물을 뿌렸다(揮淚)는 말은 울었다(泣)는 말로 바뀌어 「읍참마속」 이란 말이 널리 쓰이게 된 것이다.

응접불가 應接不暇

응할 應 접할 接 아니 不 겨를 暇

《세설신어(世說新語)》

응접에 겨를이 없다. 몹시 바쁨.

진(晋)나라 사람으로 아버지 왕희지(王羲之)와 더불어 2왕(王)으로 일컬어질 만큼 유명한 서예가요 고관이었던 왕헌지(王獻之)라는 인물이 있다.

왕헌지

그는 한때 북쪽지방의 산음(山陰)이라는 곳을 여행한 적이 있었는데, 그 경치의 수려함을 이야기한 가운데 이 「응접불가」라는 멋진 말을 남겼다.

「산음의 길은 장관이다. 길을 걸으면 높게 솟은 산과 깊은 개울이 연이어 나타난다. 그것들이 서로 그림자를 비치고 빛나며 스스로 아름다움을 다투어 나타내 그 응접에 겨를이 없을 정도다. 단풍이 들고 하늘이 높은 가을과 쓸쓸한 겨울에는 다른 생각조차 모두 잊게 된다」

얼마나 멋진 풍경이 연이어 나타났으면,

「일일이 다 맞이할 겨를이 없다」 고까지 말을 하였을까.

오늘날 그저 새로운 사건이 잇닿는 것을 뜻하는 이 말은 원래는 이렇게 아름다운 경치를 표현하는 멋진 찬사였다.

의공희학 懿公喜鶴

아름다울 懿 공평할 公 기쁠 喜 학 鶴

《가의신서(賈誼新書)》 춘추(春秋)

「의공이 학을 좋아한다」는 뜻으로, 애완동물을 지나치게 좋아함을 경계해 이르는 말이다. 《가의신서》 춘추에 있는 이야기다.

춘추시대 위(衛)나라는 세력이 보잘것없는데도 그 군주인 의공(懿公)은 부국강병책이라든지 백성들의 살림을 풍족하고 편안하게 해주는 데는 관심이 없이 오로지 자기 취미생활에만 정신이 팔려 있었다.

그는 학을 매우 좋아하여 의복도 학 모양인 것을 입었으며, 외출할 때는 대부(大夫)나 탈 수 있는 고관용 수레에다 가장 아끼는 학을 태워 데리고 나갈 만큼 그 정도가 지나쳤다.

백성들로부터는 세금을 자주 걷었지만, 그들의 힘든 가계는 돌보지 않았다. 주변에는 아부하는 무리들만 두었으며, 강직한 신하는 멀리하였다. 어쩌다 간(諫)하는 자가 있으면 면전에서 질책하였다.

「전하, 한낱 날짐승에게 그토록 집착하심은 백성들 보기에도 좋지 않습니다」

보다 못한 대신 중의 누가 조심스럽게 간언하기라도 하면 의공은 벌컥 화를 내며 심하게 꾸짖었다. 그러니 바른 소리를 하고 싶은 사람은 점점 임금에게서 멀어져 갔고, 주변에는 듣기 좋은 소리만 지껄이는 아부하는 신하들만 얼씬거렸다.

임금의 정치적 무관심으로 백성들은 살기가 점점 어려워져 원망하는 소리가 여름밤의 개구리 울음과 같았다.

의공호학(懿公好鶴)

그러던 어느 날, 적군이 쳐들어와 성을 에워쌌다. 의공은 너무 놀라 어쩔 줄 몰랐으나, 대신들은 별로 걱정하는 빛이 없었다. 의공은 너무나 기가 막힌 나머지 눈물을 흘리면서 대신들에게 넙죽 절하고 애원했다.

「보다시피 적군이 성 아래까지 쳐들어왔소. 제공은 어서 관리들과 백성들을 총동원하여 과인을 보호해 주시오!」

그러나 모두들 이렇게 말했다.

「전하께서는 총애하는 무리와 그토록 애지중지하는 학이나 이끌고 나가서 싸우시지요. 저희들은 전하로부터 이미 버림받은 사람들인데, 뭣 때문에 목숨을 걸고 전하를 위해 싸운단 말입니까?」

그리고는 성문을 부수고 앞을 다투어 달아나버리니 다른 관원들과 백성들인들 그와 다를 바가 없었다.

의공은 그 동안 자기가 얼마나 큰 잘못을 저질렀는지 깨닫고 크게 후회했으나 이미 소용없는 일이었다. 몇몇 추종자들의 옹위를 받으며 간신히 왕궁을 탈출하기는 했지만 도망치는 도중에 죽고 말았고, 이어서 나라도 멸망해 버리고 말았다.

자기 취미에 도취하여 살다가 모든 것을 잃어버린 지도자의 우화이다. 지나친 아집과 분별없는 애호는 큰일을 그르칠 수 있음을 지적하고 있다.

의기양양 意氣揚揚

뜻 意 기운 氣 날릴 揚 날릴 揚

《사기(史記)》 관안열전(管晏列傳)

「의기가 드날리다」 라는 뜻으로, 바라던 대로 이루어져 매우 자랑스러워하며 뽐내는 모양을 비유하는 말이다. 의기양양(意氣洋洋)이라고 써도 된다. 《사기》 관안열전에 있는 이야기다.

춘추시대 제(齊)나라의 안영(晏嬰)은 영공(靈公)과 장공(莊公), 경공(景公)의 3대를 섬기면서 근검절약하고 군주를 잘 보좌하여 명재상으로 존경받았다.

안영이 하루는 외출을 하게 되었는데, 마부의 아내가 문틈으로 내다보니 그의 남편이 재상의 마부로서 커다란 일산을 받쳐 들고 네 마리의 말에 채찍을 가하며 의기양양하게 흐뭇한 모습이었다(意氣揚揚甚自得也). 얼마 뒤에 남편이 집에 돌아오자, 그 아내는 남편에게 이혼을 하자고 했다. 남편인 마부가 사연을 물으니 아내가 대답했다.

「안자는 그 키가 6척도 안 되건만 그의 몸은 제나라 재상으로서 제후 사이에도 이름이 높소이다. 그렇지만 아까 그가 외출하는 모습을 내가 보니 매우 침착하고 모든 사람에게 겸손합디다. 그런데 당신은 키가 8척이나 되면서 남의 마부가 되었고, 거기에다 만족스런 모습입디다. 제가 당신 곁을 떠나고 싶다는 것은 이 때문입니다」

그 일이 있은 후로, 마부는 자신을 억제하여 겸손한 사람이 되었다. 안자가 이상하게 여겨 그 마부에게 물으니, 마부가 사실대로 말했다. 안자는 느낀 바 있어 그를 천거하였는데, 그는 대부(大夫)가 되었다.

의무반고 義無反顧

옳을 義 없을 無 되돌릴 反 돌아볼 顧

《사기》 사마상여(司馬相如)열전

의(義)를 위하여 뒤를 돌아보지 않고 앞으로 나아감.

서한(西漢)시대의 문인 사마상여(司馬相如)는 재능 있는 인물이었다. 그는 어렸을 적 글 읽기를 좋아했으며, 거문고와 격검(擊劍)을 잘했다. 특히 시부(詩賦)에 능하여 한무제에 의해 중랑장에 임명되었다.

한번은 당몽(唐蒙)이라는 사람이 서남지역인 파촉(巴蜀)으로 통하는 도로의 공사를 맡게 되었다. 그는 많은 백성들을 징발하기 위하여 군법으로써 그 고을의 수령을 죽였다. 이 일로 말미암아 촉 지방 사람들은 크게 놀라고 두려워 폭동이 발생하게 되었다.

한무제는 이 소식을 전해 듣고 사마상여를 보내 이 사태를 해결하도록 했다. 사마상여는 그곳에 도착하여 파촉의 백성들에게 해명의 글을 발표하였다.

「파와 촉의 태수에게 알린다. 만이(蠻夷)들이 제멋대로 행동하였으나 오래도록 토벌하지 않아 변방 지역을 침범하기도 하고 사대부를 수고롭게 하기도 하였다.

……백성들을 모아 도로를 만드는 일은 당연한 일이다. 그런데 이제 들으니 당몽은 군사 징발법을 발동하여 파촉의 장로들과 자제들을 놀래고 두렵게 하였으며, 아울러 두 군에서도 제 마음대로 식량을 운송하게 하였다고 한다.

이러한 일은 모두 결코 폐하의 뜻이 아니다. 징발된 자 중에는 도

망친 자도 있고 자살한 자도 있다고 하니 이 또한 다른 사람의 신하 된 자의 도리가 아니다.

사마상여

국가의 법령과 제도를 알지 못하고 백성들을 괴롭히는 것은 옳지 않다. 변방의 무사들은 봉수(烽燧)가 오르는 즉시 모두 활을 메고 달려가고 무기를 들고 뛰어가서 땀을 흘리며 서로 잇달아 모여 다른 사람보다 뒤질세라 서두른다. 서슬 퍼런 적의 칼날을 무릅쓰고, 날아오는 화살을 두려워하지 않는 것을 의로 여겨 뒤돌아보지 않는다(觸白刃 冒流矢 義不反顧).

그들이 가지고 있는 노여움은 마치 사사로운 원수를 갚는 것 같다. 이 사람들이라고 해서 어찌 죽는 것을 기뻐하고 사는 것을 싫어하겠는가?

그들인들 어찌 호적이 없는 백성으로 파와 촉의 사람들과 군주를 달리하고 있겠는가? 다만 그들은 계책이 깊고 멀리 내다보고 국가의 어려움을 가장 급한 일로 여기며 신하로서 도리를 다하는 것을 기쁘게 생각하기 때문이다」

사마상여가 사태를 잘 수습하자, 도로공사는 순조롭게 진행되었다.

「의무반고」는 의로운 일이라면 자신의 사사로움은 뒤돌아보지 않고 의를 향해 앞으로 나아가는 것을 이르는 말로 쓰이고 있다.

의식족이지예절 衣食足而知禮節

옷 衣 먹을 食 족할 足 어조사 而 알 知 예절 禮 예절 節

《관자(管子)》 목민편(牧民篇)

입을 것과 먹을 것이 풍족해야 예절을 알게 된다는 말이다.

이 말은 《관자》 목민편에 있는, 「……창고가 차 있으면 예절을 알고 의식이 족하면 영욕을 안다(倉廩實則知禮節 衣食足則知榮辱)」 고 한 말이 앞뒤 것이 합쳐져서 생겨난 말이다.

결국 같은 내용의 긴 말을 보다 쉽고 짧게 만들었다는 점에서 이 말이 널리 보급된 것으로 볼 수 있다.

《관자》 는 관중(管仲)이 지은 것으로 되어 있지만 실상은 그의 사상적 계통을 이은 사람들에 의해 훨씬 뒤에 된 것으로 보고 있다. 그러나 이 《관자》 속에 나오는 기록들은 그가 실제로 한 말과 행한 일들이 많이 수록되어 있다고 보아 좋을 것이다.

아무튼 모든 정치적 기반을 경제에 둔 관중은 이론가로서 또 실제 정치인으로서 후대에 미친 영향이 컸다. 내 배가 고프면 남의 배 고픈 것을 동정할 여지가 없고, 먹고 입는 문제를 해결하지 못하면 명예 같은 것이 그다지 중요하게 느껴질 리가 없다.

《맹자》 에도 「떳떳한 생활이 없으면 떳떳한 마음을 가질 수 없다」 고 했다. 입고 먹는 것이 넉넉해야 예의니 체면이니 하는 것을 알게 된다고 한 이 말은 참으로 불변의 진리를 잘 나타낸 말이라 할 수 있다.

《사기》 에도 똑같은 말이 그대로 인용되고 있다.

의심생암귀 疑心生暗鬼

의심할 疑 마음 心 날 生 어두울 暗 귀신 鬼

《열자(列子)》 설부편(說符篇)

의심은 분별력을 흐리게 한다.

「의심이 암귀를 낳는다」는 말이다. 암귀(暗鬼)는 어둠을 지배하는 귀신이다. 여기서는 사람의 마음을 어둡게 만드는 마귀란 뜻이다. 즉 의심을 하면 마음도 따라 어두워진다는 것이 「의심생암귀」다. 마음이 어두워지면 결과적으로 판단력이 흐려진다.

《열자》 설부편에 이런 이야기가 있다.

어느 한 사람이 도끼를 잃어버렸다. 혹시 이웃집 아들이 훔쳐간 것이 아닌가 하고 그를 유심히 살펴보았다. 그의 걸음걸이를 보아도 도끼를 훔칠 그런 인간으로 보였고, 그의 얼굴색을 보아도 어딘가 그런 것만 같고, 그의 말하는 것을 보아도 역시 수상한 데가 있었다.

그의 동작이며 태도며 어느 것 하나 도둑놈처럼 보이지 않는 것이 없었다. 그러다가 며칠 후 우연히 골짜기를 파다가 잃어버렸던 도끼를 발견하게 되었다. 거기다 빠뜨리고 온 것이다. 그 뒤 다시 그 이웃집 아들을 보자, 그의 모든 동작과 태도가 어느 모로 보나 도끼를 훔칠 그런 사람으로는 보이지 않았다는 것이다.

이 이야기는, 남을 의심하는 마음 자체가 곧 자기 마음을 어둡게 만든다는 뜻이다. 이것이 바로 「의심이 암귀를 낳는다」는 것인데, 이 말을 직접 쓴 것은 송나라 임희일(林希逸)이 지은 《열자구의(列子口義)》 설부편에, 「속담에 말하기를 의심이 암귀를 낳는다고 했다」가 처음이다.

의자의야 醫者意也

의원 醫 놈 者 뜻 意 어조사 也

《후한서(後漢書)》

병을 낫는 데는 기술보다는 낫고자 하는 의지, 그리고 심신의 안정과 휴식이 더 중요하다는 말로서, 의술의 깊은 진리는 마음으로 스스로 깨닫는 것이지 말로는 표현할 수 없음을 이르는 말이다.

《후한서(後漢書)》에 있는 이야기다.

후한시대 곽옥(郭玉)이라는 사람이 있었다. 그는 화제(和帝, 재위 89~105) 때 태의승(太醫丞)을 지냈다. 의사로서는 최고의 관직이다.

곽옥은 대대로 글을 읽으면서 밥은 굶지 않을 정도의 집안에서 태어났다. 열다섯 살 된 곽옥은 심성이 착하고 천성이 인후하여 그의 부친은 곽옥이 대부대귀(大富大貴)한 것은 원치 않고 고향에서 평범한 의사가 되어 질병으로 고통 받는 불쌍한 백성들을 치료해 주는 인술을 배우기를 희망했다. 그래서 곽옥의 부친은 곽옥을 데리고 당시 명의 정고(程高)에게 데려갔다. 아들이 장래 인술을 펼칠 수 있는 의사가 되는 것을 희망한다고 정고에게 말했으며 자기 아들 곽옥에게 의술을 가르쳐 달라고 간청했다.

정고는 곽옥의 심지가 선량하고 천자총명하며 의학 분야에 대하여 비상한 관심이 있어 열심히 배우려고 노력하므로 확실히 자신의 의술을 전수하기에 가장 이상적인 제자라고 믿고 의술을 가르쳐 마침내 의사로서는 최고의 관직인 태의승에 오르게까지 되었다.

어느 날 화제(和帝)가 곽옥을 불러 이야기를 나누던 중에 곽옥이, 자신이 여항(閭巷 : 서민이 모여 사는 마을)에 있을 때는 치료에 자신이 있고 그 효과도 신속했는데, 귀인(貴人)들을 치료하기 시작한 이후로는 치료되는 비율이 낮아졌다는 고백을 하였다. 화제가 그 이유를 묻자 곽옥은 이렇게 말했다.

곽 옥

「의술(醫術)을 말로 표현하자면 의(意)라고 할 수 있습니다. 그런데 귀인을 진료하는 데 있어 그들(고관대작들)은 높고 귀한 위치에서 의사를 대하고, 의사 또한 두려운 마음을 품고서 귀인을 받들어야 하는 상태로 치료에 임하게 됩니다. 그들을 치료하기 어려운 네 가지 이유가 있습니다. 귀인이 의사를 믿지 않는 것이 하나요, 귀인들이 스스로 몸가짐을 삼가지 않는 것이 둘이요, 몸을 움직이는 일이 적어 신체가 약해져서 약력(藥力)이 센 약물을 사용하기가 어려운 것이 셋이요, 몸이 편한 것만 찾고 몸을 움직여 힘쓰는 것은 싫어하는 것이 네 번째의 어려움입니다. 또 의사가 침(鍼)을 시술하려고 할 때 환자의 몸과 기(氣)의 흐름에 집중해야 할 텐데, 귀인을 잘 치료해야 한다는 강박감은 오히려 두려움이 되어 무겁게 누르고, 여기에 절제하고 조심해야 한다는 의지가 더하여, 심리적인 부담감이 커지게 되므로 의사가 자신의 뜻(意)대로 다하지 못하게 되니, 결과적으로 그 병이 낫지 않는 이유가 여기에 있는 것입니다」

의사에게 환자의 병이란 그 지위 고하를 막론하고 동일할 텐데, 병이 아닌 환자의 환경 때문에 치료에 집중하는 데 방해를 받게 된다는 것이다.

이기언무책 易其言無責

쉬울 易 그 其 말씀 言 없을 無 책임 責

《맹자》 이루상(離婁上)

「말을 쉽게 하는 사람은 책임감이 없다」는 뜻으로, 또한 쉬운 대답은 믿지 말라는 뜻으로도 쓰인다.

《맹자》 이루상에 있는 맹자의 말이다.

「사람이 그 말을 쉽게 하는 것은 책(責)이 없기 때문이다(人之易其言也 無責耳矣)」로 되어 있다. 여기에서 말한 「책」이란 것은 죄책(罪責)이니 책벌(責罰)이니 하는 뜻이라고 풀이하고 있다. 쉬운 말로 하면, 말을 함부로 하는 것은 뜨거운 꼴을 당해보지 못한 때문이라는 것이다.

즉 이(易)는 쉽다는 뜻에서 함부로 한다는 뜻도 된다. 약속을 쉽게 하는 그런 뜻이 아닌 겁 없이 말을 함부로 한다는 뜻이다. 즉 조심성 없이 말을 함부로 한다는 뜻이다.

화는 입으로부터 나온다(禍自口出)는 것을 체험한 사람은 말을 자연 조심하게 된다는 뜻이 된다.

그러나 약속을 되는 대로 하는 사람 역시 그로 인해 책임추궁을 당해 본 경험이 없기 때문이기도 하다.

어찌 됐든, 말을 함부로 하거나, 약속을 쉽게 하는 사람은 죄책감이나 책임감을 느끼지 않는 사람이다. 그런 사람은 경계하는 것이 좋다는 뜻에서 이런 말이 쓰이게 된 것이다.

이덕보원 以德報怨

써 以 덕 德 갚을 報 원망할 怨

《논어(論語)》 헌문(憲問)편

덕으로 원한을 갚는다는 뜻으로, 원한이 있는 사람에게 은혜를 베푼다는 의미. 《논어》 헌문(憲問)편에 있는 말이다.

어떤 사람이 말했다.

「은덕으로 원한을 갚으면 어떻습니까(以德報怨 何如)?」

공자가 말했다.

「그렇게 하면 무엇으로 은덕을 갚을 것인가? 공정함으로 원망을 갚고 은덕으로 은덕을 갚아야 한다(何以報德 以直報怨 以德報德)」

공 자

공자의 도는 사람으로부터 멀지 않아서 지극한 사람의 감정을 따르고 공정한 사람의 도리를 따라 사람으로 하여금 행할 수 있게 할 뿐이다. 공자가 수준 높은 말을 할 수 없었던 것이 아니다. 아무리 높고 깊이가 있더라도 한두 사람만이 행할 수 있어서 모든 사람이 함께 행할 수 없다면 큰 도가 될 수가 없다. 그래서 공자는 그런 말을 하지 않았다. 예수는 인이 지나쳐 은덕으로 원망을 갚으라고 하였고, 어떤 사람은 이 때문에 그를 존경하기도 하지만, 실제로는 행할 수 없다.

이도살삼사 二桃殺三士

두 二 복숭아 桃 석 三 죽일 殺 선비 士

《동주열국지(東周列國志)》

교묘한 꾀로 상대방을 자멸시킴.

「이도삼살사」는 글자 그대로 복숭아 두 개로 세 명의 장사를 죽였다는 말이다. 이 말은 《안자춘추》에 있는 이야기에서 나온 말인데 《동주열국지》의 이야기를 소개하면 다음과 같다.

안자, 즉 안영(晏嬰)은 제나라 경공(景公)을 도와 한동안 침체했던 제나라를 다시 살기 좋은 강대국으로 끌어올린 명재상이다. 그의 외교적 수완의 일면은 「남귤북지(南橘北枳)」란 항목에서 이미 보아왔지만, 이 이야기 역시 그의 남다른 지혜를 엿볼 수 있는 유명한 사건이다.

경공의 신변을 호위하고 있는 세 명의 장사가 있었다. 그들은 똑같이 맨주먹으로 범을 쳐서 죽일 수 있는 용사들로 각각 그 나름대로의 공을 세운 사람들이었다. 그러나 그들은 수양이 부족한 탓으로 힘과 공을 자랑하며 법을 무시하고 멋대로 행동하는 버릇이 있었다.

그들 셋으로 인해 조정의 체통이 말이 아니었다. 안영은 경공에게 그들을 쫓아버리라고 권했으나 임금은 말을 듣지 않았다 그들의 용력을 아끼는 생각보다도 후환이 두려웠던 것이다.

안영은 어느 날, 노나라 임금을 초대한 자리에서 「만수금도(萬壽金桃)」로 불리는 크기가 대접만한 복숭아 여섯 개를 가져와 두 임금과 두 재상들이 각각 하나씩 먹고 두 개를 남긴 다음 경공에게 이렇게 청했다.

안 영

「아직 복숭아가 둘이 남았습니다. 임금께서 여러 신하들 중에 가장 공로가 큰 사람을 자진해서 말하게 하여 그 중에서 큰 사람에게 이 복숭아를 상으로 내리시면 어떻겠습니까?」

「그거 참으로 좋은 생각이오」 하고 경공은 좌우 시신을 통해,

「뜰아래 있는 모든 신하들 중에 자기가 이 복숭아를 먹을 수 있다고 생각하는 사람은 자진해서 나와 말하라. 상국(相國)이 공을 평하여 복숭아를 나눠주리라」 하고 전달했다. 그러자 세 사람 중 한 사람인 공손첩(公孫捷)이 앞으로 나와 연회석에서 서서 말하기를,

「옛날 임금님을 모시고 동산(桐山)에서 사냥을 했을 때, 불의에 습격해 온 사나운 호랑이를 맨손으로 쳐 죽였습니다. 이 공로가 어떠하옵니까?」

안영이 말했다.

「그 공로는 참으로 큽니다. 술 한 잔과 복숭아 하나를 내리심이 마땅한 줄로 아옵니다」

그러자 또 한 사람인 고야자(古冶子)가 벌떡 일어나 말했다.

「호랑이를 죽인 일쯤은 그리 대단할 것이 없습니다. 나는 일찍이 임금님을 모시고 황하를 건널 때 배 안의 말을 몰고 들어가는 괴

이도살삼사 화상석(畵像石)

물을 10리를 따라가 죽이고 말을 되찾아 왔습니다. 이 공은 어떻습니까?」

안자가 말하기 전에 경공이 입을 열었다.

「그때 장군이 아니었다면 배는 틀림없이 뒤집히고 말았을 것이다. 이것은 세상에 없는 공이다. 술과 복숭아를 경을 안 주고 누굴 주겠는가?」

그러자 안영은 황급히 술과 복숭아를 그에게 건네주었다. 그때 마지막 한 사람 전개강(田開疆)이 옷을 벗어부치고 달려나오듯 하며 말했다.

「나는 일찍이 임금의 명령으로 서(徐)를 쳐서 그의 유명한 장수를 베고, 5백 명 군사를 사로잡음으로써 서군(徐君)이 두려워 뇌물을 바치고 맹약을 빌었으며, 이로 인해 담(郯)과 거(莒)가 겁을 먹고 일시에 다 모여들어 우리 임금으로 맹주가 되게 하였으니 이 공로면 복숭아를 먹을 수 있겠습니까?」

그러자 안영은 공손히 임금에게 아뢰었다.

「개강의 공로는 두 장군에 비해 열 배나 더 크옵니다. 안타깝게도 복숭아가 없으니 술만 한 잔 내리시고 복숭아는 명년으로 미루는 수밖에 없을 줄 아옵니다」

그 말에 경공도,

「경의 공이 가장 큰데, 아깝게도 일찍 말을 하지 않았기 때문에 그런 큰 공을 상주지 못하게 되었으니 참으로 가슴이 아프구려」

그러자 전개강은 칼자루를 어루만지며,

「호랑이를 죽이고 괴물을 죽이는 것은 작은 일이다. 나는 천리 길을 산을 넘고 물을 건너며 피나는 싸움으로 큰 공을 세우고도 오히려 복숭아를 먹지 못하고 두 나라 임금과 신하들이 모인 앞에서 욕을 당하고 만대의 웃음거리가 되었으니 무슨 면목으로 조정에 선단 말인가」 하고 말을 마치자 칼을 휘둘러 자기 목을 쳐서 죽었다.

그러자 공손첩이 크게 놀라 역시 칼을 뽑아들며,

「우리는 공이 적으면서 복숭아를 먹었는데 전군(田君)은 공이 큰데도 도리어 복숭아를 못 먹었다. 복숭아를 받아 사양하지 못했으니 청렴하지가 못했고, 또 남이 죽는 것을 보고도 따라 죽지 못한다면 이는 용기가 없는 것이다」 하고 말을 마치자 역시 제 목을 쳐 죽었다. 그러자 고야자가 분을 못 참고 크게 외치며,

「우리 세 사람은 함께 살고 함께 죽기로 맹세를 했었다. 두 사람이 이미 죽었으니 나 혼자 무슨 낯으로 살아남을 수 있겠는가」 하고 역시 자기 목을 쳐 죽었다.

그런데 이 사건이 더욱 유명하게 된 것은 제갈량이 이들 세 사람의 무덤이 있는 탕음리(蕩陰里)를 지나다가 읊었다는 양보음(梁甫吟) 때문이라고 볼 수 있다.

그 시를 소개하면 다음과 같다.

걸어서 제나라 동문을 나가
멀리 탕음리를 바라보니

마을 가운데 세 무덤이 있는데
나란히 겹쳐 서로 똑같다.
이게 뉘 집 무덤이냐고 물었더니
전강과 고야자라고 한다.
힘은 능히 남산을 밀어내고
문은 능히 지기를 끊는다.
하루아침에 음모를 만나
두 복숭아로 세 장사를 죽였다.
누가 능히 이 짓을 했는가
상국인 제나라 안자였다.

뒤에 이태백(李太白)이 또 같은 양보음을 지어, 그 속에서,

힘이 남산을 밀어내는 세 장사를
제나라 재상이 죽이며 두 복숭아를 썼다.

시선(詩仙) 이백

고 함으로써 이 이야기는 점점 더 유명해졌다. 이 이야기에서 「이도살삼사」는 계략에 의해 상대방을 자멸하게 만드는 말로 쓰이게 되었다.

이독공독 以毒攻毒

써 以 독 毒 칠 攻 독 毒

《북산집(北山集)》

「독으로써 독을 공격한다」 라는 뜻으로, 독을 없애기 위하여 다른 독을 씀. 악을 물리치는 데에 다른 악을 수단으로 삼는 것을 이른다. 이독제독(以毒制毒)이라고도 한다. 원래는 동양 의술에서 질병을 치료하는 한 방법으로, 독성이 함유된 약물로 독창(毒瘡) 등의 악성 질병을 치료하는 경우를 가리킨다. 극약의 일종인 부자(附子)가 그 독성을 중화시키는 다른 약물과 공용하여 신경통이나 류머티즘 관절염 등의 치료제로 이용되는 것도 이독공독의 한 예라고 할 수 있다.

이 말은 원래 당(唐)나라 때 신청(神淸)이 지은 《북산집(北山集)》에 나오는 「훌륭한 의사는 독으로써 독성을 멈추게 한다(良醫之家以毒止毒也)」 라는 말에서 유래되었다.

또 《철경록(輟耕錄)》에 「뱀의 쓸은 그 성질이 매우 독한데 능히 다른 독을 해독할 수 있는 효능이 있다. 독으로써 독을 치료하는 방법이다」 라고 했는데, 이러한 치료법은 동양의학에서 오랜 옛날부터 사용되어 왔다.

나중에는 악(惡)을 물리치는 데 다른 악을 수단으로 삼거나 악독한 처사에 똑같이 악독한 처사로 대처하는 것을 비유하는 말로 쓰이게 되었다.

흔히 쓰는 「열은 열로 다스린다」 는 「이열치열(以熱治熱)」 과 같은 이치다.

이란격석 以卵擊石

써 以 알 卵 칠 擊 돌 石

《순자(荀子)》 의병편(議兵篇)

아주 약한 것으로 강한 것을 공격하는 어리석음. 「달걀로 바위치기」 란 말로, 강약의 대비가 현저해서 지극히 약한 것으로 지극히 강한 것을 공격하면 반드시 실패한다는 뜻이다.

순 자

전국시대 조(趙)나라 사람 순자(荀子 : 이름은 況)는 어느 날 초나라 장수 임무군과 군사에 대해 의논하고 있었다. 이때 임무군은 무릇 장수란 「치고 빼앗고 변하고 속이는 것(攻奪變詐)」 을 잘만 운용하면 천하무적이라고 하였다. 그러나 침략과 술수를 반대했던 순자는 인인지병(仁人之兵)을 주장하면서, 「권모술수로 공격하는 것은 제왕의 용병이 아니라 제후(諸侯)의 용병에 불과하다. 걸(桀)과 같은 폭군을 치려면 혹 권모(權謀)가 필요할지 모르겠으나, 그런 방법으로 요(堯)와 같은 성군(聖君)을 대하는 것은 마치 계란으로 바위를 치는 것(以卵投石)과 같고, 손가락으로 끓는 물을 휘젓는 것(以指撓沸)과 같으며, 물이나 불 속으로 뛰어드는 것과 같아서 넣자마자 불타고 빠져죽을 것이다」 라고 말했다고 한다.

폭군이 불의의 군사로 성왕인 요임금의 의로운 군사들을 교묘한 술수를 부려 공격한다면 결과는 달걀로 바위 치기와 같다는 것이다.

묵 자

《묵자(墨子)》 귀의편(貴義篇)에도 「이란투석(以卵投石)」 이라는 말이 나온다.

전국시대 초기 송나라 사람 묵자가 어느 날 북방의 제(齊)나라로 가고 있었는데 한 점쟁이가 그의 앞을 막아서면서 말했다.

「지금 북녘의 하늘에 검은 기운이 서려있고 당신의 얼굴에 또한 검은 기운이 서려있으니 이것은 불길한 징조입니다. 북행을 해서는 안됩니다」

묵자는 터무니없는 소리라고 생각하고 계속 북쪽으로 향하여 치수(淄水)에 도착하였다. 그러나 이때 치수의 물 흐름이 너무 빨라 건널 수 없게 되자 묵자는 다시 돌아올 수밖에 없었다.

되돌아오는 묵자를 보고 그 점쟁이는 거만하게 굴며 묵자의 기분을 건드렸다. 묵자는 제나라에 가지 못하게 된 판국에 점쟁이의 비웃음까지 받게 되자 몹시 화가 나서 말했다.

「당신의 말은 근거 없는 미신이오. 당신의 말을 믿는다면 천하에 길을 걸을 수 있는 사람은 아무도 없을 것이오. 그러한 말로써 나의 말을 비난하는 것은 마치 계란으로 돌을 치는 것과 같소(以其言非吾言者 是猶以卵投石也). 천하의 계란을 다 없앤다 해도 돌은 깨어지지 않을 것이오」

이령지혼 利令智昏

이로울 利 하여금 令 지혜 智 어두울 昏

《사기》 평원군우경열전(平原君虞卿列傳)

「이익은 지혜를 어둡게 만든다」 라는 뜻으로, 이익에 눈이 멀면 사리분별을 제대로 하지 못하게 됨을 비유하는 말이다.

백 기

전국시대, 진(秦)나라는 대장군 백기(白起)에게 대군을 주어 한(韓)나라를 공격하고, 한나라의 야왕(野王)을 점령하였다. 야왕은 한나라의 상당(上黨)에서 내륙으로 통하는 교통요지였는데, 야왕이 점령당하는 바람에 상당은 고립되고 말았다. 상황이 이렇게 되자, 상당의 지방관인 풍정(馮亭)은 인접한 조(趙)나라 효성왕(孝成王)의 보호를 받고자 하였다. 풍정은 조(趙)나라를 끌어들여 진나라를 막고자 사신을 보내 상당을 조나라에 바치겠다고 하였다. 풍정의 의사를 전해 받은 효성왕은 대신들에게 의견을 물었다. 먼저 평양군(平陽君) 조표(趙豹)가 반대하고 나섰다.

「아무런 연고도 없이 이득을 보면 재앙을 부를 수도 있으니, 받지 않는 게 좋을 듯합니다」

그러나 국상(國相)인 평원군 조승이 이를 이용하여 영토를 넓히자고 주장하자, 효성왕은 평원군의 의견에 따라 풍정을 화양군(華陽君)에 봉했다. 동시에 조나라는 조괄(趙括)을 대장군으로 임명하고 40여만의 대군을 동원하여 상당을 접수하였다. 상당을 조나라에게 빼앗겨 버린 진나라는 기원전 260년, 다시 백기(白起)를 파견하여 조괄이 이끄는 조나라 군대와 일전을 벌였다.

왕 전

이 전투에서 조괄이 죽자, 조나라 병사 40여만 명은 투항한 후 백기에 의해 모두 생매장되었다. 이것이 장평전투(長平戰鬪)이다. 결국 상당을 얻게 된다는 눈앞의 이익에만 눈이 어두워진 평원군과 효성왕의 그릇된 판단 때문에 조나라는 거의 멸망할 위기에 처하게 된 것이다.

《사기》 평원군우경열전에서 사마천은 평원군에 대하여 이렇게 평했다.

「혼탁한 세상을 훨훨 나는 새처럼 멋진 공자(公子)였지만, 대체(大體)를 살필 줄 몰랐다. 속담에 이르기를, 『이익은 지혜를 어둡게 만든다(利令智昏)』 라고 하였는데, 평원군은 풍정(馮亭)의 간사한 말에 욕심을 내어 40만여 명에 이르는 조나라 군사를 장평(長平)에서 생매장 당하게 하고, 한단(邯鄲)이 거의 멸망의 지경에 이르게 만들었다」

또 사마천은 《사기》 백기왕전열전에서 백기를 이렇게 평했다.

「백기는 적의 능력을 잘 파악했으며 이에 따라 전략을 능란히 바꾸어 무한한 전술로 천하를 진동시켰다」

그러나 동료인 범수와 사이가 틀어져 최후를 맞게 되기까지 과정을 지적하며 왕전과 함께 유능한 군인이지만 인간적 결점이 존재했다고 평가하고 있다.

이목지신 移木之信

옮길 移 나무 木 갈 之 믿을 信

《사기》 상군열전(商君列傳)

남을 속이지 않거나 약속을 반드시 지킴.

위정자(爲政者)가 나무 옮기기로 백성을 믿게 한다는 뜻으로, 신용을 지킴을 이르는 말. 또는 남을 속이지 아니함. 즉 이 말은 위정자가 백성과 맺는 신의에 관한 것이다.

《사기》 상군열전에 있는 이야기다.

전국시대 진(秦)나라 효공(孝公)에게 상앙(商鞅 : 公孫鞅)이라는 재상이 있었다. 상앙은 위(衛)나라 공족(公族) 출신으로 법치주의를 바탕으로 한 강력한 부국강병책을 표방하였다. 이는 훗날 시황제가 천하통일을 하는데 기초를 마련했다.

그는 법령을 제정해 놓고도 즉시 공포를 하지 않았다. 백성들이 그 법을 믿고 지킬지가 의문이었다. 그리하여 한 방책을 생각해냈는데, 높이 세 발 되는 나무를 성중 저자의 남문에 세우고 표면에 이렇게 써 놓았다.

「이 나무를 북문으로 옮기는 사람에게는 10금(金)을 준다」

그러나 누구나 이상하다고 생각했던지 옮기려는 사람이 없어서 다시 이렇게 썼다.

「이 나무를 북문으로 옮기는 사람에게는 50금(金)을 준다」

그러자 어떤 사람이 이 나무를 북문으로 옮겼다. 그는 그 즉시로 50금을 받았다. 이렇게 해서 백성을 속이지 않고 약속은 반드시 지킨다(徙木之信)는 굳은 믿음을 갖게 한 다음 법령을 공포했다. 그러

나 이 법령이 시행되자 1년 사이에 진(秦)나라 서울에 나와서 신법령의 불편을 호소한 백성이 천 명에 이를 정도였다. 그러는 동안에 태자가 법을 범했다. 위앙은 이렇게 말했다.

「법이 제대로 지켜지지 않는 것은 윗사람부터 법을 범하기 때문이다」

상 앙

그는 법에 따라 태자를 처벌하려고 했다. 그러나 태자는 임금의 뒤를 이을 사람인 까닭에 처벌하기 곤란하다 하여 태자의 태부(太傅)인 공자 건(虔)을 처벌하고, 스승인 공손고(公孫賈)를 자자형(刺字刑 : 이마에 글자를 넣는 형)에 처했다. 그 이튿날부터 진나라 사람들은 모두 법을 따랐다.

10년이 지나자, 백성들은 이 법에 대해 매우 만족하였다. 길에 떨어진 물건은 줍지 않았고(道不拾遺), 산에는 도적이 없었다. 또 집집마다 풍족하고 사람마다 넉넉하였다. 나라를 위한 싸움에는 용감하였으며, 개인의 싸움에는 겁을 겁을 냈으며, 향읍(鄕邑)도 잘 다스려졌다. 일찍이 법령에 불만을 호소했던 사람들 중에는 이제 법령의 편리함을 상소하러 온 사람까지도 있었다.

인간관계에서 중요한 덕목 가운데 하나가 바로 신의이다. 부부 사이, 친구 사이에 신의가 지켜져야만 관계가 원만하게 이루어질 수 있다. 이 말에 반대되는 말은 「식언(食言)」이다.

이상견빙지 履霜堅氷至

밟을 履 서리 霜 굳을 堅 얼음 氷 이를 至

《역경(易經)》 곤괘(坤卦)

「서리를 밟으면 머지않아 단단한 얼음이 얼 때도 곧 닥칠 것이라는 뜻으로, 어떤 일의 징후가 보이면 머지않아 큰일이 일어날 것임을 비유하는 말이다.

세상 모든 사물은 일조일석에 갑자기 어떤 현상이 나타나는 것이 아니고, 아주 작은 데서부터 시작해서 점차 그 극도에 달하게 된다는 뜻이다. 뜨겁던 여름이 어제 같지만 한번 찬 서리를 밟게 되는 순간 추운 겨울이 닥쳐올 것을 우리는 미리 알게 되는 것이다. 겨자씨 같은 작은 것도 그것이 싹이 트면 새가 앉아 놀 만한 큰 가지를 갖게 되는 것이다.

이 말은 《역경(易經)》 곤괘(坤卦) 초효(初爻)에 있는 효사(爻辭)다. 곤(坤)은 땅을 뜻하고 음(陰)을 뜻한다. 「음」은 찬 것, 어두운 것을 뜻한다. 「곤」의 반대는 「건(乾)」이다. 「건」은 하늘이요, 양(陽)이다. 「양」은 더운 것, 밝은 것이다. 계절로는 가을과 겨울이 「곤」에 속하고, 봄과 여름이 「건」에 속한다.

그러므로 가을이 되어 서리를 밟게 되면 차츰 날씨가 추워져 끝내는 천지만물이 다 얼어붙는 깊은 겨울이 오게 되는 것이다. 낙엽 하나가 땅에 떨어지는 것을 보고 가을을 느껴 알 듯(一葉落知天下秋), 우리는 첫서리를 밟는 순간 추운 겨울에 대비할 만반의 준비를 갖추기 시작해야 한다는 뜻이다.

크게는 국가와 세계, 작게는 가정과 단체. 그것이 흥하고 망하는

것은 일조일석에 이뤄지는 것이 아니다. 봄이 온 뒤에 여름이 오고, 가을이 온 다음에 겨울이 닥치듯, 처음에는 잘 느껴지지 않는 아주 작고 약한 조짐에서 출발해야 그것이 계속 쌓이고 쌓여 커지고 굳어져서 결국은 그것이 극한에 달하고 마는 것이다.

이 「이상견빙지」란 말은 보통 사람이 얼른 느끼지 못하는 어떤 조그만 조짐을 보고 장차 올 중대한 결과를 예견하거나 예측할 수 있는 비유로 쓰이는 말이다. 좋은 뜻으로도 쓰일 수 있지만, 보통 좋지 못한 결과에 대한 예고로서 쓰인다.

일엽낙지천하추(淸 화가 任薰)

아

이시목청 耳視目聽

귀 耳 볼 視 눈 目 들을 聽

《열자(列子)》 중니편(仲尼篇)

「귀로 보고 눈으로 듣는다」라는 뜻으로, 눈치가 빠르고 총명한 사람 또는 도를 깊이 깨우친 사람을 비유하는 말이다.

「이시(耳視)」는 직접 보지 않아도 소문을 들어서 알아차림을 뜻하고, 「목청(目聽)」은 직접 듣지 않아도 말하는 표정만 보고 알아차림을 뜻한다. 「이시목청」은 본래 도가(道家) 수양의 한 단계로서 시각과 청각이 눈과 귀의 도움 없이 정신만으로도 가능하게 된 상태를 이르는 말이다.

경상자(庚桑子 : 항창자)

춘추시대 진(陳)나라의 대부(大夫)가 노(魯)나라에 초빙되어 숙손씨(叔孫氏)를 만났다. 숙손씨가 노나라에는 공자라는 성인이 있다고 말하자, 진나라 대부는 자기 나라에도 성인이 있다고 하였다. 숙손씨가 누구냐고 묻자, 대부가 대답하였다.

「노담(老聃 : 노자)의 제자 항창자(亢倉子 : 이름은 楚)인데, 노담의 도를 체득하여 귀로 보고 눈으로 들을 수 있다고 합니다(能以耳視而目聽)」

이러한 소문을 전해들은 노나라

의 군주는 상경의 예로써 그를 초빙하였다. 노나라 군주는 겸손한 말로 그러한 능력이 사실인지를 물었다. 이에 대하여 항창자는 다음과 같이 말했다.

「소문을 퍼뜨리는 사람들이 망언을 한 것입니다. 저는 귀와 눈을 사용하지 않고서도 보고 들을 수는 있지만, 귀와 눈의 용도를 바꿀 수는 없습니다(我能視聽不用耳目 不能易耳目之用). 제가 눈으로 쓰지 않고 귀로 물체를 본다는 것과 귀를 쓰지 않고 눈으로 소리를 듣는다는 것은 과장된 것이니, 이를 사실로 믿지 마십시오」

노자 송하기우도(松下騎牛圖)

아

노나라 임금이 더 이상히 여겨 그 말이 무슨 뜻이냐고 물었다. 이에 항창자는 이렇게 대답했다.

「몸이 마음과 합하고, 마음이 기운과 합하고, 기운이 정신과 합하고, 정신이 무(無)와 합하는 수양을 쌓으면 감각작용이나 지각작용에 의하지 않고서도 자연히 알 수 있게 됩니다」

뒷날, 그 얘기를 공자에게 하자 공자는 웃으면서 대답하지 않았다. 「이시목청」은 보통 직접 보지 않고서도 소문만 듣고서 알아차리며, 직접 듣지 않고서도 말하는 표정만 보고 알아차릴 정도로 눈치가 빠르고, 총명한 사람을 비유하는 성어로 사용된다.

이심전심 以心傳心

써 以 마음 心 전할 傳

《전등록(傳燈錄)》

말이나 글에 의하지 않고 마음에서 마음으로 전달됨.

「이심전심」은, 말이나 글로가 아니고, 남이 보지도 듣지도 못하는 마음과 마음이 서로 통한다는 뜻이다. 즉 이쪽 마음으로써 상대방 마음에 전해 준다는 말이다. 말을 필요로 하지 않는 서로의 이해 같은 것도 이심전심일 수 있고, 이른바 눈치작전 같은 것도 일종의 이심전심이라 하겠다.

가섭존자

지금은 이 말이 아무렇게나 널리 쓰이고 있지만, 원래 이 말은 불교의 법통 계승에 쓰여 온 말이다.

《전등록》은 송나라 사문(沙門) 도언(道彥)이 석가세존 이래로 내려온 조사(祖師)들의 법맥의 계통을 세우고, 많은 법어들을 기록한 책인데 거기에,

「부처님이 가신 뒤 법을 가섭에게 붙였는데, 마음으로써 마음에 전했다(佛滅後 附法於迦葉 以心傳心)」라고 나와 있다. 즉 석가세존께서 가섭존자(迦葉尊者 : 마가가섭)에게 불교의 진리를 전했는데, 그것은 이심전심으로 행해졌다는 것이다.

「이심전심」을 한 장소는 영산(靈山 : 영취산) 집회였는데, 이 집회에 대해 같은 송나라 사문 보제(普濟)가 지은《오등회원(五燈會元)》에는 다음과 같이 기록되어 있다.

가섭존자(오른쪽)와 아난존자

어느 날, 세존께서 영산에 제자들을 모아 놓고 설교를 했다. 그때 세존은 연꽃을 손에 들고 꽃을 비틀어 보였다. 제자들은 그 뜻을 알 수 없어 잠자코 있었는데, 가섭존자만이 그 뜻을 깨닫고 활짝 미소를 지어 보였다. 그러자 세존은 이렇게 말했다.

「나는 정법안장(正法眼藏)·열반묘심(涅槃妙心)·실상무상(實相無相)·미묘법문(微妙法門)을 글로 기록하지 않고 가르침 밖에 따로 전하는 것이 있다. 그것을 가섭존자에게 전한다」고 했다. 글로 기록하지 않고, 가르침 밖에 따로 전하는 「교외별전(敎外別傳)」 이것이 바로 이심전심인 것이다.

연꽃을 비틀어 보인 것은 역시 일종의 암시다. 완전한 이심전심은 아니라고도 볼 수 있다. 우리들의 이심전심도 역시 태도나 눈치 같은 것을 필요로 할 때가 많은 것은 「이심전심」의 한 보조수단이라 하겠다.

이여반장 易如反掌

쉬울 易 같을 如 뒤집을 反 손바닥 掌

《맹자(孟子)》 공손추(公孫丑)

「손바닥을 뒤집듯 쉽다」 라는 뜻으로, 아주 쉬운 일을 비유하는 말이다. 보통 줄여서 「여반장(如反掌)」 이라고 한다.

《맹자》 공손추에 있는 말이다.

공손추가 스승인 맹자에게 물었다.

「선생님께서 제(齊)나라의 요직에 계시면 관중(管仲)과 안자(晏子 : 안영)의 공을 다시 기약할 수 있으시겠습니까?」

관중은 제(齊) 환공(桓公) 때의 재상으로, 부국강병을 이룩하여 환공이 춘추오패(春秋五霸)의 한 사람이 되도록 보좌한 인물이다.

안영 역시 제(齊) 영공(靈公)과 장공(莊公), 경공(景公) 3대를 보좌하며 명재상으로 이름을 떨친 인물이다.

그러나 맹자는 자신이 그들과 비교되는 것을 그리 달가워하지 않았다. 맹자가 말했다.

「제나라의 왕 노릇하는 것은 손바닥을 뒤집는 것과 같다(以齊王由反手也)」

이 말은 제나라는 영토가 넓고 백성도 많은 대국(大國)이어서 어진 정치를 시행하여 천하통일의 왕업(王業)을 이룩하기란 손바닥을 뒤집는 것처럼 쉬운 일이라는 뜻이다. 맹자는 관중과 안영이 그러한 대국에서 군주의 전폭적인 신뢰를 업고서도 왕도(王道) 정치를 펴지 못하였으므로 그들의 공적을 낮게 본 것이다.

또 《한서》 매승전(枚乘傳)에도 이런 이야기가 있다.

서한(西漢) 오왕(吳王) 유비(劉濞)의 수하에서 낭중(郎中)을 지낸 매승이라는 사람이 있었다. 그는 한대(漢代)의 저명한 문인이기도 하였다.

매 승

한나라 경제(景帝) 때, 오왕은 암암리에 초왕(楚王), 조왕(趙王) 등의 제후들과 결탁하여 모반을 꾀하였다.

이를 알아차린 매승은 오왕에게 글을 올려 극력 반대하였다. 매승은 그 글에서 다음과 같이 말했다.

「왕께서 충언(忠言)을 들으실 수만 있다면 모든 재앙을 피하실 수 있을 것입니다. 하지만 만약 왕께서 그 계획을 행동에 옮기신다면 성공할 수 있는 가능성은 하늘에 오르는 것보다 더 적으며, 위험하기는 계란을 쌓아올리는 것만큼이나 클 것입니다. 왕께서 곧 생각을 바꾸신다면 이는 손바닥을 뒤집는 것보다 쉬울 것이며 편안하기로는 태산보다 든든하실 것입니다(變所欲爲易于反掌 安于泰山). 이제 왕께서는 일생 최고의 행복을 꿈꾸며 큰 세력을 만들고자 하고 계시지만, 왕께서는 쉬운 방법과 정당한 조치를 사용하지 않고, 오히려 모험을 시도하며 스스로 화를 자초하고 있으니, 이는 실로 걱정이 아닐 수 없습니다」

매승은 오왕 유비가 자신의 권고를 끝내 듣지 않자, 양(梁)나라 효왕(孝王)에게 귀순하고 말았다.

이용후생 利用厚生

이로울 利 쓸 用 두터울 厚 살 生

《서경》 대우모(大禹謨)

기구를 편리하게 쓰고 먹을 것과 입을 것을 넉넉하게 하여, 국민의 생활을 나아지게 함. 백성들의 일상적인 생활에 이롭게 쓰이고, 삶을 풍요롭게 하는 것이야말로 실천적인 학문의 내용이라는 뜻이다. 《서경》 대우모편에 있는 말이다.

「백성의 덕을 바르게 하고 백성들이 편하게 쓰도록 하고 백성의 생활을 여유 있게 하는 세 가지를 조화시키십시오(正德利用厚生唯和)」

「이용(利用)」이란 백성의 쓰임에 편리한 것으로서 공작 기계나 유통수단 등을 의미하고, 「후생(厚生)」은 의식 등의 재물을 풍부하게 하여 백성의 삶을 풍요롭게 만드는 것이다.

유학은 구체적인 현실에서 경세제민을 통해 백성의 삶을 풍요롭고 바람직하게 만드는 것을 정치의 이상으로 삼기 때문에, 도덕적이고 윤리적인 문제에 못지않게 경제적인 문제에도 깊은 관심을 가진다.

공자가 교육에 앞서 백성의 부서(富庶)를 말한 것이나 맹자가 백성에게 항산(恒産 : 살아갈 수 있는 일정한 재산, 일정한 생업)을 마련해 주는 것을 왕도정치 실현의 기반으로 지적한 것은 모두 그 실례이다.

후대로 오면서 유학의 관심이 윤리적·도덕적인 정덕(正德)의 측면에 기울면서, 이른바 덕본재말(德本財末)·중의경리(重義輕利) 등의 의론이 나와 재물이나 이익을 경시하는 듯한 흐름이 생겨났다.

전통적으로는 정덕(正德)을 이용·후생의 앞에 놓아 반드시 덕성의 실천으로부터 정치상의 실천에 도달한다는 인식이 지배적이었다. 즉 이용후생의 문제는 정덕 이후의 문제로서 부차적으로 취급된 것이었고 제1차적인 관심은 정덕의 문제에 집중되었던 것이다.

연암 박지원

유학의 이러한 경향은 특히 성리학에 이르러 극대화되었는데, 성리학을 국가의 통치이념으로 받아들인 조선시대에도 이러한 기풍은 계속 유지되었다.

이에 반하여 한국의 실학자들은 이용후생의 문제를 중시하여 그것을 체계화시켰다. 실학자들은 정덕과 이용후생은 서로 분리할 수 없는 동일한 문제의 내외적인 관계에 불과하다고 보아 동일한 중요성을 인정하거나, 아니면 오히려 현실적으로는 이용후생이 정덕보다 먼저 고려되어야 할 제1차적인 문제라고 하면서 이용후생을 전면에 내세웠던 것이다.

특히 박지원(朴趾源)을 위시한 북학파는 「정덕 후에 이용후생이 있다」는 종래의 논리를 비판하고, 「이용이 있은 후에 후생이 가능하고 후생이 있은 연후에 정덕이 가능하다」고 하는 새로운 논리를 제시하였다.

이유극강 以柔克剛

써 以 부드러울 柔 이길 克 굳셀 剛

《노자》 미명편(微明篇)

노자기우(老子騎牛, 淸 임백년)

부드러운 것으로 강한 것을 이긴다는 말이다. 달이 차면 지듯이, 「만물은 성(盛)하면 반드시 쇠(衰)하기 마련이고(物極必反), 세력이 강성하면 반드시 약해지기 마련이다(勢强必弱)」 하는 것이 불변의 자연법칙이다. 노자는 유약(柔弱)이 강강(剛强)을 이기는 이치로서 천하를 허정(虛靜)으로 돌리고자 했다.

《노자》 미명편(微明篇)에 있는 말이다.

「유약이 반드시 억세고 강한 것을 이긴다. 물고기가 깊은 못에서 벗어날 수 없듯, 나라를 잘 다스릴 수 있는 심오한 도리를 함부로 사람에게 내보여서는 안 된다(柔弱勝剛强 魚不可脫於淵 國之利器不可以示人)」

또 편용편(偏用篇)과 임신편(任信篇)에서도, 「천하에서 가장 유약한 것, 즉 물은 천하에서 가장 견고한 것, 즉 금석도 마음대로 부릴 수 있다. 무형의 물은 틈이 없는 것, 즉 유형의 금석 속에 파고 들어갈 수 있다. 그런고로 나는 무위의 도를 따르는 것이 가장 유익함을 알 수 있다(天下之至柔 馳騁天下之至堅 無有入無間 吾是以知無爲之有益). 말없는 교화와, 무위의 유익에 있어서는, 천하의 아무것도 물을 따라 갈 것이 없다(不言之敎 無爲之益 天下希及之). 천하에서 물보다 더 유약한 것은 없다. 그러나 굳고 센 것을 꺾는 데는 물보다 더 뛰어난 것이 없다. 아무것도 물의 본성을 바꿀 수가 없기 때문이다(天下莫柔弱於水 而攻堅强者莫之能勝 以基無以易之). 약한 것이 강한 것을 이기고, 부드러운 것이 억센 것을 이긴다. 천하에 모르는 사람이 없지만, 실천할 줄 모른다(弱之勝强 柔之勝剛 天下莫不知 莫能行)」고 하였다.

노자 수경도(授經圖)

만물은 강하면 생기를 잃고, 약하면 충만하게 된다. 노자는 유약의 대표적인 것을 물이라 하였다. 상선약수(上善若水), 즉 물은 지고의 선이다. 도(道)는 이 물과 같다. 이처럼 약자가 강자를 이기고 부드러움이 강한 것을 이기는 사실을 모르는 사람이 없지만, 막상 이것을 실행에 옮기지 못하는 것을 노자는 안타깝게 생각하였다.

물고기가 물을 떠나 살 수 없듯, 사람은 도를 떠나서 영생할 수가 없고, 천하를 다스리는 사람도 도를 지키지 않고는 안락과 평등과 태평을 누릴 수 없다. 그러므로 도는 무위자연(無爲自然)이라 했다.

따라서 위정자도 경솔하게 도를 내보이는 일 없이 염담(恬淡)하게 무위의 치를 펴야 한다. 이것이 노자의 본뜻이었다.

이유취 以類聚

써 以 무리 類 모일 聚

《사기》 골계열전(滑稽列傳)

「같은 무리끼리 모인다」는 뜻으로, 같은 생각을 하는 사람들이나 같은 위상의 사람들끼리 모인다는 말이다.

《사기》 골계열전에 있는 이야기다. 골계(滑稽)란 지식이 풍부하여 어떠한 어려운 문제도 쉽사리 해답을 하는 것을 말하는데 유머 감각이나 코믹함을 이르는 말이기도 하다..

전국시대 제(齊)나라의 재상 순우곤(淳于髡)은 박학다재할 뿐 아니라 골계도 탁월했다. 그래서 선왕(宣王)을 상대로 어렵고 중대한 국사를 논의할 때도 그 유머 감각을 십분 살려 분위기를 부드럽게 함으로써 문제를 순조롭게 풀어 나가곤 했다.

한번은 선왕이 순우곤에게 말했다.

「부국강병은 역대 나라의 과제이거니와, 그러려면 경에 버금갈 만한 인재들이 과인의 주변에 많아야 할 것이오. 세상에는 숨어 있는 현자(賢者)가 간혹 있을 것인즉, 경은 책임지고 찾아보도록 하오」

선왕의 명이 있은 지 얼마 후 순우곤이 일곱 명의 선비를 데리고 입궐했다.

「저들은 웬 사람들이오?」

「지난번 전하께서 말씀하신 현자들입니다」

순우곤은 대답하고, 선비들에게 임금에게 인사드리라고 했다. 그런 다음 이 사람은 이런 재주가 있고 저 사람은 저런 재능이 있다는 식으로 장황하게 소개했다.

물이유취도(物以類聚圖)

듣고 있던 선왕은 자기도 모르게 얼굴을 찌푸렸다.

「경의 말은 요령부득이구려. 아니, 세상에 무슨 현자가 그렇게 많기에 한꺼번에 일곱 사람씩이나 데려온단 말이오?」

별 볼일 없거나 아니면 사이비 현자가 아니겠느냐 하는 질책이었는데, 순우곤은 조금도 당황하는 기색이 없이 능청스럽게 대답하는 것이었다.

「전하, 같은 종류의 새들은 서로 무리지어 삽니다. 따라서 그 새를 잡으려면 서식지를 찾아가면 힘들이지 않고 몇 마리고 잡을 수 있습니다. 마찬가지로 잔디를 구하려면 물가로 갈 것이 아니라 곧장 산으로 가야 몇 수레분이든 구할 수 있는 것입니다. 바로 『이유취(以類聚)』를 아는 요령이지요. 신이 현인을 찾는 일은 냇가에서 물을 푸는 것만큼이나 용이한 일입니다. 전하께서 원하신다면 이 일곱 현자뿐 아니라 더 많이 데려올 수도 있습니다. 어떻게 할까요?」

그의 재치 있는 대답에는 선왕도 그만 웃지 않을 수 없었다.

이일대로 以佚待勞

써 以 편안할 佚 기다릴 待 피로할 勞

《손자(孫子)》 군쟁(軍爭)편

편안히 휴식을 취해 전력을 비축한 뒤 피로해진 적을 상대하는 전략.

손자 화상(畵像)

「이일대로」는, 적과 싸울 때 이쪽을 편안히 쉬게 하여 상대가 지치기를 기다린다는 뜻이다. 군쟁편 원문의 내용을 소개하면 다음과 같다.

「아침은 기운이 왕성하고, 낮은 기운이 누그러지고, 저물면 완전히 기운이 떨어지고 만다. 그러므로 싸움을 잘하는 사람은 상대방의 기운이 왕성한 때를 피하고, 누그러지거나 떨어졌을 때 공격한다. 이것은 적의 사기를 이용하는 방법이다. 질서 있는 군대로써 적의 혼란한 시기를 기다리고, 냉정한 태도로써 적의 경솔한 행동을 기다린다. 이것은 적의 심리를 이용하는 방법이다. 우리 군대를 싸움터 가까이 대기시켜 두고 적이 멀리서 쳐들어오기를 기다리며, 이쪽은 편히 쉬게 하여 적이 지치기를 기다리고, 이쪽은 충분한 군량을 확보해 두고 적의 식량 부족으로 굶주리기를 기다린다. 이것은 힘을 이용하는 방법이다. 그러므로 깃발이 질서 정연한 적을 맞아 싸우는 일을

손자병법(죽간)

피하고, 기세당당한 진을 치고 있는 적을 공격하는 일은 피한다. 이것은 적의 상황 변화를 기다려 승리를 얻는 방법이다」

이상이 「이일대로」가 들어 있는 군쟁편의 내용인데, 이 「이일대로」의 전술을 제6편 허실(虛實)에서는 다음과 같이 말하고 있다.

「무릇 먼저 싸움터에 있으면서 적을 기다리는 사람은 편하고, 뒤에 싸움터에 있어서 싸우러 가는 사람은 괴롭다. 그러므로 싸움을 잘하는 사람은 남을 내게로 끌어들이고, 내가 남에게 끌려 다니지 않는다」

결국 주도권을 장악하는 것이 중요함을 말한 것이다.

이전투구 泥田鬪狗

진흙 泥 밭 田 싸울 鬪 개 狗

「팔도 사자평(四字評)」

자기 이익을 위하여 볼썽사납게 싸움의 비유.

「진흙탕에서 싸우는 개」 라는 뜻으로, 자기 이익을 위하여 볼썽사납게 싸우는 것을 비유하는 말이다.

옛날 우리나라의 8도 사람들에 대한 평가에서 유래되었다. 8도의 사람들에 대한 특징을 4글자로 평가한 4자평(四字評)에서 나온 말이다.

여기에 따르면 경기도 사람은, 「거울에 비친 미인과 같다」 해서 「경중미인(鏡中美人)」

충청도 사람은, 「맑은 바람과 밝은 달빛 같은 품성을 지녔다」 해서 「청풍명월(淸風明月)」

전라도 사람은, 「바람에 하늘거리는 가는 버드나무와 같다」 해서 「풍전세류(風前細柳)」

경상도 사람은, 「소나무와 대나무 같은 곧은 절개가 특징이다」 해서 「송죽대절(松竹大節)」

강원도 사람은, 「바위 아래 있는 늙은 부처와 같은 품성을 지녔다」 해서 「암하노불(岩下老佛)」

황해도 사람은, 「봄 물결에 돌을 던진 것과 같다」 해서 「춘파투석(春波投石)」

평안도 사람은, 「산 속에 사는 사나운 호랑이와 같다」 해서 「산림맹호(山林猛虎)」

함경도 사람은, 「진흙탕에서 싸우는 개처럼 악착같다」해서 「이전투구」라 했다. 이 4자평은 조선 태조의 물음에 정도전(鄭道傳)이 답한 말이라고도 하는데, 함경도 출신인 태조가 함경도 사람의 특징이 「이전투구」라는 말을 듣고는 안색이 붉어졌다고 한다.

정도전

그러자 정도전은 함경도는, 「석전경우(石田耕牛)」 곧 「돌밭을 가는 소와 같은 우직한 품성도 지니고 있다」고 말하여 태조의 기분을 누그러뜨렸다고 한다.

이렇듯 「이전투구」는 원래는 함경도 사람의 강인하고 악착스러운 성격을 특징짓는 말로 사용되었지만, 오늘날에는 자기의 이익을 위하여 또는 명분이 서지 않는 일로 진흙탕에서 싸우는 개들처럼 볼썽사납게 다투는 모습을 비유하는 말로 흔히 쓰인다.

이직보원 以直報怨

써 以 곧을 直 갚을 報 원망할 怨

《논어》 헌문(憲問)편

바름으로 원한을 갚는다는 뜻으로, 원망(怨望)은 의(義)로써 갚아야 한다는 말이다.

어떤 사람이 공자에게 물었다.

「덕으로 원망을 갚는(以德報怨) 것은 어떻습니까?」

공자가 말했다.

「덕은 무엇으로 갚을 것인가? 바름으로 원망을 갚고(以直報怨), 덕으로 덕을 갚아야(以德報德) 한다」

혹자가 말한 「이덕보원(以德報怨)」은 《노자》 63장에 「작은 것을 큰 것으로 여기고, 적은 것은 많은 것으로 여기며, 원한은 덕으로 갚는다(大小多少 報怨以德)」고 되어 있다.

공자의 도는 사람으로부터 멀지 않아서 지극한 사람의 감정을 따르고 공정한 사람의 도리를 따라 사람으로 하여금 행할 수 있게 할 뿐이다.

공자가 수준 높은 말을 할 수 없었던 것이 아니다. 아무리 높고 깊이가 있더라도 한두 사람만이 행할 수 있어서 모든 사람이 함께 행할 수 없다면 큰 도가 될 수 없다. 그래서 공자는 그런 말은 하지 않았다.

유학은 「은덕으로 원망을 갚는다」(老子)든지 「자신을 버려 호랑이에게 먹인다(佛經)」 또는 「오른 뺨을 때리거든 왼뺨도 돌려대라」(예수)는 등의 교의와는 다른 것이다.

이판사판 理判事判

이치 理 가를 判 일 事

불교용어

자포자기한 기분으로 결정을 내림.

조선시대 불교 승려의 두 부류인 사판승과 이판승을 합쳐서 부르는 말이며 「막다른 궁지」 또는 「끝장」을 뜻하고 뾰족한 묘안이 없음을 비유하는 말이다.

조선은 건국이념으로 억불숭유(抑佛崇儒)를 표방하였다. 이것은 고려의 지배세력이 불교를 지지했기 때문에 그들을 척결하기 위해서는 불교를 탄압했어야 했다. 그리고 천민계급으로 전락한 승려들 또한 활로를 모색해야 할 시점이 되었는데, 그 하나는 사찰을 존속시키는 것이었으며 다른 하나는 불법(佛法)의 맥(脈)을 잇는 것이었다. 그래서 일부는 폐사(廢寺)를 막기 위해 기름이나 종이, 신발을 만드는 제반 잡역에 종사하면서 사원을 유지하였다. 이런 잡역에 종사하는 승려를 사판승(事判僧)이라고 불렀다.

한편 이와는 달리 깊은 산속에 은둔하여 참선 등을 통한 수행으로 불법을 잇는 승려들이 있었다. 이를 두고 이판승(理判僧)이라 하였다. 그런데 이 이판사판의 뜻이 전이되어 부정적 의미로 쓰이게 된 데에는 시대적 상황이 크게 작용한 것으로 보인다. 조선의 억불정책은 불교에 있어서는 최악의 상태였다. 승려는 최하 계층의 신분이었으며, 도성(都城)에서 모두 쫓겨나고 출입도 금지되어 있었다. 자연히 당시에 승려가 된다는 것은 인생의 막다른 마지막 선택이었다. 그래서 이판이나 사판은 그 자체로 「끝장」을 의미하는 말로

운수승(雲水僧 : 탁발승)

전이되고 말았다. 이렇게 단순히 사찰에서 하는 역할에 따라 두 가지로 나눠지던 것이 차츰 교구가 확정되고 사찰마다 주지가 책임자가 되는 제도가 정착되면서 묘한 문제가 일어났다고 한다.

어떤 사찰에는 이판 출신의 승려가 주지가 되고 어떤 사찰에는 사판 출신의 승려가 주지가 되는 일이 생겼던 것이다. 대개 승려는 운수행각(雲水行脚)을 하면서 고행과 수도를 겸하는 경우가 왕왕 있었는데, 이런 승려들이 정처 없이 떠돌다가 찾는 곳이 바로 산사(山寺)였던 것도 당연하다.

산사를 찾아 들어가면 주지가 그들을 맞이하면서 대뜸 물어보는 것이 이판인가 사판인가 하는 것이었다. 물론 세속적인 욕망이나 이윤과는 거리가 먼 승려들이기에 차별이 뒤따르지는 않았지만, 기왕이면 같은 판에 소속된 승려에게 정이 더 갈 것이 자명한 이치다.

때문에 산사를 찾은 운수승(雲水僧)은 그 산사의 주지가 이판승 출신인지 사판승 출신인지를 잘 알아두는 것이 처신에도 유리했던 것이다. 이런 연유로 해서 「이판사판」 이란 말이 나오게 되었다. 오늘날에는 원래의 유래와 상관없이 사태가 막다른 지경에 다다라 더 이상 어쩔 수 없게 되었을 때 자포자기한 기분으로 결정을 내리는 것을 이렇게 부른다.

이포역포 以暴易暴

써 以 사나울 暴 바꿀 易 사나울 暴

《사기(史記)》 백이열전(伯夷列傳)

폭력으로 폭력을 다스린다는 말로, 정치를 함에 있어 덕으로 하지 않고 힘으로 다스린다는 말이다.

《사기》 백이열전(伯夷列傳)에 있는 이야기다.

백이와 숙제는 고죽국(孤竹國) 군주의 아들인데, 그들의 아버지는 셋째 숙제로 하여금 왕위를 잇게 하라는 유언을 남겼다. 그러나 숙제는 맏아들인 백이가 왕위를 잇는 것이 옳다고 하면서 양보하려고 했다. 그러자 백이는 아버지의 유언을 어겨서는 안된다고 하면서 역시 사절하였다. 이렇게 두 사람이 서로 사양하다가 나중에는 두 사람 다 고죽국을 떠나버리고 둘째아들이 왕위를 잇게 되었다.

주 무왕

백이와 숙제는 주 문왕(周文王)이 노인들을 우대한다는 소식을 듣고 주나라의 수도인 풍읍으로 갔다. 그러나 주 문왕은 얼마 전 세상을 떠났고 그의 아들 무왕(武王)이 새로 즉위한 터였다. 그런데 주 무왕은 왕위에 오르자마자 포악무도한 은나라의 주(紂)를 토벌할 준비를 하고 있었다.

주무왕과 강태공의 만남

이때 백이와 숙제는 주 무왕이 제후국 임금으로서 천자인 주를 치는 것과, 아직 아버지의 상중에 군사를 일으키는 것은 불충불효이며 대역무도(大逆無道)라고 하면서 이를 제지하였다. 그러나 무왕은 그들을 물리쳤다.

그들은 무왕의 군사들이 출정하는 날까지도 전차를 막아서서 군대의 진군을 제지했다. 그러자 무왕의 곁에 있던 신하들이 그들의 목을 베려고 했다. 그때 강태공(姜太公) 여상(呂尙)이 「이들은 의로운 사람이다」 해서 말리지 않았다면 목숨을 잃을 뻔했다.

무왕의 군사들은 목야(牧野) 의 일전에서 주의 군사를 격파하고 은나라의 도읍지 조가(朝歌)까지 밀고 들어갔다. 이에 주는 자결하고 상(商)나라는 멸망하게 되었다. 그러나 그때까지도 백이와 숙제는 그들의 주장을 고집하고 무왕의 전쟁을 포악한 행위로 치부하면서 주나라의 도읍지에서 살지 않고 수양산(首陽山)에 들어가 숨어 살았고, 주나라의 곡식을 입에 대지 않으려고 산나물을 캐먹다가 죽었다는 것이다. {☞ 채미가(采薇歌)}

백이와 숙제가 수양산에 숨어 살 때 손수 지은 노래를 「채미가(采薇歌)」 라고 한다.

저 서산에 올라
고사리를 캐도다.
모진 것으로 모진 것을 바꾸고도
그것이 잘못인 줄 모르도다.
신농의 소박함과 우 · 하 사람이
하루아침에 없어지고 말았으니
나는 어디로 돌아갈 거나?
아아, 슬프다. 이젠 가리라.
운명의 기박함이여.

登彼西山兮	采其薇矣	등피서산혜	채기미의
以暴易暴兮	不知其非矣	이포이포혜	부지기비의
神農虞夏	忽焉沒兮	신농우하	홀언몰혜
我安適歸矣	于嗟徂兮	아안적귀의	우차조혜
命之衰矣		명지쇠의	

수양산의 백이숙제

이풍역속 移風易俗

옮길 移 바람 風 바꿀 易 풍속 俗

《순자(荀子)》 악론(樂論)편

청년 묵자

낡은 풍속이나 관습을 고친다. 순자는 사람들의 교화를 위하여 예법과 음악을 강조하였는데, 특히 음악의 효용에 대해서는 다음과 같이 주장하였다.

「음악이 사람의 마음속에 들어가는 것은 매우 깊으며, 사람을 감화시키는 것은 매우 빠르다. ……그러므로 선왕(先王)들은 예악(禮樂)을 귀하게 여기고 사악한 음악을 천하게 여겼던 것이다. 관부(官府)의 기록에도 『법령을 정비하고 상벌을 가리며 음란한 음악을 금지하고, 적절한 시기에 맞추어 오랑캐들의 기묘한 음악이 감히 정통 음악을 어지럽게 하지 못하게 하는 것이 태사(太師)의 일이다(修憲命 審誅賞 禁淫聲 以時順脩 使夷俗邪音不敢亂雅 太師之事也)』 라고 되어 있다」

묵자(墨子)는 「『음악은 성왕(聖王)들이 반대한 것인데도, 유가(儒家)들이 이를 행하는 것은 잘못이다』 라고 말하였는데, 군자는 그렇게 생각하지 않는다. 음악은 성인들이 즐기는 것이며, 이것으로써 사람들의 마음을 선도할 수 있으며, 그들을 깊게 감동시킬 수 있으며, 그들의 풍속을 바꿀 수 있다(樂者 聖人之樂也 而可以善民心 其感人深 其移風易俗)」

이화구화 以火救火

써 以 무리 類 모일 聚

《장자(莊子)》 인간세(人間世)편

폐해를 구해준다는 것이 오히려 폐해를 조장함.

「불로써 불을 끄려 한다」 라는 뜻으로, 폐해를 제거하려다가 같은 폐해를 겹치게 한다는 말로서, 해만 가중시킬 뿐 아무런 이익도 없음을 비유하는 말이다. 《장자》 인간세편에 있는 말이다.

관룡봉 좌상

공자의 제자 안회(顔回)가 정치적 이상을 실현하기 위하여 위(衛)나라로 가겠다고 하직인사를 하러 왔다. 공자는 그에게 위나라로 가보았자 뜻을 펼쳐보지도 못하고 형벌이나 받게 될 것이라며 만류하면서 이렇게 말했다.

「만일 어진 사람을 좋아하고 불초한 자를 싫어하는 군주라면 어찌 너를 등용하여 특이한 일을 해주기를 바라겠느냐? 네가 따지지 않으면 그만이지만 따진다면 군주는 반드시 권세로 너를 누르고 네 논리를 물리칠 것이다. 그러면 너는 눈앞이 캄캄해질 것이고, 얼굴빛이 새파래질 것이며, 입은 자신을 변명하기에 바빠지고, 태도가 비굴해질 것이며, 마음도 이를 따르게 되고 말 것이다. 이것은 불로써 불을 끄고, 물로써 물을 막는 것과 같은 일이니, 이런 것을 더욱 더하는

비 간

것이라 부른다(是以火救火 以水救水 名之曰益多). 너는 처음부터 그의 독선을 따르게 되어 끝없이 계속될 것이다. 너의 독실한 말은 받아들여지지 않고 결국 포악한 사람에게 죽임을 당하게 될 것이 틀림없다. 옛날에도 걸왕(桀王)은 관룡봉(關龍逢)을 죽였고, 주왕(紂王)은 비간(比干)을 죽였다. 이들은 모두 자기 몸을 잘 수양하고 백성들을 잘 위하였지만, 신하로서 군주의 뜻을 어긴 사람들이었다. 그래서 군주가 그 행동을 이유로 그들을 제거한 것이다」

관룡봉은 하나라 걸왕(桀王)이 황음무도(荒淫無道)하여 조정의 정치를 돌보지 않았을 때, 관룡봉은 늘 직간(直諫)을 하면서 물러나오지 않았다. 이에 걸왕(桀王)은 관룡봉이 요망한 말로 윗사람을 농락한다고 죄를 묻고 구금하여 죽였다.

비간은 상(商)나라의 정치인으로서 주왕(紂王)이 폭정을 하자 간언하다 살해되었다. 미자(微子), 기자(箕子)와 함께 상(商) 말기의 세 명의 어진 사람(三仁)으로 꼽힌다.

여기서 유래하여 「이화구화」는 불로써 불을 끄려고 하면 불길이 더 크게 번지는 것과 마찬가지로, 사태를 악화시키거나 역효과를 일으키는 것을 비유하는 말로 쓰인다. 「섶을 안고 불을 끄려 한다」라는 뜻의 「포신구화(抱薪救火)」와 비슷한 뜻이다.

인금구망 人琴俱亡

사람 人 거문고 琴 함께 俱 죽을 亡

《세설신어(世說新語)》 상서편(傷逝篇)

가까운 이들의 죽음에 대한 애도(哀悼)의 정(情).

《세설신어》 상서편에는 죽음에 대한 애상(哀傷)을 표현한 이야기들이 실려 있다.

동진(東晋)의 유명한 서예가(書藝家)인 왕희지(王羲之)의 다섯째 아들 왕휘지(王徽之 : 字는 子猷)와 일곱째 아들 왕헌지(王獻之 : 字는 子敬) 형제가 모두 몹쓸 병에 걸렸는데, 동생인 자경(子敬)이 먼저 세상을 떠났다.

형 자유는 곁에 있는 사람들에게 물었다.

「어찌 자경의 소식은 없는 겁니까? 그 애가 이미 죽은 게 아닙니까?」

그러면서 자유는 조금도 슬퍼하거나 울지를 않았다. 그러나 사람들은 그 까닭을 알 수 없었다.

형 자유는 즉시 수레를 타고 동생의 빈소(殯所)로 달려가서는 동생의 관(棺) 위에 올라가 동생이 평소에 좋아하였던 거문고를 꺼내 들고 타보았다. 그러나 거문고가 소리를 내지 않자, 자유는 이를 내던지며 한참동안이나 애통해 하였다.

「자경아, 자경아, 너와 거문고가 함께 죽었구나(子敬 子敬 人琴俱亡)」

한 달 쯤 지나 형 자유도 그만 세상을 떠났다. 가까운 이들의 죽음에 대한 애도(哀悼)의 정(情) 을 비유한 말이다.

인기아취인취아여 人棄我取人取我與

사람 人 버릴 棄 나 我 취할 取 줄 與

《사기》 화식열전(貨殖列傳)

사람들이 버리고 돌아보지 않을 때는 사들이고, 세상 사람들이 사들일 때는 팔아넘긴다는 뜻으로, 남들과 반대의 길을 가는 것이 투자라는 말이다.

백 규

백규(白圭)는 주나라 사람이다. 위문후(魏文侯) 때, 이극(李克 : 전국시대 초기의 정치가)은 토지의 생산력을 증대시키는 데 힘을 기울였으나, 백규는 시세의 변동을 살피기를 좋아했다. 그래서 백규는 사람들이 버리고 돌아보지 않을 때는 사들이고, 세상 사람들이 사들일 때는 팔아 넘겼다(人棄我取 人取我與).

즉 풍년이 들면 곡식은 사들이고, 실과 옻은 팔았으며, 흉년이 들어 누에고치가 나돌면 비단과 솜을 사들이고 곡식을 내다 팔았다.

백규는 장사하는 것도 전쟁을 하는 것처럼 지략(智略)을 써야만 성공할 수 있다고 생각하였다. 쓸모없는 것으로 여겨 남들이 다 버릴 때 그것을 모아 두었다가 나중에 남들이 필요로 할 때 내다 팔면 큰돈을 버는 것은 자명한 이치이다. 알고 보면 돈 버는 이치가 참으로 간단한 데에 있다.

사마천 묘소

그런데 왜 사람들은 돈을 못 버는가? 쉽고 간단한 이치일수록 실천하기가 어렵기 때문이다. 남들이 다 버리고 있는 것을 혼자 나서서 주워 두기가 어디 쉬운 일이겠는가? 그거야말로 용기와 배짱과 느긋한 마음을 필요로 하는 일이다. 웬만해서는 그렇게 살지 못한다.

남이 하는 대로 따라서 살아야지 남과 다른 방향으로 갈라치면 왠지 불안해서 그 길을 가기가 결코 쉽지 않다. 그래서 사람들은 다 남들이 가는 길을 나도 가야겠다고 나서서 이른바 「피나는 경쟁」을 하는 것이다. 그러나 한걸음만 물러서서 세상을 바라보면 남들이 가지 않은 호젓하면서도 상쾌하며 무한히 자유로운 나만의 길이 있다는 것을 발견하게 된다. 그런 자유 속에서 잘만 하면 돈도 얼마든지 벌 수 있다.

백규 특유의 상술을 사마천은 여덟 자로 요약했다.

> 세인이 버리고 돌아보지 않을 때 나는 해당 재화를 사들이고, 세인이 재화를 취하고자 할 때는 나는 팔아넘긴다.
>
> 人棄我取 人取我與　인기아취 인취아여

인면수심 人面獸心

사람 人 얼굴 面 짐승 獸 마음 心

《한서(漢書)》 흉노전(匈奴傳)

사람의 얼굴을 하고 있으나 마음은 짐승과 같다는 뜻으로, 마음이나 행동이 몹시 흉악함을 이르는 말이다. 그러나 「인면수심」의 원래의 뜻은 이와 다르다. 후한(後漢)의 역사가 반고(班固)가 지은 《한서》 흉노전에 있는 이야기다.

흉노는 몽골고원 만리장성 일대를 중심으로 활동한 유목 기마민족(騎馬民族)과 그들이 형성한 국가들의 총칭이다. 주(周)나라 때부터 계속 중국 북방을 침입해 중국인들은 북방 오랑캐라는 뜻으로 이들을 흉노로 불렀다. 반고는 흉노전에서 이들을 가리켜 이렇게 표현했다.

「오랑캐들은 머리를 풀어헤치고 옷깃을 왼쪽으로 여미며, 사람의 얼굴을 하였으되 마음은 짐승과 같다(夷狄之人 被髮左衽 人面獸心)」

이 글을 통해 반고가 말한 인면수심은 본래 미개한 종족으로서의 북쪽 오랑캐, 즉 흉노를 일컫는 말임을 알 수 있다.

「머리를 풀어 헤치고 옷깃을 왼쪽으로 여민다(被髮左衽)」는 말은, 중국 한족(漢族)의 풍습과는 다른 미개한 종족의 풍속을 일컫는 말로, 역시 오랑캐의 풍속을 가리킨다.

따라서 남의 은혜를 모르거나, 마음이 몹시 흉악한 사람을 가리킬 때의 「인면수심」은 뒤에 덧붙인 것임을 알 수 있다.

「인면수심」과 비슷한 말로는 「의관을 갖춘 짐승」곧 횡포하고 무례한 관리를 비난하는 말로 「의관금수(衣冠禽獸)」가 있다.

인무원려필유근우 人無遠慮必有近憂

없을 無 멀 遠 염려할 慮 반드시 必 있을 有 가까울 近 근심 憂

《논어(論語)》 위령공(衛靈公)

사람이 멀리까지 내다보고 깊이 생각하지 않으면 반드시 가까이에 근심이 생긴다. 《논어》 위령공편에서 공자가 한 말이다.

「사람이 멀리 내다보지 않으면 반드시 가까운 데서 근심거리가 생긴다」

도가(道家)와 불가(佛家)의 영향을 많이 받았던 소식(蘇軾)은, 장자(莊子)와 장자의 친구이자, 명실(名實), 즉 개념과 실제의 문제를 중시하는 학파인 명가(名家)의 대표적 학자 혜시(惠施, BC 370?~BC 310)의 다음 대화를 인용하고 있다. 혜시가 장자에게 말했다.

「자네의 말은 쓸데가 없네」

장자가 말했다.

「쓸데가 없음을 알아야 비로소 쓸 곳을 이야기할 수 있네. 무릇 땅은 넓고 크지만 사람들이 쓰는 것은 걸을 때 발을 딛는 부분뿐이네. 그러나 발에 맞춰 재어서 나머지는 황천까지 깎아버린다면 사람들이 쓸 수가 있겠는가?」

혜시가 말했다.

「쓸 수 없지」

장자가 말했다.

「그렇다면 쓸모없는 것이 쓸모가 있음은 또한 분명하네」

소식은 이 대화에 근거해 이렇게 풀이하고 있다.

「사람이 걸을 때 발을 딛는 곳 외에는 모두 필요 없는 땅이지만

장자와 혜시(淸 沈心海)

버릴 수는 없는 것이다. 그러므로 생각이 천 리 밖에 있지 않으면, 우환이 안석(安席) 밑에 있다(慮不在千里之外 則患在几席之下矣)」

대만의 신유가(新儒家) 서복관(徐復觀, 1903~1982)은 중국철학의 특징 중 하나로 우환의식(憂患意識)을 제시했다. 우환의식은 자신의 개인적 이해, 영욕 등을 초월해 사회, 국가, 세계와 인류가 맞닥뜨릴 수 있는 위기와 곤경에 대해 늘 경각심을 가지고 걱정하고 대비하는 마음을 가리킨다.

조선의 정약용은 「遠」은 먼 미래, 「近」은 이미 닥친 급박함이라고 풀었다. 대부분의 사람들이 눈앞의 이익에 급급해 장차 닥칠 일을 생각하지 않는다. 이런 사람은 한 순간의 영예(榮譽)밖에는 누릴 것이 없다. 따라서 당장 손해를 보더라도 멀리 크고 넓게 봐야 한다는 것이다.

특히 성공했다고 자만하지 말고 실패했다고 좌절할 필요도 없는, 멀리 보면서 차근차근 자신의 미래를 가꿔 나가야 한다는 의미가 있다. 이 말은 또 안중근 의사가 이토 히로부미를 저격한 후 옥중에 갇혀 있을 때 국경과 이념을 초월하여 자신에게 존경과 호의를 베풀어 준 일본인 교도관에게 직접 써준 휘호로도 유명하다.

인봉구룡 麟鳳龜龍

기린 麟 봉새 鳳 거북 龜 용 龍

《예기(禮記)》 예운(禮運)편

「기린과 봉황과 거북과 용」이라는 뜻으로, 진귀한 물건이나 품격이 고상하고 존경받는 인물을 비유하는 말이다.

「기린 · 봉황 · 거북 · 용을 네 가지 신령이라고 한다(麟鳳龜龍 謂之四靈). 그러므로 용을 가축과 같이 길들이니 물고기와 상어떼가 놀라 흩어지는 일이 없고, 봉황새를 가축처럼 길들이니 새들이 놀라 날아가는 일이 없다. 기린을 가축처럼 길들이니 짐승들이 놀라 달아나는 일이 없다. 거북을 가축처럼 길들이니 신령한 거북점에 의지하여 사람의 심정이 바른 것을 잃지 않는다……」

기린 상상도

기린 · 봉황 · 거북 · 용은 전설상의 동물을 가리킨다. 고대 중국에서는 기린은 들짐승의 왕, 봉황은 날짐승의 왕, 거북은 갑각류의 왕, 용은 어류의 왕으로 여기고 길조를 상징하는 신성한 동물이라 여겼다. 이로부터 「인봉구룡」은 품성이 고상하고 사람들로부터 존경받는 인물이나 흔히 볼 수 없는 매우 진귀한 물건을 비유하는 성어로 쓰이게 되었다.

인비목석 人非木石

사람 人 아닐 非 나무 木 돌 石

포조(鮑照) / 「의행로난(義行路難)」

사람은 목석이 아니다. 곧 사람은 감정을 가진 동물이다.

「사람은 감정을 가지고 있다」는 뜻으로 쓰이고 있다. 이 「인비목석」은 《사기》의 저자 사마천의 편지에 있는 「신비목석(身非木石)」이란 말과 육조시대의 포조가 지은 「의행로난」이란 시에 있는 「심비목석(心非木石)」이란 말에서 온 것이라 볼 수 있다.

사마천은 한무제의 노여움을 사 항변할 여지도 없이 궁형(宮刑)이란 치욕의 형벌을 받기 위해 하옥되었을 때의 일을, 임소경(任少卿)에게 보내는 편지 가운데서 이렇게 말하고 있다.

「집이 가난해서 돈으로 죄를 대신할 수도 없고, 사귄 친구들도 구해 주려 하는 사람이 없으며, 좌우에 있는 친근한 사람들도 말 한마디 해주는 사람이 없다. 몸이 목석이 아니거늘, 홀로 옥리들과 짝을 지어 깊이 감옥 속에 갇히게 되었다」

여기에서 말한 「몸이 목석이 아닌데」란 말은, 생명이 있는 인간으로서의 견디기 어려운 고통을 말한 것이다. 그러나 보통 「목석이 아니다」란 말은 사마천의 경우와는 달리 감정을 말하게 된다. 위에 말한 포조의 「의행로난」은 열여덟 수로 되어 있는데, 그 중 한 수에 「심비목석」이란 말이 나온다.

물을 쏟아 평지에 두면
각기 스스로 동서남북으로 흐른다.

인생 또한 운명이 있거늘
어찌 능히 다니며 탄식하고 앉아서 수심하리오.
술을 부어 스스로 위로하며
잔을 들어 삶의 길이 험하다고 노래를 끊으리라.
마음이 목석이 아닌데, 어찌 느낌이 없으리오
소리를 머금고 우두커니 서서 감히 말을 못하누나.

瀉水置平地 各自東西南北流　사수치평지 각자동서남북류
人生亦有命 安能行歎復坐愁　인생역유명 안능행탄복좌수
酌酒以自寬 擧杯斷絶歌路難　작주이자관 거배단절가로난
心非木石豈無感 呑聲躑躅不敢言　심비목석개무감 탄성척촉불감언

사마천 사묘(祀墓)

여기서는 분명히 「목석이 아닌 마음이 어찌 감정이 없겠느냐(心非木石豈無感)」고 말하고 있다. 우리들이 쓰고 있는 「인비목석」이란 말은 이 「심비목석」에 가까운 뜻으로 쓰고 있다. 몸과 마음을 합친 것이 사람이므로 「인비목석」이란 말이 우리에게 더 정답게 느껴진다. 「목석같은 사나이」란 뜻으로 「목석인(木石人)」이란 말도 쓰이고 있다.

인사유명 人死留名

사람 人 죽을 死 남길 留 이름 名

《신오대사》 왕언장전(王彦章傳)

사람은 죽어서 이름을 남긴다는 뜻으로, 사람의 삶이 헛되지 않으면 그 이름이 길이 남음을 이르는 말.

구양수(歐陽修)는 그가 쓴 《신오대사(新五代史)》 열전 사절전(死節傳)에서 세 사람의 충절을 기록하고 있는데, 이 중에서 특히 왕언장을 높이 평가하고 있다.

당나라 애제 4년(907), 선무군(宣武軍) 절도사 주전충(朱全忠)은 황제를 협박하여 제위를 양도받고 스스로 황제가 되어 국호를 양(梁)이라 칭했다. 그 후 약 반 세기는 그야말로 《수호전(水滸傳)》이 말하는 「분분(紛紛)한 오대난리(五代亂離)의 세상」이었다. 군웅은 각지에 웅거하며 서로 싸웠고 왕조는 눈이 어지럽게 일어났다가는 또 망하고 하였으며 골육상잔이 계속되었다. 그 오대(五代)시대에서 살아남은 사람의 이야기다.

양(梁)나라의 용장으로 왕언장(王彦章)이라는 사람이 있었다. 젊어서부터 주전충의 부하가 되어 주전충이 각지로 전전할 때에는 언제나 그 곁에 있었다. 전장에는 한 쌍의 철창(鐵槍)을 가지고 간다. 무게는 각각 백 근, 그 하나는 안장에다 걸고 나머지 하나를 휘두르며 적진에 뛰어들면 그 앞을 막는 자가 없었다고 한다. 사람들은 그를 왕철창(王鐵槍)이라 불렀다.

후량이 멸망했을 때, 그는 겨우 오백의 기병을 거느리고 수도를 지키며 싸우다가 무거운 상처를 입고 적의 포로가 되었다. 후당의 장종

(莊宗) 이존욱(李存勖 : 독안룡 이극용의 아들)은 그의 무용을 가상히 여겨 그를 자기 부하에 두려 했다. 그러나 그는 이렇게 말했다.

주전충

「이 몸은 폐하와 적이 되어 피나는 싸움을 10여 년이나 계속한 나머지 이제 힘이 다해 패하고 말았습니다. 죽음 외에 또 무엇을 바라겠습니까. 또 이 사람은 양(梁)나라의 은혜를 입은 몸으로 죽음이 아니면 무엇으로 그 은혜를 갚겠습니까. 또 아침에 양나라를 섬기던 몸이 저녁에 진(晋 : 후당)나라를 섬길 수 있겠습니까. 이제 살아서 무슨 면목으로 세상 사람들을 대하겠습니까?」

그리고 그는 죽음의 길을 택했다.

그는 글을 배우지 못해 책을 읽지 못했다. 글을 아는 사람이 책에 있는 문자를 쓰는 것을 그는 민간에 전해 오는 속담으로 대신 바꿔 쓰곤 했다. 그런데 그가 입버릇처럼 잘 쓰는 속담이 있었다.

「표범이 죽으면 가죽을 남기고, 사람이 죽으면 이름을 남긴다(豹死留皮 人死留名)」

앞의 「표사유피」는 「인사유명」이란 말을 하기 위한 전제다. 그래서 보통 「표사유피」란 말 하나로 「인사유명」이란 뜻까지 겸하게 된다. 누구나 한 번 죽는 몸이니 구차하게 살다가 추한 이름을 남기기보다는 깨끗하게 죽어 좋은 이름을 남기라는 뜻이다. 특히 표범의 가죽을 든 것은 표범의 가죽이 가장 귀중히 여겨진 때문이다.

인생감의기 人生感意氣

사람 人 날 生 느낄 感 뜻 意 기운 氣

《당시선(唐詩選)》「술회(述懷)」

인생을 살면서 의기(意氣)를 느낀다.

당(唐)나라 초엽, 아직 천하가 완전히 평정되지 못했을 때의 일이다. 당시 위징(魏徵, 580~648)은 남에게 알려질 만한 인물은 아니었으나, 무슨 일이든 한번 공업(功業)을 세워 보아야겠다고 생각하고 있었다. 후에 위징은 당태종을 보좌하는 명신이 되었고, 정관(貞觀) 17년에 나이 64세로 세상을 떠났을 때, 태종이,

「남을 거울삼으면 자기의 행동의 정당 여부를 알 수 있는데, 나는 진심으로 거울삼을 사람을 잃었다」고 하며 개탄한 이야기는 유명하다. 그러나 당시는 아직 당(唐)에 벼슬한 지 얼마 되지 않아 그리 이름이 알려지지 않았다.

위징은 이미 나이 40 고개를 넘고 있었다. 그는 큰 뜻을 품고 산동(山東)의 적(敵) 서세적을 설복하여 이름을 떨쳐보려고 생각했다. 그래서 그 뜻을 자원하자 고조는 그것을 인정해 주었으므로, 그는 용약 동관(潼關)을 출발했다.

《당시선》의 권두를 장식하는 위징의 「술회」라는 시는 이때의 심정을 노래한 것이다. 자기의 마음을 이해해 준 군은(君恩)에 보답하고, 옛 절의가 있는 사람과 같은 위업을 세우려는 정열에 찬 시이지만 다소 공명욕의 냄새를 풍기지 않는 것도 아니었다.

시는 「중원환축록(中原還逐鹿)」으로 시작되어 이하 다음과 같은 내용을 노래한다.

수(隋)나라 말기의 천하는 난마(亂麻)와 같이 어지럽고 군웅이 할거하며 중원의 제위를 쟁탈하는 각축전이 벌어지고 있었다. 그리하여 나도 반초(班超)처럼 붓을 내던지고 군진(軍陣) 간에 몸을 내맡겼다. 그동안 나도 소진·장의의 합종연횡 같은 계략을 부리는 등 여러 모로 계획을 세웠으나 그 결과는 도저히 뜻대로 되지 않았으나 난세를 구하려는 기개는 마음에 불타고 있다.

위 징

후한의 등우(鄧禹)가 광무제를 만나 『공명을 죽백에 드리운다(功名垂竹帛)』라고 결심한 바와 같이 나도 천자를 뵙고 그 허락을 받았다. 이제 산동을 진압시키기 위해 동관을 출발함에 있어 평소의 소회를 말하고자 한다. 전한의 종군(終軍)은 고조에게서 긴 끈(纓)을 받아 남월왕을 결박 지어 오겠다던 것과 같이 나도 산동지방을 모두 항복받고 싶으며, 또 역이기(酈食其)가 역시 고조 때 수레에서 내리지 않고 제왕(齊王)을 설득했던 일을 생각하고 나도 그들을 본받아 역사에 이름을 남기고 싶다.

그러나 나의 앞길은 험하다. 구불구불 언덕길 천리의 대평원, 고목에는 으스스하게 새가 울고, 산중에서는 슬픈 듯 한 야원(野猿)의 울부짖음, 이 험난함을 생각하면 정말 겁이 나지만, 감히 발걸음을 내딛는 까닭은 천자가 나를 국사(國士)로서 대우해 주는 그 은혜를 생각하기 때문이다.

계포에 이낙(二諾)이 없고
후영은 일언을 중히 여긴다.
인생을 살면서 의기를 느끼노니
공명을 누가 또 논하랴.

季布無二諾　侯嬴重一言　계포무이낙 후영중일언
人生感意氣　功名誰復論　인생감의기 공명수부론」

등 우

한나라 초엽의 초나라 사람으로, 임협(任俠)한 계포(季布)나, 전국시대 말(BC 257) 위(魏)의 신릉군(信陵君)이 조(趙)를 구하려고 할 때, 노령으로 종군할 수 없으므로 혼백이 되어 따르겠다고 신릉군과 약속하고 그 한 마디의 약속을 지켜 스스로 목숨을 끊은 절의의 선비 후영(侯嬴)과 같이 폐하께 맹서한 이상, 자기도 산동을 평정하지 않을 수가 없다. 인간은 필경 마음이 통하는 것을 바라고 있는 것으로, 자기도 천하의 지우(知遇)에 감격했다. 이젠 공명 같은 것은 논외다.

작자가 강조하고 있는 것은 「인생을 살면서 의기를 느낀다」로서 「공명 누가 또 논하랴(功名誰復論)」라고는 하지만, 그 근본에 「공명욕」이 있음을 부정하지 못한다. 여기서는 「공명」을 위해 「생사를 누가 또 논하랴」의 뜻일 것이다.

인심여면 人心如面

사람 人 마음 心 같을 如 낯 面

《좌씨전(左氏傳)》 양공(襄公) 31년

사람마다 얼굴이 다르듯이 사람의 마음도 천차만별로 같을 수 없다는 말.

춘추시대 정(鄭)나라의 재상 자피(子皮)는 젊은 관리 윤하(尹何)로 하여금 자기 영지를 맡기려 했다. 그러나 많은 사람들이 윤하가 너무 젊고 경험 또한 짧아 임무를 제대로 수행하지 못하리라 생각했다. 자피의 보좌역인 자산(子産)이 말했다.

「그 사람은 너무 젊어서 나라를 다스리는 데는 아직 적합하지 않습니다」

그러나 자피가 말했다.

「그는 성실하므로 내가 좋아한다. 나를 배반하지 않을 것이다. 지금 대부를 시키지 않으면 앞으로 배울 기회가 없을 것이다」

그러나 자산은 다시 한 번 이렇게 말했다.

「그렇게 해서는 안 됩니다. 누구나 마음에 드는 사람이 있으면 어떻게 해서든 그에게 이익이 되도록 애를 씁니다. 하지만 그것은 도리어 그를 못쓰게 만드는 결과가 됩니다. 서툰 사람에게 고기를 썰게 하여 손가락을 베게 하는 것과 같습니다. 또 여기에 고운 천이 있습니다. 대감께서는 경험이 없는 사람에게 연습 삼아 재단을 시키지는 않을 것입니다. 그런데 중요한 관직이나 대도시는 모두가 백성을 위한 것입니다. 고운 천보다 훨씬 더 중요합니다. 고운 천을 생무지에게 맡기지 않는 이상으로 경험 없는 사람에게 이 일을 시키면

자 산

안 됩니다. 사냥에 비유해 보겠습니다. 마차를 몰 줄 모르고 활 쓰는 법을 모르는 사람이 들짐승을 잡겠습니까? 아마 짐승도 잡기 전에 마차가 전복될 것입니다. 나라의 일도 마찬가지입니다. 먼저 배우게 한 다음 일을 시키면 못할 리 없습니다. 그러나 반대로 하면 반드시 나라에 큰 손해를 끼칠 것입니다.」

자피가 깨달은 듯 크게 고개를 끄덕였다.

「알겠소. 옷가지조차 마를 수 있는 사람에게 맡기는데, 대관이나 대도시를 생무지에게 맡기려 한 것은 어리석은 생각이었소. 만일 그대가 주의를 주지 않았더라면 나의 어리석음이 묻혀버릴 뻔하였소. 나라의 일은 당신에게 맡기고 집안일을 내가 보아 왔는데, 앞으로는 집안일도 당신의 말을 듣겠소.」

그러자 자산이 손을 저으며 말했다.

「사람의 얼굴이 다르듯, 마음도 같지가 않습니다(人心之不同如其面焉). 내가 어떻게 대감을 대신할 수가 있겠습니까? 다만 위험하다고 생각했을 때에는 당연히 찾아와서 보고할 따름입니다.」

자피는 진심으로 칭찬하고, 나라일의 적임자라 생각하여 그를 재상으로 삼았다. 자산은 정치를 담당하여 정나라를 부강하게 하였다.

공자 또한 자산을 평하기를 혜인(惠人)이라 하였다.

인언가외 人言可畏

사람 人 말씀 言 가할 可 두려워할 畏

《시경(詩經)》 「장중자(將仲子)」

장중자

「사람들의 말이 두렵다」 라는 뜻으로, 소문이나 여론 또는 유언비어를 두려워함을 비유하는 말이다.

「장중자(將仲子)」는 《시경》 정풍(鄭風)편에 실려 있는 시이다. 정풍에는 감정을 솔직하게 드러낸 연애시가 많은데 「장중자」도 그 가운데 하나이다. 모두 3장으로 이루어져 있는데, 제3장은 다음과 같다.

장중자여, 우리 집 뜰을 넘지 마세요.
우리 집 박달나무 꺾지 마세요. 나무야 뭐 아까우리마는
사람들 말 많을까 두려워요. 임이야 그립지만
사람들 말 많은 것도 두려운 걸요. (人之多言 亦可畏也)

사랑하는 사람이 보고 싶지만 남의 입방아에 오르내릴까 두려워하는 여인의 마음이 잘 드러나 있는 시이다.

인인성사 因人成事

의지할 因 사람 人 이룰 成 일 事

《사기》 평원군(平原君)열전

사회생활을 하는 인간은 혼자 힘으로는 되는 일이 없다.

「인인성사(因人成事)」는 남을 의지해서 일이 이뤄진다는 뜻이다. 현재에는 사회생활 속에 있는 인간은 혼자 힘으로는 되는 일이 없다는 뜻으로 널리 쓰이고 있다.

그러나 본래의 뜻은 상호 의존적인 그런 의미가 아니고 「원님 덕에 나팔 분다」 식의 가벼운 뜻으로 쓰였다.

「세 치 혀가 백만의 군사보다 강하다(三寸之舌)」 고 한 제목에서 언급된 모수(毛遂)의 입을 통해 나온 말이다.

진나라가 조나라 서울 한단(邯鄲)을 포위하자 조나라는 평원군을 초나라로 보내 구원병을 청하게 했다. 평원군은 길을 떠날 때 문무를 겸한 문객 스무 명을 뽑아 데리고 가기로 하고, 인선에 들어갔으나 겨우 열아홉 명밖에 뽑지 못했다. 그래서 자청해서 나선 것이 모수였다. 「모수자천(毛遂自薦)」 이란 말이 여기서 생겨난 것이다.

평원군은 20명의 문객을 거느리고 초나라 왕과 초나라 궁정에서 회담을 갖게 되었다. 그러나 마음이 착하기만 한 평원군과 진나라가 두렵기만 한 초왕과의 회담은 아침부터 시작해서 대낮이 기울도록 결정을 못보고 있었다. 보다 못한 문객들은 모수를 보고 올라가라고 했다. 모수는 칼을 한 손으로 어루만지며 성큼성큼 계단을 올라가 평원군에게 말을 건넸다.

「구원병을 보내는 것이 좋으냐 아니냐 하는 것은 두 마디로 결정될 일인데 해가 뜰 때부터 시작된 이야기가 한낮이 되도록 결정을 보지 못하는 것은 무엇 때문입니까?」

모 수

그러자 초왕이 평원군을 보고 물었다.

「저 손은 누구입니까?」

「신의 문객입니다」

그러자 초왕은 호통을 쳤다.

「어서 내려가지 못할까. 내가 너의 주인과 말하고 있는데, 네가 무슨 참견이란 말이냐?」

그러자 모수는 칼을 잡고 앞으로 나아갔다.

「왕께서 이 모수를 꾸짖으시는 것은 초나라 군대가 있기 때문입니다. 그러나 지금은 나와 열 걸음 안에 있으므로 초나라 군대가 아무 소용이 없습니다. 왕의 목숨은 이 모수의 손에 달려 있습니다. 우리 주인이 앞에 있는데 나를 꾸짖는 것은 무엇 때문입니까. 그리고 옛날 탕임금은 70리 땅으로 천하를 통일하고, 문왕은 백 리의 땅으로 제후들을 신하로 만들었습니다. …… 지금 초나라는 땅이 사방 5천 리에 무장한 군대가 백만에 이르고 있습니다. ……그런데 백기(白起)란 어린 것이 수만의 군대를 거느리고 초나라와 싸워, 한 번 싸움에 언영(鄢郢)을 함락시키고 두 번 싸움에 이릉(夷陵)을 불사르고 세 번 싸움에 왕의 선인(先人)을 욕되게 했습니다. 이 백 세의 원한을 조나라도 부끄러워하고 있는데, 왕께서는 미워할 줄을 모르고 계십니다. 두 나라의 연합은 실상 초나라를 위한 것이지 우리 조나라를 위한 것이 아닙니다. 우리 주인이 앞에 있는데 나를 꾸짖는 것은 무엇 때문입니까?」

초왕은 서슬이 시퍼런 모수의 기세에 겁을 먹고, 또 진나라 백기에 당한 지난날의 일을 생각하니 복수의 감정이 치받기도 했다.

「선생의 말을 듣고 보니 과연 그렇소. 삼가 나라로써 선생을 따르겠소」

「그럼 출병은 결정된 것이옵니까?」

「그렇소」

그러자 모수는 초왕의 좌우에 있는 사람들을 시켜 맹약에 쓸 피를 가져오게 하고, 피가 담긴 구리쟁반을 자기가 받아 든 다음, 무릎을 꿇고 초왕 앞에 들이밀며 말했다.

「대왕께서 마땅히 먼저 피를 마시고 맹약을 정하십시오. 그 다음은 저의 주인이요, 그 다음은 이 모수가 하겠습니다」

이렇게 궁전 위에서 맹약을 끝마치자, 모수는 왼손에 피 쟁반을 들고 오른손으로 열아홉 명을 손짓해 말했다.

「당신들은 함께 이 피를 대청 아래에서 받으시오. 당신들은 녹록한 사람들로 이른바 남으로 인해 일을 이룩하는 사람들입니다(公相與歃此血於堂下 公等錄錄 所謂因人成事者也)」

이리하여 초나라로부터 구원병을 얻는 데 성공한 평원군은 모수를 가리켜, 「모선생의 세 치 혀가 백만의 군사보다도 더 강하다(三寸之舌 强于百萬之師)」 고 칭찬했다. {☞ 삼촌지설}

여기에 나온 「인인성사」는 녹록한 사람들이 잘난 사람의 덕을 보는 것을 뜻한다. 그러나 지금은 누구나 다 그렇다는 뜻으로 쓰이고 있다. {☞ 모수자천}

인자무적 仁者無敵

어질 仁 놈 者 없을 無 원수 敵

《맹자(孟子)》 양혜왕장구(梁惠王章句)편

어진 사람에게는 대적할 자가 없다. 모든 사람에게 어질게 대하는 사람에게는 적이 없다는 뜻과 더불어 인(仁)보다 강한 무기는 없다는 뜻도 있다. 진실로 어진 정치를 베풀면서 백성을 자신의 몸처럼 여기는 군주에게는 자연히 백성들이 따르게 마련이어서 반대하는 세력이 없게 되고, 비록 전쟁이 일어나더라도 인심이 떠나지 않아 총칼로도 어찌할 수 없게 된다는 뜻으로, 곧 인자한 사람에게는 적이 없다는 말이다. 《맹자》 양혜왕장구상편에 있는 말이다.

양나라 혜왕이 맹자에게 물었다.

「예전에는 천하를 호령하던 진(晉)나라가 지금에 이르러서는 주위 나라들에게 땅을 빼앗기는 수모를 겪고 있습니다. 과인은 이를 수치로 여겨 그들을 물리치고자 합니다. 방법이 없겠습니까?」

맹자가 대답했다.

「만일 왕께서 어진 정치를 베푼다면 이 땅의 모든 사내들은 몽둥이밖에 든 것이 없다 할지라도 갑옷을 입고 칼을 든 적군을 물리칠 것입니다. 옛말에 『어진 사람에게는 대적할 자가 없다(仁者無敵)』고 한 것은 바로 이런 경우를 일컫습니다」

이 「인자무적」은 맹자가 지어 낸 말이 아니라, 그 이전부터 전해 오던 것을 인용한 것이다. 서투른 글이 총명함보다 낫다는 뜻의 「둔필승총(鈍筆勝聰)」도 같은 이치다. 무릇 부드러운 것이 강한 것을 이기고, 붓이 칼을 꺾는 법이다.

인지성수 人之性壽

사람 人 갈 之 성품 性 목숨 壽

《여씨춘추(呂氏春秋)》

사람의 생명은 본래 아주 길다.

물은 성질은 맑은 것인데 흙이 흐리게 하여 그 맑음을 보존하지 못한다. 사람도 본래는 오래 살 수가 있는데(人之性壽), 외물(욕망, 재물)의 유혹에 빠져 명대로 살지 못한다. 외물은 생명을 양육하는 것인데, 생명으로 외물을 추구해서는 안 된다.

지금의 사람들을 보면, 어리석은 사람들이 생명을 훼손해 가면서 외물을 추구하니, 이것은 경중을 모르는 짓이다. 경중을 알지 못하면 중요한 것을 가볍게 여기고, 가벼운 것을 중요한 것으로 여기게 되는 것이다.

만약에 이렇게 하면 무엇을 하든 실패한다. 이와 같이 군주 노릇을 하면 미망에 빠지고, 이와 같이 신하 노릇을 하면 나라를 어지럽히고, 이와 같이 자식 노릇을 하면 방탕하게 되는 것이다. 나라에 이 세 가지 중 하나만 있어도 예외 없이 반드시 망하게 된다.

「인지성수」는 진나라의 정치가 여불위(呂不韋)가 빈객(賓客) 3,000명을 모아서 편찬한 《여씨춘추》에 있는 말이다.

《여씨춘추》에는 도가(道家) 사상이 중요한 부분을 차지하나, 유가(儒家)·병가(兵家)·농가(農家)·형명가(刑名家) 등의 설(說)들을 볼 수 있다.

인지장사기언야선 人之將死其言也善

사람 人 장차 將 죽을 死 그 其 말씀 言 어조사 也 착할 善

《논어》 태백편(泰伯篇)

전략은 활용하는 것이 중함. 《논어》에 있는 증자(曾子)의 말이다.

증자가 오래 병으로 누워 있을 때 노나라 대부 맹경자(孟敬子)가 문병을 왔다. 그러자 증자는 그에게 이런 말을 했다.

「새가 장차 죽으려면 그 울음소리가 슬프고, 사람이 장차 죽으려면 그 말이 착한 법이다(鳥之將死 其鳴也哀 人之將死 其言也善). 군자로서 지켜야 할 도(道)에는 세 가지가 있습니다. 몸을 움직임에는 사납고 거만함을 멀리하고, 얼굴빛을 바르게 함에는 믿음직하게 하고, 말을 함에는 비루하고 어긋남을 멀리할 것이니, 그 밖에 제사를 차리는 것 같은 소소한 일은 유사가 있어야 할 것입니다」

증자가 한 이 말은, 증자가 새로 만들어 낸 말이 아니고 예부터 전해 내려오는 말이었을 것이다. 즉 죽을 임시에 하는 내 말이니 착한 말로알고 깊이 명심해서 실천하라고 한 것이다.

평소에 악한 사람도 죽을 임시에서는 착한 마음으로 돌아와 착한 말을 하게 되는 것이 보통이다. 자기가 죽는다는 것을 의식하지 않고도 어떤 영감이 떠오르게 되는 것이다.

이것을 두고 주자(朱子)는 다음과 같이 해석하였다.

「새는 죽기를 두려워하기 때문에 우는 것이 슬프고, 사람은 마치면 근본에 돌아가기 때문에 착한 것을 말한다. 이것은 증자의 겸손한 말씀이니, 맹경자에게 그 말한 바가 착한 것임을 알게 하여 기억하도록 함이다」

일각천금　一刻千金

한 一 새길 刻 일천 千 쇠 金

소동파(蘇東坡) / 「춘야행(春夜行)」

대나무를 구경하는 소식(明, 두근)

극히 짧은 시간도 귀중하고 아깝기가 천금의 값어치가 있다는 뜻.

송(宋)나라 때의 명문장가 소동파(蘇東坡)의 시 「춘야행」에서 온 말이다.

소동파는 선비이면서 도교와 불교에 조예가 깊은 시인이었다. 특히 자연을 사랑하는 가운데 인생의 허무를 내다보는 그의 시는 말이 지닌 이상의 깊은 뜻과 맑은 향기를 풍기고 있다.

봄밤의 한 시각은 값이 천금
꽃에는 맑은 향기가 있고, 달에는 그늘이 있다.
노래와 피리의 누대는 소리가 가늘고 또 가늘어
그네 뛰던 안뜰에는 밤이 깊고 또 깊다.

春宵一刻値千金　춘소일각치천금
花有淸香月有陰　화유청향월유음

歌管樓臺聲細細　가관루대성세세
鞦韆園落夜沈沈　추천원락야침침

주 희

봄밤은 한 시각이 천금을 주어도 아깝지 않은 즐거운 시간이다. 꽃은 그윽한 향기를 풍기고, 달은 얼굴을 발 사이로 몽롱하게 지켜보고 있다. 누각에서 피리소리와 노랫소리가 멀리 가느다랗게 들려오고, 그네를 뛰며 즐기던 안마당에는 소리 없이 밤만 자꾸 깊어간다는 내용이다.

시가 유명해지자 「춘소일각치천금」은 마침 얻게 된 즐거운 시간을 아끼는 뜻으로도 쓰이고, 시간을 보람 있게 즐겁게 보내자는 말로도 쓰인다.

주자(朱子)의 「권학문(勸學問)」이란 시에서 주자는 「아주 짧은 시간이라도 헛되이 보내지 말라(一寸光陰不可輕)」고, 시간을 아껴 유용하게 쓸 것을 호소하고 있다.

시간의 활용과 그 짧음에 대한 회한이 절절이 드러나 있는 「일촌광음불가경」은 동의어로 쓰인다.

일거수일투족 一擧手一投足

한 一 들 擧 손 手 던질 投 발 足

한유 / 「응과목시여인서(應科目時與人書)」

약간의 수고. 하나하나의 동작이나 행동. 일거일동.

「일거수일투족」은 글자 그대로는 손 한 번 들고, 발 한 번 뻗는다는 뜻이다. 이것이 지금은 「일거일동(一擧一動)」즉 어떤 사람의 행동을 가리켜 「일거수일투족」이라고 한다.

그러나 애당초 이 문자를 썼을 때의 원래의 뜻은, 겨우 손 한번 까딱하고 발 한번 내딛는 아주 작은 수고라는 뜻이었다.

이 문자를 처음 쓴 사람은 유명한 한유(韓愈)였다.

당송팔대가의 첫손 꼽히는 한유가 과거를 보러 갔을 때, 어느 정부의 높은 관리에게 낸 편지인 「응과목시여인서(應科目時與人書)」속에 나오는 말이다.

과목(科目)이란 과거시험을 뜻하며, 서(書)는 편지를 말한다. 뜻을 풀어본다면「과거시험에 응시하면서 사람에게 주는 편지」라고 할 수 있다. 편지의 첫 부분에,

「큰 바다와 강가에는 괴물이 있다. 그것은 흔해빠진 고기나 조개와는 다르다. 그것은 물을 얻게 되면 비바람을 일으키며 하늘을 오르내리는 것도 어렵지가 않다. 그러나 물을 얻기 전에는 그런 힘을 발휘하지 못한다. 그리고 물과의 거리는 겨우 한 발, 두 발, 한 자, 한 치 사이밖에 안된다. 높은 산과 언덕이 가로막고 있는 것도 아니고, 넓은 길과 험한 곳이 가로놓여 있는 것도 아니다. 그러나 그것이 바짝 마른 땅에 있으면서 제 힘으로 물 있는 곳에 가지 못하게

한 유

되면 수달피의 웃음거리가 되는 것이 십중팔구다. 만약에 힘이 있는 사람이 그 궁한 모양을 딱하게 여겨 물 있는 곳으로 끌어다 줄 생각만 한다면 아마 손 한 번 들고 발 한 번 내딛는 수고에 지나지 않을 것이다(如有力者 哀其窮而轉之 蓋一擧手一投足之勞也)」라는 비유로써 말하고 있다.

끝에 가서 또 한 번 「일거수일투족의 수고」를 부탁하고, 당신이 들어주고 안 들어주는 것은 운명일 수밖에 없다는 것을 덧붙여 두고 있다.

결국 자신을 뭍에 있는 용(龍)에다 비유하고, 물을 얻는 것을 과거에 급제하는 것에 비유하여, 급제를 시키고 안 시키고 하는 것은 시험관인 당신의 마음 하나에 달려 있을 뿐, 수고라면 손 한번 까닥하고, 발 한번 내딛는 정도로 아주 쉽게 할 수 있는 일이지만, 자신에게는 크나큰 은혜가 된다는 말이었다. 그러던 것이 오늘날에는 이와는 관계없이 사람이 하는 행동 일체를 가리키는 말이 되어버렸다.

오늘날, 소위 공인이라는 사람들, 정치인 · 학자 · 연예인 · 스포츠맨 등등 사회 지도자들은 「일거수일투족」에 각별한 주의를 기울여야 한다. 그들의 행동거지는 사소한 것이라도 모든 사람들이 주시하고 있다. 자칫 한 순간의 실수로 천국에서 나락으로 급전직하할 수 있기 때문이다.

일거양득 一擧兩得

한 一 들 擧 둘 兩 얻을 得

《춘추후어》, 《전국책(戰國策)》

한 가지 일로써 두 가지 이익을 얻는다.

《춘추후어(春秋後語)》에 있는 이야기다.

변장자(北宋 화가 이공린)

춘추시대 노나라에 용맹과 담력이 남다른 변장자(辯莊子)라는 사람이 있었다. 어느 날 산에 호랑이가 나타났다고 하는 말을 듣고 잡으려 나가려고 했다. 그때 여관 하인이 그를 말리며 말했다.

「그렇게 서두를 필요는 없습니다. 천천히 기다리세요. 호랑이 두 마리가 소를 잡아먹으려고 하거든요. 조금 있으면 두 마리 호랑이는 서로 소 한 마리를 차지하려고 싸울 겁니다. 둘이 싸우면 힘이 약한 놈은 견디지 못하고 죽을 것이고, 힘센 놈도 상처를 입게 될 것입니다. 그 때 상처 입은 놈을 잡으면 한 번에 두 마리의 호랑이를 잡게 될 것입니다(一擧兩得)」

변장자는 그 하인의 말대로 두 마리의 호랑이가 싸우는 것을 지켜보고 있다가 상처투성이의 이긴 놈을 쉽게 때려잡을 수 있었다.

결국 한 방에 두 마리의 호랑이를 잡았다는 데서 「일거양득」이란 말이 생겨나게 된 것이다.

변장자 자호도(刺虎圖, 北宋 화가 이공린)

또 《전국책》 진책(秦策)에도 이런 이야기가 있다.

진(秦) 혜문왕(惠文王) 때의 일이다. 패업을 이루기 위해 노력하던 왕에게 재상 장의(張儀)는 중원(中原) 진출을 주장하였고, 중신 사마조(司馬錯)는 이에 반대하여 다음과 같이 말하였다.

「무릇 나라가 부유하기를 바라는 군주는 국토를 넓힘을 우선으로 해야 하며, 병사들이 강력하기를 바라는 군주는 무엇보다 백성들이 잘 살 수 있게 해야 하며, 패자(覇者)가 되기를 바라는 군주는 먼저 덕을 쌓는 데 힘써야 한다고 합니다. 이 세 가지가 이루어지면 패업은 자연스럽게 이루어진다고 합니다. 그러나 지금 진나라의 국토는 협소하고 백성들은 빈곤합니다. 이 두 가지 문제를 동시에 해결하려면, 먼저 강력한 우리 진나라 군사로 하여금 촉(蜀)나라 땅의 오랑캐를 정벌하는 것입니다. 이렇게 되면 국토는 넓어지고 백성들의 재물은 쌓이게 될 것입니다. 한 가지 일로써 두 가지 이익을 얻는 것과 같습니다」

혜문왕은 사마조의 주장에 따라 오랑캐를 정벌하여 국토를 넓혔다.

일견폐형백견폐성 一犬吠形百犬吠聲

한 一 개 犬 짖을 吠 모양 形 일백 百 소리 聲

《잠부론(潛夫論)》 현난편(賢難篇)

형(形)은 그림자(影)란 뜻이다. 개 한 마리가 헛 그림자를 보고 짖어대면 온 마을 개가 그 소리에 따라 짖는다는 말이다. 즉 한 사람이 있지도 않은 일을 있는 것처럼 퍼뜨리면 수많은 사람들이 그것을 사실인 양 따라 떠들어대는 것을 비유해서 하는 말이다.

왕부 조상(彫像)

이 말은 후한의 왕부(王符)가 지은 《잠부론》에 있는 말이다. 왕부는 당시 유명한 마융·두장·장형·최원과 같은 인물과도 친교가 있었으나, 출세만을 유일한 목적으로 알고 있는 당시의 풍조에 싫증을 느낀 나머지 벼슬에 오를 것을 단념하고 고향에서 숨어 살며 《잠부론》 10권 36편을 지었다.

문벌정치에 분노를 터뜨리며 천자에게 모든 권력을 집중시켜, 무능한 무리들을 내쫓고 덕이 높은 사람을 등용해야 된다는 것을 역설한 것인데, 자기 이름을 밝히고 싶지 않았기 때문에 《잠부론》이라고 제목을 붙인 것이다. 「잠부」란 숨어 사는 사람이란 뜻이다.

「천하가 잘 다스려지지 않는 까닭은 현난(賢難)에 있다. 현난이란 어진 사람이 되기가 어려운 것을 말하는 것이 아니고, 어진 사람을 얻기가 어려운 것을 말한다」 라고 붓을 들고 있는 현난편은, 어진 사람의 말과 행동이 속된 사람의 질투를 받게 되고, 그로 인해 바른 말이 용납되지 않는다는 것을 여러 가지 예를 들어 설명하는 한편, 천자가 속된 말에 이끌리지 말고, 어진 사람들을 지혜롭게 가려내야 한다는 것을 강조한 것이다.

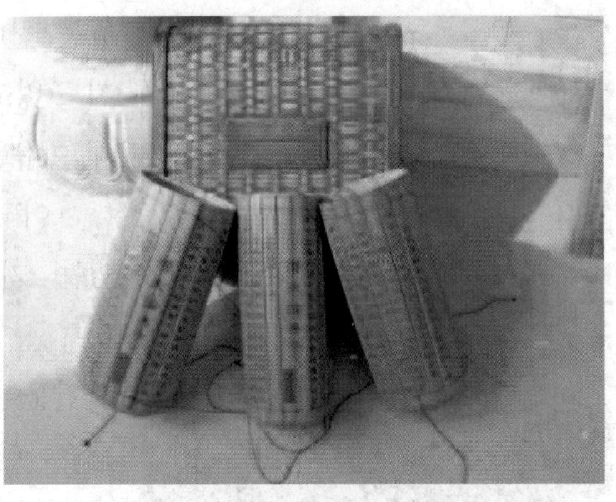

《잠부론》 죽간

왕부는 여기서 이렇게 말하고 있다.

「속담에 말하기를, 한 개가 그림자를 보고 짖으면 모든 개는 소리만 듣고 짖는다고 했다. 세상의 이 같은 병은 참으로 오래된 것이다」

왕부의 문장을 읽으면 유가(儒家)의 입장에서 쓴 것이기는 하나 법가(法家)의 대표적 저작인 《한비자》 의 세난편(說難篇)을 연상케 한다. 왕부는 이 《잠부론》 을 완성한 뒤로도 끝내 벼슬을 하지 않고 평민으로 생을 마쳤다. 그러나 《후한서》 왕부전(王符傳)에는 그가 당대의 존경을 받고 있었던 예로 다음과 같은 이야기를 덧붙여 두고 있다.

도요장군(度遼將軍) 황보규(皇甫規)가 나이 늙어 벼슬을 그만두고 고향인 안정(安定)에 돌아왔을 때 일이다. 마침 한 고향 사람으로, 일찍이 큰 돈을 바치고 안문(雁門) 태수의 자리를 샀던 자가 역시 벼슬을 그만두고 고향으로 돌아와 황보규에게 인사차 찾아왔다. 황보

황보규

규는 침대에 누운 채 나가 맞지도 않고, 그가 들어오자 이렇게 야유를 했다.

「어떻게 그쪽에 가서는 맛있는 기러기를 많이 자셨던가?」

안문이란 지명이 「기러기문」이란 뜻이므로 그곳에 가서 기러기를 많이 잡아서 바친 돈 이상의 재미를 보았더냐 하는 뜻이다.

그리고 조금 있자니 이번엔 왕부(王符)가 찾아왔다는 연락이 왔다. 그는 전부터 왕부에 대한 이야기를 듣고 있었으므로, 황급히 일어나 옷도 미처 갈아입지 못하고 버선발로 뛰어나가 왕부의 손을 잡고 맞아들여 자리를 같이하여 환담했다. 그래서 당시 사람들이 말하기를,

「2천 석을 묵살하기를 한 봉액만도 못하게 여겼다」 고 했다는 것이다. 2천 석은 태수의 봉록이 2천 석이었기 때문에 태수를 가리켜 2천 석이라고도 불렀다. 봉액은 선비들이 입는 옷의 이름으로 곧 선비란 뜻이다. 태수를 개방귀같이 알던 황보규가 한갓 선비에 불과한 왕부를 친한 친구 이상으로 반갑게 대해 준 것이 화젯거리가 된 모양이다.

왕부의 명성보다도 황보규의 대쪽 같은 태도에 사람들은 더 매력을 느꼈던 것 같다.

일고작기 一鼓作氣

한 一 북 鼓 일으킬 作 기운 氣

《춘추좌씨전》 장공 10년

첫 북소리로 병사들의 사기를 진작시키는 것처럼 처음에 기세를 올려 단숨에 일을 처리함을 비유하는 말이다.

《춘추좌씨전》에 있는 이야기다.

춘추시대에 제(齊)나라가 맹약(盟約)을 어기고 노(魯)나라를 침공하였다. 노나라 장공(莊公)은 조귀(曹劌)와 전차를 같이 타고 장작(長勺 : 산동성 萊芜)이라는 곳에서 제나라 군대와 마주했다. 이 싸움을 장작지전(長勺之戰)이라고 한다.

같은 전차에 탄 장공과 조귀

장공이 북을 두드려 진격할 채비를 하자 조귀는 아직 이르다고 장공을 말렸다. 제나라 군대가 북을 세 번 두드리고 나서야 조귀는 「이제 공격해도 되겠습니다」라고 말했다.

노나라 군대가 북을 한 번 두드리자 병사들이 사기가 올라 모두들 용감하게 전진하였다. 제나라 군대는 그 기세를 당해내지 못하고 대패하여 도주하였다.

장작지전 전적지

장공은 승기(勝氣)를 틈타 적을 추격하려 하였으나 조귀가 다시 말렸다. 조귀는 전차에서 내려 제나라 군대의 전차가 지나간 바퀴자국을 자세히 살펴보고, 다시 전차에 올라 멀리 제나라 군대가 도주하는 상황을 살펴보고 나서야 「이제 추격해도 됩니다」 라고 말했다.

그리하여 노나라 군대는 제나라 군대를 몰아내고 승리했다. 장공이 조귀에게 그렇게 한 까닭을 묻자, 조귀는 이렇게 말했다.

「무릇 전쟁이란 사기(士氣)에 의존하는 것입니다. 사기는 북을 처음 울릴 때 가장 왕성하고, 두 번째 울릴 때면 조금 쇠퇴해지며, 세 번째 울릴 때면 이미 사그라지고 맙니다. 적군은 북을 세 번 두드려 사기가 사그라지고 아군은 첫 번째 북을 울려 사기가 왕성하였으므로 이길 수 있었던 것입니다(夫戰 勇氣也 一鼓作氣 再而衰 三而竭 彼竭我盈 故克之). 그러나 제나라와 같은 대국은 그 용병술을 예측하기 어려워 혹시 매복이 있지나 않을까 염려하여 살펴보았는데, 도망친 바퀴자국이 어지럽고 깃발도 거꾸러뜨린 채 도주하는 모습을 보고 패주하는 것이 틀림없다고 판단되어 추격해도 좋다고 한 것입니다」

일구지학 一丘之狢

한 一 언덕 丘 의 之 오소리 狢

《한서(漢書)》 양창전(楊敞傳)

한 언덕에서 같이 사는 오소리(담비)라는 뜻으로, 동류(同類)의 비유. 차별하기 어려운 같은 종류. 한통속의 나쁜 무리를 비유하는 말이다.

《한서》 양창전에 있는 이야기다.

한(漢)나라 선제(宣帝) 때 양운(楊惲)은 소제(昭帝) 때 승상을 지낸 양창(楊敞)의 둘째아들이며, 《사기(史記)》의 저자인 사마천(司馬遷)의 외손자이다.

그는 좋은 가문에 어려서부터 총명하여 젊은 나이에 조정에서 요직을 담당했다. 그러나 젊은 나이에 큰 명성을 얻어 자신도 모르는 사이에 다른 사람들의 결점을 용납하지 않는 교만함으로 남의 미움을 사기도 했다.

양운은 특히 선제가 가장 총애하는 태복(太僕) 대장락(戴長樂)과 사이가 좋지 않았다. 한번은 대장락이 누군가로부터 고소를 당하자, 그는 양운을 의심했다. 그래서 대장락은 양운을 비방하는 글을 선제에게 올렸는데, 글의 내용의 다음과 같다.

「양운은 흉노의 항복한 자들로부터 선우(單于)가 살해되었다는 말을 듣고는 『못난 군주는 대신(大臣)이 나라를 다스릴 방책을 잘 계획하여도 채용하지 않으니 스스로 자기 몸을 둘 곳을 없게 만든다. 이는 마치 진(秦)나라 때 소인을 기용하고 충신을 주살하여 멸망에 이른 것과 같으니, 대신을 신임하였더라면 진나라가 지금까지 존

한 선제

속되었을 것이다. 예나 지금이나 어리석은 군주는 한 언덕에 모여 사는 오소리와 다를 바 없다(古與今如一丘之貉)』라고 하였습니다. 양운은 망령되게도 망국의 예를 들어 금상을 비방하였으니 신하된 도리가 아니라 생각되옵니다」

글을 본 선제는 화를 내며 양운을 차마 죽이지는 못하고 면직을 시켰다. 이 이야기에서 유래하여 「일구지학」은 부정적인 의미에서 서로 다를 바 없는 똑같은 부류, 한통속의 나쁜 무리를 비유하는 말로 쓰인다.

樂處樂 非眞樂
낙처락 비진락
苦中樂得來
고중락득래
纔見心體之眞機
재견심체지진기
즐거운 가운데 얻는 즐거움은 참다운 즐거움이 아니다.
고생스런 가운데 얻는 즐거움이야말로
마음에 참 기쁨을 얻게 되는 것이다.
—《채근담》

일기가성 一氣呵成

한 一 기운 氣 불 呵 이룰 成

《시수(詩藪)》

「일을 단숨에 몰아쳐 해냄」이라는 뜻으로, 일을 단숨에 매끄럽게 해낸다, 기회가 주어졌을 때 미루지 않고 이뤄낸다는 말이다.

명나라 때 호응린(胡應麟)이 쓴 시론서(詩論書) 《시수(詩藪)》에 있는 말이다.

호응린은 당나라 시인 두보(杜甫)의 시 「등고(登高)」를 두고 이렇게 평했다. 「등고」는 두보가 56세(767년) 중양절(重陽節) 등고행사(登高行事) 때 지은 시다. 「등고」는 중국에서 음력 9월 9일 중구절(重九節)에 조상에게 다례(茶禮)를 지내고 높은 곳에 올라 국화주를 마시며 수유(茱萸)를 머리에 꽂아 액땜을 하던 행사다.

「한 편 속에 구(句)마다 다 율을 이루고, 구 가운데 자(字)마다 율을 이루어 실로 하나의 뜻으로 관철하고 일기가성하였다(一篇之中句句皆律 一句之中字字皆律 而實一意貫串 一氣呵成)」

호응린은 이 시를 고금의 칠언율시 가운데 으뜸이라고 칭송하였다. 여기서 유래하여 일기가성은 「글의 기세가 거침없이 유창하고 처음과 끝이 빈틈없이 순리에 따라 잘 짜여 있다」는 뜻으로 통용되며, 의미를 확장하여 「일을 단숨에 매끄럽게 해낸다」는 의미로도 사용된다.

비슷한 뜻을 가진 성어로는 「처음에 기세를 올려 단숨에 일을 처리함」을 비유하는 「일고작기(一鼓作氣)」와 「기세가 대를 쪼개는 것과 같음」을 비유하는 「파죽지세(破竹之勢)」가 있다.

일단사일표음 一簞食一瓢飮

한 一 도시락 簞 먹일 食(사) 표주박 瓢 마실 飮

《논어》 옹야편(雍也篇)

간소한 음식. 소박한 생활.

단(簞)은 대나무로 엮어 만든 도시락을 말한다. 표(瓢)는 바가지다. 「일단사일표음」은 한 도시락밥과 한 바가지의 물이란 뜻으로, 굶지 않을 정도의 가난한 식생활을 말하는 것이다.

안 회

이 말은《논어》옹야편에서 공자가 안자(顔子 : 안회)를 칭찬한 말 가운데 나온다. 공자의 제자는 3천, 그 중에서도 고제(高弟)는 77명, 흔히 이것을 「칠십자(七十子)」라고 하는데, 이 칠십자 가운데서도 공자가 「현(賢)」이라 칭하고 「인(仁)」이라 칭하여 거의 완벽한 인격을 갖춘 인물로서 가장 신뢰하고 있던 제자가 안회였다.

「어질도다, 회여. 한 도시락밥과 한 바가지 물로 더러운 골목에 사는 것을 사람들은 그 고생을 견디지 못해 하는데, 회는 그 즐거움을 고치지 않으니 어질도다, 회여! (賢哉回也 一簞食一瓢飮 在陋巷 人不堪其憂 回也不改其樂 賢哉回也)」

겨우 목숨을 이어가기 위한 음식물로 더럽고 구석진 뒷골목 오막집에 산다는 것은 누구나가 그 고생을 견디기가 어려운 것이다. 그러나 안자는 그런 가난에 마음이 흔들리는 일이 없이 그가 깨달은 진리 속에 남이 알지 못하는 즐거움을 그대로 간직하고 있었기 때문에 공자는 이 같은 칭찬을 아끼지 않았던 것이다.

공 자

즉 「일단사일표음」은 인간의 최저 생활을 뜻한 말이었다. 공자는 술이편(述而篇)에서 이렇게 자신의 심경을 말하고 있다.

「거친 밥 먹고, 물마시고 팔을 베고 자도, 즐거움이 또한 그 속에 있다. 옳지 못한 부귀나, 명성 같은 것은 내게 있어서 뜬구름과 같다(飯疏食飮水曲肱而枕之 樂亦在其中矣 不義而富且貴 於我如浮雲)」

공자의 이런 심경이 바로 안자의 심경이었던 것이다. 공자는 노애공(魯哀公)이,

「제자들 중에 누가 제일 학문을 좋아합니까?」 하고 물었을 때,

「안회란 사람이 학문을 좋아해서 노여움을 옮기지 않고 같은 잘못을 두 번 되풀이하는 일이 없더니, 지금은 죽고 없는지라, 아직 학문을 좋아하는 사람이 있는 것을 듣지 못했습니다」 하고 대답했다.

노여움을 옮기지 않는다는 것은 노여움이 그 사람을 위한 한 방편이었지 절대로 감정에서 나온 것이 아님을 뜻한다. 즉 사물에 의

공자 수학제자

해 마음이 동요되는 일이 없음을 말한다. 두 번 잘못을 되풀이하지 않는다는 것은, 잘못인 줄만 알면 자연 하지 않게 된다는 뜻으로, 모든 행동이 이성(理性)에 따라 절로 움직여지게 되는 것을 말한다. 공자는 또 그를 칭찬하여, 「회는 나를 도와주는 사람이 아니다. 내 말을 좋아하지 않는 것이 없다」 라고 했다.

명리세욕(名利世欲)에 집착하지 않고 자기 자신을 하늘에 맡겨 「하늘의 가르침」 자체에 귀일(歸一)하는 것을 무상(無上)의 열락(悅樂)으로 삼으며, 있는 그대로의 자신에 대하여 아무런 회의도 저항도 하지 않는다. 그 유유자적하는 모습이야말로 공자에게서 안회에 대한 둘도 없는 존중의 마음을 갖게 했던 것이다. 「일단사일표음」 이란 말도 여기서 나와, 청빈한 생활을 형용하는 경우에 쓰이게 되었다.

일망타진 一網打盡

한 一 그물 網 칠 打 다할 盡

《송사(宋史)》 인종기(仁宗紀)

그물을 한 번 던져 있는 고기를 다 잡는다는 뜻이다. 경찰이 범인을 잡거나 적대관계에 있는 어느 한쪽이 상대방을 완전히 소탕했을 경우에 쓰는 말이다.

이 말을 처음 한 사람은 송나라 인종(仁宗) 때 어사중승(御史中丞 : 검찰관)이었던 왕공신(王拱辰)이었다. 반대파들을 모조리 옥에 가둔 다음 그가, 「내가 한 그물로 다 잡아 버렸다(吾一網打去盡矣)」 고 한 데서 시작된 말이다.

《송사》 인종기(仁宗紀)에 있는 이야기다.

오대(五代)의 혼란기에 뒤이어 성립된 송(宋)나라는 문관통치를 국시(國是)로 했고, 건국 후 60여 년 뒤에 즉위한 제4대 인종(仁宗, 재위 1022~1063) 때는 과거제도에 의한 유능한 인재들이 많이 등용된 것으로 유명하다.

특히 인종의 후반기는 경력(慶曆, 1041~1048)이란 연호를 따서 경력지치(慶曆之治)라 부르는데, 이 태평시대가 나타나기까지에는 조정 내부에서의 문관들의 격렬한 대립이 있었다. 기성세력의 대신들과 혁신적인 관료들과의 대립이다.

인종의 명도(明道) 2년(1033년)에 곽황후(郭皇后)의 폐출 문제가 일어났다. 당시 인종은 상미인(尙美人)을 사랑하고 있었는데, 어느 날 인종을 모시고 앉아 있던 상미인이 황후에게 모욕을 가했다. 성난 황후가 그녀의 따귀를 치려했을 때, 인종이 얼른 사이에 끼어들

범중엄

어 말리는 바람에, 황후의 손이 그만 인종의 목을 치고 말았다.

성이 난 인종은 황후를 폐출할 결심을 하고 재상인 여이간(呂夷簡)과 상의를 했다. 천자의 뜻을 받들기에 바빴던 여이간이 동조함으로써 폐출은 곧 단행되었다. 이에 반대한 범중엄(范仲淹) 등 간관(諫官) 열 명은 당파를 만들어 음모를 꾀하고 있다는 구실로 변방으로 쫓겨났다. 여이간의 농간이었다.

경력 3년, 여이간이 재상에서 물러나자 인종은 기성 정치가인 하송(夏竦)을 추밀사(樞密使 : 군권을 장악하는 재상직)에 임명하고 추밀부사에는 혁신파인 한기(韓琦)를, 참지정사(參知政事)에는 범중엄을 임명했다.

그러자 그때 함께 새로 임명된 간관 구양수(歐陽修) 등이 하송이 적임자가 아니라고 들고 일어났다. 인종은 곧 하송을 해임시키고 청렴강직하기로 이름이 높던 두연(杜衍)을 대신 그 자리에 앉혔다.

혁신파 관료들은 이를 크게 환영했다. 특히 국자감직강(國子監直講)인 석개(石介)는 「대간(大姦)이 물러간 것이 닭의 발톱 빠지듯 했다」는 성덕시(聖德詩)를 지어 발표까지 했다. 대간(大姦)은 하송을 가리켜 한 말이다. 하송은 여기에 분개하여 두연 등 일파를 「당인(黨人)」이라고 공격했다.

하송의 이 같은 모함에 반대하고 나선 구양수는 그의 상소문에서,

「신이 듣건대, 붕당(朋黨)에 대한 말은 예부터 있었습니다. 다만 임금님께서 그들이 군자인가 소인인가를 분별하기를 바랄 뿐입니다. 대개 군자는 군자와 더불어 도를 같이함으로써 벗을 삼고, 소인은 소인과 더불어 이익을 같이함으로써 벗을 삼습니다. 이것은 자연의 이치입니다」 하고 주장했다.

구양수

이것이 유명한 「분당론」이란 것이다.

이리하여 일단 수그러진 하송은 끝내 단념을 못하고 이번에는 범중엄 등 당인들이 황제를 갈아 치우려 한다는 터무니없는 사건을 날조하여 그들을 모함하려 했다. 인종은 일체 불문에 붙이고 말았지만, 두연만은 뜻하지 않은 데서 반대파들에게 말려들고 말았다.

그것은 두연의 사위로 진주원(進奏院)의 감독관으로 있던 소순흠(蘇舜欽)이, 휴지를 판 공금으로 귀신에게 제사를 지내고, 청사로 손님을 초대하여 기생들까지 불러 큰 잔치를 베풀었던 것이다.

하송의 일파로 어사중승이던 왕공신이 앞에서 말한 대로 그를 탄핵하여 소순흠 일당을 모조리 옥에 가두고 「일망타진」 했다면서 기뻐 어쩔 줄을 몰랐다는 것이다. 두연은 이 사건으로 겨우 70일 만에 그 자리에서 물러나게 되고, 나머지 당인들도 계속해서 벼슬에서 쫓겨나게 되었다.

일명경인 一鳴驚人

한 一 울 鳴 놀랄 驚 사람 人

《사기》 골계열전(滑稽列傳)

「새가 한번 울면 사람이 놀란다」는 뜻으로, 평소에는 과묵하던 사람이 갑자기 사람을 놀라게 할 만한 일을 해내는 것을 비유하는 말이다.

《사기》 골계열전에 있는 이야기다.

전국시대 제(齊)나라의 위왕(威王)은 30세가 채 안 되는 젊은 나이에 즉위하였다. 그러나 그는 국사를 등한시 하여 매일 주연을 벌였으며, 이로써 밤을 새는 일 또한 잦았다. 조정(朝廷)에 나갈 시각에야 겨우 잠자리에 들기도 하여, 신하들도 왕을 깨우는 것을 삼갔다. 이렇게 3년이 지나자 자연히 국정은 혼란스러웠고, 국경분쟁도 생겨 나라의 꼴이 안팎으로 엉망이 되어갔다. 뜻있는 신하들은 이대로 두면 나라가 망할 것을 염려했지만, 감히 왕에게 간(諫)할 엄두는 내지 못하였다.

이때 대부(大夫) 순우곤이 왕을 배알하였다. 순우곤(淳于髡)은 키가 작달막한 유명한 익살꾼이었다. 전하는 바에 따르면 그의 키는 형편없이 작았다고 하지만, 사신으로 외국에 가서 키 때문에 수모를 당한 적은 없다고 한다. 순우곤이 왕에게 이렇게 말하였다.

「이 나라에는 큰 새가 한 마리 있습니다. 3년간 날지도 않고 울지도 않습니다. 무슨 새인지 아십니까?」

왕은 순우곤의 말뜻을 알았다. 왕은 순우곤에게 이렇게 말하였다.

「이 새가 비록 날지 않지만, 한 번 날면 하늘을 가린다. 또한 우

초장왕 출정

는 법이 없지만, 한 번 울면 천하가 놀란다(此鳥不飛則已 一飛沖天 不鳴則已 一鳴驚人)」

이때부터 제위왕은 놀음을 삼가고 국사에 진력했다고 한다.

이 밖에 춘추시대 초장왕(楚莊王)에게도 비슷한 이야기가 있었다고 한다. 그는 재위하는 3년 동안 호령 한 마디 없이 나라 일을 전혀 돌보지 않으면서 「간하는 자는 죽인다」 고까지 선포했다는 것이다. 그래서 아무도 감히 간하지 못하는데, 대부 오거와 소중이 죽음을 무릅쓰고 간했다고 한다.

《사기》 초세가에 따르면 오거가 초장왕을 간할 때 「3년 동안 날지도 않고 울지도 않는 새가 무슨 새입니까?」 하고 물으니, 초장왕은 「3년 날지 않았어도 이제 하늘로 날아오를 것이며, 3년 울지 않았어도 이제 남들이 놀라도록 울 것이다. 과인도 이미 알고 있으니 경은 더 말하지 말라」 고 했다는 것이다.

일모도원 日暮途遠

날 日 저물 暮 길 途 멀 遠

《사기》 오자서열전(伍子胥列傳)

날은 저물고 갈 길은 멀다는 뜻으로, 늙고 쇠약한데 앞으로 해야 할 일은 많음.

《사기》 오자서열전에 있는 이야기다.

춘추시대 말기 오(吳)나라는 초(楚)를 평정하고 급격히 그 세를 불려 한때는 중원의 패권을 넘보기까지에 이르렀다. 오나라가 이렇게 강대해진 것은 초나라에서 망명해 온 오자서 때문이었다.

오자서의 아버지 오사(伍奢)는 초 평왕(楚平王)의 태자 건(建)의 태부였다. 평왕 2년 소부(小傅)인 비무기(費無忌)의 참언으로 아버지 오사와 형 오상(伍尙)이 죽음을 당하자 오자서는 초를 도망쳐 나와 아버지의 원수를 갚기 위해 이를 갈고 있었다.

오왕 요(僚)와 공자 광을 알현한 오자서는 공자 광이 왕위를 은근히 탐내며 자객을 구하고 있는 것을 알고, 전제(專諸)라는 자객을 구해서 공자 광에게 보내고 자신은 농사일에 전념하면서 공자 광이 목적을 달성하는 날만을 기다렸다.

오왕 요의 12년(BC 512년), 초평왕이 죽고 비무기가 평왕에게 바친 진녀(秦女)의 몸에서 태어난 진(軫 : 소왕)이 위에 올랐다. 당연히 비무기의 전횡은 극에 달했다. 그러나 1년이 못 가서 내분이 일어나 비무기는 살해되었다.

오자서는 자기가 해치워야 할 원수 둘을 계속 잃게 되었다. 하지만 초나라로 쳐들어가 아버지와 형의 원수를 갚겠다는 일념은 조금

오자서

도 식지 않았다.

비무기가 살해되던 해, 오왕 요는 초의 내분을 틈타 단숨에 이를 치고자 대군을 초로 출병시켰다. 그런데 또 그 틈을 타서 공자 광은 자객 전제를 시켜 왕 요를 살해하고 스스로 왕위에 올랐다. 그가 바로 오왕 합려(闔閭)이다.

그로부터 오자서는 손무(孫武 : 손자)와 함께 합려를 도와 여러 차례 초나라로 진격해 마침내 합려 왕 9년(BC 506) 초의 수도 영(郢)을 함락시켰다. 오자서는 아버지와 형의 원수를 갚으려고 소왕(昭王)을 찾았으나 소왕은 이미 운(鄖)으로 도망쳐 목적을 달성하지 못했다. 그래서 평왕의 무덤을 파고 그 시체에 3백 대의 매질을 하여 오랜만에 한을 달랬다. {☞ 굴묘편시(掘墓鞭屍)}

오자서가 초에 있을 때 친교가 있던 신포서(申包胥)라는 사람은 이때 산속에 피해 있었으나, 오자서의 그런 행태를 전해 듣고 사람을 통해 오자서의 보복이 너무나도 심한 것을 책망하고 그 행위를 천리(天理)에 어긋난다고 말했다. 그에 대해서 오자서가 신포서에게 보낸 답신에 있는 말이 바로 이 성구인 것이다.

「나를 대신해서 신포서에게 고맙다는 말을 전해주게. 나는 지금 해는 지고 갈 길은 멀다. 그래서 나는 사리에 어긋나게 복수를 할 수밖에 없었네(爲我謝申包胥 我日暮途遠 我故倒行而逆施之)」

오자서 묘원

즉 자신은 나이가 들고 늙어 가는데 할 일은 많다. 그래서 이치에 따라서 행할 겨를이 없다는 말이다.

여기에서 「차례를 바꾸어서 행한다」는 뜻으로 「도행역시(倒行逆施)」라는 성구도 나왔다.

그 후 신포서는 소왕을 찾아가 나라를 부흥시킬 계획을 상의하였으나 힘이 없었다. 신포서는 소왕의 외할아버지인 애공(哀公)이 다스리는 진(秦)나라로 가서 초나라가 망하면 진나라도 결코 안전하지 못할 것이라며 도움을 청하였다. 그러나 애공은 전쟁을 벌일 마음이 없어 응하지 않았다.

신포서는 진나라 궁정의 담벼락에 기대앉아서는 7일 동안 물도 한 모금 마시지 않고 밤낮으로 쉬지 않고 곡을 하였다(立依於庭牆而哭 日夜不絶聲 勺飮不入口 七日).

애공은 결국 신포서의 충정에 감동하여 군대를 일으켜 오나라를 공격하였다. ☞ {진정지곡(秦庭之哭)}

신포서는 진(秦)나라의 도움을 받아 초나라를 부흥시켰고, 오자서는 도리어 오왕 부차에게 살해되고 말았다.

일목난지 一木難支

한 一 나무 木 어려울 難 지탱할 支

《세설신어(世說新語)》 임탄(任誕)편

「나무 한 그루로는 지탱하기 어렵다」 라는 뜻으로, 이미 기울어지는 대세를 혼자서는 감당할 수 없음을 비유하는 말이다.

《세설신어》 임탄편과, 《문중자(文中子)》 사군(事君)편에 실려 있는 이야기다.

《세설신어》 임탄편에 있는 이야기다.

진(晉)나라 때 위(魏) 나라 명제(明帝)의 사위인 임개(任愷)와 화교(和嶠)는 친구 사이로 조정에서 함께 벼슬을 하였다. 그러다 임개가 가충(賈充)이라는 사람과의 불화로 면직을 당해 권세를 잃게 되자 자신을 돌보지 않고 무절제한 생활을 하게 되었다.

그런 임개의 모습을 본 어떤 사람이 화교에게 말했다.

「당신들은 가까운 친구인데 어찌하여 임개가 몰락하는 것을 보고도 그를 도와줄 생각을 하지 않는 것이오?」

그러자 중서령(中書令)을 지냈던 화교는 이렇게 대답했다.

「임개는 북하문(北夏門)처럼 스스로 무너지려 하는 것이니, 나무 하나로는 지탱할 수 없는 일이오(非一木所能支)」

화교의 말에는 임개가 신중하지 못하여 몰락을 자초한 것이며, 무너지는 성문을 나무 하나로 떠받칠 수 없듯이 자기 한 사람의 힘으로 그가 다시 권세를 얻도록 도울 수 없다는 뜻이 담겨 있다.

《문중자(文中子)》 사군(事君)편에 실려 있는 이야기다.

또 남북조시대의 송(宋)나라 순제(順帝) 때, 소도성(蕭道成)이 정권

소도성

을 장악하고 충신들을 죽이며 전횡하였다. 이에 원찬(袁粲)과 제동(齊東)이라는 두 대신이 소도성을 죽일 계획을 세웠으나 사전에 발각되었다. 소도성은 분노하여 즉각 부장 대승정(戴僧靜)을 보내 원찬을 공격하게 하였다.

이때 원찬은 아들 원최(袁最)에게 이렇게 말했다.

「큰 건물이 장차 무너지려 하면 나무 하나로는 지탱할 수 없는 법이다(大廈將顚 非一木所支也). 그러나 나는 명예와 절의를 위하여 죽음으로써 지킬 수밖에 없다」

결국 원찬 부자는 모두 죽임을 당하였다.

이들 고사에서 유래하여 「일목난지」는 무너지는 건물을 나무 기둥 하나로 지탱할 수 없듯이, 이미 대세가 기울어져 혼자 힘으로는 감당할 수 없는 경우를 비유하는 성어로 사용된다.

「기둥 하나로는 지탱하기 어렵다」는 「일주난지(一柱難支)」라고도 한다.

일박서산 日薄西山

날 日 엷을 薄 서녘 西 뫼 山

양웅(揚雄) / 「반이소(反離騷)」

「해가 서산에 가까워지다」 라는 뜻으로, 늙어서 여명(餘命)이 얼마 남지 않았거나 사물이 쇠망기에 접어든 것을 비유하는 말이다.

한(漢)나라 때의 문인 양웅(揚雄)이 지은 「반이소(反離騷)」 에 있는 말이다.

양 웅

양웅은 명리에 연연하지 않고 안빈낙도(安貧樂道)하며 일생을 보낸 인물로, 조정에 중용되고 못 되고는 운명에 달린 것이며 스스로 어찌할 수 없는 일이라고 생각했다. 그래서 그는 굴원(屈原)의 「이소(離騷)」 를 읽을 때마다 감동하여 눈물을 흘렸으나, 때를 만나지 못한 처지를 한탄하며 스스로 목숨을 끊은 굴원의 행위에 대하여는 찬동하지 않았다.

양웅은 「이소」 에서 글을 따와 굴원의 행동을 반박하여 「반이소」 를 지었는데, 그 가운데 이런 구절이 있다.

「멱라수에 이르러 스스로 목숨을 끊으니, 해가 서산에 지는 것을 두려워함이네(臨汨羅而自隕兮 恐日薄於西山)」

촉한의 재상이며, 진나라 때 한중태수(漢中太守)를 지낸 이밀(李

이밀과 조모 유씨

密)이 지은 「진정표(陳情表)」에도 이 말이 사용되었다.

이밀은 어려서 아버지를 여의고 어머니는 재가하여 할머니 손에 자랐다. 그는 삼국시대 촉(蜀)에서 벼슬을 하다가 촉이 멸망하자 고향으로 돌아갔는데, 위(魏)를 멸하고 중원을 통일한 진(晉) 무제(武帝)는 그에게 태자세마(太子洗馬) 벼슬을 내려 조정으로 불러들이려 했다.

이에 이밀은, 「다만 조모 유씨가 해가 서산에 가까워져 희미해지는 것처럼 숨이 곧 끊어질 듯하니, 목숨이 위태로워 아침에 저녁 일을 알 수 없습니다(但以劉日薄西山 氣息奄奄 人命危淺 朝不慮夕). 신은 조모가 없었더라면 오늘에 이를 수 없었을 것이며, 조모는 신이 없으면 여생을 마칠 수 없을 것이니, 조모와 손자 두 사람이 서로 목숨을 의지하는 까닭에 구차스럽게 폐하거나 멀리 갈 수 없습니다」라고 하며 간곡하게 사양했다.

일반지은 一飯之恩

한 一 밥 飯 갈 之 은혜 恩

《사기》 범수채택(范雎蔡澤)열전

「밥 한 그릇의 은혜」라는 뜻으로, 아주 작은 은혜, 또는 아주 작은 은혜도 잊지 않고 보답하는 것을 비유하는 말이다.

이에 관한 이야기는 적지 않다. 우선 《사기》 범수채택열전을 보면 「밥 한 끼를 얻어먹었어도 반드시 갚았고, 눈 한번 흘겼어도 반드시 갚는다(一飯之德必償 睚眦之怨必報)」는 말이 있는데 이것은 전국시대 진(秦)나라의 재상으로 있던 범수가 남에게서 밥 한 끼 얻어먹은 것과 같은 자그마한 은혜도 잊지 않고 반드시 갚았다는 말이다.

《사기》 회음후(淮陰侯) 열전에도 이와 비슷한 이야기가 있다.

한 신

회음후 한신은 소년시절 집안 살림이 너무나 궁핍해서 늘 남에게 수모를 당했다고 한다. 한신이 정장(亭長)이라는 한 하급 벼슬아치 집에서 얹혀살고 있을 때였다. 한신을 미워한 정장의 마누라는 어느 날 일부러 저녁식사를 일찍 끝내고 한신을 굶게 한

일마저 있었다.

그러던 어느 날, 한신은 성 밖의 강가에 나갔다가 빨래하는 아낙에게 음식을 얻어먹게 되었다. 한신은 그때 너무 고마워서 「앞으로 꼭 은혜를 갚겠다」고 하면서 인사를 드렸더니, 그 아낙은 「사내대장부가 그게 무슨 말인가? 내가 먹을 것을 준 것이 어디 보답을 바라서인가?」 하고 말했다고 한다.

표모반신(漂母飯信) 조각상

그 말에 한신은 더욱 감격했다고 하는데, 이것이 바로 「표모반신(漂母飯信)」의 이야기다.

또 어느 날 한신은 회음 거리에서 돼지를 잡는 부랑자 아이에게 수모를 당한 적이 있었다. 그 부랑자 아이는 한신을 보고 「넌 키도 크고 몸에 환도까지 지녔지만 내가 보기엔 겁쟁이가 틀림없다. 네가 만일 그 칼로 나를 찌른다면 너를 곱게 돌려보내겠지만, 그러지 못하면 내 사타구니 밑으로 기어 나가거라!」 하고 조롱하는 것이었다.

그러자 한신은 과연 그의 사타구니 밑으로 기어 나갔다고 하는데, 이것이 바로 「과하지욕(跨下之辱)」의 이야기이다. 이러한 한신이 그 후 유방의 휘하에 들어가 대장군이 되어 중국을 통일하고 한나

라를 세우는 데 혁혁한 전공을 세우게 되었던 것이다.

한신의 과하지욕(跨下之辱)

한나라가 세워지고 한신이 초왕에 봉해졌을 때였다. 한신의 봉지는 바로 그의 고향이었다. 한신은 옛적 강가에서 먹을 것을 주던 할머니를 찾아 천금을 주고 「밥 한 끼 얻어먹은 은혜」를 갚았으며, 전날의 정장에게는 돈 백 푼을 주고 훈시했으며, 돼지잡이를 하던 그 부랑자 아이를 찾아서는 장사라고 하면서 위사장(衛士長)을 시켰다고 한다.

일반천금(一飯千金)도 근본적으로는 같은 말이라고 할 수 있지만, 굳이 차이점을 따진다면 조그만 은혜에 크게 보답한다는 의미상의 차이가 있다.

《좌전》 선공 2년에 보면 포악무도한 임금인 진영공이 국상 조돈(趙盾)을 해치려 할 때 영철이라는 사람이 목숨을 걸고 조돈을 구해 주었는데, 알고 보니 그 역시 지난날 조돈에게서 밥 한 끼 얻어먹은 사람이었더라는 것이다. 그때 영철은 이미 진영공의 무사로 있었지만 조돈을 구해 주고는 어디론지 자취를 감추었다고 한다.

일벌백계 一罰百戒

한 一 벌줄 罰 일백 百 경계할 戒

《사기》 손자오기(孫子吳起)열전

한 사람을 벌줌으로써 만인에게 경계가 되도록 한다는 뜻.

춘추전국시대 오(吳)나라의 제24대 왕 합려(闔閭)는 손무(孫武)의 《손자병법(孫子兵法)》을 읽고 나서 아낌없는 찬사를 보냈다. 그래서 합려는 손무에게 한번 시범을 보여 달라고 요청하였다. 손자는 궁녀 180명을 모아 놓고 두 편으로 나누었으며, 궁녀들 가운데 합려가 가장 총애하는 두 명을 각각 대장에 임명하였다.

손무는 군령을 펴고 형벌용 부월(斧鉞)을 준비한 뒤 세 번 군령을 내리고 다섯 번 거듭 말했다. 그리고 북을 치며 구령을 내렸다.

「우로!」

그러자 부인들은 크게 웃었다. 손무가 말했다.

「군령이 명료하지 못하고 구령이 철저하지 못한 것은 장군 된 자의 죄이다」

그는 다시 세 번 군령을 내리고 다섯 번 이를 설명했다. 그리고 북을 치면서 구령을 내렸다.

「좌로!」

그러자 부인들은 또 크게 웃었다. 손무가 말했다.

「군령이 명료하지 못하고 구령이 철저하지 못한 것은 장군 된 자의 죄이다. 그러나 군령이 이미 명료한데도 규정대로 되지 않는 것은 대장(隊長)의 죄이다」

그리고는 좌우 두 사람의 대장을 참하려고 했다. 오왕은 대(臺) 위

에서 보고 있다가, 손무가 당장에 자기의 총회를 참하려 들자 놀라서 즉시 전령을 보내 뜻을 전했다.

「나는 장군이 용병에 뛰어난 사람임을 벌써 알았소. 나에게는 이 두 부인이 없으면 무얼 먹어도 맛있을 것 같지가 않구려. 참수만은 참아주시오」

그러나 손무는 단호하게 말했다.

「신은 이미 명령을 받은 장군입니다. 장군 된 자는 진중(陣中)에 있는 한 군명(君命)이라 할지라도 듣지 않는 수가 있습니다」

손 무

마침내 두 명의 대장을 베어 모두에게 본보기로 보인(一罰百戒) 다음, 임금이 그 다음으로 사랑하는 두 부인을 세워 대장을 삼았다. 그리고 또 북을 치자, 부인들은 왼쪽이건 오른쪽이건, 앞이건 뒤건, 꿇어앉는 것이건 서는 것이건 모두 규정된 법대로 하였고, 목소리 하나 들리지 않았다. 그러자 손무는 전령을 시켜 왕에게 보고했다.

「이미 군사의 훈련은 끝났습니다. 왕께서는 시험삼아 대(臺) 아래로 내려오셔서 보시도록 하십시오. 왕께서 보내고 싶다고 생각만 하신다면 그곳이 비록 물속이건 불 속이건 따르지 않는 자가 없을 것입니다」

이것으로 합려는 손무를 장군에 기용했다.

오나라가 서쪽으로는 초(楚)나라를 꺾고 북으로는 제나라, 진(晉)나라를 위협하여 명성을 제후 사이에 떨치는 데 손무의 힘이 컸다.

「일벌백계」는 한편으로는 이것이 능력 없는 지휘자에게는 자칫 무리하게 이용되는 수도 있다.

일부당관만부막개 一夫當關萬夫莫開

한 一 지아비 夫 당할 當 빗장 關 일만 萬 없을 莫 열 開

이백 / 「촉도난(蜀道難)」

「한 사람이 관문을 지키면 만 사람이 와도 뚫지 못한다」라는 뜻으로, 수비하기는 쉽고 공격하기는 어려운 험한 지세를 비유하는 말이다. 천험(天險)의 요해지를 가리켜 말하는 경우도 있고, 용감한 장수의 용맹을 자랑할 때 쓰이기도 한다. 또 중요한 직책을 비유해서 말할 수도 있다.

촉으로 가는 입구 명월협(明月峽)

이 문자를 글자 그대로 쓴 것은 이백(李白)의 악부(樂府) 「촉도난(蜀道難)」에서다. 악부란 말은 시체(詩體)의 일종으로, 원래는 한대(漢代)에 있던, 음악을 보존하고 연주한 관청 이름이었던 것이 뒤에는 거기서 취급된 음악을 말하게 되었으며, 다시 음악과는 상관없이 가사(歌辭)를 말하게 되었으며, 나중에는 시체(詩體)로 독립하게 되었다.

「촉도난」이란 부는 일찍부터 있었는데, 이백이 새로운 내용을 담아 장편시를 씀으로써 더욱 유명하게 된 것이다.

「……촉도의 험난함이여, 푸른 하늘에 오르기보다 어렵구나. 말만 들어도 홍안(紅顔)이 시들고, 잇닿은 봉우리와 하늘 사이는 한 자도 안 되네. 마른 소나무는 절벽에 거꾸로 매달려 있고, 나는 듯 흐르는 여울과 쏟아져 내리는 폭포수가 다투어 소란한데, 벼랑을 치고 돌을 굴려 골짜기마다 우렛소리 가득하구나. 그 험준함이 이러하거늘, 아아, 그대 먼 길손이여, 어이하여 왔는고! 검각(劍閣)이 가파르고 우뚝하니, 한 사람이 막아서면 만 사람도 뚫지 못하리(一夫當關 萬夫莫開)……」

촉으로 가는 험난한 길

촉나라 길의 어려움이 푸른 하늘에 오르기보다도 어렵다. 발돋움하여 서쪽을 바라보며 길게 한숨을 짓는다 하고 끝을 맺고 있다.

검각이란 말은 진(秦)에서 촉나라 성도(成都)로 통하는 길 도중에 있는 험하기로 유명한 길목의 이름이다.

「일부당관 만부막개」란 말은 이백이 먼저 쓴 것으로는 볼 수 없다. 이백보다 약 5백 년 전 진(晋)의 좌사(左思)가 지은 「촉도부(蜀都賦)」에 「한 지아비가 좁은 곳을 지키면 만 지아비가 열지 못한다(一夫守隘萬夫莫開)」고 한 구절이 나온다. 이백도 좌사의 이 전통을 이어 표현한 것으로 보인다.

일부중휴 一傳衆咻

한 一 스승 傳 무리 衆 떠들 咻

《맹자(孟子)》 등문공하편

한 사람이 가르치는데 여러 사람이 듣지 않고 떠든다는 뜻으로, 학습 환경이 좋지 않거나 환경의 영향으로 인해 일의 성과가 없음을 이르는 말. 《맹자(孟子)》 등문공하편 「대불승장(戴不勝章)」에 있는 말이다.

맹 자

전국시대 때 맹자가 송(宋)나라의 공족(公族)인 대불승(戴不勝)이 강왕을 도와 인정(仁政)을 베풀고자 설거주(薛居州)로 하여금 왕을 보필하게 하였다.

이 소식을 들은 맹자가 송나라를 방문하여 대불승을 만나 묻기를, 어떤 초(楚)나라 대부가 자기 아들에게 제(齊)나라 말을 배우게 하려는데, 제나라 사람으로 하여금 가르치는 것이 나은지, 초나라 사람으로 하여금 가르치는 것이 나은지를 물었다. 대불승은 당연히 제나라 사람을 시켜서 가르치겠다고 답하자, 맹자는 다음과 같이 말했다.

「한 명의 제나라 사람이 그를 가르치고, 뭇 초나라 사람이 그에게 떠들어댄다면(一齊人傳之 衆楚人咻之), 비록 매일 회초리로 때리며 제나라 말을 배우기를 요구하더라도 배우지 못할 것입니다. 그를 몇 년 동안 제나라의 번화한 길거리에 데려다두고, 배우게 한다 할지라도 되지 않을 것입니다」

곡부에 있는 맹자의 고거(古居)

이어서 맹자는 이렇게 말했다.

「즉, 대부께서는 설거주를 착한 선비로 평가하여 그로 하여금 왕의 처소에 거처하게 하였는데, 왕의 처소에 있는 자들이 나이 많은 사람이나 어린 사람, 계급이 낮은 사람이나 높은 사람이 모두 설거주와 같다면 왕이 누구와 더불어 착하지 않은 일을 하겠으며, 왕의 처소에 있는 자들이 나이 많은 사람이나 어린 사람, 계급이 낮은 사람이나 높은 사람이 모두 설거주와 같지 않다면 왕이 누구와 더불어 착한 일을 하겠습니까? 설거주 한 사람이 홀로 송(宋)나라 왕을 어떻게 하겠습니까?」

말 많은 집은 장맛도 쓴 법이다. 아무리 이루려고 해도 주위에서 방해를 하면 이루기 어렵다. 이와 반대되는 표현으로 「곧은 삼밭 속에서 자란 쑥은 곧게 자라게 되는 것처럼 선한 사람과 사귀면 그 감화를 받아 자연히 선해진다」는 「마중지봉(麻中之蓬)」이라는 성어가 있다.

일시동인 一視同仁

한 一 볼 視 같을 同 어질 仁

한유(韓愈) / 「원인(原人)」

「일시동인」은 모든 사람을 똑같이 보고 한가지로 사랑한다는 말이다. 「一視同仁」을 「一視同人」으로 풀이하는 사람도 있다. 똑같은 사람으로 본다는 뜻이다.

한 유

이 「일시동인」이란 말은, 한때 정복자들이 피점령 지역의 민족들을 차별하지 않는다는 표어로 들고 나와 혼자 우쭐댄 일도 있다. 좋은 문자란 항상 악한 사람들의 겉치레로 이용되기 마련이고, 그렇게 되어서 그 문자가 지니고 있는 뜻이 퇴색되었다고 하겠다.

이 말은 당나라의 유명한 문장가 한유(韓愈)가 지은 「원인(原人)」이란 글 가운데 있는 말이다. 즉 성인은 모든 사람을 똑같이 보고 똑같이 사랑하기 때문에 가까운 사람에게도 알뜰히 하고 먼 데 있는 사람들도 다 같이 그 재주에 따라 이를 등용시킨다(一視而同仁 篤近而擧遠)는 뜻이다. 《예기》 예운편(禮運篇)에서 공자는 말하기를,

「큰 도가 행해지면 사람은 자기 부모만을 부모로 생각하지 않고, 자기 자식만을 자식으로 생각하지 않는다」라고 하고, 이것이 곧 대동(大同)이라고 했는데, 「일시동인」은 곧 이 「대동」의 기본 사상이 되는 것이라고도 볼 수 있다.

일신시담 一身是膽

한 一 몸 身 옳을 是 쓸개 膽

《삼국지》 조운전(趙雲傳)

「온몸이 쓸개로 이루어져 있다」 라는 뜻으로, 두려움을 모르는 담대한 사람을 비유하는 말이다.

조자룡의 고향 정정(正定)

삼국시대 촉나라의 유비 수하에 조운(趙雲, 자는 子龍)이라는 맹장이 있었다. 원래 공손찬(公孫瓚)의 부하였다가 나중에 유비의 장수가 되어 용맹을 떨쳤다. 하후연(夏侯淵)이 패한 뒤, 조조가 유비의 근거지인 한중(漢中)을 빼앗기 위하여 북산(北山)으로 군량을 옮기게 하였는데, 그 수량이 수천 만 자루에 달하였다.

유비의 수하 황충(黃忠)이 이를 탈취하려고 출병하자, 조자룡도 군사를 이끌고 뒤를 따랐다. 황충이 한참이 지나도 돌아오지 않으므로 조자룡은 수십 명의 경기병만 이끌고 황충을 찾아 나섰다. 이때 조조는 대군을 출병하였고, 조자룡은 적의 선봉으로부터 공격받아 전투가 벌어졌다.

조자룡 소상(塑像)

적의 대군이 밀려들어 형세가 크게 불리하였으므로 조자룡은 한편으로는 싸우면서 한편으로는 퇴각하였다. 조자룡은 일단 포위망을 뚫었으나 아군 장수 장저(張著)가 부상을 입자 말머리를 돌려 그를 구하였다. 조조 군이 추격하여 주위를 둘러싸자 면양(沔陽)을 지키던 장익(張翼)은 성문을 닫고 수비에 치중하려고 하였다. 그러나 조운은 듣지 않고 성문을 활짝 열어 놓은 다음 성문 어귀에서 혼자 말을 타고 서서 장창을 비껴들고 조조의 군사를 기다리고 있었다.

조조의 군사들이 달려와 보니 조운의 군영은 쥐죽은 듯 조용한데 조운 한 사람이 말을 타고 성문 앞에 서 있는데 아무래도 복병이 있는 것 같았다. 이에 조조의 군사들은 황망히 뒤로 물러서는데 조운은 적군의 질서가 흐트러진 틈을 타서 맹렬히 추격하여 대승을 거두었으며 조조의 군영마저 빼앗고 말았다. 이 싸움에서 조조의 군사들 중 한수에 빠져 죽은 사람만 해도 부지기수였다고 한다.

이튿날, 유비와 제갈량이 조운의 진영과 전날의 싸움터를 돌아보면서 유비가 군사 제갈량에게 이렇게 말했다.

「자룡은 온몸에 담뿐이로군요(子龍一身都是膽也)」

이 밖에도 《삼국지》 촉지 「강유전(姜維傳)」에 보면 강유 또한 담이 크기로 이름난 사람이었다고 하는데, 그가 죽은 뒤 배를 갈라 보니 담이 됫박처럼 크더라는 것이었다(死時見剖 膽如斗大). 이 때문에 담이 큰 것을 가리켜 두담(斗膽)이라고도 한다.

일양내복 一陽來復

한 一 볕 陽 돌아올 來 돌아올 復

《역경(易經)》

음(陰)이 끝나고 양(陽)이 돌아옴. 음력 11월 또는 동지를 일컫는 말. 겨울이 가고 봄이 돌아옴. 궂은 일이 걷히고 좋은 일이 돌아옴.

「일양내복」은 양기(陽氣)가 음기 속에서 다시 움트기 시작하는 것을 말한다.「양」은 밝고 따뜻하고 뻗어 나가는 힘을 말한다. 길었던 해가 점점 짧아져서 추운 겨울로 접어들었다가 동지(冬至)를 극한으로 하여 다시 길어지기 시작하는 것을 가리켜「일양내복」이라고 한다. 그래서 음력 동짓달을 복월(復月)이라 한다.

「복」은 《역경》 64괘 중의 한 괘의 이름으로 여섯 효(爻) 중 위의 다섯은 모두 음효(陰爻)로 되어 있고, 맨 아래 효 하나만이 양효(陽爻)로 되어 있다. 즉 복괘의 모양은 ☷ ☳로 되어 있는 것이다.

음력 시월을 곤월(坤月)이라 하는데,「곤(坤)」은 순음(純陰)으로, 괘의 모양이 ☷ ☷로 되어 있는데, 동짓달로 들어와 해가 다시 길어짐으로써 맨 아래 양효가 하나 들어와 있는 복괘로서 동짓달 이름을 삼은 것이다. 아무튼「일양내복」이란 말은 암흑 속에서 새로운 광명을 찾게 되고, 절망 끝에 새로운 희망이 엿보이고, 혼미를 거듭하던 끝에 어떤 해결의 실마리가 보이는 등 밝은 내일이 기대되는 어떤 조짐을 가리켜 하는 말이다. 또 복괘 괘사(卦辭)에,

「……그 길을 되풀이하여 이레로 다시 온다(反復其道 七日來復)」고 한 말을 따서 일요일을 복일(復日)로 부르자고 주장한 일도 과거에 있었다.

아

일엽장목 一葉障木

한 一 이파리 葉 가릴 障 눈 目

《갈관자(鶡冠子)》

「나뭇잎 하나가 눈을 가린다」라는 뜻으로, 자질구레하고 단편적인 현상에 가려 사물의 전모나 근본적인 문제를 깨닫지 못하는 경우를 비유하는 말이다.

이 말은 처음에 일엽폐목(一葉蔽目)이라고 했는데, 《갈관자》 천칙편에 있는 말이다.

《갈관자(鶡冠子)》는, 저자 갈관자의 이름과 전기(傳記)는 분명하지 않지만, 노자(老子)에 가까운 사상을 품고 깊은 산골에 살면서 갈(鶡)의 깃털로 만든 관을 쓰고 있었기 때문에 이런 이름으로 불렸다고 한다.

「귀는 듣기 위한 것이고, 눈은 보기 위한 것이지만, 나무 잎사귀 하나가 눈을 가려 태산을 보지 못하고, 콩 두 알이 귀를 막아 우렛소리를 듣지 못하는구나(夫耳之主聽 目之主明 一葉蔽目 不見泰山 兩豆塞耳 不聞雷霆)」

무엇에 현혹되었을 때 일엽폐목 또는 양두색이(兩豆塞耳)라고 하는데, 간단하게 일엽양두(一葉兩豆)라고도 한다. 일엽폐목은 양엽엄목(兩葉俺目) 또는 양엽폐목(兩葉閉目)이라고도 할 수 있다. 오늘날 흔히 쓰이는 것은 「일엽폐목」 또는 「일엽장목」 등이다. 이 밖에 이 말에는 또 다음과 같은 재미있는 이야기도 있다.

위나라 사람 한단순의 《소림(笑林)》이란 책에 보면 이런 이야기가 나온다.

전에 어떤 썩은 선비 한 사람이 옛 책에서 선예엽(蟬翳葉)에 관한 전설을 보고 크게 흥미를 느꼈다. 즉 매미가 숨어 있는 나무 잎사귀(蟬翳葉)로 얼굴을 가리면 남들이 자기를 보지 못한다는 전설에 마음이 동했던 것이다.

선비는 어느 날 매미가 숨어 있는 곳의 나무 잎사귀들을 한 아름 따가지고 와서는 그것으로 얼굴을 가린 다음 아내에게 「내가 보이오?」 하고 물었다.

아내는 처음에는 보인다고 대답했지만, 남편이 거듭 나무 잎사귀로 얼굴을 가리고 「내가 보이오?」 하고 묻기에 그만 귀찮아져서 나중에는 안 보인다고 대답하였다.

그러자 선비는 매미가 숨어 있는 곳의 나무 잎사귀로 얼굴을 가리면 남들이 보지 못한다는 말을 그대로 믿고 그 길로 시장에 나가 나무 잎사귀로 얼굴을 가리고 남의 물건을 훔치다가 바로 붙잡히고 말았다.

그런데 더욱 우스운 것은 관청에 잡혀가 문초를 받을 때까지도 선비는 「나무 잎사귀 하나가 눈을 가려 나는 아무에게도 보이지 않소이다」 하고 말했다는 것이다.

身賢者 賢也
신현자 현야
能進賢者 亦賢也
능진현자 역현야
자기 자신이 어진 이도 현자(賢者)이며
어진 이를 천거할 수 있는 이도 현자이다.

— 유향(劉向) 《설원(說苑)》 신술(臣術)

일엽지추 一葉知秋

한 一 나뭇잎 葉 알 知 가을 秋

《회남자》 설산훈편(說山訓篇)

「일엽지추」는 「일엽낙지천하추(一葉落知天下秋)」에서 온 말이다. 나뭇잎 하나가 떨어지는 것을 보고 온 천하가 가을인 것을 안다는 뜻이다. 즉 작은 한 가지 일로써 전체가 어떻다는 것을 알 수 있다는 뜻이다.

《회남자》 설산훈편에는, 「나뭇잎 하나 떨어지는 것을 보고 해가 장차 저물려는 것을 알고, 병 속의 얼음을 보고 천하가 찬 것을 안다. 가까운 것으로써 먼 것을 말하는 것이다」라고 있다.

이것은 분명히 작은 일을 보고 전체를 살필 수 있다는 것을 이렇게 비유해서 말한 것이다. 또 이자경(李子卿)의 「추충부(秋虫賦)」에는, 「나뭇잎 한 잎이 떨어지니 천지가 가을이다(一葉落兮天地秋)」라고 했고, 또 《문록(文錄)》에는, 「당나라 사람의 시를 실어 말하기를 『산의 중이 육갑을 헤아릴 줄 몰라도 나뭇잎 한 잎이 떨어지면 천하가 가을인 것을 안다』고 했다」라고 했다.

갑자(甲子)는 곧 육갑(六甲)이란 말과 같은 말로 옛날에는 달과 날을 육갑으로 계산했기 때문에 달과 날이 가는 것을 모른다는 것을 갑자를 헤아릴 줄 모른다고 한 것이다.

위에서 말한 모두가 작은 일을 가지고 대세를 알 수 있다는 뜻으로 쓰이고 있다. 그러나 「일양내복(一陽來復)」의 경우와는 반대로 흥왕하고 있는 가운데 쇠망의 조짐이 보이는 경우 그것을 가리켜서 「일엽낙지천하추」라고 말한다. 약해서 「일엽지추」라고 한다.

일의대수 一衣帶水

한 一 옷 衣 띠 帶 물 水

《남사(南史)》 진본기(陳本紀)

「일의대수」란 띠처럼 가로지른 강물을 말한다. 강물이 흐르는 것을 멀리서 바라보면 마치 허리에 두른 띠처럼 들판을 가로지르고 있다. 배를 잎에다 비유하여 일엽편주(一葉片舟)라고 하는 것과 같은 말이다.

진(晋)이 동으로 옮겨가 동진으로 불리게 된 뒤로, 남북으로 나뉘어져 있던 중국을 오랜만에 다시 통일한 것이 수(隋)나라 문제 양견(楊堅, 재위 599~604)이었다. 양견은 북주(北周)의 무장으로 차츰 세력을 키워 선양(禪讓)의 형식을 밟아 북주를 빼앗아 수나라를 세웠다.

수문제 양견

그는 즉위 초부터 통일천하의 웅대한 계획을 품고, 우선 남조인 진(陳)과는 평화공존의 정책을 취하는 한편, 북방의 돌궐(突厥)에 대한 방비를 튼튼히 하며 내정에 보다 많은 힘을 기울였다.

장강(長江 : 양자강)

그러다가 후량(後梁)의 후주 소종(簫琮)을 장안으로 부른 사이에, 혹시 후량의 수도인 강릉을 그 남쪽에 있는 진(陳)이 불의에 기습해 올까 염려가 되어 최홍도(崔弘度)를 보내 이를 지키게 했다. 그러자 강릉을 지키고 있던 소종의 숙부인 소암(簫岩)과 형주자사 소의흥(簫義興) 등이 최홍도가 강릉을 앗으러 오는 줄로 알고 양자강을 건너가 진에 항복하고 말았다. 이에 화가 난 수문제는 후량을 병합하는 한편, 진나라를 공략할 것을 선언했다.

「나는 지금까지 진나라와 평화를 유지하려 했었다. 그런데 지금 진나라 임금은 횡포와 방탕을 일삼고 백성들은 도탄에 빠져 있다. 내가 백성의 부모로서 어찌 좁은 한 가닥 강물로 인해(我爲民父母豈可限一衣帶水) 이를 구하지 않을 수 있겠는가」 라고 했다.

이리하여 문제는 50만 대군으로 일제히 양자강을 건너 진나라로 쳐들어가게 했다. 진나라 후주(後主)는 궁중의 우물 속에 숨어 있다가 군사들에게 붙들리고 진나라는 이렇게 해서 33년 만에 망하고 말았다.

589년, 드디어 중국 전체를 통일한 대제국이 나타나게 된다.

여기에 말한 「일의대수」는 양자강을 두고 한 말이다. 아무튼 그것은 좁다는 뜻이다.

일이관지 一以貫之

한 一 써 以 뚫을 貫 갈 之

《논어》 이인편(里仁篇)

하나로 주르르 꿰었다는 뜻으로, 한 가지 이치로 만 가지 일을 꿰고 있음. 공자가 한 말인데, 《논어》 에 보면 공자는 똑같은 말을 증자(曾子)와 자공(子貢) 두 사람에게 하고 있다. 이인편에는 이렇게 기록되어 있다. 공자가 말했다.

「삼(參)아, 내 도는 하나로서 꿰었다(參乎吾道 一以貫之)」

삼은 증자의 이름이다. 그러자 증자는 「네」 하고 대답했다. 공자가 나가자 증자의 제자들이 증자에게 물었다.

「무슨 말씀이십니까?」

「선생님의 도는 충과 서뿐이다」 충(忠)은 지성(至誠)이란 뜻이다. 《중용》 에 보면 「지성」 은 하늘과 통해 있다고 했다. 서(恕)는 지성 그대로를 실천에 옮기는 것을 말한다. 즉 진리에 따라 그대로 행하는 것이 「일이관지」 인 것이다. 또 위령공편에서 공자가 자공에게 물었다.

공자 행교도(行教圖, 清 화가 대진)

자 공

「사(賜)야, 넌 나를 많이 배워 알고 있는 사람으로 알고 있느냐?」

「그렇습니다. 아닙니까?」

「아니다. 나는 하나로써 꿰었다(非也 予 一以貫之)」

사는 자공의 이름이다. 공자는 당시 많은 사람들로부터 아는 것이 많다는 이유로 성인이라 불리는 일이 종종 있었다. 그런 점에서는 자공도 마찬가지였다. 자공은 남과 말하기를 좋아했기 때문에 사람들은 자공이 공자보다 더 박식한 줄로 알고 있었고, 그 점에서 자공이 공자보다 낫다고 말하는 사람도 많았다.

증자는 둔한 사람으로 실천 위주의 수양에 힘쓴 것으로 전해지고 있다. 그 증자에게 공자는 「일이관지」란 말로 일깨워 주었고, 증자는 즉시 그 말에 의해 진리를 깨달았다.

자공은 재주가 너무 많은 사람으로 당시는 공자보다도 더 위대한 사람으로 온 천하에 이름이 알려진 사람이다. 그 자공에게 공자는 많이 배우고 아는 것이 소중한 것이 아니라, 오직 하나뿐인 진리를 깨닫는 것이 보다 중하다는 것을 일깨워 준 것이다.

공자는 상대방이 깨닫지 못할 말은 하지 않았다. 그것을 교육의 철칙으로 삼고 있었다. 그러므로 공자의 이 한 마디에 자공은 진리를 깨달았을 것으로 생각된다.

「일이관지」는 불교의 선문답(禪問答)과도 흡사한 점이 있는데,

역시 공자는 그런 뜻에서 이 말을 한 것이 틀림없다. 그 하나가 무엇이라는 것을 증자는 충과 서라고 했다. 공자는 하나라고 한 것을 증자는 두 말로 표현한 것이다.《중용》첫머리에 이렇게 말했다.

증 삼

「하늘이 주신 것이 성품이요 성품대로 하는 것이 도요, 도를 닦는 것이 가르침이다(天命之謂性 率性之謂道 修道之謂敎)」

성품대로 하는 것이 도다. 도를 깨쳤다는 것은 하늘이 주신 본성을 깨닫는 것이다. 불교에서는 도를 깨치는 것을 견성(見性)이라고 한다. 유교에서는 도를 얻는 것을 솔성(率性)이라고 했다.

충은 하느님을 보는 것이요, 도는 사람을 사랑하는 것이다. 하느님은 곧 성품(性品)이다. 참으로 하느님을 본 사람은 사람을 사랑하게 되는 것이다.

이「일이관지」가 현재는 본래의 뜻과는 달리 쓰이고 있다. 처음부터 끝까지 변함이 없다는 뜻으로 쓰이기도 하고, 그것만 해결하면 그 다음부터는 일사천리로 밀고 나가게 된다는 뜻으로도 쓰인다. 즉 일관(一貫)이란 뜻과 일사(一瀉)란 뜻으로 쓰이고 있는 것이다. 물론 약간 해학적인 것을 살리기 위한 말이다.

일일여삼추 一日如三秋

한 一 날 日 같을 如 석 三 해 秋

《시경》 왕풍(王風) 「채갈(采葛)」

가을은 한 해에 한 번뿐이므로 「삼추(三秋)」란 곧 3년을 뜻한다. 「일일삼추」라고 할 때는 사람을 안타깝게 기다리는 심정을 말하게 된다. 《시경》 왕풍 「채갈(采葛)」이란 시에 있는 말이다.

남편이 나라일로 멀리 타국에 나가자, 그 부인이 행여 하는 생각에, 칡뿌리를 캐며 남편이 돌아오는 길목을 지켜보는 심정을 노래한 시다.

하루를 보지 못하는 것이 석 달만 같다.
하루를 보지 못하는 것이 세 가을만 같다.
하루를 보지 못하는 것이 세 해만 같다.

一日不見　如三月兮　일일불견 여삼월혜
一日不見　如三秋兮　일일불견 여삼추혜
一日不見　如三歲兮　일일불견 여삼세혜

하고 끝을 맺고 있다. 삼추(三秋)나 삼세(三歲)나 결국은 같은 뜻이다. 그러나 삼세란 말은 현재는 쓰지 않는다. 이 「일일삼추」에서 「일일천추(一日千秋)」라는 보다 과장된 문자가 생겨나기도 했다. 또 「일일(一日)」을 「일각(一刻)」으로 바꾸어 「일각이 여삼추」란 말도 많이 쓰이고 있다.

일각은 15분을 말하기도 하나, 극히 짧은 시간이란 뜻으로 쓰인다. 결국 모든 개념이 개인의 사정과 형편에 따라 상대적인 것임을 말해 주는 것이라 하겠다. 행복이니 불행이니 하는 것부터가…….

일자천금 一字千金

한 一 글자 字 일천 千 돈 金

《사기》 여불위전(呂不韋傳)

아주 훌륭한 글씨나 문장의 비유.

전국시대의 말엽, 천하의 제패를 노리는 열국(列國)의 제후들은 일예일능(一藝一能)에 뛰어난 자들을 객(客)으로서 다투어 불러 모았다. 이것이 소위 식객인 것이다.

그 중에서도 제(齊)나라의 맹상군은 수천, 초(楚)나라의 춘신군은 3천, 조(趙)나라의 평원군은 수천, 위(魏)나라의 신릉군은 3천이라 하여 서로 식객 수를 자랑했던 것이다.

그러나 이 식객들은 누구나 한 가지 심상치 않은 재주와 고집을 지니고 있는 인간으로 제후들도 그들을 자기 곁에 잡아두기 위해 적지 않은 신경을 써야 했다.

예를 들어 가산(家産)을 탕진하면서 식객을 슬하에 모아 놓고 「천하의 선비를 동나게」 했다는 말까지 듣던 맹상군은 귀천의 구별 없이 전부 자기와 동등하게 대우하고, 또 그들과 이야기를 할 때는 언제나 서기를 병풍 뒤에 숨겨, 그들과 이야기하는 동안에 알려지는 그들 친척들의 거처를 적게 한 다음 나중에 사람을 시켜 선물을 보내 주었다고 한다. 또 이런 이야기도 있다.

조(趙)의 평원군이 식객을 외교사절로서 초(楚)의 춘신군에게 보냈다. 평원군의 식객은 자기가 초나라에서 얼마나 우대를 받고 있는지를 자랑하고자 일부러 대모잠(玳瑁簪 : 거북이 등껍질로 만든 비녀)을 만들고, 패도(佩刀)에는 주옥을 상감(象嵌 : 무늬를 파서 그 속에 금·

은 · 주옥같은 것을 넣어 채우는 것)케 하여 화려한 옷차림으로 춘신군의 식객에게 대면을 청했다. 그런데 나타난 상대를 한번 본 순간 그는 앗! 소리와 함께 얼굴이 홍당무가 되고 말았다. 그 까닭은 춘신군의 식객들은 하나같이 주옥으로 상감한 신을 신고 있었던 것이다.

그런데 그 무렵, 제후에게 질세라 열을 올려가며 식객을 끌어 모은 또 하나의 사나이가 있었다. 한낱 상인으로서 몸을 일으켜 이제는 강국 진(秦)의 상국(相國 : 총리대신)이 되어 어린 왕인 정(政 : 뒤의 시황제)을 조종하여 정권을 손아귀에 쥐고 위세를 떨치고 있는 여불위(呂不韋 : 실은 시황제의 친아버지다)가 바로 그 사람이었다.

시황제의 아버지 장양왕(莊襄王)이 첩의 소생인 탓에 조(趙)나라에 볼모로 붙잡혀 있었기 때문에 용돈에 궁한 생활을 하고 있는 것을 보고, 「진기한 보물이다. 차지해야 한다(此奇貨 可居)」 하고 눈독을 들여 막대한 투자를 하고 마침내 오늘의 영화를 획득한 여불위다. {☞ 기화가거(奇貨可居)}

신릉군 · 춘신군 · 평원군 · 맹상군이 부지런히 식객을 모아들여 그 수효를 자랑하고 있는 것을 듣고서야 가만히 보고만 있을 수가 없었다.

「강대국인 우리 진(秦)나라가 이런 일에서 그놈들에게 얕보여서야 될 말인가?」

원래가 상인이라 돈을 물 쓰듯 해서 식객을 모았으므로 각처에서 모여든 자의 수가 3천에 달했다. 이쯤 되면 그의 욕심은 더욱더 부푼다. 이 무렵 각국에서 현자들이 저서를 내었는데, 특히 제(齊) · 초(楚)에 벼슬을 한 유학자 순경(荀卿 : 순자) 등이 탁세(濁世)를 한탄하여 수만 어의 책을 발간했다는 말을 듣자, 「어디 두고 보자. 나도 한번 해보고 말겠다」 하는 생각이 들었다. 그래서 식객들에게 명하여 만든

것이 20여만 어로 된 대작이다.

「어떠냐? 천지 만물 고금의 일은 전부 이 안에 들어 있다. 이런 큰 사업을 내가 아니고 누가 할 수 있겠는가!」 하고 기고만장한 그는 이 대작을 자기가 편집한 것으로 하여 《여씨춘추(呂氏春秋)》라 이름 붙였다.

《여씨춘추》를 편찬하는 여불위

더욱 흥미를 끄는 것은 그 후의 그의 처사였다. 여불위는 이 《여씨춘추》를 수도 함양의 성문 앞에 진열시켜 놓고 그 위에 천금을 걸어두고서는 다음과 같은 광고판을 세웠다.

「능히 한 글자라도 이것을 보태고 빼고 하는 사람이 있으면 천금을 준다(有能增損一字者 予千金)」

즉 이 책의 문장을 첨삭(添削)할 수 있는 자에게는 한 자에 대해 천금의 상금을 주겠다는 것이다. 그야말로 사람을 무시해도 이만저만이 아니지만, 이것도 실은 상술에 밝은 여불위의 식객 유인책이었던 것은 말할 나위도 없다.

여기서 한 가지 대조적으로 여불위의 실제 아들인 진시황의 행패를 들지 않을 수 없다. 그것은 그 후 승상 이사(李斯)의 말만을 듣고 의약 · 복서(卜筮) · 농경에 관한 책을 제외하고는 모두 불살라 버렸다는 사실이다. 참으로 아이러니컬한 일이라 하겠다.

일장공성만골고 一將功成萬骨枯

한 一 장수 將 공 功 이룰 成 일만 萬 뼈 骨 마를 枯

《삼체시(三體詩)》「기해세(己亥歲)」

한 장수가 공을 세우면 만 명의 군사가 뼈를 들판에 버리게 된다는 것이 「일장공성만골고」다. 다음은 《삼체시(三體詩)》 안에 수록되어 있는 조송(曹松)의 칠언절구 「기해세」의 마지막 글귀다.

못의 나라 강과 산이 싸움의 판도에 들었으니
산 백성이 어찌 나무를 하고 풀 뜯는 것을 즐길 생각을 하리오.
그대에게 부탁하노니 후를 봉하는 일을 말하지 말라
한 장수가 공이 이뤄지면 만 명의 뼈가 마른다.

澤國江山入戰圖　生民何計樂樵蘇　택국강산입전도 생민하계낙초소
憑君莫話封侯事　一將功成萬骨枯　빙군막화봉후사 일장공성만골고

이 시는 황소의 난이 한창이던 당희종 건부(乾符) 6년(879년)에 해당한 기해년에 지은 것으로 보인다. 황소는 마침내 양자강을 건너 북상했다가 정부군에 크게 패해 강동(江東)으로 달아나게 되었다. 이때 정부군이 만일 계속해서 추격만 했으면 난은 완전히 평정될 수 있었다. 그러나 이 때 정부군을 지휘하던 장군은,

「국가는 일단 위급한 때에는 장병들을 사랑하고 상주기를 아끼지 않지만, 일단 태평한 세월이 오면 장병들은 헌신짝처럼 버림을 당하고 심하면 없는 죄까지 받게 된다. 그러므로 전쟁이 끝나지 않도록 적을 살려두어야만 한다」 하고 황소의 군사를 완전 섬멸하는 것을 고의로 회피하고 있었다. 이 때가 바로 기해년이다.

조송의 시는 어쩌면 이 장군의 그런 이기적인 태도에 분개해서 지은 것일지는 모른다. 그러나 보통 알고 있는 이 글귀의 뜻은 무수한 생명의 숨은 희생 위에 한 사람의 영웅이 탄생하게 되는 전쟁의 잔학성과 모순성을 말한 것이다. 못의 나라(澤國)는 비습한 땅이란 뜻으로 황소가 달아난 양자강 하류지방을 말한 것이리라. 싸움의 판도(戰圖)는 전쟁 지역을 말한다. 나무하고 풀 뜯는 것을 즐길 생각을 하지 못한다는 것은 생업에 종사할 수 없는 전쟁의 시달림을 말한 것이다. 후(侯)를 봉하는 일은 곧 공을 세우는 일을 말한다. 그 결과 황소는 다시 세력을 회복하여 이듬해에는 수도 장안을 함락시키고 황제라 일컫게 된다. 다시 3년 뒤에는 정부군에 패해 동쪽으로 달아났다가 그 이듬해 패해 죽는다. 당나라도 이 난으로 20년쯤 지나 망한다. 이 시 말고도 전쟁터를 지나가다가 읊은 고시(古詩)에,

황소 조상(彫像)

바라건대 그대는 영웅의 일을 묻지 말라.
한 장수가 공이 이뤄지면 만 명이 죽는다

願君莫問莫雄事 一將功成萬名亡 원군막문막웅사 일장공성만명망

라고 한 글귀가 있었다.

일장춘몽 一場春夢

한 一 마당 場 봄 春 꿈 夢

《후청록(侯鯖錄)》

한바탕의 봄꿈처럼 헛된 영화(榮華)나 덧없는 일이란 뜻으로, 인생의 허무함을 비유하여 이르는 말.

북송(北宋) 때의 조덕린(趙德璘)이 지은 소설 《후청록(侯鯖錄)》에 있는 말이다.

옛날 봄에 한 노학자가 있었는데, 어느 날 그가 나무 밑에 누워 있었다. 그러는 순간 누군가가 다가와 그를 데려가니 그곳의 이름이 개마국이었다. 그는 그곳 왕의 부탁을 받아 어진 정치를 펼쳐 백성들에게 민심을 얻었다. 그러나 그가 나중에 보니 나무 밑에서 잠이 들어 있었으니 「일장춘몽」이로다, 라고 하였다.

남가일몽

이와 비슷한 말로 당(唐)나라의 이공좌(李公佐)가 지은 전기(傳奇) 소설 《남가태수전》의 「남가일몽(南柯一夢)」이 있다.

「순우분이라는 사람이 술에 취하여 선잠이 들었다. 꿈속에서 괴안국(槐安國) 사신의 초청으로 집 마당의 홰나무 구멍 속으로 들어

갔다. 그곳에서 왕녀와 결혼하고 남가군(南柯郡)의 태수가 되어 호강을 누렸다. 왕녀가 죽어 고향으로 돌아와 깨어보니 자기 집이었다. 마당으로 내려가 홰나무를 조사해 보니 꿈속에서의 나라와 같은 개미의 나라가 있었다」 고 하는 것이 줄거리다.

또 《침중기(枕中記)》 에 있는 「한단지몽(邯鄲之夢)」 이야기는,

「개원(開元) 연간에 한단(邯鄲)의 서생 노생(盧生)이 사냥길에 주막에서 여옹(呂翁)이라는 노인을 만난다. 그에게서 이상한 청자(靑磁) 베개를 빌려 쉬는 동안 입신을 하고, 유배도 가고, 죽을 위기에까지 몰리기도 하다가 끝내 일인지하만인지상(一人之下萬人之上)의 위치에까지 올라 온갖 영화를 누리다가 일생을 마친다. 깨어 보니 꿈이었다. 아직도 주막의 밥은 뜸이 들지 않은 아주 잠시 동안의 일이었다」 라고 하는 것이 줄거리다.

한단지몽

위의 이야기들에서 꾸는 꿈의 공통점은 모두 인생의 덧없음을 암시한다는 것이다. 인간이 꿈꾸는 삶은 얼마나 허무한 것이며, 추구하는 부귀영화는 또 얼마나 덧없는 것이었던가. 인간의 삶은 「한바탕 봄꿈(一場春夢)」 에 지나지 않는 것이다.

일전불치 一錢不値

한 一 돈 錢 아닐 不 값 値

《사기》 위기무안후(魏其武安侯)열전

한 푼어치의 가치도 안 된다는 뜻으로, 쓸모없음을 이르는 말.

《사기》 위기무안후열전에 있는 이야기다.

후한의 제3대 황제 장제(章帝)의 황후 두태후의 조카로서 오초(吳楚) 7국의 난 때 대장군이 되어 진압에 큰 공을 세운 두영(竇嬰)은 위기후(魏其侯)에 봉해졌고 그의 위세가 천하에 떨쳤다.

경제의 처남이며 무제의 외삼촌인 무안후(武安侯) 전분(田蚡)은 아직 미천한 신분이었을 때에 위기후를 마치 아버지나 할아버지처럼 받들어 모셨다.

그런데 경제가 사망하고 아직 나이 어린 무제가 등극하여 왕태후(王太后 : 경제의 황후)가 섭정하고 있을 때 전분의 빈객들이 낸 계책이 많이 채택되었을 뿐만 아니라 태후와 남매간이었기 때문에 전분의 지위는 점점 높아져 갔으며 두태후가 죽은 뒤에는 승상까지 되었다. 그러나 든든한 연고자가 없어진 두영은 오히려 황제로부터 더욱 소외되어 뒷전으로 물러나 앉는 신세로 전락, 이제는 찾아오는 사람도 드물었다.

이렇게 되자 일찍이 두영을 따라 오초 7국의 난 평정에서 큰 공을 세운 뒤 출세의 길에 들어섰다가 비위(非違)가 있어, 재산은 많았지만 세력은 잃어 역시 쓸쓸하게 지내는 관부(灌夫)만이 옛 정분을 잊지 않고 교제하여 서로 부자(父子)처럼 지낼 뿐이었다. 전분이 득세하자 그와 알력(軋轢)이 많은 관부는 불평이 대단했다.

한번은 승상 전분이 새 부인을 맞아들이면서 연회를 벌일 때 태후가 조칙을 내려 열후와 종실을 모두 참석토록 명했으므로

관 부

두영과 관부도 내키지 않는 발걸음으로 연회에 참석했다. 주흥이 무르익자 관부는 전분에게 술을 권하였다. 전분은 예전에 관부와 원한을 맺은 일이 있었으므로 권하는 술을 거절하였다.

매우 기분이 상한 관부는 이번에는 임여후(臨汝侯)에게 술을 권하였다. 임여후는 마침 호위(護衛) 정불식(程不識)과 귀엣말을 나누던 차라 관부에게 신경을 쓰지 않았다.

관부는 두 차례 연속하여 냉대를 당한 데다 술기운이 더하여져서 갑자기 화가 폭발하였다.

관부는 임여후를 향하여 나무라듯 말하였다.

「내 평소에 정불식이라는 자는 한 푼어치도 쓸모가 없다고 말해왔거늘(生平毁程不識不直一錢), 지금 여인네들처럼 그자와 귓속말로 무얼 그리 소곤거리고 있는 것이오!」

라고 나무라듯 말하였다. 이로 인하여 관부는 전분에게 더욱 미움을 사게 되었고, 결국 대불경(大不敬)을 범한 죄로 탄핵받아 일족이 죽임을 당하였다.

일전쌍조 一箭雙雕

한 一 화살 箭 쌍 雙 수리 雕

《북사(北史)》

화살 한 대로 두 마리 새를 맞힌다는 뜻으로, 한 번에 두 가지를 수확함을 비유하는 말.

《북사(北史)》에 있는 이야기다.

장손성(張孫晟)은 북주(北周)의 사람이다. 그는 어려서부터 총명하고 영민하였다. 커서는 군사에 관한 지식 또한 많았는데, 특히 활쏘기에 남다른 재능을 보였다.

장손성이 돌궐(突厥)에 사신으로 갔을 때의 일이다. 돌궐의 왕 섭도(攝圖) 역시 장손성의 재주를 아끼고 존경하여, 사냥을 갈 때에는 항상 그와 함께 하였다.

돌궐 사람들 또한 장손성을 두고 말하기를,

「활시위 소리는 벽력과도 같고, 말을 타고 질주하는 모습은 마치 번개와도 같다」고 하였다.

섭도와 함께 사냥을 하던 어느 날, 문득 하늘을 보니 한 마리 새가 비호처럼 날아가 다른 새가 물고 있는 고깃덩어리를 빼앗으려 하였다. 섭도는 장손성에게 화살 두 대를 주면서, 두 마리를 동시에 떨어뜨리라 하였다. 말이 떨어지자마자 장손성의 손을 떠난 한 대의 화살이 두 마리를 같이 꿰어버렸다.

같은 뜻으로 「일석이조(一石二鳥)」가 있으며, 《진서(晉書)》에는 「일거양득」이라 하였다.

일취월장 日就月將

날 日 나아갈 就 달 月 나아갈 將

《시경(詩經)》 주송(周頌)

세월이 지날수록 크게 발전하는 모습을 나타낸 표현.

끝없이 노력하면 날마다 달마다 발전해 나아간다는 뜻이다.

《시경》 주송(周頌) 「경지(敬之)」라는 시에 나오는 말이다. 이 시는 군주가 제사를 모시면서 스스로를 경계하는 내용으로 이루어진 하나의 장으로 된 짧은 시로서, 그 가운데 몇 구절이다.

이 못난 소자는 비록 총명하지 않지만
날로 달로 나아가 학문이 광명에 이를 것이니
맡은 일을 도와 나에게 덕행을 보여주오

維予小子 不聰敬止	유여소자 불총경지
日就月將 學有緝熙于光明	일취월장 학유집희우광명
佛時仔肩 示我顯德行	불시자견 시아현덕행

이 시에서 중국 주(周)나라 제2대 성왕(成王)은 스스로 총명하지 못하나 부지런히 배워 익히면 날로 달로 발전해 나아가 학문이 광명에 이를 것이므로 신하들이 서로 도와 어질고 착한 행실을 드러내 보여 달라고 하였다.

주성왕

일침견혈 一針見血

한 一 바늘 針 볼 見 피 血

《후한서(後漢書)》 곽옥전(郭玉傳)

「침을 한 번 놓아 피를 본다」 라는 뜻으로, 어떤 일의 본질을 파악하여 단번에 정곡을 찌름을 비유하는 말이다. 한 번 침을 놓아 죽은피를 뽑아내면 혈액순환이 원활해진다. 간단한 방법을 써서 본질적인 문제나 병을 고치는 것을 비유하는 말이다.

후한 화제((和帝)의 어의(御医) 곽옥(郭玉)은 의술이 고명하였으며 항상 황제의 칭찬을 받았다. 곽옥은 어의임에도 불구하고 가난한 백성들의 질병도 거절하지 않고 치료해 주었다. 그런데 이상하게도 궁중에 있는 고관대작들의 질병 치료 효과는 그다지 좋지 않았다. 황제는 이상하게 생각한 끝에 곽옥을 불렀다. 그리고 궁중의 귀인 환자에게 찢어진 헌옷을 입혀 질병을 치료하라고 명하였다. 단 한 번의 치료로 귀인의 질병이 치유되었다. 황제는 곽옥에게 그 이유를 물었다. 곽옥은 이렇게 대답했다.

「의사들이 환자를 치료함에 있어 반드시 정신 집중이 필요합니다. 의사가 환자를 치료할 때의 마음은 곧바로 손으로 옮겨가서 환자의 질병 치료에 영향을 미칩니다. 고관대작들의 치료에 네 가지 어려운 점이 있습니다. 첫째, 그들은 의사의 의견에 따르지 않고 자기 생각대로 하려고 합니다. 둘째, 그들의 일상생활에 규율이 없습니다. 셋째, 그들의 체질이 약하여 용약(用藥)이 어렵습니다. 넷째 그들은 움직이기 싫어하고 편한 것만 추구합니다. 그래서 질병이 치유되기 어렵습니다. 또 고관대작들은 의사의 태도와 지시에 대하여 화를 내고 의사를 능욕하고 학대하므로 의사의 마음속에 공포심을 조성하여 줍니다. 그리하여 치료가 점점 더 어려워집니다. 또 침을 시술할 때에도 의사는 정신을 집중해야 됩니다. 왜냐하면 침을 깊이 찌르고 얕게 찌르는 심도(深度)에 민감해야 되는데 의사의 정신을 어지럽혀 놓으니 의사의 마음이 불안하여져서 침자의 심천(深淺)에 차질이 생겨 달관귀인들의 질병 치료는 더욱 어렵습니다(所以貴人之病難醫也)」

부 옹

황제는 곽옥의 말을 듣고 나서 머리를 끄덕이더니 차후부터 궁중 귀인들의 의사를 대하는 나쁜 태도를 바꾸라고 어명을 내렸다.

《후한서(後漢書)》에 곽옥이 「한 번 침을 놓으면 병이 다 나았다」는 말이 있다.

곽옥(郭玉)은 중국 침구술의 창시자인 부옹(涪翁)의 손제자(孫弟子)로, 부옹의 제자인 정고(程高)에게 의술을 배워 황제의 어의(御醫)인 태의승(太醫丞)을 지낸 인물이다.

「일침견혈」은 이처럼 본래 의술과 관련된 고사에서 생긴 말인데, 나중에는 일상생활로 그 의미의 영역이 확장되어 어떤 일이나 사물의 본질을 파악하여 단번에 정곡을 찌르는 것을 비유하는 말로 쓰이게 되었다. 여러 말을 늘어놓지 않고 곧바로 요점이나 본론을 중심적으로 말하는 것을 뜻하는 단도직입(單刀直入)과 비슷한 의미라고 할 수 있다.

일패도지 一敗塗地

한 一 패할 敗 바를 塗 땅 地

《사기》 고조본기(高祖本紀)

여지없이 패하여 다시 일어날 수 없게 됨.

《사기》 고조본기에 있는 한고조 유방의 말로, 진시황 말년 「동남방에 천자의 기운이 있다」 고 말하는 사람이 있자, 시황은 동쪽으로 순행을 나가 이 기운을 찾아 후환을 막을 생각이었다.

유방은 혹시 자기에게 어떤 화가 미치지 않을까 하고 산중으로 숨었다. 그러자 유방이 있는 패읍(沛邑) 사람들도 그를 따랐다.

이윽고 시황이 죽고 2세가 즉위하자, 진승(陳勝)이 반란을 일으켰다. 그러자 각 고을마다 호걸들이 일어나 수령을 죽이고 반기를 들어 진승에게 호응했다.

패읍의 수령도 반란민에게 죽게 될까 겁이 났다. 그래서 자진해서 고을 백성들을 이끌고 진승에게 호응할 생각으로 부하인 소하(蕭何)와 조참(曹參)을 불러 상의했다. 그러자 소하와 조참은,

「진나라 관리인 사도께서 반란을 일으키려 하면 사람들이 말을 듣지 않을 것입니다. 사또께서 먼저 밖으로 도망쳐 나가 있는 사람들을 불러들이십시오. 아마 수백 명에 달할 것입니다. 그들의 힘을 빌려 대중을 위협하면 감히 거역할 사람이 없을 것입니다」 하고 권했다.

그리하여 번쾌를 보내 유방을 불렀다. 그때 유방을 따른 사람들은 벌써 수백 명에 달하고 있었다. 수백 명이 떼 지어 오는 것을 보자 현령은 후회막급이었다. 얼른 성문을 닫고 소하와 조참을 죽이려

했다. 두 사람은 성을 넘어 유방에게로 가서 몸을 의지했다.

소 하

유방은 비단 폭에 글을 써서 성 위로 쏘아 보냈다. 그 글의 지시에 따라 고을 사람들은 현령을 죽이고 성문을 열었다. 유방을 맞이한 부로들은 그를 현령에 추대하려 했다. 그러자 유방은 「일패도지」란 말을 썼다.

「천하가 한창 시끄러워 제후들이 사방에서 함께 일어나고 있는데 지금 장수를 한번 잘못 두게 되면 일패도지하고 만다(天下方擾 諸侯竝起 今置將不善 一敗塗地)」 하고 현령되기를 사양했다.

그러나 결국은 자청하는 사람도 할 만한 사람도 없어 유방이 패현의 현령이 된다. 그리하여 패령이 패공이 되고, 패공이 한왕(漢王)이 되고, 한왕이 다시 한고조가 되는 것이다.

「일패도지」의 뜻을 주해에는 이렇게 말하고 있다.

「하루아침에 깨어져 패하게 되면, 간과 골로 땅을 바르게 된다는 것을 말한다(言一朝破敗 使肝腦塗地)」

즉 골이고 창자고 온통 흙과 한 덩어리가 되고 만다는 얘기다. 여기서 「간뇌도지(肝腦塗地)」란 말이 나왔다.

일폭십한 一暴十寒

한 一 햇볕쪼일 暴 열 十 찰 寒

《맹자》 고자상(告子上)

일을 꾸준히 하지 못하고 중단됨이 많음.

「일폭십한」은 하루는 양지가 따뜻하게 났다가 열흘이나 계속 날씨가 차갑다는 말이다. 아무리 잘 나는 씨앗이라도 날씨가 이런 상태라면 제대로 싹이 터서 자랄 수가 없는 것을 뜻한다.

원래는 하루 햇볕을 쬐고 열흘 춥다는 뜻이지만, 세월이 흐르면서 일을 꾸준히 하지 못하고 중단되거나 자주 끊김을 비유하는 말로 의미가 바뀌었다. 일을 하다 말다 하여 성과가 없을 때 쓰는 말이다.

맹 자

《맹자(孟子)》 고자상(告子上) 「무혹호왕지부지장(無或乎王之不智章)」에 있는 말이다. 맹자는 제 선왕이 그의 타고난 어진 성품과 총명을 제대로 발휘하지 못하고 잠시 희망이 엿보이다가는 다시 제자리걸음을 치는 것이 안타까워 이런 말을 한다.

「왕의 지혜롭지 못한 것을 이상하게 생각할 것이 없다. 아무리 세상에 쉽게 자라는 물건이 있다 하더라도 하루 따뜻하고 열흘 동안 추우면 능히 자랄 물건이 없다(無或乎王之不智也 雖有天下易生之物也 一日暴

之 十日寒之 未有能生者也). 내가 왕을 만나는 일이 드문 데다가 내가 물러나면 차게 하는 사람들이 모여들게 되니, 비록 싹이 있은들 내가 어떻게 자라게 할 수 있겠는가?」

제 선왕

즉 「일일폭지 십일한지(一日暴之 十日寒之)」가 약해져서 「일폭십한」이 된 것이다.

「曝」은 「暴」과 같은 뜻으로, 서로 바꾸어 쓰기도 하며, 「십한일폭(十寒一曝)」이라고도 쓴다. 우리말 속담에 「아이 못 낳는 년이 밤마다 용꿈 꾼다」는 말이 있는데, 하나도 제대로 실행하지 못하면서 부질없는 환상만 많다는 뜻이므로, 이 말 역시 일을 꾸준히 하지 못하고 중도에 그만두는 것과 같다.

착한 말을 해주는 사람은 적고, 아첨과 유혹을 일삼는 사람들이 주위에 많으면 본바탕이 현명하고 선량한 사람도 어리석은 짓과 악한 일을 자연히 하게 된다는 뜻으로 쓰인다.

맹자는 또 이 말 다음에 바둑 배우는 것을 예를 들어 말한다. 즉 한 사람은 열심히 선생의 하는 말에 귀를 기울이며 수를 기억하고 있는데, 다른 한 사람은 손으로는 바둑알을 놓으면서도 생각은 활을 당겨 기러기 잡는 데 가 있으면, 앞에 말한 사람과 같은 바둑의 향상을 볼 수 없다. 그것은 지혜의 문제가 아니고 꾸준한 노력을 하고 못하는 문제라고 했다.

일한여차 一寒如此

한 一 찰 寒 같을 如 이 此

《사기》 범수채택(范雎蔡澤)열전

「이토록 추운 지경에 이르다」라는 뜻으로, 극도로 빈궁한 상태에 이르게 된 것을 비유하는 말이다.

전국시대 위(魏)나라의 범수(范雎)는 수고(須賈)를 수행하여 제(齊)나라에 사신으로 갔다. 제나라 왕은 범수를 높이 평가하여 수고를 제쳐두고 융숭하게 대접하였다.

이 일로 범수에게 앙심을 품은 수고는 귀국한 뒤에 범수가 제나라와 밀통한다고 모함하였다. 그로 인해 범수는 모진 고문을 받고 변소에 버려졌다가 구사일생으로 살아나 진(秦)나라로 도망친 뒤에, 이름을 장록(張祿)이라고 바꾸고는 재상의 자리에까지 올랐다.

위나라에서는 진나라가 한(韓)나라와 위나라를 공격할 것이라는 소식을 듣고 수고를 진나라에 사신으로 파견하였다. 수고는 재상 장록을 만나 위나라를 공격하려는 뜻을 거두어달라고 교섭할 생각이었다. 범수는 수고가 진나라에 왔다는 소식을 듣고, 거지나 다름없는 초라한 행색으로 그의 앞에 나타났다.

수고는 범수를 보고 놀라면서도 그 동안 잘 지냈는지, 무슨 일을 하면서 지내는지 물었다. 범수는 진나라로 도망쳐 온 뒤로 남의 집 머슴살이를 하면서 살아가노라고 대답하였다. 수고는 범수의 처지를 애석해하며, 자기 자리에 앉게 하여 음식을 대접하였다. 수고는 범수를 위로해 말했다.

「범숙이 이렇게까지 곤궁하게 되었구려(范叔一寒如此哉)」

그리고는 명주 두루마기를 꺼내 범수에게 주었다. 그리고 이렇게 물었다.

「진나라에서는 장록이 재상으로 있다는데, 그대는 그 사람을 알고 있나? 듣자하니 왕에게 극진한 사랑을 받아서 천하사는 모두 장록이 결재를 한다던데. 이번에 나의 사명이 성공할지 여부도 장록이 생각할 나름이지. 그대는 혹시 재상과 절친한 사람을 알고 있나?」

범수와 수고의 제포연연

나중에 수고는 범수가 곧 장록임을 알고 잘못을 빌었다. 범수는 수고가 그래도 옛정을 잊지 않고(綈袍戀戀) 가난해 보이는 자신을 동정하여 솜옷을 준 일(綈袍之義)을 생각하여 그를 용서하였다.

桃李雖艶
도리수염
何如松蒼栢翠之堅貞
하여송창백취지견정
복숭아꽃 오얏꽃이 아무리 곱다 한들
저 푸른 소나무와 잣나무의 굳고 곧은 것만 하겠는가.
(사람도 일시적인 화려함보다는 항상 변하지 않는 굳은 지조를 지키는 것이 미덕이다.)

—《채근담》

아

일호지천 一壺之天

한 一 병 壺 의 之 하늘 天

《후한서(後漢書)》

「하나의 호리병 속의 하늘」이라는 뜻으로, 별세계나 신천지를 비유하는 말이다.

남북조시대에 남조(南朝) 송(宋)의 범엽(范曄)이 편찬한 기전체(紀傳體) 사서(史書) 《후한서(後漢書)》 가운데 신선고사(神仙故事)를 담은 「방술전(方術傳)」에 있는 이야기다.

여남(汝南) 사람 비장방(費長房)은 시장의 하급 관리를 지냈다. 그 시장에는 약을 파는 노인이 있었는데, 가게 앞에 호리병을 하나 걸어 놓고 시장이 파하면 호리병 속으로 뛰어 들어갔다.

시장 사람들 가운데 노인의 그런 모습을 본 사람은 아무도 없었다. 오직 비장방만 누각에서 그 모습을 내려다보고는 기이하게 여겨 노인을 찾아가 절을 하고 술과 말린 고기를 바쳤다. 노인은 비장방이 자신을 신선이라고 여겨 찾아온 것이라고 생각해서 다음날 다시 오라고 말했다.

이튿날, 비장방이 노인을 다시 찾아갔다. 노인은 그를 데리고 호리병 속으로 들어갔다. 호리병 속에는 장엄하고 아름다운 옥당(玉堂)이 즐비하고, 좋은 술과 고기 안주가 가득히 차려져 있었다. 비장방은 노인과 함께 배불리 먹고 나서 호리병 밖으로 나왔다. 노인은 비장방에게 그 일을 다른 사람에게는 절대 말하지 말라고 다짐하였다. 나중에 노인은 비장방이 있는 누각으로 찾아와서는 이렇게 말했다.

「나는 신선인데 잘못을 저지른 벌로 하계(下界)로 내려와 있었네.

이제 그 벌이 다하여 떠나게 되었는데, 그대가 어찌 나를 따라갈 수 있겠는가? 누각 아래 술을 조금 가져왔으니 이제 더불어 마시고 작별하세나」

비장방이 사람을 시켜 술병을 가져오게 하였는데, 열 명이 함께 들려고 해도 들 수가 없었다. 그러자 노인은 웃으며 누각 아래로 내려가 한 손으로 술병을 가볍게 들고 올라왔다. 그 술병은 한 되 분량의 크기였으나 두 사람이 종일토록 마셔도 끊임없이 술이 나왔다.

여기서 유래하여 일호천은 비장방이 호리병 속에 들어가 경험한 세계와 같은 별천지나 신세계 또는 선경(仙境)을 비유하는 성어로 사용된다. 때로는 호리병 속처럼 좁은 장소를 빗대는 말로도 사용된다. 「호중천(壺中天)」이라고도 한다.

아

知屋漏者在宇下
지옥루자재우하
知政失者在草野
지정실자재초야
知經誤者在諸子
지경오자재제자

집이 새는 줄 아는 자는 지붕 밑에 있고
정사의 잘못을 아는 자는 초야에 있으며
경전에 잘못된 것이 있는 줄 아는 자는 제자 속에 있다.

— 왕충(王充)《논형(論衡)》서해편(書解篇)

*제자(諸子) : 중국 춘추전국시대에 각기 일가(一家)의 학설을 세운 여러 사람. 또는 그들의 저서와 학술. 관자(管子), 노자(老子), 장자(莊子), 묵자(墨子), 한비자(韓非子) 등 189종이 있다.

임갈굴정 臨渴掘井

임할 臨 목마를 渴 팔 掘 우물 井

《안자춘추(晏子春秋)》

「목이 마르고서야 우물을 판다」 라는 뜻으로, 미리 준비하지 않고 지내다가 일을 당하고 나서야 비로소 황급히 서두르는 것을 비유하는 말이다.

춘추시대 노(魯)나라 소공(昭公)이 제(齊)나라로 도망쳐 몸을 의탁하였다. 제나라 경공(景公)이 그렇게 된 원인을 묻자, 소공은 자신을 보좌할 충신을 등용하지 않고 주변에 간신과 소인배만 두었기 때문이라고 대답하였다.

경공은 소공이 자신의 과오를 깨닫고 있다고 여기고는, 안영(晏嬰 : 안자)에게 소공이 노나라로 돌아가도록 도와주면 현명한 군주가 되지 않겠느냐고 물었다.

안자가 대답했다.

「그렇지 않습니다. 무릇 어리석은 자는 후회가 많고, 불초한 자는 스스로 현명하다고 합니다. 물에 빠진 자는 수로를 살피지 않았기 때문이며, 길을 잃은 자는 길을 묻지 않았기 때문입니다. 물에 빠지고서야 수로를 찾고, 길을 잃고서야 길을 묻는 것은 전쟁에 직면해서야 병기를 만들고 음식을 먹다가 목이 메서야 물을 마시기 위하여 급히 우물을 파는 것(臨渴掘井)과 같은 일이니, 아무리 빨리 한다고 한들 이미 때가 늦은 것입니다」

「갈이천정(渴而穿井)」 과 같은 뜻이다.

임기응변 臨機應變

임할 臨 틀 機 응할 應 변할 變

《진서(晉書)》 손초전(孫楚傳)

어떤 일을 당하여 적절하게 반응하고 변통한다는 뜻으로, 그때그때의 사정과 형편에 맞게 그 자리에서 처리함.

《진서》 손초전에는 손초를 평하여,

「나라와 백성을 다스리는 방책이 뛰어났고, 임기응변이 무궁하였다(廟算之勝 應變無窮)」 라고 했다.

손초는 친구에게 은거할 뜻을 밝히며,

「수석침류(漱石枕流 : 돌로 양치질을 하고 흐르는 물을 베개로 삼다)」 라고 말하였는데, 이는 「침석수류(枕石漱流 : 돌로 베개를 삼고 흐르는 물에 양치질을 하다)」 를 잘못 말한 것이었다.

안 영

친구가 이를 지적하자 손초는,

「흐르는 물을 베개로 삼겠다고 한 것은 허유(許由)처럼 더러운 말을 들으면 귀를 씻기 위함이고, 돌로 양치질을 한다고 한 것은 이를 튼튼하게 하기 위함일세」 라고 말했다.

허유는 순임금이 천하를 물려주겠다고 하자 이를 거절하고는 더러운 말을 들었다며 강물에 귀를 씻

허유세이도(許由洗耳圖)

은 은자(隱者)이다. 이는 물론 손초가 자신의 실수를 인정하기 싫어서 억지를 부린 것이지만, 그의 임기응변을 엿볼 수 있는 대목이다.

또 전국시대 제(齊)나라의 안영(晏嬰)이 초(楚)나라에 사신으로 갔을 때, 초나라 왕이 왜소한 안영을 골탕 먹이려고 성의 대문은 닫고 작은 문으로 들어오게 했다. 안영은 개의 나라에 들어갈 때나 개구멍으로 들어가는 것이라고 하여 초나라 왕으로 하여금 대문을 열게 했다.

초나라 왕은 또 안영같이 왜소한 사람을 사신으로 보낼 만큼 제나라에 인물이 없냐고 비꼬았다. 안영은 제나라에서는 어진 왕에게는 어진 사람을 사신으로 보내고, 어질지 못한 왕에게는 어질지 못한 사람을 사신으로 보내는데, 제나라 사람 중에서 자신이 가장 어질지 못한 사람이라서 초나라에 사신으로 오게 되었다고 말했다.

이 또한 안영의 뛰어난 임기응변을 보여주는 사례이다.

임현물이 任賢勿貳

맡길 任 어질 賢 말 勿 두 貳

《서경(書經)》 대우모(大虞謨)

「어진 사람에게 일을 맡김에 두 마음을 갖지 말라」는 뜻으로, 한 번 맡긴 이상 끝까지 믿어주라는 말이다. 「물이(勿貳)」는 도중에 변경하지 말라는 뜻이다.

《서경》 대우모(大虞謨)에 있는 이야기다.

익(益)은 우(虞) 임금이 자기 뒤를 이어 천자가 되기를 기대했을 정도로 위대한 인물이었다. 그 익이 말하기를, 「……어진 이를 맡긴 다음 두 생각을 말고(任賢勿貳), 간사한 사람을 버리기를 주저하지 말며(去邪勿疑), 의심스런 꾀는 이루지 말라(疑謀勿成)」고 했다.

그러나 실상 문제는 지혜와 과단성에 있는 것이다. 그가 참으로 어진 줄을 안다면 도중에 누가 말한다고 해서 다른 생각을 할 리가 없다. 어진 사람으로 알고 있었던 것이 어질지 않을지도 모른다는 생각 때문에 잡음에 귀를 기울이게 되는 것이다.

춘추시대에 오패(五霸)로 첫손 꼽히는 제환공(齊桓公)과 관중과의 대화에도 같은 내용의 말이 나온다. 환공이 관중에게 물었다.

「과인은 불행하게도 사냥을 좋아하고 또 여자를 좋아하는데 패(霸)에 해가 되지 않을지?」

「해될 것이 없습니다」

「그러면 무엇이 패(霸)에 해로운 것인가?」

그러자 관중은 이렇게 대답했다.

「어진 사람을 쓰지 않는 것이 패(霸)를 해치게 됩니다. 즉 어진

제환공과 관중

줄을 알고도 쓰지 않으면 패를 해치고, 쓰면서도 완전히 맡기지 않으면 패를 해치고, 맡겨 놓고 다시 소인으로 간섭하게 하면 패를 해칩니다」

맡겨놓고 다시 소인들이 그가 하는 일을 간섭하지 못하게 하는 것이 곧 「임현물이」 인 것이다. 제환공은 관중의 이 말에 깊은 감명을 받고 또 관중의 마음을 속까지 다 알고 있었기에 관중으로 하여금 임금의 권한을 대행하도록 만들었다. 마치 내각책임제의 대통령 같은 위치를 스스로 택한 것이다. 물론 관중이 그렇게 하지는 않았지만 그만큼 관중을 완전히 믿었던 것이다.

그 뒤로 심복인 좌우 시신들이 관중에게 지나친 권한을 준 것에 대해 잡음들을 가끔 넣었지만, 그럴 때마다 환공은,

「너희들은 아직 작은 사람들이라 관중에 대한 것을 잘 모른다」 하고 말을 계속하지 못하게 했다.

그 결과 약한 제나라를 강대국으로 만들고 천하를 호령하여 나라끼리 침략전쟁을 못하도록 하는 한편, 이민족들로 하여금 감히 중국을 넘보지 못하게 하는 태평시대를 이룩했던 것이다.

입립신고 粒粒辛苦

낟알 粒 매울 辛 괴로울 苦

《고문진보(古文眞寶)》「민농(憫農)」

곡식의 소중함을 이르는 말. 고심하여 일의 성취에 노력함.

「입립개신고(粒粒皆辛苦)」라고 한다. 우리들이 먹는 쌀 하나하나가 모두 피와 땀으로 이룩된 것이라는 말이다. 입립(粒粒)은 한 알 한 알이란 뜻이다. 신고(辛苦)는 맵고 쓰다는 말인데, 힘들고 어려운 것을 말한다. 우리말의 「피땀」이란 말이 가장 적합할 것 같다.

《고문진보》 전집에 있는 이신(李紳)의 오언고풍 「민농(憫農)」에 있는 글귀다.

이신 조각상

벼를 호미질하여 해가 낮이 되니
땀이 벼 밑의 흙으로 방울져 떨어진다.
뉘 알리요 상 위의 밥이
알알이 다 피땀인 것을.

鋤禾日當午 汗滴禾下土　서화일당오 한적화하토

誰知盤中飧 粒粒皆辛苦　수지반중손 입립개신고

이신의 시「민농(憫農)」

「민농」은 농부를 딱하게 생각한다는 뜻도 되고, 농사일이 힘든 것을 민망하게 여긴다는 뜻도 된다.

미국 같은 대규모의 기업농을 하는 경우는 이 말이 적용되지 않을지 모르지만, 삼복더위에 벼 포기를 헤치며 머리를 들이밀고 화끈 치미는 지열과 내려쬐는 폭염에 숨이 콱콱 막히는 가운데 흙을 파 뒤집고 엎어 온통 피부와 눈을 찔려 가며 비 오듯 하는 땀을 주체 못하는 농부들의 고생을 생각하면 정말 쌀 한 톨이 금쪽보다도 더 귀하게 보이고, 가만히 앉아 얻어먹고 있는 신세가 죄스럽기만 하다.

더구나 그렇게 애써 지은 쌀을 자기들이 먹을 것까지 팔아 돈과 바꾸어 대신 값싼 곡식으로 배를 채워야 하는 농민들의 처지를 생각할 때 그저 황송하고 두려운 생각밖에 날 것이 없다.

지금은 다른 모든 생산품에도 널리 이 말이 쓰이고 있다. 기술자와 직공들의 피땀으로 이루어진 것은 마찬가지니까.

입목삼분 入木三分

들 入 나무 木 석 三 나눌 分

《서단(書斷)》

왕희지

「먹물이 나무에 세 푼이나 들어가다」라는 뜻으로, 글씨 쓴 먹물이 나무에 세 푼이나 깊이 파고 들어갈 정도로 필력(筆力)이나 문장이 힘찬 것을 비유하는 말이다.

동진(東晉)의 서예가 왕희지(王羲之)는 서성(書聖)이라 불릴 정도로 중국 고금을 통틀어 으뜸가는 서예가이다. 위진남북조시대를 대표할 정도로 전형이 될 만한 특징이 있는 문벌 귀족으로서 낭야 왕씨 출신이다.

그는 일찍이 우장군(軍將軍) 벼슬에 있었기 때문에 사람들은 그를 왕우군(王右軍)이라고 불렀는데, 그의 「난정집서(蘭亭集序)」나 「황정경(黃庭經)」 등은 중국 서예 예술의 귀중한 유산이다.

그는 언제나 연못가에 나가서 글씨 쓰는 연습을 하였는데, 연습이 끝나면 연못의 물에 붓과 벼루를 씻었다.

그렇게 연습을 많이 한 결과 연못의 물이 모두 검은색으로 변하였다고 한다(臨池學書 池水盡黑).

또 쉴 때나 길을 걸을 때도 항상 마음속으로 글자의 결구(結構)를

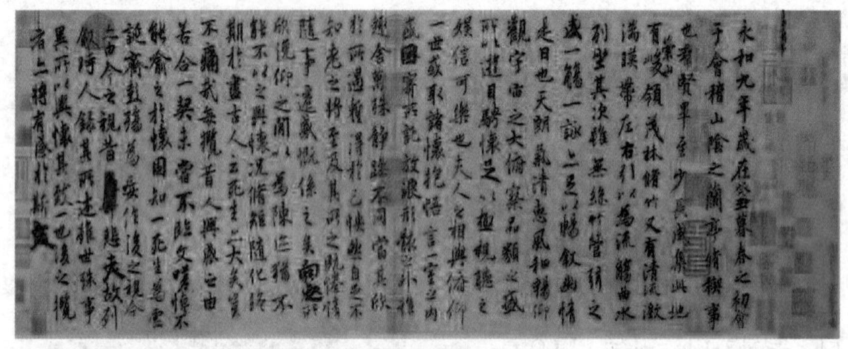

왕희지의 「황정경」

생각하며 끊임없이 손가락을 놀려 입고 있는 옷에 글씨를 쓴 탓에 옷을 자주 빨아 해질 정도였다고 한다.

당나라 태종(太宗)은 왕희지의 글씨를 사랑한 나머지 온 천하에 있는 그의 붓글씨를 모아 한 줄의 글씨까지도 애석히 여겨 죽을 때 자기의 관에 넣어 묻게 하였다.

오늘날 전하여오는 필적만 보아도 그의 서풍(書風)은 전아(典雅)하고 힘차며 귀족적인 기품이 높다.

당(唐)나라 때 장회관(張懷瓘)이 지은 《서단(書斷)》에 있는 말이다.

「황제가 북교(北郊)에서 제사를 모실 때 왕희지에게 목판에 축사를 쓰도록 하고는 목공에게 그 글자를 새기도록 하였다. 목공이 새기면서 보니 왕희지의 필력이 어찌나 힘이 넘치는지 먹물의 흔적이 나무 속에 세 푼이나 스며들어 있었다(王羲之 晉帝時 祭北郊更祝版 工人削之 筆入木三分)」

「입목삼분」은 필력이나 문장이 힘찬 것을 비유하는 성어로 사용되었으며, 또 깊이 있는 분석이나 생동감 넘치는 묘사를 비유하는 말로도 사용되고 있다.

입향순속 入鄕循俗

들 入 마을 鄕 좇을 循 풍속 俗

《회남자(淮南子)》, 《장자(莊子)》

자연에 내맡긴 순리로운 생활을 하는 것이 현명한 삶이다.

그 고장에 가서는 그 고장 풍속에 따르는 것이 「입향순속」 이다. 「눈치가 빨라야 절에 가서도 새우젓을 얻어먹는다」 는 말이 있지만, 그런 눈치 빠른 처세술은 「입향순속」 과는 반대되는 방향이다. 모든 것을 대중들과 함께 따라 행하는 것이 입향순속이다.

설사 잘못된 풍속을 시정할 경우라도 함께 그 속에 들어가 따라 한 뒤라야만 서서히 그것을 고쳐 나갈 수 있는 것이다. 세상을 둥글게 살아가려는 사람이나, 세상을 올바로 이끌어 보겠다는 지도자나 다 이 「입향순속」 의 교훈이 필요할 것 같다.

《회남자》 제속편(齊俗篇)에는,

「그 나라에 들어가는 사람은 그 고장의 풍속을 따른다(入其國者 從其俗)」 고 했는데, 이와 같은 말이 《장자》 외편 산목(山木)에도 나와 있다. 즉 「그 풍속에 들어가서는 그 풍속에 따른다(入其俗 從其俗)」 고 했다. 결국 자연에 내맡긴 순리로운 생활을 하는 것이 현명하게 사는 길이란 뜻이다.

특히 《중용(中庸)》 에서는 「부귀에 처하여서는 부귀를 행하고, 빈천(貧賤)에 처하여서는 빈천을 행하고, 오랑캐에 처하여서는 오랑캐에서 행하고, 환란에 처하여서는 환란을 행한다(素富費 行乎富貴 素貧賤 行乎貧賤 素夷狄 行乎夷狄 素患難 行乎患難)」 라고 하였다.

이것은 혼란했던 춘추전국시대의 중국인들에게는 자연스러운 현

장자 청동상

상이었을지도 모른다. 어제는 노(魯)나라의 국민이었는데, 오늘은 초(楚)나라의 시민이 될 수도 있었던 당시의 급박했던 현실을 반영한 것으로 보인다.

이와 유사한 것으로 「경계에 들어서면 금할 것을 물어보라(入竟問禁)」는 말이 있다. 서양 격언에도 「로마에 가서는 로마법을 따르라」고 한 말이 있다. 생활을 통해서 얻은 같은 세계관, 같은 인생관일 수 있을 것 같다.

어떤 단체나 직장이나 다 그 나름대로의 전통이나 관습 같은 것이 있기 마련이다. 새로 부임한 중역이나 다른 데서 전입해 온 사원은 일단 선임자에게 그런 것들을 묻거나 듣고 보고 하며 보조를 맞춰 나가도록 노력하는 것이 순서일 것이다. 개선과 시정은 그 다음의 일이다.

아가사창(我歌査唱)　　나 我 /노래 歌 /사돈 査 /노래 唱

내가 부를 노래를 사돈이 부른다는 뜻으로, 책망을 들을 사람이 도리어 책망을 한다는 말.

아궁불열(我躬不閱)　　나 我 /몸 躬 /아닐 不 /검열할 閱

자신도 돌보지 못하는 형편이라는 뜻으로, 후손이나 남을 걱정할 여력이 없음을 이르는 말.

아무유양(我武維揚)　　나 我 /굳셀 武 /바 維 /오를 揚

자기네 편의 무위(武威)가 드날림을 이르는 말.

아부영합(阿附迎合)　　아첨할 阿 /붙일 附 /맞이할 迎 /합할 合

상대방의 비위를 맞추어 마음에 들도록 하는 것. 알랑거리며 아첨하는 것. 아부는 阿付로도 쓰며, 남의 말을 그대로 흉내 내는 것. 《한서》

아수라도(阿修羅道)　　언덕 阿 /닦을 修 /새그물 羅 /길 道

강한 투쟁심과 시의(猜疑 : 시기하고 의심함) · 질투 · 집착의 마음을 말한다. 아수라는 산스크리트어를 음역(音譯)한 한자어로 귀신을 말한다. 아수라도는 지옥 · 아귀 · 축생 · 인간 · 천상과 나란히 육도(六道)의 하나로 여겨지는 수라도의 세계를 말한다. 《대장경》

아심여칭(我心如秤)　　나 我 /마음 心 /같을 如 /저울 秤

내 마음은 저울과 같다는 뜻으로, 마음의 공평함을 이르는 말.

아예서직(我藝黍稷)　나 我 /심을 藝 /기장 黍 /피 稷

나는 기장과 피를 심는 일에 열중함. 「남쪽 이랑에서 일을 시작하니, 나는 기장과 피를 심었네(俶載南畝 我藝黍稷)」는 바로 《시경(詩經)》에 나오는 농사와 관련된 노래, 즉 농요(農謠)라고 할 수 있다.

아유경탈(阿諛傾奪)　아첨할 阿 /아첨할 諛 /기울 傾 /빼앗을 奪

지위나 권세가 있는 사람에게 아첨하여 남의 지위를 빼앗음.

아전인수(我田引水)　나 我 /밭 田 /끌 引 /물 水

자기 논에 물을 대다. 자기의 이익이 되도록 처리하고 행동함의 비유. 또는 자기의 형편이 좋도록 구실을 붙이는 것.

악목도천(惡木盜泉) ☞ 악목불음.

악발토포(握髮吐哺) ☞ 토포악발(吐哺握發).

악방봉뢰(惡傍逢雷)　악할 惡 /곁 傍 /만날 逢 /벼락 雷

모진 놈 옆에 있다가 벼락 맞는다는 말과 같은 말로, 남의 재앙에 휩쓸려 함께 화를 당하는 것을 이르는 말.

악부지존(握符之尊)　쥘 握 /부신 符 /의 之 /높을 尊

천자(天子)의 자리를 말한다. 부(符)는 부서(符瑞)를 말하는데, 제왕의 표지(標識)로서 그 사람에게 하늘이 내린 상서로운 상징. 이 「부서」를 잡은 자가 천자가 된다. 반고 《동도부(東都賦)》

악안상대(惡顔相對)　악할 惡 /얼굴 顔 /서로 相 /대할 對

불쾌한 얼굴로 서로 대함.

악양수한(握兩手汗)　쥘 握 /두 兩 /손 手 /땀 汗

긴장한 나머지 손바닥에 땀이 스며 나옴. 매우 긴박한 사태를 만나 조마조마함.

악어이시(惡語易施)　　악할 惡 /말씀 語 /쉬울 易 /베풀 施

못된 말은 하기 쉽다는 뜻으로, 남의 잘못은 말하기 쉬움을 이름.

악의악식(惡衣惡食)　　나쁠 惡 /옷 衣 /밥 食

나쁜 옷과 맛없는 음식. 나쁜 옷을 입고 맛없는 음식을 먹음. 곧 변변치 못한 살림살이를 이름. 비 조의조식(粗衣粗食). 반 호의호식(好衣好食).

아

악인악과(惡因惡果)　　나쁠 惡 /인할 因 /결과 果

【불교】 나쁜 일을 하면 반드시 나쁜 결과가 따라옴을 이르는 말. 반 선인선과(善因善果).

악전고투(惡戰苦鬪)　　나쁜 惡 /싸울 戰 /고달플 苦 /싸움 鬪

악전과 고투는 같은 말의 반복으로 강적에 맞서는 고달픈 싸움. 곤란을 극복하는 노력. 인생 그 자체라고도 말할 수 있다. 「악전」은 《삼국지연의》에서, 「고투」는 《진서(晋書)》에 나오는 말이다. 유 고심참담(苦心慘憺)·고군분투(孤軍奮鬪).

안감생심(安敢生心) ☞ 언감생심(焉敢生心).

안거포륜(安車蒲輪)　　편안할 安 /수레 車 /부들 蒲 /바퀴 輪

노인을 공경하여 조심스럽게 대하는 것. 안거(安車)는 노인, 부녀자 등을 위하여 앉아서 탈 수 있도록 만든 수레. 옛날의 보통 수레는 서서 탔다. 포륜(蒲輪)은 부들로 바퀴를 싸서 수레가 덜컹대지 않도록 한 것. 《한서》

안고수비(眼高手卑)　　눈 眼 /높을 高 /손 手 /낮을 卑

마음은 크고 눈은 높으나 재주가 없어 따르지 못한다는 뜻. 이상만 높고 실천이 따르지 않음. 비평(批評)은 능하나 창작력이 낮음. 안고수저(眼高手低).

안광지배(眼光紙背)　　눈 眼 /빛 光 /종이 紙 /등 背

눈빛이 종이 뒷면까지 꿰뚫는다는 뜻. 독서하며 자구(字句)의 해석에 머물지 않고 저자의 깊은 뜻이나 정신까지 파악하는 것. 독서의 이해력이 날카로움을 이르는 말.

안목수쾌(眼目手快)　　눈 眼 /눈 目 /손 手 /시원할 快

일을 잘 보고 시원스럽게 올바로 처리함.

안목소시(眼目所視)　　눈 眼 /눈 目 /바 所 /볼 視

남이 눈을 집중시켜 보고 있는 터. 안목소견(眼目所見).

안불망위(安不忘危)　　편안할 安 /아닐 不 /잊을 忘 /위태할 危

편안한 가운데서도 잊지 않고 늘 스스로 경계함.

안비막개(眼鼻莫開)　　눈 眼 /코 鼻 /없을 莫 /열 開

일이 분주하여 눈코 뜰 새가 없음.

안빈낙도(安貧樂道)　　편안할 安 /가난할 貧 /즐거울 樂 /길 道

구차하고 가난한 중에서도 편안한 마음으로 도(道)를 즐김.

안연무양(安然無恙)　　편안할 安 /그러할 然 /없을 無 /근심 恙

☞ 무양(無恙).

안우반석(安于盤石)　　편안할 安 /어조사 于 /소반 盤 /돌 石

매우 견고하고 안정됨. 나라가 평안하고 태평함을 말한다.

안전막동(眼前莫童)　　눈 眼 /앞 前 /없을 莫 /같을 同

잘생기지 못한 아이라도 항상 가까이 있으면 절로 정이 붙는다는 뜻.

안중유철(眼中有鐵)　　눈 眼 /가운데 中 /있을 有 /쇠 鐵

눈에까지 무장을 하고 있음. 완전무장하여 정신이 긴장되어 있음.

안중지인(眼中之人)　　눈 眼 /가운데 中 /의 之 /사람 人

의중(意中)의 사람. 친밀한 사이. 눈 속에 단단히 그 모습을 잡아, 언제나 마음에 두고 있는 사람을 말한다. 육운(陸雲) 「답장사연(答張士然)」

안택정로(安宅正路)　　편안할 安 /집 宅 /바를 正 /길 路

인(仁)과 의(義). 「인은 인간의 안전한 주거(住居)이며, 의는 인간의 올바른 통로이다」 라고 맹자가 한 말. 《맹자》

안투지배(眼透紙背)　　눈 眼 /통할 透 /종이 紙 /등 背

눈빛이 종이의 뒷면까지 꿰뚫는다는 뜻으로, 책을 정독하여 그 내용을 정확하게 이해함을 이르는 말. 안광지배(眼光紙背).

알묘조장(揠苗助長)　　뽑을 揠 /모 苗 /도울 助 /길 長

☞ 조장(助長).

알악양선(遏惡揚善)　　막을 遏 /악할 惡 /오를 揚 /착할 善

악(惡)을 누르고 선(善)을 드높임. 또 그것이 군자가 해야 할 일이라는 것. 《역경》

암전난방(暗箭難防)　　몰래 暗 /화살 箭 /어려울 難 /막을 防

숨어서 쏘는 화살은 막기 어려움. 곧 저격(狙擊)이 위험하다는 뜻. 또는 치기보다 막기가 어려움.

암중방광(暗中放光)　　어두울 暗 /가운데 中 /놓을 放 /빛 光

어둠 속에서도 빛이 비친다는 뜻으로, 「하늘이 무너져도 솟아날 구멍은 있다」 는 말이다.

암혈지사(巖穴之士)　　바위 巖 /동굴 穴 /의 之 /선비 士

속세를 떠나 깊은 산 속에 숨어 사는 선비. 은둔자(隱遁者). 세속에 물들지 않은 사람을 일컫는 말. 《사기》

앙천부지(仰天俯地)　　우러를 仰 /하늘 天 /구부릴 俯 /땅 地

하늘을 우러러보고 땅을 굽어봄. 곧 마음에 한 점 부끄럼이 없

음을 이르는 말.

앙천이타(仰天而唾)　우러를 仰 /하늘 天 /말이을 而 /침 뱉을 唾

하늘을 보고 침 뱉는다는 뜻으로, 남을 위해하려다 오히려 자기가 해를 당하게 됨을 이름.

애다증지(愛多憎至)　사랑 愛 /많을 多 /미울 憎 /이를 至

남에게 사랑받는 일이 많으면 도리어 다른 사람의 미움을 사게 된다. 남다른 총애는 파멸을 부르는 수가 있으므로 주의해야 한다는 경계.

애막조지(愛莫助之)　사랑 愛 /없을 莫 /도울 助 /이 之

마음으로는 아끼나 실제로 도움은 주지 못함.

애매모호(曖昧模糊)　가릴 曖 /어두컴컴할 昧 /무늬 模 /풀 糊

명확하지 않고 흐리터분한 모양. 구름 속에 있는 듯한 상황을 말한다. 애매(曖昧)나 모호(模糊) 모두 확실치 않고 어렴풋함의 뜻.

애별리고(愛別離苦)　사랑 愛 /헤어질 別 /헤어질 離 /고통 苦

팔고(八苦)의 하나. 부모·형제·처자·애인 등과 생별·사별함으로써 받는 고통. 팔고란 유정(有情)한 것을 받는 8종의 고뇌. 생·노·병·사의 「사고(四苦)」에 애별리고(愛別離苦)·원증회고(怨憎會苦 : 한이 맺혀 증오하는 사람과 만나는 고뇌)·구불득고(求不得苦 : 구하려 해도 얻을 수 없는 고통)·오음성고(五陰盛苦 : 有情을 형성하는 色·愛·想·行·識 의 五陰이 치열함 때문에 일어나는 스트레스)를 말한다. ☞ 사고팔고.

애석폐고(愛惜弊袴)　사랑 愛 /아쉬울 惜 /해질 弊 /바지 袴

신상필벌(信賞必罰)을 실천하는 것. 폐고(弊袴)는 해진 헌 바지. 낡은 바지를 소중히 간직하여 공이 있는 자에게 줄 때가 오기

를 기다리듯이, 어떤 것이라도 그에 상응한 공에 따라서 준다는 것. 《한비자》

애애부모(哀哀父母)　　슬플 哀 /아비 父 /어미 母

부모에게 제대로 효도를 다하지 못한 중에 부모가 돌아가신 것을 서러워하는 말. 애애(哀哀)는 슬프고 불쌍한 것. 《시경》

애연기연(愛緣機緣)　　사랑 愛 /인연 緣 /기회 機

마음이 맞는다든지 맞지 않는다든지 하는 인심(人心)의 불가사의함은 불교에서 말하는 인연에 의한다고 하는 의미. 주로 남녀나 친구 사이에 깊은 정애(情愛), 친애감을 느낄 때에 말한다. 또는 단지 불가사의한 연(緣)을 말한다. 《보적경(寶積經)》

애이불비(哀而不悲)　　슬플 哀 /말이을 而 /아닐 不 /슬플 悲

속으로는 슬프면서 겉으로는 슬프지 않은 척함.

애이불상(哀而不傷)　　슬플 哀 /말이을 而 /아닐 不 /상처 傷

슬프나 마음은 상하지 않음.

애인이덕(愛人以德)　　사랑 愛 /사람 人 /써 以 /덕 德

사람을 사랑하는 데 덕으로써 해야지 일시적이며 고식적(姑息的)이어서는 안된다는 뜻.

애자지원(睚眥之怨)　　눈초리 睚 /흘길 眥 /갈 之 /원망할 怨

애자(睚眥)는 흘겨보다. 곧 한번 힐끗 흘겨볼 정도의 원망이라는 뜻으로, 아주 작은 원망.

애자필보(睚眥必報)　　눈초리 睚 /흘길 眥 /반드시 必 /갚을 報

남이 한번 눈을 흘긴 것도 있지 않고 기억했다가 나중에 원수를 갚는다는 뜻으로, 도량이 아주 좁음을 비유하는 말. 《한서》

애좌애우(挨左挨右)　　떼밀 挨 /왼 左 /오른 右

서로 사랑하여 피함.

애호체읍(哀號涕泣)　　슬플 哀 /부르짖을 號 /눈물 涕 /울 泣

소리를 내어 슬프게 부르짖고 눈물을 흘리며 욺.

애홍보집(哀鴻甫集)　　슬플 哀 /기러기 鴻 /클 甫 /모일 集

슬피 우는 기러기가 떼를 지어 몰린다는 뜻으로, 유랑민이 굶주림에 울며 몰려오는 일.

애훼골립(哀毁骨立)　　슬플 哀 /헐 毁 /뼈 骨 /설 立

부모의 죽음을 슬퍼하여 몸이 바싹 여위는 일.

액항부배(搤亢拊背)　　잡을 搤 /목 亢 /어루만질 拊 /등 背

앞뒤에서 급소를 공격하여 완전히 상대방을 봉쇄해서 승리를 얻는 것. 항(亢)은 목, 급소, 요해(要害)의 땅에 비유한다. 《사기》

야단법석(野壇法席)　　들 野 /단 壇 /법 法 /자리 席

「야단(野壇)」이란 「야외에 세운 단」이란 뜻이고, 「법석(法席)」은 「불법을 펴는 자리」라는 뜻이다. 즉, 「야외에 자리를 마련하여 부처님의 말씀을 듣는 자리」라는 뜻이다. 법당이 좁아 많은 사람들을 다 수용할 수 없으므로 야외에 단을 펴고 설법을 듣고자 하는 것이다. 그만큼 말씀을 듣고자 하는 사람이 많기 때문이다. 석가가 야외에 단을 펴고 설법을 할 때 최대 규모의 사람이 모인 것은 영취산에서 법화경을 설법했을 때로 무려 3백만 명이나 모였다고 한다. 사람이 많이 모이다 보니 질서가 없고 시끌벅적하고 어수선하게 된다. 이처럼 경황이 없고 시끌벅적한 상태를 가리켜 비유적으로 쓰이던 말이 일반화되어 일상생활에서 흔히 쓰이게 되었다. 《불교대사전》

야무유현(野無遺賢)　　들 野 /없을 無 /끼칠 遺 /어질 賢

뛰어난 인물이 모조리 벼슬에 올라 정사가 훌륭하게 이루어져

나라가 안정이 되는 것을 말한다. 야(野)는 민간. 유현(遺賢)은 세상에 인정되지 않고 있는 유능한 인물. 《서경》

야무청초(野無靑草) 들 野 /없을 無 /푸를 靑 /풀 草

들에 푸른 풀포기 하나 없다는 뜻으로, 기근이 심함의 비유. 《좌전》

야서지혼(野鼠之婚) 들 野 /쥐 鼠 /의 之 /결혼 婚

☞ 야서혼(野鼠婚). 《순오지》 비 유유상종.

아

야용지회(冶容之誨) 불릴 冶 /얼굴 容 /갈 之 /불러일으킬 誨

여자가 지나치게 단장함은 스스로 음탕한 남자에게 음욕을 불러일으키게 하는 짓이 됨을 이르는 말. 《역경》

야우대상(夜雨對牀) 밤 夜 /비 雨 /대할 對 /평상 牀

비 오는 밤에 잠자리를 나란히 하고 잠잔다는 뜻으로, 형제 또는 친구 등의 친밀함의 비유.

야장몽다(夜長夢多) 밤 夜 /길 長 /꿈 夢 /많을 多

밤이 길면 꿈도 길다는 뜻으로, 오랜 세월 동안에는 변화가 많음의 비유.

약마복중(弱馬卜重) 약할 弱 /말 馬 /점 복 /무거울 重

약한 말에 무거운 짐을 싣는다는 뜻으로, 맡은 일에 비하여 재주와 힘이 너무 부족함의 비유.

약석무효(藥石無效) 약 藥 /돌 石 /없을 無 /효험 效

약이나 치료도 효험이 없음. 약석(藥石)은 약과 주사(石針)의 뜻.

약석지언(藥石之言) 약 藥 /돌 石 /의 之 /말씀 言

병 치료의 말. 경계가 되는 말. 《당서》

약섭대수(若涉大水) 같을 若 /건널 涉 /클 大 /물 水

큰 내를 건너는 것과 같이 대단히 위험함을 이름.

약섭춘빙(若涉春氷)　　같을 若 /건널 涉 /봄 春 /얼음 氷

춘빙(春氷)은 얇은 얼음. 얇은 얼음을 밟고 건너는 것같이 대단히 위험함을 이름.

약육강식(弱肉强食)　　약할 弱 /고기 肉 /굳셀 强 /먹을 食

강한 자가 이기고 약한 자는 그 희생(犧牲)이 된다고 하는 것. 우승열패(優勝劣敗)의 의미.

약팽소선(若烹小鮮)　　같을 若 /익힐 烹 /작을 小 /생선 鮮

《노자》에 있는 말로, 「큰 나라를 다스리는 일은 작은 생선을 굽는 것과 같다(治大國若烹小鮮)」에서 나온 말이다. 지도자가 나서서 이끌기보다 일이 되어가는 것을 차분히 지켜보는 것이 낫다는 노자의 정치철학을 보여주는 것이다.

약합부절(若合符節)　　같을 若 /합할 合 /부신 符 /마디 節

꼭 들어맞아 조금도 틀리지 아니함. 《맹자》

양궁상합(兩窮相合)　　두 兩 /궁할 窮 /서로 相 /합할 合

가난한 두 사람이 함께 모임.

양금미옥(良金美玉)　　좋을 良 /금 金 /아름다울 美 /옥 玉

인격이나 문장이 훌륭함의 비유.

양금신족(量衾伸足)　　헤아릴 量 /이불 衾 /펼 伸 /발 足

이불의 길이를 헤아려서 발을 편다는 말로, 무슨 일이나 그 결과를 생각하면서 힘으로 감당할 수 있는 정도 안에서 한다는 것. 《순오지》

양두색이(兩豆塞耳)　　두 兩 /콩 豆 /막힐 塞 /귀 耳

콩 두 개로 두 귀를 막음. 작은 물건으로 큰 것을 막을 수 있음을 비유하는 말이다. 《갈관자(鶡冠子)》 천칙(天則)에 다음과 같

은 말이 나온다. 「대저 귀란 듣는 것을 주관하며, 눈은 밝은 것을 주관하니, 나뭇잎 한 잎이 눈을 가리면 태산도 볼 수 없고, 콩 두 알로 귀를 막으면 뇌성벽력도 들리지 않는다(一葉蔽目 不見泰山 兩豆塞耳 不聞雷霆)」

양민오착(良民誤捉)　　좋을 良 /백성 民 /그릇할 誤 /잡을 捉

죄 없는 사람을 잘못 잡음.

양반양거(讓畔讓居)　　사양할 讓 /두둑 畔 /있을 居

논둑과 자기 거소를 양보함. 황제(黃帝)·순(舜)임금·문왕(文王) 때에는 어진 임금의 덕에 감화되어 백성이 모두 이러하였다 함.

양봉제비(兩鳳齊飛)　　두 兩 /봉새 鳳 /가지런할 齊 /날 飛

두 마리의 봉황이 나란히 날아간다는 뜻으로, 형제가 함께 영달함의 비유. 북제(北齊)의 최릉(崔陵)이 그의 아우 중문(仲文)과 함께 같은 날에 재상이 된 고사. 《북사(北史)》

양사주석(揚沙走石)　　오를 揚 /모래 沙 /달릴 走 /돌 石

세차게 부는 바람에 모래가 날리고 돌멩이가 굴러 달음질함. 비사주석(飛沙走石).

양상도회(梁上塗灰)　　들보 梁 /위 上 /진흙 塗 /재 灰

들보에 진흙과 재를 바른다는 말로, 여자의 얼굴에 분을 많이 바른 것을 비웃어 이르는 말.

양수집병(兩手執餠)　　두 兩 /손 手 /집을 執 /떡 餠

양 손에 떡을 쥔 격으로, 가지기도 어렵고 버리기도 어려운 경우를 가리키는 말.

양시쌍비(兩是雙非)　　두 兩 /옳을 是 /쌍 雙 /아닐 非

양편에 다 각각 까닭이 있어서 시비를 분간하기 어려운 경우를

이르는 말.

양이천석(良二千石)　　좋을 良 /두 二 /일천 千 /돌 石

뛰어나고 선량한 지방장관을 말한다. 한(漢)나라 때의 군(郡)의 태수(지방장관)의 녹봉이 1년에 2천 석이었던 데서 나온 말. 《한서》

양입제출(量入制出)　　헤아릴 量 /들 入 /억제할 制 /날 出

수입을 계산해서 그로부터 지출을 계상(計上)하는 건전 재정을 위한 대비를 말한다. 국가 재정 역시 이 원칙에 입각해서 행해야 하지만, 세출(歲出)을 억제한다는 것이 극히 어렵다. 양입계출(量入計出).

양장소경(羊腸小徑)　　양 羊 /창자 腸 /작을 小 /지름길 徑

양의 장(腸)처럼 꼬불꼬불한 좁은 길. 쉽게 달려서 빠져나갈 수 없는 곳이니, 대학입시 같은 난관의 비유.

양주지학(揚州之鶴)　　오를 揚 /고을 州 /의 之 /학 鶴

모든 세속적인 즐거움을 한 몸에 다 모으려는 짓의 비유.

양지양능(良知良能)　　좋을 良 /알 知 /능할 能

경험이나 교육에 의하지 않고 선천적으로 타고난 지혜와 능력.

양지지효(養志之孝)　　기를 養 /뜻 志 /갈 之 /효도 孝

부모의 마음에 순종하여 그 마음을 즐겁게 하는 효도를 말한다. 부모를 섬기는 진정한 효도를 다하는 것. 《맹자》

양질호피(羊質虎皮)　　양 羊 /바탕 質 /범 虎 /거죽 皮

호랑이 가죽을 쓰고 있지만 실질은 양이라는 것. 겉모양은 번드르르하지만 내용이 따르지 않는 것. 아무리 겉꾸미더라도 본질까지는 바꿀 수 없음을 비유해서 이르는 말. 《양자법언(揚子法言)》

양춘백설(陽春白雪)　　별 陽 /봄 春 /휠 白 /눈 雪

뛰어난 사람의 행동이나 말은 보통 사람으로서는 장단을 맞추기가 어렵고 흉내 낼 수 없음의 비유. 「양춘」, 「백설」은 초(楚)나라의 격조 높은 가곡.

양탕지비(揚湯止沸)　　오를 揚 /끓을 湯 /멈출 止 /끓을 沸

끓는 물을 퍼냈다가 다시 부어서 더 이상 끓지 못하게 한다는 뜻으로, 일시적인 미봉책(彌縫策)을 가리키는 말. 《여씨춘추》

아

양호상투(兩虎相鬪)　　두 兩 /범 虎 /서로 相 /싸울 鬪

두 마리의 호랑이가 서로 싸운다는 뜻으로, 두 영웅, 또는 두 강국이 서로 싸움을 비유하여 이르는 말. 《사기》

양호유환(養虎遺患)　　기를 養 /범 虎 /남길 遺 /근심 患

호랑이를 길러 근심을 남긴다는 뜻으로, 일찍 제거해야 할 것을 그대로 두어 두고두고 불안의 씨앗을 남기는 것. 《사기》 ☞ 양호이환(養虎貽患).

양화구복(禳禍求福)　　푸닥거리 禳 /화 禍 /구할 求 /복 福

재앙을 물리고 복을 구함.

양후지파(陽侯之波)　　별 陽 /제후 侯 /의 之 /물결 波

중국 진(晋)나라의 양후(陽侯)가 익사해 해신(海神)이 되어 풍파를 일으켜 배를 뒤집어엎었다는 고사에서, 바다의 큰 물결(海溢)을 이르는 말. 《전국책》

어망홍리(魚網鴻離)　　물고기 魚 /그물 網 /기러기 鴻 /붙을 離

물고기를 잡으려고 쳐 놓은 그물에 큰 새가 걸린다는 뜻으로, 구하는 것이 아닌 딴 것을 얻을 때 이르는 말.

어목혼주(魚目混珠)　　물고기 魚 /눈 目 /섞을 混 /구슬 珠

물고기 눈알을 진주로 가장한다는 뜻으로, 가짜를 진짜로 가장

하거나 나쁜 것을 좋은 것으로 속이는 행위를 일컫는 말. 《한시외전》

어변성룡(魚變成龍) 물고기 魚 /변할 變 /이룰 成 /용 龍

물고기가 변해 용이 되었다는 뜻으로, 곤궁하게 살던 사람이 부유하게 됨을 일컫는 말. 《송남잡식》

어불견수(魚不見水) 물고기 魚 /아니 不 /볼 見 /물 水

중요한 것인데도 너무도 가깝기 때문에 도리어 그것을 깨닫지 못함의 비유.

어숙지제(魚菽之祭) 물고기 魚 /콩 菽 /갈 之 /제사 祭

물고기와 콩을 차려 놓고 지내는 제사. 제수(祭需)가 변변치 못한 제사를 비유하는 말.

어시지혹(魚豕之惑) 물고기 魚 /돼지 豕 /의 之 /헷갈릴 惑

글자가 잘못 씌어졌다는 뜻으로, 여러 번 옮겨 쓰면 반드시 오자가 생긴다는 말.

어언무미(語言無味) 말씀 語 /말씀 言 /없을 無 /맛 味

독서하지 않는 사람은 언어에도 맛이 없다는 말.

어유부중(魚遊釜中) 물고기 魚 /놀 遊 /가마 釜 /가운데 中

고기가 솥 안에서 논다는 뜻으로, 목숨이 붙어 있다 할지라도 오래 가지 못할 것을 비유하여 이르는 말. ☞ 부중지어(釜中之魚).

어질용문(魚質龍文) 물고기 魚 /바탕 質 /용 龍 /무늬 文

용과 같이 위엄있는 모양을 하고 있으나 실은 물고기라는 말로, 일에 있어서 비슷하면서도 아닌 것을 비유하여 이르는 말. 《포박자》

억하심정(抑何心情) 누를 抑 /어찌 何 /마음 心 /뜻 情

대체 무슨 생각으로 그리 하는지 그 마음을 헤아릴 수 없다는 말.

언거언래(言去言來) 말씀 言 /갈 去 /올 來

여러 말을 서로 주고받음. 설왕설래(說往說來). 언삼어사(言三語四). 또는 말다툼.

언무수문(偃武修文) 쓰러질 偃 /군사 武 /닦을 修 /글월 文

전쟁이 끝나고 평화롭게 됨의 비유. 문(文)은 무(武 : 군사)에 대한 말로, 정치·학문·예술 및 외교 등을 가리킨다. 《서경》

언불진의(言不盡意) 말씀 言 /아닐 不 /다할 盡 /뜻 意

말로는 충분히 그 마음을 다 나타내지 못함.

언중유골(言中有骨) 말씀 言 /가운데 中 /있을 有 /뼈 骨

말 속에 뼈가 있다는 말로, 예사로운 말 속에 단단한 속뜻이 들어 있다는 말.

언즉시야(言則是也) 말씀 言 /곧 則 /옳을 是 /어조사 也

말인즉 사리에 맞으나 실제로 행함에 있어서는 지장이 있을 때를 이름.

엄목포작(掩目捕雀) 가릴 掩 /눈 目 /잡을 捕 /참새 雀

그때뿐인 잔재주를 부림의 비유. 어리석은 사람의 비유. 새를 잡을 때, 제 눈만 가리면 새에게 들키지 않는다고 믿는 것. 《후한서》 비 엄이도령(掩耳盜鈴).

엄이도종(掩耳盜鐘) ☞ 엄이도령(掩耳盜鈴).

여고금슬(如鼓琴瑟) ☞ 금슬상화(琴瑟相和).

여광여취(如狂如醉) 같을 如 /미칠 狂 /취할 醉

기뻐서 미친 듯도 하고 취한 듯도 함.

여구기귀(黎邱奇鬼) 검을 黎 /언덕 邱 /기이할 奇 /귀신 鬼

거짓으로 진실을 해침의 비유.

여기소종(沴氣所鍾)　해칠 沴 /기운 氣 /바 所 /종 鍾

요악스러운 사람을 가리키는 말.

여단수족(如斷手足)　같을 如 /끊을 斷 /손 手 /발 足

손발이 끊어진 것처럼 의지할 곳이 없어짐.

여리박빙(如履薄氷)　같을 如 /밟을 履 /얇을 薄 /얼음 氷

언제 깨질지 모르는 얼음판 위를 걸어가듯이 신중을 기하는 것. 또는 매우 위험하여 긴장된 장면에 임하는 것을 말한다. 《시경》

여림심연(如臨深淵)　같을 如 /임할 臨 /깊을 深 /못 淵

깊은 웅덩이를 들여다볼 때처럼 신중하게 몸가짐을 삼가는 것. 또는 매우 위험한 상황에 있음의 비유. 《시경》

여발통치(如拔痛齒)　같을 如 /뺄 拔 /아플 痛 /이 齒

앓던 이가 빠진 것처럼 고민거리가 제거되어 시원하다는 말.

여병말마(厲兵秣馬)　갈 厲 /군사 兵 /꼴 秣 /말 馬

병장기를 갈고 군마를 살지게 먹이다. 전쟁준비를 완벽하게 갖추는 것을 비유하여 이르는 말. 《좌전》

여불비례(餘不備禮)　남을 餘 /아닐 不 /갖출 備 /예도 禮

나머지는 예를 갖추지 못한다는 뜻으로, 편지의 본문 뒤에 쓰는 상투어. 여불비(餘不備).

여비사지(如臂使指)　같을 如 /팔 臂 /부릴 使 /손가락 指

팔이 손가락 부림과 같다는 뜻으로, 마음대로 되지 않는 것이 없음을 이르는 말.

여세무섭(與世無涉)　더블 與 /세상 世 /없을 無 /건널 涉

세상과 상관함이 없음.

여세추이(與世推移)　　따를 與 /세상 世 /변천할 推 /옮길 移

세상이 변하는 대로 따라서 변함. 《초사》

여수동죄(與受同罪)　　줄 與 /받을 受 /같을 同 /죄 罪

장물을 주는 것과 받는 것은 둘 다 죄가 같음.

여수투수(如水投水)　　같을 如 /물 水 /던질 投

물에 물을 탄다는 뜻으로, 흐리멍덩함을 이름. 「물에 물탄 듯 술에 술탄 듯」과 같은 말.

아

여시아문(如是我聞)　　같을 如 /옳을 是 /나 我 /들을 聞

나는 이와 같이 들었다는 뜻. 부처님의 지교(指敎)에 따라 제자 아난(阿難)이 불경을 편찬할 때 모든 경(經)의 모두(冒頭)에 붙인 말. 《불지경론(佛地經論)》

여실일비(如失一臂)　　같을 如 /잃을 失 /한 一 /팔 臂

한쪽 팔을 잃었다는 뜻으로, 가장 믿고 힘이 되는 사람을 잃는 것을 비유하는 말.

여아부화(如蛾赴火)　　같을 如 /나방 蛾 /나아갈 赴 /불 火

불나방이 불에 날아드는 것과 같다는 뜻으로, 탐욕으로 인해 몸을 망침을 비유하여 이르는 말.

여어득수(如魚得水)　　같을 如 /물고기 魚 /얻을 得 /물 水

물고기가 물을 만난 듯하다. 곧 사람을 제대로 만났거나, 환경이 자기에게 알맞은 것을 의미한다. 반 여어실수(如魚失水).

여어실수(如魚失水)　　같을 如 /물고기 魚 /잃을 失 /물 水

물고기가 물을 떠나 살 수 없듯, 곤궁한 사람이 의탁할 곳이 없어 기가 막힌다는 말. 《장자》 반 여어득수(如魚得水).

여연지필(如椽之筆)　　같을 如 /서까래 椽 /갈 之 /붓 筆

서까래 같은 필력. 곧 글재주가 뛰어남을 일컬음. 《진서》

여월지항(如月之恒) 같을 如 /달 月 /갈 之 /항상 恒

사물이 날로 성해져 가는 것. 또 좋은 상황으로 진전해 가는 것. 초승달이 밤마다 차서 커지는 모습에 비유한다. 《시경》

여의투질(如蟻偷垤) 같을 如 /개미 蟻 /훔칠 偷 /개밋둑 垤

「개미 금탑을 모으듯 한다」와 같은 뜻. 근검하여 재산을 축적함을 이름. 《순오지》

여자동포(與子同袍) 더불어 與 /아들 子 /같을 同 /도포 袍

자네와 두루마기를 같이 입자는 뜻으로, 친구 사이에 서로 무관하여 하는 말. 《시경》

여작계륵(如嚼鷄肋) 같을 如 /씹을 嚼 /닭 鷄 /갈비뼈 肋

☞ 계륵(鷄肋).

여장절각(汝牆折角) 너 汝 /담 牆 /꺾을 折 /뿔 角

다른 사람 때문에 공연히 손해를 입었음을 이르는 말.

여조과목(如鳥過目) 같을 如 /새 鳥 /지날 過 /눈 目

새가 눈앞을 스쳐 날아가는 것처럼 빨리 지나친다는 뜻으로, 빠른 세월을 이르는 말.

여족여수(如足如手) 같을 如 /발 足 /손 手

형제간의 우애가 두터움을 손과 발에 비유하여 이르는 말.

여좌침석(如坐針席) 같을 如 /앉을 坐 /바늘 針 /자리 席

바늘방석에 앉은 것과 같이 매우 불안함을 이름. 안절부절못함.

여진여퇴(旅進旅退) 무리 旅 /나아갈 進 /물러날 退

자신의 주견이나 절개 없이 여럿에 휩쓸려 행동함.

여측이심(如厠二心) 같을 如 /측간 厠 /두 二 /마음 心

뒷간에 갈 적 마음 다르고 올 적 마음 다르다는 뜻으로, 자신에

게 필요할 때는 급하게 굴다가 그 일이 끝나면 마음이 변함을 비유하여 이르는 말.

여타자별(與他自別) 줄 與 /남 他 /스스로 自 /별다를 別

남보다 사이가 유달리 가까움을 일컫는 말.

여탈폐사(如脫弊屣) 같을 如 /벗을 脫 /해질 弊 /신 屣

헌신짝 버리듯 아낌없이 버림.

여택지계(麗澤之契) 고울 麗 /못 澤 /의 之 /맺을 契

친구와 서로 논쟁을 하며 서로 도우면서 수양에 힘씀. 여택은 두 못이 서로 수맥을 통하고 서로 혜택을 주고 있다는 뜻. 《역경》

여풍과이(如風過耳) 같을 如 /바람 風 /지날 過 /귀 耳

무관심함의 형용. 바람이 귓전을 지나가듯이 아무런 관심도 보이지 않음을 이르는 말. 남의 말을 조금도 귀담아듣지 않는다는 뜻. 《오월춘추》 비 마이동풍.

여필종부(女必從夫) 계집 女 /반드시 必 /좇을 從 /지아비 夫

아내는 반드시 남편을 따라야 한다는 말.

여화여도(如火如荼) 같을 如 /불 火 /씀바귀 荼

불과 같고 씀바귀 같다는 뜻으로, 기세가 충천하다, 기세가 하늘을 찌를 듯이 높다는 말. 도(荼)는 씀바귀. 《국어》

역려과객(逆旅過客) 맞이할 逆 /나그네 旅 /지날 過 /손 客

「대체로 천지는 만물의 숙소요, 세월은 그 천지 사이를 지나는 영원한 나그네다(夫天地者萬物之逆旅 光陰者百代之過客)」 세상은 마치 여관과도 같고 인생은 이 여관에서 잠시 머무는 나그네와 같다는 뜻. 역려는 여관. 이백(李白) 「춘야연도리원서(春夜宴桃李園序)」.

역보역추(亦步亦趨)　　또 亦 /걸을 步 /달릴 趨

남이 걸으면 나도 걷고, 남이 뛰면 나도 뛴다는 뜻으로, 남이 하는 대로 덩달아 함. 《장자》

역성혁명(易姓革命)　　바꿀 易 /성 姓 /혁파할 革 /명할 命

왕조가 바뀌는 일. 역성(易姓)은 성을 바꾸는 것. 어떤 성을 가진 임금에서 다른 성을 가진 임금으로 교체하는 것. 「혁명」은 하늘의 명을 받아서 임금이 된 자에게 덕이 없어져서 하늘이 명을 혁파(革罷)하여 다른 자에게 내리는 것. 「성(姓)을 바꾸고 명(命)을 혁파하다」의 뜻. 《사기》

역이지언(逆耳之言)　　거스를 逆 /귀 耳 /갈 之 /말씀 言

귀에 거슬리는 말이란 뜻으로, 충고를 이르는 말. 《사기》

연경거종(延頸擧踵)　　끌 延 /목 頸 /들 擧 /발꿈치 踵

목을 길게 빼고 까치발을 하고 기다린다는 뜻으로, 사람이 찾아오는 것을 은근히 기다리는 것. 《여씨춘추》

연년세세(年年歲歲)　　해 年 /해 歲

연년세세보다는 「세세연년」으로 많이 쓰고, 「세세」 또는 「연년」으로 줄여 쓰기도 한다. 문어체의 글, 특히 윗사람의 안부를 묻는 편지글 끝에 많이 쓴다. 축복을 빌거나 좋은 일이 일어나기를 바랄 때 쓰는 용어로, 뒤에는 항상 좋은 뜻의 글이 따른다. 후한(後漢)의 과학자이자 문인인 장형(張衡)의 「축혼가(祝婚歌)」 말미에 「이 초야의 기쁨 비할 데 없어 / 천년토록 연년세세 잊지 못한다」라는 내용이 나오는 것으로 미루어 아주 오래전부터 사용된 관용어임을 알 수 있다. 뜻은 다르지만, 오래 살기를 기원할 때는 쓰는 「연년익수(延年益壽)」나 자손이 번성하기를 바랄 때 쓰는 「자자손손(子子孫孫)」, 「세세손손(世世孫

孫)」, 「대대손손(代代孫孫)」, 「세세생생(世世生生)」 등과 바꿔 쓰기도 한다. 또 「연년세세화상사(年年歲歲花相似)」 즉 「해마다 꽃은 비슷하다」 라는 뜻으로, 자연의 변함없는 모습을 비유하는 가운데 인생의 무상함에 대한 탄식이 담겨 있는 말이다. 중국 당(唐)나라 때 유정지(劉廷芝)가 지은 시 「대비백두옹(代悲白頭翁)」의 한 구절이기도 하다.

연대지필(椽大之筆)　　서까래 椽 /클 大 /갈 之 /붓 筆

서까래만한 큰 붓이라는 뜻으로, 당당한 대문장(大文章)을 일컫는다. 《진서》

연도일할(鉛刀一割)　　납 鉛 /칼 刀 /한 一 /나눌 割

무딘 칼이라 할지라도 한 번은 자를 수 있다는 뜻으로, 자기의 미력(微力)을 겸손하게 이르는 말. 또는 두 번 다시 쓰지 못함을 비유하여 이르는 말. 《후한서》

연독지정(吮犢之情)　　핥을 吮 /송아지 犢 /갈 之 /뜻 情

어미 소가 송아지를 핥는 정이라는 뜻으로, 자기의 자녀나 부하에 대한 사랑을 겸손하게 일컫는 말. 㑹 연저지인(吮疽之仁).

연두월미(年頭月尾)　　해 年 /머리 頭 /달 月 /꼬리 尾

연두는 그 해의 시작. 월미는 그 달의 끝. 곧 일년 내내. 시험에서 대의(大義)는 묻지 않고 지엽적인 자구(字句)만을 묻는 것. 《당서》

연미지액(燃眉之厄)　　사를 燃 /눈썹 眉 /갈 之 /재앙 厄

눈썹을 태울 재앙이라는 뜻으로, 썩 급하게 닥치는 재액(災厄)을 이르는 말. ☞ 초미지급(焦眉之急).

연비어약(鳶飛魚躍)　　솔개 鳶 /날 飛 /물고기 魚 /뛸 躍

자연스럽게 하늘에 솔개가 날고 물속에서 고기가 뛰노는 것과

같은 천지조화의 오묘함을 일컫는 말. 《시경》

연서지명(燃犀之明) 사를 燃 /무소 犀 /갈 之 /밝을 明

무소뿔을 불태워서 어두운 곳을 밝게 비친다는 뜻으로, 사물을 명확하게 꿰뚫어보는 재지(才智)를 일컫는 말. 전설에, 무소뿔을 불태운 불빛은 물속 깊은 곳, 보통은 보이지 않는 곳까지 투시할 수 있다고 한다. 《진서》

연성지벽(連城之璧) 잇달을 連 /성 城 /갈 之 /옥 璧

명옥(名玉)을 이르는 말. 15개의 성시(城市)와 바꾸어도 아깝지 않을 정도의 명옥. ☞ 화씨지벽(華氏之璧).

연안대비(燕雁代飛) 제비 燕 /기러기 雁 /대신할 代 /날 飛

제비가 날아올 때는 기러기가 날아가고, 기러기가 올 때는 제비가 날아가, 각각 다른 방향으로 간다는 뜻에서, 인사(人事)의 서로 어긋남을 비유하여 이르는 말. 연홍지탄(燕鴻之歎). 《회남자》

연안짐독(宴安酖毒) 잔치 宴 /편안할 安 /짐새 酖 /독 毒

안일을 탐하는 것은 독약처럼 몸을 망침을 비유하여 이르는 말. 연안은 쓸데없이 놀고 즐기는 것. 짐독은 짐독(鴆毒)이라고도 쓰는데, 짐새의 깃털을 술에 담근 독약. 《좌전》

연옹지치(吮癰舐痔) 빨 吮 /악창 癰 /핥을 舐 /치질 痔

종기의 고름을 빨고 치질 앓는 밑을 핥는다는 뜻으로, 남에게 지나치게 아첨함을 이르는 말. 《논어》

연작처당(燕雀處堂) 제비 燕 /참새 雀 /살 處 /집 堂

안락한 생활에 빠져서 경각심을 잃고 장차 닥쳐올 재앙을 깨닫지 못함을 비유하여 이르는 말. 《공총자(孔叢子)》

연작홍곡(燕雀鴻鵠) 제비 燕 /참새 雀 /큰기러기 鴻 /고니 鵠

하찮은 사람(小人)이 큰 인물의 원대한 꿈이나 그 기개를 알 수 없음을 이르는 말. ☞ 연작안지홍곡지지(燕雀安知鴻鵠之志).

연지삽말(軟地插秣) 무를 軟 /땅 地 /박을 揷 /말뚝 秣

무른 땅에 말뚝을 박는다는 뜻으로, 일하기 매우 쉬움을 일컫는 말.

연파천리(煙波千里) 연기 煙 /물결 波 /일천 千 /거리 里

강호(江湖)의 연파(煙波)에서 멀리 떨어짐. 헤어져서 다시 만나기 어려움의 비유.

연편누독(連篇累牘) 잇달을 連 /책 篇 /묶을 累 /편지 牘

연이어진 글과 쌓여 있는 편지글이라는 뜻으로, 쓸데없이 문장이 장황함을 비유하여 이르는 말. 《수서》

연하고질(煙霞痼疾) 연기 煙 /놀 霞 /고질 痼 /병 疾

깊이 산수의 경치를 사랑하고 집착하여 여행을 즐기는 고질 같은 성벽(性癖). 연하지벽(煙霞之癖).

연함투필(燕頷投筆) 제비 燕 /턱 頷 /던질 投 /붓 筆

문사정책(文事政策)을 그만두고 무단정책(武斷政策)을 취함의 비유. 또는 원정(遠征)의 뜻을 세우는 것. 연함은 제비턱, 곧 무력으로 성공할 골상. 《후한서》

연함호두(燕頷虎頭) 제비 燕 /턱 頷 /범 虎 /머리 頭

출세할 인상. 귀인(貴人) 상의 비유. 연함은 제비턱. 호두(虎頭)는 호랑이처럼 실팍한 머리. 연함호경(燕頷虎頸).

연홍지탄(燕鴻之歎) 제비 燕 /기러기 鴻 /의 之 /탄식할 歎

제비가 날아올 때는 기러기가 날아가고, 기러기가 올 때는 제비가 날아가, 각각 다른 방향으로 간다는 뜻에서, 길이 어긋나서 서로 만나지 못하여 하는 탄식. 연안대비(燕雁代飛).

연화왕생(蓮花往生)　　연꽃 蓮 /꽃 花 /갈 往 /날 生

죽은 후에 극락정토의 연화좌(蓮華坐) 위에 태어나는 일.

연화중인(煙火中人)　　연기 煙 /불 火 /가운데 中 /사람 人

화식(火食 : 불에 익힌 음식)하는 사람. 곧 속세의 사람.

열이불치(涅而不緇) 검게 물들일 涅 /말이을 而 /아닐 不 /검은비단 緇

결백하고 심지가 굳은 사람은 나쁜 환경에 있으면서도 영향 받지 않음의 비유. 열(涅)과 치(緇)는 모두 검게 물들이는 것. 《논어》

염거지감(鹽車之憾)　　소금 鹽 /수레 車 /의 之 /한할 憾

유능한 사람이 불우한 처지를 한탄함의 비유. ☞ 백낙일고

염력통암(念力通巖)　　생각할 念 /힘 力 /꿰뚫을 通 /바위 巖

일을 함에 있어 온 정성을 들이면 무엇이나 안되는 것이 없다는 뜻.

염리예토(厭離穢土)　　싫을 厭 /떠날 離 /더러울 穢 /흙 土

온갖 더러움이 쌓인 이 속세를 싫어하여 떠남.

염불급타(念不及他)　　생각할 念 /아닐 不 /미칠 及 /다를 他

생각이 다른 곳에 미치지 못한다는 뜻으로, 다른 생각을 할 겨를이 없음.

염철지리(鹽鐵之利)　　소금 鹽 /쇠 鐵 /의 之 /이익 利

국가가 소금과 철을 전매제(專賣制)로 하여 얻는 이익을 말한다. 한(漢)나라 무제 때 소금과 철을 전매제로 하여 백성이 크게 고통을 받는 결과가 되었다. 그래서 전매제의 시비(是非)가 거론되었다. 그 논쟁의 과정을 서술한 책으로, 한나라 때의 환관(桓寬)이 저술한 《염철론(鹽鐵論)》이 있다.

영고성쇠(榮枯盛衰)　　영화 榮 /마를 枯 /성할 盛 /쇠할 衰

개인이나 사회의 성하고 쇠함이 서로 뒤바뀌는 현상. 부침(浮沈), 승침(昇沈).

영만지구(盈滿之咎)　　찰 盈 /찰 滿 /갈 之 /재앙 咎

차면 반드시 이지러진다는 뜻으로, 만사가 다 이루어졌을 때에는 도리어 화를 부르게 됨의 비유. 《후한서》

영서연설(郢書燕說)　　땅이름 郢 /편지 書 /연나라 燕 /말씀 說

영(郢)나라 편지와 연(燕)나라 해석이란 뜻으로, 이치에 맞지 않는 것을 억지로 끌어다 붙여 도리에 맞는 것처럼 말한다는 뜻으로, 억지로 꿰어 맞추는 것을 이르는 말. 《한비자》

영설지재(詠雪之才)　　읊을 詠 /눈 雪 /갈 之 /재주 才

문재(文才)에 능한 여성. 재원(才媛)을 비유해서 일컫는 말. 《진서》

영웅기인(英雄欺人)　재주 뛰어날 英 /뛰어날 雄 /속일 欺 /사람 人

영웅은 재지(才知)가 뛰어나므로 간단히 범인의 눈을 속일 수가 있다는 말.

영원지정(鴒原之情)　　할미새 鴒 /들판 原 /의 之 /뜻 情

형제지간에 급박한 곤란함이 있을 때는 서로 도와야 한다는 말. 영원(鴒原)은 물새인 할미새가 물가가 없는 들판에 있다는 뜻. 《시경》

영인이해(迎刃而解)　　맞이할 迎 /칼날 刃 /말이을 而 /풀 解

기세가 거세어 감히 대항하는 자가 없음을 이르는 말. 그다지 힘을 들이지 않아도 어렵지 않게 적을 무찌를 수 있을 만한 기세를 말한다. 칼날로 대나무를 쪼갤 때 처음 한 마디를 쪼개면 그 다음은 칼날을 맞듯이 저절로 대나무가 쪼개지는 데서 나온 말. 《진서》 ☞ 파죽지세(破竹之勢).

영출다문(令出多門)　　영 令 /날 出 /많을 多 /문 門

명령계통이 문란하여 여러 곳에서 명령이 내림.

영파지목(盈把之木)　　찰 盈 /잡을 把 /갈 之 /나무 木

한 손에 쥘 수 있는 나무라는 뜻으로, 아주 작은 나무를 이르는 말. 《한시외전》

예불가폐(禮不可廢)　　예도 禮 /아닐 不 /옳을 可 /폐할 廢

어느 때 어느 곳에서나 예의는 지켜야 한다는 말.

예상왕래(禮尙往來)　　예도 禮 /오히려 尙 /갈 往 /올 來

예는 서로 주고받는 것이 중요하다. 상고(上古)시대에는 오직 덕을 귀하게 여겼다. 그 다음 시대에는 베풀고 보답하는 일에 힘썼다. 예는 가고 오는 것을 귀하게 여긴다. 가고 오지 않으면 예가 아니고, 오고 가지 않는 것도 예가 아니다. 사람이 예가 있으면 편안하고 예가 없으면 위태롭다. 따라서 예는 배우지 않으면 안 된다. 예는 자신을 낮추고 남을 높이는 것이다. 비록 등짐을 진 장사꾼이라 하더라도 반드시 존중받을 만한 것이 있는데 하물며 부귀한 사람이겠느냐? 부귀하면서도 예를 좋아하면 교만하고 음탕하게 되지 않으며, 가난하고 천하더라도 예를 좋아하면 뜻을 꺾을 수 없다. 《예기》

예수지교(醴水之交)　　단술 醴 /물 水 /의 之 /사귈 交

덕과 교양이 있는 인격자의 교우(交友)는 담담하기 때문에 오래 가지만, 범인의 교우는 달콤하고 끈적끈적하기 때문에 곧 소원해진다. 인격자와 범인의 교우의 차이에 대해서 하는 말. 예(醴)는 하룻밤 발효시킨 감주(甘酒). 《장자》

예승즉이(禮勝則離)　　예도 禮 /이길 勝 /곧 則 /떨어질 離

예절이 지나치면 도리어 사이가 멀어짐.

예의염치(禮義廉恥)　　예도 禮 /옳을 義 /청렴할 廉 /부끄러울 恥

예절과 의리와 청렴 및 부끄럼을 아는 태도.

예주불설(醴酒不設)　　단술 醴 /술 酒 /아닐 不 /말씀 說

손님에 대한 경의(敬意)가 덜해지고 대접이 소홀해지는 것. 또 스승에 대한 공경심이 엷어지는 것. 《한서》

오가기린(吾家麒麟)　　나 吾 /집 家 /기린 麒 /기린 麟

우리 집의 기린이라는 뜻으로, 부모가 자기 자식의 준수(俊秀)함을 칭찬하는 말.

아

오가소립(吾家所立)　　나 吾 /집 家 /바 所 /설 立

자기가 뒤를 보아 출세시켜 준 사람이란 뜻.

오경소지(五經掃地)　　다섯 五 /경서 經 /쓸 掃 /땅 地

공맹(孔孟)의 교(敎)가 쇠퇴하여 행하여지지 않음을 이름.

오곡불승(五穀不升)　　다섯 五 /곡식 穀 /아닐 不 /되 升

오곡이 모두 여물지 않았다는 뜻으로, 흉년이 듦을 이르는 말. 《곡량전(穀梁傳)》

오구지혼(梧丘之魂)　　벽오동나무 梧 /언덕 丘 /의 之 /넋 魂

죄 없이 살해되는 것. 제(齊)나라 경공(景公)이 오구에서 사냥을 한 날 밤 꿈에 선군인 영공(靈公)에 의하여 죄 없이 죽어간 다섯 사나이가 나타났다. 잠에서 깬 경공은 신하에게 명하여 땅을 파서 찾게 했더니 과연 다섯 구의 해골이 나왔다. 경공은 놀라서 그 해골을 새삼 정중히 장사지내게 했다는 고사에서 나온 말이다. 《안자춘추》

오당지사(吾黨之士)　　나 吾 /무리 黨 /의 之 /선비 士

같은 동아리인 사람. 또 같은 고향마을. 또는 한집안 사람.

오도남의(吾道南矣)　　나 吾 /길 道 /남녘 南 /어조사 矣

뛰어난 제자가 스승 곁을 떠나는 것을 아쉬워하는 말. 송나라의 정호(程顥)가 그의 제자 양시(楊時)가 떠남을 애석히 여긴 데서 나온 말. 《송사》 오도동의(吾道東矣).

오동일엽(梧桐一葉) ☞ 일엽지추(一葉知秋).

오두초미(吳頭楚尾)　　오나라 吳 /머리 頭 /초나라 楚 /꼬리 尾

머리는 오나라에 가 있고 꼬리는 초나라에 가 있다. 곧 두 지역이 아주 가까운 것을 비유하는 말.

오매사복(寤寐思服) ☞ 오매불망.

오방저미(五方猪尾)　　다섯 五 /방향 方 /돼지 猪 /꼬리 尾

다섯 방향으로 나 있는 돼지의 꼬리란 뜻으로, 권세와 돈 많은 자에게는 누구를 막론하고 아첨을 잘하는 사람을 비유하여 이르는 말. 《세종실록》

오부홍교(誤付洪喬)　　그릇할 誤 /줄 付 /큰물 洪 /높을 喬

「홍교에게 잘못 부탁하다」라는 뜻으로, 편지가 유실된 것을 비유하는 성어이다. 진(晋)나라 때 은흠(殷羨 : 자는 홍교)이라는 사람이 있었는데, 그는 한때 예장(豫章)의 태수를 지냈다. 그런데 당시의 문인들 사이에는 미치광이처럼 날뛰는 것이 활달하고 개방적인 선비의 자세로 여기는 풍습이 유행했다. 그도 성격이 고고하고, 세속에 구애됨이 없이 행동하여 유별난 데가 있었다. 은흠이 태수 직을 그만두고 떠날 때, 사람들이 그에게 전해 달라고 부탁한 편지가 백여 통이나 되었다. 예장을 떠난 은흠은 석두(石頭)라는 곳에 이르러 부탁받은 편지를 모두 물에 던져버리고는 이렇게 말했다. 「가라앉을 것은 가라앉고 떠오를 것은 떠올라라. 나 은홍교는 편지를 배달하는 사람이 아니다」 《세설신어》 임탄편은 세속에 구애됨이 없이 기행을 일삼은 기인이사(奇人異士)들에

관한 일화를 담고 있다.

오비삼척(吾鼻三尺) 나 吾 /코 鼻 /석 三 /자 尺

내 코가 석 자라는 뜻으로, 자기의 곤궁이 심하여 남의 사정을 돌볼 겨를이 없음을 일컫는 말. 《순오지》

오비이락(烏飛梨落) 까마귀 烏 /날 飛 /배 梨 /떨어질 落

아무런 관계도 없이 한 일이 우연히 동시에 일어나 다른 일과 관계된 것처럼 남의 혐의를 받게 됨을 비유하는 말. 「까마귀 날자 배 떨어진다」로 풀이되며, 아무런 관계도 없이 한 일이 우연히 다른 일과 동시에 일어나 오해를 받게 되는 경우를 나타낸다. 조선 인조 때의 학자 홍만종(洪萬宗)이 엮은 《순오지(旬五志)》에 있는 말이며, 우리나라에서 많이 쓰이는 고사성어의 하나이다. 우리 속담에는 일이 잘 안 될 때는 안 좋은 일이 겹친다는 말이 많은데, 「소금 팔러 가니 이슬비 온다」, 「도둑을 맞으려면 개도 안 짖는다」 등이 이와 같은 예이며, 이 말은 모두 우리나라에서 만들어진 속담이다.

오비일색(烏飛一色) 까마귀 烏 /날 飛 /한 一 /빛 色

날고 있는 까마귀가 모두 같은 빛깔이라는 뜻으로, 모두 같은 종류. 또는 피차 똑같음을 이르는 말.

오비토주(烏飛兎走) 까마귀 烏 /날 飛 /토끼 兎 /달릴 走

세월이 빠름을 이르는 말. 오(烏)는 까마귀로 태양의 뜻, 토(兎)는 토끼로 달에 해당한다. 태양에는 세발달린 까마귀가 살고, 달 속에는 토끼가 살고 있다고 생각하고 있던 중국의 오랜 전설에서 온 말. 오토(烏兎)는 태양과 달을 가리키며 전(轉)해서 세월, 일월(日月)의 비유가 되었다.

오사필의(吾事畢矣) 나 吾 /일 事 /마칠 畢 /어조사 矣

나의 일은 끝났다는 뜻으로, 자신의 역할을 다 했음을 이르는 말. 《송사》

오상고절(傲霜孤節) 거만할 傲 /서리 霜 /외로울 孤 /절개 節

서릿발이 심한 속에서도 굴하지 않고 외로이 지키는 절개의 뜻으로, 국화(菊花)를 비유하여 이르는 말.

오색무주(五色無主) 다섯 五 /빛 色 /없을 無 /주인 主

공포에 사로잡혀 연달아 안색이 여러 가지로 변함. 《회남자》

오서지기(鼯鼠之技) 날다람쥐 鼯 /쥐 鼠 /의 之 /재주 技

날다람쥐의 재주. 날다람쥐는 날고뛰고 헤엄치는 등 다양한 재주를 가지고 있지만, 모두 서투르다는 뜻으로, 재주는 많아도 제대로 이룬 것이 없을 때 쓰는 말. 오서오능(鼯鼠五能). 《순자》

오십천명(五十天命) 다섯 五 /열 十 /하늘 天 /목숨 命

「50이 되어 천명을 안다」라고 한다. 공자가 만년(晩年)이 되어서 자기 자신의 인간 형성의 자취를 되돌아보며 회고한 유명한 《논어》의 일절. 50세가 되어 겨우 하늘로부터 주어진 사명을 자각했다고 하는 것. 인생 50년이 아니다. 《논어》 위정편에, 15세에 지학(志學), 30에 이립(而立), 40에 불혹(不惑), 50에 지천명(知天命), 60에 이순(耳順), 70에 종심소욕(從心所欲)이라고 한다. 유 금시작비(今是昨非). ☞ 불혹지년(不惑之年).

오안불손(傲岸不遜) 거만할 傲 /벼랑 岸 /아닐 不 /겸손할 遜

행동거지가 오만불손하고 잘난 체하는 태도. 오안(傲岸)은 자존심이 높아 남에게 겸양하지 않는 모양. 안(岸)은 깎아지른 듯이 우뚝 솟은 벼랑. 비 방약무인(傍若無人)·안하무인(眼下無人).

오언장성(五言長城) 다섯 五 /말씀 言 /길 長 /성 城

장성은 만리장성으로, 오언의 시(詩)에 능숙함을 비유하는 말. 오언금성(五言金城). 《신당서》

오언절구(五言絶句)　다섯 五 /말씀 言 /끊을 絶 /글귀 句

오언 사구(四句)로 된 시. 오언율시(五言律詩)와 함께 근대적인 한시형(漢詩型)의 하나로 중국 당나라 때 성하였다. 각 구를 순서로 기·승·전·결이라 부르고, 한 구의 자수에 따라 오언과 칠언으로 구분한다. 유 오언율시·칠언절구(七言絶句).

아

오일경조(五日京兆)　다섯 五 /날 日 /서울 京 /조짐 兆

닷새 서울이라는 말로, 하던 일이 며칠 가지 않아서 끝장이 나리라는 뜻. 경조(京兆)는 서울. 옛날에는 관리의 임기가 곧 만료되는 것을 비유하는 말로도 쓰였다. 《한서》

오자등과(五子登科)　다섯 五 /아들 子 /오를 登 /과정 科

옛날, 아들 다섯이 문과(文科)나 무과(武科)에 합격함. 이런 경우, 어버이가 있으면 해마다 쌀을 내리거나 특별히 벼슬을 올려주고, 죽었으면 추증(追贈)하고 무덤에 제사를 지내 주었음.

오자탈주(惡紫奪朱)　미워할 惡 /자줏빛 紫 /빼앗을 奪 /붉을 朱

자주색이 붉은색을 망쳐 놓는 것을 미워한다는 뜻으로, 거짓이 참을 욕보임. 또는 소인이 현자를 욕보임을 비유하여 이르는 말. 《논어》

오장육부(五臟六腑)　다섯 五 /내장 臟 /여섯 六 /장부 腑

오장은 한방(漢方)에서 간(肝)·심(心)·비(脾)·폐(肺)·신(腎) 다섯 개의 내장. 육부는 대장(大腸)·소장(小腸)·담(膽)·위(胃)·삼초(三焦)·방광(膀胱). 일반적으로 내장 모두. 몸 전체의 뜻.

오지자웅(烏之雌雄)　까마귀 烏 /의 之 /암컷 雌 /수컷 雄

☞ 수지오지자웅(誰知烏之雌雄).

오집지교(烏集之交)　까마귀 烏 /모일 集 /갈 之 /사귈 交

까마귀처럼 많이 모인 교제라는 뜻으로, 잇속으로 맺어진 교제. 《관자》

오풍십우(五風十雨)　다섯 五 /바람 風 /열 十 /비 雨

닷새에 한 번 바람이 불고 열흘에 한 번 비가 온다는 뜻으로, 기후가 순조롭고 풍년이 들어 천하가 태평한 모양을 일컫는 말. 중국 한(漢)나라 때의 사상가 왕충(王充)이 지은 《논형(論衡)》에 「태평한 시대에는 5일에 한번 바람 불고 10일에 한 차례 비가 오는데, 바람은 나뭇가지를 울리지 않게 솔솔 불고 비는 흙덩이를 부수지 못할 정도로 조용히 내린다(太平之世 五日一風 十日一雨 風不鳴枝 雨不破塊)」에서 비롯된 말이며, 또 남송(南宋)의 대표적 시인 육유(陸游)의 시에 「십풍오우(十風五雨)하여 세풍양(歲豊穰)」이라 하여 오풍십우를 십풍오우라 하기도 한다. 조선 전기의 문신 강희맹(姜希孟)이 「흙덩이 부서지지 않고 나뭇가지 흔들리지 않을 만큼, 천지의 기운이 기후 고르고 태평하게 되면, 아아 늙은 농부들이야 어찌 임금의 힘입은 줄 알랴. 오직 화락하게 밭 갈고 우물 파는 일만 하리(塊不破枝不揚 絪縕調玉燭 吁老農豈知蒙帝力 熙熙但耕鑿)」하고 읊었다.

오합지졸(烏合之卒) ☞ 오합지중.

옥곤금우(玉昆金友)　옥 玉 /형 昆 /금 金 /동기 友

옥 같은 형과 금 같은 아우라는 뜻으로, 남의 형제를 칭찬하는 말. 《남사》

옥골선풍(玉骨仙風)　옥 玉 /뼈 骨 /신선 仙 /풍채 風

살빛이 희고 고결하여 신선과 같은 풍채.

옥석동쇄(玉石同碎)　　옥 玉 /돌 石 /같을 同 /부슬 碎

옥과 돌이 같이 부서진다는 뜻으로, 착한 자와 악한 자가 함께 망함을 비유하여 이르는 말. ☞ 옥석구분(玉石俱焚).

옥야천리(沃野千里)　　물 댈 沃 /들 野 /일천 千 /거리 里

기름진 들판이 천리에 달한다는 뜻으로, 끝없이 넓은 기름진 땅. 원래 옥(沃)은 논밭에 물을 대는 것을 말하는데, 관개(灌漑) 시설이 잘 되어 있다는 뜻에서 수확이 많고 토질이 기름지다는 뜻으로 확대된 것이다.

옥여칠성(屋如七星)　　집 屋 /같을 如 /일곱 七 /별 星

뚫린 지붕으로 북두칠성이 보인다는 뜻으로, 집이 매우 가난함을 형용한 말.

옥오지애(屋烏之愛)　　집 屋 /까마귀 烏 /갈 之 /사랑 愛

애정이 매우 깊음의 비유. 사랑하는 나머지 그 사람 집 지붕에 있는 까마귀까지도 어여삐 여겨진다는 것. 《설원》

옥치무당(玉卮無當)　　옥 玉 /잔 卮 /없을 無 /당할 當

귀중한 옥술잔이라도 밑이 없으면 쓸데없다는 뜻. 《한비자》

옥하가옥(屋下架屋)　　집 屋 /아래 下 /시렁 架

지붕 아래 또 지붕을 만들다. 무슨 일을 부질없이 거듭하는 것을 비유하는 말이다. 또는 앞사람이 이미 해놓은 일을 그대로 되풀이하여 별로 새로울 것이 없음을 비유하는 말. 《세설신어》 ☞ 옥상가옥.

옥하사담(屋下私談)　　집 屋 /아래 下 /사사 私 /말씀 談

집안의 사사로운 이야기라는 뜻으로, 이루어질 수 없는 공론(空論). 또는 쓸데없는 사사로운 이야기.

옥해금산(玉海金山)　　옥 玉 /바다 海 /금 金 /뫼 山

옥과 같이 맑고 깊은 바다와 황금의 산이라는 뜻으로, 기운(氣韻)의 높은 형용. 고상한 인품의 비유. 《양서(梁書)》

온량공검(溫良恭儉)　　따뜻할 溫 /좋을 良 /공손할 恭 /검소할 儉

성품이 온화, 순량(順良)하며, 공손하고 검소함. 공자가 사람을 대할 때의 태도를 말한다. 공(恭)은 공순(恭順), 공손한 것. 검(儉)은 검소, 욕망을 억누르고 마음을 다잡는다는 뜻. 《논어》

온유돈후(溫柔敦厚) 따뜻할 溫 /부드러울 柔 /도타울 敦 /두터울 厚

온화하고 친절·성실한 인품. 또 기교(奇矯) 또는 노골적이 아니고 독실한 정취가 있는 경향. 중국에서는 이것을 시(詩)의 본분으로 하였음. 《예기》

온청정성(溫凊定省)　　따뜻할 溫 /서늘할 凊 /정할 定 /살필 省

자식이 부모에 대해서 효도할 마음가짐을 가르치고 있는 말이다. 겨울에는 따뜻하게 하고 여름에는 시원하게 하며, 저녁에는 자리를 편히 마련하고 아침에는 안부를 여쭙는 일을 이름. 효도를 하는 데에는 계절이나 시간에 따라서 그때그때에 알맞은 마음씀씀이가 필요하다는 것. 청(凊)은 청(淸)과는 다른 자로, 시원하게 하다의 뜻. 《예기》

온후독실(溫厚篤實)　따뜻할 溫 /두터울 厚 /도타울 篤 /착실할 實

성질이 온화하고 착실함. 태도가 부드럽고 성실함.

옹리혜계(甕裏醯鷄)　　독 甕 /속 裏 /초 醯 /닭 鷄

술독 속에 있는 날벌레라는 뜻으로, 식견이 좁음을 일컫는 말. 혜계(醯鷄)는 초·간장 따위에 잘 덤비는 파리, 초파리. 《장자》

옹산화병(甕算畵餠)　　독 甕 /셀 算 /그림 畵 /떡 餠

독장수의 셈과 그림의 떡. 곧 실속이 없음.

와룡봉추(臥龍鳳雛)　　누울 臥 /용 龍 /봉새 鳳 /병아리 雛

때를 얻지 못하고 웅크리고 있는 영웅이나 큰 인물을 가리킨다. 또는 우수한 소년의 비유. 와룡(臥龍)은 누워 있는 용으로, 아직 풍운(風雲)을 만나지 못해 하늘로 오르지 못하고 땅에 숨어 은둔하고 있는 용을 말한다. 일찍이 초야에 은둔하는 영웅에 비유. 봉추(鳳雛)는 봉황의 새끼로, 장래 큰 인물이 될 소질을 가진 영재의 의미. 《자치통감》 비 복룡봉추(伏龍鳳雛).

와명선조(蛙鳴蟬躁)　　개구리 蛙 /울 鳴 /매미 蟬 /시끄러울 噪

개구리와 매미가 시끄럽게 운다는 말로, 속물들이 시끄럽게 변설(辯舌)을 농(弄)함을 이름. 또는 시끄럽기만 하고 아무 쓸모없음을 이름.

와부뇌명(瓦釜雷鳴)　　기와 瓦 /가마 釜 /벼락 雷 /울 鳴

무식하고 변변치 못한 사람이 아는 체하고 크게 떠들어댄 소리에 여러 사람이 놀라게 된 것을 이르는 말.

와석종신(臥席終身)　　누울 臥 /자리 席 /끝날 終 /몸 身

제 명에 죽음.

와치천하(臥治天下)　　누울 臥 /다스릴 治 /하늘 天 /아래 下

누워서 천하를 다스림. 곧 태평시대(太平時代)를 말함.

완벽귀조(完璧歸趙)　☞ 완벽(完璧).

완석점두(頑石點頭)　　완고할 頑 /돌 石 /점 點 /머리 頭

완고한 돌도 고개를 끄덕인다. 곧 생생하고 절실하게 도리를 밝혀 상대를 설득시킴의 비유.

왈가왈부(曰可曰否)　　가로 曰 /옳을 可 /아닐 否

어떤 일에 대하여 옳거니 그르거니 하고 말함. 왈시왈비(曰是

曰非).

왜자간희(矮者看戲)　키 작을 矮 /놈 者 /볼 看 /희롱할 戲

키가 작은 사람이 키 큰 사람 사이에 끼어 구경을 할 때 앞사람의 이야기만 듣고 스스로 아는 체한다는 뜻에서 자신은 아무것도 모르면서 남이 그렇다고 하니까 덩달아서 그렇다고 하는 일. 왜인간장(矮人看場). 《주자어류》

외영오적(畏影惡迹)　두려워할 畏 /그림자 影 /미워할 惡 /자취 迹

그림자나 발자국이 자기 뒤를 쫓아오는 것을 싫어한다는 데서, 진정한 자기 자신을 잃어버리고 스스로 고뇌가 생겨 외물(外物)이나 망상에 사로잡혀서 번민하는 것. 《장자》

요고순목(堯鼓舜木)　요임금 堯 /북 鼓 /순임금 舜 /나무 木

요임금은 궐문 밖에 북을 달아놓고 간(諫)할 사람이 있으면 북을 치게 했고, 순임금은 잠목(箴木)을 세워 놓고 경계의 말을 쓰게 한 데서 남의 충고를 잘 받아들임을 비유한 말. 《구당서》 ☞ 비방지목.

요두전목(搖頭顚目)　흔들릴 搖 /머리 頭 /구를 顚 /눈 目

머리를 흔들고 눈을 굴리면서 몸을 움직임. 곧 침착성 없이 행동함.

요미걸련(搖尾乞憐)　흔들릴 搖 /꼬리 尾 /빌 乞 /불쌍히 여길 憐

짐승이 꼬리를 흔들며 아양을 떤다는 데서, 간사하고 남에게 아첨을 떪을 이름.

요불승덕(妖不勝德)　요사할 妖 /아닐 不 /이길 勝 /덕 德

요사함이 덕을 이기지 못한다. 곧 올바른 덕에 의한 정치 앞에는 아무리 요사한 일도 맥을 추지 못한다는 말. 《사기》

요양미정(擾攘未定)　어지러울 擾 /물리칠 攘 /아직 未 /정할 定

정신이 어질어질하여 결정하지 못함. 또 나이가 어린 탓에 뜻이 인정되지 못함.

요언불번(要言不煩) 요긴할 要 /말씀 言 /아닐 不 /번거로울 煩

긴요한 말은 긴 이야기를 듣지 않아도 그 뜻을 알 수 있음.

요유인흥(妖由人興) 요사스러울 妖 /말미암을 由 /사람 人 /일 興

요사스러움은 사람이 양심을 잃었을 때 일어남을 이름.

요조숙녀(窈窕淑女) 그윽할 窈 /정숙할 窕 /맑을 淑 /계집 女

얌전하고 조용하고 얼굴도 아름다운 숙녀, 미인. 요(窈)는 총명한의 뜻. 조(窕)는 얼굴이 아름다운 것. 《시경》 ☞ 요조숙녀군자호구(窈窕淑女君子好逑).

욕개미창(欲蓋彌彰) 하고자 할 欲 /덮을 蓋 /두루 彌 /드러낼 彰

덮으려고 하면 더욱 드러난다는 뜻으로, 감출수록 더욱 드러남. 《좌전》

욕곡봉타(欲哭逢打) 하고자 할 欲 /울 哭 /만날 逢 /때릴 打

울려고 하는 아이를 때려 마침내 울게 한다는 뜻으로, 불평을 품고 있는 사람을 선동함을 비유한 말.

욕교반졸(欲巧反拙) 하고자 할 欲 /공교할 巧 /도리어 反 /졸할 拙

잘 만들려고 너무 기교를 다하다가 도리어 졸렬한 결과를 보게 되었다는 말로, 너무 잘하려 하면 도리어 안됨을 이르는 말. ☞ 욕속부달.

욕불가종(欲不可從) 하고자 할 欲 /아닐 不 /옳을 可 /좇을 從

사람의 욕정은 한량이 없으므로 절제하지 않으면 재화(災禍)를 받음. 《예기》

욕사무지(欲死無地) 하고자 할 欲 /죽을 死 /없을 無 /땅 地

죽으려고 해도 죽을 만한 곳이 없다는 말로, 아주 분하고 원통

함의 비유.

욕토미토(欲吐未吐)　　하고자 할 欲 /토할 吐 /아닐 未

말을 금방 할 듯 할 듯하면서도 하지 않음을 이르는 말.

용문점액(龍門點額)　　용 龍 /문 門 /점 點 /이마 額

용문 아래 모인 물고기가, 오르면 용이 되고 오르지 못하면 이마를 부딪쳐 상처만 입게 된다는 뜻으로, 과거에 낙방하고 돌아오는 사람의 비유.

용비봉무(龍飛鳳舞)　　용 龍 /날 飛 /봉새 鳳 /춤출 舞

용이 날아오르고 봉황이 춤을 춘다는 뜻으로, 산천이 수려하고 신령한 기세. 이 서기(瑞氣)가 있어야 이성(異姓)의 왕이 난다는 전설에서 천하를 얻는다는 뜻으로 쓰이는 말.

용사비등(龍蛇飛騰)　　용 龍 /뱀 蛇 /날 飛 /오를 騰

활기가 있는 매우 잘 쓴 글씨.

용사지세(龍蛇之歲)　　용 龍 /뱀 蛇 /의 之 /해 歲

진(辰)과 사(巳)의 해. 현사(賢士)가 죽은 해를 말한다. 용사는 어진 선비를 비유하는 말이다. 《주역》

용사행장(用舍行藏)　　쓸 用 /집 舍 /행할 行 /감출 藏

세상에 쓰일 때는 나아가 도를 행하고, 버림을 받으면 물러나 몸을 숨기고 도를 닦는 군자의 처세를 이름. 곧 진퇴의 시의(時宜)가 적절함을 이르는 말. 《논어》

용양호시(龍驤虎視)　　용 龍 /뛰어오를 驤 /범 虎 /볼 視

용과 같이 하늘 높이 오르고, 범이 먹이를 노려보듯 천하를 바라다봄. 곧 영웅의 일세(一世)를 웅시하는 태도를 이름. 《촉지》

용왕매진(勇往邁進)　　날쌜 勇 /갈 往 /갈 邁 /나아갈 進

거리낌 없이 용감하게 나아감.

용의주도(用意周到)　쓸 用 /뜻 意 /두루 周 /이를 到

마음의 준비가 두루 미쳐 빈틈이 없음.

용장약졸(勇將弱卒)　날쌜 勇 /장수 將 /약할 弱 /군사 卒

용감하고 강한 대장의 부하에게는 약하고 비겁한 병사는 없다. 즉 지도자의 용기나 신념이 그 집단·조직의 힘을 크게 좌우한다는 의미. 소식 《연공벽제사(連公壁題詞)》

용호상박(龍虎相搏)　용 龍 /범 虎 /서로 相 /칠 搏

용과 범이 서로 싸움. 곧 강한 두 사람의 싸움을 이르는 말.

용혹무괴(容或無怪)　얼굴 容 /혹 或 /없을 無 /괴이할 怪

혹시 그럴 수도 있으므로 괴이할 것이 없음.

우귀사신(牛鬼蛇神)　소 牛 /귀신 鬼 /뱀 蛇 /귀신 神

잡귀신. 불한당.

우답불파(牛踏不破)　소 牛 /밟을 踏 /아닐 不 /깨질 破

소가 밟아도 깨지지 않는다는 뜻으로, 사물의 견고함의 비유. 우수불함(牛遂不陷).

우로지택(雨露之澤)　비 雨 /이슬 露 /의 之 /혜택 澤

비와 이슬이 만물을 키우는 것처럼 은혜가 고루 미치는 혜택이라는 뜻으로, 넓고 큰 임금의 혜택. 또는 비와 이슬의 혜택.

우로풍상(雨露風霜)　비 雨 /이슬 露 /바람 風 /서리 霜

갖은 경험.

우문현답(愚問賢答)　어리석을 愚 /물을 問 /어질 賢 /대답할 答

어리석은 질문에 현명한 대답. 반 현문우답(賢問愚答).

우불파괴(雨不破塊)　비 雨 /아닐 不 /깨질 破 /흙덩이 塊

비가 조용히 내려 흙덩이를 부수지 않는다는 뜻으로, 천하가

태평함을 비유하여 이르는 말. 《염철론》

우사풍생(遇事風生)　만날 遇 /일 事 /바람 風 /날 生

시비를 일으키기 좋아하다.

우수마발(牛溲馬勃)　소 牛 /오줌 溲 /말 馬 /똥 勃

쇠오줌과 말똥. 곧 가치 없는 말이나 글. 또 품질이 나쁜 약재(藥材)를 이름.

우수마육(牛首馬肉)　소 牛 /머리 首 /말 馬 /고기 肉

소머리를 걸어놓고 말고기를 판다는 뜻으로, 표면과 내용이 일치하지 않음의 비유. 겉보기만 번지르르하고 내용이 따르지 않는 것. 말과 행동이 다름의 비유. ☞ 양두구육(羊頭狗肉).

우여곡절(迂餘曲折)　멀 迂 /남을 餘 /굽을 曲 /꺾을 折

뒤얽힌 복잡한 사정. 또는 그 경과(經過).

우왕마왕(牛往馬往)　소 牛 /갈 往 /말 馬

소 갈 데 말 갈 데 다 다녀 봤다는 뜻으로, 안 가본 데가 없다는 말.

우유부단(優柔不斷)　넉넉할 優 /부드러울 柔 /아닐 不 /자를 斷

어물어물하며 딱 잘라 결단을 내리지 못함. 유 숙려단행(熟慮斷行). 반 속전속결(速戰速決)·쾌도난마(快刀亂麻).

우음마식(牛飮馬食)　소 牛 /마실 飮 /말 馬 /먹을 食

마소처럼 술·음식 따위를 많이 먹고 많이 마신다는 뜻으로, 폭음 폭식함을 비유하여 이르는 말.

우의소설(寓意小說)　부쳐 살 寓 /뜻 意 /작을 小 /말씀 說

어떤 의견이나 교훈을 어느 이야기에 빗대서 쓴 소설.

우예지소(虞芮之訴)　나라이름 虞 /나라이름 芮 /의 之 /하소연할 訴

자신들의 소견이 좁음을 깨닫고 서로 소송을 취하하는 것. 또

서로 자기의 이익을 주장하여 재판에 임하는 것. 우(虞)도 예(芮)도 모두 나라 이름. 《사기》

우이독경(牛耳讀經) 소 牛 /귀 耳 /읽을 讀 /경서 經

「쇠귀에 경 읽기」와 같은 말.

우이효지(尤而效之) 더욱 尤 /말이을 而 /본받을 效 /이 之

남의 잘못을 비난·규탄해 놓고는 자신도 똑같은 잘못을 저지르는 것. 《좌전》

우자일득(愚者一得) 어리석을 愚 /사람 者 /한 一 /얻을 得

어리석은 사람이라도 여러 가지 일을 하거나 생각하는 가운데 때로는 옳은 것도 있다는 뜻. 《사기》 반 천려일실(千慮一失).

우정지의(牛鼎之意) 소 牛 /솥 鼎 /의 之 /뜻 意

처음에는 상대방의 뜻에 맞추어 신임을 얻은 후에 정도(正道)로 이끄는 것을 비유해서 이르는 말. 전국시대 유세가(遊說家)들이 쓴 설득 방법. 은(殷)나라 탕왕(湯王)을 왕으로 만들기 위해 이윤(伊尹)이 숙수가 되어 솥을 짊어지고 탕왕에게 접근한 것을 비유해서 정(鼎)이라 하고, 춘추시대에 진(秦)나라 목공(穆公)을 패자로 만들기 위해서 백리해(百里奚)가 소치는 사람이 되어서 목동에게 접근한 것을 비유해서 우(牛)라고 한다. 《사기》

우직지계(迂直之計) 멀 迂 /곧을 直 /의 之 /꾀 計

얼핏 멀리 돌아가고 있는 듯이 보이지만, 실은 지름길이라는 계책. 《손자》

우행순추(禹行舜趨) 하우씨 禹 /갈 行 /순임금 舜 /달릴 趨

훌륭한 사람의 거조(擧措)를 표면적으로 흉내 낼 뿐이고 실질이 따르지 않음의 비유. 《순자》

우후죽순(雨後竹筍) 비 雨 /뒤 後 /대 竹 /죽순 筍

비가 온 뒤에 여기저기 무럭무럭 솟는 죽순이란 뜻으로, 어떠한 일이 한때에 많이 일어나는 것을 비유하여 이르는 말.

욱일승천(旭日昇天)　아침해 旭 /해 日 /오를 昇 /하늘 天

떠오르는 아침 해처럼 세력이 성대함의 비유.

운니지차(雲泥之差)　구름 雲 /진흙 泥 /의 之 /차이 差

구름과 진흙의 차이란 뜻으로, 서로가 매우 동떨어져 있음의 비유. 비 천양지차(天壤之差).

운부천부(運否天賦)　돌 運 /아닐 否 /하늘 天 /내릴 賦

운명의 길흉은 하늘이 내린다는 말.

운산무소(雲散霧消)　구름 雲 /흩을 散 /안개 霧 /사라질 消

구름과 안개가 사라지듯 근심 걱정, 의심 등이 깨끗이 사라짐.

운심월성(雲心月性)　구름 雲 /마음 心 /달 月 /성품 性

담박(淡泊)하여 욕심이 없음을 비유하는 말.

운야산야(雲耶山耶)　구름 雲 /어조사 耶 /산 山

먼 곳을 바라보며 산인지 구름인지 분별을 못하여 의심하는 것.

운연과안(雲煙過眼)　구름 雲 /연기 煙 /지날 過 /눈 眼

구름과 연기가 순식간에 눈앞을 스쳐가듯이, 한때의 쾌락을 오래 마음에 두지 않거나, 사물에 깊이 마음을 두지 않음을 비유하는 말.

운예지망(雲霓之望)　구름 雲 /무지개 霓 /갈 之 /바랄 望

구름과 무지개를 바라보듯 큰 가뭄에 비 오기를 바라는 마음이 간절함을 이르는 말. 《맹자》

운외창천(雲外蒼天)　구름 雲 /바깥 外 /푸를 蒼 /하늘 天

어두운 구름 밖으로 나오면 창궁(蒼穹 ; 창공)은 넓고 따뜻하

다. 운(雲)은 온갖 장해나 고뇌의 뜻. 난관을 뛰어넘고 노력해서 극복하면 맑고 푸른 하늘이 바라다 보인다고 하는 의미. 절망해서는 안 된다고 하는 격려의 말.

운용지묘(運用之妙)　　돌 運 /쓸 用 /갈 之 /묘할 妙

법칙은 그것을 운용하는 사람의 마음 여하에 달린 것으로서, 임기응변으로 활용하는 것이야말로 중요하다. 《송사》

운중백학(雲中白鶴)　　구름 雲 /가운데 中 /흴 白 /두루미 鶴

속세를 떠난 하늘 높은 곳에 있는 흰 두루미란 뜻으로, 뛰어난 고상한 인물의 비유. 《세설신어》

운증용변(雲蒸龍變)　　구름 雲 /찔 蒸 /용 龍 /변할 變

구름이 뭉게뭉게 일어나는 틈을 타서 뱀이 용으로 변하듯이, 영웅호걸이 시기를 얻어 활약함의 비유. 《사기》

운지장상(運之掌上)　　돌 運 /이 之 /손바닥 掌 /위 上

손바닥 위에서 물건을 굴리는 것처럼 일을 하기 쉬움을 비유하여 이르는 말. 또는 마음대로 할 수 있음.

운집무산(雲集霧散)　　구름 雲 /모일 集 /안개 霧 /흩을 散

구름처럼 모이고 안개처럼 흩어진다는 뜻으로, 수많은 것이 구름처럼 모였다가 흩어지기를 되풀이하는 일. 반고 《서도부(西都賦)》

운합무집(雲合霧集)　　구름 雲 /합할 合 /안개 霧 /모일 集

구름처럼 합쳐지고 안개처럼 모인다는 뜻으로, 많이 모임의 형용. 《사기》

웅경조신(熊經鳥申)　　곰 熊 /날 經 /새 鳥 /펼 申

호흡운동에 의한 혈기를 왕성하게 하는 체조. 장수를 꾀하는 것. 웅경(熊經)은 곰이 나무에 오르는 형용. 조신(鳥申)은 새가

기지개를 켜는 것. 자강술(自强術)의 하나. 《장자》

웅창자화(雄唱雌和)　　곰 熊 /노래 唱 /암컷 雌 /화할 和

새의 암컷과 수컷이 의좋게 서로 지저귐. 곧 서로 손이 맞아서 일함의 비유.

원고증금(援古證今)　　취할 援 /옛 古 /증거 證 /이제 今

옛날의 경서(經書)를 인용하여 오늘의 사물을 밝히는 것. 전(轉)하여 현재의 사물에 대하여 과거의 일을 예로 들어 증거로 삼는 것.

원목경침(圓木警枕)　　둥글 圓 /나무 木 /경계할 警 /베개 枕

공부(학문)에 열중하는 것. 고학(苦學)의 비유도 있다. 원형의 나무에 큰 방울 따위를 달아 베개로 삼고 베개가 구르면 방울이 울려 눈이 떠지는 것이다. 《범태사집(范太史集)》 유 형설지공.

원비지세(猿臂之勢)　　원숭이 猿 /팔 臂 /의 之 /기세 勢

원숭이의 긴 팔과 같이 멀리 떨어져 있는 군대의 진퇴(進退)·공격·수비를 자유자재로 한다는 뜻으로, 군의 위세가 멀리까지 미침을 비유하여 이르는 말. 《구당서》

원사해골(願賜骸骨)　　원할 願 /줄 賜 /뼈 骸 /뼈 骨

사직(辭職)을 청원하는 것. 군주를 섬기는 것은 자신의 목숨이나 몸을 바치는 것이었으므로, 사직을 원할 때는 적으나마 해골만은 돌려주십사고 말했던 것이다. 《사기》 ☞ 걸해골(乞骸骨).

원전매매(原田每每)　　들판 原 /밭 田 /매양 每

들판과 밭에 풀이 무성하다는 뜻으로, 군병(軍兵)이 많음을 비유하여 이르는 말. 《좌전》

원조방예(圓鑿方枘)　　둥글 圓 /뚫을 鑿(조) /모 方 /촉꽂이 枘

일이 어긋나서 잘 맞지 않음의 비유. 원조(圓鑿)는 끌로 뚫은

둥근 구멍. 방예(方枘)는 네모난 나무로 끼우는 것. 네모난 나무를 둥근 구멍에 끼우려고 해도 들어가지 않는 것. 《사기》 ☞ 방저원개.

원증회고(怨憎會苦) ☞ 사고팔고(四苦八苦).

원철골수(怨徹骨髓) ☞ 원입골수(怨入骨髓).

원후취월(猿猴取月)　　원숭이 猿 /원숭이 猴 /잡을 取 /달 月

원숭이가 물에 비친 달을 잡으려다 빠져 죽는다는 뜻으로, 사람이 제 분수를 지키지 않으면 화를 입음의 비유.

월견폐설(越犬吠雪)　　월나라 越 /개 犬 /짖을 吠 /눈 雪

월(越)나라는 남방으로 날씨가 따뜻해 눈이 오는 일이 없어 개가 눈이 오는 것을 보면 이상하게 여겨 짖는다는 뜻으로, 어리석고 식견이 좁은 사람이 예삿일에 의심을 품거나 크게 놀람을 비유하여 이르는 말. ☞ 촉견폐일(蜀犬吠日).

월궁항아(月宮姮娥)　　달 月 /궁궐 宮 /항아 姮 /예쁠 娥

달나라 궁궐 속의 선녀 항아(姮娥)라는 뜻으로, 미인을 비유하여 이르는 말.

월녀제희(越女齊姬)　　월나라 越 /계집 女 /제나라 齊 /계집 姬

월(越)나라와 제(齊)나라에는 예로부터 미녀가 많다 하여, 아름다운 여자를 일컫는 말.

월만즉휴(月滿則虧)　　달 月 /찰 滿 /곧 則 /이지러질 虧

달이 차면 이지러진다는 뜻으로, 사물은 가장 융성한 때를 지나면 그 후는 단지 쇠퇴해 갈 뿐임의 비유. 《사기》

월반지사(越畔之思)　　넘을 越 /두둑 畔 /갈 之 /생각할 思

자신의 직분을 준수하고 남의 직권을 침범하지 않도록 삼가는 마음. 반(畔)은 밭두렁, 밭의 경계선. 《좌전》

월백풍청(月白風淸)　달 月 /흴 白 /바람 風 /맑을 淸

달은 밝고 바람은 맑음. 곧 가을밤의 정취를 형용하는 말.

월시진척(越視秦瘠)　월나라 越 /볼 視 /진나라 秦 /파리할 瘠

월나라가 멀리 떨어진 진(秦)나라의 땅이 거칠고 메마름을 상관하지 않았듯이, 남의 환난이나 일에 일체 개입하지 않음을 일컫는 말. 《송남잡식》

월장성구(月章星句)　달 月 /글 章 /별 星 /글귀 句

달과 별과 같은 문장이라는 뜻으로, 글월이 아름다움을 칭찬하여 이르는 말.

월하빙인(月下氷人) ☞ 월하노인(月下老人).

위극인신(位極人臣)　자리 位 /다할 極 /사람 人 /신하 臣

신하로서는 가장 높은 자리에 오르는 것. 인신(人臣)은 남의 신하라는 뜻. 《삼국지》

위기일발(危機一髮)　위태할 危 /기회 機 /한 一 /터럭 髮

머리털 한 가닥 정도에 불과한 차이로, 조금도 여유가 없이 위급한 고비에 다다른 순간.

위다안소(危多安少)　위태할 危 /많을 多 /편안할 安 /적을 少

위험은 많고 안전은 적다는 뜻으로, 시국이나 병세가 위급하여 안심하기 어려움.

위도간예(違道干譽)　어길 違 /길 道 /방패 干 /기릴 譽

도리를 어기고 무리하게 백성의 칭송을 구하는 것.

위리안치(圍籬安置)　둘러쌀 圍 /울타리 籬 /편안할 安 /둘 置

죄인을 배소(配所)에서 달아나지 못하도록 가시로 울타리를 만들고 그 안에 가두어 둠.

위무경문(緯武經文)　씨 緯 /군인 武 /날 經 /글월 文

국정의 기본은 문무양도(文武兩道)에 있다는 것. 가정이나 나라를 다스리는 것을 직물(織物)에 비유하여 무(武)를 씨실(緯), 문(文)을 날실(經)로 보아, 나라를 완전하게 다스리는 것을 말한다. 《진서》

위무불굴(威武不屈)　　위엄 威 /무력 武 /아닐 不 /굽힐 屈

어떤 위압이나 무력에도 굴복하지 않고 스스로의 의지를 관철함. 위무(威武)는 권세·무력의 뜻. 《맹자》

위법자폐(爲法自弊)　　만들 爲 /법 法 /스스로 自 /넘어뜨릴 弊

자기가 정한 법을 스스로 범하여 죄를 지음. 곧 자기가 놓은 올가미에 자기가 걸림.

위비언고(位卑言高)　　자리 位 /낮을 卑 /말씀 言 /높을 高

낮은 지위에 있으면서 윗사람의 정치를 이렇다 저렇다 비평함. 《맹자》

위소지회(葦巢之悔)　　갈대 葦 /둥지 巢 /갈 之 /뉘우칠 悔

갈대 위에 둥지를 튼 뉘우침이라는 뜻으로, 정착할 곳이 없는 불안, 의지할 데 없는 허전함을 비유하여 이르는 말. 《순자》

위수강운(渭樹江雲)　　강이름 渭 /나무 樹 /강 江 /구름 雲

위수(渭水) 가의 나무와 장강(長江 : 양자강) 위를 떠도는 구름이라는 뜻으로, 멀리 떨어져 있는 친구를 그리워하는 정이 간절함의 비유. 두보 「춘일억이백(春日憶李白)」

위수자명(爲竪子名)　　할 爲 /더벅머리 竪 /아들 子 /이름 名

평소 멸시하던 사람에게 공명을 이루게 하였다고 분해서 하는 말로, 사람을 경멸하여 이르는 말.

위수진적(渭水盡赤)　　강이름 渭 /물 水 /다할 盡 /붉을 赤

끔찍하고 비참함을 이름. 위수(渭水)는 섬서성에 있는 강인데,

진나라의 수도 함양의 남쪽을 흘러서 황하로 들어간다. 진나라 상앙(商鞅)의 가혹한 법령에 많은 사람들이 처형되어 그 피로 위수가 새빨갛게 물들었다고 한 고사에서 나온 말이다. 《십팔사략》

위여누란(爲如累卵) ☞ 누란지위(累卵之危).

위이불맹(威而不猛) 위엄 威 /말이을 而 /아닐 不 /사나울 猛

위엄이 있으나 위압적은 아니다, 위엄은 있더라도 뽐내지는 않는다. 원래는 공자를 평한 말로, 군자의 이상적인 인품을 말한다. 《논어》

위인설관(爲人設官) 위할 爲 /사람 人 /베풀 設 /벼슬 官

사람을 위하여 벼슬자리를 마련함. 즉 어떤 사람을 위해 억지로 벼슬자리를 만들어준다는 뜻.

위총구작(爲叢驅雀) 위할 爲 /모일 叢 /몰 驅 /참새 雀

자기를 이롭게 하려다가 도리어 남을 이롭게 함을 이르는 말.

위현지패(韋弦之佩) 다룸가죽 韋 /활시위 弦 /의 之 /찰 佩

결점을 고치기 위한 노력을 하는 것. 기질을 바꾸고 몸을 수양하는 경계로 삼는 것. 위(韋)는 무두질한 가죽, 곧 유연한 것의 비유. 현(弦)은 활시위, 곧 긴장한 것의 비유. 《한비자》

위호부익(爲虎傅翼) 할 爲 /범 虎 /달 傅 /날개 翼

범에게 날개를 달아준다는 뜻으로, 세력이 있는 사람에게 더욱 기세를 높여줌의 비유. 《한비자》

유각양춘(有脚陽春) 있을 有 /다리 脚 /볕 陽 /봄 春

은혜를 베푸는 것이 마치 봄의 만물을 따뜻하게 함과 같은 사람을 비유하는 말.

유감천만(遺憾千萬) 남길 遺 /서운할 憾 /일천 千 /일만 萬

아쉬워도 하는 수 없는 것. 대단히 마음에 걸리는 것. 감(憾)은 유감스럽다, 아쉽게 생각하다의 뜻. 아쉬움을 남기는 것.

유금삭석(流金鑠石)　　흐를 流 /쇠 金 /태울 鑠 /돌 石

쇠를 녹이고 흙을 태운다는 뜻으로, 더위가 몹시 심함을 이르는 말. 유금초토(流金焦土). 《초사》

유리표박(流離漂泊)　　흐를 流 /떼놓을 離 /떠돌 漂 /머물 泊

일정한 집과 직업이 없이 정처 없이 떠돌아다님을 이르는 말.

아

유무상통(有無相通)　　있을 有 /없을 無 /서로 相 /통할 通

서로 있는 것과 없는 것을 교환하며, 유통해 주고받는 일. 《사기》 ☞ 유무상생.

유불여무(有不如無)　　있을 有 /아닐 不 /같을 如 /없을 無

있어도 없는 것과 같다는 뜻으로, 있으나 마나 함을 이름.

유불여불(唯佛與佛)　　오직 唯 /부처 佛 /베풀 與

【불교】 오직 부처님과 부처님의 뜻으로, 대승(大乘)의 깨달음의 경계(境界)는 그것을 이룩한 부처님만이 관여할 수 있는 것이며, 범인·성자의 사려(思慮)가 미칠 수 없음을 이르는 말.

유수불부(流水不腐)　　흐를 流 /물 水 /아닐 不 /썩을 腐

흐르는 물은 썩지 않는다는 뜻으로, 늘 운동하는 것은 썩지 않음을 비유한 말. 《여씨춘추》

유시무종(有始無終)　　있을 有 /처음 始 /없을 無 /끝 終

처음은 있고 끝은 없다는 뜻으로, 시작한 일의 끝을 맺지 않음. 또는 사람이 절조가 없음을 비유하여 이르는 말.

유아독존(唯我獨尊)　　오직 唯 /나 我 /홀로 獨 /높을 尊

「천상천하 유아독존(天上天下 唯我獨尊)」이라고 해서 석가는 태어났다든가, 온 세상에서 자기 자신이 가장 고귀하다는 인

격의 존엄을 나타낸 말이지만, 현재 일반적으로는 자기 멋대로 자만한다는 의미. 《전등록》

유아이사(有我而死) 있을 有 /나 我 /말이을 而 /죽을 死

자기로 인하여 남에게 해를 입혔을 때 이르는 말로, 나 때문에 그가 죽었다는 말.

유암화명(柳暗花明) 버들 柳 /어두울 暗 /꽃 花 /밝을 明

버들은 무성하여 그윽이 어둡고, 꽃은 활짝 피어 밝고 아름답다는 뜻으로, 곧 강촌의 봄 경치를 일컫는 말.

유야무야(有耶無耶) 있을 有 /어조사 耶 /없을 無

있는지 없는지 흐리멍덩한 모양. 흐지부지한 모양.

유어유수(猶魚有水) 마치~와 같을 猶 /물고기 魚 /있을 有 /물 水

물고기와 물과의 관계와 같이 친밀하여 떨어질 수 없는 관계. 곧 임금과 신하. 또 부부의 화목함. 유 수어지교.

유여열반(有餘涅槃) 있을 有 /남을 餘 /개흙 涅 /쟁반 槃

【불교】 살아 있는 동안에 증득(證得)하는 열반. 열반은 범어로 니르바나(nirvana), 도를 완전히 이루어 일체의 중고(衆苦)와 번뇌를 끊고 불생불멸의 법성(法性)을 증험한 해탈의 경지를 말한다. 유여열반은 온갖 번뇌를 말끔하게 없앴으나 아직 그 번뇌의 근거가 되는 육신(肉身)이 남아 있는 경지. 반 무여열반(無餘涅槃).

유원능이(柔遠能邇) 부드러울 柔 /멀 遠 /능할 能 /가까울 邇

먼 데 있는 사람을 회유하여 가까이 있는 사람과 친근해지게 함을 이름.

유위전변(有爲轉變) 있을 有 /할 爲 /구를 轉 /변할 變

이 세상은 인연에 의해서 임시로 되어 있기 때문에 잠시도 정

주(定住)하지 않는 일. 세상 일이 변하기 쉬워 덧없는 일. 유위(有爲)는 범어에서 나온 말로 여러 가지 인연에 의해서 생기는 현상. 또는 그 존재.

유유낙락(唯唯諾諾)　　오직 唯 /허락할 諾

명령하는 대로 순종하여 응낙함.

유유도일(悠悠度日)　　멀 悠 /법도 度 /날 日

하는 일 없이 세월만 보냄.

아

유유상종(類類相從)　　무리 類 /서로 相 /좇을 從

동류(同類)끼리 서로 내왕하여 사귐.

유유자적(悠悠自適)　　멀 悠 /스스로 自 /갈 適

속세를 떠나 아무것에도 속박되지 않고 자기가 하고 싶은 대로 마음 편히 삶.

유종완미(有終完美)　　있을 有 /끝 終 /완전할 完 /아름다울 美

끝까지 일을 잘 처리하여 일의 결과가 훌륭함을 이르는 말. 사물은 끝이 중요하고, 어떤 일이나 끝이 있다고 하는 의미. 보통 「유종(有終)의 미(美)」라고 한다. 《서경》 비 화룡점정(畵龍點睛).

유좌지기(宥坐之器)　　도울 宥 /앉을 坐 /갈 之 /그릇 器

항상 곁에 두고 보는 그릇이라는 뜻으로, 마음을 적당히 가지기 위해 곁에 두고 보는 그릇을 이르는 말. 《공자가어》

유주무량(有酒無量)　　있을 有 /술 酒 /없을 無 /헤아릴 量

주량이 많아서 한없이 마심.

유지경성(有志竟成)　　있을 有 /뜻 志 /마침내 竟 /이룰 成

뜻이 있는 사람은 반드시 성공한다. 《후한서》 ☞ 유지자사경성(有志者事竟成).

유처취처(有妻娶妻)　　있을 有 /아내 妻 /장가들 娶

아내 있는 사람이 또 아내를 얻음.

유칭호수(唯稱好鬚)　　오직 唯 /일컬을 稱 /좋을 好 /수염 鬚

수염만 훌륭한 사내라는 말이니, 곧 재능이 없음을 이르는 말.

유타앵교(柳嚲鶯嬌) 버들 柳 /휘늘어질 嚲 /꾀꼬리 鶯 /아리따울 嬌

버들가지는 축 늘어지고 꾀꼬리 소리는 아름답다는 뜻으로, 봄 경치를 형용하는 말.

유편지술(兪扁之術)　　점점 兪 /넓적할 扁 /갈 之 /꾀 術

훌륭한 의술을 이르는 말. 유편(兪扁)은 황제(黃帝) 때의 명의 유부(兪跗)와 전국시대 괵(虢)나라의 태자를 독특한 치료법으로 소생시켰다는 명의 편작(扁鵲)을 말한다. 두 사람은 모두 중국 고대의 이름 높은 명의로서, 그 두 사람의 의술을 말한다. 《사기》

유필유방(遊必有方)　　놀 遊 /반드시 必 /있을 有 /모 方

자식은 부모가 생존해 계실 때는 그 슬하에서 모셔야 하며, 비록 유학(遊學)을 할지라도 반드시 일정한 곳에 머물러야 한다는 뜻.

유혈표저(流血漂杵)　　흐를 流 /피 血 /떠돌 漂 /공이 杵

흐르는 피가 절구공이를 띄운다는 뜻으로, 전쟁이 매우 처절함을 비유하여 이르는 말. 《맹자》

육단부형(肉袒負荊)　　고기 肉 /웃통 벗을 袒 /질 負 /가시 荊

사죄하는 것. 복종·항복하는 것. 육단(肉袒)은 웃통을 벋는 것. 형(荊)은 가시나무 채찍. 웃통을 벗고 가시나무 채찍을 메고 한껏 매를 쳐서 벌해 주십사 하고 사죄의 뜻을 표하는 예법·태도를 말한다. 《사기》 ☞ 부형청죄(負荊請罪).

육대반낭(肉袋飯囊)　고기 肉 /부대 袋 /밥 飯 /주머니 囊

살주머니와 밥통이라는 뜻으로, 이렇다 할 재주가 없이 먹기만 잘하는 사람을 가리키는 말.

육도삼략(六韜三略)　여섯 六 /활집 韜 /석 三 /다스릴 略

태공망(太公望)의 찬(撰)이라 하는 육도와 황석공(黃石公)의 찬이라 하는 삼. 중국 병법의 고전(古典).

육산포림(肉山脯林)　고기 肉 /뫼 山 /포 脯 /수풀 林

회(膾)가 산처럼 많고 건포(乾脯)가 숲처럼 많음. 곧 호사를 극한 연회를 비유하여 이르는 말. 비 주지육림(酒池肉林).

육지행선(陸地行船)　뭍 陸 /땅 地 /갈 行 /배 船

뭍으로 배를 저으려 한다는 뜻으로, 되지도 않을 일을 억지로 고집을 부려 하고자 한다는 말.

육척지고(六尺之孤)　여섯 六 /자 尺 /의 之 /외로울 孤

어려서 부모를 여읜 고아. 척은 두 살 반. 즉 6척은 15살 이하의 어린아이. 《논어》

윤문윤무(允文允武)　빛날 允 /글월 文 /굳셀 武

문무(文武)가 함께 매우 뛰어나다. 천자가 문무의 덕을 갖추고 있음을 칭송하는 말. 윤(允)은 참으로의 뜻. 《시경》

윤언여한(綸言如汗) 낚싯줄 綸 /말씀 言 /같을 如 /임금의 호령 汗

군자 된 자의 말은 한번 입에 담으면 돌이킬 수 없다. 천자가 발하는 조칙(詔勅)은 취소할 수 없음을 비유하여 이르는 말. 윤언은 천자의 말, 조칙. 천자의 말은 말할 때는 실처럼 가늘지만, 사방으로 내려가서 실행될 때에는 굵은 밧줄처럼 된다는 뜻. 이 성어(成語)는 윤언과 호령여한(號令如汗)이 합쳐진 것이 아닌가 생각된다. 《예기》

윤체천자(輪遞天子)　　돌 輪 /번갈아 遞 /하늘 天 /아들 子

돌림천자라는 뜻으로, 곧 돌아가며 한 번쯤은 해먹는 천자라는 말로, 호방한 기상을 표현하는 말이다. 《성호사설(星湖僿說)》

융마생교(戎馬生郊)　　오랑캐 戎 /말 馬 /날 生 /성밖 郊

군마(軍馬)가 국경에서 태어난다는 뜻으로, 이웃나라와의 사이에 전쟁이 끊이지 않음을 이르는 말. 《노자》

융통무애(融通無碍)　　화할 融 /통할 通 /없을 無 /방해할 礙

융통은 막힘없이 통용하다, 변통하다. 임기응변으로 처리하는 것. 무애는 장애가 없고 방해가 없는 것. 변통이 자유자재로 어떤 방해도 없이 매끄럽게 일이 진행됨의 비유.

은근무례(慇懃無禮)　　은근할 慇 /은근할 懃 /없을 無 /예도 禮

지나치게 은근하게 대접하여 오히려 무례함. 표면은 지극히 친절하지만, 실은 대단히 교만하고 잘난 체함의 비유.

은린옥척(銀鱗玉尺)　　은 銀 /비늘 鱗 /옥 玉 /자 尺

모양이 좋은 큰 물고기. 물고기의 미칭(美稱).

은심원생(恩甚怨生)　　은혜 恩 /심할 甚 /원망할 怨 /날 生

사람에게 은혜를 베푸는 것이 도를 넘치면 오히려 원망을 받음.

은위병행(恩威竝行)　　은혜 恩 /위엄 威 /아우를 竝 /행할 行

은혜와 위엄을 아울러 베풂. 《용재속필(容齋續筆)》

은인자중(隱忍自重)　　숨길 隱 /참을 忍 /스스로 自 /무거울 重

마음속으로 참으며 몸가짐을 자중(自重)하는 것. 좋게 말하면 신중, 나쁘게 말하면 소극적임. 반 경거망동(輕擧妄動)·부화뇌동(附和雷同).

을야지람(乙夜之覽)　　새 乙 /밤 夜 /갈 之 /볼 覽

을시(乙時)의 독서라는 말로, 한(漢)나라 때부터 밤을 갑을병정무(甲乙丙丁戊)로 나누어 불렀는데, 을시는 밤 10시에 해당한다. 황제는 정무를 끝내고 잠자리에 들기 전인 밤 10시 경에 독서를 하기 때문에 황제가 책을 읽는 것을 이렇게 부른다.

음우지비(陰雨之備) 응달 陰 /비 雨 /갈 之 /갖출 備

장맛비를 대비한다는 뜻으로, 미리 위험한 것을 방비함.

음우회명(陰雨晦冥) 응달 陰 /비 雨 /그믐 晦 /어두울 冥

비가 몹시 내려 캄캄함. 곧 난세(亂世)의 비유.

음풍농월(吟風弄月) 읊을 吟 /바람 風 /흥얼댈 弄 /달 月

바람을 쏘이면서 시가(詩歌)를 읊으며 달을 감상한다든지 한다는 데서, 풍아스러운 시를 짓는 것. 또 즐겨 시가를 흥얼대는 것을 말한다. 《송사》

음하만복(飮河滿腹) 마실 飮 /강 河 /찰 滿 /배 腹

많은 물이 있어도 마시는 분량은 배를 채울 정도에 지나지 않는다는 뜻으로, 자기 분수를 넘지 않도록 조심해야 함의 비유. 《장자》

음회세위(陰灰洗胃) 마실 飮 /재 灰 /씻을 洗 /밥통 胃

재를 마시고 위를 씻는다는 뜻으로, 마음을 고쳐먹고 새 사람이 된다는 뜻. 《남사》

읍각부동(邑各不同) 고을 邑 /각각 各 /아닐 不 /같을 同

규칙이나 풍속이 각 고을마다 같지 않다는 뜻으로, 사람마다 의견이 서로 다름을 비유하여 이르는 말.

읍피주자(挹彼注玆) 물길을 挹 /저 彼 /물댈 注 /부을 滋

멀리서 물을 길어다 필요한 곳에 부어준다는 데서, 부족한 점을 메워주다. 배려가 깊음을 이르는 말, 《시경》

응대여류(應對如流)　　응할 應 /대할 對 /같을 如 /흐를 流

물 흐르듯 대답한다는 뜻으로, 언변이 능수능란함을 이르는 말.

의마칠지(倚馬七紙)　　의지할 倚 /말 馬 /일곱 七 /종이 紙

대단히 훌륭한 문재(文才). 문장의 천재. 의(倚)는 기대다, 의지하다의 뜻. 말에 의지해서 기다리는 사이에 일곱 장의 종이에 가득 써버릴 정도의 재능을 말한다. 글을 빨리 잘 짓는 재주. 《세설신어》

의문의려(倚門倚閭)　　기댈 倚 /문 門 /마을문 閭

밖에 나간 자식들을 안타깝게 기다리는 어버이의 심정을 비유해서 이르는 말. 제(齊)나라 민왕 때의 대부 왕손고(王孫賈)의 어머니가 아들에게 한 말이다. 「평소 네가 아침 일찍 나갔다가 저녁 늦게 돌아오면 나는 대문에 기대어 바라보고, 네가 저녁에 나가서 늦게 돌아오면 나는 동구 밖에 나가서 바라보았다」고 한 데서 나온 말이다. 《전국책》

의문이망(倚門而望)　　기댈 倚 /문 門 /말이을 而 /바랄 望

어머니가 자녀가 돌아오는 것을 마음을 졸여가며 기다림. 《전국책》 ☞ 의문의려.

의미심장(意味深長)　　뜻 意 /맛 味 /깊을 深 /길 長

사람의 언동이나 문장, 혹은 상황 등의 의미가 미묘하고 깊어 여러 가지로 해석될 수 있는 것. 말이나 글의 뜻이 매우 깊음. 《논어서설》

의발상전(衣鉢相傳)　　옷 衣 /바리때 鉢 /서로 相 /전할 傳

【불교】 불법(佛法)을 잇다. 또는 제자가 스승의 가르침, 도를 전하는 것을 가리킴. 의(衣)는 가사(袈裟), 발(鉢)은 탁발(托

鉢). 선종(禪宗)의 시조 달마대사가 불법의 깊은 뜻을 제자인 혜가(慧可)에게 전수했을 때, 그 증거로 의발을 주었던 고사에서 유래했다. 또 스승의 도를 받아 잇는 경우, 널리 「의발을 잇다」라고 한다.

의상지치(衣裳之治)　　옷 衣 /치마 裳 /의 之 /다스릴 治

애써 법을 정함이 없이 인덕으로 백성을 교화시키고 나라를 다스리는 일. 《역경》

의심암귀(疑心暗鬼)　　의심할 疑 /마음 心 /어두울 暗 /귀신 鬼

☞ 의심생암귀(疑心生暗鬼).

의양호로(依樣葫蘆)　　의지할 依 /모양 樣 /호리병葫 /갈대 蘆

조롱박을 보고 바가지를 그리다. 아주 피상적으로 모방하는 것을 비유하는 말이다. 모방(模倣)뿐이고 독창성이 없음의 비유. 양식이나 형식만을 흉내 내어 예부터의 틀에 박힌 형태의 호리병박을 그리고, 독창성이나 독자적인 화풍을 볼 수 없는 것. 호로(葫蘆)는 표주박, 호리병박. 양(樣)은 양식. 송나라의 태조 조광윤(趙匡胤)이 한림학사 도곡(陶穀)이 기초(起草)한 조서의 문장에 대하여 선례에 따라서 바꾸어 쓴 것뿐이고 신선함이 없다고 폄하한 말.

의이지참(薏苡之讒)　　율무 薏 /질경이 苡 /의 之 /참소할 讒

근거 없는 비방, 중상(中傷). 뜻밖의 참소. 또 사실무근의 수뢰혐의를 받는 것. 의이는 율무. 약용 자양식품으로 쓰인다. 《후한서》

의장참담(意匠慘憺)　　뜻 意 /장인 匠 /참담할 慘 /편안할 憺

고심해서 궁리를 하는 것. 의장은 궁리, 머리를 써서 이리 저리 생각을 하는 것. 참담은 애쓰는 것, 고심하는 것의 형용.

의재언외(意在言外)　뜻 意 /있을 在 /말씀 言 /바깥 外

말로 표현된 것 이상의 정취를 느낄 수 있는 것. 또 분명히 말로 하지 않아도 그 말하고자 하는 바를 느낄 수 있는 것. 언외(言外)는 말로 표현된 내용 이외의 것을 가리킨다.

이공보공(以空補空)　써 以 /빌 空 /기울 補

제 살로 제 때우기. 곧 이 세상에는 공것이 없다는 뜻.

이공사석(李公射石)　성 李 /공변될 公 /쏠 射 /돌 石

한(漢)나라의 명장 이광(李廣)이 바위에 활을 쏘아 뚫었다는 데서, 한 가지 일에 전념하면 불가능한 일도 가능해짐의 비유. 정신을 집중하면 돌조차도 꿰뚫을 수 있다. 사석음우(射石飮羽)와 같은 뜻. ☞ 중석몰족(中石沒鏃).

이관규천(以管窺天) ☞ 관견(管見).

이구동성(異口同聲)　다를 異 /입 口 /같을 同 /소리 聲

여러 사람의 말이 한결같음. 여출일구(如出一口) 《송서(宋書)》

이군삭거(離群索居)　떼놓을 離 /무리 群 /흩어질 索 /있을 居

붕우(朋友)의 무리를 떠나 독거함을 이르는 말. 군(群)은 동문(同門)의 벗, 삭(索)은 흩어짐. 《예기》

이극구당(履屐俱當)　신 履 /나막신 屐 /함께 俱 /당할 當

맑은 날에는 신으로 쓰이고, 궂은 날에는 나막신으로 쓰인다는 뜻으로, 곧 온갖 재주를 구비하여 못할 일이 없음을 비유한 말.

이기포과(以杞包瓜)　써 以 /나무이름 杞 /쌀 包 /오이 瓜

사악(邪惡)을 제지함의 비유. 또 높은 자리에 있는 사람이 겸양하여 현자를 찾는 것. 큰 나무에 휘감긴 오이씨가 익어서 저절로 떨어지듯이, 올바르게 사는 사람은 시기가 익는 것을 기다려

적절히 처신하면 사악한 자는 저절로 물러간다는 것. 《역경》

이랍대신(以蠟代薪)　　써 以 /밀 蠟 /대신할 代 /땔나무 薪

땔나무 대신 초를 땐다는 뜻으로, 지나치게 사치스러운 것을 비유한 말. 《진서》

이려측해(以蠡測海)　　써 以 /표주박 蠡 /잴 測 /바다 海

표주박으로 바다를 잰다는 뜻으로, 얕은 식견(識見)으로 심대한 사리(事理)를 헤아린다는 말. 또 소견이 천박함을 이름.

이력가인(以力假仁)　　써 以 /힘 力 /거짓 假 /어질 仁

병력으로써 세력을 확장하면서 겉으로는 어진 마음에서 우러나와 하는 것처럼 본성을 가장함을 이르는 말로, 패자(霸者)를 이름. 《맹자》

이로동귀(異路同歸)　　다를 異 /길 路 /같을 同 /돌아갈 歸

제각기 가는 길은 다르지만, 귀착점은 같음. 곧 방법은 다르나 결과는 같음을 이르는 말. 《회남자》

이로정연(理路整然)　　이치 理 /길 路 /가지런할 整 /그러할 然

의론·언설(言說) 등 사리가 잘 통하고 정연한 모양. 반 지리멸렬(支離滅裂).

이루지명(離婁之明)　　떼놓을 離 /성길 婁 /의 之 /밝을 明

안력(眼力)·시력이 지극히 밝은 것을 말한다. 이루(離婁)는 옛날 중국 황제(黃帝) 때의 눈 밝은 사람의 이름. 《맹자》 이루상.

이린위학(以隣爲壑)　　써 以 /이웃 隣 /할 爲 /골, 도랑 壑

재앙을 남에게 전가하다. 다른 사람의 사정은 전혀 돌아보지 않고 자신의 이익만 챙기는 태도. 《맹자》

이매망량(魑魅魍魎)　도깨비 魑 /도깨비 魅 /도깨비 魍 /도깨비 魎

산이나 물에 사는 온갖 도깨비의 총칭으로, 암암리에 사람을 해치는 악한을 가리키는 말.

이모상마(以毛相馬)　　써 以 /터럭 毛 /서로 相 /말 馬

털빛만으로 말의 좋고 나쁨을 판단한다는 뜻으로, 외모만 보고 사물을 판단하는 것은 잘못이라는 말. 《염철론》 비 이모취인(以貌取人).

이모취인(以貌取人)　　써 以 /얼굴 貌 /취할 取 /사람 人

얼굴만 보고 사람을 가리거나 쓴다는 뜻으로, 사람이 어질고 어질지 않은 것을 보는데, 그 사람의 덕(德)의 여하는 고려치 않고 단지 용모의 미추(美醜)만 보고 정한다는 말.

이목지관(耳目之官)　　귀 耳 /눈 目 /의 之 /벼슬 官

과거 중국에서 임금의 이목이 되어 나라의 치안을 맡아보던 관리. 곧 어사대부(御史大夫)를 이르는 말. 《맹자》

이문회우(以文會友)　　써 以 /글월 文 /모일 會 /벗 友

학문에 뜻을 두는 사람들을 벗으로 모으는 것. 문(文)은 구체적으로는 유교의 기본적인 경전인 《시경》, 《서경》, 《예기》 등을 가리킨다. 《논어》

이발지시(已發之矢)　　이미 已 /쏠 發 /갈 之 /화살 矢

이미 쏘아진 화살. 곧 이왕에 시작한 일을 중지하기 어려움을 이르는 말.

이사위한(以死爲限)　　써 以 /죽을 死 /삼을 爲 /한계 限

죽음으로써 한정(限定)을 삼는다는 뜻으로, 죽음을 각오하고서 일을 하여 나간다는 말. 곧 죽기 전에 그만두지 않음.

이삼기덕(二三其德)　　두 二 /석 三 /그 其 /덕 德

덕이 여러 가지로 변한다는 뜻으로, 이랬다저랬다 함. 곧 지켜

야 할 덕을 한결같이 하지 않고 바꿈을 이름. 《시경》

이석추호(利析秋毫)　　이익 利 /가릴 析 /가을 秋 /가는 털 毫

사소한 이해라도 따져 밝힌다는 뜻으로, 인색함을 일컫는 말.

이석투수(以石投水)　　써 以 /돌 石 /던질 投 /물 水

물에 돌을 던지면 물속으로 돌이 잠기듯, 간(諫)한 말이 잘 받아들여짐. 또 흔적이 반드시 남음.

이성지합(二姓之合)　　두 二 /성 姓 /의 之 /합할 合

다른 성을 가진 남녀의 결합. 곧 결혼을 이르는 말.

이성지호(二姓之好)　　두 二 /성 姓 /의 之 /좋을 好

시가와 친가가 서로 화목함. 곧 사돈 간의 화목함을 이름.

이세동조(異世同調)　　다를 異 /세상 世 /같을 同 /가락 調

때는 다르되 가락은 같다는 뜻으로, 시대는 달라도 인간 또는 사물에는 각기 상통하는 분위기와 맛이 있음을 이르는 말.

이소사대(以小事大)　　써 以 /작을 小 /일 事 /클 大

작은 것으로 큰 것을 섬김. 곧 작은 나라가 큰 나라를 섬기는 일.

이속우원(耳屬于垣)　　귀 耳 /엮을 屬 /어조사 于 /담 垣

귀를 담에 대고 엿듣는다는 뜻으로, 남이 듣지 않는 곳에서도 말을 삼가라는 말. 속담에 「낮말은 새가 듣고 밤말은 쥐가 듣는다」는 말과 같다.

이수구수(以水救水)　　써 以 /물 水 /건질 救

물에 물을 더한다는 뜻으로, 위세에 세력을 더함을 이르는 말. 《장자》

이수함옥(泥首含玉)　　진흙 泥 /물 水 /머금을 含 /옥 玉

머리를 진흙에 묻고 입에 구슬을 문다는 뜻으로, 사죄 · 항복할

때의 모습을 형용한 말. 《후한서》

이승양석(以升量石)　　써 以 /되 升 /헤아릴 量 /섬곡식 石

되로 섬곡식을 된다는 뜻으로, 어리석은 사람은 현명한 사람의 마음을 헤아리지 못함을 비유하는 말. 《회남자》

이식지도(耳食之徒)　　귀 耳 /먹을 食 /갈 之 /무리 徒

듣기만 하고 그 맛을 판단하는 사람이란 뜻으로, 얄팍한 지혜를 가진 자의 비유. 이식(耳食)은 귀로 먹다, 곧 번지수가 다르다는 뜻. 《사기》

이신순리(以身殉利)　　써 以 /몸 身 /따라죽을 殉 /이익 利

목숨을 내던지면서까지 이익을 추구하는 것. 이익을 추구하기 위해 몸을 망치는 것. 《장자》

이양역우(以羊易牛)　　써 以 /양 羊 /바꿀 易 /소 牛

작은 것으로 큰 것의 대용으로 삼는 것. 양(羊)은 작은 것, 우(牛)는 큰 것에 비유한다. 《맹자》

이열치열(以熱治熱)　　써 以 /열 熱 /다스릴 治

열(熱)을 열로써 다스림. 곧 힘은 힘으로써 물리침.

이오전오(以誤傳誤)　　써 以 /그릇할 誤 /전할 傳

헛소문이 꼬리를 물고 번져 간다는 뜻.

이우지유(犂牛之喩)　　얼룩소 犂 /소 牛 /의 之 /깨우칠 喩

얼룩소의 새끼라도 적갈색 털이고 뿔이 제대로 되어 있으면 결코 버려두지 않는다는 데서 나온 말로, 아버지가 부덕해도 아들이 훌륭하면 그 아들은 반드시 인정받아 등용되는 것을 말한다. 《논어》

이육거의(以肉去蟻)　　써 以 /고기 肉 /쫓을 去 /개미 蟻

고기를 가지고 개미를 쫓는다는 뜻으로, 수단과 방법을 그르치

면 도리어 역효과를 초래함을 이르는 말. 《한비자》

이이제이(以夷制夷)　　써 以 /오랑캐 夷 /제압할 制

오랑캐로 오랑캐를 제압한다는 뜻으로, 외국끼리 서로 싸우게 함으로써 그 세력을 억제하여 자국의 이익과 안전을 꾀하는 외교 정책을 말한다.

이인위경(以人爲鏡)　　써 以 /사람 人 /할 爲 /거울 鏡

주위 사람들의 행동을 잘 지켜보고 스스로의 행동을 올바르게 하는 판단 기준으로 삼는 것을 말한다. 남의 행동에야말로 바로 자신을 이끌어주는 본보기가 있다는 것. 《묵자》

이인투어(以蚓投魚)　　써 以 /지렁이 蚓 /던질 投 /물고기 魚

미물인 지렁이로 고기를 잡는다는 뜻으로, 보잘것없는 것이라도 다 쓸모가 있음을 이르는 말. 《수서(隋書)》

이지측해(以指測海)　　써 以 /손가락 指 /잴 測 /바다 海

손가락을 가지고 바다의 깊이를 잰다는 뜻으로, 양을 모르는 어리석음을 비유하여 이르는 말. 유 이려측해(以蠡測海).

이차이피(以此以彼)　　써 以 /이 此 /저 彼

이렇게 하든지 저렇게 하든지. 이차어피(以此於彼). 어차어피(於此於彼). 어차피(於此彼).

이천식천(以天食天)　　써 以 /하늘 天 /먹을 食

한울로써 한울을 먹음. 우주 전체를 한울로 보아 사람이 동식물을 음식물로 보아 섭취하는 것. 곧 한울이 한울 자체를 키우기 위한 자율적인 운동임.

이천역일(移天易日)　　옮길 移 /하늘 天 /바꿀 易 /날 日

하늘을 옮기고 해를 바꾼다는 뜻으로, 정권을 빼앗아 농간질함을 이르는 말. 《진서》

이천착호(以天捉虎)　　써 以 /하늘 天 /잡을 捉 /범 虎

하늘로 호랑이 잡기란 뜻으로, 아주 쉬운 일의 비유. 《순오지》

이하조리(以蝦釣鯉)　　써 以 /새우 蝦 /낚을 釣 /잉어 鯉

새우를 가지고 잉어를 낚는다는 뜻으로, 적은 밑천을 들여 많은 이익을 얻음을 비유하여 이르는 말. 《순오지》 ☞ 이인투어(以蚓投魚).

이합집산(離合集散)　　헤어질 離 /합칠 合 /모일 集 /흩어질 散

헤어졌다가 모였다 하는 일. 정계(政界)의 파벌이나, 개인의 이익에 따라 이리 갔다 저리 갔다 하는 정치인들을 보고 있으면 잘 알 수 있다. 유 합종연횡(合從連衡).

이화위귀(以和爲貴)　　써 以 /화할 和 /할 爲 /귀할 貴

무슨 일에나 조화가 가장 중요하다. 또 사람들이 사이좋게 지내는 것이 중요하다. 《예기》

이효상효(以孝傷孝)　　써 以 /효도 孝 /상처 傷

효성이 지극한 나머지 어버이의 죽음을 너무 슬퍼하여 병이 나거나 죽음.

익불사숙(弋不射宿)　　주살질할 弋 /아닐 不 /쏠 射 /잘 宿

주살질은 해도 자는 새는 쏘지 않는다는 말로, 새나 물고기를 잡더라도 그 씨를 말릴 정도로 도가 지나친 살생은 하지 않는다는 뜻으로, 무슨 일에나 정도를 넘지 않는 훌륭한 인물의 태도를 이르는 말. 《논어》 ☞ 조이불강(釣而不綱).

익자삼요(益者三樂)　　유익할 益 /사람 者 /석 三 /좋아할 樂

유익한 즐거움 세 가지. 곧 예악(禮樂)을 좋아함과 사람의 착함을 좋아하는 것과 착한 벗이 많음을 좋아하는 것. 《예기》

익자삼우(益者三友)　유익할 益 /사람 者 /석 三 /벗 友

사귀어서 자기에게 유익한 세 벗. 곧 정직한 사람·신의(信義) 있는 사람·지식 있는 사람. 《논어》 반 손자삼우(損者三友 : 착하기만 하고 줏대가 없는 벗·말만 번드르르하고 성실하지 못한 벗·성질이 편벽한 벗).

인걸지령(人傑地靈)　사람 人 /호걸 傑 /땅 地 /신령 靈

호걸이 태어나거나 이르는 곳은 그 땅 또한 명승지가 됨. 또 인걸은 있는 땅에서 난다는 말.

인과응보(因果應報)　인할 因 /실과 果 /응할 應 /갚을 報

인과(因果)는 원인과 결과. 선인(善因)에서는 선한 결과가, 악인에서는 악한 결과가 나오는 것처럼 자기가 지은 인업(因業)에 대하여 반드시 거기에 상응하는 과보(果報)가 있다는 말. 《자은전(慈恩傳)》

인구회자(人口膾炙)　사람 人 /입 口 /회 膾 /구운 고기 炙

「인구에 회자되다」라고 한다. 회자는 회와 구운 고기. 전하여 널리 사람의 입에 오르내림. 《주박시집(周朴詩集)》

인궁반본(人窮反本)　사람 人 /궁할 窮 /되돌릴 反 /근본 本

사람이 궁하면 근본으로 돌아간다는 뜻으로, 곧 사람은 궁해지면 부모를 생각게 된다는 말.

인능홍도(人能弘道)　사람 人 /능할 能 /넓을 弘 /길 道

사상(思想)·도덕은 사람에 의하여 만들어지고, 널리 퍼지게 하는 것으로서, 독자적인 것은 아니라는 것. 인간중심주의를 말한다. 《논어》

인랑입실(引狼入室)　끌 引 /이리 狼 /들 入 /방 室

스스로 이리를 방으로 불러들인다는 뜻으로, 스스로 재앙을 부름의 비유. 스스로 악인과 관계를 가져 재난을 불러일으키는 것.

인마역동(人馬亦同) 사람 人 /말 馬 /또한 亦 /같을 同

사람과 말이 한가지로 같다는 말로, 같은 경우에 닥쳤을 때 미물(微物)이라도 처우를 소홀히 하지 않아야 한다는 뜻으로 쓰임.

인망가폐(人亡家廢) 사람 人 /망할 亡 /집 家 /폐할 廢

사람은 망하고 집은 황폐함. 패가망신(敗家亡身).

인물추심(人物推尋) 사람 人 /만물 物 /옮을 推 /찾을 尋

자취를 모르는 사람을 더듬어 찾음. 또 도망하여 먼 곳에 가서 사는 노비(奴婢)나 그 자손을 그의 상전이나 그의 자손이 찾음.

인봉구룡(麟鳳龜龍) 기린 麟 /봉새 鳳 /거북 龜 /용 龍

기린·봉황·거북·용. 곧 품성이 고상한 사람을 비유하여 이르는 말. 《예기》

인사불상(人事不祥) 사람 人 /일 事 /아닐 不 /상서로울 祥

사람으로서 부실한 일 세 가지. 곧 어리면서 장자(長子)를 섬기지 않고, 천하면서 지체 높은 이를 무시하며, 불초한 자가 현자(賢者)를 우러러보지 않는 일.

인사불성(人事不省) 사람 人 /일 事 /아닐 不 /살필 省

정신을 잃고 의식을 모름. 사람으로서의 예절을 차릴 줄 모름.

인산인해(人山人海) 사람 人 /뫼 山 /바다 海

많은 사람이 한 군데로 모임, 인파(人波).

인생조로(人生朝露) 사람 人 /날 生 /아침 朝 /이슬 露

사람살이는 아침이슬과 같다는 뜻으로, 아침에 잠깐 맺혔다가 볕이 들면 사라지는 이슬처럼 인생은 덧없이 왔다가 간다는 것을 비유하여 이르는 말. 《한서》 소무전.

인순고식(因循姑息) 인할 因 /좇을 循 /시어미 姑 /쉴 息

구습(舊習)을 지키며, 진취의 기상이 없이 구안(苟安)만 취함. 인순은 내키지 않아 머뭇거림. 구습을 지키고 버리지 않음. 고식은 우선 당장에 탈 없이 편안함.

인승비근(人繩批根)　사람 人 /새끼줄 繩 /칠 批 /뿌리 根

새끼줄을 걸어 잡아당겨 뿌리째 뽑아버린다는 뜻으로, 둘이 한패가 되어 남을 배척하여 제거함. 《사기》

인심소관(人心所關)　사람 人 /마음 心 /바 所 /빗장 關

사람의 마음에 따라 각각 그 취의(趣意)를 달리함.

인언가외(人言可畏)　사람 人 /말씀 言 /옳을 可 /두려워할 畏

사람의 말이 두렵다는 뜻으로, 사람들의 쑥덕공론이 두렵다는 말. 《시경》

인언이박(仁言利博)　사람 人 /말씀 言 /이익 利 /넓을 博

인덕이 있는 사람의 언동은 널리 대중에까지 이익이 미침.

인일폐식(因噎廢食)　인할 因 /목멜 噎 /폐할 廢 /밥 食

목이 멘다고 식사를 하지 않음. 곧 사소한 장애 때문에 큰일을 그만둠의 비유.

인유구구(人惟求舊)　사람 人 /생각할 惟 /구할 求 /옛 舊

옷은 새 옷이 좋고 사람은 옛사람이 좋다는 뜻으로, 인물을 구하려면 사물에 통달한 대대로 나라에 공로가 있는 사람을 구하라는 말.

인유삼원(人有三怨)　사람 人 /있을 有 /석 三 /원망할 怨

남으로부터 원망을 사는 세 가지. 곧 고작(高爵 : 높은 작위)·대관(大官 : 큰 벼슬)·후록(厚祿 : 많은 녹봉). 《열자》

인유실의(引喩失義)　끌 引 /깨우칠 喩 /잃을 失 /옳을 義

그릇된 전례(前例)를 인용하여 올바른 이치를 잃어버리는 것.

아

가당치 않은 비유를 끌어들여 진리를 잃어버리는 것. 《전출사표》

인의예지(仁義禮智)　　어질 仁 /옳을 義 /예도 禮 /슬기 智

사람이 갖추어야 할 네 가지 덕(德). 곧 어질고, 의롭고, 예의를 지키고, 지혜로움.

인이불발(引而不發)　　끌 引 /말이을 而 /아닐 不 /쏠 發

활시위만 잡아당길 뿐 화살을 쏘지 않는다는 뜻으로, 사람을 가르치는 데 단지 공부하는 방법만 지시하고 그 묘처(妙處)를 말하지 않아 학습자로 하여금 자득(自得)하게 함을 이름. 또는 세력을 축적하여 때를 기다림을 이름. 《맹자》

인자요산(仁者樂山)　　어질 仁 /사람 者 /좋아할 樂 /뫼 山

인덕(仁德)이 있는 자는 마음이 자연 중후(重厚)하기 때문에 듬직한 경관을 가진 산의 경치를 즐긴다. 변화가 심한 세상에 살면서도 명성이나 이익에 마음이 흔들림이 없이 느긋하게 처신함을 비유하는 말. 《논어》 ☞ 요산요수(樂山樂水).

인적위자(認賊爲子)　　알 認 /도둑 賊 /할 爲 /아들 子

도적을 아들로 생각한다는 뜻으로, 망상(妄想)을 진실이라고 믿음을 비유하는 말.

인지안택(人之安宅)　　사람 人 /갈 之 /편안할 安 /집 宅

인덕(仁德)이 있는 사람에 대하여는 위해를 가할 사람이 없으므로 인덕은 사람이 편히 살 수 있는 집이라는 뜻. 《진서》

인지위덕(忍之爲德)　　참을 忍 /갈 之 /될 爲 /덕 德

매사에 잘 참는 것이 아름다운 덕임을 이르는 말.

인추자고(引錐刺股)　　끌 引 /송곳 錐 /찌를 刺 /넓적다리 股

공부하다가 졸리면 송곳으로 넓적다리를 찔러 잠을 깨게 한다

는 뜻으로, 오로지 학문에만 정진함을 비유하여 이르는 말. 《전국책》

인화위복(因禍爲福)　　인할 因 /재난 禍 /될 爲 /복 福

화도 복이 된다. 㕣 전화위복.

인후지지(咽喉之地)　　목구멍 咽 /목구멍 喉 /갈 之 /땅 地

매우 중요한 땅. 사람의 목에 필적할 만큼 나라의 중요한 요지나 통로를 뜻한다. 요충지(要衝地). 《전국책》

일간풍월(一竿風月)　　한 一 /장대 竿 /바람 風 /달 月

유유자적(悠悠自適)의 경지를 말한다. 한 자루의 낚싯대를 벗삼아 속세를 떠나서 자연 속에서 느긋하게 지내는 것. 육유(陸游) 시 「감구(感舊)」

일개서생(一介書生)　　한 一 /낱 介 /글 書 /살 生

아무런 쓸모도 없는 독서인(讀書人). 개(介)는 초개(草芥)의 개와 같으며, 먼지나 쓰레기. 보잘 것 없는 서생. 《등왕각서》

일거월제(日居月諸)　　해 日 /있을 居 /달 月 /모든 諸

군주와 신하를 비유하여 이르는 말. 또 아버지와 어머니, 군주와 그 비(妃). 태양처럼 밝아야 할 군주가 암우(暗愚)하고, 태양에 대하여 달처럼 군주를 보좌해야 할 신하가 함부로 나서서 방자한 짓을 일삼고 있기 때문에 덕이 있는 인물이 불우함을 한탄한 「백주(柏舟)」라는 시의 한 구절이다. 《시경》

일견여구(一見如舊)　　한 一 /볼 見 /같을 如 /옛 舊

한번 만났을 뿐인데 의기투합하여 오랜 친구처럼 친밀해지는 것.

일경구수(一莖九穗)　　한 一 /줄기 莖 /아홉 九 /이삭 穗

한 포기의 줄기에서 아홉 개의 이삭이 맺는다는 뜻으로, 상서

로운 곡물.

일경지유(一經之儒) 한 一 /경서 經 /의 之 /선비 儒

한 권의 경서에만 통효(通曉)하여 있는 유생(儒生). 전(轉)하여 융통성이 없는 학자를 이름.

일경지훈(一經之訓) 한 一 /경서 經 /의 之 /가르칠 訓

중국 한(漢)나라의 위현(韋賢)이 자식들에게 학문을 가르쳐 자식들이 모두 높은 벼슬에 올랐으므로, 사람들이 자식을 위하여 황금을 남기느니보다 한 권의 경서를 가르치는 편이 낫다고 한 고사에서 유래.

일고경성(一顧傾城) 한 一 /돌아볼 顧 /기울 傾 /성 城

일고(一顧)는 한 번 돌아봄. 경성(傾城)은 절세의 미녀의 비유. 또한 유녀(遊女)의 뜻도 있다. 절세의 미인이 한번 돌아보면 군주(君主)의 마음을 미혹시키고, 성(城)이 기운다고 하는 의미. 일국의 군주가 미녀를 사랑한 때문에 나라가 멸망한 예는 양의 동서를 불문하고 많다. 《장한가(長恨歌)》 비 경국지색(傾國之色).

일고지영(一顧之榮) 한 一 /돌아볼 顧 /갈 之 /영화 榮

한번 돌아보아 준 영광이라는 뜻으로, 어떤 명인이 알아주거나 귀한 손님이 방문해서 자신의 지위가 올라가는 것을 일컫는 말. 《좌전》 비 백낙일고(伯樂一顧).

일고천금(一顧千金) 한 一 /돌아볼 顧 /일천 千 /돈 金

현자(賢者)로부터 한번 돌아봄의 기회를 얻는 것은 천 냥의 값어치가 있다는 말.

일구월심(日久月深) 날 日 /오랠 久 /달 月 /깊을 深

날이 오래고 달이 깊어짐. 곧 골똘히 바람을 이르는 말.

일구지학(一丘之貉) 한 一 /언덕 丘 /갈 之 /오소리 貉

같은 언덕에 사는 오소리라는 뜻으로, 동류(同類). 똑같은 생각을 하고 있는 사람. 닮은꼴의 동아리. 《한서》

일국삼공(一國三公)　한 一 /나라 國 /석 三 /공변될 公

한 나라에 세 권력자가 있다는 뜻으로, 질서가 서지 않음을 이르는 말. 《좌전》

일규불통(一竅不通)　한 一 /구멍 竅 /아니 不 /통할 通

한 구멍도 뚫리지 않다. 사람의 생각이나 행동이 꽉 막혀 요령이 없는 것을 비유하는 말이다. 《여씨춘추》

일기당천(一騎當千)　한 一 /말탈 騎 /당할 當 /일천 千

혼자서 천 사람을 상대할 정도로 강함의 비유. 기(騎)는 말을 타고 무장한 무인(武人). 《북사(北史)》

일기이족(一夔已足)　한 一 /조심할, 짐승이름 夔 /이미 已 /족할 足

능력만 갖추고 있다면 한 사람만으로도 족하다는 뜻. 《한비자》

일낙천금(一諾千金) ☞ 계포일낙(季布一諾).

일념발기(一念發起)　한 一 /생각할 念 /일으킬 發 /일어날 起

마음을 돌이켜 득도(得道)하려고 발심(發心)함. 전(轉)해서 어떤 일에 대해서도 그때까지의 생각을 바꾸어 열심하게 되는 것. 《탄이초(歎異抄)》

일단완급(一旦緩急)　한 一 /아침 旦 /느릴 緩 /급할 急

「일단 나라에 큰 일이 일어났을 경우」 라고 하는 의미. 완급은 문자 상으로는 느린 것과 급한 것이란 의미지만, 숙어가 되면 「급한 사건」 을 가리킨다. 《사기》

일도양단(一刀兩斷)　한 一 /칼 刀 /두 兩 /자를 斷

칼로 쳐서 두 동강을 내듯 사물을 선뜻 결정함을 이름. 《주자

어류(朱子語類)》

일련탁생(一蓮托生)　한 一 /연밥 蓮 /밀 托 /날 生

사후 극락정토(極樂淨土)에서 같은 연꽃 위에 다른 것으로 다시 태어난다는 것. 좋든지 나쁘든지 행동·운명을 같이함. 《오회법사찬(五會法事讚)》

일로평안(一路平安)　한 一 /길 路 /평평할 平 /편안할 安

여행길에 나서는 사람에게 하는 인사. 먼 길이나 여행 중의 평안함. 《홍루몽(紅樓夢)》

일룡일저(一龍一豬)　한 一 /용 龍 /돼지 豬

배우는 방식 여하에 따라 현우(賢愚)의 차가 극심해지는 것. 용은 뛰어난 사람, 출세하는 사람의 비유. 저(豬)는 돼지, 멧돼지로, 둔한 사람, 출세가 느린 사람의 비유.

일립만배(一粒萬倍)　한 一 /알 粒 /일만 萬 /곱 倍

한 알의 곡식도 심으면 만 알이 된다는 뜻. 작은 것도 쌓이면 많게 된다는 말.

일맥상통(一脈相通)　한 一 /맥 脈 /서로 相 /통할 通

생각·성질·처지 등이 어느 면에서 한 가지로 서로 통함, 서로 비슷함.

일면여구(一面如舊)　한 一 /얼굴 面 /같을 如 /옛 舊

처음 만나보고 옛 벗처럼 친밀해짐. 《진서》

일모도궁(日暮途窮) ☞ 일모도원(日暮途遠).

일모불발(一毛不拔)　한 一 /터럭 毛 /아닐 不 /뽑을 拔

털 하나라도 남을 위해 뽑지 않는다는 뜻으로, 몹시 인색하고 이기적임을 비유한 말.

일목요연(一目瞭然)　한 一 /눈 目 /밝을 瞭 /그러할 然

한 번 보고 훤히 알 수 있음. 요(瞭)는 눈동자가 환한 것. 또는 사물이 훤한 모양. 《주자어류(朱子語類)》

일문불통(一文不通)　한 一 /글월 文 /아닐 不 /통할 通

한 글자에도 통하지 못한다는 뜻으로, ① 한 글자도 읽지 못함. ② 서로 한 통의 편지 왕래가 없음.

일반전표(一斑全豹)　한 一 /얼룩 斑 /온전할 全 /표범 豹

일반(一斑)은 표범 가죽의 얼룩무늬 모양. 일부분으로 그 전체를 추량(推量)하거나 비평하거나 하는 것. 《세설신어》

아

일반지덕(一飯之德)　한 一 /밥 飯 /의 之 /덕 德

한 번 식사를 제공받은 은덕. 곧 대수롭지 않은 은덕. 설사 밥 한 끼의 은혜라도 입은 은혜는 반드시 갚는다는 뜻이 담겨 있다. 《사기》 ☞ 은수분명(恩讎分明).

일벌백계(一罰百戒)　한 一 /죄 罰 /일백 百 /경계할 戒

한 사람의 악인을 처벌함으로써 다른 백 사람(大勢)이 죄를 범하지 않도록 경계하는 것. 범죄 예방의 비유.

일부시종(一部始終)　한 一 /나눌 部 /처음 始 /끝 終

일의 시작부터 끝까지 자질구레한 모든 사정. 이를테면 연심(戀心)을 품은 어떤 여자의 일기에 있는 면면(綿綿)한 모든 고백 같은 것.

일빈일소(一嚬一笑)　한 一 /찡그릴 嚬 /웃을 笑

얼굴을 한번 찡그림과 한번 웃음. 곧 얼굴에 나타내는 감정의 움직임을 이름. 《한비자》

일사불란(一絲不亂)　한 一 /실 絲 /아닐 不 /어지러울 亂

한 오라기의 실도 흐트러지지 않았다는 뜻으로, 질서나 체계 따위가 잘 잡혀 있어서 조금도 흐트러짐이 없음을 이르는 말.

일사일생(一死一生)　　한 一 /죽을 死 /살 生

죽음과 삶. 보통 순경(順境)과 역경(逆境), 행과 불행이 반복하는 데에 비유한다. 《사기》

일사천리(一瀉千里)　　한 一 /쏟을 瀉 /일천 千 /거리 里

사(瀉)는 흐르다, 쏟아지다 의 뜻. 강물이 수세(水勢)가 빨라서 한번 흘러 천리 밖에 다다름. 사물이 단숨에 빠르게 진척됨. 또 문장이나 구변(口辯)이 거침이 없음. 《복혜전서(福惠全書)》

일석이조(一石二鳥)　　한 一 /돌 石 /두 二 /새 鳥

한 가지 일을 해서 두 가지의 이익을 얻음. 한 개의 돌로 두 마리 새를 떨어뜨리는 따위의 일이란 그렇게 간단히 되는 것이 아니다.

일세구천(一歲九遷)　　한 一 /해 歲 /아홉 九 /옮길 遷

한 해 동안에 아홉 번이나 관위(官位)가 오른다는 뜻으로, 군주의 총애를 두텁게 받음을 이름. 일월구천(一月九遷).

일세목탁(一世木鐸)　　한 一 /세상 世 /나무 木 /방울 鐸

세상 사람들을 가르치고 이끄는 사람. 사회의 지도자. 신문의 논설위원 등의 경칭 또는 자칭(自稱). 목탁은 금속제의 방울로 안의 혀가 나무로 만들어져 있는 것. 고대 법령을 전달할 때 울려서 민중을 모았다. 공자를 세간(世間)의 목탁에 비유했던 말. 즉 안의 혀가 금속으로 된 금령(金鈴)은 전진(戰陣)을 고하는 때에 사용했다. 《논어》

일세풍미(一世風靡)　　한 一 /세상 世 /바람 風 /쓰러질 靡

일세(一世)는 시대, 당대, 그 시대의 뜻. 풍미는 바람에 몰려 초목이 쓰러진다는 뜻에서, 위세에 딸려 저절로 쏠림의 비유. 그

시대를 리드하여 위세를 떨치는 것.

일소천금(一笑千金) 한 一 /웃을 笑 /일천 千 /돈 金

한 번 웃음에 천금의 값이 있음. 흔히 미인의 형용으로 쓰인다.

일수백확(一樹百穫) 한 一 /나무 樹 /일백 百 /거둘 穫

현량(賢良)한 인재 하나를 길러서 많은 효과를 얻음. 《관자》

일시명류(一時名流) 한 一 /때 時 /이름 名 /흐를 流

당대에 명성이 높은 사람들을 이르는 말. 《세설신어》

일식만전(一食萬錢) 한 一 /밥 食 /일만 萬 /돈 錢

한 끼의 식사에 일만 전을 소비했다는 진(晋)나라의 임개(任愷)의 고사에서, 몹시 호화롭게 낭비함을 일컫는 말. 《진서》

일심불란(一心不亂) 한 一 /마음 心 /아닐 不 /어지러울 亂

한 가지에만 마음을 쓰고 어지러워지지 아니함. 또 【불교】 하나의 대상에 집중하여 마음이 흔들리지 않음. 삼매(三昧).

일야십기(一夜十起) 한 一 /밤 夜 /열 十 /일어날 起

하룻밤에 열 번도 더 일어난다는 뜻으로, 환자를 정성스럽게 간호하는 것을 일컫는 말. 《후한서》

일어탁수(一魚濁水) 한 一 /물고기 魚 /흐릴 濁 /물 水

한 마리의 물고기가 물을 흐리게 한다는 뜻으로, 한 사람의 잘못으로 여러 사람이 그 해를 입게 됨을 비유하여 이르는 말.

일언가파(一言可破) 한 一 /말씀 言 /옳을 可 /깨뜨릴 破

잘라서 하는 한 마디로도 곧 판단이 될 수 있음.

일언거사(一言居士) 한 一 /말씀 言 /있을 居 /선비 士

무슨 일이든지 한 마디씩 참견하지 않으면 마음이 놓이지 않는 사람. 곧 말참견을 썩 좋아하는 사람. 거사는 범어에서 나온 말로, 불교에서는 출가하지 않고 불도를 수행하는 남자를 일컫는

다.

일언반구(一言半句)　한 一 /말씀 言 /반 半 /글귀 句

한 마디의 말과 한 구(句)의 반. 곧 극히 짧은 말.

일우명지(一牛鳴地)　한 一 /소 牛 /울 鳴 /땅 地

한 마리의 소의 울음소리가 들릴 정도의 가까운 거리의 땅. 일우후지(一牛吼地).

일월삼주(一月三舟)　한 一 /달 月 /석 三 /배 舟

같은 달을 보더라도 세 척의 배에서 바라보면 각기 달리 보인다. 정지해 있는 배에서 보면 달도 정지하고 있는 것 같고, 남행하는 배에서 보면 달도 남행하는 것 같고, 북행하는 배에서 보면 달도 북행하는 듯이 보인다. 그와 같이 부처가 가르치는 도(道)는 같아도 사람에 따라서 받아들이는 것이 달라진다고 하는 비유. 《대장경》

일월쟁광(日月爭光)　해 日 /달 月 /다툴 爭 /빛 光

업적이나 인덕(人德)이 뛰어남의 비유. 해와 달의 빛에 필적할 만한 고결한 인품을 일컫는다. 《사기》

일월유매(日月逾邁)　해 日 /달 月 /넘을 逾 /갈 邁

세월이 덧없이 흘러가 버린다는 뜻으로, 늙어서 죽을 때가 가까워짐을 이르는 말. 《서경》

일음일탁(一飮一啄)　한 一 /마실 飮 /쪼을 啄

적은 음식이라는 뜻으로, 사람이 분수를 지키고 다른 것을 탐내지 않음의 비유.

일일삼추(一日三秋)　한 一 /날 日 /석 三 /가을 秋

하루가 3년같이 느껴진다는 말. 헤어져 있는 동안 보내는 하루가 아주 길게 느껴진다는 뜻으로 쓰인다. 《시경》 왕풍.

일일지장(一日之長)　　한 一 /날 日 /의 之 /길 長

하루 먼저 세상에 났다는 뜻으로, 나이가 조금 많음. 또는 조금 나은 선배. 또 조금 나음.

일자무식(一字無識)　　한 一 /글자 字 /없을 無 /알 識

한 글자도 알지 못함.

일자지사(一字之師)　　한 一 /글자 字 /의 之 /스승 師

시(詩)나 문장의 잘못을 지적하거나, 최선이라고는 할 수 없는 문자의 사용법을 지적하고 주의시켜 주는 사람. 또 시나 문장을 짓거나 또는 비판을 함에 있어서 단 한 자도 소홀히 하지 않는 사람. 《당재자전(唐才子傳)》

일장일단(一長一短)　　한 一 /길 長 /짧을 短

장점이 있으면 단점도 있다고 하는 것. 이 경우의 일(一)은 혹은 의 뜻으로, 「길다든지 짧다든지」의 의미. 《논형(論衡)》

일장일이(一張一弛)　　한 一 /베풀 張 /늦출 弛

거문고나 활시위를 팽팽하게 했다 느슨하게 했다 한다는 뜻으로, 사람에 대하여 엄격하게 대하기도 하고, 관대하게 대하기도 하여 적당히 부리는 것. 나라를 다스림에 있어서 완급(緩急)의 호흡이 중요함을 이르는 말. 《예기》

일조일석(一朝一夕)　　한 一 /아침 朝 /저녁 夕

어제 오늘의 단시일의 뜻으로, 일이나 사물은 긴 세월을 거치며 차츰차츰 이루어진다고 하는 것을 말한다. 《역경》 유 로마는 하루아침에 이루어지지 않았다.

일지반전(一紙半錢)　　한 一 /종이 紙 /반 半 /돈 錢

종이 한 장과 엽전 5리(厘). 곧 극히 미미한 기부의 비유. 유 빈자일등(貧者一燈).

일지반해(一知半解)　　한 一 /알 知 /반 半 /깨달을 解

하나쯤 알고 반쯤 깨달음. 수박 겉핥기식 지식, 어설픈 지식. 곧 아는 것이 적음. 《당송시순(唐宋詩醇)》 반 문일지십(聞一知十).

일진월보(日進月步)　　날 日 /나아갈 進 /달 月 /걸음 步

날로 달로 끊임없이 진보 발전함. 첨단기술 개발은 이런 정도가 아니고, 초진분보(秒進分步)의 속도로 진행되고 있다. 비 일취월장(日就月將) 반 십년일일(十年一日).

일진일퇴(一進一退)　　한 一 /나아갈 進 /물러날 退

조금 나아가는가 하면 다시 물러난다. 나아가거나 물러나거나 하는 것. 또는 정세나 증상 등이 좋아진다든지 나빠진다든지 하는 것을 말한다. 《순자》

일창삼탄(一倡三歎)　　한 一 /부를 倡 /석 三 /칭찬할 歎

한 사람이 먼저 노래를 하면 세 사람이 그 뛰어남에 몇 번이나 감탄한다. 곧 한 번 시문(詩文)을 읽고 여러 번 탄상한다는 뜻으로, 썩 훌륭한 시문을 칭찬하여 이르는 말. 소식 「답장문잠서(答張文潛書)」

일척천금(一擲千金)　　한 一 /던질 擲 /일천 千 /돈 金

큰맘 먹고 대담한 일을 함의 비유. 한번의 노름에 천금을 내던질 만큼 배짱이 좋은 것. 일척은 한번 던진다는 뜻으로, 주사위 등을 던지는 것. 올인(all in)

일촉즉발(一觸卽發)　　한 一 /닿을 觸 /곧 卽 /일어날 發

조금만 닿아도 곧 폭발할 것 같은 모양. 즉 막 일이 일어날 듯하여 몹시 위험한 상태에 놓여 있음을 일컫는 말. 대단히 절박한 상황.

일촌간장(一寸肝腸)　　한 一 /마디 寸 /간 肝 /창자 腸

한 토막의 간과 창자라는 뜻으로, 주로 애달프거나 애가 탈 때의 마음을 형용하여 이르는 말.

일취지몽(一炊之夢)　　한 一 /불 땔 炊 /갈 之 /꿈 夢

밥 지을 동안의 꿈이라는 뜻으로, 세상의 부귀영화가 덧없음을 이르는 말.

일취천일(一醉千日)　　한 一 /취할 醉 /일천 千 /날 日

한번 취하면 천일을 간다는 뜻으로, 아주 좋은 술을 형용하여 이르는 말. 《박물지》

일침황량(一枕黃粱)　　한 一 /베개 枕 /누를 黃 /기장 粱

허황한 꿈, 헛된 생각. ☞ 한단지몽(邯鄲之夢).

일파만파(一波萬波)　　한 一 /물결 波 /일만 萬

아주 작은 것이 큰 영향을 미침의 비유. 《냉제야화(冷齊夜話)》

일편단심(一片丹心)　　한 一 /조각 片 /붉을 丹 /마음 心

진정(眞情)에서 우러나오는 충성된 마음. 참된 정성.

일피일차(一彼一此)　　한 一 /저 彼 /이 此

저곳에서 하기도 하고 이곳에서 하기도 함.

일필구지(一筆勾之)　　한 一 /붓 筆 /표를 할 勾 /이 之

송(宋)나라의 범중엄(范仲淹)이 부덕한 사람들을 명부에서 일필로 삭제해버린 데서, 붓으로 단번에 금을 죽 그어서 지워버림.

일필휘지(一筆揮之)　　한 一 /붓 筆 /휘두를 揮 /어조사 之

한숨에 흥취 있고 줄기차게 글씨를 써 내림.

일허일영(一虛一盈)　　한 一 /빌 虛 /찰 盈

갑자기 차거나 비어 변화를 헤아리기 어려움. 일허일실(一虛

一實). 《진서》

일호백낙(一呼百諾)　한 一 /부를 呼 /일백 百 /대답할 諾

한 사람이 소리를 내어 외치면 여러 사람이 이에 따름.

일호재락(一呼再諾)　한 一 /부를 呼 /두 再 /대답할 諾

주인이 한 번 부르면 종이 그에 응하여「예, 예」하고 대답함. 곧 비굴하고 남에게 아첨함을 이름.

일호지액(一狐之腋)　한 一 /여우 狐 /의 之 /겨드랑이 腋

한 마리의 여우 겨드랑이 밑의 최고 아름다운 모피라는 뜻으로, 아주 귀하여 값이 비싼 물건의 비유. 또는 한 사람의 직언하는 선비의 비유.

일호천금(一壺千金)　한 一 /병 壺 /일천 千 /돈 金

파선(破船)하였을 때는 한 개의 바가지로도 물 위에 뜰 수 있어 천금의 값어치가 있다는 뜻으로, 하찮은 것도 때를 만나면 귀히 쓰임을 이르는 말. 《할관자》

일확천금(一攫千金)　한 一 /붙잡을 攫 /일천 千 /돈 金

대수롭지 않은 일로 단번에 큰 돈을 손에 넣는 것.

일훈일유(一薰一蕕)　한 一 /향풀 薰 /누린내풀 蕕

훈은 향초(香草), 유는 냄새나는 풀. 곧 훈·유의 두 가지 풀을 한데 놓으면 좋은 냄새는 없어지고 악취만 난다는 뜻으로, 선행은 스러지기 쉽고, 악행은 잘 제거되지 않음의 비유. 또 착한 사람의 세력은 악인에 미치지 못한다는 비유.「악화(惡貨)가 양화(良貨)를 구축한다」는 말과 같다. 《좌전》

일훈일획(一薰一獲)　한 一 /향풀 薰 /언을 獲

훈(薰)은 향기 나는 풀로서 선(善)을 대표하고, 획(獲)은 악취 나는 풀로서 악을 대표한다고 한 데서, 착한 것과 악한 것의 비

유. 《좌전》

일희일우(一喜一憂) 한 一 /기쁠 喜 /근심 憂

사정이 조금이라도 변할 때마다 기뻐하거나 걱정하거나 하는 것. 기쁨과 근심이 번갈아 일어남. 비 일희일비(一喜一悲).

임간홍엽(林間紅葉) 수풀 林 /사이 間 /붉을 紅 /잎 葉

가을날 숲 속에서 홍엽을 태워 술을 데우며 즐긴다는 뜻으로, 풍류의 정취를 술회하고, 가을의 풍정을 감상하는 것. 《백씨문집(白氏文集)》

임난불구(臨難不懼) 임할 臨 /어려울 難 /아닐 不 /두려워할 懼

난국에 봉착해서도 당황하지 않음을 일컫는 말. 《장자》

임난주병(臨難鑄兵) 임할 臨 /어려울 難 /쇠 부어 만들 鑄 /무기 兵

난리가 일어난 연후에 무기를 제조한다는 뜻으로, 때가 이미 늦음을 이르는 말. 《안자춘추》

임농탈경(臨農奪耕) 임할 臨 /농사 農 /빼앗을 奪 /밭갈 耕

농사를 지을 시기가 되어서 경작하는 사람을 바꾼다는 말로, 이미 다 마련된 것을 빼앗음을 이름.

임심조서(林深鳥棲) 수풀 林 /깊을 深 /새 鳥 /깃들 棲

숲이 깊으면 새가 깃들인다는 뜻으로, 사람이 인의(仁義)를 쌓으면 만물이 저절로 귀의함의 비유. 《정관정요》

입경문금(入境問禁) 들 入 /지경 境 /물을 問 /금할 禁

국경(國境)에 들어서면 그 나라에서 금(禁)하는 것을 물어 보라는 말.

입경문속(入境問俗) 들 入 /지경 境 /물을 問 /풍속 俗

타향에 가면 그 고을 풍속을 물어서 그에 따르는 일.

입막지빈(入幕之賓) 들 入 /막 幕 /의 之 /손 賓

막중(幕中)의 빈객이라는 뜻으로, 기밀을 상의할 수 있는 상대를 이름. 《세설신어》

입봉모의(入奉母儀)　　들 入 /받들 奉 /어미 母 /거동 儀

집에 들어서는 어머니를 받들어 종사(從事)해야 함.

입산기호(入山忌虎)　　들 入 /뫼 山 /꺼릴 忌 /범 虎

산에 들어가 놓고 범 잡기를 꺼린다는 뜻으로, 막상 일을 당하면 처음과 달리 뒤로 꽁무니를 뺌을 이르는 말.

입실조과(入室操戈)　　들 入 /방 室 /쥘 操 /창 戈

남의 방안에 들어가 창을 휘두른다는 뜻으로, 그 사람의 학설(學說)을 가지고 그 사람을 공격함을 비유해 이르는 말.

입아아입(入我我入)　　들 入 /나 我

부처와 내가 일체(一體)가 되는 경지(境地).

입이불번(入耳不煩)　　들 入 /귀 耳 /아닐 不 /번거로울 煩

귀로 듣기에 번거롭지 않다는 뜻으로, 아첨하는 말이 귀에 거슬리지 않음의 비유.

입이저심(入耳著心)　　들 入 /귀 耳 /분명할 著 /마음 心

귀로 들어온 것을 마음속에 붙인다는 뜻으로, 들은 것을 마음속에 간직하여 잊지 않음.

입이착심(入耳着心)　　들 入 /귀 耳 /붙을 着 /마음 心

들은 것을 마음속에 간직해 잊지 아니하는 일.

입이출구(入耳出口)　　들 入 /귀 耳 /날 出 /마음 心입 口

귀로 듣고 입으로 바로 말함. 곧 말을 금방 옮김의 비유.

입주출노(入主出奴)　　들 入 /주인 主 /날 出 /종 奴

이단(異端)의 길로 들어간 자는 성인(聖人)의 학문을 천시해 싫어함.

입추지지(立錐之地)　설 立 /송곳 錐 /갈 之 /땅 地

송곳 하나 꽂을 만한 땅이라는 뜻으로, 매우 좁아 조금의 여유도 없음을 가리키는 말. 또는 매우 좁은 땅. 「입추의 여지가 없다」는 식으로 쓴다. 《사기》

입화습률(入火拾栗)　들 入 /불 火 /주울 拾 /밤 栗

불 속에 들어가 밤을 줍는다는 뜻으로, 사소한 이익을 얻으려고 큰 모험을 하는 어리석음을 비유하는 말.

도연명 취귀도(醉歸圖, 明 화가 대진)

고사성어대사전

자가당착 自家撞着 ➡ 징갱취제 懲羹吹虀

자가당착 自家撞着

스스로 自 집 家 칠 撞 붙을 着

《선림유취(禪林類聚)》

「자기 집에 맞닥뜨린다」는 뜻으로, 자기의 언행이 앞뒤가 모순되어 일치하지 않음을 이르는 말.

《선림유취》 간경문(看經門)에 다음과 같은 남당정(南堂靜)의 시가 실려 있다.

수미산은 높고 높아 봉우리도 보이지 않고
바다는 물 깊어 바닥에 닿지도 않네.
흙 뿌리고 먼지 날리며 찾아다닌 곳
머리 돌려 맞닥뜨리니 바로 나 자신이로세.

須彌山高不見嶺　수미산고불견령
大海水深不見底　대해수심불견저
碒土揚塵處尋　　엄토양진처심
回頭撞着自家底　회두당착자가저

그럴 듯한 이름을 세워 진리를 찾는다고 하지만 결국 얻은 것은 아무것도 없다는 말이다. 아니 오히려 얻은 것이 없을 뿐만 아니라 자신에게 해를 끼치는 피해만 자초하였다.

지식의 유희에 빠져 함부로 사실을 합리화하는 어리석은 실수에 대한 경구라고 할 수 있다.

자고영웅진해시 自古英雄盡解詩

부터 自 옛 古 꽃부리 英 수컷 雄 다할 盡 풀 解 시 詩

임관(林寬) / 「가풍대(歌風台)」

「자고로 영웅은 모두 시를 알았다」라는 뜻으로, 문무(文武)를 겸비해야만 진정한 영웅이라는 말이다.

당(唐)나라 시인 임관(林寬)이 지은 「가풍대(歌風台)」라는 시의 한 구절이다.

가풍대는 한(漢)나라를 세운 유방(劉邦)이 지은 「대풍가(大風歌)」를 기념하여 세운 고대(高臺)이다.

유방은 회남왕(淮南王) 영포(英布)가 일으킨 반란을 평정하고 돌아가는 길에 고향 패현에 들러 고향 사람들과 주연을 베풀었는데, 주흥이 돌자 천하를 통일하기까지의 감회가 솟구쳐 「대풍가」를

가풍대

한고조 유방의 대풍가 조소(彫塑)

지었다. 나중에 사람들이 그곳을 기념하여 고대를 세워 가풍대라고 불렀다.

당나라 때 임관은 이 가풍대를 노래하여 「말 위에서 천하를 얻었다 말하지 말라, 자고로 영웅은 모두 시를 알았다네(莫言馬上得天下 自古英雄盡解詩)」라고 읊었다. 유방이 천하를 통일할 수 있었던 것은 말 위에서, 곧 전쟁을 통한 무력으로써만이 아니라, 시를 알고 문무를 겸비한 영웅이었기 때문이라는 뜻이다.

또 삼국시대 위(魏)나라의 조조(曹操)나 조비(曹丕) 같은 이들도 제왕의 지위에 오른 인물이면서 뛰어난 문학적 재능을 발휘한 예로 들 수 있다.

자구다복 自求多福

스스로 自 구할 求 많을 多 복 福

《시경(詩經)》 대아(大雅)

많은 복은 하늘이 주어서가 아니라 자기가 구해서라는 것이 「자구다복」이다. 즉 「하늘은 스스로 돕는 자를 돕는다(天助自助)」는 말이다. 《시경》 대아 문왕편(文王篇)에 나오는 말로서, 이 말은 《맹자》 공손추상에 인용됨으로써 널리 알려지게 된 말이다.

맹자는 노력에 따라 결과가 나타난다는 것을 강조하고, 모든 화와 복이 다 자기 스스로 구해야 한다는 것을 이렇게 말하고 있다.

「어질면 영화가 오고 어질지 못하면 욕이 온다. 지금 욕된 것을 싫어하면서 어질지 못한 생활을 하는 것은 마치 축축한 것을 싫어하면서 낮은 땅에 살고 있는 것과 같다. 욕된 것을 싫어하면 덕을 소중히 알고 선비를 높이 받드는 길밖에 없다. 어진 사람이 높은 지위에 있고, 능력 있는 사람이 일을 담당하여 남는 여가를 헛되이 하지 말고 열심히 정치와 법령을 바르게 하는 데 힘을 기울이면 아무리 큰 나라라 할지라도 이쪽을 업신여기지 못한다. 지금 나라가 평화로우면 마음껏 즐기며 게으름을 피우고 거만을 부린다. 이것은 스스로 화를 부르는 것이다. 화와 복은 스스로 구하지 않는 것이 없다(禍福無不自己求之者). 《시》에 말하기를 『길이 명(命 : 천명)에 맞게 하기를 생각하는 것이 스스로 많은 복을 구하는 것이다』라고 했다(詩云永言配命 自求多福)」고 했다.

「구하라, 그러면 얻으리라」고 한 예수의 말씀도 노력하면 하늘은 그 노력한 대가를 주신다는 뜻일 것이다.

자두연기 煮豆燃萁

삶을 煮 콩 豆 사를 燃 키 萁

《세설신어(世說新語)》 문학편(文學篇)

형제간 다툼의 비유.

「콩을 삶는 데 콩깍지를 태운다」는 뜻으로, 형제간의 다툼을 비유하는 말이다. 《세설신어》 문학편에 있는 말이다.

위문제 조비

삼국시대의 영걸 조조는 문학을 즐겼고 선비를 초빙하여 소위 건안문학(建安文學)의 융성을 가져올 정도였으며, 그의 아들 조식(曹植)은 어려서부터 문재(文才)가 일세에 뛰어나고 또한 호웅(豪雄)하여 무기(武技)도 잘했다.

아버지 조조는 조식의 이재(異材)를 특히 사랑하여 형 조비(曹丕)를 젖혀놓고 몇 번이고 태자로 세우려고 할 정도였으나 직정경행(直情徑行)인 조식은 너무나도 조포(粗暴)한 행동이 많아 끝내 단념하고 조비에게 자리를 양보했다.

그런데 조조는 풍운 속에서 뜻을 다 이루지 못하고 세상을 떠났으나, 조비가 그 뒤를 잇자 후한의 헌제(獻帝)를 폐하고 스스로 위(魏)의 문제라 칭했다. 문제와 조식은 어릴 때부터 의가 좋지 않아, 이때부터 조식은 사사건건 형의 미움을 받는 신세가 되었다

언젠가 문제 조비는 동아왕(東阿王)에 봉해져 있던 조식을 불러 즉석에서 시(詩)를 지을 것을 명했다.

「내 앞에서 일곱 걸음(七步)을 걷는 동안 시를 짓지 못하면 칙명(勅命)에 배반하는 것으로서 중죄에 처할 것이다」

조식은 형 문제의 명령에 응해 일어서자, 곧 시를 지었다.

콩을 삶는데 콩깍지로 불을 때니
콩이 솥 안에서 우는구나.
본래 같은 뿌리에서 나왔거늘,
어찌 이리도 급히 삶아대는가?

煮豆燃豆萁 豆在釜中泣　자두연두기 두재부중읍
本是同根生 相煎何太急　본시동근생 상전하태급

조식의 묘

한 뿌리에서 자란 콩깍지를 태워 콩을 삶는 상황에 빗대어 한 어머니에게서 태어난 형에게 핍박받는 자신의 처지를 한탄하였다.

조비도 이 시를 듣고 부끄러워하며 동생을 놓아주었다고 한다. 이로부터 「자두연두기(煮豆燃豆萁)」는 형제간에 서로 다투는 것을 비유하는 성어로 사용되고 있다.

그리고 아주 뛰어난 문학적 재능이 있는 사람은 「칠보지재(七步之才)」라 불렀으며, 뛰어난 문학작품을 「칠보시」라 하였다. 「자두연기」와 유사한 말로 「골육상쟁(骨肉相爭)」이 있다.

자모유패자 慈母有敗子

사랑할 慈 어미 母 있을 有 패할 敗 아들 子

《한비자》 현학(顯學)편

「자애가 지나친 어머니 밑에서는 몹쓸 자식이 나온다」는 뜻으로, 자식에 대한 사랑이 지나치면 그 자식이 방자하고 버릇없는 사람이 됨을 비유하는 말이다. 줄여서 「자모패자(慈母敗子)」라고도 한다.

한 비

《한비자》 현학편에 있는 말이다.

「무릇 엄한 집에는 사나운 종이 없지만, 자애로운 어머니에게는 집안을 망치는 자식이 있다. 나는 이로써 위세는 난폭한 행위를 금할 수 있지만, 후덕함으로는 어지러움을 그치게 할 수 없음을 안다(夫嚴家無悍虜　而慈母有敗子　吾以此知威勢之可以禁暴　而德厚之不足以止亂也)」

또 《사기》 이사열전(李斯列傳)에도 이렇게 말하고 있다.

「그러므로 한비자가 『자애로운 어머니 밑에서 몹쓸 자식이 자라지만 엄격한 집에는 거스르는 종이 없다』라고 하였으니, 왜 그렇겠습니까? 바로 벌을 줄 만한 일은 반드시 벌을 주기 때문입니다(故

韓子曰 慈母有敗子而嚴家無格虜者 何也 則能罰之加焉必也)」

이 한비자의 말들은 원래 엄격한 법치를 주장하기 위하여 인용된 것이다. 가풍이 엄격한 집안에는 이를 거스르는 사나운 종이 있을 수 없지만, 어머니가 지나치게 사랑을 쏟으면 그 자식은 응석받이가 되어 점점 버릇없고 방자하게 자라 결국에는 집안을 망치게 될 수도 있다.

한비자 석조상

요즈음 말로 하면 과잉보호로 키운 자식이 패가망신에 이르는 격이다. 옛날에는 엄부자모(嚴父慈母)를 이상적인 부모상으로 삼기도 하였으나, 자애로움이 지나치면 자식을 망치게 된다.

人欲自照 必須明鏡

인욕자조 필수명경

主欲知過 必借忠臣

주욕지과 필차충신

사람이 자기를 비쳐보려면 밝은 거울이 있어야 하고,
군주가 과오를 알려면 반드시 충신에게 의거해야 한다.

— 오긍(吳兢) 《정관정요》 간언을 구하다(求諫)

자솔이정숙감부정 子帥以正孰敢不正

아들 子 거느릴 帥(솔) 써 以 바를 正 누구 孰 감히 敢

《논어》 안연편(顔淵篇)

「당신이 통솔하기를 바름으로써 하면 누가 감히 바르지 않겠는가」 라는 뜻으로, 윗사람이 바른 도리로써 아랫사람을 거느리면 아랫사람은 자연 바른 일을 하게 된다는 말이다.

《논어》 안연편에 있는 말이다.

계강자(季康子)라는 노나라 실권자가 공자에게 정치를 묻자, 공자는 이렇게 대답했다.

「정치(政)라는 것은 바른(正) 것이다. 그대가 거느리기를 바른 것으로 하면 누가 감히 바르지 않겠는가(子帥以正孰敢不正)」

바르게 하는 것이 정치인데, 정치를 한다는 사람 자체가 바르지 못한 일을 하니 다른 사람이 말해 무엇 하겠느냐는 뜻이다. 수신(修身)이 치국평천하(治國平天下)의 근본이 된다는 것도 다 같은 진리에서 나온 말이다.

솔(帥)은 거느린다는 솔(率)과 같다. 자(子)는 그대란 뜻이지만 자기 자신이란 말로도 통할 수 있다. 그래서 또 「자솔이정이면 숙불이정(自率以正 孰不以正)」 이란 말도 쓴다. 「누가 바른 것으로 하지 않으리오」 하는 뜻이다.

지휘자부터 올바르게 행동해야 한다는 뜻이다. 그래서 공자도 정(政)은 정(正)이라고 하였다. 남을 이끄는 위치에 있는 사람은 항상 솔선수범해야 한다는 말이다.

자승자강 自勝者强

스스로 自 이길 勝 사람 者 강할 强

《노자(老子)》 제33장

이 세상에서 가장 강한 사람은 자기 자신을 이기는 사람이다. 이것을 「자승자강」이라고 한다. 《노자》 33장에 있는 말이다.

「남을 아는 것은 지혜로운 일이다. 그러나 자신을 아는 사람이 참으로 밝은 사람이다. 남을 이기는 것은 힘이 있는 일이다. 그러나 자기를 이기는 것이 가장 강하다(勝人者有力 自勝者强)」

소크라테스도 「너 자신을 알라」고 했다.

왕양명(王陽明)도 「산 속의 도적을 깨뜨리기는 쉬워도 마음속의

노자 기우도(騎牛圖, 明 화가 진홍수)

왕양명

도적을 깨뜨리기는 어렵다」고 했다.

공자도 「나를 이기고 예로 돌아가는 것이 인이다(克己復禮爲仁)」라고 했다.

자기를 이긴다는 것은 인간의 육신으로 인한 동물적인 충동과 욕망을 이긴다는 뜻이다. 어떤 외부적인 구속 없이 자기 이성으로 부당한 생각과 유혹을 물리치고 후회 없는 생활을 해나가는 것이 자기를 이기는 것이다.

나폴레옹의 이야기에 이런 것이 있다. 적군의 비밀을 탐색하는 임무를 무사히 마치고 돌아온 두 장교에게 약속한 상금을 준 그는, 그 중 한 사람에게 약속 이외의 상금을 또 주었다. 그리고는 이렇게 말했다.

「그대는 보아하니 겁이 많은 사람이다. 그런데도 불구하고 위험을 무릅쓰고 임무를 수행했다. 자기의 겁 많은 성격을 능히 이겨낸 참다운 용사이므로 그대는 어떤 어려운 일이라도 해낼 수 있는 사람이다」

역시 스스로를 이겨낸 사람이 가장 강하다는 노자의 말씀과 공통되는 점이 있다. 스스로를 이겨라. 그러면 세상에 두려울 것이 없다.

자승자박 自繩自縛

스스로 自 새끼줄 繩 스스로 自 묶을 縛

《한서(漢書)》 유협전(遊俠傳)

자기가 만든 새끼줄로 제 몸을 스스로 묶는다는 뜻으로, 자기가 한 말과 행동에 자신이 구속되어 어려움을 겪는 것을 이르는 말.

자기 스스로를 옭아 묶음으로써 자신의 언행 때문에 자기가 속박당해 괴로움을 겪는 일에 비유한 말이다.

《한서》 유협전에 있는 말이다.

시장에서 원섭(原涉)의 노비(奴婢)가 백정(白丁)과 말다툼을 한 뒤 죽이게 되자 무릉(茂陵)의 태수 윤공(尹公)이 원섭을 죽이려고 하여 협객들이 다음과 같이 말하였다.

「원섭의 종이 법을 어긴 것은 부덕한 탓이다. 그에게 웃옷을 벗고 스스로 옭아 묶어(使肉袒自縛) 화살로 귀를 뚫고 법정에 나가서 사죄하게 하면 당신의 위엄도 유지될 것이다」

「자박(自縛)」에서 유래한 말이다.

원래는 궁지에 몰려서 항복의 표시로 자신의 몸을 묶고 관용을 청하는 것이다. 스스로 번뇌(煩惱)를 일으켜 괴로워하거나 자기가 잘못함으로써 스스로 불행을 초래하는 데 비유한 말이다.

전국시대에 강력한 법치주의를 실현한 상앙(商鞅)의 고사에서 유래된 「자기가 만든 법에 자신이 해를 입는다」는 뜻의 「작법자폐(作法自斃)」와 비슷한 말이다.

자업자득(自業自得)과 비슷한 뜻이며, 「제가 놓은 덫에 제가 먼저 걸려든다」라는 속담과도 비슷하다.

자역유시 子亦猶是

아들 子 또 亦 같을 猶 이 是

《한비자(韓非子)》, 《열자(列子)》

「너 또한 같을 것이다」 라는 뜻으로, 똑같은 상황에 처하게 되면 누구나 그럴 수밖에 없음을 비유하는 말이다.

《한비자》 설림(說林)편에 있는 이야기다.

전국시대의 사상가인 양주(楊朱)와 그의 아우 양포(楊布)의 고사에서 유래한 이야기다.

묵 자

양포가 아침에 흰 옷을 입고 나갔는데 돌아올 때는 비가 와 검정 옷으로 갈아입고 들어왔다. 그러자 집에서 기르는 개가 낯선 사람으로 알고 마구 짖어댔다. 양포가 화가 나서 지팡이로 개를 때리려 하자 형 양주가 그것을 보고 양포를 이렇게 타일렀다.

「개를 탓하지 마라. 너 또한 같을 것이다. 만일 네 흰 개가 나갔다가 까맣게 해가지고 들어오면 너는 이상하게 생각지 않겠느냐?(子無撲矣 子亦猶是也 嚮者使汝狗白而往 黑而來 豈能無怪哉)」

양주는 전국시대 중엽의 사상가로 묵자(墨子)와 대조적인 사상을 주장하고 있었다. 묵자는 온 천하 사람을 친부모 친형제처럼 사랑하라고 외친 데 대해 양주는 남을 위하여 그런 부질없는 짓은 그만두고 저마다 저 하나만을 위해 옳게 살아가면 천하는 자연 무사태평한 법이라고 주장했다. 그래서 맹자는 말하기를,

열 자

「양자는 나만을 위하니 아비가 없고, 묵자는 똑같이 사랑하니 임금이 없다. 아비가 없고 임금이 없으면 이는 곧 새 짐승과 다를 것이 없다」고 했다.

양주는 인간의 본능을 전면적으로 긍정하는 낙천주의자로 보고 있으나, 그의 근본사상은 도가의 「무위자연(無爲自然)」에 있다. 그는 모든 것을 있는 그대로 보려 했기 때문에 「양포의 개」를 긍정적으로 너그럽게 볼 수 있었던 것이다.

이 고사는 《열자(列子)》 설부(說符)편에도 실려 있다. 여기서 유래하여 「자역유시」는 같은 상황에 처하게 되면 마찬가지의 입장이 될 수밖에 없음을 비유하는 말로 사용된다. 백왕흑귀(白往黑歸) 또는 양포지구(楊布之狗)라는 성어도 이 고사에서 유래되었다.

자위부은 子爲父隱

아들 子 할 爲 아비 父 숨길 隱

《논어》 자로(子路)편

아버지는 자식을 위해 숨겨주고, 자식은 아버지를 위해 숨겨준다는 뜻으로, 부자지간의 천륜(天倫)을 이르는 말.

《논어》 자로(子路)편에 있는 말이다.

초(楚)나라의 너무 정직한 궁(躬)이란 사람(直躬이 이름이라고도 함)이 양(羊)을 훔친 제 아비를 고발하여 스스로 증인이 되더라는 이야기에서 나온 말이다.

섭공이 공자께 말했다.

「우리 마을에 자신을 바르게 하는 자가 있으니, 제 아비가 양을 훔친 것을 증명하였습니다」

그러자 공자가 이렇게 말했다.

「어버이는 그 자식을 위해 숨기고, 자식은 어버이를 위해 숨기니, 정직이란 그런 부자간의 사랑 속에 있어야 합니다(父爲子隱 子爲父隱 直在其中矣)」

직궁(直躬)이 아비 잘못의 증인이 됨에 대하여, 지나치게 정직함은 오히려 정도(正道)에 어긋남을 이르는 말이다..

여기서 「직궁증부(直躬證父)」라는 성어도 생겨났다.

가족 간의 애정과 연대감을 중요시하는 대목으로 유교와 법률의 차이점을 나타내고 있다.

자포자기 自暴自棄

스스로 自 사나울 暴(포) 버릴 棄

《맹자》 이루상(離婁上)

마음에 불만이 있어 행동을 되는 대로 마구 취하고 스스로 자신을 돌아보지 아니함.

「자포자기」란 말을 우리는 될 대로 돼라 하는 그런 뜻으로 쓰고 있다. 글자대로 새기면 스스로 자신을 학대하고 스스로 자신을 내던져 버리는 것이 자포자기다.

이 말은《맹자》이루 상에 나오는 말이다.

「자포(自暴)하는 사람과는 함께 말을 할 수가 없고, 자기(自棄)하는 사람과는 함께 일을 할 수가 없다. 예의에 벗어나는 말을 하는 사람을 자포한다 말하고, 자기 자신이 능히 어진 일을 할 수 없고, 옳은 길로 갈 수 없다고 하는 것을 『자기』라고 말한다. 어짊(仁)은 사람의 편안한 집이요, 옳음은 사람의 바른 길이다. 편안한 집을 비워 두고 살지 않으며, 바른 길을 버리고 그곳으로 가지 않으니 슬픈 일이다」라고 했다.

맹자의 말대로 하면 말을 함부로 하는 것이 「자포」고, 행동을 되는 대로 하는 것이 「자기」다. 말을 함부로 하는 것은, 어질고 바른 것을 적대시하는 적극적인 태도로 볼 수 있고, 행동을 되는 대로 하는 것은 희망을 잃은 소극적인 태도로 볼 수 있다.

아무튼 「자포자기」는 착하고 바른 일하는 것을 거부하려는 태도를 말하는 것이다. 「될 대로 돼라」하는 말 자체가, 자제력을 상실한 감정의 노예가 되기를 자청하는 말이기도 하다.

자허오유 子虛烏有

아들 子 빌 虛 까마귀 烏 있을 有

《사기》 사마상여(司馬相如) 열전

가공의 이야기.

사마상여와 탁문군(明 두근)

실제로는 있지 않은 허구의 일이나 사람을 비유하는 말.

중국 한(漢)나라 때 사마상여(司馬相如)가 지은 「자허부(子虛賦)」에서 유래되었다.

한나라 무제는 사냥을 무척 즐겼다. 어느 날 무제는 사냥을 내용으로 하는 「자허부」를 읽고는 훌륭한 작품이라고 칭찬하면서 작가와 동시대에 살지 못하여 만나보지 못함을 안타까워하였다.

그때 구감(狗監 : 황제의 사냥개를 관리하는 직책) 양득의(楊得意)가 그 말을 듣고는 작가가 자신의 동향 사람이라고 아뢰었다.

무제가 사마상여를 만나 「자허부」를 칭찬하자, 사마상여가 말했다.

「이 부(賦)는 제후들의 사냥을 다룬 것으로, 폐하께서 보실 만한 것은 못 되옵니다. 청컨대 천자께서 사냥하는 부를 지어 올리도록 해주옵소서」

무제가 기뻐하며 허락하여 「자허부」의 속편격인 「상림부(上林賦)」가 지어졌다.

자허상림도(子虛上林圖, 明 화가 구영)

「자허부」는 자허(子虛)와 오유선생(烏有先生), 무시공(無是公) 세 사람의 대화가 주 내용을 이룬다.

초(楚)나라의 자허가 제(齊)나라에 사신으로 갔을 때, 제나라 왕이 성대한 사냥행사를 베풀었다. 나중에 자허는 제나라의 오유선생과 사냥에 관한 이야기를 나누었는데, 자허는 초나라 왕의 성대한 사냥행사를 언급하여 제나라 왕을 깎아내렸다.

그러자 오유선생은 제나라 왕을 옹호하기 위하여 자허에게 여러 가지를 물으면서 초나라 왕이 방탕하고 사치스럽다고 비평하였다. 두 사람의 말다툼을 듣고 있던 무시공은 주(周)나라 천자의 사냥행사는 그 성대함이 초나라와 제나라를 압도하였다고 말하였다. 끝에 가서는 사치와 방탕함을 반대하고 절제와 검소함을 내세우는 것으로 마무리된다.

「자허부」에 등장하는 자허와 오유선생, 무시공은 모두 허구의 인물이고, 언급되는 일들도 모두 가공의 이야기이다. 여기서 유래하여 「자허오유」는 실제로 존재하지 않는 허구의 인물 또는 그러한 일을 비유하는 성어로 사용된다.

자형화 紫荊花

자줏빛 紫 모형 荊 꽃 花

《속제해기(續齊諧記)》

박태기나무의 꽃이라는 뜻으로, 화목한 형제애를 비유하는 말. 형제가 화목하고 협심하여 잘산다는 뜻으로 쓰인다.

남조(南朝)시대 양(梁)나라 오균(吳均)이 지은 《속제해기(續齊諧記)》에 다음과 같은 일화가 보인다.

자형화

옛날 경조(京兆)에 전진(田眞)이라는 사람이 있었다. 그는 두 아우와 함께 살았는데, 어느 날 서로 분가하기로 하고 재산을 똑같이 나누었다. 그런데 뜰에 심겨진 박태기나무(紫荊) 한 그루는 어떻게 할 수 없었다.

셋이서 상의한 결과 나무를 셋으로 잘라서 분배하기로 하였다. 이튿날 박태기나무를 자르려고 하자, 순식간에 말라 죽었다. 이것을 보고 놀란 전진이 두 아우에게 이렇게 말했다.

「나무는 원래 한 그루로 자란다. 그런데 우리가 그것을 자르려

하자 말라 죽었다. 우리도 또한 그렇지 않은가? 형제는 서로 화목하게 지내야 한다. 형제가 뿔뿔이 흩어져 버리면 제각기 망해버릴 수밖에 없지 않은가? 재산을 분배해 서로 헤어지려 했던 우리는 인간이면서 이 나무보다도 못하다!」

그리고는 나무 자르기를 그만두었다. 그러자 나무가 다시 예전처럼 싱싱하게 활기를 되찾고 잎이 파랗게 무성해졌다.

이것을 본 형제는 감동하여, 나눈 재산을 다시 전처럼 하나로 모았다. 그리고 셋이 힘을 합하여 집안을 위해 열심히 일했다. 전진은 얼마 뒤에 벼슬길에 나갔는데 나중에 태중대부(太中大夫)에까지 올랐다.

예로부터 형제 또는 자매, 남매 등을 표현할 때에는 흔히 나무에다 비유하기를 즐긴다. 이것은 나무가 한 뿌리에서 나고 본줄기를 거쳐 가지가 무성해지기 때문이다. 이 같은 표현은 신라의 월명사(月明師)가 지은 「제망매가(祭亡妹歌)」에서 「한 가지에 나고서 가는 곳을 모른다」와, 조식(曹植)의 「칠보시(七步詩)」에서 비유한 「콩과 콩깍지」 등을 그 예로 들 수 있다.

조 식

작법자폐 作法自斃

지을 作 법 法 스스로 自 죽을 斃

《사기》 상군열전(商君列傳)

제가 만든 법에 제가 걸려 죽는다는 뜻으로, 자기가 한 일로 인하여 자신이 고난을 받음을 이르는 말. 「제가 놓은 덫에 제가 치인다」는 속담과 같다.

전국시대 진(秦)나라 효공(孝公)은 진나라가 중원의 여러 나라로부터 오랑캐로 대우받을 정도로 기강이 해이해짐을 한탄했다. 그래서 나라를 바로잡고자 이상론자 상앙(商鞅)을 재상에 임명했다. 상앙은 먼저 낡은 법률과 제도를 뜯어고치는 일부터 시작했다. 당연 기득권 세력들의 반대에 부닥쳤으나 왕의 강력한 지원 아래 변법(變法)이란 법을 만들고 태자까지 잡아들이는 등 엄격히 법을 시행했다. 새로운 법령이 시행된 지 1년 만에 백성들 사이에 불편하다고 호소하는 자들이 많았다. 이때 태자가 법을 어기는 행위를 하였다. 상앙이 말했다.

「법이 지켜지지 않는 것은 위에서부터 법을 어기기 때문이다」

그리고는 태자를 처벌하려 하였으나, 태자는 효공의 뒤를 이을 신분이었으므로 차마 형벌을 내릴 수는 없었다. 그 대신 태자의 태부(太傅)인 공자 건(虔)을 처벌하고 스승인 공손고(公孫賈)를 자자형(刺字刑 : 이마에 글자를 넣는 형)에 처했다. 이로부터 백성들이 두려워하여 모두 새 법령을 따르게 되었다.

이렇게 해서 진나라는 얼마가지 않아 기강이 서는 나라가 되었다.

그러나 효공이 죽고 혜왕이 즉위하자 상황이 이상하게 돌아갔다.

반대파가 상앙이 역적모의를 했다고 음해했고, 혜왕도 태자 때의 안 좋은 감정이 더하여져 즉각 체포령을 내렸다. 상앙은 도망쳐 숨어 다니다가 어느 날 하룻밤 묵고 가려고 주막에 찾아들었다. 그러나 주막 주인은 이렇게 말하면서 재워주기를 거절했다.

상 앙

「여행증이 없는 손님의 신분을 확인하지 않고는 재워드릴 수가 없습니다. 이를 어겼다가는 상앙의 법률에 따라 큰 벌을 받게 됩니다」

상앙은 탄식하며 중얼거렸다.

「아, 신법의 피해는 급기야 내 몸에까지 미쳤구나(作法自斃)!」

상앙은 진나라를 떠나 위(魏)나라로 갔다. 위나라 사람들은 상군이 공자 앙(卬)을 속여서 위나라 군사를 깼던 것을 원망하며 그를 받아들이지 않았다. 상군이 다른 나라로 가려고 하자, 위나라 사람들은 이렇게 말했다.

「상군은 진나라의 국적(國賊)이다. 진나라는 강국으로 그 적(賊)이 위나라에 들어온 이상 진나라로 돌려보내지 않으면 안 된다」

그러면서 마침내 상군을 진나라로 되돌려 보냈다. 진혜왕(秦惠王)은 그를 붙잡아 거열형(車裂刑)으로 다스려 백성들에게 보이면서 경고했다.

「상앙과 같은 모반자가 되지 말라!」

그리고는 마침내 상군의 일족을 멸했다.

「자승자박(自繩自縛)」, 「자업자득(自業自得)」과 비슷한 뜻이다.

작심삼일 作心三日

지을 作 마음 心 석 三 날 日

《맹자》 등문공하(藤文公下)

결심이 사흘을 가지 못함. 결심이 굳지 못함을 이름.

작심(作心)은 마음을 단단히 먹는다는 뜻이다. 「작심삼일」은 두 가지 뜻으로 쓰인다. 사흘을 두고 생각하고 생각한 끝에 비로소 결정을 보았다는 신중성을 의미하기도 하고, 마음을 단단히 먹기는 했지만, 사흘만 지나면 그 결심이 흐지부지되고 만다는 뜻으로도 쓰인다. 즉 앞의 경우는 사흘을 두고 작심했다는 뜻이고, 뒤의 경우는 작심한 것이 사흘밖에 못 간다는 뜻이다.

그러나 어떤 일을 결정하는 데 있어 사흘씩이나 두고두고 생각을 한다면 그 일이 어렵고 실현 가능성이 적은 것임을 알 수 있다. 사흘을 두고 작심한 것이 사흘이 못 가서 그 작심이 헛것이 될 수도 있는 일이니, 결국 옹졸한 사람의 자신 없는 태도로 볼 수 있다. 「작심(作心)」이란 말은 《맹자》 등문공 하(下)에 있는 이른바 「호변장(好辯章)」에 나오는 말이다.

「……그 마음에 일어나서 그 일을 해치고, 그 일에 일어나서 그 정치를 해친다(……作於其心 害於其事 作於其事 害於其政)」

「작심」은 마음을 일으킨다는 뜻이다. 억지로 하기 싫은 것을 의식적으로 일깨운다는 말이 된다. 「고작 작심삼일이야……」 하는 말들을 한다. 자신도 의욕도 없는 경우를 말한다. 「작심삼일이지 뭐……」 이렇게 말할 때도 있다. 결심이 오래 가야 사흘 간다는 뜻으로 못 믿겠다는 말이다.

잔배냉적 殘杯冷炙

남을 殘 술잔 杯 찰 冷 고기구이 炙

두보(杜甫) / 「봉증위좌승장이십이운」

보잘 것 없는 주안상으로 푸대접 받음의 비유.

마시다 남은 술잔과 다 식은 산적이라는 뜻으로, 보잘 것 없는 주안상으로 푸대접 받는 것을 비유한 말. 예로부터 명사(名士)들은 대부분 음악을 좋아하였는데, 양(梁)나라 초에 이르러서는 권문세가 귀족의 자제로서 거문고를 모르면 결점이 있다고 말하게 되었다.

양나라 무제(武帝) 때 이르러 이 풍습이 갑자기 없어졌지만, 이러한 음악은 고요하고 우아하며 깊은 맛이 있다. 오늘날의 악곡(樂曲)이 비록 옛것과는 다르지만, 아직도 마음과 정신을 너그럽게 해준다.

그러나 이 일로 명성을 얻게 해서는 안 된다. 왜냐하면 공신(功臣)이나 귀족 가문에 불려가서 아랫자리에 앉아, 그들이 먹다 남은 술과 식어빠진 고기안주를 먹게 되는 치욕을 겪게 될 것이기 때문이다(以取殘杯冷炙之辱). 당나라 시인 두보(杜甫)의 시 「위좌승 어른께 바치는 시(奉贈韋左丞丈二十二韻)」의 일부분이다.

귀족의 자식은 굶주리지 않고 잘 사는데,
선비들은 자기 몸 그르치는 이도 많다
만 권의 책을 읽고
붓을 들면 신들린 듯 글을 썼다
아침에는 부잣집 문을 두드리고,
저녁에 고관의 말을 뒤쫓는다

자

마시다 남은 술잔과 식은 안주 조각 얻어먹으며
도처에 슬픔과 아픈 가슴 사무쳤거늘

紈袴不餓死 儒冠多誤身　환고불아사 유관다오신
讀書破萬卷 下筆如有神　독서파만권 하필여유신
朝扣富兒門 暮隨肥馬塵　조구부아문 모수비마진
殘杯與冷炙 到處潛悲辛　잔배여냉적 도처잠비신

두보 초당

여기서 위좌승은 당시 상서좌승(尙書左丞)으로 있던 위제(韋濟)를 말한다. 이 시는 두보가 37세 때 지었다. 당시 당(唐)나라의 조정은, 쉰이 넘은 현종(玄宗)이 양귀비와 유연(遊宴)을 일삼던 쇠퇴의 시기였다.

특히 간신 이임보(李林甫)가 재상으로서 권세를 휘둘렀다. 그는 과거로 등용된 인물이 아니었기 때문에 현종의 명으로 과거를 열기는 했으나 재야에는 현명한 자가 없다(野無遺賢)고 하여 한 명의 합격자도 내지 않았다. 이때 두보도 좌절하여 타격이 더욱 컸으며, 장안을 떠나기에 앞서 평소에 자기를 후원해 주던 위제에게 자기의 심중을 토로하여 바친 것이 이 시이다.

그러나 지금의 현실은 능력과 원대한 뜻은 있으나 인(人)의 장막에 가려 그것을 제대로 펴보지도 못하는, 시대를 잘못 타고난 시인의 불운이 시의 전편에 가득 차 있다.

잠룡물용 潛龍勿用

잠길 潛 용 龍 말 勿 쓸 用

《역경(易經)》 효사(爻辭)

아무리 천하를 통일할 역량과 포부를 간직한 영웅이라도 아직은 시기가 아니므로 가만히 숨어 있고 나오지 않음.

《역경》 건괘 초효(初爻)의 효사(爻辭)에 있는 말이다. 잠룡(潛龍)은 땅 속 깊이 또는 물속에 깊이 숨어 있는 용이란 뜻이다. 물용(勿用)은 쓰지 말라는 말이다. 「잠룡물용」 곧 잠겨 있어 승천을 준비하는 용은 쓰지 않는다는 말이다.

웅지를 감추고 도약을 위해 준비하고 있는 사람을 쓰지 말라는 것은 무엇을 말하는 것인지 분명치가 않다. 다만 잠룡일 때는 아직 모든 능력을 완전히 발휘할 때가 아니니 좀 더 두어서 완전히 터득할 때까지 두라는 의미로 볼 수도 있지 않을까 여겨진다.

원래 잠룡이라 하면 임금이 아직 왕위에 오르기 전을 뜻하는 말이었다. 건(乾)은 하늘을 말하고 순양(純陽)을 뜻한다. 양(陽)은 맑고 따뜻하고 뻗어 오르는 기운을 말한다. 그래서 하늘에 날아오르는 용으로서 이를 상징한다.

초효(初爻)는 여섯 개 효 가운데 맨 아래 있는 효를 말한다. 맨 아래 있는 양기는 아직 땅 속 깊숙이 들어 있는 양기로 얼음이 풀릴 시기가 되어야만 비로소 움직이게 된다. 그것은 장차 하늘을 날아오를 용이 아직 때가 되지 않아 땅속 깊숙이 숨어 있는 것과 같다. 봄에 싹이 틀 씨앗이 꽁꽁 얼어붙은 땅 속 깊숙이 묻혀 있는 것과도 같다.

아무리 천하를 통일할 역량과 포부를 간직한 영웅이라도 아직은

태호복희씨

시기가 아니므로 가만히 숨어 있고 나오지 말라는 뜻으로 풀이된다. 어떤 일을 놓고 점을 쳤을 때 이 건괘 초효가 나오면 그것은 더 좀 시기를 기다리라는 경고가 된다.

다음 효인 이효(二爻)에는, 「나타난 용이 밭에 있으니 대인을 보는 것이 유리하다(見龍在田 利見大人)」고 했다. 움직이기 시작하란 뜻이다.

또 넷째 효에는, 「혹 뛰어서 못에 있어도 허물이 없다(或躍在淵 無咎)」고 했다. 일을 착수해도 상관없다는 말이다. 그래서 다섯 번째 효에 가서는, 「나는 용이 하늘에 있으니 대인을 보는 것이 유리하다(飛龍在天 利見大人)」고 했다. 활동하라는 뜻이다.

그리고 마지막 효에 가서는 「높이 오른 용이니 뉘우침이 있다(亢龍有悔)」고 했다. 적당한 정도에서 그치지 못하고 너무 지나친 행동으로 나가면 반드시 실패를 보게 된다는 뜻이다.

이렇게 《주역》은 자연의 이치를 끌어다가 사람의 일을 비유하고 있다. 그것은 막연한 신비적인 예언이 아니고 사리를 따라 판단하는 과학적인 예언이다. 우리들이 흔히 쓰는 말은 이 「잠룡물용」과 「항룡유회(亢龍有悔)」란 말이다.

《회남자》에도 「잠겨 있는 용을 쓰지 말라는 말은 시기가 행해질 만하지 않다는 것이다」라고 한 말이 있다. {☞ 항룡유회}

장경오훼 長頸烏喙

길 長 목 頸 까마귀 烏 부리 喙

《사기》 월세가(越世家)

환난은 같이할 수 있으나 안락은 같이 누릴 수 없는 사람.

「장경오훼」는 긴 목과 뾰족 나온 입을 말한다. 범려(范蠡)가 월왕 구천(句踐)을 평한 말이다. 인물됨이 편협하고 의심이 많아서 성취하고자 하는 일을 이루고 나면 협력자나 동지에게 등을 돌릴 사람됨을 일컫는다.

《사기》 월세가에 있는 이야기다.

범려는 춘추시대 월(越)나라의 명신이었다. 그가 활약한 때는 오나라와 월나라 간의 숙명의 대결이 벌어지던 혼란한 시대였다. 「와신상담(臥薪嘗膽)」이니 「오월동주(吳越同舟)니 하는 고사들이 다 이런 배경 속에서 나온 것이다.

범 려

오자서(伍子胥)의 활약으로 바야흐로 패자가 되기 위해 세력을 확장하려는 합려는 오랫동안 눈엣가시였던 월나라부터 평정하려 했던 것이다. 그러나 이 싸움에서 오히려 패해 합려도 이때 입은 부상으로 죽고 말았다. 그의 아들 부차(夫差)는 아버지의 원수를 갚기 위해 장작더미 위에서 자면서(臥

회계산

薪) 복수의 칼을 갈았고, 마침내 3년 만에 월나라와의 싸움에서 이겨 월왕 구천을 회계산(會稽山)에 몰아넣었다. 부차는 오자서의 반대에도 불구하고 항복을 청해오는 구천을 용서해 주었다.

싸움에 크게 패한 구천은 겨우 5천 명 남은 군사를 거느리고 회계산에서 농성을 하지만 결국은 견디지 못하고 오나라에 항복을 하고 만다. 구천은 내외가 함께 오나라의 포로가 되어 범려와 함께 갖은 고역과 모욕을 겪은 끝에 영원히 오나라의 속국이 되기를 맹세하고 무사히 귀국한다.

구천은 자기 나라로 돌아오자 일부러 몸과 마음을 괴롭히며, 자리 옆에는 항상 쓸개를 달아매어 두고, 앉을 때나 누울 때나 이 쓸개를 씹으며 쓴맛을 되씹었다. 또 음식을 먹을 때도 먼저 쓸개를 씹고 나서, 「넌 회계의 치욕(會稽之恥)을 잊었느냐」 하고 자신을 타이르곤 했다.

월왕 구천이 오나라를 쳐서 이기고 오왕 부차로 하여금 자살하게 만든 것은 이로부터 20년 가까운 뒷날의 일이었다. 월왕 구천이 패자가 되고 나자, 그의 곁에서 충실히 보좌했던 범려는 월나라를 떠날 채비를 차렸다.

월왕 구천

「큰 위세 밑에서는 오래 무사하기 힘들다」는 말을 남긴 범려는 제(齊)나라로 갔다. 제나라에 있게 된 범려는 월나라의 대부 종(種)에게 편지를 보냈는데, 그 내용 가운데 이런 말이 있다.

「나는 새가 다하면 좋은 활이 들어가고, 날랜 토끼가 죽으면 달리는 개가 삶긴다(蜚鳥盡 良弓藏狡兎死 走狗烹). 월나라 임금의 사람됨이, 목이 길고 입이 까마귀처럼 생겼다(長頸烏喙). 환난은 같이 할 수 있어도 즐거움은 같이 할 수가 없다. 그대는 어찌하여 떠나가지 않는가?」

이를 읽은 대부 종은 병을 핑계로 조회에 나가지 않았다. 그러자 어떤 이가 그를 참소했다. 이에 대노한 월왕 구천은 종에게 검(劍)을 내려주면서 이 같은 말을 덧붙였다.

「그대는 과인에게 오나라를 치는 방법 7가지를 가르쳐 주었고, 나는 그 중 셋을 써서 오를 이겼다. 나머지 넷은 그대에게 있으니 어디 선왕(先王)을 위해서 써보라」

이는 죽어 선왕이 계신 지하에나 가서 써보라는 말로서, 곧 보내준 검으로 자결하라는 뜻이었다. 결국 대부 종은 범려의 말을 듣지 않아 월왕 구천에게 죽고 말았다.

자

장곡망양 臧穀亡羊

종 臧 종 穀 잃을 亡 양 羊

《장자(莊子)》 변무(騈拇)편

「하인과 하녀가 양을 잃어버리다」 라는 뜻으로, 동기는 다르지만 똑같이 나쁜 결과를 초래함을 비유하는 말이다.

《장자》 변무(騈拇)편에 있는 이야기다.

장 자

「장(臧)과 곡(穀) 두 남녀 종이 함께 양을 지키고 있다가 둘 다 그만 양을 놓치고 말았다. 장에게 어찌된 일이냐고 물었더니, 『책을 읽고 있다가 그만 양을 잃어버렸습니다』 라고 하였다. 곡은 『주사위를 가지고 놀다가 양을 잃었습니다』 라고 했다. 이 두 사람이 한 일은 같지 않지만, 양을 잃었다는 결과는 똑같다(臧與穀二人相與牧羊 而俱亡其羊 問臧奚事 則挾策讀書 問穀奚事 則博塞以遊 二人者事業不同 其於亡洋均也)」

학문을 중시하는 동양적 사고방식에서 본다면 책을 읽다가 양을 잃는 것은 대수롭지 않은 일이다. 그러나 윗글의 경우는 다르다. 종은 양을 돌보는 일이 바로 그의 본분이다. 그런데 가당치 않게 독서를 하다가 양을 잃었다. 여기서 「독서망양」 이 한눈을 팔다가 자기

본분을 잊는다는 뜻이 되는 것이다.

수양산 백이숙제

아직도 「독서망양」은 큰일을 하다가 다른 일을 잊는다는 뜻으로도 쓰이고 있다. 그러나 이 편에서 장자가 정말 하고 싶은 이야기는 이 것이 아니다. 그는 좋은 일을 하다가 양을 잃었건 나쁜 일을 하다가 양을 잃었건 그 결과는 같다는 데 초점을 두고, 결국은 군자니 소인이니 하는 구별이 무의미하다는 말을 하고 싶은 것이다.

윗글 아래 이어지는 다음 내용을 보면 장자의 의도가 확실하다.

백이(伯夷)는 그 명예 때문에 수양산(首陽山) 아래서 죽었고, 도척(盜跖)은 이익 때문에 동릉(東陵) 위에서 죽었다. 어째서 백이는 반드시 옳고 도척은 반드시 그르다고 하는 것일까.

인의를 따라 죽는다면 세상에서는 군자라 하고, 이익을 따라 죽는다면 세상에서는 소인이라 한다. 목숨을 해치고 천성을 버린 점에서는 백이나 도척이 다를 바 없는데, 어찌 군자와 소인이라는 차별을 그 사이에 둘 수 있겠는가.

「독서망양」은 또한 지엽말단에 매달려 실체를 잃는다는 뜻의 「다기망양(多岐亡羊)」과 같은 의미로 쓰이기도 한다.

여기서 유래하여 「장곡망양」은 동기는 다르더라도 나쁜 결과를 초래하기는 마찬가지임을 비유하는 성어로 사용된다.

장두노미 藏頭露尾

감출 藏 머리 頭 드러낼 露 꼬리 尾

《점강순(點絳唇)》 번귀거래사

진실을 감추려 전전긍긍함.

「머리는 감췄지만 꼬리는 비어져 나와 있다」 라는 뜻으로, 진실을 숨기려 하지만 거짓의 실마리가 드러나 보인다는 말이다.

원나라의 장가구(張可久)가 지은 산곡(散曲) 작품 《점강순》 번귀거래사(翻歸去來辭) 중에 있는 말이다.

「일찌감치 관직에서 물러나 세속의 시비를 멀리하고, 머리만 감추고 꼬리를 드러내는 일을 덜어보려네(早休官棄職, 遠紅塵是非, 省藏頭露尾)」

원래 뜻은 쫓기는 타조가 덤불 속에 머리를 처박고 숨으려 하지만 몸 전체를 가리지는 못하고 꼬리를 드러낸 모습을 형용하는 말로서, 진실을 숨기려 하지만 거짓의 실마리가 이미 드러나 보임을 비유하거나, 진실을 감추려 전전긍긍하는 태도를 비유하는 말로 쓰인다.

2010년 한 해 우리나라 대학교 교수들이 뽑은 올해의 사자성어에 바로 이 「장두노미(藏頭露尾)」가 선정됐다. 선정 이유는 나라 안팎에서 벌어지고 있는 많은 사건과 정치적 사안에 대해서 정부는 국민을 설득하고 의혹을 해소하려는 노력보다 오히려 진실을 감추려는 모습을 보이는 데 급급한 행태의 비판이 담겨 있다.

「귀를 막고 종을 훔친다」 라는 뜻으로, 자기만 듣지 않으면 남도 듣지 못한다고 생각하는 어리석은 행동을 이르는 「엄이도종(掩耳盜鐘)」과 비슷한 의미를 지니고 있다.

장수선무다전선고 長袖善舞多錢善賈

길 長 옷소매 袖 잘할 善 춤출 舞 많을 多 돈 錢 장사 賈

《한비자(韓非子)》 오두편(五蠹篇)

소매가 길면 춤을 잘 추고, 돈이 많으면 장사를 잘한다는 뜻으로, 무슨 일이든지 조건이 나은 사람이 큰 성과를 거둔다는 것을 비유한 말.

한 비

전국시대 때 한비는, 당시의 정세를 논하는 사람들이 나라를 보존하기 위해 합종(合從) 또는 연횡(連衡)을 택하거나 다른 나라의 힘을 비는 것, 이 모두가 잘못된 방법임을 지적하며 다음과 같이 말하였다.

「지금 안에서는 법령을 시행하고 밖으로는 지혜로운 사람을 섬기지 않는다면 다스림이 강화되지 않을 것이다. 속담에 이르기를, 『소매가 길면 춤을 잘 추고, 돈이 많으면 장사를 잘한다(長袖善舞 多錢善賈)』 고 했다. 이는 자본이 풍부하면 일을 처리하기가 용이하다는 뜻이다. 때문에 강국을 다스릴 때는 도모하기가 쉽고 약하고 어지러운 나라에서는 계획을 세우기가 어려운 것이다. 그러므로 진나라와 같은 나라에서 쓰이는 사람은 열 번 계획을 바꾸어도 실패하는 일이 드물다. 그러나 연나라와 같은 작은 나라에서 쓰이는 사람은 한 번만 바꾸어도 성공하기가 힘들다. 이런 차이가 나는 것은 진나라에서 쓰이는 사람은 지혜롭고 연나라에서 쓰이는 사람은 어리석기 때문이 아니다. 대개 나라가 잘 다스려지고 있는가 아니면 어지러운가의 차이일 뿐이다. 그래서 주(周)나라는 진나라를 떠나 합종한 지 1년 만에 멸망하였고, 위(衛)나라는 위(魏)나라를 떠나 연횡한 지 반년 만에 망하였다」

사마천 묘

즉, 얼마만큼 준비되고 풍부한가에 따라 그 미래가 결정된다는 말이다.

《사기》 범수·채택열전에서 사마천은 이렇게 말한다.

「《한비자(韓非子)》에 「소매가 길면 춤을 잘 추고 돈이 많으면 장사를 잘한다(長袖善舞 多錢善賈)」는 말이 있는데, 이 말은 참된 말이다. 범수와 채택은 세상에서 말하는 이른바 변사(辯士)이면서 백발이 성성하기까지 제후에게 유세했으나, 임금을 만나지 못했던 것은 그들의 계책이 서툴러서가 아니라 그들의 주장을 받아들이기에는 나라의 힘이 약했기 때문이다. 따라서 두 사람이 나그네의 몸으로 진나라에 입국하자마자 서로 뒤를 이어 대신(大臣) 재상의 자리를 차지하고 공적을 천하에 이루어 놓은 것은 진나라와 열국(列國)의 강약세(强弱勢)가 달랐기 때문이었다. 그런데 이 두 사람도 만약 곤궁하지 않았더라면, 어찌 이렇게 발분할 수 있었겠는가?」

장욕취지필선여지 將欲取之必先與之

장차 將 하고자할 欲 취할 取 어조사 之 반드시 必 먼저 先 줄 與

《한비자(韓非子)》 설림(說林) 상편

「장차 취하고자 한다면 반드시 먼저 주어야 한다」 라는 뜻으로, 무언가를 얻고 싶으면 그 뜻을 이루기 위하여 먼저 상대방에게 무언가를 주어야 한다는 말이다.

《한비자(韓非子)》 설림(說林) 상편에 있는 이야기다.

지백(智伯)은 춘추시대 말기 진(晉)나라의 6경(卿) 가운데 한 사람이었다. 지백은 다른 경들을 위협하여 그들의 영토를 빼앗았다. 지백이 6경의 한 사람인 위선자(魏宣子)에게 영토를 내놓으라고 하였을 때, 위선자는 이유 없이 땅을 달라고 한다며 거부하려 하였다. 이때 위선자의 신하인 임장(任章)은 이렇게 조언하였다.

「지백이 이유 없이 남의 땅을 요구하니 이웃나라들이 반드시 두려워할 것이며, 그가 계속하여 욕심을 거듭 부리니 천하가 반드시 그를 두려워할 것입니다. 군주께서 땅을 내주시면 지백은 반드시 교만하여 적을 가벼이 여길 것이니, 이웃나라들이 반드시 그를 겁내 서로 가까이 지내게 될 것입니다. 서로 가까이 지내는 나라들의 군대로써 적을 가벼이 여기는 나라와 맞선다면 지백의 명도 오래가지 못할 것입니다. 《주서(周書)》에 이르기를 『장차 남을 패망하게 만들려면 우선 그를 도와주어야 하고, 무언가를 취하고자 한다면 먼저 주어야 한다(將欲敗之 必姑輔之 將欲取之 必姑與之)』라고 하였습니다. 군주께서는 요구대로 땅을 주어 지백을 교만하게 만드는 것이 좋을 것입니다. 군주께서는 온 천하의 나라들과 동맹하여 지백을

조양자

타도할 계획을 세우지는 않고 어찌하여 홀로 그의 공격 목표가 되려 하십니까」

위선자는 임장의 말에 따라 지백에게 1만 호(戶)의 영토를 내주었다. 지백은 더 나아가 조양자(趙襄子)에게 땅을 요구하였으나 거절당하였다. 조양자는 위선자 등과 연합하여 지백을 타도하였으며, 그 자손을 죽인 다음 땅을 셋으로 쪼갰다. 이 때 셋으로 나뉘어 독립한 나라들이 바로 조나라 · 한나라 · 위나라이다. 이를 삼진(三晉)이라고 한다. 조양자는 지백을 심히 미워하여 지백의 두개골에 옻칠을 하여 요강으로 사용했을 정도였다.

이와 비슷한 의미로서 《노자도덕경(老子道德經)》 제36장에도 「장차 빼앗으려 한다면 먼저 주어야 한다(將欲奪之 必固與之)」라는 말이 있다.

여기서 유래하여 「장욕취지 필선여지」는 무언가를 가지고 싶으면 먼저 자기 것을 내주어야 한다는 뜻의 성어로 사용된다.

장유이복구재측 牆有耳伏寇在側

담 牆 있을 有 귀 耳 엎드릴 伏 도둑 寇 있을 在 곁 側

《관자(管子)》 군신편(君臣篇)

담벼락에 귀가 있다는 말은 사람이 없는 집안에서나 방안에서 한 말이 금방 밖으로 새어나가게 된다는 뜻이다. 「낮말은 새가 듣고 밤 말은 쥐가 듣는다」는 우리말 속담과 같은 말이다.

숨은 도적이 옆에 있다는 말은 가장 심복으로 알고 있는 사람이 어떤 복병(伏兵)과 같은 일을 하게 될지 모른다는 뜻이다. 결국 말과 행동을 조심하라는 뜻이다. 《관자》 군신편에 있는 말이다.

「옛 말에 두 가지가 있으니, 담장에 귀가 있으며, 숨은 도적은 바로 옆에 있다는 말이다. 담장에 귀가 있다는 말은 은밀하게 모의하더라도 밖으로 새게 마련임을 이르는 것이다. 숨은 도적이 바로 옆에 있다는 말은 민심을 얻는 데 깊이 의심함을 이르는 것이다(古者有二言 牆有耳 伏寇在側 牆有耳者 微謀外泄之謂也伏寇在側者 沈疑得民之謂也)」

담장에 귀가 있다는 말은 담장 밖에서 엿듣는 사람이 있을지도 모른다는 뜻으로, 「격장유이(隔牆有耳)」라고도 한다.

처세에 관한 격언을 모은 《증광현문(增廣賢文)》에도 「담에는 틈이 있고, 벽에는 귀가 있다(牆有逢 壁有耳)」라는 구절이 있다.

아무리 은밀하게 나눈 말이라도 결국은 밖으로 새게 마련이니 엿듣는 사람이 없도록 더욱 경계하라는 말이다. 우리나라 속담 가운데 「낮말은 새가 듣고, 밤 말은 쥐가 듣는다」라는 말과 비슷한 뜻이다.

장창소인 臧倉小人

착할 臧 곳집 倉 작을 小 사람 人

《맹자》 양혜왕장구(梁惠王章句) 하편

「장창(臧倉)과 같은 소인」이라는 뜻으로, 소인배를 비유하는 말이다. 《맹자(孟子)》 양혜왕장구(梁惠王章句) 하편에 있는 말이다.

맹자는 제자 악정자(樂正子)가 벼슬을 하는 노(魯)나라에 간 일이 있었다. 노나라의 군주 평공(平公)은 현인(賢人)으로 알려진 맹자를 만나보기 위하여 나가려고 하였다. 이때 평공이 총애하는 신하 장창이 어디로 가시느냐고 여쭈었다. 평공이 맹자를 만나러 간다고 대답하자, 장창은 이렇게 말하였다.

「임금께서 몸을 낮추어 먼저 필부를 찾아가는 것은 그가 어진 사람이기 때문입니까? 예(禮)와 의(義)는 어진 사람으로부터 나오는 것이거늘, 맹자는 부친상보다 모친상을 후하게 치른 사람이니 임금께서는 그를 만나지 마십시오」

평공은 장창의 말을 듣고 맹자를 만나러 가지 않았다. 악정자가 평공에게 맹자를 만나지 않은 까닭을 묻자, 평공은 맹자가 부친상보다 모친상을 더 후하게 치렀기 때문이라고 대답하였다. 악정자는 그것은 예를 어긴 것이 아니라, 모친상을 치를 때의 형편이 부친상 때보다 좋았기 때문이라고 말하였다.

악정자가 맹자에게 와서, 평공이 만나러 오려고 하였으나 아첨꾼 장창이 만류하여 오지 않았다고 고하였다. 이에 맹자는 「내가 노나라 임금을 만나지 못한 것은 하늘의 뜻이니, 어찌 장씨 집안의 아들이 나를 만나지 못하게 하겠느냐」라고 말하였다.

장협귀래호 長鋏歸來乎

길 長 칼 鋏 돌아올 歸 올 來 인가 乎

《사기》 맹상군전(孟嘗君傳)

「장검아 돌아갈거나?」라는 뜻으로, 유능한 인재가 의외의 박대를 당함. 《사기》 맹상군전에 있는 이야기다.

전국시대 제(齊)나라의 재상 맹상군이 식객(食客)을 좋아하여 천하의 선비들이 모여들었는데, 그 중에는 죄가 있는 자, 도망 중인 자까지 섞여 있었다.

자

어느 날, 멀리서 맹상군을 찾아온 풍환(馮驩)이라는 사나이가 있었다. 짚신을 신고 남루한 옷차림이었다. 맹상군은 그를 전사(傳舍)라는 3등 숙사에 머무르게 하였다. 열흘쯤 지나 풍환이 어떻게 지내는지 궁금해 숙사의 사감에게 넌지시 물어보았더니 풍환은 그가 가지고 있는 단 하나인 장검(長劍)의 칼집을 두드리면서,

장검아, 돌아갈거나	長鋏歸來乎	장협귀래호
이곳 식사엔 고기도 없구나.	食無魚	식무어

하고 노래하고 있다는 것이다. 이 말을 들은 맹상군은 풍환을 한층 격이 높은 행사(幸舍)라는 숙사에 바꾸어 들게 하였다. 이곳 밥상에는 고기가 딸려 나왔다. 그것으로서 만족하고 있는 줄 알았더니, 닷새쯤 지나서 풍환은 또다시 장검을 두드리면서(彈鋏) 노래하고 있다는 것이었다.

장검아, 돌아갈거나	長鋏歸來乎	장협귀래호
바깥에 나가려도 마차가 없구나.	出無車	출무거

그래서 맹상군은 풍환을 최상급인 대사(代舍)라는 숙사로 옮겨 주었다. 이곳은 외출하는 데 탈것이 딸려 있으므로 이번에야 풍환도 만족하겠지 하고 생각하였는데, 그렇지가 않아 닷새가 지나자 또다시 풍환은 장검을 두드리며

장검아, 돌아갈거나	長鋏歸來乎	장협귀래호
처자(妻子)도 없고 집도 없구나.	無以爲家	무이위가

라고 노래하였다는 보고였다.

식객의 신분으로서는 이는 다소 분에 넘치는 태도였을 것이다. 맹상군도 이에는 불유쾌한 얼굴을 하고 그대로 내버려두었다 (이 이야기를 「차어지탄(車魚之嘆)」 이라 한다).

맹상군 부조(浮彫)

그건 그렇고, 식객 삼천(食客三千)이라 일컫는 맹상군인지라, 그 비용을 염출하는 데만도 큰일이었다. 그 때문에 채읍(采邑)인 설(薛)의 영민(領民)에게 돈을 대부하여 그 이자로 치다꺼리하려 했으나, 1년이 지나도 이자는 고사하고 원금도 제대로 돌아오지 않았다. 그래서 사감의 추천으로 앞서 말한 풍환이 그 돈의 징수원이 되어 떠나게 되었다.

설(薛)로 떠난 풍환은 차용주를 모조리 초대하여 모아들인 10만 전(錢)의 이자로 술을 사고 살찐 소를 잡아 잔치를 베풀었다. 잔치가

한창일 무렵, 한 사람 한 사람 차용증서와 대조하고 나서 지불에 대한 기일과 방법을 절충해 나갔다. 절충이 잘 되어가는 축도 있었으나 그 중에는 갚을 길이 막연한 자도 많았다. 풍환은 이자를 치를 수 있는 자와는 기일을 약정하고, 아무래도 치르지 못할 자에게서는 차용증서를 곁에 있는 화롯불에 던져 태워버렸다. 한자리에 있던 사람들이 모두들 깜짝 놀라고 있을 때 풍환은 일어서서,

「맹상군이 여러분에게 돈을 대부한 것은 생업(生業)의 밑천으로 여러분의 생활의 안정을 도모코자 한 것이며, 또 이자를 받는 것은 식객의 뒤치다꺼리를 할 비용에 쓰기 위해서였습니다. 지금 여유가 있는 사람들한테서는 지불 기일을 약속받았고, 곤궁한 사람들에 대해서는 그 증서를 불태워버렸습니다. 이것이 우리 주군의 참뜻에 이바지하는 방법입니다. 아무쪼록 이 점을 이해하시고 오늘은 마음껏 드신 다음 내일부터는 한층 더 생업에 힘써 주시기를 바랍니다」라고 설명을 가했다.

맹상군이 이 말을 듣고 불끈 화를 내며 풍환을 불러들였으나 풍환은, 「받을 수 없는 자에게서는 10년을 기다려도 한푼도 받을 수 없습니다. 그런 쓸데없는 증서는 태워버리고 돈 대신 주군의 의도하시는 바를 영민들에게 납득시켜 주군의 명예나마 높이고자 한 것이옵니다. 이것이 어째서 나쁘다 하겠습니까」

그 말을 듣고 맹상군은 당장에 노여움을 거두고는 도리어 풍환에게 감사의 치사를 했다. 훗날 재상의 지위를 물러나게 된 맹상군이 실의에 빠져 설(薛)로 돌아갔더니 영민들은 경계에까지 마중을 나와 맹상군을 위로해 주었다. 3천 명이나 되는 식객들은 모두 그곳을 떠났지만 풍환 한 사람만은 마지막까지 머물러 있었으며, 후에 제왕(齊王)을 설득하여 맹상군은 또다시 재상의 지위에 오르게 되었다.

재덕부재험 在德不在險

있을 在 덕 德 아닐 不 험할 險

《사기》 손자오기열전(孫子吳起列傳)

「덕에 있지 산천의 험준함에 있는 것이 아니다」 라는 뜻으로, 나라의 안전은 임금의 덕에 있지, 지형의 험준함에 있지 않다는 말이다. 《사기》 손자오기열전에 있는 이야기다.

춘추전국시대의 병법가 오기(吳起)가 위문후(魏文侯)를 섬기게 되어, 서하(西河) 태수로 있으면서 많은 전공을 세웠다. 그러다가 문후가 죽자 다시 문후의 뒤를 이은 무후(武侯)를 섬기게 되었다.

어느 날, 무후는 오기와 함께 서하에 배를 띄우고 좌우 산천을 구경하며 내려갔다. 한중간쯤 가서 무후는 오기를 돌아보며,

「참 아름답구려. 산과 물이 이토록 천험의 요새를 이루고 있으니 이야말로 위나라의 보배가 아니겠소?」 하고 못내 자랑스러워했다. 그러자 오기는,

「임금의 덕에 있지 산천의 험한 것에 있는 것이 아닙니다(在德不在險)」 하고 옛날 역사를 들어 모든 나라들이 망한 것은 지리가 험하지 않아서가 아니라 임금이 백성을 사랑하지 않고 정치를 올바로 하지 않았기 때문이란 것을 설명했다. 그러고 나서 다시,

「이로 미루어 볼 때 덕에 있고, 험한 것에 있는 것이 아닙니다. 만일 임금께서 덕을 닦지 않으시면 배 안에 있는 사람이 다 적국이 될 수 있습니다」 하고 끝을 맺었다.

무후는 오기의 이 말에 크게 감명을 받고 그를 다시 서하태수로 임명했다는 것이다. 그러나 실상 오기는 덕이 있는 사람은 아니었다.

재여부재 材與不材

재목 材 따를 與 아닐 不 재목 材

《장자(莊子)》 산목(山木)

처세의 어려움을 이르는 말.

「곧은 나무가 먼저 베어지고, 맛있는 샘물이 먼저 마른다(直木先伐 甘井先竭)」 곧 유능함 때문에 오히려 소중한 생명을 잃을 수 있다는 것이다.

곧은 나무는 집을 짓는데 유용하다. 때문에 목수들이 즐겨 찾는다. 따라서 타고난 수명을 누리지 못하고 베어지게 마련이다. 맛있는 샘물 역시 마찬가지다. 사람들이 많이 찾기 때문에 금방 마르기 쉽다. 재능이 뛰어나면 소중한 생명을 해칠 수 있다는 경고이다

따라서 장자는 재주가 없으면 천수를 다 누릴 수 있다(以不材得終其天年)고 했다. 마치 곡원(曲轅)의 나무나 상구(商丘)의 나무처럼 쓸모가 없어서 제명을 다 누릴 수 있었던 것처럼.

그러나 재주가 없다고 항상 제 생명을 유지하며 살 수 있는 것은 아니다. 인간은 우리가 생각하는 것보다 훨씬 복잡한 이해관계 속에서 살고 있기 때문이다. 재주가 없으면 남에게 줄 것이 없고, 또한 상대방과 교제에 대비할 수 없다. 심하게는 생명조차 부지하기 어려울 때가 있다.

이처럼 인간은 서로 도움을 주기도 하고 피해를 주기도 한다. 상대방을 부리기도 하지만 상대방에게 부림을 당하기도 한다. 성공한 듯하지만 실패로 돌아가는 경우도 있다. 숭고한 듯하지만 모욕적인 삶을 살기도 한다. 이렇기 때문에 유능함과 무능함의 균형을 유지하는

것이 매우 중요하다. 그래서 장자는 다음과 같은 이야기를 하였다

장자가 산 속을 거닐다가 잎과 가지가 무성한 산나무(山木)를 보았다. 목수는 그 곁에 발길을 멈추고서도 베지 않았다. 장자가 그 까닭을 물었다. 목수가 대답했다.

「쓸모가 없지요」

장자는 중얼거렸다.

「이 나무는 재목감이 못되어 천수를 누리는구나」

장자는 산을 내려와 친구 집에 묵게 되었다. 친구는 반가워하며 하인에게 거위를 잡아 삶으라고 하였다.

하인이 주인에게 물었다.

「한 놈은 잘 울고, 한 놈은 잘 울지 않는데, 어느 놈을 잡을까요?」

주인이 말했다.

「울지 못하는 놈을 잡거라」

다음날 제자가 장자에게 물었다.

「어제 산나무는 재목감이 못돼 제 명대로 살 수 있었는데, 오늘이 주인집의 거위는 재주가 없어 죽었습니다. 선생님은 장차 어느 쪽에 서시렵니까?」

장자가 웃으면서 말했다.

「나는 앞으로 재주가 있는 쪽과 없는 쪽 사이에 서겠노라(材與不材)」

산의 나무는 「쓸모가 없어」 천수를 누리는가 했더니, 거위는 「재주가 없어서」 죽임을 당하였다. 이렇게 인간세상에서는 「재주가 있는」 사람이나 「재주가 없는」 사람이나 모두 그 이유 때문에 불행해질 수도 있다. 험난한 세상을 살아가기 위해서는 한쪽으로 치우치지 않는 중용적 삶이 요구된다.

재점팔두 才占八斗

재주 才 차지할 占 여덟 八 말 斗

《석상담(釋常談)》

「재주가 여덟 말을 차지한다」는 뜻으로, 글재주가 출중함을 비유하는 말이다.

학문이 높고 글재주가 비상한 경우나, 그런 사람. 천하의 글재주를 모두 한 섬이라고 한다면 위나라 조조의 아들 조식(曹植)이 여덟 말을 차지한다는 사령운(謝靈運)의 말에서 온 말이다.

사령운의 평은 송(宋)나라 때 간행된 작자 미상의 《석상담(釋常談)》이라는 책에 실려 있다. 여기서 유래하여 재점팔두는 다른 사람이 따르지 못할 정도의 출중한 재능이나 그러한 재능을 지닌 사람을 비유하는 말로 사용된다. 사령운은 남북조(南北朝) 시대에 아름다운 문장으로 당대에 첫손 꼽히는 산수시인(山水詩人)이었다. 그는 조식을 평하여 이렇게 말했다.

사령운

「천하에 재능이 한 섬이 있다면, 조자건(曹子建 : 자건은 조식의 자)이 홀로 여덟 말을 차지하고, 내가 한 말, 나머지 세상 사람들이 한 말을 나누어 가진다(天下才有一石 曹子建獨占八斗 我得一斗

今天下共分一斗)」

조조와 두 아들 조비, 조식

중국의 건안문학(建安文學)을 대표하는 조식(曹植)은 조조(曹操)의 셋째아들로, 어려서부터 문학적 재능이 출중했다. 그래서 붓을 들어 쓰기만 하면 문장이 이루어진다는 뜻의 「하필성문(下筆成文)」이라는 말이 그에게서 유래되었다.

조조는 이처럼 글재주가 뛰어난 조식을 총애하여 맏아들 조비(曹丕)를 내놓고 그에게 왕위를 물려줄 생각까지 했다.

조조가 죽은 뒤 왕위에 오른 조비는 조식에게 일곱 걸음을 걷는 동안 시 한 수를 지으라고 하고는 만일 시를 완성하지 못하면 중벌에 처하겠다고 했다. 조식은 그 말이 떨어지자마자 걸음을 옮겨 일곱 걸음을 걷기도 전에 한 수의 시를 완성하였으니, 이 시가 바로 「칠보시(七步詩)」이다. 여기서 유래하여 「칠보지재(七步之才)」라는 고사가 생겨났다.

콩대를 태워서 콩을 삶으니
가마솥 속에 있는 콩이 우는구나.
본디 같은 뿌리에서 태어났건만
어찌하여 이다지도 급히 삶아대는가.

煮豆燃豆萁 豆在釜中泣　자두연두기 두재부중읍
本是同根生 相煎何太急　본시동근생 상전하태급

쟁선공후 爭先恐後

다툴 爭 먼저 先 두려울 恐 뒤 後

《한비자(韓非子)》 유노(喩老)편

앞서기를 다투고 뒤처지는 것을 두려워 한다는 뜻으로, 치열한 경쟁을 비유한 말.

춘추시대 진(晋)나라에는 왕자기(王子期)라는 유명한 마부(馬夫)가 있었다. 조(趙)나라의 대부 양자(襄子)는 왕자기로부터 말을 모는 기술을 배웠다. 그리고 얼마 되지 않아 왕자기에게 마차 달리기 시합을 청했다. 양자는 말을 세 번이나 갈아타 가면서도 그는 세 번 모두 지고 말았다. 양자는 몹시 불쾌하여 왕자기에게 말했다.

「그댄 내게 말 다루는 기술을 전부 다 가르쳐주지 않은 것 같소」

그러자 왕자기가 대답했다.

「가르쳐 드릴 것은 다 가르쳐 드렸습니다. 저의 비책(秘策)까지도 모두 모두 드렸습니다. 다만 대부께서 그것을 잘못 받아들이셨습니다. 말을 모는 데 있어서 가장 중요한 것은 말과 수레가 일치되어야 하고, 또 부리는 사람과 말의 마음이 일치되어야 합니다. 이렇게 해야만 비로소 빨리 달릴 수 있으며, 또 멀리까지 달릴 수 있습니다. 그런데 대부께서는 저를 앞지르고자 초조해하고, 또 앞서 달릴 때에는 제가 뒤쫓아 오지나 않을까 하여 걱정하셨습니다(君後則欲逮臣先則恐逮于臣). 말을 달려 먼 곳까지 경주할 때에는 앞설 수도 있고 뒤질 수도 있습니다. 그런데 앞서건 뒤서건 간에 언제든지 상대에게 마음을 쓰고 계시니, 그래서야 어떻게 말과 일치되어 보조를 같이할 수 있겠습니까? 이것이 대부께서 저를 이기지 못한 까닭입니다」

저수하심 低首下心

낮을 低 머리 首 아래 下 마음 心

한유(韓愈) / 「제악어문(祭鰐魚文)」

머리를 낮추고 마음을 아래로 향하게 한다는 뜻으로, 머리 숙여 복종함을 비유한 말.

한유(韓愈)는 당(唐)나라 중엽의 사람이다. 어려서부터 문재(文才)가 있었던 그는 유학(儒學)을 공부하여 상당한 경지에 이르렀고, 문장이 탁월하여 당송팔대가(唐宋八大家)의 한 사람으로 꼽혔으며, 벼슬길에 나아가서는 이부상서(吏部尙書)에까지 올랐다. 그는 유학자답게 불교에 대해서는 강한 비판의식을 갖고 있었다. 그래서 헌종(獻宗)이 부처님 사리(佛骨)를 대궐에 들여놓으려 하자 「논불골표(論佛骨表)」를 써 올리며 신랄하게 반대했다.

당 헌종

이로 인해 헌종의 큰 노여움을 사 사형에 처해질 뻔하였으나 주위의 도움으로 조주자사(潮州刺史)로 좌천되는 데 그쳤다.

한유가 임지에 도착하자 백성들이 그들의 문제를 상소하였는데, 그 하나가 악어(鰐魚)에 관한 것이었다.

「골짜기에 악어 떼가 서식하고 있어서 그로 인한 피해와 불편이 여간 아닙니다. 불시에 덤벼들어 가축을 잡아먹을 뿐 아니라, 심지어 인명까지 해치곤 합니다. 그 때문에 인심이 흉흉하고 모두 불안에 떨고 있습니다」

한 유

현지 하급 관리들로부터 이런 보고를 들은 한유는 어처구니가 없었다. 하지만 신임 목민관으로서 백성들의 그런 애로사항을 어떻게든 해결해 주지 않으면 안 되었다. 한유는 「제악어문(祭鰐魚文)」이라는 글을 썼다. 글의 내용은, 「악어들에게 1주일간의 여유를 줄 테니 남쪽의 바다에 가 살도록 하라. 만약 어기면 포수를 시켜 모두 죽여 버리겠다」는 것이다. 문장 중에 다음과 같은 말이 있다.

「자사가 비록 어리석고 약하나, 또한 어찌 악어를 위하여 머리를 낮추고 마음을 아래로 향하겠는가(刺史雖駑若 亦安鰐魚 低首下心)?」

「이 제문을 골짜기 입구에 갖다 붙여서 악어들이 잘 보도록 하라」

한유는 태연히 명했다. 관원들은 벌어진 입을 다물지 못하고 서로의 얼굴만 쳐다보았다. 그러다가 불호령을 듣고는 문제의 경고문을 들고 허둥지둥 달려갔다.

자

적반하장 賊反荷杖

도둑 賊 되돌릴 反 멜 荷 몽둥이 杖

《순오지(旬五志)》

도둑이 되레 매를 든다는 뜻으로, 잘못한 사람이 도리어 잘한 사람을 나무라는 경우를 빗대어 표현한 말이다.

조선 인조 때의 학자이자 시평가(詩評家)인 홍만종(洪萬宗)의 문학평론집 《순오지》에 있는 말이다.

「적반하장은 도리를 어긴 사람이 오히려 스스로 성내면서 업신여기는 것을 비유한 말이다(賊反荷杖以比理屈者反自陵轢)」

이처럼 적반하장은 잘못한 사람이 잘못을 빌거나 미안해하기는커녕 오히려 성을 내면서 잘한 사람을 나무라는 어처구니없는 경우에 기가 차다는 뜻으로 흔히 쓰는 말이다.

「적반하장도 유분수지?」 하는 식으로 쓰인다.

주인과 손님이 서로 바뀌어 손님이 도리어 주인행세를 한다는 뜻의 「주객전도(主客顚倒)」, 「객반위주(客反爲主)」와 뜻이 통한다. 또 내가 부를 노래를 사돈이 부른다는 뜻의 「아가사창(我歌査唱)」도 같은 뜻이다.

우리말 속담에 「방귀 뀐 놈이 성낸다」, 「물에 빠진 놈 건져 놓으니까 내 봇짐 내놓으라 한다」 등이 비슷한 말이다.

적선 積善

쌓을 積 착할 善

《역경(易經)》 문언전(文言傳)

착한 일을 많이 함. 동냥에 응하는 행위를 미화하여 이르는 말.

「적선지가에 필유여경(積善之家 必有餘慶)」에서 나온 말이다. 「선을 쌓은 집에는 반드시 남은 경사가 있다」는 말이다.

흔히 구걸하는 사람들이 「적선하십시오!」하고 머리를 숙이며 손을 내미는 것을 볼 수 있다. 좋은 일 하라는 뜻이다. 많은 착한 일 가운데 특히 딱한 사람과 불쌍한 사람을 동정하는 것을 「적선」이라고 하는 것은 여기 나오는 여경(餘慶)이라는 말과 관련이 있다.

「여경」은 남은 경사란 뜻이다. 남은 경사는 뒤에 올 복된 일을 말한다. 결국 「적선하십시오」하는 말은 「이 다음날의 행복을 위해 내게 투자를 하십시오」하는 권유의 뜻을 동시에 지니고 있는 말이다. 이 「적선지가에 필유여경」이란 말은 거의 우리말처럼 널리 보급되어 있는 말이다. 이 말은 「좋은 일을 많이 하면 뒷날 자손들이 반드시 그 보답으로 복을 누리게 된다」는 뜻이다.

이 말은 《역경》 곤괘(坤卦) 문언전에 있는 말이다. 이 말이 있는 부분만을 소개하면 다음과 같다.

「선을 쌓은 집은 반드시 남은 경사가 있고, 불선(不善)을 쌓은 집에는 반드시 남은 재앙이 있다(敵線之家 必有餘慶 積不善之家 必有餘殃). 신하가 그 임금을 죽이고, 자식이 그 아비를 죽이는 것이 하루아침 하루저녁의 까닭이 아니고, 그것이 싹튼 지는 오래다」

착한 일이든 악한 일이든 오래 쌓은 뒤라야 복을 받고 화를 입게

된다는 뜻이다. 나무를 심어 과일을 따듯이 꾸준한 노력이 계속되지 않으면 그 성과를 볼 수가 없는 것이다. 나무에서 과일을 따지만, 그 관리를 소홀히 한다고 해서 금방 나무가 죽어 없어지는 것은 아니다. 몇 해를 거듭 게을리 하게 되면 비로소 그 과일밭은 완전히 버리게 된다. 그러나 노력을 쌓아 좋은 결과를 얻기는 어렵고, 게으름을 피워 얻은 결과를 망치기는 쉽다. 복과 화의 경우도 마찬가지다.

한나라 유향이 편찬한 《설원》 이란 책에는 불선(不善)을 악(惡)이란 글자로 바꾸어 「적악지가 필유여앙(積惡之家 必有餘殃)」 이라고 했다. 또 이 말이 너무 길기 때문에 「적선유여경(積善有餘慶) 적악유여앙(積惡有餘殃)」 이라고도 하고, 적(積)을 약하고 「선유여경, 악유여앙」 이라고도 한다.

그리고 《사기》 에는 「착한 일을 한 사람에게는 하늘이 복으로써 보답하고, 그릇된 일을 한 사람에게는 하늘이 재앙으로써 보답한다」 라는 말이 있으며, 또 《안자(晏子)》 에는 「착한 일을 한 사람에게는 하늘이 상을 내리고, 착하지 못한 일을 한 사람에게는 하늘이 재앙을 내린다」 는 말도 있다. 그리고 《명심보감》 에도 같은 내용의 말이 수록되어 있다.

이런 여러 예문들이 주는 교훈은 악이든 선이든 참된 보상은 그것을 거듭 행함으로써 효과가 나타난다는 것이다. 악행은 차치하고 선행의 경우에도 한번 실천했다고 해서 보답이 오지 않는다고 원망한다면 어리석은 욕심이 될 뿐이다. 한 번의 선행이 그 사람의 인격의 모든 것을 대변하는 것은 아니다.

오히려 선을 쌓는 것 중에는 남이 아는 그런 선보다는 남이 알지 못하는 음덕(陰德)과 같은 선을 쌓는 것이 참복을 받게 된다는 것을 알아야 한다. 남이 몰라주는 노력과 봉사가 다 음덕에 속하는 일이다.

적우침주 積羽沈舟

쌓을 積 깃 羽 가라앉을 沈 배 舟

《사기》 장의(張儀)열전

새털도 많이 쌓이면 배를 가라앉힌다는 뜻으로, 여럿의 힘이 모이면 큰 힘을 발휘함을 이르는 말.

전국시대, 동주(東周)는 나날이 쇠퇴해지고 있었다. 이에 여러 제후들은 천하를 다투기 시작하였는데, 이들 가운데 진(秦)나라의 세력이 가장 강했다. 이러한 상황 속에서 약소국들이 연합하여 진나라에 대항하자는 합종책과 진나라를 따라 다른 약소국을 정복하자는 연횡책이 등장하였다.

진나라의 상국(相國)인 장의(張儀)는 제(齊)・초(楚)・연(燕)・조(趙)・한(韓)・위(魏) 등 여섯 나라의 합종 맹약이 매우 견고한 것을 알았다. 장의는 곧 재상의 직을 사직하고 위나라에 가서 합종 연맹을 탈퇴하도록 위나라 왕을 설득하려고 하였다.

장의는 위나라에 온 이듬해 위나라의 상국에 임명되었다. 그의 몸은 위나라에 있었지만, 마음은 진나라에 있었으므로, 줄곧 연횡책으로써 진나라로 하여금 천하를 차지하게 하려는 생각뿐이었다.

장의는 위왕에게 진나라와 연합하여 제나라나 초나라 등을 정벌하라고 권하였다. 그러나 위나라 왕은 진나라의 야심을 알고 장의의 말을 듣지 않았다. 진나라 왕은 이 소식을 듣고 크게 노하여 대군(大軍)을 보내 위나라를 공격하는 한편, 비밀리에 사람을 보내 장의에게 보물을 보냈다. 장의는 보물을 받았으나 보답을 하지 못하여 부끄러운 마음이 들었다.

위나라 양왕(襄王)이 죽자, 그는 위나라 애왕(哀王)에게도 진나라를 받들 것을 권하였다가 거절당하였다.

장의는 암암리에 진나라가 위나라를 정벌해 주기를 원하였다. 위나라는 전쟁에서 패한 뒤, 일 년 후에는 다시 제나라의 침범을 받아 패하였다. 이 틈을 노려 진나라는 다시 위나라를 공격하여, 먼저 한(韓)나라 대장 신차(申差)의 군대를 섬멸하였는데, 죽은 자가 8만 2천에 달하였다.

장의는 위나라의 거듭되는 패전으로 합종에 분열이 일어나자, 이 상황을 이용하여 위나라의 애왕에게 권하였다. 장의는 위나라의 지세와 병력 상황 등을 분석하며, 현재 처해 있는 상황과 합종의 취약함 등 불리한 조건들을 말했다.

「합종론자는 어느 누구를 막론하고 큰 소리를 치는 자가 많아서 믿을 만한 것이 되지 못합니다. 제후 한 사람을 설득하면 봉후(封侯)가 되는 까닭에 천하의 유세자는 밤낮으로 팔을 걷고 눈을 부릅뜨며 이를 악물고 합종의 이로움을 말하고 군주를 설득하고 다닙니다. 군주가 그 변설을 현명한 것이라고 그 말에 끌려서는 현혹됨을 면할 수 없습니다. 『쌓아서 겹치면 가벼운 깃털일지라도 배를 가라앉힐 수 있고, 지나치게 많이 실으면 가벼운 것일지라도 수레바퀴의 축(軸)을 부러뜨리며, 뭇사람의 입은 무쇠도 녹이고, 여러 사람이 헐뜯으면 뼈까지도 녹인다(積羽沈舟 羣輕折軸 衆口鑠金 積毁銷骨)』고 했습니다. 대왕께서는 계책을 신중하게 결정하시기 바라며, 그리고 신은 얼마 동안 휴가나 얻어서 위나라를 떠나고자 생각합니다」

위나라 애왕(哀王)은 합종에서 탈퇴하기로 동의하고 진나라에 연횡을 청하였다. 여기서 「군경절축(羣輕折軸)」 「중구삭금(衆口鑠金)」 「적훼소골(積毁銷骨)」 같은 성어들이 생겨났다.

전가통신 錢可通神

돈 錢 옳을 可 통할 通 귀신 神

《전신론(錢神論)》

황금만능주의에 대한 풍자.

「돈은 귀신과도 통할 수 있다」라는 뜻으로, 무엇이든지 할 수 있게 만드는 돈의 위력을 비유하는 말이다.

《전신론(錢神論)》에 있는 이야기다. 《전신론》은 서진(西晉) 때 사람 노포(魯褒)가 지은 화폐권력과 화폐물신주의를 풍자한 책이다.

당나라 사람 장연상(張延賞)은 경사(經史)를 많이 읽어 정치를 다스리는 일에 정통하였으므로 그의 벼슬길은 매우 순탄하여 조정대신들의 칭찬이 자자했다. 그가 하남 부윤(府尹, 한나라 때의 경조윤) 벼슬을 하고 있을 때, 아주 중대한 사건을 처리하게 되었는데, 이 사건에 관련된 사람들 중에는 전직 고관과 지방 유지를 비롯해서 적지 않은 황제의 친척도 끼어 있었다.

명 관리인 장연상은 이 사건의 공정을 기하기 위하여 그의 부하 직원들에게 아직 출두치 않은 범인들을 모조리 체포토록 엄중한 명령을 내렸다. 그 때 관료 한 사람이 그를 만류했다.

「너무 과한 처사가 아닙니까?」

장연상은 냉엄하게 말했다.

「임금의 녹(祿)을 먹는 자는 임금의 근심을 감당해야 하고, 백성의 봉(俸)을 받는 자는 백성의 마음을 달래 주어야 한다(食君之祿 擔君之憂 愛民之俸 撫民之心)는 것을 알고 있으니만큼 무슨 고관대작이니 황친국척(皇親國戚) 할 것 없이 내 손에서는 모두 중하게 다스려질 것입니다」

명령이 하달된 이튿날 부윤(府尹) 공관의 책상 위에 갑작스레 한 장의 쪽지가 날아들었다.

「3만 꿰미의 돈을 바치오니 고충을 헤아려 살피시어 더 이상 본 사건을 추궁치 말아 주시기 바랍니다」 라는 내용이었다.

장연상이 읽어 본 후 안색이 돌변하면서 치미는 화를 참지 못해 손에 쥔 종이쪽지를 마룻바닥에 내던졌다.

그의 부하들이 공포에 질려 사지를 덜덜 떨며 쥐죽은 듯 아무 소리를 못했다. 아마도 그들이 사람을 잘못 본 모양이다.

그 다음날 장연상의 책상에는 또 다른 한 장의 쪽지가 놓여 있었는데 십만관(十萬貫)이란 세 글자가 씌어 있었다.

10만 냥의 돈이 남몰래 장연상의 손아귀에 전해지자 그는 이 사건을 무마시켜 버렸다. 하마터면 영어(囹圄)의 신세가 될 뻔한 사람들은 법망에서 벗어나 태연히 한가한 나날을 보내며 지냈다.

이 사건이 뇌리에서 거의 잊힐 무렵 그의 부하 직원이 어찌 된 영문이냐고 묻자, 장연상은 조금도 부끄러운 기색이 없이 자랑삼아 말했다.

「10만 꿰미의 숫자는 뇌물로서 신선을 통하고도 남음이 있는 것으로(錢可通神) 세상에는 만회하지 못할 일이 어디 있겠는가? 이를 또 받아들이지 않으면 화를 입는 것이니, 무릇 일은 적당하게 처리하면 되는 것이야」

이 성어는 「돈만 있으면 신에게 연자매도 끌어 돌리게 한다(有錢能使鬼推磨)」 와도 같은 뜻으로, 불합리한 사회를 풍자하는 데 널리 쓰이고 있다.

전거복철 前車覆轍

앞 前 수레 車 뒤집을 覆 수레바퀴자국 轍

《한서》 가의전(賈誼傳)

실패의 전례(前例)를 교훈삼아 같은 실패를 거듭하지 않음.

앞의 수레가 엎어진 바퀴자국이 「전거복철」이다. 「앞 수레가 엎어진 바퀴자국은 곧 뒤 수레의 경계가 된다(前車覆轍 後車之戒)」는 말에서 나온 것이다. 이 말은 먼저 사람들의 실패를 보게 되면 뒤의 사람들은 똑같은 실패를 거듭하지 않게 된다는 뜻이다.

《한서》 가의전에 있는 가의의 상소문 중에 나오는 말이다. 이 말이 나오는 부분을 소개하면 다음과 같다.

「속담에 말하기를 『관리노릇하기가 익숙지 못하거든 이미 이뤄진 일을 보라』 했고, 또 말하기를 『앞 수레가 넘어진 것이 뒷 수레의 경계가 된다』 고 했습니다(鄙諺曰 不習爲吏 視已成事 又曰 前車覆 後車戒). ……진나라 세상이 갑자기 끊어진 것은 그 바퀴자국을 볼 수 있습니다. 그런데도 이를 피하지 않으면 뒷 수레가 또 넘어지게 될 것입니다」

처음 하는 일이 익숙지 못하면 앞 사람의 한 일을 보고 실수가 없도록 할 것이며, 앞차가 넘어진 것을 보았으면 그 차가 지나간 바퀴자국을 피해 가야만 넘어지지 않는다는 뜻이다.

결국 남의 실패를 거울삼아 똑같은 실수를 범하지 않는 것이 현명한 길이니 과거의 역사와 남이 실패한 일들을 주의해서 같은 과오를 범하지 말라는 뜻이다.

「전거지감(前車之鑑)」 이라고도 한다.

전거후공 前倨後恭

앞 前 오만할 倨 뒤 後 공손할 恭

《사기》 소진열전(蘇秦列傳)

처음에는 우쭐거리다가 나중에는 굽실거린다는 뜻으로, 권세 앞에서 아부함을 가리키는 말.

귀곡자

소진(蘇秦)은 동주(東周)의 낙양(雒陽) 사람이다. 동쪽에 있는 제(齊)나라에 가서 스승을 찾아 귀곡(鬼谷)선생에게서 배웠다. 방랑하기 몇 년, 크게 곤궁을 당하다가 고향에 돌아왔다. 형제자매, 처첩들은 은근히 조소(嘲笑)하며 말했다.

「주나라의 관습으로는 전지(田地)를 경작하거나 상공업에 힘을 써서 십이(什二 : 2할)의 이익을 좇는 것이 사람의 할 일로 되어 있는데, 지금 당신은 본업을 버리고 혀끝의 이론에나 힘을 쓰고 있으니, 그렇게 하고 곤궁하게 지내는 것은 당연한 일이지 않습니까?」

소진이 이 말을 듣고 부끄럽고 한심스런 생각이 들어 방문을 닫고 틀어박혔다. 그리고 자기의 장서를 꺼내 두루 훑어보다가 그 중에서 주서(周書)의 음부(陰符 : 병서의 이름)를 찾아내어 책상에 머리를 파묻고 읽었다. 1년 만에 췌마술(揣馬術 : 남의 마음을 미루어 헤아려서 그 뜻을 번롱하여 자기 수중에 도입하는 술)을 터득한 그는

이렇게 말했다.

「이 술(術)만 가지고 있으면 당대의 군주를 설득시킬 수 있을 것이다」

소진은 연(燕)과 조(趙)로 가서 제(齊)·초(楚)·연(燕)·조(趙)·한(韓)·위(魏)의 여섯 나라가 연합하여 진에 대항하는 「합종책(合從策)」을 건의했다. 그래서 여섯 나라는 합종의 맹약을 하고 힘을 합치게 되었다.

소진은 합종의 맹약의 장(長)이 되어 여섯 나라의 재상을 겸했다. 북쪽의 조왕에게 경위를 보고하기 위하여 가는 도중 낙양을 통과했다. 소진을 따르는 일행의 행렬이 임금에 비길 만하게 성대했다. 주나라의 현왕(顯王)은 이 소식을 듣고 도로를 청소하고 사자를 교외에까지 보내 위로하게 했다.

소진의 형제, 처, 형수는 곁눈으로 볼 뿐 감히 쳐다보지도 못했다. 소진이 웃으며 형수에게 말했다.

「어찌하여 전에는 우쭐대시더니 지금은 이토록 공손하시오(前倨後恭)?」

형수는 떨리는 몸을 구부리고 엎드려 얼굴을 땅에 대고 사과했다.

「계자(季子 : 소진의 자)의 지위가 높아졌고 부자가 된 것을 보았기 때문이랍니다」

소진은 탄식하면서 말했다.

「똑같은 한 사람이건만 부귀하게 되면 친척까지도 우러러보고, 빈천해지면 업신여기는구나. 하물며 남이야 오죽하겠는가. 만약 나에게 낙양의 성곽 가까이에 비옥한 밭 두 이랑만 있었던들 오늘날 내 어찌 여섯 나라 재상의 인수(印綬)를 찰 수 있었으리요!」

그리고는 1천금을 뿌려 일족과 벗들에게 나누어 주었다.

전국옥새 傳國玉璽

전할 傳 나라 國 구슬 玉 인장 璽

《중외중대역사지미도고》 제2집

「나라에서 나라로 전해지는 옥새」 라는 뜻으로, 황제를 상징하는 말이다. 중국 진(秦)나라 시황제(始皇帝)가 화씨지벽(和氏之璧)으로 만든 옥새에서 유래되었다. 《중외중대역사지미도고》 는 작자가 친히 역사 유적지를 조사하고, 역사수수께끼를 고찰하며, 역사상의 현안들을 해석한 것을 기록했다.

아름다운 옥이 나온다는 전설의 곤륜산

전설에 따르면, 춘추시대 초나라 사람 화씨(和氏 : 변화卞和)가 형산(荊山, 지금의 호북성 남장현)에서 돌로밖에는 보이지 않는 옥돌 원석을 주워와서 초나라 여왕(厲王)에게 바쳤다.

여왕이 옥공에게 감정을 시킨바, 옥이 아닌 돌이라고 했다. 왕은 임금을 속인 죄를 물어 왼쪽 다리를 자르게 했다.

여왕이 죽고 무왕(武王)이 즉위하자 화씨는 다시 그 원석을 바쳤다. 역시 옥공에게 감정시킨 결과 옥이 아닌 돌이라는 판정이 내려졌다.

이번에는 그의 오른 발을 자르게 했다. 무왕이 죽고 문왕이 즉위했다. 그러자 화씨는 그 원석을 품에 안고 밤낮 사흘을 소리 내어 울었다. 눈물이 마르자 피가 잇달아 흘렀다. 문왕은 이 소문을 듣고 사람을 시켜 그 까닭을 물었다.

진시황 전국옥새

「세상에 발을 잘린 죄인이 많은데, 그대만 유독 슬프게 우는 까닭은 무엇인가?」

그러자 화씨는, 「다리가 잘린 것이 슬퍼 우는 이유가 아닙니다. 보배 구슬이 돌로 불리고, 곧은 선비가 속이는 사람이 된 것이 슬퍼서 우는 까닭입니다」 하고 대답했다.

이리하여 문왕은 옥공에게 그 원석을 다듬고 갈게 하여, 천하에 다시없는 보물을 얻게 되었다. 그리고 그 구슬을 「화씨벽」 이라 이름을 붙였다. 이 이야기는 《한비자》 화씨편에 인용된 이야기다.

그 후 진나라 시황제가 이 화씨지벽을 손에 넣어 재상 이사(李斯)로 하여금 「수명어천 기수영창(受命於天 旣壽永昌 : 하늘에서 받은 명이여, 그 수명이 길이 번창하리라)」 이라는 문구를 전서(篆書)로 새겨 도장을 만들게 하였다.

기원전 219년, 진시황은 용주(龍舟)를 타고 동정상산(洞庭湘山)으로 가는 길에 바람과 파도가 일어 용주가 뒤집힐 지경에 처하게 되었다.

진시황능 병마용(兵馬俑)

이때 진시황은 급히 전국옥새를 호수 가운데 던지며, 신에게 파도를 잠재워달라고 기도한다. 8년 후, 사신이 화음(華陰) 평서도(平舒道)를 지나는데 누군가 벽을 갖고 말하기를, 「내가 호지군(滈池君)에게 남긴다」 하고는 옥새를 놓고 바람같이 사라졌다. 전국옥새는 이렇게 다시 돌아오게 된다.

이 옥새는 시황제의 손자인 자영이 함양(咸陽)을 함락시킨 유방(劉邦)에게 바쳤으며, 유방이 중국을 통일한 뒤 한(漢)나라 황제에게 대대로 전해졌다. 전한(前漢)을 멸망시키고 신(新)나라를 세운 왕망(王莽)이 잠시 이 옥새를 빼앗았으나, 후한(後漢)을 세운 광무제(光武帝)가 되찾았다.

옥새는 후한 말년의 혼란기에 유실되었다가 손견(孫堅)과 원술(元述)을 거쳐 조조(曹操)의 손에 들어갔다. 이후 위진남북조를 거쳐 수(隋)나라와 당(唐)나라, 후량(後梁)과 후당(後唐)까지 전해지다가 후당의 마지막 황제가 분신할 때 사라진 것으로 전해진다. 이후 몇 차례 전국옥새를 찾았다는 기록이 보이지만, 모두 진품이 아닌 것으로 알려져 있다.

이와 같이 전국옥새는 진시황제 이후로 천하를 제패하는 사람이 소유함으로써 황제나 황권(皇權)을 상징하는 물건이 되었으며, 이를 차지하는 사람이 곧 천하를 차지하는 것으로 여겼다.

전도유랑 前度劉郞

앞 前 법도 度 성 劉 사내 郞

유우석 / 「재유현도관(再遊玄都觀)」

「지난번의 유랑(劉郞)」이라는 뜻으로, 한번 떠났다가 다시 찾아온 사람을 비유하는 말이다. 당(唐)나라 때의 시인 유우석(劉禹錫)의 고사에서 유래되었다. 유랑은 유우석 자신을 가리킨다.

유우석 공원

유우석은 중당(中唐) 시기에 활동한 시인으로, 왕숙문(王叔文)·유종원(柳宗元) 등과 정치개혁을 꾀하였으나 실패하였다. 이로 인해 조정의 미움을 받아 멀리 낭주(郞州)의 사마(司馬)로 좌천되어 10년 가까이 지내다가 다시 장안(長安)으로 불려 올라왔다. 당시 장안에는 현도관(玄都觀)이라는 도관(道觀)이 있었는데, 그곳의 복숭아꽃이 유명하였다.

도관은 궁관(宮觀)이라고도 불리는 도교(道敎)의 사원이다. 도관의 시초는 4세기 후반으로서 북위(北魏) 시대부터 불교 사원과 비슷한 체제가 되었다. 도교가 왕조의 신앙을 얻어 보호를 받은 시대, 특히 당대(唐代)에는 우후죽순처럼 건립되었다

유우석은 현도관을 유람하고 「유현도관(遊玄都觀)」이라는 시를

자

현도관

지어 「장안 거리에 뿌연 먼지 얼굴을 스치는데, 사람마다 꽃구경하고 돌아온다 말하네. 현도관에 심은 천 그루 복숭아나무는, 모두 유랑이 떠난 뒤에 심어진 것이라네(紫陌紅塵拂面來 無人不道看花回 玄都觀裏桃千樹 盡是劉郎去後栽)」라며, 10년의 세월이 지나 돌아온 감회를 노래하였다.

그런데 권력자들이 이 시가 집권자들을 비방했다는 혐의를 받아 유우석은 다시 파주(播州) 자사(刺史)로 좌천되었고, 이어서 연주(連州)와 기주(夔州) 등지의 지방 관직을 전전하다가 14년이 흐른 뒤에 장안으로 다시 불려왔다.

유우석이 현도관을 다시 찾아가니 예전에 무성하였던 복숭아나무는 모두 없어지고 배추꽃만 무성히 자라 있었다.

이에 유우석은 「재유현도관(再遊玄都觀)」이라는 시를 지어 「넓은 뜰에는 이끼가 반나마 꼈고, 복숭아꽃 다 지고 없어 배추꽃만 무성하구나. 그 복숭아 심던 도사들 다 어디 갔는가? 지난번 유랑이 지금 또 왔는데(百畝庭中半是苔 桃花淨盡菜花開 種桃道士歸何處 前度劉郎今又來)」라고 감회를 읊었다.

여기서 「전도유랑」은 한 번 떠났다가 다시 찾아온 사람 또는 예전에 왔던 곳을 오랜만에 다시 찾는 것을 비유하는 성어로 사용된다.

전문지호후문지랑 前門之虎後門之狼

앞 前 문 門 의 之 범 虎 뒤 後 늑대 狼

조설항(趙雪航) / 「역사평(歷史評)」

「전문지호」는 앞문의 호랑이, 「후문지랑」은 뒷문의 늑대란 말이다. 앞뒤로 위험이 가로놓여 있음을 비유해서 쓰기도 하고, 또 앞문의 호랑이를 쫓아내기 위해 뒷문으로 늑대를 끌어들인 결과가 된 것을 비유해서 말하기도 한다.

그러나 보통 이 말은, 하나의 큰 어려움을 겪고 나면 또 하나의 어려움이 기다리고 있다는 뜻으로 많이 쓰인다.

즉 「일난거 일난래(一難去一難來)」란 뜻이다.

두황후 묘

후한은 외척(外戚)과 환관에 의해 망했다고 한다. 후한 화제(和帝)가 열 살로 즉위하자 두태후(竇太后)가 수렴청정을 하게 되었다. 태후의 오빠인 두헌(竇憲)이 머리를 쳐들게 된다. 외척 문제가 일기 시작한 것이다.

두헌은 흉노의 침입을 물리친 하찮은 공로로 대장군에 임명되고, 뒤이어 그들 부자 형제가 대신과 장군의 요직을 다 차지하게 된다.

한문제 유항과 두황후

화제는 어린 마음에도 태후와 외척에 대한 반발을 느꼈다. 그래서 두헌과 잘 어울리지 않는 환관 출신의 정중(鄭衆)을 불러들여 비밀 계획을 짠 끝에 마침내 정중의 힘을 빌려 두헌의 비행을 폭로하고 그로부터 대장군의 직책을 빼앗은 다음 자살을 하도록 만들었다.

이리하여 외척문제가 일단락되자, 정중을 중심으로 한 환관들이 머리를 들기 시작했다. 환관은 남자로서 남자의 구실을 못하는 불구자들이다. 그들의 권력에 대한 욕망과 집착은 보통 사람보다 몇 배나 더하다. 그들이 정치의 표면에 나서는 순간 조정은 다시금 혼미를 거듭했다.

결국 화제는 앞문의 호랑이인 외척을 몰아내기 위해 뒷문의 늑대인 환관을 끌어들인 셈이 되고 말았다. 그래서 조설항(趙雪航)은 그의 역사 평에서 이렇게 썼다.

「두씨들은 비록 제거되었지만, 내시들의 권력이 이때부터 성하게 되었다. 속담에 『앞문에서 호랑이를 막으며 뒷문으로 늑대를 끌어들인다(前門拒虎 後門進狼)』 고 했는데 바로 이것을 두고 한 말이다」

전미개오 轉迷開悟

구를 轉 미혹할 迷 열 開 깨달을 悟

불교 용어

번뇌로 인한 미혹에서 벗어나 열반에 이르는 마음을 뜻하는 불교에서 온 말이다.

인간은 청정무구(淸淨無垢)한 심성을 지닌 채 세상에 태어났다. 그런데 살아가면서 인연(因緣)에 따라 미혹(迷惑)이 생기고, 미혹으로 망념(妄念)이 생기고, 망념으로 인한 번뇌(煩惱)가 일어나기 때문에 청정무구한 진여심성(眞如心性)은 숨어버렸다.

미혹(迷惑)은 망념(妄念)을 일으키는데, 우리의 삶을 뒤돌아보면 미혹으로 인해 옳지 않은 일들이 있었음을 발견할 수 있다. 그 원인을 깨달아 참회하고 다시는 미혹에 빠지는 일이 없도록 하는 것이 바로 「전미개오(轉迷開悟)」이다.

불교(佛敎)는 먼저 크게 깨달은 석가모니 부처의 가르침을 받아 망념(妄念)과 번뇌의 실체를 깨달아 미혹을 잠재우고 전미개오하여 본래의 청정무구한 본성을 되찾는 데 있다.

不逆詐 不億不信
불역사 불억불신

속일까봐 걱정하지 말고 불신(不信)을 억측하지 마라.

(남을 대할 때, 남이 자기를 속일 거라고 미리 방비하지 말고, 신용을 지키지 않을 거라고 억측하지 마라.)

—《논어》 헌문(憲問)

전부지공 田夫之功

밭 田 지아비 夫 의 之 공 功

《전국책(戰國策)》 제책(齊策)

농부의 공이라는 뜻으로, 양자의 다툼에 엉뚱한 제삼자가 이득을 보는 것을 비유적으로 이르는 말.

전국시대 제(齊)나라 왕에게 중용된 순우곤(淳于髡)은 원래 해학(諧謔)과 변론의 재능이 뛰어난 세객(說客)이었다. 제나라 왕이 위(魏)나라를 치려고 하자 순우곤은 이렇게 진언했다.

「한자로(韓子盧)라는 매우 발 빠른 명견(名犬)과 동곽준(東郭逡)이라는 썩 재빠른 토끼가 있었습니다. 개가 토끼를 뒤쫓았습니다. 그들은 수십 리에 이르는 산기슭을 세 바퀴나 돌고 가파른 산꼭대기까지 다섯 번이나 오르락내리락하는 바람에 쫓기는 토끼도 쫓는 개도 힘이 다하여 그 자리에 지쳐 쓰러져 죽고 말았습니다(犬兎俱斃). 이때 그것을 발견한 농부는 힘들이지 않고 횡재(田夫之功)를 하였습니다. 지금 제나라와 위나라는 오랫동안 대치하느라 백성들이나 병사들 모두 지칠 대로 지쳐 사기가 말이 아닙니다. 서쪽의 진(秦)나라나 남쪽의 초(楚)나라가 이를 기화로 『전부지공(田夫之功)』을 거두려 하지 않을지 그것이 걱정입니다」

이 말을 듣자 왕은 위나라를 치려던 계획을 버리고 오로지 부국강병(富國強兵)에 힘썼다.

「견토지쟁(犬兎之爭)」과 같은 말이다.

「어부지리(漁夫之利)」, 「방휼지쟁(蚌鷸之爭)」과 비슷한 말이다.

전심치지 專心致志

오로지 專 마음 心 이를 致 뜻 志

《맹자(孟子)》 고자상(告子上)

오직 한 가지 일에만 마음을 기울여 씀. 한마음 한뜻으로 정신을 집중함.

《맹자》 고자상(告子上) 「무혹호왕지부지장(無或乎王之不智章)」에 있는 말이다.

맹자가 말했다.

맹 자

「왕이 지혜롭지 않다는 것은 이상할 것이 못된다. 비록 천하에 쉬 자라는 물건이 있을지라도 하루해만 쬐고 열흘을 차게 한다면 자라지 못할 것이다. 내가 왕을 만나려고 하지만 기회는 역시 많지 않고, 내가 물러나면 왕을 차게 하는 자가 왕에게 이르니, 내가 싹을 틔워준들 무슨 소용이겠는가. 이제 바둑의 수(數)가 별것 아니라 여겨지지만, 오로지 마음을 한곳에 집중하지 않으면(不專心致志) 터득할 수가 없다. 혁추(奕秋)는 나라에서도 바둑을 잘 두는 사람으로 알려져 있는데, 혁추로 하여금 두 사람에게 바둑을 가르치게 하는데, 한 사람은 전심치지해 오직 혁추의 말만을 듣고, 한 사람은 비록 말을 듣기는 하되 다른

주 희

한쪽 마음으로는 기러기가 날아 올 때 활에 화살을 메겨 쏠 생각을 하고 있다면, 비록 함께 배운다고는 한들 앞 사람만큼은 못할 것이다. 이는 그 지혜가 같지 않기 때문인가? 그렇지는 않을 것이다」

맹자가 왕의 지혜에 관해 말한 대목이다. 비록 왕이 지혜롭지 못하다 하더라도 신하들이 온 마음으로 집중해 왕을 보필한다면 정치가 제대로 될 수 있다는 말이다.

또한 바둑이 하찮은 재주라 하더라도 정신을 집중해 배우지 않으면 터득할 수 없는 것이므로, 무엇을 배우거나 시행할 때에는 항상 정신을 집중해야 한다고 말한 것이다.

주자(朱子)의 말이다.

「양기가 발하는 곳에는 쇠와 돌도 또한 뚫어진다. 정신이 한번 이르면 무슨 일이 이뤄지지 않겠는가(陽氣發處 金石亦透 精神一到 何事不成)」라고 했다.

여기서 「정신일도 하사불성(精神一到何事不成)」이라는 말처럼 정신을 한 곳에 모으면 이루지 못할 일이 없는 것이다.

전전긍긍 戰戰兢兢

두려워 떨 戰 조심할 兢

《시경》 소아(小雅) 소민편(小旻篇)

「전전(戰戰)」은 무서워 떠는 모양, 「긍긍(兢兢)」은 조심해 몸을 움츠리는 모습, 합해서 두려워하고 조심함을 말한다. 《시경》 소아 소민편에 나오는 글귀다.

감히 범을 맨손으로 잡지 않고
감히 하수를 배 없이 건너지 않으나
사람은 그 하나만 알고
그 밖의 것은 알지 못한다.
두려워서 조심조심하며
깊은 못에 다다른 듯하고
엷은 얼음을 밟듯 한다.

不敢暴虎	不敢馮河	불감포호	불감빙하
人知其一	莫知其他	인지기일	막지기타
戰戰兢兢	如臨深淵	전전긍긍	여림심연
如履薄氷		여리박빙	

이 시는 포학한 정치를 한탄해서 지은 시다. 범을 맨주먹으로 잡거나 황하를 배 없이 헤엄쳐 건너는 일은 하지 않지만, 눈앞의 이해에만 눈이 어두워 그것이 다음날 큰 환난이 되는 것을 알지 못한다. 사람들은 그 무서운 정치 속에서 마치 깊은 못가에 서 있는 듯, 엷은 얼음을 걸어가는 듯 불안에 떨며 몸을 움츠리고 있다는 뜻이다.

「정치란 이런 것일까?」

일찍이 도의가 표면에 나와 있던 시대를 회상하고, 현실인 힘의 정치에 깊은 회의를 품는 자가 나타나는 것도 당연한 일이다. 「힘이 정의」가 아니라, 「정의가 힘」이기를 바라는 것이 권력을 갖지 못한 자들의 윤리 감정이기 때문이다. 이 「소민(小旻)」이라는 시도 이런 윤리 감정에 의해 읊어진 것이다.

이 시에서 「전전긍긍」이란 말이 나오고, 「포호빙하(暴虎馮河)」라는 말이, 그리고 「지기일(知其一)이요 부지기타(不知其他)」란 말이 나왔다. 또 「여리박빙(如履薄氷)」이라는 말도 위기감에 절박해진 심정을 형용하는 경우에 쓰이고 있다.

또 이 대목은 《논어》 태백편에 증자(曾子)가 인용한 말로 나와 있어 더욱 널리 알려지게 되었다. 증자가 임종 시에 제자들을 불러 이렇게 말했다.{☞ 포호빙하}

「내 발을 열어 보고 내 손을 열어 보라. 《시경》에 말하기를 『전전하고 긍긍하여 깊은 못에 다다른 듯하고 엷은 얼음을 밟듯 한다』고 했다. 지금에서야 나는 마음을 놓는다. 너희들은 알겠느냐」

증자는 공자의 제자들 중에서도 효도로 이름이 높았다. 13경(經) 중의 하나인 《효경(孝經)》은 공자가 증자에게 효도에 대해 한때 이야기한 것을 기록한 짤막한 글이다.

그 《효경》에 공자는 말하기를,

「몸뚱이와 털과 피부는 부모에게서 받은 것이므로 감히 상하게 못하는 것이 효도의 처음이요, 몸을 세우고 도를 행하여 이름을 후세에 빛나게 함으로써 부모를 나타나게 하는 것이 효도의 마지막이다(身體髮膚 受之父母 不敢毁傷 孝之始也 立身行道 揚名於後世 以顯父母 孝之終也)」라고 했다.

전전반측 輾轉反測

돌아누울 輾 구를 轉 뒤집을 反 기울 測

《시경》 관저(關雎)

「전전반측」은 잠을 이루지 못하고 누워서 몸을 이리 뒤척 저리 뒤척거리며 잠을 못 이룸.

전(輾)은 반쯤 돌아 몸을 모로 세우는 것을 말하고 전(轉)은 뒹군다는 뜻이다. 반(反)은 뒤집는다는 뜻이고, 측(測)은 옆으로 세운다는 뜻이다. 결국 전전과 반측은 동사와 형용동사가 겹쳐져 같은 뜻을 나타내고 있는 것이다. 원래 이 말은 착하고 아름다운 여인을 그리워하며 잠을 이루지 못하는 것을 묘사한 것이었는데, 지금은 걱정과 많은 생각으로 잠을 이루지 못하는 모든 경우에 다 같이 쓰이고 있다. 실상 이성관계로 쓰이는 경우는 적다.

이것은 《시경》 맨 첫편인 관저(關雎)에 나오는 말이다.

꽉꽉 우는 물새는
모래톱에 있네.
요조한 숙녀는
군자의 좋은 짝이로다.
들쭉날쭉한 마름풀을
이리저리 찾는구나.
요조한 숙녀를
자나 깨나 구한다.
구해도 얻을 수 없으니

관 저

자

자나 깨나 생각한다.
생각하고 생각하며
이리 뒤척 저리 뒤척 하네.

關關雎鳩 在河之洲　관관저구 재하지주
窈窕淑女 君子好逑　요조숙녀 군자호구
參差荇菜 左右流之　참차행채 좌우유지
窈窕淑女 寤寐求之　요조숙녀 오매구지
求之不得 寤寐思服　구지부득 오매사복
悠哉悠哉 輾轉反側　유재유재 전전반측

이것은 남녀의 순수한 애정을 노래한 것이라 하여 높이 평가되고 있는 시다. 과거 같으면 남녀가 마음껏 서로 만나 즐길 수 있었던 것을 문왕(文王)의 교화(敎化)를 입어 처녀들이 다 정숙해졌기 때문에 남자들이 함부로 유혹하지 못하는 데서 나온 시라고 해서 이를 정풍(正風)이라고 한다.

그래서 관저의 시를 평하여 공자는, 「관저는 즐거우면서도 음탕하지 않고, 슬퍼도 마음을 상하지 않는다」고 했다.

시의 말미에서 만약 아가씨를 얻을 수 있다면 금슬(琴瑟)과 종고(鐘鼓)를 켜고 사랑해주고 기쁘게 해주겠다고 노래하며 끝을 맺고 있다. 전전반측한 고대의 남자의 연정은 3천 년이 지난 오늘날에도 우리가 충분히 이해 할 수 있다. 그리고 현대인도 곧잘 전전반측하는데, 현대인의 경우는 연정 때문만은 아닌 것 같다. 21세기는 노이로제의 시대라고 한다. 노이로제의 현저한 증세의 하나인 「전전반측하는 불면증」은 아름다운 아가씨를 얻었다고 하여 좀처럼 나을 것 같지도 않다.

전화위복 轉禍爲福

구를 轉 재화 禍 될 爲 복 福

《사기》 소진열전(蘇秦列傳)

「화가 바뀌어 복이 되고, 실패한 것이 오히려 공이 된다(轉禍爲福 因敗爲功)」고 한 말에서 나왔다.

《사기》 소진열전에 있는 말이다.

전국시대 때 가장 활약이 뛰어난 종횡가(縱橫家)로는 장의와 소진을 꼽는다. 장의는 연횡책(連橫策=連衡策)으로, 소진은 합종책(合縱策)으로 유명하다. 그 중 소진은 이런 말을 한 적이 있다.

「옛날에 일을 잘 처리했던 사람은『화를 바꾸어 복을 만들고, 실패를 바꾸어 공으로 만들었다』고 한다」

《사기》 관안(管晏)열전에도 관중(管仲)을 평하기를 다음과 같다고 하였다.

「정치의 실재 면에 있어, 번번이 화를 전환시켜 복으로 하고 실패를 전환시켜 성공으로 이끌었다. 어떤 사물에 있어서도 그 경중을 잘 파악하여 그 균형을 잃지 않도록 신중하게 처리했다」

전화위복이란 실패했다고 포기하고 마는 것이 아니라 그것을 새로운 성공의 계기로 삼아 분연히 일어날 것을 당부할 때 흔히 쓰이는 말이다. 즉 어떤 사람이 한때의 실패로 의기소침해 있을 때 그의 어깨를 두드리며,

「인생만사 새옹지마(塞翁之馬)라고 하지 않던가. 이번 일을 전화위복의 계기로 삼아 용기를 내보게」라고 하는 식으로 말한다.

절구자주 竊鉤者誅

홈칠 竊 갈고랑이 鉤 놈 者 벨 誅

《사기》 유협(游俠)열전

「허리띠의 갈고리단추를 훔친 자는 처형되고, 나라를 훔친 자는 제후가 된다(竊鉤者誅 竊國者爲諸侯)」는 뜻으로, 작은 도둑은 처벌을 받고 큰 도둑은 받듦을 받는다.

부 열

옛날 순(舜)은 아우 때문에 우물을 파다가 매장될 뻔했고, 이윤(伊尹)은 욕되게 솥과 도마를 짊어지고 다니며 요리를 했으며, 부열(傅說)은 부험(傅險)이라는 곳에 숨어 살았고, 여상(呂尙 : 태공망)은 극진(棘津)이라는 나루터에서 곤궁하게 살았으며, 이오(夷吾 : 관중)는 수갑과 차꼬를 찬 일이 있고, 백리해(百里奚)는 노예가 되어 소를 먹였으며, 공자는 광(匡) 땅에서 위급한 변을 당했고, 진(陳)・채(蔡)나라에서는 먹을 것이 없어서 얼굴빛이 나빴다.

이들은 모두 유가에서 인정하는 덕망 있고 어진 사람들이다. 그런데도 이러한 재난을 만났는데, 하물며 평범한 재능을 가진 사람으로 어지러운 세상의 혼탁한 흐름을 건너자면 말할 나위가 있겠는가? 그들이 겪는 재앙을 어찌 일일이 다 말할 수 있겠는가? 어떤 비천한 사람이 이런 말을 했다.

「인의(仁義) 따위는 우리들의 알 바가 아니다. 우리들에게 이익을 주는 사람이 있다면 그가 바로 덕이 있는 사람이다」

이 윤

그러기에 백이(伯夷)는 주(周)나라를 추악하게 여기고 수양산에서 굶어죽었음에도 불구하고 문왕과 무왕은 그로 인해 왕위에서 물러나지 않았으며, 도척(盜跖)과 장교(莊驕)는 포악하고 잔인했지만, 그 일당들은 그들이 의기 있는 사람이라고 한없이 칭송했다. 이것으로 볼 때 「허리띠의 갈고리단추를 훔친 자는 처형되고, 나라를 훔친 자는 제후가 되며(竊鉤者誅 竊國者爲諸侯), 제후의 문하에는 인의(仁義)가 있다」 라는 말은 허튼소리가 아니다.

지금 학문에 얽매여서, 혹은 하찮은 의(義)를 품은 채 오랜 세월 세상을 등지고 살아가는 것이 어찌 비속한 의논으로 세속에 부합하여 세상의 흐름을 따라 부침하여 명예를 얻는 것만 못하겠는가?

그러나 또한 포의(布衣 : 서민이나 백성)의 무리로서 은혜를 입었으면 반드시 갚고, 승낙한 일은 반드시 실천에 옮기고, 천 리 먼 곳에서도 의를 위해서 한 몸을 던져 죽음을 두려워하지 않고, 세상의 평에 구애받지 않는다면 이 또한 그들의 장점으로 아무나 그렇게 할 수 있는 것은 아니다. 그래서 선비들도 곤궁한 처지에 몰리면 그들에게 생명을 의지하게 된다. 그들이야말로 사람들이 말하는 현인이나 호걸이 아니겠는가?

절문이근사 切問而近思

끊을 切 물을 問 어조사 而 가까울 近 생각 思

《논어》 자장편(子張篇)

「절문(切問)」은 자세히 알뜰히 묻는 것을 말하고, 「근사(近思)」는 몸 가까이 있는 것을 생각하는 것이다. 말하자면 구체적인 질문과 일상생활과 관계되는 사색을 말한다.

《논어》 자장편에 있는 자하(子夏)의 말이다

「널리 배우고 뜻을 독실하게 하며, 알뜰히 묻고 가깝게 생각하면 어진 것이 그 가운데 있다」

자하는 퍽 현실적인 교육가였다. 일상생활을 통해서 진리를 탐구해 가는 그런 주의였다. 그래서 같은 공자의 제자인 자유(子由)는 자하를 평해 이렇게 말했다.

「자하의 제자들은, 물을 뿌리고 청소를 하며, 말에 대답하고 몸을 움직이는 하나하나는 잘한다고 볼 수 있다. 그러나 그런 것들은 형식적인 말단의 일에 지나지 않는다. 보다 근본적인 사상과 도덕에 관한 것은 볼 만한 것이 없으니 장차 어떻게 할 것인가?」

이것만 보더라도 자하가 퍽 현실적이고 일상생활 면에서 교육에 중점을 두고 있었음을 알 수 있다. 자하는 또 이런 말을 했다.

「날마다 그 없는 바를 알고, 달마다 그 능한 바를 잊지 않으면 학문을 좋아한다고 말할 수 있다」

그래서 주자(朱子)는 자하의 이 말을 따서 《근사록(近思綠)》이란 책을 썼고, 청(淸)나라의 유명한 고증학자 고염무(頭炎武)도 자하의 말을 따서 《일지록(日知錄)》이란 유명한 고증 논문집을 만들었다.

절부구조 竊符救趙

홈칠 竊 부신 符 건질 救 나라 趙

《사기》 위공자열전(魏公子列傳)

병부를 훔쳐 조나라를 구했다는 뜻으로, 보다 큰 목적을 위해서는 사소한 의리 같은 것은 버려도 된다.

《사기》 위공자열전에 있는 이야기다.

맹상군(孟嘗君)과 함께 전국사군(戰國四君)으로 손꼽히던 신릉군(信陵君)이 조나라의 위급함을 구하기 위해 임금의 병부를 훔쳐내어 위나라 군사를 이끌고 진나라 군사를 물리친 사건은 너무도 유명한 이야기다. 그러나 여기에는 여러 가지 문제점이 있다.

첫째, 신하의 신분으로 임금을 속였으니 그것은 불충부덕한 일이다 하는 주장이 될 수 있다. 그러나 그것이 나라를 위하는 길이요, 이웃을 위하는 길이요, 침략자를 응징하는 길이었으니 보다 큰 목적을 위해서는 그런 형식적인 도덕 같은 건 지키지 않아도 된다 하는 이론이 될 수도 있는 것이다. 그러면 이 내용을 간단히 더듬어 보기로 하자.

신릉군 위무기(魏無忌)는 위소왕(魏昭王)의 작은아들이었고 안리왕(安釐王)의 배다른 동생이었다. 소왕이 죽고 안리왕이 즉위하자 그를 신릉군에 봉했다. 신릉군은 덕과 지혜가 있고 또 사람을 보는 눈이 있었다. 그는 이문(夷門)을 지키는 후영(侯嬴)이란 늙은 문지기를 스승처럼 위했고, 백정인 주해(朱亥)를 귀한 손님처럼 받아들였다. 안리왕 20년에 조나라 군사를 장평(長平)에서 크게 깨뜨린 진나라는 다시 조나라 수도 한단(邯鄲)을 포위했다.

신릉군

신릉군의 자형인 조나라 평원군은 조나라 혜문왕(惠文王)의 아우였다. 혜문왕과 평원군은 각각 안리왕과 신릉군에게 거듭 사람을 보내 구원을 요청했다. 안리왕은 진비(晋鄙)에게 10만의 군사를 주어 조나라를 구하게 했다. 그러자 진나라에서 위협해 왔다. 제후들로서 조나라를 구원하는 사람이 있으면 조나라를 깨뜨린 다음에는 군데를 그 곳으로 옮기겠다는 것이었다.

안리왕은 겁이 났다. 곧 사람을 보내 진비를 국경을 넘지 못하도록 했다. 그러자 평원군으로부터 거듭 신릉군을 책망하는 편지를 보내왔다. 신릉군은 그때마다 왕에게 간청을 넣었으나 왕은 진나라가 무서워 허락을 하지 않았다. 마침내 신릉군은 백여 대의 수레에 손들을 태우고 진나라 군대와 싸워 죽을 결심을 하게 된다.

가는 도중 이문을 지나며 후영을 만나 가게 된 동기와 죽을 결심을 말했다. 후생은 담담한 표정으로 「수고가 많으시겠습니다. 늙은 몸은 공자를 따라갈 수가 없습니다」

얼마를 가던 신릉군은 후영의 태도가 아무래도 마음에 걸렸다.

「내가 그를 그토록 성의껏 대했는데 죽으러 가는 마당에 이렇게 보낼 수가! 내게 무슨 잘못이라도 있단 말인가?」

그는 다시 후영에게로 갔다. 그러자 후영 노인은, 「공자께서 다시 올 줄 알았습니다」 하고 무모한 죽음은 어리석은 일밖에 될 것이 없다면서 조용한 곳으로 가 그에게 조나라를 구할 수 있는 꾀를 일러 주었다. 그것이 병부를 훔쳐 조나라를 구하는 일이었다.

후영을 방문하는 신릉군

안리왕의 총희 여희(如姬)는, 자기 아버지를 죽인 원수를 잡으려 했으나 왕의 힘으로도 3년이 되도록 범인을 잡지 못했다. 여희의 청을 받은 신릉군이 범인을 잡아 목을 베어 여희에게 보내주었다. 여희는 신릉군의 은혜를 목숨으로라도 갚겠다는 약속을 했다.

한편 진비가 가지고 있는 호부(虎符)의 한쪽은 안리왕의 침실 깊숙이 감춰져 있었다. 그것을 훔쳐내기만 하면 진비의 군대를 앗아 조나라를 구할 수가 있다. 그러나 안리왕의 침실에서그것을 훔쳐낼 수 있는 사람은 여희 이외에 아무도 없었다.

신릉군은 후생의 꾀에 따라 여희를 통해 호부를 훔쳐낸 다음, 또 후생의 권고로 주해를 데리고 밤을 새워 진비가 있는 국경으로 달려갔다.

진비는 예상한 대로 병부를 대조해 보고도 신릉군을 의심하여 순순히 지휘권을 넘겨주려 하지 않았다. 사태가 원만하게 수습될 수 없음을 알아챈 주해는 소매 속에서 40근 철퇴를 꺼내 진비의 머리를

후 영

내려쳤다.

진비의 군대를 장악한 신릉군은 즉시 영을 내려 부자가 같이 와 있는 아버지, 형제가 같이 와 있는 형, 형제가 없는 외아들은 전부 돌려보내고 남은 8만의 군대로 진나라 군대를 쳐서 크게 승리를 거두었다.

신릉군은 그 길로 조나라에서 10년을 지내게 된다. 안리왕이 그를 부르지 않았기 때문이다. 그때 진나라가 위나라를 침략해 왔다. 안리왕은 다급한 나머지 신릉군에게 어서 돌아와 달라고 애원을 했다. 무심했던 왕이 다급한 이제야 그를 필요로 하는 것이 노여웠다. 그러나 결국은 새로 사귄 모공(毛公)과 설공(薛公)의 권유로 위나라로 돌아가 진나라를 크게 이기고 함곡관까지 쳐들어가 시위를 하고 돌아온다.

그러나 안리왕은 다시 진나라 간첩들의 모략에 넘어가 신릉군을 멀리하게 되고 신릉군은 망해 가는 조국의 모습이 안타까워 어서 죽기 위한 타락된 여생을 보내게 된다.

이 「절부구조」란 말은 보다 큰 목적을 위해서는 사소한 의리 같은 것은 버려도 된다는 뜻으로 쓰인다.

절성기지 絶聖棄智

끊을 絶 성스러울 聖 버릴 棄 슬기 智

《노자(老子)》 제19장

「성스러우니 지혜로우니 하는 것들을 완전히 끊어버린다」는 뜻으로, 소박한 그대로를 두어 사사로운 욕심을 나지 않게 하라는 말이다.

《노자》 19장에 있는 말이다.

「성(聖)을 끊고 지(智)를 버리면 백성의 이익이 백 배가 되고 인을 끊고 의를 버리면 백성이 효도하고 사랑하는 것에로 돌아오며, 교(巧)를 끊고 이(利)를 버리면 도적이 있는 일이 없다. 이 세 가지는 그리 넉넉지 못한 것이 된다. 그러므로 붙인 바를 잇게 한다. 소(素)를 나타내고, 박(朴)을 안아, 사(私)를 적게 하고 욕(欲)을 적게 하는 것이다. 이것을 쉽게 풀면 다음과 같은 뜻이 된다.

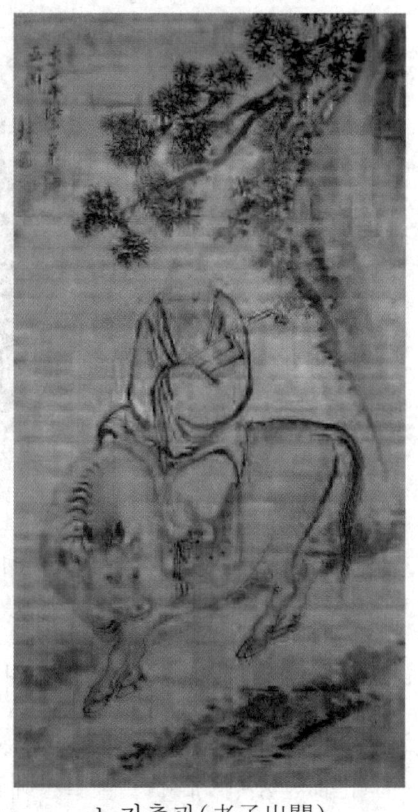
노자출관(老子出關)

「성스러우니 지혜로우니 하는 것들을 완전히 없애버리면, 백성들은 명예니 공로니 하는 것을 다투는 일이 없기 때문에 백 배나 더 이를 얻게 된다. 어질다든가 의롭다든가 하는 것을 다 없애버리면 백성들은 양심을 속이는 일이 없기 때문에 참다운 효도와 사랑을 할 수 있게 된다. 또 자연을 해치는 교묘한 것이라든가, 보다 편리한 물건을 만드는 일이 없으면 백성들은 배를 채우고 추위를 막는 것 외에 욕심을 부릴 것이 없게 되므로 자연 도둑이란 것이 있을 수 없다. 그러나 위에 말한 『성지』니, 『인의』니, 『교리』니 하는 것들은 그것만으로는 설명이 부족하다. 그래서 다시 덧붙여 설명을 하거니와 결국 소박한 그대로를 두어 사사로운 욕심을 나지 않게 하는 것이다」

허난성 장주능원에 있는 장주 묘

다시 말해서, 「절성기지」는 「소사과욕(小私寡欲)」을 뜻하고, 「소사과욕」은 곧 「무위자면 (無爲自然)」으로 돌아가는 것이다.

이 「절성기지」의 사상을 그대로 받은 것이 《장자》 거협편이다. 거협편에 장자는 말하기를, 「……저 성(聖)이니 지(智)니 하는 것은 천하의 날카로운 무기다. ……그러므로 성을 끊고 지를 버리면 큰 도적이 이에 그치고, 옥을 던지고 구슬을 깨어버리면 작은 도둑이 일어나지 않는다……」 라고 했다.

과학 만능이 가져온 물질공해와 지식 만능이 빚어낸 정신공해에 시달리고 있는 우리들로서는 노자와 장자의 말을 곱씹어 보아야 할 것이다.

절영지연 絶纓之宴

끊을 絶 갓끈 纓 갈 之 잔치 宴

《설원(說苑)》

「갓끈을 끊고 즐기는 연회」 라는 뜻으로, 남의 잘못을 관대하게 용서해주거나 어려운 일에서 구해주면 반드시 보답이 따름을 비유하는 말이다. 유향(劉向)이 지은 《설원(說苑)》과 《동주열국지(東周列國志)》 등에 실려 있는 이야기다.

춘추오패(春秋五霸)의 하나인 초장왕(楚莊王)이 투월초의 난을 평정한 뒤 공을 세운 신하들을 위로하기 위하여 성대하게 잔치를 벌여 군신 간에 한참 거나하게 취해 있을 때, 돌연 촛불이 꺼져 실내가 캄캄해졌다. 이때 한 신하가 왕의 애첩의 귀를 잡고 입을 맞추었다. 애첩은 깜짝 놀라 엉겁결에 그 사람의 갓끈을 잡아 뜯고는 왕에게 말했다.

초장왕

「지금 어느 자가 첩에게 무례한 짓을 하기에 그 자의 갓끈을 잡아떼었으니 그 자를 잡아내소서」

그러나 장왕은 촛불을 켜지 못하도록 제지하고는 오히려 신하들에

초장왕 출정

게 이렇게 말했다.

「오늘밤은 과인과 함께 마시는 날이니, 갓끈을 끊어버리지 않는 자는 이 자리를 즐기지 않는 것으로 알겠다(今日與寡人飮 不絶冠纓者不歡)」

이에 신하들이 모두 다투어 갓끈을 떼었다. 불을 켜고 보니 모두 갓끈이 떼어져 있는지라 누가 무례한 짓을 한 사람인지 구별할 수가 없었다. 그리고 모두 밤이 새도록 마시고 노래하고 즐겁게 놀았다.

그 후 2년이 지난 뒤 초나라는 진나라와 전쟁이 벌어져 초나라가 위급한 처지에 놓이게 되었다. 이때 어디선지 군사들이 나타나 진나라 군사를 무찔렀다.

초장왕은 너무나 뜻밖의 지원이라 그 군의 장수를 청하여 물은즉, 장수가 대답했다.

「신은 옛날 대왕의 애첩에게 무례한 짓을 한 신하로, 그 때 대왕의 너그러운 관용에 감동하여 그날로 산중에 숨어 군사를 길러 어느 때고 대왕을 위하여 목숨을 바치려 결심하던 중 이번에 대왕의 군사가 불리하다는 소식을 듣고 달려온 것입니다」

초장왕은 장수에게 많은 상을 내렸다.

절용애인 節用愛人

마디 節 쓸 用 사랑 愛 사람 人

《논어(論語)》 학이편(學而篇)

「쓰기를 절제하고 사람을 사랑하라」는 뜻으로, 「절용애인」은 백성을 다스리기 위한 지도자의 다섯 가지 덕목 가운데 하나로서, 나라의 재물을 아껴 쓰고 백성을 사랑하라는 말이다.

《논어》 학이편(學而篇)에 있는 말이다.

「공자가 말하기를, 천승의 나라를 다스리려면 일을 공경하고 믿음으로 하며, 쓰기를 절제하고 사람을 사랑하며, 백성을 부리기를 때를 맞추어야 한다(子曰 道千乘之國 敬事而信 節用而愛人 使民以時)」

「천승지국(千乘之國)」은 제후를 뜻한다. 전쟁이 일어났을 때, 네 필의 말이 끄는 전차 한 대에 30명의 보병을 실어 천 대를 낼 수 있는 나라라는 뜻이다. 이런 천승의 나라를 다스리기 위해서는 다섯 가지의 덕목을 시행해야 한다고 공자는 말한다.

하는 일에 분수를 넘지 말 것이며, 이것으로 백성들에게 믿음을 줄 것, 물자를 아껴 쓰며 백성을 사랑할 것, 부역은 농사철을 피할 것 등이다. 즉, 지도자가 백성들에게 모범을 보여야 한다는 말이다. 우리 속담의 「윗물이 맑아야 아랫물이 맑다」와 통하는 말이다.

윗사람은 아랫사람에게 가장 큰 영향을 준다. 그리고 아랫사람이 있음으로써 윗사람이 있는 것이니, 이 둘은 하나이면서도 둘이다. 절용이란 낭비를 말자는 뜻이지, 무작정 아끼라는 것은 아니다. 백성을 위해 써야 할 곳은 써야 한다는 말이다.

절전 折箭

부러뜨릴 折 화살 箭

《북사(北史)》 토욕혼전(吐谷渾傳)

화살을 꺾는다는 뜻으로, 서로의 힘을 한군데로 합하여 협력함을 비유하는 말. 《북사》 토욕혼전(吐谷渾傳)에 있는 이야기다.

남북조시대(南北朝時代), 북위(北魏) 토욕혼의 왕 아시(阿豺)에게는 아들이 20명이 있었다. 그 중 맏이를 위대(緯代)라 하였다. 하루는 아시가 아들들을 모아놓고 이렇게 말했다.

「너희는 각자 화살 하나씩을 손에 쥐고 부러뜨려 보아라」

아들들은 모두 쉽게 부러뜨렸다. 아시는 또 이렇게 말했다.

「이번에는 화살 열아홉 개를 쥐고 한 번에 부러뜨려 보아라」

아들들은 모두 성공하지 못했다. 젖 먹던 힘까지 다해 보았지만, 어림없었다. 그러자 아시가 말했다.

「알겠느냐? 화살 하나는 쉽게 부러졌다. 그러나 많은 것은 그렇지 않았다. 나라도 이와 같다. 각기 혼자서 행동하면 분열되지만, 모두가 하나로 의지를 모으면 견고해지는 것이다」

「뭉치면 살고 흩어지면 죽는다」와 통하는 말이다. 여럿의 힘을 합하면 강해짐은 비록 고사를 통해서가 아니더라도 알 수 있다. 평범 속에 진리가 있음을 알게 해주는 이야기다.

미국 건국의 아버지이자 계몽주의 사상가인 벤저민 프랭클린이 한 말이다.

「뭉치지 않으면 죽는다」(Join, or Die)라고.

절차탁마 切磋琢磨

자를 切 갈 磋 쪼을 琢 갈 磨

《시경》 위풍(衛風) 기욱편(淇燠篇)

학문과 덕행을 닦음.

「절차탁마」는 톱으로 자르고(切), 줄로 슬고(磋), 끌로 쪼며(琢), 숫돌에 간다(磨)는 뜻이다. 뼈나 상아나 옥돌로 물건을 만들 때, 순서를 밟아 다듬고 또 다듬어 완전무결한 물건으로 만들어 내는 것을 말한다. 학문을 닦고 수양을 쌓는 데도 이와 같은 과정을 거쳐야만 비로소 성공을 할 수 있다는 점에서 비유로 이 「절차탁마」란 말을 쓰게 된다. 굳이 학문이나 수양에 국한된 것이 아니고 모든 기술이나 사업 면에도 이 말이 인용될 수 있다.

《시경》 기욱편에 있는 이 시는 학문과 덕을 쌓은 군자를 찬양해 부른 것인데, 《대학》에는 이 시의 제1장을 그대로 인용한 다음 설명까지 붙이고 있다. 「절차탁마」에 대한 것만을 소개하면 이렇다.

칼로 자르듯 줄로 슨 듯
끌로 쪼은 듯 숫돌로 간 듯
묵직하며 위엄 있네
환하고 의젓하네.

如切如磋 如琢如磨　여절여차 여탁여마
瑟兮僩兮 赫兮晅兮　슬혜한혜 혁혜훤혜

자르듯 하고 슨 듯하다는 것은 공부하는 것을 말한 것이고, 쪼은 듯하고 간 듯하다는 것은 스스로 닦는 것이다. 이 해석대로면 「절

자 공

차」는 학문을, 「탁마」는 수양을 말하는 것이 된다. 이 시는 위나라 무공(武公)의 덕을 찬양하는 노래라고 한다. 절차탁마는 군자가 스스로 수양하기 위해 힘쓰는 모양을 비유한 말로 원래는 옥이나 구슬을 다듬는 과정을 설명하는 말이다. 이 「절차탁마」가 더욱 유명해진 것은 《논어》 학이편에 나왔기 때문이다. 자공이 공자에게 물었다.

「가난해도 아첨하는 일이 없고, 부해도 교만하는 일이 없으면 어떻습니까?」

「옳은 일이긴 하나, 가난해도 도를 즐기고, 부해도 예를 좋아하는 것만 같지 못하다」

「《시》에 이르기를 『여절여차, 여탁여마』라고 했는데 바로 이런 것을 두고 한 말이군요」 그러자 공자는 자못 흐뭇한 표정으로,

「너야말로 참으로 함께 시를 말할 수 있다. 이미 들은 것으로 장차 있을 것까지를 아니 말이다」 하고 칭찬을 했다.

이것은 두 말이 다 수양의 뜻으로 쓰인 예가 되겠다. 즉 아첨이 없는 것에서 도를 즐기기에 이르고, 교만하지 않은 것에서 예를 좋아하기에 이르는 것은 처음은 대충 형체만을 만들고, 그 다음 슬고 또 갈아 아름답게 만드는 것과 같다는 뜻이다.

이 「여절여차 여탁여마(如切如磋 如琢如磨)」의 여덟 글자에서 여(如)란 글자를 빼고 동사만을 합친 것이 「절차탁마」다. 꾸준히 노력을 하되 순서 있게 하는 것이 절차탁마인 것이다.

절함 折檻

끊을 折 난간 檻

《한서》 주운전(朱雲傳)

난간을 부러뜨린다는 뜻으로, 신하가 임금에게 강경하게 간(諫)함.

전한 제 9대 효성제(孝成帝) 때부터 환관과 외척들이 득세하여 정치에까지 손을 뻗치게 되었다. 효성제 때의 외척은 왕(王)씨 일족으로 모두 입신출세하여 정치를 농단하고 있었다. 이런 꼴을 보다 못해 분개한 것은 남창(南昌 : 강서성)의 장관인 매복(梅福)이라는 기골이 장대한 사나이로서, 임금에게 상소를 올렸다.

「이제 외척의 권력이 날로 심해 그로 인해 한실의 위광은 땅에 떨어지고 말았습니다. 선대 이래의 충신 석현(石顯)을 추방시킨 이후 일식(日蝕)과 지진이 많고 수해에 이르러서는 그 예를 이루 헤아릴 수조차 없습니다. 저 천하가 어지러웠던 춘추시대에도 볼 수 없을 정도의 천변지이(天變地異)가 일어나고 있는 것은 정치가 제대로 행해지고 있지 않은 증거입니다」

하지만 임금은 반성하는 빛이 없고 더욱 더 왕씨 일족을 중용하여 안창후(安昌侯)인 장우(張禹)조차도 임금의 스승이라는 것만으로 추기(樞機)에 참획(參劃)하게 되었다. 지금까지 말이 없던 관리나 백성들도 마침내는 비난을 하는 소리가 빗발치고 왕씨의 전횡을 분개하는 상소가 쇄도했다.

이렇게 되자 성제도 다소 당황하여 스승인 장우를 몰래 찾아가 대책을 하문했다. 그러나 이 장우 선생, 그 이름은 옛날 황하를 다스려 성인이라 칭송되고 천자가 된 하(夏)의 우왕(禹王)과 같았으나 그 생각은 하늘과 땅처럼 아무런 재주도 없는 사이비 학자로 왕씨 일족의 원한이라도 사면 어쩔까 하는 걱정에서, 「황공하오나 천지이변의 뜻은 심원해서 도저히 미루어 알 수가 없습니다. 그러므로 성인 공자도 이런 점에 대해서는 그런 언급을 하지 않았으며, 성(性)과 천도(天道)에 대해서는 애제자인 자공(子貢)도 배우지 못했을 정도입니다. 그것을 제대로 학문도 모르는 소인배들이 이러니저러니 하고 사람을 현혹시키는 것은 정말 옳지 못합니다. 그런 자들이 하는 말을 가지고 심려하실 필요는 조금도 없습니다」 하고 그럴싸하게 대답했다.

미혹한 성제 역시 지당한 말이라 여기고 한층 더 왕씨 일족과 우(禹)를 신임했다. 이에 참다못한 괴리(槐里)의 지사 주운(朱雲)이 성제 앞에 나아가, 「원컨대, 폐하께서는 비장하고 계신 참마의 검(斬馬之劍)을 받아, 악인들의 목을 쳐 다른 자의 본보기로 하겠습니다. 부디 허락해 주시기를……」 하고 머리를 조아렸다. 그러자 성제가 물었다.

「그게 대체 누구인가?」

「안창후 장우이옵니다」

성제는 대로했다.

「닥쳐라, 무례한 놈! 천한 신분으로 짐의 스승을 만좌 중에서 모욕을 하다니 절대로 용서할 수 없다. 이놈을 끌어내 목을 쳐라!」

어사(御史)는 주운을 전상에서 끌어내려고 했다. 주운은 필사적으로 난간에 매달리며 외쳤다.

「폐하, 잠깐만 더 신의 말을 들어 주시옵소서」

어사도 있는 힘껏 주운을 끌어내리려고 한다. 그러나 주운 역시 난간을 놓지 않는다. 끝내 난간이 부러져 두 사람은 부러진 난간과

함께 쾅 하고 땅으로 나동그라졌다.

「신의 이 몸은 어찌 되든 상관이 없습니다. 오직 폐하의 성대(聖代)가 걱정이 될 뿐이옵니다. 부디 명찰해 주시옵소서」

주운은 피눈물을 흘리면서 목이 메어 계속 호소했다. 이 광경을 바라보고 있던 장군 신경기(辛慶忌)는 주운의 태도에 감동되었는지 훌쩍 주운의 곁으로 뛰어내리더니 머리를 땅에 부딪쳐 이마에서 피를 줄줄 흘리며 주운의 목을 베는 것에 대한 잘못을 간했다. 처음에는 발끈했던 성제도 두 사람의 나라를 생각하는 진심에 감동되어, 「과인이 잘못했소. 공연히 충신을 잃을 뻔했구려」 하고 말하면서 내실로 들어갔다.

절함도(折檻圖)

그 후 가신이 부러진 난간을 고치려고 하자 성제는, 「아니다. 고치지 말라. 저것은 내게 직간(直諫)해 준 충신의 기념이다. 저걸 볼 때마다 주운을 생각하고 정치를 바로잡을 거울로 삼겠다」

그래서 성제 제위 중에는 부서진 난간을 그대로 두었다고 한다. 그러나 그런 일쯤으로 왕씨 일족의 전횡이 그칠 리가 없었다. 나라는 갈수록 쇠해져 성제 사후 얼마 되지 않아 역신(逆臣) 왕망(王莽)에게 제위를 빼앗기고 전한은 망하게 된다.

그리하여 「절함」과 같은 뜻으로 「절간(切諫 : 엄중한 간언)」이란 말도 쓰이고 있으나, 이것은 《사기》 주부언전(主父偃傳)에 있다. 「명주(明主)는 절간을 미워하지 않는다」 라는 말에서 온 것이다.

점점자희 霑霑自喜

젖을 霑 스스로 自 기쁠 喜

《사기》 위기무안후(魏其武安侯)열전

득의양양하여 스스로 대단하다고 여겨 우쭐댐.

서한(西漢)시대 위기후(魏其侯) 두영(竇嬰)은 한나라 효문제(孝文帝)의 오빠의 아들로서, 아버지 대까지 대대로 관진(觀津)에서 살았으며 빈객을 좋아했다. 문제 때 오(吳)나라의 승상이 되었는데, 병 때문에 면직되었고, 경제 때 첨사(詹事 : 황후와 태자의 사인)가 되었다.

양(梁)나라 효왕(孝王)은 경제의 동생으로 어머니인 두태후로부터 총애를 받았다. 그런데 효왕이 조정에 참내(參內)했을 때 황제는 형제의 의로 주연을 벌였다. 당시 황제는 아직 태자를 세우지 않았었는데, 주연이 무르익을 무렵 무심코 이렇게 말했다.

「내가 세상을 떠나게 되면 자리를 양왕에게 물리리라」

태후는 대단히 기뻐했으나, 두영은 황제에게 술잔을 올리며 이렇게 말했다.

「천하는 고조황제의 천하로서, 아버지로부터 아들로 제위(帝位)를 전하는 것이 한나라의 약속입니다. 폐하께서는 무슨 근거를 가지고 마음대로 양왕에게 제위를 물리신단 말입니까?」

태후는 이 일이 있은 이후 두영을 미워했고, 두영도 또 자신의 벼슬을 가벼이 여기고 있었으므로 병을 핑계로 관직을 물러났다. 태후는 두영의 문적(門籍)을 삭제하여 조회에 들어오는 것조차 막아버렸다.

경제 3년, 오·초 등 7국이 반란을 일으켰다. 황제는 종실과 외척인 두씨 일문을 두루 살펴보아도 대임을 맡기기에는 두영만한 사람이 없었으므로 두영을 불러들였다. 두영은 참조하여 알현했으나 병든 몸으로는 대임을 맡을 수 없다며 끝내 사퇴하자, 태후 역시 전날의 행동을 부끄러워했다. 황제가 말했다.

「천하는 지금 위급을 고하고 있는데, 왕손(王孫 : 두영의 자)은 어찌 겸양만 하고 있을 수 있소?」

그리고는 두영을 대장군에 임명하여 황금 천 근을 내렸다. 그래서 두영은 원앙(袁盎)·난포(欒布) 등 자기 집에 머무르고 있는 명장·현사들을 주상에게 추천하고, 또 하사받은 황금은 궁전의 행랑 아래 늘어놓아 군관(軍官)·군리(軍吏)들이 필요한 만큼 가져가게 하고 자기 집으로는 한 푼도 가져가지 않았다.

반란이 평정되자 두영은 위기후(魏其侯)에 봉해졌으며, 그의 명망은 크게 높아졌다. 조정에서도 중요한 일을 논할 때면 두영의 의견을 존중하였으며, 두영에 대한 두태후의 태도도 점차 바뀌어 갔다. 그러나 황제는 한사코 그를 신임하지 않았다.

얼마 후, 승상 유사(劉舍)가 무능하여 관직에서 물러나자, 두태후는 황제에게 그 후임으로 위기후 두영을 추천하였다. 그러자 한경제는 이렇게 말했다.

「태후께서는 내가 위기후를 미워해서 승상 자리에 앉히지 않는 것으로 생각하십니까? 위기는 경박하여 스스로 일을 꾸미고 득의만만해 하며, 경솔하게 행동하는 일이 많은즉 승상이 되어 중임을 맡기에는 어렵습니다(沾沾自喜耳 多易 難以爲相持重)」

끝내 위기후를 임용치 않고 건릉후(建陵侯) 위관(衛綰)을 승상으로 임명했다.

정곡 正鵠

바를 正 과녁 鵠

《예기(禮記)》 사의편(射義篇)

활을 쏠 때 과녁의 중심점을 가리켜 말하는 것으로, 정확한 목표 또는 이론의 핵심 같은 것을 비유해서 말한다. 즉 「정곡을 찌른 이론」 이라고 하면 핵심점을 파헤쳤다는 뜻이 된다. 원래는 궁술의 전문용어로, 《주례(周禮)》 천관(天官) 사구(司裘)의 주에 따르면, 과녁에 있어서, 「사방 열 자 되는 것을 후(侯)라 하고, 넉 자 되는 것을 곡(鵠)이라 하고, 두 자 되는 것을 정(正)이라 하고, 네 치 되는 것을 질(質)이라 한다」 고 했다. 즉 과녁의 크기에 따라 이름이 각각 달랐던 모양이다. 아마 기술이 향상되는 데 따라 과녁의 크기를 차츰 줄여 갔던 것 같다. 그래서 아주 초보자의 「후」 와, 명사수의 「질」 을 예외로 하고, 두 자인 「정」 과 넉 자인 「곡」 이 과녁의 목표점으로 사용되었던 모양이다. 또 《중용》 14장에 나오는 공자의 말에, 「활 쏘는 것은 군자의 태도와 같은 점이 있다. 정곡을 잃으면 자기 자신에게 돌이켜 구한다」 고 한 말이 있는데, 주해에 말하기를, 「베에다 그린 것이 『정』 이고, 가죽에다 그린 것이 『곡』 이다. 모두 『후』 의 중심으로 활 쏘는 과녁이다」 라고 했다. 곧 「정곡」 은 활을 쏘는 목표물로 과녁의 중심점이라고 풀이하면 좋을 것이다.

「정곡」 은 「정곡을 잃지 않는다(不失正鵠)」 라는 말에서 온 것으로 이 말은 《예기》 사의편에 있는 공자의 말이다.

「쏘아 정곡을 잃지 않는 것은 그 오직 어진 사람일 것이다」 라고 했다.

정문입설 程門立雪

한도 程 문 門 설 立 눈 雪

《송사(宋史)》 양시전(楊時傳)

「정씨 집 문 앞에 서서 눈을 맞다」 라는 뜻으로, 제자가 스승을 존경함, 또는 간절히 배움을 구하는 자세를 비유하는 말이다.

여기서 정씨는 정이를 가리킨다.

정 이

정이(程頤 : 호 伊川)는 북송(北宋) 중기의 유학자로, 형 정호(程顥)와 함께 주돈이에게 배웠고, 형과 아울러 「이정자(二程子)」라 불리며 정주학(程朱學)의 창시사로 알려졌다. 「이기이원론(理氣二元論)」의 철학을 수립하여 큰 업적을 남겼다.

《송사》 양시전에 있는 이야기다.

송(宋)나라 때 양시(楊時)와 유초(游酢)는 북송(北宋) 때의 대유학자 정호(程顥)의 제자였다. 양시는 어려서부터 신동으로 불릴 정도로 아주 글을 잘 썼으며 20여 세에 진사과에 합격했다. 정호가 세상을 떠난 뒤에 양시와 유초는 멀리 복건성에서 하남성까지 자신들의 스승을 찾아다녔다.

마침내 두 사람은 정호의 동생 정이를 스승으로 섬기고자 찾아갔

정문입설(程門立雪)

다. 그들이 정이의 집에 이르렀을 때, 마침 정이는 눈을 감고 좌정하여 명상에 잠겨 있었다.

두 사람은 조용히 서서 정이가 명상이 끝나기를 기다렸는데, 이때 밖에는 눈이 내리기 시작하였다.

이윽고 정이가 명상에서 깨어나 그들이 밖에서 기다리고 있는 것을 보고 「날이 저물었다. 그만 돌아가거라!」 하고 문을 나서자, 문밖에는 눈이 한 자나 쌓여 있었다. 그렇게 오랜 시간이 지날 때까지 두 사람은 스승을 뵙고자 말없이 서서 기다렸던 것이다. 이에 후세 사람들은 도를 중요시하고 스승을 존경하며, 학문을 간절히 배우고자 함을 비유하여 「정문입설」 이라 하였다.

양시와 유초는 이와 같이 배움을 간절히 구하는 자세로 학문에 정진하여, 여대림(呂大臨), 사양좌(謝良佐)와 함께 정문(程門 : 정호와 정이의 문하)의 4대 제자로 꼽힌다. 이들의 고사에서 유래하여 「정문입설」 은 스승을 존경하는 제자의 마음이나 배움을 간절히 구하는 자세를 비유하는 성어로 사용된다.

정신일도 精神一到

정신 精 정신 神 한 一 이를 到

《주자어록(朱子語錄)》

한 가지 일에 온 정력을 쏟으면 세상에 안 되는 일이 없다.

「정신일도 하사불성(精神一到 何事不成)」이라고 한다. 도를 깨닫고 진리를 탐구하는 일에서부터 기술을 연마하고 놀이를 즐기는 일에 이르기까지, 남이 볼 때 미친 듯한 그런 무엇이 없이 크게 성공한 예는 없다.

작은 예지만, 맨발로 칼날을 딛고, 이빨로 수십 톤의 자동차를 끄는 차력술 같은 것도 정신이 집중되지 않으면 안된다. 예수도 말하기를 「겨자씨만한 정성만 있으면 산도 옮길 수 있다」고 했다.

우리가 말하는, 눈으로 볼 수 있는 이적 같은 것은 실상 그러 대단한 것이 아니다. 《유마경》에 보면, 유마거사는 하늘나라를 좁은 방안으로 삽시간에 끌어내린 일까지 있다고 한다.

다음은 주자의 말이다.

「양기가 발하는 곳에는 쇠와 돌도 또한 뚫어진다. 정신이 한번 이르면 무슨 일이 이뤄지지 않겠는가(陽氣發處 金石亦透 精神一到 何事不成)」라고 했다.

양기는 여러 가지로 해석될 수 있다. 한 마디로 해와 같은 기운이 양기다. 태양처럼 뜨겁고 밝고 사방으로 뻗어나가는 기운이 양기인 것이다. 그것은 살아 움직이고, 점점 커나가고 자라나는 기운이다. 어린 생명이 점점 자라나는 것은 양기가 커 가는 결과다. 차츰 늙어 죽게 되는 것은 양기가 쇠해 없어지기 때문이다.

주 희

손톱으로 누르면 터져 없어지는 작은 씨앗도 그것이 따뜻한 양기를 받아 움이 트기 시작하면 위를 누르고 있는 큰 바위를 밀고 돌고 하며 끝내는 밖으로 싹을 내밀게 된다. 확 불면 꺼져 버리는 불도 그것이 힘을 발휘할 때는 돌도 녹고 쇠도 녹는다. 이것이 모두 양기가 발하는 곳이면 쇠도 돌도 또한 뚫어지고 마는 것이다.

그러나 그것은 잠시도 쉬지 않는 한결같은 정성에 의해서 이루어지는 것이다. 그것이 정신이다. 정신이란 원래 우리가 현재 쓰고 있는 그런 뜻이 아니다. 잡된 것이 섞이지 않은 순수성과 속된 것이 전혀 없는 초인간적인 힘을 가진 것이다. 그것이 바로 인간이 날 때부터 지니고 있는 본성이다.

육체로 인한 물욕에 사로잡히지 않은 순수한 마음, 그것이 정신이다. 그것은 위대한 사랑과 지혜와 용기를 가진 것이다. 그 정신으로 올바른 일을 해 나가는데 무엇이 이를 방해할 것이 있겠는가 하는 뜻이다.

양심의 명령에 따라 희생을 돌보지 않고 어떤 사명감에서 일을 하게 되면 없던 지혜와 용기가 솟아나게 되고 남이 느끼지 못하는 즐거움과 보람을 느끼게 된다. 신명이 돕고 하늘이 돕는데 무슨 일인들 이룩되지 않겠는가.

정위전해 精衛塡海

정밀할 精 지킬 衛 메울 塡 바다 海

《산해경(山海經)》 공산경(孔山經)

정위새가 바다를 메운다는 뜻으로, 무모한 일을 기도하여 헛수고로 끝난다는 말. 진

삼황오제(三皇五帝)의 하나인 신농(神農)은 백초(百草)를 맛보아 약초를 발견하고, 인류에게 농경을 가르쳤다. 또 불의 덕으로 임금이 되었다 하여 염제(炎帝)라고도 한다.

염제(炎帝) 신농씨

그런데 이 염제에게는 딸이 하나 있었는데 이름을 왜(蛙)라 하였다. 그녀는 물놀이를 좋아하여 항상 동해에서 헤엄치며 놀기를 좋아하였다. 그러던 어느 날 너무 멀리까지 헤엄쳐 나간 그녀는 그만 물에 빠져 죽고 말았다.

왜의 영혼은 작은 새로 변하였다. 머리에 꽃무늬가 있는 흰 부리에 빨간 발의 이 작은 새는 매일 서산으로 날아가 나뭇가지나 돌들을 물어 왔다. 그리고 이것을 동해에 떨어뜨렸다. 매일매일 하루도 쉬지 않고 반복하였다. 자기를 삼켜버린 동해를 메우기 위해서였다.

정위전해

그 울음소리가 「정위(精衛)! 정위(精衛)!」 하고 들렸기 때문에 사람들은 이 새를 정위새라 불렀다.

원래는 이 말이 무모한 일의 시도라는 부정적 의미로 쓰였다. 그러나 오늘날 중국에서는 산을 옮기려는 우공(愚公)과 함께 고난을 두려워하지 않고 목적을 달성하기 위해 열심히 노력하는 감투정신의 비유로 쓰인다.

莊周夢爲胡蝶
장주몽위호접

장주는 꿈속에서 나비가 되었다.

(장자는 지난날 꿈속에서 나비가 되었다. 그 때는 완전무결한 나비였으며, 자기가 장주라는 사람임을 깨끗이 잊고 있었다. 그러나 꿈이 깨어서 다시 본래의 장주로 돌아오니, 그 때에는 또한 꿈속에서 나비였던 것을 잊고 있다. 그러므로 나비가 진짜 장주인지, 혹은 이 장주가 사실은 나비인지 그 구별을 못하게 되었다. 꿈이 현실인지, 현실이 꿈인지. 즉 인생이란 무엇인가? 아무도 모르는 것이다.)

—《장자》 내편 제물론

정중지와 井中之蛙

우물 井 가운데 中 의 之 개구리 蛙

《장자》 추수편(秋水篇)

생각하는 것이 좁은 사람. 우물 안 개구리가 「정중지와」 다. 좁은 우물 속에 들어앉아 그것이 세상의 전부인 줄 믿고 있는 개구리처럼, 보고 생각하는 것이 좁은 사람을 가리켜 말한다.

이 말의 유래는 《장자》 에서 나왔다고 볼 수 있다. 그러나 비유로서는 누구나가 생각할 수 있는 일이다.

황하의 신 하백(元 화가 장지)

《장자》 추수편에 다음과 같은 이야기가 있다.

황하의 신(神)인 하백(河伯)이 물을 따라 처음으로 바다까지 내려와 보았다. 끝없이 뻗어 있는 동쪽 바다를 바라보며 북해의 신(神)인 약(若)에게 말했다.

「나는 지금까지 이 세상에서는 황하가 가장 넓은 줄로 알고 있었는데, 지금 이 바다를 보고서야 넓은 것 위에 보다 넓은 것이 있다는 것을 깨달았소. 내가 여기를 와 보지 않았던들 영영 식자들의 웃

황하와 황해의 만남

음거리가 될 뻔했소」

그러자 북해의 신이 말했다.

「우물 안 개구리에게 바다에 대해 말할 수 없는 것은 그들이 사는 곳에만 사로잡혀 있기 때문이다. 여름 벌레에게 얼음에 관한 이야기를 할 수 없는 것은 그들이 사는 철만을 굳게 믿기 때문이다. 식견이 없는 선비에게 도를 말할 수 없는 것은, 그들이 배운 상식에만 묶여 있기 때문이다. 그런데 그대는 강 언덕에서 나와 큰 바다를 구경하고 자기의 부족함을 알았으니 함께 진리를 말할 수 있을 것 같다」

《장자》에는 정와(井蛙)라고만 나와 있는 것을 우리나라에서는 「정중지와」란 문자로 표시하고 있다.

《후한서》 마원전(馬援傳)에는 정저와(井底蛙)라고 나와 있다. 우물 바닥의 개구리라는 뜻이다.

우리는 누구나 자신이 우물 안 개구리가 아닌 줄로 알고 있지만, 과연 어떨는지 다 같이 생각해 볼 일이다.

정훈 庭訓

뜰 庭 가르칠 訓

《논어》 계씨편(季氏篇)

가정교훈을 「정훈(庭訓)」 이라고 한다. 특히 아버지가 그 아들에 대해 준 교훈을 말한다. 가정교훈이란 말이 약해져서 「정훈」 이 되었다고 생각해도 틀릴 것은 없다. 그러나 이 말은 정(庭)이 가정이란 말이 약해진 것이 아니고 글자 그대로 마당이니 뜰이니 하는 뜻으로 쓰인 것이다.

위대한 스승인 공자는 자기 아들 백어(伯魚)에게 어떠한 교육을 하고 있었을까? 성인이며 군자로서 도(道)를 역설해 온 공자일지라도 자기 아들에 대해서만은 일반 제자와는 구별하여 특별한 교육을 가르치고 있지나 않은지, 하고 생각한 진항(陳亢)이라는 공자의 제자가 있었다.

《논어》 계씨편(季氏篇)에 있는 공자와 그 아들 백어와의 사이에 있었던 이야기에서 생긴 말로 거기에는 다만 백어가 빠른 걸음으로 뜰을 지나갔다고만 나와 있을 뿐이다. 그 이야기는 다음과 같다.

진항이란 공자의 제자가 공자의 아들 백어에게 물었다.

「당신은 아버님으로부터 뭔가 특별한 가르침을 받은 일이 있습니까?」

「그런 건 없습니다. 언젠가 혼자 서 계시기에 빠른 걸음으로 뜰을 지나고 있는데 『시(詩)를 배웠느냐?』 고 물으셨습니다. 그래 아직 배우지 못했다고 했더니, 『시를 배우지 않으면 남과 말을 할 수 없다』 고 하시더군요. 그래서 돌아와 시를 공부했지요. 또 언젠가 혼자 계실 때 빠른 걸음으로 뜰을 지나가고 있는데, 『예를 배웠느냐?』 고 물으시더군요. 그래 배우지 못했다고 했더니, 『예를 배우지 못하면 세상을 올바로 살아갈 수 없다』 고 하셨습니다. 그래서 돌아와 예를 배웠지요. 이 두 가지 가르침을 들은 것뿐 아무것도 없습니다」

과정시례(過庭詩禮 : 정원에서 시경과 예기를 배우도록 가르치다)

시(詩 : 시경)와 예(禮 : 예기)는 공자가 가장 중시한 수학(修學)의 토대였지만, 그 시와 예에 대하여 자기 아들이라 할지라도 뜰에서 만났을 때 이상으로 특별교육을 하지는 않았다.

그러자 진항은 물러나와 사람들을 보고 기뻐하며 말했다.

「나는 한 가지를 물어서 세 가지를 얻었다. 『시(詩)』에 대해서 듣고, 『예(禮)』에 대해서 듣고, 그리고 군자가 그 아들을 멀리하는 것을 알았다」

옛날에는 아버지가 직접 자식을 가르치는 것을 피했다. 이른바 「역자이교지(易子而敎之)」라는 것이다. 백어도 다른 곳에서 공부하고 있었음을 이로써 알 수 있다. 그러나 뜰을 지나가는 아들을 불러 세워놓고 그에게 시를 배우라 하고 예를 배우라 한 것은 간접적인 가르침을 내리고 있는 예다. 즉 자식을 뜰에서 가르친 것이 된다.

하여간 「정훈」이란 말은 이런 이야기로부터 나와, 가정교육의 뜻으로 쓰이게 된 것이다.

제구포신 除舊布新

버릴 除 예 舊 펼 布 새 新

《춘추좌씨전(春秋左氏傳)》

낡은 것은 버리고 새것을 받아들이되, 낡은 것의 가치도 다시 생각하고 새것의 폐단도 미리 봐야 함.

묵은 것을 제거하고 새로운 것을 펼쳐낸다는 뜻이다.

《춘추좌씨전》에 있는 말이다.

소공(昭公) 17년 겨울 하늘에 혜성이 나타나자 노(魯)나라의 대부 신수(申須)가 이를 제구포신(除舊布新)의 징조로 해석했다고 기록돼 있다. 본디 혜성은 동서양을 막론하고 불길함의 상징으로 여겨졌는데 여기서는 오히려 변혁의 조짐으로 보았다.

2013년 올해의 사자성어로 「제구포신」을 추천한 교수는 그 이유를 이렇게 밝혔다.

「변혁은 불길함의 징조가 나타날 때 필요한 것」이라며 「다만 그 변혁은 백성의 믿음을 얻기 위한 것이라는 점에 주목해야 한다」라고 추천 이유를 설명했다.

이어서 그는 「낡은 것은 버리고 새것을 받아들이되, 낡은 것의 가치도 다시 생각하고 새것의 폐단도 미리 봐야 한다. 이것이 묵은 해를 보내고 새해를 맞는 마음이며 진정한 제구포신의 정신이다」라고 덧붙였다.

새 시대를 열면서 과거와 미래를 두루 살펴야 한다는 고언이다.

제포연연 綈袍戀戀

겁 綈 솜옷 袍 사모할 戀

《사기》 범수채택(范雎蔡澤) 열전

옛 친구에 대한 배려와 동정이 두터움의 비유.

위(魏)나라의 중대부 수고(須賈)는 소왕(昭王)의 명을 받아 제나라에 사신으로 갔는데, 범수도 수행하였다. 수고는 제나라에 머무르기 몇 달이나 되었건만 아직도 제나라 왕으로부터 회답을 얻지 못했다.

그 사이에 제나라 양왕(襄王)은 범수가 변설(辯舌)에 능하다는 말을 듣고 범수에게 사람을 보내 금 10근과 쇠고기와 술을 내렸다. 그러나 범수는 금은 사양하고 쇠고기와 술만 받았다. 수고는 이 사실을 알고 크게 노했다. 그것은 범수가 위나라의 비밀을 제나라에 알려주었기 때문에 선물을 보내온 것으로 의심했기 때문이다.

귀국한 다음에도 수고는 내심 이 일에 대하여 노기를 가라앉히지 않고 끝내는 재상에게 보고했다. 위나라의 재상은 위나라의 여러 공자(公子) 가운데 한 사람인 위제(魏齊)였는데, 이 말을 듣자 또 크게 노하였다. 그래서 가신(家臣)에게 명하여 범수를 태형(笞刑)에 처하게 했다. 범수는 심한 매를 맞아서 갈비뼈가 부러지고 이가 빠졌다.

죽을 고비를 넘기고 간신히 살아난 범수는 진(秦)나라로 도망쳤다. 범수는 이름을 장록(張祿)이라 바꾸고 출중한 재능을 발휘하여 재상의 지위에까지 올랐다. 얼마 후에 진나라가 위나라를 공격하려 하자, 위나라는 수고를 사신으로 파견하여 화친을 교섭하도록 하였다.

수고가 진나라에 도착하자 범수는 남루한 하인의 행색으로 가장

진나라로 달아나는 범수

하여 그를 만났다. 수고는 범수를 동정하며 솜옷을 한 벌 건네주고는, 재상 장록과 친한 사람이라도 알고 있느냐고 물었다. 범수는 자신이 모시는 주인과 잘 아는 사이라고 하면서 만남을 주선해 보겠다고 했다.

범수는 수고와 함께 재상의 관청에 가서 잠시 기다리라고 하고는 안으로 들어갔다. 한참이 지나도 범수가 나오지 않자, 수고는 문지기에게 물어보고 나서야 범수가 바로 장록임을 알게 되었다. 이윽고 범수가 나타나자 수고는 엎드려 머리를 조아리며 용서를 구하였다.

범수가 물었다.

「너의 죄는 어느 정도나 되는지 네가 알고 있느냐?」

「저의 머리털을 모두 뽑아 잇는다 해도 제가 지은 죄의 길이에는 미치지 못합니다(擢賈之髮 以續賈之罪 尙未足)」

그러자 범수가 꾸짖었다.

「너의 죄는 꼭 세 가지가 있다. 옛날 초나라 소왕(昭王) 때, 신포서(申包胥)가 초나라를 위해 오(吳)나라 군사를 격퇴시켰다. 초나라 왕은 그에게 봉읍 5천 호를 주려고 했지만, 포서는 사양하고 받지 않았다. 그것은 조상의 묘가 형(荊)나라, 곧 초나라에 있었기 때문에 적을 그 땅에서 몰아낸 것에 지나지 않기 때문이다. 이와 마찬가지로 나의 조상 묘지가 위나라에 있기 때문에 내가 위나라에 대하여 두

자

마음을 품을 까닭이 없었을 것이다. 그런데도 너는 지난 날 나를 가리켜 제(齊)나라와 내통한다고 위나라 재상 위제(魏齊)에게 고자질했다. 이것이 네 죄의 하나다. 그리고 위제가 나를 변소 속에 집어넣고 욕을 보일 때, 너는 이를 말리지 않았지. 이것이 너의 두 번째 죄다. 그러자 위제의 손님들이 술에 취해 번갈아 나에게 오줌을 누었다. 그러나 너는 이것도 모르는 체했다. 이것이 너의 세 번째 죄다. 그런데도 네가 죽음을 당하지 않게 되는 것은, 네가 명주 두루마기를 나에게 주면서 옛정을 못 잊어 하는 태도가(綈袍戀戀) 있었기 때문이다. 그래, 용서해 주마」

범수의 제포연연

그리고 수고를 용서해 주고는 이렇게 말했다.

「너는 나를 대신해 위왕에게 가서 전하라. 『당장 위제의 목을 가져오라. 그렇지 않으면 당장에 대량(大梁)을 짓밟을 것이다』라고」

조강지처 糟糠之妻

지게미 糟 겨 糠 의 之 아내 妻

《후한서》 송홍전(宋弘傳)

일찍 장가들어 여러 해 같이 살아 온 아내란 뜻으로 쓰인다. 즉 처녀로 시집온 아내면 다 조강지처로 통할 수 있다. 조(糟)는 지게미, 강(糠)은 쌀겨다. 지게미와 쌀겨로 끼니를 이어가며 구차하고 가난한 살림을 해 온 아내가 「조강지처」인 것이다.

자

이 말은 후한의 송홍(宋弘)에게서 나온 말이다. 후한 광무황제의 누이인 호양(湖陽) 공주가 과부가 되었다. 광무제는 공주를 마땅한 사람에게 다시 시집을 보낼 생각으로 그녀의 의향을 물어 보았다. 그랬더니 그녀는, 「송홍 같은 사람이라면 남편으로 우러러보고 살 수 있겠지만, 그 밖에는 별로……」하고 송홍이 아니면 시집가지 않을 뜻을 밝혔다.

후한 광무제

송홍은 후중하고 정직하기로 당시 널리 알려진 사람으로, 광무제가 즉위하던 이듬해인 건무 2년에는 대사공(大司空)이란 대신의 지위에 있었다.

「누님의 의사는 잘 알겠습니다. 그럼 어디 한번 힘써 보지요」하

조강지처불하당

고 약속을 한 광무는, 송홍이 마침 공무로 편전에 들어오자, 공주를 병풍 뒤에 숨겨두고 송홍과의 대화를 듣게 했다. 이런 저런 이야기 끝에 광무는 송홍에게 별다른 뜻이 없는 것처럼 이렇게 물었다.

「속담에 말하기를 『지위가 높아지면 친구를 바꾸고, 집이 부해지면 아내를 바꾼다』 하는데 그럴 수 있는 일인지?」

그러자 송홍은 서슴지 않고 대답했다.

「신은 『가난하고 천했을 때의 친구는 잊어서는 안 되고, 지게미와 쌀겨를 먹으며 고생한 아내는 집에서 내보내지 않는다』 고 들었습니다」

이 말을 듣자 광무는 조용히 공주를 돌아보며,

「일이 틀린 것 같습니다」 하고 말했다는 것이다.

부마도위가 되면 공주가 정실부인으로 들어앉게 되므로 원 부인은 물러나지 않으면 안 된다. 광무는 자기 누님을 시집보내기 위해 송홍의 의사를 무시하고 그의 본부인을 내치게 할 수는 없었던 것이다.

그러나 그런 훌륭한 사람이 아내를 내치고 자기를 맞아 줄 것으로 기대했다면, 공주의 욕심이 너무 자기 위주였던 것 같다. 광무가 그녀를 병풍 뒤에 숨게 한 것도 그녀의 그런 마음을 달래기 위한 방법이었던 것 같다.

조도상금 操刀傷錦

잡을 操 칼 刀 다칠 傷 비단 錦

《좌씨전(左氏傳)》 양공(襄公) 31년조

「칼을 다루다가 비단을 상하게 하다」 라는 뜻으로, 무능한 자에게 중요한 일을 맡기면 일을 그르치게 됨을 비유하는 말이다.

춘추시대 정(鄭)나라의 명신(名臣) 자산(子産)의 고사에서 유래되었다. 정(鄭)나라의 재상 자피(子皮)는 가신인 젊은 윤하(尹何)를 자기 봉읍지의 관리로 삼으려고 하였다. 자피의 보좌역인 자산(子産)이 말했다.

「그 사람은 너무 젊어서 나라를 다스리는 데는 아직 적합하지 않습니다」

그러나 자피는 자산에게 말했다.

「그는 성실하므로 내가 좋아하고 있소. 나를 배반하지 않을 것이오. 지금 대부를 시키지 않으면 앞으로 배울 기회가 없을 것이오」

자산이 말했다.

「사람이 누군가를 좋아하면 그에게 이로운 일을 해주고 싶어 하기 마련입니다. 지금 재상께서는 누군가를 좋아하여 정치를 맡기려 하는데, 이는 칼을 다룰 줄 모르는 사람에게 고기를 자르게 하는 것과 같아서, 그 사람은 그 칼에 먼저 자신을 베게 될 것입니다. 만약 재상에게 훌륭한 비단이 있다면 그것을 남에게 주어 재단하는 법을 배우게 하지는 않을 것입니다(子有美錦 不使人學製焉). 그런데 중요한 관직이나 대도시는 모두가 백성을 위한 것입니다. 고운 천보다 훨씬 더 중요합니다. 고운 천을 생무지에게 맡기지 않는 이상으로 경험

자

자 산

없는 사람에게 안심하고 맡길 수 있겠습니까? 배울 것을 배우고 나서 관료가 되라는 말은 들었지만, 관료 직에 있으면서 그것을 배우라는 말은 듣지 못했습니다. 재상께서 원래의 뜻대로 밀고 나간다면 마침내 그가 다치게 될 겁니다. 가령 사냥에 나섰을 때는 활쏘기에 능하고 말을 잘 타는 자만이 사냥감을 획득할 수 있습니다. 활도 쏠 줄 모르고 마차도 몰 줄 모르는 자는 수레가 뒤집어지면 그 밑에 깔리지나 말아야겠다고 생각하겠지요. 그러니 어떻게 사냥을 잘할 수 있겠습니까?」

자피는 감탄하면서 그의 충고를 받아들였다.

여기서 유래하여 「조도상금」은 칼을 다룰 줄 모르는 사람에게 비단을 자르게 하면 비단이 상하게 되는 경우와 마찬가지로 무능한 자에게 중대한 일을 맡기면 일을 그르치게 된다는 것을 비유하는 성어로 사용된다.

조령모개 朝令暮改

아침 朝 법 令 저녁 暮 고칠 改

《사기》 평준서(平準書)

법령을 자주 고쳐서 갈피를 잡기가 어려움.

아침에 내린 명령이나 법령이 저녁에는 다시 바뀐다는 뜻이다. 현실을 무시하거나 원칙이 서 있지 않고 갈팡질팡하는 처사를 말한다. 꼭 정부의 처사에 한한 것이 아니고, 모든 경우의 일관성 없는 지시 따위를 이렇게 말할 수 있다.

자

《사기》 평준서에 보면 한문제(漢文帝) 때 일이라 하여,

「흉노가 자주 북방을 침범해 들어와 약탈을 자행하기 때문에 수비하는 군대들이 직접 농사를 짓는 둔병(屯兵) 제도를 실시했다. 그러나 그것만으로는 부족했기 때문에 그 부족량을 충당하기 위한 방법으로, 곡식을 나라에 바칠 사람과 그것을 현지까지 운송할 사람을 공모하여 그 수량과 성적에 따라 벼슬을 주기로 했다」는 기록이 있다.

이러한 조치를 취하게 된 것은, 문제와 경제(景帝) 두 조정에 걸쳐 어사대부라는 부총리 벼슬에까지 올랐던 조조(鼂錯)의 헌책에 의해서였다. 그는 이 같은 정책을 실시해야 한다고 주장한 상소문 가운데서 「조령모개(朝令暮改)」란 말을 쓰고 있다. 이 말이 나오는 대목을 소개하면 다음과 같다.

「지금 다섯 명 가족의 농가에서는 부역이 너무 무겁기 때문에 여기에 매어 사는 사람이 둘 이상에 이르고, 밭갈이할 수 있는 경우에도 겨우 백 묘를 넘지 못하며, 백 묘의 수확은 백 석을 넘지 못한다. ……관청을 수리하고 부역에 불려 나가는 등…… 사시사철 쉴

한 문제

날이 없다. ……이렇게 살기 힘든 형편에 다시 홍수와 가뭄의 재난이 밀어닥치고, 뜻하지 않은 조세와 부역에 응하지 않으면 안된다. 조세와 부역은 일정한 시기도 없이 아침에 명령이 내려오면 저녁에는 또 다른 명령이 고쳐 내려온다(朝令而暮改). 전답 잡힐 것이 있는 사람은 반값에 팔아 없애고, 그것도 없는 사람은 돈을 빌려 원금과 같은 이자를 물게 된다. 이리하여 논밭과 집을 팔고 자식과 손자를 팔아 빚을 갚는 사람까지 생겨나게 된다」

즉 지나친 세금과 부역은 장사꾼과 빚쟁이를 배불리는 결과를 가져오게 되고, 농민들은 농토를 잃게 되므로 세금과 부역을 줄이고, 힘이 있고 재물이 있는 사람에게 곡식을 바치고 벼슬을 사도록 하라는 내용이다.

조조는 부국강병책으로 중앙집권을 꾀한 나머지 제후들 중에 조금만 잘못이 있으면 트집을 잡아 땅을 깎아 직속 군(郡)으로 만들었기 때문에 그것이 화근이 되어 오초칠국(吳楚七國)의 반란을 불러일으키고, 그 자신 그 죄로 인해 죽게 된다.

조로지위 朝露之危

아침 朝 이슬 露 갈 之 위태할 危

《사기(史記)》 상군열전(商君列傳)

아침이슬과 같은 위험이라는 뜻으로, 위험에 처한 불확실한 삶을 비유한 말.

전국시대 상앙(商鞅)은 위(衛)나라 사람으로, 법가의 초석을 쌓은 사상가이다. 본명은 공손앙인데 관직에 대한 보상으로 상 땅을 봉지로 받았기 때문에 상앙이라 부른다. 젊어서 형법(刑法)을 배웠다. 위(魏)나라의 재상인 공숙좌(公叔座)를 섬겨 중서자(中庶子)가 되었다. 공숙좌가 그의 현명함을 알았으나, 왕에게 미처 추천하기 전에 병에 걸렸다. 병상의 공숙좌는 위나라 혜왕(惠王)에게 상앙을 중용하라고 진언하였다. 그러나 왕은 대답하지 않았다.

그래서 공숙좌는 측근을 물리고 다시 말했다.

「왕께서 혹 앙을 쓰기 꺼리신다면 반드시 그를 죽이실 일이지 나라 밖으로 나가게 해서는 안 됩니다」

왕이 고개를 끄덕였다. 왕이 나간 뒤 공숙좌는 상앙을 불렀다. 공숙좌는 왕과의 대화를 전하고 달아날 것을 권했다. 상앙은 웃으며 이렇게 말했다.

「왕께서 저를 쓰는 것이 좋겠다는 상공의 말씀을 듣지 않으신다면 또 어찌하여 저를 죽이라는 상공의 말씀을 들으시겠습니까?」

앙은 끝내 도망치지 않았다. 과연 왕은 그를 체포하지 않았고, 공숙좌도 병으로 죽었다.

상앙은 마침 진(秦)나라의 효공(孝公)이 널리 인재를 찾고 있음을

상앙 흉상

알고 진나라로 갔다. 효공을 만난 상앙은 세 번째 만남에서 그를 설득하였다. 효공은 상앙을 좌서장(左庶長)에 등용하였다.

상앙은 먼저 낡은 법률과 제도를 뜯어고치는 일부터 시작했다. 당연 기득세력들의 반대에 부딪쳤으나 왕의 강력한 지원 아래 신법(新法)을 만들고 태자까지 잡아들이는 등 엄격히 법을 시행했다.

새 법을 시행한 지 10년이 지나자, 진나라 군대는 강해지고 나라의 재정은 튼튼해졌다. 상앙 또한 재상으로서 상(商)과 어(於) 땅을 하사받아 상군이라 불렸다.

그러나 엄정한 법의 적용으로 인해 많은 귀족과 대신들의 원망을 샀다. 어느 날 조양(趙良)이라는 사람이 상앙에게 충고하였다.

「《서경(書經)》에 『덕을 의지하는 자는 번영하되 힘을 의지하는 자는 멸망한다』는 말이 있습니다만, 상군의 목숨은 정말로 아침이슬과 같이 위험합니다(朝露之危). 그렇지만 더 살고 천수를 다하고 싶으시다면 오(於)·상(商)의 15읍을 반납하고 시골에 묻혀 은거하며 전원(田園)에서 물을 대는 생활을 하지 않으시렵니까?」

그러나 상앙은 이 말을 깊이 새기지 않았다. 혜문왕(惠文王)이 즉위하자, 많은 귀족과 신하들이 상앙이 모반하였음을 무고했다. 상앙은 위(魏)나라로 달아났지만, 잡혀 진나라로 돌아와 죽었다. 상앙은 결국 자기가 만든 법에 자기가 걸려든 셈(作法自斃)이 되고 말았다.

조맹지소귀조맹능천지 趙孟之所貴趙孟能賤之

조나라 趙 만 孟 갈 之 바 所 귀할 貴 능할 能 천할 賤

《맹자》 고자상(告子上)

조맹(趙孟)은 진(晋)나라 육경(六卿) 중 가장 권력을 쥐고 흔들던 사람이다. 그 조맹의 힘에 의해서 출세를 한 사람은 또 그 조맹에 의해 몰락될 수도 있는 일이다. 즉 남의 힘에 의해서 어떤 목적을 달성한 사람은 또 그의 힘에 의해 그것을 잃게도 되므로 그것은 그리 바람직한 것이 못된다는 뜻이다. 《맹자》 고자상에 있는 맹자의 말이다.

「귀하고 싶은 것은 사람의 똑같은 마음이다. 사람은 누구나 귀한 것을 자기 자신에게 지니고 있다. 그것을 사람들은 얻어내려고 애쓰지 않을 뿐이다. 자기에게 있는 것이 아닌, 남이 귀하게 만들어 주는 것은 양귀(良貴)가 아니다. 조맹이 귀하게 한 것은 조맹이 또 천하게 만들 수 있는 것이다」

여기서 맹자는 「양귀」란 말을 썼다. 양심(良心)이란 말과 같이 양귀는 본래부터 우리가 가지고 있는 귀한 것이란 말이다. 그것은 맹자가 바로 앞장에서 말한 천작(天爵)을 말한다.

맹자는 이렇게 말하고 있다.

「하늘이 준 벼슬이 있고, 사람이 주는 벼슬이 있다. 인의(仁義)와 충신(忠信)과 선(善)을 좋아하여 게을리 하지 않는 것은 하늘이 준 벼슬이다. 공경과 대부는 사람이 주는 벼슬이다……」 라고.

결국 사람이 준 벼슬은 믿을 수 없는 뜬구름과 같은 것인데도 사람들은 그것을 얻기에 바빠 자기 자신에게 있는 하늘이 준 벼슬을 얻으려 하지 않으니 어리석기 비할 데 없다는 것이다.

조명시리 朝名市利

아침, 조정 朝 이름 名 저자 市 이로울 利

《전국책》 진책(秦策)

「명성은 조정에서, 이익은 시장에서 다투라」 는 뜻으로, 무슨 일이든 때와 장소를 가려서 하라는 말이다. 전국시대 때 소진의 합종책에 대항해서 장의의 연횡책을 들고 나온 진나라는 결국 6국을 평정하고 전국을 통일하게 된다. 그 진나라가 한창 위세를 떨치던 혜문왕 때의 일이다. 조정에서는 촉(蜀)을 먼저 쳐야 한다는 사마조(司馬錯)와, 한(韓)을 치고 나가 중원으로 진출해야 한다는 장의의 의견이 갈려 한창 뜨거운 논쟁을 벌이고 있었다. 재상 장의가 말했다.

「먼저 초(楚)와 위(魏) 양국과는 국교를 맺은 다음 서쪽으로 한(韓)의 삼천(三川)으로 출병하여야 합니다. 그런 뒤 천자국인 이주(二周 : 동주와 서주)의 외곽을 들이치면 주나라는 스스로 구정(九鼎 : 천자를 상징하는 보물. 우임금 때 九州의 구리를 모아 만든 솥)을 내놓을 수밖에 없을 겁니다. 이때 천자를 끼고 천하를 호령한다면 누가 감히 우리에게 반기를 들 수 있겠습니까? 이것이 패왕의 공업입니다. 이제 촉은 서쪽의 먼 나라이며 오랑캐에 지나지 않으니 정벌해 보았자 패왕의 이름을 빛내기도 부족하고 국익에도 또한 도움이 되지 못합니다. 명예는 조정에서 다투고 이익은 시장에서 따진다(爭名者於朝 爭利者於市)고 들었습니다. 지금 삼천지방은 천하의 시장이고, 주나라는 천하의 조정입니다. 이런 요충지를 두고 촉을 공격한다는 것은 어리석은 일이라 생각합니다」

그러나 장의의 건의는 받아들여지지 않았다.

조문도석사가의 朝聞道夕死可矣

아침 朝 들을 聞 길 道 저녁 夕 죽을 死 옳을 可 어조사 矣

《논어》 안연편(顔淵篇)

아침에 도를 들으면 저녁에 죽어도 좋다.

제(齊)나라 경공(景公)이 공자에게 정치의 요체(要諦)를 물었을 때, 《논어》 안연편에서 공자는, 「임금은 임금다워야 하고 신하는 신하다워야 하고 아비는 아비다워야 하고 자식은 자식다워야 한다(君君 臣臣 父父 子子)」 라고 대답했다.

임금은 인애와 위엄으로써 신하를 대하고, 신하는 임금에게 충절을 다하고, 아비는 자애와 위엄으로써 자식을 대하고, 자식은 어버이에게 효를 다한다. 공자는 이것이 「도(道)」 즉 인간의 의지를 초월한 「하늘의 가르침」 이라 생각하고 있다. 서주(西周, BC 1122~771)의 씨족제 봉건사회를 천부(天賦)의 이상적 사회로 생각하고 있었기 때문이다.

《논어》 이인편에 있는 유명한 공자의 말이다.

「아침에 도를 들으면 저녁에 죽어도 좋다」 하는 것이 「조문도석사가의(朝聞道 夕死可矣)」 의 뜻이다.

그러나 이 말에 대해서는 여러 가지 해석이 행해지고 있다. 쉬운 말인데도 그 말이 지니고 있는 참 뜻이 애매한 것이다.

혹자는 말하기를, 죽게 된 친구를 앞에 놓고 한 말이라고 한다. 즉 육체적인 생명이 끝나는 것보다도 진리를 깨치는 것이 더욱 중요하다는 것을 강조하여,

「그대는 이미 진리를 깨친 사람이니 이제 죽은들 무슨 안타까움

공자성적도(孔子聖蹟圖, 靈公問陣)

이 있겠느냐」 하는 뜻으로 말했을 거라는 것이다.

그러나 일반적으로 진리를 탐구하는 공자의 애절한 염원을 나타낸 말로 풀이되고 있다.

다음에는 도(道)가 무슨 뜻이냐 하는 해석이다. 위(魏)나라 하안(何晏)과 왕숙(王肅)은 「공자가 머지않아 죽을 나이에 이르러, 세상에 도가 행해지고 있다는 소리를 듣지 못한 것을 한탄해서 한 말이다」 라고 했다. 그러나 이것은 도덕이 땅에 떨어진 당시를 개탄하는 자신들의 심경을 여기에 반영시킨 해석으로 보고 있다.

또 혹자는 「가의(可矣)」를 좋다고 해석할 것이 아니라 괜찮다고 읽어야 옳다고 주장한다. 어감은 다르지만 근본적인 해석에 차이가 있는 것은 아니다. 또 혹자는 이렇게 말하고 있다.

「참다운 도를 깨닫는 순간 사람은 영혼의 불멸을 알게 된다. 영혼의 불멸을 깨달은 사람에게 죽음이 아무런 의미를 갖지 못하는 것이다. 공자가 말한 도는 불교에서 말하는 극락왕생(極樂往生)의 진리를 말한 것이다」 라고.

조삼모사 朝三暮四

아침 朝 석 三 저녁 暮 넉 四

《열자》 황제, 《장자》 제물론

눈앞에 당장 나타나는 차별만을 알고 그 결과가 같음을 모름. 간사한 꾀로 사람을 속여 희롱함.

송나라에 저공(狙公)이라는 사람이 있었다. 저(狙)는 원숭이란 말이다. 그 이름대로 원숭이를 좋아해서 많은 원숭이를 사육하고 있었다. 그러다 보니 원숭이 사료에 들어가는 비용이 만만치 않았다. 그래서 저공은 원숭이에게 주는 먹이를 줄이기로 했다. 그래서 저공이 원숭이들에게 말했다.

「지금부터는 먹이를 아침에는 세 개, 저녁에는 네 개로 한다」

그러자 원숭이들은,

「그러면 배가 고프다」 라고 하면서 화를 냈다.

저공이 다시 말했다.

열 자

장 자

「그러면 아침에는 네 개, 저녁에는 세 개로 하면 어떻겠나?」

그러자 원숭이들은 좋아했다. 이 우화는 《열자》 황제(黃帝)에 있는 말이다. 《장자》의 제물론에도 나와 있다. 그러나 비유한 의미는 다소 다르다.

《열자》의 경우는,

「『조삼모사』나 『조사모삼』이 실질적으로는 같으면서 원숭이들은 조삼을 싫어하고 조사를 좋아하였다. 지자(知者)가 우자(愚者)를 농락하고 성인이 중인(衆人)을 농락하는 것도 저공이 지혜로써 원숭이들을 농락한 것과 같다」라고 맺고 있다.

《장자》의 경우는 농락당하는 자들의 입장에서,

「공을 들여 같은 하나를 이루고도 그것이 같다는 것을 모르는 것을 조삼이라고 한다」라고 말하고, 그 뒤에 이 「조삼모사」의 고사를 들어 시비선악(是非善惡)에 집착하는 자가, 달관(達觀)을 하면 하나라는 것을 모르고, 쓸데없는 편견을 갖게 된다는 비유로 삼고 있다. 그러나 현재 쓰이고 있는 「조삼모사」는 저공이 원숭이를 농락했다는 데서부터 「사람을 농락하여 그 수작 속에 빠뜨리는 것」이라든가, 「사술로써 사람을 속이는 것」이라든가 하는 의미로 쓰이고 있다.

조수불가여동군 鳥獸不可與同群

새 鳥 길짐승 獸 아니 不 가할 可 더불어 與 같을 同 무리 群

《논어》 미자편(微子篇)

「새와 짐승을 같이 벗하고 살 수는 없다」는 뜻으로, 생각이 서로 다른 사람과는 함께 일을 도모할 수 없다는 말이다.

《논어》 미자편에 있는 공자의 말이다. 공자가 이 말을 하게 된 데는 그만한 사연이 있다. 공자가 초나라에서 채(蔡)나라로 돌아올 때의 일이다. 장저(長沮)와 걸익(桀溺) 두 은사가 함께 밭갈이하고 있는 곳을 지나게 된 공자는 자로(子路)를 시켜 그들에게 나루터로 가는 길을 물어보고 오라고 시켰다. 자로는 먼저 장저에게 길을 물었다. 그러자 장저는 묻는 말에는 대답하지 않고 자로에게 물었다.

「저 고삐를 잡고 수레에 앉아 있는 사람은 누군가?」

「공구(孔丘 : 구는 공자의 이름) 올시다」

「그럼 바로 노나라의 공구인가?」

「그렇습니다」

「그 사람이라면 나루터를 알고 있을 것이 틀림없다」 하고 더는 상대를 해주지 않았다.

그래서 자로는 걸익에게 물었다. 그러자 걸익은,

「자네는 누군가?」 하고 물었다.

「중유(仲由 : 자로의 성과 이름)올시다」

「그럼 공구의 제자인가?」

「그렇습니다」

「걷잡을 수 없이 흘러가는 것이 세상인데 누가 이를 바꿔 놓을

자

자로 문진도(問津圖)

수 있겠는가. 그리고 자네도 사람을 피해 천하를 두루 돌고 있는 공구를 따라다니는 것보다는, 세상을 피해 조용히 살고 있는 우리를 따르는 것이 좋지 않겠는가」 하고는 뿌린 씨앗을 덮기에 바빴다.

자로는 돌아와 두 사람들과의 대화를 그대로 공자에게 보고했다. 그러자 공자는 서글픈 표정을 지으며 말했다.

「새와 짐승은 함께 무리를 같이 할 수 없다. 내가 이 사람의 무리와 함께 하지 않고 누구와 함께 하겠는가. 천하에 도가 있다면 내가 바로잡을 필요도 없지 않겠는가(鳥獸不可與同群 吾非斯人之徒與而誰與 天下有道 丘不與易也)」

장저와 걸익이 자로에게 한 말은 물론 이미 개혁의 여지가 없는 세상을 두고 고심하는 공자에 대한 연민에서 비롯되었을 것이다. 이런 사실을 누구보다도 공자가 가장 잘 알고 있었다. 천하에 도가 미만해서 실천되는 날이 가까운 장래에 오지 않는다고 해도 그런 세상이 오도록 힘쓰는 노력까지 포기할 수는 없다는 것이다. 이 때문에 공자는 늘 외로운 선지자로 자리할 수밖에 없었다.

세상을 건지려는 성자의 안타까움을 엿볼 수 있다.

여기서 「나루터를 묻는다」는 뜻의 「문진(問津)」은 이후 진리의 소재를 묻는 일을 비유하는 말이 되었다. 그리고 그 물음에 대한 답변을 들은 것을 「문명(問命)」이라고 한다.

조이불강 釣而不綱

낚시질 釣 말이을 而 아니 不 벼리 綱

《선《논어》 술이편(述而篇)

무슨 일에나 정도를 넘지 않는 훌륭한 인물의 태도.

공자가 젊어서 가난하게 지냈기 때문에 제사에 쓸 고기와 손님을 대접하기 위해 때로는 고기를 잡는 일이 있었지만, 낚시로 필요한 양만 잡을 뿐, 많은 고기를 잡기 위해 그물을 치는 일은 없었다는 것이다.

《논어》 술이편에, 「공자는 낚시질은 해도 그물은 치지 않았다. 주살질을 해도 자는 새를 쏘지는 않았다(子釣而不綱 弋不射宿)」 고 했다.

공자 조상(彫像)

공자 제자 72현

공자 자신이 그렇게 하라든가 한다든가 하는 말이 아니고, 제자들이 공자의 지난 일을 듣고 기록한 것이므로 이것은 어디까지나 공자의 개인적인 생활 태도라고 볼 수 있다. 후세 사람들은 이 점을 들어, 성인의 짐승에 대한 사랑의 표현이라고 말하고 있다.

그물질을 하면 어린 고기까지 다 잡게 되므로 차마 그러지를 못했고, 잠든 새를 쏘지 않는 것은 평화롭게 자는 것을 차마 놀라 깨우고 싶지 않은 마음 때문이었으리라.

강(綱)은 굵은 줄에 그물을 달아 냇물을 가로질러 고기를 잡는 것이라고 주석을 하기도 하고, 혹은 「주낙」을 말한다고도 한다.

또 「조이불강」을 「조이불망(釣而不網)」이라고도 하는데, 오히려 알기가 쉽다. 익(弋)은 주살로, 화살에 명주실을 매어 쏘는 것을 말하고, 사(射)는 쏜다는 뜻이다. 살생을 하지 않는 것이 좋겠지만, 부득이한 경우라도 그것을 아끼는 마음과 택하는 마음이 필요할 것 같다. 이른바 마구잡이로 씨를 말리는 그런 행위는 도의적인 문제를 떠나 앞날을 생각지 않는 하루살이 생활과도 같은 지각없는 행동이 아닐 수 없다.

조장 助長

도울 助 길 長

《맹자》 공손추상(公孫丑上)

바람직하지 않은 일을 더 심해지도록 부추김.

「조장(助長)」은 글자가 나타내고 있는 것과는 다른 뜻을 지니고 있다. 흔히 「조장시킨다」는 말을 쓰곤 하지만, 대개의 경우 좋지 못한 결과를 가져오게 만든다든가, 혹은 그 자체가 옳지 못한 것을 부추기거나 눈감아 주는 따위를 말하게 된다. 아무튼 조장이란 말을 좋은 경우에 쓰지 않는 것은, 그 글자가 지니고 있는 뜻 이외에 다른 뜻이 있기 때문이다. 이 말은 《맹자》 공손추 상에 있는 유명한 호연장(浩然章)에 나오는 말이다. 공손추가 맹자에게 물었다.

「선생께서 만약 제나라의 경상(卿相)이 되어 정치적으로 성공한다면, 그 때도 선생께서는 마음을 움직이시지 않겠습니까?」

「나는 40이 넘어서부터는 더 마음이 움직이지 않는다. 유혹에도 넘어가지 않는다」

여기서 맹자는 부동심(不動心)을 설명했다.

「선생님의 부동심은 어떠한 장점을 가지고 계십니까?」

「말을 알아듣는 일과 호연지기(浩然之氣)를 기르는 데 있다」

여기서 맹자는 호연지기에 대해 설명하고 이 기풍을 기르는 방법에 대하여 명쾌하게 대답했다. 물이 흐르는 듯한 일문일답이었다. 맹자는 계속했다.

「호연지기를 기르는 데 있어서는 그 행하는 바가 다 도의(道義)에 어긋나지 않아야 하지만, 정기(正氣), 즉 기(氣)만을 목적으로 길

맹 자

러서는 안된다. 그렇다고 해서 양기(養氣)의 방법을 전혀 무시해서도 물론 안된다. 송(宋)나라 사람처럼 서둘러서 억지로 돕는 일을 해서도 안된다(心勿忘 勿助長也)」(마음의 도의가 생장함에 따라 서서히 길러 갈 필요가 있다.)

맹자는 송나라 사람의 예를 들어 「조장」이란 말을 설명하게 된다. 송나라에 어떤 사람이, 자기 집 곡식이 무럭무럭 자라나지 않는 것이 안타까워, 대궁을 하나하나 뽑아 올려 길게 만들고 집으로 돌아와 자기 집 식구들을 보고 이렇게 말했다.

「오늘은 정말 피로하다. 곡식이 자라는 것을 내가 도와주었거든」

아들이 듣고 깜짝 놀라 밭으로 달려가 보았더니 곡식은 벌써 다 말라 있었다는 것이다. 맹자는 이 이야기 끝에,

「천하에 곡식이 자라나는 것을 억지로 돕는 것 같은 일을 하지 않는 사람이 드물다. 돕는 것이 아무 소용이 없다 해서 버려두는 사람은 김을 매 주지 않는 사람이고, 자라는 것을 돕는 사람은 싹을 뽑아 올리는 사람이다. 유익함이 없을 뿐만 아니라 도리어 해를 끼치게 된다」 하고 조장이 게으름을 피우는 이상의 나쁜 결과를 가져오는 것을 다시 한 번 강조하고 있다.

이 세상의 모든 시끄러운 일들을 가만히 분석해 보면 어느 것 하나 이 조장의 결과가 아닌 것이 없을 것 같다. 그래서 차라리 내버려 두라는 「무위자연(無爲自然)」의 사상이 대두되는 것이리라.

조주위학 助紂爲虐

도울 助 주임금 紂 할 爲 모질 虐

《사기》 유후세가(留侯世家), 《맹자》

나쁜 사람을 도와 나쁜 짓을 방조(傍助)함의 비유.

주(紂)를 도와 포학한 일을 저지르다. 곧 나쁜 사람을 도와 나쁜 짓을 방조(傍助)하는 것을 비유하는 말이다. 주(紂)왕과 함께 중국의 대표적인 폭군으로 꼽히는 하(夏)나라 걸왕(桀王)의 이름을 따서 「조걸위학(助桀爲虐)」이라고도 한다.

《사기》 유후세가(留侯世家)에 있는 이야기다.

걸(桀)은 상(商) 왕조 최후의 왕인 주(紂)와 함께 포악한 임금의 상징으로 거론된다. 걸주(桀紂)라고도 하며, 흔히 이상적 천자로 추앙받는 요순(堯舜)과 대비된다. 웅장한 궁전을 건조하여 천하의 희귀한 보화와 미녀를 모았으며, 궁전 뒤뜰에 주지(酒池)를 만들어 배를 띄워 즐겼고, 장야궁(長夜宮)을 짓고 거기서 남녀 합환의 유흥에 빠졌다고 전한다.

주(紂)는 중국 상(商)나라 말기의 임금으로, 역사상 보기 드문 혼군(昏君)이자 폭군이었다. 주왕은 애첩 달기(妲己)와 함께 「주지육림(酒池肉林)」에 빠져 나랏일을 돌보지 않았으며, 폭정을 그만두도록 간언하는 신하들을 「포락지형(炮烙之刑)」에 처하여 죽였다. 이에 주(周)나라의 무왕(武王)이 주왕을 죽이고 은을 멸망시켰다.

《맹자》 등문공하편에 이런 구절이 있다.

「주공(周公)이 무왕(武王)을 도와 주(紂)를 죽이고 엄(奄)나라를 정벌하였다」

자

함양궁 유지(遺址) 복원

주자(朱子)는 이 구절에 대한 주석에서 이렇게 설명하고 있다.

「엄은 동방에 있던 나라로, 주왕을 도와 포학한 짓을 저질렀다(奄 東方之國 助紂爲虐者也)」

「조걸위학」이라는 표현은 《사기》 유후세가 등에 보인다.

유방(劉邦)은 진(秦)나라의 수도 함양(咸陽)을 함락시킨 뒤 궁궐의 화려함과 아름다운 궁녀들에 이끌려 그곳에 머물고 싶어 하는 기색을 보였다. 번쾌가 유방에게 궁궐 밖으로 나가자고 하자 듣지 않아 장량(張良)이 다시 간언하였다.

「무릇 진나라가 무도한 짓을 일삼았기 때문에 패공(沛公)께서 이곳에 이를 수 있었던 것입니다. 천하를 위하여 남은 도적들을 제거하려면 검소함으로 자원을 삼아야 마땅하거늘, 지금 진나라에 들어와 편안하게 그 즐거움을 누리려 한다면 이는 이른바 걸왕을 도와 포학한 짓을 저지르는 것과 다름이 없습니다(此所謂助桀爲虐). 또한 충성스러운 말은 귀에 거슬리지만 행실에 이롭고, 좋은 약은 입에 쓰지만 병에는 이롭다고 하였으니(忠言逆耳 良藥苦口) 바라건대 패공께서는 번쾌의 말을 들으소서」

이에 유방은 궁궐의 창고를 봉쇄하고 군대를 이끌고 함양을 떠나 패상(覇上)으로 돌아갔다.

존심양성 存心養性

있을 存 마음 心 기를 養 성품 性

《맹자》 진심상(盡心上)

「존심양성」은 「존기심양기성(存其心養其性)」이란 맹자의 말에서 온 것으로, 그 마음, 즉 양심을 잃지 말고 그대로 간직하여, 그 성품, 즉 하늘이 주신 본성을 키워 나간다는 뜻이다.

《맹자》 진심상 맨 첫 장에 맹자는 이렇게 말하고 있다.

「그 마음을 다하는 사람은 그 성품을 알게 되고, 그 성품을 알면 곧 하늘을 안다(盡其心者 知其性也 知其性則知天矣)」

「그 마음을 간직하고 그 성품을 기르는 것은 그것이 하늘을 섬기는 것이 된다. 일찍 죽고 오래 사는 것에 상관없이 몸을 닦아 기다리는 것은, 그것이 곧 명을 세우는 것이다」

맹자가 말한 이 대목은 《중용》 첫 장을 읽는 것 같은 느낌을 준다. 《중용》에는 「하늘이 주신 것이 성품이다(天命之謂性)」라고 했는데, 맹자는, 「마음을 간직하고 성품을 기르는 것이 곧 하늘을 섬기는 것이다」라고 했다.

신동(神童) 강희장(江希張)은 아홉 살 때에 한 그의 주석에서 이렇게 말하고 있다.

「성품은 사람이 하늘로부터 받은 것이다…… 그것은 얼굴도 없고 빛깔도 없다. 보통 사람은 기질(氣質)과 물욕(物欲)의 가린 바가 되어 이를 알지 못한다. ……마음은 성품의 중심점이다. 그것은 지각(知覺)을 맡고 있다. 사람이 하늘이 주신 성품을 가지고 기운을 받고 얼굴을 이루게 된 뒤로는 마음이 곧 성품을 대신해서 일을 하게

자

맹 자

된다. 하늘이 주신 성품으로 흘러나오는 정각(正覺)이 곧 도심(道心)이다」

즉 사람이 양심의 명령대로만 하게 되면 곧 천성을 알게 되고, 천성을 안다는 것은 곧 하늘을 아는 것이다. 그러므로 양심을 잃지 말고 간직하여 하늘이 주신 타고난 성품을 올바로 키워 나가는 것이 곧 하늘을 섬기는 길이란 것이다.

일요일만 교회에 나가 하늘을 섬기는 형식적인 신앙보다 이 얼마나 절실한 참다운 신앙이 되겠는가. 그의 일거일동이 다 양심에 따른 것이라면, 그것은 곧 하늘을 함께 하고 하늘에 순종하는 길이니, 행동 자체가 곧 기도의 자세인 것이다.

좌고우면 左顧右眄

왼 左 돌아볼 顧 오른 右 곁눈질할 眄

조식 / 「여오계중서(與吳季重書)」

「왼쪽을 돌아보고 오른쪽을 곁눈질하다」라는 뜻으로, 어떤 일에 앞뒤를 재고 결단하기를 망설이는 태도를 비유하는 말이다.

삼국시대 위(魏)나라 조식(曹植)은 조조(曹操)의 셋째아들이다.

오질(吳質)은 자가 계중(季重)이며, 재능과 학식이 출중하여 위나라에서 진위장군(震威將軍)을 지냈고 열후(列侯)에 봉하여졌다.

자

조식이 오질에게 보낸 편지 「여오계중서(與吳季重書)」에 다음과 같은 내용이 있다.

「술잔 가득 술이 넘실거리고, 퉁소, 피리가 뒤에서 연주하면, 그대는 독수리처럼 비상하여 봉황이 탄복하고 호랑이가 응시할 것이니, 한고조의 명신 소하(蕭何), 조참(曹參)도 그대의 짝이 될 수 없고, 한 무제의 명장 위청(衛靑), 곽거병도 그대와 어깨를 나란히 할 수 없을 것입니다. 왼쪽을 돌아보고 오른쪽을 살펴보아도 사람이 없는 것과 같다고 할 것이니, 어찌 그대의 장한 뜻이 아니겠습니까(左顧右眄 謂若無人 豈非吾子壯志哉)」

조식은 이 글에서 오질의 문무 겸비한 기상이 출중하여 고금을 통틀어 견줄 만한 사람이 없다고 찬미하였다.

이렇듯 좌고우면은 원래 좌우를 살펴보며 자신만만한 모습을 형용하는 말로 사용되었는데, 나중에 이리저리 살피는 모습 또는 어떤 일에 대한 고려가 지나쳐서 결단을 내리지 못하고 망설이는 태도를 비유하는 말로 사용되게 되었다.

좌단 左袒

왼 左 웃통 벗을 袒

《사기》 여후본기(呂后本紀)

편을 가르다. 두 쪽으로 갈라지다.

「좌단」은 왼쪽 소매를 벗어 어깨를 드러내는 것을 말한다. 현대로 말하면 왼쪽 손을 들어 자기 의사를 표시하는 그런 것이다. 그런데 이 말은 어느 한쪽 의견에 동의하거나 그쪽 편이 되는 것을 뜻하게 된다. 그래서 「좌단고사(左袒故事)」란 말까지 생기게 되었는데, 이 「좌단」의 뜻은 「좌단고사」에서 온 것이다.

《사기》 여후본기에 있는 이야기다.

한고조의 아들 혜제가 즉위한 지 7년 만에 죽자, 그의 어머니며 고조의 황후였던 여후(呂后)는 소리를 내어 울기는 했으나 눈물 한 방울 흘리지 않았다.

장량(張良)의 아들인 장벽강(張辟彊)은 이때 열다섯 살 어린 나이로 시중이란 벼슬에 올라 측근에 모시고 있었다. 그는 좌승상 진평에게, 「태후가 눈물을 흘리지 않는 이유를 아십니까?」 하고 물었다.

「글쎄, 어째서일까?」

「돌아가신 황제에게 장성한 아들이 없기 때문입니다. 승상을 비롯해 고조의 옛 신하들이 실권을 잡게 될 것이므로 스스로 불안한 생각에서 그런 겁니다. 승상께서 태후에게 친정 사람들로 근위(近衛) 장군을 시키고, 궁중의 요직에 임명토록 권하십시오. 그러면 태후도 안심을 하고 중신들도 화를 면하게 될 것입니다」

진평은 벽강의 꾀에 따랐다. 여후는 몹시 기뻐했다. 그제야 눈물을

흘리며 통곡을 했다. 슬픔을 누르고 있던 불안이 가시자, 그제야 눈물이 쏟아져 나온 것이다. 그 뒤로 모든 정치와 명령은 여후 한 사람으로부터 나오게 되었다. 여후는 다시 여씨들을 왕에 봉하려 했다.

여 후

왕능(王陵)은 「유씨(劉氏)가 아니면 왕을 봉할 수 없다」 고 한 고조의 유지에 위배된다고 이를 반대했다. 그러나 진평과 주발(周勃)은 이에 찬성했다. 태후가 기뻐하며 조정을 나가자, 왕발은 두 사람을 책망했다. 그러자 두 사람은, 「대의를 끝까지 주장하는 용기는 우리가 당신을 미칠 수 없지만, 나라를 편안히 하고 유씨의 천하를 지키는 데는 당신이 우리만 못할 거요」 하고 대답했다.

왕발은 곧 물러나고 진평이 우승상으로 승진했다. 진평(陳平)은 정치에는 관심이 없어 매일 주색에만 빠져 있었다. 가장 여후가 두려워하고 있는 진평이 타락하게 된 것은 여후에게는 매우 다행한 일이었다.

고조의 일족인 유씨의 왕들은 차례로 쫓겨나고 혹은 피살되거나 자살을 강요당했다. 그 뒷자리에는 여씨들이 대신 들어가 앉았다.

그러나 여후는 집권 8년 만에 병으로 눕게 되었다. 다시 일어나지 못할 것을 짐작한 여후는 조왕 여록(呂祿)과 여왕(呂王), 여산(呂産)을 상장군에 임명하여 근위 북군과 남군을 각각 장악하게 한 다음,

두 사람을 불러 유언을 남겼다.

「너희들이 왕이 된 것을 대신들은 못마땅해 하고 있다. 내가 죽으면 난을 일으키게 될 것이다. 너희들은 군대를 이끌고 궁중을 지키고 있어야 하며 내 출상(出喪) 때에도 허술한 점이 없어야 한다」

여후는 곧 죽었다. 장례식이 끝나자, 그때까지 넋이 빠진 사람처럼 하고 있던 진평이 갑자기 활동을 개시했다. 그는 태위(太尉)인 주발과 여씨 타도의 계획을 짰다. 먼저 여록과 여산에게서 군권을 빼앗지 않으면 안된다. 진평은 여록과 친하게 지나는 역기(酈寄)를 여록에게로 보내 이렇게 달랬다.

「대신들은 당신들이 왕으로 있으면서 봉지로 가지 않고 군권을 쥐고 있기 때문에 무슨 음모라도 꾸미지 않나 하고 불안해하고 있습니다. 그러니 군권을 태위에게 돌려주고 봉지로 돌아가십시오. 그러면 대신들도 안심을 하게 되고 당신들도 왕의 지위를 편안히 누리게 될 것입니다」

무능한 여록은 과연 그렇겠다 싶어 상장군의 직인을 반납하고 북군의 군권을 태위인 주발에게 넘기고 말았다. 그러자 주발은 즉시 북군 군문으로 들어가 장병들에게 영을 내렸다.

「여씨를 위하는 사람은 오른쪽 소매를 벗고, 유씨를 위하는 사람은 왼쪽 소매를 벗어라(爲呂氏右袒 爲劉氏左袒)」

장병들은 모두 왼쪽 소매를 벗어 유씨의 편을 드는 의사를 보였다. 이리하여 혁명은 성공을 보게 되었고 여씨들은 어른 아이 할 것 없이 모조리 잡혀 죽고 말았다. 여자의 얄은 지혜는 결국 자멸을 가져오는 어리석음과 다를 것이 없었다. 이 고사에서 「좌단」은 어느 한쪽에 편든다는 뜻으로 쓰이게 되었다.

좌불수당 坐不垂堂

앉을 坐 아니 不 드리울 垂 집 堂

《사기》 원앙조조열전, 사마상여열전

마루 끝에 앉아 있는 것은 위험하니 앉지 않는다는 뜻으로, 위험한 일에 가까이하지 않음을 이르는 말. 앞뒤를 재고 결단하기를 망설이는 태도의 비유.

전한 원앙(袁盎)은 초(楚)나라 사람으로 자를 사(絲)라고 했다. 아버지는 본래 군도(群盜)의 한 사람이었다가 후에 안릉으로 옮겨와서 살았다. 원앙은 일찍이 고후(高后) 때에 여록(呂祿)의 사인으로 있은 일이 있으며, 문제가 즉위하자 형인 쾌(噲)의 추천으로 낭중이 되었다. 徐操、燕孙 徐操（1899-1961），

원 앙

그 무렵 강후(絳侯 : 주발)는 승상이 되자 조정에서 퇴청할 때도 늠름하게 걸어, 주상도 승상을 융숭하게 예우했고 언제나 존경하는 눈으로 배웅하곤 했다. 원앙은 그것을 보자, 나아가 황제에게 말했다.

｢폐하는 승상을 어떤 인물이라고 생각하십니까?｣

강후 주발

황제가 말했다.

「사직의 중신이오」

그러자 원앙이 말했다.

「강후는 이른바 공신(功臣)이기는 하지만, 사직지신은 아닙니다. 사직의 신하란 군주가 재세하면 함께 살다가 군주가 멸하면 함께 멸하는 법입니다. 여태후가 득세했을 때에는 여씨 일족이 정권을 멋대로 휘두르고 마음 내키는 대로 서로 왕이 되었으며, 황실인 유씨(劉氏)는 쇠미(衰微)하여 명맥마저 위태로웠건만 이를 바로잡지 못했습니다. 당시 강후는 태위(최고의 군관)로서 병권을 쥐고 있으면서 이를 손쓰지 않았습니다. 그러다가 여태후가 죽고 대신들이 공동으로 여씨 일족에게 배반했을 때, 때마침 병권을 쥐고 있었던 까닭에 우연하게 성공을 했을 뿐입니다. 그러므로 이른바 공신이기는 하지만 사직의 신하는 아닙니다. 그런데도 승상은 폐하에 대해서도 교만한 티가 보이고, 폐하는 오히려 겸손해 하시는데, 이는 군신의 예를 잃게 되는 일로서 은밀히 폐하를 위해 찬성을 할 수 없는 일입니다」

어느 날, 문제가 외출을 했는데 환관 조동(趙同)이 배승했다. 원앙은 수레 앞에 엎드려서 말했다.

「『천자의 수레 지름 여섯 자의 자리에 배승하는 자는 천하의 영웅호걸에 한한다』는 말을 들은 바 있습니다. 지금 한나라에 아무

리 인물이 없다 하더라도 폐하께서는 어찌 조동을 배승시키셨습니까?」

그러자 천자는 웃으면서 조동을 보고 내리라고 말했고, 조동은 눈물을 흘리며 내렸다. 또 문제가 패릉(覇陵 : 장안의 동쪽) 위에서 서쪽으로 가파른 고갯길을 달려서 내려가려고 했다. 원앙은 자기의 말을 천자의 수레와 나란히 세우고 황제의 수레를 끄는 말고삐를 당겼다. 황제가 말했다.

「장군은 무섭소?」

그러자 원앙이 대답했다.

「저는 『천금을 가진 부잣집 아들은 마루 끝에 앉지 않고(坐不垂堂), 백금을 가진 부잣집 아들은 난간에 기대서지 않으며, 성명(聖明)한 군주는 위험을 무릅쓰며 요행을 바라지 않는다』는 말을 들었습니다. 지금 폐하께서는 6두마차로 가파른 언덕길을 달려 내려가시려고 하는데, 만약 말이 놀래 수레가 부서지는 일이 생기면 폐하께서 몸을 가벼이 하신 것은 물론 종묘(宗廟)와 황태후는 무슨 낯으로 대하시겠습니까?」

원앙 각좌도(却坐圖, 淸 화가 서조)

황제는 달릴 생각을 그만두었다. 원앙의 사람됨은 이러했으므로 모든 사람들로부터 추앙을 받았다.

좌이대단 坐以待旦

앉을 坐 써 以 기다릴 待 아침 旦

《서경(書經)》

「앉아서 아침을 기다리다」라는 뜻으로, 어진 정치를 펴고자 하는 군주의 충정을 비유하는 말이다. 以는 而로도 쓴다.

태갑(太甲)은 은(殷)나라를 세운 탕왕(湯王)의 손자로서, 황제의 자리에 오른 뒤 탕왕이 세운 제도를 무너뜨렸다.

이 윤

《서경》 태갑 상편에 따르면, 탕왕을 도와 은나라를 세운 재상 이윤(伊尹)이 그 잘못을 지적하며 고치도록 간언하였다.

「선왕께서는 아직 날이 밝기도 전부터 크게 덕을 밝히고자 앉아서 아침이 오기를 기다리셨으며, 널리 뛰어나고 어진 이들을 구하여 후손들에게 길을 열어 주셨습니다(先王昧爽丕顯 坐以待旦 旁求俊彦 啓迪後人). 선왕의 명을 어겨 스스로 멸망하는 일이 없도록 하시고,

삼가 검약의 덕을 밝혀 길이 도모하소서」

그러나 태갑은 여전히 제멋대로 하였으므로, 이윤은 그를 동(桐)이라는 곳으로 쫓아버렸다. 태갑이 그곳에서 잘못을 뉘우쳐 3년 동안 어질고 의로운 일을 행하였으므로 이윤은 그를 다시 권좌에 앉혔다.

또 《맹자(孟子)》 이루장구(離婁章句) 하편에 있는 말이다.

태 갑

「주공(周公)은 우왕(禹王)과 탕왕, 문왕(文王)과 무왕(武王)의 좋은 점들을 겸하고 그들이 행한 네 가지 일을 행하고자 하셨다. 그 가운데 적합하지 않는 점이 있으면 하늘을 우러러 밤낮없이 생각하였으며, 다행히 그 이치를 깨닫게 되면 이를 즉시 실천하기 위하여 앉아서 아침이 되기를 기다리셨다(其有不合者 仰而思之 夜以繼日 幸而得之 坐以待旦)」

여기서 「좌이대단」은 어진 정치를 펴고자 하는 군주의 충정이나 맡은 일에 게으름을 피우지 않고 밤낮없이 힘쓰는 성실한 자세를 비유하는 성어로 사용된다.

좌향기리 坐享其利

앉을 坐 누릴 享 그 其 이로울 利

《병경백자(兵經百字)》 연부(衍部)편

게훤

「앉아서 이익을 누린다」라는 뜻으로, 자신이 직접 나서지 않고 상대방을 이용하여 이득을 취하는 것을 비유하는 말이다.

명말청초(明末淸初) 수학자이자 병법가였던 게훤(揭暄, 1613~1695)이 중국 병법을 집대성해서 펴낸 병법서 《병경백자(兵經百字)》는 100자에 압축한 5000년 병법의 정수를 담은 책으로, 전쟁준비 단계에서 해야 할 일, 책략이나 계획을 세우거나 운용할 때 고려해야 할 사항들, 군대를 처음 일으킬 때 할 일, 군대를 이동 주둔할 때 고려해야 할 일, 교전하는 방법 등을 먼저 다뤘다. 이어 병법을 잘 활용하기 위한 술책, 적과의 교전에서 사용되는 여러 가지 병법들, 병법 사용의 목적과 그것이 최종적으로 지향해야 할 경지에 대해서 차례로 기술했다.

《병경백자》 연부편에 있는 말이다.

「자기가 조치하기 어려운 일은 남의 손을 빌릴 것이니, 반드시

몸소 행하지 않아도 앉아서 그 이익을 누릴 수 있다(己所難措 假手於人 不必親行 坐享其利)」

손 무

자신의 병력이나 물자를 동원하지 않고 적을 이용하여 힘들이지 않고 군사적 이득을 취한다는 뜻이다. 또 이런 말도 있다.

「병사는 창칼로 다투고, 장수는 모략으로 다투며, 장수들을 통솔하는 장군은 조짐을 다툰다」

즉, 동양병법적 인식의 최고 차원은 상황의 조짐을 미리 보는 것이다. 조짐을 드러낸 것이 기(機), 바로 이 기를 보는 장군의 안목을 키우려고 한 책이 손무(孫武)의 《손자병법》이다.

《손자(孫子)》 작전(作戰)편에도 「군대를 잘 운용하는 자는 한 사람에게 두 번 군역을 징집하지 않고, 군량미를 세 번 실어 보급하지 않으며, 필요한 것은 적국에서 취하여 이용하고, 적국의 식량을 군량미로 조달하므로 군대의 식량이 풍족할 수 있다」 라고 하였으니, 적을 이용하여 이득을 취한다는 의미는 같다.

좌향기리는 적을 이용한다는 점에서는 「남의 칼을 빌려 사람을 죽인다」 는 「차도살인(借刀殺人)」의 계책과 비슷하며, 힘들이지 않고 이득을 취한다는 점에는 「어부지리(漁父之利)」 와 의미가 비슷하다.

죄인불노 罪人不孥

허물 罪 사람 人 아닐 不 자식 孥

《맹자》 양혜왕(梁惠王)

그 한 몸에만 죄를 주고 처자에겐 미치지 않게 함을 이르는 말이다. 제(齊)나라 선왕(宣王)과 맹자가 문답하는 가운데 나온 말로서 그 내용의 일부는 다음과 같다.

제선왕이 물었다. 「사람들이 모두 나에게 명당(明堂)을 헐어버리라고 말합니다. 그것을 헐어야 할까요?」

맹자가 대답하였다. 「명당은 왕자(王者)의 당(堂)입니다. 왕께서 왕도정치를 행하고자 하신다면 그것을 헐지 마십시오」

「왕도정치에 대하여 들려주시오」

「옛날 주나라 문왕(文王)이 기(岐) 땅을 다스릴 때에는 경작자에게는 정전제(井田制)로 하였고, 벼슬살이 한 사람에게는 그 녹을 대대로 주었고, 관문과 시장에서는 사정을 살피기는 하였으나 세를 징수하지는 않았고, 물고기 잡는 것을 금하지 않았고, 죄인의 처자에게까지 벌이 미치지 않게(罪人不孥) 하였습니다. 늙고 아내가 없으면 홀아비(鰥)라 하고, 늙고 남편이 없으면 과부(寡)라 하고, 늙고 자식이 없으면 외로운 사람(獨)이라 하고, 어리고 아비가 없으면 고아(孤)라고 합니다. 이 네 부류의 사람들은 천하의 궁박한 백성들로서 호소할 곳 없는 사람들입니다. 문왕은 이 네 부류의 사람들을 먼저 돌보았던 것입니다」

이렇듯 일할 능력이나 의지할 데가 없는 늙은이와 어린이를 일러 「환과고독(鰥寡孤獨)」이라 한다.

주내백약지장 酒乃百藥之長

술 酒 곧 乃 일백 百 약 藥 의 之 으뜸 長

《한서》 식화지(食貨志)

술을 찬미하는 말.

「술은 백 가지 약 중에 으뜸가는 것이다」 라는 말이다. 술을 「백약지장」 이라고 하는 것은 바로 여기서 나온 말이다. 전한과 후한 사이에 15년 동안의 명맥을 지니고 있던 나라가 신(新)이란 나라며 황제는 왕망(王莽)이다. 이 왕망이 소금(鹽)과 술(酒)과 쇠(鐵)를 정부의 전매품으로 정하고, 이 사실을 천하에 공포한 조서 가운데, 「술은 백약의 어른이다」 라는 말이 들어 있다. 조서에는 이렇게 나와 있다.

「대저 소금은 먹는 반찬 가운데 장수요, 술은 백 가지 약 중에 어른으로 모임을 좋게 하며, 쇠는 밭갈이하는 농사의 근본이다(夫鹽飮肴之將 酒百藥之長 嘉會之好 鐵田農之本)」

이렇듯 술은 사람의 일상생활에 잠시도 없어서는 안될 물건 속에 술을 넣어두고 이를 예찬하고 있다. 술꾼에게는 가장 비위에 당기는 문자다. 사실 또 이 말은 술꾼들이 즐겨 쓰는 말이기도 하다.

술이 약으로 쓰이지 않는 것은 아니다. 또 약을 조제하는 데 술이 없어서는 안되는 경우도 있다. 그러나 여기에 말한 백 가지 약 중의 어른이란 뜻은 사람의 기분을 상쾌하게 만들고 근심을 잊게 하고, 용기를 나게 하는 그런 특효를 가진 약이란 뜻일 것이다.

이 말은 《한서》 식화지(食貨志)에 기록되어 있다. 또 같은 식화지에는 다른 조서 가운데, 「술은 하늘의 아름다운 녹(酒者天之美祿)이다……」 라고 한 구절이 나온다.

주대반낭 酒袋飯囊

술 酒 자루 袋 밥 飯 주머니 囊

《유설(類說)》

「술 부대와 밥주머니」라는 뜻으로, 먹고 마실 줄만 아는 무능한 사람을 비유하는 말이다.

송나라 증조가 지은 《유설(類說)》에 있는 이야기다.

당(唐)나라가 멸망한 뒤 송(宋)나라가 중국을 통일하기 전까지 약 70여 년 동안을 5대 10국(五代十國)이라고 한다. 이 시기는 매우 혼란하여 무능한 자도 높은 자리에 오를 수 있었다. 마은(馬殷)이 그런 경우였다.

마은(馬殷)이 젊었을 때는 목공일을 하였으나, 군에 입대한 후에는 손유(孫儒)라는 장수를 따라 양주(揚州)로 들어갔다. 그 후, 유건봉(劉建峰)이라는 장군을 수행하여 담주(潭州)로 옮겨갔다. 그런데 유건봉이 부하에게 살해되자 여러 사람들의 추대를 받아 뜻하지 않게 절도사가 되었고, 이로부터 점점 세력이 확대되었다.

대장군 주온(朱溫)이 황제의 자리를 찬탈하여 후량(後梁)을 세우고 마은을 초(楚)나라 왕(武穆王)에 봉하여 지금의 호남성(湖南省)과 광서성(廣西省) 동북부 일대를 다스리도록 하였다.

마은은 초나라 왕이 된 뒤로 날마다 음주가무를 즐기며 도에 넘치는 호사스런 생활을 하였다. 마은의 자식들도 아버지의 후광으로 권세를 누리면서도 문무(文武)를 닦는 일에는 조금도 마음을 두지 않았다. 이 때문에 당시 사람들은 마은을 가리켜 술이나 마실 줄 알고 밥만 축내는 「주대반낭」이라고 부르며 조롱하였다.

주마간화 走馬看花

달릴 走 말 馬 볼 看 꽃 花

맹교(孟郊) / 「등과후(登科後)」

사물의 겉만 수박 겉핥기로 봄.

달리는 말 위에서 꽃을 본다는 뜻으로, 사물의 겉면만 훑어보고, 그 깊은 속은 살펴보지 않음을 비유해 이르는 말.

말에서 내려 천천히 보면 될 텐데, 일이 너무 바빠 그럴 수도 없으니, 달리는 말 위에서나마 대강대강이라도 볼 수밖에 없다.

중당기(中唐期) 시인 맹교(孟郊)의 칠언절구 「등과후(登科後)」에서 유래하였다.

맹 교

맹교는 관직에 나아가지 않고 시를 지으면서 청렴하게 살던 중, 어머니의 뜻에 못 이겨 41살의 늦은 나이에 과거에 응시하였다. 하지만 자신의 뜻과 달리 낙방하고 수모와 냉대만 받다가 5년 뒤인 46살에야 겨우 급제하였다.

「등과후」는 맹교가 급제하고 난 뒤에 한 술좌석에서 읊은 시다.

지난 날 궁할 때는 자랑할 게 없더니
오늘 아침에는 우쭐하여 생각에 거칠 것이 없네

봄바람에 뜻을 얻어 세차게 말을 모니
하루 만에 장안 꽃을 모두 보았네

昔日齷齪不足誇　석일악착부족과
今朝放蕩思無涯　금조방탕사무애
春風得意馬蹄疾　춘풍득의마제질
一日看盡長安花　일일간진장안화

맹교의 「등과후」 시의도(詩意圖)

이 시는 보잘것없었을 때와 등과하고 났을 때의 세상인심이 다름을 풍자한 시다. 여기서 「주마간화」는 대충 본다는 뜻이 아니라, 하루 만에 장안의 좋은 것을 모두 맛보았다는 비유적 표현이다. 세상인심의 각박함을 비웃는 시인의 호탕함이 잘 나타나 있는 표현이다.

따라서 여기서는 일이 바빠 사물을 대충 보고 지나친다는 뜻은 보이지 않는다. 나중에 관용어로 쓰이면서 뜻이 덧붙거나 변한 것으로 보인다. 「주마간산(走馬看山)」의 「산」 역시 대강대강 둘러보다는 뜻으로 의미가 바뀌는 과정에서 꽃이 산으로 대체된 것에 지나지 않는다.

주야장천 晝夜長川

낮 晝 밤 夜 길 長 내 川

《논어(論語)》

밤낮으로 쉬지 않고 연달아 흐르는 시내라는 뜻으로, 밤낮으로 쉬지 않고 잇달음의 비유. 쉴 새 없이 흐르는 시냇물처럼 「늘」 또는 「언제나」 라는 말이다. 《논어》 에 다음과 같은 구절이 나온다.

「공자가 물가에서 흐르는 물을 보며 밤낮으로 머물지 않고 흘러간다고 말하였다(子在川上曰 逝者如斯夫 不舍晝夜)」

훗날 학자들은 내용을 「흐르는 물처럼 세월이 덧없다」 는 뜻으로 해석하기도 하고, 「밤낮없이 쉬지 않는 물처럼 부지런해야 한다」 로 해석하기도 한다. 《논어》 앞뒤 문맥을 보면 한탄하는 내용일 수 있다. 하지만 샘물을 보고 성실함을 역설한 맹자의 한 구절을 보면 성실을 강조한 내용일 수도 있다.

맹자는 샘이 깊은 물이 밤낮으로 흘러, 웅덩이를 만나도 그치지 아니하고 웅덩이를 가득 채우고 바다로 흘러가듯이 근본이 있는 것은 이렇다며, 학문을 비롯한 매사에 성실해야 한다는 것을 강조하였다.

이 내용을 보면 자연, 특히 물의 흐름을 보고 성실함을 본받으려는 마음을 알 수 있다. 그래서 「밤낮으로 머물지 않고 흘러간다(逝者如斯夫 不舍晝夜)」 라는 공자의 말은, 세월이 덧없다는 뜻도 있겠지만, 자연에서 성실함을 본받으려는 뜻도 가능한 것이다.

이런 맥락에서 「주야장천」 즉 「밤낮없이 흐르는 물」 이란 표현이 많이 사용되었고, 요즘은 끊임없다는 뜻으로 주로 쓰인다. 물 흐르는 것 하나를 보아도 심오한 철학이 있는 성현의 통찰력이 놀랍다.

주중적국 舟中敵國

배 舟 가운데 中 대적할 敵 나라 國

《사기》 손자오기(孫子吳起) 열전

배(舟) 속의 적국(敵國)이라는 뜻으로, 군주(君主)가 덕을 닦지 않으면, 같은 배를 타고 있는 것과 같이 이해관계가 같은 사람들이라도 적이 되는 수가 있음을 비유해 이르는 말, 곧 자기편이라도 갑자기 적이 될 수 있음을 이르는 말이다.

오기(吳起)

전국시대의 병법가 오기(吳起)의 고사에서 유래되었다.

문후는 오기가 용병에 능할 뿐 아니라, 청렴하고 공평하여 유능한 사람이라면 누구나 기용해서 병졸들에게 인망을 얻고 있는 것을 알아차리자, 그를 서하(西河 : 섬서의 동쪽) 태수로 임명하고 진(秦)나라와 한(韓)나라를 막게 했다.

위나라의 문후가 죽은 다음 오기는 그의 아들 무후(武侯)를 섬겼다. 어느 땐가 무후가 서하에 배를 띄우고 중류에까지 내려왔을 때 오기를 돌아보고 말했다.

「참으로 아름답구려. 이 험준한 산하(山河)야말로 위나라의 보배로구려」

그러자 오기가 대답했다.

「나라의 보배는 임금의 덕망에 있는 것이지 험준한 산하에 있는 것은 아닙니다(在德不在險). 옛날 삼묘씨(三苗氏)의 나라는 동정(洞庭)을 왼쪽으로 끼고 팽려(파양)를 오른쪽에 끼고 있었지만 임금이 덕을 쌓지 못했기 때문에 우(禹)에게 멸망했습니다.

은 탕왕

하(夏)나라의 걸왕(桀王)이 도읍한 곳은 하(河)・제(濟)를 왼쪽에 끼고 태(泰)・화(華)를 오른쪽에 끼고 이궐(伊闕)이 그 남쪽에 있으며, 양장이 그 북쪽에 있었습니다. 그러나 정치가 불인(不仁)했기 때문에 은(殷)나라 탕왕(湯王)에게 쫓겨났습니다.

은나라 주왕(紂王)의 나라는 맹문(孟門)을 왼쪽에 끼고 태항(太行)을 오른쪽에 끼고 상산(常山 : 항산)이 북쪽에 있었으며, 대하(大河 : 황하)가 남쪽에 돌고 있건만 정치가 부덕하였던 까닭에 주(周)나라 무왕(武王)에게 죽었습니다.

이런 것으로 보아도 나라의 보배는 임금의 덕에 있는 것이지 험준한 요새에 있는 것이 아님을 알 수 있습니다. 만약 임금이 덕을 쌓지 않으신다면 이 배 안에 있는 사람들도 모두 적국인이 되는 것입니다(若君不修德 舟中之人盡爲敵國也)」

무후는 오기의 말에 동의하고 그를 계속 서하의 태수로 봉하였으며, 이 일로 인하여 오기의 명성은 더욱 높아졌다.

주지육림 酒池肉林

술 酒 연못 池 고기 肉 수풀 林

《사기》 은본기(殷本紀)

호사를 극한 굉장한 술잔치.

말 희

폭군의 대명사처럼 불리는 걸·주(桀紂)의 음란 무도한 생활을 단적으로 표현한 말로서, 술로 못을 만들고 고기로 숲을 이뤘다는 말이다. 하(夏)의 걸, 은(殷)의 주 두 왕은 고대 중국에 있어서 폭군 음왕의 전형이었다. 그들은 다 같이 보통 이상으로 재능과 무용(武勇)을 지녔음에도 불구하고, 그 최후는 말희(妺嬉)와 달기(妲己)라는 음부에게 마음을 빼앗겨 이성을 잃고 주색의 향락에 탐닉해서 몸을 망치고 나라를 잃었던 것이다.

그들은 총애하는 여성의 환심을 사기 위해 제왕으로서 자기들에게 주어진 권력과 부를 사치와 음일(淫佚)로 일삼았다. 「주지육림」의 놀이라는 것도 이 제왕의 절대적인 권력과 부(富)의 배경 없이는 도저히 생각할 수 없는 호사한 「유희」의 하나였다.

음란 무도한 걸・주

《십팔사략》에 걸에 대해서 다음과 같은 이야기가 있다.

걸은 탐욕스럽고 포학했으며, 힘은 구부러진 쇠고리를 펼 정도였다. 유시(有施)씨의 딸 말희를 사랑해서 그녀의 말이라면 다 들어주었다.

옥과 구슬로 꾸민 궁전을 만들어 백성들의 재물을 고갈시켰다. 고기는 산처럼 쌓이고(肉山), 포는 숲처럼 걸려 있었으며(脯林), 술로 만든 못에는 배를 띄울 수가 있었고, 술지게미가 쌓여서 된 둑은 십리까지 뻗어 있었다. 한 번 북을 울리면 소가 물마시듯 술을 마시는 사람이 3천 명이나 되었다. 그것을 보고 말희는 좋아했다는 것이다.

또 《사기》에는 걸에 대해서는 그다지 구체적인 예를 들지 않고 있으나 주에 대해서는 자세히 말하고 있다. 그는 구변이 좋고 몸이 날랬다. 보는 눈과 듣는 귀는 남보다 빨랐다. 힘이 장사여서 손으로 맹수를 쳐 죽였다. 그의 지혜는 간하는 말을 충분히 물리칠 수 있었고, 그의 구변은 자기의 그릇된 행동을 정당화시킬 수 있었다. 그래서 신하들에게 자기의 훌륭함을 자랑하고 자기의 위대한 이름이 천하에 널리 알려진 데 우쭐대고 있었다.

그는 술을 좋아하고 또 여자를 좋아했다. 특히 달기라는 여자를 사랑해서 그녀의 말이라면 들어 주지 않는 것이 없었다. ……그는 사구

포락지형

(沙丘)에다 큰 유원지와 별궁을 지어 두고, 많은 들짐승과 새들을 거기에 놓아길렀다. ……술로 못을 만들고 고기를 달아 숲을 만든 다음(以酒爲池 懸肉爲林) 남녀가 벌거벗고 그 사이를 서로 쫓고 쫓기고 하며 밤낮 없이 계속 술을 퍼마시고 즐겼다. 백성들의 원성이 높아지고 제후들 중에 배반하는 사람이 생겼다. 그러자 주는 형벌을 무섭게 함으로써 이를 막을 생각으로 포락지형(炮烙之刑)이란 것을 창안해 냈다는 것이다.

「주지육림」이란 말은 여기 나오는「이주위지 현육위림(以酒爲池 懸肉爲林)」이 줄어서 된 말이다 술과 고기를 진탕 마시고 먹고 하며 멋대로 놀아나는 것을 가리켜 「주지육림」이라고 하는 것도, 여기 나오는 장면을 방불케 하는 그런 뜻으로 쓰인다고 볼 수 있다. 이와 같은 사치한 생활의 연속은 곧 국고를 바닥나게 했으며, 인심의 이탈을 불러일으켜 하왕조의 멸망을 가져오게 한 것도 필연적인 것이었다. {☞ 포락지형}

「은감불원 재하후지세(殷鑑不遠 在夏后之世)」즉 하의 왕 걸의 전례를 거울삼아 여자의 색향에 눈이 어두워서는 안된다, 사치일락을 삼가는 서백(西伯)을 비롯한 충의지사들의 간언을 듣기는커녕 오히려 걸왕의 행동을 몽땅 내 거울로 삼고 은의 주왕 또한 사치일락을 일삼았던 것이다. {☞ 은감불원}

죽두목설 竹頭木屑

대 竹 머리 頭 나무 木 가루 屑

《진서(晉書)》 도간전(陶侃傳)

「대나무 조각과 나무 부스러기」라는 뜻으로, 못 쓰는 것들을 모아 나중에 활용하는 일. 또는 하찮은 것이지만 유용한 물건을 비유하는 말이다. 진(晉)나라 때 도간(陶侃)의 고사(故事)에서 유래되었다.

도간은 동진(東晋)과 송(宋)대의 유명한 시인 도연명(陶淵明)의 증조부로, 명제(明帝) 때 정서대장군(征西大將軍) 등을 지냈다. 군사 방면에 특히 뛰어난 재능을 보였고, 모든 일에서 항상 몸소 힘써 행하여 모범을 보였다.

한번은 큰 배를 만드는 공사를 감독하였는데, 하루도 거르지 않고 현장에 직접 가서 일이 진행되는 것을 살폈다. 이때 도간은 공사에 쓰다 남은 나무 부스러기와 대나무 조각을 모두 거두어 간수하라고 명령을 내렸다(木屑及竹頭 悉令擧掌之).

사람들은 아무 쓸모도 없는 것들은 왜 모아두라고 하는지 의아해 하였다. 해가 바뀌어 새해를 축하하는 모임이 열렸는데 눈이 쌓였다가 녹아서 청사 앞의 길이 진창이 되었다. 도간은 보관해 두었던 대나무 조각과과 나무 부스러기 등으로 진창이 된 길을 덮게 하였다.

또 환온(桓溫)이 촉(蜀) 땅을 정벌하기 위하여 병선(兵船)을 급히 만들었는데, 널빤지는 많았지만 대나무못이 부족하였다. 도간이 이 사실을 알고 보관해 두었던 대나무 조각들을 환온에게 보내 대나무못으로 사용하게 하였다. 도간이 일을 처리하는 데 치밀함이 모두 이와 같았다고 한다.

죽림칠현 竹林七賢

대나무 竹 수풀 林 일곱 七 어질 賢

《세설신어(世說新語)》

대나무의 숲의 일곱 현인(賢人)이라는 뜻으로, 중국 진(晉)나라 초기에 유교(儒敎)의 형식주의를 무시하고, 노장(老莊)의 허무주의(虛無主義)를 주장하고, 죽림에서 청담(淸談)을 나누며 지내던 일곱 선비를 이르는 말이다.

중국 위(魏)·진(晉)의 정권교체기에 부패한 정치권력에 등을 돌리고 죽림에 모여 거문고와 술을 즐기며 청담으로 세월을 보낸 일곱 명의 선비를 가리키는 말이다.

여기서 「청담」은 세속적인 명리(名利)를 달관한 맑고 고상한 이야기를 이르는 말로서, 위·진시대에 유행한 청정무위(淸淨無爲)의 공리공담(公理空談)을 말한다.

이 말이 나오게 된 것은 중국이 한창 격동기에 접어들어 연일 전쟁과 살육으로 하루도 바람 잘 날이 없었던 위진남북조시대에 형성된 일군의 선비집단인 죽림칠현과 밀접한 관련이 있다.

자고 나면 왕조가 바뀌고 그럴 때마다 숙청과 살육이 자행되던 시기에 이런 현실에 염증을 느낀 뜻있는 사람들이 모였다. 그들은 세간의 이런 정황을 깨끗이 잊어버리고 보다 고상하고 운치 있는 대화만 나누며 술에 취해 세상의 시름을 잊고자 노력하였다. 특히 그 가운데 일곱 사람이 당시 크게 알려졌다.

산도(山濤, 자는 거원巨源)·완적(阮籍, 자는 사종嗣宗)·혜강(嵇康, 자는 숙야叔夜)·완함(阮咸, 자는 중용仲容)·유영(劉伶, 자는 백

륜(伯倫)·상수(向秀, 자는 자기子期)·왕융(王戎, 자는 준중濬中) 일곱 명이다.

이들은 개인주의적·무정부주의적인 노장사상(老莊思想)을 신봉하여 지배 권력이 강요하는 유가적 질서나 형식적 예교(禮敎)를 조소하고 그 위선을 폭로하기 위하여 상식에 벗어난 언동을 하기도 하였다.

이후 이들은 위(魏)나라를 멸망시키고 진(晉)나라를 세운 사마씨(司馬氏)의 일족에 의해 회유되어 해산되었다. 하지만 이들 중 혜강은 끝까지 그들의 회유를 뿌리치다 결국 사형을 당했다.

죽림칠현(淸 화가 전혜안)

이들이 술을 마시면서 시를 짓고 노닐 때 나누었던 이야기를 일러 후세 사람들이 「청담」이라고 한 것이다. 이들에게 있어서 술은 그 무엇과도 바꿀 수 없는 친근한 벗이라 할 수 있다. 그래서 유영과 같은 사람은 술을 찬양하는 「주덕송(酒德頌)」이라는 글까지 남겼을 정도였다.

시속(時俗)의 득실에 빠져 그들을 비방하던 세속지사(世俗之士)를 한낱 잠자리나 나나니벌로 격하시킨 풍류와 호방함은 가히 이들 칠현들의 정신세계를 한 마디로 대신한 것이라고 하겠다.

죽마고우 竹馬故友

대나무 竹 말 馬 옛 故 벗 友

《후한서》 곽급전(郭伋傳)

어릴 때부터 같이 놀며 자란 벗.

「죽마(竹馬)」는 대나무로 만든 말이란 뜻이다. 「죽마」니 「대말」이니 하는 것은 시대에 따라 각각 달랐던 모양인데, 하여간 어린 아이들이 긴 대나무를 말처럼 머리와 꼬리를 붙이고 앞머리를 손에 잡고 가랑이 밑에 넣어 말 탄 흉내를 내며 끌고 돌아다니는 그런 장난감이었던 것 같다. 이 죽마란 말은 《후한서》 곽급전에 나와 있다.

곽급은 후한 광무제 때 병주(幷州) 자사였던 사람으로 그가 부임하자, 「수백 명 아이들이 저마다 대말을 타고 길가에 나와 절을 하며 맞이했다」고 한다. 이 죽마를 어릴 때 친구란 뜻으로 쓴 것은 진무제(晋武帝) 사마염이었다.

제갈정은, 삼국시대 때 위(魏)나라 고관이었던 아버지 제갈탄(諸葛誕)이 진무제의 아버지인 사마소(司馬昭)에게 반기를 들었다가 피살되었기 때문에 인질로 가 있던 오나라에서 대사마란 재상의 지위에 올라 있었다. 그런데 오나라가 망하고 그가 진나라로 돌아오게 되자, 진무제는 그를 또 진나라 대사마에 임명했다.

그러나 그는 불러도 가지 않았다. 아버지를 죽인 원수의 나라에 벼슬을 할 수 없다는 생각에서였다. 그것만이 아니고 그는 진나라 서울 낙양이 있는 쪽을 항상 등을 돌리고 앉아 있었다.

무제가 그와의 옛 정을 못 잊어 만나보고 싶어 했으나 끝내 만나주지 않았다. 그래서 무제는 제갈명의 누님이 되고 자기의 숙모가

되는 낭야왕(琅耶王) 사마주의 부인인 제갈비(諸葛妃)에게 부탁해 그를 부르게 했다. 무제는 누님을 찾아와 이야기하고 있는 방에 갑자기 나타나 기쁨의 인사를 나누었다. 그리고 술자리가 베풀어져 술이 얼근했을 때 무제는 정답게 말을 건넸다.

진무제 사마염

「경도 설마 죽마의 옛정을 잊은 것은 아니겠지?」

그러자 제갈정은, 「신은 숯을 머금고 몸에 옻칠을 할 수 없어, 오늘 다시 폐하를 뵙게 되었습니다」 하고 눈물이 비 오듯 했다.

숯을 머금고 몸에 옻칠을 한다(漆身吞炭)는 것은, 전국시대 지백(智伯)의 신하였던 예양(豫讓)이 옛 주인의 원수를 갚기 위해 했던 일을 가리켜 한 말이다. 무제는 그의 심정을 이해하는 한편, 그런 줄도 모르고 억지로 만나려고 한 자신을 후회하며 방을 나갔다는 것이다. {☞ 칠신탄탄(漆身吞炭)}

이 무제가 말한 죽마지호(竹馬之好)에서 「죽마지우」니 「죽마고우」니 하는 말이 생겨났다.

제갈정의 아버지에 대한 복수심도 놀랍지만, 그보다도 천자로서 옛정을 잊지 못해 그토록 그를 만나고 싶어 한 진무제야말로 과연 죽마고우의 옛정을 잊지 못한 전형적인 인물이라 하겠다.

준마매태치한주 駿馬每馱痴漢走

준마 駿 말 馬 매양 每 탈 馱 어리석을 痴 한수 漢 달릴 走

당백호(唐伯虎)

「준마는 항상 어리석은 자를 태우고 다닌다」라는 뜻으로, 세상일의 불공평함을 비유하는 말이다. 중국의 속담에서 유래된 말이다.

당인(唐寅)의 자는 백호(伯虎), 성화(成化) 6년(1470), 강소성 오현에서 태어나, 스물아홉 살 때 향시(鄕試)에 수석으로 합격을 했다. 그러나 다음 회시(會試) 때는, 같은 고향의 수험생이 뇌물을 준 사건에 말려들어 시험 볼 자격을 박탈당하고 말았다.

희망에 한창 부풀어 있는 그에게 너무도 가혹한 날벼락이었다.

그는 그 길로 벼슬을 단념하고 고향으로 돌아와 술에 미친 듯이 매일 손들과 풍류를 즐기며, 그 자신을 가리켜 「강남 제일의 풍류재자(風流才子)」라고 일컬었다.

그는 쉰네 살로 세상을 뜰 때까지 여러 가지 일화들을 남겼는데, 그것이 뒤에 소설로도 되고 연극으로도 되어 「당해원(唐解元 : 해원은 향시의 수석합격자를 부르는 이름)」이란 이름으로 널리 알려져 있었다 한다.

그의 이 시는 명말(明末)의 학자 사조제(謝肇制)의 수필집 《오잡조(五雜組)》에 인용되어 있다.

준마는 매양 치한을 태우고 달리고
교처는 항상 졸부를 짝하고 잔다.
세간의 많고 적은 불공평한 일이

하늘이 지은 것인 줄 알지 못하거든
하늘이 한 것이라고 원망하지 말라.

駿馬每馱痴漢走 巧妻常伴拙夫眠　준마매태치한주 교처상반졸부면
世間多少不平事 不會作天莫作天　세간다소불평사 불회작천막작천

즉 좋은 말이 대개는 못난 녀석을 태우고 다니고, 좋은 여자다 싶어 그 남편을 보면 거의가 못생긴 사내들이다. 세상에는 이 같은 불공평한 일들이 많은데, 이 모두가 하늘이 하는 일이다. 그런 이치를 모르는 사람이거든 함부로 하늘을 원망하지 않는 것이 좋다는 뜻이다.

당백호(唐伯虎) 화상(畫像, 淸 전영)

「비록 농담의 시이긴 하나 세상에 대한 분노가 깃들어 있다」 하고 이 시를 인용한 사조제는 평하고 있다. 세상을 비웃으면 평생을 산 우리나라 김삿갓의 시를 연상케 한다.

이 시가 널리 사람의 입에 오르내리게 된 것은, 그 속에 사람을 웃기는 서글픈 진리가 숨어 있는 때문일 것이다.

이를 약해서 「준마치한에 교처졸부」란 문자를 쓰기도 한다.

준조절충 樽俎折衝

술통 樽 도마 俎 꺾을 折 부딪칠 衝

《안자춘추(晏子春秋)》

평화롭게 교섭으로 유리하게 일을 처리함.

《안자춘추》에 나오는 말이다. 준조(樽俎)라고 하면 술자리를 뜻한다. 곧 「술자리에 앉아서 나가지 않고도 천리 밖의 일을 절충해 냈다」고 한 데서 나온 말이다.

춘추시대 제장공(齊莊公)이 가신 최저(崔杼)에게 살해당하는 사건이 일어났다. 장공이 무도해서 최저의 처와 간통을 했기 때문에 의(義)를 바로잡기 위해 죽였다는 것이었다. 일의 진위는 어쨌건 장공이 살해된 것은 사실이었다.

그래서 장공의 동생이 위에 올라 경공(景公)이 되었다. 그러나 그때는 이미 최저와 그의 한패인 경봉(慶封) 등의 힘이 강하여 누를 수가 없었다. 그뿐 아니라 경공은 최저를 우상에, 경봉을 좌상에 임명하고 이 두 사람에게 반대하는 자는 죽인다는 맹서를 하게 되었다. 군신은 다 그 기세를 좇아 차례차례로 맹서를 했다.

그런데 단 한 사람 맹서를 하지 않는 자가 있었다. 안영(晏嬰)이 바로 그 사람이었다. 영공(靈公)·장공(莊公) 2대에 걸쳐 섬기고 인망도 있었다.

안영은 하늘을 우러러보며 이렇게 탄식할 뿐이었다.

「임금에게 충성되고 나라에 이익이 되는 일이라면 따르겠다」

경봉은 그를 죽이자고 했으나 최저는 듣지 않았다.

제나라의 내분은 계속되었다. 마침내 최저가 살해되고 이어 경봉

도 겁을 집어먹고 오나라로 도망해 버렸다. 그래서 안영이 상국(相國)이 되어 국정을 맡게 되었다. 이것이 춘추시대 이름 높은 외상(外相) 안상국(晏相國)이다.

춘추시대에는 대국만 해도 12국이 있었고, 소국들까지 치면 백 나라가 넘었다. 안영은 국내에서는 얽히고설킨 파벌싸움을 진정시키고 국제적으로는 안태(安泰)하게 만들고자 애를 썼다.

안 영

안영은 온화하고 생활은 검소했다. 한 벌의 옷을 30년이나 입었다는 얘기도 전해지고 있다. 경공이 안영에게 넓은 토지를 주려고 했을 때 그는 이렇게 말해 고사했다.

「욕심이 차면 망하는 날이 가까워집니다」

안영은 때로 외국에 사신으로 나갔다. 또 제후의 사신이 오면 그와 응대하여 훌륭한 외교수완을 발휘했다. 안영이 경공과 함께 강대함을 자랑하는 진(晋)으로 갔을 때의 일이다.

여흥으로 화살을 던져 항아리에 넣는 놀이인 투호(投壺)놀이를 하게 되었다. 진의 가신이 나와,

「만약 우리 주군께서 넣으시면 제후의 사(師)가 되실 징조다」 라고 찬사를 말했다.

진평공(晋平公)은 던져서 넣었다. 와! 하는 박수소리가 났다. 이때 안영이 나아가,

「만약 우리 주군께서 넣으시면 제는 진을 대신하여 흥할 것입니다」 하고 말했다.

진평공

경공은 던져 넣었다. 진의 평공은 화를 내고 가신들도 긴장하며 일어섰다. 그러나 안영은,

「투호는 하나의 놀이일 뿐, 찬사는 희롱하는 말이지 맹서는 아닙니다」라고 둘러대고 경공과 함께 조용히 퇴출했다.

이것은 안영의 외교를 칭찬하기 위해 하나의 지어낸 이야기인지도 모른다. 안영이 외교에 대해 마음을 쓴 것은 더 복잡하며 대규모인 힘의 관계를 조정하는 데 있었으리라.

하지만 어쨌든 안영은 제나라라는 배의 키(舵)를 단단히 잡고, 서로 얽히고설킨 제국 사이를 걸어갔던 것이다. 그것을 안영의 언동을 기록한 《안자춘추》는 이렇게 쓰고 있다.

「술자리에 앉아서 나오지 않고 천리 밖의 일을 절충해 낸다는 것은 곧 안자를 가리켜 하는 말이다(不出樽俎之間 而折衝千里之外 晏子之謂也)」

이렇듯 연석(宴席)에서 담소하며 적의 예봉을 피하고 유리하게 담판을 짓는, 말하자면 천리 밖에서 적의 공격(衝)을 꺾어버린다는 것은 바로 안자를 가리켜 말하는 것이다.

주석에서 평화스럽게 외교교섭을 하여 유리하게 일을 결말짓는 것을 「준조절충」이라 한다. 그것이 전(轉)해서 담판이나 거래, 국제상의 회견 등을 이 말을 빌려 쓰게 되었다.

중과부적 衆寡不敵

무리 衆 적을 寡 아니 不 대적할 敵

《맹자》 양혜왕편(梁惠王篇)

「적은 숫자로는 많은 숫자를 대적할 수 없다」는 것이 「중과부적」이다. 처음부터 역량의 차이가 커서 싸움의 상대가 못 된다는 말이다.

《맹자》 양혜왕편에 있는 말이다.

전국시대 때 왕도정치(王道政治)의 이상을 설파하기 위해 여러 나라를 방문하던 길에 맹자는 제나라에 와서 선왕(宣王)을 만나게 되었다. 선왕은 맹자에게 패왕이 되는 길을 묻고자 했는데, 이에 대해 맹자는 오직 왕도정치만이 옳은 길이라고 하면서 다음과 같이 대화를 풀어나갔다.

「군대를 일으켜 무력으로써 나라를 부강하게 만들고 천하의 패자가 되고자 하는 것은 마치 『나무에 올라가 물고기를 구하는 것(緣木求魚)』과 같습니다」

그러자 선왕이 물었다.

「아니 그것이 그토록 어리석은 일이란 말이오?」

「어리석은 정도가 아닙니다. 그보다도 더욱 심합니다. 나무에 올라가 물고기를 구하는 일이야 실패해도 큰 해가 없겠지만, 임금의 정책은 실패하면 나라를 망치고 맙니다」 {☞ 연목구어}

맹자는 이렇게 단호하게 말하고 나서 차근차근 설명해 나갔다.

「가령 작은 나라인 추(鄒)와 큰 나라인 초(楚)가 싸운다면 어느 쪽이 이길 거라고 생각하십니까?」

제 선왕

「그야 당연히 초나라가 이기겠지요」

「자, 그렇다면 수가 적은 편은 많은 편을 이길 수 없으며(寡固不可以敵衆), 약소국은 강대국을 이길 수 없으며(弱固不可以敵强), 약자는 강자에게 패하게 마련입니다. 지금 천하에 사방 일천리 되는 땅을 가진 나라가 아홉이 있는데, 제나라도 땅을 모두 합치면 일천리쯤 되므로 그 중 하나가 되는 셈입니다. 하나를 가지고 여덟을 복종시키려는 것은 작은 추나라가 거대한 초나라에 대적하려는 것과 무엇이 다르겠습니까?」

「그러면 어떻게 해야 합니까?」

「어진 덕으로 나라를 다스린다면 천하의 백성들 중 누가 임금을 우러러보지 않겠으며, 누가 자신들을 다스려 주기를 바라지 않겠습니까? 그러면 저절로 천하는 폐하의 것이 될 것입니다. 왕도를 따르는 자만이 천하를 지배할 수 있습니다」

그러나 제선왕은 이를 수긍하면서도 맹자의 건의를 받아들이지는 않았다.

중구난방 衆口難防

무리 衆 입 口 어려울 難 막을 防

《십팔사략》, 《국어(國語)》

「중구난방」은 많은 사람들이 마구 떠드는 소리를 감당할 수 없다는 뜻이다. 그러나 지금은 이 말을 부사로 사용하는 경우가 많다. 즉 여러 사람이 질서 없이 마구 떠들어댈 때,

「중구난방으로 이렇게 떠들 것이 아니라, 우리 차근차근 이야기합시다」하는 경우를 예로 들 수 있다. 이 경우 「중구난방」은 「제멋대로」라는 뜻이 된다. 말하자면 명사가 부사로 바뀐 것뿐 본래의 뜻에 별 차이는 없다.

이 말을 직접 쓴 것은 춘추시대 송나라 사마(司馬) 화원(華元)이다. 그가 성을 쌓는 일을 독려하기 위해 나와 있을 때, 군중들이 그가 적국의 포로가 되었다가 돌아온 것을 비웃어 노래를 불렀다.

그러나 마음이 너그러운 그는 군중들을 꾸짖는 일이 없이 「뭇 입은 막기 어렵다(衆口難防)」라고 그만 나타나지 않았다. 그의 그러한 태도가 대중에게 좋은 반향을 일으켜 그는 국민들의 존경을 받게 되

주 여왕

자

소공 석(召公奭)

었다는 것이다.

그러나 이 말은 그가 처음 쓴 말이 아니고, 옛날에 이미 있었던 말을 짤막하게 표현한 것이라 볼 수 있다.

《십팔사략》에 보면 소공(召公)이 주 여왕(周厲王)의 언론 탄압 정책을 간하여 이렇게 말하고 있다.

「백성의 입을 막는 것은 내를 막는 것보다 더한 바가 있습니다(防民之口 甚於防川). 내가 막혔다가 터지면 사람을 많이 상하게 됩니다. 백성들도 역시 마찬가지입니다. 그러므로 내를 다스리는 사람은 물이 흘러내리도록 하고, 백성을 다스리는 사람은 생각하는 대로 말을 하게 해야 합니다」

그러나 여왕은 소공의 말을 듣지 않고 함구령(緘口令)을 계속 밀고 나갔다. 그로 인해 폭동을 만나 도망친 곳에서 평생을 갇혀 사는 결과를 가져왔고, 그가 갇혀 있는 동안 대신들의 합의에 의해 정치를 한다 해서 이것을 공화(共和)라 불렀다. 이것이 공화정치의 가장 오랜 역사라 볼 수 있다.

또 《국어》 정어(鄭語)에는 재상 자산(子産)의 말이라 하여, 「백성의 입을 막는 것은 내를 막는 것보다 더 심한 것이 있다」 고 해서 같은 말이 나와 있다.

결국 「중구난방」 은 이 「심어방천(甚於防川)」 이란 말에서 나온 것 같다.

중구삭금 衆口鑠金

무리 衆 입 口 녹일 鑠 쇠 金

《전국책(戰國策)》 진책(秦策)

「여러 사람이 말을 하면 무쇠도 녹인다」는 뜻으로, 참언(讒言)의 두려움을 말함. 또한 여론의 힘이 큼을 이르는 말이다.

증삼(曾參)의 어머니에게 어떤 사람이 갑자기 뛰어와서 이렇게 말을 했다.

「어머니, 큰일 났습니다. 증삼이 사람을 죽였습니다」

어머니는 의아해 하였지만, 아들이 사람을 죽일 리 없다고 생각을 하고 이렇게 말했다.

「말도 안 됩니다. 증삼은 사람을 죽일 인물이 아닙니다」

얼마 후 또 한 사람이 와서 말을 하였다.

「증삼이 사람을 죽였어요」

그러자 이번에도 어머니는 말했다.

「증삼은 사람을 죽일 사람이 아닙니다」

잠시 후 이웃에 사는 사람이 와서 말했다.

「증삼이 사람을 죽여서, 지금 관청에서 조사를 받고 있는데, 어떻게 할 것인지 생각 좀 해보세요」

그러자 증삼의 어머니는, 마침내 증삼이 사람을 죽였다는 것을 믿고 슬피 울었다. 당시에는 연좌제가 있었기에, 친족이 범죄를 저지르면 일가 모두가 화(禍)를 면치 못하였기에, 어머니에게 빨리 도망가라고 하였다.

그러나 어머니는 내가 도망을 가면 이 집안을 누가 돌보겠는가

증 삼

하고 걱정을 하면서 도망을 하지 않았다.

이때 증삼이 집으로 돌아오자 모든 사람들이 놀랐다. 그들은 놀라면서 증삼에게 물었다.

「너는 사람을 죽여 관에 잡혀가지 않았느냐? 어떻게 돌아왔느냐? 혹 네가 죽인 사람이 나쁜 사람이라서 사면된 것이냐?」

그러자 증삼이 그 말을 듣고 슬며시 웃으면서 말했다.

「제가 어떻게 사람을 죽일 수가 있습니까? 만약에 제가 사람을 죽였다면 이렇게 빨리 집에 돌아올 수 없었을 겁니다. 저는 마침 살인한 사람과 동명이인이었습니다」

이 말은 거짓말도 세 번을 하게 되면 사실이 될 수 있기 때문에 「여러 사람이 말을 하면 무쇠도 녹이고, 악담이 쌓이면 굳건한 뼈도 녹인다(重口鑠金 積毁銷骨)」 라고 한 것이다.

그래서 유가(儒家)에서는 말을 할 때는 반드시 사실 여부를 확인하고, 조심스럽게 말을 하라고 하고 있다. 즉, 함부로 의심하지 말 것을 강조하는 말이다.

공자가 말했다.

「군자는 말을 잘한다고 하여 사람을 등용하지 않고, 사람이 나쁘다고 하여 그 말을 버리지 않는다(君子不以言擧人 不以人廢言)」

사람은 함부로 남을 의심하지 말아야 한다고 강조하고 있다.

중도이폐 中道而廢

가운데 中 길 道 말이을 而 폐할 廢

《논어》 옹야(雍也)편

일을 중도에서 그만둠.

공자의 제자 염구(冉求)의 자(字)는 자유(子有)이며, 공자보다 29세 아래다. 계강자(季康子)가 공자에게 「염구는 인(仁)합니까?」라고 물으니, 공자가 「천실의 읍(千室之邑)과 백승지가(百乘之家)에서 군사(軍事)를 다스리게 할 만하지만, 인(仁)한지에 대해서는 모르겠습니다」라고 답했다. 재차 「자로(子路)는 인합니까?」라고 물으니, 「염구와 다를 바가 없습니다」라고 답했다.

염구가 공자에게 「의(義)를 들었으면 바로 행해야 합니까?」라고 물으니, 공자가 「바로 행해야 한다」라고 답했다. 자로가 「의를 들었으면 바로 행해야 합니까?」라고 물으니, 「부형(父兄)이 계시니 어찌 듣고서 바로 행하겠느냐?」라고 답했다.

자화(子華)가 괴이하게 여겨 「감히 여쭙겠는데, 물음이 같은데 대답이 어찌해 다릅니까?」라고 물으니, 「염구는 머뭇거리는 사람인지라 진취시켜준 것이고, 자로는 남에게 이기려 들기 때문에 억제시켜준 것이다」라고 답했다.

염구가 말했다.

「선생님, 저는 선생님께서 말씀하신 사상, 도리(道理)를 좋아하지 않는 것은 아닙니다만, 그것을 실천할 능력이 부족합니다」

공자가 말했다.

「역량이 충분하지 못하다면 반쯤 간 다음 멈출 수도 있다(中道而

자

염 구

廢). 그런데 너는 지금 아예 갈 수 없다고 한계를 긋는구나」

기존의 주석가들은 대부분 중도이폐의 폐(廢)를 「그만두다」, 「멈추다」 등으로 해석하고 있다. 그래서 중도이폐는 「가던 길을 멈추다」, 「하던 일을 그만두다」의 뜻으로 이해하였다. 그래서 때로 중도이폐는 포기라는 부정적인 맥락에 쓰이는 빌미가 되었다.

그러나 다산은 이 「폐」 자를 글자 본래의 뜻이 「집이 기울어 무너지다」의 뜻이므로 사람의 경우라면 「기력이 다해 쓰러져 죽다」에 해당한다고 보았다. 그리고 다시 이런 설명을 덧붙였다.

「이 말은 죽음에 이르도록 그치지 않는다는 지극한 표현이다. 말이 측달하고 격렬하다(此是至死不已之至言 其言惻怛激烈)」

등에 진 짐은 무겁고 갈 길은 멀다. 수많은 현실의 완고한 걸림돌에도, 내 힘의 부침에도 계속 길을 향해 간다. 그래서 이 길을 걷는 것은 어느 것보다 격렬하다. 이 길을 걸어가는 것이 그 길을 걷는 기쁨을 누리는 것이지만 길을 걷는 자에게 허락된 것은 가던 길에서 쓰러지는 것뿐이다. 그래서 이 길을 걷는 것은 아름다우면서도 비장하다. 그래서 무언가를 추구하는 것이 기쁜 자에게 「중도이폐」는 삶의 도중의 모습이 아니라 삶의 끝에야 성취하는 모습이다.

염구의 역량이 부족하다는 것을 게으름에 대한 핑계로 삼는 일은 오늘날에도 늘 있는 일이다.

비슷한 뜻으로 「반도이폐(半途而廢)」가 있다.

중류격즙 中流擊楫

가운데 中 흐를 流 칠 擊 노 楫

《진서(晉書)》 조적전(祖逖傳)

「강의 중류에서 노를 두드리다」 라는 뜻으로, 잃어버린 땅을 되찾고자 하는 굳은 결심 또는 가슴에 품은 웅대한 뜻을 비유하는 말이다. 《진서(晉書)》 조적전에 있는 이야기다.

흉노가 장안을 점령하고 서진이 멸망한 후, 중국은 역사상 오호(五胡)가 중화를 어지럽히는 시기가 시작되었다. 또한 북방 한족이 대거 남쪽으로 이주한 「영가지란(永嘉之亂)」의 시기이기도 했다. 이때 조적(祖逖)도 피난을 떠나는 인파 속에 섞여 남하했는데 회수와 사수를 지나는 길에서 노인과 병자들을 자기 수레에 태우기도 하고 식량과 의복을 사람들에게 나눠주기도 했다. 그리고 도적 떼가 나타나면 직접 가정(家丁)들을 데리고 나가 싸워서 물리치곤 했다. 그래서 남하하는 길에서 조적에 대한 칭송이 자자했다.

낭야왕 사마예(司馬睿, 276~322)는 조적의 이름을 익히 들어 알고 있던 터라 그가 사구(泗口)에 이르렀다는 소식을 듣고 조서를 내려 서주자사로 임명했다. 후에 다시 군자제주(軍諮祭酒)로 임명하여 전략적 요새인 경구(京口)를 지키도록 했다.

조적은 사마예에게 이렇게 진언했다.

「중원에 난이 일어 오랑캐들이 쳐들어와 지금 중원 백성들은 도탄 속에서 신음하고 있습니다. 그들은 모두 오랑캐들을 배척하고 있습니다. 폐하께서 출병의 영만 내리신다면, 대장 한 사람만 보내도 오랑캐들을 내몰고 잃어버린 땅을 모두 수복할 수 있습니다」

동진 원제 사마예

사마예는 장강 동남에서 안일하게 지낼 생각만 하고 있었을 뿐 북벌에 대해서는 큰 희망을 걸지 않았다. 그러나 그 뜻을 물리칠 명분도 없었으므로 조적을 분위장군(奮威將軍) 겸 예주자사(豫州刺史)에 임명하였다.

그러나 이는 이름뿐인 직책으로, 조적에게 주어진 것은 고작 천 명 분의 식량과 삼천 필의 베에 불과하였다. 그래도 조적은 조금도 낙담하지 않고 백 명을 이끌고 배를 타고 강북(江北)으로 건너갔다. 의기가 북받쳐 오른 조적은 배가 강 한가운데 이르렀을 때 노를 두드리며 맹세하여(中流擊楫而誓曰) 「중원을 회복하지 못한다면 결코 돌아오지 않을 것이다」라고 소리쳤다.

조적의 북벌군은 각지에서 백성들의 지지를 받으며 마침내 황하(黃河) 이남의 실지(失地)를 회복하였다.

조적이 식량을 비축하고 군사를 조련한 다음에 계속 북상하여 황하 이북을 수복할 준비를 하고 있는데 사마예가 대약사(戴若思)라는 자를 예주도독으로 임명하여 조적을 지휘하게 했다. 남방의 절반 강산에서 편하게 살려는 조정 간신들의 통제를 받게 된 조적은 북벌의 포부를 실현하기 어려워졌다. 그는 울화로 인해 끝내 몸져눕게 되었고, 결국 비통한 심정을 안고 세상을 떠났다.

조적은 비록 북벌을 완성하지는 못했지만 그가 장강을 건널 때 보인 북벌의 기개는 후세 사람들에게 길이 칭송받고 있다.

중석몰족 中石沒鏃

가운데 中 돌 石 잠길 沒 살촉 鏃

《선《사기》 이장군전(李將軍傳)

명궁(名弓).

명장에도 장(將)의 장(將)이 될 그릇과, 무용에 뛰어나 부장(部將)으로서 이름나는 두 종류가 있다. 한나라의 이광(李廣)과 그 손자 이능(李陵)과 같은 자는 후자에 속한다. 천하에 용명을 떨친 장군이 계속 배출되는 것도 그럴싸한 일, 농서(隴西 : 감숙성) 이장군의 집은 선조 대대로 무인의 혈통을 자랑하고 있었다. 농서는 오랑캐 땅에 가깝다. 북쪽에 접해 있는 사막 땅은 흉노(匈奴)의 전진기지가 되어 있었으며, 도시 주변에는 육반(六盤)산맥의 지맥이 뻗어 있다.

국경 도시다운 거친 분위기 속에서 유년시절을 보낸 이광이 얼마 안가서 정식으로 훈련을 받게 되자, 급속도로 두각을 나타내기 시작하였다. 무장의 아들로서 부끄럽지 않을 만한 풍격은 자연 몸에 지니고 있었지만, 특히 활을 잡으면 누구에게든지 뒤떨어지지 않을 만한 자신이 있었다.

문제 14년(BC 166), 흉노가 대거 숙관(肅關)을 침범하였을 때 얼마 안 되는, 그러나 톡톡히 단련받은 수병(手兵)을 이끌고 흉노에게 뒤떨어지지 않는 훌륭한 기병전술과 활재주를 보여주었다. 수십 년간 흉노에게 고배를 계속 마셔 온 문제는 자기 일같이 기뻐했다. 그래서 이광을 가까이 두고 싶어 시종무관에 임명하였던 것이다. 호랑이와 맞붙어 졸라 죽인 것은, 문제의 사냥에 수행하였을 때의 일이었다. 위기일발 난(難)을 면한 문제는 이제 새삼 놀라고, 「너는 참 아깝게 되었다. 고조시대

이광 사석도(射石圖)

에 태어났더라면 큰 나라의 후군(侯君)으로 출세하였을 텐데」

「아니옵니다. 후군이 되고 싶지는 않습니다. 다만 국경의 수비대장이 신의 소원입니다」

이리하여 이광은 전부터 바라던 변경의 수비대장을 전전하게 되었다. 이 사이에 세운 공로는 헤아릴 수 없을 정도로 많았다. 그러나 처세술이 시원치 않아 벼슬이 올라가기는커녕 때로는 면직될 뻔도 하였다. 장군의 실력을 알고 있던 것은, 오히려 적인 흉노 쪽이었을는지 모른다. 한(漢)의 비장군(飛將軍)의 이름을 숭앙하고, 감히 장군의 요새를 엿보려 하지 않았다. 우북평(右北平)의 흉노만이 안전하지 못하였을 뿐 아니라, 산야를 횡행하는 호랑이도 편안치 못하였다.

한번은 초원의 바위를 호랑이로 잘 못 보고 쏘았는데, 살촉이 푹 파묻힐 정도로 깊이 돌에 들어 박혔다. 돌에 화살이 꽂힌 것이다. 가까이 가 보고서야 돌인 줄 알고 새로 활을 쏘았더니 이번에는 꽂히지 않았다는 것이다.

이것이 「중석몰족」의 고사다. 이광 장군의 활 솜씨를 칭찬하여 만들어낸 이야기인지도 모른다. 여하튼간에 그가 활에 뛰어났다는 것은 틀림없는 일이다. 더욱이 그것은 수련에 의하여 얻은 기술의 영역을 벗어난 것 같다. 그 활솜씨가 발군(拔群)이었던 것은 그가 원비(猿臂)였기 때문이라고 한다. 원비라 하면 원숭이처럼 팔이 긴 것을 말한다. 원숭이처럼 팔이 길면 활을 당기는 데도 편리할 것이다.

중심성성 衆心成城

무리 衆 마음 心 이룰 成 성 城

《국어(國語)》

여론의 위력을 나타냄의 비유.

「여러 사람의 마음이 성(城)을 이룬다」라는 뜻으로, 여러 사람이 마음을 하나로 합치면 견고한 성과 같음을 비유하는 말이다.

춘추시대 말기에 주(周)나라 경왕(景王)은 어느 날 갑자기 그 당시 쓰이던 화폐를 폐지하고 새 화폐를 만들어서 백성들에게 큰 피해를 주었다. 다시 2년 뒤에는 또 거대한 종을 만들겠다는 생각을 하고, 이를 대신들에게 상의하자, 단목공(單穆公)과 악사(樂師)인 주구(州鳩)는 반대하여 이렇게 말했다.

「종을 만드는 이유는 그 아름다운 소리를 듣기 위해서인데, 종소리가 너무 크면 사람들을 놀라게 할 뿐입니다. 사람의 눈이 사물을 보려면 일정한 거리를 띄어야 하듯이, 사람의 귀가 소리를 듣는 데에도 일정한 한도가 있는 법입니다. 그래서 옛날 성인들이 크고 작은 종을 만들면서 그 규격을 분명하게 정했던 것입니다. 뿐만 아니라 큰 종을 만들려면 백성들의 재물을 축내고 그들에게 힘든 일을 시켜야 하는데, 그렇게 하는 것은 백성들에게 죄를 짓는 일이 되므로 해서는 안 됩니다」

단목공의 반대에 반감을 품은 경왕은 이번에는 음악을 관장하는 관리 주구(州鳩)에게 자기 생각을 지지해 주기를 은근히 기대하면서 그 의견을 물었다. 그러자 주구는 이렇게 대답했다.

「음악소리는 대소경중(大小輕重)의 구별이 있고, 그 대소에도 한계가 있을 때 비로소 모든 악기들의 소리가 조화를 이룰 수 있습니다. 음악 자체를 보더라도 만드시려는 종은 적당하지 않고, 국가와 백성들의 이익이란 관점에서도 적합하지 않습니다. 폐하 혼자를 위해서 백성들을 고생시킨다면 그들의 원성과 분노만 사게 될 것입니다」

그러나 경왕은 두 사람의 말을 듣지 않고 마침내 거대한 종을 완성시켰다. 평소에 아첨하는 일이 몸에 밴 악공(樂工)들은 저마다 경왕에게 종소리가 매우 조화롭고 듣기 좋다고 아부하였다. 그러자 경왕은 기분이 좋아져서 종을 만드는 것을 반대한 주구를 불러 자랑했다.

「종소리가 매우 듣기 좋으니, 그대가 지나치게 염려한 것이다」

주구가 말했다.

「왕께서 거대한 종을 만드는 일을 백성들이 모두 찬성하여야 그 소리가 조화로울 수 있는 것입니다. 그런데 지금은 백성들을 힘들게 하고 그들의 재산을 축나게 함으로써 백성들이 모두 왕에 대하여 원망하는 마음을 품고 있으니, 이러한 상황을 어찌 조화롭다고 말할 수 있겠습니까? 백성들이 찬성하는 일은 성공하지 못하는 경우가 매우 드물고, 백성들이 싫어하는 일은 실패하지 않는 경우가 매우 드문 법입니다. 이것이 바로 항간에서 『여러 사람의 마음이 하나로 뭉치면 성을 이루고, 여러 사람의 입에 오르면 쇠도 녹는다(衆心成城 衆口鑠金)』라고 말하는 이치입니다」

이듬해 경왕이 죽고 나자 종소리가 듣기 좋다고 말하는 사람은 아무도 없었다. 여기서 유래하여 중심성성은 여러 사람이 일치단결하면 성처럼 견고해질 수 있다는 것을 비유하는 성어로 사용된다.

「여러 사람의 입에 오르면 쇠도 녹인다」라는 뜻의 「중구삭금(衆口鑠金)」 성어도 여기서 유래되었다.

중오필찰중호필찰 衆惡必察衆好必察

무리 衆 미워할 惡 반드시 必 살필 察 좋을 好

《논어》 위령공편(衛靈公篇)

전략은 활용하는 것이 중함.

공자가 말했다.

「많은 사람이 어떤 사람을 미워하더라도 반드시 자신이 살펴야 하고, 많은 사람들이 어떤 사람을 좋아하더라도 반드시 자신이 살펴야 한다(衆惡之必察焉 衆好之必察焉)」

여러 사람의 미움을 받는 자라고 해서 반드시 그가 나쁜 것은 아니다. 소인(小人)들은 군자(君子)의 뜻을 알지 못하는 법이니, 오히려 착한 자가 여러 나쁜 자들에게 따돌림 당하고 시기 받는 경우도 많다. 반대로 여러 사람이 좋아하는 자라고 해서 반드시 그가 착한 것은 아니다. 자공(子貢)이 공자에게 물었다.

「마을 사람들이 모두 어떤 사람을 좋아한다면 어떻겠습니까」

공자가 대답했다.

「옳지 못한 일이다」

자공이 다시 물었다.

「마을 사람들이 모두 어떤 사람을 미워한다면 어떻겠습니까?」

「그것도 옳지 못한 일이다. 마을 사람들 가운데 착한 사람들은 그를 좋아하고, 착하지 못한 사람들은 그를 미워하는 것만 못하다」

이는 《논어》 자로(子路)편에 있는 말이다.

주자(朱子)는 이 구절에 대한 주해(註解)에서 「한 마을 사람들 사이에는 같은 무리끼리 좋아하거나 미워하는 일도 생기기 마련이다.

그러므로 착한 사람이 좋아하는 사람을 나쁜 사람이 미워하지 않는다면, 그 사람은 틀림없이 구차하게 모두의 비위를 맞추는 행동을 하였을 것이다. 나쁜 사람이 미워하는 사람을 착한 사람이 좋아하지 않는다면, 그 사람의 실상은 틀림없이 좋아할 만하지 않을 것이다」라고 설명하였다.

「중오필찰」은 여러 사람이 어떤 사람을 미워하거나 싫어하면 대개는 미움을 받는 사람이 나쁜 줄로 알기 쉽다. 그러나 그 반대의 경우도 있다. 군자가 뭇 소인들의 미움을 받는 경우도 있고 부지런한 사람이 게으른 사람들에게 따돌림을 당하는 경우도 있다. 그러므로 많은 사람이 다 미워한다고 그 사람이 무조건 나쁜 줄 알지 말고, 반드시 그 내용과 까닭을 살펴야 한다. 이것이 「중오필찰」의 교훈이다

「중호필찰(衆好必察)」은 많은 사람이 좋아하더라도 무조건 상대가 훌륭한 것으로만 생각지 말고 그 좋아하는 내용과 이유가 무엇인지를 반드시 살펴야 한다는 말이다.

《논어》 위령공편에 있는 말이다.

민주주의(民主主義)를 가리켜 우민주의(愚民主義)라고 하는 사람이 있다. 우리가 선거를 통해서 가끔 느낄 수 있는 득표현상 같은 데서 이 교훈의 의미를 찾아볼 수도 있을 것 같다.

《대학》 제가장(齊家章)에는 「좋아하면서도 그 사람의 악한 것을 알고(好而知其惡), 미워하면서도 그 사람의 아름다운 것을 아는 사람은 천하에 드물다(天下鮮矣)」라고 했다.

인간은 감정과 이해에 사로잡히기 쉬운 것이므로 미워하고 좋아하는 것이 일시적인 그릇된 감정이나 비뚤어진 사리사욕 때문이 아닌지를 지도자는 항상 살피고 그 자신도 반성해 볼 일이다.

중용지도 中庸之道

가운데 中 떳떳할 庸 어조사 之 길 道

《중용(中庸)》

중용의 도리. 극단에 치우치지 않고 평범한 속에서의 진실한 도리.

「중용지도」란 말을 우리는 흔히 쓰곤 한다. 그러나 그것이 풍기는 의미는 일정하지가 않다. 듣는 사람도, 말하는 사람도 자기 마음대로 풀이할 수 있는 막연한 내용의 말이다.

「그건 중용지도가 못 되지」

뭔가 좀 지나쳤다는 뜻이다. 어느 점이 어떻다고 지적할 수는 없어도 어딘가 좀 반성할 점이 있다는 막연한 개평(槪評)이다. 듣는 사람도 과히 기분 나쁘지 않고, 말하는 사람도 그리 거북하지 않은, 적당히 듣고 적당히 쓸 수 있는 말이다.

주 자

「중용(中庸)」이란 말은 《논어》에도 나온다. 그러나 《중용》이란 책

정 호

이 「사서(四書)」 중의 하나라는 것은 누구나가 다 알고 있다. 그 《중용》 첫머리에 주자(朱子)는 정자{程子: 정호(程顥), 또는 정이(程頤)의 존칭}의 말을 인용하여 「중용」을 이렇게 풀이하고 있다. 「편벽되지 않은 것을 『中』이라 말하고, 바뀌지 않은 것을 『庸』이라 말한다. 『中』이란 것은 천하의 바른 길이요, 『庸』이란 것은 천하의 정해진 이치다」

「中」은 중간이니 중심이니 하는 뜻이다. 좌우로 치우치지 않은 것이 중간이고, 어느 쪽에도 더 가깝지도 멀지도 않은 것이 중심이다. 「庸」은 떳떳하다는 뜻이다. 떳떳하다는 말은 정당하다, 당연하다, 항상 그대로다 하는 뜻을 가지고 있다. 즉 중용은 어느 한쪽으로도 치우치지 않은 떳떳한 것이란 말이다. 또 지나치지도 않고 부족하지도 않은 꼭 정도에 맞는, 더 바랄 수 없는 그런 원리 원칙이 「중용」인 것이다.

지구가 항상 제 궤도를 돌고 있는 것도 그것이 중용지도를 걷고 있기 때문이다. 인공위성으로 우주여행을 무사히 끝마치려면 처음에서 끝까지 이 중용지도를 지키지 않으면 그만 사고를 일으키고 만다. 그와 마찬가지로 우리 인간이 일생을 사는 동안도 이 중용지도를 지키지 못하면 예기치 못한 불행과 마찰을 가져오게 되는 것이다.

그러나 그 중용지도란 정해져 있는 것은 아니다. 인공위성이 궤도 수정을 하지 않으면 안 되듯이, 그때그때의 사정에 따라 적당히 수정될 수 없는 원리 원칙은 궤도 수정이 불가능한 인공위성과도 같은 것이다.

정 이

《중용》 첫머리에 공자는 말하기를,

「군자의 중용이란 것은 군자로서 때에 맞게 하는 것이다」 라고 했다. 때에 맞게 한다는 것이 바로 원리 원칙에 입각한 궤도 수정의 가능성을 말하는 것이다. 덮어놓고 좌우 양파의 중간에 서 있는 무사주의나 타협주의나 기회주의가 중용지도는 아니다. 팔 사람이 부르는 값과 살 사람이 주겠다는 값을 반으로 딱 잘라 흥정을 붙이는 거간꾼의 처사가 반드시 정당한 것은 아니다. 공자는 말했다.

「천하와 국가도 다스릴 수 있고, 벼슬도 사양할 수 있고, 칼날도 밟을 수 있지만, 중용만은 할 수 없다」

그때그때에 맞는 처리와 행동을 한다는 것은 용기나 지조의 문제가 아니라, 성인(聖人)의 지혜가 없이는 안 된다는 말이다. 「중용지도」 즉 「중용의 길」 은 가장 올바른 길이요, 오직 하나뿐인 길이다. 그 길을 제대로 걸어가기 위한 지혜와 행동력을 가진 사람이 아니면 대중을 지도할 자격은 물론, 그 자신이 세상을 올바로 살아갈 수가 없다.

중원축록 中原逐鹿

가운데 中 근원 原 쫓을 逐 사슴 鹿

《사기》 회음후(淮陰侯)열전

「중원축록」은 사슴을 쫓는다는 말이다. 「각축(角逐)」도 같은 말이다. 여기서 중원이라 함은 정권을 다투는 무대를 말한다. 녹(鹿)은 사슴, 곧 정권·권력을 일컫는 말로 쓰인다.

《사기》 회음후열전에 있는 이야기다.

한고조 때 조(趙)나라 재상 진희(陳晞)가 대(代) 땅에서 반란을 일으키자 고조가 군사를 이끌고 진압에 나섰다. 그 틈에 진희와 내통하고 있던 회음후 한신이 한나라의 도읍인 장안에서 다시 반란을 일으키려 했으나, 사전에 기밀이 누설되어 잡혀 죽고 말았다.

진희의 반란군을 평정하고 돌아온 고조는, 한신이 「괴통(蒯通)의 말을 듣지 않은 것이 분하다」라고 말하고 죽었다는 말을 듣고는 당장 괴통을 잡아들이라고 명했다. 괴통은 앞서 고조 유방이 항우와 천하를 다투고 있을 때 제왕(齊王)이었던 한신에게 독립할 것을 권했던 인물이다. 이윽고 고조 앞에 끌려온 괴통은 고조의 문초에 당당히 말했다.

「그 때 한신이 저의 책략에 따랐다면 오늘 폐하의 힘으로도 그를 당해내지 못했을 것입니다」

고조는 대로해서 그를 당장에 끓는 물에 집어넣으라고 명령했다. 그러자 괴통은 굴하지 않고 대꾸했다.

「폐하, 저는 죽을 만한 죄를 짓지 않았습니다. 진(秦)나라의 기강이 무너지자 산동(山東)이 소란스러워지고 각지에서 영웅호걸들이

무리를 지어 일어났습니다. 진나라가 사슴(鹿 : 제위)을 잃었기 때문에 천하가 모두 이를 쫓았던 것입니다. 그런데 그 중 가장 뛰어난 폐하께서 이를 잡으셨던 것입니다. 옛날 도척(盜跖)의 개가 요(堯)임금을 보고 짖었다(跖之狗吠堯)고 했거니와, 요임금이 악인이라 짖은 것이 아니요, 원래 주인이 아니면 누구라도 짖는 것이 개이기 때문입니다. 말하자면 당시 신은 오직 한신만 알고 폐하를 알지 못했기 때문에 한신 편에 서서 짖었던 것입니다. 천하가 어지러워지면 이를 통일하여 왕이 되고자 하는 영웅호걸은 수없이 많지만, 힘이 모자라 폐하께서 하신 일을 이룩할 수 없었을 따름입니다. 천하가 평정된 지금 앞서 난세에 폐하와 마찬가지로 천하를 도모했다고 해서 일일이 삶아 죽이려 하십니까?」

괴 통

이 거침없고 사리에 맞는 항변에 고조는 벌린 입을 닫지 못하고 괴통을 그대로 놓아줄 수밖에 없었다. 제위를 「사슴(鹿)」에 비긴 것이다. 「축록」이란 말은 큰 이익을 얻으려는 의미로도 쓰인다.

《회남자》 설림훈(說林訓)편에, 「사슴을 쫓는 사람은 토끼를 돌아보지 않고, 천금의 물건을 흥정하는 사람은 몇 냥의 값을 놓고 다투지 않는다(逐鹿者不顧兎 決千金之貨者不爭銖兩之價)」 라고 했는데, 결국 큰 것에 뜻이 있는 사람은 사소한 일에 구애되지 않는다는 뜻이다. 여기서 「축록자 불고토(逐鹿者 不顧兎)」란 말이 나왔다.

중족이립 重足而立

무거울 重 발 足 말 이을 而 설 立

《사기》 급정열전(汲鄭列傳)

두 발을 모으고 서 있다는 뜻으로, 몹시 두려워하여 감히 화를 내거나 말을 하지 못함을 형용한 말.

급암(汲黯)은 전한 복양(濮陽) 사람이다. 무제(武帝) 때의 간신(諫臣)으로, 자는 장유(長孺). 무제 때 주작도위(主爵都尉)가 되었고, 구경(九卿)의 한 사람이 되었다. 사람 됨됨이가 충간을 좋아하고 정쟁(廷諍)을 거침없이 제기했는데, 무제가 속으로는 욕심이 많았지만 겉으로 인의(仁義)를 많이 베푼 것도 그의 힘이 컸다. 무제가 그를 두고 사직(社稷)을 지탱하는 신하라 칭송했다.

이때 장탕(張湯)이라는 사람이 법률을 개정하여 정위(廷尉)가 되었다. 그러자 급암은 여러 차례 황제의 앞에서 장탕을 꾸짖어 말했다.

「그대는 정경(正卿 : 상대부에서 선발되어 정치를 하는 사람)의 요직에 있으면서, 위로는 선제의 위업을 넓혀 나라를 평안히 하지 못했고, 아래로는 안정된 나라의 백성들을 풍요롭게 하지 못함과 사악한 마음을 억눌러 감옥을 텅 비게 만들지 못했소. 두 가지 가운데 하나도 이룬 것이 없으면서도 일을 잘못 처리하여 고통을 안겨주고도 가혹하게만 하고, 제멋대로 사회질서를 파괴하여 개인의 공을 이루려고만 했소. 어찌하여 고조황제께서 만든 규약과 법령을 어지럽게 바꾸는 일을 하시오. 공은 이 때문에 멸족의 화를 입게 될 것이오.」

급암은 자주 장탕과 논쟁을 벌였는데, 장탕의 변론은 언제나 말재간이 뛰어나 치밀하였으며, 법조문의 깊이 있고 상세한 부분까지 들

어서 설명한 반면, 급암은 강직하고 엄숙하며 원칙을 견지하며 굴복하지 않았다. 급암이 장탕을 꾸짖어 말했다.

「세상 사람들이 흔히 말하기를, 『도필리(刀筆吏)를 공경(公卿)에 앉혀서는 안 된다』 고 하더니, 과연 그렇구나. 틀림없이 장탕을 두고 하는 말일 것이다. 장탕이 득세하면 천하 백성들은 두 발을 모으고, 곁눈질로 보게 만들겠구나(令天下重足而 側目而視矣)」

도필리란 아전이 죽간(竹簡)에 잘못 기록된 글자를 칼로 긁고 고치는 일을 했던 데서 유래된 말로서, 아전들을 얕잡아 부르는 호칭이다. 혹리(酷吏)들 가운데는 도필리 출신이 많았다.

일찍이 급암이 구경(九卿)의 반열에 있었을 무렵, 공손홍과 장탕은 아직 하급 관리에 지나지 않았는데, 공손홍과 장탕은 점점 귀한 신분이 되어 급암과 동격이 되었다. 그리하여 급암은 또 공손홍, 장탕 등을 비난했다. 원래 급암이 구경이었을 때의 속관(屬官)은 모두 급암과 같은 지위에 올랐으며, 그 가운데는 중용되어 급암 이상이 된 자도 있었다. 급암은 편협한 마음에서 다소 원망하는 생각이 없을 수 없었다. 그래서 무제를 알현하고 말했다.

「폐하께서 군신을 등용하시는 것은 장작을 쌓아 놓는 것과 마찬가지여서 나중에 들어오는 사람이 윗자리에 올라가게 됩니다(如積薪後來者居上)」

무제는 가만히 듣고만 있다가 급암이 물러나자 이렇게 말했다.

「사람은 역시 학문이 없어서는 안 돼. 급암의 이야기를 듣고 있노라면 그의 우직함은 날이 갈수록 심해지고 있어」

훗날 장탕의 관직은 점차 높아져 어사대부에 이르렀으나, 급암은 오히려 회양군의 태수로 밀려났다.

「중족측목(重足側目)」 이라고도 한다.

즐풍목우 櫛風沐雨

빗질할 櫛 바람 風 멱 감을 沐 비 雨

《장자》 천하(天下)편

긴 세월 동안에 목적을 달성하기 위하여 온갖 난관을 무릅씀.

머리는 바람에 빗질이 되고, 몸은 비에 젖어 씻겨, 온몸이 비바람에 시달린다. 긴 세월을 객지에서 떠돌며 갖은 고생을 다함을 이르는 말이다.

에는 묵자(墨子)에 대한 다음과 같은 비판이 실려 있다. 묵자는 자신의 도(道)에 대하여 이렇게 말하고 있다.

「옛날 우(禹)임금은 홍수를 막아 양자강과 황하의 흐름을 터서, 사방의 오랑캐들의 땅과 온 나라에 흐르게 하여 큰 강 삼백 개와 작은 강 삼천 개를 만들었으며, 작은 물줄기는 셀 수 없다. 그 때 우임금은 몸소 삼태기와 보습을 가지고 천하의 작은 강들을 모아 큰 강으로 흘러들게 했다. 그 때문에 장딴지의 살은 떨어지고, 종아리의 털이 다 닳아 없어지고, 쏟아지는 비로 머리를 감으며 거센 바람을 맞으면서 모든 나라를 안정시키니 우임금은 큰 성인이셨다. 그러면서 천하를 위하여 자기의 몸을 힘들게 한 것이 이러하였다(腓無胈脛無毛 沐甚雨櫛疾風 置萬國禹大聖也 而形勞天下也如此). 그래서 묵자는 뒷세상의 자기를 따르는 사람으로 하여금 굵은 베옷을 입히고 나무신이나 짚신을 신겼고, 또 밤낮을 쉬지 않고 스스로 괴로워하는 것으로서 도의 지극한 것이라고 생각하게 했다. 그래서 그 제자들에게 『이런 일을 할 수 없는 것은 우임금의 도리가 아니며, 묵가(墨家)가 될 수 없다』」고 말했던 것이다.

증삼살인 曾參殺人

일찍 曾 석 參 죽일 殺 사람 人

《전국책(戰國策)》 진책(秦策)

증삼이 사람을 죽였다는 뜻으로, 사실이 아닌데도 사실이라고 말하는 자가 많으면 진실이 됨을 비유한 말.

증자(曾子)가 노(魯)나라의 비(費)라는 곳에 있을 때의 일이다. 노나라 사람에 증삼과 동성동명인 사람이 있었는데, 그가 사람을 죽였다. 어떤 사람이 증삼의 어머니에게 달려와 말했다.

「증삼이 사람을 죽였다!(曾參殺人)」

그렇지만 어머니는 태연하게 베만 짜고 있었다. 조금 후에 다시 한 사람이 와서 말했다.

「증삼이 사람을 죽였다!」

그래도 어머니는 태연하게 베만 짰다. 얼마 후에 또 한 사람이 달려와서 말했다.

「증삼이 사람을 죽였다!」

그제야 어머니는 베틀의 북을 집어던지고 베틀에서 내려와 몸을 피했다. 증삼의 현덕(賢德)과 그 어머니의 신념은 대단했지만, 세 사람이나 의심을 하자, 그 어머니도 마음이 동하여 두려움을 가졌던 것이다.

혼자서 아무리 진실하더라도 여론이 그렇지 않으면 어쩔 수 없이 그 사람은 여론의 인물이 되어버린다. 역사상의 마녀사냥이나, 우화 속의 외눈박이 나라의 사람과 일견 통하는 이야기이다.

지강급미 舐糠及米

핥을 舐 겨 糠 미칠 及 쌀 米

《사기》 오왕비열전(吳王濞列傳)

쌀겨를 핥다가 마침내 쌀까지 먹어치운다는 뜻으로, 영토의 삭감이 이윽고는 나라를 망하게 함을 비유하는 말. 또는 인간의 욕심이 끝이 없음을 비유하는 말.

한(漢)나라 조정에서는 어사대부 조조(晁錯)가 주도하여 오(吳)나라의 영토를 삭감할 것을 논의했다. 조조는 황태자의 가령(家令 : 황태자의 속관으로 형벌·돈·음식 등을 관장함)이 되어 황태자의 총애를 받았다. 조조는 이때 오나라 왕의 영지가 너무 넓다며 삭감해야 한다고 공언을 하는가 하면, 자주 글을 올려 이 일을 문제(文帝)에게 설명했다. 문제는 관대한 성격이었기 때문에 오나라 왕을 처벌하려 하지 않았다. 그래서 오나라 왕은 날이 갈수록 횡포하게 되었다.

문제가 죽고 경제(景帝)가 즉위하자, 조조는 어사대부에 임명되었는데, 한조의 대신들은 오나라 왕의 영지도 깎아야 한다고 논의했다.

오나라 왕 유비는 영토가 깎이다 보면 끝내는 자기의 몸이 위험할까 두려워하다가 마침내는 천하를 빼앗아 보려고 생각하기에 이르렀다. 그러나 아무리 생각해 보아도 제후 가운데는 공모를 할 만한 사람이 없었다. 단지 교서왕(膠西王) 앙(卬)이 용기가 있고 기개를 소중히 알며 군사를 좋아했기 때문에 제(齊)나라 지역의 모든 나라들이 그를 꺼리고 무서워한다는 말을 들었을 뿐이다.

그래서 교서왕에게 중대부(中大夫) 응고(應高)를 보내 그를 충동질했다. 그리고 응고에게는 문서 대신에 구두로 전하게 했다.

「오나라 왕은 불민하여 오랜 근심이 있었지만, 그 누구에게도 감히 말을 꺼내지 못했는데, 저를 보내 대왕에게만 전해 달라는 분부이십니다」

교서왕이 말했다.

「무슨 일을 나에게 전하라는 말이었소?」

응고가 말했다.

「지금 황상께서는 간악한 신하들에게 조종되어 눈앞의 하찮은 일을 좋아하고, 함부로 법령을 변경하며, 제후의 영지를 삭감하는가 하면 재화(財貨)를 징수하는 일이 허다하고, 선량한 사람을 주벌(誅罰)하기 날로 더 심해지고 있습니다. 속담에 『겨(糠)를 핥다 보면 쌀까지 먹어치운다(舐糠及米)』란 말처럼, 오나라와 교서는 천하에 알려진 대제후(大諸侯)이지만 한번 가혹한 정사를 받게 되면 아마 무사하지는 못할 것으로 생각합니다. 오나라 왕은 그 몸에 속병이 있는데 그 때문에 천자를 알현하지 못하기 20여 년 동안 늘 황상에게서 의심을 받아왔으므로 반증(反證)을 하더라도 소용이 없을 것이기에 근심을 하고 있습니다. 들리는 비에 의하면, 대왕께서는 삭위에 관한 일로 혐의를 받고 영지를 삭감당할 것이라 합니다. 그럴 만한 죄도 아니건만 이토록 심히 처벌을 한다면 아마 앞으로도 영지를 깎이기만 할 것이 아닌가 생각됩니다」

이후 교서왕은 집요한 오왕 비의 설득으로 인해 주변의 세력을 결집하여 난을 일으키게 된다. 이것이 바로 오초칠국(吳楚七國)의 난이다. 여기서 「지강급미」는 단지 영토를 삭감당하다가는 나라가 망하게 된다는 뜻의 비유로 쓰였다. 그러나 이것이 점차 확대되어, 외부의 적이 마침내 내부마저 장악하게 되었음을 뜻하거나, 끝없는 인간의 욕심을 비유하는 말로 쓰이게 되었다.

지과필개 知過必改

알 知 허물 過 반드시 必 고칠 改

《논어》 자장(子張)편

누구나 허물은 있는 것이니, 허물을 알면 즉시 고쳐야 함.

자공이 말했다.

「군자의 허물은 일식이나 월식과 같다. 허물이 있으면 모든 사람들이 모두 그것을 보고, 허물을 고치면 사람들이 모두 그것을 우러른다(君子之過也 如日月之蝕焉 過也 人皆見之 更也 人皆仰之)」

자공의 말은, 일식과 월식이 일어나면 모든 사람들이 알 수 있는 것처럼 사람의 허물도 자연스럽게 드러나기 마련이어서 고치지 않으면 사람들이 다 알게 되니 반드시 고쳐야 함을 이른 것이다.

또 《명심보감》에서는 자공의 말을 그대로 옮기고 글 말미에 이렇게 덧붙여 강조했다.

「허물을 알았으면 반드시 고쳐야 하고, 깨달아 할 수 있게 된 다음에는 잊지 않아야 한다(知過必改 得能莫忘)」

《논어》 학이(學而)편에도 「과즉물탄개(過則勿憚改)」 라는 말이 나오는데, 잘못이 있으면 고치기를 꺼리지 말라는 뜻이다.

「지과필개」 는 사람이 갖추어야 할 기본 덕목이므로 《천자문(千字文)》과 《소학(小學)》 에도 나온다.

잘못을 고쳐서 착하게 된다는 「개과천선(改過遷善)」 이나, 잘못을 고쳐 스스로 새로워진다는 개과자신(改過自新)도 같은 뜻이다. 잘못을 고친다는 말 자체에 선한 마음으로 돌아가 스스로 새로워진다는 뜻이 담겨 있다.

지기일미지기이 知其一未知其二

알 知 그 其 한 一 아닐 未 두 二

《사기》 고조본기(高祖本紀)

이면(裏面)의 사리나 내면(內面)의 이치를 모름.

상대 의견에 찬성하면서 아직 부족한 점이 있다는 뜻으로 쓰이기도 하고, 상대가 어떤 문제를 놓고 지나친 고집을 하거나 엉뚱한 속단을 내릴 때 이 말을 쓰기도 한다.

《사기》 고조본기에 나오는 말로, 한고조 유방이 군신들에게, 「내가 천하를 얻고, 항우가 천하를 잃은 이유가 무엇인지 말해 보라」 고 하자, 신하들은 두 사람의 성격을 들어서 대답했다.

이때 고조는, 「경들은 그 하나는 알고 그 둘은 모른다(公知其一 未知其二)」 라고 하며, 자기는 장량과 소하(蕭何), 한신 같은 인재들을 썼기 때문이고, 항우는 하나밖에 없는 범증(范增)마저 제대로 쓰지 못했기 때문에 망한 것이라고 말했다.

범 증

여기서 말한 「그 둘」은 꼭 두 가지란 뜻은 아니다. 첫째 것에 대한 둘째 것이란 뜻도 될 수 있고, 하나 이외의 또 다른 것이란 뜻도 된다. 그러나 보통 「하나만 알지 둘은 모른다」는 우리말은 이 말을 번역해 쓰고 있다. 우리가 쓰고 있는 「둘」이란 말 역시 그 밖의 다른 것이란 뜻을 가지고 있다. 하나도 상관없고 셋도 넷도 될 수 있다. 이 「지기일 미지기이」란 말과 같은 말을 《시경》 소아 소민(小旻)편에서도 볼 수 있다.

감히 범을 맨 손으로 잡지도 않고
감히 강을 맨 몸으로 건너지도 않으나
사람은 그 하나만을 알고
그 밖의 것을 알지 못한다.
……

不敢暴虎 不敢馮河　불감포호 불감빙하
人知其一 莫知其他　인지기일 막지기타
……

한고조 유방

이 시는 포학한 정치를 개탄해서 부른 시다. 맨주먹으로 범을 치고 알몸으로 강물을 건너는 그런 무모한 짓은 하지 않지만, 눈앞의 이해에만 눈이 어두워 장차 올 보다 큰 재난이 밀어닥칠 것을 모르고 있는 위정자들을 가리켜서 한 말이다.

하나만 알고 그 밖의 것을 모르는 것이 인간의 공통된 약점이요 결점이다. 항상 살피고 반성해도 이 약점과 이 결점을 보충하기가 힘들다. 더구나 그런 노력마저 없는 경우야 말해 무엇 하겠는가.

지난이퇴 知難而退

알 知 어려울 難 말이을 而 물러날 退

《춘추좌전(春秋左傳)》 선공(宣公) 12년

형세(形勢)가 불리(不利)함을 알고 물러섬을 뜻 함.

춘추시대 두 강대국이었던 진(晉)나라와 초(楚)나라는 서로 패권을 쟁탈하기 위해 끊임없이 전쟁을 벌였다. 약소국인 정(鄭)나라는 두 강대국의 패권다툼에서 상황에 따라 유리한 쪽에 의존하곤 했다.

자

기원전 597년 초(楚)나라 장왕(莊王)은, 정나라가 진나라에 의지하는 것을 못마땅하게 여겨 군대를 이끌고 정나라로 공격했다. 초나라의 공격에 꼬박 열이레 동안 도성 안에 갇힌 채 꼼짝할 수 없게 된 정나라 왕은 결국 굴복하고 초나라와 화약을 체결하기에 이르렀다.

초장왕

진나라의 장군 순임보(荀林父)가 대군을 이끌고 정나라를 도우려고 가는데 황하(黃河) 근처에 이르러 이미 정나라가 초나라에 항복하였으며 초나라 군대는 물러갔다는 소식을 들었다.

순임보는 장수들과 대책을 논의하였는데 초나라를 추격하자는

순임보

주장과 추격하지 말아야 한다는 주장이 분분하였다.

이때 장수 사회(士會)는 철군에 동의하며 전세를 이렇게 분석하였다.

「군사를 씀에는 틈을 보아 출동시키라고 하였습니다. 초나라의 우익군은 대장이 탄 전차를 끄는 말의 방향에 따라 진격하고, 좌익군은 풀을 모아 숙위(宿衛)할 준비를 하며, 띠(茅)로 깃발을 삼은 전군(前軍)은 적의 복병을 없애기 위해 진군하고, 중군은 싸움의 계략을 꾸미며, 후군은 정예부대로 후미를 단단히 지키고 있습니다. 사정이 좋음을 보고 진격하고, 어렵다는 것을 알고는 물러난다는 것은 용병의 바른 원칙이며(見可而進 知難而退 軍之善政也), 약한 자를 쳐서 빼앗고, 어지러운 자를 공격한다는 것은 싸움에서의 좋은 원칙이니 장군께서는 잠시 우리 군사를 정비하여 무력의 충실을 꾀하시는 것이 어떻겠습니까?」

결국 전쟁에서 진나라 대군은 초나라에 참패당하고 말았다. 「전쟁을 시작할 때는 기회를 엿보고 적절한 시기에 공격해야 하며 상대방의 계책을 알지 못하는 불리한 상황에서는 물러서는 것이 용법의 정도이다」라는 뜻으로 「지난이퇴(知難而退)」는 바로 여기에서 유래되었다. 고난 앞에서 물러서는 소극적인 태도를 일컫는 말로도 사용된다.

지락무락 至樂無樂

이를 至 즐거울 樂 없을 無

《장자》 지락편(至樂篇)

이 세상에서 가장 즐거운 것은 그것이 즐거운 줄을 모르는 평온무사한 것이란 뜻이다. 보통 우리가 즐겁다고 하는 것은 괴로움을 전제로 하고 있다. 괴로운 일이 있기 때문에 즐겁다는 감정이 생기는 것이다. 즐겁다고 느꼈을 때는 벌써 지금까지 괴로웠다는 것과 곧 이어서 괴로운 일이 온다는 것을 뜻한다고 볼 수 있다. 그러므로 즐겁다고 느끼는 즐거움은 상대적인 것인 동시에 괴로움에서 나와 다시 괴로움으로 돌아가는 한 과정에 불과한 것이다. 그러므로 그것은 참 즐거움이 될 수 없다. 철학자들도 말하기를, 「쾌락은 낙이 아니다」 라고 했다.

장자가 말한 본래의 뜻은, 진리를 깨닫는 사람의 즐거움은 즐겁다는 자각이 없는, 언제나 그대로인 것임을 말하려 한 것이다. 그것은 죽고 사는 영광도 굴욕도 슬픔도 기쁨도 다 초월한 자기만의 즐거움이란 뜻이다. 장자는 「모름지기 남면(南面)을 한 임금의 즐거움도 이에서 더 즐거울 수는 없다」 고 했다. 그는 또 세상 사람들이 생각하는 즐거움과 뜻이 높은 사람이 가지고 있는 즐거움이 서로 다른 것을 비유하여 이런 예를 들고 있다. 나라 임금이 들로 날아든 바닷새를 붙들어다가 좋은 음악을 들려주고 사람이 먹는 귀한 음식을 주었다. 그러나 새는 조금도 반기지 않고 사흘을 굶은 끝에 죽고 말았다. 새에게는 역시 새들의 계가 있다. 뜻이 높은 사람에게는 속인들의 영광이나 쾌락이 한갓 고통에 불과한 것이다. 환난을 겪어 본 사람이 아니면 이 「지락무락」 의 의미가 얼른 이해되지 않을 것이다.

지록위마 指鹿爲馬

가리킬 指 사슴 鹿 할 爲 말 馬

《사기》 진시황본기(秦始皇本紀)

사슴을 가리켜 말이라 한다는 뜻으로, 윗사람을 농락하여 권세를 휘두름을 이르는 말이다.

누구나 아는 사실을 옳다거나 아니라고 고집을 하며 남을 궁지로 몰아넣는 것을 말한다. 또 이 말이 처음 생겨나게 된 고사에 따라 윗사람을 농락하여 권세를 마구 휘두르는 방자한 행동을 가리켜 말하기도 한다.

《사기》 진시황 본기에 있는 이야기다.

이 사

진시황 37년 7월, 시황제는 순행 도중 사구(沙丘)의 평대(平臺)에서 죽는다. 시황은 죽기에 앞서 만리장성에 가 있는 태자 부소(扶蘇)를 급히 서울로 불러올려 장례식을 치르라는 조서를 남겼었다.

그러나 이 조서를 맡은 내시 조고(趙高)가 시황을 따라온 후궁 소생 호해(胡亥)를 설득시키고 승상 이사(李斯)를 협박하여 시황의 죽음을 비밀에 붙이고 서울 함양으로 들어오자, 거짓 조서를 발표하여 부소를 죽이고 호해를 보위에 앉힌다. 이것이 2세 황제다.

2세 황제 밑에서 순식간에 출세하여 진의 실권을 잡은 것이 조고이다. 사람들로부터 천대받는 거세자(去勢者)인 환관이었다. 호해는 즉위하자마자, 「짐은 천하의 모든 쾌락을 다하면서 일생을 보내고 싶다」 라고 말한 인물이다.

환관 조고

조고는 이 말에 만족한 웃음을 띠면서 대답했다.

「참으로 훌륭한 말씀이십니다. 그러기 위해서는 먼저 법을 엄하게 하고 형벌을 가혹하게 하여 법의 무서움을 알리는 것이 첫째입니다. 다음에는 선왕 이래의 구신(舊臣)을 모두 제거하고 폐하의 마음에 드는 새 사람을 등용하시면 그들은 폐하를 위해 분골쇄신 정치에 힘을 쓸 것입니다. 그렇게 되면 폐하께서는 마음 놓고 즐기실 수 있을 것입니다」

「옳거니, 그렇겠구려」 하고 호해는 대답했다.

이렇게 해서 조고는 라이벌 이사를 죽이고 선제 이래의 대신, 장군, 그리고 왕자까지도 살육하고 승상자리에 올라 실권을 잡았다. 그리하여 마침내는 호해를 폐하고 제위에까지 오르려는 음모를 꾸몄다.

그러나 그렇게 하려면, 궁정에 있는 자들이 아직도 호해를 따르고 있는지, 아니면 자기를 따르고 있는지 확인을 해볼 필요가 있었다.

그리고 만약 자기를 따르지 않으면 좋지 않다는 것을 보일 필요가 있었다. 이 목적을 위해 조고는 실로 괴상야릇한 시위 방법을 생각해 낸 것이다.

「이 것이 말이옵니다」라고 했다. 그러자 2세

지록위마

는 웃으며,

「승상이 실수를 하는구려. 사슴을 보고 말이라고 하니」

「아닙니다. 말이옵니다」

2세는 좌우에 있는 시신들에게 물었다. 어떤 사람은 잠자코 있고, 어떤 사람은 조고의 편을 들어 말이라고 하고, 혹은 정직하게 사슴이라고 대답하기도 했다.

그러자 조고는 사슴이라고 말한 사람은 모조리 법률로 얽어 감옥에 넣고 말았다. 그 뒤로 모든 신하들은 조고가 무서워 그가 하는 일에 다른 의견을 말하지 못했다는 것이다.

그러나 이때는 이미 온 천하가 반란 속에 물 끓듯 하고 있을 때였다. 조고는 2세를 더는 숨길 수 없게 되자, 그를 죽이고 부소의 아들 자영(子嬰)을 임시 황제 자리에 앉혔다. 그러나 조고는 자영에게 죽고 만다.

불에 싸인 집안에서 권력다툼을 하는 소인의 좁은 생각은 그것이 남을 해칠 뿐만 아니라 자신을 해치는 것인 줄을 알 리가 없었다. 이래서 억지소리로 남을 몰아세우는 것을 「지록위마」라고 하게 된 것이다.

지리멸렬 支離滅裂

가를 支 떼놓을 離 멸망할 滅 찢을 裂

《장자(莊子)》

이리저리 흩어지고 찢기어 갈피를 잡을 수 없는 일, 곧 체계가 없이 마구 흩어져 갈피를 잡을 수 없음을 뜻하는 말이다.

「지리(支離)」의 어원으로는 두 가지로 전해진다. 하나는 옛날에 「지리」라는 사람이 있었는데, 그는 소나 돼지 따위의 짐승을 잡을 때 누구보다도 뼈와 살을 깨끗이 발라내는 도살의 명수였다. 곧 그의 손에 짐승을 맡기면 원래의 형체를 알아볼 수 없게 이리저리 찢기어 해체된다는 뜻에서 「지리」라는 말이 유래되었다고 한다.

또 하나는 《장자(莊子)》에 나오는 말로 「지리」라는 이름을 가진 사람이 있었는데 그는 지체장애인이었다. 앞으로 가려고 손을 앞으로 내밀어도 발이 따라가 주지 않고, 오른쪽으로 가려고 하면 왼쪽으로 발이 향하는 것이었다. 이런 고사에서 「지리」라는 표현이 나왔다고 한다.

「멸렬(滅裂)」이라는 말을 처음으로 쓴 사람도 장자였다. 그는 통치자가 「백성을 다스리는 데 멸렬하지 말라」는 말을 했다. 여기서 그가 말한 「멸렬」의 의미는 우직하고 경솔하고 말과 행동이 겉돈다는 뜻이 담겨져 있었다.

후세에 이 두 가지 말이 합쳐져 「지리멸렬」이라는 말이 생겨났고, 어떤 일이 갈피를 잡을 수 없도록 어수선하게 엉키어 제대로 풀리지 않을 때 이 말을 사용하게 되었다.

지만 持滿

가질 持 찰 滿

《사기》 월세가(越世家)

「가득하게 가진다」는 뜻으로, 활을 당긴 채 화살을 놓지 않는 상태로 크게 발동하려고 하면서 마음을 벅차게 하고 세력을 간직하여 두고 있는 상태를 말한다.

《사기》 월세가에 있는 이야기다.

주(周)의 경왕(敬王) 24년, 오왕(吳王) 합려(闔廬)는 월왕(越王) 구천(勾踐)과 싸워 추리(절강성 가흥현)에서 대패하고 전사했다. 합려의 아들 부차는 밤마다 섭(薪) 위에 누워서 아버지의 한(恨)을 새롭게 하여 복수를 맹세하고 오로지 군사를 훈련하여 기회가 무르익기를 기다렸다. 월왕 구천은 그것을 알고 기선을 다투어 오를 토벌하려고 하였다.

그때 월의 명신 범려(范蠡)는 구천에게 간했다.

「병(兵)은 흉기이며, 싸움(戰)은 역덕(逆德)이며 다툼(爭)은 말사(末事)라고 합니다. 즐겨 흉기를 들고 역덕을 행하며 말사에 손을 대는 것은 하늘이 용서 않는 것입니다. 천도를 거슬러 가면서 성공할 수는 없습니다」

그러나 구천은 듣지 않고 마침내 군사를 일으켰다. 오왕 부차는 때는 왔다 하고, 이때를 기다리느라고 훈련에 훈련을 거듭한 정예부대를 선발하여 월군을 요격하였으며 부초산에서 부천의 군사를 대파시켰다.

구천은 패잔병을 이끌고 패주하여 겨우 회계산으로 도망쳤으나

바로 오군에 포위되어, 이제는 항복 아니면 옥쇄(玉碎)를 해야만 되었다. 구천은 간언을 듣지 않은 것을 후회하며 범려에게 상의했다.

월왕 구천 조상(彫像)

「바로 그대가 말한 그대로였소. 앞으로 어떻게 하면 좋겠소?」

그때 범려가 말한 말이 여기 나오는 「지만」 이다.

「항상 마음을 벅차게 하고 있는(持滿) 자는 하늘(天)의 도움이 있습니다. 기울어짐을 정(定)하는(위난을 견디어 지탱해 나가는) 자는 사람(人)의 도움이 있습니다. 사(事)를 절(節)하는(쓰임새를 절약하는) 자는 지(地)의 도움이 있습니다. 이후로는 이 천(天)과 인(人)과 지(地)의 도움을 받도록 노력하지 않으면 안 됩니다. 지금은 오직 말을 낮추고 예(禮)를 두터이 하여 화(和)를 청하는 것뿐입니다. 그러기 위해서는 왕 스스로 오의 신하가 되는 것도 어쩔 수 없는 일이 아니겠습니까」

구천은 이 말을 좇아 오왕에게 항복한 후, 일찍이 오왕 부차가 섶위에 누워서 복수의 마음을 가다듬은 것과 같이 쓸개(膽)를 핥고서는 그 쓴 맛으로 회계의 수치를 상기하고, 범려의 도움을 받아 오로지 국력의 충실에 힘을 써, 만(滿)을 지(持)하기 22년, 마침내 오(吳)를 멸하고 천하의 패자가 되었다. {☞ 와신상담(臥薪嘗膽)}

지복위혼 指腹爲婚

가리킬 指 배 腹 될 爲 혼인할 婚

《위서(魏書)》 왕보흥전(王寶興傳)

임신한 부인이 있는 양가(兩家)에서 출생 전 아이에 대해 하는 혼약.

할삼혼(割衫婚)이라고도 한다. 이것은 삼(짧은 옷)의 옷깃을 둘로 갈라 약혼한 양가에서 하나씩을 혼약의 표시로서 보존하는 데서 생긴 명칭이다.

단순히 이런 사례라면 남북조시대보다 더 앞서 1~3세기 때의 문헌에도 나타나 있다. 지복혼 풍습은 중국혁명기까지 존속되었다.

《위서(魏書)》 왕보흥전(王寶興傳)에 있는 말이다.

혁명 이전의 중국 사회에서는 혼인은 남녀 양가 또는 부모 상호 간의 결합이고, 결합하는 남녀 당사자는 혼인의 객체에 불과했다. 따라서 남녀 당사자의 합의는 혼인 성립의 요건이 아니었고 부모의 승낙만이 중요 요건이었다. 그러므로 남녀가 혼인이 무엇인지도 모르는 시기에 부모들에 의해 혼약이 이루어지는 수가 많았다. 뿐만 아니라 아이가 출생하기 전에 뱃속의 아기를 가리켜 혼인을 약속하는 일도 있었다.

지상담병 紙上談兵

종이 紙 위 上 말씀 談 군사 兵

《사기》 염파인상여(廉頗藺相如)열전

종잇장 위에서 병법을 말한다는 뜻으로, 실제를 떠난 공리공담(空理空談)을 이르는 말.

《사기》 염파인상여열전에 있는 이야기다.

춘추전국시대 조사(趙奢)는 조(趙)나라의 유명한 장군이다. 그에게는 조괄(趙括)이라는 아들이 있었다. 조괄은 젊었을 때부터 병법을 공부하고 병사(兵事)를 논하며, 천하에 자기 이상인 사람은 없다고 자부해 왔다. 일찍이 아버지와 병사를 논했을 때, 조사는 논박할 수는 없었지만, 그렇다고 옳다고는 말하지 않았다. 조괄의 어머니가 그 까닭을 묻자 조사는 말했다.

마복군 조사

「전쟁은 목숨을 거는 것이오. 그런데 괄은 그것을 쉽게 말하고 있소(兵死地也 而括易言之). 조나라로 하여금 괄을 대장으로 임명하지 않도록 하면 다행이거니와, 만일 기어코 대장으로 임명한다면 조나라 군사를 패하게 만들 사람은 괄이 될 것이오」

조괄의 아버지가 죽고, 얼마 후에 진(秦)나라가 쳐들어왔다. 조나

백 기

라의 조정에서는 마땅한 인물을 고르지 못해 조괄을 대장으로 삼았다. 조괄의 어머니가 조정으로 달려가 괄은 그럴 만한 인물이 되지 못하니 철회해 달라고 간청하였다.

「장군이었던 제 남편은 무엇보다도 교만을 싫어했습니다. 병사들과 함께 음식 나누기를 즐겨하고 대왕께서 하사하신 상금도 남김없이 부하들에게 나누어주었습니다. 이러한 아비에 비해 제 아들은 장군이 된 날 열병식에서 거만을 피우는 일에 정신을 팔고 있었습니다. 대왕께서 내리신 금품으로 땅과 집을 샀습니다. 이런 아들이 어찌 대임을 수행하겠습니까! 바라건대 아들의 보직을 해임해 주옵소서」

재상이던 인상여(藺相如)마저 간청하였으나 왕은 듣지 않았다.

장군 염파가 물러나고 그 자리를 조괄이 교체하자, 지금까지의 군령을 모조리 뜯어고치고 군리(軍吏)를 경질했다. 염파가 견지했던 수성(守城) 전략을 버리고 대거 공격에 나섰다.

진나라 장군 백기(白起)는 이 말을 듣자 기병(奇兵)을 풀어 거짓 달아나는 시늉을 해보이고 조나라 군사의 양도(糧道)를 끊어서 조나라 군사를 분단시켜 둘로 만들었다.

조나라 군사는 사기가 떨어졌고 40여 일이나 굶었다. 조괄은 정병

장평대전

을 내어 몸소 싸웠으나 진나라 군사의 화살을 맞고 죽었다. 이렇게 해서 조나라 군사는 패했고, 수십만의 병사들은 마침내 진나라에 항복했다. 진나라는 이들을 모두 구덩이에 생매장해 죽였다. 이 싸움 전후로 조나라가 잃은 병력은 무려 43만에 이르렀다.

이것이 유명한 장평대전(長平大戰)이다. 전국시대의 판도를 변하게 만든 대표적인 전투의 하나이다. 장평의 승리는 진나라가 천하를 통일하는 기반이 되었으며, 패전국인 조나라의 몰락을 가져온 결정적인 전투였다. 결국 어설픈 지식은 한 번의 경험보다 못할 수도 있다는 것을 가르쳐 준다.

君之所以明者 兼聽也
군지소이명자 겸청야
其所以暗者 偏信也
기소이암자 편신야

군주가 명철하게 되는 것은 여러 의견을 고루 듣기 때문이며
암둔하게 되는 것은 한쪽 말만 믿기 때문이다.

— 왕부(王符)《잠부론(潛夫論)》명암(明暗)

지아자기천호 知我者其天乎

알 知 나 我 놈 者 그 其 하늘 天 인가 乎

《논어》 헌문편(憲問篇)

하늘이나 나를 알아줄 것이다.

「나를 알아주는 것은 하늘뿐이다」 라는 뜻으로, 「하늘이나 나를 알아주지」 라는 의미의 말이다.

자 공

《논어》 헌문편에 보면, 공자가 제자들이 있는 앞에서 혼자 이렇게 탄식을 했다.

「나를 알아줄 사람이 없구나(莫我知也夫)」

그러자 자공(子貢)이 물었다.

「어째서 선생님을 아는 사람이 없다고 하십니까?」

「하늘을 원망하지 않고(不怨天), 사람을 탓하지 않으며(不尤人), 아래로부터 배워 위로 통하니(下學上達), 나를 아는 사람은 다만 하늘뿐이다(知我者其天乎)」

물론 공자는 자공의 질문을 받기 위해 짐짓 그 같은 탄식을 했고, 이 대답을 해주기 위해 그런 질문을 유도했던 것이다. 사람이 알지 못하는 보다 깊은 것이 있다는 것을 자공에게 일러주어, 그로 하여금 더욱 정진하도록 하려는 의도였을 것이다.

하늘을 원망하지 않고 사람은 탓하지 않는다는 것은 성인이 아니

공자의 제자들

면 되지 않는 일이다. 더구나 공자는 세상 일이 자기 뜻대로 되는 것이 하나도 없었던 불행하고 불운한 사람이었다.

가는 곳마다 기대했던 일이 이뤄지지 않았고 때로는 뜻하지 않은 방해와 박해까지 받았었다. 그런 공자가 하늘을 원망하지 않고 사람을 탓하지 않는다는 것은 아무리 선생에게 배웠고 선생을 존경하는 제자라도 믿어지지 않는 일이다. 자공만은 알 수도 있었기 때문에 이렇게 깨우쳐 준 것이리라.

오늘날은 이 말이 좀 가벼운 뜻으로 두루 쓰이고 있다. 우리말에 「버선목 같으면 뒤집어라도 보이지」 하는 말이 있다. 그런 심정을 좀 고상하게 표현한 것이 아마 「하늘이나 나를 알아주지」 라는 말일 것이다. 그것이 바로 공자가 한 말이요, 누구나 할 수 있는 말이다.

지어지선 至於至善

지극할 至 어조사 於 착할 善

《대학(大學)》

지선(至善)은 더 이상 바랄 것이 없는 최고의 선이란 뜻이다. 「善」은 착하다는 뜻도 되고 좋다는 뜻도 된다. 최고로 착한 것이 곧 최고로 좋은 것이 될 수 있고, 최고로 좋은 것이 곧 최고로 착한 것이 될 수 있으므로 결국 같은 뜻이다.

「지선」이란 말은 《대학》 첫머리에 있는 말이다. 이른바 삼강령은 명덕(明德)과 신민(新民)과 이 지선을 가리켜 뒷사람들이 붙인 이름이다. 《대학》 원문에는, 「대학의 길은 밝은 덕을 밝히는 데 있고, 백성을 새롭게 하는 데 있고, 지극히 착한 데 이르는 데 있다(大學之道 在明明德 在親民 在至於至善)」라고 나와 있다.

친(親)은 신(新)이란 글자를 잘못 쓴 것으로 보고 신으로 읽는다. 「지어지선(止於至善)」은 지극히 착한 곳에 머무른다는 뜻이다. 그러나 보통 「지어지선(至於至善)」이란 말이 널리 쓰인다. 머무른다는 말보다는 노력해서 거기까지 도달한다는 데에 보다 수양의 실감을 느낄 수 있기 때문인지도 모른다.

「지어지선」을 주자는 주석에서 말하기를,

「하늘 이치는 극진함을 다하여 한 털끝만한 사람의 욕심의 사사로움도 없다」라고 했다. 그러나 우리가 보통 쓰는 말뜻은 보다 가벼운 것이다. 즉 「지어지선」이란 말을 「최선을 다한다」든가 혹은 「완전무결하다」든가 하는 정도의 뜻으로 쓰고 있는 것이다. 도덕이나 철학을 떠난 모든 면에 쓰이고 있다.

지우책인명 至愚責人明

지극할 至 어리석을 愚 꾸짖을 責 사람 人 밝을 明

《송명신언행록(宋名臣言行錄)》

「지극히 어리석은 사람도 남을 나무라는 데는 총명하다」라는 뜻으로, 자신의 허물은 덮어두고 남의 탓만 하는 것을 비유하는 말이다. 「똥 묻은 개가 겨 묻은 개 나무란다」는 우리 속담도 다 이런 진리를 비유해 말한 것이다.

이 말은 《송명신언행록》에 있는 범순인(范純仁)의 말이다. 그는 제자들에게 말하고 있다.

「지극히 어리석은 사람이라 할지라도 남을 나무라는 데는 총명하고, 총명한 사람일지라도 자신을 용서하는 데는 어리석다. 너희들은 항상 남을 나무라는 마음으로 자신을 나무라고, 자신을 용서하는 마음으로 남을 용서하도록 하여라. 이렇게 하면 성현의 지위에 이르지 못함을 근심하지 않아도 될 것이다(人雖至愚 責人則明 雖有聰明 恕己則昏 爾曹但常以責人之心責己 恕己之心恕人 不患不到聖賢地位也)」

그는 또 말하기를,

「내가 평생을 통해 배운 것은 『충(忠)』과 『서(恕)』 두 글자뿐이다. 이것은 평생을 두고 써도 부족함이 없다」고 했다.

「충」은 거짓 없는 마음을 말하고, 「서」는 그 거짓 없는 마음을 그대로 행하는 것이다.

남을 꾸짖는 데만 밝고, 자기의 잘못은 무조건 눈감아 버리려는 인간의 공통된 병폐는 모두가 거짓된 마음에서 생겨나는 것이다.

지음 知音

알 知 소리 音

《열자》 탕문편(湯問篇)

지음도(知音圖, 淸 화가 황빈홍)

「지음」은 소리를 안다는 말이다. 이 말은 자기를 알아주는 지기지우(知己之友)라는 말과 같은 뜻으로 쓰인다. 상대방이 타는 거문고 소리만 듣고도 그 사람의 속마음까지 알 수 있을 정도로 서로가 마음이 통했다는 백아(伯牙)와 종자기(鍾子期)의 고사에서 생긴 말이다.

이 이야기는 《열자》 탕문편에 나온다.

백아는 거문고를 잘 타고, 종자기는 타는 소리의 뜻을 잘 알았다. 백아가 거문고를 들고 높은 산에 오르고 싶은 마음으로 타고 있으면, 종자기는 옆에서 이렇게 말했다.

「기가 막히다. 하늘을 찌를 듯한 높은 산이 눈앞에 나타나 있구나」

또 백아가 흐르는 강물을 생각하며 거문고를 타면 종자기는,

백아고금도(伯牙鼓琴圖, 淸 화가 황신)

「참으로 좋다. 도도히 흐르는 강물이 눈앞을 지나고 있는 것 같다」 하고 감탄했다. 이렇듯 백아의 속마음을 꼭꼭 알아주는 것이 항상 이런 정도였다. 또 《여씨춘추》에도 같은 이야기가 실려 있는데, 다음과 같은 이야기를 덧붙이고 있다.

「종자기가 죽자, 백아는 거문고를 부수고 줄을 끊고는 평생 거문고를 타지 않았다. 이 세상에 다시 자기 거문고 소리를 들려 줄만한 사람이 없었기 때문이다」

그래서 자기 속마음을 알아주는 지기지우를 「지음」이라고 부르게 되었다. 여기서 「백아절현(伯牙絶絃)」이란 성구가 나왔다. {☞ 백아절현}

지자막여부 知子莫如父

알 知 아들 子 없을 莫 같을 如 아비 父

《관자(管子)》 대광편(大匡篇)

아비만큼 그 자식의 됨됨이를 아는 사람은 없다.

낳아서 기르며 하나하나 보고 느끼고 한 아버지 이상으로 자식의 속마음까지 잘 알 사람이 없다는 데는 이견이 있을 수 없다. 이 말은 속담으로 예부터 내려온 말이다. 그러나 이 말이 기록에서 처음 인용된 것은 관중(管仲)에 의해서였다. 《관자》 대광편, 《한비자》 십과편에 나온다.

《관자》와 《한비자》의 원문은 모두 「지자막여부(知子莫如父)」가 아닌 「知子莫若(약)父」로 되어 있다. 같은 뜻일 바엔 「막약」보다는 「막여」가 듣기에 부드럽기 때문에 「막여」로 변한 것 같다.

《한비자》 십과편은 임금의 열 가지 허물을 들어 말한 것인데, 그 중 여덟 번째에 가서 충신의 말을 듣지 않은 예를 들고 있다. 옛날 제환공이 제후들을 규합하여 천하를 바로잡고 오패(五覇)의 으뜸이 된 것은 관중의 도움 때문이었다. 관중이 늙은 뒤 일을 보지 못하고 집에서 쉬고 있을 때였다. 환공이 찾아가 물었다.

「중보(仲父 : 관중의 존호)가 집에서 병으로 누워 있으니, 불행히 일어나지 못한다면 정치를 누구에게 맡겨야 하겠소?」

「늙은 신에게 물을 것이 있겠습니까. 신이 듣건대 신하를 아는 것은 임금만한 사람이 없고, 자식을 아는 것은 아비만한 사람이 없다고 하였습니다. 임금께서 생각하여 결정하십시오(臣聞之 知臣莫若君 知

子莫若父 君其試以心決之)」

제환공과 관중

그러자 환공은 포숙아(鮑叔牙)가 어떠냐고 물었다. 관중은 그가 패자의 재상될 자격이 없다고 반대했다. 그러자 환공은 수조(豎刁)를 물었다. 관중은 그를 소인이라 하여 반대했다. 환공은 또 개방(開方)과 역아(易牙)가 어떠냐고 물었다. 관중은 그들이 다 위험한 인물들이니 멀리하라고 간곡히 부탁했다.

그런 일이 있은 뒤 1년쯤 지나 관중이 죽자, 환공은 관중이 천거한 습붕(濕朋)을 쓰지 않고 자기가 신임하는 내시 출신인 수조를 썼다. 수조가 재상이 된 지 3년이 되던 해, 환공이 남쪽 당부(堂阜)로 가서 즐기고 있는 동안 수조는 개방, 역아 등과 공모하여 난을 일으키고 환공을 남문에 있는 침전 수위의 방에서 굶어죽게 만들었다.

환공의 자식들은 서로 뒤를 이으려고 싸우는 바람에 환공의 시체를 석 달이나 그대로 두었다. 그래서 시체에서 생긴 벌레가 문 밖까지 기어 나왔다.

천하를 호령하던 환공이 마침내 신하에게 죽고 만 것은 무엇 때문일까. 관중의 말을 듣지 않은 잘못 때문이다. 이상이 《한비자》에 있는 내용인데, 결국 「지신막여군」이란 말은 절대적인 것이 아니란 것을 보여준 셈이다.

지자불언언자부지 知者不言言者不知

알 知 사람 者 아니 不 말씀 言

《노자(老子)》 제56장

참으로 아는 사람은 말이 없다.

《노자》 56장에 있는 말이다.

자 공

「지자불언(知者不言)」은 아는 사람은 말을 잘 하지 않는다는 뜻이다. 자연 말이 많은 사람은 참으로 알지 못하는 것이 된다. 그것이 「언자부지(言者不知)」다.

공자의 제자 자공(子貢)은 당시 공자보다도 더 훌륭하다는 평을 듣던 사람이다. 그는 위대한 외교관이었고 또 경제인이기도 했다.

공자도 그를 말 잘하는 사람이라고 평한 일이 있다. 그러나 공자는 항상 그가 말이 앞서는 것을 경고했다.

안자(顔子)는 공자가 가장 사랑하고 가장 아끼던 제자다. 공자의 제자 중에 안자와 자공이 가장 재주가 뛰어났다. 그러나 세상 사람들은 아무도 안자의 재주를 알아주지 않았다. 그것은 안자가 통 말이 없고 사회에 나가 활동하는 일이 없었기 때문이다.

안 회

공자는 안자를 평하여 이렇게 말한 적이 있다.

「내가 안회(顔回)와 더불어 종일 말을 해도, 그는 바보처럼 듣고만 있다. 그러나 나가서 행동하는 것을 보면 역시 바보는 아니다」

안자야말로 노자가 말한 「지자불언」의 경지에 이른 사람이었다.

공자가 자공에게 물은 일이 있다.

「네가 안회와 누가 더 낫다고 생각하느냐?」

당시 모든 사람들은 자공을 안자 이상으로 알고 있었고, 자공도 그 자신이 가장 뛰어난 걸로 알고 있는 것 같아서 물은 것이다.

그러나 자공은,

「제가 어떻게 안회를 바랄 수 있겠습니까. 회는 하나를 들으면 열을 알고, 저는 하나를 들으면 둘을 알 뿐입니다(賜也何敢望回 回也聞一知十, 賜也聞一以知二)」 하고 대답했다.

여기서 「문일지십(聞一知十)」이란 말이 나오는데, 「문일지십」이란 제목에서 언급하고 있다. 역시 참으로 아는 사람은 말이 없는 증거다. 「대현여우(大賢如愚)」란 말도 같은 말이다.

지자요수인자요산 知者樂水仁者樂山

슬기 智 사람 者 좋아할 樂(요) 물 水 어질 仁 뫼 山

《논어》 옹야편(雍也篇)

지혜로운 사람은 사리에 밝아 물이 흐르듯 막힘이 없으므로 물을 좋아한다고 한 것이다. 또한 지적 욕구를 충족하기 위하여 돌아다니기를 좋아하며, 그러한 것들을 즐기며 산다. 이에 비하여 어진 사람은 의리를 중히 여겨 그 중후함이 산과 같으므로 산을 좋아한다고 하였다. 또 어진 사람은 대부분 고요한 성격이며, 집착하는 것이 없어 오래 산다는 것이다. 「요산요수」의 원래의 뜻은 이와 같으나, 오늘날에는 보통 산수의 경치를 좋아하는 것을 비유하는 말로 사용된다.

《논어》 옹야편(雍也篇)에 있는 말이다.

지혜로운 사람은 물을 좋아하고, 어진 사람은 산을 좋아한다는 말로서, 「樂」은 음악이라는 명사일 때는 「악」으로 읽고, 즐겁다는 형용사일 때에는 「낙」이라 읽고, 좋아한다는 동사일 때는 「요」라고 읽는다. 원문을 소개하면, 「지혜로운 사람은 물을 좋아하고, 어진 사람은 산을 좋아한다. 지혜로운 자는 움직이고, 어진 사람은 고요하다(知者動 仁者靜). 지혜로운 이는 즐겁고, 어진 이는 수한다(知者樂 仁者壽)」

지혜로운 사람은 변화에 대해 민감한 사람이다. 만물을 변화하는 측면에서 관찰하는 것이 지자의 태도다. 마음이 어진 사람은 언제나 한 마음 그대로를 간직하고 있다. 만물을 변하지 않는 측면에서 생각하는 것이 인자의 태도다. 물처럼 시시각각으로 변화하는 모습을 나타내는 것은 없다. 그러므로 변화를 좋아하는 사람은 물을 좋아하게 된다.

산처럼 언제 보아도 그 모습 그대로 보이는 것은 없다. 그러므로 변하지 않는 것을 좋아하는 사람은 산을 좋아하게 된다. 즉 물은 움직이고 산은 고요하다. 그것이 지자(知者)와 인자(仁者)의 대조적인 상태다. 물의 흐름은 즐겁고 산의 위치는 영원불변 그대로다. 이것이 지자와 인자의 생활 태도란 뜻이다. 공자는 냇가에 서서 탄식한 일이 있다.

공자 행단고슬(杏壇鼓瑟)

「가는 것이 이 같구려. 낮과 밤은 쉬지 않는도다」

공자는 냇물의 흐름을 보고 우주의 쉬지 않는 운행을 피부로 느끼게 되었던 것이다. 그것이 지자가 물을 좋아하는 모습이었으리라.

지재사방 志在四方

뜻 志 있을 在 넉 四 모 方

《좌씨전(左氏傳)》, 《공총자(孔叢子)》

「뜻이 사방에 있다」라는 뜻으로, 포부가 큰 사람은 안일한 생활에 미련을 두지 않고 동서남북 어디에나 갈 수 있다는 말. 「사방지지(四方之志)」가 변하여 이루어진 성어이다. 《좌씨전》 희공 23년조에 있는 이야기다.

제환공

진(晉)나라 공자(公子) 중이(重耳)가 제(齊)나라로 피신하여 있을 때, 제환공(齊桓公)은 그를 잘 대접하고 강씨(姜氏)라는 아내까지 얻어주었다. 중이는 생활이 풍족해지자 예전의 원대한 포부를 더 이상 생각하지 않게 되었다. 중이를 따르는 무리들은 그의 이러한 태도에 불만을 품고 있었다. 그들은 모여 중이로 하여금 제나라를 떠나게 할 방도를 궁리하였다. 마침 강씨의 시녀가 그 말을 엿듣고는 즉시 강씨에게 고하였다. 강씨는 곧바로 그 시녀를 죽이고 나서 중이에게 「당신은 사방에 뜻을 두셨더군요(子有四方之志). 밀담을 엿들은 하녀는 내가 죽여버렸습니다」라고 말하며, 제나라를 떠나도록 권했다.

중이가 떠나려 하지 않자, 강씨는 그를 술에 취하게 한 뒤에 수레에

태워 제나라 밖으로 보내 버렸다. 중이는 다시 여러 나라를 떠돌다가 진(晉)나라로 돌아가 군주의 자리를 차지하니, 그가 바로 춘추오패의 한 사람인 문공(文公)이다.

진문공 복국도(復國圖)

자

또 전한(前漢)의 공부(공자의 9대손)가 편찬한, 공자 이하 자사(子思)·자고(子高)·자순(子順) 등 일족의 언행을 모아 엮은 책 《공총자(孔叢子)》에 있는 이야기다. 공자의 5대손인 공천(孔穿)은 조(趙)나라를 방문하였을 때, 추문(鄒文)·계절(季節)과 친구로 사귀었다. 공천이 노(魯)나라로 돌아가려 하자 추문과 계절은 배웅하러 나와서 3일을 함께 보냈다. 그러고도 헤어지는 순간에 작별을 아쉬워하며 눈물을 흘렸으나 공천은 그대로 가버렸다.

공천은 매정하게 떠난 까닭을 묻는 시종에게 「처음에 나는 그들이 대장부인 줄 알았는데, 이제 보니 용렬한 사람들이더군. 사람은 살면서 사방에 뜻을 두어야 하거늘(人生則有四方之志), 어찌 산 속의 사슴이나 멧돼지처럼 항상 모여 살 수 있겠는가」 라고 설명하였다.

「지재사방」은 원대한 포부와 이상을 품고 있거나 그것을 실현하기 위해서 한 곳에서 안일하게 머물지 않고 어디든지 갈 수 있음을 비유하는 성어로 사용된다.

지재차산중 只在此山中

지금 只 있을 在 이 此 뫼 山 가운데 中

《고문진보(古文眞寶)》

송하문동자(松下問童子, 淸 민정)

알 것 같으면서 아직 찾지 못한 것.

「오직 이 산속에 있다」는 뜻으로, 곧 사물이 일정한 범위 밖에 나가지 않음을 이르는 말로서, 알 것 같으면서 아직 찾지 못한 모든 경우에 쓰는 함축성 있는 말이다.

《고문진보》 전집(前集)에 있는 무본(無本)이란 승려가 지은 「오언고풍단편(五言古風短篇)」에 나오는 글귀다.

그가 산속에 있는 道士(도사)를 찾아갔다가 만나지 못하고 돌아오며 지은 글이다. 이 글귀는 여운이 짙어 많은 사람들이 애송한다. 소나무 밑에서 아이에게 물었더니 스승은 약을 캐러 갔다고 말한다. 다만 이 산속에 있기는 한데 구름이 짙어 있는 곳을 알지 못한다.

말이 쉽고도 어떤 깊은 함축된 뜻이 있는 것만 같은 여운을 남기고 있기 때문에 많은 사람들이 이를 즐겨 외우고 있다.

송하문동자(明 화가 남영)

소나무 아래서 아이에게 물었더니
스승은 약초 캐러 갔다고 말한다.
다만 이 산 속에 있기는 한데
구름이 짙어 있는 곳을 알지 못한다.

松下問童子 言師探藥去
송하문동자 언사탐약거
只在此山中 雲深不知處
지재차산중 운심부지처

제1구는 시인의 물음이고, 2~4구는 은자의 제자인 동자의 대답이다. 소나무(松)와 구름(雲)은 은자의 풍격을 상징한다. 동자는 스승인 은자가 산속 어딘가에서 약초를 캐고 있을 테지만 구름이 깊어서 찾을 수 없다고 한다. 간결하지만 갈고 다듬어진 시구에서 선시(禪詩)를 읽는 듯한 느낌이 전해진다.

한 폭의 산수화를 연상케 하는 시다. 또 실상 이 시가 많은 산수화가들의 그림 소재로 쓰이고 있다. 그러나 그것은 동시에 진리를 찾는 사람의 도를 깨칠 듯 깨칠 듯한 그런 심정을 말해주는 것도 같다.

지족자부 知足者富

알 知 족할 足 사람 者 부유할 富

《노자(老子)》 33장

스스로 만족할 줄 아는 사람이 바로 부자다.

《노자》 33장에 있는 말이다.

「남을 아는 것을 지(知)라 하고, 자신을 아는 것을 명(明)이라 한다(知人者智 自知者明). 남을 이기는 것을 유력(有力)이라 하고, 자신을 이기는 것을 강(强)이라 한다(勝人者有力 自勝者强). 스스로 족할 줄 아는 사람이 바로 부자다(知足者富). 도를 따라 세차게 나가야 비로소 뜻을 얻었다고 하겠다(强行者有志). 자기의 근원을 잃지 않으면 영원할 수 있고, 죽어도 도를 잃지 않으면 장수할 수 있다(不失其所者久 死而不亡者壽)」

노자는 속세에서 말하는 지혜와 힘과 도에 입각하여, 참다운 명(明)과 강(强)을 말하였다. 그리고 참다운 부는 지족(知足)에서 얻을 수 있으며, 뜻을 얻는다는 것은 무위자연(無爲自然)의 도를 끝없이 세차게 행하는 것이라 하였다.

부(富)란 여유가 있다는 뜻이다. 먹고 입고 쓰고 남는 것이 부자다. 그러나 사람은 먹고 입고 쓰는 것이 한이 없다. 한 끼에 한 홉 밥으로 만족한 사람이 있는가 하면, 남이 잘 먹어 보지 못한 요리를 먹기 위해 남이 알까 무서울 정도의 엄청난 돈을 들이는 사람도 있다.

한두 벌 옷으로 몸을 가리는 것으로 족한 사람이 있는가 하면, 유행을 따르다 못해 창조를 해가며 매일같이 값비싼 새 옷을 사들이는 여인들도 있다.

「아흔 아홉 섬 가진 사람이 한 섬 가진 사람보고 백 섬 채우자」고 한다는 말이 있다. 아흔 아홉 섬 가진 사람이 한 섬 가진 사람보다 마음이 가난하기 때문인 것이다. 만일 그가 그 한 섬 가진 사람을 보고 마흔 아홉 섬을 주어 똑같이 50석씩 가졌으면 하는 마음이 생겼다면 그는 천 석 가진 부자 이상으로 풍족함을 느끼는 사람일 것이다.

노자기우도(宋 화가 조보)

부는 마음에 있다. 먹을 것을 걱정하지 않는 성자는 천하의 모든 식량이 다 자신을 위한 것으로 느껴지는 것이다. 하느님은 일용할 양식을 우리에게 준비하고 계시니까.

「도를 따라 세차게 나가야 비로소 뜻을 얻었다고 하겠다(强行者有志)」는 말은 바로 《주역》 건괘상전(乾卦象傳)에서 말한 「군자는 스스로 강하여 그치지 않는다(君子以自强不息)」는 경지와 같다.

또한 노자는 「근원적인 도를 잃지 않아야 영원할 수 있고, 몸은 죽어도 실체는 도와 더불어 영원히 살 수 있다(不失其所者久 死而不亡者壽)」고 하였다. 지족이란 말 그대로 자신에게 만족하는 것이다.

《설원(說苑)》 담총(談叢)에도, 「부는 만족할 줄 아는 데 있고(富在知足), 귀는 물러가기를 구하는 데 있다(貴在求退)」고 했다.

지지위지지 부지위부지 시지야 : 知之爲知之不知爲不知是知也

알 知 의 之 사람 者 될 爲 옳을 是

《논어》 위정편(爲政篇)

참으로 안다는 것은 모르는 것을 인정하는 것이다.

아는 것을 안다고 하고 모르는 것을 모른다고 하는 것, 이것이 아는 것이다. 「참으로 안다」는 것은 모르는 것을 인정하는 것이다.

이 말은 《논어》 위정편에 있는 말로, 공자가 자로(子路)에게 한 말이다. 용기가 지나친 제자 자로를 공자가 평하기를,

「한 마디로 재판의 판결을 내릴 사람은 유(由, 자로)밖에 없다」 고 했다. 그러한 자로에게, 「유야, 네게 아는 것을 가르쳐 주마. 아는 것을 안다고 하고, 알지 못하는 것을 알지 못한다고 하는, 참으로 이것이 아는 것이다(知之爲知之不知爲不知是知也)」

그냥 빨리 읽으면 흡사 새의 울음소리 같으므로 옛날부터 새가 《논어》를 읽고 있다는 말이 전해 내려오고 있다. 고전소설 《흥부전》에도 이 말이 희어(戱語)로 등장한다.

조선시대 문인 유몽인(柳夢寅)이, 조선인은 어떤 경서를 읽느냐고 묻는 중국 사람에게 농담 삼아, 「우리나라에서는 새들도 경서 하나쯤은 읽을 줄 압니다. 『지지위지지 부지위부지 시지야』라고 하지 않습니까?」

새가 《논어》를 읽었을 리 없건만 이 구절을 빨리 읽다 보면 새의 지저귀는 소리와 비슷하게 들리기 때문에 이런 얘기가 나온 것 같다.

지지자불여호지자 知之者不如好之者

알 知 의 之 사람 者 아닐 不 같을 如 좋을 好

《논어》 옹야편(雍也篇)

아는 사람이 좋아하는 사람만 못하다. 곧 아는 사람이 즐기는 사람만 못하다는 말이다. 《논어》 옹야편에 있는 공자의 말이다.

「아는 사람은 좋아하는 사람만 못하고, 좋아하는 사람은 즐기는 사람만 못하다(知之者 不如好之者 好之者 不如樂之者)」

이것은 물론 학문이나 진리를 두고 한 말이다 그러나 모든 일에 있어서 다 통용될 수 있다. 정도와 수준을 말할 때, 좋고 나쁜 것을 가릴 것 없이 이 말은 그대로 적용되는 것이다. 원문에는 이 「지지자불여호지자」란 말 다음에, 「호지자 불여낙지자(好之者 不如樂之者)」란 말이 계속되고 있다.

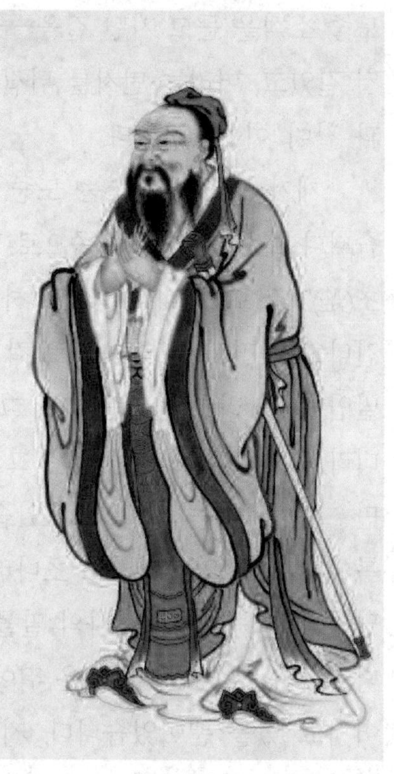

공 자

좋아하는 사람이 즐기는 사람만 못하다는 뜻이다. 주석에는 이렇게 풀이하고 있다.

「안다는 것은 진리가 있다는 것을 아는 것이다. 좋아한다는 것은 좋아만 했지 완전히 얻지 못한 것이다. 즐긴다는 것은 완전히 얻어서 이를 즐기는 것이다」

지초북행 至楚北行

다다를 至 나라이름 楚 북녘 北 갈 行

《전국책(戰國策)》 위책(魏策)

초나라에 이르고 하면서 북쪽으로 간다는 뜻으로, 마음과 행동이 상반되는 것 또는 방향이 틀린 것을 비유하여 이르는 말.

주(周)현왕 15년, 위나라 혜왕(惠王)이 조(趙)나라의 수도 한단(邯鄲)을 공격하려 하였다. 위나라 대신 계릉(季陵)이 사행(使行)을 가던 도중 소식을 듣고 가던 길을 돌려 돌아왔다. 그의 옷은 불에 그슬린 것 같았고, 머리는 먼지를 뒤집어쓰고 있었다. 그는 왕을 만나 다음과 같이 이야기하였다.

「제가 방금 돌아오는 도중 태항산(太行山)에서 한 사람을 만났습니다. 그는 수레를 북쪽으로 달려가면서 저에게 말하기를, 『나는 초(楚)나라로 갑니다』 라고 하였습니다. 제가, 『당신은 초나라로 간다고 하면서 왜 북쪽으로 갑니까?』 하고 묻자, 『나의 말은 좋은 말입니다』 라고 하였습니다. 그래서 저는, 『말이 비록 훌륭하다 하더라도 초나라로 가는 길은 그 길이 아닙니다』 하였습니다. 그렇지만 그는, 『나는 많이 가 보았습니다』 라고 하였습니다. 이에, 『비록 많이 가보았을지라도 초나라로 가는 길이 아닙니다』 라고 재차 말하자, 그는 다시, 『나의 말몰이꾼은 뛰어납니다』 라고 하였습니다. 이 사람이 소유한 것은 뛰어난 것이었지만, 초나라와는 점점 멀어지고 있을 뿐이었습니다. 지금 왕께서는 출병하여 패왕(霸王)의 위업을 이루고, 또한 천하 제후들의 신뢰를 얻으려 하십니다. 그래서 나라의 크기와 병사의 정예함에 기대어, 한단을 공격하여 영토

중국의 그랜드캐넌 태항산

를 확장하고 명성을 떨치려고 하십니다. 그러나 오히려 왕의 움직임이 많으면 많을수록 왕에게서는 이러한 것들이 더욱 멀어질 뿐입니다. 이는 마치 말과 마부의 뛰어남만 믿고 초나라에 이르려고 하면서 북쪽으로 간다(猶至楚而北行也)는 것과 같습니다」

천하의 인심을 얻으려고 정복사업을 벌이는 것은 오히려 그 명예를 훼손하는 길이라는 것을 「초나라로 가는 길(至楚北行)」로 설명하였다. 무엇을 기대하며 한 행동이 오히려 반대의 효과를 부르는 비유로 쓰인다.

지피지기 백전불태 知彼知己百戰不殆

알 知 저 彼 자기 己 일백 百 싸울 戰 위태로울 殆

《손자(孫子)》 모공편(謀攻篇)

적을 알고 나를 알면 백 번 싸워도 위태롭지 않다.

손무(孫武)는 춘추시대 오왕 합려의 패업(霸業)을 도운 불세출의 병법가로서, 오늘날 「손자병법」을 만든 유명한 인물이다. 그는 초(楚)나라의 병법가로서 전국시대에 활약한 오기(吳起 : 오자)와 함께 병법의 시조로 일컬어진다.

손무의 저서 《손자》는 병법 칠서(七書) 중에서 가장 뛰어난 병서로 13편으로 되어 있다. 계(計) · 작전(作戰) · 모공(謀攻) · 군형(軍形) · 병세(兵勢) · 허실(虛實) · 군쟁(軍爭) · 구변(九變) · 행군(行軍) · 지형(地形) · 구지(九地) · 화공(火攻) · 용간(用間)이 그것이다.

「병(兵)은 국가의 대사(大事), 사생(死生)의 땅, 존망(存亡)의 길」이라는 입장에서 국책(國策)의 결정, 장군의 선임을 비롯하여 작전 · 전투 전반에 걸쳐 격조 높은 문장으로 간결하게 요점을 설명하고 있다. 그 뜻하는 바는 항상 주동적 위치를 점하여 싸우지 않고 승리하는 것을 주로 하고, 또 사상적인 뒷받침도 설하고 있어 병서로서는 모순을 느낄 만큼 비호전적(非好戰的)인 것이 특징이다.

《손자》 모공편(謀攻篇)에 있는 말이다.

「적의 실정을 알고 아군의 실정도 안 다음 싸운다면 백 번을 싸워도 결코 위태롭지 않다(知彼知己 百戰不殆). 적의 실정은 모르고 아군의 실정만 알고 싸운다면 승패는 반반이다(不知彼而知己 一勝一負). 적의 실정을 모르고 아군의 실정까지 모르면 싸울 때마다 모두 질 것이다(不知彼不知己 每戰必敗)」

손 무

손자는, 싸움터에서 병사들을 희생시켜 가면서 피로 물든 전투를 한 뒤에 적을 이기는 것은 전술로서 하급(下之下)이라고 말한다. 즉 싸우지 않고 이기는 것, 이것이 손자가 이상으로 하는 전략이다. 따라서 손자는 「시계편(始計篇)」에서는 무모한 전쟁에 대한 경계를 이야기하였으며, 「작전편(作戰篇)」에서는 전쟁이 나라와 백성들에게 주는 막대한 손실과 함께 부득이하게 전쟁을 할 경우 되도록 빨리 끝내야 할 필요성에 대해 서술하고 있다.

그리고 「모공편」은 적군에게 이기는 방법, 즉 여러 가지 승리의 방법이 적혀 있다. 그 가운데 최선의 승리는 아군의 피해가 전혀 없는, 싸우지 않고 승리하는 것이라고 하였다. 그러기 위해서는 계략으로 적군의 전의(戰意)를 꺾어야 할 것을 지적하였다.

손자는 결코 백전백승(百戰百勝)이라는 것을 상책으로 삼지 않았다. 백 번 싸워 백 번 이기는 것은 상의 상책이 아니다. 싸우지 않고서 적의 군대를 굴복시키는 것이 상의 상책이다. 그러므로 으뜸가는 군대는 계략으로 적을 친다. 그 다음가는 군대는 서로 친다. 또 그 다음가는 군대는 적병을 치며, 그 아래의 군대는 성을 공격한다(百戰百勝 非善之善者也 不戰而屈人之兵 善之善者也 故上兵伐謀 其次

자

병성손무(兵聖孫武)

伐交 其次伐兵 其下攻城).

「으뜸가는 군대는 계략으로 적을 친다」는 것은 최상의 전쟁 방법을 말한다. 이것은 계략으로, 싸우지 않고 적을 굴복시키는 것이다. 「서로를 친다」는 것은 차선책으로서, 상대편의 동맹국으로 하여금 중립적인 입장을 취하게 하는 것이다.

즉, 상대편을 고립시켜 원조가 없는 상황으로 모는 방법이다. 그 다음이 싸움터에서 적과 대결하는 일이다. 그러나 상대편에게도 전략과 계략이 있으므로 항상 최선의 방법을 쓸 수는 없다. 왜냐하면, 상의 상책인 사람이 아닌 이상 백전백승의 길만을 생각할 수는 없기 때문이다. 그러기 위해서는 피아(彼我)를 잘 비교 검토한 다음에 전투에 임할 것을 권하고 있다. 여기서 지피지기를 위한 구체적인 방법은 간첩(間諜)의 이용이다.

중국 역사상 누구보다도 먼저 간첩의 중요성을 역설한 이가 바로 손자이다. 손자가 말한 대로 싸우지 않고 이기기 위해서는 먼저 지피를 하여야 하는데, 이 지피는 적에 대한 정보가 필수이다. 따라서 상대편에 대한 정보의 입수를 위해서는 간첩의 활용이 우선이다.

「용간편(用間篇)」에는 이 간첩에 대한 이야기가 전문적으로 다

루어져 있다. 손자가 말하는 간첩에는 향간·내간·반간·사간·생간의 다섯 종류가 있다.

간략하게 요약해 보면 다음과 같다.

향간(鄕間) : 상대국의 주민을 고용하여 첩보활동을 벌이다.

내간(內間) : 관리를 고용하는 것이다. 현대의 고정간첩과 같은 개념이다.

손무의 후손 손빈

반간(反間) : 일종의 이중간첩이라고 할 수 있는데, 역정보를 흘리기 위해 이용한다.

사간(死間) : 반간보다 조금 더 복잡한 것으로 배반할 가능성이 있는 간첩이다. 그에게 거짓 정보를 주어 상대국에 보고하도록 하며, 이로 인해 적의 손에 처형되도록 한다.

생간(生間) : 상대국의 정보를 탐지한 뒤에 살아 돌아와 상세하게 보고할 수 있는 간첩을 말한다. 제일 중요한 간첩이다.

직정경행 直情徑行

곧을 直 뜻 情 지름길 徑 갈 行

《예기》 단궁편(檀弓篇)

상대의 생각이나 주위의 사정 등에 신경 쓰지 않고 자기의 생각대로 행동하는 것을 말함.

공자의 제자 유약(有若)과 자유(子游) 두 사람이 함께 길을 가고 있을 때였다. 우연히 부모를 여의고 심히 비탄에 빠져 있는 소년을 보았다. 그 모습에 충격을 받은 두 사람은. 그곳을 떠난 다음 방금 본 광경에 관련해 예에 대한 토론을 벌였다. 먼저 유약이 말했다.

「나는 상례(喪禮)에 곡용(哭踊)의 예(곡을 하고 발버둥질을 치는 예)가 무엇 때문에 있는 것인지 몰랐으며, 차라리 없는 편이 낫다고 오랫동안 생각하고 있었다. 그러나 그 아이의 비탄해 하는 모습을 보고 죽은 사람에 대한 애석의 정은 실로 이 곡용에 있음을 알게 되었다. 역시 옛사람이 행한 예에는 각각의 이유가 있는 것이다」

그러자 자유도 말했다.

「그렇다. 그리고 예라는 것은 동시에 정을 억제하기 위해서도 만들어진 것이라고 생각한다. 현자가 정에 지나치면 몸을 상하기 때문에 예로써 이를 제한하며, 또 불초한 자는 정이 없기 때문에 여러 가지 갖춤새로 마련하여, 그로써 정을 생각게 한다. 이것도 예의 효용이다. 감정이 내키는 대로 전후 분별도 없이 행동하여 절제할 줄 모르는(直情徑行) 것은 야만인의 길이며, 군자는 항시 정이 일어나는 것을 이성으로 제어해야만 한다」

진선진미 盡善盡美

다할 盡 착할 善 아름다울 美

《논어》 팔일편(八佾篇)

「진선진미」는 착함을 다하고 아름다움을 다했다는 말로 더 이상 바랄 것이 없을 만큼 잘 되어 있다는 뜻으로 많이 쓰인다.

이 말은 《논어》 팔일편에 있는 공자의 말에서 비롯된다.

그러나 원문에는 「진미진선(盡美盡善)」으로 나와 있다. 즉 공자가 순임금의 악곡인 소(韶)와 무왕의 악곡인 무(武)를 감상한 말이다. 공자께서 소를 일러 말하기를, 「아름다움을 다하고 또 착함을 다했다 하시고(子謂韶 盡美矣 又盡善也), 무를 일러 말씀하시기를, 아름다움을 다하고 착함을 다하지 못했다고 하셨다(謂武 盡美矣 未盡善也)」

순임금은 요임금에게서 천하를 물려받아, 다시 이것을 우임금에게 물려주었다. 순임금의 그러한 일생을 음악에 실어 나타낸 것이 「소」라는 악곡이었다. 순임금이 이룬 공은 아름다웠고 그의 생애는 착한 것의 연속이었다. 그러므로 그 이상 아름다울 수도 착할 수도 없는 일이었다. 공자는 이 악곡을 들으며 석 달 동안 고기 맛을 몰랐다고 한다. 무왕은 은의 주(紂)를 무찌르고 주나라를 창건한 사람이다. 그가 세운 공은 찬란하지만, 혁명이란 방법을 택하지 않으면 안되었던 그 과정은 완전히 착한 일은 될 수 없었다. 그러므로 공은 아름다워도 동기와 과정만은 착한 것이 될 수 없었다. 결국 미는 이룬 결과를 말하고, 선은 그 동기와 과정을 말하는 것이다. 그러나 오늘날 우리가 쓰고 있는 「진선진미」는 그런 구별 없이 아무런 결점도 없는 완전무결한 것을 말한다.

진신서불여무서 盡信書不如無書

다할 盡 믿을 信 책 書 아니 不 같을 如 없을 無

《맹자》 진심하(盡心下)

책에 씌어 있는 것이라고 해서 모든 것이 사실이라고 할 수는 없다. 따라서 그것을 보는 사람이 미루어 헤아려야 할 것이다. 만일 그것을 덮어놓고 다 믿는다면 책이 미치는 결과는 차라리 없는 것만도 못하다. 이러한 뜻의 말을 맹자는 「진신서 불여무서」라고 했다.

《맹자》 진심하에 보면, 「글(역사)을 다 믿는다면 글이 없는 것만 같지 못하다(盡信書則 不如無書). 나는 무성{武成 : 《서경》 주서(周書)의 편 이름}에서 두세 쪽(策)만을 받아들일 뿐이다. 어진 사람은 천하에 대적하는 사람이 없다. 지극히 어진 사람이 지극히 어질지 못한 사람을 치는데, 그 피가 절구공이를 뜨게 하겠는가」 하고, 역사 기록의 지나친 과장을 가혹하게 평하고 있다.

내용인즉, 무왕이 주(紂)를 치는데, 주의 앞에 있는 군대가 무왕의 편을 들어 뒤로 돌아 후방에 있는 군대와 충돌함으로써 피가 냇물처럼 흘러 절구공이가 떠내려갔다는 기록이다. 맹자가 이 같은 말을 한 데는 또 다른 의도가 있었겠지만, 오늘처럼 너무 많은 기록들이 우리의 마음을 어지럽히는 것에 가장 알맞은 말이 될 수 있을 것 같다.

청대의 유명한 평론가 김성탄은 진시황의 분서갱유 사건을 위대한 업적이라 칭찬하고, 또 한 번 진시황 같은 영웅이 나타나 쓰레기만도 못한 책들을 모조리 불살라 주었으면 하고 바랬다. 한 권의 좋은 책이 없어지는 것은 안타까운 일이지만, 천 권의 유해무익한 책들을 없애기 위해서는 부득이한 일이라는 것이다.

진인사대천명 盡人事待天命

다할 盡 사람 人 일 事 기다릴 待 하늘 天 명령할 命

《삼국지(三國志)》

사람으로서 자신이 할 수 있는 어떤 일이든지 노력하여 최선을 다한 뒤에 하늘의 뜻을 받아들여야 한다는 것이다. 자신의 일을 성실히 하지 않고 요행을 바라는 사람에게 최선을 다하라고 강조하는 말이다.

《삼국지(三國志)》에 있는 이야기다.

중국 삼국시대에 적벽에서 위(魏)나라 조조(曹操)가 오(吳)·촉(蜀) 연합군과 전투를 벌인 적벽대전(赤壁大戰) 중에 촉의 관우(關羽)는 제갈량(諸葛亮)에게 조조를 죽이라는 명령을 받았으나 화용도(華容道)에서 포위된 조조를 죽이지 않고 길을 내주어 달아나게 하고 돌아왔다. 그래서 제갈량은 관우를 참수하려 하였으나 유비(劉備)의 간청에 따라 관우의 목숨을 살려주었다.

제갈량은 유비에게 「천문을 보니 조조는 아직 죽을 운명이 아니므로 일전에 조조에게 은혜를 입었던 관우로 하여금 그 은혜를 갚으라고 화용도로 보냈습니다. 신은 사람으로서 할 수 있는 방법을 모두 쓴다 할지라도 목숨은 하늘의 뜻에 달렸으니, 하늘의 명을 기다려 따를 뿐입니다(修人事待天命)」라고 하였다.

제갈량의 「수인사대천명(修人事待天命)」에서 유래한 말로, 자기 할 일을 다 하고 하늘의 명을 기다리라는 말이다.

「하늘은 스스로 돕는 자를 돕는다」와 비슷한 말이다.

진정지곡 秦庭之哭

진나라 秦 뜰 庭 어조사 之 울 哭

《좌씨전(左氏傳)》 정공(定公) 4년

「진(秦)나라의 조정에서 곡을 하다」 라는 뜻으로, 남에게 도움을 요청하는 것을 비유하는 말이다.

《좌씨전》 정공(定公) 4년에 있는 이야기다.

오자서

춘추시대 말 초(楚)나라 오자서(伍子胥)는 초(楚) 평왕(平王)이 아버지와 형을 살해하자 초나라를 멸망시켜 복수하겠다고 맹세하였다. 오자서의 친구인 신포서(申包胥)는 사사로운 원한 때문에 조국을 배반해서는 안 된다며, 만약 오자서가 초나라를 멸망시킨다면 자신이 반드시 나라를 부흥시키겠다고 맹세하였다.

오자서는 오(吳)나라의 합려(闔閭)를 도와 왕위에 오르게 한 뒤, 초나라의 내정이 혼란한 틈을 타서 공격하여 수도까지 진격하였다. 이때 평왕은 이미 죽은 뒤였고, 그의 아들 소왕(昭王)은 피신하였다. 오자서는 평왕의 무덤에서 시신을 파내어 채찍질을

신포서가 곡을 한 유지(遺址)

3백 번 가하고 나서야 원한을 풀었다. ☞ {굴묘편시(掘墓鞭屍)}

신포서는 이 소식을 듣고 격분하여 소왕을 찾아가 나라를 부흥시킬 계획을 상의하였으나 힘이 없었다. 신포서는 소왕의 외할아버지인 애공(哀公)이 다스리는 진(秦)나라로 가서 초나라가 망하면 진나라도 결코 안전하지 못할 것이라며 도움을 청하였다. 그러나 애공은 전쟁을 벌일 마음이 없어 응하지 않았다.

신포서는 진나라 궁정의 담벼락에 기대앉아서는 7일 동안 물도 한 모금 마시지 않고 밤낮으로 쉬지 않고 곡을 하였다(立依於庭牆而哭 日夜不絶聲 勺飮不入口 七日).

애공은 결국 신포서의 충정에 감동하여 군대를 일으켜 오나라를 공격하였다. 여기서 유래하여 「진정지곡」은 신포서가 진나라에 그러하였던 것처럼 남에게 도움을 청하는 것을 비유하는 성어로 사용된다.

진촌퇴척 進寸退尺

나아갈 進 마디 寸 물러날 退 자 尺

《노자(老子)》 69장

득보다 실이 많음.

「한 치를 나아가고 한 자를 물러난다」라는 뜻으로, 얻는 것은 적고 잃는 것은 많다는 말이다.

치(寸)는 길이의 단위로, 한 치는 약 3.3센티미터에 해당한다. 한 자(尺)는 열 치이므로 약 33센티미터에 해당한다.

노자기우도(淸 화가 임백년)

《노자》 제69장에 있는 말이다.

「용병에 관하여 『내가 감히 주체가 되려 하지 않고 객체가 되며, 감히 한 치를 나아가지 않고 한 자를 물러선다(吾不敢爲主而爲客 不敢進寸而退尺)』라는 말이 있다. 이것을 행하되 행하지 않는 것처럼 하고, 팔을 휘두르되 팔을 들지 않은 것처럼 하고, 적과 대치하되 적을 공격하지 않는 것처럼 하고, 무기를 쥐고 있되 무기를 가지고 있지 않은 것처럼 한다는 것이다. 적을 가볍게 여기는 것보다 더 큰 재앙이 없으니, 가벼이 여기면 나의 보배를 잃게 된다. 그러므로 거병하여 서로 항거할 때는 슬퍼하는 자가 승리한다」

한 유

이 말이 사용된 예로는 당(唐)나라 한유(韓愈)가 쓴 「상병부이시랑서(上兵部李侍郎書)」를 들 수 있다.

이 글은 한유가 유배생활을 한 뒤에 다시 중용되기를 바라는 마음에서 병부시랑 이손(李巽)에게 스스로를 추천하여 보낸 편지다.

이 글의 서두에 「명이 기박하고 운이 따르지 않아 움직이면 참언과 비방을 당하여 한 치를 나아가고 한 자를 물러섰으니 결국 아무 이룬 것도 없습니다(薄命不幸 動遭讒謗 進寸退尺 卒無所成)」라는 구절이 있다.

여기서 유래하여 「진촌퇴척」은 얻는 것은 적고 잃는 것은 큰 경우를 비유하는 성어로 사용된다. 흔히 「득보다 실이 많다」라는 표현과 같다.

「촌진척퇴(寸進尺退)」라고도 한다.

진충보국 盡忠報國

다할 盡 충성 忠 갚을 報 나라 國

《북사(北史)》 안지의전(顔之儀傳)

충성을 다해 나라의 은혜에 보답함.

580년 양(梁)나라의 선제(宣帝)가 죽고 어린 정제(靜帝) 우문천(宇文闡)이 즉위하였다. 그러나 조정은 나이 어린 정제의 후견인 문제로 의견대립이 일어났다. 유방(劉昉) 등을 비롯한 많은 신하들은 황제의 후견인으로 수(隋)나라의 양견(楊堅)을 재상으로 맞을 것을 주장하였다. 당시 수나라는 군소 왕조 중에서 단연코 두각을 나타내고 있었으며, 양견 또한 스스로 문제(文帝)라 칭하고 있을 때였다. 유방 등을 비롯한 여러 신하들이 수나라의 양견을 추천한 것은, 기왕 기댈 바에 큰 나무의 그늘이 낫다는 것이 그 이유였다.

그러나 안지의는 그것은 나라를 팔아먹는 것과 마찬가지라고 하며 이렇게 주장하고 나섰다.

「우리는 지금까지 나라의 은혜를 입어왔다. 지금이야말로 진충보국(盡忠報國)해야 할 때다. 다른 나라 사람에게 국가의 운명을 맡기는 것은 있을 수 없는 일이다. 그러니 이제 죽음으로써 나라에 보답해야 할 것이다」

그러나 안지의의 이 같은 주장은 묵살되고, 양견이 재상이 되어 정제를 보좌하였다. 그리고 마침내 양견은 선제의 뒤를 이어 즉위한 나이 어린 정제를 폐하고 스스로 제위에 올라 문제라 일컫고 국호를 수(隋)라고 했다. 그로부터 8년 후인 589년, 문제는 남조(南朝) 최후의 왕조인 진(陳)나라마저 멸하고 마침내 천하를 통일했다.

진퇴유곡 進退維谷

나아갈 進 물러날 退 바 維 골 谷

《시경(詩經)》 대아(大雅)

「앞으로도 뒤로도 나아가거나 물러서지 못하다」 라는 뜻으로, 궁지에 빠진 상태.

《시경(詩經)》 대아(大雅) 「상유(桑柔)」 에 있는 말이다.

왕을 풍자한 「상유(桑柔)」 라는 시에서 유래하는데, 서주(西周) 말의 폭군 여왕(厲王)을 예백(芮伯)이 공격한 내용이라고도 하나 정확하지는 않다. 모두 16장으로 이루어진 긴 시인데, 인용된 부분은 아홉 번째 장이다.

저기 숲속을 바라보면
사슴도 무리지어 뛰놀고 있거늘
군신들 서로 믿지 않아
모두들 사이가 좋지 않네
어지러운 세상에 사람들 하는 말
나아가도 골짜기 물러나도 골짜기라네.

瞻彼中林 甡甡其鹿　첨피중림 신신기록
朋友已譖 不胥以穀　붕우이참 불서아곡
人亦有言 進退維谷　인역유언 진퇴유곡

「진퇴양난(進退兩難)」 과 비슷한 말이다.

질풍경초 疾風勁草

병 疾 바람 風 굳셀 勁 풀 草

《후한서》 왕패전(王霸傳)

모진 바람에도 꺾이지 않는 강한 풀이라는 뜻으로, 아무리 어려운 처지에서도 뜻을 꺾거나 굽히지 않는 절개 있는 사람을 비유해 이르는 말로서, 역경을 겪어야 비로소 그 사람의 굳은 절개나 진가를 알 수 있음.

갱시제 유현

본시 「질풍지경초(疾風知勁草)」라는 말로서, 모진 바람이 불면 강한 풀을 알 수 있다는 뜻으로, 역경(逆境)을 겪어야 비로소 그 사람의 굳은 절개나 진가를 알 수 있다는 말이다.

전한(前漢) 말, 왕망(王莽)은 한(漢) 왕조로부터 황제의 자리를 찬탈해 신(新)을 세웠다. 그러나 갈수록 악정이 계속되자 백성들 사이에서는 이를 원망하고 탄식하는 소리가 점차 높아지면서 녹림군(綠林軍)이 각지에서 봉기했다. 그리고 마침내 한나라의 왕족 유수(劉秀)도 원현에서 군사를 일으켰다.

유수의 부대가 영양(潁陽)에 이르렀을 때, 그 지방의 왕패(王霸)라는 자가 무리들과 함께 참가하였다. 이윽고 40여만 명의 왕망 군과

1만여 명의 유수 군이 곤양(昆陽)에서 격돌하였다. 여기서 유수 군이 대승을 거두었다. 이때 왕패도 참전하여 큰 공을 세웠다. 마침내 유수 군은 갱시제(更始帝)를 옹립하였다.

광무제

그러나 얼마 후 황제의 견제로 신변의 위협을 느낀 유수는 자청하여 하북 지방의 평정을 지원하였다.

갱시제가 이를 허락하고 왕패도 유수를 따라 종군하였다. 그러나 이 원정은 고난의 연속이었다. 고난을 견디지 못해 이탈하는 병사가 속출하였다. 유수는 주변의 낯익은 병사가 줄어든 것을 보고 왕패에게 말하였다.

「끝까지 나를 따르는 사람은 너 하나뿐이구나. 모진 바람이 불어야 비로소 강한 풀을 알 수 있다고 하더니(疾風知勁草)」

얼마 뒤 유수가 산동(山東)의 호족 왕랑군(王郎軍)에게 사로잡힐 위기에 처했을 때, 왕패는 죽음을 무릅쓰고 유수를 구출하였다.

훗날 후한(後漢)을 건국하게 되니 이가 곧 후한의 창시자 세조(世祖) 광무제(光武帝)이다. 그리고 왕패를 더 한층 신임하였으며 상곡(上谷) 태수에 임명하였다.

자

집우이 執牛耳

잡을 執 소 牛 귀 耳

《춘추좌씨전》 애공(哀公) 17년

「집우이」는 소의 귀를 잡는다는 뜻으로, 실권을 한손에 진다는 말이다. 《좌전》 애공(哀公) 17년에 이런 이야기가 있다.

「나의 꿈은 이루어졌다!」

오왕 부차(夫差)는 이렇게 생각하고 있었다. 그렇게 생각할 만한 이유가 있었다. 아버지의 원수이고 오랜 숙적 월(越)을 쳐부수고 속국으로 만들어 버렸다. 월왕 구천은 쓸개를 씹으며(嘗膽) 원수를 갚고자 애를 쓰고 있지만, 주제에 무슨 일을 할 수 있겠는가.

……남방의 초(楚), 북방의 제(齊)도 격파했다. 가로막는 것은 아무것도 없다. 그리하여 지금, 이 황지(黃池)에 중원의 제후들을 모으고 있다. 여기서 인정만 받으면 명실 공히 광대한 중원에서 패(覇)를 외치게 되는 것이다. 그런데 오직 하나 문제가 있었다. 그것은 「소의 귀(牛耳)」다. 맹약을 할 때 쇠귀를 잡는 순서에 관해 부차는 맹주로서 자기가 먼저 잡고 피를 빨려고 했으나, 진(晋)의 정공(定公)이 반대하며 자기가 먼저 해야 한다고 버틴다. 따라서 황지의 모임은 헛된 나날만 보내고 맹약을 성립시키지 못하고 있었다.

부차는, 안타깝지만 결코 오래 걸리지는 않을 것이라 생각하며, 거느리고 온 오(吳)의 대군이 위력을 발휘하겠지 하고 자못 기대하고 있었다. 한데 하필이면 바로 그런 때였다. 본국에서 급한 전령이 왔다. 월이 마침내 군사를 일으킨 것이었다. 오의 주력 군사가 비어 있는 이때야말로 월로서는 절호의 기회였던 것이다. 명신 범려(范蠡)

의 군대는 바다를 끼고 회하(淮河)를 거슬러 올라와 부차의 태자를 격파하고 사로잡았다. 월왕 구천은 훈련에 훈련을 거듭한 정병을 이끌고서 강을 올라와 오의 수도에 돌입하고 있었다. 부차로서는 바로 발밑의 땅이 꺼지는 듯한 순간이었다. 이제야말로 패자가 된다고 꿈에 부풀어 있던 바로 그 순간에……

황지회맹(黃池會盟)

부차는 양미간을 찡그리고 생각에 잠겼다. 마침내 결심이 섰다. 그날 밤 부차는 군사들에게 전투 준비 명령을 내렸다. 말의 혀를 잡아매고 방울을 싸맨 다음 깃발을 휘날리며 오나라 군 3만은 고요하게 진군하여 진(晋)나라 군사 가까이 진을 쳤다. 날이 희미하게 밝아오자 부차는 명령을 내렸다. 곧 북과 징이 울려 퍼지고 함성은 천지를 진동시켰다. 진나라의 진이 우왕좌왕했다. 얼마 뒤 진공(晋公)의 사신이 달려 나와 전했다.

「오늘 낮을 기하여 맹약을 맺읍시다」

강공책은 성공했다. 그 날 진의 정공은 부차가 먼저 소의 귀를 잡는 것을 마침내 인정했다. 오공 부차(吳公夫差)라는 조건이 붙긴 했으나 지금의 부차로서는 그런 것을 따질 때가 아니었다. 한시가 급하게 일을 마무리 짓고 본국으로 돌아가야 했다.

부차는 쇠귀를 잡고 그것을 칼로 잘라 그 피를 먼저 마셨다. 이것이 패자를 인정하는 징표이기 때문에 고심해 온 것이다. 부차는 감개무량했다. ……하지만 부차는 알고 있었을까, 그것은 그에게 있어 서산에 지는 해의 마지막 빛이었다는 것을?

그는 그 뒤 월에게 연전연패를 당한다. 그리하여 6년 후 월의 대군에 포위되어 쓸쓸히 자결하게 된다.

하지만 부차가 그토록 집착한 「소의 귀를 잡는다」 란 도대체 무엇인가? 그것은 고대 중국에서 제후가 모여 맹약을 할 때의 한 의식이다. 쇠귀를 떼어 그것을 째고 피를 서로 마신다. 이렇게 해서 신 앞에 맹세를 하는 것이다. 쇠귀에는 구멍이 없는 것처럼 보인다. 신 앞에서 맹서를 하는 사람들은 이렇게 쇠귀를 잡고 자기는 틀림없이 귓구멍을 뚫겠다, 신의 말을 듣겠다고 스스로를 경계했다고 전해온다.

그 옛날 쇠귀를 잡는 것은 지위가 낮은 자이고, 지위가 높은 맹주는 그저 입회만 했을 뿐이었다고 한다. 그것이 어느 사이엔가 가장 높은 자, 즉 맹주가 먼저 쇠귀를 잡게 되었다. 그러므로 「쇠귀를 잡는다」 는 것이 그 회합에서 맹주로 인정되는 것을 뜻하게 되었다. 그래서 부차만이 아니고 중국의 제후는 「쇠귀를 잡는」 데 열중하고 있었던 것이다.

제후는 망하고 의식은 없어져 버렸으나 이 말만은 남았다. 그리하여 동맹의 맹주가 되는 것, 단체나 모임의 우두머리가 되는 것을 이 말로 나타내게 되었다. 「한번 쇠귀를 잡아볼까」 하는 말도 이 말에서 유래한 것이다. 쇠귀, 그것을 먼저 잡기 위해 눈빛마저 달라진다. 다소 우스꽝스럽지만, 웃을 수도 없는 일이다.

황지의 모임에서 오왕(吳王)과 진공(晋公)의 누가 먼저 쇠귀를 잡았는지에 대해서는 《사기》 에서도 《좌전》 에서도 두 가지 설이 있어서 결정하기 어렵다. 여기서는 춘추외전(春秋外傳)이라고 일컬어지는 《국어》 의 서술에 따랐다.

징갱취제 懲羹吹虀

혼날 懲 국 羹 불 吹 냉채 虀

《초사(楚辭)》「석송(惜誦)」

한번 실패한 일에 혼이 나서 지나치게 조심함.

초(楚)의 굴원(屈原)은 고대 중국이 낳은 정열적인 시인으로 그의 시는 오늘날에도 《초사》에 그 비분의 감정을 전하고 있으나, 사실 그는 시인이라기보다는 나라를 사랑하고 정의를 사랑하는 인간으로 살았던 것이다.

전국시대 말엽인 이 시대는 진(秦)이 위세를 떨치고 있어 이에 대항할 수 있었던 것은 초와 제 두 나라 정도였으므로, 진은 초・제가 결탁하지나 않나 하고 언제나 신경을 쓰고 있었다.

굴원은 친제파의 영수로서 초・제 동맹을 강화하도록 진언했으며, 초의 회왕(懷王)도 처음에는 그런 입장을 취하고 있었다. 그런데 회왕의 총희 정수

동정호

(鄭袖)나 영신(佞臣 : 아첨하는 신하)인 근상(靳尙) 등은 전부터 삼려대부(三閭大夫 : 초나라의 왕족인 昭씨, 屈씨, 景씨의 족장)인 굴원을

멱라강의 굴원(日 화가 요코야마 다이칸)

눈엣가시처럼 생각하고 있었다. 그것을 노린 것이 당시 진의 재상인 장의(張儀)였다. 그는 정수 등을 매수하여 친진파(親秦派)로 만들고, 그 결과 근상 등이 계획대로 참언을 하여 굴원을 국정에서 손을 떼게 하였다. 굴원이 31세 때 일이었다. 비극은 여기서부터 시작되었다.

이 때 회왕은 제(齊)와 절교를 하면 그 대가로서 진의 6백 리에 걸친 땅을 떼어 주겠다는 장의의 말만 듣고 그대로 제와 절교를 했으나, 이것은 장의의 새빨간 거짓말로 크게 노한 회왕은 곧 진을 공격했다. 그런데 도리어 진에게 패하여 땅을 빼앗기고 그 때문에 후회한 회왕은 다시 굴원을 등용하여 친선사절로서 제나라에 보냈다.

그 후 10여 년의 세월이 흘렀다. 주(周)의 난왕(赧王) 16년(BC 299)의 일이었다. 진(秦)은 양국의 친선을 위해서라고 하면서 진나라 땅으로 회왕을 초대했으나, 굴원이 진나라의 행동은 믿을 수가 없다고 하면서 이를 말리려고 했다. 그러나 회왕은 왕자 자란(子蘭)이 강권에 못 이겨 진으로 떠났다가 과연 진의 포로가 되어 그 이듬해 진에서 객사하고 말았다.

초(楚)에서는 태자가 양왕(襄王)이 되고, 동생 자란이 영윤(令尹)이 되었다. 굴원은 회왕을 죽게 만든 자란의 책임을 물었으나, 그것은 오히려 참언을 받게 되는 결과가 되어, 이번에야말로 추방을 당하고 말았다. 그에게 있어 비극은 결정적이었다. 46세 때였다.

굴원의 대표작 「이소」

그리하여 10여 년 동안 조국애로 불타는 굴원은 국외로 망명하지도 않고 동정호(洞庭湖) 근처를 방황하다 마침내는 울분에 못 이겨 멱라(汨羅 : 동정호 남쪽, 상수湘水로 흐르는 내)에서 물에 빠져 죽을 때까지 우수에 찬 방랑을 계속했다. 《초사》에 있는 그의 작품 대부분은 이 방랑생활의 소산이라고 해도 좋다. 그는 언제나 위기에 처해 있는 초(楚)를 걱정하여 조국을 그르치는 간신들을 미워했고 그가 견지해 오던 고고(孤高)한 심정을 열정적으로 노래했다. 혹은 그의 시의 배경에는 문인들이 즐겨 묘사하는 사극 「굴원」과 같이 「괴로워하고 한탄하는 백성」의 모습이 있었는지도 모른다. 그 높은 절조를 지닌 굴원의 편린은 다음 시에서도 엿볼 수 있다.

뜨거운 국에 놀라 냉채를 부는 것은
세상 사람의 약한 마음이다.

사다리를 놓아두고 하늘을 오르려는 것은
변절한 사람의 모습이나 마찬가질세.

懲熱羹而吹虀兮 何不變此志也　징열갱이취제혜 하불변차지야
欲釋階而登天兮 猶有曩之態也　욕석계이등천혜 유유낭지태야

이것은 《초사》 9장 중 「석송(惜誦)」이라는 시의 한 구절이다. 「석송」은 굴원이 자기 이상으로 임금을 생각하고 충성을 맹서하는 사람이 없음을 읊었고, 그럼에도 불구하고 중인(衆人)으로부터 소원당한 것을 분개하며 어찌할 수 없는 고독을 한탄하면서도 그 절조만은 바꾸지 않겠다는 강개(慷慨)한 마음을 토로한 시다. 그의 대표작에는 「이소(離騷)」와 「천문(天問)」이 있다.

「징갱취제」는 「뜨거운 국에 놀라 냉채를 분다」에서 나온 것으로, 갱(羹)은 뜨거운 국, 제(虀)는 초나 간장으로 버무린 잘게 썬 야채, 즉 냉채를 말한다. 따라서 한번 실패한 일에 혼이 나서 도를 지나친 조심을 하는 것을 뜻한다.

자강불식(自彊不息) 스스로 自 /굳셀 彊 /아닐 不 /쉴 息

오로지 스스로 힘쓰고 쉬지 아니함. 수양에 힘써 게을리 하지 않음. 《역경》

자격지심(自激之心) 스스로 自 /격할 激 /의 之 /마음 心

어떠한 일을 해놓고 자기 스스로 미흡하다 여기는 마음.

자고이래(自古以來) 스스로 自 /옛 古 /부터 以 /올 來

예로부터 내려오면서.

자로이득(自勞而得) 스스로 自 /일할 勞 /말이을 而 /얻을 得

혼자의 힘으로 일을 끝마침.

자린고비(玼吝考妣) 흉 玼 /아낄 吝 /살펴볼 考 /죽은 어미 妣

아주 다라울 정도로 인색(吝嗇)하고 비정(非情)한 사람을 꼬집어 이르는 말. 「자린고비」 이야기는 생선, 간장, 부채 같은 사소한 것을 극단적으로 아끼는 인물의 이야기로 전승된다. 가장 대표적인 이야기 몇 가지는 다음과 같다. 옛날 한 부인이 생선을 사러 가서는, 이것저것 만져만 보고 집으로 돌아와 생선 만진 손을 솥에 씻어 국을 끓인다. 이 사실을 알고 마을 사람(남편)이 우물에 가서 씻었으면 온 동네가 다 먹을 걸(혹은 그 국을 두고두고 끓여 먹을 걸) 그랬다며 아까워한다. 또 한 자린고비가 간장을 종지에 조금씩 담아 먹는데 새로 들인 며느리가 종지에 간장을 가득 담아 내 온다. 자린고비는 며느리에게 간장을 아끼지 않는다면서 혼을 낸다. 며느리는 이렇게 간장을 가득 담으면 보기만 해도 짜서 먹지 않게 되어 간장을 아낄 뿐만 아니라 숟가락으로 긁지 않아도 되니 숟가락과 그릇까지 아낄 수 있다고 말한다. 때로 며느리가 장아찌를 통째로 담아내거나 조기를 여러 마리 구워서 시아버지가 혼내기도 하지만 결국 며느리의 행동이 더 효과적이었음을 인정한다. 그 외에 부채를 아끼는 방법을 비교한다거나(부챗살을 하나씩 펼쳐 부친다거나 부채가 아니라 고개를 흔들어 부친다는 이야기) 짚신, 장도리, 담배, 바둑판과 바둑돌처럼 자기도 가지고 있는 것을 이웃에 빌리는 이야기, 장독에 앉았다가 날아가는 파리를 쫓아가 다리에 묻은 장을 빨아 먹는다는 이야기 등이 자주 회자된다.

자인고비(資仁考碑)　　재물 資 /어질 仁 /살필 考 /돌기둥 碑

충청도 충주지역에 두 명의 「자린고비」의 이야기가 전한다. 먼저 이씨 성을 가진 사람이 있었는데, 이 사람은 재물을 많이 모았지만 인색하기 짝이 없는 사람이었다. 자기 부모 제사를 지낼 때 쓰는 지방(紙榜)을 불살라 버리는 것이 아까워 이것을 기름에 절여 두고두고 쓸 정도였다. 부모 제사일 경우에는 「고비(考妣)」라고 쓴 지방을 쓰게 되는데, 이 지방을 기름에 절였다 하여 「절인고비」라고 했으며, 이것이 변하여 「자린고비」가 되었다고 한다. 또 그 지역에 조씨 성을 가진 자린고비 영감이 있었는데, 이 사람은 조선 영조시대의 시골 농부로 살았으며 그는 신발이 닳을까봐 남이 보지 않으면 신을 신지 않고 들고 다녔다고 한다. 또 어느 날 아이들이 조기반찬이 먹고 싶다고 애원하자, 조기 한 마리를 사다가 천정에 매달아놓고 밥 한 순갈 먹고 한 번 쳐다보라고 하였다. 어느 날 큰아들이 밥 한 숟가락을 떠 넣고 두 번 쳐다

보았다가 야단을 맞았다고 한다. 그 모습을 본 어떤 사람이 구두쇠 영감이 어쩌나 보려고 담 밖에서 자반생선을 한 마리 던져 넣자 마당을 쓸고 있던 영감이 「아이고 밥도둑 놈!」 하고 질겁하면서 생선을 담 밖으로 던져버렸다는 일화도 있다. 그런데 이토록 인색한 자린고비는 사실과 달랐다고 한다. 그 자린고비로 알려진 그의 이름 조늑(趙肋)은 조선 인조(仁祖, 1595~1649) 때 태어났다. 그렇게 자린고비가 되어 재산을 모으던 그는 어느 해에 2년 동안이나 흉년이 들어 양민들이 굶게 되자 재물을 절약하여 모은 곡식을 어려운 사람들에게 나누어주었다고 한다. 이 소식을 들은 임금은 벼슬을 내렸으나 거절했다 한다. 그 후 사람들은 그를 가리켜 자인고(資仁考)라 하였으며, 이 이야기는 실화이다. 그가 죽고 난 후 비석을 「자인고비(資仁考碑)」라 새겨 충주시 신니면 대화리 화치마을에 지금도 그의 묘소가 있다고 한다. 이처럼 검소하고 절약하는 것과 인색한 것은 같은 듯해도 결과는 많이 다르다. 아껴 쓰는 노력은 같지만 인색한 「자린고비」 이씨는 아껴 쓰는 것이 곧 목적이었고, 「자인고비(資仁考碑)」 조씨는 절약과 검소를 통해 뭔가를 이루었다는 것이다. 그 때문에 사람들은 검소한 조씨는 칭송하지만 인색한 이씨에게는 지금도 「자린고비」라 부르고 있다.

자막집중(子莫執中)　　어조사 子 /없을 莫 /잡을 執 /가운데 中

융통성이 없고 임기응변할 줄 모르는 사람.

자모패자(慈母敗子)　　무를 慈 /어미 母 /무너질 敗 /아들 子

무른 어머니에게는 응석받이 자식이 길러진다. 「자모(慈母)에 패자(敗子) 있다」라고 한다. 과보호는 아이들을 잘못되게 만든다. 《사기》 ☞ 자모유패자(慈母有敗子).

자부월족(自斧刖足)　　스스로 自 /도끼 斧 /벨 刖 /발 足

제 도끼에 제 발 찍힌다는 뜻으로, 잘 알고 있다고 조심을 하지 않고 있다가 큰 실수를 하게 됨의 비유.

자상모순(自相矛盾)　　스스로 自 /서로 相 /창 矛 /방패 盾

자체의 모순에 빠진다는 뜻으로, 말이 앞뒤가 맞지 않거나 말과 행동이 서로 어긋남을 이르는 말. 자가당착(自家撞着). 《한비자》

자성제인(子誠齊人)　　아들 子 /정성 誠 /제나라 齊 /사람 人

제(齊)나라의 공손추(公孫丑)가 관중(管仲)·안자(晏子)만을 장한 줄 알고 있으므로 맹자가 그에게 「자네는 참 제나라 사람이로다」라고 말한 고사에서, 견문이 좁고 고루(固陋)한 사람을 이르는 말.

자승지벽(自勝之癖)　　스스로 自 /이길 勝 /갈 之 /버릇 癖

자기가 남보다 나은 줄로 여기는 버릇.

자시지벽(自是之癖)　　스스로 自 /옳을 是 /갈 之 /버릇 癖

자기 의견만이 옳은 줄로 여기는 버릇.

자아작고(自我作古)　　스스로 自 /나 我 /만들 作 /옛 古

나부터 예를 만듦. 곧 옛일에 얽매이지 않고 표본이 될 만한 일을 자기부터 처음으로 만들어냄의 비유. 《송사》

자업자득(自業自得)　　스스로 自 /일 業 /얻을 得

자기가 저지른 일의 과보(果報)를 자기 자신이 받는 일. 일반적으로는 나쁜 결과를 받는 경우에 사용된다. 유 인과응보(因果應報), 자승자박(自繩自縛).

자연도태(自然淘汰)　스스로 自 /그러할 然 /가려낼 淘 /통과할 汰

생물이 자연환경이나 조건에 적응하는 것은 살아남고 그렇지

못한 것은 사멸(死滅)하는 현상. 적자생존의 원칙. 인위도태(人爲陶汰)도 있다. 유 적자생존(適者生存).

자유분방(自由奔放) 스스로 自 /말미암을 由 /달릴 奔 /놓을 放

생각대로 자유롭게 행동하는 것. 아무런 근거도 없이 하고 싶은 것을 하는 기풍(氣風).

자자주옥(字字珠玉) 글자 字 /구슬 珠 /옥 玉

글자마다 주옥이라는 뜻으로, 필법이 묘하게 잘 됨을 가리키는 말.

자작지얼(自作之孽) 스스로 自 /만들 作 /갈 之 /그루터기 蘖

제가 저지른 일로 말미암아 생긴 재앙이라는 뜻.

자장격지(自將擊之) 스스로 自 /장수 將 /부딪칠 擊 /이 之

자기 스스로 군사를 이끌고 나아가 싸운다는 뜻으로, 어떤 일을 남을 시키지 않고 손수 함을 이르는 말.

자중지란(自中之亂) 스스로 自 /가운데 中 /갈 之 /어지러울 亂

자기네 패 속에서 일어나는 싸움질.

자지탈주(紫之奪朱) 자줏빛 紫 /갈 之 /빼앗을 奪 /붉을 朱

옳지 않은 것이 옳은 것을 이기고, 소인(小人)이 현자(賢者)를 능가함의 비유. 주(朱)는 붉은색. 중국 고대에는 청(靑)·적(赤)·황(黃)·백(白)·흑(黑)이 바른 색으로 여겨지고, 또한 의복 등에도 쓰였다. 춘추시대에 자줏빛이 크게 유행하여 정색(正色)을 능가하게 된 데서, 전통적인 사회질서가 어지러워지고 부정이나 사악(邪惡)이 만연하는 경향을 색에 비유하여 평한 것이다. 《논어》

자초지신(刺草之臣) 벨 刺 /풀 草 /갈 之 /신하 臣

풀을 베는 천한 신하라는 뜻으로, 평민이 임금에 대하여 낮추어 일컫는 말.

자탄자가(自彈自歌)　　스스로 自 /탈 彈 /노래 歌

스스로 거문고를 타고 스스로 노래함. 자창자화(自唱自和).

자행자지(自行自止)　　스스로 自 /갈 行 /멈출 止

가고 싶으면 가고, 말고 싶으면 만다는 뜻으로, 마음 내키는 대로 행동함을 이름.

자화자찬(自畵自讚)　　스스로 自 /그림 畵 /칭찬할 讚

자기가 그린 그림을 스스로 칭찬함. 전(轉)하여 제 일을 제 스스로 자랑함. 자기가 그림을 그린다면 그 찬(讚 : 칭찬)은 타인에게 써 받는 것이 에티켓인데도 그것까지 스스로 써버리는 것.

작비금시(昨非今是)　　어제 昨 /아닐 非 /이제 今 /옳을 是

경우가 일변하여 전날에는 비(非)라고 생각했던 일이 오늘날에는 시(是)라고 생각하게 됨. 도잠(陶潛) 「귀거래사」

작사도방(作舍道傍)　　만들 作 /집 舍 /길 道 /곁 傍

길가에 집을 지을 때 왕래하는 사람의 의견이 많아서 잘 결정이 내려지지 않는 것과 같이 이론(異論)이 많아서 얼른 결정하지 못함을 이르는 말. 속담에 「작사도방(作舍道傍)에 삼년불성(三年不成)」이란 말이 있다. 길가에 집을 지으면서 행인에게 물어보면 의견이 모두 달라 결정을 내릴 수 없듯이 정책 결정에서도 주장이 많아서 얼른 결론을 내지 못함을 말한다. 《후한서》 조포전(曹褒傳).

작수성례(酌水成禮)　　따를 酌 /물 水 /이룰 成 /예도 禮

물만 떠놓고 혼례를 지냄. 가난한 집의 혼례를 가리키는 말.

작약지증(勺藥之贈)　　구기 勺 /약 藥 /갈 之 /보낼 贈

남녀 간에 향기로운 함박꽃을 보내 정을 더욱 두텁게 함을 이

름. 《시경》

잔두지련(棧豆之戀)　　잔도 棧 /콩 豆 /갈 之 /사모할 戀

말이 적은 콩을 탐내어 마구간을 떠나지 못한다는 뜻으로, 사소한 이익을 단념하지 못함을 가리키는 말.

잔산잉수(殘山剩水)　　남을 殘 /뫼 山 /남을 剩 /물 水

전란(戰亂) 후에 남은 산수(山水). 망국(亡國)의 산수. 중국 남송(南宋)의 원체산수화(院體山水畵)를 평하여 이르는 말. 자연의 일각(一角)을 그리고 암시적인 공간을 크게 묘사하는 특색을 이름.

잠사우모(蠶絲牛毛)　　누에 蠶 /실 絲 /소 牛 /터럭 毛

누에고치실과 소털. 곧 일의 가닥이 매우 지저분하고 어수선함의 비유.

장계취계(將計就計)　　써 將 /꾀 計 /취할 取

상대편의 계략을 미리 알고 오히려 그것을 역이용하는 계책. 《삼국지연의》

장두은미(藏頭隱尾)　　감출 藏 /머리 頭 /숨길 隱 /꼬리 尾

머리를 감추고 꼬리를 숨긴다는 뜻으로, 일의 전말(顚末)을 똑똑히 밝히지 아니함. ☞ 장두노미(藏頭露尾).

장면이립(牆面而立)　　담 牆 /면할 面 /말이을 而 /설 立

담장을 앞에 두고 서 있다는 뜻으로, 아무것도 보이지 않고, 앞으로 나아가지도 못하는 것. 전(轉)하여 무학자 · 무식자의 비유. 《논어》

장삼이사(張三李四)　　성 張 /석 三 /성 李 /넉 四

흔한 사람, 일반 대중. 장(張) · 이(李)는 중국에서는 흔한 성. 장가(張家)의 셋째아들, 이가(李家)의 넷째아들의 뜻. 우리나라에서라면 김가, 이가에 해당한다. 【불교】 사람에게 성리(性理)가 있는 줄은 알지만, 그 모양이나 이름을 지어 말할 수 없음의 비유. 《오등회원(五燈會元)》

장수선무(長袖善舞) 길 長 /소매 袖 /잘 善 /춤출 舞

소매가 길면 춤을 잘 출 수 있다는 뜻으로, 재물이 넉넉하면 성공하기도 쉽다는 말. 우리 속담 「기왕이면 다홍치마」와 통한다. 《한비자》 ☞ 장수선무다전선고(長袖善舞多錢善賈).

장전추열(帳前秋閱) 휘장 帳 /앞 前 /가을 秋 /조사할 閱

죄인을 왕의 장전에 꿇리고 친히 국문(鞠問)함.

장중보옥(掌中寶玉) 손바닥 掌 /가운데 中 /보배 寶 /옥 玉

손안에 쥔 보옥. 곧 매우 사랑하는 자식이나 아끼는 물건을 보배롭게 일컫는 말.

재귀일거(載鬼一車) 실을 載 /귀신 鬼 /한 一 /수레 車

귀신이 수레 가득 실려 있다는 뜻으로, 무서운 일, 괴이한 일의 비유. 본래는 괴기(怪奇)한 것은 두려움을 품은 자에게만 보이는 법이라는 것으로, 시의심(猜疑心)을 말한다. 《역경》

재자가인(才子佳人) 재주 才 /아들 子 /아름다울 佳 /사람 人

재인(才人)과 미인(美人). 재색겸비. 가인은 아내가 남편을 가리켜 하는 말로도 쓰인다. 유 규수(閨秀).

저돌맹진(猪突猛進) 돼지 猪 /갑자기 突 /사나울 猛 /나아갈 進

앞뒤 상황을 고려하지 않고 무모하게 멧돼지처럼 곧바로 돌진하는 것. 또는 목숨을 돌보지 않는 용맹(勇猛)함의 비유.

저돌희용(猪突豨勇) 돼지 猪 /갑자기 突 /멧돼지 豨 /날쌜 勇

앞뒤를 생각지 않고 무조건 적한테 돌진하는 용사. 또 중국 한(漢)나라 때 흉노의 침입을 막기 위해서 죄수나 가노(家奴) 등을

모아 조직한 군대. 《한서》

저수하심(低首下心)　　낮출 低 /머리 首 /아래 下 /마음 心

머리를 낮추고 마음을 아래로 향하게 한다는 뜻으로, 남에게 머리를 숙여 복종함을 이르는 말.

저양촉번(羝羊觸藩)　　수양 羝 /양 羊 /닿을 觸 /울타리 藩

수컷 양이 울타리를 치받다가 뿔이 걸려 꼼짝하지 못하게 된다는 뜻으로, 역량이 부족한데도 불구하고 무턱대고 밀고 나가다가 빼도 박도 못하는 난처한 처지에 빠져버림을 비유하여 이르는 말. 《역경》

적구지병(適口之餠)　　적합할 適 /입 口 /갈 之 /떡 餠

입에 맞는 떡이란 뜻으로, 자기 마음에 꼭 드는 사람을 가리키는 말.

적멸위락(寂滅爲樂)　　고요할 寂 /없어질 滅 /할 爲 /즐거울 樂

【불교】 번뇌(煩惱)의 지경에서 벗어나 열반(涅槃)의 경지에 들어서 비로소 참된 안락이 있다고 하는 것. 《열반경》

적수공권(赤手空拳)　　빌 赤 /손 手 /빌 空 /주먹 拳

맨손. 자신의 힘 이외 아무 것도 의지하는 것이 없는 것을 이름.

적승계족(赤繩繫足)　　붉을 赤 /끈 繩 /묶을 繫 /발 足

붉은 끈으로 발을 묶는다는 뜻으로, 혼인이 정해짐. ☞ 월하노인(月下老人).

적신지탄(積薪之嘆)　　쌓을 積 /땔나무 薪 /갈 之 /탄식할 嘆

장작을 뒤에서부터 쌓아 놓아 언제나 위에서부터 사용하기 때문에 오래 된 것은 도무지 사용되지 않고 언제까지나 쌓여 있는 모양을 일컫는 말로, 나중에 온 자가 중용되고 먼저부터 있던 자가 밑으로 밀려나 쓰이지 않는 고민, 한탄을 말한다.

적이능산(積而能散)　　쌓을 積 /말이을 而 /능할 能 /풀어놓을 散

재산을 축적하여 그것을 아낌없이 유익한 곳에 쓰는 일. 적(積)은 축적하는 것. 산(散)은 쓴다는 말. 《예기》

적자지심(赤子之心)　　발가숭이 赤 /아들 子 /의 之 /마음 心

타고난 그대로의 순수하고 거짓 없는 마음. 적자(赤子)는 젖먹이, 갓난아이를 말한다. 젖먹이는 자연 그대로이고 욕심이 없지만, 어른이 되면 교활한 지혜가 생기고 욕망이 커진다. 사람으로서의 이상(理想)은 젖먹이처럼 무위무욕(無爲無慾)한 것임을 말한다. 《노자》

적토성산(積土成山)　　쌓을 積 /흙 土 /이룰 成 /뫼 山

흙이 쌓여 산이 된다는 뜻으로, 미세한 것도 누적하면 큰 것이 됨을 비유하여 이르는 말. 《순자》

적훼소골(積毁銷骨)　　쌓을 積 /헐 毁 /녹일 銷 /뼈 骨

헐뜯는 말이 쌓이고 쌓이면 뼈도 녹일 만큼 무서운 힘이 있다는 뜻으로, 여럿이 중상하는 말의 무서움을 비유하여 이르는 말.

전가보도(傳家寶刀)　　전할 傳 /집 家 /보배 寶 /칼 刀

대대(代代)로 집안에 전해지는 보검의 뜻으로, 전가(傳家)는 「조상 때부터 대대로 집안에 전해지다」의 뜻이고, 보도(寶刀)는 「보배로운 칼」임.

전거가감(前車可鑑) ☞ 전거복철.

전거지신(傳遽之臣)　　전할 傳 /분주할 遽 /갈 之 /신하 臣

역참(驛站)에서 운송에 종사하는 바쁜 말단 벼슬아치란 뜻으로, 선비가 자기를 낮추어 일컫는 말.

전광석화(電光石火)　　번개 電 /빛 光 /돌 石 /불 火

전광(電光)은 번개. 석화(石火)는 부싯돌의 불꽃. 동작이 아주 민첩함의 비유. 순간적인 동작이나 현상의 일. 또는 인생의 덧없음의 비유. 전광조로(電光朝露). 《회남자》

전귀전수(全歸全受)　　온전할 全 /돌아갈 歸 /받을 受

자식은 부모로부터 완전한 신체를 받았으므로, 몸을 삼가고 훼손함이 없이 죽을 때 완전한 몸을 부모에게 돌려주어야 한다는 말. 《논어》 ㊒ 신체발부수지부모(身體髮膚受之父母).

전대미문(前代未聞)　　앞 前 /시대 代 /아직 未 /들을 聞

이제껏 들어 본 적이 없는 드문 일, 사건. 공전(空前)의 일. ㊒ 공전절후(空前絶後).

전도요원(前途遼遠)　　앞 前 /길 途 /아득할 遼 /멀 遠

앞길이 까마득하게 멂. 장래가 창창하게 멂. 요(遼)는 아득한의 뜻으로, 훨씬 떨어져 저편에 있는 모양.

전발역서(翦髮易書)　　자를 翦 /터럭 髮 /바꿀 易 /쓸 書

머리를 잘라 책과 바꿨다는 뜻으로, 자식의 학비를 위하여 어머니가 두발을 잘라서 팔았다는 고사. 《원사(元史)》

전방지총(專房之寵)　　오로지 專 /방 房 /의 之 /사랑 寵

여러 처첩(妻妾) 중에서 가장 많이 받는 사랑. 《진서》 계비지총(繫臂之寵).

전신전령(全身全靈)　　모두 全 /몸 身 /신령 靈

몸과 정신의 모든 것. 그 사람이 가지고 있는 체력과 정신력의 전부. 일심불란(一心不亂) · 일의전심(一意專心) 등 모든 것을 거는 심경일 때에 전신전령(全身全靈)이란 말을 쓴다. ㊒ 전지전능(全知全能).

전인미답(前人未踏)　　앞 前 /사람 人 /아직 未 /밟을 踏

이제까지 아무도 발을 들여놓거나 도달한 사람이 없음. 이제까지 아무도 손을 대 본 일이 없음. 공전(空前)의 위업(偉業)이나 탐험 등을 말할 때 사용한다.

절고진락(折槁振落)　　꺾을 折 /마를 槁 /흔들 振 /떨어질 落

마른 나무를 꺾고 마른 잎을 흔들어 떨어뜨린다는 뜻으로, 일이 아주 쉬움을 이르는 말. 《회남자》

절류이륜(絶類離倫)　　끊을 絶 /무리 類 /떼놓을 離 /인륜 倫

보통 사람들로부터 멀리 동떨어져 뛰어나 있는 것. 「맹자와 순자(荀子) 이 두 사람은 말을 입에 담으면 경전(經典)이 되고, 행동을 하면 사람들의 본보기가 된다. 그리고 보통의 유학자(儒學者)들로부터는 멀리 동떨어져 있어서, 충분히 성인의 영역에 들어가는 뛰어난 사람이다」 라고 한 데서 온 말이다. 한유 「진학해(進學解)」

절부지의(竊鈇之疑)　　훔칠 竊 /도끼 鈇 /갈 之 /의심할 疑

도끼를 훔쳤을 거라고 의심한다는 뜻으로, 의심하는 마음으로 보면 모든 것이 의심스럽게 보이는 것. 《열자》 ☞ 의심암귀(疑心暗鬼).

절세가인(絶世佳人)　　끊을 絶 /세상 世 /아름다울 佳 /사람 人

당대(當代)에 견줄 인물이 없는 미인.

절장보단(絶長補短)　　끊을 絶 /길 長 더할 補 /짧을 短

긴 것을 잘라 짧은 것에 보탠다는 뜻으로, 사물의 넓이나 폭을 바로잡는 것. 균형이 잡히도록 하는 것. 《맹자》

절체절명(絶體絶命)　　끊을 絶 /몸 體 /목숨 命

몸이 잘려지고 목숨이 끊어질 정도의 상황. 벗어나지 못할 정도의 입장. 상황이 절박해서 위험한 것. 그 상태.

절치부심(切齒腐心)　　갈 切 /이 齒 /썩힐 腐 /마음 心

몹시 분하여 이를 갈고 속을 썩임. 《사기》

점석성금(點石成金)　　점 點 /돌 石 /이룰 成 /금 金

돌을 다듬어서 금을 만든다는 뜻으로, 대단찮은 글이 남의 손을 거쳐 훌륭하게 다듬어졌을 때를 비유하여 이르는 말이다. 원래는 도가(道家)에서 썼던 연단술(鍊丹術)을 뜻하는 말이었는데, 뒤에 의미의 폭이 넓어졌다. 점철성금(點鐵成金).

점입가경(漸入佳境)　　점점 漸 /들 入 /아름다울 佳 /지경 境

점점 아름다운 경지로 들어간다는 뜻으로, 문장이나 산수의 경치 등이 점점 재미있는 경지로 들어감. 《진서》

접석이행(接淅而行)　　맞을 接 /쌀 일 淅 /말이을 而 /갈 行

밥을 지으려고 물에 담가 놓은 쌀마저 건져 가지고 떠난다는 뜻으로, 급히 떠나거나, 조금도 주저하지 않고 흔연히 떠나감을 비유하여 이르는 말. 《맹자》

정건삼절(鄭虔三絶)　　나라이름 鄭 /정성 虔 /석 三 /끊을 絶

당나라의 정건(鄭虔)이 시(詩)·서(書)·화(畵) 삼예(三藝)에 절묘했던 데서 유래한 말로, 남의 산수화를 칭찬할 때 쓰는 말.

정구건즐(井臼巾櫛)　　우물 井 /절구 臼 /수건 巾 /빗 櫛

물을 긷고 절구질하고 낯을 씻고 머리를 빗는다는 뜻으로, 아내가 응당히 해야 할 일을 일컬음.

정금미옥(精金美玉)　　깨끗할 精 /금 金 /아름다울 美 /옥 玉

인격이나 글월이 아름답고 깨끗함을 비유하여 이르는 말. 《명신언행록》

정력절륜(精力絶倫)　　정신 精 /힘 力 /끊을 絶 /인륜 倫

심신의 활동력이 유달리 강함. 섹스의 바이탈리티에 대한 말.

남성에 한한 말은 아니다.

정문일침(頂門一針)　　정수리 頂 /문 門 /한 一 /침 鍼

상대의 급소를 찔러서 훈계함의 비유. 정문(頂門)은 머리 꼭대기. 여기에 침을 놓으면 잘 듣는다고 한다. 소식 「순경론(荀卿論)」 ㊀ 촌철살인(寸鐵殺人).

정상작량(情狀酌量)　　사정 情 /모양 狀 /따를 酌 /헤아릴 量

사정을 고려해서 너그럽게 보아줌. 재판관이 판결에 임해서 범행을 하게 된 전후의 사정을 참작해 형벌을 가볍게 해 주는 것. 정상참작(情狀參酌).

정설불식(井渫不食)　　우물 井 /깨끗할 渫 /아닐 不 /먹을 食

우물이 깨끗한데도 마시지 않는다는 뜻으로, 재능이 있는 사람이 세상에 쓰이지 않음을 비유하여 이르는 말. 설(渫)은 결(潔)과 같다. 《역경》

정성온청(定省溫凊)　　정할 定 /살필 省 /따뜻할 溫 /서늘할 凊

정(定)은 임석(任席)을 정하는 것, 성(省)은 안부를 살피는 것, 온(溫)은 따뜻하게 함, 청(凊)은 서늘하게 함. 곧 자식의 부모에 대한 효와 예의를 일컫는 말.

정송오죽(淨松汚竹)　　깨끗할 淨 /소나무 松 /더러울 汚 /대 竹

소나무는 깨끗한 땅에, 대나무는 더러운 땅에 심는다는 말.

정신이출(挺身而出)　　빼 挺 /몸 身 /어조사 而 /날 出

몸을 빼어 나아간다는 뜻으로, 선뜻 싸움에 나서는 것. 여기서 일본 제국주의의 만행인 허울 좋은 「정신대(挺身隊)」 라는 말이 나왔다.

정운낙월(停雲落月)　　머무를 停 /구름 雲 /떨어질 落 /달 月

사모하는 정. 특히 친구를 그리는 심정의 비유. 정운(停雲)은

도연명의 시제(詩題), 낙월(落月)은 두보의 시 속의 말. 모두 친구를 그리는 심경을 읊은 것.

정저은병(井底銀甁) 우물 井 /바닥 底 /은 銀 /두레박 甁

부부의 인연이 끊어져 헤어짐의 비유. 귀중한 두레박줄이 허무하게 끊어져버림을 남녀의 인연에 비유해서 말한다. 백거이 「정저인은병(井底引銀甁)」

정정당당(正正堂堂) 바를 正 /번듯할 堂

「정정(正正)한 깃발, 당당(堂堂)한 진(陣)」에서 나온 말로, 태도나 수단이 바르고 공정하고 떳떳함. 《손자》 반 간령사심(奸佞邪心).

정중구화(井中求火) 우물 井 /가운데 中 /구할 求 /불 火

우물 속에서 불을 구(求)한다는 뜻으로, 어리석어 사리(事理)에 밝지 못함을 비유해 이르는 말.

정중시성(井中視星) 우물 井 /가운데 中 /볼 視 /별 星

식견이나 견문이 좁음의 비유. 우물 속처럼 좁은 곳에 있으면서, 밤하늘 전체의 별을 보는 것은 불가능하다는 뜻. 《시자(尸子)》 비 관중규표(管中窺豹).

제궤의혈(堤潰蟻穴) 방죽 堤 /무너질 潰 /개미 蟻 /구멍 穴

개미굴이 제방을 무너뜨린다는 뜻으로, 큰 재난도 사소한 부주의에서 야기됨을 비유하여 이르는 말. 《한비자》

제대비우(齊大非耦) 제나라 齊 /클 大 /아닐 非 /짝 耦

약소국 정나라의 태자 홀이 「제나라는 너무 커서 그 나라 임금의 공주는 나의 배우자가 될 수 없다」라고 한 데서, 언감생심(焉敢生心)의 뜻으로 쓰인다. 《좌전》

제포지의(綈袍之義) ☞ 제포연연.

제행무상(諸行無常)　모든 諸 /갈 行 /없을 無 /항상 常

【불교】 제행(諸行)은 일체유위(一切有爲)의 현상. 우주의 모든 만물. 우주 만물은 항상 돌고 변하여 한 모양으로 머물러 있지 않음. 전(轉)하여 인생은 덧없고 무상하다고 하는 것. 《열반경》 㕛 성자필쇠(盛者必衰).

조동모서(朝東暮西)　아침 朝 /동녘 東 /저녁 暮 /서녘 西

아침은 동쪽, 저녁은 서쪽이라는 뜻으로, 일정한 주소가 없이 여기저기 옮겨 다님. 㕛 동가식서가숙(東家食西家宿).

조문석사(朝聞夕死)　아침 朝 /들을 聞 /저녁 夕 /죽을 死

☞ 조문도석사가의(朝聞道夕死可矣).

조변석개(朝變夕改)　아침 朝 /변할 變 /저녁 夕 /고칠 改

한번 세운 계획이나 정해진 결정 따위를 일관성이 없이 자주 고치는 것을 말하는 한자성어로 조석변개(朝夕變改), 조개모변(朝改暮變)이라고도 한다. 아침에 바꾼 것을 저녁에 다시 또 고친다는 뜻으로 규칙이나 계획이 너무 자주 바뀔 때 쓰는 말이다. 이익집단이나 개인의 이해관계에 따라 나라의 정책 또는 법령이 자주 바뀌는 것을 가리키기도 한다. 변덕스러운 성질이나 태도뿐만 아니라 어떤 명령이나 계획 및 결정을 이랬다저랬다 일정하게 정해 놓은 때 없이 그때그때의 상황에 따라 자주 변경하는 것을 말한다. 아침에 내린 명령을 저녁에 또다시 고친다는 뜻으로 쓰여 법률이나 명령이 자주 뒤바뀌어 일관성이 없는 것을 나타내는 조령모개(朝令暮改)와 비슷한 말이다.

조불려석(朝不慮夕)　아침 朝 /아닐 不 /생각할 慮 /저녁 夕

형세가 절박하여 아침에 저녁 일을 헤아리지 못함. 곧 당장을 걱정할 뿐이고, 앞일을 돌아볼 겨를이 없음.

조불모석(朝不謀夕)　　아침 朝 /아닐 不 /꾀할 謀 /저녁 夕

아침에는 아침의 일을 생각하는 것만으로 벅차고, 앞으로의 일 따위는 알 수 없다. 일이 다급한 상태. 또 그 때뿐인 삶을 말한다. 《좌전》

조석곡읍(朝夕哭泣)　　아침 朝 /저녁 夕 /울 哭 /울 泣

상가(喪家)에서, 아침저녁 상식(上食)을 올릴 때 소리 내어 욺.

조승모문(朝蠅暮蚊)　　아침 朝 /파리 蠅 /저녁 暮 /모기 蚊

아침에는 파리가, 저녁에는 모기가 몰려들어 시끄럽듯이, 하찮은 것들이 만연하는 것을 비유하여 이르는 말. 한유 「잡시(雜詩)」

조심누골(彫心鏤骨)　　새길 彫 /마음 心 /새길 鏤 /뼈 骨

마음에 새기고 뼈에 사무침. 몹시 고심함. 또 시문(詩文) 등을 극히 애를 써서 다듬음.

조아지사(爪牙之士)　　손톱 爪 /어금니 牙 /갈 之 /선비 士

수족이 되어 일하는 부하. 군주를 적으로부터 지키기 위하여 손톱이 되고 어금니가 되어서 호위하는 신하를 이르는 말. 보필(輔弼 : 천자의 정사를 보좌하는 벼슬)하는 신하를 이르는 말. 《국어》

조의조식(粗衣粗食)　　거칠 粗 /옷 衣 /밥 食

변변치 못한 의식(衣食)의 간소한 살림. 난의포식(暖衣飽食)의 반대.

조장보단(助長補短)　　도울 助 /길 長 /도울 補 /짧을 短

☞ 조장(助長).

조제모염(朝薺暮鹽)　　아침 朝 /냉이 薺 /저녁 暮 /소금 鹽

자

아침에는 냉이를, 저녁에는 소금을 반찬으로 먹는다는 뜻으로, 몹시 가난한 생활을 비유하여 이르는 말.

조족지혈(鳥足之血)　　새 鳥 /발 足 /의 之 /피 血

새 발의 피. 곧 아주 적은 분량의 비유. 《좌전》

조주문사(趙州問死)　　나라 趙 /고을 州 /물을 問 /죽을 死

「조주가 죽음을 묻다」 라는 뜻으로, 당(唐)나라 말기의 선승(禪僧)인 조주종심(趙州從諗, 778~897)과 투자대동(投子大同, 819~914)의 대화에서 비롯된 선종 불교의 공안(公案)을 가리킨다. 송(宋)나라 때에 선승들의 공안을 모아 편찬한 《벽암록(碧巖錄)》 제41칙으로 전해진다. 임제종(臨濟宗)의 뿌리가 되는 마조도일(馬祖道一)의 홍주종(洪州宗) 법맥(法脈)을 계승한 조주종심 선사는 「평상심이 도(平常心是道)」 라는 가르침을 이어받아 일상의 사물을 매개로 학인(學人)들에게 날카로운 말을 던져 깨우침을 이끌었다. 그래서 수많은 공안을 남겨 임제종에 큰 영향을 끼쳤다. 서주(舒州)의 투자산(投子山)에 머무르며 도를 닦던 투자대동 선사는 조주종심 선사와 법맥이 다르지만 깨달음이 깊어 조주종심과 더불어 당대에 명성이 높았다. 어느 날 조주종심 선사는 투자대동 선사의 깨달음이 깊다는 말을 듣고는 그를 찾아가 「큰 죽음에 이른 사람이 되살아날 적에는 어떠한가?(大死底人 却活時 如何)」 하고 물었다. 그러자 투자대동 선사는 당황하지 않고 「밤에 다니는 것을 허용하지 않으나 날이 샐 녘은 모름지기 도달할 것입니다(不許夜行 投明須到)」 라고 대답했다. 이 말을 들은 조주종심 선사는 투자대동 선사의 깨달음에 감탄했다고 한다. 투자대동 선사의 답변에 나오는 「투명(投明)」 은 「날이 샐 녘」 이라는 뜻도 있지만 「밝음을 받아들이다, 밝음에 이르다」 라는 뜻도 나타낸

다. 그래서 그릇된 길을 버리고 올바른 길로 돌아가는 것을 「어두운 것을 등지고 밝음을 받아들이다」라는 뜻의 「배암투명(背暗投明)」이라는 말로 나타내기도 한다. 조주종심 선사가 던진 질문의 의미와 투자대동 선사가 답변한 내용은 매우 비유적이고 상징적이다. 그래서 그 의미를 둘러싸고 선승들마다 다양하게 해석해 왔으며, 선종 불교에서 이들의 대화는 오랜 기간 동안 깨달음을 일깨우는 중요한 화두로 여겨져 왔다.

조진모초(朝秦暮楚)　　아침 朝 /나라 秦 /저녁 暮 /나라 楚

아침에는 북쪽의 진(秦)나라에서, 저녁에는 남쪽의 초(楚)나라에서 지낸다는 뜻으로, 일정한 주소 없이 유랑함의 비유. 또 이편에 붙었다 저편에 붙었다 함. 비 조동모서.

조충전각(雕蟲篆刻)　　새길 雕 /벌레 蟲 /전서체 篆 /새길 刻

문장을 짓는 데 벌레 모양이나 전각(篆刻)을 새기듯이, 세밀한 기교로 자구(字句)를 꾸미는 것을 말한다. 전각은 주로 전서체(篆書體)의 문자를 새겨 인자(印字)하는 것. 《양자법언》

족반거상(足反居上)　　발 足 /오히려 反 /있을 居 /위 上

발이 위에 있다는 뜻으로, 아래 될 것이 위가 되어 거꾸로 뒤집힘.

족탈불급(足脫不及)　　발 足 /벗을 脫 /아닐 不 /미칠 及

맨발로 뛰어도 미치지 못한다는 뜻으로, 역량이나 재질이 한참 뒤짐을 비유하여 이르는 말.

종과득과(種瓜得瓜)　　씨 種 /오이 瓜 /얻을 得

오이를 심으면 오이가 난다는 뜻으로, 원인이 있으면 결과가 생김의 비유. 인과응보(因果應報).

종남첩경(終南捷徑)　　끝 終 /남녘 南 /빠를 捷 /지름길 徑

목적 달성의 지름길. 벼슬길로의 지름길. 또 정도에 의하지 않고 벼슬길에 오르는 것. 종남산(섬서성 서안시 서남쪽에 있는 산)은 사람들이 경모(敬慕)의 마음을 가지고 있는 산으로, 이 산에 은둔하면 저절로 그 이름이 세상에 알려져 벼슬길에 오를 수 있다고 한다. 첩경은 빠른 길, 지름길. 《구당서》

종명누진(鐘鳴漏盡)　　종 鐘 /울 鳴 /샐 漏 /다할 盡

종(鐘)은 때를 알리는 종. 누(漏)는 물시계. 즉 종이 울리고 물시계의 물이 다함. 곧 늙어서 죽을 날이 얼마 남지 않았음을 이르는 말. 또 늙어서도 아직 벼슬자리에 있는 것. 《삼국지》

종명정식(鐘鳴鼎食)　　종 鐘 /울 鳴 /솥 鼎 /밥 食

부귀한 집, 부귀한 생활의 비유. 정식(鼎食)은 세 발 달린 솥에 담긴 진수성찬. 《서경부(西京賦)》

종사지화(螽斯之化)　　베짱이 螽 /이 斯 /갈 之 /될 化

자손이 번성함의 비유. 종사는 베짱이. 화(化)는 교화(敎化). 베짱이처럼 자손이 번성함의 비유. 《시경》

종선여류(從善如流)　　좇을 從 /좋을 善 /같을 如 /흐를 流

좋은 것을 좇는 것을 물이 흐르듯 한다는 뜻으로, 선(善)을 행함에 있어 주저함이 없이 신속하게 행함을 일컫는 말. 《좌전》

종풍이미(從風而靡)　　좇을 從 /바람 風 /말이을 而 /쏠릴 靡

쏠리는 바람에 저절로 따라 넘어간다는 뜻으로, 대세에 휩쓸려 좇음을 이르는 말.

종호귀산(縱虎歸山)　　놓을 縱 /범 虎 /돌아갈 歸 /뫼 山

범을 풀어 산으로 보내다. 곧 적을 용서해 화근을 남겨둠을 비유하는 말. 《삼국지연의》

종횡무진(縱橫無盡)　　세로 縱 /가로 橫 /없을 無 /다할 盡

자유자재하여 끝이 없는 상태.

좌견천리(坐見千里)　　앉을 坐 /볼 見 /일천 千 /거리 里

앉아서 천 리를 본다는 뜻으로 멀리 앞일을 내다봄을 일컬음.

좌명지사(佐命之士)　　도울 佐 /천명 命 /갈 之 /선비 士

천명을 받아서 천자가 된 사람을 도와 공이 있는 신하. 명(命)은 천명을 가리키며, 그것을 받아 비로소 천자가 될 수 있었다. 좌(佐)는 보좌.

좌석미난(坐席未煖)　　앉을 坐 /자리 席 /아직 未 /따뜻할 煖

앉은자리가 더워질 겨를이 없다는 뜻으로, 자주 이사를 다님을 이르는 말.

좌수우봉(左授右捧)　　왼 左 /줄 授 /오른 右 /받아들일 捧

왼손으로 주고 오른손으로 받는다는 뜻으로, 즉석에서 주고받음.

좌식산공(坐食山空)　　앉을 坐 /먹을 食 /뫼 山 /빌 空

가만히 앉아서 벌지 않고 먹기만 하면 산 같은 재산도 결국 바닥이 나고 만다는 말.

좌정관천(坐井觀天)　　앉을 坐 /우물 井 /볼 觀 /하늘 天

우물 속에 앉아 하늘을 쳐다보면 하늘의 일부밖에 보이지 않는데, 그것이 하늘이 작은 것은 아니라는 뜻에서, 시야나 식견이 좁음을 비유해서 이르는 말. 비 관중규표(管中窺豹).

좌제우설(左提牛挈)　　왼 左 /끌 提 /소 牛 /손에 들 挈

왼쪽으로 끌고 오른쪽으로 이끈다는 뜻으로, 서로 의지하고 도와줌을 이르는 말. 《사기》

좌지우오(左支右吾)　　왼 左 /가를 支 /오른 右 /나 吾

이리저리 버티어 간신히 지탱함. 《송사》

좌지우지(左之右之)　　왼 左 /이 之 /오른 右

제 마음대로 자유롭게 처리함. 남을 마음대로 지휘함.

좌춘풍중(左春風中)　　왼 左 /봄 春 /바람 風 /가운데 中

만물을 자라게 하는 봄바람 부는 속에 앉아 있다는 말로, 훌륭한 스승을 모시고 가르침을 받는다는 뜻. 《서언고사(書言故事)》

죄의유경(罪疑惟輕)　　죄 罪 /의심할 疑 /생각할 惟 /가벼울 輕

죄상이 분명하지 않아 경중을 판단하기 어려울 때는 경하게 처분함을 일컫는 말.

죄중벌경(罪重罰輕)　　죄 罪 /무거울 重 /벌 罰 /가벼울 輕

죄는 무거운데 벌은 가벼움.

주객전도(主客顚倒)　　주인 主 /손 客 /바뀔 顚 /거꾸로 倒

사물의 경중(輕重)·완급(緩急)·선후(先後), 또는 주인과 손의 위치가 서로 바뀜. 주인과 손님이 뒤바뀌었다는 뜻으로, 중요도에 따라 주(主)가 되는 것과 부수적인 것의 순서나 앞뒤의 차례가 바뀐 경우를 말한다. 사물의 중요성과 중요하지 않은 것, 급한 일과 급하지 않은 것, 선후 따위의 순서가 뒤바뀌었다는 말이다. 주인은 손님처럼 손님은 주인과 같이 행동을 바꾸어 한다는 말로, 입장이 서로 뒤바뀐 것을 가리킨다. 손님이 도리어 주인처럼 행세를 한다는 뜻의 객반위주(客反爲主)와 비슷한 말이다. 또한 발이 위에 있다는 뜻으로, 사물이 거꾸로 되는 것을 나타내는 족반거상(足反居上)도 주객전도와 뜻이 비슷하다. 사물의 경중(輕重)이나 완급(緩急)의 순서가 뒤바뀐 것을 의미하는 주객전도는 입장이 서로 뒤바뀌거나 앞뒤의 차례가 뒤바뀐 경우에 쓰이는 말이다. 비 본말전도(本末顚倒).

주객지세(主客之勢)　주인 主 /손 客 /갈 之 /기세 勢

주인과 손님이 뒤바뀌었다는 뜻으로, 중요도에 따라 주(主)가 되는 것과 부수적인 것의 순서나 앞뒤의 차례가 바뀐 경우를 말한다. 사물의 중요성과 중요하지 않은 것, 급한 일과 급하지 않은 것, 선후(先後) 따위의 순서가 뒤바뀌었다는 말이다. 주인은 손님처럼 손님은 주인과 같이 행동을 바꾸어 한다는 말로, 입장이 서로 뒤바뀐 것을 가리킨다. 손님이 도리어 주인처럼 행세를 한다는 뜻의 「객반위주(客反爲主)」와 비슷한 말이다. 또한 발이 위에 있다는 뜻으로, 사물이 거꾸로 되는 것을 나타내는 「족반거상(足反居上)」도 주객전도와 뜻이 비슷하다. 사물의 경중(輕重)이나 완급(緩急)의 순서가 뒤바뀐 것을 의미하는 주객전도는 입장이 서로 뒤바뀌거나 앞뒤의 차례가 뒤바뀐 경우에 쓰이는 말이다.

주객지의(主客之誼)　주인 主 /손 客 /갈 之 /옳을 誼

주인(主人)과 손과의 사이의 정의(情誼).

주경야독(晝耕夜讀)　낮 晝 /밭갈 耕 /밤 夜 /읽을 讀

낮에는 농사를 짓고 밤에는 공부하는 한가하고 운치 있는 생활. 바쁜 틈을 타서 어렵게 공부함.

주룡시호(酒龍詩虎)　술 酒 /용 龍 /시 詩 /범 虎

술 마시는 용과 시 짓는 범이라는 뜻으로, 시와 술을 좋아하는 사람을 이르는 말.

주마가편(走馬加鞭)　달릴 走 /말 馬 /더할 加 /채찍 鞭

달리는 말에 채찍질을 하여 더 빨리 달리게 한다는 말로, 정진(精進)하는 사람을 더 한층 권장함. 《순오지》

주마간산(走馬看山)　달릴 走 /말 馬 /볼 看 /뫼 山

달리는 말 위에서 산천을 구경한다는 말로, 바쁘고 어수선하여 천천히 살펴볼 여유가 없이 핵핵 지나쳐 봄을 이르는 말. 주마간화(走馬看花).

주무유호(綢繆牖戶)　　닫을 綢 /졸라맬 繆 /창 牖 /문 戶

비가 오기 전에 미리 창문을 닫는다는 뜻으로, 불상사가 일어나기 전에 미리 조심함을 이르는 말. 《시경》

주불쌍배(酒不雙杯)　　술 酒 /아닐 不 /쌍 雙 /잔 杯

(주석에서) 술을 마실 때 잔의 수효(數爻)가 짝수로 마침을 싫어함을 이르는 말 곧 3 · 5와 같이 기수(奇數)로 마실 것이지 2 · 4와 같은 우수(偶數)로 마시지 않는다는 말.

주순호치(朱脣皓齒) ☞ 단순호치(丹脣皓齒).

주여도반(走與稻飯) ☞ 삼십육계(三十六計).

주욕신사(主辱臣死)　　주인 主 /욕되게 할 辱 /신하 臣 /죽을 死

군주가 욕을 당하면 신하는 목숨을 걸고 그 치욕을 씻는다는 말. 《사기》

주위상책(走爲上策)　　달릴 走 /할 爲 /위 上 /꾀 策

삼십육계주위상책(三十六計走爲上策)에서 나온 말로, 피해를 입지 않으려면 달아나는 것이 상책이라는 말. ☞ 삼십육계(三十六計).

주유성현(酒有聖賢)　　술 酒 /있을 有 /성스러울 聖 /어질 賢

좋은 술을 성인(聖人), 좋지 않은 술을 현인(賢人)이라 부른 고사에서 연유한 말.

주유열국(周遊列國)　　두루 周 /돌아다닐 遊 /벌일 列 /나라 國

원래는 여러 나라를 돌아다닌다는 뜻이었지만, 오늘날에는 이리저리 별 소득 없이 떠돌아다니는 것을 가리키는 풍자적인 의미로 쓰인다. 유 주유천하(周遊天下).

주유별장(酒有別腸)　　술 酒 /있을 有 /따로 別 /장 腸

술 마시는 사람은 장이 따로 있다는 뜻에서, 주량은 체구의 대소에 관계없음을 이르는 말. 《오대사(五代史)》

주이불비(周而不比)　　두루 周 /말이을 而 /아닐 不 /견줄 比

널리 공평하게 사귀지만 도당(徒黨)은 이루지 않는다는 것. 군자(君子)는 널리 사람들과 공평하게 교분을 갖지만, 이익을 위하여 동아리를 만들거나 하지는 않는다는 것. 주(周)는 치우치지 않고 누구와도 사귄다는 뜻. 비(比)는 동아리가 되다. 《논어》

주입설출(酒入舌出)　　술 酒 /들 入 /혀 舌 /날 出

술이 들어가면 혀가 나온다는 뜻으로, 술을 마시면 수다스러워진다는 말.

주장낙토(走獐落兎)　　달릴 走 /노루 獐 /걸려들 落 /토끼 兎

노루를 쫓다가 생각지도 않은 토끼가 걸려들었다는 뜻으로, 뜻밖의 이익을 얻음을 가리키는 말.

주주객반(主酒客飯)　　주인 主 /술 酒 /손 客 /밥 飯

주인은 손에게 술을 권하고, 객은 주인에게 밥을 권하며 다정히 식음함. 《송남잡식》

죽백지공(竹帛之功)　　대 竹 /비단 帛 /의 之 /공 功

역사에 이름을 남길 만한 공을 말한다. 역사책에 이름이 기재될 만한 공적. 후한(後漢)의 채륜(蔡倫)이 종이를 발명하기 이전에는 죽간(竹簡 : 대나무 조각)이나 백(帛 : 명주)에 문자를 썼던 데서, 죽백은 책·역사의 뜻. 《한서》

준양시회(遵養時晦)　　좇을 遵 /기를 養 /때 時 /그믐 晦

도(道)를 좇아 뜻을 기르고, 때가 오지 않은 때에는 말과 행동을 삼가 나타나지 않고 숨는 것. 《시경(詩經)》 주송(周頌). ☞ 도광양회(韜光養晦).

중도반단(中途半端)　　가운데 中 /길 途 /반 半 /끝 端

이도 저도 아니고 철저하지 못한 것. 행하다 말아 일이 이루어지지 않는 모양. 마지막까지 해내기에는 근기(根氣)만 가지고는 안되고 확고한 계획을 세우지 않으면 이렇게 된다. 유 용두사미(龍頭蛇尾).

중류지주(中流砥柱)　　가운데 中 /흐를 流 /지주 砥 /기둥 柱

역경 속에서 핵심의 역할을 하는 힘. 또 그런 사람을 비유해서 이르는 말. 지주(砥柱)는 황하 가운데 있는 작은 산으로, 황하의 격류 속에서도 조금도 흔들리지 않는 데서, 난세(亂世)에 처해도 의연히 절의(節義)를 지켜 굴하지 않음의 비유. 《수경주(水經柱)》

중소성다(衆小成多)　　무리 衆 /작을 小 /이룰 成 /많을 多

티끌 모아 태산. 작은 양도 많이 모이면 다량이 된다는 것. 소(小)를 쌓아 올려야만 비로소 다대한 성과가 오른다. 《한서》

중원지록(中原之鹿)　　가운데 中 /들판 原 /의 之 /사슴 鹿

많은 사냥꾼의 무리들이 한 마리의 사슴을 잡으려고 중원(中原)으로 달리듯, 천하(天下 : 중원)의 군웅이 제위(帝位 : 사슴)를 다투는 모습을 비유해서, 천자의 자리, 또는 천자를 이름. 《사기》

중족측목(重足仄目)　　무거울 重 /발 足 /곁눈질할 仄 /눈 目

중족(重足)은 두 발이 겹쳐져 감히 걷지 못한다는 뜻, 측목(仄目)은 곁눈질로만 훔쳐볼 뿐 감히 똑바로 보지 못한다는 뜻으로, 위풍이나 위세에 눌려 두려워하는 모양을 이르는 말. 《후한서》

중지성성(衆志成城) ☞ 중심성성(衆心成城).

중취독성(衆醉獨醒) 무리 衆 /취할 醉 /홀로 獨 /깰 醒

모두 취한 가운데서 홀로 깨어 있다. 세상의 모든 사람이 불의와 부정을 저지르는 가운데 혼자 이를 반대하여 자신의 덕성(德性)을 지키는 사람을 일컬을 때 쓰는 말이다. 인품이 고결하고 청렴한 사람이나 그런 자세를 칭송하는 데 쓰인다. 《사기》

즉신성불(卽身成佛) 곧 卽 /몸 身 /이룰 成 /부처 佛

【불교】 부처의 삼밀(三密)과 중생의 삼밀이 상응하면 생불(生佛) 평등의 이치에 따라 육신(肉身)인 채로 부처가 되는 일. 직언밀교(直言密敎)의 독특한 교리.

자

즉심시불(卽心是佛) 곧 卽 /마음 心 /옳을 是 /부처 佛

【불교】 사람은 번뇌로 인하여 마음이 더러워지거나, 본심은 불성(佛性)으로서 중생의 마음이 곧 부처의 마음이라는 뜻. 시심시불(是心是佛). 《전등록》

증이파의(甑已破矣) 시루 甑 /이미 已 /깨뜨릴 破 /어조사 矣

시루는 이미 깨졌다는 뜻으로, 이미 그릇된 일을 뉘우쳐도 소용이 없음을 이르는 말. 《송남잡식》 비 복배지수(覆盃之水).

증중생진(甑中生塵) 시루 甑 /가운데 中 /날 生 /먼지 塵

시루에 먼지가 쌓였다는 뜻으로 매우 가난함을 비유하여 이르는 말. 《후한서》 비 부중생어(釜中生魚).

증타불고(甑墮不顧) 시루 甑 /떨어질 墮 /아닐 不 /돌아볼 顧

메고 있던 시루를 떨어뜨려도 개의치 않는다는 뜻으로, 사물에 대한 단념이 빠름을 비유하여 이르는 말. 《후한서》

지공무사(至公無私) 이를 至 /공변될 公 /없을 無 /사사 私

지극히 공평하여 조금도 사사로움이 없음.

지공지평(至公至平) 이를 至 /공변될 公 /평평할 平

지극히 공정하고 평등함.

지구지계(持久之計) 가질 持 /오랠 久 /갈 之 /꾀 計

승부를 단숨에 결판내지 않고, 농성을 하거나 또는 포위를 하여 오래 견뎌서 적을 약화시키고 압박하는 전술. 《삼국지》

지기지우(知己之友) 알 知 /자기 己 /갈 之 /벗 友

자기를 가장 잘 알아주는 친한 친구. 또는 서로 뜻이 통하는 친한 벗.

지독지애(舐犢之愛) 핥을 舐 /송아지 犢 /의 之 /사랑 愛

어미 소가 송아지를 핥아주는 사랑이란 뜻으로, 부모가 자식을 맹목적으로 사랑함의 비유. 자기 자식을 사랑함의 겸양으로도 쓰인다. 《후한서》

지란옥수(芝蘭玉樹) 지초 芝 /난초 蘭 /옥 玉 /나무 樹

선량한 자제를 비유하여 이르는 말. 《진서》

지란지교(芝蘭之交) 지초 芝 /난초 蘭 /의 之 /사귈 交

벗 사이의 고상한 교제.

지명지년(知命之年) 알 知 /목숨 命 /갈 之 /해 年

천명(天命)을 알 나이라는 뜻으로, 나이 오십을 이르는 말.

지백수흑(知白守黑) 알 知 /흴 白 /지킬 守 /검을 黑

밝은 지식을 가지고 있으면서도 이를 드러내지 않고 대우(大愚)의 덕을 지키는 일.

지복지맹(指腹之盟) 손가락 指 /배 腹 /의 之 /맹세 盟

후한 광무제(光武帝)가 가복(賈復)의 아내가 임신을 했다는 말을 듣고 장차 태어날 아기와 내 자식을 혼인시키자고 하였다는 고사에서, 뱃속에 있는 태아를 두고 혼인을 약속하는 일.

지부복궐(持斧伏闕) 가질 持 /도끼 斧 /엎드릴 伏 /대궐 闕

왕께 상소할 때 죽을 각오로 도끼를 들고 대궐 문 밖에 나아가 엎드리는 일. 중난(重難)한 일을 간할 때, 만일 그 뜻이 이루어지지 않으면 이 도끼로 죽여 달라고 하는 결의를 보이는 것.

지부작족(知斧斫足)　알 知 /도끼 斧 /찍을 斫 /발 足

아는 도끼에 발등 찍힌다는 뜻으로, 아는 사람에게 해를 당하거나 속임을 당함을 이르는 말. 「믿는 도끼에 발등 찍힌다」는 우리말 속담과 같은 말이다. 《순오지》

지분절해(支分節解)　가지 支 /나눌 分 /마디 節 /풀 解

지체(肢體)와 관절을 분해한다는 뜻으로, 글의 내용을 세밀하게 나누어 자세히 조사함을 이르는 말.

지분혜탄(芝焚蕙嘆)　지초 芝 /불사를 焚 /혜초 蕙 /한탄할 嘆

지(芝)는 지초, 혜(蕙)는 혜초를 말하며 모두 향초(香草)로 동류(同類). 지초가 불타면 혜초가 한탄한다는 뜻으로, 동류가 입은 재앙은 자기에게도 근심이 된다는 말.

지불가만(志不可滿)　뜻 志 /아닐 不 /옳을 可 /찰 滿

소망은 완전히 이루어지게 해서는 안 된다. 무슨 일이나 마음먹은 대로 되는 것은 도리어 좋지 않다는 말. 《예기》

지빈무의(至貧無依)　이를 至 /가난할 貧 /없을 無 /의지할 依

매우 가난하여 의지할 곳조차 없음.

지사불굴(至死不屈)　이를 至 /죽을 死 /아닐 不 /굽을 屈

죽음을 당는 처지에 이르러도 끝까지 굽히지 않음.

지상명령(至上命令)　이를 至 /위 上 /목숨 命 /영 令

절대로 복종해야 할 명령.

지성감천(至誠感天)　이를 至 /정성 誠 /느낄 感 /하늘 天

지극한 정성에는 하늘도 감동한다는 뜻으로, 무엇이든 정성껏

자

하면 하늘이 움직여 좋은 결과를 맺는다는 뜻.

지성여신(至誠如神)　지극할 至 /정성 誠 /같을 如 /귀신 神

지극한 정성을 지닌 사람은 사물의 추이를 예지(叡智)할 수 있다. 지성(至誠)은 지상(至上)의 진심이라는 뜻. 《중용》

지어농조(池魚籠鳥)　못 池 /물고기 魚 /새장 籠 /새 鳥

연못 속의 고기와 새장 속의 새라는 말로서, 자유롭지 못함의 비유.

지어사경(至於死境)　이를 至 /어조사 於 /죽을 死 /지경 境

거의 죽다시피 되는 어려운 경우에 이름.

지어지앙(池魚之殃) ☞ 앙급지어(殃及池魚).

지언거언(至言去言)　이를 至 /말씀 言 /갈 去 /말씀 言

지극히 도리에 맞는 말을 말없는 가운데 있음을 이르는 말.

지엽말절(枝葉末節)　가지 枝 /잎 葉 /끝 末 /마디 節

가지와 잎, 본체에서 갈라져 나간 중요하지 아니한 부분. 자질구레한 일. 「지엽말절에 구애되다」라는 식으로 사용한다. 근간(根幹)의 반대.

지엽상지(枝葉相持)　가지 枝 /잎 葉 /서로 相 /가질 持

가지와 잎이 서로 받친다는 뜻으로, 자손들이 서로 도와 지지(支持)함을 이르는 말.

지예무예(至譽無譽)　지극할 至 /기릴 譽 /없을 無

진정한 명예는 세상에서 말하는 영예(榮譽)와는 다름.

지우이신(至愚而神)　지극할 至 /어리석을 愚 /말이을 而 /귀신 神

매우 어리석은 듯하나 그 생각은 신령(神靈)스럽다는 뜻에서, 백성들이 보기에는 어리석은 듯하지만, 그들이 지닌 생각은 신령스럽다는 뜻의 비유.

지우지감(知遇之感)　알 知 /만날 遇 /갈 之 /느낄 感

대우를 잘 받아서 후의에 감격하는 느낌.

지은보은(知恩報恩)　알 知 /은혜 恩 /갚을 報

은혜를 알고 그 은혜에 보답함을 이르는 말.

지이부지(知而不知)　알 知 /말이을 而 /아닐 不

알면서 모르는 체함.

지인무기(至人無己)　이를 至 /사람 人 /없을 無 /자기 己

도(道)를 완전히 궁구(窮究)한 사람은 아욕(我慾)이 없음을 이르는 말. 지인은 도가에서 말하는 득도(得道)한 사람. 《장자》

지장이담(抵掌而談)　손바닥 抵 /손바닥 掌 /말이을 而 /말씀 談

기분 좋게 이야기하는 것. 아무것에도 구애됨이 없이 하고 싶은 말을 하는 것. 또 열심히 이야기하고 있음의 형용. 또는 손바닥에 손가락으로 쓰면서 이야기하는 것. 《전국책》

지재천리(志在千里)　뜻 志 /있을 在 /일천 千 /거리 里

뜻이 천리 밖에 있다는 뜻으로, 포부가 원대함을 이르는 말. 《세설신어》 ㊒ 노기복력(老驥伏櫪).

지족불욕(知足不辱)　알 知 /발 足 /아닐 不 /욕되게 할 辱

자신의 보신(保身)을 위해서는 극단적인 집착을 버리고 만족할 줄 알아야 함을 이르는 말. 여기에서 만족할 줄 아는 사람은 몸을 그르치지 않는다는 뜻으로도 쓰인다. 《노자》

지족안분(知足安分)　알 知 /족할 足 /편안할 安 /나눌 分

족한 줄을 알아 자기의 분수에 만족함.

지족지부(知足知富)　알 知 /족할 足 /부할 富

족한 것을 알고 현재에 만족하는 사람은 부자라는 뜻.

지지불태(知止不殆)　　알 知 /멈출 止 /아닐 不 /위태로울 殆

분수를 알고 지나치는 일이 없으면 위태로운 일을 당하지 않음을 이르는 말. 《노자》

지척지지(咫尺之地)　　짧은 거리 咫 /자 尺 /의 之 /땅 地

아주 좁은 땅. 지(咫)도 척(尺)도 모두 주(周)나라 때의 길이의 단위로, 약 18센티미터. 매우 가까운 곳. 지척. 《사기》

지천사어(指天射魚)　　가리킬 指 /하늘 天 /쏠 射 /물고기 魚

하늘을 가리키고 물고기를 쏜다는 뜻으로, 수단과 방법을 그르치면 목적을 달성할 수 없음의 비유. 《설원》

지치득거(舐痔得車)　　핥을 舐 /치질 痔 /얻을 得 /수레 車

똥구멍을 핥아 수레를 얻는다는 뜻으로, 미천한 일을 하여 큰 이익을 얻음을 이르는 말. 자신의 목적을 위해서는 수단과 방법을 가리지 않음을 비난하여 이르는 말. 《장자》

지통재심(至痛在心)　　이를 至 /아플 痛 /있을 在 /마음 心

「지통재심 일모도원(至痛在心 日暮途遠)」으로, 「지극한 아픔에 마음이 있는데 시간은 많지 않고 할 일은 많다」는 뜻이다. 정치 지도자들이 지녀야 할 마음자세라 하겠다.

지행일치(知行一致)　　알 知 /갈 行 /한 一 /보낼 致

① 지식과 행동이 한결같이 서로 맞음. ② 지식과 행동이 일치함.

지행합일(知行合一)　　알 知 /행할 行 /합할 合 /한 一

중국 명대(明代) 중기의 유학자 왕양명(王陽明)이 제창한 지식과 행위에 관한 근본 명제. 주자(朱子)나 육상산(陸象山) 등이 주장한 「선지후행(先知後行)」설에 대한 반대 개념으로, 그 후 왕양명의 중심적 주장으로 간주되었다. 이 명제는 흔히 지식(知)과

행위(行)가 분열되어 있는 현실이기 때문에 알면 반드시 행하고 지행을 합일시켜야 한다는 당위(當爲)를 뜻하는 실천 강조의 명제로 해석하기 쉽다. 그러나 본래의 뜻은 그의 「심즉리(心卽理)」설의 논리를 지식과 행위라는 도덕의 영역으로 연역(演繹)한 것으로서 단순한 「실천강조론」이라기보다는 깊은 철학적 논리인 것이다. 「심즉리」 설에서는 이(理) 또는 양지(良知)는 처음부터 마음속에 존재하는 것으로서 외계로부터 지식의 획득은 필요치 않고, 행위는 양지를 실현시키는 존재로만 보는 것이다. 즉 우선 규범(知)을 알지 못하는 행위의 타당성은 보증할 수 없다는 「선지후행」 설에는 반대이며, 규범은 이미 마음속에 내재하고 있으므로 행위는 그 표현에 지나지 않고 양자는 별개의 것이 아니라 처음부터 하나인 것이다. 왕양명은 이와 같은 지(知)를 또한 「진지(眞知)」 라고도 불렀으며 지(知)가 「진지」 가 되지 못하고 지행(知行)이 분열되는 것은 「사욕(私慾)」 이 작용하기 때문이라고 하여, 현실적으로 지행합일의 필요조건으로서 「사욕」 의 배제를 들었다. 이 때 지행합일의 문제는 당연히 풀리는 것이다. 왕양명 《전습록(傳習錄)》

직궁증부(直躬證父)　　곧을 直 /몸 躬 /증거 證 /아비 父

겉보기의 부정직(不正直) 속에 참된 정직이 있다는 말. 부정직이라 여겨지는 행위 속에도 정(情)에 기인한 참된 정직이 있는 법이라는 공자의 말이다. 궁(躬)이라는 지나치게 정직한 사람이 양을 훔친 자기 아버지를 고발했다는 고사에서 나온 말이다. 《논어》

직불보곡(直不輔曲)　　곧을 直 /아닐 不 /덧방나무 輔 /굽을 曲

정직한 사람은 악인을 돕지 않는다. 현명한 사람은 정치가 어

지러운 나라에서는 벼슬하지 않음을 이르는 말. 《국어》

직절간명(直截簡明) 곧을 直 /끊을 截 /대쪽 簡 /밝을 明

번거롭지 않고 명확한 것. 단순명쾌(單純明快)해서 알기 쉬운 것. 반 복잡다단(複雜多端).

진경고현(秦鏡高懸) 진나라 秦 /거울 鏡 /높을 高 /매달 懸

밝은 거울이 높이 걸려 있다는 뜻으로, 사리에 밝거나 판결이 공정함을 일컫는 말. 진경은 중국 진(秦)나라의 시황제가 사람의 선악·사정(邪正)을 비추어 보았다는 거울을 말한다. 그래서 「진경」은 선악을 꿰뚫어보는 안식(眼識)을 말한다. 《서경잡기》

진반도갱(塵飯塗羹) 먼지 塵 /밥 飯 /진흙 塗 /국 羹

먼지 밥과 흙 국이라는 뜻으로, 어린아이의 소꿉장난 같은 것. 곧 아무 소용도 없는 일을 비유하여 이르는 말. 《한비자》

진비일호(振臂一呼) 흔들 振 /팔 臂 /한 一 /부를 呼

어깨를 흔들며 크게 외치다. 곧 분발하여 크게 일어서는 모습을 비유하여 이르는 말.

진승오광(陳勝吳廣) 늘어놓을 陳 /이길 勝 /나라이름 吳 /넓을 廣

진(秦)나라 말기에 맨 처음 반란을 일으킨 진승(陳勝)과 오광(吳廣)을 가리키는 말로, 어떤 일에 선수를 치는 일 또는 그러한 사람을 비유하는 성어이다. 진승과 오광은 가난한 농민 출신으로, 진나라 말기에 만리장성을 수비하는 일에 동원되었다. 진승의 일행 900여 명은 목적지인 어양(漁陽)으로 가는 길에 폭우를 만나 정해진 도착 날짜에 댈 수 없게 되었다. 당시 진나라는 정해진 날짜에 도착하지 못하는 자들은 참형에 처하도록 법률로 정해 놓고 있었다. 어차피 죽을 목숨이라고 생각한 진승은 「왕후와 장상의 씨가 어찌 따로 있다는 말인가(王侯將相寧有種乎)」라며 오광과 함께 반란을 일으켰다. 이들은 중국 최초의 농민반란군으로 기록된다. 진승과 오광의 거사는 군웅(群雄)의 봉기를 촉발시키는 역할을 하여, 항우(項羽)와 유방(劉邦) 등도 군사를 일으켜 진나라에 반기를 들었다. 선발제인(先發制人 : 먼저 행동하여 남을 제압한다)과 비슷한 의미이다.

진진상잉(陳陳相仍)　　늘어놓을 陳 /서로 相 /거듭할 仍

오래된 곡식이 곳집 속에서 묵어 쌓였다는 뜻으로, 나라가 잘 다스려져 물건이 풍부함을 이르는 말. 《사기》

진진지호(秦晋之好)　　나라이름 秦 /나라이름 晋 /의 之 /좋아할 好

진(秦)나라와 진(晋)나라의 우호관계란 뜻으로, 두 나라가 대대로 혼인을 하였으므로, 후일 사람들은 두 집안 사이의 혼인관계가 이룩되는 것을 가리켜 「진진지호」라고 하게 되었다. 진진지의(秦晋之誼).

진천동지(震天動地)　　진동할 震 /하늘 天 /움직일 動 /땅 地

하늘을 진동하고 땅을 흔든다는 뜻으로, 세력이나 위엄이 천하에 떨침을 비유하여 이르는 말. 《진서》 비 경천동지(驚天動地).

진합태산(塵合泰山)　　먼지 塵 /합할 合 /클 泰 /뫼 山

티끌 모아 태산. 토적성산(土積成山).

진환이환(盡歡而還)　　다할 盡 /기뻐할 歡 /말이을 而 /돌아갈 還

많은 사람들이 모여 한껏 즐기고 나서 돌아감. 《남사》

질수축알(疾首蹙頞)　　괴로울 疾 /머리 首 /찡그릴 蹙 /콧마루 頞

질수(疾首)는 골치를 앓는다는 말이고, 축알(蹙頞)은 콧마루를 찡그린다는 말. 곧 몹시 근심이 되어 콧마루를 찡그림. 몹시 밉거나 싫어서 콧마루를 찡그림.

질실강건(質實剛健)　　꾸미지 않을 質 /찰 實 /굳셀 剛 /튼튼할 健

꾸밈이 없이 착실하고, 심신 모두 건강한 것. 옛날의 학교는 거의가 이것을 교칙(校則)으로 게시했다. 지금 학교 교육에 가장 필요하다고 여겨지는 것이 이런 기풍일 것이다.

질언거색(疾言遽色)　빠를 疾 /말씀 言 /갑자기 遽 /빛 色

질언은 급한 말투, 덤벙대는 말투. 거색은 서두르는 얼굴빛. 곧 말을 빨리 하고 얼굴에 당황한 모양을 한다는 뜻으로, 침착하지 못한 모양을 형용하는 말. 《후한서》

질이불리(質而不俚)　바탕 質 /말이을 而 /아닐 不 /속될 俚

소박하면서도 촌스럽지 않음.

질지여수(疾之如讎)　병 疾 /갈 之 /같을 如 /원수 讎

원수처럼 미워함.

질지이심(疾之已甚)　병 疾 /갈 之 /이미 已 /심할 甚

몹시 미워함.

질풍노도(疾風怒濤)　빠를 疾 /바람 風 /성낼 怒 /큰 물결 濤

몹시 빠르게 부는 바람과 무섭게 소용돌이치는 큰 물결.

질풍신뢰(疾風迅雷)　빠를 疾 /바람 風 /빠를 迅 /우뢰 雷

심한 바람과 번개라는 뜻으로, 사태의 급변, 행동의 민첩함과 빠른 속도 따위를 형용하는 말. 「군자(君子)가 집에 있을 때에는 항상 문을 향해서 앉고, 잘 때는 항상 동쪽으로 머리를 향한다. 폭풍이나 심한 천둥, 호우 때에는 민첩하고 신속하게 대응한다」 고 한 데서 나온 말이다. 《예기》

질풍심우(疾風甚雨)　빠를 疾 /바람 風 /심할 甚 /비 雨

빠르게 부는 바람과 세차게 쏟아지는 비.

집사광익(集思廣益)　모일 集 /생각 思 /넓을 廣 /더할 益

여러 사람의 의견을 모아 나라의 이익을 넓힘. 《삼국지》

집열불탁(執熱不濯)　잡을 執 /뜨거울 熱 /아닐 不 /씻을 濯

뜨거운 것을 집을 때는 먼저 냉수에 손을 적시듯, 하찮은 노고를 아껴 실패해서 큰 손실을 봄을 이르는 말. 국난(國難)을 구하는 데 유능한 인물을 등용하지 않음의 비유. 《시경》

집의항언(執意抗言)　잡을 執 /뜻 意 /저지할 抗 /말씀 言

의견을 고집하여 굽히지 않음.

징전비후(懲前毖後)　징계 懲 /앞 前 /삼갈 毖 /뒤 後

지난날을 징계하고 뒷날을 삼간다는 뜻으로, 이전에 저지른 잘못을 교훈삼아 이후에는 일을 신중하게 처리한다는 말. 《시경》

송하문동자(松下聞童子, 明 화가 남영)

고사성어대사전

차래지식 嗟來之食 ➡ 침윤지참 沈潤之譖

차래지식 嗟來之食

탄식할 嗟 올 來 어조사 之 먹을 食

《예기(禮記)》 단궁편(檀弓篇)

무례한 태도로 먹으라고 주는 음식. 경멸해 하는 대접, 생색내려고 푸대접하여 주는 음식을 이르는 말이다.

《예기》 단궁편(檀弓篇)에 있는 이야기다.

춘추시대, 제(齊)나라에 큰 기근이 들었다. 식량이 부족하여, 많은 사람들이 굶주려 쓰러졌다. 이때 금오(黔敖)라는 부자가 이를 기회로 자신의 덕을 널리 알리기 위해 길가에 음식을 늘어놓고는 지나가는 굶주린 사람들에게 나누어주었다.

금오 묘

하루는 굶어서 부황(浮黃)이 든 한 사나이가 찾아왔다. 너덜너덜한 옷소매로 얼굴을 가리고 다 해진 짚신을 신고 있었다. 지팡이에 의지한 그의 몸은 당장이라도 쓰러질 것만 같았다. 이 모습을 본 금오가 왼손에 밥, 오른손에는 마실 것을 들고 사나이에게 거만한 태도로 말했다.

「이봐, 이리 와서 이걸 먹지!」

차래지식

이렇게 말하면서 금오는 그 사나이가 기뻐 눈물이라도 흘릴 것으로 생각했다.

그러나 사나이가 기뻐하기는커녕 오히려 굶주림을 잊은 듯 허리를 쭉 펴고 머리를 곧추세웠다. 그러더니 금오를 매섭게 쏘아보면서 자못 경멸하는 듯한 어조로 말했다.

「내가 이런 차래지식 따위를 먹으려 하지 않았기 때문에 지금과 같은 꼴이 되고 말았지(我就是因为不吃 嗟来之食). 가짜 선심일랑 그만두게나!」 하고는 그대로 가버렸다.

금오는 순간 놀라서 황급히 그 사나이를 뒤쫓아 가 자신의 무례를 사과하고 음식을 받아 주기를 청하였다. 그러나 사나이는 결코 음식에 손을 대려 하지 않았다. 그리고는 조금 더 걷다가 쓰러졌다. 사나이는 무례한 음식을 거부한 탓으로 굶어죽었다.

鬼神無常亨

귀신무상형

亨于克誠

형우극성

귀신은 어느 특정한 사람의 제사를 받는 것이 아니다.

정성을 들인 제사라면 누구의 제사라도 받아들인다.

—《시경》 태갑(太甲) 하

차·망·우·물 此忘憂物

이 此 잊을 忘 근심할 憂 물건 物

도연명(陶淵明) / 「음주(飮酒)」

도연명 취귀도(醉歸圖, 清 화가 장사보)

온갖 시름을 잊게 하는 물건이란 뜻으로, 술을 이르는 말. 술을 마시면 시름을 잊는다 하여 진(晉)나라 시인 도잠(陶潛)이 술을 「망우물(忘憂物)」이라 하였다. 도연명의 시 「음주(飮酒)」 제7수에 있는 구절이다.

가을 국화는 빛깔도 아름답네.
이슬이 내려앉은 꽃잎 따서
이 시름 잊게 하는 물건(술)에 띄워서 마시니
속세와 멀어진 내 심정 더 간절하네.
잔 하나로 혼자 마시다 취하니
빈 술병과 더불어 쓰러지누나.
날은 저물고 만물이 쉬는 때
날던 새도 둥지 찾아 돌아온다.
동쪽 창 아래서 휘파람 부니
이보다 더 즐거운 시간 어디 있겠나.

秋菊有佳色 浥露掇其英　추국유가색 읍노철기영
汎此忘憂物 遠我遺世情　범차망우물 원아유세정
一觴雖獨進 杯盡壺自傾　일상수독진 배진호자경

日入群動息 歸鳥趨林鳴　일입군동식 귀조추림명
嘯傲東軒下 聊復得此生　소오동헌하 요부득차생

이때부터 술은 근심을 잊게 해준다 하여 「망우물(忘憂物)」로 불렸다. 《한서》 식화지(食貨志)에 있는 술에 대한 예찬이다.

「술이란 하늘이 준 아름다운 선물이다. 제왕은 술로 천하를 양생했고, 제사를 지내 복을 빌고, 쇠약한 자를 돕고 질병을 치료했다. 예를 갖추는 모든 모임에 술이 없으면 안 된다」

전한(前漢)과 후한 사이에 15년 동안의 명맥을 지니고 있던 신(新)나라의 황제가 왕망(王莽)이다. 이 왕망이 소금과 술과 쇠를 정부의 전매품으로 정하고 이 사실을 천하에 공포한 조서(詔書) 가운데, 「대저 소금은 먹는 반찬 가운데 장수요, 술은 백 가지 약 중에 으뜸(酒乃百藥之長)으로 모임을 좋게 하며, 쇠는 밭갈이하는 농사의 근본이다」 라는 말이 있다.

삼국지의 영웅 조조 역시 「단가행(短歌行)」에서 술을 예찬했다.

술잔 들고 노래 부르자, 인생살이 얼마이든가
아침이슬처럼 스러질 것이건만, 지나온 세월 고생도 많았네
북받치는 울분 토해도, 지난 근심은 잊을 수 없구나
아! 무엇으로 시름을 떨치리, 오직 술뿐일세

對酒當歌 人生幾何　대주당가 인생기하
譬如朝露 去日苦多　비여조로 거일고다
慨當以慷 憂思難忘　개당이강 우사난망
何以解憂 唯有杜康　하이해우 유유두강

또한 시선(詩仙) 이백(李白)은 사나이가 한 번 마시면 삼백 잔은 마셔야 한다고 「장진주(將進酒)」에서 노래했다.

차·호위호 借虎威狐

빌릴 借 호랑이 虎 위엄 威 여우 狐

《전국책(戰國策)》 초책(楚策)

호랑이의 위엄을 빈 여우라는 뜻으로, 남의 권세에 의지하여 위세를 부림을 이르는 말.

《전국책》 초책 선왕편(宣王篇)에 있는 말이다.

삼려대부 굴원

강을(江乙)이라는 위(魏)나라의 선비가 초나라의 선왕에게 등용되었다. 그러나 삼려(三閭)로 불리는 소(昭)·경(景)·굴(屈)의 세 씨족이 초나라를 장악하고 있어서, 이들을 뒤흔들어 놓기 전에는 새로운 이상(理想)을 실현할 방법이 없었다. 이 중에 소씨의 두령인 소해휼(昭奚恤)이 초나라의 군사와 정치를 장악하고 있었기 때문에 강을은 그를 초점으로 하였다. 어느 날 선왕이 여러 신하에게 물었다.

「북쪽에서는 소해휼을 두려워한다고 들었는데, 사실인가?」

신하들은 대답하지 못하였다. 그러자 강을이 이렇게 대답하였다.

「호랑이는 모든 짐승을 구하여 먹습니다. 어느 날 호랑이가 여우를 잡았습니다. 그런데 이 여우가 말하기를, 『당신은 나를 먹어서는

차호위호

안 됩니다. 천제(天帝)께서 나를 모든 짐승의 어른으로 삼으셨습니다. 지금 당신이 나를 먹으면, 천제의 말씀을 거역하는 것이 됩니다. 거짓말이라는 생각이 들면, 내가 앞장서서 걸어갈 테니 당신은 내 뒤를 따라 오십시오. 그러면서 나를 보고 도망치지 않는 짐승이 있는지 없는지를 보십시오』 호랑이는 여우와 함께 나갔습니다. 짐승들은 여우와 호랑이를 보자 모두 도망쳤습니다. 그래서 호랑이는 짐승들이 자기를 두려워하여 도망치는 것이라고는 깨닫지 못하고 여우를 두려워한다고 생각하였습니다. 임금님의 땅은 사방이 5천 리이고, 군대가 백만이나 됩니다. 그런데 이것을 오로지 소해휼 한 사람에게만 맡기고 계십니다. 따라서 북쪽 사람들이 소해휼을 두려워하는 것은, 사실은 임금님의 군대를 두려워하는 것입니다. 그것은 마치 짐승들이 호랑이가 두려워 도망하는 것과 같습니다」

착벽인광 鑿壁引光

뚫을 鑿 벽 壁 끌 引 빛 光

《서경잡기(西京雜記)》

집안이 가난하여 등불을 구할 길이 없어 벽을 뚫고 이웃집의 등불로 책을 읽었다는 옛일에서 고생해서 학문을 정진함을 이르는 말이다. 《서경잡기》에 있는 말이다.

광 형

《서경잡기》는 한(漢)나라 유흠(劉歆)이 짓고 진(晉)나라 갈홍(葛洪)이 모은 것으로 알려져 있는 전형적인 잡록식의 필기저작이다.

전한(前漢) 때 재상이 되어 일인지하만인지상(一人之下萬人之上)의 영화를 누린 광형(匡衡)은 젊었을 때 무척 고생을 하고 성공한 위인의 한 사람이었다. 그는 어렸을 때부터 학문을 좋아하여 틈만 있으면 공부를 하였으나, 말할 수 없이 가난한 농가의 아들로 태어난 탓에 책을 살 돈이 없어서 품팔이를 해 가면서 푼푼이 모은 돈으로 책을 사서 읽었다. 그러나 품팔이를 하지 않고서는 먹을 수 없는 가난한 살림이었으니 낮에 한가히 책을 읽을 수는 없고 밤에 책을 보아야 했는데, 등불을 켤 기름이 없었다. 그는 생각 끝에 이웃집의 벽에 몰래 구멍을 뚫어 놓았다. 그리고 그 조그만 구멍으로 새어 들어오는 불빛에 따라 책장을 넘기면서 독서를 계속했던 것이다.

창랑지수청혜가이탁오영 滄浪之水淸兮可以濯吾纓

푸를 滄 물결 浪 물 水 맑을 淸 어조사 兮 옳을 可 써 以 씻을 濯 나 吾 갓끈 纓

《초사(楚辭)》 어부사(漁父辭)

「창랑의 물이 맑거든 내 갓끈을 씻는다」 라는 뜻으로, 세상이 맑으면 맑게 맞춰 살고 세상이 흐리면 흐리게 살라는 말로서, 세상 돌아가는 대로 맞춰 살라는 말이다.

이 말은 《초사》 어부사에도 나와 있고, 《맹자》 에도 인용되어 있는데 각각 쓰인 뜻이 다르다.

《초사》 의 예를 들면 다음과 같다. 초나라 충신 굴원(屈原)이 간신의 모함을 받고 벼슬에서 쫓겨나 강가를 거닐며 초췌한 모습으로 시를 읊고 있는데, 고기잡이 영감이 배를 저어 지나다가 그가 굴원인 것을 알고, 어찌하여 이 꼴이 되었느냐면서 안타까워하며 그 까닭을 물었다. 굴원은 이렇게 대답했다.

굴원(明 화가 두근)

「온 세상이 흐려 있는데 나만이 홀로 맑고(擧世皆濁我獨淸) 뭇사람이 다 취해 있는데 나만이 홀로 깨어 있다(衆人皆醉我獨醒). 그래서 쫓겨난 것이다」

맹 자

그러자 어부는 세상이 다 흐리면 같이 따라 흐리고, 세상이 다 취해 있으면 같이 따라 취하는 것이 성인이 세상을 사는 길이다. 무엇 때문에 남다른 생각과 남다른 행동으로 이 꼴을 당하느냐고 꾸중을 했다. 그러자 굴원은 또,

「새로 머리를 감은 사람은 반드시 갓을 털고(新沐者 必彈冠), 새로 몸을 씻은 사람은 반드시 옷을 턴다(新浴者 必振衣)고 했다」 면서, 차라리 강에 빠져 고깃배에 장사를 지내는 한이 있더라도 어떻게 깨끗한 몸으로 세상의 먼지를 쓸 수 있느냐고 했다.

그 말에 어부는 빙그레 웃고 다시 배를 저어 떠나가며 이렇게 노래를 불렀다는 것이다.

창랑의 물이 밝거든 내 갓끈을 씻고
창랑의 물이 흐리거든 내 발을 씻으리라.

滄浪之水淸兮 可以濯吾纓　창랑지수청혜 가이탁오영
滄浪之水濁兮 可以濯吾足　창랑지수탁혜 가이탁오족

어부가 부른 이 노래의 뜻은 세상이 밝으면 밝게 살고, 흐리면 흐리게 살라는 청탁자적(淸濁自適)의 그런 생활태도를 뜻하고 있는 것이다.

다음은 《맹자》 이루상(離婁上)에서 맹자는 이 노래를 이런 뜻으로 인용하고 있다.

「……아이들이 노래를 불렀다. 『창랑의 물이 맑으면 내 갓끈을 씻고, 창랑의 물이 흐리면 내 발을 씻으리라』 그러자 공자는 제자들을 보고 『너희들은 잘 들어라. 맑으면 갓끈을 씻고, 흐리면 발을 씻는다(淸斯濯纓 濁斯濯足). 모두 자기 스스로가 가져오는 것이다』 라고 하였다」

맹자는 이렇게 예를 든 다음, 다음과 같은 결론을 내리고 있다.

「대저 사람은 스스로 업신여긴 뒤에 남이 업신여기게 되고(人必自海然後 人侮之), 집은 스스로 허문 뒤에 남이 허물고, 나라는 스스로 친 뒤에 남이 치는 것이다」

공 자

어부의 경우와는 다른 뜻으로 쓰고 있다. 모든 것이 내가 하기에 달려 있으므로 몸을 깨끗이 지녀야 된다는 뜻으로 쓰고 있는 것이다.

공자가 말했다는 「청사탁영 탁사탁족(淸斯濯纓 濁斯濯足)」이란 말은 많이 쓰이고 있는데, 이 말 역시 두 경우에 다 통용될 수 있는 말이다. 다만 스스로 취한 것이다(自取之也)란 말이 자신이 가져온 것이란 뜻이기는 하나 이것도 내가 마음대로 행할 수 있다는 뜻으로 풀이될 수 있다.

창업이수성난 創業易守成難

시작할 創 업 業 쉬울 易 지킬 守 이룰 成 어려울 難

《정관정요(貞觀政要)》

일을 시작하기는 쉬우나, 이룬 것을 지키기는 어렵다.

창업의 본뜻은 왕조(王朝)를 세우는 것, 곧 개국(開國)을 의미한다. 그리고 창업자의 뜻을 잘 계승하여 지속적으로 발전시키는 것을 수성(守成)이라 한다.

위 징

이 말을 처음 사용한 사람은 맹자(孟子)였으며, 그는 두 가지 모두 덕을 쌓아야 가능하다고 하였다. 역사상 창업과 수성을 가장 성공적으로 수행한 인물로는 당태종(唐太宗) 이세민(李世民)을 꼽는다. 그의 이야기가 《당서(唐書)》, 《정관정요(貞觀政要)》 등에 전한다.

초당(初唐)의 태평성세를 형용하여 흔히 「당초 3대의 치(治)」라고 한다. 정관의 치(貞觀之治 : 태종 627~649), 영휘의 치(永徽之治 :고종 650~655), 개원의 치(開元之治 : 현종 713~734)를 말한다.

이들 시대에는 황제가 사치를 경계하고 현신을 잘 써서 천하가 잘 다스려졌기 때문이다. 특히 태종의 정관의 치는 후세의 거울이 되었는데 백성은 「길에 떨어진 물건을 주워 갖지를 않고(道不拾遺), 도둑이 없어서 장사꾼이나 여행자들은 안심하고 야숙(野宿)한다」 할 정도로 태평한 세상이었다. 태종이 군신들과 함께 정사를 논한 말을 모은 《정관정요》는 우리나라에서도 정치의 참고로 했었다.

두여회

정관의 치가 이룩된 원인의 하나는 전술한 바와 같이 사치를 태종이 경계하고 많은 현신을 얻었기 때문이다. 정관 초에 결단력이 뛰어난 두여회(杜如晦)와 계략을 꾸미는 데 뛰어난 방현령(房玄齡)의 명콤비가 좌우의 복야(僕射 : 대신)를, 강직한 위징(魏徵)이 비서감장(秘書監長)을, 청렴한 왕규(王珪)가 시중을 맡아 태종의 정치를 잘 보필했기 때문이다. 어느 날 태종이 왕규에게,

「그대는 현령 이하 제신들과 비교해서 어떤가?」 라고 하문했을 때 왕규는 이렇게 대답했다.

「부지런히 나라를 받들며 알고 말하지 않는 점에서는 신이 방현령에 미치지 못합니다. 재질이 문무를 겸비하여 안에서는 재상, 나아가서는 대장노릇 할 수 있는 점에서는 신은 이정(李靖)을 당하지 못합니다. 군주가 요순과 같지 않음을 부끄러이 여겨 간쟁(諫諍)을 자기의 임무로 삼는 점에서는 신은 위징을 따르지 못합니다……」

또 태종은 전에 근신들에게 이렇게 하문한 적이 있었다.

방현령

「제왕의 사업은 초창(草創)이 어려운가, 수성(守成)이 어려운가?」

상서좌복야(尙書左僕射 : 부총리)인 방현령이 대답했다.

「어지러운 세상에 많은 영웅들이 다투어 일어나, 이를 쳐서 깨뜨린 뒤라야 항복을 받고, 싸워 이겨야만 승리를 얻게 되므로 초창이 어려운 줄로 아옵니다」 그러자 위징이 말했다.

「제왕이 처음 일어날 때는 반드시 먼저 있던 조정이 부패해 있고 천하가 혼란에 빠져 있기 때문에 백성들은 무도한 임금을 넘어뜨리고 새로운 천자를 기뻐 받들게 됩니다. 이것은 하늘이 주시고 백성들이 따르는 것이므로 어려울 것이 없습니다. 그러나 이미 천하를 얻고 나면 마음이 교만해지고 편해져서 정사에 게으른 나머지 백성은 조용하기를 원하는데, 부역이 쉴 사이 없고, 백성은 피폐할 대로 피폐되어 있는데, 나라에서는 사치를 위한 필요 없는 공사를 일으켜 세금을 거두고 부역을 시키고 합니다. 나라가 기울게 되는 것은 언제나 여기서부터 시작됩니다. 이로 미루어 볼 때 수성이 더 어려운 줄 압니다」

결국 창업이 쉽고 수성이 어렵다는 말은 위징의 입에서 나온 말이다.

두 사람의 이야기를 들은 태종이 이렇게 매듭을 지었다.

「현령은 짐(朕)과 함께 천하를 얻고, 구사일생(九死一生)으로 살아났다. 그래서 창업이 어렵다고 한 것이다. 또한 징은 짐과 더불어 천하를 편안하게 하여 교사(驕奢)는 부귀에서, 화란(禍亂)은 이완에서 오는 것이라는 것을 항상 두려워하고 있다. 그래서 수성이 어렵다고 한 것이다. 그러나 이제 창업의 어려움은 끝이 났다. 따라서 짐은 앞으로 여러 공(公)들과 함께 수성에 힘쓸까 한다」

당태종 이세민

태종의 말을 들은 신하들은 과연 태종다운 선택이라 생각하며 할 말을 잊었다. 태종은 자신의 말대로 당나라의 번성을 위한 기틀을 마련하였으며, 《정관정요》는 그의 정치 철학을 담은 것으로 제왕학(帝王學)의 명작으로 꼽힌다.

수성이 어려운 것이 어찌 나라뿐이겠는가. 크고 작은 단체들이 다 같은 원리에서 망하고 흥하고 하는 것이다.

창해일속 滄海一粟

찰 滄 바다 海 한 一 조 粟

소식(蘇軾) / 「적벽부」

소동파

「푸른 바다에 좁쌀 한 톨」이라는 뜻으로, 아주 작고 보잘것없음을 비유한 말이다. 소식(蘇軾, 호는 東坡)의 「적벽부」에서 처음 이 표현을 사용하였다. 소식은 북송(北宋)의 문인으로서, 당송팔대가의 한 사람이다.

「적벽부」를 사람들은 천하 명문(名文)의 하나로 꼽는다. 두 편으로 된 이 부는 소식이 황주(黃州)로 귀양 가 있을 때 지은 것으로, 인간의 세상사에 미련을 두지 않으려는 자신의 생활을 신선(神仙)에 빗대어 나타냈다.

한여름 어느 날, 소동파는 벗과 함께 적벽을 유람하였다. 때마침 날씨는 맑고 바람마저 잔잔하였다. 달빛은 일렁이는 물결에 부서졌다 모이고 하며, 적벽의 주변 풍광은 마치 선경(仙境)과도 같았다.

술잔을 주고받으며 시를 읊조리던 중 소동파는 문득 그 옛날 조조와 주유가 이곳에서 천하를 두고 건곤일척(乾坤一擲) 한판승부를 펼쳤던 적벽대전을 떠올렸다. 자신도 모르게 소동파는 이렇게 중얼거렸다.

달이 밝고 별은 드문데, 까막까치가 남쪽으로 날아간다는 것은 조맹덕(조조)의 시(詩)가 아닌가? 서로 하구(夏口)를 바라보고 동으로 무창(武昌)을 바라보니, 산천이 서로 엉겨 울창하다. 이는 조맹덕이 주랑(주유)에게 곤경에 처했던 곳이 아닌가. 그가 형주를 격파하고 강릉으로 내려와 물결을 따라 동으로 나아갈 때, 전함은 천 리에 뻗어 있고 깃발이 하늘을 가렸다. 술을 걸러 강에 임하고 창을 비껴들고 시를 읊노니,

실로 일세의 영웅이었는데
지금은 어디에 있는가?
하물며 그대와 나는 강가에서 고기 잡고 나무 하면서
물고기, 새우들과 짝하고, 고라니, 사슴들과 벗하고 있다.
작은 배를 타고 술바가지와 술동이를 들어 서로 권하니
우리 인생은 천지간에 하루살이처럼 짧고
우리의 몸은 푸른 바다에 한 톨 좁쌀과도 같구나.
정말 너무나 짧구나. 슬프도다! 우리 인생 잠깐인 것이.
어찌 장강(長江)처럼 다함이 없는가? 장강의 무궁함이 부럽구나.

固一世之雄也 而今安在哉 고일세지웅야 이금안재재
況吾與子 漁樵於江渚之上 황오여자 어초어강저지상
侶魚蝦而友麋鹿 여어하이우미록
駕一葉之扁舟 擧匏樽以相屬 가일엽지편주 거포준이상촉
寄蜉蝣與天地 渺滄海之一粟 기부유여천지 묘창해지일속
哀吾生之須臾 羨長江之無窮 애오생지수유 선장강지무궁

「창해일속」은, 무한한 우주 속에 미미한 존재일 수밖에 없는 인간에 대한 무상함이 깔려 있다.

채국동리하 彩菊東籬下

캘 彩 국화 菊 동녘 東 울타리 籬 아래 下

도연명(陶淵明) / 「음주(飮酒)」

채국동리하 시의도(詩意圖, 淸 화가 사산춘)

숨어 사는 은둔자의 고즈넉한 심경의 비유.

가난 속에 자연과 술을 즐기는 도연명의 유명한 시구(詩句)다. 「채국동리하 유연견남산(彩菊東籬下 悠然見南山)」이란 구절이다. 「동쪽 울타리 밑에 있는 국화꽃을 따면서 유연한 남산을 본다」는 말은 국화꽃을 안주로 남산의 아름다운 자연을 즐기며 혼자 술잔을 기울이겠다는 뜻이다. 이 말은 「음주(飮酒)」라는 제목을 붙인 연작 20수 가운데 있는 한 수 중에 나오는 글귀다.

집을 사람 사는 이웃에 지었는데
그래도 수레와 말의 시끄러움이 없다.
묻노니 그대는 어찌 능히 그러한가?
마음이 멀면 땅이 절로 구석지다.
국화를 동쪽 울타리 밑에 따며
유연히 남산을 바라본다.
산 기운이 해저녁이 좋아
나는 새들이 서로 함께 돌아온다.
이 가운데 참뜻이 있어

말하고 싶으나 이미 말을 잊었노라.

結廬在人境 而無事馬喧　결려재인경 이무사마훤
問君何能爾 心遠地自偏　문군하능이 심원지자편
彩菊東籬下 悠然見南山　채국동리하 유연견남산
山氣日夕佳 飛鳥相與還　산기일석가 비조상여환
此中有眞意 欲辯已忘言　차중유진의 욕변이망언

쉽게 풀어보면, 사람이 많이 사는 마을 가까이 초막을 짓고 사는 데도 관리들이 찾아오는 수레와 말의 시끄러운 소리가 들리지 않는다.

「어떻게 그럴 수가 있느냐」 고 내 스스로 물어보면,

「마음이 속된 세상을 멀리 떠나 있으면 어느 곳에 살든 자연 그곳이 조용한 구석진 땅이 되는 것이다」 라는 대답이 나온다.

안주 대신 술에 띄워 먹을 국화꽃을 동쪽 울타리 밑에서 따며 남쪽으로 바라보이는 여산(廬山)을 한가로운 마음으로 바라다보고 있다.

여산의 조용한 풍경은 해질 무렵이 더욱 좋아서 새들이 잇달아 잘 집으로 돌아오고 있다. 이런 자연 속에 참다운 진리가 있는 것을 깨닫고 뭐라고 말로 표현해 보려고 하지만 그때는 벌써 마땅한 말을 잊어버린 뒤다.

쌀 닷 말 봉급 때문에 허리를 꺾기가 싫어, 고을 원을 헌신짝 버리듯 던지고 돌아온 심경을 노래한 「귀거래사(歸去來辭)」 와 함께 사람들의 애송을 받고 있는 시의 한 구절이다. 대개 일 없이 한가롭게 지내는 것을 스스로 말할 때 이 말을 인용하곤 한다.

채대고축 債臺高築

빚 債 대 臺 높을 高 쌓을 築

《한서(漢書)》 제후왕표서(諸侯王表序)

「빚의 누대를 높이 쌓다」 라는 뜻으로, 빚더미 위에 올라앉음을 비유하는 말.

《한서(漢書)》 제후왕표서에 있는 이야기다.

주(周)나라는 서주(西周)와 동주(東周)로 구분하는데, 동주시대(東周時代)는 주나라의 권위가 쇠퇴하여 제후들이 각축한 전국시대(戰國時代)를 말한다.

주나라의 마지막 천자 난왕은 나약하고 무능하여 무늬만 천자였을 뿐 제후들이 그의 통치를 따르지 않았다. 당시 각 제후국들은 패권을 차기하기 위하여 끊임없이 다투고 있었다.

제후국들 가운데 진(秦)나라가 가장 강성하여 다른 나라를 침공하는 일이 잦았다. 이에 초(楚)나라 왕은 천자인 난왕에게 다른 제후국에 동원령을 내려 함께 진나라를 정벌할 것을 요청하였다. 천자의 자리를 위협받던 난왕은 이에 응하였으나 재정이 궁핍하여 부호들에게 경비를 빌려야만 하였다.

난왕은 진나라 공격에 나섰으나, 초나라와 연(燕)나라를 제외한 제후국들이 동조하지 않아서 결국 진나라 정벌 계획은 수포로 돌아갔다. 그러자 전쟁 경비를 빌려주었던 부호들이 궁궐로 몰려와 난왕에게 빚을 갚으라고 요구하였다. 이에 난왕은 빚쟁이들을 피하여 궁궐 안의 높은 누대에 숨어 지냈는데, 주나라 사람들이 그 누대를 도채대(逃債臺) 또는 피채대(避債臺)라고 불렀다.

채미가 采薇歌

캘 采 고비 薇 노래 歌

《사기》 백이열전(伯夷列傳)

고사리를 캐며 부르는 노래.

백이(伯夷)와 숙제(叔齊) 두 형제가, 불의로 천하를 얻은 무왕의 주(周)나라 곡식을 먹을 수 없다 하여, 수양산에 숨어 고사리를 캐먹다가 굶어 죽었다는 이야기는 너무도 유명하다. 《사기》 백이열전에서 사마천은 이렇게 쓰고 있다. 공자는 말하기를,

「백이와 숙제는 지나간 잘못을 생각에 두지 않았다(不念舊惡). 그래서 사람들이 그들을 원망하는 일이 적었다」 라고 하고, 또 말하기를, 「어진 것을 바라고 어진 일을 했으니(求仁得仁) 무슨 원망이 있었겠는가」 라고 했다. {☞ 불념구악}

그러나 나는 백이 숙제가 겪은 일들을 슬퍼하고 있으며, 기록에 없이 전해 오고 있는 그의 시를 읽어 보고 공자가 한 말에 의심을 품지 않을 수 없다. 그들의 전기에 보면 이렇게 말했다.

주 무왕

백이와 숙제는 고죽(孤竹) 임금의 두 아들이었다. 아버지는 숙제에게 나라를 물려주려 했다. 아버지가 죽자, 숙제는 형인 백이에게 뒤를 이으라고 했다. 백이는 아버지의 명령이라면서 피해 숨어 버렸다. 숙제도 임금 자리에 앉기가 달

수양산의 백이숙제

갑지 않아 피해 숨었다. 그래서 신하들은 가운데 아들로 임금을 세웠다.

그러자 백이와 숙제는 서백(西伯 : 뒷날의 文王)이 늙은이 대우를 잘한다는 말을 듣고 주나라로 갔다. 그런데 서백이 죽자, 그의 아들 무왕이 주(紂)를 쳤다. 두 형제는 무왕의 말고삐를 잡고 옳지 못하다는 것을 말했다. 좌우의 시신들이 그들을 죽이려고 했으나, 총대장인 태공(太公)이 「이들은 의로운 사람이다」 하고 붙들어 돌려보냈다.

무왕이 주를 무찌르자, 온 천하가 주나라를 종주국으로 떠받들었다. 백이와 숙제는 반역과 살육으로 천하를 차지한 무왕의 지배 아래 사는 것이 부끄러운 생각이 들었다. 그래서 도의상 주나라의 곡식을 먹을 수 없다 하고, 수양산에 숨어 고사리를 캐먹었다.

그들이 굶주려 죽을 무렵 노래를 지었는데, 그 가사에 말하기를,

저 서산에 올라
고사리를 캐도다.
모진 것으로 모진 것을 바꾸고도
그것이 잘못인 줄 모르도다.
신농의 소박함과 우·하 사람이
하루아침에 없어지고 말았으니

나는 어디로 돌아갈 거나?
아아, 슬프다. 이젠 가리라.
운명의 기박함이여.

登彼西山兮　采其薇矣　등피서산혜 채기미의
以暴易暴兮　不知其非矣　이포이포혜 불지기비의
神農虞夏　忽焉沒兮　신농우하 홀언몰혜
我安適歸矣　于嗟徂兮　아안적귀의 우차조혜
命之衰矣　명지쇠의

라고 했다. 그리고 마침내 수양산에서 굶어 죽었다. 이 시로 미루어 볼 때 과연 원망이 없었다고 볼 수 있겠는가. 혹은 또 말하기를,

「하늘은 항상 착한 사람의 편을 든다」고 한다.

그렇다면 백이 숙제는 과연 착한 사람일 수 있겠는가.

이상이 사마천의 백이 숙제에 대한 비평이다. 여기에는 사마천 자신의 세상에 대한 울분이 깃들어 있다.

성삼문

우리나라에선 또 이런 시화(詩話)가 전해지고 있다. 성삼문(成三問)이 중국에 갔던 길에 백이 숙제의 무덤 앞에 찬양의 비문이 새겨진 빗돌에다 다음과 같은 시를 지어 불렀다.

대의는 당당히 해와 달처럼 밝아
말을 잡던 당년에 감히 잘못을 말했다.
풀과 나무도 또한 주나라 비와 이슬을 먹고 자란다.
당신들이 여전히 수양산 고사리를
먹은 것을 나는 부끄러워한다.

大義堂堂日月明 叩馬當年敢言非　대의당당일월명 고마당년감언비
草木亦沾周雨露 愧君猶食首陽薇　초목역첨주우로 괴군유식수양미

고염무

그랬더니 빗돌에서 땀이 비 오듯 흘렀다는 것이다. 따지고 보면 곡식이나 고사리나 별 차이가 없는 물건이다. 형식에 불과한 공연한 좁은 생각이요, 위선이기도 하다. 그래서 백이 숙제의 영혼이 바로 죽지 못하고 고사리로 연명을 한 자신들의 소행이 너무도 안타까워 땀을 흘렸다는 이야기가 되었다. 사육신(死六臣)의 주동 인물인 성삼문이니만큼 가히 있음직한 이야기다.

그러나 청대(淸代)의 유명한 고증학자 고염무(顧炎武)의 고증에 의하면, 무왕이 주를 치러 갔을 때는 백이 숙제는 이미 죽고 세상에 없었다 한다. 결국 후세 사람들이 만들어 붙인 이야기에 불과하다고 주장했다.

척단촌장 尺短寸長

자 尺 짧을 短 마디 寸 길 長

《초사(楚辭)》 복거(卜居)

「자(尺)도 짧을 때가 있고, 치(寸)도 길 때가 있다」 라는 뜻으로, 사람이나 물건은 장점도 있고 단점도 있음을 비유하는 말이다.

이 말은 원래 초(楚)나라의 굴원(屈原)이 지은 《초사(楚辭)》 복거(卜居)에서 유래되었다.

굴원은 한때 왕의 총애를 받아 고위 관직에 오르기도 하였으나, 주위의 시기와 참언으로 관직을 박탈당하고 유배생활을 하였다. 그는 태복(太卜) 정첨윤(鄭詹尹)에게 답답한 심정을 토로하면서 끝까지 충정을 지키는 것이 좋은지, 아니면 뜻을 굽히는 것이 좋은지 점을 쳐 달라고 부탁하였다.

정첨윤은 이렇게 대답하여, 점을 쳐서 알 수 있는 일이 아니라고 일렀다.

「무릇 자도 짧을 때가 있고, 치도 길 때가 있으며, 물건도 부족할 때가 있고, 지혜도 밝지 못할 때가 있으며, 점복도 미치지 못하는 것이 있고, 신령함도 통하지 못하는 것이 있습니다(夫尺有所短 寸有所長 物有所不足 智有所不明 數有所不逮 神有所不通)」

《사기》 백기·왕전열전에서 사마천은 이렇게 말하고 있다.

「속담에 『자(尺)도 짧을 때가 있고 치(寸)도 길 때가 있다(尺短寸長)』 고 했다. 백기는 적의 힘을 헤아려 사변(事變)과 적응한 기계(奇計)를 짜내어 씀으로써 그 이름을 천하에 떨쳤다. 그러나 그것으로도 응후(應侯)와의 사이를 좋게 만들지는 못했다. 왕전은 진나라

굴원기념관 앞의 굴원 조상(彫像)

의 장군이 되어 여섯 나라를 평정했다. 당시 왕전은 진나라의 노련한 장수로서 시황제조차도 그를 스승으로 받들었다. 그러나 진시황을 보필하여 덕을 세우고 나라의 기틀을 튼튼하게는 할 수 없었고, 단지 구차스럽게 진시황의 뜻에 맞추어 그의 환심을 사가며 한 평생을 마치는 데 지나지 않았다. 그의 손자 왕이에 이르러 항우에게 잡힌 몸이 된 것도 이유가 없는 것은 아니었다. 그들에게는 각각 단점이 있었던 것이다」

1촌은 약 3.3센티미터이며, 1척은 10촌이므로 약 33센티미터다. 척은 촌에 비하면 10배나 길지만 실제의 용도에서는 오히려 짧아서 모자라는 경우도 있고, 촌은 척에 비하면 10분의 1에 불과하지만 실제의 용도에서는 충분히 사용하고도 길이가 남는 경우도 있다.

이와 마찬가지로 지혜로운 사람도 어떤 일에는 어리석은 사람보다 쓸모가 없고, 어리석은 사람도 어떤 일에는 지혜로운 사람보다 더 쓸모가 있는 경우도 있다는 뜻이다.

「척단촌장」은, 일의 종류나 상황의 변화에 따라 장단점이나 우열이 다르게 나타날 수 있음을 비유하는 말로 사용된다.

척지금성 擲地金聲

던질 擲 땅 地 쇠 金 소리 聲

《진서(晉書)》 손작(孫綽)전

「땅에 던지면 쇠로 만든 악기 소리가 난다」 라는 뜻으로, 아름다운 문장을 비유하는 말이다.

「금(金)」 은 종경(鐘磬 : 쇠북과 경쇠)류의 악기를 가리킨다.

남북조시대 진(晉)나라의 시인 손작(孫綽)은 어려서부터 글 솜씨가 뛰어나 명성이 높았다. 그는 일찍이 회계(會稽)에 10년 간 머물러 있으면서 명산대천(名山大川)을 돌아보고 시를 짓곤 하였는데, 이때 지은 「천대산부(天臺山賦)」 가 그의 대표작이다.

한번은 「천대산부」 를 친구인 범영기(范榮期)에게 읽어보라고 주면서 말했다.

「시험 삼아 땅에다 던져 보게나, 금석의 소리가 날걸세(卿試擲地要作金石聲)」

범영기가 말했다.

「그대가 말한 금석 소리는 악기에서 나는 소리는 아닐 테지」

그러나 범영기가 손작의 작품을 읽어보니 구절마다 아름다운 표현인지라 감탄을 금치 못하며 말했다.

「아, 그래. 글을 지으려면 이렇게 지어야 해!」

「척지금성」 은 땅에 던지면 음악소리가 날 정도로 아름답게 써진 글을 비유하는 성어로 사용된다.

「척지부성(擲地賦聲)」 이라고도 한다.

척포두속 尺布斗粟

자 尺 베 布 말 斗 조 粟

《사기》 회남형산(淮南衡山)열전

한 자의 베와 한 말의 좁쌀이라는 뜻으로, 형제간의 알력(軋轢)을 비유한 말.

한고조 유방

한고조 유방(劉邦)은 나라를 세운 후 각 지역을 여러 개의 제후국으로 나누었다. 회남(淮南)의 여왕(厲王) 유장(劉長)은 한고조의 막내아들이다. 그의 어머니는 본래 조왕 장오(張敖)의 미인(美人 : 비빈의 칭호)이었는데, 고조 8년에 고조가 동원(東垣)으로부터 돌아오는 길에 조나라를 지나치게 되자, 조왕은 이 미인을 고조에게 바쳤다.

여왕(厲王)의 어머니는 고조의 총애를 받아 임신을 하게 되었다. 고조가 떠나간 뒤 조왕 장오는 그녀를 감히 궁궐 안에 둘 수 없어 따로 밖에 궁을 지어 그곳에서 머물도록 했다.

관고(貫高) 등이 반란을 일으켜 박인(柏人)에서 고조를 죽이려 했던 일이 발각되었는데, 조나라 왕도 이 일에 연루되어 왕의 어머니·형제·미인 들은 모조리 붙잡혀 하내(河內)에 갇혔다. 여왕의 어머니 역시 옥에 갇혔는데, 옥리에게 이렇게 말했다.

「황제의 총애를 받아 홀몸이 아니시다」

한문제

옥리는 그 사실을 황제에게 보고하였으나, 황제는 마침 조나라 왕에게 몹시 화가 나 있던 터라 여왕 어머니의 일을 처리하지 않았다. 그래서 여왕 어머니의 동생인 조겸(趙兼)이 벽양후(辟陽侯 : 심이기)를 통해 여후에게 이 사실을 알렸지만, 여후는 질투심 때문에 고조에게 말하려 하지 않았고, 벽양후 역시 애써 변론하지 않았다. 여왕의 어머니는 이미 여왕을 낳고는 원통하여 스스로 목숨을 끊고 말았다. 옥리가 어린 여왕을 받들고 가서 고조에게 바치니, 고조는 후회하고 여후로 하여금 여왕을 양육하게 하였다.

회남왕 경포(黥布)가 반란을 일으키자, 고조는 아들 유장을 회남왕으로 삼아 경포의 옛 땅을 다스리게 했는데, 모두 네 개 군이었다. 고조가 몸소 군사를 이끌고 가서 경포를 무찔렀고 마침내 여왕이 즉위했다. 여왕은 일찍이 어머니를 여의고 늘 여태후(呂太后)를 의지하였다. 이런 이유로 혜제(惠帝)와 여후의 시대에는 총애를 받아 해를 입을까 걱정하는 일이 없었다.

유방이 죽고 태자 유항(劉恒)이 즉위하였으니, 곧 한 문제(文帝)이다. 이때 유장은 이미 자신의 회남 땅에 돌아가 있었는데, 그는 그곳에서 이복형이 황제라는 것을 믿고 마음대로 행동하며, 마치 황제처럼 의례(儀禮)를 갖추곤 하였다. 뿐만 아니라 황제를 알현하러 와서는 군신의 예의를 무시한 채 황제를 직접 「형님」이라 불렀으며, 사냥을 나갈 때에는 고집을 부려가면서 황제의 수레에 함께 탔다.

문제는 회남왕의 행동을 몹시 불만스럽게 여기고 그에게 여러 차례 주의를 주었지만, 회남왕은 조금도 고치지 않았다. 문제는 더 이상 참을 수가 없어서 그에게 사죄하는 글을 올리라고 하였다. 그러나 회남왕은 잘못을 고치기는커녕 오히려 반란을 일으키려고 하였다.

회남왕의 모반계획을 미리 알아차린 문제는 회남왕 유장을 체포하여 귀양을 보냈다. 그러나 유장은 귀양을 가던 도중에 스스로 음식을 먹지 않아 죽었다.

얼마 후, 백성들 사이에서 이러한 노래가 퍼지기 시작하였다.

한 자의 베도 꿰매어 나누어 입을 수 있고
한 말의 곡식도 찧어 나눌 수가 있는데
형과 아우 두 사람은 서로 용납지 못하는구나

一尺布尙可縫　　일척포상가봉
一斗粟尙可沃　　일두속상가옥
兄弟二人不能相容　형제이인불능상용

문제는 노래를 듣고 탄식하여 말했다.

「요순은 골육을 내쫓았고, 주공은 관숙과 채숙을 죽였는데도 천하 사람들은 그들을 성인이라 부른다. 무엇 때문인가? 사사로운 정을 가지고 공사(公事)를 해치지 않았기 때문이다. 어찌하여 천하는 짐이 회남왕의 땅을 탐냈다고 하는가?」

척확지굴이구신야: 蚇蠖之屈以求信也

자 蚇 자벌레 蠖 의 之 굽을 屈 써 以 구할 求 펼 信 어조사 也

《주역(周易)》 계사(繫辭)

훗날의 성공을 위하여 지금의 굴욕이나 어려움을 참는다.

「자벌레가 몸을 구부리는 것은 다시 펴기 위해서이다」라는 뜻으로, 자벌레가 앞으로 나아가기 위하여 몸을 구부리듯이, 미래의 발전이나 성공을 위하여 현재의 굴욕이나 어려움은 능히 참아내야 함을 것을 비유하는 말이다.

자벌레는 자벌레나방의 애벌레로, 꽁무니를 머리 쪽으로 끌어당겨 움츠렸다가 몸을 길게 늘이는 동작을 반복하여 앞으로 나아간다. 여기서 「신(信)」은 편다는 뜻의 「신(伸)」과 통한다.

《주역(周易)》은 주(周)나라 시대의 역(易)이다. 고대의 귀갑(龜甲)이나 수골(獸骨)에 의한 점(占)은 그것들을 불에 구웠을 때 생긴 금(線)을 판단의 재료로 하여 길흉을 점치는 일변 서죽을 써서 길흉을 점치는 방법이 주대에는 행해졌다. 이러한 점(占)의 말이나 점법의 정신을 해설한 것이 《역경(易經)》이다.

《주역》 계사(繫辭) 하편에 있는 말이다.

「자벌레가 몸을 구부리는 것은 다시 펴기 위함이요, 용과 뱀이 겨울에 칩거하는 것은 봄을 위하여 그 몸을 보존하는 것이다. 사물의 이치를 치밀하게 생각하여 신묘한 경지에 들어서는 것은 세상에 널리 쓰기 위함이요, 쓰는 것을 이롭게 하여 몸을 편안하게 하는 것은 덕을 숭상하기 위함이다(尺蠖之屈 以求信也 龍蛇之蟄 以存身也 精義入神 以致用也 利用安身 以崇德也)」

천고마비 天高馬肥

하늘 天 높을 高 말 馬 살찔 肥

두심언(杜審言)의 시(詩)

「천고마비」는 가을을 상징하는 글귀다. 가을은 하늘이 맑아 높아져 보이고, 날씨가 맑고 시원해서 말이 살찌는 시기이기 때문이다. 원래는 「추고마비(秋高馬肥)」이던 것이 천고마비로 변했다. 가을이 높다는 말은 가을 하늘이 높다는 뜻이기 때문이다.

이 말은 당나라 시인 두보의 할아버지인 두심언이 참군(參軍)으로 북쪽 변방에 가 있는 친구 소미도(蘇味道)에게 보낸 시 가운데 나오는 글귀다.

구름은 맑고 요성도 사라져
가을은 높고 요새의 말도 살찐다.
안장을 기대면 영웅의 칼이 움직이고
붓을 휘두르면 깃 꽂은 글이 난다.
雲淨妖星落 秋高塞馬肥 운정요성락 추고새마비
據鞍雄劍動 搖筆羽書飛 거안웅검동 요필우서비

구름이 맑다는 것은 정세가 조용해졌다는 뜻이다. 요성(妖星)은 전란이 있을 때면 나타난다는 혜성(慧星)을 말한다.

그 별이 사라졌다는 것은 이제 변방이 조용해질 것이란 뜻이다. 깃을 꽂은 글, 즉 우서(羽書)는 전쟁의 승리를 알리거나 격문을 보낼 때 빨리 날아가라는 뜻으로 닭의 깃을 꽂아 보낸 데서 생긴 말이다. 이 시는 소미도가 어서 개선해 돌아오기를 염원하는 뜻을 담은 시다.

천금매소 千金買笑

일천 千 금 金 살 買 웃음 笑

《동주열국지(東周列國志)》

천금을 주고 웃음을 산다는 뜻으로, 쓸데없는 곳에 돈을 낭비함을 비유하는 말이다. 《동주열국지》에 있는 이야기다.

못된 임금의 대명사 가운데 걸·주·유·여(桀紂幽厲)란 말이 있다. 걸은 하나라를 망친 마지막 임금, 주는 은나라를 망친 마지막 임금, 그리고 유는 서주(西周)의 마지막 임금 유왕(幽王)으로 견융(犬戎)으로 불리는 오랑캐의 칼에 맞아 죽었고, 여는 유왕의 할아버지인 여왕(厲王)으로 백성들의 폭동에 밀려나 연금생활로 일생을 마친 임금이다. 「천금매소」란 말은 유왕의 고사에서 비롯된 말이다. 이 말에 관계되는 부분만을 간단히 소개하면 다음과 같다.

유왕은 요희인 포사(褒姒)에게 빠져, 왕후 신씨와 태자 의구(宜臼)를 폐한 다음, 포사를 왕후로 세우고 그녀가 낳은 백복(伯服)을 태자로 세웠다. 그런데 돈에 팔려 남의 속죄의 대가로 궁중에 들어오게 된 그녀가, 불과 몇 해 사이에 여자로서 더 바랄 것이 없는 영광된 위치에 오르게 되었건만 그녀는 일찍이 한 번도 입술을 열어 웃는 일이 없었다.

유왕은 그녀의 환심을 사기 위해 악공을 불러 음악을 들려주고 궁녀들을 시켜 춤을 추어 보였으나 전혀 기뻐하는 기색이 없었다. 유왕이 하도 답답해서, 「그대는 노래도 춤도 싫어하니 도대체 좋아하는 것이 무엇인가?」 하고 묻자 그녀는, 「첩은 좋아하는 것이 없습니다. 언젠가 손으로 비단을 찢은 일이 있는데 그 소리가 듣기에 매우 좋았사옵니다」 하는 것이었다.

「그럼 왜 진작 말하지 않고」

유왕은 즉시 창고를 맡은 소임에게 매일 비단 백 필씩을 들여보내게 하고, 궁녀 중 팔 힘이 센 여자를 시켜 비단을 포사의 옆에서 번갈아 찢게 했다. 그러나 포사는 그저 좋아할 뿐 여전히 웃는 모습을 보이지 않았다.

포사 조상(彫像)

「그대는 어째서 웃지 않는가?」

왕이 이렇게 묻자, 그녀는 또, 「첩은 평생 웃어 본 적이 없습니다」 하고 대답했다. 그러자 유왕은, 「그래, 내 기어이 그대가 입을 열어 웃는 모습을 보고 말리라」 하고 즉시 영을 내렸다.

「궁 안과 궁 밖을 묻지 않고, 왕후로 하여금 한번 웃게 하는 사람은 천금의 상을 내리리라」

그러자 지금껏 안팎으로 포사와 손발이 척척 맞아온 괵석보(虢石父)가 웃게 할 수 있는 방법을 제의했다.

그것은 봉화를 올려 기내(畿內)에 있는 제후들로 하여금 군대를 동원해 밤을 새워 달려오게 한 다음, 적이 침입해 온 일이 없는 것을 알고 어이없어 뿔뿔이 흩어져 돌아가는 것을 보면 웃지 않을 수 없을 것이라는 것이었다. 그 신하에 그 임금이라, 유왕은 많은 지각 있는 신하들의 간하는 말도 듣지 않고 괵석보의 생각대로 포사와 함께 여산(驪山) 별궁으로 가 놀며 저녁에 봉화를 올렸다.

가까운 제후들은 예정된 약속대로 도성에 도적이 침입해 온 줄 알고, 저마다 군대를 거느리고 밤을 새워 즉시 여산으로 달려왔다.

여산 별궁에서 음악이 울리고 술을 마시며 포사와 함께 즐기고 있던 유왕은 사람을 보내 제후들에게 이렇게 말을 전했다.

「다행히 밖의 도둑은 없으니 멀리서 수고할 것까진 없는 걸 그랬소」

제후들은 어이가 없어 서로 얼굴만 바라보다가 깃발을 둘둘 말아 수레에 싣고 부랴부랴 돌아갔다. 봉화 불에 속아 하릴없이 달려왔다가 허탕을 치고 돌아가는 제후들의 뒷모습을 누각 위에서 바라보던 포사는 저도 모르게 손바닥을 치며 깔깔대고 웃었다.

그녀의 그런 웃는 모습을 바라보던 유왕은,

「사랑하는 그대가 한번 웃으니 백 가지 아름다움이 솟아나는구려. 이 모두가 괵석보의 공이다」 하고 그에게 약속대로 천금 상을 내렸다.

《동주열국지》에는 이렇게 이야기를 마치고 나서, 「지금까지 속담으로 전해 내려오는 『천금으로 웃음을 산다』는 말은 대개 여기에서 나온 것이다」 라고 덧붙이고 있다.

그 뒤 얼마 안 가서, 폐비 신씨의 친정아버지 신후(申侯)가 끌어들인 견융주(犬戎主)의 칼에 유왕이 개죽음을 당한 것은, 여산에 아무리 봉화를 올려보았자 또다시 속는 줄 알고 제후들이 달려오지 않은 때문이었다. 이솝 이야기에 나오는 양치기 소년과 같은 짓을 명색이 천자와 대신이란 사람들이 하고 있었으니, 그의 지배 밑에 사는 백성들이 어찌 되었겠는가.

천금지자불사어시 千金之子不死於市

일천 千 돈 金 의 之 아들 子 아니 不 죽을 死 어조사 於 저자 市

《사기》 월세가(越世家)

돈만 있으면 죽을 목숨도 건진다.

천금을 가진 사람의 아들은 죽을죄를 지어도 시장바닥에 끌려 나가 사형을 당하지 않는다는 말이다. 돈의 위력을 말한 속담이다.

요즈음 우리 사회에서 흔히 듣는 말 가운데 「유전무죄 무전유죄(有錢無罪 無錢有罪)」란 자조적인 말이 있다. 돈만 있으면 있는 죄도 면할 수 있고, 돈이 없으면 없는 죄도 뒤집어쓴다는 말이다.

「돈만 있으면 귀신도 부린다(有錢使鬼神)」고 한 위진(魏晋) 시대의 유행어도 이와 같은 뜻이다.

이 속담은 일찍부터 있었던 모양으로 《사기》 월세가의 범려(范蠡)의 이야기에도 이 말이 나온다. 범려에 대한 이야기는 다른 곳에서 여러 번 언급된 일이 있으므로 여기서는 이 말에 관한 이야기만을 하기로 한다.

범려가 도주공(陶朱公)이란 이름으로 억만장자가 된 뒤의 이야기다. 범려가 도(陶)란 곳으로 와서 늦게 작은아들을 보았는데, 그 아들이 장성했을 때 범려의 둘째아들이 사람을 죽이고 초나라에 갇혀 있었다. 범려는 소식을 듣자,

「사람을 죽였으면 죽는 것이 당연한 일이다. 그러나 내가 들으니 『천금을 가진 집안의 자식은 시장바닥에서 죽지 않는다』고 했다」 하니, 어디 돈으로 한번 해결해 보자 하고 작은아들을 시켜 가 보라고 했다.

범려가 순금 천 일(溢)을 한 자루 속에 숨겨 소가 끄는 수레에 실어 작은아들을 떠나보내려고 하는데, 큰아들이 제가 가겠다고 야단이었다.

범려와 서시

범려가 듣지 않자,

「집에 큰 자식이 있는데도 굳이 어린 동생을 보내시려 하니, 이것은 저를 못난 놈으로 생각하시기 때문입니다. 아버지에게 못난 자식 취급을 받을 바엔 차라리 죽고 말겠습니다」 하고 설쳐댔다.

그러자 범려의 부인이 보다 못해,

「여보 영감, 지금 작은 자식을 보낸다고 해서 둘째 녀석이 꼭 살아오는 것이 아니잖습니까. 죽을 자식 살리기 전에 산 자식 먼저 죽이게 생겼으니 이를 어쩌면 좋습니까」 하고 사정을 했다.

범려는 하는 수 없이 큰아들을 보내기로 하고 그에게 밀봉한 편지 한 통을 주며,

「이것은 나와 아주 친한 장(莊)선생에게 보내는 편지다. 초나라에 도착하는 즉시 편지와 함께 천금을 장선생께 드리고 그 분이 시키는 대로 해라. 절대로 네 의견을 말해서는 안된다」 하고 타일렀다.

큰아들이 초나라에 가서 장생(莊生)의 집을 찾아가니 가난하기가 이루 말할 수가 없었다. 그러나 아버지 분부대로 편지와 돈 천금을 주었다. 편지를 본 장생은,

「알았네. 급히 집으로 돌아가게. 절대로 머물러 있어서는 안되네. 동생이 곧 나오게 될 걸세. 어떻게 나오게 되는지 까닭은 묻지 말게」 하고 타일렀다. 그러나 큰아들은 여관에 묵으면서 자기 나름대로 세도 쓰는 귀인을 찾아 교제를 하곤 했다.

범 려

장생은 비록 가난하나 청렴한 학자로서 초왕 이하 모든 대신들이 스승처럼 존경하고 있었다. 범려가 준 돈 천금은 받을 의도가 아니고, 일이 끝나면 도로 돌려보내 줄 작정이었다. 처음부터 받지 않으면 친구의 부탁을 거절하는 뜻이 되기 때문이다.

장생은 한가한 틈을 타서 초왕을 뵙고 이렇게 천연스럽게 말했다.

「이러이러한 별이 지금 이러이러한 곳에 나타나 있으니, 이것은 초나라에 불길한 징조입니다」

초왕은 장생을 믿는 터라, 어떻게 하면 그것을 미리 막을 수 있겠느냐고 물었다.

「오직 착한 덕만이 이를 없앨 수 있습니다」

「알겠소. 내 곧 전국에 대사령을 내리겠소」 하고 왕은 곧 각 창고의 문을 봉하고 물자의 출납을 일체 금지시켰다.

범려 큰아들의 교제를 받은 귀인이 이 소식을 듣자 즉시 그에게 머지않아 특사가 있을 거라고 전했다. 그러자 까닭을 알지 못하는 범려의 큰아들은 공연히 천금을 장생에게 던져 준 것이 속이 쓰려

견딜 수가 없었다. 그는 생각다 못해 다시 장생을 찾아갔다. 장생은 깜짝 놀라며 어째서 아직 가지 않았느냐고 물었다.

「아우 일로 왔는데, 아우가 절로 풀려났으니 인사나 하고 가려고 왔습니다」

장생은 내심 그가 주고 간 천금을 다시 찾으려 온 것임을 알아차리고, 「방에 자네가 가져온 돈이 그대로 있으니, 들어가 가지고 가게」 하고 말했다. 아들은 서슴지 않고 방으로 들어가 돈을 들고 나오며 속으로 좋아 어쩔 줄을 몰랐다. 철없는 놈에게 팔린 꼴이 된 것이 장생은 괘씸했다. 그는 다시 초왕을 만났다.

「그런데 도중에 들리는 소리가, 이번 특사는 대왕께서 백성들을 불쌍히 생각해서가 아니라 도주공의 아들이 사람을 죽이고 갇혀 있어 왕의 좌우에게 뇌물을 바친 때문에 내려진 특사라고들 하옵니다」

이 말을 들은 초왕은 노한 끝에 먼저 도주공의 아들을 처형시킨 뒤 이튿날 대사령을 내렸다. 큰아들은 죽은 아우의 시체를 싣고 집으로 돌아왔다. 그 어머니와 고을 사람들이 다 슬퍼했다. 그러나 범려만은 혼자 쓴웃음을 지으며 이렇게 말했다.

「보낼 때부터 제 아우를 기어코 죽여서 돌아올 줄 알았다. 제 아우를 사랑하지 않아서가 아니다. 놈은 이 아비와 함께 돈 벌기가 얼마나 어려운지를 체험해 왔기 때문에 천금을 차마 버리고 올 수 없었던 것이다. 내가 작은 자식을 보내려 했던 것은 놈이 돈 아까운 줄을 모르고 자라났기 때문이다. 나는 매일같이 시신이 돌아오기만을 기다리고 있었다. 죽게 되어 죽은 자식을 슬퍼할 것이 무엇 있겠는가?」

자수성가한 사람들은 깊이 한 번씩 생각해 볼 이야기다.

천도시비 天道是非

하늘 天 길 道 옳을 是 아닐 非

《사기》 백이숙제(伯夷叔齊) 열전

하늘이 가진 공명정대함을, 한편으로 의심하면서 한편으로 확신하는 심정 사이의 갈등.

하늘의 뜻이 과연 옳은지, 그른지? 이는 곧 옳은 사람이 고난을 겪고, 그른 자가 벌을 받지 않는 것을 보면서 과연 하늘의 뜻이 옳은가, 그른가 하고 의심해 보는 말이다.

《노자》 제70장에, 「하늘의 도는 친함이 없어서 항상 선한 사람의 편을 든다(天道無親 常與善人)」는 말이 있다. 이 말은 아무리 악당과 악행이 판을 치는 세상이라 해도 진정한 승리는 하늘이 항상 선한 사람의 손을 들어 준다는 뜻이다. 물론 이것은 일정 정도 정당한 논리이지만, 현실 속에서는 그렇지 못한 것을 우리는 비일비재하게 보아 왔다.

《사기》를 쓴 사마천은 한나라 무제 때 인물이다. 그는 태사령으로 있던 당시 장수 이능(李陵)을 홀로 변호했다가 화를 입어 궁형(宮刑 : 거세당하는 형벌)에 처해졌다. 「이능의 화(禍)」라고 하는데, 전말은 이렇다.

이능은 용감한 장군으로, 5천 명의 병력을 이끌고 흉노족을 정벌하다가 중과부적(衆寡不敵)으로 부대는 전멸하고 자신은 포로가 되었다. 그러자 조정의 중신들은 황제를 위시해서 너나없이 이능을 배반자라며 비난했다. 그때 사마천은 이능의 억울함을 알고 분연히 일어나 그를 변호하였다. 이 일로 해서 사마천은 투옥되고 사내로서는 가장 치욕적인 형벌인 궁형을 당했던 것이다. 그러나 사마천은 여기에 좌절하지 않고 치욕을 씹어가며 스스로 올바른 역사서를 쓰리라고 결심하였다. 그리하여 마침내 완성한 130권에 달하는 방대한 역사서가 《사기》이다.

그는 《사기》 속에서, 옳은 일을 주장하다가 억울하게 형을 받게 된 자신의 울분을 호소해 놓았는데, 이것이 바로 백이숙제열전에 보이는 유명한 명제 곧 「천도는 과연 옳은가, 그른가(天道是耶非耶)」이다. 그는 이렇게 말한다.

「흔히 『하늘은 정실(情實)이 없으며 착한 사람의 편이다』라고 말한다. 그러나 이는 인간이 부질없이 하늘에 기대를 거는 이야기에 지나지 않는다. 이 말대로 진정 하늘이 착한 사람의 편이라면 이 세상에서 선인은 항상 영화를 누려야 할 것이다. 그러나 실상은 그렇지가 않으니 어쩐 일인가?」 이렇게 말한 그는 다음과 같은 예를 들었다.

흉노 땅에서 이능과 소무의 이별(明 화가 진홍수)

「백이 숙제가 어질며 곧은 행실을 했던 인물임은 세상이 다 아

사마천 묘소

는 일이다. 그런데 그들은 수양산에 들어가 먹을 것이 없어 끝내는 굶어죽고 말았다. 공자의 70제자 중에서 공자가 가장 아꼈던 안연(顔淵)은 항상 가난에 쪼들려 쌀겨조차 배불리 먹지 못하다가 결국 젊은 나이에 죽고 말았다. 이런데도 하늘이 선인의 편이었다고 할 수 있는가. 한편 도척은 무고한 백성을 죽이고 온갖 잔인한 짓을 저질렀건만, 풍족하게 살면서 장수하고 편안하게 죽었다. 그가 무슨 덕을 쌓았기에 이런 복을 누린 것인가」

이렇게 역사 속에서 억울하게 죽어간 사람들의 이야기를 하고 나서 사마천은 그 처절한 마지막 질문을 던진다.

「과연 천도(天道)는 시(是)인가, 비(非)인가?」

과연 인과응보(因果應報)란 있는 것인가? 사마천이 궁형을 당한 덕택에 결국 《사기》라는 대 저술을 남기게 됨으로써 역사에 이름을 남기게 되었으니, 그것이 하늘이 그에게 보답을 한 것이라고 말할 수 있을까?

천려일실 千慮一失

일천 千 생각할 慮 한 一 잘못할 失

《사기》 회음후열전(淮陰侯列傳)

「천려일실」은 천 번 생각에 한 번 실수란 말인데, 「지자천려 필유일실(知者千慮 必有一失)」이 약해진 말이다. 즉 아무리 지혜가 있는 사람이라도 여러 가지 생각을 하다 보면 한두 가지 미처 생각지 못하는 점이 있다는 말이다. 「원숭이도 나무에서 떨어질 때가 있다」는 우리 속담과 비슷한 뜻이다.

이것과 반대되는 말에 「천려일득(千慮一得)」이 있다. 여러 번 생각을 하다 보면 한 번쯤 맞는 수도 있다. 이 말 역시 「우자천려 필유일득(愚者千慮 必有一得)」이란 말이 약해져서 된 말이다. 즉 아무리 어리석은 사람도 이 생각 저 생각 하다 보면 한두 번쯤 맞는 수가 있다는 이야기다.

《사기》 회음후열전에 나오는 말이다. 회음후 한신이 조나라를 치게 되었을 때, 광무군 이좌거(李左車)는 성안군(城安君)에게 3만의 군대를 자기에게 주어 한신이 오게 될 좁은 길목을 끊게 해달라고 요구했다. 그러나 성안군은 이좌거의 말을 듣지 않고, 한신의 군대가 다 지나오기만을 기다리고 있다가 패해 죽고 말았다.

이좌거의 말대로 했으면 한신은 감히 조나라를 칠 엄두조차 낼 수 없었다. 한신은 간첩을 보내 이좌거의 계획이 뜻대로 이뤄지지 않은 것을 알고 비로소 군대를 전진시켰던 것이다.

한신은 조나라를 쳐서 이기자 장병에게 영을 내려 광무군 이좌거를 죽이지 말 것과, 그를 산 채로 잡아오는 사람에게 천금 상을 줄

한신의 배장대(拜將臺)

것을 약속했다.

이리하여 이좌거가 포박을 당해 한신 앞에 나타나자, 한신은 손수 그를 풀어 상좌에 앉히고 스승으로 받들었다. 그리고 그가 사양하는 것도 불구하고, 굳이 앞으로 어떻게 하면 좋겠는가를 물었다. 그러자 그는,

「나는 들으니 지혜로운 사람이 천 번 생각하면 반드시 한 번 잃는 일이 있고, 어리석은 사람이 천 번 생각하면 반드시 한 번 얻는 것이 있다고 했습니다(智者 千慮必有一失 愚者千慮必有一得). 그러기에 말하기를, 미친 사람의 말도 성인이 택한다고 했습니다. 생각에 내 꾀가 반드시 쓸 수 있는 것이 못되겠지만, 다만 어리석은 충성을 다할 뿐입니다」 하고 한신으로 하여금 연나라와 제나라를 칠 생각을 말고 장병들을 쉬게 하라고 권했다.

결국 한신은 이 이좌거의 도움으로 크게 성공을 하게 된다.

「천려일실」 은 너무 안다고 자신하지 말라는 교훈도 되고, 또 실수에 대한 변명이나 위로의 말로 쓰이기도 한다.

「우자천려필유일득(愚者千慮必有一得)」 에서 「어리석은 사람의 천 가지 생각 중에도 한 가지 얻을 것이 있다」 라는 뜻으로, 「천려일득(千慮一得)」 이라는 성어도 생겨났다.

천리송아모 千里送鵝毛

일천 千 마을 里 보낼 送 거위 鵝 터럭 毛

《노사(路史)》

「천릿길에 백조의 털을 보낸다」 라는 뜻으로, 선물은 보잘것없지만 두터운 정성을 담고 있음을 비유하는 말이다.

명(明)나라 때 서위(徐渭, 1521~1593)가 지은 《노사》에 있는 이야기다.

당(唐)나라 태종(太宗) 때 대리국(大理國 : 937년에 단사평이 지금의 운남성 지방에 세운 나라)에서 면백고(緬伯高)라는 사신을 파견하여 백조를 조공으로 바치려고 하였다.

당 태종

면백고는 면양호(沔陽湖)를 지나는 길에 더러워진 백조를 씻기다가 그만 백조를 놓치고 말았다. 백조는 깃털 한 올만 남긴 채 날아가 버렸다. 면백고는 장안(長安)에 도착해서 당 태종을 알현하고 백조의 깃털 한 올을 바치면서 시를 지어 올렸다.

백조를 바치려 당나라로 오는 길에
산은 높고 길 또한 멀고도 머네.

면양호에서 그만 백조를 놓쳐버리고
땅바닥에 엎드려 울고 또 울었네.
비노니 황제시여,
면백고를 용서해 주소서.
예는 가볍고 사람의 뜻은 무겁나니,
천릿길에 백조의 깃털을 보내나이다.

將鵝送唐朝 山高路遠遙 장아송당조 산고로원요
沔陽湖失去 倒地哭號號 면양호실거 도지곡호호
上覆唐天子 可饒緬伯高 상복당천자 가요면백고
禮輕人意重 千里送鵝毛 예경인의중 천리송아모

천리송아모

시를 읽고 난 태종은 오히려 면백고를 위로하면서 기꺼이 백조 깃털 한 올을 받았다.

백조의 깃털처럼 보잘것없는 선물이지만 두터운 정성이 담겨 있음을 비유하는 성어로 사용된다. 선물을 주면서 겸손을 표하는 뜻으로 사용되기도 한다.

천리안 千里眼

일천 千 이수 里 눈 眼

《위서(魏書)》 양일전(楊逸傳)

먼 데서 일어난 일을 직각적으로 감지하는 능력.

「천리안」은 불교에서 말하는 「안통(眼通)」으로, 가만히 앉아서 천리 밖을 내다볼 수 있다는 데서 나온 말이다.

《위서》 양일전에 있는 말이다.

남북조 시대의 북위 장제(莊帝) 때, 광주(光州) 자사로 부임해 온 양일(楊逸)은 당시 겨우 나이 스물아홉이었고, 또 명문 출신의 귀공자였지만, 조금도 교만한 데가 없고 백성들을 위해 그야말로 침식을 잊는 정도였다. 군대가 전쟁에 나갈 때면 아무리 비바람이 불고 눈보라가 치는 속이라도 꼭꼭 몸소 나와 그들을 위로하고 격려하여 보내 주었다. 그런 다정한 성격을 지닌 그는, 또 한편 법을 엄정하게 지켜, 범법자는 지위와 귀천을 묻지 않고 이를 용서 없이 시행했기 때문에 죄를 범하는 사람이 없었다.

그가 있는 동안 흉년이 계속되어 굶어 죽는 사람이 많이 생겼다. 그는 구제할 방법이 없는지라, 나라의 승낙 없이는 열지 못하는 창고를 열어 백성에게 나눠 줄 생각을 했다. 책임자가 문책을 겁내 이를 반대하자, 「나라의 근본은 사람이다. 사람은 먹지 않고는 살지 못한다. 백성들이 굶주리고 있는데 임금만이 배불리 먹을 수 있겠는가. 만일 이것이 잘못된 일이라면 내가 죄를 달게 받겠다」 하고 독단으로 창고를 헐어 죽을 끓여 굶주린 백성들에게 나눠주고, 그 사실을 나라에 보고했다.

조정에서는 물론 죄를 물어야 한다고 주장하는 신하들도 있었다. 그러나 장제는 그 같은 용단으로 인해 수만의 굶주린 백성이 목숨을 건질 수 있었다는 말을 듣고 오히려 그런 긴급 조처를 가상한 일이라고 칭찬까지 했다 한다.

양일이 부임한 이래 광주 사람들이 이상하게 생각한 일이 있었다. 전에는 위의 관리나 군인이 오면 반드시 연회가 따라다녔고, 심지어는 뇌물까지 강요당했던 것이다. 그런데 그것이 모두 없어지고, 뿐만 아니라 이번에는 도시락을 싸들고 오는 것이었다. 잘 보이려고 「이런 곳이면 상관없겠지」 하고 음침한 방에서 음식을 대접하려 해도 절대로 응하지 않는 것이었다. 모두들 그 까닭을 물어 보았다. 그러자 한결같이 입을 모아 이렇게 대답했다.

「양장관은 천리를 내다보는 눈을 가지고 계시다. 도저히 속일 수가 없다」

양일은 백성을 가장 중히 생각했다. 그래서 부하 관리들의 행패를 어떻게든 막아보려고 애를 썼다. 그래서 그는 주내에 널리 부하들을 배치하여 관리나 군인의 움직임을 낱낱이 보고 시키고 있었던 것이다. 그들이 꼼짝 못하고 떨었던 것은 그 때문이었다.

이것이 「천리안」의 출처다. 그러므로 먼 곳의 일까지 내다보는 힘이 있다는 뜻으로 쓰인다. 비이장목(飛耳張目 : 밀정)을 두어 탐지한다는 뜻이 이젠 그리 남아 있지 않다. 끄나풀을 두어 탐지한다는 것은, 잘 이용하면 좋지만 악용을 하면 선량한 시민이 크게 폐를 입기 때문이다. 양일은 군벌(軍閥)들의 싸움에 휘말려 광주에서 살해되었다. 그 때 나이 서른둘. 그 밑에 있던 관리는 물론이고 그보다도 시민이나 농민은 그의 죽음을 슬퍼했다. 거리나 마을에서는 그의 영(靈)을 위로하는 공물과 헌화가 끊이지 않았다고 한다.

천리지행시어족하 千里之行始於足下

일천 千 거리 里 의 之 갈 行 처음 始 에서 於 발 足 아래 下

《노자(老子)》 제64장

모든 일은 시작이 중요하다.

「천릿길도 발아래에서 시작된다」라는 뜻으로, 「천릿길도 한 걸음부터 시작한다」라는 말로서, 여러 가지 의미로 쓰인다. 첫 번째, 무슨 일이나 그 일의 시작이 중요하다는 말. 두 번째, 원대한 일도 보잘것없는 첫 시작에서 비롯한다. 세 번째, 쉬지 않고 힘쓰면 큰 일을 이룰 수 있다.

차

《노자》 제64장에 있는 말이다.

「만사가 생기기 전에 신중히 하며, 어지러워지기 전에 다스려야 한다. 아름드리 큰 나무도 터럭만한 싹에서부터 생겨나고, 9층 높이의 누대도 흙을 쌓아 올려 세워지며, 천릿길도 한 걸음부터 시작되는 법이다. 억지로 하려는 자는 실패할 것이며, 집착하는 자는 잃게 될 것이다. 이런 까닭에 성인은 억지로 하지 않으므로 실패하지 않고, 집착하지 않으므로 잃는 것이 없다(爲之於未有 治之於未亂 合抱之木 生於毫末 九層之臺 起於累土 千里之行 始於足下 爲者敗之 執者失之 是以聖人無爲故無敗 無執故無失)」

작은 싹이 큰 나무로 자라듯이 모든 일은 그 시작이 있으며, 작은 것에서부터 점차 크게 이루어지는 것이 당연한 이치이므로, 이를 거스르고 억지로 이루려 하거나 집착하면 실패하게 된다는 뜻이다.

우리나라에도 「천릿길도 한 걸음부터」라는 속담이 있다.

천망회회 天網恢恢

하늘 天 그물 網 넓을 恢

《노자(老子)》 73장

언젠가는 자기가 저지른 죗값을 치르게 된다.

「천망회회 소이불루(疎而不漏)」에서 나온 말이다. 이 말은 하늘이 친 그물은 하도 커서 얼른 보기에는 엉성해 보이지만, 이 그물에서 빠져나가지 못한다는 뜻이다. 즉 악한 사람이 악한 일을 해도 금방 벌을 받고 화를 입는 일은 없지만, 결국 언젠가는 자기가 저지른 죄의 값을 치르게 된다는 말이다.

이 말은 《노자》 73장에 나오는 말인데, 원문에는 「소이불루」가 아닌 「소이불실(疎而不失)」로 되어 있다. 즉, 「……하늘이 미워하는 바를 누가 그 까닭을 알리요. 이러므로 성인도 오히려 어려워한다. 하늘의 도는 다투지 않고도 잘 이기며, 말하지 않고도 잘 대답하며, 부르지 않고도 스스로 오게 하며, 느직하면서도 잘 꾀한다. 하늘의 그물은 크고 커서 성긴 듯하지만 빠뜨리지 않는다(疎而不失)」라고 되어 있다. 이 「소이불실」이란 말이 「소이불루」로 된 것은 《위서(魏書)》 임성왕전에서 볼 수 있다. 즉, 「노담이 말하기를 『그 정치가 찰찰(察察)하면 그 백성이 결결(決決)하다고 하고, 또 말하기를, 하늘 그물이 크고 커서 성기어도 새지 않는다』고 했다」라고 했다. 찰찰은 너무 세밀하게 살피는 것을 말하고, 결결은 다칠까봐 조마조마한 것을 말한다. 결국 악한 사람들이 악한 일로 한때 세도를 부리고 영화를 누리는 것처럼 보이지만, 결국 언젠가 하늘이 그물을 끌어올리는 날은 도망치지 못하고 잡힌다는 뜻이다.

천상천하유아독존 天上天下唯我獨尊

하늘 天 위 上 아래 下 오로지 唯 나 我 홀로 獨 높을 尊

《전등록(傳燈錄)》

모든 생명의 존엄성과 인간의 존귀함.

「하늘 위와 하늘 아래에서 오직 내가 홀로 존귀하다」라는 뜻으로, 석가가 어머니 뱃속에서 태어나자마자 외쳤다는 탄생게(誕生偈)이다.

석가모니

이 말은 경전에 따라 다소 차이가 있는데, 《전등록(傳燈錄)》에는, 「석가모니불이 태어나자마자 한 손은 하늘을, 한 손은 땅을 가리키고 사방으로 일곱 걸음을 걸으며 사방을 둘러보며 하늘 위와 하늘 아래 오직 내가 홀로 존귀하다고 말하였다(釋迦牟尼佛初生 一手指天 一手指地 周行七步 目顧四方曰 天上天下唯我獨尊)」라고 기록되어 있다.

또 《수행본기경(修行本起經)》에는, 「하늘 위와 하늘 아래 오직 내가 홀로 존귀하다. 삼계가 모두 고통이니, 내 마땅히 이를 편안케 하리라(天上天下 唯我獨尊 三界皆苦 我當安之)」라고 하였고,

천상천하유아독존

《서응경(瑞應經)》에는, 「하늘 위와 하늘 아래 오직 내가 홀로 존귀하다. 삼계가 모두 괴로움뿐인데 무엇이 즐겁겠는가(天上天下 唯我獨尊 三界皆苦 何可樂者)?」 라고 하였으며,

《방광대장엄경(方廣大莊嚴經)》의 전법륜품(轉法輪品)에는, 「하늘 위와 하늘 아래 오직 내가 가장 뛰어나다(天上天下 唯我最勝)」 라고 기록되어 있다.

모두가 표현의 차이를 보이지만 의미는 같다.

삼계(三界)란 천상 · 인간 · 지옥계를 말하며, 일곱 걸음을 걸어갔다는 것은 지옥도 · 아귀도 · 축생도 · 수라도 · 인간도 · 천상도 등 육도(六道)의 윤회에서 벗어났음을 뜻한다.

「유아독존」 의 「나(我)」 는 석가 개인을 가리키는 것이 아니라 「천상천하」 에 있는 모든 개개의 존재를 가리키는 것으로서, 모든 생명의 존엄성과 인간의 존귀한 실존성을 상징한다.

석가가 이 땅에 온 뜻은 바로 이를 깨우쳐 고통 속에 헤매는 중생을 구제하고 인간 본래의 성품인 「참된 나(眞我)」 를 실현할 수 있도록 하기 위함이다.

천석고황 泉石膏肓

샘 泉 돌 石 염통 밑 膏 명치끝 肓

《당서(唐書)》 은일전(隱逸傳)

「샘과 돌이 고황에 들었다」라는 뜻으로, 자연을 사랑하는 마음이 고질병처럼 깊음을 비유하는 말이다.

당(唐)나라 고종(高宗) 때 전유암(田游巖)이라는 명망이 높은 은사(隱士)가 있었다. 그는 기산에 은거하여 그 옛날 허유(許由 : 요임금 때의 은사)가 기거하던 곳 근처에 살면서 스스로 유동린(由東隣)이라고 불렀다. 조정에서는 여러 번 등용하려고 불렀으나 전유암은 나아가지 않았다.

나중에 고종이 숭산(嵩山)에 행차하였다가 그가 기거하는 암자에 들러 안부를 물었다.

「선생께서는 평안하신지요?」

전유암이 대답했다.

「신은 샘과 돌이 고황에 걸린 것처럼, 자연을 즐기는 것이 고질병처럼 되고 말았습니다(臣所謂泉石膏肓 煙霞痼疾者).」

고황은 심장과 횡경막 사이의 부분으로, 고(膏)는 가슴 밑의 작은 비계, 황(肓)은 가슴 위의 얇은 막(膜)을 가리킨다. 이곳에 병이 침입하면 쉽게 낫기 어렵다고 하여 잘 낫지 않는 고질병을 가리킨다. 또한 오래되어 고치기 어려운 고질적인 병폐를 의미하기도 한다.

「천석고황」은 뒤 구절의 「연하고질」과 더불어 자연을 사랑하는 성벽(性癖)이 고칠 수 없는 병처럼 굳어졌음을 비유하는 성어로 사용된다.

천시 지리 인화 天時 地利 人和

하늘 天 때 時 땅 地 이로울 利 사람 人 화목할 和

《맹자》 공손추하(公孫丑下)

사람이 서로 기쁜 마음으로 협력하지 않으면 아무리 천시와 지리적 조건이 좋아도 그 힘을 발휘하기 어렵다.

「천시(天時)」는 봄·여름·가을·겨울의 4시와 밤과 낮, 추위와 더위, 비와 바람, 개고 흐린 것 등 기후와 같은 자연 조건을 말한다. 그러나 이 밖에 사람이 직접 보고 느끼지 못하는 신명의 도움이라든가 운수 같은 것을 말하는 경우도 많다.

곡식이 제 철을 만나지 못하면 자라지 못하듯, 사람도 그가 타고난 재질과 그가 살고 있는 시대가 서로 맞지 않으면 그 재질을 제대로 발휘하지 못하고 병들거나 말라죽거나 하고 만다. 즉 초목이 때를 타듯 사람도 때를 타기 때문이다.

「지리(地利)」는 지리적 조건이 유리한 것을 말한다.

「인화(人和)」는 사람과 사람 사이의 정신적인 협력을 말한다.

사람의 생활에는 이 세 가지 요소가 절대적인 역할을 한다. 북극과 남극지대에서 초목이 자라지 못하는 것은 「천시」와 「지리」 때문이다. 온대지방에서 겨울에 곡식이 마음대로 자라지 못하는 것도 「천시」 때문이다.

똑같은 기후 조건에서도 어느 지방은 살기 좋고 어느 지방은 살기 나쁜 것은 지리적 조건이 틀리기 때문이다. 똑같은 천시와 지리 속에서도 잘 살고 못 사는 나라가 있고 마을이 있고 집이 있는 것은 인화의 차이 때문이다.

맹자는 이 세 가지를 놓고 이렇게 말하고 있다. 즉 《맹자》 공손추 하에 보면 맨 첫머리에,

곡부의 맹자 고거(古居)

「천시는 지리만 못하고, 지리는 인화만 못하다」고 전제한 다음, 그 까닭에 대해서 다음과 같이 말하고 있다.

「3리 둘레의 성과 7리 둘레의 바깥 성을 포위하여 공격을 해도 쉽사리 이기지 못한다. 포위하여 공격할 때에는 반드시 천시를 택해서 하게 된다. 그런데도 이기지 못하는 것은 천시가 지리만 못하다는 증거다. 성이 결코 높지 않은 것도 아니고, 못이 그리 깊지 않은 것도 아니며, 군장비가 튼튼하지 않은 것도 아니고, 또 곡식이 많지 않은 것도 아닌데 성을 버리고 도망치는 일이 있다. 이것은 지리가 인화만 못한 증거다」

결국 사람이 서로 기쁜 마음으로 협력하지 않으면 아무리 천시와 지리적 조건이 좋아도 그 힘을 발휘하기 어렵다는 것을 맹자는 강조하고 있는 것이다. 뒤이어 맹자는 이에 따른 인화의 중요성을 길게 설명하고 있는데, 그 인화를 이룩하는 근본적인 조건은 위정자가 백성을 사랑할 줄 알고, 도리에 벗어나지 않는 올바른 정치를 하는 것이라고 결론을 내리고 있다.

인화단결(人和團結)이란 말은 인화를 바탕으로 한 단결의 중요성을 강조하는 뜻에서 생긴 말이라 볼 수 있다.

천신만고 千辛萬苦

일천 千 매울 辛 일만 萬 괴로울 苦

「돈황문헌(敦煌文獻)」

돈황석굴

천 가지 매운 일과 만 가지 괴로움이라는 뜻으로, 마음과 몸을 다 써 수고롭게 하면서 애씀을 비유하는 말이다.

여기서 「천」과 「만」은 아주 많음을 뜻하는 상징적 숫자일 뿐 고정된 숫자는 아니다. 맵다는 뜻의 「신(辛)」과 괴롭다는 뜻의 「고(苦)」는 모두 수고롭다는 뜻이다.

20세기 초 중국 서쪽 변방의 돈황석굴(敦煌石窟)에서 발견된 「돈황문헌(敦煌文獻)」에 「천신만고」와 관련된 내용이 전해진다.

「전해 내려오는 경문에 이르기를, 부모가 자식을 낳아 돌보고 기르는 것이 천신만고이니, 추워도 애가 우는 소리도 결코 꺼리지 않는다(前來經文說 父母種種養育 千辛萬苦 不憚寒喧)」

부모가 자식을 낳아 돌보고 길러 자라게 하는 것이 이처럼 「천신만고」의 고생인데도 결코 그 수고로움을 마다하지 않으니, 부모의 은혜가 그만큼 크고 무겁다는 것을 일깨운 글이다.

천양관슬 穿楊貫蝨

뚫을 穿 버들 楊 꿸 貫 이 蝨

《사기》, 《전국책(戰國策)》

백 보 밖의 버드나무 잎을 맞힌다는 뜻으로, 명궁(名弓)을 일컫는 말이다. 천양(穿楊)과 관슬(貫蝨)의 고사가 합쳐져 이루어진 성어다.

백 번 쏘아 백 번 맞히는 것이 「백발백중」이다. 또 모든 일이 계산대로 다 맞아 들어가는 것을 가리켜 백발백중이라 한다. 이 말은 신전(神箭)이란 별명을 듣고 있던 양유기(養由基)에서 나온 말이다.

백발백중 양유기

천양(穿楊)은, 《사기》 주기(周紀)에 있는 이야기다.

「초나라에 양유기라는 사람이 있었는데, 활을 잘 쏘는 사람이었다. 버드나무 잎을 백 보 떨어진 곳에서 쏘면 백 번 쏘아 백번 맞혔다……」

다른 기록에 보면, 양유기는 활을 잘 쏠 뿐만 아니라 막기도 또한 잘했으며, 힘도 또한 세어 화살이 소리보다 먼저 갔다고 한다.

관슬(貫蝨)은, 《열자(列子)》 탕문(湯問)편에 있는 이야기다.

옛날에 감승(甘蠅)이라는 명궁이 있었는데, 달리는 짐승이나 나는

차

기 창

새를 쏘아 빗맞히는 일이 없었다. 감승의 제자인 비위(飛衛)는 스승보다 활솜씨가 더 뛰어났다고 한다. 기창(紀昌)이라는 사람이 비위에게 활 쏘는 법을 가르쳐 달라고 하자, 비위는 눈을 깜빡거리지 않는 방법을 먼저 익히고 나서 다시 오라고 하였다.

기창은 집으로 돌아가 아내가 일하는 베틀 밑에 누워서 왔다 갔다 하는 북을 바라보며 눈을 깜빡거리지 않는 훈련을 하였다. 2년이 지나 송곳이 눈앞에 와도 눈을 깜빡거리지 않게 되자, 기창은 다시 비위를 찾아갔다. 비위는 아직 부족하다며, 작은 것이 크게 보이고 희미한 것이 뚜렷하게 보일 정도로 보는 훈련을 쌓은 뒤에 다시 찾아오라고 하였다. 기창은 가는 털에 이를 묶어 창문에 매달아놓고는 매일같이 바라보았다.

열흘이 지나자 이가 조금씩 크게 보이기 시작하더니 3년이 지난 뒤에는 수레바퀴만 하게 보였다. 기창은 아주 조그만 활과 화살을 만들어 이를 쏘아 꿰뚫었는데, 이를 묶어놓은 털은 그대로 매달려 있었다(貫蝨之心 而懸不絶). 기창이 다시 비위를 찾아가 사실대로 말하자, 비위는 「그대는 이미 활 쏘는 법을 터득하였다」 라고 말하며 칭찬하였다. 이상의 두 개의 고사에서 유래하여 「천양관슬」 은 신궁(神弓)과도 같은 뛰어난 활솜씨를 비유하는 성어로 사용된다.

천여불취반수기앙 天與不取反受其殃

하늘 天 더불 與 아닐 不 취할 取 되돌릴 反 받을 受 그 其 재앙 殃

《사기》 회음후(淮陰侯)열전

기회를 포착하는 것이 성공의 핵심이 됨.

이 말은 《사기》 회음후열전에 나오는 말로, 옛날부터 이런 말이 전해지고 있는 것을 괴통(蒯通)이 한신(韓信)을 달래기 위해 인용한 것이다. 한신이 조나라를 깨뜨린 다음 다시 동으로 향해 제나라 전체를 평정하고 제나라 왕이 되자, 전세가 차츰 불리해진 것을 느낀 항우는 사람을 보내 한신에게 중립을 지키는 것이 유리한 점을 설득시키고자 했다. 그러나 한신은 한왕(漢王)을 배신까지 해가며 자기 이익만을 꾀할 생각은 없었다. 한신의 오늘의 성공은 모두 한왕이 준 것이기 때문이다. 항우의 사신이 떠나간 뒤에 제나라 변사 괴통이 한신을 찾아갔다. 천하대세가 한신의 손에 의해 좌우될 수 있다는 것을 알았기 때문이다. 괴통은 먼저 상법(相法)으로 한신의 마음을 움직일 생각이었다.

「이 사람은 일찍이 상법을 배운 일이 있습니다」

「상을 어떻게 보십니까?」

「귀천은 뼈에 있고, 근심과 기쁨은 얼굴빛에 있고, 성패는 결단에 달려 있습니다」

「그럼 과인은 어떻습니까?」

「얼굴을 보면 봉후(封侯)에 지나지 않고 또 위험이 따라 있으나, 등을 보면 귀한 것을 이루 다 말할 수 없습니다」

「무슨 말씀이신지?」

괴 통

그래서 괴통은, 항우와 유방이 맞붙어 싸우고 있는 현시점에서는 한신이 어느 쪽에 가담하느냐에 따라 승부가 결정되고 만다는 점과, 그러므로 어느 쪽에도 가담하지 말고 천하를 셋으로 나눠 각각 차지하고 있는 것이 한신에게 유리하다는 점, 그리고 한나라 · 초나라 양쪽에 대해 서로 싸움을 중지할 것을 요구하면, 그것은 전쟁에 시달리고 있는 백성들의 공통된 소망으로 아무도 이를 반대할 사람이 없을 것이며, 온 천하의 기대와 여망이 다 제나라 왕인 한신에게로 모이게 될 것이라는 것을 강조한 다음, 끝으로 이렇게 결론을 내린다.

「대저 말하기를, 『하늘이 주는 것을 받지 않으면 도리어 그 꾸중을 받고, 때가 이르러도 행하지 않으면 도리어 그 화를 받는다(天與不取 反受其咎 時至不行 反受其殃)』고 합니다. 바라건대 깊이 생각하십시오」

결국 「천여불취 반수기앙」이란 문자는 이 말 전체의 처음과 끝을 합친 것으로, 시기가 왔는데도 실행하지 않는 것까지를 포함해서 하나로 묶은 듯한 느낌을 준다. 그러나 시기가 왔다는 것이 곧 하늘이 준다는 뜻이므로 같은 내용을 달리 표현한 데 지나지 않는다. 현재의 어감으로는 「시지불행 반수기앙(時至不行 反受其殃)」이란 말이 더 적합한 말일 것 같다. 아무튼 시기를 놓치지 않는다는 것, 즉 기회를 포착하는 것이 성공의 핵심이 되는 것만은 틀림없는 사실이다.

천의무봉 天衣無縫

하늘 天 옷 衣 없을 無 기울 縫

《태평광기(太平廣記)》

시문 등이 매우 자연스러워 조금도 꾸밈이 없음. 완전무결하여 흠이 없음.

「천의무봉(天衣無縫)」은 하늘에 있는 선녀들이 입는 옷으로, 바늘이나 실로 꿰매 만드는 것이 아니고, 전체가 처음부터 생긴 그대로 만들어져 있다는 전설에서 나온 말이다.

차

보통 시나 글이나 혹은 예술품 같은 것이, 전혀 사람의 기교가 주어지지 않은 자연 그대로의 극치를 이루었다는 뜻으로 인용되곤 하는데, 때로는 타고난 재질이 극히 아름답다는 뜻으로도 쓰인다.

이 말은 《태평광기》에 있는 이야기다.

여름이 한창인 때였다. 곽한(郭翰)이라는 사나이가 방에서 뜰로 내려가 납량(納凉)을 하면서 자고 있었는데, 하늘 일각에서 뭔가 둥실둥실 날아오는 것이었다. 점점 가까이 다가오는 것을 보니, 그것은 아름다운 여인이었다. 곽한은 망연히 홀려서 바라보고 있다가,

「당신은 대체 누구십니까?」라고 묻자, 그 아름다운 여자는,

「저는 천상에 있는 직녀(織女)이온데, 남편과 오래 떨어져 있어 울화병이 생긴지라 상제의 허락을 받아 요양차 내려왔습니다」하면서 여자는 곽한에게 잠자리를 같이할 것을 요구했다.

비몽사몽간에 곽한은 여자와 하룻밤을 보냈다. 그리고 새벽 일찍 구름을 타고 하늘로 올라간 그녀는 매일 밤 찾아왔다. 이윽고 7월 칠석이 돌아오자, 그날 밤부터 나타나지 않더니 며칠이 지나서 다시

나타났다.

「남편과 재미가 좋았소?」

곽한이 여자에게 빈정거리듯 물었다. 그러자 여자는, 「천상에서의 사랑은 지상과는 다르옵니다. 마음과 마음이 서로 통할 뿐 다른 일은 없습니다. 그렇게 질투까지 할 것은 없습니다」 하고 대답했다.

「하지만 꽤 여러 날 되지 않았소?」

「원래 하늘 위의 하룻밤은 땅에서의 닷새에 해당하니까요」

그리고 조용히 그녀의 옷을 살펴보니 바느질한 곳이 전연 없었다. 곽한이 이상해서 물었더니, 「하늘의 옷은 원래 바늘이나 실로 꿰매는 것이 아닙니다」 하고 대답했다. 그리고 그녀가 벗은 옷은 그녀가 돌아갈 때면 저절로 가서 그녀의 몸을 덮는 것이었다.

1년쯤 되던 어느 날 밤, 그녀는 곽한의 손을 잡고, 상제가 허락한 기한이 오늘로 끝난다면서 흐느껴 울었다. 그 뒤 1년쯤 지나 그녀를 따라다니던 시녀가 소식을 전해 왔을 뿐 다시는 영영 소식이 없었다. 그 뒤로 곽한은 세상 그 어느 여자를 보아도 마음이 동하지 않았다. 자식을 낳기 위해 장가를 들었으나 도무지 사랑을 느낄 수 없었고, 그로 인해 자식도 얻지 못한 채 일생을 마쳤다는 것이다.

이 천녀(天女)의 옷에 바느질 자국이 없다는 점에서 시문(詩文)이나, 그림에서 잔재주를 피우지 않고 자연스럽고 훌륭하게 된 것을 「천의무봉」이라고 말하게 되었다. 하늘에서 유배된 선인(仙人)이라고 하는 당(唐)의 이백(李白) 등은 천의무봉의 시재(詩才)라고 할 수 있다.

비행접시를 목격하고 그 내부를 정확히 묘사해서 화제가 되었던 미국의 아담스키는 그의 저서 《비행접시의 정체》에서 별나라 사람의 옷도 역시 「천의무봉」이었다고 쓰고 있다.

천인지낙낙불여일사지악악 千人之諾諾不如一士之諤諤

일천 千 사람 人 대답할 諾 같을 如 곧은말할 諤

《사기》 상군(商君)열전

분별없이 명령에 맹종하는 많은 신하보다 임금의 그릇됨을 간(諫)하여 바로잡는 한 사람의 직신(直臣)이 소중하다.

「천 사람의 네, 네 하는 것이 한 선비의 아니라고 하는 것만 같지 못하다」 라는 뜻으로, 분별없이 왕의 명령에 맹종하는 많은 신하보다 임금의 그릇됨을 간(諫)하여 바로잡는 한 사람의 직신(直臣)이 더 소중하다는 말이다.

상앙 흉상

《사기》 상군열전(商君列傳)에 있는 이야기다.

상앙은 위(衛)나라 임금의 후궁 소생으로 공손(公孫)으로 행세했고, 조국을 떠난 뒤부터는 위앙(衛鞅)으로 행세를 했다. 그 뒤 진효공(秦孝公)의 재상으로 크게 공을 세워 상군(商君)에 봉해짐으로써 상앙이라 부르게 되었다. 상앙이 임금의 신임 아래 일인독재를 10년 동안 계속하자, 살얼음 같은 공포 분위기 속에 나라만은 부강해지고 있었다.

거열형

하루는 옛날 친구의 소개로 알게 되었던 조양(趙良)이란 사람이 찾아왔다. 상앙은 자기의 공로를 자랑하며 백리해(百里奚)와 비교해서 어느 쪽이 나으냐고 물었다.

백리해는 진목공(秦穆公)을 도와 패천하를 한 어진 재상이다. 조양은, 「천 마리 양의 가죽이 한 마리 여우의 겨드랑만 못하고, 천 사람의 네, 네 하는 것이 한 선비의 아니라고 하는 것만 같지 못합니다」 라고 전제한 다음, 그의 잘못된 정치와 그릇된 망상을 낱낱이 지적하고, 곧 선후책을 강구하여 머지않아 밀어닥칠 화를 미연에 방지하라고 충고했다. 그러나 상앙은 조양의 충고대로 벼슬과 봉지를 나라에 도로 바칠 생각은 없었다.

조양이 다녀간 다섯 달 후에 효공이 죽고 태자가 뒤를 잇자 원수진 사람들이 상앙을 반역자로 고발했다. 이리하여 그는 함양 시가에서 다섯 마리 소가 끄는 수레에 머리와 사지가 찢기어 죽는 참혹한 거열형(車裂刑)을 받아 최후를 마치게 된다.

천장지제궤자의혈 千丈之堤潰自蟻穴

일천 千 길이 丈 방죽 堤 무너질 潰 스스로 自 개미 蟻 구멍 穴

《한비자》 유로편(喩老篇)

천 길 둑도 개미구멍으로 인해 무너진다는 뜻으로, 아무리 큰일도 아주 작은 일에서부터 시작된다. 호미로 막을 일을 가래로 막는 일이 없도록 하라는 말.

《한비자》 유로편에 있는 말이다. 유로는 노자를 비유로 들어 해석한다는 뜻이다. 다음은 《노자(老子)》 제63장 속에 있는 말을 비유로 해서 풀이한 것이다.

「천하의 어려운 일은 반드시 쉬운 데서부터 시작되고, 천하의 큰 일은 반드시 작은 일에서부터 시작된다. ……그러므로 어려운 것을 쉬울 때 미리 대책을 세우고, 큰 것을 작을 때 처리를 해야 한다. 천 길 높은 둑도 땅강아지와 개미구멍에 의해 무너지고, 백 척이나 되는 높은 집도 굴뚝 사이로 새는 연기로 인해 타게 된다(千丈之堤 以螻蟻之穴潰 百尺之室 以突隙之烟焚). 그러므로 치수(治水)에 공이 있었던 위(魏)나라 재상 백규(白圭)는 둑을 돌아볼 때는 그 구멍을 미리 살펴서 막고, 노인들이 불을 조심할 때는 굴뚝 틈부터 바른다. 그러므로 백규에게는 물의 피해가 없었고, 노인이 있는 집에는 화재의 염려가 없다」 고 했다.

「천장지제 궤자의혈」 이란 말은 「천장지제 이루의지혈궤(千丈之堤 以螻蟻之穴潰)」 란 말이 약해져서 된 말이다. 호미로 막을 것을 가래로 막는 일이 없도록 하라는 교훈이다.

천재일우 千載一遇

일천 千 해 載 한 一 만날 遇

《삼국명신서찬(三國名臣序贊)》

천재(千載)는 천 년(千年)과 같은 말이다. 천 년 만에 한 번 만나게 되는 것이 「천재일우」 다. 천 년은 물론 과장된 말이다. 평생을 두고 한 번 있을까 말까 한 그런 좋은 기회를 가리켜 흔히 쓰는 문자다.

백낙상마도(伯樂相馬圖)

이 말은 동진의 원굉(袁宏)이 쓴 《삼국명신서찬》에 나오는 말이다. 원굉이 삼국 시절의 건국 공신 스무 명을 골라 그들 한 사람 한 사람의 행장을 칭찬하는 찬(贊)을 짓고, 거기에 서문을 붙인 것이 《삼국명신서찬》이다. 그는 이 서문에서, 「백낙(伯樂)을 만나지 못하면 천 년을 가도 천리마 하나 생겨나지 않는다」 고, 훌륭한 임금과 신하가 서로 만나기 어렵다는 것을 비유한 다음, 「대저 만 년에 한 번 기회가 온다는 것은 사람이 살고 있는 세상의 공통된 원칙이요, 천 년에 한 번 만나게 된다는 것은 어진 사람과 지혜로운 사람이 용케 만나는 것이다. 이런 기회를 만나면 그 누가 기뻐하지 않으며, 이를 놓치면 그 누가 한탄하지 않겠는가」 라고 했다. 여기서 백낙은 유명한 명마 감별사의 이름이다. 특히 「천재일우」 는 사업을 하는 사람들에게 있어서 아주 중요한 말이다.

천지자만물지역려 天地者萬物之逆旅

하늘 天 땅 地 놈 者 일만 萬 물건 物 뒤집을 逆 나그네 旅

이백(李白) / 「춘야연도리원서(春夜宴桃李園序)」

세상이란 만물이 잠시 머물렀다 가는 여관과 같다.

이태백(李太白)의 「춘야연도리원서」에 나오는 글귀다.

「대개 하늘과 땅이란 것은 모든 것이 와서 묵어가는 여관과 같은 것이고, 세월이란 것은 끝없이 뒤를 이어 지나가는 나그네와 같은 것이다(夫天地者 萬物之逆旅 光陰者 百代之過客)」

역려의 역(逆)은 맞이한다는 뜻이다. 나그네를 맞이한다는 뜻에서 손님을 재워 보내는 여관을 「역려」라고도 말한다. 하늘과 땅은 공간을 말한다. 공간 속에서 모든 것은 나타났다 사라졌다 하고 있다.

시선(詩仙) 이백

춘야연도리원도(春夜宴桃李園圖, 明 화가 구영)

그것은 마치 나그네가 와서 묵어가고 또 와서 묵어가는 것과 마찬가지다.

빛과 그늘, 즉 광음(光陰)이란, 날이 밝았다 밤이 어두웠다 하는 시간의 연속이다. 그것은 한이 없이 되풀이된다. 백 대, 천 대, 만 대로 영원히 쉬지 않고 지나가기만 하는 나그네처럼 다시 돌아올 줄을 모르는 것이다.

그래서 이태백은 아름다운 봄경치가 그의 시흥을 불러일으키는 대로 우주가 빌려준 문장을 마음껏 휘두르기도 하고, 꽃자리에 앉아 달빛을 바라보며 술잔을 기울인다는 것이다. 우주를 여관으로 자연과 호흡을 같이하는 이태백의 탈속된 모습을 이 글귀에서 찾아볼 수 있을 것 같다.

천편일률 千篇一律

일천 千 책 篇 한 一 법 律

소식(蘇軾) / 「답왕상서(答王庠書)」

여러 시문의 격조가 변화가 없이 비슷비슷함. 많은 사물이 색다른 데가 없이 모두 비슷함의 비유. 「천편일률」은 천 편이나 되는 많은 글이 모두 한 가지 운율로 짜여져 있다는 뜻이다. 작품이나 상황이 전에 비해 별반 발전이 없거나, 시문의 글귀가 단조로워 변화가 적은 경우를 비유하여 일컫는 말이다.

소식(蘇軾, 동파. 1037~1101)의 「답왕상서」에서 「지금 과거시험에서 내는 답안들은 천 사람이 쓴 글이 같은 격조에 묶여 있는 듯해서 채점을 하는 관리들마저 역겨워한다(今程試文字 千人一律 考官亦厭之)」는 말이 나온다.

백거이

또한 왕세정(王世貞, 1526~1590)의 「전당시설(全唐詩說)」에 보면 백거이는,

「소년시절에 원진과 함께 화려하고 힘차며 박식함을 다투었는데, 뜻은 경계를 통쾌하게 펼치는 데 두었다. 나이가 들어서 다시 만족할 줄 알라는 글을 썼는데, 모든 작품이 한결같았다(少年與元稹角靡逞博 晩更作知足語 千篇一律)」라고 하였다.

천하언재 天何言哉

하늘 天 어찌 何 말씀 言 어조사 哉

《논어》 양화편(陽貨篇)

하늘이 말을 하더냐! 하늘은 아무 말도 하지 않지만 도는 행한다.

「천하언재」는 「하늘이 무슨 말을 하겠느냐」라는 뜻이다. 이 말은 여러 가지 의미로 쓰일 수 있다.

「하늘이 어떻게 말을 할 수 있겠느냐. 귀로 들으려 하지 말고 마음으로 생각해서 알아라」 하는 뜻도 될 수 있고, 「하늘이 무슨 말을 하더냐. 그래도 다 할 일을 하고 있다」 라는 뜻도 될 수 있으며, 또 그 밖에도 달리 해석될 수 있다.

이것은 공자가 한 말이다. 《논어》 양화편에 보면 공자가 하루는 자공이 듣는 앞에서, 「나는 이제 말을 하지 말았으면 한다(予欲無言)」 하고 혼잣말처럼 했다.

자공이 가만있을 리 만무했다.

「선생님께서 말씀을 하지 않으시면 저희들이 무엇을 배울 수 있습니까?」 하고 묻자 공자는,

「하늘이 어디 말을 하더냐. 사시(四時)가 제대로 운행되고 온갖 물건들이 다 생겨나지만, 하늘이 어디 말을 하더냐(天何言哉 四時行焉 百物生焉 天何言哉)」 하고 대답했다.

자공의 공부가 이제 말 없는 가운데 진리를 깨달아야 할 단계에 이르렀기 때문에 공자는 이 같은 말을 했을 것이다.

그러나 한편 공자의 이 말은 하늘과 같은 경지에 있는 자신의 심경을 말한 것으로도 볼 수 있다.

철면피 鐵面皮

쇠 鐵 낯 面 가죽 皮

《북몽쇄언(北夢瑣言)》

우리말에 「쇠가죽을 무릅쓰고……」 라는 말이 있다. 쇠가죽은 쇠로 만든 가죽이란 뜻이다. 「철면피」 는 바로 그 쇠가죽을 무릅쓴 것이다. 면피는 낯가죽을 말한다. 우리가 염치없이 뻔뻔스럽게 구는 사람을 보고 낯가죽이 두껍다고 한다. 그 낯가죽이 쇠로 되었다면 두꺼운 정도가 아니다. 그러므로 「철면피」 란 말은 세상에 다시없이 낯가죽이 두꺼운 파렴치한 사람을 보고 하는 말이다.

차

그런데 이 「철면피」 란 말의 어원인 철면(鐵面)이란 말은 좋은 뜻으로 쓰이기도 했다.

송대의 손광헌이 지은 《북몽쇄언》 에 있는 이야기다.

왕광원(王光遠)이란 사람이 있었다. 학문도 재능도 상당히 있어 진사(進士) 시험에도 합격했다. 그런데 이 사나이는 지독한 출세주의자로 상관은 말할 것도 없고 권세가 있는 사람에게는 어떻게라도 연줄을 얻어 부리나케 출입했다. 더구나 그것이 사람들 앞을 가리지 않고 남의 밑까지 닦아줄 정도의 행동을 예사로 했다.

「아니, 이건 대단합니다. 이렇게 훌륭한 시는 열 번 죽었다 살아나도 저 같은 것은 어림도 없습니다. 아주 후하신 인품이 엿보여 신운표묘(神韻縹渺)하다고나 할까요. 이태백도 멀리 미치지 못할 것입니다」

이렇듯 낯간지러운 소리를 천연스럽게 지껄인다. 곁의 사람이 어떻게 생각하거나 조금도 안중에 없다. 상대가 술에 취해 아무리 무

례한 짓을 해도 화를 내기는커녕 너털웃음을 웃는다.

언젠가도 술에 취한 상대가 취중에 채찍을 집어 들고, 「그대를 때릴 텐데 괜찮은가?」 하자, 「각하의 채찍이라면 기꺼이……」 하고 등을 돌려댔다.

「좋아 그럼」

주정뱅이는 진짜로 광원을 때렸다. 그는 그래도 화를 내지 않고 여전히 달라붙어 기분을 맞춘다. 동석하고 있던 친구가, 「자넨 부끄러움도 모르나? 사람들이 보는 앞에서 그런 꼴을 당하고도 잠자코 있다니!」 라고 말하자 광원은 조금도 개의치 않고, 「하지만 자네, 그 사람한테 잘 보여서 나쁠 게 없잖은가」 라고 말을 하여 친구도 기가 막혔다. 그래서 그 때 사람들은 그를 가리켜 「광원의 얼굴의 두께는 열 겹의 철갑(鐵甲) 같다」 고 말했다.

이것은 철갑이 부끄러운 줄 모르는 파렴치의 뜻으로 쓰인 예다.

그러나 철갑이 아닌 「철면」 의 경우는 정정당당한 굳센 태도를 칭찬하는 뜻으로 쓰인 예가 많은 것 같다.

「송나라 조선의(趙善誼)는 숭안현 지사가 되어, 현의 정치를 하는 데 법률을 하도 엄격하게 지켰기 때문에 사람들은 그를 조철면(趙鐵面)이라고 불렀다」 고 한 이야기는 사정이 없었다는 뜻으로 철면이 쓰인 예다.

또 《송사》 조변전(趙卞傳)에 보면,

「조변이 전중시어사(殿中侍御史 : 감찰관)가 되자, 권력자가 됐든, 천자가 좋아하는 사람이 됐든 용서 없이 적발했기 때문에 서울에서는 그를 철면어사라고 불렀다」 라고 했다.

이것은 「철면」 이란 말이 권력에 굴하지 않는 강직한 뜻으로 쓰인 예다.

철부지급 轍鮒之急

수레바퀴 자국 轍 붕어 鮒 의 之 급할 急

《장자》 외물편(外物篇)

수레가 지나간 바퀴자국 속에 있는 붕어처럼 곧 물이 말라 죽게 생긴 그런 다급한 경우란 뜻이다. 장주(莊周)가 집이 가난해서 감하후(監河侯)란 사람에게 양식을 꾸러 갔다.

그러자 감하후는, 「좋아요. 내 고을에서 세금이 들어오는 대로 삼백 금을 빌려드리겠소. 그만하면 되겠지요?」 하는 것이었다. 장주는 화가 치밀어 정색을 하며 말했다.

「어제 이리로 오는데 도중에 누가 나를 부르더군요. 그래 돌아보았더니 수레바퀴 지나간 자리에 붕어가 있지 않겠소. 어찌된 일이냐고 물었더니 『나는 동해의 파신(波臣 : 물고기란 뜻)인데, 어떻게 한두 바가지 물로 나를 살려줄 수 없겠소?』 하는 것이었습니다. 그래 내가 『알았네. 내가 곧 오나라, 월나라 임금을 만나게 될 테니 그때 서강(西江)의 물을 끌어다가 그대를 맞이하겠네. 괜찮겠지?』 하고 대답했더니 붕어가 화를 내며 이렇게 말합디다. 『나는 잠시도 없어서는 안될 것을 잃고 당장 곤란에 빠져 있는 중이오. 한두 바가지 물만 있으면 나는 살 수 있소. 그런데 당신은 그런 태평스런 소리만 하고 있으니 차라리 일찌감치 건어물 가게로 가서 나를 찾으시오』 하고」

장자의 이 이야기는 크고 작은 거라든가, 많고 적은 것이 문제가 되지 않고, 그것을 어떻게 적절하게 쓰느냐 하는 것이 더욱 중요하다는 것을 말한 것이다.

철저마침 鐵杵磨針

쇠 鐵 쇠공이 杵 갈 磨 바늘 針

《방여승람(方輿勝覽)》 마침계(磨鍼溪)편

「쇠공이를 갈아서 바늘을 만들다」 라는 뜻으로, 한마음으로 노력하면 아무리 힘든 목표라도 달성할 수 있음을 비유하는 말이다.

송(宋)나라 때 축목(祝穆)이 지은 《방여승람》 마침계편에 실려 있다. 당(唐)나라 때의 시인 이백(李白)이 어렸을 때의 이야기다.

이 백

이백은 성격이 진솔하고 호방하며, 술을 마시며 노는 것을 좋아했다. 젊었을 때 사천성(四川省) 미주(眉州)의 상이산(象耳山)에서 공부를 하였는데, 중도에 싫증이 나서 포기해 버렸다.

공부를 열심히 하지 않고 매일 밖에 나가 친구들과 어울려 노는 게 일과였다. 그러던 어느 날, 이백이 미주(眉州) 상이산(象耳山)에서 공부를 하다가 힘이 들어 중도에 포기하고 집으로 돌아오게 되었다. 마침 작은 시냇물을 건너던 중에 한 노파가 쇠를 숫돌에 갈고 있는 것을 보고 물었다.

「할머니, 그걸 갈아 무엇 하시렵니까?」

그러자 그 노파가 대답했다.

철저마침 조상(彫像)

「바늘을 만들려고 그러는 거지」

노파의 말에 이백은 어이가 없어 웃으며 말했다.

「할머니, 그게 어디 될 법이나 한 일인가요? 헛수고하지 마세요」

그러자 노파는 정색을 하며 말했다.

「쉬지 않고 꾸준히 갈다 보면 왜 성공하지 못하겠느냐」

노파의 말에 이백은 크게 깨달아 그 후부터 마음을 다잡아 공부를 열심히 했으며, 어려운 일에 부딪칠 때마다 그 노파의 말을 되새겨 보면서 꾸준히 노력하여 마침내 위대한 시인이 되었던 것이다. 이 이야기는 민간에 널리 전해지는 이야기로 「철저마침」이라고 하는데, 「열 번 찍어 안 넘어가는 나무 없다」라는 「십벌지목(十伐之木)」과 비슷한 말이다. 즉 어떤 일이든지 꾸준히 노력하여 해나가면 언젠가는 반드시 성공한다는 말이다.

철주 掣肘

당길 掣(철) 팔꿈치 肘

《여씨춘추(呂氏春秋)》 구비편(具備篇)

「팔꿈치를 잡아당긴다」는 말로, 남이 일을 하고 있는데 옆에서 팔꿈치를 잡아당기며 이래라 저래라 간섭한다는 뜻이 될 수 있다. 보통 불필요한 간섭, 방해되는 간섭을 가리켜 「철주를 가한다」고 한다. 《여씨춘추》에 있는 이야기다.

공자의 제자 복자천(宓子賤)은 공자보다 마흔 아홉 살이나 적은 제자였는데, 공자는 그를 군자라고 칭찬한 일이 있다. 그가 노애공(魯哀公) 때 단보(亶父)란 지방의 장관으로 부임한 일이 있었다. 일흔세 살로 죽은 공자가 살아 있을 때 일이었으니, 그의 나이에 대한 기록이 사실과 다름이 없다면 많아도 스물 남짓밖에 안되었을 때다.

복자천은 부임에 앞서, 임금이 간신들의 말에 의해 자기 하는 일에 간섭하게 될 것이 두려워 꾀를 썼다. 임금 가까이에 있는 두 관원을 청해 함께 단보로 부임한 것이다. 그가 부임하자 고을 관원들이 모두 신임 장관에게 인사를 드리기 위해 모였다. 복자천은 많은 사람들의 인사를 받으며 데리고 온 두 관원에게 그들의 이름을 기록하도록 시켰다. 그런데 그들이 정성들여 이름을 한창 적고 있노라면 복자천은 이따금 옆에서 그들의 팔을 잡아 흔들었다(宓子賤 從彦時掣搖其肘).

글씨가 제대로 될 리가 만무했다. 그러면 복자천은 글씨가 그게 뭐냐고 성을 내며 야단을 쳤다. 두 관원은 하도 속이 상해서 돌아가게 해달라고 사정을 했다. 그러자 복자천은, 「자네들은 글씨가 원체 서

틀러서 안되겠네. 부디 앞으로 조심해서 잘 하게」 하고 즉시 돌아가게 했다. 두 관원은 조정으로 돌아와 임금에게, 「복장관 밑에서는 일을 할 수가 없어 돌아오고 말았습니다」 하고 보고를 드렸다.

공 자

「어째서냐?」 하고 임금은 물었다.

「복장관은 저희들에게 기록을 하라고 시키고는 옆에서 팔을 흔들어 글씨를 바로 쓸 수 없게 만듭니다. 그리고는 저희를 보고 글씨가 그게 뭐냐고 화를 내며 꾸중을 하는 통에 보고 있던 아전들까지 모두 웃고 있었습니다. 저희들은 더 참을 수 없어 돌아온 것입니다」

임금 애공은 그들의 말을 듣고 크게 한숨을 지으며 말했다.

「자천은 그것으로 과인의 부족함을 간하고 있는 것이다. 나는 지금까지 그가 하는 일에 필요 없는 간섭을 해 온 것이리라. 너희들이 아니었던들 과인은 또 같은 실수를 하게 되었을 것이다」

애공은 즉시 심복을 단보로 보내 자천에게 이렇게 전하게 했다.

「이제부터 단보는 과인의 것이 아니고 경의 것이다. 단보를 위한 일이라면 무슨 일이든 과감히 행하라. 그리고 그 결과는 5년 뒤에 보고하면 된다」

이리하여 복자천은 자기 생각대로 단보를 다스릴 수 있었다. 단보의 백성들이 살기 좋게 되었다는 소문이 공자의 귀에 들려왔다. 3년 되던 해 공자는 무마기(巫馬期)란 제자를 단보로 보내 복자천의 정

치가 어떤 것인가를 보고 오게 했다.

무마기는 평민의 옷차림을 하고 단보로 들어갔다. 어느 날 밤, 강변의 한 고기잡이가 그물에 걸린 고기를 도로 강물에 던지는 것을 본 그는 이상해서 물었다.,

「애써 잡은 고기를 왜 도로 물에 넣소?」

그러자 고기잡이가 대답했다.

「어린 고기는 잡지 말라는 복장관의 지시가 있기 때문이지요. 지금 물에 넣은 것은 어린 고기들뿐입니다」

공문십철(孔門十哲)

더 볼 것이 없다고 생각한 무마기는 그 길로 돌아와 공자에게 이렇게 보고했다.

「자천의 덕은 단보의 구석구석까지 다 보급되어 있었습니다. 백성들은 아무도 보는 사람이 없는 어둠 속에서도, 마치 무서운 법령이 옆에 지켜보고 있는 것처럼 행동을 조심하고 있었습니다」

《논어》 공야장편에,

「군자로다, 이 사람이여, 노나라에 군자가 없으면 이 사람이 어찌 이런 덕을 가질 수 있으리오」 하고 공자가 감탄한 것도 이 이야기를 들은 뒤의 일이 아닌지 알 수 없다.

간섭하기 좋아하는 윗사람들은 다 같이 한번 생각해 볼 일이다.

「철주」는 이 이야기에서 보듯이 사람의 팔꿈치를 제약하여 그 움직임을 속박하는 것, 즉 타인의 자유를 구속하는 뜻으로 쓰인다.

철중쟁쟁 鐵中錚錚

쇠 鐵 가운데 中 쇳소리 錚

《후한서》 유분자전(劉盆子傳)

「쟁쟁(錚錚)」은 쇠가 울리는 소리다. 쇠는 좋은 것일수록 쟁쟁 하고 소리가 맑게 울린다. 「철중쟁쟁」은 쇠 중에서도 쟁쟁 하고 울리는 것이란 뜻으로 같은 종류 가운데 특히 뛰어난 것의 비유로 쓰이는 말이다.

「쟁쟁한 인사(人士)들」이란 말을 우리는 가끔 쓴다. 바로 이 「쟁쟁」의 뜻이다. 세상에서 손꼽히는 유명한 사람들이란 말이다.

적미의 난

후한 광무제의 통일 천하에 있어 가장 강한 적은 적미(赤眉)였다. 전한을 없애고 왕망이 신(新)이란 나라를 새로 세웠을 당시에 일어났던 대규모의 농민 반란군으로 처음은 번숭(樊崇)을 수령으로 낭야에서 일어나 뒤에 봉안(逢安)·서선(徐宣)·사녹(謝祿) 등이 이끄는 군대까지 이에 합류되어, 산동 성을 중심으로 유분자(劉盆子)를 왕으로 받들고 그 위세가 하늘을 찌를 듯했다.

차

광무제 유수

그들은 한나라 왕실의 상징인 붉은색으로 눈썹을 그려 표를 하고 다녔기 때문에 적미라는 이름을 듣게 된 것이다.

적미는 한때 수도 장안으로 쳐들어와, 이미 왕망을 넘어뜨리고 황제의 위에 올라 있던 갱시제 유현(劉玄)을 쳐 없애고 광무제 유수(劉秀)와 대결하게 되었다.

그러나 천하를 주름잡던 그들도 광무제에게 패해 궤멸하고 말았다. 포로로 잡힌 번숭과 서선 등을 보고 광무제는 이렇게 말했다.

「그대들은 항복한 것을 후회하지 않는가? 원한다면 지금이라도 다시 한 번 실력으로 승부를 결정해도 좋다. 짐은 항복을 강요하고 싶지는 않다」

그러자 그들은 머리를 조아리며, 「아닙니다. 저희들의 항복을 받아 주시니 그저 호랑이 입을 벗어나 따뜻한 어머니 품에 돌아온 것과 같습니다. 저희들이 어찌 다른 생각을 가질 수 있겠습니까」 하면서 아무런 후회도 없다고 대답했다.

이 같은 대답에 광무제는, 「경들이야말로 철중쟁쟁이요 용중교교로다(卿所謂鐵中錚錚 傭中佼佼者也)」 하고 칭찬을 했다.

《후한서》 유분자전에 있는 말로서, 「용중교교」 는 똑같은 물건 가운데 뛰어난 것이란 말로 「철중쟁쟁」 과 같은 뜻이다.

첩경 捷徑

빠를 捷 지름길 徑

《신당서(新唐書)》

지름길 또는 어떤 일에 이르기 쉬운 가장 빠른 방법을 비유하여 이르는 말.

명(明)나라의 고병(高棅)이 그의 《당시품휘(唐詩品彙)》에서 처음으로 시도하였던 시대 구분에 의하면, 초당(初唐) · 성당(盛唐) · 중당(中唐) · 만당(晩唐)으로 나눈다.

그 가운데 성당(盛唐) 시기는 현종(玄宗)의 개원(開元 : 713)으로부터 대종(代宗)의 영태(永泰 : 765)까지 약 50년간으로, 불교와 도교의 영향으로 현실을 도피하고 은일(隱逸)하려는 사람들이 많았다. 따라서 당시 선비들은 관직에 나가 벼슬을 하거나 아니면 세상을 피해 은일을 하거나 하는 양자 중 하나를 선택하는 분위기였다.

노장용

당시 노장용(盧藏用)이라는 선비가 있었다. 그는 관리가 되어 조정에서 활동하고 싶었으나, 자신의 능력으로는 대과(大科)까지 치러가며 관직에 오르는 일이 쉽지 않음을 깨달았다. 그래서 그는 일부

종남산

러 장안(長安) 부근에 있는 명산인 종남산(終南山)으로 가서 은둔하면서 기회를 엿보기로 했다.

이 산은 예로부터 도사들과 이름 높은 고승들이 많이 사는 곳으로 유명했다. 이러한 산에서 은둔하다 보니 어느덧 주위 사람들의 주목을 받게 되어 좌습유(左拾遺)로 임명되었다.

그 후 사마승정(司馬承禎)이라는 사람이 또 종남산에 은둔했다가 조정으로부터 부름을 받게 되었다. 그러나 그는 관직에 뜻이 없었으므로 다시 은둔하려고 했다. 이때 그를 성 밖까지 전송하게 된 사람은 다름 아닌 노장용이었다. 노장용은 종남산을 가리키며 사마승정에게 「참 좋은 산」이라고 말했다. 그러자 사마승정은 「내가 보기에는 관리가 되는 지름길(捷徑)일 따름이지요」라고 말했다. 사마승정이 노장용을 빗대어 꼬집어 말한 것이다.

여기서 「첩경」이란 어떤 목적이나 목표에 도달하기 위한 가장 빠른 수단을 지칭한다. 따라서 이 말은 풍자성이 강한 말이므로, 올곧은 사람이나 이치에 맞는 일을 강구하는 데에 사용하는 것은 옳지 않다. 따라서 이 말의 사용에는 그만큼 신중한 선택이 요구된다고 하겠다.

첩족선득 捷足先得

빠를 捷 발 足 먼저 先 얻을 得

《사기》 회음후(淮陰侯)열전

「발이 빠른 자가 먼저 얻는다」라는 뜻으로, 행동이 신속한 사람이 가장 먼저 목적을 달성하는 것을 비유하는 말이다. 한(漢)나라 때 한신(韓信)의 모사(謀士)인 괴통(蒯通)의 고사(故事)에서 유래되었다.

한신은 유방(劉邦)에게 대장군으로 등용되어 혁혁한 공을 세웠다. 한신이 제왕(齊王)에 봉해지는 등 세력이 커지자, 제나라 출신의 모사인 괴통은 한신에게 자립하여 유방·항우와 함께 천하를 삼분(三分)하라고 조언했다. 괴통은 하늘이 준 기회를 받지 않으면 도리어 화를 입게 될 것(天與不受 反受其殃)이라고 덧붙였다. 그러나 한신은 유방을 배반할 수 없어 그 말을 듣지 않았다.

훗날 유방은 항우를 물리치고 중원을 통일하고 나자, 한신의 세력을 경계해 병권(兵權)을 빼앗고 회음후(淮陰侯)로 강등했다. 결국 한신은 유방의 황후인 여후(呂后)와 소하(蕭何)의 계략에 빠져 붙잡혀 처형당했다. 한신은 죽기 전에 괴통의 계책을 받아들이지 않은 일을 후회하는 말을 남겼다.

「과연 사람의 말대로 『날랜 토끼가 죽으면 사냥개는 삶기게 되고, 높이 나는 새가 없어지면 좋은 활도 처박히게 되며(狡兎死 走狗烹 高鳥盡 良弓藏), 적국을 깨뜨린 다음에는 모신(謀臣)이 죽게 된다』고 했던가. 이미 천하가 평정되었으니 내가 삶겨지는 것도 당연한 일이지!」

유방은 제나라에 조서를 내려 괴통을 잡아들이라고 했다. 괴통이

잡혀오자, 고조가 「네가 회음후에게 모반하라고 부추겼느냐?」 하고 물었다. 그러자 괴통이 대답했다.

괴 통

「그렇습니다. 제가 그렇게 가르쳤습니다. 그러나 그 못난이는 저의 계책을 쓰지 않았기 때문에 스스로 죽음을 부른 결과가 되었습니다. 만약 그 못난이가 저의 계책을 썼던들 폐하께서 어찌 그를 죽일 수 있었겠습니까?」

고조가 노하여 말했다. 「이놈을 삶아 죽여라!」

그러자 괴통이 말했다. 「삶아 죽이다니, 원통합니다」

「너는 한신에게 모반을 가르치지 않았느냐! 그런데 어찌 원통하단 말이냐?」

괴통이 대답했다. 「진(秦)나라가 그 사슴(鹿 : 정권)을 잃은지라 온 천하가 다 함께 이를 쫓았습니다(中原逐鹿). 그 결과 솜씨가 뛰어나고 발이 빠른 사람이 먼저 얻게 된 것입니다(捷足先得). 도척(盜跖) 같은 도둑놈의 개도 요임금을 보면 짖습니다(跖之狗吠堯). 요임금이 어질지 않아서가 아니라, 개는 원래 그 주인이 아니면 짖기 때문입니다. 당시 신은 다만 한신을 알고 있었을 뿐 폐하는 알지 못했습니다. 또 천하에는 무기를 날카롭게 갈면서 폐하가 한 일을 흉내 내려고 하는 사람이 수없이 많지만, 힘이 모자라 못할 뿐입니다. 그들을 또 다 잡아 삶을 작정이십니까?」

이에 유방은 괴통의 말이 일리가 있다고 여겨 그를 풀어 주었다.

첩첩불휴 喋喋不休

재재거릴 喋 아닐 不 쉴 休

《사기》 장석지풍당(張釋之馮唐)열전

「쉴새없이 재잘거린다」는 뜻으로, 수다스러움을 비유하는 말이다.

《사기》 장석지풍당(張釋之馮唐)열전에 있는 이야기다.

한(漢)나라 문제(文帝) 때, 장석지(張釋之)는 도양(堵陽) 사람으로, 법을 집행하는 정위(廷尉) 벼슬에 있으면서 공정하게 일을 처리하여 명망이 높았다. 그가 조정의 손님을 접대하는 직책인 알자복야(謁者僕射 : 국왕을 위한 전달의 업무와 빈객 등을 접견하고 인도하는 일을 관장함)로 있을 때, 문제를 수행하여 호권(虎圈 : 호랑이 우리)을 순시한 일이 있었다. 문제는 황실 동산의 총책임자인 상림위(上林尉 : 상림원의 속관)에게 금수부(禽獸簿 : 금수의 이름과 숫자를 기록한 장부)에 대하여 십여 가지를 물었는데, 상림위는 하나도 제대로 답변하지 못하였다.

한문제 유항

이때 옆에 있던 호권의 관리인이 상림위를 대신하여 자세하게 대답하였다. 문제는 그 관리인의 능력을 시험하고자 여러 가지를 물었

는데, 관리인은 질문마다 유창하게 대답하는 것이 끝이 없었다. 문제는 「관리란 모름지기 이래야 마땅하지 않은가? 상림위는 믿을 수 없다」 라고 말하고는 장석지에게 명을 내려 그 관리인을 상림원령(上林苑令)으로 삼게 하였다. 그러자 장석지가 문제에게 여쭈었다.

강후 주발

「폐하께서는 강후(絳侯) 주발(周勃)과 동양후(東陽侯) 장상여(張相如)는 어떤 인물이라고 생각하십니까?」

문제가 말했다.

「모두가 장자(長子)지」

이에 장석지는 이렇게 간언하였다.

「주발과 장상여는 모두 장자로서 추앙받지만, 그들도 사무에 대하여는 말을 잘 하지 못하였습니다. 어찌하여 저 관리인을 본받아 쉴 새 없이 재잘거리라는 말씀이십니까(豈效此嗇夫喋喋利口捷給哉)? 이제 폐하께서 저 관리인의 말재간만으로 몇 단계를 승진시키려 하시니, 세상 사람들이 이를 좇아 알맹이 없이 말재간만 부리게 될까 염려스럽습니다」

문제는 장석지의 말이 옳다고 하며 관리인을 승진시키려던 일을 취소하였다. 여기서 유래하여 첩첩불휴는 쉴 새 없이 재잘거리는 수다스러움을 비유하는 성어로 사용된다.

청군입옹 請軍入甕

청할 請 임금 君 들 入 독 甕

《신당서(新唐書)》 혹리열전(酷吏列傳)

「그대가 항아리 안으로 들어가시오」 라는 뜻으로, 자기가 정한 규칙 따위에 자신이 당하게 되는 경우를 비유하는 말이다.

《신당서》 혹리열전(酷吏列傳)에 있는 이야기다.

당(唐) 고종(高宗)의 황후였던 측천무후(則天武后)는 국호를 주(周)나라로 고치고 스스로 황제가 됨으로써 중국 역사상 유일한 여자 황제가 되었다. 그러나 당시에는 여성을 황제로 인정하지 않는 사람들이 많았으므로, 측천무후는 혹리(酷吏)를 이용하여 반발하는 세력을 탄압하였다.

측천무후

내준신(來俊臣)과 주흥(周興)은 혹리들 가운데서도 가장 악명을 떨친 대신들이었다. 내준신은 각종 고문 기구를 만들었으며, 그에게 붙잡혀 심문을 당하면 살아서 옥문을 나오기 어려웠다. 주흥 또한 그에 못지않는 잔혹한 인물이었다.

어느 날, 측천무후는 주흥이 반란을 꾀한다는 밀고를 접하고 내준신에게 그를 조사해 보라고 명하였다. 내준신은 주흥과 매우 친밀한

내준신

사이였는데, 그 명령을 접한 때 마침 자기 집에서 주흥과 점심을 함께 먹고 있었다.

내준신은 짐짓 주흥에게 물었다.

「어떤 죄인이 있는데 태도가 매우 완강하여 모반한 사실을 인정하지 않으려고 하는데, 어떻게 하면 좋을까?」

아무것도 모르는 주흥이 뽐내듯 가르쳐주었다.

「그 자를 큰 독 안에 집어넣고 사방에서 불을 때면 인정하지 않고서는 못 배길 걸세」

내준신은 사람을 시켜 주흥이 일러준 대로 큰 독을 설치해 놓고서는 주흥을 불러 말했다.

「어떤 사람이 그대가 모반을 꾀한다고 고발하여 나에게 조사하라는 명령이 내려졌네. 청컨대 그대가 이 독 안으로 들어가시게(請兄入此瓮)」

그러자 주흥은 두려움에 떨며 죄를 자백하였다.

「청군입옹」은 자기가 놓은 덫에 자기가 걸려든 주흥의 경우처럼 자기가 정한 규칙 따위에 자신이 해를 입게 되는 경우를 비유하는 성어로 사용된다. 또 내준신이 한 것처럼 미리 올가미를 쳐놓고 상대를 유인하여 꼼짝 못하게 하는 경우를 비유하는 말로도 사용된다.

비슷한 뜻으로, 「제가 만든 법에 제가 걸려든다」는 「작법자폐(作法自斃)」가 있다.

청담 清談

맑을 清 말씀 談

《안씨가훈(顔氏家訓)》

세속적인 명리(名利)를 달관한 맑고 고상한 이야기.

「청담」은 위진(魏晋)시대에 유행한 청정무위(淸淨無爲)의 공리공담(公理空談)을 말한다. 《안씨가훈》 등에 있는 말이다. 이 말이 나오게 된 것은 중국이 한창 격동기에 접어들어 연일 전쟁과 살육으로 하루도 바람 잘 날이 없었던 위진남북조시대에 형성된 일군의 선비 집단인 죽림칠현(竹林七賢)과 밀접한 관련이 있다.

자고 나면 왕조가 바뀌고 그럴 때마다 숙청과 살육이 자행되던 시기에 이런 현실에 염증을 느낀 뜻있는 사람들이 모였다. 그들은 세간의 이런 정황을 깨끗이 잊어버리고 보다 고상하고 운치 있는 대화만 나누며 술에 취해 세상의 시름을 잊고자 노력하였다. 특히 그 가운데 일곱 사람이 당시 크게 알려졌다.

유령취음도(劉伶醉吟圖, 淸 화가 우지정)

죽림칠현도(日 에도시대 狩野山楽)

산도(山濤, 자는 거원巨源) · 완적(阮籍, 자는 사종嗣宗) · 혜강(嵇康, 자는 숙야叔夜) · 완함(阮咸, 자는 중용仲容) · 유령(劉伶, 자는 백륜伯倫) · 상수(向秀, 자는 자기子期) · 왕융(王戎, 자는 준중濬中) 7명이다.

이들이 술을 마시면서 시를 짓고 노닐 때 나누었던 이야기를 일러 후세 사람들이 「청담」이라고 한 것이다. 이들에게 있어서 술은 그 무엇과도 바꿀 수 없는 친근한 벗이라 할 수 있다.. 그래서 유령과 같은 사람은 술을 찬양하는 「주덕송(酒德頌)」이라는 글까지 남겼을 정도였다.

시속(時俗)의 득실에 빠져 그들을 비방하던 세속지사(世俗之士)를 한낱 잠자리나 나나니벌로 격하시킨 풍류와 호방함은 가히 이들 칠현들의 정신세계를 한 마디로 대신한 것이라고 하겠다.

청백리 淸白吏

맑을 淸 흴 白 벼슬아치 吏

《장자》 어부편(漁父篇)

맑고 깨끗한 마음으로 재물을 탐하지 않는 벼슬아치.

《장자》 어부편에 있는 말이다.

「행실이 맑고 결백하지 않으면 아래 관리들이 거칠고 게을러지니 이것이 대부의 근심이다(行不淸白 群下荒息 大夫之憂也)」

여기서 청백(淸白)은 품행이 순수하고 깨끗한 것을 말한다.

중국에서는 청백리란 말보다는 청백재상(淸白宰相)이란 말이 더 많이 쓰였다. 청렴하고 결백한 재상이란 말인데, 이것은 일반명사가 아니고 실제로 송(宋)나라 때의 관리인 두연(杜衍, 978~1057)을 일컫는 말이다.

《연감유함》 재상편에도 다음과 같은 말이 나온다.

「송나라 경력(慶曆) 연간에 두연이란 사람이 재상이 되었는데, 예물로 주는 물품이 있어도 절대로 집안으로 가져오지 않았다. 그래서 당시 사람들이 그를 일러 청백재상이라고 하였다」

우리나라에서는 의정부 · 육조(六曹) · 경조(京兆)의 정종(正從) 2품 이상의 당상관과 사헌부 · 사간원의 수직(首職)들이 추천하여 선정한 청렴한 벼슬아치를 일컫는다. 녹선(錄選)이 되면 만민의 추앙을 받았으며, 자손들에게도 음보(蔭補)의 혜택이 있었다.

「청백리 똥구멍은 송곳부리 같다」 라는 말이 있다.

이 말은 청렴한 까닭으로 재물을 모으지 못하고 찢어지게 가난함을 가리키는 말이다.

청운지지 青雲之志

푸를 靑 구름 雲 의 之 뜻 志

《사기》 백이열전(伯夷列傳)

「청운(靑雲)」은 푸른 구름을 말한다. 푸른 구름과 같은 뜻이 「청운지지」다. 푸른 구름은 사람들이 잘 볼 수 없는 귀한 구름이다. 신선이 있는 곳이나 천자가 될 사람이 있는 곳에는 푸른 구름과 오색구름이 떠 있었다고 한다.

그래서 「청운에 뜻을 둔다」 하면 남보다 훌륭하게 출세할 뜻을 가지고 있다는 말이 된다. 이제 막 일을 시작하려는 사람이 원대한 이상을 품고 이를 이루어 나가겠다는 의지를 비유하는 말이다.

장구령(張九齡)의 시를 소개한다.

그 옛날 청운의 뜻이
이루지 못한 백발의 나이에
뉘가 알리오, 밝은 거울 속
얼굴과 그림자가 절로 서로 안타까워함을.

宿昔靑雲志　蹉跎白髮年　숙석청운지 차타백발년
唯知明鏡裏　形影自相憐　유지명경리 형영자상련

장구령은 현종 때 어진 재상으로 이임보(李林甫)의 모략에 밀려나 초야에서 여생을 보낸 사람이다. 이 시는 재상의 자리를 물러났을 때의 감회를 읊은 것이다.

「그 옛날 푸른 꿈을 안고 재상이 되어 나라를 위해 있는 힘을 다했으나 뜻대로 되지 못하고 늙은 나이에 미끄러져 물러나고 말았다.

거울 속에 비친 그림자와 서로 마주보며 서글퍼하는 마음을 그 누가 알아 줄 사람이 있으리오」 하는 내용이다.

장구령상

그러나 옛날에는 「청운」 이란 말이 꼭 출세의 뜻으로만 쓰인 것은 아니었다.

《사기》 백이열전에서 태사공(太史公)은 이렇게 말하고 있다.

「민간에 있는 사람들이 덕을 닦아 이름을 세우고자 청운의 선비(青雲之士)의 힘을 빌지 않으면 어떻게 후세에 그 이름을 전할 수 있겠는가」

즉 백이 숙제 같은 사람도 공자 같은 성인이 그를 위대하게 평해 주지 않았으면 그 이름이 세상에 전해질 수 없었다는 것을 개탄한 것으로 여기서는 공자가 청운지사로 지적된 것이다.

주석에는 청운지사를 귀하고 위대한 사람이라고 풀이하고, 또 「청운지사」 에는 세 가지 뜻이 있어서, 덕이 높은 사람, 지위가 높은 사람, 뜻이 높은 사람에게 두루 쓰인다고 했다. 결국 푸른 뜻이니, 푸른 꿈이니 하는 것은 무엇이 됐든 높고 크게 한번 되어 보겠다는 원대한 포부의 뜻으로 풀이될 수 있을 것 같다.

왕발(王勃)의 「등왕각서(滕王閣序)」 에도 청운지지란 말이 장구령의 시에 나오는 것과 같은 출세의 뜻으로 쓰고 있다. 왕발도 같은 시대의 사람이다. 당시는 「청운」 의 뜻이 지금과 같이 출세의 뜻으로 쓰이고 있었던 것 같다.

청천백일 青天白日

푸를 靑 하늘 天 흴 白 날 日

한유(韓愈) / 「여최군서(與崔群書)」

아무런 잘못도 없이 결백함. 또는 무죄를 가리키는 말.

「청천백일」은 맑게 갠 하늘에서 밝게 비치는 해라는 뜻이고, 하는 일이 뒤가 깨끗하다든가, 억울한 것이 판명되어 죄에서 풀려 누명을 벗게 된다든가 하는 따위를 「청천백일」에 비유해 말한다. 즉 깨끗하다는 뜻과 세상이 다 안다는 두 가지 뜻으로 많이 쓰인다.

한유(韓愈)는 그의 친우인 최군(崔群)에게 보낸 편지 가운데서, 「……청천백일은 노예들도 또한 그것이 맑고 밝은 것을 안다」고 했다.

이것은 최군의 뛰어난 인품을 모르는 사람이 없다는 것을 비유해 쓴 말이다. 즉 최군이 하늘처럼 맑고 태양처럼 밝다는 것을 말한 것이 아니고, 누구나 다 알고 있다는 뜻으로 쓰인 말이다.

그러나 우리들이 흔히 말하는 「청천백일하(淸天白日下)에 드러났다」고 할 때의 그 「청(淸)천백일」과는 약간 뜻이 다르다.

《주자전서》에는 주자가 맹자를 평하여 「청천백일과 같이 씻어 낼 때도 없고, 찾아 낼 흠도 없다」고 했다. 이것은 순결무구(純潔無垢)의 뜻으로 쓰인 것이다.

우리들이 쓰는 사심이 없다는 그런 뜻의 청천백일과는 다소 거리가 있다. 우리들이 많이 쓰는 「청천백일하에 드러났다」든가, 「청천백일하에 그런 짓을 할 수 있느냐」든가 하는 말은 훤히 밝다는 뜻 그대로 쓰이는 것이다.

청천벽력 靑天霹靂

푸를 靑 하늘 天 벼락 霹 벼락 靂

육유(陸遊) / 「구월사일계미명기작」

차

「청천벽력(靑天霹靂)」은 맑게 갠 하늘에 난데없는 벼락이란 뜻이다. 전연 예상조차 할 수 없었던 재난이나 변고 같은 것을 비유해서 쓰는 말이다. 너무도 뜻밖의 불길한 소식을 듣든가 당하든가 했을 때 흔히 「청천벽력도 유분수(有分數)지」하는 말을 쓴다.

이것은 청천벽력이 사람을 놀라게 하는 돌발사건이란 뜻으로 쓰인 것이다. 「유분수지」하는 말은 「정도가 있지」하는 뜻이다. 우리말의 「날벼락」이란 말은 이 「청천벽력」이란 말과 비슷하기는 하나 쓰는 데 다소 차이가 있다. 날벼락은 죄 없이 받는 재난이란 뜻이다. 뜻밖에 당한다는 점에서는 같지만, 그 내용에 있어서는 다르다.

「그 소식은 내게 있어서 청천벽력이었다」하면 너무도 뜻밖의 놀라운 일이란 것을 뜻한다. 이때 「날벼락」이란 말은 쓸 수 없다.

「모진 놈 옆에 섰다가 날벼락 맞는다」는 말이 있다. 악한 사람에게 하늘이 벼락을 내리는 바람에 그 옆에 있던 착한 사람까지 희생을 당한다는 뜻이다. 이때는 「청천벽력」을 대신 쓸 수 없다.

그러나 「이거야 원 날벼락이지」하고 말할 때는 「이거야 원 청천벽력이지」하고 말할 수 있다. 너무나도 뜻밖에 당하는 일이라는 뜻이다.

남송의 시인 육유(陸遊, 1125~1209)는 시 「구월사일계미명기작(九月四日鷄未鳴起作)」에서 자신의 뛰어난 필치를 가리켜 「푸른

하늘에 벼락을 날리듯 한다(靑天飛霹靂)」 고 했다.

방옹이 병들어 가을을 지내다가
홀연히 일어나 취한 듯 붓을 옮긴다.
참으로 오랜 세월 웅크린 용과 같이
푸른 하늘에 벼락을 날리는 듯하구나.
비록 남들은 괴기에 빠졌다 하겠지만
이기고자 항상 괴롭게 침묵했었네.
하루아침에 이 몸이 죽는다면
천금을 주고도 못 살 것이네.

放翁病過秋 忽起作醉墨 방옹병과추 홀기작취묵
正如久蟄龍 靑天飛霹靂 정여구칩룡 청천비벽력
雖云墮怪奇 要勝常憫默 수운타괴기 요승상민묵
一朝此翁死 千金求不得 일조차옹사 천금구부득

진지한 기운보다는 해학적이고 경계하는 시상(詩想)이 잘 반영된 작품이다. 방옹은 육유가 스스로 붙인 호다. 그는 금(金)나라의 위협에 전전긍긍하다가 결국 도읍을 옮긴 북송 말에 태어나 남송시대를 살았다. 때문에 그는 나라의 불행을 목도하는 시인의 울분과 서정적인 감정이 뒤섞인 작품을 많이 남겼다.

「청천벽력」은 역시 세상을 놀라게 한다는 뜻으로 쓰인 것이기는 하지만, 좋은 의미를 지니고 있다. 「청천벽력」과 같은 뜻밖의 소식 중에는 기쁜 일 좋은 일도 있을 수 있다. 그러나 좋은 경우에는 이 문자를 쓰지 않는 것이 보통이다. 그러나 다른 문자로 표현 못할 경천동지할 대사건이라면 경우에 따라서는 쓸 수도 있을 것이다.

청촉승준탄금 聽蜀僧濬彈琴

들을 聽 나라이름 蜀 중 僧 칠 濬 탄알 彈 거문고 琴

이백(李白) / 「청촉승준탄금(聽蜀僧濬彈琴)」

「촉 땅의 스님 준이 연주하는 거문고 소리를 듣고」라는 뜻으로, 시선(詩仙) 이백이 지은 칠언율시(七言律詩)의 제목이다.

이 백

촉(蜀)은 이백의 고향으로, 멀리 고향에서 온 준(濬)이라는 이름의 승려가 자신을 위하여 연주하는 거문고 소리를 듣고 느낀 감회를 묘사한 시이다.

촉땅 스님이 거문고를 품에 안고
아미산 서쪽으로 내려왔네
날 위해 한 곡조 타니
뭇 골짜기의 솔바람 소리 듣는 듯하네
나그네 시름 흐르는 물에 씻기고
은은한 여음은 상종(霜鐘)과 같구나
산에 어스름이 찾아든 줄도 몰랐으니
가을 구름에 어둡이 겹겹이구나

청촉승준탄금

蜀僧抱綠綺 西下峨眉峰　촉승포녹기 서하아미봉
為我一揮手 如聽萬壑松　위아일휘수 여청만학송
客心洗流水 餘響入霜鐘　객심세류수 여향입상종
不覺碧山暮 秋雲暗幾重　불각벽산모 추운암기중

녹기(綠綺)는 녹기금(綠綺琴)을 가리키는데, 한(漢)나라 무제 때의 유명한 문인 사마상여(司馬相如)가 탁문군(卓文君)의 마음을 얻기 위하여 연주하였던 거문고라고 한다.

고향땅에서 온 거문고의 명인이 자신을 위하여 연주하는 음률에 취하니 흐르는 물에 마음을 씻기듯 객지생활의 시름도 잊어버린다.

유수(流水)는 거문고 연주곡의 명칭이기도 하며, 상종(霜鐘)은 해마다 첫서리가 내릴 때면 스스로 울린다는 고대의 종으로 여기서는 시인의 마음과 음률이 서로 호응하는 동성상응(同聲相應)의 의미를 지닌다. 연주가 끝나자 사방은 어느새 어둠이 겹겹이 쌓이고 있다. 날이 저무는 줄도 모르고 음악에 취한 가을날의 정경이 생생하게 표현된 작품이다.

청출어람 靑出於藍

푸를 靑 나올 出 어조사 於 쪽 藍

《순자》 권학편(勸學篇)

남(藍)은 「쪽」이라는 풀이름이다. 쪽에서 나온 푸른 색깔이 쪽보다 더 푸르다는 말에서 온 말로서, 제자가 스승보다 낫다는 평을 듣는 것을 말한다.

《순자》 권학편 맨 첫머리에 이렇게 말하고 있다.

「학문은 잠시도 쉬어서는 안된다. 푸른 색깔은 쪽에서 나오지만 쪽보다 더 푸르고, 얼음은 물이 만들지만 물보다 차다(學不可以已 靑出於藍而靑於藍 氷水爲之而寒於水)」

학문에 뜻을 둔 사람은 잠시도 게을리 해서는 안된다. 그 예로 쪽이란 풀로 푸른색을 내지만, 사람의 노력이 가해짐으로 해서 그 쪽 자체보다 더 깨끗하고 아름답고 진한 색깔을 낼 수 있다. 얼음은 물이 얼어서 된 것이지만 물에서 얼음이 되는 과정을 거치기 때문에 물보다 더 차가운 성질의 것이 된다. 그러므로 스승에게서 배우기는 하지만, 그것을 더욱 익히고 정진함으로써 스승보다 더 훌륭한 사람이 될 수 있고, 더 깊고 높은 학문과 덕을 갖게 된다는 뜻이다.

이 「청출어람이청어람(靑出於藍而靑於藍)」이란 말이 약해져서 「출람(出藍)」이 된 것으로, 그것은 곧 푸른색이란 뜻이 된다. 푸른색은 쪽에서 나와 쪽보다 푸른 것이므로 그것은 먼저 것보다 뒤의 것이 더 훌륭하다는 뜻이 된다. 즉 스승보다 제자가 나은 것을 말한다.

「출람지예(出藍之譽)」라고도 한다.

청풍양수 清風兩袖

맑을 淸 바람 風 두 兩 소매 袖

《서호유람지여》 현달고풍편

「양 소매 안에 맑은 바람만 있다」 라는 뜻으로, 청렴한 관리를 비유하는 말이다. 중국 명(明)나라 때의 우겸(于謙)이라는 청렴한 관리와 관련된 이야기에서 유래되었다.

서호유람지의 유랑잡기단

명나라 전여성(田汝成)이 지은 《서호유람지여(西湖遊覽志餘)》 현달고풍(賢達高風)편에 실려 있는 이야기다.

우겸은 명나라 때 여러 황제 밑에서 중요한 직책을 맡으며 청렴한 관리로 이름이 높았다. 강소성과 절강성을 아우른 두 성(省)의 순무(巡撫 : 중앙에서 지방으로 파견되는 임시관료)로 있을 때에는 백성들을 잘 보살펴 백성들이 부모처럼 떠받들었고, 항간에는 「하늘이 은혜로운 관리를 보내시어 양성을 도우시네(天遣恩官拯二方)」 라는 노래가 퍼질 정도였다고 한다.

명나라는 중기 이후로 관리사회의 기강이 점점 쇠퇴해져서 지방의 관리가 중앙으로 올라갈 때는 재물과 그 지방의 특산물을 잔뜩 가지고 가서 권문세가에게 잘 보이려고 바치는 풍조가 만연했다.

그러나 우겸은 수도로 올라갈 때마다 빈손이었다. 누군가 금은보화는 그만두고서라도 지방의 특산물이라도 가지고 가야 한다고 권하자, 우겸은 다음과 같은 시를 읊으며 듣지 않았다.

청풍양수(淸風兩袖) 관리 우겸

「양 소매에 맑은 바람만 넣고 천자를 알현하러 가서, 백성들의 입에 오르내리는 일은 면하리라(淸風兩袖朝天去 免得閭閻話短長)」

중국이나 우리나라의 옛날 의복은 소매가 넓어서 재물을 넣는 주머니 역할도 하였으므로, 소매에 맑은 바람만 넣는다는 말은 아무 재물도 지니지 않는다는 뜻이다.

여기서 유래하여 「청풍양수」는 추호도 재물을 탐내지 않는 청렴결백한 관리를 비유하는 말로 사용된다. 이 밖에 술이나 차를 마신 뒤의 청량한 느낌이나 맑고 깨끗하여 속세를 초월한 듯한 모습을 비유하는 말로도 쓰인다.

「양수청풍(兩袖淸風)」이라고도 한다.

초가벌진 楚可伐陳

초나라 楚 옳을 可 칠 伐 진나라 陳

《설원(說苑)》 권모(權謀)편

「초나라는 진나라를 정벌할 수 있다」 라는 뜻으로, 지나치게 혹사하여 힘을 약화시키는 경우, 또는 숨어 있는 단점을 찾아내는 안목을 비유하는 말이다.

한(漢)나라 유향(劉向)이 지은 《설원》 권모편에 있는 이야기다.

장왕출정

초(楚)의 장왕(莊王)은 춘추시대에 중국의 패권을 다툰 춘추오패(春秋五霸)의 한 사람이다. 장왕은 진나라를 정벌할 생각을 품고 간자(間者)를 보내 상황을 정탐하도록 했다. 그는 돌아와 이렇게 보고했다.

「진나라는 정벌할 수 없습니다」

장왕이 그 까닭을 물었다. 간자가 말했다.

「진나라는 성곽을 높이 쌓고 구덩이를 깊이 파서 방어태세를 잘 갖추고 있습니다. 또 식량도 충분히 축적해 놓은 상태이고, 나라 안이 평안하기 때문입니다」

그러자 장왕이 말했다.

「진나라를 정벌할 수 있다(陳可伐也). 진나라는 작은 나라인데 식량을 많이 축적해 놓았

초장왕 시대 제작된 청동솥

다고 하니 이는 백성들로부터 거두어들인 세금이 많다는 뜻이고, 세금을 많이 거두어들였다면 백성들이 그 임금을 원망하는 마음이 있을 것이다. 성곽을 높이 쌓고 구덩이를 깊이 팠다면 거기에 동원되어 백성들의 힘이 고갈되었을 것이다」

그리고는 마침내 군대를 이끌고 공격하여 진나라를 손에 넣었다.

여기서 유래하여 「초가벌진」은 소국인 진(陳)나라가 전쟁에 대비하느라 지나치게 국력을 낭비하여 결국 초(楚)나라에 정벌당한 것처럼, 지나치게 혹사함으로써 오히려 힘이 약해진 경우를 비유하는 말로 쓰인다.

또 장왕이 겉으로는 방비 태세를 잘 갖춘 것처럼 보이는 진나라의 허점을 간파한 것과 마찬가지로 장점 속에 숨겨져 있는 단점을 찾아내는 안목을 비유하는 말로도 쓰인다.

초두난액 焦頭爛額

그을릴 焦 머리 頭 불에 델 爛 이마 額

《십팔사략(十八史略)》

「머리가 불에 타고 이마가 덴 사람들을 윗자리로 모셨다」라는 뜻으로, 화재(火災)의 예방책을 강구한 사람은 상을 받지 못하고, 불난 뒤에 화재를 끈 사람은 상을 받는다는 말로서, 본말이 전도됨을 비유하는 말이다.

「초두난액 위상객(焦頭爛額 爲上客)」에서 나온 말이다.

《십팔사략》과 《통감(通鑑)》 등에 있는 이야기다.

서한(西漢) 선제(宣帝) 때 있는 조정의 처사에 대해 시정을 요구하는 상소문 가운데 있는 이야기다. 정부의 강력한 새 경제정책을 들고 나와 백성을 괴롭혀 온 재상이 밀려나고 새로운 인물들이 등장했을 때 일이다. 당초 그 정책을 반대하여 재상을 처벌하라고 주장해 온 사람이 있었으나 그는 잊힌 채 그대로 있었다.

이를 위해 올린 상소문 가운데 있는 기발한 비유가 바로 이 「초두난액 위상객(焦頭爛額 爲上客)」이란 말이다. 이것과 대조적으로 나오는 말이 「곡돌사신무은택(曲突徙薪無恩澤)」이란 문자다.

그 내용은 다음과 같다.

이떤 사람이 방을 새로 뜯어 고치면서 굴뚝을 아궁이와 일직선이 되게 만들고 또 굴뚝 옆에다가 땔감을 쌓아두었다.

이것을 본 어느 사람이 이렇게 충고를 했다.

「굴뚝이 아궁이와 직선으로 있으면 불길이 굴뚝까지 미치는 수가 있습니다. 그런데 땔감까지 그 옆에 쌓아둔다는 것은 더욱 위험한 일이니 굴뚝을 구부려 옆으로 돌리고, 그리고 혹시 모르는 일이니 불이 옮길 염려가 있는 땔감 같은 것은 다른 곳으로 옮겨놓으십시오. 그렇지 않으면 화재를 당할 염려가 있습니다」

그러나 집 주인은 설마 어떠랴 하는 생각에 굴뚝을 고치지도 않고, 땔감도 옮기지 않은 채 그대로 두었다.

그러다가 어느 날, 불이 너무 세게 들어가는 바람에 굴뚝으로 불똥이 튀어나가 옆에 있는 땔감에 옮겨붙어 화재가 일고 말았다. 이웃사람들이 달려와 애써 주었기 때문에 불은 곧 잡히고 큰 피해는 없었다. 주인은 불을 끄느라 애쓴 마을 사람들을 위해 술자리를 베풀었다. 머리가 불에 타고 이마가 덴 사람들을 윗자리로 모셨다(焦頭爛額 爲上客). 이것이 「초두난액 위상객」이다. 당연한 일이다.

그런데 화재가 날 것을 미리 걱정하며, 굴뚝을 구부리고 땔감을 옮기라고 충고해 준 사람은 술 한 잔도 대접하지 않았다(曲突徙薪無恩澤). 이것이 「곡돌사신무은택」이다. {☞ 곡돌사신(曲突徙薪)}

흔히 보는 일이다. 이것은 우리들이 늘 경험하고 있는 세상일이다. 미리 충고해 준 사람의 말만 들었으면 불이 나지도 않았을 텐데, 그런 말을 해준 사람의 고마움 같은 것은 까맣게 잊고 있는 것이 보통이다.

애당초 정책을 반대하여 주동자를 처벌하라고 충간을 한 선비에게는 아무런 은상도 표창도 없이 뒤늦게 일이 벌어진 다음에야 야단법석을 떤 사람들에게만 무슨 큰 공이나 세운 것처럼 벼슬이 오르고 녹이 많아지고 한 것을 상소문은 지적하고 있는 것이다.

이 상소문을 읽은 선제는 곧 그 선비에게 벼슬을 주었다는 것이다. 유비무환(有備無患)의 본뜻은 바로 이 「곡돌사신」과 같은 일처리를 말한다.

초록몽 蕉鹿夢

파초 蕉 사슴 鹿 꿈 夢

《열자(列子)》 주목왕편(周穆王篇)

파초 잎 속에 죽은 사슴을 넣어두었다가 나중에 잊고는 꿈속의 일이라고 여겼다는 이야기. 사람의 잃고 얻는 것이 꿈처럼 허무하고 덧없음을 비유함.

《열자》 주목왕편(周穆王篇)에 있는 이야기다.

정(鄭)나라 사람이 나무를 하다가 사슴을 한 마리 때려잡았다. 그는 남이 볼까 두려워 허둥지둥 구덩이 속에 사슴을 감추고 땔나무로 그 위를 덮었다. 그는 기쁨을 이기지 못하고 있다가 그만 사슴을 숨겨 놓은 곳을 잊어버렸다. 그는 꿈을 꾼 것으로 생각하고 길을 걸으면서 그 일에 대해 혼자 중얼거렸다.

그때 그의 곁에서 길을 가던 어떤 사람이 그 말을 듣고 사슴을 찾아냈다. 그는 집으로 돌아와서 아내에게 말했다.

「조금 전에 어떤 나무꾼이 사슴을 잡은 꿈을 꾸었는데 그 장소를 모른다고 했소. 그러나 나는 그의 말을 따라 사슴을 찾았소. 그 나무꾼은 바로 진실한 꿈을 꾸는 사람이오」

그러자 그의 아내가 말했다.

「당신이 나무꾼이 사슴을 잡은 꿈을 꾼 것이 아닐까요? 어떻게 그런 나무꾼이 있겠어요? 지금 당신이 이렇게 사슴을 찾아왔으니 당신의 꿈이 진실된 것이지요」

이에 남편이 말했다.

「내가 그의 꿈을 근거로 하여 사슴을 얻었는데, 그의 꿈이 나의

꿈임을 어떻게 알겠는가?」

그런데, 나무꾼은 사슴을 잃은 것을 잊지 않고 있다가 그날 밤 꿈에서 그 장소를 알아냈으며, 사슴을 가져간 사람에 대해서도 꿈을 꾸었다. 날이 밝자 꿈을 따라 그를 찾아가 만났다.

그리하여 사슴을 두고 소송이 벌어져, 이 사건은 사사(士師)에게로 넘어갔다. 사사가 나무꾼에게 말했다.

「그대는 사슴을 잡고 꿈이라 말했고, 사슴을 잡은 꿈을 꾸었을 때는 그것을 사실이라고 여겼다. 그런데 저 사람은 그대의 사슴을 가졌으면서도 그대와 사슴을 두고 다투게 되었다. 저 사람의 아내는 꿈에 남이 사슴을 잡아놓은 것을 알게 되었으나 남이 사슴을 잡은 일이 없을 거라고 말했다. 그러니, 이 사슴을 둘로 나누어 가지도록 하라」

이 판결을 듣고 정나라 임금이 말했다.

「아아! 사사는 다시 꿈에서 사슴을 나누어준 것일 게다」

그리고는 이에 대해 재상에게 물었다. 그러자 재상이 말했다.

「꿈을 꾸었는지 꾸지 않았는지 저로서는 분별할 수 없는 일입니다. 생시의 일인지 꿈속의 일이었는지를 분별하실 분은 오직 황제나 공자 같은 분일 것입니다. 지금은 황제도 공자도 없는데 누가 그것을 분별할 수가 있겠습니까? 그러니 사사의 말을 따르는 것이 좋을 것입니다」

인생의 득실이 꿈과 같이 허무한 것임을 비유하여 쓰인 말이다. 이 이야기는 노자의 「청허무위(淸虛無爲)」 사상이 녹아 있는 것으로, 인생의 덧없음을 비유한 장자의 「호접몽(胡蝶夢)」과 비교해 볼 만하다.

초목개병 草木皆兵

풀 草 나무 木 모두 皆 군사 兵

《진서(晋書)》 부견재기(符堅載記)

「초목개병」은 서 있는 수풀이 다 적의 군사로 보인다는 뜻으로, 어떤 일에 크게 놀란 나머지 신경이 날카로워진 것을 비유한 말이다.

《진서》 부견재기에 있는 이야기다.

진(晋)나라 말년에 정치가 부패하자 서북과 북방의 몇 개 민족들이 진나라의 지배에서 벗어나 전후 16개 나라를 세웠는데, 이것이 바로 오호십육국(五胡十六國)이다.

그 중에서 가장 강대한 나라는 저족(氐族)에 의해 세워진 진(秦)나라였다. 역사에서는 이를 전진이라고 하며 당시의 진나라는 동남쪽에 위치해 있었기 때문에 동진이라고 한다.

어느 날, 전진의 국왕 부견(符堅)이 80만 대군을 이끌고 남침해서 중원지방을 차지하려고 하였다. 이때 진무제는 8만의 군사를 동원해서 저항했는데, 수적인 열세가 너무나 현저해서 도저히 승산이 없어 보였다.

이 때문에 많은 관원들은 지레 겁을 먹고 떨고 있었다. 그러나 선봉도독이었던 사현(謝玄)은 정예군 5천을 인솔하고 낙간(洛澗) 일대에서 부견의 군사 1만 5천 명을 일거에 섬멸한 다음 승승장구로 진격하였다.

이에 진왕 부견과 선봉장 부융(符融)은 기세가 꺾여 주춤하였다. 그들의 수양성루에 올라가 진군의 군세를 살펴보니 그 기세는 하늘

풍성학려초목개병도(風聲鶴唳草木皆兵圖)

을 찌를 듯했고, 다시 서북쪽의 팔공산을 보니 산에 서 있는 초목들이 모두 적군의 병사처럼 보였다고 한다.

동진 군사들은 다시 비수(肥水)를 건너 용감하게 진격을 거듭해서 적장 부융을 사살하는 등 커다란 전과를 올렸다. 그 바람에 부견의 군사들은 일대 혼란에 빠지고 말았다. 그들은 밤에 바람소리가 나거나 학이 우는 소리(風聲鶴唳)만 들려와도 적병이 추격하는 줄 알고 벌벌 떨었다고 한다.

지칠 대로 지친 부견의 군사들은 이 싸움에서 거의 열의 일곱 여덟이 전사하였다. 이 싸움이 바로 적은 군사로 적의 대군을 물리친 것으로 역사상 유명한 비수대전(肥水大戰)이다.

「초목개병」은 바로 《자치통감》과 《진서》에서 부견이 「팔공산의 초목과 바람소리와 학의 울음소리를 모두 적병인 줄 알았다(八公山草木 風聲鶴唳 皆以爲晋兵)」라고 한 말에서 유래한 것인데, 「바람소리와 학의 울음소리」라는 뜻으로, 겁을 먹은 사람이 하찮은 일이나 작은 소리에도 몹시 놀람을 비유는 말로 쓰이는 「풍성학려(風聲鶴唳)」도 여기서 나온 말이다. {☞ 풍성학려}

초미지급 焦眉之急

태울 焦 눈썹 眉 의 之 급할 急

《오등회원(五燈會元)》

우리말에 「발등에 떨어진 불」 이란 말이 있다. 발등에 떨어진 불은 곧 몸 전체를 태우게 된다는 뜻과 아울러, 당장 뜨거우니까 손이 절로 그리로 가고 발이 절로 불을 차 던지게 된다는 뜻이다. 초미는 눈썹을 태운다는 뜻으로, 매우 위급함을 이르는 말.

「초미지급」 은 눈썹이 타고 곧 얼굴이 타게 될 그런 위급한 일이란 뜻이다. 발등에 떨어진 불보다 더 위급한 표현이다. 금릉 장산(蔣山)의 법천불혜선사(法泉佛慧禪師)는 만년에 어명으로 대상국지해선사(大相國智海禪寺)의 주지로 임명되었을 때, 중들을 보고 물었다.

「주지로 가는 것이 옳은가, 이곳 장산에 머무는 것이 옳은가?」

이 같은 물음에 아무도 대답하는 사람이 없었다. 도를 닦아야 하느냐, 출세를 해야 하느냐 하고 망설인 것이다. 그러자 선사는 붓을 들어 명리(名利)를 초탈한 경지를 게(偈)로 쓴 다음, 앉은 채 그대로 세상을 떠났다고 한다. 이 법천불혜선사가 수주(隨州)에 있을 때, 그 곳 중들로부터 여러 가지 질문을 받고 대답한 말 가운데 이런 것이 있다.

「어느 것이 가장 급박한 글귀가 될 수 있습니까(如何是急切一句)」

「불이 눈썹을 태우는 것이다(火燒眉毛)」 라고 대답했다는 것이다.

이 이야기는 《오등회원》 에 있는 이야기인데, 이 「화소미모」 란 말에서 「소미지급(燒眉之急)」 이란 말이 생기고, 「소미지급」 이 변해서 「초미지급」 으로 된 것 같다. 「눈썹에 불이 붙었다」 는 말을 쓰는 사람이 있는데, 그것은 「초미」 란 말을 그대로 옮긴 말이다.

초순건설 焦脣乾舌

태울 焦 입술 脣 마를 乾 혀 舌

《사기》 중니제자열전(仲尼弟子列傳)

「초순건설」은 입술이 타고 혀가 마른다는 뜻이다. 입술이 타고 혀가 마르도록 말을 많이 하는 것을 말한다. 그러나 생각을 많이 하여 잠을 이루지 못해 입술이 타고 혀가 마를 경우에도 이 말을 쓴다. 무슨 특별한 다른 뜻이 있는 것이 아니고 단지 사실 그대로의 현상을 과장해서 말한 것에 불과하다.

자공(子貢)이 공자의 부탁을 받아 노나라를 침략해 오는 제나라 군사를 물리치기 위해서, 제·오·월·진(晋)나라 등 각 국을 돌아다닌 일이 있다. 그가 오나라를 거쳐 월나라로 갔을 때의 일이다.

월왕 구천(句踐)이 자공을 뜰 밖에까지 나와 맞으며 원로에 찾아와 준 것을 치하하자, 자공은 월왕의 심중에 있는 말을 지적해 내며 그의 마음을 격동시켜 주었다.

그러자 월왕 구천은 머리를 조아려 절을 하며,

「내 일찍이 힘을 헤아리지 못하고 오나라와 싸워 회계(會稽)에서 패하고 이로 인한 굴욕과 고통이 골수에까지 사무쳐 낮이나 밤이나 입술을 타게 하고 혀를 마르게 하며, 그저 오왕과 함께 죽기가 소원입니다(孤嘗不料力 乃與吳戰 因於會稽 痛入於骨髓 月夜焦脣乾舌 徙欲與吳王接踵而死 孤之願也)」하고 말했다.

여기서 「초순건설」이란 말은 「노심초사(勞心焦思)」와 같은 뜻으로 풀이될 수 있다. 그러나 「입술이 타고 혀가 마르도록 타일러도 말을 듣지 않는다」고 할 때와 같은 뜻으로 많이 쓰이고 있다.

초요과시 招搖過市

부를 招 흔들릴 搖 지날 過 저자 市

《사기》 공자세가(孔子世家)

「남의 이목을 끌도록 요란스럽게 저자거리를 지나간다」 라는 뜻으로, 허풍을 떨면서 남들의 주의를 끌다. 즉 허장성세(虛張聲勢)로 사람들의 이목을 끄는 것을 비유하는 말.

공자(孔子)가 위(衛)나라에 가서 거백옥의 집에 머물 때, 위나라 영공(靈公)의 부인인 남자(南子)가 사람을 보내 면회를 청했다.

공자는 처음에는 사양하였으나, 남자가 거듭 사람을 보내 요청하자 하는 수 없이 만나러 갔다. 남자는 휘장을 드리우고 공자를 만났는데, 패옥(佩玉)이 부딪치는 소리가 요란스럽게 들렸다. 이러한 행동은 예의에 맞지 않는 것이었다. 그래서 공자는 자로에게 말했다.

「나는 그녀를 만나고 싶지 않았으나, 기왕에 만났으니 예로써 대해 주어야겠다」

그러자 자로는 싫은 내색을 했다. 그러자 공자가 말했다.

「내가 잘못이라면 하늘이 나를 미워할 것이다」

위나라에 머문 지 한 달이 지났을 무렵, 영공과 부인 남자는 함께 수레를 타고 행차하였다. 그런데 환관 옹거는 수레에 함께 태우고, 공자에게는 뒷수레를 타고 따라오게 하면서 요란스레 저잣거리를 지나갔다(使孔子爲次乘 招搖過市之). 공자는 이를 두고 「나는 덕(德)을 좋아하기를 색(色)을 좋아하는 것과 같이 하는 자를 보지 못하였다」 라고 했다. 그리고는 영공이 자신을 그와 같이 대하는 것을 치욕으로 여기고 위나라를 떠나 조(曹)나라로 갔다.

초인유궁초인득지 楚人遺弓楚人得之

초나라 楚 사람 人 잃을 遺 활 弓 얻을 得 갈 之

《설원(說苑)》 지공편(至公篇)

소견이 좁은 사람의 행동.

초공왕

초나라 사람이 잃은 활을 초나라 사람이 얻는다는 것이 「초인유궁 초인득지」 다. 《설원(說苑)》 등 여러 책에서 볼 수 있는 공자에 대한 이야기 가운데 나오는 말이다. 《설원》 지공편(至公篇)의 기록을 들자면 다음과 같다. 초공왕(楚共王)이 사냥을 나갔다가 그가 아끼던 활을 그만 놓아둔 채 잊고 왔다. 늦게야 알고 좌우 시신들이 다시 가서 찾아오기를 청했으나 공은, 「초나라 사람이 흘린 활을 초나라 사람이 주울 텐데 굳이 찾으러 갈 것까지야 없지 않으냐(楚人遺弓 楚人得之 又何求焉)」 하고 그만두게 했다.

공왕의 이야기를 들은 공자는 이렇게 말했다.

「애석한 일이다. 공왕의 말이 옳기는 한데 왜 좀 더 생각이 크지 못했을까. 이왕 말을 할 바엔 사람이 흘린 활을 사람이 줍는다고 하지 못하고, 하필 초나라라고 했단 말인가?」

《설원》 의 저자인 전한의 유향(劉向)은 공자와 같은 생각이야말로 대공(大公)이라 말할 수 있다고 했다. 내 것과 네 것이 없는 대동(大同)이 즉 「대공」 인 것이다.

촉견폐일 蜀犬吠日

나라이름 蜀 개 犬 짖을 吠 해 日

유종원 / 「답위중립논사도서」

식견이 좁은 사람이 선하고 어진 사람을 오히려 비난하고 의심함.

촉(蜀)나라의 개는 해를 흔히 볼 수 없기 때문에 해만 보면 짖는다는 뜻으로, 식견이 좁은 사람이 선하고 어진 사람을 오히려 비난하고 의심한다는 뜻으로 쓰인다.

사천성(四川省) 촉나라는 높은 산으로 둘러싸여 있으므로 늘 운무(雲霧)가 끼어 해를 보기가 드물기 때문에 촉나라 개들은 해를 보면 짖어댄다는 데서 유래한 말인데, 이 속뜻은 예사로운 일을 보고 놀람을 이르는 말이다.

파촉의 옛 진영

삼국시대 유비(劉備)의 파촉(巴蜀)은 예부터 산이 높고 안개가 잦아 해가 보이는 날이 드물었다. 어쩌다 날이 맑아 해가 뜨면 개들이 이상히 여겨 짖었다.

초(楚)나라 굴원(屈原)의 「초사(楚辭)」에 있는 구절이다.

촉으로 가는 험난한 길(蜀道難)

「마을 개들이 떼로 짖는 것은 이상하게 보이는 사물에 대해서다(邑犬群吠 吠所怪也)」

당(唐)나라 시선(詩仙) 이백(李白)은 시 「촉도난(蜀道難)」에서 사천(四川) 가는 길의 험준함을 하늘 길에 비유했다.

「촉(蜀)으로 가는 길 어려워라, 푸른 하늘 오르기보다 더 어려워(蜀道之難 難於上靑天), 몸 돌려 서쪽 보며 긴 한숨을 내쉬네(側身西望長咨嗟)」

따뜻한 월(越)나라 개들이 눈을 보고 짖었다는 「월견폐설(越犬吠雪)」은 당나라 유종원(柳宗元)의 글에 나온다.

촌철살인 寸鐵殺人

마디 寸 쇠 鐵 죽일 殺 사람 人

《학림옥로(鶴林玉露)》

간단한 경구로 어떤 일의 급소를 찔러 사람을 감동시킴의 비유.

「촌철」은 한 치밖에 안 되는 쇠란 말로, 주머니칼 같은 작은 것을 가리켜서 하는 말이다. 「촌철도 몸에 지니지 않았다(身無寸鐵)」든가, 「촌철살인」이라고 할 때는 극히 작은 무기를 뜻한다.

이 「촌철살인」의 어원이 된 것은 남동(南東)의 나대경(羅大經)이 지은 《학림옥로》에서 볼 수 있다. 이 책은 천·지·인 3부로 나눠어져 있는 전체 18권으로 된 책이다. 지부의 제7권 「살인 수단」이란 제목 아래 다음과 같이 씌어 있다.

「종고선사(宗皐禪師)가 선(禪)에 대해서 말했다. 『비유하면 사람이 수레에 무기를 싣고 와서, 이것도 꺼내 써 보고, 저것도 꺼내 써 보는 것은 올바른 살인수단이 되지 못한다. 나는 오직 촌철이 있을 뿐, 그것으로 사람을 당장 죽일 수 있다(我則只有寸鐵 便可殺人)』」

종고는 북송 임제종의 선승(禪僧)으로 대혜선사라 불렀다. 그가 여기서 말한 살인은 사람의 마음속을 점령하고 있는 속된 생각을 완전히 쫓아 없애는 것을 말한 것이다. 그 속된 생각을 성급하게 없애려 하여 이런 방법 저런 방법을 쓰는 것은 모두 서툰 수작이다. 내게는 오직 한 가지만을 깊이 생각하여 번쩍 하고 깨치는 순간 모든 잡념이 달아나게 된다는 뜻이다.

신문의 사설 따위의 한 구절 글이 사회에 끼치는 영향은 실로 상당하다 할 것이다.

추기급인 推己及人

밀 推 자기 己 미칠 及 사람 人

주희(朱熹) / 《여범직각서》

자신의 처지를 미루어 다른 사람의 형편을 헤아린다는 말이다.

춘추시대 제(齊)나라에 사흘 밤낮을 쉬지 않고 큰 눈이 내렸다. 제(齊)나라 경공(景公)은 따뜻한 방안에서 여우 털로 만든 옷을 입고 설경의 아름다움에 푹 취해 있었다.

경공은 눈이 계속 내리면 온 세상이 더욱 깨끗하고 아름다워질 거라고 생각하고 그렇게 되기를 바랐다. 그때 재상 안영(晏嬰 : 안자)이 경공에게 다가와 창문 밖 가득 쌓인 눈을 말없이 바라보았다.

경공이 안영에게 말했다.

「이상한 일이오. 눈비가 사흘 동안이나 내리는데도 춥지가 않으니. 봄 날씨처럼 따뜻한 게 조금도 춥지 않구려」

안영이 경공의 여우털옷을 물끄러미 바라보더니 말했다.

「정말 날씨가 춥지 않으십니까?」

경공이 그렇다는 듯한 표정으로 웃음을 띠자, 안영은 정색을 하고 이렇게 말했다.

「옛날의 현명한 군주들은 자기가 배불리 먹으면 누군가가 굶주리지 않을까를 생각하고, 자기가 따뜻한 옷을 입으면 누군가가 얼어 죽지 않을까를 걱정했으며, 자기의 몸이 편안하면 또 누군가가 피로해 하지 않을까를 늘 염려했다고 합니다. 그런데 공께서는 자신 이외에는 다른 사람을 전혀 배려하지 않으시는군요」

안자의 이 말에 경공은 부끄러워 얼굴을 붉히며 아무 말도 하지

안 영

못했다.

안자는 제나라의 정치가로 국민의 신망이 두터웠고, 관중(管仲)과 비견되는 훌륭한 재상이었다. 그는 너무나 검소하여 밥상에 반찬을 세 가지 이상 올리지 못하게 했으며, 늘 누더기 같은 낡은 옷을 입고 다녔다.

항상 백성들 입장에서 생각하고 행동하던 그는 편안한 일상에 묻혀 눈 오는 경치에만 정신을 빼앗긴 채 추위에 떨고 있을 백성에 대해서는 전혀 생각이 미치지 못하는 경공의 불찰을 옛 군주들의 예를 들어 따끔하게 지적하였다.

경공은 안자의 말을 듣자 바로 자신의 과오를 깨닫고 영을 내려 춥고 배고픈 백성들에게 창고를 개방하여 크게 구휼했다고 한다.

「배우는 사람이 충서(忠恕)에 있어서, 자타를 참고해 고치는 것을 벗어나지 못하지만, 나를 미루어 다른 사람에게 미치는 것이 올바른 일이다(學者之於忠恕未免參校彼已 推己及人則宜)」

위의 글은 「추기급인」 이라는 성어가 최초로 보이는 남송(南宋) 때의 유학자(儒學者)인 주희(朱喜 : 朱子)의 《여범직각서(與范直閣書)》로, 춘추시대보다는 훨씬 후대의 일이지만 제나라 경공의 일화는 추기급인에 걸맞은 사례여서 자주 인용되고 있다.

추불서 騅不逝

오추마 騅 아닐 不 갈 逝

《사기》 항우본기(項羽本紀)

오추마(烏騅馬)도 앞으로 나아가지 못한다는 뜻으로, 기세가 꺾이고 힘이 빠져 어쩔 수 없음을 비유적으로 이르는 말

항우가 한패공(漢沛公) 유방을 맞아 해하(垓下)에서 최후의 결전을 하던 날 밤이었다. 군대는 적고 먹을 것마저 없는데, 적은 겹겹이 둘러싸고 있다. 게다가 항우를 놀라게 한 것은 포위하고 있는 적군들이 사방에서 초나라 노래를 부르고 있는 것이었다.

「이제는 다 틀렸다. 적은 이미 초나라 땅을 다 차지하고 만 모양이다. 그렇지 않고서야 초나라 사람들이 이토록 많이 적에 가담할 수가 없지 않은가?」

오추마를 탄 항우

최후의 결심을 한 항우는 장수들과 함께 결별의 술자리를 베풀었다. 그 자리에는 항우가 항상 진중에 함께 데리고 다니던 사랑하는 우미인(虞美人)도 함께 했다.

항우에게는 우미인처럼 늘 그와 운명을 같이하다시피 한 오추마로 불리는 천리마가 있었다. 오추마를 추(騅)라고 불렀다. 술이 한잔 들어가자 항우는 감개가 더욱 무량했다. 슬픔과 울분이 한꺼번에 치

차

밀어 올라 노래라도 한 수 읊지 않고는 견딜 수 없었다.

힘은 산을 뽑고 기상은 세상을 덮었는데
때가 불리하니 추마저 가지 않누나
추마저 가지 않으니 난들 어찌하리
우(虞)야, 우야, 너를 어찌하리

力拔山兮氣蓋世　역발산혜기개세
時不利兮騅不逝　시불리혜추불서
騅不逝不可奈何　추불서불가나하
虞兮虞兮奈若何　우혜우혜나약하

우희 묘

노래를 마치고 항우는 우미인을 혼자 남아 있으라고 이렇게 위로하며 권했다.

「너는 얼굴이 아름다우니, 패공의 사랑을 받아 살아날 수 있을 것이다」

그러나 우미인은 항우를 따라가겠다면서 단검을 받아 들고는 자살하고 만다. 남편의 짐이 되지 않기 위해서였다. 이 노래는 「발산기개세지가(拔山氣蓋世之歌)」라고도 하고, 「우혜가(虞兮歌)」라고도 한다.

이제까지 고난을 함께 해온 애마 추까지도 앞으로 나아가려 하지 않는다는 뜻으로 마지막 곤경에 빠져서 세궁역진함을 비유한 말이다.

추선 秋扇

가을 秋 부채 扇

《한서》「원가행(怨歌行)」

필요할 때는 대접을 받다가 쓸모가 없어지면 경시되는 상황이나 사람. 특히 남자의 사랑을 잃은 여인의 처지.

「추선」은 글자 그대로 가을 부채를 말한다. 즉 가을이 되어 쓸모가 없게 된 부채를 가리킨다. 이에 비유하여 사랑을 잃은 처지를 뜻하는 말로 쓰인다. 《한서》속에 반첩여(班倢伃) 「원가행(怨歌行)」이라는 시에 나오는 말이다.

한나라 성제(成帝)의 홍가(鴻嘉) 3년(BC 18년)의 어느 날, 후궁 증성사(增成舍)는 여느 때와는 다른 황망함을 보이고 있었다. 이곳의 주인인 반첩여가 허황후(許皇后)와 공모하여 총애를 받고 있는 사람들을 저주하고 황제에 대하여 불손한 언사를 했다는 혐의로 잡혀가고 있는 것이었다.

소문에 의하면 조비연(趙飛燕) 자매가 이 두 사람을 황제에게 참주(讒奏)했다고 한다. 조자매란 얼마 전에 궁비(宮婢)로서 채용된 데 불과했지만, 그 경신세요(輕身細腰)가 황제의 눈에 들어 후궁에 들어오고, 곧이어 언니는 첩여, 동생은 소의(昭儀)의 지위를 하사받으며 후궁의 총애를 한 몸에 모으고 그 정도가 전대미문이라고 일컬어지고 있었다.

사실을 규명했으나 무죄라는 것이 밝혀졌다. 그러나 불쌍하게도 허황후는 건시(建始)·하평(河平) 연간에 총애를 뽐냈던 것이 화근이 되어 폐위되고 미인이란 지위로 떨어지고 말았다. 반첩여는,

조비연

「『생사에는 명이 있고, 부귀는 하늘에 있다(死生有命 富貴在天)(《논어》 안연편)』 고 듣고 있습니다. 행실을 바르게 하여도 아직 복이 없는데, 사악한 짓을 한들 무슨 소용이 있겠습니까. 하늘이 이 신하로서 바라서는 안될 소원을 아셨다 하더라도 받아들이지 않을 것입니다. 모르고 계신다면 아무리 바라고 바라도 무익한 일이 아니겠습니까」 라고 아뢰었다.

황제는 반첩여의 성실에 감동되어 그녀를 용서하고 또다시 백 근의 황금을 하사했다. 그리하여 다시 증성사로 돌아오긴 했으나 이미 총애를 잃은 몸, 별수가 있을 리 없다. 있는 것은 공허뿐, 아니 여자의 질투다. 이번에는 다행히 용서를 받기는 했으나 어떻게 저 조비연 자매를 그냥 둘 수 있겠는가.

고조황제의 애첩 척희(戚姬)는 고조황제의 비 여태후에게 두 눈이 뽑히고 혀가 잘리고 다음에는 수족까지 절단당하지 않았는가. 무서운 것은 여자의 질투다. 현량정숙(賢良貞淑)한 반첩여는 어찌했으면 좋을지를 몰랐다. 어떻게 이 질투의 소용돌이치는 후궁에서 도망칠 방법은 없을까 하고 고뇌했다.

그래서 장신궁(長信宮)에 계신 황태후인 왕씨에게 부탁을 해보기로 했다. 황태후는 자기가 옛날에 첩여가 되었을 때 자신의 겸손함을 칭찬하고 언제나 다정하게 대해 주었다. 이젠 황태후에게 의지하는 길밖에 없다고 생각하자 반첩여는 지체하지 않고 장신궁으로 가서 황태후를 모시게 해달라고 자원을 했다.

장신궁에서는 평온한 나날이 흘렀다. 왕씨의 말벗을 해주는 일 이외에는 방안에 들어박혀 시서를 읽고 악기를 벗 삼고 있었다. 그러나 간혹 나는 새의 모습이 수면에 비치듯, 그 예전 증성사에서 보내던 생활의 추억이 마음속에 오가는 수도 없지 않았다.

새로 찢는 제나라의 흰 비단
깨끗하기 서리와 눈과 같구나.
이리저리 잘라서 만든 합환선
둥글기가 명월과 같구나.
그대의 품속으로 드나들면서
움직여 미풍을 일으킨다.
언제고 두려운 가을이 되어
찬 바람이 더위를 쫓으니
장 속으로 버림을 받아
은정이 중도에서 끊어질까 싶구나

新裂齊紈素 皎潔如霜雪　신렬제환소 교결여상설
裁爲合歡扇 團團似明月　재위합환선 단단사명월
出入君懷袖 動搖微風發　출입군회수 동요미풍발
常恐秋節至 凉風奪炎熱　상공추절지 양풍탈염열
棄損篋笥中 恩情中道絶　기손협사중 은정중도절

세월은 장신궁에도 흘러 수화(綏和) 2년(BC 7년) 성제가 죽은 뒤 곧 반첩여도 40세 남짓한 생애를 마감했다. 「추풍선(秋風扇)」이란 말이 사나이의 사랑을 잃은 여자에게 비유되어 「추풍선으로서 버림을 받아」 하고 곧잘 쓰이는 것도 앞에서 보인 「원가행」에서 나왔다.

추풍과이 秋風過耳

가을 秋 바람 風 지날 過 귀 耳

《오월춘추(吳越春秋)》

「가을바람이 귀를 스쳐 지나가다」 라는 뜻으로, 관심이 없음을 비유한 말. 후한 때 조엽(趙曄)이 쓴 《오월춘추》에 있는 이야기다.

계 찰

춘추전국시대 때 오왕 수몽(壽夢)에게는 네 아들이 있었다. 즉, 큰 아들 저번(諸樊), 둘째 여제(余祭), 여매(余昧), 막내 계찰(季札)이 그들이었다. 이들 중 계찰의 인품과 덕성이 가장 훌륭하였을 뿐만 아니라 재능 또한 뛰어났다. 때문에 수몽은 계찰을 가장 총애하였다.

기원전 561년, 수몽이 중병에 걸려 임종을 맞아 네 아들을 불러, 장자에게 왕위를 물려주었던 제도를 바꾸어 계찰에게 왕위를 물려주겠다고 하였다. 그러나 계찰은 단호하게 사양하였다. 이에 수몽이 장자 저번에게 말했다.

「나는 왕위를 계찰에게 물려주려 하지만, 계찰이 옛 제도를 바꾸는 것을 원치 않는구나. 그러니 네가 즉위한 후에라도 나의 유언을 잊지 않기 바란다」

수몽이 죽자, 저번이 왕위를 계승하였다. 그는 두 동생 여제, 여매와 서약을 하고, 이후 왕위를 형제들이 차례로 계승하고 마지막으로 막내 동생 계찰에게 물려주기로 약속하였다.

계찰 조상(彫像)

저번이 죽은 후, 여제가 계승하였고, 여제가 죽자 왕위는 여매에게 넘어갔다. 계찰은 충성스럽게 형들의 정무(政務)를 도왔으므로, 그의 명성은 널리 퍼지게 되었다. 여매는 임종하기 전, 형제들 간에 했던 약속에 따라 왕위를 계찰에게 넘겨주려고 하였으나 계찰은 끝내 이에 따르지 않고, 이렇게 말했다.

「부왕께서 세상을 떠나시기 전에 저는 이미 왕위를 계승하지 않겠다는 뜻을 밝힌 바 있습니다. 사람은 바른 길을 걸어야하며, 인품을 고상하게 해야 합니다. 부귀영화란 저에게는 가을바람이 귓가를 스쳐 지나가는 것과 같습니다(富貴之于我 如秋風之過耳)」

계찰은 자신의 결심을 확고하게 보여주기 위하여 자신의 봉지(封地)로 가서 은둔하며 살다가, 여매의 아들 요(僚)가 즉위하자 다시 조정으로 돌아와 왕 요를 도와 정무를 처리하였다.

그로부터 12년이 흐른 후, 저번의 맏아들 공자 광(光)이 오왕 요(僚)를 죽이고, 자신의 책임을 피하기 위해 거짓으로 계찰에게 왕위에 오를 것을 청하였지만, 계찰은 이를 단호히 거절하며 광(光)을 엄중하게 꾸짖었다. 공자 광(光)이 즉위하자, 계찰은 자신의 봉지인 연릉(延陵)으로 돌아가 다시는 조정에 돌아오지 않았다.

축록자불견산 逐鹿者不見山

쫓을 逐 사슴 鹿 사람 者 아니 不 볼 見 뫼 山

《회남자》 설림훈편(說林訓篇)

큰 것에 뜻이 있는 사람은 사소한 일에 구애되지 않는다.

「짐승을 쫓는 사람은 눈이 태산을 보지 못한다. 왜냐하면 욕심이 밖에 있으면 밝은 것이 가려지기 때문이다(逐獸者不見太山 嗜欲在外 則明所蔽矣)」라고 했다. 짐승을 잡으려고 산에 들어간 사람은 짐승에만 생각이 가 있어서 산이 눈에 보이지 않는다. 욕심에 눈이 어두워 있기 때문이다. 또 이와는 반대로 같은 《회남자》 설림훈편에, 「사슴을 쫓는 사람은 토끼를 돌아보지 않고, 천금의 물건을 흥정하는 사람은 몇 돈 몇 냥의 값을 놓고 다투지 않는다(逐鹿者不顧兎 決千金之貨者不爭銖兩之價)」라고 했는데, 결국 큰 것에 뜻이 있는 사람은 사소한 일에 구애되지 않는다는 뜻이다. 여기서 「축록자불고토(逐鹿者 不顧兎)」란 말이 나왔다. 또 《허당록(虛堂錄)》에는, 「사슴을 쫓는 사람은 산을 보지 못하고, 돈을 덮치는 사람은 사람을 보지 못한다」고 했다. 또 이권, 특히 황제의 자리를 다투는 것을 가리켜 축록이라고 하는 것은 《사기》 회음후열전에서 괴통이, 「……진나라가 그 사슴을 잃은지라 천하가 함께 쫓았다……」라고 했는데, 여기 말한 사슴은 곧 황제의 자리란 뜻이다. 당나라 위징(魏徵)의 시에도, 「중원이 아직 사슴을 쫓아 붓을 던지고 융헌을 일삼는다」라고 한 구절이 있다. 중원은 천하를, 융헌은 병사(兵事)를 뜻한다. 천하가 어지러워 전쟁을 일삼고 있다는 뜻이다. 여기서 정권을 다툰다는 뜻으로 쓰이는 「중원축록」이란 성구도 나왔다.

춘래불사춘 春來不似春

봄 春 올 來 아니 不 같을 似

동방규(東方虯) / 「소군원(昭君怨)」

「춘래불사춘」은 봄이 와도 봄답지 않다는 말이다.

이 말은 왕소군(王昭君)을 두고 지은 시 가운데 있는 글귀다. 왕소군은 전한 원제(元帝)의 궁녀로 이름은 장이고, 소군은 자(字)다.

왕소군은 절세의 미녀였다. 원제는 후궁들이 많아 일일이 얼굴을 볼 수가 없어서, 궁중화가 모연수(毛延壽)에게 후궁들의 초상화를 그려 바치도록 하여 마음에 드는 후궁을 낙점하였다.

왕소군(日 에도시대 화가 코스미 모리)

그래서 후궁들은 뇌물을 주면서 잘 그려주도록 간청하였는데, 왕소군만은 뇌물을 주지 않아 모연수는 그녀의 얼굴을 매우 추하게 그려 바쳤다. 그래서 황제는 왕소군을 곁에 두지 않았다.

그러던 중 흉노족의 왕 호한야(胡韓耶)가 한나라의 미녀로 왕비를 삼기를 청하자, 흉노와의 화친정책에 의해 어쩔 수 없이 황제는 추녀로 잘못 알고 있던 왕소군을 보내기로 했다.

왕소군이 흉노로 떠나는 날, 처음 왕소군을 실제 보게 된 황제는 격노하여 모연수를 죽여 버렸다.

졸지에 말도 통하지 않는 흉노에게 시집을 가게 된 재주와 미모가 출중한 여인 왕소군은 가는 길에 서글픈 심정을 거문고에 담아 연주하였는데, 구슬픈 그 소리와 처연한 아름다운 모습에 날아가던 기러기가 날갯짓하는 것을 잊고 떨어졌다고 하여 「낙안」 이라는 고사성어가 생겼다.

왕소군은 죽어 흉노의 땅에 묻혔는데, 겨울이 되어 흉노 땅의 풀이 모두 시들어도 왕소군의 무덤 풀만은 사시사철 늘 푸르렀다고 하여 그 무덤을 청총(靑塚)이라고 하였다.

그러한 그녀의 불운한 정경을 노래한 글귀 가운데,

오랑캐 땅엔 꽃과 풀이 없으니
봄이 와도 봄 같지가 않구나.

胡地無花草 春來不似春　호지무화초 춘래불사춘

흉노로 시집가는 왕소군(明 화가 구영)

라는 말이 나온다. 살풍경한 북녘 오랑캐의 땅을 그대로 표현한 말이었는데, 이 시가 유명해지자 다른 비슷한 경우에도 이 말을 많이 인용하게 되었다.

예를 들어, 연말이 되어도 상여금을 타지 못하는 사람은 그것을 비유해서 「춘래불사춘」 이라고 한다. 또 연초에 남들은 떡이야 술이야 즐겁게 먹고 있는데, 혼자 그런 기분을 느끼지 못하면 역시 「춘래불사춘」 이다.

춘면불각효 春眠不覺曉

봄 春 잠잘 眠 아니 不 깰 覺 새벽 曉

맹호연(孟浩然) / 「춘효(春曉)」

「춘효(春曉)」 라는 맹호연의 유명한 시의 첫 구절에 나오는 말이다. 한가한 봄날 새벽이 된 줄도 모르고 늦게까지 깊은 잠에 빠져 있었다는 뜻이다. 오언절구로 된 이 시의 전부를 소개하면 다음과 같다.

봄잠이 새벽을 깨닫지 못하니
곳곳에 우는 새소리를 듣는다.
밤에 온 비바람 소리에
꽃이 얼마나 떨어졌을까를 안다.

春眠不覺曉 處處聞啼鳥 춘면불각효 처처문제조
夜來風雨聲 花落知多少 야래풍우성 화락지다소

이 시는 봄의 한가함을 나타낸 시로 알려져 있지만, 실상 그 속에는 봄을 시샘하는 비바람과 덧없이 지고 만 꽃의 허무함을 무감각하게 현실로 바라보는 서글픔과 달관(達觀)이 함께 깃들어 있다. 우리나라 시조에 있는,

간밤에 부던 바람에 만정도화(滿庭桃花) 다 졌겠다.
아이는 비를 들고 쓸려고 하는구나.
낙환들 꽃이 아니랴, 쓸어 무엇 하리오.

라고 한 내용의 시상(詩想)도 같은 것이 아닐는지…….

춘소일각치천금 春宵一刻値千金

봄 春 밤 宵 한 一 새길 刻 값 値 일천 千 돈 金

소식(蘇軾) / 「춘야(春夜)」

소동파(蘇軾)가 지은 「춘야(春夜)」라는 칠언절구에 나오는 첫 글귀다. 「춘소일각치천금」은 「봄날 밤 한 시각은 천금을 주고 살 만한 그런 가치가 있다」는 뜻이다.

소동파는 선비이면서 도교와 불교에 조예가 깊은 시인이었다. 특히 자연을 사랑하는 가운데 인생의 허무를 내다보는 그의 시는 말이 지닌 이상의 깊은 뜻과 맑은 향기를 풍기고 있다.

봄밤의 한 시각은 값이 천금
꽃에는 맑은 향기가 있고 달에는 그늘이 있다.
노래와 피리의 누대는 소리가 가늘고 또 가늘어
그네 뛰던 안뜰에는 밤이 깊고 또 깊다.

春宵一刻値千金 花有淸香月有陰 춘소일각치천금 화유청향월유음
歌管樓臺聲細細 鞦韆園落夜沈沈 가관루대성세세 추천원락야침침

봄밤은 한 시각이 천금을 주어도 아깝지 않은 즐거운 시간이다. 꽃은 그윽한 향기를 풍기고, 달은 얼굴을 발 사이로 몽롱하게 지켜보고 있다. 누각에서 피리소리와 노랫소리가 멀리 가느다랗게 들려오고, 그네를 뛰며 즐기던 안마당에는 소리 없이 밤만 자꾸 깊어간다는 내용이다. 시가 유명해지자 「춘소일각치천금」은 마침 얻게 된 즐거운 시간을 아끼는 뜻으로도 쓰이고, 시간을 보람 있게 즐겁게 보내자는 말로도 쓰인다.

춘수모운 春樹暮雲

봄 春 나무 樹 저물 暮 구름 雲

이백 / 「춘일억이백(春日憶李白)」

두 보

먼 곳에 있는 벗을 그리는 마음이 일어남.

봄철의 나무와 저문 날의 구름이라는 뜻으로, 먼 곳에 있는 벗을 그리는 마음이 일어남을 비유적으로 이르는 말.

중국 문학사에서 각기 시선(詩仙)과 시성(詩聖)으로 불리는 위대한 시인들인 이백(李白)과 두보(杜甫)는 같은 시대에 살았다.

두보는 33세 때 낙양(洛陽)에서 11세 연상의 이백을 만나 교유(交遊)하였다. 이후 두보는 평생 이백과의 우정을 소중히 여기며 그를 그리워하는 시를 여러 편 지었다. 「봄날 이백을 그리워하다」라는 「춘일억이백(春日憶李白)」이라는 시도 그 가운데 하나이다.

이백의 시는 당할 이 없어
자유분방한 그 생각 워낙 뛰어나
청신함은 북방의 유신(庾信)과 같고
헌칠하고 뛰어남은 남방의 포조(鮑照)를 겸하였네.

차

위북은 봄 나무들이 싱그러운데
저무는 날 구름에 마음 설렌 강동의 그대
언제 둘이서 술잔을 나누며
다시금 자상하게 시와 글에 대해 논하여 볼꼬

白也詩無敵 飄然思不群 백야시무적 표연사불군
淸新庾開府 俊逸鮑參軍 청신유개부 준일포참군
渭北春天樹 江東日暮雲 위북춘천수 강동일모운
何時一樽酒 重與細論文 하시일준주 중여세론문

소년 이백

위북은 위수(渭水)의 북쪽으로, 그 무렵 두보가 있던 장안(長安)을 가리키고, 강동은 이백이 있던 강남(江南)을 가리킨다. 장안에서 한창 싱그러움을 풍기는 봄철의 나무들을 바라보며 강남에 있는 이백을 그리워하는 정을 시로 나타낸 것이다.

유신(庾信)은 거기대장군과 개부의동삼사(開府儀同三司)를 지내 세칭 유개부(庾開府)로 불린다. 포참군은 포조의 관명이다.

춘재지두이십분 春在枝頭已十分

봄 春 있을 在 가지 枝 머리 頭 이미 已 열 十 나눌 分

대익(戴益) / 「탐춘시(探春詩)」

진리는 가까운 데 있다.

「춘재지두이십분」은 사람이 알지 못하는 사이에 어느덧 봄은 벌써 나뭇가지 끝에 와 있었다는 뜻이다. 대익의 「탐춘시(探春詩)」에 있는 맨 끝 글귀인데, 사람이 찾는 것은 대개 멀리 있는 것이 아니고 바로 자기 주변에 있다는 뜻으로 쓰이는 말이다.

차

온종일 봄을 찾아 봄을 보지 못하고
아득한 좁은 길로 언덕 위 구름 있는 곳까지 두루 헤맨 끝에
돌아와 마침 매화나무 밑을 지나노라니
봄은 가지 머리에 벌써 와 있은 지 오래였다.

盡日尋春不見春 芒蹊踏遍隴頭雲 진일심춘불견춘 망혜답편농두운
歸來適過梅花下 春在枝頭已十分 귀래적과매화하 춘재지두이십분

울 안에 있는 매화 가지에 벌써 꽃망울이 져 있는 것도 모르고, 하루 종일 밖에 나가 들로 산으로 봄소식을 찾아 헤맨 어리석음과, 그런 헛수고 끝에 비로소 눈에 들어온 내 집 울 안에 있는 매화 가지의 꽃망울을 발견하고 놀라서 반기는 시인의 천진난만스런 모습이 잘 나타나 있다.

진리는 가까운 데 있다 하는 뜻으로 많이 인용되는 말이다. 사람은 주변을 떠나 먼 데 것을 찾는 어리석음을 누구나 가지고 있다는 뜻도 된다.

춘추필법 春秋筆法

봄 春 가을 秋 붓 筆 법 法

《춘추(春秋)》

대의명분을 밝혀 세우는 사필(史筆)의 준엄한 논법을 비유하여 이르는 말이다. 「사서오경(四書五經)」 가운데 오경의 하나인 《춘추(春秋)》와 같이 비판(批判)의 태도(態度)가 썩 엄정(嚴正)함을 비유하여 이르는 말로 쓰이고, 또 대의명분을 밝혀 세우는 사필(史筆)의 준엄한 논법(論法)을 이르는 말이기도 하다.

이 말은 《춘추》의 문장에는 공자(孔子)의 역사비판이 나타나 있다고 하는 데서 비롯된 것으로, 중국의 경서(經書) 《춘추》와 같은 비판적인 태도로 오직 객관적인 사실에만 입각하여 기록하는 것을 의미한다. 일명 「춘추직필(春秋直筆)」이라고도 한다.

《춘추》는 중국 고대의 사서(史書)로, 춘추시대 노(魯)나라 은공(隱公) 초년(BC 722)부터 애공(哀公) 14년(BC 481)에 이르기까지 12대 242년간의 연대기이다. 「사서(四書)」의 하나인 《맹자(孟子)》에 따르면, 《춘추》는 BC 5세기 초에 공자가 엮은 것으로 전해진다.

노나라 242년간의 사적에 대하여 간결한 사실(史實)을 적고, 선악을 논하고 대의명분을 밝혀 그것으로써 천하 후세의 존왕(尊王)의 길을 가르쳐 천하의 질서를 유지하려 한 것으로 전해진다. 이 표현법이 「춘추의 필법」으로 일컬어졌으며, 「춘추삼전(春秋三傳)」으로 불리는 《공양전(公羊傳)》, 《곡량전(穀梁傳)》, 《좌씨전(左氏傳)》의 세 주석서가 바로 그것으로, 편년체(編年體) 서술의 시조로 평가된다.

공자는 춘추시대 말기의 사람으로 노나라 태생이다. 그가 살던 시대는 하극상과 약육강식이 만연했던 시대였다. 공자는 그 시대의 혼란상을 보면서 저마다 자기 직분을 잃고 있기 때문이라고 판단하여 「임금은 임금, 신하는 신하, 부모는 부모, 아들은 아들다워야 한다(君君 臣臣 父父 子子)」 라고 말하여 각자의 직분을 지켜야 함을 강조했다. 그리고 과거를 거울삼아 기강이 무너진 천하를 바로잡아야겠다는 취지로 《춘추》 를 집필하게 되었다.

공 자

사건을 기록하는 기사(記事), 직분을 바로잡는 정명(正名), 칭찬과 비난을 엄격히 하는 포폄(褒貶)의 원칙을 세워, 여기에 어긋나는 것은 철저히 배격했으며, 오직 객관적인 사실에 입각하여 자신의 판단에 따라 집필했다. 특히 선왕(先王)의 업적을 평가할 때에도 이 원칙은 예외 없이 지켜졌다. 오직 정사(正史)를 기록한다는 신념으로 외압에도 굴하지 않고 버텨 편년체의 효시인 《춘추》 를 완성했다. 여기에서 비롯하여 대의명분을 좇아 객관적인 사실에 입각하여 준엄하게 기록하는 논법을 「춘추필법」 이라 부르게 되었다.

이와 유사한 의미로, 역사를 기록(함에 권세(權勢)를 두려워하지 않고, 있는 그대로 써서 남기는 일을 이르는 말로서, 「동호지필(董狐之筆)」 이라는 말이 있다. 이 말은 춘추시대 진(晉)나라의 사관인 동호(董狐)가 당시의 사실을 숨기지 않고 사실대로 직필함을 일컫는 말로서, 「동호직필(董狐直筆)」 이라고도 한다.

출필곡반필면 出必告反必面

날 出 반드시 必 뵙고 청할 告 돌아올 反 반드시 必 얼굴 面

《예기(禮記)》 곡례(曲禮)

「나갈 때는 반드시 아뢰고, 돌아오면 반드시 얼굴을 뵌다」라는 뜻으로, 외출할 때와 귀가했을 때 부모에 대한 자식의 도리를 비유하는 말이다. 「告」는 알리다, 라고 할 때는 「고」로 읽고, 청하여 허락을 받다, 라는 뜻으로 읽을 때는 「곡」이라 읽는다.

「무릇 사람의 자식 된 자는 밖에 나갈 때는 반드시 부모에게 행선지를 말씀드리고, 집에 돌아와서는 반드시 부모의 얼굴을 뵙고 돌아왔음을 알려드려야 한다. 노는 곳은 반드시 일정하여야 하고, 익히는 것은 반드시 과업이 있어야 하며, 항상 자신이 늙었다고 말하지 않도록 주의하여야 한다. 나이가 두 배 많은 사람을 대할 때는 부모처럼 섬기고, 10년 연장자를 대할 때는 형처럼 섬기고, 5년 연장자를 대할 때는 어깨를 나란히 하되 뒤를 따른다. 다섯 사람 이상이 한 자리에 있는 경우에 연장자의 좌석은 반드시 달리 하여야 한다(夫爲人子者 出必告 反必面 所遊必有常 所習必有業 恒言不稱老 年長以倍則父事之 十年以長則兄事之 五年以長則肩隨之 群居五人 則長者必異席)」

이 말은 《소학(小學)》에도 실려, 부모에 대한 효도를 실천하는 방법으로 교육되었다. 또 《논어》 이인(里仁)편에 「부모가 생존해 계시면 먼 곳에 나가지 않고, 나가게 되면 반드시 있겠다고 한 곳에 있어야 한다(父母在 不遠遊 遊必有方)」라는 구절이 있는데, 같은 맥락이라고 할 수 있다.

출호이반호이 出乎爾反乎爾

날 出 인가 乎 너 爾 도리어 反

《맹자》 양혜왕하(梁惠王下)

「네게서 나온 것이 네게로 되돌아간다」는 뜻으로, 자신의 허물을 반성할 일이지, 남의 잘못을 꾸짖을 일이 못된다.

《맹자》 양혜왕하에서 맹자가 인용한 증자(曾子)의 말이다.

추목공이 맹자에게 물었다.

「우리나라가 노나라와의 충돌에 있어서, 지휘자들이 서른세 명이나 죽었는데 그 밑에 있는 백성들은 한 사람도 죽지 않았습니다. 상관이 죽는 것을 바라보고만 있는 그들을 모조리 처벌하려니 수가 너무 많아 손을 댈 수가 없고, 그냥 버려두면 앞으로도 윗사람 죽는 것을 미운 놈 바라보듯 하고 있을 터이니, 이를 어찌하면 좋겠습니까?」

임금의 이와 같은 물음에 맹자는, 「흉년이나 재난이 든 해에 임금님의 백성이 늙은이와 어린아이들은 굶주려 죽고, 장정들은 사방으로 살길을 찾아 헤어진 수가 몇 천이나 됩니다. 그때 임금님의 창고에는 곡식과 재물들이 가득 차 있었습니다. 그런데도 관리들은 이를 보고하여 구제할 대책을 세우지 않고 보고만 있었습니다. 이것은 윗사람이 직무에 태만하여 아랫사람들을 죽게 만든 것입니다. 옛날 증자가 말하기를 『네게서 나온 것이 네게로 돌아간다』고 하였습니다. 백성들은 그들이 받은 푸대접을 지금에 와서 돌려준 것뿐입니다. 임금께서 백성들을 허물하지 마십시오. 임금께서 어진 정치를 하시면, 지금 그 백성들이 그들 상관의 고마움에 보답하기 위해 앞장서서 죽게 될 것입니다」라고 대답했다.

충신불사이군 忠臣不事二君

충성 忠 신하 臣 아니 不 섬길 事 두 二 임금 君

《사기》 전단열전(田單列傳)

충신은 두 임금을 섬기지 않는다.

「충성된 신하는 두 임금을 섬기지 않고 절개가 있는 여자는 두 남편을 섬기지 않는다(忠臣 不事二君 烈女 不更二夫)」라는 말은 너무도 잘 알려져 있는 말이다.

이 말은 전국시대 제나라 충신 왕촉(王燭)이 옛날부터 전해 내려온 말을 인용해서 자기의 뜻을 밝힌 것인데, 이것이 뒷날 왕권과 남자의 지배권이 확립되면서 신하들과 여자들을 두고 강조된 나머지 마침내는 꼭 지켜야 할 가장 중요한 신조(信條)처럼 되고 말았다. 실상 공자나 맹자의 말씀에는 이 같은 도덕률이 지적되어 있는 곳이 전혀 없는 것에 주목해야 한다.

공자는 반란을 일으킨 사람과 손을 잡아 세상을 바로잡아 보려 한 일도 있었고, 맹자는 제선왕이 묻는 말에, 임금이 바른 말로 간해도 듣지 않으면, 버리고 갈 수 없는 사람의 경우라면 임금을 갈아치울 수도 있다는 말을 해서 선왕의 노여움을 산 내용이 《맹자》에 나와 있다. 권력을 쥔 지배자들이 자기들에게 유리한 도덕률이면 무조건 공자 맹자가 가르친 것으로 내세운 탓으로 공자 맹자에 대한 생각이 달라진 경우도 적지 않다. 그러나 왕촉의 경우는 조금 달랐다. 제나라를 침략한 연나라 장군 악의(樂毅)가 그를 포섭하여 정치적으로 이용하려 했기 때문에 그것을 모면하기 위해 이 말을 인용했고, 결국은 자살에까지 이르고 말았던 것이다.

취모멱자 吹毛覓疵

불 吹 터럭 毛 찾을 覓 흠 疵

《한비자》 대체편(大體篇)

「털을 불면서 허물을 찾는다」는 뜻으로, 흉터를 찾으려고 털을 불어 헤친다. 털을 입으로 불어 가며 털 속에 혹시 보이지 않는 작은 흠집이라도 없나 하고 살피는 그런 야박하고 가혹한 행동을 가리켜 하는 말이다.

우리말에 「털어서 먼지 안 날 사람이 어디 있느냐?」하는 말이 있다. 그런데 「취모멱자」는 없는 먼지를 일부러 털어 가며 일으키는 그런 행위다.

이 「취모멱자」란 말은 《한비자》 대체편에 있는 「털을 불어 작은 흉터를 찾는다(吹毛而求小疵)」고 한 말에서 나온 것 같다.

같은 찾는다는 뜻이지만 구(求)보다는 멱(覓)이 더 강하다. 보이지 않는 것을 찾아내는 것이 「멱」이고, 없는 것을 있기를 바라는 것이 「구」다.

작은 허물은 누구나 있는 법이다. 우리들이 말하는 이른바 「사생활」 같은 것이다. 그런 것까지를 일일이 살펴가며 완전무결하기를 바란다는 것은 바라는 사람 자체가 어리석은 것이다.

큰 일 하는 사람은 대체만을 바로잡아 나갈 뿐 그런 사소한 일에까지 세심한 주의를 기울여, 마치 보이지 않는 흉터를 털을 불어가며 찾아내듯 해서는 안 된다는 것이다.

오히려 작은 흉을 가려 주고 못 본 체하는 것이 부하를 거느리는 도리요 남을 대하는 대도(大道)인 것이다.

취옹지의부재주 醉翁之意不在酒

취할 醉 늙은이 翁 의 之 뜻 意 아닐 不 있을 在 술 酒

구양수(歐陽脩) / 「취옹정기(醉翁亭記)」

「사람이 술에 취하는 뜻은 술에 있지 않고 산수를 즐기는 데 있다」는 뜻으로, 다른 속셈이 있거나 안팎이 다름을 비유하여 이르는 말이다.

구양수

구양수(歐陽脩)는 중국 송(宋)나라의 정치가이며 문인으로, 자는 영숙(永叔)이고 호는 취옹(醉翁)이다. 당송팔대가의 한 사람으로 송대의 고문(古文)의 위치를 확고히 하는 데 크게 기여한 그가 저주의 태수(太守)로 있을 때의 일이다. 이때 그는 「취옹정기(醉翁亭記)」라는 유명한 글을 썼는데, 이는 저주현성 서남쪽 낭야산에 있는 정자 이름을 따서 지은 글이다.

전하는 바에 따르면 그 정자는 지천(智遷)이라는 중이 구양수를 위해 지은 것인데, 구양수가 자신의 호를 따서 「취옹정」이라는 이름을 붙였다고 한다. 구양수가 정자 이름을 취옹정이라 한 이유를 《취옹정기》라는 글에서 이렇게 밝히고 있다.

「태수가 친구들과 함께 여기 와서 술을 조금만 마시고도 취했고, 또 나이도 가장 많은지라 스스로 호를 『취옹』이라 하였다」

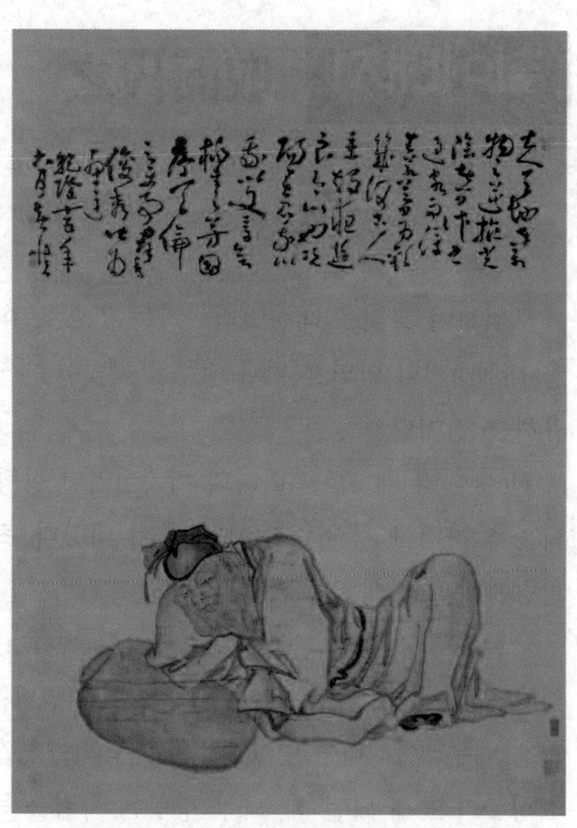
취옹음시도(醉翁吟詩圖, 淸 화가 황신)

그리고 이어서 조금만 마셔도 취하는데 술을 즐겨 마시는 이유를 이렇게 쓰고 있다.

「취옹의 뜻은 술에 있지 않고 산수간에 있기 때문에 산수의 즐거움은 마음에서 얻고 술에 기탁하는 것이다(醉翁之意不在酒 在乎山水之間也 山水之樂 得之心而寓之酒也)」

술을 마시는 목적은 술에 있는 것이 아니라 산수를 감상하기 위한 것으로서, 술기운을 빌려 아름다운 산수를 마음속으로 느끼면서 즐겁게 취한다는 말이다.

여기서 「취옹지의부재주」라는 말이 나왔으며, 줄여서 「취옹지의」라고도 한다. 그런데 오늘날에 와서 이 말은 원래의 뜻과는 달리 「다른 속셈이 있거나 안팎이 다르다」는 뜻으로 사용된다.

취이대지 取而代之

가질 取 말이을 而 대신할 代 갈 之

《사기》 항우본기(項羽本紀)

「취하여 그것을 대신하다」 라는 뜻으로, 어떤 사물로 다른 사물을 대체하거나 남의 지위나 직무를 빼앗아 자신이 대신하는 것을 비유하는 말이다.

진(秦)나라 때, 초(楚)나라의 귀족이었던 항량은 조카 항우(項羽)가 학문을 하거나 무술을 연마해 주기 바랐다. 하지만 항우는 숙부인 항량에게 이렇게 말하곤 했다.

「글은 자기 이름 쓸 줄 아는 것으로 족하고, 검술은 한 사람을 대적하는 것이어서 배울 만한 것이 못됩니다. 저는 만 사람을 대적하는 것을 배우겠습니다(書足以記姓名而已 劍一人敵 不足學 學萬人敵)」

항우가 20세 되던 해, 숙부 항량은 사람을 죽이고 오중(吳中)으로 피신하였다. 당시 진시황(秦始皇)은 6국을 통일하고 자신의 위업을 과시하기 위해 전국을 순시하고 있었다. 항량과 항우가 오중에 있던 그 해, 마침 진시황도 그곳에 오게 되었다. 사람들 속에 끼어 진시황의 행렬을 지켜보던 항우가 항량에게 말했다.

「저 사람의 자리를 제가 대신할 것입니다(彼可取而代也)」

항량은 깜짝 놀라 항우의 입을 틀어막으며 꾸짖었다.

「경망된 소리 하지 마라. 삼족이 멸족 당하게 된다!」

그러나 속으로는 항우가 범상치 않다고 생각하였다.

남의 지위나 직무를 빼앗아 자신이 대신하거나, 이를 일반화하여 어떤 사물로 다른 사물을 대체하는 것을 비유하는 성어로 사용된다.

치망설존 齒亡舌存

이 齒 망할 亡 혀 舌 있을 存

《설원(說苑)》 경신(敬愼)편

「이는 빠져도 혀는 남아 있다」 라는 뜻으로, 강한 자는 망하기 쉽고 유연한 자는 오래 존속됨을 비유하는 말이다.

한(漢)나라 때 유향(劉向)이 지은 《설원(說苑)》 에 실려 있는 노자(老子)와 상창의 고사에서 유래되었다.

노자는 병석에 누운 스승 상창(常摐)을 찾아뵙고 말했다.

「선생님께서는 병이 깊으시니 제자에게 남기실 가르침은 없으신지요?」

상창이 말했다.

「고향을 지나갈 때에는 수레에서 내리도록 하여라」

노자는 그 뜻을 알아듣고 대답했다.

「고향을 잊지 말라는 말씀이시지요」

상창이 다시 일렀다.

「높은 나무 아래를 지나갈 때에는 종종걸음을 하여라」

노자가 대답했다.

「어른을 공경하라는 말씀이시지요」

상창은 또 자기 입을 벌려 노자에게 보여주며 말했다.

「내 혀가 아직 있느냐?」

노자가 대답했다.

「그렇습니다」

상창이 다시 물었다.

노 자

「내 이가 아직 있느냐?」

노자가 대답했다.

「다 빠지고 없습니다」

상창이 물었다.

「왜 그런지 알겠느냐?」

이에 노자가 대답했다.

「혀가 남아 있는 것은 그것이 부드럽기 때문입니다. 이가 다 빠지고 없는 것은 그것이 강하기 때문입니다(夫舌之存也, 豈非以其柔耶. 齒之亡也, 豈非以其剛耶)」

상창은 말했다.

「세상의 모든 일이 이와 같으니, 너에게 더 해줄 말이 없다」

「치망설존」은 강한 자는 망하기 쉬워도 유연한 자는 오래 존속할 수 있음을 비유하는 일종의 처세의 교훈으로 사용된다.

「치폐설존(齒弊舌存)」이라고도 한다.

치인설몽 痴人說夢

어리석을 痴 사람 人 말할 說 꿈 夢

《냉제야화(冷齊夜話)》

「바보에게 꿈 이야기를 해준다」는 뜻으로, 어리석기 짝이 없는 짓 또는 어리석은 사람이 허황한 말을 늘어놓는 일을 비유하거나, 설명이 요령부득으로 이야기가 상대편에게 이해되지 않음을 비유하는 말이다. 그런데 이 말이 처음 쓰였을 때는 어리석은 사람이 꿈 이야기를 한다는 뜻이 아니고, 어리석은 사람에게 꿈 이야기를 해준다는 뜻이었다. 즉 꿈에 본 이야기를 하면 어리석은 사람은 그것을 사실인 줄 알고 엉뚱하게 전한다는 것이다.

치인(痴人)은 어리석어도 보통 어리석은 것이 아니고 천치니 백치니 하는 바보를 말하는 것이다. 그러나 글자 그대로의 해석 여부에 관계없이 말하는 사람의 어리석음을 비웃는다는 뜻이 아니고, 듣는 사람의 어리석음을 풍자하는 것이다. 남송의 중 혜홍(慧洪)이 지은 《냉제야화》에 다음과 같은 이야기가 있다.

당나라 고종 용삭(龍朔) 연간(661~663), 서역의 고승 승가(僧伽)가 지금의 안휘성 근처를 여행했을 때다. 그의 모습과 행동거지가 남다른 것이 많았기 때문에 어떤 사람이,

「당신은 성(姓)이 무엇(何)이오?」 하고 묻자,

「내 성은 무엇이오」 하고 대답했다.

「어느 나라 사람이오(何國人)」 하고 묻자,

「어느 나라 사람입니다(何國人)」 하고 대답했다.

즉 상대편이 「하성(何姓)이오?」 하고 물으면, 묻는 말을 그대로

이옹이 쓴 비문

받아 대답하고, 「하국인이오?」 하고 물으면, 그대로 받아 「하국인이오」 하고 대답한 것이다.

뒷날 당나라의 문인 이옹(李邕)이 승가를 위해 비문을 썼을 때, 그는 승가가 농담으로 받아넘긴 대답인 줄을 모르고 비문에 쓰기를,

「대사의 성은 하(何)고, 하국 사람이었다(大師姓何 何國人)」 고 했다는 것이다. 이상과 같은 이야기를 쓴 다음, 혜홍은 이옹에 대해 이렇게 평을 내리고 있다.

「이것이 바로, 이른바 어리석은 사람을 대해 꿈 이야기를 한다는 것이다(此正所謂對痴人說夢耳). 이옹은 마침내 꿈을 참인 줄로 생각하고 있었으니, 참으로 그보다 더 바보일 수가 없다」

여기서는 사실이 아닌 것을 사실인 양 아는 것을 「치인설몽」 이라 말하고 있다. 그러나 보통 우리가 쓰고 있는 것은 바보가 꿈 이야기를 하고 있다는 뜻으로 쓰고 있다.

우리가 흔히 종잡을 수 없는 말을 들었을 때 「이 사람이 꿈을 꾸고 있나」 하는 말을 한다. 보통 사람도 꿈 이야기는 상식으로 판단하기 어렵다. 바보의 꿈 이야기는 몇 배로 더할 것이 아닌가. 그래서 생긴 문자일지도 모른다.

치주안족사 卮酒安足辭

술잔 卮 술 酒 어찌 安 만족할 足 사양할 辭

《십팔사략(十八史略)》

「치주(卮酒)」는 큰 잔에 찬 한잔 술이란 뜻이다. 「치주안족사」는 죽음도 사양하지 않는 마당에, 그깟 한 잔 술쯤은 사양하고 말고 할 것조차 없다는 말이다.

이 말은 《십팔사략》 서한(西漢) 고조에 나오는 이야기로 이른바 홍문연(鴻門宴) 잔치에서 번쾌가 항우를 보고 한 말이다.

「죽음도 사양하지 않을 터인데 한 잔 술쯤 사양하고 말고 할 게 무엇 있겠느냐」고 기염을 토한 다음, 항우가 패공(沛公)을 죽이려고 하는 생각이 잘못된 것임을 위압적으로 지적하는 극적인 장면을 연출하게 된다. 홍문연을 그린 소설과 연극에서 가장 극적인 장면이 이 「치주안족사」의 앞 뒤 장면이다.

말이 큰 잔이지 아마 몇 대접이 들어갈 만한 큰 잔이었던 것 같다. 장량(張良)에게 패공의 신변이 위급하다는 말을 들은 번쾌가 들어가지 못하게 가로막는 수위장교들을 한 팔로 밀어붙이고 장막을 들고 항우 앞에 썩 나타나자, 항우는 그를 장사라고 칭찬한 다음 큰 잔의 술과 돼지 한쪽 어깨를 주게 했다. 잔을 쭉 들이켠 번쾌는 칼을 쑥 뽑아 고기를 썰어 다 먹어치운다. 그러자 항우가, 「더 마실 수 있겠는가」하고 묻자, 번쾌는 앞에 말한 그 같은 대답을 하고, 항우의 그릇된 생각을 타이르듯 지적하는 것이다.

이 말은 술꾼들이 억지로 권하는 잔을 받아 마실 때나 혹은 권할 때 흔히 쓰는 문자다.

치지도외 置之度外

둘 置 갈 之 법도 度 바깥 外

《후한서》 외효전(隗囂傳)

「치지도외」는 법도 바깥에 둔다는 뜻으로, 염두에 두지 않는다는 말이다. 《후한서》 외효전에 이런 이야기가 있다.

서한 말 유수(劉秀)가 왕망(王莽) 정권을 타도하고 동한을 세운 뒤의 일이다. 광무제 유수가 새 나라를 세웠지만 아직도 군웅들이 할거하고 있었다. 그들 제후들은 겉으로는 동한을 섬기는 듯했지만, 속마음은 그렇지가 않았다.

게다가 왕망의 실정(失政)으로 인한 사회적 혼란으로 일어난 농민 반란군인 적미군(赤眉軍)이 그때까지도 횡행하고 있어서 광무제는 5년이란 세월을 허비하고 나서야 가까스로 통일을 이룩할 수 있었다. 그러나 감숙성의 외효와 사천성의 공손술은 여전히 강력한 세력으로 남아 있었다.

이때 외효는 자기 아들을 낙양으로 보내 벼슬을 하게 하는 등 유수에게 신하의 도리를 하는 척했지만, 속내는 그렇지 않았다. 또한 공손술은 스스로 촉왕이라 하면서 대군을 거느린 채 사천에 버티고 있었다.

당시 광무제는 이들을 제압할 힘이나 교통이 여의치 않게 되자, 「이 둘은 잠시 밀어 두자(且當置此兩者于度外耳)」라고 말했다고 하는데, 유수가 그들을 평정한 것은 상당한 세월이 흐른 뒤의 일이었다. 「치지도외」는 유수의 이 말에서 나온 것이다. 이 이야기는 「득롱망촉(得隴望蜀)」 항목에서 자세히 이야기하고 있다.

친통구쾌 親痛仇快

친할 親 아플 痛 원수 仇 쾌할 快

《후한서》 주부열전(朱浮列傳)

「가까운 사람들을 아프게 하고, 원수를 통쾌하게 한다」 라는 뜻으로, 자기편을 해롭게 하고 적을 이롭게 하는 일, 또는 상리(常理)에 어긋나는 행위를 비유하는 말이다.

왕 망

유수(劉秀)는 전한(前漢)의 고조 유방(劉邦)의 9세손이다. 전한은 1세기 초 왕망(王莽)에게 나라를 빼앗기고 멸망하였으며, 왕망은 신(新)이라는 왕조를 세웠다. 그 신의 말년에 각지에서 군웅이 거병하였을 때, 유수도 하남성(河南省) 남양의 호족과 손을 잡고 봉기하였다. 각지로 전전한 끝에 하북·하남·호북에서 세력을 폈으며, 하남의 곤양에서 왕망의 군대를 격파하고, 25년 낙양에서 즉위하여 한왕조(漢王朝)를 재건하였으니, 그가 광무제(光武帝) 유수이다.

이때, 팽총(彭寵)은 유수를 도와 군량미를 보급하였다. 팽총은 스스로 큰 공을 세웠다고 자부하여 광무제가 자신을 왕으로 봉하리라고 기대하였다. 그러나 광무제는 팽총을 어양태수(漁陽太守)에 임명

광무제 유수

했다.

어양태수는 또 다른 개국 공신인 유주목(幽州牧) 주부(朱浮)의 밑이었으므로 팽총은 불만이 가득하였다.

이러한 불만은 황제에게 불충한 행동이었으므로, 주부는 팽총의 불만을 광무제에게 보고하였다.

이에 광무제는 즉시 팽총을 수도로 소환하였다. 팽총은 주부의 행위에 크게 노하여 황제의 소환에 응하지 않았을 뿐 아니라 군대를 이끌고 주부를 공격하였다. 이에 주부는 팽총에게 군사를 거두도록 권유하는 편지를 보냈다.

그 편지에는 이런 글이 씌어 있었다.

「바야흐로 천하가 차츰 안정되어 가고 있으며, 백성들도 안정된 생활을 바라고 있다. ……천하를 안정시키는 자는 사사로운 원한을 품지 않으며, 지나간 일로 자신을 그르치지 말아야 한다. 바라건대 그대는 노모와 어린 동생이 있음을 유의하라. 무릇 군사를 일으킬 때는 가까운 사람들을 아프게 하고 원수를 통쾌하게 만드는 일이 없어야 한다(凡擧事無爲親厚者所痛 而爲見讐者所快)」

그러나 팽총은 그 편지를 받고 오히려 더욱 분노하여 공세를 강화하였다고 한다.

친통수쾌(親痛讐快)라고도 한다.

칠거지악 七去之惡

일곱 七 버릴 去 어조사 之 나쁠 惡

《대대례기(大戴禮記)》 본명편(本命篇)

유교(儒敎)에서 아내를 내쫓을 수 있는 일곱 가지 죄악이란 뜻이다. 「삼종지도(三從之道)」와 함께 여성들을 일방적으로 학대해 온 고대 사회의 대표적인 윤리관이다.

그 일곱 가지 죄악이란 다음과 같은 것이다.

첫째는 시부모의 말에 순종하지 않는 것이다.

즉 「불순부모거(不順父母去)」라는 것이다. 거(去)는 「버린다」「보낸다」「쫓는다」하는 뜻이다. 이것은 아마 지금도 법률적으로 이혼 조건이 될 수 있을 것이다. 물론 그 정도의 차는 있지만.

다음은 「무자거(無子去)」다. 자식을 낳지 못하며 보낸다는 것이다.

불효 가운데 뒤를 이을 자식이 없는 것을 가장 큰 것으로 알던 고대 사회에서는 너무도 당연한 일이었을지 모른다.

지금도 아직 그 잔재가 남아 있어 첩을 얻는 사유가 가끔 본부인이 아들을 낳지 못하는 것이 이유가 될 때가 있다.

다음은 「음거(淫去)」다. 부정한 행동이 있으면 보내는 것이다.

지금도 이것만은 이혼의 절대적인 조건이 되어 있으니 옛날이야 말할 것도 없는 일이다. 다만 여성에 한한 일방적이라는 것에 차이가 있을 뿐이다.

다음은 「유악질거(有惡疾去)」다. 전염될 염려가 있는 불치의 병 같은 것을 말한다. 지금도 이것만은 그대로 적용되고 있다고 볼 수 있다. 지금은 서로가 동등한 위치에서 할 수 있는 점이 다르지만.

다음은 「투거(妬去)」 다. 첩 꼴을 보려고 하지 않는다든가, 공연히 남편의 하는 일에 강짜를 부리는 그런 여자는 돌려보내도 좋다는 것이다. 이것이 아마 여성들에게는 가장 가혹한 일방적인 고역이었을 것이다. 쌍벌죄가 여성들을 보호하고 있는 오늘을 사는 여성들로서는 생각만 해도 남성들의 지난날의 횡포가 치가 떨리도록 미울 것이다.

다음은 「다언거(多言去)」 다. 말이 많은 여자는 보내도 좋다는 것이다. 말이 많다는 표준을 어디에 두었는지는 알 수 없지만, 아마 말을 옮기기를 좋아해서 동기 · 친척들을 불화하게 만드는 그런 경우를 말할 수 있을 것이다.

끝으로 「도거(盜去)」 다. 손이 거친 여자는 보낸다는 것이다.

그런데 여기에도 보내지 못하는 세 가지 조건이 있다. 이른바 삼불거(三不去)라는 것이다.

첫째, 부모들이 그 며느리를 사랑하는 경우, 부모의 3년상을 치른 아내는 보내지 않는다. 다시 말해 부모에게 효도가 극진한 아내는 보내지 않는다는 것이다.

둘째, 그런 경우는 드물겠지만, 자식을 낳지 못하는 여자들 중에 효부가 많이 있는지도 모른다. 처음 시집와서 몹시 가난하고 어렵게 살다가 뒤에 부자가 되고 지위가 높아졌을 경우는 비록 잘못이 있어도 보내서는 안된다는 것이다.

이 말은 돈이 많고 출세를 하게 되면 공연히 아내가 보기 싫어지는 폐단을 막기 위한 것일지도 모른다. 잘못은 잘못이요 공은 공이라는 생각에서 나온 것이긴 하지만.

셋째, 돌아갈 곳이 없는 여자는 내보내서는 안된다고 했다.

법에도 눈물이 있다는 말과 같이 자기와 같이 살던 여자를 길거리로 내쫓을 수는 없다는 점에서일 것이다.

칠보재 七步才

일곱 七 걸음 步 재주 才

《세설신어(世說新語)》 문학편(文學篇)

아주 뛰어난 재주. 특히 시재·문재를 일컬음.

위문제 조비(曹丕)가 아우 동아왕 조식(曹植)이 반역음모 혐의를 받았을 때, 그를 차마 죽일 수도 없고, 그렇다고 용서할 수도 없어 자기가 일곱 걸음을 걷는 동안에 시를 지으면 죄를 사해 주겠다고 했다. 그러자 운(韻)자가 떨어지기가 무섭게 시를 지어 보였다고 한다.

「칠보재」란 바로 조식과 같은 그런 시재(詩才)를 말하는 것이다. 조조와 그의 큰아들인 조비와 셋째아들인 조식은 다 같이 문장이 뛰어났기 때문에 당시 이들 3부자를 가리켜 「삼조(三曹)」라고 했다. 그 가운데서도 조식이 시재에 있어서 가장 뛰어났다. 큰아들 조비는 조식의 시재를 시기하고 있었다. 또 부모들이 아우를 자기보다 더 사랑하는 것을 미워하여 혹시 태자의 자리를 가로채지나 않을까 늘 경계를 하고 있었나.

그가 천자가 된 뒤에도 조식에 대한 시기는 변하지 않았다. 조식은 늘 형 문제의 감시를 받으며 살았다. 이 시를 짓게 되었을 때도 조식이 반역음모를 꾀하고 있다는 보고를 듣고 부른 것이다. 다음은 조식이 지었다는 이른바 「칠보시(七步詩)」다.

콩깍지로 콩을 볶으니
콩은 솥 안에서 우는구나.

차

본래 한 뿌리에서 태어났건만
서로 볶는 것이 어찌 이다지 급한고.

煮豆燃豆箕　豆在釜中泣　자두연두기 두재부중읍
本是同根生　相煎何太急　본시동근생 상전하태급

위문제 조비

자신을 콩에다 비유하고, 자신을 괴롭히는 형을 콩깍지에다 비유했다. 농촌에서 흔히 있는 일로, 솥 안에 콩을 넣고 콩깍지를 지펴 콩을 볶으면 콩은 솥 안에서 뜨거워 톡톡 소리를 내며 죽어간다. 콩과 콩깍지는 원래 한 뿌리에서 생긴 것이다. 그런데 서로 사랑하고 아껴야 할 처지에 콩깍지는 자신을 불태워 가며 솥 안에 든 콩을 볶고 있다. 형제간에 이럴 수가 있느냐 하는 뜻이다.

이 정도의 짧은 글이라면 일곱 걸음 걷는 동안에 아무라도 지을 수 있다고 생각할지 모르지만, 그것은 자유시의 경우에 가능한 일이다. 문제를 제시한 쪽에서 운자(韻字)를 부르고, 그 운자를 끝에 붙여 말이 되게 만들어야 하기 때문에 어려운 것이다. 즉 조비가 읍(泣)이란 글자와 급(急)이란 글자를 부르면 조식은 그 글자를 붙여 말을 만들어야 하는 것이다. 시를 짓는 것은 고사하고 그저 말만 되게 만들기도 힘든 일인데, 이렇게 그 내용까지를 기막히게 만든다는 것은 참으로 어려운 일이 아닐 수 없다.

칠신탄탄 漆身呑炭

옻칠할 漆 몸 身 삼킬 呑 숯 炭

《사기》 자객열전(刺客列傳)

「칠신탄탄」은 몸에 옻칠을 하고 숯덩이를 삼킨다는 말이다. 은인을 위해서는 아무리 어려운 일이라도 서슴없이 강행하는 충정을 비유하는 말이다.

《사기》 자객열전에 있는 이야기다.

춘추시대 말기 진(晋)의 왕실은 왕년의 패자의 면목을 완전히 잃고 나라의 실권은 지백(知伯)·조(趙)·한(韓)·위(魏) 등의 공경에게로 옮아갔다. 그리하여 공경들은 세력다툼에 정신이 없었다. 그 중에서도 가장 강력한 것은 지백씨, 한·위 양가와 손을 잡고 조가(趙家)를 멸망시키고자 전쟁을 일으켰다.

그때 조가의 주인이었던 양자(襄子)는 진양(晋陽)에 웅거하여 항복하지 않았다. 마침내 지백은 진양성을 수공(水攻)으로 괴롭혔으나, 함락 직전에 한·위 양군이 반기를 들어 오히려 주멸되고 말았다. 이때의 싸움은 수많은 춘추시대의 전쟁 중에서도 이상한 것으로서 유명하다.

그런데 지백의 신하로 예양(豫讓)이란 자가 있어 주가(主家)의 멸망 후 원수를 갚으려고 조양자의 목숨을 노렸다. 처음 예양은 죄수로 몸을 떨어뜨려 궁전의 미장이로 섞여 들어갔으며 양자가 변소로 들어갔을 때 찌르려고 하다가 잡히고 말았다. 그런 폭거를 감행한 이유를 묻자 예양은,

「지백은 나를 국사(國士)로서 대해 주었다. 그래서 나도 국사로

예 양

서 보답하는 것이다」 라고 대답했다.

양자는 충신의사라고 용서했으나, 예양은 그 후에도 복수의 화신이 되어 양자를 계속 노렸다.

예양은 상대가 자기를 알아보지 못하도록 하기 위해서 몸에 옻칠을 하여 문둥이가 되고 숯을 삼켜 벙어리가 되었는데(몸에 옻칠을 하면 옻이 올라 문둥병환자처럼 되고 숯을 삼키면 목소리가 나오지 않아 벙어리같이 된다), 거리에서 구걸을 하며 상대의 동정을 살피고 있었다. 그의 처까지도 그 모습을 알아차리지 못했다고 한다.

오직 한 사람, 옛날 친구가 그것을 알아보고는 예양을 불러서 이르기를,

「원수를 갚으려면 달리 더 좋은 방법도 있지 않은가. 예를 들어 양자(襄子)의 신하로 들어가 좋은 기회를 노릴 수도 있지 않은가?」

하고 권하자 예양은,

「그것은 두 마음을 갖는 것이 된다. 자기가 하려고 하는 일이 아무리 어렵더라도 후세 사람들에게 두 마음을 갖지 않는다는 것이 어떤 것인가를 보이고 싶다」

라고 하며, 계속 그 기회를 노리고 있었다.

어느 날, 다리 밑에 엎드려 그 곳을 지나치게 될 양자를 기다리고 있었다. 양자가 다리에 이르자 타고 있던 말이 걸음을 멈추고 가지 않았다. 수상쩍게 생각하고 수행원에게 주위를 살펴보게 한 즉 거기에는 거지꼴을 한 예양이 있었다. 양자는,

조양자

「그대는 이미 구주(舊主)에 대하여 할 일을 다 했다. 또 나도 그대에게 충분히 예를 다했다. 그런데 아직도 나를 노리는 것은 용서할 수 없다」

라고 하면서 부하를 시켜 죽이라고 명하자, 예양은 최후의 소원이라고 하면서 양자에게 그 입고 있던 옷을 빌려 들고 자기 품안에서 비수를 빼들자 그 옷을 향해 덤벼들기 세 번,

「지백님이시여, 이제 복수를 했습니다!」

하고 외치고 나서 비수로 자기 배를 찌르고 엎드려 죽었다.

칠전팔기 七顚八起

일곱 七 넘어질 顚 여덟 八 일어설 起

《당서(唐書)》

「칠전팔기」는 일곱 번 넘어지고 여덟 번 일어난다는 뜻이다. 아무리 실패를 거듭해도 절망하거나 체념하지 않고 끝까지 분투노력하는 것을 말한다.

七이니 八이니 하는 숫자는 많다는 뜻이다. 넘어졌다가 일어나는 것을 이치대로 따진다며 일곱 번 넘어졌으면 일곱 번 일어나는 것으로 끝난다. 한 번 넘어진 사람이 두 번 일어날 수는 없기 때문이다.

결국 몇 번을 넘어지든 다시 일어나고 또 일어난다는 뜻이다.

「칠전팔도(七顚八倒)」란 말이 있다. 일곱 번 넘어지고 여덟 번 거꾸러진다는 말이다. 역시 칠과 팔을 많다는 형용사로 쓴 것이다.

또 「십전구도(十顚九倒)」란 말도 있다. 같은 말이다.

열 번 넘어졌다면 아홉 번까지 일어났다는 뜻도 된다.

일어나지 않았으면 넘어질 수 없으니까, 문제는 넘어진 숫자에 있는 것이 아니고 일어난 숫자에 있는 것이다.

아니 다시는 넘어지지 않을 때까지 일어나는 것에 뜻이 있는 것이다.

백 번 꺾여도 굴하지 않는다는 뜻의 「백절불굴(百折不屈)」,「백절불요(百折不搖)」, 어떠한 위력이나 무력에도 굴하지 않는다는 뜻의 「위무불굴(威武不屈)」, 결코 휘지도 굽히지도 않는다는 뜻의 「불요불굴(不撓不屈)」도 모두 비슷한 말이다.

칠종칠금 七縱七擒

일곱 七 놓을 縱 일곱 七 사로잡을 擒

《삼국지(三國志)》

상대를 마음먹은 대로 요리함.

「일곱 번 잡았다가 일곱 번 풀어준다」는 뜻으로, 상대를 마음대로 다룸을 비유하거나, 인내를 가지고 상대가 숙여 들어오기를 기다린다는 말.

삼국시대 촉한(蜀漢)의 초대 황제인 유비(劉備)는 제갈량에게 나랏일을 맡기고 세상을 떠났다. 제갈량은 후주(後主) 유선(劉禪)을 보필하게 되었는데, 그때 각지에서 반란이 일어났다.

마 속

위(魏)나라를 공략하여 생전의 유비의 뜻을 받들어야 했던 제갈량은 먼저 내란부터 수습해야 했다. 유선이 아직 어리고 철이 없어 군대를 동원하는 것이 무리라고 생각한 제갈량은 적진에 유언비어를 퍼뜨려 이간책을 썼다. 과연 반란군은 자중지란(自中之亂)을 일으켜 서로 살육을 일삼았다. 그 결과 마지막으로 등장한 반란군이 바로 맹획(孟獲)이라는 장수였다. 맹획이 반기를 들

신윤복의 「칠종칠금도」

자 제갈량은 노강 깊숙이 들어가 그를 생포했다.

제갈량의 계략에 걸려들어 생포된 맹획은 분함을 이기지 못했다. 맹획을 생포한 제갈량은 오랑캐로부터 절대적 신임을 받고 있는 그를 죽이는 것만이 능사는 아니라고 판단하였다.

이에 대해 촉한의 무장인 마속(馬謖) 또한 이렇게 간했다.

「용병의 도리는 최상이 민심을 공략하는 것으로, 군사전은 하책일 뿐 심리전을 펴 적의 마음을 정복하는 것이 좋을 듯합니다」

제갈량은 오랑캐의 마음을 사로잡고 나면 그들의 인적, 물적 자원을 바탕으로 북벌(北伐)도 한결 용이할 것이라 생각하여 맹획을 풀어주었다.

고향에 돌아온 맹획은 전열을 재정비하여 또다시 반란을 일으켰다. 제갈량은 자신의 지략을 이용하여 맹획을 다시 사로잡았지만 또 풀어주었다.

이렇게 하기를 일곱 번, 마침내 맹획은 제갈량에게 마음속으로 복종하여 부하되기를 자청했다.

오늘날 이 말은 상대편을 마음만 먹으면 언제든지 쥐락펴락할 수 있는 능란함을 가리키는 말로 쓰이고 있다.

침과대단 枕戈待旦

벨 枕 창 戈 기다릴 待 아침 旦

《진서(晉書)》 유곤전(劉琨傳)

「창을 베고 자면서 아침을 기다린다」 라는 뜻으로, 무기를 베고 자면서 날 밝기를 기다린다는 말로, 항상 전투준비 태세를 갖추고 경계를 늦추지 않는 태도를 비유하는 말이다.

진(晉)나라 때 유곤과 조적의 고사에서 유래되었다.

남북조시대의 진나라 때 유곤과 조적은 모두 성격이 활달하고 의협을 중시하는 지사들이었다. 그 무렵 진나라는 표면상으로는 아직 중원을 차지하고 있었지만, 실제로는 내우외환에 시달리고 있었다.

유곤과 조적은 함께 밤늦도록 국가의 형세를 논하였고, 한밤중에 닭울음소리를 경계 삼아 무술을 연마했다. 당시에는 닭이 밤에 우는 것을 불길한 징조로 여겼다. 나중에 유곤은 조적이 조정에 중용되어 외적을 물리치는 공을 세웠다는 소식을 들었다. 이에 유곤은 친구에게 편지를 써서 마음을 표했다.

「나는 창을 베개 삼아 잠을 자며 아침이 되기를 기다리면서 오랑캐 무리를 무찌르는 데 뜻을 두었으며, 늘 조적선생이 나보다 먼저 공을 세울까 염려하였다(吾枕戈待旦 志梟逆虜 常恐祖生先吾着鞭)」

먼저 공을 세우는 것을 비유하는 「선착편(先着鞭)」이라는 성어도 여기서 유래되었다. 여기서 유래하여 「침과대단」은 군무(軍務)에 전념하여 편안히 잠을 자지 못하는 경우나 항상 전투태세를 갖추고 있는 군인의 자세를 비유하는 말로 사용된다.

비슷한 표현으로 「침과이대(枕戈以待)」라는 성구도 있다.

침어낙안 沈魚落雁

가라앉을 沈 물고기 魚 떨어질 落 기러기 雁

《장자》 제물론(齊物論)

「침어낙안」은 여자의 아름다움을 나타내는 말이다.

물고기를 물속으로 깊이 가라앉게 하고, 기러기가 놀라 땅으로 떨어지게 할 정도로 아름답다는 뜻이 되는데, 얼핏 이해하기 어려운 말이다.

《장자》 제물론에 다음과 같은 이야기가 있다. 이 부분은 설결(齧缺)과 왕예(王倪)가 주고받은 문답이 중심을 이루고 있는데, 다음은 왕예의 말이다.

「사람은 소와 돼지를 먹고, 사슴은 풀을 먹으며, 지네는 뱀을 맛있어 하고, 솔개와 까마귀는 쥐를 즐겨 먹는다. 이것은 타고난 천성으로 어느 쪽이 과연 올바른 맛을 알고 있는지는 모른다.

원숭이는 편저(猵狙)라는 보기 싫은 다른 종류의 원숭이를 암컷으로 삼고, 큰 사슴은 작은 사슴 종류와 교미를 하며, 미꾸라지는 다른 물고기와 함께 논다.

모장(毛嬙)과 여희(麗姬)는 사람들이 다 좋아하는 절세미인이다. 그런데 고기는 그녀들을 보면 물 속 깊이 숨어버리고, 새들은 높이 날아가 버리며 사슴들은 뛰어 달아난다.

이들 네 가지 중에 과연 어느 쪽이 천하의 올바른 미를 안다고 하겠는가. 내가 볼 때 인의(仁義)니 시비니 하는 것도 그 방법과 한계라는 것이 서로 뒤섞여 있어 도저히 분별해 낼 수가 없다」

이 이야기 가운데, 「고기가 보면 깊이 들어가고(魚見之深入), 새

가 보면 높이 난다(鳥見之高飛)」고 한 말에서 「침어낙안」이 「모장」과 「여희」 같은 절세미인이란 뜻으로 쓰이게 된 모양인데, 이것은 분명 잘못 쓰고 있는 말이다. 고기가 물 속으로 들어가고 새가 높이 나는 것은 그것이 사람이기 때문에 피해 달아나는 것이지, 미인이라서 그런 것도 아니고 미인이 아니라서 그런 것도 아니다. 그런데 절세미인이기 때문에 고기가 물속으로 가라앉고 새가 피한 것으로 속단한 나머지 「어심입(魚深入)」, 「조고비(鳥高飛)」란 말을 「침어낙안」이란 말로 바꾸어서, 뒷날 소설 같은 데서 미인의 형용사로 많이 쓰고 있다.

모 장

한편 이 「침어낙안」이란 말의 대구(對句)로 「폐월수화(閉月羞花)」란 말이 생겨났다. 달을 구름 속에 숨게 하고 꽃을 부끄럽게 만든다는 뜻이다. 이 이야기의 골자는 아름다움이란 것도 상대적인 것이지 절대적인 것은 못 된다는 말이다. 즉 인간의 눈으로 보면 더할 나위 없이 맛있는 음식도 다른 짐승에게는 구정물만도 못하며, 나라를 뒤흔들 만한 미인도 짐승들의 눈에는 위험한 존재일 뿐이다.

때문에 인의니 시비니 하는 것도 그것을 좋다고 여기는 사람에게는 소중하겠지만, 반대로 그렇지 않은 사람에게는 전혀 무의미한 것이 된다. 여기서 나오는 「침어낙안」은 미인을 형용할 아무런 근거도 없는데, 이후 이 말은 미인을 비유하기 시작했다.

침윤지참 沈潤之譖

가라앉을 沈 젖을 潤 갈 之 무고할 譖

《논어》 안연편(顔淵篇)

「침윤지참」은, 물이 서서히 표 안 나게 스며들 듯 어떤 상대를 중상 모략하는 것. 조금씩 오래 두고 하는 참소의 말.

《논어》 안연편에 있는 공자의 말이다.

자 장

공자의 제자 자장(子張)이 공자에게 「어떤 것을 가리켜 밝다고 합니까?」 하고 물었다. 그러자 공자는,

「물이 스며들 듯한 참소와 피부로 직접 느끼는 호소가 행해지지 않으면 마음이 밝다고 말할 수 있고, 또 생각이 멀다고 말할 수 있다(沈潤之譖 膚受之愬 不行焉 可謂明也已矣……可謂遠也已矣)」 했다.

예상하지 못했던 말을 들으면 사람은 누구나 선입감이란 것이 있어서, 설사 그것이 사실일지라도 잘 믿으려 하지 않는다. 하지만 태산같이 믿었던 사람도 오랜 기간을 두고 그 사람에 대한 좋지 못한 평을 여러 번 듣게 되면 차츰 먼저 있었던 선입감이 사라지고 새로운 선입감이 대신 그 자리를 차지하게 된다. 만일 그것이 사실이 아니라면 이것이 바로 「침윤지참」

이란 것이다.

간신들이 임금이 신임하는 착한 사람들을 해치는 방법에는 이 「침윤지참」이 가장 많이 행해지고 있다. 그것을 재빨리 알아차리고 다시는 그런 일이 없도록 한다면 마음이 밝다고 할 수 있다는 것이다.

공 자

「부수지소(膚受之愬)」는 듣는 사람이 피부를 송곳으로 찌르듯 이성을 잃게 만드는 그런 충격적인 호소를 말한다.

예를 들어 누가 이웃집 여자와 놀아났다고 하면, 「그럴 리가 없는데?」하고 의심을 한번 해 보는 것이 보통이다. 그러나 「그놈이 당신 부인과 대낮에 호텔에서 나오는 것을 내가 똑똑히 보았소」하면 미처 생각할 여유도 없이 칼을 들고 달려가는 소동이 벌어질 수도 있는 것이다. 이런 것이 「부수지소」란 것이다.

이런 「침윤지참」과 「부수지소」로 인해 착하고 정직한 사람들이 얼마나 기막힌 꼴을 당했는가를 역사는 잘 말해주고 있다. 현명하다는 사람들도 그런 실수를 곧잘 범해 왔다. 하물며 범인들이야.

차계기환(借鷄騎還)　　빌 借 /닭 鷄 /말탈 騎 /돌아갈 還

닭을 빌려 타고 돌아간다는 뜻으로, 손님을 박대하는 것을 비꼬아 이르는 말. 《태평한화골계전》

차공제사(借公濟私)　　빌 借 /공변될 公 /건널 濟 /사사 私

직권을 남용하여 사복(私腹)을 채움.

차도살인(借刀殺人)　　빌 借 /칼 刀 /죽일 殺 /사람 人

남의 칼을 빌어 사람을 죽인다는 뜻으로, 음험한 수단의 비유.

차서일치(借書一瓻)　　빌 借 /글 書 /한 一 /술단지 瓻

책을 빌리면 술 한 병(瓶). 옛날에 책을 빌릴 때와 돌려보낼 때의 사례로 술 한 병을 보낸 것을 이르는 말.

차윤취형(車胤聚螢)　　수레 車 /이을 胤 /모일 聚 /개똥벌레 螢

동진(東晋)의 차윤이 개똥벌레를 모아 그 반딧불 빛으로 글을 읽었다는 고사. ☞ 형설지공(螢雪之功).

차일피일(此日彼日)　　이 此 /날 日 /저 彼

이날저날. 이날저날 하고 자꾸 기일을 미루어 가는 경우에 쓴다.

차청어롱(借聽於聾)　　빌 借 /들을 聽 /어조사 於 /귀머거리 聾

귀머거리에게 다른 사람이 네게 뭐라고 하더냐고 묻는다는 뜻으로, 도움을 받을 상대방을 잘못 찾음을 비유해 이르는 말.

차청입실(借廳入室)　　빌 借 /대청 廳 /들 入 /방 室

대청을 빌어 안방까지 든다는 뜻으로, 남에게 의지하였다가 차차 그 권리를 침범함의 비유. 《순오지》

차청차규(借廳借閨)　　빌 借 /대청 廳 /규방 閨

마루를 빌려 살다가 방으로 들어간다는 뜻으로 남에게 의지하고 있던 사람이 나중에는 주인의 권리까지를 침범함을 이르는 말. 비 차청입실(借廳入室).

차탈피탈(此頉彼頉)　　이 此 /핑계 頉 /저 彼

이 핑계 저 핑계를 댐.

차풍사선(借風使船)　　빌 借 /바람 風 /하여금 使 /배 船

바람을 빌려 배를 빨리 달린다는 뜻으로, 남의 힘을 빌려 제 이익을 꾀함을 이르는 말.

차형손설(車螢孫雪)　　성씨 車 /개똥벌레 螢 /성씨 孫 /눈 雪

반딧불과 눈빛으로 책을 읽었다는 뜻으로, 차윤취형(車胤聚螢)과 손강영설(孫康映雪)을 아울러 이르는 말이다. 어려운 환경 하에 학문을 닦아 얻은 보람. ☞ 형설지공(螢雪之功).

차호위호(借虎威狐) ☞ 호가호위(狐假虎威).

차화헌불(借花獻佛)　　빌 借 /꽃 花 /바칠 獻 /부처 佛

남의 꽃을 빌려 부처에게 바친다는 뜻으로, 남의 물건으로 선물하거나 자기 일을 봄을 이르는 말.

착금현주(捉襟見肘)　　잡을 捉 /옷깃 襟 /나타날 見 /팔꿈치 肘

옷깃을 잡아당기면 팔꿈치가 드러난다는 뜻으로, 생활이 극도로 빈한하거나 이것저것 미처 돌아볼 수 없는 딱한 사정을 비유하여 이르는 말. 《장자》

착족무처(着足無處)　　붙을 着 /발 足 /없을 無 /곳 處

발붙이고 설 자리가 없다는 뜻으로, 기반으로 삼고 입신(立身)

할 만한 의지할 곳이 없음을 이르는 말.

찬찬옥식(粲粲玉食)　　정미 粲 /옥 玉 /밥 食

아주 잘 지은 쌀밥.

찰찰불찰(察察不察)　　살필 察 /아닐 不

지나치게 살피는 것이 도리어 살피지 못한 것과 같을 수 있다는 뜻으로, 너무 세밀하여도 실수가 있음을 이르는 말.

참불가언(慘不可言)　　참혹할 慘 /아닐 不 /옳을 可 /말씀 言

너무나 참혹하여 차마 말을 할 수가 없음.

참불인도(慘不忍睹)　　참혹할 慘 /아닐 不 /참을 忍 /볼 睹

세상에 이런 참혹한 일은 없다는 말.

참신기발(斬新奇拔)　　높을 斬 /새로울 新 /기이할 奇 /뺄 拔

두드러지게 새롭고, 취향이 신기·진묘한 것. 참(斬)은 참(嶄)이 본 자로, 산이 깎아지른 듯이 우뚝 솟아 있는 모양. 전(轉)해서 물건이 두드러진 모양을 말한다. 신선하고 착상이 좋은 아이디어 따위. 유 기상천외(奇想天外).

참월습음(僭越襲蔭)　　참람할 僭 /넘을 越 /엄습할 襲 /응달 蔭

정해진 차례를 무시하고 옆에서 불쑥 끼어들어 음직(蔭職)에 오름.

참절비절(慘絶悲絶)　　참혹할 慘 /끊을 絶 /슬플 悲

참혹하기 짝이 없고, 슬프기 그지없음.

참정절철(斬釘截鐵)　　벨 斬 /못 釘 /끊을 截 /쇠 鐵

못을 끊고 쇠를 자른다는 뜻으로, 의심 없이 딱 결단하여 처리함을 이르는 말.

창가책례(娼家責禮)　　몸 파는 여자 娼 /집 家 /꾸짖을 責 /예도 禮

창기(娼妓)의 집에서 예절을 따진다는 것은 가당치 않다는 데

서, 굳이 예절을 차릴 필요가 없는 데서 격식을 찾아 우스울 때를 비유하여 이르는 말. 《순오지》

창두취슬(瘡頭聚蝨)　부스럼 瘡 /머리 頭 /모일 聚 /이 蝨

부스럼 난 머리에 이 꾀듯 한다는 뜻으로, 이익이 있는 곳에 사람들이 떼지어 모이는 것을 비유한 말. 《동언해》

창랑자취(滄浪自取)　찰 滄 /물결 浪 /스스로 自 /취할 取

좋은 말을 듣거나 나쁜 말을 들음이 모두 자기의 잘잘못에 달렸음을 이르는 말.

창상지변(滄桑之變)　푸를 滄 /뽕나무 桑 /갈 之 /변할 變

푸른 바다가 변해서 뽕나무밭이 된다는 뜻으로, 세상의 변천이 매우 심함을 비유하여 이르는 말. 《신선전》 ☞ 상전벽해(桑田碧海).

창안백발(蒼顔白髮)　노쇠할 蒼 /얼굴 顔 /흴 白 /터럭 髮

노쇠한 얼굴과 센 머리털. 곧 늙은이의 용모를 이르는 말.

창업수성(創業守成)　비롯할 創 /업 業 /지킬 守 /이룰 成

☞ 창업이수성난(創業易守成難).

창업수문(創業守文)　☞ 창업수성(創業守成).

창오지망(蒼梧之望)　푸를 蒼 /벽오동나무 梧 /의 之 /바랄 望

순임금이 창오에서 붕어(崩御)한 데서, 제왕의 붕어를 일컫는 말.

창우백출(瘡疣百出)　부스럼 瘡 /사마귀 疣 /일백 百 /날 出

부스럼과 사마귀가 많이 생긴다는 뜻으로, 언행에 과실이 많음을 이르는 말.

창이미추(瘡痍未瘳)　상처 瘡 /상처 痍 /아직 未 /나을 瘳

칼에 베인 상처가 아직 낫지 않았다는 뜻으로, 전쟁이 끝난 지

아직 일천(日淺)함을 비유하여 이르는 말. 《한서》

창해유주(滄海遺珠) 푸를 滄 /바다 海 /남길 遺 /구슬 珠

큰 바다 속에 남아 있는 진주라는 뜻으로, 세상에 알려지지 않은 진귀한 보배. 전하여 세상에 알려지지 않은 현인(賢人)의 비유. 《당서》

창황망조(蒼黃罔措) 푸를 蒼 /누를 黃 /그물 罔 /둘 措

너무 급하여 어찌할 바를 모름.

채신급수(採薪汲水) 캘 採 /땔나무 薪 /길을 汲 /물 水

일상의 잡다한 일에 몸을 아끼지 않는 것. 땔나무를 하거나 물을 길어오는 일은 결코 쉬운 일이 아니다. 거기서 일상생활에서 일어나는 온갖 힘든 일을 견디고 참는다는 뜻도 있다. 《송사》

채신지우(採薪之憂) 캘 採 /땔나무 薪 /갈 之 /근심 憂

병 때문에 나무를 하러 가지 못한다는 뜻으로, 자신의 병을 겸사해서 이르는 말. 또는 나무를 하다가 생긴 병이라고도 한다. 《맹자》

책상퇴물(冊床退物) 책 冊 /평상 床 /물러날 退 /만물 物

글만 읽다가 사회에 처음 나서서 모든 물정에 어두운 사람. 책상물림.

책인즉명(責人卽明) 꾸짖을 責 /사람 人 /곧 卽 /밝을 明

자기는 어찌 되었든지 덮어놓고 남의 잘못만 나무람.

처성자옥(妻城子獄) 아내 妻 /성 城 /아들 子 /감옥 獄

아내의 성(城)과 자식의 감옥에 갇혀 있다는 뜻으로, 처자를 거느린 사람은 집안일에 매여 자유로이 활동할 수 없음을 이르는 말.

처풍고우(淒風苦雨) 쓸쓸할 淒 /바람 風 /궂을 苦 /비 雨

쓸쓸히 부는 바람과 궂은비라는 뜻으로, 몹시 처량하고 비참한 지경을 비유하여 이르는 말. 《좌전》

척산척수(尺山尺水)　　자 尺 /뫼 山 /물 水

높은 곳에서 멀리 산수(山水)를 내려다볼 때 그 작게 보임을 가리키는 말. 비 척오촌초(尺吳寸楚)·일의대수(一衣帶水).

척애독락(隻愛獨樂)　　혼자 隻 /사랑 愛 /홀로 獨 /즐거울 樂

척애는 짝사랑. 곧 자기 혼자서 생각하고 즐긴다는 말. 《순오지》

척오촌초(尺吳寸楚)　　자 尺 /오나라 吳 /마디 寸 /초나라 楚

한 자 오나라와 한 치 초나라. 곧 오·초(吳楚)나라가 모두 큰 나라지만, 높은 데서 내려다보면 작게 보인다는 뜻으로, 높은 곳에서 내려다보면 모든 사물이 작게 보임을 이르는 말. ☞ 일의대수.

척호지정(陟岵之情)　　오를 陟 /산 岵 /갈 之 /뜻 情

초목이 무성한 산에 오르는 정이라는 뜻으로, 고향에 있는 부모를 그리워하는 마음을 비유하여 이르는 말. 《시경》

천경지의(天經地義)　　하늘 天 /길 經 /땅 地 /옳을 義

세상에 존재하는 보편적인 바른 길. 경(經)은 정상적인 길. 의(義)는 바른 길. 《좌전》

천고청비(天高聽卑)　　하늘 天 /높을 高 /들을 聽 /낮을 卑

하늘은 높은 곳에 있지만, 하계(下界)의 말을 잘 들으며, 그 옳고 그름을 엄정하게 판단하여 보답해 줌을 이르는 말. 《사기》

천공해활(天空海闊)　　하늘 天 /빌 空 /바다 海 /트일 闊

하늘은 공허하고 바다는 넓다는 뜻으로, 도량이 넓어 사소한 일에 구애되지 않음을 비유하여 이르는 말. 《고금시화(古今詩話)》

천광지귀(天光之貴)　　하늘 天 /빛 光 /갈 之 /귀할 貴

하늘에 빛나는 모든 것 중에서 가장 귀하다는 데서, 태양을 달리 이르는 말.

천교지망(遷喬之望)　　옮길 遷 /높을 喬 /갈 之 /바랄 望

영전·승진에 대한 소망의 비유. 본래는 야만(野蠻)에서 문화가 앞선 상태로 옮기는 것. 또는 이단사설(異端邪說)의 생각에서, 성인(聖人)의 도의 올바른 생각으로 바뀌는 것을 이르는 말. 《맹자》

천군만마(千軍萬馬)　　일천 千 /군사 軍 /일만 萬 /말 馬

썩 많은 병마(兵馬). 다수의 군사와 군마. 역전의 용사 등도 이에 해당한다. 㽷 해천산천(海千山千).

천년일청(千年一淸) ☞ 백년하청(百年河淸).

천도불도(天道不諂)　　하늘 天 /길 道 /아닐 不 /의심할 諂

하늘이 신선에게는 복을 주고 악인에게는 화를 주는 것은 조금도 의심할 바가 없음을 이르는 말.

천라지망(天羅地網)　　하늘 天 /새그물 羅 /땅 地 /그물 網

하늘과 땅에 쳐진 그물의 뜻으로, 악에 대한 피하기 어려운 재액을 일컫는 말. ☞ 천망회회(天網恢恢).

천려일득(千慮一得)　　일천 千 /생각할 慮 /한 一 /얻을 得

「우자천려 필유일득(愚者千慮 必有一得)」이란 말이 약해져서 된 말이다. 아무리 어리석은 사람도 많은 생각 가운데 한 가지쯤은 좋은 생각이 미칠 수 있다는 말. 《사기》 반 천려일실(千慮一失 ☞).

천리동풍(千里同風)　　일천 千 /거리 里 /같을 同 /바람 風

온 나라 안에 같은 바람이 분다는 뜻으로, 천하가 태평함을 이

르는 말. 또 먼 곳까지도 풍속이 같음을 이르는 말. 《논형(論衡)》

천리무연(千里無煙)　일천 千 /거리 里 /없을 無 /연기 煙

천리 간에 밥 짓는 연기가 피어오르지 않는다는 뜻에서, 백성들이 가난함을 비유하여 이르는 말.

천리절적(千里絶迹)　일천 千 /거리 里 /끊을 絶 /자취 迹

유례없음의 비유. 다른 것과 동떨어져서 독자적인 형용. 천리나 되는 먼 거리에 걸쳐서 다른 것과 비교할 만한 것이 없다는 뜻으로, 초절(超絶)한 사적(事跡)의 비유. 또 멀리 인적이 없는 후미진 곳의 형용으로도 쓰인다. 《양서(梁書)》

천마행공(天馬行空)　하늘 天 /말 馬 /다닐 行 /빌 空

천마가 하늘을 뛰어다닌다는 뜻으로, 자유분방하여 얽매이는 데가 없음을 비유하여 이르는 말. 또는 문장이나 필치가 뛰어나 있음을 형용하는 말. 《사기》

천무음우(天無淫雨)　하늘 天 /없을 無 /궂을 淫 /비 雨

하늘에서 궂은비가 내리지 않는다는 뜻으로, 화평한 나라, 태평한 시대를 이르는 말.

천무이일(天無二日)　하늘 天 /없을 無 /두 二 /해 日

하늘에는 해가 둘이 없다는 뜻으로, 한 나라에는 한 임금뿐이라는 말. 《예기》

천문만호(千門萬戶)　일천 千 /문 門 /일만 萬 /문, 집 戶

대궐의 문호가 많음을 일컫는 말. 또 수많은 백성들의 집. 《사기》

천문지질(天文地質)　하늘 天 /무늬 文 /땅 地 /소박할 質

하늘에는 일월성신(日月星辰) 같은 문식(文飾)이 있지만, 땅은 소박하여 꾸밈이 없음을 일컫는 말. 《태현경(太玄經)》

차

천문철추(薦門鐵樞)　　거적 薦 /문 門 /쇠 鐵 /문지도리 樞

거적문에 돌쩌귀라는 뜻으로, 격에 맞지 않아 어울리지 않음.

천방지축(天方地軸)　　하늘 天 /모 方 /땅 地 /굴대 軸

못난 사람이 종작없이 덤벙이는 일. 또는 너무 급박하여 방향을 잡지 못하고 함부로 날뛰는 일. 천방지방(千方地方).

천번지복(天飜地覆)　　하늘 天 /뒤칠 飜 /땅 地 /엎어질 覆

하늘과 땅이 뒤집힘. 곧 천지에 큰 변동이 일어나 질서가 어지러움. 《중용》

천벽독서(穿壁讀書)　　뚫을 穿 /벽 壁 /읽을 讀 /책 書

벽에 구멍을 뚫어 옆집 불빛을 끌어들여 책을 읽는다는 뜻으로, 심한 가난에도 뜻을 굽히지 않고 고생하며 학문에 정진하는 것. 《서경잡기》

천변만화(千變萬化)　　일천 千 /변할 變 /일만 萬 /될 化

한없이 변화함. 변화가 무궁함.

천변지이(天變地異)　　하늘 天 /변할 變 /땅 地 /다를 異

자연의 이변. 천변은 하늘에서 일어나는 변동. 지이(地異)는 지상에 생기는 이변. 자연계의 대변동. 유 경천동지(驚天動地).

천보간난(天步艱難)　　하늘 天 /걸음 步 /어려울 艱 /어려울 難

천운(天運)이 돌아오지 않아 불리해지는 것. 전(轉)하여 국가나 시대의 운명이 위기에 빠져 있는 것. 천보(天步)는 천운 또는 시운(時運)을 말한다.

천부지저(天府之儲)　　하늘 天 /곳집 府 /갈 之 /쌓을 儲

천자(天子)의 비축, 천연의 창고, 자연의 비축이라는 뜻으로, 땅이 기름져서 온갖 생산물이 많이 나는 땅을 이름. 《위서》

천붕지통(天崩之痛)　　하늘 天 /무너질 崩 /의 之 /아플 痛

하늘이 무너지는 아픔이라는 뜻으로, 임금이나 아버지의 상사(喪事)를 당한 슬픔을 이르는 말.

천사만고(千思萬考)　일천 千 /생각 思 /일만 萬 /곰곰 생각할 考

여러 가지로 생각함.

천서만단(千緖萬端)　일천 千 /실마리 緖 /일만 萬 /갈피 端

수없이 많은 일의 갈피. 《진서》

천세일시(千歲一時) ☞ 천재일우(千載一遇).

천신만고(千辛萬苦)　일천 千 /매울 辛 /일만 萬 /쓸 苦

온갖 신고(辛苦). 또 그것을 겪음. 신랄(辛辣)과는 달리 몸으로 견디는 고통, 몸을 찌르듯이 마음이 아픈 신산(辛酸)의 뜻이 있다. 유 간난신고(艱難辛苦) · 입립신고(粒粒辛苦) · 다사다난(多事多難).

천애지각(天涯地角)　하늘 天 /끝 涯 /땅 地 /귀퉁이 角

하늘의 끝과 땅의 한 귀퉁이라는 뜻으로, 서로 멀리 떨어져 있음을 이르는 말.

천양지판(天壤之判)　하늘 天 /땅 壤 /의 之 /판가름할 判

하늘과 땅의 차이처럼 엄청난 차이.

천언만어(千言萬語)　일천 千 /말씀 言 /일만 萬 /말씀 語

수없이 많은 말. 또는 많은 말을 허비하는 것. 반 일언반구.

천연세월(遷延歲月)　옮길 遷 /미룰 延 /해 歲 /달 月

일을 당한 그때그때 처리하지 않고 미루어 나감을 이르는 말.

천우신조(天佑神助)　하늘 天 /도울 佑 /귀신 神 /도울 助

하늘과 신령의 도움. 생각지 않게 우연히 도움 받는 것.

천위지척(天威咫尺)　하늘 天 /위엄 威 /짧은 거리 咫 /자 尺

하늘의 위엄이 바로 눈앞에 있다 함이니, 마땅히 몸을 조심하고

삼가야 한다는 말. 또는 임금에게 알현(謁見)함을 이름. 《좌전》

천인공노(天人共怒)　　하늘 天 /사람 人 /함께 共 /성낼 怒

하늘과 사람이 함께 노한다는 뜻에서, 누구나 분노할 만큼 증오스러움. 도저히 용납할 수 없음의 비유.

천자만홍(千紫萬紅)　　일천 千 /자줏빛 紫 /일만 萬 /붉을 紅

울긋불긋한 여러 가지 꽃의 빛깔. 또는 색색가지 꽃들이 어지럽게 피어 있는 모양. 유 백화요란(百花燎亂).

천작저창(淺酌低唱)　　적을 淺 /따를 酌 /낮을 低 /노래부를 唱

알맞게 술을 마셔 작은 소리로 노래를 부름. 술도 적당히 마시는 것이 좋다. 반 배반낭자(杯盤狼藉).

천장지구(天長地久)　　하늘 天 /길 長 /땅 地 /오랠 久

하늘은 길고, 땅은 영구하다는 뜻. 아주 길게 계속되는 것의 비유. 하늘과 땅은 영구히 변함이 없음. 천지장구(天地長久). 《노자》 유 무운장구(武運長久).

천장지비(天藏地秘)　　하늘 天 /숨길 藏 /땅 地 /숨길 秘

하늘과 땅에 묻어 숨겼다는 뜻으로, 세상에 드러내어 나타나지 않음을 이르는 말.

천조초매(天造草昧)　　하늘 天 /만들 造 /풀 草 /어두컴컴할 昧

하늘이 만물을 창조하기 시작하여 아직 천지의 구별이 분명하지 않음을 이르는 말. 비 천지개벽.

천존지비(天尊地卑)　　하늘 天 /높을 尊 /땅 地 /낮을 卑

하늘을 존중하고 땅을 천시한다는 뜻으로, 윗사람만 받들고 아랫사람은 천하게 여김을 비유하여 이르는 말.

천중가절(天中佳節)　　하늘 天 /가운데 中 /아름다울 佳 /절기 節

단오를 이르는 말. 천중절.

천지개벽(天地開闢)　　하늘 天 /땅 地 /열 開 /열 闢

천지가 처음으로 열림. 벽(闢)은 열리다의 뜻으로, 개(開)와 같은 뜻.

천지만엽(千枝萬葉)　　일천 千 /가지 枝 /일만 萬 /잎 葉

한창 무성한 나뭇가지와 잎이라는 뜻으로, 일의 갈래가 어수선하게 많음을 비유하여 이르는 말.

천지무용(天地無用)　　하늘 天 /땅 地 /없을 無 /쓸 用

「천지(天地)는 필요치 않다」 라고 하는 의미가 아니라 상하(上下)를 거꾸로 하면 안 된다는 의미. 하물(荷物)을 발송할 때 따위에 포장 박스에 이렇게 씌어 있다.

천지미록(天之美祿)　　하늘 天 /어조사 之 /아름다울 美 /녹봉 祿

하늘이 내려준 좋은 녹(祿)의 뜻으로, 술(酒)의 미칭(美稱). 백약지장(百藥之長), 망우지물(忘憂之物)이라고도 해서 애주가들에게는 안성맞춤의 말. ☞ 주내백약지장(酒乃百藥之長).

천지신명(天地神明)　　하늘 天 /땅 地 /귀신 神 /밝을 明

천지 수많은 신들의 조화. 신명은 신의 모든 것을 꿰뚫어보는 전지전능함.

천지현황(天地玄黃)　　하늘 天 /땅 地 /검을 玄 /누를 黃

「하늘은 검고 땅은 누렇다」 라는 뜻으로, 중국 남북조시대 양(梁)나라의 주흥사(周興嗣)가 지은 《천자문(千字文)》의 첫 구절이다. 《천자문》은 흔히 한문을 처음 배우는 사람을 위한 입문서로 알려져 있지만, 그 내용은 단순한 교습서를 넘어서 우주와 자연의 섭리, 인간의 도리와 처세의 교훈 등 삼라만상을 함축하여 망라하고 있다. 4언(四言) 250구의 총 1,000글자로 이루어진 장시(長詩)의 형태를 띠고 있는데, 천지현황은 그 첫 번째 구절이다.

「천」은 「현」과 상응하고, 「지」는 「황」과 상응하여 「하늘은 검고 땅은 누렇다」는 뜻으로 풀이된다. 천지현황은 뒷 구절의 우주홍황(宇宙洪荒 : 하늘과 땅 사이는 넓고 커서 끝이 없다)과 연결되어 천지와 우주의 광대무변함을 나타내고 있는데, 이는 고대 중국뿐 아니라 동양의 우주관을 함축하여 드러낸 말이라고 할 수 있다.

천진난만(天眞爛漫)　　하늘 天 /참 眞 /화미할 爛 /질펀할 漫

천진은 자연 그대로 꾸밈이 없는 것. 난만은 있는 그대로 여실히 나타나는 모양. 자연 그대로 꾸밈없이 순진한 기분, 태도의 비유. 유 순진무구.

천차만별(千差萬別)　　일천 千 /차이 差 /일만 萬 /구별 別

여러 가지 사물이 모두 차이가 있고 구별이 있음. 유 백인백양(百人百樣)·십인십색(十人十色).

천참만륙(千斬萬戮)　　일천 千 /벨 斬 /일만 萬 /죽일 戮

수없이 여러 동강을 쳐서 참혹하게 죽임. 천만 동강으로 쳐서 죽임.

천추만세(千秋萬歲)　　하늘 千 /해 秋 /일만 萬 /해 歲

천년만년, 세월의 유구함. 장수를 축하하는 말. 《한비자》 반 천지장구.

천학비재(淺學非才)　　얕을 淺 /배울 學 /아닐 非 /재주 才

학문이 얕고 재주가 변변치 않음. 자기의 학식을 겸사하는 말.

천한백옥(天寒白屋)　　하늘 天 /찰 寒 /흰 白 /집 屋

추운 날씨에 불도 때지 못한다는 뜻으로, 추운 겨울날 가난한 생활을 형용하여 이르는 말.

천향국색(天香國色)　　하늘 天 /향기 香 /나라 國 /예쁜 용모 色

모란꽃을 가리키는 말. 아름다운 여자를 비유하여 이르는 말.

철가도주(撤家逃走) 거둘 撤 /집 家 /달아날 逃 /달릴 走

가족을 모두 데리고 도망감.

철두철미(徹頭徹尾) 통할 徹 /머리 頭 /꼬리 尾

철(徹)은 통하게 하다, 뚫리다 의 뜻. 머리(頭)부터 시작해서 꼬리(尾)로 통하는 것으로, 「수미일관(首尾一貫 ☞)」 해서 관통하다. 처음부터 끝까지의 비유. 또한 다음에 부정의 말을 수반해서 「결코 ……하지 않다」 「조금도 ……하지 않다」 라고 사용하기도 한다. 《주자전서》 유 시종일관(始終一貫).

철석간장(鐵石肝腸) 쇠 鐵 /돌 石 /간 肝 /창자 腸

굳고 단단한 절개 · 마음을 일컫는 말. 철장석심(鐵腸石心).

첨전고후(瞻前顧後) 볼 瞻 /앞 前 /돌아볼 顧 /뒤 後

앞을 보고 뒤를 돌아봐야 한다는 뜻으로, 일을 당해 결단하지 못하고 앞뒤를 재며 어물거리거나 주저함을 이르는 말. 전첨후고(前瞻後顧). 《초사》

첩부지도(妾婦之道) 첩 妾 /여자 婦 /의 之 /길 道

여자는 순종을 정도로 삼는다는 뜻으로, 시비를 가리지 않고 오로지 남을 따르는 행동거지를 이르는 말. 《맹자》

첩상가옥(疊床架屋) 겹쳐질 疊 /평상 床 /얹을 架 /집 屋

세련되지 못하고 군더더기가 많으며, 반복이 심한 작품을 비유하여 이르는 말로, 조직이나 제도가 불합리하거나 쓸데없는 중복이 많을 때도 사용한다.

청경우독(晴耕雨讀) 갤 晴 /밭갈 耕 /비 雨 /읽을 讀

맑은 날은 바깥에 나가 논밭을 갈고, 비 오는 날은 집안에서 책을 읽는다. 그런 유유자적한 생활. 홀가분하고 풍아한 모양.

청렴결백(淸廉潔白)　　맑을 淸 /청렴할 廉 /깨끗할 潔 /흴 白

마음이 맑고 곧아 뒤로 검은 데가 전혀 없는 것. 비 청운추월(靑雲秋月).

청산유수(靑山流水)　　푸를 靑 /뫼 山 /흐를 流 /물 水

푸른 산과 흐르는 물. 곧 막힘없이 썩 잘하는 말의 비유.

청산일발(靑山一髮)　　푸를 靑 /뫼 山 /한 一 /터럭 髮

멀리 수평선상에 희미하게 연해 보이는 청산을 한 올의 머리카락에 비유한 말.

청아음향(淸雅音響)　　맑을 淸 /우아할 雅 /소리 音 /울림 響

상스럽거나 속된 티를 벗어 밝고 아름다운 소리와 그 울림.

청운직상(靑雲直上)　　푸를 靑 /구름 雲 /곧을 直 /위 上

직상(直上)은 일직선으로 올라가는 것으로, 지위가 일직선으로 올라가는 것을 이르는 말.

청운추월(靑雲秋月)　　푸를 靑 /구름 雲 /가을 秋 /달 月

갠 하늘의 구름과 가을하늘 밝은 달. 곧 마음속이 맑고 상쾌함을 비유하여 이르는 말.

청이불문(聽而不聞)　　들을 聽 /말이을 而 /아닐 不 /들을 聞

아무리 들으려 해도 들리지 않음. 듣고도 못 들은 체함. 청약불문(聽若不聞). 《대학》

청전구물(靑氈舊物)　　푸를 靑 /모전 氈 /옛 舊 /만물 物

푸른 빛깔의 모전(毛氈)과 오래된 물건이라는 뜻으로, 대대로 전해 내려오는 물건을 일컫는 말.

청청자아(菁菁者莪)　　우거질 菁 /사람 者 /지칭개 莪

교육하는 즐거움, 인재를 길러내는 즐거움을 이르는 말. 또 군주가 육성한 인재가 활발히 덕을 발휘함의 비유. 청청(菁菁)은 푸

르게 무성함. 아(莪)는 쑥의 일종. 육성한 인재의 덕이 성함의 형용. 청아(菁莪). 《시경》

청탁병탄(淸濁倂呑)　　맑을 淸 /흐릴 濁 /아우를 倂 /삼킬 呑

포용력이 큼의 비유. 특정의 가치관에 구애되지 않고 있는 그대로를 받아들이는 것. 청탁은 맑고 흐린 물, 선과 악, 군자(君子)와 소인과 같이 상대되는 두 가지 것을 가리킬 경우에 쓰인다. 《사기》

청풍명월(淸風明月)　　맑을 淸 /바람 風 /밝을 明 /달 月

초가을 밤의 싱그러운 느낌. 상쾌한 밤바람과 맑고 밝은 달빛. 조용히 술을 마신다는 뜻으로도 쓰인다. 결백하고 온건한 충청도 사람의 성격을 평하는 말로도 쓰인다. 「풍전세류(風前細柳)」는 부드럽고 영리한 전라도 사람의 성격을 평한 말이다. 《남사(南史)》

청호우기(晴好雨奇)　　갤 晴 /좋을 好 /비 雨 /뛰어날 奇

갠 날의 경치도 좋고 빗속의 경치도 좋다는 뜻으로, 언제 보아도 좋은 경치.

체발염의(剃髮染衣)　　머리 깎을 剃 /터럭 髮 /물들일 染 /옷 衣

출가(出家)하여 체발(기른 머리털을 바짝 깎음)을 하며 물들인 가사를 입었다는 뜻으로, 출가하여 중이 됨을 이름.

체악지정(棣鄂之情)　　산앵도나무 棣 /받침대 鄂 /의 之 /뜻 情

형제간의 두터운 우애. 만발하여 화미(華美)한 산앵도나무 꽃에 견준 말임.

초간구활(草間求活)　　풀 草 /사이 間 /구할 求 /살 活

민간에서 삶을 구한다는 뜻으로, 욕되게 한갓 삶을 탐냄을 이르는 말. 《진서》

차

초근목피(草根木皮) 풀 草 /뿌리 根 /나무 木 /껍질 皮

풀뿌리와 수목의 껍질. 모두 한방약의 원료가 되는 것이 많다. 풀에도 여러 가지가 있다. 산초(山草)·수초(水草)·목초(牧草)·향초(香草)·경초(勁草)·미초(美草)·독초(毒草)·야초(野草)·잡초(雜草)·녹초(綠草)·영초(靈草)·약초(藥草)·노초(露草)·감초(甘草)·본초(本草) 등등. 《금사식화지(金史食貨志)》

초두천자(草頭天子) 풀 草 /머리 頭 /하늘 天 /아들 子

강도의 수령. 노상강도의 두목. 초두는 초두로(草頭露)의 약(略)으로, 풀잎 끝의 이슬. 덧없음, 오래 지속되지 않음의 비유. 천자(天子)는 두령(頭領)을 치켜세운 말로, 가볍게 대장이라는 어감. 덧없는 두목, 덧없는 대장은 강도의 수령에나 어울리지 않을까? 《평요전(平妖傳)》 유 양상군자(梁上君子)·녹림처사(綠林處士).

초록동색(草綠同色) 풀 草 /초록빛 綠 /같을 同 /빛 色

풀빛과 녹색은 같은 색깔이란 뜻으로, 명칭은 다르지만 따져 보면 한 가지 것이란 말로, 서로 같은 무리끼리 어울림을 이르는 말.

초록자기(蕉鹿自欺) 파초 蕉 /사슴 鹿 /스스로 自 /속일 欺

사슴을 파초로 덮어 놓았다가 자신까지 속아 넘어갔다는 뜻으로, 인생살이의 득실이 허무한 것을 이르는 말. 초록몽(蕉鹿夢). 《열자》

초만영어(草滿囹圄) 풀 草 /찰 滿 /옥 囹 /옥 圄

감옥에 풀이 무성하다는 말로, 정치가 잘 행해져 감옥 안에 죄수가 없음을 이르는 말. 《수서》

초망지신(草莽之臣) 풀 草 /우거질 莽 /갈 之 /신하 臣

벼슬을 하지 않고 초야에 묻혀 사는 사람. 또는 신하가 임금에 대해 자신을 낮추어 이르는 말. 《맹자》

초망착호(草網着虎)　　풀 草 /그물 網 /붙을 着 /범 虎

썩은 새끼줄 망으로 범 잡기란 뜻으로, 엉터리없는 짓을 꾀함을 일컫는 말.

초모위언(草茅危言)　　풀 草 /띠 茅 /위태로울 危 /말씀 言

초야에 묻힌 재야인사(在野人士)가 국정을 통론(痛論)함.

초목구후(草木俱朽)　　풀 草 /나무 木 /함께 俱 /썩을 朽

초목과 함께 썩는다는 뜻으로, 세상에 알려지지 못하고 허무하게 죽음을 비유하여 이르는 말. 또는 마땅히 하여야 할 일을 못하고 초목과 같이 썩음. 초목동부(草木同腐). 《진서》

초부득삼(初不得三)　　처음 初 /아닐 不 /얻을 得 /석 三

첫 번에 실패한 일이라도 세 번째는 성공한다는 뜻으로, 꾸준히 하면 성공할 수 있다는 말.

초윤이우(礎潤而雨)　　주춧돌 礎 /젖을 潤 /말이을 而 /비 雨

주춧돌이 축축해지면 비가 온다는 말로서, 원인이 있으면 결과가 있음을 이르는 말. 또는 사건이 일어남에는 조짐이 있음을 이르는 말.

초잠식지(稍蠶食之)　　벼 줄기 끝 稍 /누에 蠶 /먹을 食 /이 之

누에가 뽕잎을 먹듯 한쪽에서 점점 먹어 들어감. 타국의 영토나 남의 재산 등을 차츰 침략해 들어감. 잠식(蠶食). 《사기》

초재진용(楚材晋用)　　초나라 楚 /재목 材 /진나라 晋 /쓸 用

초나라 목재를 진나라 사람들이 사용한다는 뜻으로, 자기 나라 인재를 다른 나라에서 이용함을 이르는 말. 《좌전》

초지일관(初志一貫)　　처음 初 /뜻 志 /한 一 /꿰뚫을 貫

처음에 먹은 마음을 끝까지 관철함.

촉각장중(燭刻場中)　　촛불 燭 /새길 刻 /마당 場 /가운데 中

불 켜 놓은 초에 금을 그어서 시간을 제한하고 글을 짓게 하는 과장중(科場中)이라는 뜻으로, 정한 기한이 촉박하였음을 이르는 말. 《남사》

촉목상심(觸目傷心)　　닿을 觸 /눈 目 /상처 傷 /마음 心

사물이 눈에 보이는 대로 마음이 아픔.

촉중명장(蜀中名將)　　나라이름 蜀 /가운데 中 /이름 名 /장수 將

촉한(蜀漢)의 명장이란 뜻으로, 뛰어난 인재를 가리키는 말.

촉처봉패(觸處逢敗)　　닿을 觸 /곳 處 /만날 逢 /패할 敗

가서 닥치는 곳마다 낭패를 당함을 이르는 말.

촌마두인(寸馬豆人)　　마디 寸 /말 馬 /콩 豆 /사람 人

한 치의 말, 콩알만 한 사람이라는 뜻으로, 그림 그릴 때의 기교. 원경(遠景)의 인마는 작게 그리도록 한다는 말.

촌선척마(寸善尺魔)　　마디 寸 /착할 善 /자 尺 /마귀 魔

세상에는 좋은 일은 얼마 안되고 언짢은 일은 많다는 말.

촌진척퇴(寸進尺退)　　마디 寸 /나아갈 進 /자 尺 /물러날 退

진보는 적고 퇴보는 많다는 뜻으로, 얻는 것은 적고 잃는 것은 많음을 이르는 말. 《노자》 ☞진촌퇴척(進寸退尺).

촌초춘휘(寸草春暉)　　마디 寸 /풀 草 /봄 春 /빛 暉

어린 풀과 봄의 따뜻한 햇살을 어버이의 자식에 대한 애정에 비유하여, 어버이의 커다란 은덕과 애정에 대하여 조금도 보답할 수가 없음을 비유하여 이르는 말.

촌촌걸식(村村乞食)　　마을 村 /빌 乞 /밥 食

이 마을 저 마을로 떠돌아다니며 빌어먹음.

총각지호(總角之好)　　모아서 묶을 總 /뿔 角 /갈 之 /좋을 好

어렸을 때부터의 친구, 소꿉친구. 총각(總角)은 아이들의 머리

모양의 하나로, 머리를 좌우로 갈라서 올려 말아 동여맨 모양이 뿔처럼 생겼다 해서 나온 명칭. 관례(冠禮) 전의 아이를 말한다.

총경절축(叢輕折軸)　　모일 叢 /가벼울 輕 /꺾을 折 /굴대 軸

가벼운 물건도 많이 쌓이면 굴대를 부러뜨린다는 뜻으로, 작은 것도 많이 모이면 큰 힘이 됨을 이르는 말.

총중고골(冢中枯骨)　　무덤 冢 /가운데 中 /마를 枯 /뼈 骨

무덤 속의 마른 뼈라는 뜻으로, 핏기가 없고 말라서 뼈만 남은 사람을 이르는 말. 또는 아무것도 할 줄 모르는 무능한 사람을 이르는 말. 《삼국지》

최고납후(摧枯拉朽)　　꺾을 摧 /마를 枯 /꺾을 拉 /썩을 朽

마른 나무와 썩은 나무 꺾기란 뜻으로, 쉽사리 상대방을 굴복시킴을 일컫는 말. 《진서》

추경정용(椎輕釘聳)　　망치 椎 /가벼울 輕 /못 釘 /솟을 聳

망치가 가벼우면 도리어 못이 솟는다는 뜻으로, 윗사람이 약하면 아랫사람이 말을 듣지 않음을 이르는 말.

추고마비(秋高馬肥)　　가을 秋 /높을 高 /말 馬 /살찔 肥

가을 대기가 맑고 하늘이 높게 느껴지는 때, 말 또한 식욕이 왕성해 살이 찐다. 추(秋)는 심신 모두 상쾌해서 기분 좋은 계절이라고 하는 의미. 《한서》 囲 천고마비(天高馬肥).

추도지말(錐刀之末)　　송곳 錐 /칼 刀 /의 之 /끝 末

뾰족한 송곳 끝이라는 뜻으로, 지극히 작은 일의 비유. 전(轉)하여 작은 이익의 뜻으로도 쓰인다. 《좌전》

추상열일(秋霜烈日)　　가을 秋 /서리 霜 /세찰 烈 /해 日

추상은 가을의 찬 서리. 열일은 세차게 내려쬐는 한여름의 태양. 형벌이나 지조 등이 엄정하고 권위가 있다는 말. 지조견고(志

操堅固) 등에 비유해서 쓰인다. 《신감(申鑒)》 반 춘풍태탕(春風駘蕩).

추요지설(芻蕘之說) 꼴 芻 /땔나무 蕘 /갈 之 /말씀 說

고루(固陋)하고 촌스런 말. 꼴이나 베고 나무나 하는 사람들이 하는 말이란 뜻.

추염부열(趨炎附熱) 좇을 趨 /불탈 炎 /붙을 附 /더울 熱

권세가 있는 사람에게 아부하여 입신출세를 꾀함을 비유하여 이르는 말. 염(炎)과 열(熱)은 모두 권력이 강대함의 비유. 《송사》

추우강남(追友江南) 좇을 追 /벗 友 /강 江 /남녘 南

「친구 따라 강남 간다」와 같은 뜻으로, 내키지는 않지만, 남이 권하므로 마지못해 따르게 된다는 말. 또는 별 필요도 없는 일을 남과 덩달아 따라하게 됨을 이르는 말.

추월한강(秋月寒江) 가을 秋 /달 月 /찰 寒 /강 江

가을 달과 차가운 강물이란 뜻으로, 덕이 있는 사람의 맑고 깨끗한 마음을 비유하여 이르는 말.

추지대엽(麤枝大葉) 거칠 麤 /가지 枝 /클 大 /잎 葉

거친 가지와 큰 잎. 문장을 쓰면서 사소하고 거추장스러운 법식(法式)에 얽매이지 않고 자유롭게 글을 짓는 태도를 비유하여 이르는 말. 《주자어록》

추처낭중(錐處囊中) 송곳 錐 /곳 處 /주머니 囊 /가운데 中

송곳은 주머니 속에 넣으면 끝이 주머니 밖으로 비어져 나온다는 뜻으로, 재주와 슬기가 있는 사람이 그 재주를 발휘할 만한 지위에 앉음의 비유. 《사기》 ☞ 낭중지추(囊中之錐).

추풍낙엽(秋風落葉) 가을 秋 /바람 風 /떨어질 落 /잎 葉

가을바람에 흩어져 떨어지는 낙엽. 또 낙엽처럼 세력 같은 것이 시들어 우수수 떨어짐을 비유하여 이르는 말.

추호불범(秋毫不犯)　　가을 秋 /가는 털 毫 /아닐 不 /범할 犯

마음씨가 매우 청렴하여 조금도 남의 것을 범하지 않음을 이르는 말. 《사기》

추호지말(秋毫之末)　　가을 秋 /가는 털 毫 /의 之 /끝 末

가을철의 가늘어진 짐승의 털이란 뜻으로, 미세한 것의 비유. 《한서》

축계망리(逐鷄望籬)　　쫓을 逐 /닭 鷄 /바라볼 望 /울타리 籬

「닭 쫓던 개 지붕 쳐다보듯」이라는 우리말과 같은 말로, 한참 애써 하던 일이 실패로 돌아가거나 애쓰다 남에게 뒤떨어질 때 어찌할 도리는 없고 맥이 빠지며 민망해 하는 모양을 비유하여 이르는 말.

축지보천(縮地補天)　　줄일 縮 /땅 地 /기울 補 /하늘 天

땅을 줄여 하늘을 깁는다는 뜻으로, 천자가 천하를 개조·개혁함을 이르는 말. 《구당서》

춘란추국(春蘭秋菊)　　봄 春 /난초 蘭 /가을 秋 /국화 菊

봄날의 난초와 가을 국화란 뜻으로, 어느 것이나 훌륭해서 버리기가 어렵다는 것. 미인에게도 각각의 특징이 있어서 우열을 판가름하기 어려울 때 사용된다. 《태평광기》 비 난형난제(難兄難弟).

춘와추선(春蛙秋蟬)　　봄 春 /개구리 蛙 /가을 秋 /매미 蟬

봄의 개구리와 가을 매미. 무용(無用)의 언론(言論)을 비유하여 이르는 말.

춘인추사(春蚓秋蛇)　　봄 春 /지렁이 蚓 /가을 秋 /뱀 蛇

봄철의 지렁이와 가을철의 뱀이라는 뜻으로, 글씨가 가늘고 꼬

부라져서 서툴고 필세(筆勢)가 약함을 비유하여 이르는 말. 《진서》

춘치자명(春雉自鳴)　　봄 春 /꿩 雉 /스스로 自 /울 鳴

봄 꿩이 스스로 울어서 자기의 소재를 알려 죽는다는 뜻으로, 묻지도 않는 말에 스스로 대답하여 화를 자초함을 이르는 말.

춘풍만면(春風滿面)　　봄 春 /바람 風 /찰 滿 /얼굴 面

얼굴에 봄바람이 가득하다는 뜻으로, 얼굴에 기쁨이 가득 찬 모습. 희색만면과 같다. 흔희작약(欣喜雀躍)하는 표정. 유 득의만면(得意滿面).

춘풍추우(春風秋雨)　　봄 春 /바람 風 /가을 秋 /비 雨

봄바람과 가을비. 곧 지나간 세월을 일컫는 말.

춘한노건(春寒老健)　　봄 春 /찰 寒 /늙을 老 /튼튼할 健

봄추위와 늙은이의 건강이라는 뜻으로, 어떤 사물이 오래 가지 못함을 일컫는 말. 《순오지》

출구입이(出口入耳)　　날 出 /입 口 /들 入 /귀 耳

이야기하는 사람과 듣는 사람이라는 뜻으로, 당사자 외에는 아는 사람이 없으므로 비밀이 될 수 있음을 이르는 말. 《좌전》

출류발췌(出類拔萃)　　날 出 /무리 類 /뺄 拔 /모일 萃

출중한 것, 걸출해 있는 것. 유(類)와 췌(萃)는 같은 동아리의 모임이라는 뜻. 동류 중에서 출중하게 빼어남을 이르는 말.

출이반이(出爾反爾)　　날 出 /너 爾 /되돌릴 反

☞ 출호이반호이(出乎爾反乎爾).

출일두지(出一頭地)　　날 出 /한 一 /머리 頭 /땅 地

다른 사람보다 유달리 뛰어난 사람. 일두지(一頭地)는 어느 정도의 거리라는 뜻으로, 주로 학문의 수준에 비유한다. 학문의 수준이 남달리 한층 뛰어나 있는 것.

출장입상(出將入相)　　날 出 /장수 將 /들 入 /바탕 相

나가서는 장수가 되고 들어와서는 재상이 됨. 곧 문무 겸비하여 장상(將相)의 수완을 아울러 갖춘 뛰어난 인물을 이르는 말. 《구당서》

충구이출(衝口而出)　　찌를 衝 /입 口 /말이을 而 /날 出

순간적으로 입에서 나와 버린다는 뜻으로, 말이 거침없이 나옴을 이르는 말. 또 미리 생각하고 있지 않던 것이 순간적으로 말이 되어서 나오는 것. 《주문공문집(朱文公文集)》

충목지장(衝目之丈)　　찌를 衝 /눈 目 /갈 之 /막대기 丈

눈을 찌를 막대기라는 뜻으로, 남에게 해를 끼칠 악한 마음을 이르는 말.

충비서간(蟲臂鼠肝)　　벌레 蟲 /팔 臂 /쥐 鼠 /간 肝

벌레의 앞발과 쥐의 간이라는 뜻으로, 하찮고 아주 작은 물건을 비유하여 이르는 말. 《장자》

충언역이(忠言逆耳) ☞ 양약고구(良藥苦口).

췌마억측(揣摩臆測)　　잴 揣 /갈 摩 /가슴 臆 /잴 測

제멋대로 추측하는 것. 지레짐작. 또 손으로 쓰다듬듯이 이리저리 생각하고 나서 결론을 내리는 것. 췌마도 억측도 어림짐작의 뜻. 취마라고도 읽는다. 《전국책》

췌택삼매(贅澤三昧)　　혹 贅 /못 澤 /석 三 /어두울 昧

분에 넘치는 사치. 췌택은 사치. 매(昧)는 어두운의 뜻이지만, 삼매는 범어(梵語)의 음역으로, 일에 융합하는 것, 열중하는 것. 또는 푹 빠지다, 마음을 빼앗기다의 뜻도 있다. 비 영요영화(榮耀榮華). 유 독서삼매(讀書三昧).

취구지몽(炊臼之夢)　　밥 지을 炊 /절구 臼 /갈 之 /꿈 夢

아내를 잃음의 비유. 또 아내의 죽음을 알리는 꿈을 말한다. 부(釜 : 솥)는 부(婦 : 아내)와 통하여, 솥이 없어져 절구로 밥을 지었다는 꿈이라는 데서 나온 말. 《유양잡조(酉陽雜俎)》

취금찬옥(炊金饌玉)　　밥 지을 炊 /금 金 /반찬 饌 /옥 玉

금으로 밥을 짓고 옥으로 찬을 한다는 뜻으로, 사치스러운 식사의 비유. 음식 대접을 받았을 때 감사를 표시하는 말로 쓰이기도 한다.

취렴지신(聚斂之臣)　　모일 聚 /거둘 斂 /갈 之 /신하 臣

세금을 가혹하게 거두어들이는 신하의 비유. 취(聚)는 모으다, 렴(斂)은 거두다. 《대학》

취보만산(醉步蹣跚)　취할 醉 /걸음 步 /비틀거릴 蹣(반) /비틀거릴 跚

술에 취하여 이리저리 비틀거림.

취사선택(取捨選擇)　　취할 取 /버릴 捨 /고를 選 /가릴 擇

취할 것은 취하고 버릴 것은 버려서 골라잡음. 택(擇)은 일렬로 나란히, 또는 차례로 꺼내서 적합한 것을 골라내는 것. 유 대별분류(大別分類).

취사이우(聚沙而雨)　　모일 聚 /모래 沙 /말이을 而 /비 雨

흙이 아니면 나무가 자랄 수 없음과 같이 감당할 수 있는 사람에게 맡겨야만 이룰 수 있음을 이르는 말.

취생몽사(醉生夢死)　　취할 醉 /날 生 /꿈 夢 /죽을 死

술에 취해 꿈을 꾸는 듯한 기분으로 아무 의미 없이, 이룬 일도 없이 한 평생을 흐리멍덩하게 보냄. 《정자어록(程子語錄)》 비 무위도식(無爲徒食).

취안몽롱(醉眼朦朧)　　취할 醉 /눈 眼 /풍부할 朦 /흐릿할 朧

술에 취하여 눈이 흐려 앞이 똑똑히 보이지 않는 상태를 이르는 말.

취옹지의(醉翁之意) 취할 醉 /노인 翁 /의 之 /뜻 意

술 취한 늙은이의 뜻이란 말로, 딴 속셈이 있거나 안팎이 다름을 이르는 말. 구양수 「취옹정기(醉翁亭記)」

취자신전(醉者神全) 취할 醉 /사람 者 /귀신 神 /온전 全

술에 몹시 취한 사람은 사의(私意)가 없다 하여 이르는 말.

취정회신(聚精會神) 모일 聚 /자세할 精 /모일 會 /귀신 神

정신을 한 군데로 모음.

취지무금(取之無禁) 취할 取 /이 之 /없을 無 /금할 禁

임자 없는 물건을 마음껏 가져도 말리는 사람이 없다는 말.

측목중족(側目重足) 곁 側 /눈 目 /포갤 重 /다리 足

눈을 바로 하여 보지 못하고 다리를 포갠다는 뜻으로, 무섭고 두려워서 어떻게 행동해야 할지 모름을 형용하여 이르는 말. 《사기》

측석이좌(側席而坐) 곁 側 /자리 席 /말이을 而 /자리 坐

자리에 바로 앉지 못한다는 뜻으로, 마음속에 근심이 있어서 앉은자리가 편하지 않음을 이르는 말. 《설원》

측은지심(惻隱之心) 슬퍼할 惻 /불쌍히 여길 隱 /갈 之 /마음 心

불쌍히 여겨 언짢아하는 마음. 사단(四端)의 하나. ☞ 사단(四端).

층층시하(層層侍下) 계단 層 /모실 侍 /아래 下

부모, 조부모가 다 살아있어 그들을 모두 모시고 사는 사람을 일컬음.

치고불식(雉膏不食) 꿩 雉 /기름 膏 /아닐 不 /먹을 食

꿩의 기름이 먹히지 않는다는 뜻으로, 꿩의 기름은 맛이 좋으므로 사람의 재덕(才德)에 비유해서, 재덕이 있어도 임금에게 받아들여지지 않음을 비유하여 이르는 말. 《역경》

치발부장(齒髮不長) 이 齒 /머리카락 髮 /아닐 不 /길 長

배냇니를 다 갈지 못한 데다 더벅머리라는 뜻으로, 아직 나이가 어림을 비유하여 이르는 말. 비 구상유취(口尙乳臭).

치신무지(置身無地) 둘 置 /몸 身 /없을 無 /땅 地

두려워서 몸 둘 바를 모르고 어찌할 줄을 모른다는 뜻.

치자다소(癡者多笑) 어리석을 癡 /사람 者 /많을 多 /웃을 笑

어리석은 사람은 웃음이 많다는 뜻으로, 바보는 함부로 웃기를 잘한다는 말.

치폐설존(齒敝舌存) 이 齒 /해질 敝 /혀 舌 /있을 存

이는 빠져도 혀는 오랫동안 남는다는 말로, 단단한 자는 망해도 부드러운 자는 남음을 이르는 말. 《설원》 ☞ 치망설존(齒亡舌存).

친불인매(親不因媒) 친할 親 /아닐 不 /인할 因 /중매 媒

부부의 인연은 중매가 맺어주거니와 그들의 정(情)은 중매가 좌우할 수 없다는 뜻으로, 부부의 정은 저절로 생기는 것이지 제삼자가 억지로 할 수 없음을 이르는 말. 《한시외전》

칠금칠종(七擒七縱) 일곱 七 /사로잡을 擒 /놓을 縱

☞ 칠종칠금(七縱七擒).

칠난팔고(七難八苦) 일곱 七 /어려울 難 /여덟 八 /고통 苦

【불교】 온갖 고초. 칠난은 수난(水難) · 화난(火難) · 나찰난(羅刹難) · 왕난(王難) · 귀난(鬼難) · 가쇄난(枷鎖難) · 원적난(怨賊難). 팔고는 ☞ 사고팔고(四苦八苦).

칠락팔락(七落八落) ☞ 칠령팔락(七零八落).

칠령팔락(七零八落) 일곱 七 /영락할 零 /여덟 八 /떨어질 落

사물이 서로 연락되지 못하고 고르지도 못함. 영락(零落)함. 지리멸렬(支離滅裂)이 됨. 칠락팔락(七落八落).

칠보단장(七寶丹粧) 일곱 七 /보배 寶 /붉을 丹 /단장할 粧

여러 가지 패물로 몸을 꾸밈, 또는 그 단장(丹粧)을 이르는 말.

칠보지재(七步之才) 일곱 七 /걸음 步 /갈 之 /재주 才

☞ 칠보재(七步才).

칠신위라(漆身爲癩) 검은 칠 漆 /몸 身 /될 爲 /문둥병 癩

몸에 옻칠을 하여 문둥이처럼 가장한다는 뜻으로, 원수를 갚기 위해 용모(容貌)를 바꿈을 이르는 말.

칠신위려(漆身爲厲) ☞ 칠신탄탄(漆身呑炭).

칠실지우(漆室之友) 검은 칠 漆 /방 室 /갈 之 /벗 友

중국 노(魯)나라의 한 천부(賤婦)가 캄캄한 방에서 나라 일을 걱정하다 끝내 목을 매어 죽은 고사에서, 제 분수에 넘치는 일을 근심함을 이르는 말. 《사기》

칠자불화(漆者不畵) 옻 漆 /사람 者 /아닐 不 /그림 畵

옻칠을 하는 사람은 그림을 그리지 않는다는 뜻으로, 한 사람이 두 가지 일을 하지 않는다는 말. 《회남자》

칠전팔도(七顚八倒) 일곱 七 /구를 顚 /여덟 八 /넘어질 倒

일곱 번 구르고 여덟 번 거꾸러진다는 뜻으로, 험난한 고비를 많이 겪음을 이르는 말. 칠전팔도(七轉八倒)라고 써도 된다. 《주자어류(朱子語類)》 㑛 칠전팔기(七轉八起).

침소봉대(針小棒大) 바늘 針 /작을 小 /몽둥이 棒 /클 大

바늘처럼 작은 것을 막대같이 크게 말하다. 과장되게 말하는 비유. 공을 뽐내는 얘기는 자칫 이렇게 된다.

팔선도(八仙圖, 淸 화가 황신)

고사성어대사전

快刀亂麻(쾌도난마) ➡ 偸香(투향)

쾌도난마 快刀亂麻

통쾌할 快 칼 刀 어지러울 亂 삼 麻

《북제서(北齊書)》 문선기(文宣紀)

잘 드는 칼로 어지럽게 뒤얽힌 삼(麻)의 가닥을 일거에 베어 정리한다는 뜻으로, 복잡하게 얽힌 일을 명쾌하게 정리하고 분석함. 《북제서》 문선기에 있는 이야기다.

남북조시대 북조 동위(東魏) 효정황제의 승상 고환(高歡)은 하루는 자기 자식들이 얼마나 총명한지 한번 시험을 해 보려고 흐트러져 얽혀 있는 삼을 한 줌씩 나누어주면서 누가 가장 빨리 추리는지 보겠다고 했다. 그러자 다른 아들들은 모두 한 올 한 올 뽑아서 추리는데, 고양(高洋)이라는 아들만은 잘 드는 칼을 가져다가 얽혀져 있는 삼들을 단칼에 베어버리고 가장 먼저 추려내는 것이었다.

아버지 고환이 왜 그렇게 했느냐고 물었다. 그러자 고양은,

「어지러운 것은 베어버려야 합니다(亂者必斬)」 라고 대답했다.

이 말을 들은 고환은 이 아이야말로 장차 큰일을 해낼 놈이로구나 하고 생각하면서 기뻐했다.

그 후 고양은 효정황제의 제위를 찬탈하고 북제의 문선제(文宣帝)가 되었다. 이에 소년시절 그가 삼을 추린 이야기가 《북제서》 에 오르게 되었는데, 그 뒤부터 위정자들이 백성들을 가혹하게 탄압하는 것을 가리켜 쾌도난마라고 하게 되었다.

「쾌도난마」 는 고양의 소년시절 이야기에서 유래한 것인데, 지금 우리는, 복잡하게 얽힌 문제를 과감하고 신속하게 처리하거나, 일처리가 매우 명쾌한 것을 비유해서 쾌도난마와 같다고 한다.

쾌독파거(快犢破車)　　쾌할 快 /송아지 犢 /깨뜨릴 破 /수레 車

성질이 거센 송아지는 이따금 제가 끄는 수레를 파괴하지만, 자라서는 반드시 장쾌(壯快)한 소가 된다는 뜻으로, 장래 큰일을 하려는 젊은이는 스스로 경계해야 함을 이르는 말. 《진서》

쾌락불퇴(快樂不退)　　쾌할 快 /즐거울 樂 /아닐 不 /물러날 退

쾌락이 오래 지속되어 도중에 그치지 않음.

쾌의당전(快意當前)　　쾌할 快 /뜻 意 /당할 當 /앞 前

현재를 즐기거나 현재의 만족을 꾀함.

쾌인쾌사(快人快事)　　쾌할 快 /사람 人 /쾌할 快 /일 事

씩씩한 사람의 시원스런 행동.

타면자건 唾面自乾

침 唾 얼굴 面 스스로 自 마를 乾

《십팔사략(十八史略)》

남이 내 얼굴에 침을 뱉으면 그것이 저절로 마를 때까지 기다린다는 뜻이다. 남이 내 얼굴에 침을 뱉을 때 이를 바로 닦으면 그 사람의 뜻을 거스르는 듯 보이게 되므로 저절로 마를 때까지 기다린다는 말로서, 처세에는 인내가 필요함을 비유하여 이르는 말이다.

《십팔사략(十八史略)》에 있는 이야기다.

측천무후

당(唐)나라 측천무후(則天武后)는 중국 역사상 유일한 여자 황제(女帝)로서 15년간 천하를 지배했다.

측천무후는 고종이 죽자, 두 아들 중종(中宗)과 예종(睿宗)을 차례로 즉위시키고 정권을 농단하여 독재 권력을 휘둘렀다. 자신의 권세를 유지하기 위하여 탄압책을 쓰는 한편으로는 유능한 관리를 두루 등용하여 세상은 그런 대로 태평세월이 유지되었다.

측천무후에게는 누사덕(婁師德)이란 신하가 있었다. 그는 성품이 너그러워, 아무리 무례한 일을 당해도 그의 처신에는 추호의 흔들림

누사덕

이 없었다. 하루는 그의 아우가 대주자사(代州刺史)로 임명되어 부임하려고 할 때였다. 그는 동생을 불러 이렇게 물었다.

「우리 형제가 황제의 총애를 받아 다 같이 출세한 것은 좋은 일이지만, 그만큼 남의 시샘 또한 클 것이다. 그렇다면 그러한 시기를 받지 않기 위해서는 어떻게 처신하면 된다고 생각하느냐?」

동생이 대답했다.

「혹 남이 내 얼굴에 침을 뱉더라도 결코 화를 내지 않고 잠자코 닦겠습니다. 만사를 이런 식으로 사람을 응대하여 결코 형님께 누를 끼치는 일이 없도록 하겠습니다」

동생의 대답을 듣고 누사덕은 이렇게 말했다.

「내가 염려하는 바가 바로 그것이다. 혹 어떤 사람이 네게 침을 뱉는다면, 그것은 네게 뭔가 크게 화 난 일이 있기 때문일 것이다. 그런데 네가 바로 그 자리에서 침을 닦아버린다면 상대의 기분을 거스르게 되어 그는 틀림없이 더 크게 화를 내게 될 것이다. 침 같은 것은 닦지 않아도 그냥 두면 자연히 마르게 되니(唾面自乾), 그런 때는 그저 웃어넘기는 게 상책이다」

누사덕의 말에서 처세에 인내가 얼마나 중요한 미덕인지를 일깨워준다.

타산지석 他山之石

다를 他 뫼 山 의 之 돌 石

《시경(詩經)》 소아(小雅) 「학명(鶴鳴)」

「다른 산의 돌」 이란 뜻으로, 다른 산에서 나는 보잘것없는 돌이라도 자기의 옥(玉)을 가는 데에 소용이 된다는 말로서, 다른 사람의 하찮은 언행일지라도 자신의 학덕을 연마하는 데 도움이 됨을 비유한다.

옥돌을 곱게 갈려면 같은 옥돌로는 잘 갈리지 않는다. 강도(强度)가 서로 다른 곳의 돌로 갈지 않으면 안 된다.

이러한 사실을 인용하여 《시경》 소아 「학명(鶴鳴)」 이란 시에, 초야에 있는 어진 사람들을 데려다가 임금의 덕을 더욱 아름답게 만드는 재료로 삼으라는 뜻으로,

다른 산의 돌은
그로써 옥을 갈 수 있다.

他山之石　可以攻玉　타산지석 가이공옥

고 끝을 맺고 있다.

이 시에서 자기만 못한 다른 사람의 말이나 행동이 자신의 학문과 덕을 닦는 좋은 참고가 될 수 있다는 뜻으로 「타산지석」 이란 말을 쓰게 된다. 예를 들어 어떤 사람이,

「비록 부족한 사람의 말이지만, 이것이 타산지석이 되었으면 다행이겠습니다」 하고 말했다면,

그것은 자신을 낮추고 상대방을 높이면서, 좋은 참고로 알고 보람

있게 받아들여 실천에 옮겨 달라는 여러 가지 내용의 말을 한 것이 된다.

가위는 반드시 한쪽은 강하고 한쪽은 무른 쇠로 되어 있다. 그래야만 미끄럽지가 않고 물건을 잘 자를 수가 있다. 타산지석이 아닌 「타산지철」인 것이다.

자기 의견과 똑같은 사람이 되기를 바라는 지도자처럼 어리석은 지도자는 없다. 똑같은 돌, 똑같은 쇠끼리는 서로 상대를 갈 수 없다는 진리를 모르는 사람이다. 의견이 서로 다른 사람끼리 정답게 지내는 가운데 더욱 빛이 나고 날이 서게 되는 것이다.

「절차탁마(切磋琢磨)」와 함께 인간의 인격수양에 쓰이는 명구(名句)로, 흔히 「타산지석으로 삼다」라고 쓴다. {☞ 절차탁마}

在乎人者莫良於眸子

재호인자막량어모자

眸子不能掩其惡

모자불능엄기악

胸中正 則子眸焉

흉중정 즉자모언

胸中不正 則眸子焉

흉중부정 즉모자언

사람을 알아보는 데는 눈동자보다 더 좋은 것이 없다.
눈동자는 마음속의 악을 감추지 못한다.
마음이 올바르면 그 눈동자가 밝고
마음이 올바르지 못하면 눈동자가 어둡다.

—《맹자》이루 하(離類下)

타상하설 他尙何說

다를 他 더할 尙 어찌 何 말씀 說

「다른 것은 더 말해 무엇하겠느냐」 라는 뜻으로, 한 가지 일을 보면 더 이상 살펴보지 않아도 다른 것까지 능히 헤아려 알 수 있다는 것을 비유적으로 표현한 말이다.

속이 다 들여다보이는 얕은꾀로 남을 속이려 하거나, 남들도 다 알고 있는 일을 자기만 알고 있으려니 생각하고 허튼 짓을 할 경우에 쓰는 말이다.

즉 한 가지 행실을 보면 다른 행실은 보지 않아도 능히 알 수 있다는 말로, 부정적인 뜻을 내포하고 있다. 한마디로 더 말할 필요가 없다는 뜻이다. 「네 행실을 보니, 네가 과거에 어떻게 살았는지는 타상하설이다」 와 같은 식으로 쓰인다.

이와는 달리 《논어(論語)》 공야장(公冶長)편에 나오는 말로, 「하나를 들으면 능히 열을 알 수 있다」 는 뜻의 「문일지십(聞一知十)」 이 있다.

「타상하설」 과는 달리 매우 총명한 사람을 가리킬 때 쓴다. 한 가지를 익히면 미루어 능히 열 가지를 알 수 있다는 말이다.

또 묻지 않아도 알 수 있다는 뜻의 한자어로 「불문가지(不問可知)」 가 있는데, 「타상하설」 과 비슷한 뜻이다.

타수가득 唾手可得

침 唾 손 手 옳을 可 얻을 得

《후한서》 공손찬전(公孫瓚傳)

「손바닥에 침을 뱉는 것처럼 쉽게 얻을 수 있다」 라는 뜻으로, 아주 쉽게 얻을 수 있는 것을 비유하는 말이다.

공손찬(公孫瓚)은 후한 말기의 군웅(群雄) 가운데 한 사람으로, 황건적을 무찌르고, 원소(袁紹)의 죄상을 들추어 그와 싸웠으며, 유우(劉虞)를 쳐서 유주(幽州)를 차지하고 근거지로 삼았다. 특히 그는 백마를 탄 부하들을 거느려 백마장군으로 명성을 떨쳤다.

그는 처음에는 천하를 차지하려 군대를 일으켰으나, 나중에는 그 뜻이 사그라져 역경(易京)을 거점으로 삼아 수비만 공고히 하였다.

그는 뒤에 이렇게 술회하며 그의 뜻대로 이루어지지 않는 심경을 토로하였다.

「처음에 천하를 평정하려 군대를 일으키면서 나는 손바닥에 침을 뱉어 결정하듯 쉬운 일이라 여겼다(始天下起兵 我謂唾掌而決)」

또 《신당서(新唐書)》 저수량전에 따르면, 당(唐)나라 태종(太宗) 때 고구려의 연개소문이 권력을 탈취하여 당나라와 우호관계인 신라를 침공하였다. 신라가 당나라에 도움을 요청하자, 태종은 친히 군대를 이끌고 출정하려 하였다.

이때 저수량이 나서서 만류했다.

「한두 명의 신중한 장군을 파견하면 손바닥에 침을 뱉는 것처럼 쉽게 해결할 수 있을 터인데(但遣一二愼將 唾手可取), 어찌하여 폐하께서 친히 출정하시려 하십니까?」

타압경원앙 打鴨驚鴛鴦

칠 打 오리 鴨 놀랄 驚 원앙 鴛 원앙 鴦

매요신(梅堯臣) / 「타압(打鴨)」

「오리를 때려 원앙을 놀라게 한다」는 뜻으로, 하찮은 물오리를 잡으려다가 아름다운 원앙새를 놀라게 하여 달아나게 한다는 뜻으로, 한 사람을 잘못 벌주어 뭇사람을 경동(驚動)시킴을 비유하는 말이다.

송(宋)나라에 여사륭(呂士隆)이라는 사람이 있었다. 그가 선주지사(宣州知事)로 있을 때, 그는 대수롭지 않은 일로 즐겨 관기(官妓)를 매질하였다. 여사륭이 항주(杭州)로 부임해 갔을 때의 일이다. 관기 중에 어떤 이가 작은 허물을 범했다. 그러자 여사륭은 그 즉시 그녀를 매질하려고 했다. 그때 관기가 이렇게 말했다.

「감히 따르지 못하겠습니다. 항주의 관기들이 편안할 수 있겠습니까?」

이에 여사륭은 느끼는 바가 있어 채찍을 버렸다. 북송(北宋)의 시인으로, 두보(杜甫) 이후 최대의 시인이라 불린 매요신(梅堯臣)은 이 이야기를 듣고 《타압(打鴨)》이란 시를 지었다. 다음은 그 시의 내용이다.

오리를 때려	莫打鴨
원앙을 놀라게 하지 마라	驚鴛鴦
원앙은 막 연못 속으로 내려앉았으니	鴛鴦新向池中落
외로운 섬의 늙은 재두리와 비할 바 아니네	不比孤洲鵠鶬

타인한수 他人鼾睡

다를 他 사람 人 코골 鼾 잘 睡

《송사(宋史)》

자기 영토 안의 다른 세력을 그냥 둘 수 없음을 비유하는 말로, 반드시 잘못한 일은 아니지만, 자기에게 방해가 되어 거슬리는 일.

「다른 사람의 코고는 소리」라는 뜻으로, 자기 영토 안의 다른 세력을 그냥 두고만 볼 수 없음을 비유하는 말로서, 반드시 잘못한 일은 아니지만 자기에게 방해가 되어 거슬리는 일 따위를 이르는 말이다.

《송사(宋史)》에 있는 이야기다.

송(宋)의 태조는 오대(五代)가 분열한 뒤를 이어 송나라를 창건하고 중국 대륙을 거의 통일하여 황제가 되었다. 그러나 양자강 남쪽 일대인 강남지방만은 오대십국(五代十國) 남당(南唐)의 후주(後主)인 이욱(李煜)이란 자가 금릉을 근거지로 독립하고 있었다.

남당 후주 이욱

송나라 태조는 피를 흘리지 않고 평화적으로 합병하기 위해 노력했으나 이욱은 듣지 않았다. 오히려 서현을 사신으로 보내,

송 태조

「강남 땅은 죄가 없으니 공격하지 말아달라」 고 요청해 왔다.

그런데 사신으로 온 서현이 융통성 없이 「강남무죄론」 만을 고집스럽게 반복해서 되뇌이자, 이에 화가 난 송 태조는 칼자루에 손을 얹으며 다음과 같이 선언했다.

「강남무죄는 알고 있다. 그러나 천하는 일가(一家)이므로, 침대 곁에서 다른 사람이 코고는 소리는 들을 수 없다(知無罪江南 但天下一家 臥榻之側 豈客他人鼾睡乎)」

강남 땅이 죄가 없다는 것은 알고 있으나, 천하가 일가이므로 강남 땅 역시 송나라 영토인데 그곳에 다른 세력을 그냥 묵과할 수 없다는 말이다.

송 태조의 이 말에 서현은 겁을 먹고 물러갔고, 금릉은 얼마 후 송의 대군 앞에 항복하고 말았다. 여기서 「타인한수」 라는 말이 나왔으며, 「지척에 있는 다른 세력을 그냥 놓아둘 수 없음」 을 비유하는 말로서, 반드시 잘못한 일은 아니지만 자기에게 방해가 되어 거슬리는 일 따위를 이르는 말로 쓰인다.

타초경사 打草驚蛇

칠 打 풀 草 놀랄 驚 뱀 蛇

《남당근사(南唐近事)》

「풀을 두드려 뱀을 놀라게 한다」는 뜻으로, 일처리가 재빠르지 못하고 행동이 신중하지 못해서 남의 경계심을 일으키게 하는 행동을 비유하거나, 한쪽을 징벌해서 다른 한쪽을 경계함을 뜻하기도 한다.

송나라 때 문인 정문보(鄭文寶)의 《남당근사(南唐近事)》에 있는 이야기다.

왕노(王魯)라는 사람이 당도령(안휘성 부근)의 현관(縣官)으로 있을 때 왕의 명령을 어기고 많은 재물을 횡령한 일이 있었다.

하루는 왕노가 문건들을 검사하던 중 한 백성의 공소장을 읽다가 그의 측근 주부가 법을 어기고 남의 재물을 횡령한 일이 있었다는 사실을 알게 되었다.

그러나 횡령은 사실 왕노 자신도 적지 않게 저질렀던 터이므로 주부의 횡령 역시 그 대부분이 왕노가 연루되어 있었다.

왕노는 주부를 불러 말했다.

「너희들이 비록 풀밭을 건드렸지만, 나는 이미 놀란 뱀이 되어버렸다(汝雖打草 我已蛇驚)」

이것은 백성들이 자기 부하들의 비리를 고발한 것은 곧 우회적으로 자신의 비리를 고발하는 것이라고 생각해 지레 겁을 먹은 것이다. 이렇게 해서 주부를 징계해서 왕노를 각성하게 하려 한 백성들의 의도는 충분히 달성되었다.

탁발난수 擢髮難數

뽑을 擢 터럭 髮 어려울 難 셈 數

《사기》 범수채택(范雎蔡澤)열전

머리카락을 뽑아 헤아리기 어렵다는 뜻으로, 곧 지은 죄가 헤아릴 수 없이 많음을 비유하여 이르는 말.

전국시대 때 수고(須賈)는 위나라 소왕(昭王)의 명을 받아 제(齊)나라에 사신으로 갔는데, 범수(范雎)도 수행하였다. 수고는 제나라에 머무르기 몇 달이나 되었건만 아직도 제나라 왕으로부터 회답을 얻지 못했다. 그 사이에 제나라 양왕(襄王)은 범수가 변설(辯舌)에 능하다는 말을 듣고 범수에게 사람을 보내 금 10근과 쇠고기와 술을 내렸다. 그러나 범수는 사양하고 받지 않으려고 했다.

수고는 이 사실을 알고 크게 노했다. 수고는 귀국한 뒤에 재상인 위제(魏齊)에게 범수가 제나라와 밀통하여 나라를 팔아먹으려 한다고 음해하였다. 위제는 범수를 체포하여 혹독하게 고문을 하였고, 범수가 매질을 견디지 못하고 늘어지자 죽은 것으로 생각하여 변소에 버리게 하였다.

그러나 범수는 간신히 살아나 진(秦)나라로 도망쳤다. 범수는 이름을 장록(張祿)이라 바꾸고 출중한 재능을 발휘하여 재상의 지위에까지 올랐다. 얼마 후에 진나라가 위나라를 공격하려 하자, 위나라는 수고를 사신으로 파견하여 화친을 교섭하도록 하였다.

수고가 진나라에 도착하자 범수는 남루한 하인의 행색으로 가장하여 그를 만났다. 수고는 범수를 동정하며 솜옷을 한 벌 건네주고는, 재상 장록과 친한 사람이라도 알고 있느냐고 물었다. 범수는 자

진나라로 달아나는 범수

신이 모시는 주인과 잘 아는 사이라고 하면서 만남을 주선해 보겠다고 말하였다.

범수는 수고와 함께 재상의 관청에 가서 잠시 기다리라고 하고는 안으로 들어갔다. 한참이 지나도 범수가 나오지 않자 수고는 문지기에게 물어보고 나서야 범수가 바로 장록임을 알게 되었다. 이윽고 범수가 나타나자, 수고는 엎드려 머리를 조아리며 용서를 구하였다.

카·타

「저는 공께서 입신출세하셨음을 전연 모르고 있었습니다. 저는 이제 두 번 다시 천하의 글을 읽지 않을 것이며, 천하의 일에 관여하지 않겠습니다. 저에게는 솥에서 삶아져 죽음을 당할 정도의 큰 죄가 있는 까닭에 스스로 호락(胡貉 : 북쪽 오랑캐)의 땅에 은퇴하고 싶습니다만, 살리는 것도 죽이는 것도 단지 상공의 뜻에 있을 뿐이십니다」

「너의 죄는 어느 정도나 되는지 네가 알고 있느냐?」

「저의 머리털을 뽑아 잇는다 해도 제가 지은 죄의 길이에는 미치지 못합니다(擢賈之髮 以續賈之罪 尙未足)」

그러자 범수가 꾸짖었다.

「너는 나를 대신하여 위나라 왕에게 가서 이렇게 전하라. 『당장 위제의 목을 가지고 오라. 그렇지 않으면 당장에 대량(大梁)을 짓밟아버릴 것이다』 라고」

탄관상경 彈冠相慶

탄알 彈 갓 冠 서로 相 경사 慶

《한서》 왕길전(王吉傳)

관의 먼지를 털면서 서로 치하한다는 뜻으로, 벼슬하게 된 것을 서로 축하함을 비유한 말.

한 선제

서한(西漢) 때, 낭야(瑯琊)에 왕길(王吉)이라는 사람이 있었다. 자는 자양(子陽)으로, 그는 어려서부터 배우기를 좋아하였고, 품행이 단정하였다. 후에 수도인 장안(長安)에 와서 한(漢) 선제(宣帝)의 휘하에서 주치고병(主治庫兵)이라는 관리를 지냈다.

왕길이 젊은 시절 장안에 있으면서 공부할 때였다. 동쪽 옆집의 큰 대추나무 가지가 왕길 집 뜰 가운데로 뻗어 있었다. 왕길의 아내는 그 대추를 따서 남편의 밤참거리로 삼곤 하였다.

며칠 후, 왕길은 아내가 옆집의 대추를 따고 있는 것을 보게 되었다. 그는 몹시 화가 나서 그녀를 내쫓아버렸다. 이웃 사람들이 이 사실을 알고, 왕길에게 아내를 다시 데려오라고 권했다. 많은 사람들의 권유에도 불구하고, 왕길은 옆집 사람이 대추를 수확한 다음에 아내를 데려 오겠다고 했다. 왕길의 이러한 처신에 사람들은 칭찬을 아끼지 않았다.

이 일은 노래로 만들어지기까지 했다.

「동쪽 집의 나무 때문에 왕양은 아내를 쫓아냈네. 옆집 대추 수확하자, 쫓아낸 아내를 다시 데려왔다네」

왕길의 매서운 지조가 이와 같았다.

한 선제는 이 일을 알고 왕길을 간의대부(諫議大夫)로 임명하였으나, 그의 견해가 진부하다는 이유로 관직을 그만두었다. 왕길에게는 공우(貢禹)라는 절친한 고향 친구가 있었는데, 그 또한 왕길이 면직된 후 곧 면직되었다.

공 우

후에 왕길은 한 소제(昭帝)와 한 원제(元帝)에게 몇 차례 글을 올려서, 황제들의 향락행위와 조정의 일에 대하여 간언하였다. 이 일로 그는 사람들의 칭송과 존경을 받게 되었으며, 다시 큰 벼슬을 하게 되었다.

공우는 이 소식을 듣고 자기에게도 승진의 기회가 왔다고 생각하고, 자기 모자의 먼지를 툭툭 털면서 벼슬에 나아갈 준비를 하였다. 당시 사람들은 그들을 풍자하여, 「왕길이 벼슬을 하게 되니, 공우가 관의 먼지를 털면서 부임할 채비를 하네(世稱王陽在位 貢公彈冠)」라고 했다. 이것은 그들의 취사(取捨 : 쓰고 버림)가 같음을 말한 것이다.

탄금주적 彈琴走敵

탈 彈 거문고 琴 달릴 走 적 敵

《삼국지》 제갈량전(諸葛亮傳)

거문고를 울려 적을 쫓아낸다는 뜻으로, 아군이 열세일 때 방어하지 않는 것처럼 꾸며 적을 혼란에 빠뜨리는 전략을 이르는 말.

「공성계(空城計)」 라고도 한다. 공성계는 36계(計) 가운데 제32계로서, 빈 성으로 적을 유인해 혼란에 빠뜨리는 계책을 말한다. 실력이 없으면서도 허세를 부리는 허장성세(虛張聲勢)와 통한다.

《삼국지(三國志)》 촉서(蜀書) 「제갈량전」 에 있는 이야기다.

삼국시대 제갈량이 촉나라 군대를 양평관(陽平關)에 주둔시키고, 대장군 위연(魏延)과 왕평(王平) 등으로 하여금 위(魏)나라 군대를 공격하게 할 때의 일이다.

군대를 모두 다른 곳으로 보냈기 때문에 제갈량이 주둔하고 있는 성에는 병들고 약한 일부의 병사들만 남아 있었다. 이때 위의 대도독 사마의(司馬懿)가 15만의 대군을 이끌고 성으로 쳐들어 왔다.

이 소식을 들은 제갈량은 군사들로 하여금 성 안의 길목을 지키게 하고, 성문을 활짝 열어둔 채 20여 명의 군사를 백성들로 꾸며 길을 쓸도록 하였다. 그리고 자신은 성 밖에서 눈에 잘 띄는 적루(敵樓)의 난간에 기대앉아 한가롭게 거문고를 뜯었다.

대군이 몰려와도 아무 일 없는 듯 청소를 하고 있는 백성들과 거문고를 뜯고 있는 제갈량을 본 사마의는 제갈량이 무슨 일을 꾸미고 있는지 몰라 군사를 거두고 물러가 버렸다.

탄환지지 彈丸之地

탄알 彈 알 丸 갈 之 땅 地

《사기》 평원군우경(平原君虞卿) 열전

탄알만한 비좁은 땅이라는 뜻으로, 사방이 적국에 싸여 공격의 대상이 되는 매우 좁은 땅을 이르는 말이다.

전국시대, 6국이 서로 다투어 전쟁이 그치지 않았다. 진(秦)나라는 장평에서 조(趙)나라를 물리친 후 조나라의 여섯 성을 요구하였다. 조나라 왕은 결단을 내리지 못하고 진나라에서 온 조학(趙郝)에게 도움을 청하였다. 조학은 수차례 사절하였지만, 조왕이 계속 부탁을 해오자, 먼저 공보문백(公甫文伯)의 어머니 이야기를 하면서, 사람의 신분이 다르면 효과도 다르다는 이치를 설명하였다. 조나라 대신 우경(虞卿)은 조학의 이야기를 전해 듣고, 조나라 왕에게 날카롭게 말했다.

「진나라가 왕을 공격했다가 싸움에 지쳐 돌아간 것으로 생각하십니까, 아니면 진나라가 아직 여력이 있으면서도 왕을 어여삐 여겨 돌아간 것으로 생각하십니까?」

「진나라는 우리나라를 치는 데 있는 힘을 다 기울였던 거요. 틀림없이 지쳐서 돌아갔을 것이오」

우경이 말했다.

「그렇다면 진나라는 그들 힘으로 취할 수 없는 곳을 공격하다가 지쳐서 돌아갔는데, 지금 임금께서는 진나라 힘으로 취할 수 없는 곳 여섯 현을 진나라에 떼어주시려고 하고 계십니다. 이것은 진나라를 도와서 스스로를 공격하는 것입니다. 내년에 진나라가 다시 임금을 공격하더라도 임금을 도와줄 사람은 없을 것입니다」

카·타

평원군 우경

왕은 우경이 한 말을 조학에게 말하자, 조학이 말했다.

「우경은 진나라의 힘이 어느 정도인지를 정말로 알고 있을까요? 만약 정말로 진나라 힘의 한계를 안다면 탄환만한 작은 땅도 떼어줄 필요는 없겠지요(此彈丸之地 猶不予也). 그러나 만일 내년에 다시 진나라가 임금을 공격해 온다면 이번에는 내지(內地)를 떼어주고라도 강화를 하지 않고는 견디지 못할 것입니다」

조왕이 물었다.

「그렇다면 당신의 의견에 따라 땅을 떼어준다면 당신은 내년에 다시 진나라가 우리를 치지 않는다고 보증할 수 있겠소?」

「그것은 제가 말씀드릴 수 있는 사안이 되지 못합니다. 일찍이 삼진{三晋 : 조(趙) · 위(魏) · 한(韓)}은 진(秦)나라와 서로 사이가 좋았습니다. 그런데 지금 진나라가 한(韓) · 위나라와 친하면서도 임금을 공격하는 것은 임금께서 진나라를 섬기는 것이 한나라와 위나라에 미치지 못하기 때문입니다. 이제 제가 임금을 위하여 그동안 화친을 저버린 때문에 일어난 사태를 수습하고, 관소(關所)를 열어 무역을 하며 국교를 한나라 · 위나라와 평등하게 하더라도 내년이 되어 임금만이 진나라로부터 공격을 받으신다면 이것은 역시 임금께서 진나라를 섬기는 방법이 좋지 않기 때문입니다. 이 점 저로서는 보증할 수 있는 일이 못됩니다」

탐낭취물 探囊取物

찾을 探 주머니 囊 취할 取 만물 物

《신오대사(新五代史)》, 《삼국지》

주머니 속에 들어 있는 물건을 꺼내 가지는 것처럼 매우 손쉽게 얻을 수 있는 물건이나 쉽게 이룰 수 있는 일을 말한다. 우리 속담의 「누워서 떡먹기」, 「식은 죽 먹기」와 비슷한 말이다.

《신오대사》에 있는 이야기다.

오대(五代)시대, 옹주(雍州)의 북해(北海; 지금의 산동성 회방)에 한희재(韓熙載)라는 사람이 있었다. 그는 이곡(李穀)이라는 사람과 절친한 사이였다. 후당(後唐) 명종(明宗) 때, 한희재가 강남의 오(吳) 나라로 떠나게 되자, 이곡은 그를 위해 술자리를 마련하고 송별을 아쉬워하였다. 술을 마시면서, 두 사람은 서로 웃으며 이야기를 하였다. 한희재가 말했다.

「만약 강남에서 나를 재상으로 써준다면, 나는 거침없이 쳐들어

한희재야연도(韓熙載夜宴圖, 南唐 화가 고굉중)

장판교의 장비

가 중원(中原)을 일거에 빼앗겠소」

이곡은 한희재의 이러한 말의 의미를 잘 알고 웃으면서 이렇게 대답하였다.

「만약 중원에서 나를 재상으로 삼는다면, 내가 강남을 차지하는 것은 마치 주머니에서 물건을 꺼내는 것과 같을 것이오(中國用吾爲相　取江南如探囊取物爾)」

말을 마치자 두 사람은 큰 소리로 웃기 시작했다. 또 《삼국지》에 이런 이야기가 있다.

후한(後漢) 말기에 원소(袁紹)와 조조(曹操)가 결전을 치른 관도전투(官渡戰鬪)에서 조조는 책략과 기습으로 관도에서 원소의 군대를 쳐부수었다. 이 관도전투에서 관우(關羽)가 원소의 부하 안양과 문추의 목을 베어 오자 조조와 모든 장수들이 관우를 칭찬하였다.

그런데 관우는 겸손하여 말했다.

「나는 대단하지 않습니다. 내 동생 장비(張飛)는 백만 대군 가운데 적장의 목을 베어 오는 것을 주머니 속에 있는 물건을 꺼내듯 하였습니다(囊中取物)」

이렇듯 「탐낭취물(探囊取物」은 주머니 속에 든 물건을 꺼내듯이 어떤 물건을 손쉽게 취하거나 매우 쉬운 일을 비유하는 말로 쓰인다. 「낭중취물(囊中取物)」이라고도 한다.

탐려득주 探驪得珠

찾을 探 가라말 驪 얻을 得 구슬 珠

《장자》 열어구(列禦寇)

「흑룡(黑龍)을 찾아 진주를 얻는다」 라는 뜻으로, 문장이나 용어가 주제나 핵심을 잘 드러내고 있음을 비유하는 말이다.

춘추시대 한 사람이 송(宋)나라 임금님을 뵈었더니 그에게 수레 열 대를 주었다. 그가 이 사실을 장자에게 뽐내자, 장자가 말했다

「황하(黃河)에 갈대로 발을 짜서 생계로 삼는 가난한 집이 있었다. 그 집 아들이 깊은 물속까지 들어가 천금의 가치가 있는 진주를 얻었다. 그러자 아버지가 아들에게 『돌을 가져와서 그 진주를 부셔 버려라. 무릇 천금의 가치가 있는 진주는 반드시 아홉 겹의 심연 속에 사는 흑룡의 턱 밑에서 생기는 것이다. 네가 진주를 얻을 수 있었던 것은 흑룡이 잠을 자고 있었기 때문임이 틀림없다. 흑룡이 깨어났다면 네가 어찌 진주를 얻을 수 있었겠느냐』 라고 말했다. 지금 송나라의 깊음은 아홉 겹의 심연에 비할 바가 아니고, 송나라 왕의 흉맹함은 흑룡에 비할 바가 아니다. 그대가 수레를 얻을 수 있었던 것은 왕이 잠들어 있었기 때문임이 틀림없다. 왕을 깨웠다면 그대는 부서져 가루가 되었을 것이다」

장자는 그 사람에게 왕에게 아첨하여 이득을 얻는 것은 흑룡의 턱 밑에 있는 진주를 얻는 일보다 더 위험한 일임을 비유적으로 설명한 것이다. 원래 큰 위험을 무릅쓰고 큰 이익을 얻는 것을 의미하는데, 나중에는 원뜻과 무관하게 문장이나 용어가 주제나 핵심을 잘 드러내고 있는 것을 비유하는 말로 사용되게 되었다.

탐부순재 貪夫殉財

탐할 貪 지아비 夫 따라죽을 殉 재물 財

《사기》 굴원가생(屈原賈生) 열전

탐욕스런 사람은 재물을 얻기 위해 어떠한 위험도 돌보지 않음.

탐욕이 많은 자는 재물 때문에 목숨을 잃는다는 뜻으로, 탐욕스런 사람은 재물을 얻기 위해 어떠한 위험도 돌보지 않는다는 말.

가생(賈生 : 이름 誼)은 하남 낙양 사람으로, 고조 7년에 태어나서 문제 12년에 죽었는데, 그의 나이 겨우 33세였다.

18세 때에 시서(詩書)를 잘 하기로 소문이 났으며, 나중에 태중대부(太中大夫)에 이르러 예악을 일으키고, 법도를 제정하고, 복색을 바꾸는 등 문제를 잘 보필하는 데 힘썼으나, 뒤에 주발(周勃)의 모함을 받아 장사왕(長沙王) 태부(太傅)로 축출되었다.

그는 모함으로 쫓겨나 끓어오르는 울분을 금할 수 없었지만, 마침 멱라수(汨羅水)를 건너려 할 때, 자신의 처지가 굴원과 비슷하여 「조굴원부(弔屈原賦)」를 지어 감개를 표현하였다.

이 말은 가생의 「복조부(鵩鳥賦)」에 나오는 말이다.

……

어리석은 이들은 자기만 생각하고
남을 낮추고 자기를 귀하다 하네
통달한 사람은 넓게 보고
어떤 사물을 보건 한결 같다네
탐욕스런 사람은 재물을 위해 죽고

가의 옛집

열사는 명예를 위해 죽으며
허풍쟁이는 권세 때문에 죽고
중생은 단지 삶에만 매달리지
이익에 유혹되고 가난에 쫓기는 무리는
이리저리 바삐 뛰어다니네
대인은 사물에 굴하지 않고
수많은 변화를 만나도 한결같다네.

小知自私兮 賤彼貴我　소지자사혜 천피귀아
通人大觀兮 物無不可　통인대관혜 물무불가
貪夫徇財兮 烈士徇名　탐부순재혜 렬사순명
誇者死權兮 品庶馮生　과자사권혜 품서풍생
沭迫之徒兮 或趨西東　술박지도혜 혹추서동
大人不曲兮 億變齊同　대인불곡혜 억변제동

탐어여악 耽於女樂

즐길 耽 어조사 於 계집 女 풍류 樂

《십팔사략(十八史略)》, 《한비자》

여악을 탐한다는 뜻으로, 여악에 빠져 정사를 소홀히 함을 비유하여 이르는 말. 「여악(女樂)」은 궁중에서 연회를 베풀 때 여기(女妓)가 악기를 타고 노래 부르며 춤을 추는 것을 말한다. 특히 《한비자》 십과편에서는 임금이 저지르기 쉬운 10가지 과실(過失)을 들어 설명하고, 그것을 역사적으로 예증하고 있는데, 「탐어여악」은 그 중 여섯 번째 과실로 「여자의 교태에 빠지는 것」이라고 풀이되어 있다.

원나라 증선지(曾先之)의 《십팔사략》에 있는 이야기다.

공자가 노(魯)나라 중도의 읍장이 된 이후에 사방 고을의 장들이 다 공자를 본받아 정사(政事)를 잘 돌보았다. 나라가 잘 다스려져 길에 떨어진 물건을 주워가는 사람이 없고 모두 태평가를 부르니, 이웃의 제(齊)나라 왕이 매우 근심하였다.

그러자 제 경공(齊景公)의 신하 여서가 말하기를, 「공자를 노나라에서 제거하는 일은 터럭을 불어버리는 것처럼 쉬운 일입니다. 임금께서 후한 봉급과 높은 지위로써 공자를 초빙하시고, 다른 한편으로 노나라 정공(定公)에게는 여악(女樂)을 보내어 그의 마음을 교만하고 미혹하게 하십시오. 그러면 여악에 빠져 정사를 게을리 할 것입니다」라고 말했다.

경공이 그 말을 따라 여악 28인을 노 정공에게 보냈다. 과연 정공이 여악을 즐겨 정사를 돌보지 않고, 공자가 간하는 말에도 전혀 귀를 기울이지 않게 되자, 공자는 노나라를 떠나 초(楚)나라로 갔다.

공자성적도(晏嬰沮封 : 제경공에게 공자의 등용을 막은 안영)

《한비자》 십과편(十過篇)에는 융왕(戎王)이 진(秦)나라에 유여(由余)를 사신으로 보냈다는 이야기가 나온다.

진나라 목공(穆公)이 유여와 이야기를 해보니 인품이 성인에 가까운 뛰어난 인물이었다. 그래서 내시에게 「유여를 융왕에게 보내기는 정말 아까운 일」이라며 방법을 물었다. 내시가 대답하기를 「임금께서는 그 나라에 여악을 보내서 그 나라 정치를 문란하게 만드시고, 유여는 진나라에 더 머물도록 요청하십시오」라고 했다.

진왕이 내시의 말대로 하니, 여악을 받은 융왕은 너무 좋아서 소와 말을 돌보지 않아 반이나 죽었다. 유여가 귀국하여 융왕에게 아무리 간해도 듣지 않자 그는 진나라로 갔다. 진의 목공은 유여를 상경(上卿)으로 삼고, 유여의 전략에 따라 군사를 일으켜 12국을 병합했다. 「탐어여악」은 《한비자》에서 임금이 자칫 빠지기 쉬운 10가지 과실의 하나로 지적하고 있듯이, 군주가 올바르게 정사를 돌보지 못함을 비유하여 이르는 말이다.

탐천지공 貪天之功

탐낼 貪 하늘 天 어조사 之 공 功

《춘추좌씨전(春秋左氏傳)》

하늘의 공을 욕심낸다는 뜻으로, 남의 공을 탐내어 자기 힘으로 이룬 체함을 비유하여 이르는 말이다.

춘추시대 진(秦)나라에서 아버지 헌공(獻公)에 의해 국외로 추방되어 19년이란 오랜 유랑 끝에 돌아온 진(晉)나라 문공(文公)은, 의형인 진(秦)나라 목공(穆公)의 주선으로 귀국하여 즉위하게 되었다.

그는 즉위한 후 많은 현신을 등용하고, 망명을 함께 한 자나 자금을 제공한 자에서부터 귀국을 환영한 일반인에 이르기까지 공평하게 논공행상(論功行賞)을 했다. 그리고 행여 누락된 사람이 있을까 염려하여 해당자는 신고하라고 포고했다.

이때 문공과 함께 망명을 한 개자추(介子推)라는 충신이 빠져 있어서, 그 이웃사람이 포고를 보고 개자추에게 알렸다. 개자추는 문공이 귀국한 후, 다른 사람들이 자신의 공을 자랑하는 것을 불쾌히 여겨 벼슬할 뜻을 버리고 어머니와 함께 청빈하게 살고 있었다.

그의 가난한 생활을 안타깝게 여긴 이웃사람이 당국에 신고할 것을 권유해도 그는 웃으며 상대하지 않았다.

이에 그의 어머니가 「망명생활 중 굶주린 문공에게 허벅지살을 베어 바칠 만큼 큰 공로가 있었는데 왜 공을 말하지 않느냐?」고 물었다. 그러자 개자추는 이렇게 말하며 자신의 뜻을 굽히지 않았다.

「진나라의 아홉 공자 중 문공만이 남았으니 군주의 자리를 지키는 것은 불변의 진리이거늘, 그것을 자신의 공로인 양 떠들고 다니

는 자들이 있음이 더 놀랍지 않습니까? 남의 재산을 훔친 자를 도둑이라 부르는데, 하물며 군주에게 탐천지공(貪天之功)한 자야 더 말할 것이 없지요. 아랫사람들은 이를 죄라 여기지 않고 윗사람들은 기세도명(欺世盜名)한 자에게 도리어 하사하니 위아래가 서로 기만하는 것 아닙니까? 그런 자들과 어찌 함께 말을 섞고 나랏일을 논하라는 말씀이십니까?」

개자추의 말을 들은 노모는 한 치의 망설임도 없이 대답했다.

「네 뜻을 알겠다. 나와 함께 산에 들어가 살자꾸나」

그때부터 개자추는 홀어머니를 모시고 면산에 들어가 은둔생활을 시작했다. 계자추를 옹호하던 사람들은 이 사실을 알고 분개하여 궐문 밖에 이런 글귀를 적어 붙여 놓았다.

「용이 하늘을 오르고자 하니 다섯 마리의 뱀이 보좌하였네. 용이 승천하니 네 마리는 보금자리 찾았는데 한 마리는 사라져서 찾을 길 없네」

여기에서 네 마리 뱀은 호언(狐偃), 조쇠(赵衰), 위무자(魏武子), 사공계자(司空季子)를 지칭하고 한 마리 뱀은 개자추(介子推)를 말한다. 뒤늦게 깨달은 진문공이 명을 내렸다.

「개자추를 찾아낸 자에게는 작을 봉하고, 경으로 등용하며, 논과 밭을 하사한다」

그러나 모두 허사였다. 급기야 진문공은 개자추를 산에서 내려오게 하려고 면산에 불을 질렀다. 개자추는 끝내 나오지 않았고 어머니와 함께 그곳에서 불에 타 죽고 말았다.

후세인들은 면산을 개산(介山)이라고 고쳐 부르고 개자추를 기리기 위해 매년 그 달에는 불을 피우지 않고 찬 음식(寒食)을 먹었다고 한다.

태두 泰斗

클 泰 별이름 斗

《당서(唐書)》 한유전(韓愈傳)

사람들이 존경하는 뛰어난 인물. 학문이나 예술 분야의 권위자.

「태두」는 「태산북두(泰山北斗)」의 준말이다. 태산은 중국 문화의 중심지인 황하 유역에서 멀리 동쪽으로 어디서나 우러러보게 되는 높은 산이다. 북두는 북두칠성(北斗七星)으로 가장 알기 쉬운 북쪽 하늘에 위치하여 모든 사람들이 누구나 우러러보는 별이다.

「태산북두」란 말은, 태산처럼 북두칠성처럼 사람들이 우러러보는 그런 존재란 뜻이다. 지금은 어떤 계통의 권위자를 가리켜 「태두」라는 말을 쓴다.

한유(韓愈)는 당송 8대 문장가 가운데 첫손 꼽히는 사람이기도 하지만, 그는 도교와 불교를 배척하고 유교를 높이 떠받든 것으로도 유명하다. 이 한유에 대해 《당서(唐書)》 한유전의 찬(贊)은, 그가 육경(六經 : 역경易經 · 시경詩經 · 서경書經 · 춘추 · 예기 · 악기)의 문장으로 모든 학자들의 스승이 되어, 노장의 도와 불교를 배척하고 유교를 높이 앙양시킨 점을 말하고 나서,

「한유가 죽은 뒤로, 그의 학설이 크게 세상에 행해지고 있어, 학자들이 그를 우러러보기를 태산북두처럼 했다고 한다(自愈沒 其言大行 學者仰之 如泰山北斗云)」고 했다.

「태두」란 말은 여기 있는 「태산북두」가 약해진 말로, 위를 우러러본다는 뜻과 벗들에게 존경받고 숭앙받는 사람이란 뜻으로 굳어지게 된 것이다.

태백착월 太白捉月

클 太 흴 白 잡을 捉 달 月

《탐후청록(耽候鯖錄)》

이백이 술에 취해 물에 비친 달을 잡으려다 익사한 일을 말함. 덧없는 것을 취하려다 몸을 망치는 것의 비유로 쓰는 말이다.

이 백

이백(李白)의 자는 태백(太白), 호는 청련거사(靑蓮居士)이며, 시선(詩仙) 또는 신선이 하늘에서 땅으로 귀양 와서 사람이 되었다는 뜻으로 적선인(謫仙人)이라 불리기도 하며, 그의 관명(官名)에 따라 이한림(李翰林)이라고도 한다.

그에 대한 전설 일화는 유례가 없을 정도로 많다. 어머니가 그를 임신했을 때 태백성(金星)이 품으로 들어오는 꿈을 꾸었으므로 태백이라는 자를 붙였다는 출생설로부터, 강물에 비친 달그림자를 건지려다가 물에 빠져 죽었다는 죽음에 대한 전설에 이르기까지 수많은 이야기는 우여곡절의 생애를 말해 준다.

특히 그는 과거(科擧)를 보지 않으면서도 자신의 재능에 대한 자부심과 기개가 대단하여, 자신은 반드시 중용되어 정치적 수완을 발휘할 기회가 꼭 올 것이라고 믿었다. 그러나 오래도록 기회가 오지

침향정도(沈香亭圖, 淸 화가 원강)

않아 초조와 절망 속에 지내다가, 그의 나이 43세 때 풍류황제로 유명하던 현종(玄宗)의 부름을 받고 장안(長安)으로 올라가 천자의 측근인 한림공봉(翰林供奉)에 올랐다. 이때의 한두 해 동안이 그의 불우했던 생애에 있어 가장 영화로운 시기였다.

그 당시 현종은 과거에 빛나는 치적을 쌓았으나, 오랜 정치생활에 실증을 느끼고 궁녀 가운데 특히 양귀비의 미색을 총애하여, 714년에 흥경궁(興慶宮)을 짓고 그 안의 호수에다 침향정(沈香亭)을 세우고 양귀비와 더불어 모란을 구경하며 환락의 나날을 보냈었다.

모란꽃이 만발한 화창한 어느 날, 심향정에서 어원관화연(御苑觀花宴)을 베풀었다. 당시 최고의 악사 이구년(李龜年)이 음악을 연주하려하자, 현종은 「지금 귀비와 모란꽃이 빛을 다투는 이 자리에서 늘 듣던 옛날 가곡은 재미없다. 어서 이한림(李翰林)을 불러다 새로운 노래(詩)를 짓게 하여라」 하는 분부를 내렸다.

사자들이 온 장안을 샅샅이 찾은 끝에, 어느 주루에서 이미 수족을 가누지 못할 만큼 대취한 이백을 발견하여 곧 가마에 태워 흥경궁 심향정의 연회장으로 데려갔다.

현종이 껄껄 웃으면서, 「이한림이 또 주중선(酒中仙)이 됐군」 하고 지필을 내려 노래(詩)를 쓰라고 권명했다. 이백이 여전히 대취 중

에, 「주중선에게 술을 더 주시든지 잠을 자게 해주소서」 하고 애교 있는 농을 할 수 있을 만큼 자신에 대한 굳은 기개와 자부심에 불타고 있었다.

신하들이 가슴을 조이면서 그의 얼굴에 찬물을 끼얹으며 노래(詩) 짓기를 재촉하자, 「허허허 물보다 술을 한 잔 더 해야 시가 나오지」 하고 술 한 잔을 청해 마시고 술잔이 입에서 떨어지자마자 청평조(淸平調) 3수를 줄줄 읊어 현종을 기쁘게 했지만, 그 속에는 양귀비를 한대(漢代)의 왕비였던 조비연(趙飛燕)의 음란에 비유했고 절세미인의 경국란세(傾國亂世)를 비꼬았다.

이태백 주취도(酒醉圖, 靑 화가 소육붕)

이처럼 그의 굽힘 없는 성격은 현종 측근인 환관 고력사(高力士)

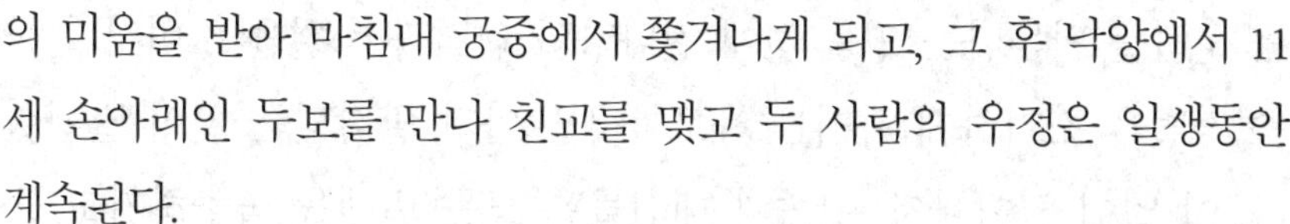

의 미움을 받아 마침내 궁중에서 쫓겨나게 되고, 그 후 낙양에서 11세 손아래인 두보를 만나 친교를 맺고 두 사람의 우정은 일생동안 계속된다.

이백의 시는 흘러나오는 말이 그대로 시가 되는 시풍이라면, 두보의 시는 끝까지 완미를 기하는 노력으로 표현의 묘를 극한 것이라 할 수 있다.

태산불사토양 泰山不辭土壤

클 泰 뫼 山 아닐 不 사양할 辭 흙 土 흙 壤

《사기(史記)》 이사열전(李斯列傳)

태산은 작은 흙덩어리도 가리지 않고 받아들임으로써 큰 산이 되었다는 뜻으로, 도량이 매우 넓음을 이르는 말이다. 또 사소한 의견이나 인물을 수용할 수 있는 자만이 큰 인물이 될 수 있음을 비유하여 이르는 말이다.

《사기》 이사열전(李斯列傳)에 있는 이야기다.

이사(李斯)는 초(楚)나라 사람으로 순경(荀卿)을 섬기면서 제왕의 통치술을 익힌 후, 더 큰 뜻을 펼치기 위해 초나라를 떠나 진(秦)나라로 갔다. 마침 진나라 장양왕(莊襄王)이 죽자, 이사는 진나라 승상 여불위(呂不韋)의 가신(家臣)이 되었다. 여불위는 그를 신임하여 시위관(侍衛官)에 임명하였다. 이후 이사는 진나라 왕에게 유세할 기회를 얻어 큰 신임을 얻게 되어 객경(客卿)의 자리에 올랐다. 객경이란 다른 나라 인사를 등용하여 공경(公卿)의 자리에 해당하는 직위를 주는 것을 말한다.

그런데 한(韓)나라에서 온 정국(鄭國)이라는 자가 논밭에 물을 대는 운하를 만든다는 명목 하에 진나라의 인력과 자원을 소비시켜 동쪽 정벌을 포기하게 하려는 음모를 꾸몄다가 발각되는 일이 발생했다. 이 일이 일어나자, 왕족과 대신들은 모든 빈객을 축출하자고 들고 일어났고 그리하여 축객령(逐客令 : 외국인 추방령)이 내려지고 이사도 논의의 대상이 되어 추방자 명단에 올라 있었다. 이사는 글을 올려 진나라 왕에게 이렇게 말했다.

「저는 『땅이 넓으면 곡식이 많고, 나라가 크면 백성이 많으며, 군사가 강하면 병사가 용감하다』는 말을 들었습니다. 마찬가지로 태산(泰山)은 한 개의 흙덩어리의 흙도 사양하지 않았기에 그렇게 클 수 있었으며, 강과 바다는 가는 물줄기도 가리지 않았기에 깊으며(泰山不壤土壤 故能成其大 河海不擇細流 故能就其深), 왕자는 한 사람의 인간이더라도 버리지 않아야만 덕이 빛나는 것입니다. 따라서 왕의 땅에는 사방의 구별이 없고, 왕의 백성에는 이국(異國)의 차별이 없으며, 네 계절이 조화되어 각기 아름다움이 충만해야만 귀신도 성대(聖代)를 칭송하여 행운을 내리는 법입니다. 이런 것들이 오제 삼왕에게 적이 없었던 이유입니다. 그런데 지금에 와서는 백성을 버려서 적국을 이롭게 하고 빈객과 천하의 인재들을 내몰아 진나라에 공을 세우지 못하게 하고, 다시는 진나라로 들어오지조차 못하게 하고 있습니다. 이는 『적에게 병사를 빌려주고 도적에게 양식을 보내주는 격』입니다. 진나라에서 나지 않는 물건 중에 보배로운 것이 많고, 진나라에서 태어나지 않은 인재 중에 진나라에 충성하려는 자들이 많습니다. 지금 빈객들을 내쫓아 적국을 이롭게 하고 백성을 적국에 가게 하면 이 나라는 텅텅 비고 나라 밖 제후들에게는 원한을 사게 되어 뒤늦게 나라를 구하려 해도 늦습니다」

이사의 간축객서

이 상소문을 읽고 진나라 왕은 빈객들을 축출하지 않았다.

태산압란 泰山壓卵

클 泰 메 山 누를 壓 알 卵

《진서(晉書)》 손혜전(孫惠傳)

남의 공을 탐내어 자기 힘으로 이룬 체함.

큰 산이 알을 누른다는 뜻으로, 매우 강하여 적(敵)이 없음을 비유한 말. 또 큰 위력으로 내리 누름, 아주 손쉬운 것을 비유하는 말이다.

《진서》 손혜전에 있는 이야기다.

진(晉)나라 때 손혜(孫惠)라는 사람이 있었다. 자(字)는 덕시(德施)이며, 그의 조부와 부친은 모두 삼국시대 오(吳)나라의 관리를 지냈다. 그는 말하기를 좋아하지 않았으나, 그의 문장은 매우 훌륭했으며, 글 쓰는 속도 또한 상당히 빨랐다.

그 당시 진나라는 심각한 내란으로 혼란한 와중에 있었는데, 각 지역의 황족들은 서로 공격하였다.

손혜는 제왕(齊王) 사마경(司馬冏)의 모사(謀士)로 있으면서 조왕(趙王) 사마윤(司馬倫)을 토벌하는 일 등에 공을 세웠다. 그러나 제왕이 차츰 교만하고 참람하게 행동하는 데 실망하여 병을 핑계로 조정을 떠났다.

손혜는 은거하던 중에 동해왕(東海王) 사마월(司馬越)이 하비 지방에서 군사를 일으키자, 남악일사(南嶽逸士) 진비(秦秘)라는 가명으로 편지를 보냈다.

손혜는 이 글에서 동해왕의 거병에 동조하였다.

「하물며 순리를 따라 역리를 토벌하고, 정의로움으로 사악함을

정벌하는 것이니, 이는 오획(烏獲) 같은 장사에게 얼음을 깨뜨리게 하고, 맹분(孟賁)과 하육(夏育) 같은 장사에게 썩은 나무를 뽑아내게 하며, 맹수에게 여우를 잡아먹게 하며, 태산으로 달걀을 누르게 하며, 불타는 들판에 바람이 몰아치는 것과 같아서 맞설 수 없는 일입니다(況履順討逆 執正伐邪 是烏獲携氷 賁育拉朽 猛獸呑狐 泰山壓卵 因風燎原 未足方也)」

맹 분

동해왕은 이 글을 읽은 후 매우 기뻐 곧 손혜를 기용하여 기실참군(記室參軍)으로 삼았다.

여기서 유래하여 「태산압란」은 태산처럼 큰 산이 아주 조그만 달걀을 누르는 것과 마찬가지로 큰 세력으로 미약한 세력을 억누르는 일이나 그러한 경우처럼 매우 쉬운 일, 또는 약자에 대한 강자의 압도적인 우세 등을 비유하는 성어로 사용된다.

「배산압란(排山壓卵)」이라고도 한다.

태산양목 泰山梁木

클 泰 뫼 山 들보 梁 나무 木

《예기(禮記)》 단궁(檀弓)

태산이 무너지고 대들보가 꺾인다는 뜻으로, 한 시대의 스승이나 존경하는 인물의 죽음을 비유하여 이르는 말.

《예기》 단궁(檀弓) 상편에 있는 이야기다.

공자

공자(孔子)가 아침 일찍 일어나 손을 등 뒤로 돌려 지팡이를 끌고 문 앞을 거닐면서 「태산이 무너지려나, 들보가 부러지려나, 철인(哲人)이 병들려나(泰山其頹 梁木其壞 哲人其萎)」 하고 노래했다. 그리고는 방으로 들어가 문을 마주하고 앉았다.

제자 자공(子貢)은 노랫소리를 듣고 「태산이 무너진다면 나는 누구를 사모하고 우러러볼 것인가. 대들보가 꺾이고 철인이 병든다면 나는 장차 어디에 의지할 것인가. 부자(夫子)께서는 아마 장차 병이 드시려는 것이다」 라고 중얼거렸다.

자공이 방으로 들어가자, 공자가 말했다.

「사(賜 : 자공의 이름)야, 너는 어찌하여 이다지도 더디 온단 말인가. 사람이 죽었을 때, 하후씨(夏后氏)는 동계(東階) 위에 안치했

제자들이 공자의 장례를 마치고 돌아갔으나 자공만은 6년 동안 묘를 지켰다.

다. 동계는 주인이 오르내리는 계단이므로 죽은 자를 주인으로 대우하는 것이다. 은나라 사람은 두 기둥 사이에 시신을 안치했으니 죽은 이를 빈위(賓位)와 주위(主位)의 사이에 둔 것으로 신(神)으로 대우한 것이다. 주나라 사람들은 서계(西階) 위에 안치했다. 이는 죽은 이를 빈(賓)으로 대접하는 것이다. 구(丘 : 공자의 이름)는 은나라 사람이다. 내가 어젯밤 꿈에 두 기둥 사이에 편안히 앉아 있었다. 무릇 밝은 임금이 일어나지 않고 있는데 천하에서 누가 나를 군(君)으로 높일 것인가. 내가 어젯밤 꾼 꿈은 인군(人君)으로서의 조짐이 아니고 은나라 예절로 안치될 조짐이었다. 나는 장차 죽으려는 것이다」

그리고는 병들어 누운 지 이레 만에 자공과 증삼(曾參) 등 제자들이 지켜보는 가운데 74세의 나이로 세상을 떠났다. 여기서 「태산퇴양목괴」는 공자와 같은 「성현의 죽음」을 비유하여 이르는 말이다.

태산홍모 泰山鴻毛

클 泰 뫼 山 기러기 鴻 터럭 毛

《사기(史記)》 보임소경서(報任少卿書)

「태산과 기러기 털」이라는 뜻으로, 가볍고 무거움의 차이가 매우 큰 것을 비유하는 말로서, 가치 있는 죽음, 곧 어떻게 죽느냐가 중요함을 이르는 말.

사마천 사묘(祀墓)

전한(前漢)시대의 역사가로서, 중국 최고의 역사가로 칭송되는 《사기(史記)》의 저자 사마천(司馬遷)은 경제(景帝) 중원(中元) 5년(BC 145)에 태어났다. 무제(武帝)의 태사령이 되어 사기를 집필하였고, 기원전 91년 《사기》를 완성하였다. 이 말은 사마천(司馬遷)이 「임안(任安)에게 보내는 편지(報任少卿書)」에서 유래되었다.

《사기》는 원래 아버지 사마담(司馬談)이 저술하기 시작한 것으로, 무제의 봉선(封禪) 의식에 참여할 수 없었던 사마담이 분사(憤死)하며 아들에게 완성하도록 유언하였다.

사마천은 무제(武帝) 때 아버지의 뒤를 이어 태사령(太史令)이 되어 궁중에서 일하면서 《사기》를 저술하는 데 몰두하였다.

BC 99년에 이릉(李陵)이 흉노족과 싸우다가 포위되어 투항하였는

데, 이 일로 무제가 격노하였다. 조정의 대신들도 모두 이릉이 투항한 일을 비난하

태산

였으나, 사마천은 이릉이 용맹스럽게 싸우다가 어쩔 수 없이 항복한 것이라며 그를 변호하였다. 화가 난 무제는 사마천을 거세(去勢)하는 궁형(宮刑)에 처하였다.

이후 사마천은 남자로서 치욕을 견디면서 《사기》를 저술하는 일에 더욱 몰두하였다. 이때의 심경을 담아 친구인 임안에게 보낸 편지가 「보임소경서」이다. 소경은 임안의 자이다.

이 글에서 사마천은 「사람은 본래 한 번 죽는 것인데, 그 죽음이 혹은 태산(泰山)처럼 무겁고 혹은 깃털처럼 가벼운 것은 그 지향하는 바가 다르기 때문이다(人固有一死 或重於泰山 或輕於鴻毛 用之所趨異也)」라고 말하고, 자신이 치욕을 참고 사는 것은 《사기》를 완성하기 위해서라고 밝혔다.

태산은 봉선(封禪)을 행하던 산으로서, 중국에서 오악(五嶽) 가운데서도 으뜸으로 치는 산이다. 사마천은 거대한 태산과 기러기의 깃털을 들어 가치 있는 죽음과 그렇지 못한 경우의 차이를 극명하게 대조한 것이다. 여기서 유래하여 「태산홍모」는 경중(輕重)의 차이가 매우 큰 것을 비유하는 데 사용된다. 또 가치 있는 죽음, 곧 어떻게 죽느냐가 중요하다는 이야기를 할 때 비유적으로 사용되기도 한다.

태창제미 太倉稊米

클 太 곳집 倉 돌피 稊 쌀 米

《장자(莊子)》

큰 창고 속에 있는 한 알의 돌피라는 뜻으로, 극히 작은 물건, 하찮은 것을 이르는 말.

《장자(莊子)》에 있는 말이다.

사람은 만물의 영장이라고 한다. 이 말을 들으면 사람이 지구의 주인이고 나아가서는 우주의 주인이라도 되는 것 같다. 그러나 우주를 놓고 보면 사람의 존재는 작은 티끌만도 못하다.

태창제미(太倉제米)는 「크나 큰 창고 속에 있는 한 알의 돌피」라는 말이 되고, 이는 다시 「사람은 크나큰 창고 속에 있는 한 알의 돌피와 같이 작은 존재」라는 말이 된다. 이는 송나라 때 범준(范浚)이란 사람이 쓴 《심잠(心箴)》에 나오는 말이다. 그는 《심잠》에서, 사람은 미미한 존재이지만 또한 삼재(三才)를 구성하는 요소가 된다는 사실을 지적한다. 삼재(三才)는 「하늘(天)·땅(地)·사람(人)」을 뜻하는 것으로서, 옛사람은 이것이 세상의 가장 중요한 세 가지 요소라고 생각했다.

돌피와 같이 작은 존재로서의 사람이 세상의 가장 중요한 요소가 되는 이유는 무엇일까? 범준은 그 이유를, 사람에게는 마음(心)이 있기 때문이라고 말하고 있다. 사람에게 마음은 그만큼 중요하다. 선현들은 마음이 육체의 주인이 되는 삶은 훌륭한 삶이고, 육체가 마음의 주인이 되는 삶은 불행한 삶이라고 말했다. 같은 뜻으로, 「창해일속(滄海一粟)」, 「구우일모(九牛一毛)」가 있다.

토붕와해 土崩瓦解

흙 土 무너질 崩 기와 瓦 풀 解

《사기》 평진후주보(平津侯主父)열전

「흙이 무너져 내리고 기와가 산산조각이 난다」는 뜻으로, 사물이 근본에서부터 무너져버려 도무지 손을 쓸 수가 없는 상태를 비유하여 이르는 말이다. 《사기》 평진후주보열전에 있는 말이다.

한(漢)나라는 개국 이후 제6대 황제인 경제(景帝)에 이르기까지 오랜 기간을 평온하게 보내 국력이 충만했다. 제7대 황제로 즉위한 무제는 중앙집권을 강화하고 흉노를 토벌하는 등 여러 가지 개혁을 단행했다. 그 결과 나라의 위세를 만방에 떨칠 수 있었으나, 필연적으로 국력이 소모된 상황이었다. 이 때, 조나라 사람 서악(徐樂)이 글을 올려 흉노 정벌의 불가함을 간했다.

「신은 『천하의 근심은 밑에서 서서히 무너져 내리는 토붕(土崩)에 있지 누(壘)가 갑자기 허물어져 내리는 와해(瓦解)에 있지 않다. 이것은 예나 지금이나 마찬가지다』라는 말을 들었습니다. 무엇을 토붕이라고 합니까? 진나라의 말세가 바로 이것입니다. 진승(陳勝)은 천승(千乘)의 높은 지위에 있지도 않았고, 한 자의 땅도 없었으며, 신분 또한 왕공(王公)이나 대인(大人), 명가의 후손도 아니며, 공자・묵자・증자와 같은 현인도 아니고, 도주(陶朱)나 의돈(猗頓) 같은 부자도 아니었습니다. 그러나 그가 가난한 골목에서 일어나 갈래진 창을 휘두르며 팔을 걷어붙이고 큰 소리로 부르자, 천하 사람들이 바람에 휩쓸리듯이 그를 따랐습니다. 이것은 무엇 때문이겠습니까? 그것은 백성들이 괴로워해도 군주가 그들을 불쌍히 여길 줄 모르고,

아랫사람이 원망해도 위에서는 알지 못하고, 풍속이 이미 어지러워지고 정치가 바로잡히지 않았기 때문입니다. 이 세 가지가 진승이 밑천으로 삼은 것입니다 이것을 토붕이라고 합니다. 그래서 천하의 근심은 토붕에 있다고 하는 것입니다. 무엇을 와해라고 합니까? 오·초·제·조의 반란이 바로 이것입니다. 일곱 나라가 모의하여 대역을 범하고 저마다 만 승의 천자라 일컬으며, 병력이 수십만, 위세는 나라 안을 위협하기에 충분했으며, 재물은 사민(士民)을 반란으로 끌어들이기에 충분했습니다. 그럼에도 불구하고 서쪽으로 한 자 한 치의 땅도 빼앗지 못하고 중원에서 사로잡히는 처지가 되고 말았습니다. 그것은 무엇 때문이겠습니까? 그들의 권위가 필부보다 가볍고 병력이 진승보다도 약했기 때문이 아닙니다. 당시만 해도 선제의 은택이 아직 쇠퇴하지 않아 그 땅에서 안주하여 풍속을 즐기는 백성들이 많았기 때문에 제후를 밖에서 도와주는 자가 없었습니다. 이것을 바로 와해라고 합니다. 그러므로 천하의 근심은 와해에 있는 것이 아니라고 하는 것입니다」

「토붕」은 흙(지반)이 무너진다는 뜻으로, 그 위에 존재하는 것이 따라서 무너지므로 그 피해가 막심하다. 「와해」는 기와가 깨진다는 뜻으로, 토붕보다 피해가 덜하다. 이처럼 원래는 토붕과 와해가 구분되었으나, 나중에 하나의 성어로 합쳐졌다.

반고(班固)는 《사기》 진시황본기에 이렇게 논평했다.

「진나라가 쇠퇴한 지 오래 되어 천하가 흙이 무너지고 기와가 깨진 형국이니, 비록 주공과 같은 인재가 있었다고 하더라도 그 재주를 펼칠 수 없었을 것이다(秦之積衰 天下土崩瓦解 雖有同旦之材 無所復陳其巧)」

토사구팽 兎死狗烹

토끼 兎 죽을 死 개 狗 삶을 烹

《사기》 회음후열전(淮陰侯列傳)

필요할 때 요긴하게 쓰던 사람이나 물건이 필요 없어지면 버려짐.

「날랜 토끼가 죽으면 좋은 개가 삶기고, 높이 나는 새가 없어지면 좋은 활이 들어간다(狡兎死 良狗烹 高鳥盡 良弓藏)」는 한신의 말에서 나온 성구다. 「물을 건너면 지팡이를 버린다」는 말이 있다. 필요할 그때만 지나면 고마운 줄을 모르는 사람의 척박한 심정을 단적으로 나타내는 말이다. 같은 뜻으로 중국에서는 옛날부터,「날랜 토끼가 죽으면 사냥개는 삶긴다」는 말이 전해 오고 있다.

카타

《사기》 회음후열전에 있는 이야기다. 회음후는 한신을 말한다.

한고조 유방

유방과 항우의 이른바 초한전(楚漢戰)에서, 한고조 유방이 항우를 무찌르고 천하를 차지하는 데 가장 큰 무공을 세운 것은 한신이었다.

이미 항우가 죽고 난 뒤의 한신은 한고조에게는 둘도 없는 무서운 존재였다. 그 무서운 항우를 능히 쳐서 이긴 한신이 한번 딴 마음을 먹게 되면

진 평

천하는 다시 유씨의 손에서 다른 사람의 손으로 넘어가게 될 가능성이 크다.

한신의 공로도 공로지만, 그의 비위를 건드릴 수가 없어 우선 초왕(楚王)이라는 엄청난 자리로 멀리 보내 두었다. 하지만, 언제 반기를 들고 일어날지 잠시도 마음이 놓이지 않는 한고조였다.

그런 판에, 지난 날 항우의 부하로서 한고조를 몹시 괴롭힌 바 있는 종리매(鍾離昧)란 장수가, 옛날 친구인 한신에게 몸을 의탁하고 있었다. 그 소식을 전해들은 고조는 즉시 한신에게 종리매를 체포하라는 명령을 내렸다. 한신은 차마 옛 친구를 배반할 수 없어 명령에 따르지 않았다.

고조의 속마음을 잘 알고 있는 사람들은 이것을 구실로 한신이 반란을 꾀하고 있다는 고변상소를 올렸다. 고조가 이 문제를 놓고 어전회의를 열었을 때, 장군들은 군대를 거느리고 내려가 한신을 잡아오겠다고 했다. 그러나 진평(陳平)은,

「초나라는 군사가 날랠 뿐만 아니라, 아무도 한신을 당해 낼 수 없습니다. 선불리 손을 쓰다 자칫 큰일을 저지르게 됩니다. 그보다 폐하께서 운몽(雲夢)으로 행차를 하시어 제후들을 초나라 서쪽 국경인 진(陳)으로 모이도록 명령을 하십시오. 그러면 한신도 자연 그리로 나오게 될 것입니다. 나라를 벗어나 있는 한신을 잡기란 별 어려

움이 없을 것입니다」

모이라는 명령을 전해 받은 한신은 일이 심상치 않다는 것을 직감했다. 그래서 군대를 일으켜 반란을 꾀해 볼까도 했지만, 죄를 저지른 일이 없으니 고조를 만나 보는 것이 좋을 것도 같았다. 이렇게 망설이며 고민하고 있는데, 한 사람이,

한 신

「종리매를 체포하지 않은 것 때문이니, 그의 목을 베어 폐하를 뵈오면 반드시 기뻐하실 것입니다」 하고 권했다.

카·타

한신이 종리매를 불러 직접 그런 이야기를 꺼내자, 종리매는,

「한나라가 초나라를 습격하지 못하는 것은 내가 그대 밑에 있기 때문이다. 그대가 나를 잡아 한나라의 환심을 사고 싶다면 당장이라도 죽어 주겠다. 그러나 그렇게 되면 그대도 끝장이 나고 말 것이다」

한신이 여전히 망설이자, 종리매는 한신을 꾸짖어,

「그대는 장자(長者 : 덕이 있는 사람)가 아니다」 하고 스스로 목을 쳤다.

한신은 그 목을 가지고 한고조를 배알했다. 고조는 곧 군에 명령을 내려 한신을 포박해 수레에 싣게 했다. 이 때 한신이 말했다.

「과연 사람의 말과 같다. 날랜 토끼가 죽으면 좋은 개가 삶기고, 높이 나는 새가 없어지면 좋은 활이 들어가고(狡兎死 良狗烹 高鳥盡

범 려

良弓藏), 적국이 파하면 모신(謀臣)이 죽는다고 했다. 천하가 이미 정해졌으니, 나도 삶기는 것이 원래 당연한 일이다」

여기서는 주구(走狗) 대신 양구(良狗)라고 했다. 달리는 개보다는 좋은 개라는 말이 더 적절한 것 같기도 하다. 「교토사이주구팽(狡兎死而走狗烹)」을 줄여서 「토사구팽」이라고 말한다.

그런데 「과연 사람의 말과 같다」고 한 것은 옛날부터 전해 내려오는 말을 뜻하는 것이다. 훨씬 연대를 거슬러 올라가, 춘추 말기 월(越)나라 범려가 대부 종(鍾)에게 보낸 편지에 이런 말이 있다.

「나는 새가 다하면 좋은 활이 들어가고, 날랜 토끼가 죽으면 달리는 개가 삶긴다(飛鳥盡 良弓藏狡兎死 走狗烹). 월나라 임금의 사람됨이, 목이 길고 입이 까마귀처럼 생겼다(長頸烏喙). 환난은 같이 할 수 있어도 즐거움은 같이 할 수가 없다. 그대는 어찌하여 떠나가지 않는가?」

범려는 월왕 구천(句踐)을 도와 오나라를 멸한 남방의 패자 소리를 듣게 되자, 즉시 사표를 내고 제나라로 가서 살고 있었다. 거기서 그는 대부 종에게 이런 편지를 보낸 것이다. 대부 종은 설마 하고 있다가 결국 월왕 구천에 의해 억울한 죽음을 당하고 말았다.

토포악발 吐哺握髮

토할 吐 먹을 哺 잡을 握 머리카락 髮

《한시외전(韓詩外傳)》

민심을 수람(收攬)하고 정무를 보살피기에 잠시도 편할 날이 없음. 또 훌륭한 인물을 잃는 것을 두려워함.

주성왕

은나라의 포악한 주(紂)왕을 폐하고 주(周)왕조를 연 무왕은 나라를 잘 다스리기 위해 밤낮없이 고심하다가 건강을 해쳐 병상에 눕더니 상(商)나라를 토벌한 지 몇 년 만에 세상을 떠나고 말았다. 그의 뒤를 이어 태자 송(誦)이 제위에 올랐으니, 이가 곧 성왕(成王)이다. 그러나 성왕은 아직 어렸고 천하는 여전히 불안한 상태였기 때문에 무왕의 아우이며 성왕의 삼촌인 주공이 섭정을 하였다.

그런데 주공의 동생 관숙과 채숙이 주왕의 아들 무경(武庚)과 손잡고 반란을 일으켰다. 주공은 난을 평정하고 나서 성왕의 친정을 선포하고 자신은 성왕의 신하이며 스승으로서 관제를 제정하고 예악을 일으켜 나라의 기반을 다졌다. 성왕은 주공의 아들 백금(伯禽)을 노(魯)지방의 제후로 봉해서 다스리게 했다.

주공단

백금이 임지로 떠나는 날, 아버지를 뵙고 작별인사를 하자, 주공은 아들에게 백성들을 아끼고 잘 다스리라는 당부의 말을 하면서 남긴 훈계 가운데 오늘날 우리에게 널리 알려진 성구가 바로 「토포악발」이다.

「한번 머리를 감을 때 세 번 머리카락을 감싸 쥐고 나가 손님을 맞이하고, 한번 식사를 할 때 손님이 오면 세 번 음식을 뱉어내면서까지 나가 맞이하라(一沐三握髮 一飯三吐哺)」

주공은 이렇게 손님이나 현자를 정성으로 맞이하면서도 혹시 자신의 정성에 부족한 것이 있어 그들의 신의를 잃을까 염려했다고 한다.

文質彬彬 然後君子
문질빈빈 연후군자

문(文)과 질(質)이 겸비되어 빛을 발해야만 군자이다.

{학문은 배워서 익힌 것, 즉 후천적인 수양이며, 질(質)은 천성(天性)의 것으로서 소박하고 성실하여 꾸밈이 없는 것이다. 이 두 가지가 똑같이 겸비되어 있어야만 훌륭한 군자라고 말할 수가 있다.}

—《논어》 옹야

통음황룡 痛飮黃龍

아플 痛 마실 飮 누를 黃 용 龍

《송사(宋史)》 악비전(岳飛傳)

적의 본거지를 섬멸함.

「황룡부에 들어가서 마음껏 술을 마시다」 라는 뜻으로, 적의 본거지를 섬멸함을 비유하는 말이다. 즉 적들의 소굴을 가차 없이 쳐부순다는 뜻이다. 황룡은 금(金)나라의 도읍인 황룡부(黃龍府)를 가리키는데, 지금의 길림성(吉林省) 농안현(農安縣)이다.

송나라 때 북방의 여진족은 금나라를 세우고 자주 송나라를 침범했다. 금나라는 황하 일대를 차지한 다음 회하와 장강 유역으로 계속 밀고 내려왔다. 이때 송 휘종과 흠종은 모두 포로가 되었고, 백성들도 도탄(塗炭) 속에서 허덕이게 되었다. 그러나 무능한 송나라 조정에서는 계속 양보만 하면서 물러섰고 진회(秦檜)와 같은 무리들은 금나라에 항복할 것을 주장하고 나섰다. 그러나 장수 악비(岳飛)를 비롯한 주전파들은 결사적으로 적들과 싸워 수백 차례

악 비

한세충

의 싸움을 거쳐 많은 땅을 수복했다. 그러나 악비는 이에 만족하지 않고 계속 황하를 건너 북쪽으로 밀고 올라갈 계획을 세우며 군사들을 격려했다.

「황룡부로 쳐들어가 오랑캐의 소굴을 부숴버리자! 그리고 황룡부에 가서 통쾌하게 술을 마시자(直抵黃龍府 與諸君痛飮爾)」

여기서 황룡은 적의 본거지를 비유하는 대명사로 쓰이고 있다. 그러나 진회의 무리들은 무능한 고종황제에게 신임을 얻은 뒤 밖으로는 적들과 야합하고 안으로는 황제를 끼고 음모를 꾸며서 악비를 소환시킨 다음, 있지도 않은 죄명을 씌워 살해하니 그때 악비의 나이 39세였다.

이렇게 되어 본래 승리할 수 있었던 금나라와의 전쟁은 패배로 돌아가고 송나라는 마침내 금나라의 속국으로 전락하고 말았다.

악비가 억울하게 피살당하자 백성들은 그의 죽음을 슬퍼하고 통곡하면서 진회 일파의 파렴치한 작태에 치를 떨었다. 이에 장수 한세충(韓世忠)이 진회에게 물었다.

「악비가 도대체 무슨 죄를 지었는가?」

진회는 악비를 죽이는 데는 죄가 「없어도 된다(莫須有)」고 대답

악비의 묘 앞에 꿇어앉은 진회 부부

했다. 그러자 한세충은 「그런 말로 어떻게 천하의 백성들을 믿게 할 수 있는가!」 하면서 질책했다고 한다. 그래서 후세 사람들은 없는 죄를 억지로 덮어씌워 사람을 해치는 것을 「막수유(莫須有)」라 하고, 이렇게 옥에 갇힌 사람들을 가리켜 「삼자옥(三字獄)」이라 했다.

전하는 말에, 악비가 죽게 된 것은 진회가 부인과 함께 창가에서 밀담을 나눈 결과라고도 한다. 그리하여 사람들은 진회의 부인에 대해 분개한 나머지 그녀를 죽일 년이라고 저주하게 되었다. 이런 일 때문에 진회가 죽은 뒤 재미있는 전설이 생기게 되었다.

즉 어떤 사람이 저승에서 진회의 귀신이 심문받는 것을 보게 되었는데 당황한 진회의 귀신은 그 사람을 보고 「창가에서 밀모한 일이 드러났다(樂窓事發)」고 하면서 부인에게 소식을 전해 달라고 애걸복걸하더라는 것이다.

그래서 남을 해치려고 비밀리에 꾸민 일이 일단 탄로 나게 되는 것을 가리켜 「낙창사발(樂窓事發)」 또는 「낙창사범(樂窓事犯)」이라고 하게 되었다.

퇴고 推敲

밀 推(퇴) 두드릴 敲

《당서(唐書)》 가도전(賈島傳)

시문을 지을 때 자구를 여러 번 생각하여 고침.

「퇴고(推敲)」는 「추고」라고 흔히들 발음하고 있다. 「推」는 가린다고 할 때는 「추」라고 읽고, 민다고 할 때는 「퇴」라고 읽는다. 여기서는 민다는 뜻이므로 「퇴고」로 읽는 것이 한자 본래의 뜻으로 보아 옳을 것 같다.

그러나 간조(乾燥)하다는 말이 「건조」로 변한 것처럼, 실상 「퇴고」보다는 「추고」라고 하는 사람이 더 많은 편이다.

「퇴고」는 문장을 다듬고 또 다듬어 비슷한 말이라도 어느 것이 더 적절한가를 살피고 생각하는 것을 말한다.

이 말의 유래에 대해 다음과 같은 이야기가 전해오고 있다.

당나라 때의 시인 가도(賈島, 779~843)는 한때 출가하여 중이 되기도 했으나 뒤에 작은 벼슬까지 한 사람이었다. 그가 서울로 과거를 보러 갔을 때다.

어느 날, 나귀를 타고 길을 가는데 문득 옛날에 있었던 일이 생각나며 시상이 떠올랐다. 첫째 구절을 마치고 둘째 구절을 지었다. 그것이 바로 유명한,

새는 못 가 나무에 자고
중은 달 아래 문을 두드린다.

鳥宿池邊樹　僧敲月下門　조숙지변수 승고월하문

라는 것이었다.

그런데 「중은 달 아래 문을 두드린다(敲)」 고 하는 것보다 민다(推)고 하는 것이 어떨까 하는 생각이 들었다. 그래서 그는 이 두 글자를 놓고 어느 것이 좋을지를 몰라 혼자 생각에 잠기고 말았다. 그는 시를 지을 때면 시간도 장소도 잊고, 눈으로 보이는 것도 귀로 듣는 것도 없는 그런 상태에 빠지는 버릇이 있었다.

나귀를 탄 채 두 글자를 놓고 「밀었다 두들겼다」 하며 가던 도중 귀인의 행차에 걸리고 말았다.

승고월하문(僧敲月下門, 明 화가 대진)

행차는 공교롭게도 경조윤(京兆尹 : 수도의 장관) 한유(韓愈)의 행차였다. 행차 길을 침범한 혐의로 한유 앞으로 끌려 나간 그는 사실대로 이야기를 했다. 그러자 한유는 노여워하는 기색도 없이 말을 멈추고 한참 생각하더니,

「역시 민다는 퇴(推)보다는 두들긴다는 고(敲)가 좋겠군」 하며 가도와 나란히 행차를 계속했다. 그 뒤로 두 사람은 문학 친구가 되었다고 한다. 그래서 「퇴고」 란 말이 문장을 다듬는다는 뜻으로 쓰이게 된 것이다.

퇴피삼사 退避三舍

물러날 退 피할 避 석 三 삼십리 舍

《좌씨전(春秋左氏傳)》 희공(僖公) 23년

「물러나 90리를 피하다」 라는 뜻으로, 다른 사람과 다투지 않거나 남에게 자리를 양보하기 위해 멀찌감치 물러앉음. 「舍」는 옛날 행군할 때 30리(里)를 이르던 말이다. 대치하고 있는 적군으로부터 충돌을 피하기 위해 멀찌감치 물러남을 비유한 말.

춘추시대 진나라 헌공(獻公)은 애첩의 이간질에 속아 태자인 아들 신생(申生)을 죽이고, 신생의 동생인 중이(重耳)마저 죽이려 하였다. 공자 중이는 도망을 쳐 여러 나라를 돌아다니다가 초(楚)나라에 도착하였다. 초나라 성왕(成王)은 중이가 나중에 반드시 큰 인물이 되리라는 것을 알아보고 예를 다하여 맞이하고는 귀빈으로 대접하며 그에게 물었다.

「공자가 만약 진나라로 돌아가 군주가 될 수 있다면, 나에게 무엇으로 보답을 하겠소?」

중이가 대답하였다.

「아름다운 여자나 옥(玉)이나 비단 같은 것은 이미 많이 소유하고 계시고, 좋은 새 깃(羽)이나 상아(象牙), 모피(毛皮) 같은 것도 다 이곳에서 생산되옵니다. 그것들이 우리나라에 나돈다면, 그건 군주께서 쓰시고 남는 것일 텐데, 제가 무엇으로 군주께 보답해야겠습니까?」

「그렇다고는 할지라도 무언가 내게 보답을 해야 하지 않겠소?」

그러자 중이는 이렇게 말했다.

진문공 복국도(復國圖)

「제가 만일 군주의 은혜로 진(晉)나라로 돌아가, 훗날 진나라와 초나라가 군사를 거느리고 중원(中原) 땅에서 만나 싸우게 된다면, 저는 군주를 피해 90리를 물러나고(晉楚治兵 遇于中原 其避君三舍), 그래도 군주께서 싸움을 그만두자는 명을 내리시지 않으신다면, 왼편에는 매와 화살을 들고, 오른편에는 화살자루와 칼집을 차고서는 군주와 같이 달려 나가겠습니다」

이에 성왕의 신하들이 중이를 죽이자고 하였으나, 성왕은 듣지 않았다. 나중에 중이는 진나라로 돌아가 왕위에 올랐는데, 그가 바로 진 문공(晉文公)이다. 문공이 다스린 뒤로부터 진나라는 날로 강성해졌다.

기원전 633년에 진나라는 초나라와 싸우게 되었는데, 문공은 약속을 지켜 군대를 90리 뒤로 물러나도록 하였다. 초나라의 장군은 문공의 뜻을 모르고 두려워서 후퇴한 것이라고만 여겨 결전을 벌였다가 대패하였다.

투과득경 投瓜得瓊

던질 投 오이 瓜 얻을 得 옥 瓊

《시경》 위풍(衛風)

오이(모과)를 선물(膳物)하고 구슬을 얻는다는 뜻으로, 사소한 선물에 대해 훌륭한 답례를 받음을 두고 이르는 말이다.

《시경》 위풍(衛風) 「모시(毛詩)」에 있는 구절이다.

중국 고대 풍습에, 여자가 사모하는 남자에게 과일을 던지면 남자는 허리에 띠고 있던 구슬을 보내어 약혼을 했다고 한다.

「내게 오이(木瓜)를 던지기에 (投我以木瓜) / 어여쁜 패옥으로 갚았지(報之以瓊琚). / 보답이라기보다는(匪報也) / 길이 사이좋게 지내자고(永以爲好也). / 내게 복숭아를 던지기에(投我以木桃) / 예쁜 구슬로 갚았지(報之以瓊瑤). / 보답이라기보다는(匪報也) / 길이 사이좋게 지내자고(永以爲好也). / 내게 오얏을 던지기에(投我以木李) / 예쁜 옥돌로 갚았지(報之以瓊玖). / 보답이라기보다는(匪報也) / 길이 사랑하며 지내보자고(永以爲好也)」

이 시는 남녀 간에 과일과 구슬을 서로 던지고 받으며 부르는 사랑노래다. 그런데 「모시」에서는 정치적 사건과 관련시켜 「한번 망했다가 다시 일어난 위(衛)나라의 백성들이 위나라를 도와준 제(齊)나라 환공(桓公)을 칭송하는 노래를 불렀다」고 했다.

「모시(毛詩)」는 한(漢)나라 때의 모형이 전하였다는 뜻으로, 《시경》을 일컫는 말이다.

투도보리 投桃報李

던질 投 복숭아나무 桃 갚을 報 오얏 李

《시경(詩經)》 대아(大雅)

복숭아를 선물로 받고 자두로 답례한다는 뜻으로, 선물을 주고받으며 친밀하게 지냄을 비유한 말.

《시경(詩經)》 대아(大雅) 「억(抑)」에 있는 말이다.

주(周)나라의 부로(父老)가 젊은 왕을 경계한 시. 또 제후(諸侯)들을 깨우치기 위한 시라고 전해지고 있으며, 시는 모두 열두 장으로 이루어져 있다. 다음은 여덟 번째 장이다.

임금이신 그대가 착한 덕을 본으로 하여
백성을 어질게 교화해 가며
그대의 몸가짐을 삼가 맑게 하여
행위에 허물이 조금도 없고
어그러짐 상함이 없다 하면
누군들 본받지 않으리
내게 복숭아를 던져 준다면
오얏으로 보답하리
새끼 양에게 뿔을 내라는 억지는
실로 젊은이를 속이는 것이네

辟爾爲德 俾臧俾嘉　벽이위덕 비장비가
淑愼爾止 不愆于儀　숙신이지 불건우의
不僭不賊 鮮不爲則　불참부적 선불위칙

카·타

投我以桃 報之以李　투아이도 보지이리
彼童而角 實虹小子　피동이각 실홍소자

투도보리

「복숭아와 자두」 도리(桃李)는 흔히 볼 수 있는 나무들이라는 뜻에서 「많은 제자나 문하생(門下生)」을 뜻하며, 도리만천하(桃李滿天下)는 우수한 제자들이 많음을 비유한 표현이며, 「도리불언 하자성혜(桃李不言 下自成蹊)」는 복숭아나무나 자두나무는 말을 하지 않아도 그 밑에 자연히 길이 생긴다는 뜻으로 덕이 있는 사람은 자연히 사람이 따르기 마련임을 비유한 표현이다.

여기서 유래하여 「투도보리」는 선물을 주고받으며 친밀하게 지냄을 비유한 말로 쓰인다.

비슷한 표현으로, 「모과를 선물하고 구슬을 얻는다는 뜻으로, 사소한 선물에 대해 훌륭한 답례를 받음」을 두고 이르는 말인 「투과득경(投瓜得瓊)」과 「예의는 서로 왕래하며 교제하는 것을 중히 여긴다」는 「예상왕래(禮尚往來)」가 있다.

투서기기 投鼠忌器

던질 投 쥐 鼠 꺼릴 忌 그릇 器

《한서(漢書)》

쥐를 잡으려다 그릇을 깨뜨린다는 뜻으로, 밉긴 하지만 큰일을 그르칠까 염려되어 그렇게 하지 못함.

《한서(漢書)》에 있는 이야기다.

서한(西漢) 경제(景帝) 때의 정치가 가의(賈誼)는 황제의 측근에 위세를 부리는 한 무리의 신하들이 있는 것을 보았다. 그러나 사람들은 간접적으로 황제에게 죄를 범하는 일이 될까 두려워 감히 그들을 건드리지 못했다. 이에 가의는 한 가지 방법을 생각해 냈다.

한 경제

어느 날, 가의는 경제를 알현한 후, 일부러 경제에게 이렇게 말했다.

「폐하, 폐하께서는 세간에서 말하는 『쥐를 때려잡고 싶지만 그릇을 깰까봐 겁낸다(俚諺曰 欲投鼠而忌器)』라는 말을 들어보셨습니까?」

가의는 천천히 말을 시작했다.

「쥐 한 마리가 조용한 밤중에 구멍에서 나와 무엇을 먹고 있다

가 의

가 주인에게 발견되었습니다. 그러자 그 쥐는 쌀 항아리로 들어가 숨었습니다. 주인은 그 쥐를 때려 잡고 싶었지만, 항아리를 깨뜨리게 될까 무서워 잠시 어떻게 해야 할지 몰랐습니다」

경제는 이야기를 듣고 고개를 끄덕이며 말했다.

「쥐를 때려잡으면서 항아리를 깨지 않는다는 것은 사실 어려운 일일 것이오」

가의는 말을 계속하였다.

「같은 이치입니다. 지금 폐하의 주위에는 많은 신하들이 있는데, 그들 가운데 많은 이들이 잘못을 저지르고 있지만, 아무도 감히 그들을 비평하지 못하고 있습니다. 이것은 그들이 항상 황제의 곁에 있으므로, 폐하께 아뢰지 못하기 때문입니다」

경제는 이 말에 비로소 깨달은 바가 있었다.

투편단류 投鞭斷流

던질 投 채찍 鞭 끊을 斷 흐를 流

《진서(晉書)》 부견재기(苻堅載記)

채찍을 던져 강의 흐름을 막는다는 뜻으로, 병력이 많고 강대함을 비유하여 이르는 말.

《진서》 부견재기(苻堅載記)에 있는 이야기다.

전진(前秦)의 제3대 왕인 부견은 전연(前燕)과 전량(前凉)을 항복시켜 강북을 통일하였다. 부견은 이 기세를 몰아 남방의 동진(東晉)을 공략해 천하를 통일하려고 융졸(戎卒) 60만, 기병 27만의 대군을 거느리고 장안(長安)을 출발했다.

카·타

그러나 신하들 중 권익은 동진에는 현신(賢臣)이 많다는 이유로, 또 석월(石越)은 동진은 장강(양자강)의 험난함에 의거하고 있고 그 조정에 혼란의 증후도 없으므로 군사를 움직이는 것은 불리하다며 출병을 반대했다.

그러자 사기가 충천함만을 믿고 부견은 「우리 대군의 채찍으로도 강의 흐름을 막을 수 있다(投鞭斷流)」 라고 호언장담하고 공격을 감행했다. 그러나 부견은 사현(謝玄)이 이끄는 동진 군에게 비수(淝水)에서 크게 패해 낙양으로 도망쳤다. 결국 부견은 부하에게 살해되고, 전진은 서진(西秦)에 의해 멸망하였다.

전쟁이란 단지 군사의 수가 많다고 승리하는 것이 아니라는 교훈을 주는 이 「비수의 싸움(淝水之戰)」 에서 「풍성학려(風聲鶴唳)」 라는 성어가 유래하였다.

투필종융 投筆從戎

던질 投 붓 筆 좇을 從 병장기 戎

《후한서(後漢書)》 반초전(班超傳)

「붓을 던지고 병장기를 따른다」 라는 뜻으로, 문인(文人)이 글을 포기하고 종군(從軍)하는 것을 비유하는 말이다.

반 고

동한 초년에 안릉(安陵)지방에 한 서생(書生)이 있었는데 뒤에 유명한 역사의 인물이 되었다. 그가 바로 서역(西域)에서 큰 공을 세워 정원후(定遠侯)로 책봉을 받은 반초(班超)다.

반초는 《한서(漢書)》의 저자 반고(班固)의 동생으로 어려서부터 헤아릴 수 없이 많은 책을 읽어 큰 뜻을 간직하게 되었다. 평소에는 가사에 부지런히 종사하면서도 고달프다고 원망 한 마디 없이 지냈고 구변이 유창하여 웅변에 능했고 남을 설득시키는 신력이 있었다.

한명제(漢明帝) 영평(永平) 5년에 반고가 명을 받들어 도성 낙양에 내려가 교서랑(校書郞)이란 직책을 맡아보게 되어 그도 어머니를 모시고 형을 따라 같이 임지로 내려갔다.

자고이래로 문인의 생활은 모두가 청빈한 것으로 반초의 가정도 예외는 아니었다. 반고가 박봉이라 일상생활이 두드러지게 곤란하

였다. 그러므로 반초가 관청에서 글 베껴 쓰는 일을 맡아 날마다 고생을 하며 형을 도와 생계를 유지해 나갔다.

후한의 명장 서역도호 반초

서적을 베껴 쓴다는 일은 어려울 뿐만 아니라, 기계적이고 무미건조했다. 끊임없이 책상머리에 엎드려 있어야 하니 반초로서는 지겹고 견디기 힘들었다. 그는 본래 원대한 포부를 간직하고 자기의 이상이 있었음인지라, 귀중한 세월을 아무 뜻 없이 책 베껴 쓰는 일에 헛되이 보내기를 원치 않았던 것이다.

카·타

어느 날, 반초는 더 견딜 수가 없어 붓을 내던지고는 깊은 한숨을 내쉬면서 말했다.

「대장부가 비록 별 뜻을 지니지 않았더라도 부개자(傅介子)나 장건(張騫)같이 이역(異域)에서 공을 세워 장차 봉후(封侯)의 지위를 얻어야지, 어찌 오랜 세월을 책상머리에만 앉아 필묵 사이에 파묻혀 있어야 하는가?」

이로부터 반초는 문필을 버리고 무예에 종사했다.

명제 때 명을 받고 서역(西域)으로 출사(出使)하여 서역에서 31년간 지내면서 온갖 고초와 괴로움을 극복하고 그의 최대의 지혜와 용감함을 발휘하여 서역의 50여 나라로 하여금 모두 한나라에 예속시켜 납공(納貢)토록 했다. 그 뒤 조정에서는 그의 공훈을 보답하여 정원후(定遠侯)로 봉했다.

투향 偸香

훔칠 偸 향기 香

《요재지이(聊齋志異)》

「향을 훔친다」는 뜻으로, 남녀 간에 사사로이 정을 통함을 비유하거나, 악한 일을 하면 자연히 드러남을 비유하여 이르는 말이다.

청나라의 포송령(蒲松齡)이 지은 괴이(怪異) 소설집《요재지이(聊齋志異)》에 있는 이야기다.

진(晋)나라 무제 때의 권신(權臣) 가충(賈充)에게는 가오(賈午)라는 딸이 있었다.

그의 딸은 아버지가 손님들과 술을 마실 때면 푸른 발(簾) 사이로 몰래 엿보기도 했는데, 한수를 보자마자 첫눈에 반해 사모하게 되었다. 한수의 자(字)는 덕진(德眞)이고, 남양(南陽)의 도양(堵陽) 사람으로, 위(魏)나라의 사도(司徒)인 기(暨)의 증손자였는데, 얼굴 모습이 아름답고 행동거지도 단정했다.

가충의 딸은 하녀로부터 한수의 성(姓)과 자(字)를 알아내고, 자나 깨나 한수를 생각하게 되었다. 마침내 하녀는 한수의 집으로 가서 가오의 생각을 전하고, 그녀가 행실이 올바른 사람임을 말하자, 한수도 마음이 움직였다.

드디어 두 사람은 남몰래 정의상통(情意相通)하여 서로 선물을 주고받으며 은밀히 만나게 되었다. 한수가 월담하여 가오와 만났지만 주위 사람들은 모두 눈감아주었다. 다만 가충만은 딸의 기뻐하는 모습이 평소와는 다르다는 것을 깨달았다.

그때에 서역(西域)으로부터 진기한 향을 공물로 바친 일이 있어,

한 번 사람에게 붙으면 한 달이 지나도 사라지지 않았다. 임금은 이를 몹시 귀중하게 생각하여, 오직 가충과 대사마(大司馬)인 진건(陳騫)에게만 그것을 내렸다.

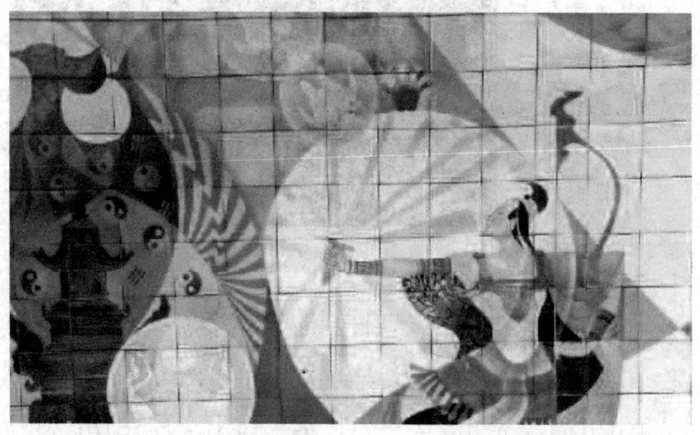
중국 소어산(小魚山) 공원의 포송령 우주벽화

가충의 딸이 남몰래 향을 훔쳐서 한수에게 주었다. 가충의 친구가 한수와 담소하고 있을 때, 그 좋은 향내를 맡고 그것을 가충의 앞에서 찬양했다. 이로부터 가충은 마음속으로 딸이 한수와 통하고 있는 것을 알았다 그러나 대문과 쪽문은 엄중했기 때문에, 어디로 들어왔는지를 알 수 없었다. 그리하여 밤중에 거짓 놀라면서, 도둑을 핑계하여 담을 따라 그 변한 곳을 보였다.

좌우에 있는 사람들이 말했다.

「달리 의심스러운 곳은 없습니다. 단지 동북쪽의 귀퉁이는 여우나 삵이 지나는 길인 것 같습니다」

가충은 그래서 발의 주위에 있는 사람들을 심문했다. 주위에 있는 사람들은 자세히 그 실상을 토로했다. 가충은 이것을 비밀로 하고, 드디어 그의 딸을 한수에게로 시집보냈다.

이 말은 이 고사로부터 나온 것이며 또 「향을 훔치는 사람은 향에 나타난다」 고 말하면, 「악한 일은 자연히 드러난다」 는 것을 비유하여 말하는 것이 된다.

타가겁사(他家劫舍)　　다를 他 /집 家 /위협할 劫 /집 舍

백성의 집을 때려 부수고 재물을 마구 빼앗음.

타관만리(他官萬里)　　다를 他 /관리 官 /일만 萬 /마을 里

☞ 만리타향(萬里他鄕).

타궁막만(他弓莫輓)　　다를 他 /활 弓 /없을 莫 /끌 輓

남의 활을 당겨 쏘지 말라는 뜻으로, ① 무익한 일은 하지 말라는 말. ② 자기가 닦은 것을 지켜 딴 데 마음 쓰지 말 것을 이르는 말.

타기술중(墮其術中)　　떨어질 墮 /그 其 /꾀 術 /가운데 中

남의 간사한 꾀에 떨어짐.

타력본원(他力本願)　　다를 他 /힘 力 /밑 本 /원할 願

아미타여래의 본원(本願). 곧 아미타여래가 중생을 구하려고 세운 발원(發願)에 의지하여 성불(成佛)하는 일. 비유적으로 타인에 의지하여 일을 성취하려는 일.

타생지연(他生之緣)　　다를 他 /날 生 /의 之 /맺을 緣

타생의 인연(因緣)이라는 뜻으로, 불교에서 낯모르는 사람끼리 길에서 소매를 스치는 것 같은 사소한 일이라도 모두가 전생(前生)의 깊은 인연에 의한 것임을 이르는 말.

타인소시(他人所視)　　다를 他 /사람 人 /바 所 /볼 視

남이 보는 바라 감출 수가 없음을 이르는 말.

타향고지(他鄕故知)　　다를 他 /시골 鄕 /옛 故 /알 知

외로운 타향에서 고향 벗을 만난다는 뜻으로, 기쁨이 아주 큼을 이르는 말.

탁려풍발(踔厲風發)　　뛰어날 踔 /갈 厲 /바람 風 /쏠 發

언변(言辯)이 뛰어나 힘차게 입에서 나오는 말. 웅변(雄辯)을 비유하여 이르는 말. 탁려(踔厲)는 문장의 논의가 엄격한 것. 풍발(風發)은 바람처럼 세차게 말이 나오는 것. 한유「유자후묘지명」

탁상공론(卓上空論)　　높을 卓 /위 上 /빌 空 /토론할 論

실천성이 없는 허황된 이론. 궤상공론(机上空論).

탁호난급(卓乎難及)　　높을 卓 /어조사 乎 /어려울 難 /미칠 及

월등하게 뛰어나 남이 도저히 미치기 어려움을 이르는 말.

탄도괄장(呑刀刮腸)　　삼킬 呑 /칼 刀 /깎을 刮 /창자 腸

칼을 삼켜 창자를 도려낸다는 뜻으로, 악한 마음을 없애고 새 사람이 됨을 비유하여 이르는 말.

탄우지기(呑牛之氣)　　삼킬 呑 /소 牛 /갈 之 /기운 氣

소를 삼킬 만한 장대한 기상.

탄주지어(呑舟之魚)　　삼킬 呑 /배 舟 /갈 之 /물고기 魚

배를 삼킬 정도의 큰 고기란 뜻으로, 큰 인물을 이르는 말.《열자》

탄지지간(彈指之間)　　튕길 彈 /손가락 指 /갈 之 /사이 間

손가락을 튕길 사이라는 뜻으로, 세월이 아주 빠름을 이르는 말.「찰나」는 범어「Ksana」에서 온 말로서「순식간」과 함께 짧은 시간이라는 뜻으로 가장 흔하게 쓰인다. 우리가 일상생활에서 쓰는 가장 큰 숫자는 기껏「조(兆)」단위이다. 물론 천문학 같은 데서는 엄청난 단위의 숫자를 쓰겠지만, 그러나「조」는 사람이 만들어 놓은 숫자의 단위 중에서 초보에도 못 미치는 수준이다. 「억」의 1만 갑절이다. 그 다음 계속해서 1만 갑절 단위로 경(京)·해(垓)·자(秭)·양(穰)·구(溝)·간(澗)·정(正)·재(載)·극(極)까지 이어진다. 그 다음부터는 1억 갑절 단위로 늘어난다. 「극」의 1억 갑절인 항하사(恒河沙)로부터 계속 1억 갑절로 아승기(阿僧祇)·나유타(那由他)·불가사의(不可思議)·무량대수(無量大數)까지 이어진다. 무량대수를 아라비아 숫자로 쓰자면 1 다음에 동그라미를 88개나 붙여야 한다. 수도 끝이 없지만 인간의 상상도 끝이 없다.

탄탄대로(坦坦大路)　　평평할 坦 /클 大 /길 路

평평하고 넓은 길로서, 장래가 아무 어려움이나 괴로움이 없이 수월함을 이르는 말.

탄화와주(呑花臥酒)　　삼킬 呑 /꽃 花 /누울 臥 /술 酒

꽃을 삼키고 술을 잠자리한다는 뜻으로, 꽃을 사랑하고 술을 좋아하는 풍류(風流) 기질을 이르는 말.

탈토지세(脫兎之勢)　　벗을 脫 /토끼 兎 /갈 之 /기세 勢

맹렬한 기세로 덫에서 달아나는 토끼의 기세란 뜻으로, 동작이 매우 신속하고 민첩함의 비유. 《손자》

탐관오리(貪官汚吏)　　탐할 貪 /벼슬 官 /더러울 汚 /벼슬아치 吏

탐욕이 많고 행실이 깨끗하지 못한 관리. 탐관과 오리.

탐란지환(探卵之患)　　찾을 探 /알 卵 /갈 之 /근심 患

어미 새가 나간 뒤에 보금자리의 알을 잃을까 보아 염려하는 근심이라는 뜻으로, 거처를 습격당할 근심. 또는 내막이 드러날 근심을 이르는 말.

탐전계후(探前趹後)　　찾을 探 /앞 前 /달릴 趹(계) /뒤 後

달리는 것이 빠른 것을 말한다. 빨리 달리는 모습의 형용. 계(趹)는 말이 뒷발로 땅을 차는 것. 질주하는 말은 앞발이 다음 디딜 곳을 찾는 동안에 뒷발은 벌써 앞발이 밟은 곳을 차려고 하고 있는 모습에서 나온 말이다. 《사기》

탐화봉접(探花蜂蝶)　　찾을 探 /꽃 花 /벌 蜂 /나비 蝶

꽃을 찾아다니는 나비와 벌이라는 뜻에서, 여색(女色)을 좋아하는 사람을 비유하여 이르는 말.

탕지반명(湯之盤銘)　　넘어질 湯 /어조사 之 /소반 盤 /새길 銘

은(殷)나라 탕왕(湯王)이 목욕에 쓰는 반(盤)에 새긴 자계(自戒 ; 스스로 경계함)의 말. 탕(湯)은 은왕조의 초대 제왕, 반은 손을 씻는 주발, 목욕 대야, 명(銘)은 명문(銘文). 고대 중국에서는 각종 기구에 자계의 명문을 새기는 일이 흔히 있었다. 《대학》

탕척서용(蕩滌敍用)　　씻어버릴 蕩 /씻을 滌 /차례 敍 /쓸 用

죄명(罪名)을 아주 씻어주고 다시 벼슬에 올려 씀.

탕탕평평(蕩蕩平平)　　쓸어버릴 蕩 /평평할 平

어느 쪽에도 치우치지 않음.

태강즉절(太剛則折)　　클 太 /굳셀 剛 /곧 則 /부러질 折

너무 굳고 꿋꿋하면 부러진다는 뜻으로, 지나치게 단단한 사람은 도리어 실수하기 쉽다는 말.

태산북두(泰山北斗)　　클 泰 /뫼 山 /북녘 北 /말 斗

☞ 태두(泰斗).

태아도지(太阿倒持)　　클 太 /언덕 阿 /넘어질 倒 /가질 持

대권을 빼앗기는 것은 마치 태아(太阿)의 보검을 거꾸로 쥐고 다른 사람에게 주는 것과 같다는 뜻으로, 천자가 대권을 신하에게 빼앗김의 비유. 《한서》 ☞ 도지태아(倒持太阿).

태액부용(太液芙蓉)　　클 太 /겨드랑이 液 /부용 芙 /연꽃 蓉

당나라 현종황제의 비인 양귀비의 미모를 비유해서 이르는 말. 당나라 수도 장안의 대명궁(大明宮) 뒤에 있던 태액(太液)이라는 연못에 피는 연꽃이라는 뜻이다. 백거이 「장한가」

태평무상(太平無像)　　클 太 /다스릴 平 /없을 無 /현상 像

세상이 태평할 때는 이렇다 할 특별한 현상이 나타나지 않는다. 다시 말하면, 아무 일도 없는 것이 태평한 징조라는 것을 이르는 말. 《당서》

토각귀모(兎角龜毛)　　토끼 兎 /뿔 角 /거북 龜 /터럭 毛

토끼의 뿔과 거북의 털. 곧 세상에 없는 것의 비유.

토강여유(吐剛茹柔)　　뱉을 吐 /굳셀 剛 /먹을 茹 /부드러울 柔

딱딱한 것은 뱉고 부드러운 것은 먹는다는 뜻으로, 강한 것은 두려워하고 약한 것은 업신여김을 비유하여 이르는 말.

토계삼등(土階三等)　　흙 土 /계단 階 /석 三 /등급 等

궁전이 검소함의 형용. 흙으로 된 계단이 3계단밖에 되지 않는다는 것. 뛰어난 위정자는 솔선해서 검소한 생활을 감수하고 근검절약에 힘써야 한다는 말. 《여씨춘추》

토기부거(兎起鳧擧)　　토끼 兎 /일어날 起 /오리 鳧 /오를 擧

토끼가 내달리고 물오리가 날아오른다는 뜻으로, 사물이 몹시 빠름을 비유하여 이르는 말.

토라치리(兎羅雉罹)　　토끼 兎 /새그물 羅 /꿩 雉 /걸릴 罹

토끼그물에 꿩이 걸린다는 뜻으로, 소인이 계교를 부려 죄를 벗어나고 군자가 도리어 화를 입음을 비유하여 이르는 말.

토목형해(土木形骸)　　흙 土 /나무 木 /모양 形 /뼈 骸

흙이나 나무처럼 있는 그대로의 모습으로 있다는 뜻으로, 겉치

레에 개의치 않고 꾸미지 않음의 비유. 《진서》

토무이왕(土無二王)　땅 土 /없을 無 /두 二 /임금 王

한 나라에 두 임금은 없다. 곧 중심이 되는 것은 하나라는 것. 《예기》

토문불입(討門不入)　칠 討 /문 門 /아닐 不 /들 入

문 앞을 지나가도 들어가지 않는다는 뜻으로, 공무에 바빠 사사로운 감정은 접어두는 태도를 비유하여 이르는 말. 《열자》

토미양화(土美養禾)　흙 土 /아름다울 美 /기를 養 /벼 禾

고운 흙은 벼를 잘 기른다는 뜻으로, 어진 임금은 인재를 잘 기름을 비유하여 이르는 말. 《한서》

토사호비(兎死狐悲)　토끼 兎 /죽을 死 /여우 狐 /슬플 悲

토끼가 죽으니 여우가 슬퍼한다는 뜻으로, 남의 처지를 보고 자기 신세를 생각하여 동류(同類)의 슬픔을 서러워함을 비유하는 말.

토양세류(土壤細流)　흙 土 /흙덩이 壤 /가늘 細 /흐를 流

작은 흙덩이와 가느다란 내라는 뜻으로, 미세한 것도 이것들이 많이 쌓이면 큰 것이 됨을 비유하여 이르는 말.

토영삼굴(兎營三窟)　토끼 兎 /경영할 營 /석 三 /굴 窟

토끼가 위난(危難)을 피하려고 구멍 셋을 만든다는 뜻으로, 자신의 안전을 위하여 미리 몇 가지의 방안을 마련해 놓음을 이르는 말. ☞ 교토삼굴(狡兎三窟).

토우목마(土牛木馬)　흙 土 /소 牛 /나무 木 /말 馬

흙으로 만든 소와 나무로 만든 말. 곧 겉은 번지르르하지만, 실속이 없다는 뜻으로, 가문(家門)만 좋을 뿐 아무런 재능도 없는 사람을 이르는 말. 《주서》

토적성산(土積成山)　　흙 土 /쌓을 積 /이룰 成 /뫼 山

흙이 쌓여 산이 된다는 뜻으로, 하찮은 것이라도 쌓이고 쌓이면 광대한 것이 됨을 비유하여 이르는 말. 작은 것을 소홀히 여기면 안된다는 교훈. 또 낭비를 경계하는 말. 《설원》 비 진합태산(塵合泰山).

토진간담(吐盡肝膽)　　토할 吐 /다할 盡 /간 肝 /쓸개 膽

간과 쓸개를 모두 토해낸다는 뜻으로, 거짓 없는 실정(實情)을 숨김없이 다 말함을 이르는 말. 유 간담상조(肝膽相照).

통가지의(通家之誼)　　통할 通 /집 家 /갈 之 /옳을 誼

절친한 친구 사이에 친척처럼 내외를 트고 지내는 정의(情誼).

통소불매(通宵不寐)　　통할 通 /밤 宵 /아닐 不 /잠잘 寐

밤새도록 잠을 이루지 못함.

통심질수(痛心疾首)　　아플 痛 /마음 心 /병 疾 /머리 首

몹시 마음이 아프고 골머리를 앓는다는 뜻으로, 몹시 걱정함을 이르는 말.

통양상관(痛痒相關)　　아플 痛 /가려울 痒 /서로 相 /관계할 關

아픔과 가려움은 서로 관계가 된다는 뜻으로, 서로 매우 가까이 지내는 사이. 이해(利害)가 일치되는 사이를 비유하는 말. 《진서》

통천지수(通天之數)　　통할 通 /내 川 /갈 之 /운수 數

하늘에 통하는 운수(運數)라는 뜻으로, 더할 나위 없이 좋은 운수를 이르는 말.

퇴경정용(槌輕釘聳)　　망치 槌 /가벼울 輕 /못 釘 /솟을 聳

망치가 가벼우면 못이 도로 솟는다는 뜻으로, 윗사람이 엄하게 다스리지 않으면 아랫사람의 말을 듣지 않게 된다는 말.

투병식과(投兵息戈)　　던질 投 /병기 兵 /숨쉴 息 /창 戈

병기(兵器)를 던지고 창(槍)을 멈춤. 싸움의 그침을 이름.

투서공기(投鼠恐器)　　던질 投 /쥐 鼠 /두려울 恐 /그릇 器

쥐를 잡으려다가 그 옆에 있는 그릇을 깨뜨릴까 염려한다는 뜻으로, 임금 가까이 있는 간신을 없애려다가 임금께 해를 끼칠까 두려워함을 비유해 이르는 말. 《한서》 ☞ 투서기기(投鼠忌器).

투필성자(投筆成字)　　던질 投 /붓 筆 /이룰 成 /글자 字

글씨를 잘 쓰는 사람은 정성을 들이지 않고 붓을 아무렇게나 던져도 글씨가 잘 쓰인다는 말. ☞ 능서불택필(能書不擇筆).

특립독행(特立獨行)　　홀로 特 /설 立 /홀로 獨 /갈 行

남에게 의지하지 아니하고 자기 소신대로 나아감.

절함도(折檻圖, 南宋 작자미상)

고사성어대사전

破鏡(파경) ➡ 必也使無訟(필야사무송)

파경 破鏡

깨질 破 거울 鏡

《태평광기(太平廣記)》

「파경(破鏡)」은 깨진 거울이란 뜻이다. 옛날에는 거울이 대개 둥글었기 때문에 달을 거울에 비유하기도 했다. 그래서 한쪽이 이지러진 달을 가리켜 파경이라고 하기도 한다.

그러나 보은 부부가 영영 다시 합칠 수 없게 된 것을 가리켜 파경이라고 한다. 다시 말해 이혼과 같은 경우다.

이 파경이란 말은, 둥글었던 것이 깨어짐으로써 한쪽이 떨어져 없어지거나 금이 가서 다시 옛날처럼 원만한 모습과 밝은 거울의 구실을 못하게 된다는 데서 원만하던 가정에 파탄이 생기고 금이 간 것을 깨진 거울에 비유한 것으로도 볼 수 있다.

그러나 이것은 비유가 아니라 실화에서 유래된 것이다.

남북조시대 남조(南朝)의 마지막 왕조인 진(陳)이 망하게 되었을 때, 태자사인(太子舍人 : 시종)이었던 서덕언(徐德言)은 수(隋)나라 대군이 양자강 북쪽 기슭에 도착하자 만일의 경우를 생각해서 아내를 불러 말했다.

「사태는 예측을 불허하오. 이 나라가 망하게 되면 그대는 얼굴과 재주가 남달리 뛰어나므로 반드시 적의 수중으로 넘어가 어느 귀한 집으로 들어가게 될 거요. 그렇게 되면 다시 만날 수 없겠지. 그러나 혹시 다시 만날 기회가 있을지 누가 알겠소. 그럴 경우를 위해……」 하고 그는 옆에 있던 거울을 둘로 딱 쪼개어 한쪽을 아내에게 주며 다시 이렇게 말했다.

「이것을 소중히 간직하고 계시오. 그리고 정월 보름날 시장 바닥에서 살피고 계시오. 만일 살아 있게 되면 그 날은 내가 서울로 찾아갈 테니」

낙창공주

두 사람은 깨진 거울 반쪽씩을 각각 품속 깊숙이 간직하고 있었다. 얼마 안 있어 수나라 대군이 강을 건너자 진나라는 곧 망하고 예상한 대로 서덕언의 아내는 적에게 붙잡혀 수나라 서울로 가게 되었다.

그녀는 진나라 마지막 황제였던 후주(後主)의 누이동생으로 낙창공주(樂昌公主)에 봉해져 있었다.

그녀는 수문제 양견(楊堅)의 오른팔로 건국 제일공신인 월국공(越國公) 양소(楊素)의 집으로 들어가게 되었다.

한편 서덕언은 난리 속에 겨우 몸만 살아남아 밥을 얻어먹으며 1년이 걸려 서울 장안으로 올라왔다.

약속한 정월 보름날 시장으로 가 보았다. 깨진 반쪽 거울을 들고 소리높이 외치는 사나이가 있었다.

「자아, 거울을 사시오. 단돈 십금(十金)이오. 누구 살 사람 없소?」

거져 주어도 싫다고 할 깨진 반쪽 거울을 10금이나 주고 살 사람이 어디 있겠는가. 지나가는 사람들은 미친놈이라면서 웃기만 했다. 그런데 이때, 「내가 사겠소!」 하고 나서는 사람이 있었다.

서덕언은 사나이를 자기 숙소로 데리고 가서 거울에 얽힌 사연을 죽 이야기한 끝에 품속에 간직하고 있던 다른 한쪽을 꺼내 맞붙여 보았다.

거울은 감쪽같이 하나로 둥글게 변했다. 서덕언은 다시 하나로 합쳐진 거울 뒤에 다음과 같은 시를 한 수 적었다.

거울은 사람과 더불어 가더니
거울만 돌아오고 사람은 돌아오지 않누나.
다시 항아(姮娥)의 그림자는 없이
헛되이 밝은 달빛만 멈추누나.

鏡與人俱去 鏡歸人不歸　경여인구거 경귀인불귀
無復姮娥影 空留明月輝　무부항아영 공류명월휘

심부름 갔던 사나이가 가지고 돌아온 거울을 본 덕언의 아내는 그 뒤로 먹지도 않고 울기만 했다.

이 사실을 알게 된 양소는 두 사람의 굳은 사랑에 감동되어 즉시 덕언을 불러 그녀와 함께 고향으로 돌아가게 해주었다.

《태평광기》 166권 의기(義氣)라는 항목에 있는 이야기다.

이 이야기에서 생이별한 부부가 다시 만나게 되는 것을 「파경중원(破鏡重圓)」이라고 부르게 되었다. 깨진 거울이 거듭 둥글게 되었다는 뜻이다.

우리나라 신라시대 때 있었던 설처녀(薛處女)와 가실(嘉實)의 이야기에도 거울에 대한 비슷한 이야기가 나온다. 이 이야기로는 파경이란 말이 생이별을 뜻하게 되는데, 지금은 이혼의 경우만을 가리켜 말하게 된다. 하긴 이혼도 생이별임에는 틀림이 없지만.

파과지년 破瓜之年

깨어질 破 외 瓜 의 之 해 年

손작(孫綽) / 「정인벽옥가」

「파과지년」은 글자 그대로는 참외를 깨는 나이란 뜻이다. 이 말은 여자의 열여섯 살을 가리키기도 하고, 첫 경도(經度)가 있게 되는 나이란 뜻도 된다.

과(瓜)란 글자를 파자(破字)하면 팔(八)이 둘로 된다. 여덟이 둘이면 열여섯이 된다. 그래서 여자를 참외에다 비유하고, 또 그것을 깨면 열여섯이 되기 때문에 「파과지년」은 여자의 열여섯을 가리키게 된 것이라고 한다.

여자의 자궁을 참외와 같이 생긴 것으로 보고 경도가 처음 있어 피가 나오게 되는 것을 「파과」라고 하고, 또 여자가 육체적으로 처녀를 잃게 되는 것을 파과라고 한다.

이 말은 진(晋)나라 손작(孫綽)의 「정인벽옥가(情人碧玉歌)」란 시에 보인다.

푸른 구슬 참외를 깰 때에
임은 사랑을 못 견디어 넘어져 궁굴었네.
임에게 감격하여 부끄러워 붉히지도 않고
몸을 돌려 임의 품에 안겼네.

碧玉破瓜時 郞爲情顚倒　벽옥파과시 낭위정전도
感君不羞赧 廻身就郞抱　감군불수난 회신취랑포

이 시에 나오는 파과시(破瓜時)는 처녀를 바치던 때라고도 풀이될

손작시의도 곡수유상(曲水流觴)

수 있고, 또 사랑을 알게 된 열여섯 살 때라고도 풀이될 수 있다. 넘어져 궁군다는 전도(顚倒)란 말은 전란도봉(顚鸞倒鳳)의 뜻으로 남녀가 정을 나누는 것을 말한다.

한편 청나라 원매(袁枚)의 《수원시화(隨園詩話)》에는, 파과를 혹은 풀이하여, 「월경이 처음 있을 때, 참외가 깨지면 홍조(紅潮)를 보는 것과 같다고 하는데, 그것은 잘못이다」라고 말하고 있고,

또 청나라 적호(翟灝)의 《통속편》에는, 「사람들이 여자가 몸을 깨뜨리는 것을 가지고 파과라고 하는데, 그것은 잘못이다」라고 했다. 이것으로 미루어 보면, 첫 경도가 있을 때와 처녀를 잃는 것을 파과라고 해 온 것을 알 수 있다. 또 남자의 나이 예순 넷을 가리켜 「파과」라고 말하는 경우도 있다. 그것은 팔(八)이 둘이니까 여덟을 여덟으로 곱하면 예순 넷이 되기 때문이다.

송나라 축목(祝穆)이 만든 《사문유취(事文類聚)》란 책에 당나라 여동빈(呂東賓)이 장계에게 보낸 시 가운데 「공이 이뤄지는 것은 마땅히 파과의 해에 있으리라(功成當在破瓜年)」고 한 것을 들어, 파과가 예순네 살의 뜻이란 것을 밝히고 있다.

파로대 罷露臺

그만둘 罷 이슬 露 대 臺

《사기(史記)》 효문제기(孝文帝紀)

지붕이 없는 정자 만들기를 그만둔다는 뜻으로, 바른 민정(民政)을 펼치는 것을 비유하여 이르는 말.

《사기》 효문제기(孝文帝紀)에 있는 이야기다.

「황제가 지붕 없는 정자를 만들 마음으로 설계를 시켰더니 예산으로 백금(百金)이 들겠다고 하였다. 백금은 중산층 열 집의 재산과 맞먹는 돈이었다. 황제는 자신을 위해 그런 큰돈을 쓸 수 없다고 토대 짓는 공사를 중지시켰다」

이 이야기는 전한(前漢) 제4대 효문황제의 일화이다. 명군으로 통하는 효문황제는 23년간 왕위에 있으면서 임금의 호사스런 생활은 백성들의 부담이라고 생각하여 항상 검소하게 살았다. 자신이 검은 비단을 입음으로써 검소한 옷차림을 솔선했고, 부인도 옷을 땅에 끌지 못하게 하였다.

신하 중에 장무라는 자가 뇌물을 받았다는 말을 듣고 뇌물보다 더 많은 하사금을 내렸고, 군문(軍門)을 찾았을 때 군중에서는 수레를 달릴 수 없다고 하자, 황제 스스로 말을 끌고 들어가 장군을 오히려 칭찬하고 상을 주는 등, 마음을 부드럽게 하고 오로지 덕으로 백성을 교화했다. 백성을 사랑하는 그의 마음은 「파로대」의 일화를 통해 잘 알 수 있다. 이처럼 민정에 마음을 쓰는 것을 가리켜 「파로대」라고 하게 되었다.

파부침선 破釜沈船

깨뜨릴 破 솥 釜 잠길 沈 배 船

《사기》 항우본기(項羽本紀)

결전에 임하는 각오.

밥 지을 솥을 깨뜨리고 돌아갈 때 타고 갈 배를 가라앉힌다는 뜻으로, 살아 돌아오기를 기약하지 않고 결사적 각오로 싸우겠다는 굳은 결의를 비유하는 말.

진(秦)나라 말기, 영웅들이 건곤일척(乾坤一擲)의 기개로 천하를 다툴 때의 이야기다. 무리한 진나라의 통일정책과 만리장성 쌓기 등 토목공사 등으로 백성들의 부담이 가중되면서 민심이 동요하기 시작하자, 진의 시황제 말년 극단적인 탄압정책이 시작되었다.

불로장생의 꿈을 이루지 못하고, 50세의 나이로 시황제가 사망하

진시황의 만리장성

자, 진시황의 폭정을 견디다 못한 백성들은 마침내 이를 계기로 여기저기서 들고 일어나기 시작했다. 이에 진나라는 장군 장한(章邯)을 보내 항량(項梁)을 정도(定陶)에서 진압했다.

항 우

장한은 승세를 타고 조왕(趙王)을 크게 격파하고 거록을 포위하였다. 그러자 이에 맞서 항량의 조카 항우는 영포(英布)를 보내 막게 했지만 역부족이었다. 다급해진 조왕의 대장 진여(陳餘)가 항우에게 구원병을 요청하기에 이르렀다. 이에 항우는 직접 출병하기로 했다.

항우의 군대가 막 장하를 건넜을 때였다.

항우는 갑자기 타고 왔던 배를 부수어 침몰시키라고 명령을 내리고, 뒤이어 싣고 온 솥마저도 깨뜨려 버리고 주위의 집들도 모두 불태워버리도록 했다. 그리고 병사들에게는 3일 분의 식량을 나누어 주도록 했다. 이제 돌아갈 배도 없고 밥을 지어 먹을 솥마저 없었으므로 병사들은 결사적으로 싸우는 수밖에 달리 도리가 없었다.

과연 병사들은 출진하라는 명령이 떨어지기가 무섭게 적진을 향해 돌진하였다. 이렇게 아홉 번을 싸우는 동안 진나라의 주력부대는 궤멸되고, 이를 계기로 항우는 제장(諸將)의 맹주가 되었다.

비슷한 성어로 「배수진(背水陣)」이 있다.

파죽지세 破竹之勢

깨어질 破 대나무 竹 의 之 기세 勢

《진서(晋書)》 두예전(杜預傳)

「파죽지세」는 대나무를 칼로 쪼개듯 무서운 힘을 가지고 거침없이 쳐들어가는 기세를 말한다. 대지(大地)에서 때 묻지 않고 쑥 뻗어 나온 푸른 대(靑竹)는 보기만 해도 싱싱하고, 또 대를 쪼개는 소리도 상쾌하게 귀를 때린다. 「대를 쪼갠 듯한」 기질이라는 말이 많이 쓰이고 이 「파죽지세」라는 말도 흔히 쓰인다.

《진서》 두예전에 있는 말이다.

진(晋)의 무제 감녕(感寧) 5년(279), 진의 대군은 남하하여 오(吳)에 육박했다. 진남대장군 두예(杜預)는 중앙군을 이끌고 호북의 양양에서 강능으로 쳐들어왔고, 서쪽 사천에서는 왕준(王濬)의 수군이 양자강을 쳐내려 왔으며, 또 왕혼(王渾)의 군사는 동쪽에서 다가오고 있었다.

이 무렵 삼국 중 촉한은 이미 망하고 천하는 위(魏)의 뒤를 이은 진과 남방의 오와의 대립상태에 있었다. 진은 그 최후의 결전을 오에게 건 것이었다. 이듬해인 태강(太康) 원년 2월 두예는 왕준의 군과 합류하여 무창을 빼앗고 여기서 제장을 모아 작전을 짰다. 한 사람이 의견을 말했다.

「지금 당장 완전 승리를 거두기는 어렵습니다. 더구나 봄철이라 비가 잦고 전염병까지 발생하기 쉬우니, 일단 작전을 중지하고 다음 겨울이 올 때까지 기다리는 것이 어떻겠습니까?」

그러자 두예는,

「……지금 군사의 위엄은 이미 떨쳐져 있다. 그것은 마치 대나무를 쪼개는 것과 같다. 몇 마디 뒤까지 칼날을 맞아 벌어지므로 다시 손댈 곳이 없다(今兵威已振 譬如破竹 數節之後 迎刃而解 無復着手處也)」고 했다.

두 예

이리하여 그는 곧장 오나라 수도를 향해 진군할 것을 명령했다. 진나라 군대가 이르는 곳마다 오나라 군대는 싸우지 않고 항복을 했다. 「파죽지세」란 「파죽(破竹)」에서 나온 말인데, 이 말은 이전부터 있었을 것으로 생각된다.

한편 두예는 학문을 좋아하는 학자이기도 해서, 그가 좋아하는 《춘추좌씨전》은 거의 잠시도 손에서 떠나는 일이 없었다고 한다.

현재 남아 있는 가장 오래된 《좌전》 주석서인 《춘추좌씨전 집해》와 《춘추석례(春秋釋例)》는 그가 남긴 것이다. 그 당시 말을 좋아하는 왕제(王濟)란 대신과 큰 부자이면서 인색하기로 유명한 화교(和嶠)란 사람이 있었는데, 두예는 그들을 평하여,

「왕제는 마벽(馬癖)이 있고 화교는 전벽(錢癖)이 있다」고 했다.

이 말을 들은 무제가, 「경은 무슨 벽이 있는가?」하고 묻자,

「신은 좌전벽(左傳癖)이 있습니다」하고 대답했다는 것이다.

파천황 破天荒

깨뜨릴 破 하늘 天 거칠 荒

《북몽쇄언(北夢瑣言)》

이전에 아무도 한 적이 없는 일을 하는 일. 미증유. 전대미문.

「천황」이란 천지가 아직 열리지 않은 때의 혼돈한 상태이며, 「파천황」은 이것을 깨뜨리고 새로운 세상을 만든다는 뜻이다. 당대(唐代)의 형주에서 과거 합격자가 나오지 않자, 「천황」이라 일컬었는데, 대중(大中) 연간에 유세(劉蛻)가 처음 급제하여 천황을 깨뜨렸다고 하는 고서의 기사(記事)에서, 이전에 아무도 한 적이 없는 일을 하는 것을 「파천황」이라고 일컬었다. 과거제도는 수(隋)나라에서 시작하여 청조 말기에 제도가 폐지될 때까지 천 3백여 년간 실시되었다.

과거제도는 유교의 경전에 대한 교양과 시문에 대한 재능, 정치에 대한 식견 등을 출제하였으며, 공개경쟁 시험에 의하여 전국의 인재를 널리 등용하기 위한 제도로서 이전의 문벌이나 족벌 위주의 폐단을 타파하기 위한 획기적인 인재등용 제도였다. 더욱이 지방으로부터 중앙에 이르기까지 수차례의 시험에 응시하는 난관을 거쳐야 했다.

당대(唐代) 진사과 응시자격은 각 지방에 설치한 향교의 성적 우수자와 지방장관이 시행하는 선발시험에 합격하여 장관이 중앙에 추천하는 두 종류가 있었다. 그런데 이 후자의 시험 합격자는 「해(該)」라고 불렀는데, 모든 일에 통달한 사람이란 뜻이다. 당시 유세의 급제는 큰 화제가 되어 형남군 절도사인 최현이 파천황전(破天荒錢)이라고 해서 상금으로 70만 전을 유세에게 보냈다. 어마어마한 액수의 상금으로 보아도 과거급제가 얼마나 어려웠는지 가히 짐작할 수 있다.

팔징구징 八徵九徵

여덟 八 조짐 徵 아홉 九

《육도(六韜)》, 《장자(莊子)》

「여덟 가지 징조와 아홉 가지 조짐」이라는 뜻으로, 사람의 됨됨이를 판단하는 기준이나 방법을 이르는 말이다.

중국 고대병서 《육도(六韜)》와 도교 철학서 《장자(莊子)》에 나오는 인재선발의 여덟 가지 기준(八徵)과 아홉 가지 방법(九徵)을 합한 말이다.

먼저 《육도(六韜)》 선장(選將)편에 태공망(太公望)이 주(周)나라 무왕(武王)에게 인재 선발의 여덟 가지 기준에 대하여 설명한 대목이다.

첫째, 말로 물어 말투를 살피고,
둘째, 말로써 궁지에 몰아넣어 변화를 살핀다.
셋째, 주변 사람에게 물어 그 성실함을 살피고,
넷째, 분명하게 드러내어 물어 덕성을 살피고,
다섯째, 재물을 다루게 하여 청렴함을 살피고,
여섯째, 여색으로 시험하여 정조를 살핀다.
일곱째, 어려운 상황을 알려 용기를 살피고,
여덟째, 술에 취하게 하여 태도를 살핀다.

이렇게 여덟 가지 징조를 시험해 보면 어질고 어리석음을 구별할 수 있다(八徵皆備 則賢不肖別矣).

《장자(莊子)》 열어구(列禦寇)편에서는 공자의 말을 빌려, 「무릇

사람의 마음은 험하기는 산천보다 더하고, 알기는 하늘보다 어려운 것이다. 하늘에는 그래도 봄, 여름, 가을, 겨울 네 계절과 아침과 저녁의 구별이 있지만, 사람은 꾸미는 얼굴과 깊은 정이 있기 때문이다. 그러므로 군자는 사람을 쓸 때는,

멀리 두고 부리면서 충성됨을 살피고,
가까이 두고 부리면서 공경됨을 살핀다.
번거로운 일을 시켜 능력을 살피고,
갑작스런 물음으로 지혜를 살핀다.
촉박한 약속으로 신용을 살피고,
재물을 맡겨 그 어짊을 살핀다.
위험한 상황에 놓여 있다고 알려주어 절개를 살피고,
술에 취하게 하여 법도를 살피며,
남녀가 섞인 곳에 있게 하여 호색(好色)함을 살핀다.

위수 가의 태공망 여상(日 화가 狩野融川)

이 구징을 시험해 보면 불초한 사람을 가려낼 수 있다(九徵至 不肖人得)」

오늘날에도 사람의 됨됨이를 판별하고 인재를 발굴하는 방법으로 여전히 유효하게 받아들여지고 있다.

패군지장불언용 敗軍之將不言勇

패할 敗 군사 軍 의 之 장수 將 아니 不 말씀 言 날랠 勇

《사기》 회음후열전(淮陰侯列傳)

싸움에 진 장수는 용기를 말하지 않는다는 뜻으로, 실패한 사람은 나중에 그 일에 대해 구구하게 변명하지 않는다는 말. 아무리 용기가 있어도 싸움에 진 이상 자랑할 조건이 되지 못한다. 「종로에서 뺨 맞고 한강에 가서 눈 흘긴다」는 식이 되고 말기 때문이다.

이 말은 《사기》 회음후열전에 있는 광무군 이좌거(李左車)가 인용한 말이다.

한신(韓信)이 대군을 이끌고 조(趙)나라 군사와 결전을 치를 때의 일이다. 이 때, 광무군 이좌거(李左車)는 성안군(城安君)에게 3만의 군대를 자기에게 주어 한신이 오게 될 좁은 길목을 끊게 해달라고 요구했다. 그러나 성안군은 「군자는 불의(不義)의 방법으로 싸워서는 안 된다」며 이좌거의 말을 듣지 않고, 한신의 군대가 다 지나오기만을 기다리고 있다가 패해 죽고 말았다.

이좌거의 말대로 했으면 한신은 감히 조나라를 칠 엄두조차 낼 수 없었다. 한신은 간첩을 보내 이좌거의 계획이 뜻대로 이뤄지지 않은 것을 알고 비로소 군대를 전진시켰던 것이다.

한신은 조나라를 쳐서 이기자 장병에게 영을 내려 광무군 이좌거를 죽이지 말 것과, 그를 산 채로 잡아오는 사람에게 천금 상을 줄 것을 약속했다.

이리하여 이좌거가 포박을 당해 한신 앞에 나타나자, 한신은 손수 그를 풀어 상좌에 앉히고 스승으로 받들었다. 그리고 그가 사양하는

것도 불구하고, 군이 앞으로 어떻게 하면 좋겠는가를 물었다. 그러자 그는, 「싸움에 패한 장수는 용기에 대해서 논하지 않는 법(敗軍之將不可以言勇)」이라며 입을 열지 않았다.

이에 한신은 다음과 같이 말했다.

「듣기로는, 백리해(百里奚)라는 현인이 우(虞)나라에 있었을 때 우나라는 망했지만 그가 진(秦)나라에 있을 때에는 진나라가 패자(霸者)가 되었다고 합니다. 그것은 백리해가 우나라에 있을 때에는 어리석었다가 진나라로 가서는 현명해졌기 때문이 아닙니다. 그 임금이 그를 등용했는지의 여부에 달려 있을 뿐인 것입니다. 만약 성안군이 당신의 계책을 따랐다면 지금쯤은 내가 장군의 포로가 되었을 것입니다. 다행히 장군의 계책을 쓰지 않아 이렇게 장군에게 가르침을 청할 기회를 얻게 된 것입니다. 진심으로 장군의 가르침을 따르겠습니다. 사양하지 마십시오」

그러자 한신의 말에 탄복한 이좌거는 이렇게 말했다.

「나는 들으니 지혜로운 사람이 천 번 생각하면 반드시 한 번 잃는 일이 있고, 어리석은 사람이 천 번 생각하면 반드시 한 번 얻는 것이 있다고 했습니다(智者 千慮必有一失 愚者千慮必有一得). 그러기에 말하기를, 미친 사람의 말도 성인이 택한다고 했습니다. 생각에 내 꾀가 반드시 쓸 수 있는 것이 못되겠지만, 다만 어리석은 충성을 다할 뿐입니다」

한신으로 하여금 연나라와 제나라를 칠 생각을 말고 장병들을 쉬게 하라고 권했다. 결국 한신은 이 이좌거의 도움으로 크게 성공을 하게 된다.

패령자계 佩鈴自戒

찰 佩 방울 鈴 스스로 自 경계할 戒

《공사견문록(公私見聞錄)》

「방울을 차서 스스로를 경계하다」라는 뜻으로, 나쁜 습관을 고치기 위하여 스스로 노력하는 자세를 비유하는 말이다.

효종(孝宗)의 부마인 정재륜(鄭載崙)이 지은 《공사견문록(公私見聞錄)》에 있는 이야기다. 이상의(李尙毅)는 성균관전적 · 병조정랑 · 홍문관부제학 등을 거쳐 선조와 광해군 때 이조 및 형조판서를 지낸 인물로, 당파에 구애받지 않고 인재를 등용하여 사람들이 그의 공정함을 칭찬하였다.

그러한 이상의도 어렸을 적에는 성격이 매우 경솔하였다. 진득하게 앉아 있지 못하였으며, 입을 열면 망발을 하기 일쑤였다. 부모가 이를 근심하여 꾸짖는 일도 잦아졌다.

그러자 이상의는 작은 방울을 허리에 차서 스스로를 경계하였다(公佩少鈴以自戒). 방울소리가 들릴 때마다 경계하는 마음을 다잡았으며, 들거나 나거나, 앉으나 누우나 한시도 방울을 몸에서 떼지 않았다. 그러자 날이 갈수록 방울소리가 조금씩 줄어들었고, 중년에 이르러서는 방울이 온전히 자신의 몸처럼 되었다.

이 이야기가 널리 알려져 후세에 경박한 자식들의 버릇을 고치려는 사람들은 반드시 그의 예를 본보기로 삼게 되었다.

여기서 유래하여 「패령자계」는 스스로 나쁜 습관을 고치려고 노력하는 것을 비유하는 성어로 사용된다.

편언절옥 片言折獄

마디 片 말씀 言 꺾을 折 송사 獄

《논어》 안연(顔淵)

「한 마디 말로 송사(訟事)의 시비를 가린다」 라는 뜻으로, 간결한 말로 송사의 시비를 가려 명쾌하고 공정하게 판결하는 것을 비유하는 말이다.

《논어》 안연편에서 공자는 자로를 이렇게 평했다.

「한 마디로 송사의 시비를 가려 판결을 내릴 수 있는 사람이 있다면 유일 것이다(片言可以折獄者 其由也與)」

유(由)는 자로의 이름이다. 이 말의 뒤에는 「자로는 한 번 대답한 일을 묵혀 두지 않고 이행하였다(子路無宿諾)」 라고 덧붙여져 있다.

공자는 자로가 3년 동안 포(蒲) 땅을 다스릴 때, 밝게 살피고 결단력이 있다고 칭찬한 적도 있다. 공자는 자로가 성격이 거칠지만 충성스럽고 신용이 있는 인물임을 잘 알고 있기에, 송사를 처리하는 데 확고한 소신을 가지고 몇 마디 말로써 공정한 판결을 내릴 수 있을 만한 인물이라고 말한 것이다.

이는 보통 사람으로서는 실행하기 어려운 일로서, 우리나라 조선시대의 정약용(丁若鏞)은 《목민심서(牧民心書)》에서 「몇 마디 말로써 송사의 시비를 가려 마치 귀신처럼 판결을 내리는 자는 별다른 천재이니 범인이 본받을 만한 것이 못 된다(片言折獄 剖決如神 別有天才 非凡人之所宜也)」 라고 말하기도 하였다.

편장막급 鞭長莫及

채찍 鞭 길 長 아닐 莫 미칠 及

《춘추좌씨전(春秋左氏傳)》

「채찍이 길지만 미치지 못한다」라는 뜻으로, 역량이 미치지 못하거나 역량이 있더라도 모든 면을 주도면밀하게 고려하여 대처하기는 어려움을 비유하는 말이다.

춘추시대의 초(楚)나라는 제후국들 가운데 강대국에 속해 있었다. 초 장왕(莊王)은 사마 신주(申舟)를 제(齊)나라에 사신으로 파견하였는데, 제나라로 가려면 송(宋)나라 땅을 거쳐야만 했다. 사신이 다른 나라의 영토를 경유하려면 미리 당사국에 알리고 양해를 구하는 것이 관례였는데, 장왕은 국력이 강함을 믿고 이 절차를 무시해버렸다.

송나라는 초나라의 이러한 행동이 자신들을 모욕하는 것이라 여기고 송나라 영토에 무단으로 진입한 신주를 붙잡아 죽였다. 초 장왕은 이 소식을 듣고 격노하여 곧 군사를 일으켜 송나라를 공격했으나 미리 대비하고 있던 송나라의 저항이 완강하여 전쟁이 길어지게 되었다.

아무래도 군사력이 약한 송나라에서는 대부 악영제(樂嬰齊)를 진(晉)나라에 사신으로 보내 도움을 요청하였다. 진나라 경공(景公)이 구원병을 보낼 뜻을 내비치자, 대부 백종(伯宗)이 나서서 반대하였다.

「옛 말에 말채찍이 길다 해도 말의 배에까지 미칠 수는 없다고 하였습니다(古人有言曰 雖鞭之長 不及馬腹). 지금은 하늘이 초나라를 돕고 있는 때이니 절대 싸워서는 안 됩니다. 비록 우리나라가 강하다고는 하지만 하늘을 거스를 수야 있겠습니까?」 결국 진나라는 대부 해양(解揚)을 송나라로 보내 말로만 위로하고 구원병을 보내지는 않았다.

편청생간 偏聽生姦

치우칠 偏 들을 聽 날 生 간사할 姦

《사기》 노중련추양(魯仲連鄒陽)열전

한쪽으로 치우치거나 불공정함.

두 사람 중 한쪽의 말에만 귀를 기울이는 것은 불공평하여 나쁜 결과를 가져오게 하는 원인이 된다는 말.

추양(鄒陽)은 제나라 사람이다. 양(梁)나라에 유력(遊歷)했고, 글을 올려 양승(羊勝), 공손궤(公孫詭) 등과 함께 양나라 효왕(孝王)의 문객이 되었다. 그런데 양승의 무리가 추양을 시기하여 효왕에게 참언했다. 효왕은 노하여 옥리에게 추양을 넘겨주어 죽이려고 했다. 추양은 남의 나라에서 유세하던 중에 남의 중상을 받아, 죽은 후까지도 오명을 쓰게 될 것이 두려워 옥중에서 왕에게 편지를 올렸다.

「임금과 신하가 서로 마음이 통하고 행동이 일치되면 아교나 옻칠보다도 더 굳게 맺어져, 가령 형제간이라 할지라도 그 사이를 갈라놓을 수는 없습니다. 하물며 뭇 사람들의 말에 현혹이 될 리 있겠습니까? 그러므로 한쪽 말만 들으면 간계(姦計)가 생기게 되고, 한 사람에게만 정사를 맡기면 반란을 불러오게 되는 것입니다(偏聽生姦 獨任成亂). 옛날 노(魯)나라 왕이 계손씨(季孫氏)의 말을 받아들였기 때문에 공자는 노나라를 떠났고, 송나라 왕이 자한(子罕)의 꾀를 믿었기 때문에 묵적(墨翟)을 가두었습니다. 공자와 묵적의 변설로써도 참언과 아첨에서 빠져나올 수가 없었던 것입니다. 그 까닭인즉 『뭇 사람의 입은 무쇠도 녹이고, 쌓이는 욕은 뼈라도 녹일 수 있기(衆口鑠金 積毁銷骨)』 때문입니다」

평장우 平章雨

평평할 平 문장 章 비 雨

《원사(元史)》 왕백승(王伯勝)열전

평장사(平章事 : 왕백승)가 기도한 덕분에 내린 비라는 뜻으로, 백성들 위해 노력하는 벼슬아치의 노고와 정성을 비유하는 말. 또는 그 결과 이루진 치적을 이르는 말이다.

《원사》 왕백승(王伯勝)열전에 있는 이야기다.

왕백승은 의지가 굳고 행동이 단정한 선비였다. 벼슬길에 나아가 요양(遼陽) 등지에서 중서성(中書省) 평장사(平章事)를 지냈다.

어느 해인가, 가뭄이 심해 몇 달 동안 비 한 방울 내리지 않는 극심한 기근이 들었다. 왕백승은 이런 재난이 일어난 것은 자신이 정치를 잘 못해 하늘이 노한 때문이라 여기고 아침 일찍 일어나 목욕재계한 뒤 하늘을 우러러보며 비가 내리기를 기구(祈求) 하였다.

그러자 그의 정성에 감동했는지 기도가 끝나자 세차게 비가 내렸다. 고을 사람들은 모두 함성을 지르며 거리로 뛰쳐나왔고, 덕분에 사람들은 흉작을 면할 수 있었다.

사람들은 왕백승의 은공을 기리기 위해 그때 내린 비를 「평장우」라고 불렀다.

또한, 당나라 때 백성들의 억울한 옥사가 쌓여가자 극심한 가뭄이 들었는데, 감찰어사 안진경(顔眞卿)이 옥사의 원한을 풀어주자 비가 내렸다는 고사에서 시작된 「어사우(御史雨)」는 《조선왕조실록》에도 그 용례가 보이는 데서 알 수 있는 것처럼 동아시아 왕조정치 체제에서는 보편적인 용어이기도 했다.

평지풍파 平地風波

평평할 平 땅 地 바람 風 물결 波

유우석(劉禹錫) / 「죽지사(竹枝詞)」

죽지사 시의도(詩意圖)

까닭 없이 일을 시끄럽게 만드는 것을 일러 흔히 「평지풍파」라고 한다. 그대로 두면 아무렇지도 않을 것을 일부러 일을 꾸며 더욱 소란을 피운다는 뜻으로, 뜻밖에 분쟁을 일으켜 일을 난처하게 만듦을 이르는 말이다..

당나라 시인 유우석(劉禹錫, 772~843)의 「죽지사(竹枝詞)」 아홉 수 가운데 다음과 같은 시 한 수가 있다.

구당의 시끄러운 열두 여울
사람들은 말한다, 길이 예부터 어렵다고.
못내 안타까워하노라, 인심이 물만도 못하여
함부로 평지에 풍파를 일으키는 것을.

瞿塘嘈嘈十二灘 人言道路古來難 구당조조십이탄 인언도로고래난
長恨人心不如水 等閑平地起波瀾 장한인심불여수 등한평지기파란

「죽지사」는 당시의 민요를 바탕으로 지은 것인데, 작자가 기주

(夔州) 자사로 부임해 갔을 때 그 곳 민요를 듣고 그 곡에 맞추어 지은 것이라 한다.

「구당」은 산이 험하기로 유명한 삼협(三峽)의 하나로 배가 다니기 아주 힘든 곳이다.

장강 삼협의 아름다운 광경

《악부시집(樂府詩集)》의 설명에 의하면, 그가 이곳에 머무르고 있는 동안 「죽지사」의 가사 내용이 너무 저속하기 때문에 이것으로 대신하기 위해 지은 것이라고 한다. 아마 양자강 상류를 오르내리는 뱃사람들의 뱃노래에 「죽지사」란 것이 있었던 모양이다.

시의 뜻은, 구당에는 열둘이나 되는 여울이 있어서 옛날부터 이 길을 지나다니기가 어렵다고 전해 오고 있다. 그거야 산이 가파르고 길이 험하니 자연 여울이 질 수밖에 없는 일이다.

물은 바닥이 가파른 곳에서나 여울을 짓지만 사람은 아무렇지도 않은 평지에서도 아무 생각도 없이 함부로 풍파를 일으킨다. 그것이 한심스러울 뿐이라는 것이다.

마지막 글귀인 「등한평지기파란(等閑平地起波瀾)」란 말이 바로 우리가 현재 쓰고 있는 그대로의 뜻을 지닌 말이다. 등한(等閑)은 생각이 모자란다는 뜻이다. 평지풍파를 일으키게 되는 가장 큰 원인은 역시 생각이 부족한 것이 될 것이다.

폐문조거 閉門造車

닫을 閉 문 門 만들 造 수레 車

《조당집(祖堂集)》

「문을 닫아걸고 수레를 만든다」라는 뜻으로, 실제에 부합하는지를 고려하지 않고 자기 생각대로만 일을 처리하는 것을 비유하는 말이다. 선종(禪宗)의 역사를 기록한 불교 서적 《조당집(祖堂集)》에 있는 말이다. 《조당집》 제20권 「오관산서운사화상(五冠山瑞雲寺和尙)」에 이런 구절이 있다.

「먼저 진리를 밝힌 뒤에 인연에 순응하여 수행하여 나간다면 불조(佛祖)의 수행과 상응할 것이다. 이는 문을 닫아걸고 수레를 만들고, 밖에 나가 바퀴를 짜 맞추는 것과 같다(如似閉門造車 出門合轍耳)」

또 주희(朱熹 : 朱子)가 지은 《사서혹문(四書或問)》 중용혹문(中庸或問)편에 이런 구절이 있다.

「궤(軌)는 수레바퀴가 지나간 자국이다. 주(周)나라 사람들이 수레 제작하는 방법을 〈동관(冬官)〉에 기록해 놓았다. 수레바퀴의 폭은 6촌, 수레의 폭은 6척이므로 양 수레바퀴의 폭은 항상 일정하다. 옛말에 문을 닫아걸고 수레를 만들고, 밖에 나가서 바퀴를 맞춘다고 하였는데(古語所謂閉門造車 出門合轍), 그 방법이 같음을 말한 것이다」

여기서 말한 「폐문조거」는 뒤에 오는 출문합철(出門合轍)과 상응하여, 수레를 만드는 방법은 일정한 규격이 정해져 있으므로 수레와 수레바퀴를 따로 제작하여도 서로 잘 맞는다는 뜻이다.

고대에 사용하던 수레는 양쪽 바퀴 사이의 거리가 일정하게 정해져 있어서 문을 닫아걸고 집안에서 수레바퀴를 합쳐 조립해도 길에 만들어둔 궤도나 앞서 지나간 바퀴자국에 들어맞았다.

주 희

여기서 유래하여 폐문조거는 원래 일정한 원칙이나 규칙에 따라 일을 행하는 것을 비유하였으나, 나중에는 실제에 부합하는지의 여부를 따지지 않고 자기 주관대로만 일을 처리하는 것을 비유하는 말로 바뀌어 사용되게 되었다.

문을 닫고 수레를 만들면 어떻게 되겠는가? 힘들여 만든 수레가 문보다 크다면 수레를 몰고 나갈 수 없을 것이다. 그렇다고 문을 부술 수는 없지 않은가? 「폐문조거」는 바로 이러한 상황을 나타내는 말이다. 그러므로 모든 일을 시작할 때는, 일이 완성된 후에 발생할 수 있는 모든 상황을 반드시 점검해두어야 한다는 것이다. 한 개인의 삶의 계획도 그러하며, 가정의 일이나 나라의 모든 일도 예외가 아니라 하겠다.

포락지형 炮烙之刑

통째로 구울 炮 지질 烙 갈 之 형벌 刑

《사기》 은본기(殷本紀)

「불에 달군 쇠로 단근질하는 형벌」이라는 뜻으로, 말 그대로 산 사람을 통째로 굽거나 불로 지지는 형벌로서, 잔인한 형벌을 비유하는 말이다.

어느 해, 은나라 주왕(紂王)은 유소씨(有蘇氏)의 나라를 정벌했는데, 그때 유소씨는 복종하는 표시로 달기라는 미녀를 헌상했다. 달기가 어느 정도로 아름다웠는지는 모른다. 그저 요염한 미인으로 세상에서도 드물게 보는 독부였었다고 적혀 있을 뿐이다. 어쨌든 그녀의 요염한 아름다움은 곧 주왕의 마음을 사로잡아, 그녀의 말은 그대로 주왕의 정령(政令)이 되었다.

정치는 달기의 마음을 사기 위한 도구가 되어버리고 말았다. 그 결과 주왕은 달기와의 음락(淫樂)을 유지하기 위해 새로운 세법을 계속 제정했다. 거교(鉅橋)의 창고는 징수한 미속(米粟)으로 가득 차고, 훌륭한 견마(犬馬), 진기한 보물류는 속속 궁중으로 모여들었다. 그렇지 않아도 광대한 사구(沙丘)의 이궁(離宮)은 더욱더 확대되고 수많은 조수(鳥獸)가 그 안에 놓여 길러졌다. 이런 상황 아래서 주지육림의 음락이 펼쳐진 것이다. 당연히 중세(重稅)에 허덕이는 백성들로부터 원망하는 소리가 높았다. 그 소리를 배경으로 반기를 드는 제후도 생기게 되었다. {☞ 주지육림(酒池肉林)}

그러자 주왕은 형벌을 가중시켜 「포락지형」이라는 새로운 형벌을 제정했다. 이궁 뜰에 구리 기둥이 가로놓이고, 음락의 비방자

유리성(羑里城)

들이 그 앞으로 끌려나와 기둥을 건너라는 명령을 받는다. 그런데 이 기둥에는 미리 기름이 칠해져 있어 발이 미끄러지고 도저히 건너갈 수가 없다. 사고팔고(四苦八苦 : 온갖 고통)를 겪은 끝에 미끄러지며 떨어져 버린다. 떨어지기가 무섭게 그 밑에는 이글이글 타오르는 숯불더미가 있다. 글자 그대로 살아서 타죽는 것이다. 이 단말마(斷末魔)의 울부짖는 소리를 듣고 주왕과 달기는 박장대소를 하며 즐거워했다고 한다.

그 후 서백(西伯 : 뒷날 주의 문왕)이 하찮은 일로 주왕의 노여움을 사서 유리(羑里)의 옥에 감금당한 적이 있었다. 그러나 서백의 신하인 굉요(閎夭)와 산의생(散宜生) 들이 미녀 · 귀물 · 선마(善馬) 등을 푸짐하게 헌납하여 주왕의 노여움을 풀게 하고 겨우 형벌을 면할 수가 있었다. 다시 양광(陽光)을 보게 된 서백은 그가 소유하는 낙서(洛西)의 땅을 헌상하고 하다못해 「포락지형」 만이라도 폐지할 것을 주상했다. 낙서 땅의 매력으로 주왕은 그것을 허락하여 이 잔혹한 형벌은 중지되었다고 한다.

이 이야기는 《사기》 은본기(殷本紀)에 나오는데, 형벌에서 숯불더미(炭火)에 타죽는다고 했는데, 이 시대에 과연 현재와 같은 숯이 있었는지는 의문이다.

포류지질 蒲柳之質

부들 蒲 버들 柳 의 之 바탕 質

《세설신어(世說新語)》 언어편

포류(蒲柳)는 시냇가에 나는 갯버들을 말한다. 「포류지질」 혹은 포류질은 땅버들처럼 연약한 체질이란 뜻이다.

이 땅버들을 항상 푸른 모습으로 꿋꿋이 서 있는 소나무와 비교해서 잎이 일찍 떨어지는 연약한 나무란 뜻으로 인용해 쓴 사람은 동진의 고열지(顧悅之)였다.

고열지는 간문제(簡文帝)와 동갑이었는데도 일찍 머리가 하얗게 세어 있었다. 그래서 간문제가, 「경은 어째서 나보다 먼저 머리털이 세고 말았는가」 하고 물었다. 그러자 그는,

「땅버들의 형상은 가을이 오기 전에 먼저 잎이 떨어지고, 소나무 잣나무의 바탕은 서리를 지나 더욱 무성하옵니다(蒲柳之姿 望秋而落 松柏之質 經霜彌茂)」 하고 대답했다. 자신을 포류에 비유하고 간문제를 송백에 비유한 것이다.

여기에 나오는 포류지자(蒲柳之姿)가 다음에 있는 송백지질(松柏之質)의 질(質)을 따서 「포류지질」로 바뀐 것인데, 그의 간문제에 대한 이 대답은 멋이 있는 대답으로 당시 평판이 되고 있었던 것 같다.

고열지는 몸은 허약해서 일찍부터 머리가 세었는지 모르지만, 마음은 송백같이 곧아 권세에 아부하는 일이 없었다. 그래서 그의 벼슬은 상서우승(尙書右丞)이란 중앙청 국장급에 그치고 말았다 한다.

문인화(文人畵)의 시조로 알려진 유명한 고개지(顧愷之)는 바로 고열지의 아들이다.

포벽유죄 抱璧有罪

품을 抱 구슬 璧 있을 有 허물 罪

《춘추좌씨전(春秋左氏傳)》

「포벽유죄」는, 값비싼 보물을 가지고 있으면 죄가 없어도 화를 입게 된다는 말이다. 즉 구슬을 가지고 있는 것이 죄가 된다는 뜻이다. 《춘추좌씨전》 환공(桓公) 10년에 다음과 같은 이야기가 있다.

우(虞)나라 임금의 아우인 우숙(虞叔)이 옥(玉)을 가지고 있었다. 형인 우공이 그 옥이 탐이 나서 달라고 하자 우숙은 이를 거절했다. 그러나 곧 후회하여 말하기를,

「주나라 속담에 이르기를, 필부는 비록 죄가 없어도 구슬을 가지고 있으면 그것이 곧 죄가 된다고 했다. 내가 공연히 이런 걸 가지고 있다가 화를 부를 필요는 없다」 하고 자진해서 그 구슬을 바쳤다.

그러자 얼마 후에 또 그가 가지고 있는 보검을 달라고 요구했다. 이때 우숙은,

「형은 만족이란 것을 모른다. 만족을 모르면 머지않아 내 목숨까지 달라고 할 것이다」 하고 반란을 일으켜 우공을 쳤다. 그로 인해 우공은 홍지(洪池)로 도망을 치게 되었다는 것이다. 이 「회벽기죄(懷璧其罪)」란 말이 「표벽유죄」란 말로 바뀌어 같이 쓰이고 있다.

세계에서 가장 값비싼 청색 금강석 반지는 그것을 가진 사람이 제 명에 죽은 사람이 없다고 한다. 보물이 아니더라도 필요 이상의 재물로 인해 아까운 생명을 바친 사람이 얼마나 많은지를 우리는 잘 알고 있다. 그러면서도 같은 과오를 되풀이하는 까닭은 만족할 줄을 모르는 인간의 타고난 어쩔 수 없는 숙명 때문일까?

포불각 抱佛脚

안을 抱 부처 佛 다리 脚

《공부시화(貢父詩話)》

「부처님 발을 끌어안는다」는 뜻으로, 평소에는 아무런 준비가 없다가 급한 일이 닥치면 갑자기 구원을 바라는 것을 비유한 말.

송(宋)나라 때 장세남(張世南)이 편찬한 유환기문(遊宦紀聞)에 다음과 같은 이야기가 나온다.

전하는 바에 따르면 운남성(云南省) 남부에 있던 어느 한 나라에서는 관민이 모두 불교를 숭상했다고 한다. 그런데 그들이 죄를 범하여 사형을 받으면 절간으로 달려가 부처님의 다리를 끌어안고 죄를 회개했다고 하는데, 관청에서는 그런 사람들에게 죄를 용서해 주었다고 한다.

「한가할 때 향을 올리지 않다가 일이 급하게 되니 부처님 다리를 끌어안고 애걸한다(平時不燒香 急來抱佛脚)」는 이 말은 그 나라의 승려가 중국에 와서 불경을 포교할 때 함께 전래된 것이라 한다.

송(宋)나라 때 유빈(劉邠)이 편찬한 《공부시화》에 있는 이야기다.

송나라의 개혁정치가 왕안석이 어느 날 손님과 한담을 나누던 중 우연히 자신의 처지를 개탄하며 말했다.

「나도 이제 늙었으니 스님들과 사귈 때가 된 것 같다(投老欲依僧)」

그러자 옆에 있던 사람이 이를 받아 이렇게 응수했다.

「급하게 되니 부처님 다리를 끌어안으려는 게 아닌가(急卽抱佛脚)」

포옹관휴 抱甕灌畦

안을 抱 항아리 甕 물댈 灌 밭두둑 畦

《장자(莊子)》 천지(天地)편

「항아리를 안고 밭에 물을 주다」 라는 뜻으로, 뒤떨어진 상태에서 더 나은 방법을 찾지 않고 습관대로 하는 태도나, 우둔하고 졸렬한 방법을 비유하는 말이다. 《장자》 천지(天地)편에 있는 이야기다.

공자의 제자 자공(子貢)이 한수(漢水) 남쪽을 지날 때, 한 노인이 밭에 물을 주고 있었다. 노인은 땅을 파고 우물로 들어가 항아리에 물을 퍼 담아서 안고 나와 물을 주고 있었다(鑿隧而入井 抱甕而出灌). 자공이 보기에 힘은 아주 많이 드는 데 비해 그 효과는 작아 보였다.

그래서 자공은 노인에게 두레박틀을 이용하면 훨씬 효율적으로 밭에 물을 줄 수 있다고 말했다. 그러자 노인은 두레박을 이용하게 되면 거기에 마음을 쓰게 되고, 기구에 마음을 쓰게 되면 결국 정신과 성격이 불안정하게 되어 도(道)가 깃들지 않게 된다고 하면서, 기구를 이용할 줄 몰라서 이용하지 않는 것이 아니라 부끄러워서 그렇게 하지 않을 뿐이라고 말했다. 이에 자공은 얼굴을 붉히며 응대할 말을 찾지 못하였다.

자공이 노인에게 일을 편하게 하는 방법을 알려주려다가 거꾸로 그 노인으로부터 정성을 다해 일을 하는 것이 편리함보다 훨씬 더 중요하다는 깨우침을 얻었다는 내용이다. 그러나 여기서 유래된 「포옹관휴」 는 원래의 내용과는 무관하게 뒤떨어진 생각이나 방법을 개량하려고 하지 않는 태도나 우둔하고 졸렬한 방법, 또는 들이는 노력에 비하여 효과가 적은 것을 비유하는 성어로 사용된다.

포의지교 布衣之交

베 布 옷 衣 갈 之 사귈 交

《사기》 염파인상여(廉頗藺相如)열전

포의(布衣)는 무명으로 만든 옷을 말하며, 이것은 가난한 서민들이 입는 것이므로 서민의 교제, 평민의 사귐, 또는 신분이나 지위를 초월하고 이해관계를 떠난 교제 등을 일컫는다.

조나라 혜문왕 때, 왕은 초(楚)나라 화씨벽(和氏璧)을 손에 넣었다. 진나라 소왕(昭王)이 이 소식을 듣자 사신을 파견하여 조나라 왕에게 말했다.

「청하건대 열다섯 개의 성과 화씨벽을 바꾸고 싶습니다」

조나라 왕은 대장군 염파와 뭇 신하를 모아놓고 상의했는데, 진나라에 화씨벽을 주더라도 아마 열다섯 성을 얻을 수 없을 것이며, 그렇다고 주지 않게 되면 진나라의 공격을 받을 우려가 있으므로 좀처럼 방침을 세울 수가 없었다. 또 진나라에 회답을 보낼 만한 사신을 찾았건만 적임자가 좀처럼 나타나지 않았다.

그 때 환관령 무현(繆賢)이 인상여(藺相如)를 추천하여 인상여는 화씨벽을 가지고 진나라로 가게 되었다. 그러나 이야기 끝에 진왕이 화씨벽과 맞바꾸자는 열다섯 성은 아무래도 조나라에 줄 것 같지 않다고 생각한 인상여는 진왕에게 이렇게 말했다.

「그 구슬에는 작은 흠이 있는데, 대왕께 보여드리겠습니다」

왕이 구슬을 건네주자, 인상여는 구슬을 손에 쥐고 뒤로 물러나서 기둥을 등지고 일어나 노한 얼굴로 진나라 왕을 꾸짖었는데, 그 때 인상여는 머리카락이 곤두서 갓이 벗어질 정도였다(怒髮上衝冠).

「대왕은 구슬을 손에 넣으려고 조나라 왕에게 편지를 보냈습니다. 조나라 왕은 뭇 신하를 불러놓고 의논을 했습니다. 그러자 모두 『진나라는 욕심이 많은데다가 나라의 힘을 믿고 거짓말을 한 것인즉 성을 주지 않을 것이다』라고 말했습니다. 그래서 모두의 의견은 진나라에 구슬을 주지 말자는 데로 기울었지만, 저는 『필부(匹夫)의 교제에도 거짓은 없는 법입니다. 하물며 대국의 교제에 그런 일이 있겠습니까(布衣之交 尙不相欺 況大國乎)? 어쨌든 조나라로서는 구슬 한 개로 강한 진나라를 거역하지 말아야 하며, 그 환심을 손상시키지 말아야 합니다』라며 반대했습니다. 그리하여 조나라 왕은 재계(齋戒)하기 닷새, 저에게 명하여 구슬을 바치게 하고 편지를 진나라 조정에 드리도록 했습니다. 그렇게 한 것은 대국의 위광(威光)을 두려워하여 경의를 표하려는 뜻이 있기 때문입니다. 그런데 이제 와서 보니 대왕은 뭇 신하와 함께 저를 인견하시고, 그 의례는 심히 오만하셨습니다. 더구나 구슬을 손에 넣으시자마자 이것을 미인(美人 : 女官의 관명)들 손에 건네주시고 희롱하며 노셨습니다. 저로서는 대왕께서 그 구슬의 값으로 성을 떼어 조나라 왕에게 주시려는 생각이 없으심을 알아차리게 되었기 때문에 다시 구슬을 돌려받은 것입니다. 만약 대왕께서 끝까지 저를 강박하시면서 구슬을 빼앗으려고 하신다면 제 머리는 지금 이 구슬과 함께 기둥에 부딪쳐 깨져버리고 말 것입니다」

소왕은 벽옥이 손상될까 두려워하여 임시변통으로 성을 내주겠다고 약속하였다. 소왕의 진의를 간파한 인상여는 5일 내로 약속을 지키면 벽옥을 돌려주겠다고 말하고는 남몰래 사람들을 시켜 벽옥을 조나라로 돌려보냈다. 이로써 벽옥은 온전한 상태로 조나라로 다시 돌아가게 되었다(完璧歸趙).

포장화심 包藏禍心

쌀 包 감출 藏 재앙 禍 마음 心

《좌씨전(左氏傳)》 소공(昭公) 원년(元年)

「나쁜 마음을 감추고 있다」라는 뜻으로, 남을 해칠 나쁜 심보를 품고 있는 것을 비유하는 말이다.

춘추시대에 소국인 정(鄭)나라는 대국인 초나라와 우호관계를 유지하고 싶었다. 그래서 정나라의 대부 공손단(公孫段)은 자기 딸을 초나라의 공자(公子) 위(圍)와 혼인시키려 하였다. 초나라는 이 기회를 이용하여 정나라의 수도로 손쉽게 진입하여 정복하려고 하였다. 이에 공자 위는 무장한 대부대를 이끌고 정나라로 향했다. 정나라 재상 자산(子産)은 사태가 심상치 않음을 깨닫고 자우(子羽)를 보내 그들을 성 안으로 들여보내지 말도록 했다. 자우는 공자 위에게 도읍이 협소해 많은 사람을 들일 수 없으니 성 밖에서 혼례를 치르자고 말했다. 그러자 초나라 측에서는 예법에 맞지 않을 뿐더러 초나라를 무시하는 처사라면서 성 안에서 혼례를 치를 것을 주장하였다.

이에 자우는 「나라가 작은 것은 잘못이 아니지만, 대국에만 의지하면서 조금도 방비하는 마음을 갖지 않는 것은 잘못입니다. 우리는 혼인의 인연을 맺은 뒤에 대국의 힘에 의지하여 안정을 구하려 한 것인데, 그대들은 나쁜 마음을 품고 있는 것이 아닌지요(小國無罪, 恃實其罪 將恃大國之安靖己 而無乃包藏禍心以圖之)」라고 말했다.

초나라 측에서는 자신들이 속셈이 드러났음을 알고 계획을 포기하는 수밖에 없었다. 비슷한 뜻의 성어로는 「구밀복검(口蜜腹劍)」, 「소리장도(笑裏藏刀)」가 있다.

포전인옥 抛塼引玉

던질 抛 벽돌 塼 끌 引 구슬 玉

《삼십육계(三十六計)》 공전계(攻戰計)

「벽돌을 버리고 옥을 얻다」 라는 뜻으로, 다른 사람의 고견이나 훌륭한 작품을 이끌어내기 위하여 자신이 먼저 미숙한 의견이나 작품을 발표한다고 겸손을 표하는 말이다.

당(唐)나라 때 조하(趙嘏)와 상건(常建)이라는 두 시인이 있었다. 상건은 자신의 시가 조하에 미치지 못한다고 생각하던 차에 조하가 소주(蘇州)에 유람을 온다는 소식을 들었다. 마침 상건도 소주에 있었으므로, 그는 이 기회를 이용하여 조하의 시를 배우고 싶었다.

상건은 조하가 소주에 오면 유명한 영암사(靈巖寺)에 반드시 들를 거라고 생각하고는 사묘(寺廟)의 벽에 시를 절반만 지어 적어 놓았다. 과연 조하는 영암사에 들렀다가 벽에 적힌 미완성의 시를 보고 나머지 절반을 채워 넣었고, 상건은 자신의 뜻대로 조하의 시를 얻게 되었다. 상건은 자신의 기승(起承)구는 보잘것없는 벽돌이요, 조하의 전결(轉結)구는 아름다운 옥이라고 말했는데, 그 시가 바로 「제파산사후선원(題破山寺後禪院)」 이다. 「파산사 뒤편의 선원에 부쳐」 라는 뜻이다. 파산사(破山寺)는 지금의 강소성(江蘇省)에 있는 흥복사(興福寺)의 옛 이름으로, 남조(南朝)시대의 남제(南齊) 때부터 있었던 고찰이다.

새벽 맑은 기운 옛 절에 찾아드니
떠오르는 아침 햇살 숲 위를 비추네.

파

대나무 숲길 따라 그윽한 곳으로 통하고
선방에는 온갖 꽃나무 우거져 있네.

산빛에 새들 즐거이 지저귀고
못 위의 그림자는 사람 마음을 비우네.
온 세상이 모두 고요한데
오직 종소리 풍경소리만 들려올 뿐.

淸晨入古寺 初日照高林　청신입고사 초일조고림
竹逕通幽處 禪房花木深　죽경통유처 선방화목심
山光悅鳥性 潭影空人心　산광열조성 담영공인심
萬雷此俱寂 惟餘種磬音　만뢰차구적 유여종경음

홍복사

사람들이 이를 두고 상건이 「벽돌을 버리고 옥을 얻은(拋磚引玉) 격」이라고 말했다. 벽돌은 스스로 부족하다고 생각하는 자신의 의견이나 작품을 뜻하며, 옥은 다른 사람의 훌륭한 작품이나 고명한 의견을 뜻하는 것으로, 여기에는 스스로 겸손을 나타내는 의미가 담겨 있다.

포전인옥계는 공전계(攻戰計)에 속하며, 「비슷한 것으로써 유인하여 어리석은 적을 치는(類以誘之 擊蒙也)」 계책이다. 벽돌은 미끼를 뜻하며, 옥은 승리를 뜻한다. 곧 미끼로 적을 유인하여 아군의 작전에 휘말리게 함으로써 승리를 얻는 전술이다.

포정해우 庖丁解牛

부엌 庖 사내 丁 풀 解 소 牛

《장자(莊子)》 양생주편(養生主篇)

솜씨가 뛰어난 포정(백정)이 소의 뼈와 살을 발라낸다는 뜻으로, 신기(神技)에 가까운 솜씨를 비유하거나 기술의 묘(妙)를 칭찬할 때 비유하여 이르는 말.

「포정(庖丁)」은 소를 잡아 뼈와 살을 발라내는 솜씨가 아주 뛰어났던 전국시대의 이름난 백정의 이름이고, 「해우(解牛)」는 소를 잡아 뼈와 살을 발라내는 것을 말한다. 그러므로 「포정해우」라고 하면 기술이 매우 뛰어남을 가리키게 되었다.

전국시대 때 양(梁)의 문혜군(文惠君 : 혜왕)의 집에 포정(庖丁)이라는 요리사(庖)가 있었다. 그는 소를 잡아 다루는 솜씨가 아주 능란해서 소의 몸에 왼손을 가볍게 대고, 왼쪽 어깨를 슬며시 갖다 댄다. 그 손을 대고 어깨를 대며 또 한 다리를 버티고 서 있는 품, 무릎을 굽힌 품에 이르기까지 아주 훌륭하기 짝이 없는데다가 칼을 움직이기 시작하면 뼈와 살이 멋시게 떨어져 잘려진 고깃덩이가 털썩 하고 땅에 떨어진다. 이어서 칼의 움직임에 따라 버걱버걱 소리를 내며 살이 벗겨진다. 모든 것이 아주 리드미컬해서, 옛날 무악(舞樂)이었던 「상림지무(桑林之舞)」나 「경수지회(經首之會)」를 생각할 정도였다.

그래서 문혜군도 감탄하며, 「정말 굉장하구나! 재주라고는 하지만 명인이 되면 이 정도까지 된단 말인가!」했다.

그러자 포정은 칼을 곁에 놓고 한숨을 쉬면서 말했다.

「아닙니다. 제가 바라는 것은 도(道)이지 한낱 재주가 아닙니다. 물론 저도 처음 소를 잡을 때는 소에게 마음이 끌려 제대로 손도 대지 못했었습니다. 그러다가 3년쯤 지나는 동안 소 전체의 육중한 모양은 걱정하지 않게 되었습니다. 본능적인 감각을 움직여서 오관(五官 : 耳・目・口・鼻・形)의 기능이 정지되고, 정신력만 남게 되었습니다. 하면 할수록 소의 몸에 있는 자연의 이치에 따라 커다란 틈새에 칼을 넣고 커다란 구멍으로 칼을 이끌어 전혀 무리한 힘을 쏟지 않게 되는 것입니다. 그래서 이제까지 단 한 번도 칼날이 긍경(肯綮)에 닿은 적이 없었습니다. 더구나 커다란 뼈에 칼을 맞부딪친다는 것은 생각도 할 수 없는 일입니다」

「긍경(肯綮)」의 긍(肯)은 뼈에 붙은 살, 경(綮)은 심줄과 뼈가 한데 엉킨 곳, 그러니 「중긍경(中肯綮)」하면 일의 급소 요소에 닿는다는 뜻으로 쓰인다. 포정(庖丁)의 경험담은 다시 계속된다.

「솜씨가 좋은 요리사쯤 되면 어쩌다 칼을 부러뜨리는 정도니까 일 년에 칼 한 자루면 충분하지만, 서투른 요리사는 흔히 칼날을 단단한 뼈와 부딪혀 칼을 부러뜨리므로 한 달에 한 자루의 칼이 필요하게 됩니다. 그러나 저는 이 칼을 쓰기 시작하여 19년 동안 몇 천 마리의 소를 잡았는지 기억조차 없습니다. 보시는 바와 같이 칼날은 방금 세운 것같이 번쩍이고, 이도 하나 빠지지 않았습니다. 또한 소의 뼈마디에는 자연적인 틈이 있어 칼을 그 틈에 맞추어 넣으면 조금도 무리 없이 아주 편하게 칼을 쓸 수가 있습니다. 물론 저도 심줄과 뼈가 엉킨 곳에 손을 댈 때에는 이건 어렵구나 하는 생각이 들어 마음을 가다듬고 한참 들여다보다가 천천히 그리고 조심조심 칼을 움직이죠」

포호빙하 暴虎馮河

맨손으로 칠 暴 범 虎 걸어건널 馮 강 河

《시경》 소아(小雅) 소민편(小旻篇)

포호(暴虎)는 맨주먹으로 범을 잡는 것을 말하고, 빙하(馮河)는 헤엄쳐 강을 건너는 것을 말한다. 즉 무모한 용기를 말한다.

이 말은 《시경》 소아 소민편(小旻篇)에 있는 말이다.

감히 맨손으로 범을 때려잡지 않고
감히 맨몸으로 강을 헤엄쳐 건너지 않지만
사람은 그 하나만을 알고
그 밖의 것은 알지 못한다.

不敢暴虎　不敢馮河　불감포호 불감빙하
人知其一　莫知其他　인지기일 막지기타

이 시는 악정(惡政)을 개탄해서 지은 시인데, 그런 엄청나게 무모한 짓은 하지 않지만, 눈앞의 이해에만 정신이 팔려 앞으로 어떤 결과가 온다는 것을 생각지 못하는 위정자(爲政者)의 안타까운 태도를 말한 것이다.

또 《논어》 술이편에도 있다.

어느 날, 공자가 제자 안자(顔子 : 안회)에게 이렇게 말했다.

「왕후에게 등용되어 도를 행함에 있어, 만약 받아들여지지 않았다고 한다면, 그대로 잠자코 가슴 속 깊이 간직해 둔다는 것은 매우 어려운 일이다. 이것을 할 수 있는 것은 회(回)와 나 둘뿐일 것이다」

옆에 있던 자로(子路)가 공자의 이 말을 들었다. 자로는 성심성의껏

자 로

공자를 받들었고, 또한 과단성 있고 무용(武勇)을 즐기는 인물이어서 공자도 그 점을 잘 알고 사랑하고 있었으나 거친 점도 있어서 때때로 훈계를 하곤 했다.

이때도 공자가 안자를 크게 칭찬하자 자로는 다소 질투심이 나서 공자에게 이렇게 물었다.

「선생님께서 삼군(三軍)을 움직여 전쟁을 하게 되면 누구와 함께 하시겠습니까?」하고 물었다. 안자만을 칭찬하는 것이 속으로 불만이었던 것이다. 용기와 결단성이 있기로 알려진 자로는 전쟁만은 자기만큼 해낼 사람이 없다고 자부하고 있었던 것이다. 그러나 공자는 자로의 그 같은 경솔한 태도를 항상 꾸짖어 오곤 했다. 이번에도 역시 공자는 이렇게 말했다.

「맨손으로 범을 잡고, 헤엄쳐 황하를 건너 죽어도 후회가 없는 사람을 나는 함께 하지 않는다. 반드시 일을 하는 데 있어서 두려운 생각을 갖고 꾀를 쓰기를 좋아하여 일을 성공시키는 사람과 함께 할 것이다(暴虎馮河 死而無悔者 吾不與也 必也臨事而懼 好謀而成者也)」

이렇게 모든 일은 용기만으로 되는 것이 아니고, 용기 이전에 신중한 검토와 그에 대한 대책이 앞서야 한다는 것을 타일렀다.

「포호빙하」와 「호모이성(好謀而成)」은 좋은 대조가 되는 말이다. 자로는 결국 포호빙하하는 성질로 인해 뒷날 자진 난(亂)에 뛰어들어 죽고 만다.

표변 豹變

표범 豹 변할 變

《역경(易經)》

마음이나 행동이 확연히 달라짐.

태도나 행동이 갑자기 싹 달라지는 것을 가리켜 「표변(豹變)」이라고 한다. 자기의 이해만을 위주로 하고 신의라든가 약속 같은 것은 전혀 무시하는 좋지 못한 태도를 말한다.

그러나 본래의 뜻은 그런 것이 아니다. 표범의 털 무늬가 가을이 되면 아름다워지듯, 지난날의 잘못을 벗고 새로 훌륭한 사람이 되는 것을 가리켜 말한 것이었다. 말하자면 좋게 변하는 데 쓰이던 문자가 나쁘게 반대로 쓰이게 된 것이다.

이 말은 《역경》 64괘 중의 하나인 혁(革)이란 괘(卦)에 나온다. 「혁」은 변혁(變革)이니 혁명이니 하는 「혁」으로, 달라지는 것을 말한다.

한 괘는 여섯 효(爻)로 되어 있고, 각 「효」마다 효사(爻辭)라는 것이 있는데, 혁괘의 다섯 번째 효와 맨 위에 있는 여섯 번째 효의 효사는 다음과 같다.

「다섯 번째 양효(陽爻)는 큰 사람이 호랑이처럼 변하는 것이니, 점을 하지 않아도 믿음이 있다. 맨 위의 음효는, 군자는 표범처럼 변하고, 소인은 얼굴을 바꾼다. 계속 밀고 나가면 나쁘고, 가만히 있으면 바르고 좋다(上六 君子豹變 小人革面 征凶 居貞吉)」

「혁」은 바꾼다는 뜻이다. 호랑이가 여름에서부터 가을에 걸쳐 털을 갈고 가죽이 더 아름답고 빛나 보이듯 위대한 사람도 그렇게

태호복희씨(太昊伏羲氏)

찬란하게 달라지므로 점을 칠 것도 없이 백성들이 믿고 따른다는 것이 오효(五爻)의 뜻이다.

육효(六爻)의 「군자표변(君子豹變)」은, 지위가 높고 덕이 있는 군자는 표범의 털이 가을에 이르러 완전히 아름답게 변하듯 공로와 업적이 찬란하게 빛나고, 지위도 덕도 없는 작은 사람들은 태도를 바꾸어 임금에게 충성을 하게 된다.

그러나 너무 지나친 개혁을 오래 계속하게 되면 도리어 나쁜 결과를 빚게 된다. 개혁을 중단하고 이제까지의 업적을 그대로 지키고만 있으면 편안하고 좋다는 뜻이다.

호변(虎變)이든 표변이든 모두 좋게 달라진다는 뜻이었는데, 지금은 「표변」이란 말만이 본래의 뜻과는 반대로 쓰이고 있다.

표사유피 豹死留皮

표범 豹 죽을 死 남길 留 가죽 皮

《신오대사(新五代史)》

표범은 죽어서 모피를 남긴다는 뜻에서, 사람은 죽어서 명예를 남겨야 함의 비유.

구양수(歐陽修, 1007~1073)는 그가 쓴 《신오대사》 열전 사절전(死節傳)에서 세 사람의 충절을 기록하고 있는데, 이 중에서 특히 왕언장(王彦章)을 높이 평가하고 있다.

당나라 애제 4년(907), 선무군(宣武軍) 절도사 주전충(朱全忠)은 황제를 협박하여 제위를 양도받고 스스로 황제가 되어 국호를 양(梁 : 보통 후량後梁이라 한다)이라 칭했다. 그 후 약 반 세기는 그야말로 《수호전》이 말하는 「분분(紛紛)한 오대난리(五代亂離)의 세상」이었다. 군웅은 각지에 웅거하며 서로 싸웠고 왕조는 눈이 어지럽게 일어났다가는 또 망하고 하였으며, 골육상잔이 계속되었다. 그 오대(五代)시대에서 살아남은 사람의 이야기다.

양(梁)의 용장으로 왕언장이라는 사람이 있었다. 젊어서부터 주전충의 부하가 되어 주전충이 각지로 전전할 때에는 언제나 그 곁에 있었다. 전장에는 한 쌍의 철창(鐵槍)을 가지고 간다. 무게는 각각 백 근, 그 하나는 안장에다 걸고 나머지 하나를 휘두르며 적진에 뛰어들면 그 앞을 막는 자가 없었다고 한다. 사람들은 그를 왕철창이라 불렀다.

후량이 멸망했을 때, 그는 겨우 오백의 기병을 거느리고 수도를 지키며 싸우다가 무거운 상처를 입고 적의 포로가 되었다.

후당의 장종(莊宗) 이존욱(李存勗 : 독안룡 이극용의 아들)은 그의

후당 장종 이존욱

무용을 가상히 여겨 그를 자기 부하에 두려 했다. 그러나 그는, 「신은 폐하와 더불어 피나는 싸움을 10여 년이나 계속한 나머지 이제 힘이 다해 패하고 말았습니다. 죽음 외에 또 무엇을 바라겠습니까. 또 신은 양(梁)나라의 은혜를 입은 몸으로 죽음이 아니면 무엇으로 그 은혜를 갚겠습니까. 또 아침에 양나라를 섬기던 몸이 저녁에 진(晋 : 후당)나라를 섬길 수 있겠습니까. 이제 살아서 무슨 면목으로 세상 사람들을 대하겠습니까?」 하고 죽음의 길을 택했다.

그는 글을 배우지 못해 책을 읽지 못했다. 글을 아는 사람이 책에 있는 문자를 쓰는 것을 그는 민간에 전해 오는 속담으로 대신 바꿔 쓰곤 했다. 그런데 그가 입버릇처럼 잘 쓰는 말은,

「표범이 죽으면 가죽을 남기고 사람이 죽으면 이름을 남긴다(豹死留皮 人死留名)」는 속담이었다.

「표사유피」란 말은 「인사유명」이란 말을 하기 위한 전제다. 그래서 보통 「표사유피」란 말 하나로 「인사유명」이란 뜻까지 겸하게 된다. 누구나 한번 죽는 몸이니 구차하게 살다가 추한 이름을 남기기보다는 깨끗하게 죽어 좋은 이름을 남기라는 뜻이다. 특히 표범의 가죽을 든 것은 표범의 가죽이 가장 귀중히 여겨진 때문이다.

그런데 우리나라에서는 「호사유피(虎死留皮)」란 말을 쓰기도 한다. 뜻에 차이가 있는 것은 아니다.

풍림화산 風林火山

바람 風 수풀 林 불 火 뫼 山

《손자(孫子)》 군쟁(軍爭)편

「바람처럼 빠르게, 숲처럼 고요하게, 불길처럼 맹렬하게, 산처럼 묵직하게」 라는 뜻으로, 기회가 왔을 때, 상황에 따라 군사를 적절하게 운용하여야 승리를 거둘 수 있다는 말이다.

중국의 대표적인 병법서 《손자(孫子)》 군쟁(軍爭)편에 있는 말이다.

군쟁편은 전쟁에서 기선을 제압하여 승리를 취하는 방법에 대하여 논하고 있다. 그 가운데 다음과 같은 내용이 있다.

「병법은 적을 속여 운용하고, 이익에 따라 움직이며, 병력을 나누기도 하고 합치기도 함으로써 변화를 꾀한다. 그러므로 군사를 움직일 때는 질풍처럼 날쌔게 하고, 나아가지 않을 때는 숲처럼 고요하게 있고, 적을 치고 빼앗을 때는 불이 번지듯이 맹렬하게 하고, 적의 공격으로부터 지킬 때는 산처럼 묵직하게 움직이지 않아야 한다(故其疾如風 其徐如林 侵掠如火 不動如山). 숨을 때는 검은 구름에 가려 별이 보이지 않듯이 하되, 일단 군사를 움직이면 벼락이 치듯이 신속하게 해야 한다. 우회하여 공격할 것인지 곧바로 공격할 것인지를 먼저 아는 자가 승리할 것이니, 이것이 군사를 가지고 싸우는 방법이다」

따라서 「풍림화산」은 전광석화처럼 빠른 기동성과 과묵한 인내가 있어야 한다.

풍마우불상급 風馬牛不相及

바람 風 말 馬 소 牛 아니 不 서로 相 미칠 及

《춘추좌씨전(春秋左氏傳)》

「풍마우(風馬牛)」는 바람난 말이나 소란 뜻이다. 발정기의 짐승은 몇 십리 밖에까지 서로 찾아다니게 된다. 암내난 말이나 소가 서로 오고 갈 수 없는 것이 「풍마우불상급(風馬牛不相及)」이다. 멀리 떨어져 있다는 뜻과 아무 상관이 없다는 뜻으로 쓰인다. 사람은 고사하고 암내 난 마소까지도 서로 오고 가는 일이 없다는 뜻이다. 《춘추좌씨전》에 있는 이야기다.

춘추시대 오패(五覇)의 한 사람인 제환공이 여러 나라 군대들을 거느리고 초(楚)나라로 향하자 이에 놀란 초성왕(楚成王)은 사신을 연합군 진영으로 보내 제환공에게 이유를 묻게 했다.

「임금은 북쪽 바다에 있고 과인은 남쪽 바다에 살고 있어서, 바람난 말과 소도 서로 미치지 못하는데, 뜻밖에 임금께서 우리 땅에 오시게 된 것은 무슨 까닭이오(君處北海 寡人處南海 唯是風馬牛不相及也 不處君之涉吾地也 何故)」

그러자 관중(管仲)이 환공을 대신해서, 천자에게 조공을 바치지 않은 까닭을 묻기 위해 왔다고 대답했다.

이리하여 초성왕은 굴완(屈完)을 특사로 보내 화평조약을 맺게 함으로써 충돌을 피하게 되고, 환공은 이로 인해 명실상부한 패자가 된다. 그래서 「풍마우불상급」이란 말이 전연 상관이 없다는 뜻으로 쓰이게 되었다.

풍성학려 風聲鶴唳

바람 風 소리 聲 학 鶴 울 唳

《진서(晉書)》 사현전(謝玄傳)

겁을 집어먹은 사람이 하찮은 일에도 놀람.

「풍성학려」는 바람소리와 학의 울음이란 말이다.

우리 속담에 「자라보고 놀란 가슴 솥뚜껑 보고 놀란다」라는 말이 있다. 이 「풍성학려」도 이와 같은 뜻이다.

동진 효무제(孝武帝)의 태원 8년(383), 진제(秦帝) 부견(苻堅)은 스스로 병 60만, 기마 27만의 대군을 이끌고 장안을 출발하여 밀물처럼 진(晉)으로 육박했다. 진(秦)은 현상(賢相) 왕맹(王猛)을 등용하여 부견 일대(一代) 사이에 진(晉)의 몇 배나 되는 판도를 자랑하는 제일의 강국으로 올려놓았다. 그런데 그 왕맹은 죽음에 앞서, 「진(晉)나라만은 건드리지 마시도록……」하고 유언을 했다.

사 현

부견이 진(晉)을 공격한 것은 그 후 8년이 지나서였다.

진(晉)은 재상 사안(謝安)의 동생 사석(謝石)을 정토대도독으로 삼고 조카인 사현(謝玄)을 선봉도독으로 삼아 8만의 군세로서 진(秦)의

파

사현파진백만대병도(謝玄破秦百萬大兵圖, 국립중앙박물관) 부분

대군을 맞이했다. 먼저 현(玄)의 참모 유뇌지(劉牢之)는 정병 5천을 이끌고 낙간에서 진의 선봉을 격파했으며 그 장수를 목 베었다. 사현 등도 용약 전진했다.

부견이 수양성에 올라 진군(晋軍)을 내려다보니 그 진용이 정연했다. 문득 팔공산 쪽으로 눈을 돌리니 산은 진(晋)의 병사들로 뒤덮여 있었다. 놀라서 다시 자세히 보니, 그것은 풀과 나무였다. 그것을 깨닫자, 그는 불안을 느꼈다. 가슴 속에서 겁이 꿈틀거리고 있는 것만 같은 생각이 들었다.

진군(秦軍)은 비수(淝水)에 진을 치고 있어서 진군(晋軍)은 건널 수가 없었다. 사현은 군사를 보내 진(秦)의 진지를 조금 후방으로 퇴각시켜 진군을 건너게 한 다음 거기서 승부를 결정하자고 청했다.

「귀하의 군대를 조금만 뒤로 후퇴시켜 주시오. 그러면 우리가 물을 건너가 한 번 싸움으로 승부를 하겠습니다」

상대를 무시하고 있던 부견과 부융은 얼마 안되는 적이 물을 반쯤 건너왔을 때 기습작전으로 간단히 이를 해치울 생각이었다.

부견의 군이 후퇴를 개시하고 사현의 군이 강을 건너기 시작했을

때, 부견의 군대에서 뜻하지 않은 혼란이 일어났다. 물러나라는 명령을 받은 부견의 군은 사현의 군이 강을 건너오는 것을 보자 싸움에 패해 물러나는 것으로 오인하고 앞을 다투어 달아나기 시작했다.

사 현

뒤쪽에 있던 군사들은 앞의 군사가 허둥지둥 도망쳐 오는 것을 보자 덩달아 겁을 먹고 정신없이 달아나기 시작했다. 이리하여 부견의 군사들은 자기 군사가 모두 적군으로 보이는 혼란 속에 서로 짓밟으며 달아나다 물에 빠져 죽는 자가 부지기수였다.

남은 군사들은 갑옷을 벗어 던지고 밤을 새워 달아나는데, 바람소리와 학의 울음소리만(風聲鶴唳) 들어도 진(晉)나라 군사가 뒤쫓아 오는 줄로 알고 가시밭길을 걸으며 들판에서 밤을 보냈다. 게다가 굶주림과 추위까지 겹쳐 죽은 사람이 열에 일곱 여덟은 되었다는 것이다.

이 「풍성학려」라는 청각적인 착각과 아울러, 산천의 풀과 나무까지 다 적의 군사로 보였다는 「초목개병(草木皆兵)」이란 시각적인 착각도 이 고사에서 온 말이다.

전진(前秦) 부견의 백만 대군이 383년 동진(東晉)을 공격했다가 비수(淝水)에서 동진의 사현(謝玄)에게 패배한 이 비수대전(淝水大戰)은 중국의 3대 격전 가운데 하나이다.

풍소소혜역수한 風蕭蕭兮易水寒

바람 風 쓸쓸할 蕭 어조사 兮 바꿀 易 물 水 찰 寒

《사기》 자객열전(刺客列傳)

사나이의 비장한 마음을 역수의 찬바람에 비유.

춘추전국시대에는 적국의 왕후(王侯)를 암살하기 위하여 한 자루의 비수(匕首)에 생명을 걸고 적지에 들어가는 소위 자객(刺客)이 특히 많았다. 그 중 가장 유명한 것이 형가(荊軻)였다.

《사기》 자객열전에 있는 이야기다.

형가는 위(衛)나라 태생이었지만, 조국에서 등용되지 못하고 여러 나라를 편력하다가 연(燕)에 이르렀다. 그곳에서 항간에 인망이 높았던 임협지사(任俠之士) 전광(田光)의 지우(知遇)를 받게 되었다.

축

그는 또한 축(筑 : 거문고와 비슷한 대로 만든 악기)의 명수 고점리(高漸離)와 의기가 맞아 두 사람은 항상 술을 마시고 다니며 취하면 고점리는 축을 켜고, 형가는 그에 답하여 노래를 불러 「방약무인(傍若無人)」한 행동을 취하는가 하면 혼자서 독서도 하고 또한 칼을 가는 일도 게을리하지 않았다.

진(秦)이 차츰 천하통일을 진척시키고 있을 무렵이었다. 한(韓)을 멸하고 조(趙)를 망하게 한 진(秦)은 조(趙)와 연(燕)의 국경을 흐르는 역수(易水)에 이르러 장차 연으로 쳐들어갈 태세를 갖추고 있었다. 연의 태자 단(丹)이 그때, 진왕 정(政 : 뒷날의 시황제)을 찌를 자객으로 선발해 놓은 것이 전광이었다.

역수 가에 세워진 형가탑

그러나 전광은 자기의 노령을 생각하고 형가를 천거하자, 그 결의를 격려하기 위하여 스스로 목을 베어 죽었다. 대사(大事)의 명을 받고서도 이루지 못하는 노골(老骨)의 몸으로 태자를 위하여 할 수 있는 유일한 길이라고 생각하였던 것이다.

그 무렵, 진에서 번오기(樊於期)라는 장군이 연으로 도망 와서 태자 단에게 몸을 숨기고 있었다. 형가는 진왕이 막대한 상금을 걸고 번오기의 목을 구하고 있다는 것을 알자, 그 목과 연의 독항(督亢 : 연에서 가장 비옥한 땅)의 지도를 가지고 가면 진왕은 마음을 놓고 인견해 주리라 생각하고 그 일을 태자 단에게 구신(具申)하였다.

태자 단은 형가를 일각이라도 빨리 진에 보내고자 초려(焦慮)하면서도 번오기를 차마 벨 마음이 내키지 않는 것 같았다. 형가는 그것

형가 진왕 암살 결의

을 알아차리고 스스로 번오기를 만나 죽어 달라고 요청하였다. 그것이 진왕에 대한 번오기의 원한을 풀고 태자 단에 대한 보은(報恩)도 되며 또한 연의 우환도 제거하는 길이라고 설득하였던 것이다. 번오기는 전광이 한 것과 같이 형가의 앞에서 스스로 목을 베어 죽었다.

번오기의 목과, 독항의 지도 외에 형가는 같이 갈 우인을 기다리고 있었다. 태자 단이 진무양(秦舞陽)이라는 젊은 부사(副使)를 붙여 주었으나, 형가는 진무양이 믿음직한 사람이 못 된다고 생각하였다. 우인은 먼 곳에 있었기 때문에 좀처럼 오지 않았다.

태자 단은 이미 출발 준비가 다 되었음에도 불구하고 형가가 떠나지 않는 것을 보고 더욱 초려하여, 진무양 한 사람만이라도 먼저 보내려 하였다. 형가도 할 수 없이 우인을 기다리지 못하고 떠나기로 하였다. 진무양을 혼자 보낸다는 것이 위험하다고 생각하였기 때문이다. 거기다 시기도 절박하였고 태자의 조바심도 모르는 것이 아니었다.

태자 단을 비롯하여 사정을 잘 아는 몇 사람만이 상복으로 갈아입고 역수 강가에까지 전송하러 나갔다. 이제 서로 헤어지는 마당이다. 고점리는 축을 켜고, 형가는 그에 답하여 노래를 불렀다. 역수의 바람은 차서 살을 에는 듯하였으며, 고점리의 축과 형가의 노랫소리는 사람들의 마음을 비장하게 흔들어 놓았다.

진에 가면 아마도 살아서는 돌아오지 못하리라. 이것이 형가를 보는 마지막이라고 생각하자, 고점리는 암연히 눈물을 지으며 축을 켜 친구를 보냈다. 형가도 노래를 불렀다.

바람은 쌀쌀 불고 역수는 찬데
장사 한번 가면 다시 못 오리

風蕭蕭兮易水寒　　풍소소혜역수한
壯士一去兮不復還　　장사일거혜불복환

그 소리는 사람들의 폐부를 에는 듯했다. 사람들은 모두 눈을 부릅떠 진 쪽을 노려보고, 노발(怒髮)은 충천하여 관(冠)을 뚫을 듯하였다. 형가는 떠났다. 그 모습은 멀리 사라지고 말았다.

진에 도착한 형가는 번오기의 목과 독항의 지도를 가지고, 진왕 정(政) 가까이 가 비수 일섬(一閃)을 날렸으나 진왕은 날래게 몸을 피하고, 형가의 손에는 단지 왕의 소매 한쪽만이 남았다. 뒤에서 왕을 꽉 부둥켜안기로 한 진무양은 힘도 써보지 못하고 사람들에게 찍혀 눌리고 말았던 것이다.

형가는 마침내 뜻을 이루지 못하고 스스로 자기 가슴을 펴 진왕에게 찌르도록 하였다. 진왕 정 20년 연왕 희 28년, 기원 전 228년의 일이었다. 진이 천하를 통일하여 시황제라고 일컬은 것은 그로부터 7년 후이다.

풍수지탄 風樹之嘆

바람 風 나무 樹 의 之 탄식할 嘆

《한시외전(韓詩外傳)》

부모에게 효도를 다하려고 생각할 때에는 이미 돌아가셔서 그 뜻을 이룰 수 없음을 이르는 말.

한(漢)나라 때 한영(韓嬰)이 지은 《시경(詩經)》의 해설서인 《한시외전(韓詩外傳)》에 「나무가 고요하고자 하나 바람이 그치지 않고, 자식이 봉양하려 하나 어버이가 기다려 주지 않는다(樹欲靜而風不止 子欲養而親不待)」고 하여 돌아가신 어버이를 생각하는 마음을 나타낸 부분에서 유래한 말이다.

공자가 자기의 뜻을 펴기 위해 여러 나라로 떠돌고 있을 때였다. 그날도 발걸음을 재촉하고 있는데 어디선가 몹시 슬피 우는 소리가 들려왔다. 울음소리를 따라가 보니 고어(皐魚)라는 사람이었다. 공자가 우는 까닭을 물었다.

울음을 그친 고어가 입을 열었다.

「저에게는 세 가지 한(恨)이 되는 일이 있습니다. 첫째는 공부를 한다고 집을 떠나 있다가 고향에 돌아가 보니 부모는 이미 세상을 떠나셨습니다. 둘째는 저의 경륜을 받아들이려는 군주를 어디에서도 만나지 못한 것입니다. 셋째는 서로 속마음을 터놓고 지내던 친구와 사이가 멀어진 것입니다」

고어는 한숨을 짓고 다시 말을 이었다.

「나무가 조용히 있고 싶어도 불어온 바람이 멎지 않으니 뜻대로 되지 않습니다(樹欲靜而風不止). 자식이 효도를 다하려고 해도 그때까지 부모는 기다려 주지 않습니다(子欲養而親不待). 한번 흘러가면 쫓아갈 수 없는 것이 세월입니다(往而不可追者年也). 돌아가시고 나면 다시는 뵙지 못하는 것이 부모입니다(去而不見者親也). 저는 이제 이대로 서서 말라 죽으려고 합니다」

고어의 말이 끝나자 공자는 제자들을 돌아보며 이렇게 말했다.

「이 말을 명심해 두어라. 훈계로 삼을 만하지 않은가!」

이날 깊은 감명을 받은 공자의 제자 중 고향으로 돌아가 부모를 섬긴 사람이 열세 명이나 되었다고 한다.

공자수학제자도

《주자십회(朱子十悔)》에는 「부모님께 효도하지 않으면 돌아가신 뒤에 뉘우친다(不孝父母死後悔)」는 말이 있다.

신라시대 세속오계(世俗五戒)에도 어버이를 섬김에 효도로써 해야 한다는 사친이효(事親以孝)가 있다.

고어(皐魚)는 초(楚)나라의 효자로서, 어려서부터 배우기를 좋아하여 천하를 두루 다녔는데, 어버이가 돌아가시자 위와 같은 말을 공자에게 했다고 전해진다.

풍우대상 風雨對牀

바람 風 비 雨 대할 對 침상 牀

백거이(白居易), 소동파(蘇東坡)의 시

「바람과 비가 침상을 마주 대하다」라는 뜻으로, 형제나 친구가 오래 헤어져 있다가 다시 만나 흉금을 털어놓고 이야기를 나누는 즐거움을 비유하는 말이다.

당(唐)나라 때의 시인 백거이(白居易)의 시 등에서 유래되었다. 이는 당나라 때 시인들이 형제(또는 친구)의 정을 표현하기 위하여 종종 사용한 말이다.

백거이

백거이는 장적(張籍)에게 보낸 「우중초장사업숙(雨中招張司業宿)」이라는 시에서 「와서 함께 묵을 수는 없겠소, 비바람 소리 들으며 침상 마주하고 잠듭시다(能來同宿否 風雨對牀眠)」라고 읊었다.

또 당의 시인 위응물(韋應物)도 「시전진원상(示全眞元常)」이라는 시에서 「어찌 알았으랴, 눈보라 치는 밤에, 이렇게 다시 침상을 마주하고 잠들 줄을(寧知風雪夜 復此對牀眠)」이라고 묘사하였다.

송(宋)나라 때의 소동파(蘇東坡)와 소철(蘇轍) 형제는 우애가 돈독하기로 잘 알려져 있다. 세 살 차이의 형제는 같은 시기에 과거에 급제하여 각자의 임지로 떠나서 헤어졌는데, 서로를 그리워하는 마음을 시로 표현하였다. 소동파는 「초추기자유(初秋寄子由)」에서, 자유는 소철의 자다. 「설당에 비바람 드는 밤에, 침대 마주하는 소리 내자꾸나(雪堂風雨夜 已作對床聲)」라고 읊었다. 이렇듯 여러 시인들의 시구에서 유래하여 「풍우대상」은 오랫동안 헤어져 있던 형제가 다시 만나는 즐거움을 비유하는 성어로 사용된다.

대나무를 구경하는 소식 형제(明 화가 두근)

파

풍찬노숙 風餐露宿

바람 風 먹을 餐 이슬 露 잠잘 宿

육유(陸遊) / 「숙야인가시(宿野人家詩)」

바람에 불리면서 먹고, 이슬을 맞으면서 잔다는 뜻으로, 떠돌아다니며 고생스러운 생활을 함을 비유해 이르는 말.

송(宋)나라 소식(蘇軾 : 호 東坡)의 시 가운데 「유산정통판승의사기참요사(游山呈通判承議寫寄參寥師)」 라는 긴 제목의 시가 있다. 이 시는 석도잠(釋道潛) 스님을 위해 소동파가 지은 것이다. 이 시 가운데 이런 내용이 있다.

「조각배를 타고 남으로 내려와 / 편안하게 수레를 타고 따오기 울음소리를 따르노라 / 승경을 만나면 곧바로 천천히 노닐어 / 바람 맞으며 밥 먹고 이슬 맞으며 잠잔다(風餐兼露宿)」

바람과 이슬을 무릅쓰고 한데서 먹고 잠을 자는 것에서 큰일을 이루려는 사람의 고초를 겪는 모양을 뜻하기도 한다.

송(宋)나라 범성대(范成大)의 「원일(元日)」 이라는 시에는 「밥을 먹지 못하고 잠을 자지 못해 완전히 의욕이 없어지고(飢飯困眠全懶), 바람에 날리며 밥을 먹고 이슬을 맞고 잠을 잔 지 반평생에 바보가 되었다.(風餐露宿半生痴)」 고 했다.

또 송대(宋代) 육유(陸遊)는 「숙야인가시(宿野人家詩)」 에서,

「늙어 내세 길이 뒤섞여 기억이 다하고(老來世路渾諳盡), 바람에 날리며 밥을 먹고 이슬을 맞고 잠을 자는 것이 그릇된 것임을 깨닫지 못한다(露宿風餐未覺非)」 라고 하였다.

풍촉잔년 風燭殘年

바람 風 촛불 燭 남을 殘 해 年

《악부시집(樂府詩集)》,《열자(列子)》

「바람 앞의 촛불처럼 얼마 남지 않은 인생」이라는 뜻으로, 여생이 얼마 남지 않음을 비유하는 말이다. 「풍촉」과 「잔년」이 합쳐진 성어다. 「풍촉(風燭)」은 《악부시집(樂府詩集)》에 실려 있는 작자 미상의 「원시행(怨詩行)」에 나오는 말이다.

이 시는 「하늘의 덕은 아득하고도 길건만, 사람의 목숨은 어찌 이리 짧으냐. 백 년도 채 못 가는 목숨이건만, 바람 앞 촛불처럼 위태롭구나(天德悠且長 人命一何促 百年未幾時 奄若風吹燭)」라고 읊어, 바람 앞의 촛불처럼 미약하고 짧은 인생에 대하여 탄식하고 있다.

「잔년(殘年)」은 《열자》 탕문(湯問)편에 실려 있는 「우공이산(愚公移山)」 고사에서 유래되었다. 90세나 된 우공이 산을 옮기려 하는 모습을 보고 하곡(河曲)에 사는 지혜로운 노인이 웃으면서 「이 사람아, 어쩌면 그리도 어리석은가. 다 죽어가는 자네 힘으로는 풀 한 포기 제대로 뜯지 못할 텐데, 그 흙과 돌을 어떻게 할 작정인가?(甚矣汝之不惠 以殘年餘力 曾不能毁山之一毛 其如土石何)」라며 그만두라고 말렸다. 그러나 우공은 멈추지 않았고, 이에 감동한 천제(天帝)가 산을 옮길 수 있도록 해주었다.

이상의 두 가지 성어가 합쳐져서 이루어진 풍촉잔년은 나이가 많이 들고 체력도 쇠하여 앞으로 살아갈 날이 얼마 남지 않은 것을 비유하는 성어로 사용된다.

피리양추 皮裏陽秋

가죽 皮 속 裏 볕 陽 가을 秋

《진서(晉書)》 저부전(褚裒傳)

피리(皮裏)는 피부의 안을 뜻하고, 양추(陽秋)는 공자가 지은 《춘추(春秋)》를 뜻하는 말로, 사람마다 제각기 나름대로의 속셈과 분별력이 있음을 이르는 말. 이 성어는 겉으로 표현하지 않고 마음속으로 옳고 그름이나 선하고 악함을 판단하여 결정하는 것을 말한다.

사 안

진(晉)나라 강제(康帝)의 장인인 저부(褚裒)는 젊은 시절에 오만하고 고상한 기풍을 가졌으며, 일찍이 소준(蘇峻) 지역을 평정한 공신으로 벼슬이 정토대도독(征討大都督)에 이른 사람이다.

어느 날, 대신 환이(桓彝)가 저부를 지목하여 이르기를, 「계야(季野 : 저부의 자)에게는 피리춘추(皮裏春秋 : 사람마다 마음속에 각각 셈속과 분별력이 있음을 말함)가 있도다」 하였는데, 이것은 겉으로는 잘잘못을 분별하여 나타냄이 없으나, 마음속으로 옳고 그름이나 선하고 악함을 판단하여 결정함(褒貶)이 있는 것이다.

동진(東晉)의 문인이며 저명한 정치가인 사안(謝安)이 이르기를, 「저부는 비록 말하지 아니하였으나 사시(四時)의 기운이 또한 갖추어졌다」 하였다.

피일시차일시 彼一時此一時

저 彼 한 一 때 時 이 此

《맹자》 공손추하(公孫丑下)

「그때는 그때고 지금은 지금이다」 라는 뜻으로, 그 때 한 일과 이때 한 일은 서로 사정이 다르다는 말이다.

자기모순에 빠진 일관성 없는 처사에 대한 자기변명으로 흔히 쓰이는 말이다. 물론 답변에 궁한 상대방을 변호하거나 위로하기 위한 말로 쓰일 수도 있다.

《맹자》 공손추 하에 있는 말이다.

맹자가 가장 희망을 걸고 있던 제선왕(齊宣王)을 단념하고 제나라를 떠나게 되었을 때다. 충우(充虞)라는 제자가 맹자를 모시고 함께 오다가 노상에서 이렇게 물었다.

맹 자

「선생님께서 매우 언짢으신 기색이십니다. 전에 선생님께서는 말씀하시기를, 군자는 하늘도 원망하지 않고 사람도 허물하지 않는다고 하시지 않았습니까?」

그러자 맹자는, 「그것도 한때요, 이것도 한때라(彼一時 此一時)」 하고 다음과 같이 언짢은 기

곡부의 맹자 고거(古居)

색을 하지 않을 수 없는 이유를 말했다.

「5백 년마다 통일천하하는 왕자가 일어난 것이 지금까지의 역사였다. 그 왕자가 일어나면 반드시 세상에 이름을 남기는 사람이 있기 마련이다. 주나라가 일어난 지 지금 7백 년이 지났다. 5백이란 수도 훨씬 지났지만, 세상 형편으로 보아서는 지금이 그 시기다. 하늘이 천하를 바로잡으려 하지 않는다. 바로잡기로 한다면 지금 세상에 나를 버리고 또 누가 있겠는가. 내가 어떻게 마음이 좋을 수 있겠느냐?」

옛날에 수양하는 사람의 마음가짐을 원칙 면에서 말한 것이다.

그러나 이토록 어지러운 세상을 바로잡으려 하지 않는 하늘이 어찌 원망스럽지 않을 수 있겠느냐 하는 뜻이다.

맹자의 이 같은 원망은 백성을 건지려는 성자의 지극한 사랑에서였다. 그러나 지금은 이 말이 인간의 약점을 변호하는 선례로 전락하고 말았다.

필로남루 篳路襤褸

울타리 篳 수레 路 누더기 襤 누더기 褸

《좌씨전(左氏傳)》 선공 12년조

「초라한 수레와 누더기 옷」 이라는 뜻으로, 초라한 수레와 누더기 옷을 입고 산림을 개척하듯이 창업의 고달픔이나 어려움을 비유하는 말이다.

「필로」 는 섶나무 따위로 만든, 장식이 없는 초라한 수레를 말한다. 여기서 路는 수레 로(輅)와 같은 글자다. 남루(襤褸)는 「藍縷」 또는 「籃縷」 라고도 쓴다.

좌구명

공자(孔子)의 《춘추(春秋)》 를 노(魯)나라 좌구명(左丘明)이 해석한 책 《좌씨전(左氏傳)》 선공 12년조에 있는 이야기다.

춘추시대 정(鄭)나라는 지리적으로 강대국인 진(晉)나라와 초(楚)나라 사이에 있어 두 나라의 눈치를 보아야 하는 처지였다. 노(魯) 나라 선공(宣公) 12년 봄에 초나라가 정나라를 공격하자, 정나라는 이를 당해내지 못하고 화친을 요청하였다. 그러자 진나라는 정나라를 구한다는 명목으로 군대를 파견하였지만, 속셈은 정나라를 차지하려는 것이었다.

필로는 섶나무 따위로 만든 장식이 없는 초라한 수레

그런데 진나라가 진군하는 도중에 정나라가 초나라에 항복하였고, 승리한 초나라 군대는 돌아갈 채비를 하고 있었다. 진나라 군대 내부에서는 진군을 멈추어야 한다는 쪽과 계속 진군하여야 한다는 쪽으로 의견이 갈렸다. 그러던 차에 정나라에서 초나라가 손쉽게 승리한 도취감에 교만해져서 기강이 해이해지고 경비도 허술해졌으니 진나라가 초나라를 공격하면 자신들도 돕겠다는 제안을 하였다.

그러자 계속 진군할 것을 주장하였던 장수들이 좋은 기회라고 동조하였다. 이때 난무자(欒武子 : 欒書)가 나서서, 초나라는 항상 모든 군민(軍民)에게 경계심을 늦추지 말도록 가르치고 있으며, 그들의 선조인 약오(若敖)와 분모가 「섶나무 따위로 만든 초라한 수레와 누더기 옷(篳路藍縷)을 입고 산림을 개척한 일」을 교훈으로 삼고 있으므로 교만을 부려 경비가 허술해졌을 리가 없다고 하면서 진군을 반대하였다.

여기서 「필로남루」는 초라한 수레와 누더기 옷을 입고 산림을 개척하듯이 창업의 고달픔이나 어려움을 비유하는 성어로 사용된다.

필부지용 匹夫之勇

짝 匹 지아비 夫 갈 之 용기 勇

《맹자》 양혜왕하(梁惠王下)

지략도 없이 혈기만 믿고 내보이는 용기.

《맹자》 양혜왕 하편에 있는 말이다.

양혜왕(梁惠王)이 맹자에게 물었다.

「선생, 이웃나라와의 국교는 어떻게 해야 한다고 생각하십니까?」

맹자가 제국 유세를 시작한 후 맨 먼저 양(梁)나라를 찾아갔을 때의 일이다. 때는 전국시대, 약육강식의 세상이라 조금이라도 빈틈을 보이면 타국에게 침공을 당하고 만다. 그래서 혜왕은 이 고명한 학자의 의견을 구했던 것이다.

「대국은 소국을 섬긴다는 기분으로, 겸허한 태도로 사귀지 않으면 안됩니다. 이것은 인자(仁者)로서 비로소 가능한 극히 어려운 일이나, 은(殷)의 탕왕(湯王)이나 주(周)의 문왕은 그것을 해냈습니다. 또 소국은 대국을 섬기지 않으면 안됩니다. 이것도 쉬운 일이 아니어서 지자(智者)이어야 비로소 가능한 일입니다. 그러나 문왕의 조부 대왕은 그것을 실행했기에 주(周)가 뒷날 대국이 될 수 있었던 것입니다. 또 월왕 구천은 최후에 숙적인 오(吳)나라에 승리를 얻을 수가 있었던 것입니다.

소가 대를 섬긴다는 것은 하늘의 도리로서 당연한 일입니다. 그것을 인식하면서 대국의 입장으로서 소국을 섬긴다는 것은 『하늘을 즐긴다』 고도 할 수 있겠습니다. 또 이 하늘의 도리에 거스르지 않

파

도록 대국을 섬기는 소국은 『하늘을 두려워하는』 것입니다. 하늘을 즐기는 자는 천하를 보전할 수가 있고, 하늘을 두려워하는 자는 나라를 보전할 수가 있습니다. 그래서 《시경》에도 『하늘의 위세를 두려워하여, 여기 이것을 보지한다』 라는 말이 있는 것입니다」

「과연 훌륭한 말씀입니다!」

혜왕은 맹자의 대답을 듣고 자신도 모르게 외쳤다. 도리로서는 참으로 훌륭하다. 그러나 내 자신의 일로서 생각하면, 그래서는 어떤 나라에 대해서도 섬기고만 있어야 한다.

혜왕으로서는 그것이 너무나도 체면이 서지 않는 일이라 느껴져 도저히 참을 수가 없을 것 같은 생각이 들었다.

「훌륭한 말씀임에는 틀림없으나」 하고 혜왕은 말을 계속했다. 「저로서는 좋지 않은 일인지는 모르지만 용(勇)을 좋아하는 성질이 있어서……」

맹자는 대답했다.

「왕이시여, 소용(小勇)을 좋아해서는 안됩니다. 검(劍)을 어루만지며 눈을 부릅뜨고 네놈 같은 것은 내 적이 될 수 없다, 라고 하는 것 등은 『필부의 용기(匹夫之勇)』 로서 기껏해야 한 사람을 상대할 뿐입니다. 왕이시여, 부디 좀더 커다란 용기를 갖도록 하십시오」

이것은 《맹자》 양혜왕 하에 있는 대화다. 또 《사기》 회음후열전에도 한신이 항우를 평해,

「항왕(項王)이 대성질타(大聲叱咤)하면 천인이 다 겁을 먹고 주저앉아 버립니다. 그러나 그로선 현장(賢將)에게 맡겨버리지를 못합니다. 결국 이것은 『필부의 용기』 에 지나지 않습니다」 라는 말이 기록되어 있다.

필부불가탈지 匹夫不可奪志

필 匹 지아비 夫 옳을 可 빼앗을 奪 뜻 志

《논어》 자한편(子罕篇)

「필부일지라도 그 뜻이 굳으면 이를 빼앗을 수 없다」는 뜻으로, 보잘것없는 못난 사람도 그의 마음속에 품고 있는 뜻을 내 마음대로 바꿀 수는 없다는 말이다.

《논어》 자한편에 있는 공자의 말이다.

「삼군(三軍)의 장수는 빼앗을 수 있지만, 한 지아비의 뜻은 빼앗을 수가 없다」

삼군(三軍)은 제후들이 가질 수 있는 가장 많은 군대다. 일군이 1만 2천 5백 명이었으니까 3군이면 3만 7천 5백 명이다. 3만 7천 5백 명을 거느린 총대장도 이를 빼앗을 수는 없다. 그것은 힘의 문제요, 사기의 문제이기 때문이다. 그러나 보잘것없는 못난 사람도 그의 마음속에 품고 있는 뜻을 내 마음대로 바꿀 수는 없다. 사람의 마음이란 폭력이나 위력으로 좌우될 수 없기 때문이다.

우리말에 「자식을 낳으면 겉을 낳지, 속까지 낳을 수 있느냐」 하는 말이 있다. 아무리 부모라도 자식의 마음만은 어떻게 해볼 수 없다는 뜻이다. 부모의 사심 없는 사랑과 정성으로도 자식의 마음을 마음대로 돌릴 수 없는데, 하물며 다른 사람이 폭력이나 위력으로 남의 마음을 바꿔 놓을 수는 없다. 공자의 이 말은 인간의 존엄성을 가리킨 것이다. 3군의 총사령관이라는 인간이 준 지위보다는 개인이 각자 지니고 있는 굳은 의지가 보다 강력한 위치를 차지하고 있다는 뜻이다. 즉 남의 인격을 존중하라는 말이다.

필야사무송 必也使無訟

반드시 必 어조사 也 하여금 使 없을 無 송사 訟

《논어》 안연편(顔淵篇)

송사가 제기되었을 때 그것을 올바로 판결하고 처리하는 것은 자랑할 일이 못된다. 송사를 제기하는 사람이 없도록 하지 않으면 참으로 정치를 잘한다고 볼 수 없다. 도둑을 잘 잡는 것이 치안의 목적이 아니고 도둑이 없도록 만드는 것이 치안의 근본 목표가 된다는 것과 같은 말이다. 《논어》 안연편과 《대학》 제4장에 있는 공자의 말이다.

「송사를 듣고 재판을 함에 있어서는 나도 다른 사람과 같으나, 반드시 송사가 없도록 해야 한다(聽訟 吾猶人也 必也使無訟)」

죄인을 옳게 다스리고 시비를 올바로 가려내는 일은 성인이라고 해서 특별히 뛰어나게 잘할 수는 없는 일이다. 그러므로 죄를 짓는 사람이 적고 시비를 제기해오는 사람이 적도록 만드는 것이 정치하는 사람의 목표가 되어야 함을 이야기한 것이다. 내가 만일 정치를 한다면 한 명의 죄인도 없고, 시비를 하는 사람도 없는 그런 사회를 만들고 말겠다는 뜻이다. 여기서 공자가 말하고자 하는 취지는, 송사의 어려움이라기보다 인간생활에 송사가 없도록 노력해야 하고, 또 백성을 다스리는 위정자들도 그것을 근본으로 삼고 정사에 임해야 한다는 것이다. 즉, 송사가 없어지도록 도덕사회를 만들어야 한다는 말이다. 다시 말하면 「도불습유(道不拾遺)」의 정치가 실현되도록 노력하여 믿음이 풍만한 아름다운 세상을 만들어야 한다는 것이다. 「도불습유」란 길에 물건이 떨어져 있어도 주워 가지지 않을 만큼 나라가 잘 다스려지고 있다는 뜻이다.

파경중원(破鏡重圓)　깨뜨릴 破 /거울 鏡 /다시 重 /둥글 圓

깨졌던 거울이 다시 둥글게 되다. 헤어졌던 夫婦(부부)가 다시 만난 것을 일컫는 말. ☞ 파경(破鏡).

파경지탄(破鏡之歎)　깨뜨릴 破 /거울 鏡 /의 之 /탄식할 歎

부부(夫婦) 사이의 영원한 이별을 서러워하는 탄식(歎息).

파계무참(破戒無慙)　깨뜨릴 破 /경계할 戒 /없을 無 /부끄러울 慙

계율(戒律)을 어기면서 부끄러워함이 없음. 또는, 그 모양.

파고착조(破觚斲雕)　깨뜨릴 破 /술잔 觚 /깎을 斲 /새길 雕

모난 것을 없애고 복잡하게 조각한 것을 깎아낸다는 뜻으로, 가혹한 형벌을 없애고 번잡한 법률을 간략하게 고침을 이르는 말. 《사기》

파기상접(破器相接)　깨뜨릴 破 /그릇 器 /서로 相 /붙일 接

깨진 그릇을 도로 붙이려 한다는 말. ☞ 파경중원.

파라척결(把羅剔抉)　잡을 把 /새그물 羅 /바를 剔 /도려낼 抉

숨어 있는 것을 쑤셔 내다. 사람의 비밀이나 결점 따위를 파헤쳐 내다. 또는 숨겨진 인재나 장점·미점(美点)을 찾아내어 쓰는 것. 파(把)는 손톱으로 그러모아 도려내다. 라(羅)는 망으로 새를 잡다. 척(剔)은 뼈와 살을 발라내다. 결(抉)은 도려내다. 유 취모멱자(吹毛覓疵).

파란만장(波瀾萬丈)　물결 波 /물결 瀾 /일만 萬 /길이 丈

물결의 기복이 몹시 심한 것처럼 사건의 진행에도 변화가 심함. 囿 유위전변(有爲轉變).

파벽비거(破壁飛去) 물결 波 /벽 壁 /날 飛 /갈 去

벽을 깨고 날아갔다는 뜻으로, 평범한 사람이 갑자기 출세함을 이르는 말.

파사현정(破邪顯正) 깨뜨릴 破 /간사할 邪 /나타낼 顯 /바를 正

【불교】 부처의 가르침에 어긋나는 사악(邪惡)한 도리를 깨뜨리고 바른 도리를 드러낸다는 뜻으로, 그릇된 생각을 버리고 올바른 도리를 행함을 비유해 이르는 말. 불교의 여러 파는 모두 이것을 목표로 한다. 囿 쾌도난마(快刀亂麻).

파안대소(破顔大笑) 깨뜨릴 破 /얼굴 顔 /클 大 /웃을 笑

얼굴이 찢어지도록 크게 웃는다는 뜻으로, 즐거운 표정으로 한바탕 크게 웃음을 이르는 말.

파옹구우(破甕救友) 깨뜨릴 破 /독 甕 /건질 救 /벗 友

옹기(장독 따위)를 깨뜨려서 친구를 구한다는 뜻.

파적지계(破敵之計) 깨뜨릴 破 /원수 敵 /의 之 /꾀 計

적을 깨부술 계책.

파증불고(破甑不顧) 깨뜨릴 破 /시루 甑 /아닐 不 /돌아볼 顧

깨져버린 시루는 다시 돌아보지 않는다는 뜻으로, 돌이킬 수 없는 일을 가지고 이러쿵저러쿵 말해봤자 소용이 없음을 이르는 말. 비 복배지수(覆盃之水).

파파노인(皤皤老人) 머리가 하얗게 셀 皤 /늙을 老 /사람 人

백발이 된 늙은이. 머리가 하얗게 센 노인.

판상주환(阪上走丸) 비탈 阪 /위 上 /달릴 走 /알 丸

비탈 위에서 공을 굴린다는 뜻으로, 기회를 탐의 비유. 또 세(勢)

에 편승하여 일을 하면 손쉬움의 비유. 또는 형세가 급전함의 비유. 《한서》

팔년병화(八年兵火) 여덟 八 /해 年 /군사 兵 /불 火

싸움을 오랫동안 계속하여 승부가 속히 결정되지 않음의 비유.

팔년풍진(八年風塵) 여덟 八 /해 年 /바람 風 /먼지 塵

중국 초한(楚漢) 때 유방이 8년 동안이나 싸운 뒤에 항우(項羽)를 제거했다는 데서, 오랜 동안의 고난을 겪음을 이르는 말.

팔만장안(八萬長安) 여덟 八 /일만 萬 /길 長 /편안할 安

사람이 많이 사는 곳이란 뜻으로, 서울을 일컫는 말.

팔면부지(八面不知) 여덟 八 /얼굴 面 /아닐 不 /알 知

어느 모로 보나 전혀 알지 못하는 사람임.

팔면영롱(八面玲瓏) 여덟 八 /얼굴 面 /옥소리 玲 /옥소리 瓏

어느 쪽으로 보아도 아름답게 빛나고 맑은 모양을 일컫는 말.

팔면육비(八面六臂) 여덟 八 /얼굴 面 /여섯 六 /팔 臂

여덟 개의 얼굴과 여섯 개의 팔이란 뜻으로, 어떤 일을 당해도 묘하게 처리하는 수완·역량이 있음을 이르는 말.

팔방미인(八方美人) 여덟 八 /모 方 /아름다울 美 /사람 人

어느 모로 보나 아름다운 미인. 누구에게나 두루 곱게 보이는 방법으로 처세하는 사람. 여러 방면의 일에 두루 능통한 사람. 또 아무 일에나 조금씩 손대는 사람의 비유로도 쓰인다.

팔자소관(八字所關) 여덟 八 /글자 字 /바 所 /빗장 關

팔자에 의해 운명적으로 겪는 바.

팔자춘산(八字春山) 여덟 八 /글자 字 /봄 春 /뫼 山

미인의 고운 눈썹을 비유·형용하는 말.

팔척장신(八尺長身) 여덟 八 /자 尺 /길 長 /몸 身

장대(壯大)한 사람의 몸을 과장하여 이르는 말.

팔포대상(八包大商)　　여덟 八 /쌀 包 /클 大 /장사 商

① 생활에 걱정이 없는 사람을 가리키는 말. ② 중국으로 보내던 사대사행(事大使行)에 수행하여 홍삼(紅蔘)을 파는 허가를 맡았던 의주(義州) 상인.

패가망신(敗家亡身)　　무너질 敗 /집 家 /망할 亡 /몸 身

가산을 탕진하고 몸을 망침.

패기발발(覇氣勃勃)　　으뜸 覇 /기운 氣 /성할 勃

성격이 진취적이고 패기가 한창 일어나는 모양. 모험이나 투기를 좋아하는 마음이나 어떤 사업에의 야심이 불 일 듯한 모양.

패입패출(悖入悖出)　　어그러질 悖 /들 入 /날 出

悖는 도리(道理)나 사리(事理)에서 벗어나다 라는 뜻이니, 곧 땀 흘리지 않고 부정한 방법으로 얻은 재물은 쌓이지 않고 다시 부정하게 없어짐을 의미한다. 「그러므로 군자는 먼저 덕에 조심해야 한다. 덕이 있으면 그에 따라 사람이 생기고, 사람이 있으면 그에 따라 땅이 생기고, 땅이 있으면 그에 따라 재물이 생긴다. 재물이 있으면 그에 따라 용도가 생긴다. 덕은 근본이 되고 재물은 말단적이다. 근본이 되는 것을 밖으로 돌리고 지엽적인 것을 안으로 들이면 백성들을 서로 다투게 만들고 서로 빼앗는 짓을 하게 만든다. 그런 까닭에 도리에 어긋난 말을 하면 상대로부터도 도리에 어긋난 말이 되돌아온다(貨悖而入者 亦悖而出)」 《대학(大學)》

패표착풍(佩瓢捉風)　　찰 佩 /표주박 瓢 /잡을 捉 /바람 風

표주박 차고 바람 잡기란 뜻으로, 되지도 않을 일, 터무니없는 일을 비유하여 이르는 말. 《동언해》

팽두이숙(烹頭耳熟)　　삶을 烹 /머리 頭 /귀 耳 /익을 熟

머리를 삶으면 귀까지 익는다는 뜻으로, 중요한 부분만 처리하면 남은 것은 저절로 해결됨을 비유하여 이르는 말. 《순오지》

팽조지수(彭祖之壽)　　성 彭 /조상 祖 /의 之 /목숨 壽

장수(長壽)의 비유. 팽조는 신선의 이름. 8백 세 이상을 장수했다고 한다. 《열선전(列仙傳)》

편복지역(蝙蝠之役)　　박쥐 蝙 /박쥐 蝠 /의 之 /구실 役

박쥐구실. 편복은 박쥐.

편언척자(片言隻字)　　조각 片 /말씀 言 /외 隻 /글자 字

한 마디 말과 몇 자의 글. 곧 짧은 말과 글. 일언반구(一言半句).

평단지기(平旦之氣)　　평평할 平 /아침 旦 /의 之 /기운 氣

새벽녘의 맑고 깨끗하고 상쾌한 기분. 양심을 비유하여 이르는 말. 《맹자》

평롱망촉(平隴望蜀) ☞ 득롱망촉(得隴望蜀).

평수상봉(萍水相逢)　　개구리밥 萍 /물 水 /서로 相 /만날 逢

개구리밥이 흘러가다가 다른 개구리밥을 만난다는 뜻으로, 여행 중에 우연히 만나 사귀게 된 사람의 비유. 《등왕각서》

평윤지사(平允之士)　　공평할 平 /진실로 允 /갈 之 /선비 士

공평 성실하여 가혹하지 않은 선비. 공평하고 사심이 없는 재판관을 일컫는 말. 《송사》

평지낙상(平地落傷)　　평평할 平 /땅 地 /넘어질 落 /상처 傷

평탄한 길에서 넘어져 다친다는 뜻으로, 생각지 않은 불행한 일을 당함의 비유. 《동언해》

평지돌출(平地突出)　　평평할 平 /땅 地 /갑자기 突 /날 出

평지에 산이 우뚝 솟음. 한미(寒微)한 집안에서 돌봐주는 사람 없이 출세함을 비유하여 이르는 말.

폐월수화(閉月羞花)　　닫을 閉 /달 月 /부끄러울 羞 /꽃 花

이 이상의 미인은 없다고 하는 비유. 절세의 미녀. 예쁜 꽃이 부끄러워할 정도의 아름다움. 진(晋) 헌공(獻公)의 애인 여희(麗姬)는 대단한 미인이었다. 그녀를 보면 아름다운 달도 구름 사이로 모습을 감추고, 꽃은 부끄러워한다. 또 물고기는 그녀를 보면 물속으로 가라앉아 버리고, 기러기는 쇠해져서 떨어질 정도였다. 《장자》 ☞ 침어낙안(沈魚落雁).

폐의리옥(敝衣裏玉)　　해질 敝 /옷 衣 /속 裏 /옥 玉

다 해진 옷으로 옥을 감싼다는 뜻으로, 겉모양은 보잘 것 없으나 그 내용은 훌륭함을 비유하여 이르는 말. 《태현경(太玄經)》

폐이후이(斃而後已)　　쓰러질 斃 /말이을 而 /뒤 後 /그칠 已

쓰러져 죽을 때까지 그치지 않는 것. 목숨이 붙어 있는 한 노력을 계속한다는 말. 《예기》

폐추천금(弊帚千金)　　해질 弊 /비 帚 /일천 千 /돈 金

몽당비를 천금인 양 생각한다는 뜻으로, 제 분수를 모르는 과실(過失)이나 제가 가진 것은 다 좋다고 생각함을 이르는 말. 《위문제전론(魏文帝典論)》

폐침망찬(廢寢忘餐)　　폐할 廢 /잠잘 寢 /잊을 忘 /먹을 餐

침식을 잊고 일에 몰두함.

폐포파립(敝袍破笠)　　해질 弊 /웃옷 袍 /부서질 破 /갓 笠

해진 옷과 부서진 갓. 곧 너절하고 구차한 차림새를 형용하여 이르는 말. 비 봉두구면(蓬頭垢面).

폐형폐성(吠形吠聲)　　짖을 吠 /모양 形 /소리 聲

한 마리의 개가 사람의 모습을 보고 짖으면 다른 개는 그 소리를 듣고 짖는다는 뜻으로, 한 사람이 헛된 말을 전하면 많은 사람

이 또 그 말을 전함. 또는 아무것도 모르고 덩달아 따라 함을 비유하여 이르는 말. 《잠부론(潛夫論)》

폐호선생(閉戶先生) 닫을 閉 /문 戶 /먼저 先 /날 生

집안에 틀어박혀 독서만 하는 사람.

포관격탁(抱關擊柝) 안을 抱 /빗장 關 /칠 擊 /딱따기 柝

비천한 신분을 일컫는 말. 포관은 문지기. 격탁은 딱따기를 치며 야경을 도는 사람. 모두 비천한 신분을 가리킨다. 《맹자》

포말몽환(泡沫夢幻) 거품 泡 /거품 沫 /꿈 夢 /미혹할 幻

이 세상이 무상함의 비유. 포말은 물위에 뜨는 거품. 몽환은 현실이 아닌 꿈과 환상. 이 세상 존재하는 것의 덧없음의 비유. 두 개의 출전(出典)에 유래하는 포말과 몽환이 합쳐져서 성어로 합성된 것. 도잠 「음주」

포범무양(布帆無恙) 베 布 /돛 帆 /없을 無 /근심 恙

배가 무사한 것. 여기에서 여행이 무사평온하다는 뜻으로도 쓰인다. 포범은 배의 돛. 《진서》 ☞ 무양(無恙).

포복절도(抱腹絶倒) 안을 抱 /배 腹 /끊을 絶 /넘어질 倒

배를 움켜쥐고 떼굴떼굴 구른다는 뜻으로, 몹시 웃어대는 것을 형용하여 이르는 말. ☞ 봉복절도(捧腹絶倒).

포식난의(飽食暖衣) ☞ 난의포식(暖衣飽食).

포신구화(抱薪救火) 안을 抱 /섶 薪 /막을 救 /불 火

섶을 안고 불을 끈다는 뜻으로, 재난을 구하려다 도리어 크게 하거나, 해악을 제거하려다 도리어 피해를 크게 함의 비유. 《회남자》

포어지사(鮑魚之肆) 절인어물 鮑 /물고기 魚 /갈 之 /가게 肆

건어물전. 전(轉)하여 소인배들이 모이는 곳의 비유. 포어는 몸

파

을 갈라서 소금에 절인 생선으로 냄새가 고약하다. 사(肆)는 가게. 현인을 좋은 향기에 비유하고, 소인을 고약한 냄새에 비유한다. 《공자가어》

포잔수결(抱殘守缺)　안을 抱 /해칠 殘 /지킬 守 /이지러질 缺

　같잖은 학자가 권수(卷數)가 빠져 있는 책을 그 가치도 모르고 소중히 간직하고 있는 것.

포진천물(暴殄天物)　사나울 暴 /다할 殄 /하늘 天 /만물 物

　귀한 물건을 아무 때나 쓰고도 아까운 줄을 모름.

포탄희량(抱炭希涼)　안을 抱 /숯 炭 /바랄 希 /서늘할 涼

　숯불을 안고 시원하기를 바란다는 뜻으로, 행하는 바와 바라는 바가 서로 상반됨을 비유하여 이르는 말. 《위지》

포편지벌(蒲鞭之罰)　부들 蒲 /채찍 鞭 /의 之 /형벌 罰

　부들 채찍으로 매질을 하다는 뜻으로, 고통이 따르지 않는 형벌. 관대한 정치를 이르는 말. 《후한서》

포풍착영(捕風捉影)　사로잡을 捕 /바람 風 /잡을 捉 /그림자 影

　바람을 잡고 그림자를 붙든다는 뜻으로, 허망한 말과 행동을 이르는 말. 《송남잡식》

포호함포(咆虎陷浦)　으르렁거릴 咆 /범 虎 /빠질 陷 /갯벌 浦

　으르렁거리기만 하는 범이 갯벌(浦)에는 빠진다는 데서, 큰소리만 치는 사람은 일을 못하고 도리어 실패한다는 뜻으로, 떠들기만 하고 성취함이 없음을 이르는 말. 《순오지》

폭주병진(輻輳幷臻)　바퀴살통 輻 /모일 輳 /어우를 幷 /이를 臻

　수레의 바퀴통에 바퀴살이 모이듯 한다는 뜻으로, 여럿이 한곳으로 많이 몰려드는 모양을 형용하여 이르는 말. 《한비자》

표리부동(表裏不同)　겉 表 /속 裏 /아닐 不 /같을 同

마음이 음흉 맞아서 겉과 속이 다른 것.

표자정규(杓子定規)　　자루 杓 /아들 子 /정할 定 /법 規

무엇이든지 하나의 규칙이나 척도로 맞추려고 하는 융통이 없는 태도. 반 임기응변(臨機應變)·융통무애(融通無碍).

품행방정(品行方正)　　품성 品 /행할 行 /바를 方 /바를 正

품성과 행실이 바르고 단정함.

풍고풍하(風高風下)　　바람 風 /높을 高 /아래 下

봄·여름은 바람이 낮고, 가을·겨울은 바람이 높다는 뜻으로, 한 해 동안의 기후를 이르는 말.

풍광명미(風光明媚)　　바람 風 /빛 光 /밝을 明 /아름다울 媚

자연의 경색(景色)이 멋지고 뛰어나게 아름다운 것. 명승지의 관용(慣用) 선전 문구. 미(媚)는 교태부리다의 뜻 외에 얼굴 모습, 풍경이 섬세하고 아름답다는 뜻도 있다.

풍기문란(風紀紊亂)　　풍속 風 /규율 紀 /어지러울 紊 /어지러울 亂

풍속·풍습에 대한 규율이 어지러운 것. 특히 남녀 교제의 절도(節度)의 어지러움을 말한다. 문(紊)은 어지럽히다, 문란하다로 난(亂)과 같은 뜻. 유 미풍양속(美風良俗).

풍년화자(豊年花子)　　풍성할 豊 /해 年 /꽃 花 /아들 子

풍년거지. 곧 뭇사람이 다 이익을 보는데 자기 혼자만 빠진 것을 가리키는 말. 또 한결 더 서러운 거지. 화자(花子)는 거지를 일컫는다.

풍류죄과(風流罪過)　　바람 風 /흐를 流 /죄 罪 /허물 過

법률에 저촉되지 않는 풍류스런 죄. 경미한 죄.

풍마우세(風磨雨洗)　　바람 風 /갈 磨 /비 雨 /씻을 洗

바람에 갈리고 비에 씻긴다는 뜻으로, 오랜 동안 자연에 침식

(浸蝕)당함을 이르는 말.

풍불명조(風不鳴條)　바람 風 /아닐 不 /울 鳴 /나뭇가지 條

바람이 불어도 나뭇가지를 울릴 정도로는 불지 않는다는 뜻으로, 폭풍이 휘몰아치는 일도 없이 평온하여 세상이 태평함의 비유. 《염철론》

풍비박산(風飛雹散)　바람 風 /날 飛 /우박 雹 /흩어질 散

사방으로 날아 흩어짐. 풍지박산(風地雹散)은 잘못.

풍어지재(風魚之災)　바람 風 /물고기 魚 /의 之 /재해 災

해상(海上)에서의 재해. 풍(風)은 태풍. 어(魚)는 상어 등을 말한다. 전(轉)하여 해적(海賊) 등에 의한 해(害)도 가리킨다.

풍우처처(風雨凄凄)　바람 風 /비 雨 /쓸쓸할 凄

바람이 불고 비가 내려 뼛속까지 추위가 스며든다는 뜻으로, 난세(亂世)를 이르는 말. 《시경》

풍운지지(風雲之志)　바람 風 /구름 雲 /의 之 /뜻 志

영웅호걸이 어진 임금을 만나 시운(時運)을 타고 공명을 세우고자 하는 소망. 용(龍)이나 호랑이가 풍운의 힘을 얻어 기세가 붙듯이 시세를 잡으려고 하는 것. 또 명군(明君)과 현인의 만남을「풍운지회(風雲之會)」라 한다. 《역경》

풍전등화(風前燈火)　바람 風 /앞 前 /등 燈 /불 火

바람 앞의 등불이란 말로, 사물이 오래 견디지 못하고 매우 위급한 자리에 놓여 있음을 가리키는 말. 또는 사물의 덧없음을 이르는 말로도 쓰인다. 풍전등촉(風前燈燭)·풍전지등(風前之燈)으로도 쓴다. 사람의 운명이 어떻게 될지 모를 정도로 매우 급박한 처지에 있음을 등잔불이나 촛불이 바람 앞에서 언제 꺼질지 모르게 껌벅거리며 나부끼는 모습에 빗대어 표현한 말이다. 이처럼 존망이 달린 매우 위급한 처지를 비유하는 한자성어는 풍전등화 외에도 여럿이 있다. 포개 놓은 달걀처럼 몹시 위태로운 형세를 일컫는 「누란지위(累卵之危)」, 백 자나 되는 높은 장대 끝에 있는 것처럼 매우 위태로움을 일컫는 「백척간두(百尺竿頭)」, 「간두지세(竿頭之勢)」도 같은 뜻이다.

풍전세류(風前細柳) 바람 風 /앞 前 /가늘 細 /버들 柳

바람 앞에 나부끼는 가녀린 버들의 뜻으로, 부드럽고 영리한 전라도 사람의 성격을 평한 말. 반면에 청풍명월(淸風明月)은 결백하고 온건한 충청도 사람을 평한 말이다. ☞ 청풍명월.

풍즐우목(風櫛雨沐) 바람 風 /빗 櫛 /비 雨 /목욕 沐

바람에 머리를 빗고 비에 목욕한다는 뜻으로, 객지에서 고생을 겪음을 비유하여 이르는 말.

풍타낭타(風打浪打) 바람 風 /칠 打 /물결 浪

「바람 부는 대로 물결치는 대로」라는 말과 같은 뜻으로, 일정한 주의 주장이 없이 그저 대세에 따라서만 행동함을 일컫는 말.

피갈회옥(被褐懷玉) 입을 被 /베옷 褐 /품을 懷 /옥 玉

겉에는 거친 베옷을 입고 있으나 속에는 옥을 품고 있다는 뜻으로, 현인이 세상에 모습을 드러내려고 하지 않음을 이르는 말. 《노자》

피갱낙정(避坑落井) 피할 避 /구덩이 坑 /떨어질 落 /우물 井

구덩이를 피하다 우물에 빠진다는 뜻으로, 한 가지 어려움을 피하고 나니 또 다른 어려움이 닥침을 비유하는 말. 《진서》

피견집예(被堅執銳) 입을 被 /굳을 堅 /잡을 執 /날카로울 銳

단단한 갑옷을 입고 예리한 무기를 잡는다는 뜻으로, 임전태세를 갖춘 모습을 형용하여 이르는 말. 《전국책》

피발영관(被髮纓冠)　　입을 被 /머리털 髮 /갓끈 纓 /갓 冠

머리가 흐트러진 채 관을 쓴다는 뜻으로, 몹시 바쁜 모습을 형용하는 말. 《맹자》

피발좌임(被髮左衽)　　풀어헤칠 被 /머리털 髮 /왼 左 /옷깃 衽

머리를 풀고 옷깃을 왼쪽으로 여민다는 뜻으로, 오랑캐의 풍속을 이르는 말. 피발(被髮)은 머리를 묶지 않았다는 뜻으로, 머리를 잘라 더벅머리 그대로의 모습을 말한다. 좌임(左衽)은 옷의 섶을 왼쪽으로 여미는 것으로, 왼쪽 섶이 안으로 들어가 여미는 것. 《논어》

피장봉호(避獐逢虎)　　피할 避 /노루 獐 /만날 逢 /범 虎

노루를 피하려다 호랑이를 만났다는 뜻으로, 작은 해를 피하려다가 도리어 큰 재앙을 만남을 비유하여 이르는 말. 《동언해》 비 피갱낙정(避坑落井).

피재피재(彼哉彼哉)　　저 彼 /어조사 哉

「그로다, 그로다!」 라는 뜻으로, 사람을 경멸하여 이르는 말. 《논어》

피저원앙(被底鴛鴦)　　이불 被 /밑 底 /원앙 鴛 /원앙 鴦

이불 밑의 원앙. 곧 이불 속의 남녀를 비유하여 이르는 말.

피차일반(彼此一般)　　저 彼 /이 此 /한 一 /돌릴 般

저것이나 이것이나 마찬가지임, 다 같음.

피흉추길(避凶趨吉)　　피할 避 /흉할 凶 /만날 逢 /범 虎

흉한 일을 피하고 길한 일로 나아감.

필경연전(筆耕硯田)　　붓 筆 /밭갈 耕 /벼루 硯 /밭 田

벼루를 밭으로 삼고, 붓으로 간다는 뜻으로, 문필(文筆)로써 생활함을 비유해 이르는 말.

필단풍우(筆端風雨)　　붓 筆 /끝 端 /바람 風 /비 雨

시문(詩文)을 짓는 붓끝이 비바람이 지나가듯이 빠름.

필력강정(筆力扛鼎)　　붓 筆 /힘 力 /들 扛 /솥 鼎

문장의 힘이 강건함을 이르는 말.

필력종횡(筆力縱橫)　　붓 筆 /힘 力 /세로 縱 /가로 橫

문장을 자유자재로 잘 지음을 이르는 말.

필마단창(匹馬單槍)　　필 匹 /말 馬 /홑 單 /창 槍

한 필의 말과 한 자루의 창. 곧 혼자 간단한 무장을 하고 한 필의 말을 타고 감. 《오등회원》 유 필마단기(匹馬單騎).

필문필답(筆問筆答)　　붓 筆 /물을 問 /대답할 答

질문을 글로 써서 보이고, 이것에 대하여 회답을 글로 써서 보이는 일. 구두(口頭)에 의하지 아니하고 글을 써서 문답하는 일.

ㅍ

필부무죄(匹夫無罪)　　필 匹 /사내 夫 /없을 無 /죄 罪

보통 사람은 죄가 없다. 곧 착한 사람일지라도 그 신분에 어울리지 않는 물건을 갖고 있으면 재앙을 부르게 된다는 역설적인 뜻이 있다. 《춘추좌씨전》 환공.

필주묵벌(筆誅墨伐)　　붓 筆 /벨 誅 /먹 墨 /칠 伐

붓과 먹으로 징벌한다는 뜻으로, 남의 죄과(罪過)를 신문・잡지 따위를 통해 글로써 공격함을 이르는 말.

필지어서(筆之於書)　　붓 筆 /의 之 /어조사 於 /글 書

확인하거나 또는 잊어버리지 아니하기 위하여 글로 써 둠.

필한여류(筆翰如流)　　붓 筆 /날개 翰 /같을 如 /흐를 流

붓이 흐르는 물과 같다는 뜻으로, ① 문장을 거침없이 써 내려가는 모양. ② 운필(運筆)이 물 흐르듯이 빠름을 이르는 말.

엄자릉귀조도(嚴子陵歸釣圖, 淸 화가 황산수)

고사성어대사전

하로동선 → 흑풍백우

夏爐冬扇 ➡ 黑風白雨

하로동선 夏爐冬扇

여름 夏 화로 爐 겨울 冬 부채 扇

《논형(論衡)》 봉우편(逢遇篇)

여름의 화로와 겨울의 부채, 곧 쓸데없는 사물, 버려지는 신세, 한가한 신세를 비유함.

왕충(王充)은 후한(後漢)의 학자이자 사상가로, 독창성이 넘치는 자유주의적 사상을 지녀, 선비적 사상이나 속된 신앙, 유교적인 권위를 비판했다. 그가 지은 《논형(論衡)》에 있는 말이다.

「이로울 것이 없는 재능을 바치고 보탬이 되지 않는 의견을 내는 것은, 여름에 화로를 바치고 겨울에 부채를 드리는 것과 같다(作無益之能 納無補之說 獨如以夏進爐以冬奏扇 亦徒耳)」

《논형》은 당시의 전통적인 정치와 학문을 비판한 내용의 저술이다. 왕충은 이 글에서 「벼슬길에 나아감에 있어서의 운명」이라는 것을 의론의 대상으로 삼고 있다.

그는 세상 사람들이 학문이 높고 재능이 있는데도 연이 닿지 않아 불우한 처지에 있는 사람을 「하로동선」처럼 취급하여 너무 쉽게 말하며 비난하는 것을 비웃고 있다.

군주와 신하가 서로 연이 닿지 않으면 유익한 진언을 해도 억울하게 죄를 뒤집어쓰기도 하고, 반대로 군주의 부덕을 지적하지 않음으로 인해 오히려 복을 받는 수도 있다는 것이다.

비록 여름의 화로라 해도 그것으로 젖은 것을 말릴 수도 있고, 겨울의 부채라 해도 그것으로 불씨를 일으키는 일을 할 수도 있다. 「물건은 사용하기에 따라 유용하기 마련」으로 무용지물은 없다는 것이다.

왕충 사적(事迹) 진열실

즉, 주군의 마음속은 신하가 헤아릴 수 없으므로 학문과 재능의 유무보다는 군주의 취향에 맞느냐의 여부로 신하의 운명은 결정된다고 본다.

여기서 「하로동선」 이란 말이 나왔으며, 오늘날 철에 맞지 않는 물건이나 격에 어울리지 않는 물건을 비유하는 말로 사용된다.

왕충은 동한(東漢) 사람으로 자는 중임(仲任)이며 회계군 상우현에서 태어났다. 왕충은 어려서 고아가 되었는데 훗날 경사(京師)에 가서 태학(太學)에서 공부하며 반표(班彪)에게 사사하였다.

빈한하여 집안에 책이 없어서 항상 낙양의 서점가를 돌아다니며 책을 읽었는데 한번 읽으면 바로 암기하여 마침내 백가의 학설을 두루 통달하였다.

왕충은 논설을 좋아하였는데 처음 들으면 괴이한 듯하나 끝내 이치가 담겨 있었다. 소인배 유학자들이 글자에만 집착하여 진실을 잃었다고 여겼다.

이에 문을 닫아걸고 은거하며 생각에 깊이 잠겼다. 경조사에 참석치 않고 창문이고 벽이고 할 것 없이 집안 곳곳에 붓과 먹을 준비하여 두고 《논형》 85편 20만여 글자를 지어 사물의 같은 점과 다른 점을 서술하면서 세속의 의심스러운 부분을 교정하였다.

하면목견지 何面目見之

어찌 何 낯 面 눈 目 볼 見 이 之

《사기》 항우본기(項羽本紀)

「하면목견지」는 「어찌 이를 대할 낯이 있겠는가」라는 뜻이다. 으로, 볼 면목이 없다는 말이다. 《사기》 항우본기에 있는 이야기다. 한고조 5년(BC 202) 한·초(漢楚)의 싸움은 막판으로 접어들었다. 항우는 해하(垓下)로 몰려 「사면초가(四面楚歌)」를 듣고 마침내 유방 앞에 힘이 다했다.

오강(烏江)

우미인(虞美人)과 이별한 뒤 애마 추(騅)에 올라타고 겨우 8백여 기로 포위를 돌파한 항우는 이윽고 28기가 된 것을 보자 최후의 결의를 굳혔지만, 임회(臨淮)에서 한바탕 한군을 짓밟고 나서는 어느 틈엔가 남으로 남으로 향하고 있는 자신을 발견했다.

얼마 후 장강(長江 : 양자강)의 북안으로 나왔다. 오강(烏江)을 동으로 건너려고 했던 것이다. 건너기만 하면 그곳은 자기가 거병한 강동 땅이다. 그 때 오강의 정장(亭長)이 배를 대고 그를 기다리고 있는 것이 보였다. 그 정장은 항우를 보자 이렇게 말했다.

「강동은 천하로서 보면 비록 작으나 지방이 천리, 백성이 수십만으로 아직도 왕이 될 만한 곳입니다. 부디 대왕께서는 급히 건너십시오. 다른 배가 없으니 한군이 쫓아온다 해도 건너지 못합니다」

우희 묘

그러자 항우는 보기 드물게도 웃고서는 그것을 거절했다.

「이미 하늘이 나를 버렸다. 나는 건너지 않겠다. 그뿐 아니다. 8년 전 나는 강동의 자제 8천 명과 함께 이 강을 건너 서쪽으로 향했으나 지금 나와 돌아가는 자는 한 사람도 없다. 가령 강동의 부형이 불쌍히 여겨 왕으로 앉혀 주더라도 어찌 대할 낯이 있겠는가(何面目見之)」

항우는 한군의 맹렬한 추격을 받아가며 고전 끝에 그래도 마음이 강동에 끌려 거기까지 온 자기를 부끄럽게 생각했으리라. 수년 전 함양을 함락시켰을 때 「비단옷을 입고 밤길을 간다(錦衣夜行)」고 하며 고향으로 돌아간 자기가 이제는 단기(單騎)에다 전진(戰塵)투성이의 날개 떨어진 새 꼴이 되어 도망쳐 다니는 것이 뼈에 사무쳤을 것이다.

「무슨 면목으로 이를 대하겠는가(何面目見之)」 그것은 자못 전국의 패왕이 자신에게 들려주기 알맞은 최후의 말이었다. 항우는 애

하

항우 영웅개세(英雄蓋世)

마를 정장에게 주고는 아무 미련 없이 떼 지어 덤비는 한군 속으로 돌진했다. 수백 명을 죽인 다음, 한군 속에 있는 옛 친구를 발견하고,

「내 목을 잘라 공을 세우라!」 하고 말하고는 스스로 목을 쳐 죽었다. 아직 31세의 젊음이었다. 그 목에는 천금과 만호의 읍이 상으로 걸려 있었다. 떼 지어 덤비는 한나라 병사들 때문에 항우의 몸은 산산조각이 났다. 서로 빼앗기 위해 수십 명이 죽이고 죽고 했다. 조각난 시체는 다시 맞추어져 항우의 시체임이 확인되었다.

그 광경은 「무슨 면목으로 이를 대하겠느냐」 고 말한 항우의 말과 현저하게 대조적이었다. 창자가 꿰어져 나오고 아무렇게나 뒹굴려 놓은 토막토막이 뜯어 맞추어진 이상한 시체는 12월 한풍에 불려 덧없는 인간세계를 비웃고 있는 것처럼 보였다.

하어복질 河魚腹疾

물 河 고기 魚 배 腹 아플 疾

《춘추좌전(春秋左傳)》 선공(宣公) 12년

대세가 기울어져 혼자 힘으로는 감당할 수 없음.

「물고기는 배부터 상한다」 라는 뜻에서 나온 말로, 배앓이나 설사를 비유하는 말이다.

춘추시대 초(楚)나라는 송(宋)나라의 소읍(蕭邑)을 포위하였다. 초나라의 대부(大夫) 신숙전(申叔展)과 송나라 대부 환무사(還無社)는 평소에 잘 알고 지내는 사이였다. 초나라가 다음날이면 총공격을 감행하여 소읍을 함락시키기로 결정하자, 신숙전은 환무사의 안전이 염려되었다.

맥 국

신숙전은 전투를 앞에 두고 곰곰이 생각하였다.

「내일 아침 성이 격파되면 환무사는 어떻게든 숨을 텐데, 이렇게 추운 날 참을 수 있을지 모르겠는걸」

신숙전은 소읍의 성루에 있는 환무사에게 위급함을 알려주고 싶었지만 내일 공격한다는 사실을 직접 말해 줄 수는 없었다.

신숙전은 양측 군대의 망루가 있어서 말하기에는 불편하였지만,

산국궁

곧 환무사에게 소리를 질러 말했다.

「이보게, 환무사! 혹시 맥국(麥麴) 가진 거 있나?」

「없네!」

「그럼 산국궁(山鞠窮)은 있나?

본시 맥국과 산국궁은 한기(寒氣)를 이겨내게 하는 약초이다. 신숙전은 이 두 가지 약초의 이름을 들먹거리며 환무사가 곧 곤경에 처하게 될 것임을 암시해 주었지만, 환무사는 신숙전의 속내를 알아차리지 못하고 대답하였다.

「그것도 없네」

신숙전은 다시 말을 걸었다.

「물고기 먹고 복통이 나면 어찌해야 되나(河魚腹疾 奈何)?」

이 말을 듣고 환무사는 비로소 친구의 계획을 알아차렸다.

「그렇다면 마른 우물에서 사람을 구해야지」

신숙전도 환무사의 말을 알아듣고 이렇게 당부하였다.

「우물에 띠풀로 만든 덮개를 덮어놓으면 되겠지」

이튿날, 성문이 뚫리자, 신숙전은 성안으로 들어가 띠풀 덮개가 있는 마른 우물을 찾아서 「환무사!」 하고 불렀다.

잠시 후 과연 환무사가 엉금엉금 기어 나왔다. 여기서 유래하여 하어복질은 배앓이, 특히 설사를 비유하는 성어로 사용된다. 「하어지환(河魚之患)」 또는 「하어지질(河魚之疾)」 이라고도 한다.

하우불이 下愚不移

아래 下 어리석을 愚 아니 不 옮길 移

《논어》 양화편(陽貨篇)

「어리석은 사람만이 바뀌지 않는다」라는 뜻으로, 어리석고 못난 사람은 언제나 그대로 있을 뿐, 발전하지 못한다는 말.

공자가 말했다.

「인성은 서로 가깝지만, 습관이 서로 멀게 한다(性相近也 習相遠也)」

인성은 사람이 태어날 때부터 부여받은 것이다. 습관은 태어난 후에 여러 가지 의례를 행하고 익히는 일이다.

사람은 천지의 기를 갖추어 부여받고 태어나 비록 도탑거나 엷은

공자상

정이천

차이가 있지만, 똑같이 기를 부여받았기 때문에 서로 가깝다.

알 만한 나이에 이르러 선한 친구를 만나 서로 본받아 선을 행하고 악한 친구를 만나 서로 본받아 악을 행하면, 선악이 이미 달라지기 때문에 서로 멀다.

공자가 말했다.

「오로지 총명한 사람과 가장 어리석은 사람만이 바뀌지 않는다(唯上知與下愚不移)」

제자가 물었다.

「가장 총명한 사람과 가장 어리석은 사람은 왜 바뀌지 않습니까?」

공자가 대답했다.

「바뀌지 않는 것이 아니라 다만 바뀌려고 하지 않는 것이다」

공자의 이 말에 대해 정자(程伊川)는 이렇게 해석했다.

「이른바 어리석은 자에는 두 종류가 있으니 자포(自暴)와 자기(自棄)다. 사람이 참으로 선으로 스스로를 다스려 간다면 못 고치는 것이 없다. 비록 어둡고(昏) 어리석음(愚)이 지극하다 하여도 모두 차츰 갈고 닦아 나아갈 수 있다. 오직 자포(自暴)자는 막고 겨루어(拒)서 믿지 않고, 자기(自棄)자는 끊어(絶) 하지 않는다(唯自暴者 拒之以不信 自棄者 絶之而不爲). 비록 성인과 더불어 살아도 변화시켜 어리석지 않는 데로 들어오게 하지는 못한다. 중니께서 말한 바의 하우(下愚)이다」

하필성문 下筆成文

아래 下 붓 筆 이룰 成 글월 文

《삼국지(三國志)》 위서(魏書)

「붓을 들어 쓰기만 하면 문장이 이루어진다」 라는 뜻으로, 뛰어난 글재주를 비유하는 말이다.

삼국시대 위(魏)나라의 시인 조식의 고사에서 유래되었다.

조조 3부자

조식(曹植)은 조조(曹操)의 셋째 아들로, 어릴 때부터 총명하고 독서에 열중하더니 10여 세 때 벌써 시론과 시부 수십만 구절을 통독하고 문장에도 뛰어났으며, 건안문학(建安文學 : 후한 헌제의 건안 연간의 문학)의 대표적 시인을 꼽힌다.

한번은 조조가 조식이 쓴 문장을 보고 그 출중함에 짐짓 놀라 물었다.

「누가 대신 써 준 것이 아니냐?」

조식이 대답했다.

「제가 말을 하면 경론이고, 붓을 들면 문장이 이루어지는데(言出爲論 下筆成章), 누구한테 대신 써 달라고 할 필요가 있겠습니까?」

건안칠자(明 화가 왕문)

그 무렵 조조가 세운 동작대(銅雀臺)가 완성되어 조조는 축성식에 참석한 아들들에게 동작대를 주제로 하여 부(賦)를 한 편씩 지어 보라고 하였다.

그러자 조식은 순식간에 한 편의 빼어난 작품을 완성하여 사람들은 탄복하게 하였으니, 이것이 유명한 「동작대부(銅雀臺賦)」이다.

또 조식은 건안칠자(建安七子)의 한 사람인 왕찬(王粲)을 높이 평가하여, 「왕중선뢰(王仲宣耒)」를 지어 칭송하였다.

문장은 봄꽃과 같고
생각은 샘처럼 솟아오른다
하는 말마다 읊조릴 만하고
붓을 놀리면 작품이 된다

文若春華 思若湧泉　문약춘화 사약용천
發言可詠 下筆成篇　발언가영 하필성편

조식이 아버지의 물음에 대답한 데서 유래하여 「하필성문」은 뛰어난 글재주나 그러한 재능을 가진 사람을 비유하는 성어로 사용된다.

「하필성장(下筆成章)」, 「하필성편(下筆成篇)」이라고도 한다.

하필왈리 何必曰利

어찌 何 반드시 必 이를 曰 이로울 利

《맹자》 양혜왕상(梁惠王上)

「하필이면 왜 이익이 되는 것만을 말하느냐」 라는 뜻이다. 하필이란 말도 이 말에서 나온 말인데, 「하필」의 원뜻인 「어찌 반드시」란 이상의 실감을 주는 우리말이 되었다.

《맹자》 첫 장에 있는 말로 맹자의 모든 사상이 이 네 글자에서부터 출발된다고 해도 과언이 아니다. 맹자가 양혜왕의 초청을 받아 처음 혜왕을 만났을 때다. 혜왕은 인사말 겸, 「천 리를 멀다 하지 않고 와주셨으니 장차 우리나라를 이롭게 해주시겠습니까?」 하고 물었다.

그러자 맹자는, 「왕께서는 하필 이(利)를 말씀하십니까? 다만 인의가 있을 뿐입니다」 하고 전제한 다음, 「……만 승(乘)의 나라에서 그 임금을 죽이는 사람은 언제나 천 승의 녹을 받는 대신 집이요, 천 승 나라에서 그 임금을 죽이는 사람은 언제나 백 승의 녹을 받는 대신 집입니다. 만에서 천을 받고, 천에서 백을 받는 것이 많지 않은 것이 아니지만, 참으로 의(義)를 뒤로 하고 이(利)를 먼저 하면 빼앗지 않고서는 만족하지 못하는 법입니다」

이익만을 추구해서는 나라가 올바로 될 수 없는 이치를 말한 것이다. 그리고 끝에 가서 다시 한 번, 「왕께서는 역시 인의를 말씀하셔야 할 터인데 하필 이를 말씀하십니까」 하고 거듭 강조하고 있다.

지금은 이 말이 꼭 이익에 관한 것이 아니라도 「더 좋은 말이 있을 텐데 왜 하필 그런 말을 하느냐」 하는 뜻으로 널리 쓰이고 있다. 「하필」 이란 말에 보다 강한 뜻이 풍기기 때문일 것이다.

하학이상달 下學而上達

아래 下 배울 學 말이을 而 윗 上 도달할 達

《논어》 헌문편(憲問篇)

밑에서부터 차츰 배워 올라가서 위에까지 도달한다.

학(學)은 지식을 배우는 글공부 같은 것을 말하는 것이 아니다. 자기가 옳다고 생각하는 것을 실천하는 공부를 말한다. 《논어》 학이편에서 공자의 제자 자하(子夏)는 이렇게 말하고 있다.

자 하

「남의 착한 것을 보고 이성(異性·色)을 어여쁘게 생각하듯 하며, 부모를 정성껏 섬기고, 임금을 몸을 바쳐 섬기며, 친구와 사귀어 진실 됨이 있으면 비록 배우지 못했다 하더라도 나는 반드시 배웠다(學)고 말한다」

여기서의 「학(學)」은 글공부, 즉 학문을 말하는 것이 아니라 실천을 통한 인격의 수양을 의미한다. 다시 말하면 「아래로는 인간의 사리를 배우고, 위로는 하늘의 도리에 통함」을 이르는 「하학이상달(下學而上達)」을 뜻하는 것이다.

즉 세상 사람들이 말하는 공부보다도 실천을 통한 수양이 참다운 배움이란 것을 강조한 것이다. 또 같은 편에서 공자도, 「먹는 데 배

부른 것을 찾지 않고, 거처하는 데 편한 것을 찾지 않으며, 일에 민첩하고 말에 조심하여 도(道) 있는 사람에게 나아가 옳고 그름을 바로잡으면 배움을 좋아한다고 말할 수 있다」고 했다.

공 자

모두가 생활을 통한 향상을 배움으로 하고 있는 것이다. 즉 유교는 행동을 통해 하늘을 아는 종교다. 불교와 같은 사색을 위주로 진리를 깨치는 것이 아니다. 행동을 위주로 하는 관계로 유교는 속세적인 현실주의로 타락하는 경향을 띤다. 즉 하학이 주가 되고 상달이 무시되는 것이다. 그래서 공자는 자신을 가리켜, 「군자는 위로 달하고, 소인은 아래로 달하느니라(君子上達 小人下達)」이라는 말이 나온다. 이 말은 학문과 도를 좋아하고 지켜나가는 군자는 날이 갈수록 인격이 완성되어 가지만, 재물과 명리에만 마음을 둔 소인은 날이 갈수록 인간성이 허물어지고 타락할 뿐이라는 말이다. 그러므로 군자는 점점 고상해지고 소인은 점점 천박해진다는 말이다.

이 말은 《논어》 헌문편에 있는 말이다. 공자는 진리를 스스로 깨달아 알게 할 뿐, 알지 못하는 사람에게 이를 굳이 알리려 하는 일은 없었다.

하해불택세류 河海不擇細流

강 河 바다 海 아닐 不 가릴 擇 가늘 細 흐를 流

《사기》 이사열전(李斯列傳)

강과 바다는 개울물도 마다하지 않는다는 뜻으로, 큰 인물은 소인(小人)이나 사소한 말도 가리지 않고 다 받아들임을 이르는 말.

《사기》 이사열전에 있는 말이다.

「태산은 한 개의 흙덩이도 사양하지 않아(泰山不讓土壤) 그렇게 커질 수 있고(故能成其大), 강과 바다는 실개천도 가리지 않아(河海不擇細流) 그 깊음을 이룰 수 있는 것이다(故能就其深)」 라는 이사(李斯)의 「간축객서(諫逐客書)」 에서 유래된 말이다.

이사는 초(楚)나라 상채(上蔡) 사람으로, 순경(荀卿 : 순황)에게 사사하여 제왕의 술(術)을 배웠다. 학업을 마치자, 초나라 왕은 섬길 만한 인물이 못되고, 또 육국(六國)을 둘러보니 모두 약소하여 스스로 공업을 세울 여지가 적다고 생각되어 서쪽에 있는 진(秦)나라로 들어갔다. 그리고는 마침내 진나라 왕은 이사를 종묘에 배례하게 하고 객경(客卿 : 타국인의 대신)을 삼았다. 그런데 때마침 한(韓)나라의 수공(水工)인 정국(鄭國)이 진나라에 들어와서 진나라를 교란시킬 목적으로 왕에게 권하여 관개용(灌漑用) 운하를 만들려고 했다. 이 음모가 발각되자, 진나라의 종실과 대신들은 모두 입을 모아 말했다.

「열국에서 들어와 진나라를 섬기는 사람은 대개 이전의 임금을 위하여 유세를 하고, 진나라 군신(君臣)을 이간시키려고 할 뿐입니다. 모쪼록 외객(外客)을 모두 추방하시기 바랍니다」

그리하여 축객령(逐客令 : 외국인 추방령)이 내려지고 이사도 논

의의 대상이 되어 추방자 명단에 올라 있었다. 이사는 글을 올려 진나라 왕에게 이렇게 말했다.

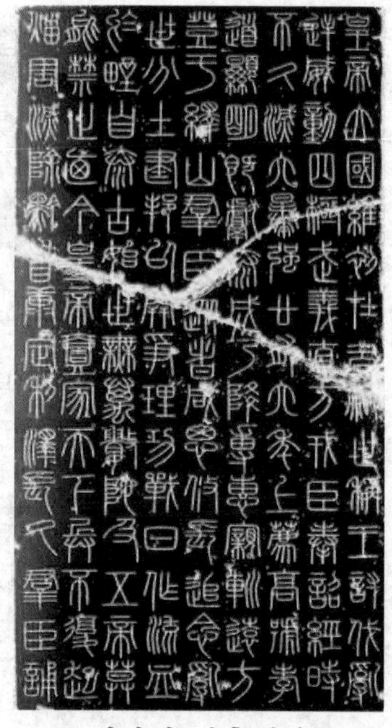

이사의 간축객서

「저는 『땅이 넓으면 곡식이 많고, 나라가 크면 백성이 많으며, 군사가 강하면 병사가 용감하다』는 말을 들었습니다. 마찬가지로 태산(泰山)은 한 개의 흙덩어리의 흙도 사양하지 않았기에 그렇게 클 수 있었으며, 강과 바다는 가는 물줄기도 가리지 않았기에 깊으며(泰山不壤土壤 故能成其大 河海不擇細流 故能就其深), 왕자는 한 사람의 인간이더라도 버리지 않아야만 덕이 빛나는 것입니다. 따라서 왕의 땅에는 사방의 구별이 없고, 왕의 백성에는 이국(異國)의 차별이 없으며, 네 계절이 조화되어 각기 아름다움이 충만해야만 귀신도 성대(聖代)를 칭송하여 행운을 내리는 법입니다. 이런 것들이 오제 삼왕에게 적이 없었던 이유입니다」

이 글을 읽은 진나라 왕은 축객령을 해제하고 이사를 복직시켰으며, 그의 계책을 썼고 그를 정위(廷尉 : 옥을 다스리는 관리)로 임명했다. 그 후 20여 년 만에 마침내 천하는 통일되었고, 왕을 받들어 황제(皇帝)로 했으며, 이사를 정승자리에 앉혔다. 군현에 있는 성벽을 허물고 무기를 녹여 두 번 다시 사용하지 않을 것을 보여주었다. 진나라가 한 자의 땅도 남에게 봉해주는 일이 없었고, 황제의 자제를 세워 왕을 삼거나, 공신을 봉하여 제후를 삼거나 하지 않은 것은 뒷날 전쟁의 근심을 없애기 위함이었다.

학립계군 鶴立鷄群

학 鶴 설 立 닭 鷄 무리 群

《진서(晉書)》 혜소전(嵇紹傳)

「닭 무리 가운데 한 마리 학이 우뚝 서 있다」는 뜻으로, 호걸(豪傑)이 뭇사람 가운데에서 뚜렷이 두각을 나타냄을 비유하는 말이다.

《진서》 혜소전에 있는 이야기다.

진나라 때 혜소라는 사람이 있었는데, 임금에 충성하고 나라를 무척 아끼고 사랑하는 청년이었다. 그는 거구가 웅위하고 의표가 당당하여 많은 사람의 주위를 끌었다.

그는 죽림칠현(竹林七賢)으로 불리는 일곱 명의 선비 완적(阮籍)·완함(阮咸)·혜강(嵇康)·산도(山濤)·왕융(王戎)·유령(劉伶)·향수(向秀) 가운데서도 유명한 위나라 중산대부 혜강의 아들이었다.

열 살 때 부친이 억울한 누명을 쓰고 형장의 이슬로 사라졌기 때문에 홀어머니를 모시며 근신하고 있었는데, 죽은 아버지의 친구 산도가 이부에 있으면서 진혜제에게 혜소를 천거하여 조정 시중의 벼슬을 시켰다.

그 때가 바로 역사상으로 유명한 팔왕의 난(八王之亂)이 한창이었던 무렵이었다.

어느 날 경도(서울)성 안에서 변란이 일어났다. 제왕 경이 이 변란에서 살해되었다. 혜소가 변란의 형세 위급하고 중대함을 직시하고 황궁으로 부리나케 달려갔다. 궁문에서 문을 지키던 시위(侍衛)들이 어떤 자가 황급히 달려 들어오는 것을 보고 곧 활을 들어 조준하여

그를 죽이려고 했다.

이때 시위관 소륭이 혜소의 당당한 몸가짐을 보고 차마 죽이기가 아까워 급히 활을 쏘려고 하는 시위를 덮쳐 제지하여 위기일발 직전에 혜소는 목숨을 되찾았다.

죽림칠현도(淸 화가 전혜안)

영흥 초년에 하간왕 옹 등이 병력을 몰아 반란을 일으켰다. 혜소가 혜제를 따라 방음에 가서 토벌을 하였으나 불행히도 패전을 하고 말았다. 그때 혜제를 따라 출정했던 관원과 시위들이 죽은 자는 죽고 다친 자는 다쳤고 겁에 질린 자는 한 몸의 목숨만을 위하여 달아났다. 그러나 혜소만은 위풍을 떨치며 시종 정중하게 혜제를 보살피고 보위하였다.

치열한 싸움은 그칠 줄을 모르고 적군의 화살이 빗발치듯 집중해 오는 임금의 수레를 감싸고 몸으로써 임금을 보호하는 사이 혜소의 온 몸에는 고슴도치 모양 화살이 꽂혔다. 피투성이가 되어 임금의 발부리에 쓰러져 숨을 거두었을 때는 어의에까지 그의 선혈이 낭자하게 물들었다.

혜제는 구사일생으로 오로지 혜소 한 사람의 고군분투에 의하여 목숨을 건졌던 것이니 얼마나 고맙고 애처롭고 슬펐던 일이랴.

왕 융

그 후 측근 시위들이 임금의 어의에 묻은 핏자국을 빨려 할 때,

「건드리지 마라. 이것은 혜시중의 충의와 장렬의 선혈이니 함부로 씻어버릴 수 없느니라」

목이 메어 부르짖고 끝끝내 그대로 입고 있었다.

혜소가 나라와 임금을 위해 장렬히 목숨을 던지기 전에 어떤 사람이 그의 아버지의 친구이자 칠현(七賢)의 한 사람인 왕융에게 이렇게 말을 했다.

「어제 구름같이 많은 사람들 틈에 끼어서 궁궐로 들어가는 혜소를 보았습니다. 그 모습이 의젓하고 늠름하여 마치 닭의 무리 속에 있는 한 마리의 학 같았습니다(昻昻然如 野鶴之在 鷄群一鶴)」

그러자 왕융이 말했다.

「혜소의 아버지는 그보다 더 뛰어났었다네. 자네는 그의 부친을 본 적이 없었으니 말일세」

왕융의 이 말에서 알 수 있듯이, 혜소는 부친만은 못하지만, 상당히 뛰어난 인물이었다. 여기서 「계군일학」이란 말이 나왔으며, 이 뜻은 학립계군(鶴立鷄群)·군계일학(群鷄一鶴)·계군고학(鷄群孤鶴) 등과 같이 통용된다.

학불염이교불권 學不厭而敎不倦

배울 學 아닐 不 싫을 厭 말이을 而 가르칠 敎 게으를 倦

《맹자》 공손추상(公孫丑上)

남에게 배우기를 싫어하는 일이 없고 배우려 하는 사람에게 가르쳐 주는 것을 게을리 하지 않는다는 말이다.

이 말은 《맹자》 공손추 상에 있는 맹자의 말 가운데 나오는 공자에 대한 이야기다.

공손추가 이야기 끝에 맹자에게,

「그러시면 선생님은 벌써 성인이십니다」 하고 말하자,

맹자는 이를 사양하여,

「옛날에 자공(子貢)이 공자에게 『선생님은 성인이십니다』 하고 말하자, 공자께서 말씀하시기를 『성인은 내가 되지 못하지만, 나는 배우기를 싫어하지 않고 가르치기를 게을리 하지 않는다(聖則吾不能我 學不厭而敎不倦也)』 고 하셨다……성인은 공자 같은 성인도 자처하신 일이 없는데, 그게 무슨 소리냐……」 하고 부인도 시인도 아닌 알쏭달쏭한 대답을 했다.

맹 자

이 「학불염이교불권」 이란 말은 《논어》 술이편에서 공자가 자

자 공

신을 가리켜,

「말이 없이 마음속으로 깨닫고, 배우기를 싫어하지 아니하며, 남을 가르치기를 게을리 하지 않는다면 무엇이 내게 있으리오(默而識之 學而不厭 誨人不倦 何有於我哉)」 하고 말했다.

「무엇이 내게 있으리오」는 겸사의 뜻으로도 풀이되고, 그것은 내게 있어서 별로 문제될 것이 없다고 자부하는 말로도 풀이된다.

맹자는 앞에서 공자가 말한 이 「학불염이교불권」을 자공의 말을 빌려 이렇게 말하고 있다.

「배우기를 싫어하지 않는다는 것은 지(智)요, 가르치기를 게을리 하지 않는 것은 인(仁)입니다. 인과 지를 겸하셨으니 선생님은 성인이십니다」

역시 성인이 아니면 그렇게 되기 어려운 일이다.

用兵之法 全國爲上 破國次之
용병지법 전국위상 파국차지

전쟁은 적국(敵國)을 존속시킴을 최상으로 치고 멸망시키는 것을 그 다음으로 친다.

(전쟁은 적국을 멸망시키지 않고 승리를 거두는 것이 최상이다. 적국을 파멸시키는 것은 매우 부득이한 경우에 한해서이다.)

—《손자》 모공편

학이시습 學而時習

배울 學 말이을 而 때 時 익힐 習

《논어》 학이편(學而篇)

배우고 때로 익힌다는 뜻으로, 배운 것을 항상 복습하고 연습하면 그 참 뜻을 알게 됨.

「학이시습」은 《논어》 맨 첫머리에 나와 있는 말이다. 「배우고 때로 익힌다」라고 새겨 읽는다. 맨 첫머리에 이 말을 특히 쓰고 있는 것은 그만한 이유가 있어서인 것으로 풀이된다. 배운다는 것은 새로 알고 깨닫고 느끼고 하는 모두가 포함되어 있는 말이다.

때로 익힌다는 뜻으로 풀이되지만 실상은 그것이 아니다. 듣고 보고 알고 깨닫고 느끼고 한 것을 기회 있을 때마다 실제로 그것을 행해보고 실험해 본다는 뜻이다. 그렇게 함으로써 배우고 듣고 느끼고 한 것이 올바른 내 지식이 될 수 있으며 내 수양이 될 수 있고, 나아가서는 내 믿음과 인격을 이루게 되는 것이다.

공자는 이렇게 말하고 있다.

「배우고 때로 익히면 또한 기쁘지 아니하냐(學而時習之 不亦說乎)」

이 「기쁘지 아니하냐」고 한 말은, 배우고 그 배운 것을 생활을 통해 차츰 내가 타고난 천성처럼 익숙해 가는 기쁨을 말한다. 그것은 마치 자전거를 처음 배우고 자동차를 처음 운전할 때, 조금씩 나아져 가는 자기 기술에 도취되는 그런 것에 비유될 수도 있을 것이다. 계속해서,

「벗이 있어 먼 곳으로부터 오면 또한 즐겁지 아니하냐(有朋自遠

공자가 제자들을 가르친 행단(杏壇)

方來 不亦樂乎)」 하고 학문과 덕이 점점 깊고 높아져서 뜻을 같이하는 사람들이 먼 곳에서 소문을 듣고 찾아오게 되면 그 속에서 참다운 즐거움을 얻게 된다는 뜻이다. 그러나 학문이 깊고 덕이 높아도 세상이 이를 몰라줄 경우도 있다. 그러나 그런 것에 관심을 둘 필요는 없다.

그래서 공자는 끝으로,

「사람이 몰라도 노여워하지 않으면 또한 군자가 아니겠느냐(人不知而不慍 不亦君子乎)」 고 말하고 있다.

이 기쁨과 즐거움을 느끼게 되고, 또 세상이 알든 모르든 내가 가야 할 길로 꾸준히 나아가는 것이 인간의 인생을 통한 참다운 삶의 길임을 말한 것이다. 그래서 이 말을 맨 첫머리에 두게 된 것이라고 후세 사람들은 풀이하고 있다.

학택지사 涸澤之蛇

물마를 涸 못 澤 의 之 뱀 蛇

《한비자(韓非子)》

「물 마른 연못의 뱀」이라는 뜻으로, 남을 교묘히 이용하여 함께 이익을 얻는 일. 남을 높여줌으로써 자신도 높아짐을 이르는 말

《한비자》에 있는 이야기다.

메마른 연못에 살던 뱀들이 다른 연못으로 이사를 가려면 마을 앞 큰길을 건너야 하는데, 사람들에게 잡힐 것 같아 망설이고 있는데 작은 뱀 하나가 가장 큰 뱀에게 이렇게 말했다.

「우리가 당신을 따라 마을 앞 큰길을 건너가면 사람들은 그냥 뱀이구나 하고 죽일 것이나, 당신이 나를 등에 업고 떠받치면서 길을 건너면 사람들은 필시 신령스런 뱀들이구나 하고 우리를 건드리지 않을 것이다」

범 려

큰 뱀은 이 제안을 받아들여 그대로 따르니, 정말 사람들이 쳐다보면서 상서로운 뱀들이구나 하고 건드리지 않아 무사히 다른 연못으로 이동할 수 있었다.

하

도주공(범려) 묘

춘추시대 말 제(齊)나라의 재상을 지낸 전성자(田成子)가 연나라로 가던 중이었다. 신표와 짐을 들고 전성자를 수행한 사람은 치이자피(鴟夷子皮)였다. 치이자피는 춘추시대 월(越)나라의 중신 범려(范蠡)가 월왕 구천(句踐)의 곁을 떠나 은거하면서 바꾼 이름이다.

조(趙)나라 땅 망읍(望邑)이란 곳에 이르렀을 때 자피가 재상 전성자에게 위의 뱀이야기를 했다. 이야기를 마친 자피는 「재상께서는 잘생기셨고 저는 남루하고 못생겼습니다. 제가 재상을 상객으로 모시는 것은 그저 보통 귀한 몸에 지나지 않겠지만, 재상께서 저를 모신다면 분명 대단히 귀한 몸으로 우대할 것이니 차라리 재상께서 저의 사인으로 분장하시는 것이 어떨지요?」라고 제안했다.

전성자는 자피의 말에 따라 신표와 짐을 든 채 자피를 수행했다. 가까운 객사에 도착하자 객사 주인은 이들의 행색을 보고는 속으로 깜짝 놀라 대단히 공경스러운 자세로 이들을 맞이했고 아울러 고기며 요리를 알아서 올렸다.

때로는 아랫사람을 떠받들 듯이 예우하여 큰 고난을 슬기롭게 이겨 낼 수 있다는 내용으로 내가 높아지려면 내 주변부터, 특히 내 아랫사람부터 높여주는 것이 진정 내가 높아질 수 있는 방법일 것이다. 신분이 내 아래일 뿐이지 인격 자체도 아랫사람이 아님에도 우리는 때론 망각하며 생활하지 않나 생각해 볼 일이다.

한단지몽 邯鄲之夢

땅이름 邯(한) 땅이름 鄲 의 之 꿈 夢

《침중기(沈中紀)》

인생의 덧없음을 가리켜 「한단지몽」이라고 한다. 「한단」은 하북성에 있는 전국시대 조나라의 서울이었던 곳이다. 이 말은 당나라 심기제(沈旣濟)가 쓴 《침중기(沈中紀)》라는 전기소설 가운데 나오는 말이다. 당 현종 개원(開元) 연간에 있었던 일이다. 도사인 여옹(呂翁)이 「한단」으로 가는 도중 주막에서 쉬고 있었다. 거기에 노생(盧生)이란 젊은이가 남루한 차림으로 검은 망아지를 타고 가다가 역시 쉬게 되었다.

젊은이는 여옹과 이야기를 주고받다가 문득 생각난 듯이,

「사나이가 세상에 태어나서 부귀를 누리지 못하고 이런 시골구석에 처박혀 있다니……」 하고 한숨을 지었다.

「보아하니, 나이도 젊고 얼굴도 잘생긴데다가 매우 패기가 있어 보이는데, 왜 그런 실망에 찬 소리를 하는 거지?」 하고 여옹이 묻자 노생은 이렇게 대답했다.

「마지못해 살고 있을 뿐, 즐거움이란 것이 전연 없습니다」

「어떻게 살면 즐겁게 사는 건가?」 하고 묻자, 노생은 출장입상(出將入相)에 부귀영화를 누리는 것이 가장 소원이라고 대답했다.

그때 노생은 갑자기 졸음이 왔다. 그때 마침 움막집 주인은 메조(黃粱)를 씻어 솥에다 밥을 짓고 있었다.

여옹이 행랑에서 베개를 꺼내 노생에게 주며 말했다.

「이걸 베고 눕지. 모든 것이 소원대로 이루어질 테니까」

황량몽 노생사(黃粱夢盧生祠)

청자로 된 베개였는데 양쪽에 구멍이 뚫려 있었다. 노생이 베개를 베고 눕는 순간 잠이 어슴푸레 들며 베개 구멍이 열리더니 속이 훤히 밝아왔다. 노생은 일어나 그리로 들어가 어느 부잣집에 이르렀다.

그리하여 마침내 그는 당대 제일가는 부잣집인 최씨(崔氏)집 딸과 결혼하게 된다. 노생은 날로 살림이 불어나며 다시 과거에 급제까지 하게 된다. 고을의 원이 되어 크게 업적을 올린 끝에 3년 후에는 수도 장관으로 승진되어 장안으로 부임해 오게 된다.

다시 그는 오랑캐를 무찌르기 위해 절도사(節度使)로 부임하여 큰 공을 세우고 약간의 파란이 있기는 했으나 꾸준히 승진을 거듭하여 마침내 재상에까지 오르게 된다. 한때 간신의 모함을 받아, 포리들이 집을 둘러싸고 그를 역모 혐의로 잡아가려 했다. 그는 아내를 보고, 「내가 고향에서 농사나 짓고 있었으면 배고픔과 추위를 겪지

않고 편안히 살 수 있었을 것을 무엇이 부족해서 애써 벼슬을 하려 했던가……」 하며 칼을 뽑아 들고 자살하려 했다.

그러나 아내가 말리는 바람에 미수에 그쳤는데, 다행히 사형은 면하고 멀리 남방으로 좌천이 되었다. 그러나 몇 해 후 모함을 받은 사실이 밝혀져 다시 재상으로 들어앉게 된다. 다섯 아들에 손자가 열이었고, 며느리들도 다 명문가 딸이었다. 이렇게 50년의 부귀를 누린 끝에 현직 재상의 몸으로 고요히 세상을 뜬다.

노생은 기지개를 켜며 하품을 하는 순간 잠이 깨었다. 살펴보니 주막집에 누운 그대로였고, 옆에는 여옹이 앉아 있었다. 주인은 아직도 밥이 다 되지 않았는지 불을 때고 있다. 노생은 깜짝 놀라 일어나며, 「아니 꿈이었던가!」 하고 소리쳤다. 그러자 여옹이 옆에서, 「이 세상이란 원래 그런 걸세」 하고 웃었다.

노생은 과연 그 여옹의 말이 그렇다 싶었다. 노생은 잠시 후,

「총욕(寵辱)과 득실과 생사가 어떤 것인지를 다 알게 되었습니다. ……선생님의 가르치심은 절대로 잊지 않겠습니다」 하고 두 번 절한 다음 떠나갔다는 것이다.

이상이 《침중기》의 줄거리다. 비슷한 설화인데 간단한 것으로는, 이미 육조시대의 간보(干寶)의 《수신기(搜神記)》에도 보인다. 《침중기》보다 나중의 것으로는 당나라 이공좌의 소설 《남가태수전》, 명나라 탕현조(湯顯祖)의 희곡 《남가기(南柯記)》가 있는데 같은 구상의 것이다.

이 이야기에서 덧없는 일생을 비유하여 「한단지몽」 혹은 「한단몽」 이라고 하며, 또는 「황량지몽」 「황량몽」 이라고도 하고, 「여옹침(呂翁枕)」 이니 「황량일취지몽(黃粱一炊之夢)」 이니 하는 말도 쓴다. 또 「노생지몽」 이라고도 한다. {☞ 남가일몽}

한단지보 邯鄲之步

땅이름 邯 땅이름 鄲 의 之 걸을 步

《장자》 추수편(秋水篇)

한단의 걸음걸이라는 뜻으로, 자기 분수를 잊고 공연히 남의 흉내를 냄. 제 본분을 잊고 공연히 남의 흉내를 내다 보면 이것도 저것도 아닌 얼치기 병신이 되고 만다는 것을 비유해서 「한단지보」라고 한다.

《장자》 추수편(秋水篇)에 있는 이야기다.

공손룡

조(趙)나라의 사상가로, 명가(名家 : 논리학자)인 공손룡(公孫龍)은 자신의 학문과 변론이 당대 최고라고 여기고 있었다. 그러던 차에 장자(莊子)에 관한 이야기를 듣게 되었다. 그는 자신의 변론과 지혜를 장자와 견주어보려고 장자의 선배인 위(魏)나라의 공자 위모(魏牟)에게 장자의 도(道)를 알고 싶다고 말했다.

위모는 공손룡의 속내를 알고는 자리에 기댄 채 한숨을 쉬고 하늘을 쳐다보고 웃으며 우물 안 개구리가 밖의 세상을 알 수 없다고 말하고, 가느다란 대롱구멍으로 하늘을 보고(以管窺天) 송곳을 땅에 꽂아 그 깊이를 재는(管窺錐指) 꼴이라며 비웃으면서 이렇게 말했다.

「당신은 수릉(壽陵 : 연나라 수도)의 젊은 사람이 조나라 서울 한단으로 걸음걸이를 배우러 갔던 이야기를 알고 계시겠지. 그 젊은 사람은 아직 조나라 걸음걸이를 다 배우기도 전에 원래 걷고 있던 걸음걸이 마저 잊고 설설 기며 겨우 고향으로 돌아갔다지 않는가?」

한단학보 고사도

머쓱해진 공손룡은 대꾸도 못한 채 도망쳤다고 한다.

조나라는 큰 나라, 연나라는 작은 나라다. 한단은 대도시, 수릉은 시골도시다. 그 시골 도시 청년이 대도시를 동경한 나머지 격에 맞지 않는 걸음걸이를 배우려다가, 자기가 걷던 걸음걸이마저 잊고 엉금엉금 기는 시늉을 하며 돌아왔다는 이야기다.

자기 본분을 잊고 함부로 남의 흉내를 내는 지각없는 사람들을 신랄하게 비웃어준 이야기이다. 「한단학보(邯鄲學步)」라고도 한다.

미국에 잠시 갔다 와서 우리말을 할 때에 일부러 한국에 와 있는 미국 선교사 같은 말투를 쓰는 사람을 종종 보게 된다. 무조건 남의 것만 동경하는 주체성 없는 사람이 아마 수릉의 그 젊은이였던 것 같다.

한류협배 汗流浹背

땀 汗 흐를 流 적실 浹 등 背

《사기》 진승상세가(陳丞相世家)

「땀이 흘러 등을 적시다」 라는 뜻으로, 극도로 두려워하거나 부끄러워하는 모습을 비유하는 말이다.

《사기》 진승상세가(陳丞相世家)에 있는 말이다.

한(漢)나라 제5대 황제 문제(文帝)는 자신이 즉위하는 큰 역할을 한 주발(周勃)을 우승상, 진평(陳平)을 좌승상으로 삼았다. 어느 날, 문제는 조회에서 주발에게 1년 동안 전국에서 판결하는 소송이 몇 건이나 되는지 물었다. 주발이 모르겠다고 하자, 문제는 또 1년 동안의 수입과 지출이 얼마나 되는지 물었다.

주발은 또 모르겠다고 사죄하였는데, 식은땀이 흘러 등을 적셨으며 황제의 질문에 대답하지 못한 것을 부끄러워하였다(勃又謝不知汗出沾背 愧不能對). 문제가 진평에게 같은 질문을 하니, 진평은 그와 같은 세세한 수치는 실무자에게 물어보는 것이 마땅하다고 조리있게 답변하였다. 주발은 자신의 기지나 응대하는 방법이 진평에 미치지 못하는 것을 부끄럽게 여기고는 병을 핑계로 승상의 자리에서 스스로 물러났다.

여기서 유래하여 한류협배는 식은땀이 등을 적실 정도로 몹시 두려워하거나 부끄러워하는 모습을 비유하는 성어로 사용된다. 또는 힘든 일을 하여 땀으로 흠뻑 젖은 모습을 비유하는 말로 사용되기도 한다.

한마지로 汗馬之勞

땀 汗 말 馬 갈 之 일할 勞

《한비자(韓非子)》 오두(五蠹)편

말이 달려 땀투성이가 되는 노고라는 뜻으로, 전쟁에서 세운 큰 공로를 이르는 말.

《한비자》 오두(五蠹)편에 있는 말이다.

한비자는 학자(學者)·논객(論客)·협사(俠士)·측근(側近)·상공인(商工人) 등 다섯 부류의 사람들을 나라를 좀먹는 벌레와 같은 존재라고 생각하고, 그들을 「오두」라는 말로 불렀다. 한비자가 그들을 「오두」라고 단정하였던 근거는 오두편 마지막 부분에 다음과 같이 요약되어 있다.

한비자

「학자(學者)는 선왕들의 도리(道理)라고 하며 인의(仁義)를 빙자하여 겉모습을 화려하게 꾸미고 교묘한 말솜씨로 당세(當世)의 법을 미혹케 하고 군주의 마음을 혼란하게 한다.

옛 것을 말하는 논객(論客)은 거짓말과 간사한 칭송으로 다른 나라의 힘을 빌려 자신의 사리(私利)를 이루고 사직(社稷)의 이익을 내버린다.

한비 흉상

칼을 차고 다니는 협객(俠客)이라는 자들은 무리를 모아 자신들의 절개와 지조를 지키며 자신들의 이름을 드러내고, 나라에서 금하는 법령을 어긴다.

군주의 측근에 있는 자들은 자신의 집에 사재(私財)를 쌓아가며, 온갖 뇌물을 다 받고 권세 있는 자들의 청탁은 들어주면서도, 전쟁터에서 말에게 땀을 흘리게 하며 수고한 사람들의 공적은 물리쳐 버린다(盡貨賂 用重人之謁 退汗馬之勞).

장사꾼들과 공인(工人)들은 형편없는 물건을 만들고, 좋지 않은 물건들을 사 모아 두었다가 때를 기다려 농부들의 이익을 가로챈다」

이 다섯 부류의 사람들은 나라의 좀이어서 군주가 이 다섯 부류의 좀 같은 자들을 제거하지 않고 정도를 지키는 지사(志士)를 부양하지 않는다면 천하에 패망하는 나라, 멸망하는 왕조가 끊이지 않는 것은 당연한 일이다.

한상지만 恨相知晩

한할 恨 서로 相 알 知 저물 晩

《사기》 위기무안후(魏其武安侯) 열전

서로 친구 됨이 늦었음을 한탄함.

전한(前漢) 때 장군 관부(灌夫)는 영음(潁陰) 사람으로, 오(吳)와 초(楚) 등의 일곱 왕들이 반란을 일으켰을 때 10여 기의 병력만으로 오왕의 진영에 침투하여 수십 명을 죽인 적이 있는데, 이 일로 그의 용맹함은 천하에 알려지게 되었다.

사람됨이 강직하고 호기가 있어 내 놓고 아첨하기를 좋아하지 않았다. 귀척을 비롯하여 자기보다 신분이 높고 세력이 있는 사람들에게는 예절을 지키려 하지 않고 업신여겼다. 자기보다 신분이 낮은 사람들의 경우에는 그들이 가난하고 천할수록 더욱더 존경하고 자신과 동등하게 대우하였으며, 많은 사람이 모인 곳에서 지위가 낮은 사람을 추천하고 아꼈다. 이로 인해 선비들은 그를 높이 평가했다.

관부는 은퇴한 후에도 부유하기는 했지만, 세력을 잃어 그의 집에 출입하던 대신·시중(侍中), 빈객들의 발걸음이 차츰 줄어들었다.

두태후가 죽은 뒤 위기후 두영도 세력을 잃은 뒤에는 평소 그에게 달라붙어 아부를 하였던 자들도 점차 그를 떠나 새로이 권세를 얻은 이들과 관계를 맺기에 바빴다. 하지만 오직 관부만은 한결같이 두영을 의지하며 열후들이나 황족들과의 교제를 통하여 자신의 명성을 높였다. 두 사람은 서로 돕고 의지하여 서로 내왕하는 것이 마치 부자(父子)와 같았다. 서로 의기가 투합하여 함께 기뻐하고 함께 슬퍼했는데, 서로 늦게 만난 것을 한스러워했다(相得歡心 無厭 恨相知晩也).

한우충동 汗牛充棟

땀 汗 소 牛 채울 充 들보 棟

유종원(柳宗元) / 「육문통선생묘표」

수레로 실어 가면 소가 무거워 땀을 흘릴 지경이고, 집에 쌓으면 대들보까지 닿게 된다는 뜻으로, 책이 아주 많은 것을 형용해서 이르는 말이다. 지금은 이 말이 좋은 뜻으로 쓰이고 있는데, 원래는 좋지 못한 무익한 책이 너무 많다는 것을 지적한 말이었다.

유종원

당나라 양대 문장가인 유종원이 「육문통선생묘표(陸文通先生墓表)」라는 글 가운데 다음과 같이 쓰고 있다.

「공자가 《춘추》를 지은 지 천 5백 년이 된다. 춘추전(春秋傳)을 지은 사람이 다섯 사람이었는데, 지금 그 셋이 통용되고 있다. ……온갖 주석을 하는 학자들이 백 명, 천 명에 달한다. ……그들이 지은 책이 집에 두면 대들보까지 꽉 차고, 바깥으로 내보내면 소와 말이 땀을 낸다(其爲書 處則充棟宇 出則汗牛馬)……」

육문통 선생은 보통 학자가 아니고 공자가 지은 본래의 뜻을 알고 있는 훌륭한 춘추학자라는 것을 강조하기 위해, 그 밖의 많은 학자들의 무익한 《춘추》에 관한 저서들이 너무 많다는 것을 과장하여 「충동우(充棟宇) 한우마(汗牛馬)」라고 쓴 것이 순서가 바뀌고 말이 약해져서 「한우충동」으로 굳어지게 된 것이다.

할계언용우도 割鷄焉用牛刀

나눌 割 닭 鷄 어찌 焉 쓸 用 소 牛 칼 刀

《논어》 양화편(陽貨篇)

「할계(割鷄)에 언용우도(焉用牛刀)리오」 라고 해서 「닭을 잡는 데 어떻게 소 잡는 칼을 쓸 수 있겠느냐」 하는 말이다. 작은 일을 처리하는 데 위대한 사람의 힘을 빌릴 필요는 없다는 비유로 쓰인 말이다.

《논어》 양화편에 있는 공자와 공자의 제자 자유(子遊)와의 사이에 오고 간 말 가운데 나오는 말이다.

자 유

자유가 무성(武城) 원으로 있을 때다. 공자는 몇몇 제자들과 함께 무성으로 간 일이 있다. 고을로 들어서자 여기저기서 음악소리가 들려 왔다. 그 음악소리가 아주 공자의 마음을 흡족하게 해 주었던 모양이다. 자유는 공자에게 무위자연(無爲自然)의 정치사상을 배운 사람이기도 했다. 《예기》 예운편에 나오는 공자의 대동사상(大同思想)도 공자가 자유에게 전한 말이다.

예(禮)는 자연의 질서를 말한다. 인간사회의 질서를 법으로 강요하지 않고, 자연의 도덕률에 의해 이끌어 나가는 것이 예운(禮運)이다. 자유는 음악으로 사람의 마음을 순화시켜 자발적으로 착한 일에 힘쓰게 만드는 그런 정책을 쓰고 있었던 것 같다. 공자는 그 음악소리에

공자묘

만족스런 미소를 띠며, 「닭을 잡는 데 어찌 소 잡는 칼을 쓰리오(割鷄焉用牛刀)」 하고 제자들을 돌아보았다.

이 말은, 조그만 고을 하나를 다스리는 데 나라와 천하를 다스리기에도 충분한 예악(禮樂)을 쓸 것까지야 없지 않느냐는 뜻으로 재주를 아까워하는 한편, 그를 못내 자랑스럽게 생각한 데서 나온 말이다.

자유가 공자의 이 말이 농담인 줄을 몰랐을 리는 없다. 그러나 스승의 말씀을 농담으로만 받아넘길 수도 없는 일이다. 그래서 자유는,

「선생님께서 일찍이 말씀하시기를, 『군자는 도를 배우면 사람을 사랑하게 되고, 소인은 도를 배우면 부리기가 쉽다』 고 하셨습니다」 하고 비록 작은 고을이나마 최선을 다하는 것이 도리일 줄 안다는 뜻을 말했다.

군자나 소인에게나 다 같이 도가 필요하듯이, 큰 나라나 작은 지방이나 다 그 나름대로 예악이 필요하지 않겠습니까 하는 대답이다. 공자도 자유가 그렇게 나오자, 농담이었다는 것을 말하지 않을 수 없었다. 그래서 제자들을 다시 돌아보며,

「자유의 말이 옳다. 아까 한 말은 농담이었느니라」 하고 밝혔다.

할고료친 割股療親

벨 割 다리 股 병 고칠 療 친할 親

《송사(宋史)》 선거지편(選擧志篇)

허벅지의 살을 잘라내어 부모를 치료한다는 뜻으로, 효행(孝行)을 비유하여 이르는 말.

《송사》 선거지편(選擧志篇)에 있는 말이다.

「할고(割股)」는 「다리를 자르는 것」인데 구체적으로 말하면 허벅지의 살을 도려내는 것을 뜻하며, 여기에는 두 가지 뜻이 있다.

할고료친 소상(塑像)

첫 번째는, 자기의 넓적다리 살을 베어 먹인다는 뜻으로, 결국 제 살을 깎아먹어 제 손해가 된다는 것을 비유하여 이르는 말인 할고담복(割股啖腹)을 들 수 있다. 이 말은 당나라 태종(太宗)의 통치철학을 담은 《정관정요(貞觀政要)》라는 책에 나오는데, 그 내용을 보면 「임금이 해야 할 가장 첫 번째 임무는 백성을 편안하게 하는 데 있다. 백성을 다치게 하거나 그들의 몸을 바쳐 자신을 받들기를 요구한다면, 이는 제가 제 허벅지살을 잘라 먹는 것과 다를 바 없다. 배는 부르겠지만 몸은 죽게 되는 것이니

하

이시진 묘 앞 조상(彫像)

이 얼마나 어리석은 일인가」라고 되어 있다.

두 번째는 「할고」가 효도를 상징하는 경우이다. 즉, 부모의 병을 고치기 위해 허벅지살을 자르는 것으로, 한국의 민간전설에도 효자가 부모를 봉양하기 위해 허벅지살을 도려내어 바쳤다는 이야기가 있다.

당나라의 명의 진장기(陳藏器)가 쓴 《본초습유(本草拾遺)》에 보면, 인육(人肉)이 숙환에 지친 환자의 기력을 회복시키는 데 특효가 있음을 밝히고 있다. 또 명나라의 이시진(李時珍)이 쓴 《본초강목(本草綱目)》에는 인체 각 부위의 약효까지 자세히 설명되어 있다. 《본초습유》가 출현한 이후 인육은 효자가 부모의 병을 치료하는 데 없어서는 안 되는 중요한 약재로 등장하여, 많은 효자들이 자신의 허벅지를 잘랐다고 한다.

할석분좌 割席分坐

나눌 割 자리 席 나눌 分 앉을 坐

《세설신어(世說新語)》 덕행(德行)편

「자리를 잘라서 앉은 곳을 나누다」 라는 뜻으로, 친구와 절교하는 것을 비유하는 말이다.

한(漢)나라 말, 관영(管寧)과 화흠(華歆)은 어려서부터 함께 공부한 친구였는데, 두 사람의 성격은 판이하였다. 관영은 학문을 닦는 데 힘쓰고 부귀영화를 부러워하지 않았으나, 화흠은 언행이 가볍고 부귀영화를 흠모하였다. 한번은 두 사람이 함께 채소밭에서 김을 매는데 땅 속에서 금덩이가 나왔다. 관영은 아무 일 없는 듯 호미질을 계속하였지만, 화흠은 그 금덩이를 들고 나가 써 버렸다.

어느 날, 둘이 함께 글을 읽고 있었는데, 집 앞으로 높은 관리의 거마행렬이 지나갔다. 관영은 전과 다름없이 책을 읽는 데 몰두하였으나, 화흠은 밖으로 나가 구경하고 한참이 지나서야 돌아와서는 관영에게 그 행차에 대하여 이러쿵저러쿵 떠벌리며 부러운 기색을 감추지 못하였다.

관영은 화흠의 태도에 화가 나서 두 사람이 함께 앉아 있던 자리를 칼로 잘라 버리고는 「너는 이제부터 내 친구가 아니다」 라고 말했다(寧割席分坐曰 子非吾友也).

나중에 화흠은 오(吳)나라 손책(孫策)의 휘하에 있다가 위(魏)나라의 조조(曹操)에게 귀순하여 한나라를 찬탈하는 일을 도왔다. 관영은 위나라에서 내린 벼슬을 끝내 사양하였다. 여기서 유래하여 할석분좌는 친구 간에 뜻이 달라 절교하는 것을 비유하는 성어로 사용된다.

함사사영 含沙射影

머금을 含 모래 沙 쏠 射 그림자 影

《수신기(搜神記)》

「모래를 머금어 그림자를 쏜다」는 뜻으로, 몰래 남을 공격하거나 비방하여 해치는 것을 비유하는 말이다.

「역(蜮)」은 단호(短狐 또는 短弧)·사공(射工)·사영(射影)·수호(水狐)·수노(水弩)라고도 한다. 전설상의 동물로 모습은 자라처럼 생겼고 발이 세 개이며, 날개가 있어 날 수도 있다고 한다.

간보(干寶)가 지은 육조시대의 지괴소설집(志怪小說集)《수신기(搜神記)》에 따르면, 「역(蜮)」은 강물에 살며, 입에 모래를 머금고 있다가 사람에게 내뿜을 수 있다(能含沙射人). 사람이 그 모래에 맞으면 몸의 근육이 당기고 두통과 함께 열이 나는데, 심하면 죽음에 이르기도 한다. 사람들이 「역」을 잡아 살펴보니, 몸속에서 모래와 돌이 나왔다고 한다.

역시 진나라 때 갈홍(葛洪)이 지은 《포박자(抱朴子)》에 따르면, 「『역』의 입안에는 활처럼 생긴 것이 가로로 걸쳐 있다. 사람 소리를 들으면 입안에 머금고 있는 것을 숨기운에 담아 화살처럼 쏘는데, 몸에 맞은 사람은 즉시 부스럼이 나고, 그림자에 맞더라도 병이 나지만 즉시 부스럼이 나지는 않는다(口中橫物角弩 如聞人聲 緣口中物如角弩 以氣爲矢 則因水而射人 中人身者卽發瘡 中影者亦病而不卽發瘡)」고 하였다.

여기서 유래하여 「함사사영」은 암암리에 남을 공격하거나 비방하는 일을 비유하는 성어로 사용된다.

함지사지 陷地死地

빠질 陷 땅 地 죽을 死

《사기》 회음후(淮陰侯)열전

「함지사지이후생(陷地死地而後生)」의 줄인 말로서, 죽을 마당에 이르러야 용기를 내서 다시 살아나게 된다는 뜻이다.

사람이 세상을 살아가는 데는 무엇보다 용기와 결심과 노력이 필요하다. 그러나 참다운 용기와 결심과 노력은 죽느냐 사느냐 하는 최후 단계에서 볼 수 있는 것이다.

불리한 외형적인 조건을 극복하려면 이를 타개해 나갈 수 있는 정신력만이 필요하다. 그것을 유발할 수 있는 동기는 「이제 꼼짝없이 죽었구나」 하는 막다른 골목에 다다랐을 때에 이루어지는 것이다. 「함지사지이후생」은 바로 이 원리를 말한 것이다.

한 신

《사기》 회음후열전에 나오는 한신(韓信)이 인용한 병법에 있는 말이다.

한신은 얼마 안 되는 군사로 조나라의 20만 대군을 맞아 싸울 때 배수진(背水陣)을 이용하여 승리를 거두게 되었다.

이때 부하 장수들이 한신에게 물었다.

한신이 빼앗은 성

「병법에 말하기를, 산과 언덕을 뒤로 하고 물과 들을 앞으로 하라고 했는데, 지금 장군께선 배수진으로 조나라 군사를 깨뜨렸으니 이것은 도대체 무슨 전법입니까?」

그러자 한신은 「이것도 역시 병법에 있는 거요. 그것을 제군들이 미처 깨닫지 못했을 뿐이지. 왜 이런 말이 있지 않은가. 『죽을 땅에 빠뜨린 뒤에 살고, 망할 땅에 놓은 뒤에 다시 일어난다(陷之死地而後生 置之亡地而存)』고 말이오. 더구나 이 한신은 아직 간부들과 한마음 한뜻이 되지 않은 이른바 시장바닥 사람들을 몰고 와서 싸우고 있는 터이므로, 자연 그들을 죽을 땅에 두어 각자가 자진해서 싸우게 만들지 않으면 안 되었던 거지. 만일 살 땅을 주게 되면 전부가 다 달아나 버릴 것이니 어떻게 그들을 데리고 싸울 수 있겠는가?」

이 말에 모든 장수들은,

「과연 그렇겠습니다」 하고 탄복을 했다는 것이다. 전쟁만이 아니고 세상 모든 일에 이 원리가 적용되고 있는 것이다.

함흥차사 咸興差使

다 咸 일어날 興 어긋날 差 시킬 사

《택리지(擇里志)》

「함흥에 보낸 사신」이라는 뜻으로, 심부름을 보낸 사람도 돌아오지 않고 어떠한 소식도 전해오지 않음을 이르는 말.

조선의 건국조인 태조(太祖) 이성계(李成桂), 그이 다섯 번째 아들로 태어난 이방원(李芳遠), 그는 대대로 무장(武將)을 배출한 이성계 가문의 유일한 문과 급제자로 어려서부터 부친의 희망이었다.

이방원 덕분에 혁명에 성공을 거두어 왕위에 오르지만, 후에는 그 때문에 사랑하는 아들들을 잃기도 하였다. 두 차례에 걸친 왕자의 난 때문이었다. 이에 조정 생활에 회의를 품은 태조는 왕위를 넘겨준 후 함흥으로 들어가 은둔생활을 한다.

형식적으로 형 정종(定宗)에게 왕위를 넘겨주었다가 불과 2년 만에 조선 3대 왕에 오른 태종(太宗) 이방원은 아버지 태조에게 사과를 하기 위해 사신을 보낸다. 그러나 태종에 대한 원망과 분이 풀리지 않은 이성계는 태종이 보낸 사신을 죽이기도 하고 잡아 가두기도 하면서 돌려보내지 않았다.

이로부터 나온 표현이 「함흥차사」다. 함흥에 파견된 사신은 한 번 가면 깜깜소식이라는 고사에서 비롯되었다.

《택리지(擇里志)》에 있는 이야기다.

태조가 방원에게 크게 노하여 정종에게 왕위를 물려준 뒤 가까운 신하를 거느리고 함흥으로 가버렸다. 그 후 오래지 않아 정종이 다시 이방원에게 왕위를 물려주었다.

태조 이성계

태종 이방원이 왕위에 오른 뒤 태조 이성계에게 대궐로 돌아오기를 청하는 사신을 보내면 태조는 사신이 오는 대로 모조리 베어 죽였다. 이러기를 무릇 10년이나 되니 임금이 걱정이 심하였다. 그리하여 태조가 세력을 잡기 전 이성계의 마을 친구였던 판승추부사(判承樞府事) 박순을 사신으로 삼아 함흥에 보냈다.

박순은 먼저 새끼 딸린 암말을 구해 가지고 가서 망아지는 태조가 있는 궁문과 마주 보이는 마을 어귀에 매어두고 어미 말만 타고 갔다. 궁문 밖에 이르러서는 말을 매놓은 다음 들어가 태조를 뵈었다. 궁문은 그리 깊숙하지 않았다. 그러는 동안에 망아지는 어미 말을 바라보면서 울부짖었고, 어미 말도 또한 뛰면서 길게 소리쳐서 매우 시끄러웠다.

태조가 괴이하게 여겨서 물었다. 박순이 따라서 아뢰었다.

「신이 새끼 딸린 어미 말을 타고 오다가 망아지를 마을에다 매어놓았더니, 망아지는 어미 말을 향해 울부짖고 어미 말은 새끼를 사랑하여 저렇게 울고 있습니다. 지각없는 동물도 저와 같은데 지극하신 자애를 가지신 성상께서 어찌 주상의 심정을 생각지 않으십니까?」

태조는 감동하여 한참 있다가 돌아가기를 허락하였다. 그리고 덧붙이기를, 「그대는 내일 새벽닭이 울기 전에 이곳을 떠나서 오전 중으로 빨리 영흥의 용흥강을 지나도록 하라. 그렇지 않으면 그대는 죽음을 면치 못하리라」 하였다.

박순은 그날 밤에 말을 달려 되돌아갔다.

태조가 여러 번이나 사자를 베어 죽였으므로 태조를 모신 여러 관원과 조정의 여러 신하들은 서로 사이가 좋지 않았다.

이튿날 아침에 여러 관원이 박순을 베어 죽이기를 청하였지만, 태조는 허락지 않았다. 그래도 여러 차례 고집하므로 태조는 박순이 이미 영흥을 지나갔으리라 짐작하고 허락하면서 「만약에 용흥강을 지났거든 죽이지 말고 돌아오너라」 고 하였다.

사자가 말을 빨리 달려 강가에 도착하니 박순이 방금 배에 타는 참이었다. 사자는 박순을 뱃전에 끌어내어 베어 죽였다. 박순은 형(刑)을 받을 때 사자에게 이렇게 말하였다.

「신은 비록 죽으나 성상께서는 식언(食言)하시지 마시기를 원합니다」

태종 이방원

태조는 그의 뜻을 불쌍하게 여겨 곧 서울로 돌아간다는 명을 내렸다. 태종이 이를 의리로 여겨 박순의 충성을 정표(旌表)하고 그의 자손에게 벼슬을 주는 녹용(錄用)을 하였다.

합종연횡 合縱連衡

합할 合 세로 縱 이을 連 가로 衡(횡)

《사기》 소진장의(蘇秦張儀) 열전

소진의 합종책과 장의의 연횡책, 일종의 공수동맹(攻守同盟).

소진은 장의와 더불어 전국시대 중엽의 중국 전토를 세 치의 혀(舌)와 두 다리를 가지고 뒤흔든 큰 책사이며, 큰 사기사(詐欺士)이다. 세치의 혀라 함은 말할 수 없을 정도의 능변(能辯), 두 다리라 함은 주름잡고 돌아다닌 나라가 소위 당시의 7국(연 · 제 · 조 · 한 · 위 · 초 · 진)에 걸친 것을 뜻한다.

귀곡자

《사기》 소진장의열전에 있는 이야기다.

이 두 사람은 귀곡선생(鬼谷先生 : 백반百般의 지식에 통하며, 점복占卜도 하고, 《귀곡자》 라는 책을 남긴 수수께끼의 인물)에게 배운 동문이다. 귀곡선생이 살고 있던 곳은 낙양에서 150리 정도 동남의 귀곡이라는 산중이었다.

소진은 이곳에서 오랜 수업을 쌓고 산에서 내려왔다. 여기서 무엇을 배우고 내려와, 어디로 가서 무엇을 하였는지 후세 사람들에게는 알려지지 않았으나, 하여튼 소진은 이곳저곳 방랑한 끝에, 어느 날

낙양에 있는 자기 집에 불쑥 나타났다. 역사서는 여기서부터 소진의 행동에 대하여 자세하게 쓰고 있다.

소진동(蘇秦洞, 소진이 귀곡자에게 사사한 동굴)

비렁뱅이 꼴을 하고 문간에 선 소진에 대하여, 아내는 짜고 있던 베틀에서 내려오지도 않았고, 형수는 밥도 내다 주지 않았다. 그리고 팔리지도 않는 말(言語)재주를 팔고 다니니, 고생하는 것도 당연하다고 상대도 해주지 않았다.

하

집에 머물러 있기를 약 1년. 소진은 또다시 집을 뛰쳐나와, 주(周)나라를 찾았으나 상대도 해주지 않았다. 다음으로 진(秦)나라를 찾았으나 역시 상대를 해주지 않았다. 조(趙)나라에도 가 보았으나 거기서도 허탕, 그래서 멀리 북쪽에 있는 연(燕)나라로 갔다. 여기서는 그의 변설이 주효하여, 거마와 금백(金帛)의 선물을 받았다.

소진이 연왕에게 진언한 정책을 「합종(合縱)」이라 한다. 「세로로 합한다」라는 뜻으로, 연나라 · 조나라 · 제나라 · 위나라 · 한나라 · 초나라가 세로(縱)로, 즉 남북으로 손을 잡고, 강국 진나라에 대항하자는 것이다.

이 6국은 당시 급격히 강대해지는 진을 극도로 두려워하고 있었다. 소진은 이 공포심을 잘 이용하여, 만약 차제에 6국이 손을 잡지 않고 고립한다면, 각각 진에 먹히고 말 것이다. 기필코 합종하여 공

동방위를 취하지 않으면 안 된다. 그 주선 역할을 자기가 맡겠다고 나선 것이다.

연왕으로부터 합종의 성취를 위임받자, 다음으로 조나라를 찾아 이번에는 대성공. 거마 백승(百乘)에 백벽(白璧)・금수(錦繡)를 합종의 준비 비용으로 받았다. 한・위・제・초의 순으로 돌아다닌 소진은 교묘하게 왕들을 설득하여 6국의 재상 직을 한 몸에 겸하고, 자신은 종약장(從約長)이 되어 6국의 왕들이 모인 자리에서 합종의 맹주로서 행세하게 되었다.

남쪽 초에서 조로 돌아가는 도중 소진은 낙양을 지났다. 그 때, 그의 행렬, 거마 치중(輜重)은 족히 왕후에 필적했고, 낙양에 자리 잡은 주왕(周王)도 칙사로 하여금 영접케 할 정도로 호화스러웠다. 형제도 아내도 형수도 이제는 소진을 정면으로 마주보지를 못했다. 식사 시중을 들 때도 얼굴을 숙인 채였다.

소진은 형수에게 물었다.

「이전에 제가 돌아왔을 때에는 밥도 내다 주지 않으시더니 이건 대체 어찌된 일입니까?」

그러자 형수는 머리를 조아리며,

「서방님의 벼슬이 높아지시고, 이렇게 큰 부자가 되신 것을 보면 누구든지 저절로 이렇게 되지요」

소진은 벼슬과 돈이 이렇게도 인간을 달라지게 하고, 또한 자기에게 만약 얼마 안되는 전답이라도 있었더라면, 일생 그것으로 만족하고, 오늘과 같은 부귀를 누릴 수 없었으리라는 것을 개탄하여 친족 붕우(朋友)들에게 천금을 헐어 주었던 것이다.

소진이 조나라에 체류 중 장의가 갑자기 찾아왔다. 동문인 소진이 재상이 되었다는 것을 듣고 천거를 부탁하러 온 것이었다. 소진은

장의 축성도 부조(浮彫)

엿새째에 가서야 겨우 면회를 허락하였을 뿐 아니라, 자기는 당상에 장의는 당하에 앉게 하고 하인에게나 먹일 정도의 식사를 대접하여 쫓아버렸다.

장의는 이를 갈며 분에 못 이겼다. 그리고는 두고 보자는 듯이 그 길로 진나라를 향해 떠났다.

그런데 그 여행에 같이 따라가며 장의를 돌보아준 인물이 있다. 여인숙 비용은 물론, 진에 벼슬하자면 의복도 필요하리라 하고 시중을 들어주며 진나라에까지 같이 따라왔다. 당시로 말하면, 장차 큰 인물이 되리라고 촉망되는 야인(野人)에게 친절을 베풀어 장래 이용해 먹으려는 상인이 드물지 않았기 때문에 아마 그런 따위일 것이라고 장의는 생각하고 있었다.

그 상인은 장의가 진에 입경(入京)하여 객경(客卿)에 오르는 것을 보자, 장의에게 작별인사를 하러 왔다. 장의는 자기로부터 아무 보

상도 요구하지 않는 상인을 이상하게 여기고 그 이유를 물은 즉, 상인은, 「이것은 모두 소진님께서 주선하여 주신 일입니다. 당신을 발분시켜 진으로 가게 하여, 진에 벼슬토록 하시려는 심산에서였습니다. 진은 소진님의 합종책에는 방해자입니다. 그 방해자의 손발을 묶어 놓는 구실을 당신께서 해주셨으면 하는 것입니다」

그러자 장의는, 「나는 소진의 술수 중에 있으면서도 그것을 깨닫지 못한 어리석은 자요. 이 어리석은 자가 어찌 소진의 방해를 하겠소. 소진에게 일러주시오. 소진이 살아 있을 동안에는 이 장의가 어찌 큰 소리를 칠 수가 있겠는가, 라고 말이오」

장의는 진에 머무르면서 재완(才腕)을 인정받고, 객경(客卿)에서 재상으로 출세하였다. 그는 「연횡책」을 획책하였다. 다시 말해서 6국의 어느 한 나라와 동맹을 맺어 합종을 깨뜨리고, 6국을 산산조각으로 고립시켜, 고립된 나라들을 개별적으로 격파 혹은 위압하고, 진에 대하여 신하의 예를 취하도록 하게 하며, 그러고 나서 병탄(倂呑)해 버리자는 책략이다.

진과 다른 나라와 동맹을 맺는 것은, 「가로(衡=橫:동서)로 연합하는」 형태가 되기 때문에 「합종」에 대하여 「연횡」이라고 하는 것이다. 장의는 후에 소진이 성취한 「합종」을 완전히 붕괴시키고 말았다.

전국(戰國) 백 년의 역사는 이 합종과 연횡이 되풀이된 역사라고 해도 좋을 정도로 두고두고 말썽이 되어 왔다. 그래서 제자백가(諸子百家) 중 외교무대에서 세 치 혀로 활약하는 사람들을 가리켜 종횡가(縱橫家)라고 한 것도 이 「합종연횡」이란 말에서 나온 이름이었다.

합포주환 合浦珠還

합할 合 개 浦 구슬 珠 돌아올 還

《후한서(後漢書)》 순리열전(循吏列傳)

「합포에 진주가 돌아오다」 라는 뜻으로, 잃어버린 물건을 다시 찾게 되거나 떠나갔던 사람이 다시 돌아오는 것을 비유하는 말이다.

한(漢)나라 때 맹상(孟嘗)이라는 관리의 고사에서 유래되었다.

《후한서》 순리열전에 있는 이야기다. 순리(循吏)란 법을 잘 지키며 직무에 충실한 관리를 말한다.

한(漢)나라 때 광서(廣西)지방 합포현(合浦縣)은 농사는 잘 안 되었지만 바다에서 진주가 많이 채취되어 주민들은 인근의 교지(交趾)와 진주를 교역하며 생활하였다. 합포에서 나는 진주는 둥글고 크며 빛깔이 순정하였으므로 사람들이 「합포주(合浦珠)」 라고 부르며 귀하게 여겼다.

하

그런데 합포에 부임한 탐관오리들은 수탈을 일삼아 주민들을 괴롭히는 일을 서슴지 않았다. 주민들은 진주를 캐 보아야 빼앗길 것이 뻔하므로 캐지 않게 되었고, 이리하여 채취량은 점점 줄어들었다. 양식을 바꿀 진주가 없어 주민들은 굶주림에 허덕였고, 굶어죽는 사람도 적지 않았다.

이런 상황에서 맹상이 합포의 태수로 부임하였다. 맹상은 예전에 탐관오리들이 자행하였던 병폐를 개혁하고, 백성들이 아파하는 원인을 찾아내어 이롭게 하는 데 힘썼다. 그러자 1년도 지나지 않아서 가버렸던 진주가 다시 돌아와(曾未踰歲 去珠復還) 백성들이 모두 다시 생업에 종사하고 상품이 유통되어 생활이 안락해졌다.

항다반사 恒茶飯事

항상 恒 차 茶 밥 飯 일 事

《조주어록(趙州語錄)》

차를 마시거나 밥을 먹는 일이란 뜻으로, 일상사, 자주 있는 일을 말한다.

옛날에 차를 마시거나 밥을 먹는 일은 언제나의 일이기 때문에 이런 말이 나온 것이다. 보통 「다반사(茶飯事)」라고 한다.

원래 동양에서 차는 일상생활에 있어서 중요한 의미를 가진다. 설이면 일가친척이 모여 차례(茶禮)를 지냈고, 차를 마시며 담소를 하고 정신적 깊이도 운위했다 해서 다도(茶道)가 있었다.

불가(佛家)에서는 다선일여(茶禪一如)라 해서 차를 마시는 가운데서 선(禪)의 경지를 되새겨 보기도 했다. 조선 후기의 스님인 초의(艸衣)는 《다신전(茶神傳)》이라는 책을 집필해 차의 신비한 맛과 운치를 자랑한 바도 있다.

조주선사와 내방객의 이야기를 기록한 《조주어록》에 있는 이야기다. 조주선사(趙州禪師)는 차를 즐겨 마셨다. 절을 찾는 사람이면 누구에게나 차를 대접했다. 어느 날 한 사람이 절을 방문하자 스님이 물었다.

「당신은 여기 몇 번째 오셨습니까?」

「처음입니다」

「그래요? 차나 한잔 드십시오(喫茶去)」

얼마 뒤 또 한 사람이 왔다.

「당신은 여기 몇 번째 오셨습니까?」

「여러번 왔지요」

「그래요? 차나 한잔 드십시오」

그러자 곁에서 차 시중을 들던 시봉이 의아해 하며 물었다.

「아니 스님, 스님께서는 처음 온 사람이나 여러번 온 사람이나 모두 『차나 한잔 드십시오』 하고 권하시니 무슨 까닭이십니까?」

초의선사

이 말을 들은 조주가 말했다.

「아, 내가 그랬나? 그럼 자네도 차나 한잔 들게나」

이 이야기는 불가에서 전해오는 공안(公案) 가운데 하나로 유명하다. 그만큼 차 마시는 일은 옛사람들과 밀접한 일상사였던 것이다.

因材任人 國之大柄

인재임인 국지대병

考績進秩 吏之賞法

고적진질 이지상법

재능에 따라 사람을 등용함은 나라의 큰 근본이며

치적을 따져서 승직시킴은 관리를 취급하는 법도이다.

— 소철(蘇轍) 〈양도가 조봉대부로 전임되다((梁濤轉朝奉大夫)〉

하

항룡유회 亢龍有悔

높아질 亢 용 龍 있을 有 뉘우칠 悔

《주역(周易)》 효사(爻辭)

「항룡유회(亢龍有悔)」는, 적당한 선에서 만족할 줄 모르고 무작정 밀고 나가다가 도리어 실패를 가져오게 되는 것을 비유해서 하는 말이다. 「항룡」은 하늘 끝까지 올라간 용이란 뜻이다.

너무 자꾸만 올라가다가 하늘 끝에 가 닿아서 후회를 하게 된다는 것이 「항룡유회」다.

《주역》 건괘 맨 위에 있는 육효(六爻)의 효사(爻辭)에 있는 말이다. 주역의 64괘는 각각 여섯 개의 효(爻)로 되어 있는데, 괘 전체에 대한 괘사(卦辭)가 있고, 각 효마다 「효사」가 있다. 맨 아래 있는 효는 지위가 가장 낮다든가, 일을 처음 시작한다든가 하는 뜻이고, 맨 위에 있는 효는 극도에까지 미친 것을 말한다.

그러므로 건괘 첫 효에는 효사가 「잠룡물용(潛龍勿用)」이라고 나와 있다. 땅 속 깊숙이 들어 있는 용이니 꼼짝하지 말고 가만히 있으라는 뜻이다.

「항룡유회」는 「잠룡물용」과는 달리 도에 지나친 감이 있으니, 더 이상 전진하지 말고 겸손 자중하라는 뜻이다.

예를 들어 국장쯤으로 만족하지 못하고 굳이 차관이나 장관이 되려고 하면, 설사 된다 해도 해임되는 그 날로 영영 벼슬길이 막히고 마는 그런 것이다. {☞ 잠룡물용}

항장무검 項莊舞劍

목 項 풀 성할 莊 춤출 舞 칼 劍

《사기》 항우본기(項羽本紀)

항장이 칼춤을 춘다는 뜻으로, 일을 하는 데 실제 목적은 다른 곳에 숨겨져 있는 것을 비유하는 말. 鬼谷子分定經

장 량

항장(項莊)은 초패왕 항우(項羽)의 사촌이다.

한(漢)나라 유방이 진나라 수도 함양을 공략해 진왕 자영의 투항을 받아내자, 40만 대군을 이끌고 뒤늦게 도착한 항우는 몹시 분개한다. 당시 유방의 군대는 10만 명도 채 안 돼 스스로 힘이 모자람을 자인하고 있었던 터였다. 이때 유방의 모사 장량의 절친한 친구이자 항우의 숙부인 항백은 항우가 지금 유방을 칠 준비를 하고 있다고 장량에게 일러준다.

유방은 장량(張良)의 계책을 받아들여 장량과 함께 직접 홍문(鴻門), 즉 지금의 섬서성 임동현 동쪽까지 가 항우를 만나 공손히 화해의 뜻을 전하고 충성을 표한다. 항우는 이를 진정으로 믿고 연회를 베풀어 유방을 환대한다.

하

홍문연

연회에서 항우의 모사 범증은 몇 번이나 항우에게 유방을 죽일 것을 암시하지만 항우는 이를 허락지 않는다. 이에 범증은 항우의 사촌동생 항장을 시켜 칼춤을 추다가 기회를 봐 유방을 죽이도록 한다. 그러자 항우의 계부 항백도 칼을 빼들고 춤을 추는 척하며 유방을 엄호한다. 이때, 장량이 군문(軍門)에 갔다가 번쾌(樊噲)를 만났다. 번쾌가 물었다.

「오늘 일이 어떻습니까?」

장량이 말했다.

「심히 위급한 상황이다. 지금 항장이 검을 뽑아들고 춤을 추는데, 그의 의도는 오직 패공을 해치려는데 있다(今者項莊拔舞劍 其意常在沛公也)」

유방은 맹장 번쾌가 보검과 방패를 들고 나타난 뒤에야 겨우 몸을 빼어 달아날 수 있었다.

「항장무검(項莊舞劍)」은 이 고사에서 알 수 있듯, 일을 하는 데 속셈은 다른 데 있음을 비유하는 말이다.

항해일기 沆瀣一氣

넓을 沆 이슬기운 瀣 한 一 기운 氣

《남부신서(南部新書)》

「밤이슬 기운이 하나로 엉겨 물방울이 되다」 또는 「최항과 최해가 의기투합하다」라는 뜻으로, 서로 결탁하여 나쁜 짓을 하는 것을 비유하는 말이다.

송(宋)나라 때 전이(錢易)가 지은 《남부신서(南部新書)》에 있는 이야기다.

최항(崔沆)은 당(唐)나라 희종(僖宗) 때 과거시험의 책임 시험관이 되었는데, 그 시험에서 공교롭게도 최해(崔瀣)라는 사람이 급제하였다. 최항과 최해는 성이 같을 뿐 아니라, 두 사람의 이름을 합친 「항해」는 한밤중의 이슬기운을 뜻하는 말이기도 하다.

그 무렵 전희백(錢希白)이라는 사람이 이것을 가지고 글을 지어 「좌주와 문생이 의기투합하니, 밤이슬 기운이 엉겨 물방울이 되는 것 같구나(座主門生 沆瀣一氣)」라고 하였다. 좌주는 과거 시험관을 뜻하며, 문생은 과거 응시생을 뜻한다.

이 고사는 그런데 전희백의 글은 과거시험에서 시험관과 응시생이 아주 교묘하게 일치한 것을 문학적으로 표현하여 밤이슬 기운이 엉겨서 물방울이 생기는 것과 연결시킨 것이었을 뿐, 어떠한 비난이나 폄하하는 뜻이 담겨 있는 것은 아니었다.

그러나 후세 사람들이 이를 차용하여 나쁜 사람들이 서로 결탁하여 불법한 일을 꾸미는 것을 비유하는 성어로 쓰이게 되었고, 좋은 의미에서 뜻을 함께하는 것을 비유하는 말로는 쓰이지 않는다.

해군지마 害群之馬

해칠 害 무리 群 어조사 之 말 馬

《장자(莊子)》 서무귀(徐無鬼)편

「무리를 해치는 말」이라는 뜻으로, 많은 사람에게 해를 끼치는 인물 또는 사회에 해악을 끼치는 인물을 비유하는 말이다.

《장자(莊子)》 서무귀(徐無鬼)편에 있는 이야기다.

줄여서 해마(害馬)라고도 한다. 황제(黃帝)가 대외(大隗)를 만나러 가는 길에 길을 잃었다. 대외는 대도(大道)를 의인화한 것이다. 길을 찾아 헤매다가 마침 말을 먹이는 목동을 만나 길을 물으니 그 대답이 신통한 점이 있어 천하를 다스리는 방법까지 물어보게 되었다.

목동이 처음에는 거절하다가 말하기를, 「천하를 다스리는 일이 말을 먹이는 일과 무엇이 다르겠습니까? 역시 말을 해치는 것을 제거해 주면 그뿐일 것입니다(夫爲天下者 亦奚以異乎牧馬者哉 亦去其害馬者而已矣)」라고 하였다.

황제는 머리를 숙여 큰 절을 두 번 하고는 그 목동을 천사(天師)라 칭찬하고 물러갔다.

또 송(宋)나라 때의 유안세(劉安世)가 지은 《진언집(盡言集)》 응조언집(應詔言集)편에는 「비방과 칭찬을 멋대로 하는 일은 무리를 해치는 말과 같은 행위이니 어찌 가벼이 다루겠는가(姿其毁譽 如害群之馬 豈宜輕議哉)」라는 말이 있다.

여기서 유래하여 「해마」는 원래 무엇이든 말을 상하게 하는 것을 가리켰으나, 나중에는 해군지마라는 성어로 변화되어 대중에게 해악을 끼치는 사람을 비유하는 말로 사용되게 되었다.

해로동혈 偕老同穴

함께 偕 늙을 老 같을 同 구멍 穴

《시경(詩經)》

생사를 같이하는 부부의 사랑의 맹세.

「해로동혈」은 살아서는 같이 늙고 죽어서는 한 무덤에 묻힌다는 뜻으로 생사를 같이하는 부부의 사랑의 맹세를 가리키는 말이다. 출처는 《시경》인데, 「해로」란 말은 패풍의 「격고(擊鼓)」와 용풍의 「군자해로(君子偕老)」와, 위풍의 「맹(氓)」에서 볼 수 있고, 「동혈」이란 말은 왕풍 「대거(大車)」에 나온다.

위풍의 「맹」에 있는 「해로」를 소개하면, 「맹」이란 시는, 행상 온 남자를 따라가 그의 아내가 되었으나 고생살이 끝에 결국은 버림을 받는 여자의 한탄으로 된 시다. 다음은 여섯 장으로 된 마지막 장이다.

그대와 함께 늙자 했더니
늙어서는 나를 원망하게 만드누나.
강에도 언덕이 있고
못에도 둔덕이 있는데
총각 시절의 즐거움은
말과 웃음이 평화로웠네.
마음 놓고 믿고 맹세하여
이렇게 뒤집힐 줄은 생각지 못했네.
뒤집히리라 생각지 않았으면

하

역시 하는 수 없네.

及爾偕老 老使我怨 급이해로 노사아원
淇則有岸 濕則有泮 기즉유안 습즉유반
總角之宴 言笑宴宴 총각지연 언소연연
信誓旦旦 不思其反 신서단단 불사기반
反是不思 亦己焉哉 반시불사 역기언재

왕풍 「대거」란 시는 이루기 어려운 사랑 속에서 여자가 진정을 맹세하는 노래로 보아서 좋은 시다. 3장으로 된 마지막 장에 「동혈」이란 말이 나온다.

살아서는 방을 달리해도
죽으면 무덤을 같이하리라.
나를 참되지 않다지만
저 해를 두고 맹세하리.

穀則異室 死則同穴 의즉이실 사즉동혈
謂予不信 有如皦日 위여불신 유여교일

「유여교일(有如皦日)」은 자기 마음이 밝은 해처럼 분명하다고 해석되는데, 해를 두고 맹세할 때도 흔히 쓰는 말로, 만일 거짓이 있으면 저 해처럼 없어지고 만다는 뜻으로 풀이되기도 한다. 하여간 거짓이 없다는 뜻임에는 틀림이 없다.

해불양파 海不揚波

바다 海 아닐 不 떨칠 揚 물결 波

《한시외전(韓詩外傳)》

「바다에 파도가 일지 않는다」는 뜻으로, 임금의 선정(善政)으로 백성이 편안함을 이르는 말. 해불파일(海不波溢)이라고도 한다.

한(漢)나라 때 한영이 《시경(詩經)》의 해설서로 지은 《한시외전》에 실려 있는 말이다.

주(周)나라 성왕(成王) 때 성왕의 숙부인 주공(周公)이 섭정을 하여 국사를 잘 처리하니 천하가 태평하고 백성이 안락하였다. 주나라의 정치가 매우 잘 행하여졌으므로 이웃나라에서 모두 우러러보고 찾아와 조공을 바쳤다.

주 성왕

월상씨(越裳氏 : 지금의 베트남 지역의 나라)의 사신도 아홉 번이나 통역을 거쳐야 비로소 말이 통하는 먼 길을 찾아와 진귀한 흰 꿩을 바쳤다. 주공이 자신이 그러한 조공을 받아야 하는 까닭을 묻자, 사신은 이렇게 대답하였다.

「저는 우리나라의 노인들에게 명을 받아 온 것입니다. 그 분들이

주공 단

말씀하시기를 『오래 되었도다! 하늘에 폭풍우가 몰아치지 않고, 바다에 해일이 일지 않은 지 어언 3년이 되었구나. 생각건대 중국에 성인이 나셨기 때문일 것이니 어찌 가서 뵙지 않을 수 있겠는가(吾受命國之黃耉 天無烈風淫雨 海不揚波三年矣 意者中國有聖人乎)』라고 하셨습니다. 그래서 찾아 온 것입니다」

여기서 유래하여 해불양파는 풍랑이 일지 않아 잔잔한 바다처럼 정치가 잘 이루어져 태평한 시대를 비유하는 성어로 사용된다.

梟騎戰鬪死
효기전투사
駑馬徘徊鳴
노마배회명

날랜 말 싸움터에서 죽고
노둔한 말은 배회하며 우는구나.

— 무명씨 〈전성남(戰城南)〉

* 노마(駑馬) : 노둔한 말, 잘 달리지 못하는 나쁜 말.

해시신루 海市蜃樓

바다 海 저자 市 큰조개 蜃 누대 樓

《사기》 천관서(天官書)

공허한 환상의 믿을 수 없음을 이름.

신기루와 같은 뜻으로, 환상으로 빚어진 경관이나 사물 또는 그와 같이 허황된 일을 비유하는 말이다.

「해시(海市)」는 광선의 굴절로 인하여 바다 위에 시가지나 사람 모양 등 물체의 모습이 헛 나타나 보이는 현상을 말한다. 신기루(蜃氣樓)라고 한다.

신(蜃)은 대합(大蛤)을 말하는데, 중국의 전설에 따르면, 대합이 토해 내는 기운이 누대(樓臺)나 성곽의 형상처럼 보인다고 한다.

《사기》 천관서(天官書)에 있는 말이다.

「바닷가 대합이 토해 내는 기운은 누대처럼 보이고, 넓은 들판의 기운은 궁궐을 이룬 듯하다(海旁蜃氣象樓臺 廣野氣成宮闕然)」

이러한 표현은 나중에 일상생활에서 환영(幻影)과 같이 헛된 일을 비유하는 데 사용되었다.

이를테면, 청(淸)나라 때 간행된 《수당유사(隋唐遺事)》에 있는 이야기다.

「장창의(張昌儀)가 황제의 총애를 믿고 권세를 부리자, 청탁하러 오는 사람들이 시장이 북적이는 것처럼 많았다. 이담(李湛)이 이를 두고 『이는 신기루에 비할 뿐이니, 어찌 오래 가겠는가(此海市蜃樓比耳 豈長久耶)?』」라는 구절이 있다.

「공중누각(空中樓閣)」과 같은 뜻이다.

하

해어화 解語花

헤아릴 解 말씀 語 꽃 花

《개원천보유사(開元天寶遺事)》

말을 알아듣는 꽃이란 뜻으로, 미인을 비유하는 말로 쓰인다. 또는 화류계(花柳界)의 여인을 일컫기도 한다.

왕인유(王仁裕)의 《개원천보유사》에 나오는 말이다. 당나라 수도 장안은 지금 화창한 봄을 보내고 바람도 훈훈한 여름을 맞이하려 하고 있었다. 현종황제는 양귀비와 궁녀들을 거느리고 태액지(太液池)라는 연못가로 나갔다. 연못은 온통 연잎으로 뒤덮여 있었고 만개한 꽃들은 그 아름다운 자태를 한껏 뽐내고 있었다. 연못가의 모든 사람들은 저마다 감탄의 소리가 터져 나왔다.

그때 연꽃을 흐뭇하게 바라보던 현종이 주위 사람들에게 말했다.

「어떠냐, 이 꽃들의 아름다움이 내 말을 알아듣는 꽃과 비길 만하지 아니한가?(爭如我解語花)」

양귀비 태액지 채련도(采蓮圖)

여기서 말을 알아듣는 꽃이란 물론 양귀비를 두고 한 말이다.

현종은 치세(治世)의 전

반에 훌륭한 업적을 쌓았지만, 후반에 가서는 양귀비와의 사랑에 푹 빠져 정사를 제대로 돌보지 않았다.

여 지

현종은 양귀비를 기쁘게 해주기 위해 여지(荔枝)라는 과일을 멀고 먼 영남지방에서 가져오라 명했다. 맛이 변하기 쉬운 여지를 싱싱한 채로 가져오기 위하여 역마를 탄 사람이 말을 갈아타 가면서 주야로 달렸다. 말이 쓰러지고 또 도랑에 빠져 죽는 자도 많았다.

모든 일이 이런 식이었다. 양귀비의 친척이란 점 하나로 양가(楊家)의 일족은 높은 자리에 올랐다. 그것은 이윽고 안녹산(安祿山)의 난이 일어나는 계기가 되었고, 양귀비는 노한 병사들의 요구로 교살되었다. 저 마외(馬嵬)의 비극에 이어지는 것이다. 그리고 퇴위하여 상황(上皇)이 된 현종은 죽을 때까지 양귀비를 그리워했다고 한다.

양귀비 묘

그 치세의 전반 20 수년을 「개원(開元)의 치(治)」라고 불릴 정도로

하

양귀비(日 화가 와타나베 낭가쿠)

잘 다스려서 명군이란 이름을 얻었던 현종은 이렇게 뒤끝을 좋게 여미지 못했다. 양귀비를 얻은 때부터 일전(一轉)해서 어지러워졌다. 폭군은 아니었으나, 정녕 주책망나니가 되었다.

명상(名相)이나 간신(諫臣)에게 엄격히 둘러싸여 명군으로 행세하기 20여 년, 그의 속에 들어 있던 범인(凡人)이 도저히 견딜 수가 없게 되었던 것이 아닐까. 아무튼 여러 가지 요소를 지닌 생애였다. 그것은 비극인지 희극인지, 현종과 양귀비 사이를 아름다운 비련(悲戀)으로 보는 사람도 있을 것이다.

또 「어떠냐, 이 아름다움은……」 하고 좋아하는 얼빠진 모습을 비웃는 것도 후인들의 자유라고 하겠다. 그러나 여지를 나르고 전란을 입은 사람들에게는 그것이 틀림없는 비극이었을 것이다.

그렇다고는 하나 현종과 양귀비가 빚어낸 갖가지 이야기나 말 중에서 이 「해어화(解語花)」도 살아남았다. 말을 하는 꽃, 즉 미인을 가리킨다. 이 꽃은 계절을 불문하고 일 년 내내 존재한다.

해옹호구 海翁好鷗

바다 海 늙은이 翁 좋아할 好 갈매기 鷗

《열자(列子)》 황제편(皇帝篇)

바닷가에 사는 노인이 갈매기를 좋아한다는 뜻으로, 사람에게 야심이 있으면 새도 그것을 알고 가까이하지 않는다는 말.

바닷가에 사는 어떤 사람이 갈매기를 좋아했다. 그는 매일 아침 바닷가로 나가서 갈매기들과 더불어 놀았는데, 그에게 놀러오는 갈매기들이 200마리도 넘었다. 어느 날, 그 사람의 아버지가 말했다.

「갈매기들이 모두 너와 더불어 논다는 얘기를 들었다. 그 갈매기를 잡아오도록 해라. 내가 갈매기를 가지고 놀고 싶구나」

그는 이튿날 아침, 아버지의 부탁을 위해 바닷가로 나갔다. 그런데 갈매기들은 그 사람의 머리 위를 맴돌며 날 뿐 내려오지 않았다.

이 이야기 뒤에 「지극한 말이란, 말을 떠나는 것이고, 지극한 행위란 작위(作爲)가 없는 것이다. 보통 지혜 있는 자들이 안다고 하는 것은 곧 천박한 것이다」 라는 말이 나온다.

이는 인위(人爲)를 부정하는 노장사상의 「무위자연(無爲自然)」을 말하는 것이다. 도덕이 극치에 이른 사람, 즉 지인(至人)은 무언무위(無言無爲)해야 한다는 것이다.

사람이 아무런 말도 없고 다른 마음을 먹지 않는다면 자연에 융화될 수 있다. 갈매기 같은 새들도 사람들이 어떠한 욕망이나 생각 없이 대한다면 함께 어울려 놀 수 있지만, 일단 갈매기를 잡겠다는 마음을 가지기만 하여도 갈매기들은 그 사람을 가까이하지 않는다. 무위자연을 도덕의 표준으로 삼는 「노장사상」이 내포된 말이다.

해의추식 解衣推食

풀 解 옷 衣 밀 推 먹을 食

《사기》 회음후열전(淮陰侯列傳)

「옷을 벗어주고 밥을 나누어준다」 라는 뜻으로, 남을 각별히 친절하게 대하는 것을 비유하는 말이다.

한신(韓信)은 원래 초(楚)나라 항우(項羽)의 밑에 있었으나, 중용되지 않자 한(漢)나라 유방(劉邦)에게 귀순하였다. 유방은 한신을 대장군으로 중용하였다. 한신이 유방의 명을 받아 제(齊)나라를 공격하자, 제나라는 초나라에 구원을 요청하였다.

항우는 부하장수 용저(龍且)에게 20만 대군을 이끌고 제나라를 돕게 하였다. 한신을 이를 대파하고 제왕(齊王)에 봉해졌다. 한신의 능력에 두려움을 느낀 항우는 무섭(武涉)이라는 세객(說客)을 보내 한신으로 하여금 한나라로부터 독립하여 초(楚)·한(漢)·제(齊) 세 나라로 천하를 삼분하자고 제안하였다. 그러자 한신은 이렇게 말하며 거절하였다.

「내가 항왕(항우)을 섬길 때는 낭중(郎中)에 불과하여 창을 들고 문지기 노릇을 하였소. 내 계책이 받아들여지지 않았으므로 초나라를 배반하고 한나라에 귀순한 것이오. 한왕(유방)은 내게 장군의 인수(印綬)를 내리고 수만의 병력을 맡겼으며, 자기 옷을 벗어 내게 입혀 주고 자기 밥을 나누어 주었으며, 내 계책을 받아들였으므로 내가 여기까지 이를 수 있었던 것이오(解衣衣我 推食食我 言聽計用 故吾得以至於此). 무릇 남이 나를 깊이 신뢰하는데 내가 그를 배신하는 것은 상서롭지 못한 일이니 설령 죽더라도 뜻을 바꿀 수는 없소」

해인청문 駭人聽聞

놀랄 駭 사람 人 들을 聽 들은 聞

《수서(隋書)》 왕소(王劭)열전

「듣는 사람을 놀라게 하다」 라는 뜻으로, 다른 사람을 놀라게 하는 언행 또는 놀라운 일이나 소문을 비유하는 말이다.

《수서》 왕소(王劭)열전에 있는 이야기다.

왕소는 북제(北齊)와 북주(北周)에서 벼슬을 하였으며, 수(隋)나라가 중국을 통일한 뒤에는 문제(文帝)와 양제(煬帝) 밑에서 20년 가까이 저작좌랑(著作佐郎)과 저작랑(著作郎)을 지내며 역사를 편찬하는 일을 담당하였다.

그는 박식한 인물로, 《제지(齊誌)》와 《제서(齊書)》, 《평적기(平賊記)》 등을 잇달아 편찬하였다. 그러나 그가 사용한 문장은 비루하고 속된 점이 있었으며, 내용 또한 상궤에 벗어나고 법도에 맞지 않는 데가 많아서 보는 사람들을 놀라게 할 정도였고, 견식이 있는 사람들로부터 무시당하였다(或文詞鄙野 或不軌不物 駭人視聽 大爲有識所嗤鄙). 그러나 경사(經史)의 오류를 지적한 《독서기(讀書記)》 30권에 대해서는 사람들이 그 정밀하고 박식함에 탄복하였다고 한다.

여기서 유래하여 「해인청문」은 사람을 놀래는 언행 또는 놀라운 일이나 소문을 비유하는 성어로 사용된다.

해현경장 解弦更張

풀 解 시위 弦 고칠 更 베풀 張

동중서 / 「원광원년거현량대책」

「거문고의 줄을 바꾸어 매다」 라는 뜻으로, 느슨해진 것을 긴장하도록 다시 고치거나 사회적·정치적 제도개혁을 비유하는 말.

동중서

전한(前漢) 때의 유학자 동중서(董仲舒)는 어려서부터 《춘추(春秋)》를 공부하였고, 경제(景帝) 때 박사(博士)가 되었다. 경제를 이어 무제(武帝)가 즉위하여 전한의 새로운 문교정책에 참여했다. 오경박사(五經博士)를 두게 되고, 국가 문교의 중심이 유가(儒家)에 통일된 것은 그의 영향이 크다.

무제는 국사를 운영하면서 수시로 동중서에게 자문을 구하였다. 무제가 널리 인재를 등용하려 하자, 동중서는 현량대책(賢良對策)을 올려 인정을 받았다.

「원광원년거현량대책(元光元年擧賢良對策)」 이라는 글을 올렸다. 그 가운데 다음과 같은 구절이 있다.

「지금 한나라는 진(秦)나라의 뒤를 계승하여 썩은 나무와 똥이 뒤

덮인 담장(朽木糞墻)과 같아서 잘 다스리려고 해도 어찌할 도리가 없는 지경입니다. 이를 비유컨대, 거문고를 연주할 때 소리가 조화를 이루지 못하는 경우가 심해지면 반드시 줄을 풀어 고쳐 매어야 제대로 연주할 수 있는 것과 같습니다(竊譬之琴瑟不調 甚者必解而更張之 乃可鼓也). 마찬가지로 정치도 행하여지지 않는 경우가 심해지면 반드시 옛것을 새롭게 변화하여 개혁하여야만 제대로 다스려질 수 있습니다. 줄을 바꿔야 하는데도 바꾸지 않으면 훌륭한 연주가라 하더라도 조화로운 소리를 낼 수 없으며, 개혁하여야 하는데도 실행하지 않으면 대현(大賢)이라 하더라도 잘 다스릴 수가 없는 것입니다」

한무제

그러나 동중서는 뒤에 자신의 학설로 말미암아 투옥되는 등 파란 많은 생애였다. 저서에 《동자문집(董子文集)》 《춘추번로(春秋繁露)》 등이 있다.

조선시대 말에 발생한 갑오경장(甲午更張 : 갑오개혁)의 명칭도 「해현경장」에서 유래되었다.

하

행백리자반어구십 行百里者半於九十

갈 行 일백 百 거리 里 사람 者 절반 半 어조사 於 아홉 九 열 十

《전국책(戰國策)》 진책(秦策)

「백리 길을 가려는 사람은 90리를 가고서야 이제 절반쯤 왔다고 여긴다」 라는 뜻으로, 무슨 일이든 마무리가 중요하고 어려우므로 끝마칠 때까지 긴장을 늦추지 말고 꾸준히 노력해야 한다는 말이다. 젊었을 때 열심히 노력해야 한다는 뜻으로 쓰이기도 한다.

전국시대 진(秦) 무왕(武王, 재위 BC311~BC307)의 교만함을 경계한 신하가 《시경(詩經)》을 인용하여 충고한 데서 유래한 말이다.

《전국책》 진책(秦策)에 있는 이야기다.

진 무왕은 나라의 세력이 강성해지자 점차 자만심에 빠지는 기색을 보였다. 그러자 주(周) 난왕(赧王) 8년(기원전 307년)에 한 신하가 무왕에게 이렇게 말했다.

「신은 마음속으로 임금께서 제나라를 가볍게 알고 초나라를 업신여기며, 한나라를 속국 취급하는 것을 염려하고 있습니다. 신이 듣건대, 『왕자(王者)의 군사는 싸워 이겨도 교만하지 않고, 패자(霸者)는 궁지에 빠져 있어도 노여워하지 않는다』 고 했습니다. 이기고도 교만하지 않기에 이웃나라가 복종하는 법입니다.

지금 대왕께서는 위(魏) · 조(趙) 두 나라를 얻은 것에 만족하여 제(齊)를 잃은 것을 너무 가벼이 생각하는 것 같습니다. 의양(宜陽) 싸움에서 승리한 뒤 초(楚)와의 국교를 고려하지 않은 것은 쉽게 분노를 드러낸 것입니다. 교만과 분노는 패왕(霸王)이 지녀야 할 바가 아닙니다. 이는 잘못된 것입니다.

시(詩 :《시경》)에 이르기를, 『처음은 누구나 잘하지만 끝을 잘 마무리하는 사람은 적다(靡不有初 鮮克有終)』는 말이 있습니다. 선왕(先王)들은 시작과 끝을 다 중요하게 여겼습니다. 역사에는 처음에는 잘하다가도 끝마무리를 잘하지 못해 멸망한 경우가 많습니다.

황지(黃池)의 회맹(會盟)

춘추시대 말 진(晉)에서 공경들의 세력다툼이 일어났을 때 지백(智伯) 요(瑤)는 범(范)과 중행(中行)을 물리치고 조양자(趙襄子)를 진양(晋陽)에 몰아넣고 공격했습니다. 하지만 한(韓)·위(魏)·조(趙) 연합군에게 멸망되어 웃음거리가 되었습니다.

오왕(吳王) 부차(夫差)도 회계(會稽)에서 월왕(越王) 구천(句踐)에게 항복을 받고 애릉(艾陵)에서 제(齊)를 대파하였지만, 황지(黃池)의 회맹(會盟)에서 송(宋)에 무례하게 굴다가 결국 구천(句踐)에게 사로잡혀 간수(干隨)에서 죽었습니다.

양혜왕(梁惠王)도 초(楚)와 제(齊) 두 나라를 물리치고, 조(趙)와 한(韓) 두 나라의 군사를 제압한 뒤 12제후(諸侯)를 이끌고 맹진(孟津)에서 천자에게 조회(朝會)하였지만, 결국 태자 신(申)은 죽고 자신은 제(齊)로 끌려가 억류되고 말았습니다. 이들은 공(功)이 없었던 것이 아닙니다. 시작은 잘했지만 끝마무리를 제대로 하지 못해 그러한 종

말을 맞이한 것입니다.

지금 대왕께서는 의양에서 승리하고 삼천(三川) 일대를 점령하면서 제후들로 하여금 감히 대항하지 못하게 하였고, 한(韓)과 초(楚) 두 나라의 군사들이 감히 진격하지 못하게 만들어 놓았습니다. 만일 대왕이 마무리만 잘하면 삼왕{三王 : 중국 고대의 세 임금인 하(夏)의 우왕(禹王), 상(商)의 탕왕(湯王), 주(周)의 문왕(文王)을 가리킨다}과 나란히 사왕(四王)으로 칭송되고, 오백{五伯 : 춘추오패를 가리킨다}이 육백(六伯)으로 되어도 모자랄 것입니다.

그러나 만일 마무리를 제대로 하지 못하면 멸망의 화를 입을 것입니다. 신은 제후들과 선비들이 장차 대왕을 오왕 부차나 지백 요(瑤)처럼 여기게 될까 두렵습니다. 《시(詩)》에 이르기를, 『백리를 가는 사람은 90리를 절반으로 여긴다(行百里者 半於九十)』 고 했습니다. 이는 마무리의 어려움을 말한 것입니다.

지금 대왕과 초왕(楚王)은 교만한 기색이 뚜렷합니다. 신이 생각건대, 천하의 패업은 제후들의 선택에 따라 초(楚) 아니면 진(秦)이 반드시 병화를 입는 것으로 마무리될 것입니다. 진(秦)·위(魏)·초(楚)·한(韓) 네 나라의 병력은 균형을 이루고 있어 다시 싸울 수는 없습니다. 그러므로 제(齊)와 송(宋) 두 나라가 저울추의 역할을 하게 되어 이들을 먼저 손에 넣는 쪽이 공을 세우게 될 것입니다」

따라서 「행백리자반어구십」은, 일을 마치기 전에 교만하지 말고 끝마무리를 잘 지어야 한다는 뜻으로 쓰이게 되었다.

「천릿길도 한 걸음부터(千里之行始於足下)」 라는 성어나, 「시작이 반이다」 라는 우리 속담이 시작의 중요성을 강조한다면, 「행백리자반구십」 은 마무리의 어려움과 중요성을 강조하는 말이라고 할 수 있다.

행림춘만 杏林春滿

살구 杏 수풀 林 봄 春 찰 滿

《신선전(神仙傳)》

「살구나무 숲(행림)에 봄이 가득하다」 라는 뜻으로, 의술이 고명함을 칭송하는 말이다. 행림은 의학계를 지칭하는 말로 쓰인다.

진(晉)나라 때 갈홍(葛洪)이 지은 《신선전(神仙傳)》 에 있는 이야기다.

동 봉

삼국(三國) 시대, 오(吳)나라에 동봉(董奉)이라는 의술이 뛰어난 의사(醫師)가 있었다. 그의 집은 진찰 받으러 온 사람들로 하루 종일 붐볐다. 동봉은 예장(豫章) 지방의 여산(廬山) 밑에 살면서 사람들의 병을 고쳐 주었다. 그는 치료비를 받는 대신 환자들에게 살구나무를 심게 하였는데, 중병을 치료한 사람에게는 다섯 그루를, 가벼운 질병을 치료한 사람에게는 한 그루를 심게 하였다. 이렇게 몇 년이 지나자 살구나무가 수십만 그루나 되어 울창한 숲을 이루었으므로 사람들이 이를 동선행림(董仙杏林)이라

하

장락동봉초당(長樂董奉草堂)

고 불렀다.

동봉은 뭇 짐승들로 하여금 행림 안에서 놀게 하고 자신을 대신하여 행림을 지키게 하였다. 그는 사람들에게 살구가 익으면 곡식 한 바가지를 살구 한 바가지로 바꾸어 가되, 자신에게 알릴 필요는 없으며 자율적으로 하라고 일렀다. 그래서 간혹 바가지에 쌀을 조금 담아 와서는 살구를 가득 담아 가려는 사람이 생겼다. 그럴 때면 어김없이 호랑이가 나타나 포효하여 놀랬다. 욕심 많은 사람은 허둥지둥 도망가느라 바가지에서 쌀을 적지 않게 흘리게 마련이었는데, 집에 돌아가서 살펴보면 살구의 양이 자신이 가지고 갔던 쌀의 양과 똑같았다.

동봉은 해마다 살구를 팔아 곡식으로 바꾸어 가난한 사람들에게 나누어 주었다.

어느 날, 동봉은 신선이 되어 하늘로 올라갔는데, 인간 세상에 3백여 년이나 머물렀으나 승천할 때 그의 용모는 30여 세의 젊음을 유지하였다.

이렇듯 「행림춘만」은 훌륭한 의사의 미덕을 칭송하는 성어로 사용된다.

행불유경 行不由徑

다닐 行 아니 不 말미암을 由 지름길 徑

《논어》 옹야편(雍也篇)

행동을 공명정대하게 함.

「행불유경」은 길을 가는데 지름길로 가지 않는다는 말이다. 지름길은 거리로는 가깝지만 여러 가지 문제가 따를 수 있는 올바르지 못한 길이다.

경(徑)은 작은 길, 지름길, 샛길, 뒷길을 뜻하는 글자다. 떳떳한 사람은 남에게 부끄러워할 일이 없으니 얼굴을 들고 당당한 자세로 천하의 공로(公路)를 걸어간다. 이 세상을 깨끗하게 살아가는 사람은 구태여 샛길이나 뒷골목 따위를 숨어서 다니지 않으며, 더욱이 길 아닌 길을 걷지 않는다. 우리가 흔히 말하는 「군자 대로행(君子大路行)」과 같은 말이다.

자 유

우리가 무슨 일을 할 때도 정당한 방법을 쓰지 않고 우선 급한 대로 임시 편법을 쓰게 되면 항상 뒷말이 따르기 마련이다. 설사 그런 일이 없다 하더라도 그것은 정당한 일이 될 수 없다.

곡예사 같은 수완가를 세상에서는 박수갈채로 환영하는 버릇이 있다. 열 번 쾌감을 맛본다 해도 한 번 실수하면 그만 끝장인 것이다.

담대멸명

교통사고의 거의가 이 「행불유경」을 지키지 못한 때문이다. 모든 범법행위도 이 「행불유경」의 교훈을 지키지 않기 때문이다.

이 말은 《논어》 옹야편에 있는 자유(子游)의 말이다.

자유가 무성(武城) 고을 장관이 되었을 때, 공자는 무성으로 가서 자유를 보고,

「네가 훌륭한 일꾼을 얻었느냐?」 하고 물었다.

그러자 자유는,

「담대멸명(譚臺滅明)이란 사람이 있는데, 다닐 때 지름길로 가지 않고(行不由徑), 공사가 아니면 일찍이 제 방에 들어온 일이 없습니다」 하고 대답했다.

지름길로 가지 않는 그는 공적인 사무가 아니면 장관의 방에도 가지 않았다. 그것은 그가 얼마나 자기 맡은 일에 충실했는지를 말해 주고 있는 것이다.

사사로운 청을 하거나 남이 알지 못하는 비밀을 속삭일 필요가 없는 그였기 때문이다. 이 두 가지 일로 보아 그가 훌륭하다고 말한 자유도 그가 하는 일이 공명정대했기 때문이다.

공자는 담대멸명을 제자로 삼았다. 그는 공자의 제자 가운데 얼굴이 가장 못생긴 사람이었다. 얼굴을 보고 사람을 택할 수 없다는 것을 공자는 담대멸명을 예로 들어 말한 일이 있다.

행원자이 行遠自邇

갈 行 멀 遠 스스로 自 가까울 邇

《중용(中庸)》

공 자

먼 곳을 가려면 가까운 곳에서 시작한다는 말로, 천릿길도 한 걸음부터 시작함이라는 뜻.

《중용》에 있는 말이다.

「군자의 도(道)란 이를테면 먼 곳을 가는데 반드시 가까운 곳부터 시작해야 하는 것과 같으며, 또 이를테면 높은 곳에 올라가는데 반드시 낮은 곳에서부터 시작해야 하는 것과 같다(君子之道 辟如行遠必自邇 辟如登高必自卑). 또 《시경》에 『처자의 어울림이 거문고를 타듯 하고, 형제는 뜻이 맞아 화합하며 즐겁구나. 너의 집안 화목케 하며, 너의 처자 즐거우리라』는 글이 있다. 공자는 이 시를 읽고서 『부모는 참 안락하시겠다(妻子好合 如鼓瑟琴 兄弟旣翕 和樂且耽 宜爾室家 樂爾妻子曰 父母其順矣乎)』고 하였다」

공자가 「부모는 참 안락하시겠다」고 한 것은 《시경》의 감상을 말한 것으로, 형제 처자 사이에 화목이 이루어지면 그 위의 부모는 근심 없이 안락할 수 있다는 뜻으로, 먼 곳을 가려면 반드시 가까운 곳부터 시작한다는 말과 같은 것이라는 말이다.

「등고자비(登高自卑)」와 같은 말이다.

허실생백 虛室生白

빌 虛 집 室 날 生 흰 白

《장자(莊子)》 인간세(人間世)

방을 비우면 빛이 그 틈새로 들어와 환하다는 뜻으로, 무념무상(無念無想)의 경지에 이르면 저절로 진리에 도달할 수 있음을 비유해 이르는 말. 마음을 비우는 자에게는 복이 있음의 비유.

공 자

공자와 제자 안회(顔回)의 문답 가운데 재계(齋戒)하는 도리를 말하는 과정에서 나온 말이다. 그 내용 일부는 다음과 같다. 재계는 몸과 마음을 깨끗이 하고 부정한 일을 멀리하는 것을 말한다.

안회가 물었다.

「마음의 재계란 어떤 것입니까?」

중니(仲尼 : 공자)가 대답했다.

「먼저 뜻을 한데 모아 잡념을 없애라. 그리하여 귀로 듣지 말고 마음으로 들으며, 또 마음으로 듣지 말고 기(氣 : 기운)로 들어라. 무릇 들음은 귀에서 그치고 마음은 뜻이 서로 합하는 데 그치지만, 기는 공허해서 무엇이나 다 그대로 받아들인다. 그러므로 도는 오직 공허 속에 모이며, 이 공허가 곧 마음의 재계이니라」

「제가 아직 가르침을 받기 전에는 스스로 나인 줄 알았는데, 이제 가르침을 받자 그만 제가 없어졌습니다. 이것을 공허라고 하겠습니까?」

늘 공자(오른쪽)의 곁을 지킨 안회

「그래, 지극하구나. 그럼 너에게 일러주마. 너는 위나라에 가거든 노닐기만 할 일이지 명예 따위에 마음이 흔들리지 않도록 해라. 네 말이 용납되거든 입을 떼고, 용납되지 않거든 그만 그쳐라. 마음을 크게 가져 남에게 엿보이지 말며, 마음을 깨끗이 가져 남의 꺼림을 받지 말도록 해라. 오직 한결같이 스스로 지키다가 마지못할 때만 응하면 거의 도에 가깝다 할 것이다. 저 구멍이 뚫린 빈방 안에는 하얀 기운이 있어서 거기에는 반드시 좋은 징조가 깃들지만(瞻彼闋者 虛室生白 吉祥止止), 만일 사람의 마음이 그칠 곳에 그치지 못하면 이를 일러 겉은 조용한 듯해도 속이 분주하다고 하는 것이다. 무릇 귀와 눈의 작용을 안으로 받아들여 마음의 집착을 벗어날 수 있다면 그에게는 신도 의지하려 하겠거늘 하물며 사람은 어찌하겠느냐!」

현량자고 懸梁刺股

매달 懸 대들보 梁 찌를 刺 넓적다리 股

《전국책》, 《태평광기(太平廣記)》

「머리카락을 대들보에 묶고, 허벅지를 송곳으로 찌른다」라는 뜻으로, 분발하여 학문에 정진하는 것을 비유하는 말이다.

전국시대에 종횡가(縱橫家)로 명성을 떨친 소진(蘇秦)과 한(漢)나라 때의 대학자인 손경(孫敬)의 고사에서 유래하였다. 손경과 소진 두 사람의 일화에서 유래된 성어가 합쳐진 것이다.

「자고(刺股)」는 소진의 고사에서 유래되었다.

현량자고(懸梁刺股)

소진은 처음에 진(秦)나라 혜왕(惠王)에게 연횡책(連橫策)을 유세하다가 좌절하여 집으로 돌아왔는데, 가족들이 아무것도 이루지 못한 그를 박대하였다. 그는 자신을 한탄하며 고리짝에 들어 있는 책들을 꺼내 살펴보다가 태공(太公)이 지은 《음부(陰符)》를 발견하였다.

소진은 웅대한 포부와 강한 의지를 가진 사람이었으며, 열심히 공부하며 거의 잠을 자지 않았다. 그는 밤이 깊어지고 몸이 지쳐 졸음이 오면 곧 송곳으로 자신의 허벅다리를 찔러 피가 줄줄 흐르곤 했다(引錐自刺其股 血流至足). 이렇게 하여 정신을 가다듬고 다시 공부에 임했다.

손경의 현량고독도(懸梁苦讀圖)

1년이 지나 소진은 마침내 그 책의 이치를 터득하였고, 이를 바탕으로 종횡가로 명성을 떨치며 전국시대 6국의 재상이 되었다.

이 고사는 《전국책》 진책(秦策)편에 실려 있다.

「현량(懸梁)」은 손경의 고사에서 유래되었다.

손경은 자가 문보(問寶)이며, 학문을 좋아하여 사람들이 찾아오지 못하도록 문을 잠근 채 밤낮을 가리지 않고 학문에 몰두하였다.

그는 공부를 하다가 졸음이 오면 노끈으로 머리카락을 묶어 대들보에 매달았다(以繩系頭 懸屋梁). 잠이 와서 고개를 떨어뜨리면 노끈이 팽팽해지면서 머리카락을 잡아당기는 통증 때문에 정신이 번쩍 들어 다시 공부를 계속하였다.

이와 같이 노력하여 손경은 나중에 대유학자가 되었다. 이 고사는 《몽구(蒙求)》와 《태평광기》 등에 실려 있다.

이 두 가지 고사에서 유래하여 「현량자고」는 고통을 감수하고 분발하여 학문에 정진하는 것을 비유하는 성어로 사용된다.

「현두자고(懸頭刺股)」 또는 「자고현량(刺股懸梁)」이라고도 한다.

혈구지도 絜矩之道

헤아릴 絜 곱자 矩 의 之 방법 道

《대학(大學)》

내 처지를 생각해서 남의 처지를 헤아림.

「혈구지도」는 《대학》 마지막 장에 나오는 말이다.

공자묘 대성전의 용 기둥

「혈(絜)」은 잰다는 뜻이고 「구(矩)」는 곡척(曲尺)을 말한다. 자는 물건을 재듯이 내 마음을 「자」로 삼아 남의 마음을 재고, 내 처지를 생각해서 남의 처지를 헤아리는 것이 「혈구지도」 즉 「자를 재는 방법」이다.

공자는 《논어》에서 이렇게 말했다.

「내가 원하지 않는 것을 남에게 베풀지 않으면(己所不欲勿施於人) 그것이 어진 일을 하는 방법이라고 말할 수 있다」

또 자공(子貢)이, 「남이 내게 하지 말았으면 하는 것을 나도 남에

게 하지 않겠습니다」하고 말했을 때, 공자는,「네가 할 수 없는 일이다」라고 했다.

「혈구지도」는 바로 그것을 말하는 것이다.

《대학》에는 「혈구지도」를 이렇게 설명하고 있다.

자 공

「윗사람이 내게 해서 싫은 것을 아랫사람에게 하지 말고, 아랫사람이 내게 해서 싫은 것을 윗사람에게 하지 말며, 앞사람이 내게 해서 싫은 것을 뒷사람에게 하지 말고, 뒷사람이 내게 해서 싫은 것을 앞사람에게 하지 말며, 오른쪽에 있는 사람이 내게 해서 싫은 것을 왼쪽 사람에게 하지 말고, 왼쪽 사람이 내게 해서 싫은 것을 오른쪽 사람에게 하지 않는 것이 바로 혈구지도라고 하는 것이라고 했다」

너무 자세할 정도로, 내 마음을 미루어 내가 싫었던 일을 남에게 베풀지 않는 것이 「혈구지도」란 것을 설명하고 있다. 「인간은 만물의 척도」란 말이 있듯이 「마음은 인간의 척도」일 것이다.

천만 사람의 교훈보다도, 내 마음을 살펴 남의 마음을 헤아리는 공부가 보다 소중한 것이다.

내가 원하는 것을 남과 같이 하고, 내가 싫어하는 것을 남에게 가르치지 않는 공부, 이것이 천하를 태평하게 만드는 평천하(平天下)의 길이란 것이다.

혈류표저 血流漂杵

피 血 흐를 流 떠돌 漂 공이 杵

《서경(書經)》 무성(武成)편

주 무왕

「피가 강물처럼 흘러 절굿공이가 떠다닌다」라는 뜻으로, 전쟁터에서 죽은 사람이 많음. 또 싸움에 죽은 사람의 피가 많이 흘러 방패가 뜬다는 뜻으로 쓰이는 참혹한 전쟁을 비유하는 말이다.

은(殷)나라의 주왕(紂王)이 황음무도한 생활을 일삼아 백성이 도탄에 빠지자, 무왕(武王)이 마침내 주왕을 치려고 나섰다. 무왕은 은나라의 도성 남쪽에 있는 목야(牧野)에서 하늘에 대의를 맹세하고 은나라 군대와 맞서 싸웠는데, 이를 목야전투(牧野戰鬪)라고 부른다.

《서경》 무성편에는 이 전투의 참상을 이렇게 묘사하고 있다.

「양쪽 군대가 목야에서 결

신을 벌였는데, 은나라 군대의 선봉에 선 군사들은 무왕의 군대에 대적하지 않고 오히려 창을 자기편에게 향하여 공격하며 패퇴하니, 피가 강물처럼 흘러 절굿공이가 떠다녔다(會於牧野 罔有敵于我師 前徒倒戈 攻於後以北 血流漂杵)」

염 제

또 한(漢)나라 때 가의(賈誼)가 지은 《신서(新書)》 익양(益壤)편에도 이런 구절이 있다.

「염제(炎帝)가 무도한 짓을 일삼아 황제(黃帝)가 그를 정벌하기 위하여 탁록에서 싸우니, 피가 강물처럼 흘러 절굿공이가 떠다녔다」

賞罰不信 故士民不死也
상벌불신 고사민불사야

상벌(賞罰)이 공정치 않다. 그러므로 사민(士民)이 임금을 위해 목숨을 내던지지 않는다.

{올바른 자는 상을 주고, 바르지 않는 자는 벌을 준다. 이 점에 신의(信義)를 두지 않는다면, 선비나 백성이나 임금을 위해 목숨을 바치지 않을 것이다.}

— 《한비자)》 초견진(初見秦)

형설지공 螢雪之功

반딧불 螢 눈 雪 의 之 공 功

《몽구(蒙求)》

형설(螢雪)은 반딧불과 눈을 말한다. 반딧불의 불빛과 눈 내린 밤의 눈빛으로 쉬지 않고 공부해서 이룩한 성공. 어려운 여건을 이겨내면서 열심히 학업에 정진해서 입신양명(立身揚名)한 것을 비유하여 「형설지공을 쌓는다」고 한다.

후진의 이한(李瀚)이 지은 《몽구》라는 책에 있는 이야기다.

진나라의 손강(孫康)은 공부하기를 좋아했지만 집이 가난해서 등불을 밝힐 기름조차 살 돈이 없었다. 그래서 겨울이면 그는 항상 눈(雪)빛으로 글을 읽었다. 그는 젊었을 때부터 마음이 맑고 지조가 굳었다. 때문에 친구도 함부로 사귀는 일이 없었다. 뒤에 관직에 나아가 벼슬이 어사대부(御史大夫 : 감찰원장)에까지 올랐다.

《진서》 차윤전에, 「진(晋)나라 차윤(車胤)은 집이 가난해서 기름을 구할 수 없었다. 여름이면 비단 주머니에 수십 마리의 반딧불이를 담아 글을 비추어 밤을 새우며 공부를 계속했다. 그는 마침내 이부상서(吏部尙書 : 내무장관)에까지 벼슬이 올랐다」라는 이야기가 실려 있다. 이 이야기에서 고학하는 것을 「형설(螢雪)」이니 「형설지공」이니 말하고, 공부하는 서재를 가리켜 「형창설안(螢窓雪案)」이라고 한다. 반딧불 창에 눈 책상이란 뜻이다.

눈빛과 반딧불로 글자를 볼 수 있었다는 것은, 글자가 굵은 것도 이유가 되겠지만, 그들이 그만큼 눈(眼)의 정기를 남달리 좋게 타고 났기 때문이기도 했을 것이다.

혜이부지위정 惠而不知爲政

은혜 惠 어조사 而 아닐 不 알 知 될 爲 정사 政

《맹자》 이루하(離婁下)편

「은혜롭기는 하나 정치는 할 줄 모른다」는 뜻으로, 그만큼 정치가 어렵다는 것을 비유하는 말이다.

이 말은 맹자가 정나라 재상 자산(子産)을 평해서 한 말이다. 백성들에게 은혜롭기만 했지 정치할 줄을 몰랐다는 말이다.

《맹자》 이루하(離婁下)에 있는 말이다.

맹 자

자산(子産)이 정나라 재상으로 있을 때 수레를 타고 지나다가 발을 벗고 물을 건너는 사람을 보고 수레에 태워 건네준 일이 있었다. 맹자는 이 기록을 보고 이렇게 평했다.

「자산은 인정은 많았지만 정치는 할 줄 몰랐다(惠而不知爲政). 늦가을인 11월에는 사람이 건너다닐 수 있는 다리를 놓고, 첫겨울인 12월에는 수레가 지나다닐 수 있는 다리를 놓는다. 그러면 백성들은 물을 건너는 데 고통을 느끼지 않는다.

군자가 정치를 바르게 하면, 밖에 나갈 때 사람을 피하게 하는 것

자 산

도 당연한 일이다. 그런데 어떻게 모든 사람을 일일이 건너게 해줄 수 있겠는가. 그렇기 때문에 정치하는 사람이 사람마다 기쁘게 해주려면 날이 또한 부족한 법이다(故 爲政者 每人悅之日亦不足矣)」

자산은 명재상으로 천하에 이름이 높았었다. 그가 재상으로 있는 동안 정 나라는 국제적으로 침략을 받은 일도 없었고, 국내적으로 어려움을 겪은 일도 없었다. 그가 죽었을 때는 임금에서부터 온 국민이 위아래 없이 그의 죽음을 아까워하고 슬퍼했다. 공자 같은 분도 자산을 형처럼 섬겼다고 한다.

그러나 맹자의 평도 정당한 것이었다. 백성들이 추운 겨울에 발을 벗고 내를 건너는 일이 없도록 장마철이 지나는 즉시 다리를 놓도록 만들어 주었어야만 했다. 자기가 보지 않는 곳에 얼마나 많은 사람이 차가운 물에 발을 넣고 건너는가를 알았어야만 했다. 나라의 힘으로든 고을의 힘으로든 또 마을 사람의 힘으로든 힘에 맞게 편할 도리를 강구하도록 이끌어 주는 것이 정치란 것을 맹자는 말하고 있는 것이다.

「매인열지(每人悅之)」 곧 「모든 사람의 마음을 기쁘게」 하는 일은 못한다는 말도 맹자의 이 말에서 나온 말이다.

호가호위 狐假虎威

여우 狐 거짓 假 범 虎 위엄 威

《전국책》 초책(楚策)

「호가호위」는 여우가 호랑이의 위엄을 빌어 제 위엄으로 삼는다는 말이다. 아무 실력도 없으면서 배경을 믿고 세도를 부리는 사람을 비유해서 이르는 말이다.

위나라 출신인 강을(江乙)이란 변사가 초선왕 밑에서 벼슬을 하게 되었다. 그런데 초나라에는 삼려(三閭)로 불리는 세 세도집안이 실권을 쥐고 있어 다른 사람은 역량을 발휘할 수가 없었다. 이때는 소씨 집 우두머리인 소해휼(昭奚恤)이 정권과 군권을 모두 쥐고 있었다. 강을은 소해휼을 넘어뜨리기 위해 기회만 있으면 그를 헐뜯었다. 하루는 초선왕이 여러 신하들이 있는 데서 이렇게 물었다.

「초나라 북쪽에 있는 모든 나라들이 소해휼을 퍽 두려워하고 있다는데, 그 말이 사실인가?」

소해휼이 두려워 아무 대답하는 사람이 없었다. 그때 강을이 일어나 대답했다.

「호랑이는 모든 짐승을 찾아 잡아먹습니다. 한번은 여우를 붙들었는데, 여우가 호랑이를 보고 이렇게 말했습니다.

『그대는 감히 나를 잡아먹지 못하리라. 옥황상제께서는 나를 백수(百獸)의 어른으로 만들었다. 만일 그대가 나를 잡아먹으면 이것은 하늘을 거역하는 것이 된다. 만일 내 말이 믿어지지 않거든, 내가 그대를 위해 앞장서서 갈 터이니 그대는 내 뒤를 따라오며 보라. 모든 짐승들이 나를 보고 감히 달아나지 않는 놈이 있는가를』

호가호위

그러자 호랑이는 과연 그렇겠다 싶어 여우를 앞세우고 같이 가게 되었습니다. 모든 짐승들은 보기가 무섭게 달아났습니다. 호랑이는 자기가 무서워서 달아나는 줄을 모르고 정말 여우가 무서워서 달아나는 줄로 알았습니다. 지금 대왕께서는 5천 리나 되는 땅과 완전무장을 한 백만 명의 군대를 소해휼 한 사람에게 완전히 맡겨 두고 계십니다. 그러므로 모든 나라들이 소해휼을 두려워하는 것은, 사실은 대왕의 무장한 군대를 무서워하고 있는 것입니다. 마치 모든 짐승들이 호랑이를 무서워하듯 말입니다」

재미있고 묘한 비유였다. 소해휼은 임금님을 등에 업고 임금 이상의 위세를 부리는 여우같은 약은 놈이 되고 선왕은 자기가 어떤 위치에 있는지를 자각하지 못한 채 소해휼이 훌륭해서 제후들이 초나라를 두려워하는 줄로 알고 있는 어리석은 호랑이가 되고 만 것이다.

이 세상에는 이런 「호가호위」의 부조리가 너무도 공공연하게 행해지고 있다.

호계삼소 虎溪三笑

범 虎 시내 溪 석 三 웃을 笑

《여산기(廬山記)》

유(儒)·불(佛)·도(道)의 진리가 그 근본에 있어 하나라는 것을 상징.

「호계삼소(虎溪三笑)」는 호계라는 시냇가에서 세 사람이 웃는다는 뜻이다. 이것은 유(儒)·불(佛)·도(道)의 진리가 그 근본에 있어 하나라는 것을 상징한 이야기였는데, 이 「호계삼소」를 그린 그림을 「호계삼소도」라 하여 많은 화가들에 의해 그려지곤 했다.

호계삼소도(淸 전혜안)

송나라 진성유(陳聖兪)가 지은 《여산기》에 있는 이야기다.

동진의 고승 혜원(慧遠)은 중국 정토교(淨土敎)의 개조(開祖)로 알려져 있는데, 그를 북주의 「혜원」과 구별하기 위해 보통 「여산(廬山)의 혜원」이라 부르고 있다.

그는 처음에는 유학을 배웠고, 이어 도교(道敎)에 심취했었는데, 스무 살이 지난 뒤에 중이 되어 여산에 동림정사(東林精舍)를 지어 불경 번역에 종사하는 한편 원흥 원년에는 이 정사에 동지들을 모아

하

호계삼소도(작자 미상)

백련사를 차렸다.

혜원이 있던 이 「동림정사」 밑에는 「호계」 라 불리는 시내가 흐르고 있었다. 혜원은 찾아온 손을 보낼 때는 이 호계까지 와서 작별하도록 정해져 있어 절대로 내를 건너는 일이 없었다.

그런데 어느 때인가 유학자요 시인인 도연명과 도사인 육수정(陸修靜)을 보내며 서로 이야기를 나누는 가운데 무심코 이 호계를 지나고 말았다. 문득 생각이 나 이 사실을 안 세 사람은 마주보며 껄껄 웃음을 터뜨렸다.

이 이야기를 놓고 송나라 화가 석각(石恪)이 그린 것이 바로 「호계삼소도」 였는데 뒤에 많은 화가들이 이 그림을 그렸다.

그러나 실상 이 이야기는 후세 사람이 만들어낸 이야기라고 한다. 그 이유로는 육수정이 「예산」 으로 들어간 것은 혜원이 죽은 30여 년 뒤였고, 도연명도 이미 20여 년 전에 세상을 떴기 때문에 만날 수가 없었다는 것이다.

세상에는 사실과 다른 이야기들이 글하는 사람들의 손에 의해 사실인 것처럼 전해지고 있는 일이 수없이 많다. 그러나 이 「호계삼소」 는 학파니 종파니 하고 세력 다툼을 하는 엉터리 열성인들에게 좋은 교훈이 될 것 같다.

호랑지국 虎狼之國

범 虎 이리 狼 갈 之 나라 國

《사기》 소진열전, 굴원가생열전

범이나 이리와 같이 포학한 나라라는 뜻으로, 전국시대 때 강대국이었던 진(秦)나라를 가리키는 말.

전국시대에 진나라를 비롯하여 제(齊)·초(楚)·연(燕)·위(魏)·한(韓)·조(趙)의 7국이 패권을 놓고 대립하였다. 진나라는 그 가운데 가장 강력한 나라로서 나머지 6국을 위협하였다. 초(楚)나라는 여러 차례 진나라에 기만당하였으며, 싸움에서 패배하였다.

초나라의 굴원(屈原)은 초 회왕(懷王) 아래서 사도(左徒) 벼슬을 하였다. 견문이 넓고 치란(治亂)의 도리에 밝으며 문장이 능했다. 궁중에 들어가서는 임금과 국사를 의논하여 명령을 내리고, 외교적으로는 제후를 응대하여 왕의 신임이 매우 두터웠다.

굴 원

상관대부(上官大夫) 근상(靳尙)은 왕의 총애를 받는 굴원을 무고하였다. 초 회왕은 참언(讒言)만을

하서절도사 장의

믿고 굴원을 신임하지 않게 되었다. 당시 진(秦)나라도 제(齊)나라와 초나라가 연합하는 것을 가장 두려워하였으므로 장의를 초나라로 보냈다. 장의는 초 회왕에게 말했다.

「초나라가 만약 제나라와 친선하지 않고 진나라와 우호한다면, 진나라는 기꺼이 육백 리의 땅을 초나라에 떼어줄 것입니다」

어리석고 탐욕스러웠던 초 회왕은 당장 제나라와의 우호관계를 단절하고 진나라로 사람을 보내 육백 리의 땅을 받아오게 하였다. 그러나 장의가 실언하였다고 잡아떼는 바람에 초나라 사신은 빈손으로 돌아올 수밖에 없었다. 초 회왕은 진나라에 속은 것을 알고 크게 노하여 즉각 진나라를 공격하였으나 오히려 진나라에게 대패하였다. 이때, 제나라는 구원을 생각하지 않고 있었으며, 위(魏)나라는 이 틈을 노려 초나라를 기습하였다. 양면 공격을 받은 초나라는 결국 진나라에 화의를 요청하고 한중(漢中) 일대의 영토를 진나라에 떼어 줄 수밖에 없었다.

이듬해, 장의는 다시 초나라를 방문하였다. 그는 초 회왕의 신하인 근상을 매수하고, 초 회왕의 총비(寵妃) 정수(鄭袖)를 설득하였다. 초 회왕은 다시 장의의 꾐에 진나라와 형제지국의 관계를 맺고 영원히 서로 공격하지 않기로 했다. 이때 굴원은 제나라를 방문하고 있었는데, 그가 돌아왔을 때는 장의가 이미 초나라를 떠나버린 뒤였다.

굴원은 초 회왕이 장의의 계략에 넘어간 것을 알고, 침략국인 진나라에 대해 어떠한 환상도 갖지 않도록 초 회왕을 깨우쳐주려 했다. 그러나 굴원은 이미 관직에서 쫓겨난 뒤였으므로, 초 회왕은 그를 더욱 멀리하고 신임하지 않았다.

굴 원

하

얼마 후, 진나라 소왕(昭王)은 초 회왕에게 결맹(結盟)과 혼례 등의 우호적인 행사에 관한 회담을 제의하며 그를 유인하기 위하여 거짓으로 초청했다. 굴원은 힘을 다해 초 회왕의 진나라 행을 반대하며 이것이 함정임을 주장하였다. 굴원은 초 회왕에게 다음과 같이 말했다.

「진나라는 호랑이와 같은 나라이니 믿을 수 없습니다. 가시지 않는 게 가장 좋습니다(秦虎狼之國 不可信 不如毋行)」

굴원의 충언을 무시하고 진나라에 간 초 회왕은 결국 그곳에서 붙잡혀 죽고 말았다.

호량지변 濠梁之辯

해자 濠 징검다리 梁 의 之 말잘할 辯

《장자(莊子)》 추수(秋水)편

「호수(濠水) 다리 위의 논변」이라는 뜻으로, 사물에 대한 인식과 시각의 차이를 극명하게 보여줌을 이르는 말이다.

《장자》 추수(秋水)편에 있는 이야기다.

장자(莊子)가 친구 혜시(惠施 : 惠子)와 호량(濠梁)이란 다리 위에서 물고기를 감상하면서 나눈 유명한 대화가 있다. 장자가 말했다.

「흰 물고기들이 자유롭게 헤엄치는 것은 물고기들이 기분이 좋고 즐겁기 때문이지!」

장자의 말에 혜시가 반박했다.

「자네가 물고기도 아닌데 어떻게 그 기쁨과 슬픔을 안단 말인가?」

이에 장자가 되받아쳤다.

「자네도 내가 아닌데 내가 물고기의 기쁨을 모르고 있다는 것을 어떻게 안단 말인가?」

그러자 혜시가 다시 되받아쳤다.

「나는 자네가 아니기에 당연히 자네를 모르지. 마찬가지로 자네도 물고기가 아닌 만큼 당연히 물고기의 기쁨을 알 수 없지」

여기서 장자는 나와 만물이 하나가 되는 물아일체(物我一體)의 절대적 경지에 서면 나와 사물이 심리적으로 하나가 되기 때문에 자기의 마음으로 미루어 남의 마음을 알 수 있다는 것을 말하고 있다.

두 사람의 대화에서 장자는 직관주의적(直觀主義的) 태도를, 혜자는 냉정한 논리적 태도를 대변한다. 혜자는 사람이 서로의 마음을 알 수 없는데 물고기의 마음을 안다는 것은 불가능하다고 본다.

그러나 장자는 인간 「정신」에 직관의 능력이 있다고 믿는다.

「당신이 나를 판단할 수 있다는 전제가 성립할 때만 당신은 내가 물고기의 즐거움을 아는지 여부를 따질 수 있다」

이것이 장자의 주장이다.

장자의 친구인 혜시는 분석적 지성을 갖춘 사람으로서, 당당하고도 정연한 논리에 입각하여 장자 사유(思惟)의 오류를 지적하고자 한다. 그런데 장자도 비슷한 논리로 그에게 맞서면서 논의의 차원을 확장한다. 「물고기의 즐거움」을 두고 벌이는 장자와 혜자 사이의 논쟁은 궤변처럼 보이기도 한다.

이렇게 보면 장자는 인간 인식의 한계성을 보았으며 또 한계성을 단편적으로 과장하고 있음을 어렵지 않게 읽어낼 수 있다.

「지어지락(知魚之樂)」이라고도 한다.

호량관어(濠梁觀魚, 淸 화가 沈心海)

하

호미춘빙 虎尾春氷

범 虎 꼬리 尾 봄 春 얼음 氷

《서경》 주서(周書) 「군아」 편

매우 위험한 짓을 하거나, 위험한 상태에 있음의 비유.

범의 꼬리를 밟고, 봄날의 얼음 위를 걷는다는 뜻으로, 매우 위험한 짓을 하거나 위험한 상태에 있음을 비유한 말.

군아(君牙)는 주(周)나라 목왕(穆王) 때의 대사도(大司徒)이다. 《서경》 주서(周書) 「군아」 편은 목왕이 그를 대사도에 임명하면서 그에게 훈계한 말을 사관이 기록한 것이다. 다음은 목왕의 말 일부이다.

「오호, 군아여! 그대의 할아버지와 아버지는 대대로 독실하게 충성을 다하여 왕실을 위하여 힘써 일하였소. 이제 이 작은 사람이 선왕(先王)들이 남기신 일을 이어받아 지키니, 옛 임금들의 신하들이 잘 보좌하여 세상을 다스려준 덕택이라 믿고 있소. 마음의 근심과 위태로움이 범의 꼬리를 밟은 것과 같고, 봄에 얼음 위를 건너는 듯하오(心之憂危 若蹈虎尾 涉于春氷). 지금 그대에게 명하여 나를 돕게 하니, 팔다리와 심장과 척추가 되어 주시오. 부디 그대 집안의 옛 일을 이어 할아버지와 아버지를 욕되게 하지 마시오.」

「살얼음 위를 걷는 듯하다」는 「여리박빙(如履薄氷)」과 비슷한 말이다.

호사수구 狐死首丘

여우 狐 줄을 死 머리 首 언덕 丘

《예기》 단궁편(檀弓篇)

강태공 조어대

죽을 때라도 자기의 근본을 잊지 않음. 향을 그리워하는 마음.

여우가 죽을 때 머리를 제가 살던 굴이 있는 언덕으로 돌린다는 뜻으로, 죽을 때라도 자기의 근본을 잊지 않음을 비유적으로 이르는 말.

은(殷)나라 말기 강태공(姜太公 : 이름은 姜尙)이 위수(渭水) 가에 사냥 나왔던 창(昌)을 만나 함께 주왕(紂王)을 몰아내고 주(周)나라를 세웠다. 그 공로로 영구(營丘)라는 곳에 봉해졌다가 그곳에서 죽었다. 하지만 그를 포함하여 5대손에 이르기까지 다 주나라 천자의 땅에 장사 지내졌다. 이를 두고 당시 사람들은 이렇게 말했다.

「음악은 자연발생적인 것을 즐기며, 예란 그 근본을 잊어서는 안 된다. 옛사람이 말하기를, 여우가 죽을 때 머리를 자기가 살던 굴 쪽으로 향하는 것은 인이라고 하였다(古之人有言曰 狐死正丘首 仁也)」

고향을 그리워하는 마음, 또 근본을 잊지 않는 마음을 일컬어 「호사수구」라고 한다. 「수구초심(首丘初心)」과 같은 말이다.

하

호사토비 狐死兎悲

여우 狐 죽을 死 토끼 兎 슬플 悲

《송사(宋史)》 이전전(李全傳)

「여우가 죽으니 토끼가 슬퍼한다」는 뜻으로, 같은 무리의 불행을 슬퍼하는 것을 비유하는 말이다.

여우와 토끼는 그 힘의 강약이 차이가 있기는 하지만 사람의 사냥감이 되기는 매한가지다. 따라서 여우가 죽으면 그 다음 차례는 토끼일지도 모르고, 토끼가 죽으면 여우가 그 다음 차례일지도 모르는 동병상련(同病相憐)의 처지인 것이다. 「호사토비」는 남의 처지를 보고 자기 신세를 헤아려 동류의 불행을 슬퍼하는 것을 비유하는 성어로 쓰인다.

《송사(宋史)》 이전전에 있는 이야기다.

송(宋)은 금(金)나라의 공격에 밀려 강 북쪽지방을 빼앗기고 강남의 임안(臨安)으로 도읍을 옮겨 남송(南宋)이라 했다. 금나라가 차지한 강북지역에서는 한인(漢人)들이 자위를 겸한 도적집단을 이루었고, 이들은 나중에 금나라에 빼앗긴 북송의 땅을 회복하려는 의병의 성격을 띠게 되었다. 양안아(楊安兒)도 그 가운데 한 사람이었다.

양안아가 금나라와의 싸움에 전사하자 그의 여동생 양묘진(楊妙眞)이 무리를 이끌었다. 여기에 이전(李全)의 무리가 합류하였고, 이전과 양묘진은 부부가 되었다. 이전은 남송에 귀순하였는데, 남송에서는 이처럼 귀순한 봉기군을 북군(北軍)이라고 불렀다.

이전은 초주(楚州)에 진출하여 남송과 금나라와 몽골을 상대로 항복과 배신을 반복하였다. 하전은 남송 회동제치사(淮東制置使) 유탁

(劉琸)의 부하로 본래 북군 출신이었다. 하전이 군사를 이끌고 초주를 공격하려 하자, 양묘진은 사람을 보내 다음과 같은 말을 전했다.

양묘진

「여우가 죽으면 토끼가 우는 법이니, 이씨(이전을 가리킴)가 멸망하면 하씨(하전을 가리킴)라고 홀로 살아남을 수 있겠습니까? 장군께서 잘 살펴 주시기를 바랍니다(狐死兎泣 李氏滅 夏氏寧獨存 愿將軍垂盼)」

이는 하전을 안심시켜 속이기 위한 계책이었다. 하전은 이에 넘어가 유탁을 몰아낸 뒤 성으로 돌아왔으나 양묘진은 태도가 돌변하여 그를 성 안으로 들이지 않았다. 나중에 하전은 금나라에 투항하였다.

「호사토읍(狐死兎泣)」 또는 「토사호비(兎死狐悲)」라고도 한다.

하

호시탐탐 虎視眈眈

범 虎 볼 視 노려볼 眈

《주역(周易)》

「탐탐(眈眈)」은 노려본다는 말이다. 범이 먹이를 탐내어 눈을 부릅뜨고 노려보는 것을 「호시탐탐」이라고 한다. 욕망을 채우기 위해 기회를 노리며 정세를 관망하고 있는 것을 비유해서 쓰는 말이다.

이 말은 《주역》이괘(頤卦) 사효(四爻)의 효사(爻辭)에 나오는 말이다. 이(頤)는 아래턱(下顎)이란 뜻인데, 기른다(養)는 뜻도 된다.

괘의 모양을 보면 위는 간(艮 : ☶)이고 아래는 진(震 : ☳) 이다. 「간」은 산(山)이란 뜻이고 「진」은 우레를 말한다. 괘의 전체의 모양(☶ ☳)은 위아래는 막혀 있고 복판이 열려 있어 사람의 입 속을 상징하고 있다. 산은 움직이지 않고 우레는 움직이는 성질을 가지고 있다. 위는 가만히 있고 아래만 움직이는 것이 사람이 음식을 먹을 때의 입의 모양이다. 그러므로「이괘」는 음식을 먹고 생명을 보존하는 뜻이 된다.

그러나 음식을 먹고 몸을 기르는 데도 여러 가지 방법이 있고 처지가 다르다. 그래서 각 효마다 뜻이 다른 말로써 이를 나타내고 있는 것이다. 4효에는, 「거꾸로 길러져도 좋다. 범처럼 노려보고 그 욕심이 한이 없더라도 상관이 없다(顚頤吉 虎視眈眈 其欲逐逐 无咎)」고 했다. 거꾸로 길러진다는 것은 아랫사람에게 봉양받는 것을 말한다. 부모가 자식을 기르는 것이 도리이고, 임금이 백성의 생활을 보장하는 것이 정치다. 그러나 자식이 다 큰 뒤에는 범의 위엄을 갖추고 자식들의 봉양을 계속 받아도 좋은 것이다.

호연지기 浩然之氣

넓을 浩 그럴 然 의 之 기운 氣

《맹자》 공손추상(公孫丑上)

하늘과 땅 사이에 넘치게 가득 찬 넓고도 큰 원기.

호(浩)는 넓고 크다는 뜻이다. 넓고 큰 기운이 「호연지기」다. 넓고 큰 기운이 과연 어떤 것일까. 이 말을 처음 쓴 맹자의 설명을《맹자》에서 찾아보기로 한다.

공손추 상에 보면 맹자의 제자 공손추가 부동심(不動心)에 대한 긴 이야기 끝에, 「선생님께서 제나라의 대신이 되어 도(道)를 행하신다면, 제를 천하의 패자로 만드신다 해도 이상하지는 않습니다. 그런 점을 생각하면 역시 선생님께서도 마음이 움직이실 게 아닙니까(如此則動心否乎)?」

「아니, 나는 40이 넘어서부터는 이미 마음이 움직이는 일이 없게 되었다. 마음을 움직이지 않는다는 것은 그리 어렵지 않다. 저 고자(告子 : 맹자의 論敵, 맹자의 성선설에 대하여 사람의 본성은 선도 악도 아니라는 설)마저도 나보다 먼저 마음을 움직이지 않게 됐을 정도다」

「마음을 움직이지 않을 수 있는 방법이라도 있습니까?」

「있지」

맹자는 그렇게 말하고 마음을 움직이지 않는 용(勇)을 기르는 여러 가지 방법에 대해서 실례를 들어 말하기 시작했다. 용자 북궁유(北宮黝)는 무엇이든 물리치는 기개를 가지고 용기를 길렀다. 같은 용자로서 유명한 맹시사(孟施舍)는 겁내지 않는다는 것을 첫째로 삼았다. 공자

의 고제자인 증자(曾子)는 스승에게서 배운 말 「스스로 되돌아봐서 바른 일이라면 천만인이 막는다 할지라도 나는 가리라」를 명심하고 있었다. 자기 마음속에 꺼림칙한 점이 없으면 그 무엇이라도 두려워하지 않는다. 이것이야말로 참된 대용(大勇)으로서 마음을 동요시키지 않는 최상의 수단이다.

「그럼 선생님의 부동심(不動心)과 고자의 부동심의 차이를 말씀해 주십시오」

「고자는 『납득이 가지 않는 말을 억지로 이해하려고 해서는 안된다. 이해가 가지 않는 일이 있어도 기개(氣槪)로써 해결하려고 해서는 안된다』고 마음을 쓰지 않음으로써 부동심을 얻으려고 했다. 그러나 기개를 누르는 것은 좋으나 납득할 수 없는 말을 이해하려고 하지 않는다는 것은 지나치게 소극적이다.」

「선생님은 어떤 점에 특히 뛰어나십니까?」하고 묻자 맹자는, 「나는 나의 호연지기를 잘 기르고 있다(善養吾浩然之氣)」고 대답했다. 그러자 공손추는 다시, 「감히 무엇을 가리켜 호연지기라고 하는지 듣고 싶습니다」하고 물었다. 맹자는 말로 표현하기 어렵다고 전제하고 나서 다음과 같이 설명하고 있다.

「그 기운 됨이 지극히 크고 지극히 강해서 그것을 올바로 길러 상하게 하는 일이 없으면 하늘과 땅 사이에 꽉 차게 된다. 그 기운 됨이 의(義)와 도(道)를 함께 짝하게 되어 있다. 의와 도가 없으면 그 기운은 그대로 시들어 없어져 버리게 된다. 이것은 의(義)를 쌓고 쌓아 생겨나는 것으로, 하루아침에 의를 한다고 해서 얻어지는 것이 아니다. 일상생활에 있어 조금이라도 양심에 개운치 못한 것이 있으면 그 기운은 곧 시들어 버리고 만다」

그리고 이어서 그 기운을 기르는 방법을 길게 설명하고 있다.

호의미결 狐疑未決

여우 狐 의심할 疑 아닐 未 결단할 決

《술정기(述征記)》

여우가 의심이 많아 결단을 내리지 못한다는 뜻으로, 어떤 일에 대하여 의심이 많아 결행(決行)하지 못함을 비유하는 말이다. 호의(狐疑)란 여우가 본래 귀가 밝고 의심이 많은 동물인 데서 비롯된 말이다.

진(晉)나라 때 곽연생(郭緣生)이 지은 《술정기(述征記)》에 있는 이야기다.

황하(黃河) 나루터 맹진(盟津)과 하진(河津)은 겨울에 강이 얼면 얼음의 두께가 몇 길이나 되어 수레가 안전하게 지나갈 수 있었다. 그러나 사람들은 얼음이 얼기 시작할 때는 섣불리 건너지 못하고 여우를 먼저 건너가게 하였다. 여우는 귀가 밝아서 얼음 밑에서 물소리가 나면 가다 말고 되돌아왔다. 여우가 무사히 강을 다 건너가면 사람들이 비로소 안심하고 수레를 출발하였다고 한다.

초(楚)나라의 굴원(屈原)은 「이소(離騷)」에서 「머뭇거리고 여우처럼 의심하는 내 마음이여, 스스로 가고파도 갈 수가 없네(心猶豫而狐疑兮 欲自適而不可)」라고 읊었다.

또 《후한서(後漢書)》 유표전(劉表傳)에는 이런 말이 있다.

원소(袁紹)가 조조(曹操)와 대치하고 있을 때 유표에게 도움을 청했다. 이때 유표는 여우처럼 의심하여 결단을 내리지 못하고 한숭(韓嵩)을 조조에게 보내 허와 실을 살피도록 하였다(表狐疑不斷 乃遣嵩詣操觀望虛實).

하

호이지기악 好而知其惡

좋을 好 말이을 而 알 知 그 其 나쁠 惡

《대학(大學)》 8장

감정에 의한 불공평함이 모두 자신의 수양 부족에서 비롯됨.

「좋아하면서도 그 나쁜 것을 알고, 미워하면서도 그 아름다운 것을 아는 사람이 천하에 적다(好而知其惡 好而知其美)」 곧 좋아하는 사람에게서 단점을 발견하는 일이 어렵고, 미워하는 사람에게서 장점을 찾기란 어렵다는 말이다.

《대학》 8장의 「수신제가(修身齊家)」에 대한 설명 속에서 나오는 말이다.

「이른바 그 집을 가지런히 하는 것이 그 몸을 닦는 데 있다는 것은, 그 천하고 사랑하는 바에 치우치게 되고, 그 업신여기고 미워하는 바에 치우치게 되고, 그 두려워하고 공경하는 바에 치우치게 되고, 그 슬퍼하고 불쌍히 여기는 바에 치우치게 되고, 그 거만하고 게으른 바에 치우치게 된다. 그러므로 좋아하면서도 그 나쁜 것을 알고, 미워하면서도 그 아름다운 것을 아는 사람이 천하에 적다(故 好而知其惡 好而知其美 天下鮮矣). 그러므로 속담에 이르기를 『사람은 그 자식의 나쁜 것을 알지 못하고, 그 곡식이 큰 것을 알지 못한다(人莫知其子之惡 莫知其苗之碩)』 고 했다. 이것이 이른바 몸이 닦여지지 못하면 그 집을 가지런히 하지 못한다는 것이다」

곧 가정에서의 감정에 의한 불공평한 일이 모두 자기 자신의 수양 부족에서 비롯되고, 그것은 곧 가정불화와 자식들에게 악영향을 미치게 되는 것을 말한다.

호접몽 胡蝶夢

늙은이 胡 나비 蝶 꿈 夢

《장자》 제물론(齊物論)

인생의 덧없음.

전국시대 송나라에서 태어난 장자(이름은 주周)는 고금독보의 철인이었다. 그 고매하고 변환(變幻)의 유취(幽趣)를 높이 평가받은 철학의 전모를 이야기한다는 것은 용이한 일은 아니지만, 요약해서 말하면, 그것은 절대 자유의 정신세계—도(道)에의 귀일(歸一)을 목표로 하고, 모든 상대적 가치 관념의 부정·초극을 요청한다.

비록 현신(現身)은 이 오탁(汚濁)에 찬 세속 속에 있더라도 그 정신에 있어서 생사·물아(物我)·시비·선악·진위·미추(美醜)·빈부·귀천 등 시간 공간의 모든 대립과 차별을 지양해 버렸을 때 영롱한 도(道)의 세계가 나타날 것이다. 그래서 장자는 제물론(齊物論), 즉 일체의 것을 똑같은(齊) 것으로 보고, 만물즉일(萬物卽一)의 절대적 궁극적인 세계에 마음을 소요시켜야 한다는 생각을 수많은 우화로 표현하는데, 그 중에서도 이 호접지몽은 적절하고 향기 그윽한 특색 있는 이야기다. 《장자》 제물론에서 장자는 말하고 있다.

「언제였는지 나는 깜박 잠든 꿈속에서 나비가 되었다. 훨훨 날개에 맡겨 허공을 나는 즐거움, 나는 내가 나라는 것도 잊고 그 즐거움에 빠졌다. 이윽고 무심코 눈을 떴다. 나는 역시 현세에 있는 그대로의 나였다. 그러면 이 세상에 있는 내가 꿈속에서 저 나비가 된 것일까? 아니면 저 훨훨 자유롭게 날고 있던 나비가 꿈속에서 나라는 인간이 되어 있는 것일까? 내가 나비인지 나비가 나인지, 꿈이 현실인

장주몽접도(莊周夢接圖)

지 현실이 꿈인지……」

외람된 인간적 분별로 보면 장주(莊周)와 호접(胡蝶) 사이에는 뚜렷한 구별이 있고 꿈과 현실도 역시 뚜렷하게 다르다. 장주는 장주이며, 호접이 장주일 수는 없고 현실은 어디까지나 현실로서 꿈이 현실일 수는 없다. 그러나 이런 구별을 지어 그것에 구애되는 것, 그 자체가 실은 인간의 외람됨이며, 또 어리석음이기도 하다.

「도(道)」의 세계, 본체의 세계에서 내려다보면 모든 것은 생멸유전(生滅流轉), 끊임없는 변화―「물화(物化)」 가운데 있으며 그 하나하나의 것 전부가 각기 진(眞)이고 실(實)이라고도 할 수 있다. 현재의 모습(相)에 집착함으로써 장주는 장주이고 호접은 호접이라고 하지만, 실재의 세계에 있어서는 장주도 또한 호접이고 호접 또한 장주일 것이다. 현실도 꿈이고 꿈도 또한 현실일 것이다.

그리하여 이 철인(哲人)은 생각한다. 「도(道)」의 세계에 살고 있는 자로서는, 그 어느 것이나 똑같이 보고, 있는 그대로 있는 것, 깨면 장주로서 살고, 꿈을 꾸면 호접으로서 춤추며 주어진 지금의 모습으로서 지금을 즐기는 것, 다시 말하여 현재의 긍정, 그것이 진정한 「자유(自由)」에 산다는 의미가 아닐까 하고.

호행소혜 好行小慧

좋을 好 갈 行 작을 小 슬기로울 慧

《논어》 위령공편(衛靈公篇)

얄팍한 옳지 못한 꾀를 쓰기를 좋아한다는 뜻이다. 《논어》 위령공편에 있는 공자의 말씀 가운데 나오는 말이다.

「뭇사람이 함께 어울리면서, 하루종일 옳은 일에 대해서는 한 마디 언급도 없이 사리사욕을 위한 얄팍한 꾀를 쓰기만을 좋아한다면, 이보다 더 위험한 일이 없다(羣居終日 言不及義 好行小慧 難矣哉)」

이 세상 사람 치고 이 「호행소혜」를 하지 않는 사람이 거의 없을 것이다. 이른바 성공했다는 사람들은 거의가 이 「호행소혜」의 명수들인 것이다. 그러나 그들의 성공이란 것이 과연 그들에게 무엇을 가져다주는 것일까. 일시적인 성공이 결과에 가서는 파멸을 가져오고 마는 것이다.

하

공자묘

혼정신성 昏定晨省

어두울 昏 정할 定 새벽 晨 살필 省

《예기(禮記)》 곡례편(曲禮篇)

밤에는 부모의 잠자리를 보아 드리고, 이른 아침에는 부모의 밤새 안부를 묻는다는 뜻으로, 부모를 잘 섬기고 효성을 다함을 이르는 말이다.

「혼정(昏定)」은 「밤에는 부모의 잠자리를 보아 드린다」는 뜻이고, 「신성(晨省)」은 「이른 아침에는 부모의 밤새 안부를 묻는다」는 뜻으로, 두 말이 결합된 말이다.

공부(孔府, 공자의 후손이 사는 곳)

이 말은 「온청정성(溫淸定省)」이란 말과 뜻이 통한다. 즉 겨울에는 따뜻하게(溫) 여름에는 시원하게(淸) 해드리고, 밤에는 이부자리를 펴고(定) 아침에는 문안을 드린다(省)는 뜻이다.

또 「동온하청(冬溫夏凊)」이라는 말도 있다. 곧, 부모를 섬기는데, 겨울에는 따뜻하게, 여름에는 서늘하게 한다는 뜻이다. 모두 《예기》에 나오는 말로서 그 뜻이 서로 통하는 말이다.

부모에 대한 공경을 바탕으로 한 행위가 곧 효, 또는 효행이다. 이 효사상은 동서고금을 막론하고 인륜의 가장 으뜸 되는 덕목으로 중시되었다. 즉 「효는 백행지본(百行之本)」이라 하여 부모를 봉양하고, 공경하며, 복종하고, 조상에게 제사를 올리는 일이 의무화되면서 효사상이 사회규범으로 굳어졌다.

맹모림(孟母林 : 맹자 어머니 묘)

공자는 이러한 효에 대해 그 구체적인 실천방법을 제시하여 확고히 정착시켰다. 이 유교적인 효 사상은 맹자에 와서는 자식의 부모에 대한 의무가 더욱 강조되었고, 한대(漢代)에 이르러 《효경(孝經)》에서 도덕의 근원, 우주의 원리로서 명문화되기에 이르렀다.

이처럼 효 사상이 가장 중요한 도덕규범으로 정착되자 자연히 효에 대한 행동상의 규범도 많아지게 되었다. 일종의 구체적인 실천방법으로, 먼저 부모를 대하는 얼굴 가짐을 중시했다. 늘 부드러운 얼굴빛으로 부모를 섬겨 편안하게 해드려야 한다는 것으로, 그것이 쉽지 않은 일이라 하여 「색난(色難)」이라 하였다.

또 부모의 잘못을 보면 간언은 하되 뜻은 거역하지 않으며, 살아계실 때에는 정성으로 모시고, 돌아가시면 3년간 부모의 평소 생활습관을 바꾸지 않고 지켜야 했다. 그러나 무엇보다도 평소 일상생활 중에서 부모를 잘 모시는 것이 가장 중요한 것으로 여겨졌다.

이를테면 저녁에는 잠자리가 어떤지 직접 손을 넣어 확인해 보고, 아침에는 간밤에 잘 주무셨는지 여쭌 다음 부모의 안색을 주의 깊게 살폈으니, 이것이 바로 「혼정신성」으로 부모를 모시는 기본 도리였던 것이다.

홍익인간 弘益人間

넓을 弘 이로울 益 사람 人 사이 間

《삼국유사(三國遺事)》

널리 인간세상을 이롭게 함.

「홍익인간」은 널리 인간세계를 이롭게 한다는 뜻이다. 국조(國祖) 단군의 건국이념으로, 고조선의 개국 이래 우리나라 정치 교육의 기본 정신이 되어 왔다. 이 말은 《삼국유사》 기이제일(紀異第一) 고조선 건국 전설에 나오는 말이다.

단 군

「《위서(魏書)》에 말하기를, 지금으로부터 2천 년 전에 단군 왕검(王儉)이란 사람이 있어서 도읍을 아사달에 세우고, 나라를 처음 만들어 이름을 조선이라 불렀다(乃往二千載 有檀君王儉 立都阿斯達 開國號朝鮮)……」라고 했다.

「고기(古記)에는 말하기를, 옛날 환인(桓因 : 하느님이란 뜻)의 서자 환웅(桓雄)이 자주 천하에 뜻을 두고 인간세상을 탐내어 찾았다. 아버지가 아들의 뜻을 알고, 아래로 삼위태백(三危太伯)을 굽어보니 인간을 널리 유익하게 할 수 있었다(昔有桓

因庶子桓雄 數意天下 貪求人世 父知子意 下視三危太伯 可以弘益人間). 그래서 천부인(天符印) 세 개를 주어 그리로 보내 가서 다스리게 했다. 환웅은 부하 3천 명을 거느리고 태백산 꼭대기의 신단나무 아래로 내려와 이름하여 신시(神市)라 했다. 이를 일러 환웅천왕(桓雄天王)이라 한다고 했다」고 나와 있다.

일연선사

아사달(阿斯達)이 어디고, 삼위태백이 어디며, 또 태백산(太伯山)은 어떤 산을 말한 것인지에 대해서는 학자들 사이에 많은 다른 의견들을 보이고 있다.

《삼국유사》의 편찬자인 일연선사(一然禪師)는, 아사달이 백주(白州)에 있는 백악(白岳)이라고도 하고, 또 개성 동쪽이라고도 한다고 다른 책에 있는 기록을 인용하고 있다.

또 태백산에 대해서는 지금의 묘향산(妙香山)을 말한다고 했다.

이 환웅천왕과 곰(熊)의 딸과의 결혼에 의해 태어난 아들이 「단군」이었다고 하는 전설도 같은 항목에 나오는 이야기인데, 신(神)과 동물과의 결합에 의해 생겨난 것이 인간이었다고 하는 인간 창조설은 퍽 흥미 있는 이야기가 아닐 수 없다.

홍일점 紅一點

붉을 紅 한 一 점 點

왕안석(王安石) / 「석류시(石榴詩)」

왕안석

많은 남자들 사이에 끼어 있는 한 사람의 여자. 여럿 가운데 오직 하나 이채를 띠는 것.

많은 남자들 속에 여자 하나가 끼어 있는 것을 가리켜 흔히 「홍일점」 이라고 말한다. 불타는 것은 꽃을 뜻하기 때문에 그것은 곧 아름다운 여인을 말하게 된다.

이 홍일점이란 말은 원래 「만록총중홍일점(萬綠叢中紅一點)」 이란 말의 끝 부분만을 딴 말이다.

온통 새파란 덤불 속에 빨간 꽃이 한 송이 피어 있다는 뜻이다. 이것은 왕안석(王安石)의 「석류시(石榴詩)」 에 나오는,

만록총중의 붉은 한 점은
사람을 움직이는 봄빛이 많음을 필요치 않게 한다.

萬綠叢中紅一點　動人春色不須多　만록총중홍일점 동인춘색불수다

왕안석의 능엄경지요권(楞嚴經旨要卷)

라는 시에서 따온 것이다.

혹자는 이 시가 왕안석의 자작시가 아니고 작자 미상의 당나라 때 시를 왕안석이 그의 부채에 자필로 써두었기 때문에 사람들이 왕안석의 시인 줄로 알게 되었다고 하기도 한다.

그야 어떻든 글 뜻은 분명하다. 온통 새파랗기만 한 푸른 잎 속에 한 송이 붉은 꽃이 방긋 웃고 있다.

사람의 마음을 들뜨게 하는 봄의 색깔이 굳이 많은 꽃을 필요로 하지 않는다. 복숭아나 오얏처럼 수없이 많은 꽃이 어지러울 정도로 한꺼번에 활짝 피어 있는 것보다도, 무성한 푸른 나뭇잎 사이에 어쩌다 한 송이 빨갛게 내밀어 보이는 석류꽃이 사람의 마음을 더 이끈다는 뜻이다.

이것을 굳이 비유로서 말한다면, 청루에 우글거리는 많은 여자들 보다도, 양가의 높은 담 너머로 조용히 밖을 내다보는 여인에게서 한층 남자의 마음을 이끄는 무엇을 찾는 그런 것이 될 수도 있을 것이다.

화광동진 和光同塵

순할 和 빛 光 같을 同 티끌 塵

《노자(老子)》

「화광(和光)」은 빛을 부드럽게 한다는 뜻이고, 「동진(同塵)」은 세상 사람들과 함께 하는 것을 말한다. 빛을 감추고 속진(俗塵)에 섞인다는 말이다. 즉 자기가 가지고 있는 지혜 같은 것을 자랑하는 일이 없이 오히려 그것을 흐리고 보이지 않게 하여 속세 사람들 속에 묻혀버리는 것을 말한다.

《노자》 제4장과 제56장에 똑같은 구절이 나오는데, 제4장의 것은 제56장의 것이 잘못 끼어든 것으로 보는 학자들이 많다.

「아는 사람은 말하지 않고, 말하는 사람은 알지 못한다. 그 감정의 구멍(귀 · 눈 · 코 · 입)을 막고, 그 욕정의 문을 닫으며, 그 날카로움을 무디게 하고, 그 얽힘을 풀며, 그 빛을 흐리게 하고, 그 티끌을 같이한다. 이것을 현동(玄同)이라고 한다(知者不言 言者不知 塞其兌 閉其門 挫其銳 解其紛 和其光 同其塵是謂玄同). 그러므로 이는 친할 수도 없고, 멀리할 수도 없으며, 이로울 수도 없고, 해로울 수도 없으며, 귀할 수도 없고, 천할 수도 없다. 그러기 때문에 오로지 하늘 아래 귀하게 되는 것이다」

「현동(玄同)」은 현묘(玄妙)하게 같은 것이란 뜻이다. 불교에서 부처가 중생을 제도(濟度)하기 위해 부처의 본색을 감추고 속세에 나타나는 것을 「화광동진」이라고 하는데, 그것은 불교가 중국에 전해진 뒤부터 이 노자의 말을 받아들여 쓴 것이다. 부처 · 보살이 중생을 제도하기 위하여 자기 본색을 감추고 인간계에 섞여 몸을 나타내는 일.

화룡점정 畵龍點睛

그릴 畵 용 龍 점찍을 點 눈알 睛

《수형기(水衡記)》

사물의 가장 요긴한 곳. 일의 가장 요긴한 부분을 끝내어 완성시킴.

「화룡점정」은 용을 그리고 마지막으로 눈동자를 그린다는 뜻이다. 무슨 일을 할 때, 가장 중요한 부분을 끝내므로 일을 완성시키는 것을 가리켜 말한다.

《수형기》에 있는 이야기다.

황룡사

남북조시대의 양(梁)나라 장승요(張僧繇)는 우군장군과 오흥(吳興) 태수 등을 역임한 사람이었지만, 일반적으로는 화가로 알려져 있을 정도로 그림에 대한 일화들이 많다.

그가 언젠가 벽에다 울창한 숲을 그려 두었더니, 이튿날 많은 새들이 그 벽 밑에 와 죽어 있었다. 새들은 그것이 정말 숲인 줄 알고 날아들다가 벽에 부딪쳐 죽은 것이다. 우리나라 신라 진흥왕 때 솔거(率居)가 그린 황룡사(皇龍寺) 노송도(老松圖) 벽화에 참새들이 날

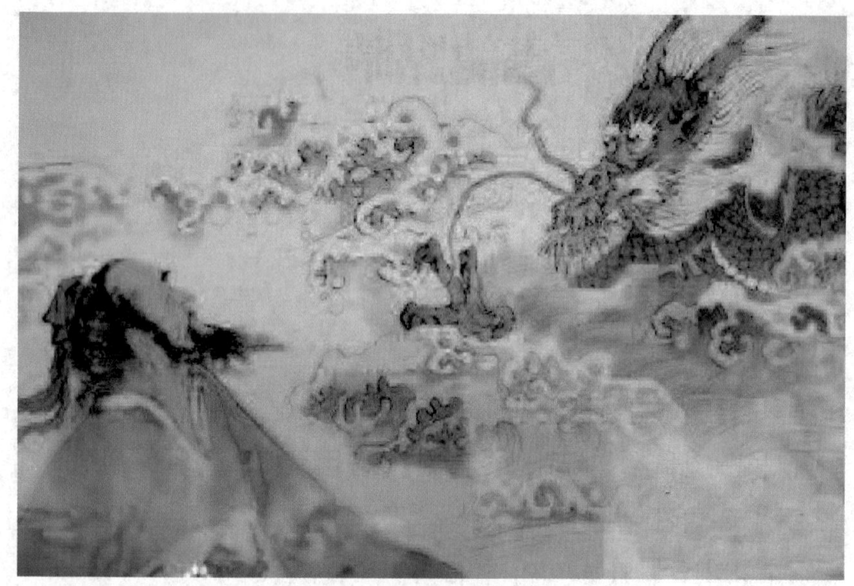

장승요의 화룡점정도

아와 머리를 부딪쳐 떨어져 죽었다는 얘기와 비슷한 이야기다.

그러나 그의 그림에 대한 이야기로는 「화룡점정」의 유래가 된 이야기가 가장 유명하다. 그가 언젠가 서울인 금릉(金陵 : 남경)에 있는 안락사(安樂寺) 벽에다가 네 마리의 용을 그렸는데, 눈동자를 그리지 않았다. 그래서 사람들이 그 까닭을 묻자,

「눈동자를 그리면 날아가 버리기 때문이야」 하고 대답했다.

그러나 사람들은 그의 말을 믿지 않았다. 그래서 그는 용 한 마리에 눈동자를 그려 넣었다. 그러자 갑자기 천둥이 울리고 번개가 치더니 그 용이 벽을 차고 뛰쳐나가 하늘로 올라가 버리고 말았다. 나중에 보니 눈동자를 그리지 않은 용은 그대로 남아 있었다는 것이다.

화·복무문 禍福無門

재앙 禍 복 福 없을 無 문 門

《춘추좌전(春秋左傳)》 양공(襄公) 23년

화(禍)나 복(福)이 오는 문은 정하여 있지 않다는 뜻으로, 스스로 악한 일을 하면 그것은 화가 들어오는 문이 되고, 착한 일을 하면 그것이 복이 들어오는 문이 된다는 말로서, 재앙이나 복은 모두 사람이 자초하는 것이라는 말이다.

노(魯)나라 대부 계손숙(季孫宿)에게는 정부인에게서 낳은 적사자(嫡嗣子)가 없었다. 서자 중에서는 공미(公彌)의 나이가 위였는데, 계손숙은 나이가 어린 도자(悼子)를 사랑하여 후계자로 세우고 공미는 집안의 병마(兵馬)를 맡아보는 마정(馬正)의 일을 보게 했는데, 공미는 아우에게 후계의 자리를 빼앗긴 것이 분해 아버지의 분부를 따르지 않았다.

이에 민자마(閔子馬)가 공미에게 이렇게 충고했다.

「너는 그렇게 해선 안 된다. 복(福)과 화(禍)는 들어오는 문이 따로 정해 있는 것이 아니고, 오직 사람이 그 하기에 달린 것이다(子無然 禍福無門 唯人所召). 자식 된 자는 부모에게 불효하지 않을까를 걱정하여야 하지, 지위가 있고 없는 것을 걱정하지 않는 것이다. 부모의 말씀을 공경하여 받드는 것이 도리인 것이다. 만약 네가 효로써 아버지를 공경하면 너는 계씨 가문을 잇는 후계자보다 두 배나 부자가 될 수도 있을 것이다. 그러나 네가 상궤(常軌)를 벗어나는 일을 한다면 그 화는 백성들에게는 배나 더할 것이다」

공미는 이 충고를 옳게 여겨 아버지를 공경하고 성심껏 집안일을

회남자

돌보니 아버지 계손숙은 매우 기뻐하며, 공미의 집에서 술을 마실 때는 일부러 필요한 그릇들을 싸가지고 가서 술을 마신 후 그릇들을 그대로 공미의 집에 두고 왔다. 그렇게 하여 공미는 점차 부자가 되었고 조정에서는 좌재(左宰)의 벼슬에까지 올랐다.

《회남자(淮南子)》에도 「화와 복은 문이 같다(禍福同門)」 즉 화와 복은 자신이 불러오는 것이라 했다.

또 《맹자》 공손추상(公孫丑上)에도 「화와 복은 자기에게서 말미암는다(禍福由己)」 라고 했다.

百萬買宅 千萬買隣
백만매택 천만매린

백만금으로 집을 사고 천만금으로 이웃을 산다.

(집을 사는 데 백만금을 들인다면, 이웃에는 천만금을 들일 마음가짐이 필요하다. 집을 사려면 집의 좋고 나쁨보다 이웃의 좋고 나쁨을 먼저 생각하고 사지 않으면 안 된다.)

— 《남사(南史)》 여승진전(呂僧珍傳)

화서지몽 華胥之夢

빛날 華 서로 胥 의 之 꿈 夢

《열자(列子)》 황제편(黃帝篇)

화서(華胥)는 나라 이름이다. 중국 전설상의 임금인 황제(黃帝)가 꿈에 화서씨의 나라로 가서 진리를 깨닫게 되었다는 고사에서 좋은 꿈을 가리켜 「화서지몽」이라고도 하고, 낮잠을 자다가 이 꿈을 꾸었다 해서 낮잠 자는 것을 가리켜 화서의 꿈을 꾼다고 한다.

《열자》 황제편 첫머리에 나오는 이야기다. 황제는 15년 동안 천하가 자기를 떠받드는 것을 기뻐하며 이제 좀 몸을 편안히 하려고 오관의 즐거움을 좇아 생활을 했다. 그러나 몸은 점점 여위어 가고 정신은 자꾸만 흐려져 갔다.

그래서 다음 15년 동안은 천하를 잘 다스리기 위해 지혜와 노력을 아끼지 않았다. 그러나 몸과 정신은 더욱 파리해져 갈 뿐이었다. 그래서 황제는 생각을 달리하여 정치에서 완전히 손을 떼고 대궐에서 물러나와, 시신들과 가무(歌舞) 같은 것도 다 물리치고 음식도 검소하게 하며, 태고시절의 무위(無爲)의 제왕(帝王)인 대정씨(大庭氏)가 있던 집에 들어앉아 마음을 깨끗이 하고 몸을 가다듬어 석 달 동안 가만히 있었다.

그때였다. 황제는 낮잠을 자는 동안 꿈에 태고시절 무위의 제왕인 화서씨의 나라로 가서 놀게 되었다. 화서의 나라는 중국에서 서북쪽으로 몇 만 리나 떨어져 있어 배나 수레로는 갈 수 없고 다만 정신에 의해서만 갈 수 있었다.

그 나라에는 지배자가 없이 자연 그대로였다. 사람들은 욕심이란

황제(黃帝)

것을 모르고 자연 그대로였다. 삶을 즐기는 일도 죽음을 싫어하는 일도 없기 때문에 일찍 죽는 일도 없었다. 자기를 위하는 일도 남을 멀리하는 일도 없기 때문에 사랑이니 미움이니 하는 것이 없었다.

거역이니 순종이니 하는 것이 없기 때문에 이익이니 손해니 하는 것이 없었다. 물에 들어가도 빠지는 일이 없고 불에 들어가도 타는 일이 없었다. 칼로 쳐도 상처가 나거나 아프거나 하는 일이 없고 손으로 긁어도 가렵지가 않다. 공중을 나는 것이 육지를 밟는 것 같고, 허공에 누워 있어도 침대에 누운 것 같았다. 구름과 안개가 보는 것을 가리지 않고, 우레가 듣는 것을 어지럽게 하지 않았다. 아름답고 추한 것이 마음을 흔들지 않고, 산과 골짜기가 걸음을 방해하는 일이 없이 정신에 의해 자유롭게 행동할 수 있었다.

황제는 꿈에서 깨어나자 맑은 정신으로 진리를 훤히 깨달을 수 있었다. 황제는 세 명의 재상을 불러, 꿈에서 참 도를 깨친 것을 말하고, 그것을 말로 뭐라고 표현할 수 없다고 덧붙였다. 이리하여 다시 28년 동안 천하가 크게 잘 다스려져 거의 화서씨의 나라와 같은 상태에 이르게끔 되었다.

황제가 죽자 백성들은 슬피 울부짖기를 2백 년 동안이나 계속했다. 이 화서의 나라는 도가(道家)의 이상사회를 그린 것으로 무심무위(無心無爲)가 도의 극치라는 것을 주장하고 있는 것이다.

화실상칭 華實相稱

빛날 華 열매 實 서로 相 저울질할 稱

《남사》 제종실전(齊宗室傳)

꽃과 열매가 서로 알맞게 어울린다는 뜻으로, 외면(형식)과 내면(실질)이 서로 일치하는 것을 비유하는 말이다. 선비가 갖추어야 할 면모를 일컫는 말로서, 지식인이라면 문장은 화려해야 하고 행동은 신실해야 한다는 뜻이다.

「華」는 꽃을 뜻하는 「花」와 같은 의미이고, 「實」은 열매를 뜻한다. 꽃으로 비유되는 화려한 겉모습과 열매로 비유되는 내면의 성실함이 어느 한쪽도 치우치지 않는 바람직한 인간상을 말한다고 할 수 있다.

어느 날, 무제(武帝)가 왕검(王儉)에게 이렇게 말했다.

「형양왕에게는 문학적 능력이 필수적인데, 모름지기 화려함과 충실성을 갖춘 사람을 문학으로 삼아야 할 것이니, 귀족의 자제를 취하는 데 그쳐서는 안 된다(衡陽王須文學 當使華實相稱)」

이에 태자사인 소부를 문학으로 삼았다

이름과 실제가 일치하는 뜻의 명실상칭(名實相稱)이나 명실상부(名實相符)와 같은 뜻이다.

청대(淸代)의 문인 원매(袁枚)는 자신의 문학이론서인 《수원시화(隨園詩話)》에서 다음과 같은 말을 남기고 있다.

「시란 줄기만 있고 꽃이 없으면 이는 마른나무이고, 또 사람 모양만 있지 자아의식이 없으면 이는 꼭두각시일 뿐이다(詩 有幹無華 是枯木也 有人無我 是傀儡也)」

하

화씨벽 和氏璧

화목할 和 성 氏 구슬 璧

《한비자》 화씨편(和氏篇)

화씨(和氏)가 발견한 구슬이라고 해서 「화씨벽」 으로 부르게 된 것으로, 천하제일의 보옥(寶玉)을 이르는 말.

춘추전국 시대를 통해서 가장 값비싼 보물로 인정되어 왔고, 한때 이 화씨벽을 성 열 다섯과 바꾸자고 한 일도 있어, 이것을 둘러싼 국제적인 분쟁이 있었고, 이로 인해 벼락출세를 하게 된 인상여(藺相如)의 이야기 또한 너무도 유명하다. {☞ 완벽(完璧)}

또 장의(張儀)가 이 화씨벽으로 인해 도둑의 누명을 쓰고 매를 맞은 일도 유명하다. 그러나 이 화씨벽이 세상에 나오기까지에는 보다 기막힌 사연이 얽혀 있었다. {☞ 오설상재(吾舌尙在)}

가운데가 뚫린 옥이 벽(璧)

초나라 화씨(和氏: 변화卞和)가 산 속에서 돌로밖에는 보이지 않는 옥돌 원석을 주워 와서 초나라 여왕(厲王)에게 바쳤다.

여왕이 옥공에게 감정을 시킨바, 옥이 아닌 돌이라고 했다. 왕은 임금을

화서지몽 華胥之夢

빛날 華 서로 胥 의 之 꿈 夢

《열자(列子)》 황제편(黃帝篇)

화서(華胥)는 나라 이름이다. 중국 전설상의 임금인 황제(黃帝)가 꿈에 화서씨의 나라로 가서 진리를 깨닫게 되었다는 고사에서 좋은 꿈을 가리켜 「화서지몽」이라고도 하고, 낮잠을 자다가 이 꿈을 꾸었다 해서 낮잠 자는 것을 가리켜 화서의 꿈을 꾼다고 한다.

《열자》 황제편 첫머리에 나오는 이야기다. 황제는 15년 동안 천하가 자기를 떠받드는 것을 기뻐하며 이제 좀 몸을 편안히 하려고 오관의 즐거움을 좇아 생활을 했다. 그러나 몸은 점점 여위어 가고 정신은 자꾸만 흐려져 갔다.

그래서 다음 15년 동안은 천하를 잘 다스리기 위해 지혜와 노력을 아끼지 않았다. 그러나 몸과 정신은 더욱 파리해져 갈 뿐이었다. 그래서 황제는 생각을 달리하여 정치에서 완전히 손을 떼고 대궐에서 물러나와, 시신들과 가무(歌舞) 같은 것도 다 물리치고 음식도 검소하게 하며, 태고시절의 무위(無爲)의 제왕(帝王)인 대정씨(大庭氏)가 있던 집에 들어앉아 마음을 깨끗이 하고 몸을 가다듬어 석 달 동안 가만히 있었다.

그때였다. 황제는 낮잠을 자는 동안 꿈에 태고시절 무위의 제왕인 화서씨의 나라로 가서 놀게 되었다. 화서의 나라는 중국에서 서북쪽으로 몇 만 리나 떨어져 있어 배나 수레로는 갈 수 없고 다만 정신에 의해서만 갈 수 있었다.

그 나라에는 지배자가 없이 자연 그대로였다. 사람들은 욕심이란

하

황제(黃帝)

것을 모르고 자연 그대로였다. 삶을 즐기는 일도 죽음을 싫어하는 일도 없기 때문에 일찍 죽는 일도 없었다. 자기를 위하는 일도 남을 멀리하는 일도 없기 때문에 사랑이니 미움이니 하는 것이 없었다.

거역이니 순종이니 하는 것이 없기 때문에 이익이니 손해니 하는 것이 없었다. 물에 들어가도 빠지는 일이 없고 불에 들어가도 타는 일이 없었다. 칼로 쳐도 상처가 나거나 아프거나 하는 일이 없고 손으로 긁어도 가렵지가 않다. 공중을 나는 것이 육지를 밟는 것 같고, 허공에 누워 있어도 침대에 누운 것 같았다. 구름과 안개가 보는 것을 가리지 않고, 우레가 듣는 것을 어지럽게 하지 않았다. 아름답고 추한 것이 마음을 흔들지 않고, 산과 골짜기가 걸음을 방해하는 일이 없이 정신에 의해 자유롭게 행동할 수 있었다.

황제는 꿈에서 깨어나자 맑은 정신으로 진리를 훤히 깨달을 수 있었다. 황제는 세 명의 재상을 불러, 꿈에서 참 도를 깨친 것을 말하고, 그것을 말로 뭐라고 표현할 수 없다고 덧붙였다. 이리하여 다시 28년 동안 천하가 크게 잘 다스려져 거의 화서씨의 나라와 같은 상태에 이르게끔 되었다.

황제가 죽자 백성들은 슬피 울부짖기를 2백 년 동안이나 계속했다. 이 화서의 나라는 도가(道家)의 이상사회를 그린 것으로 무심무위(無心無爲)가 도의 극치라는 것을 주장하고 있는 것이다.

속인 죄를 물어 왼쪽 다리를 자르게 했다.

여왕이 죽고 무왕(武王)이 즉위하자 화씨는 다시 그 원석을 바쳤다. 역시 옥공에게 감정시킨 결과 옥이 아닌 돌이라는 판정이 내려졌다. 이번에는 그의 오른발을 자르게 했다.

아름다운 옥이 나온다는 전설의 곤륜산

무왕이 죽고 문왕이 즉위했다. 그러자 화씨는 그 원석을 품에 안고 밤낮 사흘을 소리 내어 울었다. 눈물이 마르자 피가 잇달아 흘렀다.

문왕은 이 소문을 듣고 사람을 시켜 그 까닭을 물었다.

「세상에 발을 잘린 죄인이 많은데, 그대만 유독 슬프게 우는 까닭은 무엇인가?」

그러자 화씨는,

「다리가 잘린 것이 슬퍼 우는 이유가 아닙니다. 보배 구슬이 돌로 불리고, 곧은 선비가 속이는 사람이 된 것이 슬퍼 우는 까닭입니다」 하고 대답했다.

이리하여 문왕은 옥공에게 그 원석을 다듬고 갈게 하여, 천하에 다시없는 보물을 얻게 되었다. 그리고 그 구슬을 「화씨벽」 이라 이름을 붙였다. 이 이야기는 《한비자》 화씨편에 인용된 이야기다.

한편 인상여에 관한 이야기는 이미 「완벽(完璧)」 이란 제목에서 자세히 언급되어 있다.

화언교어 花言巧語

꽃 花 말씀 言 교묘할 巧 말씀 語

《주자어류(朱子語類)》

듣기 좋은 말로 남을 속임.

「꽃처럼 화려하고 공교로운 말」이라는 뜻으로, 듣기 좋은 말로 남을 속이는 것을 비유하는 말이다.

주 희

《논어》 학이(學而)편에,

「교묘히 꾸며서 하는 말과 아첨하는 얼굴빛을 하는 자 가운데는 어진 사람이 드물다(巧言令色 鮮矣仁)」라는 말이 있다.

여기서 「교언영색((巧言令色)」은 「남의 환심을 사기 위해 교묘히 꾸며서 하는 말과 아첨하는 얼굴빛」이라는 뜻이다.

송(宋)나라 때 주희(朱熹)는 《주자어류》에서 이 구절에 대하여 이렇게 해설하고 있다.

「내 생각에 따르면, 교언이란 이른바 화언교어를 말하는 것이다. 마치 요즘 과거시험 응시생들이 붓끝을 놀려 글을 짓는 것이 바로 이와 같다(據某所見 巧言卽所謂花言巧語 如今世擧子弄筆端做文字者 便是)」

남의 비위를 맞추려고 하는 달콤한 말을 의미하는 「감언이설(甘言利說)」과 같은 뜻이다. 교어화언(巧語花言)이라고도 한다.

화우계 火牛計

불 火 소 牛 꾀 計

《사기》 전단열전(田單列傳)

전국시대 말기 제나라 전단(田單)이 쓴 전법에 「화우계」 란 것이 있었다. 쇠꼬리에 불을 붙여 어두운 밤중에 잠들어 있는 적의 진지를 습격해 들어가 적을 혼란에 빠뜨림으로써 멸망 직전에 있던 제나라를 구출한 전무후무한 전법이었다.

《사기》 전단열전에 있는 이야기다.

악 의

연소왕(燕昭王)은 악의(樂毅)를 총대장으로 이웃나라의 도움을 빌어 제나라 70여 성을 다 함락시키고 망명간 제민왕(齊湣王)을 죽게 만든 다음, 오직 즉묵(卽墨)과 거(莒) 두 성을 남겨둔 채 항복하기만을 기다리고 있었다. 그러자 소왕이 죽고, 즉묵에는 새 지도자로 민중들의 추대를 받아 전단이 등장하게 된다.

전단은 연나라를 이길 방법은 계략을 써서 악의를 제거하지 않으면 안된다고 생각하고, 먼저 간첩을 보내 새로 즉위한 연혜왕(燕惠王)으로 하여금 악의를 해임시키고 기겁(騎劫)이란 장수를 총대장으

전 단

로 임명하게 한다.

전단은 다시 간첩 공작에 의해 기겁으로 하여금 제나라 민중들을 흥분 단결시키는 무모한 짓을 하게 만든다. 그런 다음 곧 항복한다는 헛소문을 퍼뜨리며 성 안에 있는 부자들을 시켜 입성한 뒤에 잘 봐달라는 뇌물을 기겁에게 바치게 한다.

포위군은 총대장서부터 전 장병이 승리감에 도취되어, 즉묵의 부자들이 보낸 소와 술로 마냥 마시며 밤늦게까지 즐겼다. 전단이 최후 돌격을 감행할 시간이 온 것이다.

전단은 미리 성 밑을 파서 적의 진지로 돌격할 수 있는 지하도를 여러 곳에 만들어 두고 있었다. 천여 마리의 소를 붉은 비단으로 옷을 만들어 입히고, 거기에 오색 용(龍) 그림을 그린 다음, 양쪽 뿔에 칼을 붙들어 매고 꼬리에는 기름이 묻은 갈대를 매달았다.

적이 술에 취해 깊은 잠에 빠졌을 한밤중에, 신장(神將)처럼 꾸민 장사 5천 명이 칼을 들고 소의 뒤를 따랐다. 성 밑 지하도를 통해 적의 진지 가까이로 가자 일제히 쇠꼬리에 불을 붙였다. 소는 꼬리가 뜨거워지자 성이 나서 미친 듯이 연나라 진지로 향해 달렸다.

요란한 소리에 겨우 잠이 깬 연나라 군사는 넋을 잃고 말았다. 쇠꼬리의 횃불이 눈이 부시게 빛나며 평생 듣도 보도 못한 용처럼 생긴 괴물이 칼 달린 뿔을 휘두르며 들이닥치는 것이다.

화우계(일본 이시가와 현 미술관)

대항할 생각도 못하고 뿔에 스치기만 하면 죽거나 상하거나 했다. 신장처럼 생긴 5천 명 장사들은 입에 물나무를 문 채 허둥지둥 달아나는 적의 뒤를 치고 들어갔다.

성 안에서는 북소리와 함성이 요란하게 울려오고 늙은이와 아이들은 징과 꽹과리와 구리 그릇들을 들고 나와 두들겨대며 소리를 질렀다. 온통 천지가 뒤집히는 것만 같았다.

이리하여 연나라 총대장인 기겁은 제나라 군사에 의해 죽고 말았다. 이렇게 되자 적에게 항복했던 70여 성읍들이 일제히 전단에 가담하여 적군을 내몰았다. 이 이야기는 《사기》와 그 밖의 여러 역사적 기록에 나와 있는 유명한 대사건이요, 기적 같은 성공담이기도 하다.

한 장수로 인해 하루아침에 크게 거두었던 성공이 한 장수로 인해 하루아침에 허물어지고 만 좋은 예이기도 하다.

화호유구 畵虎類狗

그릴 畵 범 虎 무리 類 개 狗

《후한서》 마원전(馬援傳)

호랑이를 그리다가 이루지 못하면 도리어 개와 비슷하게 된다는 뜻으로, 섣불리 훌륭한 사람의 언행을 모방하려고 하면 도리어 경박한 사람이 됨을 비유하여 이르는 말. 또는 제 소양이나 능력을 돌보지 않고 큰일을 꾀하다 실패함을 이르는 말. 화호불성반류구(畵虎不成反類狗)의 준말이다.

《후한서》 마원전(馬援傳)에 있는 이야기다.

후한 광무제 때 용맹을 날렸던 복파장군(伏波將軍) 마원(馬援)이, 그가 싸우고 있던 교지(交趾 : 지금의 월남)에서 그의 조카 마엄과 마돈에게 편지로써 타이른 말 가운데 나오는 문자다. 마원이 복파장군으로 임명되어 징칙(懲側)과 징이(徵貳)의 반란을 토벌하기 위해 교지를 공략하고 있을 때였다.

두 조카들은 남을 비평하기를 좋아하고 협객(俠客)으로 자처하며 철없는 건달들과 어울리기를 좋아했다. 그래서 마원은 그들이 걱정이 되어 전쟁터에서 여가를 빌어 교훈의 편지를 썼던 것이다.

「나는 너희들이 남의 잘못을 들었을 때는 부모의 이름을 들었을 때처럼 귀로 들을지라도 입으로 말하지 않기를 바란다. 남의 장단점을 즐겨 비평하거나 나라의 정사를 함부로 비판하는 것은 내가 가장 싫어하는 바다. ……용백고(龍伯高)는 착실하고 신중하여 필요 없는 말을 입 밖에 내지 않으며, 겸손하고 청렴 공정하여 위엄이 있는 사람이다. ……너희들이 이 사람을 본받기를 나는 바란다. 두계량(杜季

良)은 호협하여 남의 걱정을 내 걱정으로 하고 남의 즐거움을 내 즐거움으로 하고 있어…… 그의 부친 초상에는 몇 고을 사람들이 다 모

복파장군 마원

였었다. 나는 이 사람을 사랑하고 존경한다. 그러나 너희들이 이 사람을 배우는 것을 원치 않는다. 용백고를 배우면 비록 그와 같이 되지 못하더라도 근신하고 정직한 사람이 될 수 있다. 이른바 고니를 새기다가 제대로 못되면 그대로 거위처럼은 된다(刻鵠類鵝)는 것이다. 그러나 만일 두계량을 배우다가 그처럼 되지 못하면 천하의 각박한 인간이 되고 만다. 이른바 범을 그리다가 이루지 못하면 도리어 개처럼 되고 만다(畵虎不成 反類狗者也)」

「화호유구」는 이 마원의 편지에서 나온 말인데, 원래는 바탕이 없는 사람이 호걸 흉내를 내면 도리어 경박한 사람이 되고 만다는 뜻이었지만, 너무 큰 것을 욕심내다가 실패하면 망신만 당하고 만다는 그런 뜻으로 널리 쓰이고 있다.

한편 「각곡유아(刻鵠類鵝)」는 고니를 새기려다 이루지 못하더라도 거위와 비슷하게 된다는 뜻으로, 훌륭한 선비를 본받으려다 실패해도 선인(善人)은 될 수 있음을 이르는 말로, 「화호유구」와는 그 뜻이 정반대로 사용된다.

확금자불견인 攫金者不見人

붙잡을 攫 돈 金 사람 者 아닐 不 볼 見

《열자(列子)》 설부편(說符篇)

물욕에 눈이 어두우면 의리나 염치를 모른다.

「돈을 움켜쥐면 다른 사람이 눈에 보이지 않는다」 라는 뜻으로, 물욕에 눈이 가려지면 의리나 염치를 모른다는 말로서, 명예나 물욕에 미혹되면 눈앞의 위험도 돌보지 않음을 비유하는 말이다..

전국시대 제(齊)나라 사람으로, 금을 탐내는 사람이 있었다. 그 사람은 아침 일찍 일어나 시장에 나가 금을 파는 가게에서 금을 훔쳤다. 시장 관리인이 그를 붙잡아, 사람들이 모두 그 곳에서 그대를 보고 있었는데도 어째서 남의 금을 훔쳤느냐고 물었다. 그러자 그 자는, 「금을 가져갈 때에는 사람은 보이지 않고 금만 보였습니다(攫金者不見人)」 라고 대답했다.

이처럼 눈앞의 이익만 생각하다 보면 주위를 돌아다볼 여유마저 잃을 정도로 무모해져 사람의 도리를 저버리게 된다.

《회남자(淮南子)》 설림훈편(說林訓篇)에도 이런 말이 있다.

「짐승을 쫓는 자의 눈은 큰 산을 보지 못한다. 즐기고 욕심이 밖에 있으면, 곧 밝음이 가려진다(逐獸者目不見太山 嗜欲在外 則明所蔽矣)」

태산에 들어가 짐승을 쫓는 사람의 눈에는 산의 모습이 보이지 않는다는 뜻이다. 즉, 짐승을 쫓기 위하여 눈이 어두워져 다른 것은 이미 눈에 들어오지도 않는다는 뜻이다. 「축록자불견산」 은 눈앞의 작은 이익에 미혹(迷惑)되어 더 큰 것을 돌아보지 못함을 이르는 말이다.

환골탈태 換骨奪胎

바꿀 換 뼈 骨 빼앗을 奪 태 胎

《냉제야화(冷齊夜話)》

딴 사람이 된 듯이 용모가 환하게 트여 아름다워짐. 고인(古人)이 지은 시문(詩文)의 취지와 의도를 취하여 어구나 결구(結構)만을 바꾸어 새로운 뜻과 미를 지니게 되는 것.

「환골탈태」는, 뼈를 바꿔 넣고 태(胎)를 달리 쓴다는 뜻으로, 몸과 얼굴이 전연 몰라볼 정도로 좋게 변한 것을 말한다. 또 시나 문장이 다른 사람의 손을 거침으로써 완전히 새로운 뜻과 미를 지니게 되는 것을 말하기도 한다.

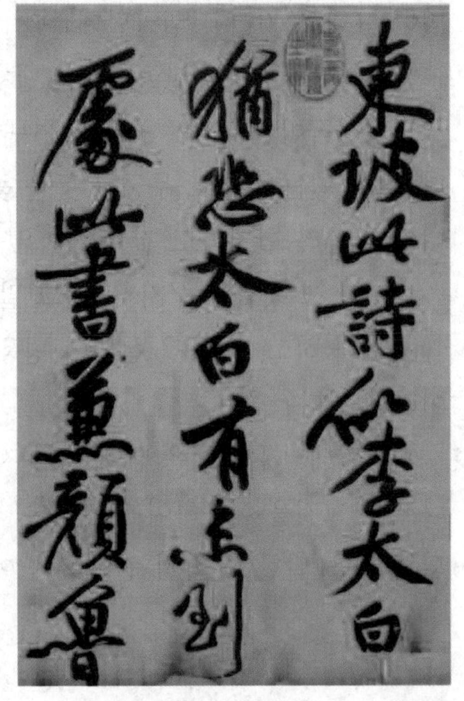
황정견의 글씨

원래는 이 말은 선가(仙家)에서 나온 말로, 연단법(鍊丹法)에 의해 새로운 사람이 되는 것을 말한다.

황정견(黃庭堅 : 호는 산곡)은 소식(蘇軾 : 호는 동파)과 함께 북송을 대표하는 시인이었다.

황정견은 박식으로 알려져 있지만, 박식을 자랑하여 함부로 인용하는 일이 없고, 그것을 완전히 소화시켜 내 것처럼 자유롭게 씀으로써 독자적인

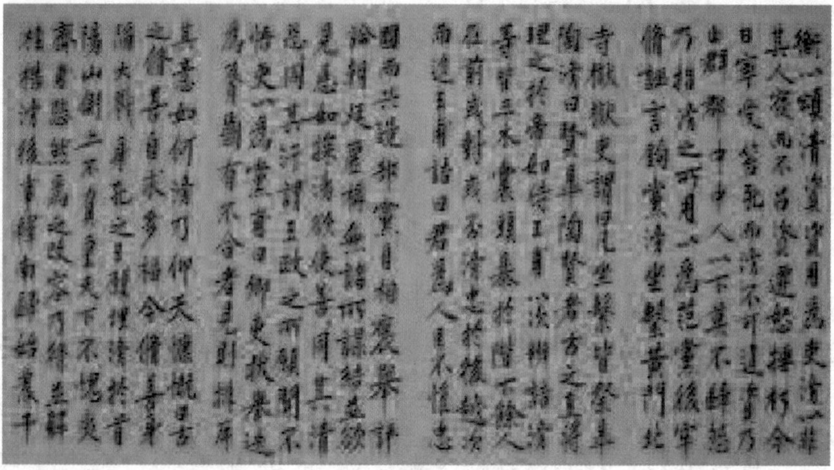

황산곡의 글씨

세계를 이루었던 것이다. 그가 그 같은 수법을 도가(道家)의 용어를 빌어 표현한 것이 「환골탈태」 다.

남송의 중 혜홍(惠洪)이 쓴 《냉제야화》 에 있는 이야기다.

「황산곡이 말했다. 시의 뜻은 무궁한데, 사람의 재주는 한이 있다. 한이 있는 재주로 무궁한 뜻을 좇는다는 것은 도연명이나 두자미(杜子美)라 할지라도 잘 될 수 없을 것이다.

그러나 그 뜻을 바꾸지 않고 그 말을 만드는 것을 일러 환골법(換骨法)이라 하고, 그 뜻을 본받아 형용하는 것을 일러 탈태법(奪胎法)이라고 한다」

환골탈태의 문장법은 남이 애써 지은 글을 표절(剽竊)하는 것과는 다르다. 그것을 이용하여 보다 뜻이 살고, 보다 절실한 표현을 얻게 되는 것을 말한다. 마치 같은 사람이 탈바꿈을 한 것처럼.

환·과·고독 鰥寡孤獨

홀아비 鰥 과부 寡 외로울 孤 홀로 獨

《맹자》 양혜왕(梁惠王)

홀아비 · 과부, 어리고 부모 없는 사람, 늙고 자식이 없는 사람 등을 일컫는 말로서, 외롭고 의지할 데 없는 사람을 이르는 말이다.

제(齊)나라 선왕(宣王)이 맹자에게 왕도정치에 대해 묻자, 맹자는 다음과 같이 대답하였다.

「옛날 주(周)나라 문왕(文王)께서는 기(岐) 땅을 다스릴 때에는 경작자에게 수익의 9분의 1을 과세하였고, 벼슬을 한 사람에게는 대대로 그 녹(祿)을 주었으며, 관문과 시장에서는 사정을 헤아리기는 하였으나 세금을 거둬들이지 않았고, 물을 막아 고기를 잡는 기구인 양(梁)을 금하지 않았으며, 죄를 지은 사람을 처벌하더라도 그 죄가 자식에게까지는 미치지(連坐制) 않았습니다. 늙어 아내가 없는 이를 홀아비(鰥), 늙어 남편이 없는 이를 과부(寡), 늙어 자식이 없는 이를 홀몸(獨), 어리고 아비 없는 이를 고아(孤)라고 합니다. 이 네 부류의 사람들은 천하에 궁벽한 백성들로서 의지할 데가 없는 사람들입니다」

맹자는 문왕의 예를 들어, 어진 정치를 베풀기 위해서는 반드시 먼저 이 네 부류의 사람들을 돌보아야 한다고 대답한 것인데, 이렇듯 일할 능력이나 의지할 데가 없는 늙은이와 어린이를 일러 「환과고독」이라 한다.

현대사회에 있어서도 이들에 대한 복지가 가장 먼저 이루어져야 할 것이다.

하

활연개랑 豁然開朗

넓을 豁 그럴 然 열 開 밝을 朗

도연명 / 「도화원기(桃花源記)」

돌연히 어떤 도리나 이치를 깨닫게 됨의 비유.

「앞이 확 트이면서 밝아지다」 라는 뜻으로, 돌연히 어떤 도리나 이치를 깨닫게 된 것을 비유하는 말이다.

위진남북조 시대 진(晉)나라의 도연명(陶淵明)이 지은 「도화원기」 에서 유래되었다.

「도화원기」 는 한 어부가 길을 잃고 헤매다가 마치 이 세상이 아닌 듯한 이상향(理想鄕)을 경험한 가상의 이야기로, 「무릉도원(武陵桃源)」 이라는 말이 여기서 유래되었다.

진나라 태원 때 무릉 사람이 고기잡이를 생업으로 삼았는데, 하루는 시냇물을 따라 배를 저어 가는데, 문득 길이 멀고 가까움을 잊었다가는 갑자기 복사꽃이 핀 숲을 만났다.

무릉도원도(日 화가 富岡鉄斎 교토국립박물관)

도연명취귀도(陶淵明醉歸圖, 淸 화가 장사보)

언덕을 끼고 수 백 보쯤 되는 넓이에 온통 복사꽃으로 덮여 향기로운 풀은 곱고 아름다우며 떨어지는 꽃잎이 어지러이 날렸다.

어부는 황홀하게 여겨 다시 앞으로 배를 저어가서 그 끝까지 가보리라 생각하였더니 갑자기 도화림(桃花林)이 다하고 문득 한 산이 나타나니, 산에는 작은 굴이 있어 밝은 빛이 비쳤다.

어부는 배에서 내려 굴 입구를 따라 들어가니 처음에는 매우 좁아 겨우 한 사람 정도 통과할 수 있더니, 다시 수십 보를 나아가니 갑자기 앞이 탁 트여 밝아지면서(復行數十步 豁然開朗), 땅은 평평하고 넓으며 집들이 잘 정돈되어 있고 기름진 논밭과 아름다운 연못, 뽕나무와 대나무들이 있으며 전답 사이의 길들은 사방으로 뻗어 있고 닭과 개의 울음소리가 도처에서 들리며 그 가운데에서 가고 오며 농사짓는 남녀의 의복이 모두 바깥세상 사람들의 모습 같고, 노인과 어린아이들이 모두 편안하며 즐거워하고 있었다.

여기서 「활연개랑」은 어둡고 좁은 곳으로부터 확 트이고 밝은 곳으로 나아가게 되듯이, 어떤 계기를 통해 그 전까지는 이해하지 못하던 사물의 원리나 도리를 깨우치게 되는 것을 비유하는 성어로 사용된다.

하

황당무계 荒唐無稽

거칠 荒 황당할 唐 없을 無 헤아릴 稽

《장자》 천하(天下)편

「허황되고 근거가 없다」 라는 뜻으로, 언행이 터무니없고 믿을 수 없음을 비유하는 고사성어이다. 《장자》 천하편에 있는 말이다.

「황홀하고 적막하여 아무 형체도 없고, 변화는 일정하지 않다. 죽은 것인지 산 것인지 알 수 없지만 천지와 함께 나란히 존재하고 신명에 따라 움직인다(芴寞無形 變化無常 死與生與 神明王與).

남화진인 장자

망연히 어디로 가는 것인가? 홀연히 어디로 가는 것인가? 만물을 망라하고 있지만 족히 귀일할 곳이 없다. 옛날의 도술에는 이러한 경향이 있는 사람이 있었다.

장자가 그 말을 듣고 기뻐하였다. 그는 아득한 이론에 황당한 말(荒唐之言)과 종잡을 수 없는 말로(無端崖之辭) 이를 논하였다. 때로는 마음대로 논하였지만 치우치는 일이 없었고, 한 가지에만 얽매인 견해를 주장하지는 않았다」

이로써 「황당무계」는 언행이 터무니없고 허황하여 믿을 수 없는 경우를 비유하는 성어로 사용된다. 황탄무계(荒誕無稽)라고도 한다.

회계지치 會稽之恥

모을 會 머무를 稽 의 之 부끄러울 恥

《사기》 월왕구천세가(越王句踐世家第)

전쟁에 패한 치욕. 뼈에 사무쳐서 잊을 수 없는 치욕을 이르는 말.

춘추전국시대 오나라는 오자서(伍子胥)와 손무(孫武)의 계책에 의하여 서쪽으로는 강한 초나라를 깨뜨리고, 북쪽으로는 제(齊)나라와 진(晋)나라를 위협했으며, 남쪽으로는 월(越)나라를 복종시켰다.

기원전 496년, 오(吳)나라 왕 합려(闔閭)는 월(越)나라로 쳐들어갔다가 월왕 구천(勾踐)에게 패하였다. 이 전투에서 합려는 화살에 맞아 심각한 중상을 입었다.

병상에 누운 합려는 죽기 전 그의 아들 부차(夫差)를 불러 이 원수를 갚을 것을 유언으로 남겼다. 부차는 가시가 많은 장작 위에 자리를 펴고 자며(臥薪), 방 앞에 사람을 세워 두고 출입할 때마다 「부차야, 아비의 원수를 잊었느냐!」 하고 외치게 하였다. 부차는 매일 밤 눈물을 흘리며 아버지의 원한을 되새겼다. 부차의 이와 같은 소식을 들은 월나라 왕 구천은 기선을 제압하기 위해 오나라를 먼저 쳐들어

월왕 구천의 자작용검

하

월왕 구천 조상(彫像)

갔으나 대패하였고 오히려 월나라의 수도가 포위되고 말았다.

싸움에 크게 패한 구천은 얼마 남지 않은 군사를 거느리고 회계산(會稽山)에서 농성을 하였으나 견디지 못하고 오나라에 항복하였다. 포로가 된 구천과 신하 범려(范蠡)는 3년 동안 부차의 노복으로 일하는 등 갖은 고역과 모욕을 겪었고, 구천의 아내는 부차의 첩이 되었다. 그리고 월나라는 영원히 오나라의 속국이 될 것을 맹세하고 목숨만 겨우 건져 귀국하였다.

그는 돌아오자 잠자리 옆에 항상 쓸개를 매달아 놓고 앉거나 눕거나 늘 이 쓸개를 핥아 쓴맛을 되씹으며(嘗膽), 「너는 회계의 치욕(會稽之恥)을 잊었느냐!」 하며 자신을 채찍질하였다. 이후 오나라 부차가 중원을 차지하기 위해 북벌에만 신경을 쏟는 사이 구천은 오나라를 정복하고 부차를 생포하여 자살하게 한 것은 그로부터 20년 후의 일이다. 이와 같이 「와신상담」은 부차의 「와신(臥薪)」과 구천의 「상담(嘗膽)」이 합쳐서 된 말로 「회계지치」라고도 한다.

회과자신 悔過自信

뉘우칠 悔 지날 過 스스로 自 믿을 信

《사기》 편작창공(扁鵲倉公)열전

과거의 잘못을 뉘우치고 새 출발을 함을 이르는 말.

서한(西漢) 초, 태창(太倉)에 고을 장관을 지내던 순우의(淳于意)라는 사람이 있었다. 그는 젊어서부터 의술에 관심을 가지고 좋아하였다. 그는 같은 고을에 살고 있던 양경(陽慶)이라는 사람을 스승으로 삼고 의술을 배웠다. 그런데 양경은 70세가 넘도록 아들이 없었다. 그리하여 양경은 순우의에게 이전에 배웠던 의술을 모두 버리게 하고, 새로운 비법의 의술을 전수했다.

의술을 전수받기 3년, 환자를 위하여 질병을 치료하고 사활을 판단하는 데 효험이 눈부셨다. 그러면서도 각지의 제후를 찾아다니며 노닐기만 하고, 내 집 일을 돌보지 않고 때로는 환자를 치료해 주지 않기도 하여 병자가 있는 집에서 그를 원망하는 자가 많았다.

문제 중원(中元) 4년, 어떤 사람이 천자에게 글을 올려 순우의를 참소했다. 형죄(刑罪 : 신체를 불구로 만드는 중형)에 처해야 할 죄가 있다 해서 순우의는 역마(驛馬)에 의해 서쪽 장안(長安)으로 보내지게 되었다.

순우의는 딸이 다섯 있었는데, 따라오면서 순우의를 붙들고 울자, 순우의는 노하여 큰 소리로 꾸짖었다.

「자식은 낳았으되 아들을 낳지 못한 관계로 긴급한 일이 생기게 되니 아무 소용이 없구나」

그러자 막내딸 제영(緹縈)은 압송되는 아버지를 따라 장안까지 오

하

순우의

게 되었다. 제영은 황제에게 한 통의 글을 올렸다.

「소녀의 아비는 관리로서 제나라에서는 청렴 공평하다고 일컬었는데, 이제 법에 저촉되어 형벌에 처하게 되었습니다. 깊이 생각하건대, 죽어버리면 두 번 다시 살아날 수가 없고, 육형에 처해지면 두 번 다시 수족을 몸체에 붙일 수가 없을 것이니, 과실을 뉘우치고 갱생하려고 해도 할 수 없은즉 결국 어떻게도 할 수 없게 될 것입니다. 이 일을 생각하면 견딜 수 없는 고통입니다. 원컨대 소녀의 일신을 바쳐 관의 노비가 됨으로써 아비의 허물을 고치게 하고 스스로 갱생토록 했으면 하나이다(以贖父兄罪 使得悔過自信也)」

이 호소문이 황제에게 주달되자, 황제는 그 딸의 마음을 불쌍히 여겼다. 그리고 순우의를 사면해 주고, 그 해 안에 손발을 자르는 육형(肉刑)의 법도 폐지했다.

회광반조 回光返照

돌아올 回 빛 光 돌이킬 返 비칠 照

《임제록(臨濟錄)》

일순의 상황에 사로잡혀 허둥대거나 안절부절 말고 조용히 돌이켜 자신을 비추어 봄. 해가 지기 직전에 잠깐 하늘이 밝아진다는 뜻으로, 머지않아 멸망하지만, 한때나마 그 기세가 왕성함. 또 죽기 직전에 잠깐 기운을 돌이킴을 비유해 이르는 말.

불교의 선종(禪宗)에서, 「빛을 돌이켜 거꾸로 비춘다」 라는 뜻으로, 언어나 문자에 의존하지 않고 자기 마음속의 영성(靈性)을 직시하는 것을 의미하기도 하고, 사람이 죽기 직전에 잠시 온전한 정신이 돌아오는 것을 비유하기도 한다.

「回」는 「廻」라고도 쓴다. 본래는 해가 지기 직전에 일시적으로 햇살이 강하게 비추어 하늘이 잠시 동안 밝아지는 자연현상을 의미한다. 이것이 죽음 직전에 이른 사람이 잠시 동안 정신이 맑아지는 것을 비유하는 말로 사용되게 되었다.

또 사물이 쇠멸하기 직전에 잠시 왕성한 기운을 되찾는 경우를 비유하는 말로도 사용된다. 촛불이 사그라지기 전에 한 차례 크게 불꽃을 일으키는 것이 한 예이다. 불교의 선종에서는 자신의 내면세계를 돌이켜 반성하여 진실한 자신, 불성(佛性)을 발견하는 것을 의미한다.

일거수일투족이 내게서 비롯되는 것으로, 일거수일투족이 마음 아닌 것이 없음이라. 일상의 모든 것을 안으로 돌이켜 보는 것이다

내가 어떤 생각을 할 때, 생각함을 알고, 내가 어떤 말을 할 때,

말함을 아는 것이다.

자신의 언행을 알면 바로 할 수 있을 것으로, 수행이 깊어져 닦을 것이 없으면 행 이전에 행을 알아 그르칠 일 없게 된다.

자신이 화를 내면 화를 냄을 알고, 알면 그 화가 스스로를 돕지 못하는 일인 줄 알아 화를 다스릴 것으로, 극단으로 치닫는 일 없이 매사를 여유있게 대처할 수 있을 것이다.

자신의 일이 아닌 타인의 언행을 볼 때도 누군가 그릇된 언행으로 주변의 눈살을 찌푸리게 하면 그 사람을 향하여 손가락질하고 돌을 던지기보다는 자신은 어떠한가? 자신의 언행을 살펴보는 것이다

누군가 슬픔과 고난에 처했을 때도 상대의 아픔을 자신의 마음에 비추어 보고 상대의 마음과 하나 되는 슬픔으로 상대를 가슴으로 위로하는 것이다. 보고 듣는 일상사를 내 일이 아닌 양 무관심하거나 남의 일로 치부하여 없이 여기는 것이 아니라 매사 회광반조로서 역지사지(易地思之)하여 타산지석으로 삼는 것이다.

남을 탓하기 전에 내 허물을 먼저 보고 바로 하는 것이다.

임제종의 개조(開祖)인 의현(義玄)선사의 법어(法語)를 수록한 《임제록(臨濟錄)》에서 한 말이 한 예다.

「그대는 말이 떨어지면 곧 스스로 돌이켜 비추어 볼 것이며, 다시 다른 데서 구하지 말지니, 그대 몸과 마음은 조사, 부처와 한 치도 다르지 않음을 알아야 한다(爾言下便自回光返照 更不別求 知身心與祖佛不別)」

주변으로부터 나를 자극하는 어떤 말을 듣는 순간, 또한 급박한 상황이 벌어지는 순간, 그 말과 상황에 사로잡혀 허둥대거나 안절부절 말고 자신을 조용히 돌이켜 보라는 것이다. 돌이켜 자신을 비추어보면 이리저리 날뛰던 마음이 멈춘다.

회귤 懷橘

품을 懷 귤 橘

《이십사효(二十四孝)》

지극한 효성(孝誠).

육적 조각상

동한(東漢) 말엽에 육적(陸績)이 여섯 살이었던 어린 시절에 구강(九江)에 살고 있는 원술(袁術 : 후한 사람으로, 자는 公路) 어른을 찾아뵈러 갔었다. 원술이 자기를 만나러 온 어린 손님 육적을 맞이하고는 귤(橘)을 쟁반에 담아 다정히 대접하였다. 육적은 그 귤을 먹는 둥 마는 둥하면서 원술 어른이 눈치 채지 않게 슬며시 귤 세 개를 품속에 감춰 넣었다. 돌아갈 때가 되어 육적이 원술 어른께 작별인사를 드리고 막 자리에서 일어서려고 할 때 품속에 간직했던 귤이 그만 방바닥으로 떨어져 굴렀다. 이상히 여긴 원술이 육적에게 조심스레 물었다.

「육랑(陸郎)은 우리 집에 온 손님인데 왜 먹으라고 내놓은 귤을 먹지도 않고 품속에 넣어두었는가(陸郎作賓客而懷橘乎)?」

육적은 입장이 난처하였으나 마음먹고 한 일이라 거짓 없이 그 연유를 말하였다.

육적의 회귤(懷橘)고사

「사실은 이 귤을 넣어 가서 집에 계시는 어머님께 드리려고 했습니다(欲歸遺母)」

이 말을 들은 원술은 어버이를 위하여 효성스런 마음이 애틋하고 대견하여 육적의 머리를 쓰다듬으며 말했다.

「육랑같이 착하고 어버이를 섬길 줄 아는 효성스러운 어린이는 처음 보았다. 이거 별거 아니지만 어머니께 갖다 올려라」

그리고는 귤을 더 내주었다. 이 고사는 원나라 때 곽거경(郭居敬)이 중국의 대표적인 효자 24명의 효행을 적은 《이십사효(二十四孝)》에 실려 있다. 여기에서 유래하여 「육적의 회귤」은 부모에 대한 지극한 효성을 비유하는 말로 사용된다. 우리나라 선조(宣祖) 때 박인노(朴仁老)가 이런 시를 읊었다.

반중(盤中) 조홍(早紅)감이 고와도 보이나니,
유자(귤) 아니라도 품음직하다마는
품어 가도 반길 사람 없으니 그를 서러워하노라

이 시의 중장(中章) 종장(終章)의 글귀는 역시 이 「회귤(懷橘)」의 고사를 빌어 어버이 안 계시므로 봉양 못함을 슬퍼하는 효심을 노래 불렀던 것이라 하겠다.

회벽유죄 懷璧有罪

품을 懷 둥근 옥 璧 있을 有 허물 罪

《춘추좌씨전(春秋左氏傳)》

옥을 가지고 있는 것이 죄가 된다는 뜻으로, 분수에 맞지 않는 귀한 물건을 지니고 있으면 훗날 재앙을 부를 수 있음을 이르는 말.

「죄(罪)」라는 글자는 그물망(罒) 변에 그릇 「비(非)」를 짝지은 글자로서, 법망에 걸려든 그릇된 짓, 즉 법을 어긴 것이 「죄」를 뜻한다는 것이다.

춘추시대 우(虞)나라 왕 우공(虞公)은 동생 우숙(虞叔)이 가지고 있는 명옥(名玉)을 몹시 탐냈다. 우숙은 명옥이 아까워서 내놓지를 않았다. 그러나 얼마 지나지 않아 우숙은 후회하고는 형에게 구슬을 바치면서 이렇게 말했다.

「주나라의 속담에 『필부는 죄가 없어도 구슬을 가지고 있는 것만으로도 죄가 된다(匹夫無罪 懷璧其罪)』고 했습니다. 내가 이것을 가지고 있어서 스스로 화를 불러들일 이유가 없습니다」

얼마 후, 우공은 또 우숙이 가진 보검을 달라고 했다. 그러자 우숙은 형은 만족을 모르는 사람으로 언젠가는 자신의 목숨까지 달라고 할지도 모른다는 생각을 하게 되었다. 결국 신변의 위협을 느낀 우숙은 반란을 일으키고, 우공은 홍지(洪池)로 달아나게 되었다.

우숙이 말한 주나라 속담은, 필부의 신분으로 옥을 가진다는 것은 훗날 화를 초래할 수 있다는 것으로, 우공에게 건넨 것은 바로 화근을 넘겨준 것이라는 말이다. 「포벽유죄(抱璧有罪)」라고도 한다.

회사후소 繪事後素

스그림 繪 일 事 뒤 後 흴 素

《논어(論語)》 팔일(八佾)편

본질이 있은 연후에 꾸밈이 있음.

「그림은 먼저 바탕을 손질한 후에 채색한다」는 뜻으로, 그림을 그리는 일은 바탕이 있은 뒤에야 가능하다. 본래 소(素)란 바탕을 말하는 것이고, 그 바탕이란 아무것도 칠하지 않은 순수한 것을 말한다. 세상의 모든 일이란 바탕이 있고 나서야 가능한 것이다. 따라서 사람은 좋은 바탕을 먼저 기른 뒤에 문식(文飾)을 더해야 한다는 말이다. 《논어》 팔일(八佾)편에 있는 말이다.

자 하

자하(子夏)는 공자의 제자로 공문십철(孔門十哲)의 한 사람이며, 시(詩)와 예(禮)에 통달했는데, 특히 예의 객관적 형식을 존중하는 것이 특색이다.

자하가 공자에게 물었다.

「선생님, 『교묘한 웃음에 보조개여, 아름다운 눈에 또렷한 눈동자여, 소박한 마음으로 화려한 무늬를 만들었구나(巧笑倩兮 美目盼兮 素以爲絢兮 何謂也)』하셨는데, 무엇을 말하는 것입니까?」

공자가 대답했다.

공문십철

「그림 그리는 일은 흰 바탕이 있은 후이다(繪事後素)」

이에 자하가 다시 물었다.

「예(禮)는 나중입니까(禮後乎)?」

그러자 공자가 대답했다.

「나를 일으키는 자가 바로 상(商, 자하)이로구나. 비로소 함께 시(詩)를 말할 수 있게 되었구나(起予者 商也 始可與言詩已矣)」

여기서 공자의 말은, 「동양화에서 하얀 바탕이 없으면 그림을 그리는 일이 불가능한 것과 마찬가지로, 소박한 마음의 바탕이 없이 눈과 코와 입의 아름다움만으로는 여인의 아름다움을 표현할 수 없다」는 것이다. 이에 자하는 밖으로 드러난 형식적인 예(禮)보다는 그 예의 본질인 인(仁)한 마음이 중요하므로, 형식으로서의 「예」는 본질이 있은 후에라야 의미가 있는 것임을 깨달았던 것이다.

공자는 자하에게 유교에서 말하는 인(仁)·의(義)·예(禮)·지(智)·신(信)의 5가지 기본 덕목인 오상(五常) 중 가장 으뜸이 되는 기본 덕목은 인(仁)이라는 것을 말하고 있는 것이다.

하

회자부적 懷刺不適

품을 懷 명함 刺 아닐 不 맞을 適

《후한서(後漢書)》 예형전(禰衡傳)

명함을 품고 다녔지만 줄 만한 사람을 만나지 못하였다는 뜻으로, 존경할 만한 인물을 만나지 못한 경우, 또는 존경할 만한 인물이 있더라도 만날 길이 없는 경우를 비유하는 말.

옛 중국에서는 고귀한 사람을 만나려면 먼저 자신을 소개하는 글을 담은 명함을 올리는 풍습이 있었다.

후한(後漢) 말의 인물 예형(禰衡)은 어려서부터 재능이 뛰어났고 성격이 강직한 인물이었다. 그는 위(魏)나라의 도읍인 허창(許昌)에 들어가기 전에 남몰래 자신을 소개하는 명함 한 장을 준비하여 품속 깊이 간직하고 인재들이 많이 모인 도성에서 이상적인 인물을 만나 가르침을 구할 수 있기를 바랐다.

그러나 그의 바람과는 달리 허창을 떠날 때까지 머릿속에 그리던 이상적인 인물을 만나지 못하였다. 그의 품속에 간직한 명함은 한 번도 꺼낼 기회가 없었을 뿐 아니라 품속에서 닳고 닳아서 글자가 알아보기 어려울 정도로 흐릿해졌다고 한다(至於刺字漫滅).

여기서 유래하여 회자부적은 존경할 만한 대상을 찾을 수 없거나 있더라도 만날 길이 없는 경우를 비유하는 성어로 사용된다. 또는 권세와 부귀에 빌붙지 않는 경우나, 재능은 있지만 때를 만나지 못한 경우를 비유하는 말로도 사용된다.

「회자만멸(懷刺漫滅)」이라고도 한다.

회자인구 膾炙人口

날고기 膾 구운고기 炙 사람 人 입 口

《맹자》 진심하(盡心下)

「회자인구」는 보통 「인구(人口)에 회자(膾炙)된다」라는 식으로 쓰인다. 사람의 입에 오르내린다는 뜻이다. 여기에서 회자란 잘게 썬 고기를 구운 요리를 말한다. 《맹자》 진심장에 있는 이야기다.

증삼(曾參)과 그의 부친 증석(曾晳)은 다 같이 공자의 제자로서 증석은 양조(羊棗)라는 산열매를 매우 즐겨 먹었다. 나중에 증석이 세상을 떠난 뒤 효자인 증삼은 양조를 아예 입에도 대지 않았다.

전국시대에 이르러 맹자의 제자 공손추(公孫丑)가 이 일에 대해서 맹자에게 회자(膾炙)와 양조 중 어느 것이 더 맛이 좋은가 하고 물었다. 그러자 맹자는 당연히 회자라고 하면서 회자는 즐겨하지 않는 사람이 없다고 했다. 그러자 공손추가 다시 물었다.

「그렇다면 증석 부자도 다 회자를 즐겨했을 텐데 부친이 돌아간 뒤 증삼은 왜 양조만 먹지 않았습니까?」

맹자가 대답했다.

「회자는 누구나 다 즐겨하지만, 양조는 증석의 특별한 별식이었기 때문에 증삼은 양조를 먹지 않은 것이다. 마찬가지로 이름은 피하고 성을 피하지 않는 것도 성은 함께 쓰는 것이고, 이름은 한 사람만 쓰는 것이기 때문이다(膾炙所同也 羊棗所獨也 諱名不諱姓 姓所同也 名所獨也)」

「회자소동」에서 「회자인구」란 말이 나오게 되었는데, 지금은 전(轉)하여 「널리 사람의 입에 오르내리다」라는 뜻으로 쓰인다.

하

회총시위 懷寵尸位

품을 懷 총애할 寵 주검 尸 자리 位

《효경(孝經)》 간쟁장(諫諍章)

임금의 총애를 받다가 물러나야 할 때에 물러나지 않고 계속해서 벼슬자리를 지킴의 비유. 총애를 품고 헛되이 자리에 있다는 뜻으로, 임금의 사랑을 믿고 물러가야 할 때에 물러가지 않고 직위를 도둑질하고 있음을 이르는 말로서, 진시황(秦始皇) 때 승상 이사(李斯)를 두고 하는 말이다. 《효경》 간쟁장에서는 신하의 도리를 말하고 있다.

증자가 말했다.

「또한 자애와 공경 그리고 부모를 편안하게 하여 드리고 이름을 날림에 힘써야 함은 삼(參 : 증자의 이름)이 이미 익히 들었습니다. 감히 묻습니다. 자식으로서 아버지의 명령을 따르기만 하면 효도한다고 할 수 있겠습니까?」

공자가 말했다.

「그 무슨 말이냐, 그 무슨 말이냐! 옛날에 천자는 간쟁하는 신하 일곱을 두면 비록 자신이 무도하여도 그 천하를 잃지 않고, 제후는 간쟁하는 신하 다섯만 두면 비록 자신이 무도하여도 그 나라를 잃지 않고, 대부는 간쟁하는 신하 셋만 두면 비록 자신이 무도해도 그 집안을 잃지 않았다. 선비에게 간쟁하는 벗이 있으면 그 몸에서 명성이 떠나지 않을 것이며, 아버지에게 간쟁하는 자식이 있다면 그 몸이 의롭지 못한 일에 빠지지 않을 것이다. 그러므로 만일 아버지가 의롭지 못한 일을 했을 때는 자식으로서 아버지를 간쟁하지 않을 수 없고, 임금이 의롭지 못한 일을 했을 때는 신하로서 마땅히 그 임금을 간쟁하지 않을 수 없다. 그러므로 의롭지 못한 일을 당하였을 때에는 간쟁하여야 하니 아버지의 명령만 따른다고 어찌 효도라 할 수 있겠느냐?」

환관 조고

이사(李斯)는 진(秦)나라의 재상으로서 시황제(始皇帝)를 도와 천하를 통일하는데 지대한 공을 쌓았다. 그러나 이사의 추호도 용서가 없는 법가사상으로 인해 백성들을 항상 공포와 불안에 떨어야 했다.

시황제가 죽자, 이사는 간신 조고(趙高)와 힘을 합쳐 황제의 가짜 유서를 만들어 시황을 따라온 후궁 소생 호해(胡亥)를 설득시키고 승상 이사(李斯)를 협박하여 시황의 죽음을 비밀에 붙이고 수도 함양으로 들어오자, 거짓 조서를 발표하여 부소를 죽이고 호해를 보위에 앉힌다. 이것이 2세 황제다. 2세 황제 밑에서 순식간에 출세하여 진의 실권을 잡은 것이 사람들로부터 천대받는 거세자(去勢者)인 환관 조고였다.

이사는 수많은 신하와 유능한 인재들을 잡아 죽인 후 자신이 마음껏 권력을 누리려 했으나 그것이야말로 환관 조고가 자신을 잡으려고 쳐놓은 덫이라는 것을 알았을 때에는 모든 것이 이미 늦은 뒤였다.

조고는 이사를 이용해 나라의 충신들을 모두 잡아 죽인 후에 이번에는 이용가치가 없어진 이사를 호해에게 아첨을 해 잡아들였던 것이다. 결국 이사는 요참(腰斬 : 허리가 잘리는 형벌)형에 처해지고 그 집안은 멸문의 화를 당하고 말았다. 이사의 그 추악한 권력욕이 비수가 되어 거꾸로 자신의 목을 치고 만 것이다.

「시위소찬(尸位素餐)」과 비슷한 말이다.

효시 嚆矢

울 嚆 화살 矢

《장자》 재유편(在宥篇)

사물의 시초.

「효시(嚆矢)」는 소리 나는 화살을 말한다. 향전(響箭)이라고도 한다. 옛날 중국에서는 이 우는 화살을 적진에 쏘아 보냄으로써 개전(開戰)의 신호로 삼았다고 한다. 그래서 모든 것의 시초나 선례를 가리켜 「효시」라 말하게 되었다. 비슷한 성구로 「남상(濫觴)」과 「비조(鼻祖)」가 있다.

이 말이 가장 먼저 쓰인 예는 《장자》 재유편에서 볼 수 있다.

「지금 세상은 처형당한 사람의 시체가 서로 베개를 하고, 차꼬를 찬 사람이 서로를 밀며, 형벌을 받아 죽음을 당할 사람이 서로를 바라보고 있다.

그런데도 유가(儒家)와 묵가(墨家)의 사람들은 이런 차꼬를 찬 사람들 사이를 오가면서 발가락이 빠지도록 팔을 걷어붙이고 있다.

오호라 심하구나! 부끄럼도 없고, 부끄러운 줄도 모른다. 심하구나! 나는 성인의 지혜가 죄인의 목에 거는 큰 칼과 발에 거는 차꼬가 되지 않고, 또 이른바 인(仁)이니 의(義)니 하는 것이 차꼬와 수갑의 빗장이 되지 않은 예를 알지 못한다.

효도로 유명한 증삼(曾參)과 강직하기로 유명한 사유가 폭군인 걸(桀)과 가장 큰 도둑인 척(跖)의 효시가 아니란 것을 어떻게 알 수 있겠는가. 그러므로 성(聖)을 끊고, 지(知)를 버려야 천하가 크게 다스려진다고 말하는 것이다」 {☞ 남상(濫觴)}

후래거상 後來居上

뒤 後 올 來 거할 居 위 上

《사기》 급정열전(汲鄭列傳)

뒤에 온 것이 위에 있다는 뜻으로, 나중에 발탁된 사람이 윗자리에 앉음을 이르는 말.

급암(汲黯)은 한나라 무제(武帝) 때의 간신(諫臣)으로, 성품이 강직하기로 유명하여 황제 앞에서도 바른말하기를 서슴지 않았다. 한무제도 그를 어렵게 생각하였다. 급암은 중대부로 승진하고서도 여전히 강직한 성품으로 무제에게 직언을 하였는데, 그는 결국 무제의 미움을 사서 동해태수로 전출되었다.

급암은 황제(黃帝)와 노자의 학설을 배워 관리와 백성들을 다스림에 있어서도 청정(淸靜)한 것을 좋아하여 승(丞 : 태수의 부관)과 사(史 : 문서를 관리하는 서기)를 선발하여 모든 것을 위임했다. 그의 통치방법은 정치의 큰 요지만을 강구할 뿐 사소한 일에는 개의치 않았다.

급암은 자주 아파서 내실에 누워 밖으로 나가지 못했다. 이렇게 한 해를 보내도 동해군은 잘 다스려졌으며, 그의 치도(治道)는 늘 칭찬을 받았다. 무제는 이 소문을 듣고 그를 불러 주작도위(主爵都尉 : 열후를 관장하는 관리)에 임명함으로써 그를 구경의 반열에 오르게 했다.

그는 업무를 처리함에 있어 무위(無爲)만을 추구했고, 대체적인 것만을 다스리고 법령에 구애받지 않았다. 그러나 그는 옛 습관을 고치지 못하고, 사람을 앞에 두고 그 잘못을 비난했다.

하

한 무제

급암이 구경(九卿)의 관직에 있을 때, 공손홍(公孫弘)이나 장탕(張湯) 등은 아직 하급 관리에 지나지 않았는데, 그들은 아부를 잘하는 사람들로서 점점 귀한 신분이 되어 급암과 동격이 되었다.

원래 급암이 구경이었을 때의 속관(屬官)은 모두 급암과 같은 지위에 올랐으며, 그 가운데는 중용되어 급암 이상이 된 자도 있었다. 급암은 편협한 마음에서 다소 원망하는 생각이 없을 수 없었다. 그래서 무제를 알현하고 말했다.

「폐하께서 군신을 등용하시는 것은 장작을 쌓아놓는 것과 마찬가지여서 나중에 들어오는 사람이 윗자리에 올라가게 됩니다(陛下用群臣如積薪 後來者居上)」

무제는 잠자코 말이 없었다.

그 후 급암이 죽자, 무제는 급암을 생각하여 그의 동생과 아들에게 벼슬을 주었는데, 모두 영리하고 처세에 뛰어난 사람들로서 벼슬이 구경(九卿)에 이르렀다.

여기서 유래하여 「후래거상」은 나중에 발탁된 사람이 먼저 들어온 사람보다 윗자리에 앉게 되는 것을 비유하는 말로 사용된다.

후목분장 朽木糞墻

썩을 朽 나무 木 똥 糞 담 墻

《논어》 공야장편(公冶長篇)

썩은 나무는 새기기가 어렵고, 분토로 쌓은 담은 흙손질을 할 수 없다는 뜻으로, 이미 자질이나 바탕이 그릇되었다면 그 위에 가르침을 베풀 수 없다는 말이다.

《논어》 공야장편에 있는 이야기다.

일찍이 공자는 제자인 재여(宰予)를 썩은 나무에 비유하면서 책망한 일이 있었다. 어느 날, 재여가 낮잠을 자고 있는 것을 본 공자는 역정을 내면서 이렇게 말했다.

「썩은 나무로는 조각을 할 수가 없고 분토로 쌓은 담벼락은 흙손질을 할 수가 없다. 재여에 대해서는 뭐라 꾸짖을 나위도 없지 않겠느냐?(朽木不可雕也 糞土之墻 不可杇也 于予與何誅)」

후목(朽木)은 썩은 나무, 분토지장(糞土之墻)은 거름흙으로 쌓은 담장이란 뜻이다. 이렇게 썩은 나무니 거름흙 담이니 하는 심한 말로 재여를 꾸짖은 것은 공자가 평소 성실하지 못한 재여의 행실을 매우 싫어했다는 것을 알 수 있게 하는 일화다.

공자는 이어서 또 이렇게 말했다.

「전에 나는 그 사람의 말만 듣고 그의 사람됨을 믿었지만, 지금 그의 말도 듣거니와 그의 행동도 보고 있다. 나의 이 같은 태도는 재여 자신 때문에 바뀐 것이다」

재여가 평소 말은 잘했으나 행실이 따르지 못하였기 때문에 공자가 이런 말을 한 것이다. 「후목불가조(朽木不可雕)」라고도 한다.

후생가외 後生可畏

뒤 後 날 生 옳을 可 두려울 畏

《논어》 자한편(子罕篇)

젊은 세대들이 무한한 잠재력을 가지고 발전해 옴의 비유.

후생(後生)은 뒤에 난 사람. 즉 자기보다 나이가 어린 사람을 말한다. 「후생이 가외(可畏)」는 이제 자라나는 어린 사람이나, 수양과정에 있는 젊은 사람들이 두렵다는 말이다.

안 회

《논어》 자한편에 있는 공자의 말이다. 두렵다는 것은 무섭다는 뜻이 아니고 존경한다는 뜻이 있다.

「뒤에 난 사람이 두렵다. 어떻게 앞으로 오는 사람들이 지금만 못할 줄을 알 수 있겠는가. 나이 4, 50이 되었는데도 이렇다 할 이름이 알려져 있지 않는 사람은 별로 두려워할 것이 못된다(後生可畏 焉知來者之不如今也 四十五十而無聞焉 斯亦不足畏也已)」

공자의 이 말은 공자보다 서른 살이 아래인 안자(顏子)의 재주와 덕을 칭찬해서 한 말이라고도 한다. 그러나 역시 이것은 하나의 진리가 아닐 수 없다. 미지수란 항상 커나가는 사람, 커나가는 세력에 있는 것이다. 하찮게 여겼던 사람이 커서 자기보다 더 훌륭하게 된 예는 너무도 많다.

휘질기의 諱疾忌醫

스꺼릴 諱 병 疾 꺼릴 忌 의원 醫

《사기》 편작창공(扁鵲倉公)열전

병을 숨기고 의원을 꺼린다는 뜻으로, 자신의 결점을 감추고 고치지 않음을 비유한 말.

전국시대의 전설적인 명의(名醫) 편작(編鵲)의 고사에서 유래한 성어이다. 편작의 본명은 진월인(秦越人)으로, 장상군(長桑君)에게 의학을 배워 금방(禁方)의 구전과 의서를 받아 명의가 되었다.

편작이 제나라를 방문했다. 제나라의 환후(桓侯)는 진월인을 빈객으로 대우했다. 그는 궁중에 들어 알현하고 말했다.

「공께서는 병이 있는데, 그 병은 피부에 머물러 있습니다. 치료하지 않으시면 안으로 깊이 들어갈 것입니다」

환공은 말했다.

「나에게는 병이 없소」

편작이 물러 나간 다음, 환공은 좌우 사람에게 말했다.

「의원이란 자들은 돈을 벌려는 것도 정도가 있어야지. 병이 들지도 않은 사람을 환자로 몰아서 돈을 벌려고 하다니!」

닷새 뒤 편작은 다시 알현하고 말했다.

「공께서는 병이 있는데 혈맥 속에 있습니다. 치료를 하지 않으시면 안으로 깊이 들어갈 것입니다」

환공은 또 말했다.

「나에게는 병이 없소」

편작이 나가자 환후는 기분이 언짢았다. 다시 닷새가 지난 다음

진맥하는 편작

편작은 다시 환공을 알현하고 말했다.

「공께서는 병이 있는데 위(胃)와 장(腸) 사이에 있습니다. 치료를 하지 않으시면 더 깊이 안으로 들어갈 것입니다」

환후는 이 말에 응하지 않고 편작이 물러 나가자 더욱 못마땅해 했다. 다시 닷새 후에 편작은 또 환후를 알현했는데, 이때는 알현만 하고 도망을 했다. 환후가 사람을 보내 그 이유를 묻자, 편작이 대답했다.

「병이 피부에 있을 때는 탕약과 고약만으로 효험이 있고, 병이 혈맥에 있을 때에는 금침이나 석침이 아니면 고칠 수 없으며, 병이 위장에 있을 때는 다시 탕약이라야 효험이 있는데, 골수에 있게 되면 비록 사명(司命 : 별 이름. 운명과 수명을 맡은 神)일지라도 어찌할 수가 없습니다. 지금 병은 이미 골수에 이르렀습니다. 나는 치료를 하자는 말도 하지 못했던 것입니다」

다시 닷새 후, 환후는 몸이 아프기 시작했다. 사람을 보내 편작을 불렀으나 편작은 이미 도망하고 난 다음이었다. 환후는 마침내 병사하고 말았다. 북송(北宋)의 유학자 주돈이(周敦頤)는 《통서(通書)》에서 「요즘 사람들은 잘못이 있어도 다른 사람들이 바로잡아 주는 것을 기뻐하지 않는다. 병을 숨기면서 의원에게 보이지 않아(如護疾而忌醫) 몸을 망치면서도 깨닫지 못하는 것과 같다」라고 당시의 세태를 비판하였다. 「호질기의(護疾忌醫)」라고도 한다.

흉유성죽 胸有成竹

가슴 胸 있을 有 이룰 成 대 竹

소식(蘇軾) / 「운당곡언죽기」

가슴속에 대나무가 이루어져 있다. 곧 대나무 그림을 그릴 때 이미 마음속에 대나무가 완성되어 있어야 한다는 뜻으로, 어떤 문제에 봉착했을 때 마음속에 성숙된 주장이나 해결방법이 진작 있음을 일컫는 말이다. 그림이나 시 등 예술작품의 창작 시에 미리 마음속에 전체를 그려놓고서 작품을 만들어간다는 뜻이다.

북송의 시인으로, 문인화를 창시하기도 한 동파거사 소식(蘇軾)은 문장과 시사(詩詞)도 잘 지을 뿐 아니라 그림과 글씨에도 뛰어났다.

소식은 「운당곡언죽기(篔簹谷偃竹記)」라는 글에서 「대나무를 그리기 위해서는 반드시 먼저 마음속에 대나무가 있어야 한다(胸有成竹). 그런 뒤 붓을 쥐고 뚫어지게 바라보다가 그리고자하는 것이 나타나면 재빨리 그림을 그려 그 영상을 좇는다」고 말했다.

또한 소식의 친구 문동(文同, 자는 與可) 또한 시문과 글씨 · 죽화(竹畵)에 특히 뛰어났으며, 인품이 고결하고 박학다식하여 사마광(司馬光), 소식 등은 문동을 매우 존경했다고 한다. 문동은 후세에 묵죽(墨竹)의 개조(開祖)로 추앙받았으며, 소식과 문동 두 사람은 중국 화단에 문인화(文人畵)를 일으킨 시조가 되었다.

문동의 집은 앞뒤로 대가 우거져 있어 제법 아름다운 경치를 이루고 있었다. 그는 대를 몹시 사랑하여 직접 심어서 돌보기도 하였다. 시간만 나면 죽림에 들어가서 대가 자라는 모습, 가지 치는 상태, 잎이 우거지는 모습, 그리고 죽순이 나오는 모양과 자라는 모습 등을 정성들여

문동의 묵죽도(墨竹圖)

꼼꼼히 관찰하여 대에 대한 모든 것을 터득하였다.

그 후로 그는 대를 감상하다가 흥에 겨우면 집으로 들어가 종이를 펼치고 먹을 갈아 그림을 그렸다. 대에 대해 충분히 연구 관찰하였으므로, 그가 그리는 묵죽화는 박진감이 있다고 평판이 높았다. 그 자신은 마음속에 떠오르는 대로 대를 그릴 뿐이었으나, 세간에서는 높이 평가하여 귀하게 취급하게 되었다. 그의 묵죽화가 천하일품이라고 명성이 높아짐에 따라 전국 각지에서 그림을 그려 받으려는 사람들이 몰려와 문전성시를 이루었다.

조보지(晁補之)는 학자이자 시인이었는데 문동과는 절친한 친구였다. 문동은 그가 찾아오면 반가이 맞아 죽림으로 가서 차를 마시며 즐겨 한담을 나누었는데, 조보지는 문동이 즉석에서 대를 그리는 모습을 지켜보는 것을 좋아했다.

어느 날 문동에게 그림을 배우고 싶어 하는 청년이 조보지를 찾아와 문동의 그림에 대해 물었다. 조보지는 이렇게 말했다.

「여가가 대를 그리고자 할 때는 그의 가슴속에는 이미 대나무가 이루어져 있다(與可畵竹時 胸中有成竹)」

조보지는 문동의 그림이 얼마만큼 높은 경지에 이른 것인지를 이 말 한마디로 표현한 것이다.

흑백혼효 黑白混淆

검을 黑 흴 白 섞일 混 어지러울 淆

《십팔사략》 양진전(楊震傳)

「검은 것과 흰 것이 어지럽게 섞였다」는 뜻으로, 시비나 선악, 사정(邪正) 등이 어지럽게 섞여 있음을 비유하는 말이다.

《십팔사략》 양진전에 있는 이야기다.

후한 안제(安帝) 때의 유명한 문인 양진(楊震)은 청렴결백하고 인품이 중후하여 「관서(關西)의 공자」라는 말을 들을 정도로 사람들의 존경을 받았다. 양진이 동래(東萊) 태수로 부임했을 때의 일이다. 그는 부임 도중 창읍(昌邑)이란 곳에서 묵게 되었다. 이때 창읍 현령 왕밀(王密)이 그를 찾아왔다. 그는 양진이 형주자사로 있을 때 무재(茂才)로 추천한 사람이었다. 밤이 되자 왕밀은 품속에 간직하고 있던 10금(金)을 양진에게 건넸다. 그러자 양진은 이를 거절하면서,

「나는 당신을 정직한 사람으로 믿어 왔는데, 당신은 나를 이렇게 대한단 말인가」하고 좋게 타일렀다. 그러자 왕밀은,

「지금은 밤중이라 아무도 아는 사람이 없습니다」하고 마치 양진이 소문날까 두려워하는 식으로 말했다.

양진은 그의 말을 받아 이렇게 나무랐다.

「아무도 모르다니! 하늘이 알고 땅이 알고 그대가 알고 내가 아는데(天知地知子知我知), 어째서 아는 사람이 없다고 한단 말인가?」

또 한 번은 안제가 자기 유모의 은공을 갚는다는 명분으로 국고를 털어 호화로운 저택을 지어 주었는데, 그런 호의를 악용한 유모

양진의 「사지(四知)」

와 그 딸은 환관들과 결탁하여 매관매직에까지 손을 뻗치는 등 그 폐해가 상당했다.

이 사실을 안 양진은 분개하여 황제에게 상소를 올렸다

「일찍이 고조(高祖)께서는 공이 없는 자에 대해서는 등용하지도, 포상하지도, 작위를 주지도 말라고 하셨습니다. 그럼에도 불구하고 지금 한 치의 공도 없는 자들이 관직에 들어와 녹봉을 받고 있습니다. 『흑과 백이 뒤섞여 밝고 탁함을 구분하지 못함(黑白混淆)』에 따라 사람들의 의논도 중구난방이 되었고, 돈이 만사를 지배하여 부정과 오직(汚職)이 만연해 있습니다. 폐하께서는 이 점을 통감하시어 하루빨리 바로잡으시옵소서.」

양진의 상소는 조정을 발칵 뒤집어 놓았다. 간신배들은 자기 보신을 위해 갖은 소리로 무함했고, 양진은 파면되어 고향으로 추방되었다. 양진이 떠나는 날, 그의 인품을 흠모하는 많은 사람들이 낙양 밖 멀리 역참까지 따라 나와서 위로하며 전송했는데, 양진은 이들에게 이렇게 말했다.

「이 사람이 명색이 대관의 자리에 앉아 있었으면서 간신들을 몰아내어 조정의 기강을 바로잡지 못했으니, 실로 부끄럽기 짝이 없소.」

그리고는 고향으로 내려가서 독을 마시고 자결해 버렸다.

흑풍백우 黑風白雨

검을 黑 바람 風 흰 白 비 雨

소식 / 「유월이십칠일망호루취서」

광풍폭우(狂風暴雨).

「검은 바람과 흰 비」라는 말로, 광풍폭우를 비유하는 말이다.

소식(蘇軾 : 호는 東坡)의 시 등에서 유래되었다.

「흑풍(黑風)」은 먼지가 휩쓸려 일어나도록 세차게 부는 바람을, 「백우(白雨)」는 소나기를 뜻한다.

「백우」는 송(宋)나라 때의 시인 소동파가 지은 「유월이십칠일망호루취서(六月二十七日望湖樓醉書)」라는 시에 나온다.

소동파

먹구름 검게 일어도 산 가리지 못했네.
흰 소나기 구슬 튀듯 어지러이 뱃전에 쏟아지네.
땅을 말 듯 바람 불어 홀연 흩어지니
망호루 아래 호수 물은 하늘같이 푸르르구나.

黑雲翻墨未遮山　흑운번묵미차산
白雨跳珠亂入船　백우도주난입선

하

卷地風來忽吹散　권지풍래홀취산
望湖樓下水如天　망호루하수여천

「흑풍(黑風)」은 당(唐)나라 때의 시인 이하(李賀)의 「호가(浩歌)」라는 시에서 유래한다.

검은 바람 몰아쳐 평지를 만드니
천제는 천오를 보내 바닷물을 옮겼다.
서왕모의 도화는 하나같이 붉은데
팽조와 무함은 몇 번이나 죽었던가.
나의 청총마는 동전만한 얼룩이 있고
청춘 뽐내는 버들 가는 연기 머금었다.

이하의 장진주취음도

黑風吹山作平地　흑풍취산작평지
帝遣天吳移海水　제견천오이해수
王母桃花千遍紅　왕모도화천편홍
彭祖巫咸幾回死　팽조무함기회사
青毛驄馬參差錢　청모총마참차전
嬌春楊柳含細煙　교춘양유함세연

「흑풍백우」는 바람이 세차게 휘몰아치는 가운데 내리는 소나기, 광풍폭우를 비유하는 말로 사용된다.

하갈동구(夏葛冬裘)　여름 夏 /베옷 葛 /겨울 冬 /갖옷 裘

갈(葛)은 거친 베옷을 말한다. 여름의 서늘한 베옷과 겨울의 따뜻한 갖옷. 곧 격(格)에 맞음을 이르는 말. 각각의 풍속·습관이, 또한 철에 따른 생활이 있다는 것. 《열자》 반 하로동선(夏爐冬扇).

하대명년(何待明年)　어찌 何 /기다릴 待 /날샐 明 /해 年

「어찌 명년을 기다리랴」 라는 뜻으로, 기다리기가 몹시 지루함을 이르는 말.

하도낙서(河圖洛書)　강 河 /그림 圖 /강이름 洛 /글 書

경사스러운 일이 일어날 조짐을 이르는 말. 성왕(聖王)이나 명군(明君)이 출현할 길조(吉兆). 옛날 황하에서 용마(龍馬)가 낙수(洛水)에서 신구(新龜)가 신비스러운 그림을 지고 떠올라와 성인(聖人)의 출현을 알리고, 태평성세의 도래를 고했다는 전설에 따른 것이다. 복희(伏羲)는 하도(河圖)를 바탕으로 주역(周易)의 팔괘(八卦)를 만들었으며, 우왕(禹王)은 낙서를 기초로 하여 세상을 다스리는 아홉 가지 법(홍범구주, 洪範九疇)을 정했다고 전해진다. 《역경》 계사전.

하동삼봉(河東三鳳)　강 河 /동녘 東 /석 三 /봉새 鳳

당나라 하동의 설수(薛收)와 그의 조카인 원경(元敬), 조카의 형 덕음(德音) 셋이 이름난 데서, 형제가 나란히 어짊을 칭찬하는 말. 《당서》

하

하량지별(河梁之別)　　강 河 /다리 梁 /의 之 /이별 別

사람을 전송하여 강의 다리 위에서 헤어지는 것. 송별의 뜻. 하량(河梁)은 강에 놓인 다리.

하분문하(河汾門下)　　강이름 河 /클 汾 /문 門 /아래 下

하분의 문하라는 뜻으로, 좋은 학교와 훌륭한 교사가 구비되어야 훌륭한 인재를 배출할 수 있다는 것을 비유하는 말. 수나라 말기 왕통(王通)이라는 유명한 학자가 벼슬에는 뜻이 없고 자신의 학문을 다른 사람에게 전수하여 나라를 바로 세울 만한 인재를 기르는 데 전력을 기울였다. 하분지방에 자리를 잡고 문하생을 모집해 교육했는데, 그의 문하생들 중 상당수가 당대의 정계나 학계에 크게 이름을 떨쳤다고 한다. ☞ 문하(門下).

.(河不出圖)　　강이름 河 /아닐 不 /날 出 /그림 圖

성대(聖代)에는 황하(黃河)에서 그림이 나왔으나 지금은 난세(亂世)여서 그러한 상서(祥瑞)가 나타나지 않는다고 공자(孔子)가 탄식한 말. 《논어》 ☞ 하도낙서(河圖洛書).

하석상대(下石上臺)　　아래 下 /돌 石 /위 上 /대 臺

아랫돌 빼서 윗돌 괴고 윗돌 빼서 아랫돌 괴기. 곧 임시변통으로 이리저리 둘러맞춤을 이르는 말.

하청난사(河淸難俟)　　강이름 河 /맑을 淸 /어려울 難 /기다릴 俟

황하가 맑아지기를 기다리기는 어렵다는 뜻으로, 일이 이루어지는 데 너무 많은 시간이 걸릴 뿐 아니라, 이루어진다고 해서 성사 여부를 판가름하기 어려울 때 쓰는 말. 《좌전》 ☞ 백년하청(百年河淸).

하필성장(下筆成章)　　아래 下 /붓 筆 /이룰 成 /문장 章

붓을 대니 문장(文章)이 된다는 뜻으로, 글재주가 비상한 것을

일컫는 말. 《삼국지》 ☞ 하필성문(下筆成文).

하한지언(河漢之言)　　강 河 /은하수 漢 /갈 之 /말씀 言

두서없는 말, 종잡을 수 없는 말. 하한(河漢)은 은하수. 또 황하와 한수(漢水)를 가리킨다고도 한다. 상식으로는 생각할 수 없는 큰 강처럼 부풀린 말이라는 뜻. 《장자》 유 횡설수설(橫說竪說).

학구소붕(鷽鳩笑鵬)　　비둘기 鷽 /비둘기 鳩 /웃을 笑 /붕새 鵬

비둘기 새끼가 붕새를 비웃는다는 뜻으로, 하찮은 인물의 좁은 식견으로 큰 인물의 행위를 미루어 짐작할 수 없음을 비유하여 이르는 말. 《장자》

학립계군(鶴立鷄群)　　학 鶴 /설 立 /닭 鷄 /무리 群

많은 닭들 가운데 학이 서 있다는 뜻으로, 사람됨이 출중함을 비유하여 이르는 말. 또 호걸이 범인과 다름을 이르는 말. 《진서》 비 군계일학.

하

학발동안(鶴髮童顔)　　학 鶴 /머리털 髮 /아이 童 /얼굴 顔

머리는 백발이나 얼굴은 붉고 윤기가 돌아 아이들 같다는 뜻으로, 동화나 전설 속에 나오는 신선을 형용하여 이르는 말.

학수고대(鶴首苦待)　　학 鶴 /머리 首 /괴로워할 苦 /기다릴 待

학이 목을 빼고 기다린다는 뜻으로, 간절하게 기다림을 비유하여 이르는 말.

학여불급(學如不及)　　배울 學 /같을 如 /아닐 不 /미칠 及

학문을 하는 일은 끊임없이 앞에 가는 사람을 따라잡는다는 마음으로 쉬지 말고 분발하여 열심히 노력해야만 한다는 말. 《논어》

학철부어(涸轍鮒魚)　　물마를 涸 /바퀴자국 轍 /붕어 鮒 /물고기 魚

수레바퀴 자국에 괸 물속의 물고기라는 뜻으로, 몹시 위급한 지

경에 빠진 것을 비유하여 이르는 말이다. 장자(莊子)가 끼니거리가 없어서 벼슬을 하고 있는 친구를 찾아가 부탁하자, 친구는 「내게 세금이 들어오면 꾸어주겠네」 했다. 당장끼니가 없어 찾아온 장자는 화가 나서 이렇게 말했다. 「내가 어제 이곳에 올 때 길가에서 무슨 소리가 나기에 이상해서 둘러보니 수레바퀴 자국에 괸 물속에 고기 한 마리가 거의 말라죽게 된 게 아닌가. 물고기는 나를 보고 「물 한 되만 갖다 주어 나를 좀 살려주시오」 하고 애원하더군. 그래서 내가 「그러지. 난 지금 남방의 오나라와 월나라의 임금을 만나러 가는 길인데, 돌아오는 길에 서강(西江)의 맑은 물을 길어다가 줄 테니 그때까지 기다려주게나」 하고 말했네. 그랬더니 고기는 몹시 화를 내며 「나는 지금 몇 잔의 물만 있으면 목숨을 건질 수 있는데, 그렇게 말씀하시니, 차라리 나를 다시 만나려면 건어물 가게로 오시오」 하더니 그만 죽고 말더군」 《장자》 ☞ 철부지급(轍鮒之急).

한운야학(閒雲野鶴)　　한가할 閒 /구름 雲 /들 野 /학 鶴

하늘에 한가로이 떠도는 구름과 들에 노니는 학이란 뜻으로, 속세를 떠나서 아무런 속박도 받지 않고 한가로운 생활로 유유자적(悠悠自適)하는 경지를 비유하여 이르는 말.

한자수홍(恨紫愁紅)　　한할 恨 /자줏빛 紫 /슬플 愁 /붉을 紅

한에 젖은 자주색깔과 수심어린 붉은빛이라는 뜻으로, 꽃의 애련(哀憐)한 모양을 형용하여 이르는 말.

한출첨배(汗出沾背)　　땀 汗 /날 出 /더할 沾 /등 背

식은땀이 등을 적신다는 뜻으로, 크게 부끄러워함을 이르는 말. 《사기》

한화휴제(閑話休題)　　한가할 閑 /이야기 話 /쉴 休 /표제 題

쓸데없는 이야기는 그만두라는 뜻. 한화(閑話)는 특별히 이것이다 하는 목적이나 주제가 없는, 요점이 없는 이야기를 말한다. 한화휴제(閒話休題)라고도 쓴다.

할박지정(割剝之政)　　나눌 割 /벗길 剝 /갈 之 /정사 政

고을 원이 백성의 재물을 긁어 들이는 나쁜 정사(政事)를 이르는 말.

할반지통(割半之痛)　　나눌 割 /반 半 /의 之 /아플 痛

몸의 반쪽을 베어내는 고통. 곧 형제 · 자매가 죽은 슬픔을 이르는 말.

할석분좌(割席分坐)　　나눌 割 /자리 席 /나눌 分 /앉을 坐

자리를 분할해 앉을 곳을 나눈다는 뜻으로, 교분을 끊고 한자리에 앉지 않음을 이르는 말. 《세설신어》

함소입지(含笑入地)　　머금을 含 /웃을 笑 /들 入 /땅 地

웃음을 머금고 땅 속으로 들어간다는 뜻으로, 안심하고 미련 없이 죽음을 비유하여 이르는 말. 《당서》

함이농손(含飴弄孫)　　머금을 含 /엿 飴 /희롱할 弄 /손자 孫

엿을 입에 물고 손자를 데리고 논다는 뜻으로, 은퇴하여 손자를 돌보는 생활. 또 평화로운 가정생활을 즐기며 정치에 관여하지 않음을 형용하여 이르는 말. 《후한서》

함포고복(含哺鼓腹)　　머금을 含 /먹을 哺 /두드릴 鼓 /배 腹

배불리 먹고 배를 두들긴다는 뜻으로, 백성이 잘 사는 평화로운 모습을 형용하는 말. 천하의 성군으로 꼽히는 요임금이 천하를 통치한 지 50년이 지난 어느 날, 자신의 통치에 대한 백성들의 반응을 알아보기 위해 평복으로 거리에 나섰다. 그가 어느 네거리를 지날 때였다. 어린아이들이 「배를 두드리고 발로 땅을 구르며(含

하

哺鼓腹 鼓腹擊壤)」흥겹게 노래를 부르고 있었다. 요임금은 백성들이 그 누구의 간섭도 받지 않고 스스로 일하고 먹고 쉬는, 이른바 무위지치(無爲之治)를 바랐던 것이다. 「요임금의 덕택이다」, 「좋은 정치다」라고 사람들이 말하는 것보다, 백성이 정치의 힘을 의식하지 않고 즐겁게 살 수 있게 되는 것이 이상적인 정치라고 생각했다. 그래서 요임금은 자신이 지금 정치를 잘 하고 있다는 생각에 뿌듯했다. 도교(道敎)의 창시자 노자(老子)도 이런 정치를 두고 「무위(無爲)의 치(治)」라고 했으며 정치론의 근본으로 삼았다. 그리고 요임금처럼 지배자가 있는지 없는지를 모를 정도로 정치를 잘하는 지배자를 최고의 통치자로 꼽았다. 《십팔사략(十八史略)》 제요편(帝堯篇).

항배상망(項背相望) 목 項 /등 背 /서로 相 /바라볼 望또 왕래가

목덜미와 등을 서로 바라본다는 뜻으로, 뒤를 이을 사람이 많음을 비유하여 이르는 말. 빈번함을 이르는 말이기도 하다. 《후한서》

항산항심(恒産恒心) 항상 恒 낳을 産 마음 心

일정한 생산이 있으면 마음이 변치 않는다는 뜻으로, 일정한 직업과 재산을 가진 자는 마음에 그만 큼 여유가 있으나, 그렇지 않은 자는 정신적으로 늘 불안정하여 하찮은 일에도 동요함을 이르는 말. 《맹자(孟子)》

해고견저(海枯見底) 바다 海 /마를 枯 /볼 見 /바닥 底

바다가 마르지 않으면 바닥을 볼 수 없다는 뜻으로, 사람의 마음도 평소에는 알 수 없음을 이르는 말.

해내무쌍(海內無雙) 바다 海 /안 內 /없을 無 /쌍 雙

천하제일. 천하에 비길 자가 없음을 이르는 말. 해내(海內)는 천

하, 국내. 무쌍은 둘도 없는 것. 《동방삭》 유 국사무쌍(國士無雙).

해망구실(蟹網俱失) 게 蟹 /그물 網 /함께 俱 /잃을 失

게도 그물도 모두 잃었다는 뜻으로, 이익을 보려고 투자했다가 도리어 밑천까지 날려버림을 비유하여 이르는 말. 《청장관전서》

해불파일(海不波溢) 바다 海 /아닐 不 /물결 波 /넘칠 溢

바다에 파도와 해일(海溢)이 일지 않는다는 뜻으로, 어진 임금이 있어 천하가 태평함을 이르는 말. 《한시외전》

해서산맹(海誓山盟) 바다 海 /맹세할 誓 /뫼 山 /맹세할 盟

영구불변한 산이나 바다같이 굳게 맹세한다는 뜻으로, 썩 굳은 맹세를 가리켜 이르는 말.

해시지오(亥豕之誤) ☞ 노어지오(魯魚之誤).

해어지화(解語之花) 벗을 解 /말씀 語 /의 之 /꽃 花

말을 이해하는 꽃이란 뜻으로, 미인을 비유하여 이르는 말. 양귀비(楊貴妃)를 가리켜 「연꽃의 아름다움도 『말을 이해하는 이 꽃』에는 미치지 못하리라」고 말했다는 고사에서 온 말. ☞ 해어화(解語花).

해의포화(解衣抱火) 벗을 解 /옷 衣 /안을 抱 /불 火

옷을 벗고 불을 안는다는 뜻으로, 스스로 화를 초래함을 이르는 말. 《통감강목》

해제지동(孩提之童) 어린아이 孩 /끌 提 /갈 之 /아이 童

어린아이. 《맹자》

해천산천(海千山千) 바다 海 /일천 千 /뫼 山

「바다에서 천 년, 산에서 천 년」을 줄인 표현. 해천산천의 뱀은 마침내 용이 된다고 하는 데서, 세간(世間)의 안팎에 정통한 교

활하고 노회(老獪)한 자를 말한다. 보통 수단으로는 안되는 악당의 비유.

해타성주(咳唾成珠) 기침 咳 /침 唾 /이룰 成 /구슬 珠

입에서 나오는 아주 하찮은 말이라도 주옥같이 아름답다는 뜻으로, 시문(詩文)의 재능이 뛰어남을 비유하여 이르는 말. 또 권세 있는 사람의 말이 존중됨의 비유. 해타(咳唾)는 기침과 침. 《후한서》

해현경장(解弦更張) 풀 解 /시위 弦 /고칠 更 /맬 張

거문고의 줄을 풀고 바꿔 맨다는 뜻으로, 정치적 개혁을 일컫는 말. 《한서》

행로지인(行路之人) 갈 行 /길 路 /갈 之 /사람 人

길 가는 사람이라는 뜻으로, 아무 상관이 없는 사람을 이르는 말.

행상대경(行常帶經) 다닐 行 /항상 常 /허리에 찰 帶 /경서 經

다닐 때 항상 경서(經書)를 지닌다는 뜻으로, 학문에 열중함을 비유하여 이르는 말. 《논어》

행시주육(行尸走肉) 갈 行 /송장 尸 /달릴 走 /고기 肉

살아 있는 송장이요, 걸어 다니는 고깃덩이라는 뜻으로, 배운 것이 없어 쓸모가 없는 사람을 일컫는 말. 《습유기》

행운유수(行雲流水) 갈 行 /구름 雲 /흐를 流 /물 水

떠가는 구름과 흐르는 물. 곧 일의 처리가 막힘이 없거나, 마음씨가 시원하고 씩씩함을 비유하는 말. 또는 사물에 따라서 갖가지로 변화함을 비유하여 이르는 말. 《송사》

행재요화(幸災樂禍) 다행 幸 /재앙 災 /좋아할 樂 /재화 禍

남의 재난이나 불행을 보고 좋아한다는 뜻으로, 남의 불행을 보

고 동정은커녕 도리어 속 시원해 하는 이기적인 태도를 비유하여 이르는 말. 《안씨가훈》

행주좌와(行住坐臥)　　다닐 行 /살 住 /앉을 坐 /누울 臥

가고, 오고, 일어나고 눕는 등 일상의 행동 모든 것. 이 네 동작은 인간의 일상생활에 있어서의 근본적인 기거동작(起居動作)이다. 이 네 동작으로 대표되는 인간의 일상 행위를 통하여 불도(佛道)를 수행하는 사람은 모든 규칙에 어긋남이 없이 마음과 형식이 조화를 이루는 기거행동을 해야 한다는 것이다. 이것을 사위의(四威儀)라고 한다. 여기서 전의(轉義)하여 지금은 일반적으로 일상의 기거동작을 가리키는 말이 되었다.

향남설북(香南雪北)　　향기 香 /남녘 南 /눈 雪 /북녘 北

향산(香山)의 남쪽 설산(雪山)의 북쪽이라는 뜻으로, 부처가 거처하는 곳을 이르는 말. 《전등록》

향당상치(鄕黨尙齒)　　시골 鄕 /무리 黨 /숭상할 尙 /나이 齒

시골마을에서는 연장자를 존중한다는 말. 주(周)나라 시대의 제도에서 5백 가구를 당(黨), 2천 5백 가구를 향(鄕)이라 했다. 치(齒)는 나이, 상치는 노인을 공경함. 《장자》

향벽허조(向壁虛造)　　향할 向 /벽 壁 /빌 虛 /만들 造

가고, 오고, 일어나고 눕는 등 일상의 행동 모든 것. 이 네 동작은 인간의 일상생활에 있어서의 근본적인 기거동작(起居動作)이다. 이 네 동작으로 대표되는 인간의 일상 행위를 통하여, 불도(佛道)를 수행하는 사람은 모든 규칙에 어긋남이 없이 마음과 형식이 조화를 이루는 기거행동을 해야 한다는 것이다. 이것을 사위의(四威儀)라고 한다. 여기서 전의(轉義)하여 지금은 일반적으로 일상의 기거동작을 가리키는 말이 되었다. 《설문해자서(說文解字

敍)》

향불사성(響不辭聲)　울림 響 /아닐 不 /말 辭 /소리 聲

울림은 소리를 사양하지 않는다는 뜻으로, 공을 세우면 명예는 자연히 따르기 마련임을 비유하여 이르는 말. 《설원》

향양화목(向陽花木)　향할 向 /볕 陽 /꽃 花 /나무 木

볕을 받은 꽃나무. 곧 볕을 받은 꽃나무처럼 높게 잘 자람을 비유하는 말로, 현달(顯達)하기 쉬운 사람을 이르는 말.

향우지탄(向隅之歎)　향할 向 /구석 隅 /갈 之 /한탄할 歎

많은 사람들이 다 즐거워하나 자기만은 구석을 향하여 한탄한다는 뜻으로, 좋은 기회를 만나지 못함을 한탄하는 말.

향화걸아(向火乞兒)　향할 向 /불 火 /빌 乞 /아이 兒

불을 쬐는 거지라는 뜻으로, 세상 이익에 붙좇는 소인배를 꾸짖어 이르는 말.

허고취생(噓枯吹生)　불 噓 /마를 枯 /불 吹 /날 生

마른 나무에 싹이 트기를 바란다는 뜻으로, 실제와는 동떨어진 쓸데없는 의론을 이르는 말. 《한기(漢紀)》

허실상배(虛實相配)　빌 虛 /가득 찰 實 /서로 相 /나눌 配

허와 실이 서로 조화를 이루다. 옛날에 시를 짓는 데 있어서 중요한 관건이 되었던 원리 중 하나. 곧 허구와 실제가 적절하게 균형을 이뤄야 좋은 작품이 된다는 이론을 일컫는 말이다.

허유괘표(許由挂瓢)　허락할 許 /말미암을 由 /걸 挂 /표주박 瓢

철저히 속세의 번거로움을 기피함의 비유. 허유(許由)는 전설상의 은자(隱者)로, 요임금이 양위하려는 것을 사양하고 모든 속세의 일을 버리고 기산(箕山)에 숨어 살았다는 인물이다. 허유는 기산에 은둔하여 산채와 나무열매를 먹고, 그릇이 없어서 냇물을 두

손으로 떠서 마시는 그런 생활을 하였다. 그것을 본 사람이 표주박을 주었다. 허유는 표주박으로 물을 마시고 나서 나뭇가지에 걸어두었다. 그런데 바람이 불어 나무를 흔드는 바람에 표주박이 달그락달그락 소리를 내었다. 허유는 그 소리조차 시끄럽게 여겨 마침내 표주박을 깨어버리고 말았다는 고사에서 나온 말이다.

허심탄회(虛心坦懷) 빌 虛 /마음 心 /평평할 坦 /품을 懷

무심(無心)의 상태에서 어떤 선입관도 갖지 않고, 맺힌 감정도 없이 솔직한 심경. 유 명경지수(明鏡止水).

허장성세(虛張聲勢) 빌 虛 /크게 할 張 /소리 聲 /기세 勢

실속은 없이 헛소문과 허세만 떨어댐.

허허실실(虛虛實實) 빌 虛 /찰 實

허(虛)는 無, 경계의 빈틈. 실(實)은 충실의 뜻. 적의 약점을 겨냥해 서로 책략을 다해서 싸우는 모양.

헌폭지침(獻曝之忱) 바칠 獻 /쬘 曝 /갈 之 /정성 忱

햇빛을 선물로 바치는 정성이란 뜻으로, 남에게 물건을 선물할 때 겸사로 쓰는 말. 폭(曝)은 햇볕을 쬔다는 뜻.

현두자고(懸頭刺股) 매달 懸 /머리 頭 /찌를 刺 /넓적다리 股

상투를 천장에다 달아매고 송곳으로 허벅다리를 찔러 잠을 깨게 한다는 뜻으로, 애써 고학함을 비유하여 이르는 말. 《초국선현전》 ☞ 자고현량(刺股懸梁).

현신설법(現身說法) 나타날 現 /몸 身 /말씀 說 /법 法

자기 자신의 모습을 본보기로 해서 남에게 법(法)을 설파하는 것. 부처가 여러 가지 모습으로 나타나 중생을 위해 불법을 설파하는 것. 현신(現身)은 부처의 삼신(三身 : 法身 ・保身・應身) 가운데 응신을 말한다.

하

현하지변(懸河之辯)　　매달 懸 /강 河 /갈 之 /말 잘할 辯

급경사를 세차게 흐르는 물처럼 거침없이 말을 잘하는 것. 현하구변(懸河口辯). 《진서》

현현역색(賢賢易色)　　어질 賢 /바꿀 易 /여색 色

일반적으로는 미녀(美女)를 사랑하듯이 현자(賢者)를 숭상하라는 뜻이지만, 「현인은 현인으로서 존중하지만, 색(色)은 경멸한다」는 뜻으로도 쓰인다. 또 「현인을 존중하여 위의(威儀)를 고친다」라고 해석하기도 한다. 《논어》

혈혈단신(孑孑單身)　　외로울 孑 /홑 單 /몸 身

의지가지없는 사고무친(四顧無親)의 외로운 홀몸.

협견첨소(脅肩諂笑)　　옆구리 脅 /어깨 肩 /아첨할 諂 /웃을 笑

어깨를 으쓱거리면서 간사하게 웃어댄다는 뜻으로, 아부하는 모양을 형용하여 이르는 말. 《맹자》

형단영척(形單影隻)　　모양 形 /홑 單 /그림자 影 /한 隻

형체가 하나, 그림자도 하나. 곧 고독한 몸으로 의지할 곳이 없음을 비유하여 이르는 말.

형망제급(兄亡弟及)　　형 兄 /죽을 亡 /아우 弟 /미칠 及

형이 아들 없이 죽었을 때 아우가 형 대신 혈통을 이음을 이르는 말.

형명참동(形名參同)　　모양 形 /이름 名 /간여할 參 /같을 同

형(形)은 행위 · 실적, 명(名)은 말 · 소문, 참동은 합치함의 뜻. 곧 신하를 평가하는 데 있어서는 언행일치를 기준으로 상벌(賞罰)을 결정해야 함을 이르는 말. 《한비자》

형비제수(兄肥弟瘦)　　형 兄 /살찔 肥 /아우 弟 /파리할 瘦

형은 살찌고 동생은 여윈다는 뜻으로, 형제의 신분이 서로 다름

을 비유하여 이르는 말. 《남사》

형영상동(形影相同)　　모양 形 /그림자 影 /서로 相 /같을 同

형상이 그대로 그림자로 비친다는 뜻으로, 마음의 선악이 그대로 행동으로 드러남을 이르는 말. 《열자》

형영상조(形影相弔)　　모양 形 /그림자 影 /서로 相 /조상할 弔

자기 몸과 그림자가 서로 가엾이 여긴다는 뜻으로, 고독하고, 의지할 사람도 찾아오는 사람도 없음을 비유하여 이르는 말. 이밀《진정표(陳情表)》

형조불용(刑措不用)　　형벌 刑 /그만둘 措 /아닐 不 /쓸 用

형벌을 폐하여 집행하지 않는다는 뜻으로, 나라가 잘 다스려져 죄 짓는 사람이 없어져 평화롭고 안정되어 있음을 비유하여 이르는 말. 《사기》

형차포군(荊釵布裙)　　가시나무 荊 /비녀 釵 /베 布 /치마 裙

가시나무 비녀와 무명치마라는 뜻으로, 곧 여자의 소박한 차림새를 이르는 말. 《열녀전》

형처돈아(荊妻豚兒)　　가시나무 荊 /아내 妻 /돼지 豚 /아이 兒

자기 처자에게 사용하는 겸손의 말로서는 최상급. 우처(愚妻)·우식(愚息). 형처는 후한 양홍(梁鴻)의 처가 가시나무를 비녀로 사용했기 때문에 친구에게 소개할 때 형처라고 한 데서 비롯된다. 돈아는 글자 그대로 돼지의 자식.

혜분난비(蕙焚蘭悲)　　혜초 蕙 /불사를 焚 /난초 蘭 /슬플 悲

혜초(蕙草)가 불에 타니 난초(蘭草)가 슬퍼한다는 뜻으로, 벗의 불행을 슬퍼함을 비유하여 이르는 말.

혜전탈우(蹊田奪牛)　　질러갈 蹊 /밭 田 /빼앗을 奪 /소 牛

남의 소가 밭을 짓밟았다고 해서 그 소를 빼앗는다는 뜻으로,

하

지은 죄에 비해 벌이 지나치게 무거움을 이르는 말. 《좌전》

호각지세(互角之勢)　　서로 互 /뿔 角 /의 之 /기세 勢

소가 서로 뿔을 맞대고 싸우는 형세라는 뜻으로, 우열을 가리기 힘들 정도로 대등하게 겨루고 있는 모습을 형용하여 이르는 말. 《전국책》

호거용반(虎踞龍盤) ☞ 용반호거(龍盤虎踞).

호구고수(狐裘羔袖)　　여우 狐 /갖옷 裘 /염소 羔 /소매 袖

여우 가죽으로 갖옷을 만드는데, 소매만 염소 가죽으로 붙인다는 뜻으로, 대체로 다 좋은데 나쁜 데가 조금 있음을 비유하여 이르는 말. 《좌전》

호구몽융(狐裘蒙戎)　　여우 狐 /갖옷 裘 /입을 蒙 /되 戎

여우 가죽으로 만든 옷이 해져 누더기처럼 너덜너덜해졌다는 뜻으로, 신분이 높은 사람이 예의·법도를 잊어버려 나라가 어지러워짐을 비유하여 이르는 말. 몽융은 흐트러진 모양을 뜻한다. 《시경》

호구여생(虎口餘生)　　범 虎 /입 口 /남을 餘 /날 生

호랑이 입에서 살아남았다는 뜻으로, 위험한 지경에서 간신히 벗어남을 이르는 말. 《송사》

호리건곤(壺裏乾坤)　　병 壺 /속 裏 /하늘 乾 /땅 坤

술단지 속의 하늘과 땅이라는 뜻으로, 항상 술에 취해 있음을 이르는 말.

호모부가(毫毛斧柯)　　가는 털 毫 /터럭 毛 /도끼 斧 /자루 柯

수목(樹木)은 어린 싹을 뽑아버리지 않으면 마침내는 도끼를 사용하는 노력이 필요하게 된다는 뜻으로, 화근(禍根)은 자라기 전에 미리 없애버려야 함을 이르는 말. 호모(豪毛)는 짐승이 털갈이

를 할 때 새로 나는 가느다란 털. 부가(斧柯)는 도끼자루. 《전국책》

호문즉유(好問則裕)　　좋을 好 /물을 問 /곧 則 /여유로울 裕

모르는 것을 묻기를 좋아하면 흉중(胸中)이 광활하고 여유가 있음을 이르는 말.

호미난방(虎尾難放)　　범 虎 /꼬리 尾 /어려울 難 /놓을 放

잡고 있는 호랑이 꼬리를 놓기 어렵다는 뜻으로, 위험한 일에 손을 댔다가 계속 잡고 있기도 어렵고 놓아버리기도 어려움을 비유하여 이르는 말. 비 기호지세(騎虎之勢)·진퇴유곡(進退維谷)

호복간상(濠濮間想)　　강이름 濠 /강이름 濮 /사이 間 /생각할 想

속세의 번잡함을 피하고 유유히 한적을 즐기는 경지를 말한다. 호·복은 모두 강 이름으로, 호수(濠水)·복수(濮水)를 가리킨다. 장자(莊子)가 호수(濠水) 가에서 혜자(惠子)와 문답을 하고, 복수 가에서 낚시질을 하고 있는데, 초(楚)나라의 사신이 와서 장자를 재상으로 초빙하려고 했으나 장자가 사양했다는 고사에서 유래한다. 《세설신어》 ☞ 예미도중(曳尾塗中).

호복기사(胡服騎射)　　오랑캐 胡 /옷 服 /말 탈 騎 /쏠 射

오랑캐의 옷을 입고 말을 타면서 화살을 쏜다는 뜻으로, 비효율적인 전통방식에 얽매이지 않고 실용성을 추구하여 근원적인 문제와 체질을 개혁하려는 문제해결 자세를 이르는 말. 기원전 480년 조나라는 흉노나 진나라와 같은 강국의 위협을 받으면서도 전차를 위주로 하는 오래된 전투법을 답습하여 기동성이 강한 흉노적을 이길 수가 없었다. 이에 무령왕은 전군에게 종래의 비효율적인 옷을 버리고, 호인들이 입는 간편하고 행동하기 좋은 기마복으로 바꿔 입도록 명령하였다. 하지만, 문신들은 낡은 인습에 억매

하

여 거세게 반발하였다. 하지만, 무령왕은 이에 굴복하지 않고 자신의 숙부와 측근부터 설득하여 국사를 논하는 자리에서조차 의복을 바꿔 입었다. 그런 연후로 조나라는 강력한 기마군을 보유하여 날로 강성하여 국토를 넓혀갈 수 있었다. 어떤 개혁이든 전통적 습관과 사고방식을 고집하려는 세력의 저항을 받게 마련이다. 하지만 스스로가 솔선수범하고 협력을 구한다면 개혁의 근간을 세우기에 족할 것이다. 《사기》

호불개의(毫不介意)　가는 털 毫 /아닐 不 /사이에 끼일 介 /뜻 意

조금도 개의치 않음. 호(毫)는 가는 터럭. 조금, 근소한 의 뜻. 《후한서》

호불급흡(呼不給吸)　부를 呼 /아닐 不 /줄 給 /숨 들이쉴 吸

숨을 내쉬고는 들이쉬지 못한다는 뜻으로, 사물의 진행이 너무 빨라서 미처 따라갈 수가 없음을 비유하여 이르는 말.

호사다마(好事多魔)　좋을 好 /일 事 /많을 多 /마귀 魔

좋은 일에는 흔히 마(魔)가 끼기 쉬움.

호사토읍(狐死兎泣)　여우 狐 /죽을 死 /토끼 兎 /울 泣

여우가 죽으니 토끼가 운다는 뜻으로, 친구의 불행을 슬퍼함을 이르는 말. 《송사》 비 혜분난비(蕙焚蘭悲).

호생지덕(好生之德)　좋을 好 /날 生 /갈 之 /덕 德

생물이 살아 있는 것을 좋아하는 덕이란 뜻으로, 참으로 훌륭한 정치는 살아 있는 사람을 먼저 염려하고 배려하는 데서 나온다는 말. 《서경》

호손이아(壺飧餌餓)　병 壺 /저녁밥 飧 /먹이 餌 /주릴 餓

남을 도와주면 다시 후에 남의 도움을 받게 된다는 말. 호손(壺飧)은 항아리에 담은 음식. 또는 국물을 끼얹은 밥. 《전국책》

호손입대(猢猻入袋)　　원숭이 猢 /원숭이 猻 /들 入 /자루 袋

원숭이가 자루 속으로 들어갔다는 뜻으로, 구속이나 제약을 받아 자유롭지 못함을 비유하여 이르는 말. 「절에 간 색시」 라는 우리말 속담과 비슷한 말이다. 《귀전록(歸田錄)》

호왈백만(號曰百萬)　　부르짖을 號 /가로 曰 /일백 百 /일만 萬

말로만 백만이라는 뜻으로, 실상보다 과장하여 떠벌임을 이르는 말. 비 허장성세(虛張聲勢).

호우호마(呼牛呼馬)　　부를 呼 /소 牛 /말 馬

「소라 부르든, 말이라 부르든」 이라는 뜻으로, 남이 무어라 하든 개의치 않음을 비유하여 이르는 말. 《장자》

호월일가(胡越一家)　　오랑캐 胡 /월나라 越 /한 一 /집 家

호(胡)나라와 월(越)나라같이 북과 남으로 멀리 떨어져 있는 나라가 한 집안이란 뜻이니, 온 천하가 한 집안과 같음을 비유하여 이르는 말. 《통감》 비 사해동포(四海同胞).

호월지의(胡越之意)　　오랑캐 胡 /월나라 越 /의 之 /뜻 意

호(胡)·월(越) 두 나라는 북쪽과 남쪽에 위치하여 멀리 떨어져 있으므로 서로 소원(疎遠)하여 알지 못함을 이르는 말. 《서언고사》

호위인사(好爲人師)　　좋을 好 /될 爲 /사람 人 /스승 師

아는 체하고 매사에 남의 스승 되기를 좋아함을 이르는 말로, 조금이라도 아는 것이 있으면 우쭐해서 남을 가르치려 한다는 말. 《맹자》

호유기미(狐濡其尾)　　여우 狐 /적실 濡 /그 其 /꼬리 尾

여우가 강을 건너려다 꼬리만 적시고 마침내는 건너지 못하였다는 뜻으로, 일을 시작하기는 쉬우나 마무리를 잘하기는 어렵다

는 것을 비유하여 이르는 말. 또 처음이 쉬우면 반드시 끝은 어렵다는 말로도 쓰인다. 《역경》

호의기건(縞衣綦巾) 무명 縞 /옷 衣 /연둣빛 綦 /두건 巾

무명옷과 연둣빛 두건이라는 뜻으로, 주대(周代)의 천한 여자의 복색. 또는 가난한 살림에 찌든 자기 아내의 변변치 못한 옷차림을 겸손하게 이르는 말. 《시경》

호의불결(狐擬不決) 여우 狐 /의심할 擬 /아닐 不 /터질 決

여우가 의심이 많아 결단하지 못한다는 뜻으로, 의심이 많고 과단성이 부족함을 일컫는 말. 여우는 귀가 밝고 의심이 많은 짐승이기 때문에 호청(狐聽)·호의(狐擬)라는 말까지 나왔다고 한다. 그래서 한문제는 「짐의 마음은 호의와 같다」 고 하였고, 또 어떤 책에는 「여우는 천성이 의심이 많아 얼음판을 건널 때도 얼음 밑에서 나는 소리에 귀를 기울이면서 건넌다」 고 하였다. 《술정기(述征記)》 ☞ 호의미결(狐疑未決).

호의현상(縞衣玄裳) 명주 縞 /옷 衣 /검을 玄 /치마 裳

흰 옷과 검은 치마라는 뜻으로, 두루미의 깨끗하고 아름다움을 형용하여 이르는 말. 《적벽부》

호전걸육(虎前乞肉) 범 虎 /앞 前 /빌 乞 /고기 肉

범에게 고기를 구걸한다는 뜻으로, 어림도 없는(가당치도 않은) 일을 비유하여 이르는 말. 《순오지》

호중지천(壺中之天) 항아리 壺 /가운데 中 /의 之 /하늘 天

별천지·별세계·선경(仙境)의 뜻으로 쓰이는 말이다. 후한 시대에 비장방(費長房)이라는 사람이 있었다. 그는 시장의 관원이 되었다. 어느 날 그는 이상한 광경을 보게 되었다. 시장에 약장수 할아버지가 한 분 있었는데 이 할아버지는 언제나 가게 앞에 항아

리를 놓아두고 시장이 끝나면 얼른 항아리 속으로 들어가 버리는 것이었다. 시장사람은 아무도 그것을 눈여겨보지 않았다. 비장방은 너무도 이상해서 그 할아버지를 찾아갔다 그러자 할아버지는 그를 항아리 속으로 안내했다. 그러자 이게 웬일인가? 항아리 속에는 훌륭한 옥으로 만든 저택이 장엄하고 화려하게 솟아 있고, 그 저택 안에는 좋은 술과 맛있는 요리가 꽉 차 있었다. 그는 할아버지와 함께 마음껏 술도 마시고 요리도 먹고 나서 그 항아리 속에서 밖으로 나왔다고 한다.

호질기의(護疾忌醫)　　보호할 護 /병 疾 /꺼릴 忌 /의원 醫

병에 걸렸으면서도 의사에게 치료받기를 꺼린다는 뜻으로, 스스로 잘못이 있으면서도 남의 충고를 싫어함을 비유하여 이르는 말. 《주자통서》

호한위천(戶限爲穿)　　지게문 戶 /한계 限 /될 爲 /뚫을 穿

사람들의 발길에 문턱이 다 닳았다는 뜻으로, 사람들의 출입이 빈번함을 비유하여 이르는 말. 《상서고실(尙書故實)》 유 문전성시(門前成市).

호해지사(湖海之士)　　호수 湖 /바다 海 /의 之 /선비 士

장대한 기상(氣象)을 가지고 초야에 묻혀 사는 사람을 비유하여 이르는 말. 호해(湖海)는 호수와 바다. 곧 이 세상이라는 뜻으로 쓰인다. 《삼국지》

혹세무민(惑世誣民)　　미혹할 惑 /세상 世 /무고할 誣 /백성 民

사람을 속여 미혹(迷惑)시키고 세상을 어지럽힘.

혼비백산(魂飛魄散)　　넋 魂 /날 飛 /넋 魄 /흩어질 散

혼백이 날아 흩어진다는 말로, 곧 몹시 놀라 어쩔 줄 모르는 형편을 가리키는 말.

혼승백강(魂昇魄降)　넋 魂 /오를 昇 /몸 魄 /내려갈 降

죽은 사람의 영혼은 하늘로 올라가고, 시체는 땅으로 내려감.

홀륜탄조(囫圇呑棗)　온전할 囫 /완전할 圇 /삼킬 呑 /대추나무 棗

대추를 씹지도 않고 통으로 삼켜 맛을 모른다는 뜻으로, 자세히 모르는 일을 우물쭈물하여 넘김을 이르는 말. 또 글이나 책의 뜻을 깊이 살피지 않거나 먹어도 소화가 되지 않음을 이르는 말.

홀여과극(忽如過隙)　홀연히 忽 /같을 如 /지나칠 過 /틈 隙

홀연히 틈을 지나감과 같다는 뜻으로, 세월의 흐름이 매우 빠름의 비유.

홍곡지지(鴻鵠之志)　기러기 鴻 /고니 鵠 /의 之 /뜻 志

빈천하면서도 큰 뜻을 품는다는 말로, 원대한 포부를 일컫는 말. 《사기》 ☞ 연작홍곡(燕雀鴻鵠).

홍등녹주(紅燈綠酒)　붉을 紅 /등 燈 /푸를 綠 /술 酒

붉은 등과 푸른 술. 곧 화류계를 일컫는 말.

홍로점설(紅爐點雪)　붉을 紅 /화로 爐 /점 點 /눈 雪

활활 타는 뜨거운 불길 위의 한 점의 눈쯤은 금방 녹아 없어져 버린다는 뜻으로, 도를 깨달아 마음속이 탁 트여 맑음을 비유하여 이르는 말. 또 큰일에 사소한 힘이 아무 보탬이 되지 못함을 비유하여 이르는 말. 《근사록》

홍분청아(紅粉靑蛾)　붉을 紅 /분 粉 /푸를 靑 /눈썹 蛾

붉은 연지와 분, 그리고 푸른 눈썹. 곧 미녀를 형용하여 이르는 말.

홍엽지매(紅葉之媒)　붉을 紅 /잎 葉 /갈 之 /중매 媒

단풍잎이 혼인의 중매 구실을 하는 것. 또 남녀의 기구한 운명을 이르기도 한다. 단풍이 우우(于祐)와 궁녀 한씨(韓氏)와의 혼인

을 맺게 해주었다는 고사에서 홍엽(紅葉)을 중신아비의 뜻으로 쓴다.

화기소장(禍起蕭墻) 재앙 禍 /일어날 起 /쓸쓸할 蕭 /담 墻

재앙은 조용한 담 안에서 일어난다는 뜻으로, 내분이나 내란이 일어남을 비유하여 이르는 말. 《논어》

화병충기(畵餠充饑) 그림 畵 /떡 餠 /채울 充 /주릴 饑

그림 속의 떡으로 요기를 한다는 뜻이지만, 허황된 수작으로 자신을 위안한다는 말. 「화병충기」와 「망매지갈(望梅之渴)」은 그 의미가 비슷할 뿐 아니라, 문자 상으로도 아주 대조적인데, 더욱 공교로운 것은 이 말은 조조의 입에서 나왔다는 바로 그 점이다. 《전등록》 ☞ 망매지갈.

화사첨족(畵蛇添足) ☞ 사족(蛇足).

화씨지벽(和氏之璧) ☞ 화씨벽(和氏璧).

화양부동(花樣不同) 꽃 花 /모양 樣 /아닐 不 /같을 同

꽃 모양이 같지 않다는 뜻으로, 문장이 다른 사람과 같지 않음을 비유하여 이르는 말. 《태평광기》

화옥산구(華屋山丘) 화려할 華 /집 屋 /뫼 山 /언덕 丘

화려했던 집이 산과 구릉으로 변한다는 뜻으로, 상전벽해(桑田碧海)와 같은 뜻이다. 또는 인간의 수명은 유한해서 죽음과 함께 부귀공명도 사라진다는 뜻도 있다. 《진서》

화왕지절(火旺之節) 불 火 /왕성할 旺 /갈 之 /절기 節

오행(五行)에서 화기(火氣)가 왕성한 절기라는 뜻으로, 여름을 일컫는 말.

화용월태(花容月態) 꽃 花 /얼굴 容 /달 月 /모양 態

꽃다운 얼굴과 달 같은 자태라는 뜻으로, 미인의 모습을 일컫는

말.

화이부동(和而不同)　　화할 和 /말이을 而 /아닐 不 /같을 同

남과 협조하고 친밀하게 지내지만 부화뇌동(附和雷同 ☞)하지는 않는다는 말. 《논어》

화이부실(華而不實)　　화려할 華 /말이을 而 /아닐 不 /찰 實

겉만 화려하고 실속은 없다는 뜻으로, 우리 속담에 「빛 좋은 개살구」와 같은 말이다. 《논형》

화전충화(花田衝火)　　꽃 花 /밭 田 /찌를 衝 /불 火

꽃밭에 불을 놓는다는 뜻으로, 젊은이의 앞길을 막거나 그르치게 함을 비유하여 이르는 말. 《순오지》

화조월석(花朝月夕)　　꽃 花 /아침 朝 /달 月 /저녁 夕

꽃피는 아침과 달 밝은 저녁이라는 뜻으로, 경치가 좋은 시절. 또는 봄날 아침과 가을 저녁을 이르는 말. 《구당서》

화종구생(禍從口生)　　재화 禍 /좇을 從 /입 口 /날 生

화(禍)는 입으로부터 나온다는 뜻으로, 말을 삼가라는 뜻. 《석씨요람(釋氏要覽)》 ☞ 구화지문(口禍之門).

화중군자(花中君子)　　꽃 花 /가운데 中 /임금 君 /아들 子

꽃 중의 군자. 곧 연꽃을 일컬음.

화중지병(畵中之餠)　　그림 畵 /가운데 中 /의 之 /떡 餠

그림 속에 있는 떡은 보기만 할 뿐 먹을 수는 없다는 뜻으로, 실제로 이용할 수 없어 만족을 채울 수 없음을 이르는 말. 《삼국지》

화지누빙(畵脂鏤氷)　　그림 畵 /기름 脂 /새길 鏤 /얼음 氷

기름 위에 그림을 그리고, 얼음에 조각을 한다는 뜻으로, 수고만 하고 보람이 없음을 이르는 말. 《염철론》

환부역조(換夫易祖)　　바꿀 換 /지아비 夫 /바꿀 易 /조상 祖

아비와 할아비를 바꾼다는 뜻으로, 지체가 좋지 못한 사람이 부정한 수단으로 자손이 없는 양반집을 이어서 자기 아비 · 할아비를 바꾸는 일.

환연빙석(渙然氷釋)　　흩어질 渙 /그럴 然 /얼음 氷 /풀 釋

얼음이 녹아 시원스럽게 풀린다는 뜻으로, 늘 지니고 있던 의문을 분명히 알게 됨을 이르는 말.

환조방예(圜鑿方枘)　　둥글 圜 /뚫을 鑿 /모 方 /장부 枘

둥근 구멍에 모난 자루를 넣는다는 뜻으로, 두 개의 일이 서로 잘 맞지 않음을 비유하여 이르는 말. ☞ 방예원조(方枘圓鑿).

활박생탄(活剝生呑)　　살 活 /벗길 剝 /날 生 /삼킬 呑

산 채로 가죽을 벗겨 통째로 삼킴. 남의 문장이나 시가(詩歌)를 그대로 도용함을 비유하여 이르는 말. 《대동신어(大東新語)》 ㊌ 표절(剽竊).

황망지행(荒亡之行)　　거칠 荒 /망할 亡 /갈 之 /행할 行

노는 데 빠져 생활을 돌보지 않는 행위. 주색(酒色) 등의 환락에 빠져 나라나 몸을 망치는 행위를 이르는 말. 《맹자》

황양자자(滉洋自恣)　물 깊고 넓을 滉 /바다 洋 /스스로 自 /자유자재할 恣

물이 넓고 깊은 것처럼 학식과 재능이 깊고 넓어서 응용하는 것이 자유자재임을 이르는 말.

황탄무계(荒誕無稽)　　거칠 荒 /태어날 誕 /없을 無 /머무를 稽

언행이 허황하여 믿을 수가 없음. 황당무계(荒唐無稽).

회록지재(回祿之災)　　돌 回 /복록 祿 /의 之 /재앙 災

회록의 재앙. 곧 화재를 일컫는 말이다. 회록은 전설상의 불의

신 이름이다. 《좌전》

회뢰공행(賄賂公行)　　뇌물 賄 /뇌물 줄 賂 /공변될 公 /행할 行

도의심이 마비되어서 부정한 금품의 수수(授受)가 세상에서 공공연히 자행됨을 이르는 말. 《남사》

회자부적(懷刺不適)　　품을 懷 /찌를 刺 /아닐 不 /만날 適

명함을 품고 다녔지만 아무도 만나지 못하였다는 뜻으로, 존경할 만한 사람을 만나지 못했거나, 만날 수 없는 경우를 가리키는 말이다. 《후한서》

회자정리(會者定離)　　만날 會 /사람 者 /정할 定 /떼놓을 離

만나는 자에게는 반드시 이별이 기다리고 있다. 만유무상(萬有無常)을 나타내는 말. 정(定)은 필(必)과 같은 뜻. 《유교경(遺敎經)》 [유] 생자필멸(生者必滅).

회천지력(回天之力)　　돌 回 /하늘 天 /갈 之 /힘 力

하늘을 돌리는 힘이란 뜻으로, 임금의 마음을 정도로 돌이키게 하는 힘. 또 국가의 쇠운(衰運)이나 시세(時勢)를 일변시키는 힘. 《당서》

횡설수설(橫說竪說)　　가로 橫 /말씀 說 /더벅머리 竪

조리가 없는 말을 함부로 지껄임. 횡수설거(橫竪說去). 《조정사원(祖庭事苑)》

횡초지공(橫草之功)　　가로 橫 /풀 草 /갈 之 /공 功

싸움터의 풀을 가로 쓰러뜨린 공이란 뜻. 곧 싸움에 나아가 산야(山野)를 달리며 세운 공로. 《한서》

효자불궤(孝子不匱)　　효도 孝 /아들 子 /아닐 不 /함 匱

효자의 효성은 지극하여 다함이 없다는 뜻으로, 한 사람이 부모에게 효도를 다하면 이에 감화되어 잇달아 효자가 나옴을 이르는

말. 《시경》

효자애일(孝子愛日)　　효도 孝 /아들 子 /사랑 愛 /해 日

시간을 아껴 효도를 다한다는 말이다. 일(日)은 태양과 시간의 두 가지 뜻이 있다. 겨울 해에 비유하는 것은 엄동(嚴冬)에 햇빛을 아끼기 때문이며, 반대로 한여름의 햇빛을 싫어하는 데서 여름 해를 외일(畏日)이라고 하여 무서운 것에 비유한다. 《논어》

후고지우(後顧之憂)　　뒤 後 /돌아볼 顧/갈 之/근심 憂

뒤에 남는 걱정, 뒷걱정, 마음에 걸리는 일을 이르는 말. 《위서》

후목난조(朽木難雕)　　썩을 朽 /나무 木 /어려울 難 /새길 雕

썩은 나무는 새기기가 어렵다는 뜻으로, 전도가 암담하거나 가르칠 가치가 없는 사람을 일컫는 말이다. 《논어》 ☞ 후목분장(朽木糞墻).

후문여해(侯門如海)　　제후 侯 /문 門 /같을 如 /바다 海

벼슬아치나 부잣집 대문이 바다와 같다는 뜻으로, 단속이 엄해 마음대로 출입할 수 없음을 비유하여 이르는 말.

후안무치(厚顏無恥)　　두꺼울 厚 /얼굴 顔 /없을 無 /부끄러울 恥

얼굴 거죽이 두꺼워 자신의 부끄러움도 돌아보지 않는다는 뜻으로, 뻔뻔스러워서 부끄러워할 줄을 모름. 반 순정가련(純情可憐).

후조지절(後凋之節)　　뒤 後 /시들 凋 /갈 之 /절개 節

간난(艱難)을 참고 견디며 굳게 지조를 지키는 것. 또 역경에 있어서 비로소 지조가 높은 사람을 알 수 있다는 것. 후조(後凋)는 다른 나무들이 다 말라도 아직 마르지 않고 있는 나무라는 뜻으로, 상록수를 가리킨다. 《논어》

훈주산문(葷酒山門)　　비릴 葷 /술 酒 /뫼 山 /문 門

비린내 나는 것을 먹고, 술기운을 띤 자는 절의 경내로 들어와서는 안된다고 하는 것. 선종(禪宗)의 사문(寺門) 등에 있는 계단석(戒壇石)이라는 석비(石碑)에 새겨져 있는 문구. 「불허훈주입산문(不許葷酒入山門)」 즉 「훈주산문에 들어옴을 허락하지 않는다」 라고 하는 것. 훈(葷)은 파나 부추 따위의 맛을 내고 힘이 나는 야채. 술과 함께 불가(佛家)에서는 식음하지 않는 것.

훼예포폄(毁譽褒貶)　　헐 毁 /기릴 譽 /기릴 褒 /떨어뜨릴 貶

칭찬 · 비방 · 시비 · 선악을 평정(評定)함. 훼(毁)는 구멍을 파서 부수는 것. 또는 욕하다 의 뜻도 있다. 폄(貶)은 떨어뜨리다, 비방하다 의 뜻.

훼장삼척(喙長三尺)　　부리 喙 /길이 長 /석 三 /자 尺

부리 길이만 석 자나 된다는 뜻으로, 말만 번지르르함을 이르는 말. 공담만 일삼을 뿐 일은 실속 있게 하지 못함을 이르는 말. 《운선잡기(雲仙雜記)》

휴척상관(休戚相關)　　쉴 休 /겨레 戚 /서로 相 /관계할 關

기쁨과 염려를 함께 나누다. 고락을 같이함을 이르는 말. 《국어》

휼방지쟁(鷸蚌之爭) ☞ 어부지리(漁父之利).

흑의재상(黑衣宰相)　　검을 黑 /옷 衣 /재상 宰 /재상 相

승려의 신분으로 천하의 정치에 참여하는 사람의 비유. 흑의(黑衣)는 승려의 복장에서 그 신분을 나타낸다. 《자치통감》

흔구정토(欣求淨土)　　기뻐할 欣 /구할 求 /깨끗할 淨 /흙 土

극락왕생을 흔쾌히 원하는 일.

흔흔향영(欣欣向榮)　　기뻐할 欣 /향할 向 /영원할 榮

초목이 무성하게 자란다는 뜻으로, 사업이나 일이 날로 번성하고 융성하는 것을 비유하여 이르는 말. 《귀거래사》

흔희작약(欣喜雀躍)　　기뻐할 欣 /기뻐할 喜 /참새 雀 /뛸 躍

참새가 깡충깡충 뛰듯이 덩실거리며 대단히 기뻐하는 것. 흔(欣)은 즐거워하다, 기뻐하다 의 뜻. 광희난무(狂喜亂舞)와 같은 뜻이지만, 이렇게 표현한 편이 품위가 있다.

흥진비래(興盡悲來)　　일어날 興 /다할 盡 /슬플 悲 /올 來

즐거운 일이 다하고 슬픈 일이 닥쳐온다는 뜻으로, 세상이 돌고 돌아 순환됨을 가리키는 말. 반 고진감래(苦盡甘來).

희로애락(喜怒哀樂)　　기쁠 喜 /성낼 怒 /슬플 哀 /즐거울 樂

기쁨과 노여움, 슬픔과 즐거움. 또는 사람의 마음, 표정의 다양한 변화를 말한다. 유 환락애정(歡樂哀情).

허유세이도(許由洗耳圖, 淸 화가 예전)

출전약해 出典略解

고문진보

고문진보(古文眞寶) : 13세기 무렵 편찬된 한나라 때부터 송(宋)나라에 이르는 고시(古詩)·고문(古文)의 주옥편을 모아 엮은 시문집이다. 전집 10권, 후집 10권으로 되어 있으며, 전집은 주로 시(詩)를, 후집은 주로 문(文)을 수록하고 있다. 편자인 황견(黃堅)과 편찬 경위 등에 대해서는 분명치 않으나, 송나라 말기에서 원(元)나라 초기에 걸친 시기의 편저임은 확실하다. 전집에는 송(宋) 진종황제의 권학문과 오언고풍단편(五言古風短篇) 등 217편의 시가 실려 있고, 후집에는 사(辭)·부(賦) 등 17체 67편의 문장을 수록하였고, 끝에는 제갈양의 「출사표(出師表)」 이밀(李密)의 「진정표(陳情表)」 등이 실려 있다. 도연명의 「귀거래사」, 소동파(소식)의 「적벽부(赤壁賦)」 등 시나 문 등이 모두 빼어난 것들이 수록되어 우리나라에서도 예부터 중히 여겨 왔으며, 한시문을 배울 때의 텍스트로서 애용되어 왔다.

★

공자가어(孔子家語) : 공자와 그 제자의 언행 및 일화를 수록한 책으로, 전 10권. 원본은 한나라 때에는 존재했으나, 그 후 산일

되었으며, 《한서》「예문지(藝文誌)」에는 「공자가어 27권」이라고 되어 있으나, 이것은 이미 실전(失傳)되어 저자의 이름도 기록되어 있지 않다. 현재 전하는 것은 위(魏)의 왕숙(王肅)이 공안국(孔安國)의 이름을 빌려 《춘추좌씨전》, 《국어(國語)》, 《맹자》, 《순자》, 《대대례(大戴禮)》, 《예기》, 《사기》, 《설원(說苑)》, 《안자(晏子)》, 《열자》, 《한비자》, 《여람(呂覽)》 등에서 공자에 관한 기록을 모아 수록한 위서(僞書)인데, 44편으로 되어 있다. 이 속에는 공자의 유문(遺文)과 일화가 섞여 있어 폐기되지 않고 오늘날까지 전해지고 있다.

★

관자(管子) : 춘추시대 제(齊)나라의 사상가이며 정치가인 관중(管仲, ?~BC 645)이 지은 것으로 되어 있으나, 그 내용으로 보아 제나라의 국민적 영웅으로 칭송되던 현상(賢相) 관중의 업적을 중심으로 하여 후대의 사람들이 썼고, 전국시대에서 한대(漢代)에 걸쳐서 성립된 것으로 여겨진다. 관중은 가난했던 소년시절부터 평생토록 변함이 없었던 포숙아(鮑叔牙)와의 깊은 우정은 「관포지교(管鮑之交)」라 하여 유명하다. 《관자》는 전한의 학자 유향(劉向)의 머리말에는 86편이라고 되어 있는데, 현재 보존되어 있는 것에는 10편과 1도(圖)가 빠져 있다. 내용은 법가적(法家的) 색채가

관 중

농후하고, 때로는 도가적(道家的)인 요소가 섞여 있기 때문에 《한서》에서는 도가에, 《수서(隋書)》에서는 법가에 넣고 있다. 정치의 요체는 백성을 부유하게 하고, 백성을 가르치며, 신명(神明)을 공경하도록 하는 세 가지 일이 있는데, 그 중에서도 백성을 부유하게 하는 일이 으뜸이라고 하였다.

★

국어(國語) : 주(周)나라 좌구명(左丘明)이 《춘추좌씨전》을 쓰기 위하여 각국의 역사를 모아 찬술한 것으로, 춘추시대 주(周)·노(魯)·제(齊)·진(晋)·정(鄭)·초(楚)·오(吳)·월(越)나라의 형편을 기록한 책. 좌구명은 산동성 출생으로 공자와 같은 무렵의 노(魯)나라 사람이다. 일설에 의하면 성이 좌구, 이름이 명이라고도 한다. 《좌씨전(左氏傳)》, 《국어(國語)》의 저자로 일컬어진다. 《논어》 공야장편에 「원망을 숨기고서 그 사람과 친구로 지내는 것을 좌구명이 부끄럽게 여기더니, 나도 또한 부끄러워하노라」라는 공자의 말이 기록되어 있는데, 그것이 《좌씨전》 좌씨에 결합되어 《좌씨전》의 저자라고 하게 된 것 같다. 《국어》는 허신(許愼)의 《설문(說文)》에서는 「춘추국어」라 적혀 있고, 또 주로 노나라에 대하여 기술한 《좌전》을 내전(內傳)이라 하는 데 대해서 이를 외전이라 하며, 사마천이 좌구명을

좌구명

출전

무식쟁이로 비하했다고 해서 《맹사(盲史)》 라고도 한다. 중국의 고대사를 연구하는 데 필요한 귀중한 책이다.

★

근사록(近思錄) : 1175년 송(宋)의 주자가 여조겸(呂祖謙)과 공동으로, 주돈이(周敦頤) · 정호(程顥) · 정이(程頤) · 장재(張載) 등 네 학자의 글에서 학문의 중심 문제들과 일상생활의 요긴한 부분들을 뽑아 편집하였다. 근사록이라는 제명은《논어》 자장(子張)편의 「널리 배우고 뜻을 돈독히 하며, 절실하게 묻고 가까이 생각하면 인(仁)은 그 가운데 있다(切問而近思 仁在其中矣)」는 구절에서 빌려 온 것이다. 14권 622항목으로 분류되었는데, 각권의 편명은 후대의 학자들이 붙인 것으로, 수신(修身) · 제가(齊家) · 치국(治國) · 평천하(平天下)의 교훈을 목적으로 한 것이다. 《소학》 과 함께 중종대 사림파의 상징적인 서적으로 인식되어 기묘사화 후에는 한때 엄격히 금지되기도 하였지만, 이이(李珥)의 《격몽요결(擊蒙要訣)》 단계에 와서는 학자가 《소학》 과 사서삼경 및 역사서 등을 읽은 다음에 탐구해야 할 성리서(性理書)의 하나로 제시되었다. 그 후 조선 후기까지 학자의 필수 문헌으로 인식되어 수많은 판본이 간행되었다.

주 희

★

냉재야화(冷齋夜話) : 송나라 석혜홍(釋惠洪)의 작으로, 잡다한 견문록인데, 그 대부분은 소식과 황정견의 시파(詩派)에 관한 시론(詩論)이다. 냉재시화라고도 한다. 여기 실린 「치인설몽(痴人說夢)」은 어리석은 사람을 상대로 하여 꿈을 이야기해도, 상대편에게 통하지 않는다는 것으로, 바보를 상대로 하여 어떤 말을 하더라도 처음부터 아무 소용이 없다고 하는 유명한 성구다 전 10권.

★

노자(老子) : 도가(道家)의 조(祖)인 춘추시대 말기의 노자의 자저(自著)로 알려지고 있다. 이름은 이이(李耳), 자는 담(聃), 노담(老聃)이라고도 한다. 초(楚)나라 고현(苦縣 : 하남성 녹읍현) 출생으로 춘추시대 말기 주(周)나라의 수장실사(守藏室史 : 장서실 관리인)였다. 공자(BC 552~BC 479)가 젊었을 때 낙양으로 노자를 찾아가 예(禮)에 관한 가르침을 한 것으로 알려졌다. 또 주나라의 쇠퇴를 한탄하고 은퇴할 것을 결심한 후 서방(西方)으로 떠났다. 그 도중 관문지기의 요청으로 상하(上下) 2편의 책을 써 주었다고 한다. 이것을 《노자》라고 하며 《도덕경(道德經)》(2권)이라고도 하는데, 도가사상의 효시로 일컬어진다. 그러나 이 전기에는 의문이 많아, 노자의 생존을 공자보다 100년 후로 보는 설이 있는가 하면,

노 자

출전

「아는 자는 말하지 않고, 말하는 자는 알지 못한다」 고 말한 노자가 과연 5,000어의 글을 썼는지, 또한 노자라는 인물이 시대상으로도 의문이 많아 그 실존 자체를 부정하는 설도 있다. 《노자》는 인위(人爲)에 의하지 않고 우주의 원리인 「도(道)」에 의해서 살아갈 것을 주장하는 책으로, 약 5,000자, 상하 2편으로 되어 있는데, 상편을 도경(道經), 하편을 덕경(德經)으로 나누기도 한다. 노자 사상의 특색은 형이상적인 도(道)의 존재를 설파하는 데 있다. 「무위(無爲)함이 무위함이 아니다」 라는 도가의 근본 교의, 겸퇴(謙退)의 실제적 교훈, 포화적(飽和的) 자연관조 등 도가사상의 강령이 거의 담겨 있어 후세에 끼친 영향이 크다.

★

논어(論語) : 《논어》는 공자(孔子, BC 552~BC 479)의 언행을 기록한 것으로, 「논(論)」에는 논의(論議), 「어(語)」에는 답술(答述)이라는 원뜻이 있다. 즉, 《논어》는 공자가 논의하고 답술한 말을 편집한 것이다. 편집은 문하생인 증자나 유자(有子)에 이어 학통을 계승한 사람들에 의해서 이루어졌다. 《논어》는 유가(儒家)의 성전(聖典)이라고도 할 수 있다. 4서의 하나로, 중국 최초의 어록이기도 하다. 고대 중국의 사상가가 공자의 가르침을 전하는 가장 확실한 옛

공 자

문헌이다. 공자와 그 제자와의 문답을 주로 하고, 공자의 발언과 행적, 그리고 고제(高弟)의 발언 등 인생의 교훈이 되는 말들이 간결하고도 함축성 있게 기재되었다. 현존본은 「학이편(學而篇)」에서 「요왈편(堯曰篇)」에 이르는 20편으로 이루어졌으며, 각기 편 중의 말을 따서 그 편명을 붙였다. 「학이편」은 인간의 종신(終身)의 업(業)인 학문과 덕행을, 「요왈편」은 역대 성인의 정치 이상을 주제로 하였다. 《논어》의 문장은 간결하면서도 수사(修辭)의 묘를 얻어 함축성이 깊다. 또한 문장 간의 연계가 없는 듯하면서도 깊이 생각해 보면, 공자의 인격으로 귀일(歸一)되어 있다. 유교의 경서는 많지만, 그 중에서 논어는 《효경(孝經)》과 더불어 한나라 이후에 지식인의 필수 서책이 되고 있다. 우리나라에도 일찍부터 도래되어 한학(漢學)의 성행으로 널리 보급되고, 국민의 도덕사상 형성의 기본이 되었다. 구미 각국에도 연구서나 번역서가 많이 나와 있다.

★

당서(唐書) : 당(唐)나라의 정사(正史)로서 이십오사(二十五史)의 하나다. 고조(高祖)의 건국(618)에서부터 애제(哀帝)의 망국(907)까지 21제(帝) 290년 동안의 당나라 역사의 기록이다. 처음에는 단지 《당서》로 이룩하였지만, 송나라 때 내용을 고쳐 《신당서》로 편찬하였다. 그래서 《구당서(舊唐書)》와 《신당서(新唐書)》로 나누어졌다. 《구당서》 200권, 《신당서》는 225권으로 되어 있는데, 《구당서》는 당나라 멸망 직후의 사료가 부족하여 후반부가 부실하다. 전반부도 여러 사료에서 대강 발췌한 것이라 체제에 일관성은 없다. 그러나 당나라 때의 원 사료의 문장이 거의 그대로 남아 있어 사료적 가치가 높다. 《신당서》는 표(表)가 많은 것도 특징이고, 문장은 당시 중시되던 고문으로 간결하게 기술하여, 정사 편찬에 새로운 기원을 이룩하였다.

★

당시선(**唐詩選**) : 명나라 말기(16세기)에 나온 당나라 시선집. 전 7권. 편찬자 미상. 당대(唐代)는 중국 역사상 가장 시가 융성했던 시기이며, 시인의 수도 많고 또한 우수한 시도 매우 많다. 그리고 그 수많은 시작품은 작풍에 따라 초당 · 성당(盛唐) · 중당 · 만당(晩唐)으로 나눠진다. 권1은 오언고시(五言古詩), 권2는 칠언고시(七言古詩), 권3은 오언율시(五言律詩), 권4는 오언배율(五言排律), 권5는 칠언율시, 권6은 오언절구, 권7은 칠언절구로, 모두 128명의 시 465수로 이루어져 있다. 성당 때의 시를 이상으로 삼은 이반룡(李攀龍) 일파의 시론을 구체적으로 나타낸 것으로, 성당 때의 시가 많고 중당 · 만당(晩唐) 때의 것은 적다. 이백 · 두보와 함께 이두한백(李杜韓白)이라 일컫는 중당 때의 한유(韓愈)의 시는 한 수뿐이고, 백거이의 시는 전무하기 때문에 선택이 치우친 것으로 평가되었다

★

대학(**大學**) : 유교 경전에서 공자의 가르침을 정통으로 나타내는 4서 중 중요한 경서이다. 본래 《예기》의 제42편이었던 것을 송나라의 사마광(司馬光)이 처음으로 따로 떼어서 《대학광의(大學廣義)》를 만들었다. 그 후 주자가 《대학장구》를 만들어 경

(經) 1장, 전(傳) 10장으로 구별하여 주석을 가하고 이를 존숭(尊崇)하면서부터 널리 세상에 퍼졌다. 주자는, 이 책을 경(經)은 공자의 말을 증자(曾子)가 기술한 것이고, 전(傳)은 증자의 뜻을 그 제자가 기술한 것이라고 단정하였다. 경에서는 명명덕(明明德 : 명덕을 밝히는 일) · 신민(新民 : 백성을 새롭게 하는 일) · 지지선(止至善 : 지선에 머무는 일)을 대학의 3강령이라 하고, 격물 · 치지 · 성의(誠意) · 정심(正心) · 수신 · 제가 · 치국 · 평천하의 8조목으로 정리하여 유교의 윤곽을 제시하였다. 실천과정으로서는 8조목에 3강령이 포함되고, 격물 즉 사물의 이치를 구명하는 것이 그 첫걸음이라고 하였다. 이것이 평천하의 궁극 목적과 연결된다는 것이《대학》의 논리이다.

증 자

★

등왕각서(滕王閣序) : 당의 왕발(王勃, 649~676)이 지은 사륙변려문(四六騈儷文). 원 제목은 「추일등홍부등왕각전별서(秋日登洪府滕王閣餞別序)」「등왕각시서」라고도 한다. 등왕각은 그 옛터가 지금의 강서성 남창(南昌) 시에 있다. 초당(初唐) 4걸(傑) 중의 한 사람인 왕발은 명문가 출신으로 재능이 뛰어나 성년이 되기도 전에 벼슬을 하였다. 하지만 곧 남들의 시기를 사게 되어 일찍 관직에서 물러났으며, 그로부터 사방으로 떠돌아다니며 도처를 유랑하기 시작하였다. 당 고종 때인 676년 중양절(9월 9일)에 홍주도독 염공(閻公)이 등왕각에서 주연을 열고 손님들을 청했는데 마침 왕발이 아버지를 뵈러 가는 길에 남창을 지나다가 이 연회에 참석하여 즉석에서 이 시와 서를 지었다. 전반부는 홍주 일대의 「번화하고 풍요로우며 인물은 뛰어나고 지세는 신령스러운」 형세와 등왕각의 수려하고 웅장한 아름다움 및 연회의 성황을 그렸다. 후반부에서는 타향에서 객으로 지내며 품은 뜻을 펼쳐 볼 수 없음을 탄식한다. 경치 묘사와 서정적 묘사를 결합시켜 단숨에 지어내어 흠잡을 데 없이 매끄럽다. 형식은 사륙변려체이며, 대구(對句)가 뛰어나고 음운도 잘 맞는다. 사조가 화려하고 우아하며, 전고(典故)를 많이 인용하였다. 풍격은 소탈하면서도 원숙하고 힘이 있으며, 「지는 노을은 외로운 기러기와 함께 날아가고, 가을 강물은 아득한 하늘과 일색이구나」 등과 같이 사람들 입에 회자되는 명구도 있어 오래도록 널리 전해지는 명작이 되었다.

왕 발

★

맹자(孟子) : 전국시대의 사상가 맹가(孟軻, BC 372?～BC 289?)의 저술로서, 맹가의 자는 자여(子輿) 또는 자거(子車)라고 하지만 확실하지 않다. 지금의 산동성 추현에 있었던 추(鄒)에서 출생하였다. 공자의 유교사상을 공자의 손자인 자사(子思)의 문하생에게서 배웠다. 어릴 때 현모(賢母)의 손에서 자라났으며 「맹모삼천지교(孟母三遷之敎)」는 유명한 고사이다. 제후가 유능한 인재들을 찾는 전국시대에 배출된 제자백가(諸子百家)의 한 사람으로서 맹자도 BC 320년경부터 약 15년 동안 각국을 유세하고 돌아다녔으나, 자기의 주장이 채택되지 않자 고향에 은거하였다. 제후가 찾는 것은 부국강병(富國强兵)이나 외교적 책모(策謀)였으나, 맹자가 내세우는 것은 도덕정치인 왕도(王道)였으며, 따라서 이는 현실과 동떨어진 지나치게 이상적인 주장이라고 생각되었다. 만년에는 제자 교육에 전념하였고, 저술도 하였다고 한다. 《맹자》는 《논어》, 《대학》, 《중용》과 더불어 소위 「4서」의 하나이다. 공자의 학통은 증자에게 전해지고, 증자의 학통은 다시 공자의 손자인 자사(子思)에게 전해졌으며, 그 자사의 문인에게 가르침을 받은 것이 맹자다. 공자에게 《논어》가 있고, 증자에게 《대학》이 있으며, 자사에게 《중용》이 있고, 맹자에게 《맹자》가 있으므로, 공(孔)·증(曾)·사(思)·맹(孟)의 학통과 「4서」의 서(書)와는 매우 관계가 깊다. 《맹자》는 그의 문인들이 스승이 죽은 후에 정리한 것이라는 견해들도 있으나, 수미일관(首尾一貫)된 체제 등을 들어 일반적으로 맹자의 직접 저술

맹 자

출전

로 인정하고 있다. 민주주의와 자본주의의 현대사회에서는 그 전체적인 사회 · 정치 이론을 받아들일 수 없게 되었지만, 크게는 「성선설」로부터 구체적으로 「호연지기론(浩然之氣論)」에 이르는 견해들은 시대를 뛰어넘어 인간생활의 한 지침이 되고 있다. 빈틈없는 구성과 논리, 박력 있는 논변으로 인해 《장자》 및 《좌씨전(左氏傳)》과 더불어 중국 진(秦) 이전의 3대 문장으로 꼽히는 등 문장 교범으로서도 높은 평가를 받아왔으며 한문 수련의 필수적인 교재이다. 또 「오십보백보」, 「조장(助長)」 등의 절묘한 비유를 통해 독자의 흥미를 돋우고 논지를 철저히 이해시켜 준다.

★

묵자(墨子) : 전국시대 초기의 사상가 묵자(이름은 적翟)가 지은 것으로, 묵자의 행적은 분명하지 않다. 묵자 및 그의 후학인 묵가(墨家)의 설을 모은 《묵자》가 현존한다. 《묵자》는 53편이라고 하나, 《한서》 지(志)에는 71편으로 되었다. 최종적으로 성립된 것은 한나라 초기까지 내려간다고 추정된다. 유가의 인(仁)이 똑같이 사랑(愛)을 주의로 삼으면서도 존비친소(尊卑親疎)의 구별이 있음을 전제로 하는 데 반하여, 묵자의 겸애(兼愛)는 무차별의 사랑인 점이 다르고, 또한 사랑은 남을 이롭게 하는 것이지만, 그것

묵 자

은 이웃고 자신도 이롭게 한다는 「겸애교리(兼愛交利)」를 풀이한 것이었다. 요컨대 《묵자》는 유가가 봉건제도를 이상으로 하고 예악을 기조로 하는 혈연사회의 윤리임에 대하여, 오히려 중앙집권적인 체제를 지향하여 실리적인 지역사회의 단결을 주장한 것이다.

★

문선(文選) : 남조 양(梁)나라의 소명태자(昭明太子) 소통(蕭統, 501~531)이 주(周)나라 시대부터 육조시대의 남조 양나라까지 대략 1천 년 동안의 대표적인 시문을 모아 엮은 책으로, 전 30권. 소통은 양(梁) 무제 소연(蕭衍)의 장남으로 황태자가 되었으나, 즉위하기 전에 죽었다. 《문선》에 엮은 작품들의 선택

소명태자

기준은 내용에 있지 않고 형식의 아름다움에 있었으나, 작품의 전아함을 요구하고 있는 것으로 보아 내용을 소홀히 하지 않았다. 그는 「문장은 화려하면서도 부박하지 말아야 하며, 전아하면서도 거칠지 않아야 하므로 문과 질이 서로 어울릴 때 군자의 극치를 지니게 된다」라고 주장하였다. 《문선》에 나타난 소통의 문학관은 후대 문학 발전에 큰 영향을 주었다. 여기에 실린 문장가는 130여 명으로, 이 중에는 무명작가의 고시(古詩)와 고악부(古樂府)도 포함되어 있다. 송나라의 대중상부(大中祥府) 9년(1016), 처음으로 문선이 교각(校刻)되면서부터 이를 전문으

로 배우는 이른바 선학(選學)이 생기게 되었는데, 한유・두보 등도 문선을 존중하였다는 기록이 있다. 특히 당나라 때에는 사부(詞賦)로써 선비를 등용하였으므로, 문선학이 아주 성행하여, 마침내 6경(六經)에 견주게까지 되었다. 우리나라에서는 신라 독서삼품과의 상품(上品) 시험과목으로 《논어》 《효경》 《예기》 《춘추좌씨전》 등과 함께 부과되었는데, 이후 우리나라 한문학에 큰 영향을 끼쳤다.

★

문장궤범(**文章軌範**) : 남송의 사방득(謝枋得, 1226~1289)이 편찬한 과거를 위한 참고서로서, 사방득의 자는 군직(君直), 호는 첩산(疊山). 강서성 사람. 문절(文節)선생이라고도 한다. 기개가 있고 직언으로 알려져, 보유(寶裕) 연간(1253~1258)에 진사로 추대되었으나 사퇴하였다. 《문장궤범》 은 산문선집으로 초학자가 모범으로 삼아야 할 문장 69편이 수록되어 있다. 내용은 주로 당나라의 한유 31편, 유종원 5편, 원결(元結)・두목(杜牧) 각 1편, 송나라의 소동파 12편, 구양수 5편, 소순(蘇洵) 4편, 범중엄・이구(李覯)・이격비(李格非)・신기질(辛棄疾) 각 1편으로, 당・송의 고문파(古文派) 작가에 한정하였다. 그 밖에 삼국시대 제갈공명의 《전출사표》와 진(晋)나라 도연명의 《귀거래사》를 포함시킨 것은 편자인 사방득이 송나라의 충신인데다 송나라가 멸망한 후에 이 책을 편집했기 때문에, 이 두 편의 글을 통해 자신의 우국(憂國)과 은일(隱逸)의 심사를 나타내려고 한 것이다. 이 책은 원・명 이후에 인기가 높아 왕양명이 그 서문을 쓰기까지 하였다.

★

사기(史記) : 전한의 사마천(司馬遷, BC 145?~BC 86?)이 신화(神話), 전설시대인 삼황(三皇), 오제(五帝)로부터 한나라 무제 태초 연간(BC 104~101년)에 이르기까지 중국과 그 주변 민족의 역사를 포괄하여 저술한 세계사적인 통사이다. 사마천의 자는 자장(子長), 용문(龍門 : 현재 한성현) 출생으로 사마담(司馬談)의 아들. 7세 때 아버지가 천문 역법과 도서를 관장하는 태사령(太史令)이 된 이후 무릉(武陵)에 거주하며 고문을 독서하던 중, 20세경 낭중(郎中)이 되어 무제를 수행하여 여러 지방을 여행하면서 크게 견문을 넓혔고, 《사기》를 저술하는 데 필요한 귀중한 자료를 수집하였다. BC 110년 사마담이 죽으면서 자신이 시작한 《사기》의 완성을 부탁하였고, 그 유지를 받들어 BC 108년 태사령이 되면서 황실 도서에서 자료 수집을 시작하였다. BC 104년(무제 태초 원년) 천문 역법의 전문가로서 태초력(太初曆)의 제정에 참여한 직후 《사기》 저술에 본격적으로 착수하였다. 그러나 저술에 몰두한 그는 흉노의 포위 속에서 부득이 투항하지 않을 수 없었던 벗 이능(李陵) 장군을 변호하다 황제의 노여움을 사서, BC 99년 남자로서 가장 치욕스러운 궁형(宮刑)을 받았다. 「보임안서(報任安

사마천

출전

書)」라는 명문에서 당시 《사기》의 완성을 위하여 죽음을 선택할 수 없었던 심정을 술회하였는데, 옥중에서도 저술을 계속하여 BC 95년 황제의 신임을 회복하여 환관의 최고 직인 중서령(中書令)이 되었으며, BC 90년에는 마침내 《사기》를 완성하였다. 사마천은 저술의 동기를, 가문의 전통인 사관의 소명의식에 따라 《춘추》를 계승하고 아울러 궁형의 치욕에 발분하여 입신양명으로 대효를 이루기 위한 것으로, 저술의 목표는 「인간과 하늘의 관계를 구명하고 고금의 변화에 통관하여 일가의 주장을 이루려는 것」으로 각각 설명하는데, 전체적 구성과 서술에 이 입장이 잘 견지되었다. 이 책의 가장 큰 특색은 역대 중국 정사의 모범이 된 기전체(紀傳體)의 효시로서, 열전에 가장 많은 비중을 할애하였고, 신비하고 괴이한 전설과 신화에 속하는 자료는 모두 배제하고, 주로 유가 경전을 기준으로 합리적으로 믿을 수 있다고 판단된 자료만 취록하였다. 또 열전의 첫 머리에 이념과 원칙에 순사한 백이(伯夷)·숙제(叔齊)의 열전을, 마지막에 이(利)를 좇는 상인의 열전 화식열전(貨殖列傳)을 두어, 위대한 성현뿐 아니라 시정잡배가 도덕적 당위의 실천과 이욕적 본능 사이에서 방황하고 고뇌하는 생생한 모습을 제시함으로써 「살아 숨 쉬는 인간」에 의해서 역사가 창조된다는 점을 극명하게 보여준다. 이 점은 시와 산문의 이상적인 결합으로 평가되기도 하는 문장을 통하여 더욱 정채를 발하고 있다. 실제로 구성은 물론 글자 하나하나까지도 의도된 효과를 위하여 사용되어 그 생동감은 독자를 무한한 감흥으로 이끌고 간다. 이 때문에 사전문학의 극치로 평가하는 사람도 있지만, 이것은 단순한 문장의 기교에서 나온 것이 아니라 역사에 대한 이성적 통찰과 감성적인 이해를 통한 추체험의 발로였고, 이 책의 충만한 비판 정신을 궁형을 당한 사마천의 울분에서 비롯된 무제의 비방으로 해석하여 「비방(誹謗)의 서」로 부르는 사람도 있다. 그러나 인간의 위대함과 어리석음, 이욕 및 폭력과 도덕적 이상의 갈등에서 발전하는 역사를 준엄하게 지적할 뿐, 울분적인 비방의 차원은 결코 아니었다.

★

삼국지(三國志) : 진(晋)나라의 학자 진수(陳壽, 233~297)가 편찬한 위(魏)·촉(蜀)·오(吳) 삼국의 역사를 기록한 사서. 진수의 자는 승조(承祚), 사천성 파서 출생. 진(陳)씨는 바시의 호족으로서, 그의 아버지와 그는 촉한에서 벼슬하였다. 진나라의 학자 장화(張華)가 그의 재능을 인정하여 치서시어사(治書侍御史)의 관직에까지 올랐다. 《삼국지》는 《사기》, 《한서》, 《후한서》와 함께 중국 전사사(前四史)로 불린다. 위서(魏書) 30권, 촉서(蜀書) 15권, 오서(吳書) 20권, 합계 65권으로 되어 있으나 표(表)나 지(志)는 포함되지 않았다. 위나라를 정통 왕조로 보고 위서에만 「제기(帝紀)」를 세우고, 촉서와 오서는 「열전」의 체제를 취했으므로 후세의 사가들로부터 많은

진 수

출전

비판의 대상이 되었다. 그러나 저자는 촉한에서 벼슬을 하다가 촉한이 멸망한 뒤 위나라의 조(祚)를 이은 진나라로 가서 저작랑(著作郎)이 되었으므로 자연 위나라의 역사를 중시한 것으로 여겨진다. 《위서》 동이전(東夷傳)에는 부여·고구려·동옥저(東沃沮)·읍루(挹婁)·예(濊)·마한·진한·변한·왜인(倭人) 등의 전(傳)이 있어, 동방 민족에 관한 최고의 기록으로 동방의 고대사를 연구하는 데 유일한 사료가 된다.

★

삼국지연의(三國志演義) : 중국 4대 기서(奇書)의 하나로, 송나라 때부터 역사서인 《삼국지》에 바탕을 둔 이야기책이 나돌고 있었는데, 그것을 나관중(羅貫中)이 소설화했다고 전해진다. 나관중에 대해서는 전해지는 것은 별로 없다. 자는 관중, 호는 호해산인(湖海散人), 본명은 본(本). 산서성 여릉(廬陵) 사람으로 1364년에 살았다는 기록 외에

나관중

전기(傳記)는 밝혀져 있지 않으나 최하급의 관리였던 것으로 생각된다. 《삼국지연의》의 원명은 《삼국지통속연의(三國志通俗演義)》라 하며, 또한 삼국의 정사를 알기 쉬운 말로 이야기한 책이라는 뜻에서 《삼국지 평화(平話)》라고도 부른다. 진수의 《삼국지》에 서술된 위·촉·오 3국의 역사에서 취재한 것으로, 3국이 정립하여 싸우는 이야기는 그 전투의 규모가 웅장하

고, 인간의 온갖 지혜와 힘을 총동원하여 치열한 공방전이 되풀이되는 만큼, 옛날부터 중국인들 사이에 흥미있는 이야기로 전하여 오다가 9세기(당나라 말기) 경에는 이미 연극으로 꾸며진 흔적이 있고, 송대(11~13세기)에는 직업적인 배우까지 나왔다. 이야기의 내용은 대략 전·후반으로 나누어지며, 전반에서는 유비·관우·장비 3인의 결의형제를 중심으로 나중에 제갈공명이 가담하게 되는데, 절정은 유비와 손권(孫權)의 연합군이 조조의 대군을 화공(火攻)으로 무찌르는 적벽(赤壁)의 대전이며, 이것이 위(魏 : 조조)·오(吳 : 손권)·촉(蜀 : 유비)의 3국이 분립하게 되는 원인이 된다. 후반에서는 제갈공명의 독무대가 되고, 공명이 6차에 걸친 북정(北征)에서 병사하는 「추풍오장원(秋風五丈原)」의 1절이 절정을 이루게 된다. 소설의 주요 인물은 유비 등 3인과 공명이지만, 조조의 성격도 잘 묘사되어 있다.

★

서경(書經) : 고대의 제왕 및 군신(群臣)의 언행록. 요(堯)·순(舜)·우(禹)에서 은(殷)·주(周)까지를 기록하고 있다. 한대(漢代) 이전까지는 「서(書)」라고 불렸는데, 이후 유가사상의 지위가 상승됨에 따라 소중한 경전이라는 뜻을 포함시켜 한 대에는 《상서(尙書)》라 하였으며, 송대에 와서 《서경》이라 부르게 되었다. 현재는 《상서》와 《서경》 두 명칭이 혼용되고 있다. 상서가 분서갱유로 소실되자 한 문제 때 진(秦)에서 박사를 지낸 복생(伏生)이 상서에 정통하다는 말을 듣고 한 왕실에서 유학을 진흥시키기 위해 조조(晁錯)를 보내 배워오게 했다. 복생은 조조에게 29편의 상서를 전해 주었고, 조조는 상서를 당시의 문자체, 즉 금문으로 받아썼는데, 이것이 바로 금문상서이다. 고문상서는 경제(景帝) 때 노(魯) 공왕(恭王)이 공자의 옛 집을 헐다가 벽 속에서 《예기》, 《논어》, 《효경》 등과 함께 발견했다는 상서의 고본(古本)을 말한다. 이 고본은 한의 문자체와는 다른 춘추시대의 문자체로 씌어 있었기 때문에 금문이라는 말과 대비되는 고문이라고 한다. 중국 고대의 역사를 아는 데 있어 유가 최고 경전의 하나로서 권위와 그 의의가 인정된다.

★

설원(說苑) : 전한 말에 유향(劉向, BC 77?~BC 6?)이 편집한 군주가 알아두어야 할 일을 여러 책에서 초출(抄出)한 교훈적인 설화집이다. 유향의 자는 자정(子政), 처음 이름이 경생(更生), 한나라 고조의 배다른 동생 유교(劉交 : 楚元王)의 4세손이다. 젊었을 때부터 재능을 인정받아 선제(宣帝, 재위 BC 74~BC 49)에게 기용되어 간대부(諫大夫)가 되었으며, 수십 편의 부송(賦頌)을 지었다. 신선방술(神仙方術)에도 관심이 많았으며, 황금 주조를 진언하고 이를 추진하다가 실패하여 투옥되었으나, 부모형제의 도움으로 죽음을 면하였다. 재차 선제에게 기용되어 석거각(石渠閣 : 궁중도서관)에서 오경을 강의하였다. 《한서》에 그의 전기

유 향

가 수록되어 있다. 「군도(君道)」「신술(臣術)」 등 20편으로 구성되었다. 같은 저자의 《신서(新序)》와 그 체재가 비슷하며, 내용도 중복된 것이 있다. 고대의 제후나 선현들의 행적이나 일화·우화 등을 수록한 것이며, 위정자를 설득하기 위한 훈계독본으로 이용하였다.

★

세설신어(**世說新語**) : 송나라의 유의경(劉義慶, 403~444)이 편집한 후한 말부터 동진까지의 명사들의 일화집이다. 《유의경세설》, 《세설신서》라 불렀으나, 북송 이후로 현재의 명칭이 되었으며, 덕행(德行)·언행부터 혹닉(惑溺)·구극(仇隙)까지의 36문(門)으로 나눈 3권본으로 정해졌다. 편자인 유의경은 강소성 팽성(彭城 : 지금의 서주) 출신으로, 송나라 무제 유유(劉裕)의 조카이고 장사(長沙) 경왕(景王) 유도련(劉道憐)의 둘째아들이다. 상서좌복야·중서령·형주자사(荊州刺史) 등을 지냈다. 《세설신어》는 후한 말부터 동진(東晉)까지의 정치가·문인·사대부·승려·서인 등 600명에 이르는 인물의 이야기를 담고 있는 일화집으로 중국문학사상 중요한 위치를 차지하는 작품이다. 당시 지식인과 중세 호족(豪族)의 생활 태도를 생기발랄한 콩트식으로 묘사하였으며, 한말부터 위·진 무렵의 귀족계급 주변의 사상과 풍조를 후세에 상세히 전하고 있다. 세부묘사도 뛰어나고 개성화한 언어로 인물들의 특색을 잘 그려내어 지인소설이라는 독특한 장르를 개척하였으며, 후대 필기소설의 발전에 영향을 끼친 것으로 평가된다.

★

소학(小學) : 《소학(小學)》은 이름이 가리키듯이, 동몽(童蒙 ; 어린이)의 교육용으로 만들어진 것이다. 송나라 주자의 찬으로 되어 있으나, 실은 문인(門人) 유자징(劉子澄)이 주자의 지원에 의하여 편찬한 것이다. 내외 2편으로 나뉘어 내편은 입교(立敎)·명륜(明倫)·경신(敬身)·계고(稽古)의 4개 항목을 기본으로 하여 유교사상의 요강을 기술하고 있다. 외편은 가언(嘉言)·선행(善行) 두 개의 항목 밑에 한대(漢代) 이후 송대까지의 현인과 철인의 언행을 기록하여 내편과 대조시켰다. 일상생활의 세세한 예의범절을 비롯하여 수양을 위한 수신(修身)·제가(齊家)·치국(治國)·평천하(平天下)에 이르기까지 격언·충신·효자의 사적들을 모아서 개인의 도덕 수양서로서 기술한 책이다. 《예기》 사서(四書) 등 여러 책에서 인용한 구절이 많아서, 《근사록》은 사서의 사다리가 되고 《소학》은 《근사록》의 사다리가 된다고 할 정도다. 우리나라에서도 어린이들의 초학 교과서로 많이 읽히고 있다.

★

손자(孫子) : 저자는 춘추시대 오나라의 명장 손무(孫武, BC 6세기경)로서, 낙안(樂安 : 산동성) 출생. 제(齊)나라 사람. BC 6세기경 오왕(吳王) 합려(闔閭)를 섬겨 절제·규율 있는 군대를 조직하게 하였다고 하며, 초(楚)·제(齊)·진(晋) 등을 굴복시켜 합려로 하여금 패자가 되게 하였다고 한다. 《오자(吳子)》와 병칭되는 병법 칠서(七書) 중에서 가장 뛰어난 병서로 흔히 《손오병법(孫吳

兵法)》이라고 한다. 현재 전해지는 것은 13편으로 이것은 당초의 것이 아니고, 삼국시대 위(魏)의 조조가 82편 중에서 번잡한 것은 삭제하고 정수만을 추려 13편 2책으로 만들었다고 한다. 「병(兵)은 국가의 대사(大事), 사생(死生)의 땅, 존망(存亡)의 길」이라는 입장에서 국책의 결정, 장군의 선임을 비롯하여 작전·전투 전반에 걸쳐 격조 높은 문장으로 간결하게 요점을 설명하고 있다. 그 뜻하는 바는 항상 주동적 위치를 점하여 싸우지 않고 승리하는 것을 주로 하고, 또 사상적인 뒷받침도 설하고 있어 병서로서는 모순을 느낄 만큼 비호전적(非好戰的)인 것이 특징이다. 예로부터 작전의 성전(聖典)으로서 많은 무장들에게 존중되었을 뿐만 아니라, 국가경영의 요지와 인사의 성패 등에도 비범한 견해를 보이고 있어 인생문제 전반에 적용되는 지혜의 글이라 할 수 있다. 「적을 알고 나를 알면 백번 싸워도 위태롭지 않다(知彼知己百戰不殆)」는 등의 명구들을 담고 있다.

손 무

★

수신기(搜神記) : 육조시대 동진(東晋)의 역사가 간보(干寶)가 편찬한 지괴소설집. 지괴(志怪, 육조시대의 귀신괴이·신선오행에 관한 설화)의 보고(寶庫)로 여겨지는 가장 대표적인 설화집이다. 본래는 30권이었으나, 현재의 20권본마저 원서 그대로는 아니

출전

며, 당(唐)나라 때 산산이 흩어진 것을 다시 편집한 것이다. 간보는 아버지의 비첩이 죽었다가 되살아난 일, 형이 기절했다가 소생하여 귀신을 보았다고 말한 일 등으로 자극을 받아 그러한 기괴한 이야기들을 모으기 시작했는데, 이에는 신과 사람 간의 교통·감응 및 요괴·은원(恩怨) 등 470편이 수록되었으며, 세계적 보편성을 가진 우의설화(羽衣說話)·수신(水神)설화 등도 있다. 돈황본(敦煌本) 《수신기》는 오대(五代) 때 구어로 쓴 통속본이며, 8권본 《수신기》는 후세의 설화가 들어 있어, 송대(宋代)의 작품으로 짐작된다.

★

수호지(**水滸誌**) : 원말, 명초의 시내암(施耐庵 : 생몰 미상)이 쓰고, 나관중이 손질한 것으로 4대 기서(奇書) 중의 하나이다. 시내암은 이름은 자안(子安)이고 내암은 그의 자다. 중국 강소성 회안(淮安)에서 태어났다. 《삼수평요전(三遂平妖傳)》, 《지여(志餘)》 등을 지었다고 한다. 35세에 진사가 되어 2년간 관직에 있었지만 상급관리와 사이가 좋지 않아 관직을 버리고 소주(蘇州)에 칩거하여 문학창작에 전념했다고 전해지고, 원말(元末) 군웅(群雄)의 한 사람인 장사성(張士城)의 난(1321~1367)에 가담했던 것으로 알려져 있을 뿐이며 자세한 경력에 대해서는 거의 알려지지

시내암

않았다. 책의 내용은 수령인 송강(宋江)을 중심으로 108명의 유협(遊俠)들이 양산(梁山 : 산동성 수장현 남동) 산록 호숫가에 산채를 만들어 양산박(梁山泊)이라 일컬었으며, 조정의 부패를 통탄하고 관료의 비행에 반항하여 민중의 갈채를 받는 이야기다. 창조된 인물들의 이미지와 묘사된 성격이 매우 다채로우며, 《서유기》가 신마(神魔)를, 《유림외사(儒林外史)》가 지식계층을, 《홍루몽》이 명문의 자녀를 묘사한 것과는 달리 《수호지》에서는 신분이 낮은 정의한이나, 지주 출신자 또는 봉건정권을 섬긴 적이 있는 활발하고 용감한 사나이들이 중심인물이다. 필치는 거칠지만, 풍부한 색채와 어휘, 발랄한 표현으로 계급과 유형이 상이한 인물들을 그려내고, 이들 인물의 생활발전을 통하여 봉건통치 집단의 암흑성과 서민의 비참한 생활, 용감한 투쟁 사상·감정 등을 나타내었다. 《수호지》가 후일의 문학에 끼친 영향은 매우 크다. 명·청의 희곡 중에는 《수호지》에서 취재한 것이 많고, 《금병매》는 부분적으로 확대하여 창조를 더했다.

★

순오지(**旬五志**) : 조선 숙종 때 학자인 홍만종(洪萬宗)이 쓴 잡록. 필사본. 2권 1책. 일명 《십오지(十五志)》라고도 하는데, 보름만에 완성되었기 때문에 붙여진 이름이라 한다. 1678년(숙종 4)인 홍만종이 36세 되던 해에 이루어졌으나 간행되지 못하고 필사본으로만 전해져 왔다. 책머리에 김득신(金得臣)의 서(序)와 저자의 자서(自序)가 있다. 자서에서 자신이 병으로 누워 지내다가 옛날에 들은 여러 가지 말과 민가에 떠도는 속담 등을 기록하였다고 밝혀 놓았다. 역대의 문장가와 시인에 얽힌 재미있는 이야기와 중국 사신들과 문장 실력을 겨루던 대구문답(對句問答)이 많은 부분을 차지하고 있다. 내용이 다양한 방면에 걸쳐 있으나, 주된 관심은 우리나라의 역사와 문학에 있으며, 우리 민족에 대한 당당한 긍지를 나타내고 있다. 따라서 관인문학(官人文學)에서는 묻혀버리기 쉬운 사실들을 찾아 기록한 점에 이 책의 큰 의의가 있다.

★

순자(荀子) : 전국시대의 사상가 순황(荀況, BC 298?~BC 238?)의 저술로, 처음에는 《손경신서(孫卿新書)》라고 하였다. 조(趙)나라 사람으로 순경(荀卿)·손경자(孫卿子) 등으로 존칭된다. 《사기》에 전하는 그의 전기는 정확성이 없으나, 50세(일설에는 15세) 무렵에 제(齊)나라에 유학하고, 진(秦)나라와 조나라에 유세(遊說)하였다. 원래 12권 322편이던 것을 한나라의 유향이 중복을 정리하여 32편으로 만들고, 다시 당나라 때 양량(楊倞)이 20권 32편으로 개편, 주(注)를 달고 서명을 《손경자》라 개칭하였다가 후에 《순자》라고 간략히 불리게 되었다. 인간의 수양은 맹자와 같이 인간의 심성을 선(善)으로 보아 그 선을 발전시키는 방향

순 황

이 아니며, 예의 형식에 의하여 외부로부터 후천적으로 쌓아 올리는 것이라 하였다. 즉, 「인성(人性)은 악(惡)」이며 「날 때부터 이(利)를 좋아하고」 「질투하고 증오하는」 것이므로 그대로 방치하면 쟁탈과 살육이 발생하기 때문에 악이라는 본성을 교정하는 「사법(師法)의 가르침과 예의의 길」 인 위(僞 : 人爲)에 의해서만 치세(治世)를 실현할 수 있다 하여, 여기에서 맹자의 성선설에 반대하는 성악설(性惡說)이 태어났다. 송대 이후 이 성악설과 천(天)·인(人) 분리설로 인하여 이단시되어 왔으나 그 논리학이나 인식론을 포함한 사상의 과학적 성격은 한대 유교에 크게 기여한 역사적 의의와 함께 높이 평가되어야 한다.

★

습유기(拾遺記) : 오호십육국 전진(前秦) 왕가(王嘉)의 저작으로, 육조시대의 이른바 지괴소설(志怪小說)을 모은 것으로, 신선에 관한 설화가 많이 수록되어 있다. 전 10권. 삼황오제(三皇五帝)부터 서진(西晉) 말, 석호(石虎)의 이야기까지인데, 원본은 없어졌고, 현재 《한위총서(漢魏叢書)》 등에 수록되어 있는 것은 양나라 소기(蕭綺)가 재편한 것이다. 문장은 깨끗하지만, 내용은 기괴·음란한 것이 많으며, 모두 사실이 아니라 한다. 제10권은 곤륜산·봉래산을 비롯한 명산기(名山記)이다.

★

시경(詩經) : 중국 최고(最古)의 시집. 《서경》, 《역경》, 《예기》, 《춘추》와 더불어 「5경」으로 일컬어진다. 황하 중류 중원지방의 시로서, 시대적으로는 주초(周初)부터 춘추 초기까지 305편을 수록하고 있다. 국풍(國風) · 소아(小雅) · 대아 · 송(頌)의 4부로 구성되며, 국풍은 여러 나라의 민요, 아(雅)는 공식 연회에서 쓰는 의식가(儀式歌), 송은 종묘의 제사에서 쓰는 악시(樂詩)이다. 그러므로 작자는 왕후로부터 서민에 이르기까지 각계각층에 걸쳐 있다. 각부를 통하여 상고인(上古人)의 유유한 생활을 구가하는 시, 현실의 정치를 풍자하고 학정을 원망하는 시들이 많은데, 내용이 풍부하고, 문학사적 평가도 높으며, 상고의 사료로서도 귀중하다. 원래는 사가소전(四家所傳)의 것이 있었으나 정현(鄭玄)이 주해를 붙인 후부터 「모전(毛傳)」 만이 남았으며, 그 때부터 《모시(毛詩)》 라고도 불렀다. 당대에는 《오경정의(五經正義)》 의 하나가 되어 경전화하였다. 《시경》 의 시는 또한 교묘하게 비유를 인용하여 언외(言外)에 사람을 풍자한다. 그러므로 춘추시대 같은 때에는 복잡한 국제관계를 원활하게 수습하기 위해서도 인용되었다. 그런 경우에는 전편의 의미와는 관계없이 알맞은 1구만을 떼어내서 사용하는 일도 많았다. 그것이 소위 시의 단장취의(斷章取義)인 것이다. 이렇게 되어 많은 격언이 《시경》 으로부터 제공된 것이다.

★

십팔사략(十八史略) : 남송 말에서 원(元) 초에 걸쳐 활약했던 증선지(曾先之)가 편찬한 역사서로서, 원명은 《고금역대 십팔사략》 이다. 《사기》, 《한서》 에서 시작하여 《신오대사(新五代史)》 에 이르는 17종의 정사와 송대의 역사를 첨가한 사료 중에서, 태고 때부터 송나라 말까지의 사실(史實)을 발서(拔書)하여 초학자를 위한 초보적 역사교과서로 편찬하였다. 원서는 2권이었으나 명나라 초기에 진은(陳殷)이 음과 해석을 달아 7권으로 하고 유염(劉剡)이 보주(補注)를 가하여 간행한 것이 현행본이다. 사실의 취사선택이 부정확하였기 때문에, 중국에서는 평판이 좋지 않았고, 사료적 가치가 없는 통속본이지만, 중국 왕조의 흥망을 알 수 있고, 많은 인물의 약전(略傳) · 고사 · 금언 등이 포함되어 있다.

★

안자춘추(晏子春秋) : 춘추시대 말기 제(齊)나라의 명재상 안영(?~BC 500)의 언행을 후대인이 기록했다는 책으로, 현행 4부 총간본 등에서는 내편(內編)은 간(諫) 상하, 문(問) 상하, 잡(雜) 상하의 6편, 외편은 2편으로 되어 있다. 이 책은 《묵자》 등에도 언급하고 있으므로 제나라의 경공(景公) 기타를 도(道)와 예(禮)로써 이끌고 또 정(鄭)나라의 자산(子産), 진(晋)나라의 숙향(叔向) 등과 더불어 공자에게 영향을 준 안영의 언행만을 수록한 것이라고는 보기 어렵다. 안영의 시호는 평중(平仲), 통칭 안자(晏子)라고 한다. 제나라의 영(靈) · 장(莊) · 경(景) 3대를 섬기면서 근면한 정치가로 국민의 신망이 두터웠고, 관중(管仲)과 비견되는 훌륭한 재상이었다. 기억력이 뛰어난 독서가였으며, 합리주의적 경향이 강하

안 영

였다고 한다.

★

여씨춘추(呂氏春秋) : 진(秦)나라 때의 사론서(史論書)로서, 전 26권. 《여람(呂覽)》이라고도 한다. 진나라의 정치가 여불위(呂不韋, ?~BC 235)가 빈객 3,000명을 모아서 찬술하였다. 여불위는 원래 양책(하남성)의 대상인(大商人)으로 조(趙)나라의 한단으로 갔을 때, 진나라의 서공자(庶公子)로 볼모로 잡혀 있는 자초(子楚)를 도왔다.

여불위

그의 도움으로 귀국한 자초는 왕위에 올라 장양왕(莊襄王)이 되었고, 그 공로에 의해 그는 승상이 되어 문신후(文信侯)에 봉하여졌다. 장양왕이 죽은 뒤 《사기(史記)》에 여불위의 친자식이라고 기록된 태자 정(政 : 시황제)이 왕위에 올랐다. 최고의 상국(相國)이 되어 중부(仲父)라는 칭호로 불리며 중용되었으나, 태후(太后 : 진시황의 모후)의 밀통사건에 연루되어 상국에서 파면, 압박에 못이겨 마침내 자살하였다. 전국 말기의 귀중한 사료인 《여씨춘추》는 그가 식객들을 시켜 편찬한 것이다. 도가(道家)사상이 중요한 부분을 차지하나, 유가(儒家) 등의 설(說)도 볼 수 있다. 또한 춘추전국시대의 시사(時事)에 관한 것도 수록되어 있어 그 시대를 알 수 있는 중요한 사론서이다. 이것이 완성되자 여불위는 함양(咸陽)의 시문(市門)에 걸어놓고, 「이 책의 내용을 한 자라도 고칠 수 있는 사람이 있으면 천금을 주겠다」라고 한 「일자천금(一字千金)」의 성구로 완벽한 내용을 과시하였다.

★

역경(易經) : 3경(三經)의 하나로 들어가는 유교의 경전(經典)으로서, 《주역》이라고도, 단순히 《역(易)》이라고도 한다. 이 책은 원래 복서(卜筮)에 쓰였던 것이나, 《역경》이라는 전적(典籍)이 되고서부터는 복서 이외에 인간 처세상의 지침교훈으로 간주하게 되었으며, 나아가서는 우주론적 철학이기도 하다. 주역이란 글자 그대로 주(周)나라 시대의 역(易)이란 말이며, 주역이 나오기 전에도 하(夏)나라 때의 연산역(連山易), 은(殷)나라 때의 귀장역(歸藏易)이라는 역서가 있었다고 한다. 역이란 말은 변역(變易), 즉 「바뀐다」, 「변한다」는 뜻이며 천지만물이 끊임없이 변화하는 자연현상의 원리를 설명하고 풀이한 것이다. 이 역에는 간역(簡易)·변역(變易)·불역(不易)의 세 가지 뜻이 있다. 간역이란 천지의 자연현상은 끊임없이 변하나 간단하고 평이하다는 뜻이며, 이것은 단순하고 간편한 변화가 천지의 공덕임을 말한다. 변역이란 천지만물은 멈추어 있는 것 같으나 항상 변하고 바뀐다는 뜻으로, 양과 음의 기운(氣運)이 변화하는 현상을 말한다. 불역이란 변하지 않는다는 뜻이다. 모든 것은 변하고 있으나 그 변하는 것은 일정한 항구불변(恒久不變)의 법칙을 따라서 변하기 때문에 법칙 그 자체는 영원히 변하지 않는다는 뜻이다. 《주역》은 8괘(卦)와 64괘, 그리고 괘사(卦辭)·효사

(爻辭)·십익(十翼)으로 되어 있다. 작자에 관하여는 여러 가지 설이 있는데, 왕필(王弼)은 복희씨가 황하에서 나온 용마(龍馬)의 등에 있는 도형(圖形)을 보고 계시를 얻어 천문지리를 살피고 만물의 변화를 고찰하여 처음 8괘를 만들고, 8괘만 가지고는 천지자연의 현상을 다 표현할 수 없어 이것을 변형하여 64괘를 만들고 거기에 괘사와 효사를 붙여 설명한 것이 바로 주역의 경문(經文)이다. 그러나 사마천은 복희씨가 8괘를 만들고 문왕(文王)이 64괘와 괘사·효사를 만들었다 하여 그 정확한 작자를 밝혀낼 수가 없다고 했다.

★

열녀전(烈女傳) : 부녀의 교양을 위하여 만들어진 부인들의 전기로 두 종류가 있다. 하나는 유향(劉向)이 지은 《열녀전》 8편 15권으로, 나중에 송나라 방회(方回)가 7권으로 간추린 것. 부인의 유형을 모의(母儀)·현명(賢明)·인지(仁智)·정신(貞愼)·절의(節義)·변통(辯通)·폐얼(嬖孽)의 7항목으로 나누어, 항목마다 15명가량을 수록하였다.

유 향

유명한 현모·양처·열녀·투부(妬婦)의 이야기는 모두 다 나와 있다. 또 하나는 명나라 해진(解縉) 등이 칙명으로 지은 것. 상권은 고대부터의 후비(后妃), 중권은 제후(諸侯)·대부(大夫)의 처, 하권은 사인(士人)·서인(庶人)의 처의 전기이며, 모두

《고(古) 열녀전》이나 역사책 등에서 가져온 것들이다. 역대 사서(史書)의 한 편으로서 수록된 부인전기도 열녀전이라 하며, 열녀라는 말이 정녀(貞女)·열부(烈婦)의 뜻으로 사용된 경우도 있다.

★

열자(列子) : 도가(道家)의 사상가 열자는 전설적으로 전하는 인물로서 이름은 어구(禦寇), BC 400년경 정(鄭)나라에 살았다고 전하나 《사기》에는 그 전기가 보이지 않고 《장자》「소요유편」에 「열자는 바람을 타고 하늘을 날았다」고 한 것으로 미루어 보아, 장자가 허구로 가정한 인물로 추정된다. 이 책 《열자》에 대해서도 한(漢)나라 때에 그 원형이 만들어졌다고 한다. 많은 우화가 수록되어 있으며, 사상적으로도 다양한 내용을 지닌다. 《충허지덕진경(沖虛至德眞經)》이라고도 한다. 8권.

열 자

★

염철론(鹽鐵論) : 전한(前漢)의 선제(宣帝, 재위 BC 74~BC 49) 때 환관(桓寬)이 편찬한 책으로, 12권 60장(章). BC 81년 전한의 조정에서 열렸던 회의의 토론 내용을 재현하는 형태로 정리한 독특한 형식으로 엮었다. 무제(武帝) 때부터 비롯된 소금·철·술 등의 전매(專賣) 및 균수(均輸)·평준(平準) 등 일련의 재정정책

출전

을 무제가 죽은 뒤에도 존속시킬 것인지의 여부를 전국에서 추천을 받고 참석자들 간에 논의한 내용을 수록한 것이다. 참석자 중 오경교수(五經教授)인 현량(賢良)·문학(文學) 약 60명은 유가사상(儒家思想)을 근거로 이 제도의 폐지를 주장하고, 고급관리들은 법가사상(法家思想)을 내세워 제도의 존속을 주장하여 이들 사이에 격론이 벌어졌다. 이 책은 염철 전매 등의 존속 여부에 관한 것만 아니라, 당시의 정치·사회·경제·사상 등에 관해서도 논급되어 있는 기본적 사료(史料)이다.

★

예기(禮記) : 중국 고대 유가(儒家)의 경전으로, 49편. 5경의 하나로, 《주례(周禮)》, 《의례(儀禮)》와 함께 삼례라고 하며, 《의례》가 예의 경문이라면 《예기》는 그 설명서에 해당한다. 그 성립에 관해서는 분명치 않으나, 한나라 때 이미 편술되어 있던 고례(古禮) 214편을 대덕(戴德)이 정리해서 만든 것이 《대대례(大戴禮)》 85편이고, 대덕의 조카 대성(戴聖)이 공자의 제자를 비롯하여 많은 사람들과 함께 정리해서 《소대례》 49편을 만들었다. 오늘의 예기는 소대례를 말하는 것이다. 4서의 하나인 《대학》, 《중용》도 이 중 한 편이다.

★

오등회원(五燈會元) : 송대에 혜명(慧明) 등이 편찬한 불교서적. 《경덕전등록(景德傳燈錄)》 등 송대에 발간된 다섯 가지 선종사서(禪宗史書)를 압축한 선종의 통사(通史)이다. 책명은 「다섯 가지의 등사(燈史)를 회통(會通)하여 하나로 엮었다」는 뜻이다.

다섯 가지 책은 ① 도원(道原)이 지은 《경덕전등록》(전30권), ② 이준욱(李遵勖)의 《천성광등록(天聖廣燈錄)》(전30권), ③ 불국유백(佛國惟白)의 《건중정국속등록(建重靖國續燈錄)》(전30권), ④ 오명(悟明)의 《연등회요(聯燈會要)》(전30권), ⑤ 정수(正受)가 간행한 《가태보등록(嘉泰普燈錄)》(전30권)을 말한다. 이를 모두 합치면 150권이 되는데, 20권으로 축약하여 선(禪)의 대의를 밝힌 입문서로 평가된다. 특히 선종의 법맥을 중심으로 다루지 않고 선종의 오가칠종(五家七宗)을 권별로 분류한 점이 특색이다. 오가칠종의 사상체계를 알기 쉽게 분류하고, 화제(話題)가 뛰어난 까닭에 선종 승려들뿐만 아니라 사대부와 문인들에게 선을 이해하는 데 좋은 지침서가 되었다.

★

오월춘추(吳越春秋) : 작자는 동한(東漢)시대 사람 조엽(趙曄)이다. 오나라와 월나라 양국의 역사를 기본 골격으로 거기에다 문학적인 묘사와 상상력을 동원해서 편년체(編年體) 서술 방식으로 기록한 책이다. 따라서 한편으론 역사서이면서 한편으론 문학서라 할 수 있겠다. 그러나 사학자들의 관점에서 보면 역사적 사실과 부합하지 않는 진술이 많아 사실성과 객관성에 문제가 있어 정통적인 사서로는 배제되어 왔다. 춘추시대 중엽 이전, 장강(楊子江) 하류지역에서 나라를 세운 오(吳)와 월(越) 두 나라는 초기에는 중원 각 국의 관심 밖에 있었다. 그러나 오나라에서 합려(闔閭)와 부차(夫差)가 대를 이어 군왕이 되고, 월나라에서 구천(句踐)이 군주가 되어 통치하면서부터 상황이 크게 달라졌다. 이들은 백성들을 통치하며 부국강병에 힘을 쓴 결과 중원 각국에 영향력을 행사하기 시작했으며, 마침내 춘추오패(春秋五霸)의 명예까지 얻을 만큼 강력한 통치자로 부상해 주류 문화를 장강 유역에까지 확대했다. 남방의 오와 월 두 인접 국가가 서로 경쟁하며 패권을 차지하기까지 흥망성쇠의 과정을 세밀하고 흥미롭게 기술한 책이다.

★

오자(吳子) : 전국시대의 무장(武將) 오기(吳起)의 사상을 후세의 사람들이 정리한 것으로 여겨지고 있다. 오기는 위(衛)나라에서 태어났으며, 뜻을 세워 노(魯)나라로 가 증자(曾子)의 문하에서 유학(儒學)을 배웠는데, 출세하기 전에는 고향으로 돌아가지 않겠다는 결심 하에 전친상(殿親喪)에도 참여하지 않았다. 그 때문에 효(孝)를 으뜸으로 여기는 증자에게 파문을 당했으나, 병법을 연구하여 노왕(魯王)에게 중용되었다. 노나라가 제(齊)나라와 싸우게 되자, 제나라 여성을 아내로 삼고 있던 오기는 내통의 혐의를 받는 것을 피하기 위하여 자기 아내를 죽여서 노나라에 대한 충성을 입증했다고 한다. 출세를 위해서는 이처럼 냉혹할 수 있었던 인물이다. 그러나 군(軍)의 장수로서는 부하를 사랑하고, 부하의 부스럼의 독을 없애기 위해 그 고름을 직접 빨아서 제거해 줄 정도였다고 해서

오 기

「연저지인(吮疽之仁)」이라는 성구가 나오기도 했다. 후에 노나라를 떠나 위(魏)나라 문후(文侯)를 섬기면서 「안으로는 문덕(文德), 밖으로는 무비(武備)」의 필요를 역설하여 중용되고, 수많은 무공을 세웠으나, 무후(武侯) 때 인간관계가 악화되어 위나라를 떠났다. 그 후 초(楚)나라 도왕(悼王)의 신임을 얻어 부정무능한 관리를 숙정하여 내정을 개혁하였으나, 이것이 다수의 원한을 사게 되어 마침내는 비명에 횡사하고 만다. 1권 6편. 《손자》와 함께 일컬어지는 명저이다. 그 저자에 관하여는 오기 자신의 찬이라는 설, 그의 문인들이 찬하였다는 설, 전혀 위찬(僞撰)이라는 설 등이 있어 일정하지 않으나, 통상 오기와 그 문인들에 의하여 이루어진 것으로 간주되고 있다. 도국(圖國)·요적(料敵)·치병(治兵)·논장(論將)·응변(應變)·여사(勵士)의 6편으로 나누어 서술하였다. 《손자》에 비하여 그 정채(精彩)가 뒤진다 하겠으나 지론이 곧고, 예의를 존숭하여 교훈을 밝힌 점은 유교를 곁들인 병법서라 할 수 있으며 예로부터 널리 읽히고 있다.

★

육도삼략(六韜三略) : 중국의 병서(兵書) 《육도》와 《삼략》을 아울러 이르는 말이며, 중국 고대 병학(兵學)의 최고봉인 「무경칠서(武經七書)」 중의 2서(書)이다. 《육도》의 도(韜)는 화살을 넣는 주머니, 싸는 것, 수장(收藏)하는 것을 말하며, 변하여 깊이 감추고 나타내지 않는 뜻에서 병법의 비결을 의미한다. 주(周)나라 태공망(太公望)의 저서라고 전하나 후세의 가탁(假託)이 분명하다. 또 《한서》 「예문지(藝文志)」에 《주사육도(周史六弢)》 라는 책이름이 있어 이것을 《육도》와 동일시하는 설도 있으나, 지금까지 연구된 바로는 위진(魏晋)·남북조시대에 이루어진 것으로 보는 견해가 가장 유력하다. 무경칠서 중에서 다른 병서들은 전법·병기·지형 등 군사 부문에 국한하고 있으나 《육도》는 치세의 대도(大道)에서부터 인간학·조직학에 미치고, 정전(政戰)과 인륜을 논한 데 특색이 있다. 《삼략》의 약(略)은 기략(機略)을 뜻하며 상략·중략·하략 3편으로 이루어졌다. 무경칠서 중 가장 간결한 병서로 사상적으로는 노자의 영향이 강하나 유가·법가의 설도 다분히 섞여 있다.

태공망 여상

★

자치통감(資治通鑑) : 북송의 사마광(司馬光, 1019~1086)이 1065년부터 20년에 걸쳐 편찬한 편년체(編年體) 역사서로서 전 294권. 《통감》이라고도 한다. 주(周)나라 위열왕(威烈王)이 진(晋)나라 3경(卿 : 韓·魏·趙씨)을 제후로 인정한 BC 403년부터 5대 후주(後周)의 세종 때인 960년에 이르기까

사마광

지 1362년간의 역사를 1년씩 묶어서 편찬한 것이다. 정사는 물론 실록 · 야사 · 소설 · 묘지류(墓誌類) 등 322종의 각종 자료를 참고로 하여 《춘추좌씨전》의 서법에 따라 완성하여 신종(神宗)이 《자치통감》이라 이름을 붙이고 자서(自序)를 지었다. 자치통감이라 함은 치도(治道)에 자료가 되고 역대를 통하여 거울이 된다는 뜻으로, 곧 역대 사실(史實)을 밝혀 정치의 규범으로 삼으며, 또한 왕조 흥망의 원인과 대의명분을 밝히려 한 데 그 뜻이 있었다. 따라서 사실을 있는 그대로 기술하지 않고 독특한 사관에 의하여 기사를 선택하고, 정치나 인물의 득실을 평론하여 감계(鑑戒)가 될 만한 사적을 많이 습록하였다. 저자인 사마광의 자는 군실(君實), 호는 우부(迂夫) · 우수(迂叟), 시호는 문정(文正), 산서성 출생이다. 20세에 진사가 되고, 1067년 신종(神宗)이 즉위한 해에 한림학사, 이어서 어사중승이 되어 출세가도를 달렸다. 그러나 신종이 왕안석을 발탁하여 신법(新法 : 혁신정책)을 단행하게 하자, 이에 반대하여 새로 임명된 추밀부사(樞密副使)를 사퇴하고, 1070년에 지방으로 나갔다.

★

장자(莊子) : 전국시대 초(楚)나라의 사상가 장주(莊周)의 저서로서, 인위적 · 작위적인 행위를 배척하고 자연을 존중하며, 그 무엇에도 얽매이지 않는 삶을 역설한다. 저자인 장자는 송(宋)의 몽읍(蒙邑 : 하남성 상구현 근처) 출생으로, 정확한 생몰연대는 미상이나 맹자와 거의 비슷한 시대에 활약한 것으로 전한다. 관영(官營)인 칠원(漆園)에서 일한 적도 있었으나, 그 이후는 평생 벼슬길에 들지 않았으며, 10여만 자에 이르는 저술을 완성하였다. 초(楚)나라의 위왕(威王)이 그를 재상으로 맞아들이려 하였으나 사양하였다. 저서인 《장자》는 당나라 현종에게 남화진경(南華眞經)이라는 존칭을 받아 《남화진경》이라고도 한다. 내편 7, 외편 15, 잡편 11로 모두 33편이다. 그 중 내편이 비교적 오래되었고 그 근본사상이 실려 있어 장자의 저서로, 외편과 잡편은 후학(後學)에 의해 저술된 것으로 추측된다. 장자는 노자의 학문을 깊이 연구하였으며, 그의 사상의 밑바탕에 동일한 흐름을 엿볼 수 있다. 진(秦)의 시황제 때 분서(焚書)의 화를 입기도 하고, 한나라 때 분합(分合) · 재편성되기도 하다가 진(晋)의 곽상(郭象) 이후 오늘의 33권으로 정해졌다. 이 곽상 주(註)가 완본으로 현존하는 가장 오래된 기본 자료이다. 《장자》의 문학적인 발상은 우언우화(寓言寓話)로 엮여졌는데, 종횡무진한 상상과 표현으로 우주본체 · 근원 · 물화현상(物化現象)을 설명하였고, 현실세계의 약삭빠른 지자(知者)를 경멸하기도 하였다. 심현한 철학사상서이자 우수한 문학서인 이 《장자》는 위(魏) · 진(晋) 때에 널리 읽히고 육조시대까지 그 사상이 유행하였다.

장 주

★

전국책(戰國策) : 전한(前漢)의 유향(劉向)이 전국시대의 수많은 제후국 전략가들의 정치·군사·외교 등 책략을 모아 집록한 자료다. 그러나 초기의 자료는 아주 미흡한 상태여서 북송의 증공(曾鞏)이 분실된 자료를 사대부가(士大夫家)에서 찾아 보정(補訂)하여 12개국 486장으로 정리하였다. 사마천(史馬遷)의 《사기(史記)》의 자료를 많이 이용하였기 때문에 내용이 동일한 것이 많다. 내용은, 왕 중심 이야기가 아니라, 책사(策士)·모사(謀士)·세객(說客)들의 이야기가 중심이다. 그러나 그 내용은 우리에게 시사하는 바가 크다. 전국시대에는 이른바 칠웅(七雄)을 중심으로 그 외에 작은 소제후국들이 많았다. 이들 국가들이 효율적으로 통치하고 군사, 외교를 능률적으로 수행하여 상대국에 승리하고 그리하여 천하를 얻을 심오한 이념과 책략들이 이 책에 다 들어 있다. 또한 손빈(孫臏), 상앙(喪鞅), 소진(蘇秦), 맹상군(孟嘗君), 맹자(孟子), 여불위(呂不韋), 묵자(墨子)등 수많은 사상가가 등장한다.

유 향

★

전등록(傳燈錄) : 송나라의 도원(道源)이 1004년에 지은 불서(佛書)로서, 30권. 과거칠불(過去七佛)에서 석가모니불을 거쳐 달마에 이르는 인도 선종(禪宗)의 조사들과, 달마 이후 법안(法眼)의 법제자들에 이르기까지의 중국의 전등법계(傳燈法系)를 밝혔다.

저자로 알려진 도원은 생몰연대·경력 등이 모두 미상이지만, 여러 방면에서 문헌을 찾아 대단히 상세한 승전(僧傳)을 기술하고 있어 선종 승전으로 매우 높은 평가를 받고 있다. 권1에서 권3까지는 과거칠불로부터 인도·중국의 33조사를 서술했고, 권4에서 권26까지는 육조(六祖) 혜능(慧能)에서 분파된 5가(家) 52세(世)에 관하여 서술하였다. 이상에서 1,712명을 기록하였는데, 이 중 954명은 어록이 있고, 다른 758명은 이름만 남아 있다. 권 29에는 찬(讚)·송(頌)·시(詩)를, 권 30에는 명(銘)·기(記)·잠(箴)·가(歌)를 실었다. 본서가 완성되어 송나라의 진종(眞宗)에게 봉정되었는데, 칙명에 따라 양억(楊億) 등이 간삭(刊削)을 가한 후 대장경에 편입시켜 간행하였다.

★

주자어류(朱子語類) : 남송의 주자학자 여정덕(黎靖德)이 편찬한 주자의 어록을 집대성한 책으로 정식 명칭은 《주자어류대전》이다. 140권. 1270년 간행되었다. 주희(朱熹)가 제자와의 문답을 모은 것. 주희의 어록은 그가 죽은 후에 제자들에 의해 제각기 편찬되었는데, 이 책은 그와 같은 개개의 어록을 집대성하여 항목별로 분류되어 있다. 같은 이름의 책이 몇 종류 있으나 여정덕의 편찬으로 된 이 책이 가장 많이 알려졌다. 내용은 주자와 문인 사이에 행하여진 문답의 기록을 분류·편찬한 것으로 100명이 넘는 기록을 모았다. 주자의 사상을 아는 데 중요한 문헌이나 주자의 설과 모순되는 대목도 적지 않다.

★

중용(中庸) : 공자의 손자인 자사(子思, BC 483~BC 402)의 저술로 알려져 있다. 자사의 이름은 급(伋). 자사는 자(字)로서 전 생애를 주로 고향인 노나라에 살면서 증자(曾子)의 학(學)을 배워 유학의 전승에 힘썼다. 맹자는 그의 제자의 제자이며, 공자—증자—자사—맹자로 이어지는 이 학통은 송학(宋學)에서 특히 존중된다. 과불급(過不及)이 없는 중용을 지향하는 실천적인 일상 윤리가 그의 사상의 중심이다. 《중용》은 군자의 치우치지 않는 행동을 역설한 책이다. 오늘날 전해지는 것은 오경(五經)의 하나인 《예기》에 있는 「중용편」이 송나라 때 단행본이 된 것으로, 남송의 주희(주자)에 의해 《대학》,《논어》,《맹자》와 함께 4서로 불리고 있으며, 송학의 중요한 교재가 되었다. 여기서 「中」이란 어느 한쪽으로 치우치지 않는다는 것, 「庸」이란 평상(平常)을 뜻한다. 인간의 본성은 천부적인 것이기 때문에 인간은 그 본성을 좇아 행동하는 것이 인간의 도(道)이며, 도를 닦기 위해서는 궁리(窮理)가 필요하다. 이 궁리를 교(敎)라고 한다. 《중용》은 요컨대 이 궁리를 연구한 책이다. 자사가 이 책을 쓴 것은, 도학(道學)의 전달이 끊어질 것을 걱정하였기 때문이라는 것은 주자의 설이지만, 어떤 논자는 《중용》은 《노자》에 대항하기 위해서 만든 것이라고 말하고 있다.

자 사

출전

★

방현령

진서(晋書) : 당나라 태종의 지시로 방현령(房玄齡, 578~648) 등이 찬한 진(晋)왕조의 정사로서, 후에 안사고(顔師古)와 공영달(孔潁達) 등 당나라 시대의 학자에 의해 증보되었다. 130권. 644년 편찬. 제기(帝紀) 10권, 지(志) 20권, 열전 70권 외에 재기(載記) 30권이 있다. 처음으로 재기라는 양식이 정사에 나타난 것이며, 오호십육국에 관한 기록으로서 진나라 시대를 이해하는 데 도움이 된다. 주로 장영서(臧榮緖)의 《진서(晋書)》에 의존하였고, 기타 진나라 시대사도 참고로 하여 많은 사관(史官)이 집필하였다. 현존하는 유일한 진대의 사서라는 점에서 귀중하다.

★

유 향

초사(楚辭) : 초(楚)나라의 굴원(屈原)과 그 말류(末流)의 사(辭)를 모은 책으로, 16권이며 전한(前漢)의 유향(劉向)이 편집하였다. 유향이 초나라 회왕(懷王)의 중신 굴원(BC 3세기경)의 《이소(離騷)》와 25편의 부(賦) 및 후인의 작품에다가 자작 1편을 덧붙여 《초사》를 편집했으며, 현존하는 것은 굴원의 《이소》,

《복거(卜居)》, 《어부(漁父)》, 송옥(宋玉)의 《구변(九辯)》, 《초혼(招魂)》, 동방삭(東方朔)의 《칠간(七諫)》, 유향의 《구탄(九歎)》 등 16권 외에 왕일의 《구사(九思)》를 더하여 17권이다. 「초사」란 초나라의 방언을 포함한 초성(楚聲)의 가사(歌辭)로서, 「사(辭)」의 성질이 작자 굴원의 낭만적인 사상으로 《초사》의 문학적 특색을 형성하고 있다. 이는 《시경(詩經)》에서는 볼 수 없는 장점이며, 중국 후대의 문학에 커다란 영향을 미쳤다.

★

춘추좌씨전(春秋左氏傳) : 공자의 《춘추》를 노(魯)나라 좌구명(左丘明 ; 《국어(國語)》 참조)이 해석한 책으로, 《좌씨춘추》, 《좌전》 이라고도 한다. 노나라 은공(隱公) 원년(BC 722)부터 애공(哀公) 14년(BC 481)까지의 기록으로서, 당시의 복잡한 국제관계에서 활약하고 있던 현인 명사들의 훈언(訓言)이 많이 실려 있어,

좌구명

《국어》와 자매편이다. 《춘추》는 오경의 하나로 BC 8세기~BC 5세기까지의 노(魯)나라의 역사를 연대기로 엮은 것으로, 그 주석을 「전(傳)」이라 일컫는데, 《춘추》는 이 「전」과 함께 읽혀 왔다. 《춘추》와는 성질이 다른 별개의 저서로서, 《공양전》, 《곡량전》과 함께 3전(三傳)의 하나이다. 다른 2전(二傳)이

출전

경문(經文)의 사구(辭句)에 대한 필법을 설명한 것에 비하여 이 책은 경문에서 독립된 역사적인 이야기와 문장의 교묘함 및 인물묘사의 정확이라는 점 등에서 문학작품으로도 뛰어나 고전문의 모범이 된다.

★

출사표(出師表) : 삼국시대 촉(蜀)의 제상 제갈공명의 상주문(上奏文). 위(魏)나라 토벌을 위한 출진 때, 촉제(蜀帝) 유선(劉禪)에게 바친 글로서, 전·후 두 편인데, 전편은 227년 작이고 후편은 228년(?) 작이다. 《삼국지(三國志)》「제갈량전」, 《문선(文選)》 등에 수록되어 있다. 「선제(先帝)의 창업이 아직 반(半)에 이르지 못하고 중도에 붕조(崩殂 : 붕어)하다」 라는 서두로 시작된다. 서책은 아니지만, 국가의 장래를 우려한 전문(全文)은 제갈공명의 진정을 토로한 정열적인 고금의 명문이므로 소개했다.

제갈량

★

포박자(抱朴子) 동진(東晉)의 갈홍(葛洪 : 283~343)이 지었다. 현행본은 내편(內篇) 20편, 외편(外篇) 50편으로 이루어져 있다. 내편에는 고래의 도교사상(道教思想)이 체계적으로 논술되어 있고, 외편에는 사회의 이해득실이 논술되어 있다. 도(道)는 우주의 본체로서 이를 닦으면 장수를 누릴 수 있고, 신선이 되려면 선(善)을 쌓고 행실을 바르게 가지며, 정기(精氣)를 보존하여 체내에 흐르게 하고, 상약(上藥 : 목숨을 보존하기 위한 약)을 복용하며, 태식(胎息 : 복식호흡)을 행하고, 방중술(房中術)을 실천해야 한다고 설파하였다. 갈홍은 노장(老莊)사상을 기초로 하여 신선사상을 도교의 중심에 놓고, 누구나 선인(仙人 : 신선)이 될 수 있음을 강조하였다. 도교는 이로써 사상사상(思想史上) 확고한 위치를 차지하게 되었다.

갈 홍

★

한비자(韓非子) : 전국시대 말기 한(韓)나라의 공자(公子)로 법치주의를 주창한 한비(韓非, BC 280?~BC 233)와 그 일파의 논저(論著)로서, 55편 20책에 이르는 대 저작으로, 원래《한자(韓子)》라 불리던 것을 후에 당나라의 한유(韓愈)도 그렇게 불렀기 때문에 혼동을 막기 위하여 지금의 책이름으로 통용되어 왔다. 이 책은 한비가 죽은 다음 전한 중기(BC 2세기 말) 이전에 지금의 형태로 정리된 것으로 추정된다. 진의 시황제는 한비의 「고분(孤憤)」 「오두(五蠹)」의 논문을 보고

한 비

「이 사람과 교유할 수 있다면 죽어도 한이 없겠다」고까지 감탄하였다 한다. 한비와 그 학파의 사상은 일반적으로 편견적인 인간관 위에 성립된 것으로 지적되며, 특히 유가로부터는 애정을 무시하는 냉혹하고도 잔인한 술책이라는 비난을 받았다. 확실히 급소를 찌르는 적평(適評)이라 하겠으나, 그들이 유가·법가·명가(名家)·도가 등의 설을 집대성하여, 법을 독립된 고찰 대상으로 삼고 일종의 유물론과 실증주의에 의하여 독자적인 사상체계를 수립함으로써 진·한의 법형제도(法刑制度)에 강력한 영향을 끼친 점, 또 감상(感傷)을 뿌리친 그들의 간결한 산문이나 인간의 이면을 그린 설화가 고대문학의 한 전형을 이룬 점에 있어 커다란 문화적 사명을 다하고 있는 점은 부정할 수 없다.

★

한서(**漢書**) : 후한의 역사가 반고(班固, 32~92)가 저술한 한(漢)나라 시대의 역사를 기록한 사서. 120권으로 되어 있다. 《사기》의 기전체를 계승하여 1시대 1왕조만을 대상으로 하는 단대사(斷代史)이다. 이후 이른바 정사라 일컬어지는 사서는 이 형식을 답습하고 있다. 《전한서》 또는 《서한서(西漢書)》라고도 한다. 《사기》와 더불어 중국 사학사상 대표적인 저작이며, 정사 제2위를 차지한다. 처음 반고의

반 고

아버지 반표(班彪)가 《사기》에 부족한 점을 느꼈고, 또 무제 이후의 일은 《사기》에 기록되지 않았으므로 스스로 사서를 편집코자 《후전(後傳)》 65편을 편집하였으나 완성을 보지 못하고 사망하였다. 반고는 아버지의 뜻을 이어 수사(修史)의 일을 시작하였으나, 국사를 마음대로 한다는 모함을 받아 한때 투옥되기도 하였다. 그러나 명제(明帝)의 명으로 《한서》 저작에 종사하였다. 그리하여 장제(章帝) 건초(建初) 연간에 일단 완성을 보았으나 「팔표(八表)」와 「천문지(天文志)」가 미완성인 채 그가 죽자, 누이동생 반소(班昭)가 화제(和帝)의 명으로 계승하였고, 다시 마속(馬續)의 보완으로 완성되었다. 《사기》가 상고시대부터 무제까지의 통사(通史)인 데 비하여 《한서》는 전한만을 다룬 단대사로, 한고조 유방부터 왕망(王莽)의 난까지 12대 230년간의 기록이라는 점에 특징이 있다. 반고의 자는 맹견(孟堅), 산서성 함양 출생으로 화제 때 두헌(竇憲)의 중호군(中護軍)이 되어 흉노 원정에 수행하고, 92년 두헌의 반란사건에 연좌되어 옥사하였다. 문학 작품에 《양도부(兩都賦)》 등이 있다.

★

형초세시기(荊楚歲時記) : 양(梁)나라의 종름(宗懍)이 6세기경에 지은 《형초기(荊楚記)》를 7세기 초 수(隋)나라의 두공섬(杜公贍)이 증보 가주(加注)하여 《형초세시기》라 하였다. 중국의 양자강 중류 유역을 중심으로 한 형초지방의 연중세시기. 원래는 10권이었으나 명대에 현재의 1권으로 종합되었다. 원본은 일찍이 일실되었고, 현존하는 책은 명나라 때 많은 책에 인용되어 있는 것을 정리한 것이다. 현존하는 중국 세시기 중에서 가장 오래된 것으로 초나라 특유의 세시뿐만 아니라 일반적인 풍습도 기술되어 있다.

★

회남자(淮南子) : 한나라 고조의 손자, 전한의 회남왕(淮南王) 유안(劉安, BC 179~BC 122)이 저술한 일종의 백과전서. 전 21권. 유안이 빈객과 방술가(方術家) 수천을 모아서 편찬한 것으로, 원래 내·외편과 잡록이 있었으나 내편 21권만이 전한다. 도가(道家)의 사상을 기초로 하여 천문과 지리·정치·신화·전설 등 온갖 분야를 망라하여 한(漢)나라 시대의 민속에 대한 중요한 자료가 된다. 처음에 원도편(原道編)이라는 형이상학이 있으며, 그 뒤 천문·지리·시령(時令) 등 자연과학에 가까운 것도 포함하고, 일반 정치학에서 병학(兵學), 개인의 처세훈까지 열기하고, 끝으로 요략으로 총정리한 1편을 붙여서 복잡한 내용의 통일을 기하였다. 그 사상적 성격은 노장도가(老莊道家)와 음양오행가·유가·법가 등의 혼합으로 매우 복잡하며, 그 인식론은 정신·물질의 이원론(二元論)에서 관념적 도(道)의 일원론에 귀착한다는 복잡한 양상을 나타내고, 중세의 재이미신(災異迷信) 사상의 계보에 이어져 있다. 또, 그 정치론은 봉건

유 안

통치를 위해 법을 절대화하고 군주를 통치권의 최고 독재자로 하는 극도의 중앙집권체제를 반영하고 있다.

★

공 자

효경(孝經) : 공자의 저작이라는 것이 통설이었으나, 현재에 와서는 공자가 제자 증자(曾子)에게 전한 효도에 관한 논설 내용을 훗날 제자들이 편저한 것이라는 설이 유력하다. 연대는 미상이다. 천자·제후·대부·사(士)·서인(庶人)의 효를 나누어 논술하고, 효가 덕(德)의 근본임을 밝혔다. 효를 인격 수양의 중심에 놓고, 이에 의하여 천하도 다스려야 함을 역설한다. 공자가 제자에게 설명하는 체재를 취해서 씌어져 있으나, 공자보다 상당히 후세의 작으로 생각된다. 《금문효경(今文孝敬)》 18장, 《고문효경(古文孝經)》 22장과 경과 전으로 나눈 주자의 《효경》이 있는데, 진(秦)의 분서(焚書)를 거쳐서 한 초기 문제 때에 세상에 나온 것을 《고문효경》이라 하고, 무제 때 공자의 구택(舊宅) 벽 속에서 나온 것을 《금문효경》이라 일컫는다. 일반적으로 많이 읽히는 것은 《금문효경》이다. 우리나라에 전래한 시기는 확실치 않으나 신라시대에 독서삼품과(讀書三品科)를 설치하였을 때 그 시험과목의 하나로 쓰인 기록이 있다.

★

후한서(後漢書) : 120권. 남북조시대에 송나라의 범엽(范曄, 398~445)이 저술한 책으로, 후한의 13대 196년간의 사실(史實)을 기록하였다. 기(紀) 10권, 지(志) 30권, 열전 80권으로 되어 있는데, 이 중에서 지(志) 30권은 진(晋)의 사마표(司馬彪)가 저술한 것이다. 후한의 역사서로는 범엽 이전에 이미 《동관한기(東觀漢紀)》를 비롯하여 사승(謝承) · 설형(薛瑩) · 화교(華嶠) · 사침(謝沈) · 애산송(哀山松) · 장번(張璠) · 사마표 등의 후한서가 있었는데, 범엽은 이 저술들을 바탕으로 하여 독자적 견해로 이 책을 쓴 것이다. 또한 범엽 이전의 저술들은 모두 일실되고 없는 형편이어서 이 책이 후한서의 정사로 되어 있다. 특히 이 책의 「동이전(東夷傳)」에는 부여 · 읍루 · 고구려 · 동옥저 · 예 · 한(韓) 및 왜(倭)의 전(傳)이 있어서 《삼국지》의 「위지(魏志)」 다음의 고전으로 알려져 있다.

【사자성어 색인】

아

카

타

파

장기근(張基槿)

문학박사(중국문학)

호는 현옥(玄玉), 서울 출생.

서울대학교 중문과 및 동 대학원을 졸업하고

오랜 동안 서울대학교 교수를 역임하였으며,

그 후 성심여자대학교 교수를 역임,

마지막으로 동양고전 학술연구회 회장을 지냈다.

• 저서로는

《중국의 신화》《이태백 평전》《유교사상과 도덕정치》

《삼황오제의 덕치》 등.

• 역서로는

《도연명》, 《이태백》, 《백낙천》, 《두보》, 《논어》,

《맹자》 등 다수.

최고의 지혜서

컬러판 고사성어대사전

초판 인쇄일 / 2015년 6월 15일

초판 발행일 / 2015년 6월 25일

장기근 감수

펴낸이 / 김동구

펴낸데 / **明文堂**

창립 1923. 10. 1

서울특별시 종로구 안국동 17-8

우체국 010579-01-000682

☎ (영업) 733-3039, 734-4798

(편집) 733-4748

FAX. 734-9209

등록 1977. 11. 19. 제 1-148호

ISBN 979-11-85704-30-2 01150

값 88,000 원